Raymond Cartier

Nach dem Zweiten Weltkrieg

Mächte und Männer
1945–1965

Mit 152 Abbildungen, 23 Karten,
Zeittafel, Personen- und Sachregister

R. Piper & Co. Verlag München / Zürich

Aus dem Französischen übersetzt von Wilhelm Thaler unter wissenschaftlicher Beratung von Lutz Ziegenbalg. Titel der französischen Originalausgabe ›Histoire mondiale de l'Après-Guerre‹.

ISBN 3-492-02221-9
Sonderausgabe 1976 des 1971 unter dem Titel
»Mächte und Männer unserer Zeit« erschienenen Werkes
© Editions Pierre Charon et Arnoldo Mondadori Editore 1970
Deutsche Ausgabe:
© R. Piper & Co. Verlag, München 1971, 1976
Gesetzt aus der Linotype-Aldus[1]
Gesamtherstellung Clausen & Bosse, Leck/Schleswig
Printed in Germany

Inhaltsverzeichnis

Vorwort zur deutschen Ausgabe   11

1. KAPITEL   1945   Ein Kontinent in Not   15

Europa bei Kriegsende

Mai bis Juli 15 – Das Schicksal Englands ruht in versiegelten Urnen 21 – De Gaulle gegen die Anarchie 22 – Rußland, wie Stalin es formt 31 – Die Oder-Neiße-Linie, Grenze der vollendeten Tatsachen 37 – Mitteleuropa im Schatten Moskaus 41 – Sturz eines Titanen 43

2. KAPITEL   1945   Nach der Potsdamer Konferenz   47

Das bestrafte Deutschland – Frankreich in Gefahr

Vorbereitungen zum Nürnberger Prozeß 50 – Die Not in Deutschland 55 – England ruft Amerika zu Hilfe 57 – Der Schatten Rußlands über Nordeuropa 59 – Belgien findet nicht mehr zum König zurück 60 – In London ist der Frieden an einem toten Punkt angelangt 65 – De Gaulle wagt und gewinnt 68 – Ein Greuelfilm als Hauptbeweisstück im Nürnberger Prozeß 73 – »Ich bin es leid, die Sowjets zu hätscheln!« 74

3. KAPITEL   1945   Asien in Flammen   77

Das China Tschiang Kai-scheks und das China Maos

Die zwei Gesichter Chinas: Tschiang Kai-schek und Mao 82 – Amerika in China 90 – Stalin verrät Mao und verbündet sich mit Tschiang 94 – Zusammenkunft zwischen Mao und Tschiang 98 – Streit um die Mandschurei. Teilung Koreas 101 – Marshalls Mission in China 103

4. KAPITEL   1945/1946   Die Rückkehr des weißen Mannes   108

Die Europäer und die aufständischen Kolonien

Die enttäuschende Rückkehr der Holländer 110 – Der 9. März und seine Folgen in Indochina 115 – Die dramatische Rückkehr der Franzosen 118 – Gewalt und Hunger in Indien 125 – Israel will entstehen 130

5. KAPITEL   1946   Das Jahr von Bikini   134

Die Russen und die Atombombe

De Gaulle: »Ich werde mich also zurückziehen müssen.« 135 – Über Europa ein Eiserner Vorhang 138 – Attlee – ein zweiter Hitler, sagen die Zionisten 140 – Kampf um das Atomgeheimnis 141 – Rußland zieht die Souveränität der Sicherheit vor 148 – Hundert Millionen

Europäer in Todesgefahr 151 – In Frankreich ist die Revolution aufgeschoben 153 – Admiral d'Argenlieu gegen die Vereinbarung vom 6. März 156 – Ho Tschi Minh rettet einen Funken Hoffnung 162 – Eine Volksabstimmung des Verzichts 165 – Friedensverträge am laufenden Band 167 – Gift und Galgen in Nürnberg 168 – Der Krieg in Indochina beginnt 170

6. KAPITEL   1946/1947   Altes Land, junge Nationen   176

Aufgabe Chinas. Teilung Indiens

Scheitern und Ausgangspunkt Marshalls 179 – Indien: Unabhängigkeit und Teilung 185 – Blutbäder ohne Unterlaß 190 – Gandhi verzichtet darauf, 125 Jahre alt zu werden 193 – England legt Viktorias Krone nieder 195 – Ströme von Blut . . . 196

7. KAPITEL   1947   Die Verteidigung des Westens   201

England verzichtet. Amerika greift ein

Niederlage des Kommunismus in Deutschland 205 – Stalin und Marshall Aug in Aug 209 – Frankreich vor der Entscheidung in Indochina 212 – Revolte und Unterdrückung in Madagaskar 214 – »Die Franzosen werden sich mit Frankreich vereinigen . . .« 216 – Ramadier setzt die Kommunisten vor die Türe 219 – Italienischer Kommunismus und Staatskatholizismus 221 – Ende der Freiheit in Ungarn 224

8. KAPITEL   1947/1948   Rettung Europas   226

Der Marshallplan

Bevin: »Ich griff bei Marshalls Vorschlag mit beiden Händen zu . . .« 229 – Masaryk: »Ich bin nur noch ein Hampelmann Stalins . . .« 232 – Elisabeths Verlobung 234 – Warum kein Marshallplan für Lateinamerika? 236 – Siegreicher Exodus nach Israel 238 – Neue Einschränkungsmaßnahmen in England 241 – Deutschland helfen oder mit ihm zugrunde gehen . . . 243 – Die kommunistische Offensive gegen den Marshallplan 244 – Glanz eines Hochzeitsfestes 249 – Mißerfolg einer Streikwelle 249 – Israel ist erstanden 254

9. KAPITEL   1948   Kommt es zum Krieg?   259

Staatsstreich in Prag

Niederlagen der Kuomintang 263 – Südwestasien in Flammen 266 – Gandhi, der Märtyrer 268 – Der Krieg in Palästina beginnt 271 – Nur eine halbe Million Israelis . . . 276 – Tito wird exkommuniziert 281 – Der Marshallplan wird verabschiedet 283 – Italien wählt nicht zum letztenmal 287 – Die Währungsreform 288

10. KAPITEL   1948/1949   Luftbrücke gegen Blockade   292

Rußland verliert den Kampf um Berlin

Erste Schritte zur Gründung der Bundesrepublik Deutschland 295 – Die Blockade soll nicht gebrochen werden 297 – Die Olympische Flamme 298 – Amerika hat den Kommunismus im eigenen Land 299 – Eine Sowjetbürgerin springt in die Freiheit 302 – Besprechungen im Kreml über die Blockade 304 – Der Vermittlungsvorschlag Bernadottes 307 – Ein Mann guten Willens stirbt umsonst 309 – Ein Überraschungserfolg: Truman schlägt Dewey 312 –

Übersteht die Luftbrücke den Winter? 315 – Rascher Erfolg des Marshallplans 317 – Abschluß des Nordatlantikpakts 318 – Die Berliner Blockade wird aufgehoben 323 – Hoffnungen und Enttäuschungen im Palais Rose 326

11. KAPITEL   1949   Ein Wendepunkt in der Geschichte   328

Sieg des Kommunismus in China

Die Armee der Nationalchinesen wird zerschlagen 335 – Die Roten nehmen Peking 338 – Der Jangtse wird überschritten 341 – Die Kommunisten schießen auf englische Schiffe 343 – Das amerikanische Weißbuch 347 – Mao ruft die Chinesische Volksrepublik aus 348 – Der Plan General Revers' 351

12. KAPITEL   1950   Jahrhundertmitte   358

Stalin wird ein Gott

Dem Titoismus ist Einhalt geboten 362 – »Gosh! The Russians got it!« 364 – Die Entscheidung über die Wasserstoffbombe 367 – McCarthy meldet sich zu Wort 370 – England entscheidet gegen Europa 372 – Adenauer wird Bundeskanzler 373 – Referendum für König Leopold 376 – Der Schumanplan 383 – Der Krieg in Korea beginnt 386

13. KAPITEL   1950   Kreuzzug der UNO   388

Niederlage und Sieg in Korea

Einnahme von Seoul 391 – Tragödie auf der Han-Brücke 393 – Der erste amerikanische Sieg in Korea 395 – Pläne für die Wiederaufrüstung Europas 405 – Südkorea ist befreit 408 – Tragödie auf der RC 4 412

14. KAPITEL   1950/1951   Amerika verzichtet auf den Sieg   423

Truman gegen MacArthur

China erhält Sitz in den Vereinten Nationen 424 – Erstes Eingreifen der Chinesen in Korea 426 – Der Angriff auf die Yalu-Brücken 427 – China in New York und in Tibet 430 – »Der ganze Berg voller Chinesen . . .« 432 – Die Marineinfanterie greift in anderer Richtung an 436 – Wird MacArthur die Atombombe zur Verfügung stehen? 439 – Unerwartete Wendung in Korea 441 – Giaps Sieg wird von Bao Dai ausgenutzt 443 – De Lattre in Indochina 445 – Der Erfolg von Vinh Yen 447 – De Lattre werden »bescheidene, vernünftige Verstärkungen« zugestanden 452 – Französisches Ultimatum an den Sultan von Marokko 454 – Der Prozeß Ethel und Julius Rosenberg 457 – Die Abberufung MacArthurs 460 – Amerika verzichtet auf den Sieg 465

15. KAPITEL   1951/1952   Panmunjon und Cao Bang   467

Eisenhower wird Präsident der USA

De Lattre verliert seinen Sohn 469 – Beginn der Verhandlungen in Korea 471 – Der Friedensvertrag mit Japan 472 – De Lattre in Amerika 474 – Die Gegenoffensive von Hoa Binh 477 – Europa unter dem Zeichen der Beruhigung 480 – Fortschritte und Probleme in Frankreich 484 – Bourguiba will, daß Blut fließt 488 – Frankreichs Finanzen 490 – Probleme in

5

England. Mossadegh tritt auf 493 – Mau-Mau: Afrika wird wieder afrikanisch 497 – Churchill kehrt zurück 499 – Aufruhr in Kairo 501 – Georg VI. stirbt 502 – Faruk dankt ab 503 – Ein General ist der Gefangene seiner Gefangenen 506 – Zwei Repräsentanten Amerikas: Eisenhower und Taft 510 – Stevenson gegen Eisenhower 511

16. KAPITEL   1953   Ende einer Ära   515

Stalin ist nicht mehr!

Moskau wendet sich gegen Israel 518 – Überschwemmung in Holland 521 – »Den Gerechten schenkt Gott einen sanften Tod . . .« 522 – Stalin im Mausoleum Lenins 526 – Berlin erhebt sich gegen den Kommunismus 530 – Berijas Sturz, Chruschtschows Aufstieg 532 – Rückkehr aus Sibirien 533 – Acht Monate nach den USA: die H-Bombe 534 – Deutschland kommt zu Kräften. Frankreich löst sich auf 537 – Krankheit und Verzweiflung Churchills 541 – Nkrumah von Ghana: das erste schwarze Mitglied des Commonwealth 543 – Nasser und die arabische Einheit 546 – Mossadeghs dramatisches Ende 547 – Vorspiel zu Dien Bien Phu 549

17. KAPITEL   1953   Korea und Indochina   551

Ende eines Krieges und Beginn einer Niederlage

Syngman Rhee befreit die koreanischen Gefangenen 552 – Neue Bedrohung in Laos 554 – Navarres Plan: ein Rezept für den Sieg 556 – »Das unabhängige Vietnam beteiligt sich nicht an der Französischen Union . . .« 562 – Die Fallschirmjäger in der Mulde von Dien Bien Phu 566 – Europa-Armee. Bermudakonferenz. Ein schäbiger Kampf im Elysée 568

18. KAPITEL   1954   Dilemma in Washington   573

Die Schlacht von Dien Bien Phu

Bidault hält es für vorteilhaft abzuwarten 576 – Die H-Bombe kann den Händen, die sie handhaben, entgleiten 577 – Glanz und Sturz Joe McCarthys 580 – Überraschung und Katastrophe in Dien Bien Phu 581 – Amerika angesichts Dien Bien Phus 586 – Operation »Vulture« – nichts als ein Mißverständnis 587 – Bis zum Schluß: Fallschirmfreiwillige, die zum erstenmal abspringen 591 – Die letzten Stunden von Dien Bien Phu 594

19. KAPITEL   1954   Von einem Aufstand zum anderen   597

. . . und nun Algerien

Die »zweite Befreiung« der Schwarzen in den Vereinigten Staaten 601 – Mendès-France gibt sich einen Monat für den Erfolg 603 – Letzte Niederlage: der mechanisierte Kampfverband GM 100 wird aufgerieben 605 – Die Lage in Lateinamerika: Puerto Rico, Guatemala, Kuba, Brasilien 610 – Die Europäische Verteidigungsgemeinschaft wird gemordet 612 – Liquidation des Indochinakriegs. Beginn des Algerienkriegs 616

20. KAPITEL   1955   Die Dritte Welt   619

Die stummen Völker haben das Wort

Bandung: eineinhalb Milliarden Menschen gegen den Westen 621 – Die VII. Flotte wird zum Schutz Formosas eingesetzt 625 – Diem zerschlägt die Sekten und entthront Bao Dai 628 –

Wiederaufrüstung in Deutschland 630 – Ein Wunder geschieht: Österreich ist frei 632 – Genf: die Konferenz der Enttäuschung, genannt Konferenz der Hoffnung 634 – Ein künstlicher Satellit für 1957 637 – Peróns Sturz 640 – Erster Herzanfall Eisenhowers 642 – Wiedereinsetzung des Sultans und Ende Französisch-Marokkos 643 – Jacques Soustelle nimmt sich Algeriens an 649 – Wahlen in Frankreich: neuerliche Schwächung des Regimes 655

21. KAPITEL   1956   Von Moskau bis Suez   657

Der Kanal gehört uns, Ägypter!

Rußland zum zweitenmal im Zeichen des Tauwetters 658 – Schwere Erschütterung in Osteuropa 659 – Chruschtschow bewaffnet Nasser. Jordanien verleugnet England 662 – Der Assuandamm wird geplant 667 – Ben Gurion wird der Hirte Israels 668 – Der algerische Aufstand breitet sich aus 671 – Posen verlangt nach Brot. Budapest verlangt nach Nagy 675 – Die USA lehnen es ab, den Assuandamm zu finanzieren 676 – »Der Kanal gehört uns, Ägypter! Ägypter! Ägypter!« 677

22. KAPITEL   1956   Suez und Budapest   681

Kurzlebiger Sieg der Freiheit in Ungarn

Versuch zur Internationalisierung des Suezkanals 682 – Sukarno tilgt seine Schulden 685 – »Ihr bietet mir die Mütze eines Kanalportiers an!« 686 – Die Lotsen reisen ab: der Kanal bleibt weiter in Betrieb 688 – Wie der Bund zwischen Frankreich, England und Israel zustande kommt 691 – Rußland beugt sich dem polnischen Aufstand 694 – Die Ungarn gehen auf die Straße 696 – Geheime Zusammenkunft in Sèvres 701 – Entführung Ben Bellas 702 – Nagy schließt sich dem Aufstand an 704

23. KAPITEL   1956   Suez und Budapest (Fortsetzung)   708

Ungarn unterliegt. Nasser hat Erfolg

Französische Flugzeuge in Israel 709 – Erster Kriegstag: Israel 50 Kilometer vor Suez 710 – Uneinigkeit im britischen Kabinett 711 – In Budapest ersteht die Freiheit wieder 712 – Blitzeroberung der Sinaihalbinsel 714 – Die Vereinten Nationen verurteilen Frankreich und England 717 – Ende der ungarischen Freiheit 720 – Versagen und Energie der Amerikaner 722 – »Der dritte Weltkrieg hat begonnen!« 725 – Bulganin droht Frankreich und England mit seinen Raketen 727 – Amerika sagt den Franzosen und Engländern: »Halt!« 729 – Glorreiche Wiederwahl Eisenhowers 732

24. KAPITEL   1957   Das Jahr des Sputnik   736

Geburt Europas

Eisenhower gegen Israel 738 – Mao und das China der Hundert Blumen 740 – In Rom wird Europa geboren 741 – Großbritannien angesichts des Gemeinsamen Marktes 746 – Das wahre Wunder ereignet sich in Italien 747 – In Frankreich liegt das Regime in den letzten Zügen 749 – Die Hundert Blumen entfalten sich 755 – Absetzung und Revanche Chruschtschows 758 – 5. Oktober 1957: der Sputnik spricht 759 – »Was liegt denn an der Hälfte der Menschheit . . .?« fragt Mao 763

25. Kapitel   1958   Wende in Frankreich   765

De Gaulle kehrt zurück

Französische Bomben auf ein tunesisches Dorf 769 – Wie Frankreich nicht regiert wurde 772 – »Die Armee würde die Preisgabe Algeriens als Schmach empfinden.« 780 – Der 13. Mai: Einnahme des G. G. 784 – Die Vierte Republik ringt mit dem Tod 788 – Ein Wort auf dem Forum: »Ich habe euch verstanden!« 796

26. Kapitel   1958   Wandlungen des Kommunismus   798

Die Volkskommunen in China. Fidel Castro

Der rote 14. Juli von Bagdad 800 – Landung der Marineinfanterie in Beirut 801 – Die Krise öffnet eine Bresche zwischen Moskau und Peking 803 – Nagy wird dem Henker ausgeliefert 805 – Die Volkskommunen in China 807 – Der Weg Fidel Castros von der Fichteninsel nach Havanna 814

27. Kapitel   1958/1959   Die sechs Monate Chruschtschows   826

Konsolidierung des Gaullismus. Neue Krise in Berlin

Erstes Treffen de Gaulle–Adenauer 830 – »Ja« zu der Verfassung und unbeschränkte Vollmacht für de Gaulle 832 – Die Überreste eines Reiches 833 – Ein Wirtschaftsexperte soll alles in Algerien in Ordnung bringen 835 – Johannes XXIII. wird Nachfolger Pius' XII. 836 – De Gaulle schlägt den »Frieden der Tapferen« vor 838 – De Gaulle im Elysée 840 – »Pasternak, dieses Schwein, das sein Lager beschmutzt…« 841 – Sechs Monate, um Westberlin zu liquidieren 843 – Die Kluft zwischen Russen und Chinesen verbreitert sich 845 – Wie die Zypernfrage gelöst wurde 847 – Demütigung und Festigkeit Macmillans in der UdSSR 848 – Nasser entzweit sich mit Kassem 851 – Der Aufstand in Tibet 853 – Chruschtschow und Nixon im Streit wegen einer Küche 855 – De Gaulle schlägt ein Dreierdirektorium vor 857 – Erfolg Challes in Algerien 859 – Eisenhower erfährt als erster von der Selbstbestimmung 861

28. Kapitel   1960   Ende des alten Afrika   863

Zwei Dramen: Algerien und der Kongo

Die Optionsmöglichkeiten Algeriens 870 – Die erste französische Atombombe 883 – Dramatische Ausschaltung von Syngman Rhee 884 – Absturz einer U 2 und Scheitern einer Konferenz 887 – Tragödie der Apartheid in Südafrika 892 – Festival der afrikanischen Unabhängigkeit 894 – Die große Tragödie des Kongo beginnt 897

29. Kapitel   1960/1961   Die Anfänge John F. Kennedys   909

Die Schweinebucht. Ermordung Lumumbas. Putsch in Algier

Die Vormachtstellung des Dollar ist gefährdet 912 – Die Dritte Welt kommt Hammarskjöld zu Hilfe 914 – Chruschtschows Schuh und die Folgen 916 – Wahlen in den USA. Konfrontation in Moskau 919 – Flucht und Gefangennahme Lumumbas 920 – Ende des Jahres 1960: Belgien, Washington, Laos 922 – Das Ende Lumumbas 925 – Algeriens Selbstbestimmung: von de Gaulle verkündet, von Frankreich gebilligt 927 – Der Fall Eichmann 932 – Gagarin, der erste Mensch im Weltraum 934 – Vorbereitungen für die Schweinebucht 935 – Scheitern der Kuba-Invasion 937 – De Gaulle gegen das »viertel Pfund« Generäle 942

30. KAPITEL   1961/1962   Harte Prüfungen für den Westen   952
Von der Berliner Mauer bis zum Abkommen von Evian

Drohung Chruschtschows: Der Krieg wegen Berlin scheint unvermeidlich 955 – Adenauers Position durch die Wahlen erschüttert 965 – Der Konflikt zwischen China und der UdSSR tritt klar zutage 968 – Umstellung der Bündnisse: Versuchung für das enttäuschte Deutschland 970 – Brasilien am Rande des Bürgerkriegs 973 – Hammarskjölds Sieg und Tod 977 – Das Abkommen von Evian wird unterzeichnet 987

31. KAPITEL   1962/1963   Ende einer Epoche   992
Chaos in Algerien. Die Tragödie von Dallas

Überraschung: Salan wird gerettet 996 – De Gaulle entgeht den Mördern 1004 – Raketenabschußrampen in Kuba; Kennedy entdeckt die Gefahr 1006 – Werden die russischen Schiffe anhalten? 1012 – De Gaulle verschließt England die Tür zum Gemeinsamen Markt 1016 – Das Atomteststopp-Abkommen besiegelt den Bruch zwischen China und der UdSSR 1025 – Die Negerfrage: das ernsteste Problem der USA 1027 – Sturz und Ermordung Diems 1030 – Die Tragödie von Dallas, ihre Ursachen und ihr Verlauf 1033 – Die Verhaftung von Lee Harvey Oswald 1038 – Oswald wird ermordet 1040

32. KAPITEL   1964 und danach   An der Schwelle der Gegenwart   1043
Die Probleme unserer Zeit

Johnson verzichtet auf das Weiße Haus 1043 – Sieg der USA beim Wettlauf im Weltraum 1045 – Unerwarteter Sturz Chruschtschows 1047 – Verschärfung des russisch-chinesischen Konflikts 1048 – Die Kulturrevolution, Apotheose des Fremdenhasses 1050 – Die russische Intervention in Prag war unerläßlich 1052 – Vorläufiger Epilog im Kongo 1055 – Das Drama von Biafra 1056 – Der Sechstagekrieg und das Schicksal Israels 1058 – Der französische Nationalismus und die Krisen des Westens 1060 – Entstehung Europas: Problem und Hoffnung 1063

Zeittafel   1065

Register   1100

Kartenverzeichnis

Seite 17   Das sowjetische Satellitensystem in Europa nach 1945
Seite 18   Berlin nach 1945
Seite 39   Die Besatzungszonen in Deutschland und Österreich
Seite 49   Die Flüchtlingsströme 1945/1946
Seite 84   Übersichtskarte China
Seite 87   Truppenbewegungen in China 1933/1934
Seite 120   Übersichtskarte Indochina
Seite 187   Übersichtskarte Indien
Seite 273   Israel: Militärische Operationen 1947–1949
Seite 331   China: Bürgerkrieg 1947–1949
Seite 392   Der Koreakrieg, 1950–1953
Seite 446   Der Krieg in Indochina, 1950
Seite 574   Der Krieg in Indochina, Dezember 1953 – Januar 1954
Seite 606   Der Krieg in Indochina, 1954
Seite 626   China: Die Formosa-Straße
Seite 651   Übersichtskarte Algerien
Seite 743   Wirtschaftliche Zusammenschlüsse in Europa
Seite 786   Algier, Stadtplan
Seite 821   Der Guerillakrieg in Kuba, 2. 12. 1956 – 2. 1. 1959
Seite 898   Übersichtskarte Kongo
Seite 939   Die Kuba-Invasion, 17.–19. April 1961
Seite 986   Links: Afrika 1970. Rechts: Afrika 1939

Vorwort zur deutschen Ausgabe

Dieses Werk schildert die Entwicklung unserer Welt vom Ende des Zweiten Weltkriegs – von der Unterzeichnung der deutschen Kapitulation – bis nahe an die Gegenwart.

Der Autor ist der Meinung, daß man nicht abwarten muß, bis sich der Staub der Jahrhunderte in den Archiven angesammelt hat, ehe man darangehen kann, Geschichte zu schreiben. Die moderne Welt ist eine Welt der Selbstdarstellung: Von den Hauptakteuren der Weltgeschichte hat es sich in den letzten fünfzig Jahren praktisch keiner versagt, seine Memoiren zu schreiben und Dokumente zu veröffentlichen, die zu seiner Rechtfertigung oder zu seinem Ruhm beitragen sollten. Allgemeine wie spezielle Publikationen enthalten Informationen in ungeheurem Umfang. Angesichts dessen, was als gesichert dargestellt werden kann, fallen die wenigen unaufgeklärten Zusammenhänge in der Geschichte unserer Zeit wenig ins Gewicht. Sie besitzen jedenfalls nicht die Bedeutung jener Rätsel, welche die Vergangenheit noch immer birgt.

Andererseits ist sich der Autor bewußt, daß es nicht möglich ist, mit der Methode des Historikers Ereignisse, die noch im Fluß sind, gültig darzustellen. Ein großer zeitlicher Abstand ist nicht notwendig, wohl aber ein Minimum an Distanz. Um nur ein Beispiel zu nennen: Die Krise des Jahres 1949 in der Tschechoslowakei, die den Sturz von Benesch und die Einführung des Kommunismus in Prag bedeutete, kann bereits in ihrem historischen Zusammenhang gesehen werden, während die Krise des Jahres 1968 – der Sturz Dubčeks und die sowjetische Intervention – lediglich beschrieben werden kann. Man vermag die äußeren Konturen nachzuzeichnen, aber es ist noch nicht möglich, die inneren Zusammenhänge mit zufriedenstellender Sicherheit zu rekonstruieren.

In diesem Buch führt die im strikten Sinn historische Darstellung bis zu Ereignissen, die sich um das Jahr 1964 gruppieren: die Ermordung Präsident Kennedys, das Ende des Algerienkriegs, der Rücktritt Bundeskanzler Adenauers, der Sturz Nikita Chruschtschows, der Tod Winston Churchills. Ein Überblick über die wesentlichen Entwicklungen und wichtigsten Ereignisse wurde bis zum Sommer 1969 gegeben: über die Präsidentschaft Lyndon Johnsons, die Ausweitung des Vietnam-Krieges, den Sechstagekrieg, die Ereignisse des Mai 1968 in Frankreich, die Besetzung Prags durch die Russen, den Rücktritt General de Gaulles, die Mondlandung usw. Das Buch schließt mit einem Ausblick auf den Aufbau Europas, an dessen Notwendigkeit und Verwirklichung der Autor nie gezweifelt hat.

Die heutige Weltsituation: Die beiden großen Konflikte, der im Nahen Osten und der Vietnam-Krieg, haben kein Ende gefunden. Der russisch-chinesische Gegensatz hat sich verfestigt. Eine russisch-amerikanische Annäherung zeichnet sich ab. Die Währungskrise, seit Jahren latent, ist weiter fortgeschritten. Die Chancen eines vereinigten Europas haben sich verbessert durch die Ausräumung von Hindernissen, die dem Beitritt Großbritanniens in die EWG entgegenstanden. Doch ist im gegenwärtigen Zeitpunkt der Beitritt Großbritanniens noch nicht mehr als eine Wahrscheinlichkeit. Die CDU/CSU, die seit 1949 die Geschicke der Bundesrepublik lenkte, die Westdeutschland wieder in die Gemeinschaft der freien Völker zurückführte, ist von dem Gesetz betroffen worden, dem keine Partei in einer Demokratie auf die Dauer entgehen kann: der Abnutzung durch die Macht. Zwar blieb sie bei den Wahlen vom 28. September 1969 mit 250 Sitzen die wichtigste Fraktion im Bundestag, doch wurde der SPD mit 237 Sitzen und der FDP mit 31 Sitzen eine Koalitionsregierung unter Führung des Sozialdemokraten Willy Brandt möglich. Diese Regierung unternimmt das Experiment einer »Öffnung nach Osten«.

Es wäre verfrüht, diese Neuorientierung historisch werten zu wollen. Man weiß zu wenig über die langen Gespräche in Moskau zwischen Außenminister Gromyko und Staatssekretär Bahr. Die Vorgespräche führten am 12. August 1970 zur Unterzeichnung eines Vertrages über Gewaltverzicht durch Kossygin und Gromyko sowie Brandt und Scheel. In diesem Vertrag betrachten die beiden Staaten »heute und künftig die Grenzen aller Staaten in Europa als unverletzlich, wie sie am Tage der Unterzeichnung dieses Vertrages verlaufen, einschließlich der Oder-Neiße-Linie, die die Westgrenze der Volksrepublik Polen bildet, und der Grenze zwischen der Bundesrepublik Deutschland und der Deutschen Demokratischen Republik«. Parallel waren Gespräche zwischen der Bundesrepublik Deutschland und der Deutschen Demokratischen Republik geführt worden: Am 19. März hatte die erste Begegnung zwischen Bundeskanzler Brandt und dem DDR-Ministerratsvorsitzenden Willi Stoph in Erfurt stattgefunden. Es wurde nie behauptet, daß diese Begegnung in einer besonders herzlichen Atmosphäre verlaufen sei, noch daß sie einen greifbaren Erfolg gebracht habe.

Den Angelpunkt der Politik einer »Öffnung nach Osten« stellt das Berlin-Problem dar. Bundeskanzler Brandt hat angekündigt, daß er den Moskauer Vertrag dem Bundestag erst dann zur Ratifizierung vorlegen würde, wenn in der Berlin-Frage substantielle Fortschritte erzielt worden wären. Zu Anfang dieses Buches liest man über die Differenzen, die unter den Siegermächten über diesem Problem entstanden. Es endet mit der Herausstellung der Schwierigkeiten, die das Berlin-Problem für die Sicherung des Weltfriedens bedeutet. Es wurden Fehler begangen, die irreparabel sind. Daß die Amerikaner – insbesondere Präsident Roosevelt – den siegreichen Vormarsch ihrer Truppen anhielten, daß sie es zuließen, daß die Russen die Hauptstadt Deutschlands allein eroberten, daß eine Abmachung über den Zugang nach West-Berlin versäumt wurde: dieser wirklich unentschuldbare, im Grunde unverständliche Fehler lastet bis heute auf Europa.

Die Verhandlungen über Berlin fallen in die Zuständigkeit der ehemaligen Alliierten als Repräsentanten des Viermächte-Statuts. Diese Verhandlungen, die bisher kein Resultat gezeigt haben, liegen im dunkeln. Aber das Geheimnis ist durchsichtig. Ziel der DDR ist die Wiedervereinigung Berlins unter Einbeziehung in ihr Gebiet. Die Russen, die die DDR repräsentieren, müssen – vielleicht widerwillig – deren Ziele vertreten. Der Rücktritt Walter Ulbrichts hat keine Abschwächung der kommunistischen Haltung gebracht. Das einzige, was die Westmächte tun können, ist die Erhaltung einer schwierigen, ja paradoxen Situation; die Alternative wäre Kapitulation.

Die Deutschen – und alle Europäer, die ebenso betroffen sind – müssen bei der Beurteilung der »Öffnung nach Osten« von ihrem Bewußtsein und von der Kenntnis der Tatsachen ausgehen. Ich hoffe, in diesem Buch mit der Darstellung der Ereignisse seit dem Mai 1945 Kriterien für eine solche Beurteilung gegeben zu haben. Ich persönlich bin davon überzeugt, daß ein für immer geteiltes Deutschland unabdingbarer Bestandteil der sowjetischen Politik ist. Ich glaube, daß selbst dann, wenn man Moskau ein im Kommunismus wiedervereinigtes Deutschland anböte, Moskau nein sagen würde. Die Einheit des Kommunismus ist ein toter Mythos. Moskau hat mit China bereits sein großes Schisma im Osten. Ein wiedervereinigtes kommunistisches Deutschland würde – mit seiner Macht und seinem besonderen Charakter – mit Sicherheit das große Schisma des Westens herbeiführen. Ziel der Sowjetunion ist nichts anderes als die Erhaltung und Konsolidierung des strategischen, politischen und durch ihre Ideologie bestimmten Reiches, das ihr der Sieg von 1945 in Europa gebracht hat. Sie will nur das, aber das will sie entschieden. Die Ereignisse 1968 in Prag haben es bewiesen.

Geschichte schreiben bedeutet protokollieren. Aber man kann ein Protokoll erst aufnehmen, wenn die Sitzung geschlossen ist. Oder wenn ein Geschehnis abgelaufen ist. Oder wenn ein Experiment beendet ist. Das Experiment der »Öffnung nach Osten« wäre nur dann wirklich gefährlich, wenn es die Bundesrepublik von ihrer westlichen und demokratischen Verpflichtung lösen und sie in ein Abenteuer stürzen würde. Dieses Werk zeigt, daß die Bundesrepublik seit mehr als einem Vierteljahrhundert von den Ideen der Demokratie und der absoluten Absage an ihre Vergangenheit geleitet wurde. Es besteht kein Anlaß zu fürchten, daß sich das ändern könnte.

Paris, Juni 1971   Raymond Cartier

»Mächte und Männer unserer Zeit« entstand in Zusammenarbeit mit Hubert d'Havrincourt. Die Dokumentation erarbeiteten Evgeni Silianoff, Cécile Henry und Fabienne Dublet. Die Karten erstellten Jean Barbier und Jutta Winter.

Der Autor verdankt seine Informationen den verschiedensten Quellen: privaten Archiven, dem persönlichen Gespräch mit Persönlichkeiten, die an den Ereignissen teilhatten, und Sammlungen der wichtigen Zeitungen und Zeitschriften. An erster Stelle ist das Archiv des *Paris-Match* – mit Esther Guyot – zu nennen. Zu besonderem Dank ist der Autor dem Council of Foreign Relations, New York, für das freundliche Entgegenkommen bei seinen Recherchen verpflichtet.

1. Kapitel   1945   Kontinent in Not
Europa bei Kriegsende

Mai bis Juli 1945

Wilhelm Keitel hatte im sowjetischen Hauptquartier Berlin-Karlshorst die Kapitulationserklärung Deutschlands unterzeichnet. Als er den Saal verließ, grüßte er durch Heben seines Marschallstabes. Niemand schien die Geste zu bemerken. Die Sieger erhoben sich nicht von ihren Stühlen.

In Mürwik bei Flensburg, nahe der dänischen Grenze, gab es noch den Schatten einer deutschen Regierung. Nachfolger Hitlers war Großadmiral Dönitz, den Hitler in seinem politischen Testament zu seinem Erben bestimmt hatte. Er wurde am 23. Mai mit seinen Mitarbeitern auf das Passagierschiff *Patria* berufen, auf dem sich der Sitz der Alliierten Kontrollkommission befand. Ein Offizier aus Eisenhowers persönlichem Stab teilte ihnen mit, daß sie alle ab sofort verhaftet seien. Der Großadmiral mußte wie die anderen die Hose herunterlassen, um sich einer Leibesvisitation zu unterziehen.

Das waren bewußte Demütigungen. Sie standen im Einklang mit der Direktive des Generalstabes der Streitkräfte der USA, die im April 1945 an den Oberbefehlshaber der Besatzungstruppen der USA, General Eisenhower, ergangen war. »Deutschland wird nicht besetzt zum Zwecke seiner Befreiung, sondern als ein besiegter Feindstaat. Ihr Ziel ist nicht die Unterdrückung, sondern die Besetzung Deutschlands, um gewisse wichtige alliierte Absichten zu verwirklichen. Bei der Durchführung der Besetzung und Verwaltung müssen Sie gerecht, aber fest und unnahbar sein. Die Verbrüderung mit den deutschen Beamten und der Bevölkerung werden Sie streng unterbinden.«

Churchill hätte die Flensburger Regierung lieber beibehalten. Er sah in ihr »ein nützliches Instrument«. Dönitz und seine Ratgeber, der ehemalige Rüstungsminister Speer, der ehemalige Finanzminister Schwerin-Krosigk, setzten sich zugunsten der von der Seeseite gekommenen Siegermächte ein. Vor allem bemühten sie sich, die Wissenschaftler und Ingenieure, welche die revolutionären Waffen: das Düsenflugzeug »Blitz«, das fliegende Geschoß V 1, die geflügelte Rakete V 2, das Walter-Turbinen-U-Boot konstruiert hatten, aus dem Machtbereich der Russen herauszuholen und in den Westen zu bringen. Dieser Eifer beunruhigte Eisenhower. Er sah, ebenso wie der verstorbene Präsident Roosevelt, die einzig mögliche Grundlage für den wiedergewonnenen Frieden in einer engen Verbindung zwischen Rußland und Amerika. Seiner Ansicht nach wollten Dönitz und dessen Mitarbeiter in das Bündnis der Sieger eine Bresche schlagen. Die Flensburger Regierung verschwand.

Deutschland war mehr als vollkommen besiegt: Es befand sich im Zustand der totalen Auflösung. Der Staat Deutschland war entmachtet. Die Herrschaft lag in den Händen der Alliierten. Die Reichsbehörden sowie die regionalen und örtlichen

Verwaltungsorgane hatten jeglichen rechtlichen Bestand verloren. Der öffentliche wie der private Besitz waren der Willkür des Eroberers ausgeliefert. Seit den Tagen der Barbaren war keinem Volk eine derartige Behandlung aufgezwungen worden. Deutschland war in den Armen seiner Bezwinger buchstäblich eine Leiche. Das war die äußerste, logische Folge des Prinzips der bedingungslosen Kapitulation, das 1943 bei der Konferenz in Casablanca aufgestellt worden war.

Gewiß, theoretisch handelte es sich um einen vorübergehenden Zustand. Die vier alliierten Oberbefehlshaber formulierten dies am 5. Juni in Berlin in ihrer gemeinsamen Erklärung: »Die Übernahme der Machtbefugnisse bewirkt nicht die Annexion Deutschlands ... Sobald Deutschland die wesentlichen Erfordernisse der bedingungslosen Kapitulation erfüllt hat, wird es Sache des deutschen Volkes sein, sein Leben auf demokratischen, friedlichen Grundlagen aufzubauen ...« Doch dieses Versprechen bedeutete in der Weltuntergangslandschaft nur einen unendlich weit entfernten Sonnenstrahl. Auf unbestimmte Zeit war die einzige Realität das Gesetz des Siegers.

Die Besetzung Deutschlands war durch eine am 12. September 1944 in London unterzeichnete und bei der Konferenz in Jalta bestätigte russisch-amerikanische Vereinbarung geregelt worden. Die Sowjetzone war durch die Linie Lübeck – Lauenburg – Helmstedt – Bad Harzburg – Koburg und Hof abgegrenzt, den Rest sollten die Amerikaner und Engländer untereinander teilen. Man hatte vereinbart, daß in Berlin eine »koordinierte Verwaltung« unter Führung einer Kommission arbeiten sollte, die sich aus dem russischen, amerikanischen und englischen Oberbefehlshaber zusammensetzte. Berlin selbst sollte nicht geteilt, sondern gemeinsam verwaltet werden. Für Österreich war eine analoge Regelung vorgesehen, wenngleich im Prinzip der Entschluß gefaßt worden war, Österreich als befreites Land zu behandeln und nicht als Teil des besiegten Deutschen Reiches.

In London hatte der Unterhändler des State Department, James Riddleberger, darauf hingewiesen, daß sich Berlin weit innerhalb der Sowjetzone befinden würde, und vorgeschlagen, die amerikanische und britische Zone so zu ziehen, daß sie schräg bis in die geteilte Hauptstadt verlaufen würden. John Winant, der Botschafter Roosevelts, hatte sich dem widersetzt. Er hatte es sogar abgelehnt, die Rechte der Alliierten auf die Zufahrtsstraßen nach Berlin ausdrücklich festzulegen. Er war überzeugt, derartige Vorsichtsmaßnahmen bedeuteten eine Äußerung von Mißtrauen – während die amerikanische Politik ihr Vertrauen in eine dauerhafte, freundschaftliche, aufrichtige Zusammenarbeit mit Rußland darlegen müsse.

Bei den letzten Kampfhandlungen hatte die Front jedoch nicht der in London festgelegten Aufteilung entsprochen. Die Amerikaner waren in die zukünftige Sowjetzone eingedrungen und hatten Thüringen und Sachsen erobert. Die Engländer hatten die Elbe überschritten und Magdeburg sowie einen Teil Mecklenburgs besetzt. Nach der Londoner Abmachung mußten sich die beiden westlichen Mächte zurückziehen, und die Russen ihrerseits mußten in Berlin Platz machen, dessen Einnahme den Sowjets allein überlassen worden war.

Frankreich stellte noch ein anderes Problem dar. Roosevelt und Stalin hatten sich 1943 in Teheran dahin geeinigt, daß Frankreich für »seine Zusammenarbeit mit den

Deutsche Grenzen 1937

Verschiebung der UdSSR-Grenze
nach Westen

Andere territoriale Gewinne

Grenzen von 1938, die 1945/46
verändert wurden

Länder, die von der Roten Armee
besetzt wurden und heute ein
sozialistisches System haben

Petsamo   Petsamo

Narvik

FINNLAND

SCHWEDEN

Trondheim

NORWEGEN

Karelien (Finnland)

Oslo   Leningrad

Helsinki   Reval
                           ESTLAND   Estland
Stockholm
                           Riga   Lettland
Göteborg   LETTLAND

DÄNEMARK   Memel   LITAUEN   Litauen
Kopenhagen   Königsberg Kovno   Königsberg
         Malmö   Danzig   OSTPREUSSEN   Wilna
NIEDER- Hamburg   Stettin POMMERN   UDSSR
LANDE   Bremen
Amsterdam   POLEN
         Berlin   Warschau
DEUTSCHLAND Posen   Brest Litowsk
Düsseldorf   Leipzig SCHLESIEN   Lodz   Ostpolen
Köln   Dresden   Lemberg
Frankfurt Breslau
LUX. Mainz   Krakau
Nürnberg Prag   Transkarpat. Gebiet
Stuttgart Pilsen Brünn
          TSCHECHOSLOWAKEI   Czernowitz   Moldau
München Linz Wien
Bern Innsbruck Salzburg   Budapest   Jassy
SCHWEIZ ÖSTERREICH Graz   UNGARN   Odessa
Mailand Gorizia   RUMÄNIEN
Turin Venedig Triest
Genua   Fiume   Belgrad   Bukarest
         (Rijeka)
Florenz Zara   JUGOSLAWIEN
         (Zadar)
ITALIEN   BULGARIEN
Rom I. Pelagosa   Skopje Sofia   Istanbul
         Tirana
         ALBANIEN   TÜRKEI
I. Saseno   GRIECHENLAND

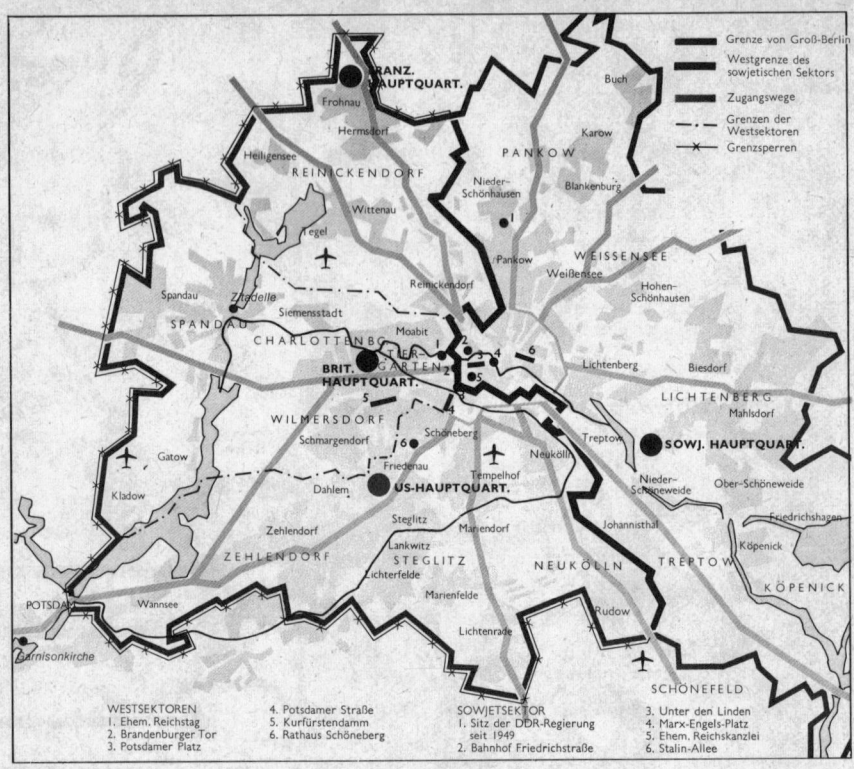

WESTSEKTOREN
1. Ehem. Reichstag
2. Brandenburger Tor
3. Potsdamer Platz
4. Potsdamer Straße
5. Kurfürstendamm
6. Rathaus Schöneberg

SOWJETSEKTOR
1. Sitz der DDR-Regierung seit 1949
2. Bahnhof Friedrichstraße
3. Unter den Linden
4. Marx-Engels-Platz
5. Ehem. Reichskanzlei
6. Stalin-Allee

Berlin nach 1945

Deutschen« bestraft werden solle. Sie hatten erklärt, »die Franzosen seien ein gutes Volk, doch brauchten sie völlig neue Führer, die nicht älter als 40 Jahre seien und die in der früheren französischen Regierung keine Posten bekleidet hätten«. Vorher könne man ihnen keine Rolle zugestehen. In Jalta hatten sich Churchill und Eden, laut Harry Hopkins, »für Frankreich wie die Löwen geschlagen« und eine Aufhebung dieser schonungslosen Verdammung durchgesetzt; es war ihnen gelungen, die widerstrebenden Russen und die zögernden Amerikaner dazu zu bringen, den Franzosen eine Beteiligung an der Besetzung Deutschlands zuzugestehen. Seit Jalta hatte die französische Armee die passive Rolle, die Eisenhower für sie am linken Rheinufer vorgesehen hatte, aufgegeben und hatte Süddeutschland bis zum Bodensee erobert und auch Österreich bis zum Brenner besetzt. Innerhalb welcher Gebietsgrenzen und unter welchen rechtlichen Bedingungen Frankreich jedoch das Sonderrecht ausüben sollte, dessen Anerkennung es durch Waffengewalt für sich in Anspruch genommen hatte, blieb noch zu klären.

Nach Churchills Ansicht gab es für eine neuerliche Zusammenkunft der Sieger einen Grund von schwerwiegender Bedeutung. Am 6. Mai – die Waffen schwiegen noch nicht – schrieb er dem neuen Präsidenten der Vereinigten Staaten, Harry Truman, und gab seiner Besorgnis über die Ziele der sowjetischen Politik in Europa Ausdruck. Er sagte, eine Dreierzusammenkunft sei vonnöten, um die Gefahr zu untersuchen und, wenn möglich, Garantien zu erwirken. Inzwischen, riet Churchill, sollte man die Positionen, die durch die anglo-amerikanischen Armeen in Deutschland, Österreich, der Tschechoslowakei und Jugoslawien erobert worden waren, »nicht aufgeben«.

Im Laufe der folgenden Wochen mehrten sich die Warnungen, wurden immer besorgter. Churchill zeichnete ein Europa, das »vom Nordkap bis zum Isonzo« in der Hand der Russen sei: Polen »völlig überwältigt und tief begraben in Ländern, die von den Russen besetzt sind«, ein großer Teil Österreichs und Deutschlands, die ganze Tschechoslowakei, ganz Ungarn, Rumänien, Bulgarien, Jugoslawien und damit sämtliche Hauptstädte an der Donau und auf dem Balkan in der Gewalt der Sowjets. Der Krieg im Pazifik, die öffentliche Meinung in den Vereinigten Staaten erheischten die beschleunigte Abberufung der amerikanischen Truppen. Nach ihrem Abzug und der Demobilisierung Englands sei keine Macht mehr da, die die rote Flut einzudämmen vermöge. Deshalb sei es unbedingt nötig, Klarheit zu gewinnen, »ehe wir unsere Armeen bis zur Ohnmacht schwächen und uns auf unsere Besatzungszonen zurückziehen«. Ein Treffen auf höchster Ebene, »a personal meeting«, sei die einzige Art und Weise, das zu erreichen.

Dieses überwältigend pessimistische politische Gemälde war für Harry S. Truman bestimmt. Der neue Präsident war am 8. Mai 1884 an der Grenze zwischen Missouri und Kansas, im Herzen des protestantischen, isolationistischen Teiles des amerikanischen Kontinents, geboren. Seine Kindheit und Jugend hatte er auf den Farmen seines Vaters zwischen dem Cass County und der kleinen Stadt Independence verbracht, in der die Mormonen auf ihrer Kreuzfahrt nach dem Westen gerastet hatten. Er wäre Berufsoffizier geworden, wenn ihm seine Kurzsichtigkeit nicht den Eintritt in die Militärakademie West Point unmöglich gemacht hätte. Statt dessen diente er in der Nationalgarde von Missouri; 1918 befehligte er an der französischen Front eine Batterie des 129. Feldartillerieregiments, das wenige Stunden vor dem Waffenstillstand seine erste Salve abfeuerte. Als er aus dem Krieg zurückkehrte, war er 35 Jahre alt und heiratete eine Freundin aus seiner Kindheit, Bess Wallace; seine Hochzeitsreise machte er, wie er erzählt, nach Chikago. Amerika lebte damals im Wohlstand, was jedoch Hauptmann Truman nicht daran hinderte, mit dem Kleinwarenhandel, den er in Kansas City begonnen hatte, Konkurs zu machen. Die Politik bot sich ihm als Rettung. Truman schloß sich der »demokratischen Maschine« Tom Pendergasts an, dessen Laufbahn in einem Bundesgefängnis enden sollte, und wurde (ohne die geringste Ahnung von Rechtswissenschaft zu haben, wie er zugibt) zum Bezirksrichter gewählt; später, 1935, wurde er von Pendergast in den Senat der Vereinigten Staaten entsandt. Er trat voll Demut diese Aufgabe an, überzeugt, einen Gipfelpunkt erreicht zu haben, von dem er in seiner Jugend nicht zu träumen gewagt hätte. 1944 wurde er durch die Proporzerwägungen des Parteitages der Demokraten zum Vizepräsidenten. Und sechs Monate darauf erreichte Truman durch Roosevelts Tod den höchsten Rang: Er hatte die gerade erst begonnene Präsidentschaftsperiode zu Ende zu führen.

Der neue Präsident verließ nicht sofort die von Roosevelt eingeschlagenen Bahnen. Auch er träumte von einem russisch-amerikanischen Zweiergespräch, das die Zukunft der Welt regeln würde. Anfang Juni reiste sein Sonderbotschafter, Joseph E. Davies, vormaliger Botschafter in Moskau, nach London, um Churchill zu ersuchen, sein Einverständnis zu einem Treffen Stalin-Truman zu erteilen, zu dem er, Churchill, »einige Tage später« hinzukommen sollte. Churchill wies diesen demütigenden Vorschlag zurück und versuchte dem amerikanischen Abgesandten die Augen über die sowjetische Gefahr zu öffnen. »Ich konnte mich nicht enthalten, dem Premierminister zu sagen«, schrieb Davies an Truman, »daß er sich doch mit Deutschland hätte verbünden sollen, anstatt es zu bekämpfen, da er von Rußland genau das behauptete, was die ständige These Hitlers und Goebbels' gewesen ist.«

Zur gleichen Zeit wie Davies nach London war ein Sterbender, der Schatten eines Toten, die alte Graue Eminenz Roosevelts, Harry Hopkins, nach Moskau geflogen. Stalin begegnete ihm mit großer Hochachtung, doch in seiner Haltung blieb er unerschütterlich. Er machte die Rücknahme der westlichen Streitkräfte zur Bedingung für ein Gipfeltreffen und lehnte einen anderen Konferenzort als Moskau oder Berlin ab. Hopkins war ebenso beunruhigt wie Churchill, als er nach Washington zurückkehrte. Er warnte Truman: »Die gleichen Worte bedeuten für die Russen nicht das gleiche wie für uns.«

Churchill wollte sich nicht fügen. Was man riskierte, war, wie er sagte, die nur symbolische Anwesenheit in einem »vollkommen sowjetisierten Berlin«. Es wäre besser, den Russen die völlig zerstörte ehemalige Hauptstadt zu überlassen. Man würde dem Westen zwei reiche deutsche Provinzen erhalten und sich »einen der betrüblichsten Vorgänge der Geschichte ersparen: daß die Flut der russischen Herrschaft auf einer 500 oder 600 Kilometer breiten Front um 200 Kilometer weit vorbrauste«.

Truman antwortete am 12. Juni. Er verschanzte sich hinter Roosevelt. Dieser hatte »nach langer Überlegung und eingehender Diskussion« die für die Besetzung Deutschlands getroffenen Anordnungen genehmigt. Sie neuerlich in Frage zu stellen bedeute, »daß unsere Beziehungen zu den Sowjets sehr leiden würden«. So ließ der Präsident den Premierminister wissen, daß er Befehl erteile, Sachsen und Thüringen zu räumen. Er hoffte, die britische Regierung werde seinem Beispiel folgen, damit die Truppen der Westmächte nach Berlin eingelassen würden und die Dreierkonferenz dort beginnen könnte.

Churchill fügte sich. Die Räumung wurde vom 1. bis zum 4. Juli durchgeführt. Scharen von Zivilisten, die sich den motorisierten Kolonnen angeschlossen hatten, wurden an der Demarkationslinie zurückgehalten. Die dem Bolschewismus ausgelieferte Bevölkerung pfiff die abziehenden Eroberer aus und verfluchte sie.

Nun war es an den Russen, nachzugeben und die Soldaten der Westmächte nach Berlin einzulassen. Eisenhowers Beauftragter für die Verwaltung Deutschlands, General Lucius Du Bignon Clay, hatte einen Marschplan erstellt, der zwei Straßen und drei Eisenbahnlinien vorsah. Marschall Schukow lehnte diesen Plan ab und gestattete

1 bis 3 Das Lächeln der Sieger dauerte nicht lange: In Torgau an der Elbe verbrüdern sich amerikanische und sowjetische Truppen, während der US-Oberkommandierende Eisenhower und General Schukow in Berlin auf den Sieg anstoßen. Das Land, das sie erobert haben, liegt – wie Nürnberg (folgende Seite) – in Trümmern.

4 Die Sieger des Zweiten Weltkriegs: Marschall Stalin, Winston Churchill, Präsident Truman mit ihrem Stab während der Potsdamer Konferenz im Schloß Cecilienhof im Juli 1945. – 5 Er gewann den Krieg und verlor bei den englischen Unterhauswahlen sein Amt als Premierminister: Churchill auf einer Wahlkundgebung 1945.

nur den Zugang über die Autobahn Helmstedt-Berlin. Clay glaubte für die Zukunft Vorsorge zu treffen, indem er erklärte, er werde sich an die interallierte Behörde wenden. »Ich gebe zu, daß ich unrecht hatte«, bekannte er später. »Ich hätte den freien Zugang nach Berlin zur Bedingung für unseren Abzug machen sollen.«

Am 3. Juli setzte sich über die Autobahn eine aus 4000 Fahrzeugen bestehende Kolonne in Bewegung, die einen Teil der 2. US-Panzerdivision heranführte. Bei Helmstedt wurde sie durch eine sowjetische Sperre aufgehalten. Die Russen verlangten eine genaue Aufstellung der Personen und der Waffen. Der Wortwechsel in der sengenden Sonne dauerte zwei Stunden, die Verkehrsstockung erstreckte sich über Dutzende von Kilometern. Der Auseinandersetzungen müde, gaben die Amerikaner nach und schufen dadurch einen Präzedenzfall. Sie kamen erst mitten in der Nacht in Berlin an, erschöpft und wütend. Die Erfahrungen der gemeinsamen Besatzung hatten begonnen. (*Forts. Deutschland S. 43*)

Das Schicksal Englands ruht in versiegelten Urnen

Am Tag nach diesem unrühmlichen Einzug fanden in England die Wahlen statt. Die Urnen blieben jedoch versiegelt. Die Stimmzählung wurde auf den 25. Juli verschoben, damit die Wahlzettel der über die ganze Welt verstreuten Soldaten in ihrem Wahlkreis eintreffen konnten.

Churchill hatte diese Volksbefragung bis zur Niederringung Japans verschieben wollen. Er hatte dem Labourführer Clement Attlee am 18. Mai vorgeschlagen, »die Koalition bis zum Herbst fortzusetzen und sie nicht gleich nach der Niederlage Deutschlands aufzulösen«. Vier Tage später hatte die Labourpartei bei ihrem Parteitag in Blackpool den Vorschlag des Premierministers einstimmig abgelehnt. Ein Wind von links blies in der Partei. Der haßerfüllte Aneurin Bevan, der rote Aristokrat Sir Stafford Cripps, der marxistische Theoretiker Harold Laski führten sie dem Extremismus in die Arme. Ein Vorschlag zur Koalition mit der Kommunistischen Partei wurde nur mit 1 314 000 Stimmen gegen 1 219 000 abgelehnt.

Die Ablehnung der Labourpartei machte dem Kriegskabinett ein Ende. Es hatte seit dem 10. Mai 1940 regiert, fünf Jahre und dreizehn Tage, die eine der härtesten und mit vollkommenstem Gleichmut ertragenen Prüfungen der gesamten englischen Geschichte darstellten. Am Mittag des 23. Mai hatte der Regierungschef, Winston Spencer Churchill, im Buckingham Palace seine Demission eingereicht. Um 16 Uhr zurückberufen, war er Chef einer einheitlichen konservativen Regierung geworden, die im Unterhaus über eine Mehrheit von 100 Stimmen verfügte. Er hatte jedoch erklärt, er werde sich bis zu den auf den 5. Juli festgesetzten Neuwahlen auf die Erledigung der laufenden Geschäfte beschränken. Bei den Wahlen hatten die Abgeordneten des Unterhauses ihre Sitze seit neun Jahren inne, nahezu das Doppelte einer normalen Mandatsperiode. Von den am 14. November 1936 gewählten 615 Abgeordneten befanden sich im Augenblick ihres Auseinandergehens nur noch kaum 400 am Leben.

Der Wahlkampf war hart gewesen. Bevan hatte die Abschaffung der Monarchie verlangt und Laski die Machtergreifung durch Gewalt gepredigt. Der Ausgang der Wahlen war nicht vorherzusehen gewesen. Die Wähler unter Dreißig, und das waren zehn Millionen von achtundzwanzig, hatten noch nie einen Wahlzettel in der Hand gehabt. Die Massen waren mürrisch, müde, ärmlich gekleidet. Im schwergeprüften Land waren 4 500 000 Häuser zerstört oder beschädigt. Die Regierung hatte an die Autofahrer eine kleine Benzinration verteilen und die Beleuchtung in London instand setzen lassen, um die Bevölkerung aufzumuntern, doch diese Vorboten besserer Zeiten waren durch eine Herabsetzung der wöchentlichen Speckration von 120 auf 90 Gramm getrübt worden. Die Demobilisierung begann, und die Angst vor Arbeitslosigkeit erfüllte die Menschen.

Churchill hatte in seinem Wahlkreis Woodford, in Essex, nur einen recht wirklichkeitsfremden Gegenkandidaten namens Alexander Hancock, der für einen einzigen Arbeitstag in der Woche war. Niemand bestritt die Dienste, die der Premierminister England in der Stunde seiner größten Gefahr geleistet hatte, doch er hatte am 30. November 1944 seinen 70. Geburtstag gefeiert, und die Mühsal des Krieges hatte ebenso wie der Taumel des Triumphes seinen Charakter, der sich nie durch besondere Umgänglichkeit ausgezeichnet hatte, völlig unerträglich gemacht. Er hatte sich mit Ingrimm in den Wahlkampf gestürzt und im Sozialismus »die Maske des Totalitarismus, die verächtliche Anbetung des Staates, eine ungeschickte tyrannische Hand, die jedem Mann und jeder Frau Nase und Mund verschließt«, angeprangert. Viele Konservative hatten diese entfesselte Sprache für übertrieben angesehen und unter Hinweis auf den Abscheu der Engländer gegenüber der persönlichen Macht ihre Partei vor dem Volksbefragungscharakter gewarnt, den Churchill der Wahl gab. Doch Beaverbrook und die Lieblingsratgeber des Premiers hatten ihm immer wieder beteuert, daß seine Beliebtheit ungeheuer und sein Sieg gesichert sei.

Nachdem er seine Stimme abgegeben hatte, begab sich Churchill nach Mimizan in den Landes, südlich von Bordeaux, wo ihm der Herzog von Westminster seine Villa zur Verfügung stellte. Es verblieben ihm zehn Tage, um sich vor der Konferenz der Großen Drei zu erholen, die am 16. in Potsdam beginnen sollte. Er machte die elegante Geste, Clement Attlee zur Teilnahme an der britischen Delegation einzuladen, damit die Kontinuität gewahrt bleibe, wie immer auch die Wahlen ausgehen würden. Zur großen Unzufriedenheit der linksstehenden Labourmitglieder nahm Attlee die Einladung an. Churchill hoffte, daß seine elegante Geste umsonst sein werde, dennoch sagte er: »Diese Wahlgeschichte kreist über mir wie ein Geier in der Luft.« Er brüllte sein Gefolge an und behandelte die Ortsbehörden geradezu grob, die sich die größte Mühe gaben, ihm die Bewunderung und den Dank des französischen Volkes auszudrücken. (Forts. Großbritannien S. 35)

De Gaulle gegen die Anarchie

Dieses Frankreich, das dem alten, müden britischen Löwen sein Herz und seine Sonne bot, hatte schwere, düstere Stunden hinter sich. Die Befreiung war unter fürchterlichen Begleitumständen vor sich gegangen. In Mittel- und Südfrankreich hatten sich regelrechte Sowjetrepubliken, aufständische Kommunen, gebildet. Entsetzliche Ausschreitungen hatten die Befreiung des Landes verdunkelt und besudelt. Es ist unmöglich, die fürchterlichen Einzelheiten tatsächlich zu schildern. Ein Vierteljahrhundert ist seither vergangen, und immer noch werden sie durch eine Verschwörung des Schweigens, ein Komplott von Interessen geheimgehalten.

Zur Zeit, da dieser Bericht beginnt, waren die ärgsten Exzesse schon vorbei. Das Lynchen hatte aufgehört. Die Morde waren selten geworden. Die Privatgefängnisse waren geöffnet worden. Die Volksgerichtshöfe wurden nicht mehr geduldet. Hingegen hatte sich ein ungeheurer Rechtsapparat in Bewegung gesetzt, um die tatsächlichen und angeblichen Fälle von Kollaboration zu untersuchen. Siebenundzwanzig Gerichtshöfe waren eingesetzt worden, jedem einzelnen war eine Bürgerkammer beigegeben, die außerdem über »nationale Unwürdigkeit« erkannte. Die hohen Persönlichkeiten des nun von der Fünften Republik abgelösten französischen Ex-Staates, von Marschall Pétain bis zu den Hochkommissaren und Generalsekretären, kamen vor den Obersten Gerichtshof. In allen öffentlichen Ämtern, in den meisten Berufen waren Säuberungskommissionen am Werk. Das allen diesen Gerichten gemeinsame Merkmal bestand darin, daß die Richter Männer der Widerstandsbewegung waren, in denen noch das Feuer des Kampfes brannte und die naturgemäß außerstande waren, Gerechtigkeit und Rache auseinanderzuhalten; gewöhnlich verfolgten sie ein politisches Ziel: die Weiterführung der Befreiung durch die Revolution. Vor diesem Hintergrund gerieten auch die rechtmäßigen und notwendigsten Urteile in Mißkredit.

Anfang Mai warteten mehr als 100 000 Menschen in Gefängnissen, die schlimmer überfüllt waren als jene von 1793, auf ihre Aburteilung. Der Pariser Gerichtshof hatte sich, entsetzt über die Menge der Akten, in zehn Abteilungen gegliedert. Die legalen Erschießungskommandos waren seit dem 9. November in Tätigkeit; ihr erstes Opfer war Georges Suarez, der Biograph Clemenceaus. Zwei andere Schriftsteller, Paul Chack (*On se bat sur mer*) und der 36jährige Robert Brasillach, einer der Besten seiner Generation, waren erschossen worden. Der Pamphletist Henri Béraud, der vorgeschlagen hatte, die Engländer zu Sklaven zu machen, hatte das Glück, an einen milden Tag General de Gaulles zu geraten, der seine Todesstrafe aufhob. In Lyon wurde Charles Maurras, der die Republik und ihr Gericht in Worten von unglaublicher Kühnheit herausgefordert hatte, zu lebenslänglichem Zuchthaus verurteilt. Derselbe Gerichtshof verurteilte aber den vormaligen Präfekten des Départements Rhône, Angeli, der der Résistance immer wieder geholfen hatte, zum Tode. Das Urteil war derart ungerecht, daß es vom Berufungsgericht unter dem Vorwand eines Formfehlers aufgehoben wurde, doch Angeli entkam nur mit knapper Not einem Haufen von Aufrührern, die ins Gefängnis eingebrochen waren, um ihn zu töten. Im März brach das Oberste Gericht den Stab über Admiral Esteva, den vormaligen Statthalter von Tunesien; seine Strafe, lebenslänglich Zuchthaus, hatte er bald verbüßt, denn er starb kurz darauf infolge schlechter Behandlung in der Haftanstalt. Unter den einigen hundert Menschen, die zwischen der Befreiung und der Beendigung der Feindseligkeiten verurteilt und hingerichtet wurden, waren sowohl Verräter, Folterknechte und Denunzianten, die hundertfach den Tod verdient hatten, wie auch Unglückliche, die mit einigen Jahren Verlust der bürgerlichen Ehrenrechte davongekommen wären, wenn sie ein Jahr später vor den gleichen Gerichten gestanden hätten.

Doch dann begann eine zweite Säuberungswelle. Die deutsche Niederlage lieferte jene Franzosen, die freiwillig oder auch gezwungen der Wehrmacht über den Rhein gefolgt waren, dem nationalen Strafgericht der Franzosen aus. Am 26. April hatte sich Marschall Pétain, der von dem Vorschlag, in der Schweiz um Asyl anzusuchen, nichts hören wollte, den französischen Behörden gestellt; er erwartete seine Aburteilung im Fort Montrouge. Laval war nach Spanien geflohen, dort hatte ihn Franco, dem er sehr ungelegen kam, in der Festung Montjuich eingekerkert. Mit Ausnahme von Doriot, der auf einer deutschen Straße von Jagdbombern getötet worden war, hatten die französischen Hitleranhänger von Rang versucht, in den Menschenmassen unterzutauchen, die bei der Niederlage durch Deutschland strömten. Die meisten, wie Fernand de Brinon, Jean Luchaire, Marcel Bucard, Joseph Darnand, Jean Hérold-Paquis usw., wurden nacheinander festgenommen. Der folgende Sommer war noch überaus anstrengend für die Richter. Die großen Prozesse der Befreiung nahmen ihren Anfang.

Materiell gesehen war die Lage in Frankreich nicht so hoffnungslos wie in Deutschland. Seine Hauptstadt war unbeschädigt, seine wichtigsten Städte waren den Massenzerstörungen entgangen, und nur zwei seiner Landesteile, die Normandie und das Elsaß, waren durch Schlachten weitgehend verwüstet worden. Dennoch waren die Schäden gewaltig, die durch den Krieg direkt entstandenen wurden auf 1440 Milliarden Francs vom Kurswert des Jahres 1939 geschätzt, was etwa hundert Milliarden Dollar entspricht. Die an die Besatzungstruppen geleisteten Zahlungen und die Beschlagnahmen, die den Verbindungslinien zugefügten Schäden, der aus Mangel an Instandhaltung entstandene Verfall betrugen zusammen noch weitere 1500 Milliarden zum gleichen Kurswert, wodurch sich der im Laufe der Feindseligkeiten verlorengegangene Anteil des Nationalvermögens auf 42,5 % belief. Von den 9 975 000 Häusern des Jahres 1939 waren 441 000 vollkommen und 1 344 000 teilweise zerstört. Der Ertrag der Landwirtschaft war bei Getreide um 45 %, bei Fleisch um 55 % und bei Milch um 60 % zurückgegangen. Die Industrieproduktion fiel praktisch ganz aus. Die Gußeisen- und Stahlerzeugung betrug im September 1944 7000 Tonnen, gegenüber 500 000 Tonnen monatlich vor dem Kriege, und der Gesamtwert der Industrieerzeugung des ganzen Jahres erreichte nicht einmal ein Drittel der Normalhöhe. Von 500 000 Lastwagen waren 300 000 verschwunden, und die noch verfügbaren waren verbraucht. Von 17 000 Lokomotiven gab es bei der Befreiung noch 2900 in betriebsfähigem Zustand und von 496 000 Waggons noch 243 000, von denen 80 000 in ganz schlechtem Zustand waren. 115 große Bahnhöfe, 24 Rangierbahnhöfe, 27 Tunnels, 1900 Brücken und Viadukte waren zerstört oder schwer beschädigt. Über die Rhône, die Loire und die Seine gab es von Lyon, Nevers und Paris bis zur Mündung dieser Flüsse in die See keine einzige Brücke mehr.

Vielleicht sind manche dieser Ziffern, die für die Akten der Wiedergutmachung zusammengestellt wurden, überhöht, doch die von den Dienststellen der Botschaft der

24

Vereinigten Staaten aufgestellte Endabrechnung sah fast ebenso düster aus. Der Botschafter Jefferson Caffery war der Ansicht, daß Frankreich zwanzig Jahre brauchen werde, um das Zerstörte wieder aufzubauen, und auch das noch unter der Voraussetzung, daß die Lebenskraft des Volkes nicht so stark beeinträchtigt war, daß der entsprechende Einsatz nicht geleistet werden konnte.

Tatsächlich war das aber zu befürchten. Frankreich befand sich seit den schweren Menschenverlusten der Napoleonischen Kriege auf dem Abstieg. Im 19. Jahrhundert war es in der Rangordnung der Großmächte gesunken, und im 20. Jahrhundert hatte sich trotz des mörderischen Sieges von 1918 sein Niedergang noch beschleunigt. Der soeben beendete Krieg hatte das Land nicht so sehr zur Ader gelassen wie der vorhergegangene – obwohl die Verluste (dies mag eine überhöhte Zahl sein) auf 650 000 Menschenleben geschätzt werden. Aber 2 Millionen Franzosen hatten fünf Jahre in den Gefangenenlagern verbracht; der durch ihre Abwesenheit verursachte Geburtenausfall wird auf 1 250 000 geschätzt. Bei Zugrundelegung der Vorkriegs-Geburtenraten führten diese Angaben zu dem Schluß, daß die Bevölkerungszahl Frankreichs bis zum Ende des Jahrhunderts auf 22 Millionen zurückgehen werde. Würde ein Land, in dem die Bevölkerung mit solcher Geschwindigkeit abnahm, physisch imstande sein, seine Ruinen wiederaufzubauen und wieder einen der ersten Plätze unter den Nationen einzunehmen?

Charles de Gaulle gestattete auch nicht den leisesten Zweifel daran. Seine Reden kehrten unaufhörlich zu dem gleichen Thema zurück: »Frankreich, die große Nation.« Eine große Nation in Lumpen, eine große Nation, die friert, eine große Nation, die verhungert. Die Lebensmittelrationen waren geringer als unter der deutschen Besatzung: 200 Gramm Brot am Tag, 125 Gramm Fleisch (»mit Knochen«) in der Woche, 250 Gramm Fisch alle zwei bis drei Wochen, 200 Gramm Butter und ein Pfund Zucker im Monat. Die Versorgung war nicht nur unzureichend, sondern infolge der mangelhaften Lager und der schlechten Transportverhältnisse auch unsicher. Anfang 1945 hatte Frankreich nur einen Vorrat von 6000 Tonnen Zucker, da die Ernte des Jahres 1944 nur einen Ertrag von 293 000 Tonnen anstatt der 800 000 zu normalen Zeiten erbracht hatte. Die Milch war so rar, daß sie – ihr vorgeschriebener Preis betrug 6 Francs – für weniger als 60 Francs so gut wie nicht aufzutreiben war. Wie zur Zeit der Französischen Revolution grollte der Volkszorn gegen Bäcker, Fleischer, Milchhändler, gegen den Schwarzmarkt, diese riesige und ungreifbare, skandalöse und notwendige Einrichtung, gegen die Vergünstigungen jeder Art, die die unterschiedliche Versorgung der Mägen rechtfertigen. In den *Hallen* kam es zu Kundgebungen gegen Soldaten, die mit Vorzugsgenehmigungen Obst und Gemüse zusammenrafften. Mitten im 20. Jahrhundert, mitten in Paris, ließ die alte Frage der Lebensmittelversorgung Hungeraufstände befürchten.

Nicht minder groß waren die finanziellen Schwierigkeiten. Trotz der Zahlungen an die Besatzungsmacht, die 400 bis 500 Millionen pro Tag ausmachten, war es der Vichy-Regierung gelungen, die Franc-Abwertung einzudämmen und den Staatskredit aufrechtzuerhalten. Die Regierung General de Gaulles, deren Finanzminister René Pleven und deren Wirtschaftsminister Pierre Mendès-France waren, versuchte eine Politik der Deflation, doch die widrigen Verhältnisse wogen zu schwer. Der

Haushalt 1945 konnte nur 154 Milliarden Einkünfte gegenüber 390 Milliarden ziviler und militärischer Ausgaben aufweisen. Der Druck der Bevölkerung erzwang eine bedeutende Erhöhung der Löhne: um 45 % im Herbst 1944, im Frühjahr 1945 neuerlich um 30 bis 35 %. Der Monatslohn eines Arbeiters erreichte im Durchschnitt 3470 Francs, der eines Angestellten 3990 Francs und der eines Werkmeisters 5985 Francs. Das waren, angesichts der Leere des regulären Marktes und der hohen Preise des Schwarzmarktes, praktisch unnütze, symbolische Summen.

Der Lieblingstraum der Regierung wäre es gewesen, dennoch die Preise halten zu können. An die Industriellen erging der Beschluß, daß das durch die Lohnerhöhungen verursachte Ansteigen der Gestehungspreise von den mit der Blockierung der Preise beauftragten Dienststellen nicht berücksichtigt werde. Man rechnete damit, daß die Steigerung der Industrieproduktion diese Entscheidung gegen den gesunden Menschenverstand rechtfertigen würde. Doch der Mangel an Beförderungsmitteln, an Kohle, Rohstoffen, Werkzeugen verlangsamte den Neubeginn außerordentlich. Ein Jahr nach der Befreiung war der Index der Industrieproduktion erst wieder auf 45 % des Standes von 1938 gestiegen. Die Preisschranken gaben unter der Wirkung ihrer Widersinnigkeit nach. Im Juni ließ der Umtausch der Banknoten den Geldumlauf abschwellen, doch im darauffolgenden Monat stieg er wieder an. Frankreich hatte unter der erdrückenden Belastung der Besatzung seine Währung zu halten vermocht; nach der Befreiung stürzte es sich in die Inflationsspirale.

Es beging einen noch viel schwerer gutzumachenden Fehler, indem es einen übermäßig großen Teil seiner Wirtschaft dem am meisten veralteten Wirtschaftssystem, dem Staatssozialismus, überantwortete. Ebenso wie in England war die Tendenz dazu unwiderstehlich. Die gemäßigtste der aus der Befreiung hervorgegangenen Parteien, das *Mouvement Républicain Populaire*, MRP, hatte auf ihrem Programm die Verstaatlichung der Transportmittel, der Energiequellen, der Düngemittel und Rohstoffe, der Hütten- und Eisenindustrie, der Versicherungen und – als größten Widersinn – des Kreditwesens. De Gaulle trat für dieses Hirngespinst mit wundervoll klingenden Phrasen über die Rechte der Nation ein. Natürlich hatten die Renaultwerke für Deutschland gearbeitet, die Arbeiter hatten das im Jahre 1940 verlangt, als Stalin noch Hitlers bester Freund war. Man benutzte dies als Vorwand, um die Renaultwerke zu verstaatlichen; als Louis Renault von dieser Maßnahme erfuhr, erlitt er eine Herzattacke. Auch die Kohlengruben wurden vom ersten Schub der Verstaatlichung betroffen, wodurch sie, obgleich das Programm des MRP nicht strikt durchgeführt wurde, zu einer riesigen Last wurden, die der französische Staat seither zu schleppen hat.

Noch ein anderes Knacken, Vorbote eines Risses, eines langen, dramatischen Prozesses, war zu vernehmen. Beansprucht durch die Versorgungsprobleme, betäubt durch die kläffenden Scharfmacher der Säuberung, der Nachrichten beraubt durch den Mangel an Zeitungen, hörte Frankreich nichts davon.

Sétif ist eine Unterpräfektur des Departements Constantine. Dort las man auf der schmalen Fassade einer Apotheke den Namen ihres Besitzers: Ferhat Abbas. Sohn eines Aga, der als Kommandeur der Ehrenlegion gestorben war, hatte Ferhat Abbas im Jahre 1943 das »Manifest des algerischen Volkes« verfaßt: »Die Mohammedaner

Algeriens vergießen ihr Blut für Frankreich, doch im Kolonialsystem werden sie, Fremde in ihrer eigenen Heimat, um Hab und Gut gebracht, versklavt und außerhalb der französischen Gemeinschaft gehalten.« Am 7. Mai, dem Tag der deutschen Kapitulation, waren es nur die europäischen Frontkämpfer, die zum Gefallenendenkmal zogen. Bei dem am folgenden Tag abgehaltenen Umzug der Mohammedaner ertönten Haßrufe, es wimmelte von aufrührerischen Transparenten, aber der Zug konnte dem Ordnungsdienst entkommen. Neunundzwanzig Europäer wurden ermordet. Die Gewalttaten griffen von der Stadt auf das Land über, verbreiteten sich in der Kleinen Kabylei und auf dem Plateau von Constantine. Landwirte, Forstbeamte, ein Friedensrichter und seine Frau, insgesamt 104 Europäer, wurden ermordet. In ihrem Sadismus hatten die Araber die Leichen verstümmelt und geschändet – die Strafmaßnahmen waren unbarmherzig. 4560 Verhaftungen und 181 Todesurteile machen nur jenen Teil aus, den man offiziell eingestehen kann. Motorisierte Kolonnen von Fremdenlegionären und Senegalschützen durchstreiften das Hinterland und verbreiteten Mord, Brand und Haß. Die algerischen Nationalisten ließen von der Behauptung nicht ab, daß 40 000 Menschen getötet worden seien. Das verhaßte französische System, das im Namen des Staatsinteresses die rechtsgültigen Dokumente vernichtete und die Nachforschungen lähmte, gestattete es nicht, ihnen zu widersprechen.

Für den Moment hatte der Terror Erfolg. In Algerien trat wieder Ruhe ein. Die Nationalistenführer bekamen Angst, brandmarkten »Unruhestifter« als verantwortlich für die Unruhen in Sétif und beteuerten ihre Ergebenheit. Tixier, der Innenminister, und Tubert, der Vorsitzende der Untersuchungskommission, stellten die Tatsachen in rosigem Licht dar. Das Mutterland vergaß. Das mohammedanische Algerien dachte ständig daran.

Das größte Rätsel im befreiten Frankreich war die Haltung der Kommunistischen Partei. Bei ihr war alles möglich. Die Früchte einer blutigen, ränkevollen Vorbereitung waren reif. Sie streckte die Hand nicht aus, um sie zu pflücken.

Solange Stalin Hitlers Verbündeter gewesen war, hatten die Kommunisten die Landesverteidigung sabotiert, und ihr Chef, Maurice Thorez, war ins Ausland desertiert. Sie hatten sich in den Untergrund geflüchtet und bis zum 21. Juni 1941 das Zusammengehen mit Deutschland verlangt, während sie de Gaulle bezichtigten, ein bezahlter Agent des britischen Imperialismus zu sein. Ihr Widerstand gegen Deutschland hatte in dem Augenblick begonnen, da die deutschen Soldaten den von Rußland gemäß dem Teilungsvertrag, der am 23. August 1939 von Molotow und Ribbentrop in Moskau unterzeichnet worden war, annektierten polnischen Boden betraten. Zweifellos hatten sie unter der Unterdrückung schlimmer zu leiden als jede andere politische Partei Frankreichs. Aber ebensowenig läßt sich bestreiten, daß die Kommunistische Partei niemals aufgehört hat, den Bürgerkrieg und den Krieg gegen die Besatzung gleichzeitig zu führen, Revolution und Befreiung gleichzeitig vorzubereiten, daß sie ebenso viele oder noch mehr französische Bürger liquidiert hat als deutsche Soldaten. So verworren, so gefälscht die Geschichte der Widerstandsbewegung auch sein mag, sie zeigt doch, daß de Gaulle von den Kommunisten nie als etwas anderes betrachtet wurde denn als ein Klassenfeind, der für den Moment einen

Kampf führte, der mit dem ihren parallel lief. »Ein Maurras-Oberst«, sagte der Chef der *Francs Tireurs Partisans (FTP)*, Charles Tillon. »Unser Chef«, sagten seine Partisanen, »ist nicht de Gaulle, sondern Stalin. Frankreich ist unser Land, die UdSSR ist unsere Heimat . . .«

In Polen, in Rumänien, in Jugoslawien – unter den Fittichen der Sowjetarmee – hatten sich die Kommunisten brutal das Monopol des Patriotismus angemaßt. Sie bezichtigten die mit ihnen rivalisierenden Widerstandsgruppen des Verrates; sie lieferten Männer wie Mihailović, Maniu oder Mikolajczyk dem Henker aus, warfen sie ins Gefängnis oder zwangen sie, ins Exil zu gehen. In Frankreich konnten sie nicht so weit gehen und Frenay oder Bidault das gleiche Los bereiten. Doch sie stellten sich als die einzige tatsächliche Streitmacht dar, die das französische Volk gegen die Besatzung aufgestellt hatte. Sie nannten sich die Partei der Erschossenen und behaupteten, daß 75 000 ihrer Leute hingerichtet worden seien – während der französische Ankläger beim Nürnberger Prozeß die Gesamtzahl der während der Besetzung hingerichteten Franzosen mit 29 260 errechnete. Ihre Märtyrer – und die Angst – verschlossen allen jenen den Mund, die sich der Vergangenheit entsannen oder die Zukunft fürchteten.

Alles drängte sich zu dieser beinahe siegreichen Partei. Die Arbeiterbewegung geriet völlig unter ihre Kontrolle. Ihre Mitgliederlisten füllten sich mit unzähligen Namen. Eine Unmenge von Opportunisten, Angehörige der Armee, der öffentlichen Verwaltung, der Privatindustrie, manchmal des Großbürgertums, stellten sich ihr zur Verfügung. Dieser gewaltige Block wurde von einer einzigen Kraft aufgewogen, und diese Kraft war ein Mann allein!

Charles de Gaulle war jetzt 55 Jahre alt, er hatte seine magere Figur behalten, und seine Haare waren noch schwarz, aber – erstes Zeichen des Alters – nur, weil er sie färbte. In Betonung des provisorischen Charakters der Macht, die er bekleidete, lehnte er es ab, in einem der offiziellen Palais zu residieren, und wohnte in einer beschlagnahmten Villa in Neuilly, Rue du Champ d'Entraînement. Er reiste durch Frankreich, zeigte sich der Menge, sprach im Rundfunk, doch er stand über der Tagespolitik und betrachtete sich einzig als Verwalter der allgemeinen, bleibenden Interessen der Nation. Deshalb lehnte er es ab, sich für die Lebensmittelfrage zu interessieren, von der das Volk besessen war: »Eine gute Ernte wird das alles in Ordnung bringen . . .« Seine Popularität litt unter den Folgen der wirtschaftlichen Schwierigkeiten, doch begann ihm einer jener Meinungsumschwünge, eine jener Umschichtungen des Gaullismus zugute zu kommen, die seine politischen Erfolge so weit fördern sollten. Im Oktober 1944, als seine provisorische Regierung von allen Großmächten anerkannt worden war, gab de Gaulle folgende Erklärung ab: »Frankreich ist ein Land der Ordnung; ich garantiere Ihnen, daß es das bleiben wird.« Frankreich war weit davon entfernt, ein Land der Ordnung zu sein – aber die Worte des Generals waren gleichsam ein über seinem Haupt entfaltetes Spruchband, das ein besorgtes Land um ihn sammelte.

Die Kraftprobe ließ nicht auf sich warten. Am 28. Oktober hatte ein Dekret die Abrüstung und Auflösung sämtlicher paramilitärischen Organisationen angeordnet. Es wimmelte von ihnen. Banden von Prahlhänsen, behängt mit Revolvern und

Maschinenpistolen, plünderten Wohnungen, bewachten Privatgefängnisse, in denen Peiniger und Gepeinigte nur die Rollen getauscht hatten. Nicht alle diese Banden waren kommunistisch. Im Süden bestanden manche aus spanischen Anarchisten, während andere, so ziemlich überall, ihr Banditentum, das sie in die Widerstandsbewegung getragen hatten, in der Befreiung fortsetzten. Doch die Hauptgruppe der paramilitärischen Verbände, die patriotische Miliz oder Garde, die aus den FTP hervorgegangen war, stellte die aufständische Armee des Kommunismus dar. Nach dem Beispiel der *canonniers* Hanriots während der Französischen Revolution weigerten sich ihre Mitglieder entrüstet, an die Grenze zu gehen und zu kämpfen. Die Rolle der patriotischen Miliz war der Kampf gegen »die faschistische Fünfte Kolonne«, gegen die unzähligen, vielgestaltigen Feinde im Inneren.

Am Tag nach dem Erlaß des Dekrets, einem Sonntag, erschien das *Conseil National de la Résistance* (CNR) Nationaler Widerstandsrat, bei de Gaulle in Neuilly und überschüttete ihn mit Vorwürfen und Drohungen. Der General blieb unerschütterlich: »Meine Regierung wird dafür sorgen, daß es auf dem befreiten Gebiet außer den Kräften der Armee und der Staatspolizei keinerlei bewaffnete Gruppen gibt.« Die Bevollmächtigten der gemäßigten Gruppen waren es, wie der General bemerkte, die am heftigsten protestierten – während die Vertreter der Kommunistischen Partei »eine abwartende Haltung« einnahmen. Ein Punkt, den man sich merken mußte.

Die Maßnahmen zur Durchführung des Dekrets folgten unverzüglich. Man entwaffnete Mitglieder der patriotischen Miliz auf der Straße. Sprengstoff- und Handgranatendepots wurden geleert – übrigens nicht ohne Sprengstoffunfälle, deren einer, im Departement Vaucluse, 34 Tote zur Folge hatte. Vor allem befürchtete man, daß es zu heftigem Widerstand, zu Zusammenstößen mit der aufgewiegelten Menge kommen könnte. In Saint-Denis, der roten Vorstadt von Paris, riefen Lautsprecher die Bevölkerung auf, zum Rathaus zu kommen und sich der Entwaffnung der patriotischen Miliz zu widersetzen. Unter ganz gleichen Umständen hatte am 18. Juni 1871 die Kommune von Paris begonnen, als eine Abteilung Militär versucht hatte, die Kanonen der Nationalgarde zu nehmen, die auf den Montmartre-Hügel gebracht worden waren. Im Jahre 1945 reagierte das Volk weniger schnell. Der Polizeikommissar hatte Zeit, die beschlagnahmten Waffen auf Lastwagen zu verladen, die sie zum Hôtel des Invalides beförderten. Eine Abordnung erschien und verlangte die Rückgabe der »Waffen des Volkes«. Ein Hauptmann antwortete, er habe Auftrag, sie zu bewachen, und er kenne nur seine Weisungen. Die Abordnung entfernte sich. Der Kommunismus war auf dem Abstieg.

Es besteht jedoch kein Zweifel, daß die patriotische Miliz sich ihrer Entwaffnung mit Gewalt widersetzt hätte, wenn die Kommunistische Partei den Befehl hierzu gegeben hätte. Stalin hatte aber für die französische Kommunistische Partei einen anderen Weg gewählt. Die Zurückhaltung der kommunistischen Mitglieder des CNR bei jener Unterredung am 29. Oktober, der rein verbale Charakter ihrer Proteste, entsprachen einer Gesamtpolitik, deren Gründe in allgemeinerem Rahmen klar werden. Der französische Kommunismus war durch den Chef des Weltkommunismus verraten worden. Tausende hatten gekämpft, gelitten und waren gestorben in der Überzeugung, daß Hitlers Niederlage, von Stalin ausgenutzt, zur sofortigen Errichtung des kommunistischen Systems in Frankreich führen werde. Doch Stalin war Russe, die politischen Vorteile Rußlands standen für ihn an erster Stelle.

Auf Grund einer Amnestie, ausgesprochen durch ein am selben Tag wie die Auflösung der Miliz erlassenes Dekret, kam Maurice Thorez am 29. November nach Paris. Am 23. Januar entschied er bei der Sitzung des Zentralkomitees in Ivry ein für allemal die Frage der patriotischen Miliz. »Die paramilitärischen Gruppen hatten ihren Zweck vor und während der Auflehnung gegen die Besatzungstruppen Hitlers und seine Vichy-Spießgesellen. Heute jedoch ist die Lage anders. Die öffentliche Sicherheit muß durch die reguläre Polizei gewährleistet werden. Die Bürgergarde und, allgemein gesprochen, alle irregulären bewaffneten Gruppen müssen verschwinden.« Niemand dachte daran, eine Entscheidung von Thorez, des zuverlässigen Dolmetschers der Wünsche Stalins, anzufechten. Verzweifelt, jedoch diszipliniert gingen die Milizsoldaten zu den Kommissariaten und lieferten alle Waffen ab, die für sie Erfolg und Stolz bedeutet hatten.

Die Kommunistische Partei beteiligte sich auch am Produktionskampf. Sie forderte zur Arbeit auf, mäßigte die Forderungen und dämmte die Streiks ein. Als die Kohleförderung im Norden nachließ, versammelte Thorez 1500 Gewerkschaftsführer in Waziers und überhäufte sie vor dem Leitungsstab der Bergwerke mit Vorwürfen. »Eure Kameraden an der Loire haben ihre Bestleistungen überboten, sie übertreffen ihre Vorkriegsproduktion. Ihr hier hinkt hintennach. Wegen eines Ja oder Nein bleibt man der Arbeit fern. Man streikt, weil einem Delegierten die Nase eines Obersteigers nicht gefällt. Ich muß sagen, das ist ein Skandal und eine Schande. Man kann nicht hundert Jahre lang säubern ... Wir beurteilen unsere Mitkämpfer nach ihrem Produktionswillen.«

Die unerwartet günstige Haltung der Kommunistischen Partei gestattete es, die ersten neun Monate nach der Befreiung ohne Katastrophe zu überstehen. Obgleich die wirtschaftliche Lage weiterhin sehr düster war, obgleich die ersten Ferien der Nachkriegszeit gezwungenermaßen zu Hause verbracht wurden, obgleich Paris unter seinen Kurort-Alleen hungerte, war die Funktionsfähigkeit des Staates so ziemlich wiederhergestellt. Die Widerstandsbewegung unternahm einen letzten Versuch, de Gaulle loszuwerden und die Führung der Nation an sich zu reißen. Sie versammelte am 10. Juli im Palais de Chaillot 1800 Delegierte, die sich als Generalstände bezeichneten und über die Anklagen diskutierten, die sie selbst in ganz Frankreich diktiert hatten. Diese Parodie von 1789 war ausgesprochen lächerlich. Die Versammlung erklärte die Souveränität des erweiterten *Conseil National de la Résistance*. Sie mochte sich anstrengen, soviel sie wollte: der CNR war tot.

Übrigens hatte de Gaulle dafür gesorgt, den Generalständen im Palais de Chaillot jegliche Bedeutung zu nehmen. Am Tag vor ihrem Zusammentreten hatte er seine Verfassungsvorschläge bekanntgegeben. Die Franzosen sollten im Oktober eine Nationalversammlung wählen. Gleichzeitig sollten sie, mittels eines Volksentscheids, kundgeben, ob sie die Verfassung von 1875 wieder in Anwendung gebracht oder sie durch eine neue Verfassung ersetzt sehen wollten. Im zweiten Fall müßten sie noch angeben, ob die als konstituierend erklärte Nationalversammlung *allein* bevollmächtigt oder den Beschränkungen bezüglich Befugnisse und Dauer unterworfen sein sollte, welche die Regierung vorzuschlagen für richtig halten würde. In jedem Fall würde die Verfassung erst nach Bestätigung durch die allgemeine Wahl in Kraft treten.

Damit war eine große Diskussion eröffnet, die in den Augen der Franzosen die Potsdamer Konferenz in den Schatten stellte, zu der ihre Regierung nicht eingeladen worden war. Frankreich besaß keine Stimme bei der Beratung, deren Ziel es war, über die zukünftige Lage des Erbfeindes zu entscheiden, dessen furchtbarem Druck das Land fünf Jahre lang ausgesetzt gewesen war. England hatte seine Anwesenheit gefordert. Amerika hatte zugestimmt. Rußland hatte sich starrköpfig widersetzt.
(Forts. Frankreich S. 68)

Rußland, wie Stalin es formt

Potsdam war ebenso wie Berlin eine Ruinenstadt. Doch die Sommerresidenz des letzten Kronprinzen, Cecilienhof, war für die Vollversammlungen der Konferenz instandgesetzt worden. Die Delegationen waren in dem benachbarten, verhältnismäßig unzerstörten Babelsberg untergebracht worden. Das zeitweilige Weiße Haus war Kaiserstraße 2, in einer Ferienkolonie der Filmgesellschaft UFA eingerichtet worden. Churchill wohnte Ringstraße 23, in der Villa des Naziministers Walther Funk. Die 150 Journalisten, die den Präsidenten und den Premierminister begleiteten, erfuhren bei ihrer Ankunft, daß sie keinen Zutritt zu den Konferenzräumen hätten. Auf ihre Proteste erhielten sie zur Antwort, daß der Krieg noch nicht zu Ende sei und die angeordneten Sicherheitsmaßnahmen beibehalten würden.

Die Russen trugen einen neuen protokollarischen Sieg davon. Truman war, in Anbetracht der Dreimächte-Besetzung Berlins, der Ansicht gewesen, Amerika befinde sich ebenso wie Rußland auf eigenem Boden. Dem hatte sich Stalin widersetzt. Potsdam und Babelsberg lagen nicht auf gemeinsam besetztem Gebiet, sondern in der Sowjetzone. Scharen von Polizisten in grünen Uniformen, Stacheldrahtzäune, Wachtürme verliehen der Konferenz die freundliche Atmosphäre eines Konzentrationslagers. Man war bei Stalin zu Gast.

Sie waren bei ihm zu Gast, doch er empfing sie nicht. Als Truman und Churchill einander am 15. Juli persönlich kennenlernten, wurde ihnen mitgeteilt, daß ihr Gastgeber mit vierundzwanzig Stunden Verspätung eintreffen werde – er hatte sich dieses Kunstgriffs bereits in Jalta bedient, um England und Amerika, die er von so weit hatte kommen lassen, nicht auf russischem Boden begrüßen zu müssen. Die englische und die amerikanische Delegation wurden inzwischen durch eine Note gebeten, freundlichst zur Kenntnis zu nehmen, daß die in Jalta verwendete Anrede »Marschall Stalin« nicht mehr am Platze sei; an ihrer Stelle sei der Titel »Generalissimus« zu verwenden.

Apotheose: Weniger als einen Monat vorher, am 24. Juni, hatte auf dem Roten Platz die große Siegesparade stattgefunden. Hunderte Soldaten hatten bei strömendem Regen die Fahnen der Wehrmacht und die mächtigen, den römischen Adlern nachgebildeten nationalsozialistischen Standarten zu Füßen Stalins zu Bergen aufgehäuft. Auf die gleiche Weise hatten die Soldaten Kutusows 1812 die der Großen Armee entrissenen Trophäen zu Füßen Alexanders I. geworfen ...

Für die Russen bestand keinerlei Zweifel: sie waren es, die, sozusagen allein, Hitler besiegt hatten. Der Beweis für ihren fast allein errungenen Sieg war die Einnahme der feindlichen Hauptstadt. Die ungeheuren Lieferungen von Waffen und Ausrüstungen, Lebensmitteln, ganzen Fabriken durch die Amerikaner auf Grund des Leih- und Pachtgesetzes waren dem sowjetischen Volk immer verheimlicht worden. Der Krieg in Afrika und Westeuropa war ihm immer als nebensächlich, fast bedeutungslos hingestellt worden, und es entsann sich vor allem des Gezeters über die westlichen Alliierten, die aus Feigheit oder Verräterei die Eröffnung einer zweiten Front bis zum letzten Augenblick hinausgezögert hatten.

Doch der Preis für den sowjetischen Sieg war entsetzlich gewesen. So entsetzlich, daß die Regierung, aus Angst, den Erschöpfungszustand des Landes offenbar zu machen, die Verluste zum Teil verheimlichte. Sie gab 7 Millionen Tote an, während die tatsächliche Zahl zwei- oder dreimal so hoch war. Die durch eine Ad-hoc-Kommission im Hinblick auf die Eröffnung der Reparationsakten aufgestellte Bilanz der Sachschäden scheint in ihrer Ungeheuerlichkeit nicht übertrieben. 1710 Städte waren völlig oder teilweise vernichtet worden, darunter Stalingrad, Sebastopol, Kiew, Leningrad, Minsk, Odessa, Smolensk, Nowgorod, Pskow, Orel, Charkow, Woronesch und Rostow. 70 000 Dörfer und Weiler lagen in Schutt und Asche. Die Zahl der zerstörten Gebäude betrug 6 Millionen, die der Obdachlosen 30 Millionen. 1135 Förderschächte, 3000 Bohrlöcher, 61 Elektrizitätswerke, 62 Hochöfen, 213 Martinöfen, 815 Fabriken, 64 000 km Eisenbahnlinien, 13 000 Brücken usw. gab es nicht mehr. 9 Millionen Stück Vieh, 12 Millionen Schweine, 13 Millionen Schafe waren umgekommen.

Für dieses heldenhafte, gemarterte Rußland bestand große Sympathie in Amerika. Die während des Krieges den Sowjets bezeugte Freundschaft wurde erst durch die Enttäuschungen erschüttert, die auf die Konferenz von Jalta gefolgt waren. Amerika glaubte im großen und ganzen weiter daran, daß der Kommunismus sich nach dem Krieg im Sinne einer Liberalisierung entwickeln werde und daß die Voraussetzung für Frieden und Ruhe in der Welt der Zukunft in einem tiefgehenden Einvernehmen mit der Sowjetunion liege. Die Amerikaner waren bereit, den Wiederaufbau Rußlands zu beschleunigen, indem sie die für den Krieg gewährte Unterstützung für den Aufbau weiter leisten wollten.

Doch die Entscheidung lag bei Stalin. Die Linie für 20 Jahre Weltgeschichte sollte durch einen Mann bestimmt werden, durch einen Mann allein.

Stalin hatte sein 66. Lebensjahr erreicht. Die schweren Kriegsmonate hatten sein üppiges Haar kaum gebleicht. Trotz der von Chruschtschow zehn Jahre später aufgestellten Behauptungen kann man es als erwiesen annehmen, daß er seine Armeen persönlich befehligt und sein Vaterland gerettet hat. Sich selbst hatte er gerettet, indem er es nicht zuließ, daß neben ihm eine militärische Persönlichkeit groß wurde. Wie konnte er das bewerkstelligen? Welche Kämpfe mußte er ausfechten? Welche Gefahren gingen an ihm vorbei? Dieses Kapitel der Geschichte läßt sich mangels jeglicher Quellenunterlagen nicht erzählen. Tatsächlich hatte Stalin nach dem Krieg so unumschränkte Macht wie nie vorher. Er hatte seit dem Jahre 1939 den Parteitag der Kommunistischen Partei nicht mehr einberufen. Sämtliche verfassungsmäßigen Körperschaften, einschließlich des Obersten Sowjets, waren neben ihm in den Hintergrund getreten. Die Lorbeeren wurden ihm auf dem Roten Platz wie die Trophäen zu Füßen geworfen. »Generalissimus Stalin«, schrieb *Der Bolschewik*, »ist der Schöpfer einer Strategie und einer Kunst der Kriegsführung, die unübertrefflich sind. Die sowjetischen Marschälle sind im Laufe dieses Krieges unter seiner unmittelbaren Führung gewachsen; sie sind seine Schüler.« Die Maßnahmen waren bereits getroffen, um diesen Marschall-Schülern einen bescheidenen Platz zuzuweisen, damit der Weihrauch des Sieges sie nicht trunken machte.

Die überragende Macht Stalins verbarg sich in tiefem Schatten. Stalin war für die gewöhnlichen Sterblichen nur zweimal im Jahr zu sehen, bei der Feier des 1. Mai und am Jahrestag der Oktoberrevolution. Seine bescheidene Wohnung im Kreml wurde nur durch eine Beschreibung Churchills bekannt − vielleicht des einzigen Ausländers, der ihre Schwelle überschreiten durfte und sah, wie Stalin seine Tochter Swetlana auf die Stirn küßte. Nach einem Zeugnis, dessen Wahrhaftigkeit nicht garantiert ist − dem Zeugnis eines in den Westen geflüchteten Neffen −, lebte Stalin in einem außerordentlich engen Kreis, dessen bekannteste Gestalten Molotow, Berija, Schukow und sein Sekretär Malenkow waren. Nach Katharina Swanidze, einer kaukasischen Bäuerin, und Nadja Allelujewa, der Tochter eines Zarengenerals, die 1932 Selbstmord begangen hatte − oder »selbstgemordet« wurde −, hatte er als dritte Frau Rosa Kaganowitsch gewählt, die um dreißig Jahre jünger war als er. Nichts war anomal oder gräßlich, alles anscheinend bürgerlich und friedlich in seinem Leben, dessen Zeitvertreib aus Krocketspiel, Volleyball, Gärtnerei und langen nächtlichen Trinkgelagen bestand. Der einzige Zug, der zu einem Tyrannen paßte, war seine Vorliebe, seine Vertrauten, einschließlich Molotows, der Personifikation der Treue, und des gefährlichen Polizeichefs Berija, zu demütigen. Bei seinen schwerfälligsten Witzen und verletzendsten Verspottungen erstarben sie in Demut.

Stalins Überlegungen wurden von den Machtverhältnissen beherrscht. In Jalta hatte er Churchill, der von der Bedeutung des Vatikans sprach, mit der Frage unterbrochen, über wie viele Divisionen der Papst verfüge. Er glaubte weder an die Vereinten Nationen noch an Treu und Glauben der Westmächte, weder an ein Nebeneinander von Kapitalismus und Kommunismus noch an einen dauernden Frieden zwischen der Sowjetunion und den Vereinigten Staaten. Doch ebenso wie gegenüber Hitler im Jahre 1939 brauchte Stalin einige Zeit Aufschub. Er raffte die Beute seines Sieges, die slawischen Länder, zusammen, wie er fünf Jahre vorher die Früchte des Vertrages Ribbentrop-Molotow zusammengerafft hatte, doch er gedachte jedes Unternehmen zu vermeiden, das vorzeitige Feindseligkeiten zwischen dem erschöpften Rußland und dem auf dem Gipfel seiner Macht stehenden Amerika verursachen könnte. Deshalb nutzte er die für eine Revolution großartig geeigneten Umstände nicht aus, die sich bei der Befreiung in Frankreich und Italien ergeben hatten. Vor dem Krieg hatte er sich, gegen den Messianismus eines Trotzki, der Formel des Sozialismus in einem einzigen Land verschrieben; jetzt vertrat er den Sozialismus einer einzigen Zone, dem von den roten Armeen eroberten Teil Europas. Geschützt durch einen Gürtel von Vasallenstaaten, deren wirtschaftliche, technische und arbeitsmäßige Kräfte er ausnutzte, würde er die Ruinen wieder aufbauen, mit denen die UdSSR bedeckt war, und ihr die Kraft geben, die sie nötig hatte, um sich mit dem Koloß Amerika zu messen.

Dieses Werk hatte bereits begonnen. Der Krieg hatte das Regime erschüttert; Stalin traf die notwendigen Maßnahmen, um es wieder zu festigen. Die Völker, die die Deutschen als Befreier empfangen hatten, die für den Kampf gegen den Bolschewismus Hilfstruppen gestellt hatten, die Krimtataren, Tschetschenen-Inguschen, Kalmücken, Ukrainer, Balten, Karelier, wurden umgesiedelt. Die Millionen russischer Gefangener und Zwangsarbeiter in Deutschland wurden nicht mit Blumen befreit wie ihre westlichen Leidensgenossen; man behandelte sie als Feiglinge, und sie wurden, anstatt in ihre Heimat, nach Sibirien gebracht. Noch anderen Repressivmaßregeln wurden die Bauern ausgesetzt. Sie waren während des Krieges, zum großen Vorteil der Lebensmittelversorgung, von dem Prinzip der kollektivistisch betriebenen Landwirtschaft abgegangen, hatten sich zehn oder fünfzehn Millionen Hektar unrechtmäßig angeeignet, um die sie, manchmal durch Aufteilung der Kolchosen, deren Leiter sie aufhängten, ihre privaten Feldparzellen vergrößert hatten. Diese Übeltaten wurden durch eine Kommission von 39 Mitgliedern unter Leitung des vormaligen Ministers Andrejew festgestellt: »Die Prinzipien der sowjetischen Landwirtschaft wurden ernstlich verletzt; das Verlangen nach Eigenbesitz überwog die Interessen der Kollektiv-Landwirtschaft ...« Doch alles kam wieder in Ordnung. Die neuen Kulaken mußten alles wieder herausgeben und wurden gleichfalls zu Tausenden nach Sibirien verschickt.

Die Straflager in Asien und Europa sind eine ehrwürdige russische Einrichtung. Im 19. Jahrhundert hat der Reisende George Kennan, ein Vorfahr des heutigen amerikanischen Diplomaten, eine Beschreibung von ihnen gegeben. Sie verbanden einen wirtschaftlichen Zweck mit einer Strafnotwendigkeit und machten es möglich, die Gegner des Zarismus in Schach zu halten und gleichzeitig einen Beitrag zur Auswertung der entferntesten Teile des unermeßlichen Reiches zu leisten. Stalin hatte die Einrichtung geerbt und ihr eine gewaltige Entwicklung verschafft. Es ist gelungen, 125 solche Lager festzustellen, die angeblich der kollektiven Umschulung dienten. Manche davon, wie Workuta, das für die Ausbeutung von Bergwerken des Polarkreises zwischen Ob und Petschora bestimmt war, waren in Wirklichkeit Gefängnisgebiete, in denen Hunderttausende von Gefangenen lebten. In den gemäßigten Gebieten wie der Ukraine oder der Krim gab es wenige Lager, während es auf der Halbinsel Kola, rund um das Weiße Meer, im Ural, im Lenabecken und auf der Halbinsel Kamtschatka von ihnen wimmelte. Die Taiga und die Tundra zogen sie an. Eines lag sogar auf 80 Grad nördlicher Breite, in Franz-Josef-Land.

Wirtschaftlich waren die Arbeitslager eher ein Mißerfolg. Die Arbeitskraft der Sklaven war nur scheinbar kostenlos. Transport, Bewachung, Lebenshaltung von Millionen Menschen in fernen, öden Gegenden verursachen Ausgaben, die sich durch die geringe Leistung der widerspenstigen Massen nicht immer bezahlt machen. Doch die Arbeitslager stellten für die Diktatur Stalins ein Mittel dar, ohne das sie in ihrer schonungslosen Härte nicht hätte funktionieren können. Vom Minister bis zum Hilfsarbeiter, vom Akademiker bis zum Kolchosenbauern wußte jeder freie Arbeiter, daß es neben ihm einen Abgrund gab, in den ihn eine Entscheidung der Politiker jederzeit zu stürzen vermochte. Durch diese Zwangsvorstellung wurde die Fügsamkeit eines ganzen Volkes sichergestellt.

Ein anderer Aspekt der nationalen Konzentration war die Ausschaltung der Juden. Die Rivalität Stalin-Trotzki führte zur ersten großen Schlacht zwischen ihrem Weltbürgertum und dem wiedererstehenden russischen Nationalismus. Die Moskauer Prozesse und ihre Fortsetzung durch eine Riesensäuberung waren eine Form von Pogrom, der sich gegen die Hauptnutznießer der Revolution des Jahres 1917 richtete. Der Aufschwung des Zionismus lieferte dem sowjetischen Antisemitismus neue Nahrung. Schon 1936 hatte der Volkskommissar des Inneren, Jagoda, Tausende von Juden, die verdächtig waren, sich dem in Palästina aufgehenden Davidsstern zuzuwenden, der Spionage beschuldigt und in Konzentrationslager gesperrt. Die Überlebenden befanden sich noch 1945 dort, wie ein Gefangener in Workuta sagte, »inmitten eines Regierungsantisemitismus, mit dem Stalin den gleichen politischen Effekt erzielen wollte, den Hitler mit seinem Antisemitismus zu erreichen versuchte«. Andere gingen im Inneren Asiens, in der autonomen Judenrepublik Birobidschan, im Elend zugrunde. Im Politbüro war nur ein einziger Jude übriggeblieben, der Schwiegervater Stalins, Lasar Kaganowitsch.

Ein Name trat immer mehr in den Vordergrund: Andrej Schdanow. 1934 war er nach der Ermordung Kirows Präsident des Leningrader Sowjets geworden. Während des Krieges hatte er sich in der Stadt eingeschlossen und war die Seele der heldenhaften Verteidigung während der langen Belagerung gewesen, die sie zu ertragen hatte. Er wurde als Nachfolger des Großen Diktators angesehen und hatte sich als besondere Aufgabe vorgenommen, alle Formen der Kunst und der Literatur auf die nationale Einstimmigkeit abzurichten. Der Schdanowismus schrieb den sozialistischen Realismus vor, verbot jede für die Massen unzugängliche Kunstäußerung und gebot höchste Begeisterung für das sowjetische System sowie hemmungslose, unaufhörliche Verdammung der bürgerlichen Gesellschaft und Kultur. Künstler und Schriftsteller waren materiell Privilegierte; dafür verlangte der Staat von ihnen passiven Gehorsam und jederzeitige Unterwerfung.

Eine phantastische künstlerische Ausbeute nahm ihren Anfang. Rußland begann sich mit Standbildern zu bevölkern, die in sämtlichen traditionellen Posen des Heldentums erstarrt waren. Museen füllten sich mit Bildern von Proletariern, die auf Barrikaden starben, und Kolchosenbauern, die ihr Gesicht ekstatisch der aufgehenden Sonne zuwandten. Romane, Filme, Theaterstücke erzählten unermüdlich von Komplotten amerikanischer Agenten gegen den Frieden, die durchkreuzt wurden, und vom siegreichen Ringen der sozialistischen Produktivität gegen die Sabotage der Feinde des Volkes. Die russischen Zeitungen schilderten, wie die armen Kinder in New York vor Morgengrauen aufstanden, um einander an den Mülleimern der Fifth Avenue die Reste der Orgien vom Vorabend streitig zu machen, und berichteten immer wieder, daß es bei den Bergarbeiterfamilien in Pennsylvanien so wenig Geld gebe, daß sie nur eine einzige Zahnbürste besäßen.

Der Zweck dieses Zurechtknetens der Gehirne bestand darin, den Sowjetmenschen zu einem in Haß und Mißtrauen streitbaren Tier zu machen. Das Lehrbuch der Pädagogik von B. P. Jessipow und N. K. Gutscharow (Ausgabe 1946) beginnt folgendermaßen: »Die Schüler der sowjetischen Schulen werden in dem Gedanken erzogen, daß der sowjetische Patriotismus untrennbar mit glühendem Haß gegen die Feinde der sozialistischen Gesellschaft verbunden ist ... Sie werden ihren Schülern nicht nur den Haß gegen den Feind beibringen, sondern auch den Wunsch, ihn zu bekämpfen und ihn, falls er nicht kapituliert, zu vernichten ...« Der Sowjetbürger muß ganz davon überzeugt sein, daß er in einer vollkommenen Gesellschaft lebt und daß sein Vorrecht durch eine Welt von Feinden bedroht wird.

Dieses ideale, eifersüchtig behütete Rußland schloß Stalin noch hermetischer gegen die Außenwelt ab, als es dies je zuvor gewesen war. Die Notwendigkeiten des Krieges hatten gezwungenermaßen eine gewisse Anzahl von alliierten Technikern und Soldaten nach Rußland gebracht; sie wurden auf schnellstem Wege nach Hause geschickt. Als die Amerikaner sich für die Eröffnung von Konsulaten einsetzten, wurde das abgelehnt, und das einzige, das es gab, in Wladiwostok, wurde geschlossen. Die von den Russen gezüchtete Spionagefurcht führte zu panischer Angst vor Ausländern. »Meine eingewurzelte Vorliebe für Spaziergänge zu Fuß«, erzählt der britische Militärattaché Richard Hilton, »hatte für mich allerlei unangenehme Abenteuer zur Folge. Ich konnte niemals einen Fußgänger nach dem Weg fragen, ohne daß er zum nächsten Milizsoldaten gestürzt wäre, um mich festnehmen zu lassen. Es kam vor, daß ich in eine überfüllte Straßenbahn stieg; bei meinem Anblick leerte sie sich unverzüglich ...«

Stalin hatte also für sein Land den Weg des Kampfes und der Härte gewählt. Der vierte Fünfjahresplan, der durch eine Kreatur Schdanows, Nikolaj Wosseseskij, ausgearbeitet worden war, verfehlte nicht, die Erhöhung des Lebensstandards in die erste Reihe seiner Ziele zu stellen, doch es handelte sich um eine fromme Phrase. Die für die Landwirtschaft gesetzten Ziele waren aus der Luft gegriffen. Die Konsumgüterindustrie, die den Wohlstand hervorbringt, wurde der Schwerindustrie, auf der die Macht basiert, geopfert. Der Lebensstandard blieb extrem niedrig. Es herrschte weiterhin Lebensmittelknappheit. Lieferungen von Kleidungsstücken, Möbeln, Toilettenartikeln und Haushaltsgeräten, waren rar, die Qualität besserte sich nicht. Der sowjetische Handel beruhte weiter auf begieriger Nachfrage, der eine unzureichende, unregelmäßige und mangelhafte Versorgung gegenüberstand. Rußland bot im Frieden das gleiche Bild wie im Krieg. Schlecht gekleidete Menschenmassen, denen der Geruch des Elends anhing. Endlose Schlangen standen vor leeren Läden. Übervölkerte Häuser, deren sämtliche Fenster bei Einbruch der Nacht erleuchtet waren, da jedes Zimmer zumindest von einem Ehepaar bewohnt wurde. Das Leben war freudlos, bestimmt durch ständige Entbehrungen, eine puritanische Moral und das System des Polizeistaats.

Doch diese unfreiwilligen Opfer waren die Grundbedingung für die nationale Macht. Obwohl Rußland in der industriellen Entwicklung weit hinter Amerika zurück war, ging es darauf aus, es in den kostspieligsten militärischen und wissenschaftlichen Vorhaben den USA gleichzutun. Als Erbe der deutschen Technik und

Techniker baute Rußland eine Flotte von Schnorchel-U-Booten, eine Luftflotte von Düsenflugzeugen und ein Raketenprogramm – ehe es sich mit der Atombombe beschäftigte, von deren nahe bevorstehender Verwendung und gewaltiger Bedeutung es trotz seiner Spione vielleicht noch nicht überzeugt war. Neben den Zukunftswaffen wurden auch die konventionellen nicht vernachlässigt. Nach der Demobilisierung blieben drei Millionen Mann unter den Fahnen, die unter Umständen lebten und dienten, die eher der Zeit Alexanders III. angepaßt waren als jener Trotzkis. Die gesamte Disziplin, die Rangordnung und die Dienstauszeichnungen der früheren Zeit waren wiedereingeführt worden. Die »Internationale« war durch eine langsame, ernste Melodie ersetzt worden, die der Zarenhymne zum Verwechseln ähnlich klang. Die Bezeichnung »Rote Armee« verschwand gleichfalls, an ihre Stelle trat der Name Sowjetarmee. Inmitten allgemeiner Armut waren Soldaten und Offiziere gut genährt, gut gekleidet, sie wurden gut behandelt und bildeten eine bevorzugte Klasse. Wie bei den Intellektuellen bestand ihre Gegenleistung in strengster Loyalität. Stalin wachte unaufhörlich darüber, daß die Armee keinerlei Einfluß auf die Angelegenheiten des Staates gewann. – Nicht umsonst hatte das Empire immer zu den beliebtesten Studienobjekten der marxistischen Historiker gezählt. (*Forts. UdSSR S. 358*)

Die Oder-Neiße-Linie, Grenze der vollendeten Tatsachen

Das war der Mann, der mit kunstvoll berechneter Verspätung nach Potsdam kam, und so sahen seine Macht und seine Ziele aus. Stalin hielt es nicht für nötig, sich bei seinen Alliierten, die er hatte warten lassen, zu entschuldigen, er beschränkte sich auf die Erklärung, seine Gesundheit sei nicht mehr so gut wie früher. Er gab sich entspannt und gutmütig, wie ein Mann, dem der Sieg Muße und freie Zeit gebracht hat.

Die Konferenz begann am 17. Juli um 17 Uhr mit dem üblichen Austausch von Höflichkeiten. Wieder war der Tisch rund wie die Erde, und zum letzten Mal war England ein gleichberechtigter Partner der beiden einzigen modernen Großmächte, der Vereinigten Staaten und Rußlands. Die Amerikaner hatten ein Geheimnis, in das Churchill eingeweiht war. Am Tag vorher hatte eine Depesche aus Santa Fé dem Kriegsminister Henry Stimson mitgeteilt, daß die Geburt der Kinder glücklich verlaufen sei. »Die Ärzte sind begeistert ...« Es handelte sich um den Atombombenversuch in der Sierra von New Mexico!

»Ich wartete bis zum 24. Juli«, berichtet Truman, »dann erzählte ich Stalin, daß wir eine Waffe von geradezu unvorstellbarer Wirkungskraft besäßen. Er zeigte kein besonderes Interesse und sagte nur, er hoffe, wir würden nicht zögern, uns ihrer gegen Japan zu bedienen ...« War er durch seinen Spionagedienst bereits davon in Kenntnis gesetzt worden? Glaubte er an ein Einschüchterungsmanöver, dem er am besten mit unerschütterlichem Gesicht begegnete? Man weiß es nicht.

Vom Beginn an geriet die Konferenz in die gleiche Verwirrung wie in Jalta. Die Fragen kreuzten und verwickelten sich. Tagesordnungen wurden nicht eingehalten. In den Dreierkonferenzen kam man vom Hundertsten ins Tausendste. Die Nebenbesprechungen der Minister und Fachleute wurden dadurch behindert, daß man Entscheidungen von oben erwartete. Churchill war zu gesprächig, er versuchte die Schwäche und Unsicherheit seiner Lage durch Beredsamkeit auszugleichen. Truman war verärgert und schwor, er werde sich nie wieder auf etwas Derartiges einlassen. Die 150 in Babelsberg eingeschlossenen Journalisten waren wütend, es gab nicht einmal hundert Zeilen Text am Tag zu schreiben. Mangels besserer Berichte machten sie viel Aufhebens von einem Abend, an dem Stalin Truman ersuchte, sich ans Klavier zu setzen. Durch die 25 Trinksprüche im Laufe des Abendessens erhitzt, spendete die Tischgesellschaft dem Präsidenten-Virtuosen reichen Beifall. Die Welt hatte Gesprächsstoff für eine Woche.

Als man auf die Probleme Deutschlands zu sprechen kam, stellte sich eine Vorfrage: Was ist Deutschland? Truman und sein Außenminister James Byrnes, Churchill und sein Außenminister Anthony Eden waren der Ansicht, man müsse Deutschland so betrachten, wie es zur Zeit des Versailler Vertrages, wie es 1937 vor Beginn der Expansion Hitlers ausgesehen hatte. Stalin lehnte diese Auffassung mit Entschiedenheit ab. Den Versailler Vertrag kenne er nicht, sagte er. Deutschland sei »ein Land ohne Regierung und ohne fixierte Grenzen«, das heißt ein Gut ohne Besitzer, bei dem es statthaft sei, sich nach Belieben zu bedienen. Er hatte eigenmächtig den nördlichen Teil Ostpreußens mit Königsberg der UdSSR einverleibt und alle Gebiete östlich der Neiße und der Oder, einschließlich der am linken Ufer des Flusses gelegenen Stadt Stettin, an Polen gegeben. Mit dieser vollendeten Tatsache, die ein Gebiet von 114 296 Quadratkilometern betraf, das vor dem Krieg 9 620 000 Einwohner gezählt hatte, war er nach Potsdam gekommen.

Die Einverleibung Königsbergs rief keine Diskussionen hervor. Schon in Teheran hatte Stalin die alte preußische Hauptstadt für sich beansprucht, indem er geltend machte, daß er einen während des ganzen Jahres eisfreien Hafen an der Ostsee brauche. Königsberg erhielt den Namen Kaliningrad und kam unter Verwaltung der UdSSR. Litauen, Lettland und Estland waren ihr bereits wieder angeschlossen worden. Roosevelt hatte an seine vielen Wähler baltischer Abkunft gedacht und Stalin ersucht, wenigstens den Schein einer Volksbefragung durchzuführen. Der Erbe der Zaren hatte geantwortet, er sehe keinerlei Grund, den baltischen Ländern ein Privileg zuzuerkennen, das sie unter Nikolaus II. nicht besessen hätten.

Die Grenzen Polens stellten ein schwieriges Problem. Die Alliierten hatten in Teheran zugestanden, daß Rußland die Ostprovinzen, jene Teile der Ukraine und Weißrußlands, wiederbekäme, die 1921 widerrechtlich an Polen angeschlossen worden waren. Diesem war eine Kompensation auf Kosten Deutschlands versprochen worden. Die Engländer und Amerikaner hatten die Absicht, den Polen den von Rußland nicht annektierten Teil Ostpreußens, Danzig, Ostpommern und das Gebiet von Oppeln in Schlesien zuzuerkennen. Nun handelte es sich um die Übergabe eines doppelt so großen Gebietes, zu dem zwei so ausschließlich deutsche Städte wie Stettin und Breslau gehörten. Ein Fünftel Deutschlands, des gemeinsamen Pfandes der Alliierten, wurde durch eine einseitige Entscheidung der Regierung der vier Mächte entzogen. Die Verträge von Teheran und Jalta wurden dem Buchstaben und dem Geiste nach verletzt.

Truman und vor allem Churchill protestierten. »Hütet euch davor«, sagte Churchill, »die polnische Gans mit so vielen Deutschen zu füllen, daß sie daran krepiert.« Stalin, immer gelassen, immer jovial, wies darauf hin, daß es in den abgetretenen Gebieten keine Deutschen mehr gebe; sie seien alle geflohen. Churchill antwortete, sie seien vor den Kanonen geflohen und sollten ermutigt werden, zurückzukommen. Stalin erwiderte, die Polen hätten begonnen, die Bergwerke auszubeuten und die verlassenen Felder zu bebauen; könne man sie ihnen wieder wegnehmen? Er schlug vor, die Vertreter des polnischen Staates einzuladen, ihre Sache vor den Drei Großen selbst zu vertreten.

Dieser polnische Staat hatte sich vor weniger als einem Monat konstituiert. Am 28. Juni war bei einer in Moskau abgehaltenen Konferenz endlich die Vereinigung der vom Westen begünstigten Londoner Regierung und des von der UdSSR geschaffenen Lubliner Komitees beschlossen worden. Die Ungleichheit ihrer Vertretung war offensichtlich: Lublin hatte sechzehn Minister, London sechs. Staatspräsident wurde ein Kommunist, Boleslaw Bierut, an dem nur eines bemerkenswert war: seine äußerliche Ähnlichkeit mit Hitler. Chef der provisorischen Regierung wurde ein Lubliner Sozialist, Osóbka-Morawski, während der Kommunist Wladyslaw Gomulka und der Chef der Londoner Regierung, Mikolajczik, zu Vizepräsidenten ernannt wurden. Die polnische Bauernpartei des Letztgenannten stand sicher dem ländlichen, katholischen Herzen Polens am nächsten, doch stellte Mikolajczyk bei seiner Rückkehr in die Heimat fest, daß das Machtmonopol in den Händen kommunistischer Komitees lag, die sich auf die russische Armee und Polizei stützten. Alle Freiheiten waren aufgehoben, die Güter konfisziert. Verhaftungen, Deportationen, willkürliche Hinrichtungen nährten den Terror. Durch das Übermaß an Leiden war der Gemeinsinn gebrochen, und die Resignation war bei diesem ungestümsten Volk Europas zur zweiten Natur geworden. Die Massen litten Not und hungerten. Warschau war schlimmer zerstört als Berlin. Nur *ein* großes Gebäude war stehengeblieben, das Hotel Polonia, in dem der amerikanische Botschafter Bliss Lane in einigen verwüsteten Zimmern seine Mission untergebracht hatte. Die gesamte Bevölkerung wohnte in Höhlen und erwartete voll Angst das Herannahen des Winters.

Acht Mitglieder der polnischen Regierung, die so entzweit waren, daß sie einander geradezu haßten, waren sich in Potsdam einig, auf einer Grenze zu bestehen, die so willkürlich war, daß sie neuen Konfliktstoff enthielt. Als Mikolajczyk die Abtretung der Ostprovinzen an Rußland bekämpft hatte, war er der Ansicht gewesen, ein zu sehr nach Westen ausgedehntes Polen würde eine Gefahr für den Frieden darstellen; nun ließ er von dieser vernünftigen Einstellung ab und hängte sich mit ebenso viel Gier wie Gomulka an Breslau und Stettin. Churchill geriet so sehr in Zorn, daß er sich in heftigen Ausfällen gegen die Wortführer einer Nation erging, die chronisch verrückt und Komplice der Nazis gewesen sei bis zu dem Augenblick, da Hitler über sie herfiel. Doch die Polen hatten Stalin hinter sich und die Macht der vollendeten Tatsache für sich. Engländer und Amerikaner mußten sich damit begnügen, ein leeres Prinzip aufrechtzuerhalten, indem sie erklärten, die endgültigen Grenzen Deutschlands würden erst im Friedensvertrag festgesetzt werden. Im Augenblick nahmen sie es hin, daß die östlich der Oder und Neiße liegenden Ge-

6 Der Alliierte Kontrollrat übernimmt die oberste Autorität in Deutschland: Eisenhower (ganz l.) und Montgomery (ganz r.) im Berliner Hauptquartier des sowjetischen Marschalls Schukow. 7 Aussiedlung aus den deutschen Ostgebieten: Im August 1945 strömen täglich über 30 000 Flüchtlinge durch Berlin nach Westdeutschland.

8 Erstes »Friedensgespräch« mit dem »Gott« der Japaner: General Douglas MacArthur und Kaiser Hirohito am 27. September 1945 in der US-Botschaft von Tokio. – 9 Nach anderthalb Jahren floh er nach Formosa: Generalissimus Tschiang Kai-schek und seine Frau bei der Amtseinführung als Staatspräsident am 23. Mai 1948.

biete »unter die Verwaltung des polnischen Staates kommen und in dieser Hinsicht nicht als Teil der sowjetischen Besatzungszone in Deutschland betrachtet werden sollen«.

Mitteleuropa im Schatten Moskaus

Die anderen in der Hand der russischen Armee befindlichen Länder tauchten im Kaleidoskop von Potsdam immer wieder auf. Mit geringfügigen Unterschieden war die Lage dort die gleiche wie in Polen. Die nichtkommunistischen Parteien lieferten einen verzweifelten Kampf, um die Formen demokratischen Gemeinschaftslebens wiederherzustellen. Doch die Allmacht der sowjetischen Armee und Polizei ließ diesen Kampf hoffnungslos werden.

Bulgarien hatte seinen Umsturz mit einem grausamen Blutbad begangen. Am 2. Februar 1945 waren die drei Regenten (König Simeon war sechs Jahre alt), 22 Minister, 68 Abgeordnete (darunter mehrere militante Antifaschisten) und 8 Ratgeber des verstorbenen Königs sofort nach ihrer Aburteilung vor dem Justizpalast erschossen worden, vor den Augen einer hysterischen Menschenmenge. Im Laufe der folgenden vier Monate sprachen Revolutionsgerichte, die noch schneller arbeiteten als seinerzeit Fouquier-Tinville, 2680 Todesurteile aus. Der Chef der linksgerichteten Landwirte, Nikola Petkoff, war dennoch überzeugt, es werde ihm gelingen, die kommunistische Diktatur auszurotten, wenn die Wahlen wirklich frei abgehalten werden könnten. Der amerikanische Botschafter Barnes, der diese Überzeugung teilte, schlug vor, daß eine internationale Kommission den rechtmäßigen Verlauf der Wahl überwachen sollte. Truman unterbreitete Stalin den Vorschlag. Antwort: »Ich könnte des Entrüstungssturms nicht Herr werden, der das Sowjetvolk aufwühlen würde, wenn es von ausländischer Einmischung in die inneren Angelegenheiten Bulgariens hörte ...«

In Rumänien war der Kommunismus vor dem Krieg praktisch unbekannt gewesen. Die hauptsächliche politische Macht, die die Diktatur Marschall Antonescus gebrochen hatte, war die Nationalzaranistische Bauernpartei des alten Bauernführers Maniu. General Radescu hatte die Leitung der Regierung übernommen und das Land sofort in Kriegszustand gegen Deutschland gesetzt. Die rumänischen Truppen kämpften vor Budapest, als Wyschinskij am 27. Februar nach Bukarest kam und im Laufe einer dramatischen Aussprache den 16jährigen König Michael zwang, seinen Premierminister durch einen Allerweltsmann der Kommunisten, Petru Groza, zu ersetzen. Radescu hatte seinen Kopf gerettet, indem er sich in die englische Botschaft flüchtete. Wie sein Kollege in Sofia verbürgte sich der amerikanische Botschafter Melbourne dafür, daß »die Handvoll unfähiger Kommunisten, die von einem gewissen Gheorghiu-Dej und dem Mannweib Anna Pauker geführt werden, durch freie Wahlen weggefegt« würden. Darauf antwortete in Potsdam Molotow, es bestehe nach seiner Ansicht kein Grund, weshalb die rumänischen Wahlen nicht frei sein sollten, da in Rumänien doch jedermann mit der neuen Ordnung zufrieden sei.

In Ungarn stellte sich die Lage völlig anders dar. Die ungarische Kommunistische

41

Partei genoß in Moskau wenig Ansehen – wie der amerikanische Botschafter Schoenfeld betonte – »wegen der großen Zahl von Juden, die ihr angehörten«. Die von dem kalvinistischen Geistlichen Zoltan Tildy und dem Advokaten Ferenc Nagy geleitete Kleinlandwirtepartei ging aus dem Chaos, das auf den Krieg folgte, als stärkste politische Kraft hervor. Die Besatzungsarmee blieb neutral. Eine gewisse Meinungsfreiheit war erhalten geblieben, und die Wahlen wurden unter Umständen vorbereitet, die der Praxis der Demokratie entsprachen.

Jugoslawien brachte Churchill in deutlichen Gegensatz zu Stalin. Der Engländer erinnerte den Russen daran, daß sie im Vorjahr in Moskau übereingekommen waren, den sowjetischen und britischen Einfluß in Jugoslawien *fifty-fifty* aufzuteilen. Die Zusage war nicht eingehalten worden. General Draža Mihajlović, der zur Zeit, da Stalin der Verbündete des Dritten Reiches gewesen war, den Aufstand verkündet hatte, war für vogelfrei erklärt und des Verrates angeklagt worden; er irrte mit seinen letzten Getreuen durch die Berge Bosniens. Der Chef der kommunistischen Partisanen, Josip Broz, genannt Tito, hatte sich selbst zum Marschall ernannt und als Diktator eingesetzt. Der junge König blieb in London im Exil. Sein Vertreter, Dr. Ivan Subašić, war auf Grund einer Vereinbarung mit Tito zum Außenminister ernannt worden; als er jedoch nach Belgrad zurückkehrte, stellte er, ebenso wie Mikolajczyk in Warschau, fest, daß die Kommunisten ein Terrorregiment führten und die Wiederherstellung einer Demokratie unmöglich war. Churchill verlangte von Stalin, er solle das in Ordnung bringen. »Wenn Sie glauben«, sagte Stalin, »daß ich mit Tito machen kann, was ich will, dann täuschen Sie sich.« »Im Augenblick«, sagte Churchill später, »glaubte ich ihm nicht; im ganzen genommen, sagte er vielleicht die Wahrheit . . .«

Ebenso wie König Peter von Jugoslawien befand sich König Georg von Griechenland noch immer in London im Exil. Er wohnte im Hotel Brown, Dover Street, einem alten Gebäude, das nach dem hundertjährigen Geruch von Kohle duftete – die in England *sea coal* heißt. Die Regentschaft in Athen übte Erzbischof Damaskinos aus, ein bärtiger Riese, mehr als 1,90 m groß. Der kommunistische Aufstand, der am Weihnachtsabend ausgebrochen war, konnte durch die britischen Truppen und griechische Patrioten niedergeschlagen werden, doch die Roten hatten im Laufe der 42 Tage währenden Feindseligkeiten entsetzliche Greueltaten begangen, die offiziell von einer Delegation des Internationalen Gewerkschaftsbundes unter Führung des linksgerichteten Briten Walter Citrine registriert wurden. Die besiegte ELAS-Armee der EAM (Nationalfront unter kommunistischer Führung) hatte versprochen, ihre Waffen auszuliefern, doch dieses Versprechen wurde nie eingelöst; die Guerillakämpfer hielten die Berge besetzt, Bulgarien und Jugoslawien verursachten zahllose Grenzzwischenfälle, und die 40 000 englischen Soldaten genügten kaum, um das Wiederaufflammen des Bürgerkrieges zu vereiteln. Griechenland war ruiniert, in der Inflation war der Wert eines Pfund Sterling auf 18 000 Milliarden Drachmen gestiegen. Das Land versuchte seine kümmerliche Wirtschaft wieder zum Leben zu erwecken. Diesem Versuch aber stand die Instabilität entgegen.

In Österreich installierte sich die Viermächtebesatzung. In Wien hatte der Nationalsozialismus eine seiner letzten Schlachten geschlagen, und die Stadt hatte schwere Schäden davongetragen. Die Oper war ausgebrannt. Die große Glocke der Stephanskirche, die Pummerin, die aus 180 türkischen Kanonen gegossen worden war, lag inmitten der Trümmer der Kirche. Die Russen ließen sich durch die Fiktion eines befreundeten Österreich, das man befreit hatte, nicht daran hindern, das Land völlig auszuplündern. Sie schickten 600 Lokomotiven, 30 000 Telefone, Tausende von Werkzeugmaschinen, die gesamte Ölproduktion des Erdölfeldes Zistersdorf in die UdSSR. Dagegen ließen sie die Regierung eines kleinen bärtigen Sozialdemokraten, des 75jährigen Karl Renner, bestehen, der jedoch vor Amtsantritt ausdrücklich betont hatte, er werde sich niemals als Instrument in Händen von Ausländern benutzen lassen.

Nun schließlich die Tschechoslowakei! Der alte Sowjetfreund Eduard Benesch war überzeugt, in einem Land, das immer zur Demokratie geneigt hatte, die Demokratie wiederhergestellt zu haben. Er hatte die schmerzliche Überraschung erlebt, das Anhängsel der Tschechoslowakei von 1936, Ruthenien, auch Karpatho-Ukraine genannt, an die UdSSR abtreten zu müssen, doch die allgemeine Lage seines Volkes war ausgezeichnet. Das Land hatte wenig gelitten. Die Ernte war ausgezeichnet. Die schöne Stadt Prag war völlig unbeschädigt. Die großen Fabriken Böhmens und Mährens warteten nur auf Rohstoffe, um mitten in einem Kontinent, in dem es an allem fehlte, wieder arbeiten zu können. Der Regierung gehörten fünf kommunistische Minister an, darunter der stellvertretende Ministerpräsident Klement Gottwald. Doch Benesch war ganz ruhig, und er beruhigte auch seine westlichen Freunde, die nicht so zuversichtlich waren. Als er in Moskau gewesen war, um die nationale Freiheit im ersten Teilstück des befreiten Vaterlandes herzustellen, hatte ihm Stalin versprochen, er werde sich niemals in die inneren Angelegenheiten der Tschechoslowakei einmischen. Dieses Versprechen war es, das ihn ruhig schlafen ließ.
(*Forts. Mitteleuropa S. 224*)

Sturz eines Titanen

Am 25. Juli verließ Churchill Berlin, um in London beim Öffnen der Wahlurnen vom 5. Juli anwesend zu sein. Zu Truman sagte er: »Wahlen können reich an Überraschungen sein. Jedenfalls werde ich, auch im Falle einer Niederlage meiner Partei, mit meinem Rücktritt warten, bis es zu einem Mißtrauensvotum im Unterhaus kommt. Da das Parlament nicht vor dem 8. August einberufen wird, werden wir Zeit haben, hier fertig zu werden.«

In Downing Street speiste Churchill geruhsam zu Abend und ging voll Optimismus zu Bett. »Doch kurz vor Tagesanbruch«, erzählt er, »erwachte ich mit einem Ruck und von einem beinah körperlichen Schmerzgefühl durchzuckt. Ich wachte auf, und die ersten Resultate waren, wie ich jetzt nicht anders erwartete, ungünstig . . .«

Der Schmerz hatte ihn nicht getrogen. Gegenüber 11 829 874 Stimmen für die Labourpartei hatten die Tories nur 8 660 560 erhalten. Sie zogen mit nur 213 Abgeordneten gegenüber 412 der Labourpartei und ihrer Verbündeten ins Unterhaus. Die Niederlage war zu schwer, als daß Churchill sein Vorhaben, von dem er mit Truman vor seiner Abreise aus Potsdam gesprochen hatte, hätte durchführen können. Schon am nächsten Morgen nahm König Georg das Rücktrittsgesuch seines Premierministers entgegen. Der sofort darauf berufene Attlee hatte sein Kabinett bereit. Eine Seite in der Geschichte Englands war umgeblättert worden.

Churchill hatte ein bewegtes Schicksal hinter sich. Während des Ersten Weltkrieges war er Erster Lord der Admiralität gewesen; darauf hatte ihn 1919 ein obskurer Anhänger der Prohibition in einem Wahlkreis in Schottland besiegt. Jetzt, auf der Höhe seines Ruhmes, hatte er zwar seinen Abgeordnetensitz behalten, doch Hancock, der Verfechter der Eintagewoche, hatte ihm 10 000 Stimmen abgenommen, und seine Partei, die für die Wahl auf seinen Namen gesetzt hatte, war vernichtend geschlagen. Er tat, als nehme er die Niederlage sportlich hin, doch nach wenigen Tagen übermannte ihn die Bitterkeit: »Ich sterbe vor Langeweile ... Ich werde England verlassen und nie mehr dorthin zurückgehen ... Seit ich nicht mehr in Potsdam bin, tut Joe, was ihm paßt ...« Er lehnte jedoch den Hosenbandorden und den Herzogstitel ab, die das Unterhaus für ihn verschlossen hätten, und hörte auch nicht, was die jungen Konservativen sagten: daß er schließlich 71 Jahre alt sei und daß ein weniger ruhmbedeckter Mann vielleicht ein besserer Oppositionsführer wäre.

In Cecilienhof wurden die Besprechungen der Großen am Sonnabend, dem 28. Juli, um 22.30 Uhr wieder aufgenommen. Anstelle von Außenminister Eden erschien ein kranker Dickhäuter, Ernest Bevin, gegen den Stalin eine spontane Abneigung faßte. Attlee, der bisher nur stummer Zuhörer gewesen war, nahm im Fauteuil seines Vorgängers Platz; es war so, als sei England sanft entschlafen. Der neue Premierminister war eine farblose Gestalt. Er war 1883 in dem Londoner Vorort Putney geboren, Sohn eines konservativen Rechtsanwalts, und war auf dem utopischen Umweg über die Fabian Society zum Sozialismus gekommen. Clement Attlee war dank seiner Bedeutungslosigkeit an die Spitze seiner Partei gelangt, während die wirklichen Persönlichkeiten einander in gegenseitigen Kämpfen unschädlich gemacht hatten. Für ihn sprachen sein vorbildliches Privatleben und seine untadelige Rechtschaffenheit.

Deutschland wurde zum Hauptthema der Diskussionen in Potsdam. Stalins diesbezügliche Haltung hatte sich in staunenswerter Weise geändert. In Teheran und in Jalta hatte er sich grausamste Rache vorgenommen, hatte davon gesprochen, »die 50 oder 100 000 Individuen, aus denen die intellektuelle und technische Macht des deutschen Volkes besteht«, ohne Urteil hinrichten zu lassen. Doch bereits am 9. Mai, auf dem Roten Platz, war er anderer Meinung: »Die Sowjetunion hat nicht die Absicht, Deutschland zu zerstören oder zu zerstückeln.« In Potsdam bestätigte sich sein Stimmungswechsel. Unter dem Vorsitz von Anthony Eden war eine Kommission gebildet worden, um die verschiedenen Pläne zur Aufteilung des Reiches zu prüfen. Stalin bemerkte spöttisch, anscheinend liege keinem mehr etwas daran. Niemand widersprach. Die Aufteilung Deutschlands wurde fallengelassen, indem man über dieses Problem hinwegging.

Eine Variante der Aufteilung bestand in der Internationalisierung des Ruhrbeckens. Die Frage war am 20. Juli durch den sowjetischen Botschafter Maisky einer technischen Unterkommission vorgelegt worden. Zehn Tage später tauchte sie bei der letzten Vollversammlung wieder auf. »Die sowjetische Delegation« – so Stalin – »stellt die Frage: Sind Sie einverstanden, daß das Ruhrgebiet bei Deutschland bleibt? Als Herr Churchill nach Moskau kam, wurde der Gedanke geäußert, daß es gut wäre, das Ruhrgebiet als separates Gebiet abzutrennen.« »Ich weiß«, antwortete Bevin, »daß der Gedanke geäußert wurde, die Ruhr zu internationalisieren. Ich bin einverstanden, daß die Ruhr bis zur Lösung der Frage unter der Verwaltung des Kontrollrats bleibt.« Dieser einfache Satz schloß die Debatte. Stalin verzichtete auf die Möglichkeit, die russische Einflußsphäre bis an den Rhein auszudehnen!

Die Gründe für die geänderte Haltung Stalins können nur vermutet werden. Am wahrscheinlichsten ist folgendes: Stalin glaubte, Amerika werde sich innerhalb von zwei Jahren aus Europa zurückziehen, und war überzeugt, daß Deutschland, in äußerster Not, binnen kurzem eine Beute des Bolschewismus werden müsse. Daher war ein geeintes Deutschland für seine Pläne besser geeignet als ein aufgeteiltes. Er wollte es zerstückeln, um es zu schwächen; er ließ es ungeteilt, um es zu schlucken.

In Wirklichkeit war die in Potsdam aufrechterhaltene deutsche Einheit nur künstlich. Der Kontrollrat, der an die Stelle des deutschen Staates trat, war von Anfang an durch die Regel der Einstimmigkeit gelähmt. »Die höchste Regierungsgewalt«, sagt das Protokoll, »wird von den Oberbefehlshabern der Streitkräfte der Union der Sozialistischen Sowjetrepubliken, der Vereinigten Staaten von Amerika, des Vereinigten Königreiches und der Französischen Republik nach den Weisungen ihrer entsprechenden Regierungen ausgeübt.« Infolgedessen war die einzige tatsächliche Einheit die Besatzungszone. Jeder der vier Mächte blieb es überlassen, dort ihren Interessen zu dienen, ihrer Rache zu frönen und für ihre Ideologie zu werben.

Die britische Zone im Norden Deutschlands hatte die städtereichsten, am stärksten industrialisierten Gebiete einschließlich des Ruhrgebiets, in dem 90 % der Fabriken zerstört waren oder stillstanden. Die amerikanische Zone erstreckte sich über Mittel- und Süddeutschland, Hessen, das Maintal, Bayern. Die französische Zone, die in Potsdam neu umrissen wurde, bestand aus zwei getrennten Gebieten, deren eines die ganze Pfalz und das südliche Rheinland umfaßte, das andere einen Teil Badens und Württembergs. Das zur gemeinsamen Besatzung bestimmte Berlin war der Raum Groß-Berlin, wie er durch das Gesetz vom 27. April 1920 festgesetzt war, durch das 167 Verwaltungseinheiten der Vorstädte der Hauptstadt einverleibt worden waren. Es erstreckte sich von der Kette der Spreeseen östlich von Köpenick bis zu jener der Havelseen westlich von Spandau. Die Oberfläche von 840 Quadratkilometern war ebenso groß wie jene des Ruhrgebietes. Die Bevölkerungszahl war vor dem Krieg mit 4 300 000 angegeben. Die Verwaltung sollte durch eine Viermächte-Organisation, die Alliierte Kommandantur, ausgeübt werden, die aus den vier Stadtkommandanten gebildet werden sollte.

Die Konferenz von Potsdam ging in der Nacht vom 1. zum 2. August zu Ende. Der Großteil der Fragen war ungeklärt: die Reparationszahlungen Deutschlands, die Bedingungen der Räumung des Irans von den sowjetischen Truppen, die russischen Forderungen bezüglich der Meerengen, das Donaustatut. Das Los der italienischen Kolonien war nicht geregelt, das Schicksal von Triest nicht entschieden. Die jeweiligen Rechte der Besatzungen in Berlin waren nicht definiert worden.

Erwiesen hatte sich wieder einmal die Widersinnigkeit, die Wertlosigkeit des Verfahrens, alle Probleme in bunter Reihenfolge am grünen Tisch lösen zu wollen. Die Großen Drei konnten nichts anderes tun, als die Konflikte, die sie trennten, bis zum Abschluß der Friedensverträge zu verschieben.

2. Kapitel   1945 Nach der Potsdamer Konferenz
Das bestrafte Deutschland – Frankreich in Gefahr

Eine der grauenhaftesten Tatsachen, die der Welt durch den Einmarsch der Alliierten in Deutschland bekannt wurden, war das Bestehen von Deportierungs- und Vernichtungslagern. Das Reich Hitlers hatte bereits in seinen Anfängen Konzentrationslager geschaffen, über die den Alliierten präzise Angaben gemacht worden waren. Trotz dieser Berichte jedoch, die von 1940 bis 1945 in die Hände des Internationalen Roten Kreuzes oder der neutralen und alliierten Regierungen gelangten, konnte niemand glauben, daß die Grausamkeit, die sadistische Unmenschlichkeit und Perversität der Untergebenen Himmlers so weit gegangen war. Es ist unmöglich, die Anzahl der Deportierten genau anzugeben, die umgebracht wurden oder durch Erschöpfung oder Krankheit in den Lagern umkamen. Die Zahl 10 Millionen ist genannt worden. Das ist nicht unwahrscheinlich. Aber die Bombardierungen stellen auch gewaltige Massenvernichtungen dar. Für die Stadt Dresden allein wurden sie auf 250 000 Menschen geschätzt. Wegen der großen Zahl von Deportierten, Flüchtlingen und Flüchtigen, die sich zur Zeit der Bombardierungen im Jahre 1945 in Dresden befanden, konnte man zu keiner genauen Feststellung gelangen.

Die Veröffentlichung des Potsdamer Abkommens rief in Deutschland eine Selbstmordepidemie hervor: 1200 Selbstmorde in Berlin, 600 in Leipzig, 450 in Hamburg, 300 in Köln usw. Blind gemacht durch ihre Not und Hilflosigkeit, hatten viele Deutsche gehofft, die Konferenz werde zu einem Konflikt zwischen den Russen und den Westmächten führen. Für sie schien ihre letzte Chance in einer Neuaufnahme des Krieges auf dem Boden ihres eigenen verwüsteten Landes zu liegen.

Das Chaos in Deutschland und vor allem die Verzweiflung, die die Deutschen übermannte, läßt sich nicht beschreiben. Das ganze Volk glaubte, Deutschland werde sich ein Jahrhundert lang nicht wieder erholen und werde nie wieder in die Völkergemeinschaft aufgenommen werden. Die von den Fronten zurückkehrenden Soldaten waren überzeugt, sie würden von den Alliierten erschossen oder von der Bevölkerung gelyncht werden. Viele warfen ihre Uniform fort, kamen in Unterhosen in die Dörfer und tauschten ihre letzten Habseligkeiten gegen die Hose eines Bauern, um zu Hause in Zivil anzukommen. Die Alliierten ließen Plakate mit Beschreibungen der Todeslager anschlagen und zwangen die Einwohner der Nachbarorte, die aufgehäuften Leichen zu besichtigen. Entsetzen vor den Verbrechen und Angst vor Bestrafung erfüllten die Herzen aller. Die Deutschen wurden sich der Schuld ihres Landes voll bewußt und sahen nur Elend und Sühne ohne Ende vor sich.

Das Chaos war unbeschreiblich. Aus allen Himmelsrichtungen waren Elendszüge in Bewegung. Mehrere Millionen Gefangene und Zwangsarbeiter gingen in ihre

Heimat zurück, im allgemeinen zu Fuß, oft in organisierten Banden, die raubten und plünderten. Die Einwohner der zerstörten, ausgebrannten Städte, die sich aufs Land zu ungastlichen Bauern geflüchtet hatten, machten sich auf den Weg zu ihren eingeäscherten Häusern. Andere, Vertriebene, hatten alles, sogar ihre Heimat, verloren.

In Teheran hatten Roosevelt und Churchill unter dem Druck Stalins eingewilligt, daß »zum Zwecke der völkischen Vereinheitlichung in gewissen Gebieten« Austausch oder Transferierung der Bevölkerung durchgeführt werden könnte. Potsdam hatte verallgemeinert. »Die drei Regierungen«, hieß es im Paragraph 13 des Abkommens, »haben die Frage unter allen Gesichtspunkten beraten und erkennen an, daß die Umsiedlung der deutschen Bevölkerung oder von Teilen derselben, die in Polen, der Tschechoslowakei und Ungarn zurückgeblieben sind, nach Deutschland durchgeführt werden muß. Sie stimmen darin überein, daß jede derartige Umsiedlung, die stattfinden wird, organisiert und human erfolgen soll.« Die Verfasser der Verträge des Jahres 1919 hatten sich bemüht, Statuten zu finden, durch die das Leben und die Rechte der völkischen Minderheiten, die durch die Verlegung der Grenzen geschaffen worden waren, garantiert wurden. Die Architekten des Friedens von 1945 sahen die Dinge einfacher, sie machten reinen Tisch. Die großen Völkerwanderungen der Barbarenzeit kehrten wieder.

Die Potsdamer Entscheidung war bloß eine Bestätigung. Die Vertreibungen hatten sofort nach dem Waffenstillstand begonnen. Die Tschechen hatten das Sudetenland wieder in Besitz genommen und es sich unverzüglich zur Pflicht gemacht, die vier Millionen Menschen von dort zu verjagen, derentwegen die Krise von München entstanden war. Die Polen begnügten sich nicht damit, die Deutschen zu vertreiben, die in den ihnen abgenommenen Provinzen Posen und Oberschlesien wohnten; sie taten das gleiche mit den etwa zwei Millionen, die in dem Gebiet zwischen der Grenze von 1939 und der Verwaltungsgrenze von 1945 geblieben waren. Andere Menschenfluten strömten aus Ungarn, Österreich, Rumänien, Elsaß und Lothringen und Dänemark heran. Sie gesellten sich zu den Millionen Flüchtlingen, die seit Anfang 1944 vor der sowjetischen Sturmflut aus ihrer Heimat geflohen waren. Eine neue Bürde des Elends lastete auf dem verwüsteten Deutschland.

Von dieser Völkerwanderung, der gewaltigsten der Geschichte, gibt es keine genaue Statistik. Sie hatte die Größenordnung von 12 bis 14 Millionen Menschen, von denen sich ungefähr die Hälfte nach Kriegsende auf den Weg machte. Schätzungsweise zwei bis drei Millionen fielen den Strapazen zum Opfer. Bombardements, Kälte, Hunger, Krankheit, Erschöpfung, Verzweiflung waren einander gefolgt und hatten diesen entsetzlichen Blutzoll gefordert.

»Organisiert und human...«, so hieß es in der Potsdamer Erklärung. Niemals noch sind zwei Wörter so verunglimpft worden. Die Vertriebenen erhielten den Befehl, innerhalb von zwei Stunden ihre Häuser zu verlassen, manchmal innerhalb von zehn Minuten, wobei sie ihre Wertsachen zurücklassen mußten. Sie gingen zu Fuß, »in Lumpen, sie zogen oder schoben auf Handwagen, Schubkarren, Kinderwagen allerlei Reste aus ihrem Heim und manchmal alte Menschen...« Oder sie wurden ohne Lebensmittel, ohne Wasser in Güterwagen gepfercht, in rollende Särge; aus einem Wagen wurde gleichzeitig die Leiche eines 103 Jahre alten Greises und seiner

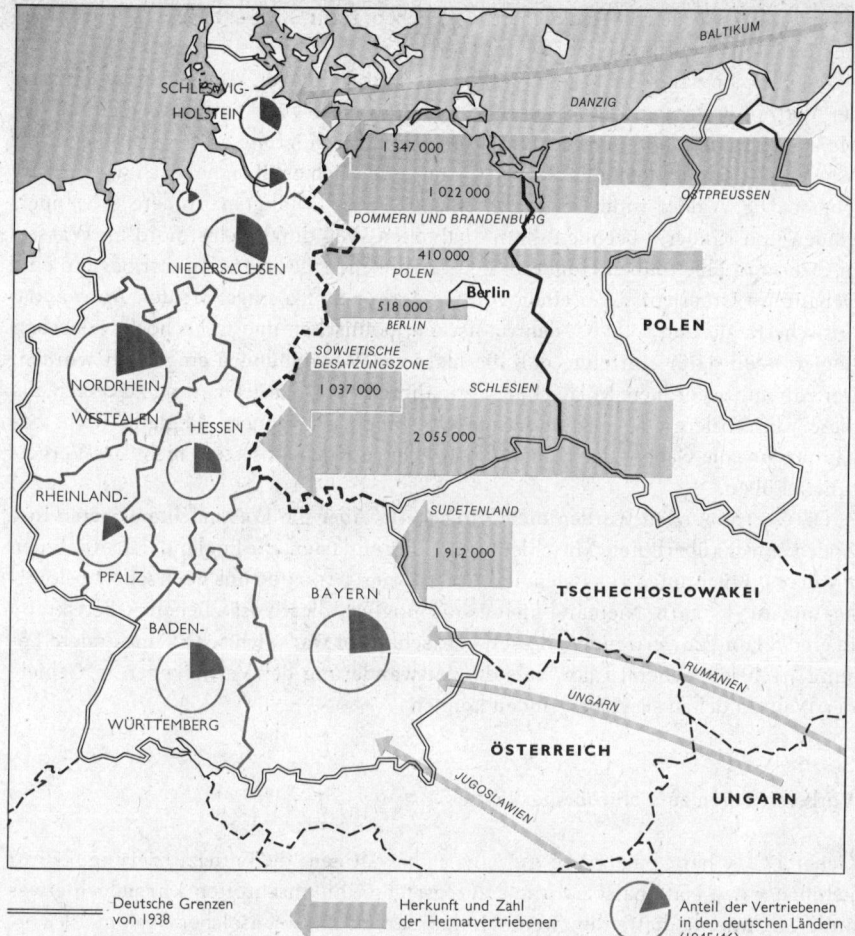

Deutsche Grenzen von 1938 — Herkunft und Zahl der Heimatvertriebenen — Anteil der Vertriebenen in den deutschen Ländern (1945/46)

Die Flüchtlingsströme 1945/1946

Ur-ur-enkelin, die während der Fahrt geboren worden und gestorben war, herausgeholt. Das ihnen unbekannte Vaterland, in das diese menschlichen Wracks abgeschoben wurden, hatte sein Herz durch das eigene Unglück verhärtet. Die Gemeindeverwaltungen weigerten sich, Lebensmittel zur Verfügung zu stellen, und die Bauern veranstalteten Treibjagden, um die Eindringlinge zu verjagen. In Berlin, wo täglich 25 000 bis 30 000 eintrafen, fanden sie als Willkommensgruß eine Kundmachung Oberbürgermeister Werners vor: »Ihr erlebt jetzt seit einigen Tagen nur ein Bruchteil dessen, was Russen, Polen, Tschechen und andere Völker sowie die deutschen Antifaschisten unter Hitler erlitten haben ... Ihr könnt nur vierundzwanzig Stunden in Berlin bleiben. Geht aufs Land und macht euch bei der Ernte als Hilfskräfte nützlich.« Eine Mahlzeit, bestehend aus einem Kochgeschirr voll Suppe und 100

Gramm Brot, wurde von Feldküchen ausgegeben. Dann stießen die deutschen Polizisten die Menschenflut weiter.

Zur Ehre Englands sei gesagt, daß es das erste Land war, das gegen die Barbarei der Vertreibungen auftrat. »Tausende, Zehntausende von Menschen«, schrieb der *Manchester Guardian*, »sterben an Hunger und Erschöpfung auf den Straßen.« Im *New Leader* schrieb Reverend Henry Carter: »Was ich erzähle, habe ich wirklich erlebt... Die Wälder rund um Berlin sind voll von Erhängten. Andere – Männer, Frauen und Kinder – beenden ihren qualvollen Weg durch Selbstmord im Wasser. In Oder und Elbe treiben Hunderte von Ertrunkenen.« Am 26. August begann eine Debatte im Unterhaus über einen von Sir Arthur Saltee eingebrachten Antrag, die britische Regierung solle bei den russischen, polnischen und tschechoslowakischen Regierungen dafür eintreten, daß die massiven Vertreibungen eingestellt würden. Der Labourabgeordnete Michael Foot ermahnte Bevin, Zurückhaltung zu zeigen, als dieser die Hitlergreuel als mildernde Umstände bezeichnete. England hatte gekämpft, um die Gebote der Humanität wieder in Kraft zu setzen, nicht um Vergeltung zu üben.

Die Vertreibungen wurden nicht eingestellt. Aber die Westmächte öffneten ihre Zonen, um das überflutete Mitteldeutschland zu entlasten. Die Engländer übernahmen 1 500 000 Flüchtlinge aus Polen, die Amerikaner 2 100 000 aus der Tschechoslowakei und aus Ungarn. Niemand hielt es für möglich, diese zusätzlichen Arbeitskräfte in einem Land zu verwenden, dessen Wirtschaft tot war. »Ich sehe keine andere Lösung«, schrieb General Clay, »als die Auswanderung der Vertriebenen in Gebiete der Welt, in denen sie Arbeit finden können...«

Vorbereitungen zum Nürnberger Prozeß

General Clay hatte eine große Aufgabe zu bewältigen: die Entnazifizierung. Es war gelungen, den Nationalsozialismus zu besiegen, ihn auszurotten war jedoch etwas anderes. Amerika hatte die zweite Herkulesarbeit mit ebensolcher Systematik vorbereitet wie die erste.

Clays Vorschriften waren in dem Geheimdokument JCS 1067 niedergelegt, einem Werk der *Joint Chiefs of Staff*, der vereinigten Generalstäbe der USA. Die Deutschen waren ein Volk von Verdächtigen. Ihre Rangordnung hatte vier Abstufungen: die Hauptschuldigen, die gewöhnlichen Schuldigen (unterteilt in Förderer, Militaristen und Kriegsgewinnler), die kleinen Schuldigen und die Mitläufer. Kein Deutscher durfte eine öffentliche Stelle bekleiden, wenn er nicht den Beweis erbrachte, daß er höchstens in sehr weitläufiger Verbindung zu den Nationalsozialisten gestanden hatte. Das Dokument JCS 1067 wurde noch durch eine Verfügung verschärft, die die Militärregierung am 26. September erlassen hatte. Niemand, der Mitglied der Nationalsozialistischen Partei gewesen war, konnte einen leitenden Posten bekommen oder behalten, seine Arbeit mußte sich auf rein manuelle Beschäftigung beschränken.

Um die Unterscheidungen treffen zu können, hatten die amerikanischen Behörden einen Fragebogen zusammengestellt, in dem jeder Bewerber für eine Anstellung in 131 Antworten seine politische, militärische, soziale, wirtschaftliche, kulturelle, religiöse Tätigkeit seit 1933 aufführen mußte. Für den Fall unwahrer, irrtümlicher oder unvollständiger Angaben wurden schwerste Strafen angedroht. In den überfüllten Gebäuden, den Kellern und Baracken begann ein ungeheurer Papierkrieg. 1 650 000 Fragebogen wurden in der amerikanischen Zone ausgefüllt, abgegeben, geprüft und ausgewertet. Ein glücklicher Zufall lieferte ein Werkzeug für die Nachprüfung: Clay erfuhr, daß die Archive der NSDAP in einer Papierfabrik in München gefunden worden waren, als man sie eben zu Papierbrei verarbeiten wollte. Man beschlagnahmte sie, bereits im Bottich eingeweicht, trocknete sie und stellte eine Liste mit mehreren Millionen Namen auf, mit der man die Fragebogen kontrollieren konnte. Dank dieses wundervollen Systems hatten die Amerikaner ein Überschußheer von Straßenkehrern, das aus hohen Beamten, Ingenieuren, Bankleuten bestand, doch es gelang ihnen nicht, die 300 000 Leute zu finden, die sie für ihre Militärregierung benötigten.

Der erste, der gegen diese Art von Entnazifizierung protestierte, der forderte, Deutschland müsse wiederbeginnen zu leben, war der Held des Frankreichfeldzuges, George S. Patton. Er war ein Mann ohne Umschweife, wählte seine Formulierungen schlecht, ging den eher gerissenen als noblen Journalisten in eine Falle und lieferte den amerikanischen Zeitungen die Schlagzeile, daß General Patton zwischen Nazis und Nicht-Nazis kaum weniger Unterschied sehe als zwischen Demokraten und Republikanern. Eisenhower, der auch nach dem Sieg seine Kreuzritterseele bewahrt hatte, enthob Patton seines Armeekommandos und des Amtes als Hochkommissar von Bayern. Der kühle Clay jedoch hatte die gleichen Schlüsse gezogen wie sein hitziger Kollege, wobei die Lehren aus dem Osten mitgeholfen hatten. Die Russen hatten in ihrer Zone viele Menschen aufgehängt, sie bedienten sich aber der Nazis, die sie am Leben gelassen hatten, und fanden bei ihnen eine Loyalität, die im allgemeinen zu ihrem Engagement im Dritten Reich in direkter Beziehung stand. Clay ließ nach und nach das System der Fragebogen fallen und begann die fähigen Köpfe zu verwenden, die aus Überzeugung oder gezwungenermaßen Heil Hitler gerufen hatten.

Eine Drei-Mächte-Konferenz hatte 1943 in Moskau den Grundsatz aufgestellt, daß die Deutschen, die sich Greueltaten zuschulden hatten kommen lassen, entweder in den Ländern, wo diese begangen worden waren, oder durch ein gemeinsames Gericht der alliierten Regierungen abgeurteilt werden sollten. Es ging nun darum, diesen Grundsatz zu verwirklichen.

Der Umfang der Naziverbrechen war erst durch den Einmarsch in Deutschland aufgedeckt worden. Der Heilige Stuhl, das schwedische Rote Kreuz, die britische Regierung hatten Enthüllungen über die Deportierungs- und Vernichtungslager erhalten, ohne ihnen Glauben zu schenken. Der Jüdische Weltkongreß von 1944 hatte festgestellt, daß bereits 4 Millionen Juden umgekommen seien, doch weder die Ziffern noch die damit verbundenen Einzelheiten hatten wirklich Glauben gefunden. Es war nötig, die Leichengruben mit eigenen Augen zu sehen, um überzeugt zu werden. Eisenhower, erschüttert durch einen Besuch des Lagers Ohrdruf, hatte die Entsendung einer anglo-amerikanischen Kommission von Parlamentariern veranlaßt, an der Vertreter aller Parteien teilnahmen. Ihre Beschreibung von Buchenwald, Belsen, Dachau, Mauthausen, Ebensee, Ravensbrück und Ravensburg lieferte den Stoff für ein Weißbuch, das in seinem Stil eines amtlichen Berichtes eine entsetzliche Anklagerede darstellt. Gleichzeitig förderten die Dienststellen des SHAEF den von Rosenberg erdachten, von Goebbels propagierten und von Himmler zur Ausführung gebrachten Vernichtungsplan der Juden zutage.

Das Anfangsverbrechen, das schwerste von allen, war die Auslösung des Krieges selbst. Die gleiche Frage war schon 1919 aufgeworfen worden; sie war Gegenstand des Paragraphen 231 im Versailler Vertrag und einer Kampagne Lloyd Georges: »Hang the Kaiser!« – einer allerdings erfolglosen Kampagne, denn der Kaiser ist friedlich im Alter gestorben. Diesmal war in Moskau eine Liste der sechs Hauptverbrecher aufgestellt worden: Hitler, Mussolini, Göring, Goebbels, Himmler und Ribbentrop. Doch die Alliierten waren sich über das anzuwendende Verfahren nicht einig; die Engländer wünschten eine summarische Verurteilung, die Amerikaner bestanden auf einem großen Prozeß. Die Frage der Bestrafung stellte sich für Mussolini, Hitler, Goebbels und Himmler nicht mehr, doch die neue amerikanische Regierung ging nicht von der Forderung ab, daß ein großer Prozeß folgende Verbrechen zu untersuchen habe: die Verbrechen gegen den Frieden, das heißt des Einfalls in andere Länder und des Angriffskrieges, die Kriegsverbrechen selbst, das heißt die Gewalttaten oder Vergehen gegen Leib oder Eigentum, begangen unter Verletzung der Kriegsgesetze, und schließlich die Verbrechen gegen die Menschlichkeit, das heißt Mord, Ausrottungen, Versklavungen, Zwangsverschleppungen, Freiheitsberaubung, Folterung und Vergewaltigung.

Ein gewaltiges Programm. Die unerbittliche Logik der Amerikaner verlangte noch eine Erweiterung des Kreises der Angeklagten aus Fleisch und Blut durch symbolische Angeklagte, nämlich die Organe des Hitlerstaates, in denen sich die Grausamkeit des Nationalsozialismus oder die Angriffslust des deutschen Volkes manifestiert hatte. Die folgenden Organisationen wurden unter Anklage gestellt: das Reichskabinett, das Korps der politischen Leiter der NSDAP, die Sturmabteilungen (SA), die Schutzstaffeln (SS), die Geheime Staatspolizei (Gestapo), der Sicherheitsdienst (SD), der Generalstab und das Oberkommando der Wehrmacht (OKW).

Die unter dem Schutz der Vereinten Nationen von den Vertretern von sechzehn Staaten gebildete Kommission für Kriegsverbrechen (War Crime Commission) trat im Frühsommer in London zusammen. Die Engländer wiederholten ihre Einwände und erklärten, sie hätten vergeblich nach einer Rechtsbasis gesucht für einen gleichzeitig strafrechtlichen und politischen Prozeß, wie man ihn anstrebte. Richter Jackson antwortete, das Recht würde sich im Lauf des Prozesses bilden und sich aus dem Richtspruch selbst ergeben.

Am 8. August wurde in London ein Viermächte-Abkommen unterzeichnet, das die Grundlage für die Nürnberger Prozesse schaffte. Das Tribunal sollte sich zusammensetzen aus vier Richtern, die jeweils vom Vereinigten Königreich, den Vereinigten Staaten, der UdSSR und Frankreich ernannt wurden, und je einem Stellvertreter. Für die Anzahl der Verfahren, mit denen sich der Gerichtshof befassen sollte, wie auch für die Dauer seiner Tätigkeit war keinerlei Beschränkung vorgesehen. Sein ständiger Sitz sollte Berlin sein, doch der erste Prozeß, jener der Hauptverbrecher, sollte in Nürnberg stattfinden. Auf diese Weise würde der Nationalsozialismus in seiner Heiligen Stadt angeklagt werden, die er für die Riesenparaden seiner alljährlichen Parteitage benutzt hatte.

Die Liste der Hauptakteure des großen Prozesses blieb noch aufzustellen. Die Mehrzahl jener Männer, die diese weltbewegende Rolle für sich in Anspruch nehmen konnten, wurden, alle ohne Krawatte, Gürtel und Schuhbänder, im Schloß Mondorf les Bains bei Luxemburg zusammengezogen. Sie erfuhren von der ihnen zugedachten Rolle am 29. August, ohne daß sie besondere Erregung gezeigt hätten. Ein einziger, Robert Ley, der Leiter der Deutschen Arbeitsfront, beging Selbstmord durch Erhängen in seiner Zelle. Martin Bormann, der während der Schlacht um Berlin verschwunden war, blieb unauffindbar. Der 74jährige Krupp von Bohlen und Halbach wurde auf Grund eines ärztlichen Gutachtens wegen Senilität ausgeschieden. Einundzwanzig waren übriggeblieben, eine bunt zusammengewürfelte Versammlung. Das Anklagekomitee hatte in jedem Zweig der deutschen Hierarchie den repräsentativsten Überlebenden bestimmen wollen, doch noch heute sind die Kriterien, nach denen es vorgegangen ist, bei weitem nicht klar.

An der Spitze der Liste stand Hermann Göring, 52 Jahre alt; er hatte sich in Berchtesgaden den Amerikanern ergeben, mit der Selbstsicherheit eines vom Waffenglück betrogenen Monarchen, und es hatte ihn unangenehm berührt, daß man ihn verhaftete, während er sich doch bereit erklärte, mit den Siegern zu verhandeln. Rudolf Heß, 51 Jahre, Stellvertreter des Führers in der Nationalsozialistischen Partei, kam an zweiter Stelle. Auch er war überrascht gewesen, daß man ihn 1941 gefangennahm, während er doch das persönliche Risiko übernommen hatte, nach England zu kommen, um Frieden anzubieten und das Land vor der Vernichtung zu retten. Seither gab er vor, alles vergessen zu haben, doch die Sachverständigen hatten ihm das von seinen Anwälten verlangte Zeugnis der Geisteskrankheit nicht ausgestellt, obgleich sie bei ihm »Symptome der Gedächtnisschwäche, Neigung zur Hysterie, psychopathische und schizophrene Wesenszüge« diagnostizierten.

Die neunzehn anderen waren ein buntes Gemisch. Zwei von ihnen, der unbedeutende Hans Fritzsche, 46 Jahre, Kommentator des Rundfunks, und der Galgenvogel Ernst Kaltenbrunner, 45 Jahre, Chef des SD, nahmen stellvertretend den Platz ihrer Vorgesetzten ein, der Selbstmörder Goebbels und Himmler. Eine Gruppe von drei alten Herren war in dieser Aufstellung befremdend: Freiherr Konstantin von Neurath, 72 Jahre, der älteste der Angeklagten, vor Ribbentrop Außenminister des Deutschen Reiches; Franz von Papen, 66 Jahre, Vorgänger Hitlers als Reichskanzler, und der einsame, spöttische Dr. Hjalmar Schacht, 68 Jahre, der seit 1939 keinen Posten mehr bekleidet hatte, dem man jedoch vorwarf, sich dem Dritten Reich in den schwierigen Anfängen als Finanzgenie zur Verfügung gestellt zu haben. Julius Streicher, 59 Jahre, verkörperte die Alten Kämpfer, die Hitler den Weg zur Macht gebahnt hatten. Im Gegensatz dazu repräsentierte Baldur von Schirach, 38 Jahre, der jüngste der Angeklagten, die Schichten der deutschen Jugend, die begeistert dem Hakenkreuz gefolgt waren.

Hans Frank, 45 Jahre, hatte Polen grausam verwaltet. Arthur Seyß-Inquart,

53 Jahre, hatte ein Schreckensregime in den Niederlanden geführt, Dr. Walther Funk, 55 Jahre, war Wirtschaftsminister gewesen und Wilhelm Frick, 68 Jahre, Innenminister. Die Großadmiräle Erich Raeder, 69 Jahre, und Karl Dönitz, 55 Jahre, hatten einzustehen für den Admiralstab der Marine und die im U-Boot-Krieg begangenen Vergehen gegen die Menschenrechte, während Generaloberst Alfred Jodl, 55 Jahre, wegen seiner Beteiligung an der Vorbereitung der Angriffspläne angeklagt wurde. Die deutschen Rüstungsanstrengungen waren durch zwei gänzlich verschiedene Personen vertreten: den brutalen ehemaligen Matrosen Fritz Sauckel, 59 Jahre, einen Alten Kämpfer, der mit der Beschaffung der Arbeitskräfte in Europa betraut gewesen war, und ein Genie, Albert Speer, 40 Jahre, der vielleicht die Dauer des Krieges verlängert hätte, wenn er etwas früher an die Spitze der deutschen Industrie berufen worden wäre. Speer wagte es als erster, Hitler zu sagen, daß alles verloren sei – Lästerung und Verbrechen –, und zog, angesichts der Starrköpfigkeit des Führers, in Betracht, ihn im Bunker der Reichskanzlei durch Giftgas zu ersticken.

Dann bleiben noch drei Hauptangeklagte. Einer war der »Philosoph« Alfred Rosenberg, 52 Jahre, der Apostel des Neu-Heidentums, ein Theoretiker der Verjagung der Slawen nach Asien. Der zweite war der Außenminister Joachim von Ribbentrop, 52 Jahre, der 1939 den Bündnisvertrag mit Rußland unterzeichnet hatte und der, ein Englandfeind aus verhindérter Anglomanie, Rußland treu geblieben wäre, um Albion zu strafen, wenn er mehr gewesen wäre als ein ausführendes Werkzeug. Der letzte war Generalfeldmarschall Wilhelm Keitel, 63 Jahre, der als Chef des OKW bis zum bitteren Ende der unermüdliche Diener der militärischen Absichten des Führers gewesen war.

Die Stadt, die dem großen Prozeß den Namen geben sollte, war nicht nur ein Symbol als mystische Hauptstadt der nationalsozialistischen Bewegung. Ihre Geschichte geht bis ins Jahr 1050 zurück. Die ummauerte Innenstadt hatte bis zu ihrer Zerstörung eines der am besten erhaltenen mittelalterlichen Stadtbilder Europas bewahrt. Im 19. Jahrhundert waren außerhalb der äußeren Ringstraße, des Grabens, weitläufige moderne Bezirke und bedeutende Industrien entstanden. Die amerikanische Luftflotte hatte diese Außenbezirke, in denen Waffen hergestellt wurden, verschont – während das mittelalterliche Nürnberg systematisch zerstört wurde. Die aus leicht brennbarem Material erbauten Giebelhäuser waren buchstäblich zu Staub zusammengefallen. Von der Frauenkirche war nur eine beschädigte Stirnwand stehengeblieben, und die Ruine der Burg erdrückte mit ihrer Masse geradezu die tote Stadt. 7000 Leichen von Zivilpersonen lagen unter den Trümmern begraben. Doch die einzigen Kriegsverbrechen waren jene, die von den Besiegten begangen worden waren.

Man setzte den beschädigten Justizpalast wieder instand. Man deckte Planen über die Löcher im Grand Hotel, in dem noch vor wenigen Jahren während der Nürnberger Parteitage jene Männer gewohnt hatten, die jetzt das Gefängnis beherbergte. Die verschiedenen nationalen Delegationen waren auf beschlagnahmte Dörfer rund um Nürnberg verteilt worden. Die äußere Organisation war der amerikanischen Kommandantur anvertraut worden, die im Justizpalast eine riesige Cafeteria einrichtete. Zahlreiche Gruppen sammelten in ganz Deutschland das Material für die Anklage. Die Gerichtsverhandlung sollte im November eröffnet werden.

Die Not in Deutschland

In dem viergeteilten Deutschland nahm der Hunger immer mehr zu. In Potsdam hatten die Vertragspartner die tägliche Nahrungsration mit 1500 Kalorien festgesetzt, »das unbedingt notwendige Minimum, um die Verbreitung von Epidemien und Aufstände zu verhindern«. Dieses Minimum an Sicherheit konnte nirgends eingehalten werden. Marschall Montgomery berichtet, daß die Zivilpersonen seiner Zone nur 1050 Kalorien erhielten, und General Eisenhower, daß »die durchschnittliche Nahrungsmenge um ein Drittel unter dem Existenzminimum« blieb. Die französische Zone, die viel Landwirtschaft hatte, vom Krieg relativ verschont geblieben war und wenig Vertriebene hatte aufnehmen müssen, hätte in der Lage sein müssen, ihren Lebensbedarf zu decken. Doch die Franzosen, die selbst darbten, saugten das Land aus. Die Verbraucher erhielten weder Zucker noch Fett, die tägliche Brotration wurde auf 120 Gramm gesenkt, und die durchschnittliche Kalorienmenge fiel auf 810 pro Tag.

Alle Wertmaßstäbe waren umgestoßen. Die Suche nach Nahrung wurde das Hauptanliegen der Menschen: 2 Kilogramm Butter in einem Dorf aufzustöbern und sie·im kleinen zu verkaufen war bedeutend einträglicher als eine Woche Arbeit in einem Bergwerk. Eine Eisenbahnfahrkarte München-Frankfurt kostete 44 Mark; das war der Preis für 100 Gramm Butter oder für fünf amerikanische Zigaretten. Jedes Fraternisieren mit den Besatzungsstreitkräften war verboten, doch nichts konnte eine Prostitution verhindern, die ihren Lohn in Schokolade erhielt.

Der unter dem amerikanischen Kommunisten Harry Dexter White aufgestellte Morgenthau-Plan zielte darauf ab, aus Deutschland »ein Ackerbauland mit Viehzuchtcharakter« zu machen. In dieser übertriebenen Form war der Gedanke aufgegeben worden, doch das Prinzip bestand weiter in einer drakonischen Beschränkung der Industriekapazität Deutschlands. Am 6. Januar 1946 kam ein Plan heraus, der die Deutschland gestattete Stahlproduktion auf 5 800 000 Tonnen beschränkte, also ein Drittel der Erzeugung des Jahres 1936. 2000 Industrieunternehmungen, darunter die modernsten Fabriken, waren dafür vorgemerkt, demontiert und in die Siegerstaaten transportiert zu werden. Diese, besonders die Russen, hatten nicht auf die Bestätigung in Potsdam gewartet, um mit der Demontage zu beginnen. In Berlin waren die Schläge der Vorschlaghämmer zu hören, mit denen die Fabriken demontiert wurden, während noch die letzten Detonationen der Schlacht ertönten. Den langen, beutebeladenen Zügen Richtung Rußland folgten schließlich die Eisenbahnschienen selbst. Von den 36 Bahnlinien, die zum Zentralbahnhof Leipzig führten, wurde eine einzige an Ort und Stelle belassen, und die 18 000 Kilometer Schienenstränge der russischen Zone wurden auf 6000 vermindert. Die Russen verschmähten jedoch auch Kulturgüter als Beute nicht. Allein aus der Gemäldegalerie Dresden, deren Schätze dem entsetzlichen Bombardement im Februar entgangen waren, entwendeten sie 1695 Bilder, darunter 24 van Dycks, 17 Rembrandts, 17 Rubens usw.

Dagegen schienen es die Russen mit der Sowjetisierung ihres Teiles von Deutschland nicht eilig zu haben. Wilhelm Pieck, der mit den sowjetischen Eroberern nach Berlin zurückgekehrt war, berief ein großes Treffen im Berliner Lustgarten und gab eine Erklärung ab, bei der sich die ganze Welt die Augen rieb: »Die deutsche Kommunistische Partei wünscht für Deutschland kein Sowjetsystem . . .« Der Kampf gegen den Hunger und für den Wiederaufbau der Wohnungen müsse auf den Grundlagen des Privatbesitzes und im Rahmen der freien Wirtschaft fortgesetzt werden. Pieck erklärte weiter, das deutsche Volk trage die Kollektivverantwortung für den Krieg. »Nicht Hitler allein, sondern die zehn Millionen Deutschen, die 1933 für ihn gestimmt haben – und sogar wir Kommunisten, die nicht imstande waren, die Arbeiterklasse zu einigen . . .« Die einzige Massenenteignung war die der Junker. Die Höchstgrenze des Grundbesitzes wurde auf 100 Hektar festgesetzt, und 9690 Güter wurden unter 389 519 Bauern verteilt.

Berlin war so zerstört, daß Spezialisten ausrechneten, das Abtragen der Ruinen allein würde 16 Jahre in Anspruch nehmen. Die Bombardements und vor allem die Demontagen hatten das Industriepotential der Stadt um 85 % vermindert. In der Kommandantur entspann sich eine heftige Debatte. Die Westmächte verlangten, man müsse Berlin wie vor dem Krieg mit der Landwirtschaftsproduktion der Ostprovinzen ernähren und mit schlesischer Kohle beheizen. Die Russen erwiderten, daß die schlesische Kohle den Polen gehöre und daß die landwirtschaftlichen Quellen Ostdeutschlands durch die Verlegung der Grenze an die Oder abgeschnitten worden seien – daß daher die Westmächte für die Bedürfnisse ihrer Sektoren aufkommen müßten. Die Berliner saßen zwischen den Stühlen; sie wären verhungert, wenn die Amerikaner nicht wieder einmal nachgegeben hätten.

Die Franzosen hielten Frohnau und Wedding besetzt, die Engländer den Kurfürstendamm, Charlottenburg, Grunewald und Spandau und die Amerikaner Zehlendorf, Tempelhof, Schöneberg, Kreuzberg und Neukölln. Das stellte die Hälfte des gemeinsamen Gebietes dar – doch die Russen zeigten durch ihre Haltung, daß sie sich überall zu Hause fühlten. Bei der Siegesparade hatten die russischen Generäle, mit Orden gepanzert, die gesamte offizielle Tribüne besetzt gehalten, und George Patton mußte sich beim Vorbeimarsch der *2d Armored* mit Gewalt den Weg bahnen. Der Oberbürgermeister wie die 20 Bezirksbürgermeister übergingen die Kommandantur und setzten sich direkt mit den sowjetischen Behörden in Verbindung. Der amerikanische Vertreter, Generalmajor Frank Howley, umriß die Lage in einem Bericht an General Clay mit der Feststellung: »Die Russen beherrschen Berlin.« Es war leicht vorauszusehen, daß sie dort bald allein zu bleiben wünschten.

Deutschland war schwer gestraft! Ein Viertel seines Territoriums war ihm entrissen. 40 % seiner Häuser waren zerstört. Das Landesvermögen war auf die Hälfte zusammengeschmolzen. Seine Währung war zum zweitenmal in 35 Jahren auf den Nullpunkt gesunken. Auf Grund des von den Alliierten diktierten Industrieplanes würde jeder Deutsche einen Teller im Jahr erhalten, alle drei Jahre ein Paar Schuhe, alle vier Jahre ein Paar Strümpfe, alle fünf Jahre eine Zahnbürste, alle zehn Jahre ein Hemd, alle vierzig Jahre einen Anzug und alle hundertfünfzig Jahre eine Waschmaschine. Jedes zweite Neugeborene müßte ohne Wiege auskommen, und ein Toter von je dreien ohne Sarg. Der moralische und der gesundheitliche Verfall waren ebenso schlimm wie die Zerstörungen. Der Gesundheitsdienst der amerikanischen Armee berichtete, daß 10 % – in manchen Orten sogar 30 % – der Frauen zwischen

15 und 45 Jahren geschlechtskrank waren. Die Sterblichkeitsquote nahm um 50 % und die Kindersterblichkeit um 100 % zu. Der fürsorgliche Berliner Bürgermeister ließ vor dem Hartwerden des Bodens durch den Frost 100 000 Gräber ausheben.

Manche Beobachter sagten für die Zukunft die Wiederaufrichtung Deutschlands voraus. »Oberflächlich gesehen«, schrieb der amerikanische Journalist Joseph Purtell, »sind die deutschen Städte tot, aber 70 % der Industriekapazität sind noch intakt, und die Energie und Entschlossenheit der Deutschen nach fünf Kriegsjahren ist bewundernswert.« Die meisten Ausländer jedoch waren betroffen von der Apathie, dem unentschuldigten Fernbleiben in den Fabriken und Bergwerken, der Resignation, dem Nihilismus. Sie hatten den Eindruck, Deutschland sei, begraben unter seinen Trümmern, mit seinem Führer zusammen ins Grab hinabgestiegen.
(*Forts. Deutschland S. 73*)

England ruft Amerika zu Hilfe

In London hatte sich das Unterhaus am 15. August unter dem Frohlocken der siegreichen Labourpartei versammelt. Beim Erscheinen Winston Churchills hatten die im Parlament gebliebenen Konservativen applaudiert und »*He's a jolly good fellow*« angestimmt. Als Antwort hatten die Labourabgeordneten »*The red flag*« gesungen. »Ich hatte den Eindruck, ich sei Dirigent«, sagte der Speaker.

Die Euphorie der Sieger vom 5. Juli war von kurzer Dauer. Sie hatten revolutionäre Änderungen versprochen, die Verstaatlichung der wichtigsten Produktionsmittel, die Einführung einer Sozialversicherung »*from womb to tomb*«, von der Wiege bis zur Bahre. Doch England war ruiniert. Vor dem Krieg hatte jeder Engländer ein Guthaben von 100 Pfund Sterling; seit dem Krieg hat er 100 Pfund Sterling Schulden. Sämtliche Guthaben im Ausland waren aufgebraucht und durch Schulden ersetzt. Nun besaß aber Großbritannien auf seiner Insel nur die Hälfte der für seine 50 Millionen Einwohner notwendigen Lebensmittel, Rohstoffe und Energiequellen. Daher hätte entweder die Hälfte der Bevölkerung auswandern oder der allgemeine Lebensaufwand auf die Hälfte herabgesetzt werden müssen, oder die Gewerbetätigkeit der Nation hätte derart zunehmen müssen, daß die Käufe im Ausland durch den Ertrag der Ausfuhr gedeckt werden konnten. England, das gewohnt war, der Rentner der Welt zu sein, sah sich gezwungen, sein Leben selbst zu verdienen. Dieser Notwendigkeit auch noch eine Sozialrevolution hinzufügen zu wollen bedeutete ganz einfach eine Herausforderung.

Der neue Schatzkanzler, Sir Stafford Cripps, definierte die Ziele, die er der Nation vorschlug. Bereits im Jahre 1946, erklärte er, müsse die britische Ausfuhr jene der Vorkriegszeit um 50 % übertreffen. Genauer gesagt: im Volumen. Unter Berücksichtigung der Geldentwertung bedeutete das, daß die Verkäufe Englands an das Ausland in einem Jahr vervierfacht werden müßten!

Um dieses augenscheinlich unmögliche Ziel zu erreichen, verfügte die Labourregierung Sparmaßnahmen zugunsten des Staatswohls. Der Minister für Treib- und Brennstoffversorgung, Emanuel Shinwell, verkündete den Engländern, daß sie während des Siegeswinters weniger Kohle erhalten würden als während der Kriegswinter. London, das für einen Augenblick wieder beleuchtet gewesen war, wurde von neuem verdunkelt: Auf das *blackout* der tragischen Nächte folgte jetzt das *dimout*, auf die Verdunkelung das Abblenden. Der Wert der Bekleidungskupons wurde um 25 % gesenkt, die Lebensmittelration von 2870 auf 2700 Kalorien. Es fehlte an allem. Die Ärzte diagnostizierten eine neue Krankheit, die *queueitis*, eine Folge der Ermüdung und Nervosität durch Schlangestehen. Die englischen Hausfrauen hatten es während des Krieges mit vollkommenem Gleichmut ertragen; seit es die Gefahr nicht mehr gab, die es rechtfertigte, versagten sie.

Die Bemühungen der Labourpartei, die Schlacht der Produktion zu gewinnen, indem sie die Arbeiterklasse anspornte, stießen nur auf Gleichgültigkeit und Ausweichen. Die Kohleförderung, die vor dem Krieg 240 Millionen Tonnen betragen hatte, fiel unter 200 Millionen Tonnen, weil mehr als 20 % der Bergleute fehlten. »In der Grube ist es kalt«, sagte ein Arbeitsunwilliger in einem Interview einem amerikanischen Reporter. »Ich habe beschlossen, mich ein wenig an der Sonne zu erholen.« »Aber England braucht Kohle.« »Und ich brauche Sonne.« »Ihr Lohn . . .« »Zum Teufel mit dem Lohn! Es gibt ja nichts zu kaufen. Alles ist nur für die Ausfuhr . . .«

Die Schlußfolgerung war schnell gezogen: England war außerstande, sich aus eigener Kraft wieder zu erholen. Die Labourleute empfanden für das kapitalistische Amerika wenig Freundschaft, doch die Not zwang sie zu einer Sinnesänderung. Am 12. September 1945 ließ Attlee der Regierung in Washington ein Memorandum überreichen, das die letzte Arbeit John Maynard Keynes darstellte, des meistdiskutierten Wirtschaftsfachmannes seiner Generation. Er beschrieb den Zustand der Zerstörung und der Erschöpfung, in den das Vereinigte Königreich durch seinen allzu großen Beitrag zum Sieg gestürzt worden war. Er verlangte ein langfristiges Darlehen mit geringer Verzinsung, um es der britischen Wirtschaft zu ermöglichen, ihre Ertragsfähigkeit wieder zu erreichen. Er legte dar, daß es sich hier um eine Frage auf Leben und Tod handelte.

Die Verhandlungen dauerten zwölf Wochen. Amerika zeigte wenig Enthusiasmus. Es sah, in welch unangenehmes Räderwerk es gezwungen wurde, und die Erinnerung an die nicht eingelösten Schuldverpflichtungen des Ersten Weltkrieges fiel schwer ins Gewicht. Doch die Hilferufe mehrten sich, die Reserven Englands waren erschöpft. Das jährliche Defizit der Zahlungsbilanz überstieg drei Milliarden Dollar. Nur die Hilfe Amerikas konnte England retten.

Am 6. Dezember unterzeichneten Botschafter Lord Halifax und US-Schatzkanzler Vinson den Vertrag. Die Vereinigten Staaten eröffneten der britischen Regierung einen Kredit von 3750 Millionen Dollar, von denen diese je nach Bedarf Summen abziehen konnte. Die Zinsen waren auf 2 % festgesetzt, die Rückzahlung in 50 Jahresraten, beginnend am 31. Dezember 1951, vorgesehen.

Ein erster Schritt, ein gewaltiger Schritt. Der Kongreß, dessen Bestätigung erforderlich war, zeigte Besorgnis und widersetzte sich. Er hatte soeben durch Abstimmung die Rechentafel des Leih-Pacht-Systems mit einem Schlag gelöscht, durch das den von Amerika unterstützten Ländern Güter jeder Art im Wert von 46 Milliarden Dollar übertragen worden waren. Nachdem Onkel Sam den Krieg in der ganzen

Welt finanziert hatte, sah er sich jetzt gezwungen, den Frieden zu finanzieren – um den britischen Sozialismus, seine Demagogie und seine Gleichgültigkeit zu unterstützen. Es war leicht vorauszusehen, daß nach ihm die ganze Welt kommen würde, um beim amerikanischen Geldschrank anzuklopfen. Ein langer Kampf entspann sich, den die Hilferufe des langsam untergehenden Albion eingeleitet hatten.
(*Forts. Großbritannien S. 140*)

Der Schatten Rußlands über Nordeuropa

Mit Ausnahme von Schweden war ganz Nordeuropa in den Krieg einbezogen worden. Es ging daraus mit schweren Schäden und sorgengeplagt hervor. In Finnland unternahm ein alter Staatsmann, Kusti Paasikivi, zum zweitenmal die fast hoffnungslose Aufgabe, sein schwaches Land den Fängen Rußlands zu entreißen. In Norwegen lag das Erwerbsmittel des Landes, die Handelsflotte, auf dem Meeresgrund; im Dienste der Alliierten waren 454 Schiffe mit 4 200 000 Bruttoregistertonnen verlorengegangen. In Dänemark, wo die Zerstörungen geringfügig waren, wo es immer Lebensmittel in Hülle und Fülle gegeben hatte, drohte der Kommunismus. Die kleine skandinavische Welt hatte geglaubt, sich durch Klugheit den Gefahren ihrer Zeit entzogen zu haben. Die Illusion brach zusammen. Rußland, das man für so weit entfernt gehalten hatte, war näher gekommen, hatte den Norden der Halbinsel in Besitz genommen, beherrschte die Ostsee, rückte an den Belt. Eine beängstigende Frage erhob sich: Würde dieser Vormarsch weitergehen?

Die Befreiung Skandinaviens war in lauter Freude erfolgt. König Christian war aus der Isolation, König Haakon aus dem Exil zurückgekehrt, beide waren von jubelnden Menschenmassen empfangen worden. Die Bestrafung und Säuberung wurden jedoch mit äußerster Härte durchgeführt. In Dänemark hatte es seit undenklichen Zeiten keine Todesstrafe mehr gegeben; sie wurde wieder eingeführt, 78 Todesurteile wurden ausgesprochen, denen 46 Hinrichtungen folgten. Norwegen war zum Teil in eine ideologische Strömung hineingezogen worden, die den nordischen Arier als Menschenideal bezeichnete. Es war zu einer regelrechten Spaltung des Volkes gekommen: Während die norwegischen Seeleute für England im Nordatlantik ertranken, führten die norwegischen Bergbewohner im Kaukasus für Hitler Sturmangriffe durch und kamen Baku näher als irgendeine andere Abteilung der Wehrmacht. Die Abrechnung wurde hart.

Quisling, der Chef der nationalsozialistischen Regierung Norwegens, Synonym des Verräters, hatte sich widerstandslos gefangennehmen lassen. Sein Polizeiminister, Jonas Lie, hatte es vorgezogen, sich in einem Vorstadthaus Oslos zu verbarrikadieren, und hatte sich schließlich selbst gerichtet. Umfangreiche Razzien wurden abgehalten. Am 13. Juni teilte der neue Polizeichef mit, daß er 15 924 Verräter festgenommen habe, darunter den Nobelpreisträger für Literatur, den 85jährigen Knut Hamsun. Die Gesamtzahl der Verhaftungen erreichte 40 000 und die Anzahl der für Kollaboration ausgesprochenen Strafen 92 000.

Quisling zitterte und weinte vor seinen Richtern. »Ich bin der Märtyrer Norwegens«, erklärte er. Der Prozeß dauerte drei Wochen und gestattete dem Angeklagten, in beispielhafter Wahrung der Rechte der Verteidigung, sich während zweier voller Sitzungstage selbst zu bemitleiden. Ein unnötiges Aufgeben jeglicher Würde. Nachdem er sich durch Berufungsverfahren zu retten versucht hatte, wurde Abraham Lauritz Vidkun Quisling am 24. Oktober 1945 um 2 Uhr früh geweckt und in den Hof der Festung Akershus geführt, wo er sich selbst zum Führer des norwegischen Volkes erklärt hatte. Eine Stunde später war er tot.

Der ›Quisling‹ Hollands hieß Anton Mussert. Er hatte vor dem Krieg die holländische nationalsozialistische Partei gegründet, die bei den Wahlen im Jahre 1937 bereits vier Parlamentssitze erhalten hatte. Während des Krieges hatte er Hitler um den Anschluß der Niederlande an das Deutsche Reich ersucht. Die Räder des Gesetzes drehten sich langsam; durch die Berufungsverfahren erlebte er noch den Beginn des Jahres 1946. Doch sein Los stand unerbittlich fest. 37 andere Verurteilte begleiteten ihn ins Jenseits. 11 000 Gefängnisstrafen, 60 000 Verurteilungen zum Verlust der Nationalität, 127 000 Aberkennungen der bürgerlichen Rechte zeigen die Anzahl von Holländern, die sich für die Deutschen des Meeres hielten.

Das befreite Holland befand sich in einer tragischen Lage. Die Deutschen hatten die Uferdämme gesprengt, und die vom Meereswasser überschwemmten Polder erforderten eine langwierige, kostspielige Wiedergewinnung. Eine andere für Hollands Ernährung sehr wichtige Tätigkeit war unterbrochen: die Rheinschiffahrt. Zwanzig gesprengte Brücken, 1200 versenkte Lastkähne versperrten das Flußbett als künstliche Klippen, über die das unschiffbar gewordene Gewässer hinwegbrauste. Das für Holland unbedingt notwendige Hinterland, das schuldbeladene, zerschmetterte Deutschland, war ruiniert, vielleicht für immer. Niederländisch-Indien befand sich immer noch in Händen der Japaner. In seinem kleinen, zerstörten Landgebiet gehörte Holland zu den Ländern mit der größten Bevölkerungsdichte der Welt. Welchen Teil dieser Bevölkerung würde es ernähren können?

Belgien findet nicht mehr zum König zurück

Belgien befand sich in weniger beklemmenden materiellen Verhältnissen. Bedeutende Guthaben in Amerika und im Kongo beschleunigten seinen Wiederaufbau. Doch die Wirren der Kriegszeit setzten sich in einer dynastischen Krise fort, die das Land erschütterte.

Im Mai 1940 war die von dem Katholiken Hubert Pierlot geleitete Koalitionsregierung nach Frankreich geflohen. Als Frankreich den Waffenstillstandsvertrag unterzeichnete, war die Mehrzahl der Minister der Ansicht gewesen, Belgien solle seinerseits gleichfalls einen Vertrag schließen. Doch zwei Minister, Kolonialminister Albert de Vleeschauwer und Außenminister Marcel-Henri Jaspar, waren nach England gegangen. Am 23. Juni, fünf Tage nach de Gaulle, hatte Jaspar über die BBC alle freien Belgier aufgefordert, sich auf seine Seite zu schlagen, um den Kampf fortzusetzen. »Es ist nicht der Augenblick für Tränen, sondern für Taten. Lieber den Tod als die Sklaverei.« Die belgische Regierung, die in der französischen Ortschaft Sau-

10 11 Justiz im Dienste gerechter Vergeltung: Der norwegische Premierminister Quisling (l.) und der französische Ministerpräsident Laval (r.) vor Gericht. Beide wurden zum Tode verurteilt und hingerichtet. – *12* Erster Kriegsverbrecherprozeß in Nürnberg: v. l.: Göring, Heß, Dönitz, Raeder, Ribbentrop, v. Schirach, Keitel, Sauckel.

13 General de Gaulle, aus dem britischen Exil nach Frankreich zurückgekehrt, wird wie ein Triumphator begrüßt. – *14* Der belgische König Leopold (2. v. r. mit seinem Sohn Boudouin) mußte im Jahre 1950 abdanken.

veterre-de-Guyenne saß, hatte Jaspar abgesetzt. Dann wartete sie auf eine Antwort Deutschlands auf ihr Verhandlungsgesuch.

Es kam keine Antwort. Hitler hatte von der Zukunft Belgiens seine eigenen Vorstellungen und hatte keine Lust, sich mit einer belgischen Regierung zu belasten, auch wenn diese gebundene Hände hätte. Nach drei Monaten des Wartens verließen Pierlot und seine Kollegen Frankreich und schlossen sich in England der Truppe der Exilregierungen an.

König Leopold III. hatte sein Los von dem seiner konstitutionellen Regierung getrennt. Pierlot und sein Außenminister, Paul-Henri Spaak, hatten am 26. Mai in Ypern den König beschworen, mit ihnen zusammen Belgien zu verlassen. Leopold hatte es vorgezogen, die Kapitulation der Armee, die er befehligte, zu unterzeichnen, da er erklärte, er betrachte es als eine Ehre, die Prüfungen seiner Soldaten zu teilen. Anstatt ihn nach Deutschland zu bringen, was für einen kriegsgefangenen Offizier normal gewesen wäre, hatten die Sieger ihm Schloß Laeken als Residenz zugewiesen, laut Kapitulationsurkunde mit »einem Militär- und Zivilgefolge von zwanzig Personen«. Leopold hatte diese Bevorzugung von seiten des Feindes akzeptiert.

Als Herr Belgiens schlug Deutschland wieder in die gleiche Kerbe wie 1914–18. Die flämischen Gefangenen wurden entlassen, die wallonischen blieben gefangen; die französischen Departements Nord und Pas-de-Calais wurden der Militärverwaltung von Brüssel unterstellt, als erste Befriedigung eines Nationalismus, der die Somme als Grenze sowie die Einverleibung von Lille, Roubaix und Cambrai forderte, die flämisch Rijssel, Roobeke und Kamerijk genannt wurden. Die flämische Bewegung wurde geschützt und ermutigt. Gewisse Beamte, die während des deutschen Einmarsches wegen ihrer deutschfreundlichen Einstellung abberufen worden waren, wurden wieder eingesetzt. Darunter befand sich der Gouverneur von Westflandern, der vormalige Arbeitsminister Baels.

Sechs Monate nach der Kapitulation verließ König Leopold Schloß Laeken und reiste nach Deutschland. Seine Schwester Marie José, Prinzessin von Piemont, eine entschiedenere Faschistin als die italienische Königsfamilie, der sie seit ihrer Heirat angehörte, hatte bei dem widerstrebenden Hitler darauf gedrungen, er solle einwilligen, den König der Belgier zu empfangen. Nachdem er in München auf das gnädige Einverständnis des Führers gewartet hatte, erschien Leopold im Berghof; er »machte den Eindruck eines Primaners«, schreibt der Dolmetscher Schmidt, »der zu einer unangenehmen Nachhilfestunde gehen muß, weil es seine Eltern nun einmal so wollen«. Er suchte aus dem Redestrom, der sich über ihn ergoß, das Versprechen zu entnehmen, daß die Unabhängigkeit Belgiens gewahrt bleiben würde. Hitler beschränkte sich darauf, ihm zu sagen, er werde seinen Thron behalten, »während die Königin von Holland und der König von Norwegen den ihren nie wieder besteigen würden«. Es gebe, fuhr er fort, »zwei Gebiete, auf denen die kleinen Länder, die als Pufferstaaten gegen Deutschland gedient haben, sich unterwerfen müssen: die militärische Verteidigung und die Außenpolitik. Im übrigen können Sie tun, was Sie wollen; Deutschland fühlt sich nicht zur Kinderfrau berufen.« Nach der Abreise Leopolds bemerkte Hitler: »Er ist auch nicht besser als die anderen Könige und Fürsten.« Die beiden Männer bemühten sich um kein Wiedersehen.

Die Lage in Belgien spitzte sich zu. Die Versorgungsschwierigkeiten, die Aufforderungen aus London, die verringerte Gewißheit eines deutschen Sieges kehrten die Masse der Bevölkerung gegen die Besatzungsmacht. Anderseits rührte Deutschland die Werbetrommel für Freiwillige zu seinem Kreuzzug gegen den Bolschewismus. Nicht nur Flamen folgten diesem Ruf. Léon Degrelle hatte die totalitäre Richtung des Rexismus in die belgische Politik gebracht; er führte diese Linie fort, indem er die »Wallonische Legion« gründete. Ihr lothringisch-burgundischer Gedanke stand im Gegensatz zum germanischen Ideal des »Flämischen Nationalverbands«, für den Staff de Clercq warb. So waren die Belgier, sogar als sie sich in die Dienste Deutschlands stellten, in zwei Lager gespalten.

Bei dem deutschen Einmarsch im Jahre 1940 hatte die überwiegende Mehrzahl der Belgier ihrem König beigestimmt und die geflohenen Minister getadelt. Doch schon am Sonntag, dem 6. Dezember 1941, war eine Sinnesänderung spürbar, als alle Priester von der Kanzel einen Brief Kardinal van Roeys, des Primas von Belgien, verlasen: »Wir hatten die Ehre und Freude, am vergangenen 11. September im Schloß zu Laeken die Vermählung des Königs nach den Regeln der Kirche zu vollziehen ...« Die Gemahlin war eine Bürgerliche: Marie Liliane Baels, Tochter des deutschfreundlichen Gouverneurs, der durch den deutschen Sieg wieder in seinen Posten eingesetzt worden war. Diese Heirat stellte eine Verletzung des belgischen Rechtes dar, da sie in der Kirche zelebriert worden war, ohne daß die Ehe vorher vor einem Standesbeamten geschlossen worden war. Fräulein Baels hatte auf den Titel der Königin und für ihre zukünftigen Kinder auf das Recht der Thronfolge verzichtet, doch man behauptete, der Name Prinzessin de Réthy, der ihr vom König verliehen worden war, sei das Pseudonym der verstorbenen Königin Astrid gewesen, wenn sie inkognito reiste. »Laßt uns beten, meine lieben Brüder«, psalmodierten die Priester, »für die Erhaltung unseres Königs, damit er in dem von der Vorsehung gewünschten Augenblick die Geschicke der Nation wieder in die Hände nehmen kann ...«

Aber die Herzen waren nicht dabei. Noch waren 160 000 belgische Offiziere und Soldaten in den Oflags und Stalags gefangen. Der König unterzeichnete seine Briefe: »Leopold, Kriegsgefangener ...«, als ob er einer von ihnen wäre. Sein Schloß, sein ziviles und militärisches Gefolge, sein Besuch bei Hitler, verliehen dieser Behauptung bereits recht künstlichen Charakter. Die Heirat strafte sie vollends Lügen.

Als die Alliierten im September 1944 in Brüssel einzogen, fanden sie keinen König vor. Am 7. Juni, wenige Stunden nach der Landung in der Normandie, hatten die Deutschen Leopold II., die Prinzessin de Réthy, den 14jährigen Kronprinzen Baudouin und die drei anderen Kinder, darunter den in der zweiten Ehe 1942 geborenen Alexander, fortgebracht. Dahingegen tauchte Prinz Karl, Leopolds Bruder, aus einem Versteck in den Ardennen auf. Am 16. September wurde er vom Parlament zum Regenten des Königreiches gewählt. Der liebenswürdige Junggeselle erfreute sich persönlicher Beliebtheit, dennoch waren zwei Wahlgänge notwendig, um die Zweidrittelmehrheit zu erreichen. Ein republikanischer Wind war aufgekommen.

Das Schicksal beschied jedoch dem Land noch schwere Stunden. Im Laufe des Winters 1944/45 fielen auf Antwerpen mehr V 1 und V 2 als auf London. Rundstedt unternahm eine Offensive, kam bis an die Maas und versetzte das Land in Angst. Ihm folgte eine einstmals eindrucksvolle, bestechende Gestalt, die nun schrecklich, entsetzenerregend geworden war: Léon Degrelle richtete sich in einem Schloß in den Ardennen ein und schwor, er werde seine Getreuen rächen und die Gerechtigkeit gegen ihre Richter kehren. 70 000 Eingekerkerte, darunter mehrere Dutzend zum Tod Verurteilte, die zwischen Hinrichtung und Begnadigung bangten, zitterten voll Hoffnung, als sie erfuhren, daß die Deutschen wiederkamen. Dann drehte sich das Rad des Glücks von neuem. Rundstedt zog sich zurück. Belgien atmete auf. Degrelle ging wieder an die Ostfront.

Am 8. Mai 1945 besetzte die amerikanische Armee Strobl am Wolfgangsee. Zwei belgische Zivilisten, Vicomte du Parc und M. Weemaer, gingen den amerikanischen Panzern entgegen und führten sie zu einem Schloß. Der König der Belgier trat heraus und begrüßte sie. General Patch, der herbeigeeilt war, ließ die Villa Anhof am Seeufer für die königliche Familie beschlagnahmen. Als jedoch Leopold von ihm verlangte, er solle ihm die Möglichkeit geben, unverzüglich nach Brüssel zurückzukehren, antwortete Patch, er glaube dazu nicht berechtigt zu sein.

Die Nachricht von dem Wiederauftauchen des Königs brachte Belgien in Aufruhr. An die Stelle des Ministerpräsidenten der Exilregierung war gerade der Sozialist van Acker getreten, der Sohn eines flämischen Korbflechters. Die Sozialistische und die Liberale Partei hatten sich bereits gegen die automatische Rückgabe der Machtbefugnisse des Regenten an den König ausgesprochen. Die Christlich-soziale Partei hingegen erklärte, der König »muß die volle Ausübung seiner konstitutionellen Rechte wieder übernehmen«. Der Konflikt war ausgebrochen.

Am 11. Mai erschienen Prinz Karl, Achille van Acker und Paul-Henri Spaak in St. Wolfgang. Die Besprechung verlief in eisiger Atmosphäre. Der König verbarg den Verdacht nicht, den er bezüglich der Absichten seines Bruders hegte. Spaak erklärte ihm, daß sofortige Rückkehr zum Aufstand führen und die Aussichten der Monarchie für immer zerstören würde. Leopold widersetzte sich, gab schließlich nach. Ein Bulletin teilte den Belgiern mit, daß der König an Herzbeschwerden leide und nicht reisefähig sei. Viele Leute waren der Ansicht, das Ende seiner Herrschaft, vielleicht sogar der Monarchie, sei gekommen.

Am 14. Mai gab die Liberale Partei ihre Stellungnahme ab: »Das oberste Interesse des Landes zwingt uns, die Abdankung des Königs zu verlangen.« Die Sozialistische Partei schloß sich an. Die gegen Leopold erhobenen Vorwürfe betrafen einen Rechtspunkt und sein Verhalten: Er hatte die Verfassung verletzt, indem er sich von der rechtmäßigen Regierung getrennt hatte, und er hatte seiner Sympathie für die deutsche Sache Ausdruck gegeben. Die Verteidiger des Königs wiesen den ersten Vorwurf zurück, indem sie an die Verhältnisse des Jahres 1940 erinnerten, und den zweiten mit der Behauptung, Leopold habe sich als Kriegsgefangener politisch völlig reserviert verhalten. Seine seltenen Aktivitäten, insbesondere sein Besuch bei Hitler, hätten einzig den Zweck verfolgt, das Schicksal der Bevölkerung zu verbessern und die Freilassung der Gefangenen zu erwirken.

Der Aufforderung abzudanken widersetzte sich Leopold. Seine Umgebung rechnete die Briefe, Telegramme, Blumenspenden bis zum 17. Mai zusammen und kam auf eine Zahl von 3 648 596 Petitionen von Belgiern für die Rückkehr des Königs; das Land war also für ihn. Der sozialistische Flame van Acker wurde schwankend. Bei einem dritten Besuch in St. Wolfgang am 15. Juni gab er sein Einverständnis zur Rückkehr des Königs und erklärte sich bereit, das neue Kabinett zu bilden; gleichzeitig billigte er das Konzept einer Thronrede. Kaum wieder in Brüssel, änderte er seine Meinung. »Die Regierung«, erklärte ein Kommuniqué des Ministerrates, »lehnt es ab, die Verantwortung für die Wirren auf sich zu nehmen, die der Rückkehr des Königs unvermeidlich folgen würden . . .« Van Acker legte Leopold in einem persönlichen Brief dringend nahe abzudanken.

Am 14. Juli trieb Leopold die Krise auf den Höhepunkt. Er schrieb seinem Bruder, seine Gesundheit sei wiederhergestellt und er habe die Absicht, seine verfassungsmäßigen Rechte ohne weiteren Verzug wieder zu übernehmen. Belgien geriet in Erregung. Die Mehrzahl der Flamen war einverstanden, doch die Mehrheit der Wallonen war dagegen. In den Arbeiterstädten des Hennegaus erklangen Mordandrohungen gegen den König. Van Acker machte einen Gesetzesvorschlag, durch den die Rückkehr des Königs der Zustimmung des Parlaments unterworfen wäre. Doch SHAEF kam zu Hilfe durch den Befehl, Leopold auf deutschem Gebiet festzuhalten, falls er versuchen sollte, nach Belgien zurückzukehren.

Am 20. Juli erklärte der Sohn des Korbmachers unerbittlich vor dem Parlament: »Ich werfe dem König nicht vor, das Land verraten zu haben, aber der König hat an einen deutschen Sieg geglaubt und auf die Okkupation nicht wie die übrigen Belgier reagiert. Er genießt nicht mehr das Vertrauen und die Autorität, die zur Ausübung seines hohen Amts nötig sind.« Spaak, ein besserer Redner als sein Chef, brachte die Versammlung in Erregung: »Nehmen Sie an, meine Herren, ein Beamter meiner Abteilung hätte mitten im Krieg mit Hitler bei einer Tasse Tee ein Gespräch geführt. Glauben Sie, die Säuberungskommission würde ihn auf seinem Posten belassen?« Spaak erinnerte daran, daß er zu Leopold III. ausgezeichnete Beziehungen gepflogen habe, und bekannte sich als getreuen Anhänger des monarchistischen Prinzips: »Ich wende mich an Sie, Sire, und sage Ihnen: ›Ihr Sohn ist unser König!‹« Das Parlament stimmte der Regierung mit 95 gegen 68 Stimmen zu.

Leopold hatte verloren. Der Appell, den er unter Umgehung des Parlaments an das Volk richtete, fand keine Zustimmung. Die alliierten Behörden teilten ihm mit, daß er seinen Aufenthalt in Österreich nicht fortsetzen könne. Die Schweiz erklärte sich bereit, ihn aufzunehmen, doch unter der Bedingung, daß er sich von jeder politischen Betätigung fernhalte. Am 2. Oktober überquerte eine Wagenkolonne die Grenze und brachte den König, seine Gemahlin und seine Kinder zu dem Landgut »Reposoir« bei Genf. Ein schönes weißes Gebäude, umgeben von hohen Bäumen, die sich im Genfer See spiegeln. Ein friedliches Exil.

Die dynastische Krise schlief sanft ein. Aber sie war nicht tot und behinderte das öffentliche Leben Belgiens. Bei den Wahlen im Februar 1946 verzeichneten die Christlich-Sozialen, begünstigt durch das Verbot der Rexpartei, verstärkte Beliebtheit, sie erhielten 92 Abgeordnete gegen 69 Sozialisten, während die Sitze der Liberalen von 33 auf 17 zusammenschrumpften und die Kommunisten einen Sprung von 9 auf 23 machten. Der Regent berief den Sozialisten Spaak, doch die Feindschaft der

Liberalen gestattete ihm nicht, eine Mehrheit zu bilden. Der Katholik de Schrijver, der darauf mit der Regierungsbildung betraut wurde, hatte weder im Parlament noch im Volk genügend Macht hinter sich, um die Königsfrage neu aufzuwerfen. Der König blieb in der Schweiz, der Regent behielt seine Regentschaft, und die Belgier stritten untereinander, doch ihr rascher wirtschaftlicher Aufschwung machte sie in ganz Europa zum Gegenstand des Neides. (*Forts. Belgien S. 376*)

In London ist der Frieden an einem toten Punkt angelangt

Der Herbst 1945 war gekommen. Im St. James Park, in dem die Luftschutzgräben noch nicht wieder zugeschüttet worden waren, verfärbte sich das Laub. Trupps von Zimmerleuten und Elektrikern hatten die Schäden im Lancaster House ausgebessert, eine Bar eingebaut, einen runden Tisch von viereinhalb Meter Durchmesser aufgestellt, Büros eingerichtet. Der eleganteste Raum, das getäfelte Boudoir der Herzogin von Sutherland, war Molotow angewiesen worden.

Zwei andere Teilnehmer der Konferenz, der Engländer Bevin und der Amerikaner Byrnes, waren mit ihm in Potsdam gewesen. Zu ihnen gesellte sich ein Chinese namens Wang und ein Franzose namens Bidault.

Georges Bidault war vor dem Krieg Geschichtslehrer und katholisch engagierter Journalist gewesen. Er wurde 1940 gefangengenommen, dann im Austauschverfahren freigegeben und wurde Adjutant, später Nachfolger Jean Moulins an der Spitze des CNR, des *Conseil National de la Résistance*. Jean Moulin – der, von den Deutschen verhaftet, an der Folter starb – war, mit einer Legitimation de Gaulles ausgestattet, von London aus mit Fallschirm über Frankreich abgesetzt worden, Bidault hingegen war aus der Widerstandsbewegung im Inneren Frankreichs hervorgegangen. Er betrachtete sich als ihr Chef und hielt sich daher für ebensowichtig wie den General.

Der Konflikt zwischen den beiden hatte schon bei der Befreiung von Paris begonnen. Bidault hatte de Gaulle im Rathaus, umgeben von den Mitgliedern des CNR, empfangen wollen, um ihm die wiederhergestellte Republik feierlich zu übergeben. Diesen Akt hatte de Gaulle vereitelt, indem er inmitten seiner Soldaten auf dem Bahnhof Montparnasse geblieben war. Am nächsten Tag hatte Bidault versucht, die Gleichwertigkeit des CNR und der provisorischen Regierung zu betonen, indem er auf gleicher Höhe mit dem General die Champs-Elysées hinunterging. De Gaulle hatte mit einem eisigen Verweis reagiert: »Ein wenig zurück, Monsieur, wenn ich bitten darf.« Dann hatte er, so berichtet Bidault, »mit einer Geschicklichkeit, die durch seine langen Arme noch begünstigt wurde«, den Chef der innerfranzösischen Widerstandsbewegung von seinem Platz rechts hinter ihm zu dem links hinter ihm wechseln und an seinen Platz den Kommissar der befreiten Gebiete, André Le Troquer, treten lassen, der später wegen seiner galanten Abenteuer eine gewisse Berühmtheit erlangen sollte.

Diese kränkende Behandlung hinderte Georges Bidault nicht daran, dabei zu sein, als die Belohnungen ausgeteilt wurden. Es gelang ihm, das Ministerium mit dem

Gifthauch – das Justizministerium, das heißt das Säuberungs-Ressort –, das der General ihm arglistig angeboten hatte, abzulehnen und das Außenministerium zu bekommen. Er war »ein Mann, der drei Jahre unter der Vakuumglocke zugebracht hatte und der von der inzwischen veränderten Welt nichts wußte ... Man gab also das Innenministerium einem, der von außen kam, und das Außenministerium einem aus dem Inland.« In Wirklichkeit wäre Georges Bidault als Vergennes' Nachfolger überglücklich gewesen, wenn de Gaulle nicht den Anspruch erhoben hätte, die Außenpolitik selbst zu leiten. Die persönliche Feindschaft begann mitzuspielen. Der großgewachsene General fühlte und wußte, daß der kleine Lehrer auf ihn eifersüchtig war und ihn haßte. Er sparte nicht mit bissigen Bemerkungen: »Bidault? Er verdient eine sechste Klasse im Collège Romorantin ...«

London war eine Miniaturfolge von Potsdam. »Es wird ein Rat gebildet«, heißt es im Protokoll der Konferenz, »der sich aus den Ministern für Auswärtige Angelegenheiten des Vereinigten Königreiches, der Union der Sozialistischen Sowjetrepubliken, der Chinesischen Volksrepublik, der Französischen Republik und der Vereinigten Staaten von Amerika zusammensetzt. Dieser Rat tritt normalerweise in London zusammen, wo er sein ständiges Sekretariat einrichten wird ... Seine unmittelbare Aufgabe wird darin bestehen, Entwürfe für Friedensverträge mit Italien, Rumänien, Bulgarien, Ungarn und Finnland zu erstellen ...« Harry S. Truman, der Initiator dieses Rates, war von dem vernünftigen Gedanken ausgegangen, man solle die leichteren Probleme an erster Stelle regeln. Die Außenminister würden, weniger gedrängt durch die Zeit, weniger im Brennpunkt der Öffentlichkeit als die Großen, den Weg freimachen und durch persönliche Kontakte die wichtigste Regelung, die Regelung der deutschen Frage, vorbereiten ...

Der Fall Italien war dem Fall Frankreich ähnlich. Italien stand zur Hälfte im Lager der Besiegten, so wie Frankreich zur Hälfte in jenem der Sieger stand. Es hatte den Krieg im Kriegszustand mit Deutschland beendet und hatte kein internationales Gericht nötig gehabt, um unter überaus häßlichen Umständen den Diktator zu liquidieren, dem es zwanzig Jahre lang untertan gewesen war. Diese opportunistischen Handlungen genügten nicht, um die aus der Achse Rom-Berlin entstandene Schuldenmasse aus der Welt zu schaffen. Italien hatte Rechenschaft abzulegen, eine Strafe zu bezahlen.

Konnte es das? Es litt unbeschreibliche Not. 30 % der Neugeborenen starben. Vier Millionen Italiener waren arbeitslos und fünf Millionen obdachlos. Das hinfällige Sozialgebäude war schweren Erschütterungen ausgesetzt. In den Industriestädten des Nordens, Turin, Mailand, Bologna, Brescia usw., kam es zu Kundgebungen, die Aufständen gleichkamen. Im Mezzogiorno begannen Bauernaufstände, in Apulien bei Andria, in Kalabrien im Silamassiv. Die italienische Kommunistische Partei erreichte eine Mitgliederzahl von 2 Millionen, damit war sie, mit Ausnahme der UdSSR, die größte der Welt. Während der Widerstandszeit hatte sie Waffenlager und Aufstandskader zusammengestellt. Die Eroberung Italiens schien für die Partei ein Kinderspiel.

Doch das erstaunliche Phänomen, das sich in Frankreich ereignet hatte, die gemäßigte Haltung der Kommunistischen Partei, wiederholte sich noch eindrucksvoller in Italien. Obwohl zahlreicher, mächtiger, streitbarer als alle anderen, blieben die Kommunisten im Hintergrund. Sie verlangten nicht einmal die Abschaffung der Monarchie. Am 20. Juni 1945 wurde Signore Ferruccio Parri, der durch Einigung sämtlicher sechs zugelassenen Parteien ernannte Regierungschef, von Prinz Umberto, Generalleutnant des Königreiches (stellvertretend für seinen Vater, den König), vereidigt. An den Toren des Quirinals verlangte das Volk Roms Brot und rief die Republik aus. Die Kommunistische Partei hatte dafür keine Ohren.

Gegen sie erwuchs eine gleichzeitig konservative wie reformatorische Macht aus dem Schoß der mächtigen italienischen Kirche. Die als Nachfolgerin der Katholischen Volkspartei Don Sturzos gegründete Christlich-demokratische Partei vereinigte alle Italiener, die durch die zunehmende Anarchie in Schrecken geraten waren. Sie machte aus jeder Kirche ein Bollwerk und aus jedem Priester einen politischen Streiter gegen den Kommunismus.

Auf dieser Welle wurde ein Mann hochgetragen, Alcide De Gasperi. Der antifaschistische Abgeordnete des Trentino war von den Gerichten Mussolinis zu vier Jahren Gefängnis verurteilt worden; während des Krieges ließ man ihn auf persönliche Fürsprache des Papstes frei, und er war einer der wenigen Laien, die in der Vatikanstadt Asylrecht genossen. Er arbeitete dort als stellvertretender Bibliothekar für einen Monatslohn von 800 Lire. Diesen bescheidenen Posten verließ er, um Chef der Democrazia Cristiana und Außenminister Signore Parris zu werden.

Die Frage Triest erhob sich. Die Truppen Titos hatten das ganze julische Venetien besetzt, das schon Ende des Ersten Weltkrieges ein Zankapfel zwischen den Italienern und den Südslawen gewesen war. Einige Tage später ließ sich die 2. neuseeländische Division unter Generalleutnant Freyberg durch die Anrufe der jugoslawischen Wachen nicht aufhalten und nahm Triest, Monfalcone und Görz in Besitz. Zehnmal kam es zu regelrechten Gefechten zwischen westlichen Soldaten und jugoslawischen Guerillakämpfern. Tito verlangte Triest, von dem er behauptete, es sei eine italienisierte slawische Stadt. Togliatti selbst antwortete ihm, unter Betonung der *italianità* des julischen Venetien — der erste Fall, bei dem zwei kommunistische Bewegungen einander im Streit für ihre jeweilige Heimat gegenüberstanden.

In London vertrat De Gasperi den italienischen Standpunkt. Er verlangte, man solle dem übervölkerten Italien wenigstens einen Teil seiner afrikanischen Kolonien belassen. Doch zur Bestürzung der Westmächte verlangte Molotow Tripolitanien, indem er das Mittelmeer-Statut ins Spiel zog. Die Engländer lehnten ab. Molotow machte die Frage Triest von jener der italienischen Kolonien abhängig, worauf beide in der Schwebe blieben. (*Forts. Italien S. 221*)

Mit den Verträgen mit den Balkanländern kam man ebensowenig weiter. Molotow war nicht damit einverstanden, daß die Franzosen und die Chinesen an ihrer Unterzeichnung teilnahmen. Die Westmächte lehnten die Regierungen von Bulgarien und Rumänien ab, sie verlangten demokratische Neuwahlen. Molotow rief die Presse zusammen, um zu beweisen, daß die in Vorbereitung befindlichen Wahlen einwandfrei demokratisch seien, da, wie er erklärte, »die Liste der Kandidaten Vertreter verschiedener Parteien enthält«.

Am 2. Oktober wurden die Verhandlungen abgebrochen. Man nahm sich nicht einmal die Mühe, das Mißlingen zu verschleiern. Das Kommuniqué für die Presse beschränkte sich auf die Mitteilung, daß der Außenministerrat beschlossen habe, die Sitzungsperiode zu beendigen. Keinerlei Resultat wurde bekanntgegeben. Kein Datum für die Wiederaufnahme der Arbeiten wurde festgesetzt. Der einzige Gewinn war, daß man ein wenig klarer sah: Ab nun wußten die Westmächte, daß die Russen keine Einmischung in den von ihnen eroberten Gebieten dulden würden und daß sie mit jedem einzelnen der kleinen Länder, von denen sie behaupteten, sie befreit zu haben, allein verhandeln wollten.

Das war schon Hitlers Taktik gewesen. Bevin hatte das Molotow erklärt, der daraufhin zur Tür gestürzt war und geschrien hatte, er sei beleidigt worden und er fahre nach Moskau zurück. Man hatte es für richtig befunden, ihn zurückzuhalten.

De Gaulle wagt und gewinnt

Die Bezirksbefehlshaber in der Pfalz hatten die Honoratioren aufgefordert, sich in den Gehrock zu werfen. Man brachte sie in Militärlastwagen nach Neustadt an der Weinstraße. Im Rathaus versammelt, warteten sie darauf, zu erfahren, aus welchem Grund diese unerwartete Reise stattgefunden hatte.

De Gaulle erschien. Die Beklemmung wuchs. Der französische General hatte den Ruf, ein Deutschenfresser zu sein. Die Pfalz hatte die Besatzung gewechselt. Die Bevölkerung hatte den Abzug der Amerikaner bedauert. Die Franzosen waren gekommen; das tägliche Leben war härter geworden, es war zu Ausschreitungen gekommen. Und da war nun de Gaulle, von dem man sagte, er wolle die französische Grenze an den Rhein vorschieben; war er bis nach Neustadt gekommen, um das zu verkünden?

Der General begann zu sprechen. Kaum zu glauben, was er da sagte, zu einer Zeit, da alle Deutschen glaubten, sie seien für immer zu Geächteten der Menschheit geworden. »Von dem, was in der Vergangenheit geschehen ist, will ich hier nicht sprechen. Aber was die Zukunft angeht, so ist es nötig, daß wir einander verstehen, denn wir haben vieles gemeinsam zu tun. Wenn die Zeit und unsere Zusammenarbeit ihre Wirkung getan haben, werden wir Anlaß haben zu Vertrauen und erkennen, wie nahe wir Ihnen menschlich stehen.« Nach Beendigung seiner Rede ging de Gaulle auf die Honoratioren zu, schüttelte ihnen die Hände. Dann hob er, mit einer allgemeinen Grußgeste, die Arme hoch und sagte auf deutsch: »Guten Abend, meine Herren!«

Das gleiche spielte sich in Trier ab, in Koblenz, Bad Ems, Mainz und Freiburg. Noch brannte der Haß in den Herzen. Jeden Tag starben Unglückliche an den Folgen der Folterungen, die sie in Dachau, in Bergen-Belsen, in Buchenwald erduldet hatten. Doch de Gaulle besaß den Weitblick und den Mut, dem Gang der Entwicklung vorauszueilen. Der Grundstein für die Versöhnung zwischen Franzosen und Deutschen, für die Vereinigung Europas war gelegt.

De Gaulle exponierte sich, wenn er so sprach. Das Leben in Frankreich war von neuem in eine schwierige, gefährliche Phase getreten. Der Kampf zwischen dem General und den Widerstandsfanatikern, zwischen dem General und den Kommunisten hatte begonnen. Die seit der Befreiung verzeichnete Stabilisierung war von neuem in Frage gestellt.

Vom 23. Juli bis zum 15. August hatte der Oberste Gerichtshof die Verhandlung gegen Philippe Pétain geführt. Der für Diebe und öffentliche Mädchen bestimmte Arrestantenwagen hatte den Marschall von Frankreich aus der Festung Montrouge in den Justizpalast gebracht. Pétain – 89 Jahre alt – hatte sich an der Verhandlung nicht beteiligt. Nachdem er eine Erklärung vorgelesen hatte, in der er die Kompetenz des Gerichtes bestritt, war er bewegungslos und stumm in dem Lehnstuhl sitzen geblieben, den man ihm trotz der Proteste der Presse zugestanden hatte. Sie hatte ihn, Tag um Tag, als finsteren Greis, alten Verräter, als Betrügerseele, Räuber, Mörder, nichtswürdigen Neunzigjährigen bezeichnet. Der Vorsitzende, Mongibeau, der ihn einfach »Pétain« ansprach, war von dem Marschall von Frankreich vereidigt worden. Der Ankläger, Generalstaatsanwalt Mornet, hatte diese Möglichkeit nicht gehabt, da seine Bewerbung für den Obersten Gerichtshof in Riom von seinen Vorgesetzten zurückgewiesen worden war. Der giftige Paul Reynaud hatte seinen Haß gegen den alten Soldaten überschäumen lassen, an den er sich im Mai 40 geklammert hatte. General Weygand, der auch aus der Gefangenschaft heimgekehrt, jedoch angeklagt und eingekerkert worden war, hatte ihm eine schneidende Antwort gegeben. Zum erstenmal war über den Waffenstillstand öffentlich verhandelt worden – mit dem merkwürdigen Ausgang, daß man ihn als Anklagepunkt hatte aufgeben und sich darauf hatte beschränken müssen, einer Politik den Prozeß zu machen, die, zu Recht oder Unrecht, die geringsten Leiden für Frankreich zu erreichen gesucht hatte und die, fast bis zum letzten Tag, von Frankreich gutgeheißen worden war. Vom Vorplatz von Notre-Dame bis zum Justizplatz sind es keine 300 Meter. Hier machte man Pétain den Prozeß, seiner Frevel wegen; dort hatte ihm das Volk von Paris am 25. April 1944, sechs Wochen vor der Landung in der Normandie, zugejubelt.

Im Augenblick, da die Verhandlung in Apathie versank, hatte eine finstere Gestalt ihr plötzlich dramatischen Auftrieb gegeben. Pierre Laval war aus Spanien ausgewiesen, von den Amerikanern gefangengenommen, von diesen den Franzosen übergeben worden und am 1. August im Gefängnis Fresnes eingetroffen. Am folgenden Tag erschien er im Gerichtssaal, ausgezehrt von der Angst. Mongibeau forderte ihn auf, den präzisen Fragen, die er ihm stellen werde, nicht auszuweichen. Laval wich trotzdem aus. Er fand seine Beredsamkeit wieder und nahm in seine elende Zelle den erhebenden Eindruck mit, durch seine Aussagen seinen eigenen Prozeß gewonnen zu haben.

Die Verurteilung des Marschalls war in der Nacht zum 15. August, um 4 Uhr morgens, ausgesprochen worden; es herrschte drückende Hitze. Er sollte nun nach Fresnes in die Todeszelle gebracht werden, wo ihm, dem Gesetz entsprechend, die Knöchel in Ketten gelegt werden sollten. Nach dem Lehnsessel wurde ihm eine zweite Vergünstigung gewährt: das Privatflugzeug General de Gaulles stieg in Orly mit ihm auf und brachte ihn nach Pau. Von dort wurde er über die einsame Straße des Somport-Passes in die Festung Portalet gebracht. Bei seiner Ankunft machte er die treuherzige Bemerkung: »Wenn ich diesen Ort gekannt hätte, hätte ich meine Feinde nicht hierher geschickt.« Der Militärarzt, der ihn untersuchte, stellte nicht die mindeste Spur von Ermüdung fest, obwohl er mit seinen 89 Jahren seit dem Vortag auf den Füßen war und währenddessen seine Verurteilung zum Tod erfahren hatte. Und dabei nimmt man an, daß Furcht vor einer Flugreise von Vichy nach Algier den Marschall vor drei Jahren daran gehindert hatte, sich in das befreite Nordafrika zu begeben!

Die äußerste Linke erhob nach dem Flug Pétains fürchterliches Geschrei. Mit Rücksicht auf das hohe Alter des Verurteilten hatte der Gerichtshof, mit der Mehrheit einer Stimme, die Schwäche gehabt, den Wunsch auszusprechen, daß das Todesurteil nicht vollstreckt werden solle. Florimond Bonte antwortete darauf in der *Humanité*: »Verbrecherisches Mitleid! Zum Tode mit ihm! Ganz Frankreich verlangt es!« Am selben Tag noch riskierte de Gaulle die allgemeine Empörung und begnadigte seinen ehemaligen Oberst. »Ich hätte es auch getan, ohne vom Gericht dazu aufgefordert zu werden«, betonte er ausdrücklich.

Nach Pétains Verurteilung stürzte sich Frankreich in den Wahlkampf. De Gaulle verlangte ein doppeltes »Ja« von der Nation: Ja, die Verfassung von 1875 muß verschwinden; ja, die am selben Tag wie der Volksentscheid gewählte Nationalversammlung erhält nur ein Mandat für sieben Monate, nach deren Ablauf sie dem französischen Volk den Entwurf einer Verfassung vorzulegen hat. »Die Antwort: Nein«, sagte de Gaulle, »wäre gleichbedeutend damit, die Nationalversammlung zu einer allmächtigen Körperschaft zu machen, die eine tatsächliche Diktatur ausüben könnte. Das hat sich in der Geschichte Frankreichs mehrmals ereignet und immer verhängnisvolle Folgen gehabt. Aus tiefster Seele bitte ich Sie um ein Ja, Ja.«

Der Kampf hatte begonnen. Die Kommunistische Partei und die »Nationale Front« bemalten Mauern und Straßen mit »Ja-Nein« in Mennige und Teerfarben. Sie klagten de Gaulle öffentlich als Reaktionär an, der das Selbstbestimmungsrecht des Volkes zu beschränken suche, und als Schüler der Diktatoren. Die Bösartigkeit der Linken war so stark, die Zurückhaltung der Rechten und der Mitte so vollständig, daß der 21. Oktober als Siegestag der Revolution von vornherein gesichert schien.

Vorher war noch eine Formsache zu erledigen: die Hinrichtung Pierre Lavals.

Laval durfte nicht am Leben bleiben. Nicht, daß er ein Verräter aus einem Schauerroman war: das wäre zu einfach gewesen. Doch die Kampfmoral unserer Epoche verlangt es, daß bestimmte Anführer mit ihrem Fleisch und Blut für die Sache haften, für die sie eingetreten sind. Laval konnte ebensowenig am Leben bleiben wie Mussolini, Goebbels oder Hitler. Er hatte an den Sieg Deutschlands geglaubt. Er hatte ihn gewünscht. Er war ein Symbol für ihn gewesen. Er wich so wenig von seiner Haltung, daß er in der Explosion von Hiroshima die Rechtfertigung seiner Politik sah: »Noch ein paar Wochen, und Deutschland hätte als erstes Land die Atombombe herstellen können; London wäre vom Erdboden getilgt worden – na und, wer hätte dann recht gehabt?« Es war richtig, Laval hatte sich vielfach dafür verwendet, daß die Verschickungen französischer Arbeitskräfte verringert wurden, und er hatte, durch und durch Pazifist, der er war, immer den Gedanken zurückgewiesen,

70

Frankreich an der Seite Deutschlands wieder in den Krieg zu verwickeln, wie es Doriot und Déat gefordert hatten. Diese unbestreitbaren Verdienste löschten jedoch seine Grundentscheidung nicht aus: »Ich wünsche den Sieg Deutschlands . . .« Das war kein Leitspruch, der sich durch die Umstände entschuldigen ließ und den die Zeit ausgelöscht hätte. Das bedeutete unwiderruflich den Tod für den, der ihn ausgesprochen hatte.

Der Prozeß war niederträchtig. Die Ermittlung war eine Farce. Mongibeaux entehrte sein Amt, indem er erklärte, alles müsse vor den Wahlen zu Ende sein. Die Geschworenen riefen dem Angeklagten zu: »Schurke! Hundsfott! In vierzehn Tagen wirst du weniger laut schreien! Ein Dutzend Kugeln in deinen Leib!« In Wirklichkeit gab es keinen Prozeß Laval, es konnte keinen geben – ebensowenig wie einen Prozeß gegen Ludwig XVI. Niemand griff auf Robespierres Worte zurück: »Ludwig ist kein Angeklagter, und ihr seid keine Richter; ihr seid Politiker, die eine politische Handlung vollbringen, indem sie einen König beseitigen.« Doch die Analogie war unverkennbar. Das einzige anständige Verfahren wäre jenes gewesen, das von demselben Revolutionsgericht gegen denselben, für vogelfrei erklärten Robespierre angewandt wurde: eine Feststellung der Identität. Man wählte lieber eine Justizparodie, die die englischen und amerikanischen Beobachter erstarren ließ.

Die Hinrichtung am 15. Oktober bleibt das Meisterstück einer historischen Schauerszene; es wäre ein leichtes gewesen, den Verurteilten sterben zu lassen, der eine Dosis Zyankali zu sich genommen hatte, als er im Korridor die Schritte seines eigenen Leichenzuges hörte. Dr. Paul, der Gerichtsarzt, hatte sich über den schmerzgekrümmten Körper gebeugt und ein solches Vorgehen nahegelegt, indem er sagte, Laval habe nur noch wenige Minuten zu leben. Der verabscheuungswürdige Mornet bestand darauf, daß dieses Leben, das er durch die Hinrichtung beenden wollte, verbissen verteidigt würde. Auf seinen Befehl begann Dr. Masmonteil, der Chefarzt von Fresnes, mit Magenspülungen; er wiederholte sie nicht weniger als siebzehnmal, wodurch 80 Liter Wasser durch den leblosen Körper gepumpt wurden. Um 10 Uhr wurde ein Sieges-Kommuniqué herausgegeben: »Lavals Leben ist nicht in Gefahr . . .« Inzwischen hatte Mornet, kopflos gemacht durch einen Anruf vom Kabinett General de Gaulles, vorgeschlagen, man solle Laval an einer Bahre festbinden und den Bewußtlosen erschießen. Paul mußte ihn daran erinnern, daß dies gesetzlich nicht zulässig sei.

Laval erwachte aus seiner Bewußtlosigkeit und sah sich wieder in der ekelhaften Zelle, die er nie wiederzusehen gedacht hatte. »Verdammtes Auvergnatengerippe!« sagte er voller Bewunderung zu sich selbst. Der Direktor der Gefängnisanstalt, ein gewisser Amor, wurde nervös, weil der Verurteilte ein Stück Zucker in seinem Glas Limonade so langsam umrührte, worauf ihn Laval anschnauzte: »Haben Sie es so eilig mit Ihrem Mittagessen? Vielleicht lassen Sie mir fünf Minuten Zeit, damit ich halbwegs zu mir komme.« Die in der Festung Châtillon vorbereitete Hinrichtung fand nun auf dem Gefängnisgelände statt, auf einem Platz, wo man Kehricht abgeladen hatte. Laval, dessen linkes Bein durch die Wirkung des Giftes fast gelähmt war, schleppte sich, mehr getragen als gestützt von seinen beiden Anwälten Naud und Baraduc, zur Hinrichtung. Er übergab sich siebenmal. Er hatte jedoch gesagt, während er sich seine Trikolorbinde, Zeichen seiner Amtswürde als Bürgermeister von Aubervilliers, um den Hals band: »Ich werde die Kraft haben, stehend zu sterben.« Er starb stehend.

Eine Woche später ging Frankreich zur Wahl. Der Volksentscheid war ein Triumph für de Gaulle. Mit 15 656 283 »Ja« gegen 596 743 »Nein« wurde die Grablegung der III. Republik entschieden. Das zweite Ja, das so heiß umstritten gewesen war, hatte die völlig unerwartete Mehrheit von 10 847 925 gegen 5 381 106 Stimmen, das bedeutete 66 % der Wähler.

Das Land stand geschlossen hinter dem General.

Hingegen war die Nationalversammlung, die gleichzeitig mit dem Volksentscheid gewählt wurde, die roteste, die es je in Frankreich gegeben hatte. Mit 160 Kommunisten und 142 Sozialisten brachten es die beiden großen marxistischen Parteien auf eine absolute Mehrheit der Parlamentssitze. Das junge *Mouvement Républicain Populaire* (MRP), eine Partei mit katholischem Einfluß, hatte mit 4 540 079 die meisten Stimmen erhalten, doch die Ungleichheit der Departementsvertretungen hatte sie zahlenmäßig mit 152 Abgeordneten hinter die Kommunisten gesetzt. Eine Linkspartei, *Union démocratique et socialiste de la Résistance*, die Demokratisch-Sozialistische Widerstandsunion, hatte 30 Abgeordnete. Die Rechte hatte 62 Sitze, und die Radikalen, die so lange die Basis der Republik gewesen waren, nur 35.

Am 6. November legte de Gaulle seine Befugnisse nieder und wartete in Neuilly auf die Entscheidung der Nationalversammlung. Diese verlor eine Woche (von den 32 Wochen, die ihr Mandat dauern sollte) mit Diskussionen über interne Fragen. Am 13. November rief sie mit Einstimmigkeit der 555 Abgeordneten de Gaulle an die Spitze der provisorischen Regierung. Bevor er sein Einverständnis gab, wollte de Gaulle sich mit den Parteichefs besprechen. Es war der 15. November. Der grausam frühe Winter hüllte Paris in eisigen Nebel, es gab keine Kohle und fast kein Brot. Die gutherzige Madame de Gaulle hatte einige Liter Rum auftreiben können und bereitete Grog für die frierend vor dem Gartengitter stehenden Journalisten. Um 7 Uhr abends, als es schon dunkel war, stellten sie fest, daß sämtliche Parteiführer nacheinander beim General gewesen waren, und wollten endlich nach Hause gehen.

Plötzlich erschien Thorez nochmals, ging in die Villa, kehrte nach zwanzig Minuten zurück und hielt auf dem Gehsteig eine improvisierte Pressekonferenz ab. Er war, von der Kommunistischen Partei beauftragt, erschienen, um für sie eines der drei folgenden Ministerien zu verlangen: Kriegs-, Außen- oder Innenministerium. De Gaulle hatte dieses Verlangen zurückgewiesen, »in einer Form«, erklärte Thorez, »die den nationalen Charakter unserer Partei in Zweifel setzt und eine Beleidigung für das Gedächtnis an die 75 000 Kommunisten darstellt, die für Frankreich ihr Leben gelassen haben. Die Partei wird aus diesem Angriff ihre Konsequenzen ziehen.«

Was de Gaulle Maurice Thorez gesagt hatte, wiederholte er zwei Stunden später über den Sender Radio-Paris. »Aus nationalen und internationalen Gründen kann ich die Kommunisten nicht in den Stand versetzen, unsere Politik zu beherrschen. Dies geschieht, wenn ich ihnen die Diplomatie, die die Politik zum Ausdruck bringt, die Armee, die die Politik verteidigt, oder die Polizei, die die Politik schützt, ausliefere.« Auf Verlangen der Kommunisten stellte er das Mandat, das ihm die Gesetzgebende Versammlung übertragen hatte, dieser wieder zur Verfügung. »Worauf ich hinaus wollte«, sagte er später in seinen Memoiren, »war, die Nationalversammlung zu zwingen, mir gegen die marxistische Linke beizustehen. So gedrückt auch die Stimmung war, ich glaubte doch, alle Imponderabilien, alle Ängste bedenkend, daß ich den Sieg davontragen würde.«

Und so geschah es auch. Die Nationalversammlung setzte ihn wieder ein. Die Kommunisten stimmten gegen ihn, ließen sich jedoch zu einer Wiederaufnahme der Besprechungen herbei und übernahmen die vier technischen Ministerien: Nationale Wirtschaft, Industrieproduktion, Rüstung und Arbeit, die ihnen angeboten wurden, außerdem ein Ministerium ohne Portefeuille für Thorez. Am 23. November stellte de Gaulle der Nationalversammlung ein Ministerium vor, in dem alle Parteien vertreten waren. Es handelte sich nur noch darum, diese Fassade der Einstimmigkeit bis zum Ablauf des Mandates der Konstituierenden Versammlung, bis zum 21. Mai 1946, zu halten. (*Forts. Frankreich S. 153*)

Ein Greuelfilm als Hauptbeweisstück im Nürnberger Prozeß

Der Nürnberger Prozeß hatte am 20. November begonnen. Vormittags und abends nahmen die Angeklagten in zwei Reihen auf der Angeklagtenbank Platz, dahinter die amerikanische Militärpolizei: schlanke Riesen mit weißen Helmen. Unter den Angeklagten hatte man eine Art Rangordnung gebildet, von Reichsmarschall Hermann Göring, der, um 30 Kilogramm abgemagert, am rechten Ende der ersten Reihe saß, bis zu Hans Fritzsche, am linken Ende der zweiten Reihe. Neben Göring saß Heß, dann Ribbentrop, dann Keitel, dann Kaltenbrunner, und so weiter. Die meisten Angeklagten schienen gar nicht niedergeschlagen. Göring betrachtete die Beine der in der Publikumsgalerie sitzenden Frauen. Die Organisation war vorbildlich. Zum erstenmal wurde das System der Simultanübersetzung – in Englisch, Russisch, Französisch und Deutsch – angewandt. Doch schnell kamen Ermüdung und Langeweile in dem überheizten, grell erleuchteten Raum auf. Die Angeklagten ließen sich dunkle Brillen geben, und wenn die Verhandlung sie nicht direkt betraf, schlummerten sie hinter ihrem Augenschirm.

Gegenüber der Bank der Angeklagten, vor der jeweiligen Landesfahne, saßen die vier Richter und ihre Stellvertreter: Lawrence und Birkett für das Vereinigte Königreich, Biddle und Parker für die Vereinigten Staaten, Donnedieu de Vabres und Falco für die Französische Republik und Generalmajor Nikitschenko und Oberstleutnant Wolchow für die Sowjetunion. Lordrichter Geoffrey Lawrence hatte den Vorsitz. Die Verfahrensformen wurden, dank Lawrence, gewahrt. Niemals glitt der Prozeß ins Anstößige oder in Ungeduld ab – nur in Apathie.

Die Anklage bestand aus einer niederschmetternden Aufzählung von Verbrechen. Das Hauptbeweisstück war ein Film, der die Greuel der Vernichtungslager zeigte. Drei Stunden lang folgten unerträgliche Szenen aufeinander. Den Angeklagten trat Schweiß auf die Stirn, ihre Augen füllten sich mit Tränen, sie verbargen den Kopf zwischen den Händen oder wandten der Leinwand den Rücken zu. Dennoch erklärten sich alle für nichtschuldig. Die Vorbereitungen waren endlos. Als sich das Gericht am 20. Dezember nach der fünfzigsten Sitzung bis zum 2. Januar vertagte, hatten die Hauptverhandlungen noch kaum begonnen.

Andere Prozesse wurden schneller abgewickelt. Der deutsche General Anton Dostler, der ohne Urteil 15 OSS-Agenten hatte hinrichten lassen, wurde am 1. Dezember in Italien erschossen. In Deutschland wurden 7 von den Peinigern aus Bergen-Belsen und 36 von jenen aus Dachau gehängt. In Frankreich wurden Darnand, Brinon, Luchaire, Hérold-Paquis, Ferdonnet u. a. erschossen. Die Verfolgung ging bis nach England. Der Sohn eines vormaligen Staatssekretärs für Indien, John Amery, ein Nazi-Propagandist, wurde gehängt. William Joyce – wegen seiner Gewohnheit, sich zu räuspern, wenn er im deutschen Rundfunk sprach, Lord Haw Haw genannt – wurde gleichfalls zum Tod verurteilt. Er legte beim Oberhaus Berufung ein, mit der Behauptung, er sei zur Zeit der Vorfälle, deren er beschuldigt wurde, nicht britischer Staatsbürger gewesen. Die Lords übergaben ihn wieder dem Henker. (*Forts. Deutschland S. 168*)

»Ich bin es leid, die Sowjets zu hätscheln!«

Plötzlich setzte sich der in London ins Stocken geratene diplomatische Mechanismus wieder in Bewegung. Die Initiative kam von James Byrnes, der Molotow eine Zusammenkunft der drei in Potsdam vertretenen Außenminister vorschlug, das bedeutete den Ausschluß Frankreichs und Chinas.

Molotow war einverstanden. Byrnes und Bevin trafen am 14. Dezember während eines Schneesturmes in Moskau ein. Über die Konferenz wurde ein Mantel tiefsten Geheimnisses gelegt. Erst am neunten Tag verkündete ein Kommuniqué der Welt, daß die Großen Drei sich geeinigt hätten, vor dem 1. Mai 1946 in Paris eine allgemeine Friedenskonferenz abzuhalten. Frankreich, bei dem sich man eingeladen hatte, ohne es zu fragen, zögerte noch mit seiner Zustimmung.

Am 29. Dezember kehrte Byrnes völlig erschöpft nach Washington zurück. Er hatte Weisungen depeschiert, daß sämtliche Rundfunksendergruppen am 3. Januar zu seiner Verfügung stehen sollten, da er die Absicht habe, sich mit einer Botschaft an die Nation zu wenden. Kaum hatte er das Flugzeug verlassen, rief er den Pressesekretär Charles Ross an, um zu erfahren, ob diesbezüglich das Nötige geschehen sei. Ross antwortete ihm mit einer Mitteilung Trumans: Der Herr Minister werde ersucht, sich *post-haste*, eiligst, zu dem kleinen Hafen Quantico in Virginia zu begeben, in dem die Jacht des Präsidenten, die *Williamsburg*, lag.

Dort kam es zu einer heftigen Szene. Truman erklärte Byrnes, er sei nicht sein Partner bei der Ausübung der Macht, sondern ein ausführendes Organ, das Rechenschaft abzulegen und Instruktionen entgegenzunehmen habe. Er, Truman, halte es für unzulässig, daß er während der ganzen Moskauer Konferenz nur ein Telegramm von zehn Zeilen erhalten habe, in dem nichts stand außer dem, was er seit mehreren Tagen in den Zeitungen lesen konnte. Er erwarte einen vollständigen, ausführlichen Bericht mit allen Einzelheiten. Dann werde er seine Entscheidung treffen.

Byrnes hatte, mit Ausnahme der Präsidentschaft, sämtliche großen Posten der amerikanischen Verwaltung bekleidet: Er war Abgeordneter, Senator, Mitglied des Obersten Bundesgerichts, Leiter der Ämter für wirtschaftliche Stabilisierung und Mobilisierung gewesen. Es war richtig, daß er sich Truman gegenüber eher als ebenbürtig denn als Untergebenen betrachtete und daß er die Absicht hatte, eine unabhängige Außenpolitik zu führen, an der Seite eines Präsidenten, der den Ruf eines Politikers mit dem Wirkungsfeld Inland genoß. Doch Truman spielte seine Macht aus, Byrnes gab nach, erstattete Bericht, ließ seine Akten zurück und entfernte sich.

Truman gelangte sehr rasch zu folgender Überzeugung: Der Erfolg, mit dem Byrnes sich in Szene zu setzen suchte, war ein Scheinerfolg. Die Sowjets waren von den für Amerika unannehmbaren Positionen keinen Fingerbreit abgegangen. Sie waren keinerlei Verpflichtungen bezüglich der Kontrolle der Atomrüstung durch die Vereinten Nationen eingegangen. Sie strebten danach, in Japan Fuß zu fassen. Sie verlangten weiterhin die Anerkennung der ausgesprochen totalitären Regierungen, die sie in Rumänien und Bulgarien eingesetzt hatten. Bezüglich des Iran blieben sie unnachgiebig. Sie weigerten sich, ihre Truppen abzuziehen, und wollten die persische Provinz Aserbeidschan abtrennen, um sie mit der Sowjetrepublik Aserbeidschan zu vereinen und Baku weitgehend zu decken.

Der Präsident schrieb eigenhändig eine Notiz, die er einige Tage später seinem Außenminister vorlas. Sie endete folgendermaßen: »Wenn man mit Rußland nicht eine deutliche Sprache spricht und ihm mit eiserner Faust entgegentritt, ist der nächste Krieg in Sicht ... Ich glaube nicht, daß wir uns noch länger auf Kompromisse einlassen sollten. Wir müssen uns weigern, Rumänien und Bulgarien anzuerkennen, solange sie nicht unseren Forderungen nachgeben; wir müssen unseren Standpunkt hinsichtlich Persiens unumwunden zum Ausdruck bringen, müssen nach wie vor auf der Internationalisierung des Nord-Ostsee-Kanals, der Rhein-Donau-Schiffahrtsstraße und der Dardanellen bestehen und müssen in vollem Umfang die Kontrolle über Japan und den Pazifik aufrechterhalten. Wir müssen China rehabilitieren und eine starke Zentralregierung dort schaffen; das gleiche gilt für Korea ... *I'm tired of babying the Soviets* — Ich bin es leid, die Sowjets weiter zu hätscheln.«

In Europa ging das Jahr 1945 mit eisiger Kälte und Not zu Ende. Italien machte eine beängstigende Regierungskrise durch; sie nahm ein gutes Ende, Alcide De Gasperi trat anstelle des schwachen Demagogen Parri an die Spitze der Regierung. In Frankreich hatte die Regierung die Brotmarken abgeschafft, um die Lage für die Wahlen zu bessern; sie mußte sie überstürzt mit geringeren Rationen wieder einführen. Auch den Franc mußte sie abwerten. Der Dollar stand noch immer auf dem absurden Kurs von 50 Francs; er sprang auf 119.

Neun Monate nach Einstellung der Kämpfe lag Europa immer noch darnieder. Alle Versuche, die Wirtschaftsmaschinen wieder in Gang zu setzen, endeten mit Mißerfolgen. Anstatt abzunehmen, wuchs das Elend noch. Nach Schätzung der UNRRA waren 20 Millionen Europäer in Gefahr zu verhungern. Man mußte sich geradezu fragen, ob es mit dem Brennpunkt der Macht und der Kultur, der Europa gewesen war, nicht für immer vorbei war, ob sich nicht von nun an das Geschick der Welt anderswo entscheiden würde.

3. Kapitel 1945 Asien in Flammen
Das China Tschiang Kai-scheks und das China Maos

Die Kapitulation Deutschlands war in einer finsteren Kaserne in einem Vorort Berlins unterzeichnet worden. Die Kapitulation Japans wurde im Freien, auf dem Achterdeck des Schlachtschiffs *Missouri*, unterzeichnet. Die Sonne stieg aus blaugrünem Nebel hoch und beleuchtete die siegreiche Armada, die die Bucht von Tokio füllte. Den japanischen Bevollmächtigten wurden die Ehrenbezeigungen erwiesen, als sie das Fallreep hochstiegen und als sie das Schiff wieder verließen. Nachdem die Unterschriften ausgetauscht worden waren, ergriff MacArthur das Wort. Getragen von den Ätherwellen, erklang seine majestätische Stimme auch in Amerika, jenseits des Ozeans, auf dem und um den ein Konflikt von bisher unbekanntem Ausmaß zu Ende gegangen war. Nach einem Gruß für die Toten gab er einen Ausblick in die Zukunft. »In das pazifische Becken kommen die Vorzeichen einer neuen, emanzipierten Welt. Heute ist die Freiheit in der Offensive. Heute kosten in Asien und Europa ungeknebelte Völker das ganze Gefühl der Befreiung von Furcht.«

MacArthur war zwei Tage vorher in Japan eingetroffen, nur wenige Stunden nach den ersten Abteilungen der 11. Luftlandedivision. Der Stützpunkt Atsugi, auf dem seine Superfortress *Bataan* gelandet war, hatte soeben die blutige Revolte der 200 Kamikazes erlebt, die sich gegen die Kapitulation erhoben und den kaiserlichen Palast zu bombardieren versucht hatten. Die Hauptinselgruppe verfügte über eine Garnison von 57 unversehrten Divisionen, und die Amerikaner, die die Zivilbevölkerung von Okinawa hatten kämpfen sehen, hatten vorausgesagt, man werde auch die Frauen und Kinder töten müssen, um Japan zu bezwingen. Sogar nach den beiden Atombombenabwürfen schien ein Aufflammen des japanischen Fanatismus gegen die unbegreifliche Invasion wahrscheinlich. Einige hundert Amerikaner kamen buchstäblich ins Herz einer feindlichen Welt. Für MacArthur war es Ehrensache, einer von ihnen zu sein.

Er war 65 Jahre alt. Er konnte sagen, daß er seit 65 Jahren in der US-Armee diente. Er war in den Arsenal Barracks, Little Rock, Arkansas geboren. Seine erste Erinnerung galt einem Fußmarsch der Kompanie »K« von Fort Wingate, Neu-Mexiko, nach Fort Selden, Texas. Ein Soldat namens Moriarity beklagte sich bei Hauptmann MacArthur, daß seine Füße ganz blutig seien, und ersuchte um Erlaubnis, in den Krankenwagen zu steigen. »Moriarity«, erwiderte der Offizier, »*growl you may, but march you must.*« (Murren kannst du, aber marschieren mußt du.) Die Worte des Vaters gruben sich mit unerhörter Schärfe dem Gedächtnis des vierjährigen Knaben ein, der zusammen mit Mom und Dad von einer Garnison zur anderen zog. »In Fort Selden«, erzählt MacArthur, »lernte ich schießen und reiten, ehe ich noch lesen und schreiben konnte.« Vierzehn Jahre darauf kam er durch den Abgeordneten Theobald Otjen von Minnesota, dem Staat, aus dem sein Vater stammte, nach West Point.

Inzwischen waren die den Spaniern abgenommenen Philippinen amerikanischer Besitz geworden und General MacArthur ihr erster Gouverneur. Die Kadetten der Militärakademie ließen den Sohn des Gouverneurs die allzu brillante Karriere des Vaters entgelten, indem sie ihn so schikanierten, daß es schließlich zu einer Untersuchung kam. Da er dem Befehl, seine Peiniger anzugeben, nicht gehorchte, geriet Douglas MacArthur für einen Augenblick in Gefahr, ausgeschlossen zu werden. Er versöhnte sich mit West Point erst viele Jahre später, als er Kommandeur der Militärakademie wurde.

Der junge Leutnant wandte sich, im Kielwasser seines Vaters, dem Pazifik zu. Die Philippinen hatten es ihm angetan. »Der Respekt und die Liebe, die meinen Vater umgaben, die bestrickende Mischung spanischer Kultur und amerikanischer Betriebsamkeit, die Gemächlichkeit, die der einfachsten Routine Poesie verlieh, die Fröhlichkeit der Männer, die Zartheit der Frauen im Mondschein, das alles hinterließ einen Eindruck in mir, der nie mehr erlöschen sollte . . .«

Der Russisch-Japanische Krieg führte Vater und Sohn MacArthur nach Japan, mit einer amerikanischen Delegation, die von Sympathie für das gelbe Volk erfüllt war, das den weißen Kolonialismus besiegte und demütigte. »Die japanische Armee war von einer schweren Beriberi-Epidemie befallen«, erzählt MacArthur. »Der Sanitätsdienst ließ ein Vorbeugungsmittel verteilen, auf dessen Etikette stand: Zur Vorbeugung gegen Beriberi dreimal täglich eine Tablette einnehmen.‹ Wie bei allen Armeen der Welt, spuckten die Soldaten die erste Tablette aus und warfen den Rest der Schachtel fort — bis zu dem Tag, an dem ein schlauer Offizier den Text der Etikette durch den folgenden ersetzte: ›Der Kaiser wünscht, daß Sie zur Vorbeugung gegen Beriberi dreimal täglich eine Tablette einnehmen.‹ Keine einzige ging mehr verloren . . . Die Lektion auch nicht.«

Im Jahr 1945 war MacArthur der Held des Pazifik. Es ist keineswegs erwiesen, daß er in dem Meinungsstreit mit der Marine recht hatte — diese wollte das verwundbare Japan von den kleinen Inselgruppen des mittleren Pazifik her einschließen, während er, besessen vom Gedanken an die Wiedereroberung der Philippinen, auf dem Weg über die großen Inseln des westlichen Pazifik bestanden hatte. Doch das Auftreten wog schwerer als die Argumente. MacArthur, der stolze, düstere, abwechselnd beredte und schweigsame, der Schauspielerei verdächtigte Mann mit der Ausstrahlung des Genies, war das Haupt einer Schule. Er war überzeugt, das Zeitalter Europas sei zu Ende und das Zeitalter Asiens beginne. »Während der nächsten tausend Jahre wird das Schicksal der Menschheit rund um den Pazifik entschieden werden . . .« In der Mitte seines siebenten Lebensjahrzehntes, geistig und körperlich ungeheuer frisch, trat MacArthur am Beginn dieser historischen Entwicklung als richtungweisende Persönlichkeit auf.

Am Tag vor seiner Abfahrt von Manila hatte MacArthur die sieben ersten Besatzungsmaßnahmen verkündet, die er zu ergreifen gedachte: 1. Entwaffnung sämtlicher japanischer Streitkräfte. 2. Sofortige Rücksendung aller gefangenen und demobilisierten Soldaten nach Hause. 3. Umwandlung der Kriegsindustrien. 4. Wiedereröffnung aller Schulen. 5. Wahlrecht für die Frauen. 6. Freie Wahlen. 7. Freiheit der Gewerkschaften. Diese Politik müsse über den Kaiser und die japanische Regierungsmaschinerie verfolgt werden, wobei der amerikanische Einfluß sich darauf beschränken würde, aus möglichst weiter Entfernung zu überwachen und zu kontrollieren. So bewirkte das Prinzip der bedingungslosen Kapitulation, das in Japan ebenso angewandt wurde wie in Deutschland, in dem einen Land eine enge Abhängigkeit, einen vorläufigen Totalitarismus und im anderen sofortige Liberalisierung – die beiden Verwaltungen scheinen die Engstirnigkeit Eisenhowers und die Aufgeschlossenheit MacArthurs widerzuspiegeln.

Voller Staunen stellten die Amerikaner fest, daß dieses Japan, das sie für unbeugsam bis zum Selbstmord gehalten hatten, sich bis zur Unterwürfigkeit neigte. Kein einziger Schuß wurde gegen die Sieger abgefeuert. Ihre Panzerbesatzungen, die quer durch die in Asche gelegten Städte fuhren, sahen nichts als eine Masse gebeugter Rücken oder einen Wald von Händen, die mit Sternenbannerfähnchen winkten. Die Japaner, die die Demütigung der Niederlage nicht hinnahmen, begingen in aller Stille Harakiri. Einige Hunderte verströmten ihr Blut auf dem Pflaster vor den Wassergräben des kaiserlichen Palastes. Einige Tausend begingen in den Kasernen, den Parks, vor den Shinto-Torbogen, auf dem Fudschijama, oder, wenn sie noch ein Zuhause hatten, in ihrem Heim Selbstmord. Die anderen – 75 Millionen – lächelten ihren Besiegern zu.

Unter jenen, die den Tod wählten, befand sich der Staatsmann, der sich am meisten bemüht hatte, den Konflikt im Pazifik zu vermeiden, Fürst Konoye. Dem Staatsmann, der am meisten dazu beigetragen hatte, ihn herbeizuführen, General Hideki Tojo, mißlang der Abgang. Er hatte alles für das konventionsgemäße Harakiri vorbereitet, doch als die MP kam, um ihn zu verhaften, war der *haishaku*, der Helfer, der ihm mit einem Säbelhieb den Kopf abschlagen sollte, nachdem Tojo sich vorschriftsmäßig den Bauch aufgeschlitzt hatte, nicht im Hause. Die Pistolenkugel, durch die Tojo ihn ersetzte, glitt von einer Rippe ab und verursachte eine starke Blutung. Er wurde sofort ins amerikanische Hospital in Yokohama gebracht und dort durch einen großen blonden Unteroffizier gerettet, der sich anbot, für ihn Blut zu spenden; so blieb er erhalten für den Prozeß der größten Kriegsverbrecher, das asiatische Gegenstück zum Nürnberger Prozeß.

Die erste Liste der Verhaftungen, die am 11. September aufgestellt wurde, enthielt vierzig Namen. Alle Mitglieder der japanischen Regierung zur Zeit von Pearl Harbor figurierten darin, ebenso die Generäle Yamashita und Homma und der philippinische Quisling José Laurel. Am selben Tag sperrte man Tokio Rose ins Gefängnis, mit ihrem bürgerlichen Namen Iva Togori. Sie war Nisei, das heißt amerikanische Staatsbürgerin, Tochter japanischer Einwanderer; sie hatte vier Jahre lang den GIs im Rundfunk erklärt, sie würden ihr Blut im Kampf gegen das unbesiegbare Japan verlieren, und hatte MacArthur mit holder Stimme versprochen, man werde ihn vor dem Kaiserpalast hängen. Sie mochte nun über ihren hübschen Hals streichen und sich fragen, ob man den Strick um ihn legen würde.

Die Gesamtzahl der Verhaftungen überstieg nicht 600. Es gab keine Internierung der Beamten und nur eine sehr schwache Säuberungsaktion. Die nationalistische

Vereinigung »Schwarzer Drache« wurde aufgelöst, und die offizielle Religion, der Staats-Shintoismus, verboten, das heißt die Verbindung von Shinto und Staat aufgehoben. Die fünf großen Konzerne, Mitsui, Mitsubishi, Tsumitomo, Yasuda und Fuji, die zusammen 255 industrielle Gesellschaften vereinigten, wurden zur Entflechtung aufgefordert. Die Schulbücher wurden gesäubert und die chauvinistische Literatur verbrannt. MacArthur machte es sich zum Prinzip, eher den Geist zu wandeln und die Institutionen zu ändern, als an dem einzelnen Vergeltung zu üben. Die totale Unterwerfung der Japaner ermöglichte diese Politik der Vergebung.

Ein schwieriges Problem stellte der Kaiser dar. Bei seiner bedingungslosen Kapitulation hatte Japan doch eine Bedingung durchgesetzt, daß nämlich die Sieger kein Verlangen stellen würden, »which prejudice against the prerogatives of His Majesty as a sovereign ruler« (die eine Beeinträchtigung der Sonderrechte Seiner Majestät als souveräner Herrscher darstellen würden). Wörtlich genommen, bedeutet das, daß die göttliche Monarchie weiterbestehen sollte. Es handelte sich jedoch um ein Symbol, und jedermann verstand es so. Niemand erhob sich gegen die einseitige Erklärung, daß die Autorität des Kaisers und die der kaiserlichen Regierung der Autorität des Oberkommandos der Alliierten unterstellt waren. Hirohito blieb die höchste Macht im Staate, doch MacArthur stand über Hirohito.

»Gleich nach meiner Ankunft in Tokio wurde ich von meinem Stab gedrängt, den Kaiser zu mir kommen zu lassen, um durch eine symbolische Geste meine Autorität zu betonen«, erzählt MacArthur. »Ich weigerte mich und erklärte, ich würde auf diese Weise die Gefühle des japanischen Volkes verletzen. Es war vorzuziehen, daß der Kaiser freiwillig zu mir kam.«

Er brauchte nicht lang zu warten. Am 27. September hielt ein alter Daimler vor der Botschaft der Vereinigten Staaten, dem einzigen Gebäude, das in einem völlig zerstörten Bezirk stehengeblieben war. Hirohito stieg aus: gestreifte Hose, Jackett, Zylinder. MacArthur empfing ihn in seinem Uniformhemd mit offenem Kragen. Er schickte alle hinaus, mit Ausnahme des kaiserlichen Dolmetschers, und verbrachte eine halbe Stunde im Zwiegespräch mit dem Kaiser, ohne zu ahnen, daß seine junge Frau die Szene hinter einem Vorhang beobachtete. »Ich bot dem Kaiser eine amerikanische Zigarette an, er nahm sie mit überschwenglichem Dank. Als ich ihm Feuer gab, bemerkte ich, daß seine Hände krampfhaft zitterten.« Am nächsten Tag ließ der Innenminister die Ausgaben der Zeitungen Asahi, Mainichi und Yominuri Hochi beschlagnahmen, die ein Foto veröffentlichten, das die beiden Männer nebeneinander zeigte. MacArthur ließ die Beschlagnahme aufheben. Noch einige Japaner begingen Selbstmord, als sie den Yankee in Hemdsärmeln, die Hände in die Hüften gestemmt, neben dem Abkömmling der Sonnengöttin sahen, den er um Haupteslänge überragte.

Hatte Hirohito gezittert, weil er sich gedemütigt fühlte oder weil er Angst hatte? Die Russen verlangten den Galgen für ihn. Tschiang Kai-schek verlangte das gleiche im Namen des durch die Kämpfe der letzten sieben Jahre verwüsteten China, und England, das die Eroberung Singapurs noch nicht verschmerzt hatte, war nicht dagegen. In Amerika begann eine Kampagne gegen MacArthur. Die kommunistische Zeitung Daily Worker behauptete, er besitze insgeheim ein großes Vermögen im

Fernen Osten, dem zuliebe er die japanischen Monopolisten schone. Das State Department protestierte gegen die politische Autonomie, die er sich anmaßte. Der Kaiser wurde zur Symbolgestalt in dem heftigen Kampf, der entbrannt war. Jene, die etwas von der alten Ordnung retten wollten, verlangten die Einhaltung der von Amerika eingegangenen Verpflichtung. Die anderen verlangten die Hinrichtung Hirohitos und die Abschaffung der Monarchie.

MacArthur stellte sich mit seiner ganzen Person vor den bedrohten Kaiser. Er teilte Truman mit, er werde eine Million Mann verlangen, um Japan zu halten, wenn Hirohito auf die Liste der Kriegsverbrecher käme. Er erinnerte daran, daß es nicht die Atombomben gewesen seien, denen das Wunder der Eroberung Japans ohne das Vergießen eines Tropfens amerikanischen Blutes zuzuschreiben sei, sondern die Klugheit des Kaisers. Wenn der Kaiser befohlen hätte, sie sollten sterben, so wären seine Untertanen auf den heiligen Inseln ebenso gestorben wie jene in Okinawa. Mit seiner Entscheidung hatte er Amerika nicht nur den Verlust von mindestens 100 000 Menschenleben erspart; er hatte es auch ermöglicht, Japan einer demokratischen, friedlichen Zukunft entgegenzuführen. Seine Versetzung in den Anklagezustand würde alles wieder auf den Nullpunkt zurückbringen.

Hirohitos Name war bereits in die verhängnisvolle Liste eingetragen. Truman strich ihn.

Am 31. Dezember glich Hirohito seine Schuld aus. Seine Botschaft an die Nation enthielt zum erstenmal die Worte »Niederlage Japans«. Er übernahm die Verpflichtung, die Fehler der Vergangenheit zu tilgen. Er stieg zu den Sterblichen hinab. »Die Bande zwischen Uns und Unseren Untertanen beruhten immer auf gegenseitigem Vertrauen und Zuneigung. Sie sind nicht mehr auf Legenden und Mythen begründet. Sie sind nicht das Ergebnis der falschen Auffassung von einem göttlichen Kaiser und einem allen anderen Völkern überlegenen japanischen Volk. Ich bin kein lebendiger Gott.«

Die Wirkung dieser Erklärung an Ort und Stelle war keineswegs stark. Die Japaner sagten den Ausländern, sie sei für das Ausland bestimmt gewesen: Sie hatten nie geglaubt, daß der Kaiser etwas anderes sei als ein Mensch, der ihre Nation symbolisierte.

Die materiellen Probleme waren überdies so hart und aktuell, daß sie wenig Platz für eine theologische Diskussion über die Natur der kaiserlichen Person ließen. Die Demobilisierung war langwierig und zeitraubend. Gegen Ende 1945 waren die 2 576 085 Soldaten, die sich im Mutterland befanden, zum größten Teil nach Hause geschickt worden, doch die 97 Divisionen, die 132 Brigaden, die 20 großen Marinelufteinheiten, die 4 400 000 Mann, die von Polynesien bis zur Mandschurei standen, hatten noch kaum begonnen, in die Heimat zurückzukehren.

Für die Eroberer des Pazifik war es eine jämmerliche Rückkehr. Sie verließen die Schiffe, abgemagert und zerlumpt, in das landesübliche Taschentuch, das *furoshiki*, die Behälter mit der Asche ihrer toten Kameraden geknüpft. Das Japan, in das sie zurückkehrten, war ein Trümmerhaufen. Die fünf großen Städte Tokio, Osaka, Nagoya, Kobe und Yokohama waren zu 45 bis 75 % zerstört. Außer Kioto, das wegen seiner Paläste verschont worden war, waren die größenmäßig nachfolgenden 60

Städte zu 43 bis 99,5 % zerstört. 2 100 000 Häuser waren vernichtet, und in Tokio allein hatten eine Dreiviertelmillion Menschen buchstäblich kein Dach über dem Kopf. Die amerikanische Armee bemühte sich, die Not zu lindern, sie verteilte 21 Millionen Paar Socken, 14 Millionen Decken, 5 Millionen Paar Schuhe, Berge von Medikamenten und Lebensmitteln. MacArthur lehnte zweimal die Einladung Trumans ab – der sich darüber gekränkt zeigte –, mit der Begründung, die Lage in Japan sei so schwierig, daß er sich nicht berechtigt fühle, seinen Posten auch nur für einen einzigen Tag zu verlassen.

In der Tiefe waren die Zerstörungen noch erschreckender. Japan war auf sein Reich angewiesen gewesen; es hatte mehr als ein Viertel der Nahrungsmittel, der Energie, der Rohstoffe, die es verbrauchte, importiert und seine Ankäufe durch den viertgrößten Außenhandel der Welt bezahlt. Nun war es auf seine vier kleinen Inseln beschränkt, und sein wirtschaftlicher Motor, die Industrie, war fast völlig verwendungsunfähig. Ein Beispiel: von 14 Millionen Spindeln der Textilindustrie waren 11 Millionen zerstört. Das Problem, das sich für Holland, England, Deutschland ergab, tauchte im Fernen Osten mit noch größerer Schärfe auf. Wie sollte ein so dicht bevölkertes Land, dessen Einwohnerzahl vor dem Krieg jährlich um eine Million gewachsen war, seine Existenzgrundlage wiederfinden? Für Japan war kein Morgenthauplan erstellt worden, doch die Prüfung seiner derzeitigen wirtschaftlichen Gegebenheiten führte zu dem Schluß, daß es in tiefe Armut, vielleicht sogar in chronische Hungersnot fallen müsse. Das industrielle Japan und das militärische Japan hatten einander gegenseitig getragen. Ihr Zeitalter war zu Ende. (*Forts. Japan S. 266*)

Die zwei Gesichter Chinas: Tschiang Kai-schek und Mao

Der Zweite Weltkrieg hatte hier am 7. Juli 1937 begonnen. An dem Tag verlor eine japanische Abteilung beim Manöver in Mandschukuo einen Mann. Um ihn wiederzufinden, drangen die Japaner in ein von chinesischen Soldaten besetztes Dorf ein. Die Chinesen feuerten auf die Japaner. In der Presse sprach man von da an von dem Zwischenfall an der Marco-Polo-Brücke. Am darauffolgenden Tag begann die Eroberung Chinas durch die Japaner.

Acht Jahre waren vergangen. Der Krieg ging zu Ende. China war zu einem Teil erobert worden. Doch der Mann, der seinen Widerstand verkörperte, hatte das Landesgebiet nicht verlassen. Er erhielt die Nachricht von dem Sieg in der weit entfernten Stadt, in die er sich zurückgezogen hatte mit der Weigerung, sich zu unterwerfen: in Chungking.

Tschiang Kai-schek war am 31. Oktober 1887 geboren, also noch nicht sechzig Jahre alt. Er stammte aus der Provinz Chekiang, am südlichen Jangtse, er war also Südchinese und sprach nur mangelhaft Hochchinesisch. Wenn man ihn zum erstenmal sah, hatte man den Eindruck einer Bronzestatue, so glatt gespannt war seine Gesichtshaut. Während die Lieblingssünde der Chinesen der Sinnengenuß ist, ragte Tschiang durch Askese über sein Volk hinaus. Er rauchte nicht, trank keinen Alkohol, ja es gelang ihm sogar, im Land der göttlichen Küche nicht einmal ein Gourmet zu sein. Er stand bei Sonnenaufgang auf, blieb eine halbe Stunde mit gekreuzten Armen auf seiner Veranda, völlig bewegungslos, und atmete die Morgenluft ein. Dann arbeitete er bis zu vorgeschrittener Nachtstunde ohne eine andere Entspannung als eine kurze Siesta, wobei er sich von Schuberts Ave Maria einschläfern ließ, das er auf dem Grammophon spielte. Er war ein Mann mit strengen Gewohnheiten, hochgradig konzentriert, ohne Freunde und ohne Humor.

Mit 18 Jahren vollführte Tschiang die symbolische Geste, durch die die jungen Chinesen seiner Generation mit ihrer uralten Vergangenheit brachen: Er schnitt seinen Zopf ab. Sechs Jahre später, 1911, betrieb er seine militärischen Studien in Japan – dem Lehrmeister der gelben Völker seit dem Sieg über die Russen –, als in China die Revolution gegen die Mandschu-Dynastie ausbrach. Er ging zurück, schloß sich den Aufständischen an, beteiligte sich an dem wechselvollen Kriegsglück des Bürgerkrieges und war einer der Begleiter Sun Yat-sens während der 56 Tage, die dieser, von seinen Feinden verfolgt, eingeschlossen auf dem Kanonenboot *Yung Feng* auf dem Kantonfluß verbrachte. Sun begab sich ins Exil, Tschiang wurde Geschäftsmann, trat jedoch 1921 wieder in die Politik ein, als der Begründer der chinesischen Republik zum zweitenmal zurückkehrte. Als Generalstabschef der Kantoner Regierung gründete er die Militärakademie in Whampoa, der Ausbildungsstätte der revolutionären Kader, nachdem er in Moskau eine militärische Zusammenarbeit zwischen der Sowjetunion und dem China der Kuomintang zustande gebracht hatte. In dem Triumvirat, das auf Sun Yat-sen folgte, machte er gemeinsame Sache mit dem kommunistenfreundlichen Wang Ching-wei gegen den konservativen Hoo Han-min. Als der letztere ausgeschieden war, schienen die Russen die chinesische Revolution nach ihrem Belieben zu lenken. Die Armee beherrschten sie durch General Blücher, genannt Galen, und die Kuomintang durch den Berater Grusenberg, genannt Borodin. Tschiang Kai-schek schien ein Werkzeug in ihren Händen zu sein.

1926 machte sich Tschiang zur Eroberung Zentralchinas auf. Die Truppen der Warlords Wu Pei-fu und Sun Cheng-fang hielten gegen seine mit Kadetten aus Whampoa als Kerntruppe kämpfenden Streitkräfte nicht stand. Changsha, die Hauptstadt von Hunan, sowie das Städtedreieck Wuhan: Hankou, Wuchang und Hanyang, wurden schnell eingenommen. Nanking fiel zu Beginn 1927, und dann im März Shanghai. Die leidenschaftlich nationalistischen Soldaten Tschiangs schlossen die ausländischen Niederlassungen, diese blutenden Wunden des chinesischen Stolzes. Die Welt wartete auf eine Tragödie.

Doch die Tragödie, die sich ereignete, war von unerwarteter Art. Tschiang wandte sich brutal gegen die Partei und gegen das Land, die ihn anscheinend mit Beschlag belegt hatten. Am 12. April begann in Shanghai die Jagd auf die Kommunisten. Sie setzte sich in Kanton und den wichtigsten Städten Chinas fort, es gab Zehntausende von Opfern, es wurde viel Haß gesät, doch die chinesische Revolution erhielt eine neue Richtung.

Der linke Flügel der Kuomintang, der sich unter der Leitung Wang Ching-weis nach Hankou geflüchtet hatte, setzte auf den Kopf Tschiang Kai-scheks einen Preis von 100 000 Tael und auf den lebenden Tschiang Kai-schek 250 000 Tael aus. Moskau versuchte diesen Rest der bürgerlichen Revolution zu unterstützen, der Warlord

Übersichtskarte China

des Shensi jedoch, Feng, genannt der »Christliche General«, weil er seine gesamte Armee mit der Gartenspritze getauft hatte, forderte Wang Ching-wei auf, seine sowjetischen Ratgeber zu verjagen. Galen verschwand für ein Vierteljahrhundert, Borodin lebte lange Zeit in Ungnade in Moskau. Der erste russische Versuch, die chinesische Revolution an sich zu reißen, endete mit einem völligen Mißerfolg.

Die politische Kehrtwendung Tschiang Kai-scheks war mit seinem Eintritt in die Familie Soong zusammengefallen. Der älteste Sohn dieser Familie, Tse-ven, begann eines jener chinesischen Vermögen anzusammeln, die durch die Vielzahl und die Aufteilung ihrer Bestandteile der chinesischen Küche so ähnlich sind. Die älteste Tochter, Ai-ling, war die Frau des Bankiers Kung. Die zweite, Ching-ling, war die Witwe Sun Yat-sens. Tschiang verstieß die Provinzlerin, die ihm seine Mutter mit fünfzehn Jahren zur Frau gegeben hatte, und hielt um die Hand der dritten Tochter, Mei-ling an. Abgesehen von dem Vorteil, in eine mächtige, reiche Familie Eingang zu finden, war er in die ungewöhnliche Frau heftig verliebt; die beiden sollten das erstaunlichste Ehepaar unserer Epoche bilden. Der Mann, der Millionen Männer anführte, Ströme von Blut vergoß, die erste Rolle in einer der großen Revolutionen der Geschichte spielte, machte ihr den Hof wie ein kleiner Leutnant.

Mei-ling vermittelte Tschiang Kai-schek eine Erweiterung seines Horizonts. Er war ein Glücksritter einfacher Herkunft geblieben, der keine westliche Sprache beherrschte und von der Welt nichts außer Japan und ein wenig Rußland kannte. Mei-ling dagegen war erfüllt von Amerika. Ihr Vater hatte dort sein Vermögen gemacht, und sie hatte in diesem Land ihre Erziehung empfangen. Sie führte ihren Mann dem Christentum zu und machte aus dem frommen Buddhisten, der er war, einen frommen Methodisten. Die Berührung mit der Familie Soong hingegen veränderte die strenge, unverfälschte Seite seines Charakters. Bruder und Schwager Mei-lings, T. V. Soong und H. H. Kung, vertraten das grenzenlos habgierige China und seine unersättlichen Sippen. Tschiang vermochte weder sich ihrer zu erwehren noch sie loszuwerden.

Der Marsch nach Norden begann wieder. Am 8. Juni 1928 sah Tschiang die Fahne der Kuomintang mit ihren weißen Sternen über den Mauern Pekings hochgehen. Theoretisch war China unter seinen Händen vereinigt. In Wirklichkeit wütete immer noch der Kampf der Gruppen untereinander in dem riesigen Land mit seiner seit Jahrhunderten bestehenden Zerstückelung, den primitiven Vekehrswegen, dem völlig unentwickelten Gemeinsinn. Im Laufe seiner Kämpfe hatte Tschiang sich mit einem chinesischen Feudalismus abfinden müssen, der von einfachen Bergräubern bis zu halbsouveränen Machthabern reichte, wie Lung, dem Tyrannen von Yunnan, oder Yen, dem sogenannten Modellgouverneur, der seit 1911 in der Provinz Shansi herrschte. In der Mandschurei war Chang Tso-lin vor kurzem gestorben, doch sein Sohn Chang Hsuh-liang, genannt der »Junge Marschall«, hatte eine Armee von 500 000 Mann geerbt, und ohne seine Zustimmung hätte Tschiang Peking nicht eingenommen. Er hatte China erobert; erneuert oder geeinigt hatte er es nicht.

Der Kommunismus war zerschlagen und suchte sich zu rekonstituieren. Die Komintern hatte Borodin durch einen indischen Wirrkopf namens Roy ersetzt und dem neuen Generalsekretär im chinesischen Zentralkomitee, Li Li-san, Befehl erteilt, die Linientreue durch Festigung »der Führung des Stadtproletariats in der revolutionären Bewegung« sicherzustellen. Die Hafendocks und die Textilwerkstätten Shanghais, die Zement- und Porzellanfabriken Kantons, die Bergwerke und Stahlhütten Wuhans sollten die Grundpfeiler der chinesischen Kommunistischen Partei sein. Zusammen stellten diese Zentren der Großindustrie nicht einmal ein Hundertstel der Gesamtheit Chinas dar. Li Li-san erklärte jedoch: »Die Revolution wird nicht in den Dörfern, sie wird in den Städten gemacht. Das Proletariat ist die Vorhut der Revolution – die Bauernschaft sein Verbündeter.«

Der erste, der sich von dieser Dogmatik befreite, war ein kleiner ehemaliger Warlord, ein geheilter Opiumsüchtiger, kein reumütiger Räuber, der mit einem Sprung vom Feudalismus zum Kollektivismus übergegangen war, Chu Teh. Am 1. August 1928 begann er mit der Garnison von Nanchang, der Hauptstadt von Kiangsi, einen Aufstand und ging so weit, die Eroberung Kantons zu versuchen. Er wurde zurückgeschlagen und zog sich wieder nach Kiangsi zurück. An der Grenze von Hunan, oberhalb einer der schönsten Reisebenen Chinas, liegt ein fast uneinnehmbares Gebirge, Chin Kan Chan, das seit eh und je ein Rebellenschlupfwinkel gewesen war. Chu Teh zog sich hierhin zurück. Dort traf er Mao Tse-tung.

Mao war 35 Jahre alt. Er war der Sohn eines reich gewordenen Bauern, einer der dreizehn jungen Leute, die unter der Präsidentschaft eines von Moskau geschickten Holländers im Jahre 1922 die chinesische KP in einer Mädchenschule der französischen Niederlassung in Shanghai gegründet hatten. Er war jedoch nie zu einem der Schulungskurse in die UdSSR berufen worden, die dazu bestimmt sind, die Einheit der Lehre und der Taktik im Kommunismus zu erhalten. Er war gebildet, Dichter, Dialektiker, war in seinem Land verwurzelt und hatte als erster das revolutionäre Potential seiner Menschenmassen erkannt. Nach den Ereignissen im April 1928 war er, anstatt nach Rußland zu flüchten oder sich in Shanghai zu verstecken, mit einer Handvoll Partisanen in seine Heimat Hunan zurückgekehrt und hatte dort den ersten Bauernsowjet gegründet. Chu Teh unterstellte sich mit den Überlebenden seiner unglücklichen Expedition seiner Führung.

Die einzige lobende Erwähnung durch die Sowjets, die Mao in jener Phase seiner Karriere zuteil wurde, war eine Leichenrede: 1930 stand im Rechenschaftsbericht der Komintern zu lesen, daß der mutige Genosse Mao Tse-tung vor kurzem an Tuberkulose gestorben sei. Niemals war die UdSSR bereit gewesen, die kleine kommunistische Bauernrepublik anzuerkennen, die in den Bergen Zentralchinas kämpfte und sich kümmerlich durchschlug. Li Li-san, das Sprachrohr Moskaus, griff Mao ununterbrochen in einer Weise an, die sich von jener der Kuomintang kaum unterschied. Für Tschiang war er ein Räuber, für Li ein Abenteurer.

Die Vernichtungsfeldzüge der Kuomintang gegen die Kommunisten Hunans begannen 1929. Sie führten zum »langen Marsch« Maos und seiner Armee aus seinem Staat in Zentralchina nach Nordchina, mit einem Umweg, bei dem die Marschierenden die Vorgebirge Tibets durchzogen. Rund fünfzigtausend Menschen erreichten Nord-Shensi. Diese Provinz wurde von einem mehr oder weniger kommunistischen Guerillaführer namens Hsu beherrscht. Mao ließ seine erschöpften Trup-

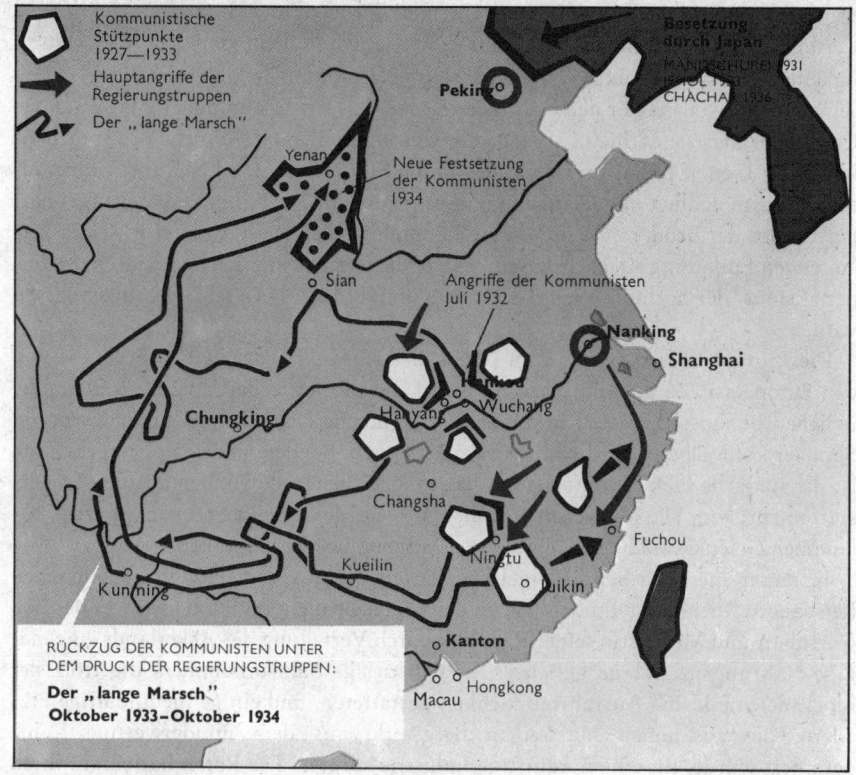

Truppenbewegungen in China 1933/1934

pen dort haltmachen. Es wäre nicht möglich gewesen, weiterzumarschieren, ohne die Große Mauer zu überschreiten und in der Ordoswüste zu verdursten.

Im Jahre 1936, drei Jahre nach der Festsetzung in Shensi, gelang es Edgar Snow, einem amerikanischen Journalisten der äußersten Linken, in das rote Gebiet zu gelangen. Er schrieb eine Art Ilias über Mao, *Red Star over China*, in der er die Wirksamkeit, die Heldentaten und Leistungen seines militärischen und bäuerlichen Kommunismus besang. Mao diktierte ihm seine Selbstbiographie, die mangels anderer Quellen immer noch maßgebend ist. Snow fügte malerische Einzelheiten über die Kultur, die Gewohnheiten, die Begabung des roten Chefs hinzu. »Er machte den Eindruck eines interessanten und vielschichtigen Mannes. Er war von der Natürlichkeit und Einfachheit des chinesischen Bauern; hatte einen lebhaften Sinn für Humor und lachte gern geradeheraus. Mao aß das gleiche wie jedermann, aber als Südchinese aus Hunan hatte er die Vorliebe für Pfeffer. Er ließ sogar Pfeffer in sein Brot backen. Dann zählte er Spanien, Mexiko, Rußland und Frankreich als Beweis auf, daß Leute mit einer Vorliebe für Pfeffer Revolutionäre seien... Seine erste Frau, Jang Kai-hui, ist von der Kuomintang hingerichtet worden; er lebt mit seiner zweiten, Tse-nien, in einem Einsiedlerhaus, mit kahlen, ärmlichen, von Landkarten bedeckten Wänden. Nach zehn Jahren führender Tätigkeit und Hunderten von Konfiszierungen des Eigentums besaß er nur seine Decken und einige persönliche Habseligkeiten. Der größte Luxus war ein Moskitonetz... Mao litt unter der Hitze, er zog seine Hose aus, wobei er das Gespräch mit mir fortsetzte, und machte Jagd auf das Ungeziefer, das sie enthielt...« Überall, wohin Snow unter Führung des sprachenkundigen Tschou En-lai im Gebiet des Roten Sterns kam, fand er Ruhe, Kameradschaft, Zufriedenheit und Glauben vor. Er verkündete den Triumph dieses sagenhaften Landes der Brüder: »Wenn dieser Triumph sich einstellt, wird er in seiner zerstörenden Entladung so mächtig sein, daß er die letzten barbarischen Spuren des Imperialismus, der noch die Welt des Orients umfaßt hält, ins Nichts versinken lassen wird...«

Die Provinz Shensi gehört zum Gebiet des Kuang Tu, der gelben Erde, die von den Europäern Löß genannt wird. In dem Land gibt es weder Holz noch Stein, die üblichen Behausungen sind in die Felsen gegrabene Höhlen, im Winter warm, im Sommer kühl. Doch das Klima ist überaus trocken. Bei den niedrigen Temperaturen ist die statische Elektrizität so stark, daß einem knisternde Funken aus den Fingerspitzen sprühen. Die Menschen trocknen aus, werden pergamentartig, knorrig, bekommen Gelenkkrankheiten, die sie verkrümmen wie Rebenranken.

In dieser merkwürdigen Umgebung hatten die aus dem Hunan gekommenen Reisbauern Rückhalt gefunden. Wenn der Regen sie nicht im Stich ließ, war der Löß fruchtbar, und Mao hatte seiner Republik durch Verteilung des Ackerlands eine mäßige Nahrungsgrundlage gesichert. Es gab riesige Salzvorkommen, die trotz der Blockade eine kleine Ausfuhrmöglichkeit gestatteten, und einige metallhaltige Erzadern, die zusammen mit einem Bergwerk, aus dem minderwertige Kohle gefördert wurde, für eine notdürftige Industrie sorgten. Die Roten hatten auf ihren Schultern eine Druckerpresse mitgebracht, die wieder anfing, Propaganda zu drucken, sowie Nähmaschinen, mit denen Uniformen hergestellt wurden. Ein primitives Arsenal lieferte Handgranaten und Gewehre. Die militärische Organisation bestand aus der Bauernmiliz, die die Dörfer bewachte, den in Kompanien eingeteilten Guerillakämpfern und schließlich der regulären Armee, die aus drei Divisionen mit ungefähr 45 000 Mann bestand.

Zur Zeit des Berichtes Snows war die kommunistische Niederlassung noch außerordentlich schwach und befand sich in höchster Gefahr. Drei Warlords, Feng, Yen und Chang, hielten sie umzingelt. Tschiang Kai-schek bereitete mit ihrer Hilfe einen sechsten Vernichtungsfeldzug vor. Die in der Wüste eingeschlossenen Roten schienen verloren.

Das Jahr 1937 neigte sich dem Ende zu. Als Tschiang Kai-schek in Sian ankam, um die Offensive gegen die Roten zu beginnen, wurde er von dem Warlord, auf den er am meisten zählte, dem ehemaligen Diktator der Mandschurei, Chang Hsuehliang, dem Sohn Chang Tso-lins, genannt der »Junge Marschall«, gefangengenommen. Er glaubte sich verloren, denn er erfuhr, daß Tschou En-lai soeben in Sian angekommen sei und daß die Kommunisten von Nord-Shensi mit dem Jungen Marschall unter einer Decke steckten.

Zwei Tage später erschien der Junge Marschall weinend bei seinen Gefangenen, klagte sich eines Augenblicks der Verirrung an und brachte Tschiang und seine Gattin zurück nach Nanking. Tschou En-lai hatte beim Verlassen Sians erklärt, die Kommunisten seien entschlossen, sich dem Generalissimus für den bevorstehenden Kampf gegen die japanischen Imperialisten anzuschließen.

Es ist wahrscheinlich, ja sogar so gut wie sicher, daß Tschiang von Stalin gerettet wurde. Dieser befürchtete einen Angriff Japans auf die Mandschurei, betrachtete die Vereinigung Chinas als notwendig und erkannte die Schwächung, die ein Verschwinden des Generalissimus für China bedeutet hätte. Tschiang war voller Rachegelüste, aber die strategischen Vorschriften der UdSSR brachten ihn zum Schweigen. Um diese merkwürdige Episode im Detail berichten zu können, müßte man die Geheimarchive des Kremls öffnen können.

Sechs Monate später begannen die Kampfhandlungen mit Japan. Peking und die Städte des Nordens wurden schnell besetzt. Um Shanghai mußten die Japaner eine blutige, drei Monate dauernde Schlacht liefern, dann drangen sie in das Jangtsetal ein und eroberten Nanking, wo sie ein schändliches Blutbad unter den Unschuldigen anrichteten. Tschiang hielt sich elf Monate lang in Hankou, doch gelang es den Japanern schließlich, ihn zu vertreiben. Gleichzeitig besetzten sie Kanton und schnitten damit Nationalchina vom Meer ab.

Im Januar 1939 landete Tschiang Kai-schek in Chungking. Die Stadt war in Winternebel gehüllt, und die Piloten gingen blindlings auf den Flugplatz nieder, eine Sandbank im Bett des Kialingkiang. Das Rote Becken von Szeschuan war immer ein eigenes China in China gewesen, partikularistisch, autonomistisch, dem Nationalgefühl unzugänglich. Die Bevölkerung betrachtete die Ankunft der Reste der Kuomintang ohne gastfreundliche Gefühle. Die Entfernung, die Abgeschlossenheit, die Schluchten von Ichang boten der Nationalregierung eine gewisse Sicherheit gegen einen Gegner, der schon unter übermäßiger Auseinanderziehung seiner Streitkräfte litt. Andererseits befand sich Tschiang in einer Falle. Seine Landverbindungen mit der Außenwelt beschränkten sich auf die kleine Bahnstrecke nach Tongking und die noch nicht fertiggestellte, unerhört mühsame Birmastraße. Der Verkehr über beide zusammen machte nur wenige hundert Tonnen pro Tag aus.

Chungking liegt auf einer Hügelgruppe in dem vom Kialingkiang und dem Nordufer des Jangtse gebildeten Winkel. Vom Landungsplatz führten Treppen, die von Feuchtigkeit und Schmutz glitschig sind, nach oben, in das modrige Halbdunkel einer vom Fortschritt verschonten chinesischen Stadt. Es gab nur ein einziges Hotel in westlichem Stil, das Hotel Chungking, aus dem die japanischen Bomber eiligst eine Grube machten. In die Haufen verfallenen Gemäuers, um das sich Massen von Flüchtlingen, Beamten und Diplomaten stritten, waren noch andere Breschen geschlagen. Viele Leute zogen, um der Gedrängtheit und den Bomben zu entgehen, in alten Fährschiffen mit Räderantrieb, die langsam die reißende Strömung durchpflügten, auf das rechte Ufer hinüber. Die Merkmale dieser neuen Hauptstadt des flüchtenden China waren Ungewöhnlichkeit, Abgeschiedenheit und Armut.

Amerika in China

In Chungking trat Amerika auf den Plan. Seine politische Tradition war stets pro-chinesisch gewesen. 1899, als die europäische Expansion auf ihrem Höhepunkt stand, hatte der Staatssekretär des Auswärtigen, John Hay, das Reich der Mitte vielleicht vor der unbedingten Kolonisation gerettet, indem er die Politik der »Offe-nen Tür« für den Handel aller Länder vorgeschlagen hatte. Dreißig Jahre später hat-te der Außenminister Cordell Hull erklärt, die Vereinigten Staaten würden die von Japan zum Nachteil Chinas bewerkstelligten Gebietsänderungen nie anerkennen. Als zwischen den beiden gelben Völkern der Krieg ausgebrochen war, hatte Ameri-ka energisch für die Chinesen Partei ergriffen. Eine Entscheidung des Weißen Hau-ses hatte den amerikanischen Militärpersonen gestattet, für die nationalistische Luftflotte zu kämpfen, und am 6. Mai 1941 hatte Präsident Roosevelt China den Vorteil des Leih- und Pachtsystems zugesprochen. Später war die Räumung des chi-nesischen Gebietes einer der vier Punkte des Ultimatums gewesen, auf das Japan mit der Bombardierung Pearl Harbors geantwortet hatte.

China war nicht nur eine Figur auf dem strategischen Schachbrett. Amerika er-kannte ihm in seinen Plänen für die Neuordnung der Welt einen hervorragenden Platz zu. »Eines unserer Ziele«, schreibt Cordell Hull, »war die Anerkennung Chinas als gleichberechtigte Macht mit Rußland, Großbritannien und den Vereinigten Staa-ten.« Überzeugt vom Niedergang Europas, fasziniert von den Menschenmassen Asi-ens, sah Roosevelt in China eine der Mächte der Zukunft und vor allem den natürli-chen Verbündeten Amerikas gegen den britischen und europäischen Imperialismus. Im Jahr 1943 schloß er sich in Kairo viele Stunden lang mit dem Ehepaar Tschiang ein, entwickelte ihm ein Riesenprojekt für den Ausbau des Jangtse nach dem Vorbild der *Tennessee Valley Authority* und versprach China eine Armee von 90 in amerika-nischem Stil ausgerüsteten Divisionen. Der von diesem Zwiegespräch der Riesen ausgeschlossene Churchill erging sich in bitteren Bemerkungen über die Einfalt der Amerikaner und die chinesische Fata Morgana.

Im Nieselregen von Chungking sahen die Dinge viel weniger idyllisch aus. Die Hitze, die Feuchtigkeit, der Gestank, die Unbequemlichkeit, das Ungeziefer, das Ge-dränge, die Intrigen, die Langsamkeit, die Korruption verbrauchten die Nerven der Diplomaten und Militärs, die an Ort und Stelle die großen Vorhaben Washing-tons vorbereiten sollten. General Claire Lee Chennault, der Chef der Söld-nerflieger, der sogenannten *Flying Tigers*, verheiratet mit einer Chinesin, intimer Freund Tschiangs, vertrat das entschlossene Amerika in der Umgebung des Genera-lissimus und betrachtete die Angelegenheiten Chinas mit dessen Augen. Sein Ge-genpol war *Vinegar Joe*, anders gesagt Generalleutnant Joseph Stilwell. Er war gleichzeitig Befehlshaber der amerikanischen Streitkräfte in China und Generalstabs-chef Tschiang Kai-scheks, gegen den er rasenden Haß empfand. *Little bastard, Rattlesnake ... , Peanut ... ,* von diesen Beschimpfungen wimmelt es in den von sei-nen Bewunderern veröffentlichten Tagebüchern, die ermüdenden Wiederholungen machen den Eindruck, er sei nicht ganz normal gewesen. Doch Stilwell hatte in Marshall einen leidenschaftlichen Beschützer.

Die politischen Ratgeber, die *Vinegar Joe* zur Seite standen, hießen John Patton Davies, John Stewart Service, Raymond Paul Ludden und John Emerson. Sie gehörten zu der Kategorie junger Intellektueller, die während der großen Krise des Jahres 1929 aus den Universitäten hervorgegangen waren und sich auf Grund des vorübergehenden Bankrotts des kapitalistischen Systems dem Kommunismus zugewandt hatten. Ihre Sympathie gehörte der Republik von Yenan. In ihren Berichten wurden sie nicht müde, die Aufrichtigkeit, den Enthusiasmus, die Uneigennützigkeit der Roten zu preisen. »Die Zukunft Chinas«, schrieb Davies, »ist nicht Tschiang Kaischek; sie sind es.« »Die Kommunisten«, schrieb Service, »führen einen unermüdlichen Angriffskrieg gegen die Japaner; die Kuomintang wartet mit verschränkten Armen auf den Sieg.«

Stilwell überbot sie noch: »Ich beurteile Kuomintang und Kungchantang [die Kommunistische Partei] nach dem, was ich sehe: KMT ist gleich Korruption, Chaos, Nachlässigkeit, hohe Steuern, Geschwätz, Schwarzmarkt, Wuchergeschäft, Handel mit dem Feind. KGT ist gleich Ermäßigung der Steuern, der Pacht und der Zinsen, Erhöhung der Produktion, Verbesserung des Lebensstandards, Rührigkeit und Wahrheitsliebe.« Er drängte darauf, daß die Regierung von Yenan einen Teil des durch die Luftbrücke über den Himalaya beförderten Materials direkt erhielt: »Wenn *Peanut* die Verteilung beaufsichtigt, werden die Roten nichts bekommen . . .«

Im Juni 1944 erschien Henry Wallace, der Vizepräsident der Vereinigten Staaten, in Chungking. Er kam als Abgesandter Roosevelts, um die feindlichen Brüder zu versöhnen, und zitierte einen Ausspruch Stalins über die Roten von Yenan: »Margarinekommunisten«. »Die chinesischen Kommunisten sind kommunistischer als die russischen«, antwortete Tschiang Kai-schek, »aber sie sind so geschickt, sich als Agrardemokraten auszugeben und nicht als wahre Revolutionäre.« Er bestritt nicht, daß ein bedeutender Teil seiner Armee durch den Sicherheitskordon festlag, den er rund um das Gebiet der Roten ziehen ließ, doch er erklärte: »Wenn die Kommunisten sich weiter ausbreiten, wird bei Kriegsende ganz China und nach ihm ganz Asien in ihre Hände fallen.« Als er den Vizepräsidenten wieder zu seinem Flugzeug begleitete, sagte er ihm noch zuletzt: »Glauben Sie nicht, daß das, was hier vorgeht, etwas Ähnliches ist wie eine Diskussion zwischen Arbeitgebern und Gewerkschaftlern in den Vereinigten Staaten . . .«

Die Entsendung von Henry Wallace zeitigte nur ein Resultat: Sie öffnete die Gebiete der Roten. Die Ratgeber Stilwells und die westlichen Zeitungskorrespondenten forderten schon seit langer Zeit das Recht, dorthin zu gehen: Tschiang gewährte es ihnen auf das Drängen von Wallace hin. Einundzwanzig Journalisten, eine kleine Offiziersgruppe und der hitzige John S. Service flogen nach Yenan, erfüllt von Neugier und Erregung.

Einige Tage darauf erreichten die Berichte der Augenzeugen die verschiedenen Adressaten. »Die Politik der Kommunistischen Partei«, schrieb Service dem State Department, »ist demokratisch; es gibt wenig in ihren Methoden, das vom Standpunkt der Freiheit verwerflich wäre . . . Die Chefs der Kommunistischen Partei machen den Eindruck einer Gruppe von Männern, die einig, kraftvoll, praktisch, uneigennützig, einem hohen Ideal ergeben sind . . .« Der Korrespondent Harrisson Forman berichtete seinen Lesern: »Hier gibt es keinen Kollektivismus. Der Handel ist frei, der Besitz gewährleistet, und die ländlichen Genossenschaften sind den Verbänden amerikanischer Landwirte ähnlich . . . Von den 18 Mitgliedern der Regierung in Yenan sind nur 6 Kommunisten. Seit 1938 haben geheime Wahlen stattgefunden. Die Entwicklung in Richtung einer parlamentarischen Demokratie ist einer der auffallendsten Züge des Regimes . . .« Die *New York Times, New York Herald Tribune*, der *Christian Science Monitor* und sogar ein Grundpfeiler der Konservativen wie die *Saturday Evening Post* wetteiferten in Lobreden und überzeugten die Amerikaner, daß die »sogenannten chinesischen Kommunisten« ganz einfach Agrarreformer seien, die Jahrtausende alte Mißbräuche ausrotteten und den Weg zu einer besseren Welt ebneten.

Die Stärke dieses Bildes beruhte auf der Tatsache, daß es zwar geschmeichelt war, aber nicht falsch. Der Besitz, der freie Handel, eine gewisse Form der politischen Freiheit waren nicht abgeschafft, und die Kommunisten begnügten sich mit einem Drittel der Sitze in den Versammlungen, die sie wählen ließen. Doch Mao Tse-tung hatte sich immer mit völliger Offenheit ausgedrückt. Das Regime in Yenan entsprach der Etappe, die er 1940 in seinem Werk »Über die Neue Demokratie« definiert hatte: gemeinsame Diktatur mehrerer Klassen, von der nur die inländischen Feudalisten und die ausländischen Imperialisten ausgeschlossen waren. »Weit davon entfernt, den Kapitalismus zu fürchten«, sagt Mao, »finden wir Kommunisten ihn in China schwach. Wir ermutigen seine Entwicklung – aber unter der Bedingung, daß es sich ausschließlich um einen nationalen Kapitalismus handelt . . .« Die Yenan-Pilger sahen einen Sozialstaat, der einem Übergangszustand entsprach. Jene anderen Worte Mao Tse-tungs hörten sie nicht oder wollten sie nicht hören: »Wir verbergen niemals unsere politischen Pläne, ebensowenig bemänteln wir sie. Unser Endprogramm besteht darin, China zum vollständigen Kommunismus zu führen. Das ist endgültig, es gibt darüber keine Diskussion . . .«

Die politische Schlußfolgerung wurde von John Davies gezogen: »Wenn wir uns offen für die Kommunisten erklärten, würde Tschiang Kai-scheks Rolle zu der eines lokalen Tyrannen zusammenschrumpfen. Wir würden uns neben die dichteste, fortschrittlichste und mächtigste politische Macht Chinas stellen.« Stilwell drückte den gleichen Gedanken knapper aus: »Die einzige Art und Weise, die chinesischen Angelegenheiten in Ordnung zu bringen, besteht darin, *Peanut* loszuwerden.«

Nach Wallace erschien ein neuer Vermittler für die Chinesen in Chungking, Patrick Hurley, mit dem Titel eines Sonderbotschafters des Präsidenten der Vereinigten Staaten. Beim Verlassen des Flugzeugs stieß er ein markerschütterndes Geheul aus: den Kriegsschrei der Komantschen, den er als Verwalter der Indianerreservate gelernt und den er zu seiner akustischen Visitenkarte gemacht hatte. Er war ein aufbrausender Ire, der mit seinem weißen Schnurrbart aussah wie ein Oberst aus dem Sezessionskrieg. Der Gesandte Gauss, ein von China angewiderter Berufsdiplomat, überhäufte ihn mit pessimistischen Nachrichten, und verlangte dann, da er fand, seine persönliche Lage sei unhaltbar geworden, seine Abberufung. Hurley wurde sein Nachfolger.

Der Konflikt zwischen Tschiang und Stilwell verschärfte sich immer mehr. Am 19. September 1944 erhielt der amerikanische General eine von George Marshall, dem Chef der vereinigten Generalstäbe, verfaßte und von Roosevelt unterzeichnete Botschaft, die ihm einen freudigen Ausruf entlockte. Er sollte den Generalissimus unverzüglich auffordern, den Oberbefehl über alle chinesischen Streitkräfte ihm, Stilwell, zu übertragen, widrigenfalls »er die Folgen zu tragen und die Verantwortung für eine Weigerung zu übernehmen hätte ...« Die Zerstörungsarbeit von Davies und Service, der Einfluß Marshalls hatten ihre Früchte getragen. Amerika ließ Tschiang Kai-schek fallen und drohte, seinen Beistand von Chungking an Yenan zu übertragen! Tschiang wohnte in Huang-shan, auf der anderen Seite des Flusses. Stilwell begab sich eiligst zu ihm. Er fand Tschiang im Gespräch mit Hurley, holte diesen auf die Veranda hinaus und zeigte ihm die erfreuliche Botschaft. Hurley ersuchte um die Erlaubnis, den Text in umschriebener Form wiederzugeben, damit der Generalissimus sein Gesicht wahren könne. Das lehnte Stilwell entschieden ab. Sie gingen ins Haus zurück, und Stilwell kündigte bei einem Glas Tee eine wichtige Mitteilung an, deren Übersetzung er dem General Chu Shih-ming reichte. Dieser begann sie vorzulesen, Hurley erhob sich jedoch rasch, nahm ihm das Blatt aus der Hand und reichte es Tschiang Kai-schek. Hurley bemerkte, daß Tschiang eine Grimasse schnitt, wie jemand, der einen Hieb in die Magengrube erhalten hat. Dann gewann er seinen Gleichmut wieder, las zu Ende und murmelte: »Ich verstehe.« Darauf nahm er den Deckel von seinem Glas und bedeutete den anderen, daß die Audienz beendet sei.

Als Stilwell wieder über den Jangtse zurückfuhr, schienen ihm die Lichter von Chungking zu leuchten wie Fackeln. Am nächsten Morgen schickte er an Mrs. Stilwell ein Gedicht, wie er es nannte, das seine geistige Verfassung erkennen läßt.

»Lang habe ich gewartet auf die Rache. – Nun endlich war sie mir beschieden. Der kleine Bastard krümmte sich vor Schmach – Und er verlor die Sprache. – Ich weiß, ich werde es bezahlen müssen – jedoch welch göttliche Lust! – *Peanuts* Gesicht hab ich verwüstet!«

Der Triumph war kurz. Tschiang Kai-schek antwortete Roosevelt, er akzeptiere einen amerikanischen Oberkommandierenden, unter der Bedingung, daß es nicht General Stilwell sei, dessen Abberufung er verlangte. Im Falle einer Ablehnung habe er die Absicht, Chungking zu verlassen und den Kampf in den Bergen ohne amerikanische Hilfe fortzusetzen. Marshall machte den Vorschlag, man solle Tschiang zwingen und ihn, wenn nötig, ausbooten. Hurley riet jedoch zum Gegenteil. »Der grundlegende Fehler Stilwells«, schrieb er, »besteht darin, zu glauben, er könne einen Mann unterjochen, der ein Volk durch eine Revolution geführt hat und seit sieben Jahren eine schlecht genährte, schlecht bewaffnete, unorganisierte Armee gegen einen drückend überlegenen Gegner aufrechterhält.« Roosevelt hörte auf diese vernünftigen Worte. Am 24. Oktober verließ der wütende *Vinegar Joe*, an dessen Stelle General Albert C. Wedemeyer gesetzt wurde, endgültig China.

Nach der Absetzung Stilwells machte sich Hurley ernstlich an die Arbeit. Er war voller Energie, Redlichkeit und Optimismus. Das Ziel Amerikas, der Gegenstand seiner, Pat Hurleys, Sendung war die Einigung Chinas, damit dieses in der wohlgeordneten Welt, die entstehen würde, eine seiner Größe und seinem Ruf entsprechende Rolle spielen könne. Im Gegensatz zu Stilwell sah er in Tschiang Kai-schek den bestmöglichen Chef dieses geeinigten China. Er ließ Davies und Service zurückkommen und achtete darauf, daß nichts die Autorität des Generalissimus beeinträchtigte. »Ich bleibe weiter dabei, daß wir die Kommunisten nur mit Einverständnis der Nationalregierung und auf dem Weg über diese unterstützen – und nicht als gesonderte Regierung oder aufständische Macht . . .«

Hurley beging jedoch bezüglich der »sogenannten« chinesischen Kommunisten den gleichen Irrtum wie die Ratgeber Stilwells. »Sie nennen sich Kommunisten«, hatte Molotow zu ihm gesagt, »weil sie gegen die elenden Verhältnisse ihres Landes protestieren. Sie sind aber gar keine Kommunisten. Uns interessieren sie nicht.« Nachdem er diese maßgebliche Meinung vor den Journalisten aus Washington zitiert hatte, fuhr Hurley fort: »Die chinesischen Kommunisten verteidigen die drei Prinzipien Dr. Sun Yat-sens, die auf die Herrschaft *of the people, by the people, for the people* hinauslaufen. Sie unterscheiden sich von den anderen chinesischen Parteien nur in Fragen der Taktik.« Hurley glaubte daher, sie mit der Kuomintang versöhnen und zu einer Koalitionsregierung bringen zu können. »Ebenso wie Präsident Roosevelt«, sagt Wedemeyer, »war er ein großer Anhänger der politischen Wirkung des persönlichen Einsatzes. Auch er glaubte, daß sein Charme, gepaart mit einem vertrauenswürdigen, kameradschaftlichen Verhalten, die Kommunisten entwaffnen und zu Freunden machen würde.«

Kraft dieser Überzeugung flog Hurley nach Jenan. Die Amerikaner hatten soeben zwei Jeeps hingeschickt, die den gesamten Autopark der kommunistischen Hauptstadt ausmachten, sowie einen Generator, der abwechselnd den Lichtstrom für das Stabsquartier und die Klinik lieferte. Mao Tse-tung und seine Umgebung erklärten Hurley ihre Bewunderung für die amerikanische Demokratie und lauschten zwei Tage und zwei Nächte lang fast ohne Unterbrechung seiner irischen Beredsamkeit. Als Hurley wieder abreiste – nicht ohne seinen Kriegsruf auszustoßen –, nahm er einen Einigungsvorschlag in fünf Punkten und die angenehme Überzeugung mit, Erfolg gehabt zu haben.

Die fünf Punkte waren unannehmbar. Tschiang und sein Ministerpräsident, T. V. Soong, bewiesen das Hurley, der zugab, der ansteckenden Wärme Yenans erlegen zu sein. Die Diskussion wurde neu eröffnet und blieb an einer Reihe Klippen hängen. Der KMT verlangte, daß die Kommunistische Partei eine einfache politische Fraktion werden solle, Inhaberin einiger Ministerien, so wie in Frankreich oder Italien. Die Kommunisten wollten jedoch weder ihre Armee noch ihren Staat auflösen.

Der Optimist Hurley verlor immer noch nicht den Mut. Er überlegte. »Die chinesischen Kommunisten«, schrieb er, »sind außerstande, einen Bürgerkrieg ohne die Hilfe der Sowjets aufrechtzuerhalten. Sobald die Sowjets mit China einen Vertrag schließen, in dem sie erklären, Tschiang Kai-schek zu stützen, werden die chinesischen Kommunisten glücklich sein, wenn sie als politische Partei in die Nationalregierung eintreten können.«

Der Schlüssel für eine Befriedung Chinas lag also in Moskau. Hurley machte sich dorthin auf den Weg und hatte eine lange Konferenz mit Stalin, den er frohlockend verließ. Stalin hatte ihm die Versicherung gegeben, er werde nichts zugunsten der Kommunisten von Yenan unternehmen und betrachte Tschiang Kai-schek »als uneigennützigen Patrioten«, der geeigneter sei als jene, den Wiederaufbau seines Landes durchzuführen. »Kurz, Stalin hat sich mit der amerikanischen Politik in China *uneingeschränkt* einverstanden erklärt«, schloß Hurley. Der Geschäftsträger in Moskau, George Kennan, der an der Unterredung teilgenommen hatte, suchte in seinem eigenen Bericht diese Begeisterung zu mäßigen. »Es wäre tragisch, wenn Stalins verschlagene Freundlichkeit und sein Geschick, sich doppelsinniger Ausdrücke zu bedienen, uns dazu führten, unsere Wünsche für Tatsachen zu nehmen.« Hurley sah in dieser Zurückhaltung nur die säuerliche Eifersucht des Berufsdiplomaten.

Inzwischen hatte Stalin in Jalta zu Roosevelt gesagt: »Ich verlange nichts als die Wiederherstellung der Rechte Rußlands, die durch den verräterischen Angriff Japans im Jahre 1904 verletzt wurden.« »Das scheint mir eine sehr vernünftige Einstellung«, hatte Roosevelt geantwortet. Was die Japaner den Russen abgenommen hatten, hatten die Russen vorher, zur Zeit des glorreichen zaristischen Imperialismus, den Chinesen abgenommen. Roosevelt, der den Kolonialismus in der ganzen Welt abschaffen wollte, hatte diesen Aspekt der Frage nicht bedacht.

Das Protokoll, das die den Usurpatoren zustehenden Reparationen festsetzte, beginnt folgendermaßen: »Die durch den verräterischen Angriff Japans im Jahr 1904 verletzten Rechte Rußlands werden wiederhergestellt, und zwar . . .« Darauf folgte die Liste: a) Rückgabe des südlichen Teiles von Sachalin, b) Pachtweise Überlassung von Port Arthur als Marinebasis, c) Internationalisierung des Handelshafens Dairen, d) Gemeinsame Nutzung der ostchinesischen und südmandschurischen Eisenbahnlinien auf der Basis einer gemischten sowjetisch-chinesischen Gesellschaft. Außerdem sollten die Kurilen an die UdSSR abgetreten werden, und die äußere Mongolei sollte russischer Satellitenstaat bleiben. Die Absprache wurde mit dem Vermerk »Top Secret« versehen, und Franklin Roosevelt belog seinen Kongreß schändlich: »Selbstverständlich betraf die Krimkonferenz nur den Krieg und die Probleme Europas und nicht jene des Pazifik.«

T. V. Soong wurde im Juni benachrichtigt. Auf dem Weg nach Moskau, wo er über den chinesisch-sowjetischen Vertrag verhandeln sollte, den Hurley vorbereitet hatte, kam er über Washington. Truman gewährte ihm Einblick in das ultra-geheime Protokoll. »Sie haben die Mandschurei an die Russen ausgeliefert«, bemerkte Soong. »Ehe China sein Einverständnis dazu gibt, wird es die Frage mit den Waffen regeln, sobald es über die nötige Macht verfügt.« »Und wann glauben Sie imstande zu sein, das zu tun?« »Irgendwann im Laufe der nächsten fünf Jahrhunderte . . .«

In Moskau wurden Soong Forderungen gestellt, die über die Vereinbarungen von Jalta weit hinausgingen. Stalin verlangte den vollen Besitz der Eisenbahnen und Bergwerke, was die totale Abhängigkeit der Mandschurei bedeutete. Mit Ausnahme von England (für Hongkong) und von Portugal (für Macao) hatten sämtliche europäische Staaten Exterritorialitäts- und Sonderrechte in China aufgegeben. Die UdSSR segelte gegen den Strom und versetzte den Fernen Osten in die Zeit des zynischen Imperialismus zurück. Soong war verzweifelt, Tschiang aufs höchste aufgebracht. Sie wandten sich an Amerika, das in Jalta über die Rechte Chinas verfügt hatte und daher moralisch verpflichtet war, auf die Einhaltung der Grenzen der Plünderung zu achten. Aber Amerika war von der unglücklichen Idee besessen, daß es notwendig sei, die UdSSR in den Krieg gegen Japan hineinzuziehen. Bei der Potsdamer Konferenz, durch die die chinesisch-sowjetischen Gespräche unterbrochen wurden, fanden die chinesischen Proteste keinen Widerhall.

Die Sowjetunion hatte sich verpflichtet, spätestens drei Monate nach der deutschen Kapitulation, spätestens bis zum 7. August, in den Krieg einzutreten. Am 6. August deutete noch nichts auf die Eröffnung der Feindseligkeiten hin. Die Russen kämpften vorerst nur mit ihren eigenen Skrupeln. Sie hatten den Nichtangriffspakt mit den Japanern aufgekündigt, aber die Kündigungsfrist war noch nicht abgelaufen, und Moskau fragte sich, ob es *fair play* sei, den Krieg zu erklären, während der Frieden noch durch ein Dokument garantiert wurde, das Rußland unterzeichnet hatte. Da hatte Molotow einen glänzenden Einfall: England und Amerika sollten sich öffentlich im Namen der allgemeinen Prinzipien der Vereinten Nationen an die UdSSR wenden und sie ersuchen einzuschreiten. Er wußte, daß Japan sich in äußerster Not befand, da Tokio ihn verzweifelt bat, bei der Eröffnung von Verhandlungen als Unterhändler zu dienen. Amerika zu überreden, an Rußland heranzutreten, es solle dem fast gewonnenen Krieg im Pazifik ein Ende bereiten, war wirklich ein Geniestreich! Doch Truman war kein Narr; er wich aus.

Auch Rußland wich aus. General Antonow, der sowjetische Generalstabschef, teilte seinem Kollegen Marshall mit, die Aufmarschschwierigkeiten und die Verspätung der amerikanischen Lieferungen gestatteten es der sowjetischen Armee nicht, zum vorgesehenen Datum loszuschlagen.

Die Russen glaubten, mehrere Kriegsmonate vor sich zu haben, das heißt genügend Zeit für geschicktes Verhandeln und Feilschen. Sie waren überzeugt, daß sie am Einmarsch in Japan teilnehmen würden. Wenn sie sich an der Eroberung beteiligt hatten, würden sie automatisch auch an der Besetzung teilhaben. Sie würden dieses Japan zertreten, das ihnen vor vierzig Jahren eine bittere Niederlage zugefügt hatte, und sie würden imstande sein, in dem einzigen großen Industrieland Asiens den Kommunismus einzuführen.

Am 6. August kam Soong nach Moskau zurück, um die Verhandlungen wieder aufzunehmen. Er tat es mit Widerwillen, überzeugt, daß die Russen die Mandschurei verlangen würden, um den Bündnisvertrag mit der Kuomintang zu unterzeichnen. Ehe er auf diese Forderung einging, würde er die Verhandlungen abbrechen. »Ohne die Mandschurei gibt es kein China«, sagte er. »Es hat keinen Sinn, daß sie den Japanern entrissen wird, wenn die Russen sie bekommen.«

Die Explosion von Hiroshima setzte die sowjetische Militärmaschine jäh in Bewegung. Am 9. August drangen die Truppen der Transbaikalfront und der beiden Fernostfronten bei strömendem Regen in die Mandschurei ein. Die Mongolei erklärte ihrerseits den Krieg, und ihre motorisierten Horden setzten sich am 10. August Richtung Kalgan in Bewegung. Die japanischen Streitkräfte, die sogenannte Kwantung-Armee, hatten seit 1938 in tiefem Frieden gelebt, und der Abzug von Truppen in Operationsgebiete, in denen gekämpft wurde, hatte ihre Kampfstärke derart verringert, daß nicht mehr viel davon vorhanden war. Die russischen und ausländischen kommunistischen Zeitungen veröffentlichten großartige Berichte, die den Eindruck erweckten, das Eingreifen der Sowjets habe den entscheidenden Umschwung im Pazifikkrieg bedeutet, es sei das flammende Schwert gewesen, das den gordischen Knoten durchhieb. In Wirklichkeit war es ein militärischer Spaziergang, den die Soldaten Marschall Wassiljewskijs machten.

Für die chinesische Delegation in Moskau waren es schwere Stunden. Stalin drohte, die Kommunisten aus Yenan in die Mandschurei eindringen zu lassen, wenn die Nationalisten seine Forderungen nicht erfüllten. Doch Amerika, durch die Atombombe in gestärkter Position, mischte sich ein, diesmal energisch. Soong machte einige Konzessionen bezüglich des Status von Dairen; Stalin gab sich damit zufrieden, und der chinesisch-sowjetische Vertrag wurde am 14. August unterzeichnet. Beim abendlichen Festessen brachte Stalin einen Trinkspruch auf den Sohn Tschiang Kaischeks, Chiang Chung-kue, aus und wünschte ihm, er möge seinem Vater nachfolgen, um die Wiedervereinigung Chinas zu vollenden.

Am darauffolgenden Tag fiel Kalgan. Die drei großen Städte der Mandschurei, Harbin, Changchun und Mukden, wurden wenige Tage später besetzt. Korea wurde gleichfalls überflutet. Die Mandschu und besonders die Koreaner übten sadistische Vergeltung an ihren früheren Herren. Die Japaner begingen in Scharen Selbstmord. In Mukden floß das Blut über die Treppen der Kasernen. Die Russen machten dennoch eine halbe Million Gefangene, die in langen Kolonnen nach Sibirien zogen. Einige wenige von ihnen kamen später zurück.

Der Vertrag vom 14. August trägt folgende Bezeichnung: »Freundschafts- und Bündnispakt zwischen der Chinesischen Republik und der Union Sozialistischer Sowjetrepubliken«. Die UdSSR erkannte die Souveränität Chinas über die Mandschurei an. Sie verpflichtete sich, China ihre wirtschaftliche und militärische Hilfe zu gewähren – aber ausschließlich über die Nationalregierung der Republik China. Zwischen Mao Tse-tung und Tschiang Kai-schek war Moskaus Wahl auf den letzteren gefallen. Es zog die Kuomintang dem unlenkbaren, chauvinistischen Kommunismus von Yenan vor!

Hurley triumphierte. Der Beweis, auf den er so aus gewesen war, war erbracht. Die Rotchinesen wußten, daß sie nicht mehr auf sowjetische Hilfe rechnen konnten. Es blieb ihnen nichts übrig, als sich dem Regime anzuschließen, das niederzuwerfen sie nunmehr unfähig sein würden.

Tschiang Kai-schek triumphierte. Japan kapitulierte. Tausende Knallfrösche verbreiteten in den Straßen von Chungking den Pulvergeruch des Friedens. Die Amerikaner wurden von der Menge im Triumph umhergetragen; man schrie To ksieh, Thank you! Tschiang sprach vor dem Mikrophon, umgeben von einem Blumenmeer. Er begrüßte den Frieden und rief in sehr würdiger Form zur Versöhnung mit dem japanischen Volk auf. Unter den Kriegführenden war er der erste gewesen. Aus neun Kriegsjahren ging er lebend, als Sieger, als Legende hervor. Sein China, verbündet sowohl mit Amerika als auch mit Rußland, wurde für gleichberechtigt mit den größten Weltmächten erklärt. Es war so gesund, so voller Fleiß und Klugheit, daß es in dem langen Kampf verhältnismäßig wenig gelitten hatte. Die Kohlen- und Stahlerzeugung waren dank der Japaner um 25 bis 50 % gestiegen. Die Ernteerträge waren zumindest ebenso gut wie im Jahre 1937. Der Wiedergewinn der Mandschurei würde dem neuen China die industrielle Grundlage geben, die ihm fehlte. Die Zerstörungen waren geringfügig, verglichen mit jenen in Europa. Die beiden großen dunklen Punkte waren die Inflation und die Korruption. Die Währung sanieren, die öffentliche Moral wiederherstellen, das schienen die beiden wesentlichen Aufgaben zu sein, denen die Kuomintang gegenüberstand.

Amerika triumphierte. Sein Botschafter in Moskau, Averell Harriman, beharrte darauf, das State Department vor den Illusionen zu warnen, die aus der »Superficial Russian moderation in Manchuria« entstehen könnten. Doch diese vereinzelte Stimme konnte die offizielle und allgemeine Befriedigung über den chinesisch-sowjetischen »Freundschafts- und Bündnis«-Pakt nicht mindern. Life, das Sprachrohr des chinesenfreundlichen Harry Luce, erklärte es für »das glücklichste diplomatische Ereignis der letzten zwanzig Jahre und die Rechtfertigung der amerikanischen Politik in Asien seit fünfzig Jahren«.

Zusammenkunft zwischen Mao und Tschiang

Mao Tse-tung hatte seine Kader versammelt, um ihnen zu erklären, daß die bevorstehende Kapitulation Japans nicht eine Folge der Atombombe sei (»Zu glauben, daß die Waffen alles entscheiden, ist auf die bürgerliche Mentalität zurückzuführen«), sondern des sowjetischen Eingreifens. Es werde auch das Ende Tschiang Kaischeks bedeuten. Das »nach außen hin starke, im Inneren schwache« Amerika werde ihn sehr bald fallenlassen, und die Kuomintang, ihrer einzigen Stütze beraubt, werde zusammenbrechen.

Am darauffolgenden Tag kamen innerhalb einer Stunde zwei Nachrichten nach Yenan. Die eine berichtete von der Kapitulation Japans, die andere vom Bündnispakt zwischen Stalin und Tschiang Kai-schek. Die Siegesfeier war kurz und steif, wie der Chef der amerikanischen Militärmission, Oberst Yeaton, berichtet. In den Augen brannte der Zorn über den russischen Verrat. Mao hielt eine zweite Rede, in der er erklärte, die chinesischen Kommunisten könnten auf niemand zählen als auf sich selbst. »Wenn wir fallen, dann werden wir nicht Gott und der Welt die Schuld geben, sondern nur unseren Fehlern.«

Die Machtprobe hatte begonnen. Am 10. August hatte eine auf die vorzeitige Meldung der Beendigung der Feindseligkeiten im Rundfunk ausgestrahlte Tagesorder Chu Tehs den kommunistischen Truppen befohlen, die Übergabe der japanischen Truppen entgegenzunehmen, und jedem, der sich diesem Befehl zu widersetzen wagte, die Bestrafung als Verräter angedroht. Tschiang hatte damit geantwortet, daß er den kommunistischen Streitkräften befal, an Ort und Stelle zu bleiben und seine Weisungen abzuwarten. Darauf trat Chu Teh wieder vor das Mikrophon und bezeichnete den Generalissimus als »faschistischen Häuptling«. Der Protest jedoch, den er an die russische, britische und amerikanische Regierung richtete, brachte ihm nur die Kundmachung der von den drei Alliierten gemeinsam gefaßten Beschlüsse ein. In der Mandschurei sollten sich die japanischen Truppen den Russen ergeben. Überall sonst in China sollten sie die Waffen vor Marschall Tschiang Kai-schek strecken, dem Oberbefehlshaber im Namen der Koalition. Mao und Chu Teh standen vor der Notwendigkeit, einer Entscheidung Trotz zu bieten, die den Stempel Moskaus trug.

An Ort und Stelle war die Lage für sie günstig. Während die Nationalisten in den Südwesten zurückgedrängt waren, befanden sich die roten Armeen und Guerillakämpfer überall in der Nähe der wichtigen Gebiete, der großen Städte, der Häfen. Die 8. Marscharmee stand vor den Mauern Pekings und am Rand der Mandschurei. Die 4. Neue Armee, die Guerillakämpfer von Kiangsu, Anhuei und Hunan schlossen Shanghai, Nanking und die Städte Wuhans ein. Sogar Kanton im Süden war von den Guerillas des Perlenflusses bedrängt. Die kommunistische Taktik konnte im Augenblick des Sieges entscheidende Früchte tragen.

Wäre der einfältige, leidenschaftliche Stilwell in Tschungking geblieben, so hätten sich die Kommunisten möglicherweise schon 1945 Chinas bemächtigt. Es war General Wedemeyer, der dieses geschichtliche Ereignis um vier Jahre verzögerte.

Er besaß nur unklare Weisungen. Aber er hatte eindeutige politische Vorlieben — so weit sogar, daß das FBI gegen ihn eine Untersuchung geführt hatte, weil man ihm Sympathien für die Nazis unterstellte. Er setzte in dem Rennen zwischen den Kommunisten und den Nationalisten um die Wiederbesetzung Chinas die amerikanische Luftflotte ein. Die Besatzungen der Luftbrücke nach Birma, die gewohnt waren, den Himalaja zu überfliegen, wurden zu den Ebenen und Flußdeltas Ostchinas beordert. Die 94. chinesische Armee, 26 000 Mann stark, wurde von Linchow nach Shanghai befördert, die 33 000 Mann starke 6. Armee von Chiking nach Nanking, die 21 000 Mann starke 92. Armee von Hankou nach Peking. Die Flugzeuge landeten in Abständen von wenigen Minuten, luden ihre menschliche Fracht ab, tankten und stiegen wieder auf, um eine neue Ladung Soldaten zu holen. Einige chinesische Soldaten, die zu nahe an den Propellern vorbeigingen, um sich von den bösen Geistern zu befreien, die sie verfolgten, wurden dabei zerstückelt.

Wedemeyer wollte mehr. Er verlangte sieben amerikanische Divisionen. MacArthur verweigerte sie ihm — und bereute es dann. Nur die 1. und die 6. Marinedivision landeten in Nordchina, besetzten die Häfen Chinwangtao, Tientsin und Tsingtao sowie die Eisenbahnlinie von Tientsin nach Peking. Die Amerikaner gingen jedoch nicht so weit, die Kommunisten aus den Stellungen zu vertreiben, in denen sie sich festgesetzt hatten. Sie übernahmen die alliierten Staatsangehörigen und zogen sich zurück.

Botschafter Hurley verfolgte weiter seine Absicht, den chinesischen Kommunismus in den konstitutionellen Rahmen einzugliedern. Er schlug eine Zusammenkunft zwischen Mao Tse-tung und Tschiang Kai-schek vor, holte sich eine Abweisung des letzteren, ließ nicht locker und hatte schließlich Erfolg. Die Einladung lautete folgendermaßen: »Dringende Probleme, die die ganze Nation betreffen, erwarten ihre Bereinigung; bitte kommen Sie hierher, sobald es möglich ist.« Ein zweites, ein drittes Telegramm waren nötig, bis Mao sich zu einer Antwort entschloß: »Ihr kleiner Bruder trifft seine Vorkehrungen, um aufzubrechen ...« Der kleine Bruder hatte verlangt, daß Hurley nach Yenan kam, um ihn abzuholen, und daß er sich persönlich für seine Sicherheit verbürgte.

Am 28. August stieg Mao zu seiner ersten Flugreise in Hurleys Dakota. Den chinesischen Anstandsregeln zuwiderhandelnd, umarmte er seine Frau, bevor er die kleine Aluminiumtreppe hochstieg. Noch bei der Ankunft in Chungking zitterte er, preßte seinen alten Tropenhelm an die Brust, weigerte sich, in den Wagen zu steigen, den die Regierung ihm geschickt hatte, und war nur einverstanden, in dem Cadillac des Botschafters, unter dem Schutz des amerikanischen Standers, zu fahren.

Seit Mao und Tschiang einander zum letztenmal gesehen hatten, waren zwanzig Jahre vergangen, und Ströme von Blut waren geflossen. Sie trafen einander wieder auf dem Hügel Huan-shan am Jangtse in der blumengeschmückten Residenz, die Mei-ling und Tschiang zu einem der diplomatischen und militärischen Brennpunkte des großen Konfliktes gemacht hatten. Der eine trug seine lose Bauernkleidung, der andere seine knappsitzende Uniform, der eine bangte, der andere war ganz Herr seiner selbst, der eine war in seiner Stellung als Rebell verblieben und wieder einmal vom Rom des Kommunismus verdammt worden, der andere war ein Verbündeter der UdSSR und in den Rang der Schiedsrichter der Welt aufgestiegen. Das von Tschiang gegebene Bankett war üppig. »Ich hoffe«, sagte er in seinem Trinkspruch, »wir werden den Geist von 1924 wiederfinden ...« Sie lagen weit zurück, die Flitterwochen der KMT und der KP.

Hurley war zuversichtlich. Tschiang hatte für den 20. November in das wieder zur Hauptstadt erklärte Nanking einen politisch-konsultativen Rat zur Vorbereitung des Nationalkongresses von Vertretern aller Parteien einberufen. Hurley konnte sich nicht vorstellen, daß die Kommunisten ein Fernbleiben in Erwägung zogen.

Hurley irrte. Die Versammlung in Nanking war für die Kommunisten uninteressant. Was sie interessierte, waren ihre Armee und ihr Staat. Sie begannen damit, 48 unabhängige Divisionen und 19 »befreite Gebiete« zu verlangen, die sie behalten und verwalten wollten. Nach eifrigem Feilschen reduzierten sie die Forderung auf 20 Divisionen und erklärten sich bereit, die »befreiten Gebiete« des Südens aufzugeben, wenn die Kuomintang ihnen die ausschließliche Kontrolle von fünf Provinzen und die gemeinsame Kontrolle weiterer fünf Provinzen im Norden zugestand. Man hat behauptet, es wäre vernünftig gewesen, diese Teilung Chinas zu akzeptieren. Tschiang Kai-schek besaß jedoch, bei all seinen Fehlern, den Sinn für nationale Einheit, überdies hielt er sich für den Stärkeren.

Der Regen setzte wieder ein. Es wurde zu einer Zwangsvorstellung, Chungking, die Hauptstadt der Langeweile, zu verlassen. Die Nationale Luftfahrtgesellschaft besaß nur vier Flugzeuge, die gefährlich waren wie Tiger, und die Flottille des Jangtse beschränkte sich auf 27 kleine Dampfer. Viele wollten nicht mehr warten und nahmen mit gebrechlichen Sampans oder sogar mit Flößen vorlieb, die stromabwärts trieben. In ganz China waren die Massen in Bewegung. Der Krieg hatte 25 Millionen

Menschen auf die Wanderschaft gebracht, die nun versuchten, wieder in die Stadt oder das Dorf ihrer Heimat zu gelangen, den zerrissenen Faden ihrer Existenz neu zu knüpfen.

Anfang Oktober ging Patrick Hurley auf Urlaub, wobei er seine zerrüttete Gesundheit vorschützte, doch sah er bereits den Schiffbruch seiner Hoffnungen voraus. Einige Tage später wurde ein Mitglied der kommunistischen Delegation in einer Straße von Chungking ermordet. Am Tag darauf, dem 11. Oktober, kehrte Mao plötzlich nach Yenan zurück. Tschou En-lai blieb noch und setzte der Form halber die Besprechungen fort. Doch niemand glaubte mehr an eine Versöhnung. Das Schicksal Chinas sollte sich anderswo, auf andere Weise entscheiden.

Streit um die Mandschurei. Teilung Koreas

Außer Kalgan, der Hauptstadt der Inneren Mongolei, hatte die Kuomintang alle Städte erobert. Die ausländischen Niederlassungen waren aufgehoben worden, doch die Europäer kamen wieder, stießen zu den dorthin geflüchteten Russen, und das Leben von früher wurde wieder aufgenommen.

In Shanghai, wo die riesigen amerikanischen Kriegsschiffe den Huangpu versperrten, waren der Shanghai-Klub mit seiner Bar, der längsten der Welt, der französische Sportklub, der Mandarinklub, das Cathay-Hotel, die Kabaretts der Avenue Joffre, die ihren Namen immer noch nicht verloren hatte, Schauplätze rauschender Fröhlichkeit. Die Korruption, der alte »*squeeze*«, entfaltete sich wieder, der gesellschaftlichen Rangordnung entsprechend. Verbrecherbanden plünderten die Lastwagen, die über den »Bund« führen, und der Regierungschef T. V. Soong, der Schwager des Staatsoberhauptes, mischte kräftig mit. Die Finanzfachleute sagten eine glanzvolle Zeit für Spekulationen und Profite voraus. Sie übersahen, daß die Freude über die Befreiung bereits einer Unzufriedenheit des Volkes Platz gemacht hatte, und sie übersahen auch, daß es nun einen faszinierenden Vergleichspunkt gab, das Regime in Jenan.

Dieses hatte eine schwere Prüfung zu bestehen, voll bitterer Enttäuschungen. Einen Augenblick lang hatten die Kommunisten geglaubt, sie würden Peking, die Hauptstadt des tausendjährigen chinesischen Reiches, nehmen; sie hatten nicht einmal Sian, die Hauptstadt von Shensi, oder Taiyuan, die Hauptstadt von Shansi, zu nehmen vermocht. Sie hatten die Absicht gehabt, ihre Regierung nach Kalgan zu verlegen, entschieden sich jedoch nach entsprechender Überlegung dazu, in ihren Grotten in Yenan zu bleiben. Mao Tse-tung pflanzte weiter seinen schwarzen Tabak und rauchte ihn zusammen mit dem Mist, den er selbst auf den Maultierpfaden sammelte. Die Verwaltungsorgane blieben unvollkommen, da sie sich auf nichts stützen konnten, aber eben diese Einfachheit war eine Stärke, denn sie machte die kommunistische Macht beweglich und so wenig greifbar wie Wasser. Diese Macht erstreckte sich über ungefähr 95 Millionen Menschen, praktisch über das gesamte ländliche China nördlich des Gelben Flusses. Die Garnisonen der Regierung waren Inseln inmitten feindlicher Landgebiete. Die Bahnlinien, insbesondere die Hauptlinie Hankou–Peking, waren abgeschnitten. Eine Zone der Unsicherheit, 500 Kilometer breit, lag zwischen der Hauptmasse Chinas und seiner gefährdeten Provinz, der Mandschurei.

Auf Grund der Verpflichtung Molotows mußte die Mandschurei den chinesischen Regierungsbehörden übergeben werden. Die Räumung hatte innerhalb von drei Wochen zu beginnen und sollte drei Monate nach der Kapitulation Japans abgeschlossen sein. Vor Dairen erschienen, von amerikanischen Schiffen herangeführt, nationalistische Truppen; die Russen weigerten sich, sie landen zu lassen, unter dem Vorwand, daß Dairen ein Zivilhafen sei. Nun wandte sich der Geleitzug zu den zweitrangigen Häfen der südlichen Mongolei, Antung, Chuangho, Jingkou; sie wurden von Truppen der 8. kommunistischen Marscharmee gehalten, die die Russen, entgegen allen Versprechungen, in die Mandschurei hatten eindringen lassen. Die amerikanischen Seeleute hielten sich nicht für befugt, die Landung zu erzwingen, und sämtliche Unterhandlungsversuche blieben erfolglos. Schließlich wurden die Soldaten Tschiang Kai-scheks, erschöpft durch mehrere Wochen Aufenthalt auf dem Schiff in Chinwangtao, südlich der Großen Mauer, ausgeschifft. Sie mußten in schwierigem Marsch quer durch Schwärme von Guerillakämpfern zur Mandschurei hinaufmarschieren. In Chungking zeigte man ebenso heftige wie berechtigte Besorgnis.

Korea grenzte an die Mandschurei, war jedoch durch einen schmalen Küstenstreifen mit dem sowjetischen Fernost-Gebiet verbunden und hatte seit 1910 zum japanischen Reich gehört. 1943 hatten die Alliierten den Koreanern, deren erste schriftliche Dokumente ihrer Geschichte auf das 22. Jahrhundert vor Christus zurückgehen, die Unabhängigkeit versprochen. Die Generalorder Nummer Eins hatte die Russen und die Amerikaner beauftragt, das Land nördlich und südlich des 38. Breitengrades zu besetzen; dies war eine willkürliche Trennungslinie, die den Norden, in dem sich die Bergwerke, Staudämme und Fabriken befanden, vom Süden trennte, der ein einziges Reisfeld war. Diese rein militärisch gedachte Teilung sollte die politische, verwaltungsmäßige und wirtschaftliche Einheit Koreas nicht auf die Dauer beeinträchtigen.

Doch die Dinge entwickelten sich anders. Der 38. Breitengrad wurde zu einem Eisernen Vorhang. Die Russen schlossen ihr Gebiet ab und organisierten es nach sowjetischem Muster mit Hilfe von 300 000 aus Sibirien zurückgekehrten Flüchtlingen. Die Amerikaner landeten erst am 8. September, drei Wochen nach der Kapitulation Japans, in Inchon, dem Hafen von Seoul. Sie wurden von den Vertretern eines gewissen Lynh Woonkyung empfangen, der sich den Titel eines Präsidenten der Republik Korea anmaßte und sich bereit erklärte, dem Chef der Befreiungsarmee eine Audienz zu gewähren. Dieser – es war General John R. Hodge – mußte antworten, daß seine Weisungen ihn, bis auf weiteres, zum souveränen Machthaber bestimmten. Die Unabhängigkeit sollte zu gegebener Zeit, »*in due course*«, gewährt werden, das heißt, sobald es die alliierten Regierungen für richtig halten würden.

Die Koreaner waren Anarchisten, die nach der langwährenden Unterdrückung durch die harte Hand der Japaner aufatmeten. In Seoul hatten sich 51 politische Parteien gebildet, 20 weitere befanden sich im Gründungsstadium. Lynh Woonkyung war ohne Mandat durch eine Versammlung von Extremisten gewählt worden, die sich zur Nationalversammlung erklärt hatte. In Seoul war alle Arbeit eingestellt worden. Hodge hatte keine Vorbereitungen getroffen und war ohne geeignetes Personal gekommen; er sah sich gezwungen, für die Aufgaben der Verwaltung und der Polizei die bescheidenen, fleißigen Japaner zu verwenden. Ohne böse Absicht dankte er General Nobuyuki Abe, den die koreanischen Nationalisten als Peiniger ansahen, für seine Mithilfe. Die Studenten antworteten durch antiamerikanische Kundgebungen. Die GIs hatten zuerst Spaß an dem völlig ungewöhnlichen Land gehabt, an der weißen Kleidung, den doppelten Hüten aus Eisendraht, die die verheirateten Männer trugen, dem Shinshuro, der Nationalspeise aus Kastanien, den häßlichen, zügellosen Mädchen. Doch bald hatten sie herausbekommen, wie griesgrämig die Koreaner waren, voll Haß gegen die Fremden. Mehr noch als in Japan und Deutschland hegten sie den Wunsch heimzukehren.

Im Dezember beschäftigte sich die Moskauer Konferenz mit Korea. Sie hielt es für richtig, das Land dem gemeinsamen Mandat der Sowjetunion, Chinas, der Vereinigten Staaten und Großbritanniens zu unterstellen, bis eine russisch-amerikanische Kommission es wieder vereinigt und für die Unabhängigkeit geeignet gemacht hätte. In Nordkorea duldete man keinen Protest gegen diese Entscheidung. Südkorea dagegen erklärte unaufhörlich, die Alliierten hätten ihre Versprechungen gebrochen. Nach Interpretation der Koreaner hatte Unabhängigkeit »in due course« Unabhängigkeit innerhalb weniger Tage bedeutet. Nun hatten sie ein geteiltes Land, eine internationale Mandatsverwaltung und fremde Besatzung auf unbestimmte Zeit.

Marshalls Mission in China

Inzwischen hatte die Angelegenheit der Chinesen in Washington eine heftige Wendung genommen.

Zu Beginn des Sommers hatte der Skandal der *Amerasia* die Hauptstadt in Erregung versetzt. Das war eine kleine kommunistisch orientierte Zeitschrift, die unter dem Patronat des *Institute of Pacific Relations* stand und zu deren Mitarbeitern ein Berater des State Department für Fernostfragen namens Owen Lattimore gehörte. Die auffallende Ähnlichkeit zwischen einem Artikel dieser verdächtigen Zeitschrift und einem Geheimbericht des OSS führte zur Verhaftung von sechs Personen. Eine davon war der vormalige Berater des von Hurley aus Chungking vertriebenen Stilwell, John Stewart Service.

Drei der Verhafteten wurden mangels ausreichender Beweise freigelassen. Service war einer davon. Er wurde mit dem schwachen Glorienschein eines Märtyrers wieder ins State Department aufgenommen.

Hurley hatte auch den Chef der Chinaabteilung, George Acheson, der die amerikanische Hilfe an die Regierung in Jenan befürwortet hatte, entfernen lassen. Acheson wurde zum diplomatischen Ratgeber MacArthurs ernannt, reiste nach Tokio ab und nahm Service als seinen Amtsgehilfen mit.

Tschiang war darüber beunruhigt. Hurley legte Protest ein. Man antwortete ihnen, daß Acheson und Service sich nur mit japanischen Angelegenheiten zu beschäftigen hätten und ihnen jede Möglichkeit benommen sei, die Vorgänge in China zu beeinflussen.

Die amerikanische Botschaft in Chungking wurde in Abwesenheit Hurleys von dem Geschäftsträger Walter S. Robertson verwaltet. Seine Depeschen wurden von einer Woche zur anderen immer düsterer. Die Aussichten auf eine Einigung zwischen den Nationalisten und den Kommunisten waren endgültig geschwunden. Der Bürgerkrieg flammte an allen Seiten neu auf. Der große Gedanke Patrick Hurleys hatte völlig bankrott gemacht. Von Moskau verraten, fanden die chinesischen Kommunisten auf chinesischem Boden die Mittel, den Kampf gegen die Kuomintang fortzusetzen.

Hurley zögerte. Er hatte sich im Walter Reed Hospital gründlich untersuchen lassen und dann einen ausgedehnten Erholungsurlaub in seiner Heimat Oklahoma angeschlossen. Offensichtlich schob er die Dinge auf die lange Bank und blieb in Amerika. Ein Teil der Presse fuhr fort, Hurley Kränze zu flechten: dem ehemaligen Cowboy, ehemaligen Bergmann und ehemaligen Verwaltungsbeamten der Indianer, dem das diplomatische Kunststück gelungen war, Tschiang und Stalin über die Köpfe der chinesischen Kommunisten hinweg zu einem Bündnis zu bewegen. Hurley jedoch wußte, daß er sein Ziel verfehlt hatte.

Am 27. November berief ihn Truman zu sich. Die Nachrichten aus China waren noch schlechter geworden. Nach Mao Tse-tung hatte auch Tschou En-lai Chungking verlassen. Es war nicht möglich, daß die Botschaft der Vereinigten Staaten noch länger ohne ihren Chef blieb. Der Präsident forderte Pat Hurley auf, unverzüglich an seinen Posten zurückzukehren. Er bat ihn, eine neue Anstrengung zu machen, um das dem Bürgerkrieg ausgesetzte, zweigeteilte China vor der Katastrophe zu bewahren. Pat war einverstanden und versprach, sofort abzureisen.

Zur selben Zeit sprach Hugh DeLacy im Kapitol. Er war Abgeordneter von Seattle, im Staate Washington, und einer der wenigen Kommunistenfreunde im Kongreß. Er griff Patrick Hurley wütend an, beschuldigte ihn, den reaktionärsten Cliquen der Kuomintang hörig zu sein, und warf ihm vor, er verleite Amerika zu einem bewaffneten Eingreifen gegen die einzigen demokratischen Kräfte Chinas, die sogenannten Kommunisten, die braven Reformatoren in Yenan.

Hurley stürzte sich auf das Stenogramm der Rede. Er erkannte die Ausdrücke, die Ausarbeitung, den Ausgangspunkt. DeLacy hatte die Elemente seiner Anklagerede von den beiden Feinden Hurleys, Service und Acheson, erhalten.

Wütend lief Hurley vom Kapitol zum *Press-Club*. Er hetzte die Journalisten auf, indem er öffentlich die Männer anklagte, die, selbst Mitglieder der amerikanischen Verwaltung, Amerika verrieten. »Unsere Berufsdiplomaten haben unaufhörlich gegen mich konspiriert. Pausenlos haben sie den Kommunisten erklärt, daß meine Bemühungen, den Sturz des Regimes Tschiang Kai-scheks zu verhindern, nicht die Politik der Vereinigten Staaten darstellten ... Ein einflußreicher Teil des State Department arbeitet bewußt für den Sieg des Kommunismus in China und in der ganzen Welt ...«

»Ich besprach mit Hurley die Lage«, schreibt Truman, »aber keine zwei Stunden später rief mich ein Journalist aus dem Presseclub an und teilte mir zu meiner Überraschung mit, daß Botschafter Hurley in einer soeben gehaltenen Rede die Regierung, das State Department und mich persönlich heftig angegriffen habe ... Natürlich konnte ich jetzt Hurley nicht mehr auf seinen Posten zurückkehren lassen, eine Auffassung, die das Kabinett teilte. Tags darauf händigte er der Presse ein Demissionsschreiben aus, das aber faktisch nichts an der Sachlage änderte.«

Der Präsident rief vom Roten Salon im Weißen Haus General Marshall an, der sich bei Leesburg, in Virginia, auf der Farm aufhielt, die er vor kurzem gekauft hatte. »Er war wenige Tage vorher in den Ruhestand getreten und hatte nur den Wunsch, sich auszuruhen. ›General‹, sagte ich ihm ohne jede Einleitung, ›ich möchte, daß Sie für mich nach China gehen.‹ Er antwortete mir: ›Jawohl, Mr. President‹ und hängte ohne ein weiteres Wort ein. Am nächsten Tag erklärte er mir den Grund für die Schroffheit: Seine Frau und er waren eben erst ins Haus eingetreten, und er hatte ihr deshalb für einen Moment verheimlichen wollen, wie kurz sein Ruhestand sei ...«

Der Mann, der so plötzlich in das tragische Schicksal Chinas eintrat, sollte mehrere Jahre lang eine der wichtigsten Gestalten der Weltpolitik sein. Er war am letzten Tag des Jahres 1880 in Uniontown, einer kleinen Bergwerksstadt in Pennsylvanien, geboren und hatte eben sein 43. Jahr im Dienst der US Army beendet. 1918 hatte er als Hauptmann und Adjutant General Pershings Clemenceau an jenem Tag begleitet, an dem er durch die Verkehrsstockung im hinteren Armeegebiet der Amerikaner fünf Stunden lang aufgehalten worden war; dies sollte zu einer historischen Auseinandersetzung zwischen ihm und Foch führen. Von 1923 bis 1927 war Marshall in Peking bei der amerikanischen Abteilung in Garnison gewesen, die mit der Bewachung der Botschaften betraut war. Über diese Zeit seines Lebens gibt es praktisch keine biographischen Dokumente. Marshall führte kein Tagebuch, und die Erinnerungen seiner zweiten Frau, der geborenen Katheryn Boyce Tupper Brown, die unter dem Titel *Together* veröffentlicht wurden, gehen nur bis zum Jahr 1930 zurück. Er war ein musterhafter Offizier, im wahrsten Sinne des Wortes enthaltsam, er trank wenig, sprach wenig, fluchte selten, spielte nicht, las gelegentlich, dachte viel nach, stand früh auf und ritt jeden Morgen. Er sah gut aus: Er war 1.80 Meter groß und hatte kühle blaue Augen. Er war zurückhaltend, schwer zufriedenzustellen, rasch aufgebracht und verhehlte nur mit Mühe sein Gefühl der Überlegenheit.

1933, mit 53 Jahren, war Marshall Oberst. Roosevelt trieb seine Beförderung voran und berief ihn 1939 auf den Posten des Generalstabschefs der Armee. Der gleichfalls 1880 geborene MacArthur hatte einige Jahre vorher diesen Posten bekleidet, ehe er auf die Philippinen gegangen war und eine neue Karriere begonnen hatte. Die beiden Offiziere standen in jeder Hinsicht im Gegensatz zueinander. Der Generalssohn MacArthur, der schon im Ersten Weltkrieg eine Division befehligt hatte, hatte immer schon Aufsehen erregt, war ein Ausnahmefall gewesen. Der Kohlenhändlerssohn Marshall kam nicht einmal aus West Point, sondern hatte die Militärakademie in Virginia absolviert. Er hatte niemals auf dem Schlachtfeld befehligt und war einflußreich geworden, indem er im Dunkel blieb. Seine Beziehungen, insbesondere seine Beziehung zu Harry Hopkins, waren bezeichnend. Er hielt sich von der Politik fern; dennoch war er ein General des *New Deal*.

Er war eine umstrittene Gestalt. Churchill nannte ihn »einen Römer«, Churchills militärischer Berater jedoch, Alan Brooke, machte sich über seine strategischen Talente lustig. Marshall verbiß sich in die ausgesprochen absurde Vorstellung einer Invasion in Europa für das Jahr 1942 und hegte gegen die bedeutend realistischere britische Strategie die heftigsten Vorurteile, die auf dem amerikanischen Anti-Imperialismus beruhten. Diese und andere Fehler wurden durch sein Organisationstalent wettgemacht, das die großartige amerikanische Armee des Zweiten Weltkriegs schuf. Dabei war Marshall nicht einmal vom Nullpunkt ausgegangen, das wäre zu leicht gewesen; er begann mit einer Armee, in der viel über Rheumatismus geklagt wurde, die reich mit überalterten Generälen gesegnet, deren Ausrüstung veraltet war und in der der Amtsschimmel beängstigende Ausmaße angenommen hatte. In wenigen Monaten machte er aus ihr die gewaltigste Kriegsmaschine der Geschichte.

Der leidenschaftlichste Anhänger Marshalls war Harry Truman. Er bildete sich ein, ein Militärkritiker zu sein, und neigte kaum dazu, jemand anders zu bewundern als Harry Truman, doch die Persönlichkeit des Generalstabschefs machte schon bei dem ersten Zusammentreffen tiefen Eindruck auf ihn. »Sie sind der größte Soldat«, sagte er später bei einem Trinkspruch zu ihm, »den dieses Land oder irgendein anderes Land je hervorgebracht hat.« Nachdem er Marshall über Alexander und Cäsar erhoben hatte, ging er so weit, neben ihm in den Hintergrund zu treten, indem er ihn für den größten lebenden Amerikaner erklärte.

Marshall hatte die Altersgrenze erreicht und soeben seine Amtsgeschäfte Eisenhower übergeben. Er hatte für einen angenehmen Ruhestand vorgesorgt, mit einem Sommersitz, Dodona Manor bei Leesburg, und einer Winterresidenz, Liscombe Lodge, in Pinehurst, Nordkarolina. Mehrere große Gesellschaften machten ihm großartige Angebote, um den Organisator des Sieges an der Spitze ihres Verwaltungsrates anführen zu können. Mrs. Marshall säuselte vor den Journalisten: »Jetzt komme ich zu meinen Flitterwochen. Seit fünfundzwanzig Jahren warte ich darauf...« Und plötzlich die überaus heikle Mission in einem Land, in dem alle Leute Mißerfolg hatten!

Im wesentlichen sollte Marshall Franklin Roosevelts Ziel auf lange Sicht weiter verfolgen, das heißt an der Errichtung »eines starken, demokratischen China« arbeiten. Es wurde ausdrücklich betont, daß die Vereinigten Staaten »die gegenwärtige Nationalregierung der Republik China als die einzige legale Landesregierung anerkennen. Sie erscheint daher als das geeignete Organ zur Einigung und Stabilisierung Chinas.« Die Regierung war jedoch die einer einzigen Partei, der Kuomintang; Marshall sollte sie bestimmen, sich zu erweitern, indem sie eine Konferenz der stärksten politischen Elemente, mit den Kommunisten an der Spitze, einberief, um die Feindseligkeiten zu beenden, die nationale Einheit wiederherzustellen und eine Koalitionsregierung zu bilden. Man war auf Widerstände gefaßt. Truman drückte sich folgendermaßen aus: »Sie sind ermächtigt, mit Tschiang Kai-schek und den anderen chinesischen Führern mit größter Offenheit zu reden, *with the utmost frankness* vorzugehen. Insbesondere können Sie ausdrücklich erklären ... daß ein vom Bürgerkrieg zerrissenes China weder mit dem gewünschten finanziellen und technischen Beistand noch mit militärischer Hilfe rechnen kann.« Marshall hatte also ein Druckmittel gegen Tschiang Kai-schek in der Hand. Die amerikanische Hilfe hing von den Bemühungen ab, sich mit den Kommunisten zu verständigen und seine Macht mit ihnen zu teilen.

Marshall kam am 18. Dezember nach Tokio; er wohnte bei MacArthur. »Seit dem Besuch, den er mir in Neu-Guinea während des Krieges gemacht hat, ist er geistig *immeasurably* gealtert«, notierte dieser. »Seine Männlichkeit, sein Scharfblick sind dahin. Er ist nur noch der Schatten seiner selbst. Der Krieg hat ihn ausgepumpt.«

Den gleichen Eindruck hatte Wedemeyer in Shanghai. »Die aufreibende Arbeit und die entsetzliche Spannung des Krieges haben seine körperliche Verfassung und seine Nerven schwer beeinträchtigt.« Als Wedemeyer Zweifel an der Möglichkeit einer Einigung zwischen Nationalisten und Kommunisten zum Ausdruck brachte, brauste Marshall auf. »Ich bin hier, um meinen Auftrag auszuführen. Sie sind nicht hier, um zu diskutieren, sondern um mir zu helfen.«

Das Zusammentreffen mit Tschiang fand in Nanking statt, es verlief korrekt und kühl. Dann begab sich Marshall nach Chungking. Tschou En-lai war dorthin zurückgekehrt und bemühte sich, den amerikanischen Vermittler zu umgarnen. Die Angelegenheiten der Roten standen schlecht. Sie hatten die Besprechungen wieder aufgenommen, weil sie einen Waffenstillstand dringend nötig hatten.

Sie brachten ihn am 10. Januar zustande. Er wurde in Yu Gardens, der Botschaft der Vereinigten Staaten, unterzeichnet, die von den bösen Zungen *Failure House* genannt wurde, wegen all der Mißerfolge, deren Schauplatz sie schon gewesen war. Der Waffenstillstand regelte gar nichts, er stellte einfach ein gegenseitiges Versprechen dar, die Truppenbewegungen ruhen zu lassen. Die wirklichen Verhandlungen waren der Zukunft vorbehalten. Truman jedoch sandte eine begeisterte Botschaft, und die amerikanische Presse feierte den ersten diplomatischen Sieg General Marshalls als großen Erfolg. (*Forts. China S. 176*)

4. Kapitel   1945/1946
Die Rückkehr des weißen Mannes
Die Europäer und die aufständischen Kolonien

Die Ausbreitung Japans über Südostasien war viel mehr als nur ein Kapitel des Zweiten Weltkrieges. Mehr noch als einst die Armeen des französischen Konvents brachten die Armeen Japans eine Revolution mit; die Armeen wurden vernichtet, die Revolution jedoch lebte weiter und breitete sich aus.

Japan hatte dem phantastischen Reich, das es in sechs Monaten errungen hatte, einen philanthropisch tönenden Namen gegeben: Großostasiatische Wohlstandssphäre. Es wäre zu einfach, zu sagen, diese hochtrabende Bezeichnung sei nichts als eine Tarnung gewesen. Für die kaiserlichen Staatsmänner und Militärs war die panasiatische Idee völlig real. Doch selbstverständlich mußte Japan der Urheber, Organisator, Anreger, Verteidiger und schließlich der Oberherr der riesigen Föderation sein und bleiben, die durch seine Waffen geschaffen, mit seinem Blut besiegelt worden war.

Ein solches Reich, das sich von der Sibirischen See bis zu den Meeren Australiens erstreckte, konnte nicht anders als bunt zusammengewürfelt sein. Die Japaner beabsichtigten, mit der nationalen Inselgruppe sowie Korea, Formosa und den Riukiu-Inseln gewisse Eroberungen von besonderem strategischem oder wirtschaftlichem Interesse als regelrechtes Eigentum zu vereinigen: die beiden britischen Stützpunkte Hongkong und Singapur (unter seinem neuen Namen Shonan), den reichen Malaiischen Archipel, die beiden großen im Urzustand befindlichen Inseln Borneo und Neuguinea. Die allzu großen und stark bevölkerten Inseln Niederländisch-Indiens sollten nicht einen geeinten indonesischen Staat, sondern eine Gruppe autonomer Vasallenstaaten bilden: Sumatra, Java, Madura, Celebes usw. Dann schließlich kamen noch die verbündeten, selbständigen, aber auf Linie gebrachten Staaten: Mandschukuo, China, Birma, Thailand, die Philippinen. Eine Thalassokratie, bei der man an den Attischen Seebund zur Zeit des Perikles zu denken versucht ist.

Von diesen unerhört reichen Gebieten träumte das zerschlagene Europa, das sie aus ihrem Naturzustand gehoben hatte, voll Begierde. Es hatte sich in den Krieg gestürzt, durchdrungen von seinem Kolonialwahn, in der Überzeugung, daß sein Wohlstand, ja geradezu seine Macht von den überseeischen Besitzungen herrührten, deren Gewinne es zählte, ohne die Gegenrechnung der Kosten zu machen. England dachte an den Beinamen Malayas, das man wegen seines Kautschuks und Zinns »Dollarfabrik« genannt hatte.

Für Frankreich, das reichlich Wüstenland in Afrika besaß, bedeutete Indochina die einzige lohnende Kolonie. Holland sah in der Wiedergewinnung seiner ostindischen Besitzungen seine einzige Chance zur Regeneration. Acht Millionen Holländer hatten an der Spitze eines Reiches von 70 Millionen Menschen gestanden; es erschien ihnen undenkbar, daß sie nur mehr die Einwohner eines kleinen Schwemm-landes sein sollten, das seine Entstehung der Maas und dem Rhein verdankte.

Die Hoffnungen Europas nährten sich von Erinnerungen. Der Krieg war in eine Periode friedlichen Besitzens eingebrochen. In Indochina, in Birma, in Malaya, in Niederländisch-Indien lebte und herrschte der Weiße in ungetrübter Sicherheit. Die breite Masse der Eingeborenen unterwarf sich willig, und die Elite war voll Beflis-senheit, sich seinem System auf niedrigerer Stufe einzugliedern. Der gesunde Men-schenverstand wollte nicht daran glauben, daß sich diese Situation nach dem Vor-überziehen des japanischen Wirbelsturms nicht wiederherstellen lassen sollte — ein bißchen Autonomie und schöne Worte, und die durch einen Unglücksfall unter-brochene Herrschaft des weißen Mannes würde wieder beginnen ...

Amerika dachte anders. Der Krieg sollte der Anfang vom Ende eines Kolonialsy-stems sein, auf das die Vereinigten Staaten verzichtet hatten, als sie Kuba und die Philippinen für frei erklärten. »Sie haben fünf Jahrhunderte Herrschaft im Blut, Winston«, hatte Roosevelt zu Churchill gesagt. »Sie wollen nicht verstehen, daß wir in eine neue Zeit eingetreten sind und daß die Freiheiten, die wir in der Atlantik-Charta für alle Völker proklamiert haben, ohne Ausnahme zu gelten haben.« Über Indochina sagte Roosevelt: »Die Franzosen beherrschen dieses reiche Land seit na-hezu hundert Jahren, und die Lebensbedingungen der Einwohner sind noch jämmer-licher als zur Zeit, da sie hinkamen.« Er hatte die Absicht, sie eigenmächtig nach Frankreich zurückzuschicken und Indochina für eine kurze Schulungsperiode bis zur Selbstbestimmung unter ein internationales Mandat zu stellen.

Singapur war der Solarplexus der weißen Herrschaft im Fernen Osten gewesen; England überstürzte sich, um es zurückzubekommen. Am 3. September ging HMS *Cleopatra* unter der Flagge von Admiral Sir Arthur Powers vor dem Handelshafen vor Anker. Am Tag darauf brachte der Kreuzer *Sussex* General Sir Philip A. Christi-son und eine Abteilung Soldaten an Land, die die Stadt wieder in Besitz nahmen. Die Japaner wurden entwaffnet und gezwungen, die Straßen zu kehren. Sie hatten ihren englischen und australischen Gefangenen nach der Belagerung Singapurs im Jahr 1942 die gleiche entwürdigende Arbeit aufgezwungen. Der weiße Mann war der Ansicht, auf diese Art sein Gesicht wiederhergestellt zu haben.

Der andere britische Stützpunkt im Fernen Osten, Hongkong, war am 30. August dem Konteradmiral Sir Cecil Harcourt übergeben worden. Birma war mit Waffen-gewalt erobert und wieder der Verwaltung des *Civil Service* unterstellt worden, ob-gleich es eine starke nationale Bewegung unter der Führung von U Aung San gab. Malaya war wiederbesetzt worden, und die Fachleute der *Malayan Estate Owners' Company* kamen herbei, um die Kautschukpflanzungen und die Zinnbergwerke wieder in Betrieb zu setzen. Mit Ausnahme von Sarawak und Nord-Borneo hatte Großbritannien im Laufe von zwei Wochen nach der Kapitulation Japans alle seine verlorenen Besitzungen wiedergewonnen.

Doch Großbritannien hatte ein Mandat allgemeinerer Art erhalten: die Wieder-besetzung von ganz Südost-Asien, mit Ausnahme der Philippinen, die MacArthurs Domäne waren, und des Nordens von Indochina, den die Amerikaner den Chinesen zugesprochen hatten. Die unvermutete Kapitulation Japans ließ ihm plötzlich die militärische und politische Verantwortung über ein Gebiet zufallen, das sich über 40 Längengrade erstreckte und eine Bevölkerung von 128 Millionen hatte. Die alliierten Kriegsgefangenen und Zivilinternierten mußten befreit, eine Million Japaner mußte entwaffnet werden. Man mußte die Ordnung aufrechterhalten oder wiederherstellen, die notwendigen Maßnahmen ergreifen, um Hungersnot und Chaos zu vermeiden. Admiral Lord Louis Mountbatten und sein *Southeast Asia Command* verfügten für diese Riesenaufgabe über nur sechs indische und zwei englische Divisionen, die so schwach waren, daß sie zu einer einzigen vereinigt werden mußten. Der letzte Sieg der Japaner, und nicht der geringste, ein wahres Gegenstück zu dem Überraschungsschlag von Pearl Harbor, war die rasche Kapitulation. Die Alliierten hatten geglaubt, ein Jahr Zeit zu haben, um sich auf die Aufgaben nach dem Sieg vorzubereiten. Sie wurden gezwungen zu improvisieren; die Folgen sind noch heute wirksam.

Die beiden anderen beteiligten Kolonialmächte, Holland und Frankreich, lagen auf der Lauer. Die Holländer hatten unter der Leitung des Vize-Generalgouverneurs Hubertus van Mook in Brisbane, Australien, eine Regierung von Niederländisch-Indien ins Leben gerufen. Die Franzosen hatten in Ceylon den Grundstock für ein aus zwei Divisionen bestehendes Expeditionskorps versammelt, einige hundert Mann, die General Leclerc unterstellt werden sollten. Frankreich und Holland, die aus dem Krieg in Europa schwer geprüft hervorgingen, bedurften einer langen Zeit, um im Fernen Osten die für eine Zurückgewinnung ihrer Kolonien notwendigen Kräfte zu sammeln. Doch die Atombombe ließ ihnen diese Zeit nicht.

. . . Über Tongking, Kotschinchina, Sumatra, Java entfalteten sich einige Fallschirme. Der Rückkehrversuch des weißen Mannes begann . . .

Die enttäuschende Rückkehr der Holländer

Die sieben Offiziere, die am 8. September über Kemajoran, dem Flughafen von Batavia, mit Fallschirm absprangen, waren Engländer. Die Holländer hatten die schlimmsten Befürchtungen. Sie hatten protestiert, als sie erfuhren, daß anstelle der ursprünglich vorgesehenen amerikanischen Besatzung eine englische treten sollte. Sie hatten ihre Erfahrungen mit den Briten gemacht, sie wußten, daß Niederländisch-Indien, das Raffles während der Napoleonischen Kriege besetzt hatte, nur durch ein Wunder dem Schicksal ihrer Kapbesitzung entgangen war, die nach der Schlacht bei Waterloo von den Engländern mit Beschlag belegt worden war. Unter dem gegenseitigen Mißtrauen der Kolonialmächte, die ihre Rivalität aus der Vergangenheit in einer neuen Welt fortsetzten, näherte sich das Kolonialsystem seinem Ende.

Das Volk in Batavia war schmutzig und zerlumpt. Selbst die japanischen Soldaten waren ausgehungert und abgerissen. Die Beschlagnahmungen, die Unterbrechung der Schiffsverbindungen und vor allem die Absetzung der ausgezeichneten niederländischen Verwaltung hatten aus der reichsten Insel der Welt ein Land voll bitterer Not gemacht. Die Hauptstadt war schmutzig, voll Ruinen, verpestet. Aber sie wimmelte von Menschen. Am 17. August hatte Sukarno die Indonesische Republik ausgerufen. Seither war Batavia – das den neuen Namen Djakarta erhalten sollte – mit rotweißen Fahnen beflaggt, die früher ein Zeichen der Aufständischen waren, und überall ertönte das Wort *Merdeka*, das Unabhängigkeit und Freiheit bedeutet.

Der Name Sukarno war den niederländischen Sicherheitsbehörden nicht unbekannt. Sie hatten den Mann, der diesen Namen trug, am Weihnachtstag 1929 verhaftet und ihn zu vier Jahren Gefängnis verurteilen lassen. Sukarno hatte die Techn. Hochschule in Bandung absolviert, er war einer der zwölf ersten Indonesier, die in diese Schule aufgenommen worden waren, und der begabteste Schüler ihrer ganzen Geschichte. Doch die nüchterne Technik war nichts für diesen brillanten und oberflächlichen, beredsamen und herrschsüchtigen Kopf. Sukarno gründete eine nationalistische Partei, betätigte sich als unermüdlicher Aufwiegler, als unwiderstehlicher Verführer und war in den Jahren 1929 bis 1942 nur zwei Jahre lang in Freiheit. Zu Beginn der Auseinandersetzungen im Pazifik befand er sich in Benkulen in Südwest-Sumatra in Zwangsaufenthalt. Die Japaner befreiten ihn und – sei es, daß er schon vorher mit ihrem Geheimdienst in Verbindung gestanden hatte oder nicht – machten ihn zum Star der Kollaboration.

In Singapur fegten die Weißen die Straßen. In Siam ließen sie unter jeder Schwelle der im Bau begriffenen Eisenbahn zwischen Malaya und Birma einen Toten. In Indonesien wurde ihre Demütigung und Entwürdigung zum öffentlichen Schauspiel. Die Holländerinnen reinigten die Bedürfnisanstalten, die Holländer arbeiteten als Zugtiere. Männer und Frauen erhielten Tagesrationen von weniger als tausend Kalorien, sie starben an den Entbehrungen oder kamen durch die Schläge in den Internierungslagern um. Die tägliche Propaganda stellte diese Herren von gestern als Feiglinge dar. Indonesien war theatertoll: Dutzende fahrende Truppen zeigten den weißen Mann, der von seinem Piedestal stürzte und sich zu Füßen des großherzigen Japaners wand, um seine bleiche übelriechende Haut, unter der nichts steckte als Grausamkeit und Niedertracht, zu retten.

Die ihres Triumphes sichere kaiserliche Regierung wünschte weder ein geeintes noch ein bewaffnetes Indonesien. Sukarno wurde zuerst in beschränktem Maße in der Gesellschaft »Dreifach A« verwendet, die Japan als Erlöser, als Wegweiser, als Verkörperung Asiens erklärte. Dann wurde er an die Spitze einer anderen Vereinigung gestellt, der Volksmacht oder Putara, die sich zum Ziel gesetzt hatte, den indonesischen Nationalismus mit den japanischen Bemühungen zur Befreiung Asiens zu verbinden. Die Putara wurde 1943 aufgelöst und durch eine dritte Vereinigung ersetzt, Hokokai, die in ihrem Wesen am ehesten der Miliz Darnands entsprach. Sukarno war der Chef dieser Hilfsgestapo und blieb sowohl der Theoretiker als auch der Verfechter eines Bündnisses auf Leben und Tod mit Japan. Er unternahm eine offizielle Reise nach Tokio und hatte die außerordentliche Ehre, von Kaiser Hirohito einen hohen Orden zu erhalten.

Sukarno strebte nach etwas anderem: nach der Macht. Die von Sieg zu Sieg eilenden Streitkräfte Amerikas machten sie für ihn greifbar. Am 17. Juli 1945 gab der Kaiserliche Rat sein Einverständnis zu einer Indonesischen Republik, die ganz Niederländisch-Indien umfassen sollte. Japan hatte eingesehen, daß es nichts mehr zu verlieren hatte, und beeilte sich, den nationalen Bestrebungen vor der Wiederkehr der Weißen zum Sieg zu verhelfen.

Die Dinge überstürzten sich. Am 8. August wurden Sukarno und sein Unterführer Hatta von Feldmarschall Terauchi, dem Oberbefehlshaber der japanischen Südarmee, nach Dalat berufen. Am 17. August wurde in dem Haus von Admiral Mayeda, dem japanischen Kommandanten von Batavia, die Unabhängigkeit ausgerufen. Die japanischen Truppen zogen sich daraufhin in die gesündesten Gegenden zurück, behielten ihre Waffen und harrten der Ereignisse.

Am 29. September, 45 Tage nach der Kapitulation Japans, erschienen endlich die Engländer. Der Kreuzer *Cumberland* landete in Tandjung Priok, dem Hafen Batavias, mit ihm General Christison und ein Bataillon *Seaforth Highlanders*, die Vorhut der 15. anglo-indischen Division. Noch heute werfen die Holländer den Engländern vor, daß sie die erzkollaborationistische Regierung vom 17. August nicht zum Teufel jagten. Sukarno war darauf vorbereitet, seine Flucht in die Wege geleitet. Christisons Weisungen schrieben ihm vor, die niederländische Herrschaft und Verwaltung wieder einzusetzen – und dennoch war seine erste Geste eine Bekanntmachung, in der er versprach, die republikanische Regierung weitermachen zu lassen und die nationalistische Miliz nicht zu entwaffnen. Die 100 000 internierten Europäer und Eurasier blieben hinter ihrem Stacheldraht, unter dem zweifelhaften Schutz der Japaner. Die Entschuldigung des englischen Generals lag in der Schwäche seiner Streitmacht. Er war mit weniger als tausend Mann in einen Archipel mit 70 Millionen Einwohnern gekommen und sollte erst nach einem Monat über eine vollständige Division verfügen.

Die unglücklichen Holländer gerieten in Aufregung und protestierten. Alles war gegen sie. Das tugendhafte Australien, das für eine Handvoll Weiße einen ganzen Kontinent in Anspruch nahm, hatte sich gegen eine Erneuerung des Kolonialismus ausgesprochen, und seine Hafenarbeiter hielten die Schiffe zurück, die nach Indonesien auszulaufen versuchten. 27 andere Schiffe befanden sich unter einem amerikanischen Embargo, und das kleine Expeditionskorps von 35 000 Mann, das von dem erschöpften Holland gesammelt worden war, saß in den Häfen des Mutterlandes fest. Christison hatte einige hundert Soldaten landen lassen, die mit dem Kreuzer *Tromp* eingetroffen waren, sprach sich jedoch gegen die Entsendung weiterer holländischer Truppen aus, mit der Begründung, ihr Erscheinen würde die Empörung Indonesiens zur Folge haben.

Der rechtmäßige Gouverneur von Ostindien war immer noch Meester Aloysius Warmoldus Ludovicus Jonkheer Tjarda van Starkenborgh. Er war 1942 von den Japanern gefangengenommen und in der Mandschurei interniert worden. Die Russen hatten ihn befreit. Er war eben in Den Haag angekommen, wo er sich bereitmachte, in sein Vizekönigreich zurückzukehren. Dort, an Ort und Stelle, erklärte sein stellvertretender Gouverneur Hubertus van Mook, der aus Brisbane eingetroffen war, entschlossen: »Das alte Kolonialsystem gehört der Vergangenheit an. Sobald die Atmosphäre von Freiheit und Sicherheit wiederhergestellt ist, bin ich mit Freuden bereit, mit den Führern der Indonesier zu verhandeln.« Als ersten Beweis dafür willigte er in eine Zusammenkunft mit Sukarno ein.

Die Begegnung, die Worte riefen in Holland heftiges Mißfallen hervor. Der Ministerrat veröffentlichte ein Kommuniqué, in dem es hieß, der Vizegouverneur habe »den Ansichten der Regierung der Königin und den Anweisungen, die er erhalten hatte, zuwidergehandelt«. Der Kolonialminister Dr. Logemann fügte hinzu, Holland werde niemals akzeptieren, mit Sukarno zu verhandeln, »nicht wegen dessen Nationalismus, sondern weil er sich zum Werkzeug des Feindes gemacht hat, um an die Macht zu gelangen ...« Trotz dieser scharfen Mißbilligung, die seinem Untergebenen zuteil geworden war, erklärte Jonkheer Starkenborgh, er ziehe es vor, nicht nach Batavia zurückzukehren, da er nur allzu sicher sei, daß seine Ansichten mit den augenblicklich herrschenden politischen Prinzipien nicht im Einklang stünden. Er soll folgendes Glaubensbekenntnis abgegeben haben: »Wir haben unser Indien 300 Jahre lang mit der Peitsche regiert, und wir werden es noch weitere 300 Jahre lang mit der Peitsche regieren.«

Ohne die Peitsche verfiel Indonesien der Anarchie. Wiederholt bewiesen spätere Vorfälle die kindlich fröhliche Grausamkeit der Malaien, die träge sind, außer beim Töten, dafür jedoch geradezu künstlerische Anlagen zeigen. Die Japaner hatten den Nationalismus der Malaien geschürt, jedoch gleichzeitig strenge Zwangsmaßregeln getroffen. Sobald die Malaien befreit waren, waren sie hemmungslos. Das Blut floß in Strömen. Die wegen ihres Fleißes verhaßten Chinesen wurden zu Tausenden ermordet, auch die Japaner selbst wurden nicht geschont. Als die Engländer sich entschlossen, Buitenzorg zu besetzen, um die Wasserversorgung Batavias sicherzustellen, fanden sie dort 150 soeben niedergemetzelte gelbe Soldaten.

Übrigens waren es die Japaner, die als erste reagierten und brutal die Stadt Bandung, den Hafen Surabaja und den Flughafen Djokjakarta säuberten, auf dem die Aufständischen 40 japanische Flugzeuge in Brand gesteckt hatten. Die republikanische Armee, Laskjar Rakjat, erklärte als Antwort nicht den Japanern, sondern den Holländern, Ambonesen und Engländern den Krieg. Sie gestand ihren Mitgliedern die Verwendung sämtlicher Kampfmittel zu, »einschließlich von Gift in Lebensmitteln, vergifteten Pfeilen und wilden Tieren, insbesondere Schlangen«.

Die Engländer waren zum Durchgreifen gezwungen. Sie sandten eine zweite indische Division nach Java und entschlossen sich, Surabaja, den Herd des Nationalismus und Terrorismus, zu nehmen, von wo die Unruhen ausgingen. Sieben Wochen nach der Kapitulation in der Bucht von Tokio lag noch eine Garnison von 30 000 Japanern in Surabaja, und 5000 immer noch gefangengehaltene Holländer befanden sich dort in Gefahr.

Am 25. Oktober setzten die *Sussex* und eine Gruppe von Zerstörern die 49. Gurkha-Brigade unter Brigadegeneral A. W. F. Mallaby an Land. Sie besetzte die Stadt ohne Widerstand, drei Tage später jedoch, um vier Uhr nachmittags, füllten sich die Straßen mit einer hysterischen Menschenmenge. Indische Soldaten und englische Offiziere wurden geviertelt. Ein Zug von Frauen und Kindern auf dem Weg zum Hafen wurde auf der Straße niedergemetzelt. Mallaby versuchte unbewaffnet, mit dem Komitee der Aufständischen Verbindung aufzunehmen; er wurde aus seinem Wagen gerissen und ermordet. Der Rundfunk forderte zur Ausrottung sämtlicher Europäer, einschließlich der Frauen und Kinder, auf. Eine gewisse Miss Daventry, eine

Engländerin von der Insel Man, die unter dem Namen Ketut Tantri Indonesierin geworden war, rief als erste zu dem Gemetzel auf. Die Gurkhas, ihres Chefs beraubt, konnten sich nur dank ihrer Disziplin und Tapferkeit wieder im Hafen sammeln.

Anstatt sofort zuzuschlagen, gab Christison den Mördern zwölf Tage Frist, sich zu ergeben. Die Nationalisten benutzten diese Zeit, um sich in Surabaja zu verschanzen.

Am 10. November um sechs Uhr abends lief das Ultimatum ab. Die Schlacht begann. Die Landartillerie, die 20,3-cm-Kanonen der *Sussex*, eine kleine Luftstreitmacht von zwei Moskitos und acht Thunderbolts bombardierten die Stadt. Die Gurkhas befreiten 3500 Internierte, besetzten die Telefonzentrale, zogen sich aber bei einem wütenden Gegenangriff einer Horde Jugendlicher, junger Mädchen und Kinder zurück. Ein zweiter Brigadegeneral, Loder-Symonds, wurde getötet. 15 Tage verbissener Kämpfe, unterbrochen durch Wirbelstürme, die die Waffen zum Schweigen brachten, waren notwendig, um Surabaja zu nehmen. Die Japaner blieben neutral – bis auf einige, die an der Seite der Indonesier kämpften und mit ihnen in die Berge flohen.

Die Schlacht um Surabaja stellte die Eröffnung der Feindseligkeiten dar. England hatte sich für Rechnung Hollands auf einen regelrechten Krieg eingelassen. Die Luftwaffe belegte die Straßen mit MG-Feuer, zerstörte die Dörfer, bombardierte die nationalistischen Festungen Djokjakarta, Malang, Ambarana. Halb Bandung wurde niedergebrannt. Unaussprechliche Grausamkeiten waren an der Tagesordnung. In den Flüssen schwammen Rümpfe ohne Kopf, abgeschlagene Köpfe, vom Rumpf getrennte Glieder, Pakete menschlichen Fleisches. Die Natur der Tropen, die von den Weißen gezähmt worden war, nahm gierig Rache, indem sie die herrlichen Tee-, Kaffee-, Kautschukpflanzungen verschlang, die Straßen überwucherte, ja sogar die Schienenwege unbenutzbar machte. Niederländisch-Indien war eines der wenigen Länder Asiens gewesen, in denen man keinen Hunger gekannt hatte; nun war er wieder da. Auf Madura, einer Nachbarinsel von Java, kam ein Drittel der Einwohner, drei viertel Millionen, gewaltsam oder allmählich ums Leben. Das mühsam aufrechterhaltene Gleichgewicht zwischen den Menschenmassen und der Fruchtbarkeit des Bodens war gestört.

Doch die Holländer gaben die Hoffnung nicht auf. Sukarno, dessen Stern im Sinken war, mußte sich mit einer Ehrenpräsidentschaft begnügen, Hatta war geflohen. Den Posten des Ministerpräsidenten erhielt Sutan Schahrir, ein gemäßigter Sozialist, der nicht mit den Japanern kollaboriert hatte. Der in Java geborene Hubertus van Mook, der Indonesien im Blut hatte, setzte eine Bundesverfassung durch. Trotz der Unruhen, zum Teil sogar ihretwegen, kehrten die Holländer zurück. Der energische General van Oyen nahm die Lage in die Hand, Schiffe mit Truppen aus dem Mutterland erschienen in den wichtigsten Häfen des Archipels. Die aus den Internierungslagern oder aus Holland kommenden Pflanzer, Landwirte, Hydrologen, Ingenieure traten wieder zum Kampf gegen den Dschungel an, ohne darauf zu warten, daß Gesetz und Sicherheit wiederhergestellt waren. Das Jahr 1945 ging, trotz allem, hoffnungsvoll zu Ende. (*Forts. Indonesien S. 267*)

Der 9. März und seine Folgen in Indochina

Am 23. August waren zwei Abteilungen Fallschirmjäger über Französisch-Indochina abgesprungen. Die eine, unter Oberst Jean Cédile, hatte Saigon zum Ziel, die andere, unter Major Pierre Messmer, Hanoi. Eine schwache Vorhut für die große Rückkehr. Die operativen Reserven, denen sie vorangingen, waren selbst unbedeutend. Sie bestanden aus 600 Mann des Leichten Einsatzkorps und des 5. RIC (Kolonialinfanterieregiment), die aus Kamerun und Madagaskar gekommen waren und in Ceylon dem *South East Asia Command* Lord Louis Mountbattens unterstellt worden waren. Der Transport der beiden Kolonialdivisionen, die sich, die eine in Fréjus, die andere in Mont de Marsan, in Grundüberholung und Ausrüstung befanden, war erst in einigen Monaten vorgesehen.

Eine andere französische Streitmacht lag in Yunnan. Die 2140 Europäer und 3223 annamitischen Schützen jedoch, aus denen sie bestand, hatten einen Marsch von 1500 Kilometer durch Berge und Dschungel hinter sich; sie starben an Ruhr, Fieber und Erschöpfung. Die chinesischen Behörden hatten sie entwaffnet, und der todkranke Roosevelt hatte in einer seiner letzten Besprechungen General Wedemeyer verboten, ihnen zu Hilfe zu kommen. Diese Soldaten der Vichy-Regierung, seinerzeit von den Gaullisten beschimpft und zum Abfall von Vichy aufgefordert, waren jetzt das Strandgut des Vorfalles, der fünf Monate nach dem Sieg den Lauf der Dinge in Indochina verändert hatte: des japanischen Gewaltstreichs vom 9. März.

Von der Niederlage im Jahre 1940 bis zu diesem schicksalsschweren 9. März 1945 war die Geschichte von Französisch-Indochina geradezu märchenhaft verlaufen. Die französische Oberhoheit und Verwaltung bestand fort, mitten in dem von den japanischen Truppen überfluteten Südostasien. Mit Ausnahme zweier Vorkommnisse hatte die ganze Zeit vom Hochland des Tongking bis zum Kap Ca Mau Sicherheit wie in der Vorkriegszeit geherrscht. Admiral Jean Decoux übte seine Statthalterschaft mit Festigkeit und Weitsicht aus. Er hatte die Beamtenbezüge der Franzosen und Annamiten vereinheitlicht, einen Bundesrat mit Eingeborenenmehrheit geschaffen und der indochinesischen Wirtschaft in ihrer erzwungenen Autarkie einen erstaunlichen Antrieb verliehen. Zum erstenmal waren in Indochina ein Hochofen, eine Autoreifenfabrik und Fabriken pharmazeutischer Erzeugnisse in Betrieb gewesen. Alle wesentlichen Bedürfnisse der Kolonie hatten befriedigt werden können – obgleich die Verbindungen mit dem Mutterland fast vollständig unterbrochen waren.

Gegen die vertragsmäßigen Besatzungstruppen, die Japaner, hatte der Admiral eine Haltung höflich entschlossenen Widerstands eingenommen. Er hatte am 3. September, durch ein japanisches Ultimatum gezwungen, nach Vichy telegrafiert: »Es ist besser, Indochina zu verlieren, indem man es verteidigt, als es zu verlieren, indem man es verrät.« Es war ihm gelungen, das Land zu behalten, ohne es verteidigen oder verraten zu müssen.

Vor diesem seltenen Phänomen bestand der Patriotismus darin, Indochina in seinem paradoxen Zustand des Wohlergehens zu belassen. Die einzige vernünftige Aussicht, es zu behalten, lag darin, es vorerst nicht zu verlieren. Decoux war in Saigon der Erhalter eines höchst gefährdeten Erbgutes; man mußte ihm helfen, indem man es vergaß.

Man tat das Gegenteil. Von Kunming und von Kalkutta aus organisierten zwei eifrige französische Dienststellen einen inneren Widerstand, der um so sinnloser war, als niemals eine alliierte Operation in Indochina ins Auge gefaßt worden war. Die wichtigsten Untergebenen von Admiral Decoux, die Generäle Mordant, Sabattier und Alessandri, ließen sich dafür gewinnen; sie konstruierten sich eine Analogie zu der Lage ihrer Kameraden in Nordafrika im Jahre 1942. Das antijapanische Komplott wurde ganz offen vorbereitet, unter den Augen der Kempeitai, der wachsamen und erprobten politischen Polizei.

Der unvermeidliche Gegenstoß war der Schlag vom 9. März. Decoux hatte während des ganzen Tages über Routinefragen verhandelt, als der japanische Botschafter Matsumoto um acht Uhr abends in das Palais Norodom zurückkehrte. Das von ihm überreichte Ultimatum verlangte, daß die französischen Truppen – 38 000 Mann, davon 8000 Europäer – sich dem japanischen Befehl unterstellen sollten. Decoux suchte Zeit zu gewinnen, indem er darum bat, sich mit seinen Beratern besprechen zu können. Matsumoto antwortete, daß die hinsichtlich der französischen Truppen und der Zivilbevölkerung vorgesehenen Maßnahmen um 22 Uhr in Kraft treten würden und daß jede verzögernde Antwort eine Ablehnung bedeute.

Die Durchführung ließ nicht auf sich warten. Die Hauptverschwörer, deren Namen alle auf einer Liste standen, wurden in ihren Wohnungen verhaftet, und die Mehrzahl der Garnisonen wurde überraschend entwaffnet. Jene, die Zeit zur Überlegung hatten, Hanoi, Hué, Mon Cay, Lang Son, ersuchten die alliierte Luftwaffe in China um Hilfe und Versorgung. General Chennault versuchte, ihrem Hilferuf Folge zu leisten, sein Vorgesetzter jedoch, General Wedemeyer, erinnerte ihn an Roosevelts Befehl, der jegliche Unterstützung der französischen Kolonialisten untersagte. Wieder waren entsetzliche Grausamkeiten an der Tagesordnung. In Haiphong, in Cao Bang verwendeten die Japaner ihre Gefangenen als Puppen beim Exerzieren mit blankem Bajonett. In Lang Son hatten sie den Residenten Auxelle und General Lemonnier zum Abendessen eingeladen; sie verhafteten sie und forderten sie auf, den Befehl zur Übergabe der Zitadelle zu erteilen. Als sie sich weigerten, wurden sie enthauptet. Auch den Soldaten wurden die Köpfe abgeschlagen, mit Ausnahme eines Legionärs namens Cron, der nur skalpiert worden war und sich in das Massengrab fallen ließ; später gelang es ihm, nach Kunming zu entkommen. Doch offensichtlich wollte der Tod ihn nicht loslassen. Das Flugzeug, das ihn nach Frankreich brachte, stürzte ab.

Ein Teil der französischen Streitkräfte war im Hochland neu gruppiert worden, um die Feindseligkeiten gegen Japan wieder aufzunehmen. Ein Funkspruch aus Paris brachte den Befehl, sich um jeden Preis auf indochinesischem Boden zu halten. Die Generale Sabattier und Alessandri suchten sich mit ihren wenigen tausend Mann rund um einen Verwaltungsposten und eine Luftlandebahn festzusetzen, die den Namen Dien Bien Phu trug. Die Weigerung der Amerikaner, irgendwelche Hilfe zu bringen, zwang sie, den Rückzug nach Junnan anzuordnen.

Am 10. März war das Ende Französisch-Indochinas gekommen. Die französischen

Staatsangehörigen saßen in den Städten fest. Der Botschafter Matsumoto flog nach Hué und teilte dem von der Jagd zurückberufenen Kaiser Bao Dai mit, er sei von nun an ein von der Vormundschaft der Fremden befreiter Herrscher. Bao Dai, ein intelligenter und träger dicker Mann, bedankte sich und verfaßte auf der Stelle eine Botschaft, durch die der Protektoratsvertrag aufgekündigt wurde. »In Zukunft werde ich«, versprach er, »die Richtlinien des Manifests von Groß-Ostasien befolgen.« Norodom, der König von Kambodscha, und Sisawong, der König von Laos, taten desgleichen.

Die neue vietnamesische Politik brauchte einen Staatsmann. Die erste Wahl fiel auf den katholischen Mandarin Ngo Dinh Diem, der bereits 1932 Minister des jungen Bao Dai gewesen war und sich zurückgezogen hatte, als er erkannte, daß seine Reformpläne bei der unbeweglichen Kolonialverwaltung auf Widerstand stoßen würden. Ngo kannte jedoch die Amerikaner, denn er hatte in den USA gelebt, und wußte, daß Japan verloren war. Er weigerte sich, dem Ruf des Kaisers Folge zu leisten; dieser griff auf den Chef der indochinesischen Freimaurer zurück, Professor Tran Trong Kin.

Das Intermezzo war kurz und wenig ruhmreich. Tran war ein Zierstück. Die Unabhängigkeit war eine Farce. Die Japaner hatten an Stelle der Franzosen die Verwaltung übernommen, handhaben sie jedoch mit weniger Geschick. Der Wohlstand, den Admiral Decoux geschaffen hatte, löste sich in nichts auf. Als Japan kapitulierte, hatte das Regime Bao Dai keine Wurzeln geschlagen. Doch das Nachfolgeregime, die Vietminh, war bereit.

Der indochinesische Kommunismus hatte, nach einem unglücklichen Aufstandsversuch, in China, wohin er ausgewandert war, ein neues Gewand übergezogen. Der Kollektivismus war in den Hintergrund getreten, der Nationalismus hatte Vorrang erhalten. Die Diktatur des Proletariats wurde durch die Diktatur einer Koalition der Klassen, einschließlich des nationalen Bürgertums und der nationalen Kapitalisten, ersetzt. Das Agrarprogramm beschränkte sich auf die Abschaffung der Grundsteuer und der Halbpacht. Die Ähnlichkeit mit der Neuen Demokratie Mao Tse-tungs ist deutlich erkennbar – doch war Nguyen Ai Quoc weiter gegangen als der chinesische Revolutionär: Er hatte die Kommunistische Partei selbst abgeschafft. Sämtliche politische Bezeichnungen gingen in einer einzigen auf: Liga der Verbände für die Unabhängigkeit Vietnams, *Viet Nam Doc Lap Dong Minh Hoi*, abgekürzt Vietminh, Nguyen Ai Quoc blieb ihr Präsident und ihre Triebkraft.

Südchina war nicht rot. Kuangsi und Yunnan waren in den Händen der Generäle Lung Yun und Chang Fai-kwei. Letzterer ließ Nguyen Ai Quoc verhaften, dann ließ er ihn nach einigen Monaten aus unbekannten Gründen wieder frei und unterstützte ihn. Nguyen tauchte wieder auf, sah genauso aus wie vorher, mit seinen hohlen Wangen, seinem strähnigen Bart, seinen abstehenden Ohren und seinen glühenden Augen. Nur sein Name hatte sich geändert. Aus Nguyen Ai Quoc, dem Patrioten Nguyen, war Ho der Erleuchtete geworden, Ho Tschi Minh.

Am 28. März bildete die Vietminh eine provisorische Regierung unter dem Feudalschutz von Chang Fai-kwei. Am 13. August, als Japans Todeskampf begonnen hatte, hielt sie in Tran Trao, auf vietnamesischen Boden, einen Kongreß ab. Es wurde Befehl erteilt, die Japaner vor Ankunft der alliierten Truppen zu entwaffnen, worauf die letzteren von der Regierung des vietnamesischen Volkes auf dessen eigenem Boden empfangen werden sollten. Frankreich oder die Franzosen wurden nicht erwähnt. Die Vietminh war der Ansicht, daß Vietnam durch die Atlantik-Charta und die Vereinbarungen von Potsdam die Unabhängigkeit zuerkannt worden sei.

Die Ergebung der Japaner glich einer Machtübergabe. Die japanischen Machthaber überließen den Vietnamesen die öffentlichen Verwaltungsstellen, die Büros der großen Gesellschaften, die Rundfunkstationen, die den Franzosen abgenommenen Waffenlager. Als Gegenleistung verzichtete die Vietminh darauf, die Besiegten zu internieren. Asien verhielt sich solidarisch. Die Japaner setzten ihr Militärleben fort. Die Mehrzahl der Annamiten wollten an ihre Niederlage nicht glauben.

Bao Dai befand sich in Hué. Dieses Treiben verstimmte ihn und störte seine Jagd. Er erhielt ein Telegramm aus Hanoi, in dem seine Abdankung gefordert wurde, und nahm es mit Gleichmut zur Kenntnis. Er empfing den Besuch eines gewissen Tran Huy Lieu, eines Ministers von Ho Tschi Minh, der die Abdankung entgegennehmen sollte. Er sah gelassen zu, wie seine gelbe Fahne an der Mauer des Kaiserpalastes durch eine rote mit goldenem Stern ersetzt wurde, und beendete seine Abdankungserklärung mit dem Ruf: »Es lebe unsere Demokratische Republik!« Am folgenden Tag fuhr er wieder zur Jagd, wobei er erklärte, er wolle von nun an nur noch der Bürger Vinh Thuy sein.

Die Franzosen ließen sich nicht mehr sehen. Sie waren nur in wenigen Fällen Mißhandlungen ausgesetzt. Die Atmosphäre war eher eine solche der lauten Freude als der Rache. Das Gegenstück zum indonesischen *Merdeka!*, das vietnamesische *Doc Lap!*, ertönte im ganzen Land. Mehr als ein Jahrhundert lang hatte eine große Nation des Westens ihre Wünsche, ihre Bemühungen, ihren Missionseifer diesem asiatischen Land zugewandt; sie hatte geglaubt, unzerstörbare Bande zwischen sich und ihm gewoben zu haben, ja war in ihrer Einfalt überzeugt, die Herzen gewonnen zu haben. Alles brach zusammen wie ein Kartenhaus. Was der Opportunismus und die blumenreiche offizielle Sprache als »Kolonialepos« bezeichneten, war nichts als eine Fata Morgana! Ein wenig Pulver, ein paar Ermordete, viele Gefallene, eine Handvoll großer Einzelgewinne, schwere Belastungen für die Allgemeinheit, das Entstehen von Kräften und Hilfsmitteln, die dem Mutterland schadeten – mit dem einzigen Resultat, bei den Kolonisierten einen so blinden, wütenden Nationalismus hervorgerufen zu haben...

...Und sechs Franzosen, die mit Fallschirm absprangen, um dieses Frankreich wiederzubringen, das die Indochinesen von sich wiesen.

Die dramatische Rückkehr der Franzosen

Cédile, der zum erstenmal mit dem Fallschirm absprang, landete etwas westlich von Saigon. Seine beiden Kameraden und er wurden sofort von Bauern festgenommen, die sie verprügelten und dem nächsten japanischen Posten auslieferten. Man nahm ihnen ihre Kleider ab, ihren Radiosender, inszenierte drei Scheinhinrichtungen und steckte sie dann in einen alten Militärlastwagen. Als nackter Gefangener hielt der Bevollmächtigte der Französischen Republik seinen Einzug in die Hauptstadt, die wiederzugewinnen er gekommen war.

Messmer war mitten im Delta von Tongking gelandet. Seine Begleiter waren der Dolmetscher Oberleutnant Marmont und ein Hauptmann Brancourt, ein fünfundvierzigjähriger Apotheker, der sich zu den Fallschirmjägern hatte abkommandieren lassen, um so schnell als möglich in sein geliebtes Indochina zurückzukommen. Die Vietminh-Partisanen, die sie gefangennahmen, weigerten sich, sie nach Hanoi zu bringen. Als Brancourt einen Herzanfall erlitten hatte, verabreichte ihm ein eingeborener Arzt einen Heiltrank – und die Viets liefen zusammen, um mit lautem Gelächter den Todeskampf des vergifteten Franzosen mitanzusehen. Messmer und Marmont warteten in Gefangenschaft auf das gleiche Schicksal.

Zwei anderen Versuchen war etwas mehr Glück beschieden. Seit dem 9. März war eine Handvoll Matrosen in der Bucht von Along in den Maquis gegangen. Am 16. August, auf die erste Nachricht von der Kapitulation der Japaner, führte Kapitänleutnant Blanchard die Patrouillenboote *Crayssac* und *Frezoules* in den Hafen von Haiphong, hißte die französische Flagge und erreichte nach einer Woche Hanoi. Dort fand er den Chef der Dienststelle Kunming, Major Jean Roger, genannt Sainteny, vor, der am Tag zuvor eingetroffen und bereits Generalgouverneur war!

War die Wiedereroberung gelungen? Keineswegs! Sainteny und seine Handvoll Franzosen waren Gefangene! Sie hatten versucht, im Hotel Metropole, Boulevard Paul-Bert, ihr Hauptquartier einzurichten, die Japaner hatten jedoch eingewendet, daß ihre Anwesenheit im Zentrum Hanois Unruhen zur Folge haben würde. Sainteny hatte, in der Hoffnung, das Symbol der französischen Oberhoheit wiederherzustellen, die Kühnheit besessen, zu antworten, er werde das Metropole nur verlassen, um in das Palais des Generalgouverneurs zu übersiedeln. Darauf war er unter schwerer Bedeckung dorthin gebracht worden. Eine doppelte Kette japanischer und vietnamesischer Wachen hielt ihn von der Außenwelt abgeschlossen und gefangen. Sämtliche Boys verschwanden. Die Franzosen mußten sich selbst bedienen und von ihren K-Rationen leben. Ihr einziger Mittelsmann zur Außenwelt war der amerikanische Major Patti vom OSS, der mit ihnen aus Kunming gekommen war.

Sainteny hatte Zeit gehabt, sich über die »Wetterlage« zu orientieren. Vor der Landung hatte er eine regelrechte rote Wolke ausgemacht, die Fahnen der Vietminh, die über den riesigen Rasenflächen Hanois flatterten. Dann hatte er eine drohende Menge gesehen, die, von den Bajonetten der Japaner in Schranken gehalten, sich um das Hotel Metropole zusammenrottete; später war er auf dem Weg zum Sitz des Generalgouverneurs unter einem Bogen von Spruchbändern hindurchgefahren, die in englischer, chinesischer, russischer und vietnamesischer Sprache verkündeten: »Unabhängigkeit oder Tod!« und »Nieder mit dem französischen Imperialismus!« Die erste Botschaft, die er, via Kunming, nach Paris durchzugeben vermochte, war bar jeder Illusion: »Politische Lage schlimmer als vorausgesehen ...«

Die Nationen sind Blinde, die in der Geschichte umhertasten. Dieser indochinesische Aufstand bot Frankreich eine wundervolle Gelegenheit, damit zu beginnen, von seiner Rolle als Kolonialmacht Abschied zu nehmen. Aber niemand sah das so – an-

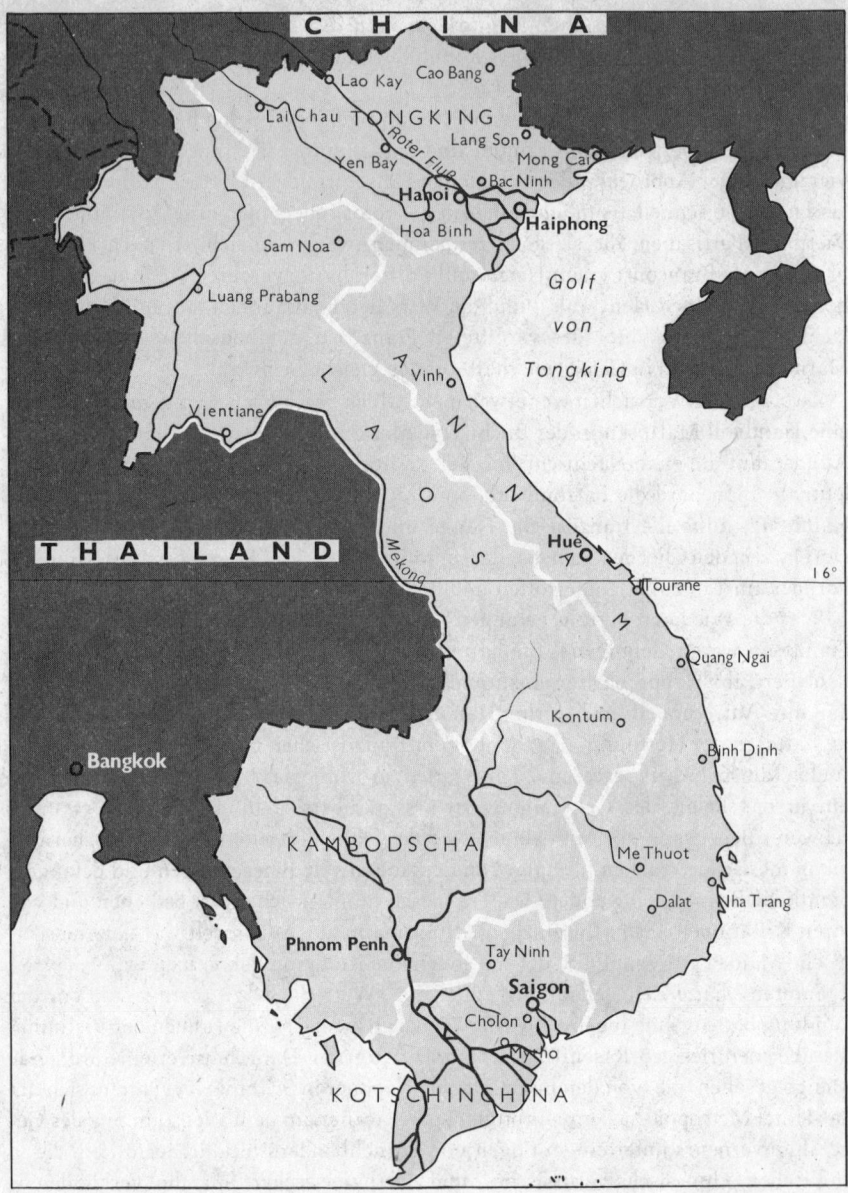

Übersichtskarte Indochina

gefangen mit dem Verfasser dieses Buches, der wenige Monate später Indochina und Indonesien, das von dem gleichen Sturm mitgerissen wurde, besuchte. Das Mutterland hatte geglaubt, es passe sich der neuen Zeit an, indem es am 24. März eine Erklärung seiner Politik in Indochina veröffentlichte, die, wie Devillers sagt, im Jahre

1930 am Platz gewesen wäre: Vereinigung der fünf Staaten Tongking, Annam, Kotschinchina, Kambodscha, Laos zur Indochinesischen Föderation; Zutritt zu allen Ämtern der Föderation und der Französischen Union; Präsident der Bundesregierung sollte ein französischer Generalgouverneur sein. Die Franzosen Indochinas murrten gegen dieses Programm, aber selbst die gemäßigten Nationalisten lachten darüber. Die Unabhängigkeit und die Einigung Vietnams waren ihrer Ansicht nach feststehende, unwiderrufliche Tatsachen. Hatte Frankreich es sich in den Kopf gesetzt, das Gegenteil zu beweisen? Es war noch geschwächt vom Krieg in Europa und begann einen Krieg in Asien, um die Vergangenheit zurückzubringen.

Am schnellsten entwickelten sich die Dinge im Süden. In Saigon hatte eine Koalition die Macht ergriffen, die sogenannte Einheitsfront, die orthodoxe Kommunisten, Trotzkikommunisten, verschiedene nationalistische Gruppen mit Caodaisten vereinigte, die Buddha und Victor Hugo anbeten, sowie Hoa-Haos, die Jünger des Bonzen Fu. Jean Cédile, der Abgesandte der Französischen Republik, der abgelegte japanische Kleider und grobe Soldatenschuhe trug, erhielt von seinen japanischen Kerkermeistern die Erlaubnis, mit dieser bunt zusammengewürfelten Gesellschaft in Verbindung zu treten. Er hatte der Einheitsfront nur die Erklärung vom 24. März zu bieten. Es kam nicht einmal zu einem Gespräch.

Aber in Saigon herrschten Anarchie und Gewalt. Am 2. September kam es zu einer Schießerei, als ein Zug von 200 000 Menschen unterwegs war, um einen Erdklumpen aus Verdun, der Teil des Kriegerdenkmals gewesen war, in den Fluß zu werfen. Mehrere Europäer wurden umgebracht. Père Tricoire, der Gefängnisgeistliche, wurde erdolcht und sein Leichnam mit ausgebreiteten Armen auf den Stufen der Kathedrale zurückgelassen. Ein energischer Aufruf des Kommunistenchefs Tran Van Giau machte den Unruhen ein Ende. Dieser Aufruf führte auch dazu, daß die Kommunisten beschuldigt wurden, die Komplicen der französischen Kolonialisten zu sein. Der Vorwurf war nicht völlig aus der Luft gegriffen. Zwischen den kommunistischen Zentralen von Saigon und Paris waren Verbindungen aufgenommen worden. Der Kommunismus Thorezscher Prägung, der in Frankreich die Streiks zerschlug, bremste die Unabhängigkeit in Vietnam.

Die Engländer, die Indochina bis zum 16. Breitengrad besetzen sollten, erschienen am 12. September, in Gestalt von General Douglas D. Gracey und einem Bataillon Gurkhas. In ihrem Kielwasser brachten sie eine Kompanie des 5. RIC mit, die britische Uniformen trug und sich bemühte, ihre Nationalität nicht zu verraten.

Die Tage verstrichen. Die Europäer wurden kühner. Die Weisungen Graceys, unkonsequent wie jene Christisons für Indonesien, gingen dahin, die französische Oberhoheit wiederherzustellen, untersagten ihm jedoch, sich in die inneren Angelegenheiten Indochinas einzumischen. Im Gegensatz zu Christison fügte er sich der kolonialen Solidarität, verbot die vietnamesischen Zeitungen, erklärte sich mit dem ihm von Cédile vorgeschlagenen Plan, die Lage wieder in die Hand zu bekommen, einverstanden und gestattete zu dessen Durchführung die Wiederbewaffnung der in der Kaserne des 11. RIC festgehaltenen französischen Gefangenen. Man stellte 1400 Mann auf, die am wenigsten geschwächt waren. Am 23. September um 4 Uhr morgens verließen sie ihre Kaserne und besetzten überraschend die Polizeipräfektur, die

Polizeikommissariate, das Rathaus, die Hafenleitung. Die Vietnamesen, die sie bewachten, ließen sich entwaffnen. Das Blutvergießen beschränkte sich auf wenige leichte Verwundungen.

Bei Sonnenaufgang erfuhr die französische Kolonie Saigons von dem Sieg. Die Franzosen kamen aus ihren Villen, in denen sie gezittert hatten, und nahmen frohlockend das Stadtzentrum wieder in Besitz. Der oft gehörte Rat: »Schlagt auf sie los! Es sind Feiglinge!« war endlich befolgt worden. Es war ein totaler Erfolg. Franzosen in Lumpen und langhaarige Gurkhas bewachten die Gebäude, die wenige Stunden zuvor von den Niaqués besetzt gewesen waren. Die Rue Catinat wurde wieder zur Rue Catinat, nachdem sie einige Tage lang den Namen »Straße der Pariser Kommune« (in vietnamesischer Sprache) geführt hatte. Cédile verbot jegliche Vergeltungsmaßnahmen. Dessen ungeachtet wurden Vietnamesen von Leuten mißhandelt, die Angst gehabt hatten.

Schon am nächsten Tag kehrte die Angst wieder: Brandstiftungen, Mordanschläge, Entführungen. Die Wasser- und Stromleitungen wurden unterbrochen. Tran Van Giau, dessen Nachgiebigkeit sich in glühende Wut verwandelte, befahl der Bevölkerung, Saigon zu verlassen, und versprach, die Stadt in Schutt und Asche zu legen. Gracey stellte einen Verteidigungsgürtel auf, die unzureichende Stärke seiner Truppen zwang ihn jedoch, den Abschnitt Tan Dinh den Japanern anzuvertrauen. Dort lag ein Wohnviertel, die Cité Hérault, in dem Eurasier und kleinere weiße Angestellte mit ihren Eingeborenenkonkubinen wohnten. Eine Horde von Mördern stürzte sich auf dieses Viertel. Kein einziger japanischer Soldat fällte sein Bajonett, um sie aufzuhalten.

Das Blutbad war fürchterlich. Die Leichen wurden geschändet, Kindern vor ihren Eltern der Bauch aufgeschlitzt. Das Gemetzel dauerte zwei Stunden. Eine Abteilung Gurkhas traf erst nach dem Abzug der Rasenden ein, die 150 Menschen abgeschlachtet und ebenso viele mit sich geschleppt hatten, von denen sie noch die Hälfte töteten.

Am darauffolgenden Tag brannte der große Markt im Zentrum von Saigon ab. Noch einen Tag später wurde Oberst Peter Dewey, der Chef des militärischen Geheimdienstes, der sich mit seinem Sternenbanner so unverwundbar fühlte wie einst Achill mit seinem Schild, auf der Straße zum Flugplatz hingemetzelt. Dieses Beweisstück asiatischer Grausamkeit änderte die heftige pro-vietnamesische Voreingenommenheit der Amerikaner keineswegs. Der Tod Deweys wurde als Versehen entschuldigt: Die Mörder hatten ihn für einen Franzosen oder Engländer gehalten.

Die Einheitsfront hatte sich Illusionen über ihre Stärke gemacht. Die kleine britisch-französische Garnison von Saigon hielt den Brückenkopf, wo vom 29. September an französische Verstärkungen eintrafen. Das Schlachtschiff *Richelieu* wurde durch seine Tonnage am Kap Saint-Jacques zurückgehalten, aber der Kreuzer *Triomphant* fuhr den Saigonfluß hinauf und ankerte vor der Stadt. Das Schlachtschiff *Strasbourg*, der Kreuzer *Suffren*, der Flugzeugträger *Béarn*, das große Passagierschiff *Pasteur* folgten ihm. Die Soldaten, die an Land gingen, waren Veteranen der 2. DB (Panzerdivision) und der 9. DIC. Die gleichen Panzer, die Paris befreit hatten, Valmy, Lodi II, Wattignies, prägten die Spuren ihrer Ketten in den weichen Asphalt der Straßen Saigons. Auch die Bemannung war dieselbe: Oberst Massu, Oberst Repiton-Preneuf, Major Dronne, der am 25. August 1944 als erster im Rathaus eingezogen war ... und schließlich Leclerc.

Er traf am 5. Oktober ein. Sein Flugzeug landete bei strahlendem Sonnenschein, dem eine Minute später ein tobender Wirbelsturm folgte. Triefend naß improvisierte Leclerc eine energiegeladene Ansprache. Die Menge aus Saigon jubelte. Sie hätte weniger gejubelt, wenn sie vorausgesehen hätte, zu welchen Schlüssen der aristokratische Offizier sehr bald gelangte, dessen lebhafte Intelligenz sich anfangs nicht gleich offenbarte. In den Augen der Franzosen Saigons verkörperte er vorerst nur die normale Wiederherstellung der allgemeinen Lage: der Weiße oben, der Gelbe unten. Das Aussehen seiner Soldaten, das Kriegsmaterial, schufen Begeisterung und Optimismus, die Überzeugung, daß die Tage der Angst vorüber waren.

Die Franzosen und Engländer bemächtigten sich der Randgebiete Saigons, dann ließ Leclerc seine motorisierten und Panzereinheiten fächerförmig ausschwärmen. Seine Soldaten hatten den Sand der Sahara, den Schnee in Italien, die Hecken der Normandie kennengelernt, es blieb ihnen noch, Bekanntschaft mit dem erstickenden Glutkessel Indochinas zu machen, mit den meergrünen Reisfeldern, den von Bambus umgebenen Dörfern, den Menschenmassen und den Bauern, die hinter ihren schwarzen Büffeln den Schlamm durchpflügten, ohne daß man je erraten konnte, welche Gefahr aus dieser tropischen Ruhe hervorbrechen mochte. Die Kolonnen rückten über völlig zerstörte Straßen vor, ohne einen Schuß abzubekommen, versprengte Soldaten jedoch wurden aus dem Hinterhalt von unsichtbaren Schützen unter Feuer genommen. Während General Salan und Oberst Mirambeau im Jeep hinter ihren Panzern in Richtung Mytho fuhren, wurde ihr Fahrer am Lenkrad erschossen. Die Einwohner von Saigon hatten vorausgesagt, daß die Rebellen den Kriegsmaschinen Leclercs keinen Widerstand leisten würden. In einer Hinsicht hatten sie recht gehabt, das Land aber verteidigte sich mit einer Hartnäckigkeit, die der seines Schlammes gleichkam; es erkannte in dem Weißen, der von den Farbigen besiegt worden war, nicht mehr den Helden und Herrn an.

Nichtsdestoweniger waren der Feldzug im Süden und die Zurückeroberung Kotschinchinas, außergewöhnliche Erfolge. In Mytho, wohin sich das Exekutivkomitee des Nam Bo geflüchtet hatte, kam das Marinekommando des Korvettenkapitäns Ponchardier den Panzern Major Dronnes zuvor, in Tay Ninh jedoch, der Hauptstadt der Caodaisten, trafen die Panzer Massus vor der Flottille ein, die den Saigonfluß heraufkam. Dann rückte Massu zum Hochplateau hinauf, befreite Ban Me Thuot und Dalat, während Ponchardier im westlichen Kotschinchina eindrang, Cantho nahm und Oberst Dessert mit einem eben gelandeten Regiment der 9. DIC den breiten Mekong bei Bassac überschritt.

Als das Jahr 1945 zu Ende ging, waren die Soldaten der 6. RIC im Begriff, die Halbinsel Ca Mau zu erobern, die äußerste Spitze Indochinas, das alte Nest des Widerstandes. Eine mit Flugzeugen nach Pnom Penh transportierte Kompanie hatte Kambodscha wiedergewonnen, und eine einfache Abteilung stellte in dem von den Chinesen nicht besetzten Teil von Laos die französische Oberhoheit wieder her. Das glutheiße Weihnachtsfest in Saigon wurde in einer Atmosphäre des Sieges gefeiert.

So schienen also im Süden die alten Verhältnisse wiederhergestellt. Im Norden hingegen verschlimmerte sich die Lage, die die ärgsten Befürchtungen noch übertraf.

Neue Mitkämpfer tauchten auf: die Chinesen. Den Entscheidungen von Potsdam zufolge war es ihre Aufgabe, die Japaner bis zum 16. Breitengrad zu entwaffnen. Es handelte sich um 30 000 Japaner. Die 52., 60., 62. und 93. chinesische Armee setzten sich in Richtung Laos, Tongking und Annam in Marsch: 180 000 Soldaten, die eine doppelt so große Zahl von legitimen Frauen und Prostituierten, Kindern und Marketendern mitschleppten. Sie hatten ihren Dollar auf den phantastischen Kurs von eineinhalb Piastern festlegen lassen, wodurch sie alles zu einem nominellen Preis kaufen konnten – aber Plündern war ein solcher Spaß! Am 11. September zogen sie in Hanoi ein, mit Beute beladen. Die Annamiten zitterten.

Die offizielle Zeremonie der japanischen Übergabe spielte sich im Palast des Generalgouverneurs ab, den Sainteny hatte räumen müssen, um sich in einer Villa am Boulevard Jauréguiberry einzurichten. General Allessandri, der als Vertreter Frankreichs bestimmt worden war, nahm nicht teil, nachdem er erfahren hatte, daß er auf der Rangliste unter der Nummer 115 aufgeführt war und daß die französischen Farben nicht unter den Fahnen der Alliierten figurieren würden. Sainteny benutzte die relative Freiheit, deren er sich seit seiner Übersiedlung erfreute, um einen Versuch zu wagen: Er befestigte eine Trikolore an seinem Wagen. Die Menge riß sie herunter, und der Bevollmächtigte der Republik wurde von der Polizei verhaftet, die ihn erst auf Fürsprache seiner Gegner, der amerikanischen Geschäftsträger, freiließ. Außerdem mußte er ihnen versprechen, nicht rückfällig zu werden.

Die politische Position Frankreichs besserte sich nicht. Für die Franzosen persönlich verschlechterte sich die Lage. Ein Zwischenfall bei Abwertung der 500-Piasterscheine führte zu einem antifranzösischen Aufruhr und zur Ermordung des Direktors der Bank von Indochina in Hanoi, Baylin. Die Not wurde immer größer, 800 Frauen und Kinder, Witwen und Waisen lebten im *Cercle Sportif* eingepfercht in tragischem Elend. Die Vorgänge in Kotschinchina hatten heftige Erregung zur Folge. Die Vietminhpropaganda verbreitete lächerliche Nachrichten, behauptete, die *Richelieu* sei von Kampfschwimmern versenkt worden und die Kämpfer des Nam Bo seien mit Atomwaffen ausgerüstet – sie ließ sich aber auch über die Greuel, über den Mord aus, dessen sich die Kolonialisten gegen die Brüder im Süden schuldig machten. Gefangengehalten in Hanoi, Haiphong, Vinh, Hon Hai, Nam Dinh, Tran-Hoa, Hué und Tourane, erwachten 35 000 französische Geiseln jeden Tag mit der Frage, ob dieser Tag nicht ihr letzter sein würde. Eine der wenigen guten Nachrichten in diesen Zeiten der Angst betraf die Flucht Messmers und Marmonts, denen es gelang, nach Hanoi zu entkommen, mit kaum einen Faden am Leib.

Die Lage der Vietminh selbst war nicht leicht. Sie herrschte, die Parteien jedoch, die sie aufgelöst hatte, die pro-chinesische Dong Minh, die pro-japanische Dai Viet, die ultranationalistische VNQDD, waren bloß vom legalen Kampf zum Terrorismus übergegangen. Außerhalb von Hanoi brandschatzten Banden von Räubern, japanische und chinesische Deserteure, die Dörfer. Ohne jede Befugnis teilten Extremisten den Grund auf. Die Natur hatte sich gegen die junge vietnamesische Revolution erhoben. Zwei Taifune und die Überschwemmung der Provinz Nam Dinh vom Meer her wurden von fürchterlichen Regengüssen begleitet, die den Roten Fluß zu der noch nie dagewesenen Höhe von 12,60 m anschwellen ließen. Die Deiche hielten nicht stand. Acht von vierzehn Provinzen waren überschwemmt. Die Ernte des 10. Monats ergab 500 000 Tonnen Reis anstatt einer Million. In Friedenszeiten, unter französischer Verwaltung, war eine derartige Katastrophe, die immer wiederkehrende Geißel Tongkings, dadurch bekämpft worden, daß man die Notstandsspeicher öffnete und Reis aus Kotschinchina importierte. Aber die Japaner hatten sich aller Lagerbestände bemächtigt, und die Stillegung der transindochinesischen Eisenbahn hatte die Transporte zwischen dem Süden und Norden unterbrochen. Das bedeutete unausweichlich eine Hungersnot mit einer Million Toter. Die hungernde Menge strömte nach Hanoi und starb im Rinnstein unter den asiatisch-ungerührten Blicken der Städter.

Unter diesen schwierigen Umständen stellte Ho Tschi Minh seine politischen Fähigkeiten unter Beweis. Er schob den Kollektivismus auf, garantierte den Besitz, schuf ein Ventil der Begeisterung der Jugend, indem er eine Miliz bildete, Tu Ve, der er die Aufrechterhaltung der patriotischen Disziplin als nüchterne Parole gab. Er beruhigte die mächtige katholische Gemeinde des Tongking, erhielt vom ersten annamitischen Bischof, Monsignore Tong, den Segen für die Unabhängigkeit und erlebte es, daß ein Bataillon Schwarzröcke vor ihm defilierten und ihm zujubelten. Er tat noch mehr: Er versöhnte sich mit den Franzosen. Sie waren in seinen Augen zu sehr gedemütigt, um noch gefährlich zu sein, während ihm die Amerikaner Sorgen machten und die Chinesen für Indochina, über das sie unausgesetzt die Oberhoheit beansprucht hatten, eine schwere Bedrohung darstellten.

Vom Boulevard Jauréguiberry, wo Sainteny wohnte, war es nicht weit zum Boulevard Paul-Bert, wo sich Ho Tschi Minh installiert hatte. Der Franzose schlich nachts zu dem Annamiten, und sie diskutierten lange darüber, in welcher Form eine Verbindung zwischen der Französischen Republik und Vietnam zustande kommen könnte. (*Forts. Indochina S. 156*)

Gewalt und Hunger in Indien

Dieses Bild Asiens am Ausgang des Zweiten Weltkrieges war sozusagen der Sockel, auf dem sich in den folgenden Jahren die für die Zukunft der Menschheit bedeutsamsten Vorgänge aufbauen sollten. Ein erster riesiger Teil davon war China. Einen zweiten stellte Südostasien dar, der Schauplatz einer Kraftprobe zwischen Farbigen und Weißen. Der dritte war der indische Subkontinent. Der vierte und letzte der Mittlere Osten mit dem Aufeinanderprallen des arabischen Aufschwungs und der Rückkehr der Juden.

Im Jahre 1939 hatte Großbritannien Indien in den Krieg gegen Deutschland gezwungen, ohne das »Parlament« zu befragen, das es vier Jahre zuvor dem Dominion oktroyiert hatte. Die dem *All India Congress* angehörenden Minister hatten protestiert, indem sie zurücktraten. England hatte sie durch unpolitische Persönlichkeiten ersetzt, und es gelang den Briten, trotz des Vetos der Nationalisten, durch Anwerbung von Freiwilligen eine indische Armee von zwei Millionen Mann aufzustellen. Ernst wurde die Lage erst mit den großen Siegen der Japaner. Eine Armee näherte sich den indischen Grenzen. Sie vertrat politische Prinzipien, die den von den indischen Denkern und Staatsmännern im allgemeinen gelehrten Ideologien entgegengesetzt waren. Es war jedoch eine asiatische Armee, die die europäischen Unterdrücker vor sich hertrieb. Wie würde sich Indien, wie würden sich die Inder in diesem Dilemma verhalten?

Churchill sandte ihnen, um sie auf den von ihm gewünschten Weg zu bringen, Sir Stafford Cripps, seinen Gegenspieler. Die Wahl war allzu geschickt, so klar war es, daß der bolschewikenfreundliche Aristokrat den entschiedenen Imperialisten verbergen sollte, der sein Leben lang die Unabhängigkeit Indiens bekämpft hatte. Cripps brachte ein klares Versprechen: die Selbstverwaltung, den Dominionstatus – aber auf Ziel: nach dem siegreich beendeten Krieg. Als Cripps nach Neu-Delhi kam, hatten die Japaner gerade Singapur genommen. Das berechtigte zu Zweifeln über den Ausgang des Krieges. Es lieferte aber auch ein Argument: Indien war bedroht.

Dieses Arguments bemächtigte sich Gandhi – um es umzukehren. Indien bedroht? Sicher. Aber warum? Weil die Engländer da waren. Sollten doch die Engländer abziehen, dann hätte die Bedrohung ein Ende. Am 8. August 1942 bekannte sich auch die große Unabhängigkeitspartei, *All India Congress*, zu diesem Gedankengang, indem sie einen Antrag beschloß, der lautete: *Quit India! Quit India now!* (Verlaßt Indien sofort!)

Der Kampf begann. Gandhi, Nehru, Patel mußten wieder ins Gefängnis. Der zivile Ungehorsam beeinträchtigte die Kriegsanstrengungen gegen Japan. Ein Drittel der indischen Armee wurde von den Schlachtfeldern abgezogen, um die Ordnung aufrechtzuerhalten. Der bengalische Extremist Subhas Chandra Bose, der ehemalige Vorsitzende der Kongreßpartei, hatte Indien verlassen, eine Rundreise zu den Diktatoren unternommen, eine Exilregierung in Rangun ausgerufen, eine indische Gegenarmee aufgestellt – doch er hatte auf den Ablauf der Feindseligkeiten sicher weniger Einfluß als Gandhi, der aus seinem Gefängnis in Puna passiven Widerstand predigte.

Zu Beginn des Frühlings 1943 brach in Bengalen die Hungersnot aus. Von den 120 000 Dörfern der stark bevölkerten Provinz begannen die Hungernden in die wenigen Städte Dacca, Chittagong, Faridpur, Burdwan, Haura, Kalkutta zu strömen. Die Straßen waren voller menschlicher Wracks. Jeden Morgen kamen die Wagen der *Corpse Removal Squad*, der Leichentransporter, und holten Hunderte Leichen ab, die inmitten von Kranken lagen, die zum gleichen Los verurteilt waren. In Bengalen war die Reisernte von 8 188 000 auf 6 916 000 Tonnen zurückgegangen; durch den Kriegszustand waren die Transporte erschwert, und die anderen Provinzen, die alle mit Ernährungsschwierigkeiten zu kämpfen hatten, widersetzten sich der Abtretung von Lebensmitteln.

Man eröffnete 5000 Gratisküchen, die die Verpflegung von fast 3 Millionen Menschen übernehmen sollten, davon 672 000 allein im Bezirk Midnapur, dem Zentrum der Jutepflanzungen. Wegen des Mangels an Reis konnte nur eine dünne Suppe aus Hirse, Soja, Erdnüssen, grünem Gemüse und Zuckerrohrblättern ausgeteilt werden, deren Nährwert sehr gering war. Der Vorrat war regelmäßig schon in den ersten Stunden des Tages erschöpft. Um die Gratisküchen lagen die Leichen zuhauf, sie erleichterten die Arbeit der *Corpse Removal Squad* und trugen dazu bei, die Gefahren einer Epidemie zu begrenzen.

Indien hatte vor kurzem einen neuen Vizekönig erhalten, Sir Wavell.

Er nahm seine Aufgabe sehr ernst, verbrachte 30 Wochen seines ersten Jahres fern von Delhi, bereiste sämtliche Provinzen, wobei er 50 000 Kilometer zurücklegte, und organisierte an Ort und Stelle den Kampf gegen die Hungersnot, die nach Bengalen von dem größten Teil Indiens Besitz ergriffen hatte. Die Plage, der mehrere Millionen Menschen zum Opfer fielen, begann Ende 1943 nachzulassen und hielt sich 1944 in Grenzen. Wavell wandte sich einem anderen, weniger an der Oberfläche liegenden, in tieferem Sinne tragischen Problem zu: England würde bestimmt zu Ende des Krieges abziehen. Was für ein Indien würde es zurücklassen?

Die 21 Führer, die Wavell für den 25. Juni 1945 in sein Sommerpalais in Simla berufen hatte, repräsentierten nicht das ganze Indien. Die Fürstenstaaten waren nicht vertreten. Die extremistischen Parteien, wie die Mahasabha, waren nicht eingeladen worden. Weder die Stämme der Ureinwohner, von denen manche noch auf der Stufe der Steinzeit lebten, noch die Parsengemeinde, Vorkämpfer der industriellen Zivilisation, waren durch Abgesandte vertreten.

Die Europäer, die Sikhs, die *Scheduled Casts*, das heißt die Unberührbaren, hatten je einen Abgesandten. Den Kern der Konferenz bildeten die Premierminister der elf Provinzregierungen – fünf Moslems, sechs Hindus – und die wichtigsten Persönlichkeiten der Kongreßpartei und der Moslemliga: Deskai, Nehru, Patel, Azad (sie kamen aus dem Gefängnis), sowie Liaquat Ali Khan und schließlich die Verkörperungen des in sich geteilten Indien: Mohandas Karamchand Gandhi und Mohammed Ali Dschinnah.

Der Ausgangspunkt der beiden Männer war fast der gleiche gewesen. Daß sich ein Abgrund zwischen ihnen aufgetan hatte, war erschütternd. Sie entstammten beide der Mittelklasse, beide hatten sie in London Jura studiert. Der brillante Dschinnah war nach Bombay zurückgekehrt und bald ein renommierter Rechtsanwalt geworden, während der seltsame Gandhi nach seiner Rückkehr nach Bombay solchen Mißerfolg hatte, daß er nach Südafrika ging.

Damals interessierte sich weder der eine noch der andere für Politik. Gandhi kam nach und nach durch seine philosophischen Überlegungen auf diese Bahn. Dschinnah betrat diesen Weg wie ein Ehrengast, der sehr spät in eine Gesellschaft kommt. Er war vierzig Jahre alt, als er 1916 der Moslemliga beitrat, deren Führung er fast augenblicklich übernahm. Der um sieben Jahre ältere Gandhi war vor kurzem wieder in seine Heimat zurückgekehrt, nachdem er ohne Erfolg versucht hatte, ein Sanitäterkorps von Hindus für die Schlachtfelder des Ersten Weltkriegs aufzustellen. Er hatte bereits das Keuschheitsgelübde abgelegt, hatte entdeckt, daß Ziegenmilch die sexuelle Begierde mäßigt, das Nationalkostüm angelegt, einen Ashram gegründet – eine mystische Gemeinde – und stützte sein Wirken auf Satjagraha, die Seelenkraft, welche Ahimsa, die Gewaltlosigkeit, zur absoluten Waffe macht. Man begann ihn Mahatma zu nennen, die Große Seele.

In den folgenden Jahren waren der *All India Congress* und die Moslemliga durch den Vertrag von Lakhnau verbunden, mit der Zielrichtung gegen die Engländer. Zwischen den beiden großen Organisationen bestand jedoch ein grundlegender Unterschied. Der Liga gehörten ausschließlich Moslems an. Die Kongreßpartei erhob den Anspruch, die Vertretung des gesamten Landes zu sein, da sie die Inder ohne Ansehen der Religion oder der Kaste aufnahm. Sowohl Dr. Ambedkar, der Führer der Parias, als auch Dschinnah, der Führer der Moslems, prangerten diesen Anspruch als ein Mittel an, die Herrschaft der Hindu-Orthodoxie zu stützen. Sie suchten den beiden Minderheiten einen unterschiedlichen Ausdruck zu geben. Sie stießen sich an einem Imperialismus, der sich mit dem Vokabular der Verbrüderung maskierte.

Die Volkszählung des Jahres 1941 registrierte 254 058 096 Hindus, davon 48 813 937 Unberührbare, 92 058 095 Moslems, 6 316 549 Christen, 4 165 897 Sikhs, 1 499 286 Dschainas, 232 033 Buddhisten sowie ungefähr 26 Millionen Animisten. Die Moslems stellten also ein Viertel der Bevölkerung des Subkontinents dar. 25 Millionen lebten verstreut inmitten erdrückender Mehrheit von Hindus. Die anderen machten zwei Gruppen aus: etwa fünfzig Millionen in Bengalen und Assam, der Rest in den Westprovinzen, Nordwestgrenz-Provinz, Sind und Panjab.

Die Lage der Moslems in Indien ist ziemlich verwirrend. Sie sind Eroberer gewesen. Der gesamte Norden der Halbinsel ist von Bauten bedeckt, die von ihrer Aktivität und ihren Fähigkeiten in einer Epoche zeugen, die noch nicht weit zurückliegt. Ihre Religion kennt weder die Mythologie noch die erstickenden Tabus des Hinduismus. Sie züchten Rinder, aber sie essen sie auch. Sie fühlen sich nicht verpflichtet, Horden von Vierhändern ihre Felder verwüsten zu lassen, weil Hanuman, der Affengott, vor einigen tausend Jahren Rama aus einer schwierigen Lage gerettet hat. Sie kennen die Unberührbarkeit nicht, diese wirtschaftliche Plage, die gleichzeitig eine soziale Ungeheuerlichkeit ist. Dennoch waren sie im ganzen noch ärmer als die Hindus. Weit davon entfernt, das Prestige der Eroberer behalten zu haben, waren sie fast ebenso streng als minderwertig geächtet wie die Parias. Die Brunnen der Orthodoxen waren ihnen verwehrt, und überall, wo sie nicht in der Überzahl waren, drohte ständig ein Ausbruch des Fanatismus (am häufigsten hervorgerufen durch das Töten von Kühen).

Zwischen Hindus und Mohammedanern hielt die englische Oberhoheit ein gewisses Gleichgewicht. Ihr Verfall brachte das Wachsen des separatistischen Ideals mit sich. Das Inkrafttreten der Konstitution des Jahres 1935 führte zum Bruch zwischen der Moslemliga und dem *All India Congress*. Die Mohammedaner sahen sich zur Rolle einer hoffnungslosen Minderheit verdammt. Ihr wollten sie entgehen.

Niemand hatte im Jahre 1933 die Broschüre »*Now or Never*« (Jetzt oder Nie) ernst genommen, die ein mohammedanischer Student der Universität Cambridge verfaßt hatte, Choudhary Rahmat Ali. Er hatte die Schaffung eines großen mohammedanischen Staates vorgeschlagen und für diesen den ehrgeizigen Namen Pakistan erfunden, aus den Anfangsbuchstaben von Panjab, Afghanistan, Kaschmir,

Sind und -stan von Belutschistan. Doch die Ideen verbreiten sich schnell. Sieben Jahre später ließ Dschinnah den Namen und die durch die Moslemliga abgeänderte Idee in Lahore annehmen. Er beabsichtigte nicht, wie Rahmat Ali, alle Völker Mittelasiens in einem Bündnis zusammenzufassen. Dagegen vereinigte er mit den Provinzen Nordwestindiens die Mohammedaner Bengalens, die durch 2000 Kilometer, in denen der Hinduismus herrschte, von ihnen getrennt waren. Das geschah zu jener Zeit, da die dreißig Kilometer des Danziger Korridors Europa in den Krieg getrieben hatten, nachdem sie es zwanzig Jahre daran gehindert hatten, ruhig zu schlafen.

Gandhi erhob sich gegen Dschinnah. »Wir haben mit den Hindus nichts gemein«, behauptete dieser. »Unsere Religionen, unsere Philosophien, unsere Literatur, unsere Gebräuche, unsere Helden sind völlig verschieden. *We neither intermarry nor interdine* (Wir heiraten einander weder, noch essen wir miteinander). Die Verehrung der Kuh ist uns ein Greuel. Wir sind weder mit dem Prinzip der Gewaltlosigkeit noch mit der Unberührbarkeit einverstanden. Wir sind zwei verschiedene Nationen. Wir wollen nicht unter demselben Joch leben.« »Es gibt zwischen den Mohammedanern und den Hindus absolut keinen Unterschied«, antwortete Gandhi, »weder einen der Rasse, der Kultur noch der Wirtschaft. Die Mohammedaner Indiens sind nichts als Hindus, die gewaltsam zum Islam bekehrt wurden. Indien ist eine für immer unteilbare Einheit.«

Zu dieser Zeit hatte Gandhi die letzten Stufen seines geistigen Piedestals erklommen. Sein Fasten, sein »Marsch zum Meer« zur Brechung des Salzmonopols hatten das Britische Reich erschüttert. Die kühlen Beobachter erkannten, was an seiner Heiligkeit Taktik und was an seiner Politik reaktionär war, die die Unberührbaren schützte, sich jedoch weigerte, die Unberührbarkeit abzuschaffen. Im Westen aber sahen die meisten in der Lehre Gandhis nur eine erhabene Botschaft. Dschinnah hingegen litt unter diesem hohen Renommee. Er war, so drückte es eine amerikanische Zeitung aus, der schwarze Engel gegen den weißen Engel, das Prinzip des Hasses gegenüber dem Prinzip der Liebe.

Feldmarschall Wavell unternahm in Simla einen mutigen Schritt. Er beschwor die beiden Antagonisten, einen Exekutivrat zu bilden – bis es zur Unabhängigkeit kam –, in dem die beiden großen Gemeinden sich vertragen sollten. Mohammed Ali Dschinnah stellte als Antwort zur Bedingung, daß die Moslemliga offiziell als einziger Ausdruck des indischen Islams anerkannt werden und das Vetorecht gegen die Entscheidungen des Exekutivrates erhalten müsse. Mit anderen Worten, sie solle ein Staat im Staate sein, bis zu dem Augenblick, da sie sich entscheiden würde, aus dem Staat auszuscheiden.

Alles zerschlug sich. Der Sturz Churchills, die Kapitulation Japans änderten nichts an dem Konflikt, der nunmehr von Indien allein abhing. Wavell mit seiner soldatischen Aufrichtigkeit klagte sich selbst an: »Die Konferenz in Simla war meine Idee. Wenn sie Erfolg gehabt hätte, wäre es mein Verdienst gewesen. Gerechterweise muß ich zugeben, daß ihr Mißerfolg mein Mißerfolg ist.« Die Wahlen für die Zentrale Gesetzgebende Versammlung – 586 647 Wähler, 2 % der Bevölkerung – lieferten keinen Fingerzeig, wie man aus der Sackgasse herauskommen könnte. In

Bombay, in Delhi, in Kalkutta brachen Unruhen aus. Eine Woge der Gewalttaten erhob sich in dem Subkontinent, in dem jede Gewalttätigkeit des Menschen durch chronische Cholera und chronischen Hunger vervielfacht wird. (*Forts. Indien S. 185*)

Israel will entstehen

In dem kleinen Hafen Janbo an der arabischen Küste des Roten Meeres war das letzte Hindernis beseitigt worden. Bereits ziemlich verfettet, aber noch sehr anziehend und ungeheuer beliebt, war Faruk von der königlichen Jacht *Mahrussa* an Land gegangen. Ibn Saud, ein Meter neunzig groß, hatte ihn in seinem großen Beduinenzelt empfangen. Vier Stunden lang hatten die beiden Könige getafelt und den Sängern gelauscht, die von den Legenden der Wahabitenwüste erzählten. Als Faruk abfuhr, nahm er die lange umstrittene Betrittserklärung des Königs Arabiens zur Arabischen Liga mit. Der Vertrag wurde wenige Tage später, am 22. März 1945, in Kairo unterzeichnet.

Die Vertragspartner außer Ägypten und Saudi-Arabien waren der Irak, Syrien, Libanon und Transjordanien. Da Palästina kein Staat war, hatte sein Vertreter, Mussa El Alami, in seiner Eigenschaft als Beobachter mitunterzeichnet.

Mit Ausnahme Saudi-Arabiens war keines der obengenannten Länder völlig frei von kolonialen Bindungen. Bagdad, Amman und Kairo waren von britischen Truppen besetzt. Frankreich ließ sich in sinnlose Komplikationen und einen dummen Streit mit England bezüglich der beiden Mandate über Syrien und den Libanon ein, auf die es seit zwanzig Jahren hätte verzichten sollen. Die Arabische Liga – die laut Vereinbarungen auch anderen Staaten offenstand – war eine, wenn auch großartige Vorwegnahme; 35 Millionen Menschen trafen sich in einer Vereinigung, die von der Sahara bis zum Persischen Golf reichte, den Suezkanal, die reichsten Ölfelder der Welt einschloß. Diese Vereinigung war zwar nur eine abgeschwächte Version des arabischen Reiches, von dem Lawrence und andere während des Ersten Weltkrieges geträumt hatten, dennoch stellte sie die erste konkrete Verwirklichung des Panarabismus dar, der sich als eine der wesentlichen Kräfte einer neuen Welt erwies.

Ein Zusatz zum Vertrag sprach vom Zionismus. Er drückte für die von den Juden erduldeten Leiden »eine ebenso große Sympathie wie für jene von irgend jemand anders« aus, erklärte es aber als untragbar, das Unrecht, dessen Opfer die Juden in Europa gewesen waren, durch ein Unrecht gegenüber den Arabern Palästinas auszugleichen. »Palästina stellt einen wesentlichen Teil der arabischen Welt dar, und die Rechte der Araber in Palästina können nicht ohne Gefahr für den Frieden und die Sicherheit der gesamten arabischen Welt beeinträchtigt werden.«

Im Mai 1942 hatte vom Biltmore Hotel in New York eine hellblau – weiße Fahne mit dem Davidsstern geflattert. Die Alliierten erlebten damals die dunkelsten Stunden des Krieges. Die Japaner marschierten gegen Indien. Die Deutschen marschierten gegen Suez, im Irak war nur mit Mühe ein Aufstand unterdrückt worden, und die arabische Welt, aufgepeitscht durch Hitlers Antisemitismus, zitterte vor Freude beim Abhören des deutschen Rundfunks, der ihm verkündete, ihre Befreiung stehe bevor. Dennoch hatte kein Druck, kein Gebot die Vereinigung der amerikanischen Zionisten hindern können, ihren Kongreß abzuhalten. Drei Beschlüsse wurden gefaßt. Der erste verlangte die Aufstellung einer jüdischen Streitmacht, die unter dem gleichen Banner kämpfen sollte wie jenes, das von der Fassade des Biltmore flatterte. Der zweite verlangte, daß Palästina ein völlig jüdischer Staat werden müsse. Der dritte erklärte, daß die Auswanderung unter die alleinige Kontrolle der Jewish Agency gestellt werden solle. Einige Tage darauf hatte eine Generalversammlung der Jewish Agency in dem noch zu drei Vierteln arabischen Jerusalem, angesichts Rommels, der in Ägypten einmarschierte, das Programm des Biltmore Hotels bestätigt. Eine phantastische Herausforderung!

In der Balfour-Erklärung, die die Heimat für die Juden schuf, wurde ausdrücklich erklärt, »*that nothing shall be done which may prejudice civil and religious rights of existing non Jewish communities in Palestine*« (es dürfe nichts getan werden, was die bürgerlichen und religiösen Rechte bestehender nichtjüdischer Gemeinden in Palästina beeinträchtigen könnte). Diese beiden einander widersprechenden Gegebenheiten hatten zwanzig Jahre der Unruhen zur Folge. Als der Zweite Weltkrieg immer dunklere Schatten vorauswarf, war England in einer Zwangslage, zwischen den Juden, die eine Erweiterung ihrer Niederlassung in Palästina verlangten, und den Arabern, die ins Lager der Achse überzugehen drohten, wenn dem Wachstum der jüdischen Niederlassung nicht Grenzen gesetzt würden. Das Weißbuch des Jahres 1939 suchte einen Kompromiß zu finden, indem es die Einwanderung von 75 000 Juden innerhalb von fünf Jahren gestattete, jedoch festsetzte, daß von 1944 an keine Einwanderung ohne Einwilligung der Araber gestattet werden solle. Der Prosemit und Prozionist Churchill bekämpfte diese Entscheidung, indem er behauptete, sie verletze die von England eingegangenen Verpflichtungen. Als er Premierminister wurde, schrieb er nochmals an Roosevelt: »*I am strongly wedded to the Zioniste policy, of which I am one of the authors*« (Ich bin mit der zionistischen Politik, zu deren Mitbegründern ich gehöre, sehr eng verbunden). Die Lage im Nahen Osten war jedoch zu sehr gespannt, als daß der Zorn der Araber hätte zum Ausbruch kommen können. Als der Krieg zu Ende ging, war das Weißbuch des Jahres 1939 immer noch in Kraft und die jüdische Einwanderung nach Palästina unterbrochen.

Washington verstand von dieser ganzen Frage so gut wie gar nichts. Roosevelt behauptete, der Nahe Osten werde nur durch die Intrigen der imperialistischen Mächte beunruhigt, und Juden und Araber würden sich einigen, wenn sie unter Vermittlung einer unbeteiligten Macht zu einer direkten Besprechung zusammentreffen würden. Er war begeistert, als er aus der geheimnisvollen Hauptstadt Riad einen Brief erhielt, in dem Ibn Saud mitteilte, er werde sich jeder Erklärung bezüglich Palästinas enthalten, da er, in Anbetracht des Kriegszustandes, seinen amerikanischen Freunden keine Hindernisse in den Weg legen wolle. Sofort erging eine Einladung an Arabien, doch der König der Wüste lehnte dankend ab, indem er erklärte, die Umstände seien nicht günstig für große Reisen. Die Begegnung fand dennoch statt, und zwar an Bord des Kreuzers *Quincy*, der Roosevelt aus Jalta zurückbrachte. Man hatte einen Zerstörer nach Djedda entsandt und auf der Brücke ein Zeltlager improvisiert, da Saud für das Innere des Schiffes zu groß war. Der König kam an Bord der

Quincy, begleitet von seinem Astrologen, seinem Speisenvorkoster, seinem Kaffee-koch, seinem Börsenträger und zehn Leibwächtern mit Schild und Speer. Als die Araber sahen, daß Schwarze bei Tisch bedienten, wurde ihnen klar, daß auch die Amerikaner Sklaven hatten. Das schuf eine Atmosphäre der Sympathie.

Ibn Saud sprach mit heiterer Offenheit. Er habe nichts gegen die Juden, erklärte er, in ihrer Eigenschaft als Juden, aber die Schaffung eines jüdischen Staats in Palästina wäre ein tödlicher Schlag für die Araber und eine ständige Bedrohung des Friedens. Roosevelt war sehr müde und zu keiner Diskussion über die Frage bereit. Nachdem der König gegangen war, schrieb ihm Roosevelt jedoch einen Brief, in dem er ver-sprach, es werde keine Entscheidung ohne eingehende Besprechung mit beiden Par-teien getroffen werden, und ihm neuerlich versicherte, er selbst, Roosevelt, der Chef der Exekutive, »*would take no action which might prove hostile to Arab people*« (keine dem arabischen Volk feindselige Aktion unternehmen werde).

Deutschland ergab sich. Das Martyrium der Juden enthüllte sich in seiner ganzen Grausamkeit. Fast augenblicklich kam es zu heftigen Protesten. Der von Truman entsandte Vertreter für das zwischenstaatliche Flüchtlingskomitee, Earl G. Harrison, Rechtswissenschaftler an der Universität Pennsylvanien, bezeugte, daß er Juden hin-ter demselben Stacheldraht, bekleidet mit denselben Lumpen, die sie bei Ankunft der Befreier getragen hatten, gefunden habe. »Wir scheinen die Juden zu behandeln, wie es die Nazis vor uns getan haben, nur daß wir sie nicht ausrotten. Ihr Leben in überfüllten, oft unhygienischen Lagern hinter Stacheldraht gleicht dem in einigen notorischen Konzentrationslagern. Sie sind von jedem Verkehr mit der Umwelt ab-geschnitten und harren des Tages, an dem sich die Welt ihrer wieder erinnert.« Har-rison verlangte, daß die Einwanderung der Juden in andere Länder unverzüglich or-ganisiert werde, wobei dafür Palästina »*definitely and preeminently*« als erstes in Frage komme.

Es ist wahrscheinlich, daß viele, zweifellos die Mehrzahl der Unglücklichen, deren Not Harrison schilderte, Amerika gewählt hätten, wären sie gefragt worden. Den ent-wurzelten Menschenmassen Europas schien dieses Land damals ein Traum. Amerika jedoch dachte vor allem daran, sich gegen die Einwanderung zu schützen – übrigens verlangte der Präsident der Jewish Agency, David Ben Gurion, als erster, daß das System der Einwanderungsquoten beibehalten werden solle. Nichts sollte das jüdi-sche Volk, das schwere Verluste erlitten und überlebt hatte, in seinem Verlangen nach der im Aufbau begriffenen Heimat schwächen oder ablenken.

Truman unterstützte das Verlangen der zionistischen Vereinigungen nach soforti-ger Zulassung von 100 000 Juden nach Palästina und veröffentlichte seinen Brief an Attlee, in dem er darauf drängte, dieses Verlangen zu erfüllen. Die Arabische Liga protestierte mit Berufung auf die Verpflichtungen, die Roosevelt bei seinem Zusam-mentreffen mit Ibn Saud übernommen hatte. Truman leugnete zuerst, daß es solche gegeben habe, und als ihm dann sein eigenes State Department das Dokument vor-legte, sagte er sich von den Versprechungen des Mannes los, dessen Amt er weiter-führte. Die amerikanische Regierung wirkte auch mit ihrem ganzen Gewicht auf das verarmte England ein, damit das Weißbuch außer Kraft gesetzt und Palästina der jüdischen Einwanderung geöffnet würde.

Die Zionisten zählten vor allem auf ihre Tapferkeit und ihren Opfermut. Sie verfügten über eine halboffizielle Armee, die Haganah, die 70 000 – 80 000 Mann umfaßte. Daneben bestand der *Irgun Zwai Leumi*, eine halboffizielle Terroristenvereinigung, und die Sternbande, die geheimeren Charakter besaß. Fünfzehn Jahre zuvor hatten drei Studenten, Moshe Snach, Menachem Begin und Nathan Friedmann-Jallin, gemeinsam ein Zimmer im Warschauer Getto bewohnt. Ein seltsames Zusammentreffen machte aus ihnen die Führer der drei Verbände, die, oftmals rivalisierend, gemeinsam ihr Bestes taten, um den Boden Israels für die Engländer möglichst heiß zu machen.

Am 2. November 1945, dem Jahrestag der Balfourerklärung, brach in ganz Palästina der jüdische Aufstand aus. Brücken flogen in die Luft, englische Offiziere wurden entführt und ermordet. Fünfhundert illegale Einwanderer, die im Lager Athlit festgehalten wurden, wurden befreit. Mehrere hundert automatische Waffen wurden geraubt. Chaim Weizmann und die gemäßigten Zionisten mißbilligten den Terrorismus. Ihre Ermahnungen verhallten ungehört. Israel wollte zum Leben erwachen, und Israel wußte, daß das nur unter Blut, Gefahr und Schmerz geschehen konnte.
(*Forts. Israel S. 140*)

5. Kapitel   1946   Das Jahr von Bikini
Die Russen und die Atombombe

Am 1. Januar 1946 standen seit 41 Tagen 180 000 Arbeiter der General Motors im Streik. Der Stratege der Bewegung hieß Walter Reuther. Der Sohn eines preußischen Antimilitaristen, der sich dem Dienst im Heer Seiner Majestät des Kaisers durch die Flucht nach Amerika entzogen hatte, wurde Werkzeugschlosser bei Ford und ging, als er wegen gewerkschaftlicher Betätigung entlassen wurde, mit seinem Bruder Viktor auf Wanderschaft. In Deutschland wäre er beinahe von der Gestapo verhaftet worden, er lernte die UdSSR – und vielleicht den Kommunismus – kennen, beendete seine Weltreise auf dem Weg über Japan und kehrte nach Detroit zurück, wo er sich der Arbeiterbewegung anschloß. Er dachte daran, aus den amerikanischen Syndikalisten eine Arbeiterpartei nach britischem Muster zu machen – und vielleicht träumte er davon, daß eine solche Partei den Sohn eines preußischen Einwanderers namens Reuther ins Weiße Haus bringen könnte . . .

Der Streik hatte an dem Tag begonnen, an dem der erste Privatwagen seit dem Jahre 1942, ein Cadillac, die Fließbänder der GM verlassen hatte. Sämtliche Direktoren der Gesellschaft hatten sich in die Werkhalle begeben, um den Wagen mit großem Gepränge zu empfangen. Dort erfuhren sie, daß die *United Automobile Workers* auf Vorschlag ihres Präsidenten Reuther von GM eine Stundenlohnerhöhung von 30 % verlangten!

Glückliches Amerika! »Die Kriegsjahre haben ihre Spuren hinterlassen«, schrieb eine große Illustrierte: »*Weed grow around once immaculate service stations . . .*« Wucherndes Unkraut rund um einst tadellose Tankstellen, das waren die Kriegswunden der Vereinigten Staaten zu Ende eines Krieges, der die Welt verwüstet hatte! Die Verluste an Menschenleben, die höchsten in der amerikanischen Geschichte, bezifferten sich auf 229 000 Tote – gegen 13 600 000 Russen und 6 500 000 Deutsche. Im Inland hatte der Krieg eine hohe Woge der Konjunktur gebracht. Die Kosten wurden mit der folgenden Ziffer eingeschätzt, die ebenso unfaßbar ist wie die Dimensionen des Andromedanebels: 1 116 991 463 084 (eine Billion, 117 Milliarden) Dollar, und dennoch waren die Inflation und die Geldentwertung in Grenzen gehalten worden. Die Lebenshaltungskosten waren von der Indexzahl 100 auf 133 gestiegen. Während der gleichen Zeit war der mittlere Wochenlohn von 23 auf 47 Dollar gestiegen, eine Erhöhung um über 100 %. Die Lage der Arbeiter hatte sich also während des Krieges gebessert.

»Es ist unbedingt notwendig«, sagte Reuther, »daß die Lage mit der Wiederkehr des Friedens nicht schlechter wird. Die Verringerung der wöchentlichen Arbeitsstunden wird einen Kaufkraftverlust von ungefähr 30 % verursachen. Die Industriellen müssen daher den Arbeitslohn um 30 % erhöhen.« (*Forts. USA S. 136*)

De Gaulle: »Ich werde mich also zurückziehen müssen.«

Dieser soziale Konflikt in Amerika erscheint nebensächlich im Vergleich zu der schwierigen Lage, in der sich Europa zu Beginn des Jahres 1946 befand. Die Mehrzahl der von Hunger und Kälte gepeinigten Nationen waren von politischen Katastrophen bedroht. Nach Italien war es wieder Frankreich, das einer Revolution entgegenging. Der Mann, der das Autoritätsprinzip verkörperte, der die revolutionäre Welle nach der Befreiung eingedämmt hatte, General de Gaulle, trat ab!

Am 31. Dezember 1945 um Mitternacht hatte man die Uhren im Palais Bourbon angehalten, um derart das Jahr 1945 scheinbar zu verlängern und die Abstimmung über den Haushalt zu Ende zu führen. Die Sozialisten verlangten einen zwanzigprozentigen Abzug von den Verteidigungskrediten, die ein Viertel der nationalen Mittel verschlangen. De Gaulle beteiligte sich nicht an der Diskussion, die durch die Notlage des Landes ihren Schwerpunkt erhielt. Er faßte das Problem an der Wurzel und legte den grundlegenden Gegensatz dar, der zwischen der Versammlung und ihm bestand:

»Was uns trennt, ist unsere verschiedene Auffassung von einer Regierung und ihrem Verhältnis zur Volksvertretung. Mein Gewissen gebietet mir, Ihnen zu sagen – und es ist zweifellos das letzte Mal, daß ich in diesem Raum spreche –, daß Sie, wenn Sie es unter Mißachtung unserer politischen Geschichte der letzten fünfzig Jahre tun, wenn Sie die absolute Notwendigkeit von Autorität, Würde und Verantwortlichkeit der Regierung außer acht lassen, in eine Lage geraten werden, in der Sie eines Tages, das sage ich voraus, bitter bereuen werden, solch einen Weg eingeschlagen zu haben.«

Das letzte Mal ... Man maß der Bemerkung kein Gewicht bei. Das Ganze endete mit einem Kompromiß. Am Tag darauf fuhr de Gaulle, nachdem er seine Tochter Elisabeth mit dem Geschwaderführer Alain de Boissieu verheiratet hatte, nach Cap d'Antibes. Guten Mutes. »Meine ersten Ferien seit sieben Jahren ... Keinerlei Geschäfte. Keine Akten ... Der Kardinal de Retz, Saint-Simon, Bülow ...« Er wohnte in der Villa »Unter dem Wind«, machte Spaziergänge, betrachtete das Meer und, wie er in seinen Memoiren erzählt, dachte über seinen Rücktritt nach.

Hinter seinem Rücken wurden Intrigen gesponnen. Die während des Wahlkampfes bösartig entzweiten Kommunisten und Sozialisten kamen einander näher. Zusammen bildeten sie die Mehrheit der Gesetzgebenden Versammlung. Der Augenblick, da sie de Gaulle vor die Entscheidung, sich zu unterwerfen oder sein Amt niederzulegen, zwangen, war nicht mehr fern.

De Gaulle kam ihnen zuvor. Am 20. Januar, einem eisigen Sonntag, rief er die Mitglieder seiner Regierung ins Kriegsministerium, in den düsteren Waffensaal. »Ich trat ein, drückte jedem die Hand und sprach stehend folgende paar Sätze: ›Die ausschließliche Herrschaft der Parteien ist wieder da. Ich mißbillige sie. Aber außer der zwangsweisen Errichtung einer Diktatur, die ich nicht will und die zweifellos schlecht ausgehen würde, habe ich kein Mittel, diese Entwicklung zu verhindern. Ich muß mich daher zurückziehen.‹ Ich hatte den Eindruck, daß die Minister eher be-

trübt als erstaunt waren. Keiner von ihnen sprach ein Wort, weder um mich zu bitten, daß ich meinen Entschluß überprüfe, noch um sein Bedauern auszudrücken.«

Hatte de Gaulle geglaubt, man werde ihn zurückhalten? Wenn er das glaubte,
war er sehr im Irrtum. Die Berufspolitik war seiner müde, und sein vorgespiegelter
Rücktritt im Dezember war nicht dazu angetan, daß man seine Auffassung änderte.
»De Gaulle erdrückte die Nationalversammlung durch seine Persönlichkeit«, sagte
der Sozialist Jules Moch. »Nach seinem Abtreten würde sie zeigen können, was sie
konnte.« Herriot, der de Gaulle als Mensch und als Symbol verabscheute, fügte hinzu, de Gaulle ergreife die Flucht, da er gescheitert sei.

Die Nachfolge ergab keinerlei unmittelbare Schwierigkeit. Die Kommunistische Partei forderte der Form halber die Präsidentschaft, dann schloß sie sich gefügig einer Dreiparteienregierung unter der Präsidentschaft eines Sozialisten an. Der
dafür gewählte Félix Gouin, Rechtsanwalt aus Marseille, 61 Jahre alt, war fade wie
verwässerter Wein. Die IV. Republik, die noch im Entstehen war, kehrte auf einmal
zu der goldenen Regel der III. Republik zurück: Irgend jemand, der zu irgend etwas
gut ist, kann irgendwann irgendwohin gestellt werden. Gouin wurde mit 497 Stimmen gegen 55 an die Stelle des Riesen de Gaulle gesetzt ... (Forts. Frankreich S. 153)

... Attlee in England, Gouin in Frankreich, De Gasperi, jedoch unsicher, in Italien. Deutschland immer noch tief im Nichts. In allen Parlamenten Europas kommunistische Parteien, die den drohenden Schatten Rußlands verlängerten. Kein einziges Problem geregelt oder auf dem Wege der Regelung. Immer noch derart viele
Ruinen, daß es schien, als würde man ihrer nie Herr werden ... Angesichts dieses
Bildes von Europa war der Konflikt bei General Motors wohl ein zahmer Vorfall —
außer, er wäre der Ausgangspunkt einer weitläufigen sozialen Erschütterung.

Das war zu befürchten. Die Streiks mehrten sich. In 44 US-Staaten war das Telefon stillgelegt. Die Arbeit in der Fleischkonservenerzeugung, den Ölraffinerien, der
Elektroindustrie wurde eingestellt. Stanford, eine Industriestadt in Neu-England,
wurde durch einen Generalstreik heimgesucht, bei dem es gewalttätig zuging wie
bei einer Revolution. Nachdem New York vier Tage lang durch einen Streik des Auf-
zugspersonals gelähmt gewesen war, geriet es durch die Arbeitsniederlegung der
Hafenschlepperbesatzungen von neuem in diese Lage. 3500 Menschen genügten,
um eine Stadt mit 12 Millionen Einwohnern in Arbeitslosigkeit und Kälte versinken
zu lassen. Kohle, Heizöl, Rohstoffe wurden nicht mehr geliefert. Der Bürgermeister
O'Dwyer erklärte den Notstand; die Schulen wurden geschlossen, die Temperatur
in den öffentlichen Gebäuden auf 15 Grad Celsius herabgesetzt. Schließlich beendete man den Streik, indem man den Mächtigen, deren Arbeit drei Dollar in der Stunde, deren Untätigkeit jedoch zehntausendmal soviel kostete, alles zugestand, was
sie verlangten.

Außerhalb von Amerika sangen die GIs im Chor: »We want to go home.« In Manila traten 20 000 Soldaten in den Streik. In Frankfurt marschierten 5000 zur Residenz General Joseph T. McNarneys und wurden nur durch eine Bajonettsperre aufgehalten. Paris erlebte im Schein von Magnesiumbomben einen nächtlichen Marsch
der Soldaten, die ihre Offiziere mit Hohngeschrei empfingen. Es war jedoch unrichtig, daß die Abrüstung nur schleppend vor sich ging; ganz im Gegenteil, Amerika

baute seine Armee unter völliger Mißachtung der Verhältnisse ab, die für die Regelung des Friedens notwendig waren. Fünf Millionen Mann waren bereits in ihr Heim zurückgekehrt. Ein eingewurzelter nationaler Reflex. Ein beendeter Krieg ist ein beendeter Krieg. Aus dem Eisen werden wieder Pflugscharen statt Schwerter geschmiedet.

Ein Streik wie jener in der Stahlerzeugung schien undenkbar. Er brach am 20. Januar aus. 750 000 Metallarbeiter in 29 Staaten und 407 Orten legten die Arbeit nieder. Truman versuchte den Konflikt beizulegen, indem er eine Stundenlohnerhöhung von 18 ½ Cent vorschrieb. Benjamin Fairless, Präsident der United Steel, widersetzte sich mit dem Argument, er verteidige öffentlichen Besitz gegen Demagogie und Inflation. Am 15. Februar gab er dennoch nach. Auch General Motors kapitulierte nach 119 Streiktagen. An der Arbeitsfront zog für eine Zeitlang wieder Ruhe ein.

Der Mann, der die neue Offensive auslöste, John Llewellyn Lewis, geboren 1880 als Sohn eines Wallisers, war der wütendste Demagoge, der launenhafteste, brutalste Massenführer, den der ungestüme amerikanische Syndikalismus hervorgebracht hat. Er hatte die alte *American Federation of Labor*, AFL, zerschlagen, um den *Congress of Industrial Organizations*, CIO, zu gründen, hatte dann den CIO verlassen, um sich mit seinen *United Mine Workers* in *splendid isolation* zurückzuziehen. Jedes andere Land hätte ihn für die verbrecherischen Streiks, die er auslöste, während die amerikanischen Soldaten auf den Schlachtfeldern starben, verhaftet und wahrscheinlich hingerichtet. Äußerlich war er ein Gorilla, mit buschigen Augenbrauen, riesigen Fäusten, enormer Stimme. Er bewohnte einen Palast mit 30 Räumen, empfing in einem 15 Meter langen Büro, setzte sich ein Gehalt von 75 000 Dollar aus, das, verdoppelt durch die Dienstaufwandentschädigung, jenes des Präsidenten der Vereinigten Staaten übertraf. Seine 400 000 Bergarbeiter gehorchten so tadellos, daß die Gewerkschaften gar keine Streikposten aufstellten, um den Eintritt zu den Gruben zu verwehren. Jeder Einfältige, der an die Freiheit der Arbeit glaubte, hätte sein Leben riskiert.

Der Streik unter Lewis' Führung wurde zu einer öffentlichen Plage. Am 9. Mai wurde New York dunkel, als ob der Krieg wiedergekehrt wäre. Ford schloß seine Tore. Alle Industrien arbeiteten mit halber Kraft. Am 18. Mai, um 16 Uhr, weitete sich das soziale Drama noch aus. Die durch die Schließung der Bergwerke bereits halbgelähmten Eisenbahnen traten ihrerseits in Streik. Die großartigen amerikanischen Bahnhöfe wie New York Grand Central oder Chicago Northwestern wurden von einer Menschenmenge überschwemmt, die die letzten Züge im Sturm nahm; dann herrschte dort Grabesstille. Am 25. verkehrten in ganz Amerika 50 Passagierzüge anstelle von 9000 und 120 Güterzüge anstelle von 12 000. Tausende Stück Vieh, Tausende Tonnen Lebensmittel gingen zugrunde.

Das war zuviel. Die überspitzten Streiks, die Wut der öffentlichen Meinung zwangen Truman, im Kongreß ein Gesetz zu verlangen, das ihm erlaubte, die Streikenden wieder zur Arbeit zu bringen. John Lewis grinste: »Mit Bajonetten fördert man keine Kohle.« Im Dilemma zwischen Bundesgesetz und Gewerkschaftsgesetz gehorchten 280 000 Bergarbeiter – nur die Hälfte – dem ersteren. Die Eisenbahngewerkschaften hingegen erteilten Order, die Arbeit wiederaufzunehmen. Unter der Drohung, als Aufrührer behandelt zu werden, entschloß sich Lewis zu einem Vergleich und begnügte sich mit zwei Drittel dessen, was er verlangt hatte. Der Grubenarbeiterstreik ging am 29. Mai zu Ende. Er hatte Amerika 90 Millionen Tonnen Kohle und 18 Millionen Tonnen Stahl gekostet. (*Forts. USA S. 141*)

Über Europa ein Eiserner Vorhang

Für Moskau waren diese Unruhen in Amerika, die Soldatenmeutereien, die immer neuen Streiks Wasser auf die Mühlen. Sie entsprachen seinen Lehren. Nach Ende eines Krieges, in dem der Kapitalismus seine inneren Widersprüche hatte ableiten können, versank er wieder in eine Krise, die noch ernster war als alle vorangegangenen. Er war außerstande, die Probleme zu bewältigen, die sich aus der Stillegung der militärischen Produktion und der Abrüstung ergaben. Am Ende all dieser Schwierigkeiten würde schließlich eine Katastrophe stehen, die das Klassenbewußtsein beim amerikanischen Proletariat weckte und die Revolution im Gefolge hatte.

Der mit akademischen Ehren überhäufte alte sowjetische Volkswirtschaftler Eugen Varga hatte die Kühnheit, seinen Landsleuten eine Warnung zu erteilen. Er veröffentlichte »Betrachtungen über die Entwicklung des Kapitalismus während des Krieges«, in denen er zugab, daß eine gewisse, während des Krieges entwickelte Fähigkeit der Planung die von der UdSSR erwartete Krise abschwächen und verzögern könnte. Die Lobsprüche, die das Erscheinen des Werkes begrüßt hatten, verwandelten sich in wütende Verurteilungen, als Stalin angeblich selbst das darin enthaltene grundlegende Ketzertum entdeckte. Varga war also der Ansicht, daß der Kapitalismus nicht von innen heraus und notwendig zum Untergang bestimmt war! Sein Lieblingsschüler Woronzowskij widerlegte ihn mit der Beschuldigung, »er prostituiere sich vor der bürgerlichen Wissenschaft und Technologie«. Varga widerrief, rettete seine Haut; das Institut für Wirtschaftsstudien jedoch, das er leitete, wurde geschlossen, und er fiel in Vergessenheit.

Eine weitere Ketzerei seiner »Betrachtungen« war die folgende: Es ist nicht erwiesen, behauptete Varga, daß die kapitalistischen Mächte gegenüber der Sowjetunion eine systematisch kriegerische Haltung einnehmen würden. Moskau hatte die lebendige Widerlegung dieser verderblichen Behauptung zur Hand: Winston Churchill.

Dieser hatte seine Wahlniederlage immer noch nicht vergessen. Der Sommer, der Herbst 1945 waren für ihn jammervolle Zeiten gewesen; Zorn und Langeweile quälten ihn. Sein Arzt, Lord Moran, verordnete ihm, er solle den Winter in einem warmen Klima in neuer Umgebung verbringen. Ein Kanadier, Oberst Frank Clark, bot ihm sein Haus in Miami an. Churchill nahm an. Er traf am 16. Januar in Amerika ein, ruhte sich aus, malte, machte einen aufsehenerregenden Besuch in Kuba, wo er im Jahre 1894 gewesen war, weil er fürchtete, der Kampf zwischen den Kubanern und den Spaniern würde der letzte Krieg sein, und er ihn erleben wollte. Er verließ, vom amerikanischen Präsidenten begleitet, am 4. März Washington in Trumans Sonderzug. Sein Ziel war Fulton, ein Ort in Missouri, Sitz einer Universität mit 400

Studenten, Westminster College. Churchill sollte dort den Ehrendoktor erhalten und eine Rede halten.

Er war ein aufgedunsener Mann, seine Stimme war rauh. Etwas mehr Kognak als üblich war nötig gewesen, um die müde Maschine in Gang zu bringen. Das Echo war geringer als angenommen: Man hatte 40 000 Menschen erwartet, es kam nur die Hälfte. Eine Tonne heißer Würstchen blieb unverzehrt. Das Aufsehen, das die Rede hervorrief, war jedoch ungeheuerlich. »Von Stettin an der Ostsee bis hinunter nach Triest an der Adria«, sagte Churchill, »ist ein *iron curtain*, ein eiserner Vorhang, über den Kontinent gezogen ... Nach dem zu schließen, was ich während des Krieges bei unseren russischen Freunden und Verbündeten gesehen habe, bewundern sie nichts so sehr wie Kraft und Macht, und nichts verachten sie so sehr wie militärische Schwäche ... Wenn die englischsprechende Bevölkerung des Commonwealth zu derjenigen der Vereinigten Staaten hinzugefügt wird mit all dem, was eine Zusammenarbeit in der Luft, auf dem Meer, in der Wissenschaft und in der Industrie erfordert, wird es kein Gleichgewicht schwankender Kräfte geben, die eine Versuchung zu Abenteuern darstellen. Im Gegenteil, die Sicherheit wird genügend gewährleistet sein; wenn wir friedlich, ruhig, aber stark vorwärtsschreiten, ohne Länder, ohne Schätze erobern zu wollen, ohne zu versuchen, die Gedanken der Menschen zu kontrollieren, und wenn alle materiellen und moralischen Kräfte Großbritanniens und der Vereinigten Staaten sich in einer brüderlichen Vereinigung auf der großen Straße der Zukunft zusammenfinden, dann wird sich der Horizont nicht nur für uns aufhellen, sondern für alle, nicht nur für die gegenwärtige Zeit, sondern für das kommende Jahrhundert.«

Die lange Rückreise war eisig wie die weiten Ebenen, die der Zug des Präsidenten durchquerte. Churchill war aufgebracht, Truman sorgenvoll. Die Reaktion auf die Rede in Fulton war infam. Die Mehrzahl der amerikanischen Zeitungen, die Mehrzahl der Kongreßmitglieder fand die Art, wie Churchill Onkel Sam vor den im Morast steckenden Karren Britannias spannte, ungeniert und seine Aufteilung der Welt in zwei feindliche Blöcke bedauerlich. Moskau bezeichnete die Rede als Angriffsakt und betonte, daß die Anwesenheit des Präsidenten der Vereinigten Staaten in Fulton beweise, daß er mit dem alten Kriegshetzer unter einer Decke stecke. Stalin ließ sich von der *Prawda* interviewen und erklärte, die Konzeption der Nationen englischer Zunge sei verwandt mit der nationalsozialistischen Theorie der Herrenrasse. »Doch die Nationen haben im Laufe der fünf Jahre des harten Krieges geblutet für die Freiheit und Unabhängigkeit ihrer Länder und nicht dafür, daß an Stelle der Herrschaft Hitlers die Herrschaft Churchills trete.«

In London war man entsetzt. Attlee veröffentlichte in aller Eile ein Kommuniqué, in dem er ausdrücklich betonte, der ehrenwerte Winston Churchill habe als Privatmann seine eigenen Auffassungen dargelegt. Die amerikanische Anleihe an England war jedoch noch nicht bewilligt, und das Kabinett fragte sich, ob die Rede in Fulton ihr nicht den Todesstoß versetzt habe. Als Churchill nach England zurückkehrte, hagelte es von überall Vorwürfe. Nochmals wurde erklärt, er sei nur ein Sturmvogel, er könne den Frieden nicht ertragen, und der letzte Dienst, den er England erweisen könne, sei, ein für allemal zu schweigen.

Die englischen Befürchtungen waren nicht grundlos. Die Anleihe von 3750 Millionen Dollar, Englands letzte Hoffnung, stand auf dem Spiel. Sämtliche antibritischen Kräfte vereinigten sich, um die Genehmigung der Anleihe im Repräsentantenhaus zu verhindern: die Isolationisten, die Iren und die durch die Vorgänge in Palästina überreizten Juden.

Attlee – ein zweiter Hitler, sagen die Zionisten

Im vergangenen Jahr hatten Großbritannien und die Vereinigten Staaten ein gemeinsames Komitee zur Prüfung des Problems der europäischen Juden gebildet, unter dem gemeinsamen Präsidium von Sir John Singleton und Richter Hutchinson. Das Komitee hatte bei den Überlebenden der Vernichtungslager Hitlers eine wahre Besessenheit festgestellt, aus Europa zu entfliehen, »aus diesem von jüdischem Blut rauchenden Land« – so sagte Chaim Weizmann. »Wenn ich ein Stück Seife zum Verkauf in einem Laden sehe«, hatte eine junge polnische Jüdin gesagt, »kann ich mich des Gedankens nicht erwehren, daß es vielleicht aus der Leiche meiner Schwester hergestellt wurde.«

Die Kommission Singleton–Hutchinson hatte einen Mittelweg gesucht. Sie empfahl die sofortige Zulassung von hunderttausend Juden nach Palästina. Hingegen sprach sie sich gegen eine Teilung Palästinas in einen arabischen und einen jüdischen Staat aus, mit der Begründung, daß eine solche Teilung wirtschaftlich ungünstig und den Interessen aller schädlich sei. Die Arabische Liga antwortete, daß sie entschlossen sei, mit allen Kräften die Verwirklichung der zionistischen Pläne zu verhindern. Die Zionisten wiederholten, daß sie niemals bezüglich des Prinzips der jüdischen Heimat einen Kompromiß eingehen und mit allen Mitteln bis zum Äußersten kämpfen würden, um eine solche Heimat zu gründen.

Am 18. Mai brachte Attlee das britische *non possumus* ins Unterhaus. Es sei nur möglich, erklärte er, die von der Kommission Singleton–Hutchinson vorgeschlagenen hunderttausend Einwanderer zuzulassen, wenn zwei Bedingungen erfüllt würden: 1. eine amerikanische finanzielle und militärische Hilfe, um sie unterzubringen, 2. die Auflösung und Entwaffnung der illegalen jüdischen Armeen, der Haganah und des Irgun.

Attlees Erklärung hatte ein Aufflammen des Terrors zur Folge. Die Engländer bestraften die Attentäter, sie verurteilten Josef Simchow und Michael Arbel zum Tod, doch der Irgun rettete sie, indem er sechs britische Offiziere entführte, die, in einem Keller angekettet, mit ihrem Leben für die Umwandlung der Strafe haften mußten. Einunddreißig andere Terroristen, darunter mehrere junge Mädchen, erschienen vor dem Kriegsgericht in Jerusalem und sangen den 38. Psalm: »Möge Jehova aufstehen und seine Feinde zerstreuen ...«

Das Gericht wagte kein einziges Todesurteil auszusprechen. In Steinwurfweite von den Festungsmauern Jerusalems stand das *King David*, die Perle des Hotels des Mittleren Orients. Dort hatte die britische Kommandobehörde ihr Armeehauptquartier eingerichtet. Am 22. Juli zu Mittag brachte eine Gruppe Araber in Burnussen

15 Geburt der Vereinten Nationen: Am 26. Juni 1945 unterzeichnen 50 Nationen die UN-Charta. – 16 US-Präsident Harry S. Truman (l.) mit dem Präsidenten der UN-Vollversammlung Nasrollah Entezam (M.) und Generalsekretär Trygve Lie, nach seiner Ansprache 1950 vor der Vollversammlung in Flushing Meadows, N.Y.

17 18 Eine Explosion verändert die Welt: Nach Hiroshima und Nagasaki setzen die USA ihre Atombombenversuche 1946 auf dem Bikini-Atoll im Pazifik fort. – Albert Einstein, überzeugter Pazifist, und J. Robert Oppenheimer, bis 1953 Mitglied der US-Atomenergiekommission, widersetzen sich dem Bau der Wasserstoffbombe.

Milchkannen in die Küche eines der sieben Restaurants des Hotels. Hauptmann McIntosh witterte einen Anschlag und versuchte einzuschreiten. Die falschen Araber schlugen ihn nieder und flüchteten. Eine furchtbare Explosion vernichtete einen Flügel des Hotels, wobei in den Trümmern 80 britische Militärpersonen, darunter ein General, verschüttet wurden. Einige Minuten später übernahm die geheime Rundfunkstation des Irgun, IZL, die Verantwortung für das Attentat und rühmte sich dessen.

Die Vorfälle in Palästina fanden in der begeisterten jüdischen Gemeinde New Yorks lauten Widerhall. Die 7. Avenue, das Zentrum des Schneidergewerbes, füllte sich mit blauweiß drapierten Tribünen und hallte von Aufforderungen an die Passanten wider, ihren Dollar herzugeben »als Antwort auf die Kriegserklärung Englands an das jüdische Volk«. Bei Umzügen wurde der Union Jack mit aufgemaltem Hakenkreuz getragen. Die Kongreßmitglieder erhielten Tausende Briefe, die ihnen mit Vergeltung bei den Wahlen drohten, falls sie »für die Anleihe an Attlee, den Nachfolger Hitlers als Feind Nummer eins der Juden«, stimmten.

Die Leitung setzte sich mit aller Kraft ein, um das Hilfeprogramm für England zu retten, Truman sandte den Abgeordneten einen persönlichen Brief, und Cordell Hull tauchte aus seiner Zurückgezogenheit auf, um ihnen zu sagen, daß Großbritannien einer der Pfeiler der Freien Welt sei, dessen Zusammenbruch für Amerika eine Katastrophe bedeuten würde. Das Resultat überstieg alle Erwartungen. Man glaubte im besten Falle, daß die Anleihe mit knapper Mehrheit bewilligt werden würde. Sie erhielt am 13. Juli eine beruhigende Mehrheit von 219 gegen 155 Stimmen. 32 Demokraten hatten dagegen gestimmt, jedoch ein Drittel der Republikaner, 61 von 187, hatten diesen Ausfall mehr als ausgeglichen.

Amerika war in eine Schraube ohne Ende geraten. Nach Großbritannien hatte Frankreich um Hilfe angeklopft. Léon Blum hatte sich wieder erholt und war, gefolgt von Jean Monnet, nach Washington gekommen, um die Verhandlungen zu führen. Er beging eine patriotische Lüge, indem er versicherte, »alle politischen Parteien Frankreichs ohne jede Einschränkung haben die Prinzipien der Demokratie und der kollektiven Sicherheit angenommen«. Das am 28. Mai unterzeichnete Abkommen tilgte die Schuld von 1 800 000 000 Dollar und bewilligte eine Gesamtanleihe von 1 370 000 000 Dollar, rückzahlbar innerhalb von 25 Jahren. Die amerikanische Hilfe begann in Strömen zu fließen. Sie brachte vielfache, völlig unvorhergesehene Folgen für die Zukunft mit sich. (Forts. Israel S. 238)

Kampf um das Atomgeheimnis

Ein neuer Name, der Weltgeltung erlangte: Bikini. Es handelt sich um ein Atoll der Marshallinseln, dessen unvollständig geschlossener Korallenring sich erweitert und drei Inseln bildet, die von Kokospalmen beschattet werden. Eine nur, Bikini selbst, war bewohnt. Sie ist es nicht mehr. Ein Panzer-Landungsschiff war gekommen und hatte den Häuptling Juda und seine 120 Untertanen an Bord genommen, um sie auf das Atoll Rongerik zu bringen. Sie hatten nach einem langwierigen Palaver ihr Einverständnis dazu gegeben, jedoch darauf bestanden, das Dach ihres Hauses mitzunehmen.

Die in der Lagune versammelte Herde von Schiffen zählte 73 Einheiten, darunter das alte Schlachtschiff *Nevada*, das in Pearl Harbor versenkt und dann wieder flottgemacht worden war, und die *Pennsylvania*, ein weiterer Überlebender des berühmten Überfalls. Die Wissenschaftler hatten das Experiment angefochten, das sie für überflüssig und verwegen hielten, die Marine hatte jedoch darauf bestanden, das Verhalten eines durch die neue Waffe angegriffenen Geschwaders an den Objekten selbst feststellen zu können. Zwei Versuche waren vorgesehen. Im Juni würde eine Atombombe vom Typ Hiroshima, für eine Explosion in 500 Meter Höhe eingestellt, von einem Flugzeug abgeworfen werden. Im August würde eine zweite Bombe in dreißig Meter Tiefe gezündet werden. An Bord der Schiffe hatte man Munition, Treiböl und Benzin gelassen, um der Wirklichkeit möglichst nahezukommen, und auf ihnen 2000 Ziegen eingeschifft, die die Ehre hatten, als Besatzung zu figurieren. Die von Vizeadmiral William H. P. Blamey befehligte Operation trug den Namen »Crossroads«.

Sie rief allgemeine Neugierde und allgemeine Erregung hervor. Amerika hatte Einladungen ausgeschickt wie für eine Galavorstellung. Rußland, Großbritannien, China, Frankreich, Polen, Holland, Australien, Kanada, Ägypten, Brasilien, Mexiko hatten Beobachter entsandt. Sie hatten ein Schiff allein für sich. Die erste Explosion war auf den 30. Juni verschoben worden, damit die Schließung des Kongresses es den Senatoren und Abgeordneten erlaubte, anwesend zu sein. Die kommunistenfreundlichen Organe aller Länder bezeichneten das Experiment von Bikini als Einschüchterungsversuch der Amerikaner. Manche wissenschaftliche Berichterstatter behaupteten, die Kettenreaktion werde sich im Pazifik fortsetzen und die Erde vernichten. Am 30. Juni um 23 Uhr 30 GMT sammelten sich ungezählte ängstliche oder spöttelnde Menschen vor den Rundfunkgeräten und warteten auf die Detonation, deren akustische Übertragung man ihnen versprochen hatte und die vielleicht die Pforte ins Nichts öffnen würde.

Diese gefürchtete Neuheit, das Atom, faszinierte die Welt. Jede Woche versuchte eine neue Abhandlung dem Publikum den Mechanismus der Neutronen und Protonen zu erklären. Die Helden der amerikanischen Comics, Smiling Jack, Popeye, Superman, wurden in Anspruch genommen, um die Kernphysik gemeinverständlich zu machen. Father Divine rief die Presse zu sich und enthüllte ihr, daß er der alleinige Schöpfer der Kernspaltung sei. Man erfuhr langsam einige Einzelheiten über das *Manhattan Construction Project*, für das die amerikanische Regierung hinter dem Rücken des Kongresses zwei Milliarden Dollar ausgegeben hatte, an dem 36 000 Unternehmungen und 600 000 Wissenschaftler, Ingenieure, Arbeiter mitgearbeitet hatten, wobei 999 von 1000 keine Ahnung von dem Ziel der Unternehmung gehabt hatten. Alles bei diesem Abenteuer grenzte ans Reich der Fabel: seine Natur, seine Dimensionen, seine Geheimhaltung ...

Ein Problem aber stellte sich: Was sollten die Vereinigten Staaten mit diesem kostbaren, schrecklichen Geheimnis tun? Sollten sie es für sich behalten? Sollten sie es aus den Händen geben?

Die Frage war nicht mehr offen. Zu Beginn des Jahres 1944, als der Erfolg noch fraglich gewesen war, hatte General Leslie R. Groves, der Direktor des *Manhattan Project*, den Professor an der Universität Princeton, Henry DeWolf Smyth, beauftragt, einen »Bericht an die Nation« abzufassen, der ein klares Bild von der Atomwaffe und den Etappen ihrer Verwirklichung gab. Der Bericht war am 2. August 1945 druckfertig, vier Tage vor der Explosion in Hiroshima. Am Morgen des 12. August, eines Sonntags, wurde er den Zeitungen übergeben und gelangte am darauffolgenden Tag in Form eines Büchleins zum Preis von 35 Cents zum Verkauf.

Hatte der Smyth-Bericht den Russen geholfen? Man ist darüber verschiedener Meinung. »Als ich davon erfuhr«, sagte Lord Chadwick, der die Gruppe englischer Wissenschaftler in Los Alamos leitete, »konnte ich meine Besorgnis nicht verbergen. Die Klarheit und der Umfang der Darstellung entwarfen ein anschauliches Bild von unseren Arbeiten. Der Bericht gab deutlich an, welche Wege wir verfolgt, welche Verfahren wir erforscht hatten, welchen Schwierigkeiten wir begegnet waren. Er vermochte zumindest jenen, die mit uns wetteiferten, gewisse Testversuche zu ersparen, die wir hatten machen müssen.« Dr. Leo Szilard, ein Anhänger der unbegrenzten Verbreitung des Atomgeheimnisses, drückte sich nicht anders aus: »Der Smyth-Bericht hat das wesentliche Geheimnis enthüllt, indem er die verschiedenen von uns beschrittenen Wege beschrieb ... An Hand des Smyth-Berichtes kann eine Gruppe geschulter Techniker Schritt um Schritt jeden dieser Wege verfolgen und entdecken, was wir entdeckt haben.« Man gab ihm zur Antwort, das eigentliche Atomgeheimnis liege nicht in den wissenschaftlichen, weitgehend bekannten Verfahren, sondern in den industriellen, die Smyth nicht enthüllt hatte. Für seine Meiler in Hanford hatte das *Manhattan Project* 4 Tonnen absolut reines Graphit erzeugen müssen und für seine Isotopentrennungsstation in Oakridge Filter herstellen müssen, die 5 Milliarden Öffnungen pro Quadratzoll enthielten. Darin lag das Wunder, nirgends sonst.

Über die Aussichten der Russen, ihrerseits dieses technologische Wunder zu vollbringen, gingen die Meinungen auseinander. Nach General Groves' Ansicht würden sie »zwanzig, vierzig, vielleicht sechzig Jahre« brauchen, um eine Atombombe erfolgreich herzustellen. General Marshall erklärte, es würde ihnen vielleicht niemals gelingen. Szilard hingegen und die Atomfachleute aus Chikago meinten: »Drei Jahre haben uns genügt, um vom Laboratorium aufs Schlachtfeld zu gelangen. Andere Staaten sind imstande, im Verlauf von zwei bis fünf Jahren eine Atombombe herzustellen.« 200 Universitätsprofessoren aus Harvard und dem Massachusetts Institute of Technology unterschrieben ein Manifest, in dem es hieß: »Die einzige Art und Weise, wie die Vereinigten Staaten das Monopol der Atombombe behalten können, besteht darin, *sofort* die Welt zu erobern ...«

Die Veröffentlichung des Smyth-Berichtes hatte Truman verstimmt. Eine scharfe Zuschrift forderte alle beteiligten Verbände auf, sich jeglicher Mitteilung bezüglich Atomfragen zu enthalten – »*except with the specific approval of the President in each instance*« (außer mit ausdrücklicher Bewilligung des Präsidenten in jedem einzelnen Fall). Die Verantwortung, die dem ehemaligen Kaufmann aus Kansas City zufiel, war erschreckend, und vielleicht war es ein Glück, daß er sie in seinem rechtschaffenen, kurzsichtigen Optimismus nicht dramatisierte. Er hatte ohne erwiesene Notwendigkeit die Verwendung einer Waffe angeordnet, von deren Existenz er noch wenige Wochen zuvor nichts geahnt hatte und deren Macht er keineswegs ermessen konnte. Nun mußte er dieser Atomenergie, die im Leben der Menschen als gigantischste Revolution seit der Zähmung des Feuers erschien, ein Gesetz geben: Jeder Fehler konnte katastrophale Folgen für Amerika und die Menschheit nach sich ziehen.

In der Regierung vertraten Verteidigungsminister Henry Stimson und Handelsminister Henry Wallace die Ansicht, man müsse ein Mittel finden, um die Russen an der Kontrolle der Atomenergie zu beteiligen. Finanzminister Fred Vinson vertrat energisch die entgegengesetzte Ansicht. Die Bombe hatte bei der Allgemeinheit Entsetzen hervorgerufen, empörte Briefe waren in die Zeitungsredaktionen geströmt: »Sie ist ein Schandfleck unserer Nation ... einfach Massenmord ... glatter Terror ...« 85 % der Amerikaner jedoch hatten, vom Gallup-Institut befragt, den Einsatz der Bombe gutgeheißen. Jetzt verlangten sie, Amerika müsse das Monopol dafür behalten — mit anderen Worten, das Atomgeheimnis müsse in Friedenszeiten ebenso bewahrt werden wie während des Krieges.

Im Gegensatz dazu verlangten die Wissenschaftler seine allgemeine Verbreitung. In dieser Verbreitung sahen sie das einzige Mittel, den Gebrauch der Kernenergie in den Kämpfen zwischen den Völkern zu verhindern.

Die Männer, die soeben den Panzer der Materie zertrümmert hatten, gerieten in eine moralische Krise. Sie hatten auf der Steppe von Alamogordo in der ersten Morgenröte des Atomzeitalters getanzt wie Wilde, die den Feuerkult zelebrieren, doch die Hekatomben von Hiroshima und Nagasaki hatten ihr Gewissen wachgerüttelt. Im übrigen hatten sie leidenschaftlich gegen Hitler und viele von ihnen gegen den nationalsozialistischen Antisemitismus gearbeitet. Nun hatten sie aber nicht Hitler und sein verhaßtes Regime getroffen, sondern ein asiatisches Volk, für das sie keinen Haß empfanden. Sie hatten die Kernenergie umsonst in die Kriege der Menschen gebracht ...!

Robert Oppenheimer leitete das nationale Laboratorium in Los Alamos, die wissenschaftliche Hauptanlage des *Manhattan Project*. Niemals hatte man in einer ungewöhnlicheren Umgebung so viele sensible Leute mit Universitätsbildung versammelt. Fünfzig Kilometer von Santa Fé in der farbenreichen Wüste Neu Mexikos liegt Los Alamos auf einem von schroffen Abhängen umgebenen Plateau. Die Einsamkeit, die Trockenheit, die statische Elektrizität, die Überarbeitung, die polizeiliche Überwachung, die Zusammenstöße mit den Militärs, das Bewußtsein, daß man an einer tödlichen Alchimie arbeitete, alles trug zur unheilvollen Absonderlichkeit des Ortes bei. Nach Nagasaki brannte den Bewohnern der Boden unter den Füßen. Alle wollten fort, verlangten, Los Alamos solle »den Wüstenratten« zurückgegeben werden. Große Arbeiten waren im Gange, insbesondere Forschungen über die Wasserstoffbombe; sie wurden fallengelassen. »Oppie« ersuchte seine Kollegen ohne Erfolg, ihre Arbeit erst aufzugeben, wenn eine nationale und internationale Regelung der Atomfrage erfolgt sei. Er fühlte, daß er sich durch sein Beharren verdächtig machte, und folgte der allgemeinen Bewegung, trat seinerseits zurück. Sein Abgang war das

Signal für die anderen, das Feld zu räumen: in Oak Ridge, in Hanford, im Laboratorium Argonne, überall, wo man vier Jahre lang daran gearbeitet hatte, Amerika die Waffe der Entscheidung zu geben.

Was die Atomwissenschaftler mit so heiligem Zorn verließen, war nicht die Wissenschaft; es war die Kapuze, unter der man sie festhalten wollte. »Wenn unsere Regierung«, sagte Professor Samuel K. Allison, »die freie Verbreitung der wissenschaftlichen Information nicht gestattet, werden die amerikanischen Forscher darauf verzichten, der Materie neue Geheimnisse zu entlocken, und sich auf das Studium der Schmetterlinge verlegen . . .« Die auf Anregung zweier junger Physiker, Higginbotham und Rabbinowitsch, gebildete *Federation of Atomic Scientists* stellte sich zur Aufgabe, dem amerikanischen Arsenal die Kernenergie zu entreißen, um sie dem universalen Bereich der Wissenschaft zurückzugeben. Truman – und mit ihm der Kongreß – stimmte zu, daß die Kernindustrie ein Staatsmonopol bleiben solle, einer fünfköpfigen zivilen Kontrollkommission unterstellt. Aber der Präsident und der Gesetzgeber blieben unbeugsam im Punkt der Geheimhaltung: Das McMahon-Gesetz – genannt nach dem jungen Senator von Connecticut, der es eingebracht hatte – wurde verabschiedet, das auf jeden angewandt werden sollte, der »mit der Absicht, den USA zu schaden oder einem fremden Staat Vorteile zu verschaffen«, ein Atomgeheimnis preisgab.

Das Atom hatte sein amerikanisches Statut; nun mußte ihm sein internationales Statut gegeben werden.

Der Plan einer Weltregierung, erforderlich durch die erschreckende Macht der Kernspaltung, war noch am Tage nach Hiroshima von zwei sehr verschiedenen Autoritäten vorgeschlagen worden: von dem Bridgemeister und Professor Ely Culbertson und dem Schöpfer der Formel $E = mc^2$, des Schlüssels der Atomenergie, Albert Einstein. Culbertson, der Realist, begrenzte sein Streben auf die Kontrolle von Werkzeugen zur Massenvernichtung. Einstein ging weiter. Er stellte das Prinzip auf, daß der Krieg so lange unvermeidlich bleiben werde, als es Staaten mit eigener Regierung gebe. Da jeder Atomkrieg die Zivilisation vernichten mußte, wurde die Einigkeit der Welt – »*One World or no World at all*« – eine unausweichliche Bedingung fürs Überleben. »Ich glaube nicht«, sagte Einstein, »daß es genügt, das Geheimnis der Atombombe den Vereinten Nationen zu übergeben. Das Geheimnis der Bombe und, allgemein gesprochen, die Gesamtheit der Rüstungen müßten einer Weltregierung übertragen werden, die aus der UdSSR, Großbritannien und den Vereinigten Staaten besteht . . .«

Diese Atombombe, das Gespräch und die Weltangst, schien der UdSSR nicht viel zu bedeuten. In den russischen Zeitungen war die Explosion von Hiroshima mit einigen Zeilen erwähnt worden, die Explosion von Nagasaki überhaupt nicht. »An die Spitze meines Merkbuches für die Moskauer Konferenz«, erzählte Byrnes, »hatte ich den gemeinsamen Vorschlag der Vereinigten Staaten, Großbritanniens und Kanadas zur Kontrolle der Kernwaffen gesetzt; zu meiner großen Überraschung ließ Molotow die Frage an den Schluß der Tagesordnung setzen, und wir hatten nicht einmal Zeit, sie zu erörtern.«

Zur Zeit der Moskauer Konferenz war die sowjetische Gleichgültigkeit zweifellos geheuchelt. Der amerikanische Nachrichtendienst wußte seit Oktober, daß in der UdSSR mit einem gewaltigen Atomentwicklungsprogramm begonnen worden war, dem man Kriegsvorrang erteilt hatte. Zwei Monate nach Hiroshima war das Rennen um die Atomaufrüstung im Gang. Es wurde mit aller Macht vorangetrieben.

Fünf Männer setzten sich im letzten Stockwerk des *American Trucking Building* an der Ecke der 16th und der P. Street in Washington zusammen, um den amerikanischen Plan aufzustellen. »Jeder der fünf«, berichtet *Time*, »verfügte über einen Tisch und einen Küchenstuhl. Die Telephone standen auf dem Fensterbrett. Aufwartefrauen war der Zutritt nicht gestattet, denn die fünf arbeiteten zu allen Zeiten des Tages und der Nacht, und überall lagen streng geheime Papiere herum. Der einzige Dekor bestand in Spinnweben, bis zum Tage, da Robert Oppenheimer von einem Festakt, bei dem ihm der Doktor honoris causa verliehen worden war, zurückkam und rief, er könne in dieser häßlichen Umgebung nicht arbeiten. Er öffnete seine Aktenmappe, nahm seinen blauroten Doktorhut heraus und hängte ihn als Zierat an die Wand.

Neben Oppenheimer gehörten zu den fünf: Chester I. Barnard, Präsident der New Jersey Telephone Company, Charles Allen Thomas, Vizepräsident der Monsanto Chemical Company, Harry A. Winne, Vizepräsident der General Electric, und schließlich David Lilienthal, Direktor der Tennessee Valley Authority, den Truman zum Präsidenten der Atomenergiekommission ernannt hatte. Zwei beinahe linke Intellektuelle und drei konservative Geschäftsleute.

Der Plan, den diese Gehirne ersonnen, übertrug einer durch die Vereinten Nationen zu bildenden Organisation den Besitz aller radioaktiven Stoffe und das Monopol der Kernindustrie. Die USA verpflichteten sich, dieser *Atomic Development Authority*, ADA, alle diesbezüglichen Waffen, Einrichtungen und Verfahren zu überstellen. Die Waffen sollten zerstört werden und die Atomindustrie auf mehrere Länder verteilt werden. Die ADA würde Alleinhersteller für die ganze Welt sein und könnte an die Nationen nur Produkte liefern, die sich nicht militärisch nutzen ließen. Ein Kontrollsystem sollte heimliche Atomaufrüstung unmöglich machen.

Um diesen großartigen Plan vor die Vereinten Nationen zu bringen, hatte Truman den 75jährigen Bernard Mannes Baruch gewählt, den intimen Freund und Berater aller Präsidenten seit Theodore Roosevelt. Truman zählte auf sein Ansehen als Patriarch, um den Bericht des Lilienthal-Komitees in einen »systematischen, förmlichen« Plan zu verwandeln.

Die Vereinten Nationen besaßen noch keinen festen Wohnsitz. In San Francisco gegründet, hatten sie ihre erste Vollversammlung in London abgehalten, suchten jedoch in der Nähe von New York einen ständigen Wohnsitz. Die eleganten Wohnbezirke Dutchess County, Westchester County, Greenwich taten alles, um sie abzuweisen. Man richtete ihnen eine stillgelegte Gyroskopfabrik in Lake Success, auf Long Island, in der Nähe einer Straße ein, die passenderweise Utopia Parkway hieß: doch vor diesem Provisorium mußte man noch ein anderes Provisorium einschieben. Die Frauenuniversität Hunter College war bereit, ihnen in ihrem Nebeninstitut in der Bronx eine Gruppe schartiger, efeubewachsener viktorianischer Gebäude zur Verfügung zu stellen, die von 16 Tennisplätzen und einem Hockeyplatz umgeben waren.

Der Turnsaal bekam ein heraufgezogenes Dach und ein Zwischengeschoß, so daß ein Saal entstand, in dem man 632 Sitze unterbringen konnte. Hier richtete sich der Sicherheitsrat am 25. März ein, fluchend und schimpfend, daß er in diesen abgelegenen, übervölkerten Bezirk verbannt war.

Als erstes beschäftigte die Friedenshüter das Aufflackern der Affäre im Iran. Rußland klammerte sich an Aserbeidschan und die Provinz Meschhed. Die kaiserliche Regierung hatte den Sicherheitsrat angerufen, die UdSSR behauptete jedoch, die Beschwerde sei unstatthaft, da zwischen Moskau und Teheran direkte Verhandlungen weitergingen. Der 38jährige Gromyko eröffnete die Reihe der sowjetischen *walkouts* und Vetos, wodurch sich düstere Aussichten für die Zukunft einer Schlichtungsorganisation eröffneten, die mit einem so heftigen Zwist begann. Alles legte sich wieder, als die iranische Regierung den Russen eine Ölkonzession zugestand. Die UNO (man verwendete diese Abkürzung, deren Verbot das Sekretariat später beantragte, weil sie klinge wie »*You know*« und die respektlose Frage »*You know what?*« nach sich ziehe), die UNO hatte mit dieser Regelung nichts zu tun. Man sorgte dafür, daß der Erfolg ihr gutgeschrieben wurde.

Als nächstes folgte die spanische Frage. Am 9. April brachte der Vertreter Polens eine Klage in vier Punkten ein, in der er zu zeigen suchte, daß Franco und Franco-Spanien eine Bedrohung für den internationalen Frieden darstellten. Holland erhob Einspruch. Die UdSSR und Frankreich schlossen sich der Klage an. Die sieben anderen Mitglieder des Sicherheitsrates suchten Zeit zu gewinnen, indem sie entschieden, eine Untersuchung über die von der polnischen Regierung vorgebrachten Fakten solle eingeleitet werden.

Daß Franco überlebt hatte, war wie ein Wunder. Schon im Jahre 1944 hatte der sehr mittelmäßige Prätendent Don Juan in einem beleidigenden Brief die Überzeugung zum Ausdruck gebracht, daß seine Stunde geschlagen habe: »Eure Exzellenz sind einer der wenigen Spanier, die noch an die Möglichkeit glauben, den Respekt der Nationen gewinnen zu können, die Ihre Politik mit Abscheu betrachten . . . Ich bin überzeugt, daß E. E. und das von Ihnen geleitete Regime den Krieg nicht zu überleben vermögen.« Die Anarchisten und die Kommunisten, die den Thron Spaniens gestürzt hatten, bereiteten in Südfrankreich, mehr oder weniger in der französischen Widerstandsbewegung, die Realisierung der Voraussage des Infanten vor. Sie wurden bitter enttäuscht, als sie feststellten, daß der Kreuzzug der Demokratien an den Pyrenäen halt machte.

Die in Paris geduldete Schattenregierung Dr. Girals versuchte, den Bürgerkrieg neu zu entfachen. Franco nützte sein Recht der Notwehr und ließ etwa zwanzig Anarchisten erschießen, darunter zwei Männer, die angeblich dem französischen Untergrund angehörten, Garcia Gronda und Manuel Castro Rodriguez. In der Konstituierenden Versammlung hielt der alte Edouard Herriot eine donnernde Racherede, und die Regierung sperrte unter dem Druck politischer und gewerkschaftlicher Demonstrationen die Grenze. Französische und spanische Truppen gingen in den Pyrenäen in Stellung. Noch war kein Jahr vergangen, seit die Kanonen in Europa schwiegen, und wieder tauchte der Schatten des Krieges auf!

Glücklicherweise war die Gefahr nur eine künstliche. Frankreich war außerstande, Spanien anzugreifen, und weder England, trotz seiner Labourregierung, noch Amerika, trotz seiner demokratischen Regierung, noch Rußland, trotz seines Kommunismus, hatten die geringste Lust, Frankreich Beistand zu leisten. Entscheidend zu berücksichtigen war auch die Haltung des spanischen Volkes. Der Alptraum des Bürgerkrieges, der Nationalstolz, der alte spanische Franzosenhaß scharten das Volk fest um seinen Diktator. Die Royalisten brachten sich selbst in Verruf, indem sie ihre Bemühungen mit denen der Roten vereinigten. Von dem lächerlichen Prätendenten kam die Aufforderung, man solle sich aus allen öffentlichen Ämtern zurückziehen; niemand hörte auf ihn. Einige Überbleibsel, der Herzog von Alba, der wortreiche Herzog von Medinaceli, die Herzogin von Medina Sidonia, versuchten den Ast abzusägen, auf dem ihre kümmerlichen Persönlichkeiten und ihre ungebührlichen Vermögen über dem Abgrund balancierten; es gelang ihnen nicht einmal, Franco aus seiner kühlen Ruhe zu bringen. Die fortschrittlichen Elemente der Falange forderten ihn auf, die Republik auszurufen: Er lehnte ab. Man durfte so wenig wie möglich in den Vordergrund treten, dann hielt man sich; das wußte er.

Der polnische Antrag brachte also eine Wiederbelebung des Problems. Aber es wurde mit Zweideutigkeit und mit Aufschub behandelt. Der Untersuchungsausschuß, geleitet von dem Australier Herbert Evatt, formulierte die üblichen Verdammungen, stellte aber fest, daß Franco keine unmittelbare Gefahr für den internationalen Frieden darstelle. Der französische Delegierte Alexandre Parodi bestritt diese Tatsache und versuchte, einen allgemeinen Abbruch der diplomatischen Beziehungen zu erreichen. Mexiko schloß sich ihm an. Aber die Mehrheit blieb in weiser Überlegung entschlossen, nicht zu handeln.

Rußland zieht die Souveränität der Sicherheit vor

Die iranische Angelegenheit war verwickelt und kompliziert gewesen. Die spanische Angelegenheit stellte einen Versuch dar, den Sicherheitsrat von seiner Aufgabe abzulenken, indem man ihn in den Dienst einer Ideologie stellte. Unter dem Eindruck dieses doppelten Mißerfolges trat die Atomkommission der Vereinten Nationen in eine Debatte ein, von der man ohne Übertreibung sagen kann, daß sie die Existenz der Menschheit ins Spiel zog.

Baruch hatte den Lilienthalplan geändert. Dieser wollte die Sicherheit auf atomarem Gebiet erreichen, indem er die spaltbaren Materialien und industriellen Einrichtungen in alle Welt zerstreute. Der alte Finanzmann war der Ansicht, man müsse außerdem sofortige unfehlbare Sanktionen gegen jedes Land treffen, welches auf das seiner Aufsicht übergebene Depot die Hand legen oder versuchen würde, eine unabhängige Atombewaffnung für sich selbst aufzubauen. Das den fünf ständigen Mitgliedern des Sicherheitsrates zustehende Vetorecht widersprach einer derartigen automatischen Bestrafung. Baruch schlug vor, es abzuschaffen.

Die Debatte begann am 14. Juni. Die bevorstehende Explosion in Bikini, die Befürchtungen, die sie hervorrief, trugen dazu bei, in dem umgebauten Turnsaal des Hunter College eine Atmosphäre feierlicher Nervosität zu schaffen. Baruch ging sein Thema mit biblischem Pathos an: »*My fellow citizens of the World, we are here to make a choice between the quick and the dead*« (Mitbürger der Welt, wir sind hier, um zwischen den Lebenden und den Toten zu wählen). Die Wissenschaft habe der Natur ein furchtbares Geheimnis entrissen. Es sei für das Überleben der Menschheit unbedingt notwendig, einen Mechanismus zu schaffen, der es gestatte, die Atomenergie für den Frieden zu verwenden und für den Krieg zu verbieten. Ein derartiger Mechanismus dürfe nicht allein aus »frommen Gedanken« bestehen, er müsse energische, unfehlbare Sanktionen enthalten, mit einem internationalen Gesetz »*with teeth*« (mit Zähnen) versehen sein. Unter dieser Bedingung, die die Abschaffung des Vetos voraussetze, erkläre Amerika sich bereit, seine Bomben den Vereinten Nationen zu übertragen, damit sie vernichtet würden, und seine Technik, damit sie für den Fortschritt des Menschengeschlechtes nutzbar gemacht werde.

Fünf Tage später brachte Gromyko den sowjetischen Gegenvorschlag. Er bestand in der sofortigen Vernichtung der vorhandenen Atomwaffen (alle amerikanisch) und dem Verbot, neue herzustellen. Die unterzeichnenden Regierungen sollten dann die geeigneten Verbotsmaßregeln in ihrer nationalen Gesetzgebung treffen. Kurz, Gromyko behandelte die Atombombe wie eine verbotene Waffe, wie den Revolver oder das feststehende Messer. Es war weder von Sanktionen noch von internationaler Überwachung die Rede. Für jedes Land galt nur sein eigenes Recht und seine Ehrlichkeit.

Der sowjetische Plan war ein Hohn, aber bezeichnend. Rußland hatte sich entschieden, trotz des ernsten Risikos, das es einging, lieber im Augenblick unter dem amerikanischen Monopol zu leben, als ein Teilchen seiner Unabhängigkeit aufzugeben. Die optimistische Voreingenommenheit war jedoch in diesem Sommer 1946 so stark, daß Gromykos Rede nicht wie das grobe Zuschlagen einer Tür klang. Tausende Briefe und Telegramme flehten Baruch an, er solle nicht auf der Abschaffung des Vetos bestehen, und der Handelsminister Henry Wallace, Roosevelts Vizepräsident, sandte Truman einen zwölf Seiten langen Brief, um dem Präsidenten zu beweisen, daß der Baruchplan »für Rußland beleidigend« sei. Es sei nicht Rußlands Sache, behauptete er, Garantien zu geben, es müsse vielmehr solche erhalten...

Einige Tage später, am Morgen des 30. Juni, stieg die fliegende Superfestung *Dave's Dream*, gesteuert von Major Woodrow P. Swancet, von dem Atoll Kwajalein auf. Genau um 22 Uhr klinkte Major Harold H. Wood über Bikini seine Bombe oberhalb des alten Schlachtschiffs *Nevada* aus. Die preisgegebene Armada mit ihrer Besatzung von Ziegen erfüllte die ganze Lagune. In respektvoller Entfernung bildete eine zweite Armada einen Kreis, und Tausende Augenpaare, durch fast undurchsichtige Brillen geschützt, waren auf den Punkt gerichtet, an dem der phantastische Blitz hervorbrechen sollte. Eine Art heilige Angst erfüllte die Herzen. Niemand wäre überrascht gewesen, wenn sich der Pazifik wie ein zorniger Gott aufgerichtet und die verwegenen Zuschauer des Wunders verschlungen hätte.

Die Explosion glich dem Grollen des Donners. Der Blitz, mit dem die tropische Sonne im Wettstreit stand, war fast unmerkbar. Die verhältnismäßig bescheidene Rauchsäule löste sich sofort auf. Man war nicht sicher, ob man einen heißen Hauch verspürt hatte, und die unter den Kielen vorbeiflutende Welle wurde von den Meßinstrumenten kaum registriert. Sämtliche Schiffe in der Lagune waren noch seetüchtig, mit Ausnahme der Transporter *Carlisle* und *Gilliam*, die, voller Schäden, sofort gesunken waren. Ein Zerstörer, die *Lamso*, hatte Schlagseite, und ein anderer, die *Anderson*, war manövrierunfähig. Bei der *Nevada*, die um 200 Meter verfehlt worden war, hatte sich die Farbe durch die Hitze abgeblättert, das Schiff hatte jedoch keine ernste Havarie erlitten. Die Aufbauten des Unterseebootes *Skate* waren ein Gewirr von Alteisen, das Schiff war jedoch dichtgeblieben und manövrierfähig. Auf dem Flugzeugträger *Independence* ging der durch das Benzin entstandene Brand von selbst aus. Alle anderen Schiffe waren unversehrt. Fast alle Ziegen waren am Leben geblieben und kauten friedlich ihr Heu. Sogar der Rundfunk hatte mit seinem Versuch, die Explosion in der ganzen Welt hörbar zu machen, einen Mißerfolg zu verzeichnen. Halb Amerika und ganz Europa hatten vergeblich gelauscht.

Diese erste Bombe auf Bikini, die vierte Atomexplosion der Geschichte, war wahrscheinlich zum Teil mißlungen. Sie führte eine Antiklimax herbei. Man lachte über seine eigene Angst. Man schätzte die Bedeutung der Atombombe jetzt anders ein. Es war ihr überraschend gelungen, in zwei japanischen Städten mit zerbrechlichen Häusern ein Blutbad anzurichten, sie hatte jedoch bei der Flotte in Bikini weniger Verheerungen angerichtet als ein Sturzbomber oder ein mit Torpedos aus Papas Zeiten ausgerüstetes Unterseeboot. Die sowjetische Presse war sehr sarkastisch: Die Operation »Crossroads« hatte die Einschüchterung der UdSSR zum Ziel gehabt; sie hatte vor allem den amerikanischen Bluff platzen lassen!

Unter dem Eindruck dieses Mißerfolges wurden die Diskussionen im Hunter College wieder aufgenommen. Gromyko blieb unerschütterlich. Am 25. Juli ging er auf den wesentlichen Punkt der Diskussion ein. Der Baruchplan, erklärte er, sei »mit dem Grundsatz der Souveränität der Staaten unvereinbar«. Jedenfalls werde die Sowjetunion unter keinem Vorwand auf ihr Vetorecht verzichten. Ebensowenig werde sie es hinnehmen, daß »sogenannte übernationale« Kommissionen in ihr Gebiet einreisten, ihre Fabriken besichtigten, ihre Arsenale inventarisierten. »Wir Russen sind berühmt wegen unserer Gastfreundschaft. Aber wir geben Fremden nicht den Schlüssel zu unserem Schlafzimmer . . .«

Das letzte Wort war gesprochen. Die Atomenergie würde kein internationales Statut erhalten. Das Rennen um die Atomwaffen war durch die Entscheidung eines Landes eröffnet worden, das noch nicht am Start war, gegen ein Land, dessen Fortschritt mächtiger und vollkommener war als sein eigener. Bei den Vereinten Nationen und anderwärts spielten sich noch endlose Debatten voll drückender Langeweile ab. Sie waren so vergeblich und von Mißerfolg gezeichnet, daß wir in diesem Bericht fast alle übergehen können.

. . . Vizeadmiral Blandy hatte die Operation »Crossroads« weitergeführt. Am 24. Juli explodierte die zweite Bombe in Bikini dreißig Meter unterhalb der Wasserfläche der Lagune; sie trieb eine Wassersäule von drei bis vier Kilometer Durchmesser hoch und lieferte der Bildberichterstattung für Atomversuche ihr sensationellstes Foto. Diesmal sanken das Schlachtschiff *Arcansas*, der Flugzeugträger *Saratoga*, fünf getauchte Unterseebote und mehrere Schiffe zweiter Ordnung. Rund dreißig andere Einheiten erlitten ernste Schäden. Die Radioaktivität an Bord war noch vier Tage später gefährlich. Die Marine zog den Schluß, daß die Atomwaffen eine völlig neue Gestaltung des Schiffbaus notwendig machten und daß die Herrschaft über die See völlig auf den Himmel übergegangen war.

Hundert Millionen Europäer in Todesgefahr

Eine neue Verantwortung traf die Amerikaner: Sie allein vermochten die Weltkatastrophe einer Hungersnot zu verhindern, die noch mörderischer gewesen wäre als selbst der Krieg.

Zuerst erkannte man den Ernst der Lage nicht. Die amerikanische Getreideernte hatte alle Rekorde gebrochen: sie erzielte 19 Millionen Tonnen. Truman war der Ansicht, man könne alle Einschränkungen der Kriegszeit aufheben, weißes Brot backen, den Brauereien, den Viehzüchtern freie Hand geben, den Rindfleischverbrauch usw. freigeben. Er hatte versprochen, im Laufe der ersten sechs Monate des Jahres 1946 60 Millionen Zentner Getreide nach Europa zu liefern, um den Übergang bis zur nächsten Ernte sicherzustellen und den Hunger in Europa einzudämmen.

Plötzlich ertönte ein Alarmsignal. Das *Emergency Committee for Europe* gab bekannt, daß 340 Millionen Europäer von weniger als 2000 Kalorien täglich leben mußten, was als die Grenze der Unterernährung gilt. 150 Millionen lebten von weniger als 1250 Kalorien und befanden sich damit am Beginn der Hungersnot. Manche waren in tragischer Lage. Italien senkte seine jämmerliche Brotration von täglich 225 auf 150 Gramm, und dennoch mußte man zwei kanadische Getreideschiffe, die für England bestimmt waren, mitten im Meer nach Neapel und Genua umdirigieren, um eine Tragödie zu vermeiden. In Österreich waren selbst die Minister so schlecht genährt, daß die Hälfte des Kabinetts während einer Beratung aus Schwäche zusammenbrach. Das unglücklichste Land von allen war Polen: Lodz und Posen blieben drei Wochen lang ohne Brot. Tausende Kriegswaisen starben Hungers.

Man hatte einen unternehmungslustigen kleinen Mann zum Direktor der UNRRA ernannt: Fiorello – Kleine Blume – La Guardia, seines Zeichens Republikaner und von Geburt Italiener, dem es gelungen war, den Demokraten und Iren das Oberbürgermeisteramt von New York wegzuschnappen. Er kehrte mit gutem Grund zu seinem Demagogenberuf zurück. Amerika hat weder sein Versprechen noch seine Aufgabe erfüllt, sagte er. Die Getreidelieferungen der beiden ersten Monate des Jahres 1946 waren unbedeutend. Die Getreidesilos der Kornhäfen waren leer, weil die Farmer mit einer Preiserhöhung rechneten und ihr Korn nicht lieferten. Würde Amerika, auf einem heimlichen Getreidehaufen sitzend, die größte Hungersnot aller Zeiten miterleben?

Truman war angespornt und alarmierte die Nation. »Es besteht die Gefahr, daß in diesem Jahr mehr Menschen sterben als in allen Jahren des vergangenen Krieges zusammengenommen. Wir müssen uns unbedingt einschränken, um sie zu retten...« Er ordnete an, die Ausmahlungsgrenze zu erhöhen, das heißt, das Brot schwärzer zu machen, setzte eine Prämie von 30 Cent pro Scheffel aus, der vor dem

31. Mai geliefert wurde, um das von den Farmern eingelagerte Getreide zum Vorschein zu bringen. Er schuf das Hilfskomitee der Vereinigten Staaten für Europa und Asien, an dessen Spitze er den Mann setzte, der bereits nach dem Ersten Weltkrieg Europa ernährt hatte, den Expräsidenten der Vereinigten Staaten, Herbert Hoover.

Hoover machte sich auf die Reise, legte 120 000 Kilometer zurück, besuchte 38 Länder und erstellte einen Überblick über den Hunger. Der Krieg hatte 30 Millionen Tote gekostet, dennoch hatte die Bevölkerungszahl der Erde sich zwischen 1938 und 1946 um hundert Millionen erhöht. Europa war unterernährt, es verfügte nicht mehr über die Nahrungsmenge, die der Zivilisation entsprach, die es erreicht hatte und die es wiederherzustellen galt. In Frankreich, Belgien, Holland, Norwegen war das Ernährungsniveau auf 70 bis 75 % des Vorkriegsstandes gesunken, in Griechenland, Jugoslawien, Polen, Italien auf 55 oder 60 %; in Österreich und in Deutschland war es auf weniger als 50 % gesunken. Eine weitere Verringerung würde den Tod von Millionen Europäern nach sich ziehen.

Nun waren die Voraussagen schlimmer als schlecht. Die europäische Ernte des Jahres 1944, die mitten im Krieg ausgesät und geerntet worden war, hatte noch 44 Millionen Tonnen Brotgetreide, Roggen und Weizen, ergeben. Die Ernte des Jahres 1945 war gewachsen, als die Kanonen bereits geschwiegen hatten, und war dennoch katastrophal: 31 Millionen Tonnen, die Hälfte des normalen Umfangs. Die Trockenheit im Frühjahr und Sommer genügte nicht, um dieses Versagen zu erklären. Das Ende des Krieges war noch keine Wiederherstellung des Friedens. Die wirtschaftliche Zerrüttung durch sechs Kriegsjahre verlängerte und verschlimmerte ihre Wirkung; der Mangel erhöhte die Hungersnot. Die Landwirtschaft lag darnieder. Hoover, ein gar nicht rührseliger, höchst sachlicher Mann, schlug einen anderen Ton an, um die Lage zu schildern: »Wir stehen vor einem ganz schaurigen Gespenst, der schrecklichsten Hungersnot der Geschichte ...«

Sehr spät wurden gewaltige Anstrengungen unternommen. Hoover verhandelte mit Kanada, Argentinien, Australien und erlangte durch Versprechen finanzieller und transportmäßiger amerikanischer Hilfe von diesen drei Staaten 60 Millionen Zentner, wodurch der Beitrag Amerikas verdoppelt wurde. Die *Liberty Ships*, die an den Flußmündungen zu rosten begannen, wurden für den großen Getreidekreuzzug wieder instand gesetzt. In Europa selbst führten die beiden wunderbar verschonten Länder, Schweden und die Schweiz, aus Solidarität wieder Rationierungssysteme ein; Belgien verminderte seine Brotration, und England, dem es gelungen war, die Rationierung während des ganzen Krieges zu vermeiden, führte sie jetzt ein.

Hoover hatte Rußland um Hilfe gebeten. Es verweigerte sie, versprach jedoch Frankreich 400 000 Tonnen Weizen und 100 000 Tonnen Gerste unter der Bedingung, daß sie in Dollar gezahlt würden. Am 8. April lief die *Klim Woroschilow* mit einer Ladung von 5234 Tonnen in Marseille ein. Die Kommunistische Partei organisierte ein riesiges Dankfest. Hundert Sack wurden auf rot drapierten Wagen durch die Stadt geführt. Am Tag darauf unterließen es fast alle französischen Zeitungen, eine Notiz des Botschafters Jefferson Caffery zu bringen, die daran erinnerte, daß vom 1. August 1945 bis zum April 1946 1 894 250 Tonnen amerikanisches Getreide

– 300 mal die Ladung der *Klim Woroschilow* – in Frankreich und Nordafrika eingetroffen waren.

Wieder gewann Amerika das Rennen gegen den Kalender. Am 30. Juni waren die Europa zugesicherten 60 Millionen Zentner nicht nur erreicht, sondern überschritten. Die Lieferungen Kanadas, Argentiniens und Australiens brachten die von Danzig bis Triest während der ersten sechs Monate des Jahres 1946 ausgeladene Getreidemenge auf 10 750 630 Tonnen – fast das Doppelte einer durchschnittlichen französischen Ernte. Der Übergang zur nächsten Getreideernte war gesichert. Das Gespenst der Hungersnot war ferner gerückt: doch es sollte wiederkommen . . .

In Frankreich ist die Revolution aufgeschoben

Wieder verschwand eine Monarchie. Am 2. Juni wurde Italien mit 12 717 923 gegen 10 719 284 Stimmen zur Republik erklärt. Da Viktor Emmanuel erst im Mai abgedankt hatte, war Umberto II. nur ein Maikönig gewesen. Er dachte erst daran, die Volksabstimmung anzufechten, einen Staatsstreich zu versuchen; dann fand er sich damit ab und ging ins Exil.

Die Regelung des Friedens war ein drittes Mal mißlungen. Byrnes, Bidault, Bevin und Molotow waren in Paris zusammengekommen und hatten sich weder über den Friedensvertrag mit Italien noch über die Donauprobleme oder über eine gemeinsame Politik gegenüber Deutschland zu einigen vermocht. Byrnes beharrte darauf, daß das im Vorjahr in Moskau gegebene Versprechen, eine allgemeine Friedenskonferenz im Jahre 1946 abzuhalten, eingehalten werde. Daher beschlossen die vier, für den 29. Juli die folgenden 17 Mächte von den 49, die offiziell mit den Mächten der Achse im Kriegszustand gestanden hatten, nach Paris einzuladen: Äthiopien, Australien, Belgien, Brasilien, China, Griechenland, Indien, Jugoslawien, Kanada, die Niederlande, Neuseeland, Norwegen, Polen, die Südafrikanische Union, die Tschechoslowakei, die Ukraine, Weißrußland. Die Kompetenz der Konferenz war jedoch beschränkt: Sie würde die europäischen Friedensverträge erörtern, unter Ausschluß jener mit Österreich und Deutschland, mit anderen Worten der wichtigsten. Mangels einer Bedeutung bereitete man für die Konferenz einen großen Rahmen vor: den prunkvollen Palast der Maria von Medici und der Senatoren der ehemaligen Dritten Republik, das Luxembourg.

Über diesem Frankreich, dazu berufen, den Gastgeber der Welt zu spielen, hing noch immer das Damoklesschwert der Revolution. Die wirtschaftliche und soziale Lage war weiterhin kritisch. Die revolutionäre Gesetzgebende Versammlung, die im November gewählt worden war, beherrschte, erdrückte die schwachen Nachfolger General de Gaulles. Man kam zu der Ansicht, daß die Beteiligung der Kommunisten an der Regierung ein Glück sei: Diszipliniert und immer an Stalins Entscheidung gebunden, jede gefährliche internationale Komplikation zu vermeiden, ergingen sie sich weniger als die anderen in Großsprecherei und Demagogie.

Im März beschloß die Gesetzgebende Versammlung mit 512 gegen 64 Stimmen die Verstaatlichung von Elektrizität und Gas. Im April waren 34 Versicherungsgesellschaften an der Reihe, die hauptsächlichen Depositenkassen und die Kohlengruben, die im Jahre 1945 der Beschlagnahme entgangen waren. Der sogenannte öffentliche Sektor wurde zu einem riesigen Staatsapparat. Die grundsätzliche Opposition war sehr schwach. Niemand ahnte, daß diese Art sozialistischer Wirtschaft, die Frankreich aufgezwungen wurde, sich im Laufe der folgenden Jahre gegenüber der Wirtschaftsdemokratie, dem Volkskapitalismus, wie ihn Amerika und – in geringerem Maße – Deutschland entwickeln sollten, als rückständig erweisen würde. Die Millionen von Staatsangestellten sollten die ersten Opfer des Systems sein. In starre Klassen geordnet, sollten sie von einem Arbeitgeber erdrückt werden, der selbst ein Gefangener seiner Riesenhaftigkeit und dadurch zu einer autoritären Politik bezüglich der Gehälter und der Arbeitsbedingungen gezwungen war.

Die einzige spezifische Aufgabe der Gesetzgebenden Versammlung war die Verfassung. Sie machte sich erst am 9. April ans Werk, nur zwei Wochen vor Ablauf des Siebenmonatsmandates, das ihr gewährt worden war. In der Nacht vom 19. zum 20. April war die Diskussion beendet, und die Verfassung wurde zu den Klängen der Marseillaise angenommen. Wenn man die Debatten in den vergilbten Seiten des *Journal Officiel* nachliest, bekommt man den seltsamen Eindruck einer kindischen Nachahmung. Die Mitglieder der Konstituierenden Versammlung des Jahres 1946 spielten Konventsmitglieder von 1793. Der Generalberichterstatter über den Verfassungsentwurf, Pierre Cot, sagt – man glaubt, einen sehr gealterten Saint-Just zu hören –: »Die ganze Macht wird von nun an nur einen einzigen Ursprung haben, das Volk, über den alleinigen Mittler, die von ihm gewählte Nationalversammlung . . .« Die Neo-Jakobiner schlugen Frankreich Lösungen vor, die schon 150 Jahre zuvor einfältig gewesen waren.

Das *Mouvement Républicain Populaire* hatte trotz seiner noch aus der *Résistance* stammenden Anpassungsfähigkeit nicht bis zum Ende mitgehen können. Es hatte sich von der Mehrheit getrennt. Die Marseillaise wurde einstimmig gesungen, die Abstimmung jedoch hatte kein solches Resultat ergeben. Die Verfassung wurde mit nur 309 Stimmen gegen 249 beschlossen.

Sie war ein Unding. Sie setzte den Staat zugunsten einer totalitären Nationalversammlung ab. Der Präsident der Republik und der Regierungschef, auf die Rolle eines Statisten beziehungsweise eines reinen Ausführenden beschränkt, wurden von ihr allein gewählt. Die richterliche Gewalt ging auf dem Umweg über einen Magistratsrat in ihre Kontrolle über, in dem ihre Vertreter in der Mehrheit waren. »Dieser Verfassungsentwurf steht zum klassischen Typus des parlamentarischen Systems im Gegensatz«, hatte Maurice Schumann gesagt. Tatsächlich war es nur ein Akt der Besitzergreifung Frankreichs durch eine marxistische Mehrheit, die davon überzeugt war, daß ihre Herrschaft nicht wieder in Frage gestellt würde. Die Diktatur einer Klasse und ihre unvermeidliche Fortsetzung, die Diktatur eines Mannes, waren immanente Bestandteile dieses Verfassungsaktes.

Es blieb nur die Bestätigung durch das Volk abzuwarten. Das Datum war auf den 5. Mai festgesetzt.

Dieser Bestätigung durch das Volk sah die äußerste Linke mit Arroganz entgegen. »Wenn wir geschlagen würden«, sagte Jacques Duclos, »würden wir uns unterwerfen. Aber wie sollten wir geschlagen werden?« »Nach unserem Triumph im Mai«, verkündete Raymond Guyot, «werden wir unseren Junitriumph haben: die Parlamentswahlen, die Maurice Thorez an die Macht bringen werden.« Dieser bereitete sich darauf vor, indem er die Doktrin bis zur Ketzerei entschärfte. »Bei den besonderen Verhältnissen Frankreichs ist es möglich, daß der Errichtung einer sozialistischen Demokratie keine Phase der Diktatur des Proletariats voranzugehen braucht.« Die kurze Kampagne vor der Abstimmung ließ erwarten, die Verfassung werde mit erdrückender Mehrheit bestätigt werden. Die ablehnend eingestellten Parteien wurden durch den Umfang der gegnerischen Propaganda überschwemmt und durch Drohungen eingeschüchtert, die immer noch Schlagkraft hatten. »Die Nein-Sager« – so Thorez – »sind jene, die zu Hitler ja gesagt haben . . .«

Am Abend des 5. Mai erwartete Thorez die Ergebnisse in seinem Bürgermeisteramt in Ivry sur Seine. Man brachte ihm die Ziffern der Ortsgemeinde: 14 705 Ja, 6783 Nein. »Es fehlen 2000 Ja-Stimmen«, sagte er. »Ganz klar, wir sind geschlagen . . .«

Diese augenblickliche Voraussage war richtig. Der Norden, die Vororte von Paris, der Westen des Zentralmassivs, ein Teil des Südens hatten mit »Ja« gestimmt, im allgemeinen jedoch mit geringfügiger Mehrheit. Der Osten und Westen, die Normandie und das Elsaß, die Bretagne und Lothringen hatten mit »Nein« gestimmt; die Nein-Stimmen erreichten im Departement Nieder-Rhein 71 % und in der Manche 74,9 %. Die Verfassung war mit 10 522 478 gegen 9 323 709 Stimmen abgelehnt worden. Wieder hatte sich die Volksabstimmung als vernünftig und als den Wahlen überlegen erwiesen.

Man mußte wieder von vorn anfangen. Am 2. Juni wählten die Franzosen eine neue Gesetzgebende Versammlung. Die Katholiken des MRP gewannen die Wahl mit Glanz, erreichten 5 589 213 anstelle der vorhergehenden 4 580 222 Stimmen, ihr Sieg ergab auf Grund des Wahlgesetzes jedoch nur einen Gewinn von 14 Sitzen. Sie hatten nun 162 Abgeordnete, die Kommunisten blieben bei 149, und die Sozialisten waren noch 122. Die Radikalen hatten 35 Sitze und die Rechte 62. Die 64 Abgeordneten aus Übersee ergänzten die Versammlung auf 594 Mitglieder. Sie hatte, wie die vorhergegangene, ein Mandat von 7 Monaten, um eine Verfassung aufzustellen.

Ohne Freude griff man auf die Verbindung zwischen Parteien zurück, die einander gerade noch bekämpft hatten. Die Kommunisten enthielten sich bei der Wahl Georges Bidaults zum Chef der provisorischen Regierung der Stimme, nahmen jedoch die Vizepräsidentschaft und fünf technische Ministerposten, darunter die Produktion und die Rüstung, an.

De Gaulle hatte nicht gewählt. Er hatte den verfallenen Jagdpavillon in Marly verlassen und wartete bei seinem Schwager Vendroux in den Ardennen auf die Wiederherstellung der Villa La Boisserie in Colombey-les-deux-Eglises. Sein Stern schien im Meer der Demokratie und der Undankbarkeit zu versinken. Eine Meinungsumfrage stellte fest, daß kaum 21 % der Franzosen seine Rückkehr an die Macht wünschten.

Mit einemmal hielt er eine Rede. Am 16. Juni in Bayeux, in der freudigen Stimmung des zweiten Jahres seit der Invasion, sprach er davon, welche Institutionen Frankreich notwendig brauche. Er verlangte ein großes Parlament der Französischen Union, ein aus zwei Kammern bestehendes Parlament im Mutterland, eine starke, stabile Exekutive, einen Staatschef, der die Nation verkörperte, schützte, leitete. Die erste Gesetzgebende Versammlung hatte versucht, eine Regierung des Parlaments zu errichten; jetzt, da die zweite zusammengetreten war, schlug de Gaulle Frankreich eine Präsidialregierung vor!

Zwei Tage darauf brachte eine Militärparade auf den Champs-Elysées die Herzen in Wallung. Gruppen von jungen Leuten riefen: »De Gaulle an die Macht!« Sie rannten zum Sitz der Kommunistischen Partei, drückten die eisernen Rolläden ein und verstreuten auf der Kreuzung der Rue Chateaudun einen Haufen marxistischer Literatur. Die Polizei reagierte zu spät.

Die Sensation war außerordentlich. Zum erstenmal seit der Befreiung hatte man die Partei der Füsilierten physisch attackiert. Auf der Tribüne der Gesetzgebenden Versammlung stellte Jacques Duclos zwischen den beiden Vorfällen, der Rede in Bayeux und dem Aufruhr in der Rue de Chateaudun, einen Kausalzusammenhang her. »Die Hitlerei hat nicht anders begonnen...« Die Kommunistische Partei ließ vor ihrem geschändeten Rolladen eine halbe Million Menschen vorbeidefilieren. De Gaulle wurde verhöhnt, man nannte ihn einen Möchtegern-Diktator, einen Aufwieglergeneral. Die Demonstration griff in die angrenzenden Bezirke über, bis in die Vorstadt. Das Bürgertum, das dazu neigt, die Ungerechtigkeit der Unordnung vorzuziehen, hatte sich der seit einem Jahr in Gang befindlichen gesetzlichen Revolution gebeugt; bei den Aufstandsgerüchten, die vom Pflaster ausgingen, wurde es unruhig. (*Forts. Frankreich S. 165*)

Admiral d'Argenlieu gegen die Vereinbarung vom 6. März

Während sich die Regierung Bidault installierte, wartete Ho Tschi Minh im Hotel Carlton in Biarritz. Man muß um einige Monate zurückgehen, um den Faden der außerordentlichen Vorfälle aufzunehmen, die den Chef der Vietminh nach Frankreich gebracht hatten.

Anfang Januar hatte sich die Lage in Kotschinchina oberflächlich beruhigt. Leclerc brachte seine motorisierten Truppen wieder nach Saigon, wo die 3. Kolonial-Infanteriedivision und die Brigade aus Madagaskar zu seiner Verstärkung eintrafen. Das zur Wiederherstellung des *status quo ante bellum* bestimmte Expeditionskorps, das die französische Herrschaft in Tongking wiedereinsetzen sollte, formierte sich.

Ho Tschi Minh erkannte die Bedrohung und suchte die Basis seiner Macht zu erweitern. Er gestattete dem Dong Minh Hoi und dem Viet Nam Dan Nang Quoc (VNDDQ), den beiden Rivalen der Vietminh, wieder ein rechtmäßiges Dasein zu führen, und räumte ihnen in der Großen Versammlung, Quoc Hoi, die er durch eine Scheinwahl berufen ließ, 70 Sitze ein. Er suchte herauszubekommen, was er an Hilfe von Amerika und China zu erwarten hätte. Andererseits hütete er sich, seine Verbindungen mit Sainteny abzubrechen. Die nächtlichen Zusammenkünfte auf dem Boulevard Jaurreguiberry und der Place Paul Bert gingen weiter.

Die Haltung der Franzosen war nicht weniger raffiniert. Sie hatten wieder Fuß gefaßt, doch der Vormarsch nach dem Norden Indochinas war noch überaus schwierig. General Leclerc war der erste, der erklärte, es komme nicht in Frage, sich auf ein rein militärisches Abenteuer einzulassen. Deshalb suchte man nach allen Seiten Kontakte. Man machte Annäherungsversuche an den VNDDQ und an den Dong Minh. Andere wandten sich an den Bürger Vinh Thuy, den vormaligen Bao Dai, und an seine Kaiserin, die strenge Katholikin Nam Phuong, der man eine Regentschaft ihres Sohnes, Bao Long, vorgaukelte. Man dachte sogar daran, den Exkaiser Duy Tan wieder einzusetzen, der im Jahre 1917, im Alter von 17 Jahren, aus dem Palast in Hué geflohen war und sich an die Spitze eines Aufstandes gestellt hatte; er hatte als Verbannter 25 Jahre in Algerien verbracht und den Krieg bei der französischen Luftwaffe mitgemacht. Aber die Parteien, die die Vietminh bekämpften, waren noch nationalistischer als diese selbst. Duy Tan wäre nur im Falle der Unabhängigkeit bereit gewesen, sich wieder als Herrscher einsetzen zu lassen. Bao Dai ließ niemand an sich heran, und die Kaiserin spielte als Antwort an den Abgesandten der französischen Regierung die vietnamesische Hymne auf dem Klavier.

Die Vorbedingung für eine Wiederbesetzung Tongkings war eine Einigung mit China. Der Botschafter Meyrier verhandelte darüber in Chungking, unterstützt von General Salan. Das Abkommen wurde am 28. Februar unterzeichnet. China ließ sich die Räumung durch Bedingungen bezahlen, von denen die einen fiktiv waren, wie das Ausschlagen von Zugeständnissen, die bereits nicht mehr zur Diskussion standen, während andere, wie die Gewährung einer Freihandelszone für Haiphong die ungleichen Verträge, über die sich die Chinesen so bitter beklagten, zu ihren Gunsten umkehrten. Um diesen Preis sollten die Truppen Lu Hans sich vom 1. bis 31. März durch die französischen Truppen ablösen lassen.

Leclerc wartete nicht. Er erteilte der 9. DIC und einer Abteilung der 2. DB Befehl, sich einzuschiffen.

Die Lage war höchst merkwürdig und außerordentlich gefährlich. Die Gespräche mit Ho Tschi Minh waren weiterhin ohne Ergebnis, gipfelten immer wieder in einem Wort, Unabhängigkeit, und einem Prinzip, der Einheit Vietnams. Die 30 000 Franzosen in Tongking gingen einem Massaker entgegen, wenn das Erscheinen Leclercs in Haiphong eine neue Welle der nationalistischen Wut auslöste. Eine Landung mit nackter Gewalt, eine Wiedereroberung mit Waffengewalt stellte genau jenes militärische Abenteuer dar, das Leclerc verurteilt hatte. Sainteny und seine Mitarbeiter hatten Stunden schweren Bangens zu überstehen.

Die Vietminh bangte nicht minder. Der französisch-chinesische Vertrag, die bedingungslose Anerkennung der französischen Oberhoheit und völlige Mißachtung des vietnamesischen Staates, war ein schwerer Schlag. Amerika hatte eine schmerzliche Enttäuschung bereitet. Die vietnamesischen Führer hatten den Versicherungen der unternehmungslustigen jungen Offiziere der OSS Glauben geschenkt; diese hatten nicht mit der amerikanischen Phraseologie gespart, mit eifrigen Hinweisen auf die Unabhängigkeitserklärung, die Prinzipien Jeffersons und die Atlantik-Charta.

Sie mußten feststellen, daß Amerika nicht bereit war, sich mit Frankreich ihres Selbstbestimmungsrechtes wegen zu überwerfen. General Robert B. McClure, der Chef der amerikanischen Botschaft in Hanoi, wiederholte, was er bereits der vietnamesischen Regierung mitgeteilt hatte: Amerika mischte sich nicht ein. Vietnam blieb auf sich allein gestellt, um der imperialistischen Macht Widerstand zu leisten, die an seine Gestade zurückkehrte.

Der Morgen des 6. März dämmerte. Nachdem das französische Geschwader und der Truppentransport während der Nacht vor Anker gelegen hatten, fuhren sie vorsichtig den Cua Cam, den Fluß von Haiphong, stromaufwärts. Die Flut war günstig; sie sollte es auch noch am nächsten Tag sein, dann würden mehrere Wochen vergehen, ehe die großen Schiffe die Fahrstraßen, die durch die Anschwemmungen des Roten Flusses versperrt waren, wieder durchfahren konnten. Wenn nicht in den nächsten Stunden mit Ho Tschi Minh eine Vereinbarung getroffen wurde, hatte die Expedition nur die Wahl zwischen einem unsicheren Angriff und unrühmlicher Umkehr ...

Die Umrisse von Haiphong zeigten sich in der Ferne. Die Generäle Leclerc und Valluy an Bord der Kreuzer *Emile Bertin* und *Le Triomphant* wußten immer noch nicht, ob sie als Freunde oder als Feinde landen würden.

Als Freunde! Um sechs Uhr erhielten sie die Nachricht aus Hanoi, daß der Vertrag zwischen dem Präsidenten Ho Tschi Minh und dem Bevollmächtigten der Republik, Sainteny, geschlossen worden war.

Die Landekähne stießen von den Kreuzern ab und näherten sich den Landungsbrücken. Es war heller Tag.

Überraschung: Kanonenschüsse. Einige vereinzelte Schüsse, dann ein Hagel von Granaten. Signale der Kreuzer riefen die Kähne zurück, aber ein LCI, ein Infanterielandungsfahrzeug, das einen Volltreffer erhalten hatte, brannte lichterloh, und alle seine Insassen verbrannten. Leclerc stieg mit einer Verwegenheit, die eines Generals des Ersten Kaiserreiches würdig war, in sein Motorboot und fuhr zu den Toten, um ihnen die letzte Ehre zu erweisen. *Le Triomphant* setzte seine Fahrt fort, die Flagge »Feuer einstellen« flatterte an seinem Großmast. Anstatt eingestellt zu werden, konzentrierte sich das Feuer auf den Kreuzer. Eine Granate explodierte in der Krankenstation und tötete 24 Mann. Die Türme erhielten Befehl, das Feuer zu erwidern. Im Hafen brach ein Vulkan los. Eines der ersten Geschosse des Kreuzers hatte ein Munitionslager getroffen, eine Kriegsbeute, die eben nach China verladen werden sollte. Die französischen Schiffe zogen sich jedoch außer Reichweite der Küstenbatterien zurück. In der verwüsteten Stadt begrüßte ein Freudengeheul die Flucht der hartnäckigen Kolonialisten.

Der Befehl zum Beschuß der französischen Schiffe war nicht von den Vietnamesen gegeben worden, sondern von dem chinesischen General Wang Hu-huan, der seine Wut über eine bevorstehende Räumung des reichen Weidelandes, in dem sich vier Armeen der Kuomintang vollgefressen hatten, auf diese Weise zum Ausdruck brachte. Er behauptete später, er habe nicht rechtzeitig von der Vereinbarung zwischen Ho Tschi Minh und Sainteny Kenntnis erhalten.

Durch diese zustande gekommene Vereinbarung »anerkannte die französische

Regierung die Republik Vietnam als freien Staat mit eigener Regierung, eigenem Parlament, eigener Armee und eigenen Finanzen als Teil der Föderation von Indochina und der Französischen Union«. Die Verschmelzung der drei Ky, das heißt die Vereinigung Kotschinchinas, Annams und Tongkings, blieb vorbehalten, wobei Frankreich sich verpflichtete, die Entscheidungen einer Volksbefragung zu bestätigen. Unter diesen Umständen nahm die Regierung Vietnams die französischen Truppen »freundlich« auf. Ihr Personalstand war auf 15 000 Mann beschränkt, die außerdem zu je einem Fünftel in einem Zeitraum von fünf Jahren durch vietnamesische Truppen abgelöst werden sollten.

Von den alteingesessenen Pflanzern konnte der Vertrag vom 6. März nur als Treulosigkeit gewertet werden. Der seit einem Jahr franzosenfeindlichen Bevölkerung gab er Grund zur Bestürzung. Das geheiligte Wort »Unabhängigkeit« enthielt er nicht. Die französischen Soldaten kehrten zurück. Nach einem Jahr strengsten Verbotes flatterte eine große französische Fahne am Giebel des Radiuminstituts in der Rue Richaud, dem Sitz des französischen Kommissars. Ho Tschi Minh und mit ihm die Kommunistische Partei wurden beschuldigt, Komplicen des Kolonialismus zu sein. Der Vater des Vaterlandes wurde zum Verräter des Vaterlandes, Viet Giam. Dieser Vorwurf traf ihn schwer, und er zog zum zweitenmal in Betracht, hinter Vin Thuy, dem vormaligen Bao Dai, in den Hintergrund zu treten.

Der Mann, der die Situation rettete, war Vo Nguyen Giap. Vor einer bewegten Menschenmenge auf dem Theaterplatz schrie er die brutale Wahrheit heraus. Der Vertrag war nicht gut, aber er war durch die Notwendigkeit diktiert worden. Die vietnamesische Regierung gestattete den französischen Truppen nur deswegen die Rückkehr, weil sie sonst ohne ihre Einwilligung gekommen wären. China hatte einen Vertrag mit Frankreich geschlossen. Amerika war auf die Seite Frankreichs getreten. Dennoch Widerstand zu leisten, hätte Vietnam nur von neuem dem Kolonialismus ausgeliefert. Die Vereinbarung rettete das Wesentliche: den Staat und seine vietnamesische Regierung. »Wenn er auch nicht die Unabhängigkeit bedeutet, so doch mehr als die Autonomie. Wir werden ihn benutzen, um die uneingeschränkte Unabhängigkeit zu erreichen, die unser einziges Ziel bleibt.« Leclerc widerstand der Versuchung vorzustürmen und akzeptierte es, daß seine Soldaten zwölf Tage lang in Haiphong hinter der Absperrung des Hafens festsaßen, während er mit Lu Han verhandelte und Lu Han alle Vorwände ins Treffen führte, um trotz des französisch-chinesischen Abkommens in Indochina zu bleiben. Erst am Morgen des 18. März setzte sich eine Panzerkolonne in Richtung Hanoi in Bewegung. Sie überschritt die Doumerbrücke und drang am frühen Nachmittag bei strahlender Sonne in die Stadt ein.

Für Leclerc war der Tag eine Apotheose. Im Jahre 1940 hatte er im Herzen Afrikas versprochen, er werde die Trikolore bis nach Straßburg bringen. Er hatte sie bis nach Hanoi gebracht. Eine freudetrunkene Menge von Franzosen jubelte ihm zu. Man wunderte sich kaum, daß er an seinem Jeep neben der französischen die vietnamesische Fahne flattern ließ. Bei der Befreiungsparade wurde die Teilnahme eines Bataillons der vietnamesischen Nationalarmee mit kühlem Schweigen quittiert. Leclerc hatte mit Giap Verbindung aufgenommen und ihm ohne Umschweife gesagt: »Vergessen Sie nicht, daß ich Franzose bin und in erster Linie als solcher handeln werde . . .« Doch das französische Denken General Leclercs drückte sich in dem Bericht aus, den er nach Paris sandte: »Es gilt nicht mehr, sich mit Gewalt einzudrängen . . . Die Regierung Ho Tschi Minh ist entschlossen, uns vor die Tür zu setzen, wurde aber durch die Schnelligkeit und Schlagkraft unserer Rückkehr überrascht. Wir haben jetzt alles, was wir brauchen, um zu verhandeln . . .«

Admiral d'Argenlieu jedoch sah in dem Vertrag vom 6. März eine Kapitulation. Seiner Ansicht nach war es seine Pflicht, den Geist des Vertrages zu bekämpfen und seine Wirkung einzuschränken. Er beabsichtigte, sich der Einigung Vietnams zu widersetzen, indem er die Autonomie Kotschinchinas verstärkte und den konservativen Partikularismus des Südens gegen den revolutionären Zentralismus des Nordens unterstützte.

Im Jahre 1920 hatte Georges Thierry d'Argenlieu seinen Waffenrock als Kapitänleutnant abgelegt und im Kloster Avon im Departement Oise als Karmeliter das Kleid des hochwürdigen Vaters Louis von der Dreieinigkeit angezogen. Im Jahre 1939 als Korvettenkapitän mobilisiert, war er 1940 aus Cherbourg geflüchtet und hatte sich in London de Gaulle angeschlossen, dem er sich bis an sein Lebensende zu bedingungsloser Treue verpflichtete. Nach dem Sieg hätte er wieder in seine Mönchszelle zurückkehren sollen, de Gaulle verlängerte jedoch seinen weltlichen Dienst, indem er ihn eigenmächtig zum französischen Hochkommissar für Indochina ernannte. Er war, wie einer seiner Vorgesetzten im Generalstab gesagt hatte, »der brillanteste Kopf dieses Jahrhunderts«. Er teilte die Leidenschaft General de Gaulles für die Wiedererneuerung des französischen Ruhmes, ihm fehlte aber, schreibt Bernard Fall, die Aufgeschlossenheit seines Chefs. Für ihn verstand sich die Erneuerung im engsten Sinn, eine Wiederherstellung der Vergangenheit.

Rund um Thierry d'Argenlieu bildete sich ein de Gaulle anhängendes, aber kolonial denkendes Indochina. Der Mönch-Admiral, mehr Inquisitor als Administrator, entfernte Hunderte Beamte, von denen die meisten nur das Verbrechen begangen hatten, ihr Amt nicht aufzugeben, damit der Fortbestand der französischen Verwaltung nicht durch japanische Eindringlinge unterbrochen wurde. Der frühere Gouverneur stellte sich seinem Nachfolger zur Verfügung; d'Argenlieu weigerte sich, ihn zu empfangen, und schickte ihn in Ketten nach Frankreich zurück. In der Politik war das Brevier des Ehrwürdigen Vaters Louis von der Dreieinigkeit die Erklärung vom 24. März 1945, die nicht einmal ein Versprechen innerer Autonomie darstellte. Die Ansichten Leclercs, dessen Vorgesetzter er rangmäßig war, brachten ihn außer sich. Frankreich war wiedergekommen, nicht um zu verhandeln, sondern um zu erobern, zu herrschen und zu strafen. Er empfing Valluy nach der Landung in Haiphong und sagte ihm: »Ich bin höchst verwundert – ja, Herr General, ich meine das wörtlich, verwundert –, daß Frankreich ein so prächtiges Expeditionskorps in Indochina hat und daß dessen Führer lieber verhandeln als kämpfen.« Zwischen dem Admiral und Ho Tschi Minh wurde an Bord der *Emile Bertin* in der Bucht von Along eine Zusammenkunft arrangiert; sie bestärkte d'Argenlieu in seiner Überzeugung, daß der 6. März ein München war.

Die Autonomie Kotschinchinas war keineswegs irreal. Kotschinchina war seit dem Jahr 1864 direkt mit Frankreich verbunden, hatte Erfahrung mit halbparlamentarischen Institutionen und hatte sich ein stark gallisiertes Bürgertum geschaffen. Es war der asiatischen Übervölkerung entgangen, das Land war verhältnismäßig reich und fürchtete eine enge Verbindung mit der Armut Tongkings. Wenn die führenden Persönlichkeiten ihre Macht bewahrt hätten, wenn weiter Ordnung und Sicherheit geherrscht hätte, wenn der Sinn für den Vorteil gegenüber der Leidenschaft überwogen hätte, wäre die Autonomie Kotschinchinas eine populäre Angelegenheit gewesen. Unter den Umständen von 1946 war sie ein hoffnungsloses Unterfangen.

D'Argenlieu fand einige beherzte Leute, die dafür eintraten. Der franzosenfreundliche Arzt und Großgrundbesitzer Dr. Nguyen Van Thinh übernahm es, eine provisorische Regierung Kotschinchinas zu bilden, die die Wahl einer Gesetzgebenden Versammlung für den 15. Juli festsetzte. Die Vietminh antwortete, indem sie den Terror wiederaufleben ließ. Wieder wurden Hinterhalte gelegt, die Straßen unterbrochen, Dorfvorsteher erschossen. An Stelle Giaus, der seiner Exzesse wegen entfernt worden war, wurde Nguyen Binh, den Hanoi geschickt hatte, Chef der Gegenregierung Kotschinchinas.

Franzosen und Vietnamesen trafen sich am 17. April in Dalat, das der Admiral zum Sitz seiner Föderation von Indochina machen wollte: Vietnam, Kotschinchina, Kambodscha und Laos. Es war vereinbart, daß die Konferenz, sobald zufriedenstellende Fortschritte erzielt wären, für die Abschlußverhandlung und die Unterzeichnung nach Paris verlegt werden solle.

Es war aber kein Fortschritt zu verzeichnen. Die französisch-vietnamesische Herzlichkeit, die bis zum Duzen getrieben wurde, war unecht. Die Standpunkte waren unvereinbar. Die Vietnamesen betrachteten sich als Bevollmächtigte einer unabhängigen Regierung, während die Franzosen nur die Vertreter einer Vasallenregierung vor sich sehen wollten. Giap, der Chef der vietnamesischen Delegation, führte die Verhandlungen voller Anmaßung. Er verlangte, die Guerillas Kotschinchinas sollten als Elemente der regulären vietnamesischen Armee angesehen werden, und mit den französischen Behörden solle in aller Form ein Waffenstillstand geschlossen werden. Er lehnte es ab, die Regierung Thinh zur Kenntnis zu nehmen, lehnte von vornherein die Wahlen vom 15. Juli ab. Die Franzosen bestanden darauf, daß Kotschinchina über sein Schicksal frei entscheiden müsse. Sie verlangten, daß die vietnamesische Regierung bezüglich der Verteidigung und der Außenpolitik der Französischen Union unterstellt sein solle.

Die Teilnehmer der Konferenz von Dalat trennten sich nach sechs Wochen. Giap hatte begriffen. Er wußte, daß Frankreich Vietnam niemals die Unabhängigkeit und Einheit zugestehen würde, sondern daß diese in hartem Kampf errungen werden mußten. Ho Tschi Minh glaubte noch an die Möglichkeit einer Einigung, vorausgesetzt, man verließ die Kolonialatmosphäre und verhandelte unmittelbar mit der französischen Regierung. Es gelang ihm, eine zurückhaltende Einladung zu erhalten, und er flog nach Paris. Zur Kontrolle wurde er begleitet von Pham Van Dong, einem der ersten indochinesischen Kommunisten.

Die Reise war wechselvoll. Die DC 3, mit der die Delegation flog, war keineswegs intakt und mußte in Kairo überholt werden, was mehrere Tage erforderte. Als sie sich am 12. Juni den Küsten Frankreichs näherte, stellte man fest, daß es noch keine

Regierung gab, die die Verhandlungen führen konnte. Man beschloß, das Flugzeug nach Biarritz umzudirigieren. Als die Vietnamesen in La Négresse landeten statt in Le Bourget, waren sie überzeugt, man werde sie verhaften.

Während des Fluges hatte sich ein neuer schwerwiegender Zwischenfall zugetragen: d'Argenlieu hatte die Regierung von Kotschinchina anerkannt. Er hatte es mit den Worten getan, die in der Erklärung vom 6. März enthalten waren: »Als freien Staat, mit eigener Regierung, eigener Armee, eigenen Finanzen, als Teil der Föderation von Indochina und der Französischen Union.« Der Admiral war des Wartens überdrüssig geworden und hatte seine geheimen Instruktionen – von de Gaulle unterzeichnet – nachgelesen. Sie schrieben ihm vor, die Autonomie und die Selbstbestimmung Kotschinchinas zu respektieren. Gedeckt durch den Mann, der nie aufgehört hatte, sein Chef zu sein, hatte er gehandelt.

Dem herbeigeeilten Sainteny erklärte Ho: »Mir bleibt nichts übrig, als wieder zurückzufahren . . .« Sainteny sprach ihm Mut zu und versicherte ihm, das endgültige Regime Kotschinchinas bleibe dem durch die Erklärung vom 6. März vorgesehenen Volksentscheid unterworfen. Er lud ihn ein, sich ohne Hintergedanken des Urlaubs zu erfreuen, zu dem ihn die Republik an der Côte d'Argent einlud, bis man ihm einen gültigen Verhandlungspartner geben konnte.

Der zweite Friedenssommer Frankreichs war durch zwei Probleme gekennzeichnet: aus der parlamentarischen Sackgasse herauszukommen und die Verwicklung in Indochina zu entwirren.

Ho Tschi Minh rettet einen Funken Hoffnung

Die parlamentarische Debatte glich einem Duell. Auf einer Seite stand die zweite Gesetzgebende Versammlung, im Wesen mit der ersten identisch, eine Gruppe unnahbarer, eifersüchtiger Parteien. Auf der anderen Seite ein Mann allein.

Das MRP, Sieger am 2. Juni, das sich die Präsidentschaft der provisorischen Regierung übertragen ließ, hatte den Generalbericht über den Verfassungsentwurf erhalten. Sein Verfasser war einer der beiden Zwillingsbrüder Coste-Floret, beide Rechtsprofessoren, fast Doppelgänger. Er wollte beweisen, daß die Frucht seiner Arbeit keine bloße Überarbeitung des am 5. Mai vom Volk verworfenen Textes war. Der Präsident war aus seiner Statistenrolle herausgeholt worden, auf die ihn die erste Gesetzgebende Versammlung beschränkt hatte; er ernannte den Regierungschef, führte den Vorsitz im Ministerrat, hatte auch wieder das Begnadigungsrecht. Das Parlament bestand nicht mehr aus nur einer, sondern aus zwei Kammern, wobei neben die Nationalversammlung ein Rat der Republik gestellt wurde, der in beschränkter Wahl gewählt wurde. Paul Coste-Floret zufolge begründete der neue Verfassungsentwurf keine Regierung der Nationalversammlung; er bedeutete eine Rückkehr zur korrigierten parlamentarischen Regierungsform.

Gefällige Formulierungen . . . Der von den beiden Kammern gewählte Präsident der Republik war bestenfalls die gleiche Null wie vor 1940, in der Theorie ein Schiedsrichter, in Wirklichkeit ein einfacher Zeuge. Der Rat der Republik, ein Schatten des einstigen Senates, vom Generalberichterstatter als »Kammer der Überlegung« bezeichnet, besaß nur ein Veto, mit dem ein Aufschub für einige Tage erreicht werden konnte. Die Nationalversammlung hatte weiterhin uneingeschränkte Macht. »Der Grundsatz der Gewaltenteilung«, sagte der Professor für Verfassungsrecht Paul Coste-Floret, »ist überholt.«

Zuerst griffen die Kommunisten den schwachen Text an. »Eine Bonapartistenverfassung, eine Verfassung von Bayeux«, schrie Jacques Duclos. Etienne Fajon bezeichnete den Präsidenten der Republik als »gefährliche Gestalt« und ermahnte die Republikaner, ihn abzuschaffen. Im Prinzip teilten die Sozialisten die Ansichten der Kommunisten, ihrer Verbündeten beim Volksentscheid vom 5. Mai. Zusammen verfügten die beiden marxistischen Parteien über 260 Sitze; das MRP, die Radikalen und die Rechte brachten es zusammen gleichfalls auf 260 Sitze. Die Entscheidung, der Status der Republik, die Zukunft des französischen Volkes hingen von einer Handvoll afrikanischer Abgeordneter ab. »Frankreich ist die Kolonie seiner Kolonien«, sagte Edouard Herriot.

Die Linie, die er in Bayeux eingeschlagen hatte, beibehaltend, erklärte de Gaulle dem Verfassungsentwurf den Krieg. Diesen Präsidenten der Republik, den die Kommunisten zu einem Gespenst machten, hielt er für bar jeder Autorität und außerstande, Maßnahmen zur Erhaltung des Allgemeinwohles zu treffen, sobald dem Vaterland neuerlich tödliche Gefahr drohen sollte. Für das von den Parteien beherrschte, für ihren Zweck zurechtgemachte Parlament stellte er sich nur ein wirkungsvolles Gegengewicht vor: einen aus einer breiten Wählerschaft hervorgegangenen Staatschef mit klaren, weitgehenden Kompetenzen. Der neue Verfassungsentwurf war nach de Gaulles Ansicht nichts anderes als die kaschierte Wiederaufnahme der durch Volksentscheid abgelehnten Regierung der Nationalversammlung. Konfiskation des Volkswillens durch die Hartnäckigkeit der Parteien.

Noch etwas anderes lag dem General am Herzen: das Statut der Französischen Union. Er hatte im Jahre 1941 in seiner Botschaft von Brazzaville die Sache angeregt und die Bezeichnung geschaffen. Er kam darauf zurück: »Ohne die Überseegebiete, die Frankreich der Zivilisation zugeführt hat, würde es aufhören, eine Großmacht zu sein. Alles gebietet uns, die Beziehungen zwischen dem Mutterland und den Völkern aller Rassen, die mit seinem Geschick verbunden sind, nach einem neuen Plan zu organisieren.«

Diese Französische Union, die sich noch nicht deklariert hatte, knarrte bereits wie ein Schiff im Sturm. Ihre beiden Großmaste, Indochina und Algerien, drohten zusammenzufallen.

Am 12. Juni traf Ho Tschi Minh aus Biarritz in Le Bourget ein. Seinen alten Tropenhelm an die Brust gepreßt, stand er verdutzt vor der Menge von Zivilisten und Militärpersonen, die ihn erwartete. Im Laufe der folgenden Tage fehlte nichts von dem Gepränge, mit dem die französische Hauptstadt befreundete Staatschefs empfängt. In der Stadt, in der er, Armer unter Armen, davon gelebt hatte, Hochzeitsfotos durch Retuschieren zu verschönern, konnte der alte Rebell den Rausch der Macht genießen. Der ehemalige Sträfling von Pulo Condor an seiner Seite jedoch, der mit Begeisterung zur Revolution übergewechselte Bürgerliche Pham Van Dong, genoß nichts. Er begann sich darüber zu beklagen, daß die Regierung Bidault die Konferenz 60 Kilometer von der französischen Zentrale entfernt abhielt, im Schloß Fontainebleau. Bei der Eröffnungssitzung geißelte er mit scharfen Worten die Verbrechen der französischen Kolonialisten. Die Reden, mit denen Ho die offiziellen Ansprachen erwiderte, waren honigsüß, Phams Worte dagegen gallenbitter.

Die Unvereinbarkeit der entgegengesetzten Anschauungen war wie in Dalat, ja sogar noch in höherem Maße, offenkundig. Die Franzosen schlugen eine Grundordnung der Französischen Union vor: die Struktur von Bundesstaaten mit gemeinsamer Verteidigung und Außenpolitik, die Schaffung einer einheitlichen Staatsbürgerschaft, die Verschmelzung der verschiedenartigen Elemente, aus denen die III. Republik bestanden hatte, zu einem organischen Block. Eine ebenso brillante wie phantastische Konzeption, die von den Vietnamesen aus Prinzip und auch aus Mißtrauen abgelehnt wurde. Sie weigerten sich, die Rechte und Besitztümer der Franzosen in Indochina zu garantieren, wollten weder einen gemeinsamen Oberbefehl noch die ständige Anwesenheit französischen Militärs. Die französischen Unterhändler wollten eine dauerhafte Vereinigung schaffen, die vietnamesischen Unterhändler hatten nur eine baldige Trennung im Auge. Für jeden normal denkenden Menschen mußte es klar sein, daß es zwischen dem Kolonialstatut, das die Oberhoheit der kolonisierenden Nation überträgt, und der Unabhängigkeit keine Einigung geben konnte. Aber auch die vernünftigsten Menschen geben sich Illusionen hin, wenn es gilt, sich an die Vergangenheit zu klammern.

Die Nachrichten aus Indochina hielten die Spannung aufrecht. Am 3. August waren im Norden, auf der Straße nach Lang Son, 23 Soldaten eines französischen Geleitzuges ermordet worden. Admiral d'Argenlieu im Süden berief eine neue Konferenz nach Dalat, um Kotschinchina, Kambodscha und Laos zu einem Bund zu vereinen. Ho und Pham protestierten: »Kotschinchina ist Fleisch von unsrem Fleisch. Solange es von Vietnam abgetrennt bleibt, kann keine Einigung mit Frankreich zustande kommen . . .« Paris weigerte sich jedoch, die Konferenz in Dalat abzusagen.

Das war das Ende. Die vietnamesische Delegation brach die Gespräche plötzlich ab, verließ den Sitzungssaal, verließ Fontainebleau, verließ Frankreich. Sie schiffte sich am 13. September in Marseille auf der *Pasteur* ein, ganz erstaunt darüber, daß man sie nicht verhaftete. Bei der Durchfahrt in Montélimar bereiteten Tausende indochinesischer Arbeiter, die in einem Lager versammelt auf ihre Rückbeförderung in die Heimat warteten, den Unbeugsamen, die nach Hause fuhren, eine lautstarke Ovation.

Ho Tschi Minh war geblieben. Er hatte noch eine Zusammenkunft mit Georges Bidault und dem Minister für die französischen Überseeländer, Marius Moutet. Er schien niedergeschlagen über den Bruch und klammerte sich an eine letzte Hoffnung. In der Nacht vom 14. zum 15. begab er sich zu Fuß vom Royal Monceau Hotel in die Büros Saintenys, Rue de Courcelles. Als er zwei Stunden später wieder herauskam, hatte er sich mit Moutet auf einen Modus vivendi geeinigt, demgemäß die Verhandlungen zwischen Frankreich und Vietnam spätestens im Januar 1947 wiederaufgenommen werden sollten. Dem Polizeiinspektor, der ihn begleitete, sagte er: »Ich habe soeben mein Todesurteil unterzeichnet . . .«

Nun drängte Sainteny Ho, nach Hanoi zurückzukehren. Ho weigerte sich zu fliegen. Es gelang ihm, mit einem Kriegsschiff in die Heimat zu kommen, dem Avisoschiff *Dumont d'Urville*, dessen Kommandant, Fregattenkapitän Gerbaud, auf diese Art 21 Tage in engster Nähe mit dem indochinesischen Revolutionär verbrachte. »Ho Tschi Minh machte auf mich den Eindruck eines ehrenwerten naiven Idealisten«, berichtet er, »der alle Probleme über die Maßen vereinfacht und unbilliges Vertrauen in das gedruckte Wort an den Tag legt.« (*Forts. Indochina S. 170*)

Eine Volksabstimmung des Verzichts

Gleichzeitig mit den enttäuschenden Verhandlungen zwischen Frankreich und Vietnam gab es in der Parlamentsdebatte eine Anfrage über Algerien, über die in haßerfüllten Streitereien zwischen der Mehrzahl der Abgeordneten und der Handvoll mohammedanischer Abgeordneter diskutiert wurde, die die Demokratische Union vertraten. Ferhat Abbas, der Verfasser des Algerischen Manifests, mußte von einer Sperrkette von Ordnern gegen die Abgeordneten verteidigt werden, die sich auf ihn stürzten, um ihn von der Rednertribüne zu reißen, als er »einen unabhängigen algerischen Staat, mit seinen Einrichtungen und seinen Farben« verlangte. »Wer hat dich lesen gelehrt?« rief eine Stimme. Das Wort »Rassenpolitiker« flog hin und her, und Herriot selbst bekam es aus dem Munde Léopold Senghors entgegengeschleudert. Der Präsident der Nationalversammlung, Vincent Auriol, erhielt einen gemeinsam verfaßten Brief der in Übersee geborenen Abgeordneten, daß sie ihren Rücktritt beabsichtigten, weil sie bei ihren Kollegen nicht das Ansehen und Gehör fänden, auf die sie ein Recht hätten.

Das MRP war über die Ablehnung seiner Verfassung durch de Gaulle völlig niedergeschlagen.

Nach dem Aufenthalt bei seinem Schwager Vendroux in den Ardennen hatte der General seinen Besitz La Boisserie bezogen, der von den Deutschen beschlagnahmt und nun wieder instand gesetzt worden war. Man kam zu ihm und bat ihn, der Partei der Treue eine qualvolle Entscheidung zu ersparen. De Gaulle blieb unnachgiebig. Er lehnte alle Überlegungen von politischem Opportunismus ab. Er weigerte sich, einen Ausgleich zu finden, er weigerte sich aber auch zu schweigen. Er erinnerte das MRP daran, daß es eine politische Partei, ein Mitglied der Interessengemeinschaft war, die das Parlament darstellte. De Gaulle schlug der Partei ein Abenteuer vor, den endgültigen Bruch mit der äußersten Linken, einen Kampf vor den Augen des Landes im Namen eines Grundsatzes; das MRP hörte lieber auf Bidault, der ihm von dem sprach, was möglich war und was nicht.

Auf die Kommunisten hatte die Stellungnahme des Generals eine magische Wirkung. Was de Gaulle bekämpfte, hörte auf, für sie verabscheuungswürdig zu sein. Die Straße glättete sich vor einem Projekt, dessen Weg anfangs chaotisch und holprig schien. Das Wunderkind Coste-Florets wurde mit den 22 Stimmen der Sozialisten und des MRP angenommen, die Kommunisten begnügten sich mit Stimmenthaltung. Die Debatten bei der Sitzung waren kurz. Die Abstimmung über den gesamten Komplex wurde in der Nacht vom 28. zum 29. September um 2 Uhr 20 begonnen. Die drei großen Parteien stimmten gemeinsam und gaben der Verfassung 440 Stimmen gegen 106 der Radikalen und Konservativen. Am Vortag hatte de Gaulle der Presse eine Erklärung übergeben, in der er sagte, das Gebilde der zweiten Gesetzgebenden Versammlung lasse den Franzosen nur die Wahl zwischen der Anarchie und der Diktatur.

Es blieb noch die Volksabstimmung. Bidault, voll glühendem, antigaullistischem Grimm, ging mit einer Rede in die Schlacht, die von der äußersten Linken bis zum rechten Zentrum begeistert aufgenommen wurde und in allen Gemeinden auf Plakaten erschien. Bei den Wahlen am 2. Juni hatten die drei für die Verfassung eintretenden Parteien zusammen 14 076 000 Stimmen gegen 4 835 000 ihrer Gegner aufgebracht.

Man erwartete daher, daß der Verfassungsentwurf mit einer Volksmehrheit von 4 gegen 1 bestätigt werden müßte. Die Vermutung war falsch. Am 13. Oktober, einem strahlenden Sonnentag, ging Frankreich zu den Urnen und wählte, als ob es schneite. Von 26 Millionen Wähler und Wählerinnen blieben 9 Millionen zu Hause. Die Verfassung wurde mit 9 236 416 gegen 8 143 981 Stimmen bestätigt, das heißt durch ein Drittel der wahlberechtigten Bürger. Einige Mitglieder des MRP gaben zu, sie hätten diese Entscheidung des Verzichts abwenden, den Weg für eine moderne, stabile Regierungsform öffnen können, wenn sie de Gaulle gefolgt wären. Sie hatten den Konformismus des Regimes vorgezogen und gleichzeitig ihren eigenen Niedergang eingeleitet.

Dieser Niedergang nahm bei den Wahlen für die Nationalversammlung am 10. November seinen Anfang. Das MRP, 160 Sitze, gab der KP, 168 Sitze, den Titel der führenden Partei Frankreichs wieder. Die Sozialisten fielen auf 93 Sitze zurück. Die Rechte verzeichnete einige Fortschritte.

Der Winter brach herein. Die Kohle war rar. Alle Fabriken ohne Vorzugsrecht wurden angewiesen, für zehn Tage zu schließen. Die Elektrizitätseinschränkungen hüllten die Städte in fast so undurchdringliche Dunkelheit wie das Blackout der Kriegszeiten. In Paris erhielt Maxim's, das geschlossen worden war, weil zu viele Deutsche sich dort breitgemacht hatten, die Erlaubnis, seine Pforten wieder zu öffnen, doch die einzige Glühbirne in seinem Vestibül verlieh dem elegantesten Restaurant Europas das Aussehen einer Räuberhöhle.

Die Inflation blühte, die Preise schossen in die Höhe. Doch der Wirtschaftsindex ging zurück, und die Männer, die die Silos Frankreichs kontrollierten, wußten, daß sie von neuem die Brotrationen würden kürzen müssen. Sie versuchten, den Winter zu überbrücken, um die Kälte nicht auch noch durch Hunger zu verschlimmern.

Die IV. Republik fing schlecht an. Die Regierungsbildung traf auf Schwierigkeiten, die – auf dem Papier – unlösbar waren. Zusammen mit den Ereignissen in Indochina zeichnete sich eine lange Krise ab. (*Forts. Frankreich S. 216*)

Während Frankreich mit seinen Schwierigkeiten kämpfte, hatten die 21 Nationen, die ausgewählt worden waren, die Friedensverträge zweiten Ranges in Europa abzufassen, im Palais Luxembourg Sitzung gehalten.

Drei Wochen der Diskussion hatte man gebraucht, um sich auf ein Verfahren zu einigen. Molotow hatte »die goldene Regel der Einstimmigkeit« verfochten, die Übertragung des Vetorechtes auf die Konferenz, das die Vereinten Nationen lähmte, und hatte sich nur widerwillig einer Resolution angeschlossen, nach der bei der Abstimmung eine Mehrheit von zwei Dritteln entscheiden sollte. Er war übrigens der Ansicht, daß die Regelung des Friedens eine Sache der Großmächte sei, die zweitrangigen Nationen sollten nur ihre Sanktion geben. Polen, die Tschechoslowakei, Jugoslawien, die Ukraine und Weißrußland standen diszipliniert wie eine Korporalschaft hinter ihm. Er konnte nicht begreifen, daß Norwegen, Belgien, Holland, Australien usw. nicht die gleiche Haltung disziplinierter Vasallen einnahmen. Als sie sich in Gestalt ihrer Wortführer, des Australiers Evatt und des Belgiers Spaak, auflehnten, beschuldigte Molotow schlicht Amerika, es stifte zu einer Koalition gegen Rußland an.

Die durch die fantastische Wortmacherei, die Fähigkeit zum Vortrag ganzer Abhandlungen und zur Wiederholung – alles bezeichnend für die kommunistische Dialektik – hervorgerufene Langeweile wurde durch einen aufregenden Vorfall unterbrochen. Am 9. August verletzte eine amerikanische C47 den jugoslawischen Luftraum zwischen Wien und Udine, wurde von Jägern angegriffen und entging mit knapper Not einer Katastrophe, indem sie in einem Getreidefeld aufsetzte. Zehn Tage später stürzte eine andere unter den gleichen Umständen angegriffene C47 brennend ab, und die fünf Mann Besatzung verbrannten unter den Augen von Zeugen, die Mitglieder der UNRRA waren. Tito protestierte empört gegen das amerikanische Eindringen, Amerika erwiderte jedoch scharf und sandte ihm ein 48stündiges Ultimatum mit der Forderung, er müsse sich entschuldigen und die elf Passagiere der ersten C47 dreigeben.

Ein Ultimatum an Belgrad, das rief gewisse Erinnerungen wach ... Einige Delegierte packten ihre Koffer. Viele warfen den Amerikanern ihre Heftigkeit vor und prophezeiten, Tito werde sich nicht erniedrigen. Er war der Lieblingssatellit Moskaus, der stolzeste getreue Schüler, der strengste Durchführungsagent Joseph Stalins. Er hatte mit der königlichen Regierung in London gebrochen, Dr. Subašić verbannt, Erzbischof Stepinac eingekerkert, General Mihajlović erschießen lassen und Jugoslawien in einen totalitären Staat verwandelt. Ein solcher Charakter gibt nicht so einfach nach ...

Die Befürchtungen waren unbegründet. Tito entschuldigte sich. Die Konferenz – oder vielmehr der trübsinnige Zank – ging weiter. Molotow beschuldigte Amerika und England, sie seien Kriegsgewinnler und lieferten Italien ihren Trusts aus. Die Frage Triest schien unlösbar. In der Donaufrage gab es zwei grundlegende Auffassungen; die der Westmächte, die für den großen Strom ein internationales Statut forderten, und jene der Oststaaten, die sagten: Die Donau gehört den Anliegern.

Die Konferenz war in ihrer Kompetenz beschränkt, sie hatte sich die beiden Hauptschwierigkeiten, den Friedensvertrag mit Deutschland und jenen mit Österreich, von vornherein versagt. Sie war nichtsdestoweniger zu einem Debattierklub zwischen West und Ost geworden.

Der Oktober kam heran. Man mußte ein Ende finden oder abbrechen. Die jähe Abreise Molotows nach Moskau ließ an einen Bruch glauben, doch er kam wieder, und die Ausschüsse zeigten rasenden Fleiß, um die Texte zusammenzustellen, die der Vollversammlung vorgelegt werden mußten. Eine Sitzung dauerte 27 Stunden ohne Unterbrechung. In den kleinen Sälen, in denen früher friedliche Kommissionen französischer Senatoren abwechselnd Bridgeturniere veranstaltet und Gesetze studiert hatten, lösten sich Tag und Nacht die Arbeitsgruppen ab. Die Debatte begann erst am 7. Oktober. Der Abschluß der Konferenz war für den 15. Oktober festgesetzt worden. Es blieb gerade eine Woche Zeit, um über fünf Friedensverträge abzustimmen und über die 223 Artikel und die 33 Zusätze einzeln zu diskutieren, aus denen sie bestanden.

Doch das Ergebnis stand bereits fest. Den sechs unfehlbaren Stimmen des slawischen Blocks stand eine solide Mehrheit von 15 Stimmen gegenüber, die durch die sowjetischen Angriffe gegen den Westen zusammengeschmiedet waren. Außerstande, die Entscheidungen der Konferenz zu blockieren, entkleidete Molotow von vornherein die Verträge ihrer Substanz mit der Erklärung, Rußland werde sich durch Entscheidungen, die ohne seine Einwilligung getroffen worden seien, nicht gebunden betrachten.

Trotzdem schloß man Verträge. Ein Kompromiß Georges Bidaults, der Triest vorläufig einer internationalen Regierung unterstellte, wurde mit der üblichen Mehrheit von 15 Stimmen gegen sechs angenommen. Der Vertrag mit Italien wurde in seiner Gesamtheit mit der gleichen Stimmenzahl angenommen. Rumänien, Bulgarien, Ungarn, Finnland bekamen nacheinander die Friedenserklärungen. Man erlegte ihnen Reparationszahlungen auf, Rüstungsbeschränkungen und gewisse Beschränkungen der Souveränität, das waren fast fiktive Klauseln. Italien wurde sehr bald davon befreit, und Rußland sollte die Existenzbedingungen aller hinter dem Eisernen Vorhang liegenden Länder nach seinem Gutdünken regeln.

Gift und Galgen in Nürnberg

Am 15. Oktober wurde die Pariser Konferenz mit einem Strom heuchlerischer Beredsamkeit beendet. Noch vor Morgengrauen des folgenden Tages wurden die Verurteilten des Nürnberger Prozesses gehängt.

Die Schilderung des langen Prozesses gehört zur Geschichte des Krieges. Er gehört zur Nachkriegsgeschichte nur durch das düstere Schauspiel, das er geboten hat. Das endlose Verfahren rund um die teils zu unbestimmten, teils zu augenfälligen Verbrechen hatte die Neugier abgestumpft, die Aufmerksamkeit eingeschläfert. Sie wurden erst wieder durch das Urteil geweckt.

Dieses Urteil war am 1. Oktober ergangen. Die Angeklagten waren, einer nach dem anderen, zu den Anklagebänken gebracht worden, auf denen sie sich während der sechs Monate gelangweilt hatten, und lauschten der Verlesung ihrer Urteile durch Lordrichter Lawrence. Drei — von Papen, Schacht, Fritzsche — waren freigesprochen worden. Sieben — Heß, Funk, Raeder, von Schirach, Speer, von Neurath und Dönitz — waren zu langen und lebenslänglichen Gefängnisstrafen verurteilt worden. Zwölf waren zum Tode verurteilt worden: Arthur Seyß-Inquart, Fritz Saukkel, Julius Streicher, Hans Frank, Generaloberst Alfred Jodl, Wilhelm Frick, Ernst Kaltenbrunner, Alfred Rosenberg, Generalfeldmarschall Wilhelm Keitel, Joachim von Ribbentrop, Reichsmarschall Hermann Göring und (in Abwesenheit) Martin Bormann. Der sowjetische Richter hatte eine abweichende Meinung geäußert: Er wollte alle zusammen ohne Unterschied hängen lassen.

Alle Angeklagten hatten beim Alliierten Kontrollrat um Gnade angesucht. Einige hatten eine Umwandlung der Strafe erbeten. Die meisten hatten gebeten, man solle sie erschießen. Der Großadmiral Raeder hatte gleichfalls eine Gnade verlangt: die Umwandlung seiner Verurteilung zu Gefängnis auf Lebenszeit in Todesstrafe. Keinem der Ansuchen wurde Folge gegeben. Als jedoch Eisenhower auf der Jagd in Schottland das Nürnberger Urteil erfuhr, äußerte er sich überrascht über die Verurteilung Keitels: »Für einen Soldaten ist das ungewöhnlich . . .«

Am 15. Oktober um 21 Uhr nahmen die Verurteilten, jeder in seiner Zelle, ihre letzte Mahlzeit ein: ein Würstchen, eine Schnitte kaltes Fleisch, Kartoffelsalat, schwarzes Brot und Tee. Ein kalter feuchter Herbstwind wehte durch die Ruinen Nürnbergs.

Im Hof des Gefängnisses hatte Master Sergeant John G. Woods, 43 Jahre, aus San Antonio, Texas, oberster Scharfrichter der US Army, 347 Hinrichtungen am Galgen in 15 Jahren, drei schwarze Galgen aufgerichtet und elf Hanfschlingen bereitgelegt, die er selbst in England gekauft hatte.

Eine der elf Schlingen war überflüssig. Göring sollte den Totenreigen eröffnen. Um ein Uhr morgens, als Oberst Roy Richardson, der Leiter des Gefängnisses, in seine Zelle trat, war der Reichsmarschall bereits tot. Seiner Frau Emmy hatte er beim Abschied gesagt: »Sie hängen mich nicht.« Man weiß heute noch nicht, wo er das erlösende Gift versteckt hatte.

Einige Minuten später durchquerte im Lichte der Scheinwerfer Ribbentrop den Hof, die Hände gefesselt. Der Wind ließ seine weißen Haare wehen. Bevor ihm die Maske angelegt wurde, sagte er: »Mein letzter Wunsch ist, daß eine Verständigung kommt zwischen Ost und West für den Frieden der Welt.« Es war 1 Uhr 11, als das Urteil vollzogen wurde.

Als nächster erschien Generalfeldmarschall Keitel. Er war gestiefelt und gespornt wie zu einer Parade. Er war eine sehr mittelmäßige Persönlichkeit, der militärische Handlanger Hitlers gewesen, doch er ging würdig in den Tod. Die Stufen des zweiten Galgens ächzten unter seinem energischen Schritt. »Über zwei Millionen deutsche Soldaten sind vor mir für ihr Vaterland in den Tod gegangen. Ich folge meinen Söhnen nach. Alles für Deutschland.«

Der dritte Galgen war für den Gestapochef Kaltenbrunner bereit. Dann kehrte der Henker zum ersten Galgen zurück, von dem man Ribbentrops Leiche entfernt hatte, um dessen Konkurrenten in der Führung der äußeren Angelegenheiten des Reiches, den Philosophen Alfred Rosenberg, zu hängen. Er starb ohne ein Wort.

Sauckel, Jodl und Seyß-Inquart beschlossen den Zug. Der letzte wurde um 2 Uhr 57 für tot erklärt. Master Sergeant Woods stellte sich selbst ein gutes Zeugnis aus: »Zehn Mann in 103 Minuten; nicht schlecht.«

Der Wind legte sich. Ein klarer Morgen zog herauf. Die Leiche des Vergifteten und die zehn Gehenkten wurden im Stadtkrematorium verbrannt. Ihre Asche wurde nicht beigesetzt. Es würde kein Grabmal geben, das jenen, die Sehnsucht nach dem Nationalsozialismus verspürten, als Pilgerort dienen konnte. Die Deutschen, die man befragt hatte, waren mit dem Prozeß und seinem Ausgang unter einigen Vorbehalten einverstanden. Manche sagten: »Es hat nicht genug Todesurteile gegeben«, andere: »Das Gericht hätte ein deutsches sein sollen«, wieder andere, und das waren viele: »Man hätte keine Soldaten hängen dürfen.« (*Forts. Deutschland S. 205*)

Der Krieg in Indochina beginnt

Die *La Touche-Tréville* näherte sich Haiphong. Die Angst schnürte Ho Tschi Minh die Kehle zusammen. Wie würde man ihn begrüßen?

Einige Tage zuvor waren Pham Van Dong und die Delegation, die in Fontainebleau die Verhandlungen abgebrochen hatte, bei ihrer Landung mit der *Pasteur* begeistert empfangen worden. Ho Tschih Minh war noch zurückgeblieben, um einen völligen Bruch zu vermeiden. Als er Indochina vor fünf Monaten verlassen hatte, waren Vorwürfe der Schwäche, der Kollaboration mit den Kolonialisten gegen ihn erhoben worden. Der Modus vivendi, den er mitbrachte, bestätigte diese Vorwürfe. Hatte er nicht selbst gesagt: »Ich unterschreibe mein Todesurteil ...«?

Ganz Haiphong erwartete ihn im Hafen. Längs der Eisenbahnlinie stand die Einwohnerschaft des Deltas Spalier. Die Anklagen hatten den Eifer des Volkes nicht dämpfen können. Alle Worte Hos wurden bejubelt. Sie waren gleichermaßen kühn und klug. Ho erklärte, die Unabhängigkeit Vietnams müsse sich innerhalb der Französischen Union verwirklichen und er stehe Bürge für die Redlichkeit der Pariser Regierung. Man müsse jetzt auf beiden Seiten geistig abrüsten und zusammenarbeiten.

Das war ein Wunschtraum. Es gab keinen Geist der Zusammenarbeit. Nicht ein Franzose von zehn fand sich mit der Unabhängigkeit Vietnams ab. Nicht ein Vietnamese von hundert, der nicht die Abreise des letzten Franzosen gewünscht hätte.

Als die Waffen einige Wochen geschwiegen hatten, erwachte der Aufstand wieder im Süden. Die Guerillas waren in das Transbassac, die Schilfebene, eingedrungen, in die Gegend von Bien Hoa, nahe Saigon. Sie rotteten die konservativen Standespersonen, die wenigen Anhänger der Regierung Kotschinchinas, systematisch aus. Es gelang der Regierung nicht, unter den Rebellen Fuß zu fassen, sie gingen ihr und der französischen Verwaltung aus dem Weg, die mit der Regierung um alle Vollmachten feilschte. Nguyen Van Thinh war ein Gemäßigter, ein Mann für ein Kabinett, allerhöchstens ein Regierungschef für ruhigere Zeiten. Er fand eine Möglichkeit, aus dem Wespennest zu entkommen, in das er sich verirrt hatte: Er erhängte sich. Mit ihm war die Regierung von Kotschinchina nicht viel wert. Ohne ihn so gut wie nichts.

Auf der großen Bühne des Zeittheaters ging im November ein Ereignis vonstatten, das für die Ausrichtung der Nachkriegszeit von entscheidender Bedeutung schien. Bei den sogenannten *mid-term*-Wahlen bereitete Amerika den Demokraten und Präsident Truman eine heftige Niederlage und gab beide Kammern des Kongresses in die Hände der Republikaner: die eine mit 51 Senatoren gegen 45, die andere mit 246 Abgeordneten gegen 188. Die Wahl eines Republikaners ins Weiße Haus schien für das Jahr 1948 sicher. Wie nach dem Ersten Weltkrieg kehrte Amerika zum Weg des Konservatismus und Isolationismus zurück. New York war mit den Farben der Vereinten Nationen beflaggt, deren zweite Vollversammlung in Flushing Meadows tagte, doch die amerikanischen Wähler hatten für die Kandidaten gestimmt, die die Konzentrierung Amerikas auf sich selbst predigten. In den europäischen Kommentaren zeigte sich Besorgnis.

Doch das historische Ereignis des Herbstes 1946 sollte nicht die Wahl in Amerika sein, sondern der Beginn des Krieges in Vietnam.

In Haiphong waren die Nerven noch stärker gespannt als in Hanoi und Saigon. Das Hochkommissariat hatte, mit der Behauptung, im Namen der Föderation von Indochina zu handeln, eine Zollregelung erlassen, in der die vietnamesische Regierung eine Verletzung ihrer Souveränität sah. Die Chinesen mischten sich in den Streit, indem sie die Freihandelszone verlangten, die ihnen durch den Vertrag vom 28. Februar zugesichert worden war. Die Schmuggler waren die Nutznießer dieser Forderungen. Frankreich und Vietnam stritten um das Monopol ihrer Bekämpfung.

Am 20. November wurden von einem vietnamesischen Militärposten Schüsse gegen ein französisches Schnellboot abgegeben, das eine chinesische Dschunke zwecks Untersuchung anhielt. Die Stadt geriet in Aufruhr. Ein Arbeitskommando französischer Soldaten, das auf dem Markt Gemüse einkaufte, wurde angegriffen, die ihnen zu Hilfe gesandten Panzer wurden durch Barrikaden aufgehalten. Das 23. RIC säuberte das annamitische Stadtviertel und besetzte das Stadttheater. Eine aus Hanoi herbeigeeilte französisch-vietnamesische Kommission machte den Kämpfen ein Ende. Aber die französischen Verluste betrugen 22 Tote und 64 Verwundete.

D'Argenlieu und Sainteny waren in Paris. In Saigon führte anstelle des ersteren General Valluy den Befehl. In Hanoi wurde die Zivilgewalt Saintenys von General Morlière verwaltet. Der Ortskommandant von Haiphong war Oberst Dèbes. Er ließ ein Telegramm folgenden Inhalts von Valluy an Morlière durchgeben: »Machen Sie sich mit allen zur Verfügung stehenden Mitteln zum Herrn von Haiphong, zwingen Sie die vietnamesische Regierung und Armee, ihre Schuld anzuerkennen.« Dèbes kannte die Denkart seiner Vorgesetzten, daher kam er Befehlen zuvor. Ein Ultimatum von zwei Stunden forderte die vietnamesische Stadtbehörde auf, den chinesischen Bezirk von allen militärischen und paramilitärischen Abteilungen zu säubern, die sich dort versteckt hielten — widrigenfalls der vietnamesische Stadtteil beschossen würde. Die Stadtbehörde lehnte sich auf. Dèbes hielt Wort. Am 23. November um 10 Uhr eröffneten die Land- und Marineartillerie das Feuer...

Oberst Dèbes wurde überaus heftig getadelt. Man machte ihn für das Mißlingen der Verhandlungen zwischen Frankreich und Vietnam verantwortlich, für den Ausbruch des Krieges, fast für den Verlust Französisch-Indochinas. Daß diese Vorwürfe übertrieben waren, ist offensichtlich. Die Verhandlungen zwischen Frankreich und Vietnam mußten zwangsläufig mißlingen, und der Krieg wäre nur vermeidbar gewesen, wenn Frankreich sich freiwillig bereit erklärt hätte, Indochina zu räumen. Die Beschießung Haiphongs war sicherlich unnötig, ebenso wie die ganze lange Tragödie, aber die Härte des französischen Gegenschlages läßt sich durch die untragbaren Umstände erklären, ja sogar rechtfertigen, unter denen das Expeditionskorps in Tongking lebte. Die unaufhörlichen Provokationen, die täglichen Demütigungen, die stets wiederkehrenden Attentate mußten einen brutalen Gegenschlag nach sich ziehen und das unstabile Gleichgewicht zerstören, das einen Augenblick lang zwischen zwei einander widersprechenden Systemen bestanden hatte.

Die Beschießung Haiphongs hatte fürchterliche Auswirkungen. Die Strohhütten brannten. Die Menge wurde auf der Flucht erdrückt. 6000 Menschen wurden zu Tode getreten, verbrannten oder wurden von Granaten in Stücke gerissen. Die vietnamesischen Soldaten versuchten, den Kampf aufzunehmen, doch die Franzosen, die ihrer lang unterdrückten Wut freien Lauf ließen, schlugen sich wie die Tiger. Der Flughafen war kurz besetzt und wurde durch 500 abgesprungene Fallschirmjäger wieder genommen, die keinen Pardon gaben. Am 28. November mittags war das im Telegramm Valluys gesetzte Ziel, die völlige Wiederbesetzung des Gebietes von Haiphong, erreicht.

Gleichfalls am 28. November überreichte Georges Bidault dem Alterspräsidenten der Nationalversammlung die Demission seines Kabinetts. Zwei Krisen sollten sich miteinander verflechten: in Frankreich die politische Krise, verursacht durch eine läppische Verfassung und vernunftwidrige Wahlen, in Indochina die historische Krise, entstanden durch einen verblendeten Versuch, die Vergangenheit wiederherzustellen.

Bidault hätte gewünscht, daß sein Kabinett bis zum Amtsantritt des Präsidenten der Republik fortgeführt würde, der damit betraut war, den Regierungschef zu ernennen. Das Parlament wies diesen logischen Vorschlag zurück und verlangte, man solle nochmals den Ministerpräsidenten wählen. Maurice Thorez, der Chef der stärksten Partei, stellte sich als Kandidat für das Amt.

Die Schlacht von Haiphong wäre der Anfang des Krieges gewesen. Die Kandidatur Thorez' führte noch einen Aufschub herbei. Die indochinesischen Kommunisten wollten die Feindseligkeiten gegen Frankreich nicht in einem Augenblick eröffnen, in dem vielleicht eine Bruderpartei in Frankreich die Regierung antrat.

Am 4. Dezember stimmten die Kommunisten und fast alle Sozialisten für Thorez. Die Zählung ergab 259 Stimmen. Für die von der Verfassung verlangte absolute Mehrheit waren 310 Stimmen nötig. Die Kommunisten hatten ihre Chance, die Macht in Frankreich auf legalem Weg zu übernehmen, versäumt.

Nach Hanoi zurückgekehrt, fand Sainteny Ho Tschi Minh fiebernd und niedergeschlagen. Die Niederlage Thorez' bot den Aktivisten, den Militaristen, Giap, Pham, den Überlebenden der Dong Minh und der VNDDQ, all jenen, die unaufhörlich wiederholt hatten, die Unabhängigkeit könne nur durch Blut erkauft werden, das entscheidende Argument. In ganz Hanoi waren die Vorbereitungen zum Kampf im Gang. Man grub unterirdische Gänge, man durchbrach Mauern, damit die Soldaten der vietnamesischen Armee und ihre Selbstschutzeinheiten, die Tu Ve, allenthalben Hinterhalte legen und im Stadtdschungel verschwinden konnten. Täglich wurden Franzosen ermordet oder entführt. Militärs wie Zivilisten mußten vor den Häusern, in denen vietnamesische Ämter untergebracht waren, den Gehsteig verlassen und durften den Speichel nicht beachten, der auf ihre Schuhe gespien wurde.

Nach der Niederlage von Thorez stellte sich Bidault als Kandidat für seine eigene Nachfolge. Er erhielt nur 240 Stimmen. Es schien unmöglich, eine Regierung zu bilden.

Der müde Veteran Léon Blum hatte seine Wohnung auf der Ile Saint-Louis verlassen und sich nach Jouy-en-Josas zurückgezogen. Sein 75. Geburtstag nahte heran. Er hatte sich um kein Mandat beworben und betrachtete seine erfolgreiche Mission in den Vereinigten Staaten als letzte Episode seines öffentlichen Lebens. Den Leuten, die zu ihm kamen und ihn baten, er solle die beängstigende Krise lösen, antwortete er, seine Schmerzen hielten ihn manchmal tagelang an seinen Diwan gefesselt. Wollte man dem kranken Frankreich einen sterbenden Chef geben?

Die Sozialisten drängten weiter. Blum gab nach. Das Parlament gab ihm 575 von 590 Stimmen. Blieb noch, das Kabinett zu bilden. Die Kommunisten verlangten eines der wichtigen Ministerien, Außenamt, Nationale Verteidigung oder Inneres. Das MRP weigerte sich, an einer Regierung teilzunehmen, in der die Moskauer Partei über die Diplomatie, die Armee oder die Polizei verfügte. So sah Blum als letzten Ausweg die Bildung einer einheitlichen sozialistischen Regierung. Ein Mann, dessen Stimme und dessen Leben nur noch ein Hauch waren, stellte dem Parlament ein Ministerium vor, gebildet aus einer bei den Wahlen geschlagenen Partei, die auf weniger als hundert von den 639 Sitzen zusammengeschmolzen war. Das Parlament nahm sie an, wie es die Verfassung angenommen hatte: weil man ein Ende finden mußte.

Am 17. Dezember sprach das Parlament dem Kabinett Blum das Vertrauen aus. Am selben Tag wurden in Hanoi drei französische Soldaten, die in einem Lastwagen fuhren, gräßlich hingemetzelt. Zur Vergeltung wurden die umliegenden Häuser in Brand gesteckt und 15 vietnamesische Milizsoldaten an Ort und Stelle erschossen. Am folgenden Tag durchsuchten Fallschirmjäger den annamitisch-chinesischen Stadtteil, um ihre gekidnappten Kameraden, lebendig oder tot, wiederzufinden. Dieser Stadtteil erstreckte sich zwischen dem Kleinen See und der Zitadelle: Rue de la Soie, Rue du Coton, Rue du Cuir, ein Gewirr von Gassen, Buden, Bordellen, Rauchlokalen, zusammengedrängten, schreienden Menschen. Die Fallschirmjäger wurden mit Schüssen empfangen, verloren zwei der ihren und feuerten zurück. Auf der Gegenseite gab es etwa zwanzig Opfer. In der Europäerstadt hörte man die Schüsse eher mit Erleichterung denn mit Besorgnis. Es war besser, ein für allemal reinen Tisch zu machen.

An allen möglichen Stellen wurden Bäume gefällt, um Straßensperren zu errichten. Barrikaden wurden aufgeführt. Eine davon wuchs vor den Fenstern General

Morlières in die Höhe. Er ging hinunter, um zu protestieren. Neben ihm wurde ein Soldat von einem unsichtbaren Schützen getötet. Bulldozer räumten die Umgebung der Zitadelle. Man bemühte sich, die in abseits liegenden Häusern wohnenden Franzosen zu informieren, daß es geraten sei, sich in die Europäerstadt zurückzuziehen. Nur wenige folgten dem Rat. Sie waren durch 16 Monate der Aufregung gefeit.

Am 19. Dezember bei Sonnenaufgang waren die französischen Behörden überzeugt, der Krieg werde an diesem Tag beginnen. Zu Mittag drehte sich der Wind, Ho Tschi Minh ließ Sainteny einen sehr freundlichen Brief übermitteln, in dem er ihn ersuchte, zusammen mit seinem Verteidigungsminister Giap Maßnahmen zu erwägen, um »das Klima zu bessern...« Gleichzeitig vergaß er nicht, Madame Sainteny seine ergebenen Grüße zu senden. General Morlière erhielt den Besuch Giaps, der salbungsvoll die Vorfälle der letzten Tage beklagte, versprach, daß sie sich nicht wiederholen sollten, und zu verstehen gab, die Entspannung würde eher zustande kommen, die Gerüchte bezüglich eines in Vorbereitung befindlichen Gewaltstreiches würden abgewendet, wenn die Bevölkerung Hanois wieder französische Uniformen in der Stadt sähe. Die Truppen hatten seit sechs Tagen Ausgehverbot, und nur die Abteilungen der Polizei und die allernötigsten Arbeitstrupps verließen die Zitadelle. Die Stimmung litt unter dieser Einschließung.

Morlière ließ sich überzeugen. Die Soldaten, die abkömmlich waren, würden zwischen Abendbrot und Zapfenstreich ausgehen.

Die durch die Vereinbarung vom 6. März beschnittene Garnison war klein: ein Bataillon des 23. RIC, ein Bataillon Kolonial-Fallschirmjäger, eine Kompanie motorisierter Jäger, eine Gruppe Kolonialartillerie, ein paar Panzer – alles in allem 2500 Mann. Etwa die Hälfte nutzte gewöhnlich die Ausgangserlaubnis, ging auf dem Boulevard Paul-Bert spazieren, verteilte sich in Kinos und Bars.

Der Nachmittag verlief ruhig. Um 18 Uhr würden sich die Pforten der Zitadelle öffnen, wie gewöhnlich. In letzter Minute traf ein Gegenbefehl ein. Die Truppe erhielt wieder Ausgehverbot. Man mußte alle Hebel in Bewegung setzen, um die bereits ausgegangenen Soldaten zurückzurufen.

Morlière hatte sich rasch entscheiden müssen. Die von dem eurasischen Agenten Fernand Petit stammende Nachricht hatte ihn um 17.50 Uhr erreicht. Sie gab die genaue Zeit an: allgemeiner Aufstand um 20 Uhr, die drei Divisionen der regulären Armee und die Tu Ve sollten gleichzeitig losschlagen. Doch schon zehnmal waren nicht weniger exakte Warnungen im *Deuxième Bureau* eingetroffen, und zur angegebenen Stunde war nichts vorgefallen...

Um 18.30 Uhr bedauerte Morlière, daß er sich hatte beeindrucken lassen. Ein Brief des Stabschefs Giaps teilte ihm mit, seine (Morlières) Forderung nach Entwaffnung der Tu Ve würde am folgenden Tag, dem 20. Dezember, im Ministerrat erörtert werden. »Inzwischen hat der Herr Minister für Nationale Verteidigung Weisungen erteilen lassen, um jedes Mißverständnis zu vermeiden. Er hofft, daß Ihrerseits die nötigen Befehle ergehen, um jede Verschärfung der neuen Situation zu vermeiden.«

Es wurde Nacht. Die Straßen im Zentrum waren voll Spaziergänger. Die beharrlichen Glocken der Kinos riefen die Zuschauer herbei. Vor dem mitten in der Stadt gelegenen Bahnübergang warteten einige Wagen: eine Reihe von Waggons versperrte die Straße...

Als pünktlich um acht Uhr die Lichter erloschen, hielten alle Franzosen eine Sekunde lang den Atem an. Sie wußten sofort, daß das keine gewöhnliche Betriebsstörung war, sondern das Signal zu einer Tragödie.

Feuerstöße aus automatischen Waffen, explodierende Granaten, platzende Minen und vor allem Schreie, entsetzliche Schreie... Im Schein von elektrischen Taschenlampen oder Autoscheinwerfern drangen die Tu Ve in die europäischen und eurasischen Häuser ein, in den Sitz des französischen Hochkommissars, in die Lanessan-Klinik. Ein Trupp versuchte die Doumerbrücke zu sprengen, um Hanoi vom Flughafen Gialam abzuschneiden. Frauen und Kinder wurden hingemetzelt, andere als Geiseln fortgeschleppt. General Morlière sandte zwei Panzerspähwagen mit MG zu Sainteny, der beim Kleinen See wohnte, um ihn abzuholen. Der Wagen, den er bestieg, explodierte auf einer ferngesteuerten Mine. Der französische Hochkommissar wurde herausgeschleudert und schwer verletzt, ein Schützenpanzerwagen konnte ihn wie durch ein Wunder retten. Madame Sainteny, der Ho am Morgen seine Grüße entboten hatte, war im Wagen vorher heil durchgekommen.

Der Überfall war zur Hälfte mißlungen. Früh am Morgen besetzten die Soldaten, die die Vietminh einzeln, im Dunkel, abzuschlachten gehofft hatte, wieder die Europäerstadt und sperrten die annamitisch-chinesische Stadt ab. Ho, seine Regierung und seine reguläre Armee waren nach der Mittelregion zu geflüchtet. Die Mehrzahl der französischen Garnisonen in Tongking und Annam, Nam Dinh, Bac Ninh, Hué, Tourane usw., waren zu gleicher Zeit wie Hanoi angegriffen worden. Alle hatten Widerstand geleistet, da sie auf der Hut gewesen waren. Diesmal hatte der Krieg in Indochina begonnen. (*Forts. Indochina S. 212*)

6. Kapitel   1946/1947
Altes Land, junge Nationen
Aufgabe Chinas. Teilung Indiens

Die ersten Früchte des Erfolges fielen Marshall zu. Nach dem Waffenstillstand vom 10. Januar 1946 hatte der General die Einberufung einer Gesetzgebenden Versammlung und die vorläufige Übertragung der Souveränität an einen Staatsrat erwirkt, in dem alle politischen Parteien Chinas vertreten sein sollten. Einige Tage darauf wurde ein weiterer Erfolg erzielt, die Kommunisten akzeptierten die Eingliederung ihrer Streitkräfte in die Nationalarmee, die nach und nach auf 60 Divisionen, davon nur 10 kommunistische Divisionen, eingeschränkt werden sollte.

In Jenan erklärte Mao Tse-tung seinen bestürzten Kadern, warum er die beiden Vereinbarungen angenommen hatte. Sie entsprachen einer taktischen Phase der Konsolidierung. Die militärische Eingliederung ließ die Division, die Grundeinheit der regulären Armee, unversehrt und berührte nicht die territorialen Formationen, die Guerillas und Dorfmilizen, aus denen der Unterbau des bewaffneten Kommunismus bestand. Der Kampf würde sich unter neuen Umständen fortsetzen, doch das Endziel, der Kommunismus, blieb unverändert.

Eine Schwierigkeit blieb bestehen. Die Kommunisten verlangten 14 Sitze im Staatsrat, Tschiang Kai-schek bot ihnen 13. 14 Sitze bedeuteten eine Minderheit mit Vetorecht, 13 nicht. Die Kommunisten sagten: »Wir brauchen das Vetorecht, um nicht der Kuomintang ausgeliefert zu sein.« Die Kuomintang sagte: »Eine Minderheit mit Vetorecht wird den Kommunisten die Möglichkeit geben, den Staat zu lähmen und zu sabotieren.«

Als Marshall am 11. März zu Truman fuhr, um ihm über die ersten Resultate seiner Mission zu berichten, war die Schwierigkeit noch nicht beseitigt. Das war sie auch am 15. April nicht, als er nach Chungking zurückkehrte. Die Koalitionsregierung war weiterhin festgefahren, und die Mandschurei ließ den Bürgerkrieg in seiner ganzen Wut wieder aufflammen.

Die Russen saugten die Mandschurei aus, sie beanspruchten sie völlig. Hunderte Eisenbahnzüge beförderten die industriellen Einrichtungen, mit denen die Japaner ihr Mandschukuo ausgestattet hatten, nach Sibirien: Textilfabriken und Anlagen der Schwerindustrie, Elektrogeneratoren, Pumpwerke, Telefonmaterial, Laboratorien, Krankenhäuser. Was nicht für würdig gehalten wurde, von der UdSSR geschluckt zu werden, wurde der gründlichsten Plünderung der Welt, jener durch die chinesische Bevölkerung, überlassen. Amerikanische Reporter besuchten Gerippe von Fabriken, in denen sie verblüfft feststellten, daß nicht einmal ein Stückchen Holz oder Metall da war, aus denen man auch nur ein Streichholz oder einen Nagel hätte machen können. Nach den russischen Geiern waren die chinesischen Ameisen darüber hinweggegangen.

Diese Razzia führte zu einer Wirtschaftskatastrophe. Die Bergwerke waren überschwemmt, die Hochöfen erkaltet. Die Städte ohne Wasser, ohne Elektrizität, ohne Lebensmittel und Heizmaterial versanken im strengen mandschurischen Winter. Amerika machte Moskau Vorhaltungen; Moskau begnügte sich, zu antworten, daß die in die Sowjetunion gebrachten Güter japanischer Besitz seien und »Kriegsbeute« darstellten. Man schätzte sie auf zwei Milliarden Dollar – ein saftiger Ertrag für einen sechstägigen Feldzug.

Die Plünderung der Mandschurei und die hinausgezögerte Räumung bewirkten in den großen chinesischen Städten antisowjetische Demonstrationen. Die Büros der kommunistischen Zeitung *Nachrichten aus dem Neuen China* in Chungking wurden geplündert. Tschiang Kai-schek wurde von seinen Ratgebern gedrängt, bei der sowjetischen Regierung Protest einzulegen. Tschiang beschwichtigte sie. Er wußte, daß die für eine rasche Wiederbesetzung der Mandschurei notwendigen Kräfte nicht bereitstanden, und ihm war es lieber, inzwischen die Russen dort zu sehen als die Leute aus Jenan. Er legte den Akzent wieder auf den Freundschafts- und Bündnisvertrag: »Der Weltfrieden hängt von der Zusammenarbeit zwischen Russen und Chinesen ab . . .« Die Note war so voll Wärme, daß sie Washington beunruhigte: »Ein besonderer russisch-chinesischer Vertrag über die Mandschurei stünde im Widerspruch zum Prinzip der offenen Tür und könnte von den Vereinigten Staaten nicht geduldet werden.«

Am 22. März entschloß sich Tschiang, von den Russen den Abzug ihrer Truppen zu verlangen. Malinowskij antwortete, die Räumung werde Ende April beendet sein. Er gestattete eine beschränkte Luftbrücke und war damit einverstanden, daß Beamte und Offiziere der Kuomintang kamen und die Vorarbeit für eine Militär- und Verwaltungsbehörde in Angriff nahmen, ohne das Ende der Räumung abzuwarten.

Andererseits duldeten die Russen weiter die Infiltration chinesischer Kommunisten in die Mandschurei. Sie ließen die Bildung ländlicher Sowjets in den nördlichen Provinzen, Kirin und Heilungkiang, zu. Sie überließen den Roten ganze Berge von japanischem Kriegsmaterial. Der oberflächlich gewahrte Freundschafts- und Bündnisvertrag wurde verletzt. Die Russen benahmen sich, als organisierten sie systematisch und bewußt den chinesischen Bürgerkrieg, als passe es in ihre Berechnungen, der Spaltung und Zerrissenheit des Giganten Dauer zu verleihen.

Das Rennen, das sich im Jahr 1945 zwischen den Nationalisten und den Kommunisten abgespielt hatte, begann nun in der Mandschurei, mit dem Unterschied, daß die Nationalisten die amerikanischen Transportflieger nicht mehr zur Verfügung hatten. Jetzt waren ihre Gegner beweglicher.

Im März kämpfte man um Mukden. Der rote General Lin Piao wurde von der Nationalarmee von dort vertrieben, und Tschiang Kai-scheks Sohn, Chiang Ching-kuo, richtete die Befehlsstelle der Nordostprovinzen dort ein. Zwischen Peking und Mukden verkehrte ein Zug, doch die Linie wurde sofort von den Guerillas unterbrochen.

Das Rennen verlagerte sich in den Norden, nach Changchun, das die Japaner zur Hauptstadt ihres Mandschukuo gemacht hatten. General Chen Chiang-chen war auf dem Luftweg dort eingetroffen und hatte die Stadt im Namen der Nationalregierung in Besitz genommen. Lin Piao, der danach brannte, seinen Mißerfolg von Mukden zu rächen, bemächtigte sich des Flughafens und stürzte sich auf die Stadt. Chen widerstand drei Tage lang und kapitulierte am 19. April. Changchun zählte 700 000 Einwohner. Es war bei weitem die bedeutendste Stadt, die die Kommunisten in zwanzig Jahren des Kampfes erobert hatten.

Weiter nördlich ist die Mandschurei von Wäldern bedeckt und geht am Heilungkiang, wie die chinesische Bezeichnung des Flusses Amur lautet, nach Sibirien über. Harbin, das die Chinesen Pinkiang nennen, das aber ebenso russisch aussieht wie Smolensk, war die Hauptstadt des Gebietes. Lin Piao zog am 25. April kampflos in die Stadt ein. Die von Tschiang Kai-schek als Voraustrupp gesandten Militärs und Beamten flüchteten nach Sibirien. Die Russen schickten sie über Wladiwostok zurück.

Die Besetzung von Changchun, von Harbin, das Eindringen der Truppen Yenans in die Mandschurei stellten Verletzungen der Vereinbarung vom 25. Februar dar. Marshall dachte daran, sie gegen die nebensächlichen Übertretungen des Waffenstillstandes auszugleichen, die von den nationalistischen Truppen in anderen Gegenden Chinas begangen worden waren. Er war ein General und ein Staatsmann, dazu berufen, einer Sache zu dienen; er betrachtete sich als Richter mit dem Auftrag, Gerechtigkeit walten zu lassen. Kein Irrtum lastete schwerer auf dem Ablauf der Ereignisse.

Am 1. Mai verließ Tschiang Kai-schek Chungking und richtete sich nach einer Abwesenheit von hundert Monaten wieder in Nanking ein. Fünf Tage später hätte die Gesetzgebende Versammlung zusammentreten sollen, doch die Kommunisten verlangten, als Bedingung für ihre Teilnahme, weiterhin ihre Minderheit mit Vetorecht im Staatsrat und außerdem eine allgemeine Feuereinstellung, die ihre großen Erfolge in der Mandschurei konsolidiert hätte. Marshall drängte Tschiang Kai-schek, sich damit einverstanden zu erklären. Er verbürgte sich, von Tschou En-lai die friedliche Rückgabe Changchungs in, wie er sagte, höchstens sechs Monaten zu erreichen. Er weigerte sich jedoch, bezüglich Antungs und Harbins zu vermitteln, und nahm damit die Teilung der Mandschurei zwischen Nanking und Jenan hin.

Inzwischen brachen die Kommunisten an Ort und Stelle zusammen. General Tu Ju-ming bildete eine Panzerkolonne, die längs der ostmandschurischen Bahn vorging, den Kung-Chu-Paß überschritt und am 22. Mai Changchun wieder einnahm. Die Kommunisten, die sich gebrüstet hatten, 300 000 Mann reguläre Truppen in der Mandschurei zu haben, konnten sich nirgends halten. Nach der Einnahme Chungkings rückte Tu bis Shuangcheng, 50 Kilometer von Harbin, vor. Die Niederlage der Roten war vollständig; die Rückeroberung der Mandschurei zeichnete sich ab.

Nach der offiziellen Schilderung des amerikanischen Weißbuches unternahm Marshall einen mutigen Versuch, dem Kampf ein Ende zu bereiten. In Wahrheit bemühte er sich, die Erfolge der Nationalisten zu stoppen.

Botschaften, die Tschiang in Mukden erreichten, wohin er sich begeben hatte, um die Operationen zu leiten, geboten ihm, den Marsch auf Harbin zu unterbrechen, widrigenfalls, drohte Marshall, »die Fortsetzung meiner Dienste als Vermittler unmöglich wäre und ich den Präsidenten der Vereinigten Staaten um meine Rückberufung bitten müßte«.

Tschiang, in die Ecke gedrängt, gab nach. Obwohl er dem Sieg nahe war, gewährte er seinen Gegnern am 7. Juni einen befristeten Waffenstillstand, der alle zehn Tage erneuert werden mußte. »Er machte General Marshall darauf aufmerksam«, gibt das Weißbuch zu, »daß dies sein letzter Versuch sei, mit den Kommunisten zu einer Einigung zu kommen. Ihre Blockade hungerte die Städte aus, machte die Kohlenlieferungen unmöglich, lähmte die Industrie. Ein offener Krieg sei der Fortsetzung dieser katastrophalen Lage vorzuziehen.«

Ein Paradoxon belastete Marshall. »Er befand sich«, sagt das Weißbuch, »in einer unhaltbaren Lage, da er seine Vermittlertätigkeit zwischen zwei chinesischen Parteien ausüben sollte, von denen die eine, die Nationalregierung, Waffen und Munition erhielt, um die andere zu bekämpfen . . .« Marshall stellte die Logik wieder her, indem er das Embargo auf das für Nationalchina bestimmte Kriegsmaterial erklären ließ. Während der zehn entscheidenden Monate sollten Tschiang Kai-scheks Armeen kämpfen, ohne eine Patrone von den Amerikanern zu erhalten.

Der linksgerichtete General Marshall, Soldat Roosevelts, hatte die starke Voreingenommenheit Stilwells für die *socalled communists of Yenan*«, die Agrarreformer und selbstlosen Patrioten, geteilt. Seine Fühlungnahme mit Tschou En-lai veränderte höchstens die Form seiner Illusionen. »Die chinesischen Kommunisten«, schrieb er, »machen aus ihrer marxistischen Überzeugung kein Geheimnis, sie verbergen ihre Absicht nicht, in China ein Regime mit kommunistischer Tendenz zu errichten, sie wollen aber ihr Ziel erreichen, indem sie eine demokratische Regierungsform nach Art der Engländer oder Amerikaner anwenden . . .« Marshall wußte nicht, daß in der marxistischen Schule die taktische Elastizität ebenso sorgfältig unterrichtet wird wie die doktrinäre Festigkeit. Der chinesische Kommunismus hatte niemals in Betracht gezogen, anders an sein Ziel zu gelangen als durch Diktatur und Totalitarismus, dem amerikanischen Vermittler jedoch zeigte er ein Gesicht, durch das sich dieser täuschen ließ. »Innerhalb der chinesischen Kommunisten gibt es eine durchaus liberale Gruppe, die sich lediglich aus Gegnerschaft gegen die Korruption der Regierungskreise dieser Partei angeschlossen hat . . .« Marshall glaubte, seine Unparteilichkeit und sein Wohlwollen würden diese gemäßigten Elemente im Kampf gegen die Extremisten unterstützen und den chinesischen Kommunismus auf die Linie der Demokratie zurückführen.

Scheitern und Ausgangspunkt Marshalls

Die Sommer in Nanking sind furchtbar. Der Fluß reichert die heiße Luft mit Feuchtigkeit und giftigen Ausdünstungen an. Die über ihre Ringmauer hinausgewachsene Stadt duftete nach dem menschlichen Dünger auf den Reisfeldern, die die Ministerien umgaben. Der Sitz des Präsidenten der Republik war auf einen blumenbewachsenen Berg in Kuling verlegt worden. Um dorthin zu gelangen, mußte man eine Flugreise von einer Stunde auf sich nehmen, dann den Jangtse überschreiten und in einem Tragsessel den Berg hinaufbefördert werden. Der Generalissimus wurde durch wichtige Angelegenheiten im Tal zurückgehalten. Die mit den Kommunisten eingeleiteten Verhandlungen scheiterten. Der Krieg begann wieder. Die Inflation verschärfte sich, die wirtschaftliche Lage wurde kritisch. Doch Tschiang Kai-schek liebte die klare Morgenluft und die kühlen Abende.

Am 10. August brachte ihm Marshall einen Brief Präsident Trumans nach Kuling. Tschiang konnte sich um zwei Jahre in die Vergangenheit versetzt glauben, an den Tag, als Stilwell ihm, innerlich jubelnd vor befriedigtem Haß, das Ultimatum Roosevelts übergeben hatte . . .

»Die letzten Ereignisse«, schrieb Truman, »haben unser Vertrauen erschüttert, daß das chinesische Volk seine Probleme auf friedlichem und demokratischem Weg zu lösen beabsichtigt. Es besteht ein wachsendes Unbehagen wegen des Treibens gewisser Militaristen und einer kleinen Gruppe von Reaktionären, die den liberalen Zeitgeist nicht begreifen und sich der Förderung des Allgemeinwohls hemmend in den Weg stellen. Derartige Winkelzüge werden vom amerikanischen Volk entschieden mißbilligt. Falls China nicht sehr bald Beweise liefert, daß es seine internen Probleme auf friedlichem Wege zu regeln gedenkt, muß damit gerechnet werden, daß die freundschaftlichen Gefühle Amerikas für die Nation erkalten.«

Auf diese neue Drohung, ihn seinem Schicksal auszuliefern, antwortete Tschiang nüchtern: »Der Wunsch nach Frieden muß allseitig sein, und deshalb müssen die Kommunisten ihre Politik des gewaltsamen Umsturzes zur Aufrichtung eines totalitären Regimes – wie sie es in Osteuropa betreiben – endgültig aufgeben . . .« Den Kommunisten selbst reichte Tschiang neuerlich einen Ölzweig: »In meiner Botschaft am 14. August habe ich die feste Absicht meiner Regierung kundgetan, die Regierungsbasis durch die Aufnahme von Vertretern aller Parteien zu verbreitern, um das Programm des friedlichen Wiederaufbaues in die Tat umzusetzen. Ich hoffe aufrichtig, daß die chinesischen Kommunisten ihre gesamte bisherige Politik ändern werden. Die Regierung wird ihr Äußerstes tun, um in der denkbar kürzesten Zeit Frieden und Demokratie zu verwirklichen.«

Bei diesem neuen Versuch stand ein ungewöhnlicher Botschafter an Marshalls Seite. John Leighton Stuart war in China geboren, der Sohn eines Missionars der *Southern Baptist Church*, seit 1904 selbst Missionar; er war 1919 an die Spitze der Yenching-Universität berufen worden, die mit dem amerikanischen Anteil der Boxerentschädigung in Peking gegründet worden war. Die Japaner hatten ihn interniert, und er war nach einem Erholungsaufenthalt in den Vereinigten Staaten wieder auf seinen Posten zurückgekehrt. Marshall fing ihn bei der Durchfahrt in Shanghai ab und brachte ihn dazu, den seit Demission Patrick Hurleys unbesetzten Posten des offiziellen Botschafters anzunehmen. Stuart, der mit 70 Jahren eine diplomatische Karriere begann, war ein großgewachsener Mann, dessen mageren Körper, gleich einem anatomischen Wunder, ein riesiger langschädeliger Gehirnkasten überragte. Er besaß den Vorzug, daß er China genau kannte und daß ein großer Teil der politischen Beamten durch seine Hände gegangen war.

Ein Komitee aus fünf Mitgliedern unter der Führung Stuarts versuchte nochmals, den Weg für eine Gesetzgebende Versammlung zu ebnen, in der alle Parteien vertreten waren. »Ich bin überzeugt«, sagte Stuart, »daß Tschou En-lai schwankend wurde, als ich ihm die Leiden schilderte, die der Bürgerkrieg in China verursachte. Er blieb längere Zeit mit gesenktem Kopf sitzen und überlegte gründlich. Es war einer jener ergreifenden Augenblicke, in denen ein Wunder möglich scheint . . . « Die Illusion war kurz. Am Tag darauf brach Tschou die Besprechung ab und zog sich nach Shanghai zurück. Die Feindseligkeiten, die nachgelassen hatten, wurden wieder aufgenommen.

In der Mandschurei hatten die Kommunisten Harbin in der Hand behalten und die Krise des Monats Mai überwunden. Im gebirgigen Zentrum von Shantung konnte man ihnen weiterhin nicht beikommen. In Shansi blockierten sie in Tatung eine bedeutende Regierungsgarnison. Die Nationalisten ihrerseits säuberten die beiden Ufer des Blauen Flusses in Chekiang und Kiangsu. Sie machten sich an die Befreiung Pekings. Nachdem sie Chengteh, die Hauptstadt von Jehol, genommen hatten, setzten sie sich zum Ziel, die Hauptstadt der Inneren Mongolei, Kalgan, wiederzuerobern. Ihre Truppen überschritten die Große Mauer und erstiegen das Mongolische Hochplateau.

Marshall griff ein, wie er es bei Harbin getan hatte. Er forderte Tschiang auf, den Marsch auf Kalgan zu unterbrechen, indem er ihn neuerlich darauf aufmerksam machte, er werde seine Abberufung verlangen, wenn seiner Aufforderung nicht Genüge getan werde. Da Tschiang sich weigerte, ihm zu gehorchen, führte Marshall seine Drohung aus und ersuchte Truman, dem Generalissimus mitzuteilen, sein Sonderbotschafter könne es sich nicht mehr gestatten, »*cannot afford before the World*«, seine Rolle als Vermittler weiterzuführen.

Tschiang wurde von Stuart benachrichtigt, wurde nochmals nachgiebig und gewährte eine Waffenruhe von fünf, dann von zehn Tagen. Marshall hielt sein Rückberufungsgesuch zurück und eilte nach Shanghai, um zu versuchen, Tschou En-lai nach Nanking zu bringen. Er beklagte sich bei Tschou über die Anklagen der Kommunisten gegen Amerika und ihn selbst. »Wenn Sie zu meiner Unparteilichkeit kein Vertrauen haben, brauchen Sie nur ein Wort zu sagen: Ich ziehe mich zurück . . .« Diese demütige Haltung hinderte Tschou nicht, den Waffenstillstand zurückzuweisen. Die Kommunisten hatten richtig erkannt, daß ihre Lage zu kritisch war, um sich Versöhnlichkeit zu gestatten.

Am 11. Oktober fiel Kalgan. Sofort wurde eine neue Offensive gestartet, um Antung und die Küsten der Mandschurei zu befreien. Tschiang segelte nochmals mit dem Wind und erachtete den Augenblick für gekommen, um die seit dem 5. Mai ausstehende Gesetzgebende Versammlung einzuberufen. Er setzte sie für den 12. November an. Drei Tage vorher verkündete er einseitig eine Waffenruhe und forderte die Kommunisten ein letztesmal auf, zur Versammlung zu kommen und ihre Sitze einzunehmen.

Am 12. November waren 1485 Abgeordnete von 2050 in Nanking versammelt. Man beschloß einen Aufschub der Bedenkzeit von drei Tagen, um noch auf die Kommunisten und ihre Verbündeten von der Demokratischen Liga zu warten. Am 15. November schließlich wurde die Sitzung unter der Präsidentschaft von Dr. Hu Shih, dem Kanzler der Nationalen Universität Peking und vormaligen Botschafter in Washington, eröffnet. Tschiang legte in einer sich bescheiden gebenden Rede den Verfassungsentwurf vor: »Ich bin 60 Jahre alt. Seit dem Tod Dr. Sun Yat-sens vor 13 Jahren mußte ich die Verantwortung für die Macht tragen. Jetzt, da Sie hier sind, habe ich keinen Ehrgeiz mehr...«

Tschou En-lai ließ sich in einem amerikanischen Flugzeug nach Yenan zurückbringen. Die Bedingungen der Kommunisten für eine Wiederaufnahme der Verhandlungen waren von nun an die folgenden: Auflösung der Gesetzgebenden Versammlung und Rückzug der nationalistischen Truppen auf die Stellungen vom 13. Januar. Auf solcher Grundlage war keine Diskussion möglich. Marshall hatte völlig recht mit seinem Schluß, daß seine Vermittlung mit einem totalen Mißerfolg geendet hatte.

Er vertauschte seine Vermittlerrolle mit jener eines Beraters. Er teilte Tschiang Kai-schek mit, daß sein Stabschef, General Chen, ihm Illusionen vorgaukelte, wenn er sich für stark genug hielt, der kommunistischen Rebellion in drei oder sechs Monaten ein Ende zu bereiten. Der Kampf würde viel länger dauern. Er würde China erschöpfen, vernichten. Er verschlinge 70 % der öffentlichen Mittel. Er rufe bei der Elite Verzweiflung und bei den Massen Not hervor, die mehr als jeder Erfolg der roten Streitkräfte dazu beitrugen, den Sieg des Kommunismus zu fördern... Nichts davon ließ sich bestreiten, doch Marshall war seinerseits auf dem falschen Weg, wenn er dem Generalissimus riet, seine politische Linie zu ändern, indem er durch Vereinigung der Minderheitsparteien, Demokratische Liga, Junges China usw., die zwischen den Kommunisten und den Nationalisten standen, eine liberale Partei bildete. »Sie würden die Stellung eines Vaters des Vaterlandes erreichen, statt nur der Chef der Kuomintang zu sein...« Die Parteien des Zentrums beschränkten sich auf eine Handvoll uneiniger Intellektueller.

Amerika allein hätte die Last, die China von der roten Revolte auferlegt wurde, erträglich zu machen vermocht. Dagegen wehrte sich Marshall. »Er erklärte ganz kategorisch, *very emphatic*«, sagt das Weißbuch, »es sei unnütz, sich vorzustellen, daß die Vereinigten Staaten ihre Dollars in einen Abgrund schütten würden, den eine von einer reaktionären Clique völlig beherrschte Regierung geschaffen hatte...« Ein hochgestellter Beamter fragte Marshall, warum die Anleihen für Zivilprojekte, für den Wiederaufbau der Eisenbahnlinie Kanton – Hankou, die Errichtung einer Brücke über den Gelben Fluß, abschlägig beschieden wurden. Der General antwortete, daß man die offensichtliche Korruption der Regierung sowie ihre Militärpolitik in Erwägung gezogen habe.

Inzwischen arbeitete die Gesetzgebende Versammlung eifrig an der Verfassung. Am 24. Dezember wurde sie durch Abstimmung angenommen; sie sollte nach einer Übergangsperiode von einem Jahr in Kraft treten und brachte China das Maximum an Demokratie, das sich mit seinem Entwicklungsstadium vereinbaren ließ. Für kurze Zeit herrschte Optimismus, bemühte man sich, guten Willen zu zeigen, Vertrauen in die Zukunft. Die Einnahme Antungs brachte die berechtigte Überzeugung, daß die militärische Lage der Kommunisten seit der Kapitulation Japans noch nie so schlecht gewesen war. Wäre China durch Amerika verständnisvoll unterstützt worden, so wäre es sehr wahrscheinlich in einen Konsolidierungsprozeß eingetreten. Es war ein Unglück von historischer Bedeutung, daß es in diesem entscheidenden

Augenblick nur auf die Feindseligkeit Marshalls, die Unwissenheit Trumans, die Verschwörung der Kryptokommunisten des State Department und den Puritanismus der amerikanischen öffentlichen Meinung traf, die durch die Presse gegen den reaktionären Charakter und die – übrigens nicht zu bezweifelnde – Korruption der Kuomintang aufgebracht wurde.

Am 3. Januar 1947 wurde General Marshall von Truman unterrichtet, daß der Augenblick gekommen sei, an dem er nach Amerika zurückkehren und die Nachfolge James Byrnes' im State Department antreten solle. Marshall teilte Tschiang Kai-schek nur seine Rückberufung mit. »Das Gespräch war von dramatischer Größe«, sagte Stuart. Der Generalissimus ersuchte Marshall, mit dem Titel eines Beraters der Regierung von China zu bleiben, und bot ihm *with great earnestness*«, mit vollem Ernst, an, er wolle seine gesamte Macht aufgeben und in Marshalls Hände legen. Marshall wurde verlegen, meinte, er werde es sich überlegen, er stehe jedoch dem Präsidenten der Vereinigten Staaten zur Verfügung und könne ohne dessen Einwilligung nichts unternehmen. Eine seltsame Szene, die der bestechenden Anziehungskraft Marshalls alle Ehre macht. Er hatte das Aufgeben Chinas am meisten befürwortet, und in dem Augenblick, da er es verließ, bot ihm der Chef dieses selben China an, zu seinen Gunsten abzudanken!

Die Marshalls flogen am 7. Januar ab. Ganz Nanking kam auf den Flughafen, um sie zu verabschieden. Der Generalissimus und Madame erschienen mit Verspätung. Marshall brachte seine Ungeduld unverhüllt zum Ausdruck. Es herrschte polare Kälte. Tschiang Kai-scheks Nase war knallrot und Mei-lings Augen tränten. Als das mit fünf Sternen gekennzeichnete Flugzeug zu rollen begann, hatten alle Anwesenden das Gefühl, daß sich ein Ereignis von ungeheurer Tragweite vollzog.

Wenige Stunden später kam ein verheerender Schlag aus Honolulu. In einer Botschaft, deren Offenheit und Stärke damals sehr bewundert wurden, deren Verblendung, ja geradezu Einfältigkeit jedoch im Licht der späteren Ereignisse deutlich wird, legte der Sonderbotschafter Präsident Trumans die Gründe für seinen Mißerfolg dar. Er tadelte gewiß die *dyed in the wool* (eingefleischten) Kommunisten, die ohne Zögern die chinesische Wirtschaft ruinierten, um ihre Ziele zu erreichen, aber »ein aufmerksames Durchlesen der Erklärung zeigt, daß Marshall die Hauptverantwortung der Kuomintang aufbürdete«, sagt der chinesisch-amerikanische Interpret Tang Tsu. Der Schluß der Botschaft rechtfertigte das Aufgeben Chinas. Amerika versagte es sich, zwischen Jenan und Nanking, zwischen der Revolution des Nordens und der Reaktion des Südens, zu wählen.

Der Dank der Kommunisten ließ nicht auf sich warten. In seinem Kommentar zur Abreise Marshalls behauptete Tschou En-lai, der General habe nie aufgehört, Amerika in den Dienst der Kuomintang zu stellen. Lu Ting-Yi, der Leiter des Propagandabüros im ZK, ließ die Weltpolitik im grellen Licht erscheinen. »Die amerikanischen Imperialisten sind mit Beihilfe der Reaktionäre mehrerer Länder, Churchill in England, de Gaulle in Frankreich, Tschiang Kai-schek in China, und der im Amt gebliebenen Faschisten, Franco in Spanien, Yoshida in Japan und Schacht und Papen in Deutschland, an den Platz der deutschen, italienischen und japanischen Faschisten getreten. Für China besteht der einzige Unterschied zwischen der Politik der amerikanischen Imperialisten und jener der japanischen Imperialisten darin, daß die erste noch giftiger ist als die zweite. Aber das nach außen eindrucksvolle Amerika ist im Inneren schwach ... Die Wirtschaftskrise wird in diesem oder im kommenden Jahr zum Ausbruch kommen, und das Antlitz der Welt wird sich völlig verändern.«

Die militärischen Erfolge der Nationalisten setzten sich während der ersten Monate des Jahres 1947 fort und gipfelten am 19. März in der Einnahme von Yenan, das die Kommunisten aus sentimentalen Gründen nicht verteidigten. Ohne Hauptstadt, im Besitz von nur einer großen Stadt, dem weit entfernten Harbin, schienen sie wieder eine vogelfreie Partei geworden zu sein. Das Defizit und die Inflation jedoch, die Not und die Korruption machten die Siege unergiebig, unterminierten die Stärke der Kuomintang.

Um die galoppierende Inflation zu bremsen, opferte Tschiang seinen Schwager, T. V. Soong, und setzte an seine Stelle General Chang Chun als Vorsitzenden des Exekutiven Yüan. Persönlich uneigennützig, lebte Tschiang inmitten seiner Blumentöpfe und Höflinge, ohne richtige Information über wirtschaftliche Probleme; er zeigte übrigens nur mäßige Besorgnis angesichts des Verfalls der nationalen Währung und dessen zahlloser Folgen. »China ist ein Land von Dörfern«, hatte er Marshall gesagt, »die sich gegen die Außenwelt abschließen. Eine finanzielle Krise kann es nicht erschüttern ...«

Es waren sonderbare Tage. In Shanghai trugen die Passanten lange Leinensäcke, vollgestopft mit Bündeln von Tausenddollarscheinen, deren Wert nur noch fünf amerikanische Cent betrug. Ersatzzahlungsmittel tauchten auf, deren erstaunlichstes zweifellos die amerikanischen Blutkonserven waren, die von freiwilligen Spendern stammten und auf dem Schwarzmarkt gelangt waren. Die phänomenale Findigkeit der Chinesen glich sich in erstaunlicher Weise dem Währungswahn an, doch die Inflation war von einer Lebensmittelnot begleitet, die bei den Massen und den Kleinbürgern großes Leiden und daher heftige Unzufriedenheit verursachte.

In den Universitäten nahm die Agitation zu und führte am 3. Juni zu einem Revolutionstag, den die Regierung scharf unterdrückte. Chang Chun war bereits gescheitert. Der bei 12 000 stabilisierte amerikanische Dollar hatte wieder hochzuschnellen begonnen, was ihn bis zu einem Kurs von 200 000 chinesischen Dollar brachte. Die Verwaltung löste sich auf, die öffentliche Moral ging endgültig in dieser entfesselten Inflation zuschanden.

Bei der Armee liefen die Soldaten in Lumpen herum, der Sold wurde nicht bezahlt, die Truppe konnte nur leben, indem sie das Land auspreßte, die Desertionen reichten vom Soldaten, der aus Überzeugung oder Überdruß zum Feind überging, bis zum General, der aus Ehrgeiz oder Gewinnsucht das Lager wechselte. Die Art der Kriegführung war übrigens auf beiden Seiten verschieden. Die aus der Guerilla hervorgegangene kommunistische Armee besaß eine natürliche Neigung zur Auflockerung. Die Nationalarmee hatte eine unwiderstehliche Neigung zur Zusammenballung. Sie besetzte langsam die Städte, verbarrikadierte sich in Stellungen, verteilte ihr Personal an Bahnlinien entlang, bei denen sie jeden Bahnhof, jedes Weichenstellwerk, jede Schwelle zu verteidigen suchte — ohne daß sie Sabotage, die an der Tagesordnung war, verhindern konnte.

In der Mandschurei ergriff Lin Piao wieder die Initiative. Bei eisiger Kälte unternahm er hintereinander vier Winteroffensiven. Am 28. Februar gelangten 70 000 Kommunisten bis auf 12 Kilometer vor Changchun, besetzten den Flughafen und legten die Wasser- und Elektrizitätsversorgung still. Pan Yu-kun, der Kommandeur der 1. Neuen Armee der Nationalisten, schlug ihn, warf ihn aus seinen Stellungen und trieb ihn zurück. Trotz dieses Erfolges schrieb der amerikanische Generalkonsul aus Mukden, daß die Stimmung der nationalistischen Truppen schlecht sei, defaitistisch, daß der Unterschied zwischen der Lebensführung der Offiziere und der elenden Verhältnisse bei der Mannschaft schwere Unzufriedenheit verursache, und schließlich, daß der »Maginotkomplex«, die Bevorzugung der Defensive, das ganze Heer durchsetzt habe.

Im April schmolz das Eis auf den Flüssen; der Winter war im Mai zu Ende. Am 10. Mai startete Lin Piao eine fünfte Offensive. Die großen Schlachten in der Mandschurei, die über das Schicksal des Krieges und die Zukunft Chinas entscheiden sollten, hatten begonnen. (*Forts. China S. 263*)

Indien: Unabhängigkeit und Teilung

Am 21. März 1946 wurde Lord Pethick-Lawrence, der Minister für Indien, vor seinem Abflug nach Neu-Delhi auf dem Londoner Flughafen von Journalisten umringt. »Der Zweck der Besprechungen, die wir führen werden«, sagte er, »besteht nicht darin, zu bestimmen, ob Indien selbst über seine Zukunft entscheiden soll — das ist eine feststehende Tatsache —, sondern einzig und allein, auf welche Weise dies zu geschehen hat...« Sir Stafford Cripps, der Präsident des *Board of Trade*, und Sir Alexander, Erster Lord der Admiralität, begleiteten Pethick-Lawrence. Sie waren vom Kabinett beauftragt worden, einen Plan für die Übertragung der Souveränität und den Eintritt Indiens in den Status eines Dominions aufzustellen.

Die Abordnung nahm zuerst die erfolglosen Bemühungen des Vizekönigs, Lord Wavell, wieder auf und versuchte, eine Annäherung der Mohammedaner und Hindus in die Wege zu leiten. Das mißlang ihr gleichfalls. Eine Konferenz in Simla endete völlig ergebnislos. Die in Neu-Delhi zusammengetretene Moslemliga spendete Sir Feroze Khan Noon Beifall: »Wenn die Engländer und Hindus uns Pakistan verweigern, dann geben es uns die Russen.« Die einstimmig beschlossene Resolution brach die Brücken ab: »Hindus und Mohammedaner sind zwei verschiedene Nationen...« Sie kritisierten den Hinduismus: »Der Hinduismus hat zehn Jahrhunderte lang ein strenges Kastensystem aufrechterhalten, das 60 Millionen Menschen zur Stufe der Unberührbaren herabwürdigte. Es will die Mohammedaner, die Christen und die anderen Minderheiten zu dem gleichen Status zwingen...«

Die drei Minister blieben hartnäckig, sie stellten einen Plan für das zukünftige Indien auf. Sie verwarfen Pakistan als geographisches Unding, anerkannten jedoch die zu seinen Gunsten angeführten Argumente und suchten einen Ersatz dafür. Die von ihnen vorgeschlagene Lösung, kompliziert wie die Wirklichkeit, mit der sie zu tun hatten, bestand in einer Gruppierung der Provinzen. Sie hatte die Unterteilung

Indiens in drei organische Blöcke zum Ziel, deren jeder eine Staatsverfassung, ein Parlament und autonome Einrichtungen besitzen sollte. Ein Bundesstaat, nur für Außenpolitik und Verteidigung bestimmt, sollte dieses Gebilde krönen.

Die erste Sektion bestand aus den sechs Provinzen, deren Einwohner in ihrer überwiegenden Mehrheit Hindus waren: Madras, Bombay, Orissa, Bihar, die Zentralprovinzen, die Vereinigten Provinzen. Die zweite Sektion umfaßte die drei westlichen Provinzen mit überwiegend mohammedanischer Bevölkerung: Nordwest-Grenzprovinz, Panjab und Sind. Die dritte Sektion, bei der die beiden Religionen sich die Waage hielten, vereinigte die Provinz des unteren Ganges, Bengalen, mit einer drückenden Übervölkerung von 60 Millionen Einwohnern, und die Provinz des Brahmaputra, Assam. Indien sollte ein Bundesstaat sein, der seinerseits aus drei Bundesstaaten bestand.

Der Plan behandelte nur Britisch-Indien. Die drei Minister hatten sich gescheut, eine Lösung für den Ameisenhaufen der indischen Fürstenstaaten zu finden: Sie überließen es der Zukunft, über deren Los zu entscheiden.

Die Anzahl dieser Fürstenstaaten festzustellen war unmöglich; die Quellenangaben schwanken zwischen 562 und 601. Ebenso unmöglich war es, zu entscheiden, welcher der unbedeutendste war. Der Radscha von Bilari herrschte über 26 Untertanen, der Besitz des Radschas von Vernoli jedoch betrug kaum hundert Hektar, und die Einkünfte des Radschas von Nahara erreichten nur 7 Pfund 2 Shilling 6 Pence. Das andere Extrem war der Nisam von Haiderabad, der über ein Gebiet von der Größe Großbritanniens regierte und 16 Millionen Untertanen hatte. Die drei nächstgrößten Fürstenstaaten waren Mysore, Travancore und Kaschmir, mit 7, 6 und 4 Millionen Einwohnern.

Zusammen machten die Fürstenstaaten mehr als ein Drittel von Indien aus, doch ihre Zersplitterung war beispiellos. Die Kathiawarhalbinsel, zwischen Karachi und Bombay gelegen, war in 200 souveräne Gebiete unterteilt. Der Staat Baroda setzte sich aus 5 großen und 31 kleinen Teilen zusammen. Der Staat Gwalior hatte seine Enklaven vom Rande Delhis bis in die Nachbarschaft von Bombay verstreut. Viele von den Fürsten waren arm, lebten ebenso von der Ausbeutung der Dorfbewohner wie die Zamindars, Grundbesitzer, Wucherer und Steuereinnehmer. Einige waren aufgeklärte Despoten, andere harte, grausame Tyrannen. Die meisten, fettgefressen in einem ausgezehrten Land, waren nichts anderes als genußsüchtige Wollüstlinge. Laut dem Magazin *Time* kamen auf jeden indischen Fürsten durchschnittlich 5,8 Frauen, 12,6 Kinder und 3,4 Rolls Royces. Etwa hundert Fürsten waren Inhaber riesiger Vermögen, und ihre Gebäude, ihre Feste, ihre Jagden, ihre Festmähler stellten eine permanente Beleidigung für das Elend Indiens dar. Tibor Mende zitiert den Nabob von Junagadh, einen mittelgroßen Herrscher der Halbinsel Kathiawar, der 30 000 Dollar für den Staatsfeiertag anläßlich der »Heirat« seines Lieblingshundes ausgab. Als er die Elefanten des Maharadschas von Mysore besuchte, fragte Mende einen Wärter, ob seine Kinder Milch hätten: »Haben nicht ... Milch zu teuer ...‹, antwortete er lächelnd, während wir einen anderen Bedienten vorbeikommen sahen, der mit einer riesigen Flasche voll frischer Milch zu einem Elefantenbaby ging ...«

Die Engländer, von denen die Fürsten abhingen wie die Finger von der Hand, mil-

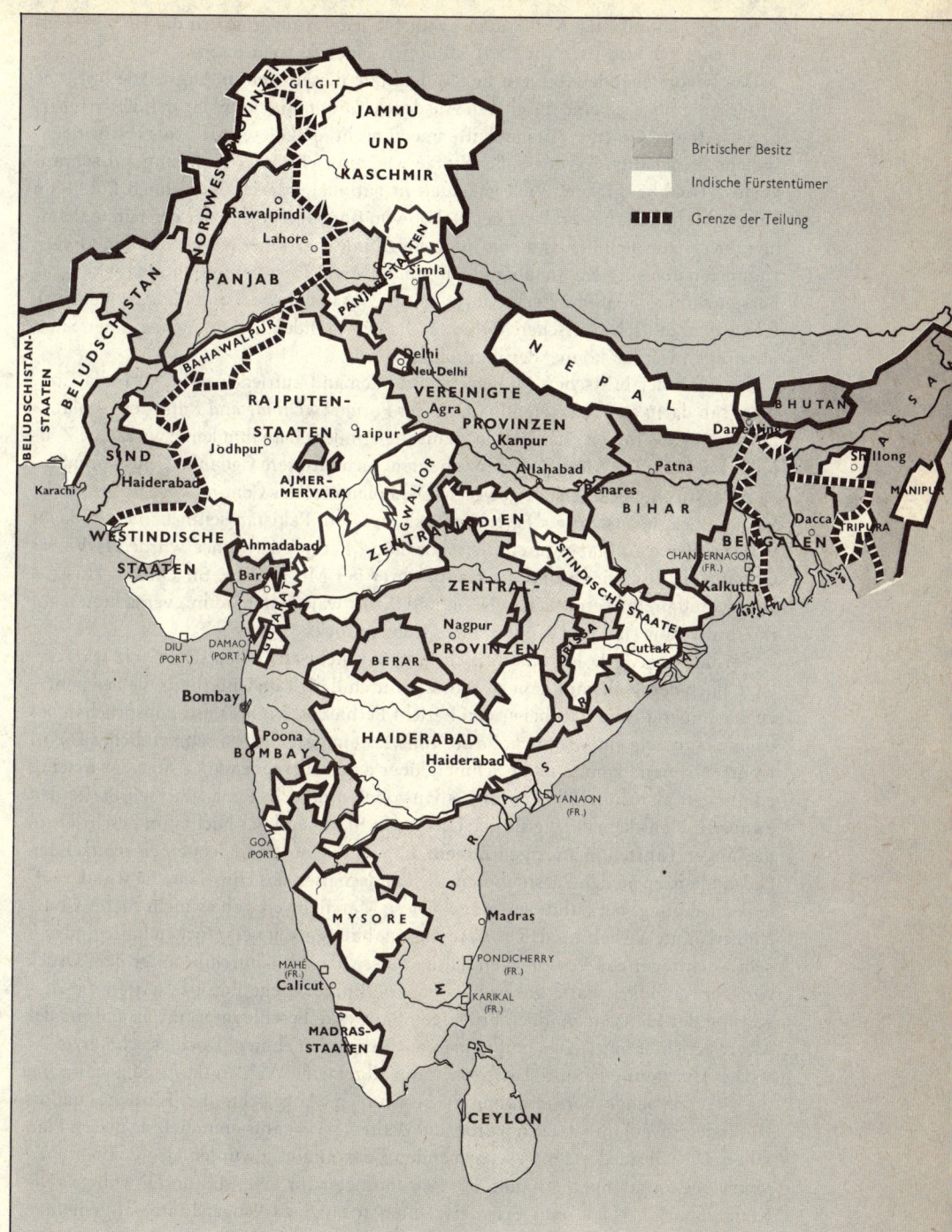

Übersichtskarte Indien

derten die schlimmsten Mißbräuche, wahrten jedoch ausdrücklich die Hoheitsrechte, die es ihnen ersparten, hundert Millionen Inder zu zivilisieren.

Das bevorstehende Abtreten Englands setzte die Fürsten in Angst. Die britische Krone übte über sie eine durch den Ausdruck *Paramountcy* unklar definierte Oberherrschaft aus. Gewisse Fürsten hätten gewünscht, daß diese nach Aufgabe Britisch-Indiens beibehalten werden solle. Einige wiegten sich in der Hoffnung auf schrankenlose Unabhängigkeit. Viele machten in nationalem Eifer. Vor einem Publikum von 70 Maharadschas erklärte der Nabob von Bhopal, der Kanzler der Fürstenkammer, er sei zuerst Inder und erst in zweiter Linie Herrscher, er sei zu allen Opfern zugunsten eines freien, unabhängigen Indien bereit. Dessenungeachtet beschloß die Fürstenkammer, daß die Rechte ihrer Mitglieder heilig seien und die *Paramountcy*, die sie dem indisch-britischen Maharadscha zugestanden hatten, nicht auf den Staat übertragen werden könne, der ihm folgen würde.

Der Plan der britischen Minister stellte niemand zufrieden. Der All India Congress sah darin eine neue Handhabung der Formel: »*Divide and Rule*«, ein schlaues Mittel, um aus Indien eine Fiktion zu machen, indem man ihm keine wirksame Zentralgewalt gab. Die Mohammedaner hegten noch bitterere Gedanken. Sie waren immer die Knechte des Reiches gewesen. Die Polemiker des Congress bezeichneten die Moslem League als *King's Party* und behaupteten, Pakistan sei in London erdacht worden. Seine Aufgabe durch die Abordnung Pethick-Lawrence wurde als Verrat empfunden. Dschinnah und die Hauptführer der Moslemliga, Sir Ghulan Hussein Hidayabullah, Sir Feroze Khan Noon und Sir Khwaja Nazimuddin, verzichteten auf ihre britischen Titel und sandten ihre Orden zurück.

Vernünftigerweise klammerte sich England nicht an Indien. Der Stolz war verletzt, doch der Realismus kam zu Worte. Churchill hielt im Unterhaus die Leichenrede des Imperialismus, wobei er den Bericht Pethick-Lawrences mit Lobsprüchen bedachte, »*an able and melancholic document*« (ein geschicktes, schmerzliches Dokument). Niemand konnte mehr Schmerz über das niedergehende Gestirn des Reiches empfinden als Churchill. Er war als Husarenleutnant in Puna gewesen, hatte den Zauber Indiens kennengelernt, die Hitze, den Staub und das Nichtstun beschrieben, die langen Fahrten in stickigen Zügen, die von Purpur und Edelsteinen strotzenden Galaaudienzen an den Fürstenhöfen, die Landschaften des Himalaja, die wundervolle Befriedigung, ein Sahib zu sein . . . Diese Märchenwelt gab es nicht mehr. Churchill erkannte ehrlich an, daß er 1942 die Unabhängigkeit versprochen hatte und daß sein Nachfolger das Versprechen halten müsse, das er, Churchill, unter dem Druck der Notwendigkeit hatte geben müssen. Die Bürgerkriege Europas hatten die Zerstörung der glänzenden, doch brüchigen Bauwerke beschleunigt, die es jenseits der Meere errichtet hatte. Das mußte man zur Kenntnis nehmen. Doch es schmerzte.

Die Abordnung Pethick-Lawrence hatte allgemeine Wahlen im Auge gehabt, um die Gesetzgebende Versammlung zu bestimmen. Angesichts der Tatsache, daß es zumindest zwei Jahre dauern würde, die Wahlen zu organisieren, ließ sie diesen Plan fallen. Die Mitglieder der Gesetzgebenden Versammlung wurden also von den Provinzialversammlungen ernannt, ein Abgeordneter für eine Million Einwohner. Die Kongreßpartei erhielt ohne Schwierigkeiten 202 von 210 sogenannten allgemeinen

Sitzen und die Liga 73 der 78 mohammedanischen Sitze. Fünf unionistische Mohammedaner, vier Sikhs, ein paar Unabhängige, zwei Christen, ein einziger Hindu
Mahasabha, ein einziger Kommunist, der aus Kalkutta kam, ein einziger Paria,
gleichfalls aus Bengalen, sowie 93 Sitze für die Fürstenstaaten vervollständigten die
Gesetzgebende Versammlung.

Kaum war sie gewählt, da sprengte sie Dschinnah auch schon: Die *Moslem League* würde nicht teilnehmen. Die Moslemliga habe immer verfassungsmäßige Methoden angewendet, sagte er. Damit sei es nun zu Ende. »*This day, we bid goodby
to constitutional methods*« (Heute nehmen wir Abschied von verfassungsmäßigen
Methoden). Die Moslemliga übernahm das Vorgehen von Nehru und Gandhi
in ihrem Kampf gegen die Engländer: zivilen Ungehorsam, passiven und aktiven
Widerstand, Sabotage. Der 16. August würde ein *hartal* sein, ein Tag direkten Handelns. Alle Mohammedaner Indiens sollten die Arbeit einstellen und demonstrieren.

Dschinnah schaltete diese Demonstration mit dem *satyagraha* gleich, dem Tag
der Gewaltlosigkeit, den Dr. Ambedkar angeordnet hatte. Dieser gutaussehende,
kräftige Mann, der von einer englischen Familie erzogen, in Heidelberg und an der
Columbia-Universität studiert hatte, war nichtsdestoweniger ein Paria, dessen
Schatten, wenn er den finnigsten Brahmanen streifte, diesen zur rituellen Waschung
zwingen würde. Ambedkar hatte den Verband der *Scheduled Casts* gegründet – doch
wie sollte man die Unglücklichsten der Unglücklichen in einem Verband vereinigen,
die in den jämmerlichsten Dörfern zusammengepfercht, völlige Analphabeten und
überdies mit dem Bewußtsein eines Fluches gemäß der göttlichen Ordnung belastet
waren? Die einzige Art, die Lebensbedingungen der Parias zu verbessern, behauptete Ambedkar, wäre die Errichtung einer getrennten Provinz, wie man es für die
Sikhs getan hatte. Vor dem Krieg hatte England diesen Vorschlag angenommen. Die
Abordnung Pethick-Lawrence nahm davon Abstand. »Sie hat die *Scheduled Casts*
im Stich gelassen«, sagte Ambedkar bitter, »um sich den Kongreß geneigt zu machen.«

Tatsächlich war die Bildung einer abgeschlossenen Einheit von 60 Millionen Parias eine Angelegenheit, die alle strenggläubigen Hindus verabscheuten. Als die
Engländer ihr Einverständnis gegeben hatten, hatte Gandhi erklärt, er werde bis zu
seinem Tod fasten, um es zu verhindern. Er nannte die Parias *Harijans*, Kinder Gottes, er schlief mit ihnen unter demselben Dach, er ordnete an, sie mit Güte zu behandeln, doch er lehrte, daß das Kastensystem die notwendige, ewige Ordnung der
indischen Gesellschaft bilde. Ambedkar hatte ein Buch geschrieben und bei Thacker
& Co. Ltd., Bombay, verlegt, um zu beweisen, daß Gandhi der hinterlistigste, ge-
fährlichste Feind der Unberührbaren war. Die Unabhängigkeit Indiens im Triumph
des Hinduismus bedeute, daß die Parias »für ewige Zeiten in ihrer Schreckenskam-
mer eingemauert bleiben würden . . .«

Doch Indien bleibt Indien. Die Unberührbaren machten bei seiner grundlegenden
Philosophie mit. Sie waren sich bewußt, daß das jetzige Leben ein Glied in einer Kette unendlicher Verwandlungen mit unberechenbaren Ursachen darstellt. Sie lehnten
sich gegen die entsetzlichen Bedingungen, die ihnen zuteil wurden, nicht auf. Sie
versuchten nicht, durch Gewalt oder List daraus zu entkommen. Sie nahmen es eher

hin zu verdursten, als aus den Brunnen der Strenggläubigen zu trinken. Wenn sie reisten, stiegen sie von selbst in die Waggons mit der Aufschrift »Scheduled Casts«, und auch in den großen Städten versuchten sie nicht, sich in der Menge der Hindus von Kaste zu verlieren, von denen sie sich durch keinerlei äußeres Kennzeichen unterschieden. Sie blieben Parias, weil sie wußten, daß sie Parias waren. Dschinnah zettelte eine Revolte an und zeigte einen Ausweg, als er die Trennung des Islams vom Hinduismus predigte. Die Parias jedoch waren der Hinduismus selbst; sie konnten sich davon nicht trennen.

Blutbäder ohne Unterlaß

Kalkutta hatte schon tragische Stunden erlebt. Hitzige antienglische Demonstrationen hatten im vergangenen Winter blutige Opfer gekostet, als man vier Hauptleute der Armee Chandra Boses verurteilt hatte, die gegen ihren dem König von England und Kaiser von Indien geschworenen Treueeid an der Seite der Japaner gekämpft hatten. Der 16. August, der Tag des Handelns, begann in einer Gluthitze und wurde sofort zu einer blutigen Orgie. Die mohammedanischen Aufrührer begannen das Gemetzel, doch die Sikhs, die Taxifahrer der Großstadt, die sich nie von ihrem Dolch trennten, übten schreckliche Vergeltung. Man zählte 3468 Tote. Hunderte oder Tausende waren in den Hugli geworfen oder einfach den städtischen Reinigungsorganen, den Geiern, zum Fraß überlassen worden. Überfressen ließen sie Fetzen menschlichen Fleisches, Finger oder Augen auf den Terrassen oder Gehsteigen liegen.

Dieses Blutbad von Kalkutta war der Anfang einer langen Kette entsetzlicher Ereignisse. Dacca, die Hauptstadt von Bengalen, wurde gleichfalls von Leichen übersät. Fürchterliche Nachrichten trafen aus den beiden Bezirken Noakhali und Tippera ein, ungeheuer übervölkerten Gegenden in der Tiefebene, die durch die wilde Hyazinthe verwüstet worden waren; sie hatte die Reisfelder überwachsen und die Bewässerungskanäle verstopft. Panikartigen Meldungen zufolge hatten die Mohammedaner Hunderte von Dörfern verbrannt, die Frauen vergewaltigt und geraubt, die Kühe erschlagen und die Männer, bevor sie sie ermordeten, gezwungen, ein Stück von diesem mütterlichen Fleisch zu essen. Eine Menge von 50 000 Unglücklichen tauchte in Kalkutta auf; sie suchten in der Stadt Sicherheit, wo das Blutbad ausgelöst worden war. Viele der Flüchtlinge starben Hungers auf den Straßen und neben der Eisenbahnlinie. Man sandte in aller Eile sieben anglo-indische Kompanien ab, um die Polizei zu verstärken und Zufluchtsstätten zu eröffnen.

Noch ein Friedensstifter erschien: Gandhi. Er verließ Kalkutta am 6. November mit einem Sonderzug, fuhr auf einem Dampfer den breiten Padna, den Sammelfluß von Brahmaputra und Ganges, hinunter und erreichte nach weiteren Reisen mit Eisenbahn, Auto und zu Fuß das Dorf Srinanpur. Die Presse berichtete, er wohne allein in einer Hütte im Herzen der durch die Metzeleien verwüsteten Gegend; in Wirklichkeit wohnte er in einem Lager unter dem Schutz einer Militärabteilung, umgeben von Schülern und Bewunderern. Die Morde, die man gewaltig übertrieben

19 Kämpfer für ein unabhängiges Indien: Pandit Nehru, von 1947 bis 1964 indischer Ministerpräsident, und Mahatma Gandhi auf dem Allindischen Kongreß in Bombay im Juli 1946. – 20 Teilung des indischen Reiches in den Moslemstaat Pakistan und den Hindustaat Indien: Umsiedlerzüge rollen von Kalkutta nach Ost-Bengalen.

21 Abschiedsparade der letzten britischen Truppen in Indien am 19. Dezember 1947. – 22 Die Teilung Indiens entfachte den Konflikt mit dem neugeschaffenen Staat Kaschmir, in dessen Bergland erbittert gekämpft wurde.

hatte – im ganzen gab es 228 Tote –, hatten vor seiner Ankunft aufgehört, Gandhi erklärte jedoch, er werde im Bezirk Noakhali bleiben, bis der letzte Flüchtling unter sein wiederhergestelltes Dach zurückgekehrt sei.

Die Unruhen in Bengalen hatten die politische Entwicklung beschleunigt. Eine vorläufige Regierung war unter dem nominellen Präsidium Lord Wavells gebildet worden. Ihr eigentlicher Chef war Nehru, der den Titel eines Vizepräsidenten und die Stelle des Außenministers innehatte. Er war 57 Jahre alt und hatte einen Pakt mit der Macht geschlossen, der erst durch seinen Tod beendet wurde.

Doch die blutige Flut stieg immer weiter. Am Tag, an dem Nehru sein Amt antrat, schlug ein mohammedanischer Händler eine umherirrende Kuh, die von seinen Waren fraß, mit einem Stock; am Abend zählte man 232 Tote. Bihar ist eine an Bengalen grenzende Gangesprovinz zwischen Kalkutta und Benares. Die Hindus waren dort im Verhältnis sechs zu eins in der Überzahl. Sie beschlossen einen »Noakhalitag« und rächten ihre Glaubensgenossen in Bengalen mit Zinseszinsen. 150 Frauen und Kinder des Dorfes Telhara, die von der Polizei zu einer Zufluchtsstätte geführt wurden, entriß man ihrem Schutz und zerstückelte sie ausnahmslos. Nehru eilte erschüttert herbei, versprach strengste Bestrafung, einschließlich des Luftbombardements der schuldigen Dörfer, und warnte die Hindus in Bihar vor dem Irrtum, zu glauben, daß *Swaraj*, die unabhängige Selbstverwaltung, das Recht bedeute, dem Nächsten die Kehle zu durchschneiden. Gandhi jedoch kam nicht. Er schickte eine Lehrpredigt und blieb in Ostbengalen, wo kein Blut mehr floß. Man wandte sich erleichtert von diesen Blutbädern ab und beschäftigte sich mit der Eröffnung der Gesetzgebenden Versammlung am 9. Dezember in Neu-Delhi. Fünf Monate der Verhandlungen am runden Tisch in London hatten die Vertreter der *Moslem League* nicht dazu zu bringen vermocht, ihre Sitze einzunehmen. Trotz der von ihnen leergelassenen Plätze war die Zeremonie höchst eindrucksvoll. Die in dem kreisförmigen Säulenpalast, den England für eine Versammlung von Vasallen gebaut hatte, zusammengetretenen Abgeordneten stellten das Parlament für das größte Volk dar, für das jemals in der Geschichte, eine Vertretung getagt hatte. Die Welt, die sie verkörperten, erstreckte sich vom eisbedeckten Karakorum bis zum ewigen Sommer des Kap Komorin, von den Naga-Ureinwohnern bis zu den Parsi-Hüttenbesitzern. Die Gesetzgebende Versammlung sah sich sofort vor das Problem der Sprache gestellt und lauschte einer Rede Dr. Ambedkars, des einzigen Vertreters der 60 Millionen Unberührbaren, der gegen die Gesellschaft protestierte, aus der die Gesetzgebende Versammlung hervorgegangen war. Auch wenn man diese Mängel berücksichtigt und selbst, wenn man weiß, was noch bevorsteht, stellt die Geburt des unabhängigen Indien eines der aufsehenerregendsten Ereignisse unserer Epoche dar, eines von jenen, bei denen die Phantasie am liebsten verweilt.

Vier Tage nach der Eröffnungssitzung trat Nehru vor die Gesetzgebende Versammlung und forderte sie auf, eine unabhängige, souveräne Republik auszurufen. »Ich glaube nicht an das monarchische System. Überall in der modernen Welt ist die Monarchie eine Einrichtung, die zu baldigem Untergang verurteilt ist . . .« Am 1. Januar 1877 war an dieser Stelle zu den Klängen des Tannhäuser-Marschs Königin Viktoria in Abwesenheit zur Kaiserin von Indien ausgerufen worden. Der Maharadscha von Sindia hatte der fernen Herrscherin gehuldigt und gesagt, Indien unterstelle sich ihrer Krone *für immer*. Dieses Immer hatte nach siebzig Jahren ein Ende gefunden. Und der Jakobiner Nehru zerbrach die ewige Krone, indem er die Herrschaftsdämmerung für alle Könige verkündete.

Nach seiner Rede wurde die Gesetzgebende Versammlung vertagt. Ein letzter Versuch, die Teilung Indiens zu vermeiden, hielt sie in der Schwebe. England forderte den Kongreß auf, den Vorschlägen der Abordnung Pethick-Lawrence über die Gruppierungen der Provinzen vorbehaltlos zuzustimmen − was darauf hinausgelaufen wäre, Pakistan zu verwirklichen, jedoch im Rahmen Indiens, ohne dieses zu teilen. Nehru hatte diese letzte Möglichkeit, Dschinnah in die Gesetzgebende Versammlung zurückzubringen, nach schmerzlichem Zögern angenommen. Es galt jedoch, die Opposition Gandhis zu überwinden.

Am 1. Januar 1947 beendeten Nehru und der neue Präsident des *All India Congress*, Kripalani, ihre lange Reise von Delhi aus durch einen äußerst beschwerlichen Marsch über die rutschigen Deiche der Reisfelder Ostbengalens. Gandhis Lager befand sich in paradiesischer Lage unter einem Gewölbe aus Kokosbäumen. Die berühmte Hütte des Mahatma war ein viereckiges, mit einem Zinkdach gedecktes Gebäude. Gandhi hielt sich zwischen seinen langen Besuchen in den Dörfern dort auf. Er meditierte und verbrachte Stunden unter Schlammpackungen, die seinen Leib und sein Gesicht bedeckten. Er hatte beschlossen, 125 Jahre alt zu werden. Der Kontakt mit der Mutter Erde gehörte zu seiner Unsterblichkeitstheraphie.

Als Kripalani und Nehru in der Dämmerung des ersten Tages des Jahres aus dem Gebäude traten, nahmen sie die Einwilligung des Mahatma mit sich. Er hatte sie mit trauriger Resignation erteilt. Indien − das Indien, dessen Grenzen von den aus Europa gekommenen Eroberern gezogen worden waren und das vor den Engländern nie vereinigt gewesen war − war für Gandhi eine mystische Einheit. Der englische Plan war eine halbe Teilung. Gandhi beugte sich den Argumenten seiner Freunde, die ihm vorhielten, daß es keinen anderen Weg gab, die völlige Teilung zu vermeiden. Er hielt jedoch daran fest, daß sich Dschinnah durch kein Zugeständnis befriedigen lassen würde und daß man nach dem unvermeidlichen Mißlingen des Vergleiches wieder zur Unbeugsamkeit würde zurückgreifen müssen.

Andere gaben nicht nach. Am 5. Januar wurde Nehru bei einer Sitzung des Kongreß-Vorstands als *british stooge*, Hampelmann der Engländer, bezeichnet. Der Vertreter von Assam, der Sprecher der Sikhs wurden bejubelt, als sie erklärten, sie würden eher sterben als sich den Mohammedanern unterwerfen. Der Sozialist Jai Pradesh Narain verlangte einen nationalen Aufstand, um die Einheit Indiens zu retten. Trotz der Beschwörung von Gandhis Namen konnte Nehru die Annahme der britischen Vorschläge nur mit 99 gegen 52 Stimmen durchsetzen. Außerdem war der Beschluß mit so viel Vorbehalten belastet, daß sie ihm jeden Wert nahmen.

Indien scheiterte. Dschinnah erklärte den Beschluß des Kongresses als *dishonest trick*. Er setzte die Moslemliga in Aufruhr. Im Panjab stellten die Sikhs und die Mohammedaner zwei Heere auf, die in Lahore, Jalandhar und Amritsar blutige Kämpfe ausfochten. Im Staate Haiderabad bildete sich eine kommunistische Bauernrepublik und richtete entsetzliche Blutbäder unter den Grundbesitzern an. Die Verwaltung löste sich auf. Der *Indian Civil Service* verwaltete Indien mit wenigen hundert britischen Beamten; die Hälfte ließ sich in die Heimat zurückbringen, und vier Fünftel jener, die blieben, wollten fortgehen. Die einzige zusammenhängende Macht, der einzige noch aufrechtgebliebene Pfeiler des Reichsgerüstes war die indische Armee: 400 000 Mann und 13 000 Offiziere, davon 4000 Engländer. Marschall Wavell hatte einen Rückmarschplan der britischen Einheiten nach Karachi und Bombay vorbereitet, doch der Innenminister der provisorischen Regierung, Vallabhai Patel, ersuchte ihn um Aufschub. Er fürchtete, das Gerücht vom Abzug der Engländer werde bereits zu Unruhen führen, die zu unterdrücken er außerstande war.

Gleichzeitig machte man diesem England, das man anflehte, noch ein wenig zu bleiben, den Vorwurf, es bemühe sich nicht abzuziehen. »Wir werden nicht dulden«, sagte Nehru, »daß England die Frage der Minderheiten dazu benutzt, etwas in Indien in der Hand zu behalten. Wir werden daraus einen Casus belli machen ...«

Lächerliche Beschuldigung, absurde Drohung! Weit davon entfernt, bleiben zu wollen, bekam die britische Regierung Angst davor, von den indischen Divisionen in Indien festgenagelt zu werden. In Palästina und Griechenland wurde England in die Enge gedrängt, da zwischen Arabern und Juden, dort zwischen Kommunisten und Royalisten. Im Heimatland ließ die Krise nicht nach. Der Winter 1946/47 war entsetzlich hart. Das frierende England hatte keine Lust zur Rolle des Friedenshüters in einem Subkontinent, der für die dem Mutterland verbliebene Macht zu ausgedehnt geworden war. Es wollte abziehen.

Am 20. Februar formulierte das Premierminister Clement Attlee folgendermaßen: »Der gegenwärtige Zustand der Unsicherheit kann nicht beliebig lang fortdauern, daher ist es die endgültige Absicht der Regierung, die nötigen Schritte zur Übergabe der Macht in verantwortliche indische Hände spätestens bis zum Juni 1948 zu unternehmen. Falls bis Juni 1948 die Verfassung durch eine repräsentative Gesetzgebende Versammlung nicht ausgearbeitet wird, wird die Regierung sich entscheiden müssen, wem sie die Befugnisse der zentralen Regierung von Britisch-Indien übertragen soll, sei es als Ganzes an irgendeine Zentralregierung oder aber an die bestehenden Provinzialregierungen oder schließlich auf eine andere, durch die Verhältnisse gegebene und im Interesse des indischen Volkes gelegene Art.« Dieser aufsehenerregenden Lossage Englands von seiner Verpflichtung folgte eine zweite Erklärung: Admiral Lord Louis Mountbatten wurde an Stelle von Feldmarschall Lord Archibald Wavell zum Vizekönig von Indien ernannt.

Die Geschichte des Jahres 1944 wiederholte sich. Der alte einäugige Soldat, durch unmögliche Aufgaben in Ungnade gefallen, wurde durch den *glamour boy* ersetzt. »Wavell war ausgesprochen defätistisch geworden«, sagte Attlee später. »Er war ein großer Mann, jedoch ein seltsam schweigsamer Vogel. Er paßte nicht zu den Indern, die eher gesprächig sind. Ich hatte eine Eingebung, ich dachte an Mountbatten ...«

Lord Louis traf am 22. März in Delhi ein. Die Lage hatte sich noch verschlimmert. Nehru erklärte, Amritsar erinnere ihn an die am stärksten zerstörten Bezirke Londons während des Bombenkrieges. Riesige Rauchwolken bedeckten das Land. Verzweifelte Menschenmassen zogen umher. Die Führer der Sikhs verlangten einen unabhängigen Staat, Sikhistan, und die Pathanen vom Kheiber-Paß ein Pathanistan. Am anderen Ende der Indus-Ganges-Tiefebene schlug Dr. Suhrawardy »ein souveränes, unabhängiges, ungeteiltes Bengalen in einem geteilten Indien« vor. Indien war von völliger Balkanisierung bedroht, mit anderen Worten von der Rückkehr zu dem, was es vor den Engländern gewesen war.

Mountbatten versuchte noch einmal das Unmögliche: die Rettung der Einheit. Er brachte eine Zusammenkunft zwischen Gandhi und Dschinnah zustande, die einander seit 1944 nicht mehr gesehen hatten. Drei Stunden der Verhandlungen führten zu der Erklärung Dschinnahs, Gandhi begreife die Lage nicht, und der Erklärung Gandhis, daß er sich mehr denn je der »Vivisektion Indiens« widersetze. »Auch wenn die Mohammedaner es von uns verlangen, indem sie uns das Messer an die Kehle setzen, auch wenn ganz Indien in Flammen stehen soll, muß man zu Pakistan nein, nein und nein sagen.«

Doch die Leiter des Kongreß wußten, daß Gandhis Einstellung unhaltbar war. England allein, wenn es sich zu einer riesigen Anstrengung entschloß, konnte den Versuch unternehmen, die Einheit Indiens durch Gewalt aufrechtzuerhalten. Es weigerte sich aber. Überdies wäre ein Unternehmen dieser Art darauf hinausgelaufen, Indien wieder unter die Oberherrschaft Englands zu stellen. Die Unabhängigkeit war untrennbar mit der Teilung verbunden.

Am 21. April sprach Pandit Nehru die schicksalsschweren Worte: »Die Moslemliga kann Pakistan haben, aber unter der Bedingung, daß sie nicht andere Teile Indiens wegnimmt, die nicht wünschen, sich Pakistan einzugliedern.« Das bedeutete die Teilung Indiens, aber auch die Teilung von zumindest zweien der fünf indischen Provinzen, die von den Schöpfern des mohammedanischen Staates beansprucht wurden, Bengalen und Panjab.

Zuerst protestierte Dschinnah. Er wollte seine Provinzen ganz haben. Er verlangte sogar einen Korridor von 2000 Kilometern zwischen West- und Ost-Pakistan. Lord Louis lehnte es ab, diese unbeugsame, absurde Forderung in Betracht zu ziehen. Er stellte einen Teilungsplan auf, und die britische Regierung unterstützte ihn, wobei sie gleichzeitig den Zeitplan des Abzuges beschleunigte. Sie erklärte ihre Absicht, sich schon am 15. August 1947 ihrer Verantwortung für Indien zu entledigen, ob nun die Inder bis zu diesem Datum untereinander einig waren oder nicht.

Am 3. Juni erklärten Nehru, Dschinnah und Baldew Singh, der Vertreter der Sikhs in der provisorischen Regierung, in Botschaften, die im Rundfunk übertragen wurden, daß sie den Mountbatten-Plan annahmen. Die Entscheidung über die Teilung des Panjab und Bengalens sollte von den Provinzversammlungen getroffen werden, die neuen Grenzen sollten durch eine gemischte Kommission unter dem Vorsitz eines Engländers gezogen werden. Assam würde trotz seiner geographischen Lage ein Hindustaat bleiben, doch würde in dem Bezirk Silhat, der eine mohammedanische Mehrheit besaß, ein Referendum stattfinden. Ein anderes Referendum sollte über die Nordwestgrenzprovinz entscheiden, in der die Mehrheit mohammedanisch, die Regierung jedoch Hindu war. Die beiden souveränen Staaten, die aus der Teilung Indiens hervorgehen würden, Hindustan und Pakistan, würden als Dominions weiter dem Commonwealth angehören.

Einige Tage später wurde der Mountbatten-Plan durch den *All India Congress* und durch die *Moslem League* angenommen. Gandhi begnügte sich mit der Erklärung, daß er davon Abstand nähme, 125 Jahre alt zu werden, da er in einem geteilten und von Gewalt überfluteten Indien keinen Platz mehr habe.

England legt Viktorias Krone nieder

Die Handlung verlagerte sich nach London. Am 4. Juli wurde das Unabhängigkeitsgesetz im Unterhaus vorgelegt und am 15. zur Diskussion gestellt. Auf Grund des Westminsterstatuts, der Verfassung des Commonwealth, hätten die Dominions befragt werden müssen; man war so sehr darauf bedacht, zu Ende zu kommen, daß man Mittel und Wege fand, diese Formalität zu vermeiden. Die Diskussion beschränkte sich auf eine blutleere Rede Attlees und auf einige unerhebliche Bemerkungen. Die mächtige Stimme Churchills blieb stumm. Die einzige Abänderung stellte einen moralischen Sieg für das Hindu-Dominion dar: Statt des Namens Hindustan würde es den Namen Indien beibehalten – das würde ihm gestatten, Pakistan als Absonderung zu betrachten, die Indien ertrug, ohne damit einverstanden zu sein.

Am 19. Juli, nur vierzehn Tage nach Vorlage des Gesetzes, verlas der Sprecher des Parlaments die feierliche Formel: »Der König will es!« Niemals in der Geschichte hatte man ein Reich so eilig aufgegeben.

Am 14. August um 23 Uhr versammelte sich die Gesetzgebende Versammlung in Neu-Delhi unter der indischen Trikolore – drei horizontale Streifen in Orange, Weiß und Grün mit dem Spinnrad in der Mitte, der Charkha, die schon das Zeichen des Königs Ashoka, eines Herrschers Nordindiens drei Jahrhunderte vor der christlichen Zeitrechnung, gewesen war, bevor sie Gandhis Fetisch wurde. Um Mitternacht ertönte eine Glocke. Die Abgeordneten erhoben sich, ließen die Unabhängigkeit hochleben und erteilten dann ihrem Präsidenten, Rajendra Prasad, Auftrag, dem Mann, der nur noch Generalgouverneur war, Botschafter Lord Louis Mountbatten, den Beginn der Unabhängigkeit mitzuteilen. In den Straßen Neu-Delhis sang, tanzte und jubelte die Menge. Der Freudenrausch der Freiheit wurde durch keinerlei Rachebezeugung gegen England vergiftet. Lord und Lady Mountbatten wurden am darauffolgenden Tag bejubelt, als sie in einer von fünf Goldfüchsen gezogenen Kalesche durch die Hauptstraße fuhren. »Ich bin einer von euch«, sagte der vormalige Vizekönig. Die Ovation erreichte ungeahnte Ausmaße.

In Karachi, das zur Hauptstadt Pakistans erklärt wurde, war die Freude zurückhaltender. Eine Verfügung der Unabhängigkeitserklärung, die für Mountbatten bestimmt war, sah vor, daß derselbe Mann in beiden Dominien Generalgouverneur sein konnte. Dschinnah hatte sich dagegen gewehrt, und England hatte sich gefügt, indem es ihn zum Generalgouverneur des von ihm gegründeten Staates machte. Eine hastig einberufene Gesetzgebende Versammlung rief ihn zum Quaid-i-Azam, zum obersten Chef, aus. Noch magerer, noch schwärzer denn je nahm er diese Ehrungen mit unerschütterlicher Unnahbarkeit entgegen. Er war übrigens sehr krank, schloß sich mit seiner alten Schwester ein und verschwand für mehrere Monate aus dem Licht der Öffentlichkeit.

Gandhi hatte den 15. August fastend verbracht. Er hatte sich in einem Arbeiterbezirk Kalkuttas eingerichtet, zusammen mit dem mohammedanischen Ex-Premier Suhrawardy, um den Unruhen zuvorzukommen, die man in der schrecklichen Stadt befürchtete. Doch die Nationalisten störten seine Betveranstaltungen und bewarfen sein Haus mit Steinen. Sie verziehen es dem Vater der Unabhängigkeit nicht, daß er sich mit der Teilung Indiens abgefunden hatte.

Ströme von Blut . . .

Die Einzelheiten dieser Teilung blieben noch offen. Die mit der Festsetzung der Grenzen betraute gemischte Teilungskommission war in derart divergierende Ansichten verfallen, daß sie sich damit an ihren Präsidenten, Sir Cyrill Radcliffe, gewandt hatte. Nehru, Dschinnah und Singh hatten sich ehrenwörtlich verpflichtet, seine Entscheidungen anzunehmen. Dennoch beschloß man, den 17. August abzuwarten, ehe man sie veröffentlichte. Die Flüsse Indiens führten die Blumenkränze mit sich, mit denen die neue Göttin Swaraj, die Unabhängigkeit, geschmückt worden war.

Zur allgemeinen Überraschung riefen die Grenzen Ostpakistans, insbesondere die Entscheidung, Kalkutta bei Indien zu belassen, verhältnismäßig wenig Widerspruch hervor. Die Teilung des Panjab jedoch führte zur Empörung.

Der Panjab trägt seinen Namen nach den fünf Flüssen, die im Himalaja entspringen, zum Indus ziehen und ein Innendelta bilden. Sie heißen, von Westen nach Osten, Jihlam, Chenab, Ravi, Beas und Sutlej. Die Engländer hatten zur Bewässerung der übervölkerten Tiefebene, die von Wüsten umgeben und von ihnen bedroht war, wundervolle Anlagen ausgebaut. Sir Cyrill hatte, um eine Grenze zu ziehen, die durch nichts als menschlichen Haß bestimmt war, dieses lebenswichtige Netz entzweischneiden müssen. Die Gemeinden waren so ineinander verflochten, daß viele Entscheidungen Willkürakte oder Ausgleichsgesten waren. Lahore war an Pakistan gegeben worden, daher ließ man Amritsar bei Indien. Die vernunftwidrige Grenze zerschnitt Bahnlinien und Kanäle, durchtrennte ein Gewebe uralter Bande. »Ich habe mein Bestes getan«, sagte Sir Cyrill später. »Ich gebe zu, daß ich viele Fehler begehen mußte.«

Pakistan tobte. Es hatte gehofft, daß die Teilung des Panjab das Land bis zu den Toren Delhis führen würde; Sir Cyrill gab ihm nicht einmal den ganzen Flußlauf des Sutlej, des östlichsten der fünf Flüsse. »Das ist der Hufschlag des englischen Esels«, sagte einer der Minister Dschinnahs. »Nach dieser Niedertracht werden wir nicht im Commonwealth verbleiben.«

Noch heftiger war die Wut der Sikhs. Obgleich sie nur eine Minderheit von 20 % waren, hatten sie immer die Ansicht gehegt, daß der Panjab ihnen gehörte. Da sie die Unabhängigkeit, nach der sie strebten, nicht erreichen konnten, hatten sie damit gerechnet, daß die Teilung die Grenze an den Chenab legen würde, so daß sich fast die Gesamtheit ihres Volkes auf indischer Seite befinden würde. Sie stellten fest, daß die Karte Sir Cyrills 1 600 000 ihrer Leute an Pakistan auslieferte. Ihr geistiger irdischer Führer war ein sehr alter Mann, Tara Singh, der einige Jahre vorher auf den Stufen der Gesetzgebenden Versammlung in Neu-Delhi den Dolch gezogen und geschrien hatte, er werde Befehl geben, die Mohammedaner auszurotten. Er hatte es nicht nötig, zu den Waffen zu rufen: Ein Sikh trennt sich nie von seinem Dolch.

Die anglo-indische Armee war aufgeteilt worden: 15 Infanteriebrigaden nach Indien, 8 nach Pakistan. Hindus, Sikhs und Mohammedaner standen jedoch noch in den Einheiten nebeneinander. Der Streit Indiens wirkte dorthin zurück und erschütterte die Disziplin der beiden unter dem Kommando des britischen Generalmajors T. W. Rees im Panjab stehenden Divisionen. Die an Ort und Stelle ausgehobene Polizei wurde von dem wütenden Streit der Religionsgemeinden noch stärker in Mitleidenschaft gezogen. Sie spaltete sich und teilte sich zwischen den tobenden Sekten auf.

Am 18. August wurden die Verbindungen mit Delhi abgeschnitten. Englische und amerikanische Journalisten mieteten Pipercubs, überflogen den Panjab und brachten Berichte über geradezu wahnwitzige Vorgänge. Alle Dörfer im Dreieck Lahore – Sialkot – Amritsar standen in Flammen. Zwei Kolonnen von hunderttausend Flüchtlingen, deren eine in Indien, die andere in Pakistan Zuflucht suchte, stießen in Firozpur auf der Brücke über den Sutlej aufeinander und zerfleischten einander. Bei der Eisenbahnbrücke über den Ravi waren die tausend Insassen eines entgleisten Zuges hingemetzelt worden. Aus der kleinen Station Okara bei Montgomery waren alle Überlebenden geflohen, doch Berge von Toten bedeckten die Bahnsteige. Die Flüsse wurden rot von Blut. Der Geruch der Verwesung stieg bis zu den Pibercubs hoch. Die schrecklichen indischen Geier, die beim geringsten Aas aus heiterem Himmel aufzutauchen scheinen, waren sattgefressen.

In den folgenden Tagen spitzte sich die Lage derart zu, daß Indien und Pakistan einander näherkamen und sich an Lord Mountbatten wandten, er solle wieder das Kommando übernehmen. Er stimmte unter der Bedingung zu, daß die Rolle, zu deren Annahme er sich gezwungen sah, der Öffentlichkeit nicht bekanntgegeben würde.

Der Monsun überschwemmte die jämmerlichen Lager der Flüchtlinge. Die Cholera dezimierte sie. Delhi wurde von 200 000 menschlichen Wracks heimgesucht, deren Anblick und Berichte das Volk gegen die Mohammedaner aufwiegelten. Sie wurden in ihren Häusern überfallen, auf den Straßen machte man Jagd auf sie und erschlug sie überall, sogar noch auf den Rasenplätzen des Regierungsviertels. Gandhi, der sich in Kalkutta Zeit gelassen hatte, ebenso wie im Jahr vorher in Noakhali, traf erst am 9. September ein, und sein Aufruf zur Versöhnung hatte nun wenig

Wirkung. Es waren 5000 Gurkhas, befehligt von englischen Offizieren, die in der Hauptstadt Indiens den Gewalttaten Einhalt geboten. Sie schossen ohne Warnung auf die Meuterer und brachten sie dazu, sich in den Untergrund zurückzuziehen.

Im Oktober ließ die Erregung ein wenig nach. Der Bevölkerungsaustausch, der durch die Panik beider Richtungen in Gang gekommen war, nahm geregelte Formen an. Auf indischer Seite wurde festgestellt, daß 4 300 000 Menschen nichtmohammedanischen Glaubens aus dem Westpanjab in den Ostpanjab gekommen waren. Die Größenordnung auf der anderen Seite war die gleiche. Die Teilung Indiens hatte zehn Millionen Menschen entwurzelt, damit war die Dimension der Flucht aus den deutschen Ostgebieten erreicht. Niemand hatte dieses Unheil vorhergesehen. Es waren keine Vorbereitungen getroffen, die in tiefster Not befindlichen Menschenmassen, die Indiens Straßen überschwemmten, aufzunehmen und unterzubringen. Sie drängten sich in unbeschreiblichen Löchern rund um die Städte. Hunger und Epidemien wüteten entsetzlich unter ihnen. Eine Million Menschen waren in den Metzeleien jäh umgekommen; noch mehr starben eines langsamen Todes. Die Welt war mit den Nachkriegsproblemen so beschäftigt, daß sie von diesem Völkersterben kaum Kunde erhielt.

Die Teilung Indiens hatte sich in einem Blutbad vollzogen. Zwei schwache Staaten waren aus dieser schrecklichen Vivisektion hervorgegangen. Sie hätten in der ersten Phase ihrer gleichzeitigen Unabhängigkeit ein Minimum an Zusammenarbeit nötig gehabt. Haßerfüllte Eifersucht brachte sie jedoch sofort in heftigen Gegensatz.

Die Frage der Fürsten blieb offen. Mountbatten versammelte am 25. Juli etwa hundert von ihnen und erklärte ihnen, daß die Abschaffung der britischen Oberhoheit sie »*legally and technically fully independent*« (rechtmäßig und praktisch vollkommen unabhängig) machte. Er beeilte sich hinzuzufügen, es erscheine ihm praktisch unmöglich, daß sie sich nicht dem einen oder anderen der nun entstehenden Dominions anschließen würden. Sie könnten gewiß wählen, doch bestehe, fuhr Mountbatten fort, »*certain geographical compulsion which cannot be evaded*« (ein gewisser unumgänglicher geographischer Zwang). Das hieß, in unverblümten Worten, daß die in Indien oder in Pakistan liegenden Fürstenstaaten nicht umhin können würden, sich jeweils dort einzugliedern. Ihr Recht zu wählen war nur fiktiv.

Im allgemeinen fügten sich die Fürsten. Mysore war bereits am 17. Juni vorausgegangen, gefolgt von Jaipur und Udaipur. Zweiundzwanzig andere, die alle in der Indischen Union lagen, Baroda, Bihaner, Cochim, Gwalior, Jodhpur, Patiala, Travancore usw., schlossen sich nach Mountbattens Rede an. Indore folgte, dann Bhopal, obwohl dessen Nabob ein gläubiger Mohammedaner war. Die kleinen Staaten im Panjab, in Orissa, Dekkan, Rajputana usw. kamen gruppenweise wie Schwalbenschwärme. Ein einziger, Junagada, suchte sich Pakistan anzuschließen, unter dem Vorwand, daß er einen Hafen und damit freie Seeverbindung zum Dominion von Karachi besaß. Ein Bataillon genügte, um ihn zur Vernunft zu bringen.

Nur zwei Staaten blieben übrig, deren Los unbestimmt war: Haiderabad und Kaschmir.

Am 13. August hatte der Nisam Lord Mountbatten mitgeteilt, daß er nicht die Absicht habe, einem der beiden Dominien beizutreten. Zwei Tage später feierte Haiderabad seine Unabhängigkeit. Vier Fünftel waren Mohammedaner. Die Anhänger der Eingliederung in Indien wurden zu Hunderten ins Gefängnis gesteckt. Der geschickte Mountbatten mäßigte in Neu-Delhi die Empörung Nehrus und Patels, indem er ihnen klarmachte, Indien müsse die Schwierigkeiten nacheinander behandeln. Man traf ein *Gentleman's agreement*, die Angelegenheit Haiderabad für ein Jahr ruhen zu lassen.

Der Fall Kaschmir war das Gegenstück zu Haiderabad. Im Jahre 1848 hatten die besiegten Sikhs diesen herrlichen Sockel des Himalaja an England abtreten müssen. Der Generalgouverneur Sir Henry Hardings hatte daraus ein Reich für einen Rajputenjunker gemacht, der sich bereits in dem kleinen benachbarten Fürstentum Jammu festgesetzt hatte. Der Rajpute hatte der britischen Krone 75 000 Rupien gezahlt und sich für sich selbst und seine Nachkommen verpflichtet, einen jährlichen Tribut von zwei Umschlagtüchern und zwei weißen Hengsten zu zahlen. Damals hatte sich niemand mit der Frage aufgehalten, daß ein Hindufürst über eine Bevölkerung herrschen sollte, die aus 80 % Mohammedanern bestand. Ein Jahrhundert lang hatte Kaschmir großartig und friedlich abseits von Zeit und Raum gelebt. Jammu war die Winterhauptstadt und Srinagar, die Pfahlbaustadt in der Mitte eines herrlichen Tales, die Sommerhauptstadt. Die einzige zu jeder Jahreszeit offene Straße kam aus dem mohammedanischen Gebiet des Panjab über Rawalpindi. Kaschmir reichte bis zu den 8000 Meter hohen Gipfeln des Karakorums und den Steinwüsten von Ladakh, der Vorkammer Tibets.

Im Jahre 1947 war der Maharadscha ein dicker Fünfzigjähriger, Sir Hari Singh. Der starke Mann war sein Feind: Scheich Mohammed Abdullah, Mohammedaner, jedoch politischer Mitkämpfer des Kongreß und Anhänger des Anschlußgedankens. Der Maharadscha hatte diesen aufwieglerischen Geist anklagen lassen. Nehru, dessen Vorfahren Brahmanen aus Kaschmir gewesen waren, war herbeigeeilt, um bei seinem Prozeß auszusagen. Die Soldaten des Maharadschas hatten ihn verhaftet und des Landes verwiesen. Abdullah war zu 18 Monaten Gefängnis verurteilt worden und befand sich im Augenblick der Teilung in einem Gefängnis.

Gleichzeitig mit den schrecklichen Berichten aus dem Panjab kamen seltsame Nachrichten aus Kaschmir. Pathanische Bergbewohner, Anhänger von Pakistan, waren im Srinagartal eingefallen. Der Maharadscha hatte sich nach Jammu geflüchtet. Scheich Abdullah war aus dem Gefängnis befreit worden und hatte eine pro-indische Regierung gebildet. Am 27. Oktober brachte ein Kurier Lord Louis einen Brief von Sir Hari. »Ich hatte zwischen den beiden Dominien unabhängig bleiben wollen«, schrieb der Herrscher von Kaschmir. »Doch Pakistan beengt und überfällt mein Land. Mir bleibt nichts anderes übrig, als die Indische Union um Hilfe zu bitten . . ., und um diese zu erhalten, übersende ich ihr meine Beitrittserklärung.«

Mountbatten und Nehru handelten unverzüglich. Ein Bataillon Gurkhas wurde mit Flugzeugen nach Srinagar gebracht. Es war Zeit: Die Eindringlinge waren in Baramuk, in 25 Kilometer Entfernung. Weniger als drei Monate nach der Teilung Indiens hatte der interindische Krieg begonnen.

Er wurde unterbrochen. Die beiden Gegner hatten mit ihren durch die Teilung erlittenen Wunden zu tun und waren außerstande zu kämpfen. Der Panjab war völlig verwüstet. In Bengalen wurde die Lage immer katastrophaler; dort trennte die neue Grenze die Felder, auf denen Jute gepflanzt wurde, von den Fabriken, die sie verarbeiteten. Die Hungersnot entstand überall zu gleicher Zeit. Pakistan, das keines der Hilfsmittel eines Staates besaß, befand sich in noch viel schlimmerer Lage als die Indische Union. Zwölf Millionen Pfund, die aus der Aufteilung des Barbestandes an Gold stammten, waren innerhalb von zwei Monaten verbraucht, und der mohammedanische Staat war bei seiner Geburt bereits bankrott. Die Engländer versuchten eine Versöhnung herbeizuführen. Mountbatten begab sich nach Lahore und rief die Führer der beiden Indien zu einer offenen, loyalen Aussprache zusammen. Weder Nehru noch Dschinnah noch Liakat Ali Khan antworteten auf seine Einladung.

Kaschmir blieb also geteilt. Pakistan hielt unter dem Namen Azad Kaschmir, das Befreite Kaschmir, zwei Drittel seines Gebietes besetzt, während Indien Srinagar und Jammu in der Hand hatte und damit vier Fünftel der Bevölkerung. Die Vereinten Nationen versuchten, einen Volksentscheid zu organisieren. Der Konflikt dauert immer noch an. (*Forts. Indien S. 268*)

7. Kapitel   1947 Die Verteidigung des Westens
England verzichtet. Amerika greift ein

Die Macht des Protokolls: Lord Inverchapel ließ dem State Department telefonisch mitteilen, er habe der Regierung der Vereinigten Staaten zwei Noten von außerordentlicher Wichtigkeit zu übergeben. Man antwortete ihm, der Außenminister George Marshall und sein Stellvertreter Robert Lovett hätten bereits ihr Wochenende angetreten, doch der Direktor für die Angelegenheiten des Nahen Ostens, Loy Henderson, stehe Seiner Exzellenz zur Verfügung. Es war daher ein Sekretär der britischen Botschaft, der Amerika die Konkurserklärung des Vereinigten Königreichs überbrachte.

Die erste Note betraf Griechenland. Sie legte die schweren Opfer dar, die Großbritannien auf sich genommen hatte, um das letzte Balkanland, das sich gegen den Kommunismus wehrte, zu retten. 50 000 britische Soldaten hielten die Städte besetzt, bewachten die Verkehrswege, stellten den Schutz eines schwachen pro-westlichen Regimes dar. Unter Berücksichtigung der Wirtschaftshilfe wurden die entsprechenden Lasten für das Haushaltsjahr 1947/48 auf 70 Millionen Pfund Sterling geschätzt. England erklärte sich für unfähig, diese Summe aufzubringen, und kündigte Amerika an, daß es mit Datum vom 31. März 1947 seine Unterstützung einstellen werde. Man schrieb den 21. Februar; das bedeutete nicht einmal vierzig Tage!

»Unsere Ehre und unser Interesse«, hatte Churchill gesagt, »gebieten uns, Griechenland zu helfen und es im Lager der Demokratien zu halten.« Das England nach Churchill revidierte diese zwingende Pflicht.

Die zweite, durch den Botschaftssekretär H. M. Sickel überbrachte Note betraf die Türkei. Die Russen forderten einen Stützpunkt an den Dardanellen und außerdem die Rückgabe der Verwaltungsbezirke Kars und Ardahan, die von Alexander II. 1887 annektiert und von Lenin 1920 zurückgegeben worden waren. Truman hatte die Situation im kritischsten Augenblick durch die großartige Idee gerettet, die sterbliche Hülle eines obskuren türkischen Botschafters, der fünfzehn Monate vorher in Washington gestorben war, durch den größten Leichenwagen in der Geschichte, den Kreuzer *Missouri*, in die Heimat bringen zu lassen. Doch der sowjetische Druck hatte nicht aufgehört. Allein die britische Hilfe gestattete es der armen Türkei, 600 000 Mann in Kriegsbereitschaft zu halten, um der Gefahr zu begegnen.

England ließ Amerika wissen, es werde seine Hilfsgelder an die Türkei gleichfalls mit 31. März einstellen!

Ein Jahr vorher hatte Griechenland unter der Überwachung von 240 englischen, französischen und amerikanischen Beobachtern, die den ordnungsgemäßen Ablauf der Wahlvorgänge bestätigten, ein konservatives Parlament gewählt. Sechs Monate darauf hatte es mit 1 166 512 gegen 521 267 Stimmen König Georg zurückgerufen. Die EAM, die Nationale Befreiungsfront, hatte in der Überzeugung, vernichtend geschlagen zu werden, die Wahl boykottiert und den Volksentscheid abgelehnt. Ihre Guerillas in den Gebirgszügen des Nordens, dem Grammos-, Vitsi- und Vermiongebirge, stützten sich auf Moskaus Balkansatelliten Albanien, Jugoslawien und Bulgarien. Eine vom Sicherheitsrat entsandte Untersuchungskommission kam an Bord des französischen Kreuzers *Georges Leygues* im Piräus an. Doch es gelang ihr nicht einmal – Abbild der Uneinigkeit der Welt –, sich auf ein Untersuchungsverfahren zu einigen.

Dem griechischen Drama diente eine katastrophale Wirtschaftslage als Hintergrund. Der Kurs des Pfunds Sterling hatte 172 000 Drachmen erreicht. Die vielen Dörfer, die die Deutschen verbrannt hatten, blieben zerstört. Die Lebensmittelrationen gehörten zu den niedrigsten Europas. 85 % der Kinder zeigten Anzeichen von Tuberkulose, und in Athen und Saloniki wurde eine Million Menschen von der UNRRA ernährt.

»Wenn ihr fortgeht«, sagte der Generalsekretär der EAM, Nicolas Zachariades, zu einem englischen Offizier, »wird es zwei Monate lang Bürgerkrieg geben, dann wird alles in Ordnung sein...«

Alles wird in Ordnung sein! Das bedeutete, daß Rußland bis zum Ägäischen Meer reichen, die Türkei umgehen, die Straße nach Suez abschneiden würde... Einer geringeren Gefahr wegen hatte England im 19. Jahrhundert auf der Krim gekämpft. Das England des Ersten Weltkrieges hatte das östliche Mittelmeer mit einer Million Mann gedeckt, die es aus den Schützengräben Flanderns abgezogen hatte. Das England des Zweiten Weltkrieges hatte seinen Verbündeten, Amerika, eifersüchtig von der strategischen Zone ferngehalten, die es als den Vorhof seines Reiches ansah. Das siegreiche England, dessen Bevölkerung jedoch von knappen Rationen lebte, dessen Städte weiter dunkel blieben, das bereits ohne greifbares Resultat die Hälfte der von Amerika geliehenen vier Milliarden Dollar verbraucht hatte, dieses siegreiche England erklärte sich außerstande, weiter ein paar Millionen Pfund dafür auszugeben, sein Erbe an Prestige und Macht zu behalten. Es sagte: »Ich kann nicht mehr. Ich gebe auf. Ich verzichte. Ich gehe fort!« Schon die Umstände, unter denen der englische Verzicht entschieden wurde, gaben ein Bild der Armseligkeit. Da der Fahrstuhl wegen der alltäglichen Stromunterbrechung im Zuge der Sparmaßnahmen nicht funktionierte, mußte Bevin – auf dem Weg zur Kabinettssitzung – in der Great George Street die Treppe steigen und erlitt dabei einen leichten Herzanfall. Der Schatzkanzler Hugh Dalton hatte sich auf hartnäckigen Widerstand gefaßt gemacht, als er seinen Vorschlag erneuerte, die finanzielle Hilfe an Griechenland und die Türkei abzubrechen. Bevin, der auf sein Herz achtete, diskutierte kaum. Die Regierung Ihrer Majestät fror sich zu Tode. Eine zehn Kilometer lange Eisscholle mit Tausenden von Möwen lag vor Westminster. 75 000 Waggons mit Kohle waren durch Schneestürme blockiert, und das Kew-Observatorium meldete als noch nicht dagewesenes Ereignis, daß sich die Sonne seit zweiundzwanzig Tagen nicht mehr in London gezeigt hatte.

Die vorangegangenen britischen Verzichte, die Aufgabe Indiens und Birmas, die Räumung Ägyptens, der Abzug aus Palästina, waren durch ideologische Überlegungen maskiert gewesen, die sie für Amerika erfreulich gemacht hatten. Das Nichterfüllen der Vertragsbedingungen auf dem Balkan hingegen enthüllte eine bisher nicht bekannte Tatsache. »Wir begannen zu verstehen«, sagte der Kommentator des State Department, Joseph M. Jones, »welche Rolle das Britische Reich in der Welt spielte und wie sehr wir, ohne es zu wissen, daraus Nutzen gezogen hatten. Seine stabilisierende Macht hatte es uns gestattet, uns in Sicherheit und Freiheit zu entwickeln, ja sogar die Illusion zu hegen, daß unsere bevorrechtete Lage eine besondere Gabe der Vorsehung sei, ein Lohn für unsere Tugenden.« Plötzlich entdeckte Amerika, daß es nur eine einzige Methode gab, das Chaos abzuwenden: sich an die Stelle des Britischen Reiches zu setzen, dessen Beweggründe es so sehr beargwöhnt und dessen Handlungen es so oft kritisiert hatte.

Am 27. Februar wurden die Leader des Kongresses ins Weiße Haus berufen. Die britischen Noten wurden ihnen unter dem Siegel der Verschwiegenheit zur Kenntnis gebracht. Marshall teilte ihnen mit, sein erster Gedanke sei es gewesen, ein Protestkabel an Bevin zu senden, doch habe ihn tiefgehendere Erwägung überzeugt, daß Amerika unvermeidlich an die Stelle seines erschöpften Verbündeten treten müsse. Er wiederholte den Kommentar von Jones und fügte hinzu: »Wir müssen den Vorwurf des Imperialismus, den wir den Engländern gemacht haben, nun selbst auf uns nehmen...«

Die Schlüsselfigur war Senator Arthur Vandenberg. Durch den Sieg im November war er Leader im Kongreß geworden. Er war der Sohn eines Sattlers aus Michigan, den die Automobilindustrie ruiniert hatte, war im Provinzjournalismus groß geworden, und sein isolationistisches Kredo hatte erst unter den Bomben auf Pearl Harbor abzubröckeln begonnen. Seine Dickhäutermanieren brachten ihn in völlige Übereinstimmung mit dem Maskottchen seiner Partei, dem Elefanten. Er beschränkte sich darauf, Truman zu sagen, er müsse »scare the hell out of the country«, dem Land eine Heidenangst einjagen, wenn er die 280 Millionen Dollar erhalten wollte, die Marshall als unerläßliches Minimum bezeichnet hatte, um Griechenland und die Türkei zu retten.

Der Text des offiziellen Hilfsbegehrens wurde dem griechischen Geschäftsträger, Ekonomu Guras, von Loy Henderson diktiert. Man verhehlte ihm nicht, daß die Hilfe »would be accompanied in some measure by a limitation of the sovereign rights of Greece« (in gewissem Maß die Begrenzung der unumschränkten Rechte Griechenlands nach sich ziehen würde). Dabei handelte es sich um eine Vorsichtsmaßregel gegenüber dem ultrareaktionären Charakter, den das State Department der griechischen Regierung zuschrieb, deren Chef damals Demetrios Maximos war, der sechste Ministerpräsident seit der Befreiung. Griechenland versprach, sich bei der Wiederherstellung der Ordnung in seinen inneren Angelegenheiten den Richtlinien Washingtons anzugleichen. Die Klausel wurde natürlich im Verlies der Staatsgeheimnisse eingeschlossen.

Es blieb noch die Zustimmung des Kongresses zu erwirken. Die Umstände waren alles andere als günstig. Die Republikaner, die in beiden Häusern die Herren waren, schränkten den Etat ein und wollten 6 Milliarden Dollar ersparen, um die demokratische Verwaltung in Verlegenheit zu bringen. Die öffentliche Meinung war indifferent. Laut Gallup interessierten sich nur 7 % der Amerikaner für internationale Probleme. Die anderen ließen es sich im Frieden wohl ergehen. Der Überfluß kehrte wieder. Das amerikanische Volk wollte nichts anderes, als auf seinem Eiland des Glücks die Welt wieder vergessen. Es war bedenklich, von ihm für zwei kleine Länder eines nebelhaften Ostens neue Opfer zu verlangen.

Truman verbrannte seine Schiffe hinter sich. Am 12. März trat er persönlich vor eine gemeinsame Versammlung von Senat und Repräsentantenhaus. Er verlangte nicht 280, sondern 400 Millionen Dollar, um Griechenland und die Türkei zu retten. »Im gegenwärtigen Augenblick der Weltgeschichte«, sagte er, »muß fast jede Nation zwischen zwei verschiedenen Lebensarten wählen. Zu oft ist die Wahl keine freie. Die eine Art zu leben gründet sich auf den Willen der Mehrheit und zeichnet sich durch freie Institutionen, repräsentative Regierungen, freie Wahlen, Garantie der persönlichen Freiheit, Freiheit der Rede und der Religion und Freiheit von persönlicher Unterdrückung aus. Die zweite Lebensart hat als Grundlage den Willen einer Minderheit, die mit Gewalt der Mehrheit gegenüber geltend gemacht wird. Sie stützt sich auf Terror und Unterdrückung, kontrollierte Presse und Rundfunk, von vornherein entschiedene Wahlen und auf die Unterdrückung der persönlichen Freiheit. Ich bin der Ansicht, daß wir den freien Völkern beistehen müssen, ihr eigenes Geschick auf ihre Weise zu bestimmen.«

Der Kongreß hatte sich erhoben und applaudierte. Diese Worte waren von ungeheurer Bedeutung. Amerika, das sich zurückgezogen hatte, strebte wieder vorwärts; Amerika, das sich von seinen Verpflichtungen losgesagt hatte, ging sie wieder ein, versprach der Freiheit, ihr überall im Kampf, der oftmals so ungleich war, zur Seite zu stehen, sie gegen den Totalitarismus der Kommunisten zu unterstützen, der durch die politische und militärische Macht der UdSSR getragen wurde. Bisher hatte Amerika, wenn es ein russisches Vorhaben durchkreuzte, dies im Geist der traditionellen Diplomatie getan, sich bemüht, das Gleichgewicht der Mächte zu erhalten. Von nun an würde es einer Ideologie eine andere Ideologie entgegenstellen, vermöge einer Doktrin – der Truman-Doktrin.

Die erste Reaktion kam aus Palm Beach und trug die Unterschrift Joseph Kennedy. Dessen Sohn, der 29jährige John F., verwundeter und abgerüsteter Leutnant zur See, war soeben zum Abgeordneten des 11. Wahlbezirkes von Boston gewählt worden. Er selbst, Joseph P., vormaliger Lieferant der Bootlegger, vormaliger nazifreundlicher Gesandter Roosevelts in London, griff Truman an und erklärte einem Berichterstatter der *New York Times*, es sei läppisch, den Kommunismus aufhalten zu wollen; man müsse im Gegenteil sich mit ihm verständigen. Wenn die Menschen gründlich von ihm abgestoßen wären, würden sie sich Onkel Sam in die Arme werfen. Der Ultra-Isolationismus machte sich diese lächerliche These zu eigen und erhob gleichzeitig heftige Angriffe gegen England, das sich, nachdem es Amerika eine Riesenanleihe entlockt hatte, noch seinen Imperialismus von ihm finanzieren lassen wollte. »Keinen Cent für die Engländer«, erklärte der Abgeordnete Short, »solange sie nicht die Kronjuwelen verkauft haben.«

Die schwerfällige Maschine der Gesetzgebung kam in Gang. Vandenberg befürwortete die Gesetzesvorlage, die von dem isolationistischen Flügel seiner Partei so hart bekämpft wurde. Die äußerste Linke vereinigte sich mit der äußersten Rechten. Henry Wallace, der wegen seiner Angriffe gegen die amerikanische Politik aus dem Kabinett hatte ausscheiden müssen, erklärte, Amerika müsse, statt den reaktionären Regierungen zu helfen, den Russen 15 Milliarden Dollar geben, um den Wiederaufbau des Landes zu finanzieren. Die Hilfe für Griechenland und die Türkei sollte den Kongreß drei Monate beschäftigen.

In Griechenland traten die Guerillas, die sich für den Winter in die Berge zurückgezogen hatten, beim Herannahen des Frühjahrs wieder in Tätigkeit. Die Balkankommission des Sicherheitsrates ritt auf Maultieren drei Tage über den Pindos, um nach Konstantofiton an der albanischen Grenze zu gelangen; dort wartete sie drei Tage, bis der General der Rebellen, Markos Vaftiades, sie zu empfangen geruhte. Zum Umfallen müde und höchst lächerlich gemacht, kehrte die Kommission nach Saloniki zurück und begab sich, angewidert von dem groben Griechenland nach Genf, um dort in Bequemlichkeit ihren Bericht abzufassen. Im Pindos und im Taygetos, auf dem Parnaß und dem Olymp begann wieder der grausame Bürgerkrieg.

Niederlage des Kommunismus in Deutschland

Die Fahrstuhlführerinnen im Hotel Moskwa trugen nicht mehr Kopftücher, sondern hatten ihr Haar in Dauerwellen legen lassen. Die Hallen waren neu gestrichen und gefegt, die Zimmer neu möbliert, die Toilettensitze erneuert worden, ja es gab sogar warmes Wasser in den verschlußlosen Waschbecken. Moskau lebte weiterhin trist und elend unter einem bleiernen Himmel, die sowjetischen Behörden hatten sich in Unkosten gestürzt, um die Diplomaten, Journalisten und Fachleute des Westens zu empfangen. Diese hatten Kuponhefte erhalten, die den Engländern und Franzosen gestatteten, eine wenig kostspielige Mastkur zu machen. Die »Kommissionsläden« waren mit Pelzen, Silbergerät und alten Ikonen versorgt worden. Die Zensur war aufgehoben worden: Die Pressetelegramme gingen von der Telegrafenzentrale, Gorkijstraße, unverzüglich und unverstümmelt ab.

Das Ziel der Moskauer Konferenz, einer neuen Zusammenkunft der Außenminister, bestand darin, Friedensverträge mit Deutschland und Österreich aufzusetzen. Die Vorbereitungen waren mühselig gewesen. Die gegensätzlichen Auffassungen bestanden weiter. Aber die Optimisten zwangen sich, zu glauben, daß die Notwendigkeit, ein Ende zu finden, die Einwendungen ausscheiden würde, so wie ein Glasstab bei Überhitzung Materialien ausscheidet.

Bei den Deutschen rief dieser neue Versuch, ihre Zukunft zu gestalten, im Gegensatz zu Potsdam keinerlei Interesse hervor. Sie wurden vom Hunger gepeinigt. Die Standardration für Lebensmittel war auf eintausend Kalorien täglich herabgesetzt worden. Mit einer so unzureichenden Grundlage war es unmöglich, eine normale Neugier und Aktivität zu entwickeln. General Clay berichtete, daß die Apathie des deutschen Volkes beängstigend wurde. Der Winter brachte Hunger und Kälte über Deutschland. Neben dem Mangel an Getreide litt Europa am ärgsten unter der Kohlennot. Um die Förderung zu beleben, räumte man den Bergleuten gewaltige Vorteile ein: eine Lebensmittelration von 3000 Kalorien und Förderprämien, die monatlich ein Kilo Speck, ein Pfund Zucker, zwei Flaschen Schnaps und hundert Zigaretten erreichen konnten. Trotz dieser Reichtümer aus vergangenen Zeiten erreichte die Produktion mit Mühe die Hälfte des Vorkriegsstandes.

Die ständigen Einschränkungen der deutschen Industrie hatten bereits zu erbitterten Diskussionen geführt. Die Russen wollten die jährliche Stahlproduktion auf lächerliche drei Millionen Tonnen beschränken. Die Engländer schlugen zehn Millionen Tonnen vor und mußten sich den Vorwurf anhören, sie wollten Adolf Hitler wieder zum Leben erwecken. Der Kompromiß bestand in 5 800 000 Tonnen. Den verschiedenen Industrien waren unterschiedliche Höchstgrenzen vorgeschrieben worden. Die Konstruktion oder Produktion jeder Art von Waffen oder Munition, von Luftfahrzeugen und Hochseeschiffen, Kugellagern, Werkzeugmaschinen, schweren Traktoren, Radiomaterial, Öl, synthetischem Gummi und Ammoniak, jeder Art radioaktiven Materials, Aluminium, Magnesium, Vanadium, Beryllium usw. waren und blieben den Deutschen verboten.

Politisch kamen sie allmählich wieder dorthin, wo sie 1932 gestanden hatten, zu dem, was sie seither verloren hatten: zu freien Wahlen. Die Amerikaner hatten sie erstmals im Januar 1946 zugelassen. Die Engländer und Franzosen hatten bis zum September damit gewartet, es ihnen gleichzutun. Die Resultate waren überall ähnlich. Die Kommunisten erhielten nur schwache, ganz schwache oder unerhebliche Minderheiten. In Hessen waren die Sozialdemokraten an erster, sonst überall an zweiter Stelle herausgekommen. Die siegreiche Partei war die Christlich-Demokratische Union, CDU. Sie wandte sich an die Deutschen jeder Konfession, um Deutschland nach den allgemeinen Prinzipien des Christentums und der Demokratie wiederaufzubauen.

In diesem wiedererstehenden öffentlichen Leben trat eine tragische Gestalt hervor, das Wrack eines Menschen, verstümmelt, gemartert und verzerrt. Kurt Schumachers rechter Arm war im Ersten Weltkrieg auf einem Schlachtfeld geblieben. Sein linkes Bein war oberhalb des Knies in einem Konzentrationslager Hitlers amputiert worden. Der ihm verbliebene Arm war fast gelähmt, und ein starker Diabetes machte die geringste Krankheit zu einer tödlichen Gefahr für ihn. Er war in einer Kaserne des östlichen Grenzlandes als Sohn eines Berufsunteroffiziers im Heer des deutschen Kaisers und preußischen Königs zur Welt gekommen, doch die Katastrophe von 1918 hatte ihn der Sozialdemokratie in die Arme getrieben. Von 1933 bis 1945 interniert, war er ein Modellfall für den Menschen der Konzentrationslager, diszipliniert und unbeugsam, körperlich unterworfen, moralisch frei. Er verließ das Konzentrationslager, besessen von dem Gedanken der deutschen Einheit. Er wollte eine sozialdemokratische Partei neuschaffen, die wie ein Mönchsorden auf Selbstverleugnung und Gehorsam beruhte. Er brachte dazu lodernde Leidenschaft, einen durch die Nähe des Todes angetriebenen Willen, eindringliche Beredsamkeit, absolute Selbstlosigkeit und erschreckenden Autoritätswillen mit.

Die Kommunisten hatten das Ziel, die Sozialisten aufzusaugen. In der Sowjetzone beschlossen sie die Bildung der Sozialistischen Einheitspartei Deutschlands,

SED, deren vieldeutiger Name ihren absoluten Herrschaftsanspruch verschleiert. Anderswo setzte ihnen Schumacher schneidende Ablehnung entgegen: »Die Sozialdemokraten der Westzone werden sich niemals mit den Kommunisten vereinigen, denn der in Deutschland bestehende Kommunismus ist nicht frei.« Der Parteitag in Hannover billigte diese Sprache einstimmig.

Die Russen organisierten in ihrer Zone gleichfalls Wahlen. Die Sozialdemokraten waren davon ausgeschlossen, und den Christlichen Demokraten gelang es nur in der Hälfte der Orte, Kandidaten aufzustellen. Die Verbindung der Sozialisten und Kommunisten errang nur knappe Siege in Mecklenburg, Brandenburg, Anhalt und Thüringen. In Sachsen, der alten roten Zitadelle, wurden sie geschlagen. Es war ganz klar, daß bei wirklich freien Wahlen die Kommunisten eine ebensolche Minderheit dargestellt hätten wie in Westdeutschland.

Berlin lieferte den Beweis. Der 20. Oktober 1946 war ein grauer, kalter Tag. Die Bevölkerung kam aus den Ruinen, in denen sie wohnte, um die Stadtverordneten von Groß-Berlin zu wählen. Die Urnen wurden von alliierten Teams überwacht, und fliegende Trupps der Kommandantur kontrollierten den ordnungsgemäßen Ablauf der Wahlvorgänge. Die Beteiligung erreichte die erstaunliche Höhe von 85 % der Wahlberechtigten. Die Sozialdemokratische Partei Kurt Schumachers, die die Russen aus der Konkurrenz auszuschließen versucht hatten, erhielt eine Million Stimmen, 48,7 % der Wahlberechtigten. Die Christlich-Demokratische Union kam mit 22,1 % an zweiter Stelle. Die Partei der proletarischen Einheit erhielt nicht einmal die Stimmen der Kommunisten des Berlins der Zeit vor Hitler. Sie erzielte nur 19,8 % der Stimmen und 26 von den 130 Sitzen der Stadtverordnetenversammlung.

Die Strafe erfolgte unverzüglich. Schon um 2 Uhr morgens begannen Razzien im sowjetischen Sektor. Ingenieure, Techniker, Facharbeiter, die besten Leute aus der Berliner Industrie wurden in die UdSSR gebracht, nachdem sie unter Zwang einen fünfjährigen Arbeitsvertrag unterzeichnet hatten. Schumacher stellte die sarkastische Frage, weshalb man soeben noch Sauckel gehängt habe.

Auf die Wahl vom 22. Oktober folgte eine lange Krise in der Stadtverwaltung. Der Chef der Berliner Sozialisten, Ernst Reuter, hatte 1917 in den Straßen von Leningrad gekämpft und war dann Volkskommissar in der Wolgadeutschen Republik geworden. 1918 wieder nach Deutschland zurückgekehrt, hatte er nie aufgehört, das Regime, bei dessen Entstehung er mitgeholfen hatte, als die abscheulichste Tyrannei aller Zeiten zu brandmarken. Die Russen ließen wissen, daß sie es niemals hinnehmen würden, daß ein Renegat Oberbürgermeister von Berlin werde. Reuter wurde mit 89 Stimmen gegen 17 gewählt, aber der sowjetische Kommandant von Berlin, Generalmajor Kotikow, verbot ihm, sein Amt anzutreten.

Berlin blieb ohne Oberbürgermeister. Luise Schröder amtierte als stellvertretender Oberbürgermeister. Sie war 1920–1933 Reichstagsabgeordnete gewesen und hatte die Zeit unter Hitler als Angestellte in einer Bäckerei verbracht. Die gutmütige alte Brotausträgerin aus Altona widerstand ruhig und beherzt den Russen und bemühte sich, ihre große, zerschmetterte Stadt wenigstens notdürftig am Leben zu erhalten.

Deutschland war eine schwere Last für seine Bezwinger. England gab 80 Millionen Pfund und Amerika 350 Millionen Dollar dafür aus, die Menschen zu ernähren, deren Vernichtung noch vor kurzem ihr Ziel gewesen war. Die einzige Art, die deutsche Bürde zu erleichtern, bestand darin, dem Land zu gestatten, wieder anzufangen zu leben, zu arbeiten, zu produzieren, zu exportieren.

Diesen Zweck verfolgte der wirtschaftliche Zusammenschluß der englischen und amerikanischen Zonen. Er war im Juli 1946 von Byrnes vorgeschlagen und von der britischen Regierung sofort angenommen worden. Am 1. Januar 1947 wurde innerhalb von Deutschland eine Art Staat mit der seltsamen Bezeichnung Bizone ins Leben gerufen, der 34 Millionen Einwohner vereinigte. Die Bizone besaß noch keine Regierung, doch bereits Verwaltungen, die sich nach den durch die Bombardierungen und die Besetzung verbliebenen Möglichkeiten auf verschiedene Städte Westdeutschlands verteilten. »Es wird angestrebt«, hatten Byrnes und Bevin erklärt, »daß die Bizone bis Ende 1949 ein sich selbst erhaltendes Wirtschaftsgebiet wird.« Um das zu erreichen, mußte die Bizone eine Ausfuhr im Umfang des Gegenwertes von 900 Millionen Dollar erreichen.

Die Aufforderung, die Zonen zu vereinigen, war an die vier Besatzungsmächte gerichtet gewesen. Sie entsprach den Potsdamer Beschlüssen, kraft deren Deutschland wirtschaftlich als Einheit behandelt werden sollte. Die Russen hatten den Zusammenschluß abgelehnt und Amerika und England das Recht abgesprochen, das Besatzungsstatut ohne einstimmigen Beschluß zu ändern.

Frankreich war gleichfalls ausgewichen. Die kleine französische Besatzungszone war ungünstig angelegt, sie zerschnitt das Rheinland, Baden und Württemberg und schob sich in die britische und amerikanische Zone, außerdem vermischten sich ihre Allgemeininteressen mit jenen der westlichen Demokratien. Doch in der französischen Regierung saßen noch Kommunisten, und das ausgehungerte, frierende Frankreich des Winters 1946/47, das Frankreich im Gefühl einer vernichtenden Niederlage und eines unechten darauffolgenden Sieges war sich nicht bewußt, daß es an der Schwelle einer mächtigen nationalen Wiedererneuerung stand. Es zitterte noch weiter wie ein Hund, der gerade Schläge erhalten hat. Die erste Neugruppierung Deutschlands, die Bizone, erfüllte Frankreich mit Angst. Sie bedeutete das Ende der Phantastereien von einer Abtrennung des Rheinlandes und der Ruhr, von einer politischen Zerstückelung, von einer Rückkehr zu den deutschen Staaten des Westfälischen Friedens. Der französische Minderwertigkeitskomplex, dazu bestimmt, unter der prächtigen Verkleidung des Gaullismus so viele Jahre lang weiterzudauern, beherrschte das Verhalten einer Nation, für die er rasch seine Daseinsberechtigung verlor. Die Wirkung überlebte die Ursache, es war das ewige Mißverständnis. (Forts. Deutschland S. 283)

Diesen Knoten von Problemen wollte sich die neue Außenministerkonferenz, die in Moskau zusammentrat, vornehmen. Sie begann am 10. März im Cercle der Flieger-offiziere, dem ehemaligen Luxuslokal des zaristischen Moskau, dem Restaurant Jar. Die beherrschende Persönlichkeit war unstreitig der eben eingetroffene General Marshall. Er hatte die körperliche Erschlaffung, den Wendepunkt des Altwerdens, überwunden, die in die Zeit seiner Mission in China gefallen waren und zu seinem Mißerfolg beigetragen hatten. C. L. Sulzberger beschreibt ihn während jener Tage in Moskau: »... außerordentlich wortkarg, kurz, aber höflich, ein von Geheimnis umgebener Mann ...« Es genügte, wenn er irgendwo erschien, und sofort schuf sein persönliches Ansehen eine Atmosphäre des Vertrauens und Respekts. Er erschien mit militärischer Pünktlichkeit bei den Sitzungen, zog sich nach deren Ende sofort zurück, ja er frönte nicht einmal der bei den Amerikanern üblichen Gewohnheit, sei-ne näheren Bekannten mit dem Vornamen anzusprechen. Der Botschafter in Mos-kau, General Bedell Smith, wurde »Smith« genannt, der Berater Charles Bohlen hieß »Bohlen«, und der der Abordnung zugeteilte republikanische Staatsmann John Fo-ster Dulles »Mr. Dulles«. Marshall beratschlagte, ließ sich Ansichten darlegen, ver-riet jedoch niemandem seine Ansicht und faßte seine Entschlüsse allein.

Eine Woche wurde mit Diskussionen über die Berichte der Oberbefehlshaber ver-geudet und mit heftigen Wortwechseln zwischen Molotow und Bevin, die sich ge-genseitig der Schlappheit bei der Entnazifizierung anklagten. Die Frage der Wieder-gutmachung wurde am 17. März zur Sprache gebracht. Die in Jalta in Betracht gezo-gene und in Potsdam fallengelassene Ziffer von 20 Milliarden Dollar, davon die Hälfte für die UdSSR, wurde von Molotow wieder aufgegriffen. Marshall antwortete ihm, sein Vorschlag führte zur Schaffung eines »congested slum«, eines übervölker-ten Elendsviertels, inmitten Europas. Amerika war weit davon entfernt, für die un-geheuren Kosten seines Krieges eine Entschädigung zu erwarten, es wußte vielmehr, es würde noch gewaltige Summen dafür ausgeben müssen, Deutschland wieder auf die Beine zu helfen. Molotows System wäre darauf hinausgelaufen, die amerikani-sche Hilfe zugunsten Rußlands abzusaugen.

In London wollten die Russen die Stahlerzeugung Deutschlands auf drei Millio-nen Tonnen beschränken. In Moskau verlangten sie, man solle Deutschland eine starke Industriekapazität verleihen, damit sie aus der laufenden Produktion ihre zehn Milliarden Dollar entnehmen könnten. Darauf begann Frankreich neuerlich zu zittern. Bidault hatte bereits verlangt, man solle den deutschen Ameisenhaufen da-durch lockern, daß man eine Zwangsauswanderung organisierte. Jetzt wünschte er, man solle die Schwerindustrien nach Belgien, Holland und Frankreich verlegen, wo-bei Deutschland die Kohle liefern und den Stahl für die verarbeitende Industrie kau-fen solle, die man ihm überlassen würde. Amerika und England widersetzten sich den französischen Überlegungen ebenso, wie sie die russischen Forderungen zurück-wiesen. Die Frage der Wiedergutmachung wurde zurückgestellt. »Alle schwierigen Fragen«, sagte Bidault, »legen wir auf Eis. Man wird sich wohl entschließen müs-sen, sie aufzutauen ...«

Am 21. März ging man zur Frage der politischen Struktur Deutschlands über. Wieder hatten sich die russischen Prinzipien geändert: Molotow schlug die Rückkehr zur Weimarer Verfassung vor, das heißt zu einem zentralistischen Reich wie jenes, das Adolf Hitler hatte groß werden lassen. Frankreich hingegen wünschte, daß der deutsche Staat als Einheit nicht wieder erstehen sollte. Zwischen diesen beiden Extremen schlugen Amerika und England einen deutschen Bundesstaat vor, in dem die rechtlich selbständigen Länder einer zentralen Regierung gewisse Teilbefugnisse übertrugen, wie beispielsweise die Wirtschaftsgesetzgebung und die Vertretung gegenüber dem Ausland. Es wurde keine Einigung erzielt.

Der April war gekommen. Die Frage der östlichen Grenzen wurde aufgeworfen. Molotow drückte sein Erstaunen aus: Sie seien festgesetzt. Marshall erwiderte, das Potsdamer Protokoll besage »in plain English« ausdrücklich, sie könnten erst durch den Friedensvertrag festgesetzt werden. Molotow beharrte darauf, daß die Frage nicht neuerlich besprochen werden solle. Eine neue Sackgasse.

Der Westen machte auf den Osten Jagd. Rund um die Ruhr hatten die Franzosen eine Ellipse gezogen, die das gesamte Industriebecken umschloß. Bidault verlangte, dieses Gebiet solle politisch und wirtschaftlich von Deutschland abgetrennt werden. »Die französische Position in der Frage der Internationalisierung der Ruhr«, behauptete er später, »so wie der General de Gaulle sie gesehen hatte und wie ich für sie hätte geradestehen müssen, wenn ihre praktische Undurchführbarkeit sich nicht so deutlich herausgestellt hätte, war nicht sehr stark.« Er fügte jedoch aus eigenem die Forderung einer Eingliederung Kehls hinzu, angesichts der offenkundigen Tatsache, daß diese Stadt gegenüber von Straßburg liege...

»Der einzige Knochen, den wir den Franzosen hinwerfen konnten«, schrieb eine halboffizielle amerikanische Zeitung, »war der wirtschaftliche Anschluß der Saar...« Bidault schrieb dem höchste Wichtigkeit zu, er sah darin den Prüfstein für den Erfolg seiner Mission. Am 10. April verlangte er, die Saar solle von Deutschland abgetrennt und »in das französische Wirtschaftssystem eingegliedert werden«. Marshall und Bevin waren damit einverstanden. Molotow sagte weder ja noch nein, hätte jedoch ja sagen müssen, damit die Entscheidung Gültigkeit erhielt. Bidault bestand darauf. Molotow gab zur Antwort, man müsse sich vorerst über die Internationalisierung der Ruhr einigen. Bidault wußte, daß die Engländer und Amerikaner darauf nicht eingehen würden, daß er also die Saar verloren hatte und seine Pläne in nichts zerfielen.

Es war ein entscheidender Wendepunkt. Der auf de Gaulle eifersüchtige Bidault versuchte, die Politik des Lavierens des Generals zwischen dem westlichen und dem sowjetischen Block nachzuahmen. Seine gelungene Rolle als Schiedsrichter bei dem Friedensvertrag mit Italien hatte ihn zur Überzeugung gebracht, daß ein so geschwächtes Land, dem es so schlecht ging wie Frankreich, dennoch unter einer so geschickten Führung wie der seinen eine bedeutende Rolle zu spielen und die Verdienste des ehrenhaften Vermittlers einzuheimsen vermochte. Molotows Verhalten belehrte ihn jedoch eines Besseren und fügte ihm eine persönliche politische Niederlage zu. Er kehrte nach Paris zurück und erklärte, mit den Russen sei nichts zu machen, Frankreichs Platz sei im Westblock.

Die Konferenz ging in Mißerfolg und Langeweile unter. Sie erhielt noch einen letzten Auftrieb durch ein lange Zeit aufgeschobenes Ereignis: das Zusammentreffen Stalin-Marshall.

Bidault war schon am 17. März empfangen worden – ein Vorrang, aus dem seine Eitelkeit unbegründete Folgerungen zog. Bevin kam am 24. März zu Stalin. Marshall ließ sich Zeit und behielt sich für seine Zusammenkunft mit dem Allmächtigen den ärgsten Engpaß der Konferenz vor. Er überschritt die Schwelle des Kreml erst am 15. April um Mitternacht, eine für jemanden, der es gewohnt war, früh zu Bett zu gehen, abscheuliche Zeit. Bedell Smith und Bohlen begleiteten ihn. Stalin befand sich in Gesellschaft Molotows und des Dolmetschers Pawlow. Die Besprechung dauerte eineinhalb Stunden. Die kleine diplomatische Welt Moskaus wartete auf das Tauwetter...

Marshall schilderte in seinem knappen Stil seine Enttäuschung. Am Nachmittag desselben Tages hatte es eine neuerliche Panne gegeben, diesmal wegen eines von Amerika angebotenen vierzigjährigen Bündnisses zur Garantie der Entmilitarisierung Deutschlands: »Ich sehe mich gezwungen, dem Präsidenten mitzuteilen, daß die Sowjetunion davon nichts wissen will...« Sämtliche Wege, die man versucht hatte, hatten in Sackgassen geführt. »Ich halte es für richtig, offen mit Ihnen zu sprechen, da ich in der Offenheit das beste Mittel sehe, die guten Beziehungen zwischen Amerika und Rußland wiederherzustellen...Die Vereinigten Staaten lassen gelten, daß das sowjetische System sich von ihrem eigenen unterscheidet. Sie streben keineswegs nach einer Hegemonie. Sie werden jedoch nicht untätig zusehen, wie sich die Weltlage verschlechtert, weil es unmöglich ist, eine endgültige Friedensregelung zu treffen...«

Stalin antwortete voll Gutmütigkeit. Er glaubte nicht, daß die Lage so tragisch sei. »Es ist möglich, daß die Moskauer Konferenz zu keinem Erfolg führt, doch bin ich der Auffassung, daß es möglich ist, in verschiedenen wichtigen Fragen zu einem Kompromiß zu gelangen. Es ist notwendig, geduldig zu sein und nicht pessimistisch zu werden.«

Als Marshall in der Nacht, die keinerlei Anzeichen des Frühlings erkennen ließ, den Kreml verließ, war es ihm klar, daß jegliche Chance für eine Einigung mit Rußland gestorben war. Für Stalin war das wirtschaftliche Chaos ein Instrument des Sieges. Er wollte sich, ehe er Europa auf seine Weise wiederaufbaute, zu dessen Herrn machen. Die Ruinen, der Hunger, die Verzweiflung arbeiteten für ihn. Der Rat, den er gab: »Es ist notwendig, geduldig zu sein«, war ein Gag schwarzen Humors. »Die Ärzte beraten«, antwortete Marshall, »und der Patient wird immer schwächer.« Amerika stand vor der Notwendigkeit, allein zu handeln. Andernfalls würde das Elend Europas dem sowjetischen Imperialismus den Weg bahnen, würde die zerrüttete, jedoch ungeheure materielle und menschliche Substanz des Kontinents dem Kommunismus ausgeliefert sein.

Noch acht Sitzungen – man fragt sich, wozu. Der Vertrag mit Österreich, so begrenzt er auch war, stieß auf ebenso unüberwindliche Hindernisse wie jener mit Deutschland. Die Russen stellten Bedingungen, die Österreich zu einem ebenso eingeengten und geknebelten Satelliten gemacht hätten wie Bulgarien oder Polen. Die

Westmächte weigerten sich, ihr Einverständnis zu geben. Österreich blieb geteilt und besetzt.

Am 24. April gab Stalin einen Abschiedsabend. Die vier Minister und ihre 40 wichtigsten Mitarbeiter brachten zwanzig Trinksprüche aus und wohnten der Vorführung von »Steinblüte« bei, einem Märchenfilm von Alexander Ptuskow: die Geschichte eines jungen Bildhauers, den seine Liebe zur Vollkommenheit in außergewöhnliche Verwicklungen bringt. »Geradezu die Geschichte unserer Bemühungen«, war Bedell Smiths Kommentar.

Am Tag darauf trennte man sich, ohne auf irgendeine Art zum Abschluß gekommen zu sein. Molotow sang seinem Gegenspieler Bevin auf dem Bahnsteig ein russisches Liedchen vor: »Je öfter wir uns sehen, desto glücklicher sind wir ...« Bevin dankte, indem er sich als Tanzbär produzierte. Aus den »Kommissionsläden« wurden die Waren wieder abgeholt, von denen sich die Besucher aus dem Westen nicht hatten verlocken lassen, und die Aufzugswärterinnen im Hotel Moskwa banden wieder ihre Kopftücher um.

Frankreich vor der Entscheidung in Indochina

Die Einsetzung des ersten Präsidenten der IV. Französischen Republik war mit dem Prunk glücklicher Tage begangen worden, der zu der Kälte und dem Hunger schlecht paßte. Vincent Auriol war am 16. Januar 1947 im alten Königlichen Theater von Versailles gewählt worden und hatte, umgeben von zwei Schwadronen der Republikanischen Garde, seinen Einzug in Paris gehalten. Das seit 1940 verwaiste Elysée hatte sich diesem 62jährigen Advokaten aus Toulouse geöffnet, der vor dem Krieg der erste sozialistische Finanzminister gewesen war. Hinter der roten Etikette verbarg sich ein solider Konservativer. Er war ein rechtschaffener Mann, ein treuer Freund, bescheiden und zurückhaltend als Sieger, durch und durch Patriot.

Léon Blum war mit seinem Latein zu Ende und überbrachte dem neuen Präsidenten den Rücktritt einer Regierung, die sich selbst nur als Lückenbüßer betrachtet hatte. Als Nachfolger Blums wählte Auriol einen anderen Sozialisten, eine zweitrangige Gestalt der III. Republik, Paul Ramadier. Der 58jährige neue Ministerpräsident, der nicht nur durch seine Häßlichkeit, sondern auch durch einen holprigen Akzent benachteiligt war, stammte aus dem Departement Aveyron, der Heimat jedes zweiten Pariser Cafetiers. Sein Name war in weiten Kreisen unbekannt. Frankreich, de Gaulles beraubt, nahm die Nachricht, daß es von Paul Ramadier regiert werden sollte, mit Gleichgültigkeit entgegen.

Haute-Garonne und Aveyron – in der französischen Politik bildete sich wieder eine Vorherrschaft des Midi, der südlichen Departements. Die Wahl Edouard Herriots zum Präsidenten der Nationalversammlung machte den beruhigenden Eindruck des Altgewohnten bei dem neuen Regime vollständig. Andererseits steuerte Frankreich eine neue Geschichtsperiode an, indem es in das politische Geleise zurückglitt, das es zur Katastrophe von 1940 geführt hatte.

Dem neuen Ministerium gehörten noch fünf Kommunisten an. Gegen die von de

Gaulle aufgestellte Regel: »Weder die Diplomatie noch die Armee noch die Polizei darf in die Hand einer Partei gegeben werden, die einer ausländischen Macht untersteht«, war verstoßen worden, indem man das Portefeuille des Verteidigungsministers einem gewissen François Billoux übergeben hatte. Der Sozialist André Philip, ein wütender Planwirtschaftler, war Wirtschaftsminister geworden, während Marius Moutet noch Kolonialminister war. Er kam aus Indochina zurück und brachte den Sturm von dort in den Falten seines Mantels mit.

Er war am 2. Januar 1947, 14 Tage nach dem fehlgeschlagenen Aufstand, in Hanoi eingetroffen. In der chinesisch-annamitischen Stadt gingen die Kämpfe weiter. Nachts schlichen sich Milizsoldaten in die europäische Stadt ein und griffen abseitsliegende Häuser an, tagsüber machten die Heckenschützen die Straßen gefährlich. Man hatte eine Akte mit Fotos angelegt, die Foltern der Lebenden, Schändungen der Toten zeigten; das entsetzlichste zeigte einen mit abgeschnittenen Brüsten gefüllten Wäschekorb. Moutet war außer sich. Man legte ihm Beweise vor, die zeigten, wie vorbedacht das Ganze war: Durchgänge zwischen den Häusern, unterirdische Schleichwege unter den Straßen, durch Plakate verborgene Schießscharten für Maschinengewehre. »Ich war als Friedensbote gekommen«, sagte er. »Was ich hier antreffe, ist jammervoll, fürchterlich. Nie hätte ich so etwas erwartet . . .«

Die Vietminh suchte jedoch wieder Anknüpfungspunkte. Der in der Vorstadt von Hanoi aufgestellte Sender entbot »der Regierung und dem Volk von Frankreich« seine Glückwünsche zum neuen Jahr. Ho Tschi Minh ließ Moutet eine Botschaft überreichen, in der er ein Zusammentreffen vorschlug und die mit »freundschaftlichen Grüßen an Gustave«, den Sohn des französischen Ministers, schloß. Der rechtschaffene Moutet, dem die entsetzlichen Bilder noch vor Augen standen, wies diese Annäherungen zurück: »Mit Ho Tschi Minh können wir keinesfalls verhandeln. Ich habe mich in ihm geirrt . . .« Der alte sozialistische atheistische Abgeordnete war mit dem Mönch-Admiral Thierry d'Argenlieu völlig einer Meinung. Zwischen Frankreich und den Mördern des 19. Dezember gab es keine Beziehungen mehr, und so mußte es auch bleiben.

In Paris fand Moutet keine allgemeine Zustimmung. Ein großer Teil der äußersten Linken sprach sich für Verhandlungen mit Ho Tschi Minh aus. Die Angriffe gegen d'Argenlieu mehrten sich. Der Nachfolger, dessen Name sich aufdrängte, den die höchstgestellten Persönlichkeiten der Regierung dringend vorschlugen, war Leclerc.

Leclerc war mit dem Auftrag nach Indochina zurückgegangen, Nachforschungen über die Folgen des 19. Dezember anzustellen. Nach einem Besuch in Hanoi hatte er Zentral-Annam inspiziert, wo das 1. Kavallerieregiment der Fremdenlegion, direkt aus Nordafrika eingetroffen, jenseits des Wolkenpasses gelandet war, um der Abteilung Burgund die Straße nach Hué zu öffnen. Leclerc hatte Indochina in seiner häufig defekten Mitchell überflogen und seiner Besorgnis über die Ausdehnung des Landes, den Mangel an Straßen, die Dichte des Dschungels Ausdruck gegeben. »Man wird keine Erfolge erzielen, solange man das nationale Problem nicht gelöst hat . . .« Er war für einen geballten militärischen Einsatz, jedoch auf beschränktem Gebiet, und strebte Verhandlungen an. Die Bedingungen, die er stellte, um in Indochina die Verantwortung übernehmen zu können, waren folgende: 100 000 Mann, davon 90 000 Europäer, unbeschränkte zivile und militärische Vollmacht, Verhandlungsfreiheit mit der Vietminh, Unabhängigkeit des Landes.

Die Regierung zögerte. Die Berichte über die militärische Lage, die eintrafen, waren positiv. Der hinterlistige Überfall vom 19. Dezember wurde als verhängnisvoller Fehler der Vietminh hingestellt, als befreiendes Ereignis, das Frankreich aus dem Sumpf der Kompromisse zog, in den es seit seiner Rückkehr nach Indochina geraten war. Ho Tschi Minh war aus der Hauptstadt verjagt worden. Die Schwäche der revolutionären Kraft, die Mittelmäßigkeit der Armeen Giaps wurden aufgezeigt. Die vom Terrorismus befreite Bevölkerung wünschte nur, wieder zum französischen Frieden zurückzufinden. Jetzt war es möglich, ein Indochina wiederherzustellen, in dem sich die Vorherrschaft des Mutterlandes weiter gegenüber der schwachen Indochinesischen Union durchzusetzen vermochte. Das war die Politik Thierry d'Argenlieus – die im Grunde dem kleinbürgerlichen Herzen der französischen Regierung näherstand als der von Leclerc vorgeschlagene Verzicht, die Umwälzung. Ihr Hauptfehler bestand darin, daß sie von einem gaullistischen Mönch gemacht wurde, der sich gegen Paris die Freiheiten eines Prokonsuls herausnahm.

Leclerc fühlte sich hin- und hergerissen und beriet sich in seiner Unsicherheit mit de Gaulle. Dieser riet ihm energisch ab, auf die Vorschläge einzugehen. Er hielt das neue Regime für die Totengräber der Französischen Union. »Sie werden Sie für den Verlust Indochinas verantwortlich machen . . .«

Die Entscheidung charakterisierte den Geist der verlogenen Intrigen, der die IV. Republik durchdringen, lähmen und schließlich vernichten sollte. Der von der äußersten Linken wütend angegriffene, von dem MRP heftig verteidigte Admiral d'Argenlieu war ebenso unmöglich wie unverletzbar. Der Ministerrat beschloß daher, einen Präfekten aus dem Mutterland, Emile Bollaert, für sechs Monate als Beauftragten nach Saigon zu schicken. Er sollte nicht an die Stelle des Admirals treten, sondern »dafür sorgen, daß in allen Dienststufen auf strikte Disziplin und Gehorsam gegenüber den Anweisungen der Regierung geachtet wurde«. D'Argenlieu ließ sich diesen Verweis nicht gefallen. Er begab sich nach Paris, demissionierte und kehrte schließlich wieder in sein Kloster zurück. Darauf entschloß sich die Regierung, den »Königsboten« Bollaert zum französischen Hochkommissar in Indochina zu machen. Er kam am 1. April in Saigon an, nachdem er zum erstenmal in seinem Leben den Meridian von Suez überschritten hatte . . . (*Forts. Indochina S. 267*)

Revolte und Unterdrückung in Madagaskar

Ein zerbrechliches Reich, eine unsichere Union. In Algerien flammte die nationalistische Agitation von neuem auf. In Casablanca gab es bei einem Zusammenstoß zwischen marokkanischen Dockarbeitern und senegalesischen Schützen hundert Tote. Zwei Tage später, am 9. April 1947, änderte Sultan Mohammed V. in einer Rede in Tanger, die im Rundfunk übertragen wurde, den mit dem Generalresidenten Erik Labonne vereinbarten Text und setzte an die Stelle einer Lobrede auf die Arbeit der Franzosen einen Aufruf zugunsten der Arabischen Liga: »Wir wollen uns ihr zuwenden ... Marokko ist ein arabisches Land und mit den anderen arabischen Völkern durch viele Bande verknüpft. Marokko wünscht diese Bande noch zu verstärken.« Zur selben Zeit machte Vincent Auriol eine Rundreise durch das schwarze Afrika mit dem üblichen Zeremoniell: das brüderliche Frankreich, unerschütterliche Treue der eingeborenen Bevölkerung und ein Regen von Orden der Ehrenlegion für die Neger-Duodezfürsten. Das Blut von Madagaskar und die Galle im Palais Bourbon straften die Beredsamkeit in Bamako und Niamey Lügen.

An Warnungen hatte es nicht gefehlt. Die Vereinigung der Pflanzer Madagaskars hatte am 18. Mai 1946 dem Generalgouverneur de Coppet einen Brief folgenden Inhalts übermittelt: »Man kann unmöglich voraussagen, wann und wie der Aufstand beginnen wird. Er wird jedoch vorbereitet. Nicht die armen Kerle, die zu den Waffen greifen werden, sind die wahren Schuldigen, und die Unterdrückung, die sie treffen wird, wird grausam sein ...«

Der Generalgouverneur hatte den Brief zu den Akten gelegt. Die große schläfrige Insel Madagaskar, unterbevölkert und unterkolonisiert, schien nicht für blutige Ereignisse bestimmt zu sein. Zwischen den aus Indonesien eingewanderten 900 000 Howas, den einstigen Unterdrückern, und drei Millionen Negriden, die durch die französische Eroberung theoretisch befreit worden waren, übten 37 000 Europäer ein Schlichtungsamt aus, das notwendig und ausreichend schien.

Ein sanftes Trugbild. Wie überall war auch hier die Erschütterung des Kolonialsystems tiefgehend. Die Beschlagnahme Madagaskars während des Krieges durch die Engländer hatte das französische Prestige zunichte gemacht. Die Vorgänge in Indonesien, der Wiege der Howa, steckten diese mit dem gleichen Fieber an. Rabemamanjara war Mitglied des Rates der Republik; er sagte bei öffentlichen Sitzungen: »Madagassen, warum habt ihr Respekt vor den Franzosen? Ich habe während des Krieges gesehen, wie sie Kleie und Kohlrüben gegessen haben, gleich Schweinen. Habt ihr Respekt vor den Schweinen?« Seine beiden Kollegen in der Nationalversammlung, Rasetta und Ravoahangy, Howa gleich ihm, hatten einen Gesetzesvorschlag eingebracht, der Madagaskar die sofortige Unabhängigkeit gewährte. In der Begründung war zu lesen: »Die madagassische Nation, mitten im 20. Jahrhundert mit Füßen getreten und versklavt, hat das Recht, endgültig mit den Urhebern ihres Unglücks zu brechen ... Sie ist einverstanden, in der Französischen Union zu verbleiben; das jedoch ist ihr letztes, äußerstes Zugeständnis.«

Der von den Pflanzern vorhergesehene Aufstand brach in der Nacht vom 28. zum 29. März 1947 aus. Moramanga ist eine kleine Stadt an der Eisenbahnlinie von Tamatave nach Tananarive: 1200 mit Speeren bewaffnete Eingeborene überfielen den Militärposten, töteten Hauptmann Wirbel in seinem Bett und erschlugen drei weitere Offiziere, 4 Unteroffiziere und 20 senegalesische Schützen. In Diego-Suarez, in Farafangana, in Majunga, in Tamatave mißlang der Überfall, er gelang jedoch in Morondava an der Westküste und in Mahanoro an der Ostküste. Im Inneren fielen den Aufständischen große Gebiete in die Hände.

Tananarive hingegen rührte sich nicht. Die Unterdrückung des Aufstandes lief nur langsam an, da die militärischen Mittel fehlten. Als Verstärkungen eintrafen, griff man zu härteren Mitteln. Die Unterdrückung wurde, einer weiteren Vorhersage der Pflanzer entsprechend, grausam. Die madagassischen Howas wurden, wie die Vendéer 1793 und die Araber in Constantine 1945, von wütendem Militär gehetzt. Die Madagassen schätzten die Zahl ihrer Toten auf 80 000. Die Franzosen gaben 11 505 zu, davon 4928, die im Kampf gefallen waren.

»Die Franzosen werden sich mit Frankreich vereinigen . . .«

Die Unruhen in Madagaskar, Nordafrika und Indochina hatten Nachwirkungen in der französischen Politik und erschwerten die Aufgabe der durch wirtschaftliche Schwierigkeiten geplagten Regierung, Schwierigkeiten in einem Ausmaß, wie sie noch nie dagewesen waren.

Die Haltung der Kommunistischen Partei änderte sich. Wenige Monate zuvor hatte l'Humanité mit Beunruhigung davon gesprochen, »daß Frankreich auf sein kleines Gebiet im Mutterland zusammenschmelzen werde . . . Gestern haben wir Syrien und den Libanon verloren. Werden wir morgen Indochina und übermorgen Afrika verlieren?« Geheimnisvolle Gründe und Weisungen brachten eine Wandlung in dieser patriotischen Linie und stellten den französischen Kommunismus an die Seite der um ihre Befreiung kämpfenden Völker.

Zum ersten Zusammenprall kam es anläßlich eines Antrags auf 34 Milliarden Francs Militärkredite für die Operationen in Indochina. Im Finanzausschuß hatten die Kommunisten ohne Diskussion zugestimmt. Dann aber änderten sie ihre Meinung und erklärten in einer öffentlichen Sitzung, sie würden ablehnen. Verteidigungsminister François Billoux blieb sitzen, als die Versammlung sich erhob, um den Kämpfern in Indochina zu huldigen. Ramadier beschloß, die Vertrauensfrage bezüglich der Anleihen zu stellen. Das Dreiparteienkabinett war in Gefahr.

In der regnerisch dunklen Nacht des 18. März tagte das Zentralkomitee der Kommunistischen Partei in dem bombensicheren Gebäude in der Ecke Rue Châteaudun. Maurice Thorez, freigebig mit feurigen Redensarten, aber gerieben und verbürgerlicht bis ins Mark, suchte zu beweisen, daß es verderblich wäre, eine Krise auszulösen, bei der die Partei riskieren würde, aus der Regierung gejagt und in der französischen Politik isoliert zu werden. Sein Gegenspieler – der Radikalismus des Südens gegen den Opportunismus des Nordens – war der korsische Lehrer Laurent Casanova. Die Gegenüberstellung enthüllte stets brennende Gegensätze. Casanova hatte Thorez nicht verziehen, daß er im Kielwasser der Befreiung die Revolution versäumt und die innere Widerstandsbewegung geprellt hatte, indem er, aus der Sicherheit in Sowjetrußland aufgetaucht, die Entwaffnung der patriotischen Miliz angeordnet, den Gaullismus und die Arbeit gepredigt hatte. Er verlangte, man solle den französischen Kommunismus auf der schiefen Ebene der Mäßigung anhalten, ihn ohne Vorbehalt mit dem Befreiungskampf des indochinesischen Volkes vereinigen. Das Zentralkomitee entschied sich für ihn und verbot mit 14 Stimmen gegen 10 allen kommunistischen Abgeordneten, für die Kredite für Indochina zu stimmen. Als Minister verlangte Billoux die Kredite; als Abgeordneter mußte er sie ablehnen!

Thorez war in Moskau zu mächtig, um auf einer Niederlage sitzenzubleiben. Am

20. März, dem Tag der Abstimmung, wurde der Vorstand der Kommunistischen Partei für 8 Uhr 30 ins Palais Bourbon einberufen. Thorez diktierte einen Antrag des Inhalts, daß die allgemeine Politik der Regierung nicht im Spiel sei, weshalb ein Bruch der Übereinstimmung der Minister unterbleibe. Das führte zu folgendem merkwürdigen Kompromiß: Die kommunistischen Abgeordneten enthielten sich bei der Abstimmung über die Kredite für Indochina der Stimme, die vier kommunistischen Minister jedoch stimmten als Mitglieder der Nationalversammlung dafür. Die Kredite wurden von den 416 abstimmenden Abgeordneten einstimmig angenommen – es war aber klar, daß die Tage der Dreiparteienregierung gezählt waren.

Eine andere Gefahr tat sich vor Ramadier auf. Der Gaullismus gewann wieder an Macht und machte seine Kandidatur geltend.

Am 30. März 1947 fegte der Wind über die Dünen von Bruneval, unterhalb des Kaps Antifer, wenige Kilometer von Etretat entfernt. Fünf Jahre zuvor hatten drei Gruppen englische und kanadische Fallschirmjäger auf dem Felsen nebenan einen deutschen Radarposten zerstört. Die Aufklärung war von zwei Agenten des französischen Widerstandes, Dumont und Chauveau, genannt Pol und Charlemagne, mit der unbewußten Mithilfe eines braven deutschen Landesschützen durchgeführt worden, der die beiden Männer, damit sie besser »das Meer sehen könnten«, zwischen den Minenfeldern hindurchgeführt hatte. Der Erfolg der Operation war beispielhaft gewesen. Die Fallschirmjäger waren ohne Verluste von Schnellbooten der Royal Navy aufgenommen worden.

Über diese kleine Episode in einem großen Konflikt sprach de Gaulle, dessen Stimme durch die Windstöße verzerrt wurde. Duff Cooper, der Botschafter Großbritanniens, und General Vanier, der Botschafter Kanadas, befanden sich unter 50 000 Menschen, die staffelförmig auf der kahlen Düne aufgereiht standen. Andere Zuhörer waren Admiral d'Argenlieu, General de Larminat, Jacques Soustelle, Maurice Schumann usw. Nachdem General de Gaulle in bewegten Worten der französisch-britischen Waffenbrüderschaft gedacht hatte, sprach er über Frankreich. »Die Stimmen der Zwietracht – die Stimmen des Verfalls – haben die Einigkeit zerstört, die sich gegen den Eindringling gebildet hatte. Doch der Tag ist nicht fern, an dem die Masse der Franzosen sich mit ganz Frankreich versammeln wird. Wir treffen uns nächsten Sonntag in Straßburg . . .«

Am folgenden Tag antwortete Blum in *Le Populaire*: »Der Kampf ist eröffnet; die Sozialistische Partei stellt sich vorbehaltlos an die Seite der Republik.« Der Ministerrat beschloß, daß in Zukunft Vertreter der zivilen und militärischen Behörden nur bei reinen Gedenkfeiern an der Seite General de Gaulles zu sehen sein würden. Ramadier verließ Paris mitten in der Nacht, um diese Entscheidung selbst nach Colombey zu bringen. »Ich konnte ja doch de Gaulle schließlich nicht durch den Präfekten informieren lassen . . . Der General nahm die Mitteilung kühl zur Kenntnis. »Er bot mir nicht einmal eine Tasse Kaffee an«, sagte Ramadier später.

In Straßburg wurde die neue Regelung zum erstenmal angewandt. Der 6. April, Ostersonntag und zweiter Jahrestag der Befreiung des Elsaß, wurde ein Tag militärischen Gepränges und konventioneller Reden, während ein Nieselregen niederging. Am Tag darauf sprach de Gaulle in Zivil vom Balkon des Rathauses zu 40 000 Widerstandskämpfern. Er kündete »die Sammlung« an, »die im Rahmen der Gesetze durch gründliche Reform des Staates zum Triumph führen wird. So, und nur so, wird die französische Republik das neue Frankreich aufbauen können.«

Das *Rassemblement du Peuple Français*, RPF, war geboren. Am 27. April wurden die Statuten mit den Unterschriften von Charles de Gaulle, André Malraux, Louis Pasteur Vallery-Radot, Jacques Soustelle, Gaston Palewsky usw. hinterlegt. Der Sitz befand sich in der Rue Taitbout 81, aber der Vorstand würde sich vorerst am Square Rapp, dann in der Rue Solferino versammeln. De Gaulle sagte und wiederholte, er habe nicht die Absicht, eine neue Partei zu gründen, sondern die innere Regelung, die er vorbereite, das Netz politischer und fachlicher Organisationen, das er schaffe, sei nur in der Kommunistischen Partei vorhanden. Der Erfolg stellte sich unverzüglich ein. 12 500 Mitglieder im Departement Seine bereits am ersten Tag«, teilte Generalsekretär Jacques Soustelle mit. Es waren die Angehörigen des Mittelstands, die dem RPF in Massen beitraten – die gleichen, die sieben Jahre zuvor einem anderen Soldaten schwärmerisch ihr Vertrauen gegeben hatten, als das Vaterland in katastrophale Lage geriet ...

Die Gründe für Besorgnis waren nicht weniger geworden. In Frankreich war der Winter fast ebenso streng gewesen wie in Deutschland. Der Modeschöpfer Dior hatte am 12. Februar die kostspielige Mode des Newlook kreiert, mit einer doppelten Herausforderung: Herausforderung gegen das auf −12 Grad gefallene Thermometer und geradezu zynische Herausforderung gegen den Mangel an Stoffen, der schlimmer war denn je. Durch die extreme Kälte waren eineinhalb Millionen Hektar Winterweizen erfroren, und der Ersatzanbau hatte die bereits unzureichenden Lagerbestände noch vermindert. Die Fachleute errechneten, daß die voraussichtliche Ernte des Jahres 1947 nur 20 Millionen Zentner Getreide für den Allgemeinverbrauch liefern würde. Um die Brotration auf dem damaligen Stand von täglich 250 Gramm, dem niedrigsten seit 1940, halten zu können, waren 47 Millionen Zentner notwendig!

Die Geburtenziffern jedoch waren hoch. Die Volkszählung des Jahres 1946 hatte einen Stand von 40 100 800 Menschen ergeben, das kam einem Rückgang um 1 400 000 gegenüber 1939 gleich. Man hatte geklagt, das sei der Beginn des großen unerbittlichen Niedergangs, der die Anzahl der Franzosen im Jahr 2000 auf zwanzig Millionen bringen würde ... Die 840 000 Geburten des Jahres 1946 hingegen übertrafen die Vorkriegsziffer um 25 %. Der Augenblick war nicht gerade gut gewählt. Die Milch war rar. Die Heizung unzureichend. Die Ernährung der jungen Mütter war kaum gesichert. Viele Ehepaare wohnten in Baracken. Diese schwierigen Umstände hinderten jedoch nicht das kräftige Wachstum, das Wiedergrünen des französischen Baumes.

Die Wiegen füllten sich: im Augenblick zusätzliche Lasten für eine so verarmte Nation. Was Frankreich fehlte, waren Arbeitskräfte. Am 1. Januar 1947 war das Modernisierungsprogramm für die französische Wirtschaft, erstellt von Jean Monnet, in Kraft getreten, seine Durchführung scheiterte jedoch an dem Mangel an Arbeitskräften. Frankreich hielt 631 000 deutsche Gefangene zurück, von denen ihm 440 000 von Amerika überlassen worden waren – das ihre Freigabe verlangte. Für die etwa 200 000 von seinen eigenen Truppen gefangengenommenen Deutschen hatte die französische Regierung die Freilassung vor Ende 1948 zugesichert. Das würde die Zahl der Arbeitskräfte, die der französischen Wirtschaft fehlten, auf 1 200 000 ansteigen lassen.

Ramadier setzt die Kommunisten vor die Türe

Das Phänomen, von dem England und Deutschland betroffen waren, ging auch an Frankreich nicht vorbei. Die Wirtschaft glich einem Vogel mit gebrochenem Flügel, der wieder hochzufliegen sucht. Im Jahre 1946 hatte sie einen Anstieg zu verzeichnen, 1947 ging es abwärts. Die Produktion ging zurück. Das Defizit der Handelsbilanz wuchs. Die Preiskontrolle wurde immer schwieriger. Wer die historische Bedeutung des Augenblicks erfassen konnte, stellte sich ernste Fragen. Der Gedanke lag nahe, daß die Spannkraft Europas selbst gebrochen, sein Wiederaufstieg unmöglich war. Es schien dazu verurteilt, von der Stufe der industriellen Entwicklung wieder auf die der Agrarländer zurückzufallen. Ganz Europa, gleich ob halber Sieger oder Besiegter, ging dem Verderben entgegen.

Im Laufe seiner kurzen Regierungsperiode hatte Léon Blum eine eigenmächtige Preissenkung von 5 % verfügt. Für den 1. März war eine zweite Senkung um 5 % geplant. Als Gegenleistung hatten die Arbeiterorganisationen einen Regierungsbeschluß angenommen, demzufolge vor dem 1. Juli keine Forderungen nach Lohnerhöhung berücksichtigt wurden. Die Kommunistische Partei war bei dieser unpopulären Maßnahme der Wachhund. Am 30. April eilte der Sekretär der Metallarbeitergewerkschaft, Le Henaff, nach Boulogne-Billancourt, um 20 000 Arbeiter der Renaultwerke, die mit einer Forderung auf Lohnerhöhung von 10 Francs pro Stunde in den Streik getreten waren, zur Arbeit zu veranlassen. Zu seiner Bestürzung wurde er ausgepfiffen. Ein Streikkomitee, in dem sich Trotzkisten und christliche Gewerkschaftler befanden, hatte sich außerhalb der CGT gebildet. Statt abgeblasen zu werden, dehnte sich der Streik aus, zog fünf-, zehn-, zwanzigtausend Arbeiter mit. Die Kommunistische Partei sah sich ganz unerwartet vor die Tatsache gestellt, daß die Massen ihr nicht mehr gehorchten!

Wieder kam es zu einer nächtlichen Beratung in dem bombensicheren Gebäude an der Ecke Rue Châteaudun. Wieder wurden Opportunismus, Mäßigung, Regierungsfreundlichkeit unter Anklage gestellt. Diesmal kämpfte Maurice Thorez nicht, wie er es bei den Krediten für Indochina getan hatte. Das Politbüro beschloß einstimmig, die Forderungen der Streikenden zu unterstützen. Mit anderen Worten: Stellung gegen die Politik der Regierung zu nehmen, der es angehörte!

Zwei Tage später feierte man den 1. Mai. Anstatt sich auf seinen traditionellen Weg von der Place de la Bastille zur Place de la Nation zu beschränken, entfaltete sich der Zug vom Platz der Republik zur Concorde. Die Regierung befürchtete ein Eindringen in die Ministerien und stellte – hinter dem Rücken ihres Ministers für Nationale Verteidigung! – im Hof der Ecole militaire Panzer auf. Aber die Kälte zerstreute die Demonstranten noch vor Ende der Reden.

Vincent Auriol – der nach einem Festessen in Niamey geglaubt hatte, er sei vergiftet worden – war am selben Morgen aus Afrika zurückgekehrt. Einer kurzen Besprechung unter vier Augen mit seinem Ministerpräsident wurde wenig Beachtung geschenkt, obwohl sie überaus wichtig war. Ramadier erklärte dem Staatschef, daß er »von den Kommunisten übergenug« habe und »sie aus der Regierung feuern werde«. Auriol war einverstanden. An dem politischen Himmel der Zeit waren die beiden Sozialisten, beide aus Südfrankreich, bescheidene Lichter, die eher zum Lächeln als zur Bewunderung reizten. Doch sie besaßen Mut und taktisches Gefühl. Der überhebliche Sanguiniker Thorez war überzeugt, daß er ihnen überlegen war, sie in der Hand hatte, daß er an ihre Stelle treten werde. Er stürzte in eine Falle.

Der Ministerrat versammelte sich um 9 Uhr abends im Elysée. Thorez legte dar, daß die von Blum angestrebte zehnprozentige Preissenkung sich auf 3 % reduziert habe, daß die Preise wieder zu steigen begannen. Die Forderungen der Arbeiter seien daher berechtigt und man könne sie befriedigen, wenn man die Profite der Kapitalisten herabsetzte. Ramadier begnügte sich mit der Feststellung, daß die kommunistischen Minister zur Mehrheit des Kabinetts in Widerspruch stünden. Es sei Sache der gewählten Vertreter der Nation, zu sagen, für welche Politik sie sich entscheiden wollten.

Die Debatte in der Nationalversammlung verlief beinahe heiter. Die Rechte und die Linke tauschten Späße aus. Der kleine rundliche Jacques Duclos, die Nummer Zwei der KP, erklärte ihm guter Laune, die Kommunisten würden bei der Vertrauensfrage mit »Nein« stimmen, sie hätten jedoch deshalb nicht die Absicht, die Solidarität der Regierung zu zerstören. Sie blieben der Dreiparteienregierung treu und wollten nur ihre Ablehnung der Regierungspolitik in einem bestimmten Punkt zu verstehen geben.

Am Sonntag, dem 4. Mai, um 12 Uhr 35 kam es zur Abstimmung. Die Rechte enthielt sich der Stimme. Die gesamte kommunistische Fraktion verwarf die Order des Tages, das Vertrauen auszusprechen. Die vier kommunistischen Minister stimmten als Mitglieder des Parlaments – ein noch nie dagewesener Fall in den Annalen des Regimes – gegen die Regierung, der sie angehörten. Doch Ramadier erhielt eine Majorität von 360 gegen 186 Stimmen.

Auf die Parlamentssitzung folgte eine Sitzung des Ministerrats, Ramadier fragte: »Sind unsere kommunistischen Kollegen nach der Abstimmung, die sie geleistet haben, der Ansicht, daß ihre weitere Anwesenheit in der Regierung möglich ist?« Thorez lächelte: »Sicher. Ich habe übrigens nie demissioniert . . .« Er platzte vor Zuversicht. Es würde Ramadier sein, der demissionierte. In der folgenden Krise würde die Kommunistische Partei ihre zahlenmäßige Überlegenheit geltend machen, die Leitung der Regierung beanspruchen und zumindest neue Bedingungen für ihre Beteiligung stellen. Seit der Befreiung war es eine Grundregel, daß man in Frankreich ohne die Kommunisten unmöglich regieren könne und gegen sie schon gar nicht. Die Sozialisten hatten unentwegt wiederholt, sie würden nicht bereit sein, sich an einem Ministerium zu beteiligen, aus dem die Kommunisten ausgeschlossen wären. Auf die Initiative Guy Mollets, der, wie Robespierre, aus dem Artois stammte, hatte übrigens ihr Vorstand einen Antrag angenommen, der den Gedanken eines Bruches

23 *bis* 25 Politiker des Nachkriegs-Italien: der Kommunist Palmiro Togliatti (l.); der Sozialistenführer Pietro Nenni (r.); Alcide de Gasperi, Führer der Christlichen Demokraten und Ministerpräsident von 1945 bis 1953.

26 Bürgerkrieg in Griechenland: Königstreue »Bauernwacht« gegen die »Markos-Rebellen«. – 27 Griechisch-türkischer Zankapfel im Mittelmeer: Erzbischof Makarios verkündet 1959 die Selbständigkeit Zyperns.

ausschied und die gesamte Regierung zur Demission aufforderte, damit sie sich neu bilden könne . . .

Ramadier hatte sich die Brille auf die Nase gesetzt. Er verlas zwei Artikel der Verfassung vom 19. April 1946. Artikel 75: »Der Ministerpräsident und die von ihm gewählten Minister werden vom Präsidenten der Republik ernannt.« Artikel 84: »Der Ministerpräsident kann seine Vollmachten einem Minister übertragen.« Die Verfassung von 1875, die Charta der III. Republik, hatte diese Persönlichkeit, den Ministerpräsidenten, nicht gekannt. Er war durch 50 Jahre parlamentarischer Praxis geschaffen worden, und die Verfassung des Jahres 1946 hatte ihn – ganz harmlos – sanktioniert. Sie war sich nicht bewußt, welche Waffen zwei kleine Artikel ihm in die Hände gaben.

»Durch die heute erfolgte Abstimmung«, fuhr Ramadier fort, »haben unsere kommunistischen Kollegen als Mitglieder der Nationalversammlung die Solidarität des Ministeriums gebrochen. Gemäß den mir durch die Verfassung erteilten Vollmachten entziehe ich ihnen den Auftrag, den sie durch mich erhalten haben. Der Ministerpräsident dankt ihnen für die Mitarbeit, die sie geleistet haben. Die Sitzung des Ministerrates ist geschlossen.«

Alle waren aufgestanden. Thorez war sprachlos. Die anderen, seine nunmehr gewesenen Kollegen, umstanden ihn und drückten ihm heuchlerisch ihr Bedauern aus. Feuerrot befreite er sich aus ihrem Kreis und entfernte sich, gefolgt von seinen Untergebenen . . .

Im ganzen Land wurden Sicherheitsvorkehrungen getroffen; Polizei und Armee waren im Alarmzustand. Nichts rührte sich. Das, was manche für unmöglich gehalten hatten, das wichtigste Ereignis der französischen Politik seit der Befreiung, die Vertreibung der Kommunisten, war gelungen. »Niemals hätte ich diesen Ramadier eines solchen Schlages für fähig gehalten«, gab Thorez später zu. (*Forts. Frankreich S. 244*)

Italienischer Kommunismus und Staatskatholizismus

Belgien war Frankreich zuvorgekommen. Ein gewisser Marteau und seine zwei kommunistischen Kollegen waren im März durch eine neue, von dem Sozialisten Paul-Henri Spaak gebildete Regierung abgelöst worden. Die Königsfrage ruhte weiterhin; der wirtschaftliche Aufschwung nahm seinen Fortgang, die Verhandlungen zur Bildung von Benelux wurden zum Abschluß gebracht. Ganz Nordeuropa stabilisierte sich. Der kommunistische Vorstoß, der bis nach Skandinavien zu spüren gewesen war, blieb ein an die Befreiung gebundenes episodenhaftes Phänomen, ohne Wurzeln und ohne Zukunft.

In Italien war die Lage völlig anders. Kein westliches Land schien mehr in Gefahr, an das rote Europa angeschlossen zu werden. Dieses drückte auf die Grenze Italiens am Karst. Es drang in sein Mare Nostrum, das Mittelmeer, es griff machtvoll im Inneren an.

Im Parlament war die italienische KP zahlenmäßig schwächer vertreten als ihre französische Schwesterpartei. Die Wahlen des Jahres 1946 hatten ihr nur 18,9 % der Stimmen gegeben, hatten nur 104 kommunistische Abgeordnete nach Montecitorio gebracht, in eine Abgeordnetenkammer von 556 Sitzen. In Frankreich standen die Kommunisten einer vom Individualismus eines Jean Jaurès und Léon Blum bestimmten Sozialistischen Partei gegenüber. In Italien dagegen spalteten und beherrschten die Kommunisten eine ungestüme, unentschlossene Sozialistische Partei.

Ihr Parteitag im Jahre 1947 hatte in der großen Aula der Universität in Rom stattgefunden. Matteo Matteotti, der Sohn des Märtyrers, dessen Namen alle italienischen Städte in Marmor verewigt haben, hatte die Kapitulation Pietro Nennis vor dem Kommunismus öffentlich angeklagt: Er war mit Rufen »Entarteter!« verhöhnt und ausgepfiffen worden. Eine alte politische Mitkämpferin, die Ahnfrau des italienischen Sozialismus, Angelina Balabanoff, hatte erzählt, wie sie vor der Verfolgung durch Mussolini zu Lenin geflohen war und in der UdSSR nichts als widerwärtige Tyrannei gefunden hatte. Darauf hatte sich die Mehrheit des Parteitags erhoben und – so die Berichte – dreißig Minuten lang geschrien: »Es lebe Rußland!« Darauf hatte Guiseppe Saragat erklärt, die wahren Sozialisten zögen sich von einer Partei zurück, die unter die Herrschaft der Feinde der Freiheit geraten sei. Doch von den 115 Delegierten der Sozialistischen Partei waren ihm nur vierzig gefolgt.

Stark waren die Kommunisten vor allem in den Städten, der historischen Arena der Kämpfe in Italien. Die Guelfen und Ghibellinen traten einander unter den Farben der vom Vatikan ausgegangenen christlichen Demokratie und eines bis zu den Moskowitern zurückgewichenen Heiligen Reiches entgegen. Rom, Neapel, Genua, Turin, Florenz, Mantua, Ferrara, Bologna, Venedig, Livorno, Parma, Piacenza hatten kommunistische Bürgermeister. Das machte außerhalb von Italien großen Eindruck. »Sofia und Warschau«, schrieb ein amerikanischer Berichterstatter, »waren immer Städte auf der anderen Seite des Mondes. Sie sind kommunistisch: Gut! Daß aber Florenz, Rom und Venedig einer antichristlichen Partei angehören, das ist zu stark!«

Von dieser anti-christlichen Partei erwartete man eine Äußerung über den Artikel 5 des Verfassungsentwurfs, der erklärte, die Beziehungen zwischen der römischen Kirche und der italienischen Republik würden durch die Lateranverträge geregelt. Die Lateranverträge, ein Werk Mussolinis, erklärten den Katholizismus zur Staatsreligion Italiens. »Warum sollten wir diese Bestimmung ändern?« fragte Ministerpräsident Alcide De Gasperi. »Von 45 769 000 Italienern sind 45 349 221 Katholiken.« Die protestantische und israelitische Gemeinde erhoben sich, so geringfügig ihre Zahl war, gegen das anerkannte Vorrecht einer Religion. Die Stellungnahme der Kommunistischen Partei, der großen atheistischen Kirche, stand noch aus . . .

Die Tribünen des Montecitorio waren voller weißer und schwarzer Priesterröcke. Togliatti sprach. Sein Vorname, Palmiro, stammte daher, daß er am Palmsonntag als Sohn einer frommen Familie in der Via Albergo dei Pauperi in Genua zur Welt gekommen war. Er erzählte der Abgeordnetenkammer, daß er zum Priesterberuf bestimmt gewesen sei, an der Universität Turin kanonisches Recht studiert, aber die Kommunistische Internationale der Römischen Internationale vorgezogen habe. Aus De Gasperis Rechnung folgerte er, daß mehrere Millionen Katholiken die Kommunisten wählten. »Das führt uns dazu, die Beziehungen unserer Partei zur katholischen Kirche mit größter Sorgfalt zu betrachten. Die Kirche greift den Kommunismus an. Der Kommunismus wird zeigen, daß er weniger engherzig ist: Er wird für den Artikel 5 stimmen!«

Die klassische Linke, ihrer langen antiklerikalen Tradition bewußt, lehnte sich auf. Nenni selbst gab seinem schmerzlichen Gefühl Ausdruck und trennte sich zum erstenmal von den Kommunisten. Vergeblich. Am 26. März 1947, einen Tag nach dem 54. Geburtstag Togliattis, sprachen sich nur 149 Stimmen gegen die Bestätigung der Lateranverträge aus. 350 Stimmen nahmen sie an. Die Umkehrung der kommunistischen Stimmen hätte eine Mehrheit von 7 Stimmen gegen die Staatsreligion ergeben ... Am Abend zündeten fromme Hände in den Kirchen Kerzen für das Palmsonntagskind Togliatti an ...

Einige Tage später verzeichneten die Kommunisten einen Stimmengewinn von 70 % bei den Regionalwahlen in Sizilien. Der alte, wütend reaktionäre Süden, der Mezzogiorno, schwenkte auf Rot um. Aber abgesehen von einer gemäßigten – und notwendigen – Agrarreform hätte das kommunistische Programm von einem Arbeitgeberverband stammen können: Währungsstabilität, Industrialisierung, Erhöhung der Produktivität usw. »Für uns italienische Kommunisten«, erklärte der Abgeordnete Licausi, »handelt es sich nicht um Weltrevolution, sondern darum, das Volk zu ernähren und die Gesellschaft zu demokratisieren. Die Sowjets haben hier nichts zu suchen. Wir brauchen Industrien: Das Kapital erhält von uns alle Garantien, deren es bedarf.«

Am 13. Mai brach eine neue Regierungskrise aus. De Gasperi versuchte seine Mehrheit zu erweitern, stieß auf das Veto der Nennisozialisten und trat zurück. Zum siebentenmal seit Kriegsende stand Italien vor dem Untergang. Die Männer, auf die man zurückzugreifen suchte, schienen die letzte verkalkte Hoffnung einer sterbenden Demokratie zu sein. Der 78jährige Nitti, der 1919 Premierminister gewesen war, der 87jährige Orlando, der 1917 Premierminister gewesen war. Sie versuchten, ein Ministerium zu bilden, es mißlang, sie gaben es auf ...

Aber die allgemeinen Umstände änderten sich. Die Vertreibung der kommunistischen Minister in Frankreich, der fast sofort die Wiederaufnahme der Arbeit bei Renault folgte, schuf einen Präzedenzfall. Marshall war aus Moskau zurückgekehrt und hatte erklärt, die amerikanische Politik werde für die um ihre Freiheit kämpfenden Nationen eintreten. Der Gesetzesantrag auf Hilfe für Griechenland war im Repräsentantenhaus mit 287 gegen 107 Stimmen angenommen worden und dann am 9. Mai im Senat mit 67 Stimmen, 35 republikanischen und 32 demokratischen, gegen 23. Die Verteidigung des Westens organisierte sich. Truman warnte Italien: Gemäß dem Friedensvertrag sollten die amerikanischen Truppen am 15. Dezember abziehen; sie würden bleiben, oder sogar wiederkommen, um sich einer revolutionären Machtergreifung durch die Kommunisten zu widersetzen. De Gasperi wurde vom Präsidenten der Republik, Enrico de Nicola, erneut berufen und bildete ein Kabinett ohne Kommunisten und Sozialisten. Die Kammer bestätigte es mit 274 gegen 231 Stimmen. Wie in Frankreich war alles ruhig. Für den Augenblick ... (*Forts. Italien S. 287*)

Der Westen blieb also angesichts der kommunistischen Unternehmungen nicht mehr passiv. Andererseits konsolidierte sich der sowjetische Block. Die Teilung Europas wurde bald zur vollendeten Tatsache. In Polen hatten die Wahlen im Januar die Oppositionsparteien praktisch vernichtet; Verhaftungen und Hinrichtungen machten ihnen ein Ende. In Rumänien definierte der Regierungschef, der Strohmann Groza, seine politische Philosophie folgendermaßen: »Die Sonne geht im Osten auf und ist unbestreitbar rot; das ist eine Tatsache, der man sich besser beugt.« In Bulgarien wurde der Agrarier Nikola Petkoff, der geglaubt hatte, mit dem Kommunismus umgehen zu können, verhaftet und unter der tödlichen Anklage der Konspiration vor ein Volksgericht gestellt.

Am letzten Tag des Jahres 1946 brach in Budapest der Terror aus. Der von den Russen aufgezwungene Innenminister Laszlo Rajk enthüllte ein von dem Bund der Pfeilkreuzler angestiftetes faschistisches Komplott. Hunderte Hausdurchsuchungen erfolgten am Silvesterabend. Das Staatsgefängnis in der Andrassystraße füllte sich mit Gefangenen. Unter ihnen befanden sich Generaloberst Miklos Dalnoki, der Chef eines Aufstandes gegen Hitler, und mehrere Abgeordnete.

Der Staatspräsident, Zoltan Tildy, und Ministerpräsident Ferenc Nagy hielten es für klug, Ballast abzuwerfen. Sie akzeptierten die These des Komplotts, brandmarkten dessen Mitglieder und ließen eine Kommission ernennen, die die Kleinlandwirtepartei von ihren reaktionären Elementen säubern sollte. 41 Abgeordnete wurden aus dem Parlament gejagt. Nagy und Tildy atmeten auf; sie glaubten, das Ärgste überstanden zu haben.

Aber die Ächtungen gingen weiter. Dálnoki Miklós und der Mitangeklagte Donath wurden verurteilt und gehängt. Die Kommunisten verlangten den Ausschluß weiterer 50 Abgeordneter und forderten die Verhaftung des Generalsekretärs der Kleinlandwirte, Béla Kovacs. Die Staatsversammlung weigerte sich, seine parlamentarische Immunität aufzuheben. Er ging frei nach Hause – dort traf er die russische Militärpolizei, die ihn unter der Anklage, Spionage und bewaffnete Terroristengruppen gegen die Rote Armee zu organisieren, verhaftete. Nochmals bäumte sich der magyarische Stolz auf. Nagy verlangte, daß Kovacs den ungarischen Behörden übergeben werde. Der Kommandant der Besatzungstruppen, General Swiridow, lehnte ab.

Da verlangte Nagy unter Hinweis auf seine Übermüdung einen Urlaub. Er fuhr in die Schweiz, überschritt ohne Schwierigkeiten die Grenze und mietete sich mit seiner Frau und seiner Tochter in einem Hotel in Bern ein. Sein kleiner Sohn Laszlo war in Budapest geblieben. Nagy wurde vertreten von dem Ersten Sekretär der KP, Rákosi.

Am 29. Mai rief Rákosi an. Der Ministerrat hatte von den Russen das Geständnis Béla Kovacs' erhalten. Sie klagten Nagy an, beschuldigten ihn der Verschwörung gegen die Regierung – gegen seine eigene Regierung. Es sei unbedingt notwendig, daß er sofort zurückkomme und sich verantworte.

Teure, köstliche Schweiz! Nagy gab zur Antwort, er habe nicht die Absicht, seine Ruhekur zu unterbrechen. Er werde der Ungarischen Botschaft seinen Rücktritt überreichen, sobald sein kleiner Sohn auf Schweizer Bundesgebiet eingetroffen sei. Rákosi drohte, ihn als Geisel festzuhalten. Nagy brachte mit blutendem Herzen die Kühnheit auf, einzuhängen.

Am nächsten Tag traf Laszlo Nagy in Bern ein. Die magyarischen und russischen Kommunisten waren vor der Inhaftierung eines Kindes zurückgeschreckt. Nagy hielt sein Versprechen und trat zurück. Zu seinem Nachfolger bestimmte man einen Bankier, der ein Erzkonservativer gewesen war und aus dem die Angst ein sklavisches Werkzeug gemacht hatte: Laszlo Dinnyés. Das prächtige Parlament am Donauufer erlebte noch einige mutige Proteste, den letzten Ausdruck einer sterbenden Freiheit. Die Partei der Kleinlandwirte – mit 245 Abgeordneten gegen nur 70 Kommunisten – wurde durch die Säuberungen zum Schatten ihrer selbst. Die Kommunisten nahmen sämtliche Machtpositionen des Staates ein. Das nichtslawische Ungarn wurde dem großen Slawenreich einverleibt, das sich von Österreich bis nach Kamtschatka erstreckt. (*Forts. Ungarn S. 675*)

8. Kapitel   1947/1948   Rettung Europas
Der Marshallplan

Der 5. Juni 1947 war ein ruhiger, sonniger Tag. Zum 311. Mal wurde das *Commencement*, die Feier der Verleihung akademischer Grade, in Harvard, der ältesten Universität Amerikas begangen; sie war im Jahre 1636 von Hochwürden John Harvard mit einer Dotierung von 719 Dollar gegründet worden. Robert F. Bradford, Gouverneur von Massachusetts, war in Jackett und Zylinder erschienen, begleitet von einer Gruppe Lanzenreiter der Nationalgarde, die übrigens ihre Pferde von Privatschulen ausleihen mußten. Im Universitätshof bildete sich ein Zug in akademischen Roben und Uniformen, der sich in Richtung des Amphitheaters bewegte, in dem die Übergabe der Diplome unter den hundertjährigen Ulmen erfolgen würde. Einzig Außenminister George C. Marshall, der wichtigste Ehrengast, ging ohne Orden in dunklem Straßenanzug. Er hatte fragen lassen, ob seine Ehrendoktorrobe Vorschrift sei. Der Präsident der Universität, James B. Conant, hatte ihm geantwortet, daß dies der Fall sei, er sich aber darüber hinwegsetzen könne.

Als die Reden gehalten wurden, begann Marshall ohne Vorbereitung:

»Ich brauche Ihnen nicht zu sagen, meine Herren, daß die Weltlage ernst ist. Europa erlebte während des Krieges eine vollständige Verlagerung seiner Wirtschaftsstrukturen, und die Grundlagen der modernen Zivilisation drohen darin unterzugehen... Die Wahrheit ist es, daß die Bedürfnisse Europas für die nächsten drei oder vier Jahre an ausländischen Nahrungsmitteln und lebenswichtigen Produkten, in der Hauptsache aus Amerika, um vieles größer sind als die gegenwärtige Fähigkeit Europas, dafür zu bezahlen. Europa muß deshalb eine wesentliche zusätzliche Hilfe erhalten oder einer wirtschaftlichen, sozialen und politischen Verelendung schwersten Charakters entgegengehen...«

Das gelehrte Publikum lauschte angespannt. Marshall fuhr fort:

»Es ist klar, daß, bevor die Regierung der Vereinigten Staaten in ihren Bemühungen, die Situation zu erleichtern und beim europäischen Wiederaufbau zu helfen, weiter fortschreiten kann, eine Vereinbarung zwischen den Völkern Europas geschlossen werden muß, um eine eventuelle Aktion der amerikanischen Regierung wirksam zu gestalten. Es wäre für die amerikanische Regierung weder passend noch wirksam, einseitig ein Programm zu entwerfen. Das ist die Aufgabe der Europäer selbst. Die Initiative muß von Europa ausgehen. Die Rolle dieses Landes sollte in einer freundschaftlichen Hilfe beim Entwurf eines Europaprogrammes bestehen und in der späteren Unterstützung eines solchen Programmes, soweit dies für uns angemessen erscheint.«

Am Vortag hatte Truman bei seiner Pressekonferenz den kommunistischen Gewaltstreich in Ungarn als »Frevel« bezeichnet und unter Mißachtung der diplomatischen Rücksichten Rußland namentlich angegriffen. Obwohl Marshall nur noch wenig Illusionen besaß und aus Moskau »*in a very pessimistic mood*«, in höchst pessimistischer Stimmung, zurückgekehrt war, hütete er sich davor, die Worte des Präsidenten nachzusprechen. Er wußte, daß die »Truman-Doktrin«, das Hilfegesetz für die Türkei und Griechenland, wegen ihres offensichtlich antikommunistischen Charakters kritisiert wurde. Trotz so vielen Mißgeschicks war er ein Liberaler geblieben und sicherte sich gegen ähnliche Vorwürfe.

»Unsere Politik richtet sich weder gegen ein anderes Land noch gegen eine politische Doktrin, sondern gegen Hunger, Armut, Verzweiflung und Chaos... Jede Regierung, die bereit ist, an diesem Heilungsprozeß mitzuwirken, wird seitens der amerikanischen Regierung volle Unterstützung finden...«

Offen gesagt, störte die Not Europas Amerika nicht in seinem Schlaf. Wieder kamen alle aufregenden Neuigkeiten aus dem Inneren. Am 25. März hatten schlagende Wetter in einer schlechtgehaltenen Kohlengrube in Centralia, Illinois, 111 Bergleute getötet und eine Streikwelle ausgelöst. Ein noch ernsteres Unglück verursachte am 17. April in Texas City, Texas, eine Welle des Fremdenhasses. Der französische Frachter »*Grandcamp*«, der Nitrat geladen hatte und dessen Mannschaft an Bord rauchte, war in die Luft geflogen: 575 Tote, 3000 Verwundete, eine Stadt zerstört. Ein Ansteigen der Lebenshaltungskosten brachte die Verbraucher in Aufruhr und die Wirtschaftler in Besorgnis. Der Milchpreis war in einem Jahr um 32 % und der Fleischpreis um 60 % gestiegen. Seit 1903, dem Jahr ihrer Eröffnung, hatte der Fahrpreis der New Yorker Subway 5 Cent, einen *nickel*, betragen; der Tarif mußte verdoppelt werden, was zu endlosen Beschwerden Anlaß gab.

Das Leben war kostspieliger, dennoch aber leichter geworden. Der Frieden war wirklich wieder da. Auch die letzte Rationierung, die des Zuckers, war verschwunden. Walter Winchell verdiente mit seiner Klatschspalte 563 000 Dollar im Jahr, zehnmal so viel wie Truman. Man entdeckte eine neue Malerin, Anna Mary Robertsen Moses, genannt Grandma Moses, die mit ihren achtzig Jahren naiv das malte, was sie seit einem Dreivierteljahrhundert von den Fenstern ihrer Farm in Neu-England sah. In den Bars von rund zwanzig großen Städten tauchte das Fernsehen auf, doch ein Fernsehgerät kostete noch 500 Dollar, und zu Anfang 1947 erreichte die Anzahl der verkauften Apparate kaum 14 000. Hollywood stand auf dem Gipfel seines Wohlstandes, 85 Millionen Eintrittskarten wurden wöchentlich in den Kinos verkauft; die Filmindustrie betrachtete den kleinen Schirm von oben herab, sicherte sich jedoch trotzdem, indem sie ihren Schauspielern verbot, auf ihm zu erscheinen. Die großen Rundfunkgesellschaften mit ihren Zweigstationen, Columbia Broadcasting, National Broadcasting usw. bezahlten die Säuglingsmonate des Fernsehens, hatten jedoch unerhörte Mühe, Stoff für ihre Programme aufzutreiben. Viele waren der Ansicht, daß das TV keine Zukunft habe.

Eine andere Neuheit tauchte an einem hellen Junimorgen über dem Mount Rainier im Staate Washington auf. Ein Geschäftsmann namens Kenneth Arnold, der in seinem Einsitzer flog, sah eine Formation von Himmelskörpern, die sich mit unfaßbarer Geschwindigkeit fortbewegten. Einige Tage später berichtete ein Linienpilot von einem ähnlichen Phänomen, dann vervielfachten sich die *flying saucers*, die

Fliegenden Untertassen, am Himmel der Vereinigten Staaten. Wyschinski brachte bei der UNO eine Erklärung vor: »Sie kommen aus Schottland; unsere amerikanischen Freunde importieren zu viel Whisky.«

Eine leidenschaftliche politische Debatte war im Gang. Parallel wurden zwei Vorschläge eingebracht, einer von dem Senator Ohios, Robert A. Taft, der andere von dem Abgeordneten New Jerseys, Fred A. Hartley, um die übermäßigen Vollmachten, die die Gesetzgebung des New Deal den Arbeiterführern zuerkannt hatte, zu beschränken.

Ein Präsident hatte bereits den Namen Taft getragen. William H. Taft, der 300 Pfund gewogen hatte, war von 1909 bis 1913 Herr des Weißen Hauses gewesen, doch ein neues Aufflammen des Ehrgeizes Theodore Roosevelts führte zu einer Spaltung der Republikanischen Partei, und dadurch mißlang Taft seine Wiederwahl. Robert Alphonso strebte danach, die Niederlage seines Vaters zu rächen, indem er den Namen Taft ein zweitesmal in die Liste der Präsidenten eintragen ließ. Er war ein sehr engstirniger, überaus tugendhafter Prinzipienreiter. Als man ihn darauf aufmerksam machte, daß es vielleicht nicht sehr klug sei, seinen Namen mit einem Gesetz zu verbinden, das die Vendetta der Gewerkschaften auf ihn ziehen würde, hatte er geantwortet, die Verteidigung der Prinzipien habe Vorrang vor der Klugheit.

Die Drohungen vermochten die Gesetzgeber nicht zurückzuhalten. Die beiden Anträge, zu einem gemeinsamen Text, dem Taft-Hartley-Gesetz vereint, wurden von dem Repräsentantenhaus angenommen. Die aufsehenerregende Mehrheit betrug 308 Stimmen, davon 93 Demokraten, gegen 107. Wenige Tage später folgte der Senat mit 68 gegen 24 Stimmen.

Nun hatte Truman das Wort. Die Gewerkschaften hatten ihn als faschistischen Streikbrecher bezeichnet, als er die Bergwerke und Eisenbahnen mit Beschlag belegt hatte. Sie wandten sich an ihn und ersuchten ihn, sein Veto gegen das Sklavengesetz einzulegen. Die Entscheidung des Präsidenten war von ungewöhnlicher Bedeutung. Das Vetorecht auszuüben bedeutete, daß er sich nach links, auf die Seite der organisierten Arbeiter, schlug. Nichts sagen konnte ihm wertvolle Sympathien bei den Konservativen eintragen. Vielleicht wurde die Wahl des Jahres 1948 durch diese Erklärung entschieden ...

Der Kampf um das Taft-Hartley-Gesetz, das Warten auf die Entscheidung Trumans, stellte die Rede Marshalls in den Schatten. Nur wenige Amerikaner konnten die Bedeutung des Vorschlages ermessen, den er unter den Ulmen Harvards gemacht hatte. Die Zeitungen des 6. Juni räumten ihm nur einen bescheidenen Platz ein, sie veröffentlichten die Rede nicht *in extenso*. Mehrere Tage vergingen, ehe die Aufmerksamkeit wach wurde und Argumente dagegen vorgebracht wurden.

Anfangs hatte Amerika den Grad der europäischen Katastrophe unterschätzt. Nach dem Hungersnotalarm zu Beginn des Jahres 1946 und dem Erfolg des Getreidekreuzzugs in letzter Minute hatte Amerika geglaubt, die ärgste Krise sei überstanden. Die offiziellen Dokumente drückten die Überzeugung aus, daß Europa von 1947 an seine Existenzgrundlagen wiederfinden würde. Aber man mußte die Lage mit offenen Augen betrachten. Seit Juli 1945 hatte Amerika siebzehn Staaten Europas mit Summen geholfen, die von 3750 Millionen Dollar für Großbritannien bis zu

16 563 000 Dollar für Albanien reichten. Die Gesamtsumme war beträchtlich: 8432 Millionen 150 000 Dollar. Nun aber war dieser Strom im Sand versickert. Europa kam nicht zum Leben zurück, Europa neigte sich immer mehr dem Tode zu.

Der Unterstaatssekretär William L. Clayton, der an Ort und Stelle eine Untersuchung durchgeführt hatte, ging schließlich dem Problem auf den Grund: »Man hat die physische Zerstörung Europas gesehen«, sagte er. »Die Zerstörung seiner Strukturen, den allgemeinen Zusammenbruch seiner Wirtschaft hat man nicht gesehen.« Clayton, als Chef der größten Baumwollfirma Amerikas ein gewiegter Geschäftsmann, zog den Schluß, daß Europa ohne systematische, fortgesetzte amerikanische Hilfe keinen Wiederaufschwung nehmen würde. Er schätzte die Kosten auf 5 oder 6 Milliarden Dollar jährlich während eines Zeitraumes von fünf oder sechs Jahren.

Marshall war in Moskau. Der Unterstaatssekretär im State Department, Dean Acheson, nahm es auf sich, eine Kommission unter der Präsidentschaft von Kennan zu ernennen, um die grundlegenden Bedürfnisse Europas zu studieren und eine Methode zu finden, ihnen Genüge zu leisten. Als Marshall zurückkehrte, war der Bericht bereit. »Wir sind nicht der Ansicht«, sagte Kennan, »daß die Wurzel der Schwierigkeiten Westeuropas in der Tätigkeit der Kommunisten liegt. Unserer Ansicht nach ist die derzeitige Krise eine Folge der Verwüstungen durch den Krieg, der körperlichen und geistigen Erschöpfung, die er verursacht hat. Daher darf die amerikanische Hilfe nicht darin bestehen, den Kommunismus als solchen zu bekämpfen; sie muß sich die Wiederherstellung von Kraft und Gesundheit in der europäischen Gesellschaft zum Ziel setzen.«

Ein Punkt jeoch erregte Zweifel; Marshall brachte ihn in der großen Arbeitssitzung am 26. Mai zur Sprache: »Ist es richtig, unser Angebot auf ganz Europa auszudehnen? Was wird geschehen, wenn die Sowjets es annehmen? Werden sie nicht die Möglichkeit haben, unseren Plan von innen her zu sabotieren?« Die Ansichten waren geteilt. Kennan war der Meinung, das amerikanische Angebot müsse den Russen offenstehen. Marshall zog sich zurück, ohne eine Entscheidung zu treffen, schloß sich aber nach einer Nacht der Überlegung Kennans Meinung an. (Forts. USA S. 299)

Bevin: »Ich griff bei Marshalls Vorschlag mit beiden Händen zu ...«

Die Botschaft Ihrer Britischen Majestät hatte sich Sparmaßnahmen unterwerfen müssen. Sie sandte die Rede von Harvard mit dem diplomatischen Kurier. Der von Acheson alarmierte Korrespondent des *Daily Express* hatte bereits den vollen Text gekabelt. Die Redaktion der Zeitung ließ ihn zu Bevin bringen. Es war zehn Uhr abends, der Außenminister war soeben zu Bett gegangen.

Er reagierte fieberhaft. »*I grabbed the Marshall proposals with both hands.*« Einer seiner Mitarbeiter brachte ihn auf den Gedanken, Marshall zu fragen, um sicherzugehen, daß die in Harvard geäußerten Worte auch wirklich die Bedeutung besaßen, die er ihnen beimaß. Bevin fuhr ihn barsch an. »Davor werde ich mich wohl hüten. Ich habe keine Lust, ihnen die Möglichkeit zu geben, kehrtzumachen. Ich nehme den Text, wie ich ihn lese.«

Die französische Regierung zeigte weniger Begeisterung. Eine erste Erklärung des Ministeriums gab sich besorgt. Die innere Situation war von neuem überaus ernst. Die Kommunistische Partei hatte sich von ihrer Verblüffung über den Ausschluß aus der Regierung erholt und einen gezielten Angriff gegen die öffentliche Ordnung gestartet. Ramadier hatte im Parlament von dem »unsichtbaren Dirigenten« gesprochen, der die Streiks auslöste und koordinierte. Der Streik der Bäckergesellen führte zu Brotkrawallen. Der der Straßenkehrer, der mit einer vorzeitigen Hitzewelle zusammenfiel, ließ Paris im Gestank versinken. Jener der Eisenbahnen begann auf trügerisch spontane Weise beim Rangieren in Villeneuve-Saint-Georges, breitete sich von einem Bahnhof zum nächsten aus und lähmte am 7. Juni das gesamte Netz. Die KP griff täglich die Truman-Doktrin an. Wenn man ihre Erweiterung annahm, die in Harvard ausgestreckte Hand ergriff, konnte das den Vorwand für einen Generalstreik, für einen Aufstand bieten.

Marshall kam der französischen Regierung zu Hilfe. Bei seiner Pressekonferenz am 12. bestätigte er, daß das in seiner Rede in Harvard vorgeschlagene Hilfsprogramm sich auch auf die UdSSR erstrecke. Bevin, der seit fünf Tagen vergeblich eine englisch-französische Besprechung verlangt hatte, erhielt daraufhin die französische Einladung. Er traf am 17. Juni während einer kurzen Entspannungsperiode in Paris ein. Der unpopuläre Eisenbahnerstreik war mißlungen. Paris feierte die Woche der Rose, und alle Auslagen rund um die Britische Botschaft, im Faubourg Saint-Honoré, glichen Rosenhecken. Bevin, der sich von elf Fachleuten begleiten ließ, wollte unverzüglich die Ausarbeitung des europäischen Wiederaufbauplanes in Angriff nehmen, der in der Rede von Harvard verlangt worden war. Die Zeit drängte; der Kranke kam von Kräften.

Bevins Fachleute sollten die Reise vergeblich unternommen haben. Noch zitterte die französische Regierung. Bidault — der in seinen Erinnerungen mehr Energie zeigen sollte — behauptete, man gehe ein schweres Risiko ein, setze sich gefährlichem Mißtrauen aus, wenn man etwas, was immer es auch sei, in Abwesenheit der Russen ins Werk setzte. Bevin wetterte gegen den französischen Kleinmut, mußte jedoch nach London zurückfahren, die russische Antwort auf die von der französischen Regierung übersandte Einladung abzuwarten. Vierzehn Tage waren verloren, die Zeichen der Schwächung des Kranken mehrten sich.

In Amerika ging die Schlacht um die Arbeitsgesetzgebung zu Ende. Truman hatte seine Entscheidung getroffen, er setzte für seine Wiederwahl auf die Gewerkschaftsführer und sandte das Taft-Hartley-Gesetz mit der Vetoformel zurück: »I return the H. R. 3020 without my approval.« Der Kongreß machte jedoch von dem Vorrecht Gebrauch, das ihm gestattete, das Veto des Präsidenten durch eine Zweidrittelmehrheit zu bezwingen. Der Senat machte mit 68 gegen 25, das Repräsentantenhaus mit 331 gegen 83 Stimmen den von Truman verworfenen Vorschlag zum Gesetz der Vereinigten Staaten. Man befürchtete im State Department, daß diese innere Zerrissenheit zu einem Bruch der Zweiparteien-Außenpolitik führen könnte, in einem Augenblick, da es gelten würde, den Vertretern der Nation die ungeheuren finanziellen Opfer des Marshallplanes abzuringen.

Molotow landete am 26. Juni mit 86 Beratern und Polizeibeamten in Orly. Das

Thermometer zeigte 36 Grad im Schatten, auf dem Flughafen wirbelte ein richtiger Schirokko Wolken von Staub hoch. Bidault, der zu spät kam, wurde mit Bärengebrumm begrüßt. Am Tag darauf konnten weder Bevin noch er den Russen überzeugen, daß sie in seiner Abwesenheit nichts unternommen hatten. Molotow warf ihnen freundlich vor, sie seien die Jagdhunde des Dollars. Nie, erklärte er, werde die UdSSR die von den Engländern und Franzosen vorgeschlagene Kommission zur Feststellung der allgemeinen Bedürfnisse des Kontinents akzeptieren. Sie stelle »eine untragbare Einmischung in die inneren Angelegenheiten der Staaten« dar.

Als man ihn zu einem Gegenvorschlag aufforderte, ging Molotow darauf ein. Amerika solle sagen, wieviel es zu geben bereit sei. Die europäischen Staaten würden die Verteilung nach Regeln vornehmen, die sie selbst aufstellen würden, wobei als Grundlage die Schäden dienen sollten, die sie durch den deutschen Überfall erlitten hatten, wobei natürlich Deutschland von der Verteilung ausgeschlossen bleiben müsse.

Fünf Tage lang wurden die Verhandlungen in einer Backofenatmosphäre heftiger Ausfälle fortgesetzt. Bidault entwarf utopische Kompromisse, während der mutigere Bevin die UdSSR anklagte, sie pflege das Elend der Völker, um sie zu knechten. Niemals war Molotow so zänkisch gewesen, und im Unterschied zu früheren Zusammenkünften war seine Gehässigkeit keine Maske, die er ablegte, sobald er den grünen Tisch verließ. Marshalls Angebot hatte die sowjetische Politik in ungewöhnliche Erregung versetzt, die kommunistische Welt vor die von Kennan vorausgesehene schwierige Wahl gestellt.

Einige Tage nach der Rede in Harvard war der polnische Botschafter beim State Department erschienen und hatte erklärt, seine Regierung wünsche am Marshallplan teilzuhaben. Tito sandte eine Note im gleichen Sinn. In Prag rühmten die Presse und Minister den Plan einstimmig, die Kommunisten eingeschlossen, und stimmten für die Annahme des von Marshall vorgeschlagenen Vorgehens. In Paris erklärte Thorez, die Kommunistische Partei Frankreichs stehe dem Gedanken einer Kollektivhilfe Amerikas für Europa wohlwollend gegenüber.

Die Russen schienen geteilter Ansicht zu sein. Zwischen der Rue de Grenelle und dem Kreml, zwischen Molotow und Stalin persönlich, spielten sich lange nächtliche Besprechungen ab, die nicht völlig geheim blieben. Im Westen hatte man den Eindruck, daß der erstere, trotz seiner Gehässigkeit, wankend wurde. Sie irrten. Die Differenz bestand, bezog sich jedoch einzig auf die Taktik. »Molotow fragte sich«, erzählt Djilas später, »ob nicht eine Konferenz einberufen werden sollte, an der auch die östlichen Länder teilnehmen würden, aber nur zu Propagandazwecken mit dem Ziel, das Interesse der Öffentlichkeit auszunutzen und dann in einem günstigen Augenblick den Konferenzsaal zu verlassen... Er erhielt jedoch vom Politbüro in Moskau die Anweisung, sich nicht einmal damit einverstanden zu erklären.«

Am 2. Juli war der Bruch vollzogen. Molotow zog ein Schriftstück von rund tausend Worten hervor und las es langsam und gewichtig. Er betonte von neuem nachdrücklich die geheiligte Unabhängigkeit der Nationen, das unabänderliche Thema der sowjetischen Politik. »Die Verwirklichung des anglo-französischen Planes«, fuhr er fort, »wird dazu führen, daß sich England, Frankreich und eine Gruppe mit ihnen gehender Staaten von den anderen europäischen Staaten lösten, Europa in zwei Staatengruppen zerfällt. In diesem Falle werden die amerikanischen Kredite nicht dem wirtschaftlichen Wiederaufbau Europas dienen, sondern ein Land gegen das andere ausspielen. Die Sowjetregierung hält es für notwendig, die Regierungen Frankreichs und Englands auf die Folgen solcher Maßnahmen hinzuweisen . . .« Bidault rief den Himmel zum Zeugen an, daß Frankreich niemals irgend etwas entzweien wolle, Bevin jedoch gab zur Antwort, England habe sich noch nie durch Drohungen einschüchtern lassen. Mr. Molotow tue wieder einmal nichts anderes als die Wahrheit entstellen.

Am Tag darauf, um 4 Uhr morgens, stieg Molotows Flugzeug im Morgenrot hoch, das wieder einen glühendheißen Tag ankündigte.

Masaryk: »Ich bin nur noch ein Hampelmann Stalins . . .«

Am darauffolgenden Tag wurde eine britisch-französische Einladung an die folgenden 22 europäischen Staaten geschickt: Albanien, Belgien, Bulgarien, Dänemark, Finnland, Griechenland, Irland, Island, Italien, Jugoslawien, Luxemburg, Niederlande, Norwegen, Österreich, Polen, Portugal, Rumänien, Schweden, Schweiz, Tschechoslowakei, Türkei, Ungarn. Sie wurden zu einer Konferenz eingeladen, mit dem Zweck, »so rasch wie möglich ein Programm aufzustellen, das den Mitteln und Bedürfnissen Europas Rechnung trägt«. Spanien wurde vorläufig als Ausnahmefall behandelt. Deutschland würde durch die alliierten Oberbefehlshaber vertreten sein, in deren Händen die Souveränität lag. Der Beginn der Konferenz war für den 12. Juli festgesetzt.

Am 9. Juli meldete TASS, daß Polen, Jugoslawien und Bulgarien die britisch-französische Einladung abgelehnt hätten. Am 10. Juli dementierten die drei Regierungen die Mitteilung. Am 11. Juli dementierten sie ihr Dementi. Die sowjetische Nachrichtenagentur war eine befugtere Quelle als Warschau, Belgrad und Sofia! Polen wahrte das Gesicht, indem es erklärte, es habe im Augenblick seiner prinzipiellen Annahme nicht gewußt, daß Deutschland in die Marshallhilfe eingeschlossen sein solle. Man weiß nichts über die Umstände, unter denen ein kurzes Aufbäumen der Unabhängigkeit von Moskau erstickt wurde.

Albanien, Rumänien, Finnland und Ungarn hatten nicht geantwortet, brauchten also kein Gesicht zu wahren. Sie verschmähten es, auf die ihnen zugegangene Einladung zu antworten.

Für die Tschechoslowakei, an der Trennlinie Europas gelegen, war das Bündnis mit Rußland ein unbedingter Grundsatz, sie wollte jedoch ein demokratisches System behalten und mit dem Westen Wirtschaftsbeziehungen pflegen. Gottwald rief in Moskau an, bekam Stalin selbst an den Apparat und bemühte sich, ihm die besondere Lage seines Landes zu erklären. Die Kommunisten verfügten im Parlament über nur 114 Sitze von 300. Die Regierung war eine Koalition, in der die Sozialdemokraten, die Volkssozialisten, die slowakische Freiheitspartei, die Unabhängigen usw. vertreten waren. 1948 würden Wahlen für die Nationalversammlung stattfinden, und die Kommunistische Partei würde einer vernichtenden Niederlage entgegengehen, wenn sie den Marshallplan zurückwies. Deshalb habe er, Gottwald, mit einmütiger Zustimmung der Minister bestätigt, daß die Tschechoslowakei bei der Konferenz durch ihren Botschafter in Paris vertreten sein werde.

Stalins Antwort war die Berufung Gottwalds in den Kreml. Er fuhr mit seinem Außenminister Jan Masaryk und zwei nichtkommunistischen Ministern, Heidrich und Drtins, nach Moskau. Die Delegation nahm außerdem als Viatikum einen persönlichen Brief von Präsident Benesch mit, der seinem Freund Joseph Stalin die Bedeutung des Marshallplanes für die Tschechoslowakei darlegte und ihn diskret an sein Versprechen erinnerte, sich nicht in deren innere Angelegenheiten zu mischen.

Auf dem Moskauer Flugplatz wurde Gottwald von seinen Ministern getrennt. Diese wurden ins Hotel Moskwa gebracht und ersucht, ihre Zimmer nicht zu verlassen. Sie fragten nach ihrem Chef. Man antwortete ihnen, er schlafe.

Der Abend brach herein. Um Mitternacht kam man und holte Masaryk und seine beiden Kollegen. Sie wurden in den Verhandlungssaal des Kreml gebracht, dort trafen sie Gottwald, der neben Stalin saß. Stalin erklärte ihnen, ohne jede Einleitung, für die Verbündeten der Sowjetunion sei die Ablehnung des Marshallplanes eine Frage des Prinzips. Also müsse die Tschechoslowakei ihre Haltung revidieren – oder die Freundschaft der UdSSR verlieren. Genosse Gottwald hatte begriffen: Er ersuchte seine Mitarbeiter, ihrerseits gleichfalls zu begreifen.

Stalin war auf Widerstand gefaßt. Die Einberufungen für eine Zusammenkunft in Moskau waren bereits an die Oststaaten ergangen, mit dem Ziel, die Tschechoslowakei gemeinsam unter Druck zu setzen und nötigenfalls eine gemeinsame Aktion gegen sie zu starten. Das war aber ein unangenehmes Unternehmen auf ungeeignetem Terrain. Die einberufenen Staaten hatten Widerstand gezeigt, der bei dem Kontakt mit den Rebellen erwachen konnte. Die Tschechoslowakei war nicht von sowjetischen Truppen besetzt: diese gegen Prag marschieren zu lassen – wie die Hitlertruppen im Jahr 1939 –, würde einen Aggressionsakt darstellen, eines jener Risiken, die die sowjetische Politik zu vermeiden wünschte. Die Position der Tschechen war letztlich gar nicht so schlecht; sie konnten ihre Unabhängigkeit retten, wenn sie Stalin gegenüber darauf beharrten, ihren Beitritt zum Marshallplan nicht rückgängig zu machen ...

Aber Masaryk war kein Held. Der Glanz seines Namens war getrübt. Die Gaben, derentwegen er beliebt war und die ihm den Spitznamen »Zonza« eingetragen hatten, waren eigentlich Schwächen: ein Hang zur Melancholie, die Gabe der Tränen, der Geschmack am Kompromiß, eine Vorliebe für gute Küche, ein verweichlichtes Epikuräertum. »Ich habe mir nicht gewünscht, Minister zu werden«, pflegte er zu sagen. »Alles, was ich vom Leben verlange, ist ein genügend großer Salon, um darin ein Klavier unterzubringen, eine genügend gut ausgestattete Küche, um dort meine Lieblingsgerichte zu bereiten, und ein genügend breites Bett, um darin Besuch empfangen zu können ...« Politisch gesprochen, war er durch das gleiche Minderwertigkeitsgefühl gezeichnet wie Benesch: den kategorischen Imperativ des Bündnisses mit den Sowjets. Er gestand Stalin zu, daß es die Frage einer Wahl zwischen der

UdSSR und dem Marshallplan nicht gab. Mit anderen Worten, er kapitulierte, ehe er noch gekämpft hatte.

Um vier Uhr morgens rief Gottwald in Prag an. Er ordnete die sofortige Einberufung des Ministerrates an, teilte mit, daß sich die Tschechoslowakei von der Beteiligung an der Konferenz für den Marshallplan zurückziehe, und beauftragte den stellvertretenden Außenminister Clementis, Präsident Benesch davon in Kenntnis zu setzen. Im Hradschin wurde Clementis selbst eine Hiobsbotschaft mitgeteilt: Der Präsident hatte soeben einen Schlaganfall erlitten, durch den er halbseitig gelähmt war und der ihm die Sprache geraubt hatte. Clementis vermochte den abgerissenen Lauten, die Benesch ausstoßen konnte, nichts zu entnehmen. Der Arzt ersuchte ihn, den Kranken ruhen zu lassen.

Der Ministerrat trat dennoch zusammen. Die nichtkommunistischen Minister protestierten gegen das seltsame, von Moskau diktierte Ultimatum und verlangten, man solle vor Rückkehr Gottwalds und Masaryks keine Entscheidung treffen. Die kommunistischen Minister anworteten, daß die Pariser Konferenz am übernächsten Tag beginne und daß die Lossagung der Tschechoslowakei dringend geboten sei. Man rief Gottwald nochmals in Moskau an; er drohte mit den ernstesten Folgen, falls der Widerstand nicht auf der Stelle beendet werde. Der nationalen Tradition entsprechend, beugte sich der Ministerrat dem geringeren Unheil. Eine einstimmige tschechoslowakische Regierung hatte sich dem Marshallplan angeschlossen. Eine einstimmige tschechoslowakische Regierung zog sich von ihm zurück. »Die Beteiligung der Tschechoslowakei«, hieß es in dem Kommuniqué, »könnte als eine Handlung interpretiert werden, die sich gegen die Freundschaft der Tschechoslowakei mit der Sowjetunion richtet. Daher wurde einstimmig . . .«

Zwei Tage darauf sagte Masaryk den Freunden, die ihn auf dem Flugplatz in Prag erwarteten: »Das ist ein neues München. Ich bin als Außenminister eines souveränen Staates abgereist; ich komme zurück als Hampelmann Stalins . . .« Doch die Optimisten stellten fest, daß die demokratischen Einrichtungen der Tschechoslowakei unversehrt geblieben waren und man bei den Wahlen im nächsten Jahr schon weitersehen werde. (*Forts. Tschechoslowakei S. 259*)

Elisabeths Verlobung

Der letzte Vizekönig von Indien war ein Mountbatten. Ein anderer Mountbatten, sein Neffe, sollte der Prinzgemahl jener Frau werden, die nicht Kaiserin von Indien werden würde – der zukünftigen Königin Elisabeth.

Die Verlobung wurde am 9. Juli bekanntgegeben. Der am 10. Juni 1921 auf Korfu geborene Oberleutnant zur See Philipp Mountbatten war ein doppelter Nachkomme der Königin Viktoria, väterlicherseits durch die dänische königliche Familie und König Georg I. von Griechenland, seinen Großvater, mütterlicherseits durch die Familie Battenberg — Milford-Haven. Philipp, der schon in der Wiege im Exil gewesen war, hatte sein Leben nur in beschränkten Verhältnissen verbracht. Er hatte unter Beibehaltung seiner griechischen Staatsbürgerschaft in der britischen Marine gedient und seine Einbürgerung erst wenige Tage vor der Verlobung erhalten. Ein armer Offizier heiratete die zweite Elisabeth. Das gab Stoff für das erbauliche Thema einer Liebesheirat.

Das Ereignis war eine willkommene Ablenkung. Die Nachrichten über das Anwachsen der Nahrungskrise, über die krampfhaften Bemühungen des Reiches, über den Dollarmangel traten in den Hintergrund. Der *Daily Express* veranstaltete ein Referendum unter seinen Lesern: Es ergab eine starke Mehrheit für jene, die prächtige Hochzeitsfeierlichkeiten wünschten, gegen die, welche der schweren Zeit wegen eine bescheidene Hochzeit verlangten. Der Rationierungsdienst gab für die Ausstattung der Braut 1200 Textilpunkte frei.

Im Grand Palais in Paris, das die französische Regierung zur Verfügung gestellt hatte, traten die Vertreter von sechzehn Nationen am 12. Juli zusammen. Es handelte sich ausschließlich um Staaten westlich der Linie Stettin – Triest. Zusammen vertraten sie, einschließlich der 50 Millionen Deutschen in den Westzonen, 286 Millionen Europäer. Die Liste umfaßte: Belgien, Dänemark, Frankreich, Griechenland, Großbritannien, Irland, Island, Italien, Luxemburg, Niederlande, Norwegen, Österreich, Portugal, Schweden, Schweiz, Türkei. Bevin wurde zum Präsidenten der Konferenz bestimmt. Die Generalversammlung der Kandidaten für den Marshallplan wurde gebildet. Die amerikanischen Isolationisten fanden dafür ein Namensschild: *Amalgamated Corporation of Beggars*, Allgemeine Bettlervereinigung . . .

Abgesehen von Spanien, dessen vorläufige Abwesenheit unfreiwillig war, fehlten folgende neun europäischen Staaten: Albanien, Bulgarien, Finnland, Jugoslawien, Polen, Rumänien, die Sowjetunion, die Tschechoslowakei und Ungarn. Sie hatten zusammen 280 Millionen Einwohner und bedeckten dank der ungeheuren Fläche der Sowjetunion ein zweimal so großes Gebiet wie Westeuropa und die Vereinigten Staaten zusammengenommen. Sie hatten den Marshallplan zurückgewiesen. Ihr mächtiges Propagandasystem bewies ihnen, das sie Grund hatten, den Molotowplan vorzuziehen.

Vor dem Marshallplan besaß der Molotowplan einen Vorteil: Flinkheit. Während die Arbeiten im Grand Palais kaum begonnen hatten, während die Zustimmung des Kongresses der Vereinigten Staaten noch problematisch war, hatte Rußland bereits mit allen Ländern Osteuropas Handelsverträge unterzeichnet. Vor dem Krieg waren sie alle nach dem Westen ausgerichtet gewesen, hatten drei Viertel ihres Handels mit Großbritannien, Deutschland, Frankreich, den Vereinigten Staaten abgewickelt, untereinander nur geringe und mit Rußland verschwindend geringe Handelsbeziehungen unterhalten: beispielsweise im Fall Bulgarien ein hundertstel Prozent. Der Molotowplan machte sich zum Ziel, dieses Gefüge zu verändern, indem er die Wirtschaft der Satelliten in das System einbaute, dessen Sonne die Sowjetunion war.

Wir haben durch Überläufer einige Einzelheiten über die Erstellung dieser ungleichen Verträge erfahren. Die beteiligten Minister wurden nach Moskau berufen, wo ihnen ein Text, an dem keine Änderungen gestattet waren, zur Unterschrift vorgelegt wurde. Ihre schwachen Proteste wurden gutgelaunt zurückgewiesen und dann, wenn sie fortgesetzt wurden, unter Drohungen erstickt. Die Bestimmungen schufen gemischte Gesellschaften, welche die Kontrolle aller Tätigkeitszweige des Landes der sowjetischen Regierung übertrugen. Rußland eignete sich die Donauschiffahrt an, das rumänische Öl, den bulgarischen Tabak, die polnische Kohle, die wichtigsten Industrieunternehmungen Ungarns und der Tschechoslowakei. Es stellte die Wirtschaft der Donaustaaten auf seine eigenen Bedürfnisse um; verwirklicht wurde dies durch eine drakonische Verminderung des Konsums in diesen Ländern und eine systematische Senkung des Lebensstandards. (*Forts. Großbritannien S. 241*)

Warum kein Marshallplan für Lateinamerika?

Der Sommer verrann. Die Konferenzteilnehmer im Grand Palais überließen es den Ausschüssen, die sie ernannt hatten, taktvoll die von Amerika verlangte Bestandsaufnahme zu machen. Der Kongreß ging in die Ferien, nachdem er für eine neue Milliarde Dollar Hilfsgelder gestimmt hatte, die an die europäischen Länder verteilt werden sollten. Washington kehrte zu seiner Tradition sommerlicher Lethargie zurück, die seit 1942 unterbrochen gewesen war. Der Sommer war ebenso wie in Europa glühend heiß. Das Kapitol machte in der tropisch feuchten Schwüle den Eindruck eines verlassenen Tempels.

Die amerikanische Diplomatie machte sich auf den Weg südlich des Äquators, in den Winter der südlichen Breiten. Aus Lateinamerika erhob sich immer stärkere Klage. Die Vereinigten Staaten richteten ihr Interesse auf Europa, halfen, retteten Europa und wandten sich vom Panamerikanismus ab, der eines der Prinzipien Franklin Roosevelts gewesen war. Diese Klage wurde in den Vereinigten Staaten von der Schule aufgegriffen, die lehrte, daß die großen Tage Europas vorbei seien und daß sich die amerikanische Politik von einem Pol zum anderen auf die westliche Hemisphäre konzentrieren müsse. Der junge Bürgermeister von New Orleans, de Lesseps-Morrisson, Enkel des Erbauers des Suezkanals, behauptete, daß seine Stadt, wo sich die beiden Amerikas begegnen, in zwanzig Jahren ein New York, das nur einem toten Kontinent zugewandt sei, an Bedeutung überrundet haben werde.

Truman hatte beschlossen, »*to mend the fences*«, die Zäune auszubessern. Das State Department hatte einen Beistands- und Sicherheitspakt entworfen, der, theoretisch auf gleichem Fuße, alle Republiken der westlichen Hemisphäre verbinden sollte. Eine blendende Delegation, von Marshall geführt, der Vandenberg, Connally, John Foster Dulles u. a. angehörten, stieg in Rio de Janeiro aus dem Flugzeug, um darüber zu verhandeln.

Für die glänzende, oberflächliche Welt Lateinamerikas war der Krieg von großem Vorteil gewesen. Der ungewöhnliche Bedarf hatte seine Rohstoffe gewaltig aufgewertet, das Kupfer Chiles, das Zinn Boliviens, die Wolle Argentiniens, das Öl Venezuelas, bis zu den rückständigen Produkten, wie dem wilden Kautschuk des Amazonasgebietes, den die Amerikaner durch Catalina-Wasserflugzeuge auf den Wasserflächen des Urwaldes sammeln ließen. Diese Chance hatte eine kleine Anzahl von Leuten reich gemacht, sie hatte jedoch die Gesellschaften, in denen Kapitalismus und Stammessystem nebeneinander lebten, nicht ins Gleichgewicht gebracht. Ebensowenig hatte der durch den Krieg gesäte Wohlstand die politische Zügellosigkeit Lateinamerikas gelindert. Allein in dem Jahr 1947 kam es zu einem Bürgerkrieg in Paraguay, einem Aufstand in Bolivien, einem Militärputsch in Ecuador und einem Staatsstreich in Nikaragua. In dem letztgenannten Land hatte ein Milliardär, Anastasio Somoza, die Diktatur, die er drei Monate zuvor aufgegeben hatte, wieder an sich gerissen. Washington hatte ihn aus der Panamerikanischen Union ausschließen lassen, wodurch die Anzahl der Teilnehmer auf 21 fiel.

Ein ernsteres Problem stellte Juan Domingo Perón dar. Er wollte aus der Republik Argentinien das Gegengewicht zu den Vereinigten Staaten in der westlichen Hemisphäre machen. Seine Helferin bei diesem kühnen Unternehmen war ein reizvolles, erregendes Geschöpf, seine Frau, Maria Eva Duarte de Perón. Sie war in einem der elendsten Vororte von Buenos Aires geboren, als Tochter einer baskischen Einwanderin und eines Vaters, der sich der Last seiner Familie entledigt hatte, indem er sie verließ. Evita war eine zweitklassige Schauspielerin mit schöner Rundfunkstimme, als Perón, auf dem Wege zur Macht, sie kennenlernte. Sie wurde zur Nationalheldin, leidenschaftlich umstritten.

Im August 1947 machte Evita eine Tournee durch Europa. Spanien, dem sie ein Schiff Getreide brachte, bereitete ihr einen triumphalen Empfang. In Italien schlugen sich ihretwegen Kommunisten und Neofaschisten. In Orly küßte Bidault ihr die Hand: »Im Namen Frankreichs heiße ich Sie warm und herzlich willkommen...«

Er hätte hinzufügen können: nutzbringend. In Gegenwart von Señora Perón unterzeichnete der argentinische Botschafter – eine verkehrte Welt – eine Anleihe von 600 Millionen Pesos an Frankreich, danach überreichte Bidault der stolzen Eva, die man mit dem Orden Isabellas der Katholischen ausgezeichnet hatte, das bescheidene Kreuz des Ritters der Ehrenlegion. Überall, wo sie hinkam, das heißt von einer Audienz beim Papst bis zu einer Revue im »Lido« in Paris, sorgte sie für den Eindruck, daß es jenseits des Ozeans eine reiche, großherzige, brüderliche Nation gab, die nicht das Amerika der Yankees war.

In den amerikanischen Regierungskreisen spielte sich ein Kampf für oder gegen Argentinien ab. Der Botschafter Spruille Braden kehrte aus Buenos Aires zurück und übertrug den krankhaften Haß, den er gegen Perón gefaßt hatte, auf seine Tätigkeit als stellvertretender Minister für südamerikanische Angelegenheiten. Sein Nachfolger John Messersmith hingegen wurde ein engagierter Argentinierfreund. Ihr Streit wurde so verbissen, daß Truman beide ihrer Ämter enthob. Perón und eine halbe Million Argentinier geleiteten Messersmith zu dem Schiff, das ihn nach Hause brachte.

Truman hatte sich entschlossen, mit der Verfemung, die unter Roosevelt Argentinien getroffen hatte, Schluß zu machen. Perón seinerseits war bei der Finanzierung seiner Bestrebungen auf Schwierigkeiten gestoßen, die ihn zu einer nachgiebigen Haltung geführt hatten. Die Konferenz »for the Maintenance of Continental Peace and Security« konnte also am 15. August 45 Meilen von Rio auf der Höhe von Petropolis eröffnet werden. Argentinien hatte durch seinen Außenminister Juan Bramuglia erklärt, es werde sich den Entscheidungen der Mehrheit fügen.

Der Angriff erfolgte von anderer Seite. In der Eröffnungssitzung unter den Rundstäben des Hotels Quintandinha wandte sich der Außenminister Mexikos, Jaime

Torres Bodet, an die Vereinigten Staaten. Sie machten einen Marshallplan für Europa; warum keinen Marshallplan für Lateinamerika? Marshall antwortete: Die Hilfe für Europa muß aus augenfälligen Gründen vor jedem anderen Hilfsprogramm Vorrang haben. Die Konferenz war einberufen worden, um die Verteidigung der westlichen Hemisphäre ins Auge zu fassen; der Staatssekretär wehrte sich dagegen, daß sie ihre Tagesordnung überschritt.

Er setzte sich durch. Die Frucht der zwei Wochen dauernden Verhandlungen war eine Linie, die über beide Pole verlief und die Aleuten, Grönland, die Antillen, die Falklandsinseln und die Galapagosinseln einschloß. Jeder Angriff auf ein Land innerhalb dieser Linie würde von allen als ein Angriff gegen sie alle gewertet werden. Die Vereinigten Staaten erneuerten die Monroe-Doktrin, indem sie allen jenen ihre militärische Garantie gewährten, die mit ihnen die westliche Hemisphäre teilten. Doch der Angriff von außen stellte ein geringes Risiko dar. Die wirkliche Gefahr lag im Angriff von innen, der Propagierung des Kommunismus auf einem durch soziale Ungleichheit, Rassendiskriminierung und Hunger vorbereiteten Terrain.

Am 2. September kam Truman mit Frau und Tochter, um den interamerikanischen Verteidigungspakt zu unterzeichnen. Der Empfang in Rio, sagte er, mache ihm Lust, für das Rathaus zu kandidieren. Das große Schlachtschiff *Missouri* erwartete ihn vor dem Zuckerhut. Er bestieg es mit Frau und Tochter und kehrte auf 45 000 Tonnen Stahl über die schimmernden Gewässer des Tropengürtels zu seinem kurulischen Stuhl zurück. (*Forts. Lateinamerika S. 610*)

Siegreicher Exodus nach Israel

Friedliche Kreuzfahrt ... tragische Schiffahrt ... Gen Israel fuhr eine seltsame Armada. Diese Blockadebrecher waren die ältesten Waschfässer der Mittelmeerhäfen, wurmstichige Segler, überalterte Dampfer, und das Gedränge an Bord war so groß, daß die leewärts vorbeikommenden Schiffe den gleichen stinkenden Hauch zu spüren bekamen, den die Konzentrationslager ausströmten. Die außer Betrieb gesetzte Korvette *Haganah* beförderte 2678 Einwanderer, und die Barke von 200 Tonnen Inhalt, *Alma*, kaum größer als ein Fischerboot, transportierte 817. Aus dem *Gettokämpfer*, einer anderen Barke, sollten 1475 Passagiere, eine unglaubliche Zahl, lebend oder tot ausgeladen werden, davon 555 Frauen und Kinder. Sie hatten dreizehn Tage auf See verbracht, so sehr aneinandergedrängt, daß jede Platzveränderung, ja fast jede Bewegung unmöglich war und sie in ihren Exkrementen vegetieren mußten.

Die 1200 polnischen Juden der *Vier Freiheiten*, darunter 160 schwangere Frauen, mußten eine noch fürchterlichere Überfahrt überstehen. Ein Flugzeug der RAF hatte den kleinen Schoner auf hoher See ausgemacht, als er eben im Sinken war. Einige Kriegsschiffe eilten ihm zu Hilfe, und es gelang ihnen, ihn bis nach Haifa zu schleppen. Er war von der dalmatischen Küste abgesegelt und fuhr seit achtzehn Tagen mit vier Lecks in seiner morschen Hülle. Der letzte Tropfen Süßwasser war vor vier Tagen verbraucht worden, und die Hälfte der Passagiere hatte Seewasser getrunken, wovon sie krank geworden waren. Doch nur jene wurden ins Hospital eingeliefert, die augenscheinlich in Lebensgefahr waren. Die anderen, auf Bahren ausgeladen, wurden an Bord der *Empire Heywood* transportiert, die sie nach Zypern brachte, wo sie wieder hinter Stacheldraht und Wachttürme gesperrt wurden.

20 britische Patrouillenboote verwehrten den Zugang zum Gelobten Land. Die Blockadebrecher, denen es gelang durchzukommen, waren Ausnahmen. Die meisten wurden angehalten. Die Briten trafen oft auf heftigen Widerstand. Beispiel: Die von den 2700 Passagieren der *Theodor Herzl* überrannten englischen Matrosen machten von der Waffe Gebrauch. Zwei Juden wurden getötet, 20 verwundet.

Im Hafen Sète lag die *Exodus* unter Panamaflagge und trug noch ihren gesetzlichen Namen *President Warfield*. Sie war von der Haganah in den Vereinigten Staaten gechartert worden, hatte den Atlantik unter Gefahren mit einer Besatzung von 43 Mann überquert, alles Juden mit Ausnahme eines protestantischen Pastors, der sich als Zeuge eingeschifft hatte. Es war ein Dampfschiff aus Holz mit nur 1814 Tonnen und zu vielen Decks, das lange Zeit als Vergnügungsschiff in der Chesapeake-Bai gefahren war. Die Einschiffung der geheimen Auswanderer ging mit dem Ernst einer militärischen Operation vor sich. 72 Lastwagen beförderten 4554 Menschen an den Kai von Sète: 2617 Männer, 1282 Frauen und 655 Kinder strömten in das kleine Schiff und drängten sich darin zusammen. Sie besaßen kolumbianische Einreisevisen; doch nur jene, die sich täuschen lassen wollten, konnten sich täuschen lassen. Die Visen waren gefälscht, und die *President Warfield*, die nur für sieben Tage Lebensmittel besaß, war offenkundig unfähig, den Atlantik mit mehr Passagieren als die *Queen Elizabeth* nochmals zu überqueren.

Frankreich schloß die Augen. England zwang es nicht, sie zu öffnen und seine Aufmerksamkeit auf ein Schiff zu richten, dessen Bestimmungsland klar war. Kapitän Bernard Marles, der ein plötzliches Erwachen der Gewissenhaftigkeit der Hafenbehörden befürchtete, ließ während der Nacht die Taue losmachen und verließ den Hafen ohne Lotsen. Bei Sonnenaufgang lief er in die internationalen Gewässer ein. Die Fahne mit dem Davidstern wurde gehißt, und der Name *President Warfield* verschwand unter einem Stück Kattun mit der Aufschrift *Exodus 1947*.

Am 17. Juli wurde die *Exodus* von dem Kreuzer *Ajax* angehalten, der seinerzeit an der Schlacht am Rio de la Plata teilgenommen hatte. Marles weigerte sich, dem Befehl, nach Zypern zu fahren, zu gehorchen. Zwei Zerstörer kamen längsseits, wobei das Schiff ziemlich beschädigt wurde. Die Einwanderer hatten Stacheldraht um das Deck gezogen und versuchten, die Entertrupps zurückzuschlagen, indem sie leere Flaschen gegen sie warfen. Die Engländer verschafften sich mittels Tränengasbomben einen Durchgang, doch der Kampf ging in den vollgestopften Verbindungsgängen weiter. Zwei Passagiere und der zweite Offizier, William Bernstein, wurden tödlich getroffen. Die Engländer bemächtigten sich der Brücke und führten die *Exodus* nach Haifa.

Bevin war der Juden, der Amerikaner und der Franzosen müde. Den Amerikanern machte er den Vorwurf, sie wollten die Juden nach Palästina schicken, um sie nicht nach New York nehmen zu müssen, und die Franzosen verdächtigte er, daß sie aus Rache für die syrisch-libanesische Affäre die Aufgabe Englands erschwerten. Auf seinen Vorschlag beschloß das Kabinett, daß die Passagiere der *Exodus*, anstatt in Zypern interniert zu werden, nach Frankreich zurückgeschickt werden sollten — da Frankreich sein Versprechen, seine Häfen besser zu überwachen, nicht gehalten hatte.

Von der *Exodus* wurden die Einwanderer auf drei Liberty Ships verladen, die *Runnymede Park*, *Empire Rival* und *Ocean Vigor*. Dienstag, den 29. Juli, ankerten die drei Schiffe vor Port-de-Bouc. Der Sekretär der Präfektur des Départements Bouches-du-Rhône begab sich an Bord. »Die Einwanderer«, sagte er in seinem Bericht, »sind ohne Schlafstellen oder Hängematten in Laderäumen untergebracht, die durch Gitter abgeschlossen sind. Ich las ihnen die Erklärung der Regierung der Republik vor, die ihnen Asyl in Frankreich gewährt. Sie wurde dreimal vorgelesen und übersetzt. Ein junger Mann brachte mir die Antwort. ›Wir gehen nur in Palästina an Land — oder tot . . .‹«

Ein Monat verging. Die Passagiere der *Exodus* blieben unbeugsam in ihren glutheißen, stinkenden Käfigen. 36 Kinder waren an Bord der drei schwimmenden Käfige zur Welt gekommen, und nur 128 Menschen, zum Großteil krank und bewußtlos, waren an Land gebracht worden. Die liberalen englischen Zeitungen *News Chronicle*, *Manchester Guardian* schrieben, das Verhalten Englands sei unsinnig, doch die Labourregierung zuckte bei den antibritischen Kampagnen in der ganzen Welt nicht mit der Wimper. Am 21. August wurde den Juden vor Port-de-Bouc mitgeteilt, sie hätten nur noch bis zum nächsten Tag, 6 Uhr nachmittag, Zeit, die französische Gastfreundschaft anzunehmen. Wenn sie sich weigerten, würden die drei Liberty Ships zur britischen Zone in Deutschland fahren, »dem einzigen Gebiet, das eine so beträchtliche Anzahl Menschen aufnehmen kann . . .«

Die drei schwimmenden Käfige fuhren am 8. September in die Elbe ein. Zwischen Port-de-Bouc und Hamburg hatten noch 50 weitere Frauen entbunden, wodurch die Anzahl der seit zwei Monaten im Laderaum lebenden Passagiere auf 4424 gestiegen war. Bei den meisten war die Erschöpfung bereits größer als der Zorn, in ein verabscheutes Land gebracht zu werden. Drei Stunden lang vollzog sich die Ausschiffung ohne Anwendung von Gewalt. Doch dann kam man zu einem Kern von Unbeugsamen, die man mit Feuerspritzen an Land jagen mußte. Die Szene wurde durch Truppen abgeschirmt, und Lautsprecher dröhnten Jazzmusik.

An Land warfen alle, sogar die Kinder, die Nahrung fort, die man an sie verteilte, und sagten, sie sei von deutschen Händen berührt worden. Sie demonstrierten, während sie in Waggons mit vergitterten Fenstern einstiegen, die sie in die Lager Poppendorf und Amstau bringen sollten. Man teilte ihnen mit, daß Frankreich sein Angebot der Gastfreundschaft aufrechterhalte — und auch, daß sie, falls sie freiwillig in Deutschland blieben, nur die deutsche Ration von 1500 Kalorien bekommen würden, anstelle der 2800, die sie bisher erhalten hatten. Nur zwei gaben nach und nahmen den Zug nach Paris.

In Chicago und New York wurden die britischen Konsulate mit Hakenkreuzen bemalt. In Liverpool und London wurden die Synagogen mit Steinen beworfen. Die Unteroffiziere Mervyn Paine und Clifford Martin wurden vom Irgun aus einem Café in Nathanya entführt und gehängt, unter der Beschuldigung, illegal, »*into the He-*

brew Homeland« eingedrungen zu sein und *»to the criminal terrorist organization known as the British Army«*, der als britische Armee bekannten Terroristenorganisation, anzugehören. Die Leiche Martins war als Falle verwendet worden: Sie explodierte, als man sie abnahm, verletzte mehrere englische Soldaten und zerfetzte die Leiche seines Unglückskameraden. Die höchste zionistische Behörde, der Waad Leumi, erklärte, sie fände keine Worte, um »die schändliche Ermordung zweier Unschuldiger durch eine Verbrecherbande« zu brandmarken. Der Irgun zog die Brandmarkung ins Lächerliche und machte den gemäßigten Zionisten den Vorwurf, vor den Engländern auf den Knien zu liegen.

Und dabei hatte sich England doch der Schleifkugel Palästina entledigt und sie der UNO in den Schoß gelegt.

Anfang 1947 hatte ein letzter Versuch einer föderativen Ordnung Palästinas, unter vorübergehender Verlängerung des britischen Mandates, in London mit einem Mißerfolg geendet. Am 2. April hatte England erklärt, es könne keine weiteren Bemühungen unternehmen und ersuche die Vereinten Nationen, selbst einen Plan zur Regelung in Palästina aufzustellen. Die Generalversammlung hatte diese Aufgabe einem Komitee von elf neutralen Staaten anvertraut. Die arabischen Staaten hatten versucht, sich diesem Vorgang zu widersetzen, doch die Unterstützung der UdSSR, die sie zu finden gehofft hatten, blieb aus. Zum erstenmal seit Gründung der UNO standen Rußland und Amerika Seite an Seite und fegten alle Widersprüche weg.

Das trotz des Widerstandes der arabischen Staaten gebildete Komitee bereitete die Teilung Palästinas, die Geburt des Staates Israel, vor. *(Forts. Israel S. 254)*

Neue Einschränkungsmaßnahmen in England

Der glutheiße Sommer 1947 war voller Unheil. Der Bürgerkrieg in China führte schnell zu einem Zusammenbruch der Kuomintang. Die Teilung Indiens war von Greueln begleitet, von denen ich nur ein schwaches Bild gegeben habe. Der Bürgerkrieg in Griechenland richtete immer weitere Verwüstungen an. Und das Finanzgerüst Großbritanniens wankte wie ein Eisenträger kurz vor dem Einsturz.

Eine der Bedingungen der amerikanischen Anleihe von 3,75 Milliarden Dollar war die Rückkehr zur Konvertierbarkeit des Pfundes Sterling gewesen. Das dafür festgesetzte Datum war der 15. Juli 1947 und der Kurs 4 Dollar für das Pfund. Es war die notwendige Vorbedingung für eine Liberalisierung des internationalen Handelsaustausches.

Der Termin wurde eingehalten. Am 15. Juli 1947 – drei Tage nach dem Zusammentreten der Marshallplankonferenz – wurde das Pfund gegen den Dollar austauschbar. Das Resultat war sensationell. Am 14. Juli belief sich der unberührte Anteil der amerikanischen Anleihe noch auf 1100 Millionen Dollar; sechs Wochen später war er auf 400 Millionen Dollar zurückgegangen. Die Konvertierbarkeit drückte sich in einer Plünderung der schwachen Reserven der englischen Regierung aus.

Die Rückkehr zur Konvertierbarkeit des Pfundes war ein Wahnsinn gewesen. Das Defizit des englischen Dollarkontos hatte für das gesamte Jahr 1946 350 Millionen

Pfund Sterling betragen; allein für das erste Halbjahr 1947 betrug es 405 Millionen. Die amerikanischen Isolationisten wiesen auf diese Ziffer hin, um zu zeigen, daß England von *Uncle Sam*, dem dummen Onkel, lebte, sich seinen Sozialismus und seine Faulheit von ihm bezahlen ließ.

Sie fanden in England starken Widerhall. Am 4. August versammelten sich 60 000 Gesinnungsgenossen vor dem Schloß Blenheim. Churchill war dort zur Welt gekommen. An seine Wiege gelehnt, hielt er eine Anklagerede gegen die Gruppe, die ihn von der Macht verdrängt hatte. »Zwei Katastrophen sind hintereinander über uns hereingebrochen: der Zweite Weltkrieg und die erste sozialistische Regierung. Die erste haben wir durch übermenschliche Anstrengung überwunden. Wie werden wir die andere bannen können?« Die amerikanische Anleihe war verzettelt worden, »*fritted away*«. Das englische Budget war dreimal so hoch wie vor dem Krieg. Die Konkurrenzfähigkeit, die Energie Großbritanniens waren gebrochen. »Wir stecken in einem Morast, *a quagmire*. Wir versinken darin, wir gehen unter . . .«

Zwei Tage später erwachte Westminster aus dem Sommerschlaf. Die Mitglieder des Unterhauses waren telegrafisch zusammenberufen worden. Eine angsterfüllte Menge drängte sich, um zu den Publikumstribünen Eintritt zu finden. Attlee, der laut *Economist* »alles austrocknet, was er anrührt«, schilderte die Lage falsch, und der Schatzkanzler Hugh Dalton, der Gefangene eines vorgetäuschten Optimismus, waltete kaum besser seines Amtes. Die Regierung legte einen Gesetzesvorschlag vor, der ihr wirtschaftliche Vollmacht erteilte. Die unvollständige, resignierende Kammer nahm ihn mit 251 gegen 148 Stimmen an.

Wieder wurden massenhaft Einschränkungen erlassen. Die Rationen für Fleisch, Zucker, Speck, Fettstoffe wurden verringert. Die Benzinzuteilung wurde von neuem aufgehoben. Die Stadtbeleuchtung wurde wieder eingeschränkt. Ferien im Ausland wurden verboten. Die für die Thronerbin vorgesehene Hochzeitsreise wurde abgesagt. Die Bergleute, die eben die Fünftagewoche durchgesetzt hatten, wurden von der Regierung, die sie gewählt hatten, gebeten, eine halbe Stunde mehr zu arbeiten, um den Sozialismus und England zu retten; sie lehnten ab.

Dank der Einschränkungsmaßnahmen und vor allem dank Amerika, das sich mit der Aufhebung der Konvertierbarkeitsklausel einverstanden erklärte, hoffte Hugh Dalton mit dem Rest der amerikanischen Anleihe bis November auszukommen. Da die Dollars jedoch fehlten, ging England von der Liberalisierung des Handelsaustauschs ab und kehrte zur wirtschaftlichen Isolierung zurück.

Die Lage der anderen europäischen Länder war keineswegs besser. Die meistbegünstigten, Belgien und Dänemark, erlitten starke Defizite in ihrer Zahlungsbilanz mit Amerika. Italien und Deutschland blieben auf dem wirtschaftlichen Nullpunkt. Frankreich stellte niedergeschlagen fest, daß die Mißernte noch stärkere Ausmaße angenommen hatte, als man befürchtet hatte. Im Juni hatte man auf 36 Millionen Zentner gehofft; im Juli und August wurden 33 Millionen geerntet – gegen einen Durchschnitt von 80 vor dem Krieg. Nach Abzug des bäuerlichen Eigenbedarfs und der Saat würden für die allgemeine Versorgung nur 13 Millionen Zentner übrigbleiben; die Herabsetzung der Brotration auf 200 Gramm konnte bedeutende Getreideimporte nicht verhindern, wenn man eine mörderische Hungersnot vermeiden wollte. Nun würde aber Frankreich alles in allem für die Gesamtheit seiner Einkäufe bis Ende 1947 nur über 240 Millionen Dollar verfügen. Das Wirtschaftsministerium setzte überstürzt sämtliche Einfuhren von Rohstoffen und industrieller Ausrüstung herab, um das Höchstmaß an Mitteln für die Nahrung aufzusparen. Das physische Überleben der Bevölkerung stand dem Wiederaufbau des Landes gegenüber.

So ging also, zwei Jahre nach Kriegsende, der Verfall Europas, sein Hinabgleiten auf ein niedrigeres Wirtschaftsniveau, sein Weg zu Not und chronischem Hunger, weiter und beschleunigte sich noch. Die einzige Hoffnung war das Zauberwort: Marshallplan. (*Forts. Großbritannien S. 249*)

Deutschland helfen oder mit ihm zugrunde gehen ...

In diesem glühenden Sommer wurde das Laub auf den Champs-Elysées vorzeitig welk. Unter der Glasdecke des Grand Palais war die Temperatur so hoch wie in einem Treibhaus. Mit standhafter Entschlossenheit arbeiteten die von der Konferenz der Sechzehn eingesetzten Kommissionen an ihrer Aufgabe und zogen Bilanz über das in eine verzweifelte Lage getriebene Europa.

Eine Schlußfolgerung war schnell gegeben: Europa konnte nicht wieder zum Leben gelangen und die amerikanische Hilfe war glatt vergeudet, wenn Europas industrielles Zentrum, die Ruhr, künstlich gelähmt blieb.

Die Franzosen wurden energisch und kämpften wieder einmal gegen die augenscheinliche Notwendigkeit. Als die Militärgouverneure der Doppelzone, die Generäle Clay und Robertson, verlangten, daß die den Deutschen gestattete Stahlerzeugung von 5 800 000 Tonnen verdoppelt werden solle, wurde eine Panikkampagne gestartet. Die Kommunisten klebten Plakate mit dem Alarmschrei: »Französische Mütter, Ihr müßt wieder zittern!« Die traditionellen Nationalisten beschuldigten Amerika und England, wieder in ihre Vorkriegssünde zu verfallen, in ihre unheilbare Vorliebe für die Deutschen. Frankreich hatte die Solidarität mit den Nationen Westeuropas noch nicht entdeckt. Es hatte nicht begriffen, daß es seine Rache gegen Deutschland nur fortsetzen konnte, wenn es sich selbst zu Armut und Verfall verurteilte. Es setzte seinen Wiederaufbau in Gegensatz zu jenem des Feindes von gestern – während sie miteinander verbunden waren.

Glücklicherweise waren die Bemühungen Frankreichs vergeblich. Die Amerikaner fühlten sich nicht zu Danaiden berufen; sie verlangten, daß der Boden des Fasses eingesetzt werden müsse, damit man fortfahren könne, Eimer voll Dollars hineinzuschütten. Deutschland erhielt die Erlaubnis, mehrere Stahlwerke wieder in Gang zu setzen, und Amerika schickte ihm als Hilfe in aller Eile 100 000 Tonnen Stahl. In Hannover wurde eine Ausstellung organisiert, die 1500 ausländische Besucher anzog; ein bescheidener Meilenstein, der die Rückkehr Deutschlands in die internationale Industrie und den Handel kennzeichnete.

Amerika gab acht, was im Grand Palais vor sich ging. Unterstaatssekretär Clayton und Botschafter Douglas bestanden darauf, daß die Konferenz der Sechzehn nicht nur eine »Einkaufsliste«, sondern auch einen Plan mit günstigen Aussichten für die Zukunft Europas vorlegen solle. Ein Franzose und zwei Engländer, Jean Monnet, Israel Berlin und Dennis Morris, erhielten den Auftrag, den allgemeinen Bericht abzufassen. Am 22. September unterzeichnete Ernest Bevin am Quai d'Orsay an der Spitze seiner 15 Kollegen einen Brief an Außenminister Marshall: »Wir hoffen, daß der Bericht, den wir Ihnen übersenden, dazu beitragen wird, die wirtschaftlichen Probleme zu lösen, vor denen ein großer Teil des europäischen Kontinents steht...«

Der Bericht war voll guter Absichten. Die Europäer verpflichteten sich, ihre Finanzen zu sanieren und ihre Produktion zu steigern. Sie versprachen, »untereinander und mit Ländern gleicher Gesinnung zusammenzuarbeiten, um auf jede mögliche Weise die Zolltarife und andere Schranken einer Ausdehnung des Handels untereinander und mit dem Rest der Welt zu vermindern«. Die französische Regierung ließ einen Paragraphen 98 aufnehmen, der festhielt, daß die Zerstückelung Europas den modernen Notwendigkeiten nicht mehr entspreche und daß Frankreich bereit sei, mit allen europäischen Ländern Verhandlungen aufzunehmen, um sie zu beenden.

So trat also Europa der Gönnerin Amerika in neuem Kleid und mit bußfertigem Gewissen entgegen. Die Höhe des Almosens, um das es bat, war auf 20,4 Milliarden Dollar reduziert worden, verteilt über vier Jahre. Es würde nicht in bar, sondern in Naturalien zur Verfügung gestellt werden, gemäß einer von den Fachleuten erstellten Liste. Es war von keinerlei Rückzahlung die Rede, sondern einzig und allein von dem, was der Wohltäter selbst durch die Wiederherstellung des internationalen Handelsaustausches ernten würde. Im übrigen rechneten die Fachleute nicht damit, daß das Gleichgewicht im Jahre 1951 gänzlich hergestellt sein würde. Aber das Defizit, das »dollar gap«, würde, für ganz Europa, auf 3400 Millionen Dollar reduziert sein. Der härteste Teil der Rettung wäre gelungen.

Das Wunder der Konferenz der Sechzehn bestand darin, daß sich die Europäer so leicht hatten einigen können. Der Druck der Notwendigkeit, der Zwang, schnell zu einem Ende zu kommen, hatten ihren Streit um die kolossale Hilfe auf ein Minimum verringert. Das ließ in dem verzweifelten Europa die Hoffnung wieder erstehen... Es blieb noch abzuwarten, ob die Hoffnung kein flüchtiger Strahl sein würde, dessen Vorbeiziehen die Nacht nur noch dunkler gestaltete. Einerseits mobilisierten die Kommunisten ihre Kräfte, um den Marshallplan zum Scheitern zu bringen. Andererseits war es nötig, daß der Kongreß die Milliarden bewilligte...

Die kommunistische Offensive gegen den Marshallplan

Schdanow präsidierte, unterstützt von Malenkow. Die Konferenz fand im früheren Jagdpavillon Görings in Miszkowice, dem ehemals schlesischen Michelsdorf, statt. Sie war geheim, doch Schdanows Rede wurde von der sowjetischen Presse veröffentlicht. Sie war ein heftiger Angriff gegen den Marshallplan.

»Der Marshallplan ist dazu berufen, die Macht des Imperialismus zu restaurieren. Auf diese Weise wird klar, daß die westeuropäischen Staaten Opfer amerikanischer

Erpressungsversuche werden und fortgesetzten Forderungen nach einem Westblock unter amerikanischem Schutz ausgesetzt werden ... Der Westblock wird geschmiedet als amerikanisches Protektorat, in dem den souveränen europäischen Staaten die Rolle zugedacht wird, die sich von der des berüchtigten 49. Staates Amerikas nicht mehr wesentlich unterscheidet. Aber das Nachkriegseuropa verfügt über genügend Kräfte, die, ohne von der Sowjetunion zu sprechen, imstande sind, diesen Sklavenplan zu torpedieren, wenn sie den Willen dazu aufbringen. Was die UdSSR anbetrifft, so wird sie alle Anstrengungen unternehmen, um eine Verwirklichung dieses Planes zu verhindern ... Da ein großer Teil der Führer der sozialistischen Parteien, besonders der englischen Labouristen und der französischen Sozialisten, als Agentur der imperialistischen Kreise der USA auftritt, fällt den Kommunisten die besondere historische Rolle zu, sich an die Spitze des Widerstands gegen den amerikanischen Versklavungsplan Europas zu stellen und jeder Tätigkeit der Handlanger des amerikanischen Imperialismus mutig entgegenzutreten.«

Die Konferenz beschränkte sich auf die sieben Satellitenstaaten Osteuropas sowie die kommunistischen Parteien Frankreichs und Italiens. Man findet die Namen Wladyslaw Gomulka für Polen, Dimitroff für Bulgarien, Anna Pauker für Rumänien, Edvard Kardelj für Jugoslawien, Luigi Longo für Italien und Jacques Duclos für Frankreich. Bedeutsam ist, daß zwei Namen fehlen: Togliatti und Thorez. An Longos Seite saß ein gewisser Eugenio Reale, und an der Duclos' ein gewisser Etienne Fajon, die beide dem linken Flügel, dem harten Flügel, ihrer Partei angehörten.

Togliatti ... Thorez ... Sie waren die Verführer, die Kommunisten der ausgestreckten Hand gewesen, die die Katholiken umwarben, das Kleinbürgertum beruhigten, durch Mäßigung und gute Laune auf die Stimmen der Allgemeinheit ausgingen. Dieser honigsüße Kommunismus war nicht mehr am Platze. Duclos erhielt heftige Vorwürfe wegen Parlamentsfetischismus, wegen mangelnder Kampflust der französischen Partei. Er mußte versprechen, sie wieder auf Linientreue zu bringen. Gegen den Marshallplan wurde der Kommunismus wieder eine aufständische Bewegung.

Als Rußland im Jahre 1942 verzweifelt um amerikanische Hilfe bemüht gewesen war, hatte die Kommunistische Internationale, die Komintern, ihre Auflösung ausgesprochen. Sie feierte Auferstehung in Form eines Büros für Kommunistische Information, Kominform. Zum Sitz der neuen Organisation war Prag gewählt worden; Stalin griff telefonisch ein, um es gegen Belgrad auszutauschen. Tito war der bevorzugte Statthalter des großen Chefs.

Hinter dem Eisernen Vorhang war alles wieder in Ordnung gekommen. Außer in der Tschechoslowakei waren überall die letzten Spuren demokratischen und parlamentarischen Lebens verschwunden. Mikolajczjk war aus Polen geflüchtet. In Bulgarien war der Agrarier Petkoff gehängt worden. Der ehemalige Führer der rumänischen Bauernpartei Maniu war zu lebenslänglichem Gefängnis verurteilt worden. Anna Pauker, sowjetische Bürgerin und »Selfwidow« – sie hatte während der Säuberung im Jahre 1938 ihren eigenen Mann als Trotzkisten angezeigt –, trat in Bukarest an die Stelle des Außenministers Tatarescu. Die durch den Marshallplan einen Augenblick erschütterte kleine Satellitenwelt war von Moskau wieder fest in die Hand genommen worden.

Die beiden Kriegsschauplätze, auf denen sich die Offensive gegen den Marshall-plan abspielen sollte, waren Frankreich und Italien.

Auf den ersten Blick schien Italien noch verwundbarer als Frankreich. Seine KP war mit ihren 2 300 000 Mitgliedern die stärkste der Welt nach jener der UdSSR. Die sozialen Verhältnisse im Land waren untragbar. Eine mutige Untersuchung, die auf Initiative des Abgeordneten Ezio Vigorelli durchgeführt wurde, ergab ein trauriges Bild: 1 345 000 Familien, davon 1 161 000 im Mezzogiorno, lebten ohne irgendein regelmäßiges Einkommen; 869 000 Familien nahmen weder Fleisch noch Zucker noch Wein zu sich. 232 000 Familien wohnten in Kellern und 92 000 in Höhlen ... Wenn Revolutionen aus sozialer Ungerechtigkeit und menschlicher Not entstehen, dann war die italienische Halbinsel reif für die Revolution.

Der Angriff begann. Die Industrie-Streiks, 900 000 Metallarbeiter, 40 000 Textilarbeiterinnen usw., waren weniger beängstigend als die Landarbeiterstreiks. Die Kommunisten erprobten sie in den Provinzen Ferrara und Rovigo, dehnten sie auf ganz Norditalien aus; es gelang ihnen, eine Million Landarbeiter zum Einstellen der Arbeit zu bringen. Die Reisernte, die für das Land lebenswichtig ist, war in Gefahr. Im Süden gingen die Landarbeiterunruhen bis zur Besetzung der Landgüter und Einäscherung der Schlösser.

Die Hungermärsche arteten zu Unruhen aus. Togliatti suchte seine Scharte auszuwetzen, indem er der Regierung mit 30 000 gut bewaffneten Partisanen drohte, die nur auf sein Signal warteten. Er schmähte De Gasperi: »Wir haben in Italien einen christlichen Ministerpräsidenten, der den Dollar mehr anbetet als das Sakrament des Abendmahls ...« Es floß Blut – aber es belastete das Schuldkonto jener, die es vergossen hatten. Während der Wahlkampagne für den Stadtrat Roms bemächtigten sich Mitglieder der Kommunistischen Jugend des neunzehnjährigen Gervasio Frederici, der christlichdemokratische Propagandaschriften verteilte; sie verlangten von ihm, er solle rufen: »Es lebe der Kommunismus!« Er weigerte sich: Sie schnitten ihm die Kehle durch. De Gasperi folgte dem Sarg an der Spitze von hunderttausend Römern. Von diesem Augenblick an ging der Kommunismus zurück.

Ebenso wie Togliatti verleugnete Thorez drei Jahre gemäßigter Politik. »Ich habe den Fehler begangen, nicht schnell genug das Wesen der internationalen Lage zu erkennen. Als wir von Ramadier hinausgedrängt wurden, dachte ich an eine einfache Regierungskrise, während es sich um ein brutales Eingreifen der amerikanischen Imperialisten in die französische Innenpolitik handelte ... Ich habe den Marshallplan gutgeheißen, weil ich die politische Kette nicht erkannte, die er mit sich brachte ...« Die Linientreue war wiederhergestellt, aber die für den 19. Oktober festgesetzten Gemeindewahlen zwangen die Kommunisten, ihre Offensive aufzuschieben. Streiks und Unruhe sind bei den Wählermassen immer unpopulär. Die KP brachte Hunderte Bürgermeisterämter ins Spiel, die als Stützpunkte und Einflußzentralen dienten. Ihr Wahlkampf war gemäßigt in seinen Parolen wie die vorhergegangenen.

Bei dem RPF hatten elf von den zwölf Mitgliedern des Exekutivkomitees davon abgeraten, die in Entstehung begriffene Bewegung einem so weitläufigen, so heftigen Kampf wie der Neuwahl in 36 000 französischen Gemeinden auszusetzen. Der zwölfte, Malraux, hatte vorgeschlagen, den Kampf nur in einigen großen Städten als Test zu führen. Aber die Exekutive des RPF war nur dem Namen nach eine solche. De Gaulle hatte seine Ratgeber angehört und dann eine ihrem Rat entgegengesetzte Entscheidung getroffen. Der Gaullismus würde in ganz Frankreich kämpfen – allein, wo immer es ging, unter Abschluß von Bündnissen, wenn das nicht zu umgehen war.

De Gaulle hat den Grund dieser Hast nie enthüllt, die im Gegensatz zu seiner unendlichen Geduld in den folgenden Jahren stand. Er stürzte sich in die Gemeinderatswahlen wie in eine Schlacht für ein Volksbegehren. Er hielt Reden in Rennes, in Bordeaux, in Bayonne, Algier, Straßburg usw. In Paris mußte er einen Platz suchen, der für seine Zuhörermenge ausreichte: Er verlangte vergeblich das Champ de Mars, gab sich dann mit der Rennbahn in Vincennes zufrieden und zog eine Menge von 500 000 Menschen in eine Gegend, in der üblicherweise nur Umzüge mit roten Fahnen die Regel waren. Das Wort »Kommunismus« hatte er aus seinen Reden verbannt. Er sprach von »Separatisten«, die sich aus der nationalen Gemeinschaft ausschlossen, um Patrioten für eine fremde Macht zu werden. Seine Schilderung des russischen Joches, seine Beschreibung des gefangenen Europa waren bester Churchill. »Zum Glück für die Freiheit«, sagte de Gaulle, »sind die Vereinigten Staaten entschlossen, sich mit all ihrer Macht den totalitären Absichten der Sowjets zu widersetzen...« Er riet zur engen Beteiligung eines erneuerten Frankreich an der westlichen Allianz.

Am 19. Oktober ging eine Sturzflut über Frankreich hinweg. Das RPF erhielt 40 % der Stimmen. Der zweite Wahltag (Orte über 9000 Einwohner), eine Woche später, machte seinen Sieg vollständig, und die Wahl der Bürgermeister verlieh ihm in zahlreichen Städten die Macht, die es den Roten entriß. In Marseille wurde der kommunistische Bürgermeister Cristofol durch den gaullistischen Rechtsgelehrten Michel Carlini ersetzt. Arbeiterorte wie Le Creusot, Lens, Villeurbanne, Limoges wurden von dem RPF erobert, ebenso Toulon, Béziers, Sète, Nîmes, Nantes, Reims, Bordeaux, 52 Präfekturen von 92. In den Pariser Vororten hatten die Kommunisten 60 Gemeindeämter in der Hand gehabt: Sie behielten 20. Im Stadtrat von Paris behielten sie nur 25 Sitze gegenüber 52 des RPF. Dennoch waren sie die einzigen, die die Stärke ihrer Wählerschaft ungefähr zu halten vermochten. Die anderen Parteien brachen unter dem Druck der Gaullisten völlig zusammen. Das MRP, das die bedeutendste politische Gruppe in Frankreich gewesen war, fiel auf 10 % der Gesamtwählerschaft zurück.

De Gaulle hielt seine Stunde für gekommen. Auf der Pressekonferenz, die er am 12. November in der *Salle de la Résistance*, 52, Rue François Ier, abhielt, war er außerordentlich anmaßend. »Die Welle rollt... Ich bedaure jene, die vielleicht nicht begreifen wollen... Ihre Kritik, ihre Verwünschungen haben nicht mehr Bedeutung als Spucke im Meer...« Die Auflösung der Nationalversammlung hielt er für unvermeidlich. Übertragen auf Parlamentswahlen, würde die Welle den General an die Macht bringen...

Der Fehler der Gaullisten bestand darin, eine mit der Geschichte der Französischen Republik seit ihrer Gründung verbundene Idee zu unterschätzen: *la défense républicaine* (die Verteidigung der Republik). Diese Idee hatte die III. Republik gegen die Politik Boulangers und gegen die Wirbel der Dreyfus-Affäre gerettet. Sie sollte die IV. Republik – eine von Anfang an mit Fehlern belastete Republik – verteidigen und noch elf Jahre lang halten, gegen eine der stärksten politischen Kräfte, die Frankreich je gekannt hat. Die einzige wirkliche Verteidigung jedoch hätte in einer Reform der Einrichtungen und der politischen Regeln bestanden. Die IV. Republik sollte niemals soweit gelangen, diese Notwendigkeit zu sehen. Sie würde sich damit zufriedengeben, zu überleben wie ein Krüppel, ein Verwachsener – mit unglaublicher Vitalität.

Nach den Wahlen nahmen die Kommunisten den Kampf wieder auf. Vom 4. bis zum 9. November konnte Paris weder seinen Müll loswerden noch seine Toten bestatten. Am 14. November hatte das Nationalkomitee der CGT, die 5 200 000 organisierte Mitglieder zählte, das Terrain der Gewerkschaftspolitik rundweg verlassen und dem Marshallplan, »dem Werkzeug wirtschaftlicher und politischer Versklavung«, den Krieg erklärt. Die Minderheit, 127 Stimmen gegen 857, zog sich zurück, indem sie dagegen protestierte, daß die Kommunisten die französische Gewerkschaftsbewegung mit Beschlag belegten.

Am 12. November schlugen sowohl in Italien als auch in Frankreich die Flammen des Aufruhrs hoch. 100 000 Demonstranten versammelten sich auf der Piazza del Duomo, besetzten die Innenbezirke, zündeten die Lokale der antikommunistischen Zeitungen an. In Mediglia wurde ein Mitglied der Partei des *Uomo qualunque* lebendig verbrannt. In Como, Genua, Venedig, Pavia, Turin, Reggio nell' Emilia, Florenz, Livorno, Neapel, Castellamare, Brindisi, Foggia, Lecce, Reggio di Calabria, Palermo – das heißt vom Norden bis zum Süden Italiens – gab es bei revolutionären Unruhen zahlreiche Tote. In Marseille war ein erster Aufruhr ausgebrochen, als der Straßenbahntarif von 3,50 auf 5 Francs erhöht worden war. Ein zweiter brach aus, als man vier der Demonstranten abzuurteilen gedachte, die sich Gewaltakte hatten zuschulden kommen lassen. Die Menge stürmte das Gerichtsgebäude und das Rathaus, hißte die rote Fahne, bemächtigte sich Bürgermeister Carlinis und seines Amtsgehilfen Milani und schlug sie nieder, setzte Cristofol wieder ein, der im Vormonat bei den Wahlen geschlagen worden war, strömte dann in die Unterstadt und plünderte die Restaurants und Nachtlokale.

Die Regierung Ramadier schritt energisch ein. Über Marseille wurde der Belagerungszustand verhängt, und die Stadt wurde von 13 000 Mann Militär besetzt. Ein Regiment Infanterie kampierte rund um die Präfektur. Vor den öffentlichen Gebäuden und Hafengittern wurden Maschinengewehre in Stellung gebracht. 80 000 Reservisten wurden einberufen. Die CGT weitete ihre Tätigkeit aus und verstärkte sie. In den Automobilfabriken der Pariser Umgebung, Simca, Citroën, Renault, wurde der Streik ausgerufen. Er begann in den Kohlengruben Nordfrankreichs. Dieser Arbeiteraufruhr hatte eine Parole: Gegen die Versklavung Frankreichs, gegen den Marshallplan!... (Forts. Frankreich S. 249)

Schatten und Licht. Während die Anarchie in Paris um sich griff, feierte London die Hochzeit Elisabeths. In der Nacht vom 19. zum 20. November kampierten mehrere hunderttausend Menschen, um Wachfeuer gesammelt, auf der Strecke, die die zukünftige Königin vom Buckingham-Palast zur Westminster-Abtei führen sollte. Philipp Mountbatten war am Vortag von König Georg VI. zum Ritter geschlagen und zum Baron Greenwich, Earl of Marioneth und Duke of Edinburgh ernannt worden: Der erste Titel war englisch, der zweite walisisch und der dritte schottisch. Die Regierung Attlee hatte versucht, den Hochzeitsprunk in Grenzen zu halten; doch ihre Entscheidung, die *Household Cavalry* in Khaki zu kleiden, war so unpopulär, daß sie rückgängig gemacht werden mußte. Die Garden würden den Brustschild, den Helm mit weißem Roßschweif, den blauen Dolman mit Purpuraufschlägen, die hohen Stiefel und die Stulpenhandschuhe tragen.

Einige Tage zuvor hatte der Schatzkanzler Hugh Dalton seinen Rücktritt bekanntgegeben. Attlee hatte Cripps an seine Stelle gesetzt, und die Engländer wußten, was die Ernennung dieser Leichengestalt zu bedeuten hatte: Einschränkungen über Einschränkungen. Die Zuteilung der Kohle für die Haushalte war geringer als im vorhergegangenen Winter, obgleich die bloße Erinnerung daran einem die Knochen im Leib gefrieren ließ. Symbolische Kleinigkeiten, die man stärker empfand als ernste Entbehrungen, kennzeichneten die Not Englands. So zum Beispiel die Anordnung, die Größe der Fußballtotoscheine auf die Hälfte zu verringern – es war Harold Wilsons erste Geste als Minister; er hatte Cripps im *Board of Trade* abgelöst und war mit seinen 31 Jahren der jüngste Inhaber dieses Amtes in der britischen Geschichte.

Die Zeremonie am 20. November wurde in 42 Sprachen im Rundfunk übertragen. Der Erzbischof von York betonte jedoch ausdrücklich, daß das Ritual dasselbe sei wie bei der Hochzeit des einfachsten Bürgers. Die letzten Vertreter der europäischen Königshäuser, 5 Könige, 6 Königinnen, 21 Königliche Hoheiten, hatten im Chor der Kathedrale von Westminster Platz genommen. Einer der Könige, Michael von Rumänien, war mit Einwilligung seiner Regierung durch den Eisernen Vorhang gekommen. Er zögerte lange zwischen dem Thron und der Freiheit und kehrte schließlich, nachdem er sich in der Schweiz mit seiner Kusine Anna von Bourbon-Parma verlobt hatte, nach Bukarest zurück, um einen paradoxen Versöhnungsversuch zwischen Kommunismus und Monarchie zu starten. (*Forts. Großbritannien S. 372*)

Mißerfolg einer Streikwelle

Der Bericht über die Kandidaten für den Marshallplan wurde in Washington in allen Einzelheiten geprüft. Ein Komitee nach dem anderen entstand. Eine Untersuchungskommission des Kongresses reiste nach Paris, unter Führung von Unterstaatssekretär John Herter, der in Paris geboren und der Sohn des Künstlers war, der für den Ostbahnhof die Darstellung der Abfahrt der Soldaten des Jahres 1914 gemalt hatte.

Er hatte Visa für Moskau verlangt; die Russen hatten geantwortet, die UdSSR sei kein Land, das für die Inspektion der Amerikaner offen sei.

Die Schlußergebnisse wurden im November erstellt. Sie waren positiv. Das Komitee Krug war der Ansicht, daß die Vereinigten Staaten »physisch imstande« seien, die verlangte Hilfe zu gewähren. Das Komitee Nourse wies nach, daß der Wiederaufbau im Interesse Amerikas liege. Das Komitee Harriman hatte hervorragende Arbeit geleistet, bei der alle Aspekte der Hilfe in Betracht gezogen und ihre Notwendigkeit dargelegt wurden. Die Kommission Herter kehrte aus Europa mit Eindrücken wie dem folgenden zurück: »England löst sich in höchst majestätischer Ordnung auf, während Frankreich sich im größtvorstellbaren Chaos erholt.« Mehrere isolationistische Mitglieder der Delegation hatten ihre Meinung geändert und gaben zu, daß man Europa unbedingt retten müsse. Sie fügten hinzu, man müsse sich beeilen; es sei fast schon zu spät.

Aber Amerika bleibt Amerika; die Langsamkeit war überwältigend. Man sprach so viel über den Marshallplan, daß zahlreiche Europäer glaubten, er sei bereits in Kraft getreten – und seine Wirkungslosigkeit konstatierten. Mehr als sechs Monate nach der Rede in Harvard hatte das ERP (*European Recovery Program*) seine gesetzliche Form noch nicht erhalten. Der Kongreß würde sich erst zu Anfang 1948 damit beschäftigen können und die Abstimmung nicht vor dem Sommer erfolgen. Bis dahin war der Kranke tot . . .

Die Hoffnung übertrug sich auf die Soforthilfe, wie man es in akademischer Sprache nennt, oder *the stop gap*, den Lückenbüßer, wie es in der Umgangssprache heißt. Truman berief den Kongreß zu einer Sondersitzung ein, trat vor die beiden versammelten Kammern und forderte sie auf, rasch einen Kredit von 597 Millionen Dollar zu bewilligen, um die beiden in Not befindlichen Nationen Westeuropas, Frankreich und Italien, zu retten – sowie Österreich, dessen wirtschaftliche Lage weiterhin äußerst ernst war. Der Anteil Frankreichs sollte 328 Millionen und jener Italiens 227 Millionen betragen. »Die Hilfe ist unbedingt notwendig«, erklärte Truman, »wenn man erreichen will, daß ihre Wirtschaft den Winter überdauert und ihre politischen Systeme sich nicht auflösen.«

Zwei Tage nach der Kongreßsitzung hatte Ramadier Präsident Auriol sein Rücktrittsgesuch überbracht und ihm geraten, eine Regierung zum Wohl des Staates unter der Führung Léon Blums zu bilden. Noch einmal, am 21. November, trat der alte Herr, ein Hauch von Stimme, ein Restchen Leben, vor das Forum des Palais Bourbon, in dem er so viel Leidenschaft entfesselt und verschwendet hatte. Wenige Minuten vor Mitternacht verließ er es wieder unter beifälligen Beileidsbezeugungen. 9 Stimmen hatten ihm gefehlt, um die verfassungsmäßige Mehrheit für den Auftrag zur Regierungsbildung zu bekommen. Blum hatte de Gaulle und die Kommunisten in einen Topf geworfen und damit die »Verteidigung der Republik« mißbraucht, sich bei den Konservativen unbeliebt gemacht. Was zuviel war, war eben zuviel.

Die Lage spitzte sich immer mehr zu. Hunderttausend Bergleute hatten zu arbeiten aufgehört. In den Metall- und Maschinenindustrien der Umgebung von Paris war der Generalstreik ausgerufen worden. Die Mühlenarbeiter hungerten die großen Städte aus und weigerten sich, einer Requirierungsanordnung Folge zu leisten. Der

Bergarbeiterstreik griff auf das Loirebecken über, und der Hafenarbeiterstreik erreichte die Atlantikhäfen. Auf der ehemaligen PLM-Bahnlinie (Paris-Lyon-Marseille) hielten die Züge auf freiem Feld und überließen die Reisenden ihrem Schicksal. Die anderen Eisenbahnnetze, die Kohlengruben in Lothringen, die Bauarbeiter, dann die Lehrer des Departements Seine, die Angestellten der Post, der Gaswerke schlossen sich der Bewegung an. In Paris funktionierte ein Streikkomitee wie eine KP im Aufstand.

Dennoch war es klar, daß die Streiks nicht populär waren, daß sie eher befolgt als gebilligt wurden und daß die Lohnforderungen, die als Rechtfertigung dienten, ihren wahren Zweck nicht zu verschleiern vermochten. Als es gelang, die Arbeiter bei Citroën geheim abstimmen zu lassen, waren 4978 für die Arbeit und 1202 dagegen. In Bruay und Liévin, zwei Bergwerksstädten im Departement Pas-de-Calais, ergab eine Befragung das gleiche Resultat. Die Kommunisten entfesselten einen Krawall, bemächtigten sich der Stimmzettel und vernichteten sie. Eine entschlossene Minderheit versuchte, ein widerspenstiges Land mit Gewalt zu unterjochen.

Auriol handelte rasch. Schon am 22. November stellte sich der neuernannte Ministerpräsident dem Parlament vor. Seine Angriffe galten den Kommunisten, er sprach offen von »einer aufwieglerischen Unternehmung, die in ganz Europa gleichgeschaltet« sei, und rief jene an seine Seite, die ihr Widerstand leisten wollten. Seine Ernennung wurde mit 412 gegen 184 Stimmen bestätigt, wobei allein 164 Kommunisten dagegen waren. Die Regierung Schuman nahm ihren Anfang. Der Franzose, der den stärksten Einfluß auf die Entwicklung in Europa ausüben sollte, trat in den Vordergrund.

Er war kein Anfänger in der Politik. Im Jahre 1886 geboren, war er am 9. Dezember 1919 Parlamentsmitglied geworden, von den Beifallsrufen umtost, mit denen die 24 elsässischen und lothringischen Abgeordneten begrüßt wurden, die ihre seit dem Frankfurter Vertrag leerstehenden Sitze wieder einnahmen. Beim Waffenstillstand am 11. November 1918 hatte Robert Schuman noch die deutsche Uniform getragen – genau gesagt, jene einer Kompanie von Verwaltungsbeamten, die ihn als Hilfsbeamten in die Unterpräfektur Boulay geschickt hatte. Er hatte die deutschfranzösische Schule im Luxemburg absolviert, im selben Jahr das deutsche und das französische Abitur abgelegt und hatte sich später in Metz als Anwalt niedergelassen. Robert Schuman war von den beiden Nationen und den beiden Kulturen durchdrungen. Das Wunder an ihm bestand darin, daß er aus einer Dualität, die normalerweise nur Extremismus und Zerrissenheit hervorruft, Harmonie zu schöpfen vermochte.

Der Zweite Weltkrieg brachte Robert Schuman das Privileg, das erste von der Gestapo verhaftete Parlamentsmitglied zu sein. Er wurde in Neustadt interniert, entfloh im August 1942, kam nach Vichy, sagte dem ungläubigen Laval Hitlers Niederlage voraus und fand dann, als die Deutschen die freie Zone besetzten, unter dem Namen eines Monsieur Durenne, Geschichtslehrer aus Belfort, Asyl bei den Trappisten von Notre-Dame-des-Neiges im Departement Lozère. Nach der Befreiung setzte er seine politische Laufbahn, nun als Minister, fort, blieb jedoch ebenso einfach wie zuvor. Er aß jeden Tag mittags und abends im Restaurant des Parlaments das Menü zu 120 Francs, was damals einem Dollar entsprach. »Es ist nichts für Feinschmecker, aber es ist ausreichend; ein Politiker hat unter den heutigen Umständen kein Recht, mehr zu verlangen.« Sein mächtiger Schädel, seine abstehenden Ohren, seine gerötete Nase, seine zögernde Sprechweise verliehen ihm etwas Komisches. Doch wenige Männer haben so viel Klugheit, Überzeugung und Mut besessen wie er. »Er läuft mit benzinarmem Gemisch«, sagte sein Feind Georges Bidault. »Nicht jeder kann seinen Motor mit Alkohol betreiben«, war Schumans Antwort.

Am Tag, an dem Schuman sein Kabinett bildete, betrug die Anzahl der Streikenden eine Million. Achtundvierzig Stunden später hatte sie sich verdoppelt. Das Büro des Eisenbahnerverbandes stimmte für Generalstreik. Die örtlichen Sektionen in Lille, Béthune, Le Mans, Nancy, Dijon, Saint-Etienne, Poitiers usw. sprachen sich gegen den Generalstreik aus, aber im allgemeinen gelang es den Aufrührern, den Verkehr zu unterbinden. Die Häfen, die Flußschiffahrt, das Baugewerbe, die Schwerindustrie, die Bergwerke, Post und Telegrafie, die chemischen, Nahrungsmittel- und Textilindustrien waren völlig oder teilweise gelähmt. Paris bekam ein schauderhaftes Gesicht. Die Bahnhöfe waren militärisch bewacht. Die Soldaten transportierten das Mehl, sorgten für die Milchverteilung. Einer der Streikenden war Monsieur Desfourneaux, der Henker von Paris. Er verlangte seine Angleichung an den Rang eines Bürochefs und wegen des wachsenden Arbeitsanfalls eine Prämie für jeden Kopf. Auf diese Weise erhielten acht zum Tod Verurteilte einen Hinrichtungsaufschub.

Die Parallele Frankreich – Italien ging weiter. Am 22. November hatte De Gasperi dem Toben der äußersten Rechten und der äußersten Linken getrotzt und ein Gesetz zur Verteidigung der demokratischen Republik verabschieden lassen. Eine Woche später trat Schuman – asketisch wie De Gasperi, frommer Katholik wie De Gasperi, Chef einer christlichsozialen Partei wie De Gasperi – mit einem ebensolchen Gesetzesvorschlag vor das französische Parlament: schwere Bestrafungen für Bedrohung der Arbeitsfreiheit, strenge Sanktionen gegen Sabotageakte, automatische Entlassung von Funktionären, die sich der Rebellion schuldig machen, usw. Benoît Franchon war eingeschüchtert, versuchte zu verhandeln, ließ durch den Arbeitsminister Daniel Meyer die Aufgabe der Streiks anbieten, falls der Gesetzesvorschlag über die Strafverfügungen zurückgezogen würde. »Monsieur Meyer«, antwortete Schuman, »Ihr Vorschlag bedeutet, daß in Frankreich nichts ohne die Erlaubnis der Kommunisten getan werden könnte. Eher gehe ich wieder nach Lothringen und ziehe mich aufs Land zurück, als daß ich auf diesen Vorschlag eingehe.«

Am 29. November fiel der erste Schnee dieses Winters auf Paris. Die Sitzung der Nationalversammlung begann damit, daß die Abgeordneten stehend die Leichenrede für General Leclerc anhörten; er war in seiner Mitchell in Colomb-Béchar ums Leben gekommen, weil er den Wetterbericht ignoriert hatte, der den Flug verbot. Die auf diesen Augenblick der Sammlung folgende Debatte war die unflätigste der ganzen brutalen Geschichte des französischen Parlamentarismus. Die Litanei der vom *Journal Officiel* aufgezeichneten Beleidigungen umfaßt: Saukerl, Faschist, *Boche*, Miststück, Amerikaner, Verräter, Lügner, Hitleranhänger, Mörder ... »Der Ministerpräsident ist ein ehemaliger deutscher Offizier«, schrie Jacques Duclos. »Ein

Boche! Nieder mit den *Boches*!« Ein gewisser Calas wurde wegen Aufwiegelung von Militärpersonen zum Ungehorsam zeitweilig ausgeschlossen, klammerte sich jedoch von 8 Uhr abends bis 6 Uhr morgens an der Tribüne fest, zusammen mit einer Gruppe Kommunisten, die ihn mit ihrem Körper deckten. Nach zehn Stunden vergeblicher Verhandlungen erteilte Herriot dem Militärkommandanten des Palais Bourbon Weisung, den Saal gewaltsam räumen zu lassen. Die Sitzung wurde wieder aufgenommen, unter Kannibalengeheul, hysterischen Anfällen der kommunistischen Abgeordneten, einem Sperrfeuer von Beschimpfungen und verbissenen Verschleppungsmanövern.

Die Kommunisten hofften, die Arbeitermassen in Aufruhr zu bringen. Aber sie waren im Irrtum. Der einzige aufgeregte Ort in Paris war das Palais Bourbon. Die einzigen Aufläufe wurden am 25. November durch den traditionellen Umzug der Catherinetten, der unverheirateten Frauen über 25, verursacht, und einige Tage später durch das Staatsbegräbnis Leclercs. »Wir leben in einem Paradies der Ahnungslosigkeit«, schrieb ein Berichterstatter. »Die Öffentlichkeit ist in keiner Weise alarmiert... Im Ausland nimmt man an uns mit einer Nervosität Anteil, die bei uns selbst völlig fehlt.«

Der Instinkt der Allgemeinheit war richtig. Die Lage war revolutionär, doch das Klima war es nicht. Der Ordnungsdienst war überanstrengt, aber seine Haltung war fest, und er hatte das letzte Wort. Die beiden kommunistischen Zeitungen von Paris, l'*Humanité* und *Le Soir*, bereiteten Sonderausgaben vor, die zum Aufstand aufriefen: »Alarm! Sie ermorden die Republik!« Die Polizei drang in die Druckereien ein, zerstörte die Matrizen, leerte die Setzkästen. Keinerlei Widerstand. Die Revolution von 1830 hatte begonnen, als Polignac die Pressen des *National* hatte zerschlagen lassen...

Die Gewaltakte der Kommunisten schmiedeten im Parlament eine Mehrheit zusammen. Sie wies 200 Abänderungsverträge zurück, erkämpfte die Artikel Schritt um Schritt und beschloß am 1. Dezember um 4 Uhr 15 morgens, nach einer ununterbrochenen Sitzung von 126 Stunden Dauer, das Notstandsgesetz zum Schutz des Arbeitsfriedens mit 404 gegen 184 Stimmen. Am 6. Dezember entgleiste der Nachtschnellzug Paris–Lille, der entgegen den Weisungen des Streikkomitees gefahren war, bei Arras: Bei 30 Meter Schienen waren die Halteschrauben entfernt worden; es gab 20 Tote...

Der Offensive gegen den Marshallplan ging der Atem aus. In Mailand bemächtigten sich Demonstranten der Präfektur, flüchteten jedoch durch die Gärten, als Infanterieeinheiten, unterstützt von Panzern, an beiden Enden der Via Montforte auftauchten. Die italienische Gewerkschaft CGIL unternahm noch einen Versuch, indem sie in Rom einen Generalstreik auslöste; die Ordnung wurde streng aufrechterhalten, und der Streik fiel zusammen. Die französische CGT sandte eine Delegation ins Élysée, die den Präsidenten der Republik ersuchte, sein verfassungsmäßiges Sonderrecht anzuwenden, um eine Neuberatung des Gesetzes zum Schutz des Arbeitsfriedens anzuordnen. Auriol warf die Abordnung hinaus und sagte, er habe nicht auf sie gewartet, um die Arbeiter zu verteidigen. Die Regierung ergriff die Initiative. Der Innenminister, Jules Moch, gab bekannt, daß die Polizei und die Armee

Order hätten zu schießen, wenn sie angegriffen würden. In Marseille wurden die Streikenden aus dem Bahnhof Saint-Charles getrieben; in Béziers wurde der RPF-Bürgermeister gewaltsam wieder eingesetzt; die Innenstadt von Nizza wurde unter Einsatz von Tränengas gesäubert. Eine Militärexpedition erschien in dem Kohlenbecken Nordfrankreichs; systematisch besetzten 10 000 Soldaten die Kohlengruben und vertrieben die Streikposten. – Die Ordnung war wiederhergestellt, die Bergarbeiter nahmen ihre Arbeit wieder auf.

Der Streik war im Erlahmen. Schuman versetzte ihm den Todesstoß, indem er allen Arbeitern, die vor dem 10. Dezember die Arbeit wieder aufnahmen, eine Teuerungsvergütung von 1500 Francs zuerkannte. Franchon seufzte: «Bald wird außer dem Verbandsbüro niemand mehr im Streik stehen. Es ist Zeit, das Ganze abzublasen ...» Thorez flog überstürzt nach Moskau ab, um hierfür die Erlaubnis einzuholen. Er erhielt sie am 9. Dezember. Am 10. Dezember war Frankreich wieder zu seinem normalen Leben zurückgekehrt.

Materiell gesehen, hatte der Streik viel gekostet. Der Produktionsverlust betrug 2 Millionen Tonnen Kohle und 175 000 Tonnen Stahl. 200 Schiffe mit lebenswichtigen Ladungen waren in Marseille, Bordeaux, Nantes, Le Havre und Rouen liegengeblieben. Die materiellen Schwierigkeiten hatten sich bei Eintritt des Winters verschlimmert, und dennoch war die Bilanz dieser Kraftprobe zweifellos positiv. Das Mißlingen des revolutionären Streiks, der überraschende Widerstand öffneten dem Marshallplan den Weg. (*Forts. Frankreich S. 309*)

Israel ist erstanden

Die Kommission der elf Neutralen hatte sich gespalten. Australien zog es vor, sich der Stimme zu enthalten. Indien und Jugoslawien, zwei Länder mit mohammedanischen Minderheiten, sowie der schiitische Iran sprachen sich für das Weiterbestehen der Einheit Palästinas aus, Kanada, Guatemala, die Niederlande, Peru, Schweden, die Tschechoslowakei und Uruguay waren für die Teilung, die Schaffung eines jüdischen Staates. Eine zweite Kommission wurde bestimmt, die Vorschläge für die Teilung erstellen sollte. Sie bestand aus Kanada, Guatemala und den beiden Staaten, die man nur selten gemeinsam arbeiten sieht, den Vereinigten Staaten und der UdSSR.

Die Karte für die Teilung wurde entworfen. Die Araber sollten den Westen Galiläas mit Akko und Nazareth, ganz Samaria, den Osten Judäas mit Ramle und Lydda, die Enklave Jaffa, einen Küstenstreifen rund um Gaza, den Nordosten und den Südwesten des Negev mit Beersheba und El Auja behalten. Jerusalem und Bethlehem sollten einem Mandat der Vereinten Nationen unterstellt werden. Den Rest sollten die Juden erhalten: den Osten Galiläas, die Küstenebene zwischen Haifa und Rehovoth, drei Viertel des Negev mit Zugang zum Golf von Akaba. Das ihnen zuerkannte Land, 10 000 Quadratkilometer, war so groß wie ein großes französisches Departement; das erste Gebiet lag im Osten, das zweite im Westen, das dritte wieder im Osten. Um die drei Landstücke zu verbinden, mußte man zwei neutrale Durchgangszonen vorsehen. Das ganze Gebiet verfügte übrigens über eine nur knappe jüdische Mehrheit: 498 000 Juden gegen 490 000 Araber und Beduinen. Hingegen würden 100 000 Juden auf arabischem Gebiet verbleiben. Die Errichtung einer volksmäßigen Einheit hätte eine Umsiedlung erfordert, zu der die Kommission nicht Zuflucht nehmen wollte.

Die Berufsdiplomaten des State Department waren angesichts dieser mühseligen Teilung mehr als zurückhaltend. Im Kabinett sprach sich James Forrestal offen gegen die Schaffung eines jüdischen Staates aus – Forrestal war ein New Yorker Bankier, der sein Landhaus in der Nähe von Franklin Roosevelts Landsitz hatte und von diesem zum Marineminister ernannt worden war; Truman hatte ihn, nach dem Zusammenschluß der bewaffneten Streitkräfte am 28. Juli 1947 zum ersten Verteidigungsminister der amerikanischen Geschichte ernannt. Nach Forrestals Ansicht gefährdete eine judenfreundliche Politik die nationale Sicherheit, da sie die Ölversorgung der Vereinigten Staaten in Frage stellte.

»*Oiling the war*«, den Krieg ölen: das hatte Amerika getan, indem es in seinem Boden übermäßig gebohrt hatte. Die Rohölförderung hatte sich von 1938 bis 1945 fast verdoppelt. Intensives Suchen, bedeutende Steuervorteile für die Ölgesellschaften hatten die Inlandsreserven nur um 7 % vermehrt. Forrestal sprach die Überzeugung aus, es gehe um jede Tonne; um jeden Preis müsse man eine Sicherheitsreserve im eigenen Boden bewahren. Man müsse sogar vermeiden, zu schnell aus den Quellen der Westhemisphäre zu schöpfen, den Lagern in Venezuela, Mexiko, Trinidad, usw. Amerika müsse sich vorzugsweise an den Mittleren Osten halten, auch für seine Verbündeten.

Im Mittleren Osten hatte die große Ölgewinnung noch kaum begonnen. Im Jahre 1946 waren dort nur 242 Millionen Fässer gefördert worden, ein Zehntel der Weltproduktion. Man wußte jetzt aber, daß hier die große Quelle des Rohöls war. Die Vereinigten Staaten besaßen kaum 13 % der Weltreserven, und die anderen Länder der westlichen Hemisphäre besaßen noch 11 %. Gegen diese 24 %, weniger als ein Viertel, stand der Mittlere Osten mit 70 %. Die Araber besaßen den wesentlichen Anteil eines Energieträgers, von dem Amerika geglaubt hatte, er wäre ein Geschenk der Vorsehung an die Vereinigten Staaten. Das war zwar unangenehm, sagte Forrestal, aber Tatsache.

Nach den geologischen Ansichten der damaligen Zeit gestattete die Bodenbeschaffenheit Arabiens keine großen Hoffnungen. Bei der Suche nach Wasser war man auf Kohlenwasserstoffverbindungen gestoßen, aber die verwöhnten englischen Gesellschaften zeigten sich auf diesem riesigen Gebiet wenig unternehmungslustig. Dennoch war es ein Engländer, St. John Philby, der die amerikanischen Ölleute dorthin brachte. Die Standard Oil of California erhielt dort im Jahre 1933 eine Konzession. Das erste saudi-arabische Öl wurde am 1. Mai 1939 in Ras Tanura auf dem Tanker *D. G. Scotfield* verschifft. Fünf Jahre später vereinigte sich Standard mit Texaco und gründete die Arabian American Oil Company oder Aramco. Man kannte damals das Wunder Kuweit noch nicht, das winzige Sultanat, in dessen Boden ein Viertel der Weltreserven an Rohöl verborgen liegt. Saudi-Arabien trat in den Rang des potentiellen ersten Rohöllieferanten.

Im Jahre 1947 begannen die großen Entwicklungen. Karawanen von Geologen durchforschten das riesige Gebiet der Aramco, drangen in den Rub' al-Khali, eine der ödesten Wüsten der Erde, vor. Das große Ölvorkommen von Abkaik bei Dharan wurde in Betrieb gesetzt. Die tägliche Produktion stieg von 20 000 auf 236 000 Faß. In Ras Tannurah am Persischen Golf wuchsen eine große Raffinerie und ein Ölhafen aus dem Boden. Man zog eine Pipeline zum Mittelmeer in Betracht. Arabien war ein wildes Land, das Reich der Wahabiten, das Reich des perfektesten orientalischen Potentaten, Ibn Saud. Man schlug Dieben die Hand ab, steinigte Ehebrecherinnen, die Sklaverei war anerkannt und die Banknote unbekannt. Dennoch erwiesen sich die Beziehungen zwischen den Leuten aus dem Westen und den Feudalisten als leichter denn überall sonst. Amerika gedachte Saudi-Arabien zu einem seiner Stützpunkte der Militärstrategie sowie zum Fundament seines Ölreiches zu machen . . .

Forrestal stellte die Frage: »Sollen wir dieses Werk, das von größtem nationalen Interesse ist, in Gefahr bringen, um einen Traum der Juden zu befriedigen? . . .«

Seinen Diplomaten, die sehr viel einzuwenden hatten, gab Truman die Weisung, den Teilungsplan zu unterstützen. Doch der Druck, dem er ausgesetzt war, brachte ihn zur Verzweiflung. »Noch nie ist auf das Weiße Haus so heftiger Druck ausgeübt worden«, sagte er. Die fünf Millionen starke, reiche und streitbare jüdische Gemeinde drohte dem demokratischen Präsidenten ihre politische und finanzielle Unterstützung zu entziehen, wenn nicht alle Mittel der Überredung und der Macht Amerikas in den Dienst der zionistischen Sache gestellt würden. Truman berief Dr. Weizmann zu sich und beklagte sich bitter über den Druck, dem er ausgesetzt war . . . Doch der Einsatz war groß, und Truman wußte das. Das Öl, das angeblich die Welt regierte, hatte nicht viel Gewicht im Vergleich zu den Wahlstimmen der Juden.

Am Dienstag, dem 25. November, trat die Vollversammlung in Flushing Meadows, an den Pforten New Yorks, in einem der Gebäude der Internationalen Ausstellung 1939, zusammen. Für die Annahme des Vorschlages der Elferkommission war eine Zweidrittelmehrheit erforderlich. Sie war bei weitem nicht gesichert. Die asiatischen Länder, die Mehrzahl der südamerikanischen Staaten waren gegen die Teilung. Frankreich, das an seine dreizehn Millionen mohammedanischen Staatsbürger dachte, zögerte . . .

Die Zionisten verzweifelten. In der Halle von Flushing Meadows wurden wütende Vorwürfe erhoben. Was tat Amerika? Warum brachte es seine Satelliten nicht auf eine Linie? Griechenland, die Philippinen, Haiti, Liberia hatten Reden gegen die Teilung gehalten und erklärt, sie würden dagegen stimmen. Frankreich und China würden sich anscheinend der Stimme enthalten. 25 Staaten würden für die Teilung sein und 13 dagegen. Die Zweidrittelmehrheit würde nicht erreicht werden. Amerika verriet die zionistische Sache. Die Beobachter der *Jewish Agency* erklärten, sie würden sich den Russen in die Arme werfen . . .

Der Delegierte Haitis hieß Antonio Vieux. Er hatte am Vortag voller Feuer gegen die Teilung Palästinas gewettert. Nun bat er um das Wort, zwecks Berichtigung. Er hatte von seiner Regierung neue Weisungen erhalten; er widerrief seine Rede und wollte für die Vorschläge der Elferkommission stimmen. Der Delegierte von Liberia,

Gabriel Dennis, erklärte, daß er sich in der gleichen Lage befinde wie sein Rassenbruder von den Antillen... Der Vertreter der Philippinen war General Carlos Romulo. Seine Delegation teilte mit, er habe sich am vergangenen Abend auf der *Queen Mary* eingeschifft. Ein Ersatzmann kam aus Washington, um mit Ja zu stimmen...

In seinen Memoiren versichert Truman, er habe es immer abgelehnt, auf die Nationen, deren Rettungsanker Amerika war, einen Druck auszuüben. Die Juden hätten ihm so sehr zugesetzt, sagt er, daß er den Verfechtern der zionistischen Sache, einschließlich Dr. Weizmann, den Besuch im Weißen Haus untersagt habe. Es bleibt also noch, auf Grund der Dokumente, die vielleicht eines Tages von den Archiven freigegeben werden, zu schildern, welche Gründe mehrere Nationen bestimmten, ihre Meinung über das Palästinaproblem zu ändern.

Am Freitag, dem 29. November, wurde die Abstimmung durch den Präsidenten der Vollversammlung, Osvaldo Aranha, eröffnet. Die Nationen stimmten mündlich in alphabetischer Reihenfolge ab. Das Resultat war noch ungewiß. Die Zuschauertribünen, voll mit Zionisten, wogen hundert Millionen Tonnen der Sorge. »Die Abstimmung«, erzählt einer dieser leidenschaftlichen Zeugen, »hat nur drei Minuten gedauert. Sie kamen mir so lang vor wie die ganze Verbannung des jüdischen Volkes...«

Argentinien, Äthiopien, Chile, China, Großbritannien, Honduras, Jugoslawien, Kolumbien, Mexiko und San Salvador enthielten sich der Stimme. Thailand antwortete bei Aufruf seines Namens nicht. Afghanistan, Ägypten, Griechenland, Indien, der Irak, der Iran, der Jemen, Kuba, der Libanon, Pakistan, Saudi-Arabien, Syrien und die Türkei stimmten dagegen. Alle anderen Mitglieder der UNO, im ganzen 33, stimmten für die Teilung Palästinas. Das Ja des französischen Delegierten Parodi, das bis zum letzten Augenblick in Frage stand, wurde mit Jubel begrüßt.

Um 17 Uhr 31 wurde das Resultat verkündet. Auf den Tribünen brach man in Tränen aus. Die arabischen Delegierten verließen den Saal mit dem Ruf, die Vereinten Nationen seien soeben ermordet worden. Sir Alexander Cadogan erbat das Wort, um zu erklären, daß England die von der Versammlung beschlossenen Vorschläge annehme und unwiderruflich vor dem 1. August 1948 sein Mandat über Palästina niederlegen werde.

Die Nachricht jagte wie ein Lauffeuer durch New York. Die jüdischen Viertel hallten von Freudendemonstrationen wider. Auf dem Broadway wurde der Verkehr angehalten, und die Menge tanzte den jüdischen Freudentanz, die Hora. Die Juden in Palästina, jene in den Lagern auf Zypern, wo der Zeitvorsprung gegenüber New York sieben Stunden beträgt, vergaßen den Sabbat und feierten den Tag der Unabhängigkeit. Aber eine Woge des Zornes brachte die arabischen Länder in Aufruhr. Die amerikanischen und französischen Botschaften in Kairo, in Damaskus und in Bagdad wurden belagert. In Palästina wurde der Generalstreik ausgerufen. Man traf Vorbereitungen für den Krieg. 600 000 Juden inmitten von 27 Millionen Arabern, die schworen, sie würden sie ins Meer werfen...

Endlich kam Weihnachten heran. Am 23. Dezember hatte Präsident Truman das

Gesetz der Soforthilfe unterzeichnet, das wenige Stunden vorher vom Kongreß angenommen worden war. Frankreich und Italien sollten bis zum Sommer eine Dollarhilfe erhalten. Am 24. begann es um 5 Uhr 25 in New York zu schneien. Der Wetterdienst hatte »gelegentlichen Schneefall« vorausgesagt, ein paar Flocken, die am Nachmittag aufhören würden zu fallen. Der Abend kam, es schneite immer noch, dicht, unaufhörlich. In der großen Stadt war buchstäblich jede Bewegung erlahmt. Hunderttausende Autos, die man im Schnee stehengelassen hatte, waren zu Iglus geworden. Der Schneefall, 25,8 Zoll, mehr als 65 Zentimeter, war der stärkste, der je im Osten der Vereinigten Staaten verzeichnet wurde. New York sollte acht Tage brauchen und drei Millionen Dollar ausgeben, bis seine Straßen wieder befahrbar waren. (*Forts. Israel S. 271*)

9. Kapitel 1948 Kommt es zum Krieg?
Staatsstreich in Prag

Am 12. Januar 1948 empfing Präsident Benesch seinen Botschafter in Belgrad. Die zwei Schlaganfälle, die er im Vorjahr erlitten hatte, hatten tiefe Spuren hinterlassen. Die schwer gewordene Zunge brachte die Worte nur mühevoll hervor. Doch der Geist war – oder schien – klar geblieben.

»Ich sehe die internationale Lage überaus pessimistisch«, sagte er. »Was dagegen unsere innere Situation anbelangt, habe ich keine Sorgen. Die Wahlen rücken näher. Das tschechoslowakische Volk wird sich nicht so übertölpeln lassen wie im Jahre 1946. Die Kommunisten werden an Boden verlieren, etwa 10 % ihrer Stimmen, zugunsten der Volkssozialisten und der Sozialdemokraten. Das wird genügen, um ein gerechtes Gleichgewicht herzustellen. Ich würde nicht wünschen, daß sie zuviel verlieren; Moskau [er lächelte] würde sich ärgern . . .«

Mit dem Bleistift in der Hand stellte Benesch eine unwiderlegbare Rechnung auf. Die Kommunisten hatten in Böhmen-Mähren 40 % der Stimmen und in der Slowakei 30 % erhalten; im Parlament verfügten sie über 114 Sitze. Die Sozialdemokraten brachten den Block der Linken auf 150 Sitze. Ihnen gegenüber saßen 150 Abgeordnete der Mitte und der Rechten. Die geringste Meinungsverschiebung würde die Tschechoslowakei der kommunistischen Vorherrschaft entreißen, sie vor einer vollkommenen Kollektivierung bewahren, die für die Industrietätigkeit verderblich und für den Lebensstandard verhängnisvoll war.

Die Sozialdemokratische Partei löste sich selbst aus der Umklammerung. Ihr Vorsitzender war ein ehemaliger Berufsdiplomat, Zdenek Fierlinger, der trotz seiner Erfahrungen als Botschafter in Moskau dem Kommunismus zutiefst verbunden war. Der Kongreß in Brünn hatte Fierlinger gestürzt und einen Opportunisten namens Lausman an seine Stelle gesetzt. Die tschechischen Sozialisten hatten ihren Blick auf Frankreich gerichtet. Sie sagten sich, die Rolle eines Ramadier oder eines Moch war interessanter als jene von Chorknaben des Kommunismus, die man sie seit der Befreiung spielen ließ.

Der Kongreß in Brünn hatte jedoch in Moskau heftige Unzufriedenheit hervorgerufen. »Fierlinger war für die UdSSR der Garant für die Freundschaft des tschechoslowakischen Volkes«, sagte man den Tschechen. »Seine Niederlage beweist den Fortschritt der antisowjetischen, reaktionären Tendenzen. Das ist untragbar . . .«

Der Gesprächspartner Beneschs fragte ihn, ob seiner Meinung nach die Kommunisten eine Wahlniederlage hinnehmen würden. War nicht ein Gewaltstreich zu befürchten?

»Nein, die Kommunisten haben das im September erwogen, den Gedanken aber ein für allemal aufgegeben. Ein Putsch wäre gegen mich gerichtet, das können sie sich nicht erlauben. Das Volk ist für mich. Die gesamte Armee, zumindest die Hälfte der Polizei stehen auf meiner Seite.«

Ein Monat verstrich. Die Zeichen der Abneigung gegen den Kommunismus wuchsen. Genauso aber wuchsen die Anzeichen für einen Gewaltstreich, den Benesch für unmöglich gehalten hatte. Das Kominform bezeichnete bei seiner Versammlung in Mailand die tschechoslowakische Politik als »halbreaktionär« und erklärte, die Position der Kommunistischen Partei müsse »vor den Wahlen« gestärkt werden. Der Innenminister, Vaclav Nosek, war natürlich ein Kommunist, und von 70 führenden Beamten der Polizei waren 60 Mitglieder der Partei. In Prag gab es nur noch acht Kommissare, die ihr nicht angehörten. Mit einem Federstrich setzte Nosek acht von seinen Leuten an ihre Stelle.

Am 13. und dann am 17. Februar verlangten die nichtkommunistischen Minister die Aufhebung dieser Maßnahme. Nosek hatte sich krank gemeldet, aber Gottwald verteidigte und deckte ihn. Dann eilte er zum Büro der Kommunistischen Partei, erklärte, es bestünden umstürzlerische Absichten, und ließ vom Exekutivkomitee ein Manifest beschließen, das die Arbeiter aufforderte, sich bereitzumachen, um einen Umsturz zu verhindern.

Die drei wichtigsten nichtmarxistischen Parteien, die Volkssozialisten, die slowakischen Demokraten und die Volkspartei, hatten zusammen 12 Minister. Sie hielten eine gemeinsame Besprechung ab. Wenn sie zurücktraten und wenn sie vor allem die drei Sozialdemokraten und die Minister ohne Parteizugehörigkeit, wie Masaryk, mitzogen, schien der Rücktritt des Kabinetts Gottwald unvermeidlich. Der Ausgang der Krise – in ihrer bürgerlich-parlamentarischen Sicht – mußte eine Übergangsregierung sein, die die laufenden Geschäfte führen und das Datum der Wahlen vorverlegen würde.

Der Hradschin, ein tausendfenstriger Palast, über den die ungleichen Glockentürme des St.-Veits-Domes emporragen, beherrscht das linke Ufer der Moldau. Die Minister der Volkssozialisten, Zenkl und Ripka, erschienen dort am Vormittag des 18. Februar, um mit Benesch, dem Gründer und Vorsitzenden ihrer Partei, zu sprechen. Sie fanden ihn gesprächig und kampflustig. »Die Russen drängen zum Krieg«, sagte er. »Sie werden ihn teuer bezahlen, noch teurer als die Nazis ...« Er war mit dem Vorschlag des gemeinsamen Rücktritts der Minister einverstanden. Er ging noch weiter. »Seid hart. Gebt um keinen Preis nach. Geht auf die Krise los. Wir brauchen so bald wie möglich Wahlen ...«

Am darauffolgenden Tag landete Sorin bei eisigem Nebel in Prag. Er war dort Botschafter gewesen, bevor er zum stellvertretenden Außenminister der UdSSR ernannt worden war. Den Journalisten erklärte er, er sei gekommen, um die russischen Getreidelieferungen zu kontrollieren, er ließ sich aber geradewegs zu Masaryk fahren, der an Grippe und Unentschlossenheit litt und ihn im Schlafrock empfing. Der Russe beschwerte sich, daß die tschechoslowakische Politik dem slawischen Block nicht hinreichend angepaßt sei. Dann begab er sich in seine frühere Botschaft, um die Ereignisse zu verfolgen.

Sorins Besuch ließ auf manches schließen. Aber die Tschechoslowakei war kein besetztes Land, und die bürgerlichen Minister schlossen den Gedanken aus, daß ihr

28 Politiker des osteuropäischen Blocks: der jugoslawische Staatschef Marschall Tito (r.) und der bulgarische Premier Dimitroff (l.) 1947 nach Unterzeichnung eines Beistandsabkommens. – 29 Außenministertagung in Prag im Februar 1948: Jan Masaryk (Tschechoslowakei), Modzelewski (Polen) und Stanoje Simic (Jugoslawien) (v. l.).

30 bis 33 Ostblockpolitiker zwischen Macht und Ohnmacht: der tschechoslow. Premier Gottwald; der ungar. Ministerpräsident Kádár (1950 entlassen und bis 1954 in Haft); der polnische Parteisekretär Gomulka (1949 aus der Partei ausgestoßen und bis 1956 in Haft); der rumänische Außenminister Anna Pauker (1952 entlassen).

Land das Objekt einer militärischen Intervention werden könnte — eines Marsches der Sowjets gegen Prag, einer Wiederholung des Marsches der Nazis im Jahre 1939. Alle sagten, wiederholten und glaubten, daß die notwendige, ständige Grundlage der tschechoslowakischen Politik ein Bündnis mit Rußland sei. Aber sie dachten an ein Bündnis im alten Sinn, unter dem Schutz ihrer Unabhängigkeit, im Rahmen freier Beziehungen zu anderen Mächten und wenn möglich mit dem Gegengewicht eines Bündnisses mit Frankreich. Ihre Auseinandersetzung mit den Kommunisten war eine innere Angelegenheit — und Benesch hatte Stalins Wort: Die UdSSR würde sich in die inneren Angelegenheiten der Tschechoslowakei nicht einmischen.

Am Freitag, dem 20. Februar, überreichten die 12 Minister dem Staatspräsidenten ihre Rücktrittsgesuche. Weder der parteilose Masaryk, der sich als Techniker der Diplomatie betrachtete, noch die drei sozialdemokratischen Minister hatten sich ihnen angeschlossen.

Gottwald eilte herbei, begleitet von Nosek und General Svoboda, dem Verteidigungsminister. Er brachte nicht seine Demission, wie es seine Gegner unklugerweise gehofft hatten. »Ich habe nie demissioniert«, hat Thorez gesagt. Die Kommunisten demissionieren nicht. Gottwald erklärte Benesch, man müsse das Kabinett neu bilden, da die Verschwörer, die Agenten der inneren und äußeren Reaktion, sich selbst eliminiert hätten: Sie müßten durch entschlossene Anhänger der Freundschaft mit der Sowjetunion und der Revolution ersetzt werden.

Benesch war sehr müde. Er hatte es eilig, den erdrückenden Hradschin zu verlassen und auf seinen Landsitz, Sezimovo Usti, inmitten der verschneiten Wälder, zu fahren. Er antwortete schwach, er habe die Demission der zwölf Minister nicht angenommen und er wehre sich dagegen, daß irgendeine der Koalitionsparteien aus der Regierung austrete, ehe das entscheidende Urteil der allgemeinen Wahl gefallen sei . . .

So war also die Lage vom ersten Tag an anders als geplant. Die zurücktretenden Minister hatten den Sturz der Regierung beabsichtigt. Gestürzt aber waren nur sie selbst. Ihre einzige Hoffnung bestand darin, daß Benesch bei der Ablehnung, die er ihrer Demission entgegengesetzt hatte, blieb und ihre Rücktrittsgesuche, die sie ihm überreicht hatten, annullierte.

Das Parlament war in Ferien. Es blieb auch dort. Gottwald wollte es nicht, und Benesch dachte nicht daran. Der einzige rechtliche Repräsentant der nationalen Souveränität war und blieb außerhalb der Krise, in der das Geschick des Staates unwiederbringlich auf dem Spiel stand. Im Herzen der alten Stadt liegt der Wenzelsplatz mit der Statue des tschechischen Nationalhelden, Jan Hus. Auf dieses Forum begab sich die faktische Souveränität.

Hier sprach Gottwald am 21. Februar. Eine wütende Rede. Die zurückgetretenen Minister wurden als Verräter und Agenten des Auslands bezeichnet. Das Volk wurde aufgefordert, in jeder Fabrik, jedem Verwaltungsbüro, jedem Lokal, jeder Straße ein Aktionskomitee zu bilden. Dann ging Gottwald mit einer starken Delegation über die Karlsbrücke zum Hradschin hinauf. Er vertrete den Wunsch des Volkes, erklärte er, vor dem sich alle Köpfe beugen müßten oder fallen.

Benesch, blaß und zitternd, seufzte: »Sie sprechen zu mir wie Hitler . . .« Er gab noch nicht nach, sondern fuhr nach Sezimovo Usti. Er weigerte sich weiterhin, die Demission der zwölf anzunehmen. Auch sie hatten Prag verlassen und ihre Wahlsprengel aufgesucht. Wie die Girondisten glaubten sie, aus den Provinzen eine Gegenwehr in Gang bringen zu können. Der Platz war frei.

Die Russen mußten nicht marschieren. Die tschechischen Kommunisten waren der Aufgabe allein gewachsen. Die motorisierte Gendarmerie, kommunistisch bis ins Mark, besetzte Prag. Die Zeitungen der Opposition wurden verbrannt. Die Aktionskomitees beherrschten die Lage. Die von ihrer Wahlreise zurückkehrenden Minister für Transporte, für den Außenhandel, für die Justiz usw., die ihren Rücktritt als null und nichtig betrachteten, wollten ihre Arbeitszimmer betreten; sie wurden verhaftet und schlecht behandelt. Zwei Jahre der Infiltration hatten den Staat entkräftet, er glitt, ohne Erschütterung, in die Hände Gottwalds.

Benesch kehrte nach Prag zurück, empfing Zenkl, Stransky, Drtina, Ripka, seine alten Kampfgefährten, fünfzig- oder sechzigjährige bürgerliche Politiker, die angenommen hatten, ihre Linksfärbung, ihr sozialistisches Mäntelchen, würde sie vor einem Gewaltstreich der Roten bewahren. Mit kaum vernehmbarer Stimme setzte Benesch sie davon in Kenntnis, daß Gottwald ihm eigenmächtig eine Ministerliste — auf der Masaryk erschien — unterbreitet und ihn aufgefordert habe, seine Unterschrift darunterzusetzen. »Das werde ich nicht tun«, erklärte Benesch, »ich werde mich nicht zum Werkzeug der Kommunisten machen. Ich werde nicht unterschreiben . . .« Fast schon geächtet, klammerten sie sich an die Worte eines Mannes, dessen Leben nur noch ein Hauch, dessen Intelligenz mit dem Nachlassen seiner physischen Kräfte im Schwinden war. Am Mittwoch, dem 25. Februar, füllte sich das Forum des Wenzelsplatzes wieder. Gottwald war im Hradschin. Vom Palast aus vernahm man den Lärm mehrerer tausend Demonstranten, die von den Gewerkschaften mobilisiert worden waren, sowie die Schüsse der Polizei, die auf einen Zug von Studenten feuerte. Diese hatten dem Staatspräsidenten angeblich eine antikommunistische Petition übergeben wollen. Es war eisig kalt; die Moldau war voller Eisschollen, und der düstere Tag ging unter einem bleiernen Himmel bereits seinem Ende zu.

Beifallsrufe ertönten. Gottwald kam vom Hradschin auf den Wenzelsplatz. Er trug eine russische Pelzkappe mit Ohrenklappen. Er war betrunken, da er seit dem Morgen, im Fieber der Erwartung, Alkohol in sich hineingegossen hatte. Er schwenkte ein Blatt Papier mit der Unterschrift, die er Eduard Benesch abgezwungen hatte — der sich für einen Propheten der Demokratie gehalten hatte und seine Karriere damit beendete, daß er dem Totalitarismus seinen Stempel gab. Die Ohrenzeugen berichten, Gottwald habe gebrüllt wie ein Stier.

Die Nacht war hereingebrochen. Die Polizei zerstreute die letzten Studenten. Anderen aktiven Widerstand gab es nicht. Die Tschechoslowakei mit ihrem durch Jahrhunderte der Sklaverei elastisch gewordenen Rückgrat beugte sich. Von den Flüchtlingen waren viele schon im Jahre 1939 vor Hitler auf der Flucht gewesen. Damals waren sie nach Polen oder Ungarn gegangen; jetzt suchten sie die Wachsamkeit der Grenzwächter auf den Waldwegen des Böhmerwaldes zu überlisten. »Wer hätte mir je gesagt«, rief einer von ihnen, »daß ich Deutschland als das Land der Freiheit begrüßen würde?«

Das Nachspiel war kurz. Das schließlich einberufene, aber gesäuberte und gezähmte Parlament billigte den Staatsstreich einstimmig. In kürzester Zeit war die vollständige Verstaatlichung der Wirtschaft vollzogen. Ein Kommuniqué des Informationsministers teilte mit, daß Präsident Benesch »einen sehr langen Urlaub« nehmen müsse und seine Amtsgeschäfte Klement Gottwald übertrage. Am 10. März berichtete ein anderes Kommuniqué, man habe in den frühen Morgenstunden den Außenminister Jan Masaryk im Innenhof seines Ministeriums gefunden; offenbar habe er sich aus einem Fenster seiner im 3. Stockwerk gelegenen Wohnung gestürzt. Gottwald und die kommunistischen Zeitungen beschimpften die tschechischen und ausländischen Reaktionäre, sie hätten durch ihre Kritik den Sohn des großen Masaryk ins Grab gebracht. Tausende Menschen zogen an seiner Leiche vorbei, nicht ohne sich zu wundern, daß ein aus dem 3. Stockwerk gestürzter Mann keine Verletzung am Kopf davongetragen hatte. Indessen hat bis heute nichts das Gerücht bestätigt, nach dem Masaryk in dem Augenblick durch einen Gewehrschuß getötet worden sei, da er mit zwei tschechischen Piloten, vormaligen Fliegern der RAF, ein kleines Flugzeug besteigen wollte (*Forts. Tschechoslowakei S. 1052*)

Niederlagen der Kuomintang

Überall war der Krieg im Vormarsch. Die Vergewaltigung der Tschechoslowakei war nur einer der Hinweise auf ein Auflodern der Flammen in aller Welt, das im Frühjahr 1948 unvermeidlich schien.

Wir verließen den Schauplatz des chinesischen Bürgerkriegs am 10. Mai 1947, als Lin Piao seine fünfte Offensive gegen die Mandschurei startete. Am 15. September erfolgte eine sechste und am 15. Dezember eine siebente. In seiner Botschaft vom 1. Januar glaubte Tschiang Kai-schek feststellen zu können, daß diese Offensiven gescheitert seien. Es stimmte, daß die Nationalisten Mukden, Changchun, Szeping und Kirin noch in der Hand hatten. Es stimmte aber auch, daß die Roten neun Zehntel der Mandschurei erobert hatten. Alle Eisenbahnen waren außer Betrieb, die Schienen verbogen, die Schwellen verbrannt. Die Ernte war geraubt worden. Die Stahlwerke von Antung waren in den Händen der Kommunisten, und die wenigen Bergwerke, in die das Wasser nicht eingeströmt war, als die Russen die Pumpen abtransportierten, waren außer Betrieb. Die Kuomintang rechnete auf die industriellen Hilfsmittel der Mandschurei, um China aufzubauen: Sie fand dort nur ein mörderisches Schlachtfeld, auf dem sie ihre besten Einheiten verbrauchte.

In der Provinz Shantung hatten die Nationalisten die Häfen Chefoo und Weihaiwei wiedererobert; es gelang ihnen jedoch nicht, das hügelige Innere der Halbinsel zu säubern. In Shensi war die Einnahme von Yenan ein Prestigeerfolg gewesen, dem keine weiteren folgten. Rund um Peking verloren die Nationalisten an Boden. Man schätzte den Anteil der Nordprovinzen, in denen von nun an Maos Gesetz galt, auf 70 %.

Auch Zentralchina wurde in den Strudel hineingezogen. Eine Kolonne von 50 000 Roten marschierte unter Führung des einäugigen Generals Liu Po-cheng in der Provinz Honan ein. Sie kam bis 150 Kilometer vor Nanking und nahm auf dem Weg das Arsenal von Liuan, wo sie 150 000 Gewehre vorfand. Nun lastete die Bedrohung der Roten auf dem Jangtsetal.

Die Stärke der Truppen, die diesen erschütternden chinesischen Bürgerkrieg austrugen, stand in keinem Verhältnis zu der Bevölkerung Chinas. Tschiang Kai-schek hatte die »totale Mobilmachung« ausgerufen; aber das war nur ein leeres Wort. Seine Streitkräfte betrugen 1 250 000 Mann, von denen 400 000 in der Mandschurei festgehalten waren. Die regulären Streitkräfte der Kommunisten hatten die Größenordnung von 700 000 Mann. Das Mißverhältnis war offenkundig. 1 250 000 Mann, schlecht ausgerüstet, können nicht 700 000 Mann standhalten, die, an kein Nachschubwesen gebunden, strategische Bewegungsfreiheit besitzen. Der Durchbruch Liu Po-chengs war dafür das beste Beispiel. Die nationalistische Führung konnte ihm keine Truppen entgegenstellen. Sie mußte in aller Eile Einheiten zweiter Garnitur sammeln, um ihre Hauptstadt zu schützen und Wuhan zu verteidigen.

Angesichts der Entwicklung in China stieg die Besorgnis in Amerika. Die Luce-Presse, Botschafter Bullitt, General Chennault, der Abgeordnete Judd, Senator Bridges griffen die von Marshall angeratene und praktizierte Politik, China sich selbst zu überlassen, heftig an. Marshall selbst fühlte Zweifel in sich aufsteigen. »Als er mich kommen ließ, um mich zu ersuchen, wieder nach China zu gehen«, erzählt General Wedemeyer, »fühlte ich in seinem Benehmen eine geheimnisvolle Zurückhaltung, die mit tiefer Besorgnis in Verbindung zu stehen schien . . .« Marshall kämpfte darum, Europa vor dem Kommunismus zu retten; vielleicht spürte er den Widerspruch, der darin lag, daß Amerika zusah, wie der Kommunismus in Asien ein Viertel der Menschheit verschlang.

Wedemeyer lehnte den Posten des Botschafters ab, den Leighton Stuart aufgab, und trat eine Informationsreise nach China und Korea an. Nach sechs Wochen der Besichtigung wurde er von Tschiang ersucht, vor dem Führerkorps der Kuomintang das Wort zu ergreifen, und aufgefordert, sich mit größter Offenheit auszudrücken. Der aufrechte General folgte der Aufforderung. »Ich habe an zu vielen Orten Gleichgültigkeit und Interesselosigkeit, Veruntreuung und Korruption gefunden . . . Die militärische Macht genügt nicht, um dem Kommunismus Einhalt zu gebieten. Die Rettung kann nur durch moralische Aufrichtung und *inspirational leadership* kommen, die den Mut hat, die korrupten und unfähigen Männer zu entfernen, die in allen Zweigen der Regierung viele wichtige Posten bekleiden . . .« Viele Zuhörer weinten. Wedemeyer glaubte, er habe an das Moralgefühl gerührt. Zu spät begriff er, daß er auf unverzeihliche Weise die chinesische Empfindlichkeit getroffen hatte und daß Tschiang ihm niemals den Zweifel verzeihen würde, den er in die Tüchtigkeit seiner Führung gesetzt hatte. Die Presse Nankings hatte die Ankunft Wedemeyers begeistert begrüßt; ihr Kommentar bei seiner Abreise lautete: »Wedemeyer ist gekommen, um die amerikanische Politik der Aufgabe Chinas, die von Marshall eingeleitet wurde, zu krönen. Nicht China, sondern Amerika ist zu bedauern.«

Nanking wandte sich Moskau zu. »Die Mission Wedemeyer«, schrieb Sun Fo, der Sohn Sun Yat-sens, »wird die Chinesen vielleicht dazu bringen, einzusehen, daß es vorteilhafter ist, auf der Seite Rußlands zu stehen als auf der Seite Amerikas.« Die durch die Plünderung der Mandschurei gelockerten Beziehungen zwischen China und den Sowjets wurden wieder enger. Der Freundschafts- und Bündnispakt wurde bestätigt. Es war aber nicht leicht, eine praktische Form der Hilfe des kommunistischen Rußland für das nichtkommunistische China zu finden. Die Russen hatten versucht, das Drama in China zu lenken; als es sich seiner Entscheidung näherte, waren sie nur noch Zuschauer.

Der Krieg beherrschte alles, verschlang alles. Am 5. Januar 1948 begann Lin Piao seine achte Offensive. In der Zentralmandschurei flüchteten die Garnisonen von Kirin und Szeping in das schwer belagerte Changchun. In der südlichen Mandschurei wurde der Seeweg nach Mukden durch den Fall des Hafens Yingkou abgeschnitten. Der Landweg, der Korridor von Liaoning, war noch an einer Stelle, dank einer Garnison von 70 000 Mann in Chingchao, offen. Einige Züge kamen noch, zwischen zwei Sabotageakten, durch. Doch Tschiang konnte sich nicht dazu entschließen, den drei in Mukden fast eingeschlossenen Armeen den Befehl zur Räumung zu geben. Die Mandschurei war jetzt zu 90 % verloren, aber die Fahne der Nationalisten wehte noch über ihren zwei Hauptstädten und ließ ein Trugbild bestehen. Tschiang wollte die Wahrheit nicht sehen.

Im Knie des Gelben Flusses war das Waffenglück nicht nur auf einer Seite. Yenan mußte aufgegeben werden, und der General, der es genommen hatte, Liu Kan, wurde bei der großen Niederlage, die die Nationalisten in Ichuan erlitten, getötet. Diese verloren auch Loyang, das unter der Tschou-Dynastie und unter der Han-Dynastie die Hauptstadt Chinas gewesen war. Der Sieger von Ichuan, Peng Te-huai, versuchte darauf einen ähnlichen Durchbruch wie Liu Po-cheng, zum Mittleren Jangtse. Diesmal manövrierten die Nationalisten; sie faßten ihn im Rücken und vernichteten ihn in dem Augenblick, als er in das bis dahin vom Krieg verschont gebliebene Szechuan eindringen wollte.

Mit Ausnahme der Mandschurei war der Kampf noch unentschieden. Niemand vermochte zu sagen, welche Seite den Sieg davongetragen hätte, wenn Amerika den Nationalisten kraftvolle, vernünftige Hilfe geleistet hätte. Das war aber aus mehreren Gründen nicht möglich. Amerika gab der Hilfe für Europa den Vorzug und glaubte oder tat so, als glaubte es, daß es seine Mittel überstieg, den Kommunismus auf zwei Kontinenten gleichzeitig zu bekämpfen. Vielleicht wäre es dennoch dazu gekommen, wenn Amerika nicht die Illusion gehegt hätte, daß die chinesischen Kommunisten keine echten Kommunisten seien. Sie besaßen in Washington, in den Universitäten, bei der Presse weiterhin Sympathien, die durch das wahre, aber übertriebene Bild von der Korruption und Unfähigkeit der KMT genährt wurden. An die Stelle der lauten, übertriebenen Popularität, deren sich das Ehepaar Tschiang während des Krieges erfreut hatte, war systematische Verteufelung getreten. Viele Amerikaner wünschten ganz offen den Sieg der Roten und hofften, daß er die Ära demokratischer Reformen eröffnen würde, die China nötig hatte.

Am 29. März 1948 trat endlich die Nationalversammlung in Nanking zusammen. Die 3025 Abgeordneten waren durch allgemeine Wahlen von 250 Millionen Wählern gewählt worden, von denen 235 Millionen nicht lesen konnten. Der Bürgerkrieg, der kommunistische Boykott, hatten diese ungeheure Volksbefragung nicht verhindert, und die unsichere Zukunft hatte den Konkurrenzkampf zwischen der Kuomintang und den beiden rechtmäßigen Oppositionsparteien, dem Jungen China und den Demokratischen Sozialisten, nicht weniger heftig gemacht. Zehn Abgeordnete, die die Versammlung ausschließen wollte, traten im Sitzungssaal in den Hungerstreik und blieben vor den Leckerbissen, die man ihnen unter die Nase hielt, heroisch standhaft, sie ließen sich auch durch eine Einladung Tschiang Kai-scheks nicht zum Abendessen bewegen. Die Wortgefechte wurden dramatisch. Die Abgeordneten der Mandschurei, aus Shantung, Hopeh, Honan, Shansi, Shensi, deren Wahlkreise zu Gebietsresten reduziert worden waren, klagten die Männer an, die an dem Verlust ihrer Provinzen schuld waren. Sie verlangten den Kopf von General Chen, der gestern noch der Held Nationalchinas gewesen, heute jedoch der Mann war, der die Mandschurei verloren hatte. Andere klagten die Beamten an, die sich die Taschen füllten, und die Militärs, die ihre Waffen an den Feind verkauften. Die schlechten Nachrichten vom Verlust Yenans und Loyangs, von den Niederlagen in Shantung, die nacheinander während der Sitzung eintrafen, steigerten den Pessimismus und schufen Verzweiflung.

Demütig übte Tschiang Kai-schek Selbstkritik. Er gab zu, an den militärischen Fehlern schuld zu sein, die in der Mandschurei den Verlust der besten nationalistischen Divisionen zur Folge gehabt hatten. Er gestand seine politischen Fehler ein, deren hauptsächlicher, wie er sagte, seine allzulange Geduld mit den Kommunisten gewesen sei. Er bat die Nationalversammlung, ihn nicht zum Präsidenten der Republik zu wählen. Sie tat es dennoch mit 2430 Stimmen gegen 299; doch bezüglich der Vize-Präsidentschaft entspann sich ein heftiger Kampf. Der persönliche Feind Tschiangs, der Mann, der für Verhandlungen mit den Roten war, General Li Tsungjen, wurde eher verdrängt als geschlagen. Der zum Vizepräsidenten gewählte Sun Fo war dem Generalissimus kaum weniger feindlich gesinnt, kritisierte dessen Politik und Strategie kaum weniger scharf. (*Forts. China S. 328*)

Südwestasien in Flammen

Mühselig und doch lächelnd erholten sich die Japaner unter der einsichtigen Vormundschaft MacArthurs. Die Regierung lag in den erfahrenen Händen eines konservativen Liberalen, Shigeru Yoshida. Der Schinder der Philippinen, General Homma, und der Schinder von Malaya, General Yamashita, waren gehängt worden. Der Prozeß der 25 anderen Angeklagten spielte sich vor dem internationalen Militärgericht für den Fernen Osten mit phantastischer Langsamkeit ab. 417 Verhandlungstage, 104 Anwälte, 1194 Zeugen, 95 000 Protokolle über Greueltaten... Als das Urteil endlich gefällt wurde, bestand es aus 350 000 Worten, und seine Verlesung durch den Präsidenten des Gerichtshofs, den Australier Sir William Webb, nahm eine volle Woche in Anspruch. An einem Dezembermorgen des Jahres 1948 schließlich betraten sieben Greise das Henkerzimmer des Sadumo-Gefängnisses. Der jüngste, General Akiro Muto, war 56 Jahre alt, dazu kamen die Jahre, die er in den 40 Monaten der Gefängnishaft gealtert war. Der älteste, Ministerpräsident Koki

Hirota, war 70 und sah aus wie ein Hundertjähriger. Der Hauptangeklagte, Hideki Tojo, der Japan auf den Schlachthof des Krieges geführt hatte, war 63 Jahre alt. Bevor er zum Galgen geführt wurde, nahm er sein falsches Gebiß heraus, um es seiner Frau übergeben zu lassen, und angesichts des Todes rief er wie die anderen: »*Tenno haika banzai!*« (Zehntausend Jahre Leben für den Kaiser!)

Die Teilung Koreas war nun vollzogene Sache. Einer von den Vereinten Nationen für die Wiedervereinigung bestimmten Kommission war es nicht gestattet worden, über den 38. Breitengrad nach Norden zu gehen. Die im Süden abgehaltenen Wahlen fanden unter Beteiligung von 400 politischen Parteien statt. Es war ein Wunder, daß eine Regierung daraus hervorging, die von einem Mann geleitet wurde, der nach einem mißglückten Aufstand im Jahre 1917 fünfundzwanzig Jahre lang der Chef des koreanischen Nationalismus im Exil gewesen war: Syngman Rhee. In Pyongyang, der wichtigsten Stadt des Nordens, hatten die Sowjets dem Besatzungsregime ein Ende gemacht, indem sie ihre Artillerie und ihre Panzer der nordkoreanischen Armee übergeben hatten. Der kommunistische Ministerpräsident Kim Ir-Sen hatte sie in Empfang genommen und erklärt, sie würden dazu dienen, Korea wieder zu vereinigen.

Frankreich hatte sich zum Handeln in Indochina entschlossen: Es würde Bao Dai wieder einsetzen. In Hongkong begannen die Verhandlungen, wurden nach Genf verlegt, dann wieder nach Hongkong, führten zu einer prinzipiellen Einigung in Vinh Ha Long, gingen dann in Paris weiter und kamen dort zum Stillstand. An die Stelle Hochkommissar Bollaerts, den die langwierigen Verhandlungen aufgerieben hatten, trat Léon Pignon, ein junger leitender Beamter der Kolonialverwaltung. Eine vietnamesische Regierung unter Leitung von General Nguyen Van Xuan suchte eine Befriedung des Landes durch den Monarchen in die Wege zu leiten. Der Krieg war nicht tragisch. Mit Ausnahme von Vinh und Thanh Hoa, die die Franzosen nie wieder nehmen konnten, hatten sie alle Städte einschließlich jener an der chinesischen Grenze, Lao Kay, Cao Bang, Lang Son, Mon Cay in Händen. Die von den Berufssoldaten und den Kontingenten der Französischen Union erlittenen Verluste betrugen im Jahre 1947 4081 Tote und im Jahre 1948 4821 Tote. Der Krieg war nicht tragisch, ließ sich aber nicht zu einem Ende bringen. Der sehnlichst erwartete Bao Dai feilschte wie die Feuerwehr von Shanghai, wenn es brennt. Er hatte das erreicht, was die Franzosen Ho Tschi Minh verweigert hatten: die Vereinigung Vietnams durch Zusammenlegung von Tongking, Annam und Kotschinchina. Frankreich hatte die Gelegenheit versäumt, Indochina loszuwerden, hatte es zwar verloren, behielt es jedoch. Es klebte ihm am Leib.

Indonesien – Kämpfe, Verhandlungen, Kämpfe ... Ein Waffenstillstand am 14. Oktober 1946, dann der am 15. November unterzeichnete Vertrag von Linggadjati hatten theoretisch einen Krieg beendet, der seit der Niederlage Japans andauerte. Holland anerkannte de facto die Republik Indonesien, zu der Sumatra und Java gehörten, und verpflichtete sich, mit ihr zusammen an der Schaffung der Vereinigten Staaten von Indonesien unter der Krone seiner Dynastie zu arbeiten. Die Vereinbarung wurde nicht eingehalten. So wie Bollaert in Indochina, zerrieb sich Hubertus van Mook in unentwirrbaren Verhandlungen. Im Juni 1947 verloren die Holländer die Geduld. Sie hatten eine für die Größe ihres Landes enorme Anstrengung vollbracht, 150 000 Menschen herangeführt, einen Friedensfeldzug unternommen, den die Nationalisten damit beantwortet hatten, daß sie das Land verbrannten. Der Druck der Vereinigten Staaten hatte die Einstellung der Feindseligkeiten in einem Augenblick bewirkt, in dem die niederländische Führung glaubte, der Revolte Herr zu werden. Der an Bord des amerikanischen Kreuzers *Renville* unterzeichnete neue Waffenstillstand überließ den Republikanern ganz Sumatra mit Ausnahme von Medan und Palembang, die Insel Madura und das Randgebiet Javas, in dem die republikanische Hauptstadt lag. Die ermüdenden niederländisch-indonesischen Verhandlungen begannen wieder, scheiterten.

In dem zahmen Siam hatte man den einundzwanzigjährigen König Ananda Mahidot, eine Kugel im Kopf, tot in seinem Bett gefunden. Ein Netz von Staatsstreichen brachte den Diktator Pibul Songgram, den man zwei Jahre zuvor als Werkzeug der Japaner hatte erschießen wollen, wieder an die Macht. In Malaya brach im Juni 1948 ein kommunistischer Aufstand aus; die Kautschukpflanzungen wurden verbrannt, die Straßen wurden zu Mördergruben. Die Engländer ließen die Gurkhas gegen die rund zehntausend Aufständischen, fast alle Chinesen, los und bombardierten den Dschungel.

Schließlich zu Birma: Der starke Mann, der eiserne Arm war ein General U Aung San, der sich von dem untergehenden japanischen Stern rechtzeitig gelöst hatte. Eines Tages im Jahre 1947 war ein vormaliger Ministerpräsident namens U Saw mit drei Männern in englischer Uniform in den Sitzungssaal eingedrungen. Einige Maschinenpistolen-Salven beendeten Karriere und Lebenslauf U Aung Sans sowie sechs seiner Minister. U Saw wurde gefangengenommen und gehängt, dann holte England am 1. Januar 1948 seine Fahne in Rangun ein und überließ es den Birmanen, ihre Lehrjahre der Freiheit blutig fortzusetzen. (*Forts. Indochina S. 351*)

Gandhi, der Märtyrer

Da Montag, der 12. Januar 1948, sein Schweigetag war, machte Gandhi durch eine schriftliche Notiz bekannt, daß er am nächsten Tag zu fasten beginnen werde. Nehru eilte angsterfüllt herbei. Der Mahatma war 78 Jahre alt, und obgleich sein letztes Fasten vor fünf Monaten nur 72 Stunden gedauert hatte, hatte es ihn in Lebensgefahr gebracht.

Gandhi wohnte damals im Palast von C. D. Birla. Der große indische Spinnereiindustrielle bewunderte und beherbergte den Mann, der die Spinnereien Indiens vernichten, durch das Spinnrad umbringen wollte. Demonstranten rotteten sich bereits vor dem Gitter zusammen. Sie schrien: »Nieder mit Gandhi! Laßt ihn krepieren! Hoch Patel!« Nehru sprang aus seinem Wagen: »Wie könnt ihr es wagen! Bringt eher mich um!« Zerstreut aber wurden die Schreier von der Polizei mit ihren langen *Lathis* – den eisenbeschlagenen Stöcken, über die sich die Nationalisten so heftig beschwert hatten, als sie für die Engländer eingesetzt worden waren.

Wenige Tage zuvor hatte die *Rashtriya Swayan Sewak Sang*, hervorgegangen aus der *Mahasabha*, in Delhi 50 000 wütende Anhänger versammelt. Ihr Gründer Gowalkar, trotz seines gesetzten Alters ein Unruhestifter, hatte die allgemeine Mobilmachung, den Krieg gegen Pakistan, das Verbot des Islam auf indischem Boden verlangt. In der Regierung selbst bekamen die Stimmen, die zur Gewalt riefen, Oberhand. Patel verehrte Gandhi, war jedoch nicht der Ansicht, daß Kaschmir durch Gewaltlosigkeit verteidigt werden sollte, wie der Mahatma es verlangte. Gandhi fastete gegen jede Anwendung von Gewalt in dem Konflikt, der Indien entzweite. Er war ein scharfer Verteidiger der Einheit, aber seiner Meinung nach waren die Waffen, wie immer, machtlos, und der gerechte Kampf sollte mit anderen Mitteln geführt werden.

An den beiden ersten Tagen seines Fastens hatte Gandhi noch die Kraft, sein Lager zu verlassen. Er sprach einige Worte über einen Lautsprecher; er sagte, daß sein Fasten nicht allein gegen Patel gerichtet sei, sondern gegen die Hindus und die Sikhs. Seine Stimme war kaum zu vernehmen. Die Ärzte, die den Greis untersuchten, erklärten, daß seine Nieren zu versagen begännen.

Aber Indien war tief erschüttert. Der Ruf »Rettet Gandhi!« erklang in allen Dialekten. Das Kabinett beschloß, sofort 550 Millionen Rupien, die es zum Nachteil Pakistans einbehalten hatte, von der Bank of India überweisen zu lassen. Die Führer der verschiedenen Gemeinschaften erkundigten sich, unter welchen Bedingungen Gandhi bereit wäre, wieder Nahrung zu sich zu nehmen. Die Hindus zitterten davor, daß er verlangen werde, man müsse die Methode anwenden, die er zur Verteidigung Kaschmirs angegeben hatte: ohne Zorn, ohne Groll, ohne sich einer Waffe, nicht einmal der Fäuste zu bedienen, auf seinem Posten sterben. »So würde Kaschmir eine heilige Erde werden, von der eine Wirkung nicht allein über Indien, sondern über die ganze Welt ausgehen würde ...« Würde die Regierung des befreiten Indien gezwungen sein, das zu tun, was die Engländer nicht getan hatten: Gandhi an seiner Utopie sterben zu lassen? ...

Nein! Nie hatte der Mahatma den Sinn für das Mögliche verloren. Er begnügte sich mit der Verpflichtung, daß die Mohammedaner in der Indischen Union die Religionsfreiheit und die Grundrechte behalten würden. In einer Versammlung im Birla-Palast am 18. Januar verpflichteten sich 50 Führer aller Glaubensbekenntnisse und aller Parteien, einschließlich der Mahasabha, schriftlich, den Kämpfen der Gemeinschaften gegeneinander ein Ende zu machen. Nachdem Gandhi 121 Stunden ohne Nahrungsaufnahme geblieben war, nahm er aus den Händen eines Mohammedaners ein Glas Orangensaft, verstärkt durch Dextrosol, an. Er ließ ein leichtes Glucksen hören und murmelte: »Wenn der Vertrag eingehalten wird, finde ich vielleicht Lust zu einem vollkommenen Leben – 125 Jahre ...«

Zwölf Tage verstrichen. Die Ärzte bezweifelten, daß Gandhi sich wieder erholen werde. Wieder einmal strafte er ihre Ansicht Lügen. Wieder begannen die Gebetsversammlungen unter der Pergola. Sie waren von peinlichen, ärgerlichen Erklärungen begleitet; die Anwesenden, die an tägliches Lob Gandhis gewöhnt waren, wurden nun heftig mitgenommen. Er verlangte die Auflösung des Kongresses, der, wie er behauptete, keine Daseinsberechtigung mehr besäße, seit er eine Regierung unterstützte, anstatt sie zu bekämpfen. Er verlangte die Verteilung der Macht auf die Dörfer. Die besonnenen Politiker fragten sich, ob der Mahatma, der Befreier Indiens, nicht im befreiten Indien zu einer spaltenden Kraft, einem Prinzip der Anarchie, einer schrecklichen Zersetzung werden könnte.

Am 30. Januar um 16 Uhr kam Patel, begleitet von seiner Tochter, in den Birla-Palast. Das Gespräch, dessen Inhalt Patel nie berichtet hat, dehnte sich bis einige Minuten nach 17 Uhr aus. Gandhi beendet es mit der Bemerkung, die Zeit für sein Gebet sei gekommen. Fünfhundert Meter waren es von der Freitreppe des Birla-Hauses bis zu der drei Stufen hohen Pergola, unter der etwa fünfhundert Menschen warteten. Gandhi legte diese kurze Strecke, gestützt auf seine zwei kleinen Nichten Ava und Manu, zurück.

Ein junger Mann in grauer Hose und blauem Pullover warf sich vor ihm auf die Knie und sagte: »Meister, du kommst zu spät zum Gebet.« »Das stimmt«, sagte Gandhi.

Noch war der junge Mann so unbekannt wie Gavrilo Princip eine Sekunde vor der Ermordung Erzherzog Franz Ferdinands oder François Ravaillac eine Sekunde vor der Ermordung König Heinrichs IV. Er hieß Nathuram Vinayak Godse, war Mitglied der Mahasabha und gab mit deren Mitteln ein Kampfblatt unter dem Namen »Hindu Rashtra« heraus.

Gandhi faltete die Hände vor dem Gesicht, zum Dank für die Huldigung. In dieser symbolischen Haltung des Vertrauens erhielt er drei Kugeln aus einer kleinen Pistole, die Godse aus der Tasche zog, während er sich aufrichtete. Die erste streifte Gandhis Brust. Die beiden anderen trafen ihn in den Leib. Er brach zusammen und starb, während er zweimal den Namen des populärsten, aber kriegerischsten Gottes des Hindu-Pantheons ausrief: »O Rama! Rama!...«

Der Mörder erklärte später bei seinem Prozeß, er habe Gandhi seine Verehrung ausgedrückt, indem er vor ihm niedergekniet sei, er habe jedoch nicht zulassen können, daß der Mann weiterlebte, der die Verantwortung für das Martyrium so vieler Millionen Hindus trug. Man konnte keinen Beweis für ein richtiges Komplott erbringen, doch die Gerichtsverhandlung zeigte, in welch phantastischer Atmosphäre des Hasses das Verbrechen geplant worden war. Die Lehre Gandhis von der Gewaltlosigkeit ließ als Gegenströmung unerhörte Wut gegen den Vertreter einer Doktrin entstehen, die dem menschlichen Wesen so entgegengesetzt war. Bernard Shaws Kommentar zu dem Mord: »Das beweist, wie gefährlich es ist, gut zu sein.«

Das Leichenbegängnis stand im Widerspruch zu der Lehre des Märtyrers. Vor dem Zug, der seine Leiche zum Scheiterhaufen begleitete, rollten Panzer, über ihm flogen Bomber, die übrigens nur einen Regen von Rosenblättern fallenließen. Die Asche wurde einige Tage später an dem heiligsten Ort Indiens: am Zusammenfluß von Ganges, Jamuna und eines dritten unsichtbaren Flusses, der direkt vom Himmel herabkommt, versenkt. Die Kanone donnerte 79mal, zur Erinnerung an die 79 Erdenjahre des Märtyrers. Tausende Menschen stürzten sich in das Wasser, das die Asche des Befreiers mit sich führte, Hunderte ertranken. Eine wirklich unzählbare Menge, mehrere Millionen Menschen, die größte Menschenansammlung der ganzen Geschichte, bedeckte die Ufer. Drei Tage nach der Zeremonie verdunkelte noch der Staub, den die Massen aufgewirbelt hatten, den Himmel.

34 35 Der Staat Israel entsteht: Fortsetzung der britischen Politik und der strikten Blockade illegaler jüdischer Einwandererschiffe und Internierung ihrer Insassen. – Nach der Proklamation des Staates Israel am 14. Mai 1948: Der erste Staatspräsident Chaim Weizmann legt am 15. Februar 1949 den verfassungsmäßigen Eid ab.

36 Auch aus Palästina zogen sich die britischen Truppen (hier ein Komet-Tank im März 1948 in den Straßen von Jerusalem) schließlich zurück. – 37 Als Vermittler in dem bis heute andauernden arabisch-israelischen Konflikt fungierte zeitweilig eine von den Vereinten Nationen eingesetzte Waffenstillstandskommission.

Blutige Weihnachten: hundert Tote. Die folgenden Tage, Wochen das gleiche. In Jerusalem verbreitete die Irgun am Damaskustor Tod und Verderben, indem sie ein mit Melinit vollgepfropftes Taxi explodieren ließ, und die Haganah zerstörte das Hotel Semiramis, wobei der spanische Konsul Vicomte de Tapia getötet wurde. In der Gegend von Hebron griffen 3000 Araber jüdische Bauernhöfe an; sie wurden zurückgeschlagen, aber 35 Milizleute der Haganah, die zur Verstärkung heraneilten, wurden in einem Hinterhalt aufgerieben. Attentate und Gegenattentate wechselten einander ab. Am 22. Februar wurde Jerusalem von einer fürchterlichen Explosion erschüttert. Drei Lastwagen der englischen Armee flogen in der Ben-Jehuda-Straße in die Luft. 200 Menschen wurden getötet oder verwundet. Die jüdische Volksmenge lynchte aufs Geratewohl zehn englische Soldaten und tötete einen Verwundeten in einem Hospital. General Cunningham erklärte vergeblich, daß ihm die Lastwagen der Ben-Jehuda-Straße gestohlen worden seien und daß die Uniformierten, die vor der Explosion die Wagen verlassen hatten, keine englischen Soldaten gewesen seien. Die jüdischen Extremisten blieben dabei, daß das Attentat »von antisemitischen Elementen der britischen Armee« ausgeführt worden sei, und die Sterngruppe brachte als Vergeltungsmaßnahme einen Truppentransportzug zum Entgleisen: 29 Tote.

Zweifellos gab es in der britischen Armee antisemitische Elemente. Soldaten desertierten, um gegen die Juden zu kämpfen. Ein Hauptfeldwebel lieferte den Arabern vier Mitglieder der Haganah aus, die grausam ermordet wurden. Ebenso unbezweifelbar war es jedoch, daß die britische Armee häufig zugunsten der Zionisten eingriff. Die 17. und 21. Ulanen entsetzten die jüdischen Siedlungen in Galiläa und stoppten die Einfälle aus dem syrischen Gebiet. Eine Staffel Spitfires und ein Bataillon Fallschirmjäger wurden gegen die Araber eingesetzt, die Hebron angriffen. Am Ostersonntag retteten die *Suffolk Infantry* und die *Lifeguards* 95 Mitglieder eines jüdischen Begleitzuges, die bei Bethlehem eingeschlossen worden waren, vor dem sicheren Tod. Doch die Engländer wurden von blindem Haß verfolgt. Am 17. April griffen Haganah und Irgun bei Haifa das in Räumung begriffene Lager des 12. *Royal Antitank Regiment* an, töteten Oberstleutnant Hildebrand und erschossen die Soldaten, die die Depots bewachten.

Die Teilung Palästinas vollzog sich nun bereits vor Ablauf des Mandates. Eine arabische Streitmacht unter dem Kommando eines Libanesen, Mawji-el-Kaukji, die sich als Befreiungsarmee bezeichnete, drang in Galiläa ein. Die wenigen jüdischen Siedlungen im Negev und auf vereinzelten Hügeln in Judäa wurden zu belagerten Inseln. Ben Gurion hatte jedoch die allgemeine Weisung gegeben, daß keine Stellung, wo immer sie lag, aufgegeben werden dürfe. Er stand in seinem 63. Jahr, zweifellos der gebotene Chef der im Entstehen begriffenen jüdischen Regierung, und schickte unaufhörlich Aufrufe in die Welt, an das zerstreute Volk, das er vereinigen wollte. »Jeder amerikanische Jude, der in Amerika bleibt, lebt im Zustand der Sünde . . .«

Das unmittelbare Problem, das Problem auf Leben und Tod, war die Schaffung einer Armee. Die Irgun war nicht bereit, den nationalen Streitkräften beizutreten, und die Sternbande schon gar nicht. Der einzige militärische Verband, mit dem Ben Gurion rechnen konnte, war die Palmach, die Einsatztruppe der Haganah: 3000 Kämpfer, davon 1000 Frauen, die noch leidenschaftlicher, noch tapferer waren als die Männer. Um diesen Kern konnte man durch allgemeine Mobilmachung bis zum Alter von 26 Jahren ungefähr zehn Brigaden mit einer theoretischen Stärke von 2750 Mann bilden. Die Kommandeure Israel Galili, Yigael Yadin, Yaakov Dori, David Shaltiel, Yitzhak Sadek, Moshe Dayan usw. waren Offiziere verschiedenster Herkunft, von denen viele an der Seite der Engländer bei El Alamein gekämpft hatten. Die Bewaffnung war schwach, doch es gelang einem geschickten Abgesandten Ben Gurions, Ehud Avriel, in der Tschechoslowakei bedeutende Bestellungen von Kriegsmaterial für Infanterie und Artillerie unterzubringen. Die Luftwaffe hatte vorerst aus einer einzigen geheimen Pipercub bestanden; sie wurde mit an Wunder grenzender Geschwindigkeit durch Maschinen verstärkt, von denen man nicht wußte, wie oder woher sie auftauchten.

Sogar in der nächsten Umgebung Ben Gurions glaubten viele Zionisten nicht, daß die arabischen Staaten es wagen würden, einen allgemeinen Krieg gegen die Autorität der Vereinten Nationen zu führen. Der Kampf mit den durch Freiwillige verstärkten palästinensischen Arabern war bereits im Gang.

Vor allem ging es um Jerusalem. Außerhalb der Mauern war eine jüdische Stadt mit hunderttausend Einwohnern entstanden. Die einzige Versorgungslinie war die Straße, die sich von der Küstenebene quer durch die Hügel Judäas hindurchwand. Für die Juden war es eine Lebensfrage, diese Straße offenzuhalten. Für die Araber war es entscheidend, sie abzuschneiden.

Geleitzüge und Hinterhalte. Die Juden verkleideten ihre Lastwagen und Autobusse mit behelfsmäßigen Panzerungen. Die Araber verminten die Straße, sperrten sie mit Felsbrocken und gefällten Bäumen und griffen die Fahrzeuge mit Handgranaten und Panzerabwehrwaffen an. Ausgebrannte Wracks zeugten von dem Wegezoll, den der Zugang nach Jerusalem forderte.

Im März war die Straße blockiert. Es ging darum, sie zu öffnen oder Jerusalem zu verlieren. Die Irgun fand sich bereit, mit der Palmach zusammenzuarbeiten. In einem Lager in der Nähe von Tel Aviv warteten frisch ausgehobene Soldaten auf eine Dakota, die Ben Gurion durch seine Prager Mission hatte voll Waffen stopfen lassen. Ihre Ankunft gab das Signal zum Angriff. Von dem Engpaß Bab-el-Wad, dem Ausgang der Küstenebene zur Riegelstellung von Kastel, zu den Toren der dreifach heiligen Stadt ergriffen die jungen jüdischen Streitkräfte die Offensive, um Jerusalem zu befreien.

In Kastel war der Kampf am verbissensten. Hügel und Dorf wurden genommen, verloren, wiedergewonnen. Jerusalem erlebte den ersten Artilleriebeschuß seiner Geschichte durch eine arabische Haubitze. Abd-el-Kader el-Husseini, ein Vetter des ehemaligen Mufti von Jerusalem, wurde getötet, als er einen Angriff von 4000 Arabern leitete. Die Irgun nahm ein benachbartes Dorf, Deir Yassin, in dem nur Frauen und Kinder zurückgeblieben waren: 250 wurden erschlagen. Der Delegierte des Roten Kreuzes, de Reynier, besuchte den Tatort und gab Zeugnis von dem Verbrechen. Die Haganah distanzierte sich davon, und die *Jewish Agency* verdammte

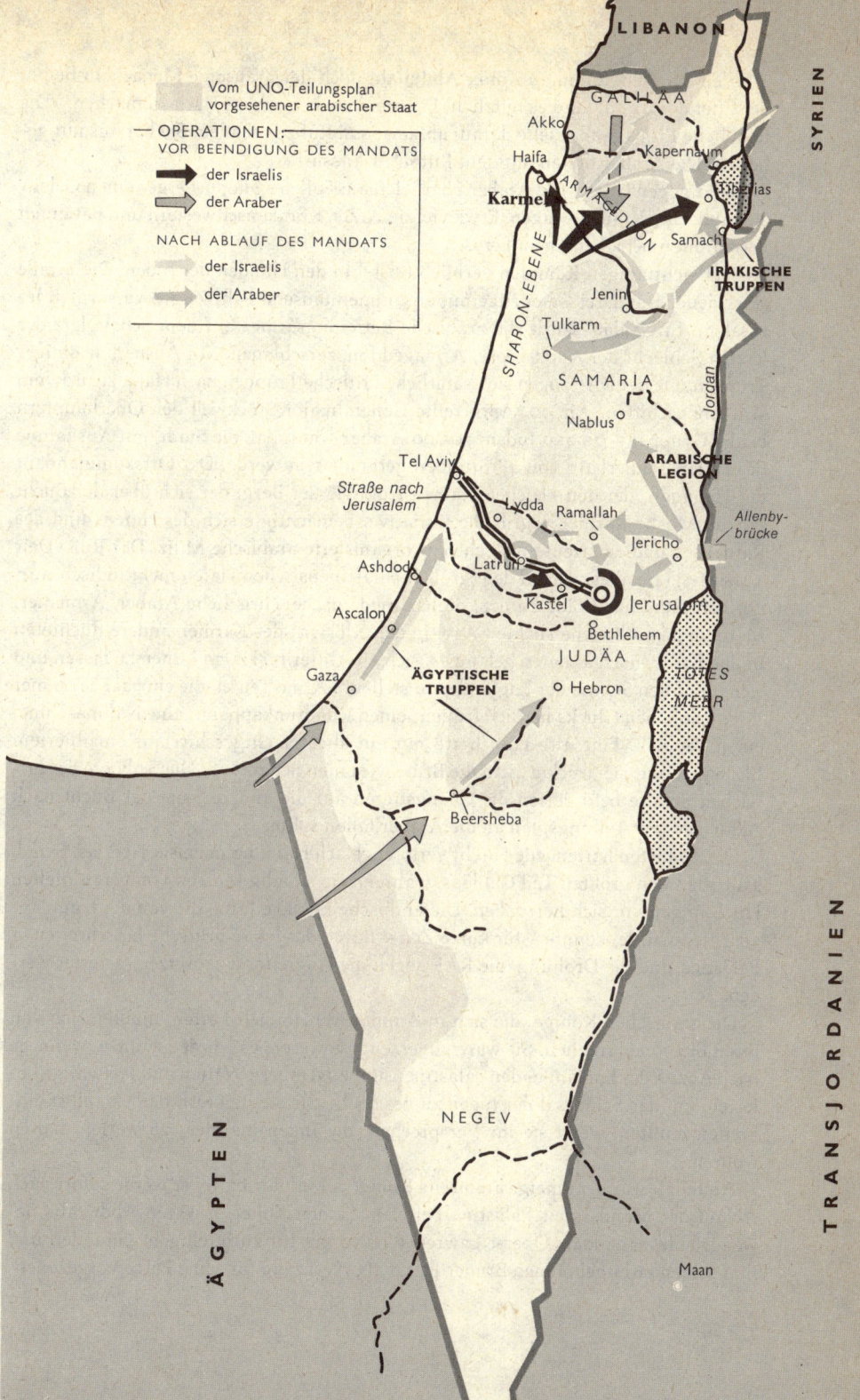

LIBANON

SYRIEN

Vom UNO-Teilungsplan
vorgesehener arabischer Staat

— OPERATIONEN:
VOR BEENDIGUNG DES MANDATS
der Israelis
der Araber

NACH ABLAUF DES MANDATS
der Israelis
der Araber

GALILÄA

Akko

Haifa

Kapernaum

Karmel

ARMAGEDDON

Tiberias

Samach

IRAKISCHE
TRUPPEN

SHARON-EBENE

Jenin

Tulkarm

SAMARIA

Jordan

Nablus

Tel Aviv

Straße nach
Jerusalem

ARABISCHE
LEGION

Lydda

Ramallah

Allenby-
brücke

Latrun

Ashdod

Jericho

Kastel

Jerusalem

Ascalon

Bethlehem

JUDÄA

TOTES
MEER

Gaza

ÄGYPTISCHE
TRUPPEN

Hebron

Beersheba

NEGEV

ÄGYPTEN

TRANSJORDANIEN

Maan

es in einem Telegramm an König Abdullah, doch der grausame Menachem Begin, der Chef der Irgun, fand es nützlich. Es trug dazu bei, reinen Tisch zu machen. »Die feindliche Propaganda zielte darauf ab, unserem Ruf zu schaden. Sie hat uns nur geholfen. Die Araber flohen mit dem Ruf ›Deir Yassin!‹«

Untat gegen Untat. Die Araber überfielen am Fuß des Skopusberges einen Geleitzug jüdischer Krankenwagen. Etwa vierzig Ärzte, Krankenschwestern und Patienten verbrannten bei lebendigem Leib.

Nach achttägigen Kämpfen verblieb Kastel in den Händen der Juden. Die Straße war wieder frei. Drei Geleitzüge mit zusammen tausend Fahrzeugen versorgten Jerusalem. In Galiläa wurde die arabische Befreiungsarmee auf dem Schauplatz der letzten Schlacht der Apokalypse, Armageddon, zerschlagen. Mit Ausnahme einiger Truppenteile der RAF zogen sich sämtliche britische Truppen nach Haifa zurück, um sich einzuschiffen. Am 20. April teilte Generalmajor Stockwell den Oberhäuptern beider Gruppen – 70 000 Juden, 70 000 Araber – mit, daß die Stadt, mit Ausnahme des Hafens, innerhalb von 48 Stunden geräumt sein werde. Der Ortskommandant der Haganah, der den gleichen Namen trug wie der Berg, der sich über der Bucht erhebt, Moshe Karmel, ergriff die Initiative, bemächtigte sich des Hafens und des Rathauses und zerstreute die schlecht organisierte arabische Miliz. Der Ruf »Deir Yassin!« jagte alles, was in dem großen palästinensischen Hafen nicht jüdisch war, vor den jüdischen Soldaten her; mohammedanische, christliche Araber, Armenier, Maroniten... Manche suchten Asyl in den Klöstern des Karmel, andere flüchteten in den Basar, noch anderen gelang es, sich ein Gitter im Hafen öffnen zu lassen und sich unter den Schutz der Engländer zu stellen. »Arme Teufel, die ein paar Trümmer ihres ärmlichen Glücks bei sich trugen: einen Rundfunkapparat, eine Nähmaschine, einen Teppich. Eine alte Frau hatte nur ein altes Nachtgeschirr aus emailliertem Blech gerettet; sie drückte es an die Brust wie einen Schatz...« Die Beiboote der britischen Schiffe beförderten die Geängstigten auf die andere Seite der Bucht nach Akko, das laut Teilungsplan an die Araber fallen sollte.

Die Zionisten hatten jede Furcht verloren. Nach Haifa nahmen sie Tiberias, Safad, säuberten den größten Teil Galiläas, während sie ständig Massen von verzweifelten Flüchtlingen vor sich hertrieben. Die arabische Enklave Jaffa, die von der Irgun angegriffen wurde, konnte – für kurze Zeit – durch das letzte britische Einschreiten in Palästina und die Drohung, die RAF gegen die Angreifer einzusetzen, gerettet werden.

Die arabischen Könige, die sich in Amman versammelt hatten, mußten sich von ihren Illusionen trennen. Sie waren überzeugt gewesen, es würde genügen, wenn sie nach Abzug der Engländer den palästinensischen Arabern Waffen und Freiwillige lieferten, um das Schicksal der Juden zu besiegeln. Sie stellten fest, daß sie selbst eingreifen mußten, wenn sie ihr Versprechen, die Juden ins Meer zu werfen, halten wollten.

Abdullah war der einzige arabische König, der erklärt hatte, er werde sofort nach Ablauf der Mandatszeit Palästina befreien. Seinen Kollegen waren Abdullahs Beweggründe ganz klar. Oberst Lawrence hatte ihn für zu intelligent befunden und ihm seinen zweitgeborenen Bruder Feisal als Werkzeug für seine Pläne vorgezogen;

Abdullah war nur bestrebt, seinem Wüstenland Transjordanien die palästinensischen Gebiete einzuverleiben, die im Teilungsplan den Arabern vorbehalten waren. Er hatte es nicht verschmäht, insgeheim in Amman Frau Golda Meyerson zu empfangen, die befugte Vertreterin der *Jewish Agency*, um mit ihr ein Abkommen zu treffen. Die Einigung scheiterte nur an dem Problem Jerusalem, das sowohl die Juden als auch Abdullah für sich beanspruchten. Der Haschemitenkönig, Abkömmling des Propheten in der 39. Generation, hatte miterlebt, wie sein Vater von einem Wüstenräuber, Ibn Saud, aus Mekka und Medina vertrieben worden war. Er würde sein Stammhaus rächen, indem er König von Jerusalem wurde, der dritten heiligen Stadt des Islam.

Abdullah allein verfügte über ein Werkzeug für seine Politik: die von England gebildete und bezahlte arabische Legion, befehligt von John Bagot Glubb, genannt Glubb Pascha, geführt von englischen Offizieren. König Faruk schlug eine gemeinsame Erklärung vor, derzufolge sich die arabischen Staaten verpflichteten, nach der Befreiung Palästinas ihre Truppen zurückzuziehen und die Palästinenser frei über ihr Schicksal entscheiden zu lassen. Abdullah weigerte sich, sie zu unterschreiben: »Palästina und Transjordanien bilden ein Ganzes«, sagte er. »Das eine ist die Küste, das andere das Hinterland . . .«

Noch andere Illusionen brachen zusammen. Die beiderseitigen Greueltaten, die Flucht der Bevölkerung machten es den Anhängern des Teilungsplanes bei den Vereinten Nationen klar, daß sie einem Wunschtraum nachgehangen hatten. Sie hatten an die Möglichkeit einer wirtschaftlichen Zusammenarbeit geglaubt, die die politische Teilung Palästinas hätte mildern können. Sie hatten angenommen, daß die Grenzen in Form eines X, die sie auf der Karte gezogen hatten, nur leichte Demarkationslinien darstellen würden, über die hinweg die jahrhundertealten Bindungen bestehen blieben. Doch sie mußten feststellen, daß die einzige Realität der Haß war. Das Inkraftsetzen des Teilungsplanes könnte nur ein Blutbad zur Folge haben.

Amerika erkannte dies mit beträchtlicher Unruhe. Der Chef der US-Delegation bei den Vereinten Nationen, Warren Austin, ersuchte England, während der schwierigen Periode nach Inkrafttreten der Teilung seine Rolle als Puffer fortzusetzen; England antwortete, daß sein Mandat am 15. Mai um null Uhr ablaufe und daß es keine einzige Minute länger eine Verantwortung irgendwelcher Art übernehme.

Der 14. Mai ging zu Ende. Bei Sonnenuntergang ließ General Sir Alan Cunningham auf dem Berg des Bösen Rates die letzte englische Fahne einholen, die über Jerusalem geflattert hatte, und begab sich ohne Zeremoniell zu dem Flugzeug, das ihn nach Haifa brachte. Er ging an Bord des Kreuzers *Euryalus*, der auslief und 3 Meilen entfernt Anker warf. Genau um Mitternacht setzte der Kreuzer seine Maschinen in Gang und fuhr über die Grenzlinie der Hoheitsgewässer hinaus. 28 Jahre britischen Mandates in Palästina waren zu Ende.

Acht Stunden vorher hatte Ben Gurion in einem Saal des Museums in Tel Aviv die Unabhängigkeitserklärung verlesen und den Namen des neuen Staates verkündet: Israel. Zweihundert Honoratioren hatten der Zeremonie beigewohnt. Viele hatten geweint. Das Orchester hatte die Nationalhymne »Hatikva« gespielt. Die Erklärung trug das Datum des Freitags, 5. Ijar 5708. Die Freude draußen war kurz und gedämpft: Es galt zu kämpfen.

Die Armeen des Libanon, Syriens, des Irak, Transjordaniens und Ägyptens waren in Palästina eingedrungen. Theoretisch marschierten dreißig Millionen Araber gegen eine halbe Million Juden.

Nur eine halbe Million Israelis ...

Krieg im Heiligen Land. Die Berichte ratterten wie Maschinengewehre. Die syrische Armee drang zu beiden Seiten des Tiberiassees in Galiläa ein, nahm Kapharnaum und Samach und schloß die alten zionistischen Siedlungen Dagania, Beit Zara und Afikim ein ... Die irakischen Panzerkräfte hatten den Übergang über den Jordan erzwungen und rollten gegen Yenin und Nazareth. Die transjordanische Legion überschritt die Allenbybrücke, nahm Jericho, besetzte Samaria und rückte gegen Jerusalem vor, wo trotz der Anstrengungen der Generalkonsuln heftige Kämpfe in Gang waren ... Im Süden hatte sich die ägyptische Armee in zwei Kolonnen geteilt. Die eine marschierte durch die Wüste über Beersheba und Hebron, um sich bei Bethlehem mit den Transjordaniern zu vereinigen; die andere rückte über die Küstenstraße vor, nahm Gaza, Ashkelon und kam bis 30 Kilometer vor Tel Aviv, das von der ägyptischen Luftwaffe täglich bombardiert wurde ... Die arabischen Berichte fügten hinzu, daß die Befreier Palästinas von Begeisterung getragen seien. Gegen den jüdischen Kreuzzug sei der mohammedanische Gegenkreuzzug entfesselt ...

Die Vereinten Nationen versuchten die Feindseligkeiten zu stoppen. Generalsekretär Trygve Lie schlug vor, einen Vermittler zu ernennen, der an Ort und Stelle einen Waffenstillstand durchsetzen solle. Der Norweger Lie schlug einen Schweden vor, den Grafen Folke Bernadotte, Neffe des Königs und Präsident des Schwedischen Roten Kreuzes. Der Vorschlag wurde angenommen und am 20. Mai von der Vollversammlung bestätigt. Bernadotte – 53 Jahre alt, Pergamentgesicht, militärische Haltung – verließ am Tag darauf Stockholm an Bord einer lilienweißen Dakota des Roten Kreuzes. Er hielt sich eine Woche in Paris auf, sammelte Informationen und berief einen Stab. Er kam erst am 28. Mai nach Kairo.

Der Krieg in Palästina war seit zwölf Tagen im Gang. Die Juden waren nicht ins Meer geworfen worden. Ein Mythos brach zusammen, jener der militärischen Überlegenheit der Araber über ein traditionsgemäß waffenungewohntes Volk. Die Araber waren mit der Überzeugung in Palästina einmarschiert, daß sie »das geängstigte Judenpack« vor sich herfegen würden. Sie trafen auf einen Widerstand, dem gegenüber ihre eigene physische Schwäche, ihre Disziplinlosigkeit, die Unzulänglichkeit und Mittelmäßigkeit ihrer Kampfmittel zutage traten.

Die Libanesen hatten mit einer Truppe, die kaum mehr als ein Bataillon betrug, die Grenze überschritten. Die 2. Brigade der Haganah, geführt von Oberst Karmel, trat ihnen entgegen und verjagte sie vom palästinensischen Gebiet. Akko oder Akka, an der Spitze eines kleinen Kaps gelegen, verbirgt seine engen Gäßchen hinter den Mauern, die einst Bonaparte aufgehalten haben. Karmel nahm den Napoleonshügel und richtete von dort aus eine Geschützsalve auf die von Flüchtlingen aus Haifa überfüllte Stadt. Die Belagerten sandten einen armenischen Priester mit ihrer Kapitulation zu Karmel. Fünfzigtausend Flüchtlinge flohen über die Grenze in den Libanon. Der Großteil Westgaliläas, das der Teilungsplan den Arabern vorbehalten hatte, war in Händen der Juden.

Die Syrer waren mit einer kleinen Brigade zum Kampf angetreten, 3000 Mann, unterstützt von einigen alten französischen Panzern. Karmel sandte einen jungen Offizier, Moshe Dayan; er kam mit zwei 65-mm-Kanonen – die Hälfte der israelischen Artillerie –, um die örtliche Verteidigung zu unterstützen. Die beiden kleinen Geschütze genügten, um den Vormarsch der Syrer aufzuhalten und die bedrohten jüdischen Ansiedlungen zu retten.

Das irakische Kontingent fiel beim Zusammenfluß von Jarmuk und Jordan in Palästina ein. Auch das war eine schwache Brigade von 3000 Mann mit einigen Panzern. Die Umstände waren günstig. Unterstützt durch ein Regiment der transjordanischen Legion, rückten die Iraker schnell durch das Gebiet vor, wo man auf ihrer Seite war. Von einem Hügel bei der kleinen Stadt Tulkarm aus sahen sie jenseits der 15 Kilometer breiten Sharonebene das Mittelmeer schimmern. Ein Kräfteeinsatz, und Israel war entzweigeschnitten ...

Zu diesem entscheidenden Einsatz waren die Iraker nicht in der Lage. Die erdrückende zahlenmäßige Überlegenheit der Araber, sechzig zu eins, bestand nur hinsichtlich der Bevölkerungszahl, nicht aber bei der Armee. Die arabischen Verbündeten, nur oberflächlich zusammengeschlossen, ohne einheitliche Führung, ohne gemeinsamen Plan, griffen Israel mit insgesamt 24 000 Mann an. Die Juden stellten ihnen 35 000 Soldaten entgegen, dazu eine mindestens ebenso starke Miliz, Frauen und Männer, die ihr Dach und ihr Ideal verteidigten. Weder durch Bewaffnung noch durch Kampfgeist vermochten die Araber diese Überlegenheit auszugleichen.

In Jerusalem hatte der Kampf in dem Augenblick begonnen, da General Cunningham mit der zusammengefalteten Fahne den Berg des Bösen Rates verlassen hatte. Das erste Ziel der Juden war Bevingrad, wie sie die Gruppe der Amtsgebäude nannten, die westlich vom Jaffator standen. Sie besetzten sie sofort nach Abzug der Engländer. Die Araber schliefen.

David Shaltiel verfügte über die 6. Brigade der Haganah, genannt Brigade Eztioni, 2400 Mann, und einige hundert mangelhaft bewaffnete Milizsoldaten. Er hatte keinerlei Artillerie, mit Ausnahme eines großkalibrigen Mörsers eigener Herstellung, der Davitka, einiger behelfsmäßiger Panzer und improvisierter Flammenwerfer.

Von Bevingrad rückten Shaltiels Truppen in mehreren Kolonnen vor und besetzten schnell den modernen Stadtteil Jerusalems. Der Hügel Katamon, der Bahnhof, die griechische Kolonie, die deutsche Kolonie fielen ihnen kampflos in die Hände. Die Polizeischule und der Vorort Scheich Jarrah kosteten nur ein kurzes Feuergefecht. Diese letzte Eroberung war wichtig: Sie verband die jüdische Stadt mit der Garnison der hebräischen Universität auf dem Berg Skopus.

Außerhalb der Mauern der Altstadt, höher als die Befestigungen, liegt eine Zitadelle, Notre Dame de France, ein mächtiger Block mit dicken Mauern und steilem

Feuerraum. Sie war von zweihundert Arabern besetzt; sie hätten eine Belagerung durchstehen können. Nach kurzer Scheinverteidigung ließen sie sich vertreiben.

Innerhalb der Mauern der Altstadt wohnten nur zwei- bis dreitausend orthodoxe Juden, zusammengepfercht in einem übelriechenden Häusergewirr zwischen dem armenischen Viertel und dem Platz, von dem aus Mohammed im Sattel seines Pferdes zum Himmel emporgestiegen ist. Die meisten Orthodoxen waren antizionistisch gesinnt. Shaltiel hatte vorgeschlagen, sie mit oder gegen ihren Willen zu evakuieren. Ben Gurion hatte sich energisch widersetzt: Alles, was jüdisch sei, müsse jüdisch bleiben. Zweihundert Freiwillige der Haganah und hundert Freiwillige der Irgun waren gekommen, um die seltsame Insel in Verteidigungszustand zu versetzen.

Die Arabische Legion hatte den Jordan am 15. Mai, bei Sonnenaufgang, überschritten. Zwei Regimenter marschierten gegen Nablus und besetzten Samaria. Die beiden anderen hatten Ramallah, 15 km nördlich von Jerusalem, erreicht. Zwei selbständige Kompanien waren über die berühmte Straße von Jericho herauf nach Jerusalem vorgerückt. Sie hielten auf dem Ölberg. Glubb Pascha hatte nicht vor, sich in die Stadt selbst hineinzuwagen. Er fürchtete für seine motorisierten Beduinen den Straßenkampf, die Falle, in der sie von 100 000 aufgebrachten Juden verschlungen würden wie vom Meer.

Aber aus Amman kam die Order: Jerusalem befreien! Eine der Kompanien zog durch das Kidrontal und drang durch das Stefanstor in die Altstadt ein. Ein Teil schloß sich den Arabern an, die das Judenviertel angriffen. Die anderen stiegen auf die Altstadtmauer und eröffneten von den Schießscharten aus, durch die einst Armbrustschützen geschossen hatten, das Feuer auf die Juden, die versuchten, ihren belagerten Glaubensgenossen zu Hilfe zu kommen.

Eine andere Abteilung kam von Ramallah und näherte sich Jerusalem von Norden. Sie bestand aus einer Kompanie Infanterie, einem Zug Panzer und einer Batterie von drei vierpfündigen Kanonen, im ganzen 300 Mann. Die eintreffenden Verstärkungen brachten den Stand der in Jerusalem eingesetzten Kämpfer der Arabischen Legion auf nicht ganz tausend Mann. Ein Kleinkrieg, der für die Weltgeschichte bedeutsamer war als so manche Kämpfe von Millionen Soldaten.

Glubb besetzte Sheikh Jarrah wieder und schnitt damit die Verbindungen zum Berg Skopus neuerlich ab. Er nahm das Damaskustor und erhielt damit Zugang zur Altstadt. Seine beiden anderen Kampfziele waren Notre Dame de France und die Brechung des Widerstandes des jüdischen Viertels.

Notre Dame de France war uneinnehmbar. Die Verteidiger besaßen zwei britische Bazookas Piat, mit denen sie mehrere Panzer vernichteten. Von den zweihundert Schützen, die an dem Angriff teilnahmen, blieb die Hälfte auf dem Kampfplatz. Glubb konnte sich derartige Verluste nicht erlauben; er blies den Angriff ab.

Das jüdische Viertel wurde von Haubitzen unter Feuer genommen, die in den Gärten von Gethsemane in Stellung waren. Es wurde mit Dynamit und Flammenwerfern angegriffen. Aus den brüchigen Gebäuden stiegen Wolken von Gipsstaub hoch. Die Hitze, der Gestank, waren zum Ersticken. Die Kämpfenden wurden von Durst geplagt. Die Juden leisteten in dem Gassengewirr und den jahrhundertealten Kellern erbitterten Widerstand. Phantastische Gestalten, bleiche Juden in langem

Kaftan und mit Schläfenlocken, tauchten im Gefechtsqualm auf. Hunderte stöhnten in der großen Ben-Sakkai-Synagoge und fluchten den Verteidigern noch mehr als den Angreifern.

Am 27. Mai erschien unvermutet König Abdullah. Er betete zuerst in der Omarmoschee und dann in der Grabeskirche, anschließend besuchte er die Sukhs (den Basar), die von den Detonationen der Kämpfe widerhallten. Die Mohammedaner begrüßten ihn mit den Worten, mit denen die Kreuzfahrer einst Gottfried von Bouillon empfangen hatten: »König von Jerusalem!«

Am darauffolgenden Tag kamen zwei fast hundertjährige Rabbiner aus den Trümmern des jüdischen Viertels und überbrachten die Kapitulation der Verteidiger. Abdullah gewährte ihnen großzügige Bedingungen. Die Zivilisten sollten dem Roten Kreuz übergeben werden, um außerhalb der Stadt angesiedelt zu werden. Die Militärs sollten in Transjordanien interniert und schließlich ausgetauscht werden. Aber die Juden hatten ihre heiligen Stätten verloren, die Klagemauer, den Ort, wo der Tempel gestanden hatte, die Symbole, von denen zweitausend Jahre der Verbannung erfüllt gewesen waren.

Der Kampf zog sich hin. Aber die Lage des zionistischen Jerusalem wurde kritisch. Die Brotration wurde auf 140 Gramm herabgesetzt. Das Wasser wurde literweise in Krügen verteilt. Das 4. Regiment der Arabischen Legion hatte sich in Latrun festgesetzt, zu dessen Füßen die Straße von Tel Aviv zu den Hügeln Judäas aufsteigt. Übereinanderliegende Militärruinen, eine römische Akropolis, ein fränkisches Kastell, ein türkisches Fort, zeugen von der militärischen Bedeutung dieses Punkts. Im Dorf selbst hatten die Transjordanier auf dem Dach der Polizeiwache eine sechspfündige Kanone postiert, die, erstklassig bedient, ein Passieren der Straße unmöglich machte. Vor dem Trappistenkloster der Sieben Schmerzen mit seinen weißen Mauern und rosa Dächern lag auf dem Kamm des Hügels eine starke Infanterieeinheit. Daneben lief die Wasserleitung, die Jerusalem versorgte. Glubb hatte durch die Einnahme Latruns beachtlichen Scharfblick bewiesen. Er verfügte über das Wasser und das Brot der Juden.

Ben Gurion erteilte seinem Oberkommandierenden Yigael Yadin den Befehl, Latrun um jeden Preis zu nehmen.

Keine einzige größere Einheit war verfügbar. Die 7. Brigade wurde gebildet. Ein ganzes Bataillon wurde aus Einwanderern zusammengestellt, die am Tag vorher an Land gekommen waren; sie hatten noch nie ein Gewehr in der Hand gehabt. Die Brigade bestand aus Leuten mit acht verschiedenen Muttersprachen, gerade ein paar Offiziere verstanden Hebräisch. Yadin erklärte Ben Gurion, daß eine solche Truppe nicht ohne ein Mindestmaß an Ausbildung eingesetzt werden könnte. Ben Gurion wiederholte: »Nehmen Sie Latrun!«

Yadin versuchte, die Schwäche durch das Überraschungsmoment auszugleichen: Er organisierte einen Nachtangriff. Der Lärm der undisziplinierten Truppe warnte die Legionäre. Achthundert Juden wurden von ihren Maschinengewehren niedergemäht. Die 7. Brigade löste sich auf und floh.

Bei Morgengrauen erschien Ben Gurion auf dem Schlachtfeld. Er entschied, daß der Angriff nochmals gewagt werden müsse. Ein berühmter zionistischer Kämpfer, der Amerikaner David Marcus, genannt *Mickey Stone*, der als Oberst dem Stab Eisenhowers angehört hatte, wurde mit der Durchführung betraut.

Marcus setzte seine Operation als Umgehungsbewegung mit darauffolgendem Frontalangriff an und führte sie in der Nacht des 30. Mai durch. Doch die jüdischen Truppen waren für ein Nachtgefecht gegen Grabenstellungen, die von Berufssoldaten gehalten wurden, zu unerfahren. Die Umgehungsbewegung mißlang. Acht Panzer unterstützten den Frontalangriff, der bis an die Mauern des Klosters gelangte und die Tore des Polizeigebäudes durchbrach. Die Araber hielten sich jedoch und setzten sämtliche Kampfwagen außer Gefecht. Die Juden wichen zurück. Der Dorn von Latrun sperrte weiter die Straße ab.

In den Hügeln arbeiteten Männer und Frauen mit glühendem Eifer. Es gab einen Pfad, der Latrun umging und auf dem es einmal wie durch ein Wunder gelungen war, einen Lastwagen durchzubringen. Es galt, daraus einen Fahrweg zu machen. Die Fahrzeuge gelangten bereits bis Beit Susin, und ihre Ladung wurde von Männern auf dem Rücken zu Lastwagen getragen, die auf der Straße nach Jerusalem warteten...

Und schließlich die Ägypter... Ihre Armee war das Hauptstück der Liga. Sie bestand aus einem Regiment Matilda- und Sherman-Panzer, einem Bataillon Maschinengewehrschützen, 5 Bataillonen Infanterie, einem Bataillon Feldartillerie und einer Luftunterstützung von 15 Jagdbombern. Die ägyptische Armee erreichte am 29. Mai Ashdod. Auf den Meilensteinen an der Straße stand: Tel Aviv 20 Meilen.

Aber die Armee König Faruks war völlig verschlampt. Die Soldaten waren zerlumpt, sie plünderten oder desertierten, um etwas zu essen zu finden. Durch dunkle Geschäfte war man an italienische Handgranaten gekommen, die den Soldaten in der Hand explodierten, und an spanische Gewehre, die grob überholte Mauser-Modelle aus dem Jahr 1912 waren. Der stellvertretende Kommandeur, Mohammed Nagib, war ein anständiger Soldat, doch der Oberkommandierende Ali el-Muawi war ein Höfling, und die Offiziere, die auf einem weit besseren Niveau als ihre Soldaten lebten, waren beispiellos indolent und korrupt.

Diese verkommene Armee hatte der Widerstand von ein paar jüdischen Bauernhöfen bereits verbraucht. Ben Gurions Befehl, alles zu halten, ohne sich um den Feind zu kümmern, war fanatisch befolgt worden. Der von 20 Milizleuten verteidigte Kibbuz Kfar Darom war uneinnehmbar geblieben, und Jad Mordechai hatte sechs Tage lang der Artillerie und den Panzern widerstanden. In Ashdod angelangt, machte El-Muawi halt. Die ihm gegenüberstehende 5. Brigade der Haganah, Givati, wartete dringend auf Kriegsmaterial, um ihren Gegenangriff einleiten zu können.

... Aus Kairo traf Weisung des Vermittlers an die provisorische Regierung Israels und an die sieben Regierungen der Arabischen Liga ein: Bernadotte forderte sie auf, einen vierwöchigen Waffenstillstand abzuschließen. Die Juden zögerten länger. Sie hatten in Latrun eine sehr schwere Niederlage erlitten, und die Versorgungslage Jerusalems war kritisch. Andrerseits hatten sie dem ersten Angriff, den sie am meisten gefürchtet hatten, widerstanden, und ihre improvisierte Armee wurde täglich stärker. Die zögernde Einwilligung Ben Gurions wurde durch die Furcht bestimmt, einen Konflikt mit den Vereinten Nationen heraufzubeschwören. Schließlich wurde der Waffenstillstand am 11. Juni unterzeichnet.

Der Vermittler hatte einen ersten Erfolg davongetragen. Um ihn auszuwerten, richtete er sich im Hotel des Roses auf der Spitze der Insel Rhodos ein; die Gräfin Bernadotte folgte ihm dorthin. Es war ein Ort von paradiesischer Schönheit. Bernadotte hoffte, auf die Gegner einen besänftigenden Einfluß auszuüben, denn er mußte sie dazu bringen, miteinander zu leben. (*Forts. Israel S. 307*)

Tito wird exkommuniziert

Krieg in Palästina. Krieg in Griechenland. Krieg in zwei fast benachbarten Ländern. Waren es Buschfeuer, die einen allgemeinen Waldbrand nach sich ziehen würden?

Terrorismus in den Städten: Der Justizminister der Regierung Tsaldaris, Christos Ladas, wurde auf der Treppe der Georgkathedrale, in der er soeben die Karsamstagskerze entzündet hatte, durch eine Handgranate getötet. Terrorismus auf dem Land: Die Einwohner von Kalauriko auf dem Peloponnes wurden durch kommunistische Guerillas ausgerottet wie seinerzeit jene von Oradour-sur-Glane durch die SS. Die Ahndung konnte gar nicht anders als erbarmungslos sein. Nach der Ermordung von Ladas wurden wahllos 152 Geiseln erschossen. Aber Befriedung ist schwieriger als der Gegenterror. Im April – Schnee und Nebel bedeckten noch das Pindosgebirge – säuberte die Armee das Gebiet von Lamia und öffnete wieder die Verbindungen zwischen Athen und Mazedonien, doch die Mehrzahl der Guerilleros glitt ihr durch die Finger. Im Juni begann in den Grammosbergen eine Operation größeren Ausmaßes, bei der 5 Divisionen zum Einsatz kamen, die von dem amerikanischen General Van Fleet geführt wurden. Diesmal gedachte man, das »Befreite Griechenland«, das der General der Aufständischen, Markos, ausgerufen hatte, zu liquidieren.

Das Balkankomitee der Vereinten Nationen stellte an Ort und Stelle eine Untersuchung an. Polen und Rußland hatten sich geweigert, sich daran zu beteiligen. Albanien, Jugoslawien und Bulgarien lehnten es ab, ihm die Grenzen zu öffnen. Dessenungeachtet erbrachte das Komitee den erschöpfenden Beweis dafür, daß die kommunistischen Länder des Balkans den Aufständischen Hilfe geleistet hatten. Es machte auch eine erschütternde Enthüllung: Die Kommunisten entführten griechische Kinder und brachten sie in die sozialistischen Länder Osteuropas. Die Anzahl der auf diese Weise geraubten Kinder betrug bereits zehntausend. Die Entführungen wurden fortgesetzt.

Molotow gab zur Antwort, der Bericht der Untersuchungskommission sei »ein Mülleimer«. Bulgarien und Albanien antworteten: »Die Kommission ist ein illegales, verächtliches Werkzeug des anglo-amerikanischen Imperialismus.« Polen und die Tschechoslowakei antworteten, sie hätten keine griechischen Kinder in Empfang genommen. Jugoslawien antwortete, es werde die griechischen Kinder zurückgeben, »sobald es keine faschistische Monarchie in ihrem Land mehr gebe«.

Völlige Übereinstimmung. Und dennoch bestand dieser eindrucksvolle Block nicht aus einem Stein. In die kommunistische Kirche hatte sich Ketzerei eingeschlichen.

Im Januar 1948 hatte Stalin Tito zu sich berufen. Tito hatte an seiner Stelle seine beiden engen Mitarbeiter Djilas und Kardelj geschickt. Djilas erzählt in seinen »Gesprächen mit Stalin« von dieser düsteren Reise. Es war Winter. Das Elend eines unheimlichen Rußland, das man in einem jämmerlich müden Eisenbahnzug durchquerte. Ein Abendessen am Tisch des Diktators. Stalins brutaler Antisemitismus. Molotows Verdauungswitze und Berijas schlüpfrige Grobheit. Beider unbeschreibliche Kriecherei. Wie Stalin Kardelj rügte: »Aber nein! Holland gehört nicht zu Benelux. Du verstehst nicht mal deinen Beruf!« Schweigen. Entsetzen. Ein Sittenbild . . .

Der Zweck der Zusammenkunft bestand darin, die Beziehungen zwischen Jugoslawien und Albanien zu klären. Tito versuchte, Albanien zu schlucken. Er wollte dem kleinen Land Gesellschaften gemischter Wirtschaft aufzwingen, nach dem Muster derjenigen, die der Kreml ihm selbst aufzudrängen versuchte. Er wollte zwei jugoslawische Divisionen dort einmarschieren lassen, unter dem Vorwand, das Land gegen die griechischen Monarcho-Faschisten zu schützen. »Wir haben kein besonderes Interesse an Albanien. Wir sind damit einverstanden, daß Jugoslawien Albanien schluckt«, sagte Stalin zu den Abgesandten Titos.

Auch der Bulgare Dimitroff kam nach Moskau. Er hatte mit Tito den Plan einer Balkanföderation aufgestellt, die Bulgarien, Jugoslawien, Albanien und, nach dem Sieg von Markos, Griechenland umfassen sollte. Stalin wetterte gegen den Plan und seine Urheber. Er erklärte, der griechische Aufstand sei eine Eselei; er fordere die stärkste Macht der Welt, Amerika, heraus und müsse sofort abgebrochen werden. Man habe sich auf diese gefährliche Angelegenheit eingelassen, habe diese Geschichte einer Balkanföderation eingeleitet, weil man sich den Anschein geben wollte, bedeutender zu sein, indem man Rußland vor eine vollendete Tatsache stellte. »Ich blickte Dimitroff von der Seite an«, erzählt Djilas. Seine Ohren waren gerötet, und große rote Flecken zeigten sich auf seinem Gesicht, die die Ekzemstellen verdeckten. Das spärliche Haar hing ihm in wirren, leblosen Strähnen in den von Runzeln überzogenen Nacken. Er tat mir leid. Der Löwe von Leipzig, der, den Hals in der Schlinge, Göring und dem Faschismus zur Zeit ihrer größten Überlegenheit getrotzt hatte, sah jetzt niedergeschlagen und mutlos aus . . .« Er stotterte, daß er zugebe, Fehler begangen zu haben, sich aber bessern werde. »Hier geht es nicht um Irrtümer«, sagte Stalin, »Sie nehmen einfach eine andere Haltung ein als wir . . .«

Man fragt sich, welchen Verlauf die Geschichte genommen hätte, wenn Tito persönlich nach Moskau gefahren wäre. Die Stärke seiner Position lag darin, daß er in Belgrad geblieben war, inmitten seiner Partei, an der Spitze seiner Polizei und seiner Armee. Ohne Zweifel wußte er, daß sein Bruch mit der UdSSR nicht zu vermeiden war und daß ihn nicht einmal eine Unterwerfung wie die Dimitroffs zu retten vermochte. Er hatte die sowjetisch-jugoslawischen Wirtschaftsgesellschaften zurückgewiesen, hatte unabhängige jugoslawische Handelsmissionen bis nach Indien geschickt und, wenngleich er den Marshallplan abgelehnt hatte, bei der Internationalen Bank Anleihen in Höhe von 500 Millionen Dollar angenommen. Er hatte sich geweigert, seine Ansprüche auf Triest aufzugeben, die für den russischen Versuch,

Italien durch allgemeines Wahlrecht zu erobern, so überaus hinderlich waren. Er hatte die Angebote von sowjetischen Wirtschafts- und Militärmissionen abgelehnt. Er ließ in den Schulen lehren, daß Jugoslawien sich selbst befreit habe, während man doch sagen mußte, es sei von der ruhmreichen Roten Armee befreit worden. Er hatte Sätze geschrieben wie: »So groß unsere Liebe für die UdSSR, die Heimat des Sozialismus, auch ist, unsere Liebe zu unserer eigenen Heimat ist nicht geringer...« Die Liste war zu lang. Tito konnte keine Gnade finden, er hatte nur noch die Wahl zwischen Selbstmord und Kühnheit.

Am 27. März 1948 erhielten die Mitglieder des Kominform die Anklageschrift der sowjetischen Kommunistischen Partei gegen Tito. Man klagte ihn an, er habe bereits im Jahre 1945 begonnen, die Sowjetunion, die sowjetische Kommunistische Partei, die Sowjetarmee zu verleumden. Man warf ihm vor, er lasse die in Jugoslawien reisenden sowjetischen Berater durch Regierungsagenten überwachen. Man beschuldigte ihn doktrinärer Abweichungen in zwei Richtungen – zu Bucharin und zu Trotzki. Man tadelte seinen Nationalismus: Seine jugoslawischen Kommunisten besäßen kein größeres Verdienst als die polnischen, tschechischen oder rumänischen Kommunisten und es sei einzig und allein die sowjetische Armee, die Tito an die Macht gebracht habe. Schließlich wurde das Kominform in Rumänien zusammengerufen, um Maßnahmen zur Wiederherstellung der Einheit des europäischen Kommunismus zu treffen.

Drei Monate lang blieb der Streit geheim. Stalin wartete auf den Aufstand der jugoslawischen Kommunisten gegen Tito. Aber Tito besaß in Ranković einen energischen Innenminister und in Pijade (»ein Jude«, sagte Stalin. »In unserem Zentralkomitee sind keine Juden!«) einen Dialektiker ersten Ranges. Als zwei Minister, Zujović und Hebrang, aus der jugoslawischen Kommunistischen Partei ausgeschlossen und dann verhaftet wurden, begriff niemand im Westen, daß Tito die Stalinisten liquidierte. Er wurde aufgefordert, vor dem Kominform zu erscheinen, weigerte sich jedoch und trieb seine Herausforderung so weit, sich mit seinem Hund in den Wellen der Adria fotografieren zu lassen, während man in seiner Abwesenheit über ihn Gericht hielt. Das Maß war voll. Am 27. Juni wurde Titos Verurteilung durch ein langes Kommuniqué in der tschechischen Zeitung *Rude Pravo* bekanntgegeben.

Ein neues Kapitel begann. Anfang 1948 hatte die Sowjetunion die widerspenstigen Staaten Osteuropas und des Donaubeckens auf Linie gebracht. Durch den Abfall Jugoslawiens bildeten sich wieder tiefe Wirbel unter der durch den Terror zur Ruhe gezwungenen Oberfläche. Sie sollten blutige Tragödien verursachen. (*Forts. Jugoslawien S. 362*)

Der Marshallplan wird verabschiedet

Die Debatten zwischen den Russen und dem Westen über Deutschland waren erschöpft. Als die Amerikaner und Engländer am 6. Februar 1948 den Präsidenten des Wirtschaftsrats nach Frankfurt beriefen, um ihm die neuen Verfügungen zu übergeben, die sie in der Bizone getroffen hatten, setzten sie Moskau davon nicht einmal in Kenntnis. Die Machtbefugnisse des Wirtschaftsrates wurden erweitert. Ein Obergericht wurde eingeführt und ein politisches Organ, der Länderrat, mit zwei Vertretern pro Land, geschaffen. Die Souveränität blieb weiter in Händen der Militärregierung, aber die Exekutivkommission des Länderrates war offenbar die Vorstufe für eine deutsche Zentralregierung.

Der Protest, der die Engländer und Amerikaner störte, kam nicht von seiten der Russen, sondern von den Franzosen. Sie hatten darauf verzichtet, die Deutschen zu ewiger Not zu verdammen und sprachen nicht mehr von der politischen Abtrennung des Ruhrgebietes, aber sie beharrten weiterhin darauf, daß dieses Gebiet für immer unter internationale Kontrolle gestellt werden solle. Sie empfanden vor allem krankhafte Furcht vor der Wiederherstellung einer zentralen Macht in Deutschland. Der Generalkommissar für die deutschen und österreichischen Angelegenheiten, Pierre Schneiter, hatte eine Formulierung gefunden, die bestechend gewesen wäre, vorausgesetzt, sie wäre multilateral gewesen: Integration eines politisch zentralisierten, wirtschaftlich blühenden Deutschland in Europa. Frankreich war jedoch nicht bereit, auf seine Einheit zu verzichten, damit Deutschland seine Teilung akzeptierte – und es mußte von nun an klar sein, daß ein Überleben Westeuropas eine gleichmäßige Behandlung all seiner Nationen zur Bedingung hatte.

Man organisierte eine Zusammenkunft in London, um die Franzosen umzustimmen. Diese Zusammenkunft wurde im India House abgehalten, in der Aldwich Street, unter den feierlichen Porträts der Vizekönige des hingeschwundenen Reiches. Die Beneluxstaaten wollten daran teilnehmen und setzten das auch durch. Es wurden große Vorkehrungen getroffen, um die Russen nicht zu verärgern: Man vermied die Bezeichnung Konferenz, die Abordnungschefs waren einfache Gesandte, und die Sitzungen wurden nach Möglichkeit geheimgehalten. Dennoch waren die Russen verärgert. Sie protestierten. Man setzte sich darüber hinweg.

Während dieser halbamtlichen Konferenz ereignete sich der Staatsstreich in Prag, der deutlich machte, wie notwendig es war, den Zusammenschluß des Westens angesichts des zunehmenden russischen Imperialismus zu verstärken. Am 17. März unterzeichneten die Außenminister Belgiens, Großbritanniens, Frankreichs, Luxemburgs und der Niederlande im Palais des Académies in Brüssel einen Vertrag, der für eine Dauer von fünfzig Jahren eine wirtschaftliche Zusammenarbeit und eine kollektive Sicherheitspolitik festlegte. Ein ähnlicher Vertrag war im Jahr zuvor in Dünkirchen zwischen Frankreich und England unterzeichnet worden. Er war ausdrücklich gegen Deutschland gerichtet gewesen. Der Vertrag von Brüssel besagte: »... jeder Angriffspolitik Widerstand zu leisten ...«

Drei Tage später verlangte Marschall Sokolowskij, der Befehlshaber der sowjetischen Besatzungsstreitkräfte in Deutschland, von seinen Kollegen in Berlin, Clay, Robertson und Ganeval, Erklärungen bezüglich der Londoner Besprechungen. Clay antwortete, daß die Konferenz vertagt worden sei, ohne eine Entscheidung gebracht zu haben, und daß er seinerseits diesbezüglich keine Erklärung abgeben könne. Robertson begann seine Antwort zu formulieren. Sokolowskij, der der Sitzung präsidierte, unterbrach ihn, stand auf und verlas eine Erklärung, daß der Alliierte Kontrollrat keine Existenzberechtigung mehr habe, da die von den vier Mitgliedern getroffenen Vereinbarungen seitens der Vereinigten Staaten, Großbritanniens und Frankreichs verletzt worden seien. »Infolgedessen«, schloß er, »hebe ich die Sitzung auf.« Er entfernte sich, gefolgt von seinen Untergebenen.

Bisher hatten die Militärzüge zwischen Helmstedt und Berlin verkehrt, ohne daß eine andere Formalität nötig gewesen wäre als die Übergabe eines Frachtbriefes an die sowjetischen Behörden, in dem die Passagiere aufgezählt und die Ladung beschrieben waren. Am 30. März brachte der sowjetische Militärgouverneur, General Dratwin, zur Kenntnis, daß vom 1. April an sowjetische Kontrolleure Prüfungen durchführen würden. Zwei britische und zwei amerikanische Züge wurden zwecks Untersuchung angehalten. Ihren Weisungen folgend, pflanzten sich die Zugbegleiter vor den Waggontüren auf und verwehrten den Zugang. Die Russen verschoben die Züge auf Abstellgleise und schickten sie dann nach Helmstedt zurück. Der Zivilverkehr wickelte sich normal ab.

Clay verbrachte die darauffolgende Nacht an seinem Fernschreiber und beriet sich mit dem Heeres-Staatssekretär Kenneth Royall und dem Nachfolger Eisenhowers an der Spitze des Stabes, Omar Bradley. Sie fragten ihn, ob es nicht am Platz sei, einen Plan für die Aufgabe Berlins zu erstellen und vorerst die Frauen und Kinder der amerikanischen Besatzung abzutransportieren. Clay antwortete, daß alle Militärpersonen oder Mitglieder der Militärregierung, die die Heimbeförderung ihrer Familie wünschten, aufgefordert würden, mit ihren Familien abzureisen. Was die Aufgabe Berlins anlangte, so sei dies »geradezu undenkbar«. »Wir haben die Tschechoslowakei verloren. Norwegen ist bedroht, in Italien bereiten sich entscheidende Wahlen vor. Geben wir Berlin auf, dann ist Westdeutschland verloren. Wenn wir Europa gegen den Kommunismus verteidigen wollen, müssen wir durchhalten, durchhalten...« — »We can take pressure and humiliation in Berlin short of war...«

Short of war... Der Krieg konnte durch den geringsten Zwischenfall ausbrechen. Sofort nach Unterbrechung der Eisenbahnverbindung hatte sich Clay 15 000 Pfund Verpflegung auf dem Luftweg schicken lassen: Sowjetische Jäger hatten die C47 umkreist, die die Lebensmittel beförderten. Drei Tage später war ein Jäger im nördlichen Luftkorridor zu nahe gekreist; bei dem Zusammenstoß wurden der russische Pilot und die 14 Insassen eines englischen Flugzeugs getötet. Robertson erklärte, er werde seine Transportflugzeuge von Kampfflugzeugen begleiten lassen.

Spannung... Entspannung... Sokolowskij eilte »tief erschüttert« zu seinem britischen Kollegen, drückte »sein tiefstes Bedauern« aus und versprach, Weisungen zu erteilen, daß die sowjetischen Flugzeuge auf Distanz zu bleiben hätten. Zwei Stunden später änderte er seinen Ton, schob die Verantwortung für den Unfall auf die Engländer und erklärte, er werde ihre Provokationen nicht länger dulden. Am selben Abend wurde er nach Moskau berufen. Man war baff, daß er wiederkam.

Das Nebeneinanderleben in Berlin ging weiter. Die vier Stadtkommandanten, der amerikanische Oberst Howley, der britische Generalmajor Herbert, der französische Brigadegeneral Ganeval, der russische General Kotikow, trafen sich weiterhin in der Kommandantur. Doch die Vorfälle häuften sich. »Dreiundneunzig Mitglieder meiner Einheiten wurden im sowjetischen Sektor verhaftet«, berichtet Clay, »mit Verbrechern eingesperrt und gezwungen, Fußböden zu schrubben und Wände zu waschen . . .« Die Amerikaner hielten sowjetische Wagen an, die wie Rennfahrer zwischen Unter den Linden und Potsdam durch ihren Sektor rasten. Aus einem dieser Wagen stieg ein hoher Offizier, das Gesicht vor Wut rot angelaufen. Aus einem nachfolgenden Wagen sprangen seine Leibwächter, die Waffe in der Hand. Der Militärpolizist bohrte dem Protestierenden seine Maschinenpistole in den Bauch – und es dauerte eine Stunde, bis ein amerikanischer Offizier Marschall Sokolowskij identifizierte, den sowjetischen Oberkommandierenden in Deutschland. Er nahm den Vorfall sehr übel, erklärte, man habe ihm einen Hinterhalt gelegt, und wies die Entschuldigung zurück, die ihm gegenüber General Clay persönlich aussprach.

Im Eisenbahnverkehr änderte sich die Taktik der Russen von Tag zu Tag. Manche Militärzüge wurden angehalten, andere nicht. Vorsichtigerweise hielten Clay und Robertson für die Versorgung der alliierten Garnisonen eine Luftbrücke aufrecht, über die etwa hundert Tonnen Lebensmittel täglich nach Berlin kamen.

Sogar in diesen Zeiten mahlten die Mühlen des Gesetzes in Amerika langsam. Lange Debatten waren erforderlich, um die Einzelheiten des Marshallplanes festzusetzen. Die Verwaltung mußte auf ein Gesamtprogramm verzichten und sich mit einem jährlichen Etat zufriedengeben. Die Hilfe für Europa für das Rechnungsjahr 1948/49 wurde mit 5300 Millionen Dollar festgesetzt. In demselben Gesetz brachte man noch 400 Millionen Militärhilfe für Griechenland, 570 Millionen Hilfe für China und 60 Millionen für einen Sonderfonds für die Kinder unter. Die Gesamtsumme betrug 6 330 000 000 Dollar. Da der amerikanische Etat ungefähr 42 Milliarden Dollar betrug, ging von sieben eingenommenen Dollars einer nach Übersee.

Der französische Volkswirtschaftler André Siegfried schrieb in einer Analyse der neuen Verhältnisse der Welt folgendes: »Im 19. Jahrhundert hatte die Welt ein wirtschaftliches Gleichgewicht, das ist aber ein Problem, welches das 20. Jahrhundert bis heute noch nicht zu lösen imstande war. Die englische Handelsbilanz wies ein Defizit auf, und infolgedessen besaß jedermann englische Pfunde oder hätte solche haben können. Die Handelsbilanz der Vereinigten Staaten ist aktiv. Das bedeutet, daß niemand Dollars besitzt und daß, sofern man englische Pfunde besitzt, diese unbrauchbar sind, weil man sie nicht in Dollars umwechseln kann.« Der Marshallplan war nicht nur ein Rettungsring für Europa, sondern auch die künstliche Korrektur einer Situation, die den internationalen Warenaustausch zum Stillstand zu bringen drohte. Die Frage war nun, ob sich aus dem Kunstgriff ein neues Gleichgewicht ergeben würde. Die Gegner des Planes verneinten das und behaupteten, das Opfer sei entweder vergeblich oder Amerika werde es für ewige Zeiten auf sich nehmen müssen. »Selbstverständlich wird es immer ein Europa geben«, sagte der Senator Malone, »so lange, wie wir zahlen . . .«

Aber die Würfel waren gefallen, und zwar endgültig, dank der Prager Ereignisse. Am 14. März beschloß der Senat den Marshallplan mit 69 Stimmen (31 Demokraten, 38 Republikaner) gegen 17 (4 Demokraten, 13 Republikaner). Am 31. März stimmte das Repräsentantenhaus ab; das Ergebnis waren 329 Stimmen gegen 74. Die beiden kommunistenfreundlichen Abgeordneten der Arbeiterpartei stimmten dagegen, und ihr Chef, Henry Agard Wallace, führte außerhalb des Kongresses eine heftige Kampagne gegen den Marshallplan. Er hatte eine fortschrittliche Partei gegründet, die das Ziel hatte, bei den Präsidentenwahlen im November gegen die beiden traditionellen Parteien anzutreten. Er hetzte von einem Staat zum anderen und erklärte, Rußland verhalte sich völlig untadelig und Amerika befinde sich Rußland gegenüber im Zustand des Angreifers.

Am 13. April verließ das erste Schiff des *European Recovery Program* (ERP) – so lautete der offizielle Name des Marshallplanes –, das Liberty ship *John H. Quick*, mit 328 000 Bushel (23 128 Zentner) Getreide den Hafen Galveston, Texas, mit Bestimmung Bordeaux. Man sorgte dafür, daß seine Ankunft so diskret wie möglich vor sich ging, um die französischen Kommunisten nicht zu provozieren. (*Forts. Deutschland S. 288*)

Italien wählt nicht zum letztenmal

Italien gab zu Besorgnis Anlaß. Togliatti hatte nicht übertrieben, als er am 7. März in Genua der Menge zurief: »Was ihr am 18. April tun werdet, wird von Bedeutung sein, nicht nur für uns Italiener, sondern für die ganze Welt.« De Gasperi dramatisierte nicht, als er am Tag darauf in Turin antwortete: »Wenn wir am 18. April nicht siegen, wird es nie wieder freie Wahlen in Italien geben.« Bisher war die Rote Armee das einzige Vehikel des Kommunismus gewesen. Konnte an ihre Stelle der Wahlzettel treten, um Zielen zum Sieg zu verhelfen, die den größten Schlachten angemessen waren: dem Festsetzen der Sowjetmacht im westlichen Mittelmeer, ihrem Eindringen ins Herz des noch freien Europa bis an die Grenzen eines bereits infizierten Frankreich . . .?

Der Kampf war erbittert. Rußland wollte seinen Anhängern helfen und schlug vor, man solle Italien seine afrikanischen Kolonien wiedergeben. Sein Bruch mit Jugoslawien war aber noch nicht so vollständig, daß es sich der italienischen These bezüglich Triests hätte anschließen und das Veto gegen die Aufnahme Italiens in die Vereinten Nationen zurücknehmen können. Die Argumente Amerikas waren substantieller. Botschafter James Clement Dunn kam in die italienischen Häfen, um die Schiffe zu empfangen, die auf Grund der Soforthilfe eintrafen. Er erinnerte daran, daß sie die Vorhut der Marshallplan-Flotte darstellten. Die Millionen Amerikaner italienischer Abstammung schrieben an ihre Verwandten und machten sie darauf aufmerksam, daß eine unglückliche Wahl sie auf die andere Seite des Eisernen Vorhangs bringen und jede Hilfe, bis hin zu den Paketen, die sie unterstützten, versiegen lassen würde. Die Kirche ließ ihren ganzen Einfluß walten. Die drei Millionen Mitglieder der Katholischen Aktion, die sich bis jetzt aus dem politischen Getümmel herausgehalten hatte, setzten sich im Dienst der christlichen Demokratie ein. Nichts wurde versäumt, um den Italienern darzutun, daß sie an einem Kreuzweg standen. »Morgen wählt Italien seinen Onkel«, lautete die Schlagzeile einer Zeitung, »Onkel Joe oder Onkel Sam . . .«

Der 18. April war ein Sonntag mit Sturm und Regenschauern. Die Kommunisten erkannten, daß sie geschlagen waren, als sie eine Wahlbeteiligung von 92 % feststellten und sahen, wie viele Frauen zu den Wahllokalen gingen. Als letztes Mittel blieb ihnen noch ein Gewaltstreich, der Raub der Urnen, die dem Gesetz zufolge über Nacht in den Rathäusern blieben, damit die Wahl bis 14 Uhr am darauffolgenden Tag fortgesetzt werden konnte. Sie sahen davon ab. Togliatti hatte erklärt, daß die Partei das Ergebnis »mit heiterer Ruhe« aufnehmen werde, wie immer es auch ausfallen würde. Heute wissen wir, daß die Weisung von oben ergangen war. Stalin war durch den Bürgerkrieg in Griechenland beunruhigt. Er war davon überzeugt, daß Amerika in Italien, das strategisch so wichtig war, eine Machtergreifung der Kommunisten nicht zulassen würde.

Das Ergebnis übertraf alle Erwartungen. Die Christlich-demokratische Partei erhielt 12 700 000 Stimmen, 48,7 % der Wahlberechtigten, und bekam 307 von 574 Sitzen. Die Sozialisten Giuseppe Sarragats und die anderen antikommunistischen Parteien teilten sich in 20,6 % der Wähler und erhielten zusammen 85 Abgeordnete. Die aus den Kommunisten und Nennisozialisten gebildete Demokratische Volksfront erhielt 8 Millionen Stimmen, die 115 Sitze für die Kommunisten und 67 für die Nennipartei ergaben. Das größte Trostpflaster erhielt ein pessimistischer Linker namens Luigi Prato. Er war der einzige, der beim Wahltoto die genaue Verteilung der Sitze vorausgesagt hatte; er gewann 57 Millionen Lire. (*Forts. Italien S. 298*)

Die Währungsreform

Die europäische Idee, die europäischen Organisationen gewannen an Boden. Die Zollkonvention der Benelux trat in Kraft. Die sechzehn Länder des Marshallplanes gründeten in Paris die OEEC (*Organization for European Economic Cooperation*), die Organisation für europäische wirtschaftliche Zusammenarbeit. In Den Haag trat unter der Präsidentschaft von Winston Churchill ein Europa-Kongreß zusammen. Er richtete einen Aufruf an die Europäer: »Europa ist in Gefahr, und seine größte Schwäche liegt in seiner Uneinigkeit. Man muß alle Haßgefühle der Vergangenheit vergessen und Vergeltungsgedanken nicht aufkommen lassen ... Es ist unmöglich, wirtschaftlichen und politischen Aufbau zu trennen. Eine gemeinsame militärische Verteidigung ist nötig. Mit Recht wird dafür etwas von der nationalen Souveränität geopfert werden müssen. In diesem Rahmen kann die nationale Eigenheit und Tradition der einzelnen Völker wirksam geschützt werden, die unter einem totalitären System sicher ausgemerzt würden ... Der Kongreß wünscht die Teilnahme aller Völker des Kontinents, deren Lebensart nicht im Widerspruch zur Charta der Menschenrechte steht ...«

Aber der Wandel des Bewußtseins entsprach nicht den politischen Notwendigkeiten. In London rang Frankreich noch darum, Deutschland unter dem Druck eines Sieges zu halten, der im Augenblick, als er errungen wurde, schon überholt gewesen war. Frankreich wehrte sich noch, seinen Besetzungshappen mit der anglo-amerikanischen Bizone zu verschmelzen. Es wehrte sich gegen die Wahl einer deutschen Gesetzgebenden Versammlung durch allgemeines Wahlrecht. Es bestand darauf, daß die Souveränität der Länder der Souveränität jeder Zentralregierung – welcher Art auch immer sie sei – überlegen sein müsse. Es verlangte, daß die Ruhr unter streng-ster Kontrolle bleiben und daß die freie Verfügungsgewalt über ihre Industrien deut-schen Händen entzogen werden müsse. Frankreich konnte nicht einsehen, daß die Vereinigung Europas eine unbedingte Notwendigkeit für das Überleben war und daß infolgedessen die Versöhnung zwischen Frankreich und Deutschland der einzi-ge vernünftige Entschluß war. Frankreich dachte, 1948 sei ein zweites 1919 – und es war 1919 in einem Geist der Rache befangen gewesen.

Schließlich wurde am 1. Juni in London – in Form von »Empfehlungen« bezüglich der Gesamtheit der deutschen Probleme – eine Einigung erzielt. Die Einberufung ei-ner Konstituierenden Versammlung war vorgesehen, die politische Organisation Westdeutschlands wurde ermöglicht. Frankreich hatte die Schaffung einer interna-tionalen Körperschaft zur Kontrolle des Ruhrgebietes sowie eines militärischen Si-cherheitsbüros durchgesetzt, das damit betraut war, den Fortgang der Entmilitari-sierung Deutschlands zu überwachen.

Trotz der Zugeständnisse, die man den Franzosen gemacht hatte, kam es in Frankreich zu einer wütenden Kampagne gegen die Londoner Empfehlungen. Die Rechte und die Linke überboten sich in der Verdammung der Wiedererstehung des Erbfeindes durch die Hilfe der unverbesserlichen Angelsachsen. De Gaulle geißelte »das befremdliche Kommuniqué aus London«, sagte einen revanchistischen Wett-streit zwischen dem Frankfurter Deutschland und jenem, das die Russen im Osten errichten würden, voraus. Er stellte fest, daß es mit Frankreich bergab gegangen sei, seit er nicht mehr an der Macht war. Er bot sich an: »Ich bin bereit, an der notwen-digen Verantwortung direkt teilzuhaben, sobald ich die Möglichkeit habe, sie zu tragen...« Die Rechte schrieb: »Frankreich hat soeben eine der schwersten diplo-matischen Niederlagen seiner Geschichte erlitten. Das Vaterland ist in Gefahr...«

Prosaischer gesagt: die Regierung war in Gefahr. Sie hatte soeben ein altes Ge-spenst wiederauftauchen sehen, das bei der Frage der Hilfe für bedürftige Schüler an konfessionslosen Schulen ihre Mehrheit gespalten hatte. Der Europäer Robert Schuman sah noch ein anderes, fast ebenso verstaubtes Gespenst auftauchen, den Nationalismus. Sein Außenminister Bidault wurde in einer erregten Parlamentsde-batte unsicher, machte den aussichtslosen Versuch, das, was er gestern verlangt hat-te, mit dem in Einklang zu bringen, was er heute akzeptierte. Schuman selbst be-gnügte sich damit, die Vertreter der Nation vor eine einfache Wahl zu stellen: Sie sollten die Londoner Vorschläge annehmen oder ablehnen. Wenn Frankreich sie zu-rückwies, würden Amerika und England den von ihnen für den Wiederaufbau Deutschlands aufgestellten Plan ohne Frankreich durchführen. Alle anderen Staaten Westeuropas würden ihnen folgen; damit hätte Frankreich nur seine Isoliertheit und Ohnmacht dargelegt.

Die Abstimmung verlief äußerst knapp. Die Regierung hatte eine Tagesordnung hinnehmen müssen, die, wenn keine Mißbilligung, so doch einen klaren Vorwurf be-deutete. Die Rechte und die Kommunisten stimmten mit zusammen 286 Stimmen gegen 300. Die Regierung Schuman blieb im Amt.

Während dieser neuen Welle von Verständnislosigkeit in Frankreich trafen in Deutschland Kisten mit der rätselhaften Inschrift »*Bird Dog*« ein. Sie enthielten das in Amerika gedruckte neue Geld. Die Experten der Alliierten hatten entschieden, daß die durch die Inflation abgewertete Reichsmark durch die Deutsche Mark ersetzt werden sollte. Am 17. Juni wurden die Modalitäten des Vorgangs bekanntgemacht. Jeder deutsche Bürger in den Westzonen erhielt 40 deutsche Mark und später nochmals 20 gegen Vorweisung seiner Lebensmittelkarte. Die privaten Guthaben, Bankguthaben usw., sollten den Inhabern auf der Grundlage: eine neue gegen zehn alte Mark, gutgeschrieben werden, zur Hälfte frei verfügbar, zur Hälfte gesperrt. Forderungen gegen das Deutsche Reich und Institutionen wie die NSDAP, die Reichsbahn und die Reichspost wurden nicht umgestellt, dieser Komplex sollte durch ein Kriegsschäden-Schlußgesetz geklärt werden. Die alten Mark wurden ohne Entschädigung entwertet.

Das bedeutete schwere Opfer. Die Wirkung war außerordentlich. Die deutsche Wirtschaft belebte sich wieder. Der Schwarzmarkt stürzte zusammen wie ein verwundeter Vogel. Die leeren Schaufenster füllten sich. Die Arbeitslust kehrte zurück. Der Hunger war noch schlimm; doch für das Volk, das sich eine Zeitlang selbst aufgegeben hatte, war die Hoffnung wiedergekehrt. »Zum erstenmal seit Kriegsende«, notierte ein amerikanischer Journalist, »sahen die Deutschen dem Winter ohne Schrecken entgegen.«

Ludwig Erhard wäre gern noch weiter gegangen. Dieser Theoretiker der Marktwirtschaft hatte während der Zeit des Nationalsozialismus am Institut für Wirtschaftsbeobachtung Nürnberg weiter den wirtschaftlichen Liberalismus gelehrt. Einer der führenden Männer des 20. Juli, Goerdeler, hatte ihn als Wirtschaftsminister vorgesehen, und er war nur durch einen Glücksfall dem Schicksal der Widerstandskämpfer entgangen. Als Direktor der Verwaltung für Wirtschaft des Vereinigten Wirtschaftsgebietes wollte er in der Folge der Währungsreform die Abschaffung sämtlicher Rationierungen durchsetzen. Er glaubte, daß durch die neue Mark keine Notwendigkeit mehr bestehe, die Lebensmittelkarte beizubehalten. – Ganz Europa lebte unter Einschränkungen. Es wäre paradox gewesen, wenn die Deutschen die ersten gewesen wären, die davon befreit wurden. Erhard mußte zurückstecken.

Die Experten der Alliierten hatten lange gezögert, die neue Mark in den westlichen Sektoren Berlins einzuführen. Sie hatten davon Abstand genommen, um keine Konflikte mit den Russen heraufzubeschwören; das hatte ein Kommuniqué der drei Militärregierungen ausdrücklich festgestellt. In ganz Berlin sollte nur die nach der Kapitulation ausgegebene und von den Berlinern als »Tapetenmark« verhöhnte Währung Geltung behalten.

Ein vergebliches Zugeständnis. Marschall Sokolowskij verurteilte die Währungsreform auf das heftigste. Sie verletze das Potsdamer Abkommen. Sie diene nur den Interessen der amerikanischen, englischen und französischen Monopolisten. Sie mache die Spaltung Deutschlands endgültig. Sie zwinge die sowjetischen Behörden, ihre eigene Währungsreform durchzuführen. Sokolowski sagte weiter, Berlin sei eine Stadt der russischen Zone, in der die sowjetische Gesetzgebung »ohne Unterschied der Sektoren« gültig sei.

Am Morgen des 1. Juli erteilten russische Inspektoren den Befehl, die Mehrzahl

38 Wendung in der amerikanischen Deutschlandpolitik: Der US-Außenminister Byrnes, der im September 1946 in Stuttgart eine pragmatisch-versöhnliche Rede hält, mit den deutschen Politikern Hoegner, Maier und Geiler (v. l. n. r.). – 39 Nächste Etappe dieser politischen Haltung war die Währungsreform in den West-Zonen.

40 Amerikanischer Dollarsegen für Deutschland: Governor Wagener von der Militärregierung 1948 bei der »Einweihungsfeier« für 75 neue Güterwagen aus Marshallplan-Geldern. – 41 Herbert Hoover in Warschau: Der amerikanische Expräsident bereist 38 Länder, um einen Bericht über die Welternährungslage auszuarbeiten.

der für die Versorgung der Zivilbevölkerung Westberlins bestimmten Waggons, deren Ladung aus Lebensmitteln und Rohstoffen bestand, abzuhängen, unter dem Vorwand, daß sie einer neuen, in der Nacht herausgegebenen Verordnung nicht entsprächen. Das deutsche Eisenbahnpersonal war dagegen machtlos und mußte gehorchen. Eine totale Verkehrsstockung war die Folge.

Der Sommer, die Jahreszeit des Gottes Mars, war gekommen. Der Kampf um Berlin begann.

10. Kapitel   1948/1949
Luftbrücke gegen Blockade
Rußland verliert den Kampf um Berlin

Die Amerikaner, Engländer und Franzosen hatten in ihren drei Sektoren für die Ernährung von 2 070 000 bis 2 225 000 Menschen zu sorgen. Die Unterbrechung der Versorgungslinien zu Lande stellte die Anwesenheit der Alliierten in Berlin in Frage.

Die drei Stadtkommandanten trafen sich zu einer Besprechung. Der Franzose Ganeval hielt es für unvorstellbar, daß die Russen bis zum Äußersten gehen und eine totale Blockade durchführen würden. »Ich weiß nicht, wie weit die Russen gehen werden«, antwortete der Engländer Herbert, »aber eines weiß ich: wenn sie Berlin blockieren, bleibt uns nichts anderes übrig, als abzuziehen.« Der Amerikaner Howley war davon überzeugt, daß eine totale Blockade bevorstand, war jedoch der Meinung, die Westmächte könnten und müßten sie brechen. Wenn die Russen bluffften, würden sie nachgeben; wenn sie den Krieg wollten, würden sie ihn bekommen . . .

Da gab es zunächst eine Frage des Prinzips. Marschall Sokolowskij hatte behauptet, Berlin sei eine Stadt der Sowjetzone. Amerikaner und Engländer waren einer Meinung: am besten konnte man ihn dementieren, indem man in Berlin die Westmark einführte.

Die Franzosen waren zunächst dagegen. Dann setzten sie sich für folgende Lösung ein, die auch angenommen wurde: Beide Geldsorten sollten nebeneinander in Westberlin im Umlauf sein. 25 % der Löhne sollten in Westmark, der Rest in Ostmark bezahlt werden. Die tatsächliche Entscheidung lag bei den Berlinern. Wenn sie sich für die sowjetische Mark aussprachen, würden die Westmächte nicht nur ihr Gesicht verlieren, sondern sehr bald auch Berlin.

Die Stadt bot weiterhin ein Bild der Trostlosigkeit. Die Räumung der Bombenruinen beschränkte sich auf die Arbeit eines Heeres von Frauen und Kindern, die mit der Hand die unbeschädigt gebliebenen Ziegel aus dem Schutt holten, abkratzten und zu Haufen schichteten. Im Sowjetsektor opferten die Schüler ihre Ferien für diese patriotische Aufgabe, und der Wetteifer zwischen den einzelnen Schulen wurde durch Ehrentafeln gefördert. In den westlichen Sektoren war diese mühevolle Arbeit für eine große Zahl von Familien das einzige Mittel zum Unterhalt. Die Nivellierung der gesellschaftlichen Klassen war ein Prozeß ohne Erbarmen. Ehemalige Millionäre wohnten in kleinen Zimmern, um sich ein paar klägliche Reste ihres einstigen Glanzes. Das Volk war voller Zynismus. Die Mehrzahl der Berliner schien überzeugt, daß die Amerikaner, Engländer und Franzosen nicht in Berlin bleiben würden. Die Opportunisten zogen daraus die entsprechende Lehre. Doch die Masse hatte aus den ersten Wochen der Besatzung einen geradezu physischen Abscheu vor den Russen bewahrt. Sie brauchte die Hoffnung nicht, um bis zum äußersten zu kämpfen.

Sokolowskij ließ durch seinen Stabschef die einstweilige Oberbürgermeisterin Luise Schröder und ihren ersten Stellvertreter, Dr. Friedensburg, zu sich rufen. Man rief ihnen ihre Bürgerpflicht, sich einer Spaltung Berlins zu widersetzen, ins Gedächtnis. Sie dürften ausschließlich den Weisungen der sowjetischen Behörden folgen und müßten sich insbesondere der Einführung der neuen westlichen Währung widersetzen. Dafür versprachen ihnen die Russen, sie würden die materielle Versorgung der Bevölkerung sicherstellen. Berlin werde seine Stellung als Hauptstadt nicht verlieren.

Am Mittwoch, dem 23. Juni, um 16 Uhr, versammelte sich der Stadtrat im Neuen Rathaus. Das Gebäude, dessen Mauern Sprünge von den Bomben aufwiesen, lag zwischen der Spree und dem Alexanderplatz, mitten im sowjetischen Sektor. Eine Menschenmenge, in der es von roten Fahnen wimmelte, drängte sich um das Haus: Die Lautsprecher forderten die Berliner auf, die Einheit ihrer großen Stadt zu verteidigen, indem sie wie ein Block gegen die angelsächsischen Monopolisten standen. Die von Oberst Paul Markgraf, einem Stalingrad-Gefangenen, befehligte Polizei war offenkundig nicht da. Vier Stunden lang folgte eine Gewalttat der anderen. Der Saal wurde gestürmt. Die Minderheit verlangte vom Stadtrat, er solle einen Beschluß fassen, in dem die Einführung der Westmark verworfen werde. Fürchterlicher Lärm erhob sich, als Luise Schröder erklärte, daß der kommunistische Antrag abgelehnt sei. Die Stadträte, die dagegen gestimmt hatten, verließen den Saal, wobei sie geschlagen und gehöhnt wurden. Die sozialistische Stadträtin Jeanette Wolff, die lange im Konzentrationslager gewesen war, wurde zu Boden geworfen und mit Füßen getreten.

Am selben Abend wurde der Strom, der vom Elektrizitätswerk in Golpa kam – er machte die Hälfte des Verbrauchs in den westlichen Sektoren aus –, gesperrt. Am nächsten Morgen wurde den Berlinern mitgeteilt, daß wegen »technischer Schwierigkeiten« der Verkehr auf den drei Eisenbahnlinien, die nach Westberlin führten, eingestellt werde und man nicht voraussagen könne, wann es wieder möglich sei, ihn aufzunehmen.

Auf dem Herthasportplatz versammelten sich 80 000 Menschen. »Heute weiß die ganze Welt, daß hier das Herz der neuen deutschen Demokratie schlägt«, rief Reuter ihnen zu. »Wir werden uns mit allen Mitteln, über die wir verfügen, bis zum Äußersten gegen den Machtanspruch wenden, der uns zu Sklaven und Heloten einer Partei machen will. Wir haben unter einer solchen Sklaverei im Reiche Adolf Hitlers gelebt. Wir haben genug davon. Wir wollen keine Wiederkehr.«

Ein Nervenkrieg begann. Die Zeitungen des sowjetischen Sektors schrieben, das britische Kabinett habe beschlossen, auf Berlin zu verzichten. Sie zitierten eine defätistische Depesche des Frankfurter Korrespondenten der *New York Times*. Am Tag vorher hatte General Clay auf einer Inspektionsfahrt in Heidelberg erklärt: »Nur der Krieg könnte uns aus Berlin verjagen.« Der amerikanische Journalist brachte seine Zweifel an diesen mutigen Worten zum Ausdruck. Um die westlichen Sektoren auf dem Luftweg zu versorgen – angenommen, die Russen ließen es zu –, müßte man, wie er sagte, zumindest 2000 Tonnen täglich transportieren. Das war offensichtlich nicht möglich.

Berlin besaß Vorräte an Lebensmitteln für sechsunddreißig und Kohle für fünfundvierzig Tage. Würden es die Westmächte zulassen, daß diese schwache Reserve dahinschwand, während sie mit den Russen verhandelten, oder würden sie zumindest versuchen, sie zu ergänzen?

Als Clay aus Heidelberg zurückkehrte, berief er Ernst Reuter zu sich. Auf seine Fragen antwortete der Ex-Kommunist ganz entschlossen. Ja, die Berliner waren bereit, die härtesten Leiden auf sich zu nehmen, um frei zu bleiben. Ja, sie würden sich mit den niedrigsten Rationen zufriedengeben, und wenn die Blockade bis zum Winter fortdauerte, würden sie neben dem Hunger auch noch die Kälte in Kauf nehmen. Er selbst wisse überdies, daß Rußland viel zu erschöpft sei, um das Risiko eines Krieges in Betracht zu ziehen. Es versuche nur, Berlin durch Bluffen zu gewinnen. Die Amerikaner sollten doch mit einer Panzerkolonne an den Grenzübergang Helmstedt kommen, dann würden sie schon sehen . . .

Der allgemeinen Unterstützung der Bevölkerung sicher, rief Clay den Kommandeur der amerikanischen Luftwaffe, Curtis LeMay, in Wiesbaden an. Dieser, ein streitbarer, zorniger Mann, versprach, alles, was fliegen konnte, loszuschicken, um den Berlinern Verpflegung zu bringen. Doch er schreckte plötzlich hoch. »Wie bitte, General, haben Sie soeben gefragt, ob die US Air Force auch Kohle transportieren könne?« »Ja«, sagte Clay, »ich habe Sie gefragt, ob die US Air Force Kohle nach Berlin bringen könnte.« »Eine merkwürdige Aufgabe. Aber wenn es nötig ist, werde ich dafür sorgen.«

In London funktionierten auch diesmal, durch die Gefahr ausgelöst, die alten Reflexe: Versteifung gegenüber der Herausforderung. In einer erregten Sitzung des Unterhauses wies Bevin entschieden den Gedanken zurück, »*those stouthearted democrats of Berlin*«, diese beherzten Berliner Demokraten, im Stich zu lassen. Die RAF organisierte ihre eigene Luftbrücke, und das Kabinett beschloß als Vergeltungsmaßregel ein Embargo auf Kohle, Stahl und Industriebedarf aus dem Ruhrgebiet für Ostdeutschland. »Die Opposition«, erklärte Harold Macmillan, »stellt sich einstimmig hinter die Regierung Ihrer Majestät.«

Am Sonnabend, dem 26. Juni, trafen die ersten der für die Zivilbevölkerung bestimmten Lebensmittel, 80 Tonnen, in Tempelhof ein. LeMay verfügte über etwa hundert C47, die nur 2 1/2 Tonnen trugen, und ein Dutzend C54, die 10 Tonnen beförderten. Mit Unterstützung der Engländer konnte man eine Luftbrücke von 600 bis 700 Tonnen täglich aufrechterhalten. Der Stab Clays war der Ansicht, die Auffüllung der Speisekammer Berlins werde den Westmächten bei ihren Verhandlungen helfen. Aber die Diskussionen zogen sich in die Länge, und wenn die Russen die Autostraße und den Kanal gleichfalls sperrten, würde die Lage rasch hoffnungslos werden.

Washington war weniger entschlossen als London. Man fragte Clay, ob man die Russen nicht dazu bringen könnte, die Eisenbahnlinien wieder freizugeben, wenn man die Einführung der Westmark verschob. Clay gab zur Antwort, daß die Westmark bereits im Umlauf sei und daß überdies jeder Schritt zurück für die Russen ein Grund sei, ihren Druck zu verstärken.

Die Demokratien haben ihre Schwächen. Die internationale Krise trat in den Hintergrund. Am selben Tage, an dem die Russen die Versorgungslinien Berlins sperrten, ging es in Philadelphia hoch her. Ein Riesenluftballon in Form des Elefanten GOP, des Symbols der Republikanischen Partei, schwebte über dem Giebel des Bellevue Stratford Hotels. Der junge Riese, das Fernsehen, zeigte dem amerikanischen Publikum zum erstenmal einen Konvent, der seinen Kandidaten für die Wahl ins Weiße Haus bestimmte, jenen possenhaften, fröhlichen Zirkus, hinter dem sich ein gnadenloser Wettkampf verbirgt.

Nach drei Tagen des Kampfes wurde Dewey zum Kandidaten erkoren. Als Kandidaten für die Vizepräsidentschaft zog er seinen Konkurrenten vom Vortag heran, Earl Warren. Die Chancen der beiden Kandidaten waren außerordentlich hoch. Warren, der Sohn eines unter geheimnisvollen Umständen ermordeten Lokomotivführers, war der populärste Gouverneur, den Kalifornien je gehabt hatte. Dewey, Gouverneur von New York und republikanischer Präsidentschaftskandidat im Jahre 1944, hatte Franklin Roosevelt den härtesten Wahlkampf aufgezwungen, den dieser je geführt hat. 1948 schien ein republikanischer Sieg gesichert. »Truman ist bereits eine tote Gans!« hatte die Kongreßabgeordnete Claire Booth-Luce unter Riesengelächter dem Parteikonvent erklärt.

Alles schien diese Behauptung zu bestätigen. Truman hatte vor der Wahl eine Rundreise durch achtzehn Staaten gemacht, bei der er achtundsiebzigmal gesprochen hatte. Die Säle waren halbleer, das Publikum frostig gewesen. Die Demokratische Partei war in drei Teile gespalten; zu der Uneinigkeit mit den Konservativen des Südens kam noch jene mit den prokommunistischen Anhängern von Henry Wallace. Die Strategen des Wahlausschusses zogen eine Änderung des Kandidaten in Betracht. Sie ließen bei Eisenhower anklopfen; da er es abgelehnt hatte, die republikanischen Farben zu vertreten, würde er die demokratischen tragen wollen? Ike antwortete, er werde für keine Partei kandidieren.

In dieser Atmosphäre des Ausverkaufs trat das Kabinett am Morgen des Sonntags, 25. Juni, zusammen. Der Unterstaatssekretär Robert Lovett erwog die Möglichkeit, wie man Berlin verlassen und so wenig Gesicht als möglich verlieren konnte. Truman schnitt ihm das Wort ab: »Von Abzug ist keine Rede. Wir sind in Berlin, um dort zu bleiben, und wir werden dort bleiben . . .«

Diese Erklärung war entscheidend. Truman war, bei all seinen Fehlern, ein Chef. Er begann den Kampf um Berlin ohne den Gedanken an ein Zurückweichen.

Befehle ergingen, die Luftstützpunkte der ganzen Welt stellten LeMay alle ihre Transportmaschinen zur Verfügung. Schon am 30. Juni landeten 125 amerikanische Flugzeuge in Tempelhof. In Gatow landeten 100 britische Flugzeuge, davon 72 viermotorige York. An den darauffolgenden Tagen stellte die RAF 10 große Lancaster-Wasserflugzeuge in Dienst, die von Hamburg abflogen und auf einem der Havelseen landeten. Die tägliche Leistung der Luftbrücke betrug zwischen 1300 und 2000 Tonnen.

Die Russen protestierten. Generalleutnant Lukiantschenko, der Stabschef Sokolowskijs, besuchte der Reihe nach die westlichen Oberkommandierenden, beschwerte sich über die Verletzung der Sicherheitsvorschriften und verlangte, der Masseneinsatz von Flugzeugen sollte aufhören. Die Alliierten jedoch besaßen – während sie bezüglich der Verbindungen zu Lande nichts in der Hand hatten – eine schriftliche Vereinbarung, durch die festgelegt war, daß drei Luftkorridore von jeder Beschränkung frei sein sollten: München–Berlin, Frankfurt–Berlin, Hamburg–Berlin. Die Alliierten antworteten, daß sie sich an diese Vereinbarung hielten und rieten ausdrücklich davon ab, den Flugverkehr zu stören.

Am 3. Juli versuchten die Generäle Clay, Robertson und Noiret, letzterer als Vertreter General Koenigs, auf Anordnung ihrer Regierungen mit Sokolowski wieder Kontakt aufzunehmen. Sie wurden nach Babelsberg geführt, fast wie Parlamentäre innerhalb feindlicher Linien. Der sonst eher fröhliche Sokolowskij empfing sie eisig; er war flankiert von den zwei Verkörperungen seines kommunistischen Gewissens, General Kolokow und Oberst Tulpanow. Er antwortete Clay, die technischen Schwierigkeiten, die den Eisenbahnverkehr lahmlegten, könnten nicht überwunden werden, ehe Amerika seine Pläne bezüglich Westdeutschlands nicht aufgegeben habe. Die Westmächte seien ihrer Rechte als Besatzung Berlins verlustig, erklärte er noch. Jedes neue Abkommen der vier Mächte müsse im Gesamtrahmen des deutschen Problems behandelt werden.

Robertson und Clay verstanden diese Sprache. Sie kamen gerade aus Frankfurt zurück, wo zwei Tage zuvor den Ministerpräsidenten der neun westdeutschen Länder sowie den Bürgermeistern von Bremen und Hamburg die Londoner Beschlüsse mitgeteilt worden waren, die sie aufforderten, eine Versammlung zu bilden, die – unter Vorbehalt der Zustimmung der Alliierten – Westdeutschland eine Verfassung gab. Mit der Berliner Blockade versuchten die Russen die Entstehung eines westdeutschen Staates zu verhindern.

Die Ministerpräsidenten verlangten Zeit, um nachzudenken und Erwägungen anzustellen. Die Berichte über die Wirtschaft waren ausgezeichnet. Der materielle und moralische Erfolg der Währungsreform stand fest. Die Kohleförderung hatte soeben mit 308 064 Tonnen pro Tag ihren Rekord gebrochen. Die Lebensmittelration war 1947 auf das erschreckende Niveau von 1090 Kalorien zurückgegangen; die nach der Erklärung General Clays »unglaublich gute« Ernte des Jahres 1948 würde es gestatten, die Ration auf 1990 Kalorien zu erhöhen. Andererseits würde die Verfassung, zu deren Erstellung man die Westdeutschen aufforderte, der Staat, den aufzubauen man sie drängte, die Spaltung der deutschen Einheit besiegeln. Die zwischen Licht und Schatten gestellten Führer des der Demokratie wiedergegebenen Deutschland fragten sich, bis zu welchem Grad es vernünftig war, sich festzulegen.

Die Ministerpräsidenten begaben sich von Frankfurt nach Koblenz, um zu beraten. Ihre Gegenvorschläge spiegelten die Furcht wider, für die Spaltung ihres Landes in zwei Teile verantwortlich gemacht zu werden. Sie waren der Ansicht, daß jede endgültige Verfassung so lange warten müsse, bis »Voraussetzungen für eine gesamtdeutsche Regelung gegeben« seien. Sie verlangten Abschwächungen der Benennungen: Die Gesetzgebende Versammlung solle zum Parlamentarischen Rat werden, und die Verfassung solle Organisationsstatut oder Grundgesetz genannt werden. Angesichts ihrer Skepsis entschieden sie sich für das Vorläufige.

. . . Zur gleichen Zeit war in Frankreich Robert Schuman wegen einer Lappalie gestürzt worden. Die von einem Radikalen, André Marie, mühsam gebildete Regierung glich einem Gespensterzug: Léon Blum, Paul Reynaud, Henri Queuille, Yvon Delbos . . . Die neue Republik übernahm die Makel und Männer der alten; es waren nur Regierungen möglich, die so flüchtig waren wie Raketen. Sie hatte Angst vor Deutschland, vermochte aber nicht zu begreifen, daß die einzige Rechtfertigung ihrer Befürchtungen in ihr selbst lag, in ihrer unheilbaren Anarchie . . .

Nach Koblenz trafen die Ministerpräsidenten nochmals in Schloß Niederwald bei Rüdesheim und dann in Frankfurt zusammen. Amerika hatte ein Machtwort gesprochen und erklärt, es werde jedes Interesse am Schicksal Deutschlands verlieren, wenn die besten Deutschen vor dem Risiko einer Solidarität mit dem Westen zurückschreckten. Zwei Bürgermeister, Kaisen (Bremen) und Brauer (Hamburg), rissen die Zaghaften mit. Am 1. September trat der deutsche Parlamentarische Rat zusammen. Man hatte Bonn zu seinem Sitz gewählt, das nicht allzu zerstört war, die Vaterstadt Beethovens und Sitz einer Universität, an der Wilhelm II. und seine Söhne studiert hatten.

Die Blockade soll nicht gebrochen werden

»Woran man sich am schwierigsten gewöhnen konnte«, sagen die Zeugen aus jener Zeit, »das war, wenn der Regen auf die Ruinen niederströmte . . .« Er brachte die Gerüche von Gips, Brand und Tod wieder. Er verlieh den abgenutzten Kleidern, den ausgetretenen Schuhen, den abgemagerten Menschen ein Armesünderaussehen. Er betonte das Elend der toten Städte und ihrer verarmten Bewohner.

In Berlin begann es am 15. Juli zu regnen. Am 9. Juli hatten die Russen »wegen Ausbesserungsarbeiten« die Sperrung der Autobahn angekündigt. Am 17. Juli gaben sie bekannt, daß die Wiederinstandsetzung einer Schleuse die Benutzung des Elbe-Havel-Kanals nicht mehr gestatte. Die Blockade war nun total – und es regnete!

Doch die Luftbrücke funktionierte! Tag und Nacht landeten regennasse Flugzeuge in Gatow und Tempelhof. Hinter der Wolkendecke dröhnten weiter die Motoren über der Stadt Berlin.

Clay und sein politischer Berater Robert Murphy, die zu einer Besprechung berufen worden waren, erklärten Truman, daß sie zu dem gleichen Schluß gelangt seien wie Reuter. In Helmstedt hatten die Russen einen Baumstamm quer über die Autobahn gelegt. Clay bot sich selbst an, ihn an der Spitze einer Panzerkolonne beiseite zu räumen. »Was riskieren wir? Wenn die Russen entschlossen sind, mit uns Krieg zu führen, werden sie es auf jeden Fall tun. Wenn sie keine Lust haben zu kämpfen, und davon bin ich überzeugt, werde ich mit meinem Lebensmittelzug durchkommen.«

Die beherzte Natur Trumans machte ihn Clays Vorschlag geneigt. Seine politischen Berater gaben ihm zu bedenken, daß die öffentliche Meinung beunruhigt sei und daß eine abenteuerliche Haltung in der Berlinkrise ihn seine letzte Chance, im November gewählt zu werden, kosten könnte. Hin und her gerissen, verschanzte sich der Präsident hinter den Fachleuten. »Bringen Sie mir einen Vorschlag der Stabschefs für die Brechung der Blockade«, sagte er zu Clay. »Ich werde ihn sofort unterschreiben...« Aber die Stabschefs waren der Ansicht, daß die Streitkräfte Amerikas zu sehr reduziert waren, um vor Verlauf von achtzehn Monaten ein Risiko einzugehen. Der Sicherheitsrat sprach sich gegen einen Versuch zur Durchbrechung der Blockade aus. »Es war das einzige Mal in meiner Karriere«, sagte Bob Murphy später, »wo es meiner Meinung nach meine Pflicht gewesen wäre, zu demissionieren...«

Clay fuhr mit doppeldeutigen Weisungen wieder nach Deutschland: Er solle sich entschlossen verhalten, aber nicht unnachgiebig. Hundertfünfzig viermotorige C54 wurden ihm zur Verfügung gestellt, um die Transportleistung der Luftbrücke auf 4000 Tonnen zu bringen. Zwei Staffeln Atombomber B29 wurden nach England verlegt – eine vielsagende Geste. Amerika war jedoch entschlossen, mit Moskau zu verhandeln – im Einverständnis mit Frankreich und England, und wenn möglich mit Stalin selbst –, um eine gütliche Regelung zu erreichen. (*Forts. Deutschland S. 304*)

Die Olympische Flamme

Unter diesem düsteren Himmel wurde eine Flamme durch Europa getragen. Sie war am 17. Juli auf dem Abhang des Berges Olymp von Maria Angelikopulos, einem 19jährigen griechischen Bauernmädchen, entzündet worden. Eine Sperrkette von Mörsern schützte die Zeremonie gegen die Guerillakämpfer in den Bergen. Im Hafen Katakolu war die olympische Flamme von Partisanen angegriffen worden; ihr Maschinengewehrfeuer hatte mehrere Gendarmen getötet oder verwundet. Die Flamme war erloschen. Der griechische Zerstörer, der sie an Bord nehmen sollte, hatte die Rebellen mit seinen Kanonen beschossen...

In der Antike hatten die olympischen Spiele sämtliche Kriege in Hellas zum Schweigen gebracht. Diese Tradition war tot.

Die Flamme wurde neu entzündet. Der griechische Zerstörer brachte sie nach Kreta, wo sie auf einen britischen Zerstörer getragen wurde, der sie nach Bari brachte. Das Land, in das sie kam, Italien, stand in Flammen.

Am 14. Juli hatte ein sizilianischer Student, Antonio Ballante, auf Togliatti geschossen; drei Revolverkugeln hatten in der rechten Lunge des Politikers gesteckt. Ganz Italien reagierte mit einem Generalstreik. Der Rundfunk brach sein Schweigen nur, um stündlich Nachrichten über den Verletzten zu senden. In Neapel, Siena, Livorno, Genua, Verona, Turin, Mailand kam es zum Aufstand... Gruppen von Polizisten hatten sich von den Aufrührern entwaffnen lassen. Der Innenminister Mario Scelba ließ Militär einsetzen, schlug den Streik nieder, schüchterte die Aufständischen ein. 16 Tote und über 500 Verletzte waren der Preis. Togliatti wurde dank massiver Penicillininfusionen, *made in USA*, gerettet... Aber die Olympische

Flamme, von Leichtathleten von einer Etappe zur anderen getragen, durchquerte ein Land, das noch im Belagerungszustand war.

In Basel wurde die Olympische Flamme auf ein Schweizer Schleppschiff gebracht. Sie fuhr den Rhein hinab, durch ein Spalier von Ruinen. Luxemburgische, belgische und französische Läufer brachten sie nach Calais, wo sie wieder das Meer überquerte und Dover erreichte. Am 29. Juli wurde sie ins Londoner Wembley-Stadion getragen. 90 000 Zuschauer, 6000 Olympiakämpfer empfingen sie als das Symbol einer besseren Zukunft mit Jubel.

Zu diesen ersten Olympischen Spielen nach dem Krieg waren Deutschland und Japan nicht eingeladen worden. Rußland hatte abgelehnt teilzunehmen, aber die Tschechoslowakei, Polen, Ungarn und Finnland hatten sich darüber hinweggesetzt. Die Ernährungslage in England war weiterhin so gespannt, daß es im Olympischen Dorf zu einer Hungerrevolte kam. Die 341 amerikanischen Athleten hatten 5000 Beefsteaks mitgebracht. Sie hatten keine Mühe, die größte Anzahl der Goldmedaillen zu gewinnen.

Amerika hat den Kommunismus im eigenen Land

Inzwischen waren in Washington seltsame Dinge im Gang. Amerika bekämpfte den Kommunismus im Ausland; es entdeckte, daß er in das eigene Land eingedrungen war und sich bis in die höchsten Staatsämter eingeschlichen hatte.

Elizabeth Bentley erschien vor dem Komitee zur Bekämpfung unamerikanischer Umtriebe. Die gemeinplatzhungrigen Journalisten hatten sie »die amerikanische Mata Hari« genannt. Sie war der biegsamen javanischen Tänzerin so ähnlich wie eine Artischocke einer Orchidee: Sie war rundlich, gewöhnlich, ein wenig schwerhörig, schlecht gekleidet und schlecht geschminkt. Ihre Vergangenheit war ebenso anständig wie alltäglich: Sie entstammte einer Mittelstandsfamilie aus Neu-England, hatte das Vassar-College besucht und die Columbia-Universität absolviert. Nachdem sie mit dem Faschismus in Italien Bekanntschaft gemacht hatte, war sie Mitglied der Kommunistischen Partei und die Mätresse des sowjetischen Spions Jacob Golos geworden. Golos – der inzwischen verstorben war – hatte sie in die Untergrundbewegung gebracht. Mehrere Jahre lang hatte sie in einem Drugstore in Washington oder in einem Saal der National Art Gallery heimlich Mitglieder der Staatsverwaltung getroffen und Informationen gesammelt, die für Rußland bestimmt waren. Enttäuscht und reumütig gab sie die Namen an. Mehr als dreißig Namen, darunter William Remington und Victor Perlo vom Rüstungsamt, Gregory Silvermaster vom Luftfahrtministerium, Lauchlin Currie, Berater Roosevelts, Dexter White, Berater des Finanzministers Henry Morgenthau jun. Gewisse Dinge erschienen nun in einem neuen Licht. Der Morgenthauplan, der darauf abzielte, Deutschland zu einem reinen Agrarland zu machen – das heißt, Mitteleuropa der Willkür der Russen auszuliefern –, war ein Werk des Sowjetagenten White!

Ein anderer reumütiger Kommunist, Louis F. Budenz, bestätigte die Angaben Elizabeth Bentleys. Ein dritter reumütiger Kommunist, Whittacker Chambers, tauchte auf – und mit ihm erreichte die sowjetische Spionageaffäre den Rang eines politischen und menschlichen Dramas.

Chambers war herzkrank, verfettet, fast ohne Stimme, ein erstklassiger Schriftsteller, Chefredakteur der *Time* mit einem Gehalt von 25 000 Dollar. Er war in Philadelphia geboren, in Long Island in tiefster Armut aufgewachsen und später der Kommunistischen Partei beigetreten. Von 1924 bis 1937 war er bezahlter Parteifunktionär gewesen – bis zu dem Tag, an dem er erkannte, daß er einem ausländischen Imperialismus diente, der sich als Ideal maskierte. Er brach mit dem Kommunismus, wodurch er sein Leben in Gefahr brachte. »Ein Jahr lang habe ich mich versteckt, schlief tagsüber und wachte nachts, mit einem Revolver in Griffnähe ...«

Ebenso wie Elizabeth Bentley zählte Chambers vor dem Komitee zur Bekämpfung unamerikanischer Umtriebe die Namen von Staatsbeamten auf, deren Informationen zu sammeln seine Aufgabe gewesen war. Es waren fast dieselben Namen. Einer der neuen war aufsehenerregend: Alger Hiss.

Hiss hatte die Universität 1929 verlassen, zu der Zeit, in der die Weltwirtschaftskrise viele Intellektuelle seiner Generation davon überzeugte, daß der Kapitalismus bankrott machte. Über den *New Deal* kam er ins Außenministerium, wo er eine glänzende Karriere machte. Er gehörte den amerikanischen Delegationen bei den Konferenzen von Jalta, Dumbarton Oaks und San Francisco an, leitete die Sektion »Vereinte Nationen« und arbeitete an der Abfassung der Charta mit. Er war vor kurzem aus dem Amt ausgeschieden und hatte die Leitung des *Carnegie Endowment for International Peace* (Carnegie-Stiftung für Internationalen Frieden) übernommen. Seine Frau Priscilla war eine Quäkerin, die in erster Ehe mit einem New Yorker Verleger verheiratet gewesen war. Sie führten ein zurückgezogenes, materiell ziemlich anspruchsloses, intellektuell ziemlich hochgestochenes Leben. Hiss war noch nicht fünfundvierzig Jahre alt. Er hatte gute Beziehungen. Man erwartete, daß er wieder ins Außenministerium zurückkehren werde, und war der Ansicht, daß er den Posten eines stellvertretenden Ministers anstreben könne.

»Hiss und ich waren wie Brüder«, bezeugte Chambers. »Er gab mir seine Monatsbeiträge für die Kommunistische Partei. Ich habe bei ihm gewohnt ... Als ich mich entschloß, mit dem Kommunismus zu brechen, wandte ich mich trotz des Risikos, das ich einging, an ihn und flehte ihn an, das gleiche zu tun. Er weinte, blieb jedoch unerschütterlich; er sagte, er wolle nicht von der Parteilinie abgehen.«

Die von Elizabeth Bentley und Chambers angezeigten Personen verteidigten sich ziemlich schwach. Currie gab zu, zweifelhaften Umgang gehabt zu haben. White, ein kleiner, in die Enge getriebener Mann, starb an einem Herzanfall zwei Tage nach seiner Einvernahme. Remington gestand, daß er Elizabeth Bentley Informationen gegeben habe, jedoch habe er sie für eine Journalistin gehalten, die Material für ihre Artikel sammelte. Die anderen, Silvermaster, Perlo, Collins, Ullmann usw., zitierten für die Untersuchungsbeamten eine Formulierung, die im Laufe der folgenden Jahre noch Tausende Male angeführt werden sollte: »Zufolge der mir durch Zusatz 5 zur Verfassung zuerkannten Rechte weigere ich mich, eine Frage zu beantworten, die darauf abzielt, mich anzuklagen ...« Das war eine Art immunisierendes Geständnis.

300

Hiss wandte eine andere Taktik an. Er begab sich eilends zur Kommission. Nie habe er Whittacker Chambers, den er nur von Zeitungsfotos kenne, »von Angesicht« gesehen. Nie habe er seinen Namen vorher gehört. Er selbst, Hiss, sei nie Mitglied der Kommunistischen Partei noch irgendeiner dem Kommunismus angeschlossenen Organisation gewesen. Er beschwor das.

Die Mitglieder der Untersuchungskommission, unter denen sich Richard Nixon, ein junger Abgeordneter von Kalifornien, befand, waren schwankend geworden, gaben zu, es könne sich um eine Verwechslung handeln. Die Intellektuellen, die Akademiker stellten sich wie ein Mann hinter Alger Hiss und fragten, wie man das Wort eines Gentlemans gegen jenes eines niederträchtigen Gesellen wie Chambers in Frage stellen könne. Der impulsive Truman nahm Stellung, erklärte die Untersuchung als *red herring*, als Ablenkungsmanöver, um die öffentliche Aufmerksamkeit von dem Versagen des 80. Kongresses abzulenken.

Chambers erschien zu einer geheimen Sitzung in einem Hotel in Washington. Er wurde pflichtgemäß aufmerksam gemacht, daß eine falsche Erklärung unter Eid ein Verbrechen darstellt, das mit 5 Jahren Gefängnis bestraft wird. Er blieb dabei, daß er die Wahrheit gesagt habe. Er machte genaue Angaben über Alger Hiss' Privatleben, kannte die Kosenamen seiner Frau und seiner Tochter, die Anlagen und Einrichtungen der Wohnungen, die er nacheinander bewohnt hatte, den alten Ford und dessen von Hand betriebenen Scheibenwischer usw. – was alles nur ein guter Bekannter wissen konnte. »Hatte er ein Hobby?« fragte Nixon. »Ja, er war Amateurornithologe. Er stand frühmorgens auf, um die Vögel am Ufer des Potomac zu beobachten. Ich entsinne mich, wie begeistert er eines Tages war, als er ein sehr seltenes Exemplar gesehen hatte, einen Orangensänger...«

Hiss wurde neuerlich vor die Kommission berufen und über sein Leben, seine Wohnungen usw. befragt. Alles stimmte mit den Angaben Chambers' überein. »Mr. Hiss, haben Sie Hobbies?« fragte Nixon. »Ja, Tennis und Ornithologie.« »Ornithologie?« wiederholte Nixon und wandte sich an seinen Kollegen O'Donnell. »So wie Sie, Mac!« »Ja. Apropos, Ornithologie, Mr. Hiss, hatten Sie schon einmal Gelegenheit, einen Orangensänger zu sehen?« »Ein einziges Mal, hier in der Nähe, am Ufer des Potomac. Wunderschöner gelber Kopf, ein prächtiger Vogel...«

Die nächste Sitzung fand in einem Appartement des Hotel Commodore in New York statt, um die Journalisten irrezuführen. Hiss blieb beim Leugnen. Eine Tür öffnete sich. »Mr. Hiss, vor Ihnen steht Whittacker Chambers...« Der gutaussehende, athletische Hiss wollte sich auf den kränklichen Dicken stürzen. Man hielt ihn zurück. Er faßte sich. »Ich kenne Sie nicht. Ich habe Sie noch nie gesehen.« »Sie kennen mich sehr gut, Alger...« »Augenblick... Ihre Stimme... Öffnen Sie den Mund... weiter... Ihre Zähne?...« »Ja, seit wir uns das letztemal gesehen haben, hat man meine Zähne in Ordnung gebracht. Sie waren schlecht.«

Hiss hatte sich wieder völlig in der Hand: »Stimmt, ich kannte diesen Mann, unter dem Namen George Crosley. Damals war ich Mitarbeiter des Nye-Komitees, das die Untersuchung über die Rüstung führte. Crosley stellte sich als Journalist vor, und ich gab ihm Informationen für Artikel, die er angeblich schreiben wollte. Ich gab ihm auch meine Wohnung in Washington in Untermiete und lieh ihm meinen alten Ford, Modell 1929. Er hat mir nie einen Pfennig gezahlt. Wir haben uns entzweit. Das ist alles.«

Dann sprach Chambers. »Mr. Hiss lügt. Ich habe den Namen Crosley nie verwendet. Er war ebenso wie ich Mitglied der Kommunistischen Partei und wußte, was mit den Mitteilungen geschah, die er mir machte ... Ich fühle keinerlei Haß gegen Mr. Hiss. Wir waren nahe Freunde, doch wir befinden uns in einer geschichtlichen Tragödie ... Mr. Hiss verkörpert den verborgen unter uns lebenden Feind, den ich kenne, den ich bekämpfe und immer bekämpfen werde. Ich habe voll Mitleid und Bedauern gegen ihn ausgesagt, aber ich konnte nicht anders ...«

Seine Stimme war kaum vernehmbar, und die Aussage endete in einem Schluchzen.

Da Chambers vor einer parlamentarischen Kommission ausgesagt hatte, war er gegen eine Verleumdungsklage immun. Hiss forderte ihn auf, diese Immunität aufzugeben. Chambers leistete der Aufforderung Folge und wiederholte seine Anklagen vor der größten Tribüne Amerikas, *Meet the Press*. Die Klage ließ auf sich warten. Amerika wartete.

Eine Sowjetbürgerin springt in die Freiheit

Hitzewelle. Das Stromnetz brach infolge Überbeanspruchung durch die Klimaanlagen zusammen. Das Hygrometer zeigte hundert Prozent Feuchtigkeit, die die Temperatur von 38 Grad Celsius im Schatten noch unerträglicher machte. New York triefte vor Schweiß.

An der Ecke der 5. Avenue und der 61. Straße stand ein schmuckloses Gebäude aus roten Ziegeln, das Generalkonsulat der Union der Sozialistischen Sowjetrepubliken. Am 7. August öffnete sich das Tor – ein noch nie dagewesener Vorfall – für die von Generalkonsul Jakob Lomarkin zusammengerufenen Reporter. Man stellte ihnen eine kleine Frau vor, die ängstlich auf der Kante ihres Stuhles saß; sie trug eine zerknitterte weiße Bluse, schwarzen Rock, rote Schuhe und türkisfarbene Söckchen an dicken nackten Beinen. Lomarkin nannte ihren Namen: Oksana Stepanowa Kassjenkina, Lehrerin an der russischen Schule der Vereinten Nationen. Sie sollte am 31. Juli auf dem Dampfer *Pobeda* in die Heimat zurückkehren. Man hatte sie vergeblich am Kai erwartet. Weiß-russische Banditen hätten sie entführt und in einer Farm in der Umgebung von New York festgehalten. Es war ihr gelungen, dem Generalkonsulat einen dramatischen Hilferuf zukommen zu lassen: »Laßt mich nicht hier sterben!« Mit Hilfe seines Vizekonsuls und trotz des Widerstandes der weiß-russischen Banditen habe er, Lomarkin, sie gerettet. Sie werde übrigens ihr Abenteuer mit eigenen Worten erzählen.

Oksana sprach. Der Dolmetscher übersetzte. Sie war von einem Mann auf eine Bank am East River gelockt worden. Dort hatte er ihr eine Injektion verabreicht. Sie hatte die Besinnung verloren und war erst wieder im Schlupfwinkel ihrer Entführer zu sich gekommen ...

Die zweite Tochter des Autors von »Krieg und Frieden«, Gräfin Tolstoi, widerlegte die Erzählung des Generalkonsuls. Die kleine Lehrerin war ihr anvertraut worden, weil sie sich geweigert hatte, nach Rußland zurückzukehren. Als Lomarkin, sein Vizekonsul und sein Chauffeur in die Tolstoistiftung eingedrungen waren, hatte Oksana zu schreien begonnen: »Sie werden mich umbringen!« Der Portier hatte die Polizeiwache Havestraw angerufen, die einige Zeit gebraucht hatte, um die in schlechtem Englisch erzählte Geschichte von der Entführung zu begreifen. Als die Polizeibeamten eingetroffen waren, waren die Kassjenkina und ihre Entführer schon weit fort...

Am Tag darauf trat das schwere Geschütz der Diplomatie in Aktion. Der sowjetische Botschafter, Panjuschkin, überreichte dem State Department eine Protestnote. Botschafter Smith wurde von Molotow zu sich berufen und mit einer Strafpredigt bedacht. Oksana Kassjenkina sei eine Behandlung zuteil geworden, gegen die die sowjetische Regierung protestieren müsse. Ein anderer russischer Pädagoge, der Mathematikprofessor Michail Iwanowitsch Samarin, war ebenfalls verschwunden. Die sowjetische Regierung verlangte seine sofortige Auslieferung sowie die Bestrafung der Gangster, die an der Entführung der russischen Staatsangehörigen teilgenommen hatten. Die amerikanische Regierung antwortete, daß über den Fall Kassjenkina eine Untersuchung im Gang sei, daß aber Michail Samarin und seine Frau Claudia offiziell um Asyl nachgesucht hätten.

Drei Tage vergingen. Richter Samuel Dickstein hatte einen Vorführungsbefehl unterschrieben, durch den Generalkonsul Lomarkin aufgefordert wurde, Oksana Stepanova Kassjenkina zur öffentlichen Verhandlung vor sein Gericht zu bringen. Vor dem sowjetischen Konsulat drängte sich eine kleine, von Polizeibeamten in Schranken gehaltene Menge. In der 61. Straße hatte man einen Schrei gehört. Aus einem Fenster des 3. Stockwerks war ein Körper in einen durch einen Gitterzaun von der Straße getrennten Hinterhof gefallen.

Die folgende Szene spielte sich innerhalb von drei Minuten ab. Polizeibeamte kletterten über den Zaun. Eine Gittertür, die in den Hinterhof führte, öffnete sich, und die Angestellten des Konsulates kamen heraus. Kurzes Handgemenge rund um die stöhnend auf dem Boden liegende Oksana Kassjenkina. Die Russen schrien, sie hätten einen Arzt, und die Amerikaner hätten nicht das Recht... Die Polizeibeamten stießen sie zurück und hoben die Verwundete über den Zaun, wo sie von den Außenstehenden übernommen wurde. Eine halbe Stunde später lag sie in einem Bett im Roosevelt Hospital; eine Kniescheibe und ein Schienbein waren gebrochen. Ihr Leben war nicht in Gefahr.

Wieder berief Lomarkin eine Pressekonferenz ein. Er war ein gutaussehender Mann, der sich schmeichelte, Amerika zu lieben, und gern in amerikanischem Slang redete. Er erklärte freundlich, die »Cops« hätten im Übereifer gehandelt; er sei ihnen nicht böse, könne jedoch nicht dulden, daß die Exterritorialität seines Konsulates verletzt würde. Die Kassjenkina habe einen Selbstmordversuch gemacht, wofür die Ursache in der »Überanstrengung und schlimmen Behandlung, der sie in der Küche der Gräfin Tolstoi ausgesetzt gewesen war«, zu suchen sei... Er verlangte, sie solle ihm unverzüglich übergeben werden.

Im Roosevelt Hospital machte Vizekonsul Tschapurnikij eine heftige Szene. Er war gekommen, um die Sowjetbürgerin abzuholen. Er war erstaunt, daß man ihm die Erlaubnis verweigerte, sie zu sehen. Man gab ihm zur Antwort, man erwarte einen russischen Dolmetscher, der die Verwundete beruhigen solle, daß sie nichts zu befürchten habe.

Es kam zu keinem Gespräch. Oksana wandte sich zur Wand und sagte, sie wolle den Vizekonsul nicht sehen. »Sie haben meinen Mann verhaftet und verschwinden lassen. Sie haben meinen Sohn zum Staatsfeind erklärt und ihn in einem Regiment umbringen lassen, das man aufopferte. Ich bin nicht aus dem Fenster gesprungen, um Selbstmord zu begehen, sondern um ihnen zu entkommen . . .«

. . . Zwanzig Jahre sind seither vergangen. Oksana Kassjenkina ist als amerikanische Bürgerin gestorben, das Gebäude mit seinen geschlossenen, verbarrikadierten Fenstern jedoch, von dem sie in die Freiheit gesprungen ist, ist immer noch ein verlassener, häßlicher Fleck im reichsten Viertel von New York. Die Sowjets haben ihr Konsulat geschlossen, nachdem Lomarkin »*for abuse of the prerogatives of his position and gross violation of internationally accepted standards*« ausgewiesen wurde. Als Vergeltungsmaßnahme wurde dem einzigen in der UdSSR bestehenden Konsulat, jenem in Wladiwostok, das Exequatur entzogen. Auch dieses Haus ist nie wieder geöffnet worden. (*Forts. USA S. 312*)

Besprechungen im Kreml über die Blockade

Laut Admiral Zacharias, dem vormaligen Chef der amerikanischen Spionageabwehr, hat die Kassjenkina Amerika den Hauptanteil der Hunderte Millionen Dollar gekostet, die es für die Berliner Luftbrücke ausgegeben hat. Eine Regelung sei in Sicht gewesen. Die Ausweisung Lomarkins habe Stalins Zorn hervorgerufen und die Regelung damit vereitelt . . .

Stalin war am Abend des 2. August guter Laune, als er die drei Vertreter des Westens empfing: die Botschafter Bedell Smith, Yves Chataigneau und den Sonderabgesandten des Foreign Office, Frank Roberts, in Vertretung des durch Krankheit verhinderten Botschafters Peterson. Das Gespräch dauerte zwei Stunden und vierzig Minuten und endete in herzlichem Einvernehmen. Nur Molotow war eisig und unfreundlich geblieben.

Dieser unfreundliche, eisige Molotow setzte die Gespräche mit den Botschaftern am 6., 9., 12. und 17. August fort. Es gelang, die Punkte zu umgrenzen, über die Einigkeit beziehungsweise Uneinigkeit herrschte. Die Russen erklärten sich bereit, die Blockade aufzuheben, und die Alliierten erklärten sich bereit, die Ostmark als alleinige Währung in Berlin anzuerkennen – aber die Alliierten verlangten ein Kontrollrecht über den Währungsumlauf, und die Russen verlangten, daß die Alliierten zugestanden, ihr Recht auf die Besetzung Berlins verloren zu haben und nur kraft einer jederzeit widerrufbaren Erlaubnis der Sowjets in Berlin zu bleiben.

Inzwischen näherte sich die Blockade Berlins ihrem 60. Tag. Die Tagesleistung der Luftbrücke betrug 3500 Tonnen. Die Gefahr einer Hungersnot war abgewendet, aber die Rationen blieben niedrig – 1600 Kalorien – und bestanden aus trüben, dehydrierten Lebensmitteln. Die Russen luden die Belagerten ein, in ihren Sektor zu kommen und sich dort einzuschreiben, mit dem Versprechen kräftigerer, besserer Ernährung. Nur 15 000 Menschen von 2 Millionen ließen sich verlocken – um festzustellen, daß die Ernährung im Osten noch dürftiger und schlechter war als im Westen.

Alle öffentlichen Transportmittel wurden um 6 Uhr abends eingestellt. Die Straßenbeleuchtung wurde auf ein Viertel eingeschränkt. Haushalte konnten nur zwei Stunden täglich Gas und Strom beziehen, und das nach einem Schichtsystem, was bedeutete, daß man sie oft gar nicht nutzen konnte. 4600 Betriebe hatten aus Kohlenmangel ihre Tore geschlossen, und 6500 arbeiteten mit Kurzarbeit. Die Berliner schonten ihre Kräfte und sonnten sich inmitten der Ruinen. Alle aber dachten an den kommenden Winter. Eine Mahnung daran war das Fällen der von den Bombardements verschont gebliebenen Bäume. Ein Fünftel des Holzes war für den Wiederaufbau bestimmt; der Rest – etwa 150 Kilogramm pro Haushalt – sollte zu Beginn des Winters verteilt werden.

Die Haltung der Berliner war außerordentlich gut. Die Stadtverwaltung der Westsektoren gab ein Beispiel ihres Mutes, indem sie sich täglich zur Sitzung ins Rathaus, das im sowjetischen Sektor lag, begab, trotz der Gefahr, verhaftet oder entführt zu werden. Reuter wurde nicht müde, den westlichen Alliierten zu raten, keine Zugeständnisse zu machen. Die Polizei Oberst Markgraffs versuchte mehrmals, in die Westsektoren einzudringen; eine wütende Menge bewarf sie mit Ziegeln von den Ruinen. Am 18. August feuerten die Ost-Polizisten auf die englische Seite des Potsdamer Platzes, um sich Raum zu schaffen. Die Welt lauschte besorgt diesen Gewehrschüssen, die in dem Pulverfaß Berlin ertönten . . .

Am 23. August legte der Ausschuß der elf Länder der deutschen Westzonen den Militärgouverneuren den Entwurf des Grundgesetzes zur Annahme vor, das sie dem für den 1. September nach Bonn berufenen Parlamentarischen Rat vorzuschlagen gedachten. Die behutsamen Formulierungen der Deutschen täuschten nicht darüber hinweg, daß es sich sehr wohl um eine solide Verfassung handelte, die 50 Millionen Europäer in einem staatlichen Organismus vereinigen sollte. Die Billigung durch die Westmächte war zu erwarten. Das war der Geburtsakt der Bundesrepublik Deutschland.

Gleichfalls am 23. August, Schlag zehn Uhr abends, wurden die Botschafter der drei Westmächte zu Stalin geholt. Er empfing sie mit den Worten: »Meine Herren, ich habe einen Plan . . .« Bedell Smith antwortete, er selbst bringe einen Plan für die Regelung des Konfliktes in Berlin und er würde sich freuen, ihn dem des großen Strategen, des Generalissimus, gegenüberstellen zu dürfen. Man verglich einen Absatz nach dem anderen und stellte fest, daß die beiden Pläne sich deckten. Im großen und ganzen handelte es sich darum, die grundsätzliche Einigung über eine einheitliche Währung und über die Aufhebung der Blockade zu bestätigen, den Militärgouverneuren jedoch die praktische Durchführung zu überlassen – Generalkonsul Lomarkin hatte am Tag zuvor die Mitteilung seiner Ausweisung erhalten. Stalins gute Laune schien darunter nicht zu leiden.

Euphorie. Stalin ließ einen köstlichen Imbiß servieren. Man nahm die Gespräche über die Abfassung eines Kommuniqués wieder auf. »Wir müssen doch etwas über die Londoner Empfehlungen und über die Regierung Westdeutschlands sagen«, erklärte Stalin. »Ich schlage vor, wir sagen, daß wir die Frage im Geist beiderseitigen Einverständnisses geprüft haben . . .«

Die Euphorie verschwand. Die drei westlichen Diplomaten waren erfahren genug, um zu erkennen, welche Falle ihnen von dem schlauen Diktator gestellt worden war. Das Kommuniqué der vier Mächte würde der Welt sagen, daß die drei Alliierten, um die Erlaubnis zu erhalten, in Berlin zu bleiben, auf die Bildung eines westdeutschen Staates verzichteten!

Bedell Smith widersprach. Bezüglich Westdeutschlands gebe es kein »beiderseitiges Einverständnis«. Die von Stalin vorgeschlagene Formulierung sei unexakt und könne daher Schaden stiften. Wenn Westdeutschland in dem Kommuniqué erwähnt werde, so könne das nur durch die folgende Formulierung geschehen: diesbezüglich sei keinerlei Einigung erzielt worden.

Stalin geriet in Erregung. Er habe die Bizone nur aus wirtschaftlichen Überlegungen zugelassen, sagte er, doch er verstehe nicht – oder nur zu gut – die politische Verschmelzung der drei Westzonen. Der Preis, den er für die Aufhebung der Blockade Berlins verlange, sei der Verzicht auf ein Vorhaben, in dem Rußland nur die Wiederbelebung seines Todfeindes sehen könne . . . Dieser Preis war unannehmbar: die Westmächte hatten ihre Wahl getroffen.

Um 2 Uhr 30 morgens verließen die Botschafter den Kreml und traten hinaus in die stickige Moskauer Nacht. Die Blockade Berlins ging weiter . . .

Am Ufer des Rheins verfärbten sich die Blätter. Der Parlamentarische Rat hatte sich im Zoologischen Museum in Bonn versammelt, inmitten der Skelette und der ausgestopften Tiere. Er zählte 65 Mitglieder, darunter 27 Christliche Demokraten und Christlichsoziale und 27 Sozialdemokraten, die versprochen hatten, Hand in Hand zu arbeiten. Sie hatten den früheren Oberbürgermeister von Köln, Konrad Adenauer, zum Präsidenten gewählt. Einer der beiden kommunistischen Abgeordneten, Max Reimann, forderte die Versammlung auf, sich aufzulösen, rief ihr zu, sie sei illegal, den Entscheidungen von Jalta und Potsdam zuwiderlaufend. Er wurde niedergeschrien und verließ die Rednertribüne.

Berlin geriet in Aufruhr. Das Rathaus wurde von Kommunisten gestürmt, 43 Polizeibeamte der westlichen Sektoren wurden trotz eines durch Ganeval erreichten Schutzbriefes von den Russen verhaftet. Von Reuter aufgerufen, versammelten sich 200 000 Protestdemonstranten vor den Ruinen des Reichstages. Nebenan flatterte die während der Schlacht um Berlin gehißte rote Fahne über dem Brandenburger Tor. Ein Demonstrant erkletterte das beschädigte Bauwerk und warf die Fahne unter dem Beifall der meisten Anwesenden auf die Straße. Russische Soldaten erschienen, begannen zu schießen, töteten einen Demonstranten und verwundeten dreißig andere. Die englische Militärpolizei mußte schließlich eingreifen. Die Menge gehorchte ihr unter Beifall.

Da die Mehrheit des Stadtrates der Ansicht war, sich im Rathaus nicht mehr in Sicherheit zu befinden, wurde beschlossen, den Sitz in das Rathaus von Schöneberg im britischen Sektor zu verlegen. Die Russen antworteten, indem sie einen Oberbürgermeister für Ostberlin ernannten. Sein Name war gut: Fritz Ebert, Sohn des ersten Präsidenten der Weimarer Republik.

In Tegel, im französischen Sektor, wurde der Bau eines dritten Flughafens in Angriff genommen. Die Schwierigkeiten waren ungeheuer. Es gab in den westlichen Sektoren weder Zement noch Mischmaschinen, und es gab alles in allem zwei Dampfwalzen aus dem Jahre 1912. Die amerikanischen Ingenieure beschlossen, die Landepisten aus zerstoßenen Ziegeln mit Asphaltbindung herzustellen. Zehn zertrümmerte Häuserblocks dienten als Steinbruch. 17 000 Berliner, davon 40 % Frauen, arbeiteten mit phänomenaler Energie, während die Tage kürzer wurden und die Kälte der Morgenstunden die Finger klamm werden ließ.

Der Zweck des dritten Flughafens bestand darin, dem Flugverkehr während der schlechten Jahreszeit eine zusätzliche Landemöglichkeit zu geben. Wenige Gebiete sind für den Flugverkehr so ungünstig wie die Ebenen Norddeutschlands von Oktober bis April. Eine beängstigende Frage stellte sich: Würde die Luftbrücke während des Winters funktionieren können? (*Forts. Deutschland S. 315*)

Der Vermittlungsvorschlag Bernadottes

Der Vermittler Bernadotte war zu dem Schluß gekommen, daß der am 29. November von den Vereinten Nationen beschlossene Teilungsplan Palästinas absurd war. Er war ein eher eifriger als scharfsichtiger Mann. Er versuchte, das Absurde zu korrigieren... Ein verhängnisvoller Fehler.

Am 28. Juni übergab Bernadotte in seinem kleinen Paradies im Hotel des Roses in Rhodos den Bevollmächtigten der Arabischen Liga und der vorläufigen Regierung Israels Gegenvorschläge. Die Zeit drängte. Der am 11. Juni abgeschlossene vierwöchige Waffenstillstand war nur noch wenige Tage in Kraft.

Bernadottes Ausgangspunkt war eine Illusion, die er als Tatsache nahm: »Ungeachtet des jetzigen Konfliktes besteht ein gemeinsamer Nenner, der glücklicherweise von beiden Parteien akzeptiert wird: die Notwendigkeit, die wirtschaftliche Einheit Palästinas zu erhalten.« Infolgedessen schlug der Vermittler vor, man solle Palästina mit Transjordanien vereinigen und eine Föderation von zwei Mitgliedern bilden, einem jüdischen und einem arabischen. Der Seehafen Haifa und der Flughafen Lydda sollten ungeteilt bleiben. Die arabischen Flüchtlinge sollten ihren Besitz wiedererhalten oder, wenn sie eine endgültige Auswanderung vorzogen, entschädigt werden.

Dann korrigierte Bernadotte die Grenzen des Teilungsbeschlusses von 1947. Er schlug vor, den Arabern den Negev wiederzugeben, den er als völlig wertlose Wüste betrachtete. Dagegen gab er ganz Galiläa den Juden.

Die israelische Regierung war erstaunt und protestierte. Der Außenminister Moshe Shertok erklärte, er sei »durch die Parteilichkeit des Vermittlers tief verletzt«. Seine Vorschläge nahmen Israel die Hälfte des Gebietes, des »unreduzierbaren Minimums«, das ihm durch den Beschluß des Jahres 1947 zuerkannt worden war. Der Negev war für Israel unentbehrlich. Er öffnete ihm den Zugang zum Toten Meer und zum Roten Meer. Er sicherte seiner Entwicklung eine gebietsmäßige Grundlage. Es regnete Drohungen gegen Bernadotte. Die Terroristen der Sterngruppe erteilten ihm den Befehl, nach Schweden zurückzugehen, sonst werde er getötet ...

Für die Araber war der Rapport des Vermittlers ein Stärkungsmittel. Er hob ihre Niederlage auf und bewies ihnen, daß die Entscheidungen der Vereinten Nationen nicht unwiderruflich waren. Die Arabische Liga hielt ihre Ansicht aufrecht, daß Israel eine künstliche Schöpfung sei, deren Existenz sie niemals anerkennen werde, und wenn sie hundert Jahre kämpfen müßte. »Wenn es sich darum handelt, aus Prinzip einen jüdischen Staat zu schaffen«, sagte ihr Generalsekretär, »weshalb schafft man dann nicht in Palästina das Gegenstück zum Vatikanstaat? Was für 500 Millionen Katholiken gut ist, kann es doch wohl für 12 Millionen Juden sein ...«

Die Bemühungen Bernadottes waren vergeblich: Die Araber verweigerten die Verlängerung des Waffenstillstandes.

Am 8. Juli wurden die Feindseligkeiten wieder aufgenommen. Im Norden nahm Oberst Karmel Nazareth und vollendete die Eroberung Galiläas. Im Süden blieben die Ägypter gegenüber unbedeutenden jüdischen Kräften völlig untätig. Von neuem war die Straße nach Jerusalem der Kernpunkt des Kampfes. Der israelische Plan bestand darin, Tel Aviv Luft zu machen, indem man Lydda und Ramle nahm, zwei kleine Städte in der Ebene; dann wollte man die im Mai gegen Latrun mißlungene Operation wieder aufnehmen.

Die Palmach griff unter Führung Yigael Alons an. Ein von dem jungen Oberst Moshe Dayan geführter Angriff gepanzerter Jeeps brachte die Eroberung des Flughafens und der Stadt Lydda. Die Panzer und die Infanterie rückten nun gegen Ramle vor, das von den einheimischen Arabern und einigen jordanischen Milizsoldaten verteidigt wurde. Man hörte den Sender der Polizeistation, der die Legion um Hilfe rief. Der Widerstand dauerte nur wenige Minuten. Die siegreichen Juden ließen Lastwagen mit Lautsprechern durch die Straßen fahren, die der Bevölkerung befahlen, den Ort zu verlassen. 30 000 Menschen flüchteten in der bleiernen Sonne quer durch die felsigen Hügel, brachen vor Erschöpfung oder mit Sonnenstich zusammen. Manche flohen nach Amman oder starben auf dem Weg. In Ramallah, dem Stützpunkt der Legion, wurden die Soldaten Glubb Paschas mit Verwünschungen überhäuft: »Verräter! Hunde! Ihr seid ärger als die Juden!« Nie sollte sich König Abdullah von dem Vorwurf reinwaschen, Ramle und Lydda ihrem Schicksal überlassen zu haben.

Die Legionäre fanden ihre Kampfkraft zur Verteidigung Latruns wieder. Es kam zu einem Feuergefecht zwischen fünf israelischen Panzern und der auf dem Dach der Polizeistation aufgestellten Kanone. Mehrere Kanoniere wurden getötet. Der Schild der Kanone wurde fortgeschossen, aber die Artilleristen blieben siegreich und vernichteten die fünf Panzer. Die Israelis verbreiterten den Korridor nach Jerusalem, säuberten die Eisenbahnlinie, bauten eine neue Straße – aber der Stachel Latrun sollte sich noch zwanzig Jahre lang in das Fleisch Israels bohren ...

Dieser zweite Krieg in Palästina wird der Zehntagekrieg genannt. Der Waffenstillstand, der die Feindseligkeiten beendete, war noch viel ereignisvoller als der erste. Kein Tag verging ohne Kampf. Ungerührt durch die Drohungen, fuhr Bernadotte kreuz und quer durch Palästina, um zu intervenieren. Trotz der im Juli errungenen Siege der Juden hielt er seine Vorschläge aufrecht und fügte nur einen Absatz hinzu, in dem er die Arbeit der Beobachter der UNO lobte, die ohne Waffen ihrer Aufgabe nachgingen. Drei französische Offiziere und ein norwegischer Soldat waren bereits auf dem ehrenvollen Schlachtfeld der Vermittlung gefallen.

Ein Mann guten Willens stirbt umsonst

Die französische Regierung hatte das Musée de l'Homme geschlossen, dem Hügel von Chaillot die Exterritorialität zuerkannt und die Gärten des Trocadero mit schäbigen Baracken gefüllt. Das Sekretariat der Vereinten Nationen hatte die ebenso ungereimte wie kostspielige Idee gehabt, die Vollversammlung der UNO für ihre Herbstsitzung nach Paris einzuberufen. Die bezahlten Touristen der Organisation erfüllten die französische Hauptstadt mit einem künstlichen Leben, das bei den Parisern mehr Mißgunst als Stolz hervorrief. Die »Ahnengalerie«, das Ministerium André Marie, war nach Verlauf von einem Monat und einem Tag zerfallen. Präsident Auriol hatte Ramadier ersucht, die Macht wieder zu übernehmen: Ramadier hatte abgelehnt. Der bescheidene, unermüdliche Robert Schuman nahm wieder auf der Ministerbank Platz und verlangte vom Parlament den Auftrag zur Regierungsbildung: Er erhielt ihn. Aber nachdem die Sozialisten für ihn gestimmt hatten, weigerten sie sich, in sein Kabinett einzutreten. Schuman trat zurück, Auriol rief ihn wieder zu sich und sagte, die Republik sei in Gefahr, er müsse einen neuen Versuch unternehmen, ihr eine Regierung zu geben. Die nach diesem rührenden Hilferuf von Schuman gebildete Regierung erhielt nur 289 Stimmen bei 295 Gegenstimmen. Es war das vierte Ministerium innerhalb von zwei Monaten, das zusammenbrach.

Die in Gefahr befindliche Republik hatte ein zähes Leben. Es gab nur noch wenige Radikale in der Nationalversammlung, doch sie stellten einen Kern erfahrener Regierungsmitglieder dar, der sie zur letzten Hoffnung der Republik stempelte. Vincent Auriol berief nun einen Landarzt aus Neuvic, im Departement Corrèze, der bis vor kurzem noch eine Messingplatte an seiner Tür gehabt hatte mit der Inschrift: Dr. Henri Queuille, Nachtglocke. Unter der Dritten Republik war er einer der ständigen Minister gewesen, die wie Leitungsdrähte von einem Kabinett zum anderen geführt hatten. Den Uneingeweihten konnte es scheinen, als sei die französische Politik korrupt; nichts entsprach weniger der Wahrheit. Es war unmöglich, französischer und anständiger zu sein als Henri Queuille – und die Mehrzahl der Männer im öffentlichen Leben waren wie er. Sie waren nur Gefangene eines geradezu burlesken Systems, das die Besten lähmte, das Land schwächte und in Verruf brachte.

Die französische Regierung – 32 Minister – wurde gerade noch rechtzeitig gebildet, um die Versammlung im Palais Chaillot zu empfangen. Der Herbstanfang machte die schwache Straßenbeleuchtung, den kümmerlichen Verkehr, die Verarmung der Stadt und ihrer Bewohner noch deutlicher. Die Berliner Blockade hielt die Welt in ununterbrochener Angst vor einer Katastrophe. Die UNO war nur der Spiegel der Spaltung der Welt. Die Hoffnung auf wirklichen Frieden war geschwunden.

In dieser neurasthenischen Atmosphäre traf die Vollversammlung im Augenblick, da sie zusammentrat, ein schwerer Schlag: Ihr Vermittler, Graf Bernadotte, war in Jerusalem ermordet worden!

Bernadotte war durch das jüdische Viertel Katamon gefahren. Der amerikanische Oberst Frank Begley lenkte den Chrysler, neben ihm saß der Fregattenkapitän der US Navy, William Cox. Bernadotte saß mit dem schwedischen General Aage Lundstroem auf dem Rücksitz, zwischen ihnen der französische Oberst André Serot. Ein Jeep versperrte die Straße. Einer der vier Männer, die ausstiegen, eröffnete aus nächster Nähe das Feuer mit einem leichten Maschinengewehr. Serot wurde von 17 Kugeln durchbohrt und war sofort tot. Bernadotte wurde in der Herzgegend getroffen und verschied bei seinem Eintreffen im Hadassah-Hospital. Die Mörder zerschossen die Kühler und Reifen der nachfolgenden Wagen und flohen dann in ihrem Jeep. Kurz darauf verkündeten die Kämpfer für die Freiheit Israels – so lautete der offizielle Name der Sterngruppe –, daß sie Bernadotte hingerichtet hätten, den englischen Agenten und Feind der Juden. Die israelische Regierung führte zum Schein Strafmaßnahmen durch und verhaftete einige Sternleute, die in Jaffa inhaftiert, jedoch dann von ihren Freunden befreit wurden. Ob sie nun Beileidsbezeugungen äußerten oder nicht, alle Zionisten betrachteten die Ermordung Bernadottes als willkommen und als nützliche Warnung für seinen Nachfolger.

Graf Folke Bernadotte, ein Mann guten Willens, war umsonst gestorben. Sein Plan sollte niemals auch nur zur Diskussion gestellt werden. Die Teilung Palästinas hing nicht von der Vermittlung ab, sondern von den Waffen. Es waren die Waffen, die die Akten wieder öffneten.

Es ging um den Negev. Die Zionisten trachteten leidenschaftlich nach diesem Gebiet, das für sie eine durch Menschenhand entstandene Wüste war und das sie wieder zum Grünen bringen wollten. Der Kerem Kajemet Leisrael hatte hier im Jahre 1943 elf landwirtschaftliche Gemeinschaften gegründet. Streitbare Pioniere, junge Männer und junge Mädchen, hatten ein Leben von unglaublicher Härte in der Dürre, der Einsamkeit, der Entbehrung, der Gefahr auf sich genommen. Ihr stoischer Gleichmut siegte. Der Negev, in dem 60 000 Beduinen ein Nomadenleben führten, begann wieder grün zu werden. Apfel-, Pflaumen-, Aprikosenbäume wuchsen in Guvlot, in Beit Eshel, in Revivim. In Mishmar Hanegev und Ruhama wuchsen Getreide und Klee. Es gab 83 Milchkühe, die mit Liebe gepflegt wurden und die auf den auf steinigem Boden entstandenen Weiden grasten. Zwei Wasser-Pipelines speisten diesen Beginn eines Wunders; die eine verlief bis nach Nirim, nahe der ägyptischen Grenze, die andere bis Nenatim, jenseits von Beersheba.

Die schwachen Siedlungen des Negev hatten dem Einbruch der Araber widerstanden. Die jungen Männer und Mädchen hatten die Grünflächen, die sie geschaffen, verbissen verteidigt. Eine winzige Brigade der Palmach, geführt von Oberst Nachum Sarig, war ihnen zu Hilfe gekommen. Versorgt durch eine Pipercub, die kleinste Luftbrücke der Welt, war es ihnen gelungen, zwischen Gaza und Beersheba eine jüdische Zone von bizarrer Form und ungewisser Sicherheit zu behaupten. Aber der ägyptische Vormarsch gegen Hebron und Bethlehem hatte sie vom übrigen Israel abgeschnitten.

Andererseits war der Korridor, der die Ägypter mit ihren Küstenstützpunkten verband, dem jüdischen Feuer ausgesetzt. Die zwei lebenswichtigen Straßen Tel Aviv – Beersheba und Gaza – Hebron kreuzten sich bei dem arabischen Dorf El-Faluja. Graf Bernadotte hatte diese gefährliche Kreuzung überwachen wollen. Er hatte entschieden, daß die israelischen Fahrzeuge sie während der sechs Vormittagsstunden in Richtung Nord-Süd befahren durften und die ägyptischen während der sechs Stunden des Nachmittags in Richtung Ost-West. Doch der erste Nord-Süd-Geleitzug war durch Maschinengewehrfeuer angehalten worden. Die Juden hatten die Luftbrücke erneuert, indem sie die einzelne Pipermaschine der ersten Zeit durch mehrere Junkers ersetzt hatten. Jede Nacht war das Dröhnen von sieben oder acht Maschinen, die voll Waffen und Männern waren, über den Linien der schlafenden Ägypter zu hören.

Am 15. Oktober erschien an der Kreuzung ein kleiner israelischer Geleitzug, nachdem er ordnungsgemäß vorher die Waffenstillstandskommission verständigt hatte. Die Ägypter feuerten, setzten einen Lastwagen in Brand – und lieferten ihren Gegnern den Vorwand, den sie suchten. Die Operation »Yoav« (»Zehn Plagen«) begann. Ihr Ziel war die Öffnung und völlige Eroberung des Negev.

Die ägyptische Luftwaffe bestand aus etwa zwanzig Spitfires. Die Israelis vernichteten sie überraschend mit ihren drei Fliegenden Festungen und einigen Jagdbombern auf den Flugfeldern im Sinai. Zu Lande griffen die unter der Führung des Siegers von Ramle, Yigael Alon, vereinigten Brigaden Iftach, Shiwati und Negev mit starker Artillerieunterstützung an: 4 Batterien 75er und 4 Batterien 65er – alles ist ja relativ. Alon hätte die Operation gern umfangreicher gestaltet, um alle in Judäa verstreuten ägyptischen Kräfte in einem Netz zu fangen, aber der Oberbefehlshaber Yigael Yadin hatte sich geweigert, sich seiner allgemeinen Reserve zu entäußern. Er befürchtete eine Offensive der Arabischen Legion, einen Durchbruchsversuch nach Tel Aviv.

El Faluja und die benachbarten Ortschaften wurden von der 4. ägyptischen Brigade gehalten, die aus Sudanesen gebildet war und von einem Sudanesen, Essayad Taha, geführt wurde. Einer seiner Offiziere war der junge Bataillonschef Gamal Abd-el Nasser. Die sorgfältig verschanzten Sudanesen widerstanden dem Angriff der Juden und zerstörten 4 Hotchkiss-Panzer. Alon umging den Widerstand und nahm die Hügel 100 und 113, die die Straßenkreuzung beherrschten. Das letzte Hindernis, das befestigte Dorf Huliquat, wurde einer Kompanie von Saudi-Arabern in einem Nachtangriff entrissen. Der Zugang zum Negev war geöffnet, doch die 3000 Mann Tahas waren noch immer in den Dörfern El Faluja, Iraq Suweidan und Iraq Manshni verschanzt. Alon ließ ihnen ehrenvolle Kapitulation anbieten. Sie lehnten ab.

Überall sonst brachen die ägyptischen Truppen zusammen. Entlang der Küste gingen sie bis an die Stadtgrenze von Gaza zurück. In den Hügeln Judäas lösten sie sich auf. Die Hauptstadt des Negev, Beersheba, wurde überrumpelt und genommen. Die Arabische Legion hatte nicht eingegriffen, die Kriegsziele Abdullahs waren ja erreicht worden.

Eine neue Weisung des Sicherheitsrates gebot den Feindseligkeiten Einhalt. Die

Kriegführenden wurden aufgefordert, auf die Stellungen zurückzugehen, die sie am 14. Oktober eingenommen hatten. Die Israelis hatten keineswegs die Absicht zu gehorchen. (*Forts. Israel S. 518*)

Ein Überraschungserfolg: Truman schlägt Dewey

George Gallup war das Orakel Amerikas. Er leitete das Amerikanische Institut für Öffentliche Meinung, wie es hochtrabend heißt, landläufig Gallup Poll genannt. Seine politischen Erhebungen wurden an 162 Zeitungen verkauft. Seine Methode beruhte auf der Befragung von 3000 Personen, die *en miniature* die amerikanische Gesellschaft darstellen. Die Interviewer waren kärglich bezahlte Studenten. Der 48jährige Gallup stammte aus Iowa, lebte und prophezeite in Princeton, New Jersey, wie Oppenheimer und Einstein. Er war überzeugt, ihnen an Bedeutung nicht nachzustehen.

Das Orakel Gallup bezeichnete den Republikaner Dewey als den kommenden Sieger der Präsidentenwahl des Jahres 1948. Die anderen Orakel gingen noch weiter. Elmo Roper schrieb in *Fortune*, daß Dewey »*by the unbeatable margin of 44 to 31*« führe und daß er mit den Befragungen aufhöre, um sich weniger überflüssigen Arbeiten zuzuwenden.

Die Dixiekraten hatten den Gouverneur von Süd-Carolina, John Strom Thurmond, zu ihrem Kandidaten gewählt. Wallace hatte sich einen Cowboy, Glen H. Taylor, der Senator von Idaho geworden war und bei seinen Wahlversammlungen Gitarre spielte, zu seinem Listenkollegen genommen. Er führte eine herausfordernde Kampagne, machte eine lange Rundreise durch den Süden, einzig um den Rassetrennungsgesetzen Trotz zu bieten, brandmarkte den Marshallplan und zeigte sich blind einverstanden mit der UdSSR. Die kleine Kommunistische Partei Amerikas – 70 000 erstklassig organisierte Mitglieder – hatte Order, ihn so viel zu unterstützen als möglich, indem sie ihn so wenig als möglich kompromittierte. Eine Bande Jugendlicher machte durch den Lärm, den sie verursachte, den Eindruck der großen Masse. 60 000 ergebene Anhänger rächten Wallace für die Tomaten und faulen Eier der Südstaatler, indem sie ihm auf dem Madison Square ihre Verehrung bezeugten. Man sammelte ganze Körbe voll Dollars.

Es war noch die Zeit der Wahlzüge. Die Republikanische Partei mietete zwei, einen für Dewey, den anderen für Warren. Die Demokraten begnügten sich mit dem für Truman. Die Wahlzüge fuhren kreuz und quer durch möglichst viele Staaten und beförderten den Kandidaten, seine Familie, seinen Stab und die Journalisten, die über die Kampagne berichteten. Das Zusammengepferchtsein, der Staub, die Aufregung machten diesen Eisenbahnkreuzzug zu einer schweren Plage. Zehn- bis fünfzehnmal täglich hielt der Zug in ländlichen Stationen an, inmitten einer von einheimischen Organisatoren zusammengerufenen Menge. Der Kandidat erschien auf der hinteren Plattform mit strahlendem Lächeln, begleitet von seiner fröhlichen Frau und seinen Kindern. Dewey hatte zwei Söhne, Warren drei reizende Töchter, Truman eine einzige Tochter, Margaret, die er abgöttisch liebte. Die Abende waren den großen Städten gewidmet: Umzüge, Versammlungen, Fackelzüge. Nach zwei Tagen hatte der Kandidat eine wunde Hand, den Arm steif vom Händeschütteln, und Amerika wurde für ihn zum Wirbelstrom.

Truman begab sich als erster in seinem Präsidenten-Sonderzug auf die Reise. Sein Reiseplan führte über Des Moines, Denver, Salt Lake City, San Francisco, Los Angeles, El Paso, Oklahoma City, Louisville usw. Er hatte darum kämpfen müssen, diesen Plan dem demokratischen Wahlkomitee aufzuzwingen, das überzeugt war, daß die Kampagne keinen Erfolg bringen würde, und diese unerhört kostspielige Reise hatte einschränken wollen.

Am 18. September hielt Truman seine erste große Rede in Dexton, Iowa, vor hunderttausend Farmern. Am Tag darauf rieb sich Amerika die Augen. Seine Geschichte war reich an Schmähreden, und dennoch hatte es selten aus dem Mund eines Präsidenten einen solchen Strom von Beschimpfungen gehört, wie ihn Harry S. Truman über die Republikaner ergoß. »*I'll give them hell!*« hatte er erklärt, als er Washington verlassen hatte; er machte seinem Versprechen alle Ehre. Die Republikaner wurden als Blutsauger bezeichnet, als »*gluttons of privileges*« (unersättliche Fresser von Sonderrechten), denen es nicht genüge, reich zu sein, die nach ihrem Gutdünken über die Hilfsquellen der Nation verfügen wollten.

Die Berichterstatter schrieben, daß das Verhalten des Präsidenten mit der Würde seines Amtes nicht zu vereinbaren sei. Sie hatten nicht unrecht, aber das Volk unterhielt sich. Die Menge eilte heran. Ein Ruf empfing den Kandidaten: »*Give them hell, Harry!*« Truman kam der Aufforderung begeistert nach.

Dewey hatte sich zwei Tage nach Truman auf die Reise gemacht. In seinem »Victory Special« herrschte eine Atmosphäre gemessener Ruhe. Ein Kriegsrat auf Rädern beschloß, man würde die Angriffe Trumans ignorieren – das Geschrei eines Mannes, dessen Lage verzweifelt war. Man war der Meinung, daß die Menschenmengen, die immer zahlreicher wurden und hören wollten, wie den Republikanern die Hölle heißgemacht wurde, nur von Neugierde getrieben seien. Je mehr Truman brüllte, desto richtiger erachtete es Dewey, sanftere Töne anzuschlagen.

Die Kampagne näherte sich ihrem Ende. Eine neue Rundfahrt Trumans im Osten und Mittelwesten, seine Versammlungen in Philadelphia, Newark, New York, Detroit, Chikago hatten die Zahl der Amerikaner, die ihn gesehen und gehört hatten, auf 12–15 Millionen gebracht. Man rechnete aus, daß er 50 000 Kilometer gefahren, 355mal das Wort ergriffen, 560 000 Worte gesprochen hatte. »Ich habe dem Volk ins Gesicht gesehen«, sagte er. »Das Volk wird diese Wahl gewinnen . . .«

Die Wahrsager zogen ihre Schlußfolgerungen. Streng. Walter Lippmann: »Ohne die Wahltournee Mr. Trumans hätte das Land nie gewußt, eine wie kleine Rolle Mr. Truman in dem hohen Amt spielt, das er innehat.« Die Brüder Alsop erklärten sentenzhaft: »Bedeutungsvoll ist nicht der Kampf Dewey-Truman, sondern die unvermeidliche Auseinandersetzung nach der Wahl zwischen Präsident Dewey und der alten Garde seiner Partei . . .« *Life* begann mit dem Druck eines Umschlags: »Der nächste Präsident der Vereinigten Staaten – Tom Dewey.« Wie alle vier Jahre, fragte man die 50 politischen Publizisten, die am meisten gelesen wurden, wer der Sieger sein werde: 50mal Dewey. *Time* faßte die Schätzungen seiner Korrespondenten zusammen und erwartete Dewey in 29 Staaten als Sieger, darunter in den größten: New York, Illinois, Kalifornien, Pennsylvanien, Ohio, Massachusetts. Die Berechnung der *New York Times* war fast die gleiche, 29 Staaten und 345 Wahlmänner für Dewey, 11 Staaten und 105 Wahlmänner für Truman; 4 Staaten für Thurmond und 4 mit unvoraussehbarem Ergebnis.

Noch hatte das Fernsehen den Nachtdienst nach der Wahl nicht abgelöst. Die Menge versammelte sich vor der Leuchtschrift mit den neuesten Nachrichten auf dem Times Square. Dewey und der republikanische Stab richteten sich im Hotel Roosevelt in der 45. Straße ein. Halb Amerika lag zwischen diesem Hauptquartier und dem Hotel Elms in Kansas City, in dem Truman todmüde um 7 Uhr abends zu Bett gegangen war; auch sein Stab, der sich keine Illusionen machte, tagte in dem Hotel.

Die ersten Ergebnisse, die auf der Leuchttafel in New York erschienen, waren jene dreier Vororte. Sie hätten Tom Dewey eine überwältigende Mehrheit bringen sollen, gaben ihm aber nur eine knappe Mehrheit. Die Menge rief »Ah!«

Das Hotel Roosevelt erwartete den *landslide*, den Erdrutsch Dewey. Er selbst erwartete die Ergebnisse im Präsidentenappartement 1527–29. Es war vereinbart, daß er mit seiner Familie auf dem Balkon des Ballsaales erscheinen sollte, sobald sich der Sieg abzeichnete. Die Kameras waren schon im voraus auf diesen historischen Augenblick eingestellt.

Der Augenblick ließ auf sich warten. Die Entscheidung war äußerst knapp. Wallace nahm Truman viel weniger Stimmen ab, als man erwartet hatte. Massachusetts und Rhode Island waren verloren. New York und New Jersey hingen an einem Faden. Hochrufe ertönten, als man verkündete, daß Pennsylvanien und seine 35 Wahlmänner in den Korb der Republikaner gefallen waren. Kurz darauf erscholl die Stentorstimme des Managers der Wahlkampagne, Henry Brownell, durch ganz Amerika: »Gouverneur Dewey gewinnt den Staat New York mit 50 000 Stimmen Mehrheit und wird der nächste Präsident der Vereinigten Staaten.« Es war 1 Uhr 45, Mittwoch, der 3. November. Ein Seufzer der Erleichterung entschlüpfte den Republikanern. Man hatte mit einem triumphalen Sieg gerechnet. Man würde sich mit einem umstrittenen Sieg zufriedengeben.

In Chikago erteilte Oberst McCormick, trotz der Vorbehalte seiner Chefredakteure, Auftrag, daß die *Chicago Tribune* mit dem Aufmacher »Dewey schlägt Truman« in Druck gehen solle. Dewey wollte jedoch auf dem Balkon erst erscheinen, wenn der Mittelwesten gesprochen hatte.

Er sprach. Verworren. Die Schlacht ging um kleine Stimmenmengen. Die großen, entscheidenden Staaten Illinois, Indiana, Michigan, Ohio – alle von Gallup, Roper, der *New York Times* als sicher republikanisch angegeben – gingen von einer Kolonne zur anderen und wieder zurück. Das Hotel Roosevelt wurde von Unruhe ergriffen. Das Hotel Elms begann an ein Wunder zu glauben.

Der Westen trat ins Blickfeld. Eine neue Enttäuschung traf die Republikaner. Sie rechneten mit allen Farmerstaaten jenseits des Mississippi. Sie gewannen in einigen:

in den beiden Dakotas, Nebraska, Kansas. Die anderen gingen verloren. Die Regel besagt, daß die Landwirtschaft in Perioden des Wohlstandes republikanisch wählt. Truman hatte die Regel umgestoßen, indem er ihr Angst vor einer drohenden Krise gemacht hatte.

Der Morgen graute. Der Ballsaal des Hotel Roosevelt glich einer Grabstätte. Die Pazifikküste, an der die Wahl vier Stunden später beendet wird als in New York, brachte ihrerseits enttäuschende Resultate. Als Dewey Earl Warren als Mitspieler gewählt hatte, hegte er die Überzeugung, daß ihm der lächelnde Gouverneur sein Kalifornien auf einem Präsentierteller bringen werde. Kalifornien rutschte, rutschte, rutschte auf die Seite Trumans ...

Um 8 Uhr 30 ging Dewey zu Bett. Kurz vorher, um 6 Uhr, stand Truman auf, nahm ein Bad, ließ sich rasieren und machte sich über seine Mitarbeiter lustig, die den Zahlen Gallups eher geglaubt hatten als dem Gefühl ihres Chefs. Der Sieg war noch nicht völlig sicher. Truman war gegenüber Dewey mit 225 gegen 189 Stimmen im Vorsprung, aber drei große Ergebnisse, 78 Stimmen, fehlten noch: Kalifornien, Illinois, Ohio. Wenn die Republikaner in diesen drei Staaten die Mehrheit erhielten, würde der nächste Präsident der Vereinigten Staaten Thomas Dewey heißen. Wenn sie in einem einzigen verloren, würde der nächste Präsident der Vereinigten Staaten Harry Truman heißen ...

10 Uhr 30. Man weckte den Verurteilten: Ohio war mit einer Mehrheit von 7000 Stimmen bei 3 Millionen Wählern den Demokraten zugefallen ... Nach dem eleganten amerikanischen Brauch verfaßte Dewey mit eigener Hand ein Glückwunschtelegramm an seinen Besieger ... In Kansas City weinte Truman vor Freude. Seine Energie, seine Kampflust, seine Demagogie, zusammen mit den taktischen Fehlern der Republikaner, hatten ihm einen Sieg beschert, der sich durch 24 104 836 Wählerstimmen und 303 Wahlmänner ausdrückte. Dewey hatte 21 969 500 Stimmen und 189 Wahlmänner erhalten. Thurmond hatte in vier Staaten gesiegt, mit 1 169 312 Stimmen und 38 Wahlmännern. Wallace hatte nur 1 157 100 bekommen und auch in vier Staaten gesiegt.

Die Demokratische Partei blieb nicht nur im Weißen Haus siegreich, sie gewann auch im Kongreß. Im Repräsentantenhaus betrug ihre Mehrheit 264 Sitze gegen 170 und im Senat 54 Sitze gegen 42. Einer der neuen Senatoren hieß Lyndon B. Johnson, er war ein Demokrat aus Texas. Er hatte seine Wahlkampagne im Hubschrauber gemacht und dank dieser Kühnheit seinen Gegner bei der Vorwahl mit 87 Stimmen bei einer Million Wählern geschlagen. (*Forts. USA S. 318*)

Übersteht die Luftbrücke den Winter?

Der Kreml hatte mit dem Sieg von Wallace gerechnet. Denn Stalins Diplomaten machten es nicht anders als die Diplomaten Hitlers: Sie schnitten ihre Berichte auf die Hoffnungen des Allgewaltigen zu. Nach der Niederlage von Wallace konnten die Russen nur noch hoffen, daß der Winter die Luftbrücke sprengen würde.

Die Alliierten verstärkten die bedrohte Luftbrücke, um die Ausfälle der Nebeltage durch erhöhte Leistung an klaren Tagen auszugleichen. Es gab so weit entfernte Stützpunkte wie Stephenville in Neufundland, Westover in Massachusetts, San Antonio in Texas, Fairbanks in Alaska. In Westdeutschland war die große Verladestation der Frankfurter Rhein-Main-Flughafen. Sechs weitere Flughäfen, Wiesbaden, Faßberg (speziell für Kohle), Celle, Wunstorf, Lübeck, Hamburg, ergänzten ihn. Die tägliche Lebensmittelration für Berlin setzte sich folgendermaßen zusammen: 3 Tonnen Hefe, 19 Tonnen Salz, 43 Tonnen Milchpulver, 64 Tonnen Fett, 85 Tonnen Zucker, 109 Tonnen Fleisch und Fisch, 125 Tonnen Getreide, 144 Tonnen Trockengemüse, 180 Tonnen Trockenkartoffeln, 646 Tonnen Mehl. Zu diesem Gesamtgewicht von 1400 Tonnen kamen noch 3000 Tonnen Kohle und Rohstoffe, um in Berlin ein Minimum an häuslicher Wärme und industrieller Tätigkeit aufrechtzuerhalten. Grob gerechnet, bedeutete das die Ladung von tausend Flugzeugen. Jede Stunde, Tag wie Nacht, bei klarem Himmel wie bei Sturm, mußten vierzig Maschinen die blockierte Stadt anfliegen.

Die Eröffnung des neuen Flughafens Tegel war für den 5. Februar vorgesehen gewesen. Die Berliner arbeiteten mit solchem Hochdruck, daß das erste Flugzeug bereits am 5. November auf der Ziegelpiste versuchsweise landete. Zwei Rundfunkmaste der Sowjets gestalteten den Anflug gefährlich. General Ganeval war es müde geworden, immer wieder ihre Entfernung zu verlangen, und ließ sie im Dezember von seinen Pionieren sprengen. Die Russen beschränkten sich darauf, über die »einseitige und ungesetzliche« Geste zu zetern; mehr geschah nicht.

Es wäre für sie leicht gewesen, die Luftbrücke zu unterbrechen. Zwei Wochen lag eine Nebeldecke über ganz Deutschland. Sichtweite Null. Geleitet von den Flugstationen Darmstadt, Aschaffenburg, Fulda stießen die Piloten im Blindflug in die engen Luftkanäle vor, kreisten in dichtem Nebel über Berlin und erblickten die Landepiste erst im Augenblick des Aufsetzens. Der geringste Störfunk hätte jeden Verkehr unmöglich gemacht. Die Russen griffen nicht zu diesem Mittel.

Für die Belagerten war die Kälte die schlimmste Prüfung. Obwohl der Winter wesentlich milder war als der vorhergegangene, war er doch für eine einmalige Zuteilung von 12 Kilogramm Kohlen pro Feuerstelle zu hart. Die Berliner wickelten alles, was wärmen konnte, um ihren Leib, verbrannten alles Brennbare und bezahlten astronomische Preise für ein Bund Holz. Dennoch blieb ihre Haltung unverändert. Sie ermunterte die Westmächte, die im Viermächte-Statut von Berlin vorgesehenen Gemeindewahlen in ihren Sektoren zu gestatten.

Diese Wahlen fanden am 5. Dezember statt. Die Kommunisten hatten Weisung erteilt, sie zu boykottieren. Die Antwort war eine Wahlbeteiligung von 86,2 %. Die Sozialdemokraten bestätigten ihre vorhergegangenen Erfolge. Ernst Reuter wurde Oberbürgermeister Berlins.

Der Winter verging. Die Luftbrücke wurde verstärkt. Ihre Leistung erreichte 6500 Tonnen täglich, so viel, wie die ausgefallenen Transporte zu Land betragen hätten. Die Neuausstattung der Stadt begann. Ein Wärmekraftwerk wurde in Einzelteilen hereingebracht, um jenes zu ersetzen, das die Russen 1945 abtransportiert hatten. Eine Fabrik nach der anderen nahm die Arbeit auf. Die Flugzeuge beförderten als Rückfracht immer größere Ladungen von Fertigfabrikaten. Das blockierte Westberlin kehrte wieder zum Leben zurück, während die Gegenblockade, die Unterbrechung der Kohlenlieferungen und der Wegfall des Industriebedarfs für Ostdeutschland eine schwere Schädigung darstellten. (*Forts. Deutschland S. 323*)

Rascher Erfolg des Marshallplans

Während der Berlin-Krise erholte sich das gesamte Marshallplan-Europa. Obwohl es noch zahlreiche Bombenruinen gab, war ein deutlicher Aufschwung zu spüren.

Das Hauptquartier des ERP, *European Recovery Program*, befand sich in Paris, Place de la Concorde, im Hotel Talleyrand. Sein Leiter war Paul Hoffman. Als ihm Truman diesen Posten mit einem Jahresgehalt von 20 000 Dollar angeboten hatte, war er Präsident der Studebaker Corporation gewesen und hatte das Fünffache verdient. »Eine ganze Nacht lang«, berichtet er, »habe ich die Gründe gesammelt, um nein zu sagen, und am Morgen habe ich ja gesagt . . .«

Im Laufe des ersten Jahres des Marshallplans verteilte Hoffman Güter aller Art im Wert von 4875 Millionen Dollar. An der Spitze der Nutznießer dieser fabelhaften Großzügigkeit stand England mit 1 263 000 000 Dollar. Dann kam Frankreich mit 1 989 000 000 Dollar, Benelux und Italien erhielten 250 600 000 bzw. 601 000 000 Dollar. Im Gegensatz zu dem, was später zu einer hartnäckigen Legende werden sollte, wurde Deutschland, das schlimmer zerstört war als irgendein anderes Land, bei der Verteilung keineswegs bevorzugt. Die Bizone und die französische Zone erhielten in den Jahren 1948/49 zusammen 514 000 000 Dollar. Kein einziges Land Europas verdankte sein Wiedererstarken zu einem geringeren Teil der amerikanischen Hilfe, zu einem größeren Teil seiner eigenen Anstrengungen.

Vernünftigerweise widmeten die Strategen des Marshallplanes den Hauptteil der ersten Kredite den Mägen. Der Hunger und die dadurch hervorgerufene Gleichgültigkeit spielten bei der tödlichen Stagnation der Jahre 1945-47 die wichtigste Rolle. Sobald Europa Nahrung erhielt, wurde es wieder aktiv. Anfang 1949 war das Produktionsniveau der Vorkriegszeit bereits überschritten. Der Index in Westdeutschland war im Jahr 1947 auf 34 gefallen, er stieg wieder auf 80. Das Mittel für Westeuropa lag bei 125 – und das bedeutete, daß das noch verwundete Europa in seiner Gesamtheit eine um ein Viertel höhere Menge von Gütern produzierte als das unversehrte Europa im Jahre 1938. Der Lebensstandard blieb jedoch niedriger, weil ein bedeutender Teil des Wirtschaftsproduktes dem Wiederaufbau zugeführt wurde.

Nach und nach wurden die Rationierungen gelockert, schließlich verschwanden sie.

In der Wiederbelebung der einzelnen Nationen Europas war der Marshallplan erfolgreicher als in ihrem Zusammenschluß. Der nationale Rahmen blieb weiter bestimmend. Die Verwaltung des ERP trug dazu bei, indem sie so viele Abteilungen schuf, wie es unterstützte Länder gab. Die Grenzen Europas waren für einen Augenblick in der Gemeinschaft der Not verschwunden; als sich die Lage gewendet hatte, erstanden sie wieder.

Paul Hoffman stand dieser Entwicklung machtlos gegenüber. Er erkannte wenigstens einen ihrer Gründe. »Die hauptsächliche Ursache, die den Aufbau Europas hemmt«, schrieb er, »ist die Unentschlossenheit Großbritanniens. Es kann nicht entscheiden, ob seine Zukunft darin besteht, an der Spitze des Britischen Reiches zu bleiben, oder darin, sein Schicksal mit dem des Kontinents zu vereinen...«

Tatsächlich zögerte England, zwischen Notwendigkeit und Wunschvorstellung hin- und hergerissen. Es war der wirkliche Sieger, doch das Gewicht des Krieges lastete schwerer auf ihm als auf den falschen Siegern oder den Besiegten des europäischen Kontinents. Seine Industrieproduktion fiel im April 1949 unter das Niveau von 1947. Die Trägheit der Sozialisten erdrückte das Land immer mehr. Die Marshallhilfe verhinderte nicht, daß die Zahlungsbilanz ein gewaltiges Defizit aufwies, daß die Gold- und Devisenreserven unerbittlich zusammenschmolzen. Die Parität des Pfundes Sterling, 4,03 Dollar, ließ sich nicht mehr halten. Die Fachleute kündigten immer wieder eine bevorstehende Abwertung an. Schatzkanzler Stafford Cripps dementierte, dementierte, dementierte...

Abschluß des Nordatlantikpakts

Zu Beginn des Jahres 1949 zog sich der Mann, dessen Name für immer mit der Rettung Europas verbunden bleibt, General George Catlett Marshall aus der Politik zurück. Er war 68 Jahre alt und hatte sich einer schmerzhaften Nierenoperation unterziehen müssen. »Mit tiefstem Bedauern«, schrieb ihm Truman, »gebe ich mein Einverständnis, daß Sie eine lange Ruhepause einschalten...« Truman machte einen Mann zu seinem Nachfolger, der bereits das schwarze Schaf der Rechten war, Dean Gooderham Acheson, und zu dieser Zeit loderte gerade die Affäre Hiss – Chambers auf und verbreitete eine Atmosphäre schwerer Verdächtigungen.

Nach langem Zögern hatte Hiss sich entschlossen, Chambers wegen Verleumdung auf 75 000 Dollar Schadenersatz zu verklagen. Sein Anwalt, William Marbery, ging mit dem Ex-Kommunisten scharf ins Zeug und verlangte von ihm, den Beweis für seine Anklagen zu erbringen. Chambers schlich gebeugt aus dem Gerichtssaal. Vierundzwanzig Stunden darauf erschien er mit einem großen braunen Briefumschlag wieder in Marberys Büro. »Hier ist der Beweis...«

Der Umschlag enthielt 65 Kopien von Geheimdokumenten, die in den Jahren 1936–37 aus dem State Department entwendet worden waren. »Ich hatte eine Zusammenkunft zwischen Mr. Hiss und Oberst Bykow bewerkstelligt, der unter dem Namen Peters die sowjetische Spionage in den Vereinigten Staaten leitete. Auf sein Verlangen erklärte sich Hiss bereit, mir die Dokumente vom State Department zu besorgen, zu denen er durch seine dienstliche Stellung Zugang hatte. Hier sind einige Exemplare davon. Drei sind handschriftliche Kopien von Alger Hiss. Die anderen wurden auf der Reiseschreibmaschine von Mrs. Hiss geschrieben...«

An einem grauen, eisigen Dezembermorgen erschien Robert E. Stripling, Untersuchungsbeamter des Komitees zur Bekämpfung unamerikanischer Umtriebe auf der Farm in Maryland, auf die sich Chambers zurückgezogen hatte, nachdem er von seinem Posten bei *Time* zurückgetreten war. Er überreichte ihm die Vorladung, die er bei sich trug: Whittacker Chambers wurde aufgefordert, unter Androhung der Anklage auf Diebstahl und Verrat, alle offiziellen Papiere auszufolgen, die sich noch in seinem Besitz befinden mochten.

Chambers wischte sich die Hände ab, zögerte und führte dann Stripling zu einem Kürbisbeet. Einer der Kürbisse war ausgehöhlt. Chambers zog aus dem Inneren drei Aluminiumrohre heraus, die Mikrofilmrollen enthielten. Die aufgenommenen Dokumente, erklärte er, seien die letzten, die ihm von Alger Hiss übergeben worden seien. Als er sich entschlossen habe, mit der Spionage für die Kommunisten Schluß zu machen, habe er die Papiere seinem Freund Nathan Levine anvertraut, der sie zehn Jahre aufbewahrte, ohne zu ahnen, worum es sich handelte. Er habe sie im vergangenen Monat zurückgeholt und hier versteckt . . .

Die Mikrofilme enthielten 200 diplomatische und militärische Schriftstücke, die sich auf die Vorfälle bezogen, die dem Zweiten Weltkrieg vorausgegangen waren. Die amerikanische Regierung sorgte später aus Sicherheitsgründen dafür, daß einige von ihnen bei dem Prozeß nicht vorgelegt wurden. Eines ist bis heute, dreißig Jahre später, noch nicht veröffentlicht.

Alger Hiss leugnete weiter. Er schwor, seine Handschrift sei gefälscht worden. Priscilla Hiss schwor, sie habe die Dokumente, die man ihr vorlegte, nie auf der Maschine geschrieben. Als man sie aufforderte, ihre Reiseschreibmaschine zu zeigen, erklärte sie, sie sei verlorengegangen. Die Polizei suchte sie vergeblich. Sie fand aber Briefe Priscillas, die die gleichen Unregelmäßigkeiten im Buchstabenbild zeigten wie die von Chambers gelieferten Durchschläge . . . Das Ehepaar Hiss sagte, es sei das Opfer eines Anschlags.

Nach dem amerikanischen Gesetz des Jahres 1937 verjährt Spionage nach drei Jahren. Hiss konnte nur wegen Meineid belangt werden. Ein Geschworenenkollegium, das über seine Versetzung in den Anklagezustand zu entscheiden hatte, erachtete das gegen ihn erhobene Beweismaterial für ausreichend, um ihn dem Gericht zu übergeben.

Die Aufregung, die diese Affäre hervorrief, ist kaum zu verstehen. Die amerikanischen Liberalen sahen in Alger Hiss einen zweiten Hauptmann Dreyfus. Die Richter des Obersten Gerichtshofes, Frankfurter und Reed, verbürgten sich blind für seine Unschuld. Die Parteigänger von Alger Hiss führten die moralische Unwahrscheinlichkeit des Verrates, dessen er angeklagt war, sowie den zweifelhaften Charakter seines Anklägers ins Treffen.

Die Beziehungen zwischen Rußland und Amerika waren ungeklärt, die Blockade Berlins strenger denn je. Der Ton der sowjetischen Presse war weiterhin drohend. Andrerseits wurden mehrere Versuchsballons gestartet. Am 1. Januar hatte der kommunistische Veteran Marcel Cachin vor der Französischen Nationalversammlung ausgerufen, es sei unbegreiflich, daß die beiden mächtigsten Nationen der Welt für immer verfeindet sein sollten. Einige Tage später hatte Togliatti in Mailand das gleiche Thema aufgenommen: »Ich bin überzeugt, daß die Vereinigten Staaten und die UdSSR sich trotz der tiefgehenden Unterschiede in ihrem wirtschaftlichen und sozialen System verständigen können.« Kingsbury Smith, der europäische Direktor des *International News Service*, hatte auf gut Glück ein Telegramm mit vier Fragen an Stalin gerichtet. Er war ganz überrascht, als er auf demselben Weg eine Antwort erhielt. Ja, die Sowjetregierung sei bereit, mit den Vereinigten Staaten einen Nichtangriffspakt zu unterzeichnen. Ja, die Sowjetregierung sei bereit, mit Amerika zwecks stufenweiser Abrüstung zusammenzuarbeiten. Ja, die Sowjetregierung sei bereit, die Verkehrsbeschränkungen von Berlin aufzuheben, unter der Bedingung, daß die Westmächte die Gegenblockade aufhoben und die Errichtung eines Westdeutschen Staates aufschoben. Ja, Stalin habe gegen eine Zusammenkunft mit Präsident Truman nichts einzuwenden, wenn man sich auf einen für beide Teile annehmbaren Ort zu einigen vermochte.

Ein anderes Zeichen kam aus Griechenland. Der Rundfunk der Aufständischen teilte mit, daß General Markos seiner Befehlsgewalt enthoben worden sei. Stalin liquidierte den Bürgerkrieg. Die Guerillas blieben noch einige Monate in den Bergen von Epirus, aber die Gefahr eines Umsturzes war gebannt.

Die Antworten auf Kingsbury Smith' Fragen hatten jedoch keinerlei Folgen. Truman beeilte sich, Stalin nach Washington einzuladen, Stalin antwortete, daß seine Ärzte ihm das Reisen verboten hätten und daß die für beide Seiten annehmbaren Treffpunkte nur in der UdSSR, in Polen oder in der CSSR liegen könnten. Acheson wies darauf hin, es sei überflüssig, einen Nichtangriffspakt zu unterzeichnen, da die beiden Nationen darauf verzichtet hätten, gegeneinander Krieg zu führen, und es sei sinnlos, weitere Verhandlungen über die Abrüstung zu führen, da die Sowjets eine internationale Kontrolle der Atomenergie ablehnten. Was die für die Aufhebung der Berliner Blockade gestellte Bedingung anlangte, so kam sie ganz einfach nicht in Frage. Der seit dem 1. September 1948 in Bonn tagende Parlamentarische Rat arbeitete an einer Verfassung Westdeutschlands; es war zu spät, den Rückzug anzutreten.

Ein anderes großes Bauwerk, die gemeinsame Verteidigung Europas wurde in Angriff genommen.

Der Grundstein war durch den Brüsseler Vertrag gelegt worden. Großbritannien, Frankreich und die Beneluxländer bildeten eine Verteidigungskommission, für die die französische Regierung das Schloß Fontainebleau instand setzen ließ. De Gaulle war natürlich dagegen. »Ich behaupte, daß Großbritannien eine Insel ist. Aber Europa muß in Europa verteidigt werden. Und ich glaube, daß aus Gründen der Geographie, Geschichte und Psychologie es nicht in London sein kann, wo Europa verteidigt wird. Die Verteidigung muß in Frankreich konzentriert sein. Aber wie ist die Lage in Frankreich? Das ist ein sehr schweres Problem, das wie so manches andere nicht gelöst werden kann, ehe nicht das Regime der Machtlosigkeit, unter dem wir jetzt leben, gewechselt hat.«

De Gaulle sprach sich übrigens auch gegen den Wiederaufbau Deutschlands aus. »Ich wäge meine Worte ab. Wir sollten eher auf den Marshallplan verzichten, als unsere Zustimmung zum Wiederaufbau des Deutschen Reiches zu geben. Frankreich hat jahrhundertelang ohne Marshallplan gelebt...«

Der Verteidigungsausschuß stand unter der Präsidentschaft von Feldmarschall Montgomery. England hatte den Oberbefehl über die gemeinsamen Luftstreitkräfte für Luftmarschall Sir James Lobb verlangt. Dafür war es einverstanden, daß die Ma-

42 Im September 1949 konstituierte sich in Bonn das erste Bundeskabinett unter Konrad Adenauer. – 43 Wenige Monate später etablierte sich die Volkskammer der in Mitteldeutschland gegründeten DDR. – 44 Zu einer großen Freiheitskundgebung versammelten sich 200 000 Menschen vor dem Berliner Reichstag (folgende Seiten).

45 bis 47 Brennpunkt des Kalten Krieges: DDR-Staatspräsident Wilhelm Pieck (o. l.); Berlins Regierender Bürgermeister Ernst Reuter (o. r.). – Blockade-Ende: Am 12. 5. 1949 0.01 Uhr passiert der erste Jeep die Zonengrenze.

rine dem Befehl des französischen Vizeadmirals Robert Jaujard unterstellt wurde. Anstelle Juins, der seinen Posten als Generalresident von Marokko vorzog, war der Oberbefehl über die Landstreitkräfte General Jean de Lattre de Tassigny anvertraut worden.

Dieser Entwurf einer gemeinsamen Verteidigung Europas durch die Europäer war von tragischer Schwäche. Den 144 roten Divisionen stellten die Planer von Fontainebleau ein Maximum von 12 ungleichartigen europäischen Divisionen gegenüber. Frankreich und Holland waren durch die militärischen Anstrengungen in Indochina und Indonesien ausgepumpt. Es fehlte an Mitteln, um die Bewaffnung zu ergänzen und größere Armeen aufzustellen. An eine Beteiligung Deutschlands, des Reservoirs an Menschen und industrieller Potenz, war noch nicht zu denken. Der Stab in Fontainebleau machte sich keine Illusionen; was er aufbaute, war ein Kartenhaus.

Aber Amerika war da. Die mit 64 gegen 4 Stimmen vom Senat angenommene Resolution Vandenberg gestattete die militärische Hilfe der Vereinigten Staaten für regionale Bündnisgruppen und kollektive Vereinbarungen im Rahmen der Vereinten Nationen. Am 14. Januar 1949 veröffentlichte das State Department ein Memorandum, in dem die subversiven Eingriffe der UdSSR in Europa aufgezählt wurden – die Unterdrückung der demokratischen Freiheit in den östlichen Staaten, der Staatsstreich in Prag, die Blockade in Berlin usw. – und der bevorstehende Abschluß eines Verteidigungspaktes mit den bedrohten Mächten Westeuropas angekündigt wurde.

In der folgenden Woche wurde die zweite Präsidentschaftsära Truman in Washington eröffnet: Militärparade, fröhlicher Umzug, bei dem Gallup und die Republikaner lächerlich gemacht wurden, der erste Ball ohne Rassentrennung im Weißen Haus, festlicher Trubel. Der 64jährige Präsident konnte in sechs Tagen nur zwanzig Stunden schlafen. Doch er hielt eine große Rede, in der er sagte: »Wir sind nun im Begriff, mit einer Anzahl von Ländern ein gemeinsames Abkommen zur Stärkung der Sicherheit im nordatlantischen Gebiet auszuarbeiten ... Wenn wir von Anfang an deutlich genug zu verstehen geben, daß jeder unsere nationale Sicherheit gefährdende bewaffnete Angriff auf unüberwindliche Kräfte stieße, würde ein solcher Angriff vielleicht überhaupt nicht zustande kommen.«

Der Rahmen der Verhandlungen erweiterte sich. Die Kanadier, die Isländer, die Irländer, die Skandinavier, die Portugiesen, die Italiener wurden eingeladen, sich dem in Vorbereitung befindlichen Pakt anzuschließen.

Eine prinzipielle Frage tauchte jedoch auf. Abschnitt 8 des Artikels 1 der Verfassung der Vereinigten Staaten behält das Recht der Kriegserklärung dem Kongreß vor. Senator Vandenberg war der erste, der die Abfassung eines Vertrages kritisierte, in dem für den Fall eines Angriffs gegen eines der Länder, mit denen es sich verbünden wollte, das automatische Eingreifen Amerikas vorgesehen war. Der ursprüngliche Vertragstext verpflichtete die vorgesehenen Signatarmächte »to military and other action« (zu militärischen und sonstigen Aktionen) für den Fall, daß eine von ihnen angegriffen wurde. Acheson ließ das and durch or ersetzen. Der Kongreß mußte weiterhin souverän entscheiden können, ob Amerika sich an einem bewaffneten Konflikt beteiligen solle oder nicht.

Das ganze Gebäude wankte. Europa sah den amerikanischen Isolationismus wiederentstehen. Die UdSSR schritt zum Gegenangriff. Thorez und Togliatti erklärten, daß die Völker Frankreichs und Italiens im Fall eines Konfliktes ihre Grenzen der Roten Armee öffnen würden. Moskau versuchte seine Einschüchterungstaktik gegen Norwegen ins Spiel zu bringen, indem es daran erinnerte, daß Norwegen jetzt eine gemeinsame Grenze mit der UdSSR besaß und daß es nicht angezeigt sei, sich einer Mächtegruppe anzuschließen, die aggressive Absichten gegen die UdSSR verfolgte. Die Norweger setzten sich darüber hinweg, aber die Schweden erschraken, zogen sich von den Besprechungen zurück und warnten ihre Nachbarn, daß sie sich auf eigene Rechnung und Gefahr beteiligten.

Der Text, auf den man sich schließlich einigte, verrät durch seine gewundene Formulierung, wieviel Schweiß er gekostet haben muß: »Die vertragschließenden Parteien erklären . . . sich darin einig, daß ein bewaffneter Angriff auf eine oder mehrere von ihnen in Europa oder Nordamerika als ein Angriff gegen sie alle betrachtet werden soll, und demzufolge haben sie sich dahingehend geeinigt, daß jede von ihnen im Fall eines solchen bewaffneten Angriffs in Ausübung des Rechtes auf Selbstverteidigung einzelner oder mehrerer Staaten, wie es durch Artikel 51 der Satzung der Vereinten Nationen anerkannt wird, der Partei oder den Parteien, die derart angegriffen werden, beistehen wird, indem sie unverzüglich, einzeln oder in Übereinstimmung mit anderen Teilnehmern, diejenigen Maßnahmen ergreift, die sie für notwendig hält – einschließlich der Anordnung von Waffengewalt –, um die Sicherheit des nordatlantischen Gebiets wiederherzustellen und aufrechtzuerhalten.«

Keine Interpretation könnte verhehlen, daß im Fall eines sowjetischen Angriffs in Westeuropa das Eingreifen der Amerikaner nicht verbindlich und automatisch erfolgen mußte. Die Senatoren legten sogar Wert auf die Feststellung, daß die oben zitierten Bestimmungen keine moralische Verpflichtung darstellten. Amerika blieb die Interpretation nach seinem Gutdünken überlassen. Der Kongreß behielt das Recht der Entscheidung über Frieden und Krieg.

Der für zwanzig Jahre gültige Vertrag wurde am Montag, dem 4. April 1949, mit großem Gepränge unterzeichnet. Zweitausend Menschen drängten sich in dem blaugoldenen Auditorium des neuen State Department. Um 15 Uhr nahmen die Außenminister der Signatarstaaten auf einem mit Hortensien geschmückten Podium Platz. Truman erschien, schüttelte den Anwesenden die Hände und hielt eine Rede, in der er erklärte, daß die Kriege von 1914 und 1939 nicht ausgebrochen wären, wenn ein derartiges Bündnis in Kraft gewesen wäre. Spaak, Pearson, Schuman, Lange, Bevin, Acheson ergriffen das Wort und begründeten die Notwendigkeit des Nordatlantikpaktes damit, daß die Vereinten Nationen unfähig seien, den Frieden zu sichern.

Man unterschrieb in alphabetischer Reihenfolge: *Belgium, Canada, Denmark, France, Iceland, Italy, Luxemburg, Netherlands, Norway, Portugal, United Kingdom, United States.* 332 Millionen Menschen schlossen das größte Bündnis der Geschichte, an dem (mit Ausnahme Spaniens) alle Staaten beteiligt waren, die am Rand des Atlantik nördlich des Wendekreises des Krebses liegen. (*Forts. USA S. 367*)

Die Berliner Blockade wird aufgehoben

Nichts hatte das Ereignis angekündigt. Eine Mitteilung von wenigen Worten auf der vierten Seite der *Prawda* gab bekannt, daß Wjatscheslaw Michailowitsch Molotow seiner Funktionen als Außenminister der UdSSR enthoben und durch Andrej Wyschinskij ersetzt worden sei.

Die Westmächte hatten in Molotow immer die Verkörperung des sowjetischen Extremismus gesehen, den Ratgeber und das Vollzugsorgan der abenteuerlichen Entschlüsse. Die Blockade von Berlin war sein Werk. Die Einsetzung Wyschinskijs, eines Mannes von niedrigerem Rang, der flüchtig, unstet, spontan war, ließ die Annahme zu, daß Moskau seinen Mißerfolg erkannt hatte und aus der Sackgasse, in die es geraten war, herauszukommen suchte.

Ein anderer Wechsel bestätigte diese Deutung: Marschall Sokolowskij wurde durch Marschall Tschuikow ersetzt. Die Zeitungen schrieben, daß sich eine Wendung in Berlin anbahnte.

Die Luftbrücke war zu einem ungeheueren Mechanismus geworden. Sie transportierte im April 235 000 Tonnen, mit einem Rekord von 9993 Tonnen in 1344 Flügen innerhalb der 24 Stunden vom 11. zum 12., das bedeutete fast genau einen Flug pro Minute. Das Leben in den Westsektoren war praktisch wieder normal geworden – während sich in der gesamten sowjetischen Zone die Anzeichen für eine Krise mehrten. Jeden Tag suchten etwa 120 Flüchtlinge um Asyl in Westberlin nach. Die kommunistischen Behörden unternahmen Annäherungsversuche, boten Kartoffeln gegen Maschinen, baten um Ausnahmen bei der Gegenblockade. Die in Berlin im Umlauf befindliche Ostmark fiel auf ein Viertel ihres Wertes, und sie wäre auf Null gefallen, wenn nicht die Berliner dieses entwertete Geld zur Bezahlung von Straßenbahn und Mietzins verwendet hätten. Schließlich beschlossen die westlichen Militärgouverneure am 20. März, daß die Ostmark in Westberlin nicht mehr als Zahlungsmittel zugelassen sein solle. Die Bevölkerung begrüßte diese Entscheidung mit Begeisterung.

Amerika war bei den Vereinten Nationen durch einen Professor der Columbia-Universität, Philip Carlyle Jessup, vertreten, einen Linksintellektuellen, der von Roosevelts *One World* träumte. Er wandte sich an Jakob Malik, den Vertreter der UdSSR, mit der Frage, ob das Fehlen jeglicher Erwähnung des Berliner Währungsproblems in Stalins Antwort an Kingsbury Smith Zufall oder Absicht sei. Malik fragte nach und antwortete dann, man sei mit Absicht nicht darauf eingegangen. Stalin betrachtete die Einbeziehung von ganz Berlin in die östliche Währungszone nicht mehr als Bedingung für die Aufhebung der Blockade.

Es kam zu geheimen Verhandlungen. Man bewerkstelligte unter dem Siegel der Verschwiegenheit Zusammenkünfte am Sitz der sowjetischen und der amerikanischen Delegation. General Clay, dessen Energie Berlin gerettet hatte, wurde nicht informiert. Als er am 15. April die Fragen von Journalisten beantwortete, dementierte er, daß Besprechungen über die Aufhebung der Blockade im Gang seien. Er erfuhr erst durch die Presse davon, war mit Recht wütend und erklärte Truman seinen Rücktritt.

Die Russen wußten, daß sie die Schlacht um Berlin verloren hatten, hofften jedoch noch, die Schaffung eines westdeutschen Staates verhindern zu können.

Die Beratungen des Parlamentarischen Rates zur Ausarbeitung des Grundgesetzes verliefen chaotisch und in harten Auseinandersetzungen. Die Sozialdemokraten wollten eine zentralistische Regierung, die imstande war, weitgehende Verstaatlichungen nach englischem und französischem Muster durchzuführen. Bei den Christlichen Demokraten gingen die Tendenzen von einer vernünftigen Dezentralisation bis zum extremistischen bayerischen Partikularismus. Der Kontakt zwischen so ausgeprägten Charakteren wie Adenauer und Schumacher war sehr schwierig. Es war fast ein Glück, daß Schumacher durch seinen Gesundheitszustand in einer Klinik im Schwarzwald festgehalten wurde. Sein Stellvertreter, Carlo Schmid, ein kluger, gebildeter Kopf, tat sein Bestes, um die Zusammenstöße zu mildern.

Die Debatten der kleinen Versammlung in Bonn standen unter dem Zeichen der Verwirrung, die alle Deutschen beherrschte. Der Aufstieg aus der totalen Vernichtung, die die Niederlage für sie bedeutet hatte, war zu plötzlich. Physisch erwachten sie wieder zum Leben. Der Fasching 1949 war ein Aufbrausen des Lebensgenusses, eine zuweilen primitive Revanche für die schrecklichen Entbehrungen der vorhergegangenen Winter. Die Deutschen wußten — man sagte es ihnen oft genug —, daß sie politisch unentbehrlich waren, so demütigend auch ihre Lage als Besiegte war. »Die Zukunft Europas hängt von den deutschen Arbeitern ab«, sagte Carlo Schmid zu dem amerikanischen Journalisten Emmet Hughes. »Wenn sie sich dem Kommunismus zuwenden, könnt ihr alle Atlantikpakte schließen, die ihr wollt: Stalin braucht dann keinen einzigen Panzer, um alles zu bolschewisieren . . .« Nichts war richtiger, aber das Bewußtsein einer wiedergewonnenen Bedeutung hatte bei der deutschen Bevölkerung keine positive Haltung zur Folge. Der Nihilismus herrschte vor. Man begann von der Notwendigkeit zu sprechen, das wiederaufgebaute Deutschland an der gemeinsamen Verteidigung Europas teilhaben zu lassen. Die Deutschen antworteten mit einer Formel, die noch jahrelang an die Mauern geschrieben werden und in den Gesprächen wiederkehren sollte: »Ohne mich!«

Die ernsteste Gefahr war jedoch jene, die Carlo Schmid beschrieben hatte: die Linkswendung der deutschen Arbeiterschaft. Man entdeckte wieder den Nationalbolschewismus Karl Radeks, der 1919 geraten hatte, man solle Deutschland durch den Nationalismus für den Kommunismus gewinnen. Die Umstände waren günstig. Die Wiedervereinigung konnte nur durch eine Aussöhnung mit dem Osten bewerkstelligt werden. Klassische Nationalisten, wie der vormalige Botschafter in Moskau, Rudolf Nadolny, verlangten den Abzug sämtlicher fremder Truppen, schlugen vor, Deutschland solle sich von den Westmächten abwenden und mit Rußland durch einen fünfzigjährigen Handels- und Freundschaftsvertrag verbinden.

Aber solche Pläne waren keine Versuchung für die Allgemeinheit. Alle Führer der Sozialdemokratie waren entschiedene Antikommunisten. Ihre dem Wohlleben nicht abgeneigten Anhänger hatten keine Lust, auf die Vorteile des Marshallplanes zu verzichten und sich dem strengen Leben der Roten zu verschreiben. Die Berliner Blockade, der grausame Versuch, zwei Millionen Deutsche auszuhungern, zerstörte vollends die Chancen des Kommunismus. Die mutige Stadt und ihr Bürgermeister

Reuter, die von der ganzen Welt bewundert wurden, waren eine lebende Verdammung des sowjetischen Systems. Berlin hielt Westdeutschland auf seiten der Demokratien.

Aber die Diskussionen in Bonn wurden immer erbitterter. Schmid und Adenauer zerstritten sich. Wieder versöhnt unter dem Druck der Alliierten, ließen sie über einen Grundgesetzentwurf abstimmen, gegen den die Oberbefehlshaber Einwände erhoben. Die Christlichen Demokraten waren bereit, darauf einzugehen, aber die Sozialdemokraten weigerten sich und erklärten, die vorgeschlagenen Änderungen seien darauf berechnet, die politische und gesetzmäßige Einheit Deutschlands zu zerstören. Zwischen den beiden Fraktionen mit ihren je 27 Mitgliedern waren die fünf Mitglieder der Liberalen, die zwei Mitglieder des Zentrums, die zwei Mitglieder der Rechten und die zwei Kommunisten die Schiedsrichter. Das Grundgesetz konnte durch eine Mehrheit von ein oder zwei Stimmen angenommen oder abgelehnt werden . . . Washington, London und Paris wollten den Parlamentarischen Rat auflösen, zum Nullpunkt zurückkehren . . .

So bekam Rußland noch eine Chance. Es trieb die Besprechungen Malik — Jessup voran, verzichtete auf Vorbedingungen für die Aufhebung der Blockade Berlins und forderte einzig und allein gemeinsame Besprechungen über das Deutschland-Problem in allernächster Zeit. Es hoffte, noch vor einen leeren Tisch zu stehen zu kommen, mit einem unerledigten Grundgesetz und einem Westdeutschland ohne Statut . . .

Am 24. April wurde die Nachrichtensperre über die Besprechungen Malik — Jessup aufgehoben. Die englischen und französischen Regierungen wurden in die Verhandlungen einbezogen. Sie verlangten, daß das Zugangsrecht der Westmächte nach Berlin in dem Abkommen ausdrücklich angeführt werden solle. Jessup, der aus der Aufhebung der Blockade eine Privatangelegenheit machte, widersetzte sich und sagte, diese Forderung werde alles zum Scheitern bringen. Acheson unterstützte ihn. Murphy protestierte vergeblich. Seiner Meinung nach würde das Fehlen jeder Garantieklausel aus der Luftbrücke einen verlorenen Sieg machen.

Am 5. Mai verkündigte ein Kommuniqué der vier Mächte das Abkommen. Alle Einschränkungen der Verbindungslinien zwischen Berlin und den Westzonen würden am 12., gleichzeitig mit den Maßnahmen der Gegenblockade, aufgehoben werden. Elf Tage darauf, das heißt am 23. Mai, würde der Rat der Außenminister in Paris zusammentreten, um das deutsche Problem in seiner Gesamtheit neuerlich zu besprechen.

Die Westmächte waren aber schneller am Ball als die Russen. Eine Geheimkonferenz in Frankfurt klärte die Delegation des Parlamentarischen Rates über die Gefahren auf, denen sie sich dadurch aussetzten, daß Westdeutschland zu dem Augenblick, da die allgemeinen Verhandlungen der Siegernationen über Deutschland wieder aufgenommen wurden, noch kein Grundgesetz hätte. Die Sozialdemokraten gaben nach, begnügten sich mit einigen Zugeständnissen für ihre zentralistischen Thesen und erklärten sich damit einverstanden, daß Berlin nicht als dreizehntes Land der Bundesrepublik zu betrachten sei.

Nun wurde das Grundgesetz im Eiltempo vorangetrieben. Die 146 Artikel wurden wie auf dem Fließband durch die Abstimmung geschleust; eine disziplinierte Mehrheit ließ alle Einwände verstummen. Am 5. Mai wurde die erste Lesung erreicht, am 6. die zweite, am 8. die dritte und letzte. Die Endabstimmung ergab 53 Stimmen gegen 2 Kommunisten, 6 Abgeordnete der bayerischen CSU, je 2 Abgeordnete der Zentrumspartei und der Deutschen Partei. Das Gesetz wurde den Militärgouverneuren vorgelegt und am 12. Mai bestätigt. Als die Pariser Konferenz zusammentrat, wurde sie vor eine vollendete Tatsache gestellt: die Bundesrepublik Deutschland. Rußland hatte sowohl die Schlacht um Berlin als auch die Schlacht von Bonn verloren.

Am 11. Mai um Mitternacht fielen die Sperren in Helmstedt und Babelsberg. Auf der Autobahn entspann sich ein Rennen zwischen den westlichen Reportern; es wurde von dem UPI-Berichterstatter Walter Rundle gewonnen, der als erster in Westberlin eintraf. Am Morgen des 12. Mai flatterten 20 000 von der Luftbrücke eingeflogene Fahnen an den Häuserfronten. Blumengeschmückte Züge trafen in den Güterbahnhöfen Grunewald und Zehlendorf ein. Sechs waren mit Kartoffeln beladen, den ersten seit sechs Monaten, die nicht dem Dehydrationsprozeß ausgesetzt gewesen waren. Im Schöneberger Rathaus würdigte man die Verdienste General Clays, der mitten im Erfolg kaltgestellt worden war, und verrichtete eine Andacht zum Gedenken der 50 Flieger und 7 Arbeiter, die während der Luftbrücke durch Unfälle ihr Leben verloren hatten.

Die Luftbrücke war 318 Tage lang in Betrieb gewesen. Sie hatte in 195 530 Flügen, von denen 63 612 von Engländern und 131 918 von Amerikanern ausgeführt wurden, 1 583 686 Tonnen befördert; das entsprach 15 000 Güterzügen. Die von den Flugzeugen zurückgelegte Flugstrecke entsprach 3000 Flügen rund um die Erde oder 16 Reisen zum Mond und zurück. (*Forts. Deutschland S. 373*)

Hoffnungen und Enttäuschungen im Palais Rose

Die französische Regierung hatte bei der Herzogin von Talleyrand-Périgord, der vormaligen Marquise Boniface de Castellane, geborenen Anna Gould, angefragt, unter welchen Bedingungen sie einverstanden wäre, das Palais Rose dem Rat der Außenminister zu vermieten. Die Herzogin hatte telegrafiert, sie stelle es der Republik unentgeltlich zur Verfügung. Sie lebte seit 1939 in ihrer Heimat Amerika, und ihre Residenz in der Avenue Malakoff, die im Jahr 1900 30 Millionen gekostet hatte, stand seither leer. Man begann hundert direkte Telefonleitungen mit Washington, London und Moskau einzurichten.

Die Teilnehmer der Konferenz waren Andrej Wyschinskij, Robert Schuman, Dean Acheson und Ernest Bevin. Die ersten Kontakte mit Wyschinskij waren ebenso überraschend wie erfreulich. Anstelle der unangenehmen Aggressivität Molotows trat geistvolle Freundlichkeit, ungezwungenes Einwilligen bei der Erstellung der Tagesordnung. Man begann zu hoffen, daß in dieser prunkvollen Umgebung die bis dahin so vergeblich angestrebte Einigung über Deutschland zustande kommen würde.

An dem Tag, an dem die Konferenz im Palais Rose zusammentrat, traf eine tragische Nachricht aus Washington ein. James Forrestal war, nachdem er einen Text von Sophokles abgeschrieben hatte, der den Satz »Und jetzt ist es besser, zu sterben und zu schlafen...« enthielt, aus dem 16. Stockwerk des Krankenhauses von Bethesda gesprungen. Er war am 2. März zurückgetreten. Am 10. April hatte der Berichterstatter Drew Pearson, ein gräßlicher Quäker, den Grund enthüllt, weshalb der erste Verteidigungsminister der amerikanischen Geschichte hatte zurücktreten müssen: Wahnsinn. »Er hörte eine Feuerwehrsirene, schrie, die Russen fielen in Amerika ein, und stürzte im Pyjama auf die Straße...« Überarbeitet, gequält, des Antisemitismus verdächtigt, weil er für die Araber Stellung genommen hatte, hatte Forrestal einen Augenblick der Abwesenheit seines Pflegers benutzt und war hinuntergesprungen. Für die kommunistische Propaganda war das Drama ein Beweis für die Kriegshysterie, in der die Amerikaner lebten.

Im Palais Rose waren die Hoffnungen bald verflogen. Was Wyschinskij vorschlug, war nichts anderes als eine Rückkehr zum Status von 1945. Deutschland sollte wieder vereinigt werden, aber unter der Machtbefugnis eines Viermächteorganismus, in dem jede beteiligte Macht ein Vetorecht haben sollte. Die Westmächte, einiger denn je, antworteten mit dem Vorschlag, man solle die in Bonn beschlossene demokratische Verfassung auf ganz Deutschland ausdehnen... Gespräche ohne jede Aussicht auf Einigung.

In Berlin gab es neue Schwierigkeiten. Die Angestellten der Westberliner Eisenbahn, die ihr Gehalt von den Russen erhielten, da diese die Bahnlinien der ganzen Stadt kontrollierten, wollten in Westmark bezahlt werden. Die Sowjets sahen sich einer höchst ungewöhnlichen Sache gegenüber, einem Streik, den sie brechen wollten. Die Streikenden bewiesen einen außerordentlichen Mut. Sie verjagten die Streikbrecher, die aus dem Ostsektor gekommen waren, um die 43 Bahnhöfe Westberlins zu besetzen, stürmten das Gebäude der Eisenbahndirektion, pöbelten die Russen an, die sich darin befanden, zerrissen und verbrannten die Bilder Stalins und Lenins. Kein Zug verkehrte. Die Westmächte hielten die Luftbrücke mit 8000 Tonnen täglich aufrecht, und als sie dann durchgesetzt hatten, daß die Russen 60% der Gehälter in Deutschen Mark zahlten, lösten sie den Konflikt, indem sie für die Differenz aufkamen. Die Züge verkehrten wieder. Ein friedlicher Sommer begann für Berlin.

Der Mißerfolg im Palais Rose hatte in Wirklichkeit keine Verschlimmerung der Ost-West-Beziehungen zur Folge. Wyschinskij, in wesentlichen Punkten unbeugsam, war in der Form freundlich und bei Nebensächlichkeiten nachgiebig gewesen. Man vereinbarte, daß die Militärgouverneure sich besprechen sollten, um die aus der verwaltungsmäßigen Teilung Deutschlands erwachsenden Unannehmlichkeiten einzuschränken und das Leben in Berlin normal zu gestalten. Ein erstaunliches Phänomen, das lange Jahre die Geschichte beherrschen sollte, entstand, ohne daß es irgend jemand zu Bewußtsein kam. Dieses Europa, in dem man einen dritten Weltkrieg befürchtet hatte, das Europa des Prager Staatsstreichs und der Berliner Blockade, das Europa, das der Kampfplatz für den Antagonismus zwischen Rußland und Amerika zu werden schien, beruhigte sich plötzlich. Es war ein Wirbelsturm gewesen. Europa wurde zu einer Zone der Beständigkeit. (*Forts. Frankreich S. 378*)

11. Kapitel   1949
Ein Wendepunkt in der Geschichte
Sieg des Kommunismus in China

Der Sommer des Jahres 1948 war durch ein Abflauen des chinesischen Bürgerkrieges gekennzeichnet. Die einzige bedeutende Schlacht hatte sich in Kaifeng, der Hauptstadt Honans, abgespielt. Die Roten hatten die Stadt durch einen Überraschungsangriff genommen und zwei Tage darauf kampflos geräumt.

Am 18. September ging der Vorhang hoch. Die Armeen Mao Tse-tungs schritten auf den zwei wichtigsten Kriegsschauplätzen, in Shantung und der Mandschurei, zur Offensive.

Einige Tage vorher hatte Tschiang Kai-schek das Fest der nationalen Befreiung gefeiert; es fand seit dem Jahre 1368 zur Erinnerung an den Aufstand gegen die mongolische Herrschaft und den Regierungsantritt der glorreichsten, der besten aller chinesischen Dynastien, der Ming-Dynastie, statt. Tschiang hatte diesmal andere Tataren öffentlich angeklagt und den alten Kriegsruf erschallen lassen: »Tötet sie in eurem Hause!« Diese »Tataren« waren die Profitmacher, die Genußsüchtigen, die Parasiten, die auf den Wunden Chinas wimmelten. Der Schlüssel zum Sieg gegen den Kommunismus lag in sozialer Gerechtigkeit und patriotischer Selbstbeschränkung. Tschiang zählte die Opfer auf, die das öffentliche Wohl von den Bevorzugten forderte: weniger Autos, Bedienstete, Feste, Tabak, Wimpel, Laternen, Knallbüchsen, Glücksspiel, kostspielige Begräbnisse und Hochzeiten. Das chinesische Leben beruhte auf Sinnengenuß und Gepränge. Tschiang verlangte von seinen Landsleuten, sie sollten ihre nationale Tradition auf dem Altar des Vaterlandes opfern.

Diese frommen Ermahnungen waren keineswegs überflüssig. Die Finanzlage war weiterhin gefährlich. Der im August 1947 zum Kurs von 12 000 für einen amerikanischen Dollar ausgegebene chinesische Dollar war im August 1948 auf den Kurs von 12 Millionen gefallen. Das Defizit des Haushaltsjahres betrug 26 Trillionen Dollar. Tschiang hatte den Finanzminister ausgewechselt und am 19. August eine durchgreifende Währungsreform verkündet. Der Kurs der neuen Währung, des Gold-Yuan, wurde auf 25 amerikanische Cents festgesetzt. Jede Transaktion in Gold, Silber oder ausländischen Devisen war verboten, und jeder Besitz dieser Art mußte in Yuans umgewechselt werden.

Geschah ein Wunder? Die Reform schien zu gelingen. 200 Millionen US Dollar, freiwillig gegeben, gesellten sich zu einer verspäteten amerikanischen Hilfe von 400 Millionen Dollar. Zum Kontrolleur der neuen Währung hatte Tschiang seinen ältesten Sohn, Chiang Ching-kuo, ernannt, der in Rußland erzogen, von kommunistischen Methoden durchdrungen und mit einer Russin verheiratet war. Ching-kuo ließ den größten Makler von Shanghai, Tu Vee-pin, verhaften. Die Spekulanten erschraken und stoppten ihre Tätigkeit.

Doch der unerbittliche Krieg war da. Er verschlang 75 % der Mittel. Er zerrieb die Kuomintang wie ein Mühlstein.

Im Jahr 1945 hatten die Nationalisten eine gewaltige zahlenmäßige und materielle Überlegenheit gehabt: 3 700 000 Soldaten gegenüber 320 000, 1 600 000 Gewehre gegenüber 160 000, 6000 Kanonen und Mörser gegenüber 700. Im Juni 1948 gab der Verteidigungsminister Ho Ying-chin in einer geheimen Sitzung des Gesetzgebenden Yüan zu, daß der Stand der Regierungstruppen auf 2 180 000 Mann zurückgegangen war, gegenüber 2 600 000 kommunistischen Soldaten, unterstützt durch 700 000 Guerillakämpfer. Die Roten hatten sich bei ihrem Gegner Verstärkungen geholt, ebenso wie sie sich auf seine Kosten bewaffneten: Nach Angaben Hos besaßen sie 940 000 Gewehre gegenüber 980 000 und 2280 Geschütze gegenüber 2100. Die Abhängigkeit von Nachschub und Unterbringung, die die Kommunisten nicht kannten, verwandelten die annähernde Gleichwertigkeit der Kräfte in eine starke Unterlegenheit der Kuomintang.

Der neue Chef der amerikanischen Militärberater war Generalmajor David J. Barr. Er hatte in Fort Knox Unterricht in Panzerkriegführung erteilt und war von Tunesien bis an die Donau Stabschef der 6. Armee gewesen. Seine Enttäuschung angesichts der nationalistischen Armee erinnerte an die Bemerkungen *Vinegar Joe* Stilwells: »Der schlechteste Führungsstab der Welt . . . In der ganzen Maschinerie der Nationalregierung bestimmen familiäre, finanzielle und politische Verbindungen die Karrieren. Kein Chinese kann für seine Beförderung auf sein Verdienst zählen; er braucht die Gunst des Generalissimus und seiner alten Waffengefährten . . .«

Die überalterten militärischen Chefs, ehemalige Warlords, verstanden sich nicht auf die moderne Taktik. Sie unterlagen immer wieder der Versuchung, sich in den Städten zu verschanzen. Die chinesischen Städte, die so viele Belagerungen ausgehalten hatten, besaßen fast alle einen Kern gewaltiger Schutzmauern, die eine unwiderstehliche Anziehung ausübten. »Die nationalistischen Generäle verschanzen sich hinter den Mauern, ohne daran zu denken, die Verteidigung auf Distanz zu organisieren . . . Es ist unmöglich, sie zu überzeugen, eine Stadt zu räumen, auch wenn die erdrückende Überlegenheit der feindlichen Kräfte mit Sicherheit Einkesselung und Vernichtung erwarten läßt.«

Barr vermerkt weiter, »die Truppen wie die Zivilbehörden zerstörten nie etwas, wenn sie im Begriff seien, sich zu ergeben oder zu flüchten. Die Chinesen schienen absolut unfähig zu sein, irgend etwas von Wert zu zerstören . . .« Diese solide häusliche Tugend gestattete es den Roten, mit den Waffen, der Munition, den Lebensmitteln, dem Benzin Krieg zu führen, die von ihren Gegnern aufgegeben – manchmal auch an sie verkauft – wurden. »Drei Viertel des Materials, das wir den Nationalisten geliefert haben, sind unversehrt den Roten in die Hände gefallen . . .«

Das war ein düsteres Bild. Barrs Stellvertreter, General Brink – der, im Unterschied zu seinem Chef, elf Jahre im Fernen Osten verbracht hatte, davon fünf Jahre in China –, milderte dieses Bild: Die nationalistischen Soldaten kämpften oft mit größtem Mut und gingen mit stoischem Gleichmut in den Tod. Aber die Not zermürbte sie. »Ich habe Divisionen gesehen, die mit einem Gewehr für zehn Mann ins Feuer gingen, mit zwei Lastwagen pro Regiment und mit Fähnchen als dem einzigen

Nachrichten-Mittel. Die Verpflegungssätze für die Truppen gestatten nur eine Mahlzeit pro Tag für die Soldaten.« Der Sold, wenn er überhaupt ausgezahlt wurde, war minimal. Ein einfacher Soldat erhielt den Gegenwert von einem amerikanischen Dollar im Monat, ein Unteroffizier 3 Dollar, ein Hauptmann 6 Dollar, ein Oberst 9 Dollar, ein General 20 Dollar... Kein Offizier vermochte den Unterhalt seiner Familie zu bestreiten, während er kämpfte; kein Soldat konnte die Nahrung, die ihm die Intendantur nicht lieferte, anders finden als durch Plünderung.

Admiral Badger bestätigte das. »Ich habe Einheiten gesehen, die mit zwei Patronen pro Gewehr in den Kampf gingen...« Die amerikanische Hilfe traf, gebremst durch Schlendrian oder Vorsätzlichkeit, mit unbegreiflichen Verspätungen ein. Das Komitee der Generalstäbe hatte im Juni 1948 millitärische Lieferungen im Wert von 16 Millionen Dollar gebilligt – bis Dezember waren nur 10 % davon durchgeführt worden.

Die Kommunisten auf der anderen Seite waren zu dem, wie es in den genauen Analysen Mao Tse-tungs genannt wurde, letzten Stadium des Krieges gelangt. Der Partisanenkrieg existierte noch als »strategische Unterstützung«, hatte jedoch die große Bedeutung verloren, die er in der vorhergegangenen Periode gehabt hatte. Die Roten hatten ihren Kriegsapparat aufgebaut. Sie besaßen weder Luftwaffe noch Panzer, aber ihre Armee war nun auf der Grundlage von Infanterie und Artillerie organisiert, mit Führungsstab und Nachschubwesen, wodurch sie in der Lage war, große Operationen in Angriff zu nehmen. Sie war nicht mehr bloß beweglich, sondern auch manövrierfähig. Sie vermochte die taktische Verteidigung, den Stellungskrieg, mit der strategischen Initiative zu kombinieren. Sie war in der Romantik des Untergrundkampfes entstanden und erreichte nun die Klassik der Kriegführung. Der endgültige Umschwung, die General-Gegenoffensive begann.

Abgesehen von den Häfen Chefoo und Tsingtao, in denen die US Navy Stützpunkte hatte, beschränkten sich die Positionen der Nationalisten in der Provinz Shantung auf die Hauptstadt Tsinan. Das war eine große Stadt mit 700 000 Einwohnern, typisch für Nordchina, mit breiten, staubigen Straßen, niedrigen, mit Ziegeln gedeckten Häusern, befestigter Stadtmauer, einem Spinnereiviertel, einem Bahnhof, einem Flughafen. Der gefährliche Hoangho floß in einiger Entfernung, und die Berge kamen bis nahe an die Stadt heran.

Die Verbindungen nach Tsinan waren zu Beginn des Jahres unterbrochen worden. General Barr hatte die Räumung vorgeschlagen, die Verlegung der Garnison nach Suchou. Der Generalissimus hatte geantwortet, daß politische Gründe dagegensprächen. General Wang Yao-wu, der Gouverneur von Shantung, hatte verlangt, man solle per Luftbrücke eine zusätzliche Division nach Tsinan bringen. Er traute sich – lächerlicherweise – zu, mit ihrer Hilfe die Stadt uneinnehmbar machen zu können. Man verhandelte noch über sein Ersuchen, als Chen-Yi, der Dichter und Krieger, eine Offensive startete. Das äußere Viertel wurde von 8000 Mann unter Befehl eines General Wu verteidigt. Der Rest der Garnison, einige hunderttausend Mann, hatte sich hinter den Mauern verschanzt.

Wu beging Verrat, ging zu den Roten über und lieferte ihnen den Flugplatz und

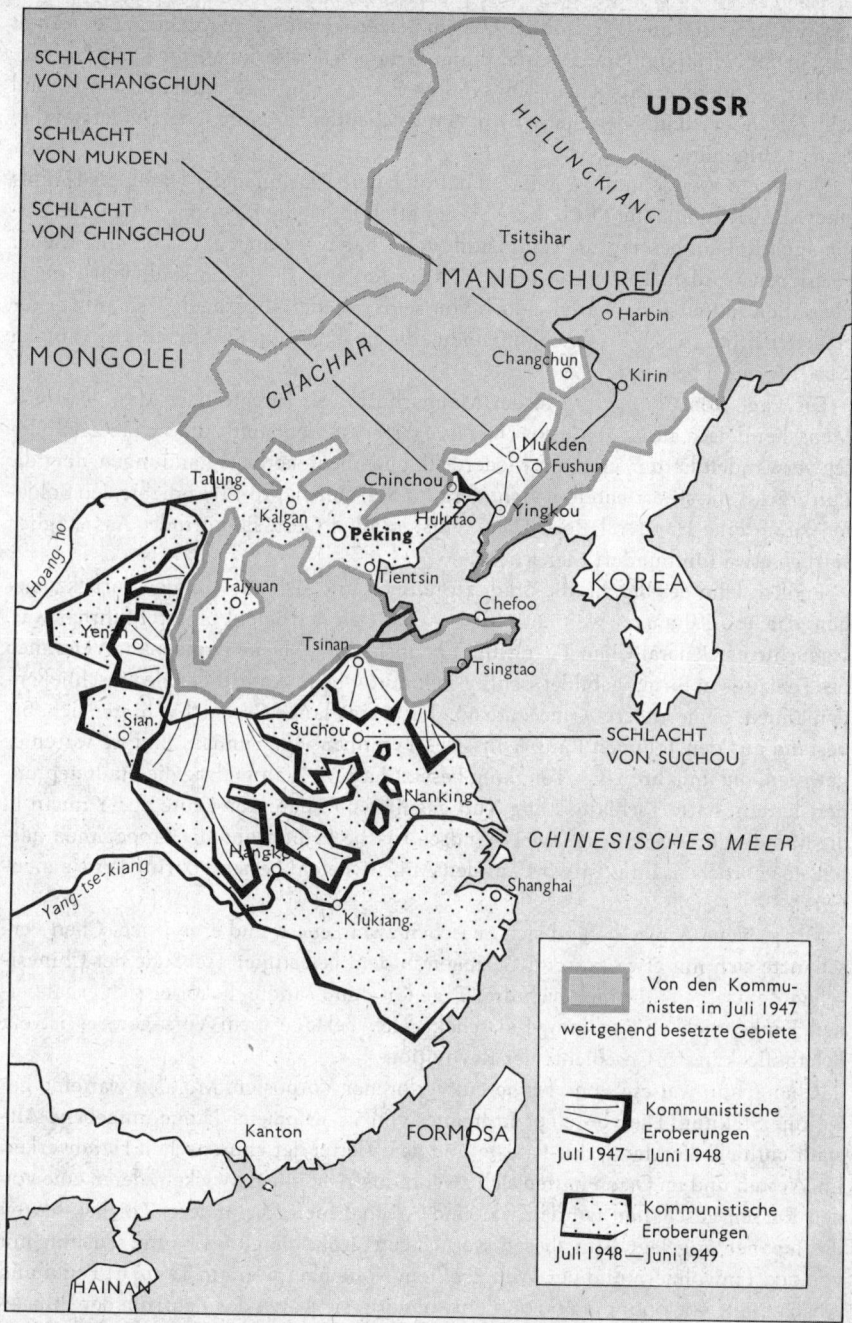

SCHLACHT
VON CHANGCHUN

SCHLACHT
VON MUKDEN

SCHLACHT
VON CHINGCHOU

UDSSR

HEILUNGKIANG

MONGOLEI

CHACHAR

Tsitsihar
O

MANDSCHUREI

O Harbin

Changchun
O

Kirin

Mukden
O Fushun

Tatung

Chinchou

Yingkou

Kalgan

Peking

Hulutao

Taiyuan

Tientsin

KOREA

Yenan

Tsinan

Chefoo

Tsingtao

Sian

Suchou

SCHLACHT
VON SUCHOU

Nanking

CHINESISCHES MEER

Nangko

Shanghai

Hoang-ho

Yang-tse-kiang

Kiukiang

Von den Kommu-
nisten im Juli 1947
weitgehend besetzte Gebiete

Kommunistische
Eroberungen
Juli 1947 — Juni 1948

Kanton

FORMOSA

Kommunistische
Eroberungen
Juli 1948 — Juni 1949

HAINAN

China: Bürgerkrieg 1947–1949

das äußere Viertel aus. Das Tor der Ewigen Sicherheit wurde genommen. Der Kampf ging in der befestigten Stadt weiter. Einige Gruppen der Nationalisten kämpften heldenhaft. Andere ergaben sich in größter Eile. Wang Yao-wu kapitulierte und schloß sich gleichfalls den Siegern an. Am 25. September hatte jeder Widerstand in Tsinan aufgehört.

Es war ein Wendepunkt. Die Roten hatten bereits Harbin in der Hand, die Hauptstadt von Heilungkiang, doch diese Stadt hatten ihnen die Russen gegeben. Sie hatten auch Kalgan besetzt, die Hauptstadt von Chahar – waren aber von dort wieder vertrieben worden. Es stimmt auch, daß sie Kaifeng, die Hauptstadt von Honan, überfallen hatten – sie waren jedoch von selbst wieder abgezogen. Tsinan war die erste der chinesischen Provinzhauptstädte, die sie in hartem Kampf nahmen, mit der Absicht, sie zu behalten.

Die Lage von Changchun in der Mandschurei war fürchterlich. Man verkaufte Menschenfleisch auf dem Markt. Die *Flying Tigers* Chennaults, die sich in Zivilpiloten verwandelt hatten, erlebten wieder Flak und abenteuerliche Landungen, aber die Luftbrücke, die sie errichteten, vier oder fünf Maschinen pro Tag, brachte den Soldaten kaum eine Handvoll Reis. Die Zivilisten aßen Gras, Baumrinde, Aas; täglich starben etwa fünfhundert Menschen.

Endlich kam der Befehl, die Stadt zu räumen und sich auf Mukden zurückzuziehen, das 400 Kilometer weit entfernt ist. Obgleich der Befehl undurchführbar war, versuchte es General Chen Tuang-hui dennoch. Die 7. Neue Armee, aus Veteranen des Feldzugs in Birma gebildet, schlug sich mutig beim Angriff der sie einschließenden Linien. Seine andere Armee, die 60., hatte eine lange Geschichte hinter sich. Sie bestand aus den Truppen Lung Yuns, des Tyrannen von Yunnan, und sie waren es gewesen, die im Jahre 1945 Tongking besetzt hatten. Während sie die Stadt geplündert hatten, hatte Tschiang Lung Yun gestürzt und dann die Leute aus Yunnan in die Mandschurei geschickt. Zwei mandschurische Winter und die Propaganda hatten sie gebrochen. Ihre Antwort auf den Angriffsbefehl bestand darin, daß sie meuterten.

Die 7. Neue Armee befand sich zwischen zwei Feuern und ergab sich. Chen verschanzte sich mit etwa tausend Getreuen in dem befestigten Gebäude der Chinesischen Zentralbank. Er hielt sich drei Tage lang und sandte, bevor er sich ergab, einen Funkspruch an Tschiang Kai-schek: »Ich beklage mein Versagen; es ist ein Schandfleck in der Geschichte der Revolution . . .«

Changchun war ein von vornherein verlorener Vorposten. Mukden war eine gewaltige Stellung. Die von einer Erdmauer von 15 Kilometer Länge umgebene Altstadt enthielt die Mandschu-Paläste und das Viertel der chinesischen Handwerker. Im Westen und im Osten hatten sich zwei Industriestädte entwickelt, deren eine von den Russen geschaffen worden war und Arsenal hieß; die andere, Thiehsi, hatten die Japaner angelegt. Um diesen Kern lagen große Satellitenstädte: Fushun mit 700 000 Einwohnern und der Welt größtem Kohlenbergwerk in Tagbau; Penki und Anshan, mit 500 000 und 600 000 Einwohnern, sie waren das Zentrum der chinesischen Eisenindustrie. Die Skala der vertretenen Industrien reichte von synthetischer Ölproduktion, Aluminium-, Gummifabriken bis zu Anlagen für Maschinenbau, einer Patronenfabrik und einer Kanonengießerei. Es war verständlich, daß Tschiang so lange zögerte, Mukden aufzugeben.

Die Lage gestattete es jedoch nicht mehr, die Entscheidung weiter aufzuschieben. Der Hafen Yingkou war im Februar verlorengegangen und würde überdies sehr bald für mehrere Monate vom Eis geschlossen sein. Der Korridor von Liaoning, die direkte Verbindung nach Peking, war eher schlecht als recht von den 70 000 Mann in Chinchou unter Befehl Fan Han-chiehs offengehalten worden. Sie wurde durch den Verlust des zwischen Chinchou und Mukden gelegenen Eisenbahnkontrollpunktes Kou-pang-tzu gleichfalls abgeschnitten. 250 000 Mann waren in dem Kessel eingeschlossen. Man mußte sie eiligst zurückziehen oder hinnehmen, daß ihnen das gleiche Schicksal widerfuhr wie den Garnisonen von Tsinan und Changchun.

Am 27. September und dann am 2. Oktober flog Tschiang nach Mukden. Der Befehlshaber der Mandschurei war General Wei Li-huang, der bei Stilwell in Birma die moderne Kriegführung erlernt hatte. Der Plan, den er mit dem Generalissimus aufstellte, sah einen äußersten Kräfteeinsatz gleichzeitig mit einem Massenausfall der Streitkräfte aus Mukden vor. Die 5., 9. und 54. Armee, verstärkt durch die 51., die direkt aus Formosa herangeschafft wurde, sollten, vom Hafen Huludao ausgehend, Chinchou entsetzen, Kou-pang-tzu zurückzuerobern und längs der Bahnstrecke vorrücken, um sich mit der 1., 3., 6., 49. und 71. Armee zu vereinigen, die von Mukden abmarschieren würden. Die 53. Armee sollte vorläufig in der Stadt bleiben. Die 52. würde eine Queroperation durchführen und versuchen, die Straße an der See freizumachen, indem sie Yingkou zurückeroberte.

Die Queroperation gelang mit unerwarteter Leichtigkeit. Am 11. Oktober wurde Yingkou zurückerobert. Nun stellte sich die Frage: Sollte man nicht besser auf den Abmarsch über den Landweg verzichten und auf dem Seeweg abziehen? Doch die Hafenanlagen Yingkous waren beschränkt, es fehlte an Schiffen, und es ist schwierig, Armeen umkehren zu lassen, die bereits auf dem Marsch sind.

Diese fünf aus Mukden kommenden Armeen waren unter dem Befehl General Liao Yueh-shangs vereinigt, eines ehemaligen Schülers der Kriegsschulen Saint-Cyr und Saumur. Stilwell hatte während des Feldzugs in Birma über ihn geschrieben: »Ein guter Soldat im Feld, mutig und entschlossen... Ein fähiger Truppenführer...« Aber er brachte seine Armeen nur langsam in Bewegung, verließ Mukden erst am 7. Oktober und kam mehrere Tage lang nicht von der Stelle. 300 Kilometer trennten ihn von Chinchou und den Hilfsarmeen.

Lin Piao hatte sich die zahlenmäßige Überlegenheit gesichert, indem er in der südlichen Mandschurei elf »Kolonnen«, die den Armeen seiner Gegner entsprachen, zusammengezogen hatte. Die aus dem Guerillakampf hervorgegangene bewegliche Taktik wurde durch heftige Angriffe abgelöst. Die Wellen der Angreifer lösten einander ab, ungeachtet der Verluste. Die Zeit drängte. Die elf Divisionen, die von Huludao losmarschiert waren, standen nur wenige Kilometer entfernt. Lin Piao ging das Risiko ein, zwischen Hammer und Amboß zu geraten.

In Wirklichkeit lief Lin Piao keinerlei Gefahr. Der Befehlshaber des Hammers, Li Wen, rührte sich kaum. Der Kommandeur des Amboß, Fan Han-chieh, verhandelte und ergab sich. Am 17. Oktober kapitulierte Chinchou. Li zog sich nach Huludao zurück.

Lin Piao begnügte sich nicht mit diesem Erfolg, der binnen kurzem das Schicksal Mukdens entscheiden mußte. Er unternahm einen Marsch von napoleonischer Kühnheit gegen die linke Flanke Liao Yueh-shangs. Seine trotz der Vervollständigung ihres Kriegsmaterials beweglich gebliebenen Kolonnen legten in einer Woche 250 Kilometer zurück und faßten den Gegner im Rücken. Liao fiel zu Beginn des Kampfes. Seine fünf Armeen wurden innerhalb von 72 Stunden ungeordneter, wütender Kämpfe geschlagen und vernichtet.

Der eisige mandschurische Herbstwind wehte über Mukden. An Bord ihrer Dakotas mit der Aufschrift CAT (*Civil Air Transport*) brachten die unerschrockenen Fliegenden Tiger noch einige hundert Bevorzugte in Sicherheit. Man stellte die Eisenbahnlinie nach Yingkou wieder her, die jedoch den Truppen vorbehalten war. Tausende Flüchtlinge flohen zu Fuß oder in Karren zur letzten Luke der Freiheit, die noch wenige Tage lang offenstand. Hinter ihnen öffnete der Kommandeur der 53. Armee, Chou Fuchung, den Roten die Tore Mukdens.

Tschiang Kai-schek hatte die Entsetzung Mukdens von Peking aus leiten wollen. Er war erschöpft und fand trotz der Schlafmittel keine Ruhe. Als die Katastrophe eingetreten war, suchte er ihr auf chinesische Art zu begegnen, indem er Großsprecherei mit Demut verband. »Der völlige Verlust der Mandschurei ist ein entmutigendes Ereignis, aber er befreit die nationalen Streitkräfte von einer drückenden Last und wird es ihnen ermöglichen, die Verteidigung Nordchinas zu verstärken... Die Regierung weiß, daß sie aus dieser Niederlage ihre Lehren ziehen muß. Sie wird alles daran setzen, ihre Fehler wieder gutzumachen, damit dieser ernste Mißerfolg die Lage nicht in ihrer Gesamtheit beeinträchtigt. Wir müssen uns darauf vorbereiten, noch weitere acht Jahre zu kämpfen und vielleicht noch sechzig Jahre, um den Sieg zu erringen...«

Mutige, aber vergebliche Worte. Der Fall Tsinans hatte ein eisiges Frösteln hervorgerufen. Der Verlust Mukdens hatte einen Sturm der Panik zufolge. Der Gold-Yuan verlor sein Gold, neun Zehntel seines Wertes waren in wenigen Stunden dahin. Die Preise stiegen auf das Fünffache. In Hankou, Nanking, Shanghai brachen Reiskrawalle aus. Der Ministerpräsident Wong Wen-hao, im Zivilberuf Geologe, trat zurück, und es ereignete sich etwas Verwunderliches: Niemand wollte diesen so ausgezeichneten, so einträglichen Posten übernehmen. Tschiang mußte selbst regieren, während rund um ihn alle Welt seinen Rücktritt verlangte. Der Veteran Lu Fu riet ihm im Gesetzgebenden Yüan väterlich, er solle seiner Erschöpfung Rechnung tragen und in die Vereinigten Staaten gehen, um sich auszuruhen. Der Vizepräsident Li Tsung-jen trat offen dafür ein, mit den Roten zu verhandeln. Der Warlord in der Provinz Kuangsi, Pai Chung-hsi, der Kommandeur Zentralchinas, der als der beste der chinesischen Generäle angesehen wurde, bat den Generalissimus in einem Brief, zur Kenntnis zu nehmen, daß er der Wiederherstellung des Friedens im Weg stehe und daß es seine Pflicht sei, zurückzutreten.

Auf der Landkarte waren es noch drei Viertel Chinas, die der Nankinger Regierung unterstanden. Südlich des Jangtse gab es nur einzelne Gruppen von Guerillas.

Die Provinz Szechuan war treu geblieben. Die Steppen des Nordwestens wurden von einem mohammedanischen Kommandeur gehalten, Ma Pu-fang, der gegen die Kommunisten verbissen Krieg führte. Die Hauptstadt von Shansi, Taiyuan, die in ihren Mauern belagert wurde, verteidigte ein Militärgouverneur, der alte Marschall Yen Hsi-shan. Der Korridor Tatung–Kalgan–Peking–Tientsin, der auf einer Seite mit den Steppen, auf der anderen mit der See in Verbindung stand, bildete die hauptsächliche Position der Nationalisten in Nordchina. Ihr Kommandeur, Fu Tso-yi, hatte seine Armeen den Prinzipien Mao Tse-tungs angeglichen; er hielt strenge Disziplin und ließ seine Soldaten mit den Bauern arbeiten. Der siegestrunkene Lin Piao kam aus der Mandschurei, um ihn zu schlagen und die kostbare Beute Peking für den Kommunismus zu gewinnen.

Aber das Schicksal Chinas entschied sich zwischen dem Gelben und dem Blauen Fluß. Eine der zwölf oder fünfzehn Schlachten seit Beginn der geschichtlichen Zeit, von denen man sagen kann, daß sie das Schicksal der Welt geändert haben, eine viel bedeutendere Schlacht als die von Austerlitz, die Schlacht bei Suchou, begann.

Die Armee der Nationalchinesen wird zerschlagen

Das Schlachtfeld war als solches prädestiniert. An den Grenzen der Provinzen Shantung, Honan, Anhuei und Kiangsu geht das China des Hoangho in das China des Jangtsekiang über, eine Ebene mit weichen Linien, in der sich ein viel älterer, viel schrecklicherer Kampf abspielt als die Kämpfe der Menschen: ein Kampf der Flüsse. Zwischen den beiden Riesen war eine dritte Macht, der Huaiho, seines Zugangs zur See beraubt und gezwungen worden, seinen Lauf in einem Komplex von Seen zu beenden, deren Überfülle regelmäßig Millionen von Hektar überschwemmt. Die Chinesen hatten hier eingegriffen, indem sie den Kaiser-Kanal bauten, an dem laut Protokoll bei der Eröffnung 5 500 000 Menschen gearbeitet hatten, von denen 2 000 000 ihr Leben gelassen hatten. Der Kaiser-Kanal mit den vielen Altären an seinen Ufern war ebenso wie ein natürlicher Wasserlauf den Überschwemmungen ausgesetzt; er hat zweieinhalb Jahrtausende lang nie ganz aufgehört, den Reis Südchinas nach Nordchina zu bringen. Er fließt 40 Kilometer östlich von Suchou durch einen befestigten Ort namens Nieuchang. Dort spielte sich die erste Episode der großen Schlacht ab.

Suchou liegt an der Kreuzung der Eisenbahnlinie Nanking–Tientsin und der sogenannten Lung-hai-Bahnlinie, die vom Chinesischen Meer zu den Lößhügeln von Shensi verläuft. Die Stadt ist modern und häßlich, aber in dieser übervölkerten Ebene sind die Städte nur von geringer Bedeutung. Obwohl es hier keine Industrie gibt, besteht eine Bevölkerungsdichte von 500 Menschen pro Quadratkilometer. Die Dörfer sind winzig, aber zahllos, ein oder zwei Dutzend Häuser aus grobgebrannten Ziegeln, mit Dächern aus getrocknetem Lehm, die von Pfosten getragen werden. Wegen der schwachen Regenfälle gedeiht der Reis nicht, und die Pflanzungen von Gerste, Hirse, Mohrenhirse, Sojabohnen, Hanf und Baumwolle geben nur eine Ernte jährlich. Der Krieg überzog ein Land, das von ständiger Hungersnot bedroht war.

Aber die unbeugsame Logik der Geschichte war durch den Verlauf des Kaiser-Kanals vorgezeichnet. Suchou lag an der Straße der aus dem Norden kommenden Eroberer, der Straße nach Nanking.

Die Gegner zogen ihre Streitkräfte zusammen. Aus allen vier Himmelsrichtungen zogen lange Kolonnen zu dem Eisenbahnknotenpunkt, der die Mitte des Platzes bezeichnete. Es herrschte eisige Kälte, aber der Boden war trocken und die Marschierenden, 1 200 000 Mann, wirbelten eine Staubwolke hoch, die die Sonne gelb färbte. Chen Yi brachte die Sieger aus Shantung in Gewaltmärschen heran. Der einäugige Drachen Liu Po-cheng hatte die roten Divisionen aus Shansi und Honan gesammelt. Die 55 Divisionen der Nationalisten, 600 000 Mann, standen zwischen zwei feindlichen Kräftemassen. Die 7. Heeresgruppe unter General Huang Po-tao ging am Kaiser-Kanal zu beiden Seiten von Nieuchang in Stellung. Die 13. Heeresgruppe unter General Li Mi hielt Suchou, und zwei andere Heeresgruppen, die 2. unter General Chin Ching-chuan und die 16. unter General Sun Yan-li, rückten auf den von Westen und Süden kommenden Bahnlinien in Richtung der Stadt vor. Eine fünfte Heeresgruppe, die 12. in der Stärke von 140 000 Mann, befehligt von General Huang Wei, stand vier Tagesmärsche weit entfernt im Südwesten. Tschiang Kai-schek hatte selbst den Oberbefehl. Er scheint jedoch nicht daran gedacht zu haben, seine zentrale Position auszunutzen, um zwischen Chen Yi und Li zu manövrieren und sie nacheinander in die Enge zu treiben.

Die Roten schlugen als erste zu. Am 8. November erzwang Chen Yi einen Übergang über den Kaiser-Kanal und umzingelte die zehn Divisionen Huang Po-taos in Nieuchang. Tschiang erteilte Li Mi und Chin den Befehl, ihren Kameraden, koste es, was es wolle, freizukämpfen. Die beiden Heeresgruppen rückten zu beiden Seiten der Lunghai-Bahnlinie vor. Der Vormarsch ging methodisch vor sich, gedeckt durch Luftbombardement und mit Artillerievorbereitung, die bis zu tausend 10,5-cm-Geschossen auf ein einziges Dorf gesteigert wurde. Man rückte in zehn Tagen nur 15 Kilometer vor. Man war noch 20 Kilometer von den Eingeschlossenen entfernt, als diese über Funk durchgaben, daß zwei Divisionen zum Feind übergegangen seien und die Roten die Erdmauer, das letzte Bollwerk Nieuchangs, durchbrachen. Huang Po-tao beging Selbstmord. Die anderen Generäle ergaben sich. Die 7. Heeresgruppe, 90 000 Mann, war aufgerieben.

Die Divisionen Chins und Li Mis fluteten nach Suchou zurück, die unermüdlichen *Flying Tigers* brachten Ladungen Reis und transportierten Verwundete ab. Die von Flüchtlingen überschwemmte Stadt wurde von den Kolonnen Liu Po-chengs angegriffen, aber durch energische Einsätze der nationalistischen Luftwaffe gerettet. Liu lockerte seine Umzingelung, wandte sich nach Südosten und vereinigte sich mit Cheng Ji. Die 25 Divisionen, die 200 000 Mann der 1., 2. und 16. nationalistischen Heeresgruppen wurden nun ihrerseits eingeschlossen.

Tschiang setzte alles auf eine Karte. Er unterstellte die in Suchou blockierten Truppen dem Befehl General Tu Yu-minhs, dem er den kategorischen Befehl erteilte, die Stadt zu verlassen, sie diesmal jedoch vorher zu zerstören, samt allen Vorräten an Lebensmitteln, Munition und Treibstoff. Mit allen Kräften, die im Jangtsetal noch verfügbar waren, bildete er die 8., 54. und 99. Armee, die er unter dem Kommando

Li Yen-niens vereinigte. Dieser sollte bei der Eisenbahnstation Su-hsien seine Vereinigung mit den Truppen Nuang Weis bewerkstelligen, dann sollten die beiden Heeresgruppen den aus Suchou kommenden Divisionen entgegenmarschieren.

Auf diese Weise suchten drei mächtige Truppenkontingente der Nationalisten sich auf einem Schlachtfeld von 150 Kilometer Seitenlänge zu vereinigen. Hunderttausende Männer in dicken Tuchjacken waren auf den schmalen chinesischen Straßen in Bewegung. Die Roten schwärmten zwischen den allzu starren Formationen umher, ohne andere Belästigung als aus der Luft. Außer der Unzahl von Dörfern gab es in der Ebene keinerlei Deckung. Die Flugzeuge der Nationalisten brannten diese Dörfer reihenweise nieder, aber es waren zu wenige, um eine standhafte Armee festzunageln, um ihrer Führung die Aktionsfreiheit zu rauben.

Nanking erlebte Tage voll quälender Angst. Tschiang hatte endlich einen Ministerpräsidenten gefunden, seinen intimen Feind Sun Fo, den Sohn Sun Yat-sens; doch kaum war Sun Fo berufen, da fuhr er nach Shanghai, um sich operieren zu lassen; es war also nichts gewonnen. Krieg und Politik zusammen überstiegen die Kräfte des erschöpften Generalissimus. Die amerikanischen Wahlen am 2. November hatten eine bittere Enttäuschung gebracht: In Nanking hatte man, wie in der übrigen Welt, den Sieg Deweys für sicher gehalten und ein Erstarken der chinafreundlichen Politik der Vereinigten Staaten erwartet. Tschiang hatte Truman reuig ein Glückwunschtelegramm geschickt und ihn um klare Stellungnahme zugunsten von Nationalchina ersucht; Truman hatte mit den Floskeln eines Beileidsschreibens geantwortet, mit Aufmunterungen und guten Wünschen, die durchblicken ließen, daß er Tschiang aufgab.

Am Tag des Erntedankfestes erschien Madame Tschiang Kai-schek bei dem Botschafter Leighton Stuart. Es war ihr gelungen, Marshall in seiner Farm in Leesburg telefonisch zu erreichen, und sie hatte sein Einverständnis dazu erlangt, daß sie selbst nach Amerika kam, um die Sache Chinas zu vertreten. Stuart riet ihr von der Reise ab, deren Zweckmäßigkeit in einer Sitzung des amerikanischen Kabinetts bestritten worden war. Marshall erklärte galant, er habe Madame Tschiang Kai-schek persönlich eingeladen und er werde sie mit einem Flugzeug in Nanking abholen lassen. Truman hatte nichts dazu zu sagen.

Am 1. Dezember betrat Mei-ling, ein krampfhaftes Lächeln aufgesetzt, amerikanischen Boden. In China nahm die Schlacht bei Suchou einen katastrophalen Verlauf. Es war Huang Wei nicht gelungen, Su-hsien zu erreichen: Er war mit seinen 140 000 Mann und seinen Panzern westlich der Stadt eingeschlossen worden. Li Yen-nien war mitten in einer Schar von Guerillakämpfern vorgerückt, die mit ihrer gewohnten Taktik gebrochen hatten und um jeden Fußbreit kämpften, anstatt sich zu zerstreuen. Als er einsah, daß die Vereinigung undurchführbar war, ging er zurück und versuchte, den Huaiho, den letzten Wasserlauf nördlich des Jangtse, in Verteidigungszustand zu setzen. Die drei Heeresgruppen, die Suchou geräumt hatten, wurden ihrem Schicksal überlassen.

Tu hatte die Befehle Tschiangs genau befolgt. Er hatte Suchou verlassen, nachdem er die Lagerhäuser in Brand gesteckt hatte. Aber die Soldaten hatten sich mit allem beladen, was sie aus den Flammen retten konnten. Der Marsch ging überaus langsam vonstatten. Der Druck der Kommunisten zwang die Kolonnen der Nationalisten, die Bahnstrecke zu verlassen und nach Westen zu gehen. Am Tag vor den Weihnachtstagen wurden sie bis zu einer kleinen Stadt abgedrängt, Jongcheng, durch die eine der wenigen befahrbaren Straßen Zentralchinas führt. Das letzte Schlachtfeld Huang Weis lag weniger als 50 Kilometer entfernt – doch es war nur noch von Leichen bedeckt und von Raben, die sie zerrissen; der Widerstand der 12. Heeresgruppe hatte eine Woche zuvor sein Ende gefunden. Abgeschnitten, inmitten roter Streitkräfte, war Tu Yu-minh verloren.

Die Roten nehmen Peking

An dem gleichen Vorabend des Weihnachtstags hatte der Christ Tschiang Kai-schek ein melancholisches Weihnachtslied in der Kirche gesungen, die er neben dem Grab Sun Yat-sens hatte erbauen lassen. Die Niederlage kam immer näher. Die Schlacht bei Suchou kostete 600 000 Mann, davon 400 000 Gefangene. In Nordchina verteidigte sich der Stratege Fu Tso-yi ziemlich matt gegen die zahlenmäßig unterlegene Armee Lin Piaos. Im Oktober und November hatte er Tating, in der Provinz Hopeh, und Chengteh, die Hauptstadt von Jehol, aufgegeben. Im Dezember räumte er Tangku, den Vorhafen von Tientsin, und Kalgan am Fuß der Großen Mauer. Seine Vorhut stand 50 Kilometer von Peking. Fu schwor, er werde bis in den Tod kämpfen; wer die chinesische Mentalität auch nur annähernd kannte, wußte, daß er über seine Unterwerfung verhandelte.

Die Weihnachtsbotschaft aus Washington war nicht weniger entmutigend. Meiling hatte Marshall nur im Walter Reed Hospital gesehen, wo er zu einer Operation eingeliefert worden war, die das Ende seiner Laufbahn als Außenminister bedeuten sollte. Truman hatte zuerst abgelehnt, die Bittstellerin zu empfangen, und ihr dann unter dem Neutralitätssymbol einer Tasse Tee eine halbe Stunde gewährt. Madame war, von Mrs. Marshall begleitet, inmitten der Baugerüste empfangen worden, die zur Wiederherstellung des durch Termiten und Touristen renovierbedürftig gewordenen Weißen Hauses errichtet worden waren. Das vom Pressechef verlesene Kommuniqué unterstrich auf grausame Weise den gesellschaftlichen Charakter des Besuches: »Miss Margaret Truman goß den Tee ein ...« Madame verließ das Weiße Haus mit bleichen Lippen und warf den Journalisten ein eisiges »Kein Kommentar« zu. Als die Tür der Limousine, US Property Nr. 120, zuklappte, hörte es sich genauso endgültig an.

Amerika gab Tschiang Kai-schek auf. »Jetzt hätte nur noch ein direktes Eingreifen der amerikanischen Truppen die Chance, die Lage zu verändern ...«, schrieb General Barr. Nach einem Besuch in Shanghai beschloß Paul Hoffman, die Wirtschaftshilfe im Falle einer kommunistischen Machtübernahme einzustellen. »Solange die Lage Chinas derart unsicher ist, kann keine sinnvolle Entscheidung getroffen werden.« Der amerikanische Botschaftsrat Philip Fugh erklärte dem Premierminister Sun Fo, daß die Abdankung des Generalissimus für die Wiederherstellung des Friedens unabdingbar sei. »Drückt das Ihre Ansicht aus?« fragte Sun Fo Leighton

Stuart. »Als Diplomat habe ich meine Meinung nicht auszudrücken; von Mann zu Mann antworte ich Ihnen: Ja.«

Am 31. Dezember 1948 versammelte Tschiang Kai-schek die 40 wichtigsten Führungspersönlichkeiten der Kuomintang zum Mittagessen. Er erklärte zornig: »Ich habe keine Lust, den Kampf aufzugeben; ihr seid es, die Mitglieder der Kuomintang, die meinen Rücktritt verlangen . . .« Einige widersprachen; die meisten schwiegen. Die Neujahrsbotschaft, die der Generalissimus verlas, erwog Friedensverhandlungen mit den Kommunisten unter der Bedingung, daß die Unabhängigkeit Chinas gesichert blieb und der demokratische Charakter seiner Regierung beibehalten wurde. »Wenn der Friede gesichert werden kann, mache ich mir über meine eigene Stellung keine Sorgen«, schloß Tschiang.

Der Widerstand der nördlich des Jangtse eingeschlossenen nationalistischen Truppen war am 9. Januar zu Ende. Vor Nanking standen nur noch etwa fünfzigtausend demoralisierte Soldaten. Die siegreichen Roten hatten es nicht eilig, diese schwache Barriere zu durchbrechen, sich auf die feindliche Hauptstadt zu stürzen. In der Kuomintang erwachte wieder ein gewisser Optimismus. Der Mann des Tages war der Vizepräsident Li Tsung-jen, der nach dem zu erwartenden Rücktritt Tschiangs automatisch den ersten Platz einnehmen würde. Die Schlauheit der Chinesen kennt keine Grenzen. Man setzte auf die Hoffnung, daß vielleicht doch ein Abkommen mit dem Gegner möglich wäre, den man seit zwanzig Jahren verbissen bekämpfte . . .

Am 14. Januar erlosch dieser Hoffnungsstrahl. Mao lehnte die von der Nankinger Regierung vorgeschlagene Vermittlung der Großmächte ab. Er machte darauf aufmerksam, daß es nur von den Kommunisten abhinge, ihre Feinde zu Staub zu zerschmettern. Sie stellten acht Bedingungen für die Beendigung des Kampfes. Die erste war die Bestrafung der Kriegsverbrecher. Die sieben anderen lösten die Regierung der Kuomintang und die Kuomintang selbst auf, was ganz einfach einer völligen Kapitulation gleichkam.

Die erste Liste der von Mao geforderten Verhaftungen enthielt fünfundvierzig Namen. An erster Stelle Tschiang und Madame. Dann die gesamte Galerie der zivilen und militärischen Führungskräfte der KMT: Sun Fo, T. V. Soong, Chang Chen, Chiang Ching-kue, Tang En-po . . . – einschließlich der Männer, die am entschlossensten für Verhandlungen eingetreten waren, Pai Chung-hai und Li Tsung-jen.

Einer der fünfundvierzig war der Kommandant der nordchinesischen Truppen, Tso-yi. Er hatte seine Taktik des systematischen Rückzuges auf die Hauptstadt fortgesetzt und dabei sogar seine Versorgungslinie, die Straße, die Eisenbahnlinie, selbst die Stadt Tientsin kampflos aufgegeben. Die berühmten Plätze in der Umgebung Pekings, der Sommerpalast, der Jadebrunnen, die Marco-Polo-Brücke, die Grabstätten der Ming-Dynastie wurden nacheinander von den Kommunisten der 8. Marscharmee eingenommen. Die Blockade war zu Ende; die Belagerung begann.

Die Stadt war ruhig. Es schneite, ein seltenes Ereignis bei den normalerweise überaus trockenen Wintern, und, nach Deutung des Volkes, ein glückliches Vorzeichen. Junge Leute liefen Schlittschuh auf den gefrorenen Seen am Fuß der ockerfarbenen Mauern der Verbotenen Stadt. Die blauen Gewänder der Bürger Pekings belebten die Straßen mit den Verkaufsständen der Buchhändler und Apotheker. Doch der Belagerungszustand machte sich schon bemerkbar. Man suchte alles Überflüssige gegen Eßbares zu tauschen. Ein Ford, Modell 1941, hatte den Wert eines Sacks Mehl. Der Silbertael, das alte Hartgeld, war gesuchter als der amerikanische Dollarschein. Die von den Vorfahren stammenden Öllampen erhellten wieder mit ihrem spärlichen Licht die niedrigen Häuser, in denen es keinen Strom mehr gab. Ein besonderes Problem stellte die »Nachterde« dar, die jeden Morgen in kleinen grünen Fässern aus der Stadt hinausgebracht wurde, um die Gemüsegärten zu düngen, aus denen wieder die Städter ihre Nahrung erhielten – aber die Leute, die das besorgten, wollten sich nicht mehr aus den Mauern hinauswagen, und die »Nachterde« wäre eine große Plage gewesen, wenn der Winter nicht den Geruch gemildert hätte.

Innerhalb der Mauern bemühten sich 200 000 Soldaten und eine Unzahl Flüchtlinge verzweifelt darum, ein Dach über dem Kopf zu bekommen. Auf dem Kohlenhügel war ein Feldlager errichtet worden. Die Paläste der Verbotenen Stadt, der Konfuziustempel waren in Massenquartiere verwandelt worden. 2000 aus Taiyuan geflüchtete Studenten hatten sich im Himmelstempel eingerichtet; sie verwüsteten das wundervolle Gebäude, bedeckten die heiligen Gärten, die es umgaben, mit ihren Exkrementen. Die majestätische Ordnung, die Pekings Stolz gewesen war, verfiel unter dem Unglück des Krieges und der Niederlage.

Haiyuan, der Flughafen im Westen, und Nanyuan, der Flughafen im Süden, waren gefallen. Man arbeitete an einer Behelfspiste auf dem Abhang, der das Botschaftsviertel von der Beamtenstadt trennte. Eine zweite legte man innerhalb der Mauern des Himmelstempels an, für die man 400 jahrhundertealte Zypressen opferte. Solange sie noch nicht betriebsbereit waren, warfen die Flieger Reissäcke in den Parks ab. Zwei Passanten wurden von diesem gewichtigen Manna getötet. Die meisten Säcke zerplatzten beim Aufprall auf den Boden. Frauen und Kinder lasen die Körner einzeln von der vereisten Erde auf.

Nun begann es Granaten zu regnen. Die Einwohner von Peking kannten die Greuel, die die Bevölkerung von Changchun, Mukden, Tainan, Taiyuan hatte ertragen müssen: Waren nun sie an der Reihe? Würde es wirklich eine Belagerung Pekings geben? Im Augenblick, da Tschiang Kai-schek von seinem Rücktritt sprach, im Augenblick, da der Sieg der Kommunisten sicher war, würde da Fu Tso-yi fanatisch oder verzweifelt genug sein, der Hauptstadt des Nordens ein so großes Unglück zuzufügen?

Nein! Eine Abordnung unter Führung des vormaligen Bürgermeisters Ho Suyuon verließ heimlich die Stadt, um die vor längerer Zeit zwischen Fu und Lin Piao eingeleiteten Verhandlungen zu Ende zu führen. Die Kapitulation des nationalistischen Gouverneurs wurde unter der Bezeichnung Vergleich vollzogen. Seine 25 Divisionen würden der kommunistischen Armee einverleibt werden. Alle Offiziere sollten ihren Rang, ihre Vorrechte und ihr Gepäck behalten. Nicht zu vergessen, General Fu Tso-yi wurde von der Liste der Kriegsverbrecher gestrichen. Die Leute in Nanking würden erfahren, daß die kommunistische Gerechtigkeit nicht unerbittlich war, daß es bis zum Ende eine Möglichkeit gab, sich loszukaufen.

Am 23. Januar hielt das erste rote Regiment seinen Einzug in Peking, durch das

48 49 Militärische und zivile US-Ratgeber im Nachkriegschina: General Wedemeyer mit dem nationalchinesischen General Wei Li-huang (2. v. l.). – Botschafter Hurley bei Gesprächen mit Tschou En-lai und Mao Tse-tung.

惠特塞紀念堂
WHITTLESEY HALL

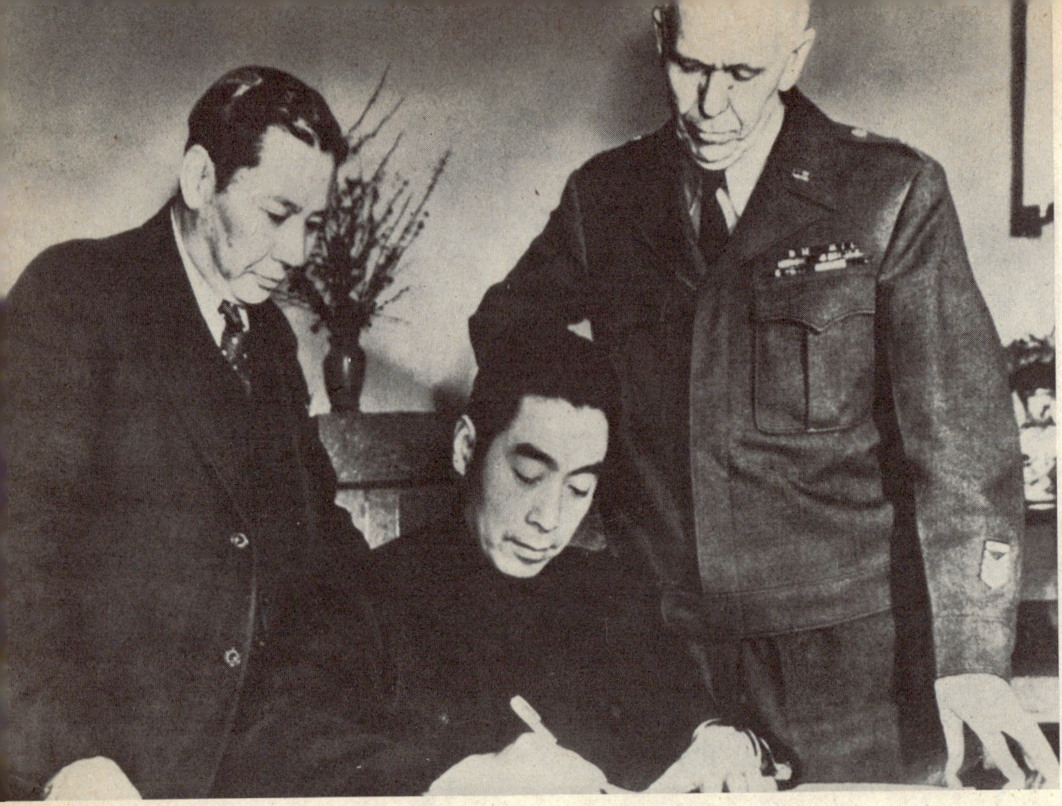

50 Der spätere US-Außenminister, General George Marshall, spielte im chinesischen Bürgerkrieg (hier mit Tschou En-lai und einem nationalchinesischen Emissär) vergeblich eine Vermittlerrolle. – 51 Mit dem Sieg und dem Einmarsch der Kommunisten in Peking nahm die Verehrung Maos offiziell gesteuerte Ausmaße an.

Fu-Hing-Tor. Zwei Tage zuvor hatte das zweimotorige Flugzeug *Mei-ling* Tschiang Kai-schek aus Nanking abgeholt. Er landete auf dem Flughafen Ling Po in Chekiang und fuhr mit dem Auto in seine kleine Geburtsstadt Fenghua. Seine Einrichtung dort war ganz bescheiden, ebenso seine Begleitung. Für die Erledigung seiner Post genügte ihm ein Sekretär. Er weigerte sich, Li Tsung-jen und Pai Chiang-hsi wiederzusehen. Er verrichtete täglich seine Andacht am Grab seiner Mutter, machte lange Spaziergänge, besuchte gedankenvoll die geweihten Stätten und die Orte seiner Kindheit.

Doch Tschiang Kai-schek hatte noch nicht abgedankt. Er hatte nur Urlaub genommen. Li Tsung-jen war nur vorübergehend Präsident kraft Artikel 49 der Verfassung, laut welcher der Vizepräsident im Falle der Verhinderung des Präsidenten dessen Funktionen ausübt. Amerika war Li nicht abgeneigt, es hielt ihn für liberal und hoffte doch, daß er zu einer Einigung mit den Kommunisten kommen werde. Tschiang Kai-schek hatte jedoch bei seiner Ankunft in Fenghua zu seinem Sohn Chung-kuo gesagt: »Ich bin für drei Monate hier . . .«

Der Jangtse wird überschritten

Nun wurde auch Kanton vom Fieber der Niederlage ergriffen. Scharen von Flüchtlingen überschwemmten die Stadt. Viele hofften, nach einem kurzen Aufenthalt nach Hongkong weiterziehen zu können, unter den Schutz der britischen Fahne. Sie kamen aus Nordchina, und alles war ihnen neu in dieser Welt, vor allem schon die völlig andere, ganz unverständliche Sprache. Die Kantonesen waren Schreihälse, streitsüchtig, ungastlich. Das Klima war schauderhaft; abwechselnd eisig kalte Regengüsse und sengende Hitze. Es gab Waren jeder Herkunft im Überfluß, doch die Inflation hatte eine rasende Geschwindigkeit erreicht. Im New Asia Hotel, im Hotel der Nächstenliebe wurden die Preise morgens und abends ausgeglichen.

Der Ministerpräsident Sun Fo hatte sich in Kanton eingerichtet. Seine Übersiedlung war eine Auflehnung gegen den stellvertretenden Präsidenten Li Tsung-jen, der gerade die acht Punkte Mao Tse-tungs als Verhandlungsbasis angenommen hatte. Der Regierungschef verdammte die »abscheuliche Kapitulation« des vorläufigen Staatschefs. Der Außenminister Dr. Wu Te-chen, der Nachfolger Suns, forderte die ausländischen Diplomaten auf, ihm nach Kanton zu folgen. Ein einziger, der sowjetische Botschafter Roschin, kam seinem Wunsch nach. Sämtliche anderen Botschaften blieben in Nanking, von den siegreichen Roten nur durch den Jangtse getrennt.

Das sterbende China der Kuomintang war ein Ungeheuer mit drei Köpfen geworden. Der Kopf in Fenghua, Tschiang Kai-schek, umgab sich mit einer alten erprobten Garde, denn der kommunistische Rundfunk forderte Li Tsung-jen auf, seine Vertrauenswürdigkeit zu beweisen, indem er »den Kriegsverbrecher Nummer Eins, den Obergangster Tschiang Kai-schek« auslieferte. Der Kopf in Nanking, halbtot, in einer verlassenen Hauptstadt, fand die Kraft, den Kopf in Kanton abzuschlagen: Sun Fo wurde im Gesetzgebenden Yüan als »der unfähigste und korrupteste Regierungschef der ganzen chinesischen Geschichte« bezeichnet, und das will etwas hei-

ßen. Er wurde seines Amtes entsetzt und des Diebstahls von hundert Millionen Gold-
yuan aus dem Staatsschatz angeklagt. Sein Nachfolger Ho Ying-chin beschloß, die
Regierung nach Nanking zurückzuverlegen.

Die Untätigkeit der Roten vor dem Jangtse nährte in Li Tsung-jen eine trügerische
Hoffnung: den Fluß als Grenze der beiden China anerkennen zu lassen, des nördli-
chen unter dem Roten Stern und des südlichen unter dem Weißen Stern. Die durch
Streitereien verschobenen Besprechungen mit den Kommunisten begannen am 1.
April in Peking. Die von einem vertrauten Freund Tschou En-lais, General Chang
Chi-chung, geführte Regierungsabordnung blieb fünf Tage lang im Schlafwagen-
Hotel unter strenger Bewachung eingesperrt. Als sie endlich zu Mao geführt wurde,
diktierte dieser Bedingungen, die über die acht Punkte vom 14. Januar noch hinausgingen. Die Roten verlangten mehr denn je die Auslieferung der Kriegsverbrecher.
Sie beabsichtigten alle Mitglieder der sogenannten Koalitionsregierung selbst zu bestimmen. Sie wollten, daß die nationalistischen Truppen ihrer Armee einverleibt
würden. Schließlich gaben sie bekannt, daß sie am 12. April den Jangtse überschreiten würden, ob Nanking unterzeichnete oder nicht!

Die Verurteilten wehrten sich. Li telegraphierte an Mao und flehte ihn an, seine
Forderungen zu mildern. Er bot sich als Sündenbock an. »Ich werde nicht versuchen,
mich den schwersten Bestrafungen zu entziehen, sollte ich auch in Öl gesotten oder
in Streifen geschnitten werden!« Seines Sieges sicher, doch immer noch auf eine
kampflose Ergebung hoffend, war Mao bereit, den Übergang über den Jangtse auf
den 20. April zu verschieben.

Die Nationalisten hatten zur Verteidigung des Flusses von Shanghai bis Kiukiang
315 000 Mann aufgestellt. Flußaufwärts hielten die 120 000 Mann der Kuangsi-Ar-
mee einen Brückenkopf vor Hankou. Diese demoralisierten Truppen standen praktisch im Streik; die Soldaten verlangten einen Sold von zwei Silberstücken im Tag
anstelle der Goldyuans, die nur noch einen nominellen Wert besaßen. Li verlangte
von Tschiang Kai-schek, er solle das Hartgeld aus Formosa kommen lassen, das dort
eingelagert war. Tschiang lehnte ab.

Am linken Ufer stand mehr als eine Million Mann unter dem Oberbefehl von
Chu Teh, dem die drei großen Generäle des Bürgerkriegs, Chen Yi, Liu Po-cheng
und Lin Piao unterstanden. Die Sieger von Mukden und die Sieger von Suchou hatten sich für den Endkampf vereinigt.

In Peking schloß sich der Chef der Kuomintang-Delegation dem Neuen China an.
In Nanking gab Li Tsung-jen jede Hoffnung auf. Er hatte alles versucht. Von Ameri-
ka verlassen, hatte er sich an Rußland gewandt, geheime Besprechungen mit dem
Botschafter Roschin geführt, angeboten, den amerikanischen Einfluß in China aus-
zuschalten, wenn er dafür die Hilfe Rußlands gegen Mao Tse-tung erhalten konnte.
Die Russen waren zu einem Versuch bereit gewesen, hatten jedoch ihre Ohnmacht
eingestehen müssen. Keine Macht vermochte sich mehr zwischen den siegreichen
Kommunismus und die zerschlagene Kuomintang zu stellen. Li hatte nur noch die
Wahl zwischen einem aussichtslosen Kampf und einer Ergebung auf Gnade und Un-
gnade.

Die Entscheidung wurde durch Pai Chung-hsi herbeigeführt. Er war seit langem für Verhandlungen mit den Kommunisten gewesen, empörte sich jedoch angesichts ihrer Forderungen. Er telegraphierte aus seinem Hauptquartier in Hankou an Li: »Wer immer diese schändliche Kapitulation annimmt, muß erschossen werden!« Li hörte auf diese energische Stimme und lehnte das Ultimatum ab.

Am Morgen des 20. April begann eines der gewaltigsten Ereignisse unserer Epoche, der Übergang über den Jangtse. Der mehrere Kilometer breite Fluß mit seinem schlammigen Wasser war ein eindrucksvolles, aber passives Hindernis. Die Roten besaßen nur behelfsmäßige Hilfsmittel, Dschunken, Ruderboote; doch die schwache Verteidigung ihrer Gegner wurde noch durch den unvermeidlichen Verrat geschwächt. Das Fort Kiangyin beherrschte eine Verengung des Flußlaufes zwischen Nanking und der Mündung; seine Kanonen donnerten – aber gegen die Verteidiger. Die Fehler der Führung taten ein übriges. Anstatt einen Gegenangriff gegen die am Südufer Fuß fassenden Truppen zu starten, verschanzte sich der Kommandeur des unteren Jangtse, Tang En-po, hinter den Bambuspalisaden und erklärte, er werde aus Shanghai ein zweites Stalingrad machen. Schon in den ersten Vormittagstunden war der Übergang über den Jangtse vollkommen gelungen.

Die Kommunisten schießen auf englische Schiffe

Während dieser historischen Vorgänge lief HMS *Amethyst*, eine Schaluppe von 1480 Tonnen, unter Korvettenkapitän B. M. Skinner, in Richtung Nanking. Das kleine Kriegsschiff sollte das dortige Stationsschiff, den Zerstörer *Consort*, ablösen und die britische Botschaft mit Proviant versorgen. Ein Routineauftrag. Seit einem Jahrhundert befuhren die Marineeinheiten der westlichen Mächte unumschränkt den Fluß. Ungezählte Male hatten sie ihn während der chinesischen Bürgerkriege befahren. Es war fast übertriebene Vorsicht, daß man auf die Seitenflächen der *Amethyst* zwei Union Jacks von fünf Meter Länge gemalt hatte.

Zwei vom kommunistischen Ufer abgeschossene Granaten trafen das Schiff. Sie rissen die Kommandobrücke ab, verwundeten den Kapitän und setzten die Steueranlage außer Betrieb. Die Schaluppe stellte sich quer zum Strom und strandete auf einer Schlamminsel. Die Batterie an Land feuerte weiter auf die *Amethyst*, zerschoß sie, tötete vierzehn Mann und verwundete zwanzig. Der Kapitän ließ die weiße Flagge hissen und befahl, die Verwundeten wegzutragen. Dann starb er.

Stromaufwärts tauchte der Zerstörer *Consort* auf, die Strömung unterstützte noch seine Maschinenkraft. Er war beim ersten Notsignal der *Amethyst* ausgelaufen. Sieben britische Flaggen flatterten an seiner Flaggleine. Sie zogen einen Hagel von Granaten auf sich. Kühn gesteuert von Fregattenkapitän I. G. Robertson fuhr die *Consort*, aus allen Rohren feuernd, vor den chinesischen Kanonen vorbei. Sie wendete, kam zur *Amethyst* zurück und versuchte dreimal, sie ins Schlepptau zu nehmen. Der feindliche Beschuß verstärkte sich. Nachdem ihr Rumpf durchschossen, zwei Kanonen zerstört, neun Mann gefallen waren, gab die *Consort* ihren Versuch auf und setzte ihre Fahrt nach Shanghai fort.

Von flußabwärts kam weitere Verstärkung. Der schwere Kreuzer *London*, mit

Admiral Madden an Bord, hatte gemeinsam mit dem Schwesterschiff der *Amethyst*, der Schaluppe *Black Swan*, Shanghai verlassen. Auf der Höhe von Chinking eröffneten die roten Batterien das Feuer. Ein großes Hochseeschiff wie die *London* mit seinen leichten Deckaufbauten war für ein Flußgefecht schlecht geeignet. Eine Granate durchschlug seine Breitseite backbord nächst der Ankerklüse. Drei andere trafen das Mitteldeck. Fünfzehn Matrosen wurden getötet. Die *London* und die *Black Swan* kehrten um.

Das Gefecht war von höchster Bedeutung. Der Königlichen Marine war man immer mit Respekt und Furcht begegnet. Die Kommunisten hatten, als sie auf sie feuerten, eines ihrer Schiffe manövrierunfähig machten und drei andere Schiffe zum Abbruch des Gefechtes zwangen, dem chinesischen Stolz gewaltige Genugtuung bereitet. Es wurde keineswegs versucht, den Zusammenstoß durch einen Irrtum zu erklären, vielmehr forderten sie Wiedergutmachung für die Verletzung eines chinesischen Flusses durch fremde Schiffe ... Ein Zeitalter war zu Ende gegangen. China, durch Gewalt geöffnet, schloß sich durch Gewalt, zerriß mit Kanonenschüssen die Verträge, die ihm zur Zeit seines Verfalls durch den westlichen Imperialismus aufgezwungen worden waren.

Mit Hilfe eines Teils der Besatzung hatten die Verwundeten der *Amethyst* das Südufer erreicht und bemühten sich, nach Shanghai zu kommen. Dem zweiten Offizier, J. S. Kerans, gelang es, das Schiff wieder flottzumachen und es in einen Nebenarm des Flusses zu steuern. Ein Sunderland-Wasserflugzeug versuchte vergeblich, einen Arzt und einen Priester hinzubringen. Die Kommunisten sandten eine Abordnung, von der Kerans mitgeteilt wurde, er könne nach Shanghai fahren, wenn er eine Erklärung unterschreibe, daß die Engländer das Feuer eröffnet hätten. Der Offizier weigerte sich. Die Kommunisten gingen wieder, mit der Bemerkung, er werde nicht von der Stelle kommen, bevor er die Erklärung unterschrieben habe.

Am Sonntag, dem 24. April, wurde Leighton Stuart bei Sonnenaufgang sehr plötzlich geweckt. Eine Gruppe kommunistischer Soldaten drang in sein Zimmer ein. Sie stöberten herum, dann gingen sie brummend wieder. Die Hauptstadt der Kuomintang, Nanking, war in Mao Tse-tungs Hände gefallen.

Mit seiner Weisung an Stuart, in Nanking zu bleiben, tat das State Department kund, daß es die nationalistische Regierung nicht mehr als einzig rechtmäßige anerkannte. »Wir müssen abwarten, bis die Staubwolke, die über China schwebt, sich gelegt hat«, sagte Acheson. Der geschlagenen Kuomintang folgte ein bevollmächtigter Geschäftsträger. Der Botschafter blieb an Ort und Stelle, bereit, mit den Siegern Beziehungen aufzunehmen.

Die vorangegangenen Ereignisse waren nicht ermutigend. In Mukden war der Generalkonsul Angus Ward zuerst in Quarantäne festgehalten worden; nun hatte man ihn verhaftet und unter der Anklage, er habe einen chinesischen Diener geschlagen, in einen Kerker gesperrt und auf Wasser und Brot gesetzt. Die amerikanische Regierung hatte durch ihren Generalkonsul in Peking eine Protestnote überreichen lassen wollen; man hatte ihn nicht empfangen.

Eine ähnliche Behandlung wurde Botschafter Stuart zuteil. Man schickte ihm einen seiner ehemaligen Schüler von der Universität Yen-ching zu einer sozusagen privaten Besprechung, dann wurde die amerikanische Botschaft völlig isoliert. England und Frankreich hatten ihre Haltung der der Vereinigten Staaten angeglichen: Ihre Botschafter wurden in ähnlicher Weise behandelt.

Nach dem erzwungenen Übergang über den Jangtse hatten sich die kommunistischen Armeen fächerförmig aufgegliedert. Die Armee Lin Piaos hatte die Städte der Provinz Wuhan genommen und die noch ausharrenden Truppen Chung-hsis gegen Changsha zurückgedrängt. Die Truppen Li Po-jengs marschierten auf die Hafenanlagen von Gukien zu. Die Armee Chen Yis vollführte eine große Umgehungsbewegung um Shanghai. Am 3. Mai fiel die Hauptstadt von Chekiang, Hangchou, dann folgte das Geburtsland Tschiang Kai-scheks. Mao hatte Weisung erteilt, den Generalissimus lebend zu fangen, dieser war jedoch nicht in seinem Geburtsort geblieben. Er trat wieder auf den Schauplatz und übernahm nach und nach die führende Rolle.

Tschiang hatte sich von Fenghua mit einem Kanonenboot nach Shanghai bringen lassen. Dort wohnte er elf Tage in einem Offiziersklub, in der Rue du Père Robert. Überall in der Stadt gab es Maueranschläge, unterzeichnet von Bürgermeister Chen Liang, die versprachen, Shanghai zum »Grabe des Kommunismus« zu machen. Li Tsung-jen, den das Wiederauftreten Tschiang Kai-scheks in Harnisch brachte, schickte ihm seinen Premierminister, der ihn vor die gleiche Alternative wie einige Tage zuvor stellte: Der Generalissimus solle die Präsidentschaft der Republik wieder übernehmen oder China verlassen und im Ausland um Hilfe ansuchen. Tschiang wich aus. Er verließ Shanghai am 6. Mai an Bord des Dampfers *Kiang Tsing*, jedoch nur, um zehn Tage lang die Chou-shan-Inseln zu inspizieren, die eine Sperrung der Jangtsemündung ermöglichen konnten. Am 16. Mai kam er nach Formosa. Am selben Tag wurde die Einschließung Shanghais durch die Kommunisten vollendet.

Formosa ist etwa so groß wie Holland. Die 150 Kilometer breite Meeresstraße zwischen der Insel und dem Kontinent ist ein Taifunkorridor. Durch das halbtropische Klima herrscht auf der Insel eine üppige Vegetation. Einige Gebiete, wie die Ostküste, gehören zu den großartigsten Landschaften der Welt. Japan hatte dauerhafte Arbeit geleistet. Der Ertrag der Reisfelder sicherte Formosa einen Lebensmittelüberschuß. Die Energiequellen, Kohle und Wasserkraft, waren gut genutzt. Die Straßen, Eisenbahnen, das Elektrizitätsnetz waren ausgezeichnet. Die Industrie erzeugte Zucker, Zement, Textilien, Kunstdünger, Medikamente, Aluminium. Der Lebensstandard war etwa so hoch wie in Japan. 80 % der Bewohner Formosas konnten lesen und schreiben – verglichen mit 10 % der Chinesen auf dem Kontinent. Wohnung, Kleidung, die Art zu leben trugen den Stempel des wohltätigen Unterdrückers.

Der Anschluß an China war mit Begeisterung aufgenommen worden. Achtzehn Monate später aber erhob sich Formosa, das in Korruption und Parasitentum versank, und verlangte die Autonomie. Der Militärgouverneur Chen Yi (nicht zu verwechseln mit dem gleichnamigen kommunistischen General) unterwarf die Insel, indem er 10 000 Einwohner ermordete. Tschiang setzte zunächst einen Zivilgouverneur an seinen Platz, unterstellte jedoch später die Insel wieder einem Militärregime unter General Chen Cheng, mit Tschiangs Sohn Chung-kuo als Chef der Kuomintang. Als im Jahr 1937 der Kampf in Ostchina verloren war, zog sich Tschiang ins

Innere Asiens zurück und verschanzte sich in dem Roten Becken von Szechuan. Im Jahre 1949 begriff er, daß ein Meeresarm Sicherheit bedeutete. Er organisierte Formosa als letztes Bollwerk.

Er kam an, spielte wieder den Privatmann und lehnte den Regierungspalast als Wohnung ab; er richtete sich im Gästehaus der Taiwan Sugar Company, einige Kilometer von Taipeh entfernt, ein. Doch er beherrschte die Lage ausgezeichnet. Chen war ein guter, verläßlicher Mann. Der Gouverneur der Bank of China, O. K. Hui, hatte 500 000 Unzen Gold auf die Insel verlegt, die einen Wert von 175 Millionen amerikanischer Dollar darstellten. Fabelhafte Kunstschätze, Vermächtnis einer dreitausendjährigen Geschichte, trafen in versiegelten Kisten ein. 300 000 Mann waren bereits zusammengezogen worden: die besten Einheiten der Armee, ausgewählt von einem Mann, der theoretisch gar nicht mehr existierte. Li Tsung-jen hatte General Chou und Admiral Kuei, den Kommandeuren der Luftwaffe und der Marine, verboten, ihre Flugzeuge und Schiffe nach Formosa zu schicken; sie gehorchten nicht ihm, sondern Tschiang. Dieser hatte jetzt den Kopf frei, um auf dem Kontinent möglichst noch zu retten, was zu retten war.

Der Kreis um Shanghai schloß sich enger. Die Belagerung war nicht so schlimm wie in Taiyuan, das nun nach einem 27 Monate währenden Widerstand kapituliert hatte. Abends brannten alle Neonschilder in der Nanking Road. Auf der Terrasse des Cathay Hotels und auf dem hohen Turm des Parkhotels saß man beim Abendessen und beobachtete den Krieg, die Leuchtraketen, Leuchtspurkugeln, die Brände rund um die Stadt mit ihren 6 Millionen Einwohnern. In allen Schichten der Bevölkerung wurde der Sieg der Kommunisten gebilligt, sogar die Exilrussen der früheren Avenue Joffre begrüßten ihn. Man war sich einig, daß nichts schlimmer sein konnte als die Kuomintang mit ihrer Polizeidiktatur, ihrer Erpressung, ihrer Inflation, ihren Räuberbanden, die am hellichten Tag die Autofahrer auf dem Bund ausraubten. Mao Tse-tung erklärte, er werde nur den »bürokratischen Kapitalismus« ausrotten, er schütze, ermutige jedoch den »nationalen Kapitalismus« – eine schlaue Parole, die überaus befriedigende Arrangements in Aussicht stellte. Chinesische Milliardäre, wie die Familie Yung – Mehl und Textilien –, deckten sich mit dem Adjektiv »national« und förderten eine Aussöhnung. Die nationalistischen Soldaten hätten Übermenschen sein müssen, um eine Stadt zu verteidigen, die sich selbst aufgab, die den Kommunismus als Erlösung begrüßte.

Die aus Südwesten gekommenen Truppen Chen Yis drangen in das Stadtgebiet ein, bemächtigten sich des übelriechenden Labyrinths der ummauerten Innenstadt, überstiegen die lächerlichen Palisaden der Verteidiger, durchquerten die einstige französische Niederlassung und erreichten die großartigen Viertel, die das auf Schlamm erbaute Shanghai zu einer der gewaltigsten Städte der Welt machen. Die Mehrzahl dieser Bauern hatten nicht geahnt, daß es eine solche Anhäufung von Steinen und Stahl geben konnte und eine derartige Ansammlung von Reichtümern. Der ungeheure Verkehr stand mit einem Schlag still, das Innere der Stadt verfiel in totale Stille, die man stärker empfand als das immer wieder aussetzende Bellen der Maschinenwaffen. Die Nationalisten zogen sich langsam den Huangpu entlang zurück, und viele schifften sich noch von dort nach Formosa ein. Am 25. Mai

1949 war Shanghai genommen, ohne daß es eine Tragödie gegeben hätte. Chen Yi ernannte sich selbst zum Bürgermeister. Das Leben auf dem Bund erwachte wieder; eine große Zeit des Westens war zu Ende.

Das amerikanische Weißbuch

Die chinesischen Kommunisten hatten fast vollständig gesiegt, doch sie blieben ein Rätsel. Die von der Neuen Demokratie genährten Illusionen waren immer noch vorhanden. Viele amerikanische Liberale glaubten weiter, daß Mao ein Agrarreformer und ein asiatischer Schüler Abraham Lincolns sei. Manche begrüßten seinen Sieg in der Überzeugung, er werde die durch die Unfähigkeit der Kuomintang gescheiterte Zusammenarbeit von China und Amerika wiederaufnehmen. Man ließ in den Archiven des Weißen Hauses die Pläne Roosevelts für die Neugestaltung Chinas, den Ausbau des Jangtse nach dem Modell der TVA bereitlegen.

Die Staubwolke, von der Acheson gesprochen hatte, legte sich am 1. Juli, dem 28. Geburtstag der Kommunistischen Partei Chinas. Mao veröffentlichte eine Streitschrift: »Über die demokratische Diktatur des Volkes«. Er gab deren Bestehen zu und verkündete, sie werde auch weiterhin bestehen. Er verhöhnte die naiven ausländischen Kapitalisten, die glaubten, daß die chinesischen Kommunisten sie um Anleihen anbetteln würden. Er zerstörte die Illusionen jener Leute, die von der chinesischen Politik glaubten, sie würde unter den neuen Herren ihre traditionelle Linie fortsetzen, zwischen Russen und Amerikanern lavieren. »Wir gehören vorbehaltlos dem von der UdSSR geführten antiimperialistischen Lager an. Wenn ein Krieg ausbrechen sollte, werden wir mit den Sowjets Hand in Hand kämpfen...«

Leighton Stuart ersuchte um seine Rückberufung aus Nanking, indem er auf die Nutzlosigkeit seines Verbleibs hinwies. Nachdem er sie erreicht hatte, mußte er lange warten und Demütigungen hinnehmen, bis er das chinesische Ausreisevisum erhielt. In Tokio übergab man ihm ein gewichtiges Dokument, ein Weißbuch mit 1054 Seiten, das seit kurzem in den Vereinigten Staaten zum Preis von drei Dollar verkauft wurde. Im Flugzeug nach Honolulu las er es voll Staunen und Mißbilligung. 80 Beamte unter Leitung des Botschafters Jessup hatten die Archive des State Department durchgeackert, um seine Politik zu rechtfertigen und das Gesicht zu wahren. Acheson selbst hatte mit gewandter Feder eine Geschichte der chinesisch-amerikanischen Beziehungen seit dem vorigen Jahrhundert geschrieben und mit seinem Namen unterzeichnet. Er versetzte das nationalistische China bereits in die Vergangenheit. »Es ist eine bedauerliche, aber unwiderlegbare Tatsache: der bedrohliche Ausgang des Bürgerkrieges entzog sich der Kontrolle der Regierung der Vereinigten Staaten.« Die Hauptverantwortung wurde der Kuomintang und Tschiang Kai-schek zugeschoben. Sie waren korrupt. Sie waren unfähig, sich die Treue des chinesischen Volkes durch ihre Politik zu erhalten. Sie hatten es nicht verstanden, den Krieg zu führen. »Unsere militärischen Beobachter bezeugen, daß die Nationalisten keine einzige Schlacht aus Mangel an Waffen oder Munition verloren haben... Die Führer der Kuomintang haben sich als unfähig erwiesen; die Truppen hatten nicht mehr den Willen zu kämpfen, und die Regierung hatte die Unterstützung des Volkes verloren. Die nationalistischen Armeen wurden nicht geschlagen; sie lösten sich auf.«

Dean Acheson nahm den Verlust Chinas – ohne jeden Zweifel das bedeutendste Ereignis der Zeitgeschichte – mit abgeklärter Ruhe zur Kenntnis. »Die Führer der Kommunisten haben ihr chinesisches Erbe verraten, indem sie einer fremden Macht, Rußland, ihre Ergebenheit erklärten, einer Macht, die im Lauf der letzten fünfzig Jahre, unter den Kommunisten ebenso wie unter den Zaren, die beharrlichsten Anstrengungen unternommen hat, ihre Herrschaft über den Fernen Osten aufzurichten.« Was geschehen war, war geschehen. Das Konkursprotokoll wurde vorgelegt.

Mao ruft die Chinesische Volksrepublik aus

Über China brach eine noch fürchterlichere Katastrophe herein als der Krieg. Die Überschwemmungen im Sommer 1949 waren die schwersten seit Menschengedenken. Zwei Millionen Quadratkilometer in Honan, Shantung, Hupeh, Anhuei, Hunan, Kiangsi verschwanden unter Wasser. Es war unmöglich, die Zahl der Toten zu ermitteln.

Auf dem Jangtse wartete die *Amethyst* seit zwei Monaten voll Ungeduld. Von der 192 Mann starken Besatzung waren noch 86 Seeleute an Bord. Sie lebten von halben Rationen, die Lebensmittel gingen zur Neige. Die Hitze in dem stilliegenden Stahlrumpf war unerträglich. Der Generator, der die Beleuchtung und die wenigen Ventilatoren speiste, verbrauchte nach und nach die Ölvorräte.

Mitten in der Nacht ließ Korvettenkapitän Kerans seine Haltetaue kappen und versuchte das Abenteuer einer Flucht. Die Kommunisten hatten den Fluß durch eine von Pontons gehaltene Balkensperre verriegelt. Die *Amethyst* rammte das Hindernis, durchfuhr es unter heftigem Feuer und erreichte die britische Marinedivision, die sie an der Mündung des Huangpu erwartete. Gegen die weiße Flagge war nicht verstoßen worden.

Die Überschwemmungen beeinträchtigten den Vormarsch der kommunistischen Armeen. Guerillakämpfer griffen sie in den Flanken an. Sie hatten im Nordwesten Sian genommen, dessen zähe Verteidigung durch einen Günstling Tschiang Kaischeks, Hu Tsung-nan, für die Regierungstruppen sehr kostspielig gewesen war. Hu hatte den mohammedanischen Chef von Kansu, Ma Pu-fang, zu Hilfe gerufen. 40 000 Reiter fielen über die Roten her und hieben sie in Stücke. Es war Monate her, daß die Nationalisten einen derartigen Erfolg zu verzeichnen hatten.

Doch die Entscheidung fiel nicht in den weit entfernten Steppen, sondern im Zentrum Chinas, in den Reisebenen von Hunan. Lin Piao startete eine Offensive gegen die Hauptstadt der Provinz, Changsha. Während des japanisch-chinesischen Krieges war Changsha der Angelpunkt des chinesischen Widerstandes gewesen. Hier hatten die Japaner schwere Verluste erlitten. Man erwartete von der Stadt nun die gleiche Rolle; man hoffte, sie würde die beiden starken Positionen, die den Nationalisten nach dem Verlust von Peking, Nanking, Shanghai und Hankou geblieben waren, decken, bewahren: Chungking, den Brennpunkt des Widerstandes, und Kanton, die Wiege der Kuomintang.

Die Regierung, die nach Kanton übersiedelt war, war vollständig umgebildet worden. Ihr Chef war der 73jährige Marschall Yen Hsi-shan; ein Foto in *Life* hatte ihn mit den Zyankalitabletten gezeigt, mit denen er sich zu vergiften gedachte, wenn die Kommunisten den Widerstand seiner Hauptstadt Taiyuan brechen sollten. Taiyuan war gefallen, und Marschall Yen war, statt zu sterben, Premierminister geworden. Er war so etwas wie eine legendäre Gestalt, aber es hätte mehr als eines alten Warlords bedurft, um China gegen den siegreichen Kommunismus mitzureißen.

Tschiang Kai-schek hatte es selbst übernommen, die Verteidigung der noch freien Provinzen zu organisieren. Er kam zum erstenmal seit 1936 in die Stadt, wo sein Aufstieg begonnen hatte. »Ich schäme mich, unter so katastrophalen Umständen wiederzukommen«, sagte er. »Ich schäme mich auch, weil ich höre, daß gespielt und Opium geraucht wird. Wir müssen Kanton um jeden Preis verteidigen. Ich bin bereit, hier unterzugehen ...«

Im Kampf um Changsha gab es aufregende Wechselfälle. Der mit der Verteidigung der Stadt betraute General lieferte sie den Roten aus. Unter verheerenden Regengüssen brachte Pai Chung-hsi seine Truppen quer durch ein überschwemmtes Land nach Hengyan, 200 Kilometer von Kanton entfernt. Plötzlich machte er kehrt, warf sich gegen die 27. Armee der Kommunisten und zwang Lin Piao, sich überstürzt bis nach Changsha zurückzuziehen. An der Küste landete Chen Cheng in Fukien mit einem Teil der Truppen aus Formosa, überraschte Liu Po-jeng, warf ihn zurück und marschierte gegen Fuchou. An der Schwelle des Sieges hatten die Roten eine Krise durchzustehen; sie litten unter den Nachwirkungen ihrer endlosen Märsche, unter der übermäßigen Länge ihrer Verbindungslinien.

Aber das Wunder trat nicht ein. Der Druck der Kommunisten war zu stark, die nationalistischen Armeen waren viel zu sehr geschwächt, um die Lage endgültig zu wenden. Die Divisionen der Kuomintang gerieten immer tiefer in den Todeskampf. Der Marsch durch Fukien scheiterte, der Marsch auf Kanton begann wieder.

Auch der Erfolg im Nordwesten war nicht von Dauer. Ma Pu-feng war mit Ehrungen überhäuft worden, aber die Luftbrücke, die man ihm versprochen hatte, blieb ein Plan. Die Roten schritten wieder zur Offensive und eroberten Lanchou, die Hauptstadt von Kansu. In Sinkiang gab es noch antikommunistische mohammedanische Streitkräfte; sie waren jedoch weit voneinander entfernt und isoliert. Die Verbindung von Rotchina zur UdSSR über die Äußere Mongolei war gesichert.

Auf der Karte hatten die Nationalisten noch ein Viertel Chinas in der Hand: 2 Millionen Quadratkilometer mit 110 Millionen Einwohnern. Dessen ungeachtet konnte Mao Tse-tung mit ebensoviel Berechtigung behaupten, daß »der Befreiungskrieg praktisch gewonnen war«. Er hatte in Peking einen Politischen Volksrat einberufen, mit der Aufgabe, die Grundlagen der Chinesischen Volksrepublik zu entwerfen. Er schloß am 29. September seine Arbeit ab, nachdem alle Entscheidungen einstimmig getroffen worden waren. Hauptstadt der Republik sollte Peking sein. Die Nationalhymne sollte ein Marschlied sein: *Chi Lai*, das seit drei Jahren den Takt für die Marschtritte der roten Legionen angab. Die Fahne sollte rot sein mit einem fünfzackigen goldenen Stern und einem Halbkreis von vier kleineren Sternen, den Symbolen für die Arbeiter, die Bauern, die Kleinbürger und die patriotischen Kapitalisten. Das Staatsprinzip war die »demokratische Diktatur«, wie sie drei Monate zuvor von Mao definiert worden war. Das oberste Organ war eine aus 63 Mitgliedern bestehende Zentralregierung unter dem Präsidium Maos, mit drei kommunistischen und drei nichtkommunistischen Vizepräsidenten, darunter der Witwe Sun Yat-sens, der Schwester Mei-lings. Unter den Mitgliedern waren zwei Milliardäre: der Industrielle Chen Shu-tung aus Shanghai und der Bankier Tan Kah-kei aus Singapur, der die Chinesen in Übersee vertrat. Hauptsächliches Exekutivorgan war der Politische Staatsrat, geleitet von Außenminister Tschou En-lai. Die Zusammensetzung aus Angehörigen verschiedener Richtungen war nur Augenschein. In Wirklichkeit lag die Macht völlig und ausschließlich in Händen der Kommunistischen Partei Chinas.

Der 1. Oktober 1949 war der Tag des Triumphes. 200 000 Menschen drängten sich vor dem Tor des Himmlischen Friedens, Tien An Men, mit dem Ruf »*Mao Tse-tung wan Schui!*« (Zehntausend Jahre Leben für Mao Tse-tung!) Mao erschien auf dem Bronzebalkon und rief in seinem singenden südlichen Tonfall die Chinesische Volksrepublik aus. Er trug bei diesem ungeheuer feierlichen Anlaß den Bauernkittel, den er während des Langen Marsches getragen hatte. Die Militärparade zeigte ausschließlich amerikanische Waffen, die man dem Feind abgenommen hatte. Während der Proklamation traf Moskaus Anerkennung der Chinesischen Volksrepublik ein. »Die Regierung von Kanton ist nur noch eine Provinzmacht«, fügte die sowjetische Note hinzu, »die nicht mehr berechtigt ist, diplomatische Beziehungen im Namen Chinas zu unterhalten . . .« Zwanzig Jahre lang hatte die russische Politik die Kuomintang dem nationalistischen, abtrünnigen Kommunismus Mao Tse-tungs vorgezogen. Aber der Sieg zählte – und außerdem anerkannten die letzten Erklärungen Maos die führende Rolle der UdSSR, das hatte den Kreml besänftigt. Mao wurde zu den Feiern des 70. Geburtstags Stalins eingeladen. Er hatte noch nie in seinem Leben dieses China verlassen, dem er eine neue Zukunft gegeben hatte.

Kanton wurde kampflos genommen. Li Tsung-jen und Yen Hsi-shan waren nach Chungking geflogen, nachdem Tschiang Kai-schek ihnen dorthin vorangegangen war. Die roten Truppen kamen zur ersten internationalen Grenze, die sie im Laufe ihres gewaltigen Kriegsmarsches erreicht hatten, der Grenze von Hongkong.

Ein erregender Augenblick. Höchste Spannung. Die kommunistischen Soldaten standen dem äußersten Anachronismus gegenüber, der letzten großen Herausforderung an die chinesische Souveränität, der köstlichen Frucht, die der westliche Imperialismus in dem schimpflichen Opiumkrieg gepflückt hatte. Die chinesische Bevölkerung, zwei Millionen Menschen, war in gefährlicher Erregung. In den Fenstern tauchten rote Fähnchen mit den fünf goldenen Sternen auf; die Schulkinder sangen die Marschlieder der roten Armee, ein Generalstreik brach aus, weil eine gelbe Telefonistin eine weiße Aufseherin beschuldigte, sie geohrfeigt zu haben. Aber die Engländer hatten die Garnison auf 9 Bataillone Infanterie und 3 Regimenter Artillerie gebracht. 15 Kriegsschiffe, darunter der Flugzeugträger *Ocean*, lagen auf der Reede vor Anker. Zwei Geschwader Spitfires und ein Geschwader Sunderlands unternahmen pausenlos Übungsflüge zwischen den Bergen der Victoriainsel und den New

Territories. Die Grenze war geschlossen, befestigt, besetzt, Großbritannien war bereit, Hongkong zu verteidigen.

Eine andere Verteidigungsmaßnahme bestand darin, Rotchina anzuerkennen. Dazu entschloß sich Großbritannien sofort. Madame Tschiang, die im Begriffe war, Washington zu verlassen, um sich nach Formosa zu begeben, verdammte diese Feigheit, wie sie es nannte, und erklärte, daß England, der Judas der Nationen, für dreißig Silberlinge Verrat übte.

Es fehlte nur wenig, und Amerika wäre Englands Beispiel gefolgt. Die Nationalregierung hatte die Blockade der chinesischen Küsten beschlossen, und Acheson schlug vor, dies als Vorwand dazu zu benützen, mit ihr zu brechen. Das State Department sprach sich für die von der Pekinger Regierung verlangte Anerkennung aus. Eine Kehrtwendung Trumans schob allem einen Riegel vor. Er hatte die Nationalregierung sich selbst überlassen, indem er ihr den Vorwurf gemacht hatte, antidemokratisch zu sein; das habe er aber nicht getan, sagte er, um eine Regierung anzuerkennen, die offen eine Diktatur verkündete.

Die Eroberer aus der Mandschurei machten vor den *King's Own Scottish Borderers* halt, die die Eisenbahnbrücke zu den New Territories bewachten. Sie machten vor den großen englischen Negern halt, die die winzige portugiesische Besitzung Macao beschützten. Alle Welt fragte sich: Für wie lange? (*Forts. China S. 356*)

Der Plan General Revers'

Eine andere Grenze . . . Sie begann in den Schluchten des oberen Mekong, an der äußersten Grenze Birmas. Sie verlief über 1500 Kilometer Berg- und Dschungelland bis zu dem Ort Mon Cay am Golf von Tongking. Hinter ihr erstreckte sich das Land, das man noch gestern Französisch-Indochina genannt hatte – und das man nun als die Assoziierten Staaten Vietnam, Kambodscha und Laos bezeichnete. Die rotchinesische Flut kam ihnen täglich näher.

In Vietnam kam es 1949 endlich zur Rückkehr Bao Dais. Es war eine seltsame Rückkehr. Der wiedereingesetzte Kaiser war mit der Kursmaschine der Air France abgeflogen, hatte jedoch in Singapur eine Dakota gechartert, die ihn nach Dalat brachte. Dem Hochkommissar Pignon und den Zivilbehörden Indochinas, denen seine Wiedereinsetzung zu verdanken war, hatte ein feierlicher Einzug in Saigon inmitten einer jubelnden Volksmenge vorgeschwebt. Bao Dai brachte sie um diesen Effekt. Er schmollte. Er trotzte. Er zeigte durch sein Verhalten, daß er mit der ihm wiedergegebenen Souveränität, der Vietnam zuerkannten Unabhängigkeit nicht zufrieden war.

Hatte er recht? Zumindest hatte er nicht unrecht. Der mit Präsident Auriol am 9. März gemeinsam unterzeichnete Vertrag gab und nahm. Die Unabhängigkeit Vietnams war ausgesprochen, aber die in dem Vertrag enthaltenen Einschränkungen machten sie wieder zunichte. Die diplomatische Vertretung des neuen Staates war auf Siam und den Vatikan beschränkt. In Wirklichkeit behielten die Franzosen die Macht in der Hand. Sie hielten ebensosehr an den Symbolen fest wie an der Materie, das war ein schwerer Fehler. Die Vietnamesen wollten unbedingt das Palais Norodom für sich haben, die Residenz des Hochkommissars der Republik; die Franzosen bestanden darauf, es zu behalten.

Was Bao Dai erreicht hatte, war die Einheit der Vietnamesen, die Verschmelzung der drei Ky, die man Ho Tschi Minh so hartnäckig verweigert hatte. Man hatte durch Parlamentsbeschluß Kotschinchina aus dem Status einer französischen Kolonie entlassen müssen. Die Gaullisten hatten das Gesetz angefochten, die Zerstückelung des Reiches angeprangert und sich bei der Wahl mit ihren Gegenstimmen jenen der Kommunisten angeschlossen. Das Gesetz war mit 367 gegen 221 Stimmen angenommen worden.

Bao Dai hätte kämpfen, sich als sein eigener Premierminister, als sein eigener Oberkommandierender erklären, Schritt um Schritt die Vorrechte erkämpfen können, die er forderte. Das entsprach aber nicht seiner trägen, genußsüchtigen Natur. Außerdem wußte er früher als alle anderen, daß seine Restauration gescheitert war. Keinerlei freundliche Regung des Volkes zeichnete sich um den Herrscher ab, der auf die Liebe des Volkes wartete, indem er Elefanten jagte. Die Vietminh erließ gegen »Nguyen Vin Thuy« und seinen Premierminister, Nguyen Van-xuan, einen Haftbefehl. Bao Dai war nicht unklug, er hatte vor, die Aufständischen zu schonen, zwischen seinem eigenen Nationalismus und jenem Ho Tschi Minhs eine Brücke zu schlagen. Er wollte die kaiserliche Würde nur provisorisch wieder übernehmen, die endgültige Form der Regierung konnte nur durch den Willen des Volkes bestimmt werden. Verlorene Liebesmüh.

Militärisch gesehen war die Lage stabil. Der Monatsdurchschnitt an verlorenen Menschenleben – ungefähr 400 – war der gleiche wie in den Jahren 1948 und 1949. Optimismus war an der Tagesordnung. Die französische Regierung hatte die Heimsendung eines Teiles des Expeditionskorps vor und träumte davon, als Beweis des Sieges, einige Bataillone mit großem Gepränge in Marseille an Land gehen zu lassen. Der Führungsstab belehrte sie keineswegs eines Besseren.

In Kotschinchina gestattete es die politische Komplexität, die eingeborenen Kräfte zu trennen und einander entgegenzustellen. General de la Tour löste die beiden hauptsächlichen religiösen Sekten des Südens von der Vietnamfront: die Caodaisten, die Anhänger Seiner Heiligkeit des Hohen Papstes Pham Cong-tac, und die Hoa Hao, die Schüler des Bonzen Fu – der, wenngleich unsterblich, dennoch von den Kommunisten ermordet worden war –, und gewann sie für die nationale Bewegung Vietnams. Eine dritte, keineswegs religiöse Sekte, die Piraten Bing Xuyens, die Privatarmee eines Gauners namens Bai Vien, schloß sich ihr gleichfalls an und wurde im Stadtgebiet Saigon-Cholon ein gefürchtetes Werkzeug des Gegenterrors. Die Aufständischen setzten sich in einigen schwer zugänglichen Gebieten fest, in der Rohrebene, den Sumpfgebieten der Halbinsel Ca Mau, aber sie begannen an Kraft und Boden zu verlieren.

In Tongking war die Lage anders. Ho und Giap hatten ihre Operationsbasis in den mittleren und oberen Gebieten errichtet. Das Land ist ein Gewirr von Hügeln und Bergen aus Kalkstein, bedeckt von gewaltigen dampfenden Dschungeln. Alles Gewichtige, Schwerfällige läßt sich in diesem Land schwer transportieren. Weniger mühselig ist das mit beweglichen, leichten Dingen, wenn man die verschiedenen Pässe und Schluchten benutzt. Die Vietminh-Regierung hatte sich mit ihrer Verwaltung, ihrem Stab, ihren Waffenlagern, Druckereien, Unterkünften, die alle versteckt und transportierbar waren, hinter dem Schutzschirm des Dschungels verborgen. Das Delta des Roten Flusses, das die Franzosen nur ungenügend, der Than Hoa, den sie überhaupt nicht besetzt hielten, sicherten der Vietminh Versorgung an Menschenmaterial und Lebensmitteln. Die Leiden, die von den schlecht genährten Männern fast ohne irgendwelche Medikamente in diesem äußerst ungesunden Klima erduldet wurden, waren unbeschreiblich. Die Kommunisten ertrugen sie mit stoischem Gleichmut. Der unüberwindliche Giap und sein Stratege Ly Bai bereiteten auf Jahre voraus den allgemeinen Gegenangriff vor, der über die durch die beiden vorhergegangenen Kriegsphasen — die durch Terrorismus gekennzeichnete passive Verteidigung und die auf der Guerillataktik beruhende aktive Verteidigung — geschwächten Imperialisten hereinbrechen sollte.

Die Franzosen waren außerstande, mit 40 Bataillonen Tongking den Frieden aufzuzwingen. Zu dieser Aufgabe, die sie nicht erfüllen konnten, kam noch eine zweite, nicht weniger schwierige: die Bewachung der chinesischen Grenze.

Außer Mon Cay gibt es noch drei kleine Städte entlang dieser chinesischen Grenze. Lao Kay liegt im Tal des Roten Flusses an der Stelle, wo die Eisenbahn nach Yunnan Indochina verläßt. Die beiden anderen, Lang Son und Cao Bang, liegen auf der Nationalstraße Nr. 4 — 200 beziehungsweise 400 Kilometer vom Meer entfernt.

Lang Son, eine regelmäßig angelegte Stadt voller Grünanlagen, hätte der Sitz einer Unterpräfektur in Frankreich sein können. Cao Bang liegt viel tiefer, in einem Gewirr von Bergen versteckt, an einer Schleife des Bang mit seinem roten Wasser, inmitten eines von Dschungel bedeckten Bodens. Die Japaner hatten die Stadt im Jahre 1945 in Brand gesteckt. Oberst Beauffre hatte sie 1947 wieder besetzt. Eine hauptsächlich von der Fremdenlegion gestellte Garnison hatte ihr künstlich lärmendes Leben gegeben. Ringsum lagen starke Postenstellungen, Nguyen Binh, Hoa Han, Tra Linh u. a. Eine Straße, die RC3, verband die Stadt direkt mit Hanoi, sie war aber von Vietminhkräften abgeschnitten. Die einzige Versorgungslinie zu Lande nach Cao Bang war die RC4.

Diese RC4 muß man gesehen haben. Es ist eine schmale Straße, drei, vier Meter breit, auf der zwei Fahrzeuge nur aneinander vorbeikommen, wenn eines davon die Straße verläßt. In Dong Dang, in der Nähe von Lang Son, liegt zur Rechten das Tor Chinas, das nach Nanning führt, der Hauptstadt der Provinz Kuangsi. Die RC4 wird dann zu einem steilen gewundenen Tunnel inmitten einer Vegetation, die so dicht ist wie eine Mauer. In weit entfernten Abständen führt der Weg in eine Talsohle und läßt einen Blick auf den Himmel frei. Dann klettert die RC4 einen Berg hinauf und verschwindet wieder in ihrem grünen Tunnel.

Zwischen Lang Son und Cao Bang liegen zwei Festungen als Sicherheitsstationen: That Khe, ein Viereck in einer Talsohle, und Dong Khe, ein Oval auf einem Abhang. Oberhalb der gefährlichsten Durchgangsstellen lagen kleine Wachtposten. Man hatte sogar versucht, an den Zugängen zur Straße das Gestrüpp zu roden, ein vergebliches Unterfangen. Es war unmöglich, die Hinterhalte zu beseitigen. Die einzige Art und Weise, Cao Bang zu versorgen, war die Bildung eines großen, von Waffen starrenden Geleitzuges, in den die eingeborenen Marketender, Alkohol- und Mädchenhändler ihre klapprigen Fahrzeuge einfügten. Manchmal kam der Geleitzug durch, ohne eine Kugel abzubekommen. Manchmal mußte er einen verbissenen Kampf liefern. Im Februar hatte der Zug 100 Lastwagen verloren, und Oberst Simon, der Ortskommandant von Cao Bang, wäre beinahe in Gefangenschaft geraten.

Im Mai 1949 tauchte General Georges Revers in Indochina auf, eine merkwürdige Gestalt mit einer merkwürdigen Karriere. Dem ehemaligen Postangestellten und Reserveoffizier war es gelungen, nach dem Waffenstillstand im Jahre 1940 beim Militär zu bleiben und in das Kabinett Admiral Darlans zu gelangen. Er hatte sich in der Widerstandsbewegung rückversichert und war nach der Befreiung die Stufen der militärischen Hierarchie hochgestiegen. Als de Lattre zum Oberbefehlshaber der Landstreitkräfte des Nordatlantikpaktes ernannt wurde, folgte ihm Revers – er wünschte, daß sein Name englisch ausgesprochen werden sollte – ganz einfach auf dem Posten des Generalstabschefs. Dies veranschaulicht eine Epoche, in der die politischen Parteien in Frankreich zu großen Lehensherren geworden waren. Revers war der Konnetabel, der Kronfeldherr der Sozialistischen Partei, der Lehensmann des Verteidigungsministers Ramadier.

Revers hatte vorerst den Inspektionsauftrag, den ihm Ramadier erteilt hatte, abgelehnt, mit der Begründung, daß er Indochina überhaupt nicht kenne. Dann hatte er seine Erhebung in den Rang eines Generals als Bedingung gestellt. Im Schein seines fünften Sternes hatte er eine Art Graue Eminenz nach Saigon vorausgeschickt, einen gewissen Roger Peyré, der über den Umweg eines Konkurses aus dem Geschäftsleben kam. Die politische Operation war klar. Indochina war ein Lehen des MRP, dessen sich die SFIO zu bemächtigen suchte. Die politischen Schlußfolgerungen des Revers-Berichtes würden jene sein, die man vorauszusehen vermochte: Er erledigte den Minister für die Assoziierten Staaten, Paul Coste-Floret, und schlug vor, den Hochkommissar Léon Pignon durch einen hervorragenden Soldaten zu ersetzen, der in seiner Person die zivile und militärische Gewalt vereinigen würde. Der – mittelmäßig hervorragende – Soldat, den er im Sinne hatte, war ein vormaliger Generalresident von Tunesien, Charles Emmanuel Mast.

Auf dem Gebiet der Operationen gab es verschiedene Thesen. Einer der Generäle, die im Jahre 1945 den Rückzug nach Yünnan geleitet hatten, Marcel Jean Marie Allessandri, war entschieden dafür, in den Dschungel von Tongking einzudringen, die Vietminh in die Enge zu treiben, ihre Stützpunkte zu vernichten, ihre Führer gefangenzunehmen. Eine andere Ansicht ging dahin, Tongking aufzugeben und alle Kräfte des Expeditionskorps dafür zu verwenden, das reiche Kotschinchina zu halten. Dann gab es wieder andere, die sich auf das Flußdelta konzentrieren und das Hochland sowie die chinesische Grenze fallenlassen wollten, deren illusorische Verteidigung so viel Blut kostete.

Revers schloß sich dieser letzten Ansicht an. Er riet zur Räumung der nach Cao Bang führenden Linien und später des Ortes selbst. Man würde auf der RC4 bis Lang Son zurückgehen, sich auf einem Verteidigungsviereck Vietri – Thai Nguyen – Haiphong – Hao Binh festsetzen und mit frischen Kräften das Delta endgültig zur Ruhe bringen.

Revers reiste ab – quälenden Abenteuern entgegen. Sein Plan gab Stoff zu endlosen Diskussionen innerhalb der zu einem Kollegium gewordenen Führung. Die Gegner beriefen sich auf den Prestigeverlust, den eine Räumung Cao Bangs zur Folge haben würde, die Unmöglichkeit, die frischen Gräber dort aufzugeben. Der Oberkommandierende, General Roger C. Blaizot, unterstützte die Ansicht Revers' und war für den Räumungsplan, aber Blaizot war nur vorübergehend anwesend, er stand kurz vor der Abreise. Man verschob die Aufgabe, dachte aber daran, die fast undurchführbar gewordenen Geleitzüge durch eine Luftbrücke zu ersetzen. Man wartete auf den neuen Oberbefehlshaber.

Er kam im September, als die chinesischen Kommunisten sich der Grenze näherten. Sein Name war Marcel Maurice Carpentier. Er war ein Mann von subalterner Denkungsart, ein Rad im Getriebe des Generalstabs, ein Befehlshaber ohne Feuer, der menschlichen Kontakten auswich, Verantwortungen scheute und seine Karriere über alles setzte. Er hatte dem Präsidenten der Republik erklärt, er glaube nicht an einen militärischen Sieg in Indochina – hatte aber trotzdem den Oberbefehl angenommen, der ihm, so wie Revers der Inspektionsauftrag, einen fünften Stern eintrug. Als vormaliger Stabschef Marschall Juins hatte seine Ernennung eine besondere Bedeutung. So wie Indochina politisch ein Lehen der MRP war, war es militärisch ein Jagdschutzgebiet der Kolonialarmee. Die Nordafrikanische Armee verdrängte sie, das war eine Quelle der Reibungen und des Grolls.

Carpentiers Defätismus wirkte nicht dahin, daß er die Räumung von Cao Bang und Lao Kay beschleunigte. Er sträubte sich dagegen, der General der Preisgabe zu sein, außerdem lieferte das Heranrücken der Kommunisten einen Vorwand, an der Grenze zu bleiben. Wenn die in die Enge getriebenen Nationalisten nicht entwaffnet und interniert würden, hätten die Roten allen Grund, ihnen auf indochinesisches Gebiet zu folgen. Frankreich glaubte einer internationalen Pflicht Genüge tun zu müssen.

Die Nationalisten kamen in kleinen Gruppen, später in Massen. Wie es am Ende von Bürgerkriegen die Regel ist, waren nach Ausscheiden der Ungetreuen diese letzten Soldaten einer verlorenen Sache Überzeugte, die noch weiterkämpfen wollten. Sie verlangten, mit ihren Waffen nach Formosa gebracht zu werden. Die französischen Behörden lehnten das ab. Man brachte die Besiegten auf die Inseln im Golf von Siam und ließ sie dort elend zugrunde gehen.

In seinem Jahresbericht entsprach General Carpentier bereitwillig dem Trugbild der Regierung: »Sobald sich die internationale Lage an der Grenze von Tongking geklärt haben wird, hofft der Oberbefehlshaber eine Einschränkung des Personalstandes in Betracht ziehen und dem Mutterland eine gewisse Anzahl von Bataillonen zurückschicken zu können ...«Frankreich war ein Nachbarland der roten Welt geworden, doch der Grenzverkehr hatte sich ohne ernsten Vorfall entwickelt, und es gab genug Beamte, die erklärten, die Nachbarschaft der Kommunisten sei ihnen lieber, da sie disziplinierter und weniger korrupt seien als die Soldaten Tschiang Kai-scheks.

Als General Carpentier seinen Bericht unterschrieb, ging gerade der chinesische Bürgerkrieg zu Ende. (*Forts. Indochina S. 412*)

Nach der Einnahme Kantons hatten die roten Armeen eine allgemeine Schwenkung nach Süden ausgeführt. Pai Ching-hsi hatte Kuangsi nicht verteidigen können, hatte sich zum Hafen Pakhoi zurückgezogen, von wo er sich mit seinen Frauen, seiner alten Garde und seinem Schatz in Richtung der Insel Hainan eingeschifft hatte. Die Provinz Kueichou, das Bollwerk von Szechuan, war überrannt. Die Interimspräsident Li Tsung-jen stellte fest, daß seine Magenschmerzen unerträglich geworden waren und er dringend in die Vereinigten Staaten reisen mußte, um sich behandeln zu lassen.

Tschiang Kai-schek war aus anderem Holz geschnitzt. Nach dem Fall Kantons ging er nach Chungking. Die Stadt hatte ihr Winterkleid angelegt, Nieselregen und Nebel. Tschiang fand dort die Erinnerungen an glorreiche Zeiten, die Residenz Old Eagle Rock, aus der er eine der Hochburgen der Weltpolitik und -strategie gemacht hatte. Doch der Zauber war dahin. Chungking war nicht mehr die Hauptstadt eines beharrlichen Widerstandes. Chungking war nur noch eine in ihr Schicksal ergebene chinesische Stadt, die Weihrauchstäbchen für die Sieger vorbereitete.

Die Roten kamen näher. Marschall Yen verlegte seine Regierung ins Innere der gewaltigen Mauern von Chengtu, der zweitausend Jahre alten Hauptstadt, dem Ausgangspunkt der Straßen nach Tibet. Tschiang blieb weiter in Chungking. Man hörte Kanonendonner. Bei Nanwenchuan, den heißen Quellen im Süden, einer der wenigen Zufluchtsstätten für die Ausländer, die sich während des Weltkrieges in Chungking in Geduld üben mußten, spielte sich ein verbissener Kampf ab. Die Kommunisten wurden zurückgeschlagen. Tschiang benutzte diesen vorübergehenden Erfolg als Vorwand, um noch eine Nacht im Old Eagle Rock zu schlafen.

Am folgenden Tag, dem 30. November, überschritten die Kommunisten den Jangtse. Tschiang begab sich zum Flugplatz Peishiyi, wo ihn seine DC4 erwartete. Sein Wagen wurde durch eine Schar von Flüchtlingen aufgehalten. Er beendete den Weg zu Fuß. Als ein Flugzeug aufstieg, drang die Vorhut des einäugigen Generals Liu Po-cheng in Chungking ein.

In Chengtu mehrten sich die Fälle von Abtrünnigkeit. Lu Han, der geschworen hatte, Yunnan bis zum letzten Atemzug zu verteidigen, kündigte seinen Anschluß an Peking an. Die beiden wichtigsten Warlords in Szechuan, Tong Hai-jen und Liu Wen-hui, gingen ebenfalls zu den Kommunisten über. Tschiang Kai-schek hatte wieder die Funktionen des Präsidenten der Republik übernommen und stellte fest, daß es unmöglich war, eine Regierung auf dem Kontinent aufrechtzuerhalten. Er verkündete offiziell, daß die rechtmäßige Hauptstadt der Chinesischen Republik nach Taipeh auf der Insel Taiwan – Formosa – verlegt werde. Er flog in der Nacht des 10. Dezember 1949 ab. Stundenlang überflog sein viermotoriges Flugzeug das vom Mond schwach beleuchtete Land. China zog unter dem Mann vorbei, der sein Befreier gewesen war.

Auf Formosa öffnet sich in den romantischen Bergen der Mitte der Insel wie ein Auge der See der Sonne und des Mondes. Wie in allen großen Krisenzeiten seines

Lebens zog sich Tschiang zur Meditation zurück, sein einziger Begleiter war sein Sohn Chung-kuo. Die Zukunft sah düster aus. Truman und Acheson bereiteten Erklärungen vor, denen zufolge Amerika weder die Absicht hatte, Formosa unter seinen Schutz zu nehmen, noch den Nationalisten, die sich dorthin geflüchtet hatten, militärische Hilfe zu gewähren. Tschiang Kai-schek war allein auf seine eigenen Streitkräfte angewiesen. Sie hatten soeben einen glänzenden Erfolg errungen, indem sie einen Landungsversuch auf der Insel Quemoy abgeschlagen und 7000 Gefangene gemacht hatten, die man in den Straßen von Taipeh zur Schau stellte. Aber ohne amerikanische Hilfe würden die Verteidiger Formosas zusehen müssen, wie ihr militärisches Potential abnahm – während die Kommunisten mit Unterstützung der Russen die zur Überquerung der Formosastraße notwendigen Schiffe und Flugzeuge erhalten würden. Man war in Amerika wie auch in der übrigen Welt überzeugt, daß das Schicksal Formosas im Frühjahr 1950 besiegelt sein würde.

Am 27. Dezember brachte man ein Telegramm: Chengtu war gefallen. Der gesamte chinesische Kontinent war verloren. Tschiang war einen Augenblick lang nachdenklich, dann sagte er zu seinem Sohn: »Gehen wir fischen.« Sein erster Fischzug brachte ihm einen Fisch von mehr als eineinhalb Meter Länge, bei dem der alte Kahnführer ganz verwundert sagte, er habe in den vierzig Jahren, die er den See kenne, keinen ähnlichen gesehen. Der Besiegte sagt mit seinem knappen Lächeln: »Das ist ein gutes Vorzeichen. Noch ist das letzte Wort nicht gesprochen...«

(Forts. China S. 424)

12. Kapitel   1950   Jahrhundertmitte
Stalin wird ein Gott

Die Welt feierte die Jahrhundertmitte. Eine reizvolle und gleichzeitig erschütternde Beschwörung. Die brillantesten Geister hatten bei der Jahrhundertwende vorausgesagt, das werde das Jahrhundert der Wissenschaft und das Jahrhundert des Friedens sein. Es war das Jahrhundert der Wissenschaft. Der Frieden aber ...!

Jahrhundertmitte. Der Mensch des Jahres 1950 überschaute seine Vergangenheit, und da erfaßte ihn Schwindel und Furcht, als ob er von der Höhe eines verfallenen Balkons nach unten blickte. Um 1900 hatte England noch die beherrschende Rolle in der Welt gespielt. Königin Viktoria war die Schutzgöttin eines zweiten Römischen Reiches. Das Pfund Sterling war ein Felsen wie jener von Gibraltar. Der Burenkrieg, in den ein junger Abenteurer namens Winston Churchill eilte, war nur ein Unfall, ein wenig verwirrend, jedoch nebensächlich. Der europäische Kontinent, eifersüchtig auf England, aber in sein System einbezogen, erlebte Zeiten goldenen Wohlstandes. Amerika war noch ein fernes, abenteuerliches Land. Die bürgerliche Gesellschaft fühlte sich gerade so weit beunruhigt, daß sie die Stabilität ihres Glücks zu schätzen wußte. Ein junger Mann namens Lenin gab in der Schweiz eine revolutionäre Zeitung heraus, *Iskra* – Der Funke –, und ein junger Mann namens Ghandi dachte in Südafrika über die Möglichkeiten nach, die Engländer aus Indien zu verjagen: unsichtbare Termiten in den Grundmauern des Turmes von Babel. Auf der Sandebene von Kitty Hawk näherten sich die Brüder Wright ihrem Ziel, dem Motorflug. Röntgen, Hertz, Becquerel, Pierre und Marie Curie, Planck, J. J. Thomson, Rutherford und ein zwanzigjähriger Mathematiker, Albert Einstein, erbrachten neue Daten über die Beziehungen zwischen Materie und Energie. Die Menschen des Jahres 1900 glaubten alle, daß diese Erfolge des menschlichen Geistes die Völker versöhnen, die Freiheit zum Allgemeinbesitz machen würden.

Die Menschen der Jahrhundertmitte hatten andere Visionen. George Orwell hatte beschrieben, wie die Welt im Jahre 1984 aussehen würde – in 34 Jahren! Drei Mächte haben alle anderen geschluckt: Ozeanien, bestehend aus den Britischen Inseln und den Vereinigten Staaten, Eurasien, gebildet aus der UdSSR und dem gesamten eroberten europäischen Kontinent, und Ostasien, dessen Kern China darstellt. Die wiederholten Atomkriege, die sie einander geliefert hatten, haben jegliche Spur von Freiheit und Menschenwürde vernichtet. London ist ein Haufen Ruinen, in deren Mitte die Zitadellen der Neuen Ordnung stehen: das Friedensministerium, in dem immer entsetzlichere Kriege ausgedacht werden, das Ministerium für Überfluß, in dem immer strengere Rationierungsmaßnahmen erstellt werden, das Wahrheitsministerium, dessen Aufgabe darin besteht, die Lüge zu erzeugen, das Liebesministerium, in dem eine noch vollkommenere Polizei als die Gestapo fungiert. Neun Zehntel der Einwohner Londons leben in tiefster Not, in Lumpen gekleidet, all ihr Trachten nur auf die jämmerlichen Rationen gerichtet, die sie gerade noch davor bewahren zu sterben. Das übrige Zehntel ist eine Hierarchie, die sich von den Staatsangestellten bis zu den lederbekleideten Bluthunden des Liebesministeriums erstreckt. Diese Minderheit hat genug zu essen – dafür ist sie *Big Brother* bedingungslos ergeben.

Man weiß nicht, ob *Big Brother* noch lebt oder ob er überhaupt je gelebt hat. Wenn er ein Mensch war, ist er zu einem Prinzip geworden; wenn er einen Körper hatte, so wurde er zum Auge. «*Big Brother is watching you!*» *Big Brother* überwacht alles, was du tust, er weiß alles, was du denkst. Das »*double thinking*«, das heißt die Fähigkeit, unbedingt an etwas zu glauben, wovon man weiß, daß es eine Lüge ist, das ist die intellektuelle Grunddisziplin in Ozeanien wie in Eurasien und Ostasien. Morgens und abends eine Viertelstunde Haß: Man läßt auf den Fernsehschirmen den Volksfeind erscheinen, den *Anti-Big-Brother*, Emanuel Bronstein, gegen den sich die Wutausbrüche der Allgemeinheit entladen. Alles, was die Besitznahme des Individuums durch den totalitären Staat beeinträchtigen könnte, wird grausam bekämpft. Eine der Säulen der öffentlichen Ordnung ist die Antisexualliga. Der bejammernswerte Held, Winston Smith, Angestellter im Wahrheitsministerium, erliegt der alten Bürgerfalle, der Liebe des Mannes zur Frau. Er wird entlarvt. Er bereut. Er stirbt.

Der Mensch von 1950 stellte sich die Frage: Näherte sich die Wirklichkeit der Fiktion nicht noch schneller, als es sich George Orwell vorstellte?

Man feierte den 70. Geburtstag Stalins. »Gehirn und Herz der Welt . . . Vater der Völker der Erde . . . Geliebter Herr und Meister . . . Lokomotivführer der Geschichte . . . Vorkämpfer der Wissenschaft . . . Stern der Zukunft . . .« Mitten im 20. Jahrhundert wurde ein Mensch zu seinen Lebzeiten ein Gott. »Du siehst den beginnenden Tag – Deinem Willen gehorchen die Sterne des Morgens – Dein Genie erhebt sich zum Himmel – Deine Klugheit ergründet die Tiefen der See. – Über dem Flachland ragen die Berge – Über den Bergen spannt sich der Himmel – Doch Du, o Stalin, Du überragst die höchsten Himmelsräume – und allein Deine Gedanken sind noch höher als Du . . .«

Der wegen seiner individualistischen Tendenzen in Ungnade gefallene Schostakowitsch erhielt die Erlaubnis, sich zu rehabilitieren, indem er eine Kantate komponierte: *Der Gesang der Wälder*, die das Wiederaufforstungsprogramm Stalins pries. »Sobald die Musik mächtiger wird, beginnt sich der Umriß des Kremls abzuzeichnen. Langsam erhellt sich ein Fenster, und das beleuchtete Profil Stalins erscheint, über eine Karte der Gebiete geneigt, die durch die Aufforstung wieder zum Leben erweckt werden . . . Dann singt, begleitet von einer Leier, ein Barde die Verse des Dichters Dolmatowskij: »O Du, unser unsterbliches Oberhaupt, Du . . . Du, usw.«

Spontane Begeisterung? Nein. Der Stalinkult war festgesetzt wie ein Kapitel des Fünfjahresplanes. Kein Artikel der *Prawda*, gleichgültig über welches Thema, durfte den Namen Stalins weniger als zwanzigmal enthalten: Das Privatsekretariat unter Leitung eines gewissen Schkiriatow wachte darüber. Acht große sowjetische Städte trugen Stalins Namen: Stalingrad, Stalino, Stalin, Stalinogorsk, Stalinabad, Staliniri, Stalinsk und Stalinka. Die 7495 Meter hohe Stalinspitze, der höchste Berg der UdSSR, war um 367 Meter höher als der Leninberg, und auf den zu ihrer gemeinsamen Ehrung geprägten Medaillen war Lenin im Hintergrund dargestellt. Nicht der tote Lenin, sondern der lebende Stalin wurde als »der größte Mann aller Zeiten« erklärt. Der Stratege, der Gründer der marxistischen Gesellschaft, ihr erster Dialektiker. Im Mai 1949 wurde dem 10. Band seiner Gesammelten Werke eine ganze Nummer der *Prawda* gewidmet. Jeder Absatz endete mit einem Spruch: »Stalin ist der geniale Stratege der proletarischen Welt . . .«, »Stalin ist der geniale Schöpfer der industriellen Macht des Sozialismus . . .«, »Stalin ist das geniale Symbol der monolithischen Einheit der Partei . . .« Die gleiche Leier.

Die Analytiker des Westens suchten nach einem Sinn in dieser nichtswürdigen Lobhudelei. Stalin war mit 70 Jahren ein Greis von sehr schlechter Gesundheit. Man konnte mit ziemlicher Sicherheit annehmen, daß seine nächsten Untergebenen verbissen untereinander um seine Nachfolge kämpften, den alten Tyrannen mit Schmeicheleien überhäuften und in ihm Mißtrauen wachriefen, um ihre Rivalen loszuwerden und zu liquidieren. Aber der Westen vermochte diesen Streit der Hyänen nur an schwachen Anhaltspunkten abzulesen, wie beispielsweise den Plätzen der Mitglieder des Politbüros auf dem Dach des Leningrabmales während der Parade am 1. Mai. Die geheime Geschichte dieser fürchterlichen Zeit ist noch heute in undurchdringliches Dunkel gehüllt.

Schdanow war gestorben. Man hatte ihm hohe Ehren erwiesen. Der Moskauer Bezirk, in dem er geboren war, die Universität in Leningrad, eine Gardedivision usw. hatten seinen Namen erhalten. »Die Augen voller Tränen« (laut Bericht über die Zeremonie), war Stalin dem Sarg vom Gewerkschaftspalast bis zur Mauer des Kreml, des sowjetischen Pantheons, gefolgt. Hinter Stalin ging Malenkow, neben Malenkow Berija. Ein erbaulicher Zug. Der Präsumtiverbe in seinem Sarg, dann der Allmächtige, dann der neue Präsumtiverbe und gleich neben ihm sein Todfeind.

Ehrungen und Tränen. Der 53jährige Schdanow war offiziell an einem Anfall von Arteriosklerose gestorben. Ein so gut unterrichteter und in seinem Urteil so sicherer Mann wie George Kennan zögerte nicht zu sagen, er sei auf Stalins Befehl liquidiert worden. Nach ihm wurde die Leningrader Gruppe vernichtet.

Der Direktor des Gosplan, Mitglied des Politbüros und rasch aufsteigender Stern, Nikolaj Wosnessenskij, verschwand – erschossen, wie man später erfuhr –, als hätte sich die Erde unter seinen Füßen aufgetan. Die Mitglieder des Zentralkomitees, A. A. Kusnetzow und G. J. Popow, der Präsident der Russischen Bundesrepublik der SU, N. I. Rodionow, Generaloberst Schiksin und Dutzende andere, Freunde oder Schützlinge Schdanows, verschwanden auf die gleiche Art. Aleksej N. Kossygin, der Minister für Leichtindustrie, entging dieser Total-Reinigung unter Umständen, die darauf schließen lassen, daß er seine Teamkameraden verriet, um seine eigene Haut zu retten.

Ein alternder Tyrann ist fürchterlich. Nie war Rußland düsterer gewesen. Die Jeschewschtschina, die »große Säuberung« in den Jahren 1937–38 – zehn Millionen Opfer, drei Viertel des Zentralkomitees ermordet, die Moskauer Prozesse –, hatte zumindest Bühnenwirksamkeit gehabt; sie erfüllte die Welt mit Entsetzen, das an Bewunderung grenzte. Die Nachkriegssäuberungen verliefen wie die Völkermorde Hitlers: in Nacht und Nebel. Der unfehlbare, allgegenwärtige *Big Brother* schlug zu, ohne Staatsanwälte und Richter nötig zu haben. Chruschtschow beschrieb später mit nachträglichem Schaudern dieses entsetzliche System; er war eines seiner pflichtbewußtesten Werkzeuge gewesen.

Unter diesem erbarmungslosen Regime machte die Industrie rasche Fortschritte. 1915 betrug die russische Stahlproduktion 4 200 000 Tonnen, 1945 waren es 11 200 000 Tonnen; 1950 betrug sie angeblich 27 300 000 Tonnen. Die Professoren Abram Bergson und Donald Hodgman korrigierten die von der Propaganda verkündete Wachstumsrate von 1332 %, gaben jedoch immerhin die noch eindrucksvolle Rate von 600 bis 650 %, bezogen auf das Jahr 1928, an. Der Vorrang der Schwerindustrie ließ den Verbrauchern nur einen ganz unbedeutenden oder überhaupt keinen Anteil an dieser gewaltigen Zunahme. Bei George Orwell gehören Ausfall des Wohnungsbaus und Übervölkerung der alten Elendsquartiere zu den Charakteristika der Herrschaft von *Big Brother*; in Rußland fand man sie. Die 5 100 000 Einwohner Moskaus unter Stalin verfügten zusammen über 18 600 000 Quadratmeter Wohnfläche, das heißt 3,65 Quadratmeter pro Person – nur halb so viel wie im Jahre 1912. In allen kapitalistischen Ländern war das berüchtigte Phänomen der Kriegszeit, das Schlangestehen, im Verschwinden begriffen; in der UdSSR wurde es durch Verordnungen geregelt. Es war verboten, nach Sonnenuntergang Schlange zu stehen, doch die Milizsoldaten verteilten Ordnungsnummern, damit sich die Schlange am nächsten Morgen auf gleiche Weise zu bilden vermochte. Der Lebensstandard blieb weiter hoffnungslos niedrig. Ein amerikanischer Arbeiter verdiente im Jahr 1950 ein Dutzend Eier in vierundzwanzig Arbeitsminuten und ein Paar Schuhe in 3 Stunden 50 Minuten. Der sowjetische Arbeiter mußte für die Eier vier Stunden arbeiten und – vorausgesetzt, es gab sie überhaupt zu kaufen – für die Schuhe siebenundsechzig Stunden.

Die westlichen Interpreten stellten noch etwas anderes fest, das mit der schrecklichen Vision George Orwells übereinstimmte: Die Armut in Sowjetrußland entsprach weniger und weniger dem Prinzip der Gleichheit. Der Monatslohn eines Hilfsarbeiters betrug 300 Rubel, das Monatsgehalt eines Mitglieds der Akademie 13 000 Rubel. Der Sold eines Oberleutnants war auf den Koeffizienten 240, der eines Generals auf den Koeffizienten 364 gebracht worden. Ein Stalinpreis, 200 000 Rubel, war so viel, wie ein gewöhnlicher Arbeiter in 50 Jahren verdiente usw. Es gibt keine Doktrin, die sich gegen die Logik der Tyrannei durchsetzen kann: die Tyrannei muß aus jenen, die ihr dienen, Bevorzugte machen – die eine Laune von einem Augenblick zum anderen ins Nichts stürzen kann.

Außerhalb von Rußland mobilisierten die kommunistischen Parteien die Massen zur leidenschaftlichen Verteidigung eines Regimes, das wenige Jahre später von den Russen als Hölle gebrandmarkt werden sollte. Der Personenkult um Stalin kannte keine Grenzen. In Frankreich beispielsweise organisierte die KP eine Sammlung von Geschenken für Unseren Großen Freund. Tausende von Betrogenen brachten rührende Geschenke für einen der blutigsten Tyrannen der Geschichte: Halstücher, Flaschen mit Wein, Fahrräder, ja sogar das Signalhorn des 17. Linienregiments, mit dem im Jahre 1907 in Südfrankreich das Signal zum Ungehorsam der Soldaten und zum Aufstand der Weinbauern geblasen worden war.

Dem Titoismus ist Einhalt geboten

Dieser Stalin war aber ein Stalin des Mißerfolges. Er hatte zu Chruschtschow gesagt: »Ich werde den kleinen Finger heben, und Tito wird umfallen.« Er hatte die Faust gehoben; Tito stand immer noch.

Tito lebte zwischen zwei Reihen von Mördern. Die Sowjetagenten wollten ihn umbringen, die nationalistischen Geheimbünde jedoch hatten ihn gleichfalls zum Tod verurteilt, und das Blut von Mihajlović schrie nach Rache. Die Serben haßten den kroatischen Diktator. Titos Großtun, sein Geschmack am Genuß, seine Mätressen, seine Ähnlichkeit mit Göring untergruben sein Ansehen bei diesem mißtrauischen Volk, das die Gleichheit liebt. Der Boykott der UdSSR und ihrer Satelliten verursachte einen Verlust von 60 % des internationalen Handels Jugoslawiens. Die 35 Divisionen, die auf Kriegsstand gehalten wurden, die Bewachung der fast überall feindlichen Grenzen stellten eine schwere Last dar. Es herrschte Hunger — und doch war das Überleben Jugoslawiens ein täglicher Volksentscheid. Die Angst vor Rußland, die Furcht vor dem Stalinismus festigten die Nation rund um Tito. Er trug eine an Großsprecherei grenzende Selbstsicherheit zur Schau, hob die Schultern, wenn man ihn fragte, ob er keine bewaffnete Intervention Rußlands fürchte. »Das würde einen Weltkrieg bedeuten. Ich kenne die Russen. Das können sie sich nicht leisten.«

Die Bestrafung fiel auf die Nachbarn. In Albanien wurde Marschall Kotschi Xoxa erschossen. In Bulgarien wurde der Sekretär der Kommunistischen Partei, Traitscho Kostoff, gehängt. Der arme Dimitroff, der vor Angst geschwitzt hatte, als ihm Stalin sein Projekt eines Balkanpaktes vorgeworfen hatte, wurde unter dem Vorwand nach Rußland gerufen, dort von sowjetischen Medizinern behandelt zu werden; er starb an dieser Behandlung. In Rumänien wurde Anna Pauker aus der Partei ausgeschlossen und verschwand. In Polen begann für Gomulka, der des Nationalismus und der »rechtsgerichteten Abweichungsbestrebungen« beschuldigt wurde, eine langdauernde Staatsgefangenschaft. In der Tschechoslowakei wurde der Nachfolger Masaryks, Wladimir Clementis, wegen »nationalbürgerlicher Abweichungen« verhaftet und von einem seiner Denunzianten, dem Generalsekretär der Kommunistischen Partei, Rudolf Slansky, zum Galgen begleitet; sie hatten gestanden, nie wirkliche Kommunisten gewesen zu sein und mit Tito gegen die UdSSR konspiriert zu haben. In Ungarn übte der vormalige Innenminister, Laszlo Rajk, Selbstkritik in einer Rede, die 36 000 Worte umfaßte; er erklärte, er betreibe seit zwanzig Jahren antisowjetische Spionage, sei ein Agent Horthys gewesen, habe natürlich mit Rankowitsch, einem General Titos, konspiriert, um die Ungarische Volksrepublik zum Fall zu bringen. Diese lehrreichen Geständnisse und seine inständigen Bitten retteten ihn nicht vor dem Galgen.

Diese Namen stehen für zahllose weitere. Alle kommunistischen Parteien wurden von ihren unliebsamen Elementen gesäubert, unter Kontrolle aus Moskau gekommener *missi dominici*. Die tschechoslowakische KP allein verkündete 169 554 Ausschlüsse. Sie bedeuteten zumindest Verlust der bürgerlichen Ehrenrechte und materielle Not für den Betroffenen, oftmals Aufenthaltsverbot, Internierung, Deportierung oder einfach den Tod.

Moskau spielte eine Partie von höchster Wichtigkeit. Moskau verteidigte das europäische Reich, das Bollwerk der Sicherheit, das ihm seine siegreichen Waffen eingebracht hatten. Der Titoismus war eine verführerische Doktrin. Er verband die soziale Revolution mit dem summarischen leidenschaftlichen Nationalismus der halbentwickelten Völker der Donauländer und des Balkans. Er drohte, Spielarten des Kommunismus mit selbständigem Kopf zu schaffen, er brachte die von Rußland ausgeübte Führung über die revolutionäre Weltbewegung zum Scheitern. Stalins letztes großes Werk war der Kampf gegen die Verbreitung eines Ketzertums, dessen Wurzeln er nicht auszumerzen vermocht hatte. Er gewann – für den Augenblick – diese Defensivschlacht. Tito überlebte; der Titoismus breitete sich nicht aus.

Gewaltiger als der Schatten Titos war jener Maos... Er war am 16. Dezember 1949 mit der endlosen Transsibirischen Bahn nach Moskau gekommen. Bei der Apotheose zum 70. Geburtstag auf der Bühne des Bolschoitheaters hatte er zur Rechten Stalins gestanden. Tage und Wochen vergingen. Mao blieb in Moskau – unsichtbar –, als gebe es keine dringende Aufgabe, die ihn nach China rief. Jede Erwähnung seines Aufenthaltes in den Depeschen der ausländischen Korrespondenten wurde von den Zensoren gestrichen. Als schließlich am 20. Januar auch Tschou Enlai eintraf, war Mao nicht auf dem Flugplatz und wohnte der Audienz nicht bei, die Stalin dem chinesischen Außenminister sofort gewährte. Man fragte sich bereits ernstlich, ob Mao Tse-tung, der Erfinder des nationalen Kommunismus, der Vorgänger Titos, nicht von den Russen gefangengehalten wurde oder tot war.

Am 14. Februar tauchte er wieder auf – es war der 60. Tag seines Aufenthaltes in Moskau. Das Zeremoniell war das gleiche wie bei der Unterzeichnung des Freundschafts- und Bündnispaktes, der fünf Jahre zuvor mit Tschiang Kai-schek unterzeichnet worden war. Der neue chinesisch-russische Vertrag wurde für dreißig Jahre abgeschlossen. Er gab Dairen und Port Arthur an China zurück. Er öffnete ihm einen Kredit von 300 Millionen Dollar, mit Zinsen und rückzahlbar »in Tee, Gold oder US-Dollars«. Der Vertrag wurde mit den üblichen Festmählern und Reden gefeiert. Am darauffolgenden Tag entführte die Transsibirische Bahn Mao und Tschou wieder in Richtung Peking.

Was sich während der sechzig Tage abgespielt hatte, die der Sieger der chinesischen Revolution in Moskau zugebracht hatte, ist völlig geheim geblieben. Keiner der Versuche, das Geheimnis zu durchdringen, vermag zu überzeugen. Die Lösung dieses Rätsels muß man den Historikern einer fernen Zukunft überlassen.

»Gosh! The Russians got it!«

Der Nachmittag des 23. September 1949 ging zu Ende. Über Washington ballte sich ein Gewitter zusammen. Die einzige Tätigkeit, die das Weiße Haus zeigte, wurde von den grauweißen Eichhörnchen ausgeübt, die über die Rasenflächen hüpften. Ein Dutzend akkreditierte Journalisten vertrieb sich die Zeit mit Pokerspielen. Myrtil, die Sekretärin des Pressechefs Charles Ross, kam herein und sagte: »Geht nicht fort, Jungs. Charlie hat was für euch.« Die Jungs gingen zu Charlie hinein. Der erste, der die schriftliche Erklärung des Präsidenten in die Hand bekam, stieß einen Schrei aus: »*Gosh! The Russians got it!*« – Die Russen haben sie! Genau in diesem Augenblick ertönte ein Donnerschlag, der den Himmel erzittern ließ.

In der Erklärung stand: »Wir besitzen Beweise, daß in den letzten Wochen in der UdSSR eine Atomexplosion stattgefunden hat.«

Wenige Wochen zuvor hatte ein Komitee unter dem Vorsitz des Luftwaffenministers Thomas Finletter die Ansicht ausgesprochen, man könne den Tag A, den Beginn der Atomgefahr, mit ziemlicher Sicherheit auf den 1. Januar 1952 festsetzen. Gegen diese beunruhigende Behauptung waren Proteste erhoben worden. Gewiß, man hatte aufgehört, sich in der Illusion zu wiegen, es werde den Russen nie gelingen, die Bombe herzustellen; man glaubte jedoch, das amerikanische Monopol werde sich noch zehn Jahre lang erhalten lassen. Die Russen waren dem von Finletter angenommenen, unwahrscheinlichen Zeitpunkt um mehr als zwei Jahre zuvorgekommen!

Der Bericht der Nachrichtenagentur TASS, der auf die Erklärung Trumans folgte, hatte einen leicht ironischen Beigeschmack. »Es ist nicht uninteressant, daran zu erinnern, daß Außenminister W. M. Molotow am 6. November 1947 eine Erklärung abgab, aus der klar hervorging, daß die Sowjetunion das Atomgeheimnis entdeckt und die entsprechende Waffe zur Verfügung hatte. Die wissenschaftlichen Kreise in Amerika hatten diese Worte für Bluff gehalten ...« Der Staatsdichter Jewgenij Dlomatowskij hatte die Explosion in der Julinummer der literarischen Revue *Novy Mir* angekündigt und erzählt, wie die sowjetischen Wissenschaftler einen Berg in der Taiga gesprengt hatten. »... Es war kein Pulver für Kanonen. – Es war kein Dynamit. – Es war ein viel mächtigeres Material, – dessen Namen ich nicht sagen kann ... – Diese mächtige Tonwelle soll an die fremden Ufer schlagen – und unsren Feinden eine Warnung sein.«

Stück für Stück rekonstruierte man die Fortschritte der Sowjets bei der Herstellung der Atombombe. Zunächst waren die Einsteinsche Theorie von der Gleichwertigkeit von Materie und Energie und die Plancksche Quantentheorie als idealistisch und reaktionär verdammt worden. Trotzdem ging die theoretische und experimentelle Atomforschung ihren Gang. Im Jahre 1935 wurde Peter L. Kapiza, ein anglisierter Russe, Schüler des ersten Atomzertrümmerers Lord Rutherford, bei einem Besuch in der UdSSR dort festgehalten. Im Jahre 1940 trat eine Urankommission zusammen. Die Möglichkeit einer Atombombe, »imstande, eine Stadt mit mehreren Millionen Einwohnern zu vernichten«, wurde 1941 anerkannt. Damals bestand das Handikap der Sowjets darin, daß die UdSSR nur sehr wenig uranhaltige

Mineralien besaß; das einzige, das geschürft wurde, der Karneolit im Ferganatal, hatte 25- bis 30mal weniger Urangehalt als die Pechblende Kanadas oder des Kongo.

Deshalb verlangten die Russen von ihren amerikanischen Verbündeten radioaktive Materialien; sie beriefen sich dabei auf den Bedarf ihrer Militärärzte. Schließlich bekamen sie eine Lieferung von 320 Kilogramm Uraniumoxyd, einer ebenso großen Menge von Uraniumnitrat, 12 Kilogramm Uranmetall, 1000 Gramm schwerem Wasser usw. Die Sendungen wurden vom Luftwaffenstützpunkt Great Falls in Montana abgeschickt. Das Geheimnis dieser Transaktion liegt versiegelt in den Privatarchiven Franklin Roosevelts in Hyde Park.

Im Jahre 1944 machten sich die Russen an die Probleme der Reinigung des Graphits und der Gasisotopentrennung, die Grundlagen der Plutonium- beziehungsweise der Uranbombe. Die erste sowjetische Kernspaltung fand am 24. Dezember 1946 in der Nähe von Moskau statt. Molotow bluffte also nicht, als er ein Jahr später erklärte, daß die Sowjets im Besitz des Atomgeheimnisses seien. Er griff kaum voraus, als er sagte, sie verfügten über die Bombe. Die Amerikaner hatten dreißig Monate gebraucht, um von der Kernspaltung zur Bombe zu gelangen. Die Russen waren ebenso schnell.

Die Überraschung war groß. Sie dauerte an. Sie breitete sich aus auf sämtliche wissenschaftlichen Großtaten der Russen. Alle sowjetischen Fabriken, die ausländischen Besuchern zugänglich waren, zeigten sich entsprechenden Fabriken im Westen technisch und organisatorisch beträchtlich unterlegen. Die Verbrauchsgüter waren qualitativ minderwertig. »Die Russen sind nicht imstande, eine Wasserspülung herzustellen, die funktioniert; wie können sie eine Atombombe herstellen?« Man mußte zugeben, daß ein totalitäres Regime zwei völlig verschiedene Industrien haben kann: eine allgemeine für die Befriedigung ziviler Bedürfnisse und eine andere, bevorzugte, im Dienst des Staates. Die Kernwaffen wurden der Polizei und ihrem Oberbefehlshaber, dem Marschall der Sowjetunion Lawrentij Berija, anvertraut. Aber die russische Polizei ist ein Staat für sich, sie verfügt über ihren eigenen Industrieapparat, der imstande ist, alle Freiheiten und alle Vorrechte für sich zu beanspruchen.

Zur Überraschung gesellte sich noch die Demütigung. Die Amerikaner hatten sich bezüglich der Fähigkeiten der Sowjets völlig geirrt. Gleichzeitig entdeckten sie, welch gewaltiger Spionage sie ausgesetzt waren und wie schwach, um nicht zu sagen nicht vorhanden, ihre eigenen Nachforschungsmittel waren.

Das kontinentale Amerika, das in sich selbst zurückgezogen lebte, besaß – im Gegensatz zu England – keine Tradition politischer und militärischer Informationsbeschaffung im Ausland. Es gab keinen amerikanischen Nachrichtendienst. Es konnte keinen geben. Die Spionage lebt von Geheimfonds. In einem Land, in dem jeder von der Regierung ausgegebene Dollar durch den Kongreß genehmigt und kontrolliert werden mußte, waren Geheimfonds unbekannt und unvorstellbar. Der Krieg hatte diese Regel zeitweilig geändert, man hatte improvisiert, manchmal mit glänzendem Erfolg – doch die Demobilisierung der Nachrichtenstellen wurde ebenso überstürzt und vollständig durchgeführt wie die der anderen Zweige der Streitkräfte. »Im Jahre 1946 waren wir wieder am gleichen Punkt angelangt wie vor Pearl Harbor«, sagte Allen Dulles.

Rußland kannte Amerika wie ein offenes Buch, während es selbst für Amerika ein geschlossenes, mit Vorhängeschloß versehenes Buch war. Von dem Dutzend während des Krieges im Umkreis des Baikalsees angelegten Industriestädten war nur eine, Kuibyschew IV, dem Namen nach bekannt. Die Karte der Ukraine in der *Encyclopedia Britannica* wies sogar sechs schwarze Kreise auf und daneben die im 20. Jahrhundert verwirrende Eintragung *Unnamed City*, Stadt ohne Namen. Man glaubte, daß es drei Atomstädte gab: eine im europäischen Rußland, im Donezbekken, die zweite in Sibirien, an der Angara, und die dritte, die geheimnisvollste, in der Oblast Tuwa, einem autonomen Gebiet, das Rußland im Jahre 1944 von der Äußeren Mongolei abgetrennt hat — zweifellos weil es dort Uranlager gefunden hatte. Die genaue Standortbestimmung dieser Atomzentralen war jedoch unmöglich, während die amerikanischen Atomstädte Los Alamos, Oak Ridge, Hanford auf den Straßenkarten verzeichnet waren, die an den Tankstellen gratis verteilt wurden. Um wieviel schwieriger war es daher, die geringste Kenntnis über die Natur und das Fortschreiten der Arbeiten zu erlangen, die dort vor sich gingen. Sogar die sowjetische Atomexplosion war durch Zufall entdeckt worden: Die Besatzung einer B29 stellte bei der Rückkehr von einem Einsatzflug ungewöhnliche radioaktive Erscheinungen an ihren Filmen fest und schlug Alarm . . .

Amerika konnte diese Unterlegenheit nicht hinnehmen. Der Nachrichtendienst wurde wieder aktiviert. Rasch, beinahe verstohlen, bewilligte ihm der Kongreß einige Dutzend Millionen Dollar, ohne Rechenschaft darüber zu fordern, wie sie verwendet wurden. Er beschloß ein Gesetz, das gestattete, außerhalb jeder Einwanderungsquote jährlich hundert Personen ins Land zu lassen, »die den amerikanischen Behörden im Ausland besondere Dienste erwiesen hatten«. Die CIA (*Central Intelligence Agency*) bildete sich unter der Leitung von Admiral Roscoe H. Hillenkoetter, an dessen Stelle später General Bedell Smith trat, der aus der Botschaft in Moskau zurückkehrte, und dann Allen W. Dulles, der während des Krieges den amerikanischen Geheimdienst in der Schweiz geleitet hatte.

Die Notwendigkeit schuf das Organ. Die Spionage stand im Widerspruch zur amerikanischen Mentalität. Wenn die Regierung der Vereinigten Staaten eine geheime Information wünschte, mietete sie die Dienste der Agentur Pinkerton . . . Von nun an sollte ein riesiges Nachrichtenministerium in Washington ein eigenes Haus haben. Die grob übertriebenen Märchen, die bald im Zusammenhang mit dem Geheimdienst entstanden, sollten bald die CIA zum Ausgangspunkt aller Umwälzungen auf der Welt machen, sie wurde sogar als die geheime Regierung Amerikas bezeichnet. Man muß nicht bis zu diesem burlesken Extrem gehen, um in der CIA den Bruch mit der amerikanischen Tradition zu sehen, ein Eindringen des Geheimen in die Freiheit und der Staatsräson in die Demokratie . . . Aber das ist noch ein sehr fernes Vorzeichen von *Big Brother.* (Forts. *UdSSR S. 515*)

Die Entscheidung über die Wasserstoffbombe

Wieder wies das Schicksal auf Harry Truman. Er hatte die Verantwortung für den Einsatz der Uranbombe auf sich genommen, um das Ende des Zweiten Weltkrieges zu beschleunigen. Jetzt lag es an ihm, zu entscheiden, ob Amerika auf die russische Atomexplosion damit antworten sollte, daß es die Herstellung der Superbombe in Angriff nahm.

Die Theorie der Superatombombe stellte keinerlei Geheimnis dar. Der Mechanismus der Sonne, der thermonukleare Zyklus der Energieerzeugung durch Verschmelzung von vier Wasserstoffatomen zu einem Heliumatom, war seit den Arbeiten des Astrophysikers Sir Arthur Eddington im Jahre 1930 bekannt. Der sich während Millionen von Jahren abspielende progressive Zyklus kann durch einen explosiven Zyklus von einigen Millionstelsekunden ersetzt werden, indem man zwei Wasserstoffisotope verwendet: Das eine, Deuterium genannt, ist in verhältnismäßigem Überfluß vorhanden, während das andere, Tritium, seit geologischen Zeitaltern von der Erde verschwunden ist. Es läßt sich industriell zum Preis von einer Milliarde Dollar pro Kilogramm herstellen. Lange vor Alamogordo und Hiroshima hatten die Physiker von einer künstlichen Sonne geträumt. Doch es fehlte ihnen die ungeheure für einen Augenblick notwendige Energiemenge, der phantastische Wärmestoß, um die Kohäsion der leichten Atome zu zerstören und ihre Verschmelzung zu ermöglichen.

Dieses Riesenstreichholz stellte die Uranbombe zur Verfügung. Die 50 Millionen Zentigrad der ersten Explosionen reichten noch nicht aus, es war aber möglich, sie zu verdreifachen, indem man die Zertrümmerung der Bombe verlangsamte, um die Dauer der Kettenreaktion zu verlängern. In diesem Sinne waren bereits bedeutende Fortschritte erzielt worden.

Schon im Jahre 1942 hatten die in Berkeley um Oppenheimer gruppierten Wissenschaftler an die Wasserstoffbombe gedacht. Sie war nicht, wie die Uranbombe, einer oberen Leistungsgrenze durch die kritische Masse unterworfen, die für die Spaltung der schweren Atome ausschlaggebend ist. Diesen Vorteil erkannten die Wissenschaftler in Berkeley – und da die Atomwaffen gegen Deutschland gerichtet waren, spielten die hochherzigen Skrupel, die später angesichts der Grenzenlosigkeit des Blutbades bekundet wurden, keine Rolle bei der Entscheidung, sich von der Superbombe nicht hypnotisieren zu lassen. Es wäre zu vermessen gewesen, an die Herstellung einer H-Bombe heranzugehen, solange man noch nicht wußte, ob das für ihre Auslösung notwendige Streichholz, die A-Bombe, im Bereich der Möglichkeit lag.

Bei Kriegsende war die Straße frei. Oppenheimer besaß in seinem Panzerschrank in Los Alamos ein Fläschchen Wasser – H_2O –, in dem der Wasserstoff das Isotop zweier Neutronen war, Tritium, durch die Wissenschaft nach einem Verschwinden von mehreren Millionen Jahren wieder erzeugt. Eduard H. Teller, ein junger Physiker aus Ungarn, der mit der Parteinahme seiner Kollegen für Rußland nicht einverstanden war, trat entschlossen dafür ein, daß Amerika seinen Vorsprung in der Atombewaffnung weiterhin behalten solle, indem es die Arbeiten für die H-Bombe fortsetzte. Er konnte nicht verhindern, daß Los Alamos verlassen wurde, und kehrte an die Universität Chikago zurück, wo er Physik lehrte.

Die russische Atomexplosion schüttelte vom Memorandum Tellers den Staub, der sich darauf angesammelt hatte. Der Wallstreetmakler Lewis E. Strauss, Mitglied der Republikanischen Partei, Admiral der Reserve, Mitglied der Atomenergiekommission, nahm die Sache in die Hand und stellte einen Dringlichkeitsantrag. Seine vier Kollegen bei der Atomenergiekommission, Lilienthal, Dean, Pike und Smyth, sprachen sich gegen ihn aus. David Lilienthal ergriff am nächsten Tag bei einem Bankett das Wort und schlug die Lösung vor, die er statt der Herstellung der H-Bombe für richtig hielt: »Die Nachricht, die wir aus Rußland erhalten haben, zeigt uns, daß wir unsere mächtigste Waffe, den wirksamen Glauben, den wir Demokratie nennen, bis zum äußersten stärken müssen ...«

In seiner Kommission überstimmt, wandte sich Strauss an den Mann, den er für den Paten der Kernenergie hielt, den Senator von Connecticut, Brian McMahon. Der phantasievolle, beredte Ire schlug ein Programm von 50 Milliarden Dollar für die friedliche Auswertung der Kernenergie vor, aber bei ihm hatte der Idealismus den Sinn für die Sicherheit Amerikas nicht verwischt. »Wir müssen annehmen, daß die Russen bereits auf dem Weg zur Atombombe sind«, sagte er zu Truman. »Es ist nicht begreiflich, daß Amerika sich damit abfindet, auf einem solchen Gebiet überflügelt zu werden ...«

Teller startete eine Kampagne, besuchte die Universitäten, schrieb einen Artikel, *Back to Laboratories* (Zurück in die Labore), und versuchte, wieder Forscherteams zusammenzubringen. Er stieß auf den heftigen Widerstand Oppenheimers. Man weiß diesen hochmütigen, geheimnisvollen Menschen noch heute nicht zu erfassen. Es wurde nie bewiesen, daß Oppenheimer Kommunist war; aber die erste Frau, die er geliebt hat, die Frau, die er geheiratet hat, sein Bruder, seine Schwägerin und ein großer Teil seiner Umgebung, sie alle waren Kommunisten. Im Licht der Ereignisse betrachtet, hätte das Verhalten, das er in den Jahren 1946 und 1949 empfahl, Amerika schutzlos gelassen im Angesicht des stalinistischen Rußland, das die Kernbewaffnung durchführte. Wenn Oppenheimer kein Verräter war, so implizierte doch seine Einstellung die gleiche Wirkung wie ein Verrat.

Oppenheimer bemühte sich, die Spitzen der Wissenschaft gegen eine amerikanische H-Bombe aufzustacheln. Der Präsident von Harvard, James B. Conant, wetteiferte mit ihm an Heftigkeit. »Eine solche Waffe wird man nur über meine Leiche herstellen ...« Gemeinsam nötigten Connie und Oppie der Atomenergiekommission eine einstimmige Entscheidung gegen die Herstellung der thermonuklearen Waffe ab. Enrico Fermi hatte Tellers Ansicht über die Verteidigung ihrer gemeinsamen Wahlheimat geteilt. Er wollte sich aber nicht von seinen Kollegen trennen und schloß sich ihrer Ablehnung an.

Die Entscheidung lag beim Präsidenten und nur bei ihm allein. Er mußte sie fassen, während ein heftiger Streit zwischen der US Air Force und der US Navy tobte und viel Staub aufwirbelte. Die Marine hatte sich mit der Einverleibung in ein Verteidigungsministerium abgefunden, als der Minister einer der Ihren, James Forrestal, gewesen war. Sein Nachfolger, Louis Johnson, stoppte als erste Amtshandlung den Bau des Super-Flugzeugträgers *United States* und trieb dafür die Inbetriebnahme des Superbombers der Air Force, der B36, voran. Die sechsmotorige, 50 Meter lange Maschine mit 70 Meter Flügelweite flog in 12 000 Meter Höhe und besaß einen Aktionsradius, der jede beliebige Stadt der UdSSR in ihre Reichweite brachte. Die Marine erbot sich, den Beweis zu führen, daß der schwerfällige, langsame Luftriese für den Düsenjäger *Banshee* ihrer Träger-Luftwaffe eher ein *sitting duck*, ein wehrloses Ziel, war. Truman mußte das Experiment verbieten, konnte aber nicht verhindern, daß Admiral Radford vor dem Verteidigungsausschuß des Senats erklärte, die B36 sei *a blunder*, eine Blamage, die eine Milliarde Dollar gekostet hatte.

Vier Monate waren verloren. Trumans Verantwortung wurde noch schwerer, sie störte den Schlaf dieses so ausgeglichenen Mannes. Die Gutachten, die er erhielt, beschrieben die Wasserstoffbombe bald als offensichtlich unmöglich, bald als derartige Entfesselung der gebändigten Naturkräfte, daß die Versuche Luft und Wasser verseuchen, die Menschheit vernichten würden. Truman hatte einen Sachverständigenrat aus Louis Johnson, Dean Acheson und David Lilienthal gebildet. Er erwartete ihren Rat.

Der 30. Januar brachte eine alarmierende Nachricht. Oppenheimer und seine Kollegen wurden eilends in die Connecticut Avenue 1901, den Sitz der Atomenergiekommission, berufen. Man brachte ihnen eine geheime Mitteilung der britischen Regierung zur Kenntnis. Der Leiter der Abteilung für Theoretische Physik am Atomforschungszentrum in Harwell, Klaus Fuchs, war ein Verräter im Dienste der UdSSR oder war es gewesen. Der Geheimagent William James Skerdon hatte ein vollständiges Geständnis von ihm erhalten. Präsident Truman ersuchte den Sachverständigenrat, festzustellen, wie wichtig die Mitteilungen waren, die Fuchs über die Kernforschung der Vereinigten Staaten gemacht haben konnte.

Klaus Emil Julius Fuchs war Deutscher, Sohn eines pazifistischen Pfarrers, ein brillanter Wissenschaftler, der zu Beginn des Naziregimes nach Großbritannien geflüchtet war. Sein Lehrer Max Born hatte ihn am Institut für Kernforschung in Cambridge eingeführt. Bei Kriegsbeginn war er interniert, fast sofort wieder freigelassen und bald britischer Staatsbürger geworden. Fuchs war Mitglied des Forscherteams gewesen, das unter dem Decknamen *Tube Alloys* schon vom Jahre 1940 an eine Atombombe vorbereitete. Als die Arbeiten und Forschungen nach Amerika verlegt wurden, erhielt er ohne jede Schwierigkeit die Unbedenklichkeitsbescheinigung von den englischen und amerikanischen Sicherheitsbehörden. Man wußte nicht, daß er Mitglied der Kommunistischen Partei gewesen war, ebensowenig daß ihm die Kommunistische Partei untersagt hatte, öffentlich zu seiner Überzeugung zu stehen. Er sollte im Schatten bleiben, schweigen und gehorchen.

Nie wurde eine Weisung besser eingehalten. In Los Alamos war Klaus Fuchs ein Muster an Eifer und Bescheidenheit. Flüchtige Kontakte, die er mit der Außenwelt hatte, blieben völlig unbemerkt. Er verließ Amerika, ohne irgendwelchen Verdacht erregt zu haben.

Die Wissenschaftler des Sachverständigenrats gaben bestürzt zu, daß Fuchs zu den geheimsten Informationen Zugang gehabt hatte. Er war imstande, die Russen über sämtliche Etappen des Manhattanprojekts zu informieren. Er hatte sich ganz besonders für die Vorarbeiten an der H-Bombe interessiert. Bevor er im Jahre 1946 Los Alamos verlassen hatte, war von Eduard Teller unter dem Titel »Letzte Vorträge über die Super« ein Seminar abgehalten worden. Die Wissenschaftler hatten es boykottiert; es hatte nur etwa dreißig Teilnehmer gehabt; der unermüdlich wißbegierige Klaus Emil Fuchs war darunter gewesen . . .

Am Tag darauf, dem 31. Januar, trafen Lilienthal, Acheson und Johnson im 2. Stockwerk des Old State Building zusammen. Sie waren sich darüber klar, welchen Vorsprung der Verrat den Russen vor den Vereinigten Staaten verlieh, deren thermonukleare Forschungen seit vier Jahren völlig brachlagen. Lilienthal selbst gab zu, daß die Gefahr sehr groß war. »Einstimmig wurde von den drei Mitgliedern des Sachverständigenrats die Befürwortung der Herstellung der Wasserstoffbombe beschlossen und unterzeichnet«, berichtet Truman.

Wenige Stunden darauf verkündete der Präsident seine Entscheidung: »Ich erteile der Atomenergiekommission die Weisung, ihre Arbeiten über alle Formen von nuklearen Waffen, einschließlich der sogenannten Wasserstoff- oder Superbombe, fortzusetzen.«

McCarthy meldet sich zu Wort

Klaus Fuchs war am 3. Februar verhaftet worden. Die Verhandlung gegen ihn fand am 1. März statt, er wurde zu 14 Jahren Gefängnis verurteilt. Er hatte erklärt, er nehme die Strafe an, nachdem ihm die Augen über das wahre Wesen des Regimes, dem er hatte dienen wollen, aufgegangen seien.

Aber die Sache war noch nicht zu Ende. Fuchs hatte eine Beschreibung des anonymen Kuriers gegeben, den er in Alburquerque oder Santa Fé getroffen hatte: klein, gedrungen, slawische Züge, singender Tonfall, auffallende Krawattennadel . . . Das FBI suchte nach ihm und kam, nachdem andere Verdächtige ausgeschieden worden waren, auf einen Chemiker russischer Herkunft in Philadelphia, Harry Gold. Er verteidigte sich mehrere Wochen lang, schließlich brach er zusammen . . . Er hatte die Informationen von Dr. Fuchs abgeholt und sie zwei Männern gebracht, die sich John Doe und Sam Roe nennen ließen. »Ich glaubte eine Pflicht zu erfüllen. Ich übermittelte der Sowjetunion, dem Verbündeten Amerikas, die Informationen, auf die sie meiner Ansicht nach ein Recht besaß . . .«

Doe und Roe waren verschwunden. Es handelte sich um den Vizekonsul Anatol Jakowlew und um Simon Simonow, einen Angestellten der russischen Einkaufsdelegation Armtorg. Auch andere Verräter, Haakon Chevalier, Bruno Pontecorvo, Clarence Hiskey, Josef Weinberg usw., waren geflüchtet. Es blieben noch genügend übrig, so daß in schneller Folge Verhaftungen vorgenommen werden konnten: Alfred Dean Slack, David Greenglass, Ethel und Julius Rosenberg, William Werl, Morton Sobell . . . Sie enthüllten nach und nach das Spinnennetz, das die sowjetische Spionage über die amerikanischen Atomforschungen gewoben hatte . . .

Zur gleichen Zeit lief der Prozeß Alger Hiss. Ein weiterer Prozeß wurde abgewickelt, jener von Judith Coplon, die auf frischer Tat ertappt worden war, als sie unter

52 Deutsche Sozialdemokraten der Nachkriegszeit: Ernst Reuter, Carlo Schmid, SPD-Vorsitzender Kurt Schumacher, Franz Neumann, Paul Loebe, Gewerkschaftsführer Hans Boeckler. 53 Bei den Alliierten Hochkommissaren: Bundeskanzler Adenauer (2. v. l.) zwischen John McCloy, Sir Brian Robertson und André François-Poncet.

54 Außenminister der USA, Großbritanniens und Frankreichs: der Südstaatler Dean Acheson, der Gewerkschaftler Ernest Bevin und der Elsässer Robert Schuman. – 55 Produkt des Kalten Krieges: Gründung der NATO im Mai 1949 in Anwesenheit des US-Präsidenten und der Außenminister der 13 Gründungsländer in New York.

der Hochbahn in der 3. Avenue ihrem Liebhaber, dem russischen Angestellten bei den Vereinten Nationen Gubitschew, Geheimakten übergab, die aus dem Justizministerium gestohlen worden waren. Das amerikanische Strafverfahren, bei dem die Rechte der Angeklagten bis zum Übermaß gewahrt werden, zog diese Prozesse endlos in die Länge, und die Öffentlichkeit sah das Gespenst des Verrates immer mehr wachsen.

Hiss war im Mai 1949 zum erstenmal vor dem Bundesgericht in Manhattan erschienen. Die Verhandlung hatte 32 volle Gerichtssitzungen in Anspruch genommen. Der Verteidiger, Lloyd Paul Stryker, hatte Chambers drei Tage hintereinander gefragt, seine Herkunft und seine Vergangenheit aufgedeckt, wobei an den Tag kam, daß die eine seiner Großmütter im Irrsinn gestorben war und sein Bruder Selbstmord begangen hatte; daß er mit einer Prostituierten gelebt hatte, der Autor eines atheistischen Stückes und pornographischer Gedichte war; daß er Bücher in einer Bibliothek entwendet hatte. Der Verteidiger hatte ihn einen Lügner, Dieb, Gauner, Gotteslästerer, Meineidigen, Verschwörer, Verräter, Psychopathen, Sadisten, moralisch Aussätzigen genannt. Auf diesen Schwall hatte Chambers mit seiner gedämpften Stimme geantwortet: Alles, was Stryker sagte, war richtig. Er hatte gelogen, verraten, gestohlen, gelästert, weil er ein Soldat des Kommunismus gewesen war, der die göttlichen und menschlichen Gesetze von sich stieß, um die bürgerliche Gesellschaft niederzuringen – ein Soldat des Kommunismus, wie Alger Hiss es geblieben war ... Trotz achtundzwanzigstündiger Beratungen hatten sich die Geschworenen, acht Männer und vier Frauen, nicht auf das vom amerikanischen Gesetz verlangte einstimmige Urteil zu einigen vermocht. Man mußte einen zweiten Prozeß ansetzen.

Er begann am 17. November und wurde neun Wochen lang im Saal 1305 des Bundesgerichtes von New York geführt. In einem benachbarten Saal wurde in zweiter Instanz über Judith Coplon verhandelt, deren Schuld offenbar war; aber sie war entlarvt worden, indem man ihr Telefon angezapft hatte, was gesetzlich verboten war. Der neue Verteidiger von Alger Hiss, der Bostoner Anwalt Claude B. Gross, behauptete, die in dem Kürbis gefundenen Dokumente stammten von einem gewissen Julian Wadleigh, der – gedeckt durch Verjährung – eingestand, daß er Chambers mehr als 500 Dokumente übermittelt habe, die aus den Archiven des State Department entwendet worden waren. Aber die Handschrift von Alger Hiss und die Schreibmaschine von Priscilla Hiss stellten Belastungsmomente dar, die unmöglich zu erschüttern waren.

Das neue Geschworenengericht bestand aus acht Frauen und vier Männern. Der Bundesrichter Henry Warren Goddard fragte den Beisitzer, Mrs. Ada Cordell, ob sie ein Urteil bringe. Sie bejahte. Hiss wurde schuldig gesprochen. Drei Tage später wurde das Strafmaß bekanntgegeben: 5 Jahre Gefängnis. Damit war die Angelegenheit aber noch nicht abgeschlossen. Hiss legte Berufung ein und blieb gegen Hinterlegung von 10 000 Dollar auf freiem Fuß.

Bei seiner Pressekonferenz fragte ein Journalist Dean Acheson, ob er zu dem Urteil etwas zu sagen habe. Die Frage war erwartet worden und die Antwort war bereit: »Wie immer die Berufung ausgehen mag, ich werde Alger Hiss nicht den Rükken kehren ... Wenn Sie mich fragen, worauf ich meine Haltung begründe, verweise ich Sie auf Kapitel 25 des Matthäusevangeliums.«

... Matthäus, 25–30. Der Erlöser dankt den Gerechten, daß sie ihn im Gefängnis besucht haben. Die Gerechten sind erstaunt: »Wann denn, o Herr?« Der Sohn Gottes antwortet: »Was ihr für den niedrigsten eurer Brüder getan habt, das habt ihr für mich getan ...«

Acheson war ein origineller, beherzter Mann. Aber seine Erklärung ging über die Grenzen des Paradoxen hinaus. Entweder verwarf er die Rechtsprechung seines Landes, oder er betrachtete den Diebstahl diplomatischer Dokumente durch einen Beamten seiner Abteilung als läßliche Sünde, die einen Bruch der Freundschaft nicht rechtfertigte. Die Republikaner protestierten energisch. Den meisten Demokraten war die Sache unangenehm, und sie schwiegen.

Einige Tage später gab es im republikanischen Frauenklub in Wheeling, West Virginia, eine Wortmeldung. »Ich habe hier in meinen Akten eine Liste von 203 Personen, die dem Außenminister als Mitglieder der Kommunistischen Partei bekannt sind und die nichtsdestoweniger weiter in seinem Ministerium daran arbeiten, die Politik der Vereinigten Staaten zu prägen ...« Es war die Stimme des jungen Senators von Wisconsin, Joseph Raymond McCarthy. Am Tag zuvor war sein Name noch unbekannt gewesen. In dem allgemeinen Argwohn, der durch die Spionageaffären entstanden war, erklomm er schwindelnde Höhen. (*Forts. USA S. 457*)

England entscheidet gegen Europa

Wir müssen uns einen Augenblick dem allmählich genesenden Europa zuwenden, dessen Zukunft keineswegs gesichert war. Der Marshallplan verhalf zwar zu einer allgemeinen Besserung der Lage, aber er war ein Almosen. Er brachte gratis ein paar Brocken des amerikanischen Reichtums, doch was sollte aus Europa werden, sobald es keine Almosen mehr gab?

Am 18. September 1949, einem Sonntag, um 21 Uhr 15, war überall die Woche zu Ende und noch nirgends die neue Woche begonnen. Alle Banken der Welt waren geschlossen. Im *Cabinet Room* von Downing Street Nr. 10 trat der aus Washington zurückgekehrte Schatzkanzler Sir Stafford Cripps ans Mikrofon. Er verkündete die Abwertung des Pfundes Sterling. Es hatte mit 4,03 Dollar notiert. Nun war es nur noch 2,80 Dollar wert.

Mindestens sechsmal hatte Cripps geschworen, die Abwertung werde nicht stattfinden. Er hatte verächtlich von einer Manipulation gesprochen, die das Pfund Sterling auf das Niveau des französischen Francs herabbringen würde, der innerhalb von elf Monaten zweimal abgewertet worden war. Er hatte sich bemüht, die Einführung eines vernünftigen Kursverhältnisses zwischen Pfund und Dollar zu erreichen. Der amerikanische Finanzminister John W. Snyder hatte geantwortet, daß die Parität von 4 Dollar für ein Pfund völlig unrealistisch sei und eine Angleichung vorgenommen werden müsse.

Diese Angleichung sah Snyder, unterstützt von Paul Hoffman, im Rahmen einer allgemeinen Konsolidierung der europäischen Währungen. Cripps war unnachgiebig: Da England zur Abwertung gezwungen war, würde es allein abwerten, ohne andere Interessen als seine eigenen in Betracht zu ziehen. Die Mehrzahl der Finanzminister des Kontinents, unter ihnen der Franzose Maurice Petsche, waren zur Konferenz des Internationalen Währungsfonds in Washington versammelt gewesen; sie erfuhren von der Abwertung des Pfundes durch die Ansprache Sir Staffords, einige von ihnen waren bereits im Flugzeug auf der Heimreise.

Die Sache war ernst. Die Abwertung vereitelte die Hoffnungen, die Churchill als erster geweckt hatte. Die Labourregierung verleugnete, verhöhnte die gemeinsamen Interessen Europas. Der Abwertungssatz, den sie gewählt hatte, kam völlig unerwartet. Man hatte mit höchstens 15 % gerechnet – er betrug das Doppelte. England hatte einzig daran gedacht, den Preis seiner Waren auf dem amerikanischen Markt zu senken, um seine Konkurrenten zu unterbieten, to undersell.

Die egoistische Rechnung ging nicht auf. Die Konkurrenten beantworteten die Abwertung damit, daß sie ebenfalls abwerteten. Innerhalb einer Woche waren 24 Staaten, darunter Australien, Belgien, Frankreich, Italien, Kanada, die Niederlande und Schweden, der Operation Englands gefolgt und hatten so ihre Wirkung zunichte gemacht. England mußte weiter mit den unerbittlichen Ziffern ringen, der Stern der Labourpartei verdunkelte sich immer mehr. (*Forts. Großbritannien S. 493*)

Adenauer wird Bundeskanzler

Quo vadis Germania? In Westdeutschland war es zum erstenmal seit dem Jahr 1938 zu allgemeinen, fast freien Wahlen gekommen. Die Christliche Demokratische Union (CDU) war mit 34,58 % der Stimmen und 139 Sitzen an der Spitze. Ganz knapp dahinter kam die Sozialdemokratische Partei Deutschlands (SPD) mit 32,58 % der Stimmen und 131 Sitzen, dann, völlig unerwartet, die Freie Demokratische Partei (FDP) mit 52 Sitzen. Außerdem teilten sich noch sechs Parteien, von den Kommunisten bis zu der autonomistischen Bayernpartei, in 82 Sitze.

Das war ein keineswegs befriedigendes Bild. Der erste Bundestag zeigte wieder die politische Zersplitterung, die der wunde Punkt der Weimarer Republik gewesen war. Durch die Wahlkampagne hatte ein antiwestlicher Wind geblasen. »Das deutsche Volk hat es satt, von Freundschaft und Versöhnung sprechen zu hören«, rief Schumacher, »und nichts als Kundgebungen der Feindschaft und Rachegefühle zu empfangen. Ich bin Nationalist, weil ich jedes Stückchen deutschen Bodens zu verteidigen entschlossen bin.« Wenn der Chef der Sozialdemokratischen Partei eine solche Sprache führte, war es nicht erstaunlich, daß die extremistischen Gruppen Wind in ihren Segeln hatten. Der Chef der Wiederaufbauvereinigung, der bayerische Agitator Alfred Loritz, wurde ein wenig zu rasch mit Adolf Hitler verglichen. Der ehemalige Hauptmann der Waffen-SS Waldemar Kraft gründete unter dem dramatischen Namen »Bund der Heimatvertriebenen und Entrechteten« eine Bewegung, die darauf abzielte, aus der Bedrängnis der aus den Ostgebieten Vertriebenen politisches Kapital zu schlagen. Alte Nationalsozialisten scheuten sich nicht, wieder an die Öffentlichkeit zu treten: General Remer, der den Anschlag vom 20. Juli 1944 vereitelt hatte, Otto Dietrich, der Adjutant von Goebbels, Werner Naumann, dessen Stimme im Rundfunk noch den Sieg verheißen hatte, als die russischen Panzer schon Berlin überrollten . . .

Das Parlament trat am 7. September in Bonn zusammen. Die Arbeiter waren bis zur letzten Minute beschäftigt gewesen, um den Saal für den Bundestag fertigzustellen, ein riesiges Glasviereck mit Ausblick auf den Rhein und seine wiedererstehende Schiffahrt. Da es an Hotels mangelte, hatte die Stadtverwaltung für ihre Gäste zwei Rheindampfer gechartert, ihre Namen jedoch mit Stoffstreifen verdeckt: Der eine hieß *Bismarck*, der andere *Kaiser Wilhelm II*. Die Fahne der Bundesrepublik war jene der Weimarer Republik — Schwarz-Rot-Gold. Die Christlichsozialen hätten lieber eine völlig neue Fahne gehabt, doch ihr Vorschlag, ein rotes Kreuz auf einem schauderhaft gelben Grund, war mit berechtigtem Abscheu zurückgewiesen worden.

Die Wahl des Kanzlers durch den Bundestag eröffnete die Reihe der Auseinandersetzungen im Parlament. Prof. Theodor Heuss, der am Vortag zum Bundespräsidenten gewählt worden war, schlug den Chef der stärksten Partei, Dr. Konrad Adenauer, vor. Schumacher wandte sich heftig gegen diesen Vorschlag. Die notwendige Mehrheit betrug 201 Stimmen. Konrad Adenauer erhielt 202 Stimmen. Das wiedererstehende Deutschland hatte einen Regierungschef mit der Mehrheit von einer Stimme — seiner eigenen — erhalten.

Dieser Mann war ein echter Rheinländer. Er sagte, es gebe drei Deutschlands: das des Schnapses, das des Bieres und das des Weins. Das Schnapsdeutschland, Preußen, hatte sich im 19. Jahrhundert über das Rheinland des Weines ausgebreitet. Adenauer war im Schatten des Kölner Doms zur Welt gekommen, als Sohn eines Kanzlisten mit 300 Mark Monatsgehalt, war in kleinbürgerlich beschränkten Verhältnissen aufgewachsen und als Beamter in die Stadtverwaltung eingetreten. Bei der Niederlage des kaiserlichen Deutschland war er Oberbürgermeister gewesen und hatte im Jahre 1919 versucht, im Rahmen einer deutschen Bundesrepublik wieder ein Rheinland zu errichten. Zur gleichen Zeit verfolgten die Franzosen ein unsinniges Abenteuer, sie versuchten mit der Hilfe bezahlter Abenteurer, das Rheinland von Deutschland abzutrennen. Das genügte, um das vernünftige Projekt Dr. Adenauers zum Scheitern zu bringen.

In der Zeit des Nationalsozialismus benahm sich Adenauer weder willfährig, noch spielte er den Helden. Er wurde durch den preußischen Innenminister Hermann Göring abgesetzt, mietete ein verfallenes Haus in Rhöndorf oberhalb des Rheintales, lebte dort mit seiner zahlreichen Familie und versuchte nach Möglichkeit in Vergessenheit zu geraten. Sein ehemaliger Kollege Goerdeler, früherer Oberbürgermeister von Leipzig, wollte ihn für die Verschwörung gegen Hitler gewinnen; Adenauer wies diesen Giftkelch zurück. Nach dem 20. Juli wurde er verhaftet und im Lager Brauweiler interniert, jedoch einige Wochen später wieder freigelassen. Die Amerikaner hätten ihn bei ihrer Beschießung von Rhöndorf beinahe getötet, dann ersuchten sie ihn, seinen alten Platz im Rathaus eines Trümmerfeldes wieder einzunehmen, das Köln hieß. Von den 700 000 Einwohnern des Jahres 1940 waren noch 32 000 übriggeblieben.

Die Engländer traten an die Stelle der Amerikaner. Ortskommandant wurde Brigadegeneral Sir John Barraclough. Er ließ den Oberbürgermeister zu sich kommen – so berichtet er –, um ihm Vorstellungen wegen der Langsamkeit zu machen, mit der die öffentlichen Dienste wieder in Gang kamen. Als Antwort zeigte ihm Adenauer ein Buch mit den Plänen von Köln, wie er es an einer anderen Stelle wiederaufbauen wollte. »Leute mit dem Kopf in den Wolken konnte ich nicht gebrauchen«, berichtet Sir John. »Nach einem höflichen Gespräch forderte ich Dr. Adenauer zum Rücktritt auf.«

Adenauer schildert die Sache anders: Barraclough empfing ihn sitzend, bot ihm keinen Stuhl an und reichte ihm eine Mitteilung, derzufolge er wegen administrativer Unfähigkeit abgesetzt wurde. Er habe Köln innerhalb einer Woche zu verlassen und »weder direkt noch indirekt irgendeiner wie auch immer gearteten politischen Tätigkeit nachzugehen«. Adenauer kehrte nach Rhöndorf zurück. Er hatte vor kurzem seine zweite Frau, geborene Gussie Zissner, verloren, die achtzehn Jahre jünger gewesen war als er. »Die politische Tätigkeit schien beendet, und ich widmete mich wieder ganz meiner Gartenarbeit.«

Drei Monate später wurde das Verbot politischer Tätigkeit aufgehoben. Vier Jahre darauf, in seinem 73. Jahr, wurde Adenauer der erste Kanzler des neuen Deutschland. »Das Geheimnis seiner Frische«, behauptete Acheson, »liegt in der Ökonomie seines Energieverbrauchs; kein Erg wird für eine Geste, die Stimme oder den Gesichtsausdruck verausgabt, ohne daß es notwendig wäre ...« Ein Autounfall hatte dazu beigetragen, seine Züge starr werden zu lassen, das verlieh ihm die Maskenhaftigkeit eines alten Indianerhäuptlings. Doch die Unbewegtheit war nur äußerlich. Adenauer war schlau, aber gleichzeitig impulsiv und reizbar, er neigte zu schroffen Ausbrüchen.

Die Handlungsfreiheit Deutschlands bestand nur auf Widerruf. Auf dem Petersberg am rechten Rheinufer, der die vorläufige Hauptstadt überragt, stand das Hotel, in dem sich die drei Hochkommissare eingerichtet hatten. Die alliierten Mächte hatten sich, als sie die Souveränität aufgaben, das Recht vorbehalten, die von ihnen gemachten Zugeständnisse zurückzunehmen und Deutschland nötigenfalls einer Militärregierung zu unterstellen. Die Abrüstung, die Entmilitarisierung, die zivile Luftfahrt, die Kontrolle der Beziehungen zum Ausland blieben ausschließlicher Zuständigkeitsbereich der Hochkommissare. Adenauer hatte weder einen Außen- noch einen Verteidigungsminister. Der Prophet Churchill hatte gesagt, man werde daran denken müssen, den deutschen Soldaten an der gemeinsamen Verteidigung Europas mitwirken zu lassen, doch Bevin hatte geantwortet, ein solcher Gedanke sei entsetzlich, *frightful*. Der amerikanische Hochkommissar McCloy warnte die Nationalisten: Deutschland wird niemals wieder eine Armee oder eine Luftwaffe haben. NIEMALS!

Adenauer fuhr die gewundene Straße zum Petersberg empor, um seine Minister vorzustellen und das Besatzungsstatut entgegenzunehmen. Die drei Hochkommissare, Robertson, François-Poncet und McCloy empfingen ihn, in der Mitte eines Teppichs stehend. Es galt als vereinbart, daß er den Teppich nicht betreten würde, ehe man ihn dazu einlud. Bewußt hielt er sich nicht an die Abmachung, sondern betrat den Teppich fünfzehn Zentimeter weit, während er seine Ansprache hielt. Das Vereinigte Königreich von Großbritannien und Nordirland, die Französische Republik und die Vereinigten Staaten von Nordamerika geruhten, darüber hinwegzusehen. (*Forts. Deutschland S. 537*)

Referendum für König Leopold

In Belgien hatten sich in der Königsfrage seit dem Jahr 1946 keine großen Veränderungen ergeben. Der Herrscher ohne Krone lebte immer noch in der Schweiz und gab sich dem Golf mit einer Leidenschaft hin, die von der Frau geteilt wurde, die auf dem Golfplatz den Weg zu einem königlichen Bett gefunden hatte. Das Gesetz vom 19. Juli 1945, das »Regierungsunfähigkeit« Leopolds III. festgestellt hatte, war weiter in Kraft und konnte nur durch Abstimmung in beiden Kammern widerrufen werden. Der Thronerbe, Prinz Baudouin, war zu einem jungen Mann herangewachsen, groß, schlank und kurzsichtig, dem Ernst des Lebens zugewandt. Der Prinzregent Karl hielt sich so weit als möglich im Hintergrund, er teilte mit seinem Bruder die zwölf Millionen belgischen Francs der Zivilliste, ohne den Verdacht auslöschen zu können, daß er danach strebte, an seine Stelle zu treten. Die politischen Parteien änderten ihre Haltung nicht: Die Katholiken waren für die Rückkehr Leopolds, die Sozialisten widersetzten sich ihr verbissen, und die Liberalen waren geteilter Meinung.

Bei den Wahlen des Jahres 1949 wählten zum erstenmal alle Frauen. Der Christlich-sozialen Partei fehlten zur absoluten Mehrheit zwei Sitze. Sie war gezwungen, sechs Wochen mit den Liberalen zu verhandeln, bis diese in ein von Gaston Eyskens geleitetes Kabinett eintraten. Die Königsfrage war der Hemmschuh.

Leopold hatte immer erklärt, die Königsfrage müsse durch eine Volksabstimmung gelöst werden. In beiden Kammern kam es zu heftigen Debatten über den Plan eines Referendums. Die Anhänger Leopolds führten ein unter Leitung eines hohen Beamten, Jean Servais, erstelltes Dokument ins Treffen, das die gegen den König erhobenen Beschuldigungen widerlegte. Die Gegner Leopolds zitierten Leopolds politisches Testament, in dem er erklärt hatte, daß die Londoner Minister, die sich schuldig gemacht hatten, indem sie ihn anklagten, »im befreiten Belgien von jeder wie immer gearteten Amtstätigkeit ausgeschlossen« bleiben müßten. Spaak erinnerte daran, daß Leopold während der deutschen Besetzung den Titel eines Herzogs von Sachsen wieder angenommen hatte, den Albert I. aufgegeben hatte. Die Heirat des Jahres 1941 wurde wieder ins Treffen geführt. Sie war standesamtlich regelwidrig und widersprach der belgischen Verfassung, die keine morganatische Verbindung vorsieht und für die Heirat des Königs die Zustimmung der Regierung erforderlich macht. Sie war daher ungültig.

Das Referendum konnte nur beratenden Charakter haben. Leopold war der erste, der erklärte, er werde nur wiederkommen, wenn er »durch eine klare Mehrheit ..., die nicht weniger als 55 % betragen müßte« zurückberufen werde. Die Sozialisten antworteten, ein so geringer Vorsprung würde die nationale Einheit gefährden. Sie versuchten, das Prinzip einer Zweidrittelmehrheit für die Gesamtheit des Landes und absolute Mehrheit in jedem der drei Landesteile Flandern, Wallonien und Brüssel in das Gesetz aufnehmen zu lassen. Sie wurden überstimmt und antworteten mit einer massiven Drohung. Ihr Vorsitzender, Max Buset, erklärte, die Partei werde sich der Rückkehr Leopolds mit Gewalt widersetzen.

Das Prinzip der Monarchie hingegen wurde vermöge einer ausgegebenen Losung von niemand in Frage gestellt. Die Mauern Belgiens bedeckten sich mit Bildern der Königin Astrid; sie trugen die Unterschrift: »Majestät, Ihr seid immer noch unsre Königin: Euer Sohn ist unser König.« Die Prinzessin de Réthy, geborene Liliane Baels, wurde auf das gemeinste beschimpft; der Vergleich mit der berühmtesten Mätresse der Geschichte, Jeanne Poisson, Madame de Pompadour, lieferte ein häßliches Wortspiel: »Madame de Pompafric« (Geldsaugerin). Im anderen Lager winkte man mit der kommunistischen Gefahr. Ein Plakat zeigte einen heuchlerischen Stalin, der sich die Hände rieb: »Wenn ihr mit Nein stimmt, komme ich zu euch . . .«

Die Frage wurde folgendermaßen gestellt: »Sind Sie der Ansicht, daß König Leopold III. die Ausübung seiner verfassungsmäßigen Rechte wieder übernehmen soll?« Die vier flämischsprachigen Provinzen antworteten »Ja«, die Mehrheit reichte von 59 % in Limburg bis 75 % in Westflandern. Von den vier französischsprachigen Provinzen gaben die beiden kleinen, völlig konservativen, Luxembourg und Namur, gleichfalls eine Mehrheit für die Restauration, die großen jedoch, Liège und Hainaut, sprachen sich mit 58 % beziehungsweise 64 % dagegen aus. Die gemischte Provinz Brabant war so ziemlich ausgeglichen mit 50,6 % dafür und 49,4 % dagegen, wobei Brüssel eine leichte negative Mehrheit ergab. Das Gesamtresultat, 2 933 302 »Ja« gegen 2 151 288 »Nein« ergab 57,57 % gegen 42,32 %. In Wallonien hatten sich 58 % der Wähler gegen Leopold ausgesprochen.

Die Wirren Belgiens wurden in die Schweiz getragen. Die wichtigsten politischen Persönlichkeiten trafen nacheinander in Genf ein und verliehen dem Hotel des Bergues eine Atmosphäre wie zu den Anfängen des Völkerbundes. Die Konferenzen im »Ruhesalon« dauerten drei Tage lang. Ohne irgend jemand zu überzeugen, leugnete Eyskens, Leopold den Rat erteilt zu haben, er solle zugunsten Baudouins abdanken. Der König hielt daran fest, daß die Mehrheit, die sich für ihn ausgesprochen hatte, die von ihm gestellte Bedingung erfüllt habe, daß er daher von den beiden Kammern verlange, ihrer Verpflichtung nachzukommen. Eyskens erklärte sich einverstanden, von ihnen die Aufhebung des Gesetzes vom 19. Juli 1945 zu verlangen.

Doch die Liberalen sträubten sich. Sie erklärten, die Mehrheit vom 12. März sei unzureichend und zu ortsgebunden. Sie sagten, Leopold könne als Chef der Christlich-sozialen Partei und als Souverän der flämischen Bevölkerung wiederkommen, nicht jedoch als Schiedsrichter zwischen den Parteien und Bindeglied zwischen den beiden Sprachgruppen des Landes. Die Regierungskoalition löste sich auf. Eyskens überbrachte dem Regenten den Rücktritt des Kabinetts.

Das Volk geriet in Aufruhr. Spaak führte in Hemdsärmeln einen Umzug quer durch Brüssel, der bei der Porte de Namur von berittener Polizei angegriffen wurde. Ein vierundzwanzigstündiger Warnstreik lähmte das Land. Der separatistische Gärungsprozeß setzte ein. In Lüttich und Mons sang die Menge die Marseillaise.

Der parlamentarischen Praxis entsprechend, ersuchte der Regent den Führer der

Liberalen, Albert Devèze, die durch sie verursachte Krise beizulegen. *Libre Belgique* schrieb, daß Prinz Karl seine Maske abnehme und jetzt offen sein Ziel verfolge, die Stelle seines Bruders einzunehmen. Devèze schlug vor, Leopold wieder einzusetzen, unter der Bedingung, daß er sich verpflichte, sofort zugunsten seines Sohnes abzudanken. Die Idee und ihre Urheber wurden in Pregny mit beleidigender Kälte empfangen. Devèze kehrte zurück und verzichtete auf die Regierungsbildung.

Dann kam van Zeeland. Er hoffte, mit den Katholiken und einigen abtrünnigen Liberalen ein der Restauration Leopolds geneigtes Kabinett bilden zu können. In dem Moment, da er sein Scheitern eingestehen mußte, wurde er eilig in die Schweiz berufen. Von dort kam er mit einer Tonbandaufzeichnung und mit einem Lächeln zurück. Die Lösung der Krise war gefunden.

Ganz Belgien hörte voll Bangen zu. Die liberalen Führer waren im Saal der Marschälle rund um Devèze versammelt, die sozialistischen Führer rund um Paul-Henri Spaak im Haus des Volkes. Zum erstenmal seit den tragischen Tagen des Jahres 1940 erklang die Stimme des Königs aus den Rundfunkgeräten. Die Ansprache dauerte sieben Minuten und wurde zuerst französisch, dann flämisch gehalten. Leopold schlug einen Kompromiß vor. Die beiden Kammern sollten das Gesetz, das ihn für regierungsunfähig erklärte, aufheben. Er werde nach Brüssel zurückkehren, achtzehn Tage lang seine königlichen Rechte wieder ausüben und sie am neunzehnten Tag vorübergehend dem Kronprinzen übertragen. Die endgültige Restauration werde mit Einwilligung der Regierung stattfinden, sobald diese sie den Interessen der Nation entsprechend erachten werde.

Da man allenthalben der Sache überdrüssig war, schien diese komplizierte Lösung eine Chance zu haben. Aber die Sozialisten befürchteten, Baudouin werde die Maske seines Vaters sein. Sie verlangten, Leopold solle sich verpflichten, Belgien zu verlassen und nicht vor der endgültigen Beilegung der Krise zurückzukehren. Leopold gab zur Antwort, daß er sich verpflichtet habe, sich nicht in die Staatsangelegenheiten einzumischen, und daß seinem Wort, das er gegeben habe, nichts hinzuzufügen sei. Die Sozialisten sagten, sie könnten sich damit nicht zufriedengeben.

Der Kompromiß kam nicht zustande. Die letzten Versuche van Zeelands, ein leopoldfreundliches Kabinett zu bilden, stießen auf den Widerstand der Liberalen. Seit sechs Wochen war Belgien ohne Regierung. Der Regent löste die Kammern auf und wandte sich wieder an die Wähler.

Am 4. Juni gingen die Belgier zum drittenmal seit Jahresbeginn zu den Urnen. Die Sozialisten hatten Fortschritte zu verzeichnen, doch der Rückgang der Liberalen gestattete es den Katholiken, die drei Sitze zu erringen, die ihnen, mit einer einzigen Stimme, die Mehrheit sicherten. Der wallonische Rechtsgelehrte, Jean Duvieusart, bildete ein homogenes Kabinett. Der Weg für die Rückkehr Leopolds stand offen. (*Forts. Belgien S. 404*)

In Frankreich reifte eine neue Krise. Dem Ministerium Queuille war der Kraftakt gelungen, sein einjähriges Bestehen zu feiern — es regierte, das stimmt, wie ein Schwimmer, der sich in Rückenlage treiben läßt, ohne eine Bewegung zu machen. Aber die englische Abwertung erschütterte das Kabinett. Die Sozialisten verlangten die Aufhebung des Lohnstops, um den Preissteigerungen begegnen zu können. Wieder begannen die sozialen Unruhen. Von einer Abstimmung zur anderen bröckelte die Mehrheit ab.

Queuille dachte an Rücktritt. Vincent Auriol, das ewige »Klageweib« der IV. Republik, flehte ihn an, ein Mißtrauensvotum abzuwarten. Aber gemäß der Verfassung vom 29. September 1946 können zwei Mißtrauensvoten die Auflösung der Nationalversammlung zur Folge haben. Papa Queuille, ein gerissener Politiker, weigerte sich, auf diesen Tag zu warten, und beabsichtigte, aus freiem Antrieb zu gehen.

In Tongking hatte eine Patrouille bei der Leiche eines feindlichen Offiziers eine Nachricht vom Stab Giaps gefunden, die folgende Behauptung enthielt: »Die Franzosen werden die Mittelregion räumen und versuchen, das gesamte Delta zu nehmen.« Dann hatte der Rundfunksender der Aufständischen einen sehr pessimistischen Bericht analysiert, der von einer hochgestellten französischen Militärperson stammte. Der letzte Zweifel löste sich am 18. September 1949, als ein zufälliger oder provozierter Boxkampf auf der Plattform eines Pariser Busses zur Entdeckung einer Kopie des Reversberichtes in der Aktenmappe eines Doppelagenten namens Van Co führte. Das höchst geheime Dokument, das zur Räumung Cao Bangs riet und die gesamte militärische und politische Aktion in Indochina kritisierte, war an den Feind ausgeliefert worden!

Zwei Tage später wurde Innenminister Jules Moch mitten in der Nacht durch einen Anruf des Direktors des Allgemeinen Nachrichtendienstes geweckt. Er eilte ins Hotel Matignon, weckte Queuille, der den Verteidigungsminister Paul Ramadier rufen ließ. Der Skandal um den Reversbericht nahm ungeheuerliche Formen an. Bei den Haussuchungen wurden Dutzende von Kopien entdeckt. Man verhaftete einen Verdächtigen, Revers' politischen Manager Roger Peyré, der überraschende Angaben machte. Der Bericht wurde als Waffe verwendet, um gegen General Charpentier und gegen Hochkommissar Pignon die Kandidatur General Masts für die Statthalterschaft von Indochina zu unterstützen. Die beiden Generäle hatten übrigens – laut Peyré – persönlich daraus Profit gezogen, indem sie den Bericht verkauften!

Generalstabschef Revers war ein Schützling der Sozialistischen Partei. Die Säulen der Republik waren bedroht. Man mußte die Sache totschweigen oder untergehen.

Der mit der Ermittlung betraute Offizier war ein einfacher Hauptmann. Sein Vorgesetzter über eine Reihe von Rangstufen, Minister Ramadier, ließ ihn in sein Arbeitszimmer in der Rue Saint-Dominique kommen. »Meiner Ansicht nach war es keine Verletzung des militärischen Geheimnisses.« »Dann also, Herr Minister, schlagen wir die Sache nieder? . . .« »Sie entschuldigen, Hauptmann«, sagte der alte Schlaukopf, »ich habe Ihnen meine Ansicht mitgeteilt; ich habe Ihnen nicht vorzuschreiben, was Ihre Pflicht ist . . .«

Noch am selben Nachmittag wurde der Prozeß niedergeschlagen. Peyré wurde freigelassen, stürzte aber grün vor Angst zur brasilianischen Botschaft und bat um ein Visum. Niemand hielt es für nötig, ihn zurückzuhalten. Die beschlagnahmten Dokumente wurden den Beteiligten zurückgestellt, mit Ausnahme jener, die von Ramadier verlangt und sofort verbrannt wurden. Die von Van Co unterzeichneten Scheckabschnitte verschwanden in den Flammen. General Revers warf sich in die

Brust und behielt seinen Posten. Die Republik atmetete auf, die Affäre der Generäle war begraben . . .

Einige Tage darauf trat Queuille zurück. Der zu seinem Nachfolger designierte Jules Moch erhielt mit einer Stimme Mehrheit den Auftrag zur Regierungsbildung, es gelang ihm aber nicht, ein Kabinett zusammenzustellen. Der Radikale René Mayer hatte auch nicht mehr Glück. Nach einer einmonatigen Krise konnte Georges Bidault endlich das Hindernis überwinden. Seine Regierung war die zehnte der IV. Republik. *Paris-Match,* das nach Konfiszierung durch die Deutschen und dann durch die Kommunisten wieder zum Leben erwachte, veröffentlichte die üblichen Fotos der zehn Kabinette, die sich auf der Treppe des Elysee-Palastes aufgestellt hatten: »113 Minister in fünf Jahren. Wie viele von ihnen erkennen Sie wieder?« Durchgangsposten der Macht, in der ständigen Krise einer Nation.

Die Niederschlagung hatte die Affäre der Generäle doch nicht beendet. Die informierten Blätter sprachen darüber. Die Wochenzeitung *Time* forderte ein Einschreiten der Regierung heraus und berichtete davon. Revers wurde geopfert und in den Ruhestand versetzt. Das Parlament geriet in Unruhe und bildete einen Untersuchungsausschuß, der viel Staub aufwirbelte. Die beiden wichtigsten an der Macht beteiligten Parteien, SFIO und MRP, verfielen in giftigen Streit. Das Kabinett glich einem zerfallenden Floß, dessen Passagiere aufeinander losgehen. Und rundherum Haifische.

Aber die Regierung Bidault hatte ein ungeheures Plus: Sie hatte Robert Schuman als Außenminister behalten.

Ein alter Zankapfel zwischen Frankreich und Deutschland wurde frisch aufpoliert: die Saar. Nach dem Ersten Weltkrieg hatten die Franzosen versucht, die Saar einzugliedern; das hatte zur für sie blamablen Volksabstimmung des Jahres 1935 geführt, die 90 % der Stimmen für den Anschluß an Deutschland ergeben hatte – ein Triumph für Hitler. Die Lektion hatte keine Früchte getragen: Die Franzosen versuchten es wieder. Sie waren nicht klug genug, zu verstehen, daß die Unterstützung, die sie bei der saarländischen Bevölkerung fanden, ebenso wie im Jahre 1919 dem Chaos der Niederlage zuzuschreiben war und daß sie sich mit dem zunehmenden Wiederaufbau Deutschlands verflüchtigen würde.

Eine von der französischen Regierung ernannte Kommission aus zwanzig Saarländern hatte eine Verfassung erstellt, die das Gebiet politisch von Deutschland trennte und es wirtschaftlich an Frankreich angliederte. Danach hatten Wahlen für ein saarländisches Parlament stattgefunden. Die Kandidaten, die sich für die Autonomie ausgesprochen hatten – alle außer den Kommunisten –, hatten 91 % der Wählerstimmen erhalten. Aber diese Entscheidung stammte aus dem Jahr 1949, einem Jahr, in dem es nicht gut gewesen war, Deutscher zu sein.

Ganz Deutschland nahm gegen die Abtrennung der Saar Stellung. Die drei großen Parteien Westdeutschlands veröffentlichten eine gemeinsame Erklärung, daß sie den Raub der Saar nicht hinnehmen würden. Die (kommunistische) Sozialistische Einheitspartei Ostdeutschlands vergaß, daß sie die Angliederung Ostpreußens, Pommerns und Schlesiens an Polen bestätigt hatte, und brandmarkte die Zerstückelung Deutschlands durch die französischen Imperialisten. Eine in bezug auf das

Schicksal Europas nebensächliche Affäre barg die Gefahr in sich, den deutsch-französischen Antagonismus wieder zu wecken, zu nähren und zu verewigen.

Dean Acheson war nach Bonn gekommen, wo man ihn mit Jubel empfangen hatte. Adenauer hatte ihm die Prinzipien erklärt, die seine Politik lenkten: Die Isolierung sei schlecht für die Völker; sie verstärke ihre negativen Eigenschaften. Die Deutschen hätten mehr als sonst jemand ein Interesse daran, aus ihrer nationalen Begrenzung herauszukommen; ihre liberalsten Traditionen würden in einem weiter gezogenen Kreis und einem Gefühl der Kameradschaft mit den anderen Europäern bestärkt werden... Eine aufrichtige, endgültige Versöhnung Deutschlands mit Frankreich sei die erste Bedingung für das Wohlergehen Europas... In Paris kannte man diese Sprache des Kanzlers, man sah jedoch darin allgemein die List eines Besiegten, der den Auswirkungen seiner Niederlage zu entgehen suchte. Robert Schuman brauchte Mut und Geschicklichkeit, um die französische Regierung zu der Einsicht zu bringen, daß ein Besuch bei Adenauer — so wie Acheson ihn besucht hatte — sinnvoll wäre.

Schuman fuhr mit einem Gefolge feindseliger, rachsüchtiger und bornierter Diplomaten und Journalisten ab. Man hatte auch noch dafür gesorgt, den offiziellen Charakter seiner Reise soweit als möglich abzuschwächen, indem man Adenauer zwischen zwei Besuche, einen in Mainz, den anderen in Berlin, einschob.

Dennoch kam es zu einem echten Kontakt zwischen den beiden einander verwandten europäischen Geistern. Es gelang Adenauer und Schuman, im Schloß Ernich, der Residenz des Hochkommissars François-Poncet, eine zweistündige Unterredung unter vier Augen, ohne Dolmetscher oder sonstigen Zeugen, abzuhalten — während das Gefolge im Vorzimmer vor Ungeduld verging und Bosheiten austauschte. Adenauer beklagte sich später, daß die Entscheidungen der Franzosen nicht mit den Worten Schumans übereinstimmten. Wahrscheinlich war es so. Aber Schuman war der Außenminister einer Regierung, die unter Bidault und Moch den europäischen Stimmungsumschwung noch nicht mitgemacht hatte und im Grund weiter deutschfeindlich war.

Die Saaraffäre wurde keineswegs beigelegt, sie verschlimmerte sich sogar. Am 2. März teilte François-Poncet Adenauer ohne Vorbereitung mit, daß die französisch-saarländischen Besprechungen beendet wären, die Vereinbarungen, die dabei getroffen worden seien, am nächsten Tag unterzeichnet würden. Sie regelten die Einzelheiten der wirtschaftlichen Einverleibung der Saar durch Frankreich. Die Währungs-, Zoll- und Steuersysteme wurden angeglichen. Die im Jahre 1919 an Frankreich abgetretenen Bergwerke, die Deutschland nach der Volksabstimmung des Jahres 1935 zurückgekauft hatte, wurden von neuem an Frankreich übertragen, kraft eines fünfzigjährigen Pachtvertrages, den die saarländische Regierung Johannes Hoffmanns den Franzosen bewilligte.

Alle deutschen Politiker, alle Zeitungen waren in Aufruhr. Die französischen Politiker und Zeitungen wiesen als Antwort Deutschland auf seine Niederlage hin. Insgeheim solidarisch, erhitzten sich die Nationalisten beider Länder gegenseitig wie alte Eheleute im selben Bett und kehrten fröhlich wieder in die Vergangenheit zurück.

Adenauer war bestürzt. Er protestierte in scharfem Ton, um nicht Schumacher und der Rechten den Vorteil zu lassen, die einzigen Verteidiger deutschen Gebietes zu sein. Er suchte aber nach einer Möglichkeit, die deutsch-französische Idee aus dem Sumpfboden des Saarlandes zu reißen.

Kingsbury Smith war jener amerikanische Journalist, der durch die Übersendung seiner Fragen an Stalin den Anstoß zur Aufhebung der Blockade Berlins gegeben hatte. Adenauer berief ihn zu sich und entwarf ihm einen Plan, der auf die Vereinigung Westdeutschlands und Frankreichs abzielte. Man würde damit beginnen, ein gemeinsames Wirtschaftsparlament zu wählen. Dann würde man schrittweise zu immer vollständigeren Integrationsformen übergehen. Die anderen Länder Europas, einschließlich Englands, könnten sich dem deutsch-französischen Kern anschließen. Die Frage Ostdeutschland sollte verschoben werden, bis die Zeit dafür günstiger wäre.

Eine einzige französische Stimme antwortete auf den revolutionären Aufruf des Kanzlers. »Man wird beinahe geblendet von dem, was die französische Tüchtigkeit und die deutsche Tüchtigkeit gemeinsam zu vollbringen vermögen . . . Das bedeutet die Wiederaufnahme des Werkes Karls des Großen unter den Bedingungen der modernen Welt . . .« Die französische Regierung war aber kaum imstande, so großzügige Ideen ins Auge zu fassen. Die Affäre der Generäle belastete sie noch immer, und die Kommunisten stürzten Frankreich von neuem in ähnliche Krisen wie im Jahre 1946.

Die angewendete Taktik bestand in einer Reihe von Überraschungsstreiks, die nacheinander die wichtigsten Teile der Wirtschaft lahmlegten: die Bergwerke, die Metallindustrie, die Eisenbahnen, städtische Beförderungsmittel, Gas und Strom . . . Eine sogenannte Kampagne für den Frieden, eine heftige Agitation gegen den Krieg in Indochina, begleiteten die Lohnforderungen. Die Sozialisten waren aus der Regierung Bidault ausgetreten. Wieder kam es im Parlament zu skandalösen Szenen. Im Laufe einer Debatte über ein Antisabotage-Gesetz wurde dem Abgeordneten François de Menthon eine Rippe gebrochen, mehrere Pulte wurden zerschlagen, und der Mikrophonständer des Ministerpräsidenten wurde verbogen. Als die Kommunisten die Rednertribüne besetzten, rief der Parlamentspräsident Herriot die Garde des Palais Bourbon zu Hilfe, die unter dem Befehl eines herkulisch gebauten Obersten die Kommunisten unsanft aus dem Saal beförderte.

Die Untersuchung der Affäre der Generäle fügte dem Skandal, der sie beilegen sollte, noch weitere Skandale hinzu. Kommissar Kriegel-Valrimont veröffentlichte täglich in der l'Humanité die Aktenstücke, die ihm zur Kenntnis gebracht wurden. Die entweder aus der republikanischen Tradition oder der Widerstandsbewegung hervorgegangenen Polizeiorganisationen durchkreuzten sich gegenseitig in ihren Machenschaften. Coste-Floret behauptete, der Reversbericht sei nie etwas anderes gewesen als ein Werkzeug zur Bekämpfung der MRP. Die Sozialisten behaupteten, die Unklugheit zweier Generäle werde nun ausschließlich ihrer Partei zur Last gelegt. Die gaullistische Wochenzeitung Carrefour verschonte in ihren Anspielungen auch das Elysée nicht und ließ durchblicken, daß ein gewisser Paul, dessen Name mehrmals in den Akten auftauchte, Paul Auriol sei, der Sohn des Präsidenten der

Republik. Queuille, der wieder Innenminister war, erklärte der Kommission rundheraus, er habe sich im Namen der Staatsräson dazu hergegeben, den Skandal niederzuschlagen. Der Berichterstatter Eugène Delahoutre benützte diese Erklärung, um ihr einen negativen Sinn zu geben. Das Parlament werde feststellen, lautete seine Schlußfolgerung, ob die an der Sache beteiligten Minister zu ihrer Handlungsweise dadurch berechtigt waren, daß sie das öffentliche Wohl im Auge hatten; andernfalls habe der Minister Ramadier, der Druck auf die Militärgerichtsbarkeit ausgeübt hatte, den Pflichten seines Amtes zuwidergehandelt. Für dieses Verbrechen sei der Hohe Gerichtshof zuständig.

Es wurde keine Anklage vor dem Hohen Gerichtshof erhoben. Das Parlament erteilte Ramadier, Queuille und Moch gegen die mit den Kommunisten vereinigte Rechte die Absolution. Aber die Debatten hatten das Kabinett Bidault endgültig erschüttert. Es blieb nur noch kurze Zeit im Amt, vor allem deswegen, weil es so schwierig war, einen Nachfolger zu finden.

Ironie der Politik: Von dieser zerrissenen, verrufenen, sterbenskranken französischen Regierung kam die seit der Rede Marshalls in Harvard für die Zukunft Europas wichtigste Initiative: der Schumanplan.

Der Schumanplan

Sonntag, den 7. Mai 1950, traf die viermotorige Maschine des Weißen Hauses, *Independence,* in Orly ein. Sie brachte Acheson zur ersten Konferenz des Nordatlantikpaktes. Die Konferenz fand in London statt, doch der amerikanische Außenminister schaltete einen kurzen Aufenthalt in Paris ein, um mit Robert Schuman zu sprechen.

Im Wagen teilte Botschafter Bruce seinem Minister mit, daß Schuman mit ihm noch am selben Nachmittag in der amerikanischen Botschaft eine ganz geheime Besprechung abzuhalten wünsche. Er werde nur einen Dolmetscher mitbringen und bitte darum, daß von amerikanischer Seite niemand außer Bruce zugegen sei. »Das klang rätselhaft. Wir zerbrachen uns den Kopf darüber, welchen Grund dieser geheimnisvolle Sonntagsbesuch wohl haben mochte.«

Vor allem bat Schuman seine Gesprächspartner um strengste Geheimhaltung. Nur der Ministerpräsident war informiert. Die anderen französischen Minister wußten noch nichts. Eine vorzeitige Bekanntgabe konnte alles zum Scheitern bringen. Wenn aber der Plan zum Abschluß gebracht würde, konnte er den Lauf der Geschichte Europas ändern. Es ging darum, die Kohle und den Stahl Deutschlands und Frankreichs unter einer übernationalen Behörde, in einem gemeinsamen Markt, zu vereinigen.

Acheson fiel aus allen Wolken. Nichts hatte ihn auf eine derartige Bombe vorbereitet. Seit dem Marshallplan war von einer italienisch-französischen Zollunion die Rede gewesen, der FITABEL, die Frankreich, Italien und die Beneluxstaaten vereinigen sollte. Man hatte auch die Möglichkeit ins Auge gefaßt, eher nach Industriegruppen vorzugehen als mit der gesamten Wirtschaft der einzelnen Staaten. Niemand jedoch hatte diesen in seiner Einfachheit blendenden Gedanken gehabt: bei den beiden großen europäischen Antagonisten jene Bereiche zu verschmelzen, die die Basis der Rüstung darstellten: Kohle und Stahl.

Acheson war ein Amerikaner der liberalen Schule. Der von ihm erhobene Einwand lautete: Die Politik der Alliierten in Deutschland bestand darin, die Kartelle zu zerschlagen. War es nicht paradox, eines zu errichten, das in seinen Dimensionen und seiner internationalen Ausdehnung alle vorhergegangenen übertraf?

Schuman schob den Einwand mit aller Ungeduld beiseite, die ihm seine außerordentliche Höflichkeit gestattete. Es mußte leicht sein, eine Regelung zum Schutz gegen übermäßige, von Privatinteressen diktierte Konzentrationen zu finden. Das Ziel, das verfolgt wurde, war ein politisches. Die Verbindung der französischen und deutschen Kohlen- und Eisenhütteninteressen machte einen französisch-deutschen Krieg praktisch unmöglich. Sie stellte den ersten Schritt einer Einigung Europas durch wirtschaftliche Mittel dar. Sie konnte und mußte sich auf die Nachbarstaaten ausdehnen und Westeuropa jenes Fundament industrieller Macht verleihen, auf dem sich seine politische Einheit errichten ließ.

Erstaunlich, dieser Monsieur Schuman! Er sprach mit verhaltenen, unsicheren Gesten, in seine zögernde Diktion mit seinem etwas deutschgefärbten Französisch mischten sich manchmal Brocken von Englisch, das er erst so spät zu lernen suchte. Bescheiden erzählte er, daß die Idee nicht seinem Kopf entsprungen war. Sie war ihm von dem Hexenmeister Jean Monnet unterbreitet worden, dem Leiter des Planungsamtes für die französische Wirtschaft. Schuman sagte nichts davon, daß sich Monnet zunächst an den Ministerpräsidenten Georges Bidault gewandt hatte. Bidault, der voll Selbstbewunderung immerfort redete und nie zuhörte, hatte das Memorandum, das Monnet ihm übergeben hatte, nicht einmal gelesen. Der ungestüme Monnet hatte acht Tage gewartet, dann war er zu Robert Schuman geeilt, der sofort Verständnis gezeigt hatte ...

»Im Laufe seines Vortrages«, erzählt Dean Acheson, »vermittelte er uns das Feuer seiner Begeisterung und enthüllte uns die Weite seiner Absichten: den Wiederaufbau Europas, das seit der Renaissance aufgehört hatte, als Ganzes zu bestehen.«

Zwei Tage später versammelte sich das deutsche Kabinett in Bonn. Es galt zu entscheiden, ob die Bundesrepublik damit einverstanden war, im Europarat zusammen mit einer Saarregierung zu sitzen, die sie als separatistische Bewegung betrachtete. Der Hauptmitarbeiter Adenauers, Alfred Blankenhorn, kam auf den Zehenspitzen herein und übergab dem Kanzler zwei Briefe, die ein Beamter des französischen Hochkommissariats soeben gebracht und als sehr wichtig und überaus dringend bezeichnet hatte. Der eine war eine Darlegung des Schumanplanes, der andere ein handschriftlicher Brief in deutscher Sprache, in dem Schuman seine Überzeugung und seine Hoffnungen aussprach.

Am selben Abend wurde im Kanzleramt eine Pressekonferenz abgehalten. Adenauer hatte alle seine Minister um ihre Anwesenheit ersucht. Er empfahl, daß Deutschland dem Europarat beitrete, und erklärte, er nehme »den großzügigen Vorschlag« an, den die französische Regierung kurz vorher in Paris bekanntgegeben hatte: die Schaffung einer deutsch-französischen Gemeinschaft für Kohle und Stahl.

Tatsächlich hatten die französischen Minister den Schumanplan ohne jede Diskussion, fast ohne ihn zu verstehen, angenommen. Schuman hatte im Uhrensaal vor der Presse den Sinn und Zweck des Planes erklärt: »Aus konkreten Verwirklichungen, die eine Solidarität der Tatsachen schaffen, wird Europa entstehen ... Die Vereinigung der europäischen Nationen erfordert, daß der jahrhundertealte Gegensatz zwischen Deutschland und Frankreich ein Ende nimmt ... Die Zusammenlegung der Produktion von Kohle und Stahl wird dartun, daß jeder Krieg zwischen Frankreich und Deutschland nicht nur undenkbar, sondern materiell unmöglich sein wird ...« Es gab fast keinen unmittelbaren Widerspruch. Die Zeitungen berichteten von dem Ereignis nur am Rande. Die Hüttenbesitzer, die weder gefragt noch benachrichtigt worden waren, hatten keine Zeit, sich in düsteren Voraussagen über die Vernichtung der französischen Eisenindustrie durch jenen Mann zu ergehen, der das Department mit der stärksten Eisenindustrie Frankreichs vertrat, diesen ahnungslosen Robert Schuman.

Die Fortsetzung folgte in London. Bei den allgemeinen Wahlen, die im Februar stattgefunden hatten, war die Labourpartei knapp an einer Niederlage vorbeigegangen; ihre Mehrheit war von 145 Sitzen auf 5 zusammengeschrumpft. Attlee hatte es weder für nötig befunden, seine Politik umzustellen, noch sein Kabinett neu zu bilden. Das Auswärtige Amt blieb unter der Leitung Bevins, der noch kränker war als das Prestige der Labourpartei. Er kam, um 15 Kilogramm abgemagert, aus einer chirurgischen Klinik und beteiligte sich an dem englisch-französisch-amerikanischen Dreiergespräch, das der Zusammenkunft der Außenminister der NATO-Staaten vorangehen sollte.

Am Vormittag des 9. Mai ersuchte der französische Botschafter René Massigli um eine Audienz. Kurz darauf sah Acheson Bevin »in a towering rage«, in maßloser Wut, auftauchen. Er war vom Schumanplan in Kenntnis gesetzt worden, hatte erfahren, daß Acheson davon gewußt und ihm nichts berichtet hatte. Seiner Ansicht nach handelte es sich um eine Verschwörung, die auf dem Kontinent eine Vereinigung gegen den britischen Handel organisieren sollte. Niemals würde er sich einen solchen Tiefschlag gefallen lassen. Er werde die sogenannte Kohle-Stahl-Gemeinschaft mit allen Kräften bekämpfen, die Großbritannien zur Verfügung ständen, und er werde Amerika sein Einverständnis nie verzeihen ... Acheson versuchte vergeblich, ihn zur Vernunft, zur Mäßigung zu bringen. Tobend vor Zorn stürzte er hinaus.

Zwei Tage später verlangte Bevin eine Dreierbesprechung ohne andere Zeugen als einen Dolmetscher. Er war »gruffy and grumpy«, schroff und mürrisch, erzählt Acheson. Er wiederholte seine Klagen, diesmal mit beleidigter Würde. Ehe Schuman antworten konnte, hob Acheson die Hand, um einige Worte zu sagen. »Es stimmt, daß ich vom Schumanplan achtundvierzig Studen vor dem Foreign Secretary Kenntnis erhielt«, gab er zu. »Es stimmt auch, daß ich, durch mein Versprechen gebunden, mich nicht beeilte, ihn davon in Kenntnis zu setzen. Es hat jedoch schon ähnliche Fälle gegeben. Im September habe ich mit den Herren Cripps und Bevin über die Abwertung des Pfundes diskutiert. Ich habe Petsche und Schuman nichts davon gesagt, die doch damals in Washington waren und vor vollendete Tatsachen gestellt wurden. Also . . .« Bevin unterbrach. Ihre Kollegen warteten. Es war unnötig, diese Diskussion weiter fortzusetzen.

England war allein. Es blieb allein. Der Schumanplan, der die Welt für sich einnahm, rief bei der Labourpartei eine heftige isolationistische Reaktion hervor. Der Parteivorstand veröffentlichte eine Broschüre von 15 Seiten, Preis 3 Pence, »*European Unity*«, aus der Feder des Doktrinärs Hugh Dalton, die ein antieuropäisches Manifest darstellte. Jegliche Verbindung zwischen dem sozialistischen Großbritannien und den kapitalistischen Nationen des Kontinents war unannehmbar. Jegliche Übertragung eines Teiles der britischen Souveränität an eine übernationale Organisation, jedes europäische Parlament war undenkbar. »England ist keine Küsteninsel von Europa; England ist das Haupt eines Commonwealth, mit dem es durch Pflichten und Verwandtschaft verbunden ist. In jeder Hinsicht, mit Ausnahme der Entfernung, sind wir unseren Vettern auf der anderen Seite der Erde, den Australiern und Neuseeländern, näher als Europa!« In Wirklichkeit war die Labourpartei eine reaktionäre Partei, Erbin der imperialistischen Traditionen, unfähig, die unwiderrufliche Entwicklung zu begreifen, die England von den fernen Meeren löste und nach Europa zurückführte.

Am 25. Mai schickte Frankreich seine Einladungen aus. Es stellte die Annahme des Prinzips zur Bedingung, das es in seiner Erklärung vom 9. Mai verkündet hatte, nämlich den übernationalen Charakter der Gemeinschaft. Die Bundesrepublik, Italien, die Niederlande, Belgien und Luxemburg nahmen an. England antwortete, es sei ihm unmöglich, sich im voraus zu binden. Da die französische Regierung fest blieb, teilte das Foreign Office ihr am 3. Juni mit, daß die Regierung Ihrer Majestät an der Gründungsversammlung der Kohle-Stahl-Gemeinschaft nicht teilnehmen werde.

Sie trat am 20. Juni am Quai d'Orsay zusammen, im Bewußtsein, daß sie Monate der Arbeit vor sich hatte. (*Forts. Frankreich S. 484*)

Der Krieg in Korea beginnt

Gegen 4 Uhr morgens glaubte Hauptmann Joseph R. Darrige, er höre Donner. Der Sommermonsun setzte ein. Kurze, heftige Regengüsse, begleitet von tobenden Gewittern, gingen auf Korea nieder. Hauptmann Darrige drehte sich auf seinem Lager herum und versuchte, wieder einzuschlafen.

Sein Halbschlaf wurde schrill unterbrochen. Unter die Explosionen, die er für Gewitterdonner gehalten hatte, mischte sich heulendes Pfeifen. Darrige begriff, daß Granaten in das Haus am Nordrand von Kaesong einschlugen, in dem er einquartiert war.

In Washington war es 3 Uhr nachmittags, Sonnabend, der 24. Juni 1950. In Korea, auf der anderen Seite der Internationalen Zeitgrenze, färbte die Morgenröte des Sonntags, des 25. Juni, den Himmel.

Außer Hauptmann Darrige verbrachten alle Mitglieder der KMAG der *Korean Military Advisery Group*, das Wochenende in Seoul oder in Tokio. Viele Offiziere und Soldaten der ROK (*Republic of Korea*) waren bei ihren Familien auf Urlaub. Seit Jahren sagte man einen Angriff der Nordkoreaner voraus, doch die Prophezeiung war so oft wiederholt worden, daß sie jede Schärfe und Kraft verloren hatte.

Am 8. Juni hatten die Zeitungen von Pyongyang, der Hauptstadt der Volksrepublik Nordkorea, mitgeteilt, daß am 15. August – dem Jahrestag der Kapitulation Japans – in Seoul eine Nationalversammlung zusammentreten werde, um das Land wieder zu vereinigen. Die Agentur TASS hatte die Mitteilung verbreitet. Niemand hatte sich darum gekümmert.

Darrige fuhr in seine Hose und eilte aus dem Zimmer, seine Schuhe in der einen Hand, das Uniformhemd in der anderen. Sein koreanischer Boy eilte soeben bestürzt die Treppe herauf, um ihn zu warnen. Der Hauptmann sprang in seinen Jeep und raste zum Zentrum von Kaesong. Maschinenwaffen feuerten aus allen Richtungen. Darrige erreichte den Bahnhof und sah Soldaten in senfgrüner Uniform, die aus einer Reihe von Waggons stiegen. Die Nordkoreaner hatten bereits die unterbrochene Linie zum 38. Breitengrad repariert und benutzten sie zum Einmarsch in Südkorea!

Es blieb nur übrig, zum Stabsquartier der Division nach Munsan-Ni zu rasen, um dem Angreifer dort möglichst zuvorzukommen. Der Krieg in Korea hatte begonnen.

13. Kapitel   1950   Kreuzzug der UNO
Niederlage und Sieg in Korea

Harry Truman befand sich in Independence, Missouri, in der provinziellen und familiären Atmosphäre, die er liebte. Um zehn Uhr abends erreichte ihn ein Telefonanruf Dean Achesons. »Herr Präsident, ich habe sehr ernste Nachrichten. Die Nordkoreaner sind in Südkorea eingefallen.«

Truman fragte, ob er nach Washington kommen solle. Acheson antwortete, daß noch keine Einzelheiten bekannt seien und er glaube, der Präsident könne sein Wochenende in Ruhe verbringen. Er verlangte aber eine sofortige Einberufung des Sicherheitsrats der Vereinten Nationen. Truman war einverstanden.

Um 3 Uhr morgens läutete das Telefon in der Villa Trygve Lies in Long Island: Der amerikanische Delegierte Ernest Gross übermittelte das Ansuchen des Außenministers. Lie setzte die Sitzung für 14.00 Uhr an und benachrichtigte die elf Mitglieder des Sicherheitsrats.

Der Vormittag verstrich bei strahlendem Wetter. Truman genoß die Riten des amerikanischen Sonntags. Er hatte sich gerade zum *Brunch* gesetzt, einer Kombination von *Breakfast* und *Lunch*, als Acheson anrief, um ihm die seit der Nacht eingetroffenen Nachrichten zu übermitteln. Die Rundfunkstation Pyongyang sprach von großen militärischen Erfolgen, verkündete, daß die Aggression der Faschisten Südkoreas bestraft worden sei und daß die Armee der Volksrepublik erst nach der Wiedervereinigung des Vaterlandes zum Stehen kommen werde. Sie beschuldigte den räuberischen Verräter Syngman Rhee, er habe aus Korea eine amerikanische Kolonie machen wollen, und teilte ihm mit, er sei zum Tode verurteilt worden.

Truman antwortete, daß er sofort nach Washington zurückkehren werde. Er ersuchte Acheson, noch für denselben Abend eine Konferenz mit Abendessen im Blair House zusammenzuberufen, an der die Minister der Streitkräfte und die Generalstabschefs teilnehmen sollten.

Zwischen Independence, Missouri, und Washington, DC, liegt halb Amerika. Die viermotorige Maschine des Präsidenten überflog die schönste Ernte des Jahrhunderts. Das Land strotzte von Wohlstand. Die Stahlwerke arbeiteten mit 100 % ihrer Kapazität, der Dow-Jones-Index überschritt seinen Rekord vom Jahre 1929; die General Motors verteilten eine unerhörte Dividende von 8 Dollar, und ihr Präsident Charles E. Wilson hatte vor kurzem mit Walter Reuther ein Stillhalteabkommen mit der Gegenleistung einer automatischen Erhöhung der Löhne abgeschlossen. Auf internationalem Gebiet rechnete man mit einer Periode der Entspannung. Das Budget der US-Armee war von 7 600 000 000 auf 5 700 000 000 Dollar reduziert worden. Die genehmigte Präsenzstärke betrug 630 000 Mann, doch die Iststärke war nicht höher als 592 000 Mann – weniger als in Frankreich, für eine viermal so hohe Bevölkerungszahl. Im Mutterland war nur eine einzige vollständige Division verblieben, und man suchte Soldaten für die Besatzung des Luftwaffenstützpunktes in Fairbanks, Alaska.

Die Affäre McCarthy erregte heftiges Aufsehen. Jeden Tag drängten sich 700 Personen in dem Marmorsaal des Senatsgebäudes, der nur für 300 Menschen gebaut war. Ein Untersuchungsausschuß unter Leitung des Senators von Maryland, Millard Tydings, bemühte sich, über die in Wheeling erhobene Beschuldigung Aufschluß zu bringen: 205 Kommunisten, Inhaber der Parteikarte, die im State Department die Außenpolitik der Vereinigten Staaten dirigierten. Als McCarthy aufgefordert wurde, die Namen und Beweise für seine Behauptung zu liefern, antwortete er, die Namen und Beweise befänden sich in den Akten des FBI, und er forderte Truman auf, sie zu öffnen. Man hatte zugeben müssen, daß vor der Rede in Wheeling angestellte Untersuchungen über die Loyalität der im State Department Beschäftigten hundert Entlassungen und ebenso viele überstürzte Rücktritte zur Folge gehabt hatten. McCarthy beschuldigte Acheson, der amtliche Schutzherr der Roten in seinem Ministerium zu sein, und es fehlte nicht an demokratischen Senatoren, die zu Truman kamen und ihm sagten, er würde seine Beziehungen zum Kongreß verbessern, wenn er sich von seinem Außenminister trennte.

Acheson wartete auf dem National Airport mit den neuesten Nachrichten des Tages. Amerika hatte im Sicherheitsrat den Antrag gestellt, den Nordkoreanern zu gebieten, sich auf den 38. Breitengrad zurückzuziehen, und alle Regierungen zu ersuchen, die Vereinten Nationen bei der Ausführung dieser Entscheidung zu unterstützen. Der Antrag war mit den neun Stimmen Großbritanniens, der Vereinigten Staaten, Frankreichs, Nationalchinas, Kubas, Ecuadors, Norwegens, Indiens, Ägyptens gegen null Stimmen bei einer Stimmenthaltung und Abwesenheit eines Mitgliedes angenommen worden. Die Enthaltung kam von Jugoslawien, nicht anwesend war die Sowjetunion.

Sechs Monate zuvor hatte der russische Delegierte Jakob Malik vom Generalsekretär verlangt, »das Individuum«, das sich soeben auf den Stuhl Chinas gesetzt habe und nichts vertrat, Dr. T. F. Tsung, auszuschließen. Der Sicherheitsrat hatte es abgelehnt, Malik nachzugeben. Dieser hatte den Saal verlassen und dabei erklärt, die UdSSR werde sich niemals mit einem dienstbaren Geist Tschiang Kai-scheks an einen Tisch setzen. Der Schlag in Korea hatte den Boykott nicht beendet. Der Platz Rußlands war leergeblieben – und das Veto, das die Entscheidung unmöglich gemacht, die Vereinten Nationen entwaffnet hätte, war nicht ausgesprochen worden.

Es dämmerte, als Truman im Blair House eintraf. Er ließ das Abendessen servieren und bat die Tischgäste, mit der Eröffnung der Diskussion zu warten, bis die Bediensteten den Raum verlassen hätten. Fast wären dreizehn bei Tisch gewesen: die vier Stabschefs, Bradley, Collins, Vandenberg und Sherman, die vier Minister der Streitkräfte, Johnson, Pace, Matthews und Finletter, vier Vertreter des State Department, Acheson, Webb, Rusk und Jessup, und Truman als dreizehnter. Er ließ noch ein Gedeck für den stellvertretenden Unterstaatssekretär John Hickerson auflegen, um das Schicksal nicht herauszufordern.

Sobald die Türen geschlossen waren, verlas Acheson Depeschen von Botschafter

John J. Muccio. Sie schilderten eine kritische Situation. Die Halbinsel Ongjin war besetzt, Kaesong eingenommen worden, Chunchon würde es bald ebenfalls sein. Die völlig überraschte südkoreanische Armee wich überall zurück.

Diese Armee der *Republic of Korea* war in den ursprünglichen Plänen Amerikas nicht vorgesehen gewesen. Sie war anfangs eine *constabulary*, Gendarmerie, von 5000 Mann gewesen, und die USA hatten nur angesichts der Rüstungen Nordkoreas die Aufstellung von acht Divisionen unterstützt. Der Organisator, Brigadegeneral William L. Roberts, hatte soeben, nach Beendigung seiner Aufgabe, Seoul verlassen, nicht ohne der Presse die hochtrabende Erklärung abgegeben zu haben: »Die Südkoreaner haben die verdammt beste Armee außerhalb der Vereinigten Staaten . . .« Soldatengeprahle. Die zweitbeste Armee der Welt besaß kein einziges Stück schwere Artillerie, einen einzigen Panzer, ein einziges Kampfflugzeug. Als der südkoreanische Verteidigungsminister 189 Shermanpanzer verlangt hatte, um eine Panzerbrigade zu bilden, hatte ihm General Roberts geantwortet, das koreanische Terrain sei für den Panzerkrieg ungeeignet. In Wirklichkeit fürchtete die amerikanische Regierung den kriegerischen Geist Syngman Rhees und verweigerte ihm systematisch jegliche Offensivwaffe. Acht Divisionen im Embryo-Zustand, 94 808 leichtbewaffnete Soldaten, darin bestand die Militärmacht Südkoreas im Augenblick des Einmarsches der Nordkoreaner.

Die gegnerische Armee stützte sich auf die Sowjetarmee. Die Lackstiefel, die über dem Knie breiter werdenden Reithosen, die knappsitzende Litewka, die flachen Schulterstücke verrieten die Abstammung. Das samt und sonders russische Kriegsmaterial enthielt Yakjäger, Iljuschinbomber und den T 34-Panzer, der während des Weltkrieges der Standardpanzer der Roten Armee gewesen war. Viele der Soldaten kamen von Einheiten, die in Sibirien mit politischen Flüchtlingen aus Korea gebildet worden waren. Viele andere hatten in der Mandschurei gegen die Truppen Tschiang Kai-scheks gekämpft. Die Armee bestand aus 8 aktiven Divisionen und 2 Divisionen Reserve, zusammen 200 000 Mann. Eine sowjetische Mission von 5000 Mann stellte etwa 15 Offiziere, darunter einen Oberstleutnant, pro Divisionsstab.

Beim Abendessen im Blair House war der General Lawton Collins der erste, der die Ansicht äußerte, daß ein Eingreifen amerikanischer Landtruppen nötig sein werde, wenn man eine vollkommene Eroberung Koreas verhindern wollte. Der weise Mann der Armee, Omar Bradley, Chef der vereinigten Generalstäbe, äußerte sich im gleichen Sinne. »Den Russen muß endgültig Halt geboten werden. Das endgültige Halt ist heute und jetzt in Korea zu gebieten.« Truman versprach, daß dies geschehen werde.

In Wirklichkeit zögerte er, und man kann ihn verstehen. Es war noch nicht möglich, den nordkoreanischen Angriff richtig zu deuten. Er konnte ein Ablenkungsmanöver darstellen, um die amerikanischen Kräfte auf einen zweitrangigen Kriegsschauplatz zu ziehen, während die UdSSR auf dem Hauptkriegsschauplatz Europa das Kriegsbeil ausgrub. Es mochte ein Wahnsinn sein, sich in Korea einzusetzen, auf dem asiatischen Kontinent, während man über eine einzige vollständige Division als Gesamtreserve verfügte.

Die Beratung ging zu Ende. Es wurde nur eine Entscheidung gefaßt, und zwar der

56 57 Erste weltpolitische Kraftprobe der UNO: Der Krieg zwischen Nordkoreanern und den von UN-Truppen unterstützten Südkoreanern endet nach drei Jahren im Juli 1953 mit dem Waffenstillstand von Pammunjon. – In der »Friedenspagode« unterzeichnen ihn Generalleutnant Harrison für die UNO, General Nam Il für Nordkorea.

58 Durch das amerikanische Engagement unter der Flagge der UN blieb Süd-Korea ein für den Westen wichtiger ostasiatischer Stützpunkt. – 59 Seoul, die koreanische Hauptstadt, blieb drei Monate von den Kommunisten besetzt, ehe es zurückerobert wurde und seine Bewohner an die Aufräumungsarbeiten gehen konnten.

Befehl an das VII. Geschwader, Formosa zu neutralisieren. Sie solle einen Invasionsversuch der Insel durch die Roten verhindern, aber auch jede Landung nationalistischer Truppen auf dem Kontinent.

Am Tag darauf, dem 26. Juni, kam Dr. John Chang, der koreanische Botschafter, mit Tränen in den Augen von einer Besprechung mit Truman, die zwanzig Minuten gedauert hatte. Die Wallstreet hatte die stärkste Baisse seit dem Einmarsch Hitlers in Polen. Die ganze Welt war überzeugt, daß die Verurteilung der Aggression durch den Sicherheitsrat eine platonische Geste sei und Korea verloren.

Einnahme von Seoul

Der Feldzugsplan Nordkoreas, ob er nun von der sowjetischen Militärmission vorbereitet worden war oder nicht, sah einen Blitzkrieg vor. Die Divisionen NK 1 und NK 6 sollten die Stellung Kaesong nehmen. Unterstützt durch die Panzerbrigade sollten die Divisionen NK 3 und NK 4 den Korridor nach Uijongbu öffnen. Die beiden Angriffsspitzen zielten auf Seoul, das am dritten Tag genommen werden sollte. Die anderen nordkoreanischen Divisionen sollten zur Mitte und Osten der Halbinsel marschieren, in Richtung auf die anderen großen Städte Südkoreas, Taegu und Pusan.

Bei den Südkoreanern gab es keinen anderen Plan als passive Verteidigung. Vier Divisionen waren längs des 38. Breitengrades aufgestellt, und die vier anderen hatten ihre Garnisonen im Inneren des Landes. Generalissimus Chae Bing, genannt *Fat Boy*, 1,63 Meter, 245 Pfund, glänzte vor allem in den Nachtlokalen von Seoul. Die sehr schwache amerikanische Mission, 482 Mann einschließlich der Offiziere, vermochte nicht einmal militärische Berater bis zur Bataillonsstufe zu stellen.

Seoul war zuerst voller Zuversicht gewesen. Die in den Kampf ziehenden Kolonnen der 2. Division ROK waren beim Durchzug durch die Stadt mit begeistertem Jubel empfangen worden. Die vom reichsten Land der Welt ausgerüsteten Bataillone hatten noch Ochsengespanne in ihrem Troß. Ein geübtes Auge bemerkte das Fehlen schwerer Waffen, die unzureichende Bewaffnung zur Panzerabwehr. Man beschrieb jedoch den Feind als disziplinlose Horde, deren unüberlegter Angriff die Befreiung und Vereinigung Koreas möglich machen werde.

Der Optimismus war bald verpufft. Die disziplinlose Horde entpuppte sich als solide, wendige Armee. Der T 34 war ein durch seine erstklassige Gleichgewichtslage und die Stärke seines Motors für das unebene Terrain, auf dem er eingesetzt wurde, wundervoll geeignetes Fahrzeug. Die Gegenseite besaß keine einzige Waffe, die imstande gewesen wäre, ihn außer Gefecht zu setzen. Die südkoreanischen Soldaten kämpften tapfer, doch hatte die Südarmee keine Chance gegen ein bedeutend durchschlagkräftigeres Militärgerät.

Der entscheidende Abschnitt war jener von Uijongbu, der Schlüssel von Seoul. *Fat Boy* begab sich dorthin, um die Schlacht persönlich zu leiten. Aber die Unterordnung war überaus mangelhaft. General Li Hyung Koon, der Kommandeur der 2. ROK Division, weigerte sich, an einem Gegenangriff teilzunehmen, und verließ mit seiner Division das Schlachtfeld. Die Aktion fand unter drückender Sonne statt, in

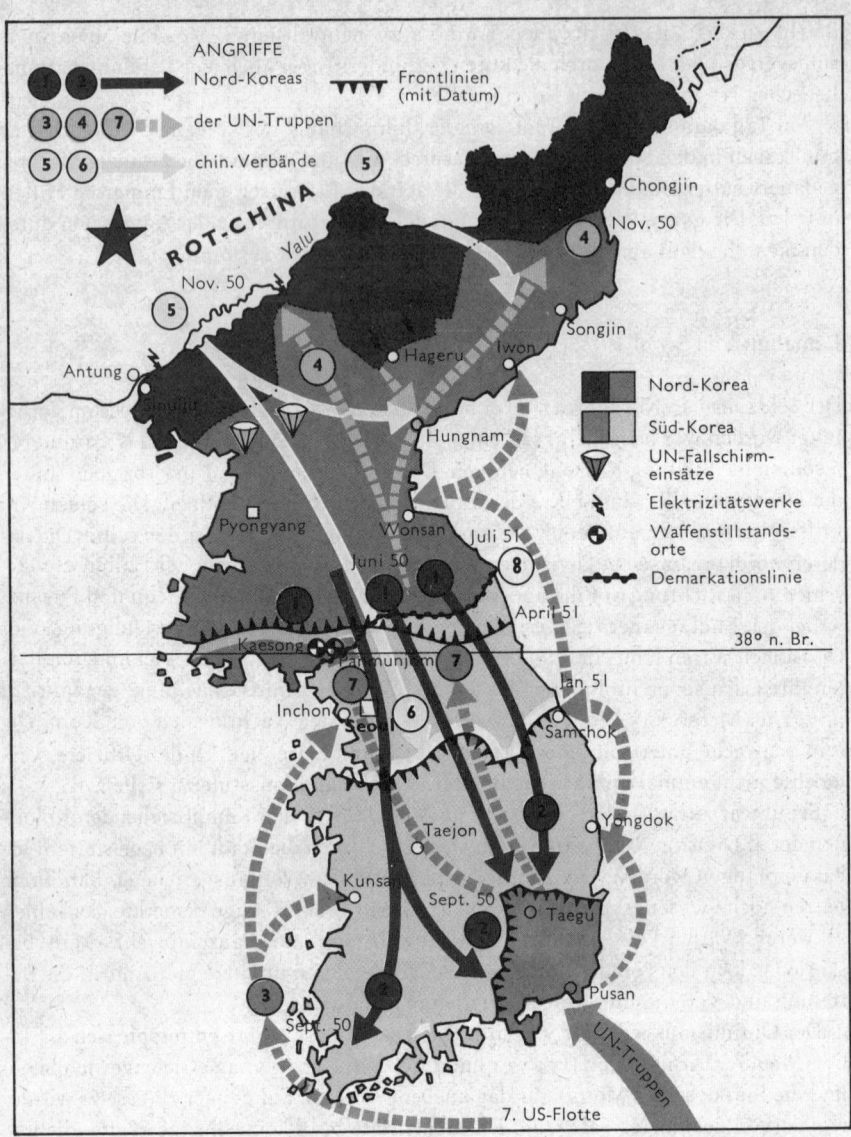

ROT-CHINA

Yalu

Nov. 50
⑤

Nov. 50

⑤

Chongjin
Nov. 50
④

Antung ○
○ Sinuiju

④

Hageru Iwon

Songjin

Hungnam

◻ Nord-Korea

◻ Süd-Korea

∇ UN-Fallschirm-
einsätze

⚡ Elektrizitätswerke

⊕ Waffenstillstands-
orte

∿ Demarkationslinie

Pyongyang

Wonsan

Juli 51

Juni 50

⑧

April 51

38° n. Br.

Kaesong

Panmunjom ⑦

Jan. 51

⑦

Inchon

⑥

Seoul

Samchok

Taejon

②

Yongdok

Kunsan

Sept. 50

○ Taegu

③

②

Pusan

Sept. 50

UN-Truppen

7. US-Flotte

Der Koreakrieg, 1950–1953

Wolken von Staub, wie nur Korea sie kennt. Uijongbu wurde genommen, der Korridor durchbrochen, die kommunistische Armee strömte gegen Seoul.

Die Stadt leerte sich. Syngman Rhee und seine Regierung flüchteten nach Suwon. Ein Flüchtlingsstrom ergoß sich auf die großen Eisenbrücken über den Han. Die Amerikaner gaben nicht gerade ein Beispiel von Gelassenheit. Der Nachfolger General Roberts', Oberst Wright, dachte nur an den Abtransport seiner Mission; die Lehrer entfernten sich in dem Augenblick, da die Schüler ihre Ratschläge am nötigsten gebraucht hätten! Die Botschaft war mit mehr als 2000 Menschen vollgepfropft. Die Männer konnten Flugzeuge benützen, Frauen und Kinder jedoch wurden auf dem einzigen verfügbaren Schiff, dem Norweger *Reinholt*, das eine Ladung stinkenden Naturdüngers mitführte, eingeschifft; 50 wurden in Japan auf Tragbahren an Land gebracht. 1500 Fahrzeuge, 100 000 Liter Benzin, Lebensmittel für 100 000 Dollar und die Alkoholzuteilung für Juli im Wert von 40 000 Dollar wurden zurückgelassen. Das war noch gar nichts. Man verbrannte die offiziellen Aufzeichnungen, doch niemand verlor seine Zeit damit, die Karteien der 5000 koreanischen Angestellten oder Gleichgesinnten zu vernichten. Ein ungeheuerliches Verbrechen, dessen Folge 1000 Todesurteile waren!

Tragödie auf der Han-Brücke

In Tokio hatte MacArthur zuerst einen Augenblick der Niedergeschlagenheit zu überwinden. »In meinem Schlafzimmer klingelte das Telefon. Ich hatte die geisterhafte Vorstellung eines Alptraumes. Das Klingeln war ebenso unheimlich dringend, ebenso alarmierend wie damals vor neun Jahren in meiner Dachwohnung im Manila Hotel! Nein, das war unmöglich. *Not again! I must still be asleep, I'm dreaming . . .* Doch ich höre die klare, kühle Stimme meines Stabschefs Ned Almond: ›Welche Weisungen, General?‹ . . .« Der alte Soldat zog zum drittenmal die Rüstung an.

Zwischen dem Dai-Itschi-Gebäude und dem Pentagon wurden lange Konferenzen per Telefon abgehalten. Es war am 26. Juni um Mitternacht, als Truman persönlich MacArthur mitteilte, daß er ihm den Oberbefehl in Korea übertragen habe und ihn ermächtigte, seine Luft- und Marinestreitkräfte einzusetzen, um die Truppen der Republik Korea südlich des 38. Breitengrades *to cover and support«*, zu decken und zu unterstützen. Wenige Minuten zuvor hatte der Sicherheitsrat diese Entscheidung Amerikas herbeigeführt, indem er die Mitglieder der Vereinten Nationen ersuchte, der Republik Korea jede Hilfe zu gewähren, die in ihrer Macht stand, »um ihr zu ermöglichen, die bewaffnete Aggression abzuwehren, der sie ausgesetzt ist«. Ein einziges von den elf Mitgliedern, Jugoslawien, hatte dagegen gestimmt. Rußland war immer noch abwesend . . .

MacArthur handelte schnell. Oberst William S. Wright wurde aufgefordert, nach Seoul zurückzukehren. General John H. Church wurde an der Spitze einer Verbindungsmission nach Korea entsandt. General George E. Stratemeyer und Admiral James M. Higgins erhielten Befehl, mit ihren Flugzeugen und Schiffen in den Kampf einzugreifen. Schon am Morgen des 28. Juni fegten Patrouillen von F 86 über den Himmel von Korea, und zwei Gruppen B 29 bombardierten feindliche Kolonnen. Der Kreuzer *Juneau* stach in See, um die Landung an der Ostküste zu verhindern. Er war nicht der einzige: Die britische Admiralität hatte dem Kreuzer *Jamaica* und der Schaluppe *Black Swan*, den Veteranen der Schlacht auf dem Jangtse, Befehl erteilt, sich der *Juneau* anzuschließen. Ebenso wie in Berlin handelten die Engländer unaufgefordert geschlossen mit den Amerikanern.

MacArthur wollte mit eigenen Augen feststellen, wie dieser dritte Krieg aussah, in den er verwickelt wurde. Am Morgen des 29. Juni stieg seine alte *Bataan* im Nebel vom Flughafen Haneda auf. MacArthur trug eine Lederweste über seinem Uniformhemd, und zum erstenmal seit der Kapitulation Japans hatte er seine Maiskolbenpfeife wieder hervorgeholt, seine Kriegspfeife. Er landete in Suwon, 30 Kilometer südlich von Seoul, inmitten einer dichten Rauchwolke, die von einem wenige Augenblicke zuvor von Yaks in Brand geschossenen Flugzeug stammte. Syngman Rhee erwartete ihn, sein Gesicht war von Sorgen gezeichnet. MacArthur kürzte den Empfang ab, sprang in einen Jeep und ließ sich ans Ufer des Han bringen.

In der Nacht vorher war die mit Flüchtlingen besetzte Brücke hochgegangen. Ein blendender Blitz, eine ohrenbetäubende Detonation, Menschen, die in tausend Stükke gerissen wurden. Die Roten waren am Rand von Seoul festgehalten worden, und der amerikanische Oberstleutnant Greenwood hatte bei der südkoreanischen Führung einen Aufschub der Sprengung durchgesetzt. Doch der Eilbote, der den Befehl überbrachte, war 150 Meter vor den Brückenpfeilern in der Menge steckengeblieben, und der Pionieroffizier, der den Befehl zur Sprengung erhalten hatte, hielt sich streng an seine Weisung. Dennoch wurde er erschossen. Sein Eifer kostete den Verlust von 40 000 Mann – der Hälfte der Armee –, die nördlich vom Fluß geblieben waren.

Vor MacArthur brannte Seoul. Es regnete Granaten auf beiden Ufern. Die feuchte Hitze war von Aasgestank erfüllt. Eine wirre Menge flüchtete nach Süden. Der Feind führte die Eroberung der Hauptstadt zu Ende und gelangte bis nach Inchon, dem Hafen von Seoul. Die Bilder der Flucht und Verwirrung glichen jenen, die MacArthur zehn Jahre zuvor auf den Philippinen gesehen hatte. Der neue Krieg begann wie der vorhergegangene: mit Niederlage, mit Demütigung.

Der Bericht MacArthurs war in dem Stil geschrieben, dessen Treuhänder die großen Kriegsherren sind und den sie einander seit Julius Cäsar von Generation zu Generation weitergeben. Die südkoreanische Armee befand sich in völliger Verwirrung. Als leichte Streitmacht zur Aufrechterhaltung der Ordnung im Inneren ausgerüstet und organisiert, war sie nicht darauf vorbereitet, einem Angriff von Luftwaffe und Panzern zu begegnen. Ohne Artillerie und Panzerabwehr konnte sie bestenfalls hoffen, den feindlichen Vormarsch durch Verwendung natürlicher Hindernisse zu verlangsamen. Die einzige Chance zur Vermeidung der vollständigen Eroberung Koreas, die einzige Möglichkeit, dem Feind beizukommen, lag im Einsatz einer amerikanischen Landmacht auf dem koreanischen Kriegsschauplatz. General MacArthur verlangte daher die Genehmigung zur sofortigen Entsendung eines *Regimental Combat Team*, einer Kampfgruppe von zwei oder mehr Bataillonen, und zur Bereitstellung zweier Divisionen, um die Initiative zurückzugewinnen ... Vor gar nicht langer Zeit hatte er gesagt, daß jedermann, der vorschlagen würde, amerikanische Infanterie auf dem asiatischen Kontinent einzusetzen, einer Untersuchung auf Geisteskrankheit unterzogen werden müsse. Einerlei! Die Aktion verlangte es. MacArthur vergaß MacArthur.

Truman hatte sich am 30. Juni noch vor Sonnenaufgang von seinem Lager erhoben. Um 4.57 Uhr wurden ihm MacArthurs Vorschläge durch den Armeeminister

Frank Pace jun. telefonisch übermittelt. Sofortige Antwort für das *Combat Team*: Ja. Für die zwei Divisionen werde die Entscheidung noch am selben Tag nach Tokio durchgegeben.

Der erste amerikanische Sieg in Korea

Jenseits von Osan trennen sich die Straßen und die Eisenbahnstrecke nach Seoul voneinander, um einen Sattel zwischen zwei Höhenlinien zu überschreiten. Am Fuß des Nordabhangs liegt ein Dörfchen mit einigen Reisfeldern. Die Sicht erstreckt sich über die gewundene Straße bis in die Nähe von Suwon, das die Nordkoreaner soeben genommen hatten. Zwischen zwei Wolkenbrüchen konnte Oberstleutnant Charles B. Smith eine Kolonne von acht Panzern ausmachen. Er erteilte Befehl, die Kampfstände zu besetzen, und alarmierte die Batterie der 10-cm-Haubitzen, die ihm Feuerschutz gab. Es war am 5. Juli zwischen 7 und 8 Uhr.

Sechs Nächte zuvor hatte Smith neben seiner Frau im Offiziersquartier von Camp Wood auf der Insel Kyuschu geschlafen. Der kommandierende Oberst des 21. RI hatte ihn aus dem Schlaf geholt und ihm angekündigt, daß er mit zwei Kompanien seines Bataillons auf dem Luftweg nach Korea gebracht würde. Unter strömendem Regen hatten Lastwagen die schlaftrunkenen Infanteristen abtransportiert. Auf dem Flugplatz von Itazuke wartete General William F. Dean. »Ihr Auftrag besteht darin«, sagte er zu Smith, »die Nordkoreaner aufzuhalten, indem Sie die Straße nach Pusan so weit nördlich als möglich absperren. Leider kann ich Ihnen nicht mehr sagen: Das ist alles, was ich weiß. Gott schütze Ihre Männer und Sie!«

Die Landung mitten im Monsun war heikel gewesen. Die C 54 Oberst Smiths hatte zweimal umkehren müssen. Dennoch war es dem halben Bataillon gelungen, sich noch am selben Abend auf den Weg zu machen, und es war am darauffolgenden Tag, dem 2. Juli, um 8 Uhr auf dem Bahnhof Taejon eingetroffen. Smith war sofort auf Erkundung gegangen und hatte seine Verteidigungsstellung nördlich von Osan gefunden. Seoul war nur fünfzig Kilometer entfernt. »So weit nördlich als möglich . . .« Das war gelungen.

Während der Aufklärung seines Chefs war das Halbbataillon Smith bis zum Bahnhof von Pyongtaek vorgegangen. Vier Mustangs der australischen *Royal Air Force*, die ihren ersten Einsatz über Korea flogen, hatten einen amerikanischen Munitionszug, der auf einem Abstellgleis stand, nicht verfehlt. Die halbe Stadt war zerstört, mehrere hundert Einwohner getötet worden. Durch ein wirkliches Wunder hatte kein Amerikaner einen Kratzer abbekommen.

Flüchtlinge zogen über die Straße. Manche trugen das weiße Gewand und den doppelten Hut aus Metalldraht der koreanischen Bürger. Andere, Menschen aus dem Volk, gingen gebeugt unter der dreieckigen Tragstütze, die das übliche koreanische Transportmittel darstellt. Die an die Ordentlichkeit der Japaner gewöhnten amerikanischen Soldaten blickten voll Abneigung auf diese Gelben von anderer Art, rauhere Menschen in einem härteren Land. Die Amerikaner hatten vor weniger als einer Woche Japan verlassen; sie sehnten sich dorthin zurück.

Das Schlaraffenland Japan! Mit seinem Monatssold von 80 bis 147 Dollar zuzüglich einer Zulage von 45 Dollar erhielt ein GI das Gehalt eines japanischen Ministers, konnte sich den Luxus eines Putzers und die Freuden einer Konkubine leisten. Der Ortsdienst und der Mangel an Übungsgelände reduzierten die militärische Tätigkeit fast auf null. Die Disziplin paßte sich den neuen Weisungen an, die bestimmten, daß Soldaten als Bürger zu behandeln seien. Die Autorität der Unteroffiziere gehörte einer sagenhaften Vergangenheit an, und die Offiziere verzichteten darauf, die äußeren Zeichen des Respekts zu verlangen. Die einfachen Soldaten, Grünschnäbel von 18 bis 19 Jahren, kannten den Krieg nur vom Hörensagen. Sie waren außerdem auch gar nicht mit dem Gedanken nach Korea gekommen, kämpfen zu müssen. »Es handelt sich nicht um Krieg«, hatte der Präsident der Vereinigten Staaten gesagt, »sondern um eine Polizeioperation . . .« – »Wenn die Eingeborenen sehen, mit welcher Uniform sie es zu tun kriegen«, meinten die GIs, »wirst du schon sehen, wie sie rennen . . .«

Das Halbbataillon Smith zählte 406 Infanteristen. Die von Oberstleutnant Miller O. Perry befehligte Batterie von 5 Haubitzen bestand aus 134 Artilleristen. Vor der Abreise hatte Perry HEAT-Granaten – *High Explosive Anti Tank* – verlangt, die einzigen, mit denen man einen T 34 aufhalten konnte. Man hatte ihm sechs gegeben. Großzügig: In ganz Japan gab es 18!

Um 8.16 Uhr wurde die erste amerikanische Granate im Koreakrieg abgefeuert. Das Feuer lag gut, aber die Geschosse waren High Explosives, die außerstande waren, die Panzer durchzuschlagen. Auf 500 Meter Distanz eröffneten nun die rückstoßfreien 7,5-cm-Smiths das Feuer; die Munition war schlecht, mehrere Treffer zeigten keinerlei Wirkung. Die Panzerschrecks versuchten ihr Glück: Oberleutnant Ollie D. Connor feuerte verbissen 22 2,36zöllige Raketen fast auf allernächste Entfernung; die Panzer fuhren weiter. Man hätte sie durch Panzerminen oder die neuen 3,5zölligen Panzerschrecks aufhalten können, aber niemand hatte daran gedacht, eine Besatzungsarmee mit so sprengkräftigen Geräten auszustatten.

Die Infanteriestellung war durchbrochen. Ein 10,5 mit den 6 kostbaren HEAT war als Panzerabwehrgeschütz aufgestellt. Es traf zwei Panzer, die abschwenkten, um die Straße freizugeben. Einer begann zu brennen. Zwei Nordkoreaner kamen heraus, die Arme erhoben. Ein dritter sprang heraus und leerte das Magazin seiner Maschinenpistole. Ein GI fiel. Es ist nie gelungen, den Namen dieses ersten amerikanischen Opfers des Koreakrieges festzustellen.

Eine Stunde verging. Der Regen peitschte herab, hörte auf, setzte wieder ein. Andere Panzer rollten in Gruppen zu dreien oder vieren heran. Wie die ersten blieben sie nicht lange, begnügten sich damit, die Einzellöcher mit ihren Maschinengewehren zu bestreichen. Die Besatzungen erkannten nicht, welche Uniformen sie vor sich hatten, sie wußten gar nichts vom Eingreifen der Amerikaner. Sie glaubten, es handle sich um eine Sperre der Südkoreaner und überließen der Infanterie die Sorge, mit ihr fertigzuwerden.

Die Infanterie tauchte in der Ferne auf, durch einen Regenvorhang. Die Kolonne erstreckte sich über zehn Kilometer: Die ganze Division NK 4 unter dem Befehl des Generals, der Seoul genommen hatte, Lee Kwon Mu. Die amerikanische Batterie feuerte nicht, antwortete nicht am Telefon. Smith glaubte, sie sei durch die Panzer vernichtet worden, er ahnte nicht, daß die Artilleristen ihre Geschütze verlassen hatten, von denen die Offiziere jedenfalls noch die Verschlußblöcke mitgenommen und die Zielapparate vernichtet hatten. Die 8,1-cm-Mörser und die 5,0-cm-Maschinenkanonen der Infanterie eröffneten das Feuer, brachten die Kolonne zum Stillstand, doch die nordkoreanische Infanterie schwärmte fächerförmig aus und begann gegen die zwei kleinen amerikanischen Kompanien, die auf 1500 Meter verteilt lagen, ein Umfassungsmanöver. Man mußte zurückgehen, oder man war verloren.

Smith versuchte, einen gestaffelten Rückzug längs der Eisenbahnlinie zu organisieren, doch seine Truppe besaß für ein solches Manöver unter Beschuß nicht den notwendigen Zusammenhalt. Aus dem Rückzug wurde eine Flucht. Alles wurde preisgegeben: die Gefallenen, die Verwundeten, die Maschinenwaffen, die Mörser, die rückstoßfreien Geschütze. Mehrere hundert Amerikaner mit empfindlichen Füßen planschten durch die mit menschlichem Dünger fruchtbar gemachten Reisfelder, die von Blutegeln wimmelten. Es gelang Smith, 185 Mann von ihnen nach Andong zu bringen, wo das 34. Infanterieregiment soeben eingetroffen war. In den folgenden Tagen kamen noch einige Versprengte nach, manche vollkommen nackt. Für jene, die noch fehlten und am Leben geblieben waren, begann eine Gefangenschaft, die ihnen nie gekannte Qualen bringen sollte.

Wie gewöhnlich befand sich Frankreich in einer Kabinettskrise, als der Konflikt in Korea die Welt erschütterte. Bidault war am 24. Juni gestürzt und am 1. Juli durch Queuille ersetzt worden, der am 5. Juli wieder zurücktrat. Sein Nachfolger, René Pleven, ein neuer Mann, ein Dissident des Gaullismus, sollte erst am 8. Juli von Auriol nominiert werden.

Die Kontinuität der Außenpolitik wenigstens war durch Robert Schuman gesichert. Der Vertreter Frankreichs bei den Vereinten Nationen, Jean Chauvel, wurde ersucht, mit seinem britischen Kollegen Sir Gladwyn Jebb zusammenzuarbeiten, um »den Resolutionen vom 25. und 27. Juni bezüglich der Aggression gegen die Republik Korea rasche, nachdrückliche Wirkung« zu verleihen. Die neue, von Jebb und Chauvel gemeinsam vorgelegte Resolution forderte, daß alle nationalen Kontingente, die in Korea eingesetzt wurden, unter ein von der Regierung der Vereinigten Staaten bestimmtes, einheitliches Kommando gestellt werden sollten. Außer den Vereinigten Staaten hatten sich sechs Länder, das Vereinigte Königreich, Kanada, Australien, Neuseeland, Nationalchina und die Niederlande bereit erklärt, militärische Hilfe zu leisten. Andere gingen mit sich zu Rate. Frankreich hatte Hilfe zugesichert, jedoch betont, daß seine schweren Verpflichtungen in Indochina seine Möglichkeiten einschränkten.

Die britisch-französische Resolution wurde ohne Debatte angenommen. Drei Mitglieder des Sicherheitsrates, Indien, Jugoslawien und Ägypten, erklärten, sich der Stimme zu enthalten. Die UdSSR und ihr Veto fehlten noch immer.

Dieser leere Sitz wurde zu einem Gespenst. Er verfestigte den Gedanken, daß der Westen in eine Falle ging, daß Korea eine Ablenkung vor Ausbruch eines dritten Weltkrieges war. De Gaulle sagte diesen Weltkrieg voraus. »Der Sturm kommt näher. Der Krieg in Korea ist das Vorzeichen dafür . . .« Tausende Europäer trafen Vorbereitungen, um den Kontinent zu verlassen, dem eine Invasion drohte. Sie belagerten die südamerikanischen Botschaften, legten Benzinvorräte an, um die spanische Grenze erreichen zu können, kauften Segelboote, um den Kanal oder das Mittelmeer zu überqueren.

Amerika war gegen die Ansteckung nicht gefeit. Ein Sturm auf die Läden ließ die Lebenshaltungskosten in zwei Wochen um 3 % steigen. Ein Kaufhaus in New York versuchte die Kunden abzuschrecken: »Wenn Sie so viel Geld haben, warum kaufen Sie nicht Schatzanweisungen?« Die westliche Hemisphäre war theoretisch noch unverletzbar, da die Russen – soweit man wußte – keine transozeanischen Bomber besaßen. Dennoch wurden fieberhaft Tausende Luftschutzkeller eingerichtet. Der General der Berliner Blockade, Lucius Dubignon Clay, war in die Privatindustrie eingetreten; der Gouverneur von New York, Tom Dewey, mobilisierte ihn wieder, um die passive Verteidigung seines Staates – eine übermenschliche Aufgabe – zu organisieren.

Am 18. Juli gab Truman im Rundfunk und im Fernsehen eine Rechtfertigung für seine Entscheidung, in Korea einzugreifen. 95 % der Briefe, die ins Weiße Haus kamen, billigten seine Darlegungen. Die Maßnahmen einer halben Mobilisierung, die er verlangte – Wiedereinführung der Kriegsdienstpflicht, Einberufung von vier Divisionen der Nationalgarde, Kontrolle allen strategischen Materials –, wurden im Senat einstimmig bewilligt und fanden im Repräsentantenhaus nur einen einzigen Gegner, den bolschewismusfreundlichen Abgeordneten von Harlem, Marcantonio.

Moskau spie Gift und Galle. Gromyko teilte Lie mit, daß die in Abwesenheit der UdSSR und der Volksdemokratie China gefaßten Beschlüsse des Sicherheitsrates ungültig seien. Eine diplomatische Note beschuldigte die Luftwaffe der USA, auf die Kartoffelfelder in Osteuropa Kartoffelkäfer abgeworfen zu haben. Die CIA bestätigte jedoch weiter, daß jenseits des Eisernen Vorhangs keinerlei auffallende militärische Tätigkeit festzustellen sei.

In Korea vertauschte MacArthur Raum gegen Zeit. Er hatte hinter der unglückseligen Abteilung Smith die gesamte 24. Division unter dem Befehl Generalmajor William F. Deans eingesetzt. Aber die Soldaten Deans waren vom gleichen Schlag wie die Soldaten Smiths: zu junge Zivilisierte in einer barbarischen Natur. Die Regenströme des Monsuns, die Gluthitze der Sonne, das stinkende Wasser der Reisfelder, das wimmelnde Ungeziefer, waren zu viel für sie. Sie konnten sich nicht von ihren Fahrzeugen trennen, die an die wenigen schlechten Straßen gebunden waren. Die von den Nordkoreanern geübte Taktik der Infiltration verwirrte, ängstigte sie. Von Einschließung bedroht, ergriffen sie die Flucht, »entschieden sich mit ihren Füßen« gegen den Befehl, an Ort und Stelle Widerstand zu leisten. Viele der Offiziere taugten nichts. Die guten starben, indem sie sich als Beispiel opferten, das schwächte jedoch nur noch mehr die Kampfkraft der Truppe.

Dean hatte versucht, in der Küstenebene zwischen dem Gelben Meer und den steilen Hügeln von Osong eine Sperre zu errichten. Bestürzt stellte er fest, daß das 34. Infanterieregiment, die Vorhut der Division, 15 Kilometer weit zurückgegangen war, ohne einen Feind gesehen zu haben. Oberst Jay B. Lovelace wurde durch Oberst Robert R. Martin ersetzt. Am Tag darauf wurde Martin im Dorf Chosan von feindlichen Panzern eingeschlossen. Er schoß einen mit dem Panzerschreck ab, doch er selbst wurde darauf von einer 8,8-cm-Granate zerrissen. Das 34. Regiment gab seine Verwundeten, sein Kriegsgerät preis und zog sich in Unordnung hinter den Fluß Kum zurück.

Der vom Monsun angeschwollene Kum war 300 Meter breit und 5 Meter tief. Die Brücken waren gesprengt, und die Aufklärungsabteilung der Division bestätigte, daß alle Boote versenkt oder verbrannt worden waren. Dean brachte das 34. und das 19. Regiment in Stellung, während er das 21. als Reserve behielt. Aber die amerikanischen Regimenter waren auf zwei Bataillone reduziert worden, und der Iststand der Division betrug 11 440 Mann. Das war wirklich ein sehr dünner Truppenschleier für eine Front von 500 Kilometer Länge zwischen Kwangju und Sunchon.

Diese Front war beim ersten Stoß durchschlagen. Die 4. NK Division überschritt den Kum im Abschnitt des 34. Regiments schwimmend und auf Flößen. Sie jagte eine Flankensicherung in die Flucht, stürzte sich auf die 63. Feldartillerieabteilung und nahm ihre sechs Haubitzen. Die 3. NK Division überschritt auf die gleiche Weise den Kum im Abschnitt des 19. Regiments. Die Amerikaner konnten sich der Umzingelung nur entziehen, indem sie nach Taejon zurückstürzten. Die Niederlage ließ sich nicht mehr durch die Unterlegenheit im Kriegsgerät erklären. Sie waren der persönlichen Tapferkeit und dem Angriffsgeist des Gegners weit unterlegen.

Der Kampf verlagerte sich nach Taejon. Die Stadt mir ihren 130 000 Einwohnern stellt ein Viereck dar, das von zwei Avenuen durchzogen wird, die sich rechtwinklig kreuzen. Die Reisfelder ziehen sich bis knapp an die Stadt heran und erfüllen sie mit dem Geruch menschlichen Düngers. Ein Taifun zog vorbei, der Korea mit riesigen Wassermassen überschwemmte. Dean hatte nicht die Absicht, im Becken von Taejon zu verbleiben, doch ein Verbindungsflugzeug brachte Generalleutnant Walton H. Walker in seinen Gefechtsstand. Der gedrungene, barsche, brutale Mann aus Texas war in Europa einer von Pattons Sturmspitzen gewesen, ehe er nach Japan gekommen war und das Kommando der VIII. Armee übernommen hatte. Er teilte Dean mit, daß seine ganze Armee in Korea eingesetzt werde. Die Landung der 1. Kavalleriedivision (in Wirklichkeit einer Infanteriedivision, die sich den Kavalleriegeist bewahrt hatte) hatte bereits begonnen. Die 25. Infanteriedivision folgte ihr. Es war unbedingt notwendig, daß sich die 24. Division noch einen weiteren Tag in Taejon hielt, um den Einsatz der Hauptmacht zu gewährleisten.

Dean ließ sein 34. Regiment westlich von Taejon ausschwärmen. Er stellte das 21. Regiment im Osten auf, mit dem Auftrag, die Straße nach Pusan, die operative Achse, offenzuhalten. Im Süden gruppierte er das 19. Regiment neu, das am Kum sehr mitgenommen worden war. Er selbst blieb in Taejon, anstatt auf den für die Durchführung seines Kommandos notwendigen Abstand zu achten. Am frühen Montag des 20. Juli weckte ihn Kanonendonner. Die Nordkoreaner hatten die Widerstandsstellung durchbrochen und waren in die Stadt eingedrungen. Ohne Verbindung war General Dean nur noch ein tapferer Unteroffizier. Er nahm einen der 3,5zölligen Panzerschrecks, die ihm von Flugzeug abgeworfen worden waren, und machte sich auf die Jagd nach Panzern.

Nebel. Wolkenbrüche. Stinkender Rauch. Silhouetten von T 34, die durch die Straßen fuhren. Dean schlich in ein zerstörtes Haus und gelangte so nahe an einen Panzer, »daß ich in seine Kanonenöffnung hätte spucken können«. Er feuerte 3 Phosphorraketen ab, deren erste entsetzliche Schreie verursachte, die von der dritten erstickt wurden. Befriedigt gesellte sich Dean zu dem Oberst des 34. Regiments, Charles E. Beauchamps, der seinerseits gleichfalls einen T 34 abgeschossen hatte. Die beiden Offiziere, prächtige Soldaten, aber elende Kommandeure, frühstückten als echte Soldaten gemeinsam in einem Schulzimmer. Es gab keine Feinde mehr in Taejon.

Tatsächlich stand der Feind rund um die Stadt. Die 4. NK Division hatte die Stadt im Süden umgangen, beschrieb einen Bogen von 180 Grad und besetzte die Höhen über der Straße nach Pusan. Die amerikanischen Truppen besaßen weder Aufklärung noch Führung. Sie gehorchten dem einzigen Reflex, den sie sich in Korea vorläufig zu eigen gemacht hatten: Sie entzogen sich durch eilige Flucht einer bevorstehenden Umzinglung.

Eine motorisierte Kolonne versuchte aus dem brennenden Taejon zu entkommen. Dean hatte sich in seinem Jeep dazugeschlagen. Sein Fahrer irrte sich an einer Kreuzung und verlor sich in einem Labyrinth von Bränden, wobei der General sich die Augenbrauen versengte. Als guter Samariter nahm er einige Verwundete auf, mußte jedoch seinen Jeep an einer Sperre aufgeben und flüchtete mit einem einzigen Offizier, dem Oberleutnant Clark, indem er durch ein Süßkartoffelfeld robbte. Er irrte dann noch fünfunddreißig Tage lang stoisch umher und wurde schließlich gefangengenommen. Im Augenblick hatte niemand das Verschwinden dieses Generals bemerkt, der seinem Rang so wenig entsprach.

Ihres Kommandeurs beraubt, zog sich die 24. Division verhältnismäßig gut aus der Affäre. Dem 34. Regiment gelang es, nach Süden durchzukommen. Das 21. Regiment nahm die Versprengten auf, die den Feuervorhang über der Straße nach Pusan zu durchbrechen vermocht hatten. Beim nächsten Appell waren 8500 Mann anwesend. Aber zwei Drittel der Geschütze, der Großteil des Kriegsmaterials, waren verloren. Der von Generalleutnant Walker verlangte zusätzliche Tag hatte mit einer verlustbringenden, demütigenden Niederlage geendet. Mehr als je stellte sich die Frage: Würden die Amerikaner ins Meer geworfen werden?

Der Monsun hatte aufgehört. An seine Stelle war eine Hitzewelle getreten. Das Thermometer stieg bis auf 120 Grad Fahrenheit, das entspricht 50 Grad Celsius. Der Wasserstand des Naktong sank. Die Vielzahl der Dämme machte die Verteidigung noch schwieriger. Der sogenannte *Perimeter* war auf der Karte nur ein kleiner, ungefähr viereckiger Fleck am unteren Ende eines fast völlig roten Korea. In Wirklichkeit hatten die Umgrenzungslinien doch immerhin noch eine Länge von 400 Kilometern, und der Personalstand der 8. Armee betrug am 4. August einschließlich der Südkoreaner 141 808 Rationsempfänger. Die Divisionen hielten Frontabschnitte von 30 000 bis 90 000 Meter, die man unmöglich mit ständigem Sperrfeuer belegen konnte. Die Nordkoreaner konnten nicht mehr von den Flügeln aus operieren, besaßen jedoch weiter große Infiltrationsmöglichkeiten.

Der gebirgige Teil des Perimeters wurde von 5 südkoreanischen Divisionen verteidigt, die man eilig aufgestellt hatte. Die von den amerikanischen Truppen gehaltene Front begann in Waegwan, wo die Straße und die Eisenbahnstrecke nach Seoul über den Naktong führen. Sie verlief längs des Flusses bis zu dessen Zusammenfluß mit dem Nam, folgte diesem Fluß einige Kilometer weit und traf vor dem kleinen Hafen Masan auf die Küste. Die Führung hatte versucht, ihre Linke an dem wichtigen Ort Chinju zu stützen, aber der Tagesbefehl Generalleutnant Walkers, »*stand or die*« (standhalten oder sterben), hatte nicht ausgereicht, um die Rückzugreflexe zu ändern. Die Roten hatten Chinju überrannt, es war ihnen wie eine reife Frucht in den Schoß gefallen. Die drei ersten mittelgroßen Panzer der Amerikaner, die nach Korea geschickt worden waren, drei Pershing, standen gebrauchsunfähig dort, es fehlten − war es Fahrlässigkeit oder Sabotage? − die Ventilatorriemen. Der wegen offensichtlicher Unfähigkeit seines Kommandos entsetzte Generalissimus *Fat Boy*, Chae, hatte sich einem amerikanischen Bataillon als einfacher Dolmetscher angeschlossen; er hatte sich auf ausgesprochen geschickte Weise um sein Leben gebracht, als er erkunden wollte, ob es sich bei einer koreanischen Einheit um Freund oder Feind handelte.

Die 1. Kavalleriedivision verteidigte Taegu, die provisorische Hauptstadt Syngman Rhees. Links von ihr war die während des Rückzugs so schwer mitgenommene 24. Division durch die 2. Division, *Second to None* (die Unübertroffene), abgelöst worden, die aus dem kühlen Oregon kam und buchstäblich vor Hitze erstickte. Südlich des Nam kämpfte die 25. Division, verstärkt durch ein *Regimental Combat Team* aus Okinawa und ein zweites aus Hawaii.

Die Anfang August eingetroffenen Einheiten waren soeben zum neuntenmal in ihrer Geschichte der Auflösung entgangen. Alle großen Chefs betrachteten das *US Marine Corps* als Museumsstück, und der hitzige Truman hatte nur als Interpret des kühlen Marshall gesprochen, als er sagte, die Marineinfanterie besitze »eine ebensolche Propagandamaschine wie Stalin, sei aber nichts anderes als die Landpolizei der Marine und würde nichts anderes sein, solange er Präsident der Vereinigten Staaten sei«. Der Kongreß hatte sich jedoch geweigert, die Regimenter aufzulösen, mit denen so viele historische Kriegstaten verknüpft waren. Die Marineinfanterie hatte Bewährungsfrist.

Eine Brigade traf als Vorhut der 1. Division im Hafen von Pusan ein. Von den Decks der Schiffe riefen die *Leathernecks*, die Ledernacken, den GIs mit der Prahlerei der Berufssoldaten zu: »Hallo, Kinder! Also, ihr habt Murmeln gespielt, wie? Ihr könnt jetzt heimfahren, ihr Lausejungen! Jetzt sind Männer da!«

Diese »Landpolizei der Marine« setzte Walker eiligst als Sturmbock der ersten amerikanischen Gegenoffensive in Korea ein. Gemeinsam mit der 25. Division versuchte das 5. Regiment der Marineinfanterie Chinju zurückzunehmen. Die *Leathernecks* gingen in methodischer Land-Luft-Zusammenarbeit unter dem Schirm der blaugestrichenen Corsairs vor, deren Silhouette an jene der Stukas erinnerte. Sie verstanden sich darauf, zu marschieren, zu schießen, sich zu decken, zu leiden und zu gehorchen. »Sie bilden eine kleine, von Anmaßung zerfressene Armee«, hatte General Armstrong haßerfüllt gesagt, »die den Marinejargon spricht. Wir werden sie der regulären Armee einverleiben und aus ihnen Soldaten machen, die zu etwas taugen.« Der erste Kampf zeigte, wie dumm dieses parteiische Urteil war; mit seiner ein wenig jungenhaften Romantik war das USMC viel weniger veraltet als die allzu zartbesaitete, oberflächlich ausgebildete und übermäßig verhätschelte Armee.

Vierzig Kilometer waren in blutigen Gefechten gewonnen worden. Es galt nur noch den letzten Kamm vor Chinju zu nehmen. Da kam der Befehl, den Kampf abzubrechen und sich weiter hinten wieder zu sammeln. Die rechts von der Marineinfanterie kämpfenden Einheiten besaßen nicht die gleiche Durchschlagskraft. Das schwarze Regiment der 25. Division – das letzte in der US Army, wo das Prinzip der Rassentrennung noch wirksam war – hatte sich zum zweitenmal aufgelöst. Außerdem war die Front nördlich des Nam durchbrochen worden. Man rief die Marineinfanterie zu Hilfe, wie man die Feuerwehr ruft.

Am Morgen des 6. August hatten die kleinen Soldaten der 4. NK Elitedivision, die Eroberer von Seoul, den Naktong an der Schleife überschritten, die er vor Yongsan beschreibt. Vollkommen nackt, bis zum Mund im Wasser, stießen sie ihre Waffen und ihre Kleidung auf Bambusflößen vor sich her. Nachdem sie sich wieder angekleidet hatten, stürzten sie sich auf die amerikanischen Stützpunkte. Ihr General Li Kuon-mu, der rote Kriegsheld, hatte durch einen Tagesbefehl ihre Stimmung hochgepeitscht. »Das ist die Endoffensive. Ihr werdet euren Kameraden den Weg öffnen. Bis zum 15. August müssen die Imperialisten aus Korea verjagt sein.«

Die gesamte Front stand in Flammen. Die Ausbuchtung bei Taegu wurde so heftig angegriffen, daß die südkoreanische Regierung nochmals umzog und sich in Pusan einrichtete, um dem asiatischen Dünkirchen, das sich anbahnte, zu entgehen. Das Schicksal Koreas entschied sich in der Schleife des Naktong. Wenn die Roten auf ihrem Vormarsch so weit kamen, daß sie die Straße von Pusan nach Taegu abschneiden konnten, waren 50 000 amerikanische Soldaten eingeschlossen.

Walker befahl einen allgemeinen Gegenangriff. Die Schlacht wurde mörderisch. Als das 5. Kavallerieregiment die Höhe 303 wieder nahm, fand es die Leichen von 25 GIs, die mit Telefondrähten gefesselt und von Bajonettstichen durchlöchert waren. Andere fand man nackt, lebendig verbrannt, mit ausgestochenen Augen, entmannt. Die nordkoreanische Führung verbot in einem Tagesbefehl die Ermordung von Gefangenen. Zu spät. Die amerikanischen Soldaten hatten jetzt einen Anlaß, auf Leben und Tod zu kämpfen.

Die kleine nordkoreanische Armee war überdies durch ihre Siege ermattet. Die Luftwaffe schnitt sie von ihrer Etappe ab. Die Soldaten hungerten. Die Uniformen waren zerfetzt. Es fehlte an Munition. Die Panzer waren zu Jagdwild geworden. Die Verwundeten starben mangels Medikamenten. Man hätte die Schleife des Naktong räumen müssen; das Prestige, die Hoffnung des letzten Augenblicks gaben das nicht zu. Am 20. August konnten die Amerikaner ihren ersten Sieg feiern: die 4. NK Division war vollständig aufgerieben. Die Front längs des Flusses stand wieder. Der Perimeter hatte sich gehalten.

Der Sommer ging vorbei. Dreimal schritten die Nordkoreaner wieder zur Offensive, tragische Bemühungen, um einen Sieg zu erzwingen, dem sie so nahe gewesen waren. Doch jetzt besaß Walker Reserven, die er dank der Form der Front und der gewaltigen Motorisierung seiner Armee rasch in die bedrohten Abschnitte zu werfen vermochte. Die Nordkoreaner bluteten, gerieten außer Atem, erschöpften sich. Ihre Stunde war vorbei. (*Forts. Korea S. 408*)

Lake Success machte seinem Namen Ehre: 23 000 Nachfragen nach Eintrittskarten für die Publikumsgalerien hatten nicht befriedigt werden können. Nach einem Boykott von sieben Monaten war Jakob Malik wieder im Sicherheitsrat erschienen. Die ganze Welt fragte sich, was diese unerwartete Änderung der Taktik zu bedeuten hatte.

Es kam zu einer Sturmflut von Worten. Während der 14 Sitzungen im August wurden von den elf Mitgliedern des Sicherheitsrats mehr als 150 000 Worte gesprochen oder hervorgestoßen. Malik überschüttete Amerika mit einer Welle von Beschimpfungen. Die Amerikaner stellten an öffentlichen Stellen, einschließlich der Fährboote zwischen Manhattan und Staten Island, Fernsehapparate auf und errangen einen Propagandasieg, indem sie ihrem Volk die Wutausbrüche, das irrsinnige Benehmen des Wortführers Moskaus zeigten.

Malik konnte die Vergangenheit nicht auslöschen, die Folgen seiner Abwesenheit im Juni nicht ungeschehen machen. Dafür blockierte er die Tätigkeit des Sicherheitsrates durch systematischen Gebrauch seines Vetorechtes. Amerika antwortete damit, daß es die Wirkungskraft der Organisation vom Sicherheitsrat auf die Vollversammlung übertrug. Dort besaß es die notwendige Zweidrittelmehrheit. Die Fortsetzung des Koreakrieges als Kreuzzug der Vereinten Nationen, unter der blauen Fahne, war gesichert. Die UdSSR protestierte vergeblich, es handle sich um eine Mißachtung der Charta, um ein Verfahren, das Vetorecht zu umgehen, das sie zur Grundbedingung ihres Beitrittes gemacht hatte.

Juristisch gesehen, war die UdSSR im Recht. Im Sinne der Charta ist der Sicherheitsrat die wesentliche Einrichtung der Vereinten Nationen. Die Vollversammlung, in der San Salvador das gleiche Gewicht besitzt wie die Vereinigten Staaten, sollte nichts anderes sein als ein jährliches Forum, das die Einigkeit der Welt zum Ausdruck bringt. Dieser unorganischen Körperschaft die Befugnisse des Sicherheitsrates zu übertragen, stellte ohne jeden Zweifel eine Widerrechtlichkeit dar. Amerika entschloß sich dazu aus Gründen unmittelbarer Bequemlichkeit, ohne die paradoxen Folgen für die Zukunft zu bedenken, die sich daraus ergaben.

Für Europa war 1950 ein gutes Jahr. Der Sommer war friedlich. Die Badesaison in Deauville präsentierte einen Aufwand, den man für immer verschwunden gewähnt hatte. König Faruk kam mit einem Gefolge von neun Cadillacs inkognito an, hinter ihm Polizisten auf Motorrädern, über ihm sein Privatflugzeug. Man sprach von Rita Hayworth und Ali Khan, von Elsa Schiaparelli, Prinzessin Margaret und vom sizilianischen Superbanditen Giuliano, der aus dem Hinterhalt erschossen worden war. Keine Revolution war ausgebrochen, keine Streikepidemie hatte sich fortgepflanzt. Die Naturkatastrophen, die Eisenbahn-, Bergwerksunglücke hielten sich in gewissen Grenzen. Die Blockade von Berlin wurde nicht wieder aufgenommen, trotz einiger Reibungen auf der Autobahn. Jugoslawien wurde nicht überfallen, trotz der Schwächung, die es durch die Sommerdürre und die dadurch verursachte Mißernte erlitten hatte. Das Heilige Jahr brachte ein neues Dogma, das Dogma der leiblichen Himmelfahrt Mariens, und es brachte die erste Flutwelle amerikanischer Touristen. Der Marshallplan zeitigte glänzende, prompte Resultate. Deutschland erwachte wieder zum Leben. Die ersten Volkswagen kamen über den Atlantik und erregten auf der 5th Avenue die Neugier der New Yorker. Wenn das Jahr 1950 für Frankreich nicht so gut war, so war vor allem Indochina daran schuld. Es schien, als ob Frankreich in dem Maße, in dem es eine Weltmacht geblieben war, an dem Fluch teilhatte, der Asien traf. Im großen und ganzen aber gab es zum erstenmal seit zwei Generationen wirkliche Friedensstimmung in Europa.

Die einzige ernste Krise gab es in Belgien. Beide Kammern hatten zusammen mit 198 gegen null Stimmen für die Rückkehr Leopolds III. gestimmt – aber 189 Sozialisten und Liberale hatten die Sitzung nach einer feierlichen Protestrede Paul Henri Spaaks verlassen: »Ihr werdet allein bleiben, um die unheilvollste Entscheidung unserer Geschichte zu treffen . . .« Am darauffolgenden Tag, dem 22. Juli, um 7.20 Uhr morgens, brachte eine silberglänzende Dakota den vieldiskutierten, wiedereingesetzten König auf den Militärflugplatz Evère. Prinz Karl glänzte durch Abwesenheit. 8000 Bajonette bildeten das Spalier bis zum Park von Laeken, dessen Mittelallee ein Blumenteppich schmückte, den getreue Hände gelegt hatten. Viele Belgier glaubten, daß Leopold sich mit einer symbolischen Wiedereinsetzung zufriedengeben und am folgenden Tag seine Abdankung bekanntgeben werde. Sie irrten: Seine Majestät vergab jenen, die sie beleidigt hatten.

Es kam zu Blutvergießen. Bei Lüttich wurden fünf Demonstranten getötet. 500 000 Arbeiter verließen ihre Arbeitsplätze. Die Gewerkschaften organisierten einen Marsch nach Brüssel, an dem 100 000 Menschen teilnahmen. Die Regierung ließ die Straßen sperren und berief ihre Besatzungstruppen aus Deutschland zurück. Van Zeeland und seine Minister verhielten sich untadelig loyal, doch ihre Überzeugung stand fest: Leopold war unmöglich, sein Starrsinn brachte die Monarchie, die Einheit, den Bestand des Staates selbst in Gefahr.

Leopold gab erst am Morgen des 1. August nach, als ihn das Kabinett einstimmig zum Rücktritt aufforderte. Um 7.10 Uhr morgens verkündete ein Rundfunkkommuniqué, daß der König Belgien verlassen und seine Befugnisse Baudouin übergeben werde. Dieser werde bis zu seiner Großjährigkeit in dreizehn Monaten als Regent herrschen. Dann werde der Vater zugunsten seines Sohnes abdanken.

Als letzter Akt der Empörung wandten sich die Flämischsprachigen scharf gegen die Erpressung, die die wallonische Minderheit gegen die Mehrheit des belgischen Volkes ausübte. Es kam zu Demonstrationen in Gent und Brügge. In den Zentralen der Linksparteien explodierten Bomben. Aber alles in allem akzeptierte Belgien die Lösung der Königskrise und ging wieder an die Arbeit.

Europa hatte Frieden, aber wirklich wohl fühlte es sich nicht. Es fühlte sich vielmehr nackt und bloß. Korea warf lange Schatten. Rußland hatte aus einem kleinen asiatischen Satelliten mit zehn Millionen Einwohnern eine militärische Macht zu formen vermocht, die die Welt in Staunen setzte. Man schloß daraus, was es erst aus Ostdeutschland machen könnte, wenn sich dieses bewaffnete, um die Wiedervereinigung zu erreichen. Zwischen Elbe und Rhein standen acht alliierte Besatzungsdivisionen, 4 amerikanische, 2 britische und 2 französische. Hinter ihnen eine französisch-belgisch-holländisch-italienische Streitmacht, die so antiquiert war, daß sie praktisch keinen Wert besaß. Die französische Armee war noch mit dem Hotchkiss-MG aus dem Ersten Weltkrieg ausgerüstet und die italienische Infanterie mit dem Mannlicher-Carcano, Modell 1891 ... Dagegen schrieb man der UdSSR die gigantischste Militärmacht zu, die jemals eine Nation zu Friedenszeiten besessen hatte: 175 Divisionen, 2 644 000 Mann, 25 000 Flugzeuge, 19 000 Panzer ...

Für die europäischen Regierungen war der amerikanische Einsatz im Fernen Osten ein Grund zur Besorgnis. Sie kannten die Ansicht MacArthurs: »Europa ist ein sterbendes System ... Es ist müde und abgenützt und wird industriell und wirtschaftlich in Abhängigkeit von Sowjetrußland geraten ... Die Länder am Pazifischen Ozean mit ihrer Milliarde von Einwohnern werden den Lauf der Geschichte in den nächsten zehntausend Jahren bestimmen ...« Der Mann, der sich so ausdrückte, war nicht nur ein berühmter General – er war das Haupt einer Schule. Es war keineswegs ausgeschlossen, daß Amerika ihn ganz plötzlich zu seinem Chef machen würde.

Die »Nationaltagung der Kriegsteilnehmer« hatte ihr jährliches Feldlager im Stadion von Chikago einberufen. Am Vortag hatte das Weiße Haus durch reinen Zufall von der Botschaft Kenntnis erhalten, die MacArthur ihr gesandt hatte. Er hatte »all the hypocrisy«, die falschen Vorstellungen über die Bedeutung Formosas für unser strategisches Potential im Stillen Ozean, aufgezeigt. Er verurteilte »the threadbare argument of the advocates of defeatisme«, »die Argumente der Beschwichtigungspolitiker und Defätisten, daß wir uns durch die Verteidigung Formosas Kontinentalasien entfremden«. – »Ich überlegte ernstlich, ob General MacArthur als Oberbefehlshaber Fernost abzuberufen und durch General Bradley zu ersetzen sei«, schreibt Truman. »Aber nach reiflicher Überlegung entschied ich mich gegen ein solches Vorgehen. Es wäre schwierig gewesen, den Anschein einer Degradierung zu vermeiden, und ich hegte nicht den Wunsch, den General persönlich zu treffen.« Truman begnügte sich damit, MacArthur den Befehl zu erteilen, seine Botschaft zurückzuziehen. MacArthur bequemte sich dazu, indem er den Lagerteilnehmern nach Chikago telegrafierte: »Ich erhielt den Befehl, meine Botschaft zu widerrufen. Ich muß gehorchen ...« Ein junges, verwegenes Magazin, US News and World Report, hatte den Text bereits wörtlich wiedergegeben. Truman schluckte seinen Ärger hinunter und erklärte den Zwischenfall für erledigt.

Um die Europäer zu beruhigen, ließ Truman Bradley sprechen: »Den Konflikt in Korea auszudehnen, würde bedeuten, daß man den falschen Krieg zur falschen Zeit an falschem Ort gegen den falschen Feind führt.« Vor allem beschloß er, an die Stelle Louis Johnsons einen Mann zu setzen, dessen Name bereits bewies, wie sich Amerika zwischen Europa und Asien entschieden hatte.

Johnson hatte sich für unabsetzbar gehalten. »Lou bleibt solange Verteidigungsminister«, hatte Truman gesagt, »wie ich Präsident bin.« Eines Morgens ließ er ihn ins Weiße Haus kommen und legte ihm brüderlich die Hand auf die Schulter. »Wir sind doch alte Freunde, Lou, und für die Anstrengungen, die du gemacht hast, um die Gelder für meine Wahlkampagne im Jahre 1948 aufzubringen, schulde ich dir unerschütterliche Dankbarkeit. Aber du mußt gehen. Ich habe dich kommen lassen, um dich um deinen Rücktritt zu ersuchen.« Der sanguinische, temperamentvolle Johnson, ein Erzpolitiker, dabei jedoch ein recht schlechter Minister, wurde blaß, brach in Tränen aus und stotterte: »Wen willst du an meine Stelle setzen?« Truman: »Marshall.«

Der General besaß nur noch eine Niere, die Ärzte hatten ihm nur beschränkte Arbeitserlaubnis erteilt, und er war nur noch ein Schatten des ausgezeichneten Organisators, der er während des Weltkrieges gewesen war. Aber sein Name war das Gegenmittel gegen MacArthur und dessen »Asia First«. Daher auch das heftige Echo, das seine Ernennung bei einem Teil der Öffentlichkeit hervorrief. Einundzwanzig Senatoren weigerten sich, seine Ernennung zu bestätigen. »Marshall ist der Schirm des Verrates«, rief der Senator von Idaho, Jenner. »Marshall ist eine lebendige Lüge.«

Bei der Tagung des Europarats in Straßburg hatte Churchill die Völker Europas aufgefordert, die Frist — the breathing space —, die ihnen durch die atomare Überlegenheit der Amerikaner gesichert wurde, dafür zu verwenden, gemeinsam ein Verteidigungssystem aufzubauen. Die Beratende Versammlung hatte mit 89 Stimmen gegen 5 für eine europäische Armee unter der Autorität eines europäischen Verteidigungsministers gestimmt. Die Beratende Versammlung hatte auch diesen Mann bestimmt: Churchill. Aber die Abstimmung in Straßburg drückte nur Wünsche aus.

Die Signatarmächte des Nordatlantikpakts konnten ihrerseits Pläne entwerfen. Sie hatten eine übernationale Armee von 20 Divisionen für 1951 in Betracht gezogen, von 35 für 1964 und später von 55 Divisionen. Amerika hatte sich verpflichtet, die Anzahl seiner in Europa stationierten Divisionen von 4 auf 6 zu erhöhen. England hatte die Aufrechterhaltung der Kriegsdienstpflicht angenommen. Frankreich mußte seine 5 Divisionen modernisieren und 15 neue aufstellen. Doch die Durchführungen ließen auf sich warten. Der Krieg in Korea hinderte Amerika daran, die zwei versprochenen Divisionen nach Europa zu schicken. Der Indochinakrieg schluckte die Hilfsquellen Frankreichs. Die finanziellen Schwierigkeiten Englands schränkten seinen Anteil an den gemeinsamen Anstrengungen ein. Die Wiederaufrüstung Europas bestand nur auf dem Papier.

Vor allem war es nun klar, daß es keine wirksame Verteidigung Europas ohne Beteiligung Deutschlands geben konnte. Churchill hatte als erster gewagt, das zu sagen. Auch Amerika war zu dieser Überzeugung gelangt. Acheson schlug den Außenministern der NATO-Mitgliedstaaten, die in Brüssel zusammengekommen waren, die Aufstellung von zehn deutschen Divisionen vor. Sie sollten in eine Armee

der Verbündeten unter der Leitung eines amerikanischen Oberbefehlshabers eingegliedert werden. Vorgeschlagen und von allen akzeptiert wurde für diesen Posten
Dwight David Eisenhower.

Die Engländer, Holländer, Belgier, Norweger fügten sich Achesons Plan. Der
zweifache Widerstand, auf den er traf, kam von Frankreich und Deutschland. Bei
den Besiegten, die durch ihren Militarismus von der Welt verdammt worden waren,
wurde der Gedanke einer Wiederaufrüstung angeprangert. Bei den falschen Siegern
wurde er mit dem Bannfluch belegt, die den Alptraum der deutschen Bedrohung
wiederkehren sahen und die von russischer Seite stark beeinflußt waren. Die Franzosen sagten: »Niemals!« Die Deutschen sagten: »Ohne mich!«

Um das Eis bei den Franzosen zu brechen, wurde eine neue Konferenz in New
York einberufen. Bevin und Shinwell für Großbritannien, Schuman und Moch für
Frankreich, Acheson und Marshall für die Vereinigten Staaten trafen am 22. September im Waldorf Astoria Towers zusammen. Die Delegationen wohnten übereinander, im 21., 22. und 23. Stockwerk. Der Beratungssaal lag im 37. Stock. Zwanzig
Stockwerke tiefer nörgelten die Journalisten. Die Vertikaleinteilung sicherte die Geheimhaltung. 21 Stunden der Diskussion erbrachten nur ein langatmiges Kommuniqué, das nach Mißerfolg roch.

Marshall und Acheson hatten ihren gemeinsamen Feind MacArthur als Argument benutzt. Wenn Europa seine Verteidigung nicht organisieren wollte, war es
unvermeidlich, daß Amerika dem Vorsänger des Pazifik folgen würde. Im Pentagon
waren Luftwaffe und Marine Anhänger einer Strategie, die darin bestand, Europa
zu räumen, um es wiederzuerobern, nachdem es dem Atomkrieg erlegen wäre. Nur
die Landarmee wollte Europa noch gegen eine Invasion verteidigen. Ihrer Ansicht
nach sollte man zuerst an der Elbe kämpfen, dann Schritt für Schritt an den Rhein
zurückgehen, um den amerikanischen Streitkräften Zeit zu geben, sich zu entfalten.
Doch diese Strategie war nur dann zu verwirklichen, wenn deutsche Truppen an der
Seite der Alliierten kämpften.

Der Chef der französischen Regierung, René Pleven, hatte eingesehen, daß eine
völlig negative Einstellung sich nicht halten ließ. Er gestand zu, daß die Bundesrepublik kleinere Einheiten stellen könne, Kompanien, allerhöchstens Bataillone von
800 bis 1000 Mann, die im Rahmen der Divisionen der Atlantikarmee verwendet
werden könnten. Aber Deutschland solle weder ein Kriegsministerium noch einen
Generalstab noch irgendeine Beteiligung an politischen oder militärischen Organen
innerhalb des Paktes erhalten... Acheson und Marshall hatten sich bemüht, die Undurchführbarkeit der französischen Vorschläge vor Augen zu führen. Moch hatte
immer wieder mit seiner Anklagerede gegen die Verbrechen des nationalsozialistischen Rassismus geantwortet. Bei diesem Zwiegespräch von Tauben war keine Einigung möglich. Das einzige positive Resultat war die Tatsache, daß das französische
»Nein« nicht mehr ganz so unbedingt war.

Die Insel Wolmi, Womi-do, ist der vorgeschobene Wachtposten von Inchon, dem Hafen von Seoul. Sie ist mit dem Kontinent durch einen Damm verbunden. Die gewundene, felsige Fahrstraße des Fliegenden Fisches führt zu dem einzigen Binnenhafen. Bei Ebbe zieht sich die See 5 Kilometer weit zurück und läßt schwarzglänzende Schlammbänke sichtbar werden. Die Springebben erreichen Höhen bis zu neun Meter. Die »Nautischen Anweisungen« raten bei Zufahrt zu dieser schlammigen Küste zu größter Vorsicht.

MacArthur faßte am 29. Juni den Gedanken einer Landung in Inchon. Er setzte das Datum auf den 27. Juli fest. Die Stärke des Drucks der Nordkoreaner gestattete es ihm nicht, die für seine Absicht notwendigen amphibischen Streitkräfte zu sammeln.

Im August wurde es durch die Festigung des Perimeters möglich, den Plan wieder aufzunehmen. In Japan stand nur noch eine Division, die 7.; MacArthur ging das Risiko ein, sie in Korea einzusetzen und den japanischen Archipel völlig ohne Truppen zu lassen. Übrigens war die 7. Division so schwach, daß man sie mit 8637 südkoreanischen Soldaten auffüllen mußte. Sie kamen in Lumpen an, mit Turnschuhen an den Füßen, und verstanden kein Wort Englisch. Man fügte je hundert in die einzelnen Kompanien ein. Die gewissenhafteren Militärs zweifelten an dem Wert einer solchen gemischten Einheit.

Man brauchte etwas anderes. MacArthur verlangte die ganze 1. Division der Marineinfanterie. Man mußte, um seinem Verlangen nachzukommen, das bei der VI. Flotte im Mittelmeer dienende Bataillon durch den Suezkanal befördern. Die 7. Division und die Marineinfanterie wurden zu einem X. Korps vereinigt, dessen Befehl MacArthur seinem Stabschef Edward M. Almond übertrug.

Der Landungsplan wurde den vereinigten Generalstäben zur Genehmigung übersandt; vierzehn Tage vergingen ohne Antwort. Dann ein Telegramm: General Lawton Collins und Admiral Sherman kamen nach Tokio, um darüber zu diskutieren.

Am 23. August um 15,40 Uhr begann die Konferenz im Dai Ichi. Die Operation mußte mit unerhörten Schwierigkeiten rechnen. Die Landung konnte nur bei der stärksten Flut im September oder im November durchgeführt werden. Am 15. September erreichte die Flut ihren Höhepunkt um 06,59 und 19,19 Uhr, die erste 45 Minuten nach Sonnenaufgang, die zweite 27 Minuten vor Sonnenuntergang. Die am Morgen ausgeladenen Truppen würden nahezu zwölf Stunden lang durch das Schlammeer isoliert sein, und die am Nachmittag ausgeladenen würden nur eine Stunde Tageslicht zur Verfügung haben, um einen Brückenkopf zu errichten. Das geringste Mißgeschick, die geringste Laune der See konnten alles zum Scheitern bringen. MacArthurs Chef der Marinestreitkräfte, Admiral Doyle, beendete seinen Vortrag mit den Worten: »Im besten Falle kann ich sagen, daß die Operation nicht ganz unmöglich ist, aber anraten kann ich sie nicht...«

Schweigen. Gespannte Stimmung. »Wenn es je unheilschwangere Minuten gab«, sagte MacArthur später, »dann waren es jene. Ich glaubte die Stimme meines Vaters zu hören: ›Doug, der Kriegsrat schafft gewöhnlich Zaghaftigkeit und Schwarzseherei...‹«

Ruhig stopfte er seine Pfeife und begann im Konversationston zu sprechen. Sämtliche Einwände, die gemacht worden seien, seien zutreffend und eindrucksvoll. Sie bestärkten seine Zuversicht. Im Jahre 1759 hatte der Marquis von Montcalm, der Quebec verteidigte, die Kräfte, über die er verfügte, an den verwundbaren Stellen der Stadtmauer verteilt. Wolfe war über die Felsen des Nordens geklettert und über den verdutzten Feind hergefallen. In Inchon würde sich die Geschichte wiederholen; weil die Landung unmöglich war, würde sie Erfolg haben.

Der Konversationston war nach und nach der Eindringlichkeit der Redekunst gewichen. Als erster erhob sich Admiral Sherman und sagte: »Eine große Stimme im Dienst einer großen Sache«. Kein Widerspruch wurde mehr geäußert. Fünf Tage später kam die Entscheidung aus Washington: Die Landung in Inchon war genehmigt.

Würde sie stattfinden? Das war die Frage. Man hatte geglaubt, die nordkoreanische Armee sei am Ende, ausgeblutet. Sie erwachte wieder zum Leben, mit unerhörter Wut. Niemals war der Perimeter so in Gefahr gewesen.

Am 31. August um Mitternacht gingen die 6. und 7. NK Division südlich vom Naktong zum Angriff vor. Die 2. und die 9. überschritten den Fluß an der Mündung, die drei Wochen zuvor das Ende der 4. Division bedeutet hatte. Weitere Kämpfe fanden vor Taegu statt. Die neuen Weisungen der Kommunisten schrieben vor, den Kampf nach Einbruch der Nacht zu beginnen, bis zur Dämmerung fortzusetzen und sich dann während des ganzen Tages zu verkriechen, um die Wirksamkeit der Luftwaffe zu verringern.

Im Abschnitt der 25. Division wich das schwarze Regiment zum letztenmal zurück – dann wurde es aufgelöst. Im Abschnitt der 2. Division kämpften die umzingelten Trupps bis zum letzten Mann. Vor der 2. Kavalleriedivision gelangten die Nordkoreaner bis acht Kilometer vor Taegu. Walker mußte die Gefahren gegeneinander abschätzen, um seine Reserven richtig zu verteilen. Eine britische Brigade, bestehend aus einem Regiment aus Middlesex und dem Regiment *Argyle and Sutherland*, prachtvoll braungebrannt, unerhört phlegmatisch, war soeben aus Hongkong eingetroffen; sie marschierte vor Taegu zum Klang der Dudelsäcke an die Front. Der andere kritische Abschnitt war die Schleife des Naktong. Die Marineinfanterie, die soeben nochmals die Lage gerettet hatte, war von der Front abgezogen und nach Pusan gebracht worden, wo sie eingeschifft werden sollte, um an der Operation in Inchon teilzunehmen. Walker nahm sie sich, ohne zu fragen, und warf sie zurück in die Schlacht.

MacArthur verlangte seine Marineinfanterie. Walker wagte sich aufzulehnen, verlangte die Aufgabe der Landungsoperation und erklärte, er könne für den Perimeter nicht garantieren, wenn man ihm eines der Hauptelemente seiner Verteidigung nahm. Mac schloß ihm den Mund: Überall trage er, MacArthur, die Verantwortung. Die Marineinfanterie kam nach Pusan zurück, wurde auf Transportschiffe verladen und fuhr zusammen mit den beiden anderen Regimentern der Division, dem 1. und dem 7., gegen Inchon . . . Im Perimeter gingen die Kämpfe weiter, der Ausgang war ungewiß . . .

Die Nacht des 14. ging vorüber. In der Dunkelheit zogen die Schiffe auf dem Gelben Meer phosphoreszierende Spuren. Die Einschiffung, die Abfahrt, waren aufregend gewesen. Der Taifun Jane hatte an den Küsten Japans 12 Meter hohe Wellen aufgeworfen, die Operationen 36 Stunden lang unterbrochen, die Haltetaue von sieben Schiffen zerrissen und einen schwimmenden Kran von 200 Tonnen auf den Grund des Hafens Sasebo geschickt. Kurz darauf war der Taifun Kazia losgebrochen. Als die Armada in See gestochen war, am 11. September, hatte der Wind noch mit 111 Stundenkilometer geblasen. Die Schiffe hatten die Insel Kyushu mit verringerter Geschwindigkeit umfahren. Dann hatte der Wind nachgelassen, die See hatte sich langsam beruhigt. Auf Deck des Kreuzers *Mount McKinley* überlegte MacArthur die amphibische Operation, die gewagteste seiner Karriere, bei der er seinen bereits historischen Ruhm noch einmal aufs Spiel setzte. 230 Schiffe aller Formen und aller Größen zogen mit völlig abgeblendeten Lichtern durch die Nacht. Wenn der Feind auf der Hut war, würde der Überfall auf Wolmi und seine ständigen Befestigungen, der Angriff auf Inchon und seinen Damm fast undurchführbar sein. Die Expedition würde zu einem blutigen Fiasko werden.

In weiter Ferne, steuerbord voraus, schimmerte ein Lichtpunkt knapp am Rande des Horizontes. MacArthur richtete sein Fernglas darauf. Das Leuchtfeuer von Pamido, das die Einfahrt zum Kanal des Fliegenden Fisches anzeigte, funktionierte wie im tiefsten Frieden. MacArthur ging in seine Kabine, legte sich zu Bett und schlief ein.

Bei Tagesanbruch ging auf die Insel Wolmi ein Geschoßhagel nieder. Als das Feuer nachließ, sprang das 3. Bataillon der 5. Marineinfanterie vor dem Luxushotel, in das die Bürger von Seoul kamen, um die würzige Seeluft zu genießen, aus seinen LCVPs, den Fahrzeug- und Mannschaftslandungsbooten. Der Widerstand war kaum nennenswert. Die Panzerbulldozer der zweiten Welle schütteten die Grotten zu, in die sich mehrere hundert Verteidiger geflüchtet hatten. Zweihundert Mann etwa gelang es, sich zu ergeben; sie flehten, man solle sie nicht töten. Eine halbe Stunde nach der Landung flatterte die amerikanische Flagge über dem Hügel 105, dem Gipfel von Womi-do. Die Marineinfanterie hatte 17 Verwundete zu beklagen, aber keinen einzigen Toten.

Das Meer ging zurück. Eine Springebbe von 17 Stundenkilometer machte die Fahrtrinne zu einem schnellen Fluß. Die Schlammbänke, die zutage traten, soweit man sehen konnte, waren mit gestrandeten Panzer- und Mehrzwecklandungsbooten übersät. Einen Augenblick lang sah es besorgniserregend aus. Aber der Gegner blieb unter dem Granatbeschuß der großen Schiffe, den Raketen der Landungsboote, dem Napalm und den Bomben der blaugestrichenen Corsairs aktionsunfähig. Im Inland isolierten Staffeln von B 29 Inchon und machten die Ankunft von Verstärkung unmöglich.

Die Flut stieg wieder, das Wasser, gelb und schwer, kam näher. Es brachte die Landungsboote an die beiden für den Angriff auf Inchon vorgesehenen Ufer. Kapitänleutnant Eugene F. Clark hatte drei Wochen an Land verbracht — er war auch jetzt noch dort — und hatte die von einem Netz antikommunistischer Koreaner gelieferten Aufklärungsergebnisse gesammelt. Flugzeuge hatten unbemerkt 1000 Fotos von dem Damm gemacht, damit die Aluminiumleitern entworfen werden konnten, welche die Sturmabteilungen verwenden sollten. Die Marineinfanteristen erkletterten den Damm von Inchon – von dem Aluminium abgesehen – genauso, wie die Pikenträger im Mittelalter die Mauern einer befestigten Burg hochkletterten. Es gab nur vereinzelten Widerstand. Das 5. Regiment der Marineinfanterie landete an der Red Beach und vereinigte sich mit dem 1. Regiment, das auf der Blue Beach landete. Inchon war genommen. Das Gros des X. Korps hatte bei der Landung keine anderen Schwierigkeiten zu überwinden als die Mittelmäßigkeit des Hafens.

Die Führung der Nordkoreaner, die sich in Inchon hatte überrumpeln lassen, unternahm einen verzweifelten Versuch, um Seoul zu halten. Sie führte drei Angriffe mit waffenlosen Rekruten durch, die von der Marineinfanterie niedergemäht wurden, und bezeichnete die Amerikaner dann als Mörder. Am 19. September wurde der Han erreicht. Unter Leitung von Oberleutnant Dana M. Cushion führten 14 Kampfschwimmer, deren einer ein Bandaufnahmegerät trug, die Landungsfahrzeuge – Kettenfahrzeuge – des 7. Marineinfanterieregiments durch den Fluß. Das 1. folgte dem 7. am rechten Ufer. Am linken Ufer nahm das 5. den Vorort Yongdungpo. Auch die 7. Division griff in den Kampf ein und setzte den amerikanischen Angriff flußaufwärts von Seoul fort.

Im Perimeter hatte die 8. Armee am Tag der Landung in Inchon die Offensive ergriffen. Die 2. Division durchstieß die Front bei Taegu. Drei feindliche Divisionen wurden bei Naktong in die Enge getrieben und vernichtet. Die anderen zogen sich überstürzt zurück in die Berge, um dem gleichen Schicksal zu entgehen.

In Seoul hatte der junge rote General Wol Ki-shau hastig die Hügel im Westen zur Verteidigung gerüstet, indem er die japanischen Bunker des Manöverfeldes der Höhe 296 verwendete und die massiven Gebäude des Südäumgefängnisses in eine Festung verwandelte. Die Ledernacken gingen Meter um Meter vor. Sie setzten ihren Stolz darein, Seoul allein zu nehmen. Wol brachte sie darum. Als erstes drang das 32. Infanterieregiment – 3110 Amerikaner und 1082 Koreaner – in die Hauptstadt ein, nachdem es den Han bei der Fähre von Sinsa überschritten und das Gebirge im Süden, Nam Shan, überquert hatte, dessen zerklüftete Masse sich im Stadtgebiet selbst erhebt. Zwischen zwei Feuer genommen, wehrten sich die Kommunisten noch drei Tage lang. Sie waren überzeugt, daß alle Gefangenen massakriert würden. Besser man starb, indem man andere tötete.

Auf den auseinanderlaufenden Straßen des ehemaligen Perimeters rückten die amerikanischen und südkoreanischen Kolonnen in schärfstem Tempo vor. Die 24. Division, die beim Rückzug am schwersten gelitten hatte, legte in 30 Stunden 130 Kilometer zurück. Die Orte, deren Namen im Juli schauerlich geklungen hatten, Chinju, Chongju, Sangju, Yongdong, Taejon wurden noch schneller genommen, als sie verlorengegangen waren. Überall fand man Leichenhaufen: Die Nordkoreaner hatten in großem Maßstab die erste Vorschrift kommunistischer Vorsicht angewendet, die Ausrottung der Klassenfeinde. Auch zahlreiche amerikanische Gefangene waren hingemetzelt worden. Im Hof des Gefängnisses von Taejon fand man vierzig von ihnen, aneinandergefesselt, unter wenigen Zentimetern Erde.

Am 27. September rollte eine Abteilung von drei Shermans, geführt von Oberleutnant Robert W. Baker, über die Straße nach Seoul und zerstreute mit MG-Feuer die flüchtenden feindlichen Trupps. Nördlich von Osan, auf einer kleinen Brücke, gaben sich ihnen Schützen der Kompanie H, 32. Infanterieregiment, zu erkennen. Die Vereinigung zwischen der aus dem Perimeter kommenden 8. Armee und dem X. Korps hatte fast an der gleichen Stelle stattgefunden, an der am 5. Juli einige hundert junge Soldaten der *Task Force Smith* die ersten T 34 hatten auftauchen sehen . . .

Seoul war verwüstet. Während der Besetzung waren 20 000 Einwohner ermordet worden. Die Hauptstraße, der Boulevard Mapo, verschwand unter Trümmern. An seinem Westende stand das große Regierungsgebäude. Die Mauern waren von Kugeln durchsiebt, die Zimmerdecken waren heruntergestürzt, es stank nach Brand und Leichen. Männer in verschmutzten Uniformen, mit geschwärzten Gesichtern, umgaben MacArthur, als er Präsident Syngman Rhee feierlich wieder in den Besitz seiner Hauptstadt setzte. Während er, im Chor mit allen Anwesenden, das Vaterunser sprach, merkte er, daß die frommen Worte die Glasscherben in den Fensterrahmen zum Klirren brachten. Rhee, dessen gefurchte Wangen von Tränen überströmt waren, schloß den General in seine Arme: »Sie sind der Retter meines Volkes. Dank! Dank!«

Südkorea war befreit. Der Angriff vom 25. Juni war ungeschehen gemacht worden. Doch eine Frage erhob sich: War das Kriegsziel erreicht? Oder sollte sich die militärische Aktion der Vereinten Nationen nördlich des 38. Breitengrades fortsetzen, um Korea wieder zu vereinigen? Die Vollversammlung war wenige Tage zuvor in Flushing Meadows zusammengetreten. Ihr oblag die Entscheidung. (*Forts. Korea S. 423*)

Tragödie auf der RC 4

Der letzte Geleitzug über die RC 4 zwischen That Khe und Cao Bang hatte im Februar 1950 stattgefunden. Er hatte hin und zurück achtzehn Tage benötigt, ein Drittel seiner Fahrzeuge verloren und die Hälfte seiner Munition verbraucht. Daraufhin hatte sich die Heeresleitung entschlossen, Cao Bang und den Zwischenposten Dong Khe in Igelstellungen zu verwandeln, die nur auf dem Luftwege versorgt wurden, die erste mit Landung, die zweite durch Fallschirmabwürfe. Die beiden Garnisonen waren streng blockiert. Die Viets hielten die Höhen besetzt, und ihre Lautsprecher dröhnten den Legionären in die Ohren, daß sie zum Tode verurteilt seien.

Nach dem Reversbericht war die Räumung im Prinzip beschlossen. Aber die Ausführung wurde von Monat zu Monat verschoben. Es eilte nicht. Weder General Carpentier noch die Regierung bemühten sich, die Fahne einzuholen und die Gräber in Cao Bang preiszugeben.

Der amerikanische Nachrichtendienst in Korea hatte genaue Auskunft über das Kriegspotential der Roten gegeben. Der Geheimdienst des Expeditionskorps war nicht weniger genau informiert. Er hatte festgestellt, daß auf chinesischem Gebiet vier strategische Straßen gebaut wurden, die zum Festungsviereck Ho Tschi Minhs führten. Er hatte drei Lager geortet, in denen Abteilungen der Vietminh Schulung und Bewaffnung erhielten. Er hatte alle Regimenter identifiziert und ihre Vereinigung zu Brigaden, die später zu Divisionen werden sollten. Eine dieser Brigaden, die 308., gebildet aus den Regimentern 165 und 174, hatte im Lager von Yen Shan 50 schwere Maschinengewehre, 300 Leichtmaschinengewehre, 100 Mörser und 25 rückstoßfreie 7,5-cm-Kanonen erhalten. Die aus Guerillakämpfern hervorgegangenen regulären kommunistischen Streitkräfte verwandelten sich in eine Kampfgruppe, deren Feuerkraft und Manövrierfähigkeit jener der besten europäischen Truppen gleichkam.

Aber die Nachrichten des Geheimdienstes gelangten selten bis zu den Führungskräften. Diese sahen den Gegner weiterhin so, wie er einige Monate zuvor gewesen war: hervorragend im Kleinkrieg, im Hinterhalt, im Morden, jedoch machtlos gegenüber einer soliden Stellung und außerstande, eine Feldschlacht zu liefern.

Ein Zufall hatte diese Überzeugung nicht nur nicht erschüttert, sondern noch verstärkt. Die Igelstellung Dong Khe war überraschend angegriffen und durch Beschuß mit schweren Mörsern vernichtet worden. Die Kompanie der Legion, die sie gehalten hatte, war nach That Khe zurückgegangen. Sie hatte nur einen einzigen Verwundeten zu beklagen. Entscheidung der Führung: Die Kampfmoral hat versagt. Den Beweis erbrachte ein Bataillon Fallschirmjäger der Kolonialtruppen, das sechs Stunden nach dem Fall von Dong Khe dort abgesetzt wurde, die Stellung zurücknahm und unter den Siegern ein Blutbad anrichtete.

Am 16. August erteilte eine von General Carpentier unterzeichnete persönliche, geheime Instruktion Weisungen für den Fall eines Generalangriffs an der chinesischen Grenze. Dong Khe und That Khe könnten aufgegeben werden, aber die »Festung« Cao Bang und das »befestigte Gebiet« Lang Son – Dong Dang müßten »auf jeden Fall und entschlossen, keinen Fußbreit Boden abzugeben«, gehalten werden. Die französische Führung verzichtete darauf, zwischen dem indochinesischen Aufstand und der chinesischen Revolution einen ständigen Schutzschirm zu errichten, hoffte jedoch im oberen Tongking zwei Luft-Erd-Stützpunkte halten zu können, die eventuell eine Aktion gegen die hinteren Linien des Feindes gestatteten. Die Schlußfolgerungen des Reversberichtes wurden also fallengelassen.

Ein Monat verstrich. Ein sintflutartiger Monsun ging über dem oberen Gebiet nieder. Jede militärische Tätigkeit auf der RC 4 hatte aufgehört. In Paris und Saigon reiften neue Entscheidungen in der Abgeschiedenheit der Ministerien und Generalstäbe. Die über diese Periode verhängte Nachrichtensperre, die systematische Verknappung von Dokumenten, der apologetische Charakter der von Beteiligten gemachten Enthüllungen machen es schwierig, ihre Entstehung zu verfolgen. Der Sonderbefehl vom 29. September stieß die »Persönliche, geheime Instruktion« vom 16. August um. Mit der gleichen Feder, mit der er geschrieben hatte »entschlossen, keinen Fußbreit Boden aufzugeben«, schrieb General Carpentier: »Um der Gesamtheit unserer Kräfteverteilung mehr Zusammenhalt zu verleihen . . . habe ich beschlossen, die Posten von Cao Bang [es war keine »Festung« mehr] und Dong Khe zu räumen . . .«

Ein Pechvogel, dieser General Carpentier! Am selben Tag, an dem er seinen Sonderbefehl unterzeichnete, wurde die Frage Dong Khe von anderer Seite entschieden. Die Viets erneuerten ihren Angriff vom Mai, nachdem sie sich einer gründlichen

Selbstkritik unterzogen und mehrere Wochen lang den Angriff an einem Modell in natürlicher Größe geübt hatten. Zehn Bataillone sperrten die RC 4 und isolierten so den Kampf. Der Angriff wurde von den sechs Bataillonen der Regimenter 165 und 174 durchgeführt. Die Garnison, zwei Kompanien der Fremdenlegion, hielt sich einen Tag lang. Am zweiten verstummte ihr Sender. Es gelang einer Junkersmaschine, den Wolkenvorhang zu durchstoßen und unter heftigem Flakbeschuß die Mulde von Dong Khe zu überfliegen. Der Posten war tot. Auf den rauchgeschwärzten Ruinen wimmelte es von Schützen der Viets.

Diesmal mußte die französische Führung ihre Niederlage hinnehmen. Es war keine Rede davon, Fallschirmjäger abzusetzen, um Dong Khe zurückzunehmen.

Nun war nur noch Cao Bang übrig. Die sicherste Art der Räumung hätte darin bestanden, die Garnison und die Einwohnerschaft auf dem Luftweg wegzuschaffen. Das war nicht leicht, aber auch nicht unmöglich. Die Führung wollte jedoch von einer »unrühmlichen« Flucht nichts wissen. Die Luftbrücke wurde nur dazu verwendet, Geschäftsleute, Freudenmädchen und die Familien der Anhänger nach Lang Son zu bringen. Dafür wurde das 3. Taborbataillon, eine marokkanische Einheit, nach Cao Bang befördert. Man hoffte, daß die beiden Anzeichen, der Abtransport der Zivilisten und die Verstärkung der Garnison, die Viets irreführen und sie davon überzeugen würden, daß die Franzosen die Absicht hatten, Cao Bang bis zum Äußersten zu verteidigen.

Abgesehen vom Luftweg, gab es noch zwei Straßen, die RC 3 und die RC 4, zwischen denen man sich entscheiden mußte.

Die RC 3 führte direkt nach Hanoi. Sie war 1945 aufgegeben worden; sie durchquerte die Ortschaft Thai Nguyen, in der Ho und Giap beinahe durch ein Fallschirmjäger-Kommando gefangengenommen worden wären; Thai Nguyen wurde daher als Zentrum der Vietminh angesehen. Die Straße war in schlechtem Zustand und die zurückzulegende Entfernung größer als über die RC 4. Andererseits war das Gebiet weniger hügelig, und der Rückzug der Garnison von Cao Bang wäre der Offensive, die General Carpentier beabsichtigte, entgegengekommen.

Diese Offensive hatte die Eroberung von Thai Nguyen zum Ziel. Eine brillante politische Strategie! Die Einnahme der feindlichen »Hauptstadt« würde als aufsehenerregender Sieg dargestellt werden. Die gleichzeitige Aufgabe eines vorgeschobenen Postens wie Cao Bang war nichts anderes als eine »Verdichtung der Kräfteverteilung«. Wäre Frankreich ein Land wie Amerika oder England, dann wüßten wir aus authentischen Dokumenten und eidesstattlichen Erklärungen, aus welchem Grund der Abzug der Garnison aus Cao Bang über die RC 3, wie er zunächst, dem gesunden Menschenverstand entsprechend, beschlossen worden war, nicht durchgeführt wurde. Da aber Frankreich so ist, wie es ist, das heißt ein Land mit Staatsgeheimnissen, das sich ständig zwischen Skandal und Vertuschen befindet, muß man sich damit begnügen, nur die Folgen zu kennen. Cao Bang war 1947 nach einem Marsch über die RC 4, entlang der damals neutralen chinesischen Grenze, wiederbesetzt worden. 1950 sollte Cao Bang über die RC 4, entlang einer feindlichen chinesischen Grenze, geräumt werden. Carpentier behauptete, Thai Nguyen sei der Schlüssel der Operation. Die Viets würden zu ihrer Hauptstadt strömen, um sie zu verteidigen, und die Garnison auf dem Rückzug würde über die unbewachte RC 4 schnell und ungesehen durchkommen.

Lucien Bodard, ein hervorragender Zeuge, schildert den Marsch nach Thai Nguyen. Fünfzehn Bataillone und eine Marine-Landungsdivision, mehr als 10 000 Mann, unter der Führung des kampflustigen Obersten Gambiez nahmen daran teil. Die Atmosphäre war unheimlich. Durch das Delta von Tongking fegte der Ausläufer eines Taifuns mit Wolkenbrüchen, auf die eisiger Nieselregen folgte. Soldaten und Kriegsmaterial wurden mit unerhörten Schwierigkeiten aus dem Schlamm befreit. Aber der Fallschirmjägerabsprung über Thai Nguyen reiht sich würdig neben die großen Luftlandeoperationen des Zweiten Weltkrieges. Die von Mauern umgebene Stadt wurde auf meisterhafte Weise genommen... Sie war leer, ohne Einwohner, ohne Verteidiger. Die Viets hatten keine einzige Kompanie eingesetzt, um die Hauptstadt Ho Tschi Minhs zu verteidigen!

Hundert Kilometer weiter nördlich wurde die Räumung Cao Bangs vorbereitet. Zivilisten waren in schwerbeladenen Junkers abtransportiert worden. Andere hatten sich geweigert, eine Stadt zu verlassen, die nicht besonders bedroht schien. Weder der vietnamesische Amtsvorsteher noch der französische Kommandant konnten ihnen sagen, daß die Aufgabe Cao Bangs beschlossene Sache war. Der erstere, Hai Tu, wußte es nicht. Der zweite, Oberstleutnant Charton, wußte es nur durch eine Widersetzlichkeit General Alessandris, der in seinem verbitterten Zorn gegen die Befehle Carpentiers verstoßen hatte, zu ihm gekommen war und ihm unter dem Siegel der Verschwiegenheit davon berichtet hatte. Charton teilte Alessandris Entrüstung. Er fühlte sich stark genug, Cao Bang gegen sämtliche Viets der Welt zu halten. Die Stadt liegt in einem durch den Zusammenfluß von Hien und Bang gebildeten spitzen Winkel, zwischen den tiefen Flußrinnen. Sie war durch sechzehn einzelne Forts geschützt. Die Schußfelder waren hindernisfrei. Die kahlen Berge, die sie umgaben, waren leicht zu überwachen. In den Kellern der Zitadelle erwarteten 260 Tonnen Munition ihre Opfer. Weshalb sollte man abziehen?

Charton wußte es, durfte es nicht wissen und wartete mit zusammengepreßten Lippen. Lepage wußte nichts und mußte handeln, ohne zu wissen, warum. Er war ein alter Artillerie-Oberstleutnant, den man nach That Khe hatte kommen lassen, ohne ihn über die Aufgabe zu informieren, die ihm zugedacht war. An Ort und Stelle übergab man ihm den Befehl über eine Kolonne, die aus dem 8. Schützenbataillon, dem 8. und 11. Tabor- und dem 1. Fallschirmjägerbataillon der Fremdenlegion bestand, 3200 Mann, 80 Offiziere – ein schweres Kommando für einen einfachen Oberstleutnant und ein ungewöhnliches Kommando für einen Artilleristen –, doch immer noch wurde ihm nicht gesagt, daß er so weit als möglich auf der RC 3 vorgehen solle, um die Garnison von Cao Bang aufzunehmen. Man teilte ihm einfach mit, er solle Dong Khe zurückerobern – und das genügte, um ihm Tränen der Bestürzung zu entlocken. Die Bereitstellung seiner Kolonne vollzog sich mühsam. Seine Marokkaner waren müde und ihre Kampfmoral schlecht. Er besaß keine Panzerfahrzeuge, und die Artillerie, die man ihm gab, bestand nur aus zwei kleinen englischen Kanonen... Er verlangte von der vorgesetzten Kommandostelle einen Zeitaufschub, um seine Vorbereitung zu vervollständigen.

In Indochina wimmelte es von Generälen. Wo waren sie? Die vorgesetzte Kommandostelle war ein Oberst, Constans, der Kommandant von Lang Son an der chinesischen Grenze. Ein hochfahrender, aufgeblasener Mann. Er war ein Günstling Carpentiers, der ihn unverzüglich aus Frankreich hatte kommen lassen, als er das Kommando in Indochina übernommen hatte. Constans war dreißig Tage später mit dem Passagierboot eingetroffen. Er sagte, der Arzt habe wegen seines schwachen Herzens vom Flugzeug abgeraten. Das war auch der Grund, weshalb er nie nach Cao Bang ging, ebensowenig nach That Khe. Auf Lepages Ersuchen antwortete er, er solle abmarschieren, ohne lang und breit zu reden.

Am 30. September verließ die improvisierte Kolonne That Khe bei strömendem Regen, der den Flugverkehr lahmlegte. Sie überschritt den Paß von Luong Phai, besetzte den früheren Posten Napa wieder und traf, ohne einen Schuß abgefeuert zu haben, am 1. Oktober oberhalb des Talkessels von Dong Khe ein. Der Posten mit seinen rauchgeschwärzten Ruinen schien verlassen. Hauptmann Jeanpierre vom 1. Fallschirmjägerbataillon der Fremdenlegion wollte den Posten mit einem Handstreich nehmen. Die Maschinengewehre begannen zu feuern und hielten die Fallschirmjäger auf. Lepage verbot ihnen, mit Nachdruck anzugreifen. Er würde Dong Khe am nächsten Tag, dem 2. Oktober, von Westen nehmen.

Am nächsten Tag war der Himmel wieder klar, und die Flugzeuge wurden eingesetzt. Man warf zwei Kanonen mit ihren Kanonieren ab, als Ersatz für die anderen, die man auf dem Weg hatte aufgeben müssen. Lepage manövrierte mitten im Dschungel, und das erschwerte die Koordination der Bewegungen. Das 1. Taborbataillon marschierte in die Talsohle von Dong Khe hinunter und ging bis zum Fuß des verlorenen Postens vor. Die Viets schlugen die Angreifer in einem Gegenangriff zurück. Am Abend war Dong Khe noch nicht genommen. Die Franzosen mußten sich auf die Verteidigung beschränken, sich am Kamm des Nakao festklammern. Bei den Schützen und den Tabors waren zahlreiche Ausfälle vorgekommen.

In diesem Augenblick erfuhr Oberstleutnant Lepage — durch eine von einer Moranemaschine auf den Gefechtsstand Napa abgeworfene Botschaft — endlich seinen wirklichen Auftrag. Auf dem Umweg über Constans, ihren gemeinsamen Vorgesetzten, ließ Oberstleutnant Charton seinen Kameraden ersuchen, bis zum Kilometer 28 vorzurücken und, wenn möglich, bis zum Kilometer 22. Lepage lächelte bitter. Der Brückenpfeiler von Dong Khe, die Serpentinen des Passes von Nguong Kim, 30 Kilometer der RC 4, Massen feindlicher Soldaten, die gegen ihn anmarschierten, trennten ihn von dem vorgeschlagenen Treffpunkt. Er hatte keinerlei Verstärkung zu erwarten, und die Angriffskapazität seiner schwachen Kampftruppe war erschöpft.

Dennoch wäre die Katastrophe zu vermeiden gewesen. Charton war immer noch in Cao Bang. Zwei Tage vorher, als er offiziell den Räumungsbefehl erhielt, hatte auch er einen Aufschub verlangt. Er ersuchte neuerlich darum. Seiner Ansicht nach war keinerlei Eile vonnöten. Lepage, der schlecht begonnen hatte, hätte sich schnell in den Schutz der Kanonen von That Khe zurückziehen können... Er hätte an Ort und Stelle einen Kommandeur gebraucht, der die Gesamtheit der Lage erfaßt und die Geschicklichkeit besessen hätte, sofortige Entscheidungen zu treffen.

Aber Seine Herrlichkeit Maurice Carpentier saß in seinem Palais mit Klimaanlage in Saigon, 1400 Kilometer weit entfernt. Alessandri hatte das Schlachtfeld überflogen, war jedoch entmutigt, weil man seine Vorstellung über die Art der Kriegführung verworfen hatte. Der Mann mit dem schwachen Herzen, Constans, sah den indochinesischen Dschungel nur auf seinen Landkarten. Zwei arme Oberstleutnants, für Sündenböcke wie geschaffen, wurden in den Kalkbergen des oberen Tongking wie hilflose Kinder im Stich gelassen.

Die Garnison von Cao Bang bestand aus dem 3. Bataillon des 3. Regimentes der Fremdenlegion, dazu etwa tausend eingeborenen Soldaten und dem 3. Taborbataillon, das wenige Tage zuvor über die Luftbrücke herangebracht worden war. Die Legionäre bereiteten sich mit resigniertem Bedauern zum Verlassen der Stadt vor. Sie hatten es dort gut gehabt, hatten ein angenehmes Leben geführt, das die Unterbrechung des Verkehrs auf der RC 4 nicht beeinträchtigt hatte. Als Ausgleich für ihre gefährliche Tätigkeit unter einem anspruchsvollen, kühnen Kommandeur hatten sie Alkohol und Prostituierte. Man mußte abziehen; man ging, verstand aber nicht, weshalb man ging, und wäre lieber geblieben.

Chartons Befehle lauteten: »Verschwinden Sie auf Zehenspitzen. Zerstören Sie nur, was sich geräuschlos machen läßt. Vernichten Sie Ihre Kanonen, indem Sie die Zielvorrichtungen zerschlagen und die Verschlußstücke vergraben. Werfen Sie Ihre Fahrzeuge in den Fluß. Lassen Sie die Brücken unzerstört. Nehmen Sie nur Ihre tragbaren Waffen und Verpflegung für drei Tage mit. Schnell und leise ...« Der stolze Soldat Charton pfiff auf diese ängstlichen Vorschriften. Die letzte Nacht der Franzosen in Cao Bang war erfüllt von Flammen, Explosionen, dem jämmerlichen Schreien der todgeweihten Maultiere und Büffel. Munitionslager explodierten in den Kasematten, die Erschütterung übertrug sich auch auf die beiden angrenzenden Täler. Das Elektrizitätskraftwerk flog in die Luft. Unter den Arkaden mitten in loderndem Feuer des Hauptplatzes, warteten 500 Zivilisten, Vietnamesen, Chinesen, Bergbewohner, auf den Befehl zum Abmarsch. Und es warteten etwa zehn Verwundete auf Tragbahren. Charton hatte um einige Stunden Aufschub ersucht, um alles, was nicht Waffen trug, noch auf dem Luftweg abzutransportieren. Der Aufschub war verweigert worden. Die Stunde X für den Abmarsch war unwiderruflich der 3. Oktober, 0 Uhr. Man hatte sie seit dem Besuch Revers' vor mehr als einem Jahr immer wieder verschoben!

Man machte sich auf den Marsch. Die Villen der Europäer, an denen der Weg vorüberführte, waren verlassen und geplündert. Die Morgenkühle und die Stille, durch das entfernte Bellen eines Hundes kaum gestört, brachten die Leute zum Frösteln. Schweigend zogen die Legionäre in ihrem langsamen Marschtritt dahin. Charton hatte wieder nicht gehorcht; er hatte zwei Kanonen und zwanzig GMC mitgenommen, in die er seine Zivilisten und Verwundeten gepfercht hatte. Er machte sich keine übertriebenen Sorgen. Er wußte, daß Dong Khe nicht genommen war; da er jedoch keine Erlaubnis hatte, sich mit Lepage direkt in Verbindung zu setzen, wußte er nicht daß Dong Khe uneinnehmbar und Lepage dem Verderben geweiht war. Er ahnte noch nicht, daß die einzige, grausame Art und Weise, seine Truppen zu retten, darin bestanden hätte, alles preiszugeben, was nicht mehr junge Beine besaß, und den Rest im Laufschritt davonzuführen . . . Er selbst sollte später sagen: »Wenn ich es nur gewußt hätte! . . .«

Vom Morgen bis zum Abend legte man kaum 17 Kilometer zurück. Man schlug an der Straße ein Biwak auf. Am Mittag des nächsten Tages erreichte die Spitze der Kolonne den Kilometer 28 – den vorgesehenen Treffpunkt. Aber die von Lepage auf dem Dienstweg über Lang Son übermittelten Nachrichten begannen die Illusionen zu zerstreuen.

Lepage hatte am 3. Oktober den ganzen Tag über auf den Kämmen der Kalkberge gekämpft. Er hatte es aufgegeben, Dong Khe nehmen zu wollen, und versucht, die Stadt zu umgehen. Die Stärke des Gegners hatte ihn daran gehindert. Als der Tag zu Ende ging, war seine Kolonne in zwei Rücken an Rücken stehende Untergruppen geteilt: Die Schützen waren dem Westen, die Legionäre und Marokkaner dem Osten zugewandt. Die Munition ging zu Ende, die Verluste nahmen zu. Lepage richtete an Charton das Ersuchen, sich zu beeilen. Die Rollen waren nun vertauscht. Er sollte zu Hilfe kommen: er rief um Hilfe.

Constans erließ den Befehl, Charton solle, um schneller voranzukommen, die RC 4 verlassen, und die Piste nach Quang Liet nehmen. Charton hatte keinen Führer mitgebracht. Während seine Patrouillen den versteckten Pfad suchten, der auf der Karte 1:100 000 punktiert eingezeichnet war, vernichtete er seine Kanonen und Lastwagen. Die Dunkelheit war nahe, als die Männer im Gänsemarsch auf einen Weg gerieten, der aussah wie das Bett eines Baches. In einem Pflanzen-Tunnel steckend, befand man sich in pechschwarzer Nacht. Die Soldaten glitten auf den glitschigen Wurzeln aus und stürzten mit ihrem ganzen Gepäck in das von Blutegeln wimmelnde Wasser. Schließlich mußten sie haltmachen und, in Schwärmen von Stechmücken, auf das Tageslicht warten. Am Tag darauf, dem 4. Oktober – berichtet Lucien Bodard –, verkündete der großartige Hauptmann, der beauftragt war, den Korrespondenten in Saigon die Wahrheit zu sagen, »ganz begeistert«, daß die Vereinigung Lepage-Charton stattgefunden habe. Die Räumung von Cao Bang sei glänzend gelungen. Nicht einmal in ihrem Dschungel und ihren Bergen waren die Viets imstande gewesen, die Bewegung der beiden voneinander abgeschnittenen und von ihren Stützpunkten weit entfernten französischen Kolonnen zu verhindern . . .«

Am selben Tag stiegen die Soldaten und Zivilisten Chartons ihren ermüdenden Weg durch das Flußbett empor. Die Legionäre fanden einen Paß, der in ein breites, trockenes, bebautes Tal mündete. Durch die Mitte führte ein Pfad. Fünf oder sechs Dörfchen, die alle auf der Karte den Namen Quang Liet trugen, lagen auf den Abhängen. Doch die Spitze der Kolonne wurde von gestaffeltem Feuer aus automatischen Waffen empfangen. Die Führung der Viets hatte die Kolonne gegen ihre Regimenter 88 und 174 marschieren lassen, um so die Vereinigung der Franzosen zu verhindern.

Chartons Entschluß wurde nun durch das Terrain diktiert. Ins Tal hinabzusteigen hätte bedeutet, daß man sich in eine Mörderhöhle wagte. Er gab Befehl, auf einer Kammlinie in Richtung Dong Khe weiterzumarschieren.

Ein neuer Leidensweg. Das Gelände war steinig, staubig, voller Löcher und mit kurzem stacheligem Buschwerk bedeckt. Die Erschöpfung der Zivilisten lähmte das

Tempo. Der Feind griff nur durch Beschuß aus der Ferne ein, der von geringer Wirksamkeit war, aber die Orientierungsfehler, das steil abfallende Gelände, der Durst, der Hunger ließen die energischsten Menschen zusammenbrechen. Am Nachmittag des 6., am vierten Tag des Marsches, waren die Soldaten Chartons auf einem langgestreckten Hügel oberhalb des Dorfes Han Lai mit ihren Kräften zu Ende. Auf der Karte war die Vereinigung mit der Gruppe Lepage beinahe gelungen. Aber die Karte ist ein Stück Papier, und die Kalkberge des oberen Tongking sind Realität . . .

Während der vorhergegangenen 72 Stunden hatten die 308. Brigade und das 146. Regiment der Vietminh die Gruppe Lepage in die Senke von Kok Xa gedrängt. Das ist ein Talkessel, umgeben von 200 Meter hohen Kalkwänden, aus dem es nur einen Ausgang durch eine schmale, von Geröll versperrte Schlucht in das Tal von Quang Liet gibt. Bei dem Versuch, sich nach Westen durchzuschlagen, war Lepage mit seiner Stabskompanie, seinem Funkgerät und dem 8. Schützenbataillon in dieses Tal hinabgestiegen. Die Abteilungen, die er auf den Bergkuppen ringsum zurückgelassen hatte, waren entweder überwältigt worden oder hatten sich ergeben. Unten im Tal war man bis zu einem gewissen Grad in Sicherheit. Die Wände boten tote Winkel gegen Steilfeuer. Es gab eine Quelle und ein paar Hütten, in denen sich der Stab einrichtete. Die erschöpften Soldaten schliefen. Die Funküberwachung wurde während der Nacht unterbrochen.

Die Fallschirmjäger der Legion hatten Befehl erhalten, den Feind zu binden, indem sie den Posten Napa und den Kamm von Nakao verteidigten. Major Secretain war vom Gegner überrannt worden, hatte seine Maultiere getötet, die beiden am Vortag abgeworfenen Kanonen vernagelt, dann seine Verwundeten auf Tragbahren gelegt und sich zur RC 4 zurückgezogen. Ein Funkspruch Lepages rief ihn nach Kok Xa zurück. Das Bataillon kehrte um und geriet in ein unwegsames Gebiet voller Kalkfelsen. Der Feind war ihm nicht gefolgt, doch das Marschtempo war auf 200 Meter pro Stunde gefallen. Kok Xa wurde mitten in der Nacht erreicht. Die Legionäre hatten ihre Verwundeten über Ziegenpfade abgeseilt. Im Tal fanden sie eine Quelle und erholten sich wieder. Sie waren vor Durst halbtot gewesen.

So waren die Reste der Kolonne Lepage am Morgen des 6. Oktober noch zusammen. Aber sie waren gefangen. Die Viets hielten die Schlucht besetzt, ebenso die umgebenden Höhen.

Um 17 Uhr sprachen Lepage und Charton zum erstenmal ohne Zwischenperson miteinander. Die Dinge nahmen einen schlimmen Ausgang, daher hatte es der napoleonische Oberst in Lang Son aufgegeben, die beiden Kolonnen auf Entfernung zu befehligen, und Charton dem Oberbefehl Lepages unterstellt. Die schwachen Batterien und das gebirgige Gelände erschwerten die Funk-Verbindung. Charton berichtete seinem neuen Vorgesetzten, daß seine Verluste nur leicht waren, 3 Tote, etwa zehn Verwundete, daß sich aber seine Kolonne in völliger Auflösung befand. Er bot an, bis That Khe weiterzumarschieren, dort alle verfügbaren Kräfte zu vereinigen und über die RC 4 zurückzukommen, um die Belagerten in Kok Xa zu entsetzen.

Vielleicht hätte ein Stoiker diesen Vorschlag, der die Garnison von Cao Bang rettete, illusionslos angenommen. Oberstleutnant Lepage war kein Stoiker. Mitten in der

Tragödie machte er sich Sorgen über seine »fünfte Goldlitze«, die Beförderung zum Obersten, mit der er zu Weihnachten gerechnet hatte und die er nun gefährdet sah. Er hatte seine Kolonne, vielleicht sogar seine Beförderung geopfert, um Charton zu retten. Der Augenblick des Gegendienstes war gekommen. Die Kolonne aus Cao Bang sollte auf ihrer Anhöhe bleiben, um ihn aufzunehmen – sobald er aus der Grube kommen würde, in die er gestürzt war.

Das Gefecht begann bei Sonnenaufgang. Das 1. BCP hatte Auftrag, die Schlucht von Kok Xa zu nehmen. Die Legionäre rückten als Berufssoldaten methodisch durch das steinige Gelände vor. Sie wurden vom Rücken aus beschossen; die Marokkaner feuerten auf die weißen Kappen, die kehrtmachten und das Feuer erwiderten. Eine Kompanie des 8. Schützenregimentes unter Führung von Hauptmann Faugas schloß sich jedoch dem Angriff der Legion an und verjagte den Feind aus der Schlucht. Der Durchgang war freigekämpft!

Alles stürzte ins Tal hinaus, man fand übermenschliche Kräfte, um die gegenüberliegende Anhöhe emporzuklettern. Lepage lief, kletterte mit den anderen; oben umarmte er Charton, der ihm über die Felsen entgegengekommen war. Die Vereinigung war gelungen – aber die Lage der beiden Oberstleutnants war verzweifelt. Die 308. Brigade versperrte ihnen den Weg nach That Khe. Die Regimenter 88 und 174 bedrängten sie an der rechten Flanke. Das von Giap nach der Umzingelung abkommandierte Regiment 209 griff sie von hinten an. Die Schützen und die Tabors gingen auseinander, ergaben sich oder flohen wie Bergziegen. Die kraftvollen Legionäre, das Bataillon sowie die Männer des 3. Regiments schlossen nach der Seite an, um sich nach Möglichkeit durchzuschlagen. Es gelang ihnen nicht, sie wurden aufgerieben.

Major Secretain fiel. Oberstleutnant Lepage ergab sich. Der vietnamesische Bürgermeister Tu wurde gefangengenommen und zu Tode gefoltert. Oberstleutnant Charton wurde, mehrfach verwundet, gefangengenommen. Es gab nur wenige Legionäre, darunter Hauptmann Jeanpierre, denen es gelang zu entkommen. Als die Militärrechnungsführer ihre Bestandsaufnahme gemacht hatten, fanden sie, daß 5056 reguläre Soldaten, davon 114 Offiziere, an der Operation Cao Bang beteiligt gewesen waren. 1840, fast alle Nordafrikaner, davon 39 Offiziere, waren zurückgekommen; 3206 waren in den Kalkbergen von Dong Khe geblieben.

In der Offiziersmesse von That Khe hatte man für die Überlebenden von Cao Bang den Champagner kalt stellen lassen. Das 3. Kolonialbataillon der Fallschirmkommandos, BCCP, das zwei Tage zuvor abgesetzt worden war, konnte auf der RC 4 bis zur Brücke Basku vorgehen. Es nahm einige Flüchtlinge auf und zog sich nach That Khe zurück.

Sofort wurde die Aufgabe des Postens beschlossen. Die Viets hatten bereits die Brücke über den Song Ki Cong, nur 3 Kilometer von That Khe, gesprengt. Um zu entkommen, mußte man den Fluß mit Booten überqueren, dazu war die ganze Nacht notwendig. Dann kam es zum Wettlauf zwischen der Kolonne, die aus 1800 Soldaten und mehreren hundert Zivilisten bestand, und den Viets, die längs der Höhenkämme vorgingen. Sie erreichten als erste den Deo-Cat-Paß, doch das 3. BCCP vertrieb sie und verblieb als Nachhut, während die Hauptmasse durchzog. Es versuchte über die Berge zu entkommen, aber die Viets umzingelten es und rieben es auf. Nur fünf Fallschirmjäger kamen nach Lang Son durch.

Lang Son mit seinen 100 000 Einwohnern, wundervoll gelegen, war ein Modell kolonialen Städtebaus. Man hat ein Gibraltar daraus gemacht, indem man den Zuk-kerhut, Ki Lua, der sich in der Mitte der Stadt erhebt, befestigte. Von einem Tag zum anderen war die Atmosphäre heiterer Zuversicht von einem Sturm der Panik hin-weggefegt. Der Prachtoberst Constans ersuchte um die Einwilligung, sofort zu ver-schwinden. Alessandri, dessen Aggressivität sich zu Schwarzseherei gewandelt hatte, eilte nach Saigon, um zu berichten, daß Lang Son verloren sei. Zwei von der französischen Regierung entsandte Untersuchungspersonen, Minister Letourneau und General Juin, flogen nach Indochina. General Carpentier entschied, daß der im Prinzip erteilte Räumungsbefehl erst mit ihrer Zustimmung ausgeführt werden sol-le. Aber das Bild, das ihnen bei ihrer Landung entworfen wurde, war so düster, daß sie den Befehl bestätigten. Constans erhielt freie Hand, sich aus dem Staub zu ma-chen.

Lang Son war hervorragend ausgestattet. Das Krankenhaus verfügte über einen ultramodernen Operationstrakt und 150 Tonnen Medikamente. Im Arsenal standen Maschinen zur Herstellung von Getrieben und eine Eisengießerei. In Ki Lua lagerten 1500 Tonnen Lebensmittel, 2000 Tonnen Feldzeug, 600 000 Liter Benzin, 10 000 Granaten, 4000 Maschinenpistolen in Kisten usw. Aber die Befehle Oberst Constans' lauteten, es dürfe absolut nichts zerstört werden, um nicht den Fehler Chartons zu wiederholen, der beschuldigt wurde, durch seine Explosionen und Brände den Feind aufmerksam gemacht zu haben.

Was das anging – den Feind aufmerksam zu machen: Schon am 12. Oktober, fünf Tage nach der Vernichtung der Kolonnen Lepage und Charton, hatte die Räumung von Lang Son begonnen. Die Kranken, die Verwundeten, 3000 Zivilisten waren per Flugzeug abbefördert worden. Die Archive, die Dienststellen, die Tabors, die Schüt-zen, die Überlebenden von Dong Khe, die Rückkehrer aus Cao Bang, die aus That Khe Entkommenen waren auf dem Landweg abgezogen – nicht über die direkte Straße nach Hanoi, die zu nahe an den Viets vorbeiführende RC1, sondern über die RC4 bis Tien Yen, dann über die Straße nach Haiphong; Constans ließ die Journa-listen kommen und sagte ihnen, er schließe sich in Lang Son ein und werde sich dort jahrelang halten. Aus dieser Großtuerei konnte die Vietminh schließen, daß man im Begriff war, die Stadt aufzugeben.

Am Abend des 17. waren nur noch die Legionäre in Lang Son. Sie verließen die Posten am Stadtrand, sammelten sich in der Stadt und zogen in aller Stille nach Tien Yen ab. Kein Fahrzeug, alles zu Fuß. Die Kolonne war besessen von der Angst vor einem Hinterhalt. Man zitterte davor, daß die Brücke von Loc Binh gesprengt wor-den sein könnte. Sie war unversehrt, bewacht von einem Posten, der nie einen Viet gesehen hatte. Jenseits warteten zwei Transportabteilungen. Aus der Flucht zu Fuß wurde eine motorisierte Flucht. In Dinh Lap verließ die Kolonne die RC4 und zweig-te auf die kleine Landstraße Nr. 13 ab. Sämtliche schnellen Streitkräfte Tongkings rollten dem Geleitzug entgegen. Die Vereinigung erfolgte in Chu, einem aus weni-gen Strohhütten bestehenden Dörfchen inmitten eines riesigen Sumpfes. Richtig

Wiedersehen gefeiert wurde jedoch in der Präfektur von Phu Lang Thuong, 40 Kilometer von Hanoi, wohin sich Letourneau, Pignon und Carpentier begeben hatten. Constans stieg gegürtet, voller Orden, mit dem Aussehen eines Siegers aus seinem Jeep. Er schüttelte Hände, wurde beglückwünscht, erzählte von seiner Großtat. Die Räumung von Lang Son war glänzend gelungen. Man war den Viets an der Nase vorbeigezogen, ohne einen Schuß abzufeuern, ohne einen einzigen Mann zu verlieren . . .

Die Viets waren weit entfernt. Mehrere Tage lang gingen noch französische Trupps nach Lang Son, um sich zu versorgen, ohne auf den geringsten Widerstand zu stoßen. Die regulären Truppen der Vietminh sollten erst zwei Wochen später in der Stadt einziehen. Sie fanden dort Vorräte für mehrere Monate.

Mehr noch als die Niederlage von Cao Bang, warf die Flucht aus Lang Son einen neuen Schatten auf die französische Armee. Eine dünkelhafte Führung hatte sich beim ersten Rückschlag in eine kopflose Führung verwandelt. Eine Preisgabe folgte auf die andere. Die mit so viel Großsprecherei genommene »Hauptstadt« Ho Tschi Minhs, Thai Nguyen, wurde kläglich geräumt. Loc Binh an der RC4 wurde am 22. Oktober aufgegeben. Am oberen Roten Fluß erhielt Oberst Coste, der Kommandant von Lao Kay, den Befehl, sich nach Thai zurückzuziehen. Er gehorchte widerwillig und begann, im Gegensatz zu Constans, seinen gefährlichen Rückzug erst, nachdem er alles hinter sich zerstört hatte. Der Zivilist Letourneau geriet über den Defätismus der Militärs in Zorn, aber General Juin, dem Indochina unter den Sohlen brannte, erklärte sich mit dem von seinem Schüler Carpentier auf der Karte gezogenen Verteidigungsbereich einverstanden. Diese Verteidigungsstellung ging von Mon Cay aus, verlief über Ding Lap und Phu Lang Thoong, überquerte den Roten Fluß bei Phu Tho und traf an der Grenze zwischen Tongking und Annam auf die Küste. Nach einiger Überlegung verlegte man die Südgrenze des Bereiches an den Schwarzen Fluß und zum Dai. Phu Tho, Hung Hoa, Hoa Binh und Vu Ban wurden aufgegeben. Die Einwohnerschaft war franzosenfreundlich, und die Aktivität der Vietminh in diesem Gebiet war sehr gering. Die Garnisonen zogen sich vor dem Nichts zurück, ohne zu verstehen, warum.

Cao Bang, Lang Son, Lao Kay, Hoa Binh – warum nicht auch Hanoi? Ho Tschi Minh gab seine übliche Vorsicht auf und richtete einen Aufruf an seine Soldaten: »Ihr werdet die Berge verlassen und in das reiche Delta des Song Cau marschieren. Ich verspreche euch, Kameraden, zum Tet zieht ihr in Hanoi ein.«

Tet, das vietnamesische Neujahr, fiel 1951 auf den 6. Februar . . .

(Forts. Indochina S. 443)

14. Kapitel   1950/1951
Amerika verzichtet auf den Sieg
Truman gegen MacArthur

Die Reisenden, die in den fünfziger Jahren den Pazifik überquerten, kannten das Atoll Wake. Es erhob sich gleich einem großen V schaumumflossen aus dem Ozean. Wolken von Vögeln schwebten über seinen Ufern. Zwei Landungsboote verrosteten dort. Von der großen Garnison der Kriegszeit war nichts geblieben als das Personal des kleinen Flughafens, der aus den Tagen der ersten Luftklipper stammte. In der Nissenbaracke des Lufthafenchefs fand die erste und einzige Zusammenkunft zwischen Truman und MacArthur statt.

Wake liegt 13 000 Kilometer von Washington und nur 2700 Kilometer von Tokio entfernt. »Mein vornehmster und naheliegendster Grund hierfür«, schreibt Truman in seinen Memoiren, »war, daß ich den Oberkommandierenden im Fernen Osten persönlich kennenlernen wollte.« Er hatte vergeblich versucht, ihn ins Weiße Haus einzuladen. Da der Berg nicht zum Propheten gekommen war, nahm es der Prophet auf sich, ihm drei Viertel des Weges entgegenzukommen.

MacArthur wartete am Rand der Landepiste, in Uniformhemd mit offenem Kragen. Er hatte seine abgenutzteste Mütze aufgesetzt. Die Zeugen bemerkten, daß er seinem obersten Befehlshaber nicht salutierte.

Die Wahlen nach der Hälfte von Trumans Amtszeit rückten heran. Die Aussichten der Demokraten waren nicht die besten. Truman fand es nützlich für seine Partei, sich an der Seite des Helden von Inchon fotografieren zu lassen. Marshall hatte den politischen Charakter der Reise unterstrichen, indem er nicht mitgekommen war.

Nach der Unterredung unter vier Augen trat in der Halle des kleinen Flughafens eine Konferenz zusammen, an der Bradley, Admiral Radford, Pace, Harriman usw. teilnahmen. Fünf Tage zuvor, am 7. Oktober, hatte die Vollversammlung der Vereinten Nationen einen britischen Antrag angenommen, der zur Überschreitung des 38. Breitengrades und zur Wiedervereinigung Koreas ermächtigte. MacArthur legte herablassend dar, welche Anordnungen er getroffen habe, um diesen neuen Auftrag auszuführen und die Grenze der Freiheit bis an den Yalu hinauszuschieben.

Die Offensive würde zu beiden Seiten der Berge erfolgen, die sich in der Mitte der Halbinsel erhoben.

Das in Inchon und Pusan gelandete X. Korps unter General Almond würde an der Ostküste eine Operation zu Lande und zu Wasser in die Wege leiten. Im Westen hatte die 8. Armee unter General Walker den 38. Breitengrad überschritten, ohne auf Widerstand zu stoßen. Zwischen dem 2. Korps ROK und der 1. Kavalleriedivision hatte sich ein Wettlauf zu der roten Hauptstadt Pyongyang entsponnen.

Die mit der Ausführung Betrauten teilten den Optimismus ihres Chefs. Walker schickte die in den koreanischen Häfen eintreffenden Munitionsschiffe nach Japan zurück. Er hielt weitere Verstärkungen für unnötig und setzte die Beförderung der kanadischen Brigade, der äthiopischen Brigade, des kolumbianischen Bataillons, des belgischen Bataillons und des französischen Bataillons aus, deren Vorausabteilungen bereits in Japan eingetroffen waren.

»Ich habe die Absicht«, sagte MacArthur, »bis zur Wiedervereinigung des Landes durch freie Wahlen zwei Divisionen in Korea zu belassen. Ich werde General Bradley für Europa zwei Divisionen zur Verfügung stellen und den Rest nach Japan zurückführen. Ich hoffe, daß die Verschiebungen sofort nach dem Danksagungsfest beginnen können.« Das war in 21 Tagen.

Als MacArthur seine Darlegung beendet hatte, stellte ihm Truman die Frage: »Wie beurteilen Sie die Wahrscheinlichkeit eines chinesischen oder sowjetischen Eingreifens?«

Der Vertreter Indiens bei den Vereinten Nationen, Sir Bengal Rau, hatte ein Eingreifen der Chinesen vorausgesagt. Er begründete das mit einer Warnung des indischen Botschafters in Peking, K. M. Panikkar. Die Chinesische Volksrepublik würde nicht passiv bleiben, wenn sich die amerikanischen Truppen der Mandschurei nähern sollten. Aber man kannte die Sympathien Pannikars. Die Mehrzahl der Staaten hatte seine Warnung für ein Einschüchterungsmanöver gehalten und sich darüber hinweggesetzt.

Auf die Frage Trumans hatte MacArthur geantwortet, daß sein Nachrichtendienst – der beste der Welt – starke Truppenkonzentrationen in der Mandschurei festgestellt habe, er es jedoch für unmöglich halte, daß sich die chinesische Regierung gegen die überlegene Luftmacht der Amerikaner, die etwas anderes darstellte als symbolische Kontingente, nach Korea wagen würde. Für Rußland gelte das gleiche: Die transsibirische Schwäche und Verwundbarkeit schlossen eine wirksame Beteiligung der Sowjetunion am Koreakrieg aus.

Die um 7,35 Uhr begonnenen Besprechungen in Wake waren um 10,30 Uhr zu Ende. Mac Arthur lehnte den Vorschlag eines gemeinsamen Mittagessens dankend ab. Die *Independence* stieg um 11 Uhr in Richtung Washington auf. Fünf Minuten später wandte ihr der SCAP, der amerikanische Oberbefehlshaber im Pazifik, den Rücken zu. (*Forts. Korea S. 426*)

China erhält Sitz in den Vereinten Nationen

Seit dem Sieg der Kommunisten war es Nacht geworden über China. Die Mehrzahl der Diplomaten war abgereist, und jene, die wie die Briten und Skandinavier geblieben waren, lebten als Gefangene in ihren Botschaften und suchten vergeblich mit den Führern des neuen Regimes Kontakt aufzunehmen. Einige ausgewiesene Missionare kamen nach Hongkong, körperlich und geistig geschwächt durch Einkerkerung und unvorstellbare Gehirnwäschen. Langsam erwachten sie aus ihrer Abstumpfung und erzählten ihre Alptraumerlebnisse. Man hatte sie vor Volksgerichte gestellt – das heißt, vor fanatisierte, von Kadern geleitete Massen. Man hatte sie beschuldigt, von dem Tag ihrer Ankunft in China an Agenten und Spione des Imperialismus zu sein. Man hatte Geständnisse vorgelesen, die durch unbeschreibliche Verfahren körperlicher Erniedrigung und geistiger Qualen erpreßt worden waren. Man hatte das Volk aufgefordert, ihre Verbrechen zu schildern. Sie hatten gehört, daß Frauen sie beschuldigten, ihrem Mann das Herz herausgerissen zu haben. Sie hatten gehört, wie ihr eigener Koch bezeugte, sie hätten ihn gezwungen, ihnen Mahlzeiten aus Menschenfleisch zu bereiten. Jede Beschuldigung war von Mißhandlungen und Foltern begleitet gewesen. Mehrere Bischöfe, Nonnen, zahlreiche Priester waren gestorben. Die Ausgewiesenen waren häufig nur ganz knapp dem Tode entgangen. Man hatte eine 91jährige Nonne, Mutter Stigmati, die seit 65 Jahren in China lebte, auf die internationale Brücke getragen; sie starb, als sie auf englischem Gebiet ankam.

Besondere Untersuchungen wurden gegen die Schwestern geführt, die verwahrloste Kinder aufgenommen hatten. Von fünf Kanadierinnen aus Kanton war das Geständnis erpreßt worden, sie hätten von den 2251 Waisen, deren Namen man in ihren Registern fand, 2116 getötet. Zwei Spanierinnen aus Nanking wurden elf Stunden lang an den Pranger gestellt, ausgepeitscht und mit menschlichen Exkrementen vollgestopft, bis sie zugaben, 16000 kleine Chinesen ermordet zu haben. In Tschengtu wurden fünf Franziskanerinnen – zwei Belgierinnen, zwei Französinnen und eine Polin – beschuldigt, 120000 Kinder umgebracht zu haben, ohne anderen Beweis als die Behauptungen eines sechzehnjährigen Mädchens, dessen hysterische Anklagen von einem Volksgerichtshof von 40000 Menschen bejubelt wurden ... Manchmal wurden die Gerichte gutherzig und entschieden, daß die Priester mit den Nonnen verheiratet werden sollten. Die Unglücklichen wurden, übereinander gefesselt, durch die Städte gefahren und mit unflätigen Verwünschungen und Zoten überschüttet.

Für die zehn Millionen chinesischer Christen hatte Peking ein künstliches Schisma verfügt, eine nationale chinesische Kirche geschaffen. Der päpstliche Nuntius, Monsignore Riberi, war ins Gefängnis geworfen worden, dann hatte man ihn ausgewiesen. Es läßt sich nicht leugnen, daß ein Teil des eingeborenen Klerus die Abtrünnigkeit von Rom einem Martyrium vorzog. Kaum war China dem Kommunismus anheimgefallen, da kehrte es auch schon zu seiner jahrtausendealten Tradition des Fremdenhasses und der Abschließung zurück.

Andererseits schienen die Sieger an der gemäßigten Linie festzuhalten, die ihren Sieg erleichtert hatte. »Die Verstaatlichung der Industrie und die Sozialisierung der Landwirtschaft«, sagte Mao, »sind die Fernziele, die man erst ins Auge fassen kann, wenn die gesamte chinesische Nation zum Sozialismus bekehrt ist.« Die am 16. Juni 1950 verkündete Agrarreform beschlagnahmte nur die Ländereien der »Feudalherren«, ließ den übrigen landwirtschaftlichen Besitz bestehen, einschließlich des Eigentums der »reichen Bauern«, die Lohnempfänger beschäftigten. Das Regime betonte die unmittelbaren Aufgaben, als erstes die Beseitigung der durch die ungeheuerlichen Überschwemmungen des Jahres 1949 verursachten Schäden, bei denen acht Millionen Hektar unter den Fluten versunken und 40 Millionen Menschen obdachlos geworden waren. Es verfügte die Teildemobilisierung der Armee, um Hände für die Arbeit freizubekommen.

Diese Anzeichen ermutigten die offiziellen Stellen in Amerika, in der Hoffnung zu beharren, daß in Mao der Kern eines Tito stecken könnte. Acheson gab dem Druck, Rotchina anzuerkennen und es in die Vereinten Nationen aufzunehmen, gern nach. Generalsekretär Trygve Lie betonte, daß bereits 15 Mitglieder seiner Organisation die Regierung in Peking anerkannt hätten. »Es ist unbedingt notwendig«, schrieb Attlee, »daß China seinen Sitz bei den Vereinten Nationen hat, wenn wir wünschen, daß es deren Prinzipien anerkennt.« Der zu bezahlende Preis hieß Formosa. Die Antipathie, die Tschiang Kai-schek beim State Department und im Weißen Haus weiter genoß, machte das Opfer leicht.

Sir Gladwyn Jebb bereitete emsig den Weg vor. Er schlug im Sicherheitsrat vor, man solle eine Delegation einladen, die den Standpunkt Rotchinas hinsichtlich Formosas darzulegen hätte. Sieben Stimmen, darunter jene Frankreichs, entschieden die Einladung. Peking nahm sie an. Die Liquidierung Tschiangs, die Aufnahme Chinas schienen bevorzustehen. (*Forts. China S. 430*)

Erstes Eingreifen der Chinesen in Korea

Am 19. Oktober wurde Pyongyang genommen. Drei Tage darauf wurde der Yalu von der 2. Division ROK bei Chosan erreicht. Im Osten waren die Südkoreaner der Landeoperation des X. Korps in Wonsan zuvorgekommen. Die Marineinfanterie landete mit umgehängtem Gewehr, und die Infanteristen der 2. US Division gingen bei Iwon, 80 Kilometer von Wladiwostok, an Land. Der rote Fleck, der fast ganz Korea bedeckt hatte, war zu einem schmalen Band geworden, das täglich enger wurde.

Am 25. Oktober machte eine südkoreanische Vorhut bei Unsan einen ungewöhnlichen Gefangenen. Er trug königsblaue Feldbluse und Flanellhose und verstand weder Koreanisch noch Japanisch. Man schickte ihn ins Hauptquartier der 8. Armee nach Pyongyang, wo ein chinesicher Dometscher seine Nationalität feststellte. Acht seiner Landsleute, Deserteure wie er, gesellten sich im Laufe des Tages zu ihm. Sie redeten sehr viel, erklärten, sie gehörten zur 38., 39. und 40. chinesischen Armee und seien als Freiwillige nach Korea geschickt worden, ohne daß man sie um ihre Meinung gefragt hätte. »Was wir hier tun, weiß Gott allein«, sagte einer von ihnen.

Am darauffolgenden Tag traf das 2. südkoreanische Regiment beim Verlassen Unsans auf Widerstand. Es schwärmte gemächlich aus, im Glauben, es handle sich um eine von den fliehenden Nordkoreanern zurückgelassene Straßensperre. Auf ein Hornsignal tauchten von allen Seiten Schwärme von Männern in Flanellblusen und -hosen auf, das ROK-Regiment löste sich unter dem heftigen Angriff auf.

Der Winter setzte bereits ein. Der Nordwind brachte wirbelnde Wolken von Schnee heran.

Zwei Panzerbataillone mit Luftunterstützung nahmen das verlorene Terrain wieder. Aber der kleine südkoreanische General Paik, der in der japanischen Armee in China gedient hatte, legte Wert darauf, das Schlachtfeld selbst, Leiche um Leiche, zu untersuchen. Er erklärte, daß der Angriff vom 26. Oktober durch eine ausschließlich chinesische Streitmacht in der Stärke einer Division erfolgt sei. Sein Bericht stieß beim Stab General Walkers in Pyongyang auf gewisse Skepsis und beim Generalstab MacArthurs in Tokio auf entschiedene Skepsis.

Am Abend zählte man innerhalb der feindlichen Linie neunzehn große Rauchsäulen, die sich zu einer schwarzen Wolke über dem ganzen Nordwesten Koreas vereinigten. Der Feind hatte die Wälder angezündet, um sich der Sicht und den Luftangriffen des Gegners zu entziehen.

Das amerikanische 8. Kavallerieregiment hatte seine drei Bataillone in der Ebene von Unsan im Dreieck aufgestellt. Der Angriff der Chinesen erfolgte mitten in der Nacht. General Hobart R. Gay, der Kommandeur der Kavalleriedivision, opferte eines der angegriffenen Bataillone und rettete die beiden anderen, indem er sie eiligst an das linke Ufer des Kuryong zurückführte. Die Nacht kostete 500 Tote und Vermißte, die die 35 000 Opfer vermehrten, die der Koreakrieg bereits in den Reihen der Amerikaner gefordert hatte.

Rechts von den Amerikanern wurde das 2. ROK-Korps völlig zerschlagen. Die Division, die den Yalu erreicht hatte, behielt von dem Fluß nur eine Flasche Wasser, die man später Syngman Rhee übergab. Das war die einzige Form, in welcher der Greis den Rhein seines Vaterlandes wiedersehen sollte.

Die Hauptmacht der 8. Armee ging in der Küstenebene in Richtung auf Sinuidju, die Rückzugshauptstadt der Koreanischen Volksrepublik, vor. An seiner rechten Flanke bedroht, brachte Walker seine Truppen zum Stehen und führte sie nach Pyongyang zurück. Sechsundfünfzig chinesische Divisionen, unter Führung des besten Generals des Bürgerkriegs, Lin Piao, waren in Korea, vom Gelben Meer bis zum Japanischen Meer, einmarschiert, ohne daß MacArthurs Geheimdienst – »der beste der Welt« – es bemerkt hätte. Für die strenggläubigen Kommunisten bestanden sie aus Freiwilligen, die ihren koreanischen Kameraden zu Hilfe eilten. MacArthur sandte jedoch nach Washington und Lake Success einen Bericht, in dem es wörtlich hieß: »Wir sehen uns in einen ganz neuen Krieg verwickelt. Die sich daraus ergebende Lage ist von so entscheidender Wirkung auf die Weltangelegenheiten, daß sie über die Vollmachten eines Frontbefehlshabers hinausgeht.«

Der Angriff auf die Yalu-Brücken

Seit Truman wegen der Restaurierung des Weißen Hauses im Blair House wohnte, war er der einzige Staatschef, dessen Haustür direkt auf einen Gehsteig hinausführte. Man hatte für die uniformierten Wachen zwei Wachhäuschen aufgestellt, und in der kleinen Vorhalle hielt sich ständig ein Agent des Geheimdienstes auf. Aber der Straßenverkehr ging ungehindert vor dem Haus weiter.

Der Spätsommer konnte sich nicht zum Scheiden entschließen. In den dunklen Nächten erschienen ungewöhnlich viele Nordlichter mit ihrem tanzenden Schein. Der 1. November war der wärmste, seit es in Amerika meteorologische Aufzeichnungen gab. Truman war nach dem Mittagessen auf sein Zimmer gegangen, hatte seine Hose abgelegt und sich zu einem Mittagsschläfchen ausgestreckt. Er wurde durch Schüsse geweckt. Durch die Pennsylvania Avenue liefen Männer. Auf dem

Pflaster lagen Leichen. Der Detektiv Floyd Bowling, der eben gesehen hatte, wie der Präsident im Rahmen eines Fensters des 1. Stockwerks erschienen war, schrie aus vollem Hals: »Zurück! Zurück!«

Das Attentat war läppisch gewesen. Grisello Torrezola und Oscar Collazo waren aus New York gekommen und hatten beim Bahnhof in Washington ein Taxi genommen, das sie an der Ecke Pennsylvania Avenue und 17. Straße abgesetzt hatte. Der Wächter Donald Birdzell, der im Stehen gedöst hatte, war aufgeschreckt, als er das leise Knacken einer Pistole gehört hatte. Ein für seine Berufsehre unglücklicher Reflex hatte ihn zur Mitte der Pennsylvania Avenue fliehen lassen, statt daß er mit seinem Körper die Tür gedeckt hätte, die er bewachte. Zwei Kugeln folgten ihm, er stürzte zwischen den Straßenbahnschienen zu Boden. Seine Kollegen Leslie Coffelt und Joseph Down hatten gleichzeitig mit den Angreifern das Feuer eröffnet. Alle waren gleichzeitig gefallen: Torrezola und Coffelt waren auf der Stelle tot, Collazo und Down schwer verwundet. Auf das Klirren der zersplitterten Fenster war ein Augenblick völliger Stille gefolgt.

Das Drama war eine Folge der Unruhen in Puerto Rico. Die amerikanische Regierung hatte ein Selbstbestimmungs-Referendum organisiert, das die ultranationalistische Partei des Mulatten Pedro Albizo Campos durch einen Aufstand zu vereiteln versuchte. Collazzo und Torrezola hatten den Kampf nach Washington verlegen wollen, indem sie Truman töteten.

Nach außen hin nahm dieser den Schock entschlossen hin. »Das sind Dinge, auf die man gefaßt sein muß, wenn man Präsident ist«, sagte er zu der vor Blair House versammelten Menge bei seiner Abfahrt zu einer Gedächtnisfeier auf dem Nationalfriedhof Arlington. Doch das Blut, das die Tür seines provisorischen Weißen Hauses bespritzt hatte, verfolgte ihn wie ein böses Omen. Seine zweite Präsidentschaft verdüsterte sich nach Ablauf der ersten Hälfte. Er hätte – trotz der durch die 22. Gesetzesabänderung festgelegten Beschränkungen – eine dritte Amtszeit in Betracht ziehen können; er verzichtete darauf, verpflichtete sich selbst gegenüber durch einen geheimen Brief, 1952 nicht mehr zu kandidieren.

Sechs Tage nach dem Attentat fanden die Wahlen der Mitte seiner Amtszeit statt. Die Demokraten behielten im Senat nur eine Mehrheit von zwei Stimmen. Der von den Gewerkschaftschefs zum politischen Tod verurteilte Senator Taft wurde von den großen Arbeiterstädten in Ohio wiedergewählt. Gouverneur Dewey wurde im Staat New York zum drittenmal wiedergewählt. Die Republikaner erlebten, nach ihrer überraschenden Niederlage im Jahre 1948, wieder einen mächtigen Aufschwung.

Der Wahltag hatte Truman nach Independence geführt. Der Unterstaatssekretär für Verteidigung, Robert Lovett, teilte ihm die Neuigkeiten aus Korea telefonisch vom Lagezimmer im Pentagon aus mit. Die Luftwaffe bemühte sich, eine neue chinesische Offensive im Keim zu ersticken, indem sie den Feind pausenlos im Rücken bombardierte. Ihr Chef, General Stratemeyer, hatte von MacArthur Befehl erhalten, mit neunzig B 29 die Brücken über den Yalu zu bombardieren.

Truman fuhr hoch. Die Yalu-Brücken lagen an der Grenze zwischen Korea und China. MacArthur stürzte sich auf eigene Faust in einen direkten Konflikt mit Peking!

Auf den Luftflottenstützpunkten in Japan waren die Motoren der B 29 bereits angelassen. Ein direkt an die Luftwaffe gerichteter Befehl Marshalls hielt sie auf. Jegliche Bombardierung Nordkoreas auf einer Breite von 5 Meilen längs der chinesischen Grenze wurde untersagt. Der Einsatzbefehl gegen die Yalu-Brücken wurde aufgehoben.

Seine Freunde brachten MacArthur dazu, sein Rücktrittsgesuch zu zerreißen. Er verlangte jedoch von Marshall, er solle dem Präsidenten seinen feierlichen Protest vorlegen sowie seine Weigerung, die Verantwortung für das amerikanische Blut zu übernehmen, das vergossen würde.

Truman lenkte ein wenig ein. Die Yalu-Brücken konnten bombardiert werden, jedoch ausschließlich auf ihrem koreanischen Teil. Nicht ein Zoll chinesischen Gebietes durfte überflogen werden. Keine einzige Bombe durfte jenseits der Mittellinie des Flusses fallen.

Die Amerikaner versuchten es dennoch; sie griffen die zwei großen Anlagen an, die die vorläufige Hauptstadt Nordkoreas, Sinuiju, mit der mandschurischen Stadt Antung verbanden. Die B 29 rasten über Sinuiju im Tiefflug hinweg, ohne die Brükken zu bombardieren. Die Sturzbomber der Flugzeugträger *Leyte*, *Valley Forge* und *Philippine Sea* lösten sie ab, zerstörten die Straßenbrücke, doch die Eisenbahnbrücke blieb stehen. Alle Einsätze waren äußerst schwierig und gefährlich, weil man tangential zur Schleife des Yalu angreifen und einer starren Linie folgen mußte, auf die der Feind seine Flak eingestellt hatte.

Überdies war die Luft nicht mehr amerikanisches Monopol. Nach den Yaks, die am Boden festgenagelt waren, tauchte ein neuer Gegner auf, die Mig 15. Sie war ein etwas schnellerer Düsenjäger als die F 80, dessen Hauptüberlegenheit aber darin bestand, daß die Mandschurei als unantastbar behandelt werden mußte. Die roten Flugzeuge, die auf fünf in der Nähe Antungs gelegenen Flugplätzen stationiert waren, gingen über chinesischem Gebiet auf ihre Kampfhöhe, warfen ihre Flügelbehälter ab, überflogen den Yalu und flüchteten dann nach Abbruch der Gefechtsberührung in den unverletzbaren Luftraum. Die »hot pursuit« (Sofortverfolgung) war strengstens verboten – auch wenn man einen Kameraden neben sich hatte abstürzen sehen.

Der erste Luftkampf der Geschichte zwischen zwei Düsenflugzeugen fand am 7. November über Sinuiju statt. Leutnant Russell J. Brown, an Bord einer F 80, *Shooting Star*, schoß eine Mig 15 ab. Die Maschinen waren gleichwertig, aber die roten Piloten – Chinesen oder Russen? – waren eindeutig schlechter ausgebildet. Die folgenden Kämpfe ergaben regelmäßig ein Resultat von 10 zu 1 für die Amerikaner.

Aber der Koreakrieg war eine unwägbare Sache. Die Offensive der Chinesen zog sich in die Länge. Die längs des Flusses Chongchon neugruppierte 8. Armee wartete auf einen Angriff, der nicht erfolgte. Die chinesischen Soldaten kämpften wenig oder schlecht. Sie ergaben sich freundlich und philosophisch. Wenn man sie fragte, ob sie wirklich Freiwillige waren, lachten sie über die naive Frage. Sie brachten keine Gefangenen um, versorgten die Verwundeten und lieferten sie aus. Der Unterschied zwischen den Koreanern und den Chinesen ist der Unterschied zwischen einem fanatischen Volk und einem intelligenten Volk mit Lebensart. Man versucht zu glauben, zu hoffen, daß Mao Tse-tung das China von eh und je nicht zu ändern vermocht hat . . .

Taktisch war es für die Armee der Vereinten Nationen schwierig, in den Stellungen zu verbleiben, die sie besetzt hielt. Indien brachte erneut seine Argumente vom September vor und riet, zum 38. Breitengrad zurückzugehen. General Walker, der koreanische Verteidigungsminister Sing Sung Mo dachten an die Errichtung einer befestigten Grenze, die an seiner schmalen Stelle quer durch Korea verlief, von Chinnampo am Gelben Meer nach Wonsan am Japanischen Meer. Auch Winston Churchills Rat ging in dieser Richtung. »Um diese befestigte Linie zu durchstoßen, müßten die Chinesen Massen von Panzerwagen und Artillerie bereitstellen, die für unsere Luftwaffe ein ideales Ziel abgeben würden. Wir wären imstande, ihnen eine ebenso schreckliche Lehre zu erteilen, wie wir sie selbst während des Ersten Weltkrieges auf den blutigen Schlachtfeldern an der Somme und bei Passchendaele zu spüren bekamen . . .«

MacArthur sprach anders. Vom Alarmschlagen zum Optimismus übergehend, erklärte er den vereinigten Generalstäben, er sei imstande, »alle gegen mich in Korea kämpfenden Streitkräfte und alle Verstärkungen zu vernichten, die der Feind ihnen zu Hilfe schicken könnte«. Die vereinigten Generalstäbe widersprachen dieser Beurteilung nicht. Der Präsident mischte sich nicht ein. An die Vereinten Nationen wandte man sich nicht. MacArthur übte seine Kommandobefugnis uneingeschränkt aus. Die Yalu-Offensive begann von neuem. (*Forts. Korea S. 432*)

China in New York und in Tibet

Es gab einen außermilitärischen Grund, die Wiederaufnahme des Vormarsches aufzuschieben: Die vom Sicherheitsrat eingeladene chinesische Delegation zur Erörterung der Formosafrage näherte sich den Küsten Amerikas.

Am Vortag, dem 27. November, waren bei einem Unglück der *Long Island Railroad* – der schlechtesten Bahn der Welt, sagen die New Yorker – nächst dem provisorischen Sitz der Vereinten Nationen 77 Passagiere ums Leben gekommen. Von Süden war ein Wirbelsturm gemeldet worden, der mit 150 Stundenkilometern näher kam, das führte zu Alarmbereitschaft wie bei einem Luftangriff feindlicher Bomber. Das Meer war von ungeheuren Wellen aufgewühlt, die Aufzugsschächte wurden zu Orgelpfeifen, und die Verglasungen stürzten auf die Gehsteige nieder. Die chinesische Delegation landete während eines Sturmes auf dem neuen Flughafen Idlewild, einer noch ebenso leeren ebenen Fläche wie Turkestan. Der Chef Wu Hsin-chuan, ein unbekannter General, wollte sich unbedingt sofort nach Lake Success begeben, um die Gespräche zu beginnen. Die Mitglieder des Sicherheitsrates weigerten sich jedoch, Manhattan zu verlassen, bevor der Orkan vorbeigezogen war. Wu und seine Begleiter wurden ins Waldorf Astoria Towers geführt, und die sieben Männer und zwei Frauen schlossen sich dort für achtundvierzig Stunden ein. Die einzige Nachricht über sie verdankte man der Indiskretion eines Kellners: »Verlangen sie Reis?« »Wo denken Sie hin, sie stopfen sich mit Beefsteaks voll.«

60 Opfer der Befreiung Indiens von der Kolonialherrschaft: Ungehemmter Haß zwischen Hindus und Moslems führt zu blutigen Auseinandersetzungen. – 61 Indien vermittelt bei den chinesisch-tibetischen Verhandlungen: Rotchinesische Regierungsabgeordnete und tibetische Würdenträger treffen sich im Jahr 1950 im Himalaja.

62 Sieger im Kampf um die Unabhängigkeit Tunesiens: Habib Bourguiba. – 63 Ministerpräsident der algerischen Exilregierung in Tunis: Ferhat Abbas. – 64 Dem wiedereingesetzten Sidi Mohammed ben Jussuf als Sultan von Marokko leistet der alte Pascha von Marrakesch Abbitte und erkennt ihn als Herrscher Marokkos an.

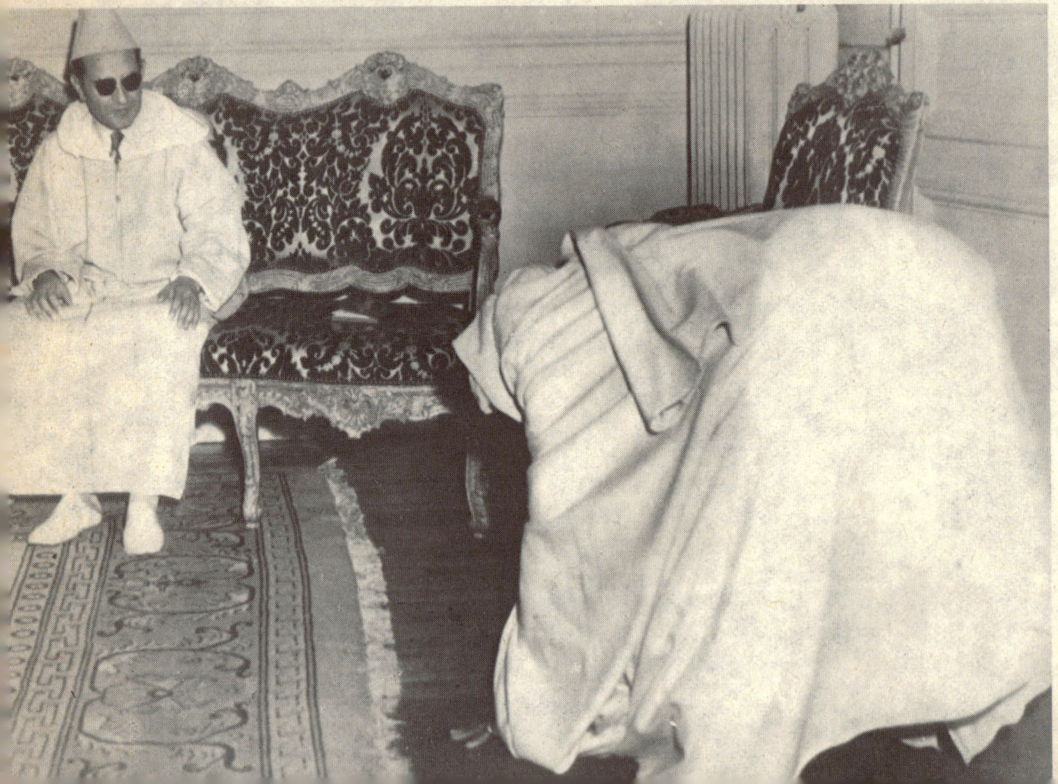

Der Sturm ging vorüber. Die umgewandelte Fabrik in Lake Success war voller Unruhe und Hoffnung. Warren Austin hielt eine versöhnliche Rede, an der man im State Department lang herumgebastelt hatte. Wu lauschte, gespannt wie eine Spiralfeder. Dann stieß er zu wie eine Kobra. Ein Strom von Drohungen und Beleidigungen ergoß sich über den Sicherheitsrat. Wu verlangte von ihm, er müsse gegen die Vereinigten Staaten die strengsten Sanktionen ergreifen auf Grund der doppelten Aggression, die sie in Formosa und Korea begangen hatten. Er sei zu keiner Diskussion bereit, ehe Formosa befreit, Korea geräumt und die Rechte Chinas vollständig anerkannt wären.

Die Rechte Chinas definierte und umriß China selber. Während Korea die allgemeine Aufmerksamkeit auf sich lenkte, hatten lange Kolonnen blaugekleideter Soldaten unter dem Befehl des einäugigen Bürgerkriegsgenerals, Liu Po-tjeng, die 5000 Meter hohen Pässe erstiegen, die China von Tibet trennten. Am 24. Oktober verkündete die Presseagentur »Neues China«, daß die Armee der Chinesischen Volksrepublik auf dem Marsch sei, »um 3 Millionen Tibeter zu befreien, den Imperialismus aus Zentralasien zu vertreiben und die Vereinigung Chinas zu vollenden.« Die tibetische Armee, 4000 hauptsächlich mit Fahnen bewaffnete Soldaten, war in Changdu am Fuß einer der Klosterfestungen zerstreut worden, die einst den Zugang zu Lhasa versperrt hatten. Der 15jährige Dalai Lama hatte seine Hauptstadt verlassen und sich nach Yathung an der indischen Grenze begeben, bereit, sie jeden Augenblick zu überschreiten.

Für Indien war das ein harter Schlag. Es hatte sich bei den Vereinten Nationen für die Aufnahme Rotchinas eingesetzt. Seit einem Jahr verhandelte es über einen Modus vivendi für Tibet. Die bewaffnete Hand Chinas fegte die Vereinbarungen beiseite. Nehru protestierte in gesetzten, betrübten Worten. Peking antwortete, daß »jede Einmischung in eine rein chinesische Angelegenheit mit äußerster Energie zurückgewiesen werden müsse«. Indien war machtlos. China hatte sich unwiderruflich oberhalb des unruhigen Bengalen und des zerrissenen Kaschmir eingerichtet — oberhalb einer der schwächsten und verwundbarsten Nationen der neuen Weltkonstellation.

Indessen suchten die Redner, die auf General Wu folgten, ihn zu beruhigen. »Sie haben vom Westen nichts zu befürchten«, sagte der Engländer Jebb. »Machen Sie eine Reise durch Amerika«, riet ihm der Inder Rau, »und sehen Sie selbst, ob dieses Land den Krieg will.« »Machen Sie es wie wir«, wagte ihm der Jugoslawe Bebler zu sagen, »schaffen Sie sich die Russen vom Halse und werden Sie wieder unabhängig.« Der Generalsekretär Trygve Lie war eifrig um die chinesischen Abgesandten bemüht, führte sie in den gläsernen Wolkenkratzer, der dank der Großzügigkeit Rockefellers am Ufer des East River emporwuchs und den Vereinten Nationen als endgültiger Sitz dienen sollte. Ohne Groll wegen Tibet setzte Sir Benegal Rau seine Ehre darein, Wu als Wochenendgast bei sich zu haben. Die einzige scharfe Abfuhr, die dem stürmischen General zuteil wurde, erhielt er in einem Kino in Manhattan. Er erschien dort unangemeldet mit seiner gesamten Delegation und verlangte, man solle den Saal für ihn räumen. Der Geschäftsführer antwortete ihm, Amerika sei kein Land, in dem man die Arbeiter hinauswerfe, um den Generälen Platz zu machen.

Alle Versuche, vernünftige Verhandlungen anzubahnen, scheiterten. Der dramatische Umschwung der militärischen Lage in Korea war an diesem Mißerfolg nicht unbeteiligt. (*Forts. China S. 625*)

»Der ganze Berg voller Chinesen . . .«

Das X. Korps, das dem Angriffsstoß des 26. Oktober nicht ausgesetzt gewesen war, setzte sich als erstes in Bewegung. Zwei Divisionen ROK gingen längs der Küste in Richtung der östlichen sowjetischen Provinz vor. Die bei Iwon gelandete 7. US Division marschierte zum oberen Yalu über unwegsame Gebirge. Die 1. Division der Marineinfanterie stieg zum künstlichen See von Chosin (oder Chang-sin) empor, der vier Wasserkraftwerke speist. Die vor kurzem eingetroffene 3. amerikanische Division sollte die Rückendeckung besorgen und die Guerillatätigkeit unterdrücken.

Der Wind wehte mit 80 Stundenkilometern. Das Thermometer fiel auf minus 30 Grad Celsius. Das Öl an den Waffen wurde steif. Die Abtransporte wegen Erfrierungen nahmen ihren Anfang. Jeder Verwundete befand sich in Lebensgefahr. Man mußte das Blutplasma zwei Stunden lang erwärmen, ehe man es verwenden konnte.

Am 26. November erreichte das 17. Infanterieregiment den gefrorenen Yalu bei einem düsteren Ort namens Hyasanjin. Der Gegner hatte bei seinem Rückzug die Erde nicht verbrannt. Die Amerikaner kauften Schlitten und Ochsengespanne, um die durch das Glatteis außer Betrieb gesetzten GMC zu ersetzen. Der als Eskimo verkleidete General Almond kam, um die eisglitzernde Mandschurei zu besichtigen.

Die Marineinfanterie war von Wonsan längs des Japanischen Meeres bis Hamhung und zu seinem Hafen Hungnam marschiert. Dann waren sie ins Innere eingedrungen. Der erste Zusammenstoß mit den Chinesen erfolgte bei dem Gebirgspaß Funchilin. Nach kurzem Widerstand zog sich der Feind zurück.

In der Gebirgsschlucht bildete die Straße zwischen einem Felsen und einem Abgrund eine Haarnadelkurve. Danach führte sie über eine Pfahlbrücke mit sieben Bogen über vier riesige Wasserleitungen, die Kraftwerke speisten. Nach Koto war sie nur noch ein 3 Meter breiter Weg, über dem noch eine Drahtseilbahn lief, die der Feind unbrauchbar gemacht hatte. Man erreichte Hagaru, am Ende des südlichen Fingers des künstlichen Sees. Die aus Hütten und Zelten bestehende Stadt glich einem Lager am Yukon zur Zeit der Goldsucher. Die Marineinfanterie besetzte sie, ohne Widerstand zu finden.

Von Hagaru führten zwei Straßen weg, eine am östlichen, die andere am westlichen Ufer des Stausees entlang. Eine *Task Force* der 7. Infanteriedivision unter Führung von Oberstleutnant Don C. Faith rückte über die erste vor. Das 5. und 7. Marineinfanterieregiment marschierten über die zweite. Das dritte Regiment der Division, das 1. Marineinfanterieregiment, besetzte Koto und Hagaru und bewachte die einzige Straße, die für 25 000 Amerikaner die Verbindung zum Meer darstellte.

Die Marineinfanterie kam auf ein eisiges Plateau zwischen Bergspitzen von 1500 bis 2000 Meter Höhe. Auf dem Paß von Taktong ließen sie die Kompanie Baker vom 7. Regiment unter dem Befehl von Hauptmann William A. Barber zurück. Am 23.

November nahm das 5. Regiment Udam an der Westspitze des Stausees. Die Marineinfanterie sollte sich mit dem rechten Flügel der 8. Armee vereinigen. In der Luftlinie betrug die Entfernung kaum vierzig Kilometer. Die Höhe, der Schnee, der Sturm, das Fehlen von Wegen verzehnfachten sie. Es war nicht möglich, irgendeinen Kontakt herzustellen.

Der Thanksgiving Day fiel auf den 23. November. Die Soldaten hatten Truthahn gegessen, sogar an den vorgeschobensten Posten, an manchen Stellen war er mit Fallschirm abgeworfen worden. Die Generaloffensive begann am Tag darauf.

Wie immer hatte MacArthur eine große Geste bereit. Er überflog mit seinem viermotorigen Flugzeug, ohne Waffen und ohne Begleitschutz, den Yalu in 1500 Meter Höhe vor den Augen der Migs in Antung. Nach Pyongyang zurückgekehrt, versammelte er alle Generäle der 8. Armee im Arbeitszimmer des roten Premierministers Kim Il Sung: »Die Offensive, die Sie durchführen werden, wird den Koreakrieg beenden. Ich habe euren Soldaten versprochen, daß sie ihr Weihnachtsessen zu Hause verzehren werden. Straft mich nicht Lügen...« Die Parole *Home for Christmas* wurde die ganze Front weitergegeben, sie entflammte die Soldaten in immer stärkerem Maße.

Die Untergebenen ahmen die hohen Chefs nach wie die Karikatur das Porträt. General Almong flog im Hubschrauber über das Gebiet seines X. Korps. Er landete bei den vorderen Linien und hielt seinen Soldaten eine Rede: »Ihr habt vor euch nur die Trümmer einer geschlagenen Armee. Werdet ihr euch von einer Handvoll chinesischer Wäscher aufhalten lassen?...«

Die Ausgangsbasis der 8. Armee war das Tal des Chongchongflusses. Die Divisionen US 24, ROK 1, US 25, US 2 sollten rechts vorn angreifen, den Yalu erreichen, eine Schwenkung nach Westen ausführen und den Feind zwischen der See und der Flußmündung fassen und einschließen. Die Divisionen ROK 6, 8 und 7 sollten die Bewegungen in den Bergen des Zentralgebietes fortsetzen. Die Reserven bestanden aus der 1. Kavalleriedivision, der 27. britischen Brigade und der türkischen Brigade. General Walker, der sich bei der Verteidigung des Perimeters von Pusan wie eine Bulldogge geschlagen hatte und vorher in Frankreich mit Patton wie ein Windhund gekämpft hatte, war besorgt; er witterte Gefahr. Aber MacArthur erlitt den Schiffbruch der großen Männer, der in der Gewißheit der eigenen Unfehlbarkeit begründet ist. Niemand wagte es, ihm zu sagen, daß die taktischen Anordnungen schlecht, daß die Angriffsfronten übertrieben lang waren, daß die südkoreanischen Einheiten, die die rechte Flanke der 8. Armee deckten, kein verläßliches Führungskorps besaßen, daß mit dem X. Korps keine Verbindung hatte hergestellt werden können und daß die Zweigleisigkeit der Führung zwischen Walker und Almond die Koordinierung der Kräfteansätze erschwerte.

Der erste Tag war ein militärischer Spaziergang. An der Westküste nahm die 24. Division Chongju; rechts von ihr schloß die 25. Division Unsan ein und erkannte im Hof einer Schule die von der 1. Kavalleriedivision verlorenen Fahrzeuge, die sie am folgenden Tag zurückzunehmen gedachte. Im Inneren von Korea bemächtigte sich das 2. Korps ROK Tokchons. Das Kommuniqué MacArthurs atmete die Erhabenheit des errungenen Sieges: »Die von den Streitkräften der Vereinten Nationen ausgeführte riesige Zangenbewegung schreitet plangemäß fort . . .«

Die Nacht vom 25. und 26. November begann in eisigem Mondschein. Man hatte den GIs gefütterte Schlafsäcke gegeben, in die sich sogar die Wachen zusammenkauerten, so daß sie schließlich einschliefen. Wie immer bei den Soldaten der Vereinigten Staaten, hatte sich die Disziplin mit zunehmendem Erfolg gelockert. Von den 129 Mann der Kompanie Baker des 9. Infanterieregiments hatten nur 12 ihren Stahlhelm nicht abgelegt und 2 – Rekruten! – hatten noch ihr Bajonett dabei. Die Kompanie lag in der Vorhut, und dennoch begnügte sich jeder Schütze damit, eine Handgranate und ein oder zwei Patronenmagazine zu tragen. Das Gelände bestand aus einem Gewirr von Hügeln, in dem die Sprechfunkgeräte schlecht arbeiteten. Die 8. Armee war in kleine Abteilungen verstreut, die topographisch nah, taktisch jedoch entfernt voneinander lagen, und im übrigen mehr darum besorgt waren, sich gegen die Kälte zu schützen als gegen einen Feind, der anscheinend den Kampf aufgegeben hatte.

Ganz plötzlich, »behold, the whole mountainside tourned out to be Chinese . . .« – »sieh da, der ganze Berg war voller Chinesen . . .« Hörner, Trompeten, Hupen, Rasseln, Sirenen, Geheul erfüllten die Nacht. Der Angriff bestand nicht in aufeinanderfolgenden Angriffswellen von Soldaten, wie am nächsten Tag von den in Pyongyang verbliebenen Kriegskorrespondenten erzählt werden sollte, es war ein wagemutiges tiefes Eindringen, das Verwirrung in die schlecht miteinander verbundenen amerikanischen Linien brachte. Die Chinesen, die in diese Linien eindrangen, zerstreuten sich auf den Hügeln, verbargen sich hinter den Felsen und warteten auf die Wiederkehr der Nacht, um ihren Vorstoß wiederaufzunehmen.

Im vergangenen Monat, nach dem Gefecht bei Unsan, hatte der Generalstab Lin Piaos eine Beurteilung des Gegners verfaßt. Er anerkannte die Vortrefflichkeit der Artillerie, der Flugwaffe, des Nachschubsystems der Amerikaner. »Ihre Infanterie jedoch ist nichts wert«, hieß es dort weiter, »weil die Soldaten den Nachtkampf scheuen, den Gedanken, eingeschlossen zu sein, nicht ertragen und vor allem, weil sie nicht zu sterben verstehen . . .«

Die amerikanische Front war gesprengt. Die südkoreanische Front löste sich auf. Die Chinesen nahmen Tokchon wieder, brachen in das Tal des Taedongflusses ein, vollführten eine Schwenkung und umfaßten den rechten Flügel der 8. Armee. Die Zangenbewegung war umgekehrt. Die von MacArthur am Vortag triumphierend verkündete Umzingelung drohte nun seinen eigenen Soldaten.

Walker, der vorsichtig gewesen war, reagierte rasch, nahm seinen zu weit vorgestoßenen linken Flügel Hals über Kopf zurück. Die drei Divisionen des IX. Korps, die 24. und 25. US und die 1. ROK, eilten in scharfem Tempo nach Süden, eine endlose Fahrzeugkolonne, die Wolken verharschten Schnees hochwirbelte.

Der Angelpunkt der Bewegung war Kunu am Chongchon. Um ihn während des Rückzugs seines linken Flügels zu fixieren, befahl Walker dem General Laurence B. Keiser, dem Kommandeur der 2. Division *Indian head*, das Gebiet zwei Tage lang zu halten. Dann würde Keiser die Wahl zwischen zwei Rückzugslinien haben: entweder die direkte Straße nach Sunchon, die zwischen den Hügeln eingeschnitten war und in einem tiefen Graben über den Paß ins Tal des Taedong führte, oder die nach Südwesten abbiegende Straße entlang dem Chongchon. Wenn er die zweite nahm, mußte er in das Gebiet der 25. Division vordringen, die sich nach Anju zurückzog. Wenn er die erste wählte, würde sein Rückzug durch die britische Brigade unterstützt werden, die mit der Sicherung der Straße betraut war, und durch die türkische Brigade, die einen Gegenangriff in Richtung Takchon ausführte. Die 1. Kavalleriedivision, die in dem Gefecht bei Unsan schwere Verluste erlitten hatte, griff gleichfalls wieder in den Kampf ein.

Für die Türken war es der erste Einsatz in Korea. Ihnen ging ein großer Ruf der Tapferkeit, ja sogar der Wildheit voraus. Die ersten Nachrichten von ihrem Einsatz brachten die Redaktionen der amerikanischen Zeitungen in Aufruhr. Die Türken hatten einen Bajonettangriff geführt, ein Blutbad angerichtet, Hunderte von Gefangenen gemacht. ... Der einzige Fehler dieser tapferen Soldaten hatte darin bestanden, daß sie sich im Feind geirrt hatten: Sie hatten fliehende Südkoreaner für Chinesen gehalten. Als sie dann wirkliche Chinesen trafen, wurden sie ihrerseits aufgerieben. Die Überreste der Brigade flohen hinter die Linien des 38. Infanterieregimentes.

Der 27. Britischen Brigade, die von Sunchon ausgegangen war, gelang es nicht, die Straße zwischen dem Paß und Kunu zu besetzen. Eine türkische Kolonne, die unvorsichtigerweise diesen Weg einschlug, wurde in drei aufeinanderfolgenden Hinterhalten aufgerieben. Mangels eines Dolmetschers vermochten die Überlebenden nicht klar anzugeben, welche Kräfte sich bereits auf der Rückzugslinie der 2. US Division gezeigt hatten. Eine Panzeraufklärung wiederholte den Marschweg der türkischen Kolonne und kehrte zurück, ohne einen Schuß abbekommen zu haben. Keiser überflog das Gebiet in seiner L 5, sah auf den Wegen und Pfaden eine Menge von marschierenden Flüchtlingen und schloß, daß die Chinesen noch weit entfernt sein mußten – daß er also mit seiner Division über die Straße nach Sunchon ziehen konnte, ohne sich mehr als geringfügiger Belästigung durch ganz leichte Truppenteile auszusetzen. Außerdem glaubte er, die Engländer seien sehr nahe, während sie noch zwölf Kilometer weit, jenseits des Passes, waren.

Die drei Infanterieregimenter der Division waren das 9., 23. und 38. Dazu kam das 3. ROK und Türken in der Stärke von zwei oder drei Kompanien. Trotz der Verluste und der Ermüdung durch sechs Kampftage besaß diese Gesamtheit noch beachtliche Kampfkraft. Aber die Eile, sich aus dem Wespennest zu befreien, trieb die Truppe und die Führung vorwärts. Der einzige Versuch, die Höhen längs der Straße zu besetzen, während die Division durchzog, wurde von dem südkoreanischen Regiment unternommen. Die Gooks kamen nicht weiter. Sie wurden irrtümlich von amerikanischen Panzern beschossen und flohen in ungeordneten Haufen.

Die Verladung der Division begann. Man bildete Transportkolonnen von je zehn »thin skinned« – dünnhäutigen – Fahrzeugen, jeder Zug unter dem Schutz eines Panzers. In Wirklichkeit kletterte jeder an Bord, wo und wie er konnte. Die Einheiten verloren ihre Ordnung. Die Offiziere wurden von ihren Leuten getrennt. Die Division ohne Flankenschutz wurde auch eine Division ohne Führung, als sie die tief eingeschnittene Straße einschlug.

Die Chinesen hatten sich bei der Durchfahrt der Panzerpatrouille verkrochen.

Nun eröffneten sie auf die Kolonne ein Steilfeuer aus Maschinengewehren und Mörsern, wenige Kilometer vor Kunu lag eine richtige Sperre. Andere automatische Waffen spien Tod und Verderben oberhalb einer schmalen Plattform von gefrorenen Reisfeldern. Die zum Paß ansteigende Straße wurde unter starkes Feuer genommen, wobei der Graben, durch den sie führt, der Länge nach bestrichen wurde. Entlang der Strecke, auf der man allerhöchstens eine Handvoll Guerillakämpfer erwartet hatte, lag eine ganze chinesische Division im Hinterhalt!

Die Kugeln und Granatsplitter schlugen in die vollbesetzten Fahrzeuge, die Aufbauten der Panzer blutige Scharten. Tote und Verwundete fielen auf die Straße. Die Soldaten warfen sich aus den unbrauchbar gewordenen Fahrzeugen in die Gräben und warteten eine Gefechtspause ab, in der sie versuchen konnten, Autostop zu machen. Die Panzer funktionierten wie Bulldozer und bemühten sich, die Straße offenzuhalten, indem sie die Wracks der Jeeps, der GMC, der Schützenpanzerwagen in die Reisfelder schoben. Die amerikanischen Flugzeuge warfen Napalm-Bomben und feuerten mit schreckenerregendem Lärm Raketen gegen die chinesischen Gefechtsstellungen ab. Eine Wolke von Staub und Rauch verhinderte praktisch jede Sicht. Unerkannt im Gewühl der Schlacht, erreichte General Keiser kriechend im Kugelregen den Paß und die Engländer. Den Energischeren gelang das gleiche. Die schwächeren Männer, die leichter aufgaben, blieben in den Gräben und warteten zusammen mit den Verwundeten untätig auf Tod oder Gefangenschaft.

Die durch die Zusammenballung an der Straße aufgehaltenen Schlußabteilungen der Division wandten sich nach Westen und entkamen ohne Schwierigkeiten. Aber alle Kanonen, fast alle Waffen, zwei Drittel der Mannschaft waren verloren. Die 2. US Division, *Indian-head*, »*second to none*«, gab es nicht mehr.

Walker wollte vor Pyongyang eine Neuordnung versuchen. Er gab es auf. Die einzige rote Hauptstadt, die von den westlichen Kräften genommen worden war, ging nach einer Besetzung von fünfundzwanzig Tagen wieder verloren. Die Brücken wurden gesprengt, aber eine Anzahl von Flüchtlingen versuchte noch, auf ihren von Glatteis überzogenen Eisengerippen den Taedong zu überschreiten. Hunderte glitten aus und ertranken in dem eisigen Wasser.

Die Marineinfanterie greift in anderer Richtung an

Die »Handvoll Wäscher« General Almonds gegenüber dem X. Korps bestand aus der 12. Division der IX. Armeegruppe der Chinesischen Volksrepublik. Im Schutz der Berge und der Nacht war es ihr gelungen, vor den gegnerischen Fliegern ihre Stärke zu verheimlichen. Am 27. November griff sie an. Schon am nächsten Tag flog Almond nach Tokio und erwirkte von MacArthur den Befehl zum allgemeinen Rückzug für sein Armeekorps.

Nicht ohne Mühe, nicht ohne Verluste ging die 7. Infanteriedivision zum Hafen Iwon zurück, wo die Marine ihren Abtransport vornahm. Die Wacht am Yalu hatte acht Tage gedauert.

Die Lage der Marineinfanterie war noch abenteuerlicher. Mit der *Task Force*

Faith, dem 32. Infanterieregiment, steckte sie auf den 2000 Meter hohen Bergen in einem Eiskasten mit minus 40 Grad Celsius. Ihre einzige Rückzugsstraße war in ihrer ganzen Länge vom Feind abgeschnitten. Die Chinesen hatten hinsichtlich der Marineinfanterie besondere Anweisungen erhalten: »Das sind die brutalsten, bestialischsten Söldner des Kapitalismus. Sie wurden besonders gedrillt für einen blutigen sadistischen Krieg. Tötet sie wie Schlangen in eurem Hause . . .«

Das Schicksal der *Task Force Faith* erfüllte sich als erstes. Von ihren tausend Mann gelang weniger als zweihundert die Flucht über den gefrorenen Stausee nach Hagaru. Tausend britische Marinesoldaten, die ihren amerikanischen Kameraden zu Hilfe kommen wollten, wurden gleichfalls zwischen Koto und Hagaru zu vier Fünftel aufgerieben.

Am Westufer hatten das 5. und 7. Regiment der Marineinfanterie die chinesischen Divisionen 59, 79 und 89 zurückgeschlagen. Jetzt galt es, wieder nach Hagaru zu kommen, der ersten Etappe ihres Rückmarsches. Die eng umzingelte Stadt wurde vom Kommandeur der Division, einem langen, leichenblassen General namens Oliver P. Smith, verteidigt. Aus dem Funktelegramm, das ihm den Rückzugsbefehl brachte, hatte er eine Papierkugel geformt. »Rückzug? Hol's der Teufel! Das Wort kennen die *Marines* nicht. Wir werden in einer anderen Richtung angreifen.«

Der Taktong-Paß zwischen Yudan und Hagaru wurde immer noch von der Kompanie Hauptmann Barbers gehalten. Aber die Chinesen hatten die Höhen 1419 und 1653 besetzt und sperrten den Durchgang über die Straße. Das Bataillon Major Daniel H. Davis' kletterte mitten in der Nacht bei minus 50 Grad durch die Berge, wobei es sich durch Leuchtraketen leiten ließ, die von der Artillerie abgeschossen wurden. Die Männer erfroren bei lebendigem Leib, wurden irrsinnig, doch die völlig überraschten Chinesen wurden mit blanker Waffe erledigt. Der Durchgang über den Paß war offen. In Hagaru gruppierte sich die 1. Division der Marineinfanterie wieder.

Die Luftwaffe holte 4132 Verwundete auf einer improvisierten Landepiste ab. Sie machte den Vorschlag, das gesamte kampffähige Personal abzubefördern. Smith lehnte ab. »Wir werden hier wie *Marines*, nicht wie Flüchtlinge 'rauskommen.«

Der Angriff in anderer Richtung ging weiter. Die wenige Meter breite Straße war eine Bobbahn, doch die Ausdauer und Disziplin der *Marines* war bewundernswert. Die Bataillone wechselten einander beim Zurückschlagen des Feindes von einer Kammhöhe zur anderen ab. Jeder Mann hatte Befehl, immer eine 8,1-Granate bei sich zu tragen, damit immer genügend Munition für die Mörser vorhanden war; nicht ein intaktes Fahrzeug wurde zurückgelassen. Nachts bildeten die Bataillone Karrees, die Hälfte der Männer blieb wach, die andere schlief aneinandergedrängt, um sich gegenseitig zu wärmen. Die Chinesen litten schlimmer als die Amerikaner, sie ließen Tausende Erfrorene in den Bergen zurück.

Koto, das seit dem 28. November belagert war, wurde am 6. Dezember entsetzt. Die Marineinfanterie marschierte als Sieger ein. 12 000 Mann und 1000 Fahrzeuge zogen unter dem Beifall der Garnison vorbei.

Es blieben nur noch 10 Meilen Weges, um Chingheng zu erreichen und die Vereinigung mit der 3. Infanteriedivision durchzuführen. Das waren die schwierigsten.

Die *Marines* mußten den Durchzug bei Funchilin freikämpfen und zuerst den tiefen Graben überschreiten, der für die vier Kraftwerksleitungen vom Stausee Chosin ausgehoben worden war. Die zwei von den amerikanischen Pionieren geschlagenen Brücken waren nacheinander von den Guerillas zerstört worden. Die 1. Division der Marineinfanterie würde keinen einzigen Jeep retten können, wenn der Übergang nicht wiederhergestellt wurde.

Smith erinnerte sich der Worte General William H. Tunners, des Kommandeurs des *Air Cargo Command*: »Ich kann alles Gewünschte jederzeit überallhin befördern...« Er verlangte, man solle ihm eine Brücke mit Fallschirm abwerfen.

So etwas war noch niemals verlangt worden. Das *Air Cargo Command* hatte keine Zeit, Versuchsabwürfe zu machen. Es wählte die aus Teilstücken von 2 Tonnen Gewicht zusammensetzbare Feldbrücke M 2. Vier Teilstücke waren ausreichend. Für alle Fälle wurden acht Teile mit riesigen Fallschirmen versehen und von C 119, *flying Boxcars* (Fliegende Güterwagen), auf das Gelände in Koto abgeworfen. Einer wurde zertrümmert. Einer landete beim Gegner. Die Pioniere der Division transportierten die wohlbehalten angelangten Teile zu dem Graben und setzten sie zusammen. Alle Fahrzeuge konnten übersetzen, die Panzer an der Spitze und am Ende der Kolonne. Vorher hatten die *Marines* den gefrorenen Boden mit Dynamit gesprengt, um 117 tote Kameraden zu begraben.

Das letzte Hindernis: die Schlucht von Funchilin. Das 5. und 7. Regiment nahmen die Schlüsselstellung, die Höhe 1081, während eines Schneesturmes, der die Sicht auf 50 Meter beschränkte... Drei Tage später kamen die *Marines* in Hungnam an, struppig, voller Erfrierungen, und sangen eine Parodie auf ein altes englisches Soldatenlied: »*We're Harry's police force on call — Our next stop is Hanoi — Cheer-up, me lads, bless-em all.*«

Mitte Dezember war General Douglas MacArthurs letzte Operation zu Wasser und zu Lande abgeschlossen. Die Räumung von Hungnam war hinter dem gewaltigsten Feuervorhang der Geschichte erfolgt. Angefangen von den 16zölligen Geschützen der *Missouri* hatte alles, was auf einer schwimmenden Plattform feuert, seine Rohre gegen das siegreiche Land gerichtet. Die Maschinen von zehn Flugzeugträgern hatten die gesamte Umgebung der Stadt mit Napalm verbrannt. Die Hafeneinrichtungen waren in einer Explosion hochgegangen, die eine wahre Flutwelle hochgetrieben hatte. 105 000 Soldaten, 100 000 Zivilisten, 17 500 Fahrzeuge, 350 000 Tonnen Kriegsmaterial waren dank der Herrschaft zur See gerettet worden.

Doch die Chinesen näherten sich dem 38. Breitengrad. Die Vereinten Nationen verlangten von der Regierung in Peking, daß er nicht überschritten werden dürfe. General Wu antwortete, die chinesische Regierung sei zu keinerlei Gesprächen über Korea bereit, solange Formosa nicht zurückgegeben sei. Dann verließ er New York und wünschte dem amerikanischen Volk ein glückliches Neues Jahr, nicht ohne das Rezept dafür zu geben: Es solle Revolution machen und sich seiner Bedrücker entledigen.

Zwei Tage vor Weihnachten kam General Walton Walker in seinem Jeep ums Leben, als er zu seinem Sohn, Hauptmann Stan Walker, fuhr, um ihm einen Orden zu verleihen. Er war zum Sündenbock bestimmt worden, und sein Nachfolger, Matthew Ridgway, war bereits bestimmt.

Die letzten Stunden des Jahres 1950 verstrichen. Die Silvesternacht begann. Um Mitternacht stürzten sich in eisigem Nebel brüllende Massen von neuem auf die schlechtgesicherten Linien der 8. Armee. Das Angriffsgebiet war dasselbe wie im Juni. Die chinesischen Streitkräfte marschierten über die Straße von Musan durch den Korridor von Uijongbu in Richtung auf Seoul. Die Wintersonnenwende wiederholte die Vorgänge der Sommersonnenwende.

Seoul mit dem Rücken zu einem breiten Fluß zu verteidigen kam nicht in Frage. Die Regierung, zwei Drittel der Bevölkerung waren geflüchtet. Die Benzin- und Napalmvorräte, die man auf dem Flugplatz Kimpo in Brand gesteckt hatte, überzogen die Stadt mit einem heißen, fetten Rußschnee. Massen von Eisschollen brachten die beiden Schiffsbrücken über den Han zum Schwanken. Ridgway nahm an ihrem Nordende Aufstellung, an seiner linken Schulter eine Handgranate umgehängt, nachdem er Befehl erteilt hatte, die Masse der Flüchtlinge, die den Übergang verstopfte, wenn nötig mit Waffengewalt zu vertreiben. Als die 8zölligen Granatwerfer und die schweren britischen Centurionpanzer die Brücken bis unter die Wasserfläche nachgeben ließen, hielt er den Atem an. Die Brücken ächzten in allen Fugen, hielten jedoch stand. Der Jeep des Generals überquerte sie wenige Minuten vor ihrer Zerstörung.

Wird MacArthur die Atombombe zur Verfügung stehen?

Die ersten Nachrichten von der Katastrophe trafen die Amerikaner wie ein Schlag ins Gesicht. Viele erhoben die Forderung, Amerika solle sofort und gänzlich aus Korea abziehen, die Vereinten Nationen ausweisen, Japan und Europa aufgeben und sich in der westlichen Hemisphäre wie in einem Gibraltar verschanzen. Andere waren der Ansicht, man müsse einem unvermeidlichen Krieg zuvorkommen, indem man den gesamten Vorrat an Atombomben über Rußland abwarf. Mit geringen Ausnahmen wurde China als reiner Satellit angesehen, ein einfaches Werkzeug, das der Kreml handhabe. »Man muß den Kopf zerdrücken, dann sticht das Hinterteil nicht mehr . . .«

Bei seiner Pressekonferenz am 30. November gab Truman zu, daß in Korea ein neuer Krieg begann. »Die Lage ist ernst. Wir werden alle nötigen Maßnahmen ergreifen, die die militärische Situation erheischt . . .«

In dem darauffolgenden dramatischen Schweigen ließ sich die dumpfe Stimme des Veterans der *United Press*, Merriman Smith, vernehmen:

»Gehört die Atombombe auch dazu?«

»Jede Waffe gehört dazu, über die wir verfügen.«

Smith erhob sich mit ernstem Gesicht:

»Herr Präsident, Sie sagten, jede Waffe, über die wir verfügen. Wollen Sie damit sagen, daß der Einsatz der Atombombe erwogen wird?«

»Ihr Einsatz ist jederzeit erwogen worden . . .«

»Ist das Einverständnis der Vereinten Nationen notwendig?«

»In keiner Weise. Für die Verwendung der Waffen ist der Oberbefehlshaber *in the field* zuständig.«

Zwanzig Minuten später kamen die New Yorker Zeitungen mit sensationellen Schlagzeilen heraus. *Grand Central Terminal* und *Pennsylvania Station* wurden von Vorortsbewohnern überschwemmt, die sich gegenseitig erdrückten, um noch vor Ausbruch des dritten Weltkrieges nach Hause zu kommen. In Washington übermittelten die Botschaften dem State Department die überstürzten Anfragen ihrer Regierungen. Hatte Präsident Truman sagen wollen, daß Amerika General MacArthur die Atombombe zur Verfügung stellte? . . .

Nach London kam die Nachricht während einer Sitzung des Unterhauses. Hundert Abgeordnete unterzeichneten eine Petition, die die amerikanische Regierung anflehte, nicht überstürzt zu handeln. Churchill erklärte, Amerika begehe den ungeheuerlichsten Fehler, wenn es sich auf einen großen Krieg in Asien einließe. Attlee, der den Saal plötzlich verlassen hatte, kam zurück und verkündete, er habe von der amerikanischen Regierung das Einverständnis zu seinem sofortigen Besuch in Washington erhalten. Pleven und Schuman eilten nach London, um sich vor seiner Abreise mit ihm zu beraten.

Als der Botschafter der europäischen Angst am 4. Dezember auf dem *National Airport* landete, ähnelte er durch die Ermüdung eines schlechten Fluges mehr denn je einem alten, über seinen Büchern verbrauchten Buchhalter. Der robuste Truman war selbst von Sorgen gequält, am Ende seiner Nervenkraft. Er hatte sich soeben fürchterlich blamiert: er hatte dem Musikkritiker Paul Hume geschrieben, er werde ihm die Fresse einschlagen. Hume hatte in einem Artikel Zweifel daran geäußert, ob Margaret Trumans Stimmaterial für die von ihr eingeschlagene Laufbahn einer Berufssängerin genügte. »Sie werden eine falsche Nase brauchen, einiges, um ihre blaugeschlagenen Augen zu verdecken und vielleicht auch noch Krücken . . .« Hume antwortete, er könne das einem überarbeiteten, angsterfüllten Mann nicht übelnehmen, dann brachte er die Lacher noch auf seine Seite, indem er jenen Brief des Präsidenten versteigerte und dafür 5000 Dollar einheimste.

Die Chinesen hatten Seoul genommen. Die letzten über die amerikanischen Verluste veröffentlichten Zahlen gaben 5037 Tote, 4807 Vermißte und 21 114 Verwundete an. Rußland richtete an die Westmächte eine drohende Warnung bezüglich der Wiederaufrüstung Deutschlands. Im täglichen Leben Amerikas war keine Veränderung zu merken, aber die öffentliche Meinung war im höchsten Grad gespannt. Um keinerlei Vorwand für eine Panik zu liefern, zwang sich Truman, bei dem Fußballspiel Armee gegen Marine in Philadelphia den Anstoß vorzunehmen. Man verheimlichte dem Publikum, daß die für seine kurze Reise getroffenen Vorsichtsmaßnahmen die gleichen waren wie jene für Franklin Roosevelt während des Krieges.

Am Tag darauf verzeichneten die Radarstationen am Polarkreis einen Schwarm von Flugzeugen, die aus der UdSSR kamen. An alle amerikanischen Stützpunkte wurde Alarm gegeben. Truman und Attlee befanden sich bei einer Besprechung, und fünf Minuten lang glaubten die Regierungschefs Amerikas und Englands, daß sich etwas nicht Wiedergutzumachendes ereignet hatte ... Dann rief Lovett vom Pentagon an und erklärte, eine atmosphärische Störung sei für die Verwirrung der Radarstationen verantwortlich.

Dem Premierminister wurde die Beruhigung zuteil, derentwegen er gekommen war. Die Amerikaner gaben ihm die Versicherung, daß sich die Atombombe immer noch unter ausschließlicher Kontrolle der zivilen Atomenergiekommission befinde und daß sie nicht daran dächten, sie in den Kämpfen in Korea einzusetzen. Sie versprachen, sie würden Tschiang Kai-schek nicht gestatten, auf dem chinesischen Kontinent zu landen, und sie hätten nicht die geringste Absicht, sich auf einen großen Krieg in Asien einzulassen. Die Verteidigung Europas war und blieb auch weiterhin ihr erstes und wichtigstes Ziel. Sie gaben dafür einen schlagenden Beweis. Ohne den Ausgang der im Gang befindlichen Besprechungen über die neuen Vorschläge Frankreichs für eine europäische Armee abzuwarten, ermächtigte die amerikanische Regierung General Eisenhower, in Europa den Oberbefehl über die Nordatlantikstreitkräfte zu übernehmen.

Das Jahr 1951 war erst sechs Tage alt, als Dwight D. Eisenhower die Treppe der silberglänzenden Constellation hochstieg, die Marshall ihm zur Verfügung gestellt hatte. Er war in Uniform, auf seinen Schulterklappen trug er die fünf kreisförmig angeordneten Sterne des *General of the Army*. Er war am 14. Oktober 1890 geboren, also vor kurzem sechzig Jahre alt geworden. Seine Popularität war ungeheuer. Als Truman in seinem Bericht über *the state of the Union* Eisenhowers Namen erwähnte, hatte es eine ohrenbetäubende Ovation im Saal gegeben. Die Europäer wetteiferten mit den Amerikanern darin, seine Klugheit, seine Mäßigung, sein Gefühl für Menschlichkeit zu preisen – um ihn dem glänzenden, gefährlichen MacArthur gegenüberzustellen. Er war in den Ruhestand getreten, zum Präsidenten der Columbia-Universität gewählt worden, widmete sich dem Golf, vergötterte seine Frau und seine Aberdeen Angus von Gettysburg. Zuerst hatte er erklärt, nichts in der Welt könne ihn bestimmen, wieder den Atlantik zu überqueren und der Chef eines neuen Turms von Babel zu werden. Truman hatte am 28. Oktober in einem dramatischen Zwiegespräch seine Zusage – unter Vorbehalt näherer Prüfung – erreicht. Ike würde seine endgültige Zusage nach einer Informationsreise geben, die er nach Europa unternahm, um die Möglichkeiten der NATO an Ort und Stelle zu prüfen.

Unerwartete Wendung in Korea

Der Han war überschritten. Suwon, Osan waren verloren. In der Mitte der Front entspann sich eine dreitägige Schlacht um Wonju. Die neugeformte 2. Division, verstärkt durch das niederländische und französische Bataillon – letzteres war erst vor zwei Tagen gelandet –, versuchte die Stadt zu halten, dann sie wieder zu nehmen. Sie mußte aufgeben und sich in Richtung Chingju zurückziehen. Alle Militärkommentatoren sagten eine Räumung Koreas voraus. In der *New York Herald Tribune* wurde sie von den Brüdern Alsop gefordert. Amerika hatte einen gewaltigen Fehler begangen, indem es sich auf einen Kampf zu Lande gegen die unerschöpflichen

Menschenmassen Asiens eingelassen hatte. Es mußte ihn aufgeben und sich darauf beschränken, in den beiden Elementen zu kämpfen, in denen es überlegen war, in der Luft und zur See.

Diese Preisgabe Koreas erwogen die vereinigten Generalstäbe. General Ridgway bereitete sie vor. General MacArthur ersuchte um den Befehl, sie auszuführen, »so rasch als dies taktisch durchführbar ist . . .« — außer er erhalte die Erlaubnis, die chinesischen Stützpunkte zu bombardieren und in Korea sowie auf dem chinesischen Kontinent die Truppen Tschiang Kai-scheks einzusetzen . . .

Alle hohen Militärbehörden irrten wieder einmal. Am 15. Januar bemerkte die 3. Division im Abschnitt Osan, daß sie nicht mehr verfolgt wurde. Sie machte halt und sandte einen Aufklärungstrupp aus, der kampflos die Stadt wieder besetzte. Suwon wurde am Tage darauf auf die gleiche Weise genommen. Drei Tage später war die Reihe an Wonju, das dem Erdboden gleichgemacht war. Die chinesische Offensive war durch die Einwirkung der Luftwaffe auf ihr Hinterland verbraucht worden und hatte ihre Kräfte erschöpft. Das schlechte Wetter bewirkte jedoch, daß die Front für einige Tage unverändert blieb.

Am 12. Februar machte Lin Piao eine verzweifelte Anstrengung, den Sieg zu erringen, dem er schon so nahe gewesen war. Drei chinesische Armeen und zwei nordkoreanische Korps traten im Mittelabschnitt entschlossen zum Angriff an. Das französische Bataillon, das niederländische Bataillon, das 23. amerikanische Infanterieregiment wurden drei Tage lang in Chipyong eingeschlossen. Das 5. Kavallerieregiment, dessen Reittiere Pershingpanzer waren, befreite sie. Die gewaltige Feuerkraft der Amerikaner richtete ein fürchterliches Blutbad an. Die Offensive Lin Piaos war zerschlagen.

Ridgway erkannte seinen Vorteil und schritt über die Leichenhaufen des Feindes zum Gegenangriff. Seine sieben amerikanischen Divisionen, seine vier südkoreanischen Divisionen, seine britische Division, seine niederländischen, belgischen, französischen, griechischen, türkischen, bolivianischen, philippinischen, äthiopischen, kolumbianischen Truppenkontingente lernten etwas kennen, was sie in Korea noch nicht erlebt hatten: den Schlamm. Doch die Chinesen wollten nicht mehr, sie ergaben sich in Massen, fielen auf die Knie und flehten um ihr Leben.

Am 9. März überschritt die 25. Division östlich von Seoul den Han. Am 13. wurde die Hauptstadt wiedergenommen. Es war wirklich eine tote Stadt. Die Kommunisten hatten alle Männer von 15 bis 40 Jahren und alle Frauen von 16 bis 25 Jahren mitgenommen. Von den 1 500 000 Einwohnern zu normalen Zeiten waren noch 200 000 übrig. Jedes zweite Gebäude lag in Schutt und Asche.

Der Vormarsch ging weiter. Die Streitkräfte der Vereinten Nationen näherten sich dem 38. Breitengrad und stellten im März die gleiche Frage wie im September: Sollten sie ihn überschreiten? (Forts. Korea S. 465)

Vo Nguyen Giap hatte bei weitem nicht den Sieg erwartet, durch den er in den Besitz von Lang Son, Lao Kay, Hoa Binh usw. gelangt war und der zur Vernichtung von acht französischen Bataillonen, der Erschütterung der Kolonialkontingente, der tiefen Entmutigung des Expeditionskorps führte. Seine ursprünglichen Weisungen »für einen Feldzug von 30 bis 40 Tagen« hatten nur die Ausschaltung von Cao Bang zum Ziel gehabt. »Das ist unsere erste Operation großen Stils«, hatte er gesagt. »Unsere Truppen sind an kontinuierlichen Kampf noch nicht gewöhnt, und ihr Gesundheitszustand läßt zu wünschen übrig. Aber wir können es uns nicht leisten, nicht zu siegen ...«

Giap untersuchte in einer kritischen Betrachtung über die feindlichen Operationen die Gründe des Erfolges, der alle Hoffnungen übertroffen hatte. Die Kolonialisten hatten keinen einheitlichen Plan gehabt; ihre oberste Führung war geteilt, Lepage und Charton hatten zu wenig Angriffsgeist gezeigt. Aber die Volksarmee würde dem »Subjektivismus« nachgeben, wenn sie glaubte, der Augenblick sei gekommen, zur allgemeinen Gegenoffensive, dem endgültigen Umschwung vor dem Sieg, überzugehen. »Der Feind ist jetzt im Delta verschanzt; dort ist er nicht mehr schwach, wie er es in den Bergen war ...« Vorläufig bestünde »die richtige Lösung« darin, das Netz von Posten, das die Kolonialisten rund um ihren Verteidigungsbereich aufbauten, zu schwächen ...

Das bedeutete einen beträchtlichen Abstrich an den magischen Worten Onkel Hos: Hanoi zum Tet! Giap bemühte sich, die Enttäuschung abzuschwächen, die er bei den Siegern von der RC 4 verursachte. Die neue Ausdehnung des Krieges bedeutete keineswegs einen Rückfall in das Guerillakampf-Stadium. »Es gilt nicht mehr, den Feind zu belästigen, indem man seine Verbindungslinien stört und ein paar Soldaten zur Strecke bringt; es handelt sich darum, die Stützpunkte seines Verteidigungssystems durch wiederholte nachdrückliche Einsätze zu vernichten.«

In 12 000 Kilometer Entfernung verspürte man die Rückwirkungen von Cao Bang unter den Rundbogen des Schlosses von Pau. Schon seit Juni tagte hier eine neue Indochinakonferenz, die ständig in Gefahr stand, abgebrochen zu werden. Der Sieg der Vietminh beschleunigte ihren Abschluß.

Gegenstand der Konferenz war die Durchführung der Vereinbarungen des Jahres 1949, die Vietnam, Kambodscha und Laos die Unabhängigkeit gebracht hatten. Die Franzosen hatten damit, daß sie sie als »assoziierte Staaten« bezeichneten, nie aufgehört, sie als untergeordnete Staaten, als gelenkte Staaten zu betrachten. Der Kolonialeinfluß hatte keineswegs nachgelassen, er verstärkte sich noch infolge der Feindseligkeiten: Im Jahr 1939 hatten dem Generalgouvernement 4000 Beamte aus dem Mutterland angehört; das Hochkommissariat des Jahres 1950 beschäftigte deren 17 000. Jede Besetzung von Stellen in der Wehrmacht, der Verwaltung oder der Wirtschaft führte zu unsinnigen Streitigkeiten zwischen Vietnamesen und Franzosen. Während der Vorgänge in Cao Bang stritt man seit Wochen über die Frage, ob der Hafendirektor von Saigon ein Franzose oder ein Vietnamese sein solle!

Cao Bang bestimmte die Franzosen, aufzugeben. Als die Konferenz von Pau am

8. Dezember auseinanderging, hatten sie in allen strittigen Fragen nachgegeben. Sie hatten sogar den schmerzlichsten, umstrittensten Punkt gelten lassen, daß nämlich die vietnamesische Armee wirklich vietnamesisch sein solle, ohne einen anderen Oberbefehlshaber als den Kaiser. Der Sieg der Kommunisten in den Kalkbergen Tongkings war in den Pyrenäen von den Antikommunisten ausgenutzt worden. Gegen die noch lebendige Tatsache des Kolonialismus verband sich der Nationalismus Ho Tschi Minhs mit dem Nationalismus Bao Dais zu automatischer Zusammenarbeit.

Und Frankreich? Was veranlaßte es, in Indochina weiter zu bluten? Seine politische Souveränität war abgeschafft. Seine Chancen, die assoziierten Staaten innerhalb der Französischen Union festzuhalten, waren überaus gering. Die Kosten von drei Kriegsmonaten hätten genügt, um den französischen Staatsbürgern den Gesamtwert ihrer Besitzungen in Vietnam, Kambodscha und Laos, der 120 bis 150 Milliarden Francs betrug, zu vergüten. Alle nützlichen Aufgaben, die ganze Zukunft Frankreichs lagen in Frankreich. Das wurde ignoriert. Frankreich gab Indochina auf, doch es blieb weiter im indochinesischen Wespennest verfangen.

Die Katastrophe an der RC 4 hatte in den maßgebenden französisch-vietnamesischen Kreisen völlige Verwirrung hervorgerufen. Die Partei des Südens verlangte, man solle das undankbare Tongking aufgeben, in dem ein wertloser Dschungel neben einem übervölkerten Flußdelta lag, und die Anstrengungen darauf konzentrieren, Kotschinchina und Kambodscha, die Füllhörner des Überflusses an Reis und Gummi, in Frieden zu halten. Carpentier, von dessen Abberufung Juin abriet, erstellte den Plan einer Militärgrenze am 17. Breitengrad, der Wespentaille Vietnams. Constans und Alessandri wurden abberufen. General Boyer de la Tour du Moulin, der im Süden ziemlich erfolgreich gewesen war, wurde zum Kommandeur in Tongking ernannt. Um es zu verteidigen? Um es zu räumen? Das wußte niemand.

Die Abschlachtung der Posten begann. Sie wurden immer nachts angegriffen. Die rückstoßfreien Kanonen, die im Land hergestellt wurden und die ein ehemaliger Lehrer des Lyzeums von Saigon gerichtet hatte, durchschlugen mit ihren Achtkilo-Geschossen jeden Beton. Träger von Sprengladungen, todesmutige Freiwillige, legten ihre langen, mit Sprengstoff gefüllten Bambusstäbe unten an die Mauern. Die Schützen stürzten sich unter Gebrüll in die Breschen. Die Garnisonen — ein Trupp, eine Abteilung, selten eine Kompanie — hielten stand oder auch nicht. Wenn der Posten fiel, beschloß der Kommandeur des Abschnitts, ihn zurückzunehmen oder auch nicht. Chuk Phai San ging am 20. Oktober verloren, wurde am 24. wiedergenommen, am 27. November wieder verloren, am 30. nochmals wiedergenommen. Thau Nai ging ähnlich am 25. und 30. Oktober, am 24. und 25. November von einer Hand in die andere über. Der Vorteil der Viets lag in der Initiative. Sie griffen an, wurden selbst nie angegriffen; sie überraschten, wurden nie selbst überrascht. Ihre Beharrlichkeit siegte. Thau Nai und Chuk Phai San wurden nach der letzten Wiedereroberung geräumt. Auf der RC 4 hatten die Franzosen Loc Binh aufgegeben und sich in Dinh Lap festgesetzt. Sie gaben Dinh Lap auf und zogen sich auf Chau Son zurück. Dann gaben sie Chau Son auf und hielten Tien Yen. Wenn Tien Yen fiel, war Mon Kay verloren. Der Küstenstrich würde von der chinesischen Grenze bis Haiphong in der Hand der Vietminh sein.

So wurde die französische Stellung in Tongking schwächer und immer schwächer. Das Kriegsende schien nahe, und anscheinend war es nicht unmöglich, daß sich die Anweisungen Giaps mit dem Versprechen Hos vereinbaren lassen würden. In der chinesisch-annamitischen Stadt nähte man Spruchbänder zum Empfang der Vietminh, und unzählige Hände schrieben auf die Mauern: »Hanoi zum Tet!«

Pleven hatte die Anfragen im Parlament über die Katastrophe der RC 4 nur überlebt, indem er eine Tagesordnung annahm, in der das Wort »Vertrauen« nicht vorkam. Für kurze Zeit noch gerettet, suchte er für Indochina, das dem Untergang geweiht war, einen Chef.

Seine erste Wahl fiel auf Alphonse Juin. Dieser hatte jedoch nach seiner kurzen Inspektionsreise in dem Flugzeug, das ihn aus Saigon zurückbrachte, einen Bericht verfaßt, in dem er den Vorschlag machte, Indochina von Frankreich auf die Vereinten Nationen abzuwälzen. Das hatte er getan, um sich nicht einem Land zu verschreiben, das er nicht liebte, und einem Krieg, den er für verloren hielt. Als Generalresident in Marokko lieferten ihm die Geschehnisse dort eine ehrenhafte Ausflucht: »Mein Platz ist hier. Wenn ich auch nur für eine vorübergehende Aufgabe verreiste, würde das als großer Sieg für das Palais gedeutet werden.«

Pleven hatte die seltsame Idee, nach Juin dem General Koenig die Statthalterschaft in Indochina anzubieten. Koenig stellte glücklicherweise eine von vornherein abgelehnte Bedingung: Einsatz der Wehrpflichtigen in Indochina.

De Lattre wartete voll Erregung. Er war 63 Jahre alt und verbittert. Seine 1. Armee war ihm während der Siegesfeiern abgenommen und diesem untergeordneten Koenig unterstellt worden, dem man eben jetzt auch wieder für Indochina den Vorzug gegeben hatte. Er selbst, Jean de Lattre de Tassigny, war zu einem fiktiven Kommando nach Fontainebleau versetzt worden, zusammen mit jenem anderen Heerführer auf Halbsold, Montgomery, ja noch unter ihm. Indochina war der einzige, der letzte Kriegsschauplatz, an dem er sich bewähren konnte. Er war nie dort gewesen, kannte aber die Haltung des Expeditionskorps aus den Briefen seines Sohnes, Oberleutnant beim 1. Jägerregiment. Als der Minister für die Assoziierten Staaten, Letourneau, ihn zu sich berief, antwortete er: »Ich bin bereit, morgen abzureisen ...«

Am 19. Dezember 1950, dem Jahrestag der Erhebung in Hanoi, trat der Krieg in Indochina in sein fünftes Jahr. De Lattre landete auf dem Flugplatz Gialem, der mit Autoscheinwerfern beleuchtet war, und nahm vor dem Kleinen See eine nächtliche Parade ab, für die einige Abteilungen ihre Gefechtsstellungen für einen Augenblick verlassen hatten. Er war eine Woche zuvor in Saigon eingetroffen, gleichzeitig anstelle von Pignon und Carpentier mit allen zivilen und militärischen Vollmachten ausgestattet worden und hatte dort mit der großen Komödie des Aufbrausens, der Launen, des Charmes, des Aufwandes, der unflätigen Ausdrücke, des Duzens, der Beschimpfung, der Günstlingswirtschaft mit Unterbrechung, der berechneten Ungerechtigkeit, der gewollten Ungenauigkeit, der Demagogie und des Despotismus begonnen. Er brachte dies Komödienspiel mit nach Tongking. Er wollte dem Expeditionschor wieder Ansehen und Stärke verleihen. Er stellte die Dummköpfe, die

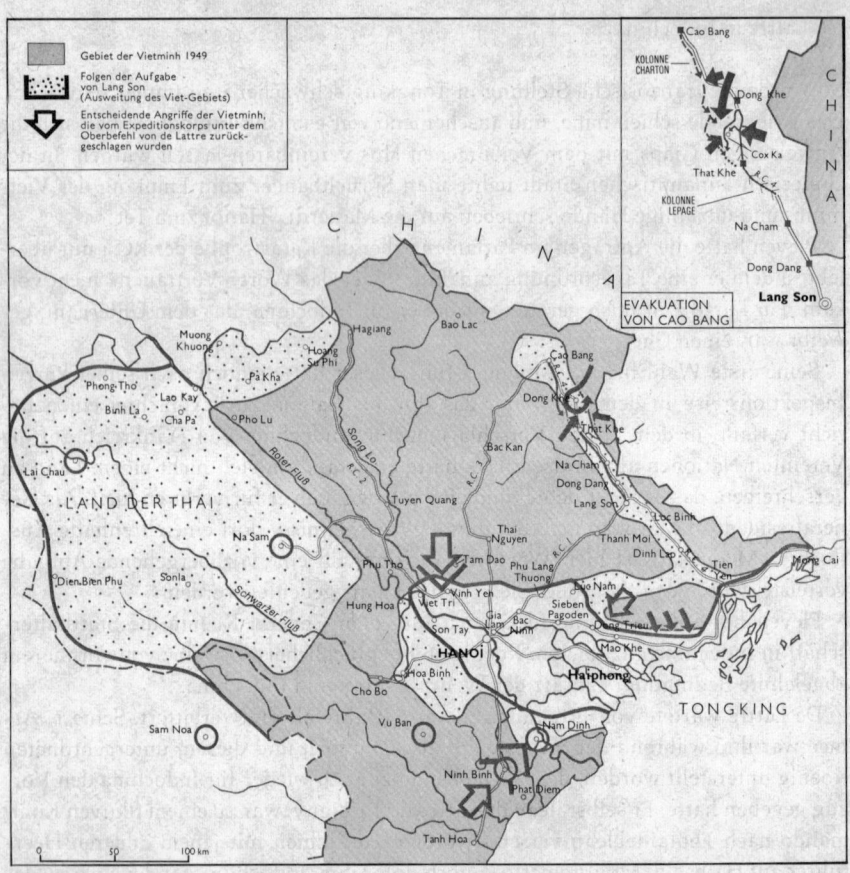

Der Krieg in Indochina, 1950

Dickbäuche, die Unglücksraben kalt. »Wo waren Sie im Oktober?« »In Lang Son.« »Sie nehmen morgen das Flugzeug nach Frankreich.« Über die Methode konnte man streiten, sie machte glänzenden Eindruck, brachte schwere Nachteile mit sich, versetzte Bergsonsche Energie mit Pulver, das in die Augen gestreut wurde.

Die Vereinbarungen von Pau, der entscheidende Schritt zur Unabhängigkeit, den sie darstellten, hatten nicht genügt, den Trotz Bao Dais zu brechen. Er war mit der Wahl des neuen Hochkommissars der Französischen Republik nicht zufrieden und hatte nicht geruht, bei dessen Ankunft in Saigon anwesend zu sein. Ebensowenig war er in Hanoi, wo es um seinen Thron ging. De Lattre entschloß sich, innerlich verletzt, doch voll Vertrauen in seine bestrickende Liebenswürdigkeit, nach Dalat zu fahren. Sein Glaubensbekenntnis war nur allzu klar vorauszusehen: Er war kein Kolonialist, er war ohne jeden gedanklichen Vorbehalt mit der Unabhängigkeit der Assoziierten Staaten einverstanden, er vertrat das von nun an völlig uneigennützige Frankreich, das nur kämpfte, um Indochina vor dem Kommunismus zu bewahren. Dafür verlangte er, daß das freie Vietnam tatsächlich in den Krieg eintrat, vor allem

446

daß Seine Kaiserliche Hoheit sich nach Tongking zu begeben geruhte und sich öffentlich an der Seite des Bevollmächtigten Frankreichs zeigte, das nicht mehr ein Lehnsherr, sondern ein Verbündeter, ein Freund auf gleicher Stufe war . . .

Bao Dai wich aus. Bao Dai schloß sich ab. Er war bemüht, sich so wenig wie möglich mit dem französischen Krieg zu identifizieren, und wollte gewiß nicht – auch nicht an der fiktiven ersten Stelle – im Gefolge des Wundergenerals figurieren. Überdies wußte Bao Dai, daß die Partie verloren war. Er besaß einen erstklassig gepolsterten Rückhalt und beabsichtigte, solange es gut ging, auf dem Moi-Plateau sein Leben als Genußmensch und Jäger fortzuführen. Nachher hatte er immer noch Zeit, sich an die Côte d'Azur abzusetzen.

Ehe er noch begonnen hatte, war de Lattre schon gescheitert. Nie würde er diesen Herrscher in den Krieg hineinziehen können, dessen Blick man nicht zu fassen vermochte, und genausowenig das Land, das Frankreich mit allen seinen Fasern haßte. Die Berechtigung des französischen Krieges lag darin, das zu erreichen, was den Amerikanern in den Philippinen fast gelungen war: die Schaffung indochinesischer Staaten, die die Erinnerungen an die Unterdrückung überwunden hatten und freiwillig im Staatensystem ihrer ehemaligen Eroberer verblieben. Der hervorragende Komödiant de Lattre de Tassigny war bereit, sich des vietnamesischen Nationalismus zu bedienen, wie MacArthur sich des philippinischen Nationalismus in Manila bedient oder wie es der junge Bonaparte mit dem Islam in Kairo getan hatte. Doch er erhielt von seinem Publikum keine Antwort. Der Krieg in Indochina war ab nun nur noch das Privatabenteuer eines ungeheuer dynamischen Individuums. De Lattre vertagte, verschob eine bereits vollzogene Niederlage, verspätete, erschwerte eine notwendige Aufgabe. Eine brillante Großtat, geschmückt mit dem verführerischen Reiz des Unnötigen, glänzend, erschütternd und hohl wie Cyrano de Bergerac.

Der Erfolg von Vinh Yen

Nach der nächtlichen Parade am Kleinen See und dem schicksalhaften Besuch in Dalat war de Lattre nach Saigon zurückgekehrt. Sein Weihnachtsgeschenk war ein Telegramm des Generals Boyer de la Tour du Moulin, der ihn um die Ermächtigung ersuchte, die Frontausbuchtung bei Mon Kay zu räumen. Tien Yen, sein Straßenknotenpunkt, war in Gefahr. Eine noch von Carpentier unterzeichnete Weisung sah für einen derartigen Fall den Rückzug zum Bergmassiv Dong Trieu, dem Schutzschild Haiphongs, vor.

De Lattres Antwort lautete: »1. Alle vor meiner Ankunft in Indochina ergangenen Weisungen sind aufgehoben. 2. General de la Tour du Moulin hat sein Kommando sofort nach Eintreffen General Salans auf dem Boden Tongkings an diesen zu übertragen.«

Die Krise wurde überwunden. Ein motorisiertes Bataillon wurde zusammengestellt und rettete Tien Yen, besetzte Chuk Phai San und Thau Mai wieder. De Lattre richtete sein Hauptquartier in Hanoi ein, schuf sich dort eine prunkvolle Residenz, die er *Maison de France* taufte, und führte Madame de Lattre mit dem Zeremoniell einer Vizekönigin ein. Er dachte daran, die Initiative in der Kriegsführung zu ergreifen und ließ die Rückeroberung von Lang Son planen, da er davon träumte, diese Schande zu tilgen.

Giap kam ihm zuvor. In der Nacht vom 12. zum 13. Januar 1951 trat er auf einem 120 Kilometer langen Frontabschnitt zwischen Vietri und Luc Nam zum Angriff an.

Die Armee der Vietminh ließ sich herrlich führen. Sie hatte sich gefüllt und verstärkt und bestand jetzt aus fünf Grunddivisionen, 304, 308, 312, 316 und 320. Sie zählte 81 Bataillone, davon 20 mit schwerer Bewaffnung. Dennoch hatte sie ihre Beweglichkeit, gewissermaßen ihre Körperlosigkeit bewahrt. Die Truppen, die im abgelegenen Gebiet von Mon Kay gekämpft hatten, waren mit der Beweglichkeit, die ein Reptil im hohen Gras besitzt, nach Mitteltongking gezogen. Sei es, daß Giap dazu gedrängt wurde, sei es, daß er die Lage für reif hielt, jedenfalls machte er sich daran, das von Ho Tschi Minh gegebene Wort einzulösen: Hanoi zum Tet ... Er hatte noch fünfundzwanzig Tage Zeit.

Noch war nicht das ganze Delta – mit seiner unendlichen Ebene, die von Kanälen und Mauern schachbrettartig durchzogen war – das Schlachtfeld, aber die Kämpfe beschränkten sich nicht mehr auf das steile, fortlaufende Bergland des oberen Tongking. Die Bergmassive, deren größte riesige, von Dschungel bedeckte Kuppen und deren kleinste einfache Felsen sind, werden immer seltener inmitten der Reisfelder und Sümpfe. Wasserläufe, deren Wasser schon langsamer strömt, suchen gleichsam tastend den großen Roten Fluß, der aus seinem gerade verlaufenden Tal hervorkommt und seinen Weg langsam durch die Ebene nimmt. Im Januar ist es hier grau und kalt, durchdringend feucht, und es regnet fast ununterbrochen.

Die Viets waren noch in den Bergen. Die Franzosen hatten sich in der Ebene festgesetzt, sie sperrten die Ausgänge der Schluchten ab. Hinter der Kette der Gefechtsstände waren drei GM gestaffelt, motorisierte Gruppen, nach dem Muster der amerikanischen Kampfverbände, *combat teams*: 3 Bataillone, eine Gruppe Artillerie, eine Panzerkompanie usw. Die rechts gegen Luc Nam stehende GM 2 wurde von Oberst de Castries befehligt, die GM 1 in der Mitte, die nordafrikanische, von Oberst Edon und die links gegen Vinh Yen stehende GM 3 von Oberst Vanuxem. De Lattre hatte nicht Zeit gehabt, diesen taktischen Verbänden die für volle Leistungsfähigkeit notwendige jederzeitige Einsatzbereitschaft und Zuverlässigkeit zu verleihen. Dennoch stellten sie im Vergleich zu den Zusammenstellungen verschiedenartiger Einheiten unter vorübergehender Führung, wie es die gemischten Verbände bis jetzt gewesen waren und für die die Kolonne Lepage ein katastrophales Beispiel gegeben hatte, einen beträchtlichen Fortschritt dar.

Das Gefecht begann am rechten Flügel der Franzosen durch einen Angriff gegen Luc Nam. Das war nur eine Ablenkung. Giap hatte seine zwei besten Divisionen, die 308. und 312., gegenüber dem linken Flügel des Gegners im Bergmassiv Tam Dao, dem Erdwall des oberen Tongking, aufgestellt, der sich etwa tausend Meter hoch über dem Rand des Deltas erhebt. Von dort stiegen drei Bataillone hinunter, um den Außenposten Bao Chuc anzugreifen, der von 30 Vietnamesen und 20 Senegalesen verteidigt wurde. Die Gruppe Vanuxem eilte ihnen über die Provinzstraße Nr. 12 zu Hilfe. Die ganze Division 312 war ausgeschwärmt und erwartete sie. Die Gruppe erlitt schwere Verluste und geriet für einen Moment fast in Panik. Vanuxem setzte sich plötzlich ab und führte seine Überlebenden nach Vinh Yen zurück.

Der Zug aus Kunming berührte auch Vinh Yen. Die Franzosen aus Hanoi verließen dort die RC 2 und nahmen den Weg, der zum Kurort Tam Dao führte. Eine alte steinerne Zitadelle, die aus der Eroberungszeit stammte, war ein wenig mit Beton verstärkt worden. Militärisch gesehen lag der Ort ungünstig. Vinh Yen lag an einem toten Arm des Roten Flusses, dahinter erstreckten sich meilenweit unwegsame Sümpfe. Ein Abzug war nur über die RC 2 in Richtung Phuc Yen und Hanoi möglich.

Er war nicht mehr möglich. Die Viets hatten die Straße abgeschnitten. Vanuxem hatte sich aus dem Hinterhalt bei Bao Chuc gerettet, um in Vinh Yen in die Falle zu gehen.

Am 14. Januar um 16,30 Uhr landete eine Morane mit de Lattre an Bord 1500 Meter von der Feuerlinie entfernt. Der General ließ sich zur Zitadelle führen und erfaßte im Blick vom Beobachtungsstand aus das rote Heideland, auf dem gekämpft wurde, mit den vereinzelten brennenden Strohhütten. Am Vortag hatte ihn in Saigon Giaps Offensive überrascht. In Hanoi hatte er eine Weltuntergangsstimmung vorgefunden. Er war selbst einem körperlichen Zusammenbruch nahe gewesen, einer plötzlichen Erschlaffung seines nervösen, überanstrengten Temperaments. Im Handeln fand er seine Kraft wieder. Vinh Yen, zwischen Berg und Sumpf, besaß an sich keinerlei militärischen Wert, wenn aber Vinh Yen nach Cao Bang und Lang Son fiel, würde nichts imstande sein, das Räderwerk der Niederlage aufzuhalten. Vinh Yen mußte gerettet werden, wie Verdun im Jahre 1916. Weniger des Wertes wegen, den es in den Gleichungen der Strategie darstellte, als wegen seiner Bedeutung in der psychischen Kraftprobe, die schließlich jeder Krieg beinhaltet. Der Kampf wurde zu einem Einzelkampf zwischen de Lattre und Giap.

Alles für Vinh Yen! Von Phuc Yen marschierte Edon zu der belagerten Zitadelle. Castries kam mitten in der Nacht von Luc Nam, über Straßen, die mit Minen gepflastert waren. Die Offiziere des Generalstabs suchten in allen Abschnitten Tongkings nach Verstärkungen. Andere fuhren nach Saigon, trieben fünf neue Bataillone aus Kotschinchina auf und beschlagnahmten sogar noch Linienflugzeuge der Air France, um sie nach Hanoi zu transportieren.

De Lattre war wieder abgeflogen, seine Maschine wurde von der Flak der Viets unter Beschuß genommen. Die Nacht, die gefürchtete Nacht, verging ohne Katastrophe. Am Tag darauf, dem 15. Januar, griff Edon in den Kampf ein. Er entfernte sich von der Straße, ließ seine Bataillone auf den letzten Hängen des Tam Dao Aufstellung nehmen und manövrierte so, daß er den Feind im Rücken bedrohte. Dieser aber hielt erbittert die Stellung. Plötzlich war der Himmel voller Flugzeuge. Die silberglänzenden Behälter, die sie abwarfen, explodierten mit fürchterlichen Flammengarben am Boden. De Lattre hatte Befehl gegeben, die Waffe zu gebrauchen, derer sich die Franzosen bis dahin in Indochina nicht bedient hatten: Napalm.

Die Reaktion war schrecklich. »Unsere Männer fliehen bestürzt«, schrieb später ein politischer Kommissar, »und schreien, daß die Franzosen Atombomben abwerfen . . .« Der Dschungel geriet in Brand. Hundert Viets verbrannten bei lebendigem Leibe, wie auch einige Schützen der Gruppe Edon.

Die RC 2 war offen. Vinh Yen erhielt Nachschub. Die Höhen 157, 75, 47, 101, 210 waren in den Händen der Truppen der Französischen Union. Castries setzte seine Tabors und sein Fallschirmjägerbataillon zwischen der Gruppe Edon und der Vanuxems ein. Die ganze Linie rückte vor und nahm den Kamm, der sich jenseits der Höhe 210 oberhalb eines kleinen feuchten Tals erhob. De Lattre war gekommen und wieder abgeflogen, düster und streitsüchtig, er wollte nicht zeigen, daß er sich erleichtert fühlte, um nicht den Schluß zuzulassen, daß er Angst gehabt hatte. Der Kampf war beinahe zu Ende. Eine blasse Sonne senkte sich im Rauch des brennenden Dschungels zum Untergang. Es blieb noch eine Stunde Tageslicht.

Die Division 308, die Tapfersten der Tapferen, stürzte förmlich aus der Niederung, in der sie sich neu formiert hatte, hervor. Die Soldaten, von Kugeln getroffen, explodierten wie Granaten; sie waren mit Dynamit vollgestopft, sie trugen Ketten von Handgranaten umgehängt. Giap hatte damit gerechnet, daß sein Gegenangriff in der Dämmerung den Feind bei körperlicher Abspannung überraschen und daß dann die Nacht die Auswertung des Erfolges ermöglichen würde. Auch er hatte Vinh Yen zu einer Herausforderung des Willens gemacht. Nicht Clausewitz herrschte auf dem finster werdenden Schlachtfeld, sondern Bergson.

Doch die französischen Kanonen feuerten mit größter Schnelligkeit. Die Luftwaffe – alles, was nur eine Napalmbombe zu transportieren vermochte – erschien mit erstaunlicher Geschwindigkeit wieder. Der Krieg ist launisch: Es gibt Tage, an denen nichts gelingt, und Tage, an denen alles klappt. In der zunehmenden Dunkelheit bekam das Napalm doppelte Wirkung. Die *Kingcobras* beschossen im Tiefflug die Flüchtenden, deren Silhouetten sich in seinem Schein abzeichneten, mit MG-Feuer.

Giap ließ nicht ab. Am Morgen kämpfte man noch auf allen Seiten. Die Viets hatten die Höhe 101, die Höhe 47, die Höhe 75 mit Handgranatenangriff genommen. Sie erstiegen die Höhe 201, ein kleines Dreieckplateau mit Geröllwänden. Die Fallschirmjäger der Gruppe Castries tauchten gleichzeitig mit ihnen auf der Spitze auf. Die Leopardenmänner jagten die Männer in Schwarz in die Flucht.

Die Viets waren mit ihren Kräften am Ende. Sie waren halbverhungert. 500 Mann ergaben sich. Giap hatte den Kampf vom Gendarmerieposten des Tam Dao aus verfolgt wie ein Turenne mit der Schlacht unter seinen Augen. Er sah ein, daß sein Sieg auf der RC 4 besonderen Umständen zu verdanken war und daß sein Versuch, auf einen regelrechten Krieg auf verhältnismäßig offenem Gelände überzugehen, verfrüht war. Wenn er sich darauf versteifte, lief er Gefahr, die Vernichtung der Kampftruppe herbeizuführen, für deren Aufstellung die Vietminh fünf Jahre gebraucht hatte.

Der Regen war dichter geworden, er nahm den Fliegern die Sicht. Aber der Kampfplatz leerte sich. Noch glaubten die Franzosen nicht an ihren Sieg; sie bereiteten sich auf einen neuen Angriff vor, verbrachten noch eine Nacht unter Waffen im eisigen Nebel. Am nächsten Tag schickten sie Patrouillen nach Tam Dao. Sie fanden viel zurückgelassenes Kriegsmaterial und – das war etwas Unerhörtes – Hunderte von Leichen. Bisher hatten es sich die Viets immer zur Regel gemacht, ihre Toten mitzunehmen; diesmal waren es zu viele gewesen.

Am Tag des Tet wurde in Hanoi die Sperrstunde aufgehoben, zum erstenmal seit sechs Jahren. Bei dem Freudenfest wurde eine Panzerparade abgehalten, die dazu bestimmt war, den Vietnamesen das Bild der enormen Macht einzuprägen, über die General de Lattre verfügte. Aber zumindest ein Vietnamese wollte sich nicht beeindrucken lassen: der Kaiser Bao Dai. Seine Neujahrsbotschaft enthielt nur eine kühle Bezugnahme auf Frankreich und überhaupt keine Bezugnahme auf die Persönlichkeit, die es vertrat. De Lattre hätte Bao Dai gern auf das Schlachtfeld von Vinh Yen geführt: Der Kaiser lehnte die Einladung ab, sich auf den Schauplatz zu begeben, an dem Vietnamesen mit Napalm, das die Amerikaner geliefert hatten und das von Franzosen abgeworfen worden war, verbrannt worden waren. De Lattre geriet in Zorn, sprach von Verrat des Kaisers und von einer vietnamesischen Republik. Er suchte den Gouverneur von Tongking, Nguyen Huu Tri, der aus dem Daiviet stammte und sich für einen Mann der Linken hielt, gegen den Herrscher aufzuhetzen. Tri wich aus. Bao Dai tat, als merke er nichts. Asien verteidigte sich gegen de Lattre mit der ganzen Macht seines passiven Widerstandes.

Die Volksarmee hatte sich in die Schlupfwinkel des oberen Tongking zurückgezogen. Die einheimischen Schützenbataillone des Deltas tauchten unter. Giap schrieb eine so aufrichtige Selbstkritik über seine Niederlage bei Vinh Yen, daß der französische Generalstab, der keine derartige Tradition besaß, gar nicht an ihre Echtheit glauben wollte. Die Franzosen hatten gehofft, er würde seinen Versuch vom Januar wiederholen und sie würden ihn diesmal zwischen ihren motorisierten Gruppen zermalmen; Giap hütete sich, das zu tun. De Lattre seinerseits verzichtete darauf, seinem Verlangen, Lang Son zurückzuerobern, zu folgen. Der Krieg war an einem toten Punkt angelangt.

Diese Pause wollte de Lattre für eine zweifache Aufgabe nützen: Tongking zu befestigen und Vietnam zu konsolidieren.

Rund um die Reisfelder wuchs der Beton. Auf dem Papier handelte es sich um große Anlagen, Mehrfachbunker, Kasematten, die durch unterirdische Gänge miteinander verbunden waren. Die Presseattachés des Generals erklärten großartig, daß de Lattres Beton keineswegs mit dem Beton der Maginotlinie zu vergleichen sei, daß er einer dynamischen Kriegskonzeption entsprach, keiner defensiven fixen Idee. Hanoi und vor allem Haiphong würden zu tatsächlichen befestigten Lagern werden. Ein hervorragendes Artilleriesystem, das auf sofortiger Feuereröffnung und -beweglichkeit beruhte, gestattete die Abriegelung der Festungswerke und die Zerschlagung von Angriffen durch Granathagel. Es war aber praktisch nicht möglich, das Delta gegen Einsickerung abzuschließen. Mehrere reguläre Vietminhregimenter, darunter das 42., das sich praktisch nie greifen ließ, blieben mit der Außenwelt im Kontakt, wobei sie in den Tausenden Dörfern, in den 7 Millionen Hektar Reisfeldern ebenso guten Unterschlupf fanden wie die Divisionen Giaps im Dschungel.

Vietnam zu konsolidieren war nicht weniger schwierig, als Tongking zu isolieren. Die antikommunistischen Nationalisten, die de Lattre gebraucht hätte, um gegen den Nationalismus der Kommunisten zu kämpfen, wichen aus. Ihr Orakel war der alte Prinz Cuong De, der seit dem Jahre 1906 in Japan im Exil war: Als man ihn als Pythia befragte, antwortete er, zuerst und vor allem müßten die Franzosen abziehen. Ngo Dinh Diem hatte Indochina verlassen und sich abwartend zu den Maryknoll Fathers in New Jersey zurückgezogen. De Lattre hielt sich also an jenen Nguyen Huu Tri. Er hatte seine Absicht, Bao Dai zu entthronen, aufgegeben, und versuchte unter dessen Ägide eine große Koalitionsregierung zu bilden, indem er das Bürgertum Kotschinchinas mit dem durch Tri vertretenen revolutionären Gärstoff Tongkings vereinigte. Er lockerte den französischen Einfluß in der Verwaltung, stellte vier vietnamesische Divisionen auf und gründete die Kriegsschule für alle Waffengattungen in Dalat. Sein Gesundheitszustand verschlechterte sich, aber seine Aktivität wurde noch größer. Bodard erzählte von dem Ausspruch eines alten Saigoners angesichts des Energieaufwandes des Generals mitten in der Gluthitze der trockenen Jahreszeit: »Hier muß man verstehen, sich auszuruhen. Er wird in wenigen Monaten ein toter Mann sein...«

De Lattre werden »bescheidene, vernünftige Verstärkungen« zugestanden

In Frankreich hatte der Sieg von Vinh Yen Indochina von den Titelseiten der Zeitungen verdrängt. Das Land erholte sich, doch blieb seine finanzielle Krise chronisch, und sein Parlament zeigte weiter das Bild eines Irrenhauses. Die Regierung Pleven war auch nicht schlechter als eine andere. Sie hatte sich energisch in die europäische und atlantische Politik begeben, suchte eine Lösung für die Probleme der Wiederaufrüstung Deutschlands, unterdrückte die kommunistischen Demonstrationen gegen General Eisenhower und brachte die Verhandlung über die Kohle-Eisen-Gemeinschaft zum Abschluß. Aber die Wahlen rückten heran, und eine endlose Diskussion über die Art und Weise, wie man sich wiederwählen lassen sollte, lähmte das Parlament. Pleven glaubte, zu Recht oder zu Unrecht, daß seine Regierung einschreiten müsse, um den wirren, unerfreulichen Streit zu beenden. Nach der Ablehnung von achtzehn Vorschlägen stellte er beim neunzehnten, der ebenso unbrauchbar war wie die anderen, die Vertrauensfrage. Die Abstimmung, ein würdiges Gegenstück zur Diskussion, war geheim. Ohne de facto überstimmt worden zu sein, überbrachte Pleven Auriol sein Rücktrittsgesuch.

An die Oberfläche kam, wie ein Korkpfropfen auf bewegtem Wasser, Vater Queuille. Sein Ehrgeiz war beschränkt: irgendein Wahlgesetz zur Abstimmung zu bringen und bis zu den im Sommer vorgesehenen Wahlen durchzuhalten. Doch das Problem der Löhne machte ihm gewaltig zu schaffen. Innerhalb von acht Monaten waren die Lebenshaltungskosten um 9,5 % gestiegen. Alles trat in Streik: Gas- und Stromversorgung, Eisenbahnen, Metro, Autobus, Metallindustrie, Baugewerbe, Gastwirtschaftsgewerbe... Präsident Auriol und Madame waren im Aufbruch zu einem Staatsbesuch in die Vereinigten Staaten und erfuhren im letzten Augenblick, daß die Eisenbahner sich weigerten, ihren Schnelltriebwagen abzufertigen; sie mußten mit dem Auto nach Le Havre fahren. Die Regierung und die Unternehmer erreichten die Wiederaufnahme der Arbeit, indem sie die berechtigten

Lohnerhöhungen zugestanden, wodurch sich jedoch die Spirale der Inflation beschleunigte.

Ein anderes Problem trug den Namen de Lattre. Er traf am 16. März in Paris ein, nachdem er sich während der endlosen Kabinettskrise in Ungeduld verzehrt hatte. Der Zweck seiner Reise bestand darin, für seinen Indochinakrieg mehr Soldaten zu erhalten, mehr Waffen und mehr Geld. »Bescheidene, vernünftige Verstärkungen.« Immer war alles bescheiden, niemals war etwas unbillig für einen General, der sich zugunsten seines Operationsgebietes einsetzte. Indochina kostete Frankreich doppelt so viel, wie es vom Marshallplan erhielt. Der Personalstand des Expeditionskorps, der zu Ende des Jahres 1946 68 400 Mann betragen hatte, war innerhalb von vier Jahren auf das Doppelte gestiegen. Das war tatsächlich nicht genug, aber für das Unmögliche ist nichts jemals genug, und Frankreich strebte nach dem Unmöglichen.

Jener de Lattre, der mit königlichem Gefolge in Orly landete, war ein Besiegter unter dem Gefieder eines Siegers. Am Tag, an dem er von Saigon abgeflogen war, hatte der einzige nach fünfjährigem Ringen anscheinend tatsächlich erkämpfte Punkt, die Erreichung des Friedens in Kotschinchina, sich als Trug erwiesen. Eine kleine Stadt am Mekong, Sadek, war durch einen von der Schilfebene ausgegangenen Angriff von den Viets genommen und zerstört worden. Nicht weniger augenfällig war der politische Mißerfolg. Tri hatte es abgelehnt, in das von de Lattre vorbereitete große Ministerium einzutreten. Bao Dai hatte wissentlich alles durcheinandergebracht, alles hochgehen lassen. Er war entschlossen, ein orientalischer Despot zu bleiben, der durch Uneinigkeit und Korruption herrschte. Seine einzigen edlen Gefühle, der Stolz auf seine Rasse, die Auflehnung gegen fremde Herrschaft, stellten ihn auf die Seite der Viets – die er niemals verlassen hätte, wenn das Leben bei ihnen weniger streng gewesen wäre und er nicht befürchtet hätte, zuerst benutzt und dann liquidiert zu werden.

De Lattre verschleierte seinen vielfachen Mißerfolg. Er hatte die Korrespondenten in Indochina durch außerordentlich geschickte Schmeichelei gezähmt, indem er tat, als messe er ihnen mehr Bedeutung zu als seinen Obersten. Die Überraschungsniederlage von Sadek, das Kneifen Tris, das Doppelspiel Bao Dais wurden von der französischen Presse unterschlagen. De Lattre konnte behaupten, er halte den Sieg in Händen – falls man ihm die »bescheidenen, vernünftigen Verstärkungen« gab, die zu verlangen er gekommen war. Ein für die Erhaltung des französischen Reiches unbedingt notwendiger Sieg. Der Kommunismus überzog Asien, drang in Afrika ein, entriß Frankreich seine gesamten Besitzungen in Übersee.

Über das Gesuch wurde am 19. März im Nationalen Verteidigungsausschuß, Boulevard des Invalides, verhandelt. Jules Moch äußerte die Ansicht, daß die von General de Lattre verlangten 13 000 Mann jene Berufssoldaten seien, die unbedingt für die zehn Divisionen benötigt wurden, die Frankreich im Rahmen des Nordatlantikpaktes zu stellen hatte. Der Verteidigungsausschuß zögerte, de Lattre versprach jedoch den Sieg im Laufe des Jahres. Damit hatte er gewonnenes Spiel. Am 1. Juli 1952 würde er die zusätzlichen Streitkräfte, die ihm von der nordafrikanischen Armee für kurze Zeit zur Verfügung gestellt wurden, zurücksenden. Juin, der anwesend war, widersetzte sich nicht. Er sollte später schriftlich seinen Vorbehalten Ausdruck geben.

Nun begann das Zerteilen, das Abschöpfen der nordafrikanischen Truppen. Elf Bataillone Infanterie, drei Panzerregimenter, vier Artilleriebataillone, zwei Pionierbataillone, ein Fernmeldebataillon wurden aufgelöst. Die Kader und die Spezialisten wurden nach Indochina verfrachtet. Die Mannschaften wurden in ihre Dörfer zurückgeschickt.

Einige Tage vergingen. De Lattre führte sich im Mutterland vor: machte den Politikern seine Aufwartung, beging feierlich den Jahrestag der Befreiung Straßburgs. Die Weisungen, die er Salan hinterlassen hatte, untersagten jegliche Initiative: »Tun Sie nichts; so werden Sie keine Dummheiten anstellen...« Der Geheimdienst entdeckte eine starke feindliche Konzentration, die Zusammenziehung der Divisionen 304, 308 und 312 im Massiv von Dong Trieu, nördlich von Haiphong. Doch die motorisierten Gruppen waren von de Lattre rund um Luc Nam an der Spitze des Deltas aufgestellt worden. Man hätte ein Held sein müssen, um daran zu rühren...

Knapp am Fuß des Dong Trieu verläuft die Landstraße Nr. 18, die zu den Kohlenbergwerken von Hon Gai führt, längs der schlammigen Mündung des Song Da Bach. Die Stellungen zu ihrer Bewachung waren vom ganz alten Typ: eine Steinmauer, ein Holzturm, ein paar Stacheldrahtverhaue, eine Handvoll ergänzende Verteidigungsgeräte. Bei der Offensive, die am 23. März einsetzte, fielen die Posten der Reihe nach. Die Wasserversorgung Haiphongs wurde abgeschnitten. Der Angriff der Roten weitete sich nach Westen aus und bedrohte die lebenswichtigen Verbindungen des Deltas. Zwei Monate nach dem Sieg bei Vinh Yen ging es erneut um das Schicksal Tongkings. Zuerst hatte de Lattre den Verlust der Wachhütten an der RP 18 als bedeutungslos hingestellt. Jetzt war er in Sorge. Er kürzte seinen Besuch in Frankreich ab und flog erschöpft nach Indochina zurück. (*Forts. Indochina S. 467*)

Französisches Ultimatum an den Sultan von Marokko

Der Augenblick war sicher nicht gut gewählt gewesen, um die französischen Streitkräfte in Nordafrika zu beschneiden. Algerien war noch friedlich, doch in den beiden Protektoraten Tunis und Marokko schlug der Nationalismus Flammen.

In Rabat hatte sich kurz nach der Rückkehr des Generalresidenten ein aufregender Vorfall abgespielt. Zwei Mitglieder des Regierungsrates, zwei Bürger aus Fez, Lyazidi und Laghzaui, hatten Berichte vorgelegt, die eine Anklage gegen das Wirken der Franzosen in Marokko darstellten. Juin schnauzte sie mitten in der Sitzung an, warf sie hinaus und schloß sie aus dem Rat aus. Die sieben Mitglieder der Istiqlal folgten ihnen. Am Tag darauf gewährte ihnen Seine Majestät Sidi Mohammed V. gnädig eine Audienz und drückte ihnen seine Sympathie aus.

Juin war 1947 nach dem Mißerfolg der liberalen technokratischen Illusionen Erik Labonnes ernannt worden. Er war in Bone geboren, im Staub des Maghreb aufgewachsen und hegte nicht den geringsten Zweifel, wie er seine Aufgabe aufzufassen habe. »Marokko ist der Schlußstein Nordafrikas. Die Bestrebungen der Marokkaner müssen mit den Notwendigkeiten Frankreichs in Übereinstimmung gebracht werden...« Seine Weisungen schrieben ihm überdies strengstens vor: »Im Falle eines systematischen Widerstandes des Sultans Mohammed V. gegen den Reformplan, den Sie ihm vorlegen werden, müssen Sie entweder eine freiwillige Abdankung oder aber eine Absetzung durch die französische Obrigkeit selbst in Betracht ziehen. Wie Abdul Aziz 1910 durch General Moinier abgesetzt wurde...«

Der Sultan streikte. Siebenunddreißig Dahirs warteten auf seine Unterzeichnung. Juin erschien im Palast, um ein Machtwort zu sprechen. Er forderte den Herrscher auf, zu tun, was seines Amtes war, verlangte, daß er seine Minister entlasse, forderte ihn auf, die Istiqlal zu verurteilen. Sidi Mohammed war ein schüchterner Mann, aber gallertiger Widerstandsleistung fähig. Er antwortete, daß der Koran einem Muselmanen verbiete, einen anderen Muselmanen zu verurteilen, und daß er, würde er den anderen Ersuchen Juins nachgeben, den Eindruck erwecke, einem Druck nachzugeben. Dann schrieb er dem Präsidenten der Französischen Republik, beschwerte sich über das Verhalten des Generalresidenten und ersuchte ihn, die Differenz zu bereinigen.

Die Position Frankreichs hätte kaum besser sein können. Es hatte kein einmütiges Volk gegen sich, sondern einen Herrscher, der sich auf das städtische Bürgertum stützte und die konservativen Kräfte Marokkos gegen sich aufbrachte. Seine Töchter Lalla Aicha, Lalla Malika und Lalla Nousia riefen Aufsehen hervor, als sie sich in der Öffentlichkeit mit unverschleiertem Gesicht zeigten. Sein Plan, die Krone in seiner Familie erblich zu machen, verstieß gegen das Koranprinzip der Wahl und brachte die Ulemas, die Vertreter der theologischen Gelehrsamkeit und Gesetzgebung, gegen ihn auf. Seine Verbindung mit der Istiqlal führte dazu, daß man ihn des Modernismus anklagte. Si Hadj Tahmi el-Glaui, der Pascha von Marrakesch, hatte ihm ins Gesicht gesagt: »Du bist nicht der Sultan von Marokko, du bist der Sultan der Istiqlal, und du führst das Reich in die Katastrophe...« Seit jener Szene war der letzte der großen Kaids des Atlas vom Sultan abgefallen. Er war 78 Jahre alt, auf einem Auge blind, sein Vermögen betrug 30 Milliarden, und er besaß uneingeschränkten Rückhalt bei der französischen Obrigkeit. Man betrachtete ihn als obersten Chef der Berber und behauptete, auf seinen Ruf würden sich 500 000 Krieger erheben.

Die Stämme gerieten in Bewegung. Vor Rabat kam es zu einer Menschenansammlung. Unter der Führung der Kaids Raho und Yazhri drangen 2500 Reiter durch das Boujelloud-Tor in die Stadt Fez ein und ließen ihre Pferde durch die Medina tanzen, wobei sie die französische Fahne schwenkten. Fez war das Herz des marokkanischen Nationalismus, die Hauptstadt der Istiqlal, aber die unendlich reichen, gesetzten Bürger lebten seit Jahrhunderten in der Furcht vor den Berbern der Berge, die so nahe an ihrer Stadt lebten und nach ihrer reichen Stadt Gelüste hatten. Anstatt sich gegen die provokatorische Parade zu wenden, die in dem Gewirr der Kissaria so leicht in die Enge getrieben werden konnte, beflaggten sie ihre eigenen Fenster mit der Trikolore.

Am selben Tag, dem 25. Februar, erschien der politische Ratgeber der Residenz, Graf Ghislain Clauzel, im Palast und überbrachte ein Ultimatum. Mohammed hatte zwei Stunden Zeit, um sich zu unterwerfen. Ein Flugzeug stand bereit, um ihn und seine Familie aus Marokko fortzubringen. Französische Offiziere hielten die Vorzimmer besetzt. Der Ersatzsultan, Mulay Arafa, wartete bereits.

Wenige Stunden zuvor hatte Mohammed V. die Antwort Vincent Auriols auf sein Ersuchen um Vermittlung erhalten: Die Regierung der Französischen Republik stand vorbehaltlos hinter ihrem Generalresidenten.

Mohammed V. beharrte auf seiner Weigerung, die Istiqlal zu verurteilen. In den übrigen Punkten gab er nach, entließ mehrere Minister, ernannte die Kaids und Paschas, die ihm von der Residenz vorgeschlagen wurden, unterschrieb die Dahirs bezüglich der Stellung der Franzosen im Scherifischen Reich und war bereit, »die Fortschritte, die der generösen Handlungsweise der Französischen Republik in Marokko zu verdanken waren«, anzuerkennen. Juin triumphierte – doch es war ein seltsamer Triumph. Einerseits nahmen es ihm die Kolonisten, die religiösen Führer, die eingeborenen Feudalherren übel, daß er die Krise nicht bis zu ihrem logischen Ausgang, der Absetzung des Sultans, weitergetrieben hatte; andererseits erreichten die Gegner seiner Verfahrensweisen im französischen Kabinett, Schuman und Moch, daß er aus Marokko entfernt wurde. Man ernannte ihn zum Oberbefehlshaber der Landstreitkräfte Europa-Mitte – das war ein Posten, der im Gebäude der NATO Frankreich vorbehalten war. Er fügte sich darein anzunehmen, stellte jedoch als Bedingung, daß General Guillaume sofort zu seinem Nachfolger in Rabat bestimmt werde.

Die Angelegenheit in Marokko schlug jedoch konzentrische Wellen. Mohammed V. distanzierte sich von seiner Erklärung vom 25. Februar, indem er der ägyptischen Zeitung *El Ahram* schrieb, sie sei ihm unter Drohungen abgezwungen worden – und das stimmte. Was nicht stimmte, waren die Berichte derselben Zeitung, die von der ganzen Welt verbreitet wurden, daß Fez von den Franzosen bombardiert worden, daß das Blut in Strömen geflossen sei, daß 30 000 Mitglieder der Istiqlal im Gefängnis seien. Frankreich protestierte. Die Länder der Arabischen Liga antworteten, indem jedes gesondert Frankreich aufforderte, Marokko die volle Unabhängigkeit zu gewähren, die ihm zustehe. Angesichts des Abweisungsbescheides beschlossen sie, sich gemeinsam an die Vereinten Nationen zu wenden.

Diese befanden sich im fünften Jahr ihres Bestehens. Sie hatten sich als machtlos erwiesen, ihre Hauptaufgabe, die Erhaltung des Friedens, zu erfüllen. Es war ihnen nicht gelungen, ein internationales Statut für die Kernenergie in Kraft zu setzen. Es gelang ihnen nicht, im Ost-West-Dialog an die Stelle des Austauschs von Beschimpfungen eine neue Form der Auseinandersetzung treten zu lassen. Sie scheiterten bei nebensächlichen Fragen ebenso wie bei den wichtigen. Sie versuchten vergeblich, das Schicksal von Kaschmir zu regeln. Sie forderten Ägypten vergeblich auf, den Suezkanal für israelische Schiffe zu öffnen. Wenn es Korea nicht gegeben hätte, wo die Vereinten Nationen paradoxerweise Krieg führten, wäre ihr Fiasko vollständig gewesen.

Mit dem Antrag der arabischen Staaten zugunsten von Marokko bekam die UNO eine neue Aufgabe: die Unterstützung der jungen Nationen gegen die alten imperialistischen Mächte Europas. Eine schöne Zukunft ... (*Forts. Marokko S. 539*)

Der Prozeß Ethel und Julius Rosenberg

Der Untersuchungsauschuß hatte sich im Gerichtsgebäude am Foley Square in New York eingerichtet. Der Anwalt Frank Costellos ging zum Angriff über: »Mr. Costello hat keine Lust, sich zur Schau zu stellen. Er wird den Mund nicht öffnen, wenn seine Vernehmung im Fernsehen übertragen werden soll...« Der Vorsitzende, der Senator von Tennessee, Estes Kefauver, besprach sich mit seinen drei Kollegen, Hunt von Wyoming, Robey von New Hampshire und O'Connor von Maryland. Mr. Costellos Forderung wurde stattgegeben; sein Gesicht würde nicht auf den Bildschirmen erscheinen.

Ein gemeines Gesicht, das Gesicht eines gemeinen Kerls. Eine Fresse, die nach Verbrechen stank. Sie war das Verbrechen. Aber das organisierte, abgesicherte Verbrechen großen Stils. Zwei Teams von Leibwächtern umgaben Costello und seine Leute: die Leibwachen, die sie physisch gegen ihre Rivalen schützten, und die juristischen Leibwächter, die Anwälte, die sie gegenüber den staatlichen Institutionen verteidigten, gegen Polizei, Gerichte, Steuerbehörden...

Die Berufspolizei war mit den Methoden Kefauvers nicht einverstanden. Den Politikern war es ganz klar, welche Absichten er verfolgte. Er war 47 Jahre alt, träumte vom Weißen Haus, und seine Originalität bestand darin, daß er sich zur Kopfbedeckung die Waschbärmütze Davy Crocketts erkoren hatte, des Helden der Zehnjährigen. Er versuchte, damit den Ruf eines nationalen Supersheriffs zu verbinden, der das organisierte Verbrechen zur Strecke brachte.

Das Gangstertum war durch die Abschaffung der Prohibition ruiniert worden und hatte schwierige Zeiten der Umstellung hinter sich. Das Kidnappen hatte es aufgeben müssen, da seit der Ermordung des Lindberghbabys die Todesstrafe darauf stand. Die Ausbeutung der Prostitution wurde durch das Mann-Gesetz erschwert, das die Beförderung einer Frau von einem Staat in einen anderen zu unmoralischen Zwecken dem Mädchenhandel gleichsetzt. Der Rauschgifthandel steckte noch in den Kinderschuhen. Das *hold-up*, der Bankraub, waren Geschäftszweige einer beschränkten, gefährlichen Tätigkeit. Das Gangstertum hatte wirklich Krisenzeiten durchzumachen. Zur Zeit von Kefauvers Untersuchung hatte es erst seit kurzem eine Existenzgrundlage gefunden, die aber üppig und nicht übertrieben gefährlich war: das Spiel.

In gewissen Staaten war das Glücksspiel als Verbrechen verboten. Andere ermutigten es wie einen Industriezweig. Das Gangstertum paßte sich beiden Situationen an. War das Glücksspiel erlaubt, so wurden Trusts gebildet. War das Glücksspiel verboten, so trotzte man dem Gesetz. Ein Spielautomat brachte 50 Dollar in der Woche ein, und ein Gangster, der nicht ganz ungeschickt war, kontrollierte 200 davon. Die kleinste Spielhölle warf 200 000 Dollar jährlichen Reingewinn ab. Das brachte die sagenhafte Zeit zwar nicht wieder zum Leben, in der sich Al Capone eines *wöchentlichen* Einkommens von einer Million Dollar gerühmt hatte, hingegen war der Beruf wesentlich weniger bewegt geworden. Nun waren die Verbrecherkönige Geschäftsleute, die ganz offen in Luxusresidenzen lebten. Zwei Syndikate hatten den Markt unter sich aufgeteilt, auf dem jedes Jahr 20 Milliarden Dollar den Besitzer wechselten: das von Chikago, dessen Chef, Charles Fischetti, ein Vetter Al Capones war, und das von New York, das Costello und seinem Unterführer Joe Dotto, genannt Adonis, unterstand. Man nimmt an, daß sie einen gemeinsamen Chef hatten, jenen Lucky Luciano, der zum Dank für die den Alliierten von der sizilianischen Mafia geleisteten Dienste aus dem Gefängnis (sein Urteil lautete auf »lebenslänglich«) entlassen worden war und, aus den Vereinigten Staaten ausgewiesen, in Neapel in der prunkvollen Abgeschiedenheit eines Königs im Exil lebte.

In diesem Reich des Glücksspieles floß das Blut ebenso ausgiebig wie diskret. *Murder Inc.* war keine Sage. Vor vier Jahren hatte der König von Las Vegas, Bugsy Siegel, den Fehler begangen, sein Profil, auf das er stolz war, an einem Fenster seiner Villa in Los Angeles sehen zu lassen: Der Schuß aus einem Jagdgewehr mit abgesägtem Lauf hatte einen Totenkopf daraus gemacht. Die kleineren Morde ließen sich gar nicht zählen. Unschuldige Fußgänger fielen dem Kreuzfeuer der gegenseitigen Abrechnungen zum Opfer. Aber die amerikanische Gesetzgebung ist in einem Maße darauf bedacht, die Rechte des Einzelnen zu schützen, daß sie oft die Rechte der Gesellschaft nicht zu wahren vermag. Nur ganz selten gelang es, die für die Verurteilung eines Gangsters erforderlichen Zeugenaussagen zu erlangen.

Über weniger Erfahrung und Hilfsmittel verfügend als die professionellen Untersuchungsbeamten, stieß Kefauver wie diese auf das Gesetz des Schweigens. Er ließ Hunderte von Individuen aufmarschieren – drei Viertel waren Italiener – eine unglaubliche Galerie von Spitzbuben, die handgemalte Krawatten zu 100 Dollar das Stück, Hosenträger mit Diamanten trugen. Überall fand er die gleichen ausweichenden Blicke, die gleichen einsilbigen Antworten, die gleichen Gedächtnislücken, die gleichen Anwälte, die jedes Wort ihres Mandanten filtrierten . . . Das Verbrechen war in Amerika ebenso ungreifbar wie Quecksilber.

Costello war nicht der einzige Star am Foley Square. Bugsy Siegels ehemalige Geliebte Virginia Hill ohrfeigte einen Journalisten, beschimpfte die Fotografen: »Du verdammter Scheißkerl, hoffentlich fällt dir 'ne Atombombe auf den Schädel«; sie gab zu, alle Größen der Verbrecherwelt zu kennen, behauptete jedoch, von den Geschäften überhaupt nichts zu wissen. »In Las Vegas habe ich mein Zimmer nie verlassen. Ich bin allergisch gegen Kakteen . . .« Nach dieser prächtigen Furie kam kein Geringerer als ein US-Botschafter, William O'Dwyer, früherer Bürgermeister von New York, der dann von Truman für Mexiko ernannt worden war. Er war angeklagt, wissentlich von Gangstern Geld für seine Wahlkampagne genommen zu haben; zu seiner Verteidigung erklärte er, er habe das gleiche getan wie alle anderen. Die Untersuchung schleppte sich von einer Denunziation zur anderen und vermittelte den Millionen Fernsehzuschauern die Überzeugung, daß etwas faul war im Staate Dänemark.

Kefauver hatte in seinem Eifer nicht bedacht, daß die Mehrzahl der amerikanischen Städte unter demokratischer Verwaltung stand und daß die Aufdeckung des zwischen den Politikern und den Gangstern bestehenden geheimen Einverständnisses vor allem seine eigene Partei in Mißkredit brachte. In letzter Zeit waren in der Vaterstadt Trumans, in Kansas City, zwei Gangster, die Brüder Binaggio, in der Zentrale der Demokratischen Partei festgenommen worden. Der Präsident weigerte sich, O'Dwyer seines Botschafterpostens zu entheben, und desavouierte so, nicht ohne etwas zynischen Mut, den Verteidiger der öffentlichen Moral. Das einzige Resultat der Untersuchung bestand darin, daß sie dem naiven Kefauver jegliche Aussicht nahm, 1952 im Rennen um die Präsidentschaft zu siegen.

Noch ein anderes Schauspiel zog die Sensationslüsternen zum Foley Square: der Prozeß gegen das Ehepaar Rosenberg.

Die Geständnisse von Fuchs hatten zu Gold geführt. Die Geständnisse Golds führten zu Greenglass. Ethel, die Frau Julius Rosenbergs, war Greenglass' ältere Schwester. Das Drama hatte sich im ärmsten Bezirk von Manhattan angesponnen, im *Lower East Side*, wo so viele Einwanderer in Elendsquartieren, die von Ratten wimmelten, ihre Lehrzeit für den amerikanischen Reichtum absolvierten. Julius Rosenberg, geboren 1927, Inhaber eines Diploms als Elektroingenieur, hatte diese schwerste Etappe hinter sich gebracht. Während seines Studiums am City College war er ein militantes Mitglied der Kommunistischen Jugend gewesen, dann hatte er seine Jugendkameradin Ethel Greenglass geheiratet, war nicht mehr bei den Versammlungen erschienen und hatte aufgehört, den *Daily Worker* zu kaufen. Das konnte einen Bruch bedeuten. Das konnte aber auch den Übergang vom offenen Kommunismus zur Untergrundbewegung darstellten.

Als man die Rosenbergs verhaftete, hatten sie soeben den Greenglass 5000 Dollar übergeben und ihnen erklärt, wie sie nach Mexiko kommen könnten. Sie selbst bereiteten ihre Flucht vor. Julius hatte den Russen eine bei General Electric gestohlene Nahrakete übermittelt – das war aber nicht die Hauptanklage, die ihn zusammen mit seiner Frau und einer Statistin namens Sobell vor das Bundesgericht in Manhattan gebracht hatte. Der Bruder und Schwager, David Greenglass, hatte 1944 als Militärtechniker im Atomlaboratorium Los Alamos gearbeitet. Julius und Ethel hatten ihn moralisch gezwungen, sich dem sowjetischen Spionagedienst zur Verfügung zu stellen. »Wir geben unseren Verbündeten, den Russen, die Auskunfte nicht, auf die sie ein Recht haben. Du bist Kommunist. Es ist deine Pflicht, sie ihnen zu geben . . .« Ein paar hundert Dollar, die Greenglass, der sie brauchte, »von unseren Freunden« übergeben wurden, überzeugten ihn schließlich. Harry Gold diente als Kurier.

Die Russen verfolgten die wissenschaftlichen Fortschritte der Kernwaffen durch den in wichtiger Position tätigen Klaus Fuchs. Durch das kleine Rad im Getriebe, Greenglass, erhielten sie noch wertvollere Beschreibungen und Zeichnungen. »Mehr brauchte es nicht«, erklärte Dr. Walter Koski vor Gericht, »damit jeder beliebige ausländische Fachmann genau im Bilde war, was wir taten.«

David Greenglass gestand. Ruth Greenglass klagte an. Die Rosenbergs erklärten sich für nicht schuldig, leugneten die klar zutage liegenden Tatsachen, erklärten sich für Opfer familiären Hasses. Die Frau war stärker als der Mann, stützte seinen Widerstand, ließ ihn die Versuchung zurückweisen, sein Leben durch ein Geständnis zu retten. Die Geschworenen sprachen eine Verurteilung ohne mildernde Umstände aus. Die äußerste Linke empörte sich über Antisemitismus – aber der Staatsanwalt Irwing H. Saypol und der Richter Irwing R. Hofman waren Juden. Hofman ging in eine Synagoge und betete lang, bevor er das doppelte Todesurteil aussprach.

»Ich halte Ihr Verbrechen für schlimmer als Mord. Ein Mord tötet nur einen Menschen. Sie haben bereits 50 000 amerikanische Opfer im Koreakrieg auf dem Gewissen.«

Sobell wurde zu dreißig Jahren Gefängnis verurteilt. Gold war bereits zur gleichen Strafe verurteilt worden. Greenglass kam auf Grund der Hilfe, die er der Anklage geleistet hatte, mit fünfzehn Jahren davon, obwohl er der direkte Verräter war. Zur gleichen Zeit verschwand Alger Hiss, nachdem er alle Möglichkeiten der Berufung erschöpft hatte, in einer Strafanstalt, um dort die zehn Jahre Gefängnis abzusitzen, mit denen sein Zweikampf mit Chambers geendet hatte.

Im Bundesgefängnis gab es keinen elektrischen Stuhl. Die Regierung mußte die schaurigen Utensilien des Staates New York in Anspruch nehmen. Ethel Rosenberg wurde am 11. April 1951 in das *death house* der Frauenabteilung von Sing Sing überstellt. Seit der Hinrichtung einer gewissen Martha Beck, die ihrem Liebhaber bei der Ermordung der »*lonely hearts*«, der einsamen Herzen, Beihilfe geleistet hatte, die er durch kleine Anzeigen in Heiratsjournalen angelockt hatte, war der Raum leer gestanden. Ethel betrat das Vorzimmer des Todes wie eine Christin der Anfangszeiten: singend.

Einige Tage später wurde Julius in das *death house* der Männer gebracht. Er beschwerte sich über den Zahnarzt, der sich geweigert hatte, ihm eine endgültige Brücke anzufertigen.

Die Abberufung MacArthurs

Im Koreakrieg hatte sich die brennende Frage erhoben: Sollte man an dem 38. Breitengrad stehenbleiben? Sollte man ihn ein zweites Mal überschreiten?

Ridgway hatte seinen Kampf glänzend geführt. Doch der Sieg machte ihn nicht trunken. Auf eine Frage der Generalstabschefs gab er zur Antwort, daß es für die Vereinten Nationen einen glänzenden Sieg bedeuten würde, wenn der Krieg am 38. Breitengrad haltmachte, wenn der Angreifer an seinen Ausgangspunkt zurückgebracht würde.

MacArthur war anderer Meinung. Auf die Frage: »Welche Kräfte brauchen Sie, um den 38. Breitengrad zu halten?«, antwortete er, Korea habe keine andere Grenze als den Yalu. Er schlug vor, die chinesischen Truppen zu isolieren, indem man auf ihre Verbindungslinien radioaktives Material legte — Rückstände der Atomindustrie —, und sie dann durch eine Reihe von Operationen zu Lande und zu Wasser zu vernichten. Er ersuchte von neuem um die Ermächtigung, die Truppen Tschiang Kaischeks einzusetzen, und gab seiner Ansicht Ausdruck, daß das Ziel des Krieges darin bestehen müsse, Rotchina außerstande zu setzen, eine neue Aggression zu begehen.

Joseph Martin aus Massachusetts, der Chef des rechten republikanischen Flügels im Repräsentantenhaus, hatte MacArthur geschrieben und ihn gefragt, was er von der Lage im allgemeinen halte. MacArthur hatte geantwortet, die kommunistischen Verschwörer hätten Asien gewählt, um ihren Plan der Eroberung der Welt auszu-

65 66 Droht ein neuer Weltkrieg? Der Fernost-Oberkommandierende MacArthur, der den Koreakrieg auf Rotchina (gefangene Rot-Chinesen, oben) ausdehnen wollte, wurde von Truman seines Postens enthoben. Trumans richtige Entscheidung war unpopulär: New York bereitete dem General einen triumphalen Empfang.

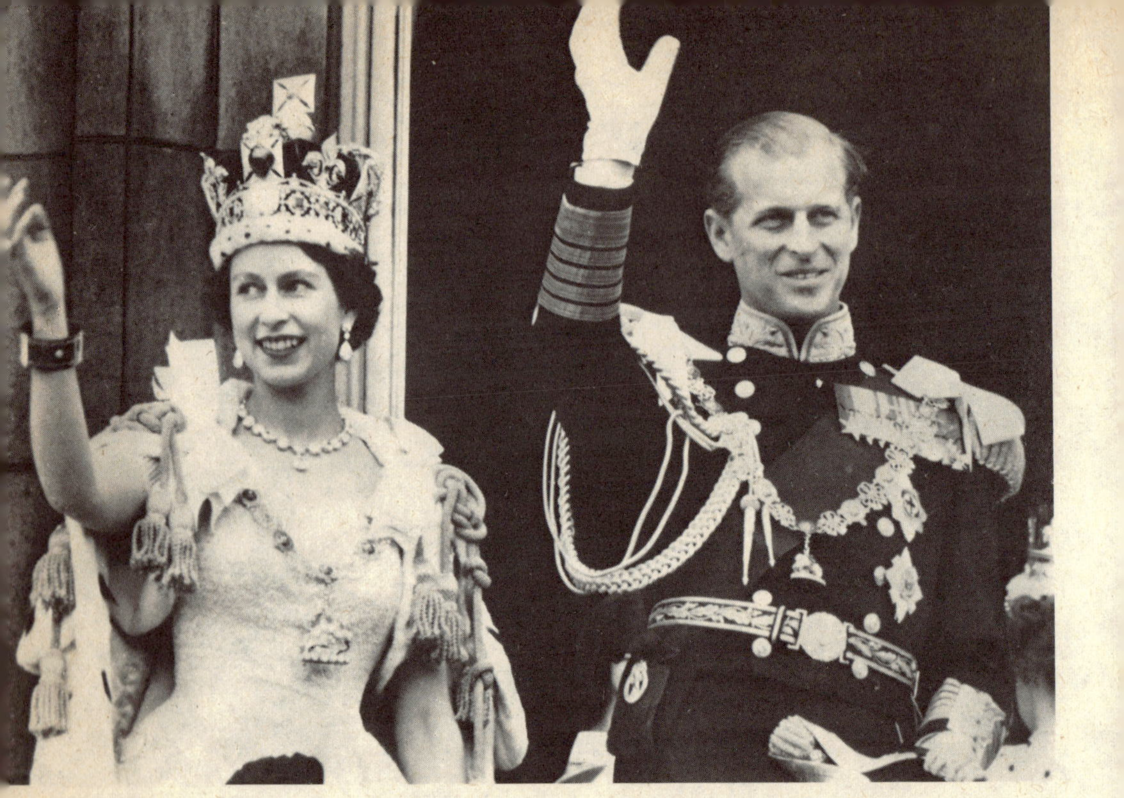

67 Nach der Krönung am 2. Juni 1953: Elisabeth II. und der Herzog von Edinburgh auf dem Balkon des Buckingham Palace. – *68* Evita Péron, Frau des argentinischen Präsidenten, bei der Unterzeichnung eines argentinisch-französischen Handelsabkommens: sitzend Georges Bidault, hinter ihm Robert Schuman und Paul Ramadier.

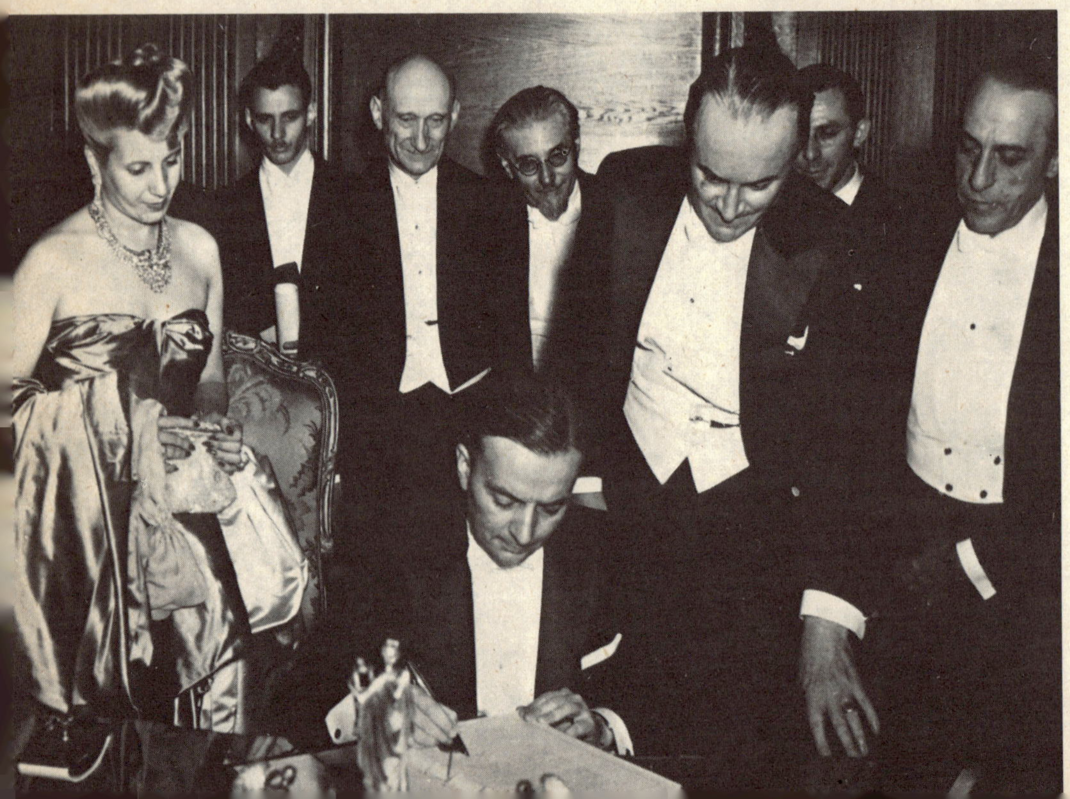

führen. »Wir führen hier den Krieg um Europa, der von den Diplomaten noch immer mit Worten geführt wird . . . *We must win . . . There is no substitute for victory.*« (Wir müssen siegen . . . Es gibt keinen Ersatz für den Sieg.) Am 24. März war die Frage des Breitengrades keine reine Frage mehr. Südkoreanische Patrouillen hatten ihn bereits überschritten. Amerikanische Panzereinheiten folgten ihnen. MacArthur kam von seiner vierzehnten Inspektion in Korea zurück und veröffentlichte ein Kommuniqué, daß dem 38. Breitengrad keine Sonderbedeutung zukomme und daß die Kommandeure der Einheiten berechtigt seien, ihn zu überschreiten, »*if and where*« — wenn und wo — sie es für taktisch vorteilhaft hielten. Niemand protestierte dagegen, daß eine Entscheidung von den Zufälligkeiten des Kampfes abhängig war.

Die Botschaft MacArthurs lautete weiter: »Trotz der Beschränkung, die den Aktionen der UNO-Streitkräfte auferlegt sind und sich für Rotchina vorteilhaft auswirken, ist seine absolute Unfähigkeit offenbar geworden, Korea mit Waffengewalt zu erobern. Infolgedessen muß sich der Feind schmerzlich bewußt geworden sein, daß ihm der völlige militärische Zusammenbruch droht, falls die Vereinten Nationen den Beschluß fassen, den Krieg auf die chinesischen Küstengebiete und Inlandbasen auszuweiten . . . Es erübrigt sich jedoch zu sagen, daß ich im Rahmen meiner Kompetenz als Befehlshaber jederzeit bereit bin, mit dem Oberbefehlshaber der feindlichen Streitkräfte zusammenzutreffen, um einen militärischen Weg zu finden, der die von den Vereinten Nationen in Korea verfolgten Ziele ohne ferneres Blutvergießen der Verwirklichung näherbringt.«

Diese Erklärung ließ Truman vor Wut kochen. Vier Tage zuvor hatte er MacArthur mitgeteilt, er habe die Absicht, Friedensvorschläge zu machen. MacArthur kam ihm zuvor, versuchte ihn in den Schatten zu stellen! Übrigens war die Abfassung seiner Botschaft — die darin enthaltenen Drohungen — darauf berechnet, den Stolz der Chinesen zu treffen und einen Kompromiß zum Scheitern zu bringen!

Ohne daß es den Anschein hatte, war MacArthurs Stellung schwer erschüttert. Das Wespennest der Vereinten Nationen schwärmte gegen ihn. England nahm einhellig Stellung gegen ihn: Attlee hatte seine Abberufung nahegelegt, und Churchill hatte seine Strategie getadelt. Acheson benutzte seine durch seinen Katzenschnurrbart symbolisierte katzenhafte Geduld dazu, ihn fertigzumachen. Marshall war seit dreißig Jahren MacArthurs intimer Feind — eine Rivalität unter Obersten, die in die Geschichte eingeht, wenn aus den Obersten große Generäle werden. Marshall hatte MacArthur geschickt die Führung des Koreakrieges entzogen. Ridgway — den MacArthur als den schlechtesten General seines Ranges bezeichnete — war ohne die geringste Befragung Tokios ernannt worden. In Korea angekommen, hatte er als erstes General Almond, MacArthurs Liebling, gehörig heruntergemacht, dann hatte er, gestützt auf die vereinigten Generalstäbe, den Großen Manitu von der Kampfführung ferngehalten. MacArthur hatte noch ständig in der ersten Person gesprochen: »Ich habe beschlossen . . . Ich befehle . . .«, doch Ridgway zuckte ostentativ mit den Achseln: »Man kann sich vorstellen, wie groß mein Erstaunen, ja geradezu mein Entsetzen (*dismay*) war, als ich hörte, wie General MacArthur den Kriegskorrespondenten sagte: ›Ich habe soeben die Wiederaufnahme der Offensive befohlen.‹ Weder er noch sein Stab hatten mit der Vorbereitung oder Durchführung der

Operation *Killer* irgend etwas zu tun.« Schließlich bat Ridgway MacArthur, darauf zu verzichten, zur Einleitung der Offensiven persönlich zu erscheinen – unter dem Vorwand, seine Besuche alarmierten den Gegner.

Ebenso wie der Beteiligte selbst machte sich die Weltmeinung Illusionen über die unwandelbare Stellung des Siegers von Inchon. Nach seiner Erklärung vom 25. März schrieb einzig *Paris-Match*, daß MacArthur seinem Nachfolger den Weg geöffnet habe und daß dieser der von Washington plötzlich in den Himmel gehobene Matt Ridgway sein werde. Am 5. April verlas (*»without consulting me«*, sollte MacArthur sagen) Joseph Martin vor dem Repräsentantenhaus den Brief: *There is no substitute for victory.* Die Kritiken mehrten sich, doch noch hielt es niemand für möglich, daß der Held des Pazifik von seinem Piedestal gestürzt werden könnte. Alle großen amerikanischen und europäischen Zeitungen wiederholten das Gerücht, das in der Schlagzeile der *Monde* gestanden hatte: »Präsident Truman soll unter dem Druck Londons und Mr. Dean Achesons vorhaben, Sanktionen gegen General MacArthur zu ergreifen. Seine Absetzung scheint jedoch ausgeschlossen.«

Washington ist eine Stadt, in der man früh zu Bett geht. Fast alle im Weißen Haus akkreditierten Korrespondenten lagen am Dienstag, dem 11. April, um Mitternacht im Bett. Sie wurden durch einen Telefonanruf herausgerissen, der sie dringend zu einer Pressekonferenz berief. Sie verließen ihre Wohnungen in der Überzeugung, sie würden erfahren, daß der Krieg erklärt worden sei.

Truman war ins Blair House zurückgekehrt. Sein neuer Pressesekretär, Joseph Short, überreichte den Journalisten eine hektographierte Notiz: »Mit tiefem Bedauern bin ich zu der Erkenntnis gekommen, daß sich Armeegeneral Douglas MacArthur nicht in der Lage sieht, die ihm zur Ausübung seiner Pflichten von der Regierung der Vereinigten Staaten und von den Vereinten Nationen vorgeschriebenen politischen Richtlinien vorbehaltlos zu unterstützen ... Ich habe daher General MacArthur seiner Posten enthoben und General Matthew B. Ridgway zu seinem Nachfolger ernannt.«

In Tokio begann der Nachmittag. Die MacArthurs standen vom Mittagstisch auf. Der Adjutant Oberst Sydney Huff flüsterte der jungen Mrs. MacArthur, geborenen Jean Faircloth, ins Ohr, daß die letzten Rundfunknachrichten eine wichtige Meldung für den General gebracht hätten. In diesem Augenblick brachte ein Unteroffizier der Fernmeldetruppe dem Oberst einen kleinen braunen Briefumschlag. Er enthielt die offizielle Mitteilung der Abberufung. Es blieb Huff nichts anderes übrig, als den braunen Umschlag in das Zimmer zu tragen, in das sich MacArthur zum Mittagsschlaf zurückgezogen hatte. »Ich hatte den Eindruck, am Verbrechen des Jahrhunderts teilzuhaben ...«

Am darauffolgenden Tag, in der Morgendämmerung, standen eine Million Japaner, amerikanische Fähnchen schwenkend, Spalier, als die MacArthurs, Vater, Mutter und Sohn, zum Atsugi-Flughafen fuhren. Um 7.23 Uhr stieg die alte viermotorige *Bataan*, noch geschmückt mit den fünf Sternen, die Truman soeben ausgelöscht hatte, auf und verschwand in den Wolken.

Amerika wartete bebend, vor Empörung aufgewühlt. In der Stadt New York allein wurden 125 000 Telegramme an das Weiße Haus aufgegeben. Von den 42 588 im

Laufe der zwei ersten Tage gelesenen tadelten 42 044 Truman, und 32 859 verlangten, er solle unter Anklage gestellt werden. Demonstranten verbrannten ihn *in effigie*. McCarthy beschuldigte ihn, seinen nichtswürdigen Mut »in Benedictineschnaps und Bourbonwhisky« gefunden zu haben. »Der Held, der die amerikanische Flagge bis zum Kaiserpalast von Tokio getragen hat«, schrieb der *Daily Mirror*, »ist von einem kleinen Artilleriehauptmann der Habgier der Engländer, dem Haß Dean Achesons und der Eifersucht George Marshalls geopfert worden.« Vier Amerikaner von fünf waren bereit, diese Worte zu unterschreiben.

Die Presse war jedoch bei weitem nicht einer Meinung. Ein gutes Drittel der Zeitungen, die alle von Idolen der Leserschaft geleitet wurden, *New York Times, Baltimore Sun, Saint Louis Post Dispatch, Christian Science Monitor, Wall Street Journal*, schloß sich dem Schimpfkonzert nicht an. In der Republikanischen Partei waren Warren, Lodge, Saltonstall, Dulles, Margaret Chase-Smith mit der Entscheidung Trumans einverstanden. Der demokratische Bürgermeister von New York, Impellitieri, lud MacArthur zu einem *hero's welcome* ein. Der republikanische Gouverneur Tom Dewey hingegen erachtete es aus Gesundheitsgründen für nötig, unverzüglich auf die Bermudas zu reisen. Gefühlsbetont, ungestüm, war die Reaktion des Volkes. Die politischen Kreise verhielten sich zurückhaltender.

Truman war mit der Abberufung MacArthurs zweifellos im Rahmen seiner verfassungsmäßigen Rechte geblieben. Die öffentliche Anklage vor dem Senat, *impeachment*, die von den Massen verlangt wurde, ist eine schwerfällige parlamentarische Prozedur, die in der Geschichte Amerikas erst zwölfmal eingeleitet wurde und regelmäßig im Sand verlaufen ist. Truman wußte besser als irgend jemand, daß sie in der Affäre MacArthurs völlig unanwendbar war. Er stand dem Volk sehr nahe, war erfüllt von plebejischem Patriotismus und fühlte sich unbehaglich, weil er an eines der lebenden Denkmäler der Nation hatte rühren müssen. Er fuhr seinen Freund Senator Kerr, der eine ausfallende Rede gegen MacArthur gehalten hatte, scharf an und verlangte von allen Demokraten, sie sollten in ihren Urteilen größte Zurückhaltung üben. Er erklärte: »Als Präsident hatte ich die Pflicht, für die verfassungsmäßigen Privilegien meines Amtes, der Präsidentschaft der Vereinigten Staaten, einzutreten.« Aber er überhäufte sein Opfer mit Lobsprüchen. Als die Republikaner vorschlugen, man solle MacArthur auffordern, vor dem Kongreß zu sprechen, setzte er sich dafür ein, daß der Antrag einstimmig angenommen wurde und wandte sich gegen jene, die verlangten, die Rede solle in der Bibliothek gehalten werden. MacArthur sollte seine Rede an die beiden versammelten Kammern von der Rednertribüne der Abgeordneten aus richten; auf dieses Piedestal stiegen nur selten Persönlichkeiten von Weltbedeutung – noch kein amerikanischer General hatte dort gestanden!

Im Jahre 1937 hatte der General Amerika von San Francisco aus verlassen, auf dem Weg in jenen Osten, der ihn nicht mehr loslassen sollte. Über San Francisco kehrte er zurück nach einer Abwesenheit – ohne Unterbrechung – von dreizehn Jahren elf Monaten und dreiundzwanzig Tagen. Die Menge schrie ihm ihre Verehrung, auf dem Weg vom Flughafen zum Saint Francis Hotel entgegen, dann am nächsten Tag standen die Massen rund um das Civic Center, wo MacArthur eine Ansprache hielt. Er kühlte den Eifer jener ab, die von einer Rückkehr aus Elba sprachen: »*I have no political aspirations whatsoever.*« Die Firma Remington Rand hatte ihm nach To- kio telegrafiert, daß sie ihn zum Vorsitzenden ihres Verwaltungsrates gewählt habe; er hatte sofort angenommen, da er damit auf unwiderrufliche Weise seinen Eintritt ins Privatleben kundgeben, einen Strich unter die Vergangenheit ziehen wollte.

Dienstag, den 19. April, um 0.30 Uhr landete das Flugzeug in Washington. Mar- shall war gekommen, um den Mann zu empfangen, den er abgesägt hatte. Einige Stunden später zeigte sich MacArthur 500 000 Menschen und hielt in der Constitu- tion Hall eine Rede vor 6000 DAR, *Daughters of American Revolution*, den Vesta- linnen des vollkommenen Amerikanertums. Es war 12.31 Uhr, als er, lange begei- stert begrüßt, auf die Rednertribüne stieg.

Der Mann war ein großartiger Redner. Die Leidenschaftslosigkeit seines Gesich- tes, die Unbeweglichkeit des Oberkörpers, die Knappheit seiner Gesten verliehen der Prägnanz seiner Rede, die bald schmetternd, bald rauh und bald bis zum Flüstern abgeschwächt klang, packende Kraft. MacArthur entwarf sein bekanntes Bild Asi- ens. Er behauptete, der ganze Pazifik sei die strategische Grenze Amerikas. Er brandmarkte den Defätismus jener, die sich den Sieg versagten. Er wiederholte, daß es für den Sieg keinen Ersatz gebe. Er grämte sich über das Schicksal der Jungen, die er eben verlassen hatte: Sie vergossen ihr Blut und starben, ohne daß ihr Opfer Früchte tragen konnte.

Der Schluß der Rede ist zu einem klassischen Stück Redekunst geworden, das ich englisch zitieren muß:

I am closing my 52 years of military service . . . The world has turned over many ti- mes since I took the oath on the Plain, at Westpoint . . . But I still remember the re- frain of one of the most popular barracks ballads of that day which proclaimed most proudly that —

›Old soldiers never die, they just fade away.‹

And like the old soldier of that ballad I now close my military carrier and just fade away — an old soldier who tried to do his duty as God gave him the light to see that duty.

Goodbye.«

(Ich beschließe eine militärische Laufbahn von 52 Jahren. In einer volkstümlichen alten Ballade, wie sie mir aus Westpoint in Erinnerung ist, heißt es, alte Soldaten würden nie sterben, nur verblassen. Wie der alte Soldat dieser Ballade schließe ich jetzt meine militärische Laufbahn und verschwinde von der Bildfläche — ein alter Soldat, der versuchte, seine Pflicht zu tun, wie ihm Gott das Recht gab, diese Pflicht zu sehen. Goodbye.)

Die Ergriffenheit des Volkes nahm noch zu. Die Schallplattenaufnahme der Rede wurde sofort ein nationaler Verkaufsschlager, und die Musikverleger suchten — ver- geblich — die von MacArthur zitierte Soldatenballade. *Hero's welcome* in New York übertraf alles, was man je gesehen oder sich vorgestellt hatte. Siebeneinhalb Millio- nen Menschen füllten die Straßen, und von den Wolkenkratzern regnete es auf die beiden Wagen mit Douglas, Jean und Arthur 3000 Tonnen Papier. Am nächsten Tag mußten sämtliche Telefonbücher des Broadway von der Bell Company ersetzt wer- den.

464

Und dann? Dann geschah nichts. Die Heldenverehrung dauerte acht Tage. Die vom Kongreß angeordnete Untersuchung begann *fortissimo* mit der Einvernahme MacArthurs und setzte ihren Gang *decrescendo* mit Marshall, Acheson, Bradley, Collins, Vandenberg usw. fort. Die Demokraten ließen den Sturm der ersten Volkserregung vorübergehen, dann drängten sie die Republikaner in die Defensive, indem sie sie beschuldigten, die Kriegspartei zu sein. MacArthur hielt sich übrigens getreu an die Worte, die er in San Francisco gesagt hatte. Er wich den Versuchungen der Politik aus. Er entmutigte die Komitees *MacArthur for president.* Er erfüllte pünktlich seine Pflichten als Vorsitzender des Verwaltungsrates bei Remington Rand.

Amerika verzichtet auf den Sieg

Für Amerika gab es zwei Möglichkeiten. Die eine bestand darin, in Korea einen Sieg zu erringen, der das Schicksal Asiens änderte, indem er den Sturz des schlecht konsolidierten chinesischen Kommunismus herbeiführte. Die andere bestand darin, auf einen entschiedenen Ausgang im Koreakrieg zu verzichten, die Aggression des Jahres 1950 ganz einfach zu annullieren – nach 100 000 toten und verwundeten Amerikanern. Ob es nun zum Guten oder zum Schlechten war: Vor seinem Land und vor der Geschichte hatte Truman sich entschieden. Amerika strebte nicht mehr nach dem Sieg. Amerika wartete auf den Frieden.

Man erwartete eine chinesische Offensive für das Frühjahr. Sie setzte am 22. April ein. Die 8. Armee stand nun unter dem Befehl von General James A. van Fleet, der während des Kampfes gegen die Guerillas Berater des griechischen Führungsstabes gewesen war. Die Chinesen zerstreuten die 6. südkoreanische Division und trieben sich wie ein Keil zwischen die 24. und 25. amerikanische Division, vernichteten ein Bataillon der *Gloucestershire Infantry,* überschritten wieder den 38. Breitengrad und erschütterten den ganzen westlichen Flügel der Front. Auch die Mitte geriet ins Wanken. Chunchon wurde erobert. Das der 2. amerikanischen Division zugeteilte niederländische Bataillon wurde mit einer ehrenvollen Erwähnung im Tagesbericht ausgezeichnet, doch sein Chef, Oberst R. den Houden, war gefallen. Die Offensive brachte 34 Divisionen in den Kampf, darunter acht nordkoreanische, doch war die Kampfkraft der Chinesen nicht die gleiche wie im November. Sie verstanden weniger gut zu sterben.

Am 27. April wurde Uijongbi wieder genommen. Die Chinesen kamen bis auf 7 Kilometer an Seoul heran. Sie hatten aber 200 000 Tote und Verwundete zu beklagen. Sie ergaben sich in Massen, sobald ihre politischen Kommissare kampfunfähig waren.

Am 20. Mai brach die kommunistische Front zusammen, wie ein Schleier, der zerreißt. General van Fleet berichtete, daß der Feind sich in voller Flucht befinde, daß er als organisierte Kampftruppe zu bestehen aufgehört habe. »Ich bin bereit, ihn bis an den Yalu zu verfolgen...« Als Antwort erhielt er eine Karte, auf der ihm eine Linie, die sogenannte Kansaslinie, angegeben wurde, die er auf keinen Fall überschreiten durfte. Der Krieg hörte auf, schlief ein.

Es fehlten nun noch 24 Stunden – nein, nur 22 –, dann hatte der Koreakrieg ein Jahr lang gedauert. Es gab nur wenige, die die wöchentliche Rundfunksendung der Vereinten Nationen mit dem Titel *The price of peace* hörten. Die Sendung am 23. Juni 1951 bestand aus einer in englischer Sprache gehaltenen Rede Jakob Maliks. Am darauffolgenden Tag stürzten sich das State Department, das Pentagon, das Weiße Haus auf die Aufzeichnung der Rede. Der amerikanische Botschafter in Moskau, Admiral Kirk, erhielt Befehl, diskret zu ermitteln, ob die Worte Maliks tatsächlich den Absichten, den Weisungen des Kremls entsprachen.

Malik hatte gesagt: »Die Sowjetvölker glauben, daß als erster Schritt Erörterungen zwischen den Kriegführenden über eine Feuereinstellung und einen Waffenstillstand eingeleitet werden sollten, der den beiderseitigen Rückzug der Streitkräfte vom 38. Breitengrad vorsieht ... Ich glaube, daß dies gewiß kein zu großer Preis ist, um den Frieden in Korea zu erlangen.«

Bisher hatten die Russen und die Chinesen gesagt: »Keine Verhandlungen, ehe die amerikanischen Aggressoren Korea verlassen haben, ehe Formosa der Chinesischen Volksrepublik zurückgegeben wurde, ehe die Chinesische Volksrepublik ihren Sitz in den Vereinten Nationen erhalten hat.« Der Wandel der Sprache bewies, daß beide Parteien nacheinander auf den Sieg verzichtet hatten. Die Verzögerungen, die Aufregungen bei den Verhandlungen, die nun beginnen würden, die Krisen und Streitigkeiten, die sie durchzumachen haben würden, machten nichts aus. Genau ein Jahr nach seinem Ausbruch war der Krieg in Korea – eine merkwürdige, immer noch kaum erklärbare Episode der Zeitgeschichte – praktisch beendet.

Es gab jedoch einen parallelen Krieg in Indochina. Begonnen als französischer Kolonialkrieg, war er unter dem Druck der neuen Zeit zu einem antikommunistischen Krieg geworden. Seit einem Jahr war das die zweite Front von Korea. Wenn das mächtige Amerika auf den Sieg verzichtete, weshalb sollte dann Frankreich sich hartnäckig verbeißen, weiter bezahlen, leiden und bluten? *(Forts. Korea S. 506)*

15. Kapitel   1951/1952
Panmunjon und Cao Bang
Eisenhower wird Präsident der USA

Während des zweitägigen Fluges von Frankreich nach Indochina war de Lattres Beklommenheit gewachsen. Über Siam gab er Befehl, direkt nach Hanoi zu fliegen. Der Pilot der viermotorigen Sondermaschine wandte ein, daß die atmosphärischen Verhältnisse das Überfliegen der Gebirgsketten von Annam gefährlich machten. Der General beharrte auf seinem Wunsch, aber an Bord seines Flugzeuges hatte der Pilot Befehlsgewalt; er weigerte sich zu gehorchen. De Lattre mußte sich mit einer Zwischenlandung in Saigon zufriedengeben, von wo ihn eine DC 3 sofort nach Tongking brachte.

Die von Giap vor Haiphong eingeleitete Offensive entwickelte sich gegen Westen, längs der RP 18. Sie bedrohte die Verbindungsknotenpunkte des Deltas, Sieben Pagoden und Haiduong. Es war unbedingt notwendig, sie in ihrem schmalen Korridor zwischen dem Schlamm des Song Da Bach und dem Gebirge Dong Trieu zu binden.

Die Autoren des De-Lattre-Heldenliedes haben mit Emphase geschildert, unter welchen Bedingungen ihr Paladin das »großartige Manöver« ersann, das die Gefahr bannen sollte. »König Jean hatte seine Obersten und Generäle mit starrem Blick, das Gesicht von Grippe gedunsen, angehört... Hohes Fieber, unruhiger Halbschlaf... Um ein Uhr morgens erwacht er plötzlich und ruft: ›Mao Khe!‹... Er hatte die Lösung gefunden. Er hatte sie gesehen...« (Bodard). Die nüchterne Geschichtsschreibung, die dem militärischen Talent des Generals de Lattre Gerechtigkeit widerfahren läßt, stellt fest, daß er übersürzt den Fehler wiedergutmachte, zu dem ihn seine Menschenverachtung verführt hatte. Die »Dummköpfe«, die er zurückgelassen hatte, Salan, Linares, hatten nicht das Recht gehabt, ein einziges Bataillon zu verlagern. De Lattre übergab mitten in der Nacht Oberst Sizaire drei Bataillone mit dem Auftrag, die Offensive der Viets an der letzten Engstelle zwischen dem Gebirge und der See aufzuhalten.

Während Sizaire sich dorthin begab, griff die Vietminh die drei Posten an, die den Riegel von Mao Khe bildeten. Der Tagbau des Kohlenbergwerks am Abhang des Dong Trieu war aufgegeben worden, aber die offenen Stollengänge und ein Netz von Kleinbahnschienen an der Außenlinie des Berges waren noch vorhanden. Der obere Posten, die Kohlenmine von Mao Khe, wurde von 120 Mann Nung-Hilfskräften unter dem Kommando eines von ihnen, Oberleutnant Xuan Toang, eines ehemaligen Schülers der Kriegsschule von Saint-Cyr, gehalten. Unten an der RP 18 war die Kirche von Mao Khe von einer gemischten Kompanie aus senegalesischen Schützen und Tho-Bergbewohnern zu einem Stützpunkt ausgebaut worden. Ein Panzerzug des Kolonialinfanterieregiments aus Marokko stand 800 Meter entfernt von der Kirche im Dorf in Reserve. Der Gesamtstand der drei Posten betrug etwa 400 Soldaten.

Die Nungs hatten in ihrem Kampfgepäck einen Regenschirm aus Ölpapier. Sie führten mit eigenem Haushalt Krieg, samt Frauen und einem Schwarm von Kindern, doch sie kämpften wie Männer, die keinen Pardon zu erwarten haben. Sie wurden in Mao Khe heftig angegriffen und leisteten lang genug Widerstand, um dem 6. BCP Panzergrenadierbataillon, der Vorhut der Kolonne Sizaire, zu ermöglichen, in den Kampf einzugreifen. Während die Legionäre das Dorf nahmen, führte Toang seine Überlebenden, Familien inbegriffen, zur Kirche von Mao Khe, wo der Kampf weiterging. Der vietnamesische Priester bediente, den Stahlhelm auf dem Kopf, ein Maschinengewehr und sang dabei das *Salve Regina*.

Der Anmarsch der Kolonne Sizaire gestaltete sich äußerst schwierig. Die Fähre von Dang Thuy beförderte nur ein Fahrzeug auf einmal. Der Song Da Bach war so verschlammt, daß selbst die LST, die Panzerlandungsschiffe, die sogenannten Bügeleisen, aufliefen. Die Erde war so schlammig, wie der Himmel voll Regen hing. Aber die Granaten Sizaires ebneten ihm den Weg. Die zwanzig 10,5-cm seiner Gruppe waren im Dorf Dong Trieu in Feuerstellung und vereinten ihre Feuerkraft mit den Geschossen der im Song Da Bach festliegenden Schiffe und dem Napalm der Hellcats. Als das 1. BEP in dem brennenden Mao Khe zum 6. BCP stieß, zog sich der Feind zurück. Die Legionäre und Kolonialtruppen nahmen die Kohlenmine wieder und mauerten die Viets in den Stollen ein, in die sie geflohen waren.

Sechs Tage später, am 5. April, griff Giap wieder an. De Lattre hatte diesen neuen Kräfteansatz vorausgesehen und seine gesamten Truppen an Ort und Stelle belassen. Giap insistierte nicht und zog sich in die Berge zurück.

Und dann? Um den Sieg vollständig zu machen, hätte man nachsetzen müssen. Die Unterführer de Lattres schlugen vor, die motorisierten Einheiten, die in der Frontausbuchtung von Luc Nam standen, vorrücken zu lassen, um die drei Divisionen Giaps, die sich nach Westen zurückzogen, abzuschneiden. Der breite Korridor, der von der Straße und der Eisenbahnlinie nach Lang Son durchzogen wurde, bot ein verhältnismäßig günstiges Gelände für motorisierte und Panzereinheiten. Man würde zu der Stadt mit dem verwünschten Namen zurückkommen, und vielleicht hätte man eine Chance, die Schmach auszulöschen, indem man über den Feind herfiel und ihn vernichtete . . .

De Lattre wies diesen Plan zurück. Vielleicht hatte er recht. Wenn er aber recht hatte, mit welcher Begründung versprach er dann einen Sieg in weniger als einem Jahr! Giap hatte in dem Gefecht bei Mao Khe 400 Mann Verlust. Inwieweit schwächten 400 Tote seine Fähigkeit, neue Angriffe zu starten — und immer neue, bis das französische Verteidigungssystem durch eine Katastrophe oder durch Ermattung zusammenbrach?

Die Wertlosigkeit des Betongürtels hatte sich während des Gefechtes bei Mao Khe erwiesen. Ha Chien, südlich des Song Da Bach gelegen, war von irregulären Trupps angegriffen worden, die aus dem Inneren des Deltas aufgetaucht waren. Gebiete, die als befriedet gegolten hatten, waren von neuem zur Rebellion übergegangen. Nur wenige Tage nach Mao Khe mußte man die Operationen »Medusa« und »Reptil« ansetzen, um das Land zwischen Haiphong und Nam Dinh zu säubern. 12 Bataillone, 5 Artillerieeinheiten, sämtliche Panzereinheiten, 2 Kampfeinheiten auf Flußschiffen durchstreiften das Delta unter der Führung harter, fähiger Kommandeure, die de Lattre (wenn er sie nicht beschimpfte) seine Reichsmarschälle oder seine Armeeobersten nannte: Linares, Edon, Vanuxem, Castries, Thomazo, Erulin, Blankaert... Man bestrafte 400 Dörfer, indem man die Bambushecken niedermähte, mit denen sie befestigt waren. Man entdeckte Waffenlager, Reislager, ja sogar ein unterirdisches Arsenal mit einer Granatengießerei. Aber es gab 40 000 Dörfer im Delta. Sie alle bloßzulegen, war praktisch unmöglich – und außerdem hätte es eine wirtschaftliche Katastrophe für ein Land bedeutet, in dem der Bambus, nach dem Reis, durch das Baumaterial und die Nahrung, die er lieferte, die zweitwichtigste Hilfsquelle war. Ebensowenig kriegte man das Geisterregiment des Deltas, das 42., zu fassen. Einen Augenblick lang hatte es sich in Vinh Bao festgesetzt, dann war es verschwunden, als hätte es der Erdboden verschlungen.

De Lattre verliert seinen Sohn

In den Randgebieten des Deltas folgte auf das Gefecht von Mao Khe nur eine kurze Ruhepause. Schon am 15. Mai meldete der Nachrichtendienst, daß am Day, gegenüber von Haiphong, eine neue Offensive in Vorbereitung sei. Die Division 308, die am Gefecht von Mao Khe teilgenommen hatte, war rund um das Verteidigungsgebiet marschiert und hatte sich zwischen die Divisionen 304 und 320 vor Ninh Binh und Nam Dinh eingeschaltet. Das Regiment 64, das verbandsmäßig zu dieser Division 320 gehörte, war in das Delta eingedrungen und hatte sich in kleinen Gruppen mit dem Regiment 42 verbunden. Die drei anderen bedrohten das Erzbistum Phat Diem, dessen kriegerischer Prälat, Monsignore Le Huu Tu, nachdem er mit der Vietminh und der Neutralität kokettiert hatte, soeben offiziell Bao Dai gehuldigt hatte.

Was suchte Giap? Zumindest Reis: seinen, Dorf für Dorf festgesetzten Anteil an der Ernte des 5. Monats. Vielleicht dachte er daran, die Franzosen bis an den Roten Fluß zurückzudrängen, um mit der großen roten Zone des Deltas Kontakt aufzunehmen, dem Dreieck Thai Bin–Hung Yen–Vinh Bao. Oder er wollte auch nur einfach das Expeditionskorps stören. Nach Mao Khe hatte er erklärt, er habe nie die Absicht gehabt, Haiphong zu nehmen. »Wir haben es auf keinen bestimmten Ort abgesehen. Wir führen einen Abnutzungskrieg. Wir werden ihn so lange fortsetzen, bis die Imperialisten davon genug haben.«

Ninh Bin war ein französischer Brückenkopf am feindlichen Ufer des Day. Der Angriff am 29. Mai überraschte die Verteidiger. Abteilungen der Division 308 drangen in das Städtchen ein und machten ein Kommando Seeleute in der Kirche nieder. Die motorisierte nordafrikanische Einheit unter Oberst Dedon rückte in die bedrohte Zone. Die Dinassaut Nr. 3 – Kampfeinheit auf Flußschiffen – nahm in Nam Dinh 800 Mann des 1. Jägerbataillons an Bord und fuhr durch den Wasserlauf, der den Roten Fluß mit dem Song Day verbindet, in Richtung Ninh Bin. Der kommandierende Offizier der 8. Schwadron, Oberleutnant Bernard de Lattre de Tassigny, war bei seinem Vater, dem Oberkommandierenden, in Hanoi auf Urlaub.

Die Eisenbahnlinie Hanoi—Saigon überquerte den Day bei Ninh Binh auf einer Eisenbrücke, von der jetzt nur noch die Pfeiler standen. Ein Felsen, Südkuppe genannt, erhebt sich neben der Brücke. Ein anderer, die Westkuppe, liegt wenige hundert Meter davon entfernt. Nach Besetzung der Ortschaft machte sich das 1. Jägerbataillon daran, die Verteidigung zu organisieren. Die 6. Schwadron unter Oberleutnant Brisegrand blieb bei der Marinesturmdivision am Flußufer. Die 7. Schwadron unter Hauptmann Duchesne sollte die Südkuppe verteidigen, die 8. Schwadron die Westkuppe. Ihr Chef hatte in der Maison de France von dem Angriff erfahren, war in einen Jeep gesprungen und dann auf ein LCV, ein Fahrzeugslandungsboot, umgestiegen. Oberleutnant Mercier übernahm wieder den Adjutantenposten.

Um 3.20 Uhr eröffneten die Mörser der Viets das Feuer auf die Westkuppe. Eine Granate traf eine Gruppe: die Oberleutnants de Lattre und Mercier und den Unteroffizier vom Dienst, Eric Rieger. Der erste, von Granatsplittern durchsiebt, war sofort tot. Der zweite war in die Nieren getroffen und lag im Sterben. Rieger war leichter verwundet. Fünfzig Meter weiter unten war Oberleutnant Brisegrand im gleichen Augenblick gefallen. Die Viets stürzten zum Angriff vor, zwangen die Marinesturmdivision abzufahren und nahmen die Südkuppe. Die fast senkrecht ansteigende Westkuppe war zu drei Viertel von einem Pfuhl umgeben, der einen natürlichen Graben darstellte. Dennoch gelang es dem 88. Regiment der Viets, die Wand zu besteigen. »Um zehn Uhr drangen die Viets in die Grotte ein«, berichtet Rieger, »in die wir uns mit der Leiche Oberleutnant de Lattres geflüchtet hatten, und machten uns alle zu Gefangenen. Keiner von den Überlebenden der 8. Schwadron war noch unverwundet. Wir glaubten, die Viets würden uns niedermachen, doch sie führten uns zur Kirche, aus der uns dann der Gegenangriff befreite . . .«

Das Kommando Vandenberghe, das nur aus alten Vietnamkämpfern bestand und diesen Angriff führte, nahm auch die Leiche Bernard de Lattres mit . . . Fünf Stunden später wurde sie in die Maison de France gebracht, zu dem Vater.

De Lattre führte das Begräbnis mit seinem Sinn für Heldenverehrung durch. Er überführte selbst die Leichen Oberleutnant de Lattres, Oberleutnant Merciers und des gleichfalls auf der Westkuppe gefallenen Obergefreiten Mellot nach Frankreich. Der Leichenzug durch die Straßen von Paris, die Totenfeier im Invalidendom riefen beim Volk allgemeine Ergriffenheit hervor, die für kurze Zeit die Unpopularität des Indochinakrieges ausglich. Aber die Ergriffenheit eines Volkes währt nicht lange . . .

Giap war im Delta durchgebrochen. Sein Minimalziel, in den Besitz von Reis zu gelangen, war erreicht. Die Kämpfe, die er noch lieferte, der Angriff gegen die Bistümer, ein heftiges Gefecht um den Posten Yen Cu Ha, verfolgten den Zweck, die motorisierten Kräfte der Franzosen zu binden, während Kolonnen von Kulis schwere Lasten von Reis zu den Gebieten der Aufständischen schafften. Den Franzosen gelangen einige furchtbare Schläge, sie vernichteten mehrere Bataillone in dem Kessel von Thanh Hoi, so daß der Reis für die Vietminh einen schweren Blutzoll gefordert hatte. Giap hatte sich jedoch wieder einmal mit einer im wesentlichen intakten Armee in seinen Dschungel zurückgezogen. De Lattre hatte wieder einen Sieg in einer Sackgasse davongetragen. (*Forts. Indochina* S. 474)

470

Beginn der Verhandlungen in Korea

Gromyko hatte Admiral Kirk empfangen und ihm die Ansicht der sowjetischen Regierung bestätigt, daß die Verhandlungen über den Waffenstillstand zwischen den Oberbefehlshabern auf rein militärischem Gebiet, unabhängig von jeglicher politischen Problematik, stattfinden sollten. Drei Tage darauf, am 30. Juni, hatte sich Ridgway per Funk an den »Oberbefehlshaber der kommunistischen Streitkräfte in Korea« gewandt: »Nach Eingang einer Mitteilung von Ihnen, daß ein solches Treffen erwünscht ist, werde ich meinen Vertreter ernennen. Ich würde dann gleichzeitig einen Zeitpunkt vorschlagen, an welchem mein Vertreter mit dem Ihren zusammentreffen könnte. Ich schlage vor, daß ein solches Treffen an Bord des dänischen Spitalschiffes im Hafen Wonson stattfindet.« Kim Il Sung und der chinesische General Peng Teh-huai schlugen in ihrer Antwort die frühere Hauptstadt von Korea, Kaesong, als Ort der Zusammenkunft vor. Sie war der Schauplatz der ersten Kämpfe des Krieges gewesen und die einzige größere Stadt südlich des 38. Breitengrades, die noch in Händen der Kommunisten war. Die Amerikaner nahmen arglos an.

»Ich war überzeugt«, sagte Ridgway später, »daß der Frieden unmittelbar bevorstand.« Er sollte den Fernen Osten noch besser kennenlernen.

Ridgway bestimmte Vizeadmiral Charles T. Joy zum Führer der Delegation der Vereinten Nationen. Joy schickte eine Vorausabteilung nach Kaesong, bestehend aus den Obersten Kinney, Murray, Lee – letzterer von der Armee ROK –, einem Dolmetscher für Chinesisch und einem Dolmetscher für Koreanisch. Der Hubschrauber, der sie beförderte, wurde zu einem von Stacheldraht umgebenen Platz gewiesen, und die fünf Männer waren sofort von Maschinenpistolen umgeben. Als Kinney protestierte, erklärte man ihm, die Volksarmee halte es für ihre Pflicht, die Bevollmächtigten der Imperialisten gegen die Bevölkerung von Kaesong zu beschützen – eine Erklärung, die vor allem deswegen überzeugte, weil die durch die Kämpfe zerstörte Stadt völlig leer war. Eine ganze Kompanie von Propagandaleuten fotografierte und filmte.

Der Ort der Konferenz war ein ehemaliges Bordell in Kaesong. Ein Gebiet von 5 Kilometer rund um das Gebäude wurde für neutral erklärt, ebenso die von Munsan, dem vorgeschobensten Punkt der Amerikaner, kommende Straße über Panmunjom. Auf Verlangen der chinesisch-koreanischen Führung trug der erste Geleitzug, der über die Straße kam, große weiße Fahnen. Er wurde bei seinem Eintritt in die Linien der Kommunisten von mehreren Fahrzeugen mit bewaffneten Soldaten umringt. Ganz Asien war voll von Fotos, die zeigten, wie die Amerikaner zu ihrer Kapitulation kamen. Andere, im Konferenzgebäude geschossene Bilder zeigten Vizeadmiral Joy, auf einem niedrigen Stuhl mit dem Gesicht nach Norden (der Seite der Sieger) gewandt, gegenüber dem nordkoreanischen, durch einen hohen Stuhl größer erscheinenden General Nam Il. Unterschrift: Das besiegte Amerika läßt sich den Sieg diktieren.

Die amerikanischen Unterhändler waren Soldaten, die keinerlei Erfahrung mit dem Kommunismus hatten, sie waren völlig verdutzt über die Reden, die sie über sich ergehen lassen mußten, sowie über die steinerne Haltung ihres Gegenübers. Der nordkoreanische General Lec Sang-cho war so stoisch, daß er stundenlang die Fliegen über sein Gesicht laufen ließ; er zuckte nicht einmal mit der Wimper, um sie zu verjagen. Eines Tages brach ein Klappstuhl unter dem Gewicht eines Obersten zusammen. Die Westlichen lachten schallend; die Kommunisten blieben steif, den Blick auf die Parteilinie geheftet.

Die chinesisch-koreanische Seite verlangte den Rückzug der Armee der Vereinten Nationen an den 38. Breitengrad und den sofortigen Abzug der fremden Truppen. Die Amerikaner antworteten, sie hätten keinen Grund, das eroberte Gebiet zurückzugeben, ein Rückmarsch ihrer Truppen käme nicht in Frage, bevor Südkorea zuverlässige Garantien gegen eine neue Aggression erhalten habe. Die Palaver dauerten vierzig Tage, ohne daß man einen Schritt vorangekommen wäre.

Am 23. August unterbrachen die Kommunisten die Verhandlungen. Der Krieg, der fast völlig zum Stillstand gekommen war, flammte wieder zu örtlicher Tätigkeit auf. Im Osten bildete ein riesiger alter Krater, den die Amerikaner *Punchbowl*, Punschschüssel, nannten, eine von kilometerhohen Wänden umgebene Mulde. Die an diese Mondlandschaft anschließenden Berge waren steil, unwegsam und trocken. In diesem Gebiet startete van Fleet eine Offensive, welche die alliierten Positionen verbessern und vor allem den Kommunisten vor Augen führen sollte, was ihnen bevorstand, wenn der Krieg wirklich wieder aufgenommen wurde.

Bloody Ridge – ein gewaltiges Massiv, dessen Gipfel 983 Meter erreichte. Die amerikanische Artillerie richtete einen Hagel von 451 979 Granaten auf das Massiv. Die Abhänge wurden durch den Feuerorkan aufgerissen, abgeholzt wie durch eine ungeheure Lawine. Das 1. südkoreanische Korps und die 2. US Division stiegen planmäßig über die Hänge empor und räucherten die Widerstandsnester mit Flammenwerfern aus. 15 000 Chinesen wurden zerfetzt oder verbrannt.

Heartbreak Ridge – nördlich von *Bloody Ridge* lag dieses noch steilere und hindernisreichere Bergmassiv. Die große Anzahl der toten Winkel verringerte die Wirkung der Artillerie. In einem 27 Tage dauernden Infanteriegefecht nahmen die Streitkräfte der Vereinten Nationen, Meter um Meter, die drei Höhen 845, 931 und 851. Die letzte wurde am 13. Oktober von dem französischen Bataillon erobert, dessen Chef, Ralph Monclar, sich in den Rang eines Oberstleutnants hatte zurückversetzen lassen, um in Korea kämpfen zu können. (*Forts. Korea S. 506*)

Der Friedensvertrag mit Japan

Inzwischen hatten sich 52 Staaten im Opernhaus in San Francisco versammelt. An 55 waren Einladungen ergangen. Indien, Birma und Jugoslawien hatten die Einladung abgelehnt. Weder das kommunistische China noch Nationalchina waren eingeladen worden, eine elegante Art, um nicht zwischen Peking und Taipeh wählen zu müssen. Der Zweck der Konferenz war die Unterzeichnung des Friedensvertrages mit Japan.

Noch ein Mann fehlte: General MacArthur. Das war eine schwere Ungerechtigkeit. Er war mehr als irgend jemand sonst der Initiator des Versöhnungs- und Wie-

deraufbauaktes, der sich am 8. September 1951, neun Jahre und 274 Tage nach dem
»Tag der Niedertracht« von Pearl Harbor, vollziehen sollte. Zur Zeit des brennend-
sten Hasses, als die Wunden noch bluteten, hatte er eine Politik des Vertrauens, der
Großmut gegenüber dem schuldigen, besiegten Japan zu führen gewagt. Die rote
Sonne, unversehrt, jedoch ihrer Strahlen beraubt, sollte inmitten der Fahnen gehißt
werden, die mehr oder weniger kriegführende Mächte im Pazifikkrieg gewesen waren, einschließlich jener der mit der Französischen Union assoziierten Staaten, Vietnam, Laos und Kambodscha. Bei dieser feierlichen Stunde fehlte MacArthur. *Old
soldier fading away . . .*

Ein anderer Soldat trat zur gleichen Zeit in den Schatten. General Marshall
legte sein Amt als Verteidigungsminister nieder; an seine Stelle trat Robert Lovett.
Einzig der dritte alte Soldat, Eisenhower, rückte immer stärker in den Brennpunkt
des Interesses.

Der Mann, der den Friedensvertrag mit Japan ausgehandelt hatte, war ein Republikaner im Dienste einer demokratischen Verwaltung, John Foster Dulles. Die Knoten, die er zu entwirren hatte, ließen sich kaum zählen. Der ganze Südosten Asiens
und dazu das Britische Reich verlangten einen Straffrieden. Die Philippinen forderten Reparationszahlungen in Höhe von 8 Milliarden Dollar. Indien verlangte, daß
der frühere japanische Besitz Formosa an Rotchina ausgeliefert werden solle. Dieses
erklärte, ein mit Japan ohne Beteiligung Rotchinas geschlossener Frieden sei null
und nichtig, und die unterzeichneten Mächte würden ihn zu bereuen haben. Dulles
hatte trotz aller Hindernisse Erfolge zu verzeichnen, einschließlich der japanischen
Reaktion angesichts der Strenge der gebietsmäßigen Bedingungen. Japan verlor die
Mandschurei, Korea, Formosa; die Südhälfte von Sachalin und die Kurilen wurden
den Russen überlassen, während die Amerikaner die Verwaltung über die Ryukyu-
Inseln, mit Okinawa, behielten. Dagegen hatte Japan keine Bestrafung wirtschaftlicher Art, keine Einschränkung der Souveränität hinzunehmen. Den alten konser-
vativ-liberalen Staatsmann Shigeru Yoshida kostete es nicht allzuviel Selbstüber-
windung, als er erklärte, Japan nehme »*gladly*«, freudig, »*this fair and generous
treaty*«, diesen anständigen großmütigen Vertrag, an, die Frucht einer »in der Geschichte noch nie dagewesenen Hochherzigkeit«.

Der sowjetische Widerstand war gering. Gromyko verlangte ohne Überzeugung,
daß die Grundlagen des Vertrages geändert werden und Rotchina an der Ausarbeitung eines neuen Textes teilhaben sollte. Überstimmt verließ er den Saal, gefolgt
nur von der Tschechoslowakei und Polen. Die 49 anderen Staaten unterzeichneten
den Friedensvertrag.

In Korea waren die Verhandlungen wieder aufgenommen worden. Da Ridgway
sich geweigert hatte, nach Laesong zurückzukehren, nahmen die Chinesen und Nordkoreaner Panmunjon als Verhandlungsort an, ein aus wenigen Strohhütten bestehendes Dorf, das zwischen den beiden Armeen lag. Die Amerikaner stellten die
Zelte sowie 15 Sperrballons gegen Flugzeuge, die einen Schutzkreis um die Unterhändler bildeten.

Es vergingen noch Wochen voll nervenzermürbender Spitzfindigkeiten. Gleichzeitig mit den Worten in Panmunjon floß das Blut auf den *High Hell, Little Gi-*

473

braltar getauften Höhen sowie in dem eisernen Dreieck Chorwon–Pyongyang–Kumhwa. Die Versuchung, den Krieg in großem Maßstab wiederaufzunehmen, ein für allemal ein Ende zu machen, wuchs. Andererseits warf die amerikanische Regierung Ridgway vor, er sei zu streng, und übte Druck auf ihn aus, er solle sich nicht mit Einzelheiten, die bloß taktischen Wert besaßen, aufhalten. Washington hatte sich für den Frieden entschieden.

Am 25. November, fünf Monate nach den Eröffnungen Maliks, wurde endlich eine erste Vereinbarung unterzeichnet. Man hatte sich geeinigt, daß die zu diesem Datum bestehende Feuerlinie als Waffenstillstandslinie dienen solle, wenn Einigkeit über die anderen noch offenen Fragen, die Kontrolle des Waffenstillstandes und die Rückgabe der Gefangenen, innerhalb eines Monats erzielt wurde.

Die Berge waren schneebedeckt. Die Küstenebene versank im Regen. Ein zweiter Winterfeldzug begann. In den schlecht geheizten Zelten in Panmunjon kamen die Unterhändler jeden Tag zusammen, um möglichst vor dem 27. Dezember zu einem Abschluß zu gelangen. An der noch bestehenden Front vernahm man kaum mehr einen Kanonenschuß.

De Lattre in Amerika

Der Parallelismus mit umgekehrten Vorzeichen ging weiter. Der Krieg in Korea verlöschte mit den letzten Funkengarben. Der Indochinakrieg nahm an Umfang und Intensität zu.

Der Juli war ein Monat voll großer Hoffnungen gewesen. Die Bemühungen der Franzosen, die nationale vietnamesische Regierung zur Teilnahme am Krieg zu bewegen, hatten endlich Früchte getragen. Am 11. Juli, bei der Verteilung der Abschlußpreise im Gymnasium Chasseloup-Laubat, hatte de Lattre an die vietnamesische Jugend einen großartigen Aufruf gerichtet: »Seid Männer! Wenn ihr Kommunisten seid, schließt euch der Vietminh an. Dort gibt es Menschen, die für eine schlechte Sache gut kämpfen. Wenn ihr aber Patrioten seid, kämpft für euer Vaterland, denn dies ist euer Krieg. Er geht Frankreich nur noch soweit an, als es durch seine Versprechungen gegenüber Vietnam und seinen Anteil an der Verteidigung der freien Welt verpflichtet ist...« Drei Tage später war es de Lattre zum erstenmal gelungen, Bao Dai nach Hanoi zu bringen, um ihm das Schauspiel einer Militärparade zu bieten, die er mit seinem Sinn für das Grandiose und seiner Bemühung um Perfektion inszeniert hatte. Am darauffolgenden Tag, dem 15. Juli, unterzeichnete der Kaiser ein Dekret, durch das die Mobilisierung sämtlicher Mittel und Hilfsquellen der Nation angeordnet wurde. Eine Note der vietnamesischen Regierung präzisierte jedoch, daß die kaiserliche Kundmachung nicht gleichbedeutend mit Kriegsdienstpflicht sei und man diese auch nicht in Betracht ziehe.

In Nordvietnam war eine Pause in den Kampfhandlungen eingetreten. Im Mittelgebiet war die Lage unverändert. Im Süden schien der Überraschungsschlag von Sadek eine Tragödie ohne weitere Folgen geblieben zu sein. Ein Mann aus Stahl, der kleingewachsene Sicherheitsminister Nguyen Van Tam, bekämpfte und schlug den

Terror, der das Stadtgebiet Saigon-Cholon verheerte, durch Gegenterror. Der Nachfolger Boyer de la Tours, General Chanson, drängte die Aufständischen planmäßig in die Sümpfe und Wälder zurück. In Kotschinchina war das Leben wieder fast normal geworden. Die Reisexporte, die fast völlig aufgehört hatten, erreichten im Jahre 1951 500 000 Tonnen, die Hälfte des normalen Wertes.

Chanson, Absolvent der Ecole Polytechnique, war einer der wenigen Untergebenen de Lattres, die dieser nicht duzte. Er sah schwächlich aus, war klug und zurückhaltend. Er hatte diesen asiatischen Krieg durch und durch verstanden, in dem der einzige Sieg darin bestand, die Bevölkerung zu gewinnen. Die militärischen Aktionen und die Befriedung ließen sich nicht trennen. Seine Aufgabe, nunmehr durch die Souveränität Vietnams eingeschränkt, war nicht einfach. Er mußte die Korruption der Mandarine in Betracht ziehen. Er mußte mit den Sekten arbeiten, Cao-Dai, Hoa Hao, Binh Xuyen, die so entzweit waren, daß ihr Zusammenschluß immer eine Clique in Waffen gegen die französisch-vietnamesischen Behörden übrigließ. Glücklicherweise war auch der Gegner uneinig. Nguyen Binh, der sich schmeichelte, kein Kommunist zu sein, war ein Verdächtiger geworden. Die oberste Macht der Vietminh, das Tongbo-Komitee, hatte ihn mehrmals aufgefordert, zu kommen und sich zu verantworten. Er wußte, was das bedeutete, und beeilte sich nicht, der Aufforderung Folge zu leisten.

Der Juli ging zu Ende. Sadek hatte seine Ruinen vom 15. März wieder aufgebaut. Vietnamesische und französische Fahnen wehten im Wind. Der Gouverneur Thai Lap Thanh und General Chanson, Hochkommissar der Französischen Republik in Südvietnam, trafen zur Inspektion ein. Die Bevölkerung jubelte ihnen zu. Die Truppen standen stramm. Ein Mann in französischer Uniform näherte sich der offiziellen Gruppe und knöpfte plötzlich seine Hose auf. Die Bewegung zündete den Kranz von acht Plastikgranaten, die er umgehängt trug. Der Gouverneur, der General und der Mann, der freiwillig den Tod auf sich nahm, wurden zerrissen. Sein Name war Tranh Van Minh; er war einige Wochen zuvor von Tamy verhaftet worden; man hatte ihn jedoch auf Verwendung vietnamesischer Nationalisten hin freigelassen. Er war, wie Nguyen Binh, ein nichtkommunistischer Ultranationalist. Er war bei seinem patriotischen Opfer von dem Chef der franzosenfeindlichen Fraktion der Caodaisten, Trin Min The, angeleitet worden.

Unter diesem blutigen Zeichen war de Lattre zu seinem Waffenlieferanten abgereist, den Vereinigten Staaten. Fast hätte er in Le Havre darauf verzichtet, sich auf der *Ile-de-France* einzuschiffen, weil das zivile Passagierschiff seine Flagge mit den fünf Sternen nicht führte. Die Ankunft in New York erregte ganz nach Wunsch großes Aufsehen. De Lattre empfing die Journalisten noch auf dem Schiff und begann sofort den Verdacht des Kolonialkrieges, der noch immer auf dem Indochinakrieg lag, zu bekämpfen. Zwölf Tage lang verfocht er die These von der Selbstlosigkeit der Franzosen im *National Press Club*, in dem Fernsehprogramm *Meet the Press*, vor den vereinigten Generalstäben, vor sechzig von Harry Luce zusammenberufenen Senatoren, im Privatgespräch mit Truman und Dean Acheson. Die Assoziierten Staaten verfügten nun über völlige Souveränität, Frankreich kämpfte nur für die Verteidigung der freien Welt; die Indochinafront, der letzte Damm, der Südostasien schütze, sei sogar wichtiger als die Front in Korea. Weil Frankreich den gleichen Kampf führe wie Amerika, habe es das Recht, gleichzeitig mit den Mitteln für den Kampf auch Amerikas Sympathie zu verlangen . . .

Die Reise war erfolgreich. Die vereinigten Generalstäbe gestanden dem Bedarf der Franzosen den Vorrang zu. Funkelnagelneue C 47 und B 26 würden die seit Smolensk oder El Alamein im fast pausenlosen Feuer verbrauchten Junkers ablösen. Die Dinassauts, die Pioniere, die Fernmeldeabteilungen würden neu ausgestattet werden. Das Kriegsmaterial für die Armee in Vietnam würde nicht für vier, sondern für acht Divisionen berechnet werden.

De Lattre trat befriedigt die Rückreise an, jedoch gequält von den Schmerzen, die an seiner rechten Seite brannten. Er kannte seine Krankheit, Hüftkrebs, der ihm weder einen Augenblick Ruhe noch Hoffnung ließ. Zur Bürde seiner Aufgabe kam noch die heroische Anstrengung, nicht merken zu lassen, daß er schwer leidend und unheilbar krank war. Die Energie, die er auf die anderen übertrug, durfte nicht erlahmen. Er fuhr nach London, um für Südostasien eine französisch-britische Front zu konsolidieren. Dann fuhr er nach Rom, wo Diems Bruder, Monsignore Ngo Dinh Thuc, einen antifranzösischen Einfluß ausübte. Vom Papst in Audienz empfangen, erreichte er die Ernennung eines Legaten in den Assoziierten Staaten, das heißt die indirekte Aufforderung an die Katholiken, sich den von Frankreich gestützten Regimes anzuschließen. Ebenso aufrecht, ebenso lebhaft kehrte er nach Hanoi zurück. Kaum war er allein, sank er zusammen und stöhnte.

Während der langen Abwesenheit seines Gegners hatte Giap eine Gefechtsbewegung weitergeführt, die er schon im April begonnen hatte. Ausgehend von Yen Bay und Lao Kay, war die Division 312 und das Regiment 148 gegen Nghia Lo beziehungsweise Lai Chau marschiert. Giap ging ins Gebirge zurück, von dem er nach dem Sieg an der RC 4 triumphierend gekommen war. Die Thais, die dort lebten, ein Zweig des siamesischen Volkes, weiße oder schwarze Thais, je nach Farbe ihrer Kleidung, zerfielen in eine Vielzahl von Sippen, von denen die meisten auf seiten der Franzosen und einige auf jener der Viets standen. Der Feldzug brachte Giap von seinem Hauptziel Hanoi ab. Seine Absicht war es, den Krieg in Richtung Laos auszudehnen und durch das Tal des Mekong eine Verbindung zwischen dem Aufstand im Norden und jenem des Südens herzustellen.

Nghia Lo war ein wichtiger Posten in einer tiefen Mulde. Die 312. Division war unter großen Schwierigkeiten über Ziegenpfade vorgerückt, unter dem Schutz des undurchdringlichen Dschungels. Aber die von de Lattre geschaffenen Kommandos hatten den Feind entdeckt. Zum erstenmal gelang den Viets kein Überraschungsangriff. Nhgia Lo erwartete sie schon. Hunderte Leuchtraketen waren vorbereitet, um den Feind um den Schutz der Dunkelheit zu bringen, die sonst seine Wirkung vervielfachte, und Nachtjäger belegten die Angreifer rund um die beiden von den Verteidigern gehaltenen Stützpunkte mit MG-Feuer. Der in seiner Initiative nicht gehinderte, unerschrockene Hasardeur Salan ging ein Risiko ein, vor dem selbst de Lattre zurückgeschreckt wäre: Er ließ bei Gia Hoi, im Hintergelände der 312., drei Bataillone Fallschirmjäger absetzen, die die Versorgungslinie der Division abschnitten. Ein glänzendes Beispiel: Eine angegriffene Stellung verteidigte sich nicht durch direkte Verstärkung, sondern durch eine Gegenaktion im Rücken des Feindes. Ein glänzendes Beispiel – bestimmt, vergessen zu werden ...

Der Marsch der Viets auf Lai Chau war nicht glücklicher gewesen. Anstatt den Feind in den Stellungen von Binh Lu und Phong Tho zu erwarten, hatten die französischen Abteilungen des Berggebietes sich auf den Pässen Pou San Kam und Seo Dang verschanzt. Die Meos, deren Opiumernte von dem Verwalter Ter Sarkisso mit dem doppelten Preis bezahlt worden war, legten Hinterhalte an allen Dschungelpisten und vernichteten zwei Bataillone, ohne einen einzigen Gefangenen zu machen ... Giap nahm seine doppelte Niederlage zur Kenntnis und führte seine zusammengeschmolzenen Streitkräfte zurück ins Tal des Roten Flusses.

Die Gegenoffensive von Hoa Binh

Zu Anfang November 1951 zählte das französische Expeditionskorps 99 Bataillone Infanterie, davon 35 aus eingeborenen Truppen, 9 Bataillone Fallschirmjäger, 44 Panzerkompanien, 17 Bataillone Artillerie, 6 Pionierbataillone, 5 Autotransportbataillone, 8 Marine-Sturmdivisionen »Dinassaut«, 5 Gruppen Jagdflugzeuge, eine Gruppe Bomber B 26, 3 Gruppen Aufklärungsflugzeuge, 3 Gruppen Lufttransporter. Die vietnamesische Armee bestand bereits aus 32 Infanteriebataillonen, einem Bataillon Fallschirmjäger und 3 Panzerbataillonen. Ein geheimer Bericht machte auf eine allgemeine Müdigkeit der Truppen aufmerksam, eine zunehmende Schwierigkeit, Ersatz und Ablösung für Hauptleute (mit 52 Jahren) und Leutnants (mit 36 Jahren) in den Operationseinheiten zu finden. Das Problem der Führung bestand darin, festzustellen, ob diese ansehnliche, starke, aber müde und alternde Armee immer und ewig dazu verwendet werden würde, Angriffe zurückzuweisen, oder ob sie nach Erringung taktischer Siege ihrerseits die strategische Initiative ergreifen würde, um ein Ende herbeizuführen.

Die verlockendste, logischste Operation war die Rückeroberung der nördlichen Provinz Annams, Thanh Hoa, durch eine Operation zu Lande und zu Wasser; Thanh Hoa war die wirtschaftliche und politische Basis des Aufstandes. Man verzichtete darauf, zu Recht oder zu Unrecht – aus Mangel an Mitteln. Statt dessen dachte man daran, die Straßen abzuschneiden, über die Than Hoa mit der Masse der Aufstandsgebiete in Tongking in Verbindung stand, über die der Reis, das Salz, die Baumwolle, das Geld, die Erzeugnisse aller Art, die der Schmuggel auf dem Seeweg nach Annam fließen ließ, nach Tongking gelangten.

Eine dieser Straßen war der Korridor von Choben, durch den die RC 21 verlief. Eine andere war das Tal des Schwarzen Flußes über Hoa Binh.

Hoa Binh hatten die Franzosen bis November 1950 gehalten. Sie hatten es ohne vernünftigen Grund aufgegeben, einzig und allein deswegen, weil die Katastrophe der RC 4 Panik ausgelöst hatte. Das von den Muong, die den Viets sehr feindlich gesinnt waren, bewohnte Land war friedlich. Ungehindert zogen Kolonnen von Kulis mit Reis und Salz auf dem Rücken über die 200 Kilometer lange Gebirgsstraße zwischen der Hauptstadt der Muong, Hoa Binh, und der Hauptstadt der schwarzen

Thais, Sonla. Wenn die Franzosen sie besetzt hielten, störten sie den Verkehr nicht. Man kann sich kaum vorstellen, daß eine Rückkehr an den Schwarzen Fluß im Jahre 1951 eine andere Wirkung als im Jahr 1950 haben sollte. Gleichviel, der Geheimdienst des Expeditionskorps empfahl die Operation. De Lattre hatte sich vor seiner Reise nach Amerika damit einverstanden erklärt. Er hatte mit den vereinigten Generalstäben darüber gesprochen, die die Bedeutung Hoa Binhs hervorgehoben und dessen Rückeroberung als Wendepunkt des Indochinakrieges bezeichnet, fast gleichbedeutend mit der Landung in Inchon im Koreakrieg. In den Räumen des Pentagons flüsterte man sich das Wort Hoa Binh zu wie ein Zauberwort.

Als erstes wurde der Korridor von Choben durchstoßen. Der Kampfverband Castries kam von Norden mit seinen Panzern heran. Der Verband Vanuxem rückte mit seinen Muongs nach Norden, dabei kämmte er die Höhen durch, die den Dai beherrschten. Eine Kompanie Viets, die im Biwak überrascht wurde, floh unter Zurücklassung von 80 Toten. Choben, ein Ort mit 5000 Einwohnern, wurde sechs Stunden nach Beginn der Operation besetzt. Den in die *Maison de France* gerufenen Journalisten erklärte de Lattre: »Von heute an liegt die Initiative bei mir.«

Drei Tage später, am 13. November 1951, begann die Offensive gegen Hoa Binh.

In Xuan Mai verläßt die Kolonialstraße 6 die Ebene des Deltas. Im Norden und im Süden nähern sich zwei Gebirgsmassen einander und engen sie ein. Die Straße führt über eine Schwelle ins Innere des Bambuswaldes. Der Paß Kem ist ein tiefer Einschnitt und bildet einen schmalen Durchgang. Jenseits dieses schmalen Durchgangs wird die Straße über mehrere Kilometer zu einem Einschnitt an einer Bergwand. Dann verläuft sie nach unten in ein Tal, dessen Sumpfboden sie umgeht, indem sie knapp am Fuß der Höhen bleibt. Durch eine Schlucht gelangt die Straße zum Schwarzen Fluß, an dessen rechtem Ufer entlang sie bis zu einer Fähre führt, mit dieser gelangt man zum linken Ufer. Hoa Binh liegt auf einer Halbinsel zwischen dem Fluß und den bewaldeten Höhen. Diese Strecke birgt keine Gefahren wie die Kalkberge der RC 4. Aber die üppige Vegetation macht die Bewachung, ja sogar die Beobachtung der massigen Gebirgshöhen des Gebietes schwierig.

Der Schwarze Fluß kommt von Süden nach Hoa Binh, denn er macht eine Kehrtwendung, um bei Viet-tri in den Roten Fluß zu münden, der Wasserscheide des Hochlandes. Der Fluß trägt seinen Namen nach seinem Tal, das so tief eingeschnitten ist, daß die Sonne nicht hineingelangt. Die Schöpfer des Angriffsplanes gegen Hoa Binh nützten dieses Tal für den Nachschub. Zwei Dinassauts und mehrere an den Ufern verteilte Posten sollten es überwachen.

An der Operation waren fünfzehn Bataillone beteiligt. Ein Kommando nahm den Paß Kem. 2000 Fallschirmjäger – es war die größte Operation dieser Art des Indochinakrieges – sprangen über Hoa Binh ab. Die Viets hatten die kleine Stadt dem Erdboden gleich gemacht; die Fallschirmjäger wurden nur von einem hübschen Muongmädchen empfangen, das heraneilte, um den französischen Offizier wiederzusehen, dessen Freundin sie gewesen war. Zwei Pionierbataillone und mehrere tausend Kulis bemühten sich, die RC 6 wieder instand zu setzen, deren Brücken gesprengt, deren Aufschüttungen abgerutscht waren und die von der Vegetation überwuchert war. Am Ufer des Schwarzen Flusses wurde eine Landungspiste für leichte Flugzeuge gebaut. General Salan war der erste, der dort landete. Er sandte einen Siegesbericht, den de Lattre vor den Journalisten Hanois stolz kommentierte: »Hoa Binh versperrt sämtliche Zufuhrstraßen zum Norden von Tongking. Die Vietminh kann nur noch die Bergpfade benutzen, die durch schwieriges Gebiet führen. Ihre Verbindungslinien sind abgeschnitten . . .«

De Lattre sparte nicht mit Illusionen. Er war nicht von allen überzeugt, denn er wußte besser als irgend jemand sonst, daß die Einnahme von Hoa Binh nur dann einen Sinn hatte, wenn sie einen Beginn darstellte. Man mußte die Offensive fortsetzen, die RC 4 zwischen Hoa Binh und Sonla säubern, Thanh Hoa völlig von Tongking abschneiden. Das war nur dann möglich, wenn Giap in einer neuen offenen Feldschlacht entscheidend geschlagen wurde. De Lattre bot sie an, erhoffte sie. Die örtlichen Bataillone, die den Schwarzen Fluß gehalten hatten, waren der Übermacht gewichen. Jetzt wartete man auf die regulären Bataillone . . .

Im Sprühregen flog eine winzige Morane knapp über die Berghöhen. Trotz des Abratens seines Arztes und seines Piloten wollte de Lattre seine Soldaten in Hoa Binh besuchen. Eine kurze Inspektion, eine kurze Ansprache auf schlammiger Straße im grauen Schleier des Regens . . . Am Tag darauf, dem 19. November, flog der General und Hochkommissar nach Paris.

Gerüchte gingen um. Unbehagen machte sich breit. Der Chef der vietnamesischen Regierung, Tran Van Huu, erklärte, die Französische Union müsse »nach dem Vorbild des britischen Commonwealth, eines Bundes gleicher, freier und souveräner Staaten« umgeformt werden. Vorschläge für eine Zollunion, für ein Dauerbündnis wurden abgelehnt. Es wurde immer deutlicher, daß Frankreich in Tongking umsonst kämpfte. De Lattre wurde in der Hauptstadt angegriffen. Die informierten Blätter behaupteten, daß Vincent Auriol, der Präsident der Französischen Union, die Hand von ihm gezogen habe und daß Paris vor seiner eigenen Affäre MacArthur stehe. Ein verwickeltes Dementi Letourneaus machte die Gerüchte nur noch glaubwürdiger.

Am 19. Dezember zerstreute *Le Monde* die letzten Zweifel über den bevorstehenden Sturz de Lattre de Tassignys durch eine Notiz, die besagte, der General habe sich aufs Land begeben, um sich auszuruhen. Am darauffolgenden Tag entschuldigte sich das Blatt mit der Nachricht, de Lattre habe sich »in einer Klinik in einem Pariser Vorort einem leichten chirurgischen Eingriff unterzogen«. General Gonzales de Linares wurde in den Rang eines Generalleutnants erhoben, um ihm die notwendige Autorität »zur Ausübung einer längeren Stellvertretung« zu geben.

In Tongking hatte Giap die französische Offensive mit der Weitsicht eines großen Strategen beantwortet. An den beiden Flügeln sickerten die Divisionen 316 und 320 in Richtung Luc Nam und in Richtung Nam Dinh und Phat Diêm in das alte Delta ein, griffen die Straßen an, verbreiteten allgemeine Unsicherheit. Die Divisionen 304, 308 und 312 eilten an den Schwarzen Fluß. Hoa Binh, das von 5 Bataillonen und einem Artilleriebataillon gehalten wurde, griff man nicht direkt an. Giap richtete seine Bemühungen gegen die Verbindungslinien zu der Stellung.

Um den Schwarzen Fluß nutzen zu können, muß man die Höhenmassive, die ihn überragen, in der Hand haben, vor allem den Bavi, der in seiner Höhe (1281) etwa dem Tam Dao gleichkommt, seine dichten Wälder, die Straße, die in Kurven zur Höhe führt, und den Höhenkurort auf der Kuppe. Bei dem Kampf um Vinh Yen hatten die Franzosen jedoch den Tam Dao unbesetzt gelassen. Sie mußten den Bavi besetzen, stellten einen Posten auf den Gipfel und einen zweiten auf die Höhe 564 am Nordhang. Die vier Bataillone aber, die sich im Gebirge verausgabten, waren außerstande, es richtig zu säubern.

Am Fluß hatte man Zwillingsposten eingerichtet, am linken und am rechten Ufer, damit sie sich gegenseitig stützen konnten. Gegenüber dem Posten von Tu Vu lag jener des Felsens *Notre Dame*, der aussah wie eine Insel in der Bucht von Along, die ins Landesinnere versetzt worden ist. Tu Vu selbst war ein Doppelposten: zwei durch einen Bach getrennte Stützpunkte. In der Nacht vom 9. zum 10. Dezember nahmen zwei Regimenter der Division 308 den südlichen, von einer marokkanischen Schützenkompanie verteidigten Stützpunkt. Dann drangen sie in den anderen Stützpunkt ein, in dem eine zweite Kompanie und ein Zug von 4 Panzern standen. Die überlebenden Marokkaner ließen sich in den Schwarzen Fluß rollen und sammelten sich wieder auf einer Sandbank. Die Panzer, die mit brennenden Scheinwerfern kämpften, explodierten unter dem gegenseitigen Maschinengewehrfeuer samt ihren Besatzungen und den Trauben von Viets, die sich an ihre Türme geklammert hatten ... Am Morgen besetzten die Truppen der Französischen Union die Stellung von Tu Vu wieder, die übersät war von Leichen.

Der Flußweg war unbefahrbar. Die kleinen Lastkähne der Marine wurden durch unsichtbare Panzerschrecks versenkt. Die Wracks mehrten noch die Fahrthindernisse. Der Versuch wurde aufgegeben.

Zur Versorgung von Hoa Binh blieb nur noch die RC 6, die durch Wälder von wilden Bananen und Bambus führte. (*Forts. Indochina S. 486*)

Europa unter dem Zeichen der Beruhigung

Nach den erschütternden Vorgängen in Asien nach Europa zurückzukehren bedeutet im rhetorischen Sinne eine Antiklimax. Die Zeit der peinigenden Befürchtungen, der dramatischen Aufregungen war vorbei. Die großen europäischen Krisen waren mit der Belagerung Berlins zu Ende gegangen. Der russische Schatten fiel immer noch auf den geteilten Kontinent, doch die drohende Gefahr war weiter in die Ferne gerückt. Der Haß der Nationen hatte sich abgekühlt. Eine neue Ära begann, ein Morgendämmern erhob sich über den noch vorhandenen gewaltigen Ruinen eines der ungeheuerlichsten Kriege, die Europa in seiner Geschichte zu bestehen hatte.

Der Sinn dieser Beruhigung konnte von den Zeitgenossen nicht voll erfaßt werden. Jahrhundertelang war Europa der wichtigste Schauplatz der Welt gewesen. Es hatte seine Kräfte in dem sich ständig erneuernden Schauspiel verschwendet, erschöpft. Sein Übermaß an Energieaufwand hatte es verwüstet, vernichtet. Es war durch die Vereinigten Staaten und die Sowjetunion in den Schatten gestellt worden. Es verlor unaufhaltsam die kolonialen Ausläufer, die es stolz seine Reiche genannt hatte.

Aber diesem Abbröckeln, diesem Rückgang stand ein Wiederaufbau gegenüber. Der alte Brutkasten der Kriege, der Dampfkessel des Nationalismus wurde die einzige friedliche Zone des Erdballs. Europa sollte in dem, was eine oberflächliche Analyse seinen Niedergang nannte, beträchtliche Kräfte finden.

1951 war das letzte Jahr des Marshallplanes. Er endete am 31. Dezember um Mitternacht, nachdem er der europäischen Wirtschaft die phantastische Summe von 13 Milliarden Dollar zugeführt hatte. Das bedeutete nicht, daß Amerika eine Last losgeworden war. Am 24. Mai hatte Truman unter dem Titel *Mutual Security Program* vom Kongreß 8,5 Millionen Dollar für Auslandshilfe allein für das Geschäftsjahr 1951/52 verlangt. 12 % aller von den amerikanischen Bürgern bezahlten Steuern würden in Form von Waffen, Maschinen, Lebensmitteln oder Bargeld im Ausland verteilt werden. Die im Augenblick der Anleihe an England im Jahre 1946 ergangenen Warnungen waren keineswegs unzutreffend gewesen. Amerika hatte sich ohne die Möglichkeit eines Rückzugs gebunden.

Die Opposition war jedoch schwach. Die vorhergegangene Untersuchung war durch eine Botschaft General Eisenhowers beherrscht, der um die Bewilligung der gesamten Kredite ersuchte, damit die Verteidigungsbereitschaft Europas rasch wiederhergestellt werde. Die Opposition begnügte sich damit, die Kredite zu senken. Sie ließ die Gesamtsumme auf 7 848 750 000 Dollar reduzieren. Europa erhielt bei weitem den größten Teil, 5 028 000 000 Dollar Militärhilfe und 1 355 000 000 Dollar Wirtschaftshilfe. Der Mittlere Osten erhielt 590 200 000 und die Pazifikzone, Koreakrieg nicht gerechnet, 667 500 000 Dollar. Lateinamerika bekam nur ein Butterbrot, 62 Millionen Dollar. Bittere Klagen wurden südlich des Rio Grande laut.

So würde auf Europa weiterhin ein Dollarsegen niedergehen. Sein Wiederaufbau schritt rasch voran. Die Industrieproduktion des Jahres 1938 wurde in allen westlich des Eisernen Vorhanges liegenden Ländern um 25 bis 60 % übertroffen. Wirtschaftlich gesehen war der Kontinent gerettet.

In Deutschland war der Fortschritt am gewaltigsten. »Die Ruinen deprimieren nicht mehr«, schrieb ein amerikanischer Korrespondent, »sie ermuntern geradezu...« Die Dächer wuchsen wie ein Wald. Vor dem Krieg hatte man in dem der Bundesrepublik entsprechenden Gebiet weniger als 200 000 Wohnungen im Jahr gebaut. Im Jahr 1951 baute man 400 000 und 1952 mehr als 500 000. In der Verzweiflung, dem Beisammenwohnen der Niederlage hatten die Deutschen geglaubt, sie würden nie wieder den Genuß eines Zimmers für sich allein und die grundlegende Befriedigung eines gefüllten Magens erleben. Man erlebte das Unerwartete wie ein Wunder, es rief ein körperliches Glück von seltener Intensität hervor — und gleichzeitig eine geheime Besorgnis. Es war fast zu schön, um wahr zu sein!

Der Wiederaufbau Deutschlands wurde durch große soziale Klugheit erleichtert. Der Deutsche Gewerkschaftsbund stellte mit seinen 5 641 000 Mitgliedern die größte Arbeiterorganisation der freien Welt dar. Er lehnte den Klassenkampf ab, schloß die Kommunisten aus und ließ dem Wiederaufbau Deutschlands absoluten Vorrang. In der Bundesrepublik Deutschland war weder Platz für politische Streiks wie in Frankreich und Italien nonh für spontane Streiks wie in Großbritannien. Die Industrie war eine Göttin. Der Kult der Produktion regierte unumschränkt.

Die Kommunisten und die Neonazis verbanden sich miteinander, um dieses Land, das sich so rasch erholte, nach dem Osten zu ziehen, ihm in einem Beitritt oder einer Verbindung zu dem stalinistischen Europa die Wiedervereinigung und die Revanche vorzuspiegeln. Otto Remer, der der Verschwörung vom 20. Juli den Gnadenstoß versetzt hatte, riet seinen Landsleuten, »ein Spalier zu bilden«, wenn die Russen durch Deutschland marschieren würden, »um die Lords und Ladies aus ihrem parfümierten Seidenbettzeug zu holen«. Die Sozialistische Reichspartei, die ganz unverhohlen das Erbe der NSDAP antrat, erhielt 11 % der Stimmen und 16 Sitze bei den Wahlen für den Landtag von Niedersachsen. Das rief von neuem eine Welle der Besorgnis in Deutschland und im Ausland hervor. Remer wurde jedoch zu einer Gefängnisstrafe verurteilt und die SRP vom Bundesverfassungsgericht verboten. Die Mehrzahl der Deutschen wies den Gedanken an ein Abenteuer an der Seite der Sowjets zurück, entschied sich für den Wohlstand und die Sicherheit im Rahmen des Westens.

Eine warnende Stimme sollte verstummen. Schumacher lag im Sterben. Er hatte nicht aufgehört, für die Eingliederung Deutschlands in den Westen vorerst harte Bedingungen zu stellen: Rückgabe der Saar, Beteiligung am Nordatlantikpakt unter völliger Gleichberechtigung, uneingeschränkte Anerkennung der deutschen Souveränität. All das war natürlich und notwendig, doch Schumachers Irrtum bestand darin, daß er vom schrittweisen Erfolg nichts wissen wollte. Der Mann, den er offen im Bundestag »Kanzler der Alliierten« genannt hatte, Konrad Adenauer, verfolgte die gleichen Ziele, doch war er sich der Hindernisse bewußt und akzeptierte Aufschübe

Mangels eines regulären Friedensvertrages erklärten das Vereinigte Königreich, die britischen Dominien, Frankreich, die Vereinigten Staaten und 26 Mächte der freien Welt den Kriegszustand mit Deutschland für beendet. Sämtliche der deutschen Industrie auferlegten Beschränkungen wurden aufgehoben. Die deutschen Konsulate wurden wieder eröffnet. Eine Dreimächtekonferenz, die in Washington zusammentrat, stellte die Tatsache fest, daß die Integration der Bundesrepublik in den Nordatlantikpakt sich mit der Aufrechterhaltung eines Besatzungsstatus nicht vereinbaren ließ. Sieben Monate lang verhandelte man über die Vereinbarungen, die dieser Situation, für die es keinen Präzedenzfall gab: dem ständigen Aufenthalt ausländischer Truppen auf dem Gebiet einer befreundeten Nation, eine rechtliche Form geben sollten. Am 26. Mai 1952 wurde der Text unterzeichnet, er bestand aus 110 000 Worten auf 400 Seiten. Daraufhin wurden die Hochkommissare Kirkpatrick, McCloy und François-Poncet einfach Botschafter.

»Wer diesem Generalvertrag zustimmt, hört auf, ein guter Deutscher zu sein«, erklärte Schumacher. Dies war seine letzte Äußerung in der Öffentlichkeit. Wenige Wochen später starb er.

Die immer noch in Schwebe befindliche Saarfrage wurde durch die Europäische Gemeinschaft für Kohle und Stahl entschärft. Die Hauptschwierigkeit blieb weiter die deutsche Wiederaufrüstung.

Der vom französischen Premierminister René Pleven erstellte Plan einer europäischen Armee nahm langsam Gestalt an. Fünf Mächte, Frankreich, Italien, Belgien, Luxemburg und die Bundesrepublik, hatten sich einverstanden erklärt, darüber zu diskutieren. Holland, Dänemark, Norwegen, Portugal und Großbritannien hatten

Beobachter an den Quai d'Orsay geschickt, dann hatte Holland seinen Beobachter zum Unterhändler gemacht, und so waren die sechs Mitglieder der Europäischen Gemeinschaft für Kohle und Stahl wieder zusammen. Leider bestand keine Aussicht, daß die Engländer den Schritt der Niederländer nachvollziehen würden. »Das Vereinigte Königreich hat nicht die Absicht, sich an einer europäischen Armee zu beteiligen«, hatte die Labourregierung erklärt. Es war das zweite Ausweichen der Briten vor der Neugruppierung Europas, der zweite gewaltige Fehler.

Amerika drängte weiter. Es erklärte immer wieder, seine Milliarden nicht weiter für eine europäische Wiederaufrüstung ausgeben zu wollen, die nur Spiegelfechterei bleiben mußte, wenn Deutschland nicht in wirkungsvoller Form daran beteiligt wäre. Amerika wollte sich nicht weiter durch die endlosen Debatten am Quai d'Orsay hinhalten lassen. Auf dem Petersberg bei Bonn spielte sich parallel dazu eine Verhandlung zwischen den Alliierten und drei von Adenauer bestimmten Persönlichkeiten ab, einem ehemaligen Gewerkschaftler namens Theodor Blank und den beiden Ex-Generälen der Wehrmacht Heusinger und Speidel, die aktive Gegner Hitlers gewesen waren. McCloy verlangte für die NATO zwölf deutsche Divisionen. Die Bundesrepublik erklärte sich einverstanden, sie zu stellen.

Die Entschlossenheit auf dem Petersberg beeinflußte die Verhandlungen am Quai d'Orsay. Frankreich trat schließlich von seiner Forderung zurück, die deutschen Kontingente nur auf Kampfgruppen zu beschränken. Man bewahrte sein Gesicht, indem man die Bezeichnung »Division« vermied und nur von taktischen Gruppen sprach, deren Iststärke zu Friedenszeiten 13 000 Mann nicht überschreiten durfte. Deutschland würde deren 12 aufstellen, drei davon als Panzereinheiten, Italien gleichfalls 12, Benelux 5 und Frankreich 14 – um einen Vorrang auszudrücken, der nicht mehr als reine Eitelkeit bedeutete. Es würde deutsche Fliegerverbände geben, doch würde Deutschland nicht das Recht haben, Flugzeuge herzustellen, ebensowenig atomare, chemische oder biologische Waffen. Diese diskriminierenden Maßnahmen rechtfertigte man damit, daß Westdeutschland eine gefährdete strategische Zone sei.

Um die Statuten der Europäischen Verteidigungsgemeinschaft – *Communauté Européenne de Défense, Europeeie Defensie Gemeenschap, Communità Europea di Difesa* – zu verfassen, benötigte man mehrere Monate. Der Aufbau war ähnlich jenem der Europäischen Gemeinschaft für Kohle und Stahl: Ministerrat, Kommissariat, Versammlung, Gerichtshof. Die Armee der Europäischen Verteidigungsgemeinschaft würde 2 Millionen Mann betragen. Sie würde als Ganzes zur NATO gehören, unter einem einzigen Chef, Alphonse Juin, der zum Marschall von Frankreich ernannt wurde, um seine Autorität zu stärken. Die Wahl war übrigens keineswegs glücklich. Juin war ein guter Soldatenführer, jedoch ein Haudegen der alten Schule, keineswegs europäisch gesinnt und wütender Gegner Amerikas, wegen der, wie er es nannte, antifranzösischen Umtriebe der Vereinigten Staaten in Nordafrika.

Der Vertrag, der von den sechs Parlamenten ratifiziert werden sollte, wurde im Uhrensaal unterzeichnet, 24 Stunden nach den Vertragsvereinbarungen, die das Besatzungsstatut aufhoben. Er enthielt ein magisches Wort, das begeisterte Zustimmung hätte finden müssen: Alle Europasoldaten würden in der gleichen Uniform dienen. Nie war man einem Wunder näher gewesen... Doch gewaltige Kräfte des Rachegefühls, der Angst und der Dummheit wurden mobil gemacht, um die Rechte einer blutbefleckten Vergangenheit aufrechtzuhalten. (*Forts. Deutschland S. 530*)

Fortschritte und Probleme in Frankreich

Dieses Frankreich, das sich über den Wiederaufbau Deutschlands beunruhigt zeigte, hatte keineswegs eine negative Bilanz. Unterstützt durch den Marshallplan, hatte der Monnetplan seine Grundindustrien, Hüttenwesen, Chemie, Ölraffinerien beträchtlich verstärkt. Es hatte seine Handelsflotte wieder aufgebaut, einen Teil seines Eisenbahnnetzes elektrifiziert und sich vor allem bemüht, das Energiedefizit zu verringern, das eine der chronischen Schwächen der französischen Wirtschaft darstellte.

Vor dem Krieg hatte man 35 Jahre mit Debatten verloren, bevor man den Ausbau der Rhône durch die Errichtung eines Stauwerks bei Genissiat begonnen hatte. Als Genissiat in dem Elendsjahr 1947 mühselig fertiggeworden war, hatte man sofort Donzère-Mandragon in Angriff genommen, einen Riesenbau, jedoch nur einen einfachen Teil in einem Gesamtwerk, das dazu bestimmt war, ebensoviel Elektrizität zu erzeugen wie die Tennessee Valley Authority. In der Sahara unterstützte die Regierung, obwohl es keinerlei Hinweise dafür gab und entgegen den fast einhelligen Ansichten der Geologen, ein gewaltiges Suchprogramm für Erdöl und Erdgas. In Frankreich selbst zerstörte eine fürchterliche Explosion, gefolgt von heftigen Bränden, die Bohrversuche in Lacq am Fuße der Pyrenäen. Das durch diese Katastrophe entdeckte Erdgas verursachte so heftige Wirkungen der Spaltkorrosion, daß die Fachleute vom Ausbau abrieten. Man beschloß, sich dennoch eisern weiterzubemühen. Schließlich hatte man Erfolg.

Die wichtigste, die schwierigste Aufgabe bestand in der Verbesserung des Lebensstandards des Großteils der Bevölkerung und der Verringerung des zwischen den sozialen Schichten bestehenden Abstandes. »Frankreich hat eine Maske, den üppigen Wohlstand, und ein Gesicht, die Armut«, sagte einer der Berichte des Marshallplanes. Die Maske, das war die Pariser Gesellschaft, die Haute Couture, die Gastronomie. Das Gesicht war der Metallarbeiter in Saint Etienne: »Er verdient 4500 Francs (12,50 Dollar) in der Woche und erhält von der Regierung 9000 Francs im Monat für seine drei Kinder. Die Familie leidet keinen Hunger. Sie wohnt in einer Küche und einem Zimmer, möbliert mit zwei Betten, einem Schrank, einem Tisch und einigen Holzstühlen. Sie besitzt einen Kohlenofen, einen Ausguß mit kaltem Fließwasser und sonst kaum noch etwas...« Die amerikanischen Gewerkschaftler stellten fest, daß der Marshallplan der französischen Arbeiterklasse nichts gebracht hatte. Eine von der *American Federation of Labor* und dem *Congress of Industrial Organizations* gemeinsam durchgeführte Untersuchung gelangte zu derart bitteren Schlußfolgerungen, daß die amerikanische Regierung erwirkte, sie nicht zu veröffentlichen. Eines der Mitglieder der Untersuchungskommission jedoch, Harold

Gibbs vom CIO, erklärte der Öffentlichkeit: »In Frankreich sind die größten Helfer des Kommunismus die Arbeitgeber.«

Der erste Monnetplan verfolgte das Ziel, Frankreich reich zu machen. Der zweite sollte die Franzosen reich machen. Diese Unterscheidung war eher geschickt als überzeugend, aber das Schlüsselwort war gefallen: reich machen. Zwischen der Produktivität und der sozialen Frage besteht ein Zusammenhang, der für die durch den Marxismus getrübten oder durch die Vorrechte geblendeten Augen noch nicht klar ist. Für die Verringerung der wirtschaftlichen Ungleichheit, den Kampf gegen das soziale Gefälle, ist der Reichtum eine wesentliche Vorbedingung. Ein alter, mit Ehren beladener Nationalökonom, der sehr geschätzt wurde, Charles Rist, sprach sich gegen das allzu rasche Anwachsen der französischen Wirtschaft aus und sagte eine Krise der Überproduktion voraus. »Wie soll es eine Krise der Überproduktion von Badewannen in einem Land geben, in dem sechs Einwohner von sieben keine besitzen?« entgegnete Jean Monnet.

Das harmonische Anwachsen von Wohlstand verlangt jedoch, daß die Wirtschaft ein Idol ist, dem sich die Politik unterordnet und ihm ein Klima der Stabilität und der Arbeit sichert. Davon war Frankreich noch weit entfernt.

Am 17. Juni 1951 fanden Wahlen statt. Das System der Blockbildungen hatte für die Kommunisten schwere Verluste zur Folge gehabt und den Fortschritt der Gaullisten gebremst. Erstere hatten mit 26,5 % der Stimmen 103 Abgeordnete erhalten, letzere mit 31,7 % 118. Die Parteien dazwischen hatten mit 400 Abgeordneten die Mehrheit behalten. Sie waren aber durch die Frage der Privatschule uneinig. Diese war infolge des Anwachsens der Schuljahrgänge praktisch unumgänglich, konnte nur fortbestehen, wenn sie unterstützt wurde. Der MRP-Abgeordnete Barangé unterstützte einen Antrag für Zuwendungen an die Familien, die einen Fachunterricht vorzogen, doch die Sozialisten waren bereit, dem Wort der alten Parole zu folgen: Eher soll der Unterricht zugrunde gehen als ein Prinzip. Dieser Streit, der in das 19. Jahrhundert gehörte, sollte dazu beitragen, die parlamentarische Institution zu zersetzen, die IV. Republik ins Grab zu bringen.

Es begann gleich mit der Eröffnung der Legislaturperiode. Die Kandidaten hatten sich miteinander verbunden, die Gewählten strebten auseinander. Die Bildung eines Kabinetts stieß auf besondere Schwierigkeiten. Auriol ließ Petsche zu sich rufen. Petsche nahm an, dann verzichtete er. Mayer nahm an, aber das Parlament verweigerte ihm die Investitur. Bidault und Reynaud lehnten ab. Petsche nahm abermals an, wurde aber gleich Mayer von den Abgeordneten zurückgewiesen. Mollet lehnte ab. Queuille weigerte sich, wieder vor den Karren gespannt zu werden. Pleven war schließlich erfolgreich, weil man zu einem Ende kommen mußte. Die am 4. Juli begonnene Regierungskrise hatte bis zum 8. August gedauert. Ein vielversprechender Anfang.

Inzwischen war der Gefangene Pétain, vormaliger Marschall von Frankreich, gestorben. Er war der älteste Gefangene der Welt gewesen. Sechs Jahre hatte er auf der Ile d'Yeu hinter dem Damm der Forts von Pierre-Levée seinem Wächter gesagt, er sterbe vor Sehnsucht, das Meer zu sehen. Seine Gefangenschaft war am Tag nach den Wahlen in Aufenthalt unter Bewachung umgewandelt worden, doch es war zu spät für den letzten Wunsch des greisen Mannes. Fast bewußtlos wurde Pétain auf einer Bahre aus seiner feuchten Kasematte in eine – wie es die Regierung nannte – Privatvilla gebracht, in Wirklichkeit ein kleines Haus ohne fließendes Wasser an einer Straße, die vor Sonnenaufgang von den Holzschuhen der Fischer, die zum Hafen hinuntergingen, widerhallte. Gegenüber stand eine wirkliche Villa, sie gehörte jedoch einem Kolonialbeamten, der sie von Madagaskar aus den Anwälten Pétains, Isorni und Lemaître, verweigert hatte. Diese mußten mit dem Bürgermeister kämpfen, damit auf dem Totenschein die Eintragung »Marschall von Frankreich« vermerkt wurde. Dann trugen die alten Frontkämpfer der Ile d'Yeu den Sarg zu dem kleinen Seemannsfriedhof.

Pleven überstand das Ende des Jahres, indem er von einer Mehrheit zur anderen wechselte. Im Januar wurde er gestürzt. Sein Nachfolger, der redegewandte, schlaue Edgar Faure stürzte im Februar. Der Stierkämpfer, der ihm den letzten Stoß versetzte, war der Premierminister von München, Edouard Daladier, einer der mittelmäßigsten, unheilvollsten Männer, die Frankreichs öffentliches Leben in hundert Jahren hatte . . . (Forts. Frankreich S. 490)

Die großen Krisen des Reiches kehrten wieder. Am 11. Januar 1952 starb de Lattre. Die letzte Operation, die er in Gang gesetzt hatte, brachte seine Nachfolger Salan und Linares in schwere Bedrängnis. Giap stellte seine Verbindungen mit Than Hoa wieder her, indem er sie über Cho Bo und Su Yen führte. Er lieferte ein Gefecht an der RC 6, der lebenswichtigen Straße der französischen Streitkräfte, die sinnlos in der Mulde von Hoa Binh festsaßen. Ein Bataillon der Legion widerstand siegreich in Xom Pheo, doch ein motorisierter Kampfverband und die Fallschirmjäger Oberst Gilles' mußten zwölf Tage lang verbissen kämpfen, um den Paß Kem wieder freizubekommen. Sechzehn Bataillone, vier Panzerbataillone, drei Artilleriebataillone wurden in den Kalkbergen festgehalten, die den Dai vom Schwarzen Fluß trennen, während die Divisionen 304 und 320 sich im Delta festsetzten, das unverteidigt war.

Es mutet wie ein Wunder an, daß Bao Dai sich herbeiließ, nach Hoa Binh zu kommen. Eine düstere Erscheinung. Gekleidet in eine alte graue Flanellhose und eine abgetragene Sportjacke, benahm sich der Kaiser mürrisch wie ein Mann, den man in eine Falle gelockt hat. Er hatte nicht unrecht. Die französische Führung wertete den kaiserlichen Besuch dazu aus, der Idee Glauben zu verschaffen, daß sie Hoa Binh um jeden Preis halten werde. In Wirklichkeit hatte Salan sofort bei Übernahme des Kommandos beschlossen, die Stellung zu räumen. Bao Dai sollte die Rolle, die man ihn da hatte spielen lassen, nicht verzeihen.

Die Führung war außergewöhnlich besorgt. Der Schatten der RC 4 fiel auf die RC 6. Der Rundfunk der Viets hatte den Franzosen in Hoa Binh prophezeit, sie würden weder lebend noch tot herauskommen. Ein heftiger Angriff am 17. Februar ließ befürchten, daß der Räumungsplan bekanntgeworden war. Aber die Nacht des 22. war ruhig. Die LCM, die M 2 beförderten 200 vollbeladene Lastwagen, 600 Kulis, etwa tausend Muongs auf das rechte Ufer des Schwarzen Flusses. Am Morgen setzte die vorher auf 3 Bataillone verringerte Garnison gleichfalls über. Der Feind erwachte erst um 8 Uhr, kam von den Höhen herab und griff die Nachhut an. Die in Xom

Pheo massierte Artillerie eröffnete ein heftiges Feuer auf die Mulde von Hoa Binh. Um 13,30 Uhr sprangen die letzten Soldaten an das rechte Ufer, und die Marineeinheiten begannen ihre gefährliche Fahrt flußabwärts, um den Roten Fluß zu erreichen. Hoa Binh war geräumt, 25 000 Mann mußten noch über die RC 6 in das Delta gebracht werden.

Die Operation wurde in zwei Phasen unter Artilleriesicherung durchgeführt. Der Feind beschoß die Straße mit Maschinengewehren und Mörsern. Seine Infanterie blieb jedoch untätig. Der einzige Generalangriff erfolgte in dem Augenblick, als das Ende der langen Kolonne bei dem Dorf Mo Thu aus den Kalkbergen kam. Die Viets starteten einen heftigen Angriff auf den von Oberst de Rocquigny befehligten Verband, der aus einem Bataillon Legionäre, einem Bataillon Fallschirmjäger, einer Kompanie Schützen und einem Zug Shermanpanzer bestand. Die Panzer wurden von der Infanterie getrennt, von der einige Trupps zurückwichen und in den Dschungel flüchteten. Aber die Artillerie riegelte die Straße ab, und die Bearcats beschossen die Angreifer im Tiefflug. Die letzten Soldaten aus Hoa Binh erreichten das Innere des befestigten Bereiches.

Die französischen Verluste im Lauf des Rückzuges wurden offiziell mit 76 Toten, 20 Vermißten und 250 Verwundeten angegeben. Die Führung jubelte: Sie hatte eine Wiederholung der Affäre der RC 4 befürchtet, eine völlige Katastrophe. Später erfuhr das Expeditionskorps von einer enttäuschten und harten Kritik der Viets. Giap hatte geglaubt, den größten Teil der motorisierten Kräfte umzingelt zu haben. Er machte den taktischen Chefs fehlende Wachsamkeit zum Vorwurf.

Salan seinerseits ließ die Journalisten zusammenkommen, um sich zu entschuldigen, daß er sie getäuscht hatte, als er versicherte, es sei keine Rede davon, Hoa Binh aufzugeben. Er erklärte, daß die Operation im ganzen »lohnend« gewesen sei, da sie »die Viets zerschlagen« habe. Seit dem 2. Dezember, versicherte er, habe der Feind 700 Tote und 15 000 Verwundete von den 40 000 Mann eingesetzten Elitetruppen verloren. Die Truppen der Französischen Union zählten 340 Tote, 418 Vermißte und 830 Verletzte ... Die Zahlen des Generals waren für beide Seiten falsch. Im Laufe des Monats Januar allein waren bei den Franzosen und ihren Söldnern 1400 Mann gefallen, und die Verluste des Feindes betrugen wahrscheinlich nicht die Hälfte der von dem neuen Oberkommandierenden angegebenen Gesamtzahl.

Der Krieg in Tongking war in die Ebene des Deltas verlegt worden. Ein seltsamer Krieg. Entsetzliche Hitze oder eisiger Regen. Die mechanischen Ungeheuer der Franzosen wirbelten riesige Staubwolken auf. Die Hagelstürme der Artillerie zerschmetterten die Dörfer oder verursachten in den Reisfeldern Geiser von Schlamm. Die motorisierten Verbände durchstreiften Hunderte von Kilometern, in der Hoffnung, die regulären Einheiten des Feindes zu fassen und zu vernichten. Aber das Alltagsleben wurde durch die Kriegsentfaltung nicht unterbrochen. Die eingeborenen Nhaques trotteten in langen Zügen unter der Last der an den Gleichgewichtsstangen hängenden Körbe dahin oder pflügten gelassen hinter ihrem schwarzen Büffel. Um sie ging es in diesem Kampf – doch wie sollte man sie gewinnen? In jedem der vierzigtausend Dörfer saß zumindest ein verantwortlicher Viet, Terrorist und Eintreiber. De Lattre hatte bewegliche Verwaltungsgruppen organisiert, deren Aufgabe darin bestand, die Pause zwischen den militärischen Operationen und der Einrichtung der vietnamesischen Behörden auszufüllen. Doch nach den Truppen gingen die Verwaltungsgruppen wieder fort und ließen Bezirks- und Ortschefs zurück, die über keine andere bewaffnete Macht verfügten als eine Handvoll Milizleute von zweifelhafter Verläßlichkeit. Die Vietminh tauchte auf, wie wenn sie aus dem Erdboden herauskäme, schnitt ein paar Leuten die Kehle durch und unterwarf alles wieder ihrem Regiment.

Am 1. April 1952 erreichte der Personalstand des Expeditionskorps 190 000 Mann. Die Zahl der Gefallenen seit Beginn der Feindseligkeiten betrug 40 912, davon 13 332 Franzosen einschließlich 1247 Offizieren und 3233 Unteroffizieren. Zu Beginn des Krieges war man der Ansicht gewesen, daß ein Bataillon der Französischen Union 3 oder 4 Bataillone der Viets aufwog; nun war man zu optimistisch, wenn man zugestand, daß sie einander gleichwertig waren. Diese kleinen jungen Kerle, die von den Franzosen während ihrer zwei Weltkriege nur als Chauffeure oder Krankenpfleger beschäftigt worden waren, hatten sich zur besten Infanterie der Welt entwickelt. Frankreich verausgabte sich in einem ausweglosen Abenteuer.

(*Forts. Indochina S. 549*)

Bourguiba will, daß Blut fließt

Das schwarze Afrika war ruhig. Algerien war ruhig. Marokko hatte sich beruhigt. Neue Unruhe erwachte am anderen Ende Nordafrikas in Tunesien.

Der Friedensstörer hieß Habib ben Ali Bourguiba. Er saß im Fort Saint-Nicolas im Gefängnis, als die Italiener im Jahre 1942 Marseille besetzten. Sie befreiten ihn, doch Bourguiba kehrte einer verlorenen Sache den Rücken und gelangte nach Kairo, wo er Sekretär des Befreiungskomitees für Nordafrika wurde. Er hatte einige Unannehmlichkeiten mit den Geldern des Komitees, mußte sich von dem alten Abd el Krim der Veruntreuung bezichtigen lassen und kam nach Tunesien zurück, wo er die Führung der Neo-Desturpartei übernahm. Er war durch und durch französisch geworden, mit einer Französin aus Saint Maur-les-Fossés (Département Seine) verheiratet und wäre zur Zeit des siegreichen Kolonialsystems ein radikalsozialistischer Politiker in Paris geworden. Die neuen Zeiten behielten ihm andere Berufungen vor.

In seinem Charakter der Levante ebenso zugehörend wie dem Maghreb, war Tunesien kein unzivilisiertes Land. Tunis sah aus wie eine Stadt im Süden Frankreichs, mit seiner klingelnden Straßenbahn, seinen Musikbuden und seinem Denkmal Jules Ferrys. Es gab ein Bürgertum in Tunis und eine kleine intellektuelle Elite. Man hatte Libyen die Unabhängigkeit verliehen, einem Land nomadischer Saharabewohner. »In was sind wir weniger fähig als die Libyer, unsere Angelegenheit selbst zu verwalten?« fragte Bourguiba mit Recht. Zwei der Neo-Desturpartei angehörende Minister, Salah ben Joussef und Mohammed Badra, fuhren nach Paris, gingen ins Palais Chaillot und überreichten dem Sekretariat der Vereinten Nationen direkt eine Klage gegen Frankreich. Sie warfen ihm vor, daß es um die innere Autonomie feilsche und eine gemeinsame Herrschaft einführen wolle, die den 150 000 Franzosen ebensoviel Gewicht gab wie den 3 Millionen Tunesiern.

Diese 150 000 Franzosen hatten nicht schlecht gearbeitet. Sie hatten rund um Sfax den größten Olivenwald der Welt geschaffen. Sie zahlten 60 % aller Steuern. 60 Milliarden Kapital, die besser in Frankreich geblieben wären, waren in den letzten sieben Jahren in Tunesien investiert worden. Die Franzosen sagten: »Die innere Autonomie wäre unser Ruin und unser Tod.«

In der rechtlich unannehmbaren Klage Ben Joussefs und Badras sah Frankreich eine Provokation. Es machte das tunesische Kabinett mit seinem Präsidenten Mahmed Chenik ebenfalls dafür verantwortlich. Der Generalresident Jean de Hauteclocque erhielt die Weisung, vom Bey die Abberufung Cheniks zu fordern.

Sidi Lamine, »Bey und Inhaber der Regentschaft von Tunis«, hätte nie daran gedacht, eines Tages mit der Macht, deren Protegé er war, in Konflikt zu kommen. Diese hatte ihn im Jahre 1943 auf den Thron gesetzt, anstelle von Moncef Bey, der sich des Gehorsams gegenüber Rommel und von Arnim schuldig gemacht hatte. Er glich einem türkischen Sultan zur Zeit des Komitees Union und Fortschritt. Er lebte monogam inmitten einer Familie von 220 Prinzen, die ein Viertel des Budgets verbrauchten, und unter dem Schutz einer Garde von hundert Mann, die von 18 Generälen befehligt wurde. Diese archaische Lebensform war ganz offensichtlich mit Bewegungslosigkeit verbunden, Lamine Bey wurde jedoch gegen sein Interesse und gegen seine Absicht in die Bewegung hineingezogen. Er ließ Hauteclocque zwanzig Tage lang warten, und als er ihn empfing, geschah dies, um ihm eine Note zu überreichen, in der er Erklärungen verlangte, anstatt Genugtuung zu gewähren. Nach dem Fürsten von Marokko machte der Duodezfürst von Tunesien gemeinsame Sache mit der antifranzösischen Partei.

Es floß Blut, und Bourguiba war schuld daran: »Wenn unsere berechtigten Forderungen sich auf normalem Weg nicht durchsetzen lassen, werden wir sie durch primitive Mittel zum Ausdruck bringen, durch Blut.« Für diese schönen Worte wurde er verhaftet, aber das Blutvergießen hatte seinen Anfang genommen. Acht Tote in Mateur, 5 Tote in Nabeul, 3 Franzosen wurden in Moknine ermordet und geschändet, ein Oberleutnant der Gendarmerie auf Kap Bon getötet, usw. In Sus trat Oberst Norbert Durand, der Kommandeur der Garnison, ohne Waffen vor die Demonstranten, um sie zur Ruhe aufzufordern. Er wurde niedergeschlagen und erstochen.

Frankreich legte Wert auf Tunesien und betrachtete Biserta als unentbehrlichen Marinestützpunkt. Verstärkungen trafen ein. Der Kreuzer *Georges-Leygues* brachte in höchster Eile 4 Kompanien Mobilgarden. Das Meldeschiff *Elan* und das Geleitboot *Mameluk* setzten die Kommandos an Land, die Sus wieder nahmen. Die Dampfer *Djebel Amour*, *Djebel Dira*, *Charles-Plumier*, *Compana*, *Skangun*, *Marigot* trafen in Tunis ein, beladen mit Truppen. Belagerungszustand, Ausgehverbot, Durchkämmen des Kap Bon, wo 700 Menschen verhaftet und einige Ausschreitungen begangen wurden. Chenik und seine Minister wurden nach dem Süden deportiert. Die Nationalisten antworteten mit Anschlägen. Eine im Wartesaal des Bahnhofes von Gabès gelegte Bombe tötete den Stationschef und acht Reisende. Der Bey wurde unruhig, brandmarkte die Terroristen, erließ einen Aufruf zur Ruhe und wählte als Premierminister einen klugen Greis namens Baccouche. Die Franzosen ihrerseits versprachen Reformen, ließen Chenik und Bourguiba frei. Das normale Leben nahm wieder seinen Lauf. (*Forts. Tunesien S. 769*)

Frankreichs Finanzen

In der französischen Hauptstadt erreichte die politische und finanzielle Krise ungewöhnlich ernste Ausmaße. Durch das Preisniveau im Inneren gehemmt, ging die Ausfuhr auf 57 Milliarden im Monat zurück, damit erreichte sie nicht einmal 50 % der Einkäufe im Ausland. Das Defizit der Europäischen Zahlungsunion betrug 180 Millionen Dollar, die man, mangels Dollars, aus der schwachen Goldreserve begleichen mußte. Seit 1945 hatte Frankreich die 103 Milliarden der Befreiungsanleihe, die 303 Milliarden der Anleihe Ramadier, die 50 Milliarden, die aus der Entwertung der 5000-Francs-Scheine stammten, die durch zwei Kapitalentnahmen erzielten 203 Milliarden, die 839 Milliarden der Hilfe Amerikas, im ganzen 1498 Milliarden, verbraucht. Gewiß hatte diese Summe dem Wiederaufbau und der Modernisierung Frankreichs gedient, doch einmal kommt der Augenblick, wo unbedingt ein Gleichgewicht hergestellt werden muß. Frankreich aber entfernte sich immer weiter davon. Die Vorschüsse der Banque de France an den Staat waren von 15 auf 160 Milliarden gestiegen, der Notenumlauf von 283 auf 2161 Milliarden. Der Dollar, der im Jahre 1938 35 Francs wert gewesen war, kostete auf dem offiziellen Markt 350 Francs und auf dem »grauen« Markt 500 Francs. Der Krieg um ein Indochina, das Frankreich aufgegeben hatte, verschlang täglich eine Milliarde. Jede Woche schöpfte der Staat Gelder aus seinem Betriebskapital ab, um seine ungenügenden Einnahmen auszugleichen. Man war so ziemlich am Ende.

Edgar Faure war gestürzt worden, weil er eine Steuererhöhung vorgeschlagen hatte. Gestürzt, aber dennoch mit den laufenden Angelegenheiten betraut, wandte er sich an die Banque de France. Diese war verstaatlicht worden. Das war zwar eine Ketzerei, doch ihr Verwaltungsrat hatte noch Unabhängigkeit und Mut bewahrt. In seinem Namen antwortete der Direktor, Wilfred Baumgartner, dem bereits verabschiedeten Ministerpräsidenten, er lehne es ab, die vorläufigen Vorschüsse der Bank an den Staat zu erhöhen. »Nach der Überzeugung des Generalrates lebt der Staat so wie die Privatleute über seine Verhältnisse ... Es ist ganz klar, daß eine Sanierung unbedingt nötig ist, die in ihren allgemeinen Linien wohl jener gleichen muß, die in anderen Staaten durchgeführt wurde.« Da es schwierig war, die öffentlichen Schalter schließen zu lassen, willigte die Bank ein, Schatzscheine für 25 Milliarden zu kaufen, die am 20. März 1952 fällig wurden. Ein Tropfen Wasser für den verdurstenden Reisenden – und in zwanzig Tagen rückzahlbar!

Die westliche Welt war besorgt und ging mit sich zu Rate. Vor wenigen Tagen war in Lissabon eine Konferenz der NATO voll Optimismus abgeschlossen worden. Man hatte die zur Verteidigung Europas erzielten Fortschritte zu Protokoll genommen und Pläne für zukünftige Entwicklungen entworfen. Ohne darauf zu warten, daß sein Militärstatut endgültig festgelegt wurde, hatte Deutschland sich bereit erklärt, sich mit 11 Milliarden 200 Millionen Mark am Budget der Gemeinschaft zu beteiligen. Die französische Beteiligung, die nach dem Bruttonationaleinkommen festgesetzt wurde, war mit 14 Milliarden Francs, also 4 Milliarden Dollar, festgesetzt worden. Es war klar, daß Frankreich bei der Lage seiner Finanzen, auch wenn man die von Amerika versprochene Beteiligung von 600 Millionen Dollar in Betracht zog, außerstande war, einen solchen Beitrag zu leisten. Die spezifische Krankheit Frankreichs bedrohte den Aufbau der westlichen Verteidigung, im Augenblick, da SHAPE (*Supreme Headquarters Allied Powers in Europe*) in Roquencourt einzog!

Dem Ausland waren diese finanziellen Schwierigkeiten Frankreichs unverständlich. Das Land war reich und rührig; wieso gelang es ihm nicht, seine Bilanz auszugleichen? Warum duldete es ungeheuerliche Steuerhinterziehungen, befreite sich nicht von der Demagogie, die letzten Endes von denen bezahlt wurde, die sie umwarb? In den Vereinigten Staaten stammten 80 % der öffentlichen Mittel aus der Einkommensteuer; in Frankreich 17 %. Das war einer der Gründe der für die französische Gesellschaft charakteristischen sozialen Unterschiede. Das war der Ursprung der für die kleinen Einkommen erdrückenden und für die wirtschaftliche Expansion verhängnisvollen Verbrauchssteuern. Das war die Erklärung für das chronische Budgetdefizit. Die Ursache lag in dem parlamentarischen Totalitarismus. Dem Anschein nach, in der Theorie, stellte er jene Lösung dar, die der direkten Regierung durch das Volk am nächsten kam, da die vom Volk direkt gewählten Abgeordneten alle Machtbefugnisse in ihrer Person vereinigten. In Wirklichkeit war noch nie ein schlaueres System erfunden worden, um das soziale Vorrecht zu verschleiern. Das einzige Mittel gegen die französische Krise war eine Reform der politischen Institutionen. Alles andere waren halbe Maßregeln.

Von neuem machte sich der arme Monsieur Auriol auf die Suche nach einem Regierungschef. Er berief Reynaud, der gleich beim Start scheiterte. Ihm folgte Pinay.

An Pinay glaubte niemand. Er erschien schwach. Er war ein Unternehmer mit fünfzig Arbeitern, dessen Gerbereibetrieb seit dem Jahr 1870 in Händen seiner Familie lag. 1940 war er Senator des Départements Loire gewesen und hatte für die Abschaffung der Republik gestimmt, der Verlust des passiven Wahlrechts war jedoch wegen seiner mutigen Haltung gegenüber der Besatzungsmacht als Bürgermeister von Montbrison rückgängig gemacht worden. Er war ein Mann, der sich nach Erreichung seines sechzigsten Jahres erst richtig durchsetzte. Es schien jedoch unmöglich, daß er eine Mehrheit zu sammeln vermochte. Das Parlament war in fünf etwa gleich starke Gruppen geteilt: die Kommunisten, die Sozialisten, die Gaullisten, die Katholiken und die Gemäßigten. Der konservative Pinay hatte die beiden ersten Gruppen gegen sich. Die dritte hatte nur ein einziges Mal die Opposition verlassen: um die Annahme des Gesetzes Barangé zu sichern. In allen anderen Abstimmungen hatte sich gegen Pleven und gegen Faure der Block der 118 Abgeordneten des *Rassemblement du Peuble Français* (RPF) gestellt.

Pinay, der Mitglied von Pétains Nationalrat gewesen war, konnte nicht darauf zählen, von den Gaullisten besser behandelt zu werden als seine Vorgänger.

Charles de Gaulle lenkte von seinem Dorf Colombey aus diese schwierige Politik und bestimmte ihre Grundsätze. Er hatte sich geweigert, ins Palais Bourbon einzu-treten (»Können Sie sich vorstellen, daß de Gaulle den Präsidenten Edouard Herriot um das Wort bittet?«), um nicht Gefahr zu laufen, vom parlamentarischen Räder-werk erfaßt zu werden. Er verachtete die Spiele des Halbrunds und schloß die Abge-ordneten, die seine Farben trugen, von der Verachtung nicht aus. Am Tag vor der Abstimmung, Mittwoch den 10. März, berief er den Parteivorstand und die Fraktion des RPF in die Rue de Solferino: »Das System ist tot. Wir werden einer Leiche keine Injektionen verabreichen. Ich habe Frankreich nicht für Monsieur Pinay geret-tet ...« Dann fuhr er wieder in sein Dorf zurück und erwartete, daß man ihm ge-horchte.

Die Verantwortung lastete mit aller Schwere auf den Abgeordneten des RPF. Es genügte, daß sie sich der Stimme enthielten, damit Pinay die für seine Investitur notwendigen 311 Stimmen nicht erhielt. Die Möglichkeit einer Regierungsbildung gab es nicht. Von den 25 seitens der Banque de France zugestandenen Milliarden waren 20 bereits verbraucht. Der Bankrott war da, dazu die sozialen Wirren und da-mit die Gefahr der Revolution. Der gestrenge Chef, der große Abenteurer, ging das Risiko ein. Diejenigen, die ihn zu ihrem Leitstern gemacht hatten, folgten ihm be-geistert. Jene, die sich ihre freie Urteilskraft bewahrt hatten, litten Qualen.

Eine Zusammenkunft der Fraktion ging der Schicksalssitzung voraus. Der Frak-tionsvorsitzende, Soustelle, wiederholte die Parole des Generals: dagegen stimmen. Es wurde widersprochen. Koenig machte darauf aufmerksam, daß eine Stimment-haltung genügen würde, um sich eine widerwärtige Rolle zu ersparen. Vallon erwi-derte, daß dieser Ungehorsam eine Beleidigung für den General darstelle. Trotzdem wurde mit 41 gegen 35 Stimmen die Stimmenthaltung beschlossen. Wie Koenig ge-sagt hatte, genügte sie ...

Pinay hielt eine in ihrer Knappheit und Beherztheit eindrucksvolle Rede. Die Aus-zählung der Stimmen erbrachte eine Überraschung, die im Palais Bourbon wie eine Bombe wirkte. Pinay war durchgekommen! Er hatte 324 Stimmen erhalten, um 11 mehr als die verfassungsmäßige Mehrheit. 27 RPF-Abgeordnete hatten sich für die Politik des geringeren Übels entschlossen. De Gaulle hatte dazu nur eines zu bemer-ken: »Man hat mich verraten!« Einige Monate später sollte er das RPF auflösen und den Kandidaten verbieten, sich seinen Namen zunutze zu machen; er würde in seinem Garten auf und ab schreiten und auf eine Katastrophe warten, ein neues Stelldichein mit dem Schicksal ...

Frankreich kam in ruhigere Gewässer. Der unbekannte, jedoch energische und fä-hige Pinay war unstreitig der beste Regierungschef der unglückseligen IV. Republik. Er vermochte den Bankrott abzuwenden, stellte das Vertrauen wieder her, stoppte die Preise und bewies, daß Frankreich eigentlich ganz leicht zu regieren war. Den-noch hatte de Gaulle mit seiner gnadenlosen Kritik vollkommen recht gehabt. Schlechte Institutionen bringen die besten Männer zu Fall. Pinay wurde im Dezem-ber 1952 gestürzt, und zwar bei einem nebensächlichen Etatstreit. In der Woche zu-vor hatte das amerikanische Magazin TIME sein Porträt auf der Titelseite veröffent-licht, daneben einen Louis d'or, mit der Überschrift: Sicherheit, Ruhe, Stabilität ...

(*Forts. Frankreich S. 537*)

England war müde, verbraucht und griesgrämig. Die Labourregierung lebte noch fort, befand sich aber auf dem Wege völliger Auflösung. Der todkranke Bevin übergab das Außenministerium an Herbert Morrison, der bei den Diplomaten als Streikhetzer verschrien war. Der grimmige Bevan (»Tories stehen auf niedrigerer Stufe als Ungeziefer«) trat zurück – gefolgt von einem anderen Extremisten, Harold Wilson – und erklärte, Attlee sei ein Dienstbote des amerikanischen Imperialismus.

In der Weihnachtsnacht des Jahres 1950 hatten drei schottische Nationalisten *The Stone* aus der Westminsterabtei gestohlen, den aus Schottland entführten Stein, der seit Jahrhunderten dem Krönungsstuhl eingefügt war. Dieser Raub schmerzte einen ausgezeichneten Mann tief, König Georg VI., den ein noch unbekanntes Leiden frühzeitig gealtert hatte. Er sah darin ein schlimmes Vorzeichen, einen Sprung im Königreich, nach dem Zusammenbruch des Empires. Auf sein Verlangen sagte man den Räubern Straflosigkeit zu, wenn sie geruhten, die kostbare Beute zurückzustellen. Sie warteten vier Monate, bis sie *The Stone* auf den Vorplatz einer Kirche in Glasgow legten.

So wie Frankreich, jedoch mit weniger Vitalität, kämpfte Großbritannien gegen die Unausgeglichenheit seiner Handelsbilanz und die Trägheit seiner Wirtschaft. Sieben Jahre nach einem siegreich beendeten Krieg waren Fleisch, Speck, Butter, Käse, Zucker und Tee immer noch rationiert. Die Fleischration war um 25 % verringert worden, als der Schatzkanzler sich für außerstande erklärt hatte, die von Argentinien geforderten Preise zu bezahlen. Die Produktivität wurde immer noch durch die Unbeugsamkeit der Gewerkschaften gebremst. Der *National Coal Board* wagte es, eine Handvoll italienischer Bergarbeiter kommen zu lassen, um die Arbeitsversäumnisse der englischen Bergarbeiter in den verstaatlichten Gruben wiedergutzumachen; diese versperrten den Zugang zu den Gruben und zwangen Attlee unter Drohung eines Generalstreiks, die Eindringlinge wieder fortzuschicken. Am 5. Februar 1951, mitten in einer Kältewelle, mußte man die Kohlenlieferungen für Haushalts- und Industriebedarf um 15 % kürzen. Dreihundert Züge wurden aus dem Fahrplan gestrichen. England kaufte überstürzt in Bengalen und Nigeria Kohle. Diese leidige Erfahrung hielt die Labourregierung nicht davon ab, die Verstaatlichung Großbritanniens weiterzuführen. Die 96 größten Firmen der Hüttenindustrie wurden zu Staatsbesitz erklärt.

Plötzlich befand sich diese apathische Nation und ihre ermattete Regierung im Kampf mit einer Reihe von Krisen, die in einem Gebiet auftraten, das sie noch als Drehscheibe ihres Reiches ansah, im Mittleren Osten.

500 Kilometer von Suez entfernt liegt der Iran, ein kahles Hochplateau, auf dem 3 Millionen Nomaden umherzogen und 15 Millionen Seßhafte ihr kümmerliches Auskommen hatten. 95 % der Einwohner waren Analphabeten. Das Gesellschaftssystem war ein Nebeneinander von korruptem Feudalismus und abgrundtiefem Volkselend. Die von einem aufständischen Unteroffizier begründete Dynastie war ein Vierteljahrhundert alt, und der regierende Schah Reza Pahlavi, der zweite seines Namens, hatte bisher die Aufmerksamkeit der Welt nur dadurch auf sich gezogen,

daß er seine Frau, die Schwester des Königs von Ägypten, verstoßen hatte, um die Tochter einer schönen Deutschen und eines persischen Grundbesitzers, Soraya Esfandiari, zu heiraten. Die Zwillingsschwester des Schahs, Prinzessin Ashraf, intrigierte gegen ihren Bruder, und der zweitgeborene Bruder, Prinz Abdorasa, der in Harvard studierte, erzählte den amerikanischen Journalisten, daß 80 % der Einkünfte des Irans von der kaiserlichen Familie verbraucht würden. Der im Jahre 1946 unter großen Schwierigkeiten gebannte Schatten der Sowjets lastete immer noch auf dem Land. Ein General mit eiserner Faust, Ali Razmara, ehemaliger Saint-Cyr-Zögling, beherrschte es, so gut er konnte.

Als er am 8. März 1951 die große Moschee in Teheran betrat, krachten hinter ihm vier Revolverschüsse. Die erste Kugel hatte genügt. Mit zerschossener Halsschlagader verblutete die Säule des Iran in wenigen Minuten.

Der Schütze ließ sich mit dem Ruf »Nieder mit der Gesellschaft!« verhaften. Er war nur ein fanatisierter armer Teufel, ein Abzugdrücker. Der wahre Mörder, Navab Safavi, beeilte sich, die Verantwortung für das Verbrechen im Namen der Vereinigung *Fadayian Islam*, der Frommen des Islam, auf sich zu nehmen.

Die Gesellschaft, die gemeint war, war die *Anglo-Iranian Oil Company*, die vormalige *Anglo-Persian Oil Company*. Der Australier Knox d'Arcy hatte sie zu Beginn des Jahrhunderts gegründet, indem er dem Schah 60 000 Dollar gegeben und ihm 16 % des Gewinns versprochen hatte. Im Jahre 1914 hatte ein junger Erster Lord der Admiralität, Winston Churchill, der bei seinen Geschwadern die Kesselheizung mit Öl eingeführt hatte, 52,5 % des Kapitals der Gesellschaft durch die britische Regierung kaufen lassen. Der Gewinnanteil war auf 25, dann auf 30 % erhöht worden. Ali Razmara war der erste, der mehr verlangte, er hielt jedoch die von Aramco dem König von Arabien zugestandene Aufteilung 50/50 für das erreichbare Maximum. Deshalb war er gestorben.

Auf dem Plateau des Iran herrschte eine phantastische Fata Morgana. »Man kann sich den Iran als Weltmacht nicht vorstellen«, sagte Safavi. »Wir sind imstande, den Russen und den Amerikanern zu diktieren, was wir wollen.« Macht und Reichtum. »Wenn wir die Ausbeute des Schatzes ganz behalten, den die Natur 50 Millionen Jahre lang für uns vorbereitet hat«, sagte Mullah Kashani, »wird der Lebensstandard unserer Arbeiter nicht niedriger sein als der irgendeines anderen Landes der Erde.«

In wenigen Jahren hatte der Mittlere Osten mit seinen Ölvorkommen ungeheure Bedeutung erlangt. Die Produktion erreichte 17 % der Weltproduktion, sie speiste 70 % des europäischen Verbrauches. Das war nur ein Anfang. Die Hälfte, vielleicht zwei Drittel der im Inneren der Erdkruste vorhandenen Kohlenwasserstoffe liegen unter den Füßen von einem halben Dutzend vorderasiatischer Völker. Sie alle glichen einander. Alle waren unwissend, phantasiereich und hatten für Anstrengung wenig übrig. Es bestand die Gefahr, daß sich die Fata Morgana des Iran ausbreitete und die Energiebasis der westlichen Welt gefährdete.

Auch der Rektor der Universität Teheran wurde ermordet. Razmaras Nachfolger, Hussein Ala, verließ seinen Posten und flüchtete ins Ausland: »Ich habe lieber einen einfachen Privatmann zum Mann als einen toten Premierminister«, hatte Frau Ala gesagt. Die sogenannten Vertreter des iranischen Volkes, die Majlis, beschlossen einstimmig die Verstaatlichung der Anglo-Iranian. Die vorhergegangenen Anträge hatten nicht mehr als 12 Stimmen erhalten. »Ein paar Gramm Pulver«, meinte Safavi ironisch, »haben genügt, um den Patriotismus ins Parlament zu bringen.«

Der Schah hatte sich damit abgefunden, Mohammed Mossadegh anstelle des geflüchteten Hussein Ala zu berufen. Mossadeghs Alter war umstritten. Von seinem Leben wußte man nicht viel. Eine Zeit hatte er teils im Exil, teils im Gefängnis verbracht. Er war nicht ungebildet, sondern hatte in der Schweiz seinen Doktor juris gemacht. Als Sohn einer Prinzessin besaß er ein großes Vermögen in Ländereien, hatte sich aber für ein asketisches Leben entschlossen und rühmte sich, nur zwei Hosen zu besitzen. Die Leidenschaft seines Lebens war der unermüdliche Feldzug gegen die Anglo-Iranian. Das Geheimnis seiner Macht über die Massen lag in eben jener Erregbarkeit, die Europa und Amerika so zum Lachen brachte. Die einzigen Bewohner des Westens, die imstande waren, das zu verstehen, waren jene, die gesehen hatten, welche Macht die Derwische, welche Wirkung die Raserei auf die Massen des Orients ausüben. Für die anderen war Mossadegh ein Verrückter oder ein Betrüger.

Daß Mossadegh zum Tod verurteilt worden war, vereinfachte die Sache nicht. Das war nicht durch Sir William Fraser geschehen, den Präsidenten der Anglo-Iranian, sondern durch die *Fadayian Islam*, die ihn beschuldigten, ein falscher Patriot und Agent der englischen Ölleute zu sein. Er war in Tränen zu den Majlis gekommen und hatte um Asyl gebeten. Man hatte es ihm gewährt, hatte ihm über der Quästur eine kalkgetünchte Zelle gegeben, in der der einzige Farbfleck ein blauemaillierter eiserner Nachttopf war, der unter einem Feldbett mit ausgeleiertem Metallfedereinsatz stand. Mossadegh verbrachte Tag und Nacht im Pyjama in dieser Elendsbehausung Von Zeit zu Zeit kam er auf die Tribüne der Majlis, wo er gewöhnlich in Ohnmacht fiel. Die übrige Zeit stöhnte er, er sterbe fürs Vaterland

England hatte sich an den Internationalen Gerichtshof in Den Haag gewandt. Dieser hatte entschieden, der Iran müsse bis zur Regelung des Streitfalles der Gesellschaft gestatten, ihre gewohnte Tätigkeit in Frieden fortzusetzen. Länder wie der Iran jedoch akzeptieren die Urteile internationaler Gerichtshöfe unter dem einzigen Vorbehalt, daß sie zu ihren Gunsten lauten. Mossadegh hatte eiligst eine nationale Gesellschaft ins Leben gerufen, und sein eigener Schwiegersohn, Ahmed Dafteri, hatte sich im Lehnstuhl Eric Drakes, des Generaldirektors der Anglo-Iranian, häuslich niedergelassen. »Ich habe für das Gesetz der Verstaatlichung gestimmt; hier bin ich, um es geltend zu machen...«

Das Resultat ließ nicht auf sich warten. Die tägliche Produktion hatte 665 000 Faß betragen; sie ging auf 30 000 zurück. Die Raffinerie in Abadan, vormals die bedeutendste der Welt, schloß am 31. Juli ihre Pforten. Die 2500 britischen Techniker weigerten sich, für die nationale Gesellschaft zu arbeiten, daher heuerten diese ein paar Abenteurer an, die sich zu den eingeborenen Schmarotzern gesellten, um sie auszubeuten. Die Schiffahrtsgesellschaften weigerten sich, das wenige Öl, das noch zu den Landungsstellen gelangte, zu transportieren, die Verteilungsgesellschaften lehnten den Vertrieb ab. Aber Propagandisten, die den Barden des Mittelalters glichen, durchstreiften die Dörfer des Iran und erzählten in rhythmischer Prosa, daß die mohammedanischen Länder den Heiligen Krieg ausgerufen hätten und daß die des iranischen Öls beraubten kapitalistischen Mächte in einer verzweifelten Lage seien.

Fata Morgana ... Fata Morgana ... Überall im Orient, wo es Ölvorkommen gab, verstärkten die Gesellschaften die Ölförderung, um das Ausscheiden des Iran auszugleichen. Die Regierungen strichen die erhöhten Tantiemen ein, ohne sich zu schämen. Saudi-Arabien erhöhte seine Produktion um 75 %, Kuweit um 100 %, der Irak um 150 %, Katar um 300 %. Die durch den Suezkanal und die Pipelines beförderten Ölmengen wurden größer, anstatt abzunehmen.

In Abadan, dessen Fackeln nicht mehr brannten, verblieben 350 Angestellte der Anglo Iranian, die durch ihre Anwesenheit die Rechte der Gesellschaft aufrechterhielten. Die Menge war ihretwegen in Aufruhr. Mossadegh erklärte, er werde die Raffinerie in die Luft sprengen, wenn sie nicht das Land verließen. Am 25. September stellte er Großbritannien ein Ultimatum: Die Engländer in Abadan hätten eine Woche Zeit, um zu verschwinden. Bis zum Ablauf dieser Frist würden ihnen die Iranier »*the friendliest feeling*« entgegenbringen; danach könnten sie für ihre Sicherheit nicht mehr einstehen.

Das Land, an das diese Aufforderung gerichtet war, hatte andere Sorgen als die Unverschämtheit Doktor Mossadeghs. Zwei Tage zuvor hatte der BBC in seiner Nachrichtensendung um 20.30 Uhr mitgeteilt, daß König Georg VI. sich einer Operation unterziehen werde, deren Ernst man nicht verhehlen konnte. Die Zeitungsüberschriften, die Gespräche auf der Straße, die öffentlichen Gebete, bezeugten, daß sich während all der Veränderungen, die England aufwühlten, die Bande zwischen Volk und Monarchie nicht gelockert hatten.

Georg VI. hatte immer gekränkelt. Er hatte die Buergersche Krankheit, deren Charakteristikum eine Gerinnung des Blutes in den Adern ist, und entging im Jahre 1948 nur mit knapper Mühe einer Amputation des rechten Beines. Seine Ferien im Jahre 1951 in Schloß Balmoral hatte er wegen heftiger Schmerzen unterbrochen. Ein Konsilium von neun Ärzten hatte eine partielle Lungenresektion beschlossen. Niemand sprach das schreckliche Wort Krebs aus. Die Zeitungen erklärten als Zweck der Operation die »Strukturveränderung« einer Lunge des Königs.

Die Operation wurde Sonntag, den 23. September, in einem speziell vorbereiteten Salon des Buckinghampalastes von dem Chirurgen Thomas Price ausgeführt. Um 17 Uhr kam ein Diener aus dem Palast, stieg auf einen Schemel und schickte sich an, einen Krankenbericht an das Gitter zu hängen. Die Menge nahm die Hüte ab und stimmte »*God save the King*« an. Der Bericht verkündete, daß die Operation gelungen sei, daß der Patient ruhte, daß aber die Gefahr nicht völlig beseitigt sei.

Vier Tage zuvor hatte sich Attlee geschlagen gegeben. Er hatte seit 18 Monaten mit Mehrheiten regiert, die schließlich auf drei Stimmen zusammengeschrumpft waren. Der bevorstehende Winter würde England mit noch weniger Kohle, Nahrungsmitteln und Hoffnung finden, als der vorangegangene. Eine schreckliche Ziffer, die der Öffentlichkeit noch nicht bekannt war, versetzte die Finanzkreise in Bestürzung: Das Zahlungsbilanzdefizit für das dritte Vierteljahr 1951 erreichte 638 Millionen Dollar. Die seit sechs Jahren für die öffentlichen Angelegenheiten verantwortliche Labourpartei mußte sich für bankrott erklären. Das Unterhaus wurde aufgelöst und die Wahlen für den 25. Oktober festgesetzt.

England erhielt also das Ultimatum Mossadeghs zu Beginn einer Wahlkampagne. Man befragte die Generalstabschefs, die versicherten, sie könnten Abadan einnehmen und halten. Attlee und seine Minister zögerten. Es war verlockend, die Labourpartei zur Verteidigerin der Interessen und der Würde Großbritanniens zu machen. Andererseits war es lächerlich, daß die Urheber so vieler Verstaatlichungen die Waffen ergreifen sollten, um einer fremden Regierung zu verbieten, es ihnen gleichzutun. Der Druck der Vereinigten Staaten war schließlich entscheidend. Das Vereinigte Königreich begnügte sich damit, den Sicherheitsrat zu bitten, das Urteil des Internationalen Gerichtshofes durchzusetzen, der auf vorläufige Fortsetzung des Status quo in der Ölaffäre des Iran entschieden hatte. Mossadegh verkündete sofort, er werde persönlich kommen, um die Sache seines Landes zu vertreten. Er ließ nicht im Waldorf Towers, sondern im New York City Hospital ein Appartement für sich reservieren.

Inzwischen mußten die Engländer Abadan verlassen. Der Kreuzer *Mauritius* kam an den Pier der stillgelegten Raffinerie, um sie abzuholen. Als letzter ging Direktor Kenneth Ross, grün vor Wut, an Bord. Die Ankunft der Sonderflugzeuge, die 268 Familien nach London zurückbrachten, war eine Ohrfeige für England. »Ein unrühmliches Dünkirchen...« Eine andere Bemerkung: »Die Amerikaner haben uns vertrieben...« Der Unterstaatssekretär George McGhee hatte eine Propaganda-Rundreise durch den Mittleren Osten angetreten, und der amerikanische Botschafter in Teheran, Henry Grady, hatte eine so heftig antibritische Politik verfolgt, daß das State Department ihn abberufen mußte.

Mau-Mau: Afrika wird wieder afrikanisch

Es gab noch ein Kolonialparadies: Britisch-Ostafrika, gesund, reich, friedlich. Es war nach dem Krieg ganz groß in Mode gekommen. Beträchtliche Kapitalien waren dort investiert worden. Energische junge Leute, ehemalige Militärs, aristokratische Familien waren vor der Armut, dem Mangel im Mutterland, dorthin ausgewandert. Kenia nahm einen besonderen Platz ein. Auf den Ländereien der weißen Kolonisten, den *White Lands*, gab es stattliche Landwirtschaftsbetriebe, Kaffeepflanzungen, Luzerne-, Kamille- und Sisalfelder. An der alten Ordnung war nichts geändert worden. Der Gouverneur in Nairobi war ein solider Beamter des Kolonialdienstes. Zwei an Ort und Stelle ausgehobene Bataillone genügten, um die bewaffnete Macht zu vertreten.

Plötzlich wurde der Zauber gebrochen. Bei den ersten Überfällen auf die Farmen der Weißen begnügte man sich damit, die Gebäude in Brand zu stecken und das Vieh zu töten. Doch bald begann auch menschliches Blut zu fließen. Das erste englische Opfer war eine Mrs. Wright, das zweite ein Mr. Bowyer, dem im Bad die Kehle durchgeschnitten wurde. Die Morde wurden unter entsetzlichen Umständen begangen. Säuglinge wurden in Stücke geschnitten. Die Leichen wurden geschändet. In dem Tropenparadies verbreitete sich Entsetzen.

Die Weißen organisierten sich, verbarrikadierten ihre Farmen, veranstalteten Streifjagden, lebten mit der Maschinenpistole an der Schulter oder dem Revolver im Gürtel. Zwei alte Fräuleins machten von sich reden, indem sie acht Terroristen töteten, die in ihr Haus eingedrungen waren. Diese starke Reaktion tat ihre Wirkung; innerhalb eines Jahres wurden nur siebzehn Engländer ermordet. Dagegen floß das Blut der Schwarzen, die als Helfer der Weißen angesehen wurden, in Strömen. Die Häuptlinge Warhuhiu, Ngeri und Luka wurden mit ihren Familien ermordet. Alle Bewohner des Dorfes Lari wurden ausgerottet. Man fand schwangere Frauen mit aufgeschlitztem Bauch, denen man noch ihre Leibesfrucht in die Kehle gestopft hatte.

Der Aufstand betraf nur den Bund der Kikuyu. Von den 6 Millionen Einwohnern Kenias waren eine Million Kikuyu. Ihr Reservat, schön, fruchtbar, jedoch übervölkert, erstreckte sich von den Vororten Nairobis bis an den Fuß des Kenia und grenzte an den fast undurchdringlichen Bambuswald der Aberdares. Die Kikuyu waren seßhaft, verhältnismäßig fortschrittlich, sie brachten Lehrer, Techniker, ja sogar Anwälte hervor und lieferten traditionsgemäß die Arbeiterschicht in Stadt und Land der Kolonie. Die hochmütigen Massai, die nur mit einer Tierhaut bekleidet waren, sich vom Blut und der Milch ihrer Herden nährten und mit ihren Speeren den Löwen jagten, blieben friedlich in ihren von wilden Tieren wimmelnden Steppen. Die sanftmütigen Kikuyu waren es, die jene schreckliche Geheimgesellschaft entstehen ließen, die Mau-Mau.

Alles begann mit einem Schwur. Wer immer ihn leistete, sei es auch mit dem Messer an der Kehle, war durch die Macht, das Vermögen zu strafen, gebunden, das der Schwur in sich selbst trug. »Wenn ich mich weigere, den Kopf eines Europäers zu bringen . . ., wenn ich die Geheimnisse der Mau-Mau verrate . . ., wenn ich einem Schwarzen, der den Besitz eines Weißen stiehlt, nicht helfe . . ., wird mich dieser Eid töten.« Die Ablegung dieses Eids war von Zeremonien begleitet, die auf der Macht des Blutes beruhten, verbunden mit der Zauberkraft der Zahl Sieben. Der Neubekehrte biß siebenmal in das blutende Herz eines Bockes, beschmierte sich siebenmal mit einer Mischung aus Blut und Erde. Die Engländer bekämpften den Mau-Mau-Schwur nur, indem sie Beschwörungssitzungen veranstalten ließen, die von einer nicht weniger abstoßenden Inszenierung begleitet waren.

Diese Barbarei hatte einen Schulmeister als Hauptanführer. Der Kikuyu Kaman Ngengi war in einer Missionsschule erzogen worden und hatte in Nairobi eine Eingeborenenzeitung herausgegeben; dann wurde er Präsident einer nationalistischen Vereinigung und ging im Jahre 1929 nach London, um das Anliegen der Kikuyu zu vertreten, die aus einem Teil ihres Reservates zugunsten der *White Lands* vertrieben worden waren. Er hatte eine Weiße geheiratet, hatte das Pseudonym Jomo Kenyatta angenommen, das soviel bedeutet wie »Brennender Speer«, und war 13 Jahre lang in England geblieben. Von den intellektuellen Linkskreisen bewundert, hatte er eine Doktorarbeit über das Stammesleben der Kikuyu geschrieben, *»Facing Mount Kenya«*. Er rechtfertigte alles: die Vielweiberei, die Klitorisbeschneidung, die Kollektivverantwortung, die Magie . . . Er schilderte das idyllische Leben des schwarzen Afrika vor der Ankunft des einzigen Schuldigen, des einigen Bösewichts, des Weißen, der das Land gestohlen und die uralte Ordnung der Vorfahren zerstört hatte. Der Weiße, der ausgerottet werden mußte, wenn er darauf beharrte, das Land nicht zu verlassen.

Später dann erlebte man es, daß Präsident Jomo Kenyatta gewisse kleine Unterschiede zwischen seinen Lehren als revolutionärer Soziologe und seiner Praxis als Staatschef einführte. Aber wir wollen nicht vorgreifen ... Interessant ist es jedoch, festzustellen, daß der erste Aufstand des schwarzen Afrika den reinen Afrikanismus auf seine Fahne schrieb. Er schuf einen Mythos des Goldenen Zeitalters. Er suchte keinen Kompromiß mit dem weißen Mann, nicht einmal die Anordnung von Etappen für seine Abreise; er wollte ihn ganz einfach als Fremdkörper ausmerzen. Man würde sich wohl weiter den Kopf zerbrechen, ob Afrika russisch oder europäisch, amerikanisch oder chinesisch werden würde − eine unnütze Diskussion: Afrika wird afrikanisch sein. Sein Mündigwerden begann mit einer gewaltigen Rückkehr zur Vergangenheit.

Der Terrorismus wurde durch die Guerilla abgelöst. Zehn oder zwölf Banden, nahezu tausend Rebellen, flüchteten in die Aberdares; sie wurden von der Bevölkerung der Umgebung mit Lebensmitteln und Nachrichten versorgt. Die Engländer feuerten auf alles, was sich in der verbotenen Zone bewegte. Kolonnen der *King's Own Rifles* und der *Lancashire Fuseliers* unternahmen ermüdende Streifzüge in die verzweigten Bambuswälder. Die RAF suchte Biwakfeuer zu entdecken, um sie mit Bomben zu belegen. Die Resultate waren gering. Aber 4000 weiße Farmer trotzten mutig einem entsetzlichen Tod, ertrugen den Verlust ihrer Ernten, die in Brand gesteckt wurden, nahmen es auf sich, am Tag zu arbeiten und nachts zu wachen, überwanden die nervöse Spannung einer Situation, in welcher der beste Diener ein gelenkter oder gezwungener Mörder werden konnte. Sie bissen die Zähne zusammen und sagten: »Das Land gehört uns. Wir werden nicht fortgehen.« (*Forts. Afrika S. 827*)

Churchill kehrt zurück

Iran. Kenia. Ägypten ... Am 8. Oktober 1952 legte der ägyptische Premierminister Nahas Pascha dem Parlament vier Gesetzesvorschläge vor, die die Verträge aus den Jahren 1899 und 1936 einseitig aufhoben. Der erste sah ein anglo-ägyptisches Kondominium des Sudans vor. Der zweite gestattete Großbritannien die Erhaltung einer Truppe von 10 000 Mann und 400 RAF-Piloten in der Kanalzone. Die Besprechungen über eine Revision waren im Gang. Nahas unterbrach sie. Seine Gesetzesvorschläge wurden am 15. Oktober einstimmig angenommen und zwei Tage später von Faruk bestätigt. England wurde aus dem Nildelta gejagt! Es erhielt Order, die Bewachung in Suez aufzugeben!

Inzwischen gab man den konservativen Kandidaten die Weisung, sie sollten ihrer patriotischen Entrüstung nicht allzusehr nachgeben. Die Labourpartei hatte eine gefährliche Kampagne gegen die Tories ausgelöst, in der sie sie als Kriegspartei verschrie: »*Either a third labour government or a third world war* ...« Die Konservativen dachten an die amerikanischen Wahlen des Jahres 1948, an die schwere Niederlage einer republikanischen Partei, die sich schon als Sieger gesehen hatte, ehe sie noch gekämpft hatte. »Attlee ist gleich Truman . . .« Churchill bekämpfte sein Ungestüm; in seiner Furcht, einen Fehler zu machen, brachte er es sogar fertig, langweilige Reden zu halten. Er war 77 Jahre alt und war sehr schwerhörig geworden. In seiner Partei, die voller Saft, reich an jungen Talenten war, führte er eine Greisenherrschaft.

Der Sieg der Konservativen war ganz knapp. Die Labourpartei erhielt mehr Stimmen, 13 910 862 gegen 13 715 122 der Konservativen, doch eine günstigere Verteilung der Mehrheiten sicherte den Tories eine leichte Überzahl an Sitzen, 321 gegen 294. Einschließlich der 6 Liberalen und der 3 Irländer erhielt Churchill eine absolute Mehrheit von 17 Sitzen. Er hatte auf 150 gehofft.

Die führenden Köpfe wurden ausgetauscht. Eden kam wieder ins *Foreign Office*, begab sich sofort zu den Vereinten Nationen, um vor dem Sicherheitsrat die von der Labourregierung begonnene Klage gegen den Iran wiederaufzunehmen. Er blieb ohne Erfolg. Der Sicherheitsrat beschränkte sich darauf, bis zum Urteil durch den Gerichtshof in Den Haag über den Kern der Sache jede Entscheidung aufzuschieben. Mossadegh hatte alle Welt überrascht. Er war nicht ohnmächtig geworden, war kein einziges Mal in Tränen ausgebrochen. Acheson und Truman hatten ihn intelligent, vernünftig und charmant gefunden. Dennoch fuhr auch er wieder mit leeren Händen ab. Die amerikanischen Ölleute hatten nicht an die Stelle der Engländer treten wollen, und die Regierung hatte sich bei dem Ersuchen um eine Hilfe in Höhe von 120 Millionen Dollar taub gestellt. Trotz dieses Mißerfolgs wurde Mossadegh in Teheran vom Volk begeistert empfangen. Er begann von neuem zu schluchzen und in Ohnmacht zu fallen. Das Öl blieb weiter im Boden des Iran, und die Schmiede in Abadan versorgten sich mit Eisen, indem sie in der Raffinerie mit Hammerschlägen Apparate zerstörten, die Tausende Dollar wert waren.

Die mohammedanische Welt trat aus einer langen Periode der Resignation hervor und geriet in eine Ära rasender Aufregung. Drei Monate nach der Ermordung des iranischen Ministerpräsidenten Razmara wurde der König von Jordanien, Abdullah, auf den Stufen der Omar-Moschee in Jerusalem erschossen. Drei Monate später wurde der pakistanische Premierminister Liakat Ali Khan in Rawalpindi ermordet. Liakats Nachfolger, Nazimuddin, war noch ein gemäßigter Politiker, aber Abdullahs Nachfolger, sein Sohn Talal, war geisteskrank. »Wenn ich verrückt bin«, pflegte er zu sagen, »dann aus Haß gegen die Engländer.« In Damaskus kam ein Oberst, Abid el-Schischakli, an die Macht, der eine lange Reihe von Kerben auf dem Kolben seines Gewehres zeigte. »Jede Kerbe«, log er, »stellt einen von meiner Hand getöteten Zionisten dar.«

England machte den Vorschlag, die Bewachung von Suez an eine NATO des Mittleren Ostens abzutreten, bestehend aus Ägypten, Großbritannien, Frankreich, der Türkei und den Vereinigten Staaten. Nahas verlangte weiter den bedingungslosen Abzug der Engländer. In der Kanalzone lebte die Guerillatätigkeit auf. Die Kairoer Zeitung *Gumhour al-Misri* schrieb offen, sie würde demjenigen, der den englischen Oberkommandeur Sir George Erskine tötete, 1000 ägyptische Pfund bezahlen. Das geschah in eben dem Augenblick, als Bourguiba zum Blutvergießen aufrief.

69 70 Zweimal US-Präsidentenwahl: Entgegen allen Meinungsumfragen und falschen Wahlmeldungen gewann Truman 1948 das Amt im Weißen Haus wieder. Vier Jahre später wurde der Kriegsheld Eisenhower erster republikanischer Präsident nach zwanzig Jahren. Sein Wahlslogan war: Holt die Boys aus Korea wieder!

71 72 Machtwechsel am Nil: König Faruk wurde 1952 von revolutionierenden Offizieren zum Verlassen des Landes aufgefordert (auf dem Gemälde oben rechts), was die Ägypter mit Jubel quittierten. Unten: der neue Präsident Nagib (Mitte), links sein späterer Nachfolger, der damalige Oberstleutnant Gamal Abdel Nasser.

Malik erklärte bei den Vereinten Nationen, der dritte Weltkrieg habe begonnen, in Korea, in China, in Indochina, auf dem Malaiischen Archipel, in Ägypten, in Kenia, in Tunesien und in Marokko. Die drei großen imperialistischen Mächte hatten sich gegen die Völker Asiens und Afrikas verbunden, die für ihre Unabhängigkeit und ihre Freiheit kämpften. (*Forts. Großbritannien S. 502*)

Aufruhr in Kairo

Neben der Stadt mit den Rasenflächen und den Bungalows, die die *Compagnie Universelle du Canal de Suez* für ihre leitenden Angestellten gebaut hatte, erhob sich eine ägyptische Stadt. Am 17. November 1951 waren fünf britische Offiziere ermordet worden. Zwei Monate später explodierte eine Bombe in einem Orangenkorb beim Süßwasserkanal. Eine Gewehrsalve tötete mehrere Personen, darunter eine amerikanische Nonne vom Orden des Heiligen Vinzenz von Paul, Bridget Ann Timber, die als Nonne den Namen Schwester Anthony trug. Erskine beschloß, die Stadt von den Kommandos zu säubern, die sich dort unter dem Namen Hilfspolizei oder Buluk verbargen. Doch die offizielle Polizei nahm sie in ihrer Kaserne auf. Am 25. Februar ließ Erskine, nachdem er vergeblich verhandelt hatte, seine Centurionpanzer in Aktion treten. Die Ägypter kämpften mutig und ergaben sich erst, als 46 von ihnen gefallen waren.

Die Kanonade von Ismailia brachte Kairo zum Aufruhr. Die Menge schrie: »Tod den Engländern! Hoch die Russen!« und auch – zum erstenmal –: »Nieder mit Faruk!« Die Barclay's Bank, Thomas Cook, die Agentur der BOAC, der Turf Club, das Kasino Badia, die Geschäftsläden Schelma, die französische Handelskammer, hundertfünfzig europäische Geschäftsgebäude wurden überfallen, geplündert, in Brand gesteckt. Das berühmteste Opfer dieses Autodafés war das Shepherd's Hotel. General Gordon, der Forschungsreisende Stanley waren dort abgestiegen. Es stammte aus dem Jahre 1891. Von seiner erhöhten Terrasse hatte der Westen den wimmelnden, bettelnden Orient in der Ibrahim-Pascha-Straße betrachtet. Die verbarrikadierten Tore hatten unter dem wütenden Ansturm der Menge nachgegeben. Der Brand gebot der Plünderung Einhalt. Die Flammen schlugen hoch aus dem Dach. Ein Zeitalter war zu Ende.

Um Mitternacht brannte Kairo wie eine bombardierte Stadt: 465 Brandherde. Stinkender Rauch, der aus dem Reifenlager von Michelin kam, erfüllte die Straßen. Mehr als hundert Menschen waren getötet worden. Im Turf Club waren 9 Engländer, lebend oder tot, in die Flammen geworfen worden. Der Flugzeugträger *Ocean*, die Kreuzer *Euryalus* und *Glasgow*, die Zerstörer *Chivalrous*, *Saintes*, *Armada*, *Aisne*, *Jütland*, *Agincourt*, der Minenleger *Manxman* fuhren von Malta ab. Washington flehte London an, nichts zu beginnen, das nicht wiedergutzumachen wäre...

Als die Flammen in Kairo aufloderten, feierte Faruk den Erben, den die neue Königin, Narriman, ihm zehn Tage zuvor geboren hatte. Mit 32 Jahren litt er an krankhafter Fettsucht. Seine wüsten Ausschweifungen, sein tollwütiges Glücksspiel, seine widerwärtigen Launen hatten ihm die Beliebtheit, die er zu Beginn seiner Regierung beim Volk genossen hatte, verscherzt. Er haßte die Engländer, die Seine Majestät im Jahre 1943 beleidigt hatten, indem sie ihre Panzer auf seine Rasenflächen geschickt hatten, um ihn zu zwingen, einen prodeutschen Premierminister zu entlassen. Er besaß jedoch noch genügend Urteilskraft, um zu verstehen, daß seine Dynastie sich gegen ein entfesseltes Volk nicht würde halten können. Nahas wurde in den Abdinpalast gerufen und mit Vorwürfen überhäuft; darauf verhängte er den Belagerungszustand. Die Truppen säuberten die Straßen, indem sie auf die Brandstifter feuerten. Dann wurde Nahas entlassen, und an seine Stelle trat Achmed Hilaly Pascha, der sich bei England für »den traurigen 26. Januar« entschuldigte, obwohl er die gleichen politischen Ziele verfolgte wie sein Vorgänger. Die Verhandlungen wurden wieder aufgenommen. Es trat halbwegs Ruhe ein. (*Forts. Ägypten S. 503*)

Georg VI. stirbt

Am 6. Februar hatte sich Georg VI. in Schloß Sandringham zur üblichen Stunde zur Ruhe begeben. Er war bis 4 Uhr nachmittags auf der Hasenjagd gewesen und hatte die Absicht, sie am nächsten Tag fortzusetzen. Um 8.30 Uhr kam der Kammerdiener, der sich wunderte, daß der König noch nicht geklingelt hatte, in sein Schlafzimmer. Georg VI. lebte nicht mehr.

Dieser stille Tod war die Krönung eines bescheidenen Lebens. Georg, durch die Liebesgeschichte seines Bruders auf den Thron gelangt, war stets untadelig und farblos gewesen. Der linke Flügel der Labourpartei mit Laski und Bevan hatte auf eine Gelegenheit gewartet, um eine Offensive gegen die Monarchie auszulösen. Georg VI. hatte keinen Anlaß geboten, er hatte durch Diskretion gesiegt.

Man hatte ihn noch im Januar in der Öffentlichkeit gesehen. Er hatte die Kronprinzessin Elisabeth und den Herzog von Edinburgh, die an seiner Stelle eine fünfmonatige Reise durch das Commonwealth antraten, zum Flughafen begleitet. Das Paar befand sich am 6. Februar an seinem letzten Tag in Afrika und sollte sich am nächsten Tag in Mombasa nach Colombo einschiffen. In Nieri am Fuße des Kenia, in dem zur Beobachtung der wilden Tiere eingerichteten Pavillon, erfuhr Elisabeth, daß ihr Vater gestorben und sie Königin geworden war.

In dem Trauerzug fehlte ein gekröntes Haupt. Der neue König der Belgier, Baudouin, hatte sich geweigert, an dem Begräbnis teilzunehmen, und sich auch der Teilnahme seines Onkels, Prinz Karl, widersetzt. Der Sohn machte den Groll seines Vaters gegen den Kollegen, der in einem Privatbrief seinen Entschluß, im Jahre 1940 in Belgien zu bleiben, getadelt hatte, zu seinem eigenen.

Die Nationaltrauer war nur eine kurze Pause. Der neue Schatzkanzler, Richard Austin Butler, mußte Maßnahmen von äußerster Schärfe vorschlagen, um das Defizit, das bereits 4 Milliarden Dollar erreichte, zu reduzieren. Churchill begab sich nach Amerika, in der Überzeugung, daß er immer noch der Held der beiden Welten war; er brannte darauf, Truman ein neues Gipfeltreffen vorzuschlagen — so etwas wie eine Fortführung der Potsdamer Konferenz, die an dem Punkt einsetzen sollte, an dem er im Jahre 1945 ausgeschaltet worden war. Man empfing ihn mit Gleichgültigkeit, Truman gab zur Antwort, für Stalin bestehe eine ständige Einladung nach Washington, er, Truman, werde jedoch nie wieder den Fuß in ein Land außerhalb Amerikas setzen, um ihn zu treffen. Churchill kehrte müde, enttäuscht, geschlagen auf der *Queen Elizabeth* nach Hause zurück.

Im Orient sah es einen Augenblick lang so aus, als sei die Lage etwas weniger schlimm. Der wie Faruk zweiunddreißigjährige, aber weniger fettsüchtige und lasterhafte Schah der Schahs, versuchte Mossadegh mattzusetzen. Er verweigerte ihm Vollmachten, und als er zurücktrat, ernannte er an seiner Stelle Mossadeghs Erzfeind, den achtzigjährigen Multimillionär Ghavam es Sattaneh. In Teheran kam es zu einem ähnlichen Aufruhr wie in Kairo. Ghavam schlug vor, die Armee gegen die Aufrührer einzusetzen, doch der Schah wagte es nicht, seinen Thron durch eine Gewaltmaßnahme aufs Spiel zu setzen. Der greise Ghavam flüchtete, versteckte sich, rettete sein Leben. Mossadegh wurde von der Menge zum Parlament getragen, mächtiger denn je. (*Forts. Großbritannien S. 544*)

Faruk dankt ab

Es hatte den Anschein gehabt, daß auch das englisch-ägyptische Problem sich einem Verhandlungsstadium nähere. Aber Hilaly Pascha hatte sich einer viel schwierigeren Aufgabe unterzogen als der Regelung der Sudanfrage oder der Neuorganisierung der Verteidigung von Suez. Einer Aufgabe, würdig eines Herkules: die Korruption zu unterdrücken und auszuschalten.

Zuerst wandte er sich gegen den Wafd. Wie die Kuomintang in China war die Partei aus einem reformwilligen, begeisterten Nationalismus entstanden. Aber im Niltal ging alles in Fäulnis über. Aus dem Wafd war eine Diebeshöhle geworden. Die von Hilaly ernannte Untersuchungskommission deckte unerhörte Skandale auf. Zum Beispiel: Man hatte in einer Provinz des Nildeltas einen von der Presse des Wafd laut gefeierten Versuch einer Agrarreform gemacht – alles verteilte Land jedoch war Neffen, Vettern, Attachés, Sekretären von Nahas Pascha zugeteilt worden. Vorsichtigerweise begaben sich Nahas Pascha und der Generalsekretär des Wafd, Serag-el Din, auf Urlaub in die Schweiz, um dort die weiteren Ereignisse abzuwarten.

Nach dem Wafd kam der König an die Reihe. Er hatte Gelüste nach der Rolle eines Sozialreformers verspürt, ebenso – ohne einen Tropfen arabisches Blut in den Adern – hatte er daran gedacht, der politische und geistige Führer der arabischen Welt zu werden. Er war jedoch der größte Profitmacher des Landes, besaß Grundeigentum, das auf ein Drittel des urbaren Bodens Ägyptens geschätzt wurde, und das ungeheure Vorrecht, jeglichen Verkauf von Baumwolle zu verbieten, solange seine eigene Ernte noch nicht verkauft war. Seine Höflinge, die Diener seiner Laster, bildeten rund um ihn einen gewissenlosen Schwarm. Es war unmöglich für die von Hilaly Pascha mit der Untersuchung betrauten Männer, diesen Sumpf nicht zu finden.

Noch eine Chance war Faruk geblieben. Er konnte eine verzweifelte Sanierung versuchen, einen heroischen, unerwarteten Umschwung, um den Thron für den

Sohn in der Wiege zu retten, indem er selbst der Chef der Reformatoren, der Säuberer wurde.

Doch dieser Mann von 32 Jahren war ein Greis. Dieser absolute Herrscher war ein Gefangener seiner Lasterhaftigkeit. Überdies glaubte er nicht an die Sache, die er verkörperte. »In wenigen Jahren«, sagte er, »wird es nur noch fünf Könige geben, den König von England, den Pikkönig, den Treffkönig, den Herzkönig und den Karokönig.«

Hilaly wurde entlassen – wegen Unfähigkeit, wie es im Kommuniqué hieß. Ein vormaliger Ministerpräsident, Hussein Sirry Pascha, trat an seine Stelle. Er wurde nach zehn Tagen fortgeschickt, und Faruk griff mit einer überraschenden Wendung auf Hilaly zurück. Die Erklärung lag in der Person des neuen Kriegsministers Oberst Ismail Sherim Bey, der mit einer der Schwestern des Königs verheiratet war. Um wieder Ministerpräsident zu werden, hatte Hilaly eingewilligt, ihn in sein Kabinett zu nehmen – während Sirry darauf bestanden hatte, General Nagib zum Kriegsminister zu machen.

Wir sind Nagib ein erstes Mal in Palästina begegnet, während der Katastrophe des Jahres 1948. Er war zurückgekehrt mit einer Durchschußwunde und einer nie erlöschenden Empörung über die elenden Höflinge, die der ägyptischen Armee deformierte Kanonen und Granaten ohne Sprengstoff geliefert hatten. Er war 51 Jahre alt, Sohn einer sudanesischen Mutter und eines ägyptischen Vaters, ein echter Soldat und als solcher unbescholten, der von seinem Sold lebte und trotz eines Doktordiplomes als Volkswirt und der Beherrschung von vier Fremdsprachen von zivilen Angelegenheiten wenig verstand. Man hatte ihm jedes Kommando genommen, indem man ihn zum Leiter der Abteilung Infanterie ernannte, doch es war unmöglich, ihm die Ausstrahlung zu nehmen, die er auf die junge Armee ausübte. Im Januar hatte die Wahl des Präsidenten des nationalen Offizierklubs stattgefunden. Traditionsgemäß hätte einer der beiden Kandidaten des Palastes, Osmar Pascha, der vormalige Generalstabschef, oder Hussein Amer Pascha, der Chef des Grenzschutzkorps, gewählt werden sollen. Gewählt wurde Mohammed Nagib.

Faruk schäumte vor Wut und befahl sofort die Schließung des Klubs. Eine Geste des Unwillens, eine Geste der Panik. In diesem durch vulkanische Volksausbrüche gekennzeichneten Land hatte die Monarchie ausländischen Ursprungs nie ernste Sorgen gekannt, weil die inmitten aller sie umgebenden Schwäche starke Armee sich immer als einwandfrei loyal erwiesen hatte. Wenn die Armee nicht mehr verläßlich war, dann... Faruk träumte von einem Staatsstreich. Das erforderte Nerven, über die der junge greise König nicht mehr verfügte. Er hatte Kairo verlassen und sich in seine zwei Paläste in Alexandrien zurückgezogen, Montezah und Ras el-Tin; von Angst verfolgt, zog er wieder von dem einen in den anderen. Seine Jacht, die *Mahroussa*, die größte der Welt, mit einer Länge von 142 Metern, mit 100 Mann Besatzung und mit einer Glocke aus gediegenem Gold, lag auslaufbereit an dem besonders für ihn gebauten Pier vor dem Ras el-Tin. Faruk dachte nicht daran, zu siegen; Faruk dachte an Flucht.

Dem Staatsstreich des Königs kamen die Verschworenen zuvor. Ihr Geheimbund *Dobbatel-Harer* (die freien Offiziere) wurde von einer Junta von zwölf Mitgliedern geleitet. Am 22. Juli um Mitternacht griffen die Soldaten der Kasernen in Heliopolis zu den Waffen. Die Telefonzentrale, der Bahnhof, der Generalstab wurden besetzt. Mit Ausnahme von Nagib, einschließlich jedoch des Bruders Nagibs, des Standortkommandanten, wurden alle in Kairo anwesenden Generäle verhaftet. Um 7 Uhr wurde im Rundfunk eine Bekanntmachung verlesen, daß die Armee eingreife, um die Regierung zu säubern und das Land zu retten. Es war noch keine Rede davon, daß man sich Faruks entledigen wolle. Nagib begab sich jedoch zu Ali Maher, der sein Professor an der juristischen Fakultät gewesen war, und bat ihn, die Zivilgewalt zu übernehmen.

Kairo erwachte in völliger Ruhe. Die Marine und die Garnison von Alexandrien erklärten, daß sie sich der Bewegung anschlossen. Faruk beugte sich. Er jagte seine ganz besonderen Würdenträger fort: den Libanesen Kerim Satat, den Agenten seiner trüben finanziellen Geschäfte, den schwarzen Kammerdiener Mohammed Hassan, der seine graue Eminenz geworden war, den ehemaligen italienischen Elektriker Antonio Polli Bey, der den Titel eines Direktors der Vertraulichen Angelegenheiten Seiner Majestät getragen hatte. Er war mit Maher einverstanden und ernannte Nagib zum Oberkommandierenden der bewaffneten Streitkräfte. Am Abend des 23. Juli war der Putsch noch nichts anderes als eine etwas forcierte Kabinettskrise.

Zwei Tage später wurden die Dinge ernster. Das Komitee der Freien Offiziere beschloß, daß Faruk abdanken müsse. In der Nacht vom 25. zum 26. wurde Ras el-Tin eingeschlossen. Bei Sonnenaufgang wurde Faruk von mehreren Gewehrschüssen geweckt. Von Schrecken erfüllt, bat er, man solle sich an den amerikanischen Botschafter Jefferson Caffery wenden, damit er sich unter seinen Schutz stellen könne. Um 9 Uhr brachte Ali Maher das Ultimatum Nagibs. Der König mußte vor 12 Uhr abdanken. Er mußte bis 18 Uhr fort sein. Man erlaubte ihm, das Land auf seiner Jacht zu verlassen.

Das Ganze spielte sich außerhalb der Stadt, auf der Straße zum Leuchtturm, ab. Tausende Sommergäste, die in dem vom Nilschlamm leicht getrübten Wasser etwas Frische suchten, ahnten nicht, daß Ägypten im Begriff war, seinen fettleibigen Pharao zu verlieren. Man glaubte, die Krise sei durch die Ernennung Mahers beendet worden.

Die Stunde rückte näher. Man hievte 207 hastig vollgestopfte Koffer an Bord der *Mahroussa*. Der Exkönig erschien in weißer Admiralsuniform, die Wangen tränenüberströmt. Vor ihm trug man den neuen König, Fuad II., sieben Monate alt, zu dessen Gunsten Faruk abgedankt hatte, dessen Thronerhebung jedoch mit dem Exil begann. Madame Faruk und die Töchter aus erster Ehe folgten. Eine Militärkapelle spielte die Nationalhymne. Die Ehrenkanone feuerte eine Salve von 21 Schüssen ab. Genau um 18 Uhr fielen die Haltetaue. Ein Militärwagen, der sich mit lautem Sirengeheul den Weg gebahnt hatte, traf um 4 Minuten zu spät ein. Die Jacht drehte, um die Ostmole zu umfahren.

Es war Nagib! Er hatte Wert darauf gelegt, den König, den er vertrieb, zum Abschied zu grüßen. Ein Motorboot holte die *Mahroussa* ein. Nagib, die Hand am Mützenschild, sagte: »Effendi, wir waren Ihnen treu, solange wir konnten. Sie selbst haben uns gezwungen, so gegen Sie zu handeln, wie wir es getan haben.« Faruk reichte dem General die Hand und sagte: »Was Sie getan haben, war ich selbst im Begriffe zu tun . . .« »Ich habe nie erfahren«, erzählte Nagib später, »ob der König sagen wollte, er sei im Begriffe gewesen, den gleichen Kampf aufzunehmen wie wir oder uns verhaften zu lassen . . .«

Die *Mahroussa* hatte Kurs auf Capri genommen. Den Journalisten, die ihn erwarteten, erklärte Faruk: »Ich bin ein armer Mann. Ich werde mit dem König von Ägypten, meinem Sohn, mit meiner Frau und meinen Töchtern in größter Einfachheit leben.« Er hatte nur das 3. Stockwerk des Hotels Eden Paradiso gemietet: 27 Zimmer, 15 Badezimmer, einen Privatfahrstuhl.

Einige Tage später ließ das neue Regime eine der vier Residenzen Faruks, den riesigen Koubbeh-Palast, von der internationalen Presse besichtigen. Man sah dort 1000 Krawatten, 2000 Seidenhemden, 100 Anzüge, 50 Spazierstöcke, 75 Paar Feldstecher, 200 Luxuswagen, 14 mit Diamanten besetzte Papiermesser, 4 Tintenfässer aus gediegenem Gold, sechs riesige Panzerschränke, gefüllt mit Haufen von Schmuck, eine Münzen- und eine Briefmarkensammlung im Wert von mehreren Millionen Dollar. Dazu alles, was sich an Pornographie denken läßt, in Schwarzweiß, in Farben und im Relief.

Nagib war auf dem Gipfel des Ruhms angelangt. Sein ehrliches, sonnengebräuntes Soldatengesicht war auf den Titelseiten aller Illustrierten der Erde zu sehen. Nahas — der nicht mehr Pascha war, der Titel war abgeschafft — nahm zum erstenmal in seinem Leben das Flugzeug, um ihn rascher beglückwünschen zu können. Der Henker schrieb ihm, er sei bereit, für ihn gratis zu arbeiten. Die Verhandlungen mit London wurden in einer guten Atmosphäre wieder aufgenommen . . . Doch Nagib gehörte der Geheimjunta nicht an, deren Präsident ein anderer Kämpfer des Negev war, Oberst Gamal Abdel Nasser. Die jungen Offiziere, aus denen sie bestand, hatten bald herausgefunden, daß die Prinzipien des Generals recht konservativ waren und daß die ägyptische Revolution unter seiner Führung nicht weit kommen würde. (*Forts. Ägypten S. 546*)

Ein General ist der Gefangene seiner Gefangenen

In diesem Monat Juli 1952, in dem in Ägypten der König gestürzt worden war, war in Argentinien Eva Perón, vom Volk angebetet, unter dramatischen Umständen an Krebs gestorben. In den Vereinigten Staaten war Eisenhower zum Präsidentschaftskandidaten gewählt worden.

Die schwerfällige Wahlmaschine hatte sich mit den Vorwahlen in New Hampshire traditionsgemäß in Gang gesetzt. Eisenhower hatte dem Senator von Massachusetts, Cabot Lodge, nicht verboten, seinen Namen von den Republikanern des kleinen Staates auf die Vorschlagsliste für die Wahl der Kandidaten zum Konvent in Chikago setzen zu lassen. Taft und Stassen, die offiziell zur Wahl standen, hatten in den kleinen Baumwollstädten und den verschneiten Dörfern der *White Mountains* Wahlpropaganda gemacht. »Neu-England war für meinen Vater«, hatte Taft gesagt; »es ist auch für mich.«

Die Zählung ergab 46 497 Stimmen für Eisenhower, 35 820 für Taft und 6549 für Stassen. »Ich bin ein wenig enttäuscht«, sagte Taft.

Dann bestimmte Minnesota seine Kandidaten für den republikanischen Konvent. Taft wagte es, sich mit Stassen in dem Staat zu messen, in dem jener geboren war. Ein gewisser Bradshaw Mintener hatte die Idee, Ike in die Konkurrenz zu bringen, indem er eine *write-in*-Kampagne machte. Das bedeutete, daß man den Namen Eisenhowers mit der Hand auf einen Wahlzettel schreiben und diesen mittels einer komplizierten Manipulation in die Wahlmaschinen einführen mußte. Das Komitee *Eisenhower for President* ließ Mintener nach Washington kommen, um ihn zu überzeugen, daß ihm bestenfalls nur wenige hundert Wähler folgen würden und die Wirkung katastrophal sein würde. Mintener ließ nicht locker.

Am Tag der Vorwahl wurde der rauhe nördliche Staat Minnesota, das amerikanische Finnland, von einem Blizzard heimgesucht. Die *registered republicans* kamen zur Wahl, als ob über ihren Wäldern und ihren Seen die klarste Sonne gelacht hätte. Es wurden 107 496 *write-ins* mit dem Namen Eisenhower abgegeben – nur um ein geringes weniger als Stimmen für Stassen. Taft mußte sich mit 23 913 Stimmen zufriedengeben.

Am nächsten Tag erhielt das Komitee *Eisenhower for President* zwei Telegramme. Eines von Bradshaw Mintener: »Sie kennen eine kleine Anzahl bedeutender Leute; eine bedeutende Anzahl kleiner Leute bleibt Ihnen noch kennenzulernen.« Das andere von Ike: »Die sich mehrenden Kundgebungen zugunsten meines Namens bringen mich dazu, meine Stellungnahme zu ändern und meine Weigerung, zu kandidieren, zurückzuziehen.« Der säuerliche Kommentar Trumans: »Ich wußte nicht, daß General Eisenhower Republikaner ist. Wenn es ihm Vergnügen macht, mit Kot und faulen Eiern beworfen zu werden, kann ihm das niemand verbieten.«

In Panmunjon war der Versuch, im November eine Feuereinstellung zu erreichen, fehlgeschlagen. Die Verhandlungen und die Kämpfe gingen parallel – im Zeitlupentempo – weiter. Man stolperte über die Frage der Kontrolle des Waffenstillstandes, der Flugplätze in Nordkorea und vor allem der Gefangenen.

Die Kriegsgefangenen waren von den amerikanischen Behörden nicht als besonderes Problem angesehen worden. Ein POW ist ein POW. Man muß ihn verpflegen, unterbringen und unter der Genfer Konvention entsprechenden Verhältnissen versorgen. Man kann die notwendigen Vorsichtsmaßnahmen treffen, um ihn an der Flucht zu hindern und – mit gewissen Vorbehalten – zur Arbeit zwingen. Nach Beendigung der Feindseligkeiten wird der POW in die Heimat zurückgeschickt. Seine Gefangenschaft hat in seinem Leben nur eine gewisse Zeit der Langeweile bedeutet. Doch der Krieg in Korea war ein ideologischer Krieg. Die Gefangenen waren nicht nur Feinde, die aus den Kämpfen gezogen waren. Sie wurden dazu benützt, einen Kampf anderer Art weiterzuführen.

Auf diesem Gebiet sind die Kommunisten Meister. Die chinesischen Kommunisten sind da sogar doppelte Meister. Sie kennen weder objektive Wahrheit noch das Recht der Menschenwürde. Sie verfügen über fast unfehlbare körperliche und psychologische Methoden, um die entschlossenste Willenskraft zu brechen.

Entsetzt hörten die Amerikaner im Rundfunk, wie Oberste der Luftwaffe eingestanden, daß sie über Nordkorea ganze Wolken von infizierten Insekten abgeworfen hätten, die Typhus, Cholera und Beulenpest verbreiten sollten. Soldaten, Offiziere kamen ans Mikrofon, die erklärten, sie hätten bei den Menschen, die sie bekämpfen sollten, Gerechtigkeit und Glück gefunden. Als die Unterhändler in Panmunjon für 5000 gefangene Soldaten der Vereinten Nationen Rechenschaft forderten, erwiderte die andere Seite, daß zahlreiche Soldaten zum Kommunismus übergetreten seien und keine Rede davon sein könne, diese Menschen, die sich zum Licht bekehrt hatten, der kapitalistischen Dunkelheit wiederzugeben. Die Kommunisten hatten sich verächtlich mit der Wechselseitigkeit dieser Bedingung einverstanden erklärt: Wenn es ehemalige Soldaten der Volksarmee geben sollte, die sich für die Unterdrückung entschieden, so stünde ihnen das frei!

Die Kommunisten hielten 12 000 Mann gefangen, darunter 5000 Amerikaner. Die Armee der Vereinten Nationen hatte 170 000 Mann gefangengenommen, davon 20 000 angeblich freiwillige Chinesen. Diese Massen hatten während der wechselnden Gefechtslage ernste Schwierigkeiten verursacht. MacArthur hatte verlangt, man solle die Gefangenen in die Vereinigten Staaten bringen, doch das Pentagon hatte es für ausreichend erachtet, sie auf der Küsteninsel Koje-do vor Pusan zusammenzuziehen. Man hatte vier große Umgrenzungen gezogen und jedes Teilstück in acht Grundstücke unterteilt, die je 6000 Mann zu fassen vermochten. Das Rote Kreuz, die neutralen Missionen der Schweiz, Schwedens und Indiens hatte natürlich Zugang zu allen Einrichtungen auf Koje-do sowie zum *Hospital Camp* auf dem Festland. Die Berichte bezeugten, daß die Gefangenen in untadeliger Weise behandelt und verpflegt wurden. Sie nahmen während des Winters 1951–52 durchschnittlich zwei Pfund monatlich zu.

Die Lager, in denen die Roten ihre Gefangenen hielten, waren hingegen von der Welt ebenso abgesperrt wie die Konzentrationslagergebiete der Sowjets. Die Amerikaner schlugen eine Untersuchung durch das Rote Kreuz vor, sowohl betreffs der Anklagen über einen bakteriologischen Krieg (ganz Asien glaubte daran) als auch betreffs der Behandlung der Gefangenen auf beiden Seiten. Die Kommunisten antworteten, das Rote Kreuz sei eine kapitalistische Einrichtung, außerdem würden sich die Volksrepubliken keine Inspektion gefallen lassen.

Die Befragungen in Koje-do ergaben jedoch erstaunliche Resultate. Mehr als 40 % der Gefangenen erklärten, sie wollten nicht in die Heimat zurückgebracht werden. Mehrere tausend unterschrieben mit ihrem Blut eine Petition, daß sie bis in den Tod kämpfen würden, um nicht wieder unter das Joch der Kommunisten zu geraten. Den Höhepunkt erreichte der Prozentsatz an »Abtrünnigen« bei den chinesischen »Freiwilligen«; von den bis zum 25. April durchgesiebten 20 699 Gefangenen blieben nur 5100, die freiwillig in ihre Heimat zurückgehen wollten.

Angesichts dieser Ziffern änderten die kommunistischen Unterhändler ihre Position und verlangten, daß alle Gefangenen zurückgegeben werden mußten, ob sie wollten oder nicht. Sie unterzogen sich auch einer Selbstkritik. Ein schwerer Fehler war begangen worden. Die Gefangenen von Koje-do waren ihrem Los überlassen worden. Maßnahmen wurden ergriffen, um den Fehler wiedergutzumachen.

Ein einfacher Soldat erschien unterwürfig am eisernen Dreieck. Er erklärte, er heiße Jon Monn Il. Die GIs führten ihn in eines der Gefangenenlager, ohne zu ahnen, daß er einer der sechsunddreißig Gründer der koreanischen kommunistischen Partei war, Pak Sang Hyon. Man hatte ihn zum Oberkommandierenden der zweiten Front ernannt, die die rote Führung in Koje-do eröffnen wollte. Pak brachte eine neue Doktrin mit, von der der amerikanische Geheimdienst später durch erbeutete Dokumente Kenntnis erhielt: »Die in den Lagern der Vereinten Nationen gefangengehaltenen Soldaten behalten ihre Eigenschaft als Kämpfer weiter . . . Sie stehen weiter unter der Kontrolle der politischen Kommissare . . . Sie werden befehlsgemäß und ohne Rücksicht auf Verluste Operationen ausführen, die das Ziel verfolgen, die Position der Kameraden zu stärken, die in Panmunjon Verhandlungen für einen Waffenstillstand führen.«

Das Lager 76 wurde das Hauptquartier Paks. Die Verbindungen wurden durch unterirdische Gänge hergestellt oder durch Botschaften, die von einem Lager in das andere geworfen wurden, oder durch das Lagerlazarett. In mehreren Lagern wurden die antikommunistischen Anführer von nächtlichen Gerichten abgeurteilt, hingerichtet und begraben. Waffen wurden hergestellt. Zwischenfälle wurden angezettelt. Am 18. Februar wurde die Kommission, die im Lager 62 die Filterung (*screening*) durchführte, überfallen. Die Begleitsoldaten feuerten: 75 Tote. Um die Verhandlungen in Panmunjon nicht zu verschärfen, ließ Ridgway das *screening* unterbrechen. Dieser Erfolg steigerte die Kühnheit der Roten. Sieben Lager erklärten die offene Meuterei, verbarrikadierten sich, hißten rote Fahnen, schlugen Schmähschriften sowie Porträts von Stalin und Mao an. Die Amerikaner waren ungeschickt genug, ihnen täglich die vorschriftsmäßigen Rationen vor den Stacheldraht zu stellen – 3500 Kalorien, »*more than enough for a non-working man*« (mehr als genug für einen nicht arbeitenden Mann). Essenträger schafften sie ins Innere des Lagers. Nur die Hälfte der Nahrungsmittel wurde verteilt; der Rest stellte eine Sicherheitsreserve dar.

Eisenhower war endgültig zum Kandidaten für die Präsidentenwahl bestimmt worden und legte seine Funktion als Oberkommandierender der NATO nieder. Ridgway wurde zu seinem Nachfolger ernannt, Clark trat an die Stelle Ridgways. Er traf am 7. Mai in Tokio ein. Als erstes erhielt er eine »Freudenbotschaft«. Ein amerikanischer General, Francis T. Dodd, der Kommandant der Insel Koje-do, war der Gefangene seiner Gefangenen. Für seine Freilassung verlangten sie ein schriftliches Eingeständnis der amerikanischen Verbrechen, einschließlich des bakteriologischen Krieges, und die Anerkennung der Volksrepublik der Gefangenen von Koje-do. Dieser hohe Verhandlungspartner müßte die für sein Funktionieren notwendigen materiellen Hilfsmittel und die Garantie erhalten, mit der kommunistischen Delegation in Panmunjon frei verkehren zu können.

Die Geschichte war ziemlich unangenehm. Dodd, der wenig Scharfsinn besaß und durch ein Magengeschwür gehandikapt war, hatte erfahren, daß ein Wortführer der Gefangenen am Tor des Lagers 76 mit ihm sprechen wolle. Er war ohne Waffe oder Begleitung dorthin gegangen, von keinerlei Mißtrauen geplagt. Ein Individuum hatte ihn mit der Mitteilung unterhalten, daß die Gefangenen bezüglich des *screening* nachgiebiger gestimmt seien – bis zu dem Augenblick, da eine Arbeitsgruppe vom Ausleeren der Unratfässer zurückkam und wieder in das Lager gehen wollte. Sie stürzte sich auf Dodd. Mit einer Ladung Dreck waren sie hinausmarschiert, mit einem General kamen sie zurück.

Auf diese gewaltsame Entführung folgte ein unglaubliches Gefeilsche. Dodd telefonierte seinem Adjutanten, Brigadegeneral Colson, er müsse wegen der gefährlichen Lage, in der er, Dodd, sich befinde, auf jede Gewaltanwendung verzichten. Die Welt lachte. Amerika fragte sich, in welchem Gemisch aus Dummheit und Feigheit seine Generäle befangen waren.

Am Abend des dritten Tages war die Geduld der Amerikaner zu Ende. Das Lager 76 wurde von Panzern mit Flammenwerfern und einem Eliteregiment eingeschlossen. Das Leben General Dodds war keinen Pfennig mehr wert, was ja eigentlich der Wahrheit entsprach. Im letzten Augenblick bequemten sich die Entführer dazu, ihre Bedingungen herabzuschrauben. Dodd wurde freigelassen. Colson hatte dennoch unterschreiben müssen, daß die unmenschliche Behandlung, über die sich die Gefangenen beschwerten, sich nicht wiederholen würde. Die Kommunisten aller Länder posaunten diesen Beweis für die Barbarei der Amerikaner laut in die Welt hinaus. Dodd und Colson kamen mit einem Verweis und einer Degradierung zum Oberstenrang davon. (*Forts. Korea S. 551*)

Zwei Repräsentanten Amerikas: Eisenhower und Taft

Die prächtige Michigan Avenue war der Schauplatz einer Ansammlung hysterisch gewordener Amerikaner. Das Hauptquartier Eisenhowers war im Hotel Blackstone eingerichtet, das Tafts im Conrad Hilton. Umzüge, Gesangvereine, Elefantenzüge, Indianertänze erfüllten die Innenstadt von Chikago mit einem Lärm, der sich bis zu dem See fortpflanzte, der blaßgrün dalag wie das Meer. Inmitten dieses wilden Kirmestreibens entschied sich das Schicksal der westlichen Welt. Die Leidenschaften stiegen auf den Siedepunkt. Die Frauen waren noch entfesselter als die Männer, als ob sie noch stärker fühlten, wie wichtig die Entscheidung zwischen dem Amerikanismus eines Taft, der nach innen gekehrt war, und dem Amerikanismus eines Eisenhowers war, der die Bürden und Risiken einer amerikanischen Allgegenwärtigkeit in der Welt auf sich nahm. In der Harriman Avenue erschien dann eine Gruppe von Furien, in Bettlaken gehüllt, um den Tod zu symbolisieren, die mit Grabesstimme zeterten: »*I like Ike too*...« Die Parteiführung war beunruhigt und fragte sich, ob es nach einem so haßerfüllten Toben möglich sein werde, für die Schlacht im November die Partei auch wirklich zu einigen.

Die Eröffnungsrede wurde von MacArthur gehalten. Ein Unbehagen überkam die Menge, die die Riesenhalle, in der jedes Jahr die schönsten Tiere der Welt gezeigt werden, füllte. Was der ruhmreiche General des Pazifik vorschlug, war nicht weniger als die Aufgabe des zwischen Amerika und Europa festgeschmiedeten Bündnisses. Was er anbot, war nicht mehr als die Herstellung unklarer Bindungen mit den unvollkommenen, schwachen oder unbestimmten Mächten Asiens. Ohne persönlich so weit zu gehen, war Taft in seinem Extremismus befangen. Das gesamte alte Amerika hängte sich inbrünstig an diesen ehrenwerten Mann, der es, wenn er gewählt würde, in weniger als drei Monaten schwer enttäuschen würde. »We want Taft!« Das hieß: »Es lebe das, was tot ist!«

Nichts war entschieden. Ike hatte die Beliebtheit für sich, Taft die Führungsschicht der Partei. Nach den unentschiedenen Vorwahlen erschienen zwei Delegationen des Staates Georgia beim Konvent, die eine wollte Taft, die andere zog Ike vor. Das nationale Parteikomitee beschloß, die erste anzuerkennen, und die Eisenhower-Anhänger beschlossen, dagegen beim Konvent Berufung einzulegen. Die Abstimmung war so aufregend, daß einer der Delegierten aus Kansas mit einem Herzschlag tot zusammenbrach. Die »Ja«, die für Ike stimmten, knatterten wie Fahnen im Wind, die »Nein«, die für Taft entschieden, rollten wie Trommelwirbel. 12 000 fieberhafte Hände zählten die Stimmen zusammen, als die einzelnen Staaten nacheinander ihr Gewicht in die Waagschale warfen. Als Wyoming gestimmt hatte, erschütterte ein Sturm von begeisterten und von wütenden Stimmen das Gebäude. 845 »Ja«, 280 »Nein«. Der Konvent war zu Ende.

Taft erlebte das Ganze von seinem Fernsehapparat in seinem Appartement im Conrad Hilton. Ike hatte sich, seiner gesunden Soldatengewohnheit folgend, um 10 Uhr zu Bett gelegt und verboten, ihn zu wecken.

Am folgenden Tag war die alte Garde in einem Freudentaumel. »Töchter der Republik« tanzten auf der Madison Avenue. MacArthur hatte die Kandidatur angenommen. Er versperrte diesem General Eisenhower den Weg, von dem alle wußten, daß er ihn als Feigling und verkappten Kommunisten bezeichnete. Amerika war gerettet. Es war aber nur ein falsches Gerücht.

Wenige Stunden später wurde Eisenhower offiziell zum Kandidaten bestimmt. Als Gefährten auf der Liste akzeptierte er einen jungen Senator aus Kalifornien. Richard Nixon, der den rechten Flügel der Partei vertrat. Die *Chicago Tribune*, deren 26 Stockwerke den Mittleren Westen als Fahnenmast des Isolationismus beherrschten, schrieb dennoch, Eisenhower könne nicht hoffen, daß die Republikaner, die er verleumdet hatte, sich ihm anschließen würden. Robert McCormick verkündete, er gründe eine neue Partei, um Amerika einen wirklich amerikanischen Kandidaten geben zu können. Robert Taft verdammte jedoch diesen Aufruf zur Spaltung und überquerte die Michigan Avenue, um sich fotografieren zu lassen, während er dem Sieger die Hand schüttelte.

Stevenson gegen Eisenhower

Die Demokraten versammelten sich in dem von den Republikanern noch warmen Saal. Sie standen vor einer Überfülle an Kandidaten: der alte Vizepräsident Barkley, die Senatoren Kefauver, Kerr, Russell, Humphrey, der Ex-Senator Harriman . . . Alle waren möglich, keiner bot sich zwingend an. Die Führer der Partei machten sich sorgenvoll auf einen endlosen Konvent gefaßt, auf wiederholte Wahlgänge, einen Gladiatorenkampf. Sie suchten einen Mann, um kurzen Prozeß zu machen.

Der Mann war da, an Ort und Stelle. Als demokratischer Gouverneur von Illinois hatte er den Konvent seiner Partei in seiner braven Stadt Chikago eröffnen müssen, war jedoch wie eine aufgescheuchte Ente geflüchtet, als zwei Drittel des Saales gebrüllt hatten: »We want Adlai!« Am Tag darauf war es der Delegation von Illinois gelungen, ihn in einem Salon des Hotels Morisson festzunageln, ohne zu ahnen, daß die Journalisten das Gespräch hinter einer falschen Wand mithörten. Adlai Ewing Stevenson hatte wiederholt, er wolle nicht für die Präsidentschaft der Vereinigten Staaten kandidieren und er flehe seine Freunde an, ihn in Frieden zu lassen. Dann war er ins Blair House geeilt – es hieß so wie das Nebengebäude des Weißen Hauses –, den Besitz seiner Familie in der Astor Street, einem der schönen Viertel Chikagos, und hatte sich dort eingeschlossen.

Vor vier Jahren hatte Stevenson den Demokraten von Illinois ein ebensolches Verhalten gezeigt, als sie ihn gebeten hatten, für die Nachfolge des republikanischen Gouverneurs Dwight Greene zu kandidieren. Er hatte sich mit der Pantomime eines Märtyrers gewaltsam überreden lassen. Sein Sieg ließ erhoffen, daß sich das Wunder auf nationaler Ebene wiederholen könnte.

Der Konvent lief im Leerlauf. Die Reden interessierten niemanden. Kefauver, der angesehenste der Kandidaten, unternahm übermenschliche Anstrengungen, doch die Hintermänner der Partei hatten beschlossen, ihn um jeden Preis beiseite zu schieben. Die einzige Frage, die die Delegierten interessierte, war: »Wird er annehmen?« Er: Adlai. Truman, der ihn nach Washington berufen hatte, um dieses Wundertier kennenzulernen, hatte nicht unberechtigt zuerst erklärt, Stevenson sei ein Snob und er werde Harriman unterstützen. Er hatte es sich dann anders überlegt und mitgeteilt, er sei bereit, der Kandidatur des Gouverneurs von Illinois zuzustimmen. Dieser hatte nur auf die Erklärung des alten Chefs gewartet, um sich zu opfern. Die verzweifelten Bemühungen Russells und Kefauvers verspäteten seine Kandidatur nur um drei Wahlgänge.

Stevenson gegen Eisenhower. Der Geist gegen das Schwert. Plötzlich geriet die Welt in Leidenschaft. Der Unbekannte wurde der Kandidat Europas, das die Dienste, den Liberalismus, ja fast den Pazifismus des Oberkommandierenden des Westens ein wenig rasch vergaß. In Amerika waren die Universitäten enthusiastisch. Drei Viertel der Journalisten waren für Stevenson, auch wenn die Zeitungen gegen ihn waren. Er selbst machte keinerlei Konzessionen. Er lehnte jede Hilfe ab, wies die Ratschläge Trumans zurück, der sich zurückzog, nicht ohne deutlich zu sagen, was er über den Kandidaten dachte. Er entwarf mit eigener Hand sorgfältig seine Reden, die eine ausgezeichnete literarische Form und einen etwas schwer verständlichen Humor zeigten. Vor dem Konvent der Amerikanischen Legion, die grundsätzlich republikanisch war, erschien er wie David in der Löwengrube, bezauberte die Löwen, indem er sie abwechselnd hart anfaßte und ihnen schmeichelte; er erhielt mehr Beifall als Eisenhower. Anfang September war das Nationalkomitee der Demokraten der Ansicht, daß der Sieg gesichert sei. Die Republikanische Partei, schloß es, war nur noch eine Minderheitspartei, unfähig, einen Kampf auf nationaler Ebene zu gewinnen, zum Abtreten verurteilt wie die Whigs in England.

Der Labor Day, der 1. Mai, wurde von Stevenson für seinen ersten Kontakt mit der Arbeiterschaft gewählt. Mit seiner Rede in Michigan verstimmte er die Gewerkschaftsführer, als er die Republikanische Partei der »Schizophrenie« beschuldigte. Am Tag darauf, in Flint vor den Arbeitern der General Motors, schlug er die Beine auf dem Podium übereinander; ein Fotograf schoß das Bild eines Schuhs mit einem Loch in der Sohle. Es ließ in der Deutung nur die Wahl zwischen grober Demagogie und Nachlässigkeit in der Kleidung, welche den Amerikanern der unteren Schichten ein Greuel ist. Das demokratische Komitee hielt es für richtig, ein Kommuniqué zu veröffentlichen, das erklärte, sein Kandidat habe keine Frau, die sich um seine Garderobe kümmern könne. Damit erinnerte es aber auch daran, daß Stevenson der erste geschiedene Kandidat für das Weiße Haus war. Es unterstrich außerdem eine krankhafte Knauserei. Stevenson besaß ein Vermögen von mehr als einer halben Million Dollar und verdiente 60 000 Dollar jährlich; er konnte sich also die Dienste einer Haushälterin oder eines Kammerdieners leisten. Der Niedergang seiner Wahlaussichten begann mit einer schadhaften Schuhsohle.

Nach seiner Nominierung war Ike zum Forellenfischen in den Colorado gefahren. Die Führer der Partei waren alsbald über seinen Dilettantismus beunruhigt. »Seine Fortschritte erinnern an einen ausgetrockneten Bach«, schrieb ein republikanisches Blatt. Dann geriet der General mit seinem Komitee in Streit, da er erklärte, er habe die Absicht, seine Wahltournee auch auf Virginia, Georgia und Texas auszudehnen. Seit dem Bürgerkrieg hatte niemand eine so unsinnige Idee gehabt. Die demokratischen Kandidaten gingen nicht in den Süden, weil ihnen dieser automatisch zufiel, und die republikanischen gingen aus dem gleichen Grund nicht hin. Ike beharrte darauf.

Für Atlanta, die Heimatstadt Margaret Mitchells, waren »Republikaner« und »Räuber« seit langer Zeit gleichbedeutend. Der republikanische Kandidat des Jahres 1952 hielt in der Stadt den triumphalsten Einzug seit jenem Clark Gables, als dieser zur Erstaufführung des Films »Vom Winde verweht« gekommen war. In Texas, wo Eisenhower die ersten sechs Monate seines Lebens verbracht hatte, war der Empfang noch wärmer. Die Demokraten zweifelten noch immer: »Sie spenden dem General Beifall; den Kandidaten werden sie nicht wählen.«

Die Illusion dauerte an. Der Sonderzug Eisenhowers fuhr durch Amerika und zog gewaltige Volksmengen an, aber die Journalisten, die im Zuge mitfuhren, waren der Ansicht, daß die Menschen eher kamen, um den Kriegshelden zu sehen, als um ihr Einverständnis mit dem Politiker zu zeigen. Sie wollten nicht einsehen, daß Eisenhower wie von selbst Kontakt mit der Masse fand, die der sarkastische, spitzfindige Geist Stevensons verwirrte. Eisenhower war nicht unsonst in einer Kleinstadt in Kansas aufgewachsen. Stevenson war der Kandidat der Linken, der Kandidat der breiten Masse jedoch Eisenhower.

Den Hintergrund für das Wahlduell bildete Korea. Die Gefangenen von Koje-do hatte man unter Kontrolle bekommen, aber die Verhandlungen in Panmunjon waren wieder abgebrochen worden. Die Kämpfe gingen weiter, vereinzelt, aber heftig: Old Baldy, White Horse, Jackson Heights, Triangle Hill... Die Kämpfe in der Luft gingen weiter — immer unter dem Handikap der Unverletzlichkeit der Mandschurei, die zu überfliegen die amerikanischen Maschinen kein Recht hatten.

Die Kälte war wiedergekommen, Schnee bedeckte die Berge, ein dritter Winterfeldzug hatte begonnen ... Amerika fragte sich, wie und wann es dort loskommen würde.

Eisenhower hatte zuerst die Mißwirtschaft, *the mess*, in Washington zum Thema seiner Kampagne gemacht. Bald begriff er, daß Korea ein viel solideres Fundament für ihn darstellte. Er kritisierte den schlecht begonnenen und schlecht geführten Krieg, »unerträglich, wenn man kämpft, demütigend, wenn man verhandelt«. Er versprach, ihm ein Ende zu setzen. Wie, das sagte er nicht. Er riß aber die Nation mit der Ankündigung von den Sitzen, daß er, wenn er gewählt würde, sofort nach Korea gehen werde, um an Ort und Stelle Rat zu schaffen. Laut Gallup gaben von 76 Amerikanern 67 eher dem General als dem Anwalt ihr Vertrauen, daß er die Wunde schließen werde, aus der, wie Ike sagte, »Blut und Ehre flossen«.

Die Demokraten wurden allmählich von Sorge erfüllt. Die Arbeiterführer drohten Stevenson: Wenn er weiter hartnäckig die Hilfe Trumans ablehne, würden sie sich zurückziehen. Adlai mußte nachgeben, und Truman war damit einverstanden, daß man für ihn in aller Eile einen Sonderzug mietete. Er fuhr los.

Die Kampagne änderte ihren Rhythmus. Stevenson hatte dem großen Soldaten Höflichkeiten erwiesen, der ... usw. Truman griff den General an, der keine Gesinnung hatte, sich zum Republikaner erklärt hatte und Wallstreet hörig geworden war, um zu einem Amt zu kommen, das auszufüllen er nicht fähig war. Der intellektuelle Stevenson hatte keinen Slogan zu finden vermocht, der alte Kampfhahn erfand sofort einen: »*You never had it so good!*« – Nie ist es euch so gut gegangen! Es galt jetzt zu erfahren, ob die Wähler diesen Wohlstand konsolidieren würden, indem sie wieder eine demokratische Verwaltung wählten, oder ob sie wieder in Handelsflaute, Arbeitslosigkeit, Elend verfallen wollten, indem sie Amerika in die Hände der Leute lieferten, die für die Krise 1930 verantwortlich gewesen waren. »Ich sehe eure prächtigen Tannen«, sagte Truman zu der Menge in Wyoming, »und ich frage mich voll Sorge, ob ihr sie zu Weihnachten verkaufen werdet. Wenn die Republikaner siegen, wird niemand mehr Geld haben.« Der Zug fuhr los. Truman schrie noch: »Hört ihr! Niemand, niemand wird mehr Geld haben!« Das war der Ton, der angeschlagen wurde.

Das war zu einfach oder zu spät. Am 4. November erhielt Eisenhower 33 Millionen Stimmen gegen 26,5 Millionen für Stevenson, 442 Wahlmänner gegen 89, 39 Staaten gegen 9. Florida, Texas, Virginia, Tennessee stimmten für ihn. Im Jahre 1932 hatte es ein ähnliches Übergehen zur anderen Partei gegeben, als die Protestanten des Südens sich gegen den Katholizismus des demokratischen Kandidaten Al Smith aufgelehnt hatten. Der Rückfall zugunsten von Ike zeigte das Ende der politischen Unerschütterlichkeit des Südens an.

... Wenige Tage darauf begab sich der Sieger, seinem Versprechen gemäß, im Flugzeug nach Korea. (*Forts. USA S. 577*)

16. Kapitel   1953 Ende einer Ära
Stalin ist nicht mehr!

Im sowjetischen Reich war eine tiefreichende Bewegung im Gang, die weiß Gott welche Tragödie ankündigte und vorbereitete.

George F. Kennan hatte sich um den Posten eines Botschafters der Vereinigten Staaten in Moskau beworben, weil er an die Möglichkeit glaubte, die Beziehungen zwischen den USA und der Sowjetunion verbessern zu können. Er gestand nun das Mißlingen seiner Bemühung ein und sagte, er sei »entsetzt« über die Heftigkeit der antiamerikanischen Kampagne. Die 7249 in der UdSSR erscheinenden Tageszeitungen waren voller Schmähungen; man fragte sich, ob eine solche Raserei des Hasses nicht das letzte Stadium der psychologischen Vorbereitung auf einen bewaffneten Konflikt darstellte.

Kennan hatte sich bei einer Zwischenlandung in West-Berlin von einer Gruppe amerikanischer und deutscher Journalisten interviewen lassen. Wie sieht das Leben eines westlichen Diplomaten in Moskau aus? Es verläuft in einer »*icy cold atmosphere of isolation*«. Die schwachen Verbindungen, die mit der sowjetischen Gesellschaft bestanden hatten, waren völlig unterbrochen. »Hätten die Nazis uns erlaubt, durch die Straßen zu gehen, ohne daß wir das Recht gehabt hätten, mit irgendeinem Deutschen zu sprechen, so wäre das die gleiche Situation gewesen, in der wir heute in Moskau leben müssen.«

Malik hatte am Verhandlungstisch des Sicherheitsrats die amerikanischen Führer als »Kannibalen« bezeichnet; Rußland aber verlangte eine rücksichtsvolle Behandlung. Die *Prawda* bezeichnete Botschafter Kennan als »pathologischen Lügner« und seinen Vergleich Deutschlands mit der Sowjetunion als himmelschreiende Beleidigung. Die sowjetische Regierung erklärte ihn als Persona ingrata. Die amerikanische Regierung weigerte sich, ihn formell abzuberufen, und ließ die Botschaft einfach ohne Botschafter.

Seit 1939 hatte, trotz der bestehenden Parteistatuten, kein Parteitag der KPdSU mehr stattgefunden. Man betrachtete die Institution als faktisch abgeschafft, ähnlich wie die Generalstände unter Ludwig XIV. Nun wurde sie wieder zum Leben erweckt. Für den 5. Oktober 1952 wurde der XIX. Parteitag in den Kreml einberufen. Er sollte, sagte die *Prawda*, den 5. Fünfjahresplan genehmigen und die Parteiorganisation abändern, indem an die Stelle des politischen Büros (Politbüro) und des Organisationsbüros (Orgbüro) ein Präsidium trete, das ihre Befugnisse vereinigte. Der 5. Fünfjahresplan war seit einem Jahr im Durchführungsstadium, und Stalin hatte es gewiß nicht nötig, 1192 Abgeordnete und 167 Stellvertreter kommen zu lassen, um seine Partei zu reformieren. Die Kreml-Experten fragten sich, welche Absichten der Einberufung des Kongresses zugrunde lagen.

Am Tag vor seinem Zusammentreten veröffentlichte die doktrinäre Zeitschrift *Bolschewik* einen 50 Seiten langen Artikel mit der Überschrift: »Ökonomische Probleme des Sozialismus in der UdSSR«. Der Autor war Josef Stalin. Beunruhigt durchforschte die Welt diese Prosa, um darin Andeutungen auf ihr Schicksal zu finden.

Vom doktrinären Standpunkt aus war der Artikel ein Sprung rückwärts. 1934 hatte der XVII. Parteitag die Vollendung des Sozialismus in der UdSSR zu Protokoll genommen (jeder nach seinen Fähigkeiten) und den allmählichen Übergang zum Kommunismus (jedem nach seinen Bedürfnissen) verkündet. Stalin verschob die Realisierung auf unbestimmte Zeit. Der Staat würde nicht verschwinden, die Stufenleiter der Löhne fortbestehen. Die Unterscheidung zwischen der manuellen und der geistigen Arbeit würde nicht abgeschafft werden. Stalin begnügte sich damit, als vorläufiges Ziel die Verdopplung der Effektivlöhne sowie die Verkürzung des Arbeitstages auf fünf Stunden und eine Verbesserung der Wohnverhältnisse festzusetzen. Jeder westliche Politiker hätte das Programm des Diktators gegenzeichnen können.

Auf die internationale Lage übergehend, behauptete Stalin auch weiterhin, daß die kapitalistischen Völker als Korrektiv für ihre wirtschaftlichen Widersprüche einzig und allein auf den Krieg angewiesen seien. Er fügte aber hinzu, sie würden eher aufeinander losgehen, als die Sowjetunion angreifen. Der unerbittliche Krieg zwischen den beiden großen gegnerischen Systemen sei nicht unvermeidlich. Zum erstenmal wurde die Möglichkeit einer friedlichen Koexistenz eingeräumt.

Bei den vorhergegangenen Parteitagen hatte Stalin den Gesamtbericht keinem anderen überlassen: diesmal vertraute er ihn Georgi Malenkow an. Daraus schloß die Welt, daß er seinen Erben ernannt hatte.

Malenkow war scheußlich anzusehen. Das Gesicht mit seinen unschönen, weichen Zügen glänzte von einer Masse fahlen Fetts. Er trug eine Uniformjacke wie eine Vogelscheuche und viel zu weite Hosen. 1902 in Orenburg, einer Stadt in der Steppengegend des Ural, geboren, war er angeblich bürgerlicher Herkunft. Er war, wie es hieß, in erster Ehe mit einer Sekretärin Molotows (Name unbekannt) verheiratet gewesen, wurde um 1940 geschieden, heiratete zum zweitenmal eine Schauspielerin (Name unbekannt), die in einem (nicht identifizierbaren) Moskauer Theater spielte. Er hatte angeblich zwei Kinder, deren Alter und Geschlecht gleichfalls unbekannt waren. Zwanzig Jahre später weiß man noch immer nicht mehr über Malenkows Privatleben.

Kaum weniger dunkel sind die Angaben über seine Karriere. Man weiß nicht, unter welchen Umständen Malenkow der Privatsekretär Stalins wurde. Er schied von 1930 bis 1934 aus der nächsten Umgebung des Diktators aus und arbeitete im Orgbüro, jenem gefürchteten Labyrinth, in dem gewöhnlich die Spezialisten für immer verschwanden. Malenkow kam wieder zum Vorschein und war im günstigen Augenblick, zu Beginn der großen Säuberungen, Mitglied des Zentralkomitees. Er war Verwalter der Parteikartothek und bemühte sich, wie man meinte, die Gefängnisse und Massengräber zu füllen. Während des Kriegs entlastete er Generalissimus

Stalin in seinen politischen Aufgaben und erhielt zum Dank für seine Treue einen Sitz im Politbüro. Es kam zu stürmischen Differenzen mit Schdanow, der es wagte, in ihm »einen jener Bücherwürmer zu sehen, die Zitate von Marx und Engels für jede Gelegenheit bereithaben, die aber von Marx und Engels verstoßen würden, stiegen diese aus ihren Gräbern«. Malenkow wankte, verlor seinen Posten als Sekretär des Zentralkomitees und geriet in den Sog des Säuberungssturms. Er klammerte sich fest, gewann Zeit, nutzte die Schwäche seines Rivalen für Tito aus, fügte ihm eine Schlappe bei, indem er seinen Sohn anläßlich des Streits über Lyssenkos und Mendels Lehren verurteilen ließ, und bekam am 20. Juli 1948 seinen Posten als Sekretär wieder. Einen Monat später war Schdanow tot.

Vor dem XIX. Parteitag brachte Malenkow eine fünf Stunden dauernde Auslegung des *Bolschewik*-Artikels von Stalin. Er erklärte, daß »die Koexistenz und friedliche Zusammenarbeit zwischen Kapitalismus und Kommunismus durchaus möglich« sei und daß »das Exportieren der Revolution ein Unsinn ist«. Andererseits kritisierte er das Nachlassen, den Verfall der Wachsamkeit bei der Partei. Diesmal waren sich alle Kreml-Experten darüber einig: Malenkows Rede roch nach Säuberung. Man wartete ab.

Sie begann in Frankreich. Der aufständische Flügel der Partei wurde von den beiden Rädelsführern der Meuterei von 1919 im Schwarzen Meer, dem ehemaligen Schiffsingenieur der *Protée*, André Marty, und dem ehemaligen Maat der *Guichen*, Charles Tillon, angeführt. Marty, während des Spanischen Bürgerkriegs Kommissar der Internationalen Brigaden, war ein blutrünstiger Gewalttäter. Tillon konnte sich nicht darüber trösten, zugelassen zu haben, daß Maurice Thorez nach der Befreiung seine patriotische Miliz entwaffnete. Vergeblich übten sie Selbstkritik, sie wurden dennoch aus dem Zentralkomitee und dann aus der Partei ausgeschlossen. Marty wurde mit 66 Jahren, nach einem Leben, das er ganz der Revolution gewidmet hatte, als »Spitzel« bezeichnet, und es wurde allen Kommunisten unter Androhung des Ausschlusses verboten, mit ihm zu verkehren.

Tillon und Marty hatten Glück, daß sie mit ihrer Revolution gescheitert waren. Sie sollten in abgelegenen Dörfern, der eine in den Alpen, der andere in den Pyrenäen, in Vergessenheit geraten. Wären sie Tschechoslowaken gewesen, hätte es sie das Leben gekostet.

Der gefügigste unter den Satelliten war in den Jahren 1951 und 1952 von einer Gewalttat zur anderen geschritten. Als der Nachfolger des unglücklichen Masaryk, Wladimir Clementis, verhaftet wurde, freute sich der Generalsekretär der Kommunistischen Partei, Rudolf Slansky: »Clementis ist eine geile Viper von abgründiger moralischer Schändlichkeit. Die Partei war zu nachsichtig. Die Säuberung wird erbarmungslos fortgesetzt, bis alle Verräter liquidiert sind ...« Die Säuberung ging tatsächlich weiter; Slansky wurde festgenommen. *Rude Pravo* schrieb, daß er und seine Spießgesellen das Recht eingebüßt hätten, Menschen genannt zu werden. »Bei ihrem Anblick denkt man an Spinnen und Wanzen, an Ratten, die Pest, Typhus und Cholera verbreiten ...«

Der Prozeß begann am 20. November 1952 im Gefängnis Pankrac, im Schatten des Galgens. In der Anklage wurden Josef Frank und Karel Svab als Tschechen, Clementis als Slowake bezeichnet. Die elf anderen Angeklagten, darunter Slansky, eigentlicher Name Slanzmann, wurden als Juden bezeichnet!

Der Antisemitismus ließ seine Maske fallen und beherrschte die Verhandlung, die diesen Namen wohl kaum verdiente. Die Angeklagten beschuldigten sich selbst aufs heftigste. Slansky erklärte, er sei nie Kommunist gewesen, sondern das bewußte Werkzeug einer von den USA und Israel gegen die Volksdemokratien gerichteten bürgerlich-jüdischen Verschwörung. Der Angeklagte André Simone erklärte, er gehöre auf das Schafott und er werde glücklich sein, wenn man ihn zum Tode verurteile. Die Frau des Angeklagten Arthur London schrieb dem Präsidenten des Gerichts und forderte in ihrem und ihrer Kinder Namen die Todesstrafe für ihren Mann. Slansky, Clementis und neun andere wurden zum Tode verurteilt und gehängt.

Der Prager Prozeß war der Abklatsch der großen Moskauer Justizparodien aus der Vorkriegszeit. Er wurde als Vorspiel einer gigantischen Säuberung gedeutet. Niemand war überrascht, als die *Prawda* am 13. Januar 1953 unter dem harmlosen Titel »Chronik« die Entdeckung einer Verschwörung in der UdSSR bekanntgab. Neun Ärzte, »neun Teufel in Menschengestalt«, verkürzten das Leben der sowjetischen Führer, indem sie ihnen bewußt falsche Behandlungen vorschrieben. Sie arbeiteten an der Ermordung Marschall Konjews, Marschall Wassilewskis, Admiral Lewtschenkos usw. Es war ihnen gelungen den ehemaligen Generalstabschef Schtscherbakow und Andrej Schdanow ins Grab zu bringen.

Schdanow – man weiß nur, daß er auf Stalins Befehl liquidiert wurde. Es ist nicht ausgeschlossen, daß die Ausführung durch Ärzte vollzogen wurde. Beim Prozeß des Polizeichefs Jagoda im Jahre 1938 saßen vier Ärzte, darunter der weltberühmte Neurologe Pletnew, auf der Anklagebank; sie wurden beschuldigt, Maxim Gorkij vergiftet zu haben. »Die Anklage war begründet«, behauptete Trotzki. »Gorkij war ein berühmter alter Schriftsteller, dessen Proteste gegen die Auswüchse einer Revolution, die er in ihren Anfängen begrüßt hatte, im Ausland Gehör finden konnten. Man mußte ihn verschwinden lassen, ohne Blut zu vergießen. Kein Arzt in der UdSSR konnte seine Mithilfe verweigern.«

Von den neun Ärzten waren sechs Juden. Sie arbeiteten, wie die Anklage behauptete, auf Weisung des »Joint«, einer bürgerlich-jüdischen Organisation, die für den amerikanischen Geheimdienst tätig war. Einer der drei Nichtjuden, die als Agenten des britischen Geheimdienstes bezeichnet wurden, war Professor W. N. Winogradow, Inhaber des Leninpreises, Mitglied der Akademie der Wissenschaften und Leibarzt Stalins. Stalin erteilte den Befehl, ihn in Ketten zu legen. Er sagte dem Sicherheitsminister Ignatjew: »Ich wünsche Geständnisse. Es geht um deinen Kopf.« Die *Prawda*: »Alle Verbrecher haben gestanden . . .« (*Forts. UdSSR S. 522*)

Moskau wendet sich gegen Israel

Der Prager Prozeß und die Verschwörung der Ärzte riefen in Israel Bestürzung hervor. Eine Hoffnung brach zusammen; eine Bedrohung tauchte auf.

Israel war eine phantastische Werkstätte. Die Rückkehr zur Landarbeit genügte nicht, um die Zukunft der kleinen Nation zu sichern. Es war arm an Naturschätzen und griff deshalb auf Industrien zurück, die möglichst wenig Material und möglichst viel menschliche Fähigkeiten erforderten. Schon vor dem Krieg hatte der Zionismus die Diamantenschleiferei und die Produktion künstlicher Augen und orthopädischer Apparate in Haifa eingeführt. Nun war die große moderne Wissenschaft am Werk, um neue Betätigungsfelder zu schaffen. Anna Weizmann, die Tochter des Präsidenten, und Boris Chain, der Nobelpreisträger, schufen die Grundlagen einer pharmazeutischen Industrie, die Atrabin – gegen Malaria – und ein neues Desinfektionsmittel, Rivanol, herstellte. Ernst Bergmann und David Gainsburg hatten den polymeren Stoff R-1 erfunden, eine Abart von Nylon, zu dessen Herstellung man die nutzlosen tausendjährigen Sträucher, die Judäas Hügel bedecken, verwenden konnte. Der 71jährige, fast blinde Weizmann war ein lebendes Vorbild. Während des Ersten Weltkriegs hatte er den Engländern im Augenblick, als die U-Boote bei den Alliierten eine katastrophale Sprengstoffkrise verursachten, das Geheimnis des Azetons geschenkt. Im Zweiten Weltkrieg hatte er den Verlust Malayas aufgewogen, indem er die Herstellung von synthetischem Gummi ausarbeitete. Nun gehörte sein wissenschaftliches Können ausschließlich seinem Volk. Er hatte in Rehovot ein Zentrum mit 120 Forschern geschaffen, das einer der wissenschaftlichen Mittelpunkte der Welt werden sollte. Er versuchte Albert Einstein hierher zu ziehen, der sich jedoch weigerte, die grünen Rasenflächen und die Geborgenheit von Princeton zu verlassen. »Dann soll er eben dortbleiben«, sagte Weizmann, »wir brauchen ja eigentlich gar keine Mathematiker.«

Israel brauchte tatkräftige Menschen. Es wimmelte von Projekten. Man plante die Ableitung des Jordans in den Negev, die Entsalzung des Meerwassers, die Auswertung der im Wasser des Toten Meeres befindlichen Mineralien. Das prächtigste Erzeugnis des Zionismus waren die in Palästina geborenen jungen Menschen, die man *Sabras* (Kaktusfrüchte) nennt. Das Charakteristische der Sabras, sagt Arthur Koestler, besteht darin, daß sie »unjüdisch« sind. Sie haben häufig gerade Nasen, blaue Augen, und ihre eckigen Bewegungen stehen im Gegensatz zu den traditionell salbungsvollen, abgerundeten Bewegungen der Juden. Die Freiheit formte bereits in der ersten Generation eine neue Rasse. Sie entwickelte einen heftigen Nationalismus. Die Sabras dulden es kaum, eine andere Sprache zu hören als Hebräisch. Sie hassen das Jiddisch, ein mit hebräischen Lettern geschriebenes altertümliches Deutsch, den Dialekt der Erniedrigung und der Sklaverei. Sie sagen »Differential« und »Fallschirm« in einer Sprache, die 3000 Jahre lang tot gewesen war.

Trotz dieser kostbaren Zuversicht war das Leben des jüdischen Volkes auch weiterhin schwer. Die Feindseligkeiten gegen die arabischen Staaten hatten Anfang 1949 dank einer Reihe von Waffenstillständen aufgehört, doch der Kriegszustand dauerte fort, und die einzige der fünf Grenzen, die nicht hermetisch verschlossen war, blieb das Meer. Alle Annäherungsversuche waren fehlgeschlagen. Als Nagib Faruk entthronte, spendete ihm Ben Gurion Beifall und erklärte, er wünsche eine Zusammenarbeit mit dem neuen Ägypten und er denke ebensowenig daran, für die Invasion Palästinas von 1948 Rache zu nehmen wie für die schlechte Behandlung der

Juden vor 4000 Jahren durch die Pharaonen. Nagib antwortete, Israel sei ein Geschwür, das durch Feuer und Schwert ausgemerzt werden müsse.

Als unnachgiebiger Protest gegen das Bestehen Israels wurde das Flüchtlingsproblem aufrechterhalten. Nach der Zählung im Jahre 1953 waren es 881 673 Flüchtlinge, und ihre Zahl, weit davon entfernt abzunehmen, stieg ständig auf Grund der durch die Untätigkeit erhöhten Geburtenfrequenz. Die Flüchtlinge wurden durch ein Büro der Vereinten Nationen spärlich ernährt. Die Ägypter siedelten sie im Gazastreifen an, die Syrer verweigerten ihnen das Recht, sich naturalisieren zu lassen; die Jordanier ließen sie von ihren Beduinen bewachen – Entschädigungs- oder Wiederansiedlungspläne stießen auf prinzipielle Ablehnung. Die Flüchtlinge sollten als ein Heer der Verzweiflung rund um Israel bestehen bleiben.

Israels größtes Problem war die Verschmelzung der unterschiedlichen Elemente, die der Rückstrom aus der Diaspora nach Palästina brachte. Die Heimstatt der Zionisten war von den askenasischen Juden geschaffen worden, die aus Nordeuropa, Rußland, Polen und Deutschland kamen. Die neuen Einwanderer waren zum Großteil Sephardim aus den mohammedanischen Mittelmeerländern, wo sie in den vielen Jahrhunderten orientalisiert und arabisiert worden waren. Für das mühselige Leben, das sie im Negev, den sie bewässern, oder in Galiläa, das sie von Steinen befreien mußten, erwartete, fehlte ihnen alles. Durch ihre Zahl drohte sie das Übergewicht über die ursprünglichen Einwanderer zu gewinnen, die zionistische Niederlassung umzuwandeln, die Herausforderung, die sie darstellte, zu entkräften.

Deshalb dachten die Führer Israels an die drei Millionen Juden, die in Rußland kümmerlich ihr Leben fristeten. Sie konnten das Gleichgewicht in der jungen Nation wieder herstellen und ihr einen wunderbaren Impuls verleihen, wenn die Sowjetregierung sie hinausließ. Die Botschafterin, die schon mit Abdullah verhandelt hatte, Golda Meyerson, fuhr in die UdSSR, um die Genehmigung zu erwirken. Sie kehrte bestürzt zurück; die Moskauer Juden waren ihr entgegengeeilt, sie hatten vor ihrer Synagoge demonstriert. Sie streckten ihre Arme nach Israel aus, doch in den sowjetischen Kreisen herrschte offen der Antisemitismus und Antizionismus. Die Juden würden Rußland nicht verlassen.

Ein Zwischenfall brachte die Krise zum Ausbruch: In Tel Aviv explodierte eine Bombe vor der sowjetischen Gesandtschaft. Die Frau des Gesandten Jersow erlitt eine leichte Verletzung am Arm. Ben Gurion sandte ein Entschuldigungstelegramm nach Moskau. Ein Zug marschierte durch Tel Aviv mit dem Plakat: »Wir lieben die UdSSR, die uns gerettet hat.« Rußland ließ diese Bußzeremonie nicht gelten. Der israelische Gesandte in Moskau wurde zu Wyschinskij berufen, der ihm mit einer wütenden Schmährede gegen Israel seine Pässe aushändigte. Tags darauf beschuldigte die sowjetische Presse Israel des Völkermords an den Arabern. Die Massen in Damaskus und Kairo jubelten Rußland zu. Der Staat Israel, in dem die Ideen der äußersten Linken stark vertreten sind, hatte stets auf den Schutz der UdSSR, gepaart mit jenem der USA und mit ihm in Gleichgewicht, gerechnet. Es entstand eine neue Situation: Moskau war ein Garant gewesen, es wurde zu einem Feind.

(Forts. Israel S. 668)

Seit Menschengedenken, seit es Aufzeichnungen darüber gibt, war die Nordsee noch nie so hoch gestiegen wie in der Nacht vom 31. Januar zum 1. Februar 1953. Es war niemand darauf gefaßt gewesen. Die nächtliche Flut hatte nicht einmal abnormale Ausmaße. Der abendliche Wetterbericht hatte nur stürmische Winde aus Nordwest vorausgesagt, Holland war ruhig schlafen gegangen. Als erstes beschrieb die Funkmeldung eines an den Strand der Insel Schouwen geworfenen Küstenfahrers die entsetzliche Lage: »Ein fürchterlicher Seegang, der über die Dünen hinweggeht, die Wellenbrecher mitreißt, die Dämme zerstört und sich in die Polder ergießt.«

Schon bei Morgengrauen brachten die Aufklärungsflieger tragische Beschreibungen. Das Meer hatte Seeland überschwemmt, in sechs Stunden das Gebiet wieder zurückgewonnen, das ihr der Mensch in sechs Jahrhunderten entrissen hatte. Die Dämme waren an 600 Stellen durchbrochen, die beiden Doppelinseln Goeree-Overflakkee und Schouwen-Duiveland waren im Wasser versunken, 260 000 Hektar waren überschwemmt. Tausende Holländer klammerten sich an ihren Dächern fest; viele ließen los oder verschwanden zusammen mit ihren unterwaschenen Häusern in den Fluten. »Jedesmal, wenn ich vorbeifuhr, sah ich weniger Köpfe...« berichtete später ein Lotse. Man zählte in Holland 1795, in England 307, in Belgien 22 Tote.

Es hatte nur wenig gefehlt, und die Katastrophe wäre noch weit schlimmer geworden; wenn der Sturm ein wenig heftiger gewesen wäre, einige Dammbauten der zweiten Linie nachgegeben und die Windrichtung sich um wenige Grade gedreht hätten, wäre die Springflut in die Holländische Ijssel und in die Tiefebene eingedrungen, in der Rotterdam, Den Haag, Amsterdam, Haarlem, Hilversum usw. liegen. Zwei Millionen Menschen wären mitten im Schlaf durch den Ansturm der Gewässer überrascht worden...

Holland hatte seine letzten exotischen Illusionen verloren. Seine letzte Kampagne zur Wiedergewinnung der Kontrolle über Java war 1950 gescheitert. Der Versuch einer Aufteilung Indonesiens in fünfzehn Staaten hatte keine Zukunft. Die dynastische Personalunion zwischen den Niederlanden und Indonesien, an die man 1949 gedacht hatte, löste sich auf. Das Regime Sukarno war eine kindische, grausame Diktatur, mit der sich nicht reden ließ. Die Weißen gingen fort. Die Indonesier, die ihnen treu geblieben waren, bemühten sich, der Rache der Sieger zu entgehen. In Rotterdam trafen ganze Transporte christlicher Ambonesen ein, die bei den Kolonisatoren als Soldaten und Hilfspersonal gedient hatten. In den Auffanglagern siechten sie in der Kälte dahin.

Aber die Energie der Holländer ist bewundernswert. Am Tag nach der Katastrophe begannen bereits die Arbeiten zur Wiedergewinnung der überschwemmten Gebiete. Der große Sturm des Jahres 1916, bei dem Amsterdam beinahe überschwemmt worden wäre, hatte zur Schließung und Trockenlegung der Zuidersee geführt. Der noch größere Sturm von 1953 bewirkte das Zustandekommen des Deltaplans, demgemäß alle Inseln Seelands durch einen fortlaufenden Damm, der einen ununterbrochenen Wall gegen die Wellen bildet, verbunden werden sollten. Arbeitsdauer fünfundzwanzig Jahre, Kosten zweieinviertel Milliarden Gulden. Eine der unheilvollsten Nächte der niederländischen Geschichte fand ihren Abschluß in einem neuen Gegenzug wider die ewige Herausforderung.

»Den Gerechten schenkt Gott einen sanften Tod . . .«

Schon vor Morgengrauen bildeten sich in Moskau in strengster Winterkälte Menschenschlangen, die vor den Kiosken auf das Erscheinen der Zeitungen warteten. Die Russen wurden von Angst geplagt. Die große Säuberung hatte entsetzliche Erinnerungen zurückgelassen; die »Verschwörung der weißen Kittel« ließ deren Neuaufleben befürchten.

Die Zeitungen sorgten dafür, daß die Angst sich nicht zerstreute. Sie feierten eine Heldin, die brave Ärztin Lydia Tinaschuk, die in einem Brief an Stalin die Verschwörung durch Denunziation ihres Mannes enthüllte. Sie wurde mit dem dem Teufel Winogradow entrissenen Leninorden belohnt. Die *Prawda* deutete mit verschleierten, schreckenerregenden Worten an, daß der Sicherheitsdienst seine Pflicht vernachlässigt habe.

Der oberste Chef des Sicherheitsdienstes war seit 1939 Lawrentij P. Berija, Marschall der Sowjetunion, Landsmann und Höfling Stalins: Als bevollmächtigter Diktator Transkaukasiens war er nach Schdanows Tod als voraussichtlicher Erbe Stalins angesehen worden. Die Rolle Malenkows beim XIX. Parteitag bedeutete für Berija, daß ihm dieser den Rang abgelaufen hatte. Die Verschwörung der Ärzte, eine offenkundige Machination, kam für ihn einem Todesurteil gleich. Übrigens war der Posten, den er bekleidete, verhängnisvoll. Seine vier Vorgänger hatten tragisch geendet: Dscherschinskij starb plötzlich nach einer Diskussion mit Stalin; Menschiskij wurde 1934 von den Ärzten – diesen Mördern! – umgebracht. Jagoda und Jegow wurden nach den Moskauer Prozessen hingerichtet.

Ein anderer Hinweis auf die Säuberung lag in den versöhnlichen Gesten Stalins gegenüber den Vereinigten Staaten. Er strebte nach Befriedung in der Außenpolitik, um Kopf und Hände für seine Aufgabe im Inland freizuhaben.

Die erste Botschaft traf christlich zu Weihnachten ein. James Reston von der *New York Times* ließ sich in Florida von der Sonne bräunen und dachte nicht mehr an den Fragebogen, den er einige Wochen zuvor an Stalin gesandt hatte. Die sowjetische Botschaft ließ ihn suchen, um ihm mitzuteilen, daß die Antwort des Generalissimus eingetroffen sei. Stalin erklärte, er werde sich freuen, mit General Eisenhower nach dessen Amtsübernahme zusammenzutreffen. Ike erklärte hastig, daß »Scotty« Reston ohne sein Wissen gehandelt habe und daß der Fragebogen in keiner Weise einen mittelbaren Vorschlag seinerseits darstelle.

Harry Truman gab kurz vor Ablauf seiner Amtstätigkeit seine letzte Botschaft bekannt. Die Bevölkerung wußte noch nicht, daß zwei Monate zuvor auf Eniwetok, einem Atoll der Marshallinseln, eine H-Bombe, *a Hell Bomb*, gezündet worden war. Truman bestätigte den Erfolg der Waffe, deren Herstellung er vor drei Jahren angeordnet hatte. »Ich habe Stalin etwas zu sagen«, fügte er hinzu: »Sie beziehen sich auf die Voraussage Lenins, wonach der Krieg zwischen Ihnen und uns ein unvermeidliches Stadium auf dem Siegesweg des Kommunismus darstellt. Aber Lenin gehört der Zeit vor der Atombombe an. Für Sie kann der Krieg nur noch die Vernichtung Ihres Regimes und Ihres Landes bedeuten.« Nach dieser Warnung packte er seine Privatsachen (darunter ein Porträt Benjamin Franklins, das ihm de Gaulle geschenkt hatte), führte seinen Nachfolger in sein Amt ein, reiste nach Independence, Missouri, und verschwand aus der Geschichte.

Am 20. Januar 1953 übernahm Ike in frommer Einkehrstimmung sein Amt. Von nun an begannen alle Regierungssitzungen mit einem Gebet. Die Lebenshaltungskosten des Weißen Hauses wurden eingeschränkt, die Jacht *Williamsburg* wurde abgetakelt. Das Gehalt des Präsidenten wurde durch Abschaffung der für die Repräsentationskosten vorgesehenen Steuerfreiheit von 95 000 auf 55 000 Dollar herabgesetzt. Die Autorengelder für die Kriegsmemoiren *Crusade in Europe* wurden zugunsten von Eisenhowers Enkeln in einer Treuhandstiftung eingefroren. Ike verlangte, daß seine Umgebung »*clean as a dog's tooth*« (rein wie ein Hundezahn) sein müsse. An die Stelle der Gutmütigkeit und der fieberhaften Geschäftigkeit unter Truman trat eine ernste, mit Anstrengungen sparsame Würde. Ike schloß sein Büro um 6 Uhr, spielte Golf und Bridge, lehnte es ab, ein Dokument von mehr als einer Maschinenschreibseite Länge durchzulesen, und begnügte sich mit Western als einziger Lektüre.

Zum Leiter des Verteidigungsministeriums wählte Eisenhower Charles E. Wilson, den Präsidenten von General Motors. Als Außenminister berief er den geduldigen Unterhändler des Vertrags von San Francisco, John Foster Dulles. Diese Wahl bewies eine unzweideutige Entscheidung zugunsten Europas. Nach Wiederherstellung des Friedens mit Japan wünschte Dulles die Schlachtfelder von Korea und Indochina zu liquidieren, um die westliche Politik auf einen politischen und wirtschaftlichen Wiederaufbau Europas auszurichten. In seiner ersten Ansprache erklärte er, es sei unmöglich, auf die Befreiung der von den Sowjets versklavten Völker zu verzichten. Das »*containment*«, die Eindämmung, genüge nicht; eines Tages müsse es zu einem »*rolling back*«, einem Zurückdrängen, kommen. Zur allgemeinen Überraschung wurde diese Anspielung auf die Befreiung der Satellitenstaaten von der sowjetischen Presse nicht aufgenommen.

In Moskau gab es nur noch eine Handvoll ausländischer Korrespondenten. Die Zeit, da sie mit den Zensoren diskutieren, manchmal eine Information durchbringen konnten, war vorbei. Sie reichten ihre Artikel bei einem Schalter der zentralen Telegrafenagentur in der Gorkijstraße ein und wußten nicht, was weiter daraus wurde. Als Harrison Salisbury den Bericht des pazifistischen Hinduarztes Saiffleddin Kitchlu über dessen Unterredung mit Stalin auf diese Weise abschickte, machte er sich keinerlei Illusionen. Aber die Depesche gelangte nach Amerika und wurde ungekürzt in der *New York Times* veröffentlicht. Stalin lobte darin das amerikanische Volk; er bedauerte, daß es nach dem Krieg nicht zu seinem traditionellen Isolationismus zurückgekehrt war. Er gab zu, daß Truman im Grunde kein übler Mann sei, nahm jedoch an, daß er unter dem verderblichen Einfluß des »Hetzers« Churchill gestanden habe. Man erhoffte sich mehr von Eisenhower, dem tüchtigen General

(Stalin hatte ihm den Suwarow-Orden verliehen, dessen Brillanten Ike prüfen ließ: sie waren falsch), der »infolgedessen einen realistischeren Blick für die Weltlage haben müßte als sein Vorgänger ...« Die *New York Times* fügte der Veröffentlichung der Depesche eine Notiz bei, mit der Vermutung, daß diese wohl nicht ohne Zustimmung des Kremls die Zensur passiert habe.

Die Sphinx sprach, sprach. Nach Kitchlu gewährte sie dem indischen Botschafter Krischna Menon eine Audienz und äußerte sich ihm gegenüber noch freundlicher hinsichtlich der Vereinigten Staaten. Ein anderer Botschafter, der Argentinier Leopold Bravo, erwartete, daß seine formelle Audienz ein paar Minuten dauern würde; Stalin behielt ihn drei Viertelstunden bei sich, sprach mit ihm über allgemeine Weltfragen, lobte das amerikanische Volk und schloß mit der Feststellung, daß Frieden herrschen würde, wenn kein Land sich in die inneren Angelegenheiten eines anderen Landes mischte. Aphorismen, die natürlich dazu bestimmt waren, den Weg nach Washington zu finden.

Kitchlu, Menon, Bravo waren die drei letzten Ausländer, die Stalin vor seinem Tode sahen; alle drei hatten den Eindruck, daß er sich bester Gesundheit erfreute.

Doch die große Säuberung fing an. Der Chef des politischen Kommissariats der Armee, Lew Mechlis, und der Generalstabschef Schemementko verschwanden spurlos. Der Militärkommandant des Kremls, Pjotr Kosynkin, verschied, wie die *Prawda* es nannte, »vorzeitig«. Tausende Juden wurden deportiert. Die Mitglieder des Präsidiums erhielten das Protokoll der Geständnisse von Winogradow und Genossen mit der beunruhigenden Notiz: »Ihr seid blind wie neugeborene Katzen, ihr seid unfähig, eure Feinde zu sehen. Ohne mich wäre Rußland verloren.«

Vom Empfang des Botschafters Bravo bis zum Montag, 3. März 1953, erstreckt sich eine dunkle Zone. Nach einer sehr verbreiteten, doch keineswegs bestätigten Version fand am Abend des 1. März im Kreml eine Sitzung des Präsidiums statt. Kaganowitsch protestierte gegen die Verfolgung der Juden, geriet plötzlich in Wut, zerriß sein Parteibuch und schleuderte die Fetzen Stalin ins Gesicht. Alle sprangen erregt und schreiend auf, jubelten Kaganowitsch zu und stießen Morddrohungen gegen den Diktator aus. In den Augen Stalins malte sich Entsetzen, dann stürzte er vornüber und blieb leblos liegen. Eine fieberhafte Diskussion entspann sich rund um ihn. Niemand wagte ihn zu töten. Berija ließ ihn in einen Wagen tragen und in seine Datscha in Kunzewo bringen, deren gesamtes Personal, die Wachen und Dienstboten, dem Sicherheitsministerium angehörte. Dann wurde die Inszenierung organisiert.

Nach Angabe Chruschtschows erhielt er am Nachmittag des 2. März von General Poskrebischew, dem Leiter der Leibwache und Chef des Privatsekretariats, die telefonische Mitteilung, daß Stalin um 3 Uhr morgens gelähmt und der Sprache beraubt in einem Raum neben seinem Schlafzimmer gefunden worden sei. Chruschtschow eilte hin, begleitet von Berija, Malenkow und Bulganin. Stalins Tochter aus zweiter Ehe, Swetlana Allilujewa, die nicht gut mit ihrem Vater stand, wurde durch Malenkow telefonisch verständigt und traf bald darauf ein. »Mein Vater lag auf einem Sofa ... Im großen Wohnzimmer drängte sich eine Menschenmenge. Unbekannte Ärzte, die den Kranken zum erstenmal sahen (Wladimir Winogradow, Mitglied der

Akademie, der meinen Vater lange Zeit behandelt hatte, war damals im Gefängnis), führten ein Schreckensballett rund um ihn auf. Sie legten Blutegel an seinen Nacken und Hals, machten Elektrokardiogramme, Röntgenaufnahmen seiner Lunge . . . Im Nebenzimmer beriet permanent ein ärztliches Konsilium. Junge Spezialisten brachten einen Apparat für künstliche Atmung, den sie allein zu bedienen verstanden. Der Riesenapparat stand dort, ohne verwendet zu werden, und die jungen Ärzte blickten betroffen um sich . . .«

Die Welt wußte nichts von diesem Todeskampf. Der Rundfunk berichtete erst am Mittwoch, dem 4. März, um 2 Uhr, sechzig Stunden später, vom Schlaganfall Stalins. Ein befremdendes Detail: Man sprach nicht von der Datscha, sondern von der Wohnung im Kreml, wo, laut Rundfunk, Genosse Stalin bewußtlos aufgefunden worden war. In Moskau fiel leichter Schnee. Einige Frauen kehrten den Roten Platz. Jede Stunde wurde ein Bulletin veröffentlicht, die neun Ärzte wurden aufgezählt, die sich um den Patienten bemühten, zahllose technische Einzelheiten berichtet. Man gab ihm wenig Hoffnung. Damals war Moskau eine Stadt des Schweigens. »Als ich nach Helsinki kam«, erzählt der Diplomat Frank W. Hounds, »war ich verblüfft über den Lärm, den die Finnen machten, und fast hätte ich mich vor Staunen hingesetzt, als ich jemand in der Hotelhalle lachen hörte . . .« Dieser Moskauer Stille, dieser sowjetischen Stille verlieh der Todeskampf ihres Herrn eine Grabestiefe. Manche Passanten weinten, die meisten gingen schnell und mit ausdruckslosem Gesicht weiter.

Am Freitag, dem 6. März, begann die Sendung von Radio Moskau mit Trommelschlägen, gefolgt von der sowjetischen Hymne. Dann ertönte eine ernste Stimme: »Das Herz des Kampfgefährten und genialen Fortsetzers der Sache Lenins, des weisen Führers und Lehrers der Kommunistischen Partei und des Sowjetvolkes, Josef Wissarionowitsch Stalin, hat aufgehört zu schlagen . . .« Darauf verlas die ernste Stimme einen gemeinsamen Aufruf des Zentralkomitees und des Ministerrats. Sie beschworen die Völker der Sowjetunion, »sich enger um Zentralkomitee und Sowjetregierung zusammenzuschließen«. Sie forderten sie zur Wachsamkeit auf und baten sie, nicht in »Unordnung und Panik« zu verfallen. Das Wort »Panik« war vorher nur einmal vom sowjetischen Sender ausgesprochen worden, nämlich an dem Tag, als Hitler die Sowjetunion angriff . . . Man erfuhr nie, welche Überlegungen, welche Befürchtungen, welche Nachrichten die Führung der UdSSR dazu brachten, so zu sprechen, als ob Stalins Tod das Vaterland wieder in Gefahr brächte.

Er war am Abend zuvor, dem 5. März, um 21 Uhr 50 verschieden. »Dem Gerechten schenkt Gott einen sanften Tod«, sagt seine Tochter. »Der Tod meines Vaters war schwer und schrecklich . . . Im letzten Augenblick schlug er die Augen auf, und sein irrer, wütender Blick schloß uns alle ein. Er hob die linke Hand, die er noch zu bewegen vermochte; wir wußten nicht, ob er uns etwas zeigen oder uns drohen wollte . . .« Am Tag darauf rief Berija, gleich nachdem ein Krankenwagen den Verstorbenen nach Moskau gebracht hatte, das gesamte Personal von Kunzewo zusammen und befahl, die Datscha auszuräumen. Die Möbel, Gebrauchsgegenstände, das Geschirr, die Bilder wurden in Lastwagen verladen und zu einem unbekannten Bestimmungsort gebracht. Auch die Diener verschwanden, mit ihnen Poskrebischew, der noch am Tag zuvor als zweitstärkster Mann Rußlands galt. Chruschtschow erwähnte ihn einmal und nannte ihn verächtlich den »Schildträger« Stalins. Niemand hat je erfahren, was aus ihm geworden ist.

Durch Moskau fuhren Panzer und Fahrzeuge voller Soldaten. Sie gehörten nicht der sowjetischen Armee an, sondern dem Sicherheitsdienst, MWD – mit anderen Worten, es waren die Panzer und die Soldaten Berijas. Sie schlossen die Stadt ein, sperrten die zum Zentrum führenden Straßen ab; die Menge, die zum Kreml strömte, wurde von ihnen aufgehalten und zerstreut. Der Krankenwagen mit der Leiche Stalins fuhr durch eine Stadt im Belagerungszustand. Die Straßen waren verbarrikadiert, die Bahnhöfe geschlossen. Niemand konnte nach Moskau hinein, niemand hinaus. Die Zensoren ließen keine Depesche abgehen. Und der Rundfunk wiederholte pausenlos seinen seltsamen Aufruf: »Keine Panik. Keine Panik. Bewahrt monolithisch stählerne Einigkeit!«

Dieses Erscheinen Berijas in Moskau bleibt unerklärlich. Seine frühmorgens aufgetauchten Truppen verschwanden mit Einbruch der Dunkelheit. Alle Russen erwarteten ein Drama – sie erhielten nur ein Kommuniqué. Malenkow wurde Stalins Nachfolger als Ministerpräsident. Die vier stellvertretenden Ministerpräsidenten waren, in rangmäßiger Ordnung, Berija, Molotow, Bulganin und Kaganowitsch. Das vom XIX. Parteitag auf 25 Mitglieder erweiterte Präsidium wurde wieder auf 10 Mitglieder und 4 Kandidaten begrenzt. Malenkow bekleidete, ebenso wie vor ihm Stalin, gleichzeitig mit dem Amt des Regierungschefs das des Generalsekretärs der Partei. Der Oberste Sowjet wurde für den 14. März einberufen, um diese Reformen zu bestätigen.

Stalin im Mausoleum Lenins

Das Leichenbegängnis Stalins stand noch bevor, für dessen Vorbereitungen ein Komitee gebildet wurde. Der Vorsitzende dieses Komitees, Nikita S. Chruschtschow, verfügte, daß der Mann, den er als Fortsetzer der Sache Lenins feierte, neben Lenin im Mausoleum auf dem Roten Platz bestattet werden sollte. Man meißelte in die Marmorfront unter den Namen ЛЕНИН in ebenso großen Buchstaben den Namen СТАЛИН. Die Leiche wurde feierlich auf einer Artillerie-Lafette aus dem Gewerkschaftshaus zum Mausoleum gebracht und von den Mitgliedern des Politbüros in die Gruft getragen; die Einbalsamierer hatten sie für die Unsterblichkeit präpariert.

Dort lagen die beiden Männer in einer ehrfurchtheischenden fahlen Beleuchtung. Lenin mit seinem Bärtchen im einfachen Jäckchen des Agitators. Stalin mit Schnurrbart in der Uniform eines Marschalls der Sowjetunion. Der erste hatte vor seinem Tode versucht, Rußland vom zweiten zu befreien; am 5. März 1923 hatte Lenin schriftlich alle Beziehungen zu Stalin abgebrochen, dann hatte er seinem Testament den Nachtrag hinzugefügt: »Stalin ist zu brutal. Er ist als Generalsekretär der Partei unmöglich geworden. Ich schlage vor, ihn durch einen gesitteteren, umsichtigeren und loyaleren Genossen zu ersetzen...« Das Testament wurde beseite geschafft.

Zehntausende Monumente und Bilder zeigten Lenin und Stalin Seite an Seite, den einen in der Haltung eines vertrauensvollen Lehrers, den anderen in der eines ehrerbietigen Schülers. Sie lagen im Tode Seite an Seite.

Der Tod Stalins verursachte im Westen mehr Beunruhigung als Erleichterung. Stalin zählte 73 Jahre, ein gesetztes Alter. Sein Verhalten hatte stets bewiesen, daß er jedem großen Risiko aus dem Weg ging – auch dem Krieg gegen Hitler, den er bis zum Schluß mittels Konzessionen zu vermeiden suchte. Die Nachfolger waren mehr zu fürchten als der alte Mann. Molotow hegte gegen den Westen einen eisigen Haß. Berija wirkte beängstigend. Malenkows Gesicht war grauenerregend. Marschall Schukow, den Stalin in ein Provinzkommando verwiesen hatte, kehrte nach Moskau zurück. Die voraussichtlichen Kämpfe um das Erbe bedeuteten nicht unbedingt, daß die Aggressivität der Sowjetunion geringer werden würde; sogar das Gegenteil war möglich. Ein außenpolitisches Abenteuer mochte als Ablenkung für die Schwierigkeiten dienen, die dem Regime zweifellos bevorstanden.

Am 14. März versammelten sich die 1300 Mitglieder des Obersten Sowjets in Moskau. Sie erfuhren bei ihrer Ankunft, daß ihre Sitzung erst vierundzwanzig Stunden später stattfinden würde. Der Leitartikel der *Prawda* griff zum erstenmal den Personenkult an und ließ Umwälzungen in den obersten Bereichen der Macht ahnen.

Am nächsten Tag wurde die Sitzung in der großen, hundert Meter langen Kremlhalle eröffnet. Malenkow verkündete, daß er vom Zentralkomitee erreicht habe, von seinem Amt als Generalsekretär der Partei entbunden zu werden, um sich ganz seinen Aufgaben als Vorsitzender des Ministerrates widmen zu können. Man staunte – trotzdem gab es ein ohrenbetäubendes Beifallsklatschen. Wie hatte Malenkow den wichtigsten Posten, die eigentliche Quelle der Macht, aufgeben können? Stalin war seit 1922 ununterbrochen Generalsekretär der Partei gewesen. Malenkow am allerwenigsten konnte sich über die wahre Hierarchie in der UdSSR im unklaren sein. Es war ganz offensichtlich, daß das Parteisekretariat ihm während der ersten Kämpfe nach Stalins Tod entrissen worden war. Aber wie? . . . Fünfzehn Jahre später ist diese Frage immer noch offen.

Die Regierung wurde umgebildet. Die Ministerien, von 52 auf 25 reduziert, wurden in drei Gruppen zusammengefaßt: die auswärtigen Angelegenheiten mit Molotow, die militärischen mit Bulganin, das Innere mit Berija. Dieser führte den Titel »erster Vizepräsident des Ministerrats«. Die meisten Kreml-Experten waren der Meinung, daß er zweifellos einen ersten und vielleicht entscheidenden Sieg errungen hatte. Den nutzte er sofort dazu aus, nach Georgien zu reisen, um sich dort zu rächen. Seine von Stalin eingesetzten Feinde Tschubaischwili, Mgeladse, Rukladse wurden angeklagt, »die Rechte der sowjetischen Staatsbürger mit Füßen getreten zu haben«, und liquidiert. Der vormalige Botschafter Wladimir Dekanosow wurde in Tiflis als persönlicher Statthalter Berijas eingesetzt. Transkaukasien wurde wieder sein Lehen.

Berija besaß nun wirklich eine ungeheure Macht. Die Geheimpolizei kontrollierte sämtliche sowjetischen Missionen im Ausland. In ihren grünblauen Mützen bildete sie eine Armee von 600 000 Mann, die über eine eigene Luft- und Panzerwaffe verfügte und die Verbindungsstraßen und Grenzen besetzt hielt. Berijas auf 350 sogenannten Umschulungslagern beruhendes wirtschaftliches Reich machte ihn zum größten Unternehmer der Sowjetunion. Er baute 22,5 % der Eisenbahnlinien, schnitt und bearbeitete 12,5 % des Holzes, förderte 2 % der Kohle, 40 % des Chroms und 95 % des Goldes. Er hatte mit gewaltigem Menscheneinsatz den Kanal Moskau–Weißes Meer gebaut und an dem turkmenischen Kanal gearbeitet, der das Kaspische Meer mit dem Aralsee verbinden sollte. Als verantwortlicher Mann für die Atomrüstung herrschte er über geheimnisvolle Fabriken und über die besten wissenschaftlichen Köpfe der UdSSR. Dieses gewaltige Reich konnte von Stalin mit einem Finger zertrümmert werden; nach Stalin erschien es als ein mächtigerer Staat denn der Staat im Staate. Wie lange würde Berija dulden, daß Malenkow dem Namen nach über ihm stand?

Innerhalb der Partei gab der von Malenkow aufgegebene Posten zu keinerlei Rivalität Anlaß. Nikita S. Chruschtschow war zweiter Sekretär; er wurde automatisch der erste.

Dieser Chruschtschow war bei der Oktoberrevolution Arbeiter in Jussuda, einer nach dem wallisischen Kapitalisten Hughes, der in der Ukraine *The New Russia Metallurgical Society* gründete, benannten Stadt. Chruschtschow machte Karriere im Fahrwasser von Kaganowitsch, der ihm dazu verhalf, dritter Sekretär des Moskauer Sowjets zu werden. Tausende Moskauer entsinnen sich, ihn zur Zeit der großen Säuberung auf dem Roten Platz sprechen gehört zu haben: »Als sie [die Verurteilten der Moskauer Prozesse] die Hand gegen unseren Genossen Stalin erhoben, taten sie das gegen den besten, genialsten Menschen unserer Erde ... Stalin, unser Banner, unser Wille, unser Sieg ...« So viel untertänige Bewunderung sollte Stalin nie daran hindern, Chruschtschow schlecht zu behandeln und ihn (Tito war einmal Zeuge) lächerlich zu machen, wenn er zu den intimen Abenden im Kreml zugelassen wurde. Stalin hieß ihn tanzen: »Tanz, Nikita ... Seht doch, wie grotesk ... Wie ein Bär! Und er hat Angst. Nicht wahr, Nikita, du bist halbtot vor Angst? ...«

Doch Nikita wurde schon 1939, mit 45 Jahren, Mitglied des Politbüros, vor Schdanow und Malenkow. Er fuhr als erster Sekretär der Ukrainischen Kommunistischen Partei in die Ukraine zurück. Dort war er auch noch bei Kriegsausbruch.

Die Ukraine empfing die Deutschen mit offenen Armen. Chruschtschow erhielt 1945 den Auftrag, dort Säuberungsmaßnahmen durchzuführen. »Die Ukrainer sind dem Schicksal der Kalmücken und der Balkaren [der allgemeinen Deportierung] nur deshalb entgangen«, sagte er, »weil sie zu viele sind und man nicht wußte, wohin man sie schicken sollte ...« Fast eine Million wurde in den hohen Norden verschickt oder getötet.

Aus Kiew zurückgekehrt, machte sich Chruschtschow daran, die sowjetische Landwirtschaft zu verbessern. Er wollte die individuellen Parzellen abschaffen und die Kolchosen zu riesigen Unternehmungen (Agrarstädten) zusammenfassen, die Bauern sollten wie Arbeiter in gemeinsamen Wohnblöcken leben. Das Experiment führte trotz seiner marxistischen Orthodoxie zu einem fatalen Mißerfolg und zog eine Nahrungsmittelkrise nach sich, wie man sie in den ersten Revolutionsjahren gekannt hatte. Chruschtschow entging dem Sturz vielleicht deshalb, weil er während seiner ganzen Laufbahn den wertvollen Vorteil genoß, nicht ganz ernstgenommen zu werden. »Der Aufstieg einer zweitklassigen Gestalt wie Chruschtschow zum Rang des ersten Sekretärs«, schrieb ein hervorragender Kreml-Kenner, »darf nicht als eine tiefgehende Änderung in der Hierarchie aufgefaßt werden. Ganz offensichtlich ist Chruschtschow nichts als eine Kreatur Malenkows . . .«

Man erwartete vom Obersten Sowjet einen Hinweis über die Richtung der neuen Regierung hinsichtlich der internationalen Politik. Die Botschafter Englands und Frankreichs, Sir Alvary Gascoigne und Louis Joxe, sowie der nordamerikanische Geschäftsträger Jacob Beam hatten auf der Diplomatentribüne Platz genommen, um die erste Rede des Ministerpräsidenten Malenkow zu hören. »Die Sowjetregierung wird unablässig die bewährte Politik der Erhaltung und Sicherung des Friedens durchführen«, sagte er. »Es gibt zur Zeit keine Streitfrage oder ungelöste Frage, die nicht auf friedlichem Wege, auf der Grundlage gegenseitiger Vereinbarung gelöst werden könnte. Das betrifft die Beziehungen der Sowjetunion zu allen Staaten, darunter auch zu den Vereinigten Staaten von Amerika.« Unmittelbar darauf traf die Antwort aus Washington ein: »Die Vereinigten Staaten werden stets bereit sein«, erklärte Präsident Eisenhower, »zumindest die Hälfte des Wegs entgegenzukommen.«

Entspannung. Tauwetter. Man erlebte unglaubliche Dinge. Eine Nummer des *Krokodil* erschien ohne eine einzige für die Vereinigten Staaten beleidigende Karikatur. Sieben hohe Sowjetfunktionäre begaben sich mit ihren Ehefrauen zu einem Empfang der amerikanischen Botschaft. Ein amerikanischer Journalist, der sich über die wärmeren Beziehungen freute, erhielt von einem sowjetischen Kollegen einen freundschaftlichen Klaps auf den Rücken: »Brüderchen, das ist ja noch gar nichts . . .« Der Direktor eines amerikanischen Käseblättchens, der *Gazette of Nile*, Ohio, besuchte mit neun seiner Kollegen die UdSSR, wobei ihnen ein triumphaler Empfang zuteil wurde. Ein Luftzwischenfall in Berlin wurde durch eine Entschuldigung der Sowjets geregelt. Der Korrespondent der *Associated Press*, William Oatis, der von den Tschechen wegen Spionage verurteilt worden war, wurde in Freiheit gesetzt. Das Tauwetter breitete sich bis nach Korea aus. Die Baracken von Panmunjon waren seit sechs Monaten den Unbilden der Witterung überlassen gewesen. Sie erwachten zu neuem Leben. Die Chinesen und die Nordkoreaner gaben ihr Einverständnis zum Austausch der Schwerverwundeten und nahmen die Besprechungen über einen indischen Vorschlag wieder auf, der darin bestand, die Gefangenen, die nicht in ihre Heimat zurückkehrten, einem neutralen Land zu übergeben.

Der Schein trog. Georgij Malenkow hatte auf Grund seiner häßlichen Fratze und seiner unmöglichen Kleidung eine schlechte Presse gehabt. Er erwies sich als friedlicher, gemäßigter Staatsmann. Übrigens sah er nun besser aus. Seine Fotos waren weniger unschön als vor Stalins Tod: Der höchste Rang in der sowjetischen Hierarchie hatte ein Recht auf Retusche.

Die Entspannung mit den Vereinigten Staaten war durch Stalin eingeleitet worden. Völlig neu war die innere Gegenrevolution, die unter Malenkows Ägide ihren Anfang nahm.

Amnestie. Sie befreite alle Gefangenen, die zu weniger als fünf Jahren Gefängnis verurteilt waren, und tilgte ihre Strafen. Die Minderjährigen unter 18, die Männer von mehr als 55, die Frauen von mehr als 50 Jahren, die Schwangeren oder Mütter mit Kindern unter 10 Jahren wurden bedingungslos freigelassen. Der Justizminister wurde aufgefordert, innerhalb eines Monats einen Milderungsvorschlag für das Strafgesetz vorzulegen.

Die Ärzte des Kreml wurden in Freiheit gesetzt. Man hatte neun Verhaftungen bekanntgegeben; fünfzehn Männer wurden befreit – und dabei waren zwei unter den Verhafteten vom 15. Januar, die Professoren J. G. Etinger und M. B. Kogan, während ihrer kurzen Gefangenschaft gestorben. In der *Prawda* erschien an gleicher Stelle, an der man die unglücklichen Ärzte als die Menschheit entehrende Ungeheuer bezeichnet hatte, ein großartiger Artikel. »Wie ist es möglich, daß ehrenhafte Staatsbürger, hervorragende Vertreter der sowjetischen Wissenschaft, die Opfer einer von Anfang bis Ende von den Dienststellen des Sicherheitsministeriums gefälschten Anklage wurden?...« Nun gewiß, sie hatten Geständnisse abgelegt. Doch, erklärte ein von Berija selbst unterzeichnetes Kommuniqué, »die Geständnisse wurden von Untersuchungsbeamten erpreßt, unter Verwendung von Methoden, die vom sowjetischen Gesetz strengstens verboten sind...« Der Schurke, der alles angestiftet, die Toten angeschwärzt, die Lebenden gefoltert, das Gesetz verletzt hatte, war ein gewisser Rjumin. Sein Chef, der ehemalige Minister für Staatssicherheit, S. D. Ignatjew, hatte sich der »Leichtgläubigkeit und Nachlässigkeit« schuldig gemacht. Er wurde seines Amtes als Parteisekretär enthoben. Der infame Rjumin wurde festgenommen, verurteilt, erschossen. Stalin hatte zu ihm gesagt: »Wenn du keine Geständnisse zutage bringst, mache ich dich um einen Kopf kürzer!« Er hatte die Geständnisse erbracht und war nun durchlöchert wie ein Sieb. Ein elender Beruf!

Die Militärparade vom 1. Mai auf dem Roten Platz dauerte siebzehn Minuten, gegen einundfünfzig im Vorjahr. Die Parole des Tages lautete: »Freude in Frieden und Wohlstand.« Eine Moskauer Zeitung veröffentlichte einen Artikel, der es beklagte, daß die Liebe kein sowjetisches Thema mehr war, und eine Revue kritisierte einen Film mit den Worten: »Es ist unmöglich, daß ein Mädchen einem jungen Mann sagt: ›Wenn du dein Plansoll hundertprozentig erfüllst, gehört dir mein Herz...!‹« Inmitten dieser denkwürdigen Vorfälle bemerkte man kaum, daß ein Tagesbefehl Marschall Bulganins die grünblauen Mützen Berijas zu den Truppen zählte, die seinem eigenen Kommando unterstanden, und daß ein Dekret die Umschulungslager vom Sicherheitsministerium in die Kompetenz des Justizministeriums übertrug.

(Forts. UdSSR S. 532)

Berlin erhebt sich gegen den Kommunismus

Die Russen hatten sich Unter den Linden eine Botschaft von babylonischer Pracht erbauen lassen. Sie hatten für ihre Gefallenen aus der Schlacht um Berlin herrliche Totenstätten errichtet. Doch die 403 Quadratkilometer des Ostsektors blieben ein Trümmerfeld. Die Bevölkerung führte ein Leben voller Mühsal. Alle Rationierungen blieben weiter in Kraft. Das Schild »Keine Lebensmittel« erschien immer wieder an den Türen der Kaufläden. Die Waren waren spärlich, teuer und von schlechter Qualität. Straßenverkehr gab es so gut wie überhaupt nicht. Abends lagen die verlassenen Straßen in einem unheimlichen Halbdunkel — während das andere Berlin in allen Lichtern des Westens erstrahlte. Die völlige Verkehrsfreiheit zwischen den beiden Teilen machte den Unterschied nur noch ergreifender.

Am 26. November 1951 wurde, als erster Angriff der Kommunisten auf die Ruinen, der Bau der Stalinallee an der Stelle der Frankfurter Allee begonnen. Die Regierung von Pankow ordnete zur Finanzierung einen dreiprozentigen Lohnabzug und dreihundert Stunden aufgezwungene »freiwillige« Arbeit an. Für die 4000 versprochenen Wohnungen wurde zwanzigmal soviel Propaganda gemacht wie für die 20 000 alljährlich in West-Berlin erbauten.

Zu Beginn des Sommers 1953 war die Stalinallee noch bei weitem nicht beendet. Man mußte auf die Arbeit der Freiwilligen verzichten und die Baustellen den Bauarbeitern überlassen. Als diese am 16. Juni 1953 hinkamen, erfuhren sie, daß die Produktionsnormen um 10 % erhöht worden waren. Vor wenigen Tagen war von einer Liberalisierung des Regimes die Rede gewesen, von einer besseren Versorgung, vom Ende der gegen die evangelische Kirche gerichteten Verfolgungen. Die Enttäuschung verschärfte den Zorn. Es bildete sich ein Zug: Maurer in weißer Arbeitskleidung, Zimmerleute mit ihren großen schwarzen Hüten strömten in die Leipziger Straße, demonstrierten vor den Ministerien, beschimpften Grotewohl und Ulbricht. Man teilte ihnen mit, daß die Erhöhung der Normen nur ein Irrtum gewesen sei und soeben rückgängig gemacht wurde. Sie zerstreuten sich schweigend.

Am nächsten Tag, dem 17. Juni, regnete es. Eine riesige Menschenmenge strömte ins Zentrum von Berlin und schrie: »Butter! Nieder mit Ulbricht! Freie Wahlen!« Die sorgfältig ausgesuchte, aus der alten roten Bastion Sachsen rekrutierte Volkspolizei verschwand, als hätte sie der Erdboden verschlungen. Gegen die sowjetische Botschaft flogen Steine und zertrümmerten die Fenster. Vom Brandenburger Tor wurde die rote Fahne heruntergerissen. An ihrer Stelle flatterte das alte Wahrzeichen Berlins mit dem Bären, es wurde stürmisch bejubelt. Um 10 Uhr morgens gehörte Ost-Berlin den Aufständischen.

Am frühen Nachmittag tauchten sowjetische Panzer auf. Die Menge ließ sich nicht einschüchtern, sie tobte. Junge Leute warfen mit Steinen auf die Panzer; andere schlugen mit Stöcken auf die Stahlungeheuer los. Die Panzer eröffneten das Feuer, glücklicherweise schossen sie zu hoch. Die Lautsprecher verkündeten den Ausnahmezustand. Die Zahl der Toten sollte man nie erfahren.

Die Revolte, in Berlin niedergeschlagen, drang nach außen. In Magdeburg steckten die Aufrührer das Gewerkschaftshaus in Brand. In Gera warfen sie die Polizisten aus den Fenstern. In Brandenburg schnitten sie einem Richter die Ohren ab und töteten einen Staatsanwalt. In Leipzig zwangen sie den Bürgermeister Ulrich mit einem Schild an ihrer Spitze zu marschieren, auf dem stand: »Ich bin ein Kommunistenschwein.« In Leuna steckten sie die Fabrik für synthetisches Benzin in Brand. Bei Chemnitz richteten sie im Uranbergwerk Zerstörungen an ... Überall floh die sogenannte Volkspolizei und ließ die russischen Regimenter und das waffenlose deutsche Volk allein zurück.

Es sollte mehrere Jahre dauern, bis einige Abtrünnige die Hintergründe dieses ersten Arbeiteraufstands gegen den Kommunismus bekanntmachten. Die deutsche Partei hatte am 9. Juni Weisungen vom Kreml erhalten, die eine Lockerung des Regimes vorschrieben und die Feiern zum 60. Geburtstag Walter Ulbrichts untersagten. Dieser hatte die Kühnheit, die Moskauer Verfechter der Versöhnung herauszufordern, indem er die Arbeitsnormen erhöhte, anstatt sie zu verringern. Er hatte gleich zu Beginn der Straßenunruhen das Eingreifen der sowjetischen Panzer verlangt. Die Russen ließen ihn vierundzwanzig Stunden warten, dann erteilten sie ihren Mannschaften Befehl, möglichst über die Köpfe hinwegzufeuern. Ulbricht mußte Selbstkritik üben und zugestehen, daß die Arbeiterklasse »Gründe gehabt hatte, sich von der Partei verlassen zu glauben« – aber er behielt seinen Posten. Der Nachfolger, den Moskau ihm zugedacht hatte, Rudolf Herrnstadt, wurde aus dem Politbüro ausgeschlossen und später aus der Partei gejagt. (*Forts. Deutschland S. 537*)

Berijas Sturz, Chruschtschows Aufstieg

In der britischen Botschaft sah ein Botschaftssekretär – ein Frühaufsteher – um 5 Uhr eine Gruppe Panzer, die im höchsten Tempo über die Sadovaja-Straße rollte. An jenem 27. Juni liefen einige Gerüchte um. Die Botschafter in London und Washington, Malik und Zarubin, trafen insgeheim in Moskau ein. Der ostdeutsche Rundfunk ersuchte die Hörer, auf Empfang zu bleiben, um eine wichtige Mitteilung zu hören – auf die sie dann vergeblich warteten. Am Abend fand im Bolschoi die Premiere der »Dekabristen« statt, einer musikalischen Schilderung der Verschwörung des Jahres 1825 gegen Nikolaus I. von Jurij Schaporin. Zweitausend Blicke richteten sich auf die zwölf Männer, die hintereinander die Regierungsloge betraten: Malenkow, Molotow, Woroschilow, Chruschtschow, Bulganin ... Das Staunen drückte sich durch eine tiefe Stille aus. Berija? Wo war Berija? ... Er hätte als zweiter kommen müssen, nach Malenkow, vor Molotow. Wo war er? ...

Am 10. Juli, zu höchst unpassender Zeit – um 4 Uhr morgens – zerriß Radio Moskau den Schleier. L. P. Berija habe daran gearbeitet, »den Sowjetstaat im Interesse des ausländischen Kapitals zu untergraben«. Er habe »verräterische Versuche, das Innenministerium der UdSSR über die Regierung und die Kommunistische Partei zu stellen«, unternommen. Er wurde daher seines Amtes enthoben, aus der Partei ausgeschlossen und wegen verbrecherischer Tätigkeit dem Obersten Gerichtshof der UdSSR überantwortet.

Niemand sollte Lawrentij Pawlewitsch Berija je wieder zu Gesicht bekommen.

Auf dem Umweg über einen italienischen Kommunisten und einen französischen Sozialisten erhielten wir eine Schilderung seines Endes aus einem Bericht Chruschtschows. Ob sie der Wahrheit entspricht, läßt sich nicht sicher sagen, sie klingt jedoch durchaus nicht unwahrscheinlich, wenn man an frühere ähnliche Vorfälle denkt, die in der Geschichte Rußlands nicht selten sind. Chruschtschows Schilderung lautet: »Die Situation war unhaltbar geworden. Berija bereitete offen seinen Staatsstreich vor ... Vierzehn Tage lang verließen wir unsere Büros nicht; Molotow blieb im Außenministerium, Woroschilow im Gebäude des Parteipräsidiums, Malenkow in dem des Ministerpräsidenten, ich in der Parteizentrale, jeder umgeben von seinen bewaffneten Wächtern ... Wir kamen auf den Gedanken, miteinander telefonische Gespräche zu führen, die natürlich abgehört wurden. Wir sagten, es sei notwendig, zum Absolutismus Stalins zurückzukehren, und Berija sei als einziger imstande, das Führungsamt zu übernehmen. Nach dieser Vorbereitung schickten wir Woroschilow zu ihm, um ihm vorzuschlagen, das Generalsekretariat der Partei und die Leitung der Regierung zu übernehmen. Er verlangte für die Beschlußfassung eine Sitzung ... Als er hereinkam, sah er zu seinem Erstaunen unter uns Schukow, Konjew und Moskolenko. Molotow erklärte, es sei wichtig, die Militärchefs in unserer Nähe zu haben, um den bedeutsamen Beschlüssen, die gefaßt werden sollten, den Charakter der Einstimmigkeit zu verleihen ... Anstatt den Vorschlag auszusprechen, den Berija erwartete, erhob Malenkow eine heftige Anklage gegen Berija und seine Verschwörung ... Berija richtete sich auf, führte die Hand an seine Tasche, hatte aber nicht mehr Zeit, seinen Revolver zu ziehen. Konjew, Moskolenko, Mikojan und Malenkow selbst stürzten sich auf ihn und erwürgten ihn ... Dann wurden die Mitspieler bei dieser historischen Szene wieder zu Zuschauern und begaben sich feierlich zur Aufführung der ›Dekabristen‹ ...«

Am 5. August wurde eine neue Sitzung des Obersten Sowjets eröffnet. Malenkow sprach kurz über Berija, »den tollen Hund des Kapitalismus«, betonte, daß die Festigkeit und nicht, wie man im Ausland sagte, die Zerrüttung des Regimes sich in der Schnelligkeit bewiesen habe, mit der er unschädlich gemacht wurde. Er bestätigte, daß der Verbrecher der sowjetischen Justiz übergeben worden sei ... Man mußte dann bis zum 17. Dezember warten, um in der *Prawda* die Anklageschrift gegen Berija zu lesen sowie die Ankündigung seines morgigen Erscheinens vor einem Sondergericht unter dem Vorsitz von Marschall Konjew. Berija habe 1919 bereits in Baku für Rechnung des englischen Spionagedienstes Verrat geübt. Später habe er seine verräterische Tätigkeit fortgesetzt, die Landwirtschaft zerrüttet, die Industrie sabotiert, die nationale Verteidigung geschwächt, die Rückkehr des Kapitalismus vorbereitet und zahllose Morde begangen, um seine Untaten zu decken. Seine Hauptkomplicen Merkulow, Dekanossow, Kobulow, Goglidze, Meschib, Wlodzimirskij, standen ihm, wie es hieß, zur Seite – und der Prozeß mußte seiner Bedeutung wegen unter Ausschluß der Öffentlichkeit stattfinden. Eine Woche später wurden die sowjetischen Völker aufgefordert, mit erleichtertem Herzen die Nachricht zu empfangen, daß die Verräter, nachdem sie Geständnisse abgelegt hatten, erschossen worden waren. Es ist zwecklos, erfahren zu wollen, wo sich ihre Gräber befinden.

Rückkehr aus Sibirien

Nach Berijas Verschwinden löste sich sein Reich in aller Stille auf. Sein Nachfolger war ein Kerl von einsfünfundneunzig Körpergröße, der Polizeigeneral Kruglow, den man Sir Serge nannte, weil ihm Churchill in Jalta den Orden des Britischen Reichs, OBE, verliehen hatte. Er erklärte sich anstandslos damit einverstanden, den einzelnen Ministerien die wirtschaftlichen Befugnisse des MWD (Innenministerium) zurückzugeben. Er lenkte die Auflösung der sowjetischen Sonderwelt der Konzentrationslager. In der ganzen UdSSR setzte eine riesige Rückwanderung Millionen Menschen in Bewegung; es sollte jedoch mehrere Jahre dauern, bis die freie Welt sich über deren Umfang klar wurde.

Die erste Revolte war am 7. Juni im Lager Norilsk an der Mündung des Jenissei ausgebrochen. Andere ereigneten sich in den entsetzlichen Lagern bei den Goldminen des Distrikts Kolyma-Magadan am Ochotskischen Meer. Das größte Straflager am Polarkreis, Workuta, rebellierte im Juli. Offiziere des MWD, die über den Sturz Berijas erbittert waren, hetzten die Sträflinge zum Aufstand gegen die neuen Behörden auf. Dem Gewehrfeuer gelang es nicht, die Streikwellen zu brechen. »Auf unsere Enthaftung am 27. Juli folgten glückselige Tage«, schrieb ein Sträfling. »Das Thermometer stieg auf 35 Grad, wir lagen auf den Höfen in der Sonne. Die Verpflegung wurde besser und reichlicher. General Derewjenko und der Innenminister der Republik Komi kamen unbewaffnet zu uns, um uns väterlich zu fragen, wann wir bereit seien, die Kohlenförderung wiederaufzunehmen. Sie organisierten auf dem Fußballplatz eine informative Versammlung, und zwanzig Redner brandmarkten die Sklaverei, in der wir gelebt hatten. Derewjenko gab uns sein Wort, daß diese Zeit nun vorbei sei.«

Durch Amnestie wurden die Lager in Europa und Asien zum Teil geleert. Viele Sträflinge ließen sich durch Verlockung oder Zwang an Ort und Stelle zu freien Arbeitern umwandeln. Andere reisten in Kolonnen mit Eisenbahn, Kraftwagen, auf Flußschiffen oder zu Fuß fort. Die in Bausch und Bogen deportierten Völker, wie Krimtartaren, mongolische Burjaten, Wolgadeutsche, zogen in langen Karawanen mit Wagen und Vieh ab. Keine äußere Kundgebung, kein Empfangskomitee begrüßte die vielen zurückkehrenden Menschen. Die Deportierten nahmen stumm ihren Platz in ihrer sozialen Zelle wieder ein. Die wenigen Ausländer in Moskau sahen manchmal ein Gesicht wieder, das seit Jahren verschwunden gewesen war. Sie erfuhren, daß mehrere hundert Taxifahrer umgeschulte Wächter aus Workuta waren. Das war alles.

Acht Monate nach den USA: die H-Bombe

Truman hatte Anfang Januar die thermonukleare Bombe offiziell angekündigt. Trotz weltweiter Erregung setzte die amerikanische Regierung im Juni, nachdem allen Formvorschriften und allen Berufungsmöglichkeiten Genüge getan war, das Ehepaar Rosenberg, das schuldig befunden worden war, die atomaren Fortschritte Rußlands unterstützt zu haben, in Sing Sing auf den elektrischen Stuhl. Bei der Sitzung des Obersten Sowjets am 5. August erklärte Malenkow: »Die sowjetische Regierung erachtet es als notwendig, dem Obersten Sowjet mitzuteilen, daß die Vereinigten Staaten nicht Monopolisten in der Produktion der Wasserstoffbombe sind . . .« Der russische Rückstand, der bei der Uranbombe vier Jahre betragen hatte, war nun bei der thermonuklearen Bombe auf acht Monate zusammengeschrumpft, eine Folge der Unterbrechung der amerikanischen Arbeiten während dreier Jahre. Ohne das Geständnis von Klaus Fuchs, das die Entscheidung Trumans beschleunigte, hätte die Sowjetunion die H-Bombe vor den Vereinigten Staaten besessen!

124 Worte genügten Malenkow für die Verkündung des thermonuklearen Siegs. Er brauchte zwei Stunden, um die neue Richtung darzulegen, die er der Wirtschaftspolitik der UdSSR zu geben gedachte.

»Wir werden auch weiterhin die Schwerindustrie mit allen Mitteln entwickeln. Heute verfügen wir über alle Voraussetzungen, einen jähen Aufstieg der Produktion von Volkskonsumgütern herbeizuführen... Seit 1940 haben sich die Produktionsmittel verdreifacht; die Herstellung der Verbrauchsgüter ist um nur 72 % gestiegen... Die Regierung und das Zentralkomitee der Partei halten es für nötig, im Laufe von zwei bis drei Jahren die Versorgung der Bevölkerung mit Lebensmitteln und Industriewaren rapid zu verbessern. Wir dürfen uns auch nicht mit einer rein quantitativen Steigerung zufriedengeben. Man muß zugeben, daß wir hinsichtlich der Qualität der Massenbedarfsgüter zurückgeblieben sind und daß hier erste Abhilfe not tut.«

Erfreuliche Worte. Der Veteran des westlichen Journalismus in der UdSSR, Henry Schapiro, notierte ihren Widerhall. »Ich habe noch nie gesehen, daß etwas mit solcher Begeisterung begrüßt wurde... Ich mischte mich unter die Menge vor den Zeitungskiosken. Kein einziger redete von der H-Bombe, alle sprachen von Kartoffeln, Schuhen und Fahrrädern... *teply doschik*... ein warmer Regen fällt auf uns... Georgij Maximilianowitsch [Malenkow] wurde beliebt.«

Die russischen Verbraucher hatten es weiterhin schwer. Die Menschenschlangen wurden nicht kürzer. Die Besserung in der Lebensmittelversorgung bestand fast ausschließlich im Überfluß an Brot. Die in den Staatsläden regelmäßig unauftreibbaren Waren wie Fleisch, Milchprodukte, Obst fand man nur auf dem Markt der Kolchosen, in bäuerlicher Qualität und zu phantastischen Preisen. »Ich sah oft georgische Bauern«, erzählt Schapiro, »die mit dem Flugzeug aus dem Kaukasus, 2500 Kilometer weit, hergekommen waren, mit einem Korb voll Erdbeeren, Kirschen oder Pfirsichen, die sie für 35 Rubel (10 Dollar) pro Kilogramm verkauften...« Die schlechte Qualität der von der Industrie gelieferten Produkte war so auffallend, daß man sie als Thema bei den Späßen der Clowns gestattete. »Ich bin ein Fakir«, sagt Karandasch. »Beweise es mir«, sagte sein Kumpan. »Ich kann auf der Schneide der Rasierklingen Newa spazierengehen.« »Kunststück! Das kann doch jeder!« Schapiro erzählt, daß er sein Hausmädchen fortgeschickt habe, um Scheuerlappen zu kaufen; sie kam mit Gummistiefeln zurück. »Scheuerlappen gibt es nicht, aber Sie haben Glück; sehen Sie doch, was ich für Sie gefunden habe...« Das Prinzip und die Triebkraft der stalinistischen Wirtschaft war der Mangel; es mußte alles verkauft werden. Der alte Sektierer Molotow geriet bei einer Diskussion mit westlichen Wirtschaftsexperten in Wut: »Was erzählen Sie mir da von der freien Wahl des Verbrauchers? Das würde bedeuten, daß die sowjetischen Staatsbürger möglicherweise die von der sozialistischen Industrie erzeugten Schuhe, Hosen, Schallplatten nicht kaufen würden? So etwas würden wir niemals dulden!«

Unter Malenkow wurden die größten Projekte Stalins aufgegeben. Es war keine Rede mehr vom turkmenischen Kanal, ebensowenig von dem Waldgürtel, der das russische Klima ändern sollte, oder von dem künstlichen Binnensee in Sibirien. Das Sowjetpalais, das das Empire State Building übertreffen sollte, wurde durch ein Schwimmbassin ersetzt. Die Luftfahrtindustrie erhielt den Auftrag, 90 000 Kühlschränke und 200 000 Metallbetten zu bauen. Der laufende Fünfjahresplan wurde zugunsten von Butter und von Textilien revidiert. Drei am Roten Platz an der Stelle des alten Basars errichtete hohe Glasgalerien hatten unter den Zaren 2000 Läden beherbergt. Malenkow beschloß, sie dem Handel wieder zurückzugeben und die Bürokratie, die sich hier eingenistet hatte, zu vertreiben. Eine Lastwagenflotte transportierte Hunderte Tonnen von meist wertlosen Papieren ab und schaffte Platz für ein großes staatliches Kaufhaus, das GUM.

Nach dem Obersten Sowjet wurde das Zentralkomitee zu einer Plenarsitzung berufen, um das Landwirtschaftsproblem zur Kenntnis zu nehmen. Drei Stunden lang war das einzige, was man in der ganzen UdSSR im Rundfunk hören konnte, die Stimme des Berichterstatters Nikita Chruschtschow. Die Ziffern und Einzelheiten, die er bekanntgab, waren erstaunlich. Im zaristischen Rußland hatte es 28 500 000 Milchkühe gegeben; fünfunddreißig Jahre später besaß Sowjetrußland bei einer um 50 % angewachsenen Bevölkerung nur 24 300 000 Kühe. Die Buttererzeugung war um 14 % niedriger als im Jahr 1913, die Kartoffelproduktion um die Hälfte geringer, und die Anbauflächen für Gemüse und Obst waren um 250 000 Hektar zurückgegangen. Die Kolchosenmitglieder, die gezwungen waren, die Ernten der Kollektivfarmen zu schändlich niedrigen Preisen zu liefern, verschanzten sich hinter einer unüberwindlichen Faulheit. »Es war falsch«, bekannte der Kommunist Chruschtschow, »das Interesseprinzip bei den Bauern zu unterschätzen.« Rußland lebte in einem Zustand zunehmenden Mangels an Lebensmitteln. Seine Nahrungsmittelerzeugung nahm – wenn überhaupt! – weniger rasch zu als seine Bevölkerung.

Chruschtschow war einer der Hauptverantwortlichen für diese katastrophale Lage. Er hatte unter Stalin die Anzahl der Kolchosen von 250 000 auf 93 000 verringert und dadurch die Bürokratie, die er nun angriff, gefördert. Er war gegen die individuelle Parzelle zu Felde gezogen; er wollte sie, bevor er sie völlig abschaffte, auf 10 oder 15 Ar verringern, sie von der Isba trennen und an den äußeren Rand des Kollektivgrundes verlegen, was die Kleinviehzucht unmöglich gemacht hätte. Nun lieferte aber, abgesehen von dem Getreide, die individuelle Parzelle der sowjetischen Bevölkerung die Hälfte ihrer Nahrungsmittel. Nikitas Ideen hätten unvermeidlich zu einer ebenso schweren Hungersnot geführt wie die von 1920.

Chruschtschow schlug sich nicht an die Brust; ihm fielen zahlreiche Universalmittel ein. Er schlug vor, man solle in großem Maßstab Bastardmais anbauen. Er verlangte die Rodung von 12 Millionen Hektar unbebauten Landes in Zentralasien. Nach einem Exposé Malenkows machten das realistisch von Chruschtschow gezeichnete Bild und die phantasiereichen Maßnahmen, die er vorschlug, den Eindruck eines großartigen Gemäldes, und dies trug zur Erhöhung des kleinen Mannes in den Augen der Öffentlichkeit bei.

Man hatte ihm das Parteisekretariat gelassen, weil man ihn für den Ungefährlichsten hielt. Wie Lenin und Stalin vor ihm, machte er daraus eine Plattform für seine Macht. Er vereinigte die Terroristen, jene Stalinisten, wieder, welche die Anordnungen Malenkows erschreckt hatten. Der Regisseur der Ärzteverschwörung, Ignatjew, wurde von ihm gerettet. Basil Andrjanow, den Malenkow nach dem Tod Schukows an die Spitze des Leningrader Sowjets gestellt hatte, wurde durch einen Besessenen, Frol Koslow, ersetzt. Ein anderer Ultra, Serow, wurde zum Präsidenten des Staatssicherheitskomitees ernannt. Chruschtschow hatte den kommunistischen Jugendbund, den Komsomol, durch Schalipin und die *Prawda* durch Schepilow in der Hand. Er mischte sich in die Außenpolitik ein — und seine erste Handlung bestand darin, den Mann seiner Mätresse, der Furzewa, als Botschafter ins Ausland zu schikken.

Die Spezialisten für Sowjetfragen schrieben noch immer, daß Chruschtschow das Werkzeug Malenkows sei. Er war der Mann, der ihn vernichten sollte.
(*Forts. UdSSR S. 619*)

Deutschland kommt zu Kräften. Frankreich löst sich auf

Zwei Wochen nach dem französischen Ministerpräsidenten René Mayer, dem Nachfolger Pinays, stattete Kanzler Adenauer den Vereinigten Staaten einen Besuch ab. Das Protokoll war das gleiche, die Atmosphäre anders. Bei dem Franzosen hatte man sich bemüht, den Empfang durch Konversation wärmer zu gestalten, bei dem Deutschen blieb man zurückhaltend. Der Gegensatz zwischen den beiden Ländern forderte jedoch zu aufschlußreichen Vergleichen heraus, führte zu ernsten Schlußfolgerungen.

Die Bundesrepublik war wieder das aktivste Land Europas geworden. Ihre Industrieproduktion, ihr Außenhandel, ihr Überschuß bei der Europäischen Zahlungsunion stiegen von Monat zu Monat. Die Vertriebenen wurden in eine blühende Wirtschaft neu eingebaut; Streiks, Sabotage waren unbekannt. Man hatte beim Bundestag 1949 eine Aufsplitterung in zahlreiche Parteien befürchtet, wie sie für die Weimarer Republik verhängnisvoll gewesen war; die Wahlen von 1953 zerstreuten diese Befürchtung. Die Christlichen Demokraten, Schöpfer des deutschen Wunders, erhielten 45,2 % der Stimmen und errangen die absolute Mehrheit der Sitze. Die extremistischen Parteien verschwanden von der parlamentarischen Szene, da sie die von der Verfassung geforderten 5 % der Stimmen nicht zu erreichen vermochten. Die Sozialdemokraten und die Freien Demokraten behielten 150 bzw. 48 Abgeordnete, doch seit dem Tod Schumachers reichte keiner ihrer Führer auch nur annähernd an das Format der beiden Chefs der CDU/CSU, den politischen Hexenmeister Adenauer und den Hexenmeister der Wirtschaft, Erhard, heran.

Dieses kraftvolle Deutschland hatte den politischen Nihilismus überwunden, der nach seiner Niederlage bestanden hatte. Der Bundestag ratifizierte mit 224 gegen 165 Stimmen den Vertrag für die Errichtung einer Europäischen Verteidigungsgemeinschaft. Auch die Parlamente Belgiens und der Niederlande sanktionierten die EVG. (*Forts. Deutschland S. 630*)

Aber Frankreich — leider! . . .

Am 6. Mai schickte de Gaulle den Gaullismus in die Ferien, löste die RPF auf, gab den unter seinem Banner gewählten Abgeordneten ihre Freiheit. Sie verwendeten sie dazu, noch mehr als die anderen in dem abscheulichen Nährboden, dem Parlament, herumzuwühlen. »Wir sind nicht tot«, erklärte André Diethelm, »denn wir können zerstören . . .« Gewiß, viel zerstörte man nicht dadurch, daß man die Regierung René Mayer stürzte. Doch die darauffolgende Ministerkrise war schauerlich. Acht Politiker wurden nacheinander ins Elysée berufen, um ein Ministerium zu bilden. Drei, darunter Pinay, lehnten ab. Vier, nämlich Reynaud, Mendès-France, Bidault und Marie stellten sich dem Parlament vor, ohne eine Investitur zu erlangen. Die am 21. Mai begonnene Krise dauerte am 26. Juni noch an. Sie wurde durch den am wenigsten erwarteten, am wenigsten bekannten Mann, Joseph Laniel, beendet. Die französische Politik hatte bei dem äußersten Flügel der äußersten Linken begonnen und war nun, in der Person eines Erbindustriellen und normannischen Bourgeois, dem Besitzer eines der zwei oder drei größten Vermögen im Parlament, beim Konservatismus in Reinkultur angelangt. Aber Laniel hatte keinerlei autonome politische Macht hinter sich. Er war durch ein Konglomerat von Gruppen eingesetzt worden und nun dazu verurteilt, sich auf einem ständig vom Einsturz bedrohten Sandhaufen als Gleichgewichtskünstler mit großem Beharrungsvermögen zu halten.

Dabei stand die Regierung der Republik vor überaus ernsten Problemen. Ausnahmsweise wurde der Franc 1953 nicht abgewertet, doch diese anomale Stabilität, begleitet von einem leichten Rückgang der Preise, wurde durch einen Stillstand der industriellen Betätigung erkauft und verursacht. Der Produktionsindex ging von 145 auf 139 zurück. Dem ständigen Druck der Forderungen nach höheren Löhnen und einer Aufwertung der Preise für landwirtschaftliche Produkte konnte in dieser wirtschaftlichen Lage nur mit Scheinlösungen begegnet werden. Die sozialen Unruhen, Streiks, Straßenkrawalle, Straßensperren, spielten sich im luftleeren Raum ab und waren deshalb um so heftiger.

Dieses verrückte Frankreich litt unter der Krankheit der Schwachen: dem Nationalismus. Es hatte die Initiative für die Europäische Verteidigungsgemeinschaft ergriffen, eine großartige Idee. Es sagte sich von ihr los. Alte Politiker, die erschöpft waren von der Verantwortung, die sie vor dem Krieg getragen hatten, alte Generäle, die viele Niederlagen erlitten oder nur im Getriebe der amerikanischen Kriegsmaschine gesiegt hatten, faselten einmütig davon, daß die Europaarmee »der Selbstmord Frankreichs« wäre. Der nationalistische Druck war stark genug, um Robert Schuman aus dem Quai d'Orsay zu vertreiben. Von ihm wagte General de Gaulle — laut Bericht Raymond Tournoux' — zu sagen: »Der ist ein *Boche*. Er hat seine Füße in Paris und den Kopf in Berlin.« In der Zwickzange zwischen Dünkel und Furcht war Frankreich nicht fähig, sich auf Europa umzustellen, das allein in der Lage gewesen wäre, ihm wieder eine führende Rolle zu bieten.

Es war kein Zufall, daß gleichzeitig mit Robert Schuman auch Alcide De Gasperi von der Szene verschwand. Die Juniwahlen stärkten die Extremisten. Die Monarchisten und die Neofaschisten, die in Montecitorio 20 Sitze besaßen, gewannen 49. Die Christlichen Demokraten verloren die absolute Mehrheit. Ihr linker Flügel war des Mannes müde, der seit acht Jahren Italien nach soliden konservativen Prinzipien regierte. Die unterstützenden Parteien fielen aus. De Gasperi, der nur noch wenige

Monate leben sollte, zog sich mit der für seinen Charakter bezeichnenden Würde zurück. Man setzte unter Schwierigkeiten einen Volkswirt, Joseph Pella, an seine Stelle, der Anfang 1954 durch den linksgerichteten christlichen Demokraten, Amintore Fanfani, abgelöst wurde.

Italien litt an den gleichen politischen Übeln wie Frankreich. Aber es hatte vor Frankreich den Vorteil, daß es eindeutiger besiegt worden war. Man hatte ihm alle seine überseeischen Besitzungen genommen und ihm nicht die Illusion einer Weltmachtrolle gelassen. Man hatte es gezwungen, sich auf seine inneren Probleme zu konzentrieren, alle seine Kräfte für sich selbst zu nutzen. Frankreich hingegen machte verzweifelte Anstrengungen, um der Vergangenheit zum Weiterleben zu verhelfen.

»Die schwere Krankheit Frankreichs liegt darin«, sagte ein amerikanischer Beobachter, »daß es im Verhältnis zu seiner Bevölkerungszahl, seinen Finanzen und seiner Wirtschaft *overextended* ist. Frankreich versucht als einzige europäische Macht das System eines Reiches aufrechtzuerhalten, das weder seinen eigenen Kräften noch dem Geist unserer Zeit entspricht. Es verfügt ebensowenig über die Menschen wie über die Geldmittel, die für die Erhaltung einer aus glücklicherer Vergangenheit ererbten Weltstellung nötig sind ...« Es gab nur wenige Köpfe in Frankreich, die diese ebenso harte wie augenscheinliche Tatsache begriffen. Und in der Regel behielten sie – aus Opportunismus oder Konformismus – ihre Ansicht für sich.

Die Lage in Marokko war ganz eigentümlich. Frankreich stand zwischen der fünfunddreißigjährigen Treue des Glaui und dem Haß, der Feindseligkeit des Sultans. Das Kräfteverhältnis war bei weitem nicht klar. Im April erklärte ein in Fez unter dem Vorsitz des Scherifs El-Kettani zusammengetretener Kongreß der religiösen Bruderschaften den Modernismus Mohammeds V. für unvereinbar mit seinen Pflichten als religiöses Oberhaupt. Im Mai verlangte eine von 270 Paschas und Kaids – in Französisch-Marokko gab es im ganzen ihrer 350 – die Absetzung des Sultans. Tahmi el-Glaui nahm das zu Protokoll. »Das marokkanische Volk hat seinen Gefühlen Ausdruck verliehen. Es hat einen Nachfolger gewählt. Das marokkanische Volk erwartet Entscheidungen. Die Zukunft hängt von diesen Entscheidungen ab, die nicht hinausgezögert werden können, ohne daß die Arbeit und die Interessen Frankreichs in Marokko Schaden leiden.« Die Freunde Mohammeds organisierten eiligst eine Gegenpetition, die 387 Unterschriften von Honoratioren, darunter den Paschas von Fez. Sefru, Meknès und Salé, aufwies. Die Regierung der Französischen Republik, Schutzherrin der Scherifdynastie, wurde aufgefordert, »einer organisierten Spaltung« Ende zu machen.

Frankreich hätte sich durch keinerlei Bedenken davon abhalten lassen, Mohammed V. abzusetzen. Der Generalresident, Théodore Steeg, hatte ihn seinem älteren Bruder Mulay Idriss vorgezogen, gegen den sein protestantisches Gewissen moralische Einwände erhob. Mohammed verband sich mit der äußersten Linken, nutzte die antikoloniale Ideologie aus und fand erstaunliche Unterstützung bei den Pariser Intellektuellen; dessenungeachtet war er ein orientalischer Tyrann, dessen öffentliche und private Prinzipien mit jeglicher Art von liberaler oder Volksdemokratie im Widerspruch standen. Der Glaui verkörperte den gleichen Absolutismus, kämpfte aber seit 1913 an der Seite der Franzosen; einer seiner Söhne war in ihren Reihen in Italien gefallen, und er erklärte immer wieder, daß ihre Anwesenheit in Marokko unbedingt notwendig sei. Unter normalen Umständen hätte Frankreich alle erdenklichen politischen und noch stärkere sentimentale Gründe gehabt, Tahmi dem Sultan Sidi Mohammed vorzuziehen.

Die französische Regierung antwortete auf die Petition der Kaids, sie beabsichtige nicht, ihr stattzugeben. Sie benutzte die Mohammed V. drohende Gefahr, um ihn zur Annahme der in Schwebe befindlichen Maßnahmen, einschließlich der Sonderrechte der Franzosen in Marokko, zu bewegen; dann wandte sie sich an den Glaui und teilte ihm mit, der Sultan habe sich gefügt. Tahmi antwortete, daß diese durch Einschüchterung abgenötigte Unterwerfung nichts bedeute. Übrigens habe die Bewegung für eine Absetzung des Sultans eine solche Stärke erreicht, fügte er hinzu, daß er selbst außerstande sei, sie aufzuhalten. Am 13. August werde eine Versammlung von Notabeln in Marrakesch darüber entscheiden.

Die mit diesen Verwicklungen in Marokko beschäftigte Regierung befand sich in einer schrecklichen Lage. Das Parlament hatte, ehe es in die Ferien ging, dem Ministerpräsidenten, den es mit so großer Mühe gefunden hatte, Vollmacht erteilt, Etateinschränkungen durch Dekrete vorzunehmen. Laniel machte den Versuch, einige tausend überzählige Beamten zu entlassen. Die Streiks, die unter den öffentlichen Bediensteten ausbrachen und in der Industrie ihre Fortsetzung fanden, ließen eine Auflösung der Nation befürchten. Während des wegen der Sommerferien gewöhnlich recht friedlichen August gab es eine ununterbrochene Folge von Arbeitsniederlegungen, Besetzungen von Betrieben, Verlassen von Eisenbahnzügen auf offener Strecke, revolutionären Umzügen, Straßenbarrikaden. Übrigens erreichten die Streikenden ihr Ziel; sie zwangen Laniel, seinen schüchternen Versuch einer Staatssanierung aufzugeben.

Die 2000 Honoratioren, die sich im Palast des Glaui versammelten, fanden in der Säulenhalle General d'Hauteville und Boniface vor, die in arabischer Sprache Ansprachen an sie hielten und ihnen mühevoll vierundzwanzig Stunden Bedenkzeit abrangen.

Am nächsten Tag gelang es den beiden Franzosen noch, zu verhindern, daß Mohammed V. als weltlicher Herrscher abgesetzt wurde. Sie konnten aber nicht verhüten, daß sein Onkel Mohammed ben Arafa, den der Glaui selbst aus Fez geholt hatte, als Imam, Führer der Gläubigen, eingesetzt wurde.

Das Verhalten der Franzosen war den Berbern aus dem Gebirge unverständlich. »Wir sind deine Freunde; warum ergreifst du für deinen Feind Partei?...« Der Glaui selbst verlor die Geduld. »Wenn Frankreich entgegen unseren Wünschen die Erwartungen Marokkos nicht erfüllt, so wird Frankreich in Marokko keinen Rückhalt mehr haben... Wer nicht mit uns ist, ist gegen uns, denn die Stunde der Ausflüchte ist vorbei. Ich bin seit vierzig Jahren ein Freund Frankreichs, aber jede Treue hat ihre Grenzen.«

Der Stadtpöbel demonstrierte für den Sultan, indem er in Oujda 29 Europäer abschlachtete. Andererseits versammelten sich mehrere tausend Berberreiter vor Rabat. Frankreich hätte den Thron Mohammeds nur retten können, indem es die An-

73 Personenkult in Ostberlin: Bei den »Weltjugendspielen« im August 1951 steht Stalin im Zenit der Verehrung. – 74 Ein Gott wird zu Grabe getragen: Bei Stalins Beisetzung am 5. März 1953 in Moskau tragen Berija, Malenkow, Molotow, Bulganin und andere prominente Sowjetführer den Sarg mit dem toten Diktator (v. l.).

75 Erwachen der Dritten Welt: Achmed Sukarno (M.), erster indonesischer Präsident, leistet im Sultanspalast von Djakarta am 17. Dezember 1949 den Amtseid. – 76 Ghana wird 1957 als erster schwarz-afrikanischer Staat unabhängig. Kwame Nkrumah bekennt sich zum »aktiven Neutralismus« und zur panafrikanischen Politik.

hänger seiner eigenen Anwesenheit in Marokko mit Gewalt zerstreut hätte! Das wurde von Minister Mitterrand verlangt, wobei er sich auf den Artikel 3 des Protektoratsvertrags, den zwingenden Charakter der gegenüber der Scherifdynastie eingegangenen Verpflichtungen, berief. Seine Kollegen weigerten sich, ihm bis zum Ende dieser logischen Überlegung zu folgen, und gaben den Forderungen des Glaui nach.

Die drückend feuchte Hitze schwerer Haufenwolken lastete auf Rabat. Um 13 Uhr 30 lag alles im Mittagsschlummer. Zwei Kommandos unter der Führung von Kommissar Perriod drangen in den schlafenden Palast ein, nahmen den schwarzen Wachen ihre dekorativen Waffen ab und hießen sie mit dem Gesicht zur Wand Aufstellung nehmen. Der Generalresident Guillaume traf in Begleitung seines Beraters Geoffroy de la Tour du Pin ein, stieg die 59 Stufen der Treppe hoch, die zum Empfangssalon führt, und fand den Sultan dort, der in einem Lehnstuhl, zwei anderen Lehnstühlen gegenüber, seine Besucher erwartete. Guillaume forderte Mohammed auf, zugunsten seines zweiten Sohns abzudanken, der als weniger franzosenfeindlich galt als sein älterer Bruder. Mohammed weigerte sich. »Unter diesen Umständen bitte ich Ihre Majestät, sich zu Dutheil ins Vorzimmer zu begeben, der beauftragt ist, für Ihre Sicherheit zu sorgen.« Mohammed wurde mit seinen beiden Söhnen zum Luftstützpunkt von Rabat gebracht, wo er erklärte, seine Gesundheit gestatte ihm nicht zu fliegen. Ein Militärarzt untersuchte ihn und erklärte ihn geeignet für die Reise. Am 20. August 1953 um 15 Uhr 12 flog eine DC 3 nach Korsika ab, der ersten Etappe seiner Verbannung. In einem zweiten Flugzeug folgte ein Teil des Harems.

Nun begann der Terrorismus; er verlief ähnlich wie in Tunesien, wo der zweiundsiebzigjährige Thronerbe, Prinz Ezzedine, sich der Franzosenfreundlichkeit schuldig gemacht hatte und am 1. Juli ermordet worden war. Der neue Sultan, Ben Arafa, entging einem Attentat, indem er vom Pferd sprang, als er sich zum erstenmal zum Freitagsgebet begab. Der alte, fast blinde Glaui bewachte mit gezogenem Schwert den Herrscher, den er geschaffen hatte. Aber er war zwar der König der Berge, doch die Städte hörten nicht auf ihn. Am Weihnachtsabend fielen auf dem Hauptmarkt von Casablanca 19 Menschen einer Höllenmaschine zum Opfer. Frankreich blieb weiter in Indochina in einen Kampf verwickelt, dessen dramatische Wechselschläge in den folgenden Kapiteln geschildert werden. Gleichzeitig mußte es in Nordafrika schwerwiegende Polizeimaßnahmen, vielleicht sogar eine militärische Aktion, ins Auge fassen. (*Forts. Frankreich S. 603*)

Krankheit und Verzweiflung Churchills

»Vor einer Woche sah ich mich noch an der Spitze der Welt. Und nun . . .«

Eine erschütternde Klage. Winston Churchill hatte einen Schlaganfall – den zweiten – erlitten; es geschah in der Nacht des 24. Juni, drei Wochen nach der Krönung der Königin. Seine linke Seite war gelähmt, die Zunge versagte fast völlig den Dienst. Die fast unvernehmbare Stimme klagte weiter:

»Ich stand auf dem Gipfel meiner Möglichkeiten. Ich wechselte freundliche Botschaften mit Adenauer und Malenkow, ich streckte die Hand aus, um die Pranke des russischen Bären zu erfassen. Große Dinge lagen in meiner Reichweite. Der Frieden oder zumindest die Befriedung . . .«

Die Stimme versagte, der linke Mundwinkel hing herab. Churchill ließ sich wieder auf sein Kissen sinken. Geschlagen.

Er war 79 Jahre alt und wollte das Alter nicht wahrhaben. Als Anthony Eden mehrere Monate Urlaub genommen hatte, um sich in Amerika einer Gallenblasenoperation zu unterziehen, hatte Churchill das Foreign Office übernommen. Auch das Schatzkanzleramt während einer Abwesenheit R. A. Butlers. Er überspielte seine Taubheit, indem er niemand zu Wort kommen ließ, und verbarg seine Ermüdung hinter einer künstlichen Lebhaftigkeit. Auf die Ermahnung seiner Freunde und seines Arztes Lord Moran erwiderte er, er habe eine Aufgabe zu erfüllen. Durch seine Kriegsführung war er zu Ruhm gelangt; nun träumte er davon, in die Nachwelt als der Mann einzugehen, der der Welt den Frieden geschenkt hatte.

Sieben Jahre zuvor hatte Churchill vor der russischen Gefahr gewarnt. Zusammen mit den Umständen und den Menschen hatte auch er sich seither geändert. Malenkow betrachtete er als friedliebend und glaubte nunmehr an die Möglichkeit einer Versöhnung zwischen West und Ost. Doch Foster Dulles war zu dumm, Eisenhower zu faul, die USA zu einfältig und zu brutal, um die Aufgabe zum guten Ende zu führen; es war Sache Winston Churchills, sich ihrer im Namen des ganzen Westens anzunehmen. Er hätte gern Malenkow unter vier Augen getroffen, als alleiniger Bevollmächtigter der freien Welt. Er hatte die Absicht, das Potsdamer Abkommen in eine andere Form zu bringen und ein Atomwaffenabkommen zwischen der UdSSR und den Vereinigten Staaten zu bewerkstelligen.

Für den 8. Juli war eine Dreierkonferenz zwischen Großbritannien, den Vereinigten Staaten und Frankreich auf den Bermudas anberaumt worden. Die Anwesenheit Frankreichs war Churchill nicht willkommen; seine letzte Laune zeigte heftige Verachtung für ein Volk, von dem er glaubte, es gerate völlig in Verfall. »*Bloody Frogs!* Ihre einzige Chance, Frankreich zu retten, wäre die EVG gewesen, und die wollen sie nicht haben! Wir sollten Strafmaßnahmen treffen, um sie dazu zu zwingen!« Doch Laniel und Bidault würden ihm gegenüber nicht ins Gewicht fallen. Wenn alles gut ging, würde er Malenkow mit Pauken und Posaunen einladen. Die Wiedervereinigung der Welt könnte auf einer kleinen Insel im Atlantik stattfinden, unter britischer Flagge und der Ägide Winston Churchills!

Alles war bereit. Churchill hatte beschlossen, auf der *Vanguard* einzutreffen, trotz der Einwände seines Schatzkanzlers Butler, der die Kosten von 30 000 Pfund für die Überfahrt auf dem Kreuzer mit den 3000 Pfund für die Flugreise verglich. Die *Vanguard* sollte in einer Woche, am 1. Juli, auslaufen! . . . Doch Churchill war nur noch ein menschliches Wrack, das von seinem gescheiterten Traum lallte.

Man verschleierte die Wahrheit; Lord Moran und der Neurologe Sir Russel Brain unterzeichneten gefällig ein unwahres Gutachten: »Der Premierminister hat seit langer Zeit keinen Urlaub genommen. Wir haben ihm geraten, auf die Reise nach den Bermudas zu verzichten und seine Verpflichtungen mindestens einen Monat lang zu verringern.« In sein Tagebuch schrieb Moran jedoch, daß WSC nie wieder derselbe Mann sein werde. »Das Gehirn, in dem die Blutzufuhr durch ein Blutgerinnsel teilweise unterbrochen ist, wird für immer anämisch bleiben . . .« Churchills beste Freunde, Camrose, Beaverbrook, Alexander, waren überzeugt, er werde nie wieder im Unterhaus erscheinen; sie schlugen den Ärzten vor, ihm zum Rücktritt zu raten.

Churchill blieb am Leben, verließ das Krankenbett, machte dann und wann ein paar Schritte, begann wieder Whisky mit Wasser zu trinken und entnikotinisierte Zigarren zu rauchen. Doch immer wieder war sein Denken benebelt. Jeder Versuch einer Konzentration erschöpfte ihn. Er fand seinen klaren Kopf und seine Redekunst nur wieder, wenn er – unerschöpflich – von weit zurückliegenden Dingen erzählte, von Indien, dem Burenkrieg, dem Ersten Weltkrieg, Antwerpen, den Dardanellen, der Somme . . . Bei jeder Erinnerung brach er in Tränen aus. Aber er klammerte sich verzweifelt an die Vorstellung seiner Unentbehrlichkeit. Der *Daily Mirror* griff eine in Amerika veröffentlichte Nachricht auf und stellte in zwei Millionen Exemplaren folgende Frage: »Warum sagt man dem britischen Volk nicht die Wahrheit über den Gesundheitszustand seines Premierministers?« Es gelang nicht, Churchill die Zeitung vorzuenthalten. Er tobte. »Niederträchtig! Man will mich beseitigen – mich, der ich als einziger mit Rußland etwas erreichen könnte!«

Am 18. August setzte sich Churchill, von Moran mit Drogen aufgeputscht, an den Tisch seines Arbeitszimmers und stellte sich dem gefährlichen Experiment eines Fotos. Die Zeitungen sprachen wieder von der Zusammenkunft auf den Bermudas. Man wußte nicht, daß sich in den folgenden Tagen eine Herzschwäche zeigen sollte. Churchill war überaus kurzatmig, konnte keine drei Schritte mehr machen, ohne zu straucheln. »Dabei fühle ich mich am Morgen ganz klar im Kopf«, sagte er. »Da bin ich 90 % – oder zumindest 80 % – von dem, was ich war. Nur am Nachmittag geht es mir nicht gut.« (*Forts. Großbritannien S. 746*)

Nkrumah von Ghana: das erste schwarze Mitglied des Commonwealth

Das Commonwealth nahm an der Krönung teil. Elf Staatsoberhäupter und Ministerpräsidenten, darunter der Republikaner Nehru, der Rassenfanatiker Malan und der trotzkistische Singhalese Senanajoka. Auf die Feier folgte eine Konferenz am runden Tisch. Churchill redete und redete vor diesem Phantom eines Reiches. Doch er versuchte vergeblich, England wieder in seine Rolle als Schiedsrichter einzusetzen, den Pakistaner Mohammed Ali und den Inder Jawaharlal Nehru zu versöhnen, deren Länder wegen der Aufteilung der Gewässer im Pandschab von neuem an den Rand von Feindseligkeiten geraten waren. England war nicht einmal mehr in der Lage, den Notleidenden seiner Völkerfamilie zu Hilfe zu kommen: Zwei aufeinanderfolgende Trockenperioden hatten Pakistan zur Wüste gemacht, und es waren die Vereinigten Staaten, die eine Million Tonnen Getreide zur Linderung der Hungersnot sandten.

Ursprünglich bestand das Commonwealth aus Dominions, die von angelsächsischen Einwanderern bevölkert waren: Australien, Kanada, Neuseeland, Südafrika. Die Aufnahme von Indien, Pakistan, Ceylon, Malta als unabhängige Mitglieder des Commonwealth stellte eine Neuerung dar. Nun kam noch ein Land in Frage: Die Goldküste stand vor Erlangung ihrer Unabhängigkeit. Würde das Commonwealth einem schwarzen Mitglied offenstehen?

Für die Goldküste hatte die Sage von den großen Erträgnissen aus der Pflanzenwelt ein Wunder vollbracht. 1879 kehrte der junge Schmied Tetteh Quarshia von der spanischen Insel Fernando Póo heim und brachte den Stengel einer Kakaopflanze mit. Daraus wurde ein Wald, der die halbe Welternte produziert und alljährlich ein Vermögen von 160 Millionen Dollar auf das kleine Land regnen läßt. Ein Segen, denn man kam mit einer leichten Ernte und einer einfachen Bearbeitung aus. Ein weiteres Wunder war es, daß die Schwarzen dieses unverhoffte Glück, das ihrem Arbeitseifer so gelegen kam, für sich behielten. Es gab an der Goldküste keinen einzigen weißen Pflanzer; der Kakao wurde ausschließlich von eingeborenen Bauern produziert, denen er einen von sonst niemand zwischen Südafrika und der Sahara erreichten Wohlstand brachte.

Ethnisch gesehen war die Goldküste ein ebensolches Mosaik wie alle Länder, deren Grenzen von den Unterhändlern des Berliner Vertrags mit der Reißfeder gezogen worden waren. In den Küstengebieten dominierten die Ewestämme, das Innere war hauptsächlich von Aschantis unter ihrem König Prepet II. besiedelt. Im Norden lebten mit den Saharabewohnern verwandte Nomadenstämme. Die vier Millionen Einwohner sprachen sechs Sprachen und gehörten verschiedenen sozialen Systemen an. Der Prozentsatz der Analphabeten, einer der niedersten in Afrika, erreichte dennoch 85 %.

Niemand konnte mehr Charme besitzen als Kwame Nkrumah, der Führer der Nation. Er war 44 Jahre alt, verfügte über ein reges Mienenspiel, eine drollige Schlagfertigkeit, ein schallendes Lachen und eine große Beredsamkeit der Lippen, Augen und Hände. Über seine eigene Geschichte redete er nie. Weshalb begab sich der Sohn eines Handwerkers, der Nippsachen herstellte, mit 24 Jahren in die USA? Er studierte an der Negeruniversität Oxford in Pennsylvanien, fuhr von Amerika nach England und stand in beiden Ländern in Beziehungen zu den extremistischen Kreisen. Nach zehnjähriger Abwesenheit wurde er von dem nationalistischen Führer James B. Danquah an die Goldküste zurückgerufen. Doch Danquah beging den Fehler, sich mit dem Versprechen der Autonomie zufriedenzugeben. Nkrumah (»Independence now!«) überflügelte ihn, rügte ihn öffentlich, trat an seine Stelle.

Am Abend des 6. Februar 1951 saß Kwame Nkrumah in einer Zelle des Fort James, eines alten Sklavenhändlernestes, das die Kolonialregierung zu einem Gefängnis gemacht hatte. Die Volksmenge kam und schlug gegen die Mauern: Die ersten allgemeinen Wahlen im schwarzen Afrika hatten soeben dem roten Hahn (Kennzeichen von Nkrumahs Partei für die analphabetischen Wähler) 90 % der Stimmen gebracht. Der Gouverneur, Sir Charles Noble Arden-Clarke, hatte diesen Stimmenanteil verkündet – aber zugunsten Danquahs und seiner gemäßigten Nationalisten. Er machte keinen weiteren Versuch, gegen den Strom zu schwimmen. Nkrumah war im Sträflingspyjama erwacht – er ging als Premierminister schlafen.

544

Zwei Jahre nach diesem Amtsantritt näherte sich die Entwicklung ihrem Ziel. Eine neue Verfassung beseitigte die letzten Beschränkungen der Unabhängigkeit und leitete die Umwandlung der ehemaligen Goldküste in einen sozialistischen, totalitären Staat ein. Nkrumah hatte großartige Vorstellungen: Er wollte Afrika einigen und die Europäer daraus verjagen. Er ließ Architekten und Städtebauer kommen, um sein schäbiges Accra umzubauen und es einer Bundeshauptstadt der Vereinigten Staaten des schwarzen Afrikas würdig zu machen. Er bot allen afrikanischen Kolonien, die für ihre Unabhängigkeit kämpften, seinen Beistand an, erklärte jedoch, daß die Goldküste als Dominion im britischen Commonwealth verbleiben müsse. England weigerte sich nicht und stellte auch keine Bedingungen, spendete vielmehr dem Diktator und Befreier reichlichen Beistand. Nkrumah ließ einen Bebauungsplan für Nieder-Volta ausarbeiten, der aus Ghana den größten Aluminiumproduzenten der Welt machen sollte; das britische Schatzamt nahm trotz seiner schwierigen Lage die Hälfte der Kosten, 57 Millionen Pfund Sterling, auf sich.

Die andere bedeutende britische Besitzung in Westafrika war Nigeria (35 Millionen Einwohner, 32 Millionen Analphabeten). Es wurde nicht gehemmt, vielmehr auf den Weg der Unabhängigkeit gedrängt. Es sah aus, als liquidiere England das Kolonialreich – an Einwohnerzahl und Reichtum dem französischen überlegen –, das es sich auf dem schwarzen Kontinent errichtet hatte.

Großbritannien liquidierte nicht; es machte Unterschiede. Es gab Westafrika auf, klammerte sich aber an den Osten. Im Osten hatten die Engländer beträchtliche Besitzungen, bedeutende Interessen an Grundbesitz. Viele von ihnen lebten auch dort: 30 000 in Kenia, 40 000 in Nordrhodesien, 150 000 in Südrhodesien. In Nairobi, in Lusaka, in Salisbury war von Selbstregierung keine Rede, ebensowenig von Rassengleichheit oder gnädig gewährter Unabhängigkeit. Jomo Kenyatta wurde zur Zeit, als man Nkrumah von seinen letzten verfassungsmäßigen Beschränkungen befreite, zu Zwangsarbeit verurteilt. In Rhodesien arbeitete Sir Godfrey Huggins daran, ein neues Dominion zu schaffen, das durch einen Kunstgriff bei den Wahlen den Weißen die Macht vorbehalten sollte. England lag nichts an der Logik, und es empfand kein Bedürfnis, für den Sambesi und den Niger, für den Berg Kenia und den Kamerunberg eine einheitliche Doktrin auszuarbeiten.

Aber diese brillante Empirik war veraltet. Sich über die Logik hinwegzusetzen, ist das Vorrecht der Starken; Churchills England mit seinem zerfetzten Prestigemantel und seiner ermatteten Energie glaubte sich so verhalten zu können wie das England Viktorias. Es war sich der Verbindungen nicht bewußt, welche zwischen Gebieten Afrikas geschaffen worden waren, die einst einander so völlig fremd waren, als seien sie auf verschiedenen Planeten gelegen. Es war unmöglich, Nkrumah zu fördern und gleichzeitig Kenyatta zu unterdrücken. Das ganze schwarze Afrika war auf dem Marsch.

Auch das weiße Afrika war auf dem Marsch. Nagib rief in Ägypten die Republik aus. Doch die Welt erkannte bereits, daß der Mann, der Fuad II. entthronte, nachdem er Faruk I. davongejagt hatte, nur ein ausführendes Organ war. Die treibende Macht des Neuen Ägypten war der Oberstleutnant, der sich zunächst im Schatten gehalten hatte und nun allmählich in den Vordergrund trat, Gamal Abdel Nasser.

Er besaß nicht soviel Charme wie Nkrumah, doch er war ihm gleichwertig. Er war der Sohn eines Postbeamten in Mittelägypten und wurde der Prototyp des armen Offiziers und des Verschwörers in Uniform. Er war nicht von rein arabischem Blut – darin glich er Ägypten –, machte aber die arabische Sache zu seiner politischen Religion. Die arabische Welt reicht vom Atlantik bis zum Persischen Golf; Ägypten liegt in der Mitte. Also mußte Ägypten das Zentrum, der Schöpfer einer Supermacht sein, die kraft ihrer strategischen Lage und ihres Öls ihre Bedingungen zu diktieren vermag.

Nkrumah wollte die Welt der Neger, Nasser wollte die Welt der Araber vereinigen. Ähnliche Ziele, allzu hochfliegende Pläne.

Die Länder der schwarzen Welt verband nur die Hautfarbe. Die arabische Welt fühlt sich eins im Koran – doch verdeckte die religiöse Einheit politische Gegensätze. Die syrischen Doktrinäre suchten im Koran einen arabischen Sozialismus, eine neue Konstruktion des Marxismus auf theologischer Grundlage. Konservative wie Ibn Saud, der, wie der Glaui in Marokko, seine letzten Tage in Arabien verlebte, fanden im Koran allen Grund, strenger denn je an den traditionellen Strukturen des Islam festzuhalten. Zur gleichen Zeit wie Nasser wurde im Irak ein Rivale, Nuri al-Said, groß, der die Ansprüche der Ägypter auf die arabische Führerrolle bekämpfte und lächerlich machte. Religion und gemeinsame Sprache waren kein politischer Kitt. Die einzige Kraft, die die arabische Solidarität fördert, steht außerhalb: Es ist Israel.

Das Ende des Stalinismus entspannte die Beziehungen zwischen dem jüdischen Staat und den Ländern des Ostens. Die UdSSR eröffnete nicht nur ihre Botschaft wieder, sie tat etwas, das die westlichen Mächte noch ablehnten, sie erkannte Jerusalem als Hauptstadt an. Dagegen tauchten Gründe für eine Verstimmung mit den USA auf. Eisenhower hemmte den Ausbau einer Ableitung des Jordans, indem er einen Kredit von 65 Millionen Dollar sperrte. Dann entsandte er in den Mittleren Osten Eric Johnston, einen geschickten Mann, Präsident der Hollywooder Produzenten, dem es seinerzeit gelungen war, Stalin amerikanische Filme zu verkaufen. Johnston stellte einen Teilungsplan für das Wasser auf, ein Drittel für Israel, zwei Drittel für Jordanien und Syrien. Diese könnten 100 000 Hektar bewässern und zwei Drittel ihrer Flüchtlinge ansiedeln. Sie wiesen Johnstons Vorschläge mit der Begründung zurück, das würde eine Zusammenarbeit mit Israel voraussetzen. Und wie wäre das möglich, da Israel in ihren Augen nicht existierte?

So blieb die Feindseligkeit unüberwindbar bestehen. Der kleine jüdische Staat lebte mit der Waffe in der Hand und war zu den grimmigsten Strafmaßnahmen entschlossen. Nachdem eine Frau und ihre zwei Söhne von arabischen Plünderern niedergemetzelt worden waren, stürzte sich ein israelisches Bataillon auf das jordanische Dorf Qibya und schlachtete alles Lebende ab, die Ziegen, die Esel, die Hunde, 42

Männer, Frauen und Kinder. Der Sicherheitsrat sprach »*the strongest censure*« aus. Die Zionisten erwiderten, für sie gebe es keine zwei Möglichkeiten, um zu überleben: Wenn man sie nicht mehr fürchtete, mußten sie sterben.

Ben Gurion hatte die Last der ersten fünf Jahre auf seinen Schultern getragen. Nun plötzlich gab er auf. Seine psychische Ermüdung zwinge ihn, sagte er, sich zwei Ruhejahre zu gönnen. Er zog sich in den Kibbuz Sder Boker im Negev zurück und war von da an nur mehr ein biblischer, in seinen weiten Mantel gehüllter Schäfer; er hatte alles, was er besaß, dem Staat geschenkt, einschließlich seines Cutaways und der gestreiften Hose: »Meine Arbeitstracht...« Sein Nachfolger, Moshe Sharett, wirkte, verglichen mit dem alten Löwen, wie ein recht blasser, recht schmächtiger Intellektueller. (*Forts. Ägypten S. 622*)

Mossadeghs dramatisches Ende

Wie sie zwischen Israel und den arabischen Staaten als Vermittler bemüht waren, versuchten es die USA auch zwischen den arabischen Staaten und Großbritannien. Foster Dulles traf in Begleitung von Harold Stassen in Kairo ein, der ersten Station einer langen Rundreise. Als Nagib ihn empfing, zog er einen Colt Kaliber 32 aus der Tasche. Der General zuckte zusammen, beruhigte sich aber, als er auf dem daran befestigten Silbertäfelchen die Worte las: »*To general Mohammed Nagib, from his friend Dwight D. Eisenhower.*« Das zweideutige Geschenk sollte noch acht Tage lang von der Weltpresse kritisiert werden.

Die Pistole milderte die Umgangsformen nicht. Die halboffizielle *Al Misri* brachte einen Leitartikel ihres Besitzers, Abdul Fath, mit der Überschrift: »Amerika, wir hassen dich.« Nagib erklärte Dulles, er fordere den sofortigen, bedingungslosen Abzug der 80 000 britischen Soldaten, die in der Kanalzone stationiert waren. Er fügte hinzu, daß für die Araber der Feind nicht der Russe sei, sondern der Engländer und der Jude. Die gleiche Antwort erhielten Dulles und Stassen in Amman, Damaskus, Beirut, Bagdad, Rijad und Bengasi.

Der Iran wurde in die Rundreise nicht eingeschlossen. Wozu auch? Der Spaß war zu Ende. Mossadegh hatte sich in pathetischem Stil an Eisenhower gewandt und dann die ihm vorgeschlagene vermittelnde Lösung zurückgewiesen. Darauf hatte er die Verlängerung seiner Vollmacht und den Oberbefehl über die Armee verlangt. Die kommunistische Tudeh-Partei und die mohammedanischen Terroristen, die ihn noch im Vorjahr zum Tode verurteilt hatten, sicherten ihm einen neuen Sieg. Er ließ 70 dem Schah getreue Offiziere verhaften, schloß das widerspenstige Parlament und wandte sich an das Volk. In allen Orten des Irans wurden zwei Büros für die Volksabstimmung eröffnet: eines, in dem man anonym und so oft man Lust hatte, »ja« stimmen konnte, und ein zweites, wo man seine Identität eintragen lassen und seinen Wahlzettel unterzeichnen mußte, um »nein« zu stimmen. In Teheran wurden die »Ja-Stimmen« auf dem Platz Sepah bei fröhlichem Jahrmarktstreiben, die Nein-Stimmen auf dem Platz Baharestan inmitten eines Waldes von Plakaten abgegeben, auf denen zu lesen stand: »Nur die Verräter stimmen ›nein‹!« Baharestan erhielt

116 Stimmen, Sepah verzeichnete 166 560. Im ganzen Iran erreichten die Zustimmungen zur Auflösung des Parlaments 99,94 %. Stalin und Hitler waren nie über 99,93 und 99,81 gekommen.

Nun war nur noch der Schah zu beseitigen; eine leichte Aufgabe. Reza Pahlavi hatte alle Gelegenheiten zu einem nachdrücklichen Einschreiten versäumt. Ein einfacher Stoß sollte ihn stürzen.

Am 16. August verdrängten die Nachrichten aus dem Iran die Absetzung des Sultans von Marokko von den Fernschreibern. Die Regierung Mossadegh gab bekannt, daß ein Staatsstreich der kaiserlichen Garde mißlungen sei. Das Volk war die Reiterstandbilder der Pahlavis zu Boden, entweihte und schändete das Grab des Vaters und verlangte den Kopf des Sohnes.

Dieser wartete in seiner Sommerresidenz Ramsar am Kaspischen Meer die Entwicklung ab. Seine Beechcraft, die er selbst steuerte, rettete ihn aus einer verlorenen Sache; Soraya hielt auf ihrem Schoß ein Köfferchen voll Schmuck. Sie landeten in Bagdad bei 50 Grad im Schatten und stiegen in die Kursmaschine nach Rom um. Wenige Monate früher war das Kaiserpaar im Hotel Excelsior mit 500 Kilogramm Kleidern und dem anstößigen Pomp der orientalischen Potentaten eingetroffen, deren Luxus so groß war wie das Elend ihrer Untertanen. Diesmal waren Soraya und Reza Reisende ohne Gepäck. Sie gingen aus dem Hotel, um Konfektionshemden für ihn und Sandalen für sie zu kaufen.

In Teheran wurde aus den Demonstrationen gegen den Schah eine Revolution. Acht Ministerien wurden in Brand gesteckt. Dem amerikanischen Botschafter Lloyd Anderson gelang es, zu Mossadegh, der sich in seiner Wohnung in der Kachstraße verkrochen hatte, durchzudringen und ihm den Befehl abzunötigen, den Platz vor dem Parlament zu räumen. Die Soldaten liefen mit aufgepflanztem Bajonett hinter den Panzerwagen her und schrien: »Es lebe der Schah! Mossadegh an den Galgen!« Die Säuberung hatte das Offizierskorps nicht verschont, aber die Truppe und die niederen Ränge waren Monarchisten geblieben. Die Last- und Wasserträger, muskelstarke Zünfte, gesellten sich zur Armee, um die Kommunisten umzubringen. Dreihundert Tote und Verwundete blieben auf dem Pflaster, Mossadeghs Haus wurde niedergebrannt. Es gelang ihm zu flüchten, doch am nächsten Tag kam er, noch im Pyjama, in den Offiziersklub, und gab sich gefangen. Generalmajor Fazlollah Zahedi, den die Engländer während des Krieges entführt hatten, um seinem deutschfreundlichen Treiben ein Ende zu bereiten, rief den Schah ins Land zurück. Phlavi kehrte, mit Rosenblättern überschüttet, in seine Hauptstadt zurück. Das erstaunlichste Abenteuer der Nachkriegszeit war zu Ende.

Die Regelung des Ölkonflikts sollte noch ein Jahr des Feilschens erfordern. Ein aus acht europäischen und amerikanischen Gesellschaften gebildetes Konsortium brachte die Bohrtürme in Gang und baute die Raffinerie in Abadan wieder auf. Mossadegh wurde wegen Verschwörung gegen den Staat vor ein Militärgericht gestellt. Sein Prozeß, im Verlauf dessen er seinen Rechtsanwalt ohrfeigte, war seine letzte öffentliche Vorstellung. Da der Schah eine leichte Bestrafung verlangt hatte, wurde Mossadegh zu drei Jahren Einzelhaft verurteilt. Er überlebte sie und versank später in Vergessenheit.

Vorspiel zu Dien Bien Phu

In Indochina wurden die großen militärischen Operationen im Oktober 1952, sechs Monate nach Hoa Binh, wieder aufgenommen. Infolge der erlittenen Verluste war Giap die Lust vergangen, einen direkten Eroberungszug gegen Hanoi zu unternehmen. Seine taktischen Operationen wurden in den Dschungel verlegt, und seine Strategie nahm wieder die Randgebiete zum Ziel. Die Divisionen 302, 308 und 316 marschierten über die Pisten der Thaigebiete nach Laos. Der Einbruch der Viets entfaltete sich zwischen dem Roten und dem Schwarzen Fluß. Lai Chau, die Hauptstadt der getreuen Thais, war isoliert; Laos lag offen. In der Ebene der Tonkrüge organisierten die Franzosen in aller Eile die frontale Verteidigung von Luang Prabang.

Salan versuchte zu parieren. Sein Plan bestand darin, den Feind zu binden, indem man im Thaigebiet ein befestigtes Lager improvisierte, und ihn im Tal des Roten Flusses, der Basis seiner Verbindungslinien, angriff.

Der passende Ort für das befestigte Lager war das etwa zwanzig Kilometer von Son La gelegene Na San. Dort baute man eine Landepiste für die Dakotas. Man zog vier Bataillone zusammen, deren Kommando einem einäugigen Fallschirmjäger, Oberst Gilles, übertragen wurde. Gleichzeitig wurde unter dem Befehl von General Gonzalès de Linares die Gegenoffensive gegen das Hintergelände des Feindes, die Operation Lorraine, unternommen. Vier motorisierte Verbände, eine Luftlandegruppe, zwei Artillerieabteilungen, vier Panzerstaffeln, zwei Marinelandungsdivisionen . . . Es handelte sich um das Gebiet zwischen dem Roten und dem Weißen Fluß. Die mechanisierten Kampfverbände 1 und 4 überschritten bei Phu Tho den Roten Fluß und vereinigten sich mit den Kampfverbänden 2 und 3, die bei Viet Tri aus der de Lattre-Linie vorgestoßen waren. Unter dem gemeinsamen Kommando von Oberst Dodelier, mit den drei Fallschirmbataillonen des Oberstleutnants Ducournau als Vorhut, flankiert von den zwei Dinassauts, bewegte sich diese Masse dann über die RC 2 gegen Phu Doan. Über die Landschaft fiel Nieselregen, alle Ortschaften waren verlassen. Die ehemalige Bezirkshauptstadt Phu Tho mit ihrer hochragenden, nunmehr verwüsteten katholischen Kirche wurde bereits vom Dschungel überwuchert. Der Feind war nirgends zu sehen. Die Franzosen entdeckten viele kleine Depots, die sie ausräumten oder zerstörten. Zum erstenmal wurden Lastwagen sowjetischer Herkunft vom Typ Molotowa sowie Flakgeschütze und brandneue 12-cm-Mörser erbeutet.

Aber die Führung und die Soldaten hatten den Eindruck, mit dem Kopf in der Lünette einer Guillotine zu stecken. Noch schmerzte die Erinnerung an Hoa Binh. Obgleich Yen Bay nur ein Dutzend Kilometer entfernt war, ordnete Oberbefehlshaber Raoul Salan den allgemeinen Rückzug an. Das Ziel der Operation Lorraine, sagte er, sei erreicht. »Das Eindringen über mehr als 100 Kilometer in das Gebiet der Vietminh . . . stellt einen wichtigen psychologischen Erfolg dar und zeigt, daß die französische Führung wieder imstande ist, die Initiative zu ergreifen. »Doch ein Hinterhalt auf der Rückzugslinie RC 2 überschattete diese ermutigende Schlußfolgerung, kostete das Expeditionskorps etwa die Stärke eines Bataillons und ließ so die militärische Promenade »Lorraine« mit einem doppelten Mißerfolg enden.

Der Sorgen um seine Nachhut enthoben, griff Giap Na San an. Gilles war ein harter Soldat; er verteidigte Meter um Meter seiner improvisierten Festung nicht ohne darüber zu fluchen, daß ausgerechnet er, ein Fallschirmjäger, sich als Schützengrabenratte betätigen mußte. Die Viets ließen zwischen dem 23. November und dem 5. Dezember 1500 Tote in seinem Schußfeld zurück. Die französische Presse verfiel wieder in ihre lächerlichen Phrasen: »Na San, das Verdun Indochinas ... Die Luftbrücke, eine neue Via Sacra ...« Doch der Sieg von Na San, wenngleich defensiv, ließ sich nicht leugnen. Bei einer Aufklärungsoffensive wurde Long Sa wieder besetzt; eine andere stellte die Verbindung mit zwei Bataillonen her, die aus Hanoi kamen. Der Feind war verschwunden.

Erfreut zog die Führung die Lehre aus dem »Experiment Na San«. Die Errichtung von »Luft-Erd-Dämmen« erschien ihr als erfolgsicherstes Mittel, um die saisonabhängigen Offensiven der Vietminh zu parieren. »Es ist erwiesen, daß der Feind darauf verzichten muß, sich befestigter Lager zu bemächtigen, die zu einem System einander beistehender Stützpunkte verbunden sind und über einen Flugplatz verfügen, vorausgesetzt, daß die Garnison stark genug ist, Ausfälle und Gegenangriffe zu unternehmen und den Kampf außerhalb zu führen ...« Verhängnisvolle Worte.

Während der Belagerung Na Sans war Dien Bien Phu gefallen; das war keine Überraschung. Salan hatte am Tag zuvor die Stellung inspiziert und ihre Schwäche festgestellt. Es gab da bloß eine Abteilung von senegalischen Schützen in einer alten Stellung. Die Viets hatten die Handvoll Soldaten mit Leichtigkeit überwältigt.

Doch die verlorene Stellung Dien Bien Phu begann eine faszinierende Wirkung auszuüben. Ein kleiner Fluß, die Yum, floß von Nord nach Süd durch 6 bis 9 Kilometer breite Reisfelder mit einigen bewaldeten Hügeln. Der von Gras überwucherte Flugplatz war von den Japanern gebaut worden. Im gesamten Höhengebiet gab es keinen günstigeren Platz für die Errichtung eines befestigten Lagers. Dien Bien Phu, sagte man, sei Na San unbedingt überlegen, und dieses hatte doch alle Angriffe der Viets abgewiesen. Man bedauerte, Dien Bien Phu nicht energischer verteidigt zu haben. (*Forts. Indochina S. 556*)

17. Kapitel 1953 Korea und Indochina
Ende eines Krieges und Beginn einer Niederlage

Im Jahre 1946 hatte im Fernen Osten ein Krieg mit dem Aufstand Indochinas gegen die Franzosen begonnen. Ein anderer begann 1950 durch den Einfall der Nordkoreaner in Südkorea.

Präsident Eisenhower war wenige Tage nach seiner Wahl nach Korea gereist. Seinen von Geheimnis umgebenen Besuch konnte man jedoch fast als verstohlen bezeichnen. Syngman Rhee hatte einen kolossalen Empfang vorbereitet; er mußte ihn absagen. Clark hielt ein ganzes Arsenal von Argumenten für die Notwendigkeit und die Möglichkeit eines militärischen Siegs bereit. »Ich hatte gar keine Gelegenheit, sie darzulegen...« Eisenhower weigerte sich, die Fortsetzung aktiver Operationen ins Auge zu fassen; er wollte nur den Krieg begraben, sein Versprechen einlösen, die Boys nach Hause zurückzubringen.

Doch es gab nichts, worauf sich die Annahme, daß diese Rückkehr nahe bevorstand, hätte stützen lassen. Die Delegation der Vereinten Nationen hatte Panmunjon am 8. Oktober 1952 verlassen, nachdem sie festgestellt hatte, daß die Verhandlungen über die Freilassung der Gefangenen an einem toten Punkt angelangt waren. Die Verbindungsoffiziere kamen noch zusammen, ohne jedoch mehr miteinander zu wechseln als feindselige oder resignierte Blicke. Es war der dritte Kriegswinter in Korea. Die in den beiden vorhergegangenen Wintern gemachten Erfahrungen trugen dazu bei, seine Härte abzuschwächen. Die amerikanischen Infanteristen bekamen mittags und abends eine Mahlzeit, die ihnen in Warmhaltebehältern in die Kampflinie gebracht wurde. Sie konnten alle fünf Tage einmal duschen und verbrachten mehrere Stunden in geheizten Unterständen. Die Geißel der Winterfeldzüge, gefrorene Füße, wurde durch Schuhe mit Kälteschutz und tägliche Ausgabe trockener Socken bekämpft. Kugelsichere Westen aus Nylon und Glasfiber verringerten die Zahl und die Schwere der Verwundungen. Dennoch zählte man in der Armee der Vereinten Nationen täglich einen Durchschnitt von 900 Rückbeförderungen. Immer wieder kam es zu heftigen Kämpfen um einige gefährdete Punkte; Heartbreak Ridge, Pork Chop Hill, T. Bone Hill usw.

Das Exekutivkomitee des Roten Kreuzes hatte den Wunsch geäußert, daß schwer verletzte oder kranke Gefangene ausgetauscht werden könnten, ohne daß der allgemeine Abschluß der Verhandlungen abgewartet werden müßte. Das ist eine in allen Kriegen übliche Praxis; die Kommunisten lehnten den Vorschlag jedoch ab.

Am 5. März 1953 starb Stalin. Am 28. weckte man Clark mitten in der Nacht, um ihm einen von einem Verbindungsoffizier aus Panmunjon gebrachten Brief zu übergeben. Kim Il Sung, Marschall und Generalissimus der Demokratischen Volksrepublik Korea, und Peng Teh-huai, Kommandeur der chinesischen Freiwilligen, teilten dem amerikanischen General mit, sie seien bereit, über den vom Roten Kreuz vorgeschlagenen beschränkten Gefangenenaustausch zu verhandeln. Sie fügten ihrem Brief hinzu, daß eine Einigung über die Verwundeten und Kranken »zu einer unbehinderten Regelung aller Kriegsgefangenenprobleme und mithin zum Abschluß eines Waffenstillstandes auch in Korea führen sollte, wie dies die Völker der ganzen Welt heiß ersehnen«.

Die Hoffnung erwachte von neuem. Am 11. April waren die Einzelheiten des kleinen Austauschs, *Little Switch*, nach der – es war wie ein Wunder – kurzen Verhandlungszeit von fünf Tagen geregelt. Die Amerikaner waren enttäuscht, als die Roten nur 600 Gefangene, darunter 450 Südkoreaner, fanden, deren Invalidität den Austausch rechtfertigte. Zu ihrer Überraschung erschienen in dem von ihnen erbauten *Freedom Village* in Panmunjon Soldaten, von denen nur sehr wenige ernstlich verletzt oder schwer krank waren. Die Kommunisten schickten im Hinblick auf die Fotografen Gefangene in gutem Zustand zurück und behielten die Amputierten oder Sterbenden in Gefangenschaft. Von den Vereinten Nationen wurden 5100 Nordkoreaner und 700 Chinesen zurückgestellt. Bei Überschreitung der Demarkationslinie zwischen den beiden Lagern warfen sie demonstrativ die Kleider, Zigaretten, Lebensmittelpakete und Zahnbürsten, die ihnen die Amerikaner geschenkt hatten, fort.

Die Verhandlungen über den Waffenstillstand wurden wieder aufgenommen. Es herrschte abwechselnd Optimismus und Pessimismus. Die Kommunisten räumten im Prinzip ein, daß die Gefangenen nicht gegen ihren Willen heimgeschickt werden könnten, doch sie boten ihnen als Alternative nur eine unbegrenzte Gefangenschaft. Die Amerikaner schlugen vor, die Koreaner sofort nach Abschluß des Waffenstillstands dem Zivilleben wiederzugeben und die Chinesen nach sechzig Tagen freizulassen.

Syngman Rhee arbeitete den Verhandlungen von Panmunjon entgegen. Er wollte keine andere Möglichkeit gelten lassen als die Fortführung des Kriegs bis zum Yalu und bis zur Vereinigung Koreas. Clark war der gleichen Ansicht, vertrat jedoch eine Politik, die auf den Sieg verzichtet hatte. Rhee drohte, er werde den Krieg allein weiterführen. »Das wäre Selbstmord«, sagte Clark. »Besser Selbstmord als Schmach«, war die Antwort. Riesige Demonstrationszüge mit dem Rufe: »Puk Chin!« (Nach Norden!) marschierten durch Seoul. Tausende von jungen Mädchen setzten sich rund um die Botschaft der Vereinigten Staaten auf die Erde, schluchzten und stöhnten, daß Amerika Korea verkaufe.

Syngman Rhee befreit die koreanischen Gefangenen

Der dritte Jahrestag des Kriegsausbruchs rückte heran. Die Einigung über die Gefangenen, einziger Stein des Anstoßes für den Waffenstillstand, war fast erzielt. Die Kommunisten erklärten sich einverstanden, die Frist für die Befreiung der Gefangenen auf hundertzwanzig Tage zu reduzieren. Die Amerikaner hatten zuerst die Schweiz vorgeschlagen und schließlich Indien als Treuhänder für die nicht zur

Rückkehr Gewillten und als Ausführungsorgan der neutralen Repatrierungskommission angenommen. Vor allem waren sie, auf ausdrückliche Weisung Eisenhowers, darauf eingegangen, daß bei Unterzeichnung des Waffenstillstands die Koreaner nicht befreit, sondern der Kommission übergeben werden sollten. Es waren 35 000 Mann.

Die Nacht des 18. Juni war warm und ruhig. Die Lager der antikommunistischen Koreaner in Fusan, Masan und Song Musai unterstanden einem amerikanischen Kommando, doch die Wächter waren Soldaten Syngman Rhees. Um 2 Uhr 30 morgens wurden die Amerikaner mit vorgehaltener Maschinenpistole geweckt, entwaffnet und eingeschlossen. Durch das geöffnete Tor strömten die Gefangenen aus den Lagern hinaus. Alles war vorbereitet, um sie aufzunehmen, zu verstecken und in der Bevölkerung verschwinden zu lassen. An der Bewachung der Lager von Yongchon und Inchon waren unseligerweise US-Marines beteiligt, die sich ausschließlich an ihre Befehle hielten: sie feuerten, töteten 61 Gefangene, und es gelang ihnen, etwa 8000 in Haft zu behalten. Die übrigen, 27 000 Mann, wurden befreit.

Die liberalen Zeitungen, das State Department, die Vereinten Nationen, das Weiße Haus brandmarkten Rhee als Saboteur des Friedens. Die Kommunisten protestierten heftig – ohne jedoch die Verhandlungen abzubrechen. Ike sandte den stellvertretenden Außenminister Walter S. Robertson nach Seoul, um den alten Mann zu ermahnen oder einzuschüchtern. Achtzehn Nächte lang saß Rhee auf der Terrasse seiner Residenz, streichelte seine beiden kleinen Braunbären und verhandelte über jeden einzelnen Punkt. Er weigerte sich, die Gefangenen, die er befreit hatte, wieder in die Lager zurückzubringen. Er erklärte, es komme nicht in Frage, daß Scharen von Spionen in Südkorea frei herumreisten unter dem Vorwand, die sich dem Rücktransport in ihre Heimat widersetzenden Gefangenen umstimmen zu wollen. Er dehnte sein Veto auch auf die Inder aus; sollte einer von ihnen, sei er nun Bevollmächtigter oder nicht, den Fuß auf südkoreanischen Boden setzen, würde er, Rhee, ihn festnehmen lassen. Er blieb dabei, daß Korea wieder geeinigt werden müsse durch die Vernichtung des Kommunismus – sonst sei alles vergossene Blut umsonst gewesen. Schließlich zeigte er sich angesichts der Weigerung der Amerikaner, weiter Krieg zu führen, bereit, sich gegen ein Sicherheitsabkommen und die Zahlung von einer Milliarde Dollar am Waffenstillstand zu beteiligen.

War es nun endlich soweit? Noch nicht! Die im April völlig erstarrte Front, die sich im Mai und Juni allmählich wieder erhitzt hatte, geriet in helle Flammen. Während man am 7. Juli von einer Stunde zur anderen den Abschluß des Waffenstillstands erwartete, warfen sich zwei chinesische Divisionen auf die 2. südkoreanische Division und entrissen ihr ein Gebiet von fünf Kilometern. Fünf Tage später griffen die Chinesen in der Abenddämmerung bei strömendem Regen in der Frontausbuchtung bei Kumsong an. Um Mitternacht hatten sie die Linien des 2. südkoreanischen Korps durchbrochen. Am nächsten Tag rückten sie auf einer 40 km breiten Front bis ins Zentrum Koreas vor. Beunruhigt eilte Clark auf den Kampfplatz und brachte einen Kampfverband zur Unterstützung mit. Bei dieser Gelegenheit machte er Syngman Rhee aufmerksam, daß es äußerst unklug von ihm wäre, den Krieg allein fortzuführen. Der Beweis kostete die Streitkräfte der Vereinten Nationen 14 000 Tote, Verwundete und Vermißte.

Am 19. Juli hielt die Offensive an. Die chinesischen und nordkoreanischen Unterhändler gaben bekannt, sie seien bereit, den Waffenstillstand zu unterzeichnen. Sie hatten für die Zeremonie eine besondere Halle gebaut und sie mit der Taube Picassos ausgeschmückt; Clark verlangte, man solle die allzu oft mißbrauchte Taube entfernen, doch Kim Il Sung und Peng Teh-huai bereiteten eine neue Schwierigkeit: Sie weigerten sich, nach Panmunjon zu kommen, wenn auch nur ein einziger Südkoreaner sich dort befinden sollte. Die Klippe wurde umgangen: Der Waffenstillstand würde von Generalleutnant Harrison und General Nam Ir, dem Chef der Verhandlungsteams, in dem dafür bestimmten Gebäude unterzeichnet werden und sodann von Clark, Kim und Peng in ihren jeweiligen Hauptquartieren.

Am 27. Juli drängten sich dreihundert Personen, darunter zweiundachtzig Journalisten und Kinoleute, in der Waffenstillstandsbaracke. Man hörte das Donnern der bis zur letzten Minute erbittert feuernden Kanonen. Harrison und Nam erschienen punkt zehn Uhr aus zwei gegenüberliegenden Türen, ohne einander zu grüßen oder anzublicken. Sie unterzeichneten achtzehn Dokumente. Die Luft war wie in einem Backofen. Die Leinenuniform des amerikanischen Generals war völlig durchgeschwitzt. Als alles zu Ende war, entfernten sich die beiden Männer – immer noch ohne ein Wort, einen Blick oder einen Gruß.

Drei Stunden später unterschrieb auch Mark W. Clark, der sich nach Monsan begeben hatte, schweren Herzens das Dokument. »Ich hatte, indem ich die Weisungen meiner Regierung ausführte, die gar nicht beneidenswerte Auszeichnung errungen, der erste amerikanische General zu sein, der einen Waffenstillstand ohne Sieg unterzeichnet.«

Sogar an der Front wurde das Ereignis mit grämlichem Schweigen aufgenommen. Der Krieg hatte die Armee der Vereinten Nationen 94 000 Tote gekostet, darunter 24 119 Amerikaner. Er endete auf der Feuerlinie des 27. Juli, etwas nördlich vom 38. Breitengrad, außer im Westen, wo die Kommunisten Kaesong behielten. Koreas Wiedervereinigung, seine Räumung von fremden Truppen wurden in dem Dokument von Panmunjon nicht ins Auge gefaßt. Die unterzeichnenden Generäle konnten nicht mehr tun, als der Regierung eine politische Konferenz innerhalb von drei Monaten zu empfehlen, zwecks Regelung der Probleme, die nicht in ihr Fach schlugen. (Forts. Korea S. 884)

Neue Bedrohung in Laos

Drei Monate vor dem koreanischen Waffenstillstand kam für Frankreich eine Gelegenheit, den Indochinakrieg zu internationalisieren, in handgreifliche Nähe. Frankreich ergriff sie nicht.

Giap wiederholte seinen Versuch vom Vorjahr und drang in Laos ein. Die Division 316 und Teile der Divisionen 304 und 308 marschierten durch die Täler der U, der Suong und der Khan gegen die beiden Hauptstädte von Laos, Luang Prabang und Vientiane; ihre Verpflegung folgte ihnen auf Flößen. Die einheimischen Guerillas des freien Laos, der Pathet Lao, unterstützte sie. Der Vetter des Königs, Prinz Su Vanna Vong, bediente sich des Vietminh-Rundfunks, um seine Landsleute aufzufordern, »die französischen Kolonialisten und die amerikanischen Imperialisten zu liquidieren«. Giap leugnete zuerst die Intervention, dann rechtfertigte er sie im chinesischen Stil: Seine in Laos eingedrungenen Soldaten seien Freiwillige in Ausübung ihres unwandelbaren Rechts, einem Brudervolk bei der Befreiung aus seinen Ketten behifllich zu sein.

Der alte gichtkranke König Sisovath beschloß, in seinem Palast in Luang Prabang zu bleiben. Die Stadt wurde von einem tausendjährigen Buddha verteidigt, der bisher noch immer alle Invasionen zurückgeschlagen hatte. Da aber doppelte Vorsicht besser ist als einfache, äußerte der König den Wunsch, die Invasion durch die andere Schutzgottheit, die Vereinten Nationen, verurteilen zu lassen. Dazu war die Zustimmung der französischen Regierung notwendig. Foster Dulles riet eindringlich dazu, sie zu gewähren. Pleven und Reynaud waren nicht abgeneigt, stießen jedoch auf den leidenschaftlichen Widerstand des Außenministers Georges Bidault. Der Appell an die UNO käme der Einführung des Trojanischen Pferds in die Französische Union gleich. Man mußte kämpfen, um das Drängen der Arabischen Liga hinsichtlich Tunesiens und Marokkos abzuwehren. Wie aber könnte sich Frankreich dem widersetzen, wenn es selbst die Initiative ergriff, die UNO für Laos zu mobilisieren?

Im Prinzip hatte Bidault nicht unrecht, doch war es eine Schimäre, eine Französische Union, die selbst eine Schimäre war, in Indochina verteidigen zu wollen, und deshalb hätte Frankreich jedes Mittel recht sein müssen, um sich aus einem Krieg zurückzuziehen, der gegenstandslos geworden war. Dennoch billigte der Ministerrat Bidaults Ansicht. Frankreich sollte das Privileg erhalten bleiben, Laos allein zu verteidigen.

Am 28. April neigte man zu der Annahme, Luang Prabang sei verloren. In der Ebene der Tonkrüge — so benannt wegen der Form der dortigen Gräber — hatten die Franzosen ein befestigtes Lager mit 12 000 Mann eingerichtet. Die Viets umgingen es und marschierten gegen die alte Hauptstadt. Seinem Versprechen getreu, blieb der König inmitten seiner Untertanen, die diesmal ihre sympathische Lässigkeit abschüttelten und an den Befestigungen mitarbeiteten. Doch der Eindringling stand in zwanzig Kilometer Entfernung, und der bevorstehende Monsun mochte wohl die schon in der guten Jahreszeit problematische Luftbrücke zerstören. Der Fall von Luang Prabang würde dann die Vietminh an den Mekong bringen und einen neuen Weg zwischen dem Aufstand im Norden und dem im Süden öffnen.

Die Monsunwolken lösten sich auf, die Vietminhwolke gleichfalls. Giap griff Luang Prabang nicht an! Durch den triefenden Wald, über Wege, die zu Strömen geworden waren, führte er seine 20 000 Soldaten nach Tongking zurück.

Diesen Glücksfall, den Rückzug der Vietminh, erklärten die Logistiker des Expeditionskorps damit, daß der Nachschub nicht funktionierte. Giap hatte sich übernommen, Luang Prabang war für ihn zu weit entfernt. Die Träger, die den Reis brachten, aßen unterwegs einen Teil ihrer Last auf: 700 Gramm pro Mann und Tag. Die Menge, welche die Kämpfenden erhalten sollten, verminderte sich bei jeder Etappe. Davon ausgehend war es möglich, genau auszurechnen, wie weit sich die Vietminh, um ausgedehnte Operationen auszuführen, von ihren Stützpunkten entfernen konnte. Gleichzeitig erwies sich damit der Vorteil entlegener befestigter Lager; die Leistungsfähigkeit der sie versorgenden Flugzeuge nahm weniger schnell ab als die der Kulis.

Salan war verbraucht; ein Schlagwort richtete ihn zugrunde: »Salan nimmt hin.« Man machte ihm einen Fatalismus – aus dem er nur kurzfristig, wie ein Spieler, ausbrach – zum Vorwurf. Marschall Juin gab nach einer Inspektionsreise durch Indochina eine Schilderung der Trägheit, in die das Expeditionskorps unter dem Kommando des Mannes verfallen war, den man den Mandarin nannte. »Abwartende Strategie, die dem Gegner jede Aktionsfreiheit läßt ... Schließlich entstehen Igelstellungen, von denen ich überrascht feststellen muß, daß sie gegen feindliche Angriffe nicht einmal eine hemmende Rolle zu spielen vermögen ... Fünfundzwanzig Bataillone sitzen in Lai Chau, Na San, der Ebene der Tonkrüge und Luang Prabang fest wie zusammengetriebenes Wild in einem Reservat ... Einheiten, die durch statische Aufgaben, insbesondere die Bewachung betonierter Anlagen im Tongkingdelta, unproduktiv gemacht werden ...« Von den 500 000 Mann der Streitkräfte der Französischen Union hielten 100 000, verteilt auf 914 Posten, das Tonkingdelta besetzt – ohne verhindern zu können, daß neun von zehn Dörfern von der Vietminh beherrscht wurden. Höchstens ein Viertel des Personalstands war taktisch beweglich, und kaum ein Zehntel war es strategisch. Der von de Lattre so hoch gewertete Begriff der beweglichen Gruppe war verschwunden; nun bestand die Initiative darin, sich irgendwo zu verschanzen – ein wenig in der Art, wie Bazaine »eine gute Stellung« suchte oder wie Gamelin in Belgien einmarschierte, um sich dort einzugraben. Die französische Militärtradition von 1870 und 1940 lebte immer noch. (*Forts. Laos S. 884*)

Navarres Plan: ein Rezept für den Sieg

René Mayer war noch einige Tage lang Ministerpräsident. Seine Wahl für den Nachfolger Salans fiel auf Henri Navarre. »Was halten Sie davon?« fragte er Juin. »Wenn ich ihn nicht für gut hielte, hätte ich ihn nicht als Generalstabschef genommen.«

Eine schwache Antwort. Es kommt vor, jedoch selten, daß ein guter Stabschef auch gleichzeitig ein guter Kommandeur ist. Juin hatte Indochina bereits einen seiner Generalstabschefs gegeben, Charpentier von Cao Bang. Nun gab er dem Land noch einen zweiten, dem ein noch düstereres Schicksal beschieden war.

Die Berufung durch Mayer versuchte Navarre abzulehnen. Er war stets im Mutterland Offizier gewesen. Vor kurzem war er dem Kommando Mitteleuropa zugeteilt worden. Er war noch nie in Indochina gewesen, besaß über das Land keinerlei Kenntnisse.

Mayer entschied: »Um so besser! Dann werden Sie die Situation mit unbeeinflußten Augen sehen.«

Worum ging es? Um einen Kolonialkrieg? Nein. Um einen Krieg, den man gewin-

nen mußte? Auch nicht. Es handelte sich um einen Krieg, der beendet werden mußte. »Seit sechs Jahren verdirbt die Indochina-Affäre unsere politischen Sitten, erschöpft unsere Mittel, erschüttert unser Regime. Wir müssen eine Möglichkeit finden, uns in Ehren daraus zu lösen. Sie sollen hinfahren, das Problem durch-
arbeiten und mir bei ihrer Rückkehr einen Plan vorschlagen. Ich gebe Ihnen einen
Monat Zeit.«

Eine zweifelhafte Sache. Die Ernennung hätte auf den Informationsauftrag folgen
müssen, ging ihm jedoch voraus. Navarre reiste, um die Untersuchung zu führen,
als Oberkommandierender ab. Die Regierung hatte sich an ihn gebunden, ob nun
sein Plan und seine Prinzipien zufriedenstellend sein würden oder nicht.

Frankreich in Ehren aus Indochina zu lösen war vor allem eine politische Mission.
Generäle vermögen sehr wohl Politik zu machen; häufig glänzen sie auf diesem Gebiet mehr als auf dem Schlachtfeld. In diesem Fall jedoch war Navarre leider mit einer Geisteshaltung behaftet, die einer Wandlung bedurft hätte. Er war amerika-
feindlich, verdächtigte die Amerikaner, »unseren Platz einnehmen zu wollen« – als
ob der begehrenswert gewesen wäre! Er begriff nicht – und es sagte ihm niemand
–, daß nur dann Frankreich ehrenhaft scheiden könnte, wenn die Amerikaner sich
vollständig und möglichst schnell dieses blutigen Platzes bemächtigten – 36 882
Tote, davon 10 270 Franzosen, darunter 1579 Offiziere –, den Frankreich seit sieben
Jahren für nichts und wieder nichts einnahm.

Für nichts und wieder nichts? Davon mußte der neue Oberkommandierende zuerst überzeugt sein – oder darüber informiert werden. Das war nicht der Fall. Er
glaubte – wie die meisten seiner Landsleute – an die Französische Union. Er stellte
sich noch vor, daß die fernen Besitzungen für die europäischen Nationen Quellen
des Wohlstands und der Macht seien – während sie doch nie etwas anderes als ein
kostspieliger Luxus gewesen waren. Die Verhandlungen, an die er nach erreichter
Besserung der militärischen Lage dachte, hatten »die Aufrechterhaltung befriedi-
gender französischer Positionen im Fernen Osten« zur Bedingung, und zwar nicht
nur auf wirtschaftlichem, sondern auch auf politischem und militärischem Gebiet.
Man mußte also die begehrlichen Amerikaner fernhalten. Sie durften keinerlei nähere Berührung mit den Assoziierten Staaten haben und sich vor allem nicht in die Bildung der nationalen indochinesischen Armee einmengen. Sie sollten zahlen, schweigen, in den Hintergrund treten.

In der regulären Kursmaschine der Air France saß am 22. Mai der Oberbefehlshaber mit seinem Adjutanten, Hauptmann René Pouget, in der hintersten Sitzreihe. De
Lattre schäumte, wenn er nicht sein Sonderflugzeug bekam. Navarre war bescheiden; er haßte das Geklirr und den Flitter, die Automatensteifheit, das kindische Ge-
tue, von dem die großen Chefs umgeben sind. Im höchsten Grad militärisch, war bei
ihm der Sinn für die Rangordnung eine strikte Beobachtung der autoritären Formen.
»Er blieb stets kühl und gelassen ... Nichts schien ihn zu interessieren oder aufzure-
gen ... Hätte er an einen außerhalb seiner unmittelbaren Umgebung stehenden Offizier das Wort gerichtet, das wäre ein Ereignis gewesen, von dem man lang gesprochen hätte.« Henri Navarre, der aus der ungetrübten Sphäre der militärischen
Intelligenz stammte, vertrat die Auffassung, daß die Generäle in Indochina vom

rechten Weg abgekommen seien, und er nahm sich vor, sie zur Orthodoxie zurückzuführen. »Wenn die Offiziere den Unterschied zwischen einem Bataillon Fremdenlegion, einem marokkanischen Bataillon, einem vietnamesischen Bataillon hervorzuheben versuchten«, so berichtet derselbe Zeuge, Jean Ferrari, »fiel ihnen Navarre ins Wort: ›Handelt es sich um ein Bataillon, ja oder nein? Verschonen Sie mich, bitte, mit Ihren Spitzfindigkeiten!‹« Oder jene Erklärung, die, wenn sie auch in ihrer Plumpheit nicht wörtlich sein mag, eine Gesinnung wiedergibt: »Man hat mich hierhergeschickt, weil ich, der über das Problem nichts weiß, nicht im geringsten voreingenommen bin. Ich werde also den Krieg so führen, wie es die Vorschriften verlangen, ohne mich durch das Land oder seine Bewohner beeinflussen zu lassen.«

Als Navarre in Indochina eintraf, hatte René Mayer soeben den Piaster wieder auf seinen alten Umrechnungskurs von 10 Francs zurückgesetzt. Der künstliche Kurs von 17 Francs hatte das französische Schatzamt eine Viertelmilliarde Dollar im Jahr gekostet und skandalöse Schachergeschäfte begünstigt, die den Krieg mit einer schmutzigen Atmosphäre umgeben. Die Assoziierten Staaten wollten jedoch in der Währungsangleichung nur ein Kolonialdidakt sehen. Sihanouk, der Duodezfürst von Kambodscha, riß nach Siam aus, kehrte nach einer Woche zurück, setzte sich jedoch in Battambang, nahe der Grenze, fest und erklärte, er werde nicht in seine Hauptstadt zurückkehren, ehe er die völlige Unabhängigkeit und das Kommando über sämtliche in seinem Königreich befindlichen Streitkräfte, französische wie kambodschanische, erlangt hätte. Der vietnamesische Premierminister Tam, den seine Landsleute mit dem Titel eines französischen Patrioten brandmarkten, wetteiferte mit Sihanouk: »Unsere Beziehungen mit Frankreich verdüstern sich. Die französische Konstitution von 1946 entspricht nicht mehr unseren Bedürfnissen...« Tam verlangte die Abschaffung der zweisprachigen Rechtsprechung, Aufhebung der Zollunion, Übertragung der Devisenstelle usw. Man hätte verrückt sein müssen, um sich vorzustellen, daß mit vom Wahn des Nationalismus erfüllten Ländern, die krank vor Mißtrauen waren, ein dauerhaftes Bündnis möglich war.

Salan – er hatte schließlich einen Stern mehr – erachtete es als unter seiner Würde, seinen Nachfolger in Saigon abzuholen. Navarre kam im glutheißen Mai zu ihm nach Hanoi. Sein Adjutant Pouget schildert den ersten Tag seines Chefs in Tongking:

»In der Begleitung Salans befand sich auch Linares... Navarre war sein Jahrgangskollege und sein Freund; er umarmte ihn.

›Jetzt sag mir nur, mein lieber Henri, was willst du hier in dieser Scheißgegend?‹ Linares hatte sich auf die Armlehne des breiten Fauteuils seines Jahrgangskollegen gesetzt, und Navarre schilderte ihm mit einigen Worten seinen zukünftigen Wirkungskreis.

›Aber was wirst du hier ganz allein machen? Wir reisen alle ab, das weißt du ja, nicht nur Salan und ich, auch unsere Stabschefs, Allard und Dulac, und fast alle Abteilungsoffiziere. Ist ja normal, wir sind zugleich mit de Lattre hergekommen, und dreißig Monate in diesem Land genügen, um einen Mann aufzureiben. Wer kommt denn an meine Stelle nach Tongking?‹

›Ich wüßte da bloß Cogny, obgleich er nur Brigadegeneral ist. Ein bißchen jung, um 120 000 Mann zu befehligen.‹

Linares blickte Navarre ins Gesicht, dann sagte er sehr deutlich, denn dieser Herr war nicht gewohnt, mit seiner Meinung hinter dem Berg zu halten:

›Tu das nicht, Henri, nimm dir nicht den Cogny! Der ist ein Schweinehund. Frag doch Salan, was er von ihm hält!‹

Salan stellte sich taub; er bewahrte seine Ansicht für eine Zusammenkunft unter vier Augen.«

»Trotz gewisser Einwände General Salans und vor allem General Linares'«, bestätigt Navarre, »fiel meine Wahl auf General Cogny, da es eigentlich keinen anderen Kandidaten gab, der in Frage gekommen wäre. Er befehligte seit mehreren Monaten das Nordgebiet des Deltas und hatte Erfahrung auf diesem ganz besonderen Operationsgebiet.«

Cogny, ein Riese von 1 Meter 94, war ein Nachahmer von de Lattre, verliebt in weiße Handschuhe, Motorradfahren, Sirenen, publicity-süchtig... Er dankte Navarre: »Ich verspreche es Ihnen, Herr General, Sie werden das Vertrauen, das Sie mir erweisen, nicht bereuen.«

Navarres erste Maßnahme war eine Überfliegung der Berggebiete. Er saß auf dem Platz des Kopiloten, eine Karte 1:100 000 auf den Knien, und versuchte, unter dem Pflanzengewirr, das sie verschleierte, die topographischen Linien zu entdecken. Plötzlich – so erzählt es Pouget – bekam der linke Flügel der Dakotamaschine ein Loch; zwei weitere Flak-Einschüsse durchbohrten die Kabine. Das beschädigte Flugzeug landete in Na San, wo Oberst Berteil, der Nachfolger Gilles, dem neuen Oberkommandierenden die Belagerung erklärte, die das befestigte Lager im Dezember siegreich durchgehalten hatte. Salan, der sich in Saigon auf der *Marseillaise* einschiffte, erklärte fast zur gleichen Zeit der Presse: »Dank der Igelstellung in Na San konnte ich die kommunistische Offensive gegen Laos abwehren.«

Im Laufe seines Aufklärungsflugs hatte Navarre die Talmulde von Dien Bien Phu erblickt, die ihm Salan einige Stunden zuvor genannt hatte. »Ich hatte die Wiedereinnahme dieses Ortes in den ersten Januartagen angeordnet; infolge des Ausfalls der Luftbeförderung konnte es jedoch noch nicht dazu kommen... Ich halte es für richtig, dort ein Widerstandszentrum zu errichten, das im Verein mit Lai Chau und Na San die Verteidigung des Thaigebietes vervollständigen wird.« Obgleich ihn seine fixe Idee – das Delta – beherrschte, gab Cogny doch zu, daß man im Nordwesten »einen leicht zu verteidigenden Stützpunkt« halten müsse, »der imstande wäre, das Land in seinem Bereich zu schützen, unsere Widerstandsnester zu versorgen und Lai Chau zu sichern. Es gibt eine Stellung, eine einzige, die diese Bedingung erfüllt: die Mulde von Dien Bien Phu... Wenn Na San auf Rädern montiert wäre, würde ich es sofort nach Dien Bien Phu verlegen.«

Der von Ministerpräsident Mayer verlangte Plan wurde in Form eines fünfundzwanzigseitigen Memorandums vom Sekretär des Generals, Leon Mougenot, auf der Schreibmaschine festgehalten. Navarre räumte ehrlich ein, daß er auf die Grundlagen einer von General Salan im März 1953 ausgeführten strategischen Studie zurückgegriffen habe. Er vertrat die Annahme, daß die chinesische Hilfe für die Vietminh keine bemerkenswerte Verstärkung erfahren würde, und stellte als politische Bedingung eine wirkungsvollere Beteiligung der Assoziierten Staaten an der Fortführung des Krieges. Gleich Salan gedachte er, die im Kampf stehende französische Truppe neu aufzustellen, indem die statischen Einheiten durch Abteilungen der vietnamesischen Armee abgelöst würden. Die für diese Neuordnung notwendige Zeit sollte im Laufe des Feldzugs 1953/1954 dadurch gewonnen werden, daß man eine entscheidende Schlacht vermied, also eine defensive Strategie zur Anwendung brachte. Während des Feldzugs 1954/1955 dagegen würde man eine entscheidende Schlacht suchen, um der Vietminh die Niederlage beizufügen, die sie an den Verhandlungstisch bringen würde.

Inzwischen war das Kabinett Mayer gestürzt. Die Krise, deren beschämende Entwicklung ich in einem früheren Kapitel geschildert habe, hatte Joseph Laniel an die Macht gebracht. Navarre teilte ihm mit, er sei bereit, ihm seinen Plan mündlich vorzulegen. Als Antwort erhielt er einen Verweis: Wie konnte der Oberkommandierende von Indochina ins Auge fassen, sich von seinem Kommando kaum einen Monat nach dessen Übernahme zu entfernen? Laniel hatte überhaupt keinen Überblick. Die sozialen Unruhen, der finanzielle Notstand, die Marokkokrise überforderten seine Gedanken dermaßen, daß all das bei ihm Vorrang vor Indochina hatte. Navarre mußte ihn erst aufklären, ehe er die Erlaubnis erhielt, sich »für zwei oder drei Tage« nach Paris zu begeben.

Nach dem vietnamesischen Sommer wirkte Paris Anfang Juli wie im Frühling. Doch keine offizielle Persönlichkeit erwartete Henri Navarre in Orly. Im Wagen, der ihn in seine Wohnung, Rue Georges-Ville, brachte, schaltete er im Radio die Mittagsnachrichten ein. So erfuhr er, daß die Regierung soeben eine hochtrabende Erklärung abgegeben hatte, in der sie den Assoziierten Staaten die Unabhängigkeit versprach. Eine tiefgreifende Reform: Ein Generalkommissar, der ehemalige Botschafter in Tokio Maurice Dejean, trat an die Stelle des Hochkommissars, der selbst an die Stelle des Generalgouverneurs getreten war – eine unfehlbare Art, Kambodscha, Laos und Vietnam zu zeigen, daß Frankreich seine Zentralisierungsprinzipien nicht aufgegeben hatte. Navarre, den es verdroß, »einem Zivilisten untergeordnet zu werden«, überlegte, ob er nicht zurücktreten sollte. »Ich gab den Gedanken auf, um nicht den Eindruck zu erwecken, als wollte ich vor einem gefährlichen Posten kneifen ...«

Die von Laniel zugestandenen zwei oder drei Tage, dehnten sich aus. Am 8. Juli legte Navarre den vereinigten Chefs der Streitkräfte seine Absichten dar. Zwar hielt er das Prinzip einer defensiven Strategie für 1954 aufrecht, plante jedoch eine große Operation südlich von Tourane (Da Nang), um das Gebiet zu befrieden und die hochwertigen Truppenteile, die dort festsaßen, zu anderweitiger Verwendung freizubekommen. Er ersuchte, man möge den NATO-Streitkräften zwei Divisionen entnehmen und sie ihm leihen, und stellte dann die Frage über Laos: Sollte er seine Aufgabe so auffassen, daß sie ihm die Pflicht auferlegte, Laos um jeden Preis zu verteidigen?

Die Chefs der Streitkräfte diskutierten zuerst über die von Navarre geforderten Verstärkungen. Die Entnahme zweier Divisionen aus der französischen Armee in Deutschland schlossen sie als undurchführbar aus. Darauf legte Navarre eine ausführliche Liste der zusätzlichen Streitkräfte vor, die er für unbedingt notwendig hielt: zwölf Bataillone Infanterie, eine Gruppe Fallschirmartillerie, 3296 Offiziere und Unteroffiziere zur Verstärkung der Führungskorps der kämpfenden Truppe, einen Flugzeugträger usw. Wieder waren die Chefs der Ansicht, daß dieses Ansuchen über die Möglichkeiten der französischen Armee hinausging und überprüft werden müßte. Dagegen sprachen sie sich dahin aus, daß dem kommandierenden General, mit Rücksicht auf die ihm zur Verfügung gestellten Streitkräfte, die Verteidigung von Laos nicht aufgebürdet werden dürfe.

Zehn Tage später – große Waffentat! Zwei Fallschirmjägerbataillone unter Führung von Ducourneau und Bigeard sprangen über Lang Son ab und vernichteten die Mengen russischen und chinesischen Kriegsmaterials, das in den Höhlen gelagert war. Die ersten Ziffern klangen fabelhaft: 5000 Tonnen Waffen, 4000 oder sogar 8000 Maschinengewehre . . . Der Angriff war von Cogny selbst unter vorbildlich genauen, geheimgehaltenen Bedingungen vorbereitet worden. In Loc Binh wurde ein drittes Fallschirmjägerbataillon abgesetzt, und auf der RC 4 drang eine motorisierte Einheit bis Na Ba vor, um Bigeard und Ducournau abzuholen. Ihr Rückzug hatte keinen anderen Gegner als eine fürchterliche Hitze. Sie brachten 200 Zivilisten mit, die sich der Gefahr eines Gewaltmarsches in mörderischer Sonne aussetzten, um dem Kommunismus zu entkommen. »Noch niemals«, verkündete Cogny feierlich, »wurde dem Feind ein so wuchtiger Schlag und solchen Stils zugefügt . . .« In Wirklichkeit hatte man weder 8000 noch auch 4000 Maschinengewehre zerstört, sondern nur 500, von denen viele, die nur oberflächlich beschädigt waren, später von den Viets wieder instand gesetzt wurden. Aber die kraftvolle, erfolgreiche Operation *Hirondelle* stärkte Navarres Ansehen, als er am 24. Juli vor den Nationalen Verteidigungsausschuß trat.

Der Ausschuß bestand aus fünfzehn Mitgliedern, vom Präsidenten der Republik bis zu den Stabschefs der Land-, Luft- und Seestreitkräfte. Navarre hatte in seiner winzigen, ein wenig fahrigen Schrift mehrere Seiten im Telegrammstil aufgesetzt. Er besaß die Klarheit der fachmännischen Darstellung, beherrschte die analytische Methode der Stabsoffiziere. Nach Erwägung der möglichen Absichten des Feindes faßte er drei Möglichkeiten ins Auge: Angriff gegen das Tongking-Delta; Offensive gegen das Zentrum Indochinas; Offensive gegen Nord-Laos. Im ersten Fall war die Aufgabe des Expeditionskorps einfach, im zweiten schon weniger. Was die dritte Möglichkeit anbelangt, können wir, mangels eines stenographischen Protokolls, nur die Notizen des Generals ungekürzt wiedergeben.

»Annahme Nord-Laos: die unangenehmste.

Nord-Laos rein politisches Operationsobjekt.

Augenblicklich militärisch wenig interessant.

Anders als durch Igelmethode schwer zu verteidigen (sehr kostspielig).

Ich laufe also, um ein politisches Operationsobjekt zu verteidigen, Gefahr, die Aktionsfreiheit zu verlieren und anderswo in Schwierigkeiten zu geraten.

Macht also Entscheidung der Regierung notwendig.

1. Möglichkeit, Vietminh auf diplomatischem Weg davon abzubringen, gegen Laos vorzugehen.

2. Für den Fall eines Vietminhangriffs mit starken Kräften mich ermächtigen, mich nicht bis zum Äußersten für die Verteidigung von Laos einzusetzen (laotische Truppen, die ich zu verstärken suche, und so wenig Truppen der Französischen Union wie möglich).

Entscheidung unbedingt notwendig zwecks Vorbereitung Oktoberschlacht.«

Nach dem Vortrag des Generals teilte ihm Laniel mit, er beabsichtige, sofort nach der in Korea unmittelbar bevorstehenden Unterzeichnung des Waffenstillstands Verhandlungen einzuleiten. Verteidigungsminister Pleven gewährte ihm nur 9 Bataillone Verstärkung und verweigerte ihm die Artilleriegruppe sowie die Bomber, die er verlangt hatte. Seinen politischen Vorschlägen widersetzte sich Bidault mit einem Vergleich, auf den er — so Navarre — anscheinend recht stolz war: »Wenn Sie den Straßenbahnangestellten in Lille eine Kostenvergütung für Schlechtwetter geben, werden die in Perpignan sofort das gleiche verlangen.«

Diese Allegorie sollte bedeuten, daß jede Veränderung des Status der Französischen Union in Indochina eine Forderung Madagaskars oder Gabuns zur Folge haben würde. Die Urkunde von 1946 mußte unantastbar bleiben, sonst wurde sie wertlos.

Hinsichtlich der Hauptfrage, Laos, intervenierte Juin mit der Bemerkung, die Sicherheit des Expeditionskorps müsse schwerer wiegen als jede territoriale Überlegung. Bidault fuhr hoch: »Das ist undenkbar! Laos ist das einzige Land, das auf unsere Botschaft vom 3. Juli geantwortet hat. Das wichtigste Charakteristikum der Französischen Union ist ihre gemeinsame Verteidigung. Wenn Sie Laos bei der ersten Bedrohung fallenlassen, können Sie gleich auf die ganze Französische Union verzichten.« Aus dieser Kakophonie ergab sich nichts Positives. Laut Laniel entsprach der Beschluß des Ausschusses dem Hinweis Marschall Juins: Vorrang der Sicherheit des Expeditionskorps. Laut Navarre ist das völlig unrichtig: »Ich verlangte von der Regierung eine ganz klare, für die Erstellung meiner Operationspläne unbedingt notwendige Entscheidung. Sie wurde mir für die allernächste Zeit versprochen; ich wartete vergeblich darauf.«

»Durften wir uns denn klarer ausdrücken?« fragt Laniel dagegen. »Durften wir in dem Augenblick, da wir mit dieser befreundeten und getreuen Nation Verhandlungen führten, sagen und vor allem schreiben, daß wir Laos nicht verteidigen würden?«

«Das unabhängige Vietnam beteiligt sich nicht an der Französischen Union ...«

Man hatte Na San das Verdun von Indochina genannt. Ein vorübergehendes Verdun. General Cogny erklärte den Korrespondenten in Hanoi, Na San diene zu nichts und seine Räumung stelle einen Sieg dar. Sie schwäche nicht die Verteidigung von Lai Chau und ermögliche eine Verstärkung des Deltas.

Um das Delta würde es nach Ansicht der französischen Führung bei der entscheidenden Verteidigungsschlacht gehen. Es war durchaus möglich, daß die Division 316 und das Regiment 148 weiter in Bergland operieren würden. Möglich war es ebenso, daß die Division 316, deren Stützpunkt Vinh war, die annamitische Berg-kette überschritt und versuchte, über Mittel-Laos den Mekong zu erreichen. Doch diese vom Zentrum abgelegenen Operationen würden nie viel mehr als Ablenkun-gen bedeuten. Vier Fünftel der Viet-Truppen, die Divisionen 308, 312, 351, 320, 304 standen zusammengeballt vor der de Lattre-Linie. Die drei dahinter befindli-chen regulären Regimenter 42, 46, 50 wurden trotz aller französischen Versuche, sie einzuschließen und zu vernichten, durch massive Infiltrationen verstärkt. Von den drei von Navarre am 24. Juli ins Auge gefaßten Möglichkeiten bewahrheitete sich jene, die er als die einfachste ansah: der direkte Angriff gegen das Delta.

Er ging zur Tat über. Am 14. Oktober, wenige Stunden vor dem zu erwartenden Angriff der Viets, verließen 21 Bataillone unter Führung von Gilles, der zum Gene-ral ernannt worden war, die de Lattre-Linie, überschritten den Dai, drangen ins Kalksteingebiet ein und zerstörten die Angriffsgliederung der Division 320. Eine vor Thanh Hoa kreuzende amphibische Streitmacht band durch die Drohung einer Landung die Division 304. Als Gilles am 23. Oktober in das befestigte Gebiet zurückkehrte, durfte Navarre hoffen, daß sein kraftvoller Ausfall, seine Defen-siv-Offensive, Giap zur Verschiebung oder vielleicht gar zur Aufgabe seines Plans gegen das Delta veranlaßte. Dies hätte dem »Navarre-Plan« entsprochen: Jede ent-scheidende Schlacht im Feldzug 1953/1954 vermeiden, um die Siegesaussichten auf den Feldzug 1954/1955 zu verlegen.

Wenn Frankreich sich irgend etwas in Indochina bewahren wollte, bedurfte es un-bedingt eines Sieges, einer glanzvollen Bestätigung seines Prestiges.

Bao Dai hatte einen beratenden Kongreß einberufen, der sich »über die Bedingun-gen der Teilnahme Vietnams an der Französischen Union aussprechen sollte«. Die extremen Nationalisten, die ein souveränes Parlament verlangten, boykottierten den kaiserlichen Kongreß. Die 214 Honoratioren, welche sich am 12. Oktober im Ballsaal des Rathauses von Saigon unter dem Vorsitz von Prinz Buu Loc versammel-ten, gehörten also zu den loyalsten Anhängern Bao Dais und somit zu den zugäng-lichsten unter den Vietnamesen.

Im Enthusiasmus des Augenblicks nahmen sie einstimmig einen Antrag mit folgen-gendem Wortlaut an: »In der Erwägung, daß die Französische Union, welche auf Grund der französischen Verfassung von 1946 aufgebaut ist, dem Grundsatz der na-tionalen Souveränität widerspricht, beschließt der Nationale Kongreß: Das unab-hängige Vietnam beteiligt sich nicht an der Französischen Union. Vietnam wird nach der Übertragung der Dienste und Kompetenzen, die von Frankreich noch vorbehalten werden, mit Frankreich einen Allianzvertrag auf der Basis der Gleichheit schließen, der den Erfordernissen der Vertragsparteien entspricht und den Umständen gerecht wird, und zwar für den Zeitraum, der durch die vietnamesische Regierung bestimmt wird.«

Ein klarer, ein wichtiger Text. Er brachte das ans Licht, dessen Frankreich vor al-lem bedurfte: die Wahrheit. In dem Vietnam, in dem Frankreich sein Blut verströmm-te, dem es seine wichtigsten und dringlichsten Interessen opferte, besaß es nichts als Feinde!

Als Antwort schien angezeigt: sofortiges Aufgeben sämtlicher militärischer Operationen, Einleitung des Rückzugs der Expeditionskorps zu den Häfen, Verhandlungen über eine Feuereinstellung mit der Vietminh. Das unwillige Frankreich hätte all das mit Beifall begrüßt... Doch seine erbärmliche Regierung dachte nur daran, das Spinnennetz der Illusionen zu flicken. Bao Dai, der den Saigoner Kongreß ins Werk gesetzt hatte, befand sich im Hotel Plaza in Paris. Der Minister der Assoziierten Staaten, Marc Jacquet, warf sich ihm zu Füßen und erreichte seine Fürsprache bei Prinz Buu Loc. Der mußte sich sechs Stunden lang anstrengen, bis der Kongreß bereit war, mit 141 gegen 28 Stimmen eine Abschwächung seines eindeutigen Antrags anzunehmen: »Vietnam... beteiligt sich nicht an der Französischen Union *in ihrer gegenwärtigen Form.*« Daraufhin veröffentlichte Bao Dai eine Notiz, wonach die öffentliche Meinung Frankreichs über ein Mißverständnis in Erregung geraten sei, und der mächtige, armselige Geselle, der Ministerpräsident, trat auf der Rednertribüne des Palais-Bourbon für die kleinen verirrten Mitglieder des Kongresses in Saigon ein: »Sie waren die jüngste politische Versammlung der Welt. Man stimmte über den Antrag nach einer Rede ab, die über seinen Inhalt nur Verwirrung gebracht hatte... Die wahren Ansichten des Kongresses wurden infolge seiner Unerfahrenheit verfälscht.«

Ein anderes unseliges Ereignis drehte das Räderwerk noch ein Stück weiter. Nach den Aufregungen von Luang Prabang hatte sich der vortreffliche König von Laos, Sisovath Vong, an die Côte d'Azur zurückgezogen. Nun begab er sich nach Paris, um dort den Vertrag zwischen Frankreich und Laos zu unterzeichnen. Laos — das bedeutete eine schwache Million netter, primitiver Menschen, von denen ein bedeutender Teil dem Pathet Lao gehorchte, einer von der Vietminh ausgegangenen Bewegung. Aber die königlich laotische Regierung war doch die einzige, die mit Frankreich in freundschaftlichem Geist verhandelte. Der Vertrag, dessen Paragraph 1 die Unabhängigkeit gewährte, sah in seinem Paragraph 2 vor, daß das Königreich Laos »aus freien Stücken seine Zugehörigkeit zur Französischen Union bestätigt«. Der blinde Patriotismus von Präsident Auriol feierte diesen Sieg mit großer Eloquenz: »Jenen, die aus Leichtfertigkeit, Undankbarkeit oder Übermut die Französische Union verkennen, bringt der Vertrag, den wir eben unterzeichnet haben, die Demonstration der Tatsachen...«

Dieser vorbildliche Vertrag besagte, daß die beiden hohen Vertragspartner »all ihre Mittel vereinigen, um die Union zu verteidigen«. Auf gut Französisch hieß das, daß Frankreich sich verpflichtete, Laos zu verteidigen.

Das war gerade den Umständen angemessen! Der Nachrichtendienst des Expeditionskorps teilte der Kommandobehörde mit, daß die Division 316 sich in Richtung Bergland in Bewegung gesetzt hatte. Bedeutende reguläre Streitkräfte standen bereits in Angriffsposition im Thai-Gebiet: das Regiment 148 vor Lai Chau, das Regiment 98 im Gebiet von San Neua... Der feindliche Einsatz richtete sich offensichtlich gegen Laos, während die Vietminh ihren Generalangriff gegen das Delta aufgegeben zu haben schien.

Die Nachricht war richtig; die Schlußfolgerung gleichfalls. »Das Zentralkomitee unserer Partei«, sagte Giap, »stützte sich bei seiner Planung auf eine wissenschaftliche Analyse der beträchtlichen Schwächepunkte des Gegners. Es beschloß, unsere

Anstrengungen darauf zu konzentrieren, in den verhältnismäßig ungedeckten strategischen Abschnitten, die der Feind um jeden Preis halten mußte, zur Offensive überzugehen. So vermochten wir einen Teil der Stoßtruppen des Feindes zu vernichten, indem wir ihn zwangen, seine Streitkräfte zu verteilen.« Es wurden fünf Gebiete festgelegt, wo die motorisierten französischen Kräfte gebunden werden sollten: 1. das Tongkingdelta, 2. das Thaigebiet, 3. das Hochplateau von Annam, 4. das mittlere Laos, 5. das Bergland von Laos. Die Einsatzpunkte der kämpfenden Truppe sollten vom Verhalten der Franzosen abhängig gemacht werden. »Unsere strategischen Weisungen lauteten: Schwung, Initiative, Beweglichkeit, schnelle Entscheidung angesichts neuer Situationen.«

So wurde denn Navarre statt vor seine »einfachste« Hypothese, nämlich eine Offensive mit starken Kräften gegen das Delta, vor seine »unangenehmste« gestellt, die Verteidigung von Laos.

Die Grundfrage war aber noch immer: Sollte man überhaupt verteidigen? Von militärischen Gesichtspunkten aus hatte General Navarre in seinem Vortrag vom 24. Juli mit »nein« geantwortet: »Militärisch wenig interessant, Verteidigung schwierig und kostspielig . . .« Da er mit Recht der Ansicht war, keinen klaren Auftrag erhalten zu haben, hätte er der Regierung eine zwingende Frage stellen oder sich nötigenfalls an seinen ehemaligen Chef, Marschall Juin, wenden können. Aber er beriet sich nur mit zwei Männern, die er mit den redlichen Augen des schlichten Soldaten als qualifizierte Sprachrohre der französischen Regierung betrachtete: Generalkommissar Dejean und Minister Jacquet. Der eine antwortete, Laos zu verteidigen käme gar nicht in Frage, der andere behauptete, der Verlust von Luang Prabang würde für die öffentliche Meinung in Frankreich einen solchen Schock bedeuten, »daß die Fortsetzung des Indochinakriegs unmöglich wäre«. Und vor allem war da dieser Vertrag vom 22. Oktober. Der stellvertretende Ministerpräsident, Paul Reynaud, hatte auf der Tribüne der Nationalversammlung erklärt, der Vertrag bringe eine Lösung für das Problem der nötigen Entwicklung der Französischen Union und solle als Modell für die späteren Verträge mit Kambodscha und Vietnam betrachtet werden. Den Vertrag bereits vierzehn Tage nach seiner Unterzeichnung nicht zu berücksichtigen – so dachte logischerweise Henri Navarre – würde für die französische Politik in Indochina den sicheren Ruin bedeuten.

Die Notwendigkeit, Laos zu verteidigen, stand somit fest; Navarre schloß jedoch die Möglichkeit aus, dies mit den Mitteln des Bewegungskriegs durchzuführen. Vielmehr nahm er das System wieder auf, das Juin beklagt hatte und auf Grund dessen Navarre heftige Kritik an seinem Vorgänger geübt hatte: das System der »befestigten Lager« oder »Igelstellungen«. Da jedoch Vientiane, Luang Prabang und die Ebene der Tonkrüge keine günstigen Stellen waren und Lai Chau zu fern lag, kam man zwangsmäßig auf die verhängnisvolle Mulde von Dien Bien Phu zurück.

Die Fallschirmjäger in der Mulde von Dien Bien Phu

Kriegsrat in Hanoi: die Generäle Navarre, Cogny, Masson, Gilles, Deschaux, die Obersten Berteil und Rivol. Es ging nicht darum, über die Wiederbesetzung von Dien Bien Phu zu diskutieren – die Entscheidung war bereits getroffen –, sondern um deren Durchführung. Cogny hielt es aber für geboten, die von seinem Stabschef, Oberst Bastiani, gegen die Operation an sich verfaßten Einwände zu verlesen. Er ließ Dien Bien Phu als zweitrangigen Stützpunkt gelten, vor allem für den Anti-Vietminh-Widerstand des Gebiets; er ließ es nicht gelten als Position, an der eine bedeutende Schlacht erstrebt werden sollte. Die Kräfte, die sie beanspruchen würde, seien für die Verteidigung des Deltas erforderlich.

Die Mulde von Dien Bien Phu war von einer Schulungseinheit der Vietminh, dem Bataillon 910, besetzt. Die beiden Kolonialfallschirmjägerbataillone, das 6. BPC und 2/1 RPC unter den Majoren Bigeard und Brechignac mußten mit ihnen fertigwerden. Das 1. BPC sollte sie noch am ersten Tag verstärken. Am nächsten Tag würden drei weitere Bataillone mit Fallschirm abspringen. Die »Castor« benannte Operation würde von Gilles befehligt werden, mit Oberst Langlais als Untergebenem. Die alte Landepiste der Japaner sollte instand gesetzt, verlängert und entwässert werden – um dem Einwand General Fays, des Generalstabschefs der Luftwaffe, zu entsprechen, der ihre Überschwemmung in der Regenzeit befürchtete. Später würden die Fallschirmjäger durch weniger wertvolle Truppen abgelöst werden. Man hoffte eine Landverbindung mit Ober-Laos herzustellen. Oberst Boucher de Crèvecœur, der neue Kommandant des Gebiets, errichtete einen Stützpunkt in Muong Sai, von wo aus er glaubte über Sop Nao eine Verbindung mit Dien Bien Phu herstellen zu können.

Jetzt blieb noch festzustellen, über welche Möglichkeiten der Feind verfügte. Man stützte sich auf den Präzedenzfall von Na San und auf die logistische Studie vom März 1953. Die Versorgungsschwierigkeiten machten es unmöglich, mehr als etwa zwanzigtausend Kulis im Bergland zu verwenden. Zog man die Entfernung, den Zustand der Pisten, die Belästigung durch die Luftwaffe in Betracht, so konnte die Vietminh wohl nur beschränkte Mengen von Munition gegen das zukünftige befestigte Lager heranbringen. Eine große Einheit, die mehr oder weniger verstärkte Division 316, sollte sich voll und ganz einsetzen können, jedoch nur für eine ziemlich kurze Zeit. Falls der Feind Dien Bien Phu angriff, würde die kritische Periode in die ersten paar Tage fallen.

Letzter Punkt: Dien Bien Phu sollte nicht einer jener Wildparks sein, von denen Marschall Juin so verächtlich gesprochen hatte. Der aus der Kavallerie hervorgegangene Navarre gehörte nicht zu den Leuten, die sich hinter Stacheldraht verschanzen. Bewegliche Kolonnen würden aus dem Lager ausschwärmen und unaufhörlich unvorhersehbare Schläge gegen den Feind führen.

Der Kriegsrat von Hanoi fand am 16. November statt. Drei Tage vorher tagte der Nationale Verteidigungsausschuß in Paris. Er entschied die Frage der zusätzlichen Verstärkungen, die Navarre neuerlich hartnäckig gestellt hatte. Mit Rücksicht auf die Verpflichtungen Frankreichs, insbesondere in Nordafrika, erachtete es der Ausschuß für völlig unmöglich, seinem Verlangen nachzukommen. »Der oberkommandierende General wird daher seinen Plan den ihm zur Verfügung gestellten Mitteln anpassen müssen.«

Diese so wichtige Benachrichtigung hätte doch wohl, scheint es, unmittelbar bei General Navarre eintreffen sollen. Doch nein: Es verstrich eine volle Woche. Am 19. November wurde Navarre, der sich in Hanoi befand, mitgeteilt, daß Konteradmiral Cabanier, der stellvertretende Generalsekretär des Nationalen Verteidigungsausschusses, eben in Saigon eingetroffen sei und die Absicht habe, zu ihm zu fliegen, um ihm die Weisungen der Regierung zu überbringen. Navarre ließ ihm antworten, er möge sich nicht bemühen, er selbst kehre am nächsten Tag nach Saigon zurück.

Dieser nächste Tag war der 20. November 1953, ein entscheidender Tag! Navarre stieg aus seinem Flugzeug und traf um 17 Uhr 35 in seinem Saigoner Büro ein, wo ihn Cabanier erwartete. Er war beauftragt, Navarre den Beschluß des Nationalen Verteidigungsausschusses hinsichtlich der Verstärkungen zu übergeben und ihm die Gründe für die Ablehnung darzulegen. Auch sollte er Navarre in Erinnerung bringen, daß sein Kampfziel sich darauf beschränkte, so schnell wie möglich die Bedingungen für ehrenhafte Verhandlungen herbeizuführen. In letzter Zeit seien die Begriffe »Navarre-Plan« und »Sieg« zu sehr miteinander in Verbindung gebracht worden. Man ersuchte den General, sich nicht zu übermäßigen Hoffnungen verleiten zu lassen.

Bevor er antwortete, überreichte Navarre dem Admiral das Telegramm an die Regierung, das er zwei Stunden früher vor Verlassen Hanois unterzeichnet hatte.

»Von Genechef stop habe, da Rückmarsch Division 316 nach Nordwesten schwere Bedrohung Lai Chaus darstellt und baldige Vernichtung unserer Widerstandsnester Bergland bedeutet, Unternehmen gegen Dien Bien Phu beschlossen, das als Operationsbasis für 316 vorgesehen war und dessen Wiedereroberung außerdem Deckung Luang Prabang sichert, welches sonst in wenigen Wochen in schwerer Gefahr wäre stop Operation begann heute morgen 10,30 Uhr mit Absprung erste Welle zwei Bataillone Fallschirmjäger stop zweite Welle bestehend ein Bataillon verstärkt durch Elemente 7,5-cm-Kanonen abgesprungen 15 Uhr stop Gefechtsberührung Stadtzentrum am frühen Nachmittag gemeldet, endete zu unserem Vorteil stop Luftlandeunternehmen wird morgen fortgesetzt durch Absprung drei weitere Bataillone stop Einsatz laotischer Kräfte vorgesehen zwecks Erstellung Landverbindung zwischen Luang Prabang und Dien Bien Phu stop sobald diese Verbindung hergestellt, wird Dien Bien Phu durch Abteilung gemischte Streitkräfte Nordvietnam und Laos gehalten stop Ende ergebenst Navarre.«

Eine nüchterne und korrekte Berichterstattung. Die Fallschirmjäger waren auf das in Übung begriffene Bataillon 910 gestoßen und hatten es auseinandergejagt, dabei 60 Mann getötet. Sie hatten selbst vierzehn Tote zu beklagen, darunter Oberstabsarzt Rey, der zum erstenmal bei einer Aktion absprang. Die Verstärkungen trafen ein wie vorgesehen. Eine Planierraupe, bei der sich beim Abwurf durch einen Fehler die Fallschirme nicht geöffnet hatten, hatte sich wie ein Meteor in den Boden gebohrt. Eine andere, die an 24 vielfarbigen Fallschirmen hing, schwebte majestätisch schaukelnd wie ein Elefant nach unten und wurde vom ganzen Tal mit großem Beifall begrüßt. Man hoffte den Flugplatz noch vor Ablauf einer Woche für Dakotas brauchbar zu machen. Die Stimmung stand auf dem Höhepunkt.

Cabanier kehrte mit der optimistischen Einstellung des Oberkommandierenden nach Frankreich zurück: »Die Lage hat sich gebessert. Im Frühjahr wird sie noch besser sein. Warten wir lieber mit den Verhandlungen noch ab!« (*Forts. Indochina* S. 570)

Europa-Armee. Bermudakonferenz. Ein schäbiger Kampf im Elysée

Während die Fallschirmjäger von General Gilles in Dien Bien Phu Fuß faßten, diskutierte die Nationalversammlung über die Akte Europaarmee. Die UdSSR gab der Debatte die Richtung, indem sie mitteilte, sie sei mit der von den Westmächten vorgeschlagenen Viererkonferenz prinzipiell einverstanden. Die Einwände gegen die Europäische Verteidigungsgemeinschaft wurden durch die Hoffnung verstärkt, daß dieses Treffen das Zurückgreifen auf eine deutsche Wiederaufrüstung überflüssig machen werde. Das Kabinett Laniel überlebte diese Prüfung, doch seine Mehrheit war nicht mehr als eine geduldete Minderheit: 275 Stimmen dafür, 244 dagegen, 100 Stimmenthaltungen.

Dieser recht mittelmäßige Erfolg gestattete es der französischen Regierung ihre Teilnahme an der Bermudakonferenz anzukündigen. Churchill schloß sich mitten in Dunkel und Qual seiner Krankheit dem Gedanken an, Eisenhower gab eine laue Zusage. Die so lange verschobene Zusammenkunft wurde für den 4. Dezember im Mid Ocean Club anberaumt, den die Millionärkundschaft für einige Tage abtrat.

Nach seinem Rückfall im August war Churchill wieder aufgetaucht. Am 9. Oktober war es ihm unter Mühen gelungen, beim Parteitag der Konservativen in Margate eine Rede zu halten. Dann erholte er sich längere Zeit bei Beaverbrook auf Cap d'Ail. Sein Plan für Verhandlungen mit der UdSSR wurde bei ihm zu einer fixen Idee, sein Urteil über John Foster Dulles immer abfälliger, seine antifranzösische Stimmung geradezu unsinnig: »*Bloody French*, sie sind völlig zersetzt, sie werden noch zu Satelliten wie die Tschechen!« Er schlug Eisenhower vor, ein anglo-amerikanisches Zwiegespräch an die Stelle der Dreierkonferenz zu setzen. Ike antwortete, es erscheine ihm undenkbar, die Franzosen auszuschalten. Churchill fügte sich: »Sie zählen ohnehin nicht mit«, sagte er. Während des Flugs – man hatte durchgesetzt, daß er auf den kostspieligen Kreuzer verzichtete – las er mit großem Vergnügen einen historischen Roman von C. S. Forester über den Feldzug Napoleons in Spanien, »Tod den Franzosen«. »Die Frösche sind sich gleich geblieben«, lautete sein Kommentar.

Im Mid Ocean Club war es nicht Churchill, der erkrankte, sondern Laniel; er mußte mit schwerem Fieber ins Bett. Bidault, der die Führung der französischen Delegation übernahm, brachte Churchill mit seiner von eher vagen als glänzenden Geistesblitzen durchsetzten Pedanterie in Wut. Er ärgerte sich über die französische Sprache, die er anhören mußte, und protestierte gegen die durch die Übersetzung verzögerten Diskussionen. Auch auf amerikanischer Seite fand Churchill wenig, was ihn befriedigt hätte. Eisenhower teilte seine Anschauung über die Veränderung, die Stalins Ableben in der UdSSR nach sich zog, nicht. In seiner soldatischen Ausdrucksweise sagte er: »Es ist eine Hure, die sich umgezogen hat, die aber immer noch auf den Strich geht.« Die Übersetzung lautete: »Man muß sich vergewissern, daß dieser New look nicht bloß ein altes, neu aufgeputztes Kleid ist.« Jedenfalls kam es nicht in Betracht, Sir Winston (er hatte bei der Krönung den Hosenbandorden angenommen) zum Alleinunterhändler für den Westen zu machen. Seine Enttäuschung nahm seltsame Formen an. Bei einem Spaziergang am Strand machte er sich plötzlich von dem Detektiv, auf den er sich stützte, frei, und unternahm die Besteigung eines riesigen Felsens. Dabei erschrak er zwar über seinen heftigen Schweißausbruch, da er jedoch feststellte, daß er nicht starb, rühmte er sich seiner Heldentat wie ein fünfjähriges Kind.

Das einzige Ergebnis der Bermudakonferenz war die Zustimmung der Westmächte zu dem sowjetischen Vorschlag bezüglich des Schauplatzes der Viererkonferenz. Sie hätten sie gern in der gelassen heiteren Schweizer Atmosphäre von Lugano abgehalten, erklärten sich jedoch mit der dramatischen Luft von Berlin einverstanden – übrigens ohne daß genau festgesetzt worden wäre, ob es sich um West- oder Ostberlin handelte. Man würde versuchen, für das deutsche Problem eine Lösung zu finden. Man wollte auch eine eventuelle günstige Einstellung der Sowjets nutzen, um eine Regelung im Fernen Osten in die Wege zu leiten.

In Panmunjon wurde die Komödie durch den Waffenstillstand nicht unterbrochen. 5500 indische Soldaten wurden, da Syngman Rhee seine Weigerung aufrechterhielt, sie einen Fuß auf den Boden Südkoreas setzen zu lassen, von Hubschraubern der amerikanischen Marine in die neutralisierte Zone gebracht. Ihr Chef, General Thimayya, war überzeugt, daß die 23 000 Gefangenen, die er übernahm, sich mit ihrer Heimbeförderung einverstanden erklären würden, sobald sie nicht mehr dem Druck der Amerikaner ausgesetzt wären. Zu seiner Überraschung mußte er feststellen, daß die von Pyongyang und Peking geschickten Doktrinpauker mit Haß- und Mordrufen empfangen wurden. Am 23. Dezember, dem Ablauf der im Waffenstillstand vorgesehenen Dreimonatefrist, waren erst 3215 Gefangene befragt: davon hatten sich 364 bereit erklärt, nach Hause zurückzukehren.

Neben dem geräuschvollen eingezäunten Gefangenenlager hatte man eine Baracke errichtet, in der ein New Yorker Rechtsanwalt, Arthur Dean, in Zusammenarbeit mit einem Koreaner namens Bok sich bemühte, die von den Unterzeichnern des Waffenstillstands empfohlene politische Konferenz zur Regelung des koreanischens Problems auf die Beine zu stellen. Aus der Diskussion wurde ein Austausch von Schmähungen; man vertagte sie *sine die*.

Von seiner Erkrankung genesen, kehrte Ministerpräsident Laniel in der Überzeugung, am 14. Dezember Präsident der Französischen Republik zu werden, nach Paris zurück. Die Amtszeit Vincent Auriols ging zu Ende, die beiden Kammern traten in Versailles zusammen, um seinen Nachfolger zu bestimmen. Es war noch nie vorgekommen, daß diese Formalität nicht im Laufe eines Tages erledigt worden wäre.

Aber die beiden ersten Wahlgänge brachten kein Ergebnis. Man mußte am nächsten Tag von neuem beginnen, dann noch am Sonntag, Montag und Mittwoch.

Zwölfmal stiegen die Abgeordneten und Senatoren auf die Tribüne, um ihre geheimen Wahlzettel in die Urne zu legen, zwölfmal wurde keine Mehrheit erzielt. Der Präsident der IV. Republik war eine Null: Es gelang Frankreich nicht, eine Null zu finden...

Dem anfänglichen Favoriten Laniel fehlten beim vierten Wahlgang 52 Stimmen für die absolute Mehrheit. Dann verlor er Stimmen, gewann wieder Boden und kam beim 9. Wahlgang bis auf 42 Stimmen ans Ziel heran; damit war seine Chance erschöpft. Ein anderer Normanne, René Coty – übrigens ein würdiger, vortrefflicher Mann, den man jedoch mit dem Parfumfabrikanten verwechselte – errang im 13. Wahlgang den Sessel, in dem sein Landsmann sich bereits hatte sitzen sehen. Das Publikum verfolgte diesen unschönen Kampf erst spottlustig, dann mit Unwillen.

Ein endloser Zug schwarzer Ameisen bewegte sich in Richtung Dien Bien Phu. Giap zögerte lang, ehe er sich entschloß, den Sieg auf dem vom Feind gewählten Gebiet zu suchen. »Die Methode, die verschanzten Lager nicht unmittelbar anzugreifen, hatte uns mehrfach Erfolg gebracht. Dien Bien Phu war aber der Schlüssel des Navarre-Plans. Nur durch die Vernichtung von Dien Bien Phu war es möglich, den Plan der Franzosen und Amerikaner – Ausdehnung des Kriegs – zu durchkreuzen.« Nachdem der Entschluß gefaßt war, wurde die Durchführung mit fabelhafter Energie vorangetrieben. 80 000 Kulis – nicht 20 000, wie die Franzosen rechneten – arbeiteten an der Erstellung einer Linie mit Etappenlagern zwischen China und dem Thaigebiet. Sie lief über Lang Son, Thai Nguyen, Son La, Tuan Giao bis auf 20 Kilometer vor Dien Bien Phu. Hunderte, zu Tragtieren umgebaute Fahrräder transportierten 300 Kilogramm schwere Lasten: Reis oder Granaten. Die Artillerie wurde mit Armkraft auf die Pässe hochgeschleppt. Die Franzosen erwarteten dort einige rückstoßfreie 7,5-cm-Geschütze; es waren jedoch 12-cm-Mörser, 10,5-cm-Kanonen, Flakgeschütze, die gegen ihr verschanztes Lager aufgefahren wurden.

General Navarre legte in zwei persönlichen und geheimen Weisungen, am 3. und 7. Dezember, seine Stellungnahme dar. Er gab die Möglichkeit eines Drucks gegen Lai Chau »durch eine vollständige Division, die vor Monatsende verstärkt werden könnte«, zu. Er beschloß, »die Schlacht im Nordwesten anzunehmen und sie rund um Dien Bien Phu, das um jeden Preis gehalten werden muß, zu zentrieren«, betonte jedoch, daß das Unternehmen »Atlante«, nämlich die Säuberung von Süd-Annam, »das strategische Hauptziel« des Feldzugs 1954 bleibe. Es würde im Januar beginnen.

So führte die Verwicklung der Umstände Navarre zu einer Feldschlacht, welche der Kräftehaushalt des Navarreplans ausschloß. Das Nebenunternehmen Dien Bien Phu gewann nun Vorrang. Der am 20. November an Laniel gesandte Bericht kündigte an, daß die hervorragenden Truppenteile, die die Mulde zurückerobert hatten, dort durch laotische und vietnamesische Truppen abgelöst werden sollten. – Man müßte im Gegenteil für eine zahlreiche und hervorragende Garnison sorgen und eine leistungsfähige Luftbrücke errichten. Navarre aber betrachtete diese Schlacht, die er annahm, nicht für hinreichend wichtig, um alle Kräfte hineinzuwerfen. In mehr als tausend Kilometer Entfernung konnte sich die Operation »Atlante« plangemäß abwickeln.

Am 8. Dezember übergab General Gilles das Kommando in Dien Bien Phu an Brigadegeneral Christian de la Croix de Castries, seinen Kameraden von der Kavallerie, den glänzenden Führer eines motorisierten Kampfverbands. Navarre hatte Dien Bien Phu als Offensivbasis bezeichnet, als Mittelpunkt der Ausfallaktionen gegen den Feind. Diese Auffassung war nun bereits überholt; eine schwache Verbindung mit einer aus Laos kommenden Abteilung wurde aufgegeben, eine gegen Tuan Giao gerichtete Aufklärung wurde nur sechs Kilometer vom befestigten Lager gestoppt. Lai Chau, das als zweiter Angelpunkt einer aktiven Verteidigung vorgesehen war, wurde geräumt. Dien Bien Phus Rolle als angriffsbereite Igelstellung war zu Ende, noch ehe sie begonnen hatte.

Es wurde aber wenigstens eifrig an seiner Verstärkung gearbeitet. Man machte die Schußfelder frei, riß das Gestrüpp auf den Höhen aus und richtete ein motorisiertes Feldbordell mit buntbeschleierten Uled-Nail-Mädchen ein. Das befestigte Lager zeichnete sich ab: Eine Anzahl von Stützpunkten, die in der Mitte einen Kern bildeten, schützten einzelne getrennte Stützpunkte gegen eine allzu enge Einschließung. All das trug fröhliche Mädchennamen: Gabrielle, Anne-Marie, Eliane usw. Die Garnison ergänzte sich schnell auf den vorgesehenen Stand von 12 Bataillonen. Zwei 10,5-cm-Batterien befanden sich in Feuerstellung, eine als Gegenbatterie bestimmte 15,5-cm-Batterie war angekündigt. Oberst Charles Piroth, der in Italien seinen rechten Arm verloren hatte, war Artilleriekommandeur. Als Navarre zur Inspektion kam, fragte er ihn, wie er sich den Artilleriezweikampf vorstelle. Piroth antwortete: »General, ich verspreche Ihnen, eine Kanone der Viets wird keine drei Schüsse abfeuern können, ohne geortet und vernichtet zu werden.«

Navarre kam nach Dien Bien Phu, um dort den Weihnachtsabend zu verbringen. Im Tal wurde eine große Weihnachtsmesse zelebriert. Die Viets sahen von den Höhen, auf denen sie bereits verschanzt lagen, ein Feuerwerk von Leuchtraketen und Leuchtgeschossen. In den Kasinos herrschte fröhliches Soldatentreiben, und sogar bei de Castries hinderte die Gegenwart des strengen Oberbefehlshabers nicht, daß schrankenlos derbe Späße getrieben wurden. Alles hatte volles Vertrauen in das kommende Jahr; 1954 würden sich die Viets an Dien Bien Phu die Zähne ausbeißen.

Navarre konnte nur einstimmen, doch an seinem Herzen nagte ein Zweifel, eine Furcht. Er wußte, daß er die Stärke des Angriffs, der ihm bevorstand, schwer unterschätzt hatte. Nicht nur die Division 316 marschierte gegen das Bergland, auch die Divisionen 308 und 312, dazu mindestens die Hälfte der Division 314 und die gesamte schwere Division 351.

Am letzten Abend des Jahres 1953, während das in Geld schwimmende Saigon sich in der schwülen Nacht ausgelassenen Feiern hingab, setzte sich der General einsam an seinen Arbeitstisch und verfaßte den letzten Bericht des Jahres an die Regierung.

»Wie stehen unsere Erfolgsaussichten im Fall eines Angriffs gegen Dien Bien Phu?« schrieb er. »Vor zwei Wochen schätzte ich sie noch auf hundert Prozent ... Angesichts der Streitkräfte, die sehr verläßliche Nachrichten uns ankündigen, kann ich jedoch einen Erfolg nicht mehr mit Sicherheit garantieren ... Meiner Ansicht nach stellen die in Dien Bien Phu vereinigten Kräfte den Einsatz dar, den man zur Verteidigung von Ober-Laos wagen konnte und mußte. Dieser Einsatz kann, wenn wir die Schlacht von Dien Bien Phu gewinnen, beträchtliche Ergebnisse bringen; wenn aber nicht, dann könnte er zum großen Teil als verloren gelten. Auf jeden Fall wird Dien Bien Phu die Rolle des alles auf einen Punkt zusammenziehenden Abszesses spielen und ermöglichen, die allgemeine Schlacht im Delta zu vermeiden ...«

Seinen Untergebenen Cogny und Crèvecoeur erteilte General Henri Navarre jedoch Befehl, unter schärfster Geheimhaltung einen Räumungsplan für Dien Bien Phu auszuarbeiten.

18. Kapitel   1954 Dilemma in Washington
Die Schlacht von Dien Bien Phu

General Navarres zunehmender Pessimismus veranlaßte ihn nicht, die von ihm als dynamischer Teil seines Plans für 1954 betrachtete Wiedereroberung und Befriedung von Süd-Annam aufzugeben. Am 20. Januar landeten französisch-vietnamesische Streitkräfte in Tuy Hoa und Song Cau, um die Küstenebene zwischen Nha Trang und Fai Fo zu säubern. Im Inneren rückte das motorisierte Bataillon Nr. 100, das um das französische Bataillon aus Korea gebildet worden war, über die Straße 14 auf den Bergplateaus vor. An dieser ersten Phase der Operation »Atlante«, die den Namen »Arethuse« trug, nahmen 25 Bataillone teil. Die folgenden Phasen, »Axelle« und »Attila«, sollten bis zu 45 Bataillone zum Einsatz bringen.

Am Tag, an dem »Atlante« begann, übergab General Cogny General Navarre die von diesem verlangte Studie über eine eventuelle Räumung von Dien Bien Phu. Daraus ergab sich kategorisch: Es war dazu zu spät; die Garnison würde im Verlauf eines Rückzugs größtenteils oder vollständig vernichtet werden. Die verhältnismäßig beste Chance lag noch in einem Defensiverfolg, in einer verstärkten Wiederholung von Son La.

Das *Deuxième Bureau* versicherte, gleichfalls am 20. Januar: Dien Bien Phu wird am 25. angegriffen. Die Übersicht über die Streitkräfte, die das befestigte Lager umzingelt hielten, wies 27 Bataillone und 24 10,5-cm-Geschütze auf. Mit der Illusion, der Feind verfüge über keine wirkungsvolle Artillerie, war es demnach vorbei. Dennoch glaubte der Nachrichtendienst immer noch, daß diese Artillerie wegen der Transportschwierigkeiten nur über schwache Vorräte verfügte. Daher würde die Schlacht kurz sein; die Vietminh müßte die Festung im Sturm erobern oder ihren Mißerfolg zur Kenntnis nehmen und sich an den Roten Fluß zurückziehen.

Die Garnison war gewarnt, nun wartete sie.

Sie bestand aus 12 Bataillonen, darunter 2 Thai-Bataillonen, die sich aus Lai Chau zurückgezogen hatten. Man hatte ihr mit Fallschirmen 10 in ihre Einzelteile zerlegte Chaffee-Panzer abgeworfen; die breiten Ketten dieser 18 Tonnen-Fahrzeuge waren für das weiche Gelände der Mulde gut geeignet. Die Artillerie bestand aus sechs 10,5-cm-Batterien und einer 15,5-cm-Batterie, das waren 28 Geschütze, die mit Vorrat für sechs Kampftage ausgerüstet waren. Sie standen unter freiem Himmel hinter Erdwällen.

Man hatte gehofft, die Isolierung Dien Bien Phus durch Aufnahme des Kontakts zwischen den motorisierten Elementen der Garnison und den unter dem Befehl von Oberst de Crèvecoeur in Laos operierenden Streitkräften brechen zu können. Das gelang zwei Fallschirmjägerbataillonen unter einem ungeheuren Risiko, doch der Kontakt beschränkte sich auf einen Händedruck. Jegliche Versorgung, jeg-

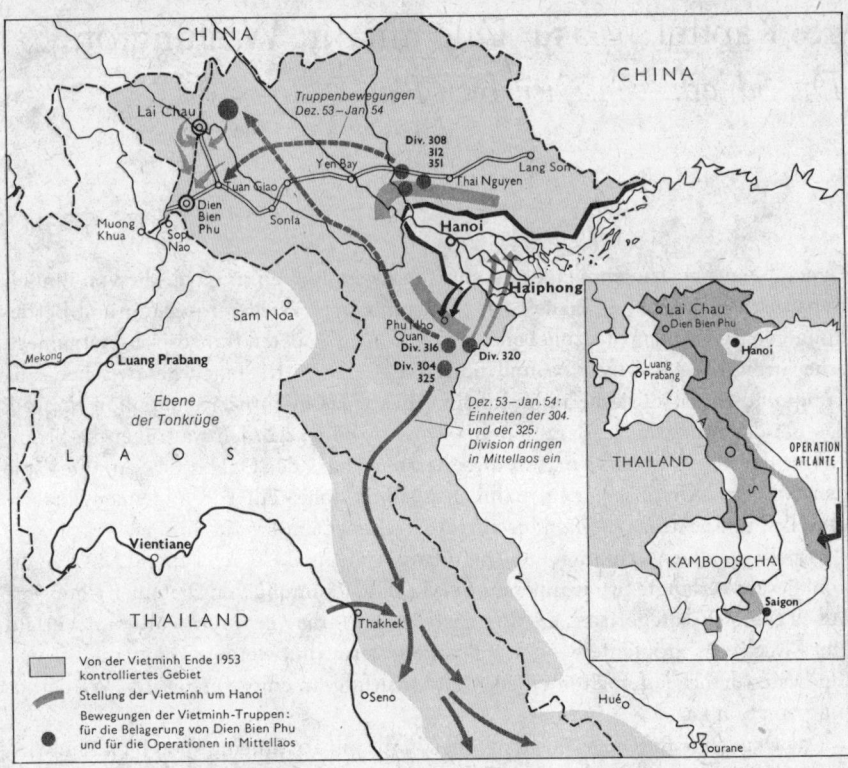

Der Krieg in Indochina, Dezember 1953 – Januar 1954

liche Verstärkung, jede Abbeförderung aus Dien Bien Phu mußte auf dem Luftweg erfolgen.

Die bei dem Stützpunkt Isabelle ausgebaute Piste war nur für leichte Flugzeuge verwendbar. Die andere war die alte japanische Piste, die man verlängert, entwässert und mit Metallelementen versehen hatte. Sie war etwa tausend Meter lang, begann am Ufer der Yum und eignete sich für Dakotas und C 119. Ihre selbständige Luftwaffe bestand aus sechs Bearcat-Jägern, die in Gruben abgestellt waren. Sie befand sich nicht außerhalb der Reichweite einer auf den Berghängen aufgestellten Artillerie, aber die Artilleristen waren überzeugt, daß die französische Gegenartillerie die Viets zwingen würde, ihre Geschütze hinter den Kamm zurückzuverlegen. Die kostbare Landepiste könnte zwar ein paar Einzeltreffer erhalten, keinesfalls aber einem massivem Richtfeuer ausgesetzt sein.

Vor dem Krieg war die kleine Kreisstadt Dien Bien Phu der Hauptort einer Bergoase, die etwa fünfzigtausend Tonnen Reis hervorbrachte. Die Stadt und die in den Reisfeldern verstreuten Dörfer waren dem Erdboden gleichgemacht worden. Das befestigte Lager bestand aus einem Kern, umgeben von einer Anzahl befestigter Plätze: Dominique, Eliane, Junon, Claudine, Françoise, Liliane, Huguette, Anne-Marie. Im Norden waren zwei abgelegene Befestigungen, Beatrice und Gabrielle, dazu bestimmt, den Feind in Respektabstand zu halten. Im Süden diente ein anderer Stützpunkt, Isabelle, als Sockel für zwei 10,5-cm-Batterien, die die Aufgabe hatten, den Kern zu decken. Alle Anlagen bestanden aus einem von einem schwachen Stacheldrahtnetz umgebenen Stützpunkt mit Feuerstellungen und Unterständen aus Rundholz. Die Minen, deren Rolle im Zweiten Weltkrieg so bedeutend gewesen war, insbesondere in den Defensivkämpfen in Nordafrika, wurden nur sparsam verwendet.

Der Gefechtsstand des verschanzten Lagers lag in der Mitte der ehemaligen Stadt, neben der Flugzeug-Landepiste. Alle Hauptdienststellen verfügten über einen oder mehrere unterirdische Räume, doch nur der Unterstand Oberst de Castries' war durch Stahlblech geschützt. Die anderen Unterstände waren aus Rundholz gebaut, auf dem ein Meter hoch gestampfte Erde lag. Die zum Teil unterirdischen, zum Teil mit Erde bedeckten Verbindungsgänge bildeten ein Labyrinth, dem man den Spitznamen Métro gegeben hatte. Mit Ausnahme von Oberst Lalande, der den Stützpunkt Isabelle befehligte, lebten und arbeiteten die wichtigsten Untergebenen von Oberst de Castries, Piroth, Gaucher, Langlais, Trinquart, Zeller in einem Umkreis von wenigen Dutzend Metern rund um ihn.

Die Erdoberfläche bedeckten Zelte, Baracken, Materialdepots, Batteriestellungen. Die vier für die Batterie zur Bekämpfung feindlicher Artillerie bestimmten 15,5-cm Long Toms feuerten eindrucksvolle Salven gegen die Berge. Die aus Lai Chau abbeförderten Thais hatten neben dem Fluß ein Eingeborenendorf improvisiert. Bei den Söldnertruppen der Französischen Union war die Disziplin nicht puritanisch genug, als daß man ihnen das strenge »off limits« der Angelsachsen hätte vorschreiben können. Legionäre, Fallschirmjäger, Nordafrikaner streiften in dem Dorf La Nam Yum umher; es stellte eine unvergleichliche Nachrichtenzentrale für die Vietminh dar.

Das Tal war ungesund, ein kalter Nebel hüllte es jeden Morgen ein, dann stieg die Hitze bis zum Ersticken und hielt an bis spät in die Nacht hinein. Der durch die Erdarbeiten und die Fahrzeugkolonnen aufgewirbelte Staub war eine zermürbende Plage. Die Verpflegung war katastrophal; frische Nahrungsmittel gab es nie und statt Wein nur einen abgründig verhaßten Krätzer namens Vinogel. Dennoch blieb die Moral erstaunlich gut. Die Männer warteten ungeduldig darauf, daß die Viets in die Mulde herunterkämen. »Wir werden sie fertigmachen...«

Der 25. Januar verstrich; die angekündigte, erwartete, erhoffte Offensive blieb aus. Das Deuxième Bureau erklärte verärgert, bei Giap befinde sich eine chinesisch-russische Abordnung, die im letzten Augenblick eine Verschiebung des Angriffs erwirkt habe. Motiv: Die Berliner Konferenz. Die kommunistische Führung wolle sich in dem Augenblick, da sie Hoffnung auf eine Lösung auf dem Verhandlungsweg habe, vor einer Niederlage hüten.

Indochina war nicht das Hauptthema der Berliner Konferenz. Die Großen Vier erstrebten die Quadratur des Kreises, nämlich die Wiedervereinigung Deutschlands. Die Sitzungen fanden abwechselnd im Gebäude des Alliierten Kontrollrats, im Westsektor und in der Residenz des Sowjetischen Hochkommissars, Unter den Linden, statt. Es herrschte eine entsetzliche Kälte, die Botschaft besaß zwar Kristallüster, die eine halbe Tonne wogen – doch die Heizung funktionierte nicht. Dulles, Bidault, Eden und ihre Mitarbeiter MacArthur jun., Conant, François-Poncet, Joxe, Nutting usw. verhandelten im Mantel. Molotow bezeugte den Franzosen eine Freundlichkeit, indem er ihnen zu Ehren eine Feier für die Kommune von Paris organisierte. Aber die Diskussion war ebenso festgefroren wie die Spree. Bidault widerstand dem Angebot einer Freundschaft, die als Gegengabe weiter nichts als den Verzicht auf den Nordatlantikpakt verlangte. Die Wiedervereinigung Deutschlands, der Friedensvertrag mit Österreich kamen um keinen Schritt voran.

Dagegen wurde bereits am zweiten Tag der Beschluß gefaßt, über den Versuch einer Regelung der Koreafrage und einer Beendigung des Indochinakriegs zu verhandeln. Für den 26. April wurde eine Konferenz nach Genf einberufen; Bidault hatte gegen dieses entfernte Datum nichts einzuwenden. Er glaubte noch an die von General Navarre gegenüber Admiral Cabanier geäußerten Worte: Die Lage in Indochina ist besser als gestern und schlechter als morgen, wir müssen unbedingt warten, die Zeit arbeitet für uns.

Doch das Unternehmen »Atlante« verlief ungünstig. Die Vietminh unternahm Gegenangriffe auf den Bergplateaus, die befreundeten Guerillas massakrierten ihre französischen Führungskräfte und desertierten. Das zu Hilfe geeilte motorisierte Bataillon 100 wurde in dem Städtchen Kontum eingeschlossen. Es befreite sich nach der auf dem Luftweg erfolgten Abbeförderung der Zivilisten und zog sich mühselig nach Pleiku zurück. In der Küstenebene waren die Erfolge von »Atlante« enttäuschend. »Wir erfuhren von den in Vietnam und in den Bergen angeworbenen Truppen schwere Widrigkeiten«, schrieb Navarre. »Desertionen, Kampfverweigerung, Verlassen der Posten, Meuterei ... Die in den wiedereroberten Gebieten eingesetzten vietnamesischen Zivil- und Militärbehörden erwiesen sich als völlig unfähig, diese Leute zu leiten und zu befrieden.« Dennoch bestand Navarre darauf, zur Phase »Axelle« überzugehen. Er behauptete stets, schrieb später Langlais, daß diese Beeinträchtigung des Kräftehaushalts die Verteidigung von Dien Bien Phu keineswegs gefährdet habe. Mit dieser Ansicht stand er jedoch allein ...

Der Generalstabschef der Armee, General Blanc, inspizierte Süd-Annam und bezeichnete »Atlante« als eine Illusion. Er inspizierte Dien Bien Phu und stellte fest, es sei wertlos. Die Division 308 und das Regiment 148 hatten die Einschließungslinien soeben verlassen und marschierten zum drittenmal gegen Luang Prabang. Der »Riegel von Laos«, Dien Bien Phu, verriegelte also gar nichts.

Es gab allerdings noch eine andere Interpretation für diesen Marsch gegen Laos: daß nämlich Giap Dien Bien Phu für zu stark halte, um es anzugreifen. Man mußte daher auf die Idee eines aktiven Stützpunkts zurückkommen und einem geschwächten

Gegner die Initiative wieder entreißen. Castries beauftragte die beiden Fallschirmjägerbataillone Oberst Langlais', die von den Viet-Artilleristen – entgegen den Vorhersagen der französischen Artilleristen – auf den dem verschanzten Lager zugewandten Hängen in Stellung gebrachten Geschütze zu zerstören. Man fand geschickt angelegte Kasematten, deren Schießscharten gegen Gabrielle gerichtet waren – doch sie waren leer; die Viets hatten die Geschütze mittels einer Schrägfläche abtransportiert und sie im Dschungel verborgen.

Während sich die Fallschirmjäger mit den Schlinggewächsen herumschlugen, löste sich ein zur Unterstützung gesandtes Thai-Bataillon völlig auf. Ein Panzer wurde durch einen Panzerbüchsentreffer vernichtet. Die Viets verbanden Hohn mit Gewalt, feuerten von einer anderen Höhe, trafen zum erstenmal die Landepiste und schossen eine Dakotamaschine in Brand.

Der Marsch gegen Laos war die Anwendung einer Strategie, die, nach Giap, darin bestand, »die feindlichen Streitkräfte zu spalten, indem man sie nacheinander in militärische und politische Sektoren lockt, welche ihre Führung für die wichtigsten ansieht«. Und sie hatte Erfolg. Um Luang Prabang noch einmal zu retten, improvisierte man eine Luftbrücke, die fünf aus Tongking und drei aus Mittel-Laos entnommene Bataillone hinbeförderte. Die für Dien Bien Phu bestimmten Lieferungen wurden nicht mehr vordringlich behandelt. Überdies wies Oberst Piroth den Vorschlag, seine Artillerie zu verstärken, zurück: Er besitze mehr Geschütze, als er brauche.

Laniel, der zu seinem Minister für die Assoziierten Staaten, dem Gaullisten Marc Jacquet, kein Vertrauen hatte, beauftragte den Minister für Nationale Verteidigung, René Pleven, sich zwecks Beurteilung der Lage an Ort und Stelle zu begeben. Pleven gehörte zu den Leuten, denen die Kriegsdauer und die Überalterung des Expeditionskorps Sorgen bereiteten. Dessenungeachtet machte die Kampfmoral der Garnison von Dien Bien Phu und die offensichtliche Gediegenheit der Befestigungen auf ihn einen günstigen Eindruck. Ein Mißerfolg der Vietminh würde beweisen, daß sie nicht den Sieg zu erringen vermochte, und würde Giap Zugeständnissen geneigt machen.

In Plevens Gefolge befand sich der Flieger Fay, Generalstabschef der Luftwaffe. Er zog Navarre beiseite: »Wenn du hier bleibst, bist du verloren. Laß mich die Räumung organisieren. In einer Woche hol' ich dir aus diesem Loch alles 'raus, was sich nur 'rausholen läßt . . .«

Navarre – von Zweifeln zerfressen – zog die Schultern hoch. Räumung Dien Bien Phus auf dem Luftweg hieße die Soldaten abziehen, aber das gesamte Material aufgeben. Und das in dem Augenblick, da die Verteidiger sich anheischig machten, der Vietminh in der Mulde ihr Grab zu schaufeln. (*Forts. Indochina S. 581*)

Die H-Bombe kann den Händen, die sie handhaben, entgleiten

Präsident Eisenhower lachte das Glück. In seiner Neujahrsbotschaft 1954 befaßte er sich mit dem Faktum, daß die Tatsachen die Experten widerlegt hatten. Diese hatten als unvermeidliche Folge der Einstellung der Feindseligkeiten in Korea und der An-

577

wendung der Prinzipien der republikanischen Regierung eine Wirtschaftsrezession angekündigt. Und nun erlebten die USA ganz im Gegenteil eine neue Wohlstandswelle! Im Jahr 1953 waren sechs Millionen Automobile, hunderttausend Kilometer Landstraßen, eine Million einhunderttausend neue Häuser gebaut worden. Die industrielle Macht der USA verstärkte sich weiter; das Land mit seinen 7 % der Weltbevölkerung stellte 65 % der Weltproduktion her.

Ike strahlte als Präsident einer Nation, bei der alles nach Wunsch ging; dem Vergießen amerikanischen Bluts hatte er ein Ende bereitet, er, der Generalissimus im Krieg, war nun der Friedenspräsident. Im übrigen sah es so aus, als habe Entspannung etwas Ansteckendes: Auch die nachstalinistische UdSSR widmete sich inneren Aufgaben. Das Scheitern der Berliner Konferenz führte zu keiner Verstärkung der internationalen Spannung. Die Welt atmete auf und ließ sich durch einen halbkolonialen Krieg, den die Franzosen irgendwo im fernen Asien weiterführten, nicht in ihrer Ruhe stören.

Der Verteidigungsminister Charles E. Wilson war der frühere Präsident von General Motors, einem der größten Rüstungslieferanten der Welt. Im Einverständnis mit dem Präsidenten der USA beschnitt er die militärischen Lasten Amerikas. Die Kredite für die Landarmee wurden fast auf die Hälfte herabgesetzt und die der Marine um eine Milliarde Dollar gekürzt. Unter einem Zivilisten als Präsidenten hätten derartige Einsparungen das Pentagon gegen das Weiße Haus in Aufruhr gebracht; unter General Eisenhower fanden sich die Militärs mit den Tatsachen ab und schwiegen.

Die Luftwaffe war verschont geblieben. Ihr neuer Chef, General Nathan E. Twining, erhielt die 137 Geschwader, deren Ablehnung zum Rücktritt seines Vorgängers, Hoyt S. Vandenberg, geführt hatte. Der Düsenbomber Typ B47 wurde in Dienst gestellt, der Typ B52 trat in die Phase der Produktion. Es war an der Zeit. Der schon bei seiner Geburt überholte Riesentyp B36 mit Propellerantrieb bildete noch den Kern des *Strategic Air Command*, des Strategischen Luft-Kommandos, während in der sowjetischen Luftwaffe ganze Reihen von neuen Maschinen auftauchten. Die Luftüberlegenheit der USA war in Frage gestellt.

Auch die atomare Überlegenheit geriet in Zweifel. Die Russen hatten ihre erste thermonukleare Bombe im April 1953 gezündet, nur neun Monate später als die Amerikaner. Die Untersuchung der Streuung bewies, daß sie einfachere und weniger kostspielige technologische Methoden gefunden hatten. Admiral Strauss, Edmund Teller, Ernest Lawrence bliesen Alarm und erwirkten die Beschleunigung der Forschungen sowie die Organisierung einer neuen Testserie auf Bikini. Diesmal galt es, die sogenannte trockene Bombe auf Lithiumgrundlage auszutesten, die wesentlich leichter war als das 65 Tonnen schwere Ungetüm der ersten Versuche.

Am 1. März 1954 wurde der gesamte Marshallarchipel von einer solchen Erschütterung durchrüttelt, daß man glaubte, die Welt gehe unter. Wohl war man auf eine stärkere Explosion gefaßt gewesen als jene von 1952, die einen Feuerball mit 45 Kilometer Durchmesser verursacht und das Atoll Elengalab in einen Krater von 52 Meter Unterwassertiefe verwandelt hatte. Man war jedoch weit davon entfernt gewesen, eine so furchterregende Detonation, einen so kolossalen Energieausbruch zu erwarten.

Die neue H-Bombe entsprach 600 Hiroshima-Bomben; die Reichweite ihrer Vernichtungsgewalt schätzte man auf 56 Kilometer, und ihre radioaktive Streuung wurde in einem Umkreis von 250 Kilometern festgestellt. Die in 35 Meilen Entfernung von Bikini arbeitende Mannschaft des Thunfischers *Fukuriu Maru* (Glücklicher Drachen) sah am Himmel eine Helle aufsteigen, blendender als das grellste Sonnenlicht, die dann in die Farbtöne eines langsam erkaltenden Stahlabstichs überging. Zwei Stunden später bedeckte eine Schicht grauer klebriger Asche das Schiff. Die 23 Fischer stellten Appetitlosigkeit, Haarausfall, Hautjucken und Brandwunden fest. Sie wurden nach ihrer Rückkehr nach Japan sofort ins Hospital gebracht, doch einer von ihnen, Aikishi Kubajamu, konnte dem Tod nicht mehr entrissen werden.

So wurde Japan hartnäckig von der Feindschaft des Atoms verfolgt. Die fünf Hauptparteien des Parlaments verlangten gemeinsam von den USA, sie sollten sich entschuldigen, eine Entschädigung bezahlen und vor allem die Kernwaffenversuche im Pazifik einstellen. In England hielt Churchill eine Rede, in der er seiner Besorgnis hinsichtlich der Zukunft der Menschheit Ausdruck gab, und in den Vereinigten Staaten veröffentlichte die *New York Times* einen Artikel des Philosophen Lewis Mumford, der dazu riet, sich dem Totalitarismus der Sowjets zu unterwerfen, da es unmöglich sei, ihm zu widerstehen, ohne zugrunde zu gehen: *rather red than dead* (lieber rot als tot). Eisenhower gab bei seiner Pressekonferenz zu, daß »etwas« eingetroffen war, das über alle Voraussicht hinausging; die H-Bombe vermochte demnach den Leuten, die sie handhaben, zu entgleiten und Katastrophen unerhörten Ausmaßes auszulösen. Nichtsdestoweniger setzte die Atomenergiekommission ihre Versuchsreihe fort, indem sie zwei neue Bomben, diesmal ohne besondere Zwischenfälle, zur Explosion brachte. Die Sicherheitszone wurde jedoch von 50 000 auf 315 000 Quadratmeilen erweitert.

Mitten in die Beängstigung durch die Kernwaffenversuche platzte der Fall Oppenheimer. Er selbst gab in einem offenen Brief bekannt, daß ihm der Zutritt zu den Geheimdokumenten der Atomenergiekommission durch eine Entscheidung des Präsidenten verwehrt worden sei. Der Brief war ein erstaunlich treuherziges Bekenntnis: »Ich lebte völlig fern von den Weltereignissen . . . Ich las keine Zeitung und keine Illustrierte . . . besaß weder Rundfunkapparat noch Telefon . . . Von dem Finanzkrach des Jahres 1929 hörte ich erst viele Monate später . . . Dann wurde ich durch die Judenverfolgungen in Deutschland und den Kampf der spanischen Republikaner gegen Franco aus meiner Gleichgültigkeit gerissen. Aber ich war nie Kommunist, und der Kommunismus bedeutet mir nichts.«

Dieser allgemeinen Erklärung hielten die Sicherheitsbehörden die Vergangenheit Oppenheimers entgegen. Er war der Geliebte einer Kommunistin gewesen und hatte auch eine Kommunistin geheiratet, die Witwe eines Kommissars der internationalen Brigaden im Spanischen Bürgerkrieg. Sein Bruder und seine Schwägerin waren Kommunisten gewesen oder waren es noch. Er selbst verkehrte weiter im Ausland mit dem sowjetischen Agenten Haakon Chevalier, den er während des Kriegs durch sein Schweigen gedeckt hatte. Noch verdächtiger war es, daß Oppenheimer, obgleich durch Vertrag Berater der Atomenergiekommission, den Physikern weiter davon abriet, am Atomrüstungsprogramm mitzuarbeiten. Die Atomenergiekommission bildete einen Untersuchungsausschuß, dann nahm sie selbst die Akte in die Hand. Sie beschloß mit vier Stimmen, gegen jene von Professor Henry DeWolf Smyth, den Vertrag mit Oppenheimer zu lösen. Die Liberalen verglichen dessen Fall mit der Dreyfusaffäre. Aber die Teufelsinsel des amerikanischen Dreyfus war ein Lehrstuhl, neben dem Einsteins, auf dem hübschen Universitätsgelände von Princeton.

Glanz und Sturz Joe McCarthys

»*A fraud and a hoax*«, Betrug und Fopperei, so nannte der Referent des Untersuchungsausschusses im Senat, Millard Tydings, die von McCarthy gegen das State Department erhobenen Anklagen. McCarthy reagierte darauf, indem er Tydings, einen soliden konservativen Demokraten, in seiner Heimat Maryland angriff; er ließ ihn im Wahlkampf von einem Unbekannten schlagen.

Daraufhin strengte William Benton gegen McCarthy einen Prozeß wegen Amtsmißbrauchs (*impeachment*) an. Joe antwortete auf seine Weise, eilte nach Connecticut und ließ Benton 1952 ebenso schlagen, wie er es 1950 mit Tydings gemacht hatte. Er selbst wurde in Wisconsin im Triumph wiedergewählt. In ganz Amerika bildeten sich Komitees mit dem Slogan »*McCarthy for President*«. Millionen von Amerikanern waren überzeugt, daß Joe ihr Bollwerk gegen Verrat war. Eisenhower trat aus seiner Zurückhaltung hervor und erklärte, der Kampf gegen Umsturzversuche rechtfertige noch nicht die Anwendung jedes Verfahrens. Das Weiße Haus wurde mit 50 000 empörten Telegrammen überschwemmt.

Plötzlich griff McCarthy die Armee an. Er eröffnete eine Untersuchung im Fernmeldezentrum von Fort Monmouth, New Jersey, und zeigte an, daß ein Heereszahnarzt namens Peress vom Hauptmann zum Major befördert worden sei, nachdem er unter Berufung auf den fünften Abänderungsantrag sich geweigert hatte, über seine Beziehungen zur Kommunistischen Partei auszusagen. Der Minister Robert T. Stevens gab zu, daß es sich hier um eine Nachlässigkeit handelte, und entschuldigte sich. Joe McCarthy konnte sich also, so sagte man, eines Erfolgs rühmen, den noch kein Feind in der ganzen Geschichte zu erringen vermochte: Er zwang die US Army zu kapitulieren.

Der Triumph war von kurzer Dauer. Die Armee trat zum Gegenangriff an und stellte Joe ein Bein mit der Affäre Schine.

Wer war Schine? Beinahe niemand, ein zwanzigjähriger Playboy, Sohn eines Multimillionärs und Besitzers eines Hotelkettenunternehmens. Er wohnte in einem Appartement im Hotel Waldorf Astoria Towers in New York und diente dem Rechtsanwalt Roy Cohn, dem Hauptassistenten McCarthys, als freiwilliger Helfer. Gemeinsam durchreisten sie Europa und suchten nach kommunistischen Infiltrationen im diplomatischen und militärischen Personal. Nach Amerika zurückgekehrt, wurde Schine zu den Fahnen gerufen. Cohn intervenierte für ihn, damit er sofort bei

77 bis 79 Der Indochinakrieg, Befreiungskampf Südostasiens gegen die französische Kolonialherrschaft, endet mit dem Desaster von Dien Bien Phu: sein Verteidiger, General De Castries (l.). – Der französische Hochkommissar Jean de Lattre de Tassigny (r.). – Endphase des Kampfes durch französische Verstärkungen aus der Luft.

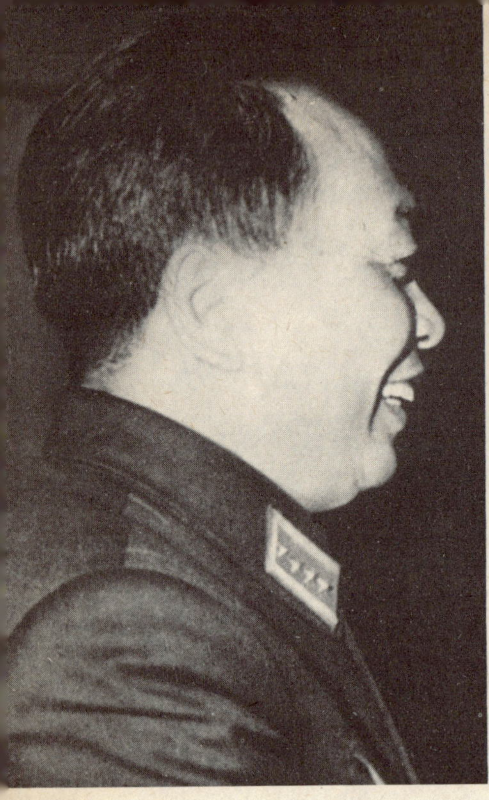

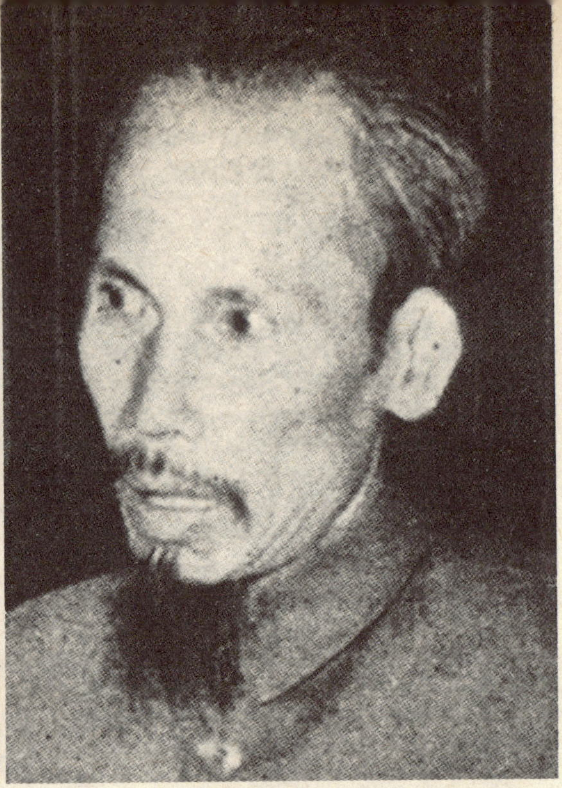

80 81 Siegreiche Gegner der französischen Kolonialarmee: General Vo Nguyen Giap (l.). – Ministerpräsident Ho Tschi Minh (r.). – 82 Französische und vietnamesische Kriegsgefangene überlebten die Hölle von Dien Bien Phu: Am 11. August 1954 werden sie bei Viet Tri, einem Gefangenenaustauschplatz, an Bord genommen.

seiner Einziehung zum Offizier ernannt und mit einer Untersuchung »über die kommunistischen Tendenzen in den Lehrbüchern von West Point« betraut werde. Fünfunddreißigmal plagte er das Pentagon, und als Minister Stevens ihm die Dienstvorschrift entgegenhielt, wurde er wütend. »Wenn dem so ist, dann ruiniere ich die Armee. *I shall wreck the army!*« Die Affäre Peress, die Untersuchung von Fort Monmouth waren die Verwirklichung dieser Drohung. Cohn bediente sich der Macht McCarthys, um seinen Liebling zu rächen!

Man wandte sich an den Senat. Das Pentagon schickte die Akte an den Untersuchungs-Unterausschuß. McCarthy, der den Vorsitz führte, mußte diesen mit der Anklagebank vertauschen. Über das Fernsehen rollte die Debatte vor dem gesamten amerikanischen Volk ab. Der gedunsene, brutale, fast tierische, branntweinverseuchte, mit 44 Jahren bereits alte McCarthy machte einen katastrophalen Eindruck. Bei Schine wunderte man sich, daß ein so unbedeutendes Geschöpf einen solchen Skandal verursachen konnte. Roy Cohn dagegen erschien wie ein gefährliches Tierchen, das im Dunkel die Macht sucht, intelligent und bedrohlich. Der Unterausschuß erteilte ihm einstimmig eine Rüge und zwang ihn zum Rücktritt.

Die Offensive gegen McCarthy ging weiter. Der neue Angreifer war eine der geachtesten Gestalten im Senat, Ralph E. Flanders, knorrig, nüchtern und so republikanisch eingestellt wie seine Heimat Vermont. Er stellte einen Verweisantrag, wonach das Verhalten Joseph Raymond McCarthys eines Senatsmitglieds unwürdig sei. Eine umfangreiche Akte voller gewissenloser Handlungen, betrügerischer Machenschaften, Steuerhinterziehungen sammelte sich gegen den Inquisitor an; McCarthy wurde in Verteidigungsstellung gedrängt – der McCarthyismus lag in den letzten Zügen. (*Forts. USA S. 601*)

Überraschung und Katastrophe in Dien Bien Phu

Zurück zu der traurigen Mulde von Dien Bien Phu. Am 12. März verkündete Oberst Christian de Castries seinen Unterführern: »Meine Herren, morgen um 17 Uhr ist es soweit.« Alle antworteten, sie seien bereit.

Das Artillerieduell begann schon bei Morgengrauen. Die Viets trafen den Flugplatz, zerstörten drei Maschinen und töteten den Fotoreporter Serge Martinoff. Die 15,5-cm-Geschütze Oberst Piroths schlugen zurück. Am frühen Nachmittag hörte dieses Feuer auf. Die Hellcats und die B26 kamen aus Hanoi und begannen, die feindlichen Stellungen mit MG-Beschuß und Bomben zu belegen. Doch die Wetteraufheiterung, die die Intervention der Luftwaffe ermöglicht hatte, war nur von kurzer Dauer; nacheinander verschwanden die Flugzeuge in den Wolken. Beklemmende Augenblicke.

Die Uhrzeiger standen auf 5 Uhr; es verstrichen noch einige Minuten in krampfhafter Erwartung. Die Soldaten von Dien Bien Phu glaubten schon, der falsche Alarm vom 25. Januar wiederhole sich, der Nachrichtendienst habe sich wieder geirrt. Doch der Donner der Vietgeschütze belehrte sie eines Besseren. Sie feuerten auf zwei Ziele, auf das Zentrum und auf den Stützpunkt Beatrice, den Nordwestpfeiler des befestigten Lagers; dessen Garnison bildete das 3. Bataillon der 13. Brigade der Fremdenlegion, und sein Chef war ein verzweifelter Mann. Zwei Jahre vor der Pensionierung, hatte Major Pagot einen Verwaltungsposten in einem Stützpunkt im Hinterland innegehabt. Seine Frau, die zu Schiff von Marseille nach Saigon fuhr, verschwand mitten in der Nacht spurlos auf hoher See. Pagot ersuchte um ein Bataillon in Dien Bien Phu.

Die Vietgranaten fielen mit meisterhafter Genauigkeit auf Beatrice. Eine der ersten traf den Gefechtsstand des Bataillons. Eine Stimme berichtete Gaucher in höchster Erregung über Funk, daß der Kommandeur und sämtliche Offiziere gefallen seien. Der Witwer Pagot hatte den gesuchten Tod gefunden.

Die 10,5-cm-Geschütze der Viets durchschlugen ebenso die Unterstände im Festungszentrum. Eine Granate drang bei Oberst Langlais ein und blieb in der Wand stecken, ohne zu explodieren. Daneben nahm der Gefechtsstand Gauchers vier kleine Zellen ein. Oberleutnant Veyer hatte um 19 Uhr 45 soeben die Ankunftszeit einer Botschaft notiert, als ihn eine gewaltige Erschütterung zu Boden schleuderte. Die Granate war im Büro des Obersten explodiert. Gaucher wurden beide Arme abgerissen, er verblutete und starb nach wenigen Augenblicken.

Draußen loderten riesige Flammen durch die Dämmerung. Die Öl- und Napalmvorräte brannten am Ufer der Yum. Mehrere Flugzeuge wurden vernichtet, auch eines, das am nächsten Morgen eine Besuchergruppe nach Hanoi zurückbringen sollte. Ratlos angesichts dieser Verwandlung eines Ausflugs in eine Tragödie, streifte sie in der »Métro« umher.

Die Vietinfanterie war gegen Beatrice zum Angriff vorgegangen. Die »Freiwilligen des Todes« schlugen mit ihren Reihenladungen Breschen in den Stacheldrahtverhau. Weder das Sperrfeuer der Artillerie noch das Flachfeuer der automatischen Waffen vermochten die schwarzuniformierten kleinen Infanteristen aufzuhalten. Eine B26 kreiste über der Mulde und verteilte Leuchtraketen am Himmel, deren in Staub und Rauch getauchtes Licht ein dramatisches Halbdunkel erzeugte.

Die Legionäre von Beatrice mähten zwar die aus dem Dämmerlicht auftauchenden Silhouetten nieder, aber die Angreiferwellen bildeten sich, wie Meereswogen, immer von neuem. Ein widersinniger Kampf; zwölf Bataillone Franzosen lagen in der Mulde, Giap konzentrierte die Kräfte einer ganzen Division gegen ein einziges. 500 Franzosen kämpften, 12 000 waren Zuschauer.

Um 23 Uhr 15 war der Widerstand von Beatrice zu Ende. Einige Legionäre konnten flüchten, alle anderen waren tot oder wurden gefangengenommen.

Der nächste Tag war ein Sonntag; die Geschütze schwiegen. Die Feldgeistlichen lasen in der trüben Stimmung des befestigten Lagers die Messe. Castries hielt niedergeschlagen eine längere Besprechung mit dem Generalstab in Hanoi über Sprechfunk. Warum wagte er nicht einen Gegenangriff, um Beatrice zurückzuerobern? Weil seine Munition sehr stark abgenommen hatte und seine Reserveeinheiten durch den nächtlichen Beschuß aufgerieben waren. Er verlangte Verstärkungen; man versprach ihm, daß im Lauf des Tages das 5. vietnamesische Fallschirmjägerbataillon unter Hauptmann Botella zu ihm eingeflogen werden solle, falls das Wetter es gestattete und Navarre einwilligte. Navarre traf aus Saigon ein, um die Schlacht zu leiten. Am Vortag, dem 13. März, hatte das *Journal officiel* seine Ernennung zum Großoffizier der Ehrenlegion verkündet.

Ein von den Viets freigelassener Oberleutnant von Beatrice brachte ein Waffenstillstandsangebot zur Einholung der Verwundeten. Castries, von Cogny dazu bevollmächtigt, nahm es an. Stabsarzt Le Damany, Feldgeistlicher Trinquand und zwanzig Krankenträger begaben sich unter der Fahne des Roten Kreuzes zu dem verlorenen Stützpunkt. Sie stellten fest, daß die Zerstörungen geringer waren, als sie angenommen hatten. Das Gelände war nicht aufgewühlt, viele Kampfstände waren unbeschädigt. Nicht die Artillerie, sondern die Durchschlagskraft der Infanterie, der besten Infanterie der Welt, hatte die Söldner überwältigt, die Beatrice verteidigten. Trinquand und Le Damany brachten fünfzehn Sterbende zurück.

Der Sanitätsplan für Dien Bien Phu hatte nur ein Hospital mit etwa vierzig Betten vorgesehen, da die Verwundeten sofort nach Hanoi evakuiert werden sollten. Der Zustand der Piste gestattete nur die Landung einer kleinen Siebel, die von Major Devoucoux gesteuert wurde. Er brachte dem Chefarzt Paul Grauwein sechs Liter Blutplasma und nahm vier Schwerverletzte und die Truppenhelferin Paule Bourgade, die Sekretärin Oberst de Castries', auf dem Rückflug mit. Die einzigen Frauen im befestigten Lager waren nun die Uled-Nail des beweglichen Feldbordells.

Zu Mittag begannen die Vietgeschütze wieder zu feuern — auf die Dakotas, welche die vietnamesischen Fallschirmjäger Botellas einflogen. Zwischen zwei Salven begrub man Gaucher mit einem Fallschirm als Leichentuch. Die Niedergeschlagenheit erfaßte die obersten Ränge. Castries war nicht zu sehen, sein Stabschef, Oberstleutnant Keller, kauerte unten in seinem Unterstand, urinierte in eine Konservendose, um nicht hinausgehen zu müssen, und bat inständig, nach Hanoi zurückgeschickt zu werden. Der einarmige Artillerist Charles Piroth beteuerte weinend, er sei an allem schuld, er habe doch versprochen, die Vietgeschütze zum Schweigen zu bringen, und könne sein Versprechen nicht halten.

Wie am Vortag, eröffnete die gesamte Vietartillerie um 17 Uhr das Feuer. Das neue Ziel war Gabrielle; der Stützpunkt stand unter dem Befehl von Major Kha, der am Vortag eingetroffen war, doch sein Vorgänger, Major de Mecquenem, stand ihm noch zur Seite, da er seinen Aufenthalt in Dien Bien Phu verlängert hatte, um die Ablösung leichter zu gestalten. Gleich zu Beginn der Aktion wurde Kha getötet und Mecquenem schwer verwundet. Dennoch verteidigte sich die Garnison, ein Bataillon der 7. algerischen Schützen, so beherzt, daß Castries um 3 Uhr morgens telefonisch nach Hanoi durchgeben konnte, der Angriff sei fehlgeschlagen. Nach einer kurzen Pause wurde er jedoch wiederaufgenommen, und bei Morgengrauen befand sich nur noch der letzte der drei Stützpunkte auf der Kuppe des Hügels in der Hand der Verteidiger.

Diesmal wurde ein Gegenangriff unternommen. Es regnete, das Gelände war schwer, und vor allem weigerten sich die am Vortag abgesprungenen vietnamesischen Fallschirmjäger — die Elite von Bao Dais Armee — vorzugehen. Botella tobte und schlug mit dem Stock auf die in den Löchern zusammengekauerten Soldaten los. Ebenso hätte er Tote schlagen können.

Eine einzige Kompanie des 1. Fallschirmjägerbataillons der Fremdenlegion hatte mit den Vietnamesen den Gegenangriff geführt. Von sechs Panzern unterstützt, gelang es ihr, die Höhe des Hügels zu erreichen. Ihr kommandierender Offizier, Hauptmann Martin, beschwor Langlais, das ganze Bataillon einzusetzen, er werde dem durch fürchterliche Verluste zerrütteten Feind Gabrielle wieder entreißen. Doch Langlais hatte von de Castries Befehl erhalten, mit den kostbaren Fallschirmjägern der Fremdenlegion sparsam umzugehen. Martin mußte sich mit der Handvoll überlebender Schützen begnügen.

In Hanoi war der Umstand, daß Navarre den Oberleutnant Jean Ferrandi, der ungeachtet seiner großen Bescheidenheit *die* Autorität des *Deuxième Bureau* war, zu sich berief, das einzige Anzeichen von Besorgnis. »Es war das erstemal, daß der kommandierende General sich herabließ, mit jemandem einige Worte zu wechseln, der nicht zumindest Abteilungschef war . . .« Ferrandi schilderte die Lage der feindlichen Streitkräfte, worauf ihm Navarre, statt ihn zu entlassen, mitteilte, er werde Bigeards Fallschirmjäger nach Dien Bien Phu senden. »Falls es ihnen gelingt, die verlorenen Stellungen wiederzubesetzen«, sagte Ferrandi, »könnten wir vielleicht noch davonkommen.«

»Wollen Sie damit sagen«, erwiderte Navarre, »daß mir im gegenteiligen Falle nichts anderes übrigbleibt, als meine Koffer zu packen? Nun, da antworte ich: Nein, ich werde den Kampf weiterführen!«

In jenem Augenblick erhielt General Navarre eine Funkdepesche Oberst de Castries': »Oberst Piroth auf dem Felde der Ehre gefallen.« Er ließ ersuchen, ihm die Einzelheiten mitzuteilen. Darauf kam nochmals die gleiche Antwort: »Oberst Piroth auf dem Felde der Ehre gefallen.«

Das Drama hatte sich nach dem Abbruch des morgendlichen Gegenangriffs ereignet. Charles Piroth war in seinen Unterstand gegangen, hatte mit seiner einzigen Hand eine Handgranate genommen, sie mit den Zähnen abgezogen und sie während der für die Zündung erforderlichen fünf Sekunden an seine Brust gedrückt . . . Castries ließ die Leiche an Ort und Stelle begraben, befahl, den Unterstand zuzumauern, und verlangte von allen Zeugen strengste Geheimhaltung. Der Selbstmord des einarmigen Obersten, der so stolz, seiner Artillerie so sicher gewesen war (»Kein Viet-Geschütz wird mehr als drei Schüsse abfeuern können, bis es vernichtet ist . . .«), erhöhte noch die Verzweiflung.

Weitere schlechte Nachrichten . . . Die – solange alles gut ging – franzosenfreundlichen Thais desertierten in Massen. Die Mienen der Nordafrikaner zeigten Unruhe, und so manche Legionäre lauschten den Aufrufen, die ihnen von Deserteuren durch Megaphone zugeschrien wurden. Das gebrechliche Militärmosaik der Französischen Union zerfiel.

Navarre bereitete die Regierung in einem verschlüsselten Telegramm auf das Schlimmste vor. »Das befestigte Lager könnte beim nächsten Angriff auseinandergesprengt werden . . . Ich habe den Eindruck, daß die Vietminh noch heute nacht den Generalangriff versuchen werden . . .«

Giap überlegte sich das. Die innerhalb weniger Stunden erfolgte Eroberung von Him Lam (Beatrice) und Doc Lap (Gabrielle) gab seinen Soldaten einen ungeheuren Auftrieb. Der französische Abhördienst fing die dringende Bitte eines Kommandanten auf, der um den Befehl zum Angriff gegen Ban Keo (Anne-Marie) ersuchte und versprach, es innerhalb einer Viertelstunde den demoralisierten Thais, die es besetzt hielten, zu entreißen. Aber der Marxist Giap hütete sich vor »Subjektivismus«. Der Angriff gegen Gabrielle wäre fast mißlungen, und die dabei erlittenen Verluste waren sehr schwer. Giap zog dem Handstreich, den er sich hätte leisten können, eine sichere und langsame klassische Belagerung vor. Er würde Dien Bien Phu nicht so angreifen wie Hitler das Fort Eben-Emael oder wie die Japaner Singapur, sondern wie Vauban Lille oder Luxemburg angegriffen hatte. Es galt, das befestigte Lager in einem Netz von Laufgräben zu ersticken, welche die Infanterie bis auf Handgranaten-Reichweite an die feindlichen Befestigungen heranführen würden. Die Landebahn würde systematisch beschossen werden. Ein ganzes Regiment chinesischer Flak war auf den Hängen aufgestellt und machte den Himmel über Dien Bien Phu zu einer Hölle.

Die Nacht vom 15. zum 16. verlief ohne Katastrophe, abgesehen vom Überlaufen fast sämtlicher Thais von Anne-Marie. Am frühen Morgen landete ein Hubschrauber und nahm sechs Schwerverletzte auf. Ein Flugzeug kreiste lange über der Mulde und versuchte zweimal zu landen. Cogny befand sich an Bord, und Castries erwartete ihn auf der aufgerissenen Landebahn. Der Pilot war jedoch der Ansicht, daß eine Landung einem Selbstmord gleichkäme; er stieg wieder hoch und brachte seine Passagiere nach Hanoi zurück.

Zwei Stunden später durchstreiften 42 Dakotas den Himmel, 600 Fallschirme öffneten sich, das 6. koloniale Fallschirmjägerbataillon sprang ab. Bigeard zerrte sich einen Muskel und kam hinkend zum Stützpunkt Isabelle; Oberst Lalande stellte ihm einen Jeep zur Verfügung, der ihn in Zickzackfahrt inmitten platzender Granaten zum Gefechtsstand brachte. Seine Fallschirmjäger zogen auf Eliane nach. Ihre Ankunft, Bigeards Ansehen, die Unterbrechung der Angriffe hoben die Moral der Besatzung. Viele Offiziere waren der Ansicht, die Viets hätten ihre Angriffskraft erschöpft, ihre Munition verschossen, und es bliebe ihnen nichts anderes übrig, als die Belagerung aufzugeben.

Am 17. gelang es drei Dakotas zu landen. Zwei mußten, von den Granaten scharf verfolgt, gleich wieder aufsteigen. In die dritte drängten sich 32 Passagiere, und als sie losfuhr, klammerte sich eine Menschentraube an die Maschine, bis die Geschwindigkeit sie zwang loszulassen. Die Granate, die das Flugzeug nur um wenig verfehlte, explodierte inmitten der auf die Erde gefallenen Menschen; mehrere fanden dabei den Tod.

Die Luftlandepiste war außerstande, die Rolle zu spielen, die man von ihr erwartete. Man versuchte, sie tagsüber zum Abtransport der Verwundeten zu verwenden, doch die mit dem Roten Kreuz gekennzeichneten Flugzeuge wurden ebenso wie die anderen beschossen. Der unbarmherzige Giap verstand nur zu gut, daß er das befestigte Lager materiell und moralisch schwächte, indem er darin die menschlichen Wracks sich anhäufen ließ. Die Abtransporte konnten nur während der Nacht vor sich gehen. Was die Versorgung und die Verstärkungen für die Belagerten anlangte, so würde man von nun an allein auf Fallschirmabwürfe angewiesen sein.

Wenige Tage vor dem Angriff gegen Dien Bien Phu hatte im französischen Parlament eine Debatte über Indochina stattgefunden. Der Abgeordnete Mendès-France klagte die Regierung an: In eurer Politik gibt es einen vorherrschenden Gedanken, den ihr nicht eingesteht, nämlich den an eine militärische Intervention Amerikas. Die Genfer Konferenz war nur ein Alibi, das euch gestatten sollte, den Krieg fortzusetzen, nachdem ihr euch gestellt hattet, als suchtet ihr den Frieden.

Dieser schwere Vorwurf war ungerechtfertigt; Laniel und fast alle seine Minister wünschten die Regelung des Konflikts auf dem Verhandlungsweg. Die Militärs und die wenigen Politiker, die noch an einen Sieg glaubten, fürchteten ein unmittelbares Einschreiten der USA und überwachten mit größtem Argwohn die Tätigkeit der amerikanischen Mission, die an Ort und Stelle für die Materiallieferungen sorgte. Die Amerikaner wollten, mit Berufung auf ihre Erfahrungen in Korea, die Bildung und Schulung der Nationalen Vietnamesischen Armee selbst übernehmen, doch dagegen wehrten sich die Franzosen hartnäckig.

Eine einzige Eventualität, die unmittelbare und massive Einmischung der Chinesen, würde eine Beteiligung der Vereinigten Staaten am Indochinakrieg unumgänglich machen. Der Generalstabschef Paul Ely war vor dem Angriff gegen Dien Bien Phu beauftragt, sich in Washington hinsichtlich dieser drohenden Entwicklung ein Bild zu verschaffen. Als er am 19. März abreiste, waren Beatrice und Gabrielle bereits gefallen; seine Mission klang nun anders, jetzt traf er als Bote der französischen Befürchtungen in den Vereinigten Staaten ein.

Elys erster Gesprächspartner war der Chef der Vereinigten Generalstäbe, Admiral Radford. Der konservative Flügel der Konservativen Partei Amerikas hatte die Ernennung des Mannes begrüßt, der – ein Schüler MacArthurs – das Bombardement der Mandschurei und die Blockade der chinesischen Küsten befürwortet hatte. Nach Radfords Überzeugung würde ein Sieg des Kommunismus im Fernen Osten eine äußerste Gefahr für die freie Welt darstellen. Die Franzosen führten in Indochina den Kampf, den die Vereinten Nationen in Korea aufgegeben hatten, weiter. Es sei für die Vereinigten Staaten von höchster Wichtigkeit, sie zu unterstützen; Radford versprach Ely, sich dafür einzusetzen.

Eisenhower, Soldat und Präsident, hatte nicht ohne Besorgnis gesehen, daß die Franzosen einen beträchtlichen Teil ihres Expeditionskorps in einer Bergmulde aufs Spiel setzten, die ausschließlich von der Versorgung aus der Luft abhängig war. Er hatte Paris gewarnt: »I instructed both the State and Defense Departments to communicate to their French counterparts my concern« (Ich habe sowohl das Außenwie das Verteidigungsministerium angewiesen, den französischen Kollegen meine Besorgnis zum Ausdruck zu bringen), dann hatte er sich unmittelbar an den französischen Botschafter gewandt: »Das dürfen Sie nicht tun.« Henri Bonnet hatte geantwortet. Dien Bien Phu verfolge den Zweck, die Vietminh zu einer seit sieben Jahren gesuchten Feldschlacht zu bringen, und General Navarre befürchte nur eines: nicht angegriffen zu werden. Ein einziger Kampftag hatte diesen Hochmut in eine Bedrängnis verwandelt, von der Ely Eisenhower am 22. März Bericht erstattete.

Ike hörte ihm verständnisvoll zu und erteilte seine Zustimmung zu den von Radford spontan angeordneten Maßnahmen zur Beschleunigung der materiellen Hilfe Amerikas. Von einer anderen Form des Beistands wurde nicht gesprochen.

Am nächsten Tag sprach Ely mit John Foster Dulles; er verließ die Besprechung entmutigt und verärgert. Der Außenminister hatte sich kühl und schroff verhalten. Er hatte betont, wie unpopulär der französische Indochinakrieg bei der amerikanischen öffentlichen Meinung sei. Er hatte darauf bestanden, daß jegliches Merkmal von Kolonialismus daran ausgemerzt werden müsse, indem den Assoziierten Staaten voll und ganz die Unabhängigkeit gewährt würde. Er hatte ausdrücklich erklärt, daß einzig und allein eine deutliche chinesische Intervention eine unmittelbare Intervention der Vereinigten Staaten an der Seite Frankreichs nach sich ziehen könne. Ely betrachtete nun seinen Auftrag als erledigt.

Radford bat ihn zu warten. Als er ihn am 25. März ins Pentagon berief, unterrichtete er ihn über ein völlig unerwartetes Projekt. Vom Stützpunkt Clarksfield auf den Philippinen aus sollten 60 B29 nach Dien Bien Phu fliegen und dort die Belagerungslinien zerschlagen. Die bordgestützte Luftwaffe der VII. Flotte, 300 Jäger und Jagdbomber, sollten die fliegenden Festungen begleiten und sie über Tongking unterstützen. Die Operation hatte, dem militärischen Brauch entsprechend, bereits einen Namen erhalten: Vulture (Geier). Admiral Radford wünschte zu wissen, ob die französische Regierung bereit war, der Regierung der Vereinigten Staaten das für die Durchführung des Unternehmens unentbehrliche Ansuchen zu stellen.

Ely kehrte eilig zurück. Am 27. März wurde Radfords Vorschlag einem aus den wichtigsten französischen Ministern und Militärchefs bestehenden Komitee unterbreitet. Es erklärte – man fragt sich, warum –, daß eine Antwort nicht möglich sei, ehe man die Ansicht General Navarres eingeholt habe. Oberst Raymond Brohon, Elys persönlicher Referent, flog unverzüglich nach Hanoi.

Operation »Vulture« – nichts als ein Mißverständnis

In Dien Bien Phu hatte sich die Lage stabilisiert, manche Tage waren beinahe ruhig. Die 10,5-cm-Geschütze des Feindes feuerten fast nicht mehr; die Garnison verhielt sich aktiv, eine Kompanie Viets, die sich zwischen Claudine und Isabelle festsetzen wollte, wurde aufgerieben. Einem von Bigeard geführten Ausfall gelang es, etwa zwanzig Flak-Geschütze zu vernichten. Die Viets gruben und gruben, doch seit die Thais von Anne-Marie desertiert waren, war keine einzige Stellung von den Verteidigern verloren worden.

Nachts gelang es den Sanitätsdakotas, mit der Orientierungshilfe nur weniger abgeblendeter Laternen zu landen, wobei sie von einigen Hubschraubern, die im Tiefflug ankamen und wieder abflogen, in den frühen Morgenstunden unterstützt wurden. Die laufenden Abtransporte verhinderten die Überfüllung des Hospitals, ohne daß es jedoch gelungen wäre, es leerzubekommen. Aber das Risiko stieg, die Flak schoß sehr dicht und gezielt. Am 23. März wurde der Hubschrauber, der unter anderen den zwei Tage zuvor verwundeten Leutnant Gambiez, Sohn des Generals, abtransportierte, beim Abflug von einer Granate getroffen; die Insassen verbrannten. Am 28. wurde die von Major Blanchet gesteuerte Dakota mit Geneviève de Galard als Transportbegleiterin beim Einladen der Verwundeten beschädigt. Die Instand-setzungsversuche wurden durch neue Granaten verhindert. Geneviève de Galard sollte in Dien Bien Phu bleiben, kein Flugzeug würde mehr auf der Landebahn von La Nam Yum aufsetzen.

Am 1. April traf Oberst Brohon in Hanoi ein. Am Tag vorher hatte Giap, der seine Passivität aufgab, einen heftigen Angriff gegen die Stützpunkte Dominique und Eliane gestartet, die am linken Ufer der Yum die Ostseite des befestigten Lagers bildeten. Die Marokkaner und Algerier, die den Stützpunkt Nr. 2 von Eliane und die Stützpunkte 1, 2 und 6 von Dominique verteidigten, flohen ohne eine Spur von Widerstand. Bigeards Fallschirmjäger unternahmen einen Gegenangriff und eroberten Eliane zurück. Ein anderes, von Brechignac, Bigeards Rivalen, befehligtes Bataillon sprang stolz über dem befestigten Lager ab und feuerte die Verteidiger an. Am rechten Ufer desertierten zwölf Legionäre vom Stützpunkt 6 von Huguette, dabei durch-schnitten sie die Stacheldrähte – die Viets jedoch, die durch die Bresche eindrangen, wurden mit Handgranaten vertrieben. Navarre faßte wieder Mut und schrieb an die Regierung: »Wenn Dien Bien Phu noch zwei oder drei Tage durchhält, darf man hoffen, daß die Vietminh den Kampf aufgibt.« Die Regenzeit rückte heran, und Navarre versuchte sie zu beschleunigen, indem er die Wolken im Bergland mit Kohlen-säureschnee beschießen ließ... In dem Augenblick, da man glaubt, die letzte Vier-telstunde noch durchhalten zu können, neigt man nicht dazu, eine demütigende fremde Hilfe anzunehmen...

Sonntag, den 4. April, kehrte Brohon aus Indochina zurück; er traf am Vormittag in Orly ein und ließ sich sofort zur Wohnung General Elys fahren. »Zu meiner gro-ßen Überraschung«, berichtet Ely, »brachte er mir einen abschlägigen Bescheid vom Oberkommandierenden...« Navarre hatte erklärt, er befürchte, eine Intervention der amerikanischen Luftwaffe könne eine Gegenaktion der Chinesen gegen ganz Tongking auslösten. Tatsächlich hatte er, wie viele französische Offiziere, wenig Zu-trauen zu den militärischen Fähigkeiten der Amerikaner und begriff auch, daß ein Eingreifen der USA notwendigerweise die militärische und politische Führung des Krieges in ihre Hände übergehen lassen würde.

Doch Oberst Brohons Vortrag war noch nicht beendet, da trat ein Offizier mit ei-ner Depesche aus Hanoi ein. »Ich bin der Ansicht«, schrieb Navarre, »daß die Inter-vention, von der Oberst Brohon mit mir sprach, eine entscheidende Wirkung haben könnte, vorausgesetzt, daß sie unverzüglich erfolgt.«

Armer Navarre! Seine Kehrtwendung ließ erkennen, daß der Hoffnungsstrahl, der während Brohons Besuch aufleuchtete, sich verflüchtigt hatte. Giap hatte, unge-achtet seiner Mißerfolge in den vorhergehenden Nächten, vier frische Bataillone zum Angriff gegen Huguette antreten lassen; der Stützpunkt war gefallen. Eliane und sämtliche Stützpunkte von Dominique mit Ausnahme eines einzigen waren ge-nommen. »Der Gegner hält die meisten Höhen unseres Stellungssystems besetzt«, stellte Castries fest. »Er steht in 1500 Meter Entfernung von unserem Zentrum, er wird imstande sein, unsere Artillerie lahmzulegen und dann völlig zu vernichten, vor allem aber auch die Entfaltung seiner Luftabwehr zu konzentrieren.« Zwei Tage vorher hatte man in Hanoi noch gehofft, daß Giap, erschrocken über seine Verluste und gelähmt durch seine logistischen Schwierigkeiten, die Belagerung aufheben würde. Aber Giap ließ nicht locker; Navarre mußte sich damit abfinden, daß Dien Bien Phu verloren war, wenn die USA es nicht retteten.

Zu den Besorgnissen Navarres gesellte sich noch ein abscheulicher Streit mit Cogny. General de Linares' Warnung »Nimm dir nicht Cogny! Der ist ein Schweinehund!« hallte in der Stille der Nacht in den Ohren des Oberkommandierenden. Cogny schob öffentlich, unverhohlen die Verantwortung für das düstere Abenteuer, das sich seinem Ende näherte, von sich ab. In Briefen, die in ihrer Steifheit geradezu kindisch wirkten, erinnerte Navarre ihn an die Ehrfurcht vor Hierarchie und geistiger Disziplin. Cogny antwortete schriftlich, er sei nicht mehr bereit, unter Navarres Befehl zu dienen, und sagte mündlich: »Wenn Sie nicht vier Sterne an der Schulter hätten, hätten Sie bald meine Hand im Gesicht.« Statt den Beleidiger in Festungsarrest nehmen zu lassen, sagte Navarre schwach: »Das alles soll unter uns bleiben.« Der Riese Cogny schlug die Hacken zusammen: »Das betrachte ich als meine vordringlichste Pflicht.«

Da Navarre sich mit der Intervention der B29 abfand, war es Sache der französischen Regierung, zu entscheiden, ob sie Washington darum ersuchen solle oder nicht. Selten wurde eine so folgenschwere Entscheidung einer so zerrütteten Regierung vorgelegt.

Am 31. März hatte Marschall Juin bei einer Versammlung von Reserveoffizieren in Auxerre an dem vom Ministerrat angenommenen Plan einer Europaarmee schroff und im übrigen unqualifiziert Kritik geübt. Pleven berief ihn zu sich, um von ihm Erklärungen zu fordern; anstatt sich jedoch einzustellen, begab sich Juin unverschämterweise zu einem Bankett von Kavallerieoffizieren im Bois de Boulogne, bei dem er – ein Soldat im aktiven Dienst – sich nicht scheute, zu äußern, Frankreich habe keine Regierung. Weygand saß am Ehrentisch und klatschte Beifall. Die alte französische Armee, die Armee, welche die vollständigste Niederlage erfuhr, nachdem sie einst den mörderischsten Sieg der französischen Geschichte davongetragen hatte, fand sich nicht mit einer Umwandlung ab, die aus ihr den Kern der kollektiven Verteidigung Europas machen würde. Sie gewann für ihre Weigerung den eingefleischten Nationalismus, den der Gaullismus nährte und auswertete.

An jenem Sonntag, dem 4. Juni, während Oberst Brohon mit General Ely Rücksprache hielt, ertönte aufrührerisches Geschrei auf der Place de l'Etoile. Eine Zeremonie zu Ehren der Indochinakämpfer wurde durch eine Volksmenge gestört, die »Hoch Juin!« rief. Laniel und Pleven wurden umringt, angerempelt, wahrscheinlich auch geschlagen; die Polizei ließ es geschehen. Eine Gruppe von Generälen schützte den Ministerpräsidenten und den Verteidigungsminister; als sie in ihre Wagen stiegen, flatterten ihnen Flugblätter um die Ohren.

Einige Stunden nach dieser nervenzermürbenden Demütigung versammelte sich der Ministerrat. Alle Mitglieder waren sich über die Kette der Folgen im klaren, die eine Intervention der USA möglicherweise in Bewegung setzen würde. Doch die Lage in Dien Bien Phu war so kritisch, daß der Ministerrat es für unerläßlich erachtete, der Garnison eine letzte Chance zu geben. Der um 23 Uhr 30 berufene Botschafter, Douglas Dillon, wurde dahingehend informiert, daß die französische Regierung an die Regierung der Vereinigten Staaten offiziell das Ersuchen richte, die Operation »Geier« auszulösen. An den französischen Botschafter Henri Bonnet wurden telegrafische Weisungen gerichtet, dem amerikanischen Außenminister das gleiche Ersuchen zu unterbreiten.

Inzwischen hatte John Foster Dulles die öffentliche Meinung der Vereinigten Staaten vorbereiten wollen. Er erklärte in einer Rede im Overseas Press Club, daß die Anwesenheit von 2000 chinesischen Instruktoren in den Reihen der Vietminh und die große Menge chinesischer Flak rund um Dien Bien Phu eine Intervention darstellten, angesichts deren die Vereinigten Staaten nicht gleichgültig bleiben könnten. »Das bedeutet ein ernstes Risiko, das jedoch nur geringfügig ist im Vergleich mit dem Risiko, das wir in einigen Jahren eingehen müßten, wenn wir es heute an Entschlossenheit fehlen ließen . . .«

Nachdem er vor den ausländischen Journalisten für seine Landsleute gesprochen hatte, berief Dulles die acht wichtigsten demokratischen und republikanischen *leader* des Senats zu sich. Ihre Haltung erwies sich als mehr denn lau – nicht weniger lau als die in Washington eintreffenden Briefe oder die Kommentare der Zeitungen über die Rede im *Overseas Press Club.* Nicht einmal die drei unmittelbaren Untergebenen des Autors des Plans »Geier«, Admiral Radfords, die Generalstabschefs der Luftwaffe, der Marine und des Heeres, traten für ihren Chef ein. Matthew Ridgway, der Generalstabschef der Landstreitkräfte, hatte eine genaue Studie des indochinesischen Kriegsschauplatzes anfertigen lassen, aus der er schloß, daß keine der logistischen und politischen Vorbedingungen erfüllt war, die für eine Intervention der Vereinigten Staaten erforderlich wären. »Und es ist völlig illusorisch«, sagte er, »sich vorzustellen, daß die USA sich auf eine Aktion zur See und in der Luft beschränken könnten. Wenn sie sich auf das Abenteuer einlassen, dann werden sie bis zum Infanteristen in seinem Erdloch gehen.«

Die Entscheidung war Eisenhowers Sache; sie wurde schnell gefaßt. Der Präsident war der Ansicht, er habe nicht dem Krieg in Korea ein Ende gemacht, um ihn in Indochina unter weniger günstigen materiellen und politischen Bedingungen wiederaufzunehmen. Radfords Drängen war vergeblich; man würde so weit gehen, den Franzosen B29-Maschinen zu leihen, wenn sie Mannschaften besäßen, um die Besatzungen zu stellen – was nicht der Fall war –, die US-Luftwaffe würde jedoch die Belagerer von Dien Bien Phu nicht unter ihrem eigenen Hoheitszeichen bombardieren.

So waren die Franzosen also einem Irrtum aufgesessen; sie hatten den Vorschlag des Chefs der Generalstäbe mit einem festen Anerbieten der Regierung der Vereinigten Staaten verwechselt – das erklärte Dulles verlegen einem eisigen Henri Bonnet. Er betonte, daß die USA bereit seien, Frankreich zu Hilfe zu kommen, jedoch ausschließlich im Rahmen einer gemeinsamen Intervention der antikommunistischen Staaten des Fernen Ostens, der Philippinen und Thailands, mit Australien und Neuseeland, schließlich mit Großbritannien . . .

Das Echo war armselig; einzig Thailand antwortete auf die Sondierungen Washingtons mit einer Zusage. Churchill lehnte ab, wobei er seiner antifranzösischen Grundstimmung freien Lauf ließ: »Ich sehe nicht ein, warum wir in Indochina für die Franzosen kämpfen sollten; ich hätte um Indien kämpfen wollen. Die Franzosen sind nicht mehr imstande, ihr Reich oder ihr Land zu verteidigen; sie rechnen dafür auf die Amerikaner und auf uns...« In der Diplomatensprache wurde aus dieser schroffen Ablehnung eine Erklärung, wonach die Regierung Ihrer britischen Majestät es nicht für möglich erachtete, irgendeine militärische Aktion vor der Konferenz zu unternehmen, die am 26. April in Genf zur Regelung der Probleme des Fernen Ostens zusammentreten würde.

Für Dien Bien Phu bestand die letzte Chance darin, bis zum Ausgang der Konferenz, die vielleicht den Frieden wiederherstellen würde, mit eigenen Mitteln durchzuhalten.

Bis zum Schluß: Fallschirmfreiwillige, die zum erstenmal abspringen

Die letzte Chance? Es gab noch eine andere; sie lag darin, Dien Bien Phu durch eine periphere Aktion gegen die Verbindungslinien der Belagerer freizukämpfen.

Die im Kampf stehende Vietminh wurde über eine Straße versorgt, die von der Pforte von China über Thai Nguyen, Yen Bay und Nghia Lo bis in die Nähe von Dien Bien Phu verlief. Die Luftbombardements dieser Route hatten keinerlei nennenswertes Ergebnis erzielt. Man hätte sie durch eine Landoperation vom Tongkingdelta abschneiden müssen. Die vom Generalstab des Expeditionskorps durchgeführte Studie führte zu dem Ergebnis, daß dies gelingen würde, wenn man Yen Bay, 150 Kilometer von Hanoi, am Roten Fluß gelegen, einnehmen könnte.

Doch Yen Bay war vor achtzehn Monaten anläßlich des Unternehmens Lorraine als die Möglichkeiten übersteigend erachtet worden, und nun mangelte es noch mehr als damals an den erforderlichen Mitteln. Schon die Verteidigung des Tongkingdeltas gegen die territorialen Einheiten erforderte hunderttausend Mann, die dennoch die täglichen Sabotageakte gegen die Eisenbahnlinie Haiphong-Hanoi nicht zu verhindern vermochten. Die Operation Atlante trennte die französischen und vietnamesischen Streitkräfte. Eine Gegenoffensive im Zwischenstromland, dem Gebiet zwischen dem Roten und dem Weißen Fluß, wurde als unmöglich abgelehnt.

Navarre flog nach Seno, wo er mit Oberst de Crèvecoeur zusammentraf, und versuchte, den im Dezember vorbereiteten Marsch zur Durchführung zu bringen, der die Isolierung Dien Bien Phus durchbrechen sollte. Vier Bataillone sollten zum Tal der U vorstoßen, drei Bataillone im Gebiet von Muong Khua abspringen und die Verbindung mit dem befestigten Lager herstellen. Die Operation Condor wurde von Navarre als »durchaus ausführbar« bezeichnet; sie würde zumindest den Druck auf die Belagerten erleichtern.

In Wirklichkeit war das Unternehmen ein Hirngespinst. Das Gelände zwischen Muong Khua und Dien Bien Phu war nicht zu bewältigen, es gab in dem Gebiet mit den steilen, dschungelbewachsenen Bergen nur ganz wenige, sehr schlechte Absprungzonen. Die drei Fallschirmjägerbataillone, die das äußerste Minimum darstellten, waren nicht vorhanden. Und hätte es sie gegeben, so wären die für die Durchführung des Unternehmens erforderlichen Luftbeförderungsmöglichkeiten nicht greifbar gewesen. Die Schlacht um Dien Bien Phu verschlang alles.

Sobald die Wetterbedingungen es zuließen, wurden die Jagdbomber eingesetzt, die Bordwaffenbeschuß, Bomben und Napalm verwendeten. Die kühnsten Piloten waren die Marineflieger des Flugzeugträgers *Arromanches*, deren Kommandeur, Kapitänleutnant Jean Dominique Andrieux, am 31. März gefallen war. Aber die Stellungen der Vietminh waren für die Flieger wie für die Artillerie äußerst schwer zu treffen. Bei der ganzen Belagerung wurde nur ein einziges Vietgeschütz kampfunfähig gemacht.

Man brauchte täglich 150 Tonnen an Munition und Lebensmitteln. Durch das schlechte Wetter, die Flak, den Mangel an Fallschirmen konnte diese Ziffer nur ganz selten erreicht werden. Navarre beschwerte sich bitter bei den Leitern der Luftwaffe, Lauzin und Nicot. Sie antworteten gereizt, sie seien nicht verantwortlich für eine Situation, die über ihre Möglichkeiten hinausging.

Castries verlangte Soldaten; sie fielen für ihn vom Himmel. Drei Bataillone Fallschirmjäger wurden zwischen dem 15. März und dem 3. April abgesetzt. In ganz Indochina meldeten sich Freiwillige, um über Dien Bien Phu abzuspringen. Ein Bataillon der Legion – keine Fallschirmjäger – meldete sich vollzählig. Oberst Sauvagnac, Kommandeur der Fallschirmjäger von Tongking, berief sich zuerst auf die Vorschriften, denen zufolge sechs Übungssprünge und ein Berechtigungsschein erforderlich seien, doch der daraufhin erhobene Protest zwang ihn, sich über diesen Formalismus hinwegzusetzen. Von den 2000 Mann, die zusätzlich zu den feststehenden Einheiten zur Verstärkung eintrafen, waren mehr als 700 Freiwillige, die zum erstenmal mit Fallschirm absprangen. Und die Liste wurde noch länger; bei der Schlacht von Dien Bien Phu strich ein Hauch von Heldentum über ein desillusioniertes, ermattetes Expeditionskorps.

»Eines Abends«, erzählte Langlais, »fiel mir ein prächtiger Leutnant, der geradewegs aus Saint-Cyr kam und zum erstenmal absprang, beinahe auf den Kopf. Ich schickte ihn zu der Einheit, der er angehören sollte. Wenige Stunden später machte ich Männern Platz, die eine Bahre trugen, und erkannte das schöne, im Tod erstarrte Gesicht meines Leutnants.«

Am 15. April, nach einem Monat Belagerung, bestand die Festung Dien Bien Phu noch aus den starken Befestigungsanlagen Eliane, Claudine und Huguette sowie den Verbindungsanlagen Epervier, Junon und Lili. Die Division 308 verschnaufte am linken Ufer der Yum vor Eliane und dem letzten noch überlebenden Stützpunkt von Dominique. Der Kräfteeinsatz ging auf die Division 312 am rechten Ufer über; hier ging es um Huguette.

Huguette 6 war ein befestigtes Dreieck mitten im Reisfeld, welches das Ende der Landepiste sicherte und dessen Verlust die Achse für die Fallschirmabwürfe verkleinert und die Zahl der beim Feind niedergehenden Frachten erhöht hätte. Hauptmann Bizard, ein Kavallerist, verteidigte den Stützpunkt mit einer aus vietnamesischen Fallschirmjägern, treugebliebenen Thais und einzelnen k.v.-Geschriebenen zusammengesetzten Kompanie. Die Angriffe der Viets zerschlugen sich an diesem Gemisch.

Der Feind grub hartnäckig weiter; seine Gräben schlossen den Stützpunkt ein, schnürten ihn ab. Die Versorgung wurde schwierig. Gedeckt durch ein Aufgebot von Legionären, schlichen aus politischen Gefangenen bestehende Arbeitskommandos unter dem Mörserfeuer durch. Bizard machte beim Rundgang durch Huguette 6 Bestandsaufnahme: Der Funkspruch hatte ihm 35 Kanister Wasser angekündigt, von denen nur 5 eintrafen. Das Reisfeld war trocken, und der Brunnen, den er zu graben versuchte, brachte nur schwärzlichen Schlamm zutage. Die Verteidiger von Huguette 6 waren in der sengenden Hitze der bleiernen Sonne halb verdurstet.

Am Tag vorher, dem 15. April, hatte der Ministerrat Oberst de Castries zum General befördert. Die gesamte Presse der freien Welt feierte den glorreichen Verteidiger von Dien Bien Phu. Er selbst, der Spahi, der Ausbildungsoffizier motorisierter Kampfverbände, wußte, daß er in diesem Kampf nicht der richtige Mann war. Hier hätte es einen Pionier oder Infanteristen gebraucht, der verbissen um jeden Klumpen Erde gekämpft, sich dafür im Graben eingesetzt hätte. Castries, der in seinem Jeep mit im Wind flatterndem Wimpel und roter Schärpe durch die Festung gefahren war, zog sich mit seiner Schwermut in seinen Bau zu dem Sprechfunkgerät zurück, das ihn mit Hanoi verband. Im belagerten Dien Bien Phu fehlte das mitreißende Feuer eines Chefs wie Masséna in Genua oder Totleben in Sewastopol. Mehrere Minister hatten sich, entweder weil sie das wußten oder weil sie der Vietminh nicht den Ruhm gönnen wollten, einen französischen General zum Gefangenen gemacht zu haben, der Beförderung de Castries widersetzt. Laniel ging darüber hinweg, und Cogny beglückwünschte seinen neuen Kollegen mit den Worten: »Ich lasse Ihnen Ihre Sterne mit Fallschirm abwerfen.« Sie fielen zu den Viets.

Am Ostersonntag, dem 18. April, fand sich Castries damit ab, Huguette 6 aufzugeben. Hätte man die erschöpfte Garnison herausholen wollen, so hätte das einen Kampf erfordert, dessen Blutzoll die Möglichkeiten der Garnison überstieg. Bigeard riet davon ab und ließ Bizard sagen, niemand werde ihm einen Vorwurf machen, wenn er sich ergebe. Bizard wagte lieber einen verzweifelten Hindernislauf über die Laufgräben der Viets. 120 Mann rannten los, 60 kamen durch.

Das Schicksal von Huguette 1 war dem von Huguette 6 ähnlich. Die Viets brachen unter den Füßen der Verteidiger nach oben. Diesmal war die Verkürzung der Achse für die Fallschirmabwürfe so bedeutend, daß Castries Befehl erteilte, die verlorene Stellung wiedereinzunehmen. Aber auf der Garnison lastete schwere Ermattung. Der dem 2. BEP anvertraute Gegenangriff wurde bei weitem nicht so wuchtig wie der, der vierzehn Tage vorher Eliane 2 wiedergewonnen hatte; er scheiterte.

Ende April war Huguette verloren. Die französischen Stellungen beschränkten sich nun auf einen Kreis von 1500 Meter Durchmesser. 1200 Verwundete lagen zusammengepfercht in dem unterirdischen Hospital; ebenso viele lagen in den Stützpunkten, betreut von den Bataillonsärzten, die kaum mehr tun konnten, als die Verbände zu erneuern, wenn sie allzu übel rochen. Schon längst wurden die Gefallenen an Ort und Stelle begraben, oder sie verwesten, wie in Eliane 2, zusammen mit Lebenden. Noch war die Regenzeit nicht eingebrochen, aber die Gewitter, die ihr vorangingen, genügten, um in den Unterständen einen halben Meter Schlamm anzuhäufen. Eine von Bigeard verlangte Zählung ergab 3620 Mann Infanterie in Dien Bien Phu und 1250 in Isabelle, das seit Anfang April abgeschnitten war; zusammen mit den Artilleristen, den Panzerbesatzungen, Pionieren usw. ungefähr 6000 Mann. Am 13. März hatten sich 12 000 Mann im befestigten Lager befunden, und 4000 waren mit Fallschirm abgesprungen. Die Differenz ergab sich nicht nur durch die Toten und Verwundeten, sondern auch durch mehrere tausend Deserteure, von denen die einen zum Feind übergegangen waren und die anderen sich in die Höhlenstadt am Ufer der Yum geflüchtet hatten. 700 Thais, 75 Algerier und 300 Marokkaner waren bei der Fahne geblieben.

An Waffen waren noch acht 10,5-cm-Geschütze und zwei 15,5-cm-Geschütze verwendbar, vier oder fünf Panzer waren noch einsatzfähig. Die Munition wurde rar; ein Flak-Regiment mit 67 3,7-cm-Kanonen war in Stellung gegangen und gestaltete das Überfliegen der Mulde bei Tag wie bei Nacht äußerst gefährlich. Die amerikanischen Besatzungen der C119, die nach Flugstunden bezahlt wurden, weigerten sich, im Tiefflug mit Fallschirm abzuwerfen; mehr als die Hälfte ihrer Lasten fielen beim Feind zu Boden. Dennoch kamen noch weiter Freiwillige, die jedesmal, wenn es das Wetter gestattete, zum erstenmal ins Leere hinuntersprangen: 52 am 27. April, 83 am 30., 43 am 1. Mai usw.

Wie lange würde Dien Bien Phu noch aushalten? Die Kämpfer an Ort und Stelle glaubten noch, sie würden bis zum Schluß durchhalten – das heißt, bis die weißgebluteten Viets aufgeben würden. Im Generalstab Navarres setzte man den 15. Mai als äußerstes Datum für das Überleben des befestigten Lagers an. Churchill gab im Unterhaus eine eisige Erklärung ab, in der er seine Landsleute vor der Gefühlsregung warnte, die durch die Ilias von Dien Bien Phu in die indochinesische Affäre gebracht würde. Er bestätigte seine Ablehnung jeglicher Aktion vor Abschluß der Genfer Konferenz, der letzten Hoffnung der Belagerten.

Die letzten Stunden von Dien Bien Phu

In Genf herrschte strahlender Frühling. Die Ankunft von neunzehn Delegationen und fünfhundert Journalisten verlieh der Hauptstadt des verstorbenen Völkerbunds wieder ein regsames Aussehen. Als jedoch die Franzosen über Vermittlung von Molotow und Tschou En-lai versuchten, eine sofortige Feuereinstellung zu erreichen, stießen sie auf eine unwiderrufliche Weigerung. Von ihren großen Verbündeten unterstützt, brachte die Delegation der Vietminh unzählige Verfahrenskniffe ins Spiel, um Giap viele weitere Angriffe zu ermöglichen. Es war überaus wichtig, den Fall Dien Bien Phus auf den grünen Tisch der Konferenz legen zu können.

Die Nacht vom 1. zum 2. Mai sah den Beginn der Endoffensive. Im Kampf gegen die beiden Stirnseiten der Festung griffen die Viets auf die Taktik der menschlichen Angriffswellen und der Todesfreiwilligen zurück. Östlich der Yum nahmen sie die Hügel Dominique 3 und Eliane 1, letzterer war so mit Leichen übersät wie der Hügel von Verdun im Ersten Weltkrieg. Im Westen nahmen sie Huguette 5. Wie gewöhnlich wurde es mit Tagesanbruch wieder ruhig und blieb es auch während der nächsten Nacht. 150 Freiwillige wurden mit Fallschirm in der Festung abgesetzt. Die Belagerten begannen wieder an das Wunder zu glauben, der Feind habe seine letzte Anstrengung gemacht und gebe nun auf.

In Hanoi, wo Oberst de Crèvecoeur sich Cogny und Navarre zugesellt hatte, um ein Mittel zur Rettung der Überreste der Garnison zu finden, herrschte diese gesegnete Illusion nicht vor. Die Überlebenden könnten unter Zurücklassung der Geschütze und Verwundeten versuchen, zu der schwachen Kolonne zu entfliehen, die aus Laos kam. Cognys Stabschef wandte ein, daß diese verzweifelte Flucht den Ruhm eines heldenhaften Widerstands schmälern und nur eine Handvoll Einzelner retten würde. Navarre beschränkte sich darauf, eine Weisung abzufassen, wonach man »die Absetzbewegung der Einsatzeinheit Nordwest planen und vorbereiten« solle. So lautete der offizielle Name der im Sterben liegenden Garnison; oft gibt es in den Dokumenten des Generalstabs etwas Unwirkliches.

Eine andere absurde Entscheidung verlangte den Absprung des letzten in Tongking einsatzfähigen Fallschirmjägerbataillons, des 1. BCP, über der aufgegebenen Festung. Einer der Hauptleute, Jean Pouget, berichtet, daß er unmittelbar nach Erhalt des Einsatzbefehls am Tisch General Bodets, des Stellvertreters Navarres, gesessen habe. Alle Tischgenossen stimmten in ihrer Ansicht überein, daß Dien Bien Phu nunmehr nicht länger als achtundvierzig Stunden durchhalten würde. Pouget entschuldigte sich, er müsse nun gehen, und sagte: »Morgen werde ich dort essen ...« Alle fuhren verlegen hoch: »Warum haben Sie das nicht gesagt?«

In der Nacht vom 4. zum 5. Mai sprangen zwei Kompanien des 1. BCP in kleinen Gruppen ab; die letzte Kompanie, unter dem Befehl von Hauptmann Faussurier, bestieg am Abend des 6. fünf Dakotas. Über Dien Bien Phu angelangt, erhielten sie vom Boden den Befehl, nach Hanoi zurückzukehren; die Verteidiger hatten begriffen, daß ein weiterer Nachschub für die Schlacht nur noch Nachschub für Tod oder Gefangenschaft bedeutete.

Zu dieser Zeit bestand am linken Ufer der Yum nur noch der Stützpunkt Eliane 4, der von Botella, und der Stützpunkt Eliane 2, der von Pouget verteidigt wurde. Unterhalb von Eliane 2 explodierte eine Mine und riß die Kuppe des Hügels ab. Pouget und eine Handvoll Soldaten eroberten den Trichter zurück, doch ihre Munition war zu Ende, und sie fielen oder wurden bei dem Versuch, zum Zentrum durchzubrechen, gefangengenommen. Bei Morgengrauen fiel auch Eliane 4. Auf dem anderen Ufer ging ein Teil des Festungswerks Claudine verloren. Ein schwaches Tausend Fallschirmjäger, Legionäre, Algerier, Vietnamesen, bei denen sich 4000 Verwundete befanden, schlugen sich in Verwirrung inmitten eines unvorstellbaren Schlammgeländes. Der Vormittag brachte nicht die gewohnte Kampfpause; Giap hatte Befehl erteilt, Dien Bien Phu vor Einbruch der Nacht den letzten Stoß zu versetzen.

Zu Mittag standen die in schwarze Baumwolle gekleideten Soldaten am Ufer der Yum. Die Festung war nur mehr ein formloses Gebilde von 500 Meter Seitenlänge. Die Viet-Infanterie schaltete eine Atempause ein, doch der Artilleriebeschuß des letzten Karrees wurde erbarmungslos fortgesetzt. Zu den Salven der 10,5-cm-Geschütze gesellte sich eine Batterie Stalinorgeln, die im letzten Augenblick eingetroffen waren, um bei dem Todeskampf der Festung mitzumachen.

Castries und Cogny hatten voneinander Abschied genommen. Cogny rief dem anderen zurück: Auf keinen Fall die weiße Fahne! Damit nicht das Zeichen der Kapitulation ein Ruhmesblatt trübe, das die Bewunderung der Welt hervorrief.

Bei einem letzten Luftangriff brüllte das Echo in der Mulde. Die während der Nacht verlorengegangenen Stellungen wurden mit Bordbeschuß und Bomben aus Tiefflug belegt. Vergeblich; die Überlebenden von Dien Bien Phu hatten nicht mehr die Kraft, den Kampf wiederaufzunehmen. Sie zerschlugen ihre Waffen, zerstörten die Motoren ihrer letzten Panzer. Im Stützpunkt Isabelle bereitete Oberst Lalande einen Ausfall vor; um 20 Uhr würden die Reste seines Schützenbataillons und seines Bataillons von Legionären einen Durchbruchversuch nach Laos unternehmen.

Die Artillerie der Viets verstummte. Das darauffolgende Geräusch sollte für immer ins Gedächtnis der Besiegten eingeprägt bleiben: Es war das Klatschen von Tausenden Sohlen im Schlamm, die in die Trümmer der Festung eindrangen und zum Unterstand des Generals zusammenströmten.

Es war 17 Uhr, jeder Widerstand hatte aufgehört. Die stolzesten Soldaten der französischen Armee, Brechignac, Langlais, Bigeard, ergaben sich. Die Männer Lalandes fanden die Straße zur Flucht abgesperrt und kapitulierten am folgenden Tag.

60 000 Fallschirme, über den Grund und die Hänge der Mulde verstreut, schenkten Dien Bien Phu eine riesige weiße Fahne.

19. Kapitel   1955
Von einem Aufstand zum anderen
... und nun Algerien

Während Dien Bien Phu seine letzten Patronen abfeuerte, zelebrierte das ganze französische Reich am 7. Mai den Jahrestag der Kapitulation Deutschlands. Die Parade in Hanoi glich jedoch einer Trauerfeier. Der langsame Parademarsch der Legion wirkte wie ein Begräbniszug. Eines der daran teilnehmenden Bataillone bestand nur noch aus 100 Mann, da die anderen, darunter der Bataillonschef Major Cararibère, einige Tage vorher in einem Hinterhalt bei Haiphong gefallen waren. Alle hatten sich, obwohl sie keine Fallschirmspringer waren, freiwillig zum Absprung über Dien Bien Phu gemeldet.

In der Stadt wurde alles verramscht. Die Europäer verkauften ihre Läden, ihre Villen, ihre Autos zu Schleuderpreisen. Man hörte Geschützdonner, er drängte zur Eile, das Belagerungsfieber wuchs. Alle dachten an die endlose Paul-Doumer-Brücke, deren Einnahme durch die Vietminh bedeuten würde, daß der Fluchtweg nach Haiphong, zur See, abgeschnitten war.

Navarre befand sich in Saigon, sprach mit der Presse, die er haßte, befürwortete die Internationalisierung des Kriegs, die er früher abgelehnt hatte. Er vertrat die Meinung, daß der Verlust von Dien Bien Phu, diese schwere taktische Niederlage, einen strategischen Wert beinhalte, der den Verlust der Garnison rechtfertige. »Die Kämpfer von Dien Bien Phu haben nicht nur die Ehre gerettet, sie haben Laos vor der Invasion bewahrt, die motorisierten Kräfte des Feindes vom Tongkingdelta abgelenkt und die Vietminh daran gehindert, an einem entscheidenderen Punkt als Dien Bien Phu den spektakulären Erfolg zu erzielen, dessen sie in Genf bedurft hätte... Wie Mainz im Jahre 1793, wie Plewna 1877, wie Lüttich 1914 ist Dien Bien Phu erst nach Erfüllung seiner Aufgabe gefallen... Die Verluste, die wir erlitten haben, überschreiten nicht 5 % des Expeditionskorps. Aus Frankreich treffen Verstärkungen ein. Der Kampf geht weiter.«

Die optimistischen Ansichten des Oberbefehlshabers wurden von der Wirklichkeit widerlegt. Schon am zweiten Tag nach dem Fall von Dien Bien Phu setzten sich die Sieger in Richtung Tongkingdelta in Bewegung. Die dortigen Einheiten warteten ihre Ankunft nicht erst ab, um ihre Kampftätigkeit zu verstärken. Jede Nacht wurden die Straßen und Bahnverbindungen nach Haiphong unterbrochen; in den Gebieten von Phu Ly, Bui Chu, Phat Diem, Hadong kam es immer häufiger zu Entführungen der Posten. Im übrigen Indochina mußte die Lage überall, wo sie sich nicht verschlechterte, schon als zufriedenstellend angesehen werden. Die Operation Atlante scheiterte endgültig. Vor allem jedoch war es Selbstbetrug, wenn man behauptete, daß die 17 in Dien Bien Phu verlorengegangenen Bataillone nur den zwanzigsten Teil des Expeditionskorps ausmachten; auf dessen Schlagkraft bezogen, war der Prozentsatz viel höher. Die Generaloffensive der Vietminh würde auf einen Gegner stoßen, dessen Manövrierfähigkeit und dessen Möglichkeiten zu Gegenstößen durch den Verlust seiner besten Einheiten erheblich beeinträchtigt waren.

Das einzige, was man hoffen konnte, war, daß diese Generaloffensive der Vietminh bis nach der Regenzeit auf sich warten lassen würde. Nichts war jedoch ungewisser. Giap wollte das Tempo seines Sieges beschleunigen; der Monsun störte ihn, benachteiligte aber die Franzosen noch stärker, indem er ihre Luftwaffe lahmlegte. Der Angriff gegen das Delta mußte ins Auge gefaßt werden, sobald die Divisionen, die Dien Bien Phu genommen hatten, ihre Bewegung zu Ende geführt hatten, und das war für Ende Juni zu erwarten.

Frankreich stand vor einem Dilemma: Sollte es sich ganz und gar einsetzen, indem es seine Wehrpflichtigen nach Indochina sandte, oder sollte es die bittere Niederlage hinnehmen? Die nationale Erregung rückte die erste Lösung in den Bereich der Möglichkeiten. Indochina widerte die öffentliche Meinung an. Zu Anfang war Dien Bien Phu nichts als ein unaussprechlicher Name – plötzlich aber brachte die Katastrophe die Nation zusammen und peitschte sie auf. Eine starke Regierung wäre imstande gewesen, dem Volk die schwersten – und von vornherein vergeblichsten – Opfer aufzuerlegen, um die Ehre der Fahne zu rächen. Die Regierung Laniel war – diesmal zum Glück – nicht von dieser Art.

Navarre verlangte drei Divisionen. Das Komitee für Nationale Verteidigung trat dafür ein, sie zu bilden, sie jedoch nach Afrika zu schicken, um dort die Berufssoldaten abzulösen, die nach Indochina abgehen sollten. Man schiffte zwei Bataillone Fallschirmjäger, einen algerischen motorisierten Kampfverband, drei Staffeln AMX-Panzer, eine Staffel B26 ein, im ganzen rund zehntausend Mann. Das war nicht einmal genug, um die durch die Niederlage von Dien Bien Phu geschlagenen Verluste im Expeditionskorps auszugleichen.

Ein neues Wort kam in Mode: »retraction«, sich absetzen, ein verschämtes Synonym für Preisgabe. Das Komitee für Nationale Verteidigung schrieb Navarre vor, er solle sich in das – wie er es nannte – »nützliche Delta« absetzen. Eventuell dürfe sogar Hanoi geopfert werden. Nördlich vom 17. Breitengrad werde General Navarre, so lauteten die neuen Weisungen, nur die Sicherheit des Expeditionskorps unbedingt in Betracht zu ziehen haben. Ein einziges Gebiet müsse unter allen Umständen gehalten werden, das von Haiphong, der Kai zur Wiedereinschiffung.

Um die Ausführung dieser Weisungen zu gewährleisten, betraute der Ausschuß General Ely mit einem Auftrag in Indochina. Er beschloß, ihm General Pélissier, den Stellvertretenden Stabschef der Luftwaffe, sowie Navarres Vorgänger, Salan, beizugeben. Am 15. Mai, eine Woche nach dem Fall Dien Bien Phus, flogen die drei Generäle ab.

Auf die Regierung, die sie in Frankreich zurückließen, paßt das in der chaotischen Geschichte der französischen Republiken so oft verwendete Bild: die Leiche faselt. Eine Parlamentsdebatte über Indochina ließ ihr nur eine Mehrheit von wenigen Stimmen. Sogar Laniels beste Freunde sagten ihm, daß sein Team verbraucht sei, daß er von allgemeiner Abneigung umgeben und es an der Zeit sei abzutreten. Doch der normannische Großbürger klammerte sich an die Macht und hoffte verbissen, die Genfer Konferenz werde ihn retten.

Indochina kam an dem verhängnisvollen 8. Mai auf die Tagesordnung der Konferenz. Bidault verlangte sofortige Einstellung der Feindseligkeiten. Der Mann, der ihm erwiderte, der Mandarinsohn Pham Van Dong, hatte 1946 bei den Verhandlungen in Fontainebleau wie eine Statue der Wachsamkeit hinter Ho Tschi Minh, welcher der Willfährigkeit gegenüber dem Kolonialismus verdächtigt wurde, gestanden. Durch acht Jahre im Dschungel war er noch mehr abgemagert, ausgehöhlt, zum Fanatiker geworden. Seine Rede war ein einziger Schrei von Sieg und Haß. Die von ihm geforderte Regelung zielte auf rasche Errichtung eines kommunistischen Regimes in ganz Vietnam.

Rotchina war anwesend; es war, wenn man vom koreanischen Dorf Panmunjon absieht, das erstemal, daß es auf einem internationalen Schauplatz erschien. Es hatte dafür Sorge getragen, mit großem Pomp und auf großem Fuß aufzutreten. Tschou En-lai hatte eine riesige Villa bezogen – sie hieß *»le Grand Mont fleuri«* – und sie vollkommen mit Möbeln und Kunstgegenständen eingerichtet, die aus Peking mit dem Flugzeug geholt worden waren. Offensichtlich wünschte man die UdSSR in den Schatten zu stellen. Molotow hatte übrigens zu Eden gesagt: »Die Chinesen denken und fühlen anders als wir.« Gleich bei ihrem ersten Zusammentreffen mit den Westmächten machte sich der Gegensatz zwischen den beiden Riesen des Kommunismus bemerkbar.

Die Konferenz geriet sofort in eine Sackgasse. Die Vertreter der Regierungen von Saigon ließen sich nach langwierigen Verzögerungen herbei, zur Sitzung zu kommen, doch nur um die Anerkennung Bao Dais zu verlangen und sich jeglicher Teilung Vietnams zu widersetzen. Eden ließ alle Mittel seiner geschmeidigen Diplomatie spielen, ohne daß es ihm gelang, die Verhandlungen einzuleiten; Genf verwandelte sich in Panmunjon. Die Franzosen verdächtigten die Kommunisten, den Krieg fortsetzen zu wollen, da sie mit einem noch entscheidenderen Erfolg als Dien Bien Phu rechneten. Die Kommunisten beschuldigten die Franzosen, daß sie nicht den Frieden, sondern das Einschreiten der Vereinigten Staaten anstrebten.

Manche klarblickende Amerikaner sahen tatsächlich im Fall von Dien Bien Phu einen zusätzlichen Grund, um dieses Einschreiten zu verlangen. Ihnen war klar, daß Indochina ein Schlachtfeld der freien Welt war, daß die USA sich früher oder später dort würde engagieren müssen und daß es klug wäre, vorerst die Armee eines westlichen Landes zu unterstützen, die noch auf den Beinen stand. Richard Nixon, Eisenhowers Vizepräsident, erklärte im National Press Club, man müsse soweit gehen, den Einsatz amerikanischer Infanterie in Vietnam ins Auge zu fassen. Wenige Dutzend Meter vom Press Club entfernt steht das Weiße Haus; es gehörte zu den Millionen amerikanischer Häuser, in denen Nixons Worte Besorgnis und Mißbilligung hervorriefen.

Ike war entschlossener denn je, die Vereinigten Staaten aus dem Krieg herauszuhalten. Sein Verteidigungsminister, Charles Wilson, stand jeder Intervention noch entschiedener entgegen. Die großen isolationistischen Zeitungen, *Chicago Tribune* und *New York Daily News*, brachten die Argumente, deren sie sich 1940 bedient hatten, um die USA vom Kampf gegen Hitler abzuhalten, zugunsten Ho Tschi Minhs wieder auf Hochglanz. Harry Truman, der 1950 die Vereinigten Staaten in den Koreakrieg gezogen hatte, riet davon ab, sie 1954 in Indochina in einen Krieg zu verwickeln. Der Senator von Colorado, Edwin Johnson, tadelte Nixon als »whooping for war«, er dränge zum Krieg. Der Kongreß erinnerte daran, daß er allein das Recht zur Kriegserklärung besitze und es sich nicht werde entreißen lassen, wie es bei Korea der Fall gewesen war.

Am 11. Mai saßen 150 akkreditierte Journalisten in den weichen Sesseln des Auditoriums im neuen Gebäude des Außenministeriums. Foster Dulles erschien, schwarz gekleidet und anscheinend in düsterer Stimmung. Die erste Frage wurde ihm von Daniel Schorr gestellt, dem Korrespondenten von CBS: »Herr Minister, Dien Bien Phu ist gefallen. Glauben Sie, daß Südostasien noch verteidigt werden kann, wenn ganz Indochina fällt?« Antwort: »Ja, ich glaube es.«

In 6000 Kilometer Entfernung stöhnte Georges Bidault: »Das ist für mich ein Dolchstoß in den Rücken!« Seine einzige Waffe am Konferenztisch hatte in der Drohung mit der Intervention der Vereinigten Staaten bestanden. John Foster Dulles' Worte: »Ich glaube es«, zerschlugen sie ihm in den Händen. »Die Vereinigten Staaten sind entschlossen«, schrieb beifällig das Wall Street Journal, »Indochina zu streichen und eine neue, auf Siam, Malaya und die Philippinen begründete Verteidigungslinie zu errichten.« Eisenhower hatte verlangt, Dien Bien Phu solle sich selbst überlassen werden; nach dessen Verlust hatte er nichts dagegen, daß Indochina in die Binsen ging.

Es war Ende Mai; rund um die sich im Todeskampf windende französische Regierung knackte es immer mehr. In Tunesien wurden Siedler ermordet, in Marokko brachen Unruhen aus, den nordafrikanischen Soldaten, die sich nach Indochina einschifften, stand die Desertion in den Gesichtern geschrieben. Die Genfer Konferenz war völlig eingefroren, die USA-Diplomatie erstrebte eine bunte Koalition – Großbritannien, Australien, Neuseeland, die Philippinen, Thailand, Südkorea – für die Verteidigung von Südostasien. Frankreich wurde darüber informiert, daß ein Ansuchen um militärische Unterstützung an alle diese Mächte gerichtet und von ihnen allen genehmigt werden müsse. Eines dieser Länder, Großbritannien, hatte bereits nein und wieder nein gesagt. Frankreich, das sich zuerst der Internationalisierung des Kriegs widersetzt hatte, bemühte sich nun vergeblich darum; es war dazu verurteilt, sein Ringen allein fortzusetzen, unter moralischen und materiellen Bedingungen, die täglich schwieriger wurden.

Die Straße Hanoi – Haiphong war nur noch von Mittag bis 18 Uhr offen, und auch das nur um den Preis eines großen Einsatzes von Flugwaffe und Panzern. Die Doumer-Brücke wurde nur durch die Geistesgegenwart eines Soldaten gerettet: Er sah, wie der Fahrer eines Lastwagens in den Roten Fluß sprang, worauf er selber ans Steuer stürzte und das mit Sprengstoff vollgeladene Fahrzeug von der Brücke fuhr. Noch standen französische Truppen in Mon Cay, Luc Nam, Son Tay, Phu Ly, Nam Dinh und Phat Diem; sie liefen Gefahr, einem überdimensionalen Dien Bien Phu zum Opfer zu fallen.

Navarre glaubte das nicht: »Ich durchreiste im Mai ganz Indochina und habe nirgends alarmierende Symptome festgestellt ... Die Niederlage von Dien Bien Phu im Thaigebiet – einem fremden Landstrich, von einem fremden Stamm bewohnt – hatte bei der Bevölkerung des Deltas eine nur sehr geringe Nachwirkung ... Die Vietminh war infolge ihrer Verluste außerstande, den taktischen Rückschlag, den sie uns zugefügt hatte, unmittelbar auf strategischer Ebene auszunutzen ...« Navarre war nicht überrascht, aus dem Mund Elys zu hören, daß die Regierung nicht daran denke, ihn abzuberufen. 17 Bataillone zu verlieren bedeutete in ihren Augen für einen Oberkommandierenden, der zwanzigmal soviel Truppen befehligte, keine Niederlage, sondern einfach die Bezahlung eines annehmbaren Preises für das erzielte Ergebnis.

Ely und vor allem Salan urteilten da anders: Sie sahen das Expeditionskorps in Gefahr und bestanden darauf, daß das in Paris angeordnete Absetzen unverzüglich stattfinde. Angesichts des Widerstands von Navarre und Cogny willigten sie in einen Kompromiß ein, demgemäß das Expeditionskorps im Deltazentrum neu aufgestellt werden und die vietnamesische Armee den Schutz der Gebiete übernehmen solle, die von ihm geräumt wurden. Doch die vietnamesischen Truppen waren nie hervorragend gewesen, und die Wendung, die der Krieg offensichtlich nahm, führte dazu, daß sie den geringen Kampfwert, den sie hatten, völlig einbüßten.

Die Rückkehr der Mission war beschwerlich; die drei Generäle reisten Touristenklasse in einem überfüllten Air-France-Flugzeug. Ein Motorschaden hielt sie einen Tag in der glutheißen Stadt Karatschi fest. Der während der mühseligen Reise ausgearbeitete Bericht ließ keine Illusion mehr zu: weder über den Verlauf der vorangegangenen noch über den Ausgang der bevorstehenden Kämpfe. Laniel beschloß, den ahnungslosen Navarre abzuberufen. Juin und Koenig, auf ihren Ruhm bedacht, entzogen sich wacker einer so heiklen Nachfolge. Ely, der Stoiker in Uniform, stand stramm und erklärte, sein Gewissen erlaube es ihm nicht abzulehnen. Es wurde bestimmt, daß er die Funktionen des Hochkommissars und Oberbefehlshabers in seiner Person vereinigen werde. Navarre war völlig versteinert, als er von seinem Sturz erfuhr, den er dann einem systematischen Schwarzfärben der Lage durch den militärisch unfähigen Ely und den nachträgerischen Salan zuschrieb.

Laniel wurde neuerlich angegriffen und wehrte sich mit der Beherztheit eines Ochsen, der nicht zur Schlachtbank will. Am 12. Juni erhielt ein Vertrauensvotum nur 293 Stimmen gegen 306 – es waren jedoch 314 erforderlich, um die Regierung verfassungsmäßig zu stürzen. Laniel beschloß, das Parlament aufzulösen und allgemeine Wahlen zu veranlassen, doch sein politisch sehr gewiegter Finanzminister Edgar Faure ließ ihn im Stich und zwang ihn zum Rücktritt. Das 19. Kabinett der IV. Republik – sie bestand seit 9 Jahren – hatte ausgelebt. (*Forts. Indochina S. 605*)

Die »zweite Befreiung« der Schwarzen in den Vereinigten Staaten

Majestätisch in seiner schwarzen Robe, erhob sich *Chief Justice* Warren zur Verlesung des Richterspruchs in dem von einem gewissen Brown gegen die Oberschule des Bezirks Clarendon angestrengten Verfahren. Die Entscheidung war von den neun

Richtern einstimmig getroffen worden; sie besagte, die Verweigerung der Aufnahme von Browns Sohn – unter dem Vorwand, es gebe im Bezirk eine Schule von gleicher Qualität für Schwarze – stehe im Widerspruch zur Verfassung der Vereinigten Staaten. Diese historische Entscheidung wurde zehn Tage nach dem Fall von Dien Bien Phu, am 17. Mai 1954, gefällt.

Sechzig Jahre früher hatte der Oberste Gerichtshof im Fall »Plessy gegen Ferguson« eine andere historische Entscheidung gefällt, nämlich daß es nicht verfassungswidrig sei, wenn die Staaten Schulen, Krankenhäuser, öffentliche Gebäude besaßen, die Schwarz und Weiß getrennt zur Verfügung standen, vorausgesetzt, es wurden den Kindern gleichwertige Möglichkeiten geboten. »Separate but equal«, getrennt, aber gleichberechtigt, war ein halbes Jahrhundert lang die Forderung der einen und die Rechtfertigung der anderen gewesen. Diese Doktrin stieß der Oberste Gerichtshof um. In 21 Staaten sowie im Distrikt Columbia sollten die getrennten öffentlichen Schulen verschwinden. Die Söhne und Töchter der Schwarzen sollten von nun an hinter den gleichen Pulten sitzen wie die Söhne und Töchter der Weißen.

Kaum hatte Earl Warren den Beschluß des Gerichts zu Ende gelesen, da kam die Harlemer Tageszeitung Amsterdam News mit Überschriften grün wie die Hoffnung in Riesendruck heraus: »The Second Emancipation«. Der Süden jedoch hißte auf allen seinen Rathäusern die Rebellenfahne, die dreizehn Sterne in Kreuzform. Trumans Außenminister James Byrnes, der Gouverneur von Südkarolina, versprach, er werde eher alle Schulen seines Staates schließen als zusehen, wie sie schwarzweiß würden. 12 000 Schulbetriebe mit zwei Millionen Schülern fielen unter den Richterspruch des Obersten Gerichtshofs. Einige hundert, darunter die des Distrikts Columbia, gehorchten unverzüglich; um die anderen entspann sich ein hitziger Kampf.

Bei den Streitkräften war die Rassentrennung während des Koreakrieges abgeschafft worden. Sie war in Dreiviertel der Staaten gesetzlich verboten – aber die Sitten entziehen sich den Gesetzen. Die Lynchjustiz hatte aufgehört. Viele Schwarze verließen den Süden, und im Süden verließen sie die Landgebiete, an deren Armut sie gekettet waren. Die schwarze Bevölkerung machte wirtschaftliche Fortschritte, ihr Gesamteinkommen erreichte 16 Milliarden Dollar, ihr durchschnittlicher Lebensstandard wurde höher als jener der Deutschen und Franzosen. Die extremistischen Bewegungen wie der schwarze Islam, der schwarze Konterrassismus, der Stolz des Negertums waren kaum noch geboren. Die NAACP, Nationale Vereinigung für den Fortschritt der Farbigen, dachte nicht daran, ein anderes Ziel zu verfolgen als die Gleichheit der zivilen Rechte. Noch war die Zufriedenheit, Amerikaner zu sein, bei den farbigen Staatsbürgern unversehrt.

Diese Situation sollte sich von nun an ändern. Die in den Städten des Nordens immer zahlreicher werdenden Schwarzen erbitterten die sozialen Schranken, von denen sie umschlossen waren. Als Arbeiter stießen sie auf den Widerstand der vom elementaren Rassenhaß der kleinen Leute durchdrungenen Gewerkschaftsführer. Sie fühlten sich ihren Brüdern afrikanischer Rasse, die dem Kolonialregime unterstanden, überlegen; deren Emanzipation sollte dieses Gefühl umkehren. Harlem und Bronzeville blickten mit Neid nach Abidjan oder Nairobi. Der schwarzen Bevölkerung der Vereinigten Staaten von Amerika kam ihre Überlegenheit zum Bewußtsein, und sie brachte eine Bewegung ins Leben, gewissermaßen eine Konter-Rassentrennung, um sie zu bestätigen und zu verteidigen. Nun würde die schwarze Frage in Amerika ihren wahren Charakter erhalten, nämlich den eines Kolonialproblems, wobei in diesem Fall die Kolonisierten und nicht die Kolonisatoren die Reise unternommen hatten. Das war der Beginn einer der folgenschwersten Entwicklungen unserer Zeit. (*Forts. USA S. 642*)

Mendès-France gibt sich einen Monat für den Erfolg

Wieder einmal überquerte Winston Churchill den Atlantik. Während er durch eine Luke des Stratocruisers die Wolken betrachtete, hielt er ein Selbstgespräch. »Ich wollte, man hätte das Fliegen nicht erfunden; es hat den Meeren ihre Bedeutung genommen. Welchen Schaden es dem guten alten England zugefügt hat, ist nicht zu beschreiben!«

Seine Augen füllten sich mit senilen Tränen. Nun war er ein sehr alter Mann — sogar noch älter als die 79 Jahre, die er tatsächlich zählte. Sein Gehirn ließ ihn oft längere Zeit im Stich, seine Sehkraft nahm ab. Als man ihm den Hosenbandorden verlieh, wollte man mit dieser höchsten Auszeichnung klar andeuten, daß die Zeit für den allzulange aufgeschobenen Rücktritt gekommen sei. Doch er widerstand den Überredungsversuchen und ließ sich nicht mit dem über seine alten Schultern gelegten Mantel aus Gold und Samt begraben. »Ich weiß sehr wohl«, sagte er, »daß man wünscht, ich solle gehen; mein Gewissen gebietet mir aber zu bleiben. Anthony ist viel zu schwach, viel zu krank, um meine Stelle einzunehmen. Die Welt befindet sich in Lebensgefahr; ich muß mich opfern, um sie zu retten.« Im Gespräch mit seinem Arzt, Lord Moran, fügte er noch die weniger altruistische Überlegung hinzu: »Wenn ich in den Ruhestand trete, lebe ich nicht mehr lang.«

Diese Reise, das Zusammentreffen mit Eisenhower, geschah auf Churchills Wunsch. Das betonte das amerikanische Kommuniqué mit den Worten, es sei »mit Rücksicht auf das von Sir Winston ausgesprochene Verlangen« organisiert worden. Die schmeichelhaftesten Ehrungen wurden ihm bereitet. Er sollte während seines ganzen Aufenthalts im Weißen Haus wohnen, anstatt, der Etikette gemäß, nach der ersten Nacht ins Blair Haus umzuziehen. Man bat ihn, an seinen Gewohnheiten nichts zu ändern, den ganzen Vormittag im Bett zu bleiben; der sonst mit den Hühnern zu Bett gehende Eisenhower fand sich damit ab, bis ein Uhr morgens wach zu bleiben und sich anzuhören, was Winston, der erst bei Nacht so richtig lebendig wurde, von seiner Vergangenheit erzählte. Doch diese freundlichen Rücksichten auf den glorreichen Alten konnten die Kluft nicht verhelen, die sich zwischen Großbritannien und den Vereinigten Staaten aufgetan hatte. »John Foster Dulles hat auf seinem privaten Briefpapier die Liste der Meinungsverschiedenheiten zwischen beiden Ländern verzeichnet«, berichtet der Journalist James Reston. »Sie erstreckt sich über drei Seiten und über die ganze Weltkarte.« Die auf gespanntem Fuß stehenden

Dulles und Eden vermieden es, miteinander zu sprechen, und richteten es möglichst so ein, daß sie sich nicht die Hand geben mußten.

In Washington herrschte eine schreckliche Hitzewelle. Churchill litt sowohl unter der Luft, die ihm den Atem raubte, als auch unter der Klimaanlage, auf die er alle Leiden zurückführte. Er war wieder einmal gekommen, um für ein enges Bündnis der »*English Speaking Peoples*« einzutreten sowie für ein Zusammentreffen mit Malenkow, bei dem er, Churchill, der Sprecher für den Westen sein sollte. Die Amerikaner wichen aus. Churchill wetterte gegen die Mittelmäßigkeit der republikanischen Regierung, gegen das Dilettantentum Eisenhowers.

In Asien war die britische Politik von der Sorge beherrscht, Hongkong zu behalten und den Malaiischen Archipel zu schützen. Eden hatte ein »asiatisches Locarno« vorgeschlagen – das heißt etwas Ähnliches wie den Rheinlandvertrag von 1925, ein Abkommen, das die wichtigsten Großmächte einschließlich Chinas zu Garanten des territorialen Status quo im Fernen Osten machte. Die USA widersetzten sich dieser indirekten Anerkennung der Pekinger Regierung.

Ein anderer Grund der Uneinigkeit war Indochina. Die Vereinigten Staaten nahmen Großbritannien die völlig negative Einstellung übel, die es eingenommen hatte und auch beibehielt. Großbritannien warf den USA vor, ihren Bevollmächtigten, den stellvertretenden Außenminister Walter Bedell Smith, aus Genf abberufen und implizite das Scheitern der Konferenz hingenommen zu haben. Dennoch gelang es ein Memorandum aufzustellen, in dem die sieben Bedingungen aufgezählt wurden, unter denen London und Washington die Vereinbarungen anerkennen würden, die eventuell in Genf getroffen würden. Die Unabhängigkeit von Laos und Kambodscha müßte garantiert werden. Die Teilung Vietnams müßte am 17. Breitengrad erfolgen, womöglich mit einer Enklave im Tongkingdelta. Man müßte Vorkehrungen treffen, um die Wiedervereinigung des Landes auf demokratischem Wege zu ermöglichen. Eine internationale Kontrolle müßte organisiert werden.

Was Frankreich anbelangte, so hatte Ike an Sir Winston geschrieben, um ihn über seine Ansicht hinsichtlich der politischen Krise und den Ausgang, den sie gefunden hatte, zu befragen. In seiner Antwort behandelte Churchill die Franzosen schlecht: Sie hätten nicht den Mut besessen, ihre eigenen Wehrpflichtigen nach Indochina zu schicken. An deren Stelle hätten sie deutsche Söldner und Eingeborene kämpfen lassen; und nun versuchten sie das gleiche mit Engländern und Amerikanern. Das schwache, entnervte Frankreich könne sein Heil nur in der Europäischen Verteidigungsgemeinschaft finden, die es offensichtlich nicht haben wolle. Eisenhower schloß sich Churchills Ansicht an und fügte hinzu, daß Frankreich General de Gaulle wieder an die Macht rufen sollte, worauf Churchill erwiderte, diese Arznei wäre schlimmer als die Krankheit.

In Frankreich dauerte die Regierungskrise nur fünf Tage. Pierre Mendès-France, der zum Nachfolger Laniels bestimmt wurde, erhielt am 17. Juni von der Nationalversammlung den Regierungsauftrag; am 20. war sein Kabinett gebildet. Churchill beurteilte ihn günstig; seiner Ansicht nach sehe Mendès-France die Indochina-Affäre realistisch und habe Aussichten, sie einer Regelung zuzuführen. In den Vereinigten Staaten wurde Mendès-France als Gefangener der äußersten Linken angesehen, praktisch als eine Art Kerenskij. Er hatte jedoch in der Debatte am 17. Juni »das vergiftete Geschenk«, die ihm von den Kommunisten angebotenen Stimmen, in scharfem Ton zurückgewiesen. Diese erklärten, sie würden dennoch für ihn stimmen, »nicht für Sie, sondern für den Frieden«. Mendès erwiderte, er werde ihre 95 Stimmen von der Mehrheit, die er zu erzielen hoffe, in Abzug bringen. Er konnte Wort halten, da er 419 Stimmen gegen 47 erhielt.

Mendès-France gab sich einen Monat, um bei der Genfer Konferenz sein Ziel zu erreichen. Wenn es ihm nicht gelang, bis zu diesem Termin, das heißt bis zum 20. Juli, einen annehmbaren Waffenstillstand abzuschließen, wollte er dem Präsidenten der Republik den Rücktritt seines Kabinetts überreichen.

Ein Mann neuen Stils war auf den Schauplatz getreten. Zu dem Mißtrauen, das er hervorrief, gesellte sich eine gewisse Neugier, und man war gern bereit, sie in Sympathie umzuwandeln. Seit zehn Jahren erstrebten die Vereinigten Staaten eine Konsolidierung der französischen Politik, die eine Vereinigung Europas ermöglichte. Sie hatten ihr Vertrauen einem Pleven, einem Pinay, ja sogar Persönlichkeiten zweiten Ranges wie Ramadier oder Laniel geschenkt. Warum also nicht diesem Mendès-France, der die Kühnheit besaß, ohne Umschweife gegen die alten französischen Fehler zu Felde zu ziehen, der riet, man solle weniger Wein und mehr Milch trinken? (*Forts. Frankreich S. 655*)

Letzte Niederlage: der mechanisierte Kampfverband GM 100 wird aufgerieben

Die französische Führung, die vietnamesische Regierung – beide wechselten gleichzeitig. Ely trat an Navarres Stelle; der immer noch in Cannes lebende Bao Dai sah sich gezwungen, seinen Vetter Buu Lok durch seinen Erzfeind Ngo Diem zu ersetzen. Auf Elys Befehl machte sich das Expeditionskorps daran, das Tongkingdelta teilweise zu räumen. Im Westen zog es sich bis an den Rand von Hanoi zurück, im Süden überschritt es wieder den Roten Fluß und ging hinter dem Bambuskanal in Stellung. Die Operation »Auvergne« vollzog sich ohne besondere Schwierigkeiten. Cogny und Vanuxem, die sie durchführten, wurden von dem Oberkommandierenden beglückwünscht.

In Wirklichkeit war es eine düstere Angelegenheit: Flucht der Truppen, Auszug der Bevölkerung, Abdankung Frankreichs. Die de-Lattre-Linie, die so viel Geld gekostet und so wenig Nutzen gebracht hatte, wurde unversehrt aufgegeben. Nam Dinh, wo das Baumwollzentrum von Tongking bis zu 20 000 Arbeiter beschäftigte, wurde geopfert. Die Bistümer Bui Chu und Phat Diem, die den Franzosen und ihrem albernen Bao Dai die Untertanentreue verweigerten, hatten unter der Fahne des Vatikans gekämpft; die Hoffnung, sie gegen den roten Stern halten zu können, mußte aufgegeben werden. Die Katholiken von Tongking kamen unter der Führung ihrer Priester über die Straße, den Fluß und über das Meer in Massen nach Haiphong, ohne zu wissen, wo sie wieder Fuß fassen konnten. 4000 Quadratkilometer, drei Millionen Einwohner, die Hälfte des Deltas, ging kampflos in die Herrschaft der Vietminh über.

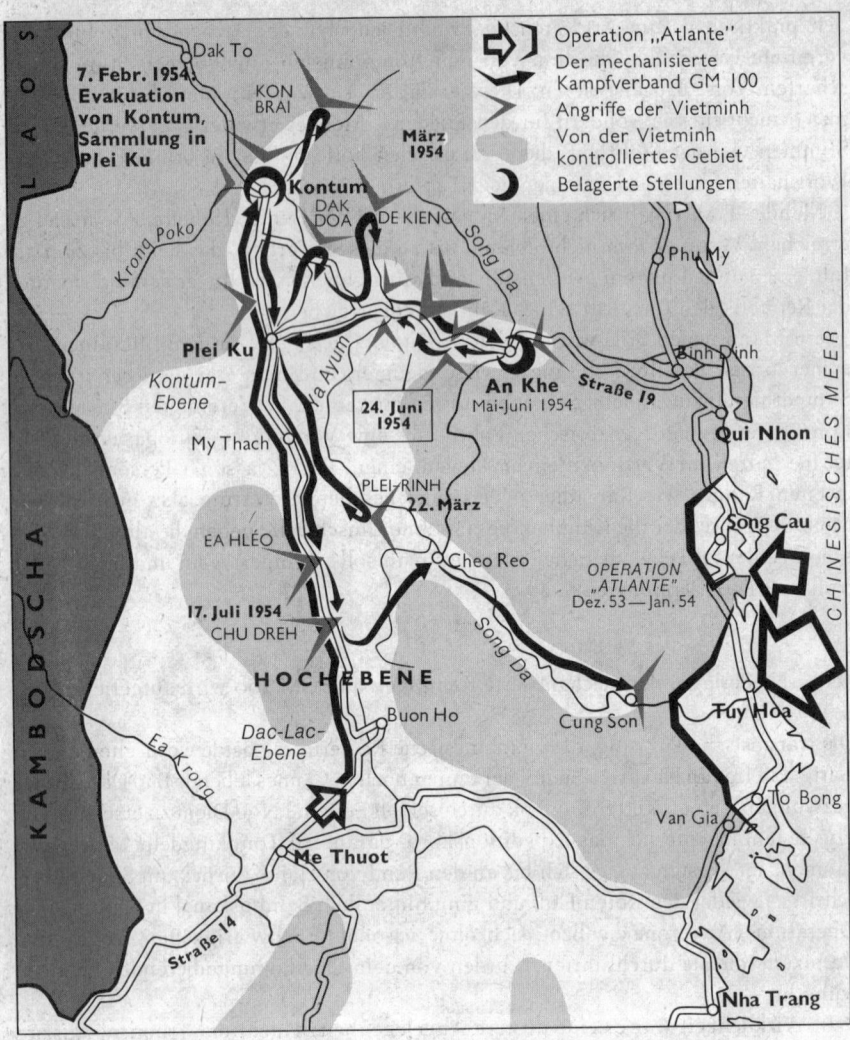

Der Krieg in Indochina, 1954

Der mechanisierte Einsatzverband GM 100 unter Oberst Barrou saß in dem befestigten Lager An Khe auf der Hochebene fest. Am 7. Mai plärrten ihm die Lautsprecher die Nachricht vom Fall Dien Bien Phus entgegen. »Die mächtige Garnison vermochte dem Ansturm der Volksarmee nicht zu widerstehen. Ihr seid um so viel schwächer! Ihr alle werdet sterben, ihr Franzosen von An Khe, ihr und die Vietnamesen, die euch als Jagdhunde dienen!«

Die Kampfgruppe GM 100 bestand aus einem Regiment aus Korea, einem Marschbataillon des 43. Kolonial-Infanterieregiments, einer aus drei Batterien zusammengesetzten Artilleriegruppe und einer Panzerstaffel; sie war eine solide, gestählte Einheit. Die zwei in dem Gebiet kämpfenden vietnamesichen Regimenter waren in keiner Weise mit dem Kampfverband zu vergleichen, der sich Dien Bien Phus bemächtigt hatte. Die Stellung An Khe hatte jedoch, da sie angelegt worden war, um die Straße von den Bergplateaus zur See offenzuhalten, seit dem Scheitern der Operation »Atlante« jede Daseinsberechtigung verloren. Sie wurde nur noch durch eine kostspielige Luftbrücke versorgt. General Beaufort beschloß, sie zu räumen.

Ebenso wie in Cao Bang wurde der Feind durch die Tätigkeit der Luftbrücke informiert, die tausend Zivilisten sowie einige Nichtkämpfer nach Qui Nhon beförderte. Anders als in Cao Bang, sollte sich die Garnison mit ihrem gesamten Kriegsmaterial mit Waffengewalt durchschlagen. Eine Kette von B26-Bombern sollte dem Marsch Deckung geben.

Am 24. Juni, bei Tagesanbruch, verließ der GM 100 An Khe in Richtung Plei Ku. Wenige Stunden später geriet er in einen klassischen Hinterhalt: Straßensperren, Maschinengewehre und Mörser in Feuerstellung auf den Höhen. Die in Brand geschossenen Fahrzeuge blockierten die Kolonne. Oberst Barrou wurde schwer verwundet, Oberstleutnant Lajoinie getötet. Es gelang etwa zwanzig Lastwagen, die Sperre zu durchbrechen, und ein Teil des Korearegiments entkam in den Dschungel. Die von den Fallschirmjägern Oberst Stockels aufgenommenen Überlebenden mußten sich noch durch einen zweiten Hinterhalt durchkämpfen, ehe sie sich in Plei Ku in Sicherheit bringen konnten. Der GM 100 hatte die Hälfte seiner Leute, 80 % seiner Fahrzeuge, sämtliche Geschütze verloren.

In Tongking waren bereits Kontakte zwischen den Gegnern aufgenommen worden. Vietminh- und französische Offiziere trafen in Trung Gia, bei Thai Nguyen, zusammen, um die Durchführung der erwarteten Genfer Entscheidungen vorzubereiten. Geneviève de Galard und die Verwundeten von Dien Bien Phu wurden freigelassen. Diem protestierte gegen das geheime Einverständnis zwischen Frankreich und der Vietminh. Aber Diem war machtlos. Der kluge Ely beurteilte dessen Ernennung mit zwei Worten: zu spät. Diem – mit seiner antifranzösischen Vergangenheit, der langjährigen Verbannung, die er einer Unterwerfung vorzog – hätte einige Jahre früher im Namen des Nationalismus eine Schranke gegen den Kommunismus aufstellen können. Vor Cao Bang wäre das verhältnismäßig leicht gewesen. Nach Dien Bien Phu war es offensichtlich unmöglich.

Durch die politische Krise in Frankreich war die Genfer Konferenz in einen Winterschlaf versunken, aus dem sie nach der Bildung der Regierung Mendès-France schwerfällig erwachte. Aus offiziösen, durch Oberst Brebisson hergestellten Kontakten ging hervor, daß die Vietminh als erste Etappe ihres Siegs eine Teilung Vietnams anzunehmen bereit war. Sie verlangte aber, daß die Demarkationslinie auf den 13. Breitengrad festgelegt werde, wodurch sie im Landesinneren nach Ban Me Thot und an der Küste bis Nha Trang gereicht hätte; damit wäre Saigon nicht mehr zu verteidigen gewesen. Frankreich trat für den 18. Breitengrad ein, der mit der Annampforte zusammenfiel, der traditionellen Grenze von Tongking.

Aber die Vereinigten Staaten hatten sich mit dem Scheitern der Konferenz abgefunden. Dulles verweigerte Bedell Smith, der übrigens schwer krank war, die Autorisierung, seinen Platz darin wieder einzunehmen. Der Abfall der USA ließ Frankreich allein gegenüber der von Molotow vertretenen UdSSR, des von Tschou En-lai vertretenen China und der von Pham Van Dong vertretenen Vietminh.

Mendès rief um Hilfe. Dulles erklärte sich bereit, nach Paris zu fliegen, um die Lage mit dem französischen Regierungschef zu klären. Er traf am 12. Juni in einer silbernen Constellation der US Air Force in Orly ein. Mendès kehrte in Begleitung Edens aus Genf zurück und war kurz vor Dulles mit einer alten verwaschenen DC3 gelandet. Der Kontrast sprang den Zuschauern in die Augen. Die reichen, selbstbewußten Vereinigten Staaten mit ihrem ausgeruhten, lächelnden Außenminister – dagegen Frankreich, dessen abgezehrter Regierungschef wie ein Sinnbild der Not seines Landes wirkte.

Dulles stand Mendès-France nach wie vor mißtrauisch gegenüber. Erstaunt erfuhr er von ihm, daß er für das antikommunistische Vietnam einen Breitengrad mehr verlangte, als im von Churchill und Eisenhower aufgestellten Memorandum vorgesehen war. Aber auch der schneidige Mut des Franzosen machte auf ihn Eindruck. »Ich lasse drei Divisionen aus Männern der wehrpflichtigen Jahrgänge zusammenstellen. Wenn ich bis zum 20. Juli keine ehrenhafte Feuereinstellung erreicht habe, werde ich bei meinem Rücktritt, zu dem ich mich verpflichtet habe, ihre Entsendung nach Indochina befürworten.« »The guy is terrific!« (Ein toller Bursche!) sagte Dulles nach der Unterredung.

Am Abend des 14. Juli flog Dulles wieder über die Fluten des Atlantik. Mendès landete in seiner abgenutzten Dakota auf dem Flughafen Cointrin. Er hatte die Rückkehr von Bedell Smith nach Genf durchgesetzt, aber die Agentur TASS veröffentlichte ein Manifest gegen die Pariser Besprechungen und tadelte die Kapitulation des französischen Ministerpräsidenten vor den USA. Gleichzeitig wurden plötzlich die Kämpfe in Indochina bedeutend heftiger. Die Viets griffen vor Hanoi wütend an, eroberten das Lager Erulin und brachten das Verteidigungssystem des Korridors nach Haiphong in schwere Gefahr. Nun blieben Mendès-France nur noch sechs Tage, um sein Versprechen zu erfüllen: Frieden am 20. Juli, oder ich trete zurück ...

Am 15. unterhielten sich Molotow und Mendès unter den drei Linden von Joli Port am plätschernden Genfer See im roten Schein einer Antimückenlampe – doch der Russe weigerte sich, seine asiatischen Verbündeten unter Druck zu setzen. »Ihr wollt nicht den Frieden um jeden Preis, und die Vietminh auch nicht.« Am 16. fand in Edens Villa »Les Ormeaux« ein Dreiergespräch statt, das mit einer Erklärung des Pressesprechers endete: »There was no progress« (Es wurde kein Fortschritt erzielt.) Die Sitzung der Konferenz am 17. brachte kein Ergebnis. Am 18. schrieb Mendès an Edgar Faure, den amtierenden Ministerpräsidenten: »Ich frage mich, ob ich nicht in Sicht des Hafens Schiffbruch erleide.« Am 19. erlebte man, wie Pham Van Dong in schallendes Gelächter ausbrach. Er hatte etwa dreißig französische Journalisten in eine Villa in Versoix eingeladen und bewirtete sie mit chinesischen Zigaretten und russischem Bier. Man fragte ihn, ob er glaube, daß am nächsten Tag der Waffenstillstand unterzeichnet würde. Er tat erstaunt: »Warum denn morgen? Haben wir es so eilig?« »Aber Monsieur Mendès-France ...« »Sie meinen, daß Monsieur Mendès-France einen politischen Unfall erleiden würde, wenn wir mit unseren Arbeiten nicht

zu Ende kommen? Pah, man stirbt nicht an einem politischen Unfall, ha, ha, ha!«
Herrn Pham hatte noch nie jemand lachen sehen, niemand nahm auch nur an, daß
er lachen könne. Man glaubte das Sterbeläuten der Konferenz zu hören. Die tausend
in Genf anwesenden Journalisten erklärten, daß Rußland, da Frankreich sich dem Lager der USA angeschlossen hatte, keinen Grund mehr habe, Mendès-France an der
Macht zu halten, indem es einem Krieg ein Ende bereitete, der für die Vietminh eine
so günstige Wendung nahm.

Schlag Mitternacht zeigte sich wieder ein Hoffnungsstrahl. Ein alter Politiker, Albert Sarraut, ehemaliger Statthalter in Indochina, kam mit Pham zu Mendès und
brachte die Diskussion über die Breitengrade und die Räumungsdaten von Tongking
wieder in Gang. Sie wurde am 20. neuerlich aufgenommen, dazwischen gab es
Besuche bei Tschou und bei Molotow. Die Vietminh war willens, sich mit dem 16.
Breitengrad zufriedenzugeben. Mendès-France hielt weiter am 18. fest. Molotow,
der einen ermüdeten, sorgenvollen Eindruck machte, sagte schließlich: »Warum ei-
nigt ihr euch nicht auf den 17.?« »Einverstanden«, sagte Pham. »Einverstanden!«
sagte Mendès.

Das war um 17 Uhr 15. Eine Laune Kambodschas stellte dann alles nochmals in
Frage. Noch um Mitternacht tobte die Debatte über einige Einzelheiten. Man tat im
Völkerbundpalais das, was man im französischen Parlament bei Haushaltsdebatten zu
tun gewohnt war: Man hielt die Uhren an. Die am 21. um 4 Uhr morgens unterzeichneten Texte trugen das Datum des 20. Juli. Somit hatte Mendès-France sein Versprechen erfüllt. Zu Unrecht trank die französische Delegation Champagner und bezeichnete das, was nur die Rettung einer Regierung war, als »diplomatischen Triumph«.

Der todkranke Bedell Smith hatte sein Zimmer im Hotel du Rhône nicht verlassen. Die USA unterzeichneten nichts, ebensowenig die UdSSR, Großbritannien und
China. Frankreich selbst überließ das Unterschreiben einem einfachen Brigadegeneral als Vertreter des Hochkommissars Ely. Tatsächlich handelte es sich um militärische Abmachungen, die die Feuereinstellung in Indochina vom 27. Juli bis zum 12.
August staffelten. Die Trennungslinie zwischen den beiden Vietnamstaaten verlief
längs des Flusses Cua Tung, ein wenig nördlich des 17. Breitengrads, wodurch Saigon die Kontrolle über die nach Laos führende RC 9 behielt. Die Truppen der Vietminh im Süden, die französisch-vietnamesischen sowie die Zivilisten von beiden
Seiten, die ihnen zu folgen wünschten, im Norden, sollten sich in abgegrenzten Gebieten sammeln, aus denen man sie innerhalb von dreihundert Tagen abtransportie-
ren würde. Die beiderseitigen Gefangenen sollten innerhalb von dreißig Tagen freigelassen werden. Eine aus Vertretern Kanadas, Indiens und Polens bestehende Kommission würde die Einhaltung der Vereinbarungen gewährleisten. Diem ließ alle
Fahnen in Saigon auf Halbmast setzen und erhob feierlich Einspruch gegen »eine
französische Kapitulation, die die Hälfte von Vietnam und Millionen Vietnamesen
der Knechtschaft auslieferte«.

Der am 19. Dezember 1946 mit dem hinterhältigen Überfall von Hanoi begonnene Krieg hatte die französische Armee 92 000 Tote gekostet. Frankreich hatte über
dreißigmal so viele Männer sterben lassen, um Indochina zu verlieren, als seinerzeit,
um es zu erobern. (*Forts. Indochina S. 616*)

Die Lage in Lateinamerika:
Puerto Rico, Guatemala, Kuba, Brasilien

Von der Zuschauergalerie aus schossen drei Männer, Miranda, Flores und Cordera, und eine Frau, Lolita Lebron, mit ihren Revolvern mitten in das Repräsentantenhaus. Die Abgeordneten Bentley, Fallon, Davis, Jensen und Roberts wurden verwundet. Die Terroristen ließen sich mit dem Ruf »Puerto Rico ist nicht frei!« festnehmen; sie gehörten der gleichen ultranationalistischen Gruppe an, die vier Jahre zuvor versucht hatte, Truman zu ermorden.

Wenn Puerto Rico nicht frei war, dann deshalb, weil Puerto Rico es so gewollt hatte. Das Referendum vom 4. Juni 1951 hatte sich mit einer Mehrheit von drei Viertel der Stimmen für den Status eines Dominions der Vereinigten Staaten ausgesprochen. Eine neue Verfassung gab der ehemaligen spanischen Kolonie die innere Autonomie, eine Fahne und sogar ein eigenes Außenministerium. Der yankeefreundliche Gouverneur Luis Muños Marin war im Triumph wiedergewählt worden. Die Regierung von Washington setzte einen kostspieligen Plan ins Werk, um die übervölkerte Insel aus der Armut zu befreien. Darauf antworteten die Ultra-Nationalisten mit Terror.

Eine beunruhigende Gestalt tauchte in Kuba wieder auf. Der im Jahre 1945 ausgeschaltete ehemalige Unteroffizier Fulgencio Batista y Zaldívar kam sieben Jahre später neuerlich an die Macht, indem er die Truppen von Campos Colombia gegen den Präsidenten Prío Socarrás aufwiegelte. Seine Sprache war die gleiche wie 1933. »Ich bin der Diktator des Volks, ich habe nur ein Regime der Korruption und des Verbrechens gestürzt. Die Revolution marschiert mit mir. Das einzige Blut, das fließen wird, ist das meiner Feinde.«

Tatsächlich war am 26. Juli Blut geflossen. Eine Gruppe von 65 Intellektuellen hatte versucht, das Fort Moncadas, 30 Kilometer von Santiago, zu überrumpeln. Die Garnison leistete Widerstand, tötete die Hälfte der Angreifer und nahm den Rest gefangen. Einer der Gefangenen war ein 22 jähriger Advokat, Fidel Castro Ruz; ein Militärgericht verbannte ihn für fünfzehn Jahre in die Strafanstalt auf der Pinieninsel.

Washington befand sich den karibischen Republiken gegenüber in einer schiefen Lage. Nur jene, die seine liberale Ideologie mißbilligte, waren ihm gewogen: Kuba, die Dominikanische Republik, Honduras. Die radikalen Republiken dagegen waren Herde vehementer Feindseligkeit gegen die Vereinigten Staaten.

Die Versammlung der *Organization of American States*, OAS, für 1954 wurde in Caracas abgehalten. In Gegenwart des völlig ungerührten John Foster Dulles beschuldigte der Außenminister von Guatemala, Guillermo Toriello, die Vereinigten Staaten, mittels Monopolgesellschaften die Länder Lateinamerikas in einem Zustand der Knechtschaft zu halten. Guatemala hatte das Unternehmen, von dem es bedrückt wurde, die United Fruit Company, die 20 % der in den Vereinigten Staaten abgesetzten Bananen produzierte, verstaatlicht. Washington erklärte die angebotene Entschädigung als lächerlich; Guatemala erwiderte, United Fruit habe sich durch die ungeheuren Gewinne im voraus auf seine Kosten schadlos gehalten.

83 84 Deutsche Wiederaufrüstung als politisches Handelsobjekt: Mendès-France und die französische Nationalversammlung stimmten 1954 gegen die »Europäische Verteidigungsgemeinschaft« (EVG), um sich die Hilfe
der Sowjetunion in der Indochinafrage zu sichern. – 1957 wurde dann die Bundeswehr der NATO unterstellt.

85 Die Konferenz in Bandung/Indonesien im April 1955 versammelte zum ersten Mal die sog. Blockfreien. – 86 Der philippinische Präsident Ferdinand Marcos lud bereits im Jahre 1966 zu einer Gipfelkonferenz über den Vietnamkrieg nach Manila ein, an der auch Präsident Lyndon B. Johnson (rechts unten) teilnahm.

1951 hatte Guatemala einen Präsidenten der äußersten Linken gewählt, Jacobo Arbenz Guzmán. Die UdSSR glaubte in dem kleinen, zu zwei Drittel indianischen und zu drei Viertel analphabetischen Land den Brückenkopf gefunden zu haben, den sie in der westlichen Hemisphäre suchte. Die Konferenz in Caracas ermutigte sie. Ein schwedisches Frachtschiff entlud in Puorto Barrios eine Ladung Waffen aus der Tschechoslowakei. Washington zürnte: Es werde nicht zulassen, daß Lateinamerika über Guatemala vom Kommunismus überschwemmt werde.

Aus Honduras stieß eine Gruppe von Flüchtlingen unter dem Kommando von Oberst Castillo Armas vor; sie bemächtigte sich der Eisenbahnlinie, die von der atlantischen zur pazifischen Küste führt, und schnitt so das Land in zwei Teile. Zwei von der Central Intelligence Agency zur Verfügung gestellte B 26 warfen ein paar Bomben auf die Stadt Guatemala. Die ganze guatemaltekische Armee erhob sich gegen Präsident Arbenz. Armas, auf dessen Kopf ein Preis gesetzt war, zog inmitten einer jubelnden Menge in der Hauptstadt ein. Washington brauchte nur noch durch die Organisation of American States die Honduras gegen die Bedrohung durch das rote Guatemala gewährte Hilfe bestätigen zu lassen. Die Verstaatlichung der United Fruit wurde widerrufen; die erste politische Landung des Kommunismus in der westlichen Hemisphäre war abgewehrt.

Nach Guatemala trat Argentinien durch Unruhen, die den Sturz Peróns anzukündigen schienen, in den Vordergrund des Zeitgeschehens. Dann kam es in Brasilien zu Blutvergießen.

Als am 24. August 1954 in Rio de Janeiro der Morgen graute, ließ ein Pistolenschuß die Verwandten und Vertrauten, die im Naranjeiras-Palast eine schlaflose Nacht hinter sich hatten, hochfahren. Der erste, der ins Schlafzimmer des Präsidenten stürzte, war Dr. Luthero Vargas. Er griff nach dem Puls des blutbedeckten Mannes und verkündete mit dumpfer Stimme: »Papa ist tot.«

Schon drei Wochen vorher hatte es in einer Straße von Rio Schüsse gegeben. Der Fliegermajor Ruben Vaz war – versehentlich erschossen – tot zusammengebrochen. Dem Mann, dem es gegolten hatte, dem Journalisten Carlos Lacerda, wurde der Fuß durchschossen. Er zog seinen Revolver und jagte die Angreifer in die Flucht. Dann erhob er vom Krankenhaus aus eine heftige Anklage gegen den Mann, der die Mörder gedungen hatte: Getulio Vargas.

Der 71jährige Vargas beherrschte seit 1930 die politische Szene Brasiliens. Er war klein gewachsen, ein Gaucho ohne Beine, stammte aus Sao Borje, einer kleinen Stadt von Rio Grande do Sul, dort, wo das im Urwald beginnende Brasilien in der Pampa endet. Er hatte den Estado Novo geschaffen, indem er den Faschismus mit dem Sozialismus vermählte, und hatte dann – eine seltene Geste – seine Diktatur aufgegeben, kam jedoch durch allgemeine Wahlen wieder an die Spitze seines Landes. Wirtschaftskrise, Inflation, Korruption und die parlamentarische Anarchie hatten ihn aufgerieben. Die Armee hatte sich gegen ihn ausgesprochen, und auch die lange Zeit loyal gewesene Luftwaffe schien von ihm abfallen zu wollen; die Kugeln, die Major Vaz töteten, brachten sie schließlich dazu, sich ebenfalls gegen Vargas zu stellen.

Das Kabinett war am Abend des 23. August zusammengetreten. Die in ihre Kasernen verbannten Truppen warteten nur auf das Signal, um gegen den Präsidentenpalast zu marschieren. Die Minister hatten Getulio flehentlich gebeten, doch einzusehen, daß seine Zeit abgelaufen sei. Schließlich übertrug er seine Machtbefugnis provisorisch dem Vizepräsidenten João Café Filho: er sagte, er wolle Urlaub nehmen, um seine Gesundheit wiederherzustellen. Drei Stunden später jagte er sich eine Kugel durch den Kopf.

In ganz Lateinamerika waren die Verhältnisse unsicher. Es litt an krankhaftem Individualismus, an einem Hang zur Gewalttätigkeit, einer schlechten Verteilung des Sozialprodukts, einer auf einem einzigen Export beruhenden Wirtschaft: Kupfer in Chile, Kaffee in Brasilien, Zinn in Bolivien, Öl in Venezuela usw. Den Vereinigten Staaten bereitete die wachsende Störung des Gleichgewichts zwischen den beiden Hälften von Amerika Sorgen. Der Bruder des Präsidenten, Milton Eisenhower, wurde mit einer Untersuchung betraut, derzufolge er einen Plan für pauschale Hilfe, ähnlich dem Marshallplan, aufstellte. Es sollte jedoch noch Jahre erfordern sowie einen neuen Präsidenten, bis die Idee Gestalt annahm. (*Forts. Lateinamerika S. 640*)

Die Europäische Verteidigungsgemeinschaft wird gemordet

Während der zweiten Hälfte jenes an Ereignissen so reichen Jahres 1954 blieb Frankreich im Vordergrund. Die Liquidierung dessen, was es immer noch sein Reich nannte, spielte sich in immer rascherem Tempo ab. Seine Weigerung, die große Umwälzung in Europa zur Kenntnis zu nehmen, verfestigte sich, seine Isolierung wurde immer verhängnisvoller.

Mendès-France bemühte sich allenthalben. Schon am 23. Juli ließ er durch die Nationalversammlung die am Vortag in Genf unterzeichneten Verträge genehmigen. Dann zankte er sich mit seinem Finanzminister Edgar Faure über einen finanziellen Sanierungsplan. Am 31. Juli flog er nach Tunis. Bei sengender Hitze übergab er dem Bey in Karthago eine Erklärung, die Tunesien sofort nach Unterzeichnung der Verträge über die Regelung der französisch-tunesischen Beziehungen die innere Autonomie versprach. Der Bey dankte ohne viel Überschwang. Mendès reiste sofort wieder ab und war noch am selben Abend wieder in Paris. Marschall Juin, den er wie eine Geisel mitgeschleppt hatte, kehrte, ohne seine Kränkung und seinen Zorn zu verbergen, in seine Heimat Algerien zurück, um dort seine unterbrochenen Ferien fortzusetzen.

Wenige Tage vorher war Oberst Paillone, Inspekteur der tunesischen Armee, ermordet worden. Der Terror wütete in der Residenz, verwandelte sich in Guerillakrieg. Man nannte die im Hinterland umherziehenden Guerilleros, die Straßen unterbrachen, französische Farmen angriffen, Hinterhalte errichteten, Fellaghas. Eine Bande wagte einen Raubzug gegen die Arsenalstadt Ferryville bei Bizerta und tötete dabei zehn Menschen. Eine andere lieferte eine kleine Schlacht in der Nähe von Gafsa.

Der auf der Insel Groix internierte Habib Bourguiba war soeben in das Schloß de la Ferté, bei Montargis, überstellt worden. Sein Rivale, Salah ben Youssef, war nach Kairo geflüchtet. Beider Antwort auf Mendès' spektakuläre Geste war: »Wir wollen keine Autonomie, sondern die Unabhängigkeit.«

In Marokko wurde das Stadtgebiet von Fez nach zwei Wochen Aufruhr von vier Bataillonen der Legion neu besetzt. Mulay Idriss, die heilige Stadt, wurde von der persönlichen Garde Ben Arafas überfallen: 40 Männer, die eine Petition für die Rückkehr Sidi Mohammeds unterzeichnet hatten, wurden festgenommen. Der Jahrestag seiner Absetzung brachte eine Welle des Terrors und kostete Dutzenden von Menschen das Leben. Doch der Glaui versteifte sich mit unerbittlicher Feindseligkeit gegen die Rückkehr des Ex-Sultans und sprach das verhängnisvolle und doch so schwache Wort »Niemals!« aus.

Mendès-France geriet auch noch in einen anderen Wirbel, der ihn nicht losließ; da handelte es sich um den Termin der Europäischen Verteidigungsgemeinschaft, EVG. Sie war von Holland, Belgien, Luxemburg und Deutschland ratifiziert worden. Die Ratifizierung Italiens war sicher. In Frankreich, von wo der Gedanke ausgegangen war, hatten vier Ministerien nacheinander die Vorlegung des Pariser Vertrags zur Ratifizierung durch das Parlament aufgeschoben. Amerikaner, Engländer, Europäer wurden ungeduldig: »Ratifiziert ihn oder ratifiziert ihn nicht, aber entscheidet euch!« In seiner Kabinettserklärung hatte Mendès-France versprochen, die Sache werde noch vor dem Sommer erledigt sein.

Mendès-France begann mit dem Versuch, die Europäische Verteidigungsgemeinschaft ihrer Substanz zu berauben. Ein sogenanntes Anwendungsprotokoll unterstellte sie einer Probeperiode von acht Jahren und beschränkte die Übernationalität auf die »vordere Zone«, das heißt auf Deutschland und die dort stationierten alliierten Truppen. Verteidigungsminister war der ehemalige Hauptmann Pierre Koenig, den de Gaulle zum General und Bir Hacheim zu einer Berühmtheit gemacht hatten. Er gab sich nicht mit einer Abschwächung des Vertrages von 1948 zufrieden, sondern trat zurück; die beiden anderen Gaullisten des Kabinetts, Lemaire und Chaban-Delmas, folgten seinem Beispiel.

Der nächste Akt spielte in Brüssel, wo die sechs Unterzeichner sich am 19. August versammelten. Trauer brach wie eine düstere Vorbedeutung über sie herein, als der Italiener starb, der sein Land aus den krampfhaften Zuckungen der Nachkriegszeit heraus und auf den Weg der europäischen Vereinigung geführt hatte, Alcide De Gasperi. Ein anderes Mitglied des großen Trios, Robert Schuman, blieb den Verhandlungen fern. Der einzige übriggebliebene war Konrad Adenauer, pergamentartiger denn je; er schwieg und überließ es dem Niederländer und dem Belgier, einen letzten Versuch zur Rettung einer von vornherein verlorenen Sache zu unternehmen.

Mendès-France wollte die EVG nicht; das spürte, sah, fühlte man. Aber er war zu geschickt, um eine schroffe Ablehnung auszusprechen. Er habe nichts gegen eine Ratifizierung des Pariser Vertrags, sagte er, er müsse jedoch einer Tatsache Rechnung tragen: Im französischen Parlament gab es keine Mehrheit, um diese Ratifizierung zu beschließen. Die einzige Aussicht liege in dem Protokoll, das sie allerdings veränderte und abschwächte. Und auch da war es keineswegs sicher, daß die Abgeordneten bereit sein würden, es anzunehmen.

Der Holländer war Johan Willem Beyen, der Belgier Paul-Henri Spaak. Die Ausführungen des ersten waren klar, hellsichtig, entschieden: Das französische Protokoll sei unannehmbar, es sei besser auseinanderzugehen, als diese Karikatur einer

Gemeinschaft anzunehmen. Spaaks Ton war pathetischer. Er ließ nicht locker und versuchte Mendès-France in privaten Gesprächen zu überzeugen, nachdem er sich in der Öffentlichkeit an ihn gewandt hatte. Belgien war ein Leidensgenosse Frankreichs; es war gleichfalls besetzt gewesen, ebenso gequält worden, es hatte die gleichen Gründe, Deutschland zu fürchten, aber auch die gleichen Gründe, dem immer wiederkehrenden Blutvergießen in Europa ein Ende setzen zu wollen. Die militärische Integration war ein Mittel, das zu erreichen; sie war ein nicht rückgängig zu machender Schritt in Richtung der europäischen Integration. Verhinderte man sie, so brachte man damit alles zum Stehen, nahm der Geschichte gegenüber die Verantwortung dafür auf sich, daß man Europa in sein Gemetzel zurückfallen ließ.

Mendès-France beantwortete Spaaks Drängen mit seinem einzigen, kleinlichen, jedoch unerschütterlichen Argument: Sein Parlament wolle sie nicht haben. Dabei war das durchaus nicht sicher; Mendès-France, der Jude und Gaullist aus der Londoner Zeit, umgeben vom Nimbus seines Genfer Erfolgs, hätte mehr Aussichten gehabt als irgendein anderer, die Handvoll Stimmen, die ihm fehlten, für die EVG zu gewinnen. Hätte er sein Ziel nicht erreicht, so wäre er für eine große Sache gefallen und hätte an die Spitze der französischen Europäerpartei treten können. Seine Weigerung war nicht die eines bornierten Militärs wie Koenig oder eines anachronistischen Patrioten wie Herriot, sondern die eines allzu gerissenen Politikers. Es war ein schwerer Fehler, und die Strafe ließ nicht auf sich warten. Mit diesem Tag war Mendès' politische Laufbahn zu Ende. Er hatte noch einige Monate als Ministerpräsident vor sich, dann versank er einfach im Morast des Parlaments, aus dem er nie wieder hochkommen sollte.

In der Nacht zum 22. August um 2 Uhr 35 erschien Spaak vor den Journalisten, die im Vorzimmer seiner Wohnung in der Rue de la Loi warteten, und sagte, den Tränen nahe: »Meine Herren, es ist alles vorbei...« Ein Vermittlungsversuch, durch den die Probezeit auf zwei Jahre eingeschränkt werden sollte, war von Mendès abgelehnt worden. Frankreich und seine fünf Partner hatten ihre Uneinigkeit zu Protokoll gegeben.

Es verblieb noch eine Berufungsinstanz: die französische Nationalversammlung. Die parlamentarische Prozedur über die Ratifikation des Pariser Vertrags erfuhr durch das Scheitern der Brüsseler Konferenz keine Unterbrechung. Die maßgebenden Ausschüsse hatten sich zwar dagegen ausgesprochen, aber die Anhänger der EVG bewahrten noch weiterhin die Hoffnung, daß die Vertreter der Nation die ihnen gebotene Gelegenheit, durch Verschmelzung der französischen mit der deutschen Armee jeden europäischen Bürgerkrieg unmöglich zu machen und die Dynamik der Deutschen zu binden, nicht zurückweisen würden.

Die Debatte begann am 28. August. Vor dem Palais Bourbon demonstrierte eine von den kommunistischen Bürgermeistern geführte Menge gegen jegliche Wiederaufrüstung Deutschlands. Im Inneren stand Meinung gegen Meinung. Mendès-France erklärte sich für neutral, tat dies jedoch mit Worten, die für die EVG tödlich waren. 72 Redner waren vorgemerkt, etwa zehn kamen zu Wort. Ein gewisser General Aumeran, Abgeordneter der Franzosen in Algier, stellte die Vorfrage, das bedeutet im parlamentarischen Verfahren, daß es keine Veranlassung gibt zu diskutieren.

Keine Veranlassung, über Europa, die Hoffnung der heranwachsenden Generationen zu diskutieren! Die Versammlung entschied sich mit 319 gegen 264 Stimmen für diesen Widersinn. Die Europaarmee war tot. Die 31 Minister hatten sich, in Übereinstimmung mit der Entscheidung ihres Chefs, an der Abstimmung nicht beteiligt. Mendès-France machte darauf aufmerksam, daß auch eine einmütige Stimmabgabe des Kabinetts zugunsten des Vertrags das Ergebnis der Abstimmung nicht verändert hätte. Demnach hatte er recht: Es bestand keine Mehrheit für die EVG im Parlament!

Dieser Schiffbruch der EVG versetzte die freie Welt in Bestürzung. Dulles nannte ihn eine Tragödie, Bech eine Katastrophe, Spaak einen Triumph der Sowjets. Churchill bezeichnete die Franzosen als Schweine und prophezeite, daß sie als Nation erledigt seien. Adenauer war so zornig, daß er in die Redeweise eines deutschen Nationalisten verfiel. Frankreich müsse aus den Verhandlungen über die Verteidigung Europas ausgeschlossen werden, sagte er. Deutschland verlange seine völlige Souveränität, es werde die Begrenzung seiner Rüstungen selbst bestimmen.

Der Mann, der sich dem Schlimmsten entgegenstellte, war Eden. Er unternahm eine diplomatische Rundreise durch Europa und lud die Vereinigten Staaten, Kanada und die sechs Unterzeichner des Pariser Vertrags nach London ein. Die Konferenz fand vom 28. September bis zum 3. Oktober in der altmodischen Szenerie von Lancaster House statt. Als sie auseinanderging, war Deutschland in die Atlantikpaktorganisation aufgenommen; es wurde aufgefordert, die 12 Divisionen aufzustellen, die ihm in der EVG gewährt worden waren. Das Scheitern der EVG hatte den deutschfeindlichen Teil der französischen öffentlichen Meinung in der Hoffnung gewiegt, daß die Wiederaufrüstung Deutschlands begraben sei: Nun entdeckte sie ihren Irrtum. Der einzige Unterschied bestand darin, daß die deutsche Armee im Rahmen eines einfachen Bündnisses wiedererstand statt im Rahmen ständiger Einrichtungen, die ihre Verwendung für die Verfolgung nationaler Ziele für immer unmöglich gemacht hätten.

Mendès-France hatte sich unruhig und gehässig benommen. Er hatte die Saarfrage aufgeworfen und diskriminierende Kontrollen gegen Deutschland verlangt. Eden hatte jedoch die Konferenz beherrscht durch die Verpflichtung, die er im Namen Großbritanniens auf sich nahm, seine Truppen bis zum Jahr 2000 auf dem Kontinent zu belassen. Angesichts der Spitzfindigkeiten von Mendès-France blitzten seine Augen zornig auf: »Wenn die Konferenz nach dem, was Großbritannien vorschlägt, scheitert, wird die Welt wissen, wem sie das zu verdanken hat...« Mendès gab auf; Frankreich blieb nur die Wahl, sich anzuschließen oder isoliert zu bleiben.

Das Parlament, das eine integrierte deutsche Armee abgelehnt hatte, akzeptierte nun eine selbständige deutsche Armee. Das Kabinett Mendès-France lebte weiter.

Der Indochinakrieg ging zu Ende. Die Viets gaben einige 10 000 menschliche Gerippe zurück; das waren die Überlebenden unter den Gefangenen, die ihnen in Dien Bien Phu, Cao Bang und bei den zahllosen Kämpfen seit 1946 in die Hände gefallen waren. Viele, vor allem die afrikanischen Soldaten, gingen mit dem Gärungsstoff fort, den die kommunistische Schulung in ihren Köpfen hinterlassen hatte. »Der Einfluß des Marxismus war erkennbar«, sagte ein Zeuge. »Die Gesichter drückten Haß aus, aus allen Mienen sprach Groll.« Die Aufständischen eines anderen Kontinents sollten wertvolle Rekruten erhalten.

Am 9. Oktober marschierten die französischen Verbindungsoffiziere durch Hanoi vor den Kolonnen der vietnamesischen Soldaten in ihren schwarzen Uniformen, mit ihren Palmenhelmen auf dem Kopf; die letzten Truppenteile der französischen Armee zogen sich erbittert zum Brückenkopf Haiphong zurück. Französische und amerikanische Schiffe nahmen die Menschenmengen an Bord, die vor dem Sturm des Kommunismus flüchteten, und beförderten sie nach Saigon. Am 31. Oktober war auch der Brückenkopf geräumt; für Frankreich war der Indochinakrieg zu Ende.

In der gleichen Nacht begann – ein wahrlich frappierendes Zusammentreffen! – der Algerienkrieg. Für Frankreich war es der Beginn der längsten, dramatischsten und schmerzlichsten Schicksalsprüfung, die es seit seiner Niederlage im Jahre 1940 durchmachte.

In Algerien hatte niemand vorausgesehen, daß jene Nacht vom 31. Oktober zum 1. November, die Nacht vor Allerheiligen, sich von anderen Nächten unterscheiden würde. Ein Kaufmann in Algier, der nach Hause fuhr, war so erstaunt, die Brücke, die er soeben überquert hatte, hinter seinem Wagen hochgehen zu hören, daß er aus dem Wagen sprang und zurücklief; er roch das Pulver und glaubte, ein Sprengstofflager der Wegebauverwaltung sei durch irgendein Mißgeschick explodiert. Das Generalgouvernement hatte am 23. Oktober eine Warnung über eine bevorstehende Reihe von Anschlägen erhalten, jedoch ohne genaue Angaben, und die Nachforschungen waren ergebnislos geblieben. Als der Präfekt von Constantine, Pierre Dupuch, seine Untergebenen zu sich berief, um ihnen die Warnung zur Kenntnis zu bringen, erklärten alle, sie hätten keinerlei Anzeichen bemerkt und sie seien nicht besorgt. Sechzig Stunden später brach der Aufstand aus.

In siebzig Orten Algeriens flogen Brücken in die Luft, explodierten Bomben, knallten Schüsse, stiegen Flammen zum Himmel. Die Diskothek von Radio Algier, die Zitrus-Genossenschaft von Boufarik, das Alfafaserlager von Baba-Ali wurden in Brand gesteckt. In Ouillis im Departement Mostaganem tötete eine Gruppe, die bei einer Sabotageaktion gegen einen Transformator überrascht wurde, einen Flurwächter. In Cassaigne wurde ein Europäer namens Laurent François auf der Schwelle der Gendamerie erschossen. In Dra-el Mizan wurden zwei eingeborene Polizisten ermordet.

Das saharaähnliche, völlig waldlose Aurèsgebirge war das am stiefmütterlichsten behandelte Gebiet ganz Algeriens. Die gemischte Einwohnerschaft von Arris zählte 60 000 Menschen, besaß jedoch kaum Straßen, Schulen, Krankenhäuser und die

Staatsgewalt war durch sieben Polizisten vertreten. Immer wieder hatten Verbrecher und Geächtete in den wilden Tälern Zuflucht gefunden, inmitten der Berberbevölkerung, deren Partikularismus allen Invasionen widerstanden hat. Dennoch gehörte der Gemeindevorsteher von Arris mit zu den Leuten, die zwei Tage zuvor in Constantine dem Präfekten versichert hatten, sie sähen keinen Grund für Besorgnis.

Schon am Nachmittag des 31. kam es zu Blutvergießen. Der aus Batha kommende Autobus wurde in einer Schlucht angehalten; in ihm befanden sich der Kaid Ben Hadj Sadouk und ein Lehrerehepaar, Herr und Frau Monnerot. Der Kaid und der Lehrer wurden beim Ausstieg ermordet, die Lehrerin, die man für tot hielt, ließ man liegen. Arris wurde eingeschlossen. Die wenigen Europäer des Ortes flüchteten in die Gendamerie und warteten bangen Herzens auf ihre Befreiung.

In der gleichen Gegend wurden Leutnant Dernant und zwei Spahis bei einem Angriff auf Kenchela getötet. Die Rebellen hatten sogar die Kühnheit, die Stadt Biskra anzugreifen, wo sie den Bahnhof und das Gaswerk in Brand steckten, ehe sie verjagt werden konnten.

Fern von diesen blutigen Geschehnissen wanderte ein hochgewachsener Mann mit Fes und Patriarchenbart jeden Tag inmitten einer Gruppe seiner Jünger über den Deich von Sables-de'Olonne. Die französische Regierung hatte Messali Hadj, vor dem Krieg Gründer des Nordafrikanischen Sterns und Prophet der »Bewegung für den Triumph der demokratischen Freiheiten« (MTLD), aus Algerien verbannt. Der Sicherheitsdienst wußte natürlich, daß aus dem MTLD ein Terroristensproß, genannt OS, Spezialorganisation, entstanden war. Ihm wurden die Ereignisse der Allerheiligen-Nacht zugeschrieben. Schutzmaßnahmen richteten sich gegen die Messalisten. Dann mußte man jedoch erkennen, daß man sich vergriffen hatte; der Aufstand zu Allerheiligen war von neuen Kräften ausgegangen, die sich von der legalen Opposition völlig absonderten, in der Gewalttätigkeit bis zum Äußersten gingen und bei dem Kampf, den sie unternahmen, keinen anderen Ausgang als die Unabhängigkeit Algeriens in Betracht zogen.

Am Ursprung der Bewegung standen neun Männer, deren blutbefleckte Namen in den kommenden Seiten wiederholt aufscheinen werden. Sie hatten sich durch einen Brudereid untereinander verbunden – den sie nicht einhalten sollten – und bezeichneten sich, schon bevor sie in die Geschichte eingingen, als »historisch«, um ein Ausschließlichkeitsrecht auf die algerische Revolution zu beanspruchen. Die von ihnen während einer geheimen Versammlung in Lausanne gegründete Organisation trug den Namen CRUA. *Comitée Révolutionnaire d'Union et d'Action.* Daraus entstand später die Front und die Armee der Nationalen Befreiung, FLN und ALN.

Von den neun Männern war dem französischen Sicherheitsdienst Achmed Ben Bella am bekanntesten, ein ehemaliger Feldwebel der französischen Armee, Inhaber der Militärmedaille, in Italien viermal im Tagesbefehl erwähnt, der sich über Messali Hadjs OS der Terroristenbewegung angeschlossen hatte. 1950 gelang ihm ein Raubüberfall auf die Hauptpost in Oran, bei dem er drei Millionen erbeutete. Er wurde festgenommen und verurteilt, entkam dann aus dem Gefängnis von Blida und flüchtete nach Ägypten.

Die acht anderen hießen Mustapha Ben Boulaid, Rabah Bitat, Belkassem Krim,

Mourad Didouche, Larbi M'Hidi, Mohammed Boudiaf, Ait Achmed und Mohammed Khider, und stellten sämtliche individuellen Formen der Revolte dar. Ben Boulaid war ein Transportunternehmer aus Batna, welcher der Verwaltung vorwarf, ihn zugunsten eines Konkurrenten ausgeschaltet zu haben. Der Kabyle Krim war, wie der Araber Ben Bella, ein ehemaliger Unteroffizier der französischen Armee. Boudiaf hatte versucht, in die staatliche Lehrerbildungsanstalt einzutreten; das war ihm infolge schwacher Gesundheit und erschöpfender politischer Betätigung nicht gelungen. Irgendwie hatten alle Gründer der FLN Frustrationen erlebt, gegen die sie mit Waffengewalt protestierten. Außer Ben Bella waren auch Ait und Khider in Kairo. Boudiaf schloß sich ihnen schon zu Beginn der Rebellion an, um mit ihnen die Delegation zu bilden, die im Ausland um Sympathien werben sollte. Die fünf anderen hatten für sich einzelne Kommandozonen in Algerien eingerichtet, die später Willayas genannt wurden. Ben Boulaids Zone Nr. 1 umfaßte das Aurèsgebirge, die Nementchas und die vorgeschobenen Saharaposten bis Biskra und Négrine, Didouche erhielt die Zone Nr. 2 mit dem Nordgebiet von Constantine, zu dem Bône und Bougie gehörten. Krim leistete die Zone Nr. 3, das heißt die Kabylei mit dem Gebiet von Sétif. Bitat war für die Zone Nr. 4 verantwortlich, die sich von Algier bis Orléansville erstreckte. M'Hidi befehligte die Zone Nr. 5, das Gebiet von Oran. Eine sechste, aus den südlichen Gebieten bestehende Zone blieb vorläufig noch ohne ernannten Führer.

Über welche Truppen verfügten nun diese Anführer? Der Oberbefehlshaber von Algerien, General Paul Cherrière, versuchte, das in einem vom 10. November datierten Bericht auszurechnen. Er unterschied die Rebellion im Aurèsgebirge mit 400 bis 600 Kämpfern, das in der Gegend von Souk-Ahras von etwa 100 Verbrechern betriebene Banditentum und schließlich den in ganz Algerien von 100 bis 150 Einzelpersonen betriebenen Terrorismus.

»Die dringendste Aufgabe«, schloß Cherrière, »besteht darin, den Aurès zu säubern, der zum Kern des Aufstands werden könnte.« Er war für eindrucksvolle Operationen, um unverzügliche Befriedung herzustellen. Er verfügte über nur schwache Kräfte, doch die Rückbeförderung des Expeditionskorps aus Indochina sollte baldige Verstärkungen gewährleisten. Der Fallschirmjäger, der die Festung Dien Bien Phu geschaffen hatte, General Gilles, wurde beauftragt, Ordnung zu schaffen.

In der Nationalversammlung lehnte der Ministerpräsident Mendès-France jeden Vergleich des Falles Algerien mit jenem von Indochina, Tunesien oder Marokko ab.

»Sie können jedenfalls sicher sein, daß es von seiten der Regierung kein Zögern, kein Ausweichen, keine halben Maßnahmen geben wird, auch keine Schonung für den Aufstand, keinen Kompromiß mit ihm, das soll jedermann hier und dort wissen. Die algerischen Departements sind ein Teil der Französischen Republik, seit langem und unwiderruflich. Niemals werden Frankreich, eine französische Regierung, ein französisches Parlament von diesem fundamentalen Prinzip abweichen.«

(Forts. Algerien S. 649)

20. Kapitel   1955 Die Dritte Welt
Die stummen Völker haben das Wort

Der ehemalige Minister für Staatssicherheit Viktor Abakumow wurde am 19. Dezember 1954 zum Tod verurteilt. Alle Eingeweihten erkannten, daß Malenkow verloren war.

Abakumow gehörte der Leningrader Gruppe an. Er hatte Schdanow zugunsten Malenkows im Stich gelassen und nach Schdanows Tod die Säuberung unter seinen Getreuen besorgt. Malenkow besaß nicht einmal mehr die Macht, ihn dem Henker zu entreißen.

Dieses Signal wurde noch durch andere Anzeichen verstärkt. Nicht Malenkow, der Chef der sowjetischen Regierung, sondern Nikita Chruschtschow fuhr nach Peking zur Feier des fünften Jahrestags des Siegs der chinesischen Kommunisten. Seit neun Monaten waren sämtliche wichtigen Reden von Chruschtschow gehalten worden; sie alle enthielten scharfe Kritik an den Prinzipien Malenkows. »Den Vorrang der Schwerindustrie zugunsten der Konsumgüter einschränken zu wollen«, hatte Chruschtschow im Zentralkomitee erklärt, »wäre nichts anderes als ein Zurückgehen auf die von Bucharin und Rykow empfohlene Abweichung nach rechts...« Diese beiden waren im Jahr 1938 liquidiert worden. Die Augen aller richteten sich auf Malenkow: Die Schwingen des Todesengels rauschten.

Im Februar trat der Oberste Sowjet zusammen. Die Sitzungsperiode war bereits zu Ende, als die 1300 Mitglieder plötzlich in den Kreml berufen wurden. Der Präsident, Alexander Wolkow, erklärte, er müsse einen Brief des Genossen Malenkow zur Verlesung bringen: »Ich bitte, mich von der Funktion des Vorsitzenden des Ministerrats der UdSSR zu entbinden. Ich erkenne klar, daß meine ungenügende Erfahrung sich auf die Erfüllung der komplizierten und verantwortungsvollen Pflichten negativ ausgewirkt hat. Ich erkenne klar meine Verantwortung für die entstandene unbefriedigende Lage der Dinge in der Landwirtschaft. Das Generalprogramm zur Überwindung des Zurückbleibens in der Landwirtschaft stützt sich auf die einzig richtige Grundlage – auf die allseitige Weiterentwicklung der Schwerindustrie.«

Die ausländischen Diplomaten wohnten der Sitzung bei. Sie hatten den Eindruck, daß die Versammlung – de jure Repräsentant der Volkssouveränität – völlig überrascht war. Als der Präsident über die Absetzung Malenkows abstimmen ließ, hoben sich einige Hände mit einer gewissen Verspätung, aber es fehlte keine einzige für den einstimmigen Beschluß. Die Sitzung wurde nach sieben Minuten geschlossen. Malenkow hatte in sich zusammengesunken an seinem gewohnten Platz gesessen und weder eine Gebärde gemacht noch ein Wort gesprochen.

Zwei Stunden später brachte Chruschtschow dem Obersten Sowjet die Vorschläge des Zentralkomitees. Marschall Nikolai Alexandrowitsch Bulganin wurde an

Stelle Malenkows Vorsitzender des Ministerrats, Marschall Georgij Konstantinowitsch Schukow wurde an Stelle Bulganins Verteidigungsminister. Malenkow behielt den Titel des stellvertretenden Ministerpräsidenten und übernahm das Ministerium für Energieversorgung. Lenin hatte im Jahre 1923 Trotzki den gleichen Posten vorgeschlagen; Trotzki hatte 1929 die Verbannung vorgezogen.

Der Nachfolger Malenkows trug den Titel und die Uniform eines Marschalls der Sowjetunion, ohne auch nur je eine Kompanie befehligt zu haben. Er war 59 Jahre alt, entstammte einer bürgerlichen Familie und begann seine bolschewistische Laufbahn in den zwanziger Jahren bei der Tscheka. Er wandte sich dann friedlicheren Betätigungen zu, wurde Bürgermeister von Moskau, erbaute die Untergrundbahn und leitete später die Staatsbank. Während des Krieges erwarb er seinen hohen militärischen Rang als Mitglied des Kriegsrates. Der allgemeinen Ansicht nach wird er als Figur zweiter Ordnung betrachtet, er erregte wenig Mißtrauen und verdankte seine Wahl seinem neutralen Verhalten.

Im Gegensatz dazu stand Schukow; der Eroberer von Berlin suchte Vergebung für seinen Ruhm, indem er ihn ehrfurchtsvoll Stalin zu Füßen legte: »Generalissimus Stalin hat alles vorausgesehen, alles angeordnet ... Er ist das größte, vollkommenste Militärgenie aller Zeiten.« Dennoch wurde Schukow zu einem weit entfernten Kommando verbannt und tauchte erst nach dem Tod des Tyrannen wieder in Moskau auf. Seine Ernennung zum Verteidigungsminister, gefolgt von der Ernennung einer Anzahl von Marschällen, erweckte im Ausland den Eindruck, daß nun die Armee die sowjetische Politik diktierte und daß auf den Thermidor der Brumaire gefolgt war.

Malenkow hatte die Koexistenz mit dem Kapitalismus mit der Behauptung gerechtfertigt, daß ein Atomkrieg die gesamte Menschheit vernichten würde. Diese verwerfliche Meinung wurde nun berichtigt. »Die Behauptung, daß ein Atomkrieg die Menschheit vernichten würde«, schrieb die *Prawda*, »ist falsch. Er würde das kapitalistische System vernichten.«

Die Regierungskrise hatte die Stellung Nikita Chruschtschows nicht verändert. Er blieb Erster Sekretär der Kommunistischen Partei – hatte doch auch Stalin, ohne es für notwendig zu halten, einen anderen Titel anzunehmen, die höchste Macht errungen und jahrelang ausgeübt. Im Inland wie im Ausland war man sich darüber im klaren: Die herrschende Persönlichkeit in der Sowjetunion, der Mann, mit dem die Welt zu rechnen hatte, war Nikita Sergejewitsch Chruschtschow.

Seit er die Sechzig überschritten hatte, hatte sich die Ähnlichkeit seines Gesichts mit dem eines Schweins verstärkt; er war so breit wie hoch und sein Gang war eher ein Rollen. Er aß und trank unmäßig, er redete wie ein Wasserfall. Seine Überzeugungskraft, seine oberflächlichen Anschauungen, sein anmaßender Bekehrungseifer verrieten den Autodidakten. Seine endlosen Reden, Lektionen in praktischer Landwirtschaft wie industrieller Technologie, erstreckten sich von der Mistaufbringung bei Beeten bis zu den Verwendungsvorschriften von Erdgas für Martinöfen. Er wollte, ähnlich wie Peter der Große, der Lehrer seines Volkes sein, und ärgerte sich über dessen Unkultur. Er hatte die Sowjetunion noch kein einziges Mal verlassen, und dennoch erkannte oder erahnte er ihre Schwächen. Er war der erste, der die Vereinigten Staaten als Beispiel hinstellte und seine Landsleute aufforderte, die Amerikaner einzuholen – offenkundige Ketzerei, da die Amerikaner bekanntlich unter kapitalistischer Ausbeutung und im Elend leben. Aber Chruschtschows marxistische Ausbildung war oberflächlich, er hatte, im Gegensatz zu seinen beiden Vorgängern, nicht den Ehrgeiz, ein didaktisches Werk zu hinterlassen und auf den Marxismus-Leninismus-Stalinismus einen Marxismus-Leninismus-Stalinismus-Chruschtschowismus folgen zu lassen. Der Chef der Sowjetunion war ein Empiriker. Das war etwas ganz Neues. (*Forts. UdSSR S. 657*)

Bandung: eineinhalb Milliarden Menschen gegen den Westen

»Das Wort haben die stummen Menschen in der Welt!...« Diese hochtönenden Worte sprach Sukarno, während zu seinen Seiten zwei indonesische Offiziere regungslos strammstanden. Die Konferenz von Bandung war eröffnet.

Die Idee war im Jahr zuvor bei einer Zusammenkunft der fünf Mächte Indien, Pakistan, Ceylon, Birma und Indonesien, der sogenannten Gruppe von Colombo, entstanden. Sie sollte die Völker Asiens und Afrikas in einer feierlichen Konferenz vereinen, um ihre Befreiung und ihre Solidarität zu verkünden. Die Teilnehmer nahmen sich vor, »ihren gegenseitigen guten Willen zu fördern und die gemeinsamen Interessengebiete zu erforschen«; eine absichtlich verschwommene Formulierung. Man hatte vereinbart, daß die Streitfragen Korea, Formosa, Indochina, Israel, Nordafrika nicht zur Sprache gebracht werden sollten.

Die offizielle Broschüre stellte mit kindlicher Genauigkeit fest, daß die Konferenz 1 482 093 425 Menschen vertrat. Einige Länder – die beiden Korea, Nationalchina, Südafrika – waren nicht eingeladen worden, während der aus den beiden Rhodesien und Nyassaland bestehende Zentralafrikanische Bund die Einladung abgelehnt hatte. Im ganzen waren 29 Staaten nach Bandung gekommen: Afghanistan, Ägypten, Äthiopien, Burma, Ceylon, China, Ghana, Indien, Indonesien, Irak, Iran, Japan, Jemen, Jordanien, Kambodscha, Laos, Libanon, Liberia, Libyen, Nepal, Nord-Vietnam, Pakistan, Philippinen, Saudi-Arabien, Sudan, Süd-Vietnam, Syrien, Thailand, Türkei. Die Hälfte von ihnen hatte zehn Jahre vorher noch nicht bestanden.

Das war aber keineswegs die gesamte Dritte Welt. Das noch fast völlig unter kolonialem oder halbkolonialem Status verbliebene Afrika war nur schwach vertreten. Es wimmelte von außeramtlichen Delegationen, die sich mit und ohne Intrigen darum bemühten, das Recht zu erhalten, im Namen der um ihre Befreiung ringenden Völker die Konferenz anzurufen. Erzbischof Makarios setzte sich für Zypern ein, das unter britischer Herrschaft stand, und der Ex-Mufti von Jerusalem für die palästinensischen Araber, die vor den Israelis geflüchtet waren. El Fassi, Yazid und Slim vertraten Marokko, Algerien und Tunesien. Der Abgeordnete von Harlem, Powell, wollte die Erklärung abgeben, daß auch die amerikanischen Neger Opfer des Kolonialismus seien und sich mit allen farbigen Völkern solidarisch fühlten. Die Organisatoren der Konferenz hatten jedoch beschlossen, alles, was nicht den offiziellen Stempel der nationalen Souveränität trug, in die Kulissen zu verweisen.

Erwähnenswert war das Fehlen eines Staates: der Sowjetunion. Sie hatte um Aufnahme ersucht, da sie von Kamtschatka bis zum Kaukasus und vom Nördlichen Eismeer bis zum Pamir die ausgedehnteste Macht Asiens sei. Die Organisatoren hatten ihr Ansuchen mit der Erklärung zurückgewiesen, daß sie Sibirien und Turkestan als Kolonialgebiete betrachteten, die mit Gewalt in Besitz genommen und behalten worden seien. Es wäre Sache Chinas gewesen, gegen den Ausschluß eines Landes Einspruch zu erheben, das es als Führungsmacht des sozialistischen Lagers anerkannte. China aber schwieg.

Die Konferenz tagte in der Merdeka Hall, der Halle der Freiheit, die der große Kolonialklub des holländischen Bandung gewesen war. Man hatte die Mauern der Stadt neu verputzt, die Straßen gereinigt, die Altersschwäche übertüncht, die Bettler und Prostituierten verjagt. Indonesien war seit der Ausrufung der Republik am 24. Dezember 1949 in eine Krisenspirale geraten. Der bewundernswerten holländischen Landwirtschaft war es gelungen, dem übervölkerten Archipel eine gesunde Ernährungsgrundlage zu geben; unter der willkürlichen und korrupten Regierung Sukarnos war sie in Verfall geraten. Die Einnahmequellen waren zurückgegangen, während die Bevölkerung in zehn Jahren um 20 % zunahm. Jeder Versuch einer Industrialisierung war durch den kindischen Sozialismus und den wirtschaftlichen Fremdenhaß des Premierministers Sastroamidjojo zum Mißlingen verdammt. Man hatte auf die Struktur einer Bundesrepublik mit der Behauptung verzichtet, daß Indonesien – diese Anhäufung von Inseln, Sprachen und Kulturen – eine einheitliche Republik sei. Der Zustand des Aufruhrs, in dem der größte Teil des Archipels lebte, widerlegte diese Fiktion. Rund um Bandung hatte man 40 000 Soldaten aufmarschieren lassen, um die Konferenz gegen die Angriffe des Dar ul-Islam zu beschirmen. Man hatte den 2300 Kongreßteilnehmern geraten, mit dem Flugzeug anzureisen und sich vom Zentrum Bandungs nicht zu entfernen.

Die stummen Menschen der Welt ... Sie hatten sich zu revanchieren. Nehru, der als Hirt dieser großen Herde auftrat, machte den Vorschlag, sich die Einleitungsreden zu sparen, um sofort zu den konkreten Problemen zu kommen. »Wir sind nicht von so weit hergekommen«, antwortete ihm der Liberianer, »um zu schweigen ...« Sie alle wollten sprechen, und fast alle taten es auch. Einundzwanzig von den achtundzwanzig ausländischen Delegationen lösten einander auf der Tribüne ab, um ebenso einmütig wie eintönig den Kolonialismus anzuklagen. In allen Reden wurde Frankreich wegen der Unterdrückung angeprangert, die es in Nordafrika weiter betreibe.

Die Sowjetunion wurde von der gegen die Weißen erhobene Kritik nicht ausgenommen. Der Vertreter des Irak, Fadhil Jawali, verlangte, man solle in die Verdammung des Kolonialismus »den mörderischsten« einschließen, »jenen, der Turkestan, die baltischen Länder und die Satellitenstaaten Europas in Knechtschaft hält«. Nehru erhob sich, schlug mit der Faust auf den Tisch und beteuerte, daß die osteuropäischen Länder keine Kolonien seien, sondern souveräne Staaten, die ihren Sitz bei den Vereinten Nationen hätten. Die Blicke aller wandten sich auf Tschou En-lai, der in einem eleganten hellblauen Rock am Ende der dritten Reihe saß. Tschou lächelte, seine Arme blieben verschränkt.

Er war der Löwe der Konferenz, ein Schwarm von Anhängern folgte ihm; die Menge blieb ihm auf den Fersen. Er vertrat mit Höflichkeit und bewundernswerter Bescheidenheit 600 Millionen Menschen, die älteste Kultur und die jüngste Revolution der Geschichte. Er redete vierzehn Minuten, kürzer als der Vertreter von Ghana, und es waren vierzehn Minuten Honigseim: China befinde sich im tiefsten Frieden; es lade Laos, Birma, Siam ein, seine Grenzen zu besuchen, um mit eigenen Augen zu sehen, ob es irgendwelche kriegerischen Vorbereitungen gebe. Er sprach von dem verbotenen Thema Formosa, doch nur um zu sagen, China sei bereit, sich an einen internationalen Verhandlungstisch zu setzen und zu diskutieren. Die geschickte Rede wurde mit Beifall begrüßt.

Nehru war offensichtlich enttäuscht. Er hatte geglaubt, Indien werde, zwischen dem Kommunismus und dem Westen, für eine Mehrheit von Nationen richtunggebend sein, die sein Kredo von Neutralismus und Verbalsozialismus annehmen würden. Indien war aber überhaupt nicht richtungweisend; es wurde mit Mißtrauen betrachtet, eines heuchlerischen Imperialismus und eines Kolonialismus verdächtigt, der sich, statt auf bewaffnete Eroberung, auf humane Expansion stützt. Nehru war ärgerlich und ließ die Maske des Charmes fallen. Er wurde hochfahrend, herablassend, schrie laut, ließ erkennen, daß er sich für das Salz der Erde hielt. Er wurde von allen gemieden. Nicht Nehru, sondern Tschoū En-lai, nicht Indien, sondern China war es, das die kosmopolitische Schar von Bandung für sich gewann.

Ein einziger Mann war Nehru treu geblieben und erwies ihm die Achtung des von Bewunderung erfüllten Jüngeren für den ruhmreichen Älteren. Dieser Mann war Gamal Abdel Nasser.

Es war das erstemal, daß Nasser Ägyten verließ und an einer internationalen Tagung teilnahm. Mit seiner Jugend, seiner Größe, seiner stattlichen Erscheinung zog er die Blicke an. Das Jahr 1954 war bewegt und schließlich höchst erfolgreich für ihn gewesen. Er war nur eine Kraft im Dunkeln gewesen, dann aber war er ins Licht der Macht getreten.

Der erste Akt spielte sich am 25. Februar ab; wieder einmal erwachte Kairo im Belagerungszustand. Die Militärjunta, genannt Revolutionsrat, erinnerte die Ägypter daran, daß sie einen Mann an die Spitze der Regierung und des Staates berufen hatte, der nicht zu ihren Mitgliedern zählte, General Mohammed Nagib, daß dieser jedoch »diktatorische Tendenzen gezeigt hatte«. Daher hatte die Junta beschlossen, ihn durch den stellvertretenden Ministerpräsidenten, Oberst Nasser, zu ersetzen.

Nagib bewohnte ein bescheidenes Haus in Helmieh, einem Vorort von Kairo. Er erfuhr um 7 Uhr morgens durch den Rundfunk von seiner Absetzung und der Verhängung von Hausarrest. Einige Stunden später wurde er zum Flughafen Almasia gebracht, jedoch auf Gegenbefehl Nassers wieder nach Helmieh zurückgeführt. Als Fatalist, der er war, zog er einen Pyjama an, stopfte seine Pfeife und wartete.

Zwei Tage vergingen. Am 27. Februar erschien eine Delegation unter Führung des Oberkommandierenden, General Amer, bei Nagib. Die Kavallerie hatte sich gegen die Entscheidung der Junta empört: Sie hatte sich in der Kaserne verschanzt und den unschlüssigen Truppen Trotz geboten. In den Straßen schrie das Volk: »Nieder mit den Zwölf! Es lebe Nagib!« Am Nilufer vor dem Hotel Semiramis kam es zu blutigen Zwischenfällen. Die Delegation fragte bei Nagib an, ob er bereit sei, wieder das Amt des Staatspräsidenten zu übernehmen und Nasser die Leitung der Regierung zu überlassen.

Nagib war ein wackerer Soldat von durchschnittlicher Intelligenz. Er nahm den Ehrenposten an und überließ seinem Rivalen das Steuer der Macht. Eine Stunde später ließen sich Amer, Nagib und Nasser, einander die Hände reichend, fotografieren. Nagib beruhigte die Menge mit den Worten, alles sei nun wieder in Ordnung und die ägyptische Revolution werde in Einheit und Brüderlichkeit ihrer Führer fortgesetzt.

Die im Februar mißlungene Ausschaltung Nagibs wurde im April durchgeführt. Diesmal gab es keinen einzigen Protest, der wackere General verschwand ganz einfach von der Bildfläche. Nasser hatte versprochen, ihm kein Haar zu krümmen, und er hielt Wort. Nagib wurde der Form halber zu zehn Jahren Zwangsarrest verurteilt und unter strenger Bewachung gehalten. 1960 tauchte er noch zwei- oder dreimal auf, dann verschwand er wieder.

Zur Zeit der Konferenz von Bandung hatte Nasser bereits seine Stellung gefestigt. Ein ungeschickter Mordversuch hatte ihm den Vorwand geliefert, die fanatische Gesellschaft der »Moslembrüder« aufzulösen und zu verfolgen. Großbritannien hatte ihm die wichtigste Anerkennung zuteil werden lassen, indem es ihm zugestand, was es allen Herrschern Ägyptens seit fünfzig Jahren verweigert hatte: das Versprechen, die Suezkanalzone innerhalb von zwei Jahren zu räumen. Die Neugier der Welt wandte sich langsam diesem starken, uneigennützigen Mann von 36 Jahren zu. Er bewies seine Geschicklichkeit, indem er es vermied, sich vorzeitig zu sehr dem Scheinwerferlicht auszusetzen; auf dem Schauplatz von Bandung begnügte er sich mit der Rolle eines Neulings.

Je länger die Konferenz dauerte, um so verbitterter wurde sie. Die Gegend wurde von einer Sintflut von Regengüssen überschwemmt. Der Dar ul-Islam brach in Nachbarorte ein, schleppte Beamte fort und nahm die Gemeindekassen mit. Die stummen Nationen der Welt wurden durch Vorrangstreitigkeiten entzweit. Nehru stritt mit Sir John Kotelawala, dem Premierminister von Ceylon, und verließ den Sitzungssaal mit dem Rufe, er sei beleidigt worden. Am 27. April war es an der Zeit auseinanderzugehen, und noch immer strömte der Regen. Die Konferenz von Bandung war eine farbige, aufsehenerregende Kundgebung, die die politische Gesinnung von Menschenmassen veranschaulichte, deren Einfluß bis dahin gleich Null gewesen war. Sie kündigte die großen Kämpfe zwischen den Rassen an, die neben die klassischen Kämpfe zwischen den Nationen traten und bald deren Stelle einnehmen sollten. Sie ließ aber auch erkennen, daß die Dritte Welt nur in der Rhetorik gegen den Westen und in der Anklage gegen den im Schwinden begriffenen Kolonialismus eine gewisse Einheitlichkeit der Ansichten fand. (*Forts. Indonesien S. 685*)

Die VII. Flotte wird zum Schutz Formosas eingesetzt

Obgleich die Formosafrage nicht auf der Tagesordnung stand, hatte ihr Schatten auf der Konferenz von Bandung gelastet. Sie hatte seit dem Jahr 1950 geschlummert, war jedoch Anfang 1955 wieder laut geworden und drohte zu einer Auseinandersetzung zwischen China und den Vereinigten Staaten auszuarten.

Die Nationalchinesen hatten die Inselgruppe Tachen, in der Nähe der Mündung des Jangtse auf dem Seeweg nach Shanghai, im Besitz behalten. Am 24. Januar wurde die vorderste Insel der Gruppe, Yikiangshan, durch ein rotes Regiment besetzt, das von 60 bewaffneten Dschunken an Land gegangen war. Die 500 Irregulären, die sich zum Schutz auf der Insel befanden, verteidigten sich bis zum Abend. Am nächsten Tag schwemmte die Strömung enthauptete Leichen an Land.

Die Nationalchinesen hielten außer der Tachengruppe die meisten Küsteninseln von Chekiang und Fukien besetzt. Nanji blockierte Wen-chou, Ma-tsu blockierte Fuchou, und Quemoy blockierte Amoy. Die Landung auf Yikiangshan und die Beschießung der anderen Inseln schienen das Vorspiel für einen Generalangriff gegen Tschiang Kai-schek zu bilden.

Noch schwebte der Schatten des vorhergegangenen Krieges über Washington. Alle Generäle, die den Befehl in Korea geführt hatten, mit Ausnahme von Ridgway, hatten vor kurzem vor der Untersuchungskommission des Senats erklärt, sie hätten den Sieg in der Hand gehabt und er sei ihnen entrissen worden. Admiral Turner Joy brachte mit seiner Schilderung der Demütigungen, denen Amerika in seiner Person in Panmunjon ausgesetzt gewesen war, seine Zuhörer zum Erröten. General Van Fleet bezeichnete die Weigerung, die von Tschiang Kai-schek angebotenen Divisionen zu verwenden, als unentschuldbaren Fehler. General Clark wies nach, daß die Wiedereroberung ganz Koreas weniger Blut gekostet hätte als die fruchtlosen Kämpfe, die während der Verhandlungen fortgeführt worden waren. Der Angeklagte war ein anderer General, Eisenhower. Er hatte sich angesichts des Siegs zurückgezogen. Ein neuer Konflikt tauchte auf.

Das Generalkonsulat der Vereinigten Staaten in Hongkong ließ täglich alle chinesischen Zeitungen und Rundfunksendungen übersetzen; das war eine eintönige, erschreckende Litanei. Die wütenden Angriffe gegen den amerikanischen Papiertiger, die hysterischen Anklagen gegen den Banditen Tschiang Kai-schek, die millionenfach wiederholte Behauptung, daß das gesamte chinesische Volk in Waffen stehe, um Taiwan (Formosa) zu befreien, und daß es sich durch nichts werde aufhalten lassen, das alles ließ auf einen unbeugsamen Vorsatz schließen. »Peking kann nicht mehr zurück«, sagte man, »ohne das Gesicht zu verlieren.«

Die militärischen Maßnahmen entsprachen der psychologischen Vorbereitung. Zwischen Shanghai und Amoy waren 600 000 Mann aufmarschiert. In den Küstenprovinzen wurden Luftstützpunkte errichtet. Die Luftwaffe bombardierte die Tachengruppe, die Artillerie beschoß Quemoy.

Die Schwierigkeit lag in der Überquerung der Gewässer. Die Kommunisten besaßen nur eine geringe Anzahl von Dampfschiffen und, abgesehen von einigen verrosteten Prisen, kein einziges Landungsboot. Sie mußten sich auf Dschunken verlas-

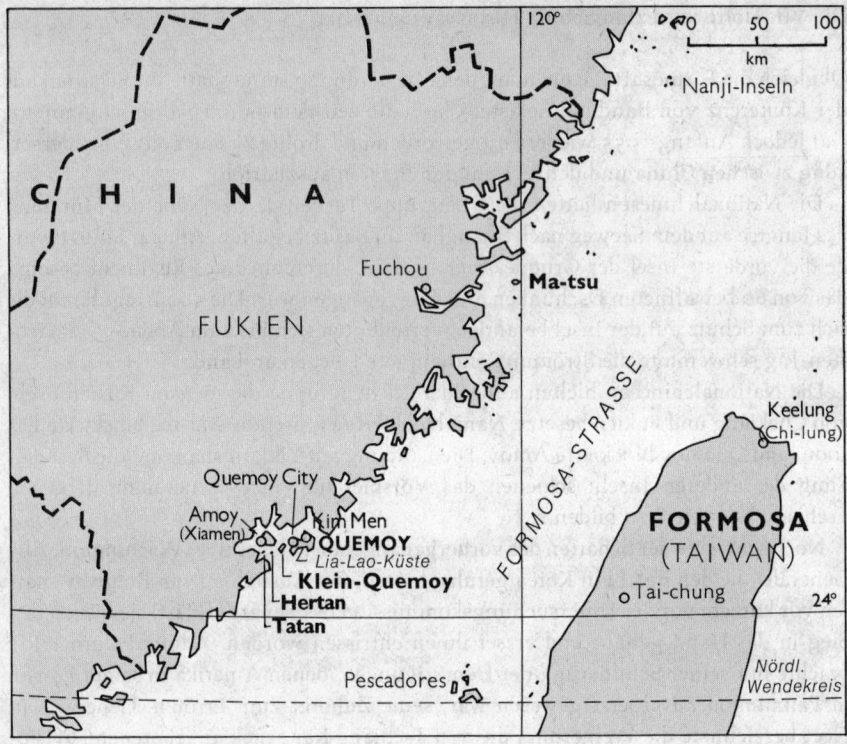

China: Die Formosa-Straße

sen, die imstande waren, 30 bis 40 Mann aufzunehmen, und auf Sampans, die sechs
oder sieben Mann befördern konnten. Um eine ernst zu nehmende Aktion zu starten,
waren zehntausend solcher Schiffe erforderlich. Aber auch die Flotte Tschiang-Kai-
scheks bestand nur aus vier Zerstörern. Falls die Kommunisten gewaltige Verluste
hinzunehmen bereit waren, konnten sie versuchen, von ihren Flugzeugen unterstützt, die hundert Meilen zwischen dem Festland und Formosa auf ihrem Ameisen-
heer von Schiffen zu überqueren.

Amerika war durch einen gegenseitigen Verteidigungsvertrag mit Nationalchina
verbunden. Dulles und später Eisenhower erklärten bei ihren Pressekonferenzen,
daß die abseits gelegene Inselgruppe Tachen nicht zur Verteidigung von Formosa
beitrug und daß die Vereinigten Staaten sie daher nicht verteidigen mußten. Zum
erstenmal kam die Popularität Eisenhowers ins Wanken. Als der große Soldat sein
Amt als Präsident antrat, stand die westliche Welt in einer gemeinsamen Front gegen den Kommunismus in Korea und Indochina. Der eine der beiden Kriege war mit
einem ungünstigen Kompromiß zu Ende gegangen und der andere mit einer deutlichen Niederlage. Nun kam Formosa an die Reihe. Teils aus Schwäche, teils durch
Preisgabe war Amerika auf dem Weg, ganz Asien zu verlieren.

Ike zögerte. An drei aufeinanderfolgenden Tagen erhob er sich um 5 Uhr morgens, nachdem er in den letzten Stunden der Nacht über seine Pflicht gegrübelt hatte. Am 20. Januar bei Morgengrauen wurde der Entschluß gefaßt: Ike begann auf großen gelben Papierbogen mit seinem Monogramm eine Erklärung für den Kongreß zu verfassen. Dann ließ er seinen Marineadjutanten kommen und erteilte Befehl, die VII. Flotte in der Straße von Formosa kreuzen zu lassen. Sie sollte sich jedem Versuch einer Überquerung durch die Kommunisten widersetzen.

Die Befehle gingen hinaus. Eine in Hongkong stationierte Gruppe von Zerstörern, ein in Singapur zu Besuch befindlicher Kreuzer liefen eilends aus mit Kurs nach Keelung. Die fünf Flugzeugträger der *Task-Force 77* (gemischter Sonderverband) mit je 27 000 Tonnen *Essex, Yorktown, Wasp, Keersage, Princeton*, verließen Manila mit Kurs Norden. Ein sechster, der riesige *Midway*, 35 000 Tonnen, kam aus Hawaii zur Unterstützung, mit 137 Jägern und Bombern an Bord. Die Einsatzgruppe 77.9, bestehend aus Unterseebooten mit SWR-Geräten, errichtete ihr Meldesystem vor der chinesischen Küste. Alles stand unter dem Befehl von Admiral Melville Pride, genannt Mel, der nicht aus der Marineakademie hervorgegangen war, sondern seine Karriere im Ersten Weltkrieg begonnen hatte. Sein Flaggschiff, der Kreuzer *Helena*, 17 000 Tonnen, besaß mehr Feuerkraft als die gesamte Kampflinie der Skagerak-Schlachten.

Eisenhower ersuchte den Kongreß um die Ermächtigung, Formosa, die Pescadores-Inseln und, falls er es für nötig erachtete, die von den Nationalchinesen gehaltenen Küsteninseln zu verteidigen. Bei der öffentlichen Befragung standen sich die beiden Männer wieder gegenüber, die die Gegenpole der militärischen Auffassung repräsentierten, Admiral Radford und General Ridgway. Der Admiral verlangte, daß man alles verteidigen und sogar einen Brückenkopf auf dem Kontinent errichten müsse, der als Stützpunkt für die Wiedereroberung Chinas durch Tschiang Kai-schek dienen solle. Der Infanterist entgegnete, es sei absurd, die dem Kontinent nahen Inseln wie Quemoy und Ma-tsu halten zu wollen, und der von Radford geforderte Brückenkopf sei erst recht ein Irrsinn. »Das riesige Asien ist kein Gebiet, auf dem man GIs aufs Spiel setzen darf!«

Die Erklärung des Präsidenten wurde von den Abgeordneten – bis auf drei – einmütig gebilligt. Im Senat stimmten drei Senatoren dagegen: zwei demokratische Senatoren lagen im Krankenhaus, der eine wegen einer alten Kriegsverletzung, der andere mit einem Herzanfall. Sie vereinbarten, ihre Stimmen sollten sich gegenseitig aufheben: Der eine, John F. Kennedy, sprach sich gegen die Erklärung, der andere, Lyndon B. Johnson, dafür aus.

Als die Konferenz von Bandung zusammentrat, hatte das Pentagon Formosa die Aufgabe der Tachen- und Nanji-Inselgruppen abgerungen. Die Aufgabe von Ma-tsu und Quemoy hatte es nicht zu erreichen vermocht, obgleich Quemoy von Rotchina nur durch einen Meeresarm getrennt war, den man bei Ebbe beinahe durchwaten konnte. »Quemoy läßt sich nicht verteidigen!« sagten die Amerikaner. »Ob es sich verteidigen läßt oder nicht«, erklärte Tschiang Kai-schek, »ich werde es verteidigen!«

Die Formosa-Frage war bei den öffentlichen Sitzungen in Bandung verpönt, doch sie wurde in den Kulissen hitzig diskutiert. Sir John Kotelawala erstellte einen Plan, um die Frage von den Asiaten selbst lösen zu lassen. Die Insel sollte vorerst den fünf Mächten der Colombo-Gruppe als Treuhändern unterstellt werden, und dann sollte vor Ablauf von fünf Jahren eine Volksabstimmung stattfinden.

Der Plan scheiterte. Der Grund dafür war die höfliche Feindseligkeit Tschou En-lais. Das stolze China wollte die Wiedererlangung einer seiner Provinzen nicht dem Freundschaftsdienst von Nationen verdanken, die es nicht als gleichwertig anzuerkennen gewillt war. Dagegen erklärte sich Tschou En-lai bereit, sich mit den Vereinigten Staaten an den grünen Tisch zu setzen, um das Schicksal Formosas zu entscheiden. (Forts. China S. 740)

Diem zerschlägt die Sekten und entthront Bao Dai

Der Geruch des Elends schnürte einem die Kehle zu. Die Gehsteige waren voll mit Jammergestalten, die inmitten blutroter, vom Speichel der Betelkauer herrührender Flecke lagen. Am unteren Ende der Rue Catinat, vor dem Hotel Majestic, setzten Panzer-Landungsschiffe weiterhin die Flüchtlinge aus Tongking an Land. Die Räumung von Haiphong mußte in einigen Tagen beendet sein.

Ngo Dinh Diem hatte sich endgültig im Norodom-Palast eingerichtet, der nun Palast der Unabhängigkeit hieß; doch seine Lage war unsicher. Mitten in Saigon besetzten Binh-Xuyen, die Maschinenpistolen in den Fäusten, das Gebäude der Polizei. Das Hauptquartier der Sekte befand sich in der Villa von General Le Van Vien, in der Nähe der gegabelten Brücke auf der Straße nach Cholon. Diem konnte nur auf vier einigermaßen zuverlässige Bataillone zählen. Die Amerikaner hegten Zweifel an seiner Energie, verloren allmählich den Glauben an sein Glück und waren auf der Suche nach einem Nachfolger für ihn.

Das französische Expeditionskorps war nach Saigon zurückgeflutet. Sein neuer Chef, General Jacquot, hielt an dem Gedanken eines Stützpunktes, einer Art Gibraltar auf Kap Saint-Jacques, fest, damit Frankreich — man fragt sich wozu — »einen Balkon am Pazifik« behielte. Andere hofften noch, man würde einen triftigen Grund finden, um die Räumung von Kotschinchina aufzuschieben. Außer den Binh-Xuyen, die Saigon beinahe beherrschten, revoltierten auch die von Frankreich »geschmierten« religiösen Sekten gegen Diem. Der alte schnurrbärtige Seeräuber, der sich General Tran Yan Soai nennen ließ, und der junge, zähnefletschende Seeräuber Sakut beherrschten den Westen von Kotschinchina und hielten die Regierungstruppen in den Städten Bassac, Sa Dec und Can Ton gefangen. Die Caodaisten des Oberpriesters Pham Cong Tac waren die Herren des Gebiets von Tay Ninh. Ein andersdenkender Caodaist, Trinh Minh The, hatte sich mit seinen Partisanen der nationalen Armee angeschlossen, doch der argwöhnische Diem witterte in ihm den Mann, den die Amerikaner an seine Stelle setzen wollten. In Süd-Vietnam lebte noch eine Miniaturausgabe des Chinas der Kriegsherren, der Warlords.

Am 28. April kam es zum Kampf. Diem nahm ein Mörsergeschoß, das den Palast der Unabhängigkeit getroffen hatte, zum Vorwand, nützte seine Angst als Triebkraft für seinen Mut und setzte alles auf eine Karte: Er befahl vier Bataillonen und der Handvoll Panzerkraftwagen mit MG, über die er verfügte, die Binh-Xuyen zu vernichten. Zur Enttäuschung der Franzosen, die es anders erhofft hatten, hielten die Eisenfresser der Sekte nicht stand. Le Van Vien gab seine Residenz bei der Brücke auf und flüchtete an Bord einer Polizeipinasse in die weitläufigen Sümpfe zwischen Saigon und dem Meer. »Ich bin bei mir daheim«, prahlte er. »Diem kann mich zehn Jahre lang suchen; er wird mich nicht finden!« Mehrere tausend brennende Strohhütten standen als Riesenfahne schwarzen Rauchs hinter ihm am Himmel. Der Kampf hatte tausend Tote gekostet.

Diem hatte sich durch seinen Anfall von Mut Saigon gesichert und die Amerikaner, die an seiner Energie zweifelten, für sich gewonnen. Diesen Augenblick wählte Bao Dai, um ihm – von Cannes aus – den Befehl zum Rücktritt zu geben. Die Armee sollte die Macht übernehmen und seine Wiederkehr vorbereiten.

Die Generäle Nguyen Van Hinh und Nguyen Van Vy brachten den Befehl des Kaisers in den Palast der Unabhängigkeit. Diem ließ sie festnehmen und an Stühle fesseln. Der Fallschirmjägerkommandeur Le Van Ty fand, daß das keine passende Behandlung für Generäle sei, ließ sie losbinden und aus der Haft befreien. Die beiden Nguyen kehrten in ihr Hauptquartier zurück und gaben, anstatt sofort gegen den Palast der Unabhängigkeit zu marschieren, ein Kommuniqué an die Presse, daß Diem abgesetzt sei und Seine Majestät Bao-Dai nach Saigon kommen werde.

Auf die schwüle Nacht folgte ein sengend heißer Vormittag. Die beiden Nguyen verhandelten inmitten von Journalisten und Meldefahrern auf knatternden Motorrädern. Diem seinerseits ließ Oberst Le Van Ty kommen und verlieh ihm den Rang eines Generalmajors. Le Van Ty setzte sich an die Spitze seiner Fallschirmjäger und marschierte gegen das Stabsquartier der beiden Nguyen.

Allgemeines Chaos. Alles flüchtete. Hinh und Vy nahmen das Flugzeug, das für alle Fälle bereitstand, und flogen nach Dalat, von wo sie sich unter Mithilfe des Expeditionskorps nach Frankreich absetzen konnten. Der Aufstand der Generäle endete als Komödie.

Am Stadtrand von Saigon kam es zu einigen weiteren Scharmützeln. Trinh Minh The wurde beim Ableitungskanal durch eine Kugel unbekannter Herkunft getötet. Diems Dienststellen klagten die Franzosen der Tat an. Die Franzosen verdächtigten Diem, er habe den einzigen Vietnamesen, der ihm noch im Weg stand, ermorden lassen. Der caodaistische Führer Pham gab seiner Verzweiflung Ausdruck, daß er einen lieben, wenn auch ungestümen Sohn verloren habe – ohne den Verdacht aus der Welt schaffen zu können, daß der Schütze vielleicht einer seiner eigenen Leute gewesen sein mochte. The war unbequem gewesen, nun gab es ihn nicht mehr.

Hochkommissar Ely reiste ab, entmutigt und krank. Nun würde Frankreich in Saigon nur noch einen Botschafter haben, wie alle anderen. Die Gelüste Jacquots auf Kap Saint-Jacques wurden von Diem vereitelt, der den Abzug des gesamten Expeditionskorps forderte und auch durchsetzte. Frankreich sollte in Süd-Vietnam keine Vormachtstellung mehr haben. Kotschinchina, während des zweiten Kaiserreichs erobert, war zu einem französischen Kolonialreich geworden; einige Jahre sollten genügen, um die Spuren fast eines ganzen Jahrhunderts auszulöschen. Ein neuer Beweis für die Vergeblichkeit der Niederlassungen in Übersee!

Nicht weniger vollständig war der Mißerfolg in Nord-Vietnam. Die Regierung hatte es für richtig befunden, Jean Sainteny nach Hanoi zu entsenden, von dem ich in den ersten Kapiteln dieses Berichts erzählte, daß er die französische Fahne wieder nach Tongking brachte und später, beim Aufstand im Jahre 1946, nur knapp dem Tod entrann. All seine Anstrengungen, etwa vom materiellen und intellektuellen Erbgut Frankreichs zu retten, waren vergeblich. Die 150 Franzosen, die den heldenhaften Entschluß gefaßt hatten, in Tongking zu bleiben, reisten nach und nach ab.

Im Oktober setzte Bao Dai, immer noch von Cannes aus, Diem zum zweitenmal ab. Diem antwortete mit einer Volksabstimmung: »Ich setze Bao Dai ab – oder nicht – und anerkenne – oder anerkenne nicht – Ngo Dinh Diem als Staatschef von Vietnam.«

Die Abstimmung ergab 5 726 735 Stimmen für die Absetzung des Kaisers und 63 107 Gegenstimmen. Nichts beweist, daß die Abstimmung manipuliert wurde.

Als das Jahr 1955 sich seinem Ende näherte, setzte Diem seine Offensive fort. Er verfolgte die Binh-Xuyen, schüchterte die Caodaisten ein, machte Jagd auf die Hoa Hao. Pham, Soai, Vien flüchteten ins Ausland. Sakut ließ sich fassen. Er wurde später in Can Toh mit einer verrosteten Guillotine hingerichtet, deren Fallbeil man mehrmals niedergehen lassen mußte, um das Werk zu vollenden.

Diem blieb Sieger. Er wäre es noch mehr gewesen, wenn der Vietminh das Abkommen in Genf durchgeführt hätte und wenn nicht im größten Teil von Süd-Vietnam kommunistische Widerstandsnester weiterbestanden hätten.

(*Forts. Indochina S. 1030*)

Beginn der deutschen Wiederaufrüstung

Das verratene Europa rächte sich: Pierre Mendès-France, der sich geweigert hatte, seine Existenz als Ministerpräsident für die große Sache der Europäischen Verteidigungsgemeinschaft aufs Spiel zu setzen, wurde Anfang 1955 anläßlich einer nebensächlichen, verworrenen Frage gestürzt. An seine Stelle trat Edgar Faure. Er behauptete, halb im Spaß, halb im Ernst, Frankreich sei leicht zu regieren. Für den Nachweis dieser paradoxen Behauptung setzte er eine vielseitige Intelligenz und eine meisterhafte Gewandtheit ein.

Winston Churchill hatte sich abgefunden und seinen Posten als Premierminister an Anthony Eden übergeben. Wenige Wochen später bestätigten die Parlamentswahlen die Mehrheit der Konservativen. Churchill konnte seinen Abgeordnetensitz für Woodford, Essex, behalten. Er weinte in den Armen von Lady Churchill vor Freude; es wäre für ihn, hätte er seinen Sitz im Unterhaus verloren, so gewesen, als wäre er ein erstes Mal gestorben.

Die Aufnahme Deutschlands in die NATO fiel mit dem zehnten Jahrestag seiner Kapitulation zusammen. Da das auch gleichzeitig der Tag war, an dem Jeanne d'Arc gefeiert wurde, sah man Paraden, Umzüge und Fahnen. Man brachte die sterblichen Überreste der auf dem Mont Valérien erschossenen Opfer auf den Friedhof von Saint-Mandé. Konrad Adenauer, der zur Unterzeichnung des Vertrags mit der

87 Europäische Entspannung durch österreichische Neutralität: Außenminister Leopold Figl tritt strahlend vor seine Landsleute, als der Staatsvertrag 1955 unterzeichnet ist. – 88 Bedeutsamer Besuch vor harmloser Kulisse: der sowjetische Parteivorsitzende Nikita Chruschtschow neben Außenminister Figl beim Heurigen in Wien.

89 Berlin, 17. Juni 1953: Sowjetische Panzer fahren auf, um die durch streikende Arbeiter entstandenen Unruhen unter Kontrolle zu bringen. – 90 Sowjetunion und Bundesrepublik im ersten Gespräch: Adenauer in Moskau mit Bulganin, Malenkow, Chruschtschow und Molotow; hinten links Carlo Schmid und Kurt Georg Kiesinger.

NATO nach Paris gekommen war, wohnte im Hotel Bristol, Rue du Faubourg Saint Honoré, wo er die Fanfaren hören konnte, die die Niederlage seines Landes feierten. Er ging zur Messe in die Kirche Saint Philippe du Roule und sagte zu dem Geistlichen, der ihn willkommen hieß: »Das ist ein großer Tag für Sie.« »Ja, Herr Bundeskanzler, ein großer Tag: das Fest der Jeanne d'Arc.«

Am Nachmittag hißte ein französischer Gendarm mit weißen Handschuhen im Hauptquartier der NATO in Rocquencourt die schwarzrotgoldene Fahne inmitten der vierzehn Fahnen des Nordatlantikpaktes. Die Alliierte Hochkommission hatte drei Tage vorher, bei ihrer letzten Sitzung, Deutschland die volle Souveränität wieder zuerkannt. Deutschland gelangte wieder zu Wohlstand; die Ruinen waren allmählich verschwunden, die Ausfuhr entwickelte sich, der Lebensstandard wurde höher, die Erinnerung an die Jahre der Not verblaßte.

Die Bundesrepublik hatte der NATO 12 Divisionen zur Verfügung zu stellen. Diese mußten rekrutiert, ausgebildet und bewaffnet werden. Mit dieser Aufgabe wurden ein Gewerkschaftler, Theodor Blank, als Verteidigungsminister, und ein General, der nur mit Not dem Zorn Hitlers entgangen war, Hans Speidel, betraut. Man traf schärfste Vorkehrungen, um ein Wiedererwachen des Militarismus preußischer Prägung zu verhindern. Das Grüßen und das Tragen der Uniform außerhalb der Dienstzeit war nicht mehr Pflicht. Jedes Jahr würden Bevollmächtigte des Bundestags sämtliche Regimenter inspizieren und die einzelnen Soldaten anhören. Dessenungeachtet erwiesen Befragungen, daß die Mehrheit der deutschen Öffentlichkeit nicht für die Wiederaufrüstung war. 75 % der Befragten erklärten sich gegen die allgemeine Wehrpflicht.

Frankreich hatte die EVG abgelehnt, weil es keine militärische Integration wünschte. Nun kämpfte es darum, sie in der Form eines Europäischen Büros für Rüstungsproduktion erstehen zu lassen. Es erreichte nur eine nutzlose prinzipielle Genugtuung. Die militärische Souveränität Deutschlands blieb einzig durch das Verbot einer militärischen Atom- und Luftfahrtindustrie begrenzt, nicht auf Grund einer Diskriminierung, sondern weil — so sagen die Abmachungen — »Westdeutschland in einer strategisch gefährdeten Zone liegt«.

Blieb noch der Zankapfel Saarland. Den hatte man der Westeuropäischen Union, bestehend aus Großbritannien und den sechs Ländern der Europäischen Gemeinschaft für Kohle und Stahl (Montanunion), in den Schoß gelegt. Die Volksabstimmung, deren Organisation ihr oblag, sollte den Saarländern die Wahl bieten zwischen der Rückkehr zu Deutschland und einem »europäischen Statut«, das den wirtschaftlichen Anschluß an Frankreich mit der politischen Autonomie verbinden sollte. Die drei großen Parteien Deutschlands und ihre Ausläufer im Saarland lehnten das »europäische Statut« ab.

Es war ein großartiger Gedanke, an den leidgeprüften Grenzen zwischen Deutschland und Frankreich einen europäischen Staat zu gründen. Ein solcher Staat hätte die von beiden Nationen seit zwei oder drei Jahrhunderten umkämpften Gebiete vereinen sollen. Auf das Saarland beschränkt, bedeutete das aber nur eine zusätzliche Zerstückelung Deutschlands und die künstliche Schaffung eines Irredentismus. Ich greife ein wenig vor, um das Kapitel abzuschließen. Nach einer allzu heftigen Kampagne, in der die Fackeln des Nationalismus aufflammten, fand die Volksabstimmung am 23. Oktober ohne Zwischenfall statt. Die Saarländer lehnten das »europäische Statut«, das ihnen vorgeschlagen wurde, mit 423 434 gegen 201 973 Stimmen ab. Frankreich war so klug, sich dieser Entscheidung ohne allzuviel Bitterkeit zu beugen. (*Forts. Deutschland S. 741*)

Ein Wunder geschieht: Österreich ist frei

Auf die Aufnahme Deutschlands in die NATO gab es eine Antwort. Die neun kommunistischen Mächte Europas versammelten sich in Warschau und beschlossen ein Bündnis nach dem Muster des Nordatlantikpakts. Der Oberbefehl über die vereinigten Armeen wurde dem sowjetischen Marschall Konjew anvertraut. Die Reden zu diesem Ereignis waren verhältnismäßig friedfertig. Der russische Verteidigungsminister, Marschall Schukow, wandte sich an die Diplomaten mit den Worten: »Ich habe in sieben Kriegen gekämpft, um eure Torheiten wiedergutzumachen. Ich habe keine Lust zu einem achten. Zeigt, daß ihr euer Handwerk versteht, und gebt uns einen dauerhaften Frieden!«

Molotow war von Warschau nach Wien geflogen. Ein Wunder hatte sich ereignet: Die UdSSR hatte bei der 379. Sitzung ja gesagt. Österreich war frei.

Die österreichische Frage ist in diesem Buch in jenen Kapiteln behandelt, die von den Bemühungen berichten, den Krieg durch ordentliche Friedensverträge zu beenden. Die österreichische Frage ging dann in Zwistigkeiten unter, die abwechselnd in Wien, Paris, Berlin, Moskau und London aufflammten. Plötzlich berief Marschall Bulganin den österreichischen Bundeskanzler Julius Raab zu sich und teilte ihm mit, daß die sowjetische Regierung diesem Zustand schnellstens ein Ende zu machen wünsche. Die strittigen Punkte wurden glatt und schnell geregelt. Molotow, Dulles, Macmillan und Pinay trafen zur Unterzeichnung in Wien zusammen. Und am 15. Mai wurde das Unglaubliche zum Ereignis. Der österreichische Minister Leopold Figl trat auf den Balkon des Belvedere und schwenkte eine Urkunde über seinem Kopf. Die vor dem Palast versammelte Menge beantwortete seine Geste mit ungeheurem Jubel. Das von Österreich in Form von Reparationszahlungen zu leistende Lösegeld war ungeheuer. Es war jedoch unerheblich angesichts des Wunders: Abzug der Russen und wiederhergestellte Souveränität.

Viele wollten an dieses Wunder nicht glauben. Sie warteten bis zum letzten Augenblick auf den Vorwand, der es der Roten Armee gestatten würde, die Preisgabe eines Landes hinauszuschieben, in dem es noch etwas zu ergattern gab. Doch die Räumung wurde nach den vereinbarten Bedingungen durchgeführt. Das letzte Foto der sowjetischen Besetzung wurde von einem Amateurfotografen auf dem Bahnhof Bruck an der Leitha geschossen: ein sowjetischer Offizier, der mit einem großen Paket Proviant, den er am Bahnhofsbuffet gekauft hatte, einem bereits fahrenden Zug nachlief.

Man hatte sich von der Wiener Überraschung noch kaum erholt, da wurde sie durch die Belgrader Überraschung überstrahlt.

Am Tag von Stalins Tod hatten die Angriffe gegen Tito aufgehört. Noch war das Jahr 1953 nicht zu Ende, da waren die Botschafter in Belgrad und Moskau wieder eingesetzt. Im Laufe der folgenden Monate kam es wiederholt zu sowjetischen Annäherungsversuchen. Marschall Schukow griff selbst zur Feder und gab zu, daß die jugoslawische Armee sich ohne die Hilfe der russischen Armee befreit hatte. Trotz dieser freundschaftlichen Tiraden brauchte Tito lange, ehe er auftaute. Seine Presse kritisierte weiterhin die neue russische Führungsgruppe und bezeichnete das sowjetische System als Staatskapitalismus.

Molotow allein verteidigte im Präsidium das Andenken und die Politik Stalins. Er hielt vor dem Obersten Sowjet daran fest, daß bei dem Bruch im Jahre 1948 beide Seiten die Schuld getragen hätten. Tito erwiderte mit einem Artikel, in dem er scharf erklärte, die Behauptungen »Herrn Molotows« seien unwahr. Die *Prawda* und die *Iswestija* gaben den Artikel wieder, ohne ein Wort zu verändern.

Am 26. Mai landete eine zweimotorige Tupolewmaschine in Zemun (Semlin), dem Flughafen von Belgrad. Die Russen, die sie verließen — Chruschtschow und nach ihm Bulganin —, trugen noch die Jacken mit den breiten Aufschlägen und die weiten Hosen aus der Stalinära. Wirtschaftsminister Mikojan hatte die Reise mitgemacht, aber Außenminister Molotow glänzte durch Abwesenheit. Die Jugoslawen hatten erklärt: »Der nicht!«

Tito empfing die Canossapilger eisig. Man hatte vereinbart, daß die Vergangenheit mit keinem Wort erwähnt werden sollte. Chruschtschow brach das Übereinkommen, indem er eine Rede verlas, in der die Verantwortung für den russisch-jugoslawischen Zwist den Machinationen des finsteren Berija angelastet wurde. Als der Dolmetscher sich pflichtgemäß daranmachte zu übersetzen, unterbrach ihn Tito mit einer Gebärde, nahm Chruschtschow am Arm und schob ihn in seinen Cadillac. Zwanzig Journalisten wohnten, starr vor Staunen, der Szene bei.

Die Reise verlief dann besser, als sie begonnen hatte. Chruschtschow für sich bot bereits ein Schauspiel. Das Land, das man ihm zeigte, war ein armes, wirtschaftlich dürftiges Land mit überaus niedrigem Lebensstandard. Es war immer noch ein totalitärer Polizeistaat, in dem ein ehemaliger Kampfgenosse Titos, Milovan Djilas, vor kurzem wegen Abweichen von der Parteilinie zu 18 Monaten Gefängnis verurteilt worden war. Es war aber das erste Mal, daß Nikita Chruschtschow, der ukrainische Kleinbauer, über Rußlands Grenzen hinauskam, und die leise Spur des Westens, die er in Jugoslawien vorfand, faszinierte ihn. Er wollte alles sehen, tausend Fragen stellen.

Die gemeinsame Erklärung räumte ein, daß es mehrere Wege geben kann, die zum Sozialismus führen, und daß das Leitprinzip der Sowjetunion in der Respektierung aller nationalen Souveränitäten liegt.

Mit triumphierender Miene sah Tito, der siegreiche Ketzer, das Flugzeug, das die Russen wieder fortbrachte, aufsteigen. Er hatte sich mit dem Osten versöhnt, ohne deshalb die fruchtbringenden Verbindungen aufgeben zu müssen, die er mit dem Westen angeknüpft hatte. In seiner Rolle als Verfechter des Neutralismus wurde er zu einem Staatsmann ersten Ranges und zu einem Weisen der hohen Politik, während er es lange Zeit als unverhofften Erfolg angesehen hatte, überlebt zu haben.

633

Die sowjetische Delegation machte auf dem Rückflug noch in Sofia halt. Dreihundert Würdenträger des europäischen Kommunismus waren dorthin berufen worden. Chruschtschow erklärte ihnen, daß die Reise nach Belgrad eine notwendige Wiedergutmachung gewesen sei; der brave Kommunist Tito sei grundlos die Zielscheibe des stalinistischen Absolutismus gewesen. Zum Glück für die kommunistische Bewegung habe er den wiederholten Versuchen, ihn zur Strecke zu bringen, zu widerstehen vermocht, während die Partei in der UdSSR durch den Tyrannen dezimiert wurde... Als diese Brandmarkung Stalins im Westen bekannt wurde, bezweifelten die Fachleute ihren Wahrheitsgehalt.

Molotow kämpfte noch. Er beklagte es, daß man Tito die Absolution ins Haus gebracht hatte, und behauptete, die von Stalin angewandte Schärfe sei in seinem Fall notwendig gewesen, um eine Zersplitterung der kommunistischen Bewegung zu verhindern. Chruschtschow antwortete ihm wütend: »Du machst mir einen Vorwurf daraus, daß ich zu Tito geflogen bin. Aber du selbst hast mit Ribbentrop verhandelt!« Dann griff er Molotows Frau an: »An dem, was dir zustößt, Wjatscheslaw Michailowitsch, ist deine Frau schuld. Sie ist zu ehrgeizig und zu rührig. Du hörst zu sehr auf sie, sie ist dein böser Geist...« Molotow senkte den Kopf, unterwarf sich, übte im *Kommunist* öffentliche Selbstkritik, gestand seine Fehler ein und bedauerte sie.

Das waren jedoch erst Einleitungsgefechte. Für Februar 1956 wurde der XX. Parteitag der KPdSU einberufen. Chruschtschow bereitete die Bombe vor, die er dort werfen sollte.

Genf: die Konferenz der Enttäuschung, genannt Konferenz der Hoffnung

Winston Churchill war nur noch der Parlamentsabgeordnete für Woodford, Essex. Doch der große Gedanke des Premierministers Winston Churchill: ein Gipfeltreffen, hatte Gestalt angenommen.

Sofort nach Stalins Tod war Churchill zu Felde gezogen. Seine Erkrankung, die Skepsis der Amerikaner, die in den vorhergehenden Kapiteln geschilderten wiederholten Hindernisse hemmten jedoch seine Bemühungen. Erst am 13. Juli 1954 konnte er, von einem Besuch in Washington heimgekehrt, ein langes Geheimtelegramm an Molotow senden, in dem er ein Gipfeltreffen zwischen Ost und West vorschlug. Es sollte so unformell wie möglich sein: »*a friendly meeting... No agenda, no objectives... living side by side, in growing confidence, easement, and prosperity...*« (ein freundschaftliches Zusammentreffen... keine Tagesordnung, keine bestimmten Ziele... wir wollen in zunehmendem Vertrauen, in Entspannung und Wohlstand nebeneinander leben...)

Nach Churchills Ansicht war die Teilnahme der Franzosen unerwünscht. Frankreich hätte nur seine Schwäche und die heillose Zwietracht mitbringen können, die ·s mit dem ihm eigenen Geschick von seinen inneren auf die internationalen Angelegenheiten zu übertragen verstand. Die Niederlage von Dien Bien Phu und das durch den Boykott der Franzosen verursachte Nichtzustandekommen der Europäischen

Verteidigungsgemeinschaft verstärkten die Einwände Churchills noch erheblich, doch sie wurden durch die Vernunftgründe Edens und Dulles' entkräftet, daß die Anwesenheit der Franzosen bei einem Gipfeltreffen trotz allem unerläßlich sei.

Aber Eden und Dulles waren gegen das Gipfeltreffen selbst, da sie die Ansicht hegten, eine neuerliche aufsehenerregende Zusammenkunft mit den Russen könne nur neue Enttäuschung bringen. Dazu kam Eisenhowers prinzipielle Abneigung, die Vereinigten Staaten zu verlassen. Er hielt das für den Hauptfehler von Präsident Wilson nach dem Ersten Weltkrieg. Der Chef Amerikas müsse im Weißen Haus bleiben, wie der Kapitän eines Schiffes auf seiner Kommandobrücke.

Churchill hatte die Rede in Fulton gehalten, dem Eisernen Vorhang seinen Namen gegeben, er war der Rufer im Streit zur Verteidigung der Wälle der Zivilisation gegen die Barbarei der Kommunisten gewesen. Nun hatte er sich in einen eifrigen Verfechter der Annäherung an die Sowjetunion verwandelt. Sein ganzes Leben lang hatte er die Schönheit, den sittlichen Wert und die Notwendigkeit des Kampfes verherrlicht. Im Alter sprach er fast wie ein Pazifist. Die nahende Altersschwäche entwickelte in ihm einen erbitterten Pessimismus und katastrophale Ansichten über die menschliche Rasse. Er hatte als erster Arbeiten zur militärischen Verwendung der Atomenergie angeordnet und sah nun in der Atomenergie eine ungeheure Bedrohung. Wenn es eine Möglichkeit, nur eine geringe Möglichkeit gab, diese Bedrohung abzuwenden, so lag sie einzig in der Einigung der Verbindung zwischen den Vereinigten Staaten, Großbritannien und der Sowjetunion.

Molotow erteilte auf das Telegramm vom 13. Juli 1954 eine vage ermutigende Antwort. Darauf kam es zwischen den Westmächten zu langwierigen Diskussionen über den Ablauf der Konferenz. Churchill hatte gesagt: »Keine Tagesordnung!« Um aber die Debatten in bestimmte Bahnen zu lenken, waren einige Themenangaben notwendig. Man kam überein, den Russen folgendes Programm vorzuschlagen: 1. Die deutsche Frage. 2. Die europäische Sicherheit. 3. Die Abrüstung.

Am 10. Mai 1955 wurde der Sowjetunion die Einladung übermittelt, die am 26. Mai angenommen wurde. Churchill war einen Monat vorher von der Regierung zurückgetreten, doch Eden hatte sich dem Prinzip des Treffens angeschlossen. Die Bedingungen schienen günstig. Die glatte Regelung der österreichischen Streitfrage, nachdem man zehn Jahre lang zu keiner Einigung gekommen war, ließ eine neue Einstellung bei der sowjetischen Führung erkennen. Alle offiziellen Erklärungen warnten die Öffentlichkeit, daß man kein Wunder erwarten dürfe, daß die Probleme, die die Welt beschäftigten, nicht während eines kurzen Treffens geregelt werden könnten. Alle besagten aber auch, daß dieses Treffen eine neue Entwicklung einleiten, eine große Hoffnung bringen würde.

Da die Sowjetunion das von Amerika vorgeschlagene Lausanne abgelehnt hatte, wurde Genf als Tagungsort gewählt. Die Delegationen trafen am 16. Juli ein. Eine Stunde nach dem Empfang auf dem Flughafen Cointrin fuhren in einem Sis-Kabriolett Bulganin, Chruschtschow, Schukow und Molotow gutgelaunt in einer Kolonne von Wochenendausflüglern zu den beiden Wohnungen in der Rue du Devin de Village und der Rue Dancet in Plainpalais, in denen Lenin während seiner Verbannung gewohnt hatte, nicht weit von dem Lesesaal, der ihm als Arbeitszimmer diente, und dem Bierhaus Landolt, in dem er seine Mahlzeiten einnahm. Später sah man Chruschtschow häufig in den Geschäftsstraßen der Innenstadt, wo er an der Schaustellung des Überflusses, von dem ihm Jugoslawien nur einen leisen Vorgeschmack gegeben hatte, seine Neugier befriedigte.

Amerika hingegen zeigte ein sprödes Antlitz. Der Geheimdienst hatte hinsichtlich der Reise Eisenhowers nach Europa ausdrücklich Vorbehalte geäußert und dann Sicherheitsmaßnahmen gefordert, die die Schweizer Behörden aufbrachten. Ein ganzes Regiment, das 26., aus Deutschschweizern bestehend, das nur seine Order kannte, bewachte die Straße zwischen dem Saussure-Haus in Genthod, der Residenz des Präsidenten, und dem Palais des Nations. Die Genfer hatten den Eindruck, Amerika sei der Polizeistaat und die Sowjetunion das liberale Land.

Am Tag vor Beginn der Konferenz traf ein betagter Tourist in Mürren, am Fuß der Jungfrau, ein. Alle Gipfel des Berner Oberlandes bebten unter einem gewaltigen Gewittersturm. Der alte Herr lehnte die kleine Droschke ab, er wollte die Strecke von einem Kilometer, die die Pension Sackett von der Station der Zahnradbahn entfernt war, zu Fuß gehen. Am folgenden Tag brachte ihn die Bahn auf den 1913 Meter hohen Allmedhübel, von dem er, die Jacke unter dem Arm und eine Blume zwischen den Lippen, nach unten stieg. Die Journalisten erfuhren bald, daß dieser lebenslustige Urlauber der deutsche Bundeskanzler Konrad Adenauer war.

Hinter seiner ungezwungenen Haltung verbarg sich tiefe Sorge. Das Schicksal Deutschlands sollte in Genf ohne seine Mitwirkung entschieden werden. Eisenhower hatte in einer Pressekonferenz eine Bemerkung über die Neutralisierung Deutschlands gemacht. Eden war für eine entmilitarisierte Zone längs des Eisernen Vorhangs, sogar wenn, wie er sagte, die Planer der NATO ihre Vorposten zurücknehmen mußten. Die Einverleibung Deutschlands in den Westen, der Grundgedanke des alten Kanzlers, das Ziel, das seiner Ansicht nach bedeutend wichtiger war als die Wiedervereinigung, stand auf dem Spiel.

Bulganin übernahm es, Adenauer Mut einzuflößen. Der Konferenztisch war quadratisch; man hatte die strenge militärische Form an die Stelle des sanften, trügerischen runden Tisches von Jalta und Potsdam gesetzt. Der politische Marschall hatte bei seiner Rede Frankreich gegenüber, die Vereinigten Staaten links und England rechts von sich. Als seine vertrauliche, eintönige Stimme verstummte, blickten die Abgesandten der Westmächte einander an. Keiner von ihnen hatte ein Wunder erhofft: alle waren enttäuscht.

Bulganin hatte sämtliche grundlegenden Forderungen der Sowjetischen Politik ohne eine einzige Abschwächung beibehalten: Auflösung der NATO, Aufgabe der Überseestützpunkte Amerikas, Auslieferung Formosas an Mao Tse-tung. Was Westdeutschland anlangte, verschmähte Bulganin sogar die Taktik, die darin bestanden hätte, die Gelüste einer Neutralisierung aufzugreifen, um die Westmächte in Verlegenheit zu bringen und die Deutschen zu ängstigen. Er begnügte sich damit, zu erklären, daß die Sowjetunion »Anhänger der Wiedervereinigung Deutschlands bleibt«: »Man muß anerkennen, daß das Haupthindernis auf dem Wege der Wiedervereinigung Deutschlands gegenwärtig die Remilitarisierung Westdeutschlands ist.«

Damit war die Genfer Konferenz zu Ende, da sie gegenstandslos war. Doch die mit enormen Kosten inszenierten Schauspiele mußten stattfinden. Der Mann, der nicht aus Berechnung, sondern in seiner Unbefangenheit das Interesse wieder anfachte, war Eisenhower.

Es geschah bei der öffentlichen Sitzung am Donnerstag, 21. Juli, dem dritten Tag der Konferenz. Wieder tobte ein Gewittersturm über Genf. Der elektrische Strom setzte aus; die großen Fresken, welche die Eitelkeit der Siege zeigen, die Witwen, die die Sieger verfluchen, und die Särge unter den Triumphbogen, erhielten im Dämmerlicht ein noch grauenerregenderes Gepräge. Ike sprach mit großem Schwung, brachte seinen Haß gegen den Krieg zum Ausdruck, sagte, er suche seit mehreren Tagen »*in my heart and my mind*« nach dem Mittel, alle von der Aufrichtigkeit zu überzeugen, mit der er für die Abrüstung eintrat. Er schlug den Plan »*open skies*« vor: Die beiden Nationen, welche die Waffen zur Massenvernichtung besaßen, die Vereinigten Staaten und die Sowjetunion, sollten die Pläne ihrer militärischen Anlagen jeglicher Art »von A bis Z« austauschen. Sie sollten sich verpflichten, sich gegenseitig ohne jede Einschränkung überfliegen und fotografieren zu lassen. Die unausbleibliche Folge würde dann eine tatsächliche Kontrolle der Rüstungen und später weitgehende Abrüstung sein. »Denn das sage ich Ihnen, was ich vorschlage, ist nur ein Anfang...«

Die durch den Zufall so bewundernswert inszenierte Wirkung war ungeheuer. »Schade, daß nicht alle Völker der Welt diese Stimme gehört haben«, sagte Edgar Faure, »sie hätten begriffen, daß wir soeben einen großen Sieg über die Skepsis errungen haben.« Die Russen selbst schienen beeindruckt; doch das war nur vorübergehend. Die sowjetische Delegation würdigte den unvorbereiteten Vorschlag des amerikanischen Präsidenten – Dulles wußte gar nichts davon – nicht einmal einer ablehnenden Antwort. Chruschtschow, der mangels einer klar bestimmten Rolle vor Ungeduld verging, gab folgende inoffizielle Antwort: »Wir Russen sind bekannt für unsere Gastfreundschaft, aber wir gestatten nicht, daß man nachsehen kommt, was in unserem Schlafzimmer vorgeht.«

Nun war die Gipfelkonferenz endgültig abgebrochen. Sie hatte glühende Erwartung und wirkliche Hoffnung aufkommen lassen. Sie schloß ohne jedes Ergebnis. Das wurde durch einige meteorologische Floskeln überspielt, etwa daß sich die Atmosphäre gebessert habe und die Wolken am Horizont weniger dunkel seien. Man erklärte, daß die Außenminister die strittigen Fragen übernehmen und die Diskussion im Oktober fortsetzen würden. Genf war die Konferenz der Enttäuschung; infolgedessen nannte man sie »Konferenz der Hoffnung«.

Ein künstlicher Satellit für 1957

Einige Tage vor der Genfer Konferenz hatte ein entsetzlicher Unfall das Vierundzwanzig-Stunden-Rennen von Le Mans überschattet. Das Rennen zwischen Mercedes und Jaguar hatte vor zwei Stunden begonnen. Ein plötzliches Bremsmanöver des von Hawthorn gesteuerten Jaguar verursachte einen Zusammenstoß zwischen einem dritten Wagen und einem von Levegh gesteuerten Mercedes. Dieser wurde gegen die Umzäunung geschleudert und explodierte in der Zuschauermenge: Es gab 82 Tote und 200 Verwundete. Das Rennen wurde jedoch fortgesetzt und von Hawthorn gewonnen.

Wenige Tage nach Genf spielte sich im Weißen Haus eine merkwürdige Pressekonferenz ab. Die Wissenschaftler Waterman, Cornell, Shapley, Joyce und Spillman erschienen vor den Journalisten und teilten ihnen mit, daß Amerika zwischen 1957 und 1959 einen künstlichen Satelliten starten werde.

Die Idee war nicht neu. James Forrestal hatte im Jahre 1948 davon gesprochen, doch damals schien die Andeutung so schwerwiegend, daß man die Öffentlichkeit lieber im Glauben ließ, der Verteidigungsminister sei nicht ganz bei Sinnen gewesen. Die später durchgesickerten Indiskretionen gestatteten keine genaue Abgrenzung zwischen dem, was Tatsache, und dem, was ins Gebiet der Science-fiction zu verweisen war. Die fünf Wissenschaftler brachten offizielle Angaben: Der künstliche Satellit würde mit einer Dreistufenrakete gestartet werden, seine Erdumkreisungen in einer Höhe von 100–300 Meilen und mit einer Geschwindigkeit von 18 000 Meilen pro Stunde ausführen. Seine Abmessungen würden ungefähr jene eines Fußballs sein.

In der Wallstreet stiegen die Uranaktien. Die Börsenleute hatten nicht begriffen, daß der künstliche Satellit seine Geschwindigkeit den Gesetzen des Weltraums verdanken würde. Sie glaubten, er werde durch einen Atommotor angetrieben werden.

Präsident Eisenhower hatte keinerlei Begeisterung für das Projekt zur Schau getragen. Sein sparsamer Verteidigungsminister, Charles Wilson, hatte sich noch kühler gezeigt. Die Kredite für das Satellitenprogramm waren mit 10 Millionen Dollar begrenzt, und man hatte vereinbart, daß die bewaffneten Streitkräfte nicht an seiner Entwicklung mitarbeiten sollten. Ike hatte trotz der Proteste im Kongreß darauf bestanden, daß alle aus dieser Erfahrung gewonnenen wissenschaftlichen Ergebnisse den anderen Nationen, einschließlich der UdSSR, zugänglich gemacht werden sollten.

Der UdSSR? Sie hatte vor drei Monaten ein ständiges Komitee für interplanetarische Raumfahrt unter dem Vorsitz des Akademiemitglieds L. I. Sedow gebildet. Vor fünfzehn Monaten hatte der Präsident der Akademie der Wissenschaften, Alexander Nesmejanow, erklärt, daß der Abschuß künstlicher Satelliten und später ein Flug zum Mond absolut durchführbar seien. Vor drei Jahren hatte Professor Dobrunabow das sowjetische Raumprogramm wie folgt aufgestellt: 1965, unbemannter künstlicher Satellit; 1975, Raumschiff mit zwei oder drei Mann Besatzung; 1980, Flug zum Mond; schließlich für das Jahr 2000: ein Mensch auf dem Mond. Es werde dem 21. Jahrhundert überlassen bleiben, höher hinaufzukommen.

Der Stand der russischen Forschungsarbeiten war in den Vereinigten Staaten sehr wenig bekannt, doch Dobrunabows Zeitplan wirkte beruhigend: Die Russen sahen das, was die Amerikaner bereits 1957 zu verwirklichen hofften, für 1965 vor. Es kam den Amerikanern nicht in den Sinn, daß sie auf einem so revolutionären Gebiet wie der Eroberung des Weltraums überholt werden könnten.

Der Sommer 1955 verlief ruhig. Frankreich allein stand noch in einem Krieg, in dem Algerienkrieg. Ganz Europa war friedlich, ausgenommen einige Unruhen nebensächlicher Art, wie die Demonstrationen in Belgien wegen der Schulreform, oder politische Krisen üblicher Art wie jene, die in Italien den Christlichsozialen Segni an die Stelle des Christlichsozialen Scelba brachte. Die einzige Angelegenheit von großer Aktualität war die Liebesaffäre Prinzessin Margarets von England mit einem ehemaligen Major der Royal Air Force aus der Zeit der Schlacht um London, Peter Townsend. Die Prinzessin, an dritter Stelle in der Thronfolge, hätte mit dem geschiedenen Townsend nur eine Zivilehe schließen können. Die Kirche von England erklärte, daß eine solche Lösung mit den Sonderrechten der Krone unvereinbar wäre. Der gesamte Adel, die Königin an der Spitze, verlangte von der Prinzessin, ihrem Rang gemäß zu entscheiden. Die überwiegende Mehrheit des britischen Volkes – laut Stichproben des *Daily Mirror* 97 % – bestürmte die Prinzessin dagegen, der Liebe zu folgen.

Margaret wurde am 21. August 25 Jahre alt. Für diesen Geburtstag erwartete die sentimentale Öffentlichkeit eine romantische Entscheidung. Vergeblich. Ein Kommuniqué Margarets an das britische Volk lautete, daß sie ihre Pflicht gegenüber dem Commonwealth vor jede andere Überlegung gestellt habe und daß sie Peter Townsend nicht heiraten werde.

Am 15. September setzte die politische Aktivität wieder ein, und zwar mit der Reise des Bundeskanzlers Adenauer nach Moskau. Zahlreiche Erinnerungen wurden wach. Der letzte deutsche Staatsmann, der die Sowjets besucht hatte, war Joachim von Ribbentrop gewesen. Der Pakt, den er mit Molotow geschlossen hatte, führte zwei Wochen später zum Zweiten Weltkrieg. Wiederholte sich die Geschichte? Würde Adenauer, von den Genfer Ergebnissen enttäuscht, das westliche Lager zugunsten der Wiedervereinigung seines Landes verlassen?

Die Initiative war von Moskau ausgegangen. Adenauer hatte gezögert, die Einladung anzunehmen, doch ihre Form kam einem Befehl gleich. Außerdem beschäftigte die Frage der in der UdSSR zurückgehaltenen Kriegsgefangenen ganz Deutschland. Die Russen hatten 1 939 063 Gefangene entlassen; sie hatten sich gerühmt, deren 4 Millionen gemacht zu haben, und man wußte positiv, daß jedenfalls die Zahl von 3 Millionen überschritten worden war. Die deutsche Öffentlichkeit drängte den Kanzler, das schier Unmögliche zu versuchen, um die Überlebenden wiederzufinden und heimzubringen.

Auf dem Bahnhof Brest-Litowsk hob ein Kran des bei Eisenbahnkatastrophen verwendeten Typs die 13 Waggons des deutschen Sonderzugs hoch und setzte sie auf bewegliche Achsen mit der Spurweite der russischen Bahnen. »Der Alte« reiste mit einer Constellation, hatte jedoch verlangt, daß ihm seine Staatskanzlei per Bahn folgen müsse; auch hatte er einen Geleitzug von glänzenden Mercedeswagen vorausgeschickt. Die Russen waren eher verärgert als beeindruckt. »Wenn wir nach Bonn kommen, werden wir unsere russischen Schiffe mitbringen, um mit ihnen auf dem Rhein spazierenzufahren.«

Tatsächlich war es ihre Absicht, nach Bonn zu kommen. Die Bundesrepublik lehnte aus Prinzip jede diplomatische Beziehung mit einem Land ab, das in Ostdeutschland akkreditiert war. Die Antwort der Sowjetunion: »Wir verlangen, daß diese Regel auf uns nicht angewendet wird.«

Es war eine seltsame Begegnung. Auf dem Flughafen Wnukowo wurde »Deutschland, Deutschland über alles« gespielt, aber die deutsche Delegation und die sowjetische Regierung standen einander in erbitterten Auseinandersetzungen gegenüber. Bulganin behauptete, es befänden sich noch 9226 deutsche Soldaten in Rußland, und sie alle seien Kriegsverbrecher. Adenauer gestattete sich die Bemerkung, daß auch die russischen Soldaten in Deutschland Übergriffe begangen hätten. Chruschtschow bekam einen Wutanfall, erging sich in Flüchen und gemeinen Beschimpfungen und schrie, die russischen Soldaten hätten sich stets tadellos betragen, und die Deutschen seien nie etwas anderes gewesen als unflätige Schweine. Man versöhnte sich wieder, prostete sich zu und faßte einander kameradschaftlich bei der Schulter. Doch diese grobe Herzlichkeit blieb gekünstelt, der Strom von Blut, der zwischen den beiden Nationen geflossen war, war nicht aus der Welt geschafft.

Adenauer erzählte bis zu seinem Tod, daß jene fünf Tage in Moskau für ihn die härteste Prüfung und die schwerste Erniedrigung seines Lebens dargestellt hätten. Er hatte geglaubt, durch seine Zurückhaltung und seinen Stolz sowie durch die Zurschaustellung des deutschen Reichtums Achtung einflößen zu können; er wurde von der gewalttätigen Sprache der Russen buchstäblich erschlagen. Einen Augenblick hatte er sogar für seine persönliche Sicherheit Befürchtungen gehegt und nach seinem Flugzeug verlangt, ohne daß er sicher gewesen wäre, daß man ihn hätte abreisen lassen. Er glaubte, die Aufnahme diplomatischer Beziehungen von der Rücksendung der noch in Rußland festgehaltenen Gefangenen abhängig machen zu können; er mußte sie bedingungslos annehmen. Er hoffte, erreichen zu können, daß die Bundesrepublik als Erbin der deutschen Souveränität anerkannt werde. Kaum hatte er russisches Gebiet verlassen, da lud Bulganin Grotewohl zu sich ein, und ein Kommuniqué der Agentur TASS besagte, daß die Sowjetregierung Westdeutschland und Ostdeutschland als getrennte politische Einheiten behandeln werde. Was in Genf indirekt gesagt worden war, wurde in Moskau ausgesprochen. Das geteilte Deutschland war ein Grundprinzip der russischen Politik – und ist es noch immer.

Peróns Sturz

Die große antiklerikale Kampagne Juan Domingo Peróns hatte höchst unerwartet mit seiner im Rundfunk übertragenen Rede vom 10. November 1954 begonnen. Perón brandmarkte das Eindringen der *Accion catolica argentiña* in die Gewerkschaften und Universitäten. Er bezeichnete die Bischöfe von Córdoba, La Rioja und Santa Fe als Staatsfeinde. »Die Regierung wird das nicht dulden«, schloß er.

97 % der 18 Millionen Argentinier bekannten sich zur katholischen Religion. Das Regime hatte sich in seinen Anfängen auf die Kirche gestützt, Eva Perón stellte eine glühende Frömmigkeit zur Schau. Perón jedoch wußte sehr wohl, daß der Katholizismus der Argentinier mit einer starken Dosis Antiklerikalismus gemischt war. Da Perón mit äußersten wirtschaftlichen Schwierigkeiten zu kämpfen hatte, der Feind-

seligkeit der bewaffneten Streitkräfte ausgesetzt und sich der Enttäuschung der Massen bewußt war, suchte er nach einer krassen Ablenkung.

Es folgten acht Monate bitteren Kampfes. Perón ließ ein Gesetz beschließen, durch das die Prostitution legalisiert, und ein zweites, durch das die Scheidung möglich wurde. Im Mai verkündete er die Trennung von Kirche und Staat und widerrief die Steuerfreiheit der Kirchengüter. Die Prozessionen des Fronleichnamsfestes im Juni wurden verboten – dennoch versammelten sich 100 000 Katholiken auf der Plaza de Mayo, und die Fahne des Vatikans wurde auf der Kongreßkuppel gehißt. Daraufhin wurden der Weihbischof von Buenos Aires und der Generalvikar in ein Flugzeug gesetzt und nach Rom geschickt. Die Antwort des Papstes bestand darin, daß er alle jene exkommunizierte, die die Rechte der Kirche verletzt und sich Gewalttaten gegen ihre Führer hatten zuschulden kommen lassen.

Perón war sechzig Jahre alt und außerordentlich vital; er hatte eine ungehemmte Vorliebe für Geschwindigkeit und Jugend. Er fuhr selbst Rennwagen und versammelte in seinem Palast in Ovidos 200 junge Mädchen, in deren Mitte er die zunehmende Last der Jahre vergaß. Die »Orgien von Ovidos« waren eine Fabel der politischen Gegner, es traf jedoch zu, daß der alternde Diktator sich mit sehr jungen Mätressen umgab. Nichtsdestoweniger blieb Evita der Mittelpunkt eines nationalen Kults. Täglich verkündete der argentinische Rundfunk in eindringlichem Ton: »Es ist 20 Uhr 25, vergessen Sie nicht, daß genau in dieser Minute am 20. Juli 1952 Eva Perón in die Unsterblichkeit einging.« Evas Bruder jedoch, Juan Duarte, der wie fast alle Gefährten der ersten Kämpfe in Ungnade gefallen war, hatte Selbstmord begangen.

Der 16. Juni, zu Beginn des Winters, war ein Tag mit niedrig hängenden Wolken und schlechter Sicht. Zu Mittag tauchten, vom Marineluftstützpunkt Punta del Indio kommend, sechs Bomber über der Hauptstadt auf. Sie warfen etwa zehn Bomben mit Ziel der »Casa Rosada«, des Sitzes des Präsidenten der Republik, ab. Eine einzige beschädigte das Gebäude leicht. Die anderen richteten ein Blutbad unter den Passanten auf der Plaza de Mayo an. Perón, der unverletzt geblieben war, begab sich durch einen unterirdischen Gang ins Kriegsministerium. Im Regierungsbezirk tauchten kleine Gruppen von Seeleuten auf, doch die Soldaten eröffneten das Feuer gegen sie, und sechs Panzer verjagten die Angreifer. Um 14 Uhr hißte das Marineministerium die weiße Fahne. Andere Einheiten der Armee bemächtigten sich des Stützpunktes Punta del Indio. Das *pronunciamento* war gescheitert. Die Massen strömten in die Straßen der Innenstadt, verfolgten die Seeleute und die Priester, plünderten oder verbrannten neun Kirchen mit dem Ruf »*Viva Perón!*«.

Die Urheber des Anschlags vom 16. Juni waren einige Admiräle unter der Führung von Peróns Marineminister, Anibal Olivieri. Eine Stadt zu bombardieren, um einen Mann zu töten, war ein Akt der Grausamkeit, der nicht weniger als 160 Tote und 900 Verwundete kostete. Ein einziger der Verschwörer, Vizeadmiral Benjamino Garginzo, besaß den Anstand, Selbstmord zu begehen. Olivieri wurde verhaftet.

Die anderen flüchteten nach Uruguay, wo sie Vorwürfe gegen die Armee erhoben, die sie angeblich verraten hätte. Es hatte den Anschein, als sei Peróns Stellung durch die Spaltung seiner Gegner wieder gefestigt, ebenso durch die Unterstützung, die er vom Volk gegen den Putsch der Admiräle erhalten hatte.

Davon war aber keine Rede. Die verbrannten Kirchen belasteten Perón schwerer als die Toten von der Plaza de Mayo seine Gegner. Am 16. September brach in den Provinzen Corrientes, Entre Rios und Córdoba ein Militäraufstand aus. Die Stadt Córdoba wurde von einer Junta, an deren Spitze sich General Domingo Molina stellte, zur vorläufigen Hauptstadt der Republik erklärt. Buenos Aires wehrte sich durch Bekanntgabe von Kommuniqués; es verkündete alle zwei Stunden, die Rebellion sei erstickt worden. Nach und nach verstummte es. Der Pampahafen Bahía Blanca, der Marinestützpunkt Puerto Belgrano, die Garnisonen von Rosario, Tucumán, San Luis usw. schlossen sich der Bewegung an. Die Flotte, geführt vom Kreuzer *Rivadavia*, sammelte sich auf dem Rio de la Plata, nahm Mar del Plata unter Feuer und forderte Buenos Aires auf, sich zu ergeben. Perón wollte mit der Junta verhandeln; er bekam zur Antwort, sie kenne ihn nicht. General Franklin Lucero, der Verteidigungsminister, trat daraufhin an das Mikrofon und verkündete, daß Präsident Perón zurückgetreten sei. Er forderte den Kommandanten der aufständischen Streitkräfte auf, in die Hauptstadt einzuziehen. 600 Desperados verbarrikadierten sich in der Milizkommandantur, wo sie den einzigen verbissenen Kampf des kurzen Bürgerkrieges lieferten; sie wurden von Artillerie und Panzern vernichtet.

Perón hatte in der Botschaft von Paraguay um Asyl angesucht. Der Botschafter Juan Chavez brachte ihn in seinem Privatwagen an Bord des Flußkanonenbootes *Paraguay*, das mit Havarien vor Buenos Aires festlag. Dort hielt Perón sich zehn Tage lang versteckt und hörte den Lärm aus der großen Stadt, wo man seine Statuen zerschlug und die Evita gewidmeten Gedenksteine umstürzte. Unter dem Vorsitz von General Eduardo Lonardi wurde eine vorläufige Regierung gebildet, doch herrschten bereits schwere Spannungen unter den Siegern. Am zehnten Tag brachte ein Catalina-Flugboot Juan Domingo Perón nach Asunción. Er hatte davon geträumt, der Macht des englischsprechenden Amerika ein spanischsprechendes Amerika, mit einem industrialisierten Argentinien als Grundlage, entgegenzustellen. Nun, da er gescheitert war, blieb ihm für die Zukunft nichts als das Dunkel des Exils.

Erster Herzanfall Eisenhowers

Nach seiner Rückkehr aus Genf richtete sich Eisenhower im Staat Colorado, aus dem seine Frau stammte, ein *Summer White House* ein. Man überschreitet den Kamm der Rocky Mountains oberhalb von Denver über den Berthoud-Paß, der von einigen kleinen Gletschern umgeben ist. Ike ließ sich auf der Ranch seines Freundes Axel Nielsen in der Nähe eines Forellenwassers nieder, dem Saint Louis Creek. Der Flughafen Lowry Field und der Golfplatz von Cherry Hills boten dem Präsidenten bequeme Verbindungen und die Möglichkeit, seinen geliebten Sport auszuüben.

Der 23. September war ein kühler, sonniger Tag. Ike spielte am Vormittag eine Golfpartie über 18 Löcher, aß zu Mittag ein mit Bermudazwiebeln garniertes Hamburger, spielte am Nachmittag wieder Golf und kehrte gegen Abend auf die Ranch zurück. Die Anzeichen einer Verdauungsstörung schrieb er den Bermudazwiebeln zu. Er ging zu Bett und schlief bald ein. Mitten in der Nacht wurde er durch heftige Schmerzen wach. Sein Arzt, Murray Snyder, erkannte die Symptome einer Koronarthrombose und ließ den Kranken nach Denver in das Fitzsimmons Hospital bringen.

Die New Yorker Börse war bereits geschlossen; die schwere Reaktion des Aktienmarkts wurde erst am folgenden Tag verzeichnet. Seit dem Schwarzen Freitag des Jahres 1929 waren die Kurse nicht mehr so stark gefallen. General Motors ging um 8 und Du Pont de Nemours um 16 Dollar zurück. Hauptsächlich waren es die kleinen Aktienbesitzer, die verkauften. Eisenhower war das Symbol des Vertrauens. Man glaubte, er sei für immer erledigt.

Er war nahe daran; seine Rekonvaleszenz war langwierig und schwer. Die besten Herzspezialisten Amerikas waren der Ansicht, Eisenhower werde nie wieder imstande sein, eine normale Tätigkeit auszuüben, geschweige denn die schweren Pflichten des Präsidenten auf sich zu nehmen. In den Memoiren des Präsidenten bleibt das Wesentliche in dieser wichtigen Episode seines politischen und privaten Lebens ungeklärt, ebenso wie in den meisten Dokumenten dieser Art, die eher darauf ausgehen, den Historiker irrezuführen, als ihn aufzuklären.

Am 14. Februar 1956, fünf Monate nach dem Herzanfall, erklärte ein aus sechs Ärzten bestehender Rat unter dem Vorsitz von Paul Dudley White, daß »medizinisch gesehen« der Präsident wahrscheinlich imstande sein werde, während eines Zeitraums von fünf bis zehn Jahren in zufriedenstellender Weise ein aktives Leben zu führen. Die Journalisten wollten insbesondere erfahren, ob Ike körperlich gesund genug sei, um im folgenden Jahr ein zweites Mal für das Präsidentenamt zu kandidieren. White versuchte der Frage auszuweichen und sagte schließlich, er sehe keinen Grund, die Frage nicht zu bejahen.

Was Amerika nicht erfuhr, war die Tatsache, daß das »aktive Leben« Eisenhowers wesentlich eingeschränkt wurde. Vier bis fünf Arbeitsstunden täglich während vier Tagen in der Woche, und lange Urlaubszeiten, das war das Arbeitspensum, das dem Präsidenten der Vereinigten Staaten zugestanden wurde. Für Amerika und für die Welt im allgemeinen blieb das nicht ohne Folgen. (*Forts. USA S. 681*)

Wiedereinsetzung des Sultans und Ende Französisch-Marokkos

Im Juni hatte man in Marokko 805 Attentate gezählt. Die einen wurden von den Nationalisten gegen Franzosen oder franzosenfreundliche Marokkaner begangen, die anderen von Anhängern der *Présence Française*, des Verbands der Franzosen in Marokko, gegen Nationalisten oder gegen Franzosen, die eine Einigung suchten. Jacques Lemaigre-Dubreuil hatte vor kurzem *Maroc-Presse* gekauft, um daraus, wie er sagte, einen »Treffpunkt« für Franzosen und Marokkaner zu machen. Als er aus seiner Wohnung in Casablanca, der Maison de France, auf die Straße trat, krachte aus einem geparkten Citroën eine Salve. Lemaigre wurde von 13 Kugeln durchbohrt und fiel tot in den Rinnstein.

Der amtierende Sultan, Mulay Ben Arafa, blieb im Schatten. Er hatte im Lauf von zwei Jahren dreimal seine Residenz verlassen und war zweimal, in Rabat und in Marrakesch, nur mit knapper Not einem Attentat entgangen. Die Moscheen verweigerten ihm das Gebet. Die Ulemas, die ihn gewählt hatten, erklärten, daß die Wahl unter Zwang vor sich gegangen sei. Mohammed V., der nur wenig beliebt gewesen war, als er den Thron innehatte, wurde in der Verbannung zum Idol der Nation.

Die Weisungen an den neuen Generalresidenten, Gilbert Grandval, sprachen den Mißerfolg aus: »Objektiv muß man mit Bedauern feststellen, daß Seine Majestät Sidi Mohammed Ben Mulay Arafa weder Autorität noch Ansehen zu erlangen vermochte.« Infolgedessen wurde Grandval aufgefordert, alle möglichen Lösungen und insbesondere jene zu studieren, die darin bestünde, den freiwilligen Rücktritt Ben Arafas und die Bildung eines Regentschaftsrats für die Zeit zu erreichen, bis es möglich wäre, einen neuen Sultan zu ernennen. »Wobei selbstverständlich«, bestimmten die Weisungen der Regierung, »die Rückkehr Ben Jussufs entschieden abgelehnt werden muß . . .«

Grandval hatte die letzten zehn Jahre als französischer Hochkommissar im Saarland verbracht. Er stammte aus einer Verlegerfamilie, hieß ursprünglich Hirsch-Ollendorf, war zum Katholizismus übergetreten und hatte den Namen Grandval, den er in der Widerstandsbewegung gehabt hatte, behalten. Er stand im Ruf einer ungewöhnlichen Energie. Edgar Faure hatte ihm gesagt: »Ich brauche einen außergewöhnlichen Mann für eine außergewöhnliche Situation. Ich verlasse mich auf Sie.«

Als Grandval in Rabat eintraf, stellte er mehrere Beamte kalt, die sich durch eifrige Unterdrückung hervorgetan hatten, mischte sich bald unter die arabische Menge und ließ es zu, daß man in seiner Gegenwart die Rückkehr des früheren Sultans verlangte. Am 14. Juli forderte er Moslems und Europäer auf, sich zu einer brüderlichen Gedächtnisfeier zu vereinen. Das öffentliche Fest begann auf dem Platz Mers Sultan; vor der Caféterrasse explodierte eine in einem Motorrad versteckte Bombe, die sieben Europäer tötete. Bei deren Begräbnis wurde der Generalresident ausgepfiffen und tätlich angegriffen. Die Polizei griff nicht ein.

Der 20. August war der zweite Jahrestag der Absetzung Ben Jussufs, ein Datum, das man fürchtete. Die in den großen Städten getroffenen Vorkehrungen milderten die Zusammenstöße und verringerten die Zahl der Opfer. Der Hauptschlag gegen die französische Herrschaft in Marokko kam jedoch aus dem Hinterland.

Die kleine Stadt Oued Zem im Tadlagebiet war stets von Unruhen verschont geblieben. Der Stamm der Smalas überfiel, aus den Bergen kommend, plötzlich den Ort. Alle Kranken des Hospitals, Europäer und Moslems, wurden in ihren Betten erschlagen, Babys vor den Augen ihrer Eltern in Stücke gehackt. Unter den Europäern allein zählte man 77 Tote; in Kasba Tadla, Ait Amar, Khenifra gab es noch weitere. Die Phosphatbetriebe von Khouribga wurden von ihren Arbeitern den Flammen ausgeliefert. Vier Journalisten, die mit dem Auto nach Casablanca fuhren, um zu telegrafieren, wurden auf der Fahrt ermordet. Mit einem Schlag war das Hinterland von der Passivität zur Raserei übergegangen.

Einige Tage später verlangten die Smalas, von Flugzeugen in die Enge getrieben, nach dem Amtmann, lieferten ihre Gewehre ab und schnitten vierzehn Stieren die Kniekehlen durch. Doch die pittoreske Zeremonie, eine Reminiszenz an die Szenen aus der Zeit der Eroberung, war nur ein Trugbild. Eine Illusion zerriß, ein Glaubenssatz wurde widerlegt.

Die französische Politik in Marokko beruhte auf dem Gegensatz zwischen Arabern und Berbern. Der »Berberdahir« hatte den Bergbewohnern Garantien hinsichtlich ihrer Sprache und ihrer Institutionen gegeben. Man glaubte, ihre Unterwerfung nach den harten Kämpfen, die sie geliefert hatten, gründe sich auf eine gegenseitige Wertschätzung, von Krieger zu Krieger. Frankreich konnte auf die mannhafteste Bevölkerung Marokkos zählen. Der Nationalismus als städtische intellektuelle Bewegung konnte letzten Endes unter der drohenden Gefährdung durch die Stämme aus dem Atlas niedergehalten werden. Übrigens hatten sie den Sultan Ben Jussuf bestimmt, ins Exil zu gehen, weil sie ihre Reiter vor die Städte Fez und Rabat geschickt hatten, wo sich ihre Pferde tummelten.

Dieses beruhigende Bild hatte einen Riß bekommen. Der grundlegende Gegensatz zwischen Arabern und Berbern wurde zweifelhaft. Sämtliche Kaids des Zaian-Bundes erklärten, daß El Glaui, der Pascha von Marrakesch, keineswegs das Recht habe, sich als Chef der Berbernation anzusehen, daß er »nur ein Unruhestifter und ein Hindernis für die französisch-marokkanische Freundschaft sei«. Im Rif kam es zu beunruhigenden Strömungen, ebenso im Gebiet von Taza. Frankreich sah sich einer tragischen Situation gegenüber: Zur Agitation und zum Terrorismus in den Städten kam nun der Aufstand des Hinterlandes.

Während des Blutvergießens versammelten sich hundert marrokkanische Persönlichkeiten in Aix-les-Bains. Fünf Minister der Französischen Republik, Edgar Faure, Robert Schuman, Antoine Pinay, Pierre Koenig und Pierre Juillet, suchten mit ihnen gemeinsam eine Lösung für die Krise im Scherifischen Reich zu finden. El Glaui hielt mit letzter Energie seinen Widerstand gegen eine Wiedereinsetzung Ben Jussufs aufrecht. Pinay machte sich ernste Sorgen über die Politik Grandvals, der seiner Ansicht nach Französisch-Marokko zur Auflösung brachte; er dachte daran, zurückzutreten.

Der Rücktritt Grandvals kam dem seinen zuvor. Mehrere seiner wichtigsten Untergebenen, darunter General Leblanc und General Miquel, legten ihr Amt nieder und gaben ihm die Schuld an dem Abfall des Hinterlands. Bei den Begräbnisfeierlichkeiten für General Raymond Duval, der beim Überfliegen des Tadlagebiets in seinem Piper Cub getötet worden war, mißachteten seine Adjutanten die Würde des Ortes und riefen Grandval zu: »Mörder!« Der autoritäre Mann war gebrochen; er wandte sich an den Ministerpräsidenten und ersuchte ihn, einen Nachfolger für ihn zu bestimmen.

Die Versammlung in Aix hatte das Chaos in Marokko nur noch verschlimmert. Der von der französischen Regierung ausgearbeitete Plan war ihrer würdig. Man wollte nicht die Absetzung, wohl aber den freiwilligen Rücktritt Ben Arafas erwirken. Man würde bis zu dem Zeitpunkt, da man einen Nachfolger einsetzen konnte, einen Thronrat bilden. Man hielt daran fest, daß eine Wiedereinsetzung Ben Jussufs nicht in Frage kam, versuchte aber dennoch, seine Zustimmung zu diesem Plan zu erlangen, indem man ihm als Gegenleistung den Wohnsitz in Frankreich zugestand. Zwei Generäle wurden mit der Durchführung des Plans betraut: Catroux sollte nach Madagaskar reisen, um den entthronten Sultan zu gewinnen, während der zum Nachfolger Grandvals ernannte Boyer de la Tour nach Rabat fahren sollte, um den nominellen Sultan zum Verzicht zu bestimmen.

Catroux flog unter völliger Geheimhaltung ab, doch seine Reise wurde durch eine Panne in Brazzaville bekannt. Ben Jussuf wohnte in Antsirabé, in 1700 Meter Höhe, in dem Hotel, das Gallieni zur Erholung für die obersten Beamten der Kolonie hatte erbauen lassen. Die Lebensweise war spartanisch, die Isolierung vollständig. Der Ex-Sultan langweilte sich trotz seiner Frauen, klagte über Herzbeschwerden und wollte den deprimierenden Ort unbedingt verlassen. Seine Schwermut erleichterte die Aufgabe Catroux', so daß dieser mit einem Schreiben zurückkehren konnte, das dem französischen Plan zustimmte. Mohammed erklärte jedoch ausdrücklich, daß er in keiner Weise auf seine Rechte als Souverän verzichte.

Die Aufgabe la Tours war schwieriger. Er wurde am Flugplatz mit der gleichen Feindseligkeit empfangen, die seinen Vorgänger zum Scheitern gebracht hatte. »Die Franzosen Marokkos«, erklärte ihm Le Corroler, der Präsident der *Présence Française*, »begegnen Ihnen, sagen wir es offen, ohne Begeisterung. Ihre Militärkarriere macht Sie wohl zu einem großen Franzosen, es ist jedoch bedauerlich, daß Sie als Symbol der von Frankreich in Tunesien verfolgten Politik der Preisgabe zu uns kommen.« La Tour hatte mit einer Berberin gelebt, mit der er einen Sohn hatte, und hing mit allen Fasern an dem französischem Nordafrika; seine Mission widerstrebte ihm. Er war bestürzt darüber, sich in Rabat in der gleichen Rolle zu sehen wie in Tunis, und fragte: »Warum zweimal gerade ich? . . .«

Die Vertreibung Ben Arafas war schwieriger, als man vorausgesehen hatte. Obgleich er von Anbeginn seines Sultanats an nur ein Gefangener in seinem Palast gewesen war, klammerte sich der alte Mann an sein Amt. Er erklärte, er könne die Herrscherwürde nur durch den Tod verlieren, und feilschte gleichzeitig mit der Geldgier eines Bürgers von Fez um die Entschädigung – mehrere Milliarden Francs –, die er von der Französischen Republik forderte. Paris wurde ungeduldig. Boyer de la Tour ließ seinen Kabinettschef, François de Panafieu, die Verhandlung führen; dieser brachte dem Sultan einen Textentwurf zur Unterschrift, in dem dieser seinen freiwilligen Rücktritt bekanntgab, sowie den einer Vollmacht (der Name war offengelassen worden) zugunsten einer Persönlichkeit, die mit dem Schutz des Throns betraut werden sollte. Als Dolmetscher diente der Adjutant des Residenten, ein mohammedanischer Hauptmann namens Ufkir. Der Sultan versprach, die Dokumente zu unterschreiben, worauf Panafieu sich entfernte.

Kaum war er fort, als eine Graue Eminenz, Si Hadj Abder el-Hajoui, die Dinge in die Hand nahm. Anstatt die versprochene Unterschrift zu leisten, schrieb Ben Arafa an den Präsidenten der Republik: Er wünsche keinen Kronrat, die zukünftige marokkanische Regierung müsse eine traditionalistische Mehrheit haben, und der Protektoratsvertrag dürfe nicht geändert werden. »Ich werde Frankreich dazu zwingen«, sagte El Hajoui, »gegen seinen Willen in Marokko zu bleiben.« Die von ihm alarmierten Mitglieder der *Présence Française* waren gewillt, sich dem Ausscheiden Ben Arafas, wenn nötig mit Gewalt, zu widersetzen.

Sie hatten keine Zeit mehr zu handeln. El Hajoui wurde unter Hausarrest gestellt, flüchtete zwar, konnte aber nicht mehr in den Palast gelangen. Der kühne Ufkir vermochte zum Sultan vorzudringen, schüchterte ihn ein und veranlaßte ihn, den von Panafieu aufgesetzten Text zu unterschreiben. Er brachte diesen, in seinem Hemd versteckt, am 30. September bei Morgengrauen in die Residenz. Der in der Vollmacht eingesetzte Name lautete auf einen Vetter Ben Arafas, Mulay Hafid. Boyer de la Tour beschwerte sich darüber, daß man die Einwilligung des alten Herrn erzwungen habe. Es war aber zu spät.

Am folgenden Tag erhielt Ben Arafa seine Lufttaufe während dem Flug nach Tanger, wo er mit seiner Frau (er lebte monogam) in der Residenz Paradis Wohnung nahm. Der Bau des Palastes, den er vor mehreren Monaten in Auftrag gegeben hatte, war noch nicht vollendet. Er führte einen Brief von René Coty mit sich, in dem ihm dieser für seinen freiwilligen Rücktritt dankte und ihm versicherte, daß »die Geste der Befriedung und der Plan der Versöhnung weder den Charakter einer Vergeltungsmaßnahme hat, noch den Weg für eine Restauration vorbereiten soll, was ja auch juristisch gar nicht möglich wäre«. Im Palast wurde der riesige Sessel mit der Rückenlehne in Lyraform, in dem der Herrscher seine feierlichen Audienzen gegeben hatte, von vergnügten Dienern fortgeschafft.

Die Lage hatte sich aber keineswegs entschärft. Mulay Hafid weigerte sich, einen Thronrat zu bilden, und die nationalistischen Parteien wollten an keiner Regierung teilhaben, ehe nicht Ben Jussuf wiedereingesetzt war. Um das Maß vollzumachen, trat ein, was bisher nur drohende Gefahr gewesen war: Krieg auf dem alten Schlachtfeld des Jahres 1925. Das Rif war im Aufruhr.

Wie vor dreißig Jahren kamen Gruppen von Aufständischen aus der spanischen Zone, andere tauchten im Norden und Süden von Taza auf. Die Posten in Bourad, Tizi, Ousli, Barkin, Imouzzer, wo die Legion ihren ersten Gefallenen beklagte, wurden angegriffen. Flugwaffe und Panzer befreiten sie, der Aufstand konsolidierte sich jedoch in den Bergen. Gleichzeitig gewann der algerische Aufstand in der Gegend Oran an Boden und setzte sich rund um Tlemcen fest. Frankreich mußte mit einem Krieg im ganzen Maghreb rechnen.

Da änderte El Glaui seine Haltung.

Es war mit Mühe gelungen, den Thronrat aufzustellen. Ben Jussufs Vertreter, Si Bekkai, gehörte ihm an. Den Vorsitz führte der 109 Jahre alte Großwesir El Mokri. Am 26. Oktober verlangte El Glaui Gehör. Begleitet von seinem Sohn, Abd el Sadok, trat er vor den kaiserlichen Palast und verlas eine Erklärung:

»Ich mache den Wunsch der marokkanischen Nation zu meinem eigenen, daß Sidi Mohammed Ben Jussuf baldigst wiedereingesetzt werde und auf den Thron zurückkehre, wodurch allein die Einigkeit der Geister und Herzen wiederhergestellt werden kann.«

Si Tahmi el-Glaui hatte Frankreich im Jahr 1953 gezwungen, Ben Jussuf abzusetzen. Er hatte diesem ins Gesicht gesagt: »Du bist der Sultan der Istiqlal, nicht der Sultan von Marokko!« Dann war er für Ben Arafa eingetreten, hatte sich sogar zu seinem Leibwächter gemacht, indem er den Urheber eines der Attentate mit einer Salve seiner Maschinenpistole getötet hatte. Am 4. August hatte er an den Präsidenten der Französischen Republik geschrieben, daß ihm eine Absetzung Ben Arafas unannehmbar erscheine, und am 22. August hatte er in Aix-les-Bains eine Wiedereinsetzung Mohammeds V. für unmöglich erklärt. Die Kehrtwendung ließ sich durch mehrere Gründe erklären. Der ehemalige Straßenräuber El Glaui, durch die Politik zum Rang eines Großkaids des Atlas gelangt, hatte ein riesiges Vermögen zu verteidigen, das er seit 1912 durch die von den Franzosen geduldete Unterschlagung öffentlicher Gelder zusammengerafft hatte. Er wußte, daß sein Mythos vom Chef des berberischen Marokko in Staub zerfiel. Den Franzosen nahm er es übel, daß sie den Sultan, den er auf den Thron gebracht hatte, preisgaben und im allgemeinen die Unruhen in Marokko nicht mit den unerbittlichen Methoden niederschlugen, die er angewandt hätte. Dessenungeachtet veranschaulichte sein schamloser Frontwechsel von neuem die Unverläßlichkeit von Potentaten, die durch das Kolonialsystem zur Macht gekommen und reich geworden waren. Im Wohlstand und im Besitz der Macht waren sie alle von eherner Treue. Sobald das Glück sich wandte, machten sie mit Windeseile kehrt.

Alle kamen herbeigeeilt; von allen Seiten näherte man sich Mohammed V. wieder. Ein anderer alter Gauner, der Scherif El Kettani, schluckte alle Flüche, mit denen er den Entthronten belegt hatte, hinunter und verlangte in schwülstigen Worten seine Rückkehr. Als Mohammed aus Madagaskar in Nizza eintraf, war er bereits von neuem der Herrscher Marokkos. Er blieb nur vierundzwanzig Stunden im Golf-Hotel in Beauvallon, dann wurde er mit fürstlichem Pomp im Pavillon Henri IV. in Saint Germain-en-Laye untergebracht. Über dem Schloß flatterte die Fahne der Scherifen. Die französischen Getreuen aus der Zeit der Verbannung kamen, um ihre Aufwartung zu machen. Ein Achtzigjähriger mit dem Gesicht eines Schauspielers wartete eine Stunde lang, bis die Reihe für die Audienz an ihn kam, und drehte nervös an seinem wertvollen Ring, dann sank er vor dem Hoteldiwan, der als provisorischer Thron diente, in die Knie. Mohammed wollte ihm hochhelfen, doch El Glaui berührte mit der Stirn den Boden und sagte, er bitte um Verzeihung für sein Verbrechen, er hoffe nur, noch so lange zu leben, bis er es gesühnt habe. Als er dann im nächsten Jahr starb, wurden die Reste seiner Macht sorgfältig eliminiert.

Das schwache Hindernis, das der Sultan von Tanger bildete, wurde gleichfalls beseitigt. Der fanatische Verteidiger der französischen Herrschaft, El Hajoui, der sich – wenngleich als einer der letzten – Mohammed V. anschloß, erzwang unter wertvoller Beihilfe des Hauptmanns Ufkir des Sultans Rücktritt. Die französische Regierung brauchte nur noch mit gutem Gewissen zu Protokoll zu nehmen, »daß die Krise in Marokko jetzt mit einhelliger Zustimmung des marokkanischen Volks und der Rückkehr Seiner Majestät Sidi Mohammed Ben Jussufs auf den Scherifenthron beendet ist«. Der wachsame Hüter der Rechte Frankreichs, Antoine Pinay, unterzeichnete in La Celle-Saint-Cloud ein Abkommen, das das Ziel formulierte, Marokko »zum Status eines modernen, freien und souveränen Staates im Rahmen einer gegenseitigen Abhängigkeit mit Frankreich zu fördern«. Die leeren Worte blieben noch in Geltung, aber in Wirklichkeit war es klar: Französisch-Marokko gab es nicht mehr.

Am 16. November landete Mohammed V., nachdem er seine beiden Gemahlinnen und 21 Konkubinen vorausgeschickt hatte, auf dem Flugplatz Rabat. Sein ältester Sohn und der Nachfolger von Boyer de la Tour, der frühere Polizeipräfekt von Paris, André Louis Dubois, schritten ihm voraus durch sieben Triumphbögen. Die Begeisterung des Volkes schien dem Sultan körperliche Übelkeit zu verursachen. Er sprach zwei Minuten lang auf dem Meschuar, dann verschwand er in seinem alten Palast; eine seiner ersten Sorgen bestand darin, mit einer Kerze in der Hand in den Keller zu gehen und den Schatz zu besichtigen, den er dort zurückgelassen hatte. Die Regierung bildete Si Bekkai, Oberstleutnant der französischen Armee – er hatte beim Feldzug 1940 ein Bein verloren. Die Lage blieb äußerst verwirrt. Der Aufstand im Rif gewann Boden; die Verkündigung einer Amnestie konnte blutige Abrechnungen nicht verhindern. Der Vizepräfekt von Fez und mehrere von Ben Arafa ernannte Kaids wurden am 19. November innerhalb der Mauern des Sultanpalastes niedergemetzelt. Im ganzen Land brachen die Leidenschaften los, und es kam zu Ermordungen von Europäern.

Frankreich war im Jahr 1907 nach Marokko gekommen. Bis 1934 hatte es dort ununterbrochen kleinere Kriege geführt. Der Zustand verhältnismäßig friedlichen Besitzes hatte dann bis 1951 oder 1952 gewährt, weniger als zwanzig Jahre. Frankreich hatte, um das Land unter der Dynastie der Scherifen zu einigen und es in die moderne Zivilisation zu führen, Investitionen aller Art eingebracht, die dem Mutterland für seine eigene Entwicklung abgingen. Es hatte ihm einen Kranz neuer Städte gegeben, während es die eigenen in Verfall geraten ließ. Abgesehen von beträchtlichen Einzelgewinnen erntete es einige ruhmreiche Erinnerungen und eine Handvoll Bataillone, die gewiß kein Äquivalent für die zur Eroberung und Erhaltung Marokkos eingesetzten Truppen darstellten.

Ungeachtet des glorreichen Namens Lyauteys wird man abschließend kaum behaupten, daß die Bilanz des marokkanischen Unternehmens positiv war.

Jacques Soustelle nimmt sich Algeriens an

Marokko war verloren. Am 1. Juni war Bourguiba im Triumph nach Tunesien zurückgekehrt, das am 1. September die innere Autonomie erhielt und die letzten Etappen zur Unabhängigkeit nahm. Blieb noch Algerien. Konnte es französisch bleiben, wenn seine beiden Nachbarstaaten im Osten und Westen die Souveränität erreichten?

Die Urheber des Attentats an Allerheiligen 1954 glaubten, sie seien der Funken, der zu einem allgemeinen Brand Algeriens führen werde. Sie wurden ernüchtert. Nichts regte sich in den Gebieten von Oran, von Algier, im größten Teil des Gebiets von Constantine. Die Handvoll Männer des CRUA, im ganzen kaum tausend, mußten in den Untergrund gehen. Die Behörden des Landes verurteilten die Attentate und bekannten sich zu Frankreich.

Das einzige Gebiet, in dem der Aufstand um sich greifen konnte, war das Aurès-Gebirge, das traditionelle Land des Widerstandes und des Straßenraubs. Man hatte

Arris befreit, Batna, Biskra und Kenchela in Verteidigungszustand versetzt und die wenigen Straßen über das Gebirge wieder für den Verkehr geöffnet. Man mußte nur noch die Rebellen in den entfernten Dörfern in den Höhlen aufstöbern, wo sie sich versteckt hielten. Die gleiche Nachlässigkeit, mit der man die Berbergebirge behandelt hatte, zeichnete auch die Überwachungsmaßnahmen aus, die man dort hätte ständig einhalten müssen. Sämtliche Stämme des Aurès- und des Nementcha-Gebirges übten untereinander Blutrache. Sie waren durch Sippenkämpfe entzweit. Seit der Abschaffung der arabischen Militärorganisationen gab es jedoch keine Spezialisten mehr, die aus diesen unsühnbaren, komplexen Rivalitäten Nutzen gezogen hätten. Die Beamten der Zivilverwaltung, teils fähig, aber auch häufig unfähig, hatten weder die nötigen Mittel noch die Zeit für die Aufgaben des Nachrichtendienstes. Die Kaids, ohne Ausnahme korrupt, waren meist fremd in den ihnen anvertrauten Gebieten, sie waren nicht imstande gewesen, die französischen Behörden über die Vorbereitungen der Attentate von Allerheiligen zu informieren. Sie waren noch weniger imstande, die Suche nach deren Urhebern zu leiten. Die Armee drang blindlings in diese Gebiete ein, die geographisch wie durch ihre Bevölkerung gleichgroße Schwierigkeiten boten.

Von dem Oberbefehlshaber, General Paul Cherrière, kann man kaum sagen, daß Psychologie seine Stärke war. Ihm fiel nichts Besseres ein, als im Aurès-Gebirge »mit dem Staubkamm« vorzugehen, doch was ihm fehlte, war der Staubkamm. Seine motorisierten Einheiten versagten im unwegsamen Gelände. Seinen Infanteristen fehlte es an Beinmuskel- und Lungenkraft, um das Gewirr von Gipfeln hoch- und immer wieder in die Schluchten hinabzuklettern. Die Truppen, über die er anfangs verfügte, 49 700 Mann für ganz Algerien, waren lächerlich gering. Die wirkliche Säuberung des Aurès-Gebirges begann erst mit den Fallschirmjägern von Oberst Ducournau, die aus Indochina in die Heimat und von dort eiligst nach Algerien versetzt wurden. Von November bis Februar wurden 200 Rebellen hingerichtet. Aus erbeuteten Dokumenten ging hervor, daß die Gesamtzahl der Rebellen am 1. November 360 betrug; es waren also noch 160 übrig. Die Übergriffe der Soldaten, vor allem aber die von den marokkanischen Scharfschützen begangenen Schändungen brachten den Rebellen neue Gefolgsleute.

Inzwischen hatte Ministerpräsident Mendès-France Jacques Soustelle zum Nachfolger des Generalgouverneurs aus der Friedenszeit, Roger Léonard, ernannt. Fünf Tage später, am 1. Februar 1955, wurde Mendès-France jedoch gestürzt, und Soustelle wollte den Regierungsantritt seines Nachfolgers abwarten. Dieser war, wie bereits erwähnt, Edgar Faure, der – nicht ohne zu zögern – die Wahl Mendès' bestätigte.

Soustelle reiste endlich ab. Die Franzosen in Algerien begegneten ihm mit Feindseligkeit. »Man benutzte ihren latenten Antisemitismus und bezeichnete mich als Juden... Mein Name sei nicht Soustelle, sondern Ben Sousan, und ich stamme aus Sétif oder Constantine. Halb Algerien glaubte diesen Unsinn...« Soustelle erweckte als Mann der Linken und Gaullist das Mißtrauen einer konservativen Bevölkerung, die Marschall Pétain abgöttisch verehrt hatte. Weil er Mendès-France seine Ernennung verdankte, ging ihm der Ruf eines »Ausverkäufers« voraus. Die Algerier

91 92 Hunger nach Freiheit und physische Hungersnot kennzeichnen den afrikanischen Kontinent: Kenyas Mau-Mau-Rebellenführer »General China«, 1954 verhaftet und zum Tode verurteilt, wurde 1959 begnadigt. – Im Kampf gegen den Hunger in Afrika: Kinder in der Republik Tschad erhalten Hilfe von der UNICEF.

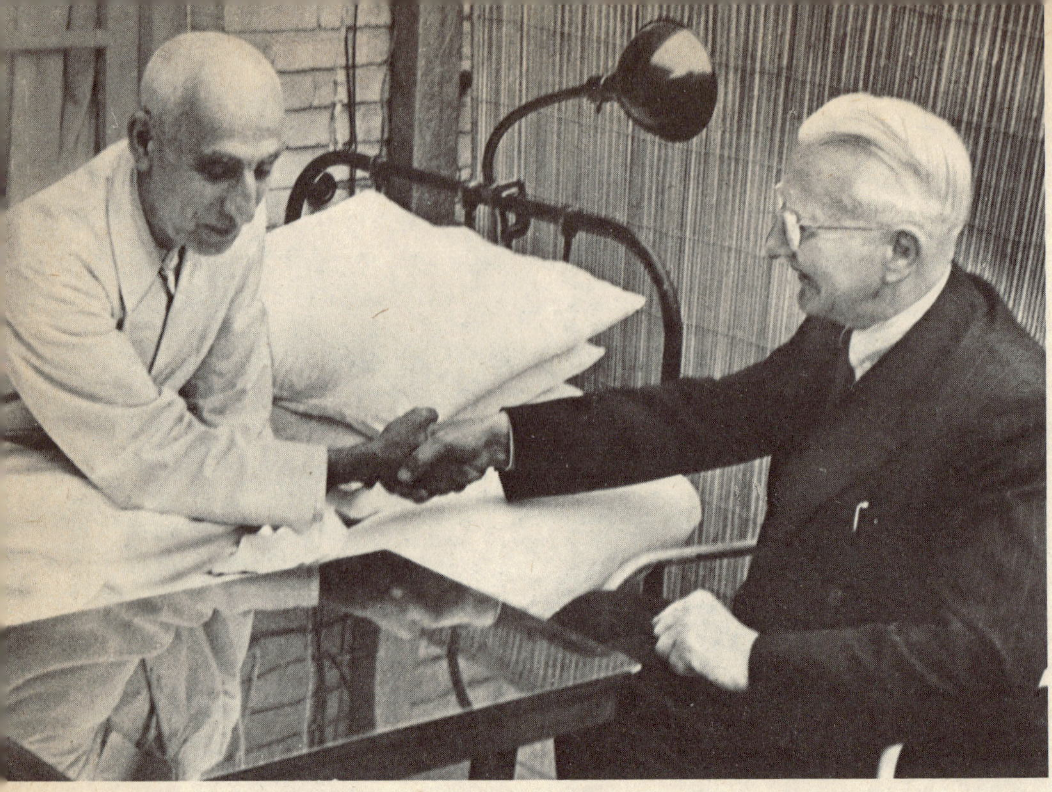

93 Glücklos im Kampf gegen den Schah und die Armee: Mohammed Mossadegh, hier im Gespräch mit seinem Finanzberater Hjalmar Schacht. – 94 Auf dem Wege zur arabischen Einheit: Die Präsidenten Nasser und Schukri el-Kuwatli proklamieren am 1. Februar 1958 in Kairo die Verschmelzung von Ägypten und Syrien zur VAR.

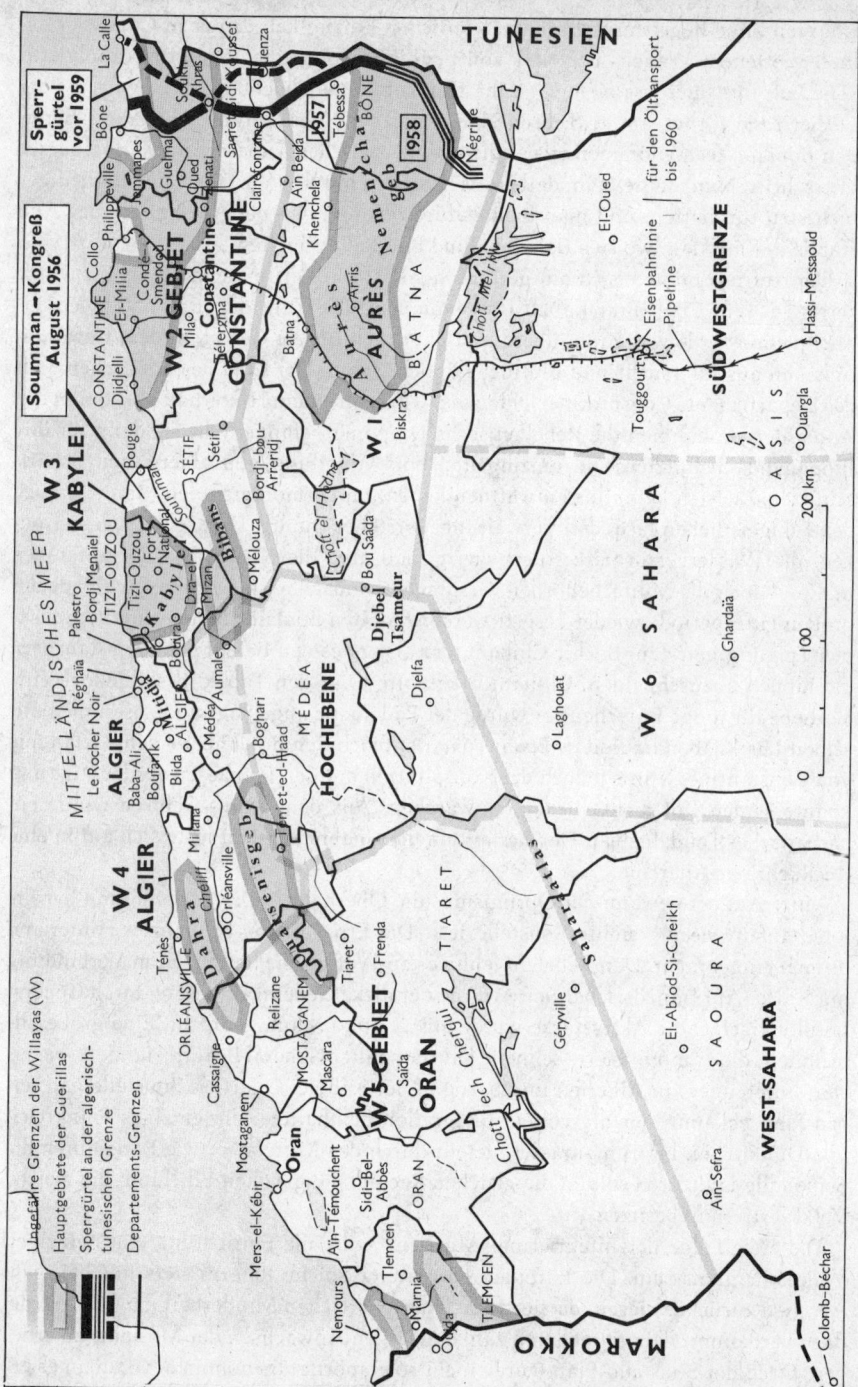

Übersichtskarte Algerien

651

wohnten ohne Begeisterung seinem feierlichen Einzug bei, den er in Cutaway, Zylinder, offenem Wagen, begleitet von Spahis in rot-weißer Uniform, absolvierte. »Die Luft in Algier war ziemlich kühl. Die Aufnahme gleichfalls . . .«

Vier Tage vorher, am 11. Februar, hatte man den Rebellenführer der Aurès-Berge, Ben Boulaid, festgenommen, als er die Grenze zwischen Tunesien und Tripolitanien überschritt. Nun wußte man, daß die Messalisten mit den Vorfällen an Allerheiligen nichts zu tun hatten, und man hielt es für erwiesen, daß der Angelpunkt des Aufstands in Kairo lag, wo sich Ben Bella und Boudiaf aufhielten.

Der Aufruhr breitete sich nur geringfügig aus. Das Terroristennetz Algiers wurde zerrissen, sein Chef Bitat Rabah festgenommen. Die Zahl der in der Kabylei verzeichneten Morde war kaum überdurchschnittlich für ein Gebiet, in dem Gewalttätigkeiten aus Eifersucht und Blutrache üblich waren. Der Chef des nördlichen Teils des Departements Constantine, Didouche, wurde in einem Hinterhalt getötet. In den Aurès-Bergen nahmen die Rebellen sechs Dragoner gefangen, die sie dann für ihre Propaganda benutzten; sie umzingelten eine Abteilung von algerischen Scharfschützen, die sich kampflos entwaffnen ließen, und ermordeten den Major Miquel, den Feldgeistlichen Jacq, den Verwaltungsvorsteher Dupuy. Das Gebiet war so trocken, die Wasserversorgung so schwierig, daß man die Nementcha-Berge räumen mußte – doch die Militärbehörden versprachen Soustelle, sie würden nach Ende der großen Hitzeperiode wieder besetzt werden. An Ben Boulaids Stelle war ein grausamer Feigling getreten, Bachir Chihani, der als erstes den Befehl gab, den Rauchern die Lippen abzuschneiden. Chihani bekämpfte zwar den Tabak, besaß jedoch eine Vorliebe für junge Burschen; er wurde der Päderastie angeklagt und zusammen mit seinen Lustknaben liquidiert. Etwas später entwich Ben Boulaid aus dem Gefängnis von Constantine, wurde jedoch der Konspiration mit den Franzosen verdächtigt und konnte seinen Ruf nicht wieder reinwaschen. Aus dem Aurès-Gebirge wurde ein barbarisches Feudalgebiet. Der Kampf um die Unabhängigkeit löste sich auf in eine Rückkehr zur Anarchie.

Mitte August gewann der Optimismus die Oberhand. »Die Verteidigung hat Erfolge aufzuweisen«, stellte Soustelle fest. Die Ernte wurde im ganzen Hinterland normal eingebracht. Den Rebellen fehlte es an Waffen, sie hatten kaum Verbindung mit Kairo. Auf französischer Seite wurde der dicke General Cherrière durch General Lorillot ersetzt; die Aktivstärke wurde auf 114 000 Mann gebracht. Eine große Eliteeinheit, die 2. motorisierte schnelle Division unter General Beaufre, landete, begeistert empfangen, in Algerien und bezog in der Kabylei Quartier. Soustelle gab seinen Plan bekannt, der die völlige Integration beinhaltete: ein einziges Frankreich von Dünkirchen bis Tamanrasset, geteilt durch das Mittelmeer wie Paris durch die Seine; alle Franzosen sollten die gleichen Rechte, die gleichen Pflichten, die gleiche Volksvertretung besitzen.

Die erste Folge der Integrierung Algeriens sollte die Einrichtung eines einzigen Wahlkollegiums sein. Die Europäer hatten eine solche Reform stets mit heftigem Abscheu zurückgewiesen, da sie sie zu einer politischen Minderheit machen würde, dazu verdammt, dem schnelleren zahlenmäßigen Anwachsen der Moslems zu erliegen. Doch der Soustelle-Plan wurde nicht so empört aufgenommen, wie man es erwartet hätte. Manche Europäer rechneten sich aus, daß die Moslems zwar in Algerien die Mehrheit, in ganz Frankreich jedoch eine Minderheit darstellen würden. Und vor allem begegnete man dem Mann, der den Reformplan vorschlug, nicht mehr mit derselben Abneigung wie einige Monate zuvor.

Soustelle war unermüdlich, er wollte alles sehen. Mit Hubschrauber oder Piper Cub landete er in den abgelegensten und exponiertesten Gebieten. Das Interesse, das er für Algerien empfunden hatte, wurde zur Liebe. Aus dem Generalgouverneur Jacques Soustelle wurde ein »Pied-noir«. Das spürten die Pieds-noirs, und obgleich sie die Prinzipien seiner Politik verurteilten, begannen sie, sich enger um ihn zusammenzuschließen.

Er war soeben von einer hochinteressanten Rundreise durch den Osten Algeriens zurückgekehrt. Er hatte die großen Erzbergwerke von Ouenza, die großen Phosphatvorkommen des Djebel Kouif und des Djebel Onk, die Grenz- und Garnisonstadt Tebessa, die opalglänzenden Landstrecken der Schotts, der ausgetrockneten Salzseen, die seltsame Oase von El Oued gesehen, wo die Palmen auf dem Grund riesiger Trichter wachsen, um dem Grundwasserspiegel näher zu sein. Er war über Arris zurückgekehrt, wo er wachsende Beruhigung in den Aurès-Bergen und die Wirksamkeit der zur Bekämpfung des Terrorismus geschaffenen Harkas beobachtete. Er traf am Abend des 19. August, müde und befriedigt, in Algier ein.

Der folgende Tag war der zweite Jahrestag der Absetzung Sidi Mohammeds. Marokko erwartete voll Spannung diesen Tag. Algerien befand sich nicht im Alarmzustand. Man konnte später auch nicht sagen, ob es sich um eine koordinierte Aktion oder einfach um ein zufälliges Zusammentreffen handelte, ob die Gleichzeitigkeit der beiden Ausbrüche nur mit dem Datum zu tun hatte oder ob, sei es von Kairo, sei es anderswoher, der Befehl ausging, einen Krieg zu entfachen, der, ehe er noch ausgebrochen war, wieder einschlief . . .

Philippeville war eine freundliche, fröhliche Mittelmeerstadt. Collo war ein kleiner Hafen, von wo der Kork aus den umgebenden schroffen Bergen exportiert wurde. El Halia war ein Pyritbergwerk, El Milia eine kleine Unterpräfektur. Oued Zenati, Condé-Smendou, Jemmapes, Gallieni usw. waren Ansiedlungszentren. Das vom Wadi Rhumel geteilte Constantine war die Hauptstadt von Ostalgerien. Alle diese Orte wurden am 20. August zu Mittag angegriffen. In Constantine legten Kommandogruppen Bomben vor mehrere öffentliche Gebäude und ermordeten Allous Abbas, den Neffen des Apothekers Ferhat Abbas, in seiner Apotheke. An anderen Orten bestanden die Massen, die die Gemetzel und Plünderungen veranstalteten, aus Bauern, bewaffnet mit Sicheln, Messern und Knüppeln, geführt von den Moujahidines, den regulären Soldaten des Aufstands. Der Chef der Nordregion von Constantine, Jussef Zighout, der Nachfolger von Didouche, hatte Befehl erteilt, alle Franzosen und Freunde von Franzosen zu töten. Das jüngste Opfer war ein vier Tage altes Baby. Im Bergwerk von El Halia waren 10 der 37 Opfer jünger als 15 Jahre, darunter ein Baby von 9 Monaten und ein vierjähriges Mädchen. Die Greueltaten, die Schändungen von Oued Zem wiederholten sich auf gleiche Art in Ostalgerien. Wenn es nur 123 Opfer, darunter 71 Europäer, gab, dann deshalb, weil die Armee außerordentlich schnell und heftig reagierte. Sie befreite die angegriffenen Orte,

653

verfolgte die Banden und dezimierte sie, beschoß ein Dutzend Mechtas und machte sie dem Erdboden gleich. Laut französischen Angaben waren es 1273 Menschen, laut FLN 12 000, die den Überfall mit dem Leben bezahlten. Den meisten regulären Aufständischen gelang es, ins Bergmassiv von Collo zu flüchten, während sie die Bauern, die sie angestiftet hatten, der berechtigten Wut der Vergeltungsmaßnahmen überließen.

Der 20. August hatte böse Folgen. »In dem vergossenen Blut keimt eine Ernte finsteren Hasses«, sagte Soustelle. Aus der Kluft zwischen den beiden Völkern wurde ein Abgrund. Von nun an sah jeder Europäer in dem Araber, mit dem er in Berührung kam, einen potentiellen Mörder. Wenige Tage nach dem Angriff fiel der Organisator des Blutbads, Zighout, bei einem Scharmützel. Er konnte sterben, er hatte seine Rolle gespielt.

Nach dem 20. August verhärteten sich die Positionen. Die Mörder von Philippeville fanden in Frankreich die gleichen Verteidiger wie der Sultan von Marokko. »Die ermordeten Männer und Frauen, die in Stücke gehackten Kinder, interessieren die Streiter für den Frieden und die Demokratie nicht«, sagte Soustelle. »Nur an deren Peinigern liegt ihnen, nur für die empfinden sie Sympathie.« Die Europäer Algeriens dagegen machten aus den Leichenfeiern für die Opfer Demonstrationen gegen die Behörden, die sie wegen ihrer Lauheit als Mitschuldige der Mörder bezeichneten.

Die bedeutsamste Entwicklung war jene der mohammedanischen Abgeordneten. Sie waren größtenteils willige Hilfskräfte des französischen Systems gewesen; nun verwandelten sie sich in Gegner.

Für den 27. September wurde das algerische Parlament einberufen. Soustelle beabsichtigte, eine Anzahl von Maßnahmen einzubringen, die einen ersten Schritt zur Integration darstellten. Die mohammedanischen Abgeordneten versammelten sich am 26. September. Der Abgeordnete Bendjellul legte ihnen einen Antrag vor, der folgendermaßen begann: »Die überwiegende Mehrheit der Bevölkerung ist nunmehr zum nationalen algerischen Gedanken übergegangen...« Applaus. 10 von 15 Abgeordneten, 5 von 7 Räten der Französischen Union – 42 von 60 Delegierten des algerischen Parlaments stimmten für »die Verpflichtung, sich für die Verwirklichung dieser Bestrebung einzusetzen«. Man beschloß, daß dieses »Manifest der 61« bei der Eröffnungssitzung verlesen werden solle und daß dann die mohammedanischen Abgeordneten den Saal verlassen und sich weigern sollten, an der Arbeit des Parlaments teilzunehmen. Soustelle parierte den Schlag, indem er eine Stunde vor Eröffnung der Sitzung die Vertagung der Session ankündigte. Die Vertagung sollte nie widerrufen werden, das algerische Parlament gab es nicht mehr.

Aber auch der Traum von der Integration war tot. Die Abgeordneten, Vertreter der gemäßigten mohammedanischen Masse, hatten sich dem Ziel der Rebellion angeschlossen. Ob sie es aus Überzeugung oder aus Angst getan hatten, änderte nichts am Kern der Frage. Die von Soustelle vertretene Lösung der algerischen Frage hatte keine Grundlage mehr.

Die FLN schätzte den von ihr errungenen Erfolg hoch ein; sie übertrieb den Totalitarismus. Sie erklärte sich für die einzige Vertretung des algerischen Volks im

Kampf für seine Befreiung. Sie lehnte in erhöhtem Maß jegliche Zusammenarbeit mit der Bewegung der Ulemas (Nationale Befreiungsfront), mit der algerischen Kommunistischen Partei, mit der UDMA (*Union pour la Défense du Manifeste Algérien*) von Ferhat Abbas, mit dem MTLD (Bewegung für den Triumph der demokratischen Freiheiten) von Messali Hadj ab. Sie forderte, daß alle, die ihr beitraten, dies individuell taten, und nicht als Vertreter einer bestimmten politischen Richtung. Sie verdammte all jene, die sich den Franzosen möglicherweise als »vollwertige Gesprächspartner« anboten, kollektiv zum Tode. Der Kampf durfte durch keinen Kompromißversuch geschwächt werden, er mußte in unbeirrter Härte bis zum Sieg geführt werden.

Ferhat Abbas fügte sich und trat der FLN bei – trotz, oder vielleicht wegen der Ermordung seines Neffen. Die vom Generalgouverneur aufgelöste Kommunistische Partei versuchte im Untergrund zu überleben, träumte von einer Widerstandsbewegung unter ihrem Namen, doch es fehlte ihr an Dynamik und an Mitgliedern. Die Messalisten wurden grausam verfolgt und in Frankreich wie in Algerien systematisch ausgerottet. Der Bürgerkrieg, obwohl neben dem Kampf gegen die Franzosen geführt, nahm diesem nichts an Schärfe. (*Forts. Algerien S. 671*)

Wahlen in Frankreich: neuerliche Schwächung des Regimes

An der Jahreswende 1955/56 war Frankreich ein neuer Umschwung beschieden.

Die Regierung war während einer der herkömmlichen politischen Streitigkeiten, einer Debatte über die Reform der Abgeordnetenwahl, gestürzt worden. Zum erstenmal seit 1946 benützte Edgar Faure das verfassungsmäßige Recht des Regierungschefs, das Parlament aufzulösen. Die Wähler wurden für den 2. Januar an die Urnen gerufen. Das System war das gleiche wie 1951: zwei Wahlgänge für die Departementslisten, mit der Möglichkeit, daß die Parteien ihre Stimmen durch Listenverbindung zusammenlegen konnten.

1951 hatten die Listenverbindungen die Parteien des Systems begünstigt und die Gaullisten und die Kommunisten benachteiligt. 1956 machten die Streitigkeiten, welche die Sieger entzweit hatten, ihren Zusammenschluß viel schwieriger. Ohne anteilmäßig an Stimmen gewonnen zu haben, erhielten die Kommunisten 145 Abgeordnete und wurden damit wieder die zahlenmäßig stärkste Partei im Parlament. Die von de Gaulle im Stich gelassenen Gaullisten fielen von 3 Millionen auf 900 000 Stimmen zurück und verloren den größten Teil ihrer Abgeordneten. An ihre Stelle trat ein neues, fragwürdiges Gebilde. Aus dem Kampf gegen die Steuer entstand eine Partei.

Ihr Urheber war Pierre Poujade. Der Buchhändler aus Saint-Céré im Departement Lot hatte seine Laufbahn als Politiker damit begonnen, daß er den Gerichtsdiener verjagte, der einen Kaufmann in der Nachbarschaft pfänden wollte. Die unmittelbare Aktion, die er gegen die Steuerbehörde und gegen die Kettenläden auslöste, belebte die von den Steuern schwer belasteten, vom Papierkrieg überschwemmten, angesichts der Wandlung in den Vertriebsmethoden verschreckten Kaufleute. Pierre

Poujade, ein Mann mit ätzendem Humor und gesegneter Ignoranz, war innerhalb weniger Monate in Frankreich zu einer Macht geworden. Die Liebhaber falscher Analogien nannten ihn den »französischen McCarthy«.

Als Poujade, ohne selbst zu kandidieren, seine Partei in den Wahlkampf schickte, sagten ihm alle, die etwas von Politik verstanden, voraus, er werde sich lächerlich machen. Am Abend des 2. Januar war man über die von den Poujadisten erzielte Stimmenanzahl bestürzt. Sie brachten 52 Abgeordnete ins Palais Bourbon, die mit ihren Berufen den französischen Kleinhandel repräsentierten: Fleischer, Tapezierer, Fahrradmechaniker, Uhrmacher, Cafetier, Zuckerbäcker, Apotheker, Lebensmittelhändler, Samenhändler usw. Ein fleißiges, rechtschaffenes, von seiner Zeit allenthalben überholtes Frankreich vollzog seinen Eintritt in den gesetzgebenden Körper mit der ebenso rührenden wie eitlen Hoffnung, den Lauf der Zeit zu ändern.

Die Sitze Poujades hatten die Gaullisten verloren. Eine Mehrheit des Systems war noch möglich, vorausgesetzt, man verschob die Achse vom rechten zum linken Zentrum. Die Nachfolge Edgar Faures, des unsteten Radikalsozialisten, trat ein dogmatischer Sozialist an, Guy Mollet. Die IV. Republik konnte weiterbestehen, jedoch auf noch unsichereren, noch wackligeren Beinen als vorher. (*Forts. Frankreich S. 749*)

21. Kapitel   1956 Von Moskau bis Suez
Der Kanal gehört uns, Ägypter!

Mikojan begann mit der Zerstörung von Stalins Image, die von Suslow und der Historikerin Anna Pankratowa fortgesetzt wurde. Der XX. Parteitag der KPdSU, bei dem zum erstenmal das Porträt des verstorbenen Diktators fehlte, hatte sie auf sein Panier geschrieben. Doch es war Chruschtschows Rede am 24. Februar 1956, dem vorletzten Tag, die das Idol von seinem Piedestal warf.

Chruschtschow begann damit, die Beziehungen Lenins und Stalins zu analysieren. Er schilderte, wie Lenin nach und nach die Grausamkeit und die despotischen Neigungen Stalins entdeckt hatte. Er enthüllte den Inhalt des seit 1922 geheimgehaltenen Testaments Lenins. Dieser hatte auf seinem Totenbett von der Partei verlangt, man solle Stalin in seinem Amt als Erster Sekretär »durch einen loyaleren, verträglicheren und weniger launenhaften Genossen« ersetzen. Die 13. Parteikonferenz hatte diesen letzten Willen mißachtet, die Entwicklung der Dinge bestätigte jedoch die Befürchtungen Lenins. Innerhalb der Partei wurde jegliche Demokratie, jegliche Freiheit der Diskussion aufgehoben. Wer immer Stalins Mißbilligung erweckte, wurde als Volksfeind zum Tod verurteilt. An Stelle der auf Überredung und Erziehung beruhenden Methode Lenins trat der Terror.

Chruschtschow nuancierte seine Ansicht über die großen Säuberungen der Vorkriegszeit, ohne seine Schärfe zu mildern. Er tadelte nicht die Liquidierung der Trotzkisten, der Sinowjew-, der Kamenew-, der Bucharin-Anhänger, sondern warf Stalin vor, er habe das Morden auch nach ihrer Ausrottung fortgesetzt. 98 der 139 Mitglieder des Zentralkomitees von 1935, 1108 der 1966 Delegierten vom XVII. Parteitag waren hingerichtet worden. Auf diesem Massenmord wurde eine blutdürstige Diktatur errichtet. »Ich kam nie in den Kreml, ohne mich zu fragen, ob ich auch lebend wieder herauskommen würde«, sagte Chruschtschow. Von der Erinnerung überwältigt, brach er in Tränen aus.

Am Parteitag nahmen 1424 Delegierte teil, davon waren 81 Stellvertreter und Vertreter von 55 Bruderparteien des Auslands. Man war erschüttert über Chruschtschows Erregung; Tränen flossen bei den Zuhörern, Beifallsrufe ertönten, man hörte eine Stimme kreischen: »Warum hast du ihn nicht mit seinem Tintenfaß erschlagen?«

Chruschtschow fuhr fort, indem er die »guten, wackeren Bolschewiken« aufzählte, die das Ungeheuer hatte töten lassen. Er wandte sich gegen die Legende, die aus Stalin den Retter des Vaterlandes und den größten Strategen aller Zeiten machte. Vor dem Krieg hatte er die Rote Armee geschwächt, indem er Dutzende Generäle und Tausende Offiziere hinrichten ließ. Er hatte die Warnungen nicht beachtet, die ihm von überall über die Angriffsabsichten Hitlers zugekommen waren. Nachdem er solcherart den Überraschungsangriff gegen Rußland begünstigt hatte, hielt er alles für verloren und wollte bereits flüchten; da zwangen ihn die Mitglieder des ZK-Präsidiums, sich zu besinnen. Später hatte seine unfachmännische und wirre Kriegsführung zu Niederlagen geführt, die nur durch Heldenhaftigkeit und Blut wiedergutgemacht werden konnten.

Chruschtschow fuhr fort: Die Nachkriegszeit sollte den Despotismus Stalins auf seinen Gipfel führen. Ganze Volksstämme, wie die Kalmücken und die Balkaren, wurden deportiert, und wenn die Ukrainer dem gleichen Schicksal entgingen, so nur deshalb, weil sie so zahlreich waren. Sibirien war zu einem riesigen Strafgefängnis geworden, in dem es Millionen von Deportierten gab. Das Zerwürfnis mit Tito war allein Stalins Schuld. »›Ich werde nur den kleinen Finger bewegen‹, sagte er zu mir, ›und es wird keinen Tito mehr geben . . .‹ Er mochte alles bewegen, was er wollte, Tito wurde nicht gestürzt. Er hatte ein Volk hinter sich, das, durch Prüfungen gestählt, einmütig zu seinem Chef stand.«

In den letzten Jahren des Diktators erlebte man die Apotheose des Terrors. Als er starb, war er im Begriff, die Ermordung des gesamten Politbüros vorzubereiten, sagte Chruschtschow, »auch dich, Malenkow, und dich, Molotow, und dich, Kaganowitsch. Er hatte herausgefunden, hörst du, daß du ein Agent der britischen Spionage warst!«

Und so redete Chruschtschow volle sieben Stunden lang. Wenn man die Rede liest, merkt man, daß er nichts Neues enthüllt hat; er hat jedoch alles bestätigt. Seit Jahren schon schrieb man über Stalins Diktatur, die ungeheuerlichen Prozesse, die unwahrscheinlichen, durch körperliche und moralische Torturen erpreßten Geständnisse, die Erniedrigung der Menschen durch den Terror, den um den Despoten entfalteten asiatischen Kult, das Verschwinden zahlloser Menschen, die Deportierungen ganzer Völker nach Sibirien, die Verurteilung aller Russen zu äußerster materieller Not um größenwahnsinniger Ziele willen. Doch diese Beschreibung des stalinistischen Rußland war bei den Kommunisten aller Länder auf empörte Ablehnung gestoßen. Diesmal war es ein Mann des Regimes, einer der nächsten Mitarbeiter des Tyrannen, eines der Werkzeuge seines Terrors, der zu einer vollgültigen Zeugenaussage das Wort ergriff. Und er schloß mit den Worten: »Laßt uns schwören, den Personenkult für immer abzuschaffen!«

Rußland zum zweitenmal im Zeichen des Tauwetters

Die Gründe, die Chruschtschow zu diesem erstaunlichen Ausbruch trieben, sind noch nicht geklärt. Stalin war bereits ein totes Idol. Sein Name tauchte im Gegensatz zu früher nur noch selten in der Presse auf. Die unzähligen Orte, Anlagen und Institutionen, die sich stolz mit diesem Namen geschmückt hatten, änderten ihn in aller Stille. Die Stalindenkmäler wurden rar. Zweifellos wollte Chruschtschow damit, daß er eine bereits erkaltete Leiche zusammenschlug, für sich persönlich werben. Er hätte übrigens schneller weiterkommen wollen, geriet jedoch mit dem Kollegialprinzip in Widerspruch, das er selbst verkündigte. Er hatte das Mausoleum auf dem Roten Platz schließen lassen, um die Leiche Stalins daraus zu entfernen. Das Präsidium widersetzte sich; als der Parteitag zuende war, öffnete das Mausoleum mit dem Doppelsarkophag wieder seine Pforten.

In Georgien war Stalin populär geblieben. Während die übrige Sowjetunion am 5. März den Jahrestag seines Todes mit Schweigen überging, wollten die Studenten von Tiflis sein Andenken feiern. Es kam zu Zusammenstößen mit der Polizei, es gab Tote. Der Rektor ging so weit, einem Reuter-Korrespondenten zu erklären, die Gefühle für Stalin seien nur ein Vorwand gewesen, die Demonstranten hätten nationalistische Propaganda betrieben.

Nach Malenkows Scheitern wurde das Tauwetter nach Stalins Tod von einem neuen Frost abgelöst. Auf den XX. Parteitag folgte wieder eine Reihe von Maßnahmen, bei denen es interessant ist, in welcher Weise sie beschränkt waren und nach welchen Gesichtspunkten die Auswahl getroffen wurde. Das Geschichtsbuch der Kommunistischen Partei wurde neu geschrieben, jedoch nur, um vom Stalinkult gesäubert zu werden. Der Scharlatan Lyssenko wurde seines Postens als Präsident der Landwirtschaftsakademie enthoben, die im Jahre 1938 hingerichteten Marschälle Blücher und Jegorow wurden wieder als glorreiche Sowjetsoldaten erwähnt, einige Persönlichkeiten zweiten Ranges wurden postum rehabilitiert oder – das galt für einige wenige – aus den Deportationslagern zurückgeholt, in denen sie seit zwanzig Jahren vegetierten. Jedoch weder Trotzki noch Sinowjew noch Kamenew noch Rykow noch Bucharin noch irgendeines der bedeutenden Opfer der Moskauer Prozesse wurden von dem Makel der Schandtat reingewaschen, ebensowenig Marschall Tuchatschewskij, der als Verräter und Agent Hitlers hingerichtet worden war. Der entstalinisierende Chruschtschow blieb Stalinist. Er verdammte zwar den Personenkult, war jedoch bestrebt, ihn zu seinen Gunsten wiederaufleben zu lassen. Die Sowjetunion blieb ein despotischer, totalitärer Polizeistaat – mit einer Schwächung des Despoten, einer Lockerung der Polizei und einem gewissen Streben nach Freiheit.

Die schönste Revanche erhielt Tito. Er kam nach Moskau, um den demütigen Besuch Bulganins und Chruschtschows vom Vorjahr im Triumph zu erwidern. Als man ihn in das Mausoleum auf dem Roten Platz führte, wandte er sein Gesicht von den Überresten Stalins ab und legte auf dem Sarg Lenins einen Kranz nieder.

Am Tag vor Titos Ankunft war Wjatscheslaw Michailowitsch Molotow von seinem Amt als Außenminister zurückgetreten. Sein Nachfolger war ein ehemaliger Chefredakteur der *Prawda*, Dimitrij Schepilow. Durch diesen Strohmann ging die Führung der sowjetischen Diplomatie in die Hände Nikita Chruschtschows über. (*Forts. UdSSR S. 758*)

Schwere Erschütterung in Osteuropa

In den Ländern Osteuropas waren die Stalinisten im allgemeinen im Amt geblieben. Der XX. Parteitag hatte nun bedeutsame Auswirkungen. Der erste, der Stalin verdammte, war sein ehedem sklavischstes Werkzeug, Walter Ulbricht. Bereits am 4. März enthüllte er in einem Artikel im *Neuen Deutschland*, daß Stalin die Demokratie in der kommunistischen Partei vernichtet habe und daß sein militärisches Genie ein von ihm selbst geschaffener Mythos gewesen sei.

Polen trug ein besonders schweres Joch. Stalin hatte der polnischen Regierung gnädigst den Marschall Konstantin Rokossowski zur Verfügung gestellt, den besagte Regierung eiligst zu ihrem Verteidigungsminister und gleichzeitig zum Mitglied des Zentralkomitees und des Politbüros gemacht hatte. Hunderttausend politische Gefangene, meist nichtkommunistische Widerstandskämpfer, füllten die Gefängnisse der polnischen Republik. Die auf den Abfall Titos erfolgte Säuberung wurde in dem Volk, bei dem die nationalistische Gärung nur selten zur Ruhe kommt, mit außerordentlicher Strenge durchgeführt. Wladislaw Gomulka wurde unter der Anklage »bürgerlich-nationalen Abweichens«, in Wahrheit jedoch wegen seiner Beziehung zu Tito, seines Amts enthoben und zu lebenslänglichem Gefängnis verurteilt. Er büßte seine Strafe in strenger Isolierung.

Wenige Tage nach dem XX. Parteitag brandmarkte ein Artikel in der *Trybuna Ludu* den Personenkult und bedauerte all die im Lauf der vergangenen Jahre begangenen Fehler. Generalstaatsanwalt Zalinowski und die wichtigsten Chefs der Polizei wurden abgesetzt. Am 6. April verkündete der Erste Sekretär der Kommunistischen Partei, Ochab, daß Gomulka freigelassen und wieder in seine bürgerlichen Rechte eingesetzt werde. »Nicht weil die Partei und die Regierung seine Ansichten teilen«, erklärte er, »sondern weil seine Verurteilung rechtlich unbegründet war.« Wenig später wurden durch eine Amnestie 30 000 Gefangene befreit. Die Regierung erklärte, daß alle Polen, die gegen die Nazis gekämpft hatten, die Dankbarkeit der Nation verdienten.

Die Initiatoren dieser Freilassung waren keine Liberalen. Ochab war strenger Stalinist. Er kündigte seinen Landsleuten an, daß Angriffe gegen die UdSSR oder gegen die Prinzipien des Kommunismus nicht geduldet würden. Die Warnung war vergeblich. Alle Ausländer, die nach Polen kamen, stellten fest, daß antisowjetische Ansichten und der Haß gegen das Regime offen geäußert wurden. Die Zeichen des Ungehorsams wurden beim Volk immer häufiger; eine Revolte zog sich zusammen.

Das ferne, abgeschlossene Bulgarien war ein Land auf der anderen Seite des Monds. Georgi Dimitroff war 1949 – eines natürlichen Todes oder nicht – in einem Sanatorium in Moskau gestorben. Einige Monate später wurde der stellvertretende Ministerpräsident Traitscho Kostoff zur Strafe für seine nationalistische Abweichung von der Parteilinie und seine feindselige Politik gegenüber der UdSSR gehängt. Seit fünf Jahren lag die Macht in Händen eines gewissen Wylko Tscherwenkoff. Er mußte öffentlich Selbstkritik üben und um seine Absetzung einkommen.

Klement Gottwald war im Vorjahr gestorben. Sein Nachfolger, Antonín Novotný, klagte sich des Absolutismus Stalinscher Prägung an. Die Überlebenden des Slansky-Prozesses wurden freigelassen, das Andenken Slanskys jedoch mit der Anklage belastet, er habe »auf Anstiftung Berijas unerträgliche Polizei- und Gerichtsmethoden in der Tschechoslowakei eingeführt«. Slansky war tatsächlich ein abscheulicher Sadist, doch er wurde nicht seiner Grausamkeit wegen, sondern zur Strafe für seinen Titoismus gehängt. Die tschechoslowakische Führung blieb wie jene Ostdeutschlands der Liberalisierung feindlich gesinnt, da sie im Grunde stalinistisch war.

Ungarn hatte einen besonderen Umschwung erlebt. Während das erste Tauwetter in Rußland weder den Sturz Gottwalds noch Ochabs noch Ulbrichts nach sich gezogen hatte, war Mátyás Rákosi drei Monate nach Stalins Tod vor das sowjetische Parteipräsidium gerufen worden. Berija hatte dort noch Sitz und Stimme. »Ungarn hat türkische Sultane, transsilvanische Fürsten, österreichische Kaiser gehabt«, schrie er. »Du wirst nicht Ungarns jüdischer König sein!« Rákosi hatte Selbstkritik geübt, seinen Posten des Ersten Sekretärs der Arbeiterpartei – so lautete der offizielle Name der ungarischen Kommunistischen Partei – gerettet, mußte jedoch die Leitung der Regierung Imre Nagy überlassen.

Vom Standpunkt der Linientreue konnte man Nagy keinerlei Vorwurf machen. Er war vor dem Krieg nach Rußland geflüchtet und mit dem Troß der Sowjetarmee nach Ungarn zurückgekehrt. Er hatte der kommunistischen Legalität stets vollsten Respekt bewiesen und war vom titoistischen Ketzertum, das Laszlo Rajk und so vielen anderen zum Verhängnis geworden war, nicht angesteckt worden. Er wurde 1949, nach vier Jahren an der Spitze des Landwirtschaftsministeriums, nur wegen seiner Nachgiebigkeit gegenüber Bauern, die zu sehr am Grundbesitz hingen, abgesetzt. Bei diesem Mann mit dem mächtigen Schnurrbart, dem kurzsichtigen Blick, der langsamen Sprechweise, dem Herzleiden, der eher dem friedlichen Studium als gewalttätigem Handeln zugeneigt war, kam unter dem Kommunisten immer noch der Landwirt zum Vorschein.

Imre Nagy versuchte als Ministerpräsident, den Kommunismus zu vermenschlichen. Er ließ einige tausend politische Gefangene frei, schloß die Internierungslager, senkte die Steuern für die Bauern, engte die Vorrechte der Schwerindustrie ein. Sein Experiment, das parallel zu jenem Malenkows in Rußland verlief, endete auf gleiche Weise. Das Zentralkomitee rügte Nagy auf Anregung von Rákosi und schloß ihn aus der Partei aus. Wieder kam eine Stalinistengruppe an die Macht, mit Rákosi als Erstem Sekretär und Andreas Hegedüs als Ministerpräsident.

Nach dem XX. Parteitag stimmte Rákosi in den allgemeinen Chor mit ein und verdammte den Personenkult. Es fiel ihm jedoch nicht leicht, die Leute zu täuschen. Die Ungarn nannten ihn den »kahlköpfigen Mörder« und verabscheuten ihn. Da er im Augenblick weniger Furcht verbreitete, wurden seine Gegner kühner; alle Universitäten waren Agitationsherde, alle Fabriken waren Nester der Unzufriedenheit. Der Petöfi-Klub, dessen Sitz sich in einem Gäßchen der Innenstadt von Budapest befand, das den Namen des Dichters und Märtyrers des Aufstands aus dem Jahr 1848 trug, war nur ein geschlossener literarischer Kreis; er wurde zu einer politischen Tribüne. Jeden Donnerstag drängten sich hunderte Menschen im Saal, tausende auf der Straße, um zu hören, wie das große Wort von der Freiheit erklang. Dann begab sich die Menge zur Demonstration vor das Denkmal Petöfis. Junge Leute erkletterten das Postament, deklamierten die Verse des berühmten Dichters »Auf, auf, Magyaren!« und priesen die unsterbliche Seele Ungarns. Ihnen antwortete der Ruf: »Nieder mit Rákosi! Wir wollen Nagy!« Die Polizei sah dem Treiben untätig zu.

Als Folge der zweiten Entstalinisierung kam es unter den unfreien Nationen Europas zu intensiver Gärung. Und im Orient bereitete sich eine Krise vor, die sich mit der Erschütterung des Kommunismus verquicken sollte ...

Oberst Gamal Abdel Nasser, oder genauer gesagt Abd al-Nassir, erreichte das Ziel, das mehrere Generationen ägyptischer Staatsmänner im Auge gehabt hatten. Er erreichte von England, was es allen monarchistischen Regierungen und in jüngster Zeit General Naguib verweigert hatte: die Räumung der Suezkanalzone. Das am 19. Oktober 1954 unterzeichnete Abkommen wurde pünktlich durchgeführt. Der letzte britische Soldat mußte am 19. Juni 1956 den ägyptischen Boden verlassen haben. England hatte sich das Recht vorbehalten, den Kanal wieder zu besetzen, falls im Mittleren Osten Feindseligkeiten ausbrechen sollten.

1955 hatten 14 666 Schiffe mit einer Tonnage von 115 Millionen Tonnen den Kanal durchfahren. Ein Viertel von ihnen fuhr unter britischer Flagge; ein zweites Viertel trug die norwegische, liberianische, französische oder italienische Flagge. Das Haupttransportgut war Erdöl. Innerhalb von fünf Jahren hatte sich die Gewinnung im Mittleren Orient verdreifacht. Aus den 128 000, 344 000 und 547 000 Faß täglicher Förderung im Irak, in Kuweit und in Saudi-Arabien waren 691 000, 1 192 000 und 965 000 Faß geworden. Der Iran, der vor Mossadeghs Zeit 665 000 Faß täglich produziert hatte, brachte es nur noch auf 328 000, doch wurde sein Fördervermögen ab 1956 wieder auf den ursprünglichen Stand gebracht. Der 1945 noch unbedeutende Mittlere Orient lieferte ein Viertel des Weltverbrauchs und besaß 69 % sämtlicher in der Welt bekannten Reserven an Erdöl und Erdgas. Ein Teil der Produktion kam durch die Pipelines der Aramco und der Iraq Petroleum Company zum Mittelmeer. Der Suezkanal blieb trotzdem die Haupttransportader. Von 87 Millionen Tonnen, die den Kanal in Richtung Norden durchfuhren, betrugen die Erdöltransporte 66 Millionen Tonnen.

Die *Compagnie Universelle du Canal maritime de Suez* wußte am besten, daß die Zukunft Probleme bringen würde. Einige kühne Reeder rechneten sich aus, daß es vorteilhafter sein würde, Afrika zu umfahren, sobald man über Tanker von der Größenordnung von 200 000 Tonnen verfügte. Der Querschnitt des Kanals war seit der Grabung Ferdinand von Lesseps' verdreifacht worden; man hätte ihn nochmals verdreifachen müssen – doch die Konzession hatte nur noch eine Laufzeit von dreizehn Jahren, und alle Versuche, von der ägyptischen Regierung das Versprechen für eine Erneuerung zu erreichen, waren fehlgeschlagen.

Der israelisch-arabische Konflikt warf einen weiteren Schatten auf den Kanal. Die Konvention von Konstantinopel (1888) sollte gewährleisten, daß der Kanal »in Friedens- wie in Kriegszeiten für die Flotten aller Nationalitäten frei und offen« war. Diese Verpflichtung wurde nun von Ägypten gebrochen, das den israelischen Schiffen die Durchfahrt verwehrte. Ägypten ging so weit, das Verbot auf alle Schiffe auszudehnen, die einen israelischen Hafen angesteuert hatten, Waren für Israel transportierten oder Schiffahrtsgesellschaften angehörten, die israelische Häfen berührten. Israel hatte sich diesbezüglich zweimal, 1951 und 1954, an den Sicherheitsrat gewandt. Das erstemal ignorierte Ägypten die vom Sicherheitsrat beschlossene Weisung. Beim zweitenmal wurde die Klage durch das Veto der Sowjetunion abgetan.

Die Zufahrt zum Golf von Akaba schuf eine ähnliche Situation. Die Meeresstraße von Tiran wurde vom Seerecht als internationales, für die Schiffahrt freies Gewässer betrachtet. Die an der Spitze der Sinaihalbinsel und auf der Insel Tiran aufgestellten ägyptischen Batterien kümmerten sich nicht um das Seerecht. Die Zufahrt zum Golf wurde nur auf Grund einer vorher erteilten Genehmigung gestattet. Der von den Israelis am Ende des Golfs angelegte Hafen Elat war von den Meeren völlig abgeschnitten.

Die mohammedanische Welt war traditionsgemäß antikommunistisch eingestellt, der Koran widersprach dem »Kapital« von Karl Marx. Lange Zeit besaßen die Russen im Mittleren Osten weder eine diplomatische Vertretung noch politischen Einfluß oder wirtschaftliche Aktivität. Die Ausnutzung des israelisch-arabischen Konflikts brachte sie wieder in ein Gebiet, das ihnen seit dem Sturz des Zaren verschlossen geblieben war.

Am 27. September 1955 verkündete Nasser, daß er mit der Tschechoslowakei »auf rein kommerzieller Grundlage« ein Handelsabkommen über die Lieferung von Waffen abgeschlossen habe. Über die Höhe und die Bedingungen wurden keine Einzelheiten bekanntgegeben, aber selbstverständlich stand die Tschechoslowakei mit ihrem Namen für die UdSSR. Die Russen hatten die Verantwortung auf sich genommen, ein Pulverfaß auf einen glühenden Herd zu stellen.

Fünf Tage später gab Nasser eine Erklärung ab. Er versammelte anläßlich eines Besuches der Ausstellung der Streitkräfte die Kadetten der Militärschulen um sich und hielt ihnen eine Rede, in der er voll Bitterkeit über die beiden Kämpfe im Gazastreifen und in der entmilitarisierten Zone von El-Auja sprach, die für die Ägypter beschämend geendet hatten. Die ägyptische Armee besitze keine schweren Waffen, sagte Nasser, denn diese stünden unter Kontrolle der Großmächte. Er habe sich nacheinander an die drei Großmächte des Westens gewandt; sie hätten unannehmbare Bedingungen gestellt. »Frankreich hat die Lieferung von Waffen von der Änderung der Politik in bezug auf Nordafrika abhängig gemacht. Die Vereinigten Staaten haben verschiedene politische Bedingungen gestellt einschließlich des Verlangens, daß Ägypten einem gegenseitigen Sicherheitspakt beitritt. Großbritannien hat zwar eine Lieferung zugesagt, ist aber nicht in der Lage, in genügenden Mengen zu liefern ... Die Tschechoslowakei hat sich bereit erklärt, die für die ägyptischen Bedürfnisse nötigen Waffen auf rein kommerzieller Grundlage zu liefern ... Das Abkommen ist für uns günstig, da die Bezahlung mit ägyptischen Produkten erfolgt.«

Die Kritik Nassers an den drei Westmächten war tendenziös. Diese hatten sich laut Vertrag vom 25. März 1950 verpflichtet, den arabischen Staaten ebenso wie Israel ausschließlich Defensivwaffen zu liefern. Sie hatten eine *Near East Armament Commission* (Rüstungskommission für den Mittleren Osten) geschaffen, die sämtliche Anfragen zentralisierte und die Entscheidungen der Regierungen lenkte. Es gab Reibungen. Großbritannien wollte die arabischen Länder, insbesondere Jordanien, bevorzugen. Frankreich wurde durch die Vorfälle in Algerien zu einer Annäherung an Israel bewogen, die zu militärischen Kontakten führte und sich in Waffenlieferungen äußerte, die über das Abkommen von 1950 hinausgingen. Im großen und ganzen blieb das Abkommen jedoch wirksam. Der Mittlere Osten verfügte weder über Bomber noch über schwere Panzer noch über Raketenwaffen. Er begnügte sich mit Düsenjägern der frühen Typen, »Ouragan« und »Vampyr«, klassischer Artillerie, Sherman- oder Centurionpanzern aus dem Zweiten Weltkrieg. Amerika übte auf seine Verbündeten energischen Druck aus, um das Gleichgewicht der militärischen Kräfte auf möglichst niedrigem Niveau zu erhalten.

Das »Handelsabkommen« warf dieses Sicherheitsgerüst über den Haufen. Bereits im Oktober trafen fünf Schiffe mit Kriegsmaterial in Alexandria ein. Innerhalb weniger Wochen erhielt Ägypten 300 Panzer T 34 vom neuesten Typ, eine große Auswahl an moderner Artillerie, 19 Motortorpedoboote, 2 Zerstörer von 2200 Tonnen, 150 MIG 15, 50 Iljuschinbomber usw. Ich werde die durch diese Waffenlieferung hervorgerufenen Kettenreaktionen einige Seiten später schildern.

Nasser hatte seinen Offiziersschülern erklärt: »Unser Hinzuziehen eines Landes hinter dem Eisernen Vorhang bedeutet nicht, daß Ägypten vom Kommunismus durchsetzt ist; dieser war bei uns verboten, ist es und wird es bleiben. Die Kommunistenführer befinden sich im Gefängnis, und wir wissen alles über die drei oder vier subversiven Organisationen, die versuchen, im Untergrund zu überleben.« Besuchern aus dem Westen sagte Nasser: »Ich kenne die Russen. Ich habe Ägypten nicht dem britischen Kolonialismus entrissen, um es einem noch schlimmeren Kolonialismus auszuliefern. Ich werde nicht zum Sklaven Rußlands, ich bediene mich seiner.«

Bandung hatte großen Einfluß auf Nasser gehabt. Die mächtige Bewegung der nach Freiheit strebenden Völker schien eine außerordentliche Bestimmung für ihn selbst und sein Land zu enthalten. Obgleich Ägypten nur teilweise arabisch war, nahm es in der arabischen Welt eine zentrale Stellung ein und bildete gleichzeitig deren wichtigsten Kern. Infolgedessen kam seinem Chef die Rolle zu, diese Welt zu sammeln. Eine sich vom Atlantik bis zum Persischen Golf erstreckende arabische Nation, die eine der wichtigsten Landengen der Welt beherrschte, die über zwei Drittel der Weltreserven an Erdöl verfügte, war dazu berufen, eine der Großmächte der Zukunft zu werden.

Der erste Schatten auf diesem großartigen Phantasiegebilde, das Hindernis, das es als erstes zu beseitigen galt, war in Nassers Augen Nuri al Said. Der Kampf um die arabische Einheit begann mit einem unerbittlichen Kampf zwischen den beiden Männern, die zwei Richtungen verkörperten.

Sie waren zu Gegnern prädestiniert. Nasser war ein bürgerlicher Offizier von 36 Jahren, während der 68jährige Nuri al Said General in der osmanischen Armee gewesen war, ehe er zwölfmal Ministerpräsident des Irak wurde. Nasser, wenngleich kein Kommunist, war fortschrittlichen Ideen zugetan, während Nuri al Said leidenschaftlich konservativ war. Die vor 3000 Jahren zwischen Ägypten und Mesopotamien begonnene Rivalität fand im 20. Jahrhundert ihre Fortsetzung zwischen Kairo und Bagdad.

Nuri al Said hatte gegen die russische Gefahr den Bagdad-Pakt geschaffen. Der Irak, der Iran, Pakistan und die Türkei verbanden sich zur Schaffung einer Fortsetzung der NATO vom Ägäischen Meer bis zum Indus. England hatte den Pakt angeregt und ihn unterzeichnet. Amerika unterzeichnete nicht, stand jedoch mit seiner Diplomatie, seinen Waffen und seinem Geld dahinter.

Nuri al Saids Ziel bestand darin, den Mittleren Osten dem sowjetischen Einfluß zu verschließen. Nassers Rechnung ging dahin, den sowjetischen Einfluß im Nahen Osten einzuführen, um sich selbst Manövriermöglichkeiten zwischen Ost und West zu schaffen. Syrien und Saudi-Arabien schlossen sich Ägypten an und verlangten, die anderen arabischen Staaten sollten dem Bagdad-Pakt fernbleiben. Die Kairoer Presse wetterte gegen die Wiederherstellung des Kolonialismus durch die Diplomatie und beschimpfte Nuri al Said. Dieser antwortete: »Nassers Überheblichkeit wird nur von seiner Unerfahrenheit wettgemacht. Er möchte als Chef aller Araber gelten, merkt aber nicht einmal, daß er im Orient den Kommunismus sät.«

Die Türkei, der Iran, Pakistan sind keine arabischen Länder. Der zu einer Hälfte christliche, zur anderen mohammedanische Libanon wollte sich abseits halten. Das einzige arabische Land, das für den Bagdad-Pakt gewonnen werden konnte, war Jordanien; es war eine Schöpfung Englands, lebte von englischer Unterstützung. Seine Armee, die Arabische Legion, war ein Geschenk der Engländer, sie stand unter dem Befehl englischer Offiziere. Jordaniens König Hussein, der an die Stelle seines irrsinnigen Vaters Talal getreten war, hatte in Harrow und Sandhurst studiert; Königin Dina, um sechs Jahre älter als der König, war Cambridge-Absolventin und hatte Englisch unterrichtet. Wie hätte das haschemitische Königreich Jordanien sich weigern können, im Bagdad-Pakt dem Vereinigten Königreich zu folgen? Nuri al Said drängte London, zu handeln.

London handelte. Sir Gerald Templer, der Chef des imperialen Generalstabs, kam mit Geschenken beladen nach Bagdad. Wenn Jordanien dem Pakt beiträte, würden die Hilfsgelder um ein Viertel erhöht und die Arabische Legion würde um eine Brigade verstärkt werden. Der König war dafür, doch die Königinmutter war englandfeindlich, und Ministerpräsident Said el Mufti brach die Verhandlungen ab, indem er zurücktrat. Templer, dessen Mission kein Muster an Diplomatie gewesen war, verließ Amman am 14. Dezember 1955, um in London über seinen Mißerfolg zu berichten.

Kaum war er abgereist, da brach der Aufruhr los. Die Innenstadt von Amman, das in einem tief eingeschnittenen Tal liegt, hallte von Rufen wider: »Es lebe Nasser!« und »Nieder mit Hussein!« Die von ihren nationalistischen Lehrern fanatisierten Schulkinder zwangen die Läden, zu schließen, griffen die Botschaften an, drangen ins Hotel Philadelphia ein. Außerhalb von Amman, in Nablus, Hebron, Jericho, Bethlehem, Akaba kam es zu Blutvergießen. In Jerusalem wurden die Konsulate der Türkei, Englands, der USA und Frankreichs zerstört. Nachdem innerhalb von drei Wochen zwei Ministerpräsidenten einander gefolgt waren, löste der König das Parlament auf, doch diese Maßnahme ließ am 7. Januar die Gewalttätigkeiten wieder aufflammen. Mehrere öffentliche Gebäude in Amman wurden in Brand gesteckt. In Jerusalem wurde der englische Oberstleutnant Patrick Lloyd gelyncht. Die Arabische Legion, so lange Zeit von vorbildlichem Eifer, stellte gemächlich die Ordnung wieder her.

Zu Beginn unseres Berichts haben wir gesehen, wie der Kommandeur dieser Arabischen Legion, John Bagot Glubb, genannt Glubb Pascha, seine von England bezahlten Söldner zum Sturm gegen das Getto in der Altstadt von Jerusalem führte.

Nach der Ermordung König Abdullahs, seines Freundes, hatte Glubb schwere Zeiten erlebt. Talal hatte mit der Pistole auf ihn geschossen; Hussein, der um vierzig Jahre jünger war als Glubb, schätzte die Verdienste des alten Soldaten nicht in dem gleichen Maße wie sein Großvater. Glubb war im Jahre 1922 ins Land gekommen und hatte sich 1930 der »Wüstenpatrouille« angeschlossen, aus der die Arabische Legion hervorging. Er war Engländer und Anhänger der anglikanischen Kirche geblieben, hatte sich jedoch bereits auf dem arabischen Friedhof von Amman den Platz für sein Grab reservieren lassen.

Am 2. März wurde Glubb Pascha zu Ministerpräsident Samir Pascha gerufen. Er erfuhr, daß der König ihn des Kommandos der Arabischen Legion enthoben habe; er müsse bis zum nächsten Tag, 7 Uhr morgens, Jordanien verlassen haben.

Die Ablehnung des Bagdad-Paktes und die Abberufung Glubb Paschas sollten den gefährdeten Thron retten. Hussein rief vom Balkon des Palastes der Menge zu, er nehme die Jordanien geraubten Rechte wieder fest in die Hand. Die wankelmütigen Massen jubelten ihm zu; Glubb mußte unter Panzerschutz zum Flugplatz gebracht werden. Der Oberbefehl über die Arabische Legion wurde dem jordanischen Brigadier Radi Innab anvertraut, die meisten britischen Offiziere wurden entlassen. Nachdem die erste Regung des Unwillens vorbeigegangen war, entschloß sich England, die Hilfsgelder an Jordanien trotzdem weiterzuzahlen.

Nun war Nuri al Said in der arabischen Welt isoliert, im Irak umgeben von Mördern. Nasser hingegen wurde der Herold aller nationalistischen Araber, der Stolz und die Hoffnung einer in Aufruhr geratenen Welt.

Doch seine Grundlagen waren schwach. Das Land, das er regierte, war eines der rückständigsten der Welt. Eine ägyptische Industrie gab es praktisch nicht, die Landwirtschaft war veraltet. Die Agrarreform hatte den Bodenertrag verringert, Not und Krankheit zerfraßen Stadt wie Land. Bei 67 % der Familien in den Städten hausten 6 bis 7 Personen in einem Raum, und es war eine Ausnahme, wenn ein Arbeiter mehr als sieben Wochen im Jahr Arbeit fand. Eine medizinische Erhebung stellte fest, daß jeder zweite Dorfbewohner verlaust war, daß neun von zehn Menschen an Trachom (chronische Augenentzündung) und fünfundneunzig Prozent an Bilharziose (ägyptisches Blutharnen) litten. Trotz all dieser Plagen erreichte der jährliche Geburtenüberschuß die Zahl 500 000. Ägypten, in dem die Experten Napoleons im Jahre 1800 weniger als zwei Millionen Einwohner feststellten, besaß 1955 22 Millionen und muß für 1980 35 Millionen erwarten.

Nasser hatte die Wahl: seine Energie darauf zu verwenden, Ägyptens Übel zu behandeln, oder seinem größenwahnsinnigen Traum nachzujagen. Er wollte diese Wahl nicht treffen. Der Aufbau der arabischen Nation und der Wohlstand Ägyptens müßten nebeneinander fortschreiten, sagte er, einander gegenseitig unterstützen, aus dem Wettbewerb zwischen Ost und West das Maximum herausschlagen.

666

Ägypten verdankt alles den Wassern des Nils. Zwischen dem ersten Katarakt und dem Delta wurden sieben Staudämme errichtet, doch sie genügten nicht, um den Flußlauf vollständig zu regulieren. Der wichtigste Damm, jener von Assuan, war zweimal erhöht worden, doch man mußte zur Zeit des stärksten Hochwassers, im Juli und August, die Schleusen völlig öffnen, um das Mauerwerk des Staudamms zu entlasten. 52 % des Nilwassers dient nur dazu, das Mittelmeer weniger salzig zu machen. »Würde ich in diesem Land regieren«, hatte Bonaparte gesagt, »dann würde kein Tropfen Wasser ins Meer fließen.«

15 Kilometer flußaufwärts von Assuan verengt sich der Nil zwischen rosafarbenen Granitwänden. Der italienische Ingenieur Luigi Gallioli bezeichnete diese Verengung als die günstigste Stelle für die Errichtung eines Riesendamms, der den Lauf des Nils endgültig regulieren konnte, indem er einen Stausee von 150 Milliarden Kubikmeter schuf, was der Ausflußmenge des Stroms in 18 Monaten entsprach. Damals, im Jahr 1947, entwickelten die Amerikaner im Tal des Missouri die Technik der Erddämme; für Flüsse mit heftiger Strömung und starker Anschwemmung, die die Steingrundierung eines Betondamms nicht gestatten. Galliolis Entwurf sah einen aus Sand, Felsen und Lehm bestehenden, eine Meile dicken Pfropfen vor. Das Volumen des notwendigen Baustoffs war neunzehnmal so groß wie jenes der Großen Pyramide. Die Dauer der Arbeiten wurde auf zwölf bis fünfzehn Jahre geschätzt.

Dieses Riesenprojekt schien den trägen Regierungen König Faruks ein Hirngespinst. Der erste, der es ernst nahm, war General Nagib. Er ließ Gallioli zu sich kommen, schuf eine Ägyptische Gesellschaft für die Errichtung des Saad el Ali – so lautete der offizielle Name des Hochdamms von Assuan – und sah sich vor der Hauptschwierigkeit: Woher sollte man das Geld nehmen?

Europa versuchte sich daran. Ein Konsortium von Banken und Industriellen aus England, Frankreich und Deutschland war vorgesehen, doch die Ziffern kühlten den Eifer ab. Man hatte die Kosten für den Bau des Damms höchst leichtfertig auf 50 Millionen ägyptische Pfund geschätzt; diese Summe mußte vervierfacht werden. Außerdem fehlte es nicht an technischen Einwänden. Man wollte einen künstlichen See von 300 km Länge schaffen, der in der sengenden Hitze Oberägyptens einem ungeheuren Verlust durch Verdunstung ausgesetzt sein würde. Man würde den Nilschlamm, den kostenlosen Naturdünger der Fellachen, zurückhalten. Man würde dem Niltal, bei dem – abgesehen von den immer wiederkehrenden Trockenperioden – das Problem der Entwässerung an fast allen Abschnitten größer war als das der Bewässerung, eine riesige zusätzliche Wassermenge zur Verfügung stellen. Es bestand die Gefahr, daß der Hochstaudamm Ägypten zum Verfaulen bringen würde, anstatt es zu befruchten. Oder man müßte die bewässerten Flächen beträchtlich vergrößern, indem man sich auf ein Hochpumpen des Wassers in großem Maßstab verlegte. Doch damit stieg auch der Kostenvoranschlag entsprechend, aus den 200 Millionen für den Damm wurden 600 bis 800 Millionen. Die europäischen Bankiers zogen sich zurück.

Die Weltbank oder BIRD – *Banque internationale pour la Reconstruction et le Dé-*

velopement – trat auf den Plan. Ihr Präsident, Eugène Black, kam zu einem vorbereitenden Studium nach Kairo. Noch war der Lärm über den Waffenkontrakt mit der Tschechoslowakei nicht verhallt, da folgte ein neuer: Die sowjetische Regierung bot Ägypten für den Bau des Hochstaudamms eine Anleihe von 200 Millionen Dollar mit einer 2 %igen Verzinsung an, rückzahlbar innerhalb von dreißig Jahren in Form von Reis und Baumwolle. Es war Rußland gelungen, im Mittleren Osten durch die Bewaffnung Ägyptens einen Durchbruch zu erzielen, es versuchte einen zweiten mit dem Angebot, den Hochstaudamm von Assuan zu bauen!

Man muß Nasser Gerechtigkeit widerfahren lassen: Er stürzte sich nicht auf den Köder. Er wußte, daß die Russen keine Devisen besaßen, die sie ihm geben konnten, sondern nur Maschinen, Materialien und Fachleute. Er sah voraus, daß es zu einer friedlichen Invasion, zur schleichenden Wiederkolonisierung Ägyptens kommen würde. Moskau beschwerte sich zwei Monate nach seinem Angebot, weil es keine Antwort erhalten hatte. Nasser wollte nicht ja sagen, hatte es jedoch ebensowenig eilig, nein zu sagen, da das sowjetische Angebot ein Druckmittel gegen die Westmächte war.

Im Frühjahr 1956 ging das Feilschen weiter. Die Weltbank hatte die Kosten für den Staudamm und dessen unmittelbar notwendige Nebenanlagen mit 1300 Millionen Dollar beziffert. Sie war der Ansicht, daß Ägypten 900 Millionen Dollar beibringen konnte, wenn es bereit war, seine Rüstung einzuschränken und eine vernünftige Außenpolitik zu betreiben. Sie hatte das Versprechen einer Schenkung von 70 Millionen Dollar, und zwar 56 Millionen von der amerikanischen und 14 Millionen von der britischen Regierung. Die Weltbank erklärte sich bereit, die noch fehlenden 330 Millionen Dollar zur Vervollständigung des nötigen Kapitals für den Bau des Staudamms unter den üblichen Verzinsungs- und Rückzahlungsbedingungen zur Verfügung zu stellen.

Nasser zeigte sich anmaßend. Er erklärte, die Vorschläge der Weltbank seien unannehmbar, London und Washington versuchten die ägyptische Politik zu knebeln; wenn die Westmächte bei ihrer Haltung blieben, werde er eben den Vorschlag der Sowjets annehmen. Allgemein herrschte die Ansicht, daß es sich da um ein Schachermanöver handele und daß überdies das sowjetische Angebot nicht ernst gemeint sei. Wenn man nicht nachgab, würde Nasser einlenken. *(Forts. Ägypten S. 676)*

Ben Gurion wird wieder der Hirte Israels

Vierzehn Monate lang war Ben Gurion nichts gewesen als ein biblischer Hirt, der die Herde des Kibbuz Sder Boku im Negev hütete. Er war unter dem Vorwand schwerer psychischer Erschöpfung von der Macht zurückgetreten, in Wirklichkeit jedoch, weil er spürte, daß die Opposition gegen sein autoritäres Patriarchat immer stärker wurde. Sein Nachfolger, Mosche Scharett, ein bescheidener Mann, versuchte eine Politik der Geduld und Entspannung. Er bemühte sich um ein annehmbares Zusammenleben zwischen Israel und seinen Nachbarn.

Israel kämpfte mit dem Problem des Wassers, das eine Grundbedingung für alle seine Entwicklungspläne darstellte. Die Israelis hatten in einem kleinen entmilitarisierten Dreieck, das am Ausfluß des Hulesees lag, eine Anzapfung des Jordan vorgenommen; der schwedische General Benniker, Chef der UNO-Beobachter, ließ die Arbeiten einstellen. Da legte sich der gute Wille Amerikas, personifiziert durch Eric Johnson, ins Mittel. Der Sonderbotschafter Eisenhowers, ein bedeutender Hollywood-Produzent und geschickter Mann, ließ einen Plan für die gesamte Verwendung des Wassers von Jordan und Jarmuk aufstellen, bei dem zwei Drittel für Syrien und Jordanien und ein Drittel für Israel vorgesehen waren. Der Großmufti von Jerusalem fand dafür die Worte: »Auch wenn die Teilung des Wassers den Arabern 99 % gäbe, ja wenn den Juden nur eine einzige Gallone gelassen würde, ich würde nein sagen!« Jordanien und Syrien sagten nein.

Seit der Gründung des Staates Israel waren acht Jahre vergangen. Deutschland hatte sich zur Zahlung von Reparationen an das jüdische Volk von jährlich 60 Millionen Dollar bereitgefunden. Die Juden der Diaspora brachten gemeinsam eine ebenso große Summe auf, und die amerikanische Regierung leistete einen Beitrag von 40 Millionen Dollar. Dank dieser Hilfeleistungen, vor allem aber dank verbissener Arbeit, vermochte sich Israel zu konsolidieren, der tragischen Armut seiner Anfänge zu entrinnen. Doch seine Grenzen, oder vielmehr die einfache Waffenstillstandslinie, die sie darstellten, waren Kriegsgebiet geblieben. Regelmäßig verübten die Fedajin, oder Freiheitskämpfer, Raubzüge gegen die jüdischen Siedlungen. Scharetts gemäßigte Politik scheiterte.

Anfang 1955 besuchte eine Abordnung der Arbeiterpartei Mapai Ben Gurion inmitten seiner Schafe. Man bat ihn, in der Regierung Scharett das Verteidigungsministerium zu übernehmen. Er antwortete, er sei 69 Jahre alt. Man erwiderte ihm, für den Dienst am jüdischen Vaterland gebe es keine Altersgrenze. Darauf nahm er an und wählte einen jungen Abgeordneten spaniolischer Herkunft, Schimon Peres, zu seinem Mitarbeiter.

Während der vergangenen sechs Monate hatte Scharett 27 Einfälle der Ägypter auf israelisches Gebiet geduldet. Wenige Tage nach seinem Amtsantritt organisierte Ben Gurion einen Vergeltungsüberfall im Gazastreifen. 38 ägyptische Soldaten fanden dabei den Tod; der Sicherheitsrat verurteilte Israel.

Die im Juli abgehaltenen Wahlen gaben die Erbitterung der israelischen Bevölkerung gegenüber der Politik Mosche Scharetts wider. Die Mapaipartei verlor einige Sitze, während die nationalistische Partei Cheruth Gewinne verzeichnete. Die Öffentlichkeit forderte die Rückkehr Ben Gurions an die Spitze der Regierung.

In diese angespannte Atmosphäre fiel der Waffenlieferungsvertrag zwischen der Tschechoslowakei und Ägypten. Scharett, Dajan und Peres reisten eilends nach Paris und London und verlangten von Frankreich und England sofortige massive Waffenlieferungen. Die amerikanischen Zionistenbewegungen belagerten das Weiße Haus und sprachen von der Gefährdung Israels, konnten jedoch keine den Befürchtungen entsprechende Reaktion erzielen. Präsident Eisenhower verweigerte eine Erhöhung der amerikanischen Rüstungshilfe. Außenminister Selwyn Lloyd erklärte im Unterhaus, die Juden besäßen noch das Übergewicht im Mittleren Osten. Nur Frankreich zeigte sich aufgeschlossener für das Ansuchen Israels, aber in den führenden Kreisen gab es verschiedene Bestrebungen, die einander aufhoben: einerseits die Versuchung, Nasser zu erledigen, der als Anstifter, als treibende Kraft des algerischen Aufstands angesehen wurde; andererseits den Wunsch, den algerischen Aufstand zu isolieren, indem man dennoch die traditionelle proarabische, proägyptische Politik verfolgte. Seit der Regierung Mendès-France sprach man davon, der israelischen Luftwaffe Jäger vom Typ Mirage IV zu liefern, die einzigen, die sich, abgesehen von den amerikanischen Sabres, mit den Mig V messen konnten. Scharett reiste wieder ab, ohne daß es ihm gelungen wäre, die Lieferung durchzusetzen.

Ben Gurions Stunde hatte geschlagen. Am 2. November löste er Scharett an der Spitze der Regierung ab, der Hirt aus dem Negev wurde zum Hirten Israels. Einen Monat später lieferten ihm einige Schüsse gegen die Fischer auf dem Tiberiassee den Vorwand für einen äußerst brutalen Vergeltungsanschlag gegen die syrischen Grenzposten. Wieder verdammte der Sicherheitsrat Israel, wies jedoch gleichzeitig den von den Syrern verlangten Ausschluß Israels aus der UNO und die syrische Forderung auf Entschädigung ab.

Doch das Stadium der Verhandlungen bei den Vereinten Nationen war vorbei. Ben Gurion war sich darüber im klaren, daß der seinem Land gewährte Aufschub zu Ende war, wenn die Ägypter gelernt hatten, sich der ihnen von Rußland gelieferten Waffen zu bedienen. Er durfte Israel infolge seiner geographischen Lage keinem Angriff aussetzen. Daraus ergab sich schon rein theoretisch die Notwendigkeit eines Präventivkriegs. Ben Gurions entschlossener Geist schreckte vor dieser Schlußfolgerung nicht zurück. Die Bedrohung, die sich auf der Halbinsel Sinai zusammenballte, mußte im Jahr 1956 verschwinden, sonst war Israel verloren.

Der über einen hervorragenden Nachrichtendienst verfügende israelische Generalstab kannte die Stärke Ägyptens genau. Er wußte, daß er zur Vernichtung Ägyptens keinen Verbündeten brauchte. Der einzige Grund, der ein Bündnis oder zumindest ein Entgegenkommen von seiten des Westens notwendig machte, war die Frage der Waffen. Das einzige Arsenal, das für Israel in Betracht kam, war das französische.

Die Bedingungen waren nicht allzu günstig; der Quai d'Orsay blieb weiter proarabisch. Bei einer Konferenz der französischen Botschafter im Nahen Osten hatte nur jener in Tel Aviv, Pierre Gilbert, sich für eine Hilfe an Israel ausgesprochen. Frankreich hatte die Waffenlieferungen an Ägypten eingestellt; nun wurden sie wieder aufgenommen. Radio Kairo antwortete mit begeistertem Dank. »Wir versprechen dir, Frankreich, die brüderliche, würdige Erhaltung deiner Kinder in Nordafrika, die du dir wünschst . . .« Im Sicherheitsrat stimmte der Vertreter Frankreichs für die Verurteilung Israels wegen des Kampfes am Tiberiassee. Zwischen Jerusalem und Paris wurde der Streit wegen der Juden in Algerien fortgesetzt: Ihre Ausreise wurde als Vorzeichen der französischen Niederlage angesehen, und die französische Regierung war darüber empört, daß sie von den zionistischen Büros organisiert wurde. Die israelische Regierung antwortete, daß das unabänderliche Prinzip ihrer Politik darin bestehe, alle Juden aus der Diaspora, wo immer sie sich befanden, in die Heimat zu bringen.

Wie bereits gesagt, kam Anfang 1956 in Frankreich eine neue Regierung an die

Macht. An die Stelle des Radikalsozialisten Edgar Faure trat der Sozialist Guy Mollet. Der neue Außenminister, Christian Pineau, reiste nach Kairo. Nasser gab ihm sein Ehrenwort, daß sich kein einziger algerischer Fellache mehr in einem ägyptischen Trainingslager befinde. Er bot sich an, eine Fühlungnahme zwischen der französischen Regierung und den Vertretern der FLN in die Wege zu leiten. Die »Stimme der Araber« stellte ihre Angriffe gegen Frankreich ein. Israel schien isolierter zu sein denn je.

Der Schatten des Krieges verdichtete sich. Der israelische Botschafter in London, Abba Eban, erwartete ihn für 1956. Die Kämpfe mehrten sich; die Fedajin griffen Ashkelon, Beersheba, Rehovot an. Die Israelis beschossen Gaza. Ben Gurion verlangte 150 000 Freiwillige für den Kriegsdienst an den Grenzen. Hammarskjöld vermittelte und rang den Ägyptern wie den Israelis das Versprechen ab, das Feuer einzustellen. Doch in Kairo verdammte der Rat der Ulemas jede mittel- oder unmittelbare Anerkennung Israels und bestätigte, daß der Heilige Krieg mehr als jemals zuvor eine Pflicht für die Gläubigen sei (*Forts. Israel S. 709*)

Der algerische Aufstand breitet sich aus

Algerien hatte an den französischen Wahlen des 2. Januar nicht teilgenommen. Diese Ausschließung, die in der im ganzen Land herrschenden Unsicherheit begründet lag, schien den Europäern Algeriens die erste Lockerung der Bindung an das Mutterland.

Die von Edgar Faure zögernd angenommene Lösung der Integration wurde von dem neuen Ministerpräsidenten Guy Mollet zurückgewiesen, ebenso von seinem Staatsminister Mendès-France. Sie wollten unterhandeln, nahmen sich vor, ein neues algerisches Parlament wählen zu lassen, das die Gestalt einer konstituierenden Nationalversammlung annehmen sollte. Der wegen seiner gaullistischen Bindungen überdies beargwöhnte Soustelle wurde notwendigerweise dem neuen Kurs der algerischen Politik geopfert. Der Name des Nachfolgers, der an seine Stelle gesetzt wurde, rief bei der europäischen Bevölkerung Algiers eine Woge des Zorns hervor: Es war der Mann, der den Sultan von Marokko aus Madagaskar geholt hatte und dessen Name ein Symbol für Frankreichs Abschied von Nordafrika war, General Catroux.

Soustelle war in einer Atmosphäre der Feindseligkeit nach Algerien gekommen. Die von ihm vertretene Lösung und insbesondere die Einführung eines einzigen Wahlkollegiums war eben noch in einem Manifest des Verbands der algerischen Bürgermeister angegriffen worden. Aber zwischen den *Pieds Noirs* und dem Generalgouverneur hatte sich ein menschlicher Kontakt entwickelt. 80 000 Algerier gingen auf die Straßen, sperrten die Gitter des Hafens ab und riefen im Chor: »Nicht abreisen!« Es gelang ihm, in einem MG-Panzerwagen durch die Menge zu kommen und über die Lotsenleiter das Postschiff *El Djezaïr* zu besteigen. Die Menge sang: »Bald sehen wir uns wieder!«

Vier Tage später, am 6. Februar, traf Guy Mollet in Algier ein; Catroux war noch in Paris. Der Ministerpräsident wollte ihn selbst in sein Amt einsetzen und sich eine persönliche Meinung über die Lage in Algerien bilden. Im letzten Augenblick hatte er die Vorsichtsmaßregel getroffen, sich von zehn Kompanien der zivilen Miliz CRS, *Compagnie républicaine de sécurité*, begleiten zu lassen, die mit Flugzeugen herangebracht wurden.

Die Straßen waren verlassen, die wenigen Passanten wandten den Blick ab, die Fenster waren schwarz verhängt. Auf dem Forum drängte sich eine riesige Menge. Die Blumen, die Mollet auf dem Totenmahnmal niederlegte, gaben das Signal zum Tumult. Die CRS befreiten den Regierungschef, brachten ihn zum Sommerpalast, verteidigten das Tor gegen den Ansturm der Demonstranten. Während eines Teils der Nacht noch hörte Mollet den Aufruhr in Algier.

Erste Schlußfolgerung: Catroux war hier unmöglich. Das räumte sogar der liberale Bürgermeister von Algier, Jacques Chevallier, ein. Mollet rief den General an und ersuchte ihn um seinen Rücktritt; dieser wurde ihm erleichtert gegeben. Aber die Rufe »Nieder mit Mollet!« und »Mendès an den Galgen!« ertönten immer wieder von neuem.

Drei Tage lang blieb der Ministerpräsident im Sommerpalast eingeschlossen. Er empfing die Vertreter der Bürgermeister, die ihm erklärten, daß »Algerien ein integrierter Bestandteil des einzigen, unteilbaren Frankreich ist«. Die Vertreter der Gruppe der 61 wiederum verlangten von Mollet, er solle die algerische Eigenständigkeit anerkennen und seine Politik auf die Genehmigung einer selbständigen algerischen Republik einstellen. Die mohammedanischen Abgeordneten und die FLN waren nur noch durch den feinen Unterschied zwischen Selbständigkeit und Unabhängigkeit getrennt.

Guy Mollet fuhr in aller Stille ab, nachdem er den sozialistischen Abgeordneten Robert Lacoste zum residierenden Minister in Algerien ernannt hatte. Der war ein temperamentvoller Mann; er stammte aus dem Perigord, war kurzbeinig, mit breiten Schultern und ebensolchem Gesicht, großer Schnauze, autoritär und jähzornig, aber auch gebildet und redegewandt. Er kam mit beweglicheren politischen Ideen als Soustelle, aber auch mit umfassenden, großzügigen sozialen Vorhaben an. Er glaubte, die Bevölkerung wieder in die Hand bekommen zu können, indem er der Unterverwaltung ein Ende machte, deren Opfer Algerien unter der Regierung Frankreichs unablässig gewesen war. Die Armee würde nicht mehr ausschließlich repressiven Zwecken dienen. Sie würde Schulen eröffnen, Straßen bauen, Krankenhäuser organisieren, die Hungernden speisen. Die Verwaltungsabteilungen mehrten sich; die der arabischen oder Berbersprache mächtigen Beamten, die sie leiteten, mußten die Schutzengel ihrer Bezirke sein. Die FLN bezeichnete sie als jene Männer, die es als erste zu beseitigen galt.

Die Schwierigkeit lag in der Unmöglichkeit, den Aufstand zu unterdrücken. Als Mitglied des Ministerrats gelang es Lacoste, den Stand der Armee auf 300 000 Mann zu erhöhen, die Reaktivierung von 75 000 Reservisten zu erreichen; er organisierte ein System militärischer Stützpunkte im ganzen Gebiet. Seine Bemühungen waren vergeblich. Die Zahl der Terroristenanschläge hielt sich auf einem Durchschnitt von 2400 im Monat und die der Morde auf einem Dutzend wöchentlich. Die Soldaten waren für den Krieg in den Djebels einfach ungeeignet: 21 Mann ließen sich in den Schluchten von Palestro wie Kinder abschlachten. Die Armee räumte unter dem Vorwand einer Neugruppierung die Bibankette, das Massiv von Gergur, das Hochtal des Oued-Soummam. Die Siedler begannen ihre Besitzungen zu verlassen. In einer Nummer des *Echo d'Alger* erschien die Anzeige: »Dorf zu verkaufen.« Die kleinen Städte des Gebiets von Constantine schrumpften hinter Stacheldrahtverhauen in sich zusammen. Die Angst nahm Besitz von Algerien.

Am 2. März wurde die Unabhängigkeit Marokkos proklamiert. Am 20. kam Tunesien an die Reihe. Die französisch-marokkanischen und französisch-tunesischen Verträge sahen vor, daß die französischen Truppen in beiden Ländern bleiben und bis zur Erstellung gemeinsamer Verteidigungsabkommen ihren Status behalten sollten. Die Sicherheitsvollmachten wurden ihnen jedoch entzogen. Im Mai verhielten sie sich bei einem Blutbad unter den Anhängern des Glaui in Marrakesch passiv. In der Nähe von Fez versuchten sie, senegalesische Scharfschützen zu befreien, die von der Befreiungsarmee entführt worden waren; ein Befehl der französischen Regierung untersagte es ihnen.

Für die algerischen Rebellen war die Unabhängigkeit Marokkos und Tunesiens ein Unterstützungsmittel. Schon am 22. März kam ihnen Bourguiba zu Hilfe: »Es ist nicht denkbar, daß Marokko auf der einen und Tunesien auf der anderen Seite sich ihrer Unabhängigkeit erfreuen, während das dazwischen liegende Algerien unter dem Joch des Kolonialismus schmachtet ... Wenn die 1 200 000 Franzosen Algeriens zu stolz sind, um als algerische Bürger dortzubleiben, sollen sie doch nach Frankreich zurückgehen, das unterbevölkert ist.« Tunis wollte als äußeres Zentrum des Aufstands an die Stelle Kairos treten. Der Waffenschmuggel wurde immer stärker, immer mehr Trainingslager wurden längs der Grenze errichtet, deren Überschreitung nun verboten war. Das bisher friedliche Gebiet von Oran wurde von Marokko angesteckt, das Gebiet von Tlemcen, die Hochplateaus nördlich von Colomb-Béchar waren nicht mehr sicher.

Insgeheim führte die französische Regierung Besprechungen mit der FLN. Botschafter Gorse traf auf Schweizer Boden fünfmal mit Ben Khider zusammen. Grundbedingung für die Verhandlungen war die Anerkennung des Rechts Algeriens auf Unabhängigkeit und die Anerkennung der FLN als ausschließliche Vertreterin des algerischen Volkes. Guy Mollet mußte darauf aufmerksam machen, daß 15 000 Aufständische nicht für 8 Millionen Menschen sprechen können, ehe man diese gefragt hat.

Doch dieser anmaßende Aufstand war voller Probleme. Neben den neun »historischen Persönlichkeiten«, die für die Erhebung an Allerheiligen verantwortlich waren – zwei waren gestorben, einer saß im Gefängnis –, gab es neue Führer. Ein kabylischer Lehrer, Abane Ramdane, ermunterte die FLN in Algier, organisierte die ersten Attentate und wurde durch seinen Fanatismus und seine Dialektik der intellektuelle Kopf des Aufstands. Zwischen dem In- und Ausland gab es eine Kluft. Die Männer in Kairo, Ben Bella, Boudiaf, Khider, Ait, verhandelten mit der Arabischen Liga, besuchten internationale Konferenzen, klopften bei den Vereinten Nationen an und handelten wie die eigentliche Regierung eines Algerien, in das sie wohlweislich keinen Fuß setzten. Die Widerstandskämpfer erinnerten sie scharf an ihre Aufgabe, die darin bestand, Waffen und Geld zu beschaffen, und beschuldigten sie, fortgelaufen zu sein, um es sich in den ägyptischen Palästen wohlergehen zu lassen.

Ramdane ließ einen Kongreß einberufen, um die Fronten wieder zu einen. Die Umstände, unter denen die Sitzungen zustande kamen, zeigten, wie wenig Zusammenhang die Rebellion noch hatte. Die französischen Behörden bekamen Wind von der Einberufung des Kongresses und starteten eine großangelegte Treibjagd. Die Kongreßteilnehmer und ihre Begleitung irrten fast einen Monat lang durch die Berge der Kabylei. Schließlich fanden sie eine Zufluchtsstätte in einem Försterhaus im Oued-Soumman. Sie waren aber noch nicht vollzählig; der Führer des Aurès-Gebiets, Ben Boulaid, der aus dem Gefängnis von Constantine entwichen war, fehlte aus dem einfachen Grund, weil er durch eine in einem Rundfunkempfänger angebrachte Bombe getötet worden war – doch die Verbindungen zwischen den einzelnen Gebieten waren so mangelhaft, daß seine Kollegen nichts davon wußten. Die »Ausländer«, die Leute aus Kairo, fehlten ganz. Sie hatten eine Möglichkeit gesucht, ohne allzu große Risiken nach Algerien zu kommen; da sie keine fanden, waren sie wieder in Richtung Nil abgereist.

Der Kongreß begann am 20. August 1956, dem Jahrestag des Blutbads, das den algerischen Aufstand wieder zum Aufleben gebracht hatte. Der Organisator des Gemetzels, Youssef Zighout, Chef der Nordregion von Constantine, war anwesend. Er wurde einige Wochen später bei einem Scharmützel getötet.

Die Diskussion zog sich über drei Wochen hin; die Brüderlichkeit der Front bestand nur dem Buchstaben nach. Im Lauf dieses langen Palavers zeigten sich die Risse, die das zukünftige Algerien spalten sollten; jeden Augenblick konnte der Kongreß durch Fliegerbomben oder eine Gruppe Fallschirmspringer unterbrochen werden. Amirouche, der schlimmste Massenmörder der Kabylei, sorgte für die Sicherheit, jeder einzelne der Anführer wurde jedoch unmittelbar von seinen Lehensmännern geschützt, von denen er sich begleiten ließ. Die Diskussionen bestanden aus endlosen Übungen kindischer Phrasendrescherei, unterbrochen von blutgierigen Ächtungen jener, die sich dem totalitären Gebot der FLN nicht beugten. Die Dienstgrade, Dienstabzeichen der Algerischen Befreiungsarmee, ALN, wurden peinlich genau festgelegt. Den sechs Bezirken, die zusammen mit der autonomen Zone von Algier das Gebiet für die Armeekorps bildeten, wurde die Bezeichnung Willayas gegeben. Hinter den Entscheidungen militärischer oder administrativer Art standen heftige persönliche Rivalitäten. Dem Kabylen Belkassem Krim wurde der von ihm angestrebte Titel des Oberkommandierenden verweigert. Man ernannte einen Nationalen Revolutionsrat, der jedoch ein fiktiver Organismus bleiben sollte. Das sogenannte CCE – Koordinations- und Ausführungskomitee –, die Vorläuferregierung der algerischen Republik, hatte die Macht inne; es stand unter Führung Ramdanes, seine Mitglieder waren die Chefs der Willayas.

Ben Bella erfuhr von den Entscheidungen des Kongresses und war wütend. Er, der erste Anführer des algerischen Aufstands, war völlig ausgeschaltet, zur Rolle eines Gesandten verbannt. Die Kämpfer, Widerstandsleute oder Terroristen, lebten in ständiger Gefahr und machten kein Hehl aus der Verachtung, die sie für einen Menschen empfanden, dessen einzige Tat ein Überfall auf die Hauptpost von Oran gewesen war. Ben Bella erklärte, daß die im Forsthaus von Soumman gefaßten Entschlüsse keine Rechtskraft hätten, da weder er noch drei andere der »Historischen«, Boudiaf, Khider, Ait – also die Mehrzahl der Überlebenden –, anwesend waren.

Die FLN war zerrissen, aber Ben Bella, weit ab vom Schuß, mangelte es an Ausstrahlung. (Forts. *Algerien S. 702*)

Posen verlangt nach Brot. Budapest verlangt nach Nagy

Der Aufruhr von Posen ging von der Lokomotivfabrik Stalin aus, wie der Aufruhr von Berlin im Jahr 1953 von den Bauplätzen der Stalinallee ausgegangen war. Mehrere tausend Arbeiter ließen die Arbeit liegen und marschierten zur Innenstadt. Dort fand eine internationale Industriemesse statt. Die ausländischen Besucher sahen den Zug von den Fenstern des Hotels Lech oder des Hotels Posnanski aus; das armselige Aussehen, die Magerkeit und Zerlumptheit der Demonstranten fielen ihnen auf, die »*Chleba!*« (Brot) riefen.

Das erste Opfer war ein fünfzehnjähriger Junge, der von einer Kugel des Ordnungsdienstes getötet wurde. Man tauchte die polnische Fahne in sein Blut und stürmte mit diesem tragischen Banner das Hauptquartier der Polizei; mehrere Polizeibeamte wurden gelyncht. Die Tore des Gefängnisses wurden gesprengt und die Gefangenen in Freiheit gesetzt. Der Sitz der Kommunistischen Partei wurde gleichfalls gestürmt. Dann hörte man die Raupenketten der Panzer auf dem Pflaster rasseln.

Einige Tage später wurde vom Staatsanwalt Rybicki die Bilanz der Niederschlagung des Aufruhrs gezogen: 53 Tote, 300 Verwundete, 323 Verhaftungen. Regierungschef Cyrankiewicz beschuldigte Agitatoren im Sold des Auslands, gab aber zu, daß sie eine nicht unbegründete Unzufriedenheit ausgenutzt hätten. Das ganze Land wartete auf den öffentlichen Prozeß. (Forts. *Polen S. 694*)

In Budapest wagte der Petöfi-Kreis die Rehabilitierung Laszlo Rajks auf die Tagesordnung zu setzen. Eine große knochige Frau, in schwarze Schleier gehüllt, Frau Rajk, erzählte von der Festnahme ihres Mannes und der grausamen Gefangenschaft, die sie selbst viele Monate lang erduldet hatte. Rajk war, wie Slansky in der Tschechoslowakei, der Peiniger seines Volkes gewesen, doch das Symbol war stärker als der Mensch. Die Menge verlangte mit lautem Geschrei seine Rehabilitierung, sie verlangte die Absetzung Rákosis und die Rückkehr Nagys an die Regierung.

Rákosi wehrte sich. Er machte in Moskau geltend, daß die Magyaren ein ungestümer Menschenschlag seien und daß man eine Hand von Eisen brauche, um sie im Zaum zu halten. Chruschtschow unterstützte ihn, aber Rákosi hatte einen unversöhnlichen Gegner in der Person Titos. Der Einfluß des Jugoslawen gab den Ausschlag; das Präsidium beschloß, daß Rákosi geopfert werden sollte.

Mikojan traf am 17. Juli in Budapest ein. Am folgenden Tag übte Rákosi Selbstkritik vor dem Zentralkomitee. Er bekannte seine Schuld an der schlechten Lage der ungarischen Landwirtschaft und Industrie. Er gab zu, daß er den Kontakt mit dem Volk verloren hatte. Er bekannte, durch bewußte Verfolgung Unschuldiger das Gesetz verletzt zu haben. Als schwache Entschuldigung führte er sein Alter, 65 Jahre, an und verlangte einen Nachfolger. Man bestimmte Ernö Gerö, gleichfalls Stalinist und gleichfalls Jude.

Die Absetzung Rákosis wurde vom Volk mit allgemeiner Freude begrüßt, doch sein Nachfolger war der letzte, dem man entgegenjubeln wollte. Ein einziger Name war zu hören: »Nagy an die Regierung!« (*Forts. Ungarn S. 696*)

Die USA lehnen es ab, den Assuandamm zu finanzieren

Am 13. Juni hatte der letzte britische Soldat Port Said verlassen. Nasser erklärte Ägypten zum erstenmal seit 2000 Jahren frei von fremder Besetzung.

Zwölf Tage später bestätigte das ägyptische Volk die autoritäre Verfassung, die Nasser vorschlug. Die Volksbefragung ergab 98,8 % der Stimmen; noch höher war die Zahl der Stimmen, die Nasser zum Präsidenten der Republik wählten: 5 499 555 das waren 99,84 % der abgegebenen Stimmen.

Der unbekannte Oberst hatte innerhalb von vier Jahren eine staunenswerte Bedeutung erlangt. Molotows Nachfolger, Dimitri Schepilow, verbrachte mit ihm sechs Tage in Kairo, dann fuhr Nasser nach Brioni, wo er von Tito mit großem Pomp empfangen wurde. Nehru, der soeben eine Rundreise durch Europa beendet hatte, gesellte sich zu ihnen. Vereint erteilten der europäische, der asiatische und der afrikanische Neutralismus dem Westen einige herablassende Lehren und verlangten die Befreiung aller arabischen Völker von Marokko bis zum Irak.

Man schwamm in Glorie. Da kam plötzlich eine unangenehme Nachricht: Die Vereinigten Staaten zogen sich von der Beteiligung an der Finanzierung des Staudamms von Assuan zurück.

Der erste Schlag war vom Finanzausschuß des Senats geführt worden. Der Aufschneidereien Nassers müde, über die sowjetische Infiltration Ägyptens alarmiert, angesichts der zunehmenden Bedrohung Israels hatte er einen Antrag auf Verbot der Verwendung der Hilfskredite für das Ausland zur Finanzierung des Assuandamms beschlossen. Dulles hatte den Antrag für unannehmbar erklärt und seine Aussonderung durchgesetzt; er mußte jedoch den Senatoren versichern, energisch mit Nasser zu sprechen und von ihm bindende Verpflichtungen zu verlangen.

Eugene Black und Botschafter Henry Byroade gaben sich in Kairo große Mühe. Sie legten dem Chef der ägyptischen Regierung dar, daß der Bau des Staudamms eine überaus schwere Belastung darstellte und daß Ägypten nicht hoffen könne, die notwendigen Kapitalien aufzubringen, wenn es weiter seine Mittel dazu verwandte, sich bis an die Zähne zu bewaffnen. Nasser antwortete, er allein habe die Politik Ägyptens zu beurteilen und er lehne alles, was einer Bedingung ähnlich sehe, ab.

Am 19. Juli erschien Botschafter Achmed Hussein im State Department; er brachte eine Art Ultimatum: Die ägyptische Regierung gibt den Vorschlägen des Westens den Vorzug, benötigt jedoch genaue Angaben und Sicherheiten. Selbstredend müsse Amerika die Fertigstellung des Staudamms garantieren und sich verpflichten, zumindest noch zehn Jahre lang finanzielle Hilfe zu leisten.

Drei Viertelstunden später kam Seine Exzellenz Achmed Hussein ziemlich kleinlaut wieder heraus. Dulles hatte ihn mit steinernem Gesicht empfangen; er hatte ihn darauf aufmerksam gemacht, daß die Frage der Aufteilung des Nilwassers zwischen Ägypten und dem Sudan nicht geregelt war und daß vor allem Ägypten nicht hinreichend entschlossen schien, seine Mittel dem gewaltigen Auswertungsprojekt zu widmen, bei dem der Staudamm nur einen Ausgangspunkt darstellte. Unter diesen Umständen scheine die von den Vereinigten Staaten in Betracht gezogene Mitwirkung nicht dienlich zu sein. Es sei besser, alles zurückzustellen.

Diese Entscheidung war von Dulles allein getroffen worden. Eisenhower war erst am Tag vorher hinzugezogen worden; der Botschafter Großbritanniens wurde nur eine Stunde vorher informiert. Eugene Black erfuhr die Nachricht in Kairo mit Bestürzung, sah sich jedoch gezwungen, der ägyptischen Regierung mitzuteilen, daß die Weltbank nach dem Kneifen Amerikas nichts anderes tun konnte, als ihre Vorschläge zurückzuziehen.

Blieb noch Rußland. Der belgische Botschafter gab anläßlich des Nationalfeiertags seines Landes einen Empfang, bei dem er die führenden Persönlichkeiten der Sowjetunion zu Gast hatte. Man befragte Schepilow: War Rußland immer noch bereit, Ägypten anstelle der Vereinigten Staaten beim Bau des Staudamms von Assuan behilflich zu sein? Schepilow antwortete, die Frage habe gar keine Eile, es gebe für Ägypten dringendere Probleme zu lösen.

John Foster Dulles war zufrieden. Er hatte die Erpressung Ägyptens gebrochen und den Bluff der Russen entlarvt. Wenn Nasser seinen Staudamm wollte, mußte er sich den Bedingungen fügen, die Amerika zu stellen für nötig hielt.

»Der Kanal gehört uns, Ägypter! Ägypter! Ägypter!«

Die *Andrea Doria*, 29 000 Tonnen, lief Kurs nach New York. Die *Stockholm*, 12 600 Tonnen, kam von dort zurück. Am Abend des 25. Juli rammte die *Stockholm* die *Andrea Doria* bei leicht nebligem Wetter. Das italienische Passagierschiff neigte sich gegen Steuerbord, und das Wasser strömte durch die offenen Luken ein. 1692 Passagiere und Besatzungsmitglieder konnten gerettet werden; 50 Personen waren umgekommen, die Mehrzahl von ihnen war sofort beim Zusammenstoß in ihrer Kabine erdrückt worden.

Dieser Unglücksfall zur See füllte am 26. die Spalten der Zeitungen. Am 27. wurde er durch Nasser verdrängt.

Der ägyptische Staatspräsident hielt auf dem Balkon der Baumwollbörse in Alexandria eine Rede. Eine riesige Menschenmenge stand im glühenden Sonnenschein auf dem Unabhängigkeitsplatz, strömte auf den Ismailiaplatz und überschwemmte die dreieckige Fläche vor der anglikanischen Kirche. Am gleichen Tag vier Jahre vorher hatte sich König Faruk, der in seiner weißen Uniform noch feister ausgesehen hatte als sonst, unter dem höhnischen Salut von 21 Kanonenschüssen eingeschifft, um ins Exil zu gehen. Nasser pries den Jahrestag, überschüttete Israel, Amerika, England und Frankreich mit Beschimpfungen und sprach dann von Assuan und

Suez. 120 000 Ägypter waren gestorben, um einen Kanal zu graben, der für Ägypten nie etwas anderes gewesen war als ein Werkzeug zu seiner Versklavung. Auf den Gebeinen dieser bejammernswerten Opfer würde er, Nasser, den Großen Nildamm bauen. Er hatte die Verstaatlichung des Suezkanals und die Beschlagnahme aller Guthaben angeordnet. »Der Kanal gehört uns. Das Geld gehört uns. Jedes Jahr wurden uns von der Suezkanal-Gesellschaft 35 Millionen ägyptische Pfund abgepreßt. Diese Summe werden wir dazu verwenden, den großen Damm zu bauen, ohne von London, von Washington oder von Moskau etwas zu verlangen.«

Während Nasser redete, besetzte die ägyptische Armee Ismailia, das Hauptquartier der Gesellschaft. Ihr leitender Beamter, Graf de Gruilly, wurde in seiner Wohnung unter Hausarrest gestellt. Alle Konten wurden gesperrt; ein Betriebsausschuß unter Leitung von Mohammed Badawi wurde gebildet. Die europäischen Angestellten wurden gewarnt, daß sie bei Verlassen ihres Dienstes eine Strafe von fünfzehn Jahren Gefängnis zu erwarten hätten ... Nassers Gelächter bei Aufzählung dieser Maßnahmen vor der tobenden Menge sollte in die Geschichte eingehen. Er beendete seine dreistündige Rede mit einem wahrhaftigen Gebrüll: »Und der Kanal wird von uns ausgewertet werden, den Ägyptern! Ägyptern! ÄGYPTERN!«

Anthony Eden hatte in London König Feisal vom Irak und seinen Ministerpräsidenten Nuri al Said zu Gast zum Essen, als man ihm eine Depesche mit der Nachricht von der Verstaatlichung des Suezkanals brachte. Er schob sie phlegmatisch in die Tasche und wartete bis zum Ende der Mahlzeit, ehe er seine Gäste informierte. Nuri al Said erklärte ernst, daß der Vorfall in der ganzen arabischen Welt ein Aufflammen des Nationalismus hervorrufen und die Lage der Handvoll Männer noch erschweren werde, die gegen den Unverstand der Massen kämpften. Über die Gefahren, die ihm drohten, machte er sich keine Illusionen, berichtet Eden.

Die Erregung war ungeheuer. Der Mythos von Suez war immer noch unversehrt; es gab keinen Schüler in Europa, der nicht gelernt hätte, daß der Kanal die wichtigste Wasserstraße der Welt darstellte und daß seine Überwachung eine Lebensfrage bedeutete. Anthony Eden bediente sich in seiner Rede an das britische Volk des Ausdrucks »*a matter of life and death*«. Der französische Außenminister Christian Pineau stellte die Beschlagnahme des Kanals mit der Wiederbesetzung des Rheinlands durch Hitler gleich. In England wie in Frankreich reagierte die Öffentlichkeit heftig auf die Erklärungen der Regierung. Der Chef der Opposition, Hugh Gaitskell, sicherte die Unterstützung der Labourpartei zu. Die französischen Parteien verlangten, mit Ausnahme der Kommunisten, einstimmig sofortiges energisches Einschreiten. »Wenn Nasser nicht zur Vernunft gebracht wird«, depeschierte Robert Lacoste, der residierende Minister, »garantiere ich in Algerien für nichts.«

Eden richtete eine Botschaft an Präsident Eisenhower, in der er erklärte, England beuge sich dem Gewaltstreich nicht, und es sei kaum wahrscheinlich, daß man Nasser durch diplomatische Vorstellungen oder wirtschaftlichen Druck bewegen könne, seine Entscheidung zurückzunehmen. »Meine Kollegen und ich sind überzeugt, daß wir darauf vorbereitet sein müssen, letztlich Gewalt anzuwenden. Wir sind dazu entschlossen. Ich habe heute morgen meinen Stabschefs Weisungen erteilt, damit sie einen entsprechenden Plan ausarbeiten.«

Als Basis für eine Aktion gegen Ägypten hatte man die Insel Zypern gewählt. Ein mißlicher Zufall wollte es, daß die dort ansässigen 400 000 Griechen (gegenüber 100 000 Türken) sich im Aufstand befanden. Sie waren lange Zeit auf ihren Status als britische Untertanen stolz gewesen, aber der Nationalismus der Nachkriegszeit erhob die Enosis, die Wiedervereinigung mit Griechenland, zu einer leidenschaftlichen Forderung. Ihr Führer, Erzbischof Makarios, war auf die Seychellen verbannt worden, ein anderer Führer jedoch, Grivas, den wir schon als Führer eines Untergrundkampfes gegen den Kommunismus in Griechenland kennengelernt haben, leitete den Terrorismus und rettete immer wieder seinen Kopf, auf den ein Preis gesetzt worden war. Die imperialistischen Reflexe überlebten die Zertrümmerung der Weltreiche. England hatte Indien verloren, es klammerte sich jedoch an den Weg nach Indien; westlich von Suez war, abgesehen von Gibraltar, Zypern dessen letzter Merkpfahl. Die Minister Ihrer Majestät hatten wiederholt erklärt, sie würden es nie aufgeben.

Im Augenblick der Beschlagnahme des Kanals war die Lage düster. Die Aufständischen hatten als Vergeltung für die Hinrichtung der Terroristen Demetriu und Karaolis die englischen Korporäle Gordon Hill und Ronny Shilton gehängt. Es hätte nur einer ungenauen Einstellung der Bombe bedurft, um ein Hermesflugzeug, das 64 britische Soldaten und 16 Frauen und Kinder nach England zurückbringen sollte, in der Luft zur Explosion zu bringen. Jeden Tag gab es Attentate und Sabotageakte. Alle englischen Anlagen waren dicht umgeben von Stacheldrahtverhauen, und die geringste Truppenbewegung wurde zu einem Kräfteeinsatz. In diesem Wespennest mußten die für die Intervention in Ägypten bestimmten Kräfte gesammelt werden. Die Entfernung betrug 400 Kilometer, und die Insel besaß nur wenige Verladeeinrichtungen.

Die ersten britisch-französischen Maßnahmen versprachen eine schnelle Aktion. Die Flugzeugträger *Bulwark*, *Ocean* und *Theseus* liefen in Richtung Mittelmeer aus. Das Passagierschiff *New Australia* schiffte 1200 Auswanderer aus, um zwei Bataillone des Buckinghamshire-Regiments und der Oxford Light Infantry aufzunehmen. Drei andere Bataillone, vier Flugabwehrgruppen, ein Panzerregiment erhielten ihre Marschbefehle. Die Franzosen setzten ihren 35 000-Tonnen-Kreuzer *Jean Bart* wieder instand und zogen ihre Flotte in Toulon zusammen.

Nasser schäumte vor Wut. In einer Rede in Kairo, nach der Ansprache in Alexandria, nannte er Eden »einen alten, von Geburt an trottelhaften Kerl« und Pineau »einen unverschämten Lümmel, der sich auf die Algerier verlassen könne, die ihm die Lektion in Lebensart geben würden, die er verdiente«. Er bildete eine nationale Befreiungsarmee, zu der er alle Freiwilligen von 18 bis 50 Jahren einberief. Er schwor, Ägypten sei zum totalen Krieg bereit und werde sein Territorium und seine Unabhängigkeit bis zum letzten Blutstropfen verteidigen.

Es wäre möglich gewesen, einige Bataillone Fallschirmjäger an den Kanal zu werfen, aber diese Truppe würde nicht länger als vierundzwanzig Stunden isoliert durchhalten, und der für die Landetruppen zu ihrem Entsatz notwendige Schiffsraum war nicht bereit. Die Stärke der ägyptischen Armee wurde von den Engländern, die sie geschaffen hatten, ziemlich hoch eingeschätzt. Die Flugwaffe wurde mit

400 Kampfflugzeugen angenommen, von denen die Hälfte *up to date* war, und ihre unbedingt notwendige Ausschaltung erforderte Zeit und Einsatzkräfte. Man gab den Gedanken an eine überstürzte Operation auf. Dagegen begannen im unterirdischen Befehlsstand, den Winston Churchill während des Kriegs benutzt hatte, die Arbeiten des Generalstabs. Drei Tage nach Beschlagnahme des Kanals, am 29. Juli, gab Admiral Nomy in London bekannt, daß Frankreich entschlossen sei, zwei große Eliteeinheiten, die 2. schnelle motorisierte Division und die 10. Luftlandedivision, die es aus Algerien abziehen würde, gegen Nasser einzusetzen. »Die Briten sind über die Stärke des Kräfteeinsatzes, zu dem wir entschlossen sind, erstaunt«, notierte General Ely. »Sie sind bereit, ihn im Verhältnis 5 zu 3 zu übertreffen. In Zypern wird ein gemeinsames Hauptquartier eingerichtet; das Oberkommando übernimmt General Sir Charles Keightley, mit dem französischen Vizeadmiral Pierre Barjot als Stellvertreter.«

Amerika war über diese Vorbereitungen beunruhigt. Die *New York Times* schrieb in ihrem Leitartikel, daß eine militärische Expedition gegen Suez »ein ganz besonderer Irrsinn« wäre. Da John Foster Dulles zum Amtsantritt von Präsident Manuel Prado nach Lima geflogen war, berief Eisenhower den stellvertretenden Außenminister Robert Murphy zu sich und ersuchte ihn, unverzüglich nach London zu reisen. »Meine Weisungen beschränkten sich darauf«, berichtete Murphy, »zu beobachten, was vorging, *and hold the fort*« — mit anderen Worten, die Dinge in Gang zu halten, bis Dulles eintraf. Aber eine Depesche Eisenhowers an Eden sagte folgendes: »Ich wünsche dringend, daß die größtmögliche Anzahl von Seenationen, die durch Nassers Entscheidung betroffen sind, zu Rate gezogen wird, um eine gemeinsame Stellungnahme festzusetzen.«

In London angekommen, speiste Robert Murphy im engsten Kreis mit seinem alten Freund Macmillan, dem Schatzkanzler, und Feldmarschall Lord Alexander von Tunis. Die beiden Engländer zeigten sich entschlossen; sie erklärten, daß Nasser »aus Ägypten verjagt« werden müsse, oder die Positionen aller Westmächte im Mittleren Osten seien für immer verloren.

Bob Murphy persönlich teilte diese Meinung. Er war jedoch in London nur »*to hold the fort*«. Er berichtete und erhielt die Weisung, dem Premierminister mitzuteilen, daß John Foster Dulles am 1. August eintreffen werde. (*Forts. Ägypten S. 682*)

95 Westliches Abenteuer im Mittelmeer: Der englisch-französisch-israelische Angriff auf Ägypten endet mit der Aufstellung einer UN-Polizeitruppe zur Sicherung von Ruhe und Ordnung in der Suezkanalzone. –
96 Erste Revolution in einem Ostblockstaat: Aufständische bei Straßenkämpfen in Budapest im Oktober 1956.

97 Der Nahostkrieg im Herbst 1956 brachte die Schiffahrt auf dem Suezkanal für lange Jahre zum Erliegen. – 98 Budapest erlebt eine kurze Kampfpause bei seiner vergeblichen Revolte gegen die sowjetischen Besatzer.

22. Kapitel 1956 Suez und Budapest
Kurzlebiger Sieg der Freiheit in Ungarn

Alles spielte sich gleichzeitig ab, alles war ineinander verstrickt, alles hatte Rückwirkungen. Die Suezkrise, die amerikanische Präsidentenwahl, der israelisch-arabische Konflikt, der Aufstand der Völker jenseits des Eisernen Vorhangs. Dieses Zusammenwirken dramatischer Ereignisse machte aus den letzten Monaten des Jahres 1956 einen der spannendsten und beängstigendsten Zeiträume der gegenwärtigen Geschichte.

Die zweite Gesundheitsstörung Eisenhowers erinnerte in ihrer Plötzlichkeit an den Herzanfall vom September 1955. Er erwachte mitten in der Nacht des 8. Juni mit stechenden Schmerzen. Mamie rief sofort Doktor Snyder an, der zunächst an einen neuen Herzanfall dachte. Die Untersuchung zeigte jedoch, daß es sich diesmal um eine Ileitis, eine Entzündung des Dünndarms, handelte. Das erste Gesundheitsbulletin besagte ausdrücklich: »Nothing wrong with the heart« (Das Herz funktioniert normal.)

Trotzdem war man äußerst besorgt. Eisenhower wurde unverzüglich im Walter-Reed-Hospital operiert und mußte, zum zweitenmal innerhalb eines Jahres, mehrere Wochen der Rekonvaleszenz außerhalb des Weißen Hauses, in seiner Farm in Gettysburg, verbringen. Er war kurz vor Beginn der Suezkrise wieder nach Washington zurückgekehrt. Ganz Amerika fragte sich, ob sein Präsident körperlich imstande war, ein zweites Mandat zu erfüllen

Die Frage wurde ihm bei einer Pressekonferenz am 1. August vom Korrespondenten der *Chicago Tribune* ganz brutal gestellt: »Mr. President, im Februar haben Sie erklärt, Sie seien bereit, falls die Republikanische Partei Sie aufstellt, zu kandidieren. Diese Erklärung erfolgte nach einer Konsultation von sechs Ärzten, die Ihnen eine ziemliche große Chance gaben, während eines Zeitraums von fünf bis zehn Jahren ein aktives Leben zu führen. Heute glauben viele Ihrer Freunde, daß Sie nur noch vier Jahre zu leben haben. Halten Sie unter diesen Umständen Ihre Erklärung vom Februar aufrecht?«

Auf diesen Frontalangriff antwortete Eisenhower, daß die Ileitis, an der er gelitten hatte, mit dem Herzanfall nichts zu tun habe und daß sie die Schlußfolgerungen der Ärzte vom Februar in keiner Weise verändere. »Ich habe keinen gesundheitlichen Zweifel, daß ich kräftig genug bin, ein zweites Mandat zu erfüllen.«

Drei Wochen später versammelte sich der republikanische Konvent in San Francisco; Eisenhower wurde in öffentlicher Wahl wieder zum Kandidaten bestimmt. Über den abtretenden Vizepräsidenten, Richard Nixon, der von Harold Stassen und dem liberalen Flügel der Partei angegriffen wurde, kam es zum Kampf. Ike weigerte sich, Nixon als seinen Listenpartner zu verlangen, und überließ dem Konvent die freie Wahl. »Mir war im Leben noch nie so bang«, gestand Nixon. Letzten Endes trugen die konservativen Kräfte den Sieg davon. Die republikanischen Wahlkandidaten für 1956 sollten dieselben sein wie 1952: Eisenhower – Nixon.

Die Demokraten gaben Adlai Stevenson in Chikago eine zweite Chance und wählten als seinen Listenpartner einen Senator, der sich durch eine Untersuchung über die Verbrecherorganisationen einen Namen gemacht hatte, Estes Kefauver.

Die Wahlkampagne wurde vom Gesundheitszustand Ikes beherrscht. Die Demokraten fanden in *Kreuzzug in Europa* eine Selbstverdammung in Form einer Textstelle: »daß für ein erfolgreiches Kommando ein tadelloser Gesundheitszustand unbedingt erforderlich ist«. Sie entdeckten im Militärreglement einen Artikel, nach dem ein von einem Myokardschaden betroffener Offizier aus dem aktiven Dienst zu entfernen ist. Sie rechneten aus, daß Eisenhower auch vor seinem Herzanfall »*a part-time president*« war, der sich 114 Urlaubstage im Jahr gönnte und dem Golf mehr Zeit widmete als dem Staat. Von nun an mußte er, wie er selbst sagte, »*contemplate a regime of limitated activity interspersed with a regular amount of exercise, recreation and rest ... take a short midday breather ... retire at a reasonable hour and eliminate many of the less important social and ceremonial functions*« (sich zu einer Lebensweise entschließen, bei der begrenzte Betätigung durch regelmäßige Bewegung, Erholung und Ruhe unterbrochen wird ... Mittags eine kurze Ruhepause einschalten ... ziemlich früh zu Bett gehen und viele der weniger wichtigen gesellschaftlichen und repräsentativen Funktionen ausschalten). Die Demokraten vergaßen, daß sie 1944 einen todkranken Roosevelt hatten kandidieren lassen und ihre Empörung hinausgeschrien hatten, wenn sich jemand die Bemerkung erlaubte, daß der Präsident nicht sehr gut aussehe; nun stießen sie sich daran, daß man es wagte, Amerika einen geschwächten Präsidenten vorzuschlagen. (*Forts. USA S. 729*)

Versuch zur Internationalisierung des Suezkanals

Die Suezkrise wurden in den Polemiken der Vorwahlzeit nicht ins Treffen geführt. Amerika lehnte es ab, zu bedenken, daß es durch die Zurücknahme seines Versprechens, den Staudamm von Assuan zu finanzieren, die Verstaatlichung des Kanals verursacht hatte. Man vergaß die Schmähungen, mit denen Nasser die USA in seinen Reden in Alexandria und Kairo bedacht hatte. Als ein lateinamerikanischer Diktator die United Fruit beschlagnahmte, eiferten sich die USA, als ein arabischer Diktator sich eine internationale Wasserstraße aneignete, konnte sie das nicht aus der Ruhe bringen. Suez war weit entfernt und der Verkehr amerikanischer Schiffe im Kanal unbedeutend.

Als John Foster Dulles von seinem offiziellen Besuch in Peru zurückkam, weigerte er sich zuerst, nach London zu reisen, da seine Anwesenheit dem Streitfall zu viel Bedeutung verleihen würde, wie er einwandte. Eisenhower mußte darauf bestehen, es fast befehlen. Der Außenminister traf an einem düsteren englischen Sonntag ein, seine Laune war so unfreundlich wie das Wetter. Er machte kein Geheimnis daraus, wie eilig er es hatte, diese lästige Suezaffäre so rasch wie möglich zu begraben.

Seine Fühlungnahmen mit den englischen und französischen Kollegen waren stürmische Wortgefechte. Pineau versuchte darauf hinzuweisen, daß die Verstaatlichung des Suezkanals einen Präzedenzfall für Panama darstelle. Dulles erwiderte gereizt, daß es da keine Ähnlichkeit geben könne; der Panamakanal gehöre der amerikanischen Regierung, er sei auf einem den Vereinigten Staaten auf unbeschränkte Dauer abgetretenen Gebiet gegraben worden, während die Suezkanal-Gesellschaft eine ägyptische Aktiengesellschaft sei, deren Verstaatlichung durch Nasser mit vollem Recht ausgesprochen werden konnte.

Dulles überbrachte ein Schreiben Eisenhowers, der den Regierungen von Großbritannien und Frankreich den Rat erteilte, sie sollten sich an ein begrenztes Ziel halten: die Sicherung der freien Schiffahrt im Kanal. Er befürwortete das Zusammentreten der größtmöglichen Anzahl von Seemächten, um von Nasser einhellig die unbedingt notwendigen Garantien zu verlangen. Man müsse alle Möglichkeiten einer friedlichen Regelung erschöpfen, ehe man daran denke, Gewalt anzuwenden.

Der Präsident der Vereinigten Staaten ließ also als letzte Zuflucht das militärische Einschreiten gegen Ägypten offen. Die britische und die französische Regierung ersahen daraus, daß die Konferenz der Suezkanal-Benützer dazu dienen sollte, Nassers Hinterlist unter Beweis zu stellen. Der damit verbundene Aufschub würde dazu dienen, das Expeditionskorps aufzustellen.

Am 3. August veröffentlichten Großbritannien, Frankreich und die Vereinigten Staaten die Liste der von ihnen ausgesandten Einladungen. Sie enthielt einundzwanzig Namen: Australien, Neuseeland, Japan, Indien, Indonesien, Ceylon, Pakistan, Iran, Ägypten, Äthiopien, Türkei, Griechenland, Sowjetunion, Italien, Spanien, Portugal, die Niederlande, Dänemark, Schweden, Norwegen, die Bundesrepublik Deutschland. Die fiktiven Handelsflaggen wie Panama und Liberia hatte man nicht berücksichtigt; die Einbeziehung der Sowjetunion war Gegenstand langer Beratungen gewesen. Israel hatte man, nachdem Frankreich vergeblich für seine Einladung plädiert hatte, willkürlich ausgeschaltet. Die Konferenz wurde für den 16. August im Lancaster House anberaumt.

Die Zusagen trafen ein. Obwohl man an der Zusage Indiens und der UdSSR gezweifelt hatte, blieben sie nicht aus, aber die Russen belasteten ihre Zusage mit der Forderung, auch noch China und zwanzig andere Länder einzuladen. Der Irak enttäuschte die Regierung durch seine Erklärung, daß man zwar an der Konferenz teilnehme, die Verstaatlichung des Kanals jedoch gutheiße. Griechenland nahm an, sagte dann jedoch wegen der Hinrichtung zweier zypriotischer Terroristen durch die Engländer ab.

Nasser ließ auf seine Antwort warten. Erst hundert Stunden vor Eröffnung der Konferenz berief er die ausländischen Korrespondenten zu sich und las ihnen in englischer Sprache eine geschickt formulierte Erklärung vor: Ägypten garantiert die Freiheit der Schiffahrt im Suezkanal, jetzt und in Zukunft. Es ist bereit, mit allen Kanalbenützern darüber zu verhandeln, und wäre einverstanden, daß eine revidierte Form des Abkommens von 1888 als internationaler Vertrag von den Vereinten Nationen protokolliert wird. Es weigert sich jedoch, an einer Konferenz teilzunehmen, in der es »einen Versuch eines kollektiven Kolonialismus« sieht. Es bereite sich auf den totalen Krieg vor, um seine bedingungslose Souveränität über Suez und seinen Kanal zu verteidigen.

Die Konferenz fand in der *Long Gallery of Lancaster House* statt, inmitten historischen Gerümpels, das sich vom Wams, in dem Karl I. aufs Schafott stieg, bis zum Postwagen des Herzogs von Wellington aus der Schlacht von Waterloo erstreckte. Den Journalisten wurde der Zutritt unter dem Vorwand verweigert, daß die Teppiche zu kostbar seien. Einer der schlimmsten Sommer des Jahrhunderts — Wolkenbrüche, hartnäckiges Fehlen jeglichen Sonnenstrahls — trug dazu bei, eine Atmosphäre der Überreiztheit zu schaffen. Die von den drei Westmächten angestrebte Einstimmigkeit war nicht zu erlangen. Die UdSSR, Indien, Indonesien, Ceylon wiesen den Vorschlag zurück, eine internationale Organisation zur Verwaltung des Kanals zu schaffen. Die achtzehn anderen Länder schlossen sich dem Vorschlag an — manche mit wenig Eifer.

Lancaster House war nur wenige hundert Meter von Winston Churchills bombensicherem Gebäude entfernt, in dem gleichzeitig mit der Konferenz die Militärische Expedition gegen Ägypten vorbereitet wurde. Starke Kommandostäbe entstanden. Das Kommando über das französische Kontingent erhielt General Beaufre, dessen 2. schnelle motorisierte Division aus der Kabylei in das Ostgebiet von Constantine verlegt worden war; ihm unterstellt waren die Generäle Massu und Gilles. Er selbst unterstand General Stockwell, dem Kommandanten des gemeinsamen Expeditionskorps, das unter dem Oberbefehl von Sir Charles Keightley stand. Der Plan führte die Bezeichnung »Musketeer« oder »Mousquetaire« — als ob es nicht genügend Namen gäbe, die im Englischen und Französischen die gleiche Orthographie haben. Man schwankte zwischen zwei Auffassungen: Landung in Port Said oder in Alexandria. Die zweite war bestechender. Port Said, das keine guten Hafenanlagen besitzt, ist eine nur durch die Kanaldämme mit dem Kontinent verbundene Insel. Alexandria besitzt die modernsten Lande- und Entladeanlagen und stellt die ideale Eintrittspforte nach Ägypten dar. Von Alexandria könnte man gegen Kairo marschieren, sagte Beaufre, und dort »eine neue Pyramidenschlacht« liefern. Man nahm an, daß das den Sturz Nassers bedeutete und daß sein Nachfolger den Kanal wieder zurückgeben müßte.

Die Auffassung Alexandria setzte sich durch. Der Zeitplan sah vor, daß die beiden Invasionsflotten zwischen dem 3. und 11. September von England beziehungsweise Algerien auslaufen sollten. Sie würden sich vor Zypern vereinigen und durch die bereits auf der Insel zusammengezogenen Kräfte verstärkt werden. Die zur Ausschaltung der ägyptischen Luftwaffe vorgesehenen Luftoperationen würden am 15. September beginnen. Die Landung war für den 17. geplant. In der Woche darauf würde man gegen Kairo marschieren, und Anfang Oktober sollte Gamal Abdel Nasser nur noch eine böse Erinnerung sein.

Dazu war noch nötig, daß er den Plan zur Internationalisierung des Kanals, den ihm die Konferenz vorschlug, zurückwies. Ein Fünfmächtekomitee unter dem Vorsitz des australischen Premierministers Robert Menzies wurde damit beauftragt, Nasser den Vorschlag zu unterbreiten. Es war ausdrücklich festgelegt, daß das Komitee nicht berechtigt war, Verhandlungen zu führen. Seine Aufgabe beschränkte sich darauf, das »Ja« oder »Nein« des Diktators vom Nil entgegenzunehmen. (*Forts. Ägypten S. 686*)

Sukarno tilgt seine Schulden

Im Fernen Osten machte Nasser Schule. Sukarno tilgte mit einem Federstrich die Schuld Indonesiens gegenüber den Niederlanden, die mehr als vier Milliarden Gulden, eine Milliarde Dollar, ausmachte. Die Summe war 1949 in Den Haag am runden Tisch auf gütlichem Weg vereinbart worden. Sieben Jahre später fanden die Indonesier heraus, daß die Schuld »politischer Natur« war und daß sich die Holländer damit von ihnen den Krieg bezahlen ließen, den sie gegen sie selbst zur Aufrechterhaltung des Kolonialjochs geführt hatten. »Wenn wir richtig rechnen«, sagte ihr Finanzminister Wibisono, »sind es die Holländer, die uns Geld schulden.«

Seit Bandung verfiel Indonesien immer mehr der Anarchie; ein Aufstand folgte dem anderen. Sumatra, Celebes, Madura befanden sich praktisch im Zustand des Abfalls. In einem Teil Javas war die Lage ungeklärt. Die wirtschaftliche Lage verschlechterte sich, und die Ernährungslage in dem übervölkerten Land wurde katastrophal. Das tyrannische, schwache Regime suchte verzweifelt nach äußerer Ablenkung. Sukarno führte sein kindisch hohles Geschwätz und seinen orientalischen Prunk rund um die Welt spazieren. Man sah ihn in den Vereinigten Staaten, im Vatikan, in Deutschland, Österreich, der Tschechoslowakei, Rußland und China. Er hielt klingende Reden gegen den Kolonialismus, der, wie er sagte, die jungen Nationen Asiens und Afrikas gegeneinander zu hetzen suchte. Er verdammte die Niederlande, die sich immer noch der Vereinigung seines Vaterlands widersetzten, indem sie West-Irian in ihren Krallen behielten.

West- (oder Barat-)Irian ist die westliche Hälfte von Neuguinea. Es gibt kein wilderes Land. Die Amerikaner, die 1943 dort Krieg führen mußten, erinnern sich mit Entsetzen an die undurchdringlichen Wälder und die Sümpfe, die so tief waren, daß Panzer darin verschwanden, ohne Spuren zu hinterlassen. Die über ein Gebiet von der Größe halb Frankreichs verstreute Bevölkerung wird auf 350 000 Menschen geschätzt, die die primitivste Menschenfamilie auf dem Erdball bilden. Männer wie Frauen leben völlig nackt; der Kannibalismus ist allgemein verbreitet, die Jagd auf Köpfe und deren Konservierung in geschrumpftem Zustand stellen eines der wenigen Handwerke der Eingeborenen dar. Selbstverständlich besteht keinerlei Verwandtschaft zwischen den Papuas Neuguineas und den Malaien, die den Malaiischen Archipel bewohnen. Die einzige Grundlage, auf die Indonesien seine Forderung zu stützen vermochte, war die Tatsache, daß Neuguinea verwaltungsmäßig mit Niederländisch-Indien verbunden war. »Die Einheit der Völker Indonesiens und West-Irians«, sagte der Außenminister Subrandio von der UNO, »ergibt sich aus den Jahrhunderten, während derer sie zusammen gelebt haben.« Das Kolonialjoch lieferte ein Besitzrecht oder, einfacher gesagt, den Ausgangspunkt für einen neuen Kolonialismus.

Die Holländer hatten in Neuguinea seit dem Krieg ernsthafte Anstrengungen unternommen. Die Zahl der Europäer war von 320 auf nahezu 10 000 gestiegen. Man hatte einen wirkungsvollen Kampf gegen die Tropenkrankheiten eingeleitet. Einige Schulen waren eröffnet worden, und die Insel hatte ihre erste Reisernte hervorgebracht. Die Papuas waren noch tausend Meilen weit davon entfernt, über ihr Schicksal entscheiden zu können, doch die Holländer hatten guten Grund zu der Ansicht, eher fähig zu sein, sie aus ihrer Barbarei herauszuführen, als die unglücklichen Indonesier, die von ihren eigenen Problemen verzehrt wurden. Die Indonesier antworteten, Barat-Irian gehöre ihnen und sie wollten es unverzüglich in Besitz nehmen.

Der Streit hatte Sukarno bereits einen Vorwand geliefert, die dynastische Verbindung zwischen Holland und Indonesien zu brechen. Auf das Scheitern neuer Verhandlungen war am 4. August 1956, mitten in der Suezkrise, die Nichtanerkennung der Staatsschuld gefolgt. Noch gab es in Indonesien 50 000 Holländer und einige große Unternehmungen, die darum kämpften, überleben zu können. Dafür bestand keine Aussicht: nach knapp einem Jahr war sämtlicher Privatbesitz beschlagnahmt, und die Holländer wurden vom Malaiischen Archipel verjagt wie Tiere.

Ein großartiges Abenteuer ging zu Ende. Vier Jahrhunderte lang hatten die Niederländer ihre Arbeit und ihren Scharfsinn auf dem riesigen Archipel eingesetzt. Große Reichtümer waren aus dem wilden Land erwirtschaftet worden. Für Jahrhunderte schien das Zusammenleben der beiden Rassen gesichert – und es genügte der Zufall eines Weltkriegs, um die Eintracht in Haß zu verwandeln.

Die materiellen Verluste der Holländer waren ungeheuer. Und dennoch erreichten die geschädigten Niederlande immer größeren Wohlstand, während das schädigende Land, Indonesien, in Not und Elend versank. Die auf ihr winziges Land beschränkten Bewohner der Niederlande glaubten von ihren indischen Kolonien zu leben. Nun fanden sie heraus, daß diese eher eine Quelle der Armut als des Reichtums waren. Nie war eine Kolonialillusion klarer an den Tag gekommen.

»Ihr bietet mir die Mütze eines Kanalportiers an!«

Sir Charles Keightley hatte in Zypern auf den Höhen von Episkopoli einen Befehlsstand errichtet. Die französischen Vorausabteilungen waren überrascht, als sie von zypriotischen Aufständischen unter Feuer genommen wurden. Man hatte strenge Weisungen gegeben, die Vorbereitungen geheimzuhalten. Das war illusorisch; die Bildung des französisch-britischen Expeditionskorps war keinem Nachrichtendienst entgangen.

Chruschtschow erließ bei einem Empfang in der rumänischen Botschaft eine Warnung: Wenn Ägypten angegriffen wird, kämpft es nicht allein. Diese Worte brachten ein Gerücht in Umlauf, das den Orient in Fieber versetzte: Am 15. August sei eine russische Flotte in Port Said eingetroffen, um sich der Landung der Engländer und Franzosen entgegenzustellen. Die Nachricht war falsch, aber alle Araber wußten, daß sie von nun an einen mächtigen Schutzherrn besaßen.

Die USA bagatellisierten weiterhin den Konflikt. Verteidigungsminister Charles

Wilson erklärte, die Suezaffäre sei eine Lappalie, eine lokale Differenz . . . »*a ripple*«, ein Fältchen, das Amerika übergehen müsse. Als Dulles aus London zurückkehrte, wurde er allgemein beglückwünscht, daß er jegliche Verpflichtung für den Fall, daß die Bemühungen um eine friedliche Regelung scheitern sollten, abgelehnt hatte.

Die drei westlichen Demokratien wurden bei dem Verhängnis, das sie nacheinander verschiedenen Krisen aussetzte, vom Gesetz der Zwietracht verfolgt. Als die Vereinigten Staaten in Korea zur Verteidigung der freien Welt eintraten, zerbrachen sich England und Frankreich den Kopf, wie sie ihnen in den Arm fallen könnten, statt zu helfen. Als Frankreich im Fernen Osten allein dem Kommunismus gegenüberstand, brachte England die Amerikaner davon ab, Frankreich beizustehen, um ihm eine Katastrophe zu ersparen. Nun waren England und Frankreich provoziert, in ihren Lebensinteressen geschädigt worden, und es war Amerika, das sich seinerseits der westlichen Solidarität entzog.

»Ich war überzeugt«, sagte Eisenhower, »daß die westliche Welt sich auf große Schwierigkeiten eingelassen hatte, indem sie ein schlechtes Gebiet für die Demonstration ihrer Entschlossenheit wählte. Mir schien es ein Fehler, sich in einem Streit zu engagieren, bei dem Nasser das Prinzip der nationalen Souveränität sowie die Meinung eines großen Teils der Welt für sich hatte . . .« Dennoch erteilte Ike Wilson einen schweren Verweis wegen seiner ungebührlichen Äußerungen und gab bei seiner Pressekonferenz zu, daß die Urkunde von 1888 einer Internationalisierung des Suezkanals gleichkam. Dann berief er die Kongreßleader zu sich, um sie zu informieren und sich mit ihnen zu beraten.

Man stand mitten im Wahlkampf. Die Leader ließen sich höchst widerwillig aus dem Kampf reißen und flogen nach Washington. Was sie Eisenhower sagten, war wichtiger als das, was sie von ihm hörten. Die öffentliche Meinung Amerikas war ganz entschieden gegen jede Einmischung in Suez. Die öffentliche Meinung gab Nasser gegen die beiden alten gierigen imperialistischen Staaten recht, gegen Albion und Marianne. Die republikanischen Leader fügten noch hinzu, daß Eisenhower, falls er sie weiter unterstützen sollte, in Gefahr geraten könnte, die Wahl zu verlieren. »Ich erhielt vom Präsidenten eine beunruhigende Botschaft«, berichtet Eden. »Bisher hatte er uns stets gesagt, er werde sich einer Anwendung von Gewalt nicht widersetzen, wenn alle friedlichen Mittel erschöpft seien. Nun warnte er mich, daß Amerika entschlossen gegen eine solche Lösung auftreten würde.«

Eine weitere, nicht weniger ernste Entwicklung: Die anfänglich ungeteilte Zustimmung bestand in Großbritannien nicht mehr. Hugh Gaitskell bedauerte die bedingungslose Unterstützung, die er dem Kabinett in seiner Rede vom 2. August zum Ausdruck gebracht hatte. Er griff vor, indem er erklärte, falls Menzies mit seinem Auftrag scheitern sollte, müsse der Streitfall vor den Sicherheitsrat gebracht werden.

Nasser ließ als erstes Menzies mit seiner Abordnung fünf Tage warten, ehe er ihm die Erlaubnis erteilte, nach Kairo zu kommen. Die Abordnung wurde auf dem Flugplatz von einem untergeordneten Beamten empfangen, die Salutschüsse, die der Kommission gebührt hätten, fehlten. Menzies war zornrot und erklärte, er werde sofort nach Australien abfliegen. Man hielt ihn zurück, doch Nasser ließ ihn noch zwei

Tage auf eine Audienz warten. Bei dieser dankte ihm Nasser ironisch dafür, daß er ihm die Mütze eines Portiers des Kanals zugedacht habe. Die Antwort auf den Vorschlag der Suezkanal-Benützer war ein definitives Nein.

Nasser konnte es sich leisten, unverschämt zu sein. Er wußte durch den Botschafter Henry Byroade, daß Amerika sich jeder Anwendung von Gewalt energisch widersetzte. Das hinderte ihn nicht, zu erklären, daß Rußland allein sich loyal verhalten habe, während Amerika sich zu dem gemeinsamen, heuchlerischen Kolonialismus bekannt habe, was noch bedrückender sei als der nationale Kolonialismus der Europäer.

Die Abordnung blieb bis zum 9. September in Kairo. Zum Schluß überhäuften Menzies und Nasser einander mit Schmähungen. Der Australier schrieb vor seiner Abreise noch an Eden, daß Ägypten ein Polizeistaat sei und daß keinerlei Aussicht bestehe, sich mit seinem Diktator zu einigen.

Die Lotsen reisen ab: der Kanal bleibt weiter in Betrieb

Maine, der östlichste Bundesstaat der Vereinigten Staaten, ist ein Mittelding zwischen der Bretagne und Finnland. Eine Eigenheit seiner Verfassung liegt darin, daß der Gouverneur und die Abgeordneten für den Kongreß dort sieben Wochen vor den allgemeinen Wahlen gewählt werden. Angeblich gibt der Test von Maine die politische Tendenz des Jahres an. »Wie's in Maine läuft, so läuft es in den Staaten...«

Eisenhower hegte keine Sorgen bezüglich seiner Wiederwahl. Er beschränkte seine Wahlkampagne auf einige Reisen, deren Zweck vor allem darin bestand, dem Land zu zeigen, in welch blendender körperlicher Verfassung sich sein Präsident zur Wahl stellte. Die Weltlage lieferte ihm einen guten Vorwand, Washington so wenig wie möglich zu verlassen. Man hatte ihm nicht einmal einen Extrazug besorgt. Die Demokraten, die sich von vornherein für geschlagen ansahen, hatten die gleiche Ersparnis gemacht. Der Zug des Kandidaten war ein buntes, lärmendes Merkmal des amerikanischen öffentlichen Lebens gewesen; es verschwand. Die Kandidaten rechneten auf das Fernsehen, das ihr Gesicht bekannt und ihre Versprechungen publik machte.

Der Test von Maine brachte einen Schock: Es gab eine aufsehenerregende Niederlage der Republikaner. Der demokratische Gouverneur Edward Muskie, der zur allgemeinen Überraschung 1952 gewählt worden war, wurde mit einer um ein Drittel stärkeren Mehrheit in seinem Amt bestätigt. Von den drei Abgeordnetensitzen, die seit eh und je republikanisch waren, ging einer verloren, und der zweite konnte nur mit knapper Not gerettet werden. »Wie's in Maine läuft, so läuft es in den Staaten...« Wenn die Staaten der von Maine eingeschlagenen Richtung folgten, würde man die Niederlage des Nationalhelden, des scheidenden Präsidenten Dwight D. Eisenhower, erleben.

Der Wahlkampf änderte seine Gangart. Bisher schläfrig, wurde er plötzlich hitzig. Beide Seiten schlachteten die Suezkrise aus. Die Demokraten warfen Eisenhower vor, seine Politik willfahre dem französisch-britischen Imperialismus und treibe die arabische Welt den Russen in die Arme. Die Republikaner versicherten, daß Ike Großbritannien und Frankreich daran gehindert habe, »den Abzug zu ziehen«. Aber die Lage sei weiter sehr ernst, erklärten sie. Es sei unbedingt notwendig, daß der Mann, der in Korea den Frieden wiederhergestellt hatte, weiter im Amt bleibe, um im Mittleren Osten und vielleicht in der ganzen Welt den Frieden zu bewahren.

Die Verstaatlichung des Kanals hatte seinen Betrieb nicht unterbrochen. Die englischen und französischen Schiffe wurden in den Konvois weiter zugelassen, obgleich ihre Reeder Weisung hatten, die Kanalgebühren nur an den Schaltern der enteigneten Gesellschaft in London oder Paris zu entrichten. Von den 210 europäischen Lotsen blieben 93, freiwillig oder gezwungen, auf ihren Posten. Ihre fachliche Eignung war hervorragend: ein Kapitänspatent und zehn Jahre Hochseeschiffahrt, zwei Jahre Lehrzeit auf dem Kanal und noch zehn Jahre Praxis, ehe man als Lotse für die größten Schiffe zugelassen wurde. Die 93 verbliebenen Lotsen hatten mit den 40 ägyptischen, die von der Gesellschaft aufgenommen worden waren, um dem Nationalismus Genüge zu tun, den Durchgangsverkehr ziemlich normal aufrechterhalten.

Am 15. September führte die Gesellschaft einen großen Schlag: Sie befahl den Lotsen, ihren Dienst zu verlassen, sonst würden sie aller in ihren Verträgen vorgesehenen Vorteile verlustig gehen. Nasser verzichtete verächtlich darauf, seine Verfügung, durch die ein solcher Abfall mit fünfzehn Jahren Gefängnis bestraft werden sollte, in Anwendung zu bringen. Die ägyptische Verwaltung hatte in der ganzen Welt Ersatzpersonal angeworben: deutsche Lotsen vom Rhein und vom Nord-Ostsee-Kanal, griechische Lotsen vom Isthmus von Korinth, russische Lotsen von der Newa und Wolga, amerikanische Lotsen von der Mündung des Jangtsekiang. Die Gesellschaft behauptete, diese improvisierte internationale Schar sei außerstande, einen Dienst aufrechtzuerhalten, der so meisterhafte Erfahrung erforderte. Der Chamsin aus der Sahara wehte über den Kanal; der Wassergraben war eng, manche Kurven mußten fast zentimetergenau genommen werden. Eine Blockierung des Kanals durch einen Steuerfehler der Neuankömmlinge war nicht zu vermeiden. Lloyds erhöhten ihre Versicherungsprämie für Schiffe, die durch den Suezkanal fuhren, um 15 %, und alle Schiffahrtsgesellschaften erteilten ihren größten Schiffen Weisung, um das Kap zu fahren.

Die europäischen Lotsen gehorchten dem Befehl der Gesellschaft, packten ihre Koffer und verließen ihre weißen Villen in Ismailia. Dennoch formte sich am 16. September um 2 Uhr 30 morgens ein Konvoi von 13 Schiffen in Port Said. Zwölf Stunden später traf ein Konvoi von 29 Schiffen, der größte seit Verlauf eines Monats, in Suez ein. Nach einigen Tagen war der Rhythmus von drei Konvois pro Tag wiederhergestellt, und Lloyds verzichteten auf ihre Zusatzprämie. Nasser bestand die Probe mit Glanz, deren Schwierigkeit von der Selbstgefälligkeit des Westens übertrieben worden war.

Der Mißerfolg der Abordnung Menzies' belebte die Angst vor einer Intervention Frankreichs und Englands. Die leidenschaftliche, unverläßliche Bevölkerung Kairos verbreitete das Gerücht, daß Nagib aus Oberägypten zurückgebracht worden sei, um an Nassers Stelle zu treten und mit den Eindringlingen zu verhandeln, sobald sie kommen würden.

Die Wirklichkeit war anders. Die militärischen Vorbereitungen steckten in einer neuen Krise. Eden war der Ansicht, daß eine Landung in Alexandria einen Angriff gegen Ägypten darstellen würde und keine Inbesitznahme eines Pfandguts. Daher wurde der Plan »Mousquetaire« entsprechend revidiert. Die Landung würde in Port Said stattfinden. Eine längere Luftvorbereitung, nur gegen militärische und Regierungsobjekte, aber geeignet, die schwache Kampfmoral der Ägypter zu brechen, sollte der Landung vorausgehen. Natürlich mußte man eine weitere Verschiebung vorsehen — außerdem wurde ein neuer Versuch einer friedlichen Beilegung unternommen, dessen Ausgang man abwarten mußte.

John Foster Dulles hatte sich nach seiner Rückkehr aus London auf die einsame Insel zurückgezogen, die er auf dem Ontariosee besaß. Die Suezaffäre, die er zuerst unterschätzt hatte, war für ihn zu einer fixen Idee geworden. Er sah darin die Ursache eines nicht wiedergutzumachenden Bruchs zwischen der arabischen Welt, den Bandung-Staaten und dem Westen. Er hielt es für seine Pflicht, fast um jeden Preis ein Blutvergießen zu vermeiden, und er mußte jedenfalls für Amerika die Vermittlerrolle wahren, durch die er es vermied, sich für immer dem Nationalismus Afrikas und Asiens zu entfremden. Er teilte Eden am Telefon mit, daß er wieder nach London kommen werde; Eden solle nichts unternehmen, was sich nicht rückgängig machen ließ, ehe er in den neuen Plan, den er ersonnen habe, Einsicht genommen habe.

So saßen also Eden und Lloyd, Mollet und Pineau wieder dem amerikanischen Außenminister gegenüber. Dessen Plan bestand darin, eine Vereinigung der Suezkanal-Benutzer zu schaffen, die für den Betrieb des Kanals an die Stelle der ägyptischen Verwaltung treten solle. An der Grenze der Territorialgewässer würde man im Roten Meer und im Mittelmeer Stationsschiffe verankern, die die Kanalgebühren einheben und Lotsen stellen würden. Es war zu erwarten, daß Ägypten den Schiffen, die sich an die Vereinigung der Suezkanal-Benutzer wandten, die Durchfahrt durch den Kanal verweigern würde. In diesem Fall schlug Dulles den Boykott des Kanals vor. Man würde Riesenöltransporter bauen, um Afrika zu umfahren, sowie neue Pipelines zwischen dem Persischen Golf und dem Mittelmeer legen. Amerika verpflichtete sich, dieses Programm zu finanzieren und die Treibstoffversorgung Europas während der Übergangsperiode zu gewährleisten.

Nassers Ablehnung erfolgte prompt. Er verwarf den Plan Dulles' als »Manöver, dessen offensichtlicher Zweck darin besteht, eine Lage zu schaffen, die zum Krieg führt«. Die gesamte Presse der Dritten Welt verurteilte die Vereinigten Staaten und beschuldigte sie, England und Frankreich vorzuschieben, um einen Weltkonflikt zu entfesseln.

Die achtzehn Mehrheitsnationen der Londoner Konferenz trafen am 19. September wieder im Lancaster House zusammen, um das Hirngespinst Dulles' zu prüfen. Drei Staaten, Äthiopien, Japan und Pakistan, blieben der Konferenz fern und enthielten sich der Teilnahme an den Arbeiten. Die fünfzehn übrigen erklärten sich einverstanden, die SCUA, *Suez Canal Users' Association*, zu bilden. Die Diskussion offenbarte jedoch allgemeine Skepsis. Die Idee Dulles' verlor von einer Änderung zur nächsten immer mehr an Gehalt. Als die Konferenz am 22. September auseinanderging, war die Vereinigung der Suezkanal-Benutzer nur noch eine provisorische

Gruppe, die sich vornahm, mit Ägypten zu verhandeln, um einige vertragliche Garantien für die freie Benutzung des Kanals zu erhalten.

Eden seufzte. Er hatte sich, wie er sagte, der Vereinigung der Suezkanal-Benutzer nur deshalb angeschlossen, weil er darin die Möglichkeit sah, eine gemeinsame Front mit den USA zu schaffen. Er hatte sich offensichtlich überlisten lassen. »Die Vereinigung der Suezkanal-Benutzer war ein amerikanischer Plan... Wir hatten uns geeinigt... Und nun erklärt der Wortführer der Vereinigten Staaten, daß jede Nation sich selbst entscheiden muß... Ein solcher Zynismus gegen Verbündete zerstört jede wirkliche Verbindung, läßt einzig die Wahl zwischen dem Bruch und der Annahme der Beziehungen zwischen Herr und Vasallen.«

Nun war es klar, daß das einzige Mittel, Nasser seinen Sieg zu entreißen, in der Anwendung von Gewalt lag. Die englischen Militärs erklärten, sie seien bereit, und setzten den Beginn der Aktion auf den 8. Oktober fest.

Doch die Position Edens war schwierig geworden. Die Kampagne der Labourpartei gegen jede Intervention begann die Massen aufzuwiegeln. Das Kabinett spaltete sich; Verteidigungsminister Monckton und der mächtige Lordsiegelbewahrer R. A. Butler, der kommende Mann der konservativen Partei, drängten darauf, daß Großbritannien sich an den Sicherheitsrat wenden solle, ehe es eine militärische Aktion unternahm. Eden mußte sich dazu entschließen; Frankreich mußte ihm folgen. Der Zeitpunkt 8. Oktober wurde fallengelassen und kein anderer festgesetzt. Am 5. Oktober begann die Debatte bei den Vereinten Nationen. Frankreich und England forderten vom Sicherheitsrat, er solle Ägypten veranlassen, auf den durch die beiden Londoner Konferenzen erstellten Grundlagen zu verhandeln. Die Wertlosigkeit dieses Vorgehens lag auf der Hand. Außerdem hielt sich Rußland bereit, die französisch-britische Resolution mit seinem Veto zu erledigen.

Zwei Monate waren seit der Verstaatlichung des Suezkanals vergangen. Alle Versuche des Westens, diesen Gewaltstreich durch Diplomatie rückgängig zu machen, waren gescheitert. Der Einsatz von Waffengewalt wurde immer weniger wahrscheinlich. Nasser hatte gesiegt.

Wie der Bund zwischen Frankreich, England und Israel zustande kommt

Ramat Rahel heißt der Ort am Rand von Jerusalem, wo Jakobs Frau begraben wurde. Dort arbeitete am 23. September eine Gruppe von Amateurarchäologen. Ein jordanisches Maschinengewehr eröffnete das Feuer, das 22 Männer niedermähte: 6 Tote und 16 Verwundete. Zwei Nächte später drang ein israelisches Bataillon auf jordanisches Gebiet und rottete die Garnison des Postens Husan aus: 36 Tote.

Terrorismus und Vergeltungsmaßnahmen. Jedesmal schlug Israel härter zu; und jedesmal protestierte Großbritannien. Trotz der Verjagung Glubb Paschas war es der Protektor Jordaniens geblieben. Der Vertrag von 1950 machte es ihm zur Pflicht, Jordanien gegen jeden Angriff von außen zu verteidigen. Daran erinnerte Großbritannien die israelische Regierung in aller Schärfe.

In diesem grausamen, schwachen Jordanien sollten am 21. Oktober Wahlen stattfinden. Man erwartete eine nasserfreundliche Mehrheit, man befürchtete Unruhen, die die Monarchie stürzen würden. Großbritannien wollte irakische Truppen auf jordanisches Gebiet entsenden, um dies zu verhindern. König Hussein, der Vetter König Feisals von Irak, stimmte zu. Israel jedoch ereiferte sich und erklärte, das Erscheinen eines einzigen irakischen Soldaten in der Nähe seiner Grenzen würde einen Casus belli darstellen!

England stand im Konflikt mit Ägypten; gleichzeitig stand es im Konflikt mit Israel. London war zionistenfeindlich. Außenminister Selwyn Lloyd widersetzte sich dem Verkauf von Flak-Ersatzteilen an den jüdischen Staat mit der Behauptung, das Kräftegleichgewicht »is rather in favour of Israel« (steht eher zugunsten Israels). Keithleys Adjutant, General Stockwell, entgegnete auf den Vorschlag, israelische Verbindungsoffiziere nach Zypern kommen zu lassen: »Wenn ich einen hier sehe, bring ich ihn um.« Die grausamen Kämpfe aus der Mandatszeit hatten in den Herzen der Engländer glühende Spuren hinterlassen.

Die Freundschaft zwischen den Franzosen und den Israelis dagegen wurde immer enger.

Nach Schimon Peres kam General Moshe Dayan heimlich nach Paris. General Challe erwiderte den Besuch ebenso geheim und kehrte begeistert von seiner Kontaktnahme mit der israelischen Armee zurück. Die vom Ministerium Mendès-France versprochenen zwölf Mystère IV waren zu Beginn des Sommers geliefert worden und bewiesen, wie Eisenhower sarkastisch sagen sollte, »a rabbitlike capacity of multiplication« (eine kaninchenartige Vermehrungsfähigkeit). Französische Waffenlieferungen trafen auf dem Luft- und Wasserweg in den Häfen und Lufthäfen Israels ein. Ministerpräsident Guy Mollet sollte sich später rühmen, »als Sozialist und als Freund des jüdischen Volkes« Israel gerettet zu haben.

Die Versuchung wurde immer größer: Warum sollte man nicht mit den kraftvollen israelischen Soldaten gemeinsame Sache machen? Wenn unbedingt notwendig, lieber mit ihnen als mit den so ängstlichen, langsamen Engländern . . .

Bei den Israelis waren die Gefühle geteilt. Die Grundideologie des Zionismus ist antikolonialistisch, und der jüdische Staat bemühte sich hartnäckig, die Sympathien der Dritten Welt zu erobern. Der Gedanke, Frankreich und insbesondere Großbritannien zu helfen, den Suezkanal für Rechnung einer Gesellschaft wiederzugewinnen, die ein Symbol des Kapitalismus war, konnte nicht beliebt sein. Andererseits brauchte Israel eine schützende Luftwaffe nötiger als Angriffswaffen. Die von den Russen an Nasser gelieferten 80 Bomber ließen die Israelis nachts nicht schlafen. Frankreich besaß Jagdflugzeuge, die den Himmel Israels verteidigen konnten. England besaß Bomber, mit denen man die Iljuschinmaschinen Nassers am Boden zerstören konnte. Das Bündnis mit den Franzosen und Briten bedeutete vor allem die Möglichkeit, Tel Aviv, Haifa, Jerusalem gegen vernichtende Luftangriffe zu verteidigen.

Seit Beginn der Suezaffäre war es auf der Halbinsel Sinai ruhig. An Stelle Ägyptens belästigte nun Jordanien Israel. Am 9. Oktober wurden zwei Landarbeiter in einer Orangenpflanzung im Sharontal ermordet, ihre Ohren abgeschnitten und als Trophäen mitgenommen. Dayan organisierte einen Vergeltungsschlag. In der Nacht vom 10. und 11. erfolgte ein heftiger Artillerieangriff auf den jordanischen Vorposten nördlich von Tel Aviv. Hussein eilte von Amman heran, in der Meinung, die Invasion seines Königreichs habe begonnen. Die Israelis wollten bloß den Polizeiposten zerstören und die kleine Stadt Kalkilja strafen, doch eine Deckungsabteilung, die zehn Kilometer weit in jordanisches Gebiet eingedrungen war, wurde von der Arabischen Legion umzingelt und konnte sich erst nach schweren Verlusten befreien. Dayan wurde wegen der Unbesonnenheit gerügt, mit der er die Operation angelegt und durchgeführt hatte.

Doch es war etwas viel Ernsteres geschehen. König Hussein hatte die Anwendung des englisch-jordanischen Verteidigungsabkommens verlangt. Er wandte sich unmittelbar an den britischen Oberkommandierenden im Nahen Osten – niemand anders als General Sir Charles Keightley, der in Zypern die Invasion Ägyptens vorbereitete! Er verlangte von ihm sofortiges Eingreifen der Luftwaffe gegen den israelischen Aggressor. Der Geschäftsträger in Tel Aviv, Peter Westlake, eilte zu Ben Gurion, um ihm mitzuteilen, daß Großbritannien seinen Verpflichtungen gegenüber König Hussein nachkommen werde. Die drei Luftstützpunkte, die Großbritannien noch in Jordanien und im Irak besaß, wurden in Alarmzustand versetzt. »Ich bin überzeugt«, sagte Dayan, »wenn der Kampf nach Tagesanbruch noch angedauert hätte, wären die englischen Flugzeuge gegen meine Soldaten eingesetzt worden.«

England, das westlich von Suez Ägyptens Feind war, befand sich östlich vom Sinai in der Lage eines Verbündeten Ägyptens! Ein englisch-ägyptischer Krieg war in Vorbereitung; ein englisch-israelischer Krieg stand vor dem Ausbruch!

Die Franzosen legten sich ins Mittel. General Challe begab sich in strengstem Inkognito nach London. Er brachte Eden die Versicherung, daß die Israelis nicht die Absicht hätten, Jordanien anzugreifen, daß sie jedoch entschlossen seien, die im Entstehen begriffene Militärmacht Nassers durch einen Präventivkrieg zu brechen. Die Franzosen und Engländer müßten die Gelegenheit ergreifen, die Suezfrage wieder aufs Tapet zu bringen und den ägyptischen Diktator zu stürzen. »Eden schien so überrascht«, berichtete Challe, »daß ich ihn verdächtigte, Komödie zu spielen ...« Challe irrte; die Engländer hatten noch nicht begriffen, daß der jüdische Staat in dem durch den Raub des Kanals entstandenen Konflikt eine Rolle spielen könnte. England, zu dessen Politik sich auch Mitglieder des Quai d'Orsay bekannten, trachtete danach, die Suezaffäre von der Gesamtheit des Orientproblems zu trennen. Es versuchte, eine proarabische Politik zu verfolgen und gleichzeitig den Mann zu stürzen, der sich zum Führer der arabischen Welt erklärte: Nasser.

Challe muß überzeugend gesprochen haben. Schon am nächsten Tag, dem 16. Oktober, trafen Eden und Lloyd unter höchster Geheimhaltung in Paris ein. Der britische Botschafter wußte nichts von ihrer Anwesenheit in der französischen Hauptstadt, so wie am Vortag der französische Botschafter in London nichts von Challes Anwesenheit gewußt hatte. Die Zusammenkunft mit Mollet und Pineau fand in einem Privathaus, ohne Dolmetscher, ohne irgendeinen Ratgeber, in völliger Abgeschlossenheit statt. Die Suezaffäre verließ den Boden der Diplomatie; sie wurde zur Verschwörung.

»Wir diskutierten über die durch die Sicherheit des Kanals aufgeworfenen Probleme ...«, berichtet Eden später. »Nassers Politik stellte für Israel eine bereits unerträgliche Provokation dar, und das war eine Möglichkeit, auf die wir uns vorbereiten mußten ...« Diese durch und durch scheinheilige Sprache bedeutete, daß die beiden Männer, die die britische Politik lenkten, sich der Meinung angeschlossen hatten, einen israelisch-ägyptischen Krieg zu nutzen, um den Kanal wieder in die Hände zu bekommen.

Noch am selben Abend teilte die französische Regierung der israelischen Regierung mit, sie brauche sich wegen England keine Sorgen zu machen und könne Premierminister Anthony Eden volles Vertrauen schenken. (*Forts. Ägypten S. 708*)

Rußland beugt sich dem polnischen Aufstand

Während die Suezaffäre die freie Welt spaltete, erschütterte eine heftige Krise die kommunistische Welt und stürzte sie in eine Tragödie.

Chruschtschow traf am 19. September völlig unerwartet in Belgrad ein. Die Atmosphäre war bleiern. Titos Gewährsmann gab zu, daß es »ideologische Differenzen« mit der Sowjetunion gab. Er fügte hinzu, daß Jugoslawien üblicherweise nicht nachgebe.

Am 27. flog Chruschtschow wieder zurück in die Sowjetunion. Aber nicht allein: Tito und dessen Frau begleiteten ihn nach Sewastopol.

An demselben 27. September begann in Posen der Prozeß gegen die Unruhestifter vom Juni. Drei junge Leute standen vor Gericht unter der Anklage, den Korporal der Sicherheitspolizei, Izdebny, gelyncht zu haben. Vor einem anderen Gericht standen neun junge Leute unter der Anklage, an bewaffneten Überfällen auf öffentliche Gebäude teilgenommen zu haben. Weitere Prozesse sollten folgen. Der Justizapparat war notdürftig: keine Geschworenen, ein Berufsrichter und zwei von der Kommunistischen Partei ernannte Beisitzer. Dennoch ereignete sich schon am ersten Verhandlungstag etwas Umwälzendes: Die Rechtsanwälte verteidigten die Angeklagten, anstatt sich der Brandmarkung des Staatsanwalts anzuschließen; und die Angeklagten selbst verteidigten sich. »Wir waren halbtot vor Hunger«, sagte Janusz Suwert. »Der Haß gegen die UB (die Sicherheitspolizei) trieb uns zum Wahnsinn«, sagte Wladislaw Caczkowski. Und dessen Schwester erhob sich in den Reihen der Zuhörer und rief: »Wir werden schlimmer unterdrückt als je zuvor!«

Tito reiste vom Schwarzen Meer mit Chruschtschow nach Jalta. Ihre Begleitung — Bulganin, Woroschilow, Breschnew, Serow und Frau Furzewa — stellte den antistalinistischen Flügel der sowjetischen Führung dar. Sie übten auf Tito einen freundschaftlichen Druck aus, er solle seine Erklärungen vom Jahr 1955 hinsichtlich der Vielfalt der Wege, die zum Sozialismus führen, abschwächen. Tito fügte sich nicht, sondern reiste ab, ohne das geringste Zugeständnis gemacht zu haben. Die Sache des nationalen Kommunismus in ganz Osteuropa wurde dadurch ermutigt.

Die Angeklagten von Posen wurden nur zu leichten Strafen verurteilt. Der wieder in die Partei aufgenommene Gomulka, von neuem Mitglied des Zentralkomitees, wurde für den Posten des Ersten Sekretärs vorgeschlagen. Der Verteidigungsminister, Marschall der Sowjetunion Konstantin Rokossowski, war das Symbol und das Werkzeug der russischen Oberherrschaft über Polen. Regierungschef Cyrankiewicz wagte es, ihn auf unbestimmte Zeit zu beurlauben, und das polnische Politbüro verkündete seinen Ausschluß.

Die Stalinisten empörten sich, verließen die Lokale der Parteiführung und bildeten im Vorort Natolin eine Art Gegenregierung. Die sowjetischen Truppen verließen ihre Quartiere in Oberschlesien und bewegten sich auf Warschau zu. Der zum stellvertretenden Verteidigungsminister ernannte General Waclaw Komar erteilte den polnischen Regimentern Befehl, ihnen den Weg zu versperren. Die Arbeiter wurden aufgefordert, die Fabriken zu besetzen und bei der ersten Aufforderung den Generalstreik auszurufen.

Am 19. Oktober versammelte sich das Zentralkomitee im Belvedere-Palast. Der Erste Sekretär, Edward Ochab, wurde seines Amts entsetzt, an seiner Stelle wurde durch Zuruf Gomulka ernannt. Er forderte das Komitee auf, sich über den Fall Marschall Rokossowskis auszusprechen, dessen Beibehaltung an der Spitze der polnischen Armee ihm unzulässig erschien. Rokossowski sprach von seiner polnischen Herkunft und wies darauf hin, daß seine Treue zu Polen durch die hohe militärische Würde, die er in der UdSSR weiter innehatte, nie beeinträchtigt worden sei.

Ochab unterbrach ihn, um eine wichtige Mitteilung zu machen: Ein Flugzeug, in dem die Spitzen der Sowjets saßen, näherte sich Warschau. Man unterbrach die Sitzung, um zum Flughafen zu fahren und die ebenso unerwarteten wie beunruhigenden Besucher zu empfangen.

Chruschtschow war gekommen, begleitet von Bulganin und Mikojan, aber auch von Kaganowitsch und Molotow. Wenige Tage zuvor hatten die beiden sowjetischen Cliquen noch am Rand des Bruchs gestanden; angesichts des polnischen Aufstands hatten sie sich versöhnt. Sie kamen eilig herbei, um ihn einzudämmen. Kaum dem Flugzeug entstiegen, wandte sich Chruschtschow an Gomulka: »Was treibt ihr? Was fällt euch ein? Was glaubt ihr denn? Eure Dummheiten müssen aufhören, und zwar sofort!«

Das freundliche Gespräch ging im Belvedere die ganze Nacht weiter. Chruschtschow nannte Gomulka einen Verräter; der Kahlkopf bot ihm eisig die Stirn. Die Russen reisten am Vormittag mit wütenden Gesichtern wieder ab. Die Sitzung des Zentralkomitees wurde an dem Punkt wieder aufgenommen, an dem sie unterbrochen worden war. Rokossowski führte seine Selbstverteidigung zu Ende, doch weder er noch der Stalinist Nowak wurden ins Politbüro wiedergewählt. In einer Rede, der ganz Polen auf den öffentlichen Plätzen lauschte, brandmarkte Gomulka die Fehler und Greuel der Vergangenheit und hielt an der titoistischen These über die Vielfalt der Wege, die zum Sozialismus führen, fest. Er fügte hinzu, daß man Rokossowski aufgefordert habe, nach Rußland zurückzukehren. »Von nun an wird die polnische Armee nur polnische Führer haben . . . Die polnisch-sowjetischen Beziehungen, die begründet sind auf den Prinzipien der Gleichheit und Unabhängigkeit, werden unter dem polnischen Volk ein so tiefes Gefühl der Freundschaft für die Sowjetunion schaffen, daß kein Versuch, Mißtrauen zu säen, ein Echo finden wird.« Diese neue Sprache wurde mit ohrenbetäubendem Beifall begrüßt.

Der Wind der Freiheit wehte. Der seit 1952 in einem Kloster in Przemysl internierte Primas von Polen, Kardinal Wyszynski, wurde wieder in seinem Erzbistum Krakau eingesetzt, während das Volk rundum kniete. Eine große Zahl von Kollektivlandwirtschaften wurde aufgelöst. Für den Kleinhandel und das Handwerk wurde das freie Unternehmertum in gewissem Ausmaß wiederhergestellt. Die letzten politischen Gefangenen wurden freigelassen, die Verurteilten von Posen begnadigt. Durch ganz Polen erscholl ein Ruf: »Katyn!« Seit zwölf Jahren wiederholte das Regime, daß die 4000 polnischen Offiziere, deren Leichen in den Massengräbern Weißrußlands gefunden worden waren, Opfer der Nazis waren. Die internationalen Nachforschungen, die das Gegenteil bewiesen, durfte in Polen niemand kennen – dennoch schleuderte das ganze Land den Russen den Namen einer ihrer fürchterlichsten Missetaten ins Gesicht: »Katyn!«

Rußland grollte. Seine Presse klagte die polnische Presse der »Vergiftung der Meinungen« an, sie beschuldigte die polnische Führung, daß sie »offen die Wiederherstellung des kapitalistischen Systems vorbereite« und »den Haß gegen die Sowjetunion predige«. Die russischen Truppen hatten ihren Marsch unterbrochen, kampierten jedoch auf halbem Weg nach Warschau. Als am 22. Oktober ein Telefonanruf aus Moskau für Gomulka angemeldet wurde, machte sich dieser auf das Schlimmste gefaßt: er glaubte, der Augenblick der äußersten Prüfung sei gekommen.

Der Anrufer war Chruschtschow; ein honigsüßer Chruschtschow. Er entschuldigte sich wegen seiner Heftigkeit und bat seinen guten Genossen Gomulka, die unüberlegten Worte zu vergessen, die er im Zorn gesagt hatte. Er hoffe, daß die polnischen Genossen nach Moskau kommen und in einer brüderlichen Atmosphäre die Diskussion über die auseinandergehenden Meinungen zwischen den beiden Ländern und den beiden Parteien wieder aufnehmen würden.

Die sowjetische Führung fand sich mit der beschränkten Revolution ab, die in Polen vor sich gegangen war. Aber in Ungarn begann eine weitere Revolution.

Die Ungarn gehen auf die Straße

Polen und Ungarn stehen sich durch inhaltschwere Verwandtschaft, durch ganz ähnliche Prüfungen in ihrer Geschichte nahe; sie haben etwas gemeinsam: ihre Heftigkeit, ihr heißes Blut. Das passive Rumänien, die vorsichtige Tschechoslowakei, das nach seinem Aufbegehren im Jahre 1953 in die Bahnen des Gehorsams zurückgekehrte Ostdeutschland, sie alle litten und übten sich in Geduld. Polen und Ungarn bäumten sich gegen ihre Unterdrücker auf.

Die ungarische Bewegung ging am 21. Oktober von der Universität Szeged aus. Die Studenten brachten jubelnd ihren Beifall für Gomulka zum Ausdruck und beschlossen, eine unabhängige Vereinigung der Kommunistischen Partei zu gründen. Budapest und Pecs folgten dem Beispiel von Szeged. In Budapest wurde in der Technischen Hochschule, nächst dem Hügel des heiligen Gellert, ein spontaner Konvent abgehalten. Das Ergebnis war ein Manifest in 14 Punkten, das sofort in der

Universitätsdruckerei vervielfältigt und an Wänden und Bäumen in Budapest angeschlagen wurde.

Punkt 2 forderte die Aufnahme von Imre Nagy in die Regierung. Punkt 4 forderte die Räumung Ungarns von den sowjetischen Truppen. Punkt 5 forderte allgemeine Wahlen »auf der Grundlage geheimer Wahl und mehrerer Parteien«. Punkt 12 forderte völlige Pressefreiheit. Punkt 13 forderte, »daß die Statue Stalins, das Symbol der Tyrannei und der Herrscherwillkür, sofort niedergerissen werde«.

Als die vierzehn Punkte der Studenten zum Erstaunen aller in Budapest auftauchten, fuhr ein Zug mit der ungarischen Regierung im Hauptbahnhof ein. Der Erste Parteisekretär, Ernö Gerö, Premierminister Andreas Hegedüs, der zweite Sekretär János Kádár kehrten von einem Besuch bei Tito zurück. Sie hatten ihren Ärger unterdrücken müssen, denn alle drei, insbesondere Gerö, waren erbitterte Feinde des Jugoslawen. Sie waren jedoch der Meinung, durch eine Zusammenkunft mit dem Mann, der Stalin Trotz geboten und in den Augen der kommunistischen Welt moralischer Sieger über den Tyrannen geblieben war, ihrer eigenen Beliebtheit zu nützen.

Um 13 Uhr brachte der Rundfunk eine strenge Warnung: Jegliche Art von Demonstration wurde verboten. Es hatten sich jedoch bereits tausende Menschen vor dem Denkmal Petöfis gesammelt. Sie begrüßten das Verbot mit Hohnreden und Pfuirufen.

In Buda stand ein anderes Denkmal, das des Polen Joseph Bem, der während der Revolution des Jahres 1848 als Teilnehmer an dem verzweifelten Kampf des zwischen Habsburg und Romanow erdrückten Ungarn gefallen war. Dorthin bewegte sich ein Zug, der die Donau bei der Brücke über die Margareteninsel überschritt. Man schrie: »Es lebe Polen! Es lebe Nagy! Die Russen nach Rußland!« Die Fahnen, die über den Köpfen wehten, wiesen anstelle des sowjetischen Wappens ein Loch auf. Soldaten an den Fenstern einer Kaserne applaudierten. Eine Gruppe Kadetten der Militärakademie kam im Gleichschritt heran und schloß sich den Demonstranten an. Die von der Arbeit heimkehrenden Arbeiter verließen die überfüllten Straßenbahnen und gesellten sich zu der Menge. Die Atmosphäre war nicht die von Posen, wo der Haß von der ersten Minute an losgebrochen war. Das Volk von Budapest war eher fröhlich. Man lachte, als man erfuhr, daß Genosse Laszlo Piros, der Innenminister, das Demonstrationsverbot aufgehoben hatte. Es waren 100 000 Menschen, die ihm getrotzt hatten.

Die Demonstration zog wieder auf das linke Donauufer. Auf dem Kossuthplatz versammelte sich eine riesige Menschenmenge vor dem neugotischen Bau des Parlaments; sie rief im Chor: »Nagy!« Es wurde Nacht; Nebel und Kälte kam von dem großen Fluß her.

Plötzlich verlöschten die Laternen. Ein Schrei der Wut stieg aus der Menge empor. Improvisierte Feuer warfen einen Lichtschein auf den Aufruhr. Als die Laternen wieder aufleuchteten, erschien auf dem Balkon des Parlaments die Silhouette eines gewissen Ferenc Erdei, eines Überläufers von der ehemaligen Kleinbauernpartei. Er wollte sprechen, doch seine Stimme wurde von den Nagy-Rufen übertönt.

Nagy war am selben Tag von einem Urlaub am Plattensee zurückgekehrt. Er wurde von Freunden aus seiner Wohnung geholt und ins Parlament geführt. Von der Menge gerufen, trat er auf den Balkon. Er brauchte nur ein Wort zu sagen, um den Beifall der Menge zu erregen: »Magyaren!« Dann sagte er ein zweites, das der kommunistischen Redner: »Elvtàrs!« (Genossen!) Die Menge brach in Pfuirufe aus. Nagy war überrascht und wußte nicht mehr, woran er war. Man hörte ihn in dem Lärm kaum, er sprach von Sammlung rund um die Kommunistische Partei und verfassungsmäßiger Ordnung. Enttäuscht begannen sich die Demonstranten zu zerstreuen.

Eine Gruppe marschierte zum Stalindenkmal. Es erhob sich, sieben Meter hoch, am Rand des Stadtparks. Stricke, von Hunderten Armen gezogen, später ein Lastwagen, der seinen Motor auf Hochtouren laufen ließ, waren eingesetzt, es umzustürzen. Vergeblich. Einen Tyrannen zu stürzen ist schwierig. Doch die Arbeiter brachten ein Sauerstoffgebläse heran. Als Stalins Beine zersägt waren, verlor das Standbild das Gleichgewicht, stürzte um und zerbrach in mehrere Stücke. Auf dem Postament blieben nur zwei Stiefelstümpfe zurück, die zum Himmel ragten.

Eine andere Gruppe war zum Rundfunkgebäude marschiert, einem baufälligen Gebäude in einem Viertel mit kleinen, altertümlichen Gassen. Die Studenten, die ans Tor klopften, hatten die Absicht, ihr Vierzehn-Punkte-Manifest, das sie am Tag vorher verfaßt hatten, am Mikrophon verlesen zu lassen. Die Leiterin des Rundfunks, Valeria Benke, hielt die Abordnung mit schönen Worten hin. Die Menge draußen wurde ungeduldig. Sie verlangte, man solle das Mikrophon auf die Straße hinunterbringen, damit man das Manifest in ganz Ungarn hören könne.

Hochrufe ertönten. Ein Übertragungswagen kam aus dem Gebäude; eine junge Frau in weinrotem Mantel kletterte auf das Wagendach und begann die vierzehn Punkte vor dem Mikrophon zu verlesen. Aber die Rundfunkempfänger in den Häusern ringsum sendeten weiter Musik von Strauß. Die Menge brüllte, man betrüge sie. Die fünf Leute in dem Sendewagen fanden gerade noch Zeit auszureißen.

Nach der Musik von Strauß ließ sich eine Stimme vernehmen, jene von Gerö. Eine harte, drohende Stimme: »Die Feinde des Volkes wollen die Herrschaft der Arbeiterklasse erschüttern ... Sie versuchten das Band zu lösen, das uns mit der Sowjetunion verbindet ... Schamlose Lügen, haßerfüllte Verleumdungen ... Die Wahrheit jedoch lautet: Die Sowjetunion hat nicht nur unser Land befreit, sondern sie kam uns auch nach dem Krieg, als wir im Staub lagen, zu Hilfe, und das tut sie weiterhin.«

Alle Zeugen sind sich einig, daß diese provozierende Rede das Signal für den ungarischen Aufstand war. Die Menge, die spärlicher wurde, empfing die Rede mit Wutgebrüll. Sie stürmte das Rundfunkgebäude. Man hatte sie mit einer vorgetäuschten Sendung betrogen; sie wollte sich eine wirkliche Sendung sichern.

Bereits am Morgen hatte Genossin Valeria Benke sich an den Innenminister um Hilfe gewandt. Damals befürchtete sie bloß einen Streik ihres Personals, das vom Geist der Unbotmäßigkeit durchdrungen war, der sich in ganz Ungarn breitmachte. Am frühen Nachmittag, als Budapest noch ganz ruhig war, hatten drei Abteilungen der Sicherheitspolizei (Allamvedelni Osztaly, abgekürzt AVO), im ganzen 500 Mann, unter dem Befehl eines Majors Mezer das Rundfunkgebäude besetzt. Die

Uniform, die sie trugen, wurde allgemein verabscheut, die AVO herrschte durch Terror; der Haß, den sie ernteten, konnte jederzeit in wüste Roheit ausarten.

Die Menge schlug an die Tore, zertrümmerte die Fenster mit Wurfgeschossen, benutzte den zurückgebliebenen Sendewagen als Sturmbock. Tränengasbomben, eine Feuerspritze vermochten sie nicht zu zerstreuen. Valeria Benke verlangte Verstärkung. Mehrere mit Soldaten der regulären Armee besetzte Lastwagen erschienen auf dem Schauplatz, doch anstatt einzuschreiten, stellten die Soldaten die Wagen vor den Gittern des Nationalmuseums ab und begannen mit den Demonstranten zu diskutieren. Drei Panzer, gleichfalls von der Armee, drangen in die Brody-Sandor-Straße ein, machten vor dem Rundfunkgebäude halt, doch die Besatzungen riefen der Menge zu, daß sie nicht schießen würden, und duldeten es, daß die Angreifer hinter den Stahlwänden der Panzer Deckung suchten.

Es war 23 Uhr geworden. Nun verließen die Avos das Haus durch einen Seitenausgang und eröffneten das Feuer, indem sie die Brody-Sandor-Straße der Länge nach mit ihren Kugeln bestrichen. Zwei Panzerführer wurden auf ihrem Panzeraufbau getötet; auf der Straße lagen Tote und Verwundete.

Der Schrecken währte nur einen Augenblick, dann wurde Gleiches mit Gleichem vergolten. Die Soldaten ließen sich ihre Waffen abnehmen oder richteten sie selbst gegen die verhaßten Polizisten. Man sah, wie Offiziere Händevoll von Patronen verteilten. Eine Granate durchschlug ein Fenster und verursachte Feuer in einem Studio. Das Haupttor wurde eingeschlagen. Die zu Aufständischen gewordenen Demonstranten stürzten ins Innere.

Der Sitz der Kommunistischen Partei befand sich in der Akademie-Straße, zwei Schritte vom Parlament entfernt. Nach seiner enttäuschenden Rede auf dem Kossuth-Platz hatte sich Nagy dorthin begeben. Gerö empfing ihn mit den Worten: »Das ist deine Arbeit! So sieht das aus, was du gekocht hast! Ich laß dich in dem Saft verschmoren! Ich werde deinen Aufstand im Blut ertränken!« Der kurzsichtige Riese antwortete, er komme soeben vom Plattensee zurück, habe sich seit Monaten nicht mit Politik befaßt. Mit den Tumulten habe er nichts zu schaffen und verdamme sie. Hegedüs machte der Szene ein Ende, indem er Gerö in den Saal zog, in dem sich das Komitee versammelte.

Nagy folgte ihnen nicht. Er war vor kurzem wieder in die Partei aufgenommen worden, jedoch nur als einfaches Mitglied, und sein Denken war von den Begriffen der kommunistischen Rangordnung und Gesetzmäßigkeit beherrscht. Er wartete auf einer Bank im Vorzimmer. In Telefonanrufen von außerhalb wurde er angefleht, etwas zu unternehmen. Er erwiderte, daß er nichts sei, nichts unternehmen könne, daß man Vertrauen zu den Parteiorganen haben müsse, sie würden die berechtigten Forderungen des Volks befriedigen ... Währenddessen brüllte Gerö nebenan, die Aufrührer seien faschistisches Gesindel, wehe ihnen!

Endlich kam eine Abordnung des Zentralkomitees. Die Mehrheit hatte sich gegen Gerö ausgesprochen und schlug nun Imre Nagy vor, den Posten des Ministerpräsidenten wieder zu übernehmen. Er machte seine Einwilligung von bestimmten Änderungen in der Zusammensetzung des Politbüros abhängig. Die Abordnung entfernte sich, kam wieder und wiederholte dieses Spiel noch mehrmals. Das Komitee diskutierte die Bedingungen Nagys Zug um Zug. Er wartete weiterhin im Vorzimmer.

Der Tag brach an. Im Rundfunkhaus kapitulierte man, doch die Sendezentrale wurde ins Parlament verlegt. Um 7 Uhr 30 gab ein Kommuniqué die in der obersten Führung beschlossenen Änderungen bekannt. Imre Nagy wurde zum Ministerpräsidenten ernannt, Hegedüs wurde stellvertretender Ministerpräsident. Istvan Kovacs und Laszlo Piros wurden aus dem Politbüro entfernt, behielten jedoch ihre Posten als Armee- beziehungsweise Polizeiminister. Schließlich und vor allem, »das Zentralkomitee bestätigt und stärkt die Stellung des Genossen Gerö als Erster Parteisekretär«. Nagy befand sich in der gleichen Lage wie im Jahr 1953, als Rákosi seiner Vollmacht als Ministerpräsident das Gewicht seiner Macht als Leiter der Partei entgegenstellte.

Ein Bankrott Nagys! Mit seinem Namen hoffte der unversehrte stalinistische Apparat die Volkswut zu besänftigen. Er selbst besaß übrigens nur eine unklare Ahnung dessen, was vorging. Er war zwar gemäßigt und ein Opportunist, aber dennoch Kommunist, und verstand nicht, daß Ungarn den Kommunismus selbst verwarf. Die Männer, die das Rundfunkgebäude gestürmt hatten, die begonnen hatten, die Avoleute zu hängen, fanden zweifellos in den Übergriffen, deren Opfer das ungarische Volk durch viele Jahre gewesen war, so manche Entschuldigung; dessenungeachtet waren sie in Nagys Augen Aufrührer, denen man zuerst den Kopf zurechtsetzen mußte. Dann erst würde er, Nagy, die Aufgabe wieder in die Hand nehmen können, die er 1955 hatte aufgeben müssen: ein wenig Menschlichkeit in den Kommunismus zu bringen.

Um 8 Uhr meldete sich der Rundfunk wieder. Man verlas ein Dekret, in dem ein Schnellverfahren angeordnet wurde zur Bestrafung von Handlungen, die darauf abzielen, die Volksrepublik zu stürzen, ebenso von Aufstand, Ermutigung zum Aufstand, indirekten Verbrechen, unrechtmäßigem Besitz von Waffen und Sprengstoff, usw. »Die Verbrechen müssen mit dem Tod bestraft werden.« Dieser grausame Text, dessen Formulierung die willkürlichste, blutigste Unterdrückung gestattete, war der erste, unter den Imre Nagy in seinem neuen Amt als Regierungschef seine Unterschrift setzte. Seine erste Geste bestand darin, jene zu Verbrechern zu stempeln, die ihn wieder an die Macht gebracht hatten!

Um 9 Uhr wurde im Rundfunk ein drittes Kommuniqué mit folgendem Wortlaut verlesen:

»Zahlreiche Bürger, Soldaten und Beamte der staatlichen Sicherheitspolizei sind getötet worden. Die Regierung hat mit derartigen Angriffen nicht gerechnet und infolgedessen im Hinblick auf den Warschauer Vertrag die in Ungarn stationierten Sowjettruppen ersucht, die Ruhe wiederherzustellen. Entsprechend dem Entscheid der ungarischen Regierung beteiligen sich sowjetische Truppen an der Wiederherstellung der Ruhe im Lande.«

Die Geschichte von Berlin wiederholte sich. Wieder war eine Volksregierung unter dem Druck des Volks zusammengebrochen. Doch die sowjetischen Panzer säumten nicht, sie wieder einzusetzen. (*Forts. Ungarn S. 704*)

Eisenhower schrieb am 22. Oktober in sein Tagebuch, daß er zwischen 8 Uhr 36 morgens und 6 Uhr 17 nachmittags bei 23 Konferenzen den Vorsitz geführt hatte. Die meisten davon betrafen die Vorfälle in Polen und Ungarn.

Was Eisenhower nicht wußte, was ihm sein Nachrichtendienst nicht mitteilte, war die Tatsache, daß Ben Gurion, begleitet von General Dayan und Frau Golda Meir, am Tag vorher, dem 21. Oktober, in Paris eingetroffen war. Das Flugzeug, das sie brachte, landete auf dem Flugplatz Villacoublay. Mollet erwartete die Ankömmlinge in einem Wagen ohne Abzeichen. Er sagte sich, daß die Löwenmähne des israelischen Ministerpräsidenten und die schwarze Klappe über der leeren Augenhöhle des Generals die Aufrechterhaltung des Inkognitos hinreichend erschweren würden.

Die Israelis wurden sofort in eine Villa nach Sèvres gebracht, die von Freunden des Verteidigungsministers, Bourgès-Manoury, zur Verfügung gestellt wurde. Sie sollten sie drei Tage lang nicht verlassen.

Kurz darauf trafen Christian Pineau, am Steuer seines Privatwagens, und Selwyn Lloyd ein, der gleichfalls in Villacoublay gelandet war. Wieder wußte der Botschafter von Großbritannien nicht, daß sein Minister in Paris war, ebensowenig wie der Generalsekretär des Quai d'Orsay, Louis Joxe, wußte, daß sich der seine in Sèvres aufhielt, zwischen der Straße nach Versailles und der Bahnlinie.

Ben Gurion hatte die Franzosen ersucht, diese geheime Zusammenkunft zu organisieren. Er wollte feststellen, ob die am 16. Oktober ausgearbeitete englisch-französisch-israelische Front haltbar war. Er hegte gegen die Engländer immer noch den Groll des alten Zionisten. Er hätte seinen Streit mit Nasser lieber ohne äußere Hilfe bereinigt, aber die Furcht vor den Bombern der Ägypter beherrschte ihn. »Eine einzige Bombe auf Tel Aviv kann katastrophale Folgen haben . . .« Nur England verfügte über die nötigen Bombenflugzeuge, um Nassers Iljuschinmaschinen am Boden festzunageln. Man mußte das Bündnis mit England und den zweifelhaften Umgang mit den beiden imperialistischen Mächten, die da schäbig um ihren Kanal kämpften, in Kauf nehmen, um Israel großes Unglück zu ersparen.

Die Diskussion nahm erregte Formen an. Lloyd war steif und kleinlich. Butler, der ihn auf Edens Wunsch begleitete, blieb reserviert, stand der ganzen Affäre ablehnend gegenüber. Ben Gurion war bärbeißig und sorgenvoll. Die Wahlen in Jordanien am Tag zuvor hatten den nasserfreundlichen, antiwestlichen Parteien die Mehrheit gebracht. Nasser begrüßte seinen Sieg, indem er König Hussein einige Migs schenkte. Als Gegenleistung unterstellte sich Jordanien dem bereits von Syrien angenommenen einheitlichen Oberkommando. Ben Gurion behauptete, diese Vereinheitlichung des Kommandos bedeute soviel wie die Eröffnung der Feindseligkeiten. Israel sei berechtigt, mit dem Losschlagen nicht länger zu warten.

Man einigte sich auf ein von Selwyn Lloyd erdachtes Drehbuch. Es wurde vereinbart, daß Israel eine starke Offensive auf der Sinaihalbinsel eröffnen sollte. Die Engländer und Franzosen würden, angeblich überrascht, den beiden Kriegführenden ein Ultimatum stellen, durch das sie aufgefordert wurden, ihre Truppen in einer Entfernung von zehn Meilen vom Suezkanal zu belassen oder sie auf diese Entfernung zurückzunehmen. Israel würde sofort einverstanden sein. Ägypten würde sich sicher weigern. Darauf würde die RAF die ägyptische Luftwaffe am Boden zerstören, und das französisch-britische Expeditionskorps würde die Kanalzone besetzen. »Wir werden nur als Polizeitruppe intervenieren, um die Kämpfenden zu trennen und den Kanal zu schützen. Dazu gibt uns das anglo-ägyptische Abkommen von 1954 das Recht.«

Zuerst Geheimhaltung, dann Irreführung. Dieser abgekartete Handel war so unmoralisch, daß die Teilnehmer der Zusammenkunft in Sèvres versucht haben, sie in den Turmverliesen der Geschichte verschwinden zu lassen, und sich noch immer darum bemühen. Guy Mollet lehnt jede vertrauliche Mitteilung ab. Ben Gurion leugnete hartnäckig, vom 21. bis 23. Oktober in Frankreich gewesen zu sein. In Dayans Schilderung der Vorgänge kurz vor dem Sinaifeldzug klafft ein Loch vom 20. bis zum 25. Oktober. Eden gibt in seinen betrügerischen Memoiren vor, er habe nichts davon gewußt. Man wird die Veröffentlichung der Erinnerungen General Elys abwarten müssen, um eine unzweideutige Bestätigung des Manövers zu erhalten, das dem Suezabenteuer zugrunde lag.

Die Israelis reisten ab und überließen es ihren Botschaftern, die Einzelheiten des Bündnisprotokolls abzusprechen. Mollet und Eden fuhren nach London und wohnten einer Sitzung des Kabinetts bei, in dem einige Mitglieder fehlten. Die Engländer gaben ihre Zustimmung, daß französische Jagdeinheiten nach Israel geschickt wurden – unter der Bedingung, offiziell nichts davon zu wissen. Ebenso ahnungslos verhielten sie sich hinsichtlich der israelischen Offensive auf der Sinaihalbinsel. Sie sollte am 7. November beginnen – dem Tag, an dem Amerika den Namen seines nächsten Präsidenten erfahren würde, Ike oder Adlai.

Entführung Ben Bellas

Am 17. Oktober wurde die ägyptische Jacht *Athos*, die eine Ladung von Waffen, bestimmt für die algerischen Rebellen, nach Marokko bringen sollte, von dem Meldeschiff *Commandant de Pimodan* vor Oran zwecks Durchsuchung angehalten. Sowohl Ägypten als auch Frankreich erhoben Einspruch und beriefen ihre Botschafter zurück.

Ben Bella, der sich durch die Entscheidungen der Zusammenkunft in Soumman gekränkt fühlte, suchte eine Gelegenheit, um wieder in Erscheinung zu treten. Bourguiba bot sie ihm, indem er nach Tunis eine Konferenz der maghrebinischen, westarabischen, Welt über Algerien einberief. Der König von Marokko, der seine Teilnahme zugesagt hatte, lud die Vertreter der FLN zu Vorbesprechungen ein. Die Männer von Kairo bemühten sich in keiner Weise darum, daß die Männer von Algier an den Sitzungen teilnahmen, die so nahe dem Schauplatz ihrer Kämpfe stattfanden. Rabat und Tunis sollten die Vergeltung für Soummam sein. Ben Bella und drei andere der »Historischen«, wie sie sich selbst nannten, Boudiaf, Khider und Ait, sollten allein in den Augen der Welt die algerische Revolution verkörpern.

Die Algerier wurden von Prinz Mulay Hassan auf dem Flugplatz empfangen und in offizieller Form nach Rabat geleitet. Mohammed V. gewährte ihnen eine Audienz von fünf Stunden, nach der ein Kommuniqué »das Gewissen der Allgemeinheit und das Gewissen des französischen Volkes erweckt, damit raschestens dem Konflikt ein Ende bereitet wird, da Algerien Blutopfer kostet«. Paris protestierte, der marokkanische Außenminister Balafredj erwiderte, daß sein Herr, der König, als unabhängiger Herrscher bei sich empfing, wer ihm gefiel und wie es ihm gefiel. Die in Gang befindlichen Verhandlungen über finanzielle Hilfe Frankreichs für Marokko wurden abgebrochen.

Eine kleine Demütigung erwartete jedoch Ben Bella und seine Gefährten. Sie hofften, daß der König von Marokko sie mit seinem Flugzeug nach Tunis bringen würde. Mohammed entschuldigte sich und ließ ihnen Plätze in der DC3, der Kursmaschine von Air Atlas, anweisen. Sie wurden von einem gewissen Lacheraf, der Professor für Arabisch an der Sorbonne gewesen war, begleitet.

Das Flugzeug machte Zwischenlandung auf den Balearen. Zwei Stunden später kündigte die Stewardess Nicole Lambert die bevorstehende Landung in Tunis an und begab sich in die Pilotenkanzel. Die Maschine landete in Maison-Carrée, dem Flughafen von Algier, inmitten einer kleinen Armee.

Die Umleitung der Maschine geschah auf Initiative des französischen Generalstabs. Lacoste erfuhr davon bei seiner Ankunft in Algier, wenige Minuten vor Landung der DC3. Guy Mollet erhielt die Nachricht bei einem Essen, das er für General Gruenther, den Oberkommandierenden der NATO, gab. Der Bordkommandant der DC3, Gaston Grelier, erhielt beim Abflug von den Balearen den Befehl, Algier statt Tunis anzufliegen. Er beschrieb einen großen Kreis, ohne daß es seinen Passagieren auffiel, daß der Mond sich plötzlich auf der anderen Seite des Flugzeugs befand. Sie entdeckten die Änderung des Reiseziels erst, als sie die Uniformen erkannten, die sie erwarteten. Ben Bellas Kommentar bestand in einer kurzen Bemerkung: »Gut gemacht!«

Mohammed V. legte gegen die Entführung seiner Gäste, wie er sie nannte, einen romantischen Protest ein: »Für uns Araber ist Gastfreundschaft etwas Heiliges. Es handelt sich hierbei um den schwersten Schlag, der jemals gegen meine Ehre geführt wurde ... Wenn ich in Paris gewesen wäre, hätte ich der Regierung gesagt: Verhaftet mich, verhaftet meinen Sohn, aber setzt jene Männer in Freiheit.« Doch die Zeiten der Ritterlichkeit waren vorbei. Jeden Tag wurden grauenhafte Verbrechen an der europäischen Bevölkerung Algeriens verübt. Mollet bestätigte, das Parlament billigte den Handstreich, und Frankreich spendete Beifall.

In der ganzen arabischen Welt aber gab es heftige antifranzösische Demonstrationen. Allein im Gebiet von Meknès in Marokko wurden 51 Europäer hingemordet. Kleinkinder wurden lebendig verbrannt. Mohammed V. erschrak vor der Welle der Anarchie, die sein Land durchflutete. 1500 Personen wurden festgenommen. Zehn Mörder wurden erschossen. Der Herrscher richtete eine Aufforderung an die französischen Siedler, Marokko nicht im Stich zu lassen, das ihrer Sachkenntnis und ihrer Arbeitskraft bedurfte.

Die Gefangennahme Ben Bellas und seiner Genossen brachte eine Enttäuschung.

Weder ihre Befragung noch die von ihnen mitgeführten Dokumente vermittelten dem Geheimdienst die Aufschlüsse über den Aufstand, die man erwartet hatte. Sie bewiesen nur, daß die Verbindung zwischen den Widerstandsmitgliedern in Kairo und den Kämpfern in Algerien abgerissen war. Ben Bella, der mit der Tapferkeitsmedaille ausgezeichnete ehemalige Feldwebel der französischen Armee, spielte sich als Generalissimus des aufständischen Algerien auf; seine Ansprüche wurden durch nichts untermauert. Seit der Zusammenkunft in Soummam war der Bruch zwischen dem Inneren Algeriens und dem Widerstand im Ausland eine vollendete Tatsache.

Doch unter den Franzosen Algeriens erhob sich die einmütige Forderung: »Ben Bella muß sterben!« Das gab ihm eine Bedeutung zurück, die er verloren hatte. Ben Bella wurde nach Frankreich gebracht und dort interniert; nun war er wieder eine wichtige Gestalt in der algerischen Tragödie. Die wahre Vergeltung für Soummam lag in der Entführung. (*Forts. Algerien S. 749*)

Nagy schließt sich dem Aufstand an

Um 1 Uhr 45 in der Nacht vom 23. zum 24. Oktober erschienen die ersten russischen Panzer in Buda. Sie überquerten die Donau über die Szabadsag-Brücke und über die Brücke der Margareteninsel, dann verharrten sie bis Tagesanbruch auf den Kais des linken Ufers. Der Lärm der Panzerketten in der Stille der Nacht weckte die Bewohner der Randbezirke, die den Alarm per Telefon weitergaben. Bereits um 2 Uhr morgens wußte die aufgeregte Gruppe, die im Schriftstellerverband wachte, vom Aufmarsch der sowjetischen Armee. Noch sieben Stunden sollten vergehen, bis diese Intervention dem ungarischen Volk offiziell zur Kenntnis gebracht wurde.

Das prompte Eingreifen der Russen bietet heute keine Rätsel mehr. Es ist erwiesen, daß die beiden in Ungarn stationierten Einheiten, die 2. und 17. motorisierte Division, seit mehreren Tagen marschbereit waren. Seit dem 20. Oktober hatten Verstärkungen die russische und rumänische Grenze überschritten. Am 22., während der ungarische Aufruhr noch nicht über die Universitäten hinausgegangen war, bewegten sich motorisierte Einheiten über Szombathely und Szekesfehervar. Der Gesamtplan für den Fall einer Unbotmäßigkeit der Satelliten war in Polen und Ungarn gleichzeitig zur Anwendung gelangt. In Polen wurde der Vormarsch der Panzer durch ein in letzter Minute zwischen der polnischen und der sowjetischen Regierung getroffenes Übereinkommen gestoppt. In Ungarn kam er voll zur Durchführung.

Nagy hat stets versichert, er habe mit der Zuziehung des russischen Gewalteinsatzes nichts zu tun gehabt; das erscheint glaubhaft. Die Panzer, die vor 2 Uhr morgens in Budapest auftauchten, kamen aus dem 50 Kilometer entfernten Cegled; sie wurden also ganz gewiß in Bewegung gesetzt, ehe Nagy das Amt des Ministerpräsidenten angetreten hatte. Wenn es zu einer Aufforderung kam, dann stammte sie von dem hitzigen Gerö. Nagy jedoch, der die Aufständischen für vogelfrei erklärte, bestätigte sie.

An dem regnerischen Morgen, der auf den sonnigen Vortag folgte, besetzten die

Sowjetpanzer die Hauptstadt. Einige blieben als Wachen vor den Brücken, andere bildeten einen stählernen Gürtel rund um das Regierungsviertel. Eine Anzahl fuhr zu den Czepel-Fabriken, und einige patrouillierten durch die Straßen. An den Straßenkreuzungen brachten kleine Gruppen von Infanterie Maschinengewehre in Feuerstellung. Die russischen Soldaten wirkten ernst und müde.

Um 6 Uhr wurde an der Ecke des Volksgartens und der Ulloi-Allee die erste sowjetische Salve abgefeuert. Gleich darauf wurde der erste Panzer in derselben Allee von einem etwa fünfzigjährigen Mann vernichtet, der eine brennende Benzinflasche dagegenwarf. Auf die gleiche Weise wurde ein zweiter vor der Kiliankaserne in Brand gesetzt. Andere fuhren in schnellem Tempo durch die Leninallee heran; sie wurden von einer improvisierten Einheit, die an der Belagerung des Rundfunkgebäudes teilgenommen hatte, mit Granaten angegriffen. Auf dem Szerecplatz, auf einem Hügel in Buda, wurden mehrere Panzer von jungen Leuten, die tollkühn den Panzeraufbau erkletterten und Granaten ins Innere warfen, außer Gefecht gesetzt. Die Besatzungen starben in ihren Fahrzeugen oder wurden auf der Flucht erschossen.

Ende des Vormittags zeichnete sich der Aufstand ab. Im Corvinuskino, im Rundfunkgebäude, in der Buchhandlung Szabad Nep, in den großen Wohnblöcken der Leninallee hatten sich Aufständische verschanzt. Die russischen Panzer schossen auf gut Glück, zerstörten einige Häuser, machten jedoch keinen geordneten Versuch, das Terrain zurückzuerobern. Auf der Insel Czepel machten sie vor den verbarrikadierten Fabriken kehrt. Man hatte den Soldaten gesagt, sie würden einen faschistischen Putsch niederschlagen; nun standen ihnen Arbeiter gegenüber.

Zu Mittag war Nagy im Rundfunk zu hören. Er verkündete den Aufständischen, daß sie bis 14 Uhr Zeit hätten, dem Standrecht zu entgehen, indem sie die Waffen niederlegten. Um 13 Uhr 58 ertönte eine Grabesstimme: »Es bleiben euch nur noch zwei Minuten!« Kurz darauf wurde die Gnadenfrist bis 18 und dann bis 22 Uhr verlängert. Der Abendbericht gestand den Mißerfolg der Aufforderung ein und meldete, daß sich weiter in mehreren Budapester Bezirken heftige Kämpfe gegen die faschistischen Aufrührer abspielten.

Gerö erwartete Glückwünsche von seiten der Sowjets für die Treue und Energie, die er bewiesen hatte. Mikojan und Suslow kamen aus Moskau und wurden in einem Panzer zum Sitz der Kommunistischen Partei gebracht; dort gaben sie Gerö die Schuld an den Unruhen, die in Ungarn stattfanden. Sie befahlen dem Zentralkomitee, den Ersten Sekretär seines Amtes zu entsetzen und an seiner Stelle János Kádár zu ernennen.

Kádár trug im Gesicht noch die Spuren der Martern, die er während der stalinistischen Zeit in den Gefängnissen erlitten hatte. Doch dieser Mann war ein abgefeimter Schurke; er hatte seinen vertrauten Freund Laszlo Rajk, nachdem er ihm erfundene Geständnisse abgerungen hatte, aufs Schafott geschickt. Wahrscheinlich verdankte er es diesem Freundschaftsdienst, selbst dem gleichen Schicksal entgangen zu sein.

Der Aufstand schien im Lauf der Nacht abzuklingen. In den Kommissariaten war eine gewisse Anzahl Waffen abgegeben worden. Bei Tagesanbruch wurden einige

Straßenbahnen in Verkehr gesetzt. Die Nachrichtensendung des Rundfunks um 6 Uhr 30 forderte die Bevölkerung auf, ihre gewohnte Beschäftigung wieder aufzunehmen, und versicherte gleichzeitig, daß die Unruhestifter zur Vernunft gebracht worden seien.

Gegen 9 Uhr setzten sich unbewaffnete Gruppen in Richtung Parlament in Marsch. Um 10 Uhr war der Kossuthplatz überfüllt; die Menge drängte sich um einige mit fahnenschwenkenden Zivilisten dicht besetzte Panzer; man sang die Nationalhymne, rief den Besatzungen der sowjetischen Panzer, die den Zugang zum Parlament versperrten, freundschaftlich Freiheitsparolen zu. Die Russen lächelten.

Auf dem Dach des Landwirtschaftsministeriums hatten Avos Maschinengewehre in Stellung gebracht. Sie eröffneten ohne Vorwarnung das Feuer. Die Russen erwiderten das Feuer, indem sie aufs Geratewohl in die Menge und auf die MG-Schützen feuerten. Die Menschen gerieten in Panik und liefen im Kreise, Flüchtlinge drangen in die Botschaft der Vereinigten Staaten ein, andere konnten ins Parlament gelangen. 18 Lastwagen waren später erforderlich, um die Toten zu entfernen.

Kurz darauf war ganz Budapest von Rachedurst erfüllt. Die Jagd auf die Avos nahm fürchterliche Formen an. Die Glücklichsten waren noch jene, die von Revolverschüssen getötet wurden. Viele wurden am Hals oder an den Füßen aufgehängt, manche wurden verstümmelt, einige wurden lebendig verbrannt. Die Russen ließen es geschehen und schritten nur dann ein, wenn sie selbst angegriffen wurden.

Am Freitag, dem 26. Oktober, breitete sich der Aufstand in ganz Ungarn aus. In zwei großen Provinzstädten, Miskolcz und Debrecen, schloß sich der Stadtrat den Aufständischen an. Die Bauern lösten die Kollektivfarmen auf. In Budapest übergab Oberst Pal Maleter die Kiliankaserne den Aufständischen, die sie seit drei Tagen belagerten. Ein aus Intellektuellen bestehender Revolutionsrat suchte der Bewegung eine einheitliche Führung zu geben und ernannte Maleter zum Oberkommandierenden. Die nationale Armee kämpfte an der Seite der Aufständischen. Die Russen standen, zusammen mit einer Handvoll Sicherheitspolizisten, allein gegen ein ganzes Volk.

Am folgenden Tag, dem Samstag, sagte sich ganz Ungarn von der jämmerlichen, in einem Bezirk der Hauptstadt hinter einem Schutzwall fremder Panzer eingeschlossenen Regierung los. Nach Debrecen und Miskolcz verjagten Szeged, Pecs, Szolnok, Kaposvar, Veszprem, Szombathely, Györ, Magyarország, Sopron, Hegyeshalom, Szentgotthard, Dunaföldvar ihre kleinen Tyrannen und sandten Abordnungen nach Budapest, um die Wiederherstellung der Demokratie und die Befreiung Ungarns zu verlangen. Einige der russischen Militärbefehlshaber stellten sich auf die Seite der aufständischen Behörden und verpflichteten sich, neutral zu bleiben, falls ihre Soldaten nicht attackiert wurden.

Nach und nach kam Nagy das Ausmaß des Aufstandes zu Bewußtsein. Er erfaßte die Bedeutung der Erhebung, zu deren Auslösung sein Name beigetragen hatte. Der Augenblick war für ihn günstig; Gerö und Hegedüs waren, halb als Flüchtlinge, halb als Gefangene, mit einem russischen Panzer zum Flughafen gefahren und nach Moskau abgeflogen. Ehe Mikojan und Suslow abreisten, versicherten sie Nagy, daß er das Vertrauen des sowjetischen Politbüros genieße. Er faßte sich ein Herz und erklärte die AVO für aufgelöst. Die beiden Erzstalinisten Bata und Piros wurden aus der Regierung gejagt, fünf Mitglieder der ehemaligen Partei der Kleinlandwirte, darunter der ehemalige Präsident der Republik, Zoltan Tildy, wurden zu Staatsministern ernannt. Man versprach, in Kürze freie Wahlen »unter Mitwirkung mehrerer Parteien« abzuhalten. All diese Maßnahmen wurden zu den Klängen der Nationalhymne verkündet, und die Magyaren wurden aufgefordert, ihre Häuser mit den Farben des Vaterlands zu beflaggen. Die Aufständischen begannen zu glauben, daß ihre Erhebung keine verzweifelte Geste gewesen war. Von neuem ertönte der Ruf »Hoch Nagy!«

Eine Abordnung des Revolutionskomitees riskierte die Verhaftung und gelangte bis zum Ministerpräsidenten. Sie erinnerte ihn daran, daß der Abzug der russischen Truppen die dringendste Forderung des ungarischen Volkes darstelle. Nagy eröffnete ihnen, daß mit dem Ortskommando Verhandlungen zur Räumung Budapests im Gang seien. Die Abgesandten erhoben laut Einspruch: Das sei unzureichend, ganz Ungarn müsse befreit werden, und die Aufständischen würden nicht eher die Waffen niederlegen, als bis dieses Ergebnis erzielt worden sei. Einer von ihnen rief, die russischen Truppen müßten Ungarn »mit der weißen Fahne« verlassen. Nagy schrie die Männer an, sie seien verrückt, und wies ihnen die Tür.

Doch Nagy war Optimist. Er hatte eine Note in der Hand, die ihm Mikojan und Suslow zurückgelassen hatten. Die sowjetische Regierung räumte ein, daß »ganz einfach Fehler in den Beziehungen zwischen den Ländern des sozialistischen Lagers begangen worden« seien. Sie hätten »die Tragweite des Prinzips der gleichen Rechte beeinträchtigt«, das in diesen Beziehungen herrschen müsse. Deshalb sei die Sowjetunion zu den notwendigen Revisionen bereit, »insbesondere was die Anwesenheit der sowjetischen Truppen auf dem Gebiet der Ungarischen Volksrepublik anlangt«.

Montag, den 29. Oktober, verließen die russischen Truppen Budapest. Die Stadt befand sich in einem Zustand, der an die tragischen Tage des Jahres 1945 erinnerte: aufgebrochene Häuser, mit Trümmern übersäte Straßen, auf denen noch Leichen lagen. Die Lebensmittelläden wurden von der hungernden Menge belagert. In den Krankenhäusern lagen 15 000 Verwundete. Doch im Herbstwind erwachte der Frühling der Freiheit, Ungarn wurde von Freude und Stolz beflügelt. Die Diskussion, die im Sicherheitsrat begann, war von Begeisterung über den Mut der Ungarn getragen. Die gesamte Presse der freien Welt feierte die Tage von Budapest, sah in ihnen den Beginn der Befreiung der Satelliten vom sowjetischen Joch, bewunderte die Kühnheit der Magyaren und noch mehr ihren Erfolg.

Und plötzlich trat der ungarische Aufstand, an eben jenem 29. Oktober, in den Hintergrund. Der Suezkrieg hatte begonnen... (*Forts. Ungarn S. 712*)

23. Kapitel 1956
Suez und Budapest (Fortsetzung)
Ungarn unterliegt. Nasser hat Erfolg

Die 16 israelischen Dakotas überflogen in 150 Meter Höhe die Sinaihalbinsel, um dem Radar zu entgehen. Sie stiegen auf 450 Meter, um das Bataillon, die 395 Mann, die sie beförderten, mit Fallschirmen abspringen zu lassen. Am 29. Oktober um 19 Uhr begann sich die Einheit auf dem Hügel des Parker Memorial einzugraben; der Hügel hatte seinen Namen von dem Denkmal, das einen ehemaligen englischen Gouverneur der Sinaihalbinsel ehrte. Von hier sind der Hügel und die Oase Mitla einige Kilometer entfernt; der Suezkanal und der ägyptische Stützpunkt Kabrit liegen 40 Kilometer westlich. Die Israelis hatten keinerlei Widerstand gefunden, weder in der Luft noch zu Lande.

Bei Einbruch der Nacht wurden für das israelische Bataillon acht Jeeps, vier rückstoßfreie 10,6-cm-Kanonen, zwei 12-cm-Mörser, Munition, Verpflegung, Kanister mit Benzin und Wasser mit Fallschirmen abgeworfen. Die Flugzeuge waren französische Nord 205; sie kamen – ohne Wissen der Engländer – aus Zypern.

Gleichzeitig wurden die ägyptischen Posten Ras el-Aka, El-Kuntilla und Quseina angegriffen. Der erste feuerte einmal, dann ergab er sich. Der zweite war verlassen. Der dritte wurde nach kurzem Kampf genommen.

Am Tag vorher hatte Eisenhower Ben Gurion eine Botschaft gesandt, in der er für die Aufrechterhaltung des Friedens eintrat. Er erinnerte ihn an das Abkommen vom 25. Mai 1950, durch das Amerika, England und Frankreich sich verpflichtet hatten, gegen jede Nation einzuschreiten, die sich im Mittleren Osten in die Rolle eines Angreifers begeben würde. Dann war der Kandidat Eisenhower zu einem Blitzbesuch im Süden gestartet: Miami, Jacksonville, Richmond. Admiral Radford und die beiden Brüder Dulles erwarteten ihn im Weißen Haus, um ihm mitzuteilen, wie wenig Erfolg seine Aufforderung gehabt hatte.

»Meine Mitarbeiter diskutierten«, erzählt Eisenhower. »Manche glaubten, es handle sich um eine Ablenkung, und andere dachten an einen Vorstoß bis nach Suez und darauffolgenden Rückzug.« John Foster Dulles teilte weder die eine noch die andere Meinung. »Es ist bedeutend ernster«, behauptete er. »Wahrscheinlich wird der Kanal gesperrt, und die Pipelines werden unterbrochen. Wenn das geschieht, müssen wir uns auf eine Intervention der Engländer und der Franzosen gefaßt machen. Sie sind anscheinend dazu bereit. Vielleicht stecken sie sogar mit den Israelis unter einer Decke. Seit zehn Tagen haben wir nun nichts mehr von ihnen gehört.«

Die einzige Wirkung der amerikanischen Interventionen bestand darin, daß der israelische Angriff vom 7. November auf den 29. Oktober vorverlegt wurde. Die

Mobilisierung war unter tiefster Geheimhaltung erfolgt. Man hatte den Druck auf Jordanien, das als wahrscheinlichstes Ziel galt, aufrechterhalten. Die Offensive wurde auf die Sinaihalbinsel, gegen Ägypten, geführt.

Es war nur noch eine knappe Woche bis zur Präsidentenwahl in Amerika. Die Wahlergebnisse mehrerer großer Staaten, insbesondere von Florida, Illinois, New Jersey und New York, konnten durch die jüdischen Stimmen entschieden werden. »Bedeutende Republikaner riefen mich an«, berichtet Eisenhower, »und sagten, sie könnten zum erstenmal nicht für meinen Sieg einstehen ... *too many Americans being sentimentally involved in the zionist cause* ... (da zu viele Amerikaner gefühlsmäßig an der Sache der Zionisten beteiligt sind).«

Dennoch zögerte er keinen Augenblick. Er sagte zu Dulles: »Morgen früh wenden wir uns an die Vereinten Nationen, sobald man dort die Tore öffnet.«

Französische Flugzeuge in Israel

Dayan hatte sich vorgenommen, innerhalb von vier Tagen zu siegen. Im Laufe einer ersten Phase würde er tief ins Zentrum der Sinaihalbinsel vorstoßen und bei den Ägyptern den Eindruck erwecken, daß die Operation als einfacher Einfall gedacht sei. In der zweiten Phase würde er zwei Durchbruchsoffensiven gegen die beiden einzigen Straßen in Gang bringen, welche die Wüste durchqueren; die eine führt nach El-Kantara, die andere nach Ismailia. In der dritten Phase würde er die umzingelten Truppen vernichten, die Straße von Tiran nehmen und die Eroberung der Sinaihalbinsel zu Ende führen.

Der vom 5. Oktober datierte erste Operationsbefehl sah die Erstellung einer Verteidigungslinie am Suezkanal vor. Die zweite, datiert vom 25. Oktober, setzte die Linie in einer Entfernung von 16 Kilometer östlich vom Kanal fest. Inzwischen war der Kooperationsvertrag mit Frankreich und England abgeschlossen worden. Dayan rechnete damit, daß die Engländer und Franzosen sofort nach Nassers Ablehnung ihres Ultimatums die Feindseligkeiten eröffnen würden.

Dayan ging ein Risiko ein. Er ließ gegen die bewaffneten Länder Jordanien und Syrien nur Milizkräfte an den Grenzen. Es hätte genügt, daß der eine der beiden Gegner eine Offensive von 50 Kilometern, der andere sogar von nur 20 Kilometern erreicht hätte, und Israel wäre in drei Teile geschnitten gewesen! Es war jedoch undenkbar, sagte Dayan, daß die Araber innerhalb von achtundvierzig Stunden einen Blitzkrieg auslösen könnten.

Die militärische Zusammenarbeit mit Frankreich klappte hervorragend. Das Material traf in Mengen ein; 60 Mystère-Maschinen wurden an die israelische Luftwaffe geliefert. Zwei Gruppen der französischen Luftwaffe, die eine mit Mystère IV, die andere mit Sabre F86, kamen aus Saint-Dizier und aus Dijon, um den Himmel über Israel zu verteidigen. Eine Marinedivision, bestehend aus den Flotten-Geleitbooten *Surcouf*, *Bouvet* und *Kersaint*, hielt sich bereit, um die Küste gegen jeden Angriff der ägyptischen Marine zu verteidigen. Die Engländer sollten von diesem geheimen Einverständnis keine Kenntnis haben. Der israelische Angriff gegen Ägypten sollte für sie ein Donnerschlag sein. Es war vereinbart, daß sie hochschrecken und sich in überstürzter Eile mit den Franzosen beraten sollten, um für den Schutz des Suezkanals zu sorgen.

Erster Kriegstag: Israel 50 Kilometer vor Suez

Die 202. Fallschirmjägerbrigade, 2500 Mann stark, hatte die Aufgabe, die Verbindung zu Lande mit dem östlich von Mitla abgesprungenen israelischen Bataillon herzustellen. Um den Feind zu täuschen, hatte man sie an der Grenze von Jordanien eingesetzt. Sie mußte die Negevwüste und vier Fünftel der Sinaihalbinsel, 300 Kilometer, davon 200 in feindlichem Gebiet, durchqueren. Dafür hatte sie vierundzwanzig Stunden Zeit.

Die meisten israelischen Transportfahrzeuge waren beschlagnahmte Lieferwagen, so ungeeignet wie nur möglich für das Terrain, das sie erwartete. »Ich frage mich, wie ich durchgekommen wäre«, sagte Dayan, »hätte ich nicht in den letzten achtundvierzig Stunden zweihundert französische 6 × 6-Laster mit Vorderradantrieb bekommen . . .« Er teilte hundert davon und 13 Panzer der 202. Brigade zu.

Die Negevwüste wurde in der Nacht durchquert, doch sie verlangte ihren Tribut. Als die 202. Brigade an der ägyptischen Grenze eintraf, besaß sie nur noch 7 Panzer.

El-Kuntilla war am Vortag genommen worden. Das Wettrennen ging weiter nach Thamud, einem Beduinendorf, das die Ägypter mit Bunkern und Minenfeldern befestigt hatten; die Piste war sehr schlecht. Nur drei Panzer konnten folgen, einer davon blieb im Sand stecken, ehe er noch in Aktion trat. Eine prächtige, glühende Sonne ging im Rücken der Israelis auf. Der Kampf war sehr kurz; die Ägypter ergaben sich. Bei den Israelis gab es vier Tote und sechs Verwundete.

In Nakhl wiederholte sich die Geschichte. Die befestigte Stellung war in zwanzig Minuten genommen. Die Ägypter zogen ihre Schuhe aus, um besser fliehen zu können. Der für eine schwache, in der Wüste auseinandergezogene Kolonne gefürchtete Luftwaffeneinsatz beschränkte sich auf eine kurze Überfliegung durch zwei Migs.

Die 202. Brigade setzte ihren Eilmarsch nach Mitla fort. Die Fahrzeuge, die im Sand steckenblieben, wurden mit ihren Besatzungen zurückgelassen, die wie rasend daran arbeiteten, sie wieder flottzubekommen. Die Israelis standen nun 50 Kilometer entfernt von Suez – während im Norden der Sinaihalbinsel, rund um den Gazastreifen, in der Nähe des großen Stützpunkts Rafah, an der Bahnlinie und an den beiden Straßen noch Ruhe herrschte. Nasser begriff nicht, daß gegen ihn eine allgemeine Offensive eingesetzt hatte. Hussein schrie Alarm, die israelische Aktivität auf der Sinaihalbinsel sei nur ein Ablenkungsmanöver, und er erwarte jede Minute den Einmarsch in Jordanien.

Die Vereinigten Staaten kamen der Sowjetunion zuvor. Cabot Lodge verlangte erregt vom Sicherheitsrat, er solle den Rückzug der israelischen Streitkräfte auf die Waffenstillstandslinie von 1948 befehlen. Der amerikanische Antrag wurde durch das französische und das englische Veto vereitelt. Es war das erste Mal, daß die beiden westeuropäischen Nationen einen Konflikt mit den Vereinigten Staaten heraufbeschworen.

Gleich darauf forderte der Vertreter Jugoslawiens die Einberufung der Vollversammlung zu einer außerordentlichen Sitzung. Die Vereinigten Staaten und die Sowjetunion unterstützten den Antrag. Das Vetorecht wurde nicht in Anspruch genommen und die Einberufung für den folgenden Tag, den 1. November, festgesetzt.

Mollet und Pineau waren nach London geflogen. Sie mußten jedoch warten, bis die Beratungen des Kabinetts beendet waren. R. A. Butler behauptete, der Suezstreit gehe einer friedlichen Regelung entgegen, und die geplante französisch-britische Expedition werde ihm eine gefährliche Wendung geben. Ein Minister, Anthony Nutting, gab seinen Rücktritt bekannt, war jedoch bereit, ihn aus persönlicher Freundschaft für Eden noch einige Tage geheimzuhalten. Lloyd und MacMillan hatten die Mehrheit des Kabinetts auf ihrer Seite und erreichten die Beibehaltung des in Sèvres vereinbarten Szenars.

Der ständige Staatssekretär im Foreign Office, Sir Ivone Kirkpatrick, empfing zuerst im Beisein Pineaus den Botschafter der Vereinigten Staaten, der die Mitteilung stehend anhörte und sich wieder entfernte, ohne ein einziges Wort geäußert zu haben. Der Botschafter von Ägyten und der Botschafter von Israel wurden nacheinander vorgelassen. Das ihnen gestellte Ultimatum lief ab um 17 Uhr 30 Londoner Zeit. Israel sollte seine Truppen zehn Meilen östlich vom Kanal belassen, Ägypten sollte die seinen zehn Meilen weit vom Kanal nach Westen zurücknehmen. Beide Nationen wurden aufgefordert, sich der Besetzung der dazwischenliegenden Zone durch die französisch-britischen Streitkräfte nicht zu widersetzen. Sie hatten zwölf Stunden Zeit, ja oder nein zu sagen.

Als der Abend sich über die Sinaihalbinsel senkte, führte die 202. Brigade ihre Vereinigung mit den Fallschirmjägern des Parker Memorials durch. Sämtliche für den Tag vorgesehenen Operationen waren von Erfolg gekrönt. Kein feindliches Flugzeug hatte Israel überflogen. Das über Tel Aviv und Haifa verhängte *black-out* wurde aufgehoben. Ben Gurion lag mit 39,6 Grad Fieber zu Bett, doch die Mobilisierung vollzog sich unter allgemeiner Begeisterung. Die Truppen wurden nördlich von der Sinaihalbinsel zusammengezogen, um die entscheidenden Schläge zu führen.

Die Nationalversammlung in Paris erklärte sich mit 368 gegen 182 Stimmen für die Regierung. In London erzielte Eden angesichts einer lärmenden Opposition nur 324 Stimmen gegen 255. Der Routineweg der Diplomatenpost führte dazu, daß Eisenhower vom Ultimatum der Franzosen und Engländer durch eine Agenturdepesche Kenntnis erhielt. Er beklagte sich bei Eden, während Dulles wutentbrannt den englischen und den französischen Botschafter zu sich berief, um ihnen eine erbitterte Strafpredigt zu halten. »Sie können keinesfalls damit rechnen, daß die Vereinigten

Staaten Sie aus der katastrophalen Situation befreien werden, in die Sie sich begeben. Rechnen Sie nicht damit, daß das amerikanische Volk sich einschränken wird, um Ihnen das Benzin zu liefern, das Ihnen fehlen wird. Sie demütigen uns im Augenblick, da Sie ein so großes Risiko eingehen. Hoffentlich müssen Sie das nicht allzu teuer bezahlen.«

Der Zorn der Amerikaner war verständlich. Die neuen Ereignisse im Mittleren Osten fielen mitten in einen Augenblick höchster Euphorie. Der Aufstand in Polen, die Revolution in Ungarn schienen der Beginn des Zerfalls des sowjetischen Reiches zu sein. Die treibende Kraft dieses Umsturzes war der Nationalismus. Nach Washingtons Ansicht waren die Zuckungen der unfreien Nationen Europas der Befreiungsbewegung verwandt, die Asien und Afrika mit sich riß. Sie bewiesen, daß der Nationalismus imstande war, sich dem Kommunismus siegreich entgegenzustellen, und daß die Vereinigten Staaten ihn mit Recht in der ganzen Welt förderten. Die Engländer und Franzosen würden es mit ihrem Imperialismus à la Disraeli dazu bringen, daß die aufgerüttelten Massen Afrikas und Asiens sich wieder in heftiger antiwestlicher Gesinnung zusammenschlossen. Sie würden die Blicke der Menschheit von Warschau und Budapest ablenken, den Westen uneinig werden lassen und so der Sowjetunion freie Hand geben. (*Forts. Ägypten S. 714*)

In Budapest ersteht die Freiheit wieder

Plötzlich erhob sich, völlig unerwartet, die Stimme Pekings. Die Rotchinesen erklärten, daß die Beschwerden der Polen und Ungarn berechtigt seien. Sie warfen den Russen vor, das Gleichheitsprinzip zwischen den sozialistischen Ländern verleugnet und sich einem »Großmacht-Chauvinismus« hingegeben zu haben. Sie begrüßten es, daß die Sowjetunion ihre Fehler wiedergutmachen wollte, verlangten jedoch von den Arbeitern der ganzen Welt erhöhte Wachsamkeit. Es war das erste Mal, daß dem Land, das seinen Titel als »Führungsmacht des sozialistischen Lagers« von allen Nationen des Ostens hatte anerkennen lassen, eine derartige Lektion erteilt wurde.

Die Russen verließen Budapest und nahmen ihre Toten mit. Die letzten Panzer – es waren jene, die einen Kordon rund um das Regierungsviertel gebildet hatten – überquerten die Donau und verschwanden. In der zerstörten Stadt erwachte wieder so etwas wie ein normales Leben, doch die Aufständischen blieben unter Waffen. Der Generalstreik ging weiter, der Sieg hatte den Durst nach Rache nicht gestillt. Der Sitz der Miliz auf dem Kösztersasag-Platz im Zentrum von Budapest war weiter die Zufluchtstätte der Avos. Als man sie attackierte, fügten sie den Angreifern schwere Verluste zu. Drei Panzer der ungarischen Armee fuhren auf und öffneten mit Kanonenschüssen eine Bresche. Die Menge strömte in das Gebäude, das so lange der Schlupfwinkel einer grauenhaften Gewaltherrschaft gewesen war. Das Blutbad war fürchterlich, die Avos wurden niedergemacht, ihre Verwundeten abgeschlachtet. Am selben Tag wurde der Fotoreporter von *Paris Match*, Jean-Pierre Pedrazzini, tödlich verletzt.

In einer Nacht waren neun politische Parteien und ebenso viele Zeitungen zum

Leben erwacht. Der wegen Devisenvergehen verurteilte und seit sieben Jahren im Kloster Felsopateny eingeschlossene Kardinal Mindszenty wurde nach Budapest zurückgebracht und unter den Rufen »Mindszenty an die Macht!« wieder in sein Amt eingesetzt. Einige Anführer des Aufstands rieten zur Vorsicht, warnten vor dem Wiederauftauchen von Faschismus und Antisemitismus, vor der Wandlung der Revolution in eine Konterrevolution; ihre Stimmen verhallten ungehört.

Einerseits herrschte der Jubel eines befreiten Volks, andererseits mehrten sich alarmierende Nachrichten. Die russischen Truppen gruppierten sich von neuem an den Verkehrsknotenpunkten und besetzten alle Flugplätze. Sie zerstörten die von den streikenden Eisenbahnern auf den Schienenwegen errichteten Barrikaden. Die Ankunft neuer Einheiten in den Grenzbahnhöfen wurde gemeldet, und man fügte hinzu, diese Neuankömmlinge hätten »asiatische Schnauzen«. Nagy befahl, diese Nachrichten nicht an die Öffentlichkeit gelangen zu lassen, berief aber den Botschafter Andropow zu sich, um von ihm Erklärungen zu verlangen. Andropow versicherte, daß die von Nagy erwähnten Truppenbewegungen nichts als Vorbereitungen zur Räumung seien.

Auf Bitten der Regierung ordneten die Arbeiterräte die Wiederaufnahme der Arbeit an. Aber die Gewalttätigkeit war noch nicht zu Ende; trotz der Versicherung, daß alle Verbrechen der Sicherheitspolizei von den Gerichten geahndet werden sollten, tötete man noch weitere Mitglieder der AVO. Ein gewisser Josef Dudas versuchte einen Putsch, um sich des Außenministeriums zu bemächtigen; bei der Festnahme stieß er wilde Rachedrohungen aus. Neue Anklagen gegen Nagy wurden erhoben. Man warf ihm vor, daß er Kommunist gewesen sei und es weiter bleibe, man verdächtigte ihn eines doppelten Spiels. In den Gesprächen tauchte stets die gleiche Frage auf: »Worauf wartet Vater Nagy, ehe er verlangt, daß die Russen ganz Ungarn verlassen?«

Laut Vertrag vom Jahre 1947 hätten die russischen Truppen Ungarn innerhalb von zwei Monaten räumen sollen. Die russische Regierung hatte ihr Verbleiben mit der Notwendigkeit gerechtfertigt, eine Verbindungslinie mit den Besatzungstruppen in Österreich zu gewährleisten. Die Besetzung Österreichs war zu Ende, und die russischen Truppen standen immer noch in Ungarn. Das einzige, worauf sie sich nun noch zu stützen vermochten, war der Warschauer Pakt. Löste man sich vom Warschauer Pakt, dann waren sie rechtlich gezwungen abzuziehen.

Tildy schlug es vor, Nagy nahm es an, der Ministerrat beschloß es. Der vor den Rat berufene Botschafter Andropow erging sich in beruhigenden Erklärungen. Nagy unterbrach ihn, um ihm mitzuteilen, daß Ungarn vom Warschauer Pakt zurücktrete, daß es seine Neutralität erkläre und die diesbezügliche Mitteilung bereits an das Sekretariat der Vereinten Nationen abgesandt habe. Andropow bezeichnete das als eine ernste, vorschnelle Entscheidung. Plötzlich ergriff János Kádár mit außerordentlicher Leidenschaftlichkeit das Wort: »Als Ungar bin ich bereit zu kämpfen. Wenn eure Panzer wieder nach Budapest kommen, gehe ich auf die Straße und kämpfe gegen sie mit meinen bloßen Händen!«

Noch gab es in der Hauptstadt keinen elektrischen Strom. Hinter den Fenstern, von denen viele die Scheiben verloren hatten, brannten nur schwache Kerzenflammen in der Nacht. Nur Rundfunkapparate mit Batteriebetrieb funktionierten, dennoch verbreitete sich die große Neuigkeit, die Aufkündigung des Warschauer Paktes, im Handumdrehen. Sie war gefolgt von einer Rede Kádárs: »Unsere Partei bricht für immer mit den Verbrechen der Vergangenheit und wird gegen alle die Ehre und Unabhängigkeit Ungarns verteidigen ... Wir wollen nicht wieder in die Sklaverei des alten Regimes der feudalen Herrenklasse verfallen ... Freiheit! Vaterland!«

Der nächste und der übernächste Tag, der 2. und 3. November, vergingen ohne dramatische Zwischenfälle. Die Arbeit wurde wiederaufgenommen, es gab ein wenig elektrischen Strom, einige Obusse verkehrten wieder. Nagy, der seit Beginn des Aufstands das Parlament nicht mehr verlassen hatte, ging zum Schlafen nach Hause in die Orsostraße. Er war zufrieden: Die ungarische Neutralitätserklärung hatte keinen Sturm in Moskau entfesselt; im Gegenteil, die sowjetische Regierung hatte der ungarischen Regierung ihren Wunsch zum Ausdruck gebracht, unverzüglich mit den Verhandlungen über den Abzug ihrer Truppen zu beginnen. General Mailinin hatte Befehl erhalten, sich diesbezüglich mit den Vertretern der ungarischen Regierung ins Vernehmen zu setzen.

Mailinin wurde feierlich im Parlament empfangen. Nagy bestimmte Oberst Maleter, der zum Generalmajor befördert und zum stellvertretenden Kriegsminister ernannt worden war, zum Leiter der Verhandlungen. Die erste Zusammenkunft nahm einen befriedigenden Verlauf; die russischen Offiziere hatten nur zum Ausdruck gebracht, daß die Räumung eine technisch komplizierte Operation darstelle und daß sie nicht vor dem 31. Januar beendet sein könne. Die Diskussion über die Einzelheiten wurde im sowjetischen Hauptquartier in Tokol, auf der Insel Czepel, fortgesetzt. Maleter berichtete seinem Ministerpräsidenten, er sei mit militärischen Ehren empfangen worden und die Atmosphäre der Gespräche sei freundschaftlich gewesen. Er nahm die Gastfreundschaft der Russen für die Nacht an.

Ein wenig rätselhaft war das Verschwinden János Kádárs; er hatte sich am Abend des 1. November nach seiner Rundfunkrede über die glorreiche Erhebung des ungarischen Volkes und sein Versprechen, mit bloßen Händen gegen die russischen Panzer kämpfen zu wollen, in dunkler Nacht davongemacht. Nagy machte sich darüber keine übermäßigen Sorgen; er glaubte, der Erste Sekretär sei erschöpft gewesen und habe sich ein wenig Ruhe gönnen wollen. (*Forts. Ungarn S. 720*)

Blitzeroberung der Sinaihalbinsel

Israel nahm am 30. Oktober bereits um Mitternacht das französisch-britische Ultimatum an — unter der Bedingung, daß auch Ägypten einwilligte. Die ägyptische Antwort traf eine Stunde und zehn Minuten später ein. Sie lautete »Nein«.

Bei Morgengrauen wurden auf der Sinaihalbinsel die Kämpfe wiederaufgenommen. Die von den Engländern ausgebildeten, von den Russen ausgerüsteten ägyptischen Truppen waren prächtig gekleidet, elegant, umständlich, mit Vorschriften beschwert, mit Kriegsmaterial überlastet. Die Bewaffnung und die Fahrzeuge der Israelis waren bunt zusammengewürfelt, die Uniformen spotteten jeglicher Einheitlichkeit, die Rangordnung war nicht an Respektbezeugungen abzulesen, aber ihr Mut, ihre Angriffslust, ihr taktischer Einfallsreichtum verliehen ihnen unwiderstehliche Überlegenheit. Der Kampf war nicht durch das Mißverhältnis an materieller Stärke ungleich, sondern durch die enorme Kluft, die die menschlichen Eigenschaften der Kämpfenden trennte.

Die im Westen der Halbinsel isolierte 202. Fallschirmjägerbrigade hatte Befehl, in Verteidigungsstellung zu gehen und zu warten. Sie befolgte den Befehl nicht, sondern marschierte durch eine Schlucht in Richtung Mitlapaß, wo die Kolonne an der Spitze und am Ende in Steilfeuer geriet; sie erlitt schwere Verluste, konnte sich jedoch aus der schlimmen Lage, in die sie geraten war, befreien, indem sie die Höhen erklomm und mit blanker Waffe die Ägypter verjagte, die den Paß besetzt hielten. Am nächsten Tag, dem 1. November, erreichte sie Port Tewfik am Suezkanal, nachdem sie sechzig Stunden vorher vom Ufer des Toten Meeres aufgebrochen war.

Auf See war bereits Geschützdonner zu hören gewesen. Ein unbekanntes Schiff eröffnete am 31. vor Sonnenaufgang auf große Entfernung das Feuer gegen den Hafen von Haifa. Das der französischen Division, die mit dem Schutz der israelischen Küste betraut war, beigestellte Geleitboot *Kersaint* unter Kapitän Roy erwiderte das Feuer, erzielte Treffer und erstattete Meldung. Der französische Marine-Führungsstab wurde in schrecklichen Zweifel gestürzt. Admiral Barjot telegrafierte von Zypern an das Marineministerium: »Haben ägyptisches Schiff kampfunfähig gemacht, sind jedoch nicht ganz sicher, daß es ein Ägypter ist. Falls Irrtum, kein absichtlicher Angriff unsererseits gegen VI. Flotte.« Die VI. US-Flotte führte den Abtransport der amerikanischen Staatsangehörigen über Beirut durch, und ihre Schiffe wurden mehrmals in die französisch-englischen Marinebewegungen einbezogen.

Diesmal war die Furcht unbegründet: Das getroffene Schiff war tatsächlich der ägyptische Zerstörer *Ibrahim el Awal*, ein englisches Schiff. Die israelischen Zerstörer *Yafo* und *Elath* schnitten ihm die Flucht ab. Er drehte ab, um sich nach Beirut zu retten, doch zwei Ouragan-Flugzeuge zerschossen ihn mit Raketen. Er gab auf, hißte die weiße Fahne und ließ sich nach Haifa abschleppen; über der ägyptischen Fahne flatterte, wie in den alten Kriegen, die israelische Flagge. Im Bordbuch wurde verzeichnet, daß die Besatzung versucht hatte, das Schiff zu versenken, daß aber die Flutventile eingerostet waren und sich nicht öffnen ließen. Das ganze Schiff war übrigens in abscheulich verkommenem, verdrecktem Zustand.

In Kairo erwartete man unmittelbar nach Ablehnung des Ultimatums die Auslösung der französisch-britischen Luftoffensive und den Absprung von Fallschirmjägern am Kanal. Es gibt zu wenig ägyptische Quellen, um beurteilen zu können, ob Nasser die Partie für verloren ansah und sich zur Flucht bereitmachte. Doch die Stunden vergingen, und man konnte in Kairo sicherer werden. Auf Zypern waren die Angehörigen der Luftwaffe in heller Aufregung; in London gelang es R. A. Butler, einen Aufschub von einigen Stunden zu erzielen, indem er darauf hinwies, daß die US-Luftwaffe mit dem Abtransport amerikanischer Staatsangehöriger aus

Ägypten beschäftigt war. Die israelische Regierung zog den etwas übereilten Schluß, daß das verräterische Albion seine Versprechungen nicht einhielt.

Um 19 Uhr wurde endlich durch den Abwurf von Flugblättern und eine Rundfunkdurchsage die Aufforderung erteilt, die Flugplätze zu räumen. Eine halbe Stunde später begannen die britischen Canberras aus großer Höhe die Militärflugplätze Qabrit, Abu Suweir, Inchan, El-Maaza zu bombardieren. Das Gewicht der Bomben war von 1000 auf 500, später auf 250 Kilogramm reduziert worden, um die Zivilbevölkerung zu schonen. Kein ägyptischer Jäger stieg auf, um den Kampf zu eröffnen. Die Iljuschinmaschinen mit ihren russischen Instruktoren und Mechanikern waren bereits verschwunden. Einige hatten sich nach Saudi-Arabien geflüchtet, die anderen waren in Oberägypten auf dem Flugplatz Luxor gelandet.

Im nördlichen Sinaigebiet stützte sich das ägyptische Verteidigungssystem auf drei befestigte Plätze: Abu Agueila, Rafah und El-Arish. Sie wurden von der 3. Infanteriedivision und zwei Panzerbrigaden verteidigt. Eine weitere Division, die 8., aus Palästinensern bestehend, hielt den Gazastreifen besetzt. Eine dritte stand zwischen Port Said und El-Arish in Reserve.

Am 31. Oktober wurde Abu Agueila von der 7. Panzerbrigade genommen. In der folgenden Nacht wurde Rafah, ein stark befestigter Komplex, angegriffen. Auf Ersuchen der israelischen Führung feuerte der französische Kreuzer *Georges Leyguex* 152 Granaten gegen die Festung ab, doch dieser Marinebeschuß war ein Mißerfolg, erklärte später Dayan; er war übrigens überflüssig. Um 5 Uhr morgens traten drei Kolonnen, gebildet von der 1. und der 27. Brigade, zum Angriff gegen den befestigten Platz an, wobei Dayan selbst das Zentrum führte. Um 9 Uhr vereinigten sich die drei Kolonnen an der südlich von Rafah gelegenen Straßenkreuzung. Jeder Widerstand war erloschen.

Nach dem Fall von Rafah marschierte Dayan über die Küstenstraße gegen El-Arish. Er schlief in den Dünen unter einigen Tamariskensträuchern und traf am 2. November seine Anordnungen für den Angriff. Sie waren unnötig; El-Arish war aufgegeben worden – ohne auch nur den Versuch, die dort befindlichen riesigen Warenlager anzuzünden. »Auf dem Operationstisch des Lazaretts lag ein ägyptischer Soldat, dessen Bein amputiert war und der völlig verblutet war, weil der Chirurg sich nicht die Zeit genommen hatte, ihm vor seiner Flucht einen Verband anzulegen.

Die Einnahme des Dreiecks Abu Agib, Rafah, El-Arish besiegelte den Sieg der Israelis. Nasser hatte zuerst Verstärkungen zur Sinaihalbinsel geschickt, befahl nun aber allen seinen Streitkräften, über den Suezkanal zurückzugehen. Die Ägypter flohen überstürzt; Hunderte verdursteten, weil sie sich dem Sieger nicht ergeben konnten, der sich mit Gefangenen weder belasten wollte noch konnte. Einer einzigen Brigade gelang es, ihr Kriegsmaterial zu retten. Die Beute der Israelis an Panzern, Kanonen, Fahrzeugen, Minen, Munition, Ausrüstung, Lebensmitteln war gewaltig. Nach einem kurzen Feuerwechsel ergab sich der Gazastreifen, dessen 200 000 Flüchtlinge die Sieger mit dem Ruf »Hoch die Juden!« empfingen. Die Israelis brauchten nur noch Sharm el-Sheikh an der Südspitze zu nehmen, um die Erobe-

716

rung der Halbinsel zu vollenden und sich die Kontrolle über die Straße von Tiran zu sichern.

Militärisch lag alles klar zutage. Die ägyptischen Soldaten hatten in einigen Fällen, wenn sie gut verschanzt waren, einen gewissen Mut bewiesen, doch die Armee war in ihrer Gesamtheit zu einem wirklichen Kampf unfähig gewesen. Die Panzer hatten nie eingegriffen, die Flugzeugpiloten hatten stets versagt, die Führungsstäbe hatten sich als völlig ohnmächtig erwiesen. Die UdSSR hatte einem dafür völlig unvorbereiteten Volk eine moderne schwere Bewaffnung gegeben. Das mußte zu einem totalen Mißerfolg führen.

Das Abkommen, das die Israelis mit den Franzosen und Engländern getroffen hatten, um eine imaginäre Gefahr aus der Luft abzuwehren, verbot es ihnen, ihre Vorteile auszunutzen. Sie hätten Kairo nehmen und Nasser verjagen können. Sie hielten sich jedoch so weit zurück, daß sie nicht einmal bis zum Kanal vorstießen.

Plötzlich bot sich eine unerwartete Gelegenheit. »Am Abend des 2. November«, berichtet Dayan, »verlangte mich ein Vertreter des französischen Militärattachés dringend zu sprechen. Er sagte mir, die französische Führung sei über die Weigerung der Briten, den Zeitpunkt der Landung in der Kanalzone auf den 4. November vorzuverlegen, entrüstet und habe die Absicht, ohne die Engländer zu marschieren. Ich wurde gefragt, ob wir bereit wären, El-Qantara, am Ostufer des Kanals, zu nehmen, um die Landung der französischen Fallschirmjäger südlich von Port Said zu sichern. Ich antwortete, daß ich meinem Verteidigungsminister darüber Bericht erstatten müsse, jedoch vom militärischen Standpunkt aus gern meine Zustimmung geben würde.«

Ben Gurion stimmte eiligst zu. Der ganze Charakter der Operation wurde dadurch geändert. Unter Mithilfe der Israelis konnte der gesamte Suezkanal am Nachmittag des 4. besetzt werden. Die Vereinten Nationen, die sich am 5. versammelten, würden vor vollendeten Tatsachen stehen. Bei dem Zustand der Auflösung, in dem sich die ägyptische Armee befand, war das Risiko gleich Null.

Wenige Stunden später kam vom französischen Militärattaché eine neue Mitteilung: Das Ersuchen um Zusammenarbeit wurde widerrufen. Frankreich wollte sich nicht von Großbritannien trennen. Das Heldenepos vom Sinai war zu Ende, das Scheitern des Suezunternehmens begann. (*Forts. Ägypten S. 725*)

Die Vereinten Nationen verurteilen Frankreich und England

New York versank in Nebel und Regen. Das Flugzeug, das John Foster Dulles zur außerordentlichen Sitzung der Vereinten Nationen brachte, kreiste eineinhalb Stunden über dem La-Guardia-Flugplatz, ehe es landen konnte. Der Minister entstieg ihm mit leidendem Gesicht. Im Walter-Reed-Hospital waren bereits alle Vorbereitungen getroffen, um an ihm eine Krebsoperation vorzunehmen.

Quer über die Avenuen von New York waren Spruchbänder gespannt, die entweder für die Kandidaten Eisenhower—Nixon oder Stevenson—Kefauver Wahlpropaganda machten. In fünf Tagen fand die Wahl statt.

Wenige Stunden zuvor hatte Generalsekretär Hammarskjöld eine Botschaft von Imre Nagy erhalten: Ungarn verkünde seine Neutralität und zähle darauf, daß die Vereinten Nationen für die Achtung seiner Unabhängigkeit und seiner Souveränität eintreten würden. Doch die Vereinten Nationen versammelten sich nicht wegen der Souveränität und Unabhängigkeit Ungarns.

Dulles war bestrebt, die Schuld der einzelnen Beteiligten abzustufen. Er räumte ein, daß Großbritannien, Frankreich und Israel Gegenstand ernster Provokationen gewesen seien. Dessenungeachtet blieb die Aggression, deren sich die drei Staaten gegenüber Ägypten schuldig gemacht hatten, mit den neuen Prinzipien der internationalen Moral unvereinbar. Die USA verlangten die sofortige Einstellung der Feindseligkeiten und das Zurückgehen der israelischen Truppen auf die Waffenstillstandslinie des Jahres 1948.

Die Tribünen waren von einem leidenschaftlich erregten Publikum gefüllt. Es applaudierte dem sowjetischen Botschafter Sobolew, als dieser die Erklärungen Dulles' noch überbot. »Nicht die sowjetischen Flugzeuge sind es«, sagte er, »welche die Kinder von Port Said hinschlachten.« Einer schrie: »Budapest!« Die Zuhörer zischten ihn nieder.

Am frühen Morgen des 2. November wurde von 64 Ländern die Verurteilung Frankreichs, Englands und Israels ausgesprochen, 5 Länder stimmten dagegen. Neuseeland und Australien hatten sich mit den drei Schuldigen solidarisch erklärt. Kanada hatte sich der Stimme enthalten, nachdem es die Bildung einer internationalen Streitmacht vorgeschlagen hatte, die zwischen die Kämpfenden treten sollte. Die anderen Mitglieder des Commonwealth hatten gegen das Vereinigte Königreich gestimmt.

Gegen die Entscheidung der Vollversammlung gab es kein Veto; die von der Charta vorgeschriebene Zweidrittelmehrheit war weit überschritten. Für England und Frankreich gab es nur eine Alternative: sich zu unterwerfen oder sich gegen die UNO aufzulehnen.

In London füllte die von der Labour Party aufgehetzte Menge die Straßen. Mollet und Pineau, die mit ihren britischen Kollegen in der Downing Street verhandelten, wurden vier Stunden lang dort festgehalten. Das Unterhaus tagte ununterbrochen; die beiden Flügel der Labour Party, der gemäßigte Gaitskell und der rasende Bevan, griffen abwechselnd mit gleicher Heftigkeit das Kabinett an. Als Kriegsminister Anthony Head über die ersten Bombardierungen der ägyptischen Flugplätze berichtete, zwang der darauffolgende Tumult den Speaker, die Sitzung zu unterbrechen; das war seit zwanzig Jahren nicht mehr geschehen. Zum Teil dank dieses Skandals gelang es Eden, einen Zensurantrag mit einer Stimmenminderheit von 69 Stimmen abweisen zu lassen. Er war jedoch durch den Angriff, dem er ausgesetzt war, moralisch und physisch erschüttert.

Frankreich blieb standhafter. Die Kommunistische Partei stand allein in der Opposition, und seit den Vorgängen in Ungarn verstärkte sich ihre Isolierung im Lande. Mit ihrer Drohung, allein zu marschieren, verleitete die Regierung Mollet das britische Kabinett dazu, dem Gebot der UNO zu trotzen. Frankreich und England antworteten gemeinsam, sie würden ihr Einverständnis zu einer Feuereinstellung unter der Bedingung geben, daß eine internationale Streitmacht den Kanal besetzt hielte und daß bis zu deren Ankunft »englische und französische Abteilungen in begrenztem Ausmaß zwischen den Israelis und den Ägyptern eingesetzt würden«. Die Worte waren bescheiden gewählt, doch das Prinzip der Intervention blieb bestehen.

Trotz der Beschränkungen im Hinblick auf die Schonung der Zivilbevölkerung machte die Vernichtung der Bodeneinrichtungen der Luftwaffe schnelle Fortschritte. Die ägyptischen Jäger glänzten weiter durch ihre Abwesenheit, und die zahlreiche Flak feuerte ungenau. Als Kairo den Abschuß von 72 feindlichen Maschinen meldete, übertrieb es nur um 70. Der Pilot des betroffenen französischen Flugzeugs sprang über den Linien der Israelis mit Fallschirm ab. Der Pilot des englischen Flugzeugs landete mit seinem Fallschirm in der Zehnmeilenzone östlich des Kanals, doch die Israelis, die ihm zu Hilfe kommen wollten, wurden durch eine MG-Salve einer englischen Patrouille vertrieben. Kurz darauf holte ihn ein Hubschrauber; England hielt an dem Prinzip fest, daß die israelische Armee eine feindliche Streitmacht sei, die in der durch das Ultimatum vorgeschriebenen Entfernung gehalten werden mußte, und daß keinerlei Einverständnis geduldet werden konnte.

Die Franzosen beobachteten nicht die gleiche Zurückhaltung. Die zur Verteidigung des israelischen Luftraums entsandten Geschwader, die wegen des Fehlens ägyptischer Bomber arbeitslos waren, beteiligten sich an den Kämpfen auf der Sinaihalbinsel und beschossen die ägyptischen Einheiten in der Kanalzone. Die Jagdbomber Sabre F 86 stiegen von Haifa auf und vernichteten an der Grenze ihres Aktionsradius' die Iljuschinmaschinen, die sich nach Luxor abgesetzt hatten. Auf diesen Handstreich hin wurde *black out* verhängt. Man sollte nie erfahren, ob es unter den Opfern des Angriffs Russen gab.

Drei Tage nach Beginn der Bombardierungen war die Arbeit im großen und ganzen getan. »Die englischen und französischen Piloten«, besagte das Kommuniqué vom 3. November, »finden beim Überfliegen Ägyptens weit und breit nicht die geringste Spur einer organisierten Flugwaffe.« Die einzigen militärischen Objekte, die noch eine Bombe wert gewesen wären, befanden sich innerhalb bewohnter Gebiete, die man nicht angreifen durfte.

Dennoch suchte England die Landung weiter hinauszuschieben. Ein Vorschlag R. A. Butlers auf Verschiebung um weitere achtundvierzig Stunden versetzte die Franzosen in Wut. Admiral Barjot trat dafür ein, den Plan »Mousquetaire« aufzugeben und ganz einfach die Fallschirmjäger von Port Said bis Suez am Kanal abzusetzen. Nichts wäre leichter als das, wenn man ein Minimum von Mitwirkung seitens der Israelis voraussetzte. Die Engländer weigerten sich verbissen. Das einzige, was Barjot zu erreichen vermochte, war der Absprung von Fallschirmjägern am Morgen des 5. November über Port Said, vierundzwanzig Stunden vor der Landung des Expeditionskorps.

Die letzten Stunden waren fast unerträglich. Alles war bereit; die Geleitzüge aus England und Algier waren eingetroffen, die Fallschirmjäger warteten auf dem Startfeld. Doch immer noch bestand ein Zweifel, man fragte sich, ob die Operation nicht im letzten Augenblick abgeblasen würde.

Endlich, in der Nacht vom 4., zum 5. traf ein Telegramm aus London im Hauptquartier in Zypern ein: »*March repeat march.*« Unverzüglich stiegen die Fallschirmjäger an Bord der Flugzeuge.

In 36 Stunden sollte Amerika wählen. Und seit 24 Stunden spielte sich in Budapest eine schwere Tragödie ab.

Ende der ungarischen Freiheit

Es war um Mitternacht in Tokol. Soeben hatte die Diskussion über den Abzug der russischen Streitkräfte wieder begonnen. Kurz zuvor hatte Maleter Nagy telefonisch mitgeteilt, man stehe vor einer Einigung, und er werde bei der nächsten Unterbrechung der Sitzung sofort anrufen.

Ein Mann im Soldatenmantel ohne Rangabzeichen trat ein. Die Russen erhoben sich. Der Mann blickte den Ungarn hochmütig und verächtlich an: »Sie sind verhaftet.« Da erhob sich Maleter gleichfalls. »Ah«, sagte er einfach, »das war es also!«

Die Offiziere der russischen Delegation schienen verdutzt. General Mailinin öffnete den Mund. Der Mann – es war General Serow, Chef der Sicherheitspolizei – zog ihn beiseite und sprach mit leiser Stimme auf ihn ein. Mailinin zog die Schultern hoch, winkte seinen Offizieren, ihm zu folgen, und verließ wortlos den Raum.

Während man Maleter und seine Untergebenen in die unterirdischen Kerker führte, hörten sie Gewehrsalven: Ihre Chauffeure wurden erschossen.

Nagy wartete im Parlament; der Anruf Maleters ließ auf sich warten. Er ließ Tokol anrufen; Tokol antwortete nicht.

Nagy schickte einen Offizier mit einem Funkwagen los. Der Offizier berichtete, er nähere sich seinem Ziel, er sehe die Lichter von Tokol, er komme jetzt zum Eingang des russischen Geländes. Dann verstummte die Stimme über Funk gleichfalls.

Budapest war noch in der Illusion schlafengegangen, frei zu sein. Es wurde vom Lärm der Panzerketten geweckt. »Man hätte glauben können, es sei eine riesige Überschwemmung«, berichtet ein Zeuge. Um 8 Uhr ließ der Kanonendonner den Ungarn das Blut erstarren. Die russischen Panzer waren geradewegs zur Kiliankaserne gerollt und hatten ohne Vorwarnung das Feuer eröffnet.

Um 5 Uhr 15 ließ sich der Rundfunk vernehmen:

»Hier spricht Imre Nagy. In den frühen Stunden dieses Morgens haben die sowjetischen Truppen einen Angriff auf die ungarische Hauptstadt unternommen mit dem offensichtlichen Ziel, die demokratische Regierung der Ungarischen Volksrepublik zu stürzen. Unsere Truppen stehen mit den sowjetischen Kräften im Kampf. Die ungarische Armee ist in Bereitstellung. Das ist meine Botschaft an das ungarische Volk und die ganze Welt.«

Auf diese tragische Botschaft folgte eine Aufforderung: »Imre Nagy ersucht Pal Maleter, den stellvertretenden Verteidigungsminister, und den Generalmajor Istvan Kovacs, die sich gestern abend um 22 Uhr in das sowjetische Hauptquartier begeben haben, dringend, sich auf ihre Posten zu begeben!« Der Aufruf wurde zehnmal wiederholt; man gab sich keiner Täuschung hin.

Die überrumpelten Ungarn kämpften wütend. Der Hügel von Buda mit seinem halbzerstörten Königspalast setzte den russischen Panzern erbitterten Widerstand entgegen. In Pest erschienen die Verteidiger wieder auf den Barrikaden vom 23. Oktober. Doch die Russen und ihre Maschinen waren nicht mehr die gleichen. Das waren Panzer T 34 vom neuesten Typ, die sich viel schwerer zerstören ließen. Die Soldaten waren Asiaten, Kirgisen oder Usbeken, die den verweichlichenden Einfluß der Besatzung nicht durchgemacht hatten. Die Panzer waren von einer Unmenge Infanterie begleitet, die mit ihrem erbarmungslosen Feuer die Straßen bestrich. Man hatte ihnen gesagt, sie hätten einen faschistischen Aufstand niederzuschlagen. Manche hielten die Donau für den Suezkanal.

Um 6 Uhr meldete sich die Stimme János Kádárs plötzlich auf einer ungewohnten Wellenlänge. Er habe soeben eine Regierung aus Bauern und Arbeitern gebildet, verkündete er. Das sei notwendig gewesen »wegen der Schwäche der Regierung Imre Nagy und des zunehmenden Einflusses konterrevolutionärer Elemente, die sich in die am 23. Oktober ausgelöste Massenbewegung eingeschlichen haben«. Er mußte auch »im Interesse unseres Volkes, der Arbeiterklasse, des ganzen Landes die sowjetische Führung ersuchen, unserer Nation zu Hilfe zu kommen, um die unheilvollen Kräfte der Reaktion zu vernichten und Ordnung und Ruhe wiederherzustellen«.

Als János Kádár am 1. November im Dunkel der Nacht verschwunden war, vibrierten noch die Ätherwellen von seiner Rede, in der er jeglichen Übergriff gegen die nationale Unabhängigkeit zurückgewiesen hatte, und dem Botschafter Andropow klang seine heroische Erklärung in den Ohren: »Wenn es nötig ist, kämpfe ich mit bloßen Händen gegen eure Panzer . . .« Niemand hatte gesehen, wie er in die sowjetische Botschaft gefahren war, von wo man ihn zu einem von den Russen besetzten Flugplatz brachte und nach Uzgorod beförderte, der Hauptstadt der Karpatho-Ukraine. Die neue Regierung war von einer Handvoll ungarischer Flüchtlinge gebildet worden, darunter dem Fluchtgefährten Kádárs, dem ehemaligen Botschafter in Moskau, Ferenc Münnich. Kádár war von jenen sowjetischen Panzern auf ungarisches Gebiet zurückgebracht worden, denen er mit seinen bloßen Händen hatte Trotz bieten wollen!

Die Umstände der unerhörten Kehrtwendung János Kádárs sind nicht bekannt. Wie man annimmt, sah er ein, daß es für ihn, das Werkzeug des Stalinterrors, den Verantwortlichen für die Verurteilung Rajks, keine Rettung gab, wenn Ungarn die ungestüme Entwicklung zu Ende führte, die sich angebahnt hatte. Die sowjetischen Panzer erschienen ihm als Arche der Rettung. Er stürzte sich auf sie, aus Panik oder Berechnung.

Um 7 Uhr war die Lage verzweifelt. Die Russen drangen nicht als Besatzung in Budapest ein, sondern als kriegführende Macht. Ihre Panzer gingen in Dreiergruppen vor und eröffneten systematisch an jeder Straßenkreuzung das Feuer. Die Kiliankaserne wurde von Flugzeugen im Sturzflug bombardiert, die Artillerie deckte den Hügel von Buda mit Granaten zu. Die Ungarn improvisierten einen heldenhaften Widerstand; sie entleerten Ölfässer auf der Fahrbahn und entzündeten die flüssige Schicht unter den Panzern mittels Granaten. Aber eine zum Töten entschlossene Armee läßt sich nicht von Zivilisten aufhalten.

Kardinal Mindszenty verließ das erzbischöfliche Palais und erreichte über die Sängerbrücke das Parlament jenseits der Donau. Am Tag vorher hatte er Nagy in Wut versetzt, indem er über den Rundfunk einen Aufruf an den Westen gerichtet hatte. Aber der Vortag gehörte bereits einer anderen Welt an. Die Russen kamen heran. Nagy riet dem Kardinal, er solle in der amerikanischen Botschaft Zuflucht suchen. Sie lag in nächster Nähe, auf der anderen Seite des Kossuthplatzes. Der Kardinal entfernte sich.

Nagy hatte selbst erwogen, die Amerikaner um Asyl zu bitten. Er verzichtete jedoch darauf, in der Überlegung, daß die Lage sich noch ändern konnte und er sich den Rückweg nicht versperren durfte. Sein Mitarbeiter Losonczi hatte bereits mit der jugoslawischen Regierung wegen des Asylrechts verhandelt und von Tito eine wenig begeisterte Einwilligung erhalten. Begleitet von seinem Schwiegersohn Janosi und von Losonczi sprang Nagy in einen Wagen. Die jugoslawische Botschaft befand sich in der Stalinallee, in der Nähe des Heldenplatzes. Ihre Türen öffneten sich dem Flüchtling sofort.

Das Parlament war besetzt. Dennoch gelang es einem alten Bühnenautor, Julius Hay, einem erbitterten Ex-Kommunisten, sich in den Flügel zu schleichen, in dem sich der Rundfunksender befand. Von dort ließ er, während die russischen Stiefel über seinem Kopf dröhnten, den letzten Schrei der sterbenden ungarischen Freiheit ertönen: »Die Zeit ist kurz. Die Tatsachen sind bekannt. Helft Ungarn, helft der ungarischen Nation, den Arbeitern, Bauern, Intellektuellen. Hilfe, Hilfe, Hilfe!«
(Forts. Ungarn S. 805)

Versagen und Energie der Amerikaner

Die am Vortag im Sicherheitsrat eröffnete Diskussion über Ungarn war auf Verlangen des russischen Botschafters Sobolew abgebrochen worden. Er hatte geltend gemacht, daß zwischen der ungarischen und der sowjetischen Regierung freundschaftliche Unterhandlungen über den Abzug der Besatzungstruppen begonnen hätten; daher entbehre die Frage jeder Dringlichkeit. Überdies sei eine Debatte über den amerikanischen Antrag akademisch; dieser forderte für das ungarische Volk das Recht auf eine dem Willen der Nation entsprechende Regierung. Eine solche Regierung bestand unter dem Vorsitz von Imre Nagy.

Dann kam der Konflikt im Mittleren Osten ins Scheinwerferlicht, den man aus dem geschlossenen Kreis des Sicherheitsrats auf den öffentlichen Platz der Vollversammlung brachte. Die ganze Nacht hindurch hallten Anklagen und Verwünschungen im Saal wider. Der ägyptische Delegierte Loutfi stellte Eden und Mollet in die gleiche Reihe mit den in Nürnberg gehängten Kriegsverbrechern. Der positive Erfolg der Sitzung war eine Abstimmung über das von Kanada vorgeschlagene Prinzip einer internationalen Streitmacht. Achttausend Mann, die den blauen Helm der UNO tragen und aus den neutralen Staaten angeworben werden sollten. Weder Frankreich noch England, Israel oder Ägypten hatten sich widersetzt.

Die Debatte war noch im Gang, als plötzlich das Interesse von der Versammlung zum Sicherheitsrat zurückschwenkte. Es war 3 Uhr morgens, das entsprach 9 Uhr in Budapest. Elf vor Ermüdung fahle Diplomaten nahmen wieder rund um den Tisch in Hufeisenform Platz. Cabot Lodge ersuchte sie, sich mit dem dramatischen Wiederauflodern der ungarischen Affäre zu beschäftigen. Nach ihm nahmen der Engländer und der Franzose Bezug auf unvollständige, jedoch tragische Nachrichten, die sie aus Ungarn erhalten hatten. Die rechtmäßige Regierung auseinandergejagt, eine im Ausland und vom Ausland gebildete Regierung, die in den Kriegsmaschinen des Auslands ins Land gebracht wurde ...

Sobolew erwiderte voller Haß. Der ungarische Aufstand war eine verbrecherische Erhebung faschistischer Banditen gewesen, die von den westlichen Mächten gedungen waren. Die Sowjetregierung war der Aufforderung der rechtmäßigen ungarischen Regierung gefolgt, während die Beschwerde der USA eine unerwünschte Einmischung in die inneren Angelegenheiten der UdSSR darstellte. Sie zielte darauf ab, von der Krise im Mittleren Osten abzulenken, wo die Lage von Stunde zu Stunde ernster wurde. Reden Sie nicht von Ungarn! Reden wir von Suez und Sinai!

Zehn Stimmen billigten den amerikanischen Antrag, der UdSSR zu befehlen, ihre Truppen abzuziehen. Eine einzige Stimme war dagegen – doch sie war das 79. von Rußland seit Gründung der Vereinten Nationen erhobene Veto. Cabot Lodge verlangte die Verweisung an die Vollversammlung, die genehmigt wurde. Die Vollversammlung war soeben nach der Suezdiskussion auseinandergegangen und wurde nun für 16 Uhr 30 zur Diskussion über Ungarn wieder einberufen.

Die amerikanischen Wahlen würden in sechsunddreißig Stunden beginnen. Stevenson unternahm eine gewaltige Schlußanstrengung – während Ike durch die vielgestaltige Krise, die den Frieden gefährdete, in seinem Präsidentenbüro festgehalten wurde. John Foster Dulles war am selben Morgen operiert worden, und das ärztliche Bulletin berichtete schonungslos, daß man ihm 40 Zentimeter vom Krebs befallenen Darms entfernt hatte. Eisenhower war des einzigen Mannes beraubt, für den er uneingeschränktes Zutrauen und Hochachtung empfand.

Was tun? Ein Telegramm an Bulganin: »Ich habe mit tiefer Betrübnis ... Ich verlange im Namen der Menschlichkeit und im Interesse des Friedens, daß die Sowjetunion eine Aktion unternimmt, um die Sowjetstreitkräfte sofort abzuziehen.« Aber verlangen ist nicht drohen. Wie sollte man glauben, daß ein Verlangen Washingtons in Moskau Gehör fand?

Eisenhower glaubte es nicht. Er wußte, daß seine Botschaft an Bulganin vergeblich war, er war aber entschlossen, jede Gewaltanwendung zu vermeiden oder sogar jede Androhung einer Gewaltanwendung. »In der Ägyptenaffäre waren wir gegen Frankreich und England. Sie konnten in der Ungarnaffäre nicht mit uns gehen. Eine Expedition unserer Streitkräfte zusammen mit den westdeutschen oder italienischen quer durch das neutrale Österreich, das titoistische Jugoslawien oder die kommunistische Tschechoslowakei kam nicht in Frage ... Wir hatten keinen Auftrag der Vereinten Nationen erhalten, und es bestand keine Aussicht dafür, daß wir ihn erhalten würden ... Als Einzelnation konnten die Vereinigten Staaten nichts anderes tun, als die verbrecherische Handlung der Sowjets brandmarken und den ungarischen Flüchtlingen helfen.«

Versagen Amerikas... Energie Amerikas... Das Versagen gegenüber Rußland, die Energie gegen Frankreich und England. Richard Nixon bemühte sich anstelle seines Chefs und erklärte stolz: »Zum erstenmal in der Geschichte haben wir unserer Unabhängigkeit gegenüber der Kolonialpolitik, die Großbritannien und Frankreich in Asien und Afrika betreiben, Ausdruck gegeben. Diese Unabhängigkeitserklärung elektrisierte die Welt...«

Die VI. Flotte folgte den hundert Schiffen, die Zypern verlassen hatten und nach Ägypten fuhren, im Alarmzustand, bereit einzugreifen. In Washington wurden Wirtschaftssanktionen vorbereitet. Die Empörung Eisenhowers legte sich nicht. Die beiden Telegramme, die er an Eden schickte, um ihn aufzufordern, die Landung aufzuschieben, wurden noch nicht veröffentlicht. Man kennt nur Edens Antwort: »Wenn wir jetzt verzichten, kommt es unvermeidlich zum Chaos; der ganze Mittlere Osten wird in Brand geraten. Ihre Erfahrung muß Ihnen sagen, daß wir kein militärisches Vakuum dulden können, bis die Streitmacht der Vereinten Nationen gebildet ist und an Ort und Stelle kommt. Deshalb sind wir der Ansicht, daß wir bis zum Augenblick der Übergabe unserer Verantwortung an die Vereinten Nationen die Position halten müssen.« Das beinhaltete bereits eine Kapitulation, bei der die französischen und englischen Soldaten zu Quartiermachern der UNO wurden.

Der schwarze Sonntag ging zu Ende. In New York trieb die Polizei die Demonstranten zurück, die sich dem UNO-Gebäude nähern wollten. In Paris marschierte ein von fünf ehemaligen Ministerpräsidenten geführter Zug über die Champs Elysées, dann zündete die Menge den Sitz der Kommunistischen Partei, Ecke Rue Chateaudur, an. Ähnliche Szenen spielten sich in Brüssel, Luxemburg, Stockholm, Zürich, Chicago usw. ab. Die gesamte freie Welt protestierte gegen die Ermordung Ungarns. Doch die UdSSR fand Verteidiger. »In Suez ist alles klar«, verkündete Pandit Nehru mit erhabenem Gewissen, »in Ungarn ist alles unklar. Ich habe Bulganin um Erklärungen ersucht. Es handelt sich, scheint mir, um einen Bürgerkrieg. Jedenfalls findet in Ungarn keine ausgesprochene Aggression statt wie in Ägypten.« Tito, der die Ursache der Stürme war, die Osteuropa erschütterten, teilte Moskau mit, er billige die russische Intervention wegen der Wendung, die die Dinge in Ungarn genommen hätten. Peking, das anfangs die ungarischen Forderungen unterstützt hatte, sandte eine ähnliche Botschaft. Für den Kommunismus stand das eigene Wohl an erster Stelle. Der Neutralismus stellte sich an seine Seite.

Die Nachrichten aus Ungarn rissen ab. Ein einziger schwacher Sender rief weiter um Hilfe. Wieder war der Generalstreik ausgerufen worden. Die Kämpfe gingen weiter, doch das Ringen war zu ungleich. Die Russen handelten mit der Grausamkeit von Barbaren, zerstörten die Häuser mit Kanonenfeuer, erstickten jeden Widerstand durch Massenerschießungen. Die Flüchtlinge trafen an der österreichischen Grenze ein und brachten grauenhafte, atemraubende Berichte.

Die Vollversammlung der UNO stimmte in der Nacht ab. Der ihr vorgelegte wortreiche Text gebot den Russen, ihre Truppen zurückzuziehen, und schrieb dem Generalsekretär vor, eine Untersuchung über die Vorgänge in Ungarn zu führen. Fünfzig Nationen genehmigten diesen schwachen Text, die acht Stimmen des kommunistischen Blocks lehnten ihn ab. Fünfzehn neutralistische Nationen, darunter Indien, enthielten sich der Stimme. Der Korrespondent einer Presseagentur aus Neu Delhi schrieb auf der Journalistentribüne auf ein Blatt Papier: »Ich schäme mich« und verließ weinend den Saal.

»Der dritte Weltkrieg hat begonnen!«

Port Said liegt auf einer Nehrung zwischen dem Mensalehsee und dem Eingang zum Kanal. Der Wohnbezirk Port Fuad liegt im Osten, der Hafen ist durch einen Kanal mit dem See verbunden. Die einzige Ausfahrtstraße aus Port Said führt über die Seebrücke. Das 2. Kolonialregiment der Fallschirmjäger, RPC, unter Oberst Château-Jobert hatte Auftrag, sie zu nehmen.

Östlich von Port Said, am Strand, liegt der Gamil-Flugplatz. Die 16. *Paratroops Brigade* unter Brigadegeneral Butler sollte sich des Flugplatzes bemächtigen.

Die Luftvorbereitung hatte am Vortag eingesetzt. Die äußeren Verteidigungsanlagen von Port Said waren mit Bomben und Raketen angegriffen worden. Die Bevölkerung wurde aufgefordert, den zwischen dem Meeresstrand und der Tewfistraße gelegenen Teil der Stadt zu räumen; sie gehorchte nicht. Von oberhalb der Kanaleinfahrt beobachteten die Europäer das exakte Vorgehen der Bomber. Drei auf dem Damm hinter dem Strand aufgestellte Flakbatterien wurden in wenigen Minuten zerstört.

Die militärischen Vorbereitungen der Ägypter waren unerheblich. Die Garnison war durch die Entsendung der verläßlichsten Truppen nach Kairo auf 3000 Mann reduziert worden. Man hatte nicht einmal die aus dem Weltkrieg stammenden Bunker wieder geöffnet. Die Polizei hatte jedoch Waffen verteilt, deren sich die jungen Leute, die Kinder gierig bemächtigt hatten. Der sowjetische Konsul Tschikow hatte erklärt, Port Said werde ein zweites Stalingrad sein.

Die französische Landezone war eine schmale Landzunge zwischen dem See und dem Verbindungskanal. Die Fallschirmjäger sprangen aus 150 Meter Höhe ab. Alle landeten auf festem Boden, einschließlich des Oberfeldwebels Blondel, des ersten Toten der Expedition; er wurde von der Flak getroffen. Im gleichen Augenblick, am 5. November 7 Uhr 15, landeten die englischen Fallschirmjäger in Gamil.

Der Flugplatz wurde genommen, ebenso die Brücke; das Wasserwerk auf der anderen Seite des Verbindungskanals wurde besetzt. Château-Jobert richtete seinen Gefechtsstand in der Villa des Direktors ein. Die französischen Techniker waren auf ihren Posten geblieben, und ihre Hebemaschinen hatten die Arbeit nicht unterbrochen.

General Gilles überflog den Konvoi in einem als fliegender Gefechtsstand eingerichteten Flugzeug. Als er festgestellt hatte, daß Château-Jobert sich einwandfrei festgesetzt hatte, ließ er die zweite Hälfte des 2. RPC über Port Fuad abspringen. Port Said war eingeschlossen. Doch die Ägypter versenkten vier Schiffe im Kanal und sprengten die El-Ferdan-Brücke. Die einzigen, die diesen Akt hätten verhindern können, wären die Israelis im Schwung ihrer Blitzoffensive gewesen. Man hatte sie zehn Meilen vor Port Said, Ismailia und Suez anhalten lassen.

Noch funktionierte das Telefon des Wasserwerks. Dadurch traten die ägyptischen Behörden mit Château-Jobert in Verbindung. Er ließ, im Einverständnis mit Butler, den Tieffliegerbeschuß auf Port Said einstellen, um einer Abordnung zu ermöglichen, zu ihm zu gelangen. Die Nachricht kam in folgender Form nach London: »*Governor and military commander Port Said now discussing terms with Brigadier Butler. Cease – fire ordered*« (Gouverneur und Militärkommandant Port Said verhandeln mit Brigadegeneral Butler. Feuereinstellung angeordnet).

15 Uhr 30 auf der Turmuhr von Westminster; die Tagung im Unterhaus verlief stürmisch. Selwyn Lloyd wankte unter den Angriffen der Labour Party. Eden erschien, ersuchte um Ruhe und verlas die Botschaft aus Port Said. Die Tories sprangen auf und jubelten vor Freude. Der Sieg war schnell errungen! Ehe noch die Hauptmacht der Invasionstruppen aufgetaucht war, kam der Feind angesichts von tausend Fallschirmjägern an den Verhandlungstisch! Eden sollte später einräumen, daß er nicht sicher war, mit der Bekanntmachung dieser Siegesnachricht klug gehandelt zu haben. Doch der Seufzer der Erleichterung, der sich einer gepreßten Brust entringt, läßt sich schwer unterdrücken.

Als die Tories Eden zujubelten, war die Feuereinstellung nur ein einseitiger Befehl der französisch-britischen Führung. Es war 19 Uhr 30 und die Nacht brach an, als die ägyptische Delegation im Wasserwerk eintraf. Brigadegeneral Butler, Château-Joberts Vorgesetzter, war kurz vorher mit einem Hubschrauber angelangt.

Die ägyptischen Offiziere waren bis an die Zähne bewaffnet, steif und schroff. Man ließ sie eine Viertelstunde stehend warten, um sie etwas weicher zu machen. General Salah el Mogy, der Militärgouverneur von Port Said, wurde wütend und machte Miene, wieder zu gehen. Man beruhigte ihn, indem man ihn nun vorließ. Mit ihm waren noch ein General und zwei Obersten gekommen, von denen der eine, Rouchdi, Nassers Vertrauensmann in Port Said war. Die Diskussion nahm einen erregten Verlauf. El Mogy erklärte, er sei nicht gekommen, um zu kapitulieren, sondern nur, um über eine vorläufige Feuereinstellung zu verhandeln, um das Blutbad unter der Bevölkerung zu beenden. Rouchdi teilte stolz mit, er habe Waffen an die Zivilisten verteilt, und erklärte, die Ägypter würden bis zu ihrem Tod kämpfen. Butler fragte ihn, was er dann hier wolle. El Mogy antwortete, er verlange freien Abzug mit kriegerischen Ehren. Château-Jobert war dafür, ihm das zuzugestehen; Butler lehnte ab.

Als die Ägypter sich entfernten, hatten sie die Übergabebedingungen in Händen: 1. Die Garnison wird entwaffnet und an Orten, die von den Alliierten angegeben werden, neu gruppiert. 2. Der Hafen und sämtliche Hafeneinrichtungen werden ohne die geringste Zerstörung übergeben. 3. Die reguläre Polizei ist verantwortlich für das Einsammeln der von Rouchdi verteilten Waffen. El Mogy versprach eine Antwort bis 22 Uhr 35.

Sie traf fünf Minuten vor dem verabredeten Zeitpunkt telefonisch ein. Nasser hatte angeordnet, die Verhandlungen abzubrechen und bis zum äußersten zu kämpfen. Er schloß sich der Feststellung des Botschafters Tschikow an: Port Said muß ein zweites Stalingrad werden.

Die Nacht war lau. Die Europäer verschanzten sich. Die Straßen waren von einer verängstigten, aufgeregten Menge erfüllt. Ein Lastwagen mit Lautsprecher fuhr durch die Straßen und verkündete: »Die sowjetischen Migs kommen. London und Paris werden mit Atombomben belegt. Haltet durch! Verteidigt Port Said Haus um Haus! Der dritte Weltkrieg hat begonnen.« (Forts. Ägypten S. 736)

Bulganin droht Frankreich und England mit seinen Raketen

Bulganin entwarf in dem Aufruf an Eisenhower das Schreckbild des dritten Weltkriegs und schlug eine gemeinsame Aktion zu seiner Verhinderung vor.

»Die Vereinigten Staaten verfügen im Mittelmeerraum über eine starke Kriegsflotte. Auch die Sowjetunion besitzt eine starke Kriegsflotte und eine mächtige Luftwaffe. Ein unverzüglicher gemeinsamer Einsatz dieser Mittel durch die USA und die UdSSR auf Beschluß der UNO wäre eine sichere Garantie für die Einstellung der Aggression gegen das ägyptische Volk, gegen die Länder des arabischen Ostens.«

Der Traum der Sowjets: die USA in eine militärische Aktion zu treiben, die das Bündnis des Westens für immer zerschlagen würde. Dann brauchtesich, wie Bulganin sagte, »die zwei Großmächte, die alle modernen Waffengattungen besitzen, einschließlich Atom- und Wasserstoffbomben«, nur noch über die Aufteilung der Welt zu einigen. Man wird nie erfahren, ob Moskau wirklich an diese großartige Möglichkeit glaubte.

Eisenhowers Antwort bezeichnete Bulganins Vorschlag als *unthinkable*, undenkbar. Er stelle »*an obvious attempt to divert the worlds attention from the Hungarian tragedy*« (einen offensichtlichen Versuch, die Aufmerksamkeit der Welt von der ungarischen Tragödie abzulenken) dar. Die Sowjetunion habe im Augenblick, da sie in Ungarn brutal die Menschenrechte zertrat und die Vereinten Nationen herausforderte, keinen Anspruch darauf, sich auf die Seligkeit des Friedens zu berufen.

Nun waren es nur noch wenige Stunden bis zur Präsidentenwahl. Bisher hatte der Kandidat Stevenson für die Eleganz Bewunderung verdient, mit der er sich jeder Erwähnung des Gesundheitszustands seines Gegners enthielt. Plötzlich änderte er seine Haltung und erklärte, er besitze »*the scientific evidence*«, den wissenschaftlichen Beweis dafür, daß Eisenhower nicht vier Jahre werde durchhalten können, und er »scheue entsetzt zurück« bei dem Gedanken, daß der Einsatz der Wasserstoffbombe von der Entscheidung Nixons abhängig sein würde. Man rief aus ganz Amerika im Weißen Haus an, um zu fragen, ob es wahr sei, daß der Präsident einen neuen Herzanfall erlitten habe. Eisenhower mußte die internationalen Angelegenheiten zurückstellen, die Journalisten zusammenrufen, das Fernsehen mobilisieren, ins Zentralbüro des nationalen Parteikomitees fahren und dort eine Stunde unter seinen Anhängern verbringen, um seine körperliche Form und seine tadellose Gesundheit unter Beweis zu stellen.

Der Sender Szolnok, der sich nun in Kádárs Macht befand, dankte der Roten Armee, »die zum zweitenmal das ungarische Volk befreit hat«. In Pest hatte jeder Widerstand aufgehört. Auf dem Donaukorso waren Stalinorgeln in Feuerstellung, die auf den Burgberg in Buda feuerten. Die stärkste Arbeiterstadt Ungarns, Dunapentele, vom industriellen Größenwahn des Kommunismus gegründet, widerstand drei konzentrischen Angriffen. Man kämpfte in Pecs, in Szombathely, in Miskolcz, in Kecskemet. Einige Gruppen gingen in den wenigen Gebirgswäldern Ungarns in den Untergrund. Doch der vom Westen im Stich gelassene Aufstand war am Erlöschen. Österreich rief angesichts der vielen tausend Flüchtlinge, die über seine Grenzen strömten, um Hilfe.

Der Schwede Dag Hammarskjöld, Generalsekretär der Vereinten Nationen, hatte von der Vollversammlung den Auftrag erhalten, in Ungarn eine Untersuchung durchzuführen. Bulganin hatte sich an Kádárs Stelle gesetzt und sich von vornherein dagegengestellt; er hatte erklärt, die inneren Angelegenheiten Ungarns gingen ausschließlich die ungarische Regierung an, und die UdSSR dulde keinerlei fremde Einmischung in einem befreundeten, verbündeten Land. Hammarskjöld ließ diese Abweisung gelten und besaß nicht einmal den Anstand zu versuchen, selbst nach Budapest zu fahren. Er sollte fünf Jahre später, als er nach Afrika wollte, um die Unabhängigkeit Katangas abzuwürgen, bei einem Flugzeugunglück umkommen.

Die Stunden verstrichen, die Beklommenheit nahm zu. Die französisch-britische Landungsflotte, streng überwacht von der VI. Flotte der Amerikaner, wartete vor Port Said auf das Morgengrauen. In den westlichen Hauptstädten trafen alarmierende Nachrichten ein. Sechs sowjetische Unterseeboote seien bei Gibraltar ins Mittelmeer eingefahren... Zwei Kreuzer und ein Zerstörer durchquerten die Dardanellen... Hundertzwanzig Migs seien auf den syrischen Flugplätzen gelandet... Man hatte den Eindruck, daß sich die sowjetische Militärmacht entfaltete, daß Frieden und Krieg auf der Schneide eines Säbels im Gleichgewicht lagen.

Um 22 Uhr 30 wurden die Botschafter von Großbritannien, Frankreich und Israel in den Kreml gerufen. Sie verließen ihn mit drei Briefen, die Bulganin an Eden, Mollet und Ben Gurion gerichtet hatte und die, wenn auch leicht abgeändert, im Grunde das gleiche beinhalteten. Es genügt, die wichtigsten Stellen aus dem Brief an Eden zu zitieren.

»Wie wäre die Lage Englands, wenn es selbst von stärkeren Staaten überfallen würde, die über sämtliche Arten moderner Vernichtungswaffen verfügen? Solchen Ländern wäre es heutzutage möglich, von der Entsendung von See- und Luftstreitkräften zur Küste Englands abzusehen und andere Mittel, zum Beispiel die Raketentechnik, einzusetzen. Wir sind fest entschlossen, durch Einsatz von Gewalt die Aggressoren zurückzuschlagen und den Frieden im Osten wiederherzustellen.«

Man weckte den erschöpften Eden. Die Mitglieder des Kabinetts eilten in die Downing Street. Alle waren sich einig, daß die Worte Bulganins nicht hingenommen werden konnten. Die beste Antwort bestünde darin, den Brief durch den Botschafter retournieren zu lassen. Man verzichtete darauf, um eine bereits so gefährliche Situation durch eine Beleidigung nicht zu verschärfen. Die in entschlossenem, würdigem Ton abgefaßte Antwort wies die sowjetischen Drohungen zurück und blieb dabei, daß die Landung der britischen Truppen in Port Said den einzigen Zweck hätte, sich zwischen die Kämpfenden zu stellen. Sie würden diese Rolle der von den Vereinten Nationen geworbenen Streitmacht überlassen, sobald diese an Ort und Stelle eingetroffen sei.

Auch in Paris hatte sich der Ministerrat in aller Eile versammelt. Er tagte noch, als der amerikanische Botschafter Douglas Dillon sich im Hôtel Matignon melden ließ. Er kam, um der französischen Regierung die Weigerung General Eisenhowers bekanntzugeben, dem sowjetischen Vorschlag einer gemeinsamen Aktion in der Suezaffäre zuzustimmen. Dieser Schritt unterstützte das entschlossene Handeln der Franzosen. Ebenso wie Eden antwortete Mollet Bulganin, daß seine Drohungen nicht hingenommen werden könnten und daß die UdSSR kein Recht habe, von dem unschuldig in Ägypten vergossenen Blut zu sprechen, während es selbst in Ungarn Ströme von Blut vergoß.

Die Briefe Bulganins hatten eine amerikanische Stellungnahme zur Folge. Es war etwas ganz anderes, ob man Frankreich und England an ihrem Unternehmen in Suez hinderte oder ob man sie von der Sowjetunion vernichten ließ. »Es ist sonnenklar«, sagte Eisenhower zu seinen Ratgebern, »daß wir, falls die UdSSR England und Frankreich unmittelbar angreift, im gleichen Augenblick im Krieg stehen.« General Gruenther, der Befehlshaber der NATO-Streitkräfte, wurde ermächtigt, das bekanntzugeben, und der Atomflugzeugträger Forrestal, 60 000 Tonnen, stach in See, um sich der VI. Flotte im Mittelmeer anzuschließen.«

Wankend vor Müdigkeit und Schmerzen begab sich Eden um 5 Uhr morgens wieder zu Bett. Die Suezexpedition war gerettet, doch der Premierminister konnte sich nicht verhehlen, daß seine Lage weiter ungewiß war. Das durch die Drohungen Bulganins gehärtete Selbstgefühl hatte nur zu einer vorübergehenden Einstimmigkeit in seinem Kabinett geführt. Nutting verlangte, man solle seinen Rücktritt bekanntgeben. Butler forderte neuerlich, man solle die Landung absagen. Er teilte Eden mit, daß 30 konservative Abgeordnete von nun an in der Suezaffäre gegen die Regierung stimmen würden. Ein neuer Vorfall lieferte den Gegnern ein zusätzliches Argument. Ben Gurion hatte eine einseitige Feuereinstellung verkündet und Nasser nach den Bedingungen für Verhandlungen gefragt. Großbritannien kam, um die Kämpfenden zu trennen, die nicht mehr kämpften.

Amerika sagt den Franzosen und Engländern: »Halt!«

Die Invasionsflotte bestand aus den Flugzeugträgern Eagle, Albion, Bulwark, Ocean, Arromanches, dem Hubschrauberträger Theseus, dem Kreuzer Jean Bart, den Kreuzern Jamaica, Ceylon, Newfoundland. Sie begleiteten hundert Transportschiffe mit ihren Landungsbooten. Das Marinebombardement von Port Said war abgesagt worden, aber die Zerstörer feuerten auf die Bunker, die die Zufahrt zum Kanal sicherten. Der Hafen war von Wracks überfüllt. Die Ölreserven brannten, mehrere Straßen waren durch das Luftbombardement zerstört worden, und ein Barackenviertel war völlig vernichtet.

Die Engländer landeten in Port Said, die Franzosen in Port Fuad. Um 7 Uhr 45 wurde Oberst Brothier, der Kommandeur des 1. Fallschirmjägerregiments, durch den italienischen Konsul verständigt, daß der Zivilgouverneur, Mahmud Riad, um Unterhandlungen ersuche. Wie am Vortag begann die Diskussion telefonisch. Der

Gouverneur erklärte, er wolle kapitulieren, Oberst Rouchdi widersetzte sich dem aber, und Rouchdi habe die Macht. Man fragte nach dem Militärgouverneur El Mogy. Riad antwortete, dieser sei verschwunden.

El Mogy tauchte als Gefangener wieder auf; eine britische Fallschirmjägerpatrouille hatte ihn in der Nacht in der Nähe des Flugplatzes Gamil gefangengenommen. Als man ihn mit Rouchdi telefonisch verband, schrie ihm dieser zu, er müsse sich weigern, eine Kapitulation zu unterzeichnen; die russischen Flugzeuge würden eintreffen, auf Paris und London würden noch am selben Abend Atombomben fallen.

Stockwell und Beaufre kamen nun von ihren Kommandoschiffen und erschienen auf dem Schauplatz. Sie befahlen eine Feuereinstellung für die Dauer einer Stunde und beriefen die ägyptischen Behörden ins Gebäude der Kanalgesellschaft. Die Barkasse, welche die beiden Generäle dorthin brachte, wurde in hundert Meter Entfernung von einem Kugelhagel begrüßt. Die englischen Panzer erwiderten das Feuer und schossen das Gebäude in Brand. Darauf begab sich Beaufre in das Wasserwerk, wo er zusammen mit Brigadegeneral Butler und General Massu für den nächsten Tag den Vormarsch nach Ismailia besprach.

In der Stadt hatte der regelrechte Kampf aufgehört. Die ägyptischen Soldaten, überzeugt, daß die Engländer ihre Gefangenen erschossen, warfen die Uniformen fort und flohen in Unterhosen. Wer noch kämpfte, waren die von Rouchdi bewaffneten jungen Burschen; sie feuerten von Dächern und aus Fenstern. Die Engländer und Franzosen säuberten die Straßen, eine nach der anderen, die jugendlichen Kämpfer jedoch entkamen ihnen auch hier und begannen anderswo ihre kriegerischen Spiele von neuem.

Gettysburg liegt hundertzwanzig Kilometer von Washington entfernt; Ägypten ist von Washington durch sieben Stunden Zeitunterschied getrennt. Als das Ehepaar Eisenhower um 9 Uhr 10 Ortszeit das Weiße Haus verließ, um zur Wahl zu schreiten, neigte sich in Suez der Nachmittag seinem Ende zu.

Das Ehepaar gab seine Stimmen in einer Holzbaracke der ländlichen Gemeinde Cumberland ab. Mamie gab als Beruf »Hausfrau« und Dwight »Präsident der Vereinigten Staaten« an. Er ließ seine Frau mit dem Wagen nach Hause zurückbringen, während er selbst mit einem leichten Flugzeug nach Washington flog. Der Novemberhimmel war blau wie im Frühjahr.

Ihn erwartete die Nachricht, daß starke Formationen von Flugzeugen die Türkei überflogen. Admiral Radford jedoch hegte Zweifel an der Information: »Unsere Radars müssen sich geirrt haben, oder sie haben Störche gesehen... Ich bezweifle sehr, daß die Russen die Franzosen und Engländer angreifen.«

Ein Bericht der Luftwaffe bestärkte Radfords Zweifel. Erkundungsflugzeuge hatten sämtliche Flugplätze Syriens überflogen. Die angeblich eingetroffenen hundert Migs waren nicht da. Die Einfahrt der sowjetischen Unterseeboote im Mittelmeer beruhte gleichfalls nicht auf Wahrheit.

An den bereits getroffenen Anordnungen wurde nichts geändert. Die *Strategic Air Command* befand sich bereits im Alarmzustand, um sämtliche Raketen mit Atomsprengköpfen waren gegen die UdSSR gerichtet. General Gruenther ließ die

Erklärung, die er auf Verlangen Eisenhowers abgefaßt hatte, genehmigen: »Sollte die UdSSR ihre Drohung zur Ausführung bringen, Raketen gegen bestimmte NATO-Länder abzuschießen, würden wir unverzüglich Vergeltungsmaßnahmen anwenden und die UdSSR vernichten. Das ist so sicher, wie die Nacht dem Tage folgt . . . «

Ike war zum Kampf bereit, doch er war auch der Ansicht, daß das Suezabenteuer nun lang genug gedauert hatte. Er rief Eden an und teilte ihm mit, er müsse unbedingt die von den Vereinten Nationen angeordnete Feuereinstellung annehmen. Eden unterbrach ihn: »Herr Präsident, das ist seit fünf Minuten bereits geschehen.« »Und die Franzosen?« »Die Franzosen gleichfalls.« »Ah, da bin ich erleichtert.«

Das britische Kabinett war um 9 Uhr 45 Londoner Zeit zusammengetreten. Eden war nur noch ein Gespenst. »Er warf den Kopf nach rückwärts, sein Mund stand offen. Seine von Schlaflosigkeit entzündeten Augen blickten ins Leere. Das Gesicht war leichenblaß, ausgenommen die schwarzen Schatten, die die sterbende Glut seiner Augen umrahmten . . .« Er erklärte, das Ziel der Expedition erscheine ihm erreicht, da die Feindseligkeiten zwischen Israel und Ägypten aufgehört und die französisch-britischen Truppen sich am Suezkanal festgesetzt hätten. Den Vormarsch fortzusetzen, sich gegen Kairo zu wenden, Nasser zu verjagen beinhalte ein ernsteres Risiko als die Drohungen Bulganins. Eine heftige Spekulation gegen das englische Pfund war im Gang. Die Devisenvorräte, die im September um 57 Millionen Dollar und im Oktober um 84 Millionen zurückgegangen waren, hatten sich in den ersten Novembertagen um 279 Millionen Dollar vermindert. Amerika übte einen unerbittlichen Druck auf die britische Währung aus. Dem mußte man sich beugen.

Die Resignation war allgemein. »Keiner meiner Kollegen«, notierte Sir Anthony, »machte den Vorschlag, daß die französisch-britische Aktion fortgeführt werden solle.«

Nun mußte man die Franzosen noch überzeugen. Man erreichte Guy Mollet um 13 Uhr, während er Kanzler Adenauer bei sich zum Essen empfing. Die Minister traten in aller Eile zusammen. Pineau und Bourgès-Manoury traten dafür ein, daß man auch ohne die Engländer weitermachen solle. Gazier und Jacquet erwiderten, das Risiko sei zu groß und man dürfe sich nicht in weitere Unkosten stürzen.

Im Hôtel Matignon meldete man General Ely, der eine dringende Mitteilung machen wolle. Er brachte einen Bericht von Admiral Barjot aus Zypern: »Plan ›Mousquetaire‹ übertroffen. General Keightley hat Befehl erhalten, so schnell wie möglich Isailia und Suez zu nehmen. Port Said genommen, Nachstoß über Straße in Gang. Kilometer Vierzehn von französischen Fallschirmjägern erreicht. Brauche nicht vorzutreiben.«

Die Diskussion innerhalb der Regierung kam wieder in Schwung. Niemand ahnte, daß der Wortlaut der Depesche emphatisch war und daß Barjot dem Ablauf der Operationen vorgriff. Der Sieg war Tatsache, die Landung war geglückt, der Kanal praktisch erobert. Und in diesem Augenblick gab England auf! In der letzten Viertelstunde gab es den Kampf auf!

Guy Mollet zog sich zurück und rief Eden an. Als er wiederkam, teilte er mit, er habe von den Engländern erreicht, daß die für 17 Uhr 30 vorgesehene Feuereinstellung auf 7. November null Uhr Londoner Zeit verschoben werde. Es war jedoch für Frankreich unmöglich, allein weiterzumachen. Die materielle Organisation der Expedition ließ es nicht zu, und überdies war zu befürchten, daß die Engländer ihre Verbündeten am Vormarsch hindern würden.

»Die Verkündung der Feuereinstellung«, sagte Beaufre, »war von dem Befehl begleitet, im Zusammenhang mit dieser Entscheidung so viele Pfänder wie möglich in die Hände zu bekommen. Diese nuancierten, dummen Weisungen erschienen mir wie ein schlechter Witz. Wir hatten eben einen nicht wieder gutzumachenden Fehler begangen; man konnte ihn nicht durch Detailmaßnahmen wettmachen.«

Eden hatte es eilig, zu einem Ende zu kommen. Sobald er die Zustimmung der Franzosen erwirkt hatte, eilte er ins Unterhaus, um die Feuereinstellung bekanntzugeben. Doch der Beifall, mit dem die Labour Party ihren Sieg begrüßte, klang falsch. Das Unterhaus ging in dem bedrückenden Bewußtsein auseinander, daß Großbritannien wieder um ein Stück weiter nach unten geglitten war.

Mitternacht in Greenwich entspricht 2 Uhr morgens in Port Said. Die französischen AMX-Panzer konnten mit einer Geschwindigkeit von 90 Stundenkilometern fahren. Bei diesem Tempo bestand die Aussicht, daß sie noch vor Inkrafttreten der Feuereinstellung Suez erreichten. Zumindest Ismailia . . .

Doch das Durcheinander bei der Führung und bei den Truppen verhinderte eine rasche Aktion. Die langsamen britischen Centurionpanzer verstopften die einzige bestehende Straße vor den AMX. Einigen französischen Gruppen gelang es mit Schwierigkeiten, sich durch die schwerfällige englische Kolonne durchzuschlängeln. Als die Stunde der Feuereinstellung den Vormarsch zum Stehen brachte, befanden sich zwei oder drei mit Fallschirmjägern der Legion vollbesetzte Jeeps erst bei Kilometer 24, vor El-Kantara. Den beiden europäischen Großmächten war es gegen das kraftlose Ägypten gelungen, ein Sechstel des Suezkanals zu besetzen.

Der französisch-britische Krieg auf ägyptischem Boden hatte vierzig Stunden gedauert. Im Vergleich zum Erfolg waren die Verluste sehr groß: 16 Tote und 96 Verwundete bei den Engländern, 10 Tote und 33 Verwundete bei den Franzosen.

Glorreiche Wiederwahl Eisenhowers

Wenige Stunden später triumphierte Eisenhower. Er hatte die Wahl des Jahres 1952 in 39 Staaten mit 442 Wahlmännern gewonnen; 1956 gewann er die Wahl in 41 Staaten mit 457 Wahlmännern. Seine Mehrheit von 10 Millionen Stimmen war nur von Roosevelt auf der Höhe seiner Beliebtheit, im Jahre 1936, übertroffen worden. Adlai Stevenson mußte sich mit Missouri und den sechs Staaten des tiefsten Südens zufriedengeben, die ihm die magere Zahl von 74 Wahlmännern einbrachten. Er erschien mit schmerzlich erschütterter Miene auf dem Fernsehschirm und sagte: »Wir sind zu groß, um darüber zu weinen, aber es schmerzt zu sehr, um darüber zu lachen.« Seine politische Laufbahn war damit zu Ende. (*Forts. USA S. 759*)

732

Ein zweiter Geschlagener war Anthony Eden. Er verschwand aus der Öffentlichkeit und suchte auf Jamaika Zuflucht. Er versuchte dann eine Rückkehr in die Politik, trat jedoch Anfang 1957 zurück, wobei er sich auf seinen schlechten Gesundheitszustand berief.

Sieger war Nasser. Port Said löschte die Schande der Niederlage auf der Sinaihalbinsel aus. Die *Stimme der Araber* verkündete, daß das ägyptische Stalingrad den Angriff der Imperialisten gebrochen und sie gezwungen habe, die Waffen niederzulegen. Die Krönung des Sieges sollte die sofortige Wiedereinschiffung der Eindringlinge sein. Mit Gewalt war das nicht zu erreichen; dem internationalen Druck sollte es gelingen.

Zuerst nahm die UdSSR ihre Drohungen wieder auf. Die Agentur TASS veröffentlichte ein Kommuniqué, das »das internationale Räubertum« brandmarkte und damit schloß, daß »die UdSSR sich dem Abmarsch der Freiwilligen nicht widersetzen werde, die für die Unabhängigkeit Ägyptens zu kämpfen wünschten«, falls die Angreifer versuchen sollten, sich den Entscheidungen der UNO zu entziehen. Die USA sahen sich neuerlich gezwungen, einen schärferen Ton anzuschlagen und die UdSSR daran zu erinnern, daß eine aggressive Geste gegen Frankreich oder England eine fürchterliche Bestrafung nach sich ziehen würde.

Hammarskjöld war für Nasser ein wirkungsvollerer Helfer als Moskau. Er kam nach Kairo, um seine Bedingungen zu erfahren. Nasser teilte ihm mit, er werde keinen Versuch einer Räumung des Suezkanals dulden, ehe sich die englischen, französischen und israelischen Streitkräfte völlig zurückgezogen hätten. Er war mit der Stationierung der von den Vereinten Nationen angeworbenen Blauhelme in bestimmten ägyptischen Gebieten einverstanden, mit der Einschränkung, daß sie, wenn Ägypten seine Genehmigung widerrief, sofort und ohne Diskussion abziehen müßten. Der ahnungslose Hammarskjöld kehrte triumphierend zurück. Die von ihm angenommene Bedingung sollte zehn Jahre später einen neuen Krieg im Nahen Osten verursachen.

Der Generalsekretär, der es so eilig hatte, nach Kairo zu fliegen, bemühte sich keineswegs, nach Budapest zu fahren. Dort war auf den bewaffneten der passive Widerstand gefolgt. Die Eisenbahner weigerten sich, die Züge mit Deportierten zu befördern; die Fabriken blieben im Streik. Der geheime Rat der Budapester Arbeiter verlangte die Rückberufung Nagys. Kádár mehrte seine Versprechungen, schwor, daß sich die Fehler der Vergangenheit nicht wiederholen würden. Aber er zählte vor allem auf die wirtschaftliche Not, auf den Hunger und die Kälte, um den Widerstand der Arbeiter zu brechen.

Am 24. November befahl die Vollversammlung der Vereinten Nationen Frankreich, Großbritannien und Israel, sofort bedingungslos alle von ihnen besetzten Gebiete Ägyptens zu räumen. Die Vereinten Nationen hatten mit der Mehrheit von 63 Nationen gegen 5 gestimmt. Wieder standen Frankreich und England vor einer bitteren Entscheidung. Sie hielten mit Mühe die Behauptung aufrecht, daß die Suezexpedition kein Mißerfolg gewesen sei, da sie ein Pfand am Kanal in der Hand behalten hatten. Sie versuchten, ihr Gesicht zu wahren, indem sie ihren Rückzug von der Erteilung gewisser Garantien abhängig machten. Trotz der Anstrengungen Paul-

Henri Spaaks gingen die Vereinten Nationen auf diesen Ausweg nicht ein; Frankreich und England sollten als Besiegte abziehen.

Selwyn Lloyd reiste nach Washington. Dulles verließ wankend, mit zitternden Beinen, vom Tod gezeichnet, das Krankenhaus. Eisenhower setzte sofort nach seiner Wiederwahl eine bezeichnende Geste, indem er Nehru, den Vorkämpfer der Dritten Welt gegen den westlichen Imperialismus, zu sich lud. Lloyd versuchte, eine Zusammenkunft zwischen England, Frankreich und Amerika zu erreichen. Er erfuhr eine glatte Ablehnung; eine derartige Zusammenkunft sei erst nach der Räumung von Port Said denkbar. In den Augen der Vereinigten Staaten waren Frankreich und Großbritannien schuldig gesprochen. Sie mußten sich erniedrigen, ehe ihnen verziehen wurde.

Eine Überlegung lastete schwer auf Loyd. Die Benzinvorräte Englands und Frankreichs versiegten. Die Sicherheitsreserve war auf weniger als 40 Tage durchschnittlichen Verbrauchs gefallen, und die in beiden Ländern in Kraft tretenden Rationierungsmaßnahmen vermochten sie nicht länger als für höchstens drei Monate zu strecken. Syrien hatte die aus dem Irak kommenden Pipelines durch Sabotageakte unterbrochen. Saudi-Arabien verbot Aramco, den Engländern und Franzosen Öl zu verkaufen. Wenigstens dreißig oder vierzig Millionen Tonnen wurden dringend benötigt. Eisenhower blieb jedoch unbeugsam: Keinen Tropfen Öl für die Aggressoren von Port Said, solange ihre Soldaten sich noch auf ägyptischem Boden befanden. Außerdem würden die amerikanischen Öllieferungen nicht an Frankreich und Großbritannien, sondern an die OEEC, den Europäischen Wirtschaftsrat, getätigt werden, der sie derart verteilen würde, daß die makellosen Länder wie Spanien, die Schweiz oder Deutschland zuerst versorgt wurden.

Lloyd kehrte trüber Stimmung zurück; er war gegen eine Mauer gestoßen. Die alte Garde der Partei, 104 Abgeordnete, war über Amerika empört und unterzeichnete einen Antrag, daß die Haltung Präsident Eisenhowers den Atlantikpakt in Frage stelle. Das Kabinett jedoch fand sich mit der Aufgabe seiner Absichten ab. Macmillan und Lloyd, die für energisches Einschreiten gewesen waren, machten nun gemeinsame Front mit Butler, der unaufhörlich vom Suezabenteuer abgeraten hatte. Die sofortige bedingungslose Räumung von Port Said wurde angenommen.

Wieder blieb Frankreich nichts anderes übrig, als zu folgen. Die beiden Regierungen gaben bekannt, daß sich zu Weihnachten keiner ihrer Soldaten mehr auf ägyptischem Boden befinden werde.

Am 22. Dezember war die Räumung unter Wahrung militärischen Anstands beendet. Die Bevölkerung jedoch folgte den letzten Soldaten auf den Fersen und zerstörte das am Eingang des Kanals aufgestellte Standbild Ferdinand von Lesseps'.

Inzwischen war es Tito leid geworden, Imre Nagy und 48 seiner Freunde in seiner Budapester Botschaft als Gäste zu beherbergen. Verhandlungen wurden angebahnt; János Kádár gab die schriftliche Versicherung ab, daß gegen den ehemaligen Ministerpräsidenten keine Verfolgung beabsichtigt sei und er in völliger Sicherheit nach Hause zurückkehren könne. Am 22. November hielt bei Einbruch der Nacht ein Autobus vor der Botschaft. Nagy und seine Freunde stiegen ein, der Bus fuhr geradewegs zum sowjetischen Hauptquartier. Etwas später sahen ihn Zeugen mit niedergezogenen Vorhängen wieder fortfahren. Am nächsten Tag veröffentlichte die ungarische Regierung ein Kommuniqué, daß Exministerpräsident Nagy den Wunsch geäußert habe, »das ungarische Territorium zu verlassen, um sich in ein anderes sozialistisches Land zu begeben«, und daß er sich beeilt habe, seinen Wunsch in die Tat umzusetzen. Dann senkte sich Stille über den Mann, der die Hoffnung einer Nation getragen hatte.

24. Kapitel   1957 Das Jahr des Sputnik
Geburt Europas

Sechsundvierzig Wracks versperrten den Kanal. Vor El-Qantara war das Bagger-schiff *Louis Perrier* versenkt worden, gegenüber von Ismailia der Schleppdampfer *Edgar Bonnet*, bei der Einfahrt zum Großen Bitter-See lag das ägyptische Panzer-landungsschiff *Akka*. Dreizehn Schiffe waren dadurch blockiert, darunter die libe-rianische *Statue of Liberty* mit ihren 22 000 Tonnen, die weder vor noch zurück konnte.

Das Urteil der Fachleute lautete, die Räumung sei verhältnismäßig leicht zu be-werkstelligen. Während der sieben Wochen zwischen Feuereinstellung und Räu-mung entfernten Engländer und Franzosen die störendsten Wracks zwischen Port Said und Kilometer 35. Zwei starke deutsche Schiffe, die *Energie* und die *Ausdauer*, während des Kriegs auf Hebung von Unterseebooten spezialisiert, trafen zur Ver-stärkung ein. Es bestand die Möglichkeit, daß der Suezkanal innerhalb von sechs Wochen für die Schiffahrt wieder verwendbar war.

Das war dringend nötig; ganz Westeuropa stand im Zeichen der Erdölkrise, in Frankreich und Großbritannien waren Benzinmarken eingeführt worden. Das Ren-nen von Monte Carlo wurde abgesagt, die Schweiz, Schweden, Belgien und Portu-gal schränkten den Verkehr ein. Fabriken setzten ihre Produktion herab, in manchen Gebäuden wurde die Heizung gedrosselt.

Ägypten erwies sich jedoch als Hemmschuh; Nasser kostete seinen Sieg aus, stellte Bedingungen und dehnte sie immer weiter aus. Er forderte eine Kriegsent-schädigung und sprach davon, den französischen und englischen Schiffen den Zu-gang zum Suezkanal zu verweigern, wenn er nicht erhielt, was er verlangte. Er woll-te über die Räumung des Kanals nur mit den Vereinten Nationen verhandeln und beabsichtigte den Beginn der Arbeiten so lange hinauszuschieben, bis die Israelis die Sinaihalbinsel völlig geräumt hatten. Der Hamburger Reeder Klostermann war sehr verärgert, daß seine beiden großen Hebeschiffe zum Festliegen verurteilt waren.

Endlich wurde eine Einigung erzielt. Ein pensionierter amerikanischer General, Raymond-Albert Wheeler, der unter der Leitung des Ingenieurs Goethals am Durch-stich der Landenge von Panama teilgenommen hatte, wurde von den Vereinten Na-tionen zum Leiter der Räumungsarbeiten bestimmt. Ein erster Konvoi von neun klei-nen italienischen, griechischen, deutschen und sowjetischen Schiffen durchfuhr den Kanal am 29. März. Der englische Frachter *West Breeze* mit Bestimmung Hongkong passierte am 19. April, nachdem er die Kanalgebühren in Schweizer Franken bezahlt hatte. Frankreich bestand auf Fortsetzung seines Boykotts; Christian Pineau bemüh-te sich, beim Sicherheitsrat durchzusetzen, daß die im Oktober erwogene Frage der Garantien wieder auf die Tagesordnung gesetzt wurde, erreichte jedoch nur ein leeres nominelles Entgegenkommen. Darüber kam die Regierung Mollet zum Sturz, und das nachfolgende Kabinett unter Bourgès-Maunoury hob das Verbot auf. Am 16. Juni fuhr der französische Frachter *Picardie*, nachdem er die Ägypter in Dollar bezahlt hatte, in den Kanal ein.

Die Vereinigten Staaten unterstützten Israels Anspruch auf Benützung des Kanals. Nasser antwortete, die Frage sei nicht aktuell, ehe die der palästinensischen Flüchtlinge gelöst sei. Er selbst hatte vor kurzem 11 000 britische und 6000 französische Staatsbürger ausgewiesen und ihren gesamten Besitz beschlagnahmt. Der Sicherheitsrat, die Vollversammlung der Vereinten Nationen wollten das totschweigen.

»Diesmal gehört der Kanal tatsächlich uns, Ägypter!« – In Wirklichkeit war der Suezkanal nicht mehr zu retten.

Der Schiffsverkehr wurde zum Großteil von Öltankern des Typs T2 bestritten; das Modell stammte aus dem Krieg; Ladefähigkeit in der Größenordnung von 10 000 Tonnen. Sie machten bei jedesmaliger Durchfahrt des Suezkanals durchschnittlich 7,63 Hin- und Rückreisen im Jahr, bei denen sie 117 000 Tonnen Rohöl zum durchschnittlichen Preis von 2172 Francs die Tonne aus dem Persischen Golf nach Europa brachten. Ein Tanker von 47 800 Bruttoregistertonnen machte über die Kaproute mit 17 Knoten Geschwindigkeit 5,75 Hin- und Rückfahrten im Jahr und beförderte 225 000 Tonnen zum Preis von 1629 Francs die Tonne, das heißt um 25 % billiger als über Suez. Man errechnete, daß der Transportpreis mit Schiffen von 65 000 Tonnen über Kapstadt auf 1435 Francs die Tonne zurückgehen würde. Vorsichtige Fachleute behaupteten, man könne über so riesige Schiffsgrößen nicht hinausgehen, aber die beiden wetteifernden Schwäger, Niarchos und Onassis, hatten bereits je einen Tanker von 100 000 Tonnen bestellt. Das war sehr wagemutig, aber es sollte noch besser kommen.

Nüchtern besehen war der Suezkanal eine veraltete Angelegenheit. Die Luftfahrt hatte ihn seiner Rolle beraubt, die darin bestand, die Passagierreisen zwischen Europa und dem Orient abzukürzen. Die neuen Bedingungen der Seefahrt sollten ihm bald seine Rolle als Erdöltransportweg nach Westeuropa rauben. Ferdinand de Lesseps hatte, als er eine Konzession für 99 Jahre verlangte, einem wirklichen Vorauswissen gehorcht. Seinem Kanal kommt im letzten Drittel des 20. Jahrhunderts nur noch die Bedeutung einer lokalen Wasserstraße zu. Nasser glaubte in seiner Ahnungslosigkeit, er lege die Hand auf eines der großen strategischen und wirtschaftlichen Machtmittel der Welt; er hatte nur ein Bild aus der Vergangenheit zu fassen bekommen.

Es war grausame Ironie, daß man für dieses Bild aus der Vergangenheit eine Weltkrise entfesselt, englisches und französisches Blut vergossen hatte. Frankreich und Großbritannien hatten 1956 einen Krieg aus dem 19. Jahrhundert geführt. Vielleicht hätten sie ein Ergebnis für das 20. Jahrhundert erreicht, den Sturz Nassers, eine Bremsung des arabischen Nationalismus, eine Rehabilitierung Europas, wenn sie den Mut besessen hätten, bis zum Ende durchzuhalten. (*Forts. Ägypten S. 798*)

Auf israelischer Seite gab es einen Gefangenen: ein über dem Suezkanal abgeschossener Pilot. Für ihn gaben die Israelis Nasser die 5881 Gefangenen, darunter 5 Generäle, zurück, die während des kurzen Sinaifeldzugs festzunehmen sie sich die Mühe gemacht hatten.

In der Knesset trat die Cherut-Partei dafür ein, daß Israel die eroberten Gebiete behalten solle. Ben Gurion jedoch war Realist; er hatte nicht einmal die von den Engländern und Franzosen zugebilligte Feuereinstellung abgewartet, um zu erklären, er wolle sich die Sinaihalbinsel keineswegs aneignen. Er ließ die ägyptischen Befestigungen in die Luft sprengen und die kolossale Kriegsbeute nach Israel schaffen, Hunderte Panzer, Lastwagen, Geschütze, Millionen Tonnen Munition, Kriegsmaterial und Lebensmittel. Dann regelte Dayan mit General Burns, dem Kommandanten der im Eilauftrag angekommenen Truppen der Vereinten Nationen, die Räumungsbedingungen.

Die Armee der Blauhelme bestand nun aus Kontingenten von sechs Staaten. Die Jugoslawen kamen über die Küstenstraße, die Inder und Kolumbianer rückten über die Straße im Inneren gegen El-Auja vor. Eine dritte, aus Finnen, Norwegern und Dänen bestehende Gruppe bewegte sich über die Querpisten zum Golf von Akaba. Jeder Kontakt mit den zurückgehenden israelischen Truppen war untersagt worden. Hinter den Blauhelmen kamen die Ägypter.

Am 15. Januar zogen die Ägypter in El-Arish ein. Auf Nassers Befehl wurde ein Triumphbogen errichtet; er stand noch zehn Jahre später dort, als die Israelis wiederkamen.

Am 22. war die Räumung der Sinaihalbinsel beendet, bis auf Sharm-el-Sheikh und einen schmalen Streifen entlang dem Golf von Akaba. Die Israelis behielten auch den Gazastreifen in Händen, der zu Palästina gehört und den Ägypten immer als fremdes Gebiet verwaltet hatte.

Der Gazastreifen war für Israel immer ein wunder Punkt gewesen. 200 000 palästinensische Flüchtlinge lebten dort zusammengedrängt. Hier wurden die Fedajin angeworben und eingeübt, von hier brachen sie zu ihren Sabotage- und Mordkommandos auf. Am 23. Januar erklärte Ben Gurion in der Knesset, die Bevölkerung solle sich nach eigenem Gutdünken verwalten, er werde jedoch die Polizeigewalt übernehmen und eine Wiederherstellung des ägyptischen Systems nicht dulden.

Eine andere Forderung Ben Gurions war die der freien Schiffahrt im Golf von Akaba. Am 4. Januar hatte eine israelische Fregatte nach Umfahrung Afrikas die Meerenge von Tiran durchlaufen und in Elat Anker geworfen. Der einstige Seeweg König Salomos wurde wieder geöffnet, der Traum einer direkten Verbindung mit dem Indischen Ozean verwirklicht. Die optimistischen Juden begannen sofort an einer Pipeline von Elat nach Rehovot zu arbeiten, in der Absicht, daraus einen der Hauptwege der Erdölförderung zu machen... Wenn aber Ägypten die Meerenge von Tiran wieder uneingeschränkt in Besitz nahm, war der Traum vorbei.

Ein harter Kampf setzte ein. Sechsmal forderte die Vollversammlung der Vereinten Nationen Israel auf, die Räumung der besetzten Gebiete ohne Vorbehalt zu beenden. Nur Frankreich war so anständig, für den kleinen jüdischen Staat zu stimmen. Die kommunistischen, die arabischen Länder verlangten dessen Ausschluß aus den Vereinten Nationen, forderten wirtschaftliche und militärische Sanktionen, um ihn zu erzwingen.

Auf Präsident Eisenhower hatte die Suezaffäre eine außerordentliche Wirkung. Er wurde nachdenklicher, und während er früher nur Wildwestromane gelesen hatte, lagen nun Bücher über das Los der Menschheit auf seinem Nachttisch. »Das Leben ist eine Treppe«, sagte er. »Ich komme zu den letzten Stufen und möchte mit reinen Händen vor meinen Schöpfer treten.« Israel hatte aus den auf der Sinaihalbinsel erbeuteten Dokumenten ein Weißbuch zusammenstellen können, das bewies, daß die ägyptischen Generäle Befehl erhalten hatten, Israel anzugreifen und zu vernichten. Das Argument prallte an den Maximen Eisenhowers ab; Israel hatte eine Aggression begangen. Es war ein Gebot der Stunde, daß es daraus nicht den geringsten Vorteil zog, daß es also bedingungslos und unverzüglich in seine Grenzen zurückkehrte, aus denen es nie hätte hervortreten dürfen.

Ein Verweis und Appell nach dem anderen erging an Ben Gurion. Da Israel seine Weigerung aufrechterhielt, wurde die amerikanische Hilfe eingestellt, und John Foster Dulles erklärte am 3. Februar auf ausdrückliche Weisung des Präsidenten, daß er wirtschaftliche Sanktionen gegen Israel »in very serious consideration«, in sehr ernste Erwägung, ziehe.

Diesmal reagierte die amerikanische Öffentlichkeit aufs heftigste. Man hatte die Illusion gehegt, daß Nasser, den man am Rand des Abgrunds gerettet hatte, sich nachgiebiger zeigen würde. Nun stellte sich heraus, daß er noch unverträglicher und anmaßender wurde. Weit entfernt davon, den USA zu danken, nahm er seine Angriffe gegen sie wieder auf. In seiner Neujahrsbotschaft hatte Ike erklärt, daß im Mittleren Orient ein Vakuum entstanden sei, und Sondervollmachten vom Kongreß verlangt, um jedem Land, das sich an die Vereinigten Staaten wenden würde, wirtschaftliche und auch militärische Hilfe zu gewähren. Nasser hielt dem entgegen, der arabische Nationalismus genüge, um die durch Vertreibung der Franzosen und Engländer entstandene Leere auszufüllen, und die »Eisenhowerdoktrin« sei nichts anderes als Ausdruck des amerikanischen Imperialismus.

Am 20. Februar versammelten sich 26 Leader des Senats und des Repräsentantenhauses im Weißen Haus; sie waren wütend, Eisenhower war es auch. Er hatte sie nach Georgia kommen lassen wollen, wo er Golf spielte und auf Wachteljagd ging. Sie hatten sich geweigert und auf die Würde des Kongresses hingewiesen. Eisenhower, der an einer Erkältung litt, mußte zurück ins eisige Washington. Er suchte die Leader zu überzeugen, daß für die Zukunft des Menschengeschlechts ein voller Erfolg der Vereinten Nationen in der Sinaiaffäre von enormer Wichtigkeit sei; aus diesem Grund müsse Israel zum Gehorsam gezwungen werden. Damit traf er auf einmütigen Widerstand. Lyndon Johnson, im Namen der Demokraten, und William Knowland, im Namen der Republikaner, erwiderten ihm, daß die Vereinten Nationen nach zweierlei Moralmaßstäben handelten, daß sie sich von der UdSSR in der Ungarnaffäre und von Indien in der Kaschmiraffäre herausfordern ließen, jedoch zu allem bereit seien, um Israel zu züchtigen. Der Präsident sollte wissen, daß die große

Mehrheit des Kongresses ihm nicht folgen werde, wenn er zu Sanktionen greifen wolle.

Eisenhower gab sich nicht geschlagen. Er sprach im Fernsehen; sein Gesicht und sein Tonfall waren nicht die des lächelnden Präsidenten, an den die Amerikaner gewöhnt waren. Der mächtigste Gewerkschaftsboß der Vereinigten Staaten, George Meany, Präsident der AFL-CIO, drückte die Reaktion breiter Bevölkerungsschichten aus: »Sanktionen wären eine Parodie auf die Gerechtigkeit. Die einzige Bedrohung des Friedens liegt bei dem ägyptischen Diktator und seinen russischen Verbündeten, die den demokratischen Staat Israel vernichten wollen.«

Die Krise löste sich durch eine neuerliche Geste der Vernunft von seiten der israelischen Regierung. Am 1. März verkündete Golda Meir bei den Vereinten Nationen, daß Israel Gaza und Sharm el-Sheikh räumen werde, unter der Voraussetzung, daß die beiden Zonen von den Blauhelmen besetzt und bewacht würden. Es gab eine völlig überflüssige Diskussion, ob diese Erklärung eine bedingungslose Annahme darstellte. Tatsächlich sollten die Soldaten der UNO im Gazastreifen einziehen und, abgesehen von einigen Zwischenfällen, die Freiheit der Schiffahrt in der Meerenge von Tiran bis zum Jahr 1967 gewährleisten. (*Forts. Israel S. 932*)

Mao und das China der Hundert Blumen

Tschou En-lai sprach in Pnom Penh die unglaublichen Worte: »Wenn es zu einer Einigung zwischen Peking und Taiwan käme, könnte Marschall Tschiang Kai-schek mit einem höheren Rang als dem eines Ministers in unsere Regierung eintreten.« Dann hielt er eine Lobrede auf »meinen alten Freund Tschiang«, an dessen Seite er bis zum Jahr 1937 gekämpft hatte.

Unglaublich, dieses China, das plötzlicher, vollkommener Wandlungen fähig war. Seit Jahren regnete es Ströme von Beschimpfungen gegen »den Banditen Tschiang Kai-schek«; plötzlich faßte sein Ministerpräsident die Möglichkeit ins Auge, ihn wieder dem Regime einzugliedern und mit den höchsten Machthabern zu vereinen. Die Verbannten in Taiwan antworteten, der Köder sei zu plump und der Vorschlag Tschou En-lais verdiene nicht einmal eine Antwort.

Tschou setzte seine Rundreise durch Asien fort. Der Empfang, der ihm in Neu-Delhi bereitet wurde, war wirklich triumphal; eine riesige Menge jubelte ihm zu. Nehru lobte ihn begeistert, als hätte es die Wolken von Bandung nie gegeben. Dann besuchte Tschou, immer noch von einem Menschenmeer umgeben, Bangalore, Bombay, Madras und Kalkutta. Anschließend verbrachte er zwölf Tage in Birma, kehrte zurück, um Pakistan zu besuchen, und fuhr dann zu einem neuen Gespräch mit Nehru nach Delhi. Seine Schritte hallten in Asien wider wie die des marschierenden China. Bei all den Lobhudeleien beging er keinen einzigen Fehler. Als Sohn eines Mandarins gehörte er zur Rasse der Talleyrands, er ging aus dem abgesetzten Regime hervor und diente dem neuen mit hervorragender Tüchtigkeit und ebensolchem Erfolg.

Plötzlich wurde der Rhythmus seiner Reise unterbrochen. Die Besuche in Nepal,

99 100 Auf dem Wege zu einem geeinten Europa: Unterzeichnung der EWG-Verträge am 25. März 1957 (oben Adenauer und Hallstein). – Luxemburg wird Sitz u. a. des Generalsekretariats des Europäischen Parlaments.

SAUF PARLEMENT EUROPEEN

101 102 Der erste erfolgreiche Start eines künstlichen Erdtrabanten, des sowjetischen Sputnik, im Herbst 1957 führte zu einer nachhaltigen Erschütterung des Selbstvertrauens der westlichen Welt. Vor dem Moskauer Planetarium (oben) wie in DDR-Schulen (unten) ist der spektakuläre Erfolg der Russen erstes Thema.

Afghanistan und Ceylon wurden verschoben. Tschou En-lai kehrte nach Peking zurürück, wo Tupolew ihn erwartete, um mit ihm eiligst nach Moskau zu reisen. Am 7. Januar empfing ihn die sowjetische Führungsgarnitur bei grimmiger Kälte auf dem Flugplatz Wnukowo. Bulganin, Chruschtschow, Molotow, Malenkow, Schepilow, alle standen sie mit angespannten, bangen Mienen dort; auch Kádár war in Wnukowo, Cyrankiewicz sollte am nächsten Tag kommen.

Nach achtundvierzig Stunden in Moskau begab sich Tschou nach Warschau. Die Menge in Polen bejubelte in ihm die Großmacht, die sie gegen Moskau verteidigt hatte. Die nächste Etappe war Budapest. Tschou kam in eine tote Stadt, die sich hinter zwei Reihen Soldaten und Polizisten verbarg. Das Parlament, in das er gebracht wurde, war von einem dichten Ring russischer Panzer umgeben. Kádár dankte Tschou »für die gewaltige moralische und materielle Hilfe, die China der Sowjetunion geleistet hat«. China hatte, wie im Falle Polens, zuerst eine Volksbewegung ermutigt, die gegen den russischen Einfluß gerichtet schien; als er aber begriff, daß der Kommunismus selbst in Frage gestellt wurde, hatte es in Moskau interveniert und strenge Maßnahmen zur Unterdrückung dieser Bewegung gefordert.

Die überraschende Reise Tschou En-lais nach Europa hing mit dem Zwist zusammen, der das sowjetische Parteipräsidium spaltete. Chruschtschow, der infolge der Affären in Polen und Ungarn schwere Einbußen erlitten hatte, rief China zu Hilfe, brachte den asiatischen Kommunismus als Schiedsrichter in die Streitigkeiten des europäischen Kommunismus. Auf seiner Rückreise unterschrieb Tschou in Moskau eine Erklärung, daß »die provokatorischen Schritte der imperialistischen aggressiven Kräfte zur Unterwühlung der sozialistischen Länder entschiedenstem Widerstand begegnen« und daß es durchaus möglich sei, die Einheit der sozialistischen Länder mit der Unabhängigkeit jedes einzelnen von ihnen auf einen Nenner zu bringen. Während des auf die Unterzeichnung folgenden Empfangs zeigte Chruschtschow offen seine Freude und Begeisterung. Er goß den kristallklaren, scharfen chinesischen Schnaps wasserglasweise hinunter und stürzte sich mit wütender Fröhlichkeit in seine Rolle als Totengräber des Kapitalismus. »Ja, meine Golutschiki, meine Täubchen, wir werden euch das Grab schaufeln, ob ihr es wollt oder nicht . . .« Die anderen sowjetischen Führer hörten ihm hölzern und übelgelaunt zu.

Nikita hatte zweifellos einen Vorteil gegenüber seinem Nebenbuhler errungen. Der chinesische Kommunismus hätte versuchen können, ihn abzuschießen, indem er sich an die Seite Molotows oder Kaganowitschs stellte, doch er hatte sich entschlossen, Chruschtschow zu unterstützen. (*Forts. China S. 755*)

In Rom wird Europa geboren

Die beiden Verträge wurden am 26. März während eines der heftigsten Regengüsse unterzeichnet, an die Rom sich zu erinnern vermag. Der windgepeitschte Sprühregen drang in die lange Galerie des Kapitols, wo die Feier stattfand. Dann bewegte sich eine Schlange von Automobilen durch die kleinen, farbenfrohen Gassen Roms zum Quirinal, wo Präsident Gronchi einen Empfang gab.

Der Vertrag, der die Europäische Atomenergiekommission, Euratom, schuf, entsprach einer im Europa des Jahres 1957 noch vorherrschenden Sorge. Der Mangel an Energiequellen stellte für die Entwicklung des Kontinents weiterhin eine Bedrohung dar. Weder Großbritannien noch Deutschland hatten ihre Vorkriegskapazität an Kohle erreicht, und außerdem war es bereits klar, daß Kohlenenergie rettungslos veraltet war. Frankreich, die Schweiz, Italien arbeiteten in großem Stil an der Auswertung der Wasserkraft, doch die verwendbaren Möglichkeiten waren rasch erschöpft. Der Euratom-Vertrag setzte es sich zum Ziel, »in kurzer Zeit die industriellen und technischen Voraussetzungen zu schaffen, die zur Verwertung der Erfindungen auf dem Gebiet der Kernkraft und insbesondere zur Erzeugung von Kernenergie im großen Umfang erforderlich sind«. Sämtliche militärischen Anwendungen blieben außerhalb der Kompetenz der Kommission.

Der Vertrag, durch den die Europäische Wirtschaftsgemeinschaft – oder der Gemeinsame Markt – geschaffen wurde, war von größerer Tragweite. Drei Jahre nach dem Scheitern der EVG fand Europa nun seinen Weg.

Die Geschichte der Ausarbeitung des Gemeinsamen Marktes war lang und mühevoll. Der in Rom unterzeichnete Vertrag bestimmte das Wichtigste, daß nämlich die sechs in der Europäischen Gemeinschaft für Kohle und Stahl zusammengeschlossenen Länder, Belgien, Deutschland, Frankreich, Italien, Luxemburg und die Niederlande, sich verpflichteten, innerhalb von fünfzehn Jahren ein von seinen inneren Zollschranken befreites, von einem einzigen Zolltarif umgebenes Wirtschaftsgebiet zu verwirklichen. Schwierige Fragen blieben ungelöst, zahlreiche Angleichungen waren notwendig, damit der Gemeinsame Markt tatsächlich zu dem Wirtschaftsreich wurde, das den modernen Erfordernissen entsprach. Es blieb noch, das europäische Landwirtschaftsstatut aufzustellen, die Steuer- und Sozialsysteme in Übereinstimmung zu bringen. Das Recht der Gründungsfreiheit von Unternehmen, das Recht auf freie Wahl des Arbeitsplatzes erforderten genaue Bestimmung und Übergangsstadien. Die notwendige Ergänzung für die Wirtschaftseinheit war eine gemeinsame Währung. Der Vertrag von Rom brachte das Instrument für eine Entwicklung, die durch ständige konstruktive Arbeit unterstützt werden mußte. Das Unglück wollte es, daß eine wortgewaltige, aber blinde, mächtige, aber borniete konservative Kraft, General de Gaulle, den Weg, der sich öffnete, blockierte.

Der Beginn dieses Buches hat Europa in seiner Not und Verzweiflung geschildert. Zwölf Jahre waren vergangen. Der Vertrag von Rom ist ein guter Anlaß, einen Blick auf den wiedererstandenen Kontinent zu werfen.

Acht Jahre nach Gründung seiner Bundesrepublik war Kanzler Konrad Adenauer 82 Jahre alt. Seit seiner Reise nach Moskau im Herbst 1955 hatte sich seine Position wesentlich verschlechtert. Seine Mehrheit im Bundestag war von 344 auf 274 Stimmen abgebröckelt. Die Freie Demokratische Partei, in der sich liberale Bestrebungen mit nationalistischen Sehnsüchten vereinigten, hatte sich von der Koalition gelöst, nachdem ihr Chef, Thomas Dehler, die Willfährigkeit des Kanzlers gegenüber dem Westen gebrandmarkt und »seine deutsche Außenpolitik« verlangt hatte. Die politische Entwicklung in den Ländern zeigte einen Rückgang der CDU an. Die Christlichen Demokraten regierten in Nordrhein-Westfalen durch den energischen Karl Ar-

EWG   EFTA

Island

Finnland

SCHWEDEN

NORWEGEN

Oslo   Stockholm

UdSSR

DÄNEMARK

Kopenhagen

GROSSBRITANNIEN

Irland

Berlin   Polen

NIEDER-
LANDE

Amsterdam   DDR

London

Brüssel
BELGIEN   Bonn
LUXEMBURG   BUNDESREP.   Tschechoslowakei

Paris   Luxemburg   DEUTSCHLAND

Wien

Bern   ÖSTERREICH   Ungarn

FRANKREICH   SCHWEIZ

Jugoslawien

ITALIEN

Rom   Albanien

PORTUGAL

Spanien

Lissabon

nold seit der Zeit – es schien bereits unglaublich –, da das Ruhrgebiet ein Trümmerhaufen gewesen war; durch die Kehrtwendung der FDP verloren sie die Mehrheit, und auf Karl Arnolds Stuhl in Düsseldorf nahm ein Sozialist Platz. Kritik an dem Kanzler begleitete das, was man für den Niedergang seiner Partei ansah. Sein Alter mache ihn nicht sanfter, er bleibe autoritär und folge weiterhin seinen plötzlichen Eingebungen. Durch seine Schlagfertigkeit machte er sich zahlreiche Feinde, viele CDU-Mitglieder hielten sein Abtreten für erwünscht.

Auch Ludwig Erhard litt unter gewissen Abnutzungserscheinungen. Als die Deutschen wieder zu essen und zu hoffen begannen, war die Beliebtheit des Hexenmeisters der Wirtschaft auf ihren Höhepunkt gestiegen. Nun verlor sie durch die Gewöhnung an das Wunder von ihrem Glanz. Der Teil Deutschlands, der die Bundesrepublik bildete, produzierte doppelt so viel wie vor fünfundzwanzig Jahren. Die Parität der Deutschen Mark hatte sich seit ihrer Emission verdreifacht. Der Wert der Industrieproduktion war von 1952 bis 1957 von 126 auf 200 Milliarden Mark gestiegen. Die Währungsreserven überstiegen viereinhalb Milliarden Dollar. Die Lebenshaltungskosten waren stabil geblieben, während die Löhne seit 1951 um 35 bis 40 % gestiegen waren. Diese bewundernswerten Erfolge verdankte man dem dicken bayerischen Weintrinker (das war der einzige gemeinsame Zug mit Adenauer), der so intelligent gewesen war, an die Vorteile des Liberalismus zu glauben, während die Neunmalklugen in der ganzen Welt den Beginn des Sozialismus ankündigten. Aber die Deutschen begannen das zu vergessen.

Seit sieben Jahren verlangte Erhard zum Schutz des freien Unternehmertums ein Gesetz gegen die Kartelle. Deutschland hatte sie 1893 entstehen sehen, als die sächsischen Industriellen müde wurden, einander die Luft abzuschneiden, und sich darauf einigten, Preise und Kontingente festzusetzen. Sie erreichten im Kaiserreich eine Zahl von 2000 Betrieben, und später fand es Hitler praktisch, seinen wirtschaftlichen Totalitarismus in diese bereits fertigen Strukturen des Kapitalismus einzufügen. Der liberale Erhard wollte sie nun sprengen und verbieten.

Seine Hartnäckigkeit trug schließlich den Sieg davon. Am 4. Juli wurde das Gesetz über Wettbewerbsbeschränkungen (Kartellgesetz) beschlossen; an dem Tag war es so heiß, daß die Bonner Feuerwehr zu Hilfe kommen und das Dach des Bundestagsgebäudes mit Wasser besprengen mußte, um so die Abgeordneten zu erfrischen.

Ludwig Erhards liberale Aktion richtete sich gegen die vom Naziregime und auch vom alten preußischen Staatssozialismus überkommenen Staatsunternehmen. Er entstaatlichte die Bergwerks- und Hüttenkonzerne, die bis auf die Zeit zurückgingen, da König Friedrich Wilhelm mangels privater Unternehmer gezwungen war, selbst Stahlwerke zu führen. Er machte das Volkswagenwerk zu einer Volksaktiengesellschaft, indem er Aktien im Wert von 500 Mark für Kleinaktionäre ausgab. Er verpflanzte den Massenkapitalismus nach Deutschland und bereitete wie in den Vereinigten Staaten den fortschreitenden Übergang des Besitzes der großen Unternehmen in die Hände der breiten Masse vor. Es teilte sich heraus, daß diese Aktion mit ihrer tiefgreifenden Wirkung auf die deutsche Gesellschaft für Erhard keinen weniger grandiosen Erfolg bedeutete als die Wiederherstellung der Deutschen Mark.

Der Wirtschaftsminister und der Bundeskanzler standen einander jedoch mit einer Feindseligkeit gegenüber, die sich nicht unterdrücken ließ. Erhard brachte Adenauer mit seiner Schulmeisterei außer sich, und Adenauer machte Erhard durch seine Selbstgefälligkeit wütend. Der eine glaubte an die Überlegenheit der Wirtschaft, der andere an den Vorrang der Politik. Der Alte ärgerte sich bei dem Gedanken, daß der Dicke sein Nachfolger sein werde, und der Dicke fand, daß ihn der Alte ungebührlich lang auf die Nachfolge warten ließ. Über den Gemeinsamen Markt waren sie nicht einer Meinung. Adenauer sah darin eine Etappe auf dem Weg zur Verwirklichung des politischen Europa. Erhard mißfiel die allzu enge und zu sehr von den Behörden beherrschte Vereinigung. Er stand vor seiner zweiundachtzigsten Reise um die Welt; er strebte nach großen atlantischen Märkten und eher nach allgemeinem Freihandel als nach einem Europa mit Schutzzollsystem, wie es die Sechs in Rom emsig errichtet hatten.

Gegen Mitte des Jahres 1957 hatte sich der Antagonismus zwischen Adenauer und Erhard schon fast bis zum Bruch ausgewachsen. Für den 15. September waren Bundestagswahlen angesetzt, die dritten seit Kriegsende. Erhard war 1953 die Lokomotive gewesen, hatte 81 Versammlungen abgehalten und seine erstaunliche Dynamik im Wahlkampf eingesetzt; diesmal hielt er sich abseits.

Sein Ausfall erschütterte Adenauer nicht; er war im Gegenteil hocherfreut. Mit Vergnügen nahm er die ganze Last des Wahlkampfs auf sich. Ein Sonderzug brachte ihn in alle Bundesländer. In Frankfurt sprach er zwei Stunden lang in glühender Sonne vor 150 000 Menschen; in Kehl zeigte das Thermometer 38 Grad im Saal, ohne daß er eine Bewegung gemacht hätte, die Jacke auszuziehen oder sich die Stirn abzutrocknen. Als man ihn bat, seine Kräfte zu schonen, antwortete er: »Ich werde Zeit haben, mich auszuruhen, wenn ich alt bin.«

Die Wahlen der Jahre 1949 und 1953 waren von dem Problem der Wiedervereinigung beherrscht gewesen; das trat 1957 in den Hintergrund. Man hatte den Eindruck, Ostdeutschland sei in die Ferne gerückt oder durch sein Regime der Sklaverei und Not abstoßend geworden. Zweieinhalb Millionen Menschen hatten es über Westberlin verlassen, immer noch kamen täglich 500 bis 1000 in die Bundesrepublik, und alle fanden dort in der blühenden Wirtschaft sofort eine Anstellung. In der Demokratischen Republik aber verkündete Wirtschaftsminister Heinrich Rau, er wolle im kommenden oder übernächsten Jahr die Rationierung für Zucker, Fett und Fleisch aufheben. Die Westdeutschen empfanden Mitleid mit dem Schicksal ihrer Landsleute im Osten, doch sie überstürzten sich nicht, um sie zu befreien, Adenauer noch weniger als alle anderen. Für ihn, der seine Karriere zur Zeit der Rheinlandbesetzung begonnen hatte, war die Integration Deutschlands in ein Europa wichtiger als die Wiedervereinigung.

Die Wahlen am 15. September brachten einen Triumph für den Kanzler. Man hatte vorausgesagt, daß die CDU/CSU 42 % der Stimmen erhalten werde; sie erreichte 50,2 % und damit die absolute Mehrheit im Bundestag. Die Wahlbeteiligung betrug 88 %, ein Beweis für den Bürgersinn. Der Bund der Heimatvertriebenen und Entrechteten, BHE, der im letzten Parlament 27 Sitze gehabt hatte, erhielt keinen einzigen, da er das Minimum von 5 % der abgegebenen Stimmen nicht erreichte. Man hatte den BHE für den neuen Sprengstoff der deutschen Politik gehalten, den Rahmen von Zorn und Erbitterung, in dem das Nazitum wiederauferstehen würde; er verschwand.

Die rasenden Deutschenhasser, die verspäteten Nationalisten, suchten weiter verzweifelt eine wiedererstehende deutsche Gefahr zu sehen. Die Tatsachen sprachen gegen sie. Die demokratischen Institutionen funktionierten in der Bundesrepublik einwandfrei, die extremistischen Parteien waren nur unbedeutende Splittergebilde, wie es sie in allen Ländern gibt. Der Nationalsozialismus übte auf die Denkart der Menschen nicht einmal den Zauber aus, den man auf Grund der militärischen Erfolge, die er erzielt hatte, vielleicht hätte erwarten können. Deutschland war innerlich gefestigt. (*Forts. Deutschland S. 830*)

Großbritannien angesichts des Gemeinsamen Marktes

Eden hatte, von Krankheit und Kummer gebrochen, Downing Street verlassen. Er hatte seinen Sitz im Unterhaus, für den Wahlkreis Warwick, aufgegeben und sogar um Erlaubnis ersucht, die ihm von der Königin angebotene Peerswürde abzulehnen. Der Groll über die Suezaffäre schloß Richard Austin Butler von der Nachfolge aus. Harold Macmillan hatte nur zehn Meter zurückzulegen, um von Downing Street Nr. 11 auf Nr. 10 zu übersiedeln, von seiner Residenz als Schatzkanzler in die des Premierministers. Er war der Erbe eines großen Verlagshauses und, wie Churchill, Sohn einer Amerikanerin. Aber er war kein zweiter Churchill.

Großbritannien hatte nicht an den Gemeinsamen Markt geglaubt. Nach der Konferenz in Messina, bei der die Grundzüge festgelegt wurden, forderten die Sechs die Briten offiziell auf, sich an den Besprechungen zur Ausarbeitung des Vertrages zu beteiligen, die in Brüssel fortgesetzt wurden. Großbritannien begnügte sich damit, einen Beobachter untergeordneten Ranges zu entsenden, der sich, wie Paul-Henri Spaak erzählt, »diskret und skeptisch« verhielt. Als Aussichten auf Erfolg zu erwarten waren, gingen die Briten, sagt Spaak, »von ziemlich verächtlicher Skepsis zu immer größer werdenden Befürchtungen« über. Sie versuchten, Deutschland abspenstig zu machen, indem sie ihm vorschlugen, die Verhandlungen in Brüssel abzubrechen, um im Rahmen der OEEC Mittel und Wege für die Abschaffung der Zölle zu suchen. Einen Monat vor der Unterzeichnung des Vertrags von Rom schließlich veröffentlichte die Regierung Macmillan ein Weißbuch, in dem das Verhalten Großbritanniens mit der Unmöglichkeit gerechtfertigt wurde, den Mitgliedern des Commonwealth ihre Vorrechte zu nehmen, und mit dem Widerstreben, die Landwirtschaft in die vorgeschlagene Wirtschaftsorganisation einzugliedern. Die Briten schlugen als Ersatz eine Freihandelszone vor, die das Ziel haben sollte, die Zölle zwischen den Mitgliedern schrittweise abzuschaffen.

Die britische Initiative kam zu spät, um die Unterzeichnung des Vertrages von Rom zu verhindern; sie kam noch früh genug, um mehrere europäische Staaten davon abzuhalten, ihre Mitgliedschaft zum Gemeinsamen Markt zu beantragen. Die Engländer wiesen darauf hin, daß eine Freihandelszone eine bequeme Wartestellung ermöglichte. Wenn der Gemeinsame Markt scheiterte, würden Großbritannien und die mit ihm verbundenen Staaten die Spitze einer Europäischen Wirtschaftsorganisation bilden. Wenn der Gemeinsame Markt zustande kam, würden sie sich in einer vorteilhaften Lage für Verhandlungen über einen Zusammenschluß befinden.

Großbritannien stand einer europäischen Integration weniger ablehnend als gleichgültig gegenüber. Die Kongresse der beiden großen Parteien in den Jahren 1956 und 1957 setzten das Thema nicht einmal auf die Tagesordnung. Die Labourmitglieder, die in Großbritannien die wirklichen Konservativen waren, schwächten die schroffe Ablehnung, die sie bei der Gründung der Montanunion ausgesprochen hatten, niemals ab. Es waren vielmehr vor allem die Tories, bei denen sich neue Ideen durchsetzten.

Das britische Weltreich war tot. Das Commonwealth, das es am Leben zu halten versuchte, war eine Sandburg. Der Gedanke Churchills vom Bund der *English Speaking Peoples* war in den Vereinigten Staaten niemals auf Zustimmung gestoßen. Die Empire-Präferenzen mit ihren bei der Reichskonferenz in Ottawa (1932) gewährten Vorzugszöllen waren eine zweischneidige Waffe, außerdem verloren sie von einem Jahr zum anderen an Bedeutung. Das britische Weltreich war einst eine Thalassokratie, deren Kopf sich in London befand und deren Peripherie die ganze Erde war. Es wurde nun unnachgiebig auf Europa reduziert, wurde wieder die große Insel an der Küste des Kontinents, von dem es sich losgelöst geglaubt hatte.

Das waren fortschrittliche Ideen. Die Masse betrachtete die Versuche der Kontinentbewohner, Großbritannien in ihre fremde Union einzubeziehen, weiterhin mit Mißtrauen.

Außer den Sechs bestand das freie Europa aus elf Ländern, von denen drei jeder wirtschaftlichen Gruppe fernblieben: Island, Irland und Spanien. Eines, Griechenland, verlangte und erhielt seine Assoziierung mit dem Gemeinsamen Markt. Die sieben anderen, Großbritannien, Norwegen, Schweden, Dänemark, Schweiz, Österreich und Portugal, schlossen sich den Gedanken des Weißbuchs an.

So sollte also Europa in zwei Konkurrenzsysteme geteilt sein. Die Länder der Freihandelszone, die »Äußeren Sieben«, schlossen 80 Millionen Europäer in der losen Bindung einer einfachen Zollabschaffung zusammen. Der Gemeinsame Markt gruppierte 185 Millionen in einer Organisation, deren Zweck die Schaffung einer Wirtschaftsgroßmacht und die Vorbereitung zu einer Großmacht schlechthin war.

Das wahre Wunder ereignet sich in Italien

Die größten Wandlungen in Europa gingen in den Mittelmeergebieten vor sich, zunächst häufig unbeachtet, denn die Interpretation folgt oft sehr spät auf die Fakten.

Es handelte sich nicht um ein auf Europa beschränktes Phänomen. In den Vereinigten Staaten schüttelte der Süden den Fluch der Armut ab. Die beiden Carolina, Georgia, Louisiana und insbesondere Florida wurden rasch zu Industriestaaten.

Alle Wachstumskoeffizienten waren südlich der Mason-Dixon-Linie höher als im Norden. Sämtliche modernen technischen Betriebe, angefangen von der Atomindustrie, fanden im Süden Möglichkeiten zur Entfaltung.

Die Diktatur der Kohle hatte die großen Zentren des Reichtums in den nebligen Ländern entstehen lassen. Der Niedergang der Kohle brachte den sonnigen Ländern neue Möglichkeiten.

Franco regierte Spanien mit harter Hand, aber er besaß ein Gefühl für die wichtigen wirtschaftlichen Erfordernisse. Er bewässerte Andalusien und Estremadura, schuf eine Metallindustrie und Petrochemie. Kurz nach dem Krieg war Spanien von tiefstem Elend heimgesucht. Es erholte sich, seine Währung wurde stabil, sein Lebensstandard stieg, sein Mittelstand wurde stärker, eine echte wirtschaftliche und soziale Wiedergeburt stand bevor. Aber die politischen Probleme blieben in der Schwebe, vor allem das ernsteste, die Nachfolge Francos.

Griechenland ließ ähnliche Versprechungen erkennen. Es arbeitete sich aus einer Armut hoch, die man für immer mit der Dürre und Kargheit seines Bodens verbunden glaubte. Seine industriellen Strukturen entwickelten sich, seine großen Auswanderer fanden wieder Interesse für ihre alte Heimat. Niarchos gründete in Sharamenga eine Werft, Onassis kaufte die Olympic Airways. Die Regierung lag in den Händen eines Realisten, Konstantin Karamanlis. Er zog amerikanisches Kapital ins Land und versuchte die Zypernaffäre zu entschärfen, indem er mit Großbritannien und der Türkei gute Beziehungen unterhielt. Doch das individualistische, leidenschaftliche Land war von heftigen politischen Stürmen heimgesucht.

Die Encyclopaedia Britannica vom Jahr 1957 sagt von der italienischen Politik, sie stelle »a perfection in intricate futility« dar, die Krone verworrener Sinnlosigkeit! Ein richtiges Urteil. Heute, mit einigen Jahren Distanz, sucht man vergeblich einen Sinn in der Verflechtung und Zwietracht der Parteien, den wütenden, konfusen Zusammenstößen zwischen den Führern.

Die Ereignisse in Ungarn hatten bei der Kommunistischen Partei Italiens tiefgreifende Wirkungen gehabt. Sie hatte während ihres Kongresses in Rom gewagt, die UdSSR zu kritisieren und »einen italienischen Weg zum Sozialismus« zu verlangen. »Unsere italienische Verfassung enthält alle wesentlichen Elemente für die Entwicklung einer italienischen Gesellschaft und eines italienischen Staates«, erklärte Togliatti. »Deshalb war nie die Rede von einer Machtergreifung mit Gewalt, und wird es auch nie sein.« Trotz dieser gemäßigt revolutionären Einstellung verlor die Partei Anhänger. Ein ehemaliges Mitglied des Politbüros, das aus der Partei ausgeschlossen worden war, machte bekannt, daß der Mitgliederstand von 2 100 000 auf 1 800 000 gefallen war.

Die große politische Affäre des Augenblicks war der Versuch der Wiedervereinigung der italienischen Sozialistischen Partei. Labour Party und SFIO (*Section Française de l'Internationale Ouvrière*) dienten als Vermittler und brachten Nenni und Saragat zum erstenmal seit 1947 wieder zusammen. Doch die von Nenni gestellte Bedingung lautete, daß die Sozialdemokraten Saragats ihre Zentrumsneigung aufgeben und die Regierungskoalition verlassen sollten, während Saragat das Aufgeben jedes Gedankens an eine Volksfront von seiten der Nennisozialisten zur Bedingung machte. Nach verschiedenen Wechselfällen, deren genaue Schilderung mü-. ßig wäre, scheiterte die Wiedervereinigung.

Dessenungeachtet kam die Regierung zu Fall. Sie war seit zweiundzwanzig Monaten unter Führung von Antonio Segni am Ruder. Unter dem Vorwand, der Wiedervereinigung eine letzte Chance zu bieten, veranlaßte der Generalsekretär von Saragats Partei, Matteo Matteotti, den Rücktritt der sozialdemokratischen Minister. Segni unterbreitete Präsident Gronchi seine Demission.

Jede Koalition war nun unmöglich geworden, die Parteien waren entzweit und erbittert. Ein Senator namens Adone Zoli bildete eine einheitlich christlich-soziale Regierung; zu der Mehrheit jedoch, die er in Montecitorio erhielt, gehörten 24 Stimmen des MSI, *Movimento Sociale Italiano*; Zoli trat von seiner Aufgabe zurück.

Das Wunder lag in Italiens Aufschwung unter einem unsicheren politischen Regiment und wankenden Regierungen.

Der Index der italienischen Produktion stieg 1957 auf 217; damit überflügelte Italien Deutschland im Tempo des Wirtschaftswachstums. Mailand war die betriebsamste Stadt Europas, die beiden größten italienischen Firmen, Fiat und Montecatini, stiegen in die Reihe der großen Weltunternehmen auf. Italien fehlte es an einem Genie wie Erhard, um es aus einem vom Faschismus ererbten und vom Marxismus fromm verteidigten Verstaatlichungswirrwarr zu befreien. Wollte man prophezeien, daß dieses kräftige Italien mit seinen reichen Küsten im 21. Jahrhundert das erste Industrieland Europas sein werde, dann würde man als Träumer angesehen; aber seine Entwicklungskurve gibt Grund zu dieser Annahme.

Am 16. Februar 1956 erlag Ezio Vanoni, als er von der Rednertribüne der Abgeordnetenkammer herunterstieg, einem Herzschlag. Er hatte ein Werk in Angriff genommen, das sowohl vom romantisch veranlagten Süden wie auch vom überheblichen Norden für undurchführbar erklärt wurde: die Rehabilitierung der südlichen Provinzen, die so vernachlässigt waren, so tief in der Spirale des Elends steckten, daß sie sozusagen nicht mehr in Europa lagen. Aber das Werk wurde fortgesetzt, die *Cassa per il Mezzogiorno* wurde erweitert. Das Verschwinden der Malaria gestattete die Dränierung und Berieselung der wundervollen Küstenebenen Lukaniens. Kalabrien, dessen Bauernkrawalle Italien erzittern ließen, wurde aufgeforstet. Die Autostrada del Sole wurde bis Neapel geplant, später bis Palermo. Im Süden wurden Industrien aufgebaut, halb durch Machtspruch, halb durch Überredung. In Tarent wurde mit der Errichtung eines großen Stahlwerks auf dem Wasser begonnen; in Sizilien brachte das Erdöl Beschäftigungszentren hervor, die die Arbeitslosigkeit, die Plage der armen, übervölkerten Landgebiete, verringerten. Im 19. Jahrhundert war die politische Einigung Italiens von einem wirtschaftlichen Bruch zum Nachteil des Südens begleitet gewesen, nun begann der Wiederaufbau.

In Frankreich liegt das Regime in den letzten Zügen

Die Schwäche der politischen Systeme war keineswegs die einzige Übereinstimmung zwischen Frankreich und Italien. In beiden Ländern entwickelte sich die Wirtschaft in zufriedenstellender Weise, aber sie stolperten pausenlos über Institutionen und Gebräuche, die eine Herausforderung für den gesunden Menschenverstand darstellten.

Guy Mollet hatte die Suezkrise überlebt, er hatte den Vertrag von Rom unterzeichnet, er regierte seit sechzehn Monaten mit einer Nationalversammlung, die aus sechs ungefähr gleich starken und vollkommen gegensätzlichen Fraktionen bestand. Die parlamentarische Anarchie lieferte ihm das Hauptargument für sein Verbleiben im Amt, denn er konnte deutlich machen, wie schwer es war, mit sechs Glaskugeln eine Übereinstimmung zustande zu bringen. Er mußte aber vierunddreißigmal die Vertrauensfrage stellen und wurde beim fünfunddreißigstenmal, einer Finanzdebatte, gestürzt.

Die Krise dauerte einen Monat; die Regierung, die am 13. Juni gebildet wurde, war zahlenmäßig stark: 14 Minister, 31 Staats- und Unterstaatssekretäre. Ministerpräsident war der Verteidigungsminister des Kabinetts Mollet, Maurice Bourgès-Maunoury. Der Sozialist Christian Pineau war Außenminister geblieben, der Sozialist Robert Lacoste residierender Minister in Algerien.

Zum erstenmal gab es ein Saharaministerium, das einem dritten Sozialisten anvertraut war, Max Lejeune. Frankreich hatte seinen Besitzungen im schwarzen Afrika ein Rahmengesetz zuerkannt, das Regierungen organisierte, die den verschiedenen Kolonien entsprachen, und deren Emanzipation vorbereitete. Für Tunesien und Marokko hatte es die Unabhängigkeit anerkannt, und es ließ sich leicht voraussehen, daß Algerien, wie immer der Kampf ausgehen sollte, der sich dort abspielte, nicht wieder einfach ein Zubehör des Mutterlandes sein würde. Aber die Franzosen bildeten sich ein, daß die von ihnen befriedete größe Wüste weder das Afrika der westarabischen Welt noch das schwarze Afrika des Niger sei und daß sie infolgedessen bei Frankreich bleiben müsse. Die OCRS, Gemeinschaftsorganisation der Saharagebiete, war durch Gesetz beschlossen worden, und Bourgès-Maunoury setzte einen Minister für sie ein, um sie zu bestätigen.

Das seltsame Schicksal Frankreichs hatte es so gewollt, daß diese Sahara, solange sie unbestrittener französischer Besitz gewesen war, jeglichen Wertes entbehrte. Ein verrückter Geologe namens Kilian behauptete, es gebe dort Erdöl- und Erdgasvorkommen, doch seine Aussagen stießen auf Widerspruch maßgebender Kreise, die auf die geringe Dicke der Flößgebirge, den Mangel an geologischen Küstenlinien, die Spärlichkeit von Faltenstrukturen und endlich das Nichtvorhandensein jeglichen Oberflächenzeichens hinwiesen. Dennoch begann man nach dem Krieg mit Bohrungen; sie hatten vor kurzem Erfolg gezeitigt. Die Lager von Edjeleh und Hassi-Messaoud enthielten zumindest 30 beziehungsweise 150 Millionen Tonnen Schweröl. Die Lager von Hassi R'Mel und Touat gaben Hoffnung, sich als die größten Naturgaslager der Welt zu erweisen. Der Ausbau wurde begonnen; zwischen Hassi-Messaoud und Bougie war eine Versuchspipeline im Bau. Sie sollte am Aurèsgebirge entlangziehen – der Wiege des algerischen Aufstands – und dem Soummamtal folgen –, wo die Regierung der FLN gebildet worden war. Die Entdeckung der Bodenschätze der Sahara war ein neuer Grund, Algerien zu behalten. Und man forderte die französischen Sparer auf, Anleihen für die sieben staatlichen oder halbprivaten

Unternehmen zu zeichnen, die, ganz oder zum Teil französisch, die von Frankreich in seiner Sahara gewährten Konzessionen unter sich verteilten.

Die Desertionen bei den Eingeborenentruppen hatten es nötig gemacht, die algerischen Schützenregimenter nach Deutschland zu entsenden. Zweiundfünfzig mohammedanische Offiziere, darunter zwei Obersten, schrieben dem Präsidenten der Republik, daß die französische Regierung die Bindung an Frankreich in Verrat gegen das algerische Volk verwandle. Umgekehrt entdeckten die von der anderen Seite des Mittelmeers gekommenen französischen Soldaten das französische Algerien und waren begeistert. Ein an die kommunistischen Parteikader gerichtetes vertrauliches Zirkular verbot Angriffe gegen den Algerienkrieg wegen der feindlichen Reaktionen, die eine Propaganda der Preisgabe bei den jungen Leuten hervorrief. Die gesamte französische Nation lehnte 1957 den Gedanken an die Aufgabe ihrer großen Überseeprovinz ab.

Am 28. Dezember 1956 wurde Amedée Froger, der Präsident der Vereinigung der Bürgermeister Algeriens, mitten in Algier ermordet; der Terrorismus in der großen Stadt hatte begonnen. Das geistige Haupt der FLN, Abane, hatte begriffen, daß ein Attentat gegen einen Europäer in der Rue Michelet mehr Aufsehen erregte als die Vernichtung einer ganzen Abteilung in den Bergen. Die Bombe in der Stadt wurde zur Hauptwaffe der Aufrührer. Ihre Organisation umfaßte die arabischen Viertel und fand ihre Fortsetzung bei einer Handvoll europäischer Verräter. Die Kasba war ein Termitenbau von Verstecken und geheimen Gängen. Die Bevölkerung zahlte der FLN Steuer, gehorchte ihr, lieferte ihr Nachrichten und deckte sie. Der CCE hatte sich in der Hauptstadt eingerichtet. Algier hatte zwei Regierungen; die von Robert Lacoste gab allmählich nach, die von Krim und Abane breitete sich im Schatten des Terrors aus wie die Pest.

Am 16. Januar hallten eine Detonation und eine Explosion über die Place Bugeaud. Eine Bazooka primitiver Herstellung war aus einem benachbarten Haus gegen das Gebäude des 10. Militärbereichs abgefeuert worden; das Geschoß explodierte im Büro des Oberkommandierenden, der es vor kurzem verlassen hatte. Sein Stabschef, Major Rodier, wurde auf der Stelle getötet.

Die Untersuchung brachte ein überraschendes Ergebnis: Der Anschlag kam nicht von der FLN. Die beiden Attentäter, ein gewisser Kovacs und ein gewisser Castille, wurden verhaftet und gestanden, daß sie Extremisten der »Présence Française« waren und den neuen Chef der französischen Armeen in Algerien, General Raoul Salan, hatten töten wollen.

Unter den Europäern in Algerien verbreitete sich heftiges Mißtrauen, tiefgehende Empörung, die Überzeugung, daß ihre Preisgabe von vornherein beabsichtigt sei. Lacoste war einesteils wegen der Energie beliebt, die er gegenüber dem Aufstand bewies, gleichzeitig aber unbeliebt wegen der Reformpläne, die er vorbereitete. Mollet war weiter verhaßt; er hatte versucht, den »Verramscher« Catroux an die Spitze Algeriens zu setzen, nun wurde er rückfällig, indem er den »Verramscher« Salan zum Nachfolger General Lorillots machte. Dieser galt als Freimaurer, er war der Besiegte aus Indochina, er kam nur her, um die Niederlage vorzubereiten, auf die – so wie in Hanoi und Saigon – der Abzug Frankreichs folgen würde. Das Geschoß von der Place Bugeaud war von einer Handvoll Fanatiker abgefeuert worden, es drückte jedoch zweifellos in jenem Augenblick die Ansicht der europäischen Bevölkerung gegenüber General Salan aus.

Die Fallschirmjäger hingegen wurden die Helden der Algerier.

In den ersten Januartagen war die 10. Fallschirmjägerdivision aus Port Said zurückgekehrt. Die Enttäuschung hatte bei den fabelhaften Soldaten weder die Kampfmoral geschwächt noch ihren Schwung vernichtet oder ihre Disziplin gelockert. Sie machten sich bereit, den Kampf gegen die Partisanen wieder aufzunehmen, gegen deren Wendigkeit sie die Schnelligkeit ihrer Einsätze zur Anwendung brachten. Während ihrer Abwesenheit hatte sich die Lage nicht gebessert: Wieder war eine französische Einheit in den Schluchten von Palestro aufgerieben worden, bei Orléansville war ein Posten genommen worden, bei Colomb-Béchar, bei Miliana, bei Tlemcen, in der Großen Kabylei, auf der Halbinsel Collo hatten blutige Kämpfe stattgefunden. Die algerisch-tunesische Grenze trennte den Kriegsschauplatz der FLN immer weniger von ihrem Hinterland; die Fallschirmjäger würden wieder zu tun bekommen.

Man teilte ihnen mit, daß sie in Algier stationiert blieben. Ihr Chef, General Massu, erhielt die Polizeivollmacht im Stadtgebiet Algier. Ihre Obersten, Bigeard, Godard, Fossey-François, Château-Jobert, Jeanpierre, teilten dieses Gebiet in Abschnitte auf. Der Feind war eine neue Art Guerillero, der Mann, der die Bomben herstellte, das junge Mädchen, das sie transportierte, der Attentäter, der die mit den Franzosen befreundeten Mohammedaner niedermachte, und vor allem die Chefs der FLN, Krim, Abane, Ben Khedda, Ben M'Hidi und ein Geck, den die Franzosen festgenommen und wieder freigelassen hatten, Jacef Saadi, der militärisch-politische Chef der autonomen Zone von Algier.

Die Vereinten Nationen hatten unter dem Druck der afro-asiatischen Gruppen Algerien auf ihre Tagesordnung gesetzt. Die Führer der FLN wollten gleichzeitig mit der Debatte ihre Rechtmäßigkeit demonstrieren, die sie aus dem Gehorsam, den das ganze Land ihren Befehlen erwies, ableiteten. Zuerst, als Gongschlag, war eine Reihe von Attentaten vorgesehen. Dann sollte ein Generalstreik Algerien eine Woche lang lahmlegen; die Triebfeder des Erfolges war die Angst, aber das Triebwerk der Angst blieb unsichtbar. Was man sehen würde, das war die Schließung aller Läden, die leeren Häfen, die außer Betrieb gesetzten Transportmittel. Wenn auch nicht ganz Algerien in die Bewegung hineingezogen werden konnte, da das Organisationsnetz nicht ausreichte, so würde doch wenigstens Algier das Zeugnis dafür liefern, daß das algerische Volk einhellig hinter den Männern stand, die von den Vertretern Frankreichs bei der UNO als Banditen bezeichnet wurden.

Die einleitenden Attentate fanden am 26. Januar statt. Drei junge Mädchen – Frauen wurden an den Absperrungen nicht durchsucht – legten im Coc Hardi, in der Cafeteria und im Otomatic drei Bomben, die vier Tote und etwa fünfzig Verwundete verursachten. Zwei Tage später begann der Generalstreik; aber Massu hatte ihn verboten. Seine Fallschirmjäger brachen die Rolläden der Geschäfte auf und zwangen die Müßiggänger, den Müll abzutransportieren. Die Kundgebung der Stärke hatte Erfolg, der Streik war am zweiten Tag zu Ende.

752

Massus Aufgabe bestand darin, die Terroristennetze zu zerreißen. Er wandte die einzig möglichen Methoden an: unvorhergesehene Haussuchungen, Massenverhaftungen, sofortige Verhöre, unmittelbare Auswertung der Auskünfte. Seine Fallschirmjäger hatten sich im Herzen der Kasba, in den beschlagnahmten Schulen oder den baufälligen Palästen aus der Barbareskenzeit, festgesetzt. Dieser Kampf im Stadtinneren wurde nach den Regeln des Felddienstes geführt; die Terrassen der Häuser wurden ständig überwacht, Hubschrauber setzten Kommandos in den Rebellennestern ab, die von der FLN vorgesehenen Wachsysteme wurden unschädlich gemacht. Abane hatte gesagt, die Europäer dürften sich keine Sekunde lang mehr sicher fühlen. Massu drehte den Spieß um, die Terroristen besaßen keinen sicheren Zufluchtsort mehr.

Dennoch schlugen sie zu. Am Sonntag, den 10. Februar, verursachten ihre Bomben im Städtischen Stadion und im Stadion El-Biar Blutvergießen. Am 2. Mai sprengten sie Lichtmaste und mähten bei mehreren Autobushaltestellen die Reihen der Wartenden – Mohammedaner – nieder. Am 3. Juni, wieder Sonntag, ließen sie im Strandkasino unter dem Tanzorchester eine Höllenmaschine hochgehen; der Saal war voll junger Leute aus Bab el-Oued, es gab 10 Tote und unter den 103 Verwundeten 30 Beinamputierte. Jedesmal wurden als Antwort auf diese Schandtaten Araber gelyncht.

Doch die Fallschirmjäger gewannen die Überhand, der Terrorismus wurde für die Terroristen gefährlicher als für jene, die sie zu terrorisieren suchten. Der CCE wurde in die Enge getrieben, mußte aus Algier flüchten. Larbi Ben M'Hidi, der im Land blieb, wurde gefangengenommen und erschossen. Jacef wurde im August in der Kasba festgenommen; sein Nachfolger Ali Omar, genannt »Ali die Spitze«, wurde in einem Haus in der Rue des Abderames eingeschlossen. Er lehnte es ab, sich zu ergeben, und die Explosion der Plastikbombe, die zur Sprengung seines Verstecks verwendet wurde, ließ das Dynamit, das er bei sich aufbewahrte, hochgehen. Mehrere Häuser stürzten ein, die ganze Kasba zitterte; unter den 25 Toten befanden sich »Ali die Spitze« und sein Verbindungsmann, der 13jährige »Kleine Omar«. Oberst Bigeard berichtete, daß die Terroristenzellen in der Kasba praktisch vernichtet seien.

Es läßt sich nicht leugnen, daß Massu und seine Fallschirmjäger den Kampf in Algier nicht unter strikter Befolgung der Strafprozeßordnung gewonnen haben. Gegen die willkürlichen Verhaftungen und gegen die Anwendung von Gewalttätigkeit bei den Verhören kam es in Frankreich zu wütenden Hetzfeldzügen, deren Rädelsführer nicht wußten, oder nicht wissen wollten, wie barbarisch der revolutionäre Krieg war, den die FLN führte. Die Ermordungen der Europäer waren von unsagbaren Martern und Schändungen begleitet, der Bürgerkrieg im Schatten der Rebellen war noch gräßlicher. Er dehnte sich auf das Mutterland aus, wo 300 000 Algerier lebten, davon 120 000 in Paris, das somit mehr algerische Einwohner besaß als Algier selbst. Während der ersten zehn Monate des Jahres 1957 wurden in den französischen Städten 550 Menschen ermordet, zumeist Messalisten. In Algerien schrieben die Weisungen der FLN vor, alle Kaids, alle Flurschützen, alle Männer und Frauen zu erschießen, die »durch die Zeugenschaft von drei glaubwürdigen Personen üblen Verhaltens« bezichtigt wurden. Alle Dörfer, die den Schutz der französischen Behörden verlangten, sollten in Brand gesteckt und sämtliche männlichen Einwohner hingerichtet werden. Diese Vorschrift wurde am 28. Mai in Mélusa in die Tat umgesetzt, wo 300 Männer unter grausamsten Umständen abgeschlachtet wurden. Am Tag darauf ermordete eine Bande Rebellen 36 Arbeiter in Saïda. Man konnte den Kampf um Algerien aufgeben, ihn aber nicht in einem rechtmäßigen Rahmen fortsetzen, denn ohne Erklärung des Kriegszustandes war der Status der eines westlichen Landes in Friedenszeit.

Der Algerienkonflikt wirkte sich für die französische Politik verheerend aus. Guy Mollet hatte vor seinem Sturz eine »Absichtserklärung« abgegeben, die das alleinige Wahlkollegium zugestand und darauf abzielte, »Algerien selbst freizumachen, gleichzeitig jedoch die notwendigen Bindungen mit Frankreich aufrechtzuerhalten«. Bourgès-Maunoury stellte ein Rahmengesetz auf, das für Algier ein Bundesparlament und eine Bundesregierung vorsah. In dieser Phrasenmacherei und Gesetzgebung, die mit dem eifersüchtig gehüteten Axiom des Algerien als integrierender Teil eines unteilbaren Frankreich unvereinbar war, waren Trennung und Preisgabe eingeschlossen. Die französischen Parteien waren beunruhigt; Bourgès, der überdies mit der heftigen Unzufriedenheit der Bauern zu kämpfen hatte, beschleunigte sein Ende, indem er das Parlament einberief. Am 30. September wurde er durch die Koalition zwischen der Rechten und den Kommunisten gestürzt.

Die nun folgende anhaltende Krise ließ das Ende des Regimes ahnen. Pinay und Mollet bildeten nacheinander Regierungen, die jeweils schon in der Sitzung, die sie bestätigen sollte, gestürzt wurden. Es gelang einem Radikalen, Felix Gaillard, das Hindernis zu nehmen und an seinem achtunddreißigsten Geburtstag die Mehrheit zu erringen – aber die Jugend war kein Wundermittel: Das Kabinett stand durch seine inneren Widersprüche auf wackligen Beinen. Der Franc wurde um 20 % abgewertet, die Kasse war leer, die soziale Lage schlecht. Eine Welle von Ablehnung brandete dem Parlament entgegen, das sich durch seine unergiebigen Spielereien von der Nation distanziert hatte. Der Mann, der das System in Grund und Boden verdammt hatte, dem die Ereignisse recht gaben, blieb stumm in seinem nüchternen Colombey, aber in ganz Frankreich wurden immer mehr Stimmen laut: Nur de Gaulle kann uns retten. (*Forts. Frankreich S. 772; Algerien S. 775*)

Zurück zur Welt des Kommunismus und zu ihren seltsamen, unverständlichen Kämpfen: Das Jahr 1957 war von besonderer Bedeutung. Einerseits brachte es den Aufstieg Chruschtschows, andererseits kann es als der Beginn der wichtigsten Entwicklung unserer Epoche angesehen werden, des ideologischen und politischen Konflikts zwischen der UdSSR und China.

Cyrankiewicz hatte sich nach Peking begeben, um der Volksrepublik China für die Unterstützung zu danken, die sie Polen in der Krise im vergangenen Herbst gewährt hatte. Er brachte eine aufmunternde Nachricht mit nach Hause: Präsident Mao Tse-tung führt in China einen liberalen und humanen Kommunismus ein, der durch eine poetische Formel symbolisiert wird: die Hundert Blumen.

Man weiß nicht, ob Cyrankiewicz den Bericht Mao Tse-tungs vor dem Nationalen Volkskongreß am 27. Februar mit eigenen Ohren gehört hat, doch die Version, die bei den Polen von Mund zu Mund ging, war inhaltsreich und detailliert. Mao hatte eine bereits von Lenin skizzierte These über die »nicht antagonistischen Widersprüche« weiterentwickelt, die innerhalb einer sozialistischen Gesellschaft fortbestehen. Aus der Sprache der Marxisten übersetzt, heißt das ganz einfach, daß die Interessen des Bürokraten nicht notwendigerweise mit der Öffentlichkeit zusammenfallen, daß die Interessen der Arbeiterklasse nicht notwendigerweise mit denen der Bauernschaft übereinstimmen und daß die Interessen des Knaben, der mit Murmeln spielt – auch in einem sozialistischen Regime – nicht unbedingt mit denen seines Spielkameraden zusammenfallen. Solche nicht antagonistische Widersprüche sollten nicht mit Gewalt, sondern mit Milde überwunden werden, sagte Mao. Bei den chinesischen Klassikern findet sich der Satz: »Laßt Blumen blühen, laßt hundert Schulen miteinander wetteifern«, der bereits vom Politkommissar Li Ching-chinan verwendet worden war. Auf Maos Lippen wurde er zu einem Versprechen der Freiheit.

China hatte eine Reihe von schweren Jahren hinter sich. 1954 hatte das Hochwasser des Jangtse fünfzehn Meter erreicht, und man konnte Nanking und Hankou nur retten, indem man die Deiche aufbrach und Millionen Hektar überschwemmte; dabei ertranken Tausende Bauern. 1955 war das Jahr rasender Kollektivierung und heftiger Liquidierung der Konterrevolutionäre. 1956 sprachen die Zeitungen vom Überhandnehmen der »Vagabunden« in den Städten, und alle, die mit den chinesischen Angelegenheiten vertraut waren, erkannten das klassische Phänomen der vom Hunger verursachten Landflucht. Mao gab bekannt, daß 800 000 Menschen hingerichtet worden seien, und gab zu, daß es darunter Unschuldige gegeben haben mochte; er bekannte, daß es bei den Arbeitern Streiks gegeben hatte und daß auf dem Land Unruhen ausgebrochen waren. Er führte diese Wirren als Äußerung der nicht antagonistischen Widersprüche an, die durch Milde überwunden werden sollten.

Chruschtschow hatte dem amerikanischen Fernsehen ein Interview gewährt. Man fragte ihn, ob es in der UdSSR ähnliche Widersprüche gebe, wie Mao Tse-tung sie in China enthüllte. Er antwortete »Überhaupt nicht!« in einem Ton, der eine Änderung des Themas angebracht sein ließ.

Am 13. April verkündete die *Jen Min Jih Pao*, die »Tageszeitung des Volks«, die Eröffnung einer Kampagne der Berichtigung. Sie sollte sechs Monate dauern und die Mißbräuche bereinigen, deren sich die Bürokratie schuldig gemacht hatte. Die Hundert Blumen wurden aufgefordert, sich zu entfalten. Die Diskussion sollte öffentlich sein, alle Meinungen sollten frei geäußert werden, die Zeitungen sollten allen offenstehen. Die erste Aufgabe bestand darin, Mißbräuche nachzuweisen. Die Verbesserungsmethoden sollten dann allein auf dem Überzeugen beruhen, sie sollten, so sagte die Botschaft, »mild sein wie eine Sommerbrise«.

Die Antwort des chinesischen Volkes auf diesen Aufruf glich einer Explosion. In den Dörfern, in den Fabriken, auf den Straßen wurden Hunderttausende Versammlungen abgehalten, um die »Widersprüche« zu suchen und die dafür Verantwortlichen herauszufinden. Millionen Plakate, *ta tsu pao*, bedeckten die Mauern. Heftige, bittere Kritik an dem Regime wurde laut. Die Intellektuellen brandmarkten die Militärherrschaft, der sie sich unterwerfen mußten, um essen zu können. Die Studenten beklagten sich über den marxistischen Wortkram, der auf den Universitäten überhand genommen hatte und ihre nützlichen Studien beeinträchtigte. Die Arbeiter sagten, sie würden behandelt wie Sklaven und müßten hungern. Die Bauern stöhnten über die Sachleistungen, die ihnen abgenötigt wurden, und über die Hinrichtungen, die ihren Verwandten und Freunden große Verluste zugefügt hatten. Die plötzliche Pressefreiheit enthüllte, daß in den Fabriken und den Universitäten von Peking, Tientsin, Harbin, Chungking, Taiyuan Unruhen ausgebrochen waren, daß sich in Shensi, in Szechuan usw. Widerstände gegen die Kollektivierung des Bodens gezeigt hatten.

Dieser Schrei des chinesischen Volkes war stark antirussisch gefärbt. Man warf den Russen, den fremden Teufeln, ihre Anmaßung und die Wucherbedingungen ihrer Hilfeleistungen vor. Man erinnerte daran, daß mitten in der fürchterlichsten chinesischen Hungersnot Züge mit Nahrungsmitteln und Herden von Lebendvieh pausenlos über die sibirische Grenze gingen, um die von der UdSSR gelieferten Industrieartikel zu bezahlen.

Der Kommunismus hatte die politischen Gebilde, die bei seinem Aufstieg mitgewirkt hatten, als Schatten fortbestehen lassen; sie erwachten wieder zum Leben. Der Bund der Demokraten ließ seine Zeitung *Kwang Ming*, »Glänzendes Licht«, wiedererscheinen, in der die Verfassungsverletzungen durch die Kommunisten aufgezählt wurden, und verlangte die Rückkehr zum Mehrparteiensystem. Die Bewegung Chiu San, des 3. September, deren Name das Datum des Siegs über Japan bedeutete, wagte es, Tschiang Kai-schek zu verteidigen. Dr. Lo Lung-chi, Vizepräsident des Bundes der Demokraten und Minister für Holzindustrie im Kabinett Tschou En-lai, schrieb, daß Mao Tse-tung ein kluger und geschickter Mann sei, aber »weit rücksichtsloser als jeder andere Herrscher in unserer Geschichte«.

Den Gipfel der Kühnheit erreichte ein einfacher Physikprofessor an der Universität Peking, Kao Pei-chi. Er hielt bei einer Studentenversammlung eine Rede, in der er sagte: »Die Kommunisten stehen heute 300 000 Kilometer vom chinesischen Volk entfernt. Die einzigen, deren Lebensstandard sich gebessert hat, sind die Inhaber von Parteikarten, die früher nur abgetretene Schuhe besaßen, sich aber heute in Wollgewänder kleiden und in ihren Autos fahren. Heute hat sich das Volk von der Kommunistischen Partei abgewandt, als wären ihre Mitglieder Götzen oder Teufel. Die Parteimitglieder benehmen sich wie Polizisten in Zivil und stellen die Massen unter Aufsicht... China gehört 600 Millionen Menschen, darunter auch den Konterrevolutionären, und der Sturz der Kommunistischen Partei bedeutet nicht den Untergang Chinas.« Die *Tageszeitung des Volkes* veröffentlichte die Rede, und der Leitartikler des *Kwang Ming*, Chu An-ping, stimmte ihm bei: »Kao hat recht: wir haben die Kommunistische Partei unterstützt, doch wir können nicht vergessen, daß das Volk der einzige Herr des Landes bleibt.«

Bereits einen Monat nach der Proklamierung der Hundert Blumen beschränkte ein Dekret die Berichtigungskampagne auf zwei Nachmittage in der Woche, unter dem Vorwand, sie hemme das Leben des Landes. Am 18. Juni veröffentlichte Mao seinen Bericht vom 27. Februar, jedoch mit Überarbeitungen, die den Sinn veränderten. An Stelle der Kritik an der UdSSR wegen deren »Großmachtchauvinismus« traten Danksagungen für ihre Mitarbeit an der Industrialisierung Chinas. Sechs positive und negative Kriterien wurden hinzugefügt. Sie betonten, daß es nur einen Weg zum Sozialismus gibt und daß die Parteiführung unbestritten bleiben muß. Sie riefen das Volk gegen die Rechtsabweichungen auf, die die Bereinigungskampagne zutage gebracht hatte.

Die Hundert Blumen dauerten zwei Monate. Auf dem Parteitag, der vom 26. Juni bis zum 15. Juli dauerte, erklärte Tschou En-lai, die Blumen hätten sich in Giftpflanzen verwandelt. Unmittelbar darauf begannen die Zurücknahmen und Selbstkritiken. Lo Lung-chi erklärte, er habe den Bund der Demokraten, bedingt durch seine Herkunft vom Feudalismus, seine Erziehung in den englisch-amerikanischen Universitäten und weil er seinen Geist durch das Lesen ausländischer Zeitschriften vergiftet habe, bewußt nach rechts orientiert. Chu An-ping bekannte, er habe sich seiner Zeitung bedient, um in neun chinesischen Städten Unruhen zu verursachen. Dr. Wu an dankte dem Präsidenten Mao Tse-tung, daß er die verbrecherische Verschwörung aufgedeckt hatte, deren Urheber er, Wu, war. General Lung Yun, der einstige schreckliche Kriegsherr von Yunnan, bat zerknirscht, man möge ihm vergeben, weil er gesagt hatte, die UdSSR fordere die Rückzahlung der Anleihen, die sie China gewährt hatte, zu Unrecht. Manche Prominente, die sich auf solche Art anklagten, behielten ihre Posten, andere verschwanden vorübergehend oder für immer.

Am 23. September verkündete der Sekretär der Kommunistischen Partei, Teng Hsiao-ping, offiziell den Abschluß der Bereinigungskampagne. Sie habe die Entfernung von 300 000 unfähigen Bürokraten ermöglicht, sagte er, aber auch die Verhaftung von 80 000 Rechtsgerichteten. Als Edgar Snow, der unermüdliche Schmeichelredner Maos, einige Monate später wieder China besuchte, erkundigte er sich nach der Romandichterin Ting Ling und einigen anderen Schriftstellern, die er vor der Zeit der Hundert Blumen gekannt hatte. Man teilte ihm mit, sie hätten freiwillig auf eine literarische Laufbahn verzichtet und arbeiteten in freien, glücklichen Landkommunen. (*Forts. China S. 763*)

Die Ungarnkrise hatte Chruschtschows Stellung erschüttert, die Hilfe Chinas hatte sie wieder gefestigt. Am 14. Februar nahm er die Offensive vor dem Zentralkomitee auf, indem er »Thesen« entwickelte, die in ihrer Gesamtheit eine treffende und sogar heftige Kritik des sowjetischen Zentralismus darstellten. Er machte den Vorschlag, den Großteil der Wirtschaftsministerien abzuschaffen und die UdSSR auf Grundlage von 92 Volkswirtschaftsräten zu dezentralisieren. Der Plan wurde vom Präsidium mit Mißfallen aufgenommen. Als Erster Sekretär der Partei ließ Chruschtschow 500 000 Versammlungen zu seinen Gunsten organisieren und erreichte am 7. Mai die Annahme des Plans durch den Obersten Sowjet.

Chruschtschows Sieg knüpfte das Bündnis zwischen seinen Gegnern enger. Die Getreuen Stalins hatten seine Rede vom XX. Parteitag nicht vergessen. Er hatte Malenkow von den beiden höchsten Machtpositionen, der Präsidentschaft und dem Sekretariat, gestürzt, doch Malenkow war Mitglied des Präsidiums geblieben, und sein Ehrgeiz befreite ihn nach und nach von der Angst, die ihn seinen Fall hatte sklavisch hinnehmen lassen. Er blieb der einzige populäre Mann in der UdSSR, jener, der in den Flugzeugfabriken hatte Eisenbetten herstellen lassen. Chruschtschow hingegen war bei den Massen nicht beliebt und konnte es nie werden. Sein Komödiantentum war zu augenfällig, seine Verdammung Stalins hatte das russische Volk schockiert. Die Russen waren gezwungen zu schweigen, aber verrückt waren sie nicht. Sie wußten sehr wohl, daß Chruschtschow eines der Werkzeuge des Terrors gewesen war, über den er sich entrüstete. Sie wußten, daß Stalin, wenngleich ein Tyrann, so doch auch ein Gigant gewesen war; Chruschtschow war ein Zwerg.

Am 17. Juni diskutierte das Präsidium über die Feiern zum Gedächtnis des 250. Jahrestags der Gründung von Leningrad. Es kam zu einem Streit über die blutigen Schatten, die dieser Name in der internen Geschichte des Kommunismus heraufbeschwor. Sieben von den elf Mitgliedern des Präsidiums wandten sich gegen Chruschtschow: Bulganin, Malenkow, Molotow, Woroschilow, Kaganowitsch, Schepilow und Saburow. Mikojan blieb neutral, Kiritschenko und Suslow machten eine schwache Anstrengung zu gütlicher Einigung. Es gelang ihnen nicht, ihre Kollegen daran zu hindern, Nikita Chruschtschows Absetzung auszusprechen.

Zu anderen Zeiten wäre es unmittelbar darauf zur körperlichen Liquidierung Chruschtschows gekommen, aber die Gebräuche der Sowjets hatten sich etwas geändert. Nikita verschanzte sich hinter dem Gesetz: Er war vom Zentralkomitee gewählt worden, nur das Zentralkomitee konnte ihn seines Postens entheben.

Das Zentralkomitee tagte am 22. Juni in der ehemaligen Datscha Stalins, die mitten im Wald lag. Nach Chruschtschows Willen wurde beschlossen, daß niemand die Datscha verlassen dürfe, ehe die Sitzung beendet war. Er ging zum Angriff über, erklärte, daß sich innerhalb des Präsidiums eine parteifeindliche Gruppe gebildet habe, die beabsichtige, das Zentralkomitee seiner Autorität zu berauben, daß sie die Inkraftsetzung der Entschlüsse des XX. Parteitags verhindere, daß sie versuche, den Personenkult wiederherzustellen, daß sie die leninistische Doktrin über die Koexistenz von Staaten verschiedener sozialer Systeme zurückweise, daß sie sich auf diese

Art einer internationalen Entspannung widersetze. Nach Chruschtschow ergriffen 205 Mitglieder des Zentralkomitees das Wort, sie alle schlossen sich seinen Anklagen an und verlangten Bestrafungen.

Erst nach diesem Strom der Feindseligkeit erhielten die Angeklagten das Wort. Ihre Versuche, Erklärungen zu geben, wurden durch haßerfüllte Zwischenrufe unterbrochen. Alle, mit Ausnahme Molotows, der sich mit bissiger Energie zur Wehr setzte, fügten sich. Molotow weigerte sich, für seinen Ausschluß aus dem Zentralkomitee zu stimmen und seinen Posten als Minister für staatliche Kontrolle zu verlassen; er verlangte, daß seine Stimmenthaltung zu Protokoll genommen werde.

Die beiden Marschälle wurden verschont, Woroschilow wegen seiner Senilität und Bulganin, weil er rechtzeitig eine Kehrtwendung machte. Malenkow, Molotow, Kaganowitsch und Saburow wurden aus dem ZK ausgeschlossen. Zu ihnen gesellte sich Schepilow, der sich mit Chruschtschow überworfen hatte und als Außenminister durch Gromyko ersetzt worden war. Malenkow wurde zum Direktor des Kraftwerks von Ust'-Kamenogorsk am Jenissej in Sibirien ernannt, und Molotow, der im Krieg und im Frieden die internationale Politik der UdSSR geleitet hatte, übernahm den Posten des Botschafters in Ulan Bator.

Das Parteipräsidium, dem nun 15 Mitglieder angehörten, bestand zur Mehrzahl aus Kreaturen Chruschtschows, darunter war Jekaterina Furzewa, die erste sowjetische Frau, die eine so hohe Stellung erreichte. Auch Marschall Schukow gehörte dazu. Das veranlaßte das Ausland zu der Behauptung, die Stunde des roten Brumaire habe geschlagen. (*Forts. UdSSR S. 841*)

5. Oktober 1957: der Sputnik spricht

Das Experiment vom 20. September 1956 war ermutigend gewesen. Die von Kap Canaveral abgeschossene dreistufige Jupiterrakete hatte, nachdem sie in 150 Kilometer Höhe aufgestiegen war und die Geschwindigkeit von 24 000 Stundenkilometern erzielt hatte, 4200 Kilometer über dem Atlantik zurückgelegt. Dessenungeachtet hatte das Pentagon erklärt, es sei noch nicht im Besitz des als absolute Waffe qualifizierten ICBM, des interkontinentalen ballistischen Flugkörpers; die Reichweite war noch nicht groß genug, die Treffsicherheit nicht ausreichend, die Nutzlast lag noch unter dem Gewicht einer Wasserstoffbombe. Schließlich war auch das Problem der Rückkehr in die Erdatmosphäre nicht gelöst.

Am 11. Juni 1957 lud das Pentagon die amerikanische und ausländische Presse ein, dem Versuchsflug der neuen Atlasrakete beizuwohnen, die als Prototyp für den ICBM angesehen wurde. Die Journalisten sahen, wie der 25 Meter lange Flugkörper langsam seine Abschußrampe verließ und hochstieg, gefolgt, sozusagen getragen, von zwei blaßgelben Flammen. In tausend Meter Höhe etwa wurde eine der beiden Flammen länger, änderte ihre Farbe und wurde zu einer Rauchfahne. Die Atlasrakete kippte nach rechts um, dann zuckte ein Blitz über den erleuchteten Himmel: Das Kontrollzentrum hatte den Flugkörper zur Explosion gebracht, da einer seiner beiden Motoren beschädigt war und die Gefahr bestanden hätte, daß er aufs Geratewohl weitergeflogen wäre. Er war aufgestiegen, um sechstausend Kilometer zurück-zulegen, und stürzte ab, ehe er hundert durchflogen hatte.

Zwei Jahre vorher hatte ein Unterstaatssekretär im Luftfahrtministerium, Trevor Gardner, die hohe Hierarchie des Pentagons gewarnt, daß die USA im Begriff stand, den Wettlauf um die absolute Waffe zu verlieren. Er war auf den seligen Schlendrian von Charles Wilson gestoßen und hatte eine Audienz bei Eisenhower erreichen kön-nen. Die Dauer war aber auf fünf Minuten festgesetzt, und Ike hatte, seiner Ge-wohnheit folgend, die ganze Zeit geredet. Also war Gardner wieder herausgekom-men, ohne seinen Alarmruf anbringen zu können; noch im Vorzimmer des Präsiden-ten verfaßte er seine Rücktrittserklärung.

Am 20. August gab die Agentur TASS bekannt, daß ein sowjetischer interkonti-nentaler Flugkörper mit Erfolg erprobt worden sei. Er war imstande, einen thermonu-klearen Sprengkopf zu tragen, und bewies, daß »jeder beliebige Punkt der Erde« mit der Rakete erreicht werden konnte. Generalmajor Pokrowskij schrieb außerdem in *Sowjetskaja Aviazija* daß der Ungenauigkeitsspielraum zehn bis zwanzig Kilome-ter nicht überschreite, was die Vernichtung jedes beliebigen Zieles gewährleiste.

Niemand bezweifelte die Stichhaltigkeit der sowjetischen Nachricht; die UdSSR hatte vier Jahre nach den USA die Atombombe hergestellt, sie hatte die Wasserstoff-bombe um elf Monate später gebaut. Im Bau des interkontinentalen ballistischen Flugkörpers war sie den USA voraus. Ein neues Faktum, das Ende der amerikani-schen Unverwundbarkeit, kam in die Geschichte. »Die amerikanischen Imperiali-sten«, erklärte Schukow, »müssen die naive Idee aufgeben, daß sie, wenn in Europa oder Asien ein neuer Krieg ausbricht, wie früher hinter ihren Meeren sitzen bleiben und den Zerstörungen und Vernichtungen entgehen können. Heute gibt es in der Welt keinen Winkel, keine Schlucht mehr, in die sich ein Aggressor zurückziehen könnte.«

Die amerikanische Unterlegenheit sollte in weniger beängstigender, jedoch viel spektakulärerer Form enthüllt werden.

Zwei russische Gelehrte, die Professoren W. W. Belusow und A. A. Blagonrawow, befanden sich am 5. Oktober in Washington; der sowjetische Botschafter gab ihnen zu Ehren einen Empfang. Dr. Lloyd Berkner, Präsident des Internationalen Rats der Wissenschaftlichen Gesellschaften, kam und bat um einen Augenblick Ruhe, dann verlas er die Kurznachricht einer Agentur, daß die Sowjetunion soeben einen künst-lichen Satelliten gestartet habe. Das Beifallklatschen der Amerikaner verursachte ih-nen Fingerschmerzen.

Ich habe geschildert, wie Eisenhower im Juli 1955 mit großem Aufsehen verkün-det hatte, daß Amerika die Eroberung des Weltraums vorbereite. Alle Einzelheiten über das Projekt wurden angegeben, der Name des amerikanischen Satelliten lautete *Vanguard*, Spitze des Fortschritts. Er sollte 21 pounds wiegen, also etwa 10 Kilo-gramm, er sollte mit Meßinstrumenten in Miniaturformat vollgepfropft sein; sein Start war auf den Herbst 1957 festgesetzt.

John P. Hagen, der Leiter des Projektes Vanguard, wandte sich an das Verteidi-gungsministerium, um sich die notwendige Rakete zu besorgen. Er glaubte, die Wahl zu haben zwischen der Jupiter und der Redstone, die Wernher von Braun in Huntsville in Alabama entwickelt hatte. Beide wurden ihm von Charles E. Wilson verweigert.

Diese Weigerung zwang Hagen, seinen eigenen Raketenantrieb zu bauen; seine Kredite wurden von 20 auf 100 Millionen Dollar erhöht. 500 hätten nicht genügt, auch wenn es zwischen den drei wichtigsten Industrieunternehmen, die an dem Projekt mitarbeiteten, nicht zu einem Konflikt gekommen wäre. Als Aerojet Co und Glenn Martin den von General Electric gebauten Motor zurückwiesen, gab Hagen bekannt, daß das Projekt Vanguard auf 1958 verschoben werde. Von diesem Augenblick an wußten die Eingeweihten, daß die UdSSR den USA mit dem Abschuß des künstlichen Satelliten zuvorkommen werde.

Im August 1957 verließ Charles Wilson das Verteidigungsministerium. An seine Stelle trat der größte Seifenhändler der Vereinigten Staaten, Neil H. McElroy, Präsident von Procter and Gamble. Man fragte Wilson bei seiner Abschieds-Pressekonferenz, wie es mit dem Projekt *Vanguard* bestellt sei. Er antwortete, daß die Sowjets wahrscheinlich acht Monate Vorsprung hätten. Man wollte wissen, ob die Verspätung der USA dem scheidenden Minister keine Sorge bereite. Er erklärte, der künstliche Satellit sei ein wissenschaftliches Spielzeug, das mit den Problemen der nationalen Verteidigung nichts zu tun habe. Dann fragte jemand, ob der Vorsprung der Sowjets nicht erwarten ließe, daß diese als erste auf den Mond gelangen würden. Darauf lachte Charles Wilson herzlich unter seiner weißen Mähne und sagte: »Pah, mir ist lieber, ich sehe sie auf dem Mond als in Detroit!«

Die Eingeweihten waren zwar nicht überrascht, doch das amerikanische Volk und mit ihm die ganze Welt war starr vor Staunen. Der Gedanke der technischen Überlegenheit der Vereinigten Staaten war weder durch die Migs noch durch die Riesenbomber vom Typ Bison, die schnelle Herstellung der A- und der H-Bombe noch auch durch den interkontinentalen ballistischen Flugkörper erschüttert worden, aber daß ein die Schwerkraft überwindender Flugkörper auf Grund der Gesetze des Weltraums als regelrechter künstlicher Mond in die Umlaufbahn um die Erde gebracht werden konnte, das war eine umwälzende Neuerung. Der russische Name für den Satelliten, Sputnik, fand sofort in allen Sprachen Aufnahme, das Rufzeichen Bip-Bip, das er hören ließ, wurde als Hohnruf empfunden. Menschenmengen sammelten sich um Teleskope, um den leuchtenden Punkt am Firmament zu suchen, der alle 90 Minuten eine volle Erdumkreisung durchführte. Die Sowjets frohlockten; sie erklärten, der Sputnik beweise die Überlegenheit des sozialistischen Systems. Sie spotteten über die Publicity, die die Amerikaner ihren Versuchen vorzeitig angedeihen ließen: »Wir gackern nicht, bevor wir unser Ei gelegt haben«, sagte Chruschtschow.

Über den Sputnik selbst gaben die Agentur TASS und die *Prawda* zahlreiche Einzelheiten bekannt. Nur über die Rakete, die ihm als Triebwerk diente und in der die Erklärung für das erstaunliche Gewicht des Flugkörpers lag, schwiegen sie. Vanguard wog 10 Kilogramm, Sputnik wog 83. Die Amerikaner schlossen daraus, daß die Sowjets entweder eine Rakete von riesigen Dimensionen gebaut oder — was wahrscheinlicher war — die Treibstoffe, die sie verwendeten in erstaunlichem Maß verbessert hatten.

Das war nur ein Anfang. Einen Monat nach Sputnik I, am 3. November, schossen die Sowjets Sputnik II ab. Sputnik I war achtmal so schwer wie Vanguard, Sputnik II war mit seinen 508 Kilogramm sechsmal schwerer als Sputnik I. Er enthielt eine große Anzahl wissenschaftlicher Apparate und die Hündin Laika, deren Schicksal die gesamte zivilisierte Welt in Erregung versetzte; das Experiment sollte das Verhalten eines höheren Säugetiers im Zustand der Schwerelosigkeit prüfen. Nach Angaben des Leiters des Moskauer Planetariums sollte sie – mit »guter Aussicht auf Rettung« – aus dem Sputnik herauskatapultiert werden. Die Rettung wurde anscheinend nicht versucht. Laika starb auf ihrem Posten, indem sie bewies, daß ein dem menschlichen ähnlicher Organismus die Beschleunigung beim Abschuß einer Raumrakete zu ertragen und die Schwerelosigkeit zu überleben vermag. Die Reise zum Mond und zu den Planeten hatte begonnen.

Diesmal war das amerikanische Volk wirklich gedemütigt und voll Sorge. Die Fachleute errechneten, daß der Träger, der Sputnik II startete, nicht leichter sein konnte als eine Rakete von 500 Tonnen, mit Treibstoffen, über die die USA bei weitem nicht verfügten. Eisenhower verkündete bei einem Auftritt im Fernsehen, man werde große Anstrengungen unternehmen, um die Verspätung der USA wieder einzuholen, und bemühte sich, die Öffentlichkeit zu beruhigen, indem er alle ferngesteuerten und ballistischen Kernwaffen aufzählte, die die USA besaßen. Es gelang ihm nicht, den Schatten zu bannen, den die beiden Sputniks geworfen hatten.

Die Vereinigten Staaten waren vom Pech verfolgt. Am 26. November teilte das Weiße Haus mit, daß der Präsident bei dem zu Ehren des Königs von Marokko gegebenen Abendessen infolge einer »leichten Erkältung«, die er sich beim Warten auf seinen Gast auf dem Flugplatz zugezogen hatte, nicht den Vorsitz führen konnte. So etwas war nicht zum erstenmal der Fall. Am 24. Dezember 1955 hatte man bekanntgegeben, daß Ike an »einer Magenverstimmung« litt, und er hatte nur mit knapper Not eine Koronarthrombose überlebt. Am 8. Juni 1956 war die »Magenverstimmung« wieder aufgetaucht – und man hatte in aller Eile eine chirurgische Öffnung des blockierten Darms vornehmen müssen. Am 20. Januar 1957 hatte das ärztliche Bulletin von einer »leichten Erkältung« gesprochen, und Ike hatte drei Monate lang an einem Lungenleiden laboriert. Der Rückfall der »leichten Erkältung« verursachte eine Baisse in der Wallstreet, die innerhalb einer Stunde einen Verlust von 5 Milliarden Dollar für die amerikanischen Wertpapiere brachte. In Wirklichkeit hatte Eisenhower einen Gehirnschlag erlitten, der ihn vorübergehend der Sprache beraubte. Er erholte sich rasch, blieb jedoch ein Schwerkranker, dem jede größere geistige Anstrengung verboten war.

Die Verfassung sieht vor, daß der Vizepräsident an die Stelle des Präsidenten tritt, wenn dieser unfähig ist, die Pflichten seines Amtes zu erfüllen. Über die Mittel, mit denen diese Unfähigkeit festzustellen ist, schweigt jedoch die Verfassung. Man versuchte, diesem Mangel abzuhelfen, indem man einen aus Richtern des Obersten Gerichtshofs und Senatoren bestehenden Rat einführte, der im Falle einer gesundheitlichen Störung, die den Präsidenten am Gebrauch seiner Sinneskräfte hinderte, ermächtigt wäre, ihn durch den Vizepräsidenten zu ersetzen. Ike erwiderte, er würde ein solches Organ nur gelten lassen, wenn es in Form eines Zusatzes zum Gesetz in der Verfassung verankert würde. Dazu war die Ratifizierung durch die gesetzgebenden Körperschaften von zwei Dritteln der Staaten und ein Zeitraum von mehreren Jahren erforderlich. Mangels dieses Textes war Eisenhower selbst der einzige, der feststellen konnte, ob Eisenhower nicht verfügbar war.

Doch noch eine Demütigung stand den USA bevor. Vanguard war auf die Größe einer Grapefruit und auf ein Gewicht von vier Pfund, gegenüber den 1019 Pfund von Sputnik II, verkleinert worden. Man beschloß, den Satelliten mittels einer von der Marine entliehenen Rakete abzuschießen. Die Rakete erreichte am 6. Dezember auf Kap Canaveral eine Höhe von 2 Metern, dann fiel sie zu Boden und explodierte; es war nicht einmal eine starke Explosion. Die »Grapefruit« rollte auf den Boden und sendete weiter die Quieklaute, die sie im Weltraum dem triumphierenden Bip-Bip der beiden Sputniks hätte entgegensetzen sollen. (Forts. USA S. 765)

»Was liegt denn an der Hälfte der Menschheit . . .?« sagt Mao

Dieses für die USA so demütigende Jahresende verlief triumphal für die UdSSR.

Der Erfolg des Sputnik stärkte Chruschtschows Stellung; das benutzte er sofort, um sich Schukows zu entledigen. Der Marschall kehrte ahnungslos von einer Reise durch Albanien und Jugoslawien zurück. Chruschtschow beschuldigte ihn vor dem Präsidium und dann vor dem Zentralkomitee, er habe die Arbeit der politischen Organisationen in der Armee behindert und betreibe Personenkult, indem er sich mit Schmeichlern und Lobrednern umgebe. »Infolge mangelhaften Parteibewußtseins verlor Genosse Schukow, der die hohe Einschätzung seiner Verdienste falsch auffaßte, die einem Parteimitglied zukommende Bescheidenheit, die Wladimir Iljitsch Lenin uns lehrte. Er meinte, er sei der einzige Held der Siege, die unser Volk und seine Streitkräfte unter Führung der Kommunistischen Partei errangen, und verletzte gröblich die Leninschen Parteiprinzipien für die Führung der Streitkräfte . . . Er erwies sich als eine politisch nicht fundierte Persönlichkeit und zeigte Neigung zu Abenteuertum.« Der Verteidigungsminister wurde aus dem Präsidium ausgeschlossen, in das er sechs Monate vorher aufgenommen worden war, und bekannte: »Ich erkenne meine Fehler an und gebe dem Zentralkomitee mein Wort, die bei mir vorhandenen Mängel voll auszumerzen.« Kein einziges Bajonett rührte sich in den Kasernen zugunsten des Eroberers von Berlin.

Die Feiern zum 40. Jahrestag der bolschewistischen Revolution fanden unter großem Jubel statt, alle Kommunistischen Parteien der Welt versammelten sich in Moskau. Sie kamen nicht nur, um Beifall zu klatschen und zu gratulieren. Mit der für das System typischen strengen Geheimhaltung fanden Zusammenkünfte statt, die für die Zukunft des Weltkommunismus von großer Bedeutung waren.

In dreizehn Ländern oder Teilländern war die Kommunistische Partei an der Macht: Albanien, Bulgarien, China, Jugoslawien, Mongolei, DDR, Nordkorea, Nordvietnam, Polen, Rumänien, Tschechoslowakei, UdSSR, Ungarn. Mit einer Ausnahme waren alle durch ihre wichtigsten Persönlichkeiten vertreten, nämlich Enver Hodscha, Todor Schiwkoff, Mao Tse-tung, Daschiun Damla, Walter Ulbricht, Kim

Il Sung, Ho Tschi Minh, Wladyslaw Gomulka, Stoica Chivu, Antonín Novotný, Nikita Chruschtschow, János Kádár. Die Ausnahme war der Jugoslawe Tito, der sich beleidigt fühlte, weil er Marschall Schukow zu jener Zeit mit großem Gepränge hatte empfangen müssen, als in Moskau dessen Absetzung bestimmt wurde. Er schützte einen Hexenschuß vor und ließ sich von Edvard Kardelj vertreten.

Bei der geheimen Konferenz der Dreizehn standen die UdSSR und China bei zwei Punkten im Gegensatz zueinander. Chruschtschow räumte ein, daß die kommunistischen Parteien in gewissen Fällen durch legale Wahl- und Parlamentsverfahren an die Macht gelangen können. Er behauptete, der Vernichtungscharakter der Kernwaffen mache es unbedingt nötig, so lange Seite an Seite mit den kapitalistischen Regimes zu leben, bis ein Sieg des Kommunismus auf friedliche Weise errungen werden könne. Mao wies beide Behauptungen zurück. Macht könne nur durch Gewalt errungen werden, und der Kapitalismus könne nur im Krieg und durch den Krieg zugrunde gehen. Der auf der Angst vor Massenvernichtungen beruhende Pazifismus sei eine subjektivistische Abweichung. »Ich gebe zu«, sagte Mao, »daß bei Verwendung von Atom- und Wasserstoffbomben in einem zukünftigen Krieg die Hälfte oder mehr als die Hälfte der Bevölkerung der Erde zugrunde gehen wird. Ist das so schrecklich? Der Imperialismus wird vernichtet werden, der Sozialismus wird in der ganzen Welt siegen, und es wird nicht länger als ein Jahrhundert dauern, bis die Bevölkerung wieder ihren jetzigen Stand erreicht hat.«

Dennoch kam es bei dieser Sitzung im Jahr 1957 zu keinem Bruch in der Einheit des Kommunismus. Der Monozentrismus, dem die Sowjetunion so große Bedeutung beimaß, wurde nicht ernstlich erschüttert. Gomulka war in dem Glauben gekommen, er werde bei den Chinesen ebensolche Unterstützung gegen die Übergriffe der Sowjets auf die Unabhängigkeit Polens finden wie im vorigen Jahr; eine vierstündige Unterredung mit Mao Tse-tung raubte ihm diese Illusionen. Er fügte sich und kehrte zur moskautreuen Linie zurück. Der Jugoslawe entfernte sich vor Ende der Diskussion und weigerte sich dann, die gemeinsame Erklärung der an der Macht befindlichen Parteien zu unterzeichnen.

Sie enthielt den folgenden sorgfältig abgewogenen Satzteil: » ... das unbesiegbare sozialistische Lager, mit der Sowjetunion an der Spitze.« Damit hatte die UdSSR sich zufriedenzugeben.

Mao rechtfertigte sein Verhalten in einer Rede vor 3000 chinesischen Studenten in der Universität Peking: »Das sozialistische Lager muß eine Führung besitzen. China ist ein großes Land, doch seine Industrie ist noch schwach. Es besitzt noch nicht einmal die Hälfte von einem Sputnik, Rußland hat bereits deren zwei.« In dieser Zustimmung war eine Anwartschaft enthalten.

Zu jener Zeit kannte man den Grund von Chinas Fügsamkeit nicht. Fünf Jahre später enthüllten ihn die Chinesen: Die Sowjetunion hatte sich durch einen vom 15. Oktober 1957 datierten Vertrag verpflichtet, China ein Modell der Atombombe sowie alle für ihre Herstellung notwendigen technischen Verfahren zur Verfügung zu stellen ... (*Forts. China S. 807*)

25. Kapitel 1958 Wende in Frankreich
De Gaulle kehrt zurück

Nikita Chruschtschow hatte das Jahr 1957 in einer unsicheren Situation begonnen; das Jahr 1958 begann er im Triumph. Seine beiden Rivalen, Malenkow und Molotow, waren aus der sowjetischen Hierarchie ausgeschaltet. Durch die Verabschiedung von Marschall Schukow hatte man den Schatten eines Brumaire aus der Welt geschafft. Nun war noch Bulganin übrig, um den Anschein einer kollektiven Führung aufrechtzuerhalten. Nach den Wahlen zum Obersten Sowjet im März war es nicht verwunderlich, daß Bulganin zurücktrat und Nikita, wie seinerzeit Stalin auf der Höhe seiner Macht, den Posten des Ersten Sekretärs der KPdSU und des Regierungschefs in seiner Person vereinigte.

Der Aufstieg des Mannes war durch sein Werk gerechtfertigt. Chruschtschow hatte die Autorität Moskaus über die Vasallenstaaten Europas wiederhergestellt. Er hatte von Mao Tse-tung die Anerkennung der führenden Rolle Rußlands in der kommunistischen Weltbewegung erreicht. Dank der Suezaffäre war er der Schutzherr der arabischen Länder geworden. Er hatte der Rüstung auf dem Gebiet der Kernwaffen, der Raketenwaffen sowie dem Raumflugprogramm einen leidenschaftlichen Impuls gegeben. Die Glanzleistung Sputnik kam wie eine großartige Belohnung. Eine neue Sowjetunion offenbarte sich; sie machte den Vereinigten Staaten die Palme der Wissenschaft und der Macht streitig, kam ihnen auf den kühnsten Wegen der Technologie zuvor und übertrumpfte sie bei der Herstellung der Massenvernichtungsmittel.

Die Vereinigten Staaten erkannten gedemütigt und beunruhigt, daß sie überflügelt waren. Der kranke und träge Mann an der Spitze versuchte es noch 1958 in seinem Rechenschaftsbericht an die Nation zu verhehlen, doch ließen die augenfälligen Tatsachen keine Illusionen mehr zu. In der sowjetischen Arktis wurden grandiose Atomversuche durchgeführt, und das Gewicht des zweiten Sputnik bewies, daß Rußland sechs Monate zuvor mit seiner Behauptung, es besäße eine Interkontinentalrakete, nicht gelogen hatte.

Auf amerikanischer Seite war der einzige halbwegs einsatzbereite Flugkörper, der Snark, nichts anderes als eine Fortbildung der V1 mit Raumsteuerung, deren Geschwindigkeit die des Schalls nur wenig übertraf. Die Raketengeschosse mittlerer Reichweite, Thor und Jupiter, die Schiffsrakete Polaris und schon gar die Interkontinentalraketen Atlas und Titan befanden sich noch im Versuchsstadium.

Zu der Sorge Amerikas um seine Sicherheit gesellte sich der Schrecken einer Wirtschaftsrezession. Die Zahl der Arbeitslosen stieg auf 5,2 Millionen, das waren 9 % der Gesamtzahl der Lohnempfänger. Der Index der Industrieproduktion ging um 17 % zurück. Die Zahl der von den drei Großen, General Motors, Ford und Chrysler, erzeugten Kraftwagen verringerte sich von 628 000 im Januar 1957 auf 419 000 im Januar 1958. Das Nationaleinkommen, das den absoluten Rekord von 308 Milliarden Dollar erreicht hatte, fiel bis unter die 300-Milliarden-Grenze zurück – blieb allerdings immer noch doppelt so hoch wie im Jahre 1947. Die Wirtschaftsfachleute befürchteten, die Rezession könnte den Punkt erreichen, von dem an sie durch ihren eigenen Mechanismus vorangetrieben würde, da der Rückgang des Einkommens eine Verminderung der Kaufkraft, diese wieder eine Verminderung der Produktion zur Folge haben würde, und so fort. Noch waren die Vereinigten Staaten nicht in die Spirale eingetreten, doch sie hatten den Eindruck, an ihrem Rand zu stehen.

Bei der Flaute der amerikanischen Wirtschaft spielten psychologische Faktoren eine Rolle. Geld gab es im Überfluß; allein in den Saving Banks erreichten die verfügbaren Spargelder die fabelhafte Summe von 273 Milliarden Dollar; aber das Publikum entzog sich der Kampagne »Buy! Buy! Buy!«, durch die man die Entwicklung zu bannen trachtete. Kaufen, Bauen sind optimistische Gesten. Die durch die Sputniks verursachte Kränkung, der Eindruck, daß die Vereinigten Staaten sich festgefahren hatten, bremsten den Verbrauchsmechanismus. Man fuhr sein Auto im Durchschnitt um sechs Monate länger, man verkaufte mehr Hamburger als Steaks, die Gesuche um Baubewilligung gingen um drei Viertel zurück. Wilsons und Eisenhowers schäbige Ersparnisse im Programm des Geophysikalischen Jahrs wirkten sich zum nationalen Nachteil aus.

Es gab noch andere besorgniserregende Zeichen. Die Gärung in der Rassenfrage nahm zu. Das Urteil des Obersten Gerichtshofs über die Aufhebung der Rassentrennung in den Schulen stieß bei seiner Anwendung im Süden auf verbissenen Widerstand. Um einem schwarzen Studenten das Betreten der Universität zu ermöglichen, mußte Eisenhower Little Rock in Arkansas von Bundestruppen besetzen lassen. Die Jugendkriminalität nahm in erschreckendem Maß zu; sie stieg innerhalb von fünf Jahren von 1330 auf 16 245 Verbrechen (Einbruch, Diebstahl, Vergewaltigung, Mordfälle usw.). Banden von Jugendlichen wie die »Känguruhs«, »Sünder«, »Engel«, »Tiger« usw. terrorisierten die Großstädte und lieferten einander blutige Schlachten um die Herrschaft auf den Straßen.

Auch das Befinden des Präsidenten trug zur Melancholie der Amerikaner bei. Sein Arbeitspensum war auf Anordnung der Ärzte um noch weitere 25 % herabgesetzt worden. Er verbrachte die meiste Zeit auf seiner Farm in Gettysburg oder in dem kleinen »Weißen Haus«, das er sich in Georgia hatte einrichten lassen. Er konnte sich nicht länger als eine halbe Stunde konzentrieren. Ebenso wie es unter Wilson und Roosevelt der Fall gewesen war, bemühte sich eine Clique, unter der Leitung des ersten Beraters Sherman Adams, die Leere zu verbergen, die die Krankheit an der Spitze der Exekutivgewalt verursachte. Die gleiche Leere bestand im Außenministerium, trotz der Beherztheit des hartnäckigen, todkranken John Foster Dulles. Bis in die Reihen der Republikanischen Partei wurden Stimmen laut, die den tragischen Umstand beklagten, daß die Vereinigten Staaten von zwei alternden, kränkelnden Männern geleitet wurden.

Ihnen gegenüber stand die Vitalität, Aktivität, Trivialität, die Großmäuligkeit, Phantasie, Energie und das Komödiantentum eines Chruschtschow.

Als er William Randolph Hearst empfing, schleuderte er ihm die Worte ins Gesicht: »Wir haben bereits gewonnen. Alle eure Städte können von der Erdoberfläche getilgt werden!« Doch er beteuerte, daß der Kommunismus keinen Krieg benötige, um zu siegen. »Ich versichere Ihnen in meinem sowie im Namen der sowjetischen Kommunistischen Partei, daß wir niemals unsere Interkontinentalrakete gegen die Vereinigten Staaten verwenden werden, außer die Vereinigten Staaten oder eines ihrer Satellitenländer greifen uns an. Der Krieg, den wir euch erklären, ist ein Wettbewerb im Frieden. Wir wollen siegen, indem wir mehr Rundfunk- und Fernsehapparate, mehr Staubsauger, mehr Häuser, mehr Lebensmittel, mehr Behaglichkeit produzieren als ihr. Wir werden euch überflügeln. Und unser Sieg wird die Völker überzeugen, daß wir recht haben.«

Stalin versicherte den Russen, daß sie die glücklichsten Menschen seien, schloß jedoch streng die Grenzen des Landes — Chruschtschow öffnete sie stolz, um die Erfolge des Sozialismus zur Schau zu stellen. »Die Imperialisten versuchen, dem Volk mit dem Kommunismus Angst einzujagen. Sobald wir die höchsten Stufen der Produktion und des Wohlstands erreicht haben, werden die Besucher aus den kapitalistischen Ländern sagen: ›Wie, ist das der Kommunismus? Ist dies das Sowjetregime? Das ist doch genau das, was für das Volk gut ist. Wie konnten wir so naiv sein, es nicht früher zu merken?‹«

Vor dem Sputnik wären solche ein wenig kindischen Großtuereien nicht ernst genommen worden. Es läßt sich leicht nachprüfen, daß der Lebensstandard der Russen nur sehr langsam anstieg und daß die sowjetische Wirtschaft auch weiterhin mit groben Fehlern belastet blieb. Die Arbeitsproduktivität in den besten Unternehmen überstieg nicht ein Drittel der amerikanischen. Das Verteilungssystem war jämmerlich. Die stets getadelte, aber niemals verbesserte Bürokratie erstickte die nationale Aktivität. Die Reform der Sowchosen mißlang sofort nach ihrer Einführung. Die erstmals bebaute Erde in Sibirien gab zwar zunächst eine gute Ernte, dann aber entsprach ihr Ertrag kaum dem Saatgut, das man verwendet hatte. Aber die Sputniks vermittelten den Eindruck, daß in der Sowjetunion alles möglich war. Sie hatte die USA auf dem fortgeschrittensten Gebiet der Technik übertrumpft; warum sollte ihr das nicht auch beim Streben nach Reichtum und Glück gelingen?

Im Januar 1958 versuchte die amerikanische Marine ihren Mißerfolg vom vorangegangenen Dezember wettzumachen. Man befestigte den dreieinviertel Pfund schweren Vanguard, genannt Grapefruit, an der Spitze einer TV-3-Rakete. Der Countdown wurde bis 14 Sekunden vor der Zündung durchgeführt, plötzlich jedoch abgebrochen und nicht wieder aufgenommen. Die im Lauf der letzten Minute festgestellten Mängel machten das Experiment unmöglich, die Marine gab es auf.

Vier Tage später, am 29. Januar, unternahm die Armee einen Versuch. Als Triebwerk wurde eine aus dem Redstone-Arsenal in Huntsville stammende Jupiter-C-Rakete verwendet. Die Luftwaffe hatte mit allen Mitteln versucht, den Bodenstreitkräften zu verbieten, sich mit Flugkörpern zu beschäftigen, die sehr hoch aufstiegen. Die Verbissenheit von General John B. Medaris und des deutschen Erfinders Werner von Braun überwand alle Hindernisse. Jupiter C war eine taktische Rakete, die einen Atomsprengkopf auf eine Entfernung von 300 Kilometern schießen konnte; man hatte beschlossen, sie zu verwenden, um einen Explorer-Satelliten auf eine Kreisbahn um die Erde zu schicken, der mit seinen 12,67 Pfund viermal so schwer wie die Vanguard und siebenunddreißigmal leichter als der zweite Sputnik war.

Cap Canaveral wurde von strömendem Regen überschwemmt. Der Countdown fand mit Stockungen statt, die sein Mißlingen befürchten ließen. Hunderte Journalisten froren im Dunkel. Die Rakete war 20 Meter hoch, der Satellit war eine Art Bleistift von 2 Meter Länge und 15 Zentimeter Durchmesser. Endlich um 22 Uhr 48 ertönte der Ruf »Feuer!«. Vierzehn endlose Sekunden lang blieb die Jupiter bewegungslos. Dann stieg sie hoch. Sechs Minuten zweiundfünfzig Sekunden später befand sich Explorer auf seiner Kreisbahn um die Erde. Die USA feierten einhundertachtzehn Tage nach der UdSSR ihren ersten Raumfahrterfolg.

Im März wurde ein zweiter Explorer von 31 Pfund Gewicht sowie die erste Vanguard abgeschossen. Im gleichen Monat empfahl ein aus achtzehn Wissenschaftlern bestehendes beratendes Komitee dem Präsidenten die Schaffung einer Weltraumbehörde, *National Aeronautics and Space Administration*, NASA, und stellte ein Programm für die Erforschung des Mondes und der Planeten auf. Braun warnte jedoch seine neuen Landsleute, daß es zumindest fünf Jahre dauern würde, bis man die Russen eingeholt haben würde und daß der Explorer »*in spirit only*« einen Konkurrenten für den Sputnik darstelle.

Am 15. Mai wurde eine dritte sowjetische Rakete, ein Riesending von 2654 Pfund, auf die Kreisbahn geschickt. Die russische Presse schrieb, daß dieser Sputnik III ein Vorläufer der bewohnten Raumstationen sei. Chruschtschow verhöhnte die »Pampelmusen«, welche die USA in den Weltraum schossen, und versprach seinen Landsleuten, sie würden noch vor dem Jahr 2000 auf dem Mond landen und dort die ersten sein.

Chruschtschow benutzte Rußlands neues Prestige, um eine große internationale Konferenz vorzuschlagen. Er brach mit den Bestrebungen der Russen, die Regelung der großen Angelegenheiten den Großmächten vorzubehalten, und regte an, diese Konferenz solle allen Mitgliedern der NATO und des Warschauer Pakts sowie Jugoslawien, Indien, Afghanistan, Schweden, Österreich usw. offenstehen. Das vorläufige Ziel, das er ihr zuwies, war die Einstellung der Atomversuche für zwei oder drei Jahre und die Inkraftsetzung des von dem polnischen Außenminister Adam Rapacki erdachten Plans einer atomwaffenfreien Zone in Mitteleuropa: An der Trennungslinie zwischen dem westlichen und dem sozialistischen Lager in Europa sollten in einer Zone von je 800 Kilometer Breite alle Atomwaffen verboten sein.

Chruschtschow suchte eine seinem Ehrgeiz entsprechende Bühne. Er hoffte bei der von ihm vorgeschlagenen Konferenz, die praktisch auf Weltebene stattfinden sollte, die meisten Staaten für sich zu gewinnen und diese Mehrheit verwenden zu können, um den Atlantikpakt zu spalten. Mit Hinweis auf den Präzedenzfall von Genf im Jahre 1955 erhoben die USA den Einwand, eine Versammlung solcher Art hätte keine Aussicht, Früchte zu tragen, wenn sie nicht sorgfältig vorbereitet würde. Chruschtschow antwortete, daß eine Konferenz der Außenminister nur ein Zeitverlust wäre, da sie keinerlei Entscheidungsrecht besäßen. Überdies würde er nicht gestatten, daß der seine, Gromyko, sich mit John Foster Dulles an einen Tisch setze;

dieser Feind der UdSSR, der die Schuld am Kalten Krieg trage, müsse der Verhandlung völlig fernbleiben.

Am 18. April rief Gromyko die in Moskau akkreditierten Auslandskorrespondenten zusammen. Er enthüllte ihnen, daß Luftstreitkräfte der USA mit Atom- und Wasserstoffbomben die Gebiete der Arktis in Richtung UdSSR überflogen hätten. Allerdings seien sie umgekehrt, als die Ursache für ihr Aufsteigen, vom Radar aufgefangene elektronische Interferenzen oder Meteore, aufgeklärt war. Es sei jedoch denkbar, daß der Befehl zum Rückflug einmal nicht rechtzeitig übermittel würde oder sogar daß ein törichter Pilot ihm zuwiderhandeln würde. Deshalb bringe die Sowjetunion eine Klage ein und verlange, daß der Sicherheitsrat die inkriminierten Flüge untersage.

Auf den Angriff folgte ein amerikanischer Gegenangriff. Die USA wiederholten einen früheren Vorschlag, wonach man das im Inneren des Polarkreises liegende Gebiet sowie Alaska, die Aleuten, Kamtschatka und die Kurilen einer internationalen Überwachung unterstellen sollte. Zehn von den elf Mitgliedern des Sicherheitsrats stimmten dem amerikanischen Vorschlag zu, und Generalsekretär Hammarskjöld empfahl unter Aufgabe der seiner Stellung entsprechenden Neutralität die Annahme des Vorschlags; dieser wurde jedoch durch das dreiundachtzigste Veto der Sowjetunion abgewürgt.

Gleichzeitig bedeutete das das Ende der Gipfelkonferenz. Chruschtschow ging plötzlich mit einer jener Wendungen, wie er sie so gern inszenierte, von der Gutmütigkeit zum Zorn und von Versöhnlichkeit zur Drohung über. Zur gleichen Zeit kam es zu neuen, überaus interessanten Entwicklungen in den östlichen Ländern...

Doch ich will zunächst von dem wichtigsten Ereignis jenes Jahres 1958 berichten, der Rückkehr General de Gaulles an die Spitze Frankreichs. (*Forts. UdSSR S. 841*)

Französische Bomben auf ein tunesisches Dorf

Habib Bourguiba verglich die Lage Tunesiens mit jener der USA im Weltkrieg bis Pearl Harbor: »Wir führen nicht Krieg, sind aber auch nicht neutral. Wir glauben, daß unsere Politik und unser Gewissen es uns zur Pflicht machen, unsere algerischen Brüder in ihrem Freiheitskampf zu unterstützen.«

Die »algerischen Brüder« empfanden für Habib keine ungetrübte Liebe; sie beschuldigten ihn des Westlertums und des geheimen Einverständnisses mit Frankreich. Seine Pläne eines Föderalismus im Maghreb, durch Vereinigung von Marokko, Algerien und Tunis, hatten sie verächtlich abgelehnt. Bourguiba vertrat um so energischer die Notwendigkeit einer Kooperation zwischen Tunesien und der FLN; mangels einer solchen Kooperation werde der algerische Aufstand unwiderruflich ins Lager Ägyptens und der Ostblockländer abschwenken.

Die Franzosen blickten gebannt auf Tunesien. In Algier war der Kampf gewonnen, die Europäer konnten sich gefahrlos in der Kasba bewegen. In ganz Algerien machte die Befriedung Fortschritte. Am 28. Januar war der erste Zug mit Öl aus der Sahara von Touggourt abgegangen, und man arbeitete ungestört am Bau der Pipeline von Hassi-Messaoud nach Bougie. Es herrschte allgemeiner Wohlstand, Algier und alle anderen Städte blühten. Die Armee nahm ihre Aufgabe auf dem Gebiet der Verwaltung, der Schulen, Straßen und Krankenhäuser sehr ernst und hielt sich für erfolgreich in der friedlichen Eroberung der Bevölkerung. Zeitweise vergaß man die Auflehnung – und dann trat sie wieder in Erscheinung, wie eine unstillbare Blutquelle. Wo nahm sie ihren Ursprung, wenn nicht in Tunesien und, in bescheidenerem Maße, in Marokko?

Laut Angaben des französischen Generalstabs kamen monatlich 1300 Waffen über die beiden Grenzen ins Land, davon stammten 1000 aus Tunesien. Ein Hin- und Rückverkehr brachte die Rekruten für den Aufstand in tunesische Schulungslager, von wo sie als ausgebildete Kämpfer nach Algerien zurückkehrten. Die Grenze wurde von 40 000 Mann und einem elektrisch geladenen Sperrgürtel geschützt, dennoch gelang es den Fellagas einzudringen, nachdem sie mittels Zangen, die mit isolierten Griffen versehen waren, die Sperrdrähte durchschnitten hatten. Der Sperrgürtel endete übrigens bei Tébessa und konnte im Süden umgangen werden. Er hielt sich wegen des unebenen Terrains nicht völlig an die Grenzlinie; es gab französische Posten dahinter, und ihre Patrouillen standen dauernd in Berührung mit Elementen der FLN, die sich in Tunesien festgesetzt hatten.

Am 11. Januar 1958, um vier Uhr morgens, machten sich 40 Mann der 10. Kompanie des 23. Infanterieregiments auf den Weg, um Viehdiebe abzufangen. Die Nachricht, die sie in Bewegung gesetzt hatte, war eine Falle. Sie wurden fünfhundert Meter weit von dem Dorf und dem tunesischen Posten Sakhiet Sidi Jussef umzingelt und unter Mörserfeuer genommen. Zwanzig Mann entkamen, fünfzehn wurden getötet. Von den fünf Gefangenen wurde einer bei einem Fluchtversuch erschossen. Die vier anderen, Vialaron, Relac, Morales und Jacob, wurden berühmt, weil einem deutschen Fotografen eine Reportage über ihre Gefangenschaft gelang. Die französische Regierung behauptete, sie seien nach Tunesien gebracht worden, verlangte ihre Freilassung und vertrat die Meinung, der Hinterhalt sei auf tunesischem Gebiet, unter Mitwirkung der tunesischen Nationalgarde, vorbereitet worden; da ihre Forderung und ihr Protest zurückgewiesen wurden, berief sie ihren Botschafter ab.

Einige Tage später wurde in der gleichen Gegend ein Flugzeug, das eine Marschkolonne eskortierte, von einer aus tunesischem Gebiet feuernden automatischen Waffe abgeschossen. General Salan telegrafierte nach Paris, er werde im Wiederholungsfall, wenn keine gegenteiligen Weisungen ergingen, Befehl erteilen, innerhalb von drei Stunden zurückzuschlagen. Die telegrafische Antwort lautete: »Die Regierung billigt die Maßnahmen, die Sie laut Ihrer Depesche vom 1. Februar ins Auge fassen.«

Am 7. Februar begab sich Hauptmann Bernon, der Kommandant des gegenüber von Sakhiet liegenden Bordj, auf Weisung seiner Vorgesetzten ungedeckt zum Wadi, der die Grenze entlangfließt. Er ließ einen tunesischen Offizier rufen und machte ihn darauf aufmerksam, daß der nächste von tunesischem Gebiet ausgehende feindliche Akt geahndet würde.

Am Tag nach dieser Warnung, Sonnabend, den 8. Februar, um 9 Uhr, wurde eine

Ouragan-Maschine auf ihrem regelmäßigen Patrouillenflug längs der Grenze von einem aus Sakhiet Sidi Youssef feuernden schweren Maschinengewehr getroffen. Ein Motor geriet in Brand, doch es gelang dem Piloten, in Tébessa zu landen.

Zwei Stunden später zerschlugen 11 B26,6 Corsaire und 8 Mistral die militärischen Objekte von Sakhiet: den Zollposten, die Gendarmeriekaserne, die Flaknester, die Zugänge zu einer Bleimine außer Betrieb, die der FLN als Magazin diente. Die Zivilbevölkerung blieb jedoch nicht verschont. Nach tunesischen Angaben betrug die Zahl der Opfer 202, davon 72 Tote, unter denen sich 20 in den Trümmern einer Schule begrabene Kinder befanden. Zwei Lastwagen des Roten Kreuzes, die Lebensmittel und Medikamente verteilten, wurden beschädigt.

Die Bombardierung von Sakhiet war vom Luftwaffenkommandanten von Constantine vorgeschlagen und von General Jouhaud, dem Befehlshaber der Luftwaffe in Algerien, gebilligt — besser gesagt, befohlen — worden. Die Durchführung folgte auf den Beschluß, ohne daß das Oberkommando und die Regierung benachrichtigt worden wären. Über dem unglücklichen Dorf entlud sich eine seit langem mit Recht angesammelte Erbitterung und führte zu Kettenreaktionen, welche in der Geschichte unserer Zeit tiefe Spuren hinterlassen sollten.

Paris war bestürzt. In einem spontanen Kommentar bezeichnete Christian Pineau dem amerikanischen Journalisten Joseph Alsop gegenüber die Bombardierung als »Tragödie für Frankreich«. »Der Ministerpräsident berief mich zu sich«, erzählt General Ely. »Er war blaß vor Müdigkeit, er teilte mir mit, daß die gesamte Welt unser Vorgehen mißbillige, daß Botschafter Alphand eine überaus harte Auseinandersetzung mit John Foster Dulles gehabt habe, daß er nicht begreifen könne, wie Algier den Telegrammwechsel vom 1. und 2. Februar als unbeschränkte Vollmacht für die Durchführung massiver Repressalien gegen die Zivilbevölkerung habe deuten können.« Bourguiba wandte sich an den Sicherheitsrat, verlangte den Abzug der 15 000 französischen Soldaten, die sich noch zwischen Medjez el-Bab, Soukh el-Kaf, Gafsa und Gabès befanden, und beschloß, um dies zu erreichen, sie in ihren Unterkünften zu isolieren und auszuhungern. Von allen Seiten trafen begeisterte Beifallsäußerungen und Unterstützungsversprechen bei Bourguiba ein. Die norwegische Regierung erklärte, sie schließe sich der tunesischen Klage an und wolle sich an den NATO-Rat wenden. Gaillard übertrieb nicht; Frankreich hatte sich eine Sturzflut von Vorwürfen zugezogen.

Solche Strömungen der öffentlichen Meinung machen mehr Eindruck, als daß sie Furcht erregen. Die zynische Lektion der Geschichte besagt, daß man ihnen entschlossen Trotz bieten muß, indem man sich weigert, seine Schuld anzuerkennen, und jede Anklage mit einer Gegenanklage erwidert. Wohl waren die Repressalien von Sakhiet zu heftig und streng gewesen und daher ein Fehler, doch bedeuteten sie schließlich nicht mehr als einen Zwischenfall. Auch ist es nichts Außergewöhnliches, daß ein Krieg Massenmorde an Unschuldigen nach sich zieht.

Das Unglück Frankreichs war, daß der durch die Bombardierung von Sakhiet hervorgerufene Sturm auf ein sterbendes Regime niederging.

Die im November gebildete Regierung Gaillard war Ende Januar bereits abgenützt; mit ihrem Sturz konnte man im Frühjahr rechnen. Der Selbsterhaltungstrieb untersagte es den Abgeordneten, an die Auflösung des Parlaments zu denken. Man hatte also nur eine ebensolche Ministerkrise in Aussicht wie die vorhergegangenen; sie würde nach den gleichen Verzögerungen zu einer ebenso zusammengewürfelten Regierung führen, die in ebenso kurzer Zeit gestürzt werden würde.

Eine solche Situation war nicht so tragisch, wie es bei schmuckloser Darlegung den Anschein haben mag. Im Jahre 1958 herrschte in Frankreich weder Not noch Anarchie. Die Wirtschaft war zufriedenstellend, der Lebensstandard der Franzosen in regelmäßigem Steigen begriffen. Das lange vernachlässigte Wohnungsproblem wurde endlich tüchtig in Angriff genommen. Die industrielle Ausrüstung des Landes wuchs, und in der Landwirtschaft begann dank der Verminderung der Zahl der Betriebe, der Modernisierung der Methoden und der Erhöhung der Produktivität ein Regenerationsprozeß. Der Ausbau der Rhône, der Erfolg der Mittelstreckenmaschine Caravelle, die Gewinnung des Erdgases von Lacq, die unter außerordentlich schwierigen Bedingungen geglückten Ölbohrungen in der Sahara und so manches andere stellten brillante technische Leistungen unter Beweis. Frankreich war ein verjüngtes, kraftvolles Land, behaftet mit ständig zerrütteten Finanzen und einem ulkigen politischen System.

Fortgesetzte Unbeständigkeit führt schließlich zu einer eigenen Beständigkeit. In so wenig humoristischen Zeitschriften wie den *Foreign Affairs* und dem *New York Times Magazine* konnte man Untersuchungen lesen, die zu dem Schluß gelangten, daß die Regierungskrisen die konstruktivsten Zeitabschnitte im Leben Frankreichs waren. Da blieben alle hohen Beamten auf ihren Posten und hielten die Staatskontinuität aufrecht. Die mit der Erledigung der laufenden Geschäfte betrauten Minister faßten in der Gewißheit, nicht gestürzt werden zu können, da sie das bereits waren, wichtige und scharfsinnige Entschlüsse. Die schließlich gebildete Regierung besaß einen ursprünglichen Schwung, der sie befähigte, unpopuläre Entscheidungen und lange aufgeschobene Reformen durch das Parlament beschließen zu lassen. Dann wurde sie wieder kraftlos, und es war dringend notwendig, sie zu stürzen, um dem steckengebliebenen Staatskarren einen neuen Impuls zu verleihen.

In diesem Paradoxon lag offensichtlich etwas Wahres. Frankreich wäre untergegangen, wenn es kein Korrektiv für die periodisch wiederkehrende Schwäche und Ohnmacht der Exekutivgewalt gegeben hätte. Nichtsdestoweniger gefährdete das Fehlen einer dauerhaften und starken Regierung die Aufgabe, die Nation ihrer Zeit anzupassen. Auch machten die Vielfalt der Parteien und die verwickelten persönlichen Streitigkeiten das politische Spiel zu einem Rätsel, das die Franzosen nicht mehr interessierte. Die meisten kannten nicht einmal den Namen des gegenwärtigen Regierungschefs, fast alle empfanden nur Verachtung für das Parlament. Der Erfolg Poujades bei den Wahlen des Jahres 1956 war ein Ausdruck des Antiparlamentarismus gewesen, doch der Poujadismus war bald danach in dem Morast steckengeblieben, den zu säubern er versprochen hatte. Bei den Massen herrschte nur noch

Skepsis und Gleichgültigkeit gegenüber den Institutionen. Die führenden Männer sahen den Niedergang des Regimes nicht, sie lebten in dem Glauben, es werde fortbestehen. Im Jahre 1955 hatte man eine Verfassungsänderung ausgearbeitet, um ein Mittel gegen die Unbeständigkeit der Ministerien zu schaffen – aber auf eben dieser Unbeständigkeit beruhte ja die Bedeutung der Parlamentsmitglieder und die Triebfeder ihres Berufs. »Viele Abgeordnete sträuben sich gegen den Gedanken eines fünfjährigen Ministeriums«, schrieb René Pleven. Die Regierungen Faure, Mollet, Bourgès-Maunoury hatten sich gehütet, dieses allzu heiße Eisen zu berühren, und überließen Experten des Verfassungsrechts die Mühe, verworrene Diskussionen hinter verschlossenen Türen zu führen. Félix Gaillard hatte erklärt, er nehme die Reform in die Hand und mache den Bestand seiner Regierung von dem Ergebnis der Reform abhängig. Diese jugendliche Vermessenheit war belächelt worden; das Ministerium hatte dieses Mittel zum Selbstmord nicht nötig, um schon in seiner Blüte unterzugehen.

Durch den unvorhersehbaren Zwischenfall von Sakhiet wurde es wie von einem Sturm durchrüttelt. Finanzminister Pflimlin und Außenminister Pineau verlangten die Verurteilung des Bombardements und eine Bestrafung der militärischen Führer, die es angeordnet oder gebilligt hatten. Verteidigungsminister Chaban-Delmas, ein mit dem General nicht immer einiger Gaullist, widersetzte sich dieser Forderung und erklärte seinen Rücktritt. Vor der Nationalversammlung beschuldigte Félix Gaillard Tunesien, einen Kriegszustand angezettelt zu haben; infolgedessen trage es die Verantwortung für die Toten von Sakhiet. Außer den 160 Kommunisten stimmten nur 19 Abgeordnete gegen die Regierung, aber 49, darunter Robert Schuman, Paul Reynaud und Edgar Faure, brachten durch Stimmenthaltung ihre Mißbilligung zum Ausdruck.

Die Beschwerde Tunesiens vor dem Sicherheitsrat brachte die amerikanische Diplomatie in eine heikle Lage. Der über die Bombardierung Sakhiets sehr erregte Eisenhower erteilte Befehl, die Beschwerde zu unterstützen. Das State Department bemühte sich, einen Zusammenstoß zu vermeiden, der, ein Jahr nach der Suezaffäre, die USA mit einem Mitglied des Atlantikpaktes in Konflikt gebracht hätte. Es gelang ihm. Am 17., dem Tag vor dem für die Debatte festgesetzten Datum, teilte Washington mit, daß die französische sowohl als die tunesische Regierung sich bereit erklärt hätten, die guten Dienste der Vereinigten Staaten und Großbritanniens zu akzeptieren, die gemeinsam einen Ausweg aus dem sie entzweienden Streitfall suchen wollten. Christian Pineau sagte jedoch, die Algerienfrage werde nicht zur Sprache kommen, während Bourguiba erklärte, daß man unmöglich zu einer Regelung gelangen könne, ohne die Algerienfrage selbst zu behandeln. Er fügte hinzu: »Besser eine halbe Internationalisierung zwischen den Mitgliedern des Atlantikpaktes als eine hundertprozentige vor dem Sicherheitsrat!«

Internationalisierung – das fatale Wort war ausgesprochen, das Schreckgespenst trat in Erscheinung. Im vorigen Jahr hatte sich der junge Senator John F. Kennedy bei den Franzosen bekannt und verhaßt gemacht, als er die USA aufforderte, einzuschreiten, um dem Algerienkrieg, indem man die Unabhängigkeit erzwang, ein Ende zu machen. Vizepräsident Nixon war in dem Geheimbericht, den er nach einer Informationsmission in Afrika Eisenhower übergeben hatte, zu dem gleichen Schluß gelangt. Auch John Foster Dulles dachte nicht anders und mußte sich beträchtlichen Zwang antun, um das Prinzip aufrechtzuerhalten, daß die algerische Sache eine innerfranzösische Angelegenheit sei.

Denn Frankreich verbarrikadierte sich gegen jeden Versuch einer Internationalisierung des Konflikts. Die Regierungsparteien verteidigten sich zornig gegen den Vorwurf, sie hätten derlei im Sinn, während die Opposition sie beschuldigte, sich dafür herzugeben. Der gaullistische Polemiker Michel Debré erklärte Preisgabe als Unmöglichkeit: »Die Aufgabe der französischen Souveränität in Algerien ist ein rechtswidriger Akt, das heißt, er stellt die Menschen, die ihn ausführen, außerhalb des Gesetzes; und die sich ihm widersetzen, welche Mittel sie auch verwenden mögen, befinden sich im Zustand der Notwehr.« Und nun ließ es die schwache Regierung Gaillard, eingeschüchtert oder auch bewußt mittuend, zu, daß auf den Zwischenfall von Sakhiet eine Intervention jener Mächte folgte, deren Politik darin bestand, Frankreich aus Nordafrika zu verdrängen!

Der Name Charles de Gaulle stand noch nicht im Mittelpunkt des Dramas. Der General verbrachte bereits seinen zwölften Winter in dem abgelegenen Colombey-les-Deux-Eglises, und die vielen von den Historikern gesammelten Aussprüche zeigen, daß er nicht an seine Rückkehr an die Regierung glaubte. Er gestand dem Regime, das er seit dessen Beginn verurteilt hatte, eine Elastizität zu, von der er manchmal sagte, sie könne es noch dreißig Jahre lang am Leben erhalten. Er bezweifelte, daß die mit ihrer materiellen Lage zufriedenen Franzosen vor einem wirklichen nationalen Aufruhr standen. Den Leuten, die ihn drängten, seine Zurückgezogenheit aufzugeben, antwortete er, daß sein Wiedererscheinen alle Kräfte des Regimes gegen ihn vereinigen würde, oder auch daß er zu alt sei. Es war schon eine Art Zugeständnis oder fast eine Ausflucht, als er schließlich sagte, er würde sich nicht entziehen, falls ihn ein unbezweifelbar nationaler Wunsch zurückberiefe und ihm alle Aktionsmöglichkeiten geboten würden.

Während der vergangenen Jahre war de Gaulle in Vergessenheit geraten. Viele glaubten, er sei gestorben. Bei den Meinungsumfragen, wie sie in Frankreich üblich wurden, ging die Zahl der Franzosen, die noch an seine Wiederkehr glaubten, auf 1 % zurück. Im Palais Bourbon gab es 22 Gaullisten, die man Sozialrepublikaner nannte – und einer dieser wenigen, Chaban-Delmas, war der Verteidigungsminister der Regierung, die von seiner Partei des Verrats beschuldigt wurde. Der Gedanke an ein Zurückgreifen auf de Gaulle, das von einer Handvoll Getreuer verlangt wurde, faßte langsam wieder Fuß. »Am 16. März, dem Laetare-Sonntag, der unsere Fastenzeit ankündigt«, erzählt ein eiserner Gaullist, Edmond Michelet, »überraschte uns ein Bezirkskongreß in Nizza durch ein so zahlreiches Publikum, wie wir es nicht mehr gewohnt waren.« Ein leises Wiederaufflackern nach dem fast völligen Verlöschen eines Feuers.

Die Provinz, die am wenigsten Sympathien für den General hatte, war Algerien. Es war während des Krieges eifrig für Pétain eingetreten und vergaß nicht, daß de Gaulle durch seine Erklärung in Brazzaville den Anstoß für die nationalistischen Strömungen gegeben hatte, die Zerwürfnis in das französische Kolonialreich brachten. Die Ansichten des Generals über das algerische Problem waren trotz seiner Schweigsamkeit nicht ganz unbekannt, und sie deckten sich durchaus nicht mit denen der Europäer in Nordafrika. »Ich glaube es berichten zu können, denn ich war sein Vertrauter«, sagt Michelet, »die Unabhängigkeit einer von uns ebenso wie von den Algeriern geschaffenen Nation erschien ihm unvermeidlich.« Michelet sagt auch: »Es ist doch seltsam, daß Soustelle — will man ihm glauben — als einziger von allen Vertrauten des Generals dessen Ansicht über das Algerienproblem nicht gekannt haben sollte!« Versehentlich, oder auch mit Absicht, belastet Michelet seinen eisernen Mitgaullisten, Michel Debré, der noch lautstärker als Soustelle zugleich die Rückkehr des Generals und die endgültige Einverleibung Algeriens in Frankreich verlangte.

In Algerien hatten die Europäer in ihrer berechtigten Angst bereits Widerstandsgruppen gegen den Verzicht gebildet, den sie herannahen fühlten. Diese Gruppen zeichneten sich weder durch eine einheitliche Aktion noch durch klare Pläne aus. Die Bürgermeister Algeriens, alte Frontkämpfer, europäische Studenten, die Siedlervereinigungen, mehrere politische oder korporative, zumeist aus dem Poujadismus hervorgegangene Verbände, Namen wie Martel, Lefèvre, Ortiz usw., vertraten entschlossene und zugleich verworrene Kräfte. In Algier hatte die Straße bei der Demonstration am 6. Februar 1956 und durch das erfolgreiche Veto gegen General Catroux ihre Macht bewiesen. Die Armee wurde von dem Gedanken beherrscht, eine Niederlage in Algerien würde jener in Indochina die Krone aufsetzen, und die energischsten Militärs vertraten die Ansicht, die Armee müsse ihre klassische politische Neutralität aufgeben, um eine solche Katastrophe zu verhindern. Mit dem Aufkommen dieser ungestümen Kräfte hatte der Gaullismus nichts zu tun, doch er bemühte sich, sie für sich zu gewinnen.

Chaban-Delmas setzte sich dafür ein; der radikale Politiker und romantische Verschwörer, der gleichzeitig der IV. Republik diente und sie verriet, schuf in Algier außerhalb der Militärhierarchie, die er verteidigte, eine Organisation mit psychologischem Einfluß auf die Armee. Er vertraute sich einem glühenden gaullistischen Mitkämpfer, Léon Delbecque, an, machte sich unter dem Namen Antenne bekannt und umgab sich mit dem Glorienschein eines Geheimbündlers. Soustelle dagegen war bemüht, die Zivilisten über die Prinzipien des Generals hinsichtlich Algeriens zu beruhigen. Der Chefredakteur des *Echo d'Alger*, Alain Le Moyne de Sérigny, ersuchte ihn, de Gaulle zu befragen, um »durch moralische, mathematische und metaphysische Gewißheit« festzustellen, ob er Anhänger der Integration sei. Die spitzfindige Antwort vermochte das nicht zu bejahen; man konnte nur den Schluß ziehen, daß der General »gegen die Trennung ist«, was für alle Franzosen, einschließlich der Kommunisten, zutraf. Debré verwendete weniger Umschreibungen. Sobald man nur die geringste Frage über die Absichten seines Gottes stellte, fuhr er hoch. »Wie kann man sich vorstellen, daß ein de Gaulle das französische Algerien aufgeben könnte!«

Die arme Regierung Gaillard ging unter. Sie hatte in einer Atmosphäre halber Gleichgültigkeit das Rahmengesetz über Algerien beschließen lassen, dessen Ablehnung den Sturz ihrer Vorgängerin verursacht hatte, doch dieser parlamentarische Erfolg war illusorisch. In den Überseebesitzungen mehrten sich die Unruhen. Madagaskar verlangte seine Unabhängigkeit, in Kamerun bildeten sich Untergrundbewegungen, die Nationale Befreiungsarmee griff die französischen Posten in der westlichen Sahara an, um den marokkanischen Forderungen auf Mauretanien Geltung zu verleihen. Frankreich setzte trotz der Leere des Staatssäckels ein ziemlich friedliches Leben fort, aber die Trennung zwischen Politik und Nation war vollzogen. Der Staat löste sich auf.

Am 13. März gab es auf dem Boulevard Saint-Germain ein Pfeifkonzert. Sonst regelten die Trillerpfeifen der Polizei den Straßenverkehr der Hauptstadt, diesmal waren es zornige Pfiffe. Dreitausend Polizeibeamte, manche in Uniform, marschierten zum Parlament.

Die mittelbare Ursache dieser skandalösen Demonstration war Algerien. Die Untergrundgruppen, die sich in den Elendsvierteln der Pariser Umgebung angesiedelt hatten, waren ebenso gewalttätig wie die Untergrundbewegungen in der Kabylei. Ein Patrouillengang durch die von Nordafrikanern bewohnten Viertel war so gefährlich wie in den Djebeln. In einem Jahr waren drei Polizeibeamte getötet und elf verwundet worden. Die versprochene »Gefahrenvergütung« ließ auf sich warten. Die Polizeibeamten hatten vom Polizeipräfekten die Erlaubnis erhalten, im Hof des Präfekturgebäudes eine Versammlung abzuhalten, von der ihre Gewerkschaftsorganisationen versprochen hatten, sie würde »diszipliniert und still« verlaufen. Sie war jedoch den Organisatoren aus den Händen geglitten und hatte sich in eine gegen das Parlament gerichtete Demonstration der Pariser Polizei verwandelt. Bleich, regungslos und mit umgehängtem Gewehr beschützte die republikanische Garde das Palais Bourbon, doch die Demonstranten schlossen das Gebäude ein und demonstrierten lautstark.

Im Inneren herrschte ein ebenso lärmender wie ohnmächtiger Zorn. Die Kommunisten und Sozialisten schrien, der Faschismus stehe vor den Toren, doch die Quästur empfing eine Abordnung der Demonstranten, die sich dann einverstanden erklärten, auseinanderzugehen.

Das einzige Opfer des Tages war der Polizeipräfekt Lahillonne, der seines Amtes enthoben wurde.

Fünf Tage später wurde Félix Gaillard eine Bewährungsfrist gewährt. Der Antrag, die Parlamentsdiskussion über die Demonstration der Polizeibeamten mit der Vertrauensfrage zu verbinden, wurde mit 282 gegen 196 Stimmen abgewiesen. Ein schwacher Text über die Verfassungsreform wurde nach der ersten Lesung angenommen. Das Parlament ging in die Ferien. Die gefährdete Republik atmete auf. Frankreich hatte immer noch Schwung. Es interessierte sich für die Scheidung des Schahs von Persien von der Kaiserin Soraya, fand Spaß an einem burlesken Duell, bei dem der Ballettmäzen Marquis de Cuevas den Tänzer Serge Lifar in den Unterarm stach und, als er einen Blutstropfen hervorquellen sah, in Ohnmacht fiel. Es entdeckte Fidel Castro, dessen Abenteuer ich später schildern werde. In Paris fand eine Teilwahl statt, um für den Veteran der Kommunistischen Partei, Marcel Cachin, einen Nachfolger zu bestimmen: Man zählte beim ersten Wahlgang 44,5 % Stimmenthaltungen, beim zweiten 50,3 %. Das souveräne Volk legte fröhlich seinen Herrscherstab hin.

Gaillard ließ man bedingt am Leben. Der rechte Flügel seiner Mehrheit hatte ihn gewarnt, daß er ihm seine Stimmen und seine Minister entziehen werde, wenn er sich durch Vermittlungsbemühungen zu Zugeständnissen in dem französisch-tunesischen Streit verleiten lassen sollte.

Zum Vertreter der Vereinigten Staaten bei dem Vermittlungs-Duo war Robert Murphy ernannt worden; das war ein Name, bei dessen Erwähnung die Gaullisten einen roten Kopf bekamen, denn Murphy hatte im Jahre 1942 die anglo-amerikanische Landung in Nordafrika mit General Giraud vorbereitet, ohne General de Gaulle zu benachrichtigen. In Wirklichkeit war Murphy dank langjähriger Erfahrung einer der Amerikaner, die am wenigsten durch die antikolonialistische Leidenschaft geblendet waren, und einer, der über das französische Wirken in Algerien am besten Bescheid wußte. Sein britischer Kollege, der die zweite Rolle spielen sollte, war der stellvertretende Staatssekretär für Nahost-Angelegenheiten, Harold Beeley.

Ihnen gegenüber stand der leidenschaftliche, doch auch kluge Bourguiba, ein Mann, der sich durch seine Leidenschaft hinreißen ließ, durch seine Vernunft aber wieder zur Besonnenheit zurückfand. Im Innersten fürchtete er das harte kriegerische Algerien, das er aus dem langen Krieg entstehen sah, und wünschte den Sieg der FLN zu beschränken, indem er einen Teil der französischen Positionen in Nordafrika rettete. Nach dem Zwischenfall in Sakhiet hatte er Gift und Galle gespien, jedoch nach einer Woche die französischen Garnisonen, die er erst auszuhungern vorhatte, mit Lebensmitteln versorgen lassen. Er hatte verkündet, er werde dem Beispiel Nassers folgen und im Osten die Garantien für Unabhängigkeit und Menschenwürde suchen, dann aber am 20. März vor seiner Konstituierenden Versammlung erklärt: »Ich sage unseren Brüdern im Osten und allen arabischen Völkern, daß wir uns für den Westen entschieden haben und dieser Wahl treu bleiben werden!« Nun verlangte er nicht mehr den sofortigen Abzug der französischen Truppen und begnügte sich hinsichtlich Bizertas mit einer Souveränitätserklärung ohne sofortige Wirkung. Dagegen blieb er in dem Punkt, den die Franzosen als Hauptsache betrachteten, der Schließung der Grenze, unnachgiebig: »Ich würde mich der Acht der arabischen Welt aussetzen, ich würde durch die berechtigte Empörung meines Volkes verjagt werden, wenn ich den algerischen Kämpfern die Unterstützung entzöge, die sie in Tunesien finden.«

Murphy und Beeley schlugen, um dem Waffenschmuggel zu begegnen, die Schaffung einer internationalen Streitmacht an der algerisch-tunesischen Grenze vor. Hammarskjöld war mit dieser Lösung einverstanden; die französische Regierung nahm sie an. Murphy schlug sie Bourguiba vor und stieß auf unwiderrufliche Ablehnung. Nach neunundvierzig Tagen dauernder Bemühungen nahm Murphy zur Kenntnis, daß die Vermittlungsversuche gescheitert waren.

Dieser Mißerfolg konnte die Stellung Félix Gaillards festigen, indem er ihn von einem Verfahren befreite, das einen wichtigen Teil seines Kabinetts und seiner Mehrheit im Parlament gegen sich gehabt hatte. Nachdem die vergebliche Bemühung, Bourguiba zu einer dem öffentlichen Recht entsprechenden Neutralitätsauffassung zu bringen, zur Kenntnis genommen worden war, fiel es der französischen Regierung leichter, auf die vom Generalstab in Algier vorgeschlagene Lösung zurückzugreifen: auf die Errichtung einer Zone »verbrannter Erde« zwischen der tunesischen Grenze und der elektrisch geladenen Sperre, in der auf jeden ohne Vorwarnung geschossen werden sollte. Diese von den Amerikanern während des Koreakriegs verwendete Methode hatte die Guerillatätigkeit hinter der Front unmöglich gemacht.

Der Nachteil dieser Lösung war, daß die Affäre Sakhiet wieder vor die Vereinten Nationen käme. Frankreich würde zwar mittels seines Vetos die Beschwerde Tunesiens vor dem Sicherheitsrat zum Scheitern bringen, konnte sich jedoch der Wiederaufnahme der Angelegenheit in der Vollversammlung nicht widersetzen. Man konnte sicher sein, daß dann keine einzige Nation, nicht einmal Israel, nicht einmal Südafrika, bereit wäre, sich der Stimme Frankreichs anzuschließen. Die einzige Abschwächung des Welturteils gegen die Nation von Recht und Freiheit wären einige Stimmenthaltungen.

Die Nationalversammlung war in den Ferien, doch der Ausschuß für Äußere Angelegenheiten eilte herbei. Christian Pineau stellte ihn vor das Dilemma: Sollte man den Bruch zur Kenntnis nehmen oder von der Vermittlungskommission einen neuen Versuch erbitten? Die Mehrheit sprach sich für die zweite Haltung aus, aber die Unabhängigen empörten sich. »Angesichts des unleugbaren Mißlingens der Vermittlungsversuche, verursacht durch Herrn Bourguibas hartnäckige Ablehnung«, so lautete ihr Kommuniqué, »muß die Regierung alle Verantwortung auf sich nehmen, um der tunesischen Einmischung ein Ende zu bereiten und die Sicherheit und Würde unserer Armee zu gewährleisten.«

Der Ministerrat wurde für den 11. April einberufen und sollte die Stellungnahme der Regierung festlegen. Im letzten Augenblick wurde die Sitzung auf den nächsten Tag verschoben; etwas Neues war ins Spiel gekommen. Robert Murphy hatte Félix Gaillard einen Brief Eisenhowers übergeben, den er seit acht Tagen als Ultima ratio bei sich bewahrt hatte.

Ich habe vergeblich versucht, den genauen Wortlaut dieses schicksalsschweren Briefs zu erfahren. Wahrscheinlich behält Gaillard sich vor, ihn an dem fernen Tag, an dem er seine Memoiren schreiben wird, selbst zu veröffentlichen. Murphy gibt in seinen Erinnerungen nur eine nichtssagende Schilderung seiner Vermittlertätigkeit und weigert sich, Ersuchen um Aufklärung, die an ihn gerichtet werden, zu beantworten. Eisenhower erwähnt sein Eingreifen bei der Algerienaffäre, in einem für den gesamten Westen entscheidenden Augenblick, nicht einmal. Dennoch ist der Inhalt des Briefs, wenn auch der genaue Wortlaut noch fehlt, bekannt: Eisenhower machte den französischen Ministerpräsidenten darauf aufmerksam, daß die Vereinigten Staaten nicht die Partei Frankreichs vor dem Sicherheitsrat ergreifen könnten. Er machte geltend, daß es prinzipiell um die politische Ausrichtung Nordafrikas gehe, dessen Entscheidung zugunsten des Westens strategisch und politisch so bedeutsam sei. Er bat ihn »mit der ganzen Eindringlichkeit eines aufrichtigen Freundes«, doch noch zu einer Einigung mit Bourguiba zu kommen.

Ikes Brief hätte noch am Abend des 11. beinahe zu einer Spaltung im französischen Kabinett geführt. Fünf gemäßigte Minister, Boscary-Monsservin, Christiaens, Garet, Marcellin und Ribeyre, verließen zornig das Hôtel Matignon und begaben sich zum Präsidenten der Republik, um ihm ihre Rücktrittsabsicht bekanntzugeben. René Coty redete ihnen zwei Stunden lang ins Gewissen und erreichte ihre Zusage, am nächsten Tag wieder am Tisch des Ministerrats Platz zu nehmen. Die Sitzung begann um 9 Uhr 30, wurde unterbrochen und nach Besprechungen und Sonderberatungen mit dem Präsidenten der Republik um 18 Uhr 30 wiederaufgenommen. Bei Sonnenuntergang herrschte eine eisige Atmosphäre. Zwei Stunden später kamen alle Minister gemeinsam aus der Sitzung; es hatte keine Rücktritte gegeben. »Der Ministerrat hat beschlossen«, lautete das Kommuniqué, »die Ergebnisse der Kontakte Murphys und Beeleys als Grundlage für die Besprechung mit Tunesien anzunehmen.« Die gemäßigten Minister hatten sich mit der von Gaillard, Pineau und Pflimlin vertretenen Wiederaufnahme der Vermittlungtätigkeit abgefunden.

Sie hatten jedoch eine Bedingung gestellt, die ebenso verheerend war wie ihre vorherige Ablehnung: Der letzte Absatz des Kommuniqués setzte fest, daß die Nationalversammlung einberufen werden sollte, »um sie über die Beschlüsse der Regierung zu informieren und eine Debatte zu veranlassen«.

Im Lauf des Wochenendes erfuhr man, daß neun algerische Fußballer, darunter der Publikumsliebling Mustapha Zitouni, auf Befehl der FLN Frankreich verlassen hatten. Zehn mohammedanische Schüler der Militärschule Saint-Maixent waren von ihrem Osterurlaub nicht zurückgekehrt. Andererseits hielt der Verband der Europäer Nordafrikas, von denen bereits 240 000 ins Mutterland geflüchtet waren, in Toulouse einen Kongreß ab, bei dem er der Regierung mit einem Aufstand drohte.

Als Félix Gaillard am Dienstag, dem 15. April, den Salon der Vier Säulen und den halbkreisförmigen Saal des Palais Bourbon betrat, wußte er bereits, daß er verloren war. Eisenhowers Brief war in den Händen von glühend chauvinistischen Gegnern eine furchtbare Waffe. »Sie hatten das Mißlingen der Vermittlungen festgestellt«, sagte Soustelle. »Warum haben Sie Ihre Meinung geändert? Weil Sie eine Weisung des Präsidenten der Vereinigten Staaten erhalten haben. Wenn aber die französische Politik in Washington entschieden wird, erübrigt es sich für das französische Parlament, darüber zu debattieren.« Ein gewisser Le Pen erklärte aufgebracht: »Von den beiden Gefahren, welche die Unabhängigkeit Frankreichs bedrohen – das bolschewistische Rußland und das imperialistische Amerika –, ist die zweite die schlimmere.« Gaillard machte eine beherzte Anstrengung, die in ihm aufsteigende Erregung zu unterdrücken. Er führte der Nationalversammlung das politische Vakuum vor Augen, in das sie sich stürzte: »Ihr werdet eine Regierungskrise auslösen? Für wie lange? Wie wollt ihr sie lösen?« Vergeblich. Die Kommunisten im Verein mit der Rechten stürzten die vierundzwanzigste Regierung der IV. Republik mit 321 gegen 255 Stimmen.

Nur sehr wenige Abgeordnete nahmen Félix Gaillards Warnung ernst. Einer bemerkte, daß dies vielleicht die letzte Regierung der IV. Republik gewesen sei, und erregte damit allgemeine Heiterkeit. Eine Regierungskrise ist eben eine Regierungskrise. Schließlich findet sich immer eine Regierung, und es bildet sich wieder eine Mehrheit. Es war immer wieder gesagt worden, daß das Anfang 1956 gewählte Parlament mit seinen extremen Flügeln und seiner zerfallenen Mitte völlig funktionsunfähig war; und doch bestand es in dieser Form seit mehr als zwei Jahren, hat-

779

te schließlich nur drei Regierungen erlebt und die Suezkrise überdauert. Die IV. Republik lebte fort. Niemand – nicht einmal er selbst – glaubte an die Rückkehr de Gaulles, der mit sarkastischen und bitteren Kommentaren bei seinem Pessimismus blieb.

Soustelle hatte das Kabinett Gaillard gestürzt; René Coty fügte ihm die Kränkung zu, mit der Bildung der neuen Regierung den anderen Epigonen des französischen Algerien zu betrauen: Georges Bidault. Aus dem Versuch wurde nichts. Bidaults eigene Partei, das MRP, versagte ihm seine Mitwirkung.

So wollen es die Spielregeln. Man sondert aus, bevor man sich mit den wirklichen Möglichkeiten befaßt. René Pleven wurde berufen; als langsamer Bretone erklärte er, man müsse ihm Zeit lassen. In Frankreich begann eine lange Krise. Eine günstige Sache, wenn man der amerikanischen Presse glauben darf, die entdeckt hatte, daß, wo es Krisen gibt, Stabilität herrscht und daß Frankreich am besten regiert wird, wenn es keine Regierung besitzt. (*Forts. Frankreich S. 788*)

»Die Armee würde die Preisgabe Algeriens als Schmach empfinden«

Während die französische Krise sich entwickelte, öffnete die erste Weltausstellung seit der New Yorker im Jahr 1939 in Brüssel ihre Pforten. Beherrscht von dem symbolischen Bau der modernen Welt, dem Atomium, brachte sie einen glänzenden Beweis der Wiedererstehung Europas. Sie brachte auch die unvermeidliche Gegenüberstellung der Sowjetunion und der Vereinigten Staaten. Als treues Spiegelbild des Augenblicks war sie für die Amerikaner demütigend, für die Russen ein exaltierender Erfolg. Die Vereinigten Staaten zeigten einen leeren Pavillon, dessen Dekoration mit einer Satire über das amerikanische Leben – ein Werk des Zeichners Steinberg – sie für tiefsinnig hielten. Die Sowjetunion häufte selbstsicher ihre mächtigen Maschinen an und krönte das Ganze mit dem triumphalen Sputnik. Zur gleichen Zeit stieß Mikojan in Bonn nach der Unterzeichnung eines Handelsvertrags eine scharfe Drohung aus: »Die Krise in Amerika dauert an und verschlimmert sich. Bald wird sie auf Europa übergreifen. Amerika reißt in seinen Sturz jene mit, die den Fehler begangen haben, sich mit seinem Schicksal zu verbinden.«

In der früher internationalen Stadt Tanger entfaltete das neue Marokko sein Gepränge. Die prächtigen, von Frankreich angeworbenen und ausgebildeten roten Spahis präsentierten das Gewehr vor der von dem ehemaligen französischen Politiker Ferhat Abbas geführten Delegation der FLN. Zweck der Konferenz war es, die Solidarität des Maghreb zu betonen und die Unterstützung des algerischen Aufstands durch Tunesien und Marokko zu verstärken. Sie erkannte die FLN als einzige Vertretung des kämpfenden Algerien an, trat für die Bildung einer algerischen Regierung ein, forderte die NATO und die Vereinigten Staaten auf, unverzüglich die Frankreich gewährte militärische Hilfe einzustellen. Der bloße Gedanke eines Vergleichs hinsichtlich der Unabhängigkeit wurde gebrandmarkt: »Wir wollen lieber zehn Millionen Leichen sein«, rief Ferhat Abbas, »als zehn Millionen Untertanen.«

Wenige Tage vorher hatte in Accra eine andere Konferenz stattgefunden. In sei-

103 Sieben Jahre Algerienkrieg: Von 1954 bis 1962 lebten Mohammedaner und Europäer in einer Atmosphäre des Terrors (eine »Alltagsszene« in Algier). – 104 General de Gaulle während einer Rundreise in Oran im Juni 1958: Er kommt durch den Algerienkrieg an die Macht, von ihm wird die Lösung der Algerienfrage erwartet.

105 106 Algier, 1. Februar 1960: Ein Barrikadenaufstand extremistischer Franzosen, Antwort auf de Gaulles Angebot der Unabhängigkeit, bricht zusammen. Lagaillarde, einer der Anführer, verläßt die Stellung (l., Pfeil), Abtransport der Putschisten (r.). *107* Algier, 2. Juli 1962: Triumphaler Empfang für Ben Bella und Boumedienne.

ner schmutzigen, sengend heißen Hauptstadt bewirtete Nkrumah die Vertreter der unabhängigen afrikanischen Staaten mit größtem Prunk. Zu Ausbruch des Zweiten Weltkriegs hatte es nur einen gegeben, Liberia. Äthiopien war durch die anglo-amerikanischen Truppen von seinem kurzen Kolonialstatus befreit worden, dann hatte Libyen die große Parade der afrikanischen Unabhängigkeit eröffnet. Ägypten, der ehemalig anglo-ägyptische Sudan, Ghana, die ehemalige Goldküste, Marokko und Tunesien hatten (Südafrika nicht eingeschlossen) die Zahl der selbständigen afrikanischen Länder auf acht erhöht. Andere näherten sich dem Ziel. In Liberia herrschte bereits eine Bundesregierung. In Togo stellten die bevorstehenden Wahlen einen Sieg der nationalistischen Partei in Aussicht. Das Statut der französischen Union wurde immer heftiger angefochten. Auf dem Kontinent, der zur Gänze eine Fortsetzung Europas gewesen war, befand sich die Entkolonialisierung in vollem Gang.

Nkrumah hielt sich für den afrikanischen Bolívar; er wollte die Selbständigkeitsbewegung mit einer bundesstaatlichen verbinden. Er faßte den Plan einer neuen Gliederung der Gebiete, die durch Rivalität oder Übereinkunft der europäischen Mächte entstanden waren. Er empfahl den Afrikanern eine gemeinsame Politik, die er als eine »Nicht-Ausrichtung im positiven Sinne zwischen Ost und West« definierte. Er machte aus der Konferenz von Accra eine Tribüne für den algerischen Aufstand. Der aus New York, wo er der halboffizielle Vertreter der FLN bei den Vereinten Nationen war, gekommene Mohammed Yazid wies in Kenntnis der Sache auf die wirkungsvollste Methode hin, nämlich einen dauernden Druck auf die Amerikaner auszuüben, um sie zu überzeugen, daß sie sich ganz Afrika entfremden würden, wenn sie nicht die Partei der Aufständischen gegen die französischen Kolonialisten ergriffen.

Das französische Algerien mobilisierte gegen die durch Yazid geforderte Einmischung. Die Vereinigungen organisierten für den 26. April eine an die Adresse des zukünftigen Ministerpräsidenten gerichtete Demonstration. Von Lacoste untersagt, fand sie dennoch statt. Vor dem dramatischen Kriegerdenkmal in Algier – ein Gefallener wird von seinen Waffengefährten auf seinem Schild emporgehoben – sprachen fünfzehntausend Menschen feierlich den Eid: »Ich schwöre, überall und unter allen Umständen das französische Algerien zu verteidigen.« Transparente und Rufe forderten: »Die Armee an die Macht!« Der Präfekt von Algier, Serge Baret, empfing eine Delegation und beglückwünschte sie zu der Würde, mit der die von seinem Minister verbotene Demonstration vonstatten ging. Wie in Paris war auch in Algier die Regierung in Verwirrung geraten.

Pleven arbeitete an der Bildung seines Kabinetts. Die Unabhängigen und die Radikalen erklärten sich zur Mitwirkung bereit, die Sozialisten jedoch wurden von Gewissensskrupeln geplagt. Sie waren – im Gegensatz zu den britischen Labourleuten – die Männer der Suezexpedition gewesen. In Algerien wurden sie durch den residierenden Minister Robert Lacoste vertreten, der, wie Soustelle und durch die gleiche Entwicklung, ein fanatischer Anhänger des französischen Algerien geworden war. Die grundsätzlich idealistische und pazifistische Sozialistische Partei sah sich an den Imperialismus und Militarismus gekettet. Seit langem war in den Reihen der politischen Kämpfer eine Reaktion im Entstehen.

Sie kam bei der Sitzung des Parteidirektoriums der Sozialisten am 2. Mai zum Ausbruch. Die Sozialisten beschlossen, sich an keiner Regierung mehr zu beteiligen. Pleven war gewissermaßen bei der Einfahrt in den Hafen torpediert worden und überreichte dem Präsidenten der Republik die Erklärung, daß er auf die Regierungsbildung verzichte.

Ob Auriol oder Coty – der Präsident der IV. Republik besaß Pathos. Tränen waren seine einzigen Waffen. Es gelang Coty, Pleven zu einer Fortsetzung seiner Bemühungen zu überreden. Zu Beginn des Regimes wollte es die Vorschrift, daß der Ministerpräsident zuerst die Investitur des Parlaments erhielt und dann sein Kabinett bildete. Doch diese Vorschrift hatte der alten Sitte gegenüber nicht standgehalten. Pleven versuchte also eine Ministerliste aufzustellen, die ihm Aussicht auf eine Mehrheit bot. Eine schwierige Aufgabe. Zwar erklärten sich die Sozialisten bereit, ihn mit ihren Stimmen zu unterstützen, blieben jedoch bei ihrer Weigerung, in das Kabinett einzutreten. Pinay riet seinen gemäßigten Freunden davon ab, wichtige Verantwortungen auf sich zu nehmen. Die anderen Parteien brachten immer mehr Forderungen und Vorbehalte zum Ausdruck. Pleven verblieb im Ministerium für Öffentliche Arbeit und arbeitete dort verbissen weiter. Zum zweitenmal gelangte er beinahe ans Ziel. Die Zeitungen vom 8. Mai veröffentlichten die halbamtliche Liste seiner Mitarbeiter. Das Parlament wurde für den nächsten Tag, 15 Uhr, einberufen. Die IV. Republik hatte eine weitere Ministerkrise überlebt.

Plötzlich fiel alles zusammen. Da das gesamte Kabinett auf eine liberale Algerienpolitik eingestellt war, hatte Pleven ein Gegengewicht schaffen wollen, indem er einen Anhänger des Kampfs bis zum Äußersten, André Morice, zum Verteidigungsminister ernannte. Morice hatte in der Partei der Radikalen eine Spaltung verursacht. Seine ehemaligen Kollegen warnten Pleven: »Entweder ohne ihn oder ohne uns!«

Durch das politische Debakel erfuhren die nationalen Bräuche keine Störung. Donnerstag, der 8. Mai, war ein Feiertag. Wie jedes Jahr feierte Frankreich den Sieg des Jahres 1945 mit einem Zeremoniell, das in keinem Verhältnis zu dem Anteil stand, den es daran gehabt hatte. Präsident Coty nahm auf den Champs-Elysées die Parade der Truppen ab. Einige Rufe »De Gaulle!« ertönten aus der spärlichen Menge. Nach Erledigung seiner undankbaren Pflicht saß Coty noch bei seinem Mittagessen, als Pleven, bleich vor Müdigkeit, zu ihm kam. Er teilte dem Präsidenten mit, daß der Rückzug der Radikalen seiner Aufgabe, diesmal endgültig, ein Ende bereitete.

Die gleiche Militärparade hatte auch in Algier stattgefunden. Dabei war der Held ein Zivilist, der Prokonsul, der durch die Entscheidung der Sozialistischen Partei sein Prokonsulat verlor: Robert Lacoste. General Salan befestigte an seiner Brust das Militärische Tapferkeitskreuz, das man an die Stelle des Kriegskreuzes gesetzt hatte – da die »Vorfälle« in Algerien kein Krieg waren. Die ehrenvolle Erwähnung klang ergreifend: »Achtundzwanzig Monate lang hat er sich mit fanatischer Energie, mit nie versagendem Mut und in völliger Uneigennützigkeit der hohen Aufgabe, die ihm anvertraut war, gewidmet, Algerien für Frankreich zu erhalten ...« Lacoste war Sanguiniker und rührselig. Sein Orden, die ehrenvolle Erwähnung, die Beifallsrufe der Menge brachten ihn aus der Fassung. Man rief: »Reisen Sie nicht ab! Bleiben

Sie bei uns!« Der Sozialist Robert Lacoste hätte nur eine Geste zu machen brauchen, um Algerien zu einem Aufstand gegen Paris mitzureißen.

Er machte die Geste nicht: »Ich werde meine dreißig Jahre der Treue zur Sozialistischen Partei nicht verleugnen!« Er hatte mehrere aufsehenerregende Äußerungen von sich gegeben, hatte vor der sozialistischen Landesversammlung gesagt, und es dutzende Male bei Gesprächen wiederholt, daß die Vermittlungen zu einem diplomatischen Dien Bien Phu führten. Bei einem Interview mit *L'Express* hatte er die Männer, die die französische Außenpolitik leiteten – das heißt vor allem seinen sozialistischen Kollegen Christian Pineau –, als »Armleuchter« bezeichnet. Weiter zu gehen, das heißt die Linie zu überschreiten, die ihn zu einem Aufwiegler gemacht hätte, weigerte er sich. Er lehnte es sogar ab, seine Funktionen bis zum Eintreffen seines Nachfolgers auszuüben, und reiste heimlich nach Frankreich zurück.

René Coty überwand seine Depression und wandte sich an den nächsten in der Reihe. Nacheinander wurden die radikalen Minister Billères, Maurice Faure und Berthoin, die den Sturz Plevens verursacht hatten, eingeladen, das Porzellan wieder zusammenzuleimen, das sie zerbrochen hatten. Alle drei weigerten sich. Jetzt kam nur noch ein Mann in Betracht: der Präsident der MRP, Pierre Pflimlin. Er erklärte sich zu dem Versuch bereit.

Die Europäer Algeriens standen Pleven mißtrauisch gegenüber und verabscheuten Pflimlin. Der beherzte elsässische Einzelgänger war überzeugt, daß der algerische Aufstand nicht durch bloße Gewalt beendet werden konnte. Er hatte von »Verhandlungen« gesprochen, was in Algier als Kapitulation und Preisgabe verstanden wurde. Die Antwort, die er erhielt, das Veto, dem er begegnete, kamen nicht nur von den Zeitungen und Verbänden: Sie kamen auch von der Armee. Das an General Ely gerichtete, jedoch für den Präsidenten der Republik bestimmte Telegramm trug nur die Unterschrift Salans. In Wirklichkeit stammte es von einer Junta: den Generälen Salan, Jouhaud, Allard, Massu und dem Admiral Auboyneau. Es lautete: »Die Presse vermittelt den Eindruck, daß die Preisgabe Algeriens auf diplomatischem Weg, die durch Verhandlungen über eine Feuereinstellung beginnen soll, in Aussicht steht. Ich erlaube mir, Sie an meine Unterredung mit M. Pleven zu erinnern, bei der ich ausdrücklich darauf hingewiesen habe, daß für eine Feuereinstellung nur folgende Klauseln in Betracht kommen: Frankreich . . . fordert die Rebellen auf, ihre Waffen unverzüglich niederzulegen, und garantiert ihnen, zugleich mit einer weitgehenden Amnestie, die Rückkehr in eine reformierte französisch-mohammedanische Gemeinschaft.« Dann wurde angegeben, wodurch sich die Armee in ihrem Verantwortungsgefühl getroffen fühlte. Abschließend kam folgende Drohung und Forderung: »Die französische Armee würde die Preisgabe dieses nationalen Territoriums einhellig als Schmach empfinden, und ihre Verzweiflungsreaktionen wären nicht abzuschätzen. Ich ersuche Sie, den Präsidenten der Republik freundlichst auf unsere Befürchtungen aufmerksam zu machen, die einzig eine Regierung beseitigen kann, die zur Aufrechterhaltung unserer Fahne in Algerien entschlossen ist.«

Ein unerhörter Text. Die Armee, Exekutivorgan der Nation, diktierte deren Politik! Es gab tiefe und ergreifende Ursachen dieser Anomalie. Das Regime jedoch, das nicht die Kraft besaß, sie augenblicklich abzuschaffen, war ein totes Regime.

Der 13. Mai: Einnahme des G.G.

Am 12. Mai war es Pflimlin gelungen, sein Kabinett zu bilden. In Algier ordnete ein aus siebzehn Verbänden bestehendes Aufsichtskomitee für den nächsten Tag um 17 Uhr einen Generalstreik und eine Massendemonstration an. Eine zweite Demonstration war für 18 Uhr zum Gedenken an den Unteroffizier Robert Richomme, den Grenadier René Decourtex und den Kavalleristen Jacques Feuillebois angesetzt worden. Die drei Männer waren am 1. November 1956 in einem Hinterhalt in der Nähe der tunesischen Grenze festgenommen und am 30. April 1958 von der FLN angeblich wegen Mord und Vergewaltigung erschossen worden – in Wirklichkeit jedoch als Vergeltungsmaßnahme für die Hinrichtung des Studenten Abderrahman Taleb und elf anderer Terroristen. »So oft das Messer der Guillotine fallen wird, werden wir einen französischen Soldaten kriegsrechtlich erschießen«, warnte *El Moudjahid*.

Die Investitursitzung der Regierung Pflimlin am 13. Mai begann in ganz üblicher Weise. Apathie bestimmte die Atmosphäre. Die Zählung ergab, daß Pflimlin mit einer Mehrheit von etwa zwanzig Stimmen abgelehnt wurde, er war jedoch nicht mehr die letzte Karte der Republik. Sein Mißerfolg sollte eine Regierung Pinay-Mollet bringen – eine jener sogenannten Kombinationen der nationalen Union, die sich unter ernsten Umständen bilden und, sobald die Gefahr einigermaßen gebannt ist, wieder zerfallen. Der Schatten de Gaulles schwebte nicht über dem Palais Bourbon. In Paris waren einige hundert Plakate »Ruft de Gaulle zurück, dann wird Frankreich wieder Frankreich sein!« angeschlagen worden, und ein paar Demonstranten riefen auf den Champs-Elysées »De Gaulle!«, doch nichts ließ auf einen tiefgehenden Meinungsumschwung schließen. Der General hatte übrigens sein Schweigen noch nicht gebrochen; er glaubte noch immer nicht daran, daß seine Wiederkehr bevorstand.

Am frühen Nachmittag hatten die Kaufläden in Algier ihre Türen geschlossen. Gruppen von Studenten und Schülern waren in die Stadtmitte geströmt. Die große Masse kam zwei oder drei Stunden später, bei glühender Sonnenhitze. Die Demonstration zum Gedenken an die drei erschossenen Soldaten fand in Gegenwart der Zivil- und Militärbehörden vor dem Kriegerdenkmal statt. Salan wurde ausgepfiffen, Massu bejubelt. Beide entfernten sich in dem Glauben, der Tag sei nun zu Ende. Massu hatte eine Verabredung zum Abendessen, Salan kehrte zu Fuß zum Generalstab des 10. Bezirks zurück.

Ja, der Tag hätte wohl zu Ende sein sollen. Drei Tage zuvor hatte der Präsident des Allgemeinen Studentenverbands, Pierre Lagaillarde, im Aufsichtskomitee der Aktivistenbewegungen seinen Vorschlag billigen lassen, sich des *Gouvernement général* zu bemächtigen. Doch die Dinge ließen sich nicht gut an für die Verschworenen. Soustelle hatte sich hartnäckig geweigert, nach Algier zu kommen, und der vorgesehene Ersatzmann, Michel Debré, erklärte, er sei durch einen Ischiasanfall ans Bett gefesselt. Einige Leute, die ihre Mithilfe zugesagt hatten, waren ausgeblieben. Um sechs Uhr abends, als die Demonstranten sich zu zerstreuen begannen, spähte Lagaillarde vom Sockel des Denkmals aus nach drei Panzern der Territorialarmee, die auftauchen sollten. Da er nichts kommen sah, stieß er den von seinen jungen Leuten erwarteten Ruf aus: »Zum G.G.!«

Das Gebäude hatte, obwohl es nun das Ministerium von Algerien beherbergte, seinen Namen G.G., nach den Anfangsbuchstaben von »Gouvernement général«, behalten. Das zur Jahrhundertfeier der Eroberung erbaute Gebäude enthielt die riesige bürokratische Maschinerie, die das Gerüst des französischen Algerien darstellte. Man erreichte es über die Steigung und Stufen des Boulevard Laferrière, an dessen höchstem Punkt das Kriegerdenkmal stand. Jenseits führte eine einzelne Treppe von der Avenue Pasteur zu der weiten Place Georges Clemenceau, die die Bewohner von Algier nur unter dem Namen Forum kennen. Das G.G. lag rechter Hand hinter einem Gitter. Die Zufahrt führte rund um das Gebäude durch die Rue Berthezène und die Rue Dubief. Die Baumeister hatten vorsichtigerweise einen unterirdischen Gang geschaffen, der die Zentren der zivilen und der militärischen Gewalt miteinander verband und vom G.G. zum Generalstab des 10. Bezirk führte, der in etwa hundert Meter Entfernung am Place d'Isly untergebracht war.

Der Reserveleutnant Lagaillarde hatte die gefleckte Uniform der Fallschirmjäger angelegt. Er führte seine jungen Leute zum Forum. Das G.G. war nur schwach verteidigt. Die diensthabenden Fallschirmjäger wichen zurück. Die zivile Miliz, CRS, warf ein paar Tränengasbomben, dann zog sie sich ebenfalls zurück. Die Angreifer waren nicht mehr als zwei- oder dreihundert Mann. Unten zerstreute sich die große Masse, nur einige später eingetroffene Gruppen folgten den Studenten zum Forum.

Man drang mittels eines als Rammbock verwendeten Militärlastwagens durch die Tore, und das Gebäude wurde besetzt. Lagaillarde, der es zum erstenmal im Leben betrat, stieg die Treppen hoch, eilte durch einige Büros, stieg aus einem Fenster nach außen und auf ein Sims und rief von dort aus mit geschwenkter roter Mütze die Demonstranten herein. Nun setzte eine wahre Zerstörungsorgie ein. Möbel wurden demoliert, Schränke eingeschlagen, Tausende Aktenordner aus den Fenstern geworfen. Die amtlichen Unterlagen des französischen Algerien lagen auf dem Forum verstreut. Die Schreibmaschinen gingen den gleichen Weg. In einem Raum im Erdgeschoß brach ein Brand aus; die Feuerwehr eilte herbei und löschte ihn im Handumdrehen.

Die Sieger hatten nicht die geringste Ahnung, was sie mit ihrem leicht errungenen Sieg anfangen sollten. »Es herrschte eine entsetzliche Verwirrung«, berichtet Lagaillarde. »Drei Viertelstunden lang wollte keiner die Verantwortung übernehmen. Ich mußte mich von allen anschnauzen lassen, man sah in mir den Mann, der das ganze Theater ausgelöst hatte.«

General Massu sollte an jenem Abend nicht in der Stadt speisen. Man alarmierte ihn in seiner Villa in Hydra. Er erschien um 19 Uhr 30 im G. G. und schimpfte im Soldatenjargon »Was ist denn das hier für ein verfluchtes Bordell!« brüllte er Lagaillarde an. »Verkleiden Sie sich als Soldat?« Lagaillarde antwortete, man müsse zur Rettung Algeriens ein aus Soldaten und Zivilisten bestehendes Komitee der öffentlichen Wohlfahrt bilden. Dieses Wort stimmte Massu um. »Ich hatte nur wenige Sekunden Zeit, um nachzudenken«, sagte er am nächsten Tag. Die beiden Obersten Ducasse und Trinquier standen neben ihm: »Macht ihr mit?« »Ja.« Die Namen Lagaillardes und einiger Zivilisten wurden hinzugefügt. Der gaullistische Agent Delbecque war nicht einmal anwesend. Als er erfuhr, daß die Demonstration vor dem

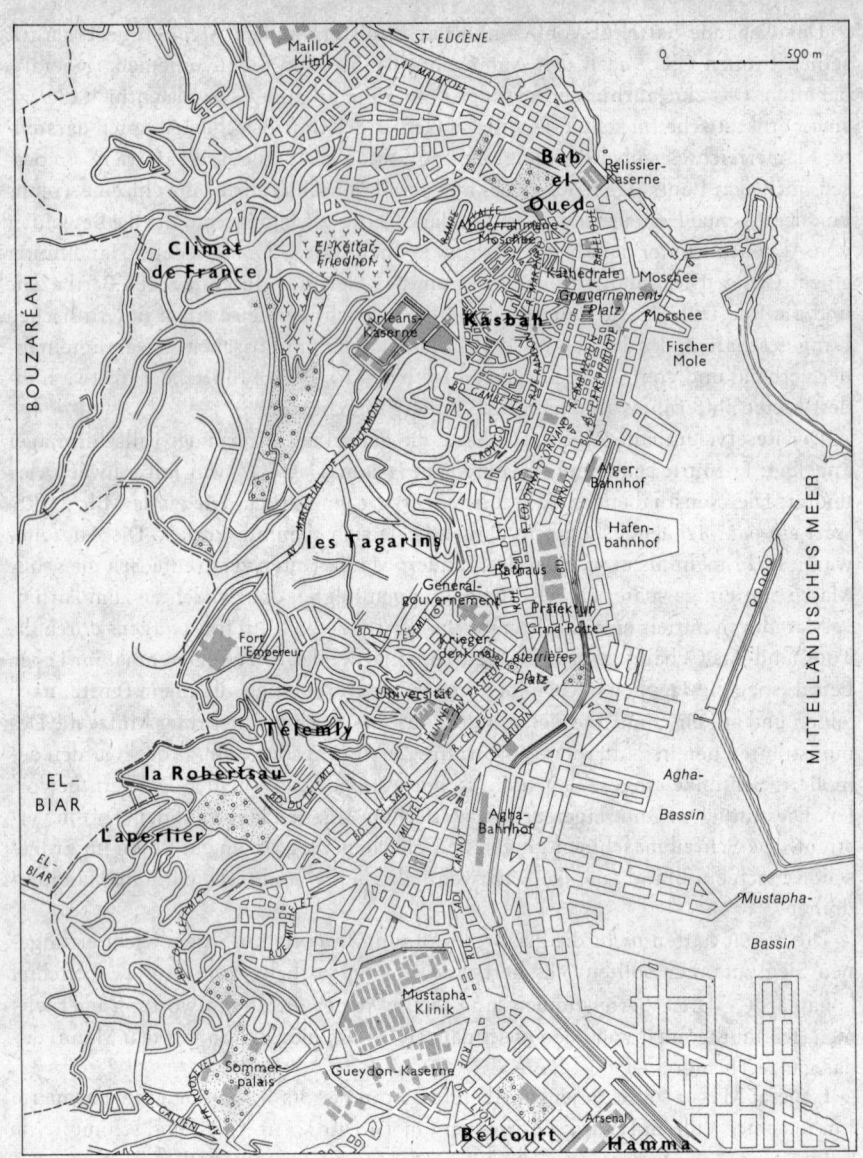

Algier, Stadtplan

Kriegerdenkmal eine Fortsetzung gefunden hatte, bahnte er sich, unwillig, weil er sich hatte überraschen lassen, einen Weg zum G. G.

Auf dem Forum war die Menschenmenge dichter geworden. Massu trat auf den Balkon, um eine Ansprache zu halten. Er hatte keinen Lautsprecher, und seine Stimme ging im Tumult unter. Der Chef von Lacostes militärischem Kabinett, Oberst Ducournau, fand irgendwo eine schwarze Tafel und schrieb mit Kreide darauf: »Wir verlangen von Paris eine Regierung der öffentlichen Wohlfahrt.« Dann drehte er die Tafel um und schrieb: »Die Armee ist die Garantie für das französische Algerien.« Massu kam zurück; die Ursprungszelle des Komitees der öffentlichen Wohlfahrt begann zu beraten. Der Wortlaut des Telegramms, das von Massu an den Präsidenten der Republik gesandt wurde, läßt erkennen, welche Verwirrung in den Gemütern herrschte:

»Wir machen Ihnen Mitteilung von der Bildung eines zivilen und militärischen Komitees der öffentlichen Wohlfahrt in Algier, das unter meiner [General Massus] Führung steht. In Anbetracht der ernsten Lage und der absoluten Notwendigkeit der Aufrechterhaltung der Ordnung, um jedes Blutvergießen zu vermeiden, fordern wir die Bildung einer Regierung der öffentlichen Wohlfahrt in Paris, die einzig und allein fähig ist, Algerien als einen Teil Frankreichs zu erhalten.«

In Paris war das Parlament im Begriff, seine Sitzung wieder aufzunehmen, um zu der immer noch als unwahrscheinlich angesehenen Investitur Pflimlins Stellung zu nehmen. Die schwache gaullistische Demonstration am Nachmittag wurde auf der Place de la Concorde unschwer zerstreut. Rund um das Palais Bourbon herrschte Ruhe.

Um 20 Uhr 50 lief eine Kurznachricht von France-Presse über die Fernschreiber: »In Algier wurde ein aus Zivilisten und Militärs bestehendes Komitee der öffentlichen Wohlfahrt gebildet.« Zwei Minuten später die Mitteilung: »Den Vorsitz des Komitees führt General Massu.«

Die Regierung Félix Gaillard war noch immer im Amt, Robert Lacoste noch eine kurze Weile hindurch Minister für Algerien. Die im Hôtel Matignon versammelten Minister versuchten telefonisch die Entwicklung der Ereignisse in Algier zu verfolgen. Generalsekretär Chaussade berichtete von dem Überfall auf das G. G. und fragte Lacoste, ob man auf die Menge schießen solle. Nach Befragung Gaillards antwortete Lacoste verneinend. In einem benachbarten Büro telefonierte General Ely mit General Salan. Salan hatte erst gezögert und sich dann durch den unterirdischen Gang ins G. G. begeben. »Ich bin hier von Lumpen und Gaunern umgeben«, sagte er. »Soll ich auf sie schießen lassen?« »Nein, auf keinen Fall. Die Weisungen der Regierung verbieten es ausdrücklich.«

Eine Regierung starb, im Palais Bourbon bildete sich eine neue. Pflimlin, den man für verloren gehalten hatte, wurde durch den Verteidigungsreflex der Republik gerettet. Er erhielt 274 Stimmen gegen 129. Die Kommunisten enthielten sich der Stimme, aber auch ihre Stimmen, zusammen mit denen der Rechten, hätten nicht genügt, um den designierten Ministerpräsidenten um die absolute Mehrheit zu bringen.

Der Sieg Pflimlins fiel wie ein Blitzschlag auf das G. G., wo die zivilen und die militärischen Führer die Nacht verbrachten. Im Büro der Generäle erklang eine Stimme: »Wir sind erledigt!« und eine zweite: »Sie werden uns erschießen!«

Der Aufstand und die Bildung eines Komitees für öffentliche Wohlfahrt hatten nur dann einen Sinn, wenn sie die Nationalversammlung einzuschüchtern und die Bildung einer Regierung Pflimlin zu unterbinden vermochten. Da nun das Ziel verfehlt worden war, konnten die Aufrührer in Algier den Ernst der Gefahr, in die sie sich gestürzt hatten, ermessen.

Es blieb nur eine einzige Rettungsmöglichkeit. Um 5 Uhr morgens unterzeichnete Massu ein langes, trotz bestehender Meinungsverschiedenheiten im Komitee einstimmig gebilligtes Telegramm. Dessen wichtigster Absatz lautete: »Das Komitee bittet General de Gaulle eindringlich, aus seiner Reserve herauszutreten und die Führung einer Regierung der öffentlichen Wohlfahrt zu übernehmen, die allein Algerien vor der Preisgabe und somit vor einem diplomatischen Dien Bien Phu – wie es wiederholt von M. Robert Lacoste befürchtet wurde – zu retten vermag, und zu der Nation zu sprechen.«

Die Form war noch immer nicht großartig, aber der Gedanke wurde deutlich: Nur de Gaulle konnte die Aufständischen retten. (*Forts. Algerien S. 835*)

Die Vierte Republik ringt mit dem Tod

Bereits um 5 Uhr morgens versammelten sich die neuen Minister zur Beratung im Elysée. Der Verteidigungsminister, Pierre de Chevigné, war von überströmender Tatkraft: »Ich werde so viele Generäle als notwendig verhaften . . .« Vorerst wurden General Maurice Challe nach Brest und sein Stellvertreter, General André Martin, nach Metz geschickt. Soustelle bekam Hausarrest. Jeder Abflug einer Maschine, jedes Auslaufen eines Schiffes mit Bestimmung Algier wurde verboten. Die Sendungen von Verstärkungen und Lebensmitteln wurden eingestellt. Algerien besaß nur für zehn Tage Benzin; man hätte es zum Gehorsam zwingen können, indem man seine Reservoirs leer werden ließ, doch das hätte die Lähmung der Armee im Augenblick des Aufstands bedeutet.

Die letzte Handlung der Regierung Gaillard hatte darin bestanden, Salan mit der Aufrechterhaltung der Ordnung in Algier zu betrauen; die erste Tat ihrer Nachfolgerin war die Bestätigung dieses Auftrags. Der General, dessen Brief vom 9. Mai den Anstoß zum militärischen Aufstand gegeben hatte, sah sich zur Rolle des Vertreters der von ihm herausgeforderten Macht aufgerufen.

Am Morgen des 14. Mai erwachte man in Algier aus dem Rausch. Massu stritt auf einer Pressekonferenz ab, ein aufständischer General zu sein, und gab zu, daß er gehandelt hatte, ohne sich dessen, was er tat, klar bewußt zu sein. An anderen Orten hatten die Demonstrationen des Vortags ohne Versuch eines Aufruhrs geendet. Die Behörden von Oran, Constantine, Bône, Tizi-Ouzou usw. meldeten nach Paris, daß in ihrem Gebiet alles ruhig sei.

Doch der Name Salan schlug eine Bresche. Sein Beispiel und die Aufgabe, mit der er rechtmäßig betraut war, gaben den Offizieren die Berechtigung, sich der von Lagaillarde ausgelösten Bewegung anzuschließen. Es bildeten sich in verschiedenen Orten Komitees der öffentlichen Wohlfahrt, die sich dann zu einem »Komitee der öffentlichen Wohlfahrt für Algerien und die Sahara« zusammenschlossen. Salan übernahm den Vorsitz. Die Präfekten, die Widerstand zu leisten versuchten, wie Lambert in Oran und Vignon in Tizi-Ouzou, wurden aus ihren Präfekturen verjagt. Vierundzwanzig Stunden nach Einnahme des G. G. war der Aufstand Herr von Algerien.

Nun war es noch notwendig, ihn de Gaulle zu unterstellen. Der nicht gaullistische Salan übernahm schließlich diese Aufgabe. Von Delbecque angekündigt, erschien er vor der Menge auf dem Forum und beendete seine kurze Ansprache mit dem Ruf: »Es lebe General de Gaulle!« Ins G. G. zurückgekehrt, wischte er sich die Stirn ab: »Das wär's also! Seid ihr zufrieden?«

Da der 14. Mai ein Mittwoch war, brauchte Charles de Gaulle die Gewohnheit seines wöchentlichen Pariser Besuchs nicht zu ändern. Er schloß sich im Hôtel Lapérouse ein und drückte sich gegenüber den wenigen Besuchern, die er empfing, immer noch skeptisch über seine bevorstehende Rückkehr aus. Am nächsten Tag gab er jedoch eine kurze Erklärung an die Presse, die mit den Worten schloß: »Heute, da sich das Land von neuem vor Prüfungen gestellt sieht, soll es wissen, daß ich bereit bin, die Macht in der Republik zu übernehmen.«

Eine seltsame Formulierung: »die Macht in der Republik übernehmen« – sie bedeutet, sich an ihre Stelle zu setzen, mit anderen Worten, eine Diktatur auszuüben. Übrigens wurde Algerien in der Erklärung des Generals nicht einmal erwähnt. Die Rebellen wurden weder gelobt noch getadelt. Eine einsame und eindrucksvolle Gestalt, fuhr der geniale Taktiker de Gaulle heim nach Colombey und ließ Frankreich verwirrt vor dem Rätsel zurück, das er ihm gestellt hatte.

Die Sozialisten hatten sich bereit erklärt, das Kabinett zu erweitern; Guy Mollet trat als stellvertretender Ministerpräsident, Jules Moch als Innenminister in die Regierung ein. Die Mehrheit des Parlaments einschließlich der Kommunisten stimmte für die Ausrufung des Notstands für drei Monate. Die Regierung machte sofort davon Gebrauch, indem sie für Reisende, die das Gebiet verließen, ein Visum vorschrieb, die Zensur einführte und einige Verhaftungen vornehmen ließ. Diese Maßnahmen kamen zu spät, um die Flucht Soustelles zu verhindern. Es gelang ihm, unter dem hinteren Sitz eines kleinen Wagens versteckt, seine Wohnung in der Avenue Henri-Martin zu verlassen und nach Genf zu entkommen. Man gab nach London den Auftrag, ihn im Flugzeug nach Algier zu bringen.

Pflimlin traf noch ein zweiter Schlag. Der Generalstabschef der Armee, General Paul Ely, wollte de Gaulle besuchen. Sein Minister verbot es ihm, worauf Ely zurücktrat. Durch diesen Zwischenfall erfuhr die Regierung, daß sie nicht auf die Kräfte des Mutterlands rechnen durfte, um dem Putsch in Algier zu begegnen.

Äußerlich war Frankreich ruhig, doch der Eindruck von Unsicherheit und Gefahr verbreitete sich. Infolge der Nachrichtenzensur mehrten sich die Gerüchte. In einigen Garnisonen wurden beunruhigende Gespräche aufgefangen. Andererseits waren die Männer in Algier nicht frei von Ängsten. Salan gab eine Loyalitätserklärung für die Republik ab und versprach der Armee, sie weiterhin »auf dem Wege der

Treue zu den Institutionen« zu führen. Er hatte Paris wissen lassen, daß der freiwillige Rücktritt Pflimlins und die Bildung einer Regierung, die Algerien beruhigen würde, der Spaltung ein Ende machen könnte. Der als entschiedener Anhänger des französischen Algerien bekannte Staatsminister Max Lejeune stand in Verhandlungen, um sich nach Algier zu begeben. Die Gaullisten fürchteten, daß ihr General durch einen politischen Zusammenschluß von Mollet bis Pinay ausgeschaltet werden könnte. Doch de Gaulle wollte sich nicht binden.

Sonntag, den 18. Mai, um die Mittagszeit, gab ein Sportflugzeug, das sich Maison Blanche näherte, die Meldung ab, Soustelle befinde sich an Bord. Salan eilte zum Flugplatz. Die Unterredung verlief stürmisch. Salan erklärte Soustelle, daß seine Ankunft ungünstig sei, da man in Paris und Algier auf dem Weg zu einer Einigung war. Soustelle befand sich in Begleitung der beiden Mithelfer seiner Flucht, General Guillain de Benouville und Botschaftsrat Geoffroy de La Tour du Pin. Er wies darauf hin, daß das Flugzeug noch da sei und er wieder abfliegen könne. Da erschien Alain de Sérigny, legte sich ins Mittel, beruhigte Salan und nahm den ehemaligen Generalgouverneur mit. Tatsächlich hatte Soustelle seine Rolle in Algerien ausgespielt. Als man ihn am 13. Mai erwartete, sollte er die politische Führung des algerischen Aufstands übernehmen. Vier Tage später hatte seine Anwesenheit keinen Zweck mehr; Soustelle war nur noch ein Störenfried.

Etwas Neues war die Beteiligung der Mohammedaner an den Demonstrationen in Algier. Am 16. Mai kamen sie hinter Trikolorenfahnen und Spruchbändern, die bekundeten, daß sie französisch bleiben wollten, zu Tausenden aus der Kasba. Sie ließen de Gaulle hochleben, und ihr Jubel war, im Gegensatz zu dem der Europäer, ohne Hintergedanken; für sie war de Gaulle der Befreier. Übrigens verbrüderten sich die Europäer aufrichtig mit ihnen. Ein Strom der Versöhnung ging durch das des Krieges und seiner Greuel tödlich müde Algerien, durch seine Städte und Dörfer. Die Internierungslager wurden geöffnet, die Demonstrationen von Algier wiederholten sich in allen Gegenden. Diese Massenbewegung eines Volks, das die FLN allein zu vertreten behauptete, verfehlte nicht ihre Wirkung auf jene. Mehrere Tage lang stellte man die militärischen Operationen ein, und der Terrorismus beschränkte sich auf ein unbedeutendes Attentat in Sétif.

Am Montag, den 19. Mai, war de Gaulle bereits wieder in Paris. Er hielt im Palais d'Orsay seine erste Pressekonferenz seit dem 30. Juni 1955 ab; achthundert Journalisten drängten sich in dem Gebäude, das draußen von 4000 Mann Sicherheitswache geschützt wurde. De Gaulles Energie war bewundernswert; nun war er nicht mehr skeptisch, sondern seiner Wiederkehr gewiß. Er erklärte seinen rätselhaften Ausspruch vom 15. Mai: »Die Macht in der Republik – ich könnte sie nur übernehmen, wenn sie mir von der Republik übertragen würde ... Glaubt man, daß ich mit 67 Jahren die Karriere eines Diktators aufnehmen will?« Er billigte das Verhalten der Armee, hütete sich jedoch, seine Ansicht über den Kern des algerischen Problems mitzuteilen. Er schloß: »Was ich zu sagen hatte, habe ich gesagt. Nun werde ich in mein Dorf zurückfahren, wo ich mich dem Vaterland zur Verfügung halten werde.«

Es vergingen noch zehn weitere Tage, eine unnötige Verlängerung der Krise, für die es keine andere vernünftige Lösung mehr gab als die Rückkehr des Generals. Alle Versuche, dem sterbenden Regime wieder auf die Füße zu helfen, mißlangen; die schreckliche Apathie der öffentlichen Meinung brachte sie zum Scheitern. Frankreich schien am Ende.

Man kann das, was sich am 24. Mai in Korsika abspielte, als eine Generalprobe betrachten. Französisch und im Dialekt wandte sich der Abgeordnete Pascal Arrighi mit einem Aufruf an seine Mitbürger, dann flog er mit einer von Salan unterzeichneten Dienstreiseanordnung nach Calvi. Das Fallschirmjägerbataillon, das sich dort unter Befehl von Hauptmann Andrei befand, bestieg seine Lastwagen und fuhr hinter dem Abgeordneten nach Ajaccio. Der Präfekt von Korsika hatte in Erwartung von Unruhen Verstärkungen aus dem Mutterland angefordert. Um 18 Uhr 10 landeten ein Bréguet-Zweidecker und eine Constellation auf dem Flughafen Ajaccio. Die aus den beiden Maschinen aussteigende Kompanie CRS traf am Stadteingang auf die Fallschirmjäger aus Calvi. »Kommt ihr, um auf uns zu schießen?« fragte Andrei. »Durchaus nicht. Wir sind nur gekommen, um die Sicherheit des Präfekten zu gewährleisten.« Zwischen den beiden Truppenteilen wurde ein Übereinkommen getroffen. Die CRS sollten das Treibstofflager und das Rathaus bewachen. Die Fallschirmjäger wurden von der Menge, die bereits, vor den Augen des ohnmächtigen Präfekten, in die Präfektur eingedrungen war, stürmisch begrüßt. Wenige Stunden später wurden Thomazo, Alain de Sérigny, Delbecque und noch einige andere von zwei DC 3 aus Algier herübergebracht. Man gründete ein Komitee der öffentlichen Wohlfahrt, und Thomazo, genannt »Ledernase«, ernannte sich im Namen General Salans zum Kommandanten der Insel. Mit Ausnahme von Bastia, wo der sozialistische Unterpräfekt die rechtmäßige Regierung zu stärken versuchte, schloß sich ganz Korsika ohne Blutvergießen dem Aufstand an.

Die Erhebung von Algier hatte also ein Departement des Mutterlands erobert. Nach einigem Zögern und einem Aussöhnungsversuch mit Paris war Salan unverhohlen ein aufständischer General geworden. Die rechtmäßige Regierung konnte auf keine bewaffnete Macht zählen, ebensowenig auf eine kräftige Unterstützung von seiten des Volkes. Als die CGT und die Kommunistische Partei die Arbeiter zum Generalstreik aufriefen, um gegen die Pressekonferenz General de Gaulles zu protestieren, wurde nirgends im Land die Arbeit niedergelegt. Der Tag des Staatsstreichs in Ajaccio war der Sonnabend vor Pfingsten: Paris und alle großen Städte leerten sich, die Leute fuhren fröhlich an den Strand und in die Wälder. Noch nie war ein Regime so wenig beachtet, so schlimm im Stich gelassen worden.

Immer mehr Leute schlugen sich auf die Seite de Gaulles. Bidault überwand seinen Groll und schrieb ihm, nur er, de Gaulle, könne die Gefahr, in der die Nation schwebe, eindämmen. Pinay, den die grausame Bemerkung aus dem Jahre 1952 (»Ich habe Frankreich nicht gerettet, um es einem M. Pinay zu geben«) noch schmerzte, ließ sich in La Boissarie empfangen, doch die eisig höfliche Begegnung blieb ergebnislos. Guy Mollet schrieb von seinen Befürchtungen und erhoffte sich eine Beruhigung. Von dem ehemaligen Präsidenten der Republik Vincent Auriol kam eine direktere Aufforderung. De Gaulle antwortete, die Ereignisse in Algerien hätten sich unter Berufung auf seinen Namen vollzogen, »ohne daß ich in irgendwelcher Weise in die Angelegenheit verwickelt war«. Er betonte nochmals, daß er die Macht nur vom Volk oder zumindest von dessen Vertretern annehmen werde. »Ich habe vorgeschlagen«, sagte er, »mit legalen Mitteln eine Regierung zu bilden, die – so glaube ich – imstande wäre, die Einheit wieder aufzubauen, die Disziplin im Staate wieder herzustellen, insbesondere im militärischen Bereich, und die Annahme einer revidierten Verfassung durch die Nation einzuleiten. Ich bin jedoch auf die entschlossene Opposition der Volksvertretung gestoßen. Da ich nicht einwilligen könnte, die Macht aus einer anderen Quelle als vom Volk zu erhalten, befürchte ich, daß wir einer Anarchie und dem Bürgerkrieg entgegengehen würden. In diesem Falle würden jene, die mich aus Parteiüberlegungen heraus daran hindern, einmal mehr die Republik zu retten, eine schwere Verantwortung tragen. Ich selbst würde bis zu meinem Tode nur Kummer leiden.«

Ministerpräsident Pierre Pflimlin war der Unnachgiebigste. »Ich stehe an der Spitze einer rechtmäßigen Regierung«, sagte er. »Ich werde meinen Posten nicht verlassen und mich nicht nach Colombey begeben.«

Angesichts dieser ehrenhaften Hartnäckigkeit machte de Gaulle den ersten Schritt. Der Präfekt des Departements Haute-Marne, Marcel Diebolt, brachte Pflimlin am 26. Mai eine handgeschriebene Botschaft, in der General de Gaulle die Ansicht aussprach, daß eine Zusammenkunft zwischen ihm und dem Ministerpräsidenten notwendig sei. Er schlug vor, sie solle geheim sein und noch am selben Abend stattfinden. Falls der Ministerpräsident ablehnen sollte, behielt General de Gaulle sich vor, dies der Nation mitzuteilen.

Der Abend war gekommen. Die Nationalversammlung hatte soeben die parlamentarische Immunität Pascal Arrighis aufgehoben. Der radikale Abgeordnete Charles Hernu ersuchte das Parlament, die Sitzung nicht zu beschließen, da – wie er mitteilte – General de Gaulle im Château de Champs eine Besprechung mit dem Präsidenten der Republik abhalte. Le Troquer ging über den Vorschlag hinweg und hob die Sitzung auf. In der steigenden Beklommenheit wurde nun de Gaulles Rückkehr sogar von denen erhofft, die sich als seine Gegner erklärten. Verhandelte er mit Coty, so war das nur zu begrüßen!

Hernu war falsch informiert worden. Die Besprechung fand nicht im Château de Champs statt, sondern in Saint-Cloud, im Pavillon des Parkverwalters; auch war der Gesprächspartner des Generals nicht der Präsident der Republik, René Coty, sondern Ministerpräsident Pierre Pflimlin. De Gaulle war aus Colombey eingetroffen, ohne daß seine Fahrt auf der Straße, die zu der meistbeobachteten Frankreichs geworden war, entdeckt worden wäre. Pflimlin hatte das Hôtel Matignon durch die Garage verlassen, während einer seiner Mitarbeiter zwecks Irreführung der Gaffer an seiner Stelle in einem offiziellen Wagen hinter sechs motorisierten Polizisten die Champs-Elysées hinauffuhr. Ringsum demonstrierten Autofahrer mit den Rufen »Französisches Algerien!« und »De Gaulle an die Macht!«. Niemand hatte ihn erkannt.

In Saint-Cloud schmückte sich der steife Pflimlin noch immer mit der Toga der Rechtmäßigkeit. Er verlangte vom General, er solle, noch bevor er die Besprechungen für seine Investitur fortsetzte, den Aufstand in Korsika verurteilen. Das lehnte de Gaulle ab, ein echtes Gespräch kam nicht zustande. Als man sich um 1 Uhr 30 trennte, befand man sich in einer Sackgasse. Um 5 Uhr morgens öffnete sich das Tor von La Boisserie vor dem Wagen des Generals.

Sechs Stunden später diktierte de Gaulle telefonisch das folgende Kommuniqué: »Ich habe das regelmäßige Verfahren für die Bildung einer republikanischen Regierung, welche die Einheit und Unabhängigkeit des Landes zu sichern in der Lage wäre, eingeleitet. Ich rechne damit, daß dieses Verfahren fortgesetzt wird und daß das Land durch seine Ruhe und Würde den Wunsch zeigen wird, daß es zu einem Ziel komme.

Unter diesen Umständen droht jede Aktion — von welcher Seite immer sie kommen mag —, die die öffentliche Ordnung gefährdet, ernste Folgen an. Trotz der herrschenden Umstände könnte ich ihr nicht zustimmen. Ich erwarte von den in Algerien befindlichen Land-, See- und Luftstreitkräften, daß sie sich beispielhaft benehmen unter den Befehlen ihrer Führer: General Salan, Admiral Auboyneau und General Jouhaud. Diesen Führern drücke ich mein Vertrauen aus und meine Absicht, mit ihnen unverzüglich Fühlung aufzunehmen.«

Ein nächtliches, geheimes und fruchtloses Gespräch in einem Park kann man zwar kaum als »regelmäßiges Verfahren für die Bildung einer Regierung« bezeichnen, aber das Kommuniqué war überaus geschickt abgefaßt. Es gab zu verstehen, daß ein Militärputsch unmittelbar bevorstand und daß der Republikaner de Gaulle einschritt, um ihn zu verhindern. Er bat die Militärs um Geduld. Pflimlin war bleich vor Wut über die Art, wie de Gaulle die Besprechung von Saint-Cloud mißbrauchte, Jules Moch jedoch soll gesagt haben: »Als Sozialist bin ich empört. Als Innenminister atme ich auf!«

Schon war der keimende Aufruhr zu verspüren. Er verband Algerien mit dem Mutterland und hieß *Opération Résurrection*. Dem Kommandeur des 5. Militärbezirks in Toulouse, General René Miquel, standen zwei Fallschirmjägerregimenter zur Verfügung, von denen eines von Château-Jobert, dem Mann von Suez, befehligt wurde. Er war bereit, sie über Paris abspringen zu lassen. Zwei andere Fallschirmjägerregimenter sollten aus Algier kommen, eine in der Umgebung von Paris stationierte Panzergruppe würde gegen die Hauptstadt fahren. Man erwartete gar keinen oder nur unbedeutenden Widerstand. Außer Miquel beteiligten sich noch drei Bezirkskommandeure von den neun, die sich in dem Gebiet befanden, an der Verschwörung. Es gab sogar Komplicen bei der Polizei. General Massu, der den Mund nicht halten konnte, erzählte der Londoner *Times*, daß die Armee nur auf ein Zeichen warte, um General de Gaulle wieder an die Macht zu bringen.

Dennoch lastete ein Zweifel auf Geist und Gewissen der Verschwörer... Vor zweiundzwanzig Jahren war in Afrika eine Militärmeuterei unter Beihilfe der Garnisonen des Mutterlandes ausgebrochen. Eliteeinheiten wurden mit Flugzeugen über das Mittelmeer befördert; in einem Land, das von fünf Jahren Anarchie angewidert war, schien alles einen schnellen Erfolg zu versprechen. Und daraus entstand einer der Greuel des 20. Jahrhunderts, der spanische Bürgerkrieg mit einer Million Gefallenen.

Übrigens verhielt sich das Volk schon nicht mehr so völlig unbeteiligt. Zwei Umzüge zogen nacheinander über die Place de la République, der der Linken hinter Mendès-France und ein kommunistischer. Im Palais Borbon schlug die neue Erklärung des Generals wie ein Donnerschlag ein. Der Vorstand der Sozialistischen Partei verwarf die Annäherungsversuche Mollets und Auriols, bezeichnete die Kandidatur des Generals als eine Herausforderung an die republikanische Legalität und erklärte, daß die Abgeordneten ihrer Partei sich ihnen auf gar keinen Fall anschließen dürften. Die Sitzung verlief in fieberhafter Erregung. Die Regierung hatte auf diplomatischem Weg eine Mitteilung erhalten, derzufolge die Fallschirmjäger aus Algier noch am selben Abend, 27. Mai, landen würden. Man verlangte, das Parlament solle sich für den voraussichtlichen Fall, daß die Regierung zurückträte, in Dauersitzung erklären. Der erschöpfte Pflimlin versicherte, es werde keine Regierungsvakanz geben; in den Korridoren schimpfte man ihn jedoch einen Lügner, und die Ausdrücke, mit denen er die Besprechung von Saint-Cloud schilderte, zeigten, daß seine Widerstandskraft gebrochen war ...

Es lag eine gewisse Ironie darin, daß damals die Abstimmung über die Verfassungsreform auf der Tagesordnung stand. Wäre sie einige Jahre früher angenommen worden, so hätte sie die französische Politik stabilisiert und die IV. Republik gerettet. Doch nun kam sie viel zu spät, außerdem verhehlte der Ministerpräsident, als er die Annahme des Gesetzentwurfs mit der Vertrauensfrage verband, kaum, daß er selbst eine Ablehnung wünschte, da sie ihn von einer unerträglichen Last befreit hätte. Er wurde enttäuscht; die Abstimmung ergab 408 Stimmen gegen 165. Die Regierungen der IV. Republik hatten immer verzweifelt nach Mehrheiten gestrebt; die letzte fand nun diese Mehrheit – ebenso siegreich wie lästig klebte sie an ihr wie ein Nessosgewand.

Mitternacht war vorüber, die Minister hatten sich zur Beratung im Hôtel Matignon versammelt. Die drei Gemäßigten, Boscary-Monsservin, Garet und Ribeyre, fehlten, sie waren am vorigen Tag zurückgetreten. Unter den verbliebenen, Edouard Bonnefous, Edouard Cornillon-Molinier, Albert Gazier, Pierre de Chevigné, Vincent Badie, André Maroselli, André Mutter, waren die meisten gegen einen Rücktritt der rechtmäßigen Regierung. Jules Moch hatte an seine Präfekten Weisungen gesandt, durch die er ihnen jeglichen Kompromiß mit aufständischen Elementen, »auch militärischen«, untersagte und ihnen, für den Fall, daß sie aus ihren Dienststellen verjagt werden sollten, vorschrieb, in ihrem Departement zu bleiben, um den Widerstand zu organisieren. Andere Minister nahmen keine so entschiedene Haltung ein, sondern fragten sich, ob es nicht möglich wäre, mit de Gaulle die Legalität der Republik zu retten. Pflimlin, der sich, während er zuhörte, Notizen gemacht hatte, blickte nun auf. »Ja«, sagte er, »wir sind die Regierung, aber was regieren wir? Der Minister von Algerien darf den Fuß nicht nach Algerien setzen, dem Verteidigungsminister gehorchen die Streitkräfte nicht mehr, der Innenminister kann sich nicht mehr auf seine Polizei verlassen. Die Macht ist unseren Händen entglitten. Mir bleibt nur noch übrig, mich ins Elysée zu begeben.«

Pflimlin war bereit, zurückzutreten. Höchste Zeit! Während der Nacht war kein Fallschirmjäger aus dem Himmel aufgetaucht, doch bei Morgengrauen setzte ein aus Algier kommendes Flugzeug General Dulac, den Generalstabschef General Salans, auf dem Militärflugplatz von Villacoublay ab. Oberst de Bonneval brachte ihn nach Colombey. Zum erstenmal stand de Gaulle in unmittelbarer Verbindung mit den aufständischen Offizieren von Algier.

Dieses Zusammentreffen ist bis heute noch nicht ganz von dem Schein des Zweideutigen befreit. Als de Gaulle über den Plan *Résurrection* eingehend informiert worden war, wiederholte er, daß er es ablehne, durch einen Staatsstreich die Macht zu übernehmen, und zitierte den Fall Napoleons III., zum Beweis, daß ein illegal entstandenes Regime den Keim seines Sturzes in sich trage. Andererseits sagte er: »Richten Sie General Salan aus, daß, was er getan hat und tun wird, für das Wohl Frankreichs geschieht!« General Ely, der alle Vorgänge »hinter den Kulissen« verfolgte, gibt zu, daß man diese Erklärung als eine Blankovollmacht deuten konnte, versichert aber, daß »die *Opération Résurrection* niemals ohne grünes Licht von General de Gaulle gestartet worden wäre, und de Gaulle hätte es wahrscheinlich nie gegeben, weil es seine ständige Sorge war, in der Legalität zu bleiben und die Macht nicht durch einen Putsch, welcher Art auch immer, zu erhalten«.

In der nächsten Nacht kam der General wieder nach Saint-Cloud in den Pavillon des Parkverwalters. Diesmal stand er zwei Männern gegenüber, die dem Wesen nach völlig entgegengesetzt waren, dem Präsidenten des Rats der Republik, Monnerville, und dem Präsidenten der Nationalversammlung, Le Troquer. De Gaulle erklärte ihnen, er werde sich nicht der gewöhnlichen Investiturprozedur unterziehen und auch nicht vor das Parlament treten, das sofort für ein Jahr beurlaubt werden sollte. Er habe die Absicht, selbst die Verfassung auszuarbeiten und sie der Zustimmung des französischen Volkes auf dem Wege des Volksentscheids vorlegen zu lassen. Le Troquer protestierte, geriet in Zorn, kreischte und beschuldigte de Gaulle persönlicher Machtgelüste. De Gaulle beendete die Besprechung mit den Worten: »Wir verstehen einander nicht. Das tut mir leid. Ich fahre in mein Dorf zurück.«

Der Beginn des Aufstands war für den 30. Mai, 12 Uhr mittags, angesetzt worden; ungeklart war, ob ein Signal aus Colombey abgewartet werden sollte oder nicht.

Der Entschluß Präsident Cotys war jedoch gefaßt. Er wußte, daß ihm nur die Wahl blieb zwischen General de Gaulle und einem Regierungschef aus dem *Front populaire* (Volksfront). Die zweite Alternative hätte die sofortige Auslösung eines Militärputsches zur Folge gehabt und, falls der Putsch nicht gleich und völlig gelang, den Bürgerkrieg ...

Diesmal erbebte Paris. Die Champs-Elysées und die Place de la Concorde hallten von Hupkonzerten wider, die ein französisches Algerien forderten. Jules Moch wurde berichtet, daß die Wachbeamten gierig die gaullistischen Flugzettel lasen, die ihnen die Demonstranten haufenweise zusteckten. Als das Parlament zusammentrat, ersuchte Le Troquer seine Kollegen, sich zu erheben, um die Verlesung einer Botschaft des Präsidenten der Republik anzuhören. Er las schnell, schlecht, in zornigem Ton. Die Kommunisten und ein Teil der linksgerichteten Abgeordneten setzten sich brüsk wieder hin. Nach Hervorhebung der Tatsache, daß Frankreich sich am Rand des Bürgerkriegs befand, kam die Botschaft des Präsidenten auf ihren Zweck zu sprechen:

»Im Augenblick schwerer Gefahr für unser Vaterland und die Republik habe ich mich an den hervorragendsten Franzosen gewandt, an den Mann, der in den dunkelsten Jahren unserer Geschichte unser Führer war bei der Wiedereroberung der Freiheit und der, nachdem er die Nation um sich vereinen konnte, die Diktatur zurückwies und die Republik errichtete.

. . . Ich ersuche den General de Gaulle, sich mit dem Staatsoberhaupt zu beraten, um mit ihm zu prüfen, was im Rahmen der republikanischen Legalität eine Regierung des nationalen Wohls sofort zu unternehmen hat und was später in einer näheren oder ferneren Zukunft zur tiefgreifenden Reform unserer Institutionen getan werden kann.

Ich werde darauf nach bestem Wissen und Gewissen die Entscheidung treffen. Wenn das Scheitern meines Versuchs mir beweisen sollte, daß ich mich in einer so kritischen Lage geirrt habe, werde ich nicht zögern, die unausweichlichen Folgerungen daraus zu ziehen. Da ich dann nicht mehr über die moralische Autorität gebieten würde, bliebe mir nichts anderes übrig, als meine gesamten Amtsbefugnisse dem Präsidenten der Nationalversammlung, gemäß Art. 41 der Verfassung, zu übergeben.«

Coty löste die Krise, indem er den gordischen Knoten durchschlug. Während die Parlamentssitzung im Tumult endete, rollte de Gaulles Citroën 15 CV bereits in Richtung Paris. Um 17 Uhr 30 fuhr er durch den Königseingang, das Tor der Avenue Gabriel, in den Hof des Elysée ein. Präsident Coty wartete auf der Freitreppe.

Ein Wort auf dem Forum: »Ich habe euch verstanden!«

Fünf Tage waren vergangen. Vom Präsidenten der Republik ordnungsgemäß berufen, zeigte sich Charles de Gaulle etwas weniger unbeugsam. Er war sogar bereit, auf der Parlamentstribüne eine kurze Regierungserklärung zu verlesen. Die Debatte entspann sich in seiner Abwesenheit und endete mit einem ziemlich bescheidenen Vertrauensvotum von 329 gegen 224 Stimmen. Mehr als die Hälfte der Sozialisten und mehr als ein Drittel der Radikalen konnten sich nicht entschließen, einer Regierung, der sie nur den Anschein der Legalität zuerkannten, ihre Stimme zu geben.

Am folgenden Tag saß de Gaulle zur allgemeinen Überraschung wieder auf der Ministerbank. Er intervenierte, um einen Änderungsantrag zurückweisen zu lassen, der die Annahme der zukünftigen Verfassung nicht durch eine allgemeine Volksabstimmung, sondern durch das Parlament durchsetzen lassen wollte. Der General drohte mit seiner Rückkehr nach Colombey, tat dies jedoch mit unerwarteter Liebenswürdigkeit. »Ich muß Ihnen sagen, meine Herren, wie geehrt und erfreut ich bin, heute abend in Ihrer Mitte zu weilen . . .« Die Versammlung schmolz bei diesem ungewohnten Ton. Außer den 148 Kommunisten und Progressisten fanden sich nur noch 17 Abgeordnete, die gegen den in einen Verführer verwandelten de Gaulle stimmten.

Und nun zu Algerien . . .

Der wunderbare Burgfriede, der auf den 13. Mai gefolgt war, dauerte nicht an. Am 29. wurde ein berühmter Fallschirmjäger, Oberstleutnant Jeanpierre, bei einer Kampffaktion im Gebiet von Guelma getötet. Der Traum, daß die Rebellion sich im

Elan der französisch-mohammedanischen Verbrüderung auflösen könnte, war zerronnen. Über die Zusammensetzung der Regierung de Gaulle gab es einiges Stirnrunzeln in den Komitees der öffentlichen Wohlfahrt. Außer Antoine Pinay, dem die Finanzen anvertraut worden waren, fand man auf der Ministerliste den seinerzeit aus Algier verjagten Guy Mollet und einen Pierre Pflimlin, dessen Name für die Europäer Algeriens gleichbedeutend mit Verrat war. De Gaulle hatte sich also nicht von dem System gelöst. Er nahm die Macht nicht an sich, um eine harte, reine Revolution zu machen und das autoritäre Regime einzuführen, das von den Initiatoren seiner Rückkehr gewünscht wurde. Er kam nach Algier mit zwei Politikern des abgesetzten Regimes, den Ministern Jacquinot und Lejeune, in seinem Gefolge. Salan hatte vergeblich versucht, ihn davon abzubringen. Das Komitee der öffentlichen Wohlfahrt beriet über den Empfang, den man diesen Volksfeinden bereiten solle. Nachsichtige schlugen vor, sie mit Fußtritten in den Hintern davonzujagen; die Unerbittlichen wollten sie auf dem Balkon des G. G. aufhängen. Aber dann begnügte man sich damit, sie während der Demonstration auf dem Forum in einem Büro einzuschließen.

Léon Delbecque war der erste, der seinem Zorn vor einem Mikrofon Luft machte: »Ihr Prinzen des Systems, ihr wollt unsere Revolution niederschlagen! Schlagt euch das aus dem Kopf! Wir haben nicht den Rubikon überschritten, um darin zu angeln!« Lagaillarde ließ ein Flugblatt verteilen, in dem verlangt wurde, daß das gesamte Komitee der öffentlichen Wohlfahrt von de Gaulle offiziell empfangen werde. Nichts lag dem General ferner, als den aus dem 13. Mai hervorgegangenen Zufallsgruppen irgendeine repräsentative Eigenschaft zuzuerkennen.

Es gab Schlimmeres. Noch kein einziges Mal hatte General de Gaulle das Wort »Integrierung« oder den Begriff »französisches Algerien« ausgesprochen. Wer immer versuchte, dieses Thema mit ihm anzuschlagen, erhielt eine brüske, ja unhöfliche Antwort; de Gaulle weigerte sich, seine Ansichten zu enthüllen, und verlangte blindes Vertrauen. Wider jede Erwartung war Soustelle nicht Minister für Algerien, er war überhaupt kein Minister. Bei vielen Leuten regten sich schon Zweifel und Befürchtungen.

Doch die Begeisterung in Algier fegte all das beiseite. Als der General am Mittwoch, den 4. Juni, um 19 Uhr auf dem Balkon des Generalgouvernements erschien, brach auf dem Forum frenetischer Jubel aus. Er mußte mehrere Minuten warten und formte mit über dem Kopf erhobenen Armen das Siegeszeichen V. Dann begann er seine Ansprache mit den Worten: »Ich habe euch verstanden.«

Tobende Beifallsrufe antworteten ihm – der Anfang eines tragischen Mißverständnisses. (*Forts. Algerien S. 835; Frankreich S. 826*)

26. Kapitel   1958
Wandlungen des Kommunismus
Die Volkskommunen in China. Fidel Castro

Noch hatten die Bomben der französischen Luftwaffe das tunesische Dorf Sakhiet nicht zerstört und damit die Kette der Ereignisse ausgelöst, die General de Gaulle wieder an die Spitze Frankreichs bringen sollten. Nasser war es, der offenbar der Mann des Jahres 1958 werden sollte.

Das Flugzeug, das den Präsidenten der syrischen Republik, Schukri el-Kuwatli, brachte, landete in Kairo am Morgen des 31. Januar. Vierundzwanzig Stunden später verkündete Nasser der vor dem Koublat-Palast zusammengerufenen Menge, daß von nun an Ägypten und Syrien nur noch eine einzige Nation bilden würden. »Es gibt Generationen«, verkündete er, »die vom Schicksal bestimmt sind, große Zeiten zu erleben. Wir haben die Morgenröte unserer Unabhängigkeit und Würde gesehen und den Beginn unserer Macht miterlebt. Heute erleben wir den Beginn unserer Einheit.«

Der neue Staat erhielt den Namen »Vereinigte Arabische Republik«; er würde 28 Millionen Einwohner, davon 24 Millionen Ägypter, haben und zwanzig Minister, davon fünf Syrier. Nur eine Fahne, eine Armee, eine Diplomatie. Übrigens war dies nur der Grundstein, »eine Vorstufe auf dem Weg zur arabischen Einheit«, so sagte es die Verfassung. Einige Tage später wurde eine weitere Etappe erreicht. Der Kronprinz von Jemen, Mohammed el-Badr, brachte den Beitritt seines Landes zur Vereinigten Arabischen Republik, deren Bevölkerung damit auf 36 Millionen stieg.

Man rief die Bevölkerung zur Ratifizierung auf. Sie wurde erteilt, und Nasser wurde mit 99,99 % der Stimmen zum Präsidenten der VAR erhoben.

Sein großer Plan, eine einzige arabische Nation vom Atlantik bis zum Persischen Golf, war keine Utopie mehr. Er war 40 Jahre alt, seine Karriere wies glänzende Erfolge auf, und seine politischen Fähigkeiten bestätigten sich immer wieder. Vor kurzem war es ihm anläßlich einer triumphalen Reise durch die UdSSR gelungen, die Hilfe der Sowjetunion für den Bau des Staudamms von Assuan zugesichert zu bekommen. Dennoch hielt er sein Versprechen, keine kommunistische Infiltration in den von ihm regierten Ländern zu dulden. Vor Gründung der VAR war Syrien ein sowjetisches Absteigequartier; Nasser schloß es, indem er die mächtige syrische Kommunistische Partei verbot. Die andere große Partei in Syrien, die Baath-Partei, die sozialistisch war, sah sich gezwungen, ihre eigene Auflösung vorzunehmen, wobei sie feststellte, daß die Ziele Präsident Nassers mit den ihren identisch seien, ihr Weiterbestehen also sinnlos wäre.

Der Erzfeind, der siebzigjährige Ministerpräsident des Irak, Nuri al Said, war noch immer im Amt. Er verspottete die syrisch-ägyptische Union, bemühte sich jedoch als Gegengewicht um einen Zusammenschluß der konservativen arabischen Staaten. Die beiden haschemitischen Herrscher, Feisal von Irak und Hussein von Jordanien, waren einverstanden, ihre Reiche zwar nicht zu verschmelzen, sie aber doch zu vereinigen. Der Vereinigten Arabischen Republik stand nun eine Föderation arabischer Monarchien gegenüber. Nasser machte sich darüber lustig: Sie werde zerstieben »wie ein Haufen welker Blätter im Wind«.

Nuri Said hätte gern für die Vereinigung der haschemitischen Herrscher den höchst antihaschemitischen Herrscher, nämlich den König von Saudi-Arabien, gewonnen; Saud ibn Abd al-Asis war der Sohn des großen Ibn Saud, der die Familie, aus der die Könige von Jordanien und Irak stammten, aus Mekka verjagt hatte. Saud war ein zügelloser, unausgeglichener Mann, der die Öltantiemen in einer Art Wahnsinn vergeudete, die zweihundert Prinzen der königlichen Familie mit Gold überhäufte und, um jeder Usurpation vorzubauen, vierzig Paläste errichten ließ, deren einer, in Riyad, einer ummauerten Stadt von zwölf Kilometer Umfang glich. Seine während der Suezkrise ausgezeichneten Beziehungen zu Ägypten hatten sich durch den Stachel der Eifersucht in Haß verwandelt. Die ägyptische Polizei behauptete, sie habe ein von Saud finanziertes Komplott zur Ermordung Nassers aufgedeckt, und Nasser schwenkte in Damaskus vor einer Menschenmenge einen Scheck auf 5 200 000 Dollar, lautend auf Oberst Sarradj, den Chef der syrischen Polizei, als Bezahlung für seine Mithilfe. Nebenbei bemerkt: der Scheck war gefälscht.

Unterstützt durch die amerikanische Diplomatie, versuchte Nuri Said, den eitlen und schwachen König zu gewinnen, indem er ihm eine Vormachtstellung in der arabischen Union anbot. Alle drei Könige sollten ihren Thron behalten, doch der saudiarabische eine Stufe höher gestellt werden als die beiden anderen.

Ibn Sauds zweiter Sohn Feisal, Kronprinz und gleichzeitig Ministerpräsident, beteiligte sich nicht an den tollen Streichen seines Bruders. Er wohnte in einer einfachen Villa in Riyad mit einer einzigen Ehefrau. Dem strengen Leben der Wahhabiten getreu, blieb er dennoch in Berührung mit der modernen Welt, arbeitete Reformpläne aus, reiste regelmäßig nach New York, um seine Magengeschwüre behandeln zu lassen und Saudi-Arabien bei den Vereinten Nationen zu vertreten.

Im März kam es in Riyad zu einer Palastrevolution. Ein Familienrat stellte fest, daß Saud nicht in der Verfassung sei zu regieren, und beschloß, ohne ihn völlig abzusetzen, daß alle Vollmachten in die Hände Prinz Feisals gelegt werden sollten. Daraufhin wurden die Verhandlungen um die Erweiterung der arabischen Union unterbrochen. Die Beziehungen mit Ägypten wurden wieder so honigsüß, wie sie vorher säuerlich gewesen waren. Nasser hielt eine Lobrede auf Feisal, und Feisal erwiderte, er verfolge das gleiche Ziel wie Nasser, nämlich die Einigung der arabischen Welt. Man konnte sich vorstellen, daß ein Moment kommen würde, da Saudi-Arabien nicht die arabische Union verstärken, sondern sich der Vereinigten Arabischen Republik anschließen würde.

Für Nuri Said war das ein schwerer Mißerfolg. Es war aber erst das Vorspiel zu einer Katastrophe. (*Forts. Ägypten S. 851*)

Der rote 14. Juli von Bagdad

Für den 14. Juli war in Istanbul eine Zusammenkunft der Bagdadpakt-Staaten einberufen. Um 9 Uhr versammelte man sich im Flughafen Jesilköy, um den König von
Irak, seinen Onkel, Kronprinz Abdul Illah und den Ministerpräsidenten der Arabischen Union, Nuri Said, zu empfangen. Die reguläre Kursmaschine aus Bagdad, eine
Viscount der Irakian Airways, landete um 9 Uhr 20. Der Bordkapitän, Major Everest, stieg als erster aus und verlangte einen Vertreter der irakischen Regierung zu
sprechen. Man wies ihn an Konsul Safra. Everest berichtete von der Rundfunksendung, die er während des Fluges gehört hatte: Revolution in Bagdad, die Volksfein-
de seien erschossen, der Königspalast besetzt worden. Es erschien der türkische
Außenminister Fatin Rustu Zörlü und bestätigte die Nachricht. Alle Anwesenden
wurden bleich vor Bestürzung.

Aber man wartete weiter. Als Everest Bagdad verlassen hatte, war alles für die
Abreise des Königs bereit gewesen. Man hoffte, daß er noch vor Ausbruch des Aufstands abgeflogen war.

Vergeblich. Der 23jährige König Feisal II. war tot. Er war im Begriff gewesen,
zum Flughafen zu fahren, als die Panzer der Aufständischen vor dem Palast Kasr el-
Malaki, am Rand des Palmenhains, auftauchten. Alle Mitglieder und Vertrauten der
königlichen Familie wurden umgebracht. Prinz Illah wurde mit abgehackten Füßen
an ein Sims des in Brand gesteckten Palastes gehängt. Wie der junge König umkam,
weiß man nicht, ebensowenig, was aus seiner Leiche geworden ist. Den Aufständischen war befohlen worden, zu sagen, er sei an einem Herzschlag gestorben, nachdem er, weil er verhandeln wollte, von seinem Onkel Illah geohrfeigt worden war.

Der Pöbel in Bagdad hatte Blut gerochen. Ein deutscher Kaufmann, ein amerikanischer Journalist, ein englischer Oberst wurden niedergemetzelt. Der britische Botschafter und Lady Wright entkamen mit knapper Not aus der brennenden Gesandtschaft. Man machte Jagd auf die Jordanier, die sich als Mitglieder oder Vertreter der
Arabischen Föderation in Bagdad befanden. Der achtzigjährige Vizepräsident Ibrahim Hadran wurde gesteinigt, ein anderer Minister, Suleiman Touhan, abgeschlachtet. General Sadik Shara wurde verwundet, konnte jedoch entfliehen.

Nuri Said befand sich nicht unter den Opfern des morgendlichen Überfalls. Der
energische Greis pflegte zu sagen: »Mein Mörder ist noch nicht geboren.« Die Rebellen, die zu seinem Haus eilten, fanden es zu ihrer gewaltigen Enttäuschung leer.
Sie reagierten ihre Wut ab, indem sie alles Lebende erschlugen. Einige Stunden später bemerkte ein Unteroffizier, daß eine verschleierte Frau Männerschuhe trug, und
ging auf sie zu, um sie zur Rede zu stellen. Nuri Said hatte noch die letzte Genugtuung, ihn mit einer Revolverkugel zu erledigen. Er wurde festgenommen, lebendig ge-
pfählt und nackt der mesopotamischen Sonne ausgesetzt. Dann schleppte man seinen
Leichnam durch die Straßen, bis er nur noch eine scheußliche Masse war. Bagdad war
von der Welt abgeschnitten. Die einzige Stimme, die nach außen drang, war die eines
irrsinnigen Rundfunks. Sie stieß hysterische Schreie aus, jubelte Nasser zu, forderte
das Volk auf, auf die Straße zu gehen und die Leichen der Verräter anzusehen, die den
Irak an die fremden Imperialisten verkauft hatten, den Ministerpräsidenten, den

Kronprinzen, diese Elenden, diese Hunde. Im Orient herrschte eine schreckliche Hitze-welle; seit mehreren Wochen zeigte das Thermometer 50 Grad im Schatten an. Man fragte sich, ob die blutrünstige Explosion in Bagdad nicht eine Folge der Sonne war, die die Menschen jählings wahnsinnig macht.

Die Schimpforgie wurde jedoch von einer ruhigen Stimme unterbrochen; der Chef erschien, Abdul Karim el-Kassem, 44 Jahre alt, Brigadegeneral. Am vorigen Tag befehligte er die in Jordanien stationierten Truppen der Arabischen Föderation. Nun gab er bekannt, daß der Staatsstreich seit langem von einer Gruppe von patrio-tischen Offizieren vorbereitet worden sei, die sich zusammengetan hatten, um ihr Land einem tyrannischen, korrupten Regime zu entreißen. Er rief die Republik aus, kündigte die Arabische Föderation auf und gab bekannt, daß er einen brüderlichen Brief an Nasser absenden wolle. Er erklärte ausdrücklich, daß seine Revolution nicht gegen den Westen gerichtet sei; sie sei eine innerirakische Angelegenheit. Die Aus-länder hätten nichts mehr zu befürchten, und die Gesellschaften, die die Ölfelder ausbeuteten, könnten unbesorgt weiterarbeiten.

Landung der Marineinfanterie in Beirut

Der Staatsstreich hätte sich gleichzeitig in Amman und Bagdad abspielen sollen. Zur gleichen Zeit wie König Feisal sollte auch König Hussein ermordet werden. Dem entging er infolge der ungeschickten Maßnahmen der Verschwörer und dank seiner schnellen Reaktion. Die Arabische Legion hielt den Palast umstellt. Statt gegen Am-man zu marschieren, kehrten die irakischen Truppen in den Irak zurück.

Hussein erklärte mutig, er trete an die Stelle seines Vetters als Chef der Arabi-schen Föderation, klagte die Mörder als Agenten des internationalen Kommunismus an und schwor, er werde die haschemitische Monarchie in Bagdad wiederherstellen und die Verbrecher bestrafen. Aber Jordanien zählte kaum eineinhalb Millionen Ein-wohner, von denen die Hälfte Palästinenser und fanatische Nasseranhänger waren. Von nun an standen Ägypten, Syrien und der Irak vereint gegen Jordanien. Dessen Lage schien verzweifelt.

Noch ein weiteres Land des Mittleren Ostens, der Libanon, war in Not. Dort gab es, geschürt von Nasser und auf Syrien gestützt, seit dem Mai einen Aufstand, dem sich die Drusen angeschlossen hatten. Überall in dem kleinen Land fanden Kämpfe statt. Die Rebellen schossen in Baalbek, wobei sie hinter der Säulenreihe des Bacchus-tempels in Deckung lagen. Der Bezirk Basta in Beirut war, ähnlich der Kasba von Algier, ein befestigtes Lager, das der Kommandeur der Armee, Emir Fuad Chehab, sich zu säubern weigerte, weil er fürchtete, seine Soldaten würden ihm nicht gehor-chen. Das Haus des Ministerpräsidenten Sami Solh wurde in Brand gesteckt, das Präsidentschaftspalais angegriffen. Staatspräsident Camille Chamoun hatte es seit siebenundsechzig Tagen nicht verlassen, so sehr fürchtete er, ermordet zu werden.

Es war ihm bewußt, daß das bereits in Durcheinander geratene Rassen- und Reli-gionsmosaik, das der Libanon darstellte, einer Erschütterung, wie sie soeben Bagdad erlitten hatte, nicht standhalten würde.

»Schon um 8 Uhr 30 war mein Entschluß gefaßt«, berichtet er. »Um 9 Uhr empfing ich in meinem Kabinett nacheinander die Botschafter von Frankreich, Großbritannien und den Vereinigten Staaten. Ich berief mich auf die Dreiererklärung vom Jahre 1950 und ersuchte sie, ihre Verpflichtungen einzuhalten. Ich verlangte von seiten der amerikanischen Regierung eine zustimmende Antwort innerhalb von vierundzwanzig Stunden; nicht Worte, sondern Taten.«

Für Hussein war die Entscheidung etwas schwieriger; er hatte sich vor drei Jahren dramatisch von der britischen Militärvormundschaft befreit. Aber die drohende Gefahr und das Beispiel Chamouns siegten über seinen Stolz. Er entschloß sich, Großbritannien und die Vereinigten Staaten zu Hilfe zu rufen.

Vierundzwanzig Stunden nach dem Ersuchen Chamouns wimmelte es an der Küste vor Beirut von Schiffen. Die gesamte VI. Flotte tauchte auf dem sonnenbestrahlten Mittelmeer auf. Der riesige Flugzeugträger *Saratoga* überragte wie eine Kathedrale fünfzig Kriegsschiffe, die mehr Feuerkraft besaßen als alle im Zweiten Weltkrieg eingesetzten Flotten. Die Landungsboote näherten sich dem Strand und setzten das 2. Bataillon des 2. Marineinfanterieregiments an Land, schwer beladene Männer mit Stahlhelmen, sieben Kilogramm wiegenden, kugelsicheren Westen und voller Kriegsausrüstung. Ein wahrscheinlich einmaliger Umstand in der Militärgeschichte bestand darin, daß diese drohende Macht einen Wall nackter Leiber zu durchqueren hatte, die sich in den Wellen vergnügten oder in der Sonne bräunen ließen. Schöne Libanesinnen im Badekostüm umringten die Marinesoldaten, die jedoch weiterzogen und in einem jahrhundertealten Olivenhain am Rand des Flugplatzes ihr Lager aufschlugen. Zwei Jahre vorher hatte Eisenhower Nasser gerettet. Nun durchkreuzte er Nassers Politik und nahm das Risiko auf sich, eine internationale Krise erster Ordnung auszulösen. Bei diesem Widerspruch rühmte er sich einer fehlerlosen Logik. Im Jahre 1956 seien die Franzosen, Engländer und Israelis die Angreifer gewesen, und man mußte sie bestrafen. Im Jahr 1958 hingegen rief die rechtmäßige Regierung des Libanon um Hilfe; die Vereinigten Staaten mußten ihren Freunden beweisen, daß man sich auf sie verlassen konnte.

Am Morgen des 15. landete ein zweites Bataillon am Strand, und ein drittes kam vor Sonnenuntergang dazu... Als Robert Murphy achtundvierzig Stunden später eintraf, um die Waffenentfaltung mit einem Eingreifen der Diplomatie zu verbinden, fand er zehntausend Mann Elitetruppen mit einer bis zu Atomhaubitzen reichenden Bewaffnung vor. Sie beteiligten sich übrigens gar nicht an den inneren Kämpfen des Libanon.

Noch eine andere Flagge war vor Beirut erschienen. Das gaullistische Regime weihte seine Politik der Gesten damit ein, daß es den Kreuzer *De Grasse* entsandte, der sich den Schiffen der VI. Flotte anschließen sollte. Die amerikanische Regierung dankte, machte jedoch darauf aufmerksam, daß ihr inmitten der Vorfälle im Mittleren Osten ein Hinweis auf den Algerienkrieg nicht opportun erschien. Die *De Grasse* sah das ein und dampfte ab.

2000 britische Rotmützen von der XVI. unabhängigen Fallschirmjägerbrigade waren von Zypern abgeflogen, um Hussein zu stützen; sie wurden von 50 amerikanischen Jägern begleitet. Israel hatte die Erlaubnis zum Überfliegen seines Gebiets erteilt, machte jedoch am nächsten Tag eine Kehrtwendung und verbot die Benutzung seines Luftraums. Man mußte mit Hilfe der Riesentransporter »Globemaster« eine Luftbrücke über Akaba organisieren, um die Engländer zu versorgen und den Jordaniern das Benzin zu bringen, das sie nicht mehr aus dem Irak erhielten.

So war, vier Tage nach der Überraschung von Bagdad, sechs Monate nach der sensationellen Gründung der Vereinigten Arabischen Republik, der Westen wieder bewaffnet in den Mittleren Osten zurückgekehrt. Diese Rückkehr ließ auf dem stets unruhigen Horizont der Nachkriegszeit eine neue Konfliktdrohung aufsteigen. Was sollte daraus werden?

Die Krise öffnet eine Bresche zwischen Moskau und Peking

Zur Zeit der Landung der Marinesoldaten befand sich Nasser an Bord der ehemaligen Jacht des Exkönigs Faruk, auf der Rückreise von einem Besuch bei Tito. Er kehrte um, fuhr wieder nach Pula und bestieg dort ein russisches Flugzeug, das ihn nach Moskau brachte. Seine Unterredung mit Chruschtschow dauerte acht Stunden. Am 18. Juli erschien er wieder auf dem Balkon des Regierungsgebäudes in Damaskus, um den Sieg Kassems zu preisen und dessen Folgen vorauszusagen: »Die Fahne der Freiheit, die vor kurzem in Bagdad gehißt wurde, wird sowohl in Beirut wie auch in Amman gehißt werden.«

Es war ein herrlicher Sommer. In Europa lebten die Menschen wieder im Überfluß, füllten die Badestrände und fuhren über die Landstraßen. Doch die Kriegsgerüchte weckten Erinnerungen an einen anderen herrlichen Sommer, den des Jahres 1939, und, bei manchen Leuten, an den noch schöneren im Jahr 1914. Die Sowjetunion organisierte große Manöver in Turkestan, im Kaukasus und in Bulgarien. Die Türkei mobilisierte. Chruschtschow sandte an alle Nationen eine apokalyptische Note; die Welt, schrieb er, »stehe am Rand der größten aller Katastrophen«. Im westlichen Lager herrschte heftiges Mißbehagen. Die Labourpartei führte gegen Macmillan eine ähnlich wütende Kampagne wie die, mit der sie zur Zeit der Suezaffäre Eden aufgerieben hatte. Bundeskanzler Adenauer und Ministerpräsident Fanfani gaben gemeinsam dem Wunsch Ausdruck, daß solche Initiativen wie in Amman und Beirut von nun an erst nach vorhergehenden Beratungen innerhalb der NATO ergriffen werden sollten. Darauf antworteten die Vereinigten Staaten, sie hätten schnell handeln müssen, um den Zusammenbruch des ganzen Mittleren Ostens zu vermeiden, würden jedoch ihre Truppen zurückziehen, sobald die Unabhängigkeit des Libanon und Jordaniens durch die Vereinten Nationen gewährleistet, d. h. garantiert sei.

Die wertlose Prozedur begann. Mehrere Versuche, im Libanon eine internationale Kontrolle einzuführen, wurden durch das sowjetische Veto vereitelt. Chruschtschow nahm sein Steckenpferd wieder auf und regte die Abhaltung einer Gipfelkonferenz an, bei der er neben den Vereinigten Staaten, Großbritannien, Frankreich und der Sowjetunion die Anwesenheit Indiens verlangte. Als Datum schlug er den 28. Juli vor. Genf bot sich als Gastort an, Eisenhower lehnte aber ab und teilte mit, er werde nur im Rahmen des Sicherheitsrats zu einer Diskussion bereit sei. Sofort machte sich Hammarskjöld erbötig, Chruschtschow, wenn dieser nach New York käme, seine eigene Wohnung im achtunddreißigsten Stockwerk des Glasgebäudes zur Verfügung zu stellen. Chruschtschow hätte dann Manhattan, den East River, Long Island, einen Teil jenes märchenhaften Amerika zu Füßen, von dem er ketzerischerweise seinen Landsleuten sagte, sie müßten sich zum Ziel machen, es einzuholen.

Es sollte noch einige Zeit dauern, bis es zu dieser Kontaktaufnahme zwischen Nikita Chruschtschow und den Vereinigten Staaten kam. Anstatt nach New York zu reisen, flog er nach Peking und blieb vom 28. Juli bis zum 3. August mit den chinesischen Führern eingeschlossen.

Es war eine sehr harte Diskussion. Mao Tse-tung behauptete, die Krise im Mittleren Osten biete die ideale Gelegenheit für eine der Theorie des Befreiungskriegs entsprechende Intervention. Chruschtschow antwortete, er werde sich nicht in die Lage bringen, zusehen zu müssen, wie aus einem lokalen Konflikt ein Atomkrieg entstehe. Angesichts der Gefahr eines offenen Bruchs war er jedoch genötigt, den Gedanken aufzugeben, der ihn gelockt hatte, nämlich persönlich in die Vereinigten Staaten zu reisen und mit Eisenhower zu verhandeln.

Auf ihrem eigenen Schauplatz beruhigte sich die Krise von selbst. Im Libanon kam es durch die Wahl von General Chehab zum Staatspräsidenten, an Stelle von Camille Chamoun, zu einer Entspannung der Lage. Im Irak hielt der von den Russen beratene Kassem zahlreiche versöhnliche Reden und erreichte die politische Anerkennung durch die Vereinigten Staaten. In Ägypten empfing Nasser Murphy und schwor, er habe keineswegs die Absicht, den Libanon oder Jordanien zu vernichten. Am gefährdetsten war immer noch Hussein. Er überlebte durch Kühnheit, verfolgte die Anhänger Nassers, überflog im Hubschrauber sein Königreich und hielt sich bereit, die Arabische Legion gegen jeden, auch den geringfügigsten, Rebellionsherd zu werfen.

Die beruhigte Stimmung übertrug sich auf die UNO. Am 21. August unterzeichneten die acht Nationen der Arabischen Liga, einschließlich Libanon und Jordanien, eine gemeinsame Resolution, durch die sie dem Generalsekretär Dag Hammarskjöld ihr Vertrauen zur Lösung der Krise gemäß den Prinzipien der Vereinten Nationen aussprachen. Der Beschluß der versöhnten Brüder wurde einstimmig gefaßt, und Dag reiste sofort ab, um den erhaltenen Auftrag zu erfüllen. Als er zurückkehrte, brachte er keine andere Garantie mit als eine Verpflichtung der arabischen Länder, gegenseitig ihre Unabhängigkeit und Souveränität zu respektieren. Die USA und Großbritannien gaben sich damit zufrieden. Anfang November gab es in Beirut keinen einzigen »Ledernacken« mehr und auch keine Rotmütze in Amman. Die Lage hatte sich entspannt.

Den Gewinn hatte Nasser. Das Jahr 1958 hatte die Ausschaltung seiner beiden Hauptrivalen, König Saud und Nuri Said, gebracht. Er ließ verbreiten — und das muß nicht unbedingt falsch sein —, daß seine überstürzte Reise nach Moskau den Zweck gehabt habe, einer brutalen Reaktion Chruschtschows auf die Landung in Beirut zuvorzukommen. Irak und Libanon, die der Westen zu seinen Verbündeten gezählt hatte, schlossen sich nun der Nasserschen, sogenannten positiven Neutralitätspolitik an. Syrien vereinte sich mit Ägypten, und die Arbeiten für den Assuandamm wurden in Angriff genommen. Die Glückssträhne Gamal Abdel Nassers hielt an.

Nagy wird dem Henker ausgeliefert

Einen Monat vor dem Gemetzel in Bagdad hatte sich in der Verborgenheit eines ungarischen Gefängnisses eine andere Tragödie abgespielt. Imre Nagy und Pal Maleter sowie die Journalisten Joseph Szilagy und Miklos Gimes waren hingerichtet worden.

Der Prozeß – falls es einen gab – hatte unter Ausschluß der Öffentlichkeit stattgefunden. Die Begründungen der Verurteilungen waren der dunkelsten Zeiten des Stalinismus würdig. Nagy und Maleter weigerten sich, sich als schuldig zu bekennen, was als zusätzlicher Beweis für ihre Verworfenheit gewertet wurde. Das Urteil, gegen das es keine Berufung gab, wurde sofort vollstreckt. Über die letzten Augenblicke der Verurteilten wurden keinerlei Angaben gemacht.

Die Welt war teils empört, teils bestürzt. Der ungarische Aufstand hatte vor zwei Jahren stattgefunden. Die darauf erfolgte Unterdrückung begann in Vergessenheit zu geraten. Chruschtschow saß fest in seiner Machtstellung und zog die Krallen ein. Und da, plötzlich, ohne ersichtlichen Grund und gleichsam als Herausforderung der Weltöffentlichkeit, verfuhr er auf diese Weise mit den Besiegten. Die Hinrichtung Nagys wird verständlich, wenn man sie im Zusammenhang mit den krampfhaften Zuckungen des Kommunismus betrachtet. Nagy fiel nicht einem blutgierigen Impuls oder einer aufgeschobenen Racheanwandlung zum Opfer; vielmehr bedeutete seine Liquidierung den letzten Versuch, einen offenen Bruch zwischen Peking und Moskau zu vermeiden

In weniger tragischer Form spiegelte das sowjetische Verhalten gegenüber Tito und seinem nationalen Kommunismus die gleiche Sorge wider.

Tito war am 19. April von seinem Parlament wieder zum Chef des jugoslawischen Staates gewählt worden. Drei Tage später trat der 7. Parteitag der KPJ in Ljubljana zusammen. Mit Ausnahme der dänischen und norwegischen hatte keine kommunistische Partei eine Delegation geschickt. Die Ostblockstaaten waren nur durch ihre Botschafter vertreten, was nach der kommunistischen Etikette eine schwere Beleidigung darstellte. Am zweiten Tag erhoben sich mitten in einer Rede von Ranković alle Diplomaten, mit Ausnahme der Polen, und verließen feierlich den Saal, der Russe voran, dann der Chinese, darauf die anderen in der Reihenfolge ihrer Bedeutung, wobei der Rumäne den Zug abschloß. Tito, vor dem Chruschtschow sich gedemütigt hatte und der der Schiedsrichter des sowjetischen Parteipräsidiums gewesen war, wurde nun wieder zum Staatsfeind.

Chruschtschow hatte Tito nicht aus reiner Willkür aufgegeben. Er war ein Opportunist, und sobald er meinte, einem allzu starken Druck weichen zu müssen, tat er es mit der seiner Natur entsprechenden Heftigkeit. Als er von Ungarn zurückkehrte und leicht angeheitert seinem Flugzeug entstieg, machte er einige scharfe Bemerkungen gegen jene, die »einen halben Hintern auf jedem Stuhl« behalten wollen, und warnte sie, daß sie schließlich mit dem ganzen auf dem Fußboden sitzen würden. Später bediente er sich eher literarischer Wendungen und verdammte Titos Revisionismus als »trojanisches Pferd«, das in den Kommunismus gebracht worden sei. Damit war der Ton angegeben. »Der Revisionismus muß ausgerottet und vernichtet werden«, schrieb die Zeitschrift *Moskwa*. »Entweder wir begraben ihn, oder er wird uns begraben.«

Nikita Chruschtschow war den Chinesen Dank schuldig für die Unterstützung, die sie ihm während der Ungarnkrise hatten zuteil werden lassen. Er hoffte, seinen Erfolg vom November 1957 zu festigen, indem er von ihnen die ständige Anerkennung der Führungsrolle der Sowjetunion in der kommunistischen Weltbewegung erreichte. Er verstärkte die Industriehilfe für China und fügte zu den 211 Fabriken, die China versprochen worden waren, noch 47 hinzu. Die Chinesen hatten sich jedoch nach der Wiese der Hundert Blumen auf eine extraharte doktrinäre Linie eingestellt. Sie beschimpften Tito und erklärten, sein Ausschluß aus der Kominform im Jahre 1948 sei berechtigt gewesen. Nikita kam es auf eine Verleugnung mehr oder weniger nicht an; er vergaß, daß er in seiner Rede vor dem XX. Parteitag alle Schuld auf Stalin geschoben hatte, und bekannte sich unbewegt zur chinesischen Formulierung. »Die Entscheidung der Kominform vom Jahre 1948 war grundsätzlich richtig und entsprach den Interessen der revolutionären Bewegung.« Drei Jahre zuvor hatte er bei seiner Rückkehr aus Belgrad genau das Gegenteil gesagt, und zwar zufällig vor den gleichen Zuhörern am selben Ort, dem Sitz der bulgarischen kommunistischen Partei. Doch der Kommunismus besitzt die wunderbare Eigenschaft, das Gedächtnis abzuschaffen. Keiner lächelte.

Chruschtschow baute gegen Tito – und um mit Mao im Einklang zu bleiben – die rote Front wieder auf. Gomulka wehrte sich ein wenig, dann gab er gegenüber einer Vermengung von Schmeichelei und Drohung nach und verdammte gleichfalls den Revisionismus Belgrads. Chruschtschow ließ Nagy hinrichten und unterstrich mit dieser spektakulären Handlung die Rückkehr zur Ordnung. Jetzt war keine Rede mehr von den vielen verschiedenen Wegen zum Sozialismus; es gab nur einen Weg, und den zeichnete Moskau vor.

Die sowjetische Hilfe für Jugoslawien wurde eingestellt. Züge, die den Rest einer vertraglich vereinbarten Lieferung von 200 000 Tonnen Getreide beförderten, kehrten um. Eine Reise Marschall Woroschilows wurde abgesagt. Der Albaner Hodscha bezeichnete Tito als Erzverräter und Agenten des amerikanischen Imperialismus. Doch kam es zu keiner so starken Spannung wie unter Stalin, und Chruschtschows Drohungen waren weit davon entfernt, China, das die Ausrottung des Ketzertums mit Feuer und Schwert verlangte, zu befriedigen.

Es sollten sich andere, ernstere Meinungsverschiedenheiten ergeben.

Der Konflikt im Mittleren Osten war eingeschlafen, der im Fernen Osten erwachte. Es ist das Schicksal der Welt, nach einem unvollkommen abgeschlossenen Krieg sich pausenlos einer Drohung nach der anderen gegenüberzusehen, umherschweifenden Gefahren ausgesetzt zu sein.

Seit den Schreckensschüssen des Jahres 1955 verlief das Leben in Quemoy friedlich. Von den 48 000 Einwohnern hatten nur 1300 von der ihnen gebotenen Möglichkeit, sich nach Formosa zurückzuziehen, Gebrauch gemacht. Eine chinesisch-amerikanische Kommission hatte durch Verbesserung der Anbaumethoden und Einführung hybriden Samenguts sowie durch die allgemeine Anwendung von Vorbeugungsmitteln gegen Krankheiten und von Düngemitteln die Verhältnisse auf der Insel zu bessern unternommen. Die Hauptstadt, Quemoy City, sah genauso aus wie Tausende chinesische Sädtchen: schmutzige Gassen, öffentliche Schreiber mit ihren Pinseln, schwarze Schweine mit Hängebäuchen, ein kleiner Platz mit einer Sun-Yat-sen-Statue aus Gips, süßlicher Fäulnisgeruch. In Quemoy wurde eine Zeitung herausgegeben, *Tchin Twang Hoa*; die Handelskammer zählte 295 Mitglieder, und man konnte vergessen, daß der große feindliche Kontinent keine zwei Meilen entfernt lag.

Klein-Quemoy lag der roten Welt noch näher, und einige der vierzehn Inselchen beherbergten nationalistische Garnisonen; sie waren ihr noch näher. Tatan und Hertan liegen in der Fahrstraße des Hafens Amoy selbst; von ihnen waren es zwei Kilometer bis zu der katholischen Kirche und den ehemaligen Zisternen der Standard Oil.

Auf diesen Vorposten Nationalchinas fielen am 23. August überraschend 50 000 Granaten. Die Beschießung wurde an den folgenden Tagen fortgesetzt. Tatan und Hertan, mit einer Flächenausdehnung von 30 beziehungsweise 12 Hektar, erhielten an einem einzigen Tag mehr als 7000 Geschosse, 170 pro Hektar, genug, um den Boden wie mit einem Pflug aufzureißen. Dem Befehlshaber der Inselgruppe, General Wu Lien, wurde kategorisch mitgeteilt, daß er im Falle sofortiger Kapitulation begnadigt würde, andernfalls nicht mit dem Leben davonkäme. Er antwortete, er habe bei einem vorhergegangenen Landungsversuch der Roten 15 000 Mann vernichtet und freue sich darauf, es noch besser zu machen.

Auf Quemoy und der anderen Küsteninsel Matsu hatte Tschiang Kai-schek ein Viertel seiner Armee in Stellung gebracht. Die Versorgung unter dem gewaltigen Artilleriebeschuß stellte schwierige Probleme. Die VII. US-Flotte begleitete die kleinen nationalchinesischen Geleitzüge bis auf drei Meilen Entfernung vor der Insel und beobachtete dann als Zuschauer ihre Bemühungen, den Strand von Lia Lo zu erreichen, auf den die Landungsschiffe ihre Ladungen an Lebensmitteln und Munition ausspien. Die amerikanischen Schiffe waren bereit, das Feuer zu erwidern, wenn ein einziges Geschoß sie träfe. Die Roten hüteten sich davor.

Die einzigen, die diese furchtbare Beschießung der Straße von Formosa zwei Wochen lang ignorierten, waren die Chinesen. Erst am 6. September klagte Tschou Enlai die Amerikaner öffentlich »der Aggression zugunsten des Gelichters um den

Banditen Tschiang Kai-schek« an. Lucien Bodard war damals in Peking. Er wohnte der »Verkündigung des Abscheus« bei einer Monsterkundgebung vor dem Tien Anmen bei. Drei Stunden lang wurden die vom Pekinger Bürgermeister Pen Cheng vorgebeteten Haßphrasen wie Litaneien von einer Million Stimmen wiederholt. Das wütende Gebrüll fand seinen Widerhall in ganz China. »Die Zeitungen verkündeten stolz«, so berichtet Bodard, »daß in den Städten und Dörfern 300 Millionen Chinesen unter dem Zeichen des Zorns Umzüge veranstaltet hatten.« Das kleine, so isoliert wie Pestkranke lebende diplomatische Korps glaubte, daß das Regime diesmal nicht zurückweichen würde, daß der Angriff auf Quemoy begonnen hatte und der auf Formosa folgen würde.

In Wirklichkeit diente der Lärm der Kanonen und der Kehlen nur dazu, das chinesische Volk in die richtige Verfassung für eines der phantastischsten Experimente aller Zeiten zu versetzen.

In der Nähe der Stelle, wo die Große Mauer an das Meer stößt, liegt Pei Tai-he, an dessen Strand mit seinem feinen Sand Europäer aus Peking und Tientsin die heißen Tage des chinesischen Sommers verbracht hatten. Das erweiterte Politbüro tagte dort vom 17. bis zum 30. August in geheimer Sitzung. Es verkündete eine völlige Neuordnung der Landwirtschaft. Die nach dem Vorbild der sowjetischen Kolchosen geschaffenen landwirtschaftlichen Kooperativen sollten verschwinden, an ihre Stelle würden die Volkskommunen treten.

Sechs Monate vorher hatte Liu Shao-chi, der hervorragendste Theoretiker der Republik, bei dem 8. Parteitag der KPCh den »Großen Sprung nach vorn« verkündet. China hatte sich zum Ziel gesetzt, in den fünfzehn kommenden Jahren die Industrieproduktion Englands zu übertreffen. Das immer noch dem sowjetischen System nachgezeichnete Mittel dazu bestand in der Planifizierung der Wirtschaft. Ein erster Fünfjahresplan hatte die Jahre 1953 bis 1957 umfaßt und, laut offiziellen Behauptungen, seine Ziele übertroffen. Der zweite war dreimal revidiert worden, wobei die zu erreichenden Ziele jedesmal erhöht wurden. Im Jahre 1962 gedachte China 12 Millionen Tonnen Stahl, 230 Millionen Tonnen Kohle, 44 Milliarden Kilowattstunden elektrische Energie zu produzieren.

Diese – theoretischen und erträumten – Ziele stellten in Anbetracht der gewaltigen Bevölkerungszahl Chinas nur eine bescheidene Leistung dar. Aber die Ausgangsbasis war ja überaus niedrig. Als Rußland seinen sozialistischen Aufbau begann, war es bereits ein zum Teil industrialisiertes Land. Vierzig Jahre später betrachtete es sich kaum erst im Vorraum der Gesellschaft, die an die Stelle der Regel »Jedem nach seiner Leistung« eine andere, »Jedem nach seinen Bedürfnissen«, setzen würde. China besaß anfänglich nicht einmal ein Viertel der Industriekapazität, pro Kopf seiner Einwohner, die der Sowjetstaat von den Zaren geerbt hatte. In den Augen der russischen Theoretiker bedeutete das, daß die Aufbauphase des Sozialismus überaus lange dauern würde. China, das viel später und weiter unten angefangen hatte als Rußland, konnte den Kommunismus erst entsprechend später einführen.

Mit diesem langsamen Weg gaben sich die chinesischen Theoretiker nicht zufrieden. Die Volkskommunen stellten eine verblüffende und ungeheure Anstrengung dar, um die einzelnen Etappen zu überspringen und das, was die Russen von einer Entwicklung erwarteten, durch eine Umwälzung zu erreichen.

Das Volk ist unfehlbar. Das Volk ist ohne Makel. Das Volk ist der oberste Anreger, die höchste Triebkraft. Die Kommunen entsprangen also dem spontanen Verlangen der Bauern. Man wählte eine als Beispiel, die sich im August 1958 in der Heimatgegend Mao Tse-tungs, der Provinz Hunan, bildete, und gab ihr den vielsagenden Namen Sputnik; sie setzte sich aus 27 Kooperativen mit 9300 Wohnstätten und 43 000 Menschen zusammen. Gleichzeitig jedoch – so die chinesischen Quellenangaben aus jener Zeit – entstanden viele andere Kommunen. Als die Sitzung in Pei Tai-he stattfand, war bereits ein Drittel des chinesischen Landes nach den neuen Prinzipien organisiert; die Führer brauchten nur noch die aus dem Schoß des Volks entsprungene Revolution in Empfang zu nehmen und deren allgemeine Anwendung zu befehlen.

Was in den Volkskommunen verschwand, war nicht nur das Eigentum, sondern auch die Familie. »Die Kommunen sind unsere Familie«, liest man im *Shung Kuo Ching Nien Pao*. »Es ist irrig, die Mutterliebe über alles zu erheben, denn damit gibt man den biologischen Gefühlen den Vorrang über das soziale Empfinden. Wie könnte man seine Eltern dem Vorsitzenden Mao vorziehen? . . .« Das Heim muß materiell zerstört werden, damit die mit ihm verknüpften Bindungen abgeschafft werden. Auf einer Eisenbahnfahrt durch China fiel Touristen ein Zug von Menschen auf, die auf Trommeln schlugen und Knallbüchsen abfeuerten. Auf ihre Fragen wurde ihnen erklärt: »Das sind Bauern, im Begriff, ihr Dorf niederzureißen.« »Freiwillig?« «Natürlich!«

Diese Zerstörung der Familienheime tobte in ganz China. Ein Teil des Hausrats wurde den Kommunen geschenkt, das übrige mit den Gittern, Schlössern usw. als antisoziale Überreste einer überwundenen Epoche zum Einschmelzen geschickt. Von nun an sollten Männer und Frauen in getrennten Schlafräumen wohnen. George Orwell hatte in seiner Vorwegnahme des Jahres 1984 angekündigt, daß der Kommunismus sogar bis zur Trennung der Geschlechter gehen werde, da der Sexualtrieb durch die Tatsache, daß er das Individuum der Gemeinschaft entzieht, im Wesen antikollektivistisch ist. Das war nun geschehen.

Es gab da nur einen heiklen Punkt, nämlich daß die Trennung der Geschlechter die chinesische Geburtenziffer zu verringern drohte, während Mao von den malthusianischen Anwandlungen seiner Anfänge abgekommen war und eine flutartige Zunahme der Bevölkerung verlangte. Das Regime träumte von künstlicher Befruchtung in riesigem Ausmaß; fürs erste gewährten die Kommunen den verheirateten Paaren zwei intime Begegnungen im Monat.

In Hongkong ließ sich der Generalkonsul der Vereinigten Staaten alle chinesischen Zeitungen, deren er habhaft werden konnte, lückenlos übersetzen. In leidenschaftlicher, poetischer Sprache breitete sich die Beschreibung des neuen Lebens über Tausende von Seiten aus. Jeden Morgen versammelten sich die Bauern zu Brigaden, bejubelten eine patriotische Rede und marschierten sodann im Gleichschritt zur Arbeit. Die Mahlzeiten wurden in Speisesälen eingenommen. Die Neugeborenen wurden Krippen anvertraut. Die Alten beendeten ihre Tage in »Häusern des

Glücks«. Den Frauen war jede Hausarbeit verboten. Unzählige Beweise gab es für die Vorteile dieser vollständigen Kollektivierung. »Vien Fu-jen und seine Familie verbrauchten 8,5 Catty Korn täglich, als sie noch zu Hause kochten; seit sie in Gemeinschaftskantinen essen, verbrauchen sie nur noch 7,2. Die 44 Wohnstätten der fünften Mannschaft der Kooperative Nr. 2 in Chang-shu verbrannten täglich 680 Pfund Holzwolle für die Heizung; seit der Einführung der Gemeinschaftsküchen und der kollektiven Schlafsäle beträgt ihr Anteil an Heizmaterial nur noch 250 Pfund ... Die Durchschnittliche Leistungsdauer einer Nadel in Einzelheimen betrug eine Stunde und zwei Minuten; in den Gemeinschaftswerkstätten beträgt sie dank der Schichtarbeit der Arbeiterinnen sechzehn Stunden. Die Leistungserhöhung in ganz China erreicht 600 Milliarden Nadelstunden im Jahr ...«

Der Kommunismus soll den Arbeitslohn abschaffen. Der Sozialismus als Übergangsperiode hielt ihn weiter aufrecht. Die Kommunen standen dem Kommunismus näher als dem Sozialismus. Sie bestimmten sieben und manchmal zehn »Garantien«, denen Bezahlung *in natura* entsprachen: Verpflegung (in den Kantinen), Wohnung (in den Schlafräumen), Kinderbetreuung (in den Kindertagesstätten), Bestattung (in Massengräbern), Haarschneiden, Bäder usw. Daher beschränkte sich der eigentliche »Lohn« auf ein Taschengeld von wenigen Yuan monatlich. Der Hauptmaßstab für seine Bemessung war der »revolutionäre Eifer« jedes einzelnen.

Die Frauen dankten dem Vorsitzenden Mao in zahllosen Briefen, daß er sie von der Sklavenarbeit im Haushalt befreit hatte. »Welch ein Glück!« rief die 27jährige Cha Tsin-ju. »Vor der Einführung der Volkskommunen konnte ich nie zu den Versammlungen gehen, weil ich mich um meine Kinder kümmern mußte.« Die 30jährige Wu Ten-chen schrieb: »Nun werde ich etwas Nützliches für die Kommune tun können, zum Beispiel die öffentlichen Bedürfnisanstalten reinigen.« Doch das Ziel war nicht, den chinesischen Frauen Freizeit zu verschaffen oder ihnen freiwillige Dienste wie der von Frau Wu erwogene zu ermöglichen. »In Chang-sha werden sich von nun an 4900 Frauen an der Produktion beteiligen«, errechnete *Jen Min Jih Pao.* »Vor der Zeit der Kommunen leisteten 520 von ihnen wegen ihrer Hausarbeit überhaupt keinen Beitrag, 3300 arbeiteten nicht mehr als täglich sechs bis sieben Stunden in der Produktion.« Eine andere Berechnung der gleichen Zeitung für die Provinz Kiangsi: »Hier gibt es 1554 Speisehäuser, in denen durchschnittlich 6882 Menschen arbeiten. Das stellt eine Ersparnis von 55 000 Menschen, also eine ungeheure Arbeitskapazität, dar.« Es gibt in China 2016 Hsien (Bezirke). Wenn man das Beispiel von Kiangsi verallgemeinern darf, so wurden mehr als 110 Millionen weibliche Arme für die Produktion gewonnen.

Zweck der Volkskommunen war die Verstärkung des Arbeitseinsatzes. China lehnte es ab, den langsamen Industrialisierungsprozeß durchzumachen, den ihm seine Moskauer Ratgeber vorschlugen. Es ersetzte die Maschine, die es nicht besaß, durch seine Menschen. Der Staudamm des »Gräbertals« in der Nähe von Peking ermöglichte es einigen Ausländern, zu sehen, wie eine Baustelle des neuen China aussah; Hunderttausende menschliche Ameisen hoben mit ihren Händen den Boden aus und trotteten in endlosem Zug schwer beladen dahin. Da dies angeblich eine freiwillige Arbeit war, wurde kein Lohn dafür bezahlt. Eine alte Närrin namens

Anne-Louise Strong, die die Pekinger Propaganda verfolgte, stellte bewundernd fest, daß das Umgraben eines Kubikmeters Erde unter diesen Umständen nur 2,50 Yuan kostete, das war einhundertachtundfünfzigmal weniger als mit den üblichen Methoden des Maschinenbetriebs. Sie ahnte nicht, daß sie damit die Sklaverei verherrlichte.

Im September verkündete die chinesische Presseagentur bereits, daß 23 397 Volkskommunen geschaffen worden waren. Sie traten an die Stelle von 700 000 Kollektivfarmen und 112 Millionen landwirtschaftlichen Familienbetrieben. In Shansi genügten vierzehn Tage, um aus 20 000 Kooperativen 800 Kommunen zu machen. Hopei rühmte sich seiner 195 000 Speisehäuser, 240 000 Kinderbewahranstalten und 9000 »Häuser des Glücks« für die Alten. Hunan erwies sich als würdig, den Vorsitzenden Mao hervorgebracht zu haben: 99,98 % der Familienheime dieser Provinz wurden in die Kommunen einbezogen, während der durchschnittliche Prozentsatz in ganz China nur 90,4 % betrug. Die von nomadischen Analphabeten bewohnte Innere Mongolei verfaßte 150 000 Plakattexte und schickte 100 000 Briefe mit dem Ersuchen ab, bei der erhabenen Erneuerung, die stattfand, nicht vergessen zu werden. Tausende Dichter besangen die Kommunen. Hier eine Probe: »Die Volkskommunen sind das Paradies. – Da sind Arbeitskräfte und Naturschätze reichlicher vorhanden als im Himmel. – Die Produktion nimmt mit Riesenschritten zu. – Für Jahrtausende liegt das Glück vor uns.«

Im allgemeinen richteten sich die Kommunen nach den sehr alten Verwaltungsbezirken Chinas, den Hsien. Sie zählten gewöhnlich 10 000 bis 40 000 Einwohner, manchmal jedoch bis zu 300 000. Sie waren etwas ganz anderes als erweiterte Landwirtschaftskooperativen. Zu ihnen gehörten das lokale Handwerk und die Industrie, die Banken, das Postwesen, die Verwaltung. Sie sollten – im Prinzip – das Volk im Rahmen einer Miliz bewaffnen, welche die Grundlage der nationalen Verteidigung bilden würde. Die Theoretiker zeigten, daß sie sich den beiden Visionen des Marxismus, der Abschaffung des Staats und der Aufhebung der Unterschiede zwischen den Landbezirken und den Städten, näherten. Sie wollten China nicht mittels einer zentralisierenden Bürokratie nach russischem Muster industrialisieren, sondern durch die harmonische, spontane Expansion des unfehlbaren Volks, unter dem Impuls einer sich mit ihm identifizierenden Kommunistischen Partei.

Zum erstenmal kam diese organische Industrialisierung beim Hüttenwesen im Dorf zur Anwendung. Einem Bauern in Shansi war eingefallen, daß es möglich wäre, aus einem zwanzig Jahre zuvor von den kapitalistischen Unternehmern aufgegebenen Bergwerk noch Kohle zu fördern. Er baute einen Hochofen, in dem er das an Ort und Stelle vorhandene Eisenerz schmolz. Die Idee verbreitete sich wie eine Epidemie. In China wurden, laut offiziellen Berichten, 240 000 Volkshochöfen gebaut. Mit einem von der Partei herausgegebenen geologischen Handbuch versehen, entdeckte das Volk überall kohlen- und eisenhaltige Adern. Millionen rote Pioniere sammelten das Alteisen. Auch die Städte schlossen sich der Bewegung an. »In wenigen Stunden schossen in Peking die Hochöfen wie feurige Schwämme aus dem Boden«, erzählt Lucien Bodard, »in den öffentlichen Gärten, den Ministerien, den Gefängnissen, den Kasernen, den Krankenhäusern, den Volkskaufhäusern, den Kooperativen, den Museen, den Universitäten, in jedem Hof, in jeder Straße; Frau Soong Ching-ling, die rote Schwester der Gattin Tschiang Kai-scheks, hatte den ihren in ihrer luxuriösen Residenz.« Natürlich handelte es sich um äußerst primitive Apparate, die von den Volksmassen bedient und mit Handblasbälgen betrieben wurden; sie waren aus einem Material gebaut, das nicht feuerfest war. Presse und Rundfunk priesen jedoch diese Lektion, die das Volk den Technokraten erteilte. Sie gaben bekannt, daß die meisten Gemeinden ihr eigenes Stahlwerk hätten und daß in der Chinesischen Volksrepublik Milliarden von Kugellagern hergestellt würden.

Ein anderes Ziel des Kommunismus war die Gleichstellung von geistiger und manueller Arbeit; China verkündete, es werde sie nun durchführen. Man strebte danach, im Gegensatz zum spezialisierten Menschen des Westens einen auswechselbaren Arbeiter zu machen. Man bemühte sich, den Respekt zu zerstören, den das chinesische Volk viele Jahrhunderte hindurch den Gebildeten gezollt hatte. Staatsbeamte und Professoren wurden regelmäßig in die Kommunen geschickt, wo man ihnen bewußt die abstoßendsten Arbeiten zuwies. Ebenso lang, wie ihr Studium dauerte, mußten die Studenten auch manuelle Arbeiten verrichten. »Wir müssen den blinden Glauben an die Experten ausmerzen«, schrieb *Shung Kuo Ching Nien Pao*. »Die oberste Wahrerin der Wissenschaft ist die Kommunistische Partei, und ihr fällt es zu, der Technik zu befehlen, ohne sich um die falschen Einwände der Fachleute zu kümmern. Die Kommunisten sind hervorragende Fachleute in der Politik, im Materialismus, in der Dialektik, und deshalb sind sie in der Lage, alles, auch die schwierigsten wissenschaftlichen und technologischen Probleme zu verstehen.«

Es grenzt an Irrsinn; aber das alles gibt es schwarz auf weiß. Die chinesischen Zeitungen des Monats Oktober meldeten, daß die Bauern von Honan den subjektivistischen und reaktionären Charakter der Einsteinschen Theorien bewiesen hätten; daß die Bauern von Hopei die Prinzipien der bürgerlichen Elektronik widerlegt hätten; in Szetschuan hätten sie die Gesetze der Genetik überprüft und sich verpflichtet, 3000 Kilogramm schwere Schweine zu züchten; in Fukien seien 10 754 Forschungszentren geschaffen worden, in den 85 % der Forscher aus Bauern- und Arbeiterkreisen angeworben worden seien; es hieß, gleichfalls in Honan, daß 50 000 wissenschaftliche Themen von den breiten Volksmassen bearbeitet würden.

Der Beschluß vom 29. August zeigte einen verhältnismäßig bescheidenen Phrasenaufwand. Die Volkskommunen wurden als Etappe im Aufbau des Sozialismus dargestellt. Erst nach vielen Jahren, sagte die Resolution — wenn die Produktion sehr viel größer geworden ist, die Überreste des bürgerlichen Denkens und des bürgerlichen Staats verschwunden sind, wenn eine neue Volksmoral geschaffen ist —, wird China in das Zeitalter des Kommunismus eintreten können. Dem Anschein nach verblieb Peking auf der Gedankenlinie von Moskau.

Die Zurückhaltung der chinesischen Theoretiker wich jedoch bald dem bösen Geist der Überheblichkeit. Man bildete sich ein, daß China eine Abkürzung auf dem Weg zum Kommunismus gefunden habe. *Jen Min Jih Pao* versprach, daß die Achtzig-, ja sogar die Neunzigjährigen ihn noch erleben würden. Der Philosoph Ling Tinh-yi schrieb, daß die Volkskommunen acht von den zehn im »Kommunistischen Manifest« von Marx und Engels angegebenen Bedingungen erfüllten. Die Zeitung

Hung Tchi griff das sowjetische System unmittelbar an und schrieb, daß die Kolchosen rückständig und veraltet seien. Mit anderen Worten, China hatte im neunten Jahr seiner Revolution die UdSSR auf dem Weg zum Kommunismus überholt.

Die Russen schwiegen. Das chinesische Experiment, über das die ganze Welt verblüfft war, wurde von der sowjetischen Presse ignoriert. Chruschtschow ließ sich jedoch in einem Gespräch mit dem amerikanischen Senator Humphrey von seiner Wut hinreißen. Die Volkskommunen seien »archaisch und reaktionär«, sagte er. In Rußland habe man zu Beginn der Revolution viele Versuche einer vollkommenen Kollektivierung, eines überstürzten Kommunismus gemacht. Alle seien mißlungen.

Auch die Chinesen hatten keinen Erfolg! Die durch die Schaffung der Kommunen verursachten Umwälzungen und der passive Widerstand, dem sie begegneten, hatten katastrophale Folgen. Die Ernte des Jahres 1958 ging teilweise zugrunde, weil die Transportmittel durch das dörfliche Hüttenwesen in Anspruch genommen waren. Man hat errechnet, daß dieser Riesenunsinn 70 bis 80 Millionen Arbeiter festlegte, um ein paar Millionen Tonnen unbrauchbares Metall zu produzieren. Auf den Feldern fehlte es an Arbeitskräften. Die Jahreszeit, die nun begann, sollte den Namen »Schwarzer Winter« erhalten. In Peking und Shanghai brach eine regelrechte Hungersnot aus, und die in Hongkong eintreffenden Briefe und Flüchtlinge bewiesen, daß die Situation an anderen Orten noch dramatischer war.

Am 28. Oktober versammelte sich das Zentralkomitee in Wuchang. Es tagte zwei Wochen lang in strenger Geheimsitzung. Die Resolution, die sich aus den Debatten ergab, erklärte, daß die Volkskommunen bereits »fühlbare Ergebnisse« gezeitigt hätten, daß man jedoch bisweilen übereifrig gewesen sei. Die Abzapfung der bäuerlichen Arbeitskraft sei viel zu stark, die Vorschriften mancher Kommunen viel zu drakonisch. Die Trennung der Geschlechter, die Zerstörung der Familieneinheit, die Beschlagnahme aller persönlichen Gebrauchsgegenstände seien Fehler gewesen. Der Produktionsfanatismus sei zu weit getrieben worden. Den Erwachsenen mußten acht Stunden Schlaf und vier Stunden Rast zustehen – was einen Arbeitstag von nur zwölf Stunden ergab. Kinder unter neun Jahren dürften nicht zur Arbeit gezwungen werden. Der Lohn blieb weiter ein derzeit unersetzbares Hilfsmittel. Man erinnerte jene, die die Etappen überspringen wollten, daran, daß der Übergang vom Sozialismus zum Kommunismus eine lange Zeit erfordert. »Er wird fünfzehn oder zwanzig Jahre dauern, oder sogar noch länger.«

Der Versuch der Gütergemeinschaft, diese Herausforderung der menschlichen Natur, war gescheitert. Den Mißerfolg hatte Mao Tse-tung zu bezahlen. Seine Ernennung zum Präsidenten der chinesischen Volksrepublik wurde nicht erneuert. Sein Nachfolger wurde Liu Shao-chi. Mao blieb Vorsitzender des Zentralkomitees, und die Begründungen, welche die Personaländerung begleiteten, erklärten kurz, daß es ihm von nun an möglich sein werde, seine Energie mehr seinem theoretischen Werk zu widmen. Einige Wochen später teilte die Agentur »Neues China« mit, daß der Genosse Mao Tse-tung die chinesische Delegation beim XXI. Parteitag der KPdSU nicht anführen werde. Die vielen abgegebenen Erklärungen vermochten nicht zu verhehlen, daß der Vater der chinesischen Revolution eine Krise durchmachte.

Liu Shao-chi war ein geheimnisvoller Mann. Er stammte wie Mao aus Hunan, und man weiß nicht, ob er 1898 oder 1906 geboren ist. Er war seit geraumer Zeit Revolutionär; ob er am Langen Marsch teilgenommen hat, ist nicht bekannt, und seine Laufbahn verlor sich wiederholt im Dunkel. Während zumindest einiger seiner Abwesenheitsperioden hielt er sich in Rußland auf. Liu galt zur Zeit, da Mao einer Neigung zur Mäßigung und Gutmütigkeit verdächtig war, als unerbittlicher Revolutionär. Nun verhielt es sich umgekehrt. Liu war gegen die Kommunen, wie er gegen die Bewegung der Hundert Blumen gewesen war. Seine Verbindung mit dem Kriegsminister, Marschall Peng Teh-huai, war ein zusätzlicher Grund für die Annahme, daß er der Moskauer Linie folgte.

Ein denkwürdiger Kampf begann. Die große Aufregung über die Straße von Formosa hatte sich inzwischen gelegt. Pen Teh-huai hatte seinen »Landsleuten in Taiwan« mitgeteilt, daß Quemoy nur noch an geraden Tagen beschossen werden würde, um der Bevölkerung die Möglichkeit zu geben, sich mit Lebensmitteln zu versorgen. Nach und nach wurde auch diese Beschießung schwächer, bis die Granaten nur noch gelegentlich geflogen kamen. Die Nationalchinesen hatten kein einziges Inselchen verloren. Quemoy City, Kuning, Shanhow, Lia Lo wurden wieder friedliche chinesische Ortschaften mit ihrem jahrhundertealten Geruch von zusammengepferchten Menschen. (*Forts. China S. 845*)

Der Weg Fidel Castros von der Fichteninsel nach Havanna

Das Dekret, das Fidel Castro begnadigte, unterzeichnete Präsident Fulgencio Batista am Freitag, den 13. Mai 1955. Die Nachricht wurde dem Gefangenen durch seinen Beichtvater, Pater Hilario Chaurondo, überbracht. Zwei Tage später brachte das Fährschiff *El Pinero* eine fröhliche Menschengruppe von der Fichteninsel zum Hafen Batabano. Sie bestand aus elf Begnadigten, Teilnehmern am Aufstand des 26. Juli 1953, und Verwandten oder Freunden, die sie am Gefängnistor erwartet hatten. Unter diesen befanden sich Raul und Celia Castro, Geschwister Fidels, sowie zwei Verehrerinnen, die Señoritas Melba Hernandes und Haydes Santamaria. Castros junge Frau, Mirtha Diaz Balarte, war nicht gekommen.

Der Zug aus Batabano traf am späten Vormittag in Havanna ein. Castro wurde umringt, bejubelt, umarmt, fast erdrückt. Seine *guyabera*, das lange flatternde Hemd, wurde mit viel Lippenstiftspuren bekleckst. Er war ein sehr gut aussehender, über ein Meter achtzig großer, glattrasierter Mann, mit einem schmalen Schnurrbärtchen. Er gab gemäßigte Erklärungen ab, verlangte Neuwahlen und kündigte seine Absicht an, mit der von Dr. Raul Chibas geleiteten Ortodoxo-Partei zusammenzuarbeiten.

Die legale Anwesenheit Castros in Kuba währte sechs Wochen, während deren er Zeit fand, einen Scheidungsprozeß einzuleiten. Dann fuhr er nach Mexiko, wohin sein Bruder vorausgereist war. Eine kleine Menschenmenge begleitete ihn zum Flughafen; die Regierung legte seiner Abreise kein Hindernis in den Weg.

Raul hatte sich in Mexiko mit einem argentinischen Revolutionär, Ernesto (»Che«) Guevara, angefreundet. Fidel lernte einen im Exil lebenden spanischen Oberst kennen, Alberto Bayo, der sich in Marokko auf den Guerillakrieg spezialisiert hatte. Er ersuchte ihn, Instrukteur seiner Leute zu werden. Bayo fragte ihn, wie viele es seien. »Ich habe noch keine«, antwortete Castro, »aber ich werde welche finden.«

Er hatte bereits einen Marschplan. Er wollte seinen Versuch vom 26. Juli in anderer Form wiederholen, eine bewaffnete Gruppe anwerben, wieder nach Kuba gehen und Batista mit bewaffneter Hand stürzen.

Batista muß von der Geschichte gerecht behandelt werden. Ich selbst hatte geglaubt, daß er während seiner ganzen Laufbahn ein lächerlicher und grausamer Tyrann war. Dieses scharfe Urteil muß ich, nachdem ich mich mit seinem Leben beschäftigt habe, revidieren. Batista war ein Autodidakt voll guten Willens und keineswegs blutgierig. Der ausgesprochen liberal eingestellte Schriftsteller John Gunther, der ihn während seiner ersten Diktatur kannte, beschreibt ihn als »*full of common sense ... with very little vanity ... hating cruelty ... having never killed anybody. There has not been a single execution in his seven years of power*« (überaus vernünftig ... sehr wenig eitel ... er haßt Grausamkeit ... hat nie jemand umgebracht. Während der sieben Jahre seiner Herrschaft gab es keine einzige Hinrichtung). Sein zweiter Staatsstreich, im Jahre 1952, verlief gleichfalls ohne Blutvergießen und war von keinerlei Racheakt gefolgt. Der Präsident, den er gestürzt hatte, Carlos Prío Socarrás, verließ Kuba freiwillig und wurde sofort mit seinem riesigen Vermögen der Schutzgeist aller, die gegen Batista konspirierten.

Bis zur Zeit, da Fidel Castro nach Mexiko ging, war der Aufstand vom 26. Juli 1953 die einzige blutige Episode während der Diktatur Batistas gewesen. Zweifellos war die Unterdrückung grausam, und es wurden von der Soldateska abscheuliche Ausschreitungen gegen die gefangenen Aufständischen begangen. Dessenungeachtet muß festgehalten werden, daß die Initiative zur Anwendung von Gewalt, und somit das Signal zum Bürgerkrieg, von Castro kam.

Von Mexiko begab sich Castro in die Vereinigten Staaten. Er besuchte die Kolonien der kubanischen Flüchtlinge in Miami, Key West, Tampa, Union City, New York, Bridgeport. Viele waren reich oder sehr reich. Castro kehrte mit einigen Freiwilligen und vielen Dollarbündeln zurück.

Diesmal entschloß sich Oberst Bayo für Fidel Castro. Er verkaufte die kleine Möbelfabrik, von der er lebte, stellte sich Castro zur Verfügung und begann auf einer Ranch namens Chalco, am Abhang des Vulkans Popocatépetl, etwa 80 Mann für den Guerillakampf zu schulen. Die mexikanischen Behörden schritten ein, beschlagnahmten die Waffen, verhafteten die Verschwörer, hielten Castro dreiundzwanzig Tage lang im Gefängnis fest, zogen seine Deportierung nach Kuba in Betracht und ließen ihn schließlich wieder frei, nicht ohne ihn gewarnt zu haben, daß er weiterhin genau beobachtet werde.

Wieder fehlte es an Geld. Der steinreiche Ex-Präsident Prío Socarrás saß in Miami fest, das Verlassen der Vereinigten Staaten war ihm untersagt, weil der Generalstaatsanwalt ihn unter Anklage gestellt hatte. Castro vereinbarte eine Zusammenkunft an der Grenze. Er fuhr mit dem Wagen bis zu der mexikanischen Ortschaft Reinosa Diaz, durchwatete mit einer Gruppe illegaler Einwanderer, sogenannter *Wetbacks*, den Rio Grande und traf mit Prío im Hotel Casa de Las Palmas in dem texanischen Städtchen gleichen Namens zusammen. Das Gespräch ging erst am Abend zu Ende. Prío sah in dem jungen Abenteurer eine Chance für seine Rückkehr in die Palastresidenz von Havanna und vielleicht auch für eine Revanche an Batista. Als Castro sich auf dem gleichen geheimen Weg wieder entfernte, war sein finanzielles Problem gelöst.

Man hatte wieder Waffen, aber die Überwachung wurde strenger. Castro mußte sich täglich im Innenministerium melden. Der Waffenhändler Antonio del Conde erwarb für ihn in Santiago de la Peña zum Preis von 15 000 Dollar die Jacht *Granma*, die der amerikanische Geschäftsmann Erikson verkaufte, da er im Begriff war, Mexiko zu verlassen. Conde kaufte auch Eriksons Villa, für die er eine Anzahlung von 3000 Dollar leistete. Castro brannte den mexikanischen Polizeibeamten durch und traf zu den letzten Vorbereitungen in Santiago ein.

Die 19 Meter lange *Granma* war nicht ganz dicht und konnte die Kraft ihrer zwei Motoren wegen eines Kupplungsdefekts nicht völlig ausnutzen. Von Mexiko bis zur Ostspitze von Kuba, wo Castro landen wollte, waren es 1500 Meilen. Man verstaute auf dem kleinen Schiff 2000 Gallonen zusätzlichen Treibstoff und das Waffenarsenal der 82 Abenteurer, die in kleinen Gruppen in das Haus Eriksons kamen. In der Nacht des 26. November 1956 fuhr die zum Bersten vollgeladene *Granma* den Rio Tuxpan hinunter in die offene See.

Castro war voller Optimismus. Auf die Gefahr hin, die mexikanischen Behörden auf sich aufmerksam zu machen, hatte er verkündet, Kuba werde vor Jahresende befreit sein. Man hatte in Santiago, der Hauptstadt der Provinz Oriente, einen Aufstand angezettelt, der mit der Landung zusammenfallen sollte. Castro glaubte, die ganze Insel würde sich erheben, sobald man seinen Namen hörte.

Am 30. November, dem verabredeten Datum, griffen die Verschwörer von Santiago zu den Waffen, überfielen das Gefängnis und befreiten ein Dutzend politische Häftlinge sowie etwa hundert Strafgefangene. Indessen tanzte jedoch die unglückliche *Granma* noch auf den entfesselten Gewässern der Karibischen See. Die Männer litten an schwerer Seekrankheit und mußten außerdem Wasser ausschöpfen, denn das Boot war leck und die Pumpe verstopft. Der Kapitän, Eloy Torque, fiel ins Meer und wurde erst nach langem Suchen gefunden. Die Koordinierung des Aufstands mit der Landung war mißlungen. Die Armee tötete einige Rebellen und stellte die Ordnung in Santiago wieder her. Man darf nicht vergessen, daß sich diese Vorgänge gleichzeitig mit der Tragödie in Budapest und mit der Suezexpedition abspielten; so blieben sie sogar in den Vereinigten Staaten unbemerkt.

Endlich, am 2. Dezember, erreichte die *Granma* die Küste Kubas zwischen Niquero und Cap Cruz. Das Landungsboot, das aufs Wasser gesetzt wurde, versank; man mußte die Jacht auf einer Schlammbank auf Grund laufen lassen. Die Männer erreichten das Land, indem sie sich an den Mangrovenbäumen anklammerten. Castro hatte damit gerechnet, eine Verstärkung von etwa hundert Partisanen mit Lastwagen vorzufinden, und beabsichtigt, unverzüglich die Stadt Manzanillo anzugreifen. Doch die kubanische Armee war alarmiert worden und hielt die Gegend besetzt. Die *Granma* war von einem Küstenwachschiff aufgespürt worden. Als die kleine Truppe den Strand erreichte, wurde sie im gleichen Augenblick von einem Luftgeschwader angegriffen. Sie zerstreute sich unter Preisgabe der *Granma*, auf der die meisten Waffen und fast die gesamte Munition zurückblieben. Aus der Wiedereroberung Kubas war ein Fiasko geworden, aus dem sich jeder, wie er nur konnte, zu retten suchte.

Fidel Castro hatte in einer Bauernhütte Zuflucht gesucht. Es gelang ihm, einen Teil seiner Leute zu sammeln, und er beschloß, sich zur Sierra Maestra durchzuschlagen. Das Gebiet wurde von Flugzeugen überwacht; Militär versperrte die Wege und durchsuchte die Dörfer. Die Rebellen wurden in Alegria del Pio umstellt. Sie trennten sich. Juan Manuel Marquez, der stellvertretende Führer der Expedition, nahm eine Gruppe von zwölf Mann mit sich, Raul Castro eine zweite, Che Guevara eine dritte. Fidel blieb allein mit Universo Sanchez und Faustino Pérez. Sie versteckten sich in einem Zuckerrohrfeld, in dem sie fünf Tage lang hockten und sich notdürftig von Zuckerrohrstielen nährten.

Am sechsten Tag gelang es Raul, seinen Bruder wiederzufinden; in seiner Begleitung befanden sich jedoch nur noch Cino Redondo, Efigenio Almejeida und Luis Orlando Rodriguez; alle anderen waren der Erschöpfung erlegen und hatten sich ergeben. Die Gruppe Marquez hatte gegen das Versprechen, verschont zu werden, die Waffen niedergelegt und war sofort massakriert worden. Zwei Einzelgänger, Calixto Garcia und Juan Almeida, stießen gleichfalls zu den Castros. Che Guevara hatte man schon aufgegeben; endlich tauchte er doch noch aus dem Zuckerrohrmeer auf, begleitet von zwei anderen Überlebenden, Camillo Cienfuegos und Calixto Morales. Im ganzen waren es noch zwölf Mann, Fidel war der zwölfte. Sie marschierten nachts, versteckten sich tagsüber und gelangten so bis in die Berge. »Nun sind Batistas Tage gezählt«, sagte Fidel Castro.

Die erste Unterstützung erhielt er von seinem älteren Bruder Ramon, der im Norden der Provinz das sehr schöne Familiengut, 870 Hektar Zuckerrohr, verwaltete. Ramon, ein Riese wie Fidel, vereinte in sich einen leidenschaftlichen Katholizismus mit glühendem revolutionärem Eifer. Er gelobte, zu Fuß zur Heiligen Jungfrau von Cobra zu pilgern, sobald der Himmel ihm den Sieg schenkte, und wollte im nächsten Jahr nach Lourdes pilgern, um ihn zu erflehen. Er bemühte sich aber nicht nur um himmlische Unterstützung, sondern sorgte auch für eine Verproviantierungskette, die die Regierungstruppen nicht zu brechen vermochten.

Batista ließ die Nachricht verbreiten, daß der Rebell Fidel Castro während seines Landungsversuchs getötet worden sei. Fidel sandte einen seiner elf Soldaten, den Medizinstudenten Faustino Pérez, nach Havanna; es galt einen amerikanischen Journalisten in die Sierra Maestra zu bringen, um Castro zu interviewen. Ein Mitarbeiter der *New York Times*, Herbert Matthews, der auf der Durchreise in Kuba weilte, nahm den Auftrag an. Am 26., 27. und 28. Februar erschienen drei Artikel. Matthews verglich Fidel Castro mit George Washington, pries seinen Mut, seine Selbstlosigkeit, die Flamme des Idealismus, die ihn belebte. Die kubanische Regierung protestierte, erklärte die Artikel als Betrug, Fidel Castro sei wirklich tot, und niemand vermöge den um die Sierra Maestra gezogenen Militärkordon zu durchbrechen. Die *Times* antwortete, indem sie ein Foto Castros (diesmal mit Bart) neben Matthews veröffentlichte. In den Augen der amerikanischen Nation war Castro der junge Befreier eines unter einem Tyrannen stöhnenden Volkes. Mehrere junge Amerikaner vom Stützpunkt Guantánamo schlossen sich ihm in seiner Sierra an und brachten ihm, was er am dringendsten brauchte: Waffen.

In Kuba herrschte Wohlstand. Der Zuckerpreis war hoch, Havanna hatte viele große Hotels, Habana Riviera, Habana Hilton, Capri, National, Commodore, die alle neben anderen Attraktionen ein Kasino besaßen. Das günstige Klima, Exotik und Spiel brachten Ströme von Yankeetouristen ins Land. Doch die Zeiten ohne Blutvergießen waren vorbei. Die diesem Volk eigene Grausamkeit kam hemmungslos zum Ausbruch. Truppe und Polizei machten sich der abscheulichsten Folterungen schuldig. Auch Castro war ein Mann der Gewalt, der die schlimmsten Greuel tat, befahl oder duldete. Die revolutionären Bewegungen, die mit der seinen rivalisierten, wollten sich an Kühnheit und Gewalttätigkeit nicht übertrumpfen lassen. Am 13. März 1957 erzwangen 21 Studenten den Zutritt zum Präsidentenpalast. Batista entkam ihnen und flüchtete in ein höheres Stockwerk, von dem aus er auf die Angreifer schoß. Der Kampf endete mit 40 Toten. Am nächsten Tag wurde ein Gegner Batistas, der Senator Peledo Cuervo, aus seiner Wohnung entführt und ermordet.

Die Sierra Maestra blieb weiter uneinnehmbar. Die Regierungstruppen besaßen weder den Mut noch die Kraft, in das wilde Gebirge einzudringen, und der Kordon, den sie darum zogen, verhinderte weder Ein- noch Ausgang. Castro nahm alle Freiwilligen auf, vorausgesetzt, daß sie mit einer Waffe kamen. Er empfing Journalisten der internationalen Presse und ließ von seinen Leuten Apparaturen von hundert Kilo Gewicht heranschaffen, um der CBS zu ermöglichen, in seinem Wald am Fuß des Pico Turquino, des höchsten Punktes von Kuba, eine Fernsehsendung zu veranstalten. Er begann Abgaben einzuziehen und erhielt zahllose freiwillige Beiträge von Feinden Batistas aus den Vereinigten Staaten und aus Havanna. Unter dem Namen *Radio Rebell* richtete er einen Rundfunksender ein, dessen Stimme auf der ganzen Insel zu hören war. Aus den zwölf Flüchtlingen von Weihnachten 1956 entstand ein richtiger aufständischer Staat.

Die in einer mit 14. Juni 1957 datierten Proklamation aufgezählten Ziele dieses aufständischen Staates waren erbaulich. Fidel Castro wollte nichts weiter als die Demokratie wiederherstellen, indem er Batista zum Rücktritt zwang und völlig freie Wahlen ermöglichte. Er verlangte weder eine Rache an den Dienern des diktatorischen Regimes noch eine bevorrechtete Stellung für die Bewegung des 26. Juli, keine Beschlagnahme der ausländischen Unternehmen, keinerlei revolutionäre soziale Maßnahmen. Der Artikel über die Agrarreform sah nur die Verteilung des unbebauten Landes und die Verwandlung der Halbpächter in Grundbesitzer vor. In Castros Programm fand sich nicht die geringste Spur von Marxismus. Batista beschuldigte ihn, Kommunist zu sein. Castro jedoch setzte sich gegen alles, was dieser Behauptung auch nur einen Schein von Wahrheit geben konnte, zur Wehr, warb für seine Armee Feldgeistliche an und gab immer wieder gemäßigte Erklärungen ab. »Mein Ideal ist die Demokratie ... Ich bin mit den Kommunisten nicht einverstanden, das beweisen meine Taten. In unserer Bewegung gibt es keine Kommunisten, es sei denn, daß man auch Adam und Eva als Kommunisten ansehen wollte ... Mein Bruder Raul ist kein Kommunist ... Die Bewegung vom 26. Juli sprach nie davon, die

Industrien zu sozialisieren oder zu verstaatlichen; uns dessen anzuklagen ist albern . . .«

Als Fidel Castro seinen Stützpunkt gesichert hatte, ging er zum Angriff über. Sein erster hervorragender Erfolg war die Einnahme der Ortschaft Ubedo am 15. Mai 1957. Am liebsten jedoch wirkte er durch Attentate, Hinterhalt, Sabotage, Entführung. Batistas Armee war stark genug, um einen regulären Kampf nicht fürchten zu müssen; das bewies sie im September, als sie einen klassischen Putsch im Marinestützpunkt Cienfuegos niederschlug. Gegen den Kleinkrieg mit Wespenstichen jedoch, den ihr die bärtigen Partisanen Fidel Castros aufzwangen, war die Armee Batistas hilflos. Züge entgleisten, Zuckerrohrfelder verbrannten, Autobusse wurden angehalten und in Brand gesteckt. Brücken flogen in die Luft, einzelne Polizisten oder Soldaten wurden ermordet. Die ganze Provinz Oriente war ein unsicheres Gebiet geworden. Die Offensive der Terroristen reichte bis in die Hauptstadt, die Verrechnungsabteilung der Börse wurde in Brand gesteckt und Tausende Schecks verbrannten. Angst und Schrecken griffen um sich.

Anfang 1958 stärkte ein lateinamerikanisches Ereignis Castros Position: Marcos Pérez Jiménez, seit dem Jahre 1948 Diktator von Venezuela, fiel einer Reihe von Pronunciamentos zum Opfer. Die auf ihn folgende Militärjunta drückte dem kubanischen Rebellen ihre Sympathie aus und stellte ihm 200 000 Dollar in Form von Bons zur Verfügung, welche nach seinem Sieg zurückzuzahlen wären. Die Regierung von Costa Rica unter dem Präsidenten José Figueres rüstete eine Beechcraft aus, die, vollbeladen mit Waffen und Munition, auf einer improvisierten Landebahn in der Sierra ankam.

An dem Sturz von Pérez Jiménez hatte Washington seine Freude. Eine halboffizielle Veröffentlichung stellte mit Genugtuung »the gradual disappearance from the Latin American scene of the institution of military dictatorship« (das allmähliche Verschwinden der Militärdiktaturen aus Südamerika) fest. Nach der Streichung Venezuelas enthielt die Liste nur noch drei Namen: Paraguay mit General Alfredo Stroessner, die Dominikanische Republik mit General Rafael Trujillo und Kuba mit General Fulgencio Batista, »fighting for his life against a fourteen months insurrectionary movement that was beginning to take on the proportion of a civil war« (der gegen eine seit vierzehn Monaten bestehende Aufstandsbewegung, welche die Ausmaße eines Bürgerkriegs anzunehmen begann, um sein Leben kämpfte).

Castros Streitkräfte waren noch bescheiden, doch sein Sinn für spektakuläre Aufmachung war groß. Alle Zeitungen der Welt boten seinen barbudos, den Bärtigen, die Titelseite an, um am 25. Februar 1958 zu berichten, daß sie den Star des Großen Automobilpreises von Kuba, den argentinischen Grand-Prix-Fahrer Juan Manuel Fangio, aus der Halle des Habana Hilton entführt hatten. Als Gefangener in einem Haus des Bezirks Veledo wohnte Fangio vor einem Fernsehschirm der Katastrophe bei, die die Zuschauer bei dem Rennen in Trauer versetzte: Ein Maserati raste ins Publikum, es gab sechs Tote und viele Verletzte. Am nächsten Morgen wurde der argentinische Botschafter telefonisch benachrichtigt, daß er seinen berühmten Landsmann in einem kleinen Haus der F.-Straße abholen könne. »Wir wollten gegen die Subvention protestieren, die die Regierung Batista zu einer Zeit, da das Arbeitslosenproblem so tragische Ausmaße angenommen hat, dem Grand Prix zukommen ließ.« Fangio äußerte die Platitüde, er billige seine Entführung, wenn sie im Interesse des kubanischen Volks erfolgt sei.

Am 1. März versuchte der kubanische Episkopat im Bürgerkrieg zu intervenieren, indem er die Bildung einer Regierung der nationalen Einheit forderte. Batista stellte sich gegenüber dieser indirekten Aufforderung zum Rücktritt taub, und Castro beantwortete die Initiative der Bischöfe, indem er den »totalen Krieg« ausrief. Er kündigte an, daß nun der Endkampf beginne, rief das kubanische Volk zum Massenaufstand auf und ordnete für den 5. April einen revolutionären Generalstreik an.

Fünf Kolonnen verteilten sich von der Sierra Maestra aus in der Provinz Oriente. Sie nahmen sich Manzanillo und Campechuela, Bayamo, Holguin, Santiago und Baracoa zum Ziel. Doch wieder einmal wurde Castro ein Opfer seines Optimismus. Die im Dämmerlicht der Sierra verborgen gebliebene Schwäche des Aufstands trat in der Ebene klar zutage. Jede Kolonne zählte kaum 150 *barbudos*. Höchstens jeder zweite trug oder bediente eine moderne Waffe: Garandgewehr, Browning-Maschinengewehr, einige wassergekühlte MGs Kaliber 3,0 und ein paar 8,7-cm-Mörser. Die anderen waren mit Macheten oder Jagdgewehren bewaffnet. Die Soldaten Batistas mit ihren Panzern und Flugzeugen konnten diese schwachen Gruppen mühelos zerstreuen.

Havanna wartete ängstlich auf den 5. April. Die sonst fröhliche, helle Stadt war nun kriegsmäßig ausgestattet: Stacheldraht auf den Straßen, Barrikaden und Sandsäcke vor den öffentlichen Gebäuden, automatische Waffen in Feuerstellung an den Straßenkreuzungen. Die Hotels waren leer. Das vier Monate vorher prunkvoll eröffnete Habana Hilton zählte 43 Gäste in seinen 640 Zimmern. Die ausländischen Botschafter sahen den Sturz Batistas voraus.

In Kuba stehen sogar die Revolutionen spät auf. Es war 11 Uhr vormittags, als der Rundfunk in Siegesrufe ausbrach. »Kommuniqué Nr. 1: Die Diktatur trifft der letzte Schlag.« Dann verstummte der Sender. Bewaffnete Gruppen mit der Armbinde »26. Julio« tauchten in den Straßen auf. Auf dem Prado explodierte eine Gasleitung mit einer riesigen Flamme und unter ohrenbetäubendem Getöse. Doch die Aufständischen waren nur eine kleine Gruppe. Alle Fabriken arbeiteten, alle städtischen Verkehrsmittel funktionierten, alle Geschäfte waren geöffnet. Batista hatte jedem mit der Todesstrafe gedroht, der seinen Posten verlassen würde, und Eusebio Mujal, der Sekretär des Arbeiterverbands, hatte den Streik verboten. Am Abend, als der schwache Aufstand bereits blutig niedergeschlagen worden war, empfing Fulgencio Batista die internationale Presse und erklärte: »Ich weiß, daß ich Feinde habe, aber Sie sehen es ja selbst, das Volk ist für mich.«

Für Castro war es ein ernster Mißerfolg. Er mußte zurück in die Sierra Maestra, um seine Kräfte zu sammeln und den Kampfgeist seiner Bärtigen wieder aufzurichten. Er ließ sich jedoch eine wirksame Ablenkung einfallen: die Entführung von Amerikanern.

Raul Castro eröffnete den Reigen, indem er seinem Bruder zwölf Ingenieure der Roa Bay Mining Co. brachte. Einige Tage später wurden 28 Soldaten, Matrosen und Männer des Marineinfanteriekorps vom Stützpunkt Guantánamo bei einem Ausflug

108 109 Gegenseitige Sympathie als Motor weitreichender politischer Entscheidungen: Bundeskanzler Konrad Adenauer mit Staatspräsident de Gaulle (o.) und mit dem amerikanischen Außenminister John Foster Dulles (u.).

110 *bis* 112 Der Katholizismus im 20. Jahrhundert: Papst Johannes XXIII., 1958 bis 1963 (l.). – Domhelder Câmara, Erzbischof von Recife und Olinda (r.). – Das 2. Vatikanische Konzil stellt sich als Hauptthemen die Reform der Liturgie, Stellung der Laien in der Kirche und das Verhältnis von Kirche und moderner Welt.

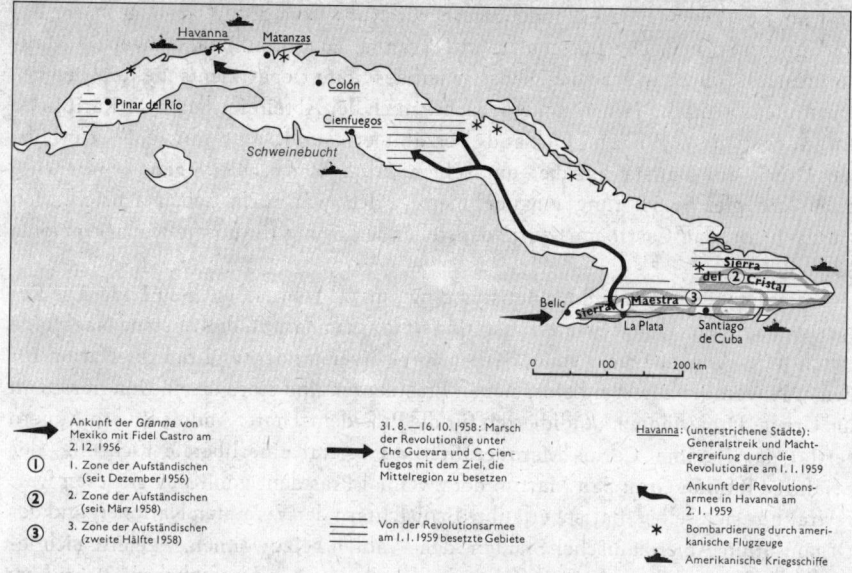

Ankunft der *Granma* von
Mexiko mit Fidel Castro am
2. 12. 1956

① 1. Zone der Aufständischen
(seit Dezember 1956)

② 2. Zone der Aufständischen
(seit März 1958)

③ 3. Zone der Aufständischen
(zweite Hälfte 1958)

31. 8.–16. 10. 1958: Marsch
der Revolutionäre unter
Che Guevara und C. Cien-
fuegos mit dem Ziel, die
Mittelregion zu besetzen

Von der Revolutionsarmee
am 1. 1. 1959 besetzte Gebiete

Havanna: (unterstrichene Städte):
Generalstreik und Macht-
ergreifung durch die
Revolutionäre am 1. 1. 1959

Ankunft der Revolutions-
armee in Havanna am
2. 1. 1959

* Bombardierung durch amerikanische Flugzeuge

Amerikanische Kriegsschiffe

Der Guerillakrieg in Kuba, 2. 12. 1956–2. 1. 1959

ins Innere der Insel festgenommen und ins Gebirge gebracht. Weitere Entführungen fanden auf den Zuckerrohrplantagen und in den Bergwerksunternehmen statt. Castro hatte 50 amerikanische und 3 kanadische Staatsbürger in seiner Hand. Er erklärte, er wolle die Aufmerksamkeit der Regierung der Vereinigten Staaten auf sich ziehen und ihr beweisen, daß er die notwendigen Bedingungen erfülle, um von ihr anerkannt zu werden.

Fidels Vorgehen war entschieden originell. Es war das erste Mal, daß jemand seine diplomatische Anerkennung verlangte und zugleich die Staatsbürger der Nation entführte, von der er sie erlangen wollte. Dennoch blieben die Proteste der Amerikaner erstaunlich gemäßigt. Die in kleinen Gruppen freigelassenen Gefangenen lobten meistens ihre Entführer: »Es sind Leute, die für die Freiheit kämpfen«, sagten sie der Presse. »Sie sind organisiert und diszipliniert. Es gibt unter ihnen Ärzte, Priester, Rechtsanwälte und keinen einzigen Lumpen. Wir haben bei ihnen keine Spur von Kommunismus entdeckt.« Die einzigen, die sich beklagten, weil ihre Haft ein wenig länger gedauert hatte, waren die am 29. Juni entführten Marineinfanteristen. Sie waren von Ungeziefer fast aufgefressen worden und hatten sich die Ruhr zugezogen. Dennoch hatten sie die *barbudos* recht nett gefunden.

Die unerläßlichen Proteste von offizieller Seite beeinträchtigten nicht die Sympathie für die Bewegung des 26. Juli. Castro hatte in seinem Manifest des Jahres 1957 die Vereinigten Staaten ersucht, alle Waffenlieferungen nach Kuba einzustellen »solange das jetzige Regime der Diktatur und des Terrors andauert«. Am 15. Juni 1958 wurde ihm Genüge getan, als das State Department das Waffenembargo aussprach

821

und im New Yorker Hafen 2000 bereits für Kuba verladene Garandgewehre beschlagnahmen ließ. Der Botschafter in Havanna, Earl Smith, zählt zwanzig Maßnahmen auf, durch welche die Dienststellen des State Departments die Rebellen begünstigten. »Anfang Januar 1958 besuchte mich der Abteilungsleiter für Karibische Angelegenheiten, William Vickland«, erzählt er, »und sagte mir, daß er erhöhten Druck auf Batista ausübe, um seinen Sturz zu beschleunigen; er ersuchte mich, die gleiche Haltung einzunehmen... Ich war nicht seiner Ansicht. Ich glaube nicht, daß Castro eine zufriedenstellende Lösung für unsere Kuba-Probleme darstellte.«

Die gesetzliche Mandatszeit Batistas ging am 24. Februar 1959 zu Ende. Die Regierung der Vereinigten Staaten bestand seit langem darauf, daß er seine Nachfolge durch freie Wahlen regeln solle. Batista war einverstanden und rief die Nation für den 3. November zur Wahl eines neuen Präsidenten und eines neuen Kongresses an die Urnen. Drei Männer kandidierten für die Präsidentschaft: Andres Rivero Aguero vertrat das Regime, Carlos Marquez Sterling vertrat eine liberale Richtung, der 71jährige Ramón Grau San Martín, der zweimal Präsident von Kuba gewesen war, vertrat nur sich selbst. Batista erlaubte Beobachtern der Vereinten Nationen und der Organisation Amerikanischer Staaten, den Wahlen beizuwohnen, weigerte sich jedoch, die Zensur abzuschaffen und den Ausnahmezustand aufzuheben. Darauf erklärten die amerikanischen Liberalen sofort, daß es unter diesen Umständen zu keinem authentischen Ausdruck des Volkswillens kommen könne.

Vielleicht hatten die amerikanischen Liberalen recht. Sie wußten aber – zu Unrecht – nichts von dem Gesetz Nr. 2, dem gemäß Fidel Castro gegen »alle Kandidaten für irgendeinen Wahlposten Strafen von zehn Jahren Gefängnis bis zur Todesstrafe« verhängte. Das Gesetz wurde auf Anibal Vega, den Kongreßkandidaten der Provinz Camaguey, angewandt. Er wurde bei einer Wahlrundfahrt von einem Kriegsgericht Castros verurteilt und sofort erschossen. Am Tag vor der Wahl gaben die Rebellen bekannt, sie würden die vor den Wahllokalen wartenden Wählerschlangen mit Maschinengewehren beschießen.

In Anbetracht solcher Auspizien konnte es natürlich nur Teilergebnisse geben. Von 8520 Wahllokalen wurden 3449 nicht aufgesucht. Die gesamte Provinz Oriente enthielt sich der Wahl. Washington hoffte, daß ein Sieg Marquez' einen demokratischen Liquidationsprozeß der Diktatur in die Wege leiten könnte. Indes mußte man verärgert feststellen, daß Havanna Rivero als gewählt erklärte; er hatte 650 000 Stimmen erhalten, seine beiden Konkurrenten zusammen weniger als 250 000.

Es sieht fast so aus, als wären diese Wahlen vom 3. November ein Signal gewesen. Vier Tage später gab Castro seinen Befehlsstand auf dem Berg La Plata auf und begann den Feldzug. In Oriente leitete er selbst die Operationen und belagerte Santiago, wo der Andrang der Flüchtlinge zu einer Hungersnot führte. Von einer zweiten Rebellenzone aus marschierte Che Guevara an der Spitze von 2000 Mann gegen Havanna. Die Regierungstruppen lieferten einige Gefechte, doch ihre Moral ließ nach, und viele wurden abtrünnig. Am Weihnachtsabend brachte eine Sendung von *Radio Rebell* Kuba in Aufruhr: Che sprach aus Sancti Spiritus in der Provinz Las

Villas, auf halbem Weg zur Hauptstadt. Batista setzte seine Generäle ab, übergab den Oberbefehl dem früheren Polizeichef José Pedraza und kündigte eine vernichtende Gegenoffensive an.

Der 31. Dezember rückte heran. Hunderte amerikanische Touristen, die die Silvesternacht in Havanna verbringen wollten, hatten ihre Vorbestellungen storniert. Die Kapellen spielten frenetisch in leeren Restaurants, die Straßen waren ausgestorben. Gut informierte Leute wußten, daß Unterhandlungen über die Übergabe von Santiago begonnen hatten. Allgemeiner bekannt war die Tatsache, daß eine verbissene Schlacht um Santa Clara, die Hauptstadt der Provinz Las Villas und der strategische Schlüsselpunkt der Insel, im Gang war. Am frühen Abend berichtete die Rundfunkstation der Regierung, daß die Rebellen verjagt worden seien und sich auf wilder Flucht befänden.

Batista pflegte das Jahr im Camp Columbia inmitten seiner Offiziere zu beginnen. Diesmal waren keinerlei Vorbereitungen für den Silvesterabend getroffen worden, dennoch machten sich die langen Cadillacs auf den Weg zum Camp. Es wurde ein kurzer Empfang abgehalten, nach dessen Beendigung ein Teil der Gäste nach Havanna zurückkehrte; die anderen wußten, oder auch nicht, warum sie zurückbehalten wurden; der gewählte Präsident Rivero Aguero und der ehemalige Ministerpräsident Jorge Garcia Montes wußten es nicht. Batista schloß sich mit ihnen ein, um ihnen mitzuteilen, daß er den Kampf aufgebe, Kuba verlasse und ihnen nahelege, mit ihm abzureisen. Die Flugzeuge standen bereit.

Botschafter Earl E. T. Smith wußte von dieser Flucht Batistas; er hatte sie mit äußerstem Widerstreben veranlaßt. Zehn Tage vorher hatte er auf Befehl des Außenministeriums den Diktator aufgesucht, um ihn zu benachrichtigen, daß die Regierung der Vereinigten Staaten ihm jegliche Unterstützung entziehe und ihm rate, sich zu entfernen. »Batista zuckte nicht mit der Wimper«, erzählt er, »aber sein Atem ging in ein Röcheln über.«

Man improvisierte eine Art Machtübergabe. Die letzten Entscheidungen wurden in einer erschütternden Atmosphäre getroffen. Garcia Montes und einige andere beschlossen zu bleiben. Batista, sein ernannter Nachfolger, der Ministerpräsident, einige Generäle und Würdenträger, alle mit Frau und Kind, bestiegen drei Militärflugzeuge DC 4. Die Maschine mit Batista und seiner Familie flog in die Dominikanische Republik, die beiden anderen nach Miami.

Havanna verblieb bis zum Mittag des 1. Januar 1959 im Glauben, daß das Gerücht von Batistas Abreise eine *bola*, ein Schwindel, sei. Doch jegliche Polizei war verschwunden. Die Massen wurden dreister. Ihre ersten Opfer waren die mit Hartgeld gefüllten Parkuhren. Dann begann die Plünderung und die Menschenjagd. Das aus castrofeindlichen Studenten bestehende Revolutionsdirektorium bemächtigte sich des Präsidentenpalastes und verschanzte sich darin. Gewehrfeuer knatterte. Niemand schloß sich vom Generalstreik aus. Die Amerikaner – etwa 2000 –, die auf ihr kubanisches Neujahr nicht hatten verzichten wollen, wurden unter größten Schwierigkeiten abbefördert. Die Behörden, die Batista einzusetzen angestrebt hatte, lösten sich auf. Erst am 2. Januar, als Che Guevaras *barbudos* in der Hauptstadt erschienen, wurde wieder etwas Ordnung hergestellt. Guevaras disziplinierte und nüchterne Leute machten den Plünderungen ein Ende; das Revolutionsdirektorium erklärte sich bereit, ihnen den Präsidentenpalast zu überlassen.

Vor Santiago hatte Fidel Castro zornentflammt von Batistas Flucht erfahren. Er war kein Heinrich IV. Im Augenblick des Siegs, eines unverhofft leichten Siegs, machte das Rachefieber aus ihm ein wildes, blutrünstiges Tier.

Santiago ergab sich. Castro drang in die Festung Monseda ein, die er fünf Jahre zuvor mit einem Handstreich zu nehmen versucht hatte. Ihm zur Seite befand sich Manuel Urrutia y Lleo, ein von Batista abgesetzter Richter, den er als provisorischen Präsidenten von Kuba erkoren hatte – und der später zugab, nichts weiter gewesen zu sein als ein Strohmann, der den Eindruck von Mäßigung erwecken sollte. 71 Offiziere wurden vor ein Massengrab geführt; 70 wurden paarweise erschossen. Den einundsiebzigsten ließ man warten, um einem Kameramann die Aufnahme der Hinrichtung zu ermöglichen. Der Film wurde der CBS kostenlos zur Verfügung gestellt.

Castro hatte Santiago zur provisorischen Hauptstadt von Kuba erklärt. Er machte sich in kleinen Etappen auf den Weg nach Havanna. Auf dieser Fahrt hielt er Dutzende von Reden, deren Raserei die Massen entzückte und deren lange Dauer sie nicht abschreckte. Er kam um 10 Uhr abends nach Matanzas und sprach bis 2 Uhr morgens. In Holguin fand er einen Hubschrauber vor, vergnügte sich damit wie mit einem Spielzeug, flog knapp über den Köpfen der Menge fort und landete schließlich am 8. Januar in einem Vorort von Havanna. Sein Einzug in die Stadt wurde ein ohrenbetäubender Triumph.

Urrutia war vor Castro eingetroffen. Er erhielt bereits am 7. Januar von den Vereinigten Staaten seine Anerkennung als Staatsoberhaupt. Botschafter Smith, der sie ihm überreichte, bemerkte, es sei üblich, sich vorher zu vergewissern, daß die Regierung, die anerkannt werden soll, die Absicht hegt, die von ihrer Vorgängerin eingegangenen internationalen Verpflichtungen zu erfüllen. Washington habe diese Formalität übergangen, um Zeit zu sparen. Castro bedankte sich und hielt bei dieser Gelegenheit zum erstenmal eine heftig antiamerikanische Rede. In der Halle des Habana Hilton erklärte er einer Gruppe von Reportern, daß eine Intervention der Vereinigten Staaten zum Schutz der Investitionen auf Kuba aus den 200 000 auf dem Boden der Insel befindlichen *gringos* ebenso viele Leichen machen würde. (»Gringos« ist die spöttische und gehässige Bezeichnung für die Nordamerikaner.)

Aus Argentinien, Uruguay, Mexiko, Peru, Kanada trafen Proteste ein gegen das Blutbad, das der siegreiche Castro in Kuba anrichtete. Die vor nach Mord brüllenden Menschenmassen ausgesprochenen Urteile der Standgerichte waren reine Parodien. Ein Hauptmann der Garnison von Holguin, Jesus Sosa Blanco, wurde im Sportpark von einem Geschworenengericht von 15 000 Menschen abgeurteilt. Die Zahl der offiziellen Hinrichtungen betrug in den ersten acht Tagen 234, und 1100 Angeklagte erwarteten in den Gefängnissen ihren Tod.

Am 21. Januar rief Castro das Volk im Park von Havanna zusammen; die Arbeiter wurden von den neuen Gewerkschaftsführern kolonnenweise hingeführt. Vor einer auf 600 000 bis eine Million geschätzten Menge wies Castro die Kritiken zurück, die seine Rache im Ausland hervorrief. »Die Verbrecher, die wir erschießen, stellen nicht einmal *einen* Verurteilten für tausend unschuldig Getötete in Hiroshima und

Nagasaki dar.« Dann wandte er sich an seine Zuhörer: »Soll ich weitermachen?«
Ein gewaltiger Schrei antwortete ihm : »*Sí!*«

»Ich habe einen Auftrag vom Volk erhalten«, schloß Castro. »Die Hinrichtungen
werden fortgesetzt.« (*Forts. Kuba S. 937*)

27. Kapitel   1958/1959
Die sechs Monate Chruschtschows
Konsolidierung des Gaullismus. Neue Krise in Berlin

Die V. Republik richtete sich ein. De Gaulle hatte sein Ministerium gebildet, indem er den politischen Köpfen des gestürzten Regimes eine Gruppe von hohen Beamten zur Seite stellte. Mollet, Pflimlin, Houphouët-Boigny, Jacquinot standen ihm als Staatsminister zur Seite. Antoine Pinay war mit den Finanzen betraut. Michel Debré, der zum Justizminister ernannt wurde, erhielt den Sonderauftrag, die von ihm seit Jahren verfochtenen Prinzipien zu erproben, indem er eine neue Verfassung ausarbeitete. Die anderen Minister, Couve de Murville für Auswärtige Angelegenheiten, Guillaumat für die Armeen, Pelletier, Malraux, Cornut-Gentille usw., gehörten dem Parlament nicht an.

Frankreich hatte zweifellos die Regimeänderung mit Befriedigung aufgenommen. Im Land herrschte tiefste Ruhe. Eine Anleihe mit dem Louis-d'or-Preis als Index, die den Namen Pinays tragen sollte, errang großartigen Erfolg und ermöglichte Frankreich den Ankauf von 150 Tonnen Gold und eine Konsolidierung der vorher um 20 % entwerteten Währung. Man wurde unweigerlich an den Regierungsantritt Bonapartes, an den strahlenden Beginn des Konsulats, erinnert. Bonaparte war aber damals 30 Jahre alt, de Gaulle war 68. Einerseits wirkte sein reifes Alter beruhigend, andererseits schien die Frage naheliegend: »Und was nachher?«

Die zweite Reise nach Algerien — mit Guy Mollet im Schlepptau — begann am 1. Juli. De Gaulle ließ sich auf dem Militärflugplatz absetzen, begann seine Rundreise im Gebiet von Constantine und fuhr dann weiter nach Oran. Der mit seiner Persönlichkeit so eng verbundene Sinn für spektakuläre Inszenierung entfaltete sich. Ein Zug von 14 Hubschraubern brachte ihn bis an die entlegensten Posten des Aurèsgebirges. Nur die Armee wurde mit seinem Besuch beehrt; sie geleitete ihn vorbildlich, doch die Fragen, die sie sich stellte, die Zweifel, die sie zu empfinden begann, malten sich auf dem sorgenvollen Antlitz General Salans. In Sidi bel-Abbès hatte Oberst Thomas vor den Gedenktafeln, auf denen die Gefallenen der Legion verzeichnet waren, die Kühnheit zu fragen: »Dürfen wir hoffen, daß sie nicht umsonst gestorben sind?« De Gaulle antwortete stirnrunzelnd: »Das verspreche ich Ihnen.« Doch das sehnsüchtig erwartete Wort »Integration« kam nicht über seine Lippen. Die Armee versicherte den Mohammedanern, daß alle Schranken gefallen seien, daß sie für immer ebensolche Franzosen seien wie die Pikarden und Gaskogner. Aber diesen Versprechungen fehlte das Siegel des Chefs.

De Gaulle beendete seine Rundfahrt in Algier. Es gab wenige Fahnen; die Aufschriften auf den Mauern riefen nur »Es lebe Salan!«. Diesmal blieb der Balkon auf dem Forum leer, und das »Komitee der öffentlichen Wohlfahrt von Algerien und der Sahara« erhielt den Bescheid, der Terminplan des Besuchs sei zu gedrängt, als daß es vom Regierungschef empfangen werden könne. Zweiundzwanzig Mitglieder entschlossen sich, veranlaßt durch Dr. Lefèvre, zurückzutreten. »Alle einen Augenblick lang vernichteten Kräfte des Systems sammeln sich wieder . . .«, erklärten sie. »Die Unterzeichneten erinnern daran, daß der große patriotische Anlauf vom 13. Mai das Ziel verfolgte, die politischen Parteien, die Frankreich so viel Schaden zugefügt haben, abzuschaffen.« De Gaulle waren diese Gegenströmungen gleichgültig; er hielt im Sommerpalast einen Vortrag, bei dem er als einzige Integrierungsmaßnahme die Vereinheitlichung der Briefmarken im Mutterland und Algerien zugestand.

Die nächste Reise ging ins Schwarze Afrika. Die neue Verfassung war in ihren großen Zügen fertig, und das Datum des Referendums wurde auf den 27. September festgesetzt. De Gaulle würde den französischen Kolonien eine Option zwischen der Assoziierung und der Trennung, zwischen Gemeinsamkeit und Unabhängigkeit anbieten.

Die Französische Union war gescheitert. Die asiatischen Besitzungen waren verloren. Die Illusion, daß das Schwarze Afrika bedingungslos Frankreich treu bleiben werde, war verflogen. Das Rahmengesetz hatte in jedem Gebiet Regierungen entstehen lassen, die gegen die Kolonialverwaltung ankämpften und die volle Selbstverwaltung verlangten. Die Gemeinschaft war ein letzter Versuch, um die Spur eines französischen Reichs durch einen förderalistischen Zusammenhang aufrechtzuerhalten. Die Länder, die sie annehmen würden, sollten völlige innere Autonomie genießen, ihre Souveränität auf dem Gebiet der Außenpolitik und der Verteidigung jedoch Frankreich übertragen. Im wesentlichen bot General de Gaulle den afrikanischen Nationen das an, was er für Frankreich im Rahmen Europas ablehnte. Er war für die Übernationalität, um sie im Namen der unmündigen Völker auszuüben; als Ausdruck der Einheit des europäischen Volks lehnte er sie ab.

Die erste Etappe der Reise war Madagaskar. Die Erinnerung an die große Unterdrückung des Jahres 1947 war noch nicht verblaßt. Der Empfang war lau. Auf das Anerbieten der Gemeinschaft antwortete Ministerpräsident Tsiranana, Madagaskar erwarte vom befreundeten Frankreich seine Unabhängigkeit. De Gaulle erwiderte, daß die den Völkern unterbreiteten Texte keine Lösung ausschließen würden, auch nicht die Sezession. »Je nachdem, ob sie diese Texte gutheißen oder nicht, können sie mit Frankreich verbunden bleiben oder sich von ihm trennen.«

Nach Tananarive war die nächste Station Brazzaville. Dort erinnerte sich de Gaulle wehmütig an die Zeit, da die Stadt als Hauptstadt des freien Frankreich fungierte. Dann war sie nur noch der Hauptort eines Französisch-Äquatorialafrika gewesen, dessen Gebiete, die sich von der Sahara bis zum Kongo erstreckten, trotz ihrer Vielfalt und Buntheit nur einförmig und barbarisch wirkten. Mit ihrer ultramodernen Architektur war sie im Begriff, bloß die Hauptstadt eines unbedeutenden, dürftigen Staates zu werden. Doch der für de Gaulle vorbereitete Empfang grenzte an Verrücktheit. Mit großem Pomp in einem Priestergewand, das zu tragen er nicht mehr berechtigt war, erschien der mit dem Kirchenbann belegte Abbé Fulbert Youlou, zusammen mit König Makoko; begleitet von zwei seiner Frauen, von denen die eine einen Negerknaben auf dem Arm trug und stillte. De Gaulle grüßte den mit magischen Zeichen bedeckten ausgestopften Kaiman, den man ihm als Stadtfetisch vorstellte. Die Menge brüllte vor Begeisterung, zu den entfesselten Klängen des Tamtams.

Der Besuch in Abidjan stellte keine Probleme. Houphouët-Boigny, Minister in Paris und nach herkömmlichem Recht König in seinem Land, hielt die Elfenbeinküste fest in Händen; später beim Referendum ließ er sie bejahend stimmen.

Als das Flugzeug des Generals auf dem Flughafen von Konakry landete, hingen schwere Regenwolken über den Wipfeln der Kokospalmen. Die Menge schrie nicht »Es lebe de Gaulle!«, sondern »Es lebe der Elefant!«. Das bedeutete: »Es lebe die Afrikanische Demokratische Vereinigung und ihr Chef aus Guinea, Sékou Touré.« Er gab sich für den Enkel Samoris aus, der die Herrschaft Frankreichs in Westafrika ins Wanken brachte, bevor er von Gouraud gefangengenommen wurde. Sékou Touré war jedoch in einer Hütte aufgewachsen, hatte seinen ersten Unterricht in der Koranschule erhalten und war erst als Gewerkschaftsführer zu Bedeutung gelangt. Ihm waren die Streiks in Guinea im Jahre 1953 zu verdanken. Er hatte sich zwar nicht dem Kommunismus angeschlossen, war ihm aber immerhin sehr nahe gekommen.

Sékou Touré hatte sich einen geschickten Streich ausgedacht. Die Rede, die er dem französischen Überseeminister Cournut-Gentille zur Kenntnis brachte, war harmlos gewesen – die Rede, die er General de Gaulle hielt, war hart und bitter. »Wir ziehen Armut in Freiheit dem Reichtum in der Sklaverei vor... Wir werden niemals auf unser legitimes Anrecht auf Unabhängigkeit verzichten... Wir haben ein ernstes und undiskutables Anliegen: das unserer Würde. Ohne Freiheit aber gibt es keine Würde.« De Gaulle war auf derlei nicht gefaßt gewesen; er antwortete im gleichen Ton. »Niemand ist gezwungen, der Gemeinschaft, die Frankreich vorschlägt, beizutreten... Ich sage es hier – deutlicher als anderswo –, daß die Unabhängigkeit zur Verfügung Guineas steht; Guinea kann sie am 28. September erhalten, indem es nein sagt... Natürlich wird Frankreich daraus die Konsequenzen ziehen..., aber Schwierigkeiten würde es nicht machen.« Anschließend sagte General de Gaulle seine Teilnahme an dem ihm zu Ehren veranstalteten Abendessen ab und erklärte, er gehe zu Bett.

Letzte Station war Dakar. Auf dem Platz, den die Bewohner von Dakar auch Forum nennen, drängten sich dreißigtausend Schwarze. Auf den Plakaten, die sie trugen, stand: »Unabhängigkeit sofort!« und »Hoch die FLN!« Der Ruf, den sie immer wieder ausstießen: »Musoreo!«, bedeutete: »Freiheit!« oder »Unser Land gehört uns!«. Als der General sich erhob, um zu sprechen, gab es Pfuirufe und höhnisches Gelächter. Er stellte sich der Menge: »Zuerst ein Wort an die Spruchbänderträger: Wenn sie die Unabhängigkeit wollen, sollen sie sie am 28. September nehmen!« Der Rest der Ansprache wurde immer wieder von Rufen übertönt. Man vernahm: »Fort mit den Demagogen!... Wie überall habe ich auch in Dakar gesagt, was ich zu sagen hatte... Wenn man uns mit Nein antwortet, werden wir daraus die Konsequenzen ziehen... Ich stelle fest, wenn de Gaulle hier ist, langweilt man sich nicht, und damit nehme ich Abschied von Dakar und von euch allen.«

Die Rundreise von 20 000 Kilometern in zehn Tagen, die Menschenmengen, die unerwarteten und aufregenden Vorfälle hatten de Gaulle erschöpft. In Algier angelangt, lehnte er das von den Militärbehörden aufgestellte Programm ab und schloß sich im Sommerpalast ein. Patrouillen hatten mit Gewalt Fahnen an den Fenstern befestigen müssen, um der Stadt einen Anschein von Festlichkeit zu verleihen.

In dem maurischen Palast fanden lange Besprechungen mit dem Armeeminister Guillaumat, Innenminister Pelletier, den Generälen Salan, Ely, Jouhaud, Dulac u. a. statt. Die Lage hatte sich verschlechtert. Nachdem die FLN durch die Aussöhnung, die auf den 13. Mai gefolgt war, in Schrecken versetzt worden war, hatte sie nunmehr ihre Selbstsicherheit wiedergefunden. Die Kämpfe lebten in Algerien wieder auf, und vor allem im Mutterland war eine heftige terroristische Offensive ausgebrochen. Ein Kommando hatte das Fahrzeugdepot der Polizeipräfektur auf dem Boulevard de l'Hôpital in Paris überfallen, wobei vier Polizeibeamte getötet wurden. Sieben Treibstofflager, darunter Mouilleplan in Marseille und La Nouvelle in Sète, wurden in der gleichen Nacht in Brand gesteckt. Die FLN rühmte sich: »Wir haben den Krieg nach Frankreich getragen!« Sie wollte kurz vor dem Referendum ihre Macht und ihre Einschüchterungskraft beweisen.

Alle Anordnungen hinsichtlich Algeriens waren für den 27. September getroffen. Es wurde beschlossen, daß die Armee an Ort und Stelle abstimmen würde und daß die mohammedanischen Frauen zum erstenmal an der Wahl teilnehmen sollten. Die den Algeriern angebotene Option war nicht die gleiche wie die den Einwohnern Madagaskars, des Tschad oder des Gabun vorgeschlagene. Sie würden unter den gleichen Bedingungen abstimmen wie die Franzosen im Mutterland, das heißt, daß sie sich nicht über Gemeinschaft oder Unabhängigkeit, sondern nur über die Verfassung der V. Republik auszusprechen hatten.

Nichtsdestoweniger hatten die Erklärungen General de Gaulles in Tananarive, Brazzaville, Abidjan, Konakry und Dakar sowie die den Ländern des Schwarzen Afrika – nach Tunesien und Marokko – gebotene freie Entscheidung über ihre Unabhängigkeit einen unheilverkündenden Klang für die Ohren der Franzosen Algeriens. Und sie wären noch besorgter gewesen, hätten sie die Antwort des Generals auf eine Frage gekannt, die Salan ihm stellte: »Ist es zulässig, daß die anläßlich des Referendums gestattete Propaganda auch vor der Forderung nach Unabhängigkeit nicht haltmacht?« »Warum nicht? Algerien wird befragt, ob es wünscht, daß seine Angelegenheiten durch Frankreich geregelt werden. Man kann, zumindest bei privaten Versammlungen, nicht verbieten, daß an eine Zukunft gedacht wird, in der Algerien unabhängig wäre.«

Die Kluft verbreitete sich. Eine Doktrin, ein historischer Punkt saß fest verankert im Denken Charles de Gaulles: Er war nicht von Algerien wieder an die Macht gerufen worden. »Die Ereignisse des 13. Mai in Algerien«, sagte er zu Salan, »waren nur ein Teil der breiten nationalen Bewegung, die mir auferlegte, die Führung Frankreichs wieder zu übernehmen.« Es hatte keinen Königmacher gegeben, und Salan wie auch die Komitees der öffentlichen Wohlfahrt waren im Irrtum, wenn sie sich einbildeten, daß sie die Schöpfer der neuen mystischen Verbindung zwischen de Gaulle und Frankreich waren, und wenn sie daraus ein Recht ableiten zu können glaubten.

Die Kräfte der Linken sammelten sich gegen die neue Verfassung. Am 4. September veranstalteten die Kommunisten einen Aufruhr, während der General auf der Place de la République auf spektakuläre Weise die Verfassung vorstellte. Am nächsten Tag erging sich Mendès-France bei einer Pressekonferenz im Hotel Lutétia in einer Kritik, die weniger den Text der Verfassung als die Absichten des neuen Regimes zum Thema hatte. Die Sozialisten hatten bei ihrem Parteitag mit großer Mehrheit für Ja gestimmt, doch der Führer der Oppositionellen, Edouard Depreux, erklärte, er werde eine Partei der Andersdenkenden gründen und sich der UFD anschließen, der Union der Demokratischen Kräfte, die gebildet worden war, um jede persönliche Macht zu vereiteln. Die mit den alten Mißständen des französischen politischen Systems stark verknüpften Radikalen zögerten noch mehr als die Sozialisten, und bei ihnen erreichte die Zahl der mit Nein stimmenden Minderheit beinahe die der Mehrheit.

Die Schöpfer der Verfassung hatten ein einfaches Präsidialsystem abgelehnt. Der Präsident der Republik sollte nicht durch allgemeine Wahlen bestimmt werden, sondern durch ein Kolleg von 75 000 Honoratioren, die aus den gewählten Departements- und Gemeindevertretern hervorgehen würden. Er würde den Ministerpräsidenten ernennen, das Parlament auflösen und ein Referendum ansetzen dürfen: Außerdem sollte ihm ein Artikel 16 zu Gebote stehen, der, »falls die republikanischen Institutionen, die Unabhängigkeit der Nation, die Unversehrtheit ihres Territoriums oder die Einhaltung ihrer internationalen Verpflichtungen ernst und unmittelbar bedroht werden«, ihm gestattet, eine zeitlich begrenzte Diktatur nach römischem Muster auszuüben. Die Regierung blieb weiter dem Parlament verantwortlich, konnte jedoch nur durch die Nationalversammlung gestürzt werden, und zwar ausschließlich mittels eines Mißtrauensantrags, der durch die absolute Mehrheit ihrer Mitglieder und nicht nur durch die der Abstimmenden unterstützt werden mußte. Außerdem bestimmte die Verfassung die Unvereinbarkeit der Ministerfunktionen mit einem Sitz im Parlament.

Inmitten der Polemik von Ja und Nein fand ein Ereignis von historischer Bedeutung statt: die erste Zusammenkunft General de Gaulles mit dem Bundeskanzler Adenauer.

Die beiden Männer hatten einige gemeinsame Züge. Der Sohn des Lehrers in der Privatschule der Rue Princesse in Lille stammte aus den gleichen bescheidenen katholischen, konservativen Kreisen wie der Sohn des Amtsschreibers mit 300 Mark Monatsgehalt aus der Balduinstraße in Köln. Adenauer war wie de Gaulle ein argwöhnischer und hochmütiger Mensch. Beide waren gläubig, beide Demokraten – wenn sie es mit echter Demokratie zu tun hatten. Sogar ihre Karrieren wiesen gewisse Gemeinsamkeiten auf. Beide hatten sich ihrer Nation in Zeiten äußerster Niederlage und Demütigung angenommen, der eine im Jahre 1940, der andere 1945. Ihr Patriotismus war nicht von der gleichen Art, doch bei beiden gleich stark und tief.

Die Wiederkehr des Generals an die Macht hatte den Bundeskanzler tief betroffen. Er sah darin eine Niederlage Europas, noch ernster, als es das Scheitern der EVG gewesen war, das ihn noch nach vier Jahren schmerzte. Er wußte, daß ein Wiederaufleben des französischen Nationalismus verhängnisvoll das des deutschen Nationalismus und den Rückfall in die unheilvolle Zwietracht der Vergangenheit nach sich ziehen würde. Er selbst hat geschildert, in welcher Stimmung er sich auf die Reise zu de Gaulle machte. »Auf der Reise war ich von großer Sorge erfüllt, denn ich befürchtete, die Denkweise von de Gaulle wäre von der meinigen so grundverschieden, daß eine Verständigung zwischen uns beiden außerordentlich schwierig wäre. Es würde das erste Zusammentreffen eines deutschen Regierungschefs mit de Gaulle nach dem Kriege sein.«

Die Befürchtung war unbegründet. Charles de Gaulle war ein Grandseigneur und war überdies aufrichtig davon überzeugt, daß die Versöhnung zwischen Frankreich und Deutschland die erste Bedingung für das Überleben des Westens war. Er empfing den Kanzler mit ausgesuchter Liebenswürdigkeit und gewann ihn sofort durch seine hochherzige Denkungsart. Das scharfzüngige Nachrichtenmagazin *Der Spiegel* hatte über die Sinnlosigkeit des Zusammentreffens gespöttelt: »Sie werden sich über Blumen unterhalten . . .« Tatsächlich sprachen die beiden Amateurgärtner über Blumen, aber ihr Gespräch umfaßte auch die wichtigsten Themen der Politik. Adenauers Ansichten trafen mit denen des Generals zusammen, als er sagte, daß die europäische Politik es sich zum Ziel machen müsse, dem Osten gegenüber die Sicherheit und dem Westen gegenüber die Unabhängigkeit wiederzugewinnen. Er beruhigte ihn durch die Lauheit, mit der er die Wiedervereinigung Deutschlands ins Auge faßte, und durch die Leichtigkeit, mit der er zur Duldung der Oder-Neiße-Linie bereit war. Die beiden Gesprächspartner behandelten eingehend ein weiter entferntes Thema: das schnelle Wachstum Chinas und die Wahrscheinlichkeit eines zunehmenden Gegensatzes zwischen China und der Sowjetunion.

Man hatte Kellner aus dem Hôtel Matignon kommen lassen, doch das Mittagessen wurde von den beiden Hausangestellten der Villa La Boisserie, Louise und Philomène, serviert; dann bat der achtzigjährige Adenauer um die Erlaubnis, sich zu seinem Nachmittagsschlaf zurückziehen zu dürfen. Beim Abschied nahm er einen Rosenstrauß mit, den ihm Madame de Gaulle in die Arme legte — und dabei hatte sie doch ihrem Ehegatten gesagt, sie empfange nur deshalb einen Deutschen bei sich zu Tisch, weil sie dazu gezwungen sei, und das werde sie ihm auch zeigen!

Das Kommuniqué war in warmen Worten gehalten. »Wir sind beide von der Wichtigkeit und Bedeutung unseres Treffens zutiefst überzeugt. Wir glauben, daß die vergangene Gegnerschaft ein für allemal überwunden sein muß und daß Franzosen und Deutsche dazu berufen sind, in gutem Einvernehmen zu leben und Seite an Seite zu arbeiten . . . Wir glauben, daß diese Zusammenarbeit organisiert werden muß. Zugleich muß sie die anderen Nationen Westeuropas einschließen, mit denen unsere beiden Länder durch enge Bande verknüpft sind.«

Machte Adenauer sich Illusionen? Ja. »Der General war ein völlig anderer Mann, als ihn unsere Presse, aber nicht nur unsere Presse, dargestellt hatte«, sagte er am nächsten Tag. »Als Politiker gewann ich aus den Unterredungen nicht den Eindruck eines Nationalisten. De Gaulle war sehr gut unterrichtet über die gesamte außenpolitische Lage.« Und auch: »De Gaulle hat Gefühl für Größe, und wie könnte ein

Mann, der dieses Gefühl besitzt, ein Gegner des Aufbaus Europas sein?« Der General hatte ihm nicht verhehlt, daß ihm das Prinzip der Übernationalität nicht gefiel und daß er mehr vom persönlichen Kontakt der Staatsmänner als dem Mechanismus einer internationalen Bürokratie und Technokratie hielt. Adenauer glaubte jedoch, die Machtausübung werde de Gaulle vor Augen führen, daß gewisse Institutionen notwendig waren, damit sich aus der Vielfältigkeit Europas eine wirkliche Einheit ergab. Er sollte Jahre brauchen, bis er merkte, daß er sich darin geirrt hatte.

(Forts. Deutschland S. 843)

»Ja« zu der Verfassung und unbeschränkte Vollmacht für de Gaulle

Das Referendum glich einer Sturmflut. 85 % der Wähler im Mutterland nahmen an der Abstimmung teil, und 80 % davon sagten »ja«: 17 668 790 »Ja« gegen 4 624 511 »Nein«. Alle Departements ergaben eine Ja-Mehrheit. Die Minderheiten waren nur südlich der Loire, in einigen traditionell roten oder durch Gewohnheits- oder Interessenbindungen der sozialistischen Republik verbundenen Departements von Bedeutung: 36 % im Corrèze, 33,3 % im Haute-Loire, 32,6 % im Gard, 30,1 % im Allier, 29,7 % im Cher usw. Dagegen war die Mehrheit in den konservativen Gebieten erdrückend: Bas-Rhin 93,3 %, Manche 92,4 %, Haut-Rhin 91,8 %, Orne 91 %, Mayenne 90,8 %, Meuse und Vendée 90 % usw. Die großen Industriedepartements standen mit folgenden hohen Ziffern im Wettstreit: Moselle 89,8 %, Rhône 80,6 %, Loire 78,7 %, Nord 77,1 %, Pas-de-Calais 75,1 %, Seine 73,1 %. Die zwanzig Pariser Bezirke stimmten »ja«. Von den 45 Vorstadtgemeinden mit ihrer überwiegenden Arbeiterbevölkerung sagten 44 »ja«; die Ausnahme bildete eine zweitrangige Gemeinde des roten Gürtels namens Bagnolet. Die klassischen Hochburgen des Kommunismus, Saint-Denis, Saint-Ouen, Aubervilliers, bis zu Maurice Thorez' Wohnsitz Ivry-sur-Seine, bekannten sich zur gaullistischen Verfassung.

Mit diesem Referendum und Volksentscheid hatte Frankreich klar und deutlich das bisherige lächerliche Regime verurteilt und sich für Institutionen ausgesprochen, die Garantien für Stabilität boten. Frankreich hatte auch dem Mann, den unvermeidliche, aber unvorhersehbare Ereignisse wieder an die Spitze geführt hatten, sein vorbehaltloses Vertrauen ausgesprochen. Der neue Gaullismus begann mit einem de Gaulle überreichten Blankoscheck.

Zehn Tage vor dem Referendum war in Kairo eine »Provisorische Regierung der Algerischen Republik«, GPRA, ausgerufen worden. Ihr Präsident war Ferhat Abbas; von den beiden Vizepräsidenten führte der eine, Belkassem Krim, den Titel Oberbefehlshaber der bewaffneten Streitkräfte, der andere, Mohammed Ben Bella, war Häftling im Gefängnis de la Santé. Paris gab bekannt, daß die Anerkennung des GPRA einen unfreundlichen Akt gegenüber Frankreich darstellen würde. Die Vereinigte Arabische Republik, der Irak, Jordanien, der Jemen, Libyen, der Sudan, Pakistan, Tunesien, Marokko und die Chinesische Volksrepublik setzten sich innerhalb von drei Tagen darüber hinweg. Gegen die beiden Schutzbefohlenen Frankreichs, Tunesien und Marokko, wurde keinerlei Vergeltungsmaßregel getroffen.

Die erste Handlung des GPRA bestand darin, sich mit Frankreich im Kriegszustand zu erklären, die zweite in der Einbringung eines Protestes bei den Vereinten Nationen gegen »das internationale Täuschungsmanöver« des Referendums in Algerien. »Algerien ist nicht Frankreich«, sagte Ferhat Abbas. »Frankreich ist nicht befugt, dort einen Souveränitätsakt auszuführen.« Die FLN untersagte jede Beteiligung am Referendum, kündigte an, sie werde die Wahllokale überfallen, und verteilte Flugblätter mit der Inschrift: »Wählen gehen ist Selbstmord.«

Diese Drohungen ließen die Ergebnisse des 28. September noch sensationeller scheinen. In ganz Algerien spielte sich der Wahlvorgang normal ab, nur im Gebiet von Constantine wurde ein Wahllokal geschlossen. Die Beteiligung in den zwölf Departements, aus denen Algerien nunmehr bestand, erreichte folgende Ziffern: Algier und Mostaganem 87 %, Tiaret 85 %, Oran 84 %, Bône 83 %, Orléansville 81 %, Médéa 78 %, Tlemcen 77 %, Tizi-Ouzou 76 %, Batna 71 %, Sétif 57,7 %. In den beiden Sahara-Departements, dem Département de la Saoura und dem Département des Oasis, legten die Nomaden weite Strecken zurück, um in Ghardaïa, Ouargla, Hassi-Messaoud, in Salah usw. ihre Stimme abzugeben.

In ganz Algerien betrugen die Ja-Stimmen 3 357 763 gegen 118 631 Nein. Die Armee hatte eine intensive Propaganda betrieben, doch von den bei den Wahlvorgängen anwesenden ausländischen Journalisten, die überall ungehindert Zutritt hatten, wurde die Rechtmäßigkeit der Abstimmung bestritten. »Die Masse der mohammedanischen Wähler«, schrieb *Time*, »übertraf die Hoffnungen der optimistischsten Franzosen. Sogar in den kabylischen Bergen, ehemaligen Schlupfwinkeln der FLN, warteten mohammedanische Frauen mit ihren langen farbigen Schleiern geduldig, bis sie an der Reihe waren, zum erstenmal ihre Stimme abzugeben.«

Das Referendum zeigte die Grenzen der FLN auf. Sie vermochte die Guerilla in den Djebeln und den Terrorismus in den Städten aufrechtzuerhalten, konnte jedoch trotz ihrer OPA (politische und administrative Organisationen) die Masse der Bevölkerungen nicht erfassen. Das Ja der Mohammedaner war ein Vertrauensvotum für General de Gaulle, aber auch ein Zustimmungsbeweis für Frankreich und somit die Rechtfertigung der Anhänger der Integration. De Gaulle war jedoch entschlossen, ihm nicht diesen Sinn zu geben.

Die Überreste eines Reiches

Es hätte genügt, Sékou Touré zu überzeugen oder ihn für sich einzunehmen, dann wäre Guinea in der Gemeinschaft geblieben. Aber Touré war unzugänglich, Guinea stimmte mit 98 % »Nein«. Bereits am nächsten Tag, dem 29. September, teilte Paris Guinea mit, man habe seine Unabhängigkeit gebührlich zur Kenntnis genommen, es dürfe jedoch für seine Verwaltung und Ausrüstung auf keine Hilfe Frankreichs mehr rechnen. Die 1700 französischen Beamten, die sich dort befänden, würden innerhalb von zwei Monaten abgezogen werden.

Außer in Guinea errang das Ja überall einen triumphalen Sieg. Man hatte an Madagaskar gezweifelt: Eine starke Minderheit, 302 000 Stimmen, lehnte die Gemeinschaft auch tatsächlich ab, aber eine massive Mehrheit von 1 363 000 Stimmen nahm sie an. In Dakar hatten sich am 27. August 30 000 Menschen gefunden, die de Gaulle auspfiffen; am 27. September fanden sich nur 4770, um ihm »nein« zu sagen, und in ganz Senegal siegte das Ja mit 870 362 Stimmen gegen 21 202. Alle anderen Gebiete Afrikas, Amerikas und Ozeaniens antworteten mit einem zumindest ebenso hohen Prozentsatz der Zustimmung.

Am 29. September konnte die Bilanz des französischen Weltreichs, was dreizehn Jahre nach dem Krieg von ihm noch übrig war und wie sein neuer Chef es in Empfang nahm, gezogen werden.

Sämtliche asiatischen Besitzungen waren dahin. Das libanesische und das syrische Mandat waren im Jahre 1945 zu Ende gegangen. Indochina war 1954 militärisch aufgegeben worden, und alle Versuche, dort einen Einfluß zu behalten, waren gescheitert. Die fünf indischen Niederlassungen Pondicheri, Chandernagor, Yanam, Karikal und Mahé waren im gleichen Jahr abgetreten worden.

In Nordafrika war die Interdependenz mit Frankreich, mit der Tunesien und Marokko ihre Unabhängigkeit würzen sollten, verschwunden wie frischer Tau. Bei seiner Rückkehr an die Macht hatte de Gaulle sich mit der Abziehung der letzten französischen Truppen, die sich noch in den beiden Ländern befanden, einverstanden erklärt. Die Frage Bizerta war noch unentschieden, doch die Oberhoheit Tunesiens über die Stadt war anerkannt worden, und die Rückgabe der Flottenbasis war nur noch eine Zeitfrage.

Im schwarzen Afrika hatte sich Guinea verabschiedet. Die Mandatsgebiete Togo und Kamerun sollten im Jahre 1959 ihre Unabhängigkeit erlangen.

Das Frankreich, dessen imposantes Reich man vor dem Krieg der Phantasie der Schulkinder darbot, hatte seit 1943 40 von seinen 110 Millionen Einwohnern verloren. Das Referendum war gleichzeitig eine Zählung dessen, was ihm noch verblieb.

Ebenso wie die 12 Departements von Algerien hatten die vier überseeischen Departements, Réunion, Guadalupe, Martinique, Guyana, keine Option auszuüben. Sie hatten, zusammengenommen, 84 % Ja ergeben. Die Loslösungsbestrebungen wurden durch die enge Abhängigkeit vom Mutterland gebremst.

Die übrigen Besitzungen, die auf der Weltkarte verstreut sind, Tahiti und die Niederlassungen im Pazifik, Neukaledonien, die Komoren, die Somaliküste, Saint Pierre et Miquelon, hatten eine Option ausgeübt. Sie hätte schwerlich anders ausfallen können, als daß sie den Wunsch zum Ausdruck brachte, bei der Nährmutter Frankreich zu verbleiben. 98,8 % der Wähler gaben ein »Ja« ab.

Das schwarze Afrika hatte, mit Ausnahme von Guinea, die Gemeinschaft angenommen. Die Staaten, aus denen sie bestand, sollten mit Frankreich kein Commonwealth, sondern einen Staatenbund bilden. Sie verloren ihre Vertreter im französischen Parlament, nahmen jedoch an der Bildung des Gemeinschaftssenats teil, dessen Kompetenzen noch unbestimmt waren. Die 12 Republiken, die sich soeben damit einverstanden erklärt hatten, daß ihr Schicksal mit dem der französischen Republik verbunden bleibe, trugen oder erhielten folgende Namen: Malagasy (früher Madagaskar), Mali (früher Sudan), Senegal, Mauretanien, Elfenbeinküste, Dahome,

Ober-Volta, Niger, Gabun, Kongo (Brazzaville), Zentralafrikanische Republik (früher Oubangui-Chari) und Tschad. Es stand ihnen frei, sich nach Gutdünken neu zu gruppieren, Frankreich sorgte jedoch für ihre Verteidigung und Außenpolitik, regelte ihre Währung und lenkte ihre Wirtschaft.

Ein Kartenhaus, das, kaum errichtet, auch schon wieder zusammenfiel.

Ein Wirtschaftsexperte soll alles in Algerien in Ordnung bringen

»Warum soll man sich auf Formulierungen festlegen?« fragte de Gaulle. »Die Unabhängigkeit ist ein Witz, und die Integrierung unmöglich. Worauf es ankommt, ist die Entwicklung Algeriens. Ich werde einen Wirtschaftsexperten suchen: Der wird alles in Ordnung bringen.«

Diese Worte wurden am 11. September, zwei Wochen vor dem Referendum, an General Dulac, den Generalstabschef Salans, gerichtet. Diese Einstellung war erstaunlich, denn de Gaulle war entschieden ein Anhänger von Maurras' Grundsatz: Die Politik geht vor. Im Fall Algerien kam er davon ab: Er versuchte, seinem Problem durch eine Seitentür, durch die Wirtschaft, auszuweichen.

Am 3. Oktober war ganz Constantine auf der Place de la Brèche versammelt. Der General legte seinen Plan dar, der sich über fünf Jahre erstrecken sollte. Er würde den mohammedanischen Bauern 250 000 Hektar unbebauter Erde zur Verfügung stellen, die Industrialisierung Algeriens einleiten und mittels der Öl- und Gasvorkommen der Sahara 400 000 neue Arbeitsplätze schaffen. Er würde die Löhne auf ein dem Mutterland vergleichbares Niveau bringen und den Schulunterricht für zwei Drittel der algerischen Kinder, Mädchen und Knaben, ermöglichen. Er würde dafür sorgen, daß zumindest 10 % des Personals der Armee, des Schulwesens und der Verwaltung in der Hauptstadt in arabischen, kabylischen, mozabitischen usw. Gemeinden angeworben würden. Nahm man diese Versprechungen in ihrem ganzen Ausmaß beim Wort, so führten sie zur Integration durch Gleichschaltung der wirtschaftlichen und sozialen Bedingungen. Der Prozeß war jedoch hypothetisch, und überdies wurde die Rede in eisigem Ton gehalten, dem Ton »eines Buchhalters«, sagte Dulac. Nach dem triumphalen Referendum erwartete das französische und mohammedanische Algerien eine glanzvolle Stellungnahme. Es erhielt nur eine lahme und undeutliche Erklärung, wonach seine Zukunft »auf doppelter Basis: seiner eigenen Persönlichkeit und seiner engen Solidarität mit dem französischen Mutterland« aufgebaut werden sollte.

Seit Mai hatte de Gaulle mit zunehmender Ungeduld das Bestehen der Komitees der öffentlichen Wohlfahrt geduldet. Die Weisungen, die er General Salan am 9. Oktober für die Vorbereitung der bevorstehenden gesetzgebenden Wahlen in Algerien erteilte, enthielten den folgenden K.-o.-Schlag: »Es ist der Augenblick gekommen, an dem die Militärs aufhören müssen, an Organisationen teilzuhaben, die politischen Charakters sind, was auch immer die Gründe gewesen sein mögen, die ihre Teilnahme an solchen Organisationen unter den Umständen, die Algerien seit dem Monat Mai durchzustehen hatte, ausnahmsweise motivieren konnten. Nichts kann ihre fernere Teilnahme rechtfertigen. Ich ordne an, daß sie sich ohne die geringste Verzögerung aus diesen Organisationen zurückziehen.«

Am 14. Oktober trat das Komitee für öffentliche Wohlfahrt für Algerien und die Sahara im Gebäude des Generalgouvernements zusammen. Nachdem der Vorsitzende, General Massu, die Sitzung eröffnet hatte, erklärte er sofort: »Der Regierungschef hat den Militärpersonen untersagt, an den Komitees für öffentliche Wohlfahrt teilzuhaben. Wir sehen uns daher gezwungen, zurückzutreten.« Gefolgt von den elf Offizieren, die mit ihm an der Sitzung teilnahmen, verließ er den Raum. Gleiche Zeremonien spielten sich in ganz Algerien ab.

Das verstümmelte Komitee protestierte. Für den übernächsten Tag wurde ein Generalstreik beschlossen; die Bevölkerung verhielt sich jedoch passiv, und Salan teilte den Organisatoren mit, daß die Armee gegen sie marschieren werde. Der Generalstreik wurde nach einer heftigen und verworrenen Debatte abgesagt. Die Bewegung des 13. Mai war zu Ende. Sie hatte de Gaulle wieder an die Macht gebracht, wobei er diesmal in der Nation eine viel entschlossenere, weiterreichende Unterstützung fand. Eilig schob er die Männer zur Seite, die sich gebrüstet hatten, ein Recht auf ihn zu haben. (*Forts. Algerien S. 859; Frankreich S. 838*)

Johannes XXIII. wird Nachfolger Pius' XII.

Seit Mai konzentrierte sich die Aufmerksamkeit der Welt auf Frankreich und de Gaulle; durch den Tod Pius' XII. und die Wahl seines Nachfolgers wurde sie auf den Vatikan gelenkt.

In Castel Gandolfo rang der Papst mit dem Tod; der Todeskampf war lang und qualvoll. Mehrere italienische Zeitungen verkündeten den Tod Pius', während er noch atmete und mußten dann selbst die Polizei ersuchen, ihre Blätter zu beschlagnahmen. Der Sterbende erwachte immer wieder zum Leben, gab einige unzusammenhängende Sätze in mehreren Sprachen von sich und verlor das Bewußtsein von neuem. Erst am 9. Oktober um 3 Uhr 52 morgens, nach mehreren Anfällen, erklärte der Arzt, der am Lager des fast unkörperlich gewordenen Papstes weilte, daß es zu Ende war.

Als Eugenio Pacelli am 2. März 1939 gewählt wurde, hatte bereits das Verhängnis, der Krieg, von Europa Besitz ergriffen. Die demokratischen Kreise waren über die Wahl des Diplomatenkardinals, in dem sie einen Verbündeten gegen den Hitlerschen Totalitarismus sahen, erfreut. Später sollten jedoch, viele Jahre hindurch, schwere Angriffe gegen Pius XII. erhoben werden – wegen seiner Vorsicht gegenüber den totalitären Regierungen, wegen seines Schweigens angesichts der Ausrottung der Juden und dagegen, daß sein einziger Empörungsausbruch anläßlich eines Bombardements der Vororte Roms durch die amerikanische Flugwaffe erfolgt war. Der Diplomat hatte sich im Alter dem Mystizismus zugewandt. Er hatte die Kluft zwischen dem Katholizismus und den protestantischen Kirchen verbreitert, indem er das Dogma von der Unbefleckten Empfängnis verkündete. Unter seinem langjährigen Papsttum war die Zahl der Katholiken in der Welt von 388 auf 497 Millionen angewachsen. In den Vereinigten Staaten war es zu aufsehenerregenden Bekehrungen gekommen; die Zahl der Anhänger Roms stieg dort auf 45 Millionen; sie stellten die bei weitem vermögendste und einflußreichste Gemeinde des Stellvertreters Christi dar.

Der verblichene Papst hatte gebeten, »daß kein Denkmal zur Erinnerung an mich errichtet werde, und für meine sterbliche Hülle ersuche ich nur um einen bescheidenen Platz in geweihter Erde«. Er wurde in einem dreifachen Sarg aus Blei, Eichen- und Zypressenholz unter dem Altar von Bernini nächst dem Ort beigesetzt, den er im Jahre 1950 als Grabstelle des Heiligen Petrus bezeichnet hatte. Dann begann die Wahl seines Nachfolgers.

Pius XII. hatte das Heilige Kollegium vernachlässigt. Die Zahl der Kardinäle war auf 55 gesunken, und zum erstenmal befand sich Italien, mit 18 Hüten gegen 37 ausländische, in der Minderheit. Zum erstenmal seit der Wahl des Holländers Adrian VI. im Jahre 1522 ergab sich die Möglichkeit der Wahl eines nichtitalienischen Papstes. Die Wahl von Peter-Gregor XV., Kardinal Agagianian, dem Chef der armenischen Kirche, hätte im ganzen Osten einen ungeheuren Widerhall gefunden, doch sie hätte die Einführung des orientalischen Ritus auf dem Heiligen Hügel des Römischen Katholizismus bedeutet. Neben Agagianian waren die beiden Hauptbewerber Kardinal Alfredo Ottaviani, der 67jährige Sekretär des Heiligen Stuhls, und der 66jährige Erzbischof von Bologna, Giacomo Lercaro. Ottaviani vertrat die harte, strenge Tradition der konservativen Kirche. Lercaro kämpfte im rötesten Gebiet Italiens gegen die Kommunisten, indem er seinem Katholizismus einen starken sozialen Akzent verlieh.

Der erste Tag des Konklaves brachte ein Mißverständnis: Von dem Dach der Sixtinischen Kapelle stieg der erste Rauch hoch, und der war weiß. Auf dem Petersplatz ertönten freudige Rufe, Radio Vatikan verkündete der Welt: »Wir haben einen Papst!« Dann wurde der Rauch grau und schließlich schwarz.

Drei Tage lang bewahrten die Sixtinische Kapelle sowie das Gebäude am Cortile di San Damaso, wo die Kardinäle, jeder mit einem Konklavenhelfer und einem Bedienten, eingeschlossen waren, ihr Geheimnis. Erst am dritten Tag, Dienstag, den 28. Oktober, um 17 Uhr, stieg wieder weißer Rauch hoch – der diesmal auch weiß blieb. Er verkündete die Wahl des Patriarchen von Venedig, Kardinal Roncalli. Man fragte ihn, wie üblich, welchen Namen er annehmen wolle. Er antwortete: Johannes.

Von den 261 früheren Päpsten hatten 22 den Namen des Evangelisten geführt, doch der letzte, Johannes XXII., war 1316 Papst geworden. Ein Jahrhundert später hatte es einen Johannes XXIII. gegeben, den Neapolitaner Baldassare Cossa, er war aber nur eine bedeutungslose Gestalt im großen abendländischen Schisma; nachdem er Gregor XII. die Tiara streitig gemacht hatte, wurde er vom Konzil von Konstanz zum Gegenpapst erklärt. Roncalli zog einen Augenblick die Möglichkeit in Betracht, Johannes XXIV. zu sein, dann entschloß er sich, die usurpierte Zahl anzunehmen.

Der neue Papst war bäuerlicher Abstammung. Seine drei jüngeren Brüder Xaver, Alfred und Joseph trugen noch die Bütte in den Weinbergen von Sotto il Monte bei Bergamo. Seine Schwester Asunta erfuhr von der Papstwahl auf der Straße, mit dem Einholkorb am Arm. Als der kleine Angelo ins Seminar eingetreten war, erwartete er nichts anderes, als ein Landpfarrer zu werden. Die Kirche bestimmte ihn zu Höherem; sie führte ihn fast gegen seinen Willen in ihre Diplomatie ein. Nach dem Ersten Weltkrieg war er apostolischer Visitator in Bulgarien; 1944 sandte der Vatikan ihn als Nuntius nach Paris, wo es dann später galt, die aus der Widerstandsbewegung hervorgegangene Regierung mit der französischen Kirche, welche dem Marschall Pétain reichlich Weihrauch gestreut hatte, unter einen Hut zu bringen. Der Bauer aus Bergamo, ein jovialer Feinschmecker, bewährte sich bei dieser heiklen Aufgabe glänzend. Er beruhigte de Gaulle, wurde dann mit allen Persönlichkeiten der IV. Republik gut Freund und empfing den Hut, als er zum Kardinal ernannt wurde, aus den Händen des Atheisten Vincent Auriol. Pius XII. beendete seine Mission, indem er ihn zum Patriarchen von Venedig ernannte. Man sah darin allgemein den behaglichen und schmeichelhaften Ruhestand für einen guten Diener der Kirche.

Kardinal Roncalli war mit seinen 77 Jahren der älteste Anwärter auf die Papstwürde. Seine Wahl war die Folge einer Neutralisierung der drei Hauptbewerber, Ottaviani, Lercaro und Agagianian. In diesem bereits im Greisenalter stehenden Prälaten erblickte das Heilige Kollegium einen Übergangspapst.

Aber das Heilige Kollegium ist nicht unfehlbar, das sollte die Geschichte erweisen.

De Gaulle schlägt den »Frieden der Tapferen« vor

Als die IV. Republik abdankte, hatte sie dem neuen Regime die Sorge überlassen, den Modus der Abgeordnetenwahl für die Nationalversammlung festzulegen. Debré und Soustelle waren für eine Mehrheitswahl in jedem Departement, General de Gaulle hatte sich jedoch, da er klugerweise eine vernichtende Niederlage der Oppositionsparteien befürchtete, für die Einzelwahl in zwei Wahlgängen ausgesprochen. Er bestand darauf, daß der Zuschnitt der Wahlkreise die Anführer der Linken nicht systematisch benachteiligen dürfe, und ließ im Interesse Mitterands im Departement Nièvre und im Interesse von Mendès-France im Departement Eure eine neue Einteilung vornehmen.

Die gaullistischen Bewegungen schlossen sich zusammen und schufen die Union für die Neue Republik, UNR, de Gaulle untersagte aber der UNR, sich mit seinem Namen zu schmücken – »auch nicht in Form eines Adjektivs«. »Ich gehöre allen Franzosen«, sagte er.

Man hatte die Verbindung mit den Rebellen aufgenommen. Der Ex-Präsident des algerischen Parlaments, Abderhamane Farès, diente als Vermittler zwischen der französischen Regierung und dem GPRA. Es wurden Zeichen der Anerkennung ausgetauscht. De Gaulle milderte die Strafe der 180 zum Tode Verurteilten und ließ Ben Bella aus dem Gefängnis der Santé auf die Insel Aix überstellen, wobei er empfahl, ihm den Aufenthalt durch die Anwesenheit von Frauen zu erleichtern. Ferhat Abbas reagierte auf dieses Entgegenkommen, indem er darauf verzichtete, aus der Anerkennung der Unabhängigkeit die Vorbedingung für eine Feuereinstellung zu machen. Darauf entschloß sich de Gaulle zu einem spektakulären Schritt. Er gab bei seiner Pressekonferenz am 23. Oktober folgende Erklärung ab: »Ich sage es ohne Umschweife: Die Mehrzahl der Aufständischen hat mit Mut gekämpft. Möge der Frieden der Tapferen kommen, dann wird sich der Haß, dessen bin ich sicher, allmählich verflüchtigen ... Ich sprach vom Frieden der Tapferen. Was meine ich damit? Es handelt sich einfach darum, daß jene, die das Feuer eröffneten, es einstellen sollen und ohne jede Demütigung in ihre Familie und an ihre Arbeit zurückkehren.«

Alle Regierungschefs, die seit Beginn des algerischen Aufstands aufeinander gefolgt waren, hatten den gleichen Aufruf erlassen. Die Originalität de Gaulles lag in der bewundernswerten Formulierung »Frieden der Tapferen«, aber auch in den Worten, die sie begleiteten: »Ich wiederhole ausdrücklich, was ich bereits zu verstehen gegeben habe. Wenn die Organisation, die draußen den Kampf zu leiten trachtet, Delegierte ernennen will, um das Ende der Feindseligkeiten zu regeln, braucht sie sich nur an die französischen Botschaften in Rabat oder in Tunis zu wenden. Jede derselben wird es übernehmen, die Führer des Aufständischen nach Frankreich zu bringen. Dort wird ihnen volle Sicherheit gewährleistet, und ich garantiere ihnen die freie Rückreise.«

De Gaulle hatte die Welt durch seine Diplomaten aufmerksam gemacht, daß die Anerkennung der vorgeblichen provisorischen Regierung der Algerischen Republik eine für Frankreich unannehmbare Geste darstellen würde. Aber er übertrat sein eigenes Verbot, indem er das GPRA in Kairo als befugt ansah, im Namen dessen zu verhandeln, was er nun nicht mehr die Rebellion, sondern den Aufstand nannte. Er verschloß sich keiner Möglichkeit: »Man fragt mich: Wie wird die Zukunft aussehen? Ich antwortete: Das ist eine Frage der Entwicklung.«

Diese aufständische Macht, der der französische Regierungschef eine unerwartete Bestätigung zuerkannte, befand sich im Inneren wie im Äußeren auf dem Höhepunkt ihrer Zerrissenheit. Von tollem Mißtrauen erfaßt, dezimierte der neue Chef der kabylischen Willaya, Amirouche, seine eigenen Truppen. Mehrere Offiziere der FLN wurden in Tunis als Verschwörer oder wegen ihrer Weigerung, den elektrisch geladenen Sperrgürtel zu überschreiten, erschossen. Das Ende Abane Ramdanes war furchtbar. Ich habe geschildert, wie er die Zusammenkunft von Soummam organisierte, den Einfluß der im Ausland lebenden Chefs ausschaltete und kühn in Algier das CCE, den ersten Entwurf einer algerischen Regierung, schuf und einsetzte. Besiegt und gejagt von Massus Fallschirmjägern, wurde er selbst infolge seiner Flucht zum Aufenthalt im Ausland gezwungen. Er war jedoch von rachsüchtigen Menschen verfolgt. Man sah ihn einigemal allein und heimlich in Tunis umherstreifen. Dann teilte ein Kommuniqué der FLN mit, daß Bruder Abane Ramdane an den Folgen einer Verletzung gestorben sei, die er auf einer Inspektionsreise in Algerien erlitten habe. Eine solche Inspektionsreise Abans in Algerien hat es nie gegeben. Seine Brüder hatten ihn beseitigt.

Der Ölzweig »Frieden der Tapferen« war eine schreckliche Waffe. Trotz aller späteren Erklärungen hinterließen die Bewegung des 13. Mai und das Referendum bei den Kämpfern der Rebellion einen tiefen Eindruck. Einige Katibas hatten an der tunesischen Grenze gerufen: »Hoch de Gaulle!« »Wenn unsere Männer die Waffen niederlegen«, sagte Belkassem Krim, »werden sie sie nie wieder aufnehmen.« Die FLN war zu sehr erschüttert, um sich Nachgiebigkeit leisten zu können.

Zwei Tage nach der Pressekonferenz vom 23. Oktober gab das GPRA seine Antwort bekannt. Die versöhnliche Erklärung Ferhat Abbas' wurde verworfen. Die Anerkennung der Unabhängigkeit als Vorbedingung wurde wieder festgelegt. Jedes Gespräch zwischen der Provisorischen Regierung der Algerischen Republik und der Regierung der Französischen Republik könne nur auf neutralem Gebiet und auf einer Basis völliger Gleichheit stattfinden. Die Französische Regierung wurde übrigens daran erinnert, daß sie für die Einleitung einer Verhandlung in der Person von Bruder Achmed Ben Bella, dem Vizepräsidenten des GPRA, über eine geeignete Persönlichkeit verfüge. Darauf antwortete de Gaulle: »Ich habe eine Verhandlung mit den Kämpfenden vorgeschlagen, nicht mit denen, die außerhalb des Kampfs stehen.«

Das war der erste seiner Mißerfolge. Er hatte geglaubt, daß die Kraft seiner Persönlichkeit es ihm ermöglichen würde, aus der algerischen Sackgasse herauszufinden, indem er die Chefs der Rebellion entwaffnete und für sich gewann. Er bot ihnen einen Entwicklungsweg zur Unabhängigkeit an, aber sie verschlossen sich in ihrem Fanatismus und sagten: »Wir wollen nicht, daß man sie uns schenkt; wir wollen sie erringen.«

De Gaulle im Elysée

Am 23. und 30. November 1958 verloren die traditionellen Parteien und Politiker viel Terrain. Die Sozialisten verloren 48 von ihren 88 Sitzen. Die Radikalen, die parlamentarischen Löwen der III. Republik, fielen auf eine jämmerliche Vertretung von 13 Sitzen zurück. Die durch das Bezirkswahlsystem benachteiligten Kommunisten behielten nur 10 von ihren 145 Abgeordneten aus dem Jahr 1956. Die MRP wurde von 71 auf 57 Abgeordnete geschwächt; die Poujadisten verschwanden. Die Sozialisten Lacoste, Pineau, Ramadier, Moch, Deferre, Le Troquer, die Radikalen Mendès-France, Edgar Faure, Mitterand, Daladier, Bourgès-Maunoury wurden für das neue Parlament nicht wiedergewählt. Maurice Thorez entging mit knapper Not der Niederlage. Seine Frau, Jeannette Vermeersch, und der andere Pfeiler der Kommunistischen Partei, Jacques Duclos, wurden geschlagen.

Auf der Gegenseite feierte man einen Triumph.

Selbst die Gründer der UNR hatten mit ihrem Erfolg nicht gerechnet. Die Kandidaten der UNR waren zumeist Unbekannte, und die strenge Weisung des Generals untersagte es ihnen, sich als Gaullisten zu bezeichnen. Dennoch erhielt die UNR beim ersten Wahlgang 17,6 % der Stimmen; beim zweiten brachten die Stimmenthaltungen ihren Anteil auf 26,4 %, das sicherte ihnen 188 Sitze. Die mit den Gaullisten verbündeten Unabhängigen erhielten 132 Sitze. Die auf diese Weise gebildete starke Mehrheit bewies ihren Zusammenhalt, gleichzeitig jedoch auch eine gewisse Unabhängigkeit, indem sie Jacques Chaban-Delmas zum Präsidenten der Nationalversammlung machte, während der Kandidat des Generals Paul Reynaud war.

De Gaulle hatte eine stärker nuancierte Nationalversammlung erwartet – vielleicht auch erhofft. Er hatte versucht, Guy Mollet in seinem Fahrwasser zu halten, aber dieser konnte es nicht verhindern, daß die Sozialistische Partei auf die Bänke der Opposition zurückkehrte.

Um de Gaulle zufriedenzustellen, der verlangt hatte, daß in Algerien mindestens zwei von drei Abgeordneten Mohammedaner sein müßten, hatten die Wahlen hier nach dem Listenwahlsystem stattgefunden. Doch die 48 mohammedanischen Abgeordneten, die das Tor des Palais Bourbon durchschritten, Boualem, Ali Maller, Robert Abdesselam usw., waren mit drei Ausnahmen entschiedene Anhänger der Integration. Die gesamte Linkspresse beeilte sich, sie als zu Unrecht Gewählte und als Jasager zu bezeichnen, da nur ein franzosenfeindlicher Mohammedaner als ein wirklicher Repräsentant Algeriens angesehen werden könne. De Gaulle hatte eine dritte Kraft, Ausdruck eines gemäßigten Nationalismus, erwartet; diesen unzeitgemäßen Mohammedanern gegenüber verhielt er sich zurückhaltend.

Am 12. Dezember wurde die Beseitigung Salans bewerkstelligt, indem man ihn zum Generalinspekteur der nationalen Verteidigung ernannte – ein Posten, der von der Regierung neu geschaffen wurde. An seine Stelle traten zwei Männer. Der eine, Paul Delouvrier, war der kühne Wirtschaftsexperte, den de Gaulle zur Verwirklichung des Plans von Constantine gesucht hatte. Der andere war Maurice Challe, Luftwaffengeneral, der sich bei der Vorbereitung des Sinaikriegs an Politik und internationale Intrige herangewagt hatte. Er galt als ein Geschöpf der Sozialistischen Partei. Die Europäer von Algier bereiteten ihm den gleichen kühlen Empfang, wie sie ihn Lacoste und Soustelle bei deren Amtsübernahme entgegengebracht hatten.

Einige Tage vorher war Charles de Gaulle von dem durch die neue Verfassung eingesetzten Honoratiorenkollegium zum Präsidenten der Französischen Republik gewählt worden. Er hatte in allen Departements und in allen Überseegebieten die Mehrheit erzielt; im ganzen erhielt er 62 394 Stimmen gegen 10 354 für den Kommunisten Marrane und 6722 für die theoretische Kandidatur eines linksgerichteten Universitätsprofessors, Albert Châtelet, des Ehrenamtlichen Dekans der Mathematisch-naturwissenschaftlichen Fakultät von Paris. (*Forts. Frankreich S. 857*)

»Pasternak, dieses Schwein, das sein Lager beschmutzt . . . .«

Während in Frankreich diese großen Veränderungen stattfanden, Fidel Castro in Kuba siegte und Mao Tse-tung das Scheitern der Volkskommunen bestätigte, indem er seine Präsidentschaft der Chinesischen Volksrepublik aufgab, verkündete Nikita Chruschtschow den Sieg des Kommunismus und beschwor, indem er eine neue Berlinkrise auslöste, den Schatten eines dritten Weltkriegs herauf.

Der sechste Fünfjahresplan, der bis 1960 laufen sollte, war aufgegeben worden. An dessen Stelle legte Chruschtschow vor dem Zentralkomitee einen Plan für sieben Jahre dar. Die Ziele waren gewaltig. Die UdSSR sollte ihre Industrieproduktion bis 1965 um 80 % erhöhen. Die Löhne sollten im gleichen Verhältnis steigen, die wöchentliche Zahl der Arbeitsstunden auf fünfunddreißig vermindert werden. Die folgende Etappe, ein zweiter Siebenjahresplan, würde den entscheidenden Sieg über das kapitalistische System bringen; die Pro-Kopf-Produktion würde jene der Vereinigten Staaten übertreffen. »Im Jahre 1970«, versprach Chruschtschow, »werden die Völker der Sowjetunion den höchsten Lebensstandard der ganzen Welt haben.«

Sechs Monate vorher hätte diese Herausforderung in den Vereinigten Staaten ernste Besorgnis verursacht. Doch die seit achtzehn Monaten während Rezession ging dem Ende zu. Der Produktionsindex erreichte den Stand des Jahres 1957. In allen großen Fabriken wurde wieder in drei Schichten gearbeitet. Das von Chruschtschow unermüdlich verurteilte kapitalistische System hatte soeben bewiesen, daß es jene Elastizität erworben hatte, die ihm vor dem Zweiten Weltkrieg gefehlt hatte, und daß es periodische Ausgleiche vornehmen konnte, ohne in eine schwere Krise zu geraten. Es fand Gründe zur Zuversicht sowohl bei Betrachtung der Gegenwart als auch durch einen Rückblick auf die Vergangenheit. Im Jahre 1914 kostete ein Paar Schuhe achtundzwanzig Stunden und achtundvierzig Minuten des Durchschnittslohns eines Arbeiters und ein Pfund Butter eine Stunde und siebenunddreißig Minuten; diese Zeiten waren nun auf vier Stunden und einundfünfzig Minuten beziehungsweise auf dreiundzwanzig Minuten gesunken. 65 % der amerikanischen Arbeiter waren Besitzer des Hauses, in dem sie wohnten, und 90 % fuhren ihr eigenes Auto. Es war unwahrscheinlich, daß Rußland in zwölf Jahren die Kluft, die es vom Wohlstand Nordamerikas trennte, zu überwinden vermochte; eher war anzunehmen, daß der Abstand zunehmen würde.

Die Liste der Nobelpreise 1958 enthielt vier sowjetische Namen. Pawel Tscherenkow, Igor Tamm und Ilja Frank erhielten den Preis für Physik für ihre gemeinsamen Arbeiten über die Ausbreitung des Lichts. Der Literaturpreis war Boris Leonidowitsch Pasternak verliehen worden.

Quer durch Steppe und Wälder rollte der Zug, der Doktor Schiwago mit sich nahm. Die langsame, langweilige Reise faszinierte das Publikum des Westens. Ein sowjetischer Schriftsteller brachte eine Schilderung der schrecklichen Jahre Rußlands in einer Bekundung von dessen unverwüstlich christlichem Geist und von seinem Individualismus. Der Sekretär der Königlich Schwedischen Akademie, Anders Oesterling, sagte in seiner Würdigung des Werkes, es sei das eines Genies und stehe auf gleicher Stufe mit »Krieg und Frieden«.

Zwei Jahre vorher hatte Pasternak »Doktor Schiwago« den Herausgebern des *Nowy Mir* zur Veröffentlichung in Rußland vorgelegt. Er erhielt einen Brief von 7500 Worten Länge, in dem ihm bewiesen wurde, daß sein Werk historisch falsch und den Interessen des Volkes entgegengesetzt sei. Das war nicht das erste Urteil dieser Art, das der sechsundsechzigjährige Schriftsteller erhalten hatte. »Ich schreibe für meine Schublade«, sagte er. Aber seine Gedichte machten unter der Hand die Runde, und die junge Intelligentsia verehrte ihn insgeheim.

Der Mann, der »Doktor Schiwago« aus der Schublade herausholte, war ein italienischer Kommunist namens Sergio d'Angelo. Er brachte das Manuskript dem gleichfalls kommunistischen Verleger Feltrinelli. Die sowjetische Regierung intervenierte über den Weg der italienischen KP, um die Herausgabe des Romans zu verhindern. Feltrinelli setzte sich darüber hinweg. Das in 17 Sprachen übersetzte Buch wurde zu einem glänzenden Erfolg. Als er von der Königlich Schwedischen Akademie preisgekrönt wurde, telegrafierte Pasternak seinen Dank und sprach die Hoffnung aus, nach Stockholm kommen zu können, um seinen Preis in Empfang zu nehmen.

Zwei Tage später beschloß der Sowjetische Schriftstellerverband, den Verräter Pasternak auszuschließen, und verlangte von der Regierung, sie solle ihm seine Staatsbürgerschaft aberkennen. Die *Literaturnaja Gaseta* drückte ihren Abscheu und ihre Verachtung aus. Radio Moskau verglich ihn mit einem Schwein, das sein Lager beschmutzt. Die Agentur TASS meldete geringschätzig, daß es Boris Pasternak freistehe, Rußland zu verlassen, um sein Almosen in Empfang zu nehmen und die Wohltaten des kapitalistischen Paradieses zu genießen. Der unselige Autor bekannte, daß er einen Fehler begangen habe, indem er sein Manuskript ins Ausland gelangen ließ, und einen zweiten, da er in Betracht gezogen habe, den Nobelpreis anzunehmen; er sagte sich von den in »Doktor Schiwago« enthaltenen Ketzereien los und schrieb einen erschütternden Brief an Chruschtschow, in dem er inständig darum bat, nicht aus dem Land verwiesen zu werden: »Ich kann mir mein Geschick, getrennt von Rußland und außerhalb Rußlands, nicht denken. Eine Übersiedlung aus meinem Heimatland ist für mich gleichbedeutend mit dem Tod.« Seine Bitte sollte erhört werden. Es wurde Boris Pasternak gestattet, am 30. 5. 1960 ruhmlos in seinem vergötterten Rußland zu sterben. (*Forts. UdSSR S. 845*)

Sechs Monate, um Westberlin zu liquidieren

Eine Erklärung Walter Ulbrichts war das Signal gewesen. »Ganz Berlin liegt auf dem Territorium der Deutschen Demokratischen Republik«, hatte der Chef der deutschen Kommunisten gesagt. »Die Besatzungsgewalt der Westmächte in West-Berlin besitzt keinerlei Rechtsgrundlage.«

Chruschtschow nahm das Thema am 10. November vor 15 000 Menschen, die zu Ehren Gomulkas und der russisch-polnischen Freundschaft in den Moskauer Sportpalast gerufen worden waren, auf. Er erklärte, die UdSSR beabsichtige, auf die Rechte zu verzichten, die ihr gemäß einem verjährten Besatzungsstatut zustanden. Die DDR werde dann die volle Souveränität über ihr gesamtes Gebiet besitzen, und es werde ihre Sache sein, das Berlinproblem zu regeln, wie sie es für richtig halte.

Siebzehn Tage später berief Chruschtschow eine Pressekonferenz in den Kreml. Er trug neben den beiden Sternen des Arbeitshelden die Friedenstaube von Picasso an seinem Jackenaufschlag und kommentierte die ausführliche Note, die sein Außenminister soeben den Botschaftern der Vereinigten Staaten, Großbritanniens, Frankreichs und der Bundesrepublik Deutschland übermittelt hatte. Die einfachste und natürlichste Lösung wäre die, erklärte er, daß der westliche Teil von Berlin mit dem östlichen vereinigt würde und daß die so wiederhergestellte Hauptstadt dem Staat einverleibt würde, in dem sie lag. Chruschtschow räumte allerdings ein, daß die Bevölkerung Westberlins vielleicht weiter unter dem Regime des kapitalistischen Eigentums zu leben wünsche. In diesem Fall könne Westberlin zur freien Stadt erklärt werden, unter der Bedingung jedoch, daß es von den alliierten Garnisonen geräumt und völlig entmilitarisiert würde. Die Sowjetunion stelle einen Termin von sechs

Monaten, um Verhandlungen zu ermöglichen. Sie werde am 27. Mai 1959 ihre Befugnisse als Besatzungsmacht an die DDR übertragen.

»Westberlin hat sich in ein Krebsgeschwür verwandelt, das die Gefahr schlimmer Folgen in sich birgt; darum ist die Zeit für einen chirurgischen Eingriff gekommen«, schloß Chruschtschow. »Deshalb schlägt die Sowjetunion die Beseitigung des Besatzungsregimes vor und will Verhältnisse herbeiführen, die zur Normalisierung der Beziehungen zwischen den Großmächten beitragen.«

Zehn Jahre zuvor hatten die Westmächte eine überaus gefährliche Krise riskiert, um Westberlin zu retten. Sie hatten eifrige Hilfe bei der Bevölkerung und einen bewährten Freund im Bürgermeister, dem ehemaligen Kommunisten Ernst Reuter, gefunden. Die Berliner waren im Jahre 1958 nicht minder entschlossen als zuvor. Die wenige Tage nach Chruschtschows Drohungen erfolgten Wahlen fielen für die Sozialistische Einheitspartei, SED – der Name war ein Euphemismus für Kommunismus –, vernichtend aus. Der Nachfolger des 1953 verstorbenen Reuter war 1913 in Lübeck geboren, hatte bei Hitlers Machtergreifung Deutschland verlassen, sich als Norweger naturalisieren lassen und seinen Namen Herbert Frahm in Willy Brandt umgeändert; nach dem Krieg nahm er wieder seine deutsche Staatsbürgerschaft an und wurde der kommende Mann der Berliner Sozialdemokratie. »Das freie Berlin gehört zum freien Westen«, erklärte er. »Wir haben gute Nerven. Auf unseren Nerven wird vermutlich noch etwas herumgetrampelt werden, aber das wird uns weder beirren noch verwirren können.«

Die Westmächte antworteten der Sowjetregierung, daß sie ihre Rechte auf Berlin nicht aufgeben und daß sie auch nicht unter dem Druck eines Ultimatums verhandeln würden.

Das Jahr 1959 begann. Die erste 10%ige Verminderung der Zölle zwischen den Sechs des Gemeinsamen Marktes trat in Kraft. Am 8. Januar trat de Gaulle im Elysée an die Stelle von Präsident René Coty, der mit beispielhafter Würde ins Privatleben zurückkehrte. De Gaulle nahm den leidenschaftlichen Polemiker des »*Courrier de la Colère*« (Zornige Briefe), Michel Debré, zum Ministerpräsidenten. Couve de Murville blieb im Quai d'Orsay. Die anfänglichen Stellungnahmen und Erklärungen dieser ersten Regierung der V. Republik berechtigten zu der Hoffnung, daß ihre Führer sich nicht so verhalten würden, wie sie es zuvor in der Opposition getan hatten. Debré verurteilte den Nationalismus, »dieses maßlose Gefühl, das sich durch Verachtung und ein Streben nach Überlegenheit äußert«. Er ließ die drei wirtschaftlichen Gemeinschaften, CEEC, Euratom und Gemeinsamen Markt, gelten, die vom Gaullismus bekämpft worden waren. Er anerkannte, daß es galt, »über den einzelnen Nationen ein vereintes Europa zu erstreben und es zu schaffen«. Man durfte hoffen, daß die Ausübung der Macht die neuen Regierenden Frankreichs von der Notwendigkeit eines übernationalen Prinzips überzeugen würde, das zur allmählichen Schaffung eines europäischen Bundesstaats führen würde; dort würde die Eigenart der einzelnen Stammländer durch eine oberste Führung gekrönt sein, die auf Grund ihres Auftrags gewisse Formen der Souveränität ausüben würde.

(Forts. *Deutschland* S. 960)

Die Kluft zwischen Russen und Chinesen verbreitert sich

Eine ungewöhnliche Figur tauchte in den Vereinigten Staaten auf: Anastas Mikojan.
Es war das erste Mal, daß eine sowjetische Persönlichkeit dieses Rangs zu einem anderen Zweck als mit einem bestimmten politischen oder militärischen Auftrag amerikanischen Boden betrat. »Ich komme als Besucher«, sagte er, »mit einem dreimo-
natigen Visum, das Ihre Botschaft in Moskau mir ausgestellt hat. Ich komme nur,
um zu sehen und zu lernen.« Chruschtschow hatte ihm bei seiner Abreise gesagt:
»Bleib nicht drüben; du würdest der reichste aller Amerikaner werden.« Auf der
Rundreise, die bei sibirischer Kälte vor sich ging, gab es vielerlei Zwischenfälle. Mikojan wurde in Washington, Cleveland, Detroit, Chikago, San Francisco von ganzen
Umzügen ungarischer Flüchtlinge empfangen, die ihn einen Henker und Mörder
schimpften. Von den Industriellen und Bankiers hingegen wurde er gefeiert. Er lud
Nixon nach Rußland ein und gab zu verstehen, daß Chruschtschow eine Einladung
in die Vereinigten Staaten nicht verschmähen würde. Er versicherte, daß die Sowjetunion mit einer völlig friedlichen Einstellung an die Berlinfrage herangehe. Die von
Chruschtschow erwähnte sechsmonatige Frist sei nicht streng aufzufassen und stelle
keineswegs ein Ultimatum dar.

Einige Tage nach Mikojans Rückkehr, am 27. Januar, begann in Moskau der XXI.
Parteitag der KPdSU. Im Westen wußten nur wenige seine Bedeutung zu ermessen
und zu verstehen, welche Etappe er in der Spaltung des Weltkommunismus bedeutete.

Chruschtschows Bericht füllt einen Band mit 190 Seiten. Er las ihn geschlagene sieben Stunden lang ernst, fast andächtig vor. Am nächsten Tag stimmte die sowjetische Presse die große Hymne an: »Unser Genosse Chruschtschow hat uns die Pforten der Zukunft geöffnet. Die Tiefe, Klarheit und Genauigkeit machen den Bericht
zu einem der Meisterwerke des Marxismus-Leninismus...« Man hatte in Nikita
Chruschtschow immer einen Praktiker gesehen, dem es mehr um Tatsachen als um
Theorien ging. Jetzt verwandelte er sich in einen Dialektiker und Denker... Denn
die Russen konnten sich nicht länger sagen lassen, daß der größte lebende Marxist
sich in Peking befand...

Mit dem XXI. Parteitag beginnt der Übergang zum Aufbau des Kommunismus, erklärte Chruschtschow. Der Sozialismus ist zu Ende. Die Kollektivierung der Produk-
tions- und Verteilungsmittel ist verwirklicht worden. Die klassenlose Gesellschaft
ist geschaffen. Was noch aufzubauen bleibt, ist die Gleichheitsgesellschaft, in der
das Prinzip der Entlohnung nach Menge und Wert der Arbeit durch ein Prinzip der
Entlohnung nach Bedürfnissen ersetzt wird. Chruschtschow machte darauf aufmerksam, daß das noch ferne Ziel durch allmähliche, stetige Annäherung und nicht
durch die demagogische Improvisation eines großen Sprungs nach vorn erreicht
werden würde.

Der Führer der chinesischen Delegation war Tschou En-lai, ein dick gewordener,
grämlicher Tschou En-lai, der nichts mehr von dem Charme seiner Bandunger Zeit
hatte. Er hörte sich ungerührt den Vorwurf an, sein Land hätte Überheblichkeit bewiesen, indem es sich anmaßte, Rußland im Aufbau der Zukunft zu überflügeln.

Chruschtschow bestimmte die Reihenfolge des Eintritts in den Kommunismus, wie man einen Festzug organisiert. An der Spitze die Sowjetunion, an zweiter Stelle die industrialisierten Länder Osteuropas, die Deutsche Demokratische Republik und die Tschechoslowakei. Dann der Block der Agrarländer, die Rumänen, Ungarn, Bulgaren und Albaner. Schließlich die Asiaten, Koreaner, Mongolen, Vietnamesen, Chinesen ...

Tschou schluckte die Demütigung und gestand, daß die Volkskommunen ein Fehler gewesen seien. Dafür richtete Chruschtschow nun seinen Redeschwall gegen den unglücklichen amerikanischen Senator Hubert Humphrey, der die Keime eines zukünftigen Konflikts zwischen Rußland und China zu erkennen geglaubt hatte. »Ein solcher Gedanke kann nur in einem Gehirn entstehen, dem die Aufklärung durch den Marxismus fehlt«, erklärte er. Die internationalen Konflikte entspringen dem Kapitalismus, und sie werden dort, wo der Kapitalismus abgeschafft ist, vollkommen undenkbar. »Humphrey übertrifft den berühmtesten aller Aufschneider«, spottete Chruschtschow, »den Baron von Münchhausen.«

Von dem Berlinkonflikt, vor dem die Welt zitterte, sprach Chruschtschow nur nebenbei. Er erwähnte seine sechsmonatige Frist nicht mehr. Er erklärte, daß die Wiedervereinigung Deutschlands nur aus einer unmittelbaren Verhandlung zwischen den beiden deutschen Staaten hervorgehen könne, fügte jedoch hinzu, er werde der BRD nicht gestatten, »die DDR zu verschlingen«. Europa verbrachte eine schlimme Nacht, als vier amerikanische Militärlastwagen in Helmstedt festgehalten wurden. Es wurden Weisungen erteilt, die Bodenorganisation der Luftbrücke wieder in Tätigkeit zu setzen, aber es wagte niemand zu hoffen, daß sich die Sowjets wie im Jahre 1949 damit begnügen würden, die Flüge zu zählen.

Die Westmächte antworteten auf die russische Einschüchterung, daß das Berlinproblem mit dem allgemeinen Problem der deutschen Wiedervereinigung untrennbar verbunden sei.

Noch einmal überquerte John Foster Dulles den Ozean, um die westlichen Positionen in London, Paris und Bonn unter einen Hut zu bringen. Er hatte in einer Geheimsitzung des außenpolitischen Ausschusses des Repräsentantenhauses erklärt, daß die Preisgabe Berlins die größte Katastrophe für den Westen bedeuten würde und man bereit sein müsse, sogar einen Krieg zu riskieren, um sich ihr zu widersetzen. Die deutsche und die französische Regierung waren mit dieser energischen Stellungnahme völlig einig; die englische Regierung schloß sich ihr an. Man beschloß, das von Chruschtschow vorgeschlagene Gipfeltreffen abzulehnen, hingegen aber eine Konferenz der Außenminister vorzuschlagen, die in Genf stattfinden und sich mit dem gesamten deutschen Problem befassen sollte.

Am Tag nach seiner Rückkehr nach Washington wurde John Foster Dulles ins Walter Reed Hospital gebracht. Vor der Operation sprach das medizinische Bulletin von einem Bruch. Nach der Operation enthüllte es, daß man aus dem Darm des Ministers eine Krebsgeschwulst entfernt hatte und daß eine längere Strahlenbehandlung erforderlich sei. Später erfuhr man, daß der behandelnde Arzt, Dr. Daughton, von Dulles verlangt hatte, er solle auf die Reise nach Europa verzichten; er habe jedoch geantwortet, die Konsolidierung des Nordatlantikpaktes sei wichtiger als seine Gesundheit. Bundeskanzler Adenauer wußte als einziger von den furchtbaren Schmerzen, die Dulles während seiner Mission gequält hatten.

Dulles war ein Phänomen an Energie. Kaum aus der Narkose erwacht, verlangte er ein Telefon, um sich über die letzten Entwicklungen der Berlinkrise zu informieren. Eisenhower wies den Gedanken ab, einen Nachfolger für ihn zu bestimmen. Man vertraute Dulles' einstweilige Vertretung dem geborenen Pariser Christian Herter an, dem Sohn des Künstlers, der für die Halle der Gare de l'Est »Die Abreise der Mobilisierten des Jahres 1914« gemalt hatte. Herter, der zweimal Gouverneur von Massachusetts gewesen war, ehe er zweiter Mann im Außenministerium wurde, war 2 Meter groß und ging auf baumstarken Krücken, da er an bohrenden arthritischen Schmerzen litt, so daß er ständig von einem Masseur begleitet werden mußte. Seine vier Mitarbeiter Douglas Dillon, Henry Cabot Lodge, Alfred Gruenther und John McCloy standen mit ihm praktisch auf gleicher Stufe. Die kraftvolle Einheit, die mit John Foster Dulles sieben Jahre lang bei der amerikanischen Diplomatie geherrscht hatte, bestand nicht mehr. (*Forts. China S. 853; UdSSR S. 848*)

Wie die Zypernfrage gelöst wurde

Im dichten Morgennebel suchte eine Reihe Flugzeuge ihren Weg. Eine Viscount der Turkish Airlines erhielt die Weisung, auf dem Ausweichflughafen Gatwick, 25 Meilen südlich von London, zu landen. Plötzlich verschwand sie vom Radar. Mit dem Getöse brechenden Metalls und zerschlagener Bäume tauchte sie auf der Farm von Mrs. Anthony Bailey in Surrey auf. Die Frau eilte herbei; beide Flügel waren abgerissen, das Vorderteil der Kabine stand in Flammen. Einige verstörte Überlebende tauchten aus dem Rumpfheck auf; einer von ihnen rief: »Ich bin der türkische Ministerpräsident! Hilfe!«

Sechs Tage zuvor hatte der somit Gerettete, Adnan Menderes, im Züricher Grand Hotel Dolder mit dem griechischen Ministerpräsidenten Konstantin Karamanlis einen Vertrag über Zypern unterzeichnet. Er war nach Ankara geflogen, um ihn seiner Regierung vorzulegen, und war auf dem Weg zu einer endgültigen Besprechung in London, als sein Flugzeug abstürzte, wobei von den fünfundzwanzig Passagieren sein Informationsminister, sein Kabinettschef und dreizehn andere Personen ums Leben kamen.

Die Verhandlung war unter strengster Geheimhaltung vor sich gegangen. Auf der Insel bestanden die Unruhen weiter, während Menderes und Karamanlis nach einer Regelung suchten, die es den hunderttausend Türken und vierhunderttausend Griechen ermöglichen sollte, anders als unter britischem Schutz nebeneinander zu leben. Karamanlis machte das höchste Zugeständnis und verzichtete auf die Angliederung Zyperns an Griechenland. Es wurde vereinbart, nun auch von England ein Opfer zu verlangen, nämlich die Aufgabe der Souveränität, die es seit dem Jahre 1878 auf der Insel ausübte. Man würde ihm zwei Militärenklaven, in Akrotiri und Daharia, zuerkennen. Das unabhängige Zypern würde einen griechischen Präsidenten und einen türkischen Vizepräsidenten erhalten, wobei diesem ein Vetorecht zuständige.

Menderes wurde an Ort und Stelle von einem Dorfarzt behandelt und dann in die London Clinic gebracht. Die englisch-türkisch-griechische Konferenz begann ohne ihn im Lancaster House. Die Einigung gemäß den Bedingungen des Züricher Abkommens wurde bestätigt, man mußte sie aber noch von Erzbischof Makarios annehmen lassen. Die Engländer hatten ihn aus seinem Exil auf der Insel Mauritius geholt und im Dorchester House einquartiert, wo eine Gruppe überaus erregter Zyprioten zu ihm stieß. Er erklärte, er werde niemals auf die Enosis (Angliederung an Griechenland) verzichten, doch Karamanlis stellte ihn brutal vor die Entscheidung: Entweder–Oder. Der Erzbischof versenkte sich zwölf Stunden lang in andächtiges Gebet, dann erschien er wieder und erklärte, er finde sich damit ab. Übrigens wußte er, daß er der erste Präsident der Republik Zypern sein werde.

Macmillan und Karamanlis begaben sich in die London Clinic. Menderes empfing sie im Pyjama und unterzeichnete in dieser wenig protokollgemäßen Aufmachung das endgültige Abkommen. Nach Makarios teilte auch der Chef der Terroristenbewegung, Oberst Grivas, mit, daß er keinen Widerstand leisten werde und, da er nicht zypriotischer Staatsbürger sei, nach Griechenland zurückkehre. Die Zypernaffäre war geregelt.

Die Labourpartei zählte spöttisch auf, mit wie vielen »Niemals« die konservativen Regierungen sich der Abtretung Zyperns entgegengesetzt hatten. Die *Die hard*, wie Lord Beaverbrook, wetterten gegen den Verlust eines weiteren Juwels des britischen Empires. Die Liste seit dem Siegesjahr 1945 war lang: Indien, Birma, Ceylon, der Irak, Palästina, Ägypten, der Sudan, die Goldküste, Nigeria … In der Föderation Malaya, in Kenia, Tanganjika, Rhodesien, Njassaland, Gambia, auf Jamaika, Barbados, Guayana waren Prozesse, die auf die Unabhängigkeit hinzielten, im Gang … Man versuchte Hongkong, Singapur und Aden, die drei Pfeiler des Empire, zu behalten. Im Mittelmeer verblieben von den Stationen auf dem Weg nach Indien nur noch der von Spanien geforderte Felsen von Gibraltar sowie Malta, dessen Bevölkerung nach Unabhängigkeit strebte. Was bedeutete übrigens noch der Weg nach Indien, da es kein britisches Indien mehr gab und der Suezkanal Nasser gehörte?

Macmillan blieb wenig Zeit, sich mit Polemiken aufzuhalten. Er hatte sich eine wunderschöne weiße Lammpelzmütze gekauft, um der russischen Kälte zu trotzen. Er reiste nach Moskau, in der Hoffnung und Überzeugung, er werde es erreichen, daß England als Schiedsrichter im Streit um Berlin auftrete und Chruschtschow wieder zur Vernunft bringe.

Demütigung und Festigkeit Macmillans in der UdSSR

Fünf Tage zuvor hatte Chruschtschow in Tula eine drohende Sprache geführt: »Manche militanten Politiker der Westmächte sagen: Wird die Kontrolle für den Zugang nach Westberlin der DDR übergeben, so werden sie mit Waffengewalt sich dorthin Bahn brechen! So können nur Leute sprechen, die den realen Tatsachen nicht Rechnung tragen. Es ist bekannt, daß in der DDR sowjetische Truppen stationiert sind. Und sie befinden sich nicht dort zu dem Zweck, um Gorodki zu spielen.

Wird ein Friedensvertrag abgeschlossen – dann wird die DDR alle Rechte und Pflichten eines souveränen Staates erlangen. Jeder Verletzung der Souveränität der DDR wird eine entschiedene Abfuhr zuteil werden, ganz gleich, wo die Verletzung erfolgt ist – zu Wasser, zu Lande oder in der Luft.«

Der Flughafen Wnukowo lag – ein seltener Fall im Winter – in hellem Sonnenlicht, als Chruschtschow, Mikojan und Gromyko Macmillan und Lloyd empfingen. Macmillan fühlte sich befangen durch seine Pelzmütze, den einzigen weißen Farbfleck inmitten all der Köpfe mit schwarzen Mützen. Sein aristokratisches Äußeres paßte nicht zu dem der kurzbeinigen plebejischen Russen. Bei der Begrüßung herrschte ein nichtssagend herzlicher Ton. Sie wurde in der ehemaligen Datscha Stalins in Semenoskaja, inmitten eines wundervoll verschneiten Waldes, fortgesetzt. Am nächsten Tag verlegte man die Besprechungen in den Kreml, und nun wurden sie erbitterter. Auch Chruschtschow hatte sich an Berchtesgaden und an Neville Chamberlain erinnert. Er hatte geglaubt, Macmillan sei gekommen, um Zugeständnisse anzubieten, fand ihn jedoch felsenfest und mit den USA, Frankreich und der Bundesrepublik Deutschland völlig solidarisch.

Man bestand darauf, daß Macmillan die Atomstadt Dubna, 150 Kilometer von Moskau, besuchte. Er fügte sich, nachdem er anstelle der weißen eine schwarze Mütze aufgesetzt hatte. Zu der Zeit versammelten sich die Wähler des Distrikts Kalinin, Wahlkreis des Abgeordneten Chruschtschow, im Kreml selbst, und zwar im Kongreßsaal. Chruschtschow erklärte ihnen, daß die UdSSR die Wiedervereinigung Deutschlands nicht zulassen und den imperialistischen Vorposten, den Westberlin darstellte, liquidieren werde. Er lehnte die Außenministerkonferenz mit der Bemerkung ab, daß der seine, Gromyko, zu sehr beschäftigt sei, um seine Zeit in dem Sumpf zu vergeuden, in dem die kapitalistischen Mächte die Berlinfrage versinken lassen wollten. Er wiederholte, daß die UdSSR bereit sei, den Degen zu ziehen, falls die Westmächte versuchen sollten, sich der von ihr beschlossenen Regelung mit Gewalt zu widersetzen.

Für Macmillan war die Rede eine vorsätzliche Beleidigung. Sie erinnerte an Hitlers Brutalität, als er Schuschnigg und Hacha terrorisierte, und ähnelte der Erpressung, die Chruschtschow vier Jahre zuvor bei Adenauers Besuch auf den Bundeskanzler ausgeübt hatte. Macmillan überlegte, ob er abreisen solle. Er bezwang sich jedoch und gab einen Empfang in der britischen Botschaft – einem großen Haus mit dunkler Holztäfelung, das auf den Moskwakai hinaussah, gegenüber den Glockentürmen des Kreml –, zu dem eine Menge Gäste erschienen. Er wurde jedoch von Unwohlsein befallen, zog sich zurück, kam mit einer Kompresse auf der Stirn wieder und blieb den ganzen Abend auf einem Diwan liegen. Chruschtschow war bei der Unterhaltung ein scharfer und jovialer Spaßmacher.

Ein weiterer Tag verging. Macmillan und Chruschtschow saßen nebeneinander im Bolschoitheater bei einer Vorstellung von Prokofjews Ballett »Romeo und Julia«. Man bemerkte, daß sie während der Vorstellung kein Wort miteinander wechselten. Beim Abschied kündigte Chruschtschow jedoch Macmillan an, daß er ihn am nächsten Tag nach Kiew begleiten werde. Die Engländer deuteten diese Aufmerksamkeit als versöhnliche Geste.

Zwei Stunden vor dem Abflug sagte Chruschtschow ab, mit der Begründung, er habe Zahnschmerzen. Dann aber verbrachte er den ganzen Tag damit, Delegationen zu empfangen.

In Kiew machte sich die Menge offensichtlich über die Engländer lustig. Ein schalkhafter Funktionär veranlaßte sie, vierzig Minuten lang stehend die Aufzählung der Statistik aller seit dem Jahre 1949 gelegten Eier anzuhören. Diesen Demütigungen begegnete Macmillan mit unverändertem Phlegma. Er erhielt die Belohnung dafür in Leningrad, wo ihm zugejubelt wurde, und rächte sich dann im Fernsehen. Chruschtschow, der sich herausgefordert fühlte, hatte ihm versichert, er könne sagen, was er wolle, das Sowjetvolk lasse sich durch die Argumente eines Vertreters des Kapitalismus nicht beeindrucken. »Old Mac« malte ein herrliches Bild von England, in dem die Menschenrechte respektiert werden, und ließ das Wort Freiheit über die Wellen des sowjetischen Rundfunks erschallen.

Das Unterhaus applaudierte bei seiner Rückkehr; sein Gegner Gaitskell beglückwünschte ihn zu seiner Würde und Selbstbeherrschung. Macmillan brachte jedoch die Überzeugung mit, daß Chruschtschow, ohne Rücksicht auf etwaige Folgen, bis zum Äußersten gehen werde und daß ein plötzlicher Atomangriff im Bereich der Möglichkeit sei. Er teilte Eisenhower seine Befürchtung mit und drängte darauf, man solle verhandeln und die von Chruschtschow vorgeschlagene Gipfelkonferenz annehmen, ehe es zu spät sei.

Die öffentliche Meinung hatte die Drohung gegen Berlin nicht ernst genommen. Nun wurde sie sich der Gefahr bewußt. Das Wort »Krieg?« sprang plötzlich in der ganzen Welt auf die Titelseiten der Zeitungen.

In dieser Atmosphäre wachsender Besorgnis erfuhr man am 4. März von der unerwarteten Ankunft Chruschtschows in Leipzig. Anschließend sollte er nach Berlin reisen. Das Ziel der Reise konnte wohl nur die Unterzeichnung des so oft angekündigten, so sehr befürchteten Friedensvertrags mit Ostdeutschland sein.

Es war Messe in Leipzig. Die traurige zerschlagene Stadt war von dem Zauberstab berührt worden, der sie für die Augen der kapitalistischen Besucher verwandelte. In den Schaufenstern war wieder Fleisch aufgetaucht. 500 Taxis waren eingetroffen, um die 150 zu verstärken, die, wenn es keine Messe gab, für die 600 000 Einwohner ausreichten. Das Wort »Frieden« wurde in allen Sprachen wiederholt, und die Parade der Volksarmee fand ohne ein einziges Gewehr statt. Chruschtschows Ankunft wurde durch Lautsprecher verkündet, die das Volk zum Jubel aufforderten. Fabriken, Geschäfte, Schulen mußten schließen. Alle Hauptstädte befanden sich in Bereitschaft. Die Fachjournalisten, die über die Messe berichteten, wurden zu Geschichtsschreibern für einen historischen Augenblick. Würde das Wort »Krieg« von Nikita Chruschtschows Lippen fallen?

Am nächsten Tag standen eine Viertelmillion Menschen auf dem Wilhelm-Leuschner-Platz. Flugzeuge besäten den Himmel mit russischen und deutschen Fahnen, die, an Fallschirmen befestigt, über den Köpfen der Menge schwebten. Als Chruschtschow die Rednertribüne betrat, flog ein Taubenschwarm hoch; doch der Himmel war schwarz, und bei den ersten Worten Chruschtschows kam der Wolkenbruch. Chruschtschow begann seine vorbereitete Rede: »Wie freue ich mich,

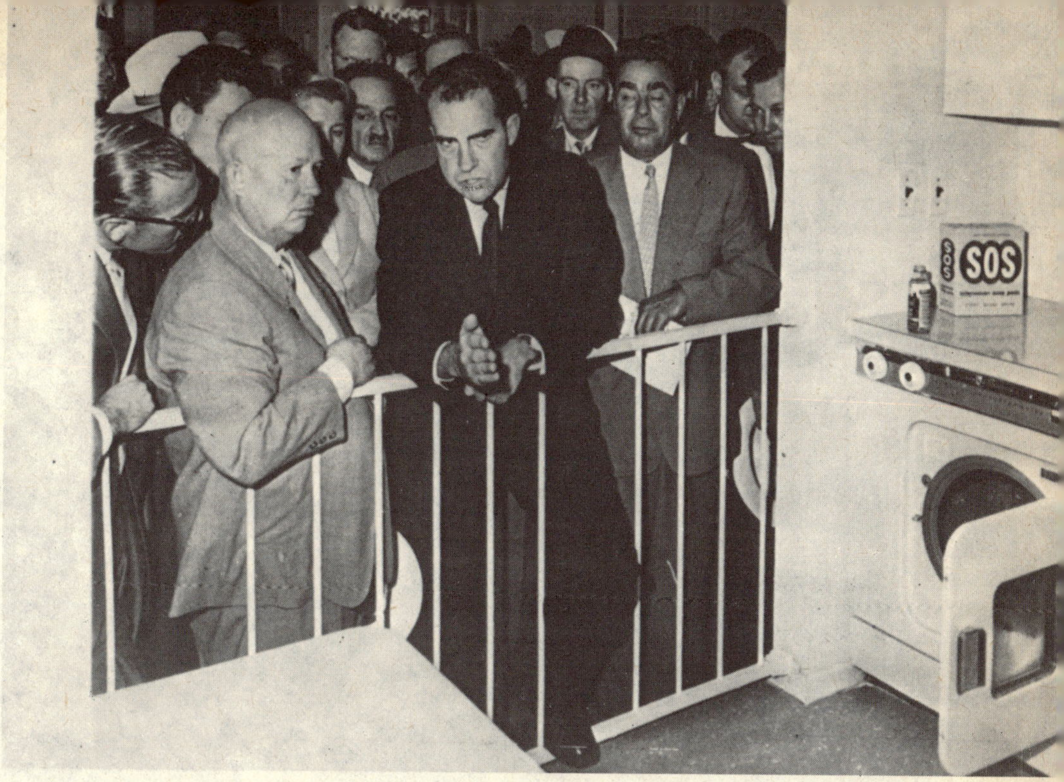

113 Politisches Gespräch vor einer Küche: Vizepräsident Nixon mit Chruschtschow auf der amerikanischen Industrieausstellung in Moskau im Juli 1959. – 114 Lunik 2 als Gastgeschenk: Chruschtschow bei seinem ersten USA-Besuch 1959 mit Außenminister Herter, Eisenhower, Henry Cabot Lodge, Nixon, Botschafter Thompson (v. r.).

115 116 Die USA und Lateinamerika: Mit Parolen wie »Nieder mit dem Yankee-Imperialismus« wird US-Vizepräsident Nixon im April 1958 bei einem Staatsbesuch in Caracas empfangen. – Außenministerkonferenz in Punta del Este, Januar 1962: Ausschluß des sozialistischen Kuba aus der Organisation der Amerikanischen Staaten.

euch an diesem strahlenden Tag hier begrüßen zu können...« Es regnete in Strömen!

Doch welch eine Überraschung – die begossene Rede war friedlich. Man müsse verrückt sein, um an einen Krieg zu denken! Adenauer und Grotewohl sollten miteinander übereinkommen, um Deutschland wieder zu vereinigen. Die Sowjetunion habe niemals ein Ultimatum für die Berlinfrage gestellt, sie habe den 27. Mai 1959 nie als Schicksalsdatum für die Übertragung ihrer Rechte als Besatzungsmacht an die Deutsche Demokratische Republik betrachtet. Es könne der 27. Juni oder der 27. Juli oder ein späteres Datum sein. Die UdSSR habe es nicht eilig.

Ein erstaunlicher Verwandlungskünstler! Nun war er wieder zuckersüß. Er besuchte die Messe und machte drollige Bemerkungen an den Ständen. Nach dem im Neuen Rathaus servierten Mittagessen setzte er sich an einen großen Tisch, rief die westlichen Journalisten und drei Unterhausabgeordnete, die in Leipzig zu Besuch waren, heran und plauderte zwei Stunden lang mit ihnen, während er Ströme von Bier in sich hineingoß. Immer wieder erklärte er, er verstehe nicht, warum man um jenen 27. Mai so viel Lärm geschlagen habe. »Das einzige, worauf es ankommt, sind Verhandlungen mit dem Wunsch, eine vernünftige Lösung zu erzielen. Das habe ich immer schon gesagt.« Ulbricht und Grotewohl, die von der Schwenkung der Russen nicht benachrichtigt worden waren, lauschten mit Leichenbittermienen.

Einige Tage später schlugen die Regierungen der USA, Großbritanniens und Frankreichs eine Außenministerkonferenz vor, wobei sie als Datum den 11. Mai und als Treffpunkt Genf vorschlugen. Die ostdeutsche und die westdeutsche Regierung sollten auf einem Seitenplatz daran teilnehmen, die erste hinter der sowjetischen, die zweite hinter den westlichen Delegationen. Man mußte auf Adenauer starken Druck ausüben, um ihn zur Annahme einer untergeordneten Stellung und vor allem der Gegenwart der ostdeutschen Regierung, der er jeden repräsentativen Charakter absprach, zu bewegen.

Chruschtschow hatte geschworen, er werde eine Außenministerkonferenz ablehnen und sich mit nichts Geringerem als einer Gipfelkonferenz zufriedengeben. Er änderte seine Meinung, und die westlichen Vorschläge wurden angenommen. Die erste gefährliche Phase der neuen Berlinkrise war vorüber. (*Forts. UdSSR S. 855*)

Nasser entzweit sich mit Kassem

Das Jahr 1959 hatte für Gamal Abdel Nasser mit ruhmvoller Tätigkeit begonnen. Kairo war ein diplomatischer Knotenpunkt geworden. Die Ministerpräsidenten Grotewohl, Fanfani, Chruschtschow, der Präsident der Weltbank, Eugene Black, der Generalsekretär der Vereinten Nationen, Dag Hammarskjöld, hatten einander dort getroffen oder abgelöst. Der Rat der Arabischen Liga war hier zusammengetreten; Nasser ersuchte ihn, einen Gemeinsamen Markt zu gründen; darin sah er, nach der Vereinigung Ägyptens und Syriens, die zweite Etappe seines großen Vorhabens.

Das zur Nordprovinz der Vereinigten Arabischen Republik gewordene Syrien besaß den stärksten Kommunistenkern im Mittleren Osten. Nasser ließ in Damaskus und Aleppo etwa hundert Kommunisten verhaften; ihr Führer, Khaled Bagdasch, entkam und flüchtete nach Moskau.

Wenn Nasser in Ägypten Kommunisten festnahm, hielt es die UdSSR nicht für nötig, sich darum zu kümmern. Über die Verhaftungen in Syrien geriet sie in Erregung. Chruschtschow erklärte beim XXI. Parteitag, man müsse doch jene arabischen Länder, die aufrichtige Freunde der Sowjetunion seien, von denen unterscheiden, die antikommunistische Parolen übernahmen und dadurch dem Imperialismus in die Hände arbeiteten. Nasser war wütend und sandte Chruschtschow einen empörten Brief. Chruschtschow ließ ihn drei Monate auf Antwort waren, dann schrieb er ihm ein paar nichtssagende Freundschaftsbeteuerungen.

Das arabische Land, zu dessen Gunsten die sowjetische Unterscheidung sich auswirkte, war der Irak. Die UdSSR richtete in Bagdad eine Botschaft mit 200 Leuten ein, und Karim Kassem wurde täglich von der sowjetischen Presse gelobt. Nun brachte aber Kassem den Gemeinsamen Arabischen Markt zum Scheitern und kritisierte die syrisch-ägyptische Vereinigung. Nuri Said war ermordet worden, weil er sich den integrationistischen Bestrebungen Nassers widersetzt hatte. Der Mörder, der Revolutionär Kassem, trat in die Fußstapfen des getöteten Konservativen.

Es gab noch Nasseranhänger im Irak. Einer von ihnen war Oberst Abdul Salah Mohammed Aref, den Kassem zur Zeit des Staatsstreichs im Juli »meinen aufrührerischen Bruder« genannt hatte. Man erfuhr, daß der »aufrührerische Bruder« verhaftet, vor Gericht gestellt und zum Tode verurteilt worden war. Kassem milderte jedoch die Strafe; das sollte er mit dem Leben bezahlen.

Am 9. März verkündete die syrisch-ägyptische Presse hoffnungsvoll, daß in Mossul eine Revolte gegen »die kommunistische Diktatur Kassems« ausgebrochen sei. Der militärische Stadtkommandant Oberst Wahal al-Shawaf hatte eine prokommunistische Demonstration zum Vorwand genommen, um sich gegen Bagdad aufzulehnen und auf Kassems Kopf den Preis von 10 000 Pfund Sterling zu setzen. Er hatte jedoch kein Glück; die vier einzigen Flugzeuge der Regierung verwundeten ihn bei einem Luftangriff auf seinen Befehlsstand, und einer seiner Unteroffiziere tötete ihn während des Transports zum Krankenhaus. Darauf folgte ein fröhliches irakisches Gemetzel. Mehrere hundert Menschen wurden hingeschlachtet, und jede Straßenlaterne in Mossul hatte ein Recht auf ihren Gehängten.

Zwischen Nasser und Kassem war ein unauslöschlicher Haß entstanden. Bei den Demonstrationen gegen Nasser in Bagdad tobte sich ebensoviel Hysterie aus wie in Kairo und Damaskus gegen Kassem. Die UdSSR nahm energisch Partei für den Irak. Chruschtschow erklärte, Nasser sei ein junger Hitzkopf, der sich über sich selbst Illusionen mache. Bagdasch beschuldigte ihn in Warschau, der Schirmherr der korrupten ägyptischen Bourgeoisie zu sein, dann wiederholte er seine Anklage in Peking, wo sie von Tschou En-lai beklatscht wurde. Nasser ließ die mit einer Widmung versehene Fotografie des Chinesen aus seinem Büro entfernen und befahl seinen Zeitungen, China als Feind der freien Völker zu brandmarken. Was die UdSSR anlangte, so stellte er fest, nicht sie habe den englisch-französisch-israelischen Angriff im

Jahre 1956 zum Stillstand gebracht, sie habe sich eines Sieges gerühmt, an dem sie keinerlei Anteil hatte.

Die Polemik mit der UdSSR flaute nach einigen Monaten ab. Die Hilfe für den zweiten Abschnitt des Assuandamms wurde gewährt, und da Nasser nie mit nur einer Hand nahm, erhielt er von der Weltbank einen Kredit von 65 Millionen Dollar, um den Suezkanal tiefer auszubauen.

Dagegen blieb der Konflikt mit dem Irak akut. Er war durch die wachsenden Schwierigkeiten belastet, mit denen Nasser in dem von dem passiven Ägypten so verschiedenen Land der Individualisten, Syrien, zu kämpfen hatte. Ende 1959 faßte er den Entschluß, mit allen syrischen Parteien reinen Tisch zu machen und seinen Oberbefehlshaber, Marschall Amer, mit den Vollmachten eines »Gauleiters« nach Damaskus zu schicken.

Der Aufstand in Tibet

Ich habe schon kurz berichtet, wie die Chinesen mitten im Koreakrieg in Tibet einmarschierten und daß der damals fünfzehnjährige Dalai Lama in ein Dorf an der indischen Grenze geflüchtet war. Im darauffolgenden Jahr durfte er infolge eines Abkommens nach Lhasa zurückkehren. Tibet erkannte die Souveränität Chinas an, China duldete die Autonomie Tibets. Die Verwaltung wurde einem chinesischen Gouverneur anvertraut, doch Peking versprach, daß die lokalen Bräuche und die religiösen Freiheiten respektiert werden sollten.

Die tibetische Theokratie besitzt zwei Köpfe, die beide Inkarnationen Buddhas sind. Der Dalai Lama ist jedoch der geistige und politische Chef, während der Taschi Lama nur religiöse Befugnisse hat. Der Dalai Lama wohnte abwechselnd in Lhasa in der gewaltigen Palastburg (Potala) und in der mit Mauern eingeschlossenen Stadt Norbulingka, inmitten riesiger Gärten. Der Taschi Lama lebte in einem Lamakloster in Shigatse. Es gab eine Art Tradition, nach der der Dalai Lama indien- und der Taschi Lama chinafreundlich war. Als der Dalai Lama im Jahre 1950 flüchtete, eilte der Taschi Lama nach Peking, um Mao Tse-tung zu huldigen.

Nahezu zehn Jahre waren vergangen. Vor der Eroberung durch die Chinesen war Tibet nur sehr schwer zugänglich gewesen, danach war es vollkommen unzugänglich. Die einzige bestehende Konsularmission war die Indiens, durch die spärliche Nachrichten nach außen sickerten. Man wußte, daß die chinesische Besatzung sich verstärkte und daß zwischen Chungking und Lhasa eine strategische Straße eröffnet worden war. Man stellte fest, daß der junge Dalai Lama sehr fügsam war. Beim Parteitag der KP im Jahre 1955 wurde er zum Vizepräsidenten des Zentralkomitees gewählt, nachdem er in Mao »den geliebten Führer aller chinesischen Nationalitäten« begrüßt hatte. Zwei Jahre später stellte Mao in seiner »Rede von den Hundert Blumen« fest, daß Tibet für demokratische Reformen noch nicht reif sei. »Wir dürfen nicht ungeduldig sein. Erst wenn die große Mehrheit des tibetischen Volks und seiner traditionellen Führer von der Vortrefflichkeit des Sozialismus völlig überzeugt ist, werden wir vorwärtsschreiten können.« Inzwischen war noch nicht einmal die Leibeigenschaft abgeschafft, und ein Fünftel der dreieinhalb Millionen Tibeter lebte weiter in Lamaklöstern, ohne irgendeine andere Betätigung als das Drehen von Gebetsmühlen.

Im Osten Tibets wurde der Guerillakampf fortgesetzt. Die Khambas, Krieger von mehr als ein Meter achtzig Körpergröße, verhielten sich in ihren riesigen Bergen der chinesischen Macht gegenüber herausfordernd. Die Agitation drang bis in die Lamaklöster. Der Gouverneur Tan Kuan San forderte den Dalai Lama auf, die antichinesischen Umtriebe zu verurteilen und seine Leibwache gegen die Khambas zu schicken. Der damals 24jährige Gottkönig lehnte das ab.

Das tibetische Jahr beginnt im März. Lhasa war voll von Pilgern. Sie erfuhren, daß Tan den Dalai Lama zu einer Theatervorstellung in sein Hauptquartier eingeladen und ihm empfohlen hatte, ohne sein Gefolge zu kommen. Die Menge umstellte den Palast von Norbulingka. Der Dalai Lama schrieb dem General Tan, er könne seiner Einladung nicht folgen, da ihn das Volk nicht aus dem Palast hinauslasse. Die Mitglieder seines Kabinetts unterschrieben eine Petition, in der die Aufkündigung des Abkommens von 1950 und die Wiederherstellung der Unabhängigkeit Tibets verlangt wurde.

Der Aufstand brach am 17. März aus. Die Chinesen zerstörten die Klöster Drepung und Serd mit Kanonenfeuer, wobei Hunderte von Mönchen verschüttet wurden. Am 19. März nahmen sie den Palast von Norbulingka ein; der Dalai Lama war jedoch nicht mehr dort, er war mit seinen Eltern, seinen Brüdern und etwa hundert Verwandten, Würdenträgern und Dienern entkommen. Ehe er flüchtete, hatte er noch General Tan geschrieben, daß eine reaktionäre Gruppe ohne seine Zustimmung den Palast besetzt habe und daß er über die Haltung seiner Minister bestürzt sei, die mit der chinesischen Regierung in Konflikt geraten seien.

Zum zweitenmal begab sich der Lebende Buddha nach Indien, um dort Zuflucht zu suchen. Es war diesmal viel schwieriger als im Jahre 1950; chinesische Posten bewachten die Wege, und alle verfügbaren Flugzeuge suchten die Flüchtenden. Sie überschritten den She-Paß in mehr als 5000 Meter Höhe, stiegen in das steile Tal des Brahmaputra ab und überquerten unter Lebensgefahr den furchtbaren Strom. Das Pony des Dalai Lama verlor den Grund und verletzte seinen Reiter am Bein; die Wunde vernarbte jedoch sofort, wie es im offiziellen Reisebericht hieß. Die Kolonne wurde von zwei Khambagruppen gedeckt, aber der klare Himmel begünstigte die Suchflugzeuge. Der Lebende Buddha betete, und ein gnädiger Nebel bedeckte die Berge. Unter seinem Schutz erreichte man am 31. Mai das Dorf Towang in Assam. Nehru gewährte unverzüglich das Asylrecht und erteilte der indischen Armee den Befehl, eine starke Eskorte bis Tezpur, der Endstation der Eisenbahn, zu schicken. Dem ungarischen Aufstand im Jahre 1956 hatte Asien gleichgültig gegenübergestanden. Pandit Nehru hatte es abgelehnt, eine Meinung zu äußern, und die meisten neutralistischen Länder hatten die sowjetische Version eines faschistischen Putschversuchs gelten lassen. Der tibetische Aufstand dagegen versetzte mehrere hundert Millionen Menschen in Erregung. Peking betonte dessen Bedeutung, indem es Kommuniqués über die Kriegsoperationen im Gebiet von Lhasa und im Land der Khambas veröffentlichte. Es behauptete, daß der Dalai Lama von reaktionären Elementen entführt worden sei, und veröffentlichte als Beweis dessen Briefe an General Tan. Der arme Lebende Buddha gab verworrene Erklärungen ab, sagte, daß er sich in einem Zustand geistiger Verwirrung befunden habe, und gab zu, nicht gewußt zu haben, wie er sich verhalten solle, bis die Granaten rund um seinen Palast gefallen seien.

Ganz Indien hallte von Demonstrationen zugunsten Tibets wider. Tschou En-lai antwortete, daß Tibet eine rein chinesische Angelegenheit sei und daß die Einmischung Indiens eine feindselige Handlung darstelle. Der Taschi Lama bezeichnete seinen göttlichen Kollegen als einen Saboteur und Lügner, bot sich als Führer Tibets auf dem Weg zum Sozialismus an und beschuldigte Indien, durch seine Expansionsbestrebungen in Tibet in die Fußstapfen des englischen Imperialismus zu treten.

Der Buddhismus verzeichnete eine neue Spaltung, und der Himalajakonflikt verschärfte sich. (*Forts. China S. 1025*)

Chruschtschow und Nixon im Streit wegen einer Küche

John Foster Dulles starb am 24. Mai. Er wurde am 27. begraben, dem Tag, an dem Chruschtschows Berlin-Ultimatum zu Ende gehen sollte. Dulles' alter Feind Gromyko folgte seinem Sarg. Die Außenministerkonferenz dauerte bereits zwei Wochen, sie sollte noch weitere dreiundsechzig Tage lang fortgesetzt werden. Am 5. August erkannten die Teilnehmer, daß sie einander nichts mehr zu sagen hatten; alle Versuche, ein Statut für Berlin auszuarbeiten, waren gescheitert. Die Russen fanden sich gelassen damit ab. Man hat bis heute nicht zu klären vermocht, warum Nikita Chruschtschow die Frage so theatralisch und drohend aufgeworfen hatte, um schließlich hinzunehmen, daß sie sich im Sand verlor.

Parallel zur Berlinkonferenz hatte in Genf eine Konferenz über das Verbot von Atomversuchen und eine zweite zur Verhütung von Überraschungsangriffen stattgefunden, deren Windungen zu verfolgen unnötig ist. Sie führten zu nichts.

Adenauer hatte versprochen, den Bundeskanzlerposten aufzugeben, um Theodor Heuss' Nachfolger als Bundespräsident zu werden. Aber der Gedanke, daß Ludwig Erhard sich dann in seinen Lehnstuhl setzen würde, veranlaßte ihn im letzten Augenblick zum Sinneswandel. Er zog seine Kandidatur für die Präsidentenwürde zurück. Gewählt wurde ein argloser Mann, der Landwirtschaftsminister Heinrich Lübke.

Nach so mühseligen Verhandlungen wie jenen über Berlin beschlossen die UdSSR und die Vereinigten Staaten, Ausstellungen auszutauschen. Die amerikanische wurde im Sokolniki-Park in Moskau aufgebaut, die russische im Coliseum von Manhattan.

Den Amerikanern bereitete ihre Moskauer Ausstellung viele Überraschungen. Sie war von einer sowjetischen Baufirma ausgeführt worden. Die Betonfußböden zerbröckelten bereits am ersten Tag unter Schuhen der Besucher, wodurch in den Pavillons so viel Staub entstand, daß man kaum darin atmen konnte. Harold McClellan, der mit der Organisation der Ausstellung betraut war, schritt rettend ein, indem er den schadhaften Beton mit einer Asphaltschicht überdecken ließ. Man staunte jedoch, daß das Land der Sputniks unfähig war, einen brauchbaren Zement zu liefern. Nicht weniger wunderlich waren die Eintrittsbedingungen. Statt daß sie am Eingang verkauft wurden, wurden alle Karten, 50 000 täglich, an die Sowjetbehörden gegeben, die sie nach einem System verteilten, dessen Geheimnis nur sie kannten. Dazu kam ein seltsames Vermehrungsphänomen. Es wurden zwar nur 50 000 Eintrittskarten täglich verkauft, es waren jedoch 70 000 bis 75 000, die täglich bei der Kontrolle vorgewiesen wurden. Die Amerikaner drückten ein Auge zu; das gleiche taten sie bei den Diebstählen, und sie erneuerten gelassen die Dutzende Bände, die täglich vom Bücherstand verschwanden.

Die Organisatoren hatten nicht ohne Mühe ihre Wahl des Ausstellungsthemas durchgesetzt: Alltagsleben in den Vereinigten Staaten. Man hatte ein Standardhaus, dessen Preis einschließlich des Grundes 12 900 Dollar betrug, neben dem großen CircArama, das man von der Brüsseler Weltausstellung herübergeschafft hatte, aufgestellt. »Dieses angeblich typische Haus«, schrieb die *Sowjetskaja Rossija*, »wurde hierhergebracht, um dem Mythos vom Durchschnittsamerikaner zu dienen. Solche Häuser mit ihrem Komfort und ihren Bequemlichkeiten werden nur für die Bourgeoisie geschaffen.« Die *Prawda* trat den Beweis dafür an. »Lassen wir die unwahrscheinliche Ziffer eines durchschnittlichen Wochenlohns in der Industrie von 90 Dollar gelten, wie er von der amerikanischen Propaganda behauptet wird. Der erlaubt es einer Durchschnittsfamilie gerade noch, sich ein Ei und einen Viertelliter Milch pro Person und Tag sowie drei Telefonanrufe wöchentlich zu gönnen – von einer öffentlichen Fernsprechzelle aus, da für ein eigenes Telefon das Geld nicht ausreicht. Wie sollte sie demnach das angeblich typische Haus erwerben können, das man uns als das eines Durchschnittsarbeiters vorstellt?« Die amerikanischen Zeitungen machten sich ein billiges Vergnügen daraus, ihren Lesern diese lächerlichen Texte vorzulegen.

Vor der Küche des umstrittenen Hauses kam es zu einer Kontroverse zwischen dem die Ausstellung eröffnenden Nixon und Nikita Chruschtschow. Eine Stunde lang bewegte sich das heftige, zusammenhanglose Gespräch zwischen überaus häuslichen Betrachtungen und den Problemen von Krieg und Frieden. Chruschtschow: »Ihr hofft uns zu verblüffen ... In sieben Jahren werden wir alles haben, was ihr habt, und noch mehr ... Erstens ist das kein Arbeiter-, sondern ein Propagandahaus ... Es ist nicht solide. Wir Russen bauen unsere Häuser für unsere Kinder und unsere Enkel ... Und warum habt ihr diese ›Woche der unfreien Nationen‹ gemacht? Eine Provokation! ... Ihr bedroht uns. Ja, ihr bedroht uns. Nehmt euch in acht! Auch wir sind Riesen.« Doch Nixon war nicht umsonst ein Berufspolitiker. Er hielt dem Chruschtschowschen Sturm stand: »Wir haben in Pennsylvanien einen Metallarbeiterstreik; die Leute haben alle solche Häuser wie dieses ... Es gibt 41 Millionen amerikanische Familien, 34 Millionen sind Besitzer ihres Hauses. Können Sie das auch sagen? ... Wir versuchen nicht, euch zu verblüffen. Wir zeigen eine Zivilisation mit freier Wahl und mit der Freiheit an sich ... Wir bedrohen euch nicht, aber wir lassen uns von niemand einschüchtern ...« Der heftige Wortwechsel wurde später ungekürzt vom amerikanischen Fernsehen ausgestrahlt. Die Direktoren der drei großen

Fernsehgesellschaften, CBS, NBC und ABC, hatten die Schnitte nicht bewilligt, die die Sowjetregierung durch das State Department von ihnen verlangen ließ. Der einzige Vorwurf, den das Publikum dem Vizepräsidenten machte, war, daß er in seinen Entgegnungen nicht energischer gewesen war. Trumans Kommentar: »Ich hätte an Nixons Stelle sein sollen ...«

Chruschtschow beruhigte sich und zeigte sich in seiner offiziellen Rede als guter Verlierer: »Ich muß Ihnen gestehen, daß ich beim Besuch der Ausstellung ein Gefühl des Neids empfand. Diese amerikanische Ausstellung ist das Bild dessen, was die sowjetische Wirtschaft in der Zukunft zeigen wird.«

Die Reise wurde ohne weiteren Zwischenfall fortgesetzt. Die Sowjetregierung öffnete für Nixon die Hauptstadt Westsibiriens, Nowosibirsk. Der Vizepräsident und die ihn begleitenden amerikanischen Journalisten waren über die Rauheit der Lebensbedingungen verblüfft, fanden jedoch einen Vergleich mit den Pionieren, die im vorigen Jahrhundert Amerika aufgebaut haben. Nach Washington zurückgekehrt, erteilte Nixon Eisenhower den Rat: »Laden Sie Chruschtschow ein!« Die Einladung wurde sofort angenommen und die Vorbereitung für die Reise unverzüglich begonnen. (*Forts. UdSSR S. 934*)

De Gaulle schlägt ein Dreierdirektorium vor

De Gaulle gegenüber empfanden die Vereinigten Staaten weiterhin eine mit Besorgnis gemischte Bewunderung. Der Durchschnittsamerikaner glaubte, daß Frankreich eine Diktatur habe, er meinte aber auch, daß es keine andere Möglichkeit gab, es der Anarchie zu entreißen. In den besser informierten Kreisen sah man voraus, daß Frankreich die lange währende Unbeständigkeit der Regierung mit einer langen Periode des Präsidialsystems bezahlen werde. Die vernichtende Niederlage der Linken bei den Parlamentswahlen erregte in Washington Besorgnis. Man ging so weit – wer hätte das gedacht? –, das praktische Verschwinden der Kommunistischen Partei zu bedauern, in der Überlegung, daß die legale Aktion besser war als die Flucht in den Untergrund. Manche Kongreßmitglieder und Feuilletonisten hatten übrigens Zweifel geäußert, ob es mit der Volksbefragung seine Richtigkeit hatte.

Eisenhowers Urteil über de Gaulle war immer besonnen gewesen. Als Oberkommandierender der alliierten Streitkräfte hatte er gegenüber dem mitunter hemmungslosen französischen General nie wie Roosevelt und Churchill die Nerven verloren. Trotz de Gaulles Verhalten am Tag der Landung in der Normandie hatte er ihm großzügig einen triumphalen Einzug in Paris bereitet. Er schreibt in *Kreuzzug in Europa*: »Ich schätzte General de Gaulle, da ich in ihm viele gute Eigenschaften erkannte, persönlich. Wir fanden jedoch, daß diese Eigenschaften durch Überempfindlichkeit und eine außergewöhnliche Starrköpfigkeit in Dingen, die uns belanglos erschienen, beeinträchtigt wurden.« Später, während die IV. Republik in den letzten Zügen lag, sagte er wiederholt zu John Foster Dulles: »Die einzige Chance für die Franzosen, sich wieder herauszuarbeiten, wäre ein Zurückholen von de Gaulle. Worauf warten sie noch?« (*Forts. Frankreich S. 883*)

Kaum zurückgekehrt, schrieb de Gaulle an Eisenhower, um ihm vorzuschlagen, den Nordatlantikpakt von einem Direktorium der drei Mächte leiten zu lassen, welche »die globale Verantwortung« trugen: Frankreich, Großbritannien und die Vereinigten Staaten. Ein solches Verlangen wäre gerade noch von einem Frankreich denkbar gewesen, das seine »globale Verantwortung« durch Konsolidierung der Gemeinschaft und Integrierung Algeriens gerechtfertigt hätte. Von einem Frankreich, das sich, dem Wunsch seines neuen Chefs zufolge, mit einer Bevölkerungszahl und industriellen Kräften, die denen Deutschlands beträchtlich unterlegen waren, in seine Grenzen zurückzog, war es vermessen. Präsident Eisenhower mußte antworten, daß die Auffassung General de Gaulles mit den Prinzipien des Nordatlantikpaktes nicht vereinbar sei.

Der französische Vorschlag einer Hierarchisierung des Nordatlantikpakts wurde am 24. Oktober 1958, einen Monat nach seiner Formulierung, durch die Düsseldorfer Tageszeitung *Der Mittag* bekanntgemacht. Keine europäische Nation mit Ausnahme Deutschlands war davon benachrichtigt worden. Überall wurde heftig protestiert. Fanfani erklärte vor dem italienischen Parlament, daß die Auffassung von »Grundpfeilern« oder »Säulen« innerhalb des Nordatlantikpakts im Widerspruch zum Prinzip der Gleichheit seiner Mitglieder stehe. Die niederländische Regierung fand, daß die Vorstellungen de Gaulles »nur das Gleichgewicht der NATO beeinträchtigen und der Entwicklung der europäischen Einheit im Wege stehen könnten«, und die norwegische Regierung bezeichnete sie als »völlig unannehmbar«. Die einzige Stimme zu ihren Gunsten war die von Feldmarschall Montgomery; er machte den Vorschlag, den Amerikanern die Führung der europäischen Verteidigung zu entziehen und sie den Franzosen zu übergeben. Trotz der erst vor kurzem manifestierten Übereinstimmung de Gaulles mit Adenauer rief Deutschland: »Halt!«

Vor etwa einem Jahr hatten sich die Mitglieder der NATO mit der Aufstellung von Raketen mittlerer Reichweite (IRBM) auf ihrem Gebiet einverstanden erklärt; genaue Vereinbarungen regelten alle Einzelheiten. Die Atomköpfe blieben Eigentum der Vereinigten Staaten und unter ihrer ausschließlichen Aufsicht, wie es das amerikanische Gesetz verlangt. Der Abschuß der Raketen war einer gemeinsamen Entscheidung der amerikanischen und der Regierung des betreffenden Landes unterstellt. In Großbritannien wurden vier Einheiten mit Thorraketen aufgestellt. Zehn weitere sollten auf dem europäischen Kontinent verteilt werden, von denen jede mit etwa fünfzehn Raketen ausgerüstet war. Belgien, Holland, Norwegen, Italien, Griechenland und die Türkei verhandelten über die notwendigen Anordnungen. Frankreich stellte zur Bedingung, daß die Atomköpfe der Kontrolle seiner Regierung unterstehen müßten.

Sechs Monate später führte Frankreich seinen ersten unmittelbaren Schlag gegen die NATO: Es entzog den Teil seiner Flotte (etwa ein Drittel), der ihr unterstand, dem gemeinsamen Oberbefehl im Mittelmeer. General Norstad verhehlte nicht, daß er die französische Entscheidung für überaus ernst ansah. Zwei Monate später sah er sich genötigt, alle Atombomber aus dem französischen Gebiet abzuziehen. 225 F.100 Super-Sabre verließen die Stützpunkte Toul, Etain und Chaumont und übersiedelten nach Großbritannien und Deutschland.

So zeigte das gaullistische Regime bereits an seinem Beginn eine prinzipielle Feindseligkeit gegenüber dem Nordatlantikpakt und der integrierten Verteidigung des Westens. Gleichzeitig verlangte es von der NATO völlige Solidarität in der Algerienaffäre. »Man kann nicht«, sagte Ministerpräsident Michel Debré »in Europa gegen eine gewisse Bedrohung verbündet und auf der anderen Seite des Mittelmeers gegen die gleiche Bedrohung uneinig sein.«

In Algerien dauerte das Ringen schon fast fünf Jahre. Die Stärke der Rebellen wurde vom französischen Generalstab auf 19 000 Gewehre geschätzt, er war jedoch durch die Anzahl der Waffen, nicht aber der Männer beschränkt. Übrigens entwickelte sich der Krieg anders als in Indochina, er verließ nicht das Stadium des Guerillakriegs, um zu organisierten Operationen überzugehen. »Man muß den Franzosen ein Dien Bien Phu zufügen«, sagte Krim, »damit sie Algerien aufgeben.« Kein Dien Bien Phu war in Sicht, kein Teil des algerischen Gebiets stand unter der unbestrittenen Kontrolle der FLN, wie die obere Region von Tongking und Than Hoa unter der unbestrittenen Kontrolle des Vietmin gestanden hatte. Die stärkste taktische Einheit der FLN waren die Katiba, was einer kleinen Kompanie entsprach. Man zählte deren 28 in der Wilaja Nr. 3, der Kabylei usw. Die Bewaffnung ging über 8,1-cm-Mörser nicht hinaus, und auch dieser wurde mangels Munition nur selten verwendet. Der Algerienkrieg war weiterhin ein Krieg der Jagdgewehre, des Hinterhalts, der Entführung. Die »Übergriffe«, über die der Generalstab eine genaue Statistik führte, betrugen 1200 bis 4000 Fälle monatlich. Aber man faßte unter dieser Bezeichnung ebenso einen durchschnittenen Telefondraht wie den Angriff gegen einen Posten zusammen.

Auf den passiven General Salan war der Flieger Challe mit seinem dynamischen Temperament gefolgt. Er hatte sich im Rignotviertel auf den Höhen von Algier eingerichtet, neben dem Hotel Saint Georges, wo Eisenhower in den Jahren 1942–1943 sein Hauptquartier hatte. Er glaubte, den Krieg durch Initiative und Mobilität gewinnen zu können. Seine Berichte endeten mit der Schlußfolgerung, daß es in Algerien eine militärische Lösung gebe; sie sei eine Sache der Geduld und der Phantasie.

Challe verfügte gegenüber den 19 000 bewaffneten Rebellen über eine Streitmacht von mehr als 400 000 Mann und über eine vielleicht zehntausendfach überlegene Feuerkraft. Doch die von seiner Armee zu leistenden Dienste waren gewaltig. Hunderttausend Mann bewachten die tunesischen und marokkanischen Grenzen. Hunderttausend Mann waren gebunden, um Tag und Nacht die Anlagen, Eisenbahnlinien, Straßen, Brücken usw. zu schützen. Hunderttausend Mann waren von zivilen Aufgaben – als Wegebaumeister, Lehrer, Krankenpfleger usw. – in Anspruch genommen, die das Militär übernommen hatte, als man entdeckte, wie unzureichend Algerien verwaltet war. Die Armee war mit einer ganzen Reihe von Generälen und alten höheren Offizieren belastet, die sich an die Vorteile klammerten, die ihnen dieser letzte Kolonialkrieg am Ende ihrer Laufbahn bot. Und die 2500 in Indochina gefallenen Offiziere niedereren Dienstgrads fehlten bitter in diesem Krieg der Abteilungschefs.

Challe flößte diesen schwerfälligen und schlecht zusammenpassenden, jedoch starken Kräften neuen Mut ein. Er schuf Jagdkommandos, die wie die Katibas in den Djebeln marschieren und kämpfen mußten. Er versuchte die Trägheit der statischen Besetzung, des »Stützpunktsystems«, zu überwinden, indem er die Operationseinheiten dem Befehl des Ortskommandos unterstellte. Um das Gefüge der Rebellion zu zerschlagen, entwarf er einen Befriedungsplan, der in der sukzessiven Verwendung der Masse der mobilen Kräfte in allen Gebieten Algeriens bestand. Er gab sich keinen Illusionen hin, er wußte, daß sich diese Kräfte wieder zusammenfinden würden, erklärte jedoch, er werde so oft wiederkommen, wie es notwendig war, um sie endgültig auszumerzen.

Die Anwendung des Challe-Plans begann im Quarsenis-Gebiet, dem großen Gebirge der Provinz Orléansville. Es wurde gesäubert, dann durch Einsetzung des SAS und von Gendarmeriebrigaden, durch Eröffnung von Straßen usw. organisiert. Nun konnte Challe seine Bemühungen nach Osten verlegen, in die Hauptbastionen der FLN, die Kabylei und das Gebiet von Constantine.

Der Chef der Kabylei, Aït Ramouche, genannt Amirouche, ein ehemaliger Goldschmied aus Oran, war der fanatischste aller Widerstandskämpfer gewesen. Aber Amirouche lebte nicht mehr. Am 21. März umzingelte das 2. Regiment der kolonialen Fallschirmjäger unter Oberstleutnant Ducasse eine Rebellenbande im Djebel Tsameur, zwischen Bou-Saada und Djelfa. Der Hügel steht isoliert inmitten eines Plateaus im Vorsaharagebiet. Die Fallschirmjäger drangen durch die Steinmassen und stöberten die Fellaghas mit Handgranaten auf. Einer von ihnen warf die Arme hoch und sagte: »Ich bin die Ordonnanz von Oberst Amirouche. Er ist tot.«

Ducasse war benachrichtigt worden, daß der Rebellenchef sich bei der Bande befand, die er verfolgte, und ebenso Hamid ben Abderrassan, genannt Si Haouen, der Chef der Wilaja des Aurès. Er zweifelte an seinem glücklichen Fang, doch die Leiche war dort und leicht zu identifizieren. Auch Si Haouen war unter den Toten. Zwei Obersten der FLN waren am selben Tag gefallen.

Eines war erstaunlich: Weder Amirouche noch Si Haouen befanden sich in ihrer Wilaja. Und man fing einen Esel; die Akten in den Kisten, mit denen er beladen war, enthielten viele Geheimnisse.

Nach so vielen anderen, nach Krim selbst, stand Amirouche im Begriff abzureisen. Er hatte den großen Umweg über den Süden gewählt, da er sich vor dem elektrischen Sperrgebiet an der tunesischen Grenze scheute. Rechnete er damit, eines Tages zurückzukehren? Das hat niemand erfahren. Man weiß jedoch, daß er nach Tunis wollte, um wieder einmal die Beschwerden der Untergrundbewegung dort vorzubringen. Außer mit Si Haouen, der dafür war, den »Frieden der Tapferen« anzunehmen, hatte er sich mit den Chefs der Wilaja Nr. 1, Lakhdar, und Nr. 4, Si M'Hamed, besprochen. In einer der Akten, die bei dem Esel gefunden wurden, stand verzeichnet, was sie ihm gesagt hatten, damit er es in Tunis wiederhole. Die Kämpfer betrachteten sich als preisgegeben und schienen den Mut zu verlieren; sie verstanden nicht, warum die FLN die entgegenkommenden Vorschläge de Gaulles abgelehnt hatte.

Die militärische Lage berechtigte also zu Hoffnungen, doch de Gaulles Absichten blieben weiter im Dunkel. Pierre Laffont gegenüber, dem Abgeordneten und Leiter des *Echo d'Oran*, erklärte er am 20. April, »Papas Algerien« sei tot. Welches Algerien er jedoch an dessen Stelle setzen wollte, das zeichnete sich noch nicht ab. In dem, was er über Algerien sagte, war die Voreingenommenheit zu erkennen, die Integrierung als Hirngespinst zu betrachten, und die Absicht, eine neue Befragung durchzuführen. Die Unentschlossenheit der mohammedanischen Bevölkerung, die Ängste der europäischen Einwohner wurden immer größer.

Eisenhower erfährt als erster von der Selbstbestimmung

Während des Flugs über den Atlantik, bei dem Eisenhower zum erstenmal den Schwung und die Bequemlichkeit eines Düsenflugzeugs zu schätzen Gelegenheit hatte, beschäftigte die algerische Tragödie seine Gedanken. Die USA ersehnten dringend das Ende des Konflikts und hielten ihn nur durch einen Sieg des algerischen Nationalismus für möglich. Sie litten darunter, daß sie gezwungen waren, den Anschein der Solidarität mit Frankreich aufrechtzuerhalten. Alle Analysen des State Departments schlossen mit der Hoffnung, daß Präsident de Gaulle Ratgebern wie Soustelle und Debré widerstehen und in seinem Realismus bis zum Äußersten gehen, das heißt, Algerien völlige Unabhängigkeit zugestehen werde.

Es war jedoch nicht Algerien, um dessentwillen Ike die Reise nach Europa unternommen hatte. »Kanzler Adenauer und Präsident de Gaulle hatten die Nachricht von der bevorstehenden Ankunft Chruschtschows in den Vereinigten Staaten mit Bestürzung aufgenommen...«, berichtet er. »Ich hielt es für nötig, vor der Ankunft des sowjetischen Regierungschefs hinüberzufliegen, um mit ihnen Rücksprache zu nehmen.«

Für de Gaulle bedeutete ein Zweiergespräch zwischen den Russen und den Amerikanern die Erinnerung an ein verhaßtes Ereignis: die Konferenz von Jalta. Bei Adenauer erweckte es die Furcht vor einer Einigung, die zur Anerkennung Ostdeutschlands führen könnte. Die Annäherung der beiden Riesen bedeutete für die Europäer einerseits eine Erleichterung, andererseits einen Grund zur Besorgnis. Sie fühlten sich beruhigt, zugleich befürchteten sie jedoch eine Verbindung, die sie noch ohnmächtiger machen und ohne ihre Zustimmung über ihr Schicksal entscheiden würde.

In Bonn wurde Ike mit stürmischen Ovationen empfangen. Er beruhigte den alten Kanzler, versprach ihm, daß Chruschtschows Besuch in keiner Weise eine Änderung der amerikanischen Politik bedeute und daß keine wie immer geartete Entscheidung anders als im Einverständnis mit den Verbündeten der Vereinigten Staaten getroffen würde. Dann begann Adenauer von Algerien zu sprechen. »Bei ihm war das beinahe eine fixe Idee«, notierte Eisenhower. Er bat den Präsidenten inständigst, die Franzosen zu unterstützen; die Rebellion, sagte er, sei eine kommunistische Unternehmung, deren Sieg Europa auf dem Umweg über das Mittelmeer in Gefahr bringen würde. Eisenhower erwiderte, daß die antikolonialistische Tradition der Vereinigten Staaten ihm große Zurückhaltung auferlege und er nicht einmal versprechen könne, bei der nächsten Debatte der Vereinten Nationen für Frankreich stimmen zu lassen.

Nach einem Umweg über London traf Eisenhower am 22. September in Paris ein. Sein Gespräch mit de Gaulle ließ keine Aussicht erkennen, die Standpunkte hinsichtlich des Nordatlantikpakts und der Kernwaffenrüstungen einander zu nähern. Dann nahm, ebenso wie in Bonn, Algerien die gesamte Aufmerksamkeit in Anspruch. De Gaulle teilte dem Präsidenten mit, er werde in wenigen Tagen den Algeriern bekanntgeben, daß sie selbst in einer freien Volksbefragung über ihre Zukunft entscheiden sollten. »Sie werden die Wahl haben«, vertraute er Ike an, »zwischen einer Französisierung, was ich für ein Hirngespinst halte, einer Trennung, die mir katastrophal scheinen würde, und einer freiwilligen Verbindung mit Frankreich auf föderalistischer Grundlage.« Eisenhower erklärte sich hocherfreut über diese vertrauliche Mitteilung.

Wenige Tage später landete Chruschtschow in Washington.

(Forts. Algerien S. 870)

28. Kapitel   1960 Ende des alten Afrika
Zwei Dramen: Algerien und der Kongo

Daß Chruschtschows Ankunft in Amerika von einem Wunder begleitet sein würde, wußte man; es war nur die Frage, ob dieses Wunder ein Mensch im Weltraum oder die sowjetische Fahne auf dem Mond sein werde. Das letztere war der Fall.

Am 2. Januar 1959, dem Tag, an dem der XXI. Parteitag der KPdSU eröffnet wurde, startete der erste Lunik. Zum erstenmal entrann ein von der Erde aufsteigender Körper dem Bereich ihrer Schwerkraft und erreichte dabei eine Geschwindigkeit von 11 200 Stundenkilometern. Der Flugkörper besaß das beachtliche Gewicht von 1472 Kilogramm, war in 7500 Kilometer Entfernung am Mond vorbeigegangen, hatte seinen Flug fortgesetzt und sich auf eine Kreisbahn um die Sonne begeben; ein Planet aus Menschenhand hatte sich zwischen Erde und Mars geschoben.

Zu dieser Zeit hatten die Amerikaner bereits vier derartige Versuche durchgeführt und waren viermal gescheitert. Bei ihrem fünften Versuch, am 3. März, gelang es ihnen, einen Fiberglaskegel mit Goldbelag von 13,4 Pfund Gewicht aus dem Gravitationsfeld der Erde hinauszuschießen. Die Zielgenauigkeit war bei weitem nicht so groß wie die der Russen. Pioneer IV flog in mehr als 50 000 km Entfernung am Mond vorbei und begab sich dann gleichfalls auf eine Kreisbahn um die Sonne.

Die USA hatten dennoch Fortschritte erzielt. Am 17. Dezember 1958 hatten sie die zweite Stufe der Atlasrakete mit einem Gewicht von mehr als 7000 Pfund in eine Kreisbahn um die Erde gebracht. Zwei Vanguard und zwei Explorer kreisten mit Gipfelpunkten zwischen 1400 und 2500 Meilen um die Erde, während Sputnik III nunmehr der einzige seiner Nationalität war, der sich auf einer wesentlich niedrigeren Kreisbahn im Raum bewegte. Am 28. Mai hatten zwei Äffchen, Abel und Baker, in der Kapsel einer amerikanischen Jupiterrakete eine Höhe von 500 Kilometern erreicht und waren in ausgezeichneter Gesundheit im Golf von Mexiko wieder eingeholt worden. Drei Monate später erprobte die NASA die Kapsel des Mercuryprojekts »Big Joe«, die im Jahre 1961 einen Menschen in den Raum entsenden sollte; wenn ein Mensch an Bord von Big Joe gewesen wäre, so wäre er lebend und unversehrt zurückgekommen. Aus einer ersten Auswahl von 110 Freiwilligen wurden 7 Piloten bestimmt, die ersten Amerikaner im Weltraum zu werden. Sie begannen mit ihrem Training. Inzwischen wiesen die Techniker weiter darauf hin, daß die Vereinigten Staaten sich im Rückstand befanden. Manche bezifferten diesen Rückstand mit sieben Jahren, andere mit fünf, und die optimistischsten sagten nur, daß der Vorsprung der Russen vielleicht nicht noch zunehmen würde. Der wunde Punkt der Amerikaner war weiterhin die unzureichende Stärke ihrer Raketen. Thor und Jupiter, die in ihrer militärischen Verwendung Flugkörper mittlerer Reichweite antrieben, entwickelten eine Schubkraft in der Größenordnung von 200 000 Pfund; Atlas und Titan, die interkontinentalen Trägerraketen, erreichten 350 000 Pfund; die für die Eroberung des Weltraums verwendeten sowjetischen Raketen entwickelten jedoch das Doppelte dieser Schubkraft. Die Amerikaner setzten ihre Hoffnungen auf die Riesenrakete Saturn mit 1 500 000 Pfund Schubkraft, die für die Reise des Menschen zum Mond entwickelt wurde. Saturn würde aber erst in drei Jahren fertiggestellt sein, und niemand wußte, welche Fortschritte die Russen bis dahin gemacht hätten. »Wenn unsere jungen Astronauten auf dem Mond ankommen«, erklärte Wernher von Braun deprimiert, »werden sie dort Zöllner antreffen.« Braun machte die amerikanische Bürokratie verantwortlich: »Wir besitzen die Köpfe und die technischen Möglichkeiten, aber wir werden ständig durch Formalitäten, Gegenformalitäten und durch Geldmangel behindert.«

Daher wurde der Flug von Lunik in den USA mit Resignation aufgenommen. der 868 Pfund wiegende Flugkörper war am 14. September um Null Uhr 2 Minuten 24 Sekunden Moskauer Zeit im Palus Putredinis auf der Mondoberfläche gelandet. Seine Seitenflächen trugen die Aufschrift »CCCP 1959« sowie Hammer und Sichel. Da keine Bremsrakete verwendet wurde, mußte der Aufschlag heftig gewesen sein, und Lunik II war gewiß zerschellt. Dennoch war es das erste Mal, daß ein Gegenstand von der Erde den Mond erreichte. Chruschtschow war mit Recht stolz. »Warum sind wir die ersten? Weil wir einem Volk angehören, das unermüdlich arbeitet und das, nachdem es den Sozialismus aufgebaut hat, mit Sicherheit den Kommunismus aufbaut. Nur wer die Augen verschließt, kann an den Vorteilen des Kommunismus für die Menschheit zweifeln.«

Die öffentliche Meinung in den Vereinigten Staaten stand der Reise Chruschtschows ablehnend gegenüber. Der Kongreß vertagte sich, um ihn nicht empfangen zu müssen. Kardinal Spellman ordnete öffentliche Gebete für die unterdrückten Völker an. Der Leader der Demokratischen Partei, Paul Douglas, machte Eisenhower den Vorwurf, er habe einen Tyrannen eingeladen, der, wie er sagte, schlimmer als Hitler sei. Am feindseligsten verhielten sich die Führer der Arbeitergewerkschaften; George Meany, der Präsident der AFL-CIO, gab bekannt, er weigere sich, mit dem Diktator Chruschtschow zusammenzutreffen. Dagegen bezahlten 50 Liberale, darunter die Witwe von Präsident Roosevelt, eine ganze Inseratenseite in der New York Times, um Eisenhower zu beglückwünschen, weil er Nikita Chruschtschow in die Vereinigten Staaten eingeladen hatte.

Chruschtschow traf am 15. September auf dem Luftwaffenstützpunkt Andrews ein. Obwohl er kein Staatschef war, begrüßte man ihn mit 21 Kanonenschüssen. Ike empfing ihn am Flughafen, fuhr dann, gepreßt zwischen die echt russisch korpulenten Chruschtschows, Nikita und seine Frau, in seinem Lincoln mit ihnen nach Washington. Die Menge stand dicht gedrängt, verhielt sich jedoch still. Als Ike aber Blair House verließ, wo er das Paar untergebracht hatte, empfingen ihn in der Pennsylvania Avenue schallende Beifallsrufe. Chruschtschow hörte sie und hatte verstanden.

Am Nachmittag erfolgte eine erste Zusammenkunft mit Eisenhower. Auf sowjetischer Seite nahmen daran Gromyko und Botschafter Menschikow teil, auf amerikanischer Vizepräsident Nixon, Außenminister Herter und Cabot Lodge, der Chruschtschow offiziell zugeordnet war. Der Ministerpräsident hatte ein ironisches Geschenk mitgebracht: ein verkleinertes Modell des Lunik. Auf dem Flughafen hatte er dazu bemerkt, Lunik erwarte den Besuch eines amerikanischen Kollegen. Er war in streitsüchtiger Laune, beschwerte sich über eine Rede Nixons, worauf Nixon erwiderte, er habe während seines Aufenthalts in der UdSSR über die Reden Chruschtschows ebenfalls keine Freude gehabt. Nikita verlangte von Eisenhower, er möge dafür sorgen, daß die Zeitungen und das Fernsehen seine Reise positiv darstellten, und zog die Schultern hoch, als Eisenhower ihm antwortete, er habe keinerlei Gewalt über die amerikanische Presse. »Natürlich kann die amerikanische Regierung drucken lassen, was sie gedruckt haben will, und ist in der Lage, zu verhindern, daß etwas gedruckt wird, was sie nicht will.« Eisenhower schlug vor, die politischen Besprechungen auf die Zeit nach der zehntägigen Rundreise zu verschieben, die für die Besucher durch die Vereinigten Staaten arrangiert worden war, und sie in Camp David, in den Bergen von Maryland, abzuhalten. Chruschtschow war damit einverstanden: »Hoffentlich ist es dort weniger heiß als hier.«

Man hatte dem sowjetischen Ministerpräsidenten vorgeschlagen, Washington im Hubschrauber zu überfliegen; er aber hatte mit den Worten abgelehnt: »Ich mag diese Maschine nicht.« Auf der Fahrt zum Flugplatz sagte ihm Ike, daß er es bedaure, ihm die Hauptstadt der Vereinigten Staaten nicht aus der Luft zeigen zu können. »Oh!« rief Nikita, »wenn Sie in demselben Hubschrauber sind, dann werde ich natürlich auch mitfliegen!« Die beiden Staatsmänner überflogen also an einem wunderschönen Spätnachmittag im Frühherbst eine halbe Stunde lang die Stadt und ihre Vororte. »Ich beobachtete ihn«, erzählte Ike. »Er ließ aber keinerlei Reaktion erkennen, obwohl ich viel darum gegeben hätte, seine Gedanken beim Anblick des unablässigen Stromes von Automobilen unter uns zu erraten. In Moskau hatte Chruschtschow Nixons Feststellung, daß fast alle amerikanischen Familien ein Auto besäßen, als glatte Übertreibung zurückgewiesen. Da unser Flug noch dazu zur Zeit des Büroschlusses erfolgte, waren alle Straßen ein einziges Automeer ... Er enthielt sich jedoch jeder Äußerung darüber und setzte weiter seine stoische Miene auf.«

Am nächsten Tag fand das protokollmäßige Mittagessen im Presseklub statt. Die sowjetische Botschaft ließ durch das State Department ersuchen, daß die dem Ministerpräsidenten gestellten Fragen gesiebt würden. Der Vorsitzende des Klubs, William Lawrence, antwortete, er würde eher das Mittagessen absagen, als eine den Traditionen der Einrichtung widersprechende Zensur gestatten. Chruschtschow wurde die Frage gestellt, warum er sich an den Verbrechen Stalins beteiligt habe, die er einige Jahre später verdammt hatte; er entgegnete, er werde die Frage, die er als beleidigend ansehe, unbeantwortet lassen. Als man ihn über die Niederschlagung des ungarischen Aufstands befragte, geriet er wieder in Zorn: »Das ist eine krepierte Ratte, die euch in der Kehle steckt und die ihr nicht auszuspeien vermögt. Ich habe noch andere, die ich euch ins Gesicht schleudern kann, wenn ihr es wünscht.«

In New York hatten Akrobaten einen schwarzen Schleier über die Augen der Freiheitsstatue gebunden. Als Chruschtschows Zug Pennsylvania-Station verließ, konnte der Ministerpräsident auf Spruchbändern lesen, er sei ein Henker und seine Anwesenheit beschmutze den Boden Amerikas. Die von den sowjetischen Behörden verlangten und kontrollierten Polizeimaßnahmen übertrafen alles bisher Dagewesene. Der Polizeigeneral Nikolaj Scharow verlangte, die Kanalisationsdeckel müßten versiegelt werden. »Wenn unserem Genossen Chruschtschow etwas zustößt«, hatte er den Leiter der New Yorker Polizei freundlich wissen lassen, »werdet ihr von der Weltkarte ausradiert.«

Der einzige erfreuliche Moment des Aufenthalts in New York war die von Harriman arrangierte Zusammenkunft mit den Präsidenten der 37 größten amerikanischen Unternehmen: General Electric, General Dynamics, Radio Corporation of America, Ford, Chase Bank usw. Chruschtschow war von diesen Superkapitalisten begeistert, in denen er aus der kommunistischen Perspektive die einzigen wirklichen Mächte der Vereinigten Staaten sah. Er beglückwünschte sie, daß sie dem Kalten Krieg ein Ende machen wollten, und trank ein Glas Kognak auf ihr Wohl.

Die Vollversammlung der Vereinten Nationen tagte. Chruschtschow hatte angekündigt, er werde eine Rede von entscheidender Bedeutung halten. Gefolgt vom Präsidenten der Versammlung und von Dag Hammarskjöld, trat er unter den Beifallskundgebungen der Dritten Welt in den Saal und nahm in einem Armsessel, breit wie ein Thron, Platz, ehe er zu der kleinen marmornen Rednertribüne geführt wurde. Was er vorschlug, war völlige, ungeschmälerte und allgemeine Abrüstung. Alle Armeen der Welt sollten abgeschafft werden, alle Waffen vernichtet, jede Art von Militärdienst verboten, alle Kriegsministerien geschlossen und alle Generalstäbe aufgelöst werden. Man würde nur die zur Aufrechterhaltung der inneren Ordnung notwendigen Streitkräfte bestehen lassen. Das sei kein Ziel auf lange Sicht; es müsse, erklärte der Redner, in vier Jahren erreicht werden.

Einige lachten, andere waren verblüfft. Alle fragten sich, mit welcher Absicht einer der realistischsten Staatsmänner der Zeit ein solches Hirngespinst vorschlagen konnte. Die Frage wurde nie beantwortet.

Die Reise ging weiter nach Kalifornien. Der Bürgermeister von Los Angeles, Norris Paulsen, war russischer Herkunft, geboren in Rostow am Don. Seine Empfangsrede lautete wörtlich: »Seien Sie willkommen in Los Angeles, der Stadt der Engel, wo das Unmögliche schließlich immer Wirklichkeit wird.« Die Twentieth Century Fox empfing Chruschtschow in ihrem Luxusrestaurant »Café de Paris«; die 200 berühmtesten Hollywoodstars nahmen teil, und Nina Chruschtschow saß zwischen Bob Hope und Frank Sinatra. Das Mittagessen wurde jedoch durch eine Mitteilung des Polizeichefs verdorben, die lautete, daß er aus Sicherheitsgründen den Besuch von Disneyland absagen müsse. Nikita brüllte, er finde keine Worte, um seine Empörung zum Ausdruck zu bringen. Kurz darauf mißfiel ihm eine Szene des Films »Cancan«, der in einem der Studios der Fox-Film gedreht wurde. Am Abend saß Chruschtschow bei dem von der Stadtverwaltung gegebenen Abendessen wieder neben Bürgermeister Paulsen, der ihn an seine Drohung »Wir werden euch begraben!« erinnerte und es für nötig hielt, ihm zu sagen, die Amerikaner würden, wenn man sie zum Krieg zwänge, bis zum Untergang kämpfen. Anstelle der vorbereiteten Rede erging sich Chruschtschow nun in heftigen Ausfällen: »Ich frage mich, ob ihr Chruschtschow eingeladen habt, um ihm die Stärke der USA zu zeigen, damit ihm die Knie schlottern. Wenn dem so ist, kann ich ja wieder abreisen. Ich habe zwölf Stunden benötigt, um hierher zu kommen; für die Rückreise brauche ich noch weniger, nicht wahr, Tupolew?« Der Sohn des Konstrukteurs war ungewöhnlicherweise in die Nähe des Ministerpräsidenten gesetzt worden, was den Verdacht nahelegt, daß Nikitas großer Zornesausbruch vielleicht nicht ganz spontan erfolgte. Doch die Drohung mit der Abreise, verbunden mit der eines verstärkten Raketenwettlaufs, rief in den gesamten Vereinigten Staaten große Sensation hervor.

Am nächsten Tag hatte sich der Sturm gelegt. Ein freundlicher Chruschtschow besuchte die Journalisten in ihrem Waggon des Sonderzugs zwischen Los Angeles und San Francisco. Er lachte über seine am Vortag ausgesprochene Drohung. Abreisen? Warum nicht gar! Er amüsierte sich viel zu gut, um daran zu denken. Es war nur einfach nicht richtig gewesen, ihn von diesem Mister Paulsen empfangen zu lassen, der sichtlich nicht sehr intelligent war und es den Russen verübelte, daß sie ihm seine Fabrik in Rostow weggenommen hatten. Ein verzeihlicher Irrtum. Reden wir nicht mehr davon!

Die AFL-CIO hielt ihre Tagung in San Francisco ab. In der Industrie spielte sich ein gewaltiger Kampf ab. Am 14. Juli um Mitternacht hatte der sechste Generalstreik seit dem Jahr 1946 in der Stahlindustrie begonnen. Pittsburgh, Uniontown, Morgantown, Monongahela, Bethlehem, Youngstown, Gary waren tote Städte. Gewiß, Stahl spielte in der amerikanischen Wirtschaft nicht mehr die Rolle wie einst, doch ein mehr als 85%iger Ausfall seiner Produktion fügte den anderen Industriezweigen der USA auch jetzt noch einen fühlbaren Schlag zu. Automobilindustrie, Bauwesen usw. arbeiteten gedrosselt. Die Einfuhren europäischen Stahls stiegen aufs Dreifache — während die amerikanische Zahlungsbilanz defizitär und das Gold immer weniger wurde. David J. MacDonald, der Präsident der Stahlarbeitergewerkschaft, verlangte nur eine Erhöhung des Stundenlohns um 15 Cents, was verhältnismäßig unbedeutend war, doch in Wirklichkeit ging es um das Prinzip der ständigen Lohnforderungen und des alljährlichen automatischen Streiks. Der Präsident von US Steel, Roger Blough, hatte die zwölf großen Konzerne der Stahlindustrie durch ein Abkommen vereinigt und sie schwören lassen, nicht zu kapitulieren.

Meany blieb unerschütterlich bei seiner Weigerung, mit Chruschtschow zusammenzutreffen. »Ich will nicht dieselbe Luft atmen wie dieser Tyrann.« Walter Reuther sonderte sich jedoch vom Verbandspräsidenten ab; James Carey, Präsident der Elektriker, Paul Philip, Präsident der Papierarbeiter, Joseph Curran, Präsident der Dockarbeitergewerkschaft, Albert Knight, Präsident der Arbeiter der chemischen und Erdölindustrie, Karl Feller, Präsident der Brauereiarbeiter, schlossen sich ihm an. Sie luden Chruschtschow zu Brathühnchen und Bier ins Mark Hopkins ein.

Der Zusammenstoß war heftig. Chruschtschow antwortete auf die Fragen der Gewerkschaftler über die Lebensbedingungen der Arbeiter in Rußland mit wütenden Ausfällen. Er erklärte, er sei der Chef der Arbeiterklasse und es liege an ihm, zu entscheiden, was die Arbeiter zu bekommen hätten. Zu Reuther sagte er: »Sie sind der Lakai des Kapitals.« Feller, ein Mann ruhiger Wesensart, fragte ihn, wie er erklären könne, warum drei Millionen Deutsche aus dem Osten vor dem Kommunismus geflohen seien. Antwort: »Das ist alles, was Sie zu sagen haben? Trinken Sie Ihr Bier; vielleicht finden Sie darin eine Antwort auf Ihre Frage.« Als die Frage »Ungarn« gestellt wurde, schrie er, die Aufständischen seien Saboteure und Spitzbuben. »Wir mußten die Diskussion abbrechen«, berichtet Reuther. »Mr. Chruschtschow war zu wütend...« Der Ministerpräsident schöpfte am Abend beim Diner des Pacific Union Club, bei dem ihm alle Multimillionäre von Kalifornien Beifall klatschten, wieder neue Kraft.

Wenige Gegenüberstellungen sind so lehrreich wie diese beiden Begegnungen. Ein Rad, das sich dreht, kehrt zu seinem Ausgangspunkt zurück. Einstmals war das zaristische Regime für alle Demokraten ein Greuel und für alle Reaktionäre der Welt ein Gegenstand des Neides. Nun, da Rußland zu einer Art Zarentum zurückgekehrt war, kam es zur gleichen Scheidung der Geister. Die großen Unternehmer glaubten, sie könnten sich mit der neuen Autokratie immer verständigen, während die Gewerkschaften und – in den Vereinigten Staaten – die katholische Kirche, die die ärmsten und jüngsten Bevölkerungsschichten vertraten, dem Kommunismus mit glühendem Haß gegenüberstanden. Kardinal Spellman bezeichnete anläßlich der Einweihung der neuen Kapelle in West Point Chruschtschow als Mörder, und die sechs Gewerkschaftsführer aus dem Mark Hopkins Hotel erklärten bei der Tagung der AFL-CIO, daß die Begegnung überflüssig gewesen sei, da jede Diskussion mit einem Tyrannen gegenstandslos sei.

Chruschtschow setzte seine Reise fort. Er besichtigte die futuristische Fabrik der IBM in San José und flog dann nach Iowa, wo man, wie ein Sprichwort besagt, den Mais wachsen hört. Er besuchte den Farmer und Zuchtspezialisten Rosewell Garst, der ihm auf der Krim acht Stunden lang von der Zauberpflanze erzählt hatte, mit der er die sowjetische Landwirtschaft revolutionieren wollte. In Pittsburgh fand man für Nikita eine Fabrik, die nicht streikte – die von Perle Mesta, der Botschafterin Trumans in Luxemburg, Urbild der Hauptrolle des Musicals *Call me Madam*. Es war eine veraltete Bude, und der Industriezweig gehörte nicht gerade zu den fortschrittlichsten. Chruschtschow gluckste entzückt. »Ihr wart unternehmungslustig, und nun bewahrt ihr solche Relikte wie das! Wir werden euch schlagen! Wir werden euch schlagen!«

Die Rundreise war zu Ende. Die Beziehungen zwischen Nikita und den USA hatten sich seit San Francisco erwärmt; seine phantastische Vitalität, seine unermüdliche Neugier interessierten die Amerikaner. Es kam vor, daß die Menge ihm Beifall klatschte. Er selbst erschien weniger mißtrauisch und ließ, trotz einiger Anfälle von Großmäuligkeit, erkennen, daß er von dem Koloß, den er durchreist hatte, beeindruckt war.

Camp David ist ein ländlicher Ruhesitz mit einigen Holzhäusern, die um das kleine Verandahaus des Präsidenten gruppiert sind. Die Besprechung Chruschtschows mit Eisenhower fand unter völliger Geheimhaltung statt. Die Presse war nicht zugelassen, die Wälder wurden von Militär bewacht. Die Welt stand unter dem Eindruck des Zweiergesprächs der beiden Machthaber. Die Zeitungen sprachen von einem für die Geschichte der Menschen schicksalhaften Augenblick. Bonn und Paris fürchteten eine Einigung zwischen UdSSR und USA, bei der über ihren Kopf hinweg das deutsche Problem geregelt würde, aber die Öffentlichkeit in allen Ländern hoffte, daß die Zusammenkunft zu einer spektakulären Versöhnung führen würde.

In Wirklichkeit waren die Besprechungen in Camp David ohne Konzept und unzusammenhängend. Eisenhower und Chruschtschow erzählten sich Kriegserlebnisse, wobei Nikita den Eindruck zu erwecken suchte, er habe sich bemüht, als politischer Kommissar den schweren militärischen Fehlern Stalins entgegenzutreten. Er besuchte die Farm in Gettysburg, wo Ike ihm einen der Angus-Bullen schenkte, die er züchtete. Er sah den Film über das Unterseeboot *Nautilus*, das nach einer Reise unter der Eisdecke am Pol auftauchte. Er sprach vom Gegenbesuch Eisenhowers in der Sowjetunion, der für den Frühling festgelegt wurde. »Dann können Sie Ihre Enkel mitbringen«, sagte Chruschtschow. Das Hauptproblem war die Gipfelkonferenz. Eisenhower erklärte sich dazu nur dann bereit, wenn das Berlin-Ultimatum völlig aufgehoben wurde. Man diskutierte acht Stunden lang über die Form dieser Aufhebung. Chruschtschow war bereit, auf die Festsetzung eines Datums zu verzichten, machte jedoch darauf aufmerksam, daß die UdSSR nicht endlos warten würde. Unter diesen Umständen stimmte Eisenhower einem Treffen zu und verpflichtete sich, mit seinen Verbündeten über Datum und Ort der Zusammenkunft zu beraten. In einer unvorsichtigen Bemerkung gab er jedoch zu, daß die Lage in Berlin den Gesetzen der Vernunft widerspreche.

Sonntag, den 27. September, um 10 Uhr abends, verließ die große Tupolew-Maschine amerikanischen Boden. Sie nahm in Moskau nur eine Zwischenlandung vor und setzte am 30. auf dem Flughafen Peking auf. Chruschtschow kam zu seinen chinesischen Verbündeten, um sich für den Besuch beim Feind zu rechtfertigen.

Die chinesisch-sowjetischen Beziehungen waren bereits bei einem Grad akuter Spannung angelangt. Es hatten sich große Schwierigkeiten hinsichtlich der Anwendung des Abkommens aus dem Jahre 1957 ergeben, dem zufolge die UdSSR sich verpflichtet hatte, China ein Modell der Atombombe mit den nötigen Angaben für ihre Herstellung zu liefern. Die Russen hatten Kontrollbedingungen gestellt, die den Chinesen unannehmbar erschienen, und hatten am 20. Juni 1959 ihr Versprechen zurückgezogen. Mao hatte daraufhin erklärt, die Atombombe sei ein »Papiertiger« – hatte aber alle wissenschaftlichen und industriellen Mittel mobilisiert, um sie ohne sowjetische Hilfe herzustellen. Die chinesische Armee war von ihren sowjetfreundlichen Elementen gesäubert worden. Der Kriegsminister, Marschall Peng Teh-huai, der vor kurzem mit Chruschtschow in Albanien zusammengetroffen war, verschwand.

Die Krise von Quemoy und die Krise im Irak hatten der chinesischen Entrüstung neue Nahrung gegeben. Peking hatte vergeblich um Hilfe von Moskau für den Angriff auf die Küsteninseln Tschiang Kai-scheks ersucht. Ebenso vergeblich hatte es einen Druck ausgeübt, damit Moskau die Landung der Marineinfanterie in Beirut mit einer militärischen Intervention beantwortete. Was nützte es, sagten die Chinesen, daß die Russen die Amerikaner auf dem Gebiet der Massenvernichtungswaffen überflügelt hatten, wenn dieser Vorteil nicht verwendet wurde, um das kapitalistische Lager zur Kapitulation zu zwingen? Oder zum Krieg! Denn der Atomkrieg würde, laut Mao, die endgültige Vernichtung des Kapitalismus um den – alles in allem annehmbaren – Preis des Verlustes der Hälfte oder vielleicht zweier Drittel der Menschheit bringen.

Ein anderer Reibungspunkt war der beginnende chinesisch-indische Konflikt. Die Chinesen bauten westlich vom Himalaja im Landvorsprung von Ladakh eine strategische Straße auf 5000 Meter hohen Plateaus, die sämtliche Landkarten Indien zuschreiben. Im Osten anerkannten sie die im Jahre 1914 von Sir Henry McMahon gezogene Grenze nicht, vertrieben, um das zu beweisen, die indische Garnison aus dem Posten Lingju und besetzten ihn. Nehru erklärte im indischen Parlament, Indien werde sein Gebiet verteidigen. Ein Kommuniqué der Agentur TASS begnügte sich, diesen Zusammenstoß »zwischen befreundeten Ländern« zu beklagen, und stellte damit Rotchina und ein kapitalistisches Land auf die gleiche Stufe. In Wirklichkeit gab diese Gleichstellung nicht einmal die Tatsachen wieder. Die UdSSR war für Indien, sie war mit Indien solidarisch. Die chinesischen Forderungen stützten sich auf die Aufkündigung der China während der Zeit seiner Schwäche aufgezwungenen ungerechten Verträge. Die ungerechtesten aller ungerechten Verträge waren die von Aigun, von Peking, von Tarbagataj, die von den Generalleutnants des Zaren in den so weit zurückliegenden Jahren 1858, 1860 und 1884 diktiert wurden.

Der Konflikt war noch nicht offen ausgebrochen. Chruschtschow, an dem noch der Makel der unreinen Berührung mit Eisenhower haftete, wurde in einem Bankett geehrt, bei dem Tschou En-lai ihn vor 5000 Menschen zu dem Erfolg seiner Reise als Friedensbote in die Vereinigten Staaten beglückwünschte.

Die vier Jahre später veröffentlichten Dokumente ließen dann den Täuschungscharakter dieser Festlichkeiten ermessen. Chruschtschows Reise in die Vereinigten Staaten, sein Lob für Eisenhower hatten die Chinesen verblüfft. Für sie war der Mann von nun an als Verräter gekennzeichnet. (*Forts. USA S. 887*)

Die Optionsmöglichkeiten Algeriens

Während Chruschtschow die Vereinigten Staaten bereiste, führte die Erklärung vom 16. September über die Selbstbestimmung in Algerien zu tiefgehender Verwirrung.

De Gaulle zählte die drei Möglichkeiten wie folgt auf: »Entweder die Trennung, durch welche manche die Unabhängigkeit zu finden glauben ... oder die vollständige Französisierung, wie sie mit der Gleichheit der Rechte verknüpft ist. Die Algerier würden auf dem gleichen Fuß und Niveau wie alle anderen Bürger leben und würden ein integrierender Teil des französischen Volks werden, das sich dann tatsächlich von Dünkirchen bis nach Tamanrasset erstrecken würde ... oder eine Regierung der Algerier für die Algerier, gestützt auf die Hilfe Frankreichs und in enger Union mit Frankreich.« Übrigens sollte nichts unmittelbar geschehen. »Was den Zeitpunkt der Abstimmung anbelangt, so werde ich ihn im gegebenen Moment bestimmen, spätestens vier Jahre nach einer tatsächlichen Wiederherstellung des Friedens, das heißt wenn die Situation eingetreten ist, bei welcher Überfälle und Attentate nicht mehr als 200 Menschen in einem Jahr gekostet haben.« Schließlich erklärte de Gaulle, er

117 bis 119 Brasiliens Staatspräsident Kubitschek (u. l.) und sein Nachfolger Goulart (u. r.) sind, wenn auch auf verschiedenen politischen Wegen, Vertreter eines politisch und wirtschaftlich erstarkenden Subkontinents. – Symbol dieser autarken Politik wurden die von O. Niemeyer entworfenen Bauten der neuen Hauptstadt Brasilia.

120 Fidel Castro (oben links), lateinamerikanischer Revolutionär gegen das kubanische Batista-Regime, nimmt für seine Unabhängigkeit auch den Boykott der USA in Kauf. – 121 Ernesto »Ché« Guevara, bolivianischer Freiheitskämpfer (dessen Leichnam am 10. Oktober 1967 zur Schau gestellt wurde), wird zum Idol der Jugend.

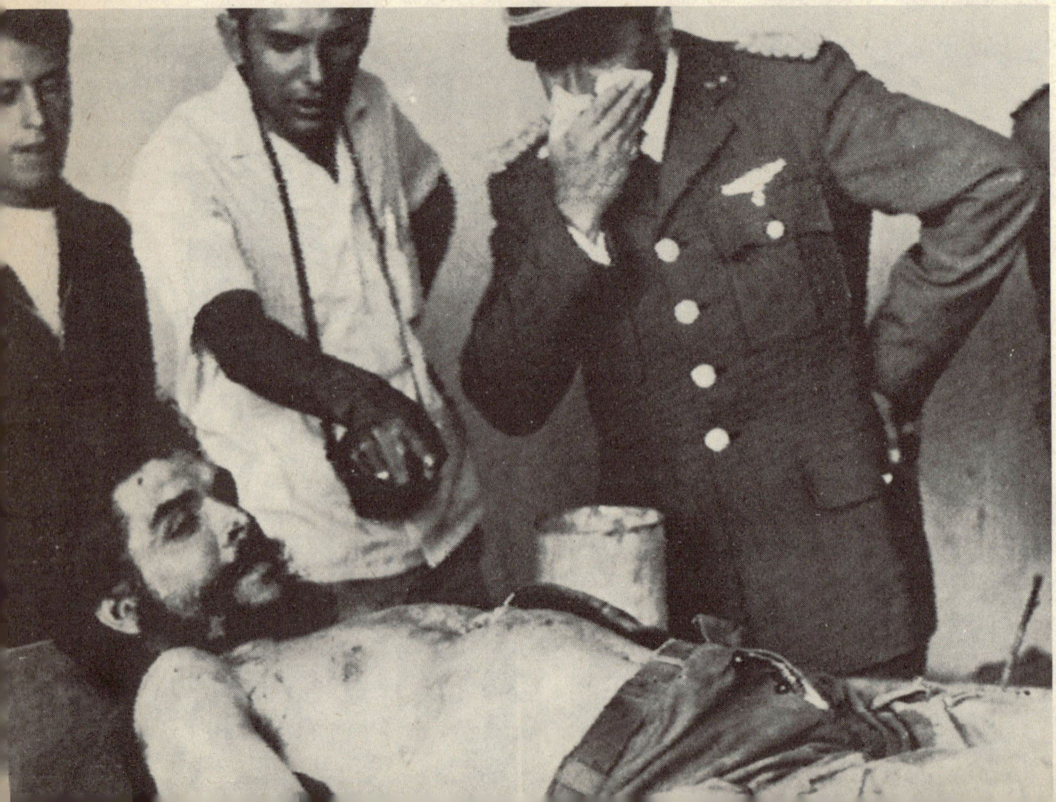

werde nie mit »den Männern, die die politische Organisation des Aufstands bilden«, mit anderen Worten der FLN von Kairo oder Tunis, verhandeln.

Die europäischen Einwohner konnten sich gegen das Prinzip nur sträuben und Angst vor den Folgen haben, die de Gaulles neuer Start der Algerienfrage erwarten ließ. Die Selbstbestimmung stellte in Frage, was auch die schwächsten Regierungen der IV. Republik stets unerschütterlich verfochten hatten, daß nämlich Algerien ein unlösbarer Teil der Französischen Republik war. Die Selbstbestimmung setzte sich über die von den Mohammedanern durch das Referendum und durch die Wahlen des Vorjahrs ausgesprochene Zusage hinweg. Andererseits ließ sich nicht übersehen, welche Wahl der General getroffen hatte. Er sollte mit all seinem Stolz und seiner Hartnäckigkeit eifrig bemüht sein, sie durchzusetzen. De Gaulle hatte in dem Soldatenjargon, den er abwechselnd mit seiner tönenden Suada anwandte, wiederholt erklärt, die Integrierung sei »ein Blödsinn«. Er zog also für Algerien eine ähnliche Assoziierung in Betracht wie die mit den Ländern der Gemeinschaft eingegangene – deren Nutzlosigkeit der Fall Mali gerade unter Beweis stellte. Die Republik Mali war aus der – kurzlebigen – Verbindung von Senegal und Sudan hervorgegangen. Sie verlangte sofort völlige Unabhängigkeit. De Gaulle antwortete, er habe nichts dagegen einzuwenden. »Alle Staaten, die zu dieser Gemeinschaft gehören, tun dies aus eigenem Willen. Sie können jederzeit austreten . . .« Die Gemeinschaft war also ein nach Wunsch zu widerrufender Verband, bei dem die Mitglieder nicht einmal zu einer Vorankündigung gezwungen waren. Genau diese Form schlug de Gaulle schließlich Algerien vor.

Die Armee begegnete der Botschaft vom 16. September nicht mit dem gleichen Abscheu wie die algerischen Europäer. Sie hatte durch ihre Aktionen den Optimismus wiedergefunden. Nach dem Gebiet von Ouarsenis wurde die Kabylei systematisch von ihren Rebellen gesäubert. Berge, Dörfer, die man der FLN überlassen hatte, wurden wieder besetzt, die Katibas zersprengt. Die neue Phase – die drei »Edelstein-Operationen« »Türkis«, »Smaragd« und »Topas« – begann gegen die Wilaja II im Nordgebiet von Constantine, dem Bergmassiv von Collo, dem Gebiet von Sétif, das heißt gegen die dichteste, tapferste Ansammlung der Rebellen. Die Armee war sich bewußt, daß sie ihren toten Punkt überwunden und die Zwangsvorstellung, es werde automatisch eine Niederlage geben wie in Indochina, zerstört hatte.

Challe hatte von Oberst Gardes, dem Chef der psychologischen Kriegsführung, verlangt, er solle die Botschaft des Präsidenten studieren und ihm einen passenden Plan vorschlagen. Diesen Plan brachte Gardes; Challe nahm an. Man würde von den drei Möglichkeiten des Generals die der Französisierung nehmen, die nichts anderes war als die mit einem leicht negativen Ausdruck neubenannte Integrierung. Man würde die Wahl in folgender Form anbieten: »Wenn du die Unabhängigkeit wählst, wirst du so wie die Tunesier; wenn du die Assoziierung wählst, wirst du so wie die Neger; wenn du die Französisierung wählst, wirst du so wie die Franzosen.« Die von der Armee zugunsten der einheimischen Bevölkerung unternommenen gewaltigen Bemühungen und die Sorgfalt, mit der sie sich von den Kolonisten fernhielt, gaben ihr eine wirkliche Chance, das mohammedanische Algerien zu einem Anschluß an Frankreich zu bewegen. Die FLN war sich dessen bewußt; sie nahm zu Protokoll,

daß die Botschaft vom 16. September Algerien das Recht der Unabhängigkeit zuerkannte, behauptete jedoch, daß »bei der Stationierung einer Besatzungsarmee von
500 000 Mann« keine gültige Volksbefragung stattfinden könne. Sie erklärte sich
bereit, mit der französischen Regierung über die Bedingungen zu verhandeln, unter
denen man dieses Hindernis beseitigen könnte, und ernannte zum eventuellen Bevollmächtigten den auf der Insel Aix inhaftierten Ben Bella. De Gaulle antwortete,
er sei bereit, »mit den Kämpfenden, nicht aber mit den außerhalb des Kampfes Stehenden zu sprechen«.

Das Jahr 1960 nahm seinen Anfang. Am 13. Januar wurde Antoine Pinay von seinem Posten als Finanzminister abberufen, nachdem er sich geweigert hatte, freiwillig zurückzutreten. Der unmittelbare Anlaß war der Widerstand Pinays gegen drei
Gesetzesanträge zur Verstaatlichung, die von de Gaulle befürwortet wurden. Die
Wurzeln lagen jedoch viel tiefer.

De Gaulle hatte am 3. November die Militärakademie Saint Cyr inspiziert. Die Rede,
die er dort hielt, war das strengste Glaubensbekenntnis des militärischen Nationalismus: »Die Konzeption eines Kriegs, in der Frankreich nicht Frankreich sein darf, in
der es nicht auf eigene Rechnung mit eigenen Aufgaben handeln darf und nicht den
Gedankengängen folgen darf, denen es folgen möchte, eine solche Konzeption darf
nicht anerkannt werden. Das System, das man Integration genannt hat, ist veraltet.« Pinay versuchte dem Staatschef die Irrealität und den Trugschluß einer so starren Haltung vor Augen zu führen. De Gaulle hörte ihn ungeduldig an. »Herr Finanzminister, diese Fragen gehören nicht in Ihr Ressort . . .« Dann dachte er nur
daran, sich des Mannes zu entledigen, der Anhänger der Prinzipien einer kollektiv
verantwortlichen Regierung war und Anspruch darauf erhob, seine Meinung über
die gesamte Politik kundzutun. De Gaulle schlug den Weg ein, der ihn schließlich
dazu führte, nur Anbeter und Ja-Sager um sich zu haben.

In Algerien begann das Jahr blutig. Der in seiner militärischen Entwicklung zerstörte Subversivkrieg kehrte zu seinem Ausgangspunkt, dem Mord, zurück. Vom 1. November 1959 bis zum 10. Januar 1960 gab es innerhalb von Groß-Algier dreizehn
Attentate, die eine lange Ruheperiode ablösten und sieben Tote zur Folge hatten.
Westlich der Hauptstadt, in der Küstenregion bis Ténès, zählte man 19 Attentate
mit 17 Toten, darunter 10 Europäer und mehrere Frauen. In der Gegend von Affre-
ville, im Chélifftal, waren es 8 Attentate und 14 Tote. Die Mitidja, die erste Eroberung der französischen Kolonisierung, eine fruchtbare Ebene, die bis zu dem weißen
Häuserwald von Algier reicht, blutete noch stärker: 24 Attentate, 28 Tote, 22 Verwundete.

Diese Verbrechen wurden von kleinen Gruppen begangen: In der Mitidja zum Beispiel waren es nur etwa dreißig Mann. Die meisten Opfer waren Bauern. Die Terroristen nahmen einen Hausangestellten gefangen, der die Mörder, die ihn bedrohten,
einließ. Sie töteten alles Lebende, angefangen mit den Hunden. Dann flohen sie in
ihre Verstecke in den Bergen, meist so eilig, daß sie sich nur selten Zeit nahmen, die
Gebäude, deren Besitzer sie ermordet hatten, in Brand zu stecken. Man fand die Leichen, Männer, Frauen, Kinder, Säuglinge in der Wiege, als man bemerkte, daß die
Tür des Bauernhauses am Morgen nicht geöffnet worden war.

Diese Metzeleien hatten wütende Reaktionen zur Folge. Die Bauern der Mitidja versammelten sich in Maison-Carrée, verlangten wirksameres Vorgehen zur Bestrafung der Verbrecher und empörten sich über die vom Elysée systematisch gewährten Begnadigungen. Als ein Redner das Wort »Mörder« aussprach, verbesserte ihn eine Stimme: »Sprechen Sie wie de Gaulle; sagen Sie: die Tapferen!«

Die seit dem Zerfall der Komitees der öffentlichen Wohlfahrt verkümmerten Aktivistenbewegungen gewannen wieder an Stärke. Die von Joseph Ortiz, dem Besitzer der Bar du Forum und ehemaligen Poujadisten, gegründete FNF, *Front national français,* lief den anderen den Rang ab. Ortiz war kein Kirchenlicht, doch neben ihm marschierte sein Verstand in Gestalt des Präsidenten des allgemeinen Studentenverbandes, Jean-Jacques Susini, der Faschist war und es auch sagte. »Was Algier getan hat, kann es wieder rückgängig machen. Diesmal tragen wir unsere Revolution bis nach Paris.«

Die territorialen Einheiten (*Unités territoriales,* UT) waren zur Unterstützung der Armee gebildet worden. Drei Tage im Monat zogen Freiwillige eine Uniform an, übernahmen den Schutzdienst und beteiligten sich manchmal an aktiven Operationen. In Algier, wo ihr Personalstand 22 000 Mann betrug, bestanden die UT aus einer UTO, einer territorialen Operationseinheit, und UTB, einer territorialen Panzereinheit. Diese Nationalgarde stand unter dem Befehl der Militärbehörde, doch Ortiz sagte: »Die UT gehören mir«, und das war kaum eine Prahlerei.

Der Sprengstoff war gesammelt. Der Zünder war einer jener Männer, die für einen Augenblick in der Geschichte eine aktive Rolle übernehmen: ein Journalist der *Süddeutschen Zeitung,* Hans Ulrich Kempski.

Er wurde später beschuldigt, von der Regierung angeworben und auf Kosten der französischen Regierung geschickt worden zu sein. Zehn Jahre später verwahrt er sich wie am ersten Tag dagegen. Er war dabei, einen Bericht über Algerien zu verfassen, und es gelang ihm, sich von General Challe empfangen zu lassen, der ihn, begleitet von einem Dolmetscher, Major Kraus, zu General Massu schickte. Kempski erklärte, Massu habe gewußt, daß er ihm ein Interview gab, und ihn nicht ersucht, seine Worte vertraulich zu behandeln. Jedenfalls ist es seltsam, daß der Kommandant des Armeekorps von Algier zu einem ausländischen Journalisten von seinen Vorwürfen gegen den französischen Staatschef sprach. »Wir möchten klar in die Zukunft sehen . . . Die Vorstellungen General de Gaulles sind bestimmt nicht die unsrigen. Er versteht die Moslems nicht . . . Ja, die Armee hat die Macht, sie hat sie bisher nicht gezeigt, weil die Gelegenheit hierzu noch nicht gegeben war. Die Armee würde aber in einer bestimmten Situation ihre Macht einsetzen . . . Die Armee hat nicht erwarten können, daß General de Gaulle eine solche Politik treiben würde . . . Die Völker Afrikas benutzen die ihnen gewährte Selbstbestimmung nur dazu, um die französische Communauté über kurz oder lang zu verlassen. Die größte Enttäuschung war für uns, daß General de Gaulle ein Mann der Linken geworden ist . . . Am 13. Mai war de Gaulle der einzige Mann, der uns zur Verfügung stand. Die Armee hat aber vielleicht einen Fehler gemacht. Sie fragen mich: Wird die Armee jedem Wort des Staatspräsidenten bedingungslos folgen? Natürlich gibt es in der Armee solche Leute, die das tun würden, ohne sich dabei zu fragen, was nachher kommt.« »Die

Art ließ erkennen«, lautet Kempskis Kommentar, »daß General Massu nicht nur sich, sondern auch die Mehrheit der Kommandeure jener Gruppe zurechnet, die nicht geneigt ist, bedingungslos Befehle de Gaulles auszuführen.« Massu wurde nach Paris berufen und verfaßte ein Dementi, das seine Lage noch verschlimmerte. »In der Frage des Mißbehagens der Armee hat General Massu keinerlei Absicht, dessen Sprachrohr zu sein. Während die Autorität von General Challe durch niemanden in Frage gestellt wird, steht General Massu und sein Armeekorps ohne jeden Vorbehalt hinter dem Chefkommandierenden, dessen Prestige und Loyalität gegenüber dem Staatschef zu keinem Zweifel Anlaß geben können.« Diese Solidarität über eine Zwischenperson versetzte de Gaulle in eisige Wut. Er entschied: »General Massu kehrt nicht nach Algier zurück.«

Am nächsten Tag, dem 22. Januar, wurde Massu aufgefordert, der im Elysée stattfindenden großen Konferenz über Algerien fernzubleiben. Challe, der mit dem Schuldigen aus Algier angekommen war, hatte erklärt, er werde ohne ihn nicht wieder abreisen. Der Generaldelegierte Delouvrier und die wichtigsten Generäle und Präfekten Algeriens schlossen sich dem Oberkommandierenden an und sagten, eine Abkommandierung Massus würde in Algier eine Explosion verursachen. De Gaulle ließ sich nicht beirren. General Jacquet wurde anstelle von Challe ernannt, falls sich dieser mit Massu bis zum Äußersten solidarisch erklären sollte.

Challe gab nach; er fuhr mit Delouvrier zurück. Er hatte jedoch General Ely gewarnt, daß Blut fließen werde, und ihm sein Rücktrittsgesuch überreicht, falls es zu den Vorfällen kommen sollte, die er erwartete.

Algier brodelte. Der Verband der Bürgermeister Algeriens hatte eine Resolution beschlossen, die von der Regierung eine Politik forderte, die der von ihr verfolgten diametral entgegengesetzt war. Die FNF, die Bewegung MP 13, die Bewegung SOS Algerien, das Freundschaftskomitee der Frontkämpfer erließen eine Proklamation gegen die Opferung Massus, »des letzten Generals des 13. Mai, des letzten Garanten des französischen Algerien«.

Ortiz organisierte eine große Demonstration für den übernächsten Tag, den 24. Januar. Die UT wurden aufgefordert, in Uniform und bewaffnet zu erscheinen.

Pierre Lagaillarde ging nach seinem eigenen Plan vor. Er war der Held des 13. Mai gewesen, der Eroberer des G.G. Zum Abgeordneten gewählt, verlor er an Beliebtheit und wurde sogar beschuldigt, sich vom Regime bestechen zu lassen. Ortiz verabscheute ihn, und Madame Ortiz hatte ihn geohrfeigt. Er werde mit einer geänderten Taktik seinen Ruf wiedergewinnen; er werde sich mit einer Handvoll von Getreuen in der Universität einschließen und alle jene zu sich rufen, die bereit waren, ihr Blut für das französische Algerien hinzugeben. Er würde nicht angreifen, sondern die anderen dazu zwingen, ihn anzugreifen, dann aber sich bis zum Tod verteidigen. Und wenn die Machthaber vor dem Skandal und Greuel eines Angriffs zurückschreckten, würde er so lange mit seiner Trikolore im Zentrum von Algier bleiben, als nötig war, damit die Politik vom 16. September aufgegeben wurde. Nach Einbruch der Nacht sprengte Lagaillarde die Tore der Universität mit mehreren Wagen voller Waffen und Sprengstoff. Er hatte nur 15 Mann bei sich. Bei Sonnenaufgang waren es 60.

An die Stelle von Massu war General Crépin getreten. Oberst Fonde war, unter dem

Befehl von General Coste, verantwortlich für Ruhe und Ordnung in Groß-Algier. Die Stadt war durch Sperren isoliert, von den zornigen Kolonisten der Mitidja abgekapselt. Andere Sperren waren zwischen Bab el-Oued und dem Zentrum von Algier errichtet. Die öffentlichen Gebäude waren von Militär besetzt. Das G.G., die jetzige Generaldelegation, war in Verteidigungszustand versetzt worden, Stacheldrahtrollen versperrten die Treppe des Forums. Fünfzehn Staffeln motorisierter Gendarmerie unter dem Befehl von Oberstleutnant Debrosse bewachten die Umgebung; im Stadtinneren stand CRS, zivile Miliz, in Reserve.

Challe hatte zwei Fallschirmjägerregimenter aus Constantine kommen lassen, die beide der 10. Fallschirmjägerdivision angehörten, jener Division Massus, die unter seinem Befehl den Terrorismus der FLN in Algier niedergeschlagen hatte. Sie waren das Idol der Bewohner von Algier und geeignet, diese umzustimmen und den Aufruhr zu verhindern. Sie bezogen in der Nähe des Boulevard Laferrière Stellung: das eine, das 2. Fallschirmjägerregiment unter Oberst Broizat, an der Agha-Kreuzung, das andere, das 1. Fallschirmjägerregiment der Fremdenlegion unter Oberst Dufour, im Gallandpark, in der Nähe des Sommerpalastes.

Um neun Uhr morgens ließ sich Ortiz im Sitz der UT, dem Gebäude der Algerischen Gesellschaft, Ecke Boulevard Laferrière und Rue Charles-Péguy, nieder. Vom Balkon sah man auf den blumenumsäumten Boulevard, der bis zur Avenue Pasteur leicht anstieg und dann in zwei Seitentreppen um das Kriegerdenkmal führte. Jenseits der Rue Berthezène vereinigten sich die beiden Seitentreppen zu einer breiten Mitteltreppe, die zum Forum führte.

Ortiz zeigte sich optimistisch und von seiner Sendung erfüllt. Er wurde gestützt von einem Aufstandskomitee, ihm zur Seite stand Oberst Gardes – als Garant, daß die Armee mit den Männern solidarisch war, die dafür kämpften, daß Algerien für immer französisch blieb.

In der Verlängerung des Boulevard Laferrière bis zu dem oberhalb des Hafens verlaufenden Boulevard Baudin liegt der Platz des Plateau des Glières, an dessen Nordrand das Gebäude der Hauptpost steht. Langsam versammelten sich die Demonstranten auf dem Platz. Die Kolonne aus Bab el-Oued wurde durch die Sperren aufgehalten und traf erst gegen Mittag auf der Place du Plateau des Glières ein. Sie enthielt als Kerntruppe 300 bewaffnete Territoriale, ihre Gesamtstärke jedoch, kaum 2000 Mann, war enttäuschend. Die Kasba hatte sich dem Bab el-Oued nicht angeschlossen, um wieder die Durchschlagskraft vom 16. Mai 1958 zu erreichen. Ihr Abgeordneter, Mourad Kaouah, Lagaillardes Listenkollege, ehemaliger Laufbursche der Algerischen Elektrizitätsgesellschaft, ehemaliger Außenstürmer des Fußballklubs *Olympique de Marseille*, befand sich mit den anderen algerischen Abgeordneten auf der Place du Plateau des Glières, seine Wähler jedoch waren ihm nicht gefolgt. Die mohammedanische Stadt blieb den Tumulten der Europäerstadt gegenüber gleichgültig und führte ihr Alltagsleben weiter.

Gegen 13 Uhr berief Challe Ortiz ins Quartier Rignot. Er gab ihm von dem Sandwich, das seine Mittagsmahlzeit ausmachte, die Hälfte ab und ersuchte ihn, das G.G. nicht anzugreifen. Ortiz, der wegen der schwachen Kräfte, die sich versammelt hatten, ziemlich entmutigt war, erklärte, er habe nicht die Absicht, das zu tun.

»Wenn dem so ist«, sagte Challe, »werden die Gendarmen hinter ihrem Stacheldraht bleiben und nicht gegen Sie marschieren.«

Ortiz kehrte in das Gebäude der Algerischen Gesellschaft zurück. Die Mittagszeit hatte die Menge noch spärlicher werden lassen. Am frühen Nachmittag wurde sie dichter, überschritt jedoch etwa zehntausend Menschen nicht. Der Traum von einem neuen 13. Mai zerrann.

Das Ereignis aber war die Taktik Lagaillardes. Er hatte in der Universität mehrere hundert Freiwillige versammelt und machte sich daran, eine militärische Organisation und Disziplin zustande zu bringen. Er ließ Fallschirmjägeruniformen verteilen, die wie durch einen Zauber auftauchten, ernannte ein Kriegsgericht, jagte ungebetene Gäste davon und zog um seine Festung ein dreißig Meter breites Niemandsland.

Bei Ortiz hatte Susini bald begriffen. Er rief der Menge zu, nun beginne eine Periode begrenzten passiven Widerstands. Er ließ durch Ortiz eine Weisung für Generalstreik in ganz Algerien ausgeben und forderte die Demonstranten auf, Barrikaden in den Straßen zu errichten.

Challe erwartete bei Herannahen des Abends, daß die Demonstranten sich zerstreuen würden. Er erfuhr, daß in den Straßen – Rue Charles-Péguy, Monge, Charras und Michelet – Barrikaden errichtet wurden. Lagaillarde, den er gleichfalls hatte rufen lassen, war nicht gekommen, und Ortiz hielt, wie er glaubte, nicht Wort. Er erteilte dem Kommandanten von Groß-Algier Befehl zur Säuberung.

Der Plan war schnell skizziert. Die motorisierten Gendarmen, die vom Forum nicht nach unten marschieren sollten, würden also doch losschlagen. Sechs Staffeln würden die linke Seite des Boulevard Laferrière übernehmen, wo die Büros der Zeitung *Le Bled* lagen, die neun anderen die rechte Seite, die der Algerischen Gesellschaft mit Jo Ortiz. Die Operation würde um 18 Uhr beginnen. Jeder Gendarm würde fünf Patronen bei sich haben, die Waffen würden jedoch weder geladen noch mit Reservemunition versehen sein; die Maschinenpistolen würden gesichert getragen werden. Die vorgesetzte Kommandostelle hatte Oberstleutnant Debrosse darauf hingewiesen, daß sein Einsatz große Kaltblütigkeit erfordere: Die Kommandostelle hatte jedoch weder die allgemeine Erregung in Algier noch die Abneigung der Algerier gegen die schwarzen Uniformen oder die Anzahl der Waffen, die sie in Händen hatten, in Betracht gezogen.

Es war 18 Uhr, der Tag ging zur Neige. Debrosse ließ die Stacheldrahtrollen entfernen, die die Treppe des Forums versperrten. Er hatte den zwei Polizeikommissaren, die ihm beigegeben waren, Befehl erteilt, die gesetzlich vorgeschriebenen Aufforderungen vorzubereiten; sie hatten gesagt, sie würden ihre Armbinden holen, und waren nicht mehr erschienen. Debrosse konnte nicht auf sie warten. Vorwärts marsch!

Sobald sich die motorisierten Gendarmen in Bewegung setzten, sollten die Fallschirmjäger die Demonstranten schräg von hinten fassen. Die Rotmützen Oberst Broizats sollten über den Boulevard Baudin zur Hauptpost vorrücken. Die grünen Mützen Oberst Dufours sollten in den Tunnel der Universität eindringen, unter Lagaillardes Füßen durchmarschieren und über die Avenue Pasteur auf halber Höhe, ein wenig unterhalb des Kriegerdenkmals, zum Boulevard Laferrière ziehen.

Der Marsch der motorisierten Gendarmen begann. Ihre Kolonne mit den schwarzen

Helmen umschloß das Kriegerdenkmal, erreichte die Avenue Pasteur. Unter den Demonstranten wurden wilde Rufe laut, Wurfgeschosse flogen durch die Luft, eine Handgranate explodierte. Ein Autoreifen rollte die Avenue hinunter, fiel mit einem Knall um und wurde zu einer Flammengarbe. Dann hörten Millionen Franzosen, die die Demonstration im Rundfunk verfolgten, den nervösen Feuerstoß eines Maschinengewehrs . . .

Wer die ersten Schüsse abfeuerte, konnte nicht eruiert werden. »Ich hatte Befehl erteilt«, sagte später Oberst Debrosse, »die Treppe hinunterzusteigen. Fast unmittelbar darauf pfiffen die ersten Kugeln um unsere Ohren.« Andere Zeugen behaupteten, daß deutlich ein einzelner Pistolenschuß – wahrscheinlich von einem Balkon und vielleicht von einem Lockspitzel abgefeuert – zu hören war, als die Truppe eben die Avenue Pasteur erreichte. Die Untersuchung über die Schießerei verlief nur sehr oberflächlich, und es ist zweifelhaft, ob sie durch die Historiker wieder aufgenommen werden kann, nachdem sie von der Justiz hastig abgeschlossen wurde. Es besteht einzig die Gewißheit, daß die Gendarmen, als disziplinierte Soldaten, nicht als erste geschossen haben. Die parteiische, erregte Bevölkerung von Algier bezichtigte sie dessen einmütig.

Was dann geschah, war fürchterlich. Vom Balkon der Algerischen Gesellschaft feuerte ein Maschinengewehr; Pistolen, Maschinenpistolen knatterten. Die Gendarmen luden ihre Waffen, doch ihre in den Häusern verschanzten Gegner waren fast nicht zu treffen, während die 1500 schwarzen Uniformen, über die ganze Länge des breiten Boulevards verteilt, ein ideales Ziel boten. Die Staffeln von links überschritten die Avenue Pasteur und kamen bis zum Plateau des Glières. Hier jedoch empfing sie das Feuer der automatischen Waffen in Ortiz' Befehlsstand und auf der Barrikade der Rue Péguy. Sie wurden an der Flanke getroffen und erlitten schwere Verluste. Die Gendarmen gingen in Deckung, soweit das möglich war. Aus den Fenstern der Bürgerhäuser beugten sich Frauen und feuerten mit Pistolen auf Verwundete.

Ein durch Lautsprecher veröffentlichter Aufruf und der Einsatz von Fallschirmjägern setzten dem Morden ein Ende. Die geschlagenen Gendarmen marschierten zum Forum zurück. Vor dem Büro von *Le Bled* kam es zu einem Wortwechsel zwischen den Obersten Debrosse und Dufour. »Wo waren Sie, während wir auf uns schießen ließen wie auf Kaninchen?« fragte Debrosse. »Warum haben Sie angegriffen?« fragte Dufour. »Ich führe die Befehle aus, die ich erhalte.« »Ich habe keine erhalten; ich bin gekommen, als ich die Schießerei hörte.« Tatsächlich war es merkwürdig, daß die schnellsten Soldaten der Welt so lange gebraucht hatten, um 600 Meter zurückzulegen, und daß Oberst Dufour sich damit aufgehalten hatte, am Eingang des Tunnels der Universität mit einer von Lagaillarde dort aufgestellten Sperre zu verhandeln. Aber die Befehle waren von fern und von oben, inmitten von Hast, Brutalität und Verwirrung erteilt worden. Oberst Fonde, der eben erst seinen Posten angetreten hatte, wurde sofort wieder abberufen. Er tauchte später im Kabinett Michel Debrés auf. Bei den Demonstranten, die sich gegenseitig beschossen hatten, gab es 6 Tote und 24 Verwundete. Bei den Gendarmen waren es 128 Verwundete und 14 Tote, darunter die Oberleutnante Castaing und Ejarque. Ejarque starb in der Eingangshalle des *Bled*, mit einer bitteren Klage auf den Lippen: »Seit vierundzwanzig

Monaten kämpfe ich gegen die Fellaghas und sterbe hier durch Leute, die ›Französisches Algerien‹ schreien!«

Während dieser Tragödie begannen die Straßenlaternen aufzuflammen. Radio Algier wiederholte alle zwanzig Minuten ein Kommuniqué von General Challe, in dem der Belagerungszustand für Algier ausgerufen und verkündet wurde, daß Regimenter auf dem Marsch in die Stadt seien; Ansammlungen von mehr als drei Personen waren verboten. Zum Schluß die kategorische Erklärung: »Das ist alles!« Und das war gar nichts! Denn Hunderte Männer blieben hinter den Barrikaden, und Tausende Männer und Frauen standen hinter ihnen und versorgten sie. Die Fallschirmjäger verbrüderten sich mit den Aufständischen und tranken mit ihnen zusammen Kaffee rund um die Biwakfeuer. Das »befestigte Lager« erstreckte sich vom Boulevard Laferrière bis zur Place Lyautey, mit zwei rivalisierenden Zitadellen, der Universität Lagaillardes und der Algerischen Gesellschaft Ortiz'. Die Hauptbarrikade war am Eingang der Rue Charles-Péguy errichtet. Die über ihr flatternde Fahne war vom Blut eines Gefallenen befleckt, eines Jungen aus Bab el-Oued, der für das französische Algerien gestorben war. Die Barrikade trug seinen Namen: Hernandez.

Achtundvierzig Stunden lang sah sich Jo Ortiz, Inhaber der Bar des Forums und Besitzer des Hotels in Tizi Ouzou, auf den Stufen zur Macht. Er verlangte: »Hinaus mit allen Verfaulten!« Er kündigte an: »Morgen bin ich das Gesetz!«

Die Rundfunkhörer hatten um 18 Uhr die Schüsse vom Boulevard Laferrière vernommen. Der Staatschef, der in Colombey weilte, und der Regierungschef, der sich in der Bretagne aufhielt, wurden jedoch erst zwischen 20 und 21 Uhr von dem Drama in Algier benachrichtigt. Sie kehrten sofort nach Paris zurück. De Gaulle gab eine Erklärung ab, in der er den Aufstand »als harten Schlag für Frankreich, als Schlag gegen Frankreich in Algerien« brandmarkte; dann diktierte er dem Generaldelegierten Delouvrier folgenden olympischen Befehl: »Sie sind beauftragt, die Ordnung aufrechtzuerhalten. Ich überlasse Ihnen die Wahl Ihrer Mittel. Wenden Sie Überredung an, wenn das möglich ist, Gewalt, wenn es notwendig ist. Denken Sie daran, daß Sie den Staat vertreten. Bis morgen früh müssen Sie das erledigt haben!«

Am nächsten Morgen war Charles de Gaulles Befehl noch nicht befolgt. Das befestigte Lager war immer noch vorhanden. Alle militärischen Führer erklärten, es erscheine ihnen unmöglich, den Sturmangriff gegen das Lager zu befehlen. Ganz Algier, ganz Algerien sei mit den Männern auf den Barrikaden solidarisch. Die Verbrüderung mit den Fallschirmjägern ging weiter. Le Bled, die Armeezeitung, fand die großartige Formulierung: »Die Barrikaden trennen nicht mehr; sie vereinigen.«

Die Sitzung des Ministerrats verlief stürmisch. Als Malraux Panzer verlangte, um die Barrikaden niederzuwalzen, rief ihm Soustelle zu: »Sie haben ja eine Atombombe in Reggane bereit. Werfen Sie sie lieber auf Algier!« Aber Cornut-Gentille war der einzige, der sich seinem Plädoyer für die Aufständischen anschloß. De Gaulle war verbittert und schob den militärischen Führern die Schuld zu, die, wie er sagte, »gegen die Politik de Gaulles in Algerien sind, und nichts oder fast nichts unternehmen«. Der Aufstand mußte niedergeschlagen werden. »Wenn Challe sich weigert, wird jemand anders an seine Stelle gesetzt.«

Am Abend flog Michel Debré nach Algier. Er hatte seinerzeit die Männer, die das französische Algerien verrieten, als Verbrecher bezeichnet und erklärt, gegen sie seien alle Mittel gerechtfertigt. Die Generäle, die Obersten sagten ihm, daß die Männer auf den Barrikaden keine andere Leidenschaft im Herzen trügen und daß es ihnen unmöglich erscheine, ihre Soldaten gegen sie marschieren zu lassen. Oberst Argoud, der Wortführer seiner Kollegen, las ihm ein Memorandum vor, in dem der Staatschef ersucht wurde, die Selbstbestimmung aufzugeben oder wenigstens zu erklären, daß die Lösung, die er wählte, nur das französische Algerien sein könne. »Die Offiziere zeigten Reaktionen«, sagte General Ely, der Meister des Euphemismus, »die beinahe als Ungehorsam zu bezeichnen wären...« Die Brüder Merry und Serge Bromberger, Georgette Elgey, Jean-François Chavel, verläßliche Historiographen der Barrikadenwoche, berichten, daß Oberst Georges de Boissieu, Challes Generalstabschef, zum Ministerpräsidenten gesagt habe: »Ich gehe als erster hinaus, um nicht versucht zu sein, Sie hinauszuwerfen.«

Michel Debrés Freunde behaupten, er sei am frühen Morgen nach Paris zurückgeflogen, geplagt von Gewissensbissen, und habe bedauert, ein zu guter Katholik zu sein, um Selbstmord zu begehen. Er habe dem Präsidenten der Republik seinen Rücktritt angeboten, der ihm Tränen der Rührung entlockte, als er sagte: »Sie Idiot!«

Die Offiziere in Algerien hatten nun ein einziges Ziel, jenes, das von Oberst Argoud zum Ausdruck gebracht worden war: von General de Gaulle zu erreichen, daß er erkennen lasse, er ziehe von den drei Möglichkeiten des 16. September die der Integration vor. Sie waren sicher, daß die Barrikaden dann von selbst fielen und daß ein solches Wort vor allem Algerien für Frankreich retten würde. Die Mohammedaner hatten zu de Gaulle unbegrenztes Vertrauen. Wenn er ihnen sagte: »Ich wünsche, daß ihr Franzosen bleibt«, würde die Armee ohne jede Mühe in der Frage der Selbstbestimmung triumphieren.

Boissieu und Dufour flogen ab, um de Gaulle zu überreden. Sie stießen auf eine Eiswand. Heeresminister Guillaumat, General Ely, Debré selbst mußten ihre Anstrengungen vereinen, um zu verhindern, daß Challe auf der Stelle abberufen und seinem Nachfolger der Befehl erteilt wurde, den Malraux verlangte: die Panzer gegen die Barrikaden einzusetzen. Der Nachfolger Massus an der Spitze des Armeekorps von Algier, der Absolvent des Polytechnikums Jean Crépin, war ein strenger Offizier geblieben, unberührt von der politischen Gärung, die seit dem Indochinakrieg die Armee beunruhigte, und hatte die Religion des Gehorsams beibehalten. De Gaulle berief ihn zu sich, um sich zu vergewissern, daß er auf ihn zählen konnte.

Crépins Antwort kennen wir durch General Ely: »Wenn ich Befehl erhalte, die Verteidigungsstellung anzugreifen, werde ich mich mit einer Maschinenpistole in der Hand an die Spitze der Ordnungskräfte stellen und als erster zum Angriff schreiten. Aber meine Truppen werden mir nicht folgen, der Befehl, auf Frauen und Kinder zu schießen, wird nicht ausgeführt werden. Er ist unausführbar.«

In Algier festigte sich die Autorität der Aufständischen in den Tagen des 25., 26. und 27. Januar. Sie regelten den Streik, gestatteten das Funktionieren einiger öffentlicher Dienste, erlaubten die Öffnung der Lebensmittelläden für zwei Stunden täglich. Ortiz und Lagaillarde besuchten einander, suchten aufgeregte Geister zu bändigen und den Ehrgeiz zu verbergen, der sie in Gegensatz brachte. Die Truppenkordons, die das befestigte Lager umgaben, blieben weiter durchdringlich und die Kontakte zwischen Soldaten und Aufständischen freundschaftlich. Challe hatte die 25. Fallschirmjägerdivision unter General Ducournau von der tunesischen Grenze herbeibeordert, wobei er auf die Rivalität zwischen ihr und der 10. Division zählte, doch die neuen Fallschirmjäger unterschieden sich nach einer ersten Anwandlung von Eifer nicht von den alten. Es wurde offenkundig, daß das befestigte Lager nicht mit roher Gewalt genommen werden konnte.

Andere Umstände jedoch führten unausweichlich zum Scheitern des Aufstands.

Die Armee blieb bei den Fahnen. Die aus Soldaten der wehrdienstpflichtigen Jahrgänge bestehenden Einheiten waren für de Gaulle. Die anderen standen im Herzen auf den Barrikaden, aber nicht ein General, nicht ein Oberst, nicht ein Hauptmann brachte ihnen seine Männer und sagte: »Ich breche meine Brücken ab.«

Das Mutterland stellte sich gegen Algier. 700 Stadtgemeinden, darunter Bordeaux, Bayonne, La Rochelle, Clermont-Ferrand, Nîmes, Limoges, Belfort, Dünkirchen, Avignon, Cannes, Lorient usw., viele Generalräte, unzählige Verbände beschlossen Botschaften an General de Gaulle. Die Gewerkschaftszentralen, die Kommunistische Partei versicherten ihm ihre Unterstützung gegen »die Faschisten von Algier«. Eine Meinungsumfrage ergab, daß 80 % der Franzosen die Selbstbestimmung billigten und daß nur 8 % sie verurteilten. Tatsächlich hatte Frankreich Algerien in der Barrikadenwoche aufgegeben. Man war des endlosen Kriegs müde und allzu ausschließlich um sein materielles Wohlbefinden besorgt, um sich weiterhin anzustrengen. De Gaulle hatte die Schlappheit der Nation gegeißelt, ihre Unfähigkeit, über ihre unmittelbaren Interessen hinauszugehen, ihre Weigerung, sich wie Römer oder Spartaner zu verhalten. Das waren im Januar 1960 seine Waffen gegen die Barrikaden von Algier.

Schließlich wurde der Beweis erbracht, daß die Masse der Mohammedaner sich weigerte, am Aufstand teilzunehmen.

Am 28. Januar, einem Donnerstag, wurde ein Versuch gestartet. Die ehemaligen Frontkämpfer wurden auf den Regierungsplatz am Fuß der Kasba berufen. General Gracieux, der Kommandant der 10. Fallschirmjägerdivision, der anstelle von Oberst Fonde an der Spitze von Algier-Sahel stand, erließ einen Aufruf über den Rundfunk, daß alle, Mohammedaner und Europäer, zusammenkommen sollten, »um ihren Wunsch zu bestätigen, daß Algerien für immer eine französische Provinz bleiben möge«. Als sich der Zug bildete, bestand er aus etwa hundert arabischen und kabylischen Veteranen, viele von ihnen aus dem Ersten Weltkrieg. Ein Schwarm von Gassenjungen aus der Kasba umkreiste sie und schrie: »Hoch de Gaulle! Nieder mit Massu! Algerien den Arabern!«

Einige Stunden später begann eine erstaunliche Rede mit einer erstaunlichen Einleitung: »Hört mich an, seid nicht verblüfft, ihr werdet mich verstehen. Es wird lang dauern, aber die Stunde ist ernst. Ihr müßt mich bis zum Schluß anhören!«

Der Generaldelegierte Delouvrier sprach. Ein Strom südlicher Beredsamkeit kam aus dem Mund des Nordländers. Er wandte sich an das Mutterland, um ihm zu erklären, warum die Armee nicht auf ihre Kampfgenossen feuerte. Er wandte sich an die Armee, um ihr zu versichern, daß es sinnlos war, zu glauben, de Gaulle denke daran, Algerien zu verschleudern. Er wandte sich an die Mohammedaner und forderte sie auf, ihren »Glaui-Komplex« zu überwinden; die FLN werde untergehen und Algerien »freiwillig und endgültig französisch« werden. Dann verkündete Delouvrier, daß General Challe und er Algier verlassen hätten, »um ihre Aktionsfreiheit wieder zu erlangen«. Er überlasse den Algeriern das heiligste Pfand, das ein Mann haben kann: seine Frau und seine Kinder. »Wacht über Mathieu, meinen jüngsten Sohn. Ich will, daß er als Symbol der unzerstörbaren Bindung Algeriens an Frankreich aufwächst.«

Und weiter: »Ich wende mich an euch, Ortiz, Lagaillarde, Sapin-Lignières, Chef der UT, und an alle jene, die voll Todesbereitschaft in der Universität eingeschlossen sind. Ich begrüße euren Mut, Kinder des Vaterlands. Wohlan! Ihr werdet morgen siegen, wenn ihr mir heute gehorcht. Ich beschwöre euch ein letztes Mal, Muselmanen, Europäer, Brüder, ruft alle zusammen und vereint: ›Es lebe de Gaulle! Es lebe Frankreich!‹«

Dieses Pathos brachte de Gaulle außer sich. Der staatliche Rundfunk kürzte die Rede, und ein trockenes Kommuniqué erklärte, daß »gewisse Stellen ... in keiner Weise die Absichten der Regierung wiedergeben und der besonderen, in Algier herrschenden Atmosphäre zugeschrieben werden müssen«. Doch Delouvriers Sprache wühlte die Bewohner von Algier auf. Wie sollte man glauben, daß kein Mißverständnis vorlag, wenn der Vertreter der Regierung, von de Gaulle persönlich ausgewählt, mit solchem Eifer schwor, daß Algerien für immer französisch sei?

Hinter den Barrikaden triumphierte man, als bekannt wurde, daß Challe und Delouvrier Algier verlassen hatten. Am nächsten Tag, dem 29. Januar, begannen Verhandlungen über die vom Generaldelegierten zu erwägenden Bedingungen zur Beendigung des Aufstands. Oberst Argoud einigte sich mit Ortiz, Lagaillarde und Sapin-Lignières. Die Aufständischen würden das befestigte Lager verlassen, zwischen den Truppen und den versammelten europäischen und mohammedanischen Algeriern zum Kriegerdenkmal marschieren und dort eine Andacht abhalten, ehe sie sich zerstreuten. Der Generaldelegierte würde ihnen bestätigen, daß sie der Sache des französischen Algerien gut gedient hatten. Schließlich würde die Bündnislösung aus dem Referendum gestrichen werden, das dadurch einzig auf die Wahl zwischen Trennung und Integrierung beschränkt würde.

Challe und Delouvrier verließen am frühen Nachmittag den Stützpunkt Reghaïa, die Befehlsstelle der Luftwaffe, in die sie sich zurückgezogen hatten, und kehrten ins Quartier Rignot zurück. Argoud brachte die Ergebnisse seiner Verhandlungen. Ely traf in der Nacht aus Paris ein und war empört. Niemals würde de Gaulle Bedingungen annehmen, die einer Kapitulation vor den Barrikaden gleichkamen. Übrigens würde er eine Rede halten. Man hatte versucht, seine Rede auf einen späteren Zeitpunkt zu verlegen, nachdem man ihn zuerst gebeten hatte, sie früher zu halten. Er blieb unbeugsam hinsichtlich des Datums und der Zeit: am 29. Januar um 20 Uhr, nicht früher und nicht später.

De Gaulle hatte Uniform angelegt, damit, wie er sagte, die Franzosen und Französinnen verstünden, daß es nicht nur der Staatschef, sondern der General war, der zu ihnen sprach. Er hielt seinen Entschluß aufrecht, die Algerier zu den von ihm am 16. September festgelegten Bedingungen selbst über ihr Schicksal entscheiden zu lassen. Er schalt »die Lügner, die Verschwörer von Algier« (Delouvriers »Kinder des Vaterlands«) und tadelte »die Elemente der Armee, die ihnen anfänglich durch eine willfährige Unsicherheit geholfen haben. So oder so, das Gesetz bleibt in Kraft. Das habe ich befohlen, das befehle ich heute.«

Zur selben Zeit ging über Algier ein Wolkenbruch nieder. Einige tausend Algerier mit Regenschirmen lauschten der Rede auf der Straße. Die Rufe »De Gaulle an den Galgen!« wurden vom Platzregen ertränkt. Die Entschiedenheit, die Härte des Tons überwältigten eher, als daß sie zur Empörung reizten. Ein Gerücht, die Aufständischen hätten gesiegt und das Prinzip des französischen Algerien solle von Paris anerkannt werden, hatte sich verbreitet. Die hochmütige Stimme zerriß die Illusion.

Aber die Rede enthielt auch Versprechungen. Das Referendum werde erst nach der vollständigen Befriedung und einem langen Zeitraum der Ruhe abgehalten werden. Die Armee werde für volle Freiheit sorgen. »Die Organisation der Rebellen behauptet . . ., daß ich mit ihr vorzugsweise verhandele. Ich würde sie damit im voraus zur einzig gültigen Vertreterin und zur Landesregierung erheben. Ich werde das nicht tun.« Und vor allem: »Falls die Mohammedaner eines Tages freiwillig und ausdrücklich entscheiden, das Algerien von morgen solle eng mit Frankreich verbunden sein, dann darf niemand daran zweifeln, daß nichts de Gaulle mehr freuen würde, als zu sehen, wie sie zwischen dieser und jener Lösung die französischste wählen.«

Unter dem wachsamen Blick Elys hörten Delouvrier und Challe die Rede mit verkrampften Mienen an; auch alle Offiziere saßen vor den Lautsprechern. Viele sagten wie General Gracieux: »Es gibt einiges Gute darin.« Die Hoffnung brachte wieder Disziplin in die Armee. Aus ganz Algerien kamen Loyalitätserklärungen. Die 1500 oder 2000 Mann von Lagaillarde und Ortiz waren nun hinter ihrem Stacheldraht allein. Die sympathisierenden Fallschirmjäger wurden durch neue Regimenter ersetzt, die die Bevölkerung auf Distanz hielten. Das befestigte Lager begann sich durch einen in die Rue Charras offen gelassenen Ausgang zu leeren. Doch die Entschlosseneren blieben.

Es war die Frage, ob sie sich in einem gemeinsamen Selbstmord als Märtyrer für das französische Algerien opfern würden.

Der Chef der Polizei, Oberst Godard, kehrte ins befestigte Lager zurück. Lagaillarde und sein Stellvertreter Guy Forzy erklärten ihm, sie würden sich in der Universität in die Luft sprengen. Der angstschlotternde Ortiz erklärte, daß das keine leere Drohung sei; die in den Kellern gelagerten Sprengstoffe würden Algier zerstören.

Ely kehrte nach Paris zurück und wurde zu de Gaulle geführt, der gerade mit Algier telefoniert hatte. »Delouvrier schlägt vor«, sagte er, »Lagaillarde und Konsorten nach Spanien zu schaffen.« »Keine schlechte Idee«, sagte Ely. – »Sie also auch! Ah nein, mit denen geschieht das gleiche wie mit Pucheu [im Jahre 1943 erschossen], glauben Sie mir!«

Die Bemühungen, das Abenteuer auf den Barrikaden nicht mit einer Tragödie enden zu lassen, spielten sich nun unter dem Druck des Elysée ab. Challe bettelte und erhielt einen Aufschub von achtundvierzig Stunden, ehe Gewalt angewendet werden sollte. Die Männer der Territorialeinheiten, die der Militärdisziplin unterstanden, waren unter Androhung eines Kriegsgerichts in ihre Sammelstellen berufen worden. Die meisten gehorchten. Das befestigte Lager hatte zwei Drittel seines Personalstands verloren. Man durfte hoffen, daß die Desperados sich fügen würden.

Der Aufstand, an einem Sonntag ausgebrochen, flammte am folgenden Sonntag, dem 31. Januar, nochmals auf. Eine Menschenmenge, in der sich viele Frauen befanden, durchbrach die Sperren, wobei sich viele an den quer über die Straßen gezogenen Stacheldrähten blutige Verletzungen zuzogen. Die Menge drang wieder auf den Boulevard Laferrière, zerschlug die Gitter des Kriegerdenkmals, beschimpfte die Soldaten und versorgte die Aufständischen mit Proviant. Auf der Barrikade Hernandez war unter der blutbefleckten Fahne ein Altar errichtet worden. Der FLN-freundliche Erzbischof Duval hatte verboten, dort die Messe zu zelebrieren, doch ein mutiger kabylischer Priester handelte dem Verbot zuwider und spendete die Kommunion. Ein grauer Regen fiel vom Himmel, und in den Straßen, deren Pflaster aufgerissen war, bildeten sich Schlammseen. Frauen sprachen Sterbegebete. Ein strenger Ordnungsdienst trieb die Menge zurück und sorgte für Isolierung.

Der Angriff war unwiderruflich für den nächsten Tag, den 1. Februar, festgesetzt. Fünf Regimenter mit Panzerunterstützung umschlossen das befestigte Lager. Oberst Dufour unternahm einen letzten Versuch. Er garantierte persönlich, daß alle, die ihre Waffen niederlegen würden, frei heimkehren oder, wenn sie dies vorzogen, einem selbständigen Kommando beitreten könnten. Nur die Anführer wurden ausgenommen; mit ihnen hatte die Justiz Abrechnung zu halten.

Lagaillarde fügte sich. Er ließ der vor der Universität gehißten Fahne eine letzte Ehrenbezeigung erweisen und überschritt spektakulär an der Spitze der noch im befestigten Lager verbliebenen 780 Mann die Barrikade Hernandez. Er wurde sofort nach Paris überstellt und verbrachte die Nacht bereits im Gefängnis de la Santé. Ortiz hatte ganz einfach die Hintertür in die Rue Charras benutzt und war, unter einem dicken Mantel verborgen, in Algier untergetaucht. Die Barrikadenwoche war zu Ende. (*Forts. Algerien S. 927*)

Die erste französische Atombombe

Ein Glück kommt selten allein. Am 13. Februar, dreizehn Tage nach der Räumung der Barrikaden von Algier, explodierte die erste französische Atombombe in Reggane. De Gaulle war begeistert und telegrafierte seinem Heeresminister: »Hurra für Frankreich! Seit heute morgen ist es stärker und stolzer!«

Der Sprengstoff der Bombe bestand aus Plutonium, das von der Zentrale in Marcoule hergestellt worden war. Man hatte im Jahr 1952 mit der Arbeit begonnen. Die amerikanische Regierung hatte mehrmals interveniert, um die Produktion der Bombe zu verhindern, und die Vollversammlung der Vereinten Nationen hatte mit starker Mehrheit eine Resolution an die französische Regierung beschlossen, den Versuch abzusagen.

Laut offiziellem Kommuniqué entsprach die Explosionskraft der gestarteten

Bombe 70 bis 80 Kilotonnen. Laut den amerikanischen Beobachtungen ging ihre Stärke über etwa zwanzig Kilotonnen, die Stärke der Hiroshima-Bombe, nicht hinaus. Die Russen hatten inzwischen eine thermonukleare Bombe von 50 Megatonnen zur Explosion gebracht und erklärt, sie besäßen eine doppelt so starke. Hundert Megatonnen entsprechen hundert Millionen Tonnen TNT. Die Stärke der französischen Bombe – Böswillige nannten sie das Bömbchen – lag also zwischen 0,002 und 0,007 % der stärksten bis zu jenem Tag gebauten Bombe.

Am 1. April fand in Reggane eine zweite Atomexplosion statt. Am 10. Juni wurde ein Gesamtprogramm für die Schaffung einer *Force de frappe* vorgelegt, das 11 790 500 000 NF, nahezu 1200 Milliarden alte Francs oder mehr als 2 Milliarden Dollar kosten würde. Es sah die Fortsetzung der Arbeiten für die Herstellung der H-Bombe, den Bau einer Flotte von Atombombern Mirage IV, den eines Unterseeboots mit Kernantrieb vor, usw.

Die Öffentlichkeit war gegen dieses Projekt. Die *Force de frappe* überstieg offensichtlich die wissenschaftlichen und industriellen Möglichkeiten Frankreichs. Sie ließ die für die Modernisierung des Landes notwendigen Mittel in andere Kanäle fließen. Sie wies allzu klar auf die Ausrichtung Frankreichs auf eine unabhängige nationale Verteidigung hin, die bei den neuen Verhältnissen in der Welt ein Nonsens war. Doch de Gaulles Wille war unerschütterlich. Für ihn waren Atomwaffen das unbedingt notwendige Attribut einer nationalen Souveränität, die er nicht um einen Fingerbreit schmälern wollte. Wenn das Parlament ausweichen sollte, war er entschlossen, es aufzulösen und das Risiko eines allgemeinen Volksentscheids über ein unpopuläres Thema einzugehen. Zum erstenmal erreichte ein Mißtrauensantrag mehr als 200 Stimmen, es wären jedoch 277 notwendig gewesen, um die Regierung zu stürzen. Der Senat wehrte sich bis zum Schluß und brachte das Problem der *Force de frappe* noch zweimal vor die Nationalversammlung. Sie erhielt erst am 1. Dezember 1960 Gesetzeskraft. (*Forts. Frankreich S. 1016*)

Dramatische Ausschaltung von Syngman Rhee

Über Korea hatte sich Vergessen gebreitet. Es war zu keinem Friedensschluß gekommen, aber der Krieg hatte aufgehört. In den Baracken von Panmunjon erschienen mit schöner Regelmäßigkeit die gegnerischen Verbindungsoffiziere, setzten sich einander gegenüber und hoben nach einigen Minuten die Sitzung auf, nachdem sie nichts anderes gewechselt hatten als feindselige Blicke. Nordkorea blieb von Südkorea durch eine unbewohnte, von Bäumen und Häusern gesäuberte Zone getrennt. Zwei amerikanische Divisionen und eine türkische Brigade blieben zur Unterstützung der zwölf Divisionen der nationalen Armee in Südkorea. Da und dort gab es noch Ruinen in den Städten. Die fünf Paläste mit ihren aufgebogenen Dächern, ihren schlafenden Wasserbecken, die Seoul seinen esoterischen Charme verliehen, zeigten noch klaffende Wunden. Doch in der einen Hälfte des verwüsteten Landes erwachte das Leben wieder. Die Amerikaner führten landwirtschaftliche Methoden ein, die doppelte Bodenerträge brachten, und verschafften Südkorea Industrien, die vorher ein Monopol des Nordens gewesen waren. Der Lebensstandard stieg von Jahr zu Jahr.

Syngman Rhee, während des Krieges die Seele des Kampfes, war der despotische Patriarch dieses Halbfriedens. Er hatte seine beiden Nachfolger bestimmt: Lee Ki Pong, der aus einer Familie mit königlichem Blut stammte, und Lees Sohn, den 25jährigen Keng Sung Lee, den Rhee adoptiert hatte, da er von seiner Frau, der Österreicherin Franziska Donner, keine Kinder hatte. Die Wahl der beiden brachte Unannehmlichkeiten mit sich; Lee litt unter Arthritis, die jede seiner Bewegungen zur Qual machte. Außerdem war er äußerst unbeliebt. Keng war nur in der Kunst des Reitens und Pistolenschießens vielversprechend.

Syngman Rhees dritte Mandatsperiode ging zu Ende. Er verlangte eine vierte und forderte das Volk auf, ihm Lee Ki Pong als Vizepräsidenten zu bewilligen.

1956 war Rhees Gegner, Patrick Henry Shinicky, zehn Tage vor den Wahlen an einer bösartigen Krankheit gestorben. Im Jahre 1960 wiederholte sich dieses Wunder. Der Nebenbuhler Chong Pyong O starb auf dem Operationstisch des Walter Reed Hospital in Washington. Diesmal konnte man Rhee nicht beschuldigen, er habe die Wahlurnen mittels Gift ausgeschaltet. Er nutzte jedoch die Gelegenheit und setzte die Wahl früher an, um der Opposition keine Zeit zu lassen, einen neuen Kandidaten zu finden; er gewann im Spaziergang. Nach ihm siegte der unpopuläre Lee Ki Pong mit großer Mehrheit. Nach allgemeiner Ansicht jedoch war die Wahl manipuliert worden.

Es kam zu Schlägereien, die besonders ernste Ausmaße in der kleinen Stadt Masan annahmen, die jenem Pusan benachbart ist, an das sich der amerikanische Adler mit Schnabel und Krallen festgeklammert hatte. Man zählte mehrere Tote und stellte das Verschwinden einiger Personen fest, darunter des Schülers Yuh Kin Choo.

Einige Tage später, am 10. April, trieb Choos Leiche im Hafen von Masan auf dem Wasser. Dem Schüler war von der Polizei der Schädel eingeschlagen worden, und sie hatte ihn dann ins Wasser geworfen. Seine Kameraden hatten den makabren Einfall, sich seiner Überreste zu bemächtigen, um sie nach Seoul zu bringen und die Annullierung der Wahl Lee Ki Pongs zu fordern. Rund um das Leichenschauhaus kam es zu einer wüsten Schlägerei. Der arme Choo blieb in den Händen des Gesetzes, aber der Aufruhr setzte sich bis in die Hauptstadt fort und ergriff die Massen der Jugendlichen.

Es gab laut Statistik in Seoul allein 994 000 Jungen und Mädchen in allen Stufen des Schulwesens. Ihre Aufnahmefähigkeit, ihre Verehrung für das Buch waren der Mandarinentradition würdig, ihre materielle Lage jedoch war bitter. Sie lebten in japanischer Disziplin, trugen einreihige Uniformen mit steifem hohem Kragen, der ihren Hals mit Furunkeln übersäte. Sie wohnten in ganz bescheidenen Familienpensionen, lebten von Reis und einem Kohlgericht, Kinchi, das so herb schmeckt, daß es jedem Abendländer Ausrufe des Entsetzens, Schweiß und Tränen entlockt. Die Härte ihrer Lebensbedingungen machte die koreanischen Schüler und Studenten zu gefährlichen Straßenkämpfern.

Am 19. April zogen die Aufrührer vor die Residenz Lee Ki Pongs. Die Polizei hatte einen Stacheldraht quer über die Straße gespannt; als die Menge ihn durchbrach, eröffnete die Polizei aus kürzester Entfernung das Feuer. Hunderte stürzten tot oder verwundet zusammen. Das Blutbad setzte sich vor dem Rathaus, dem Parlament, dem Hotel Bando, dem Dukswo-Palast fort. »Es lag etwas Wundervolles und Unheimliches in dem Mut der waffenlosen Studenten«, schrieb der Korrespondent der *Times*, »die unter dem Feuer der mitleidslos schießenden Polizei erneut zum Angriff vorgingen.« Es erforderte Stunden und mehr als hundert Tote, um ihrer Verbissenheit Herr zu werden. Rhee verhängte den Belagerungszustand über Seoul und rief die 15. ROK-Division unter dem Befehl von Generalmajor Song Ya Chang in die Hauptstadt. Die Soldaten wurden von den Studenten mit Beifall empfangen, doch die Unruhen gingen weiter. Die USA schritten ein. Botschafter Walter P. McConaughy begab sich unter Lebensgefahr zu Syngman Rhee und verlangte von ihm, er solle die Wahl seines Vizepräsidenten für ungültig erklären. Nachdem er gegangen war, umklammerten Franziska Donner und Pongs Frau, Maria Park, die Knie des Greises und flehten ihn an, er möge die Familie, in der er seinen Adoptivsohn gewählt hatte, nicht entehren. Rhee zog das halbe Versprechen, das er McConaughy gegeben hatte, wieder zurück.

Einige Tage vergingen. Am 24. April versammelten sich 189 Professoren von 12 Universitäten in Seoul und verlangten den Rücktritt Pongs und Rhees. Eine Volksdemonstration weitete sich zu einem neuen Aufstand aus. General Chang eilte zu Rhee und berichtete ihm, daß die Studenten vier Panzer erobert hätten, gegen den Palast marschierten und daß die Soldaten sich weigerten, sie aufzuhalten. Rhee erklärte sich einverstanden, Pong aller seiner Funktionen zu entheben, und bot seinen eigenen Rücktritt an. Sofort war der Aufstand zu Ende, die Menge tanzte und sang. Studenten hielten Reden, erinnerten daran, daß die kommunistische Gefahr auf den Bergen hinter Seoul begann, und sagten, daß Syngman Rhee ein Opfer seines Alters geworden sei, das einen Menschen hart macht und tyrannisch werden läßt, das aber nicht die Dienste auslöschen könne, die er seinem Vaterland geleistet habe. Viele weinten, auch noch am nächsten Tag, als das Parlament den Rücktritt Rhees annahm und seinen Entschluß hörte, wieder ins Exil zu gehen, in dem er fünfunddreißig Jahre seines Lebens verbracht hatte, und dort zu sterben.

In dieser allgemeinen Rührung hatte man den Gegenstand des Hasses, Vizepräsident Pong, vergessen. Man fand ihn am übernächsten Tag um 5 Uhr 45 morgens. Er saß, in grauer Flanellhose und weißem Hemd, auf einem winzigen Diwan im Dienertrakt des Palastes, den der abgedankte Rhee zu verlassen im Begriff stand, um in seine Privatvilla »Birnenblüte« zu fahren. Lees Frau, Maria Park, saß in der Nationaltracht eng an ihn geschmiegt, und sein zweiter Sohn, Kang Woo, preßte sich an die Mutter. Der einzige, der nicht auf dem kleinen Diwan saß, war der hochmütige Faulpelz Keng Sung, Syngman Rhees Adoptivsohn. Er war, mit dem Gesicht voran, zu Füßen seines Vaters, seiner Mutter und seines Bruder gestürzt, als werfe er sich vor ihnen nieder, nachdem er sie und dann sich selbst getötet hatte. Nicht daß er sie um Verzeihung gebeten hätte; ihre ruhige Haltung, ihre gelassene Heiterkeit drückten klar genug aus, daß sie den Tod freiwillig empfangen hatten. Lee Ki Pong hatte sein Gesicht gewahrt, die Schmach gesühnt, die er über seinen Herrn und alten Kampfgenossen Syngman Rhee gebracht hatte. Es war ehrenwert, daß seine Frau ihn in den Tod begleitete, und von seiten des jüngeren Sohnes war es nur eine leichte Übertreibung des Ehrenstandpunktes. Keng Sung, dessen Geschicklichkeit mit der Pistole einen letzten Tätigkeitsbereich gefunden hatte, schwang sich als Rhees Sohn zur Rolle des Rächers auf und als Pongs Sohn zu der eines Sühneopfers – so nimmt man wenigstens an. Weder die Eltern noch die Kinder hatten das Bedürfnis verspürt, ein Bild ihres Seelenzustands oder eine Rechtfertigung ihres Entschlusses zu hinterlassen. Alle waren zum christlichen Glauben übergetreten, es war jedoch der Orient, der geheimnisvoll über ihre letzten Augenblicke entschied.

Der Rest spielte sich unter Strömen von Tränen ab. Die Mitglieder der Nationalversammlung schluchzten, als man sie über die morgendliche Entdeckung informierte. Rhee brach beim Anblick der zwölf Koffer, die das Ende von zwölf Jahren absoluter Macht darstellten, in Tränen aus. Er verließ den Palast, begleitet von den Rufen der Menge »*Manzei!*« (Vivat!) und »Langes Leben, Großvater! Verbringe deine restlichen Tage in Frieden!«. Straßensänger schilderten in epischer Form den Tod Lee Ki Pongs, und aus den Kehlen, die seinen Kopf verlangt hatten, erklang Schluchzen.

Der politische Vorteil dieser melodramatischen Entwicklung bestand darin, daß sie die für schwierig gehaltene Nachfolge erleichterte. Eine provisorische Regierung beschloß Neuwahlen, und Korea kehrte in den Schatten zurück, um seine Wunden zu pflegen.

Absturz einer U2 und Scheitern einer Konferenz

»Als General Goodpaster in mein Büro kam, sah ich schon in seinem Gesicht die schlechten Nachrichten.« Der General teilte dem Präsidenten mit, daß eine im türkischen Adana gestartete U2-Maschine nicht an ihrem Bestimmungsort gelandet und wahrscheinlich auf sowjetischem Gebiet abgestürzt sei.

Die USA sind ein offenes Buch. Jedermann, der sein Einreisevisum erhalten hat, kann sich dort völlig ungehindert bewegen. Unzählige Veröffentlichungen geben die genauesten Einzelheiten über die Verteilung der Industrien, über Ort und Art der öffentlichen Arbeiten, die Verkehrsnetze, oftmals sogar über militärische Einrichtungen, Atomanlagen, Raketenabschußrampen usw. An den Tankstellen werden genaue Karten des Landes kostenlos abgegeben. Die Kongreßberichte liefern für wenige Dollar ein gewaltiges Informationsmaterial über alle Aspekte der Vereinigten Staaten.

Die UdSSR ist ein verschlossenes Buch. Im Jahr 1960 wurde der erste Moskauer Stadtplan zum Gebrauch für Touristen gedruckt, in der Größe eines Taschentuchs. In der UdSSR gab es weder ein Telefonbuch noch einen Eisenbahnfahrplan. Kein Ausländer durfte sich ohne Erlaubnis und ohne Aufsicht der Intourist, die gleichzeitig Reisebüro und Fremdenpolizei ist, mehr als 40 Kilometer vom Kreml entfernen. Die Russen selbst brauchten einen Paß, um sich innerhalb ihres Landes zu bewegen. Sämtliche Veröffentlichungen unterliegen der Zensur, und das Staatsgeheimnis ist eine Religion.

Eisenhower hatte 1955 in Genf einen *Open-Skies*-Plan vorgeschlagen, demzufolge die USA und die UdSSR das Recht gegenseitig haben sollten, das Territorium der anderen Macht uneingeschränkt zu überfliegen. Es war schon eine beträchtliche Dosis an Illusion erforderlich, um zu glauben, die Russen würden einen derartigen Vorschlag näher erwägen. Denn der *Open-Skies*-Plan brachte ihnen praktisch nichts ein, während er für die USA das verschlossene Buch Sowjetrußland öffnete.

Da dieser Plan fehlgeschlagen war, hatte Eisenhower, um die amerikanische Unterlegenheit auf dem Gebiet der Nachrichtenbeschaffung auszugleichen, sein Einverständnis zum Bau der U2 erteilt.

Die Maschine, eine einmotorige, einsitzige Lockheed, war gleichzeitig Segel- und Düsenflugzeug. Ihre Flügel hatten so große Spannweite, daß sie auf dem Boden durch Räder gehalten werden mußten, die sofort nach dem Start eingezogen wurden. Sie konnte bis zu einer Höhe von 30 000 Metern steigen, also weit über die Aufstieggrenze der Abfangjäger. Sie war nur sehr schwer auf dem Radar festzustellen; ihre Infrarotkameras erfaßten ein Feld von 150 Kilometern Durchmesser mit solcher Klarheit, daß sie einen Tennisball am Boden erkennen ließen. Ihre Suchgeräte orteten die Radars und registrierten jedes Anzeichen von Radioaktivität. Dreißig U2 wurden bestellt, und Ende 1956 begannen die Erkundungsflüge über der Sowjetunion.

Am 27. April 1960 startete eine U2 vom Stützpunkt Adana, landete in Peshawar, an der Grenze zwischen Pakistan und Afghanistan, und flog am 1. Mai nach Bodö in Norwegen ab. Sie sollte das große Industriegebiet im Ural, Magnitogorsk, Tscheljabinsk, Swerdlowsk usw., überfliegen und fotografieren. Der Pilot, der dreißigjährige Francis Gary Powers, Sohn eines Flickschusters in West-Virginia, war ein ehemaliger Luftwaffenoffizier, der in den Geheimdienst übergewechselt war, wo sein Gehalt von 2500 Dollar monatlich dreieinhalbmal so groß war wie sein Sold als Oberleutnant. Er trug eine große Summe Rubel, eine Pistole mit Schalldämpfer und eine Curarespritze bei sich. Im Falle einer Notlandung sollte er die Maschine vernichten, indem er einen besonderen Hebel betätigte, versuchen, eine Grenze zu erreichen, und wenn ihm Gefangennahme drohte, Selbstmord begehen.

Die Einsätze der U2 waren der Militärhierarchie nicht bekannt. Die NASA lieferte ihnen einen Deckmantel, indem sie sie als meteorologische Flugzeuge eintragen ließ; sie stand aber in keinem Zusammenhang mit diesen Einsätzen. Die Amerikaner wußten im Jahre 1960, nach drei Jahren regelmäßiger Erkundungsflüge, daß die Russen diese Flüge bemerkt hatten und den Typ des verwendeten Flugzeugs kannten. Man glaubte in Washington, sie hätten nie protestiert, weil sie nicht zugeben wollten, daß ihr Gebiet überflogen wurde, ohne daß sie etwas dagegen unternehmen konnten. Die Flüge wurden ungestraft fortgesetzt; deshalb hatte Eisenhower Mitte April einem Antrag des CIA entsprochen und dem Flug Francis Gary Powers' seine Zustimmung erteilt...

Zu jener Zeit wurde die Gipfelkonferenz, über die man sich in Camp David prinzipiell geeinigt hatte, vorbereitet. Sie sollte am 16. Mai in Paris beginnen.

Doch die scharfsinnigsten Beobachter der internationalen Politik waren verwirrt.

Wieder einmal hieß das Rätsel Chruschtschow. Man suchte herauszufinden, worauf er hinauswollte.

Er hatte die USA als Friedenstaube verlassen, Eisenhowers Loblied gesungen und den Friedenswillen des amerikanischen Volks anerkannt. Drei Monate später, anläßlich einer Asienrundreise, war seine Rede wieder aggressiv geworden. In Delhi erging er sich in Anklagen gegen die westlichen Kolonialisten, sagte, sie müßten das Geld herausgeben, und die lange Zeit ausgebeuteten Völker hätten Forderungen an sie, die zu stellen er sie aufforderte. Am 29. Februar wütete er in Djakarta über die Berlin-Frage. Die darauffolgende Reise durch Frankreich vom 23. März bis 2. April war nichts anderes als ein taktloser Versuch, den französisch-deutschen Haß neu zu schüren und die Franzosen zu überzeugen, daß sie nur durch die Sowjetunion eine Überlebenschance besaßen. Am 25. April erklärte er in Baku, daß ein Atomkrieg gewiß ein Massensterben verursachen, der Sozialismus jedoch überleben werde, während das kapitalistische System völlig und für immer untergehen müsse. Wenn der Westen diesen Krieg wünsche, so sei er, Chruschtschow, dazu bereit. Sobald die UdSSR einen Vertrag unterzeichnet haben würde, der der Deutschen Demokratischen Republik ihre vollen Rechte gebe, werde sie sich — mochte kommen, was da wolle! — jedem Versuch der Westmächte, sich wieder Zugang nach Berlin zu verschaffen, widersetzen.

Nach der Rede in Baku war die Gipfelkonferenz sinnlos geworden. Dennoch beschloß man, sie nicht abzusagen, teils, weil man hoffte, Chruschtschow werde sich am grünen Tisch nachgiebiger zeigen, teils, weil die Front der Alliierten stark war. De Gaulle hatte mit der ganzen Festigkeit seines Charakters kundgetan, daß es der UdSSR nicht gelingen werde, Frankreich von seinen Verbündeten zu trennen. Der Westen war bereit, einem neuen Sturm zu trotzen, um seine Ansprüche auf Berlin geltend zu machen.

Und nun stürzte ein Spionageflugzeug über der UdSSR ab! Washington rührte sich nicht, gab keine Erklärung ab. Die Maschine mußte auf Grund der getroffenen Vorkehrungen mit ihren Instrumenten und dem Piloten in der Luft explodiert sein. Angenommen, die Russen hätten identifizierbare Bruchstücke gefunden, blieb immer noch die Aussicht, daß sie das Schweigen, das sie seit Monaten über die U2-Flüge beobachteten, beibehielten . . .

Diese Hoffnung wurde enttäuscht. Am 5. Mai gab Chruschtschow im Obersten Sowjet zwei Verletzungen des sowjetischen Luftraums bekannt. Im zweiten Fall, vor fünf Tagen, sei die Maschine abgeschossen worden. Chruschtschow gab über die Umstände und den Ort keinerlei Einzelheiten bekannt.

Eine Erklärung der NASA war bereit: Sie nehme an, daß es sich bei der vom sowjetischen Ministerpräsidenten erwähnten Maschine um ihr meteorologisches U2-Flugzeug handele, das zu seinem Stützpunkt Adana nicht zurückgekehrt sei. Es sei aufgestiegen, um atmosphärische Störungen im Gebiet des Wan-Sees in der Türkei zu studieren. Der Pilot habe gefunkt, daß er mit seinem Sauerstoffapparat Schwierigkeiten habe, sich dann nicht mehr gemeldet. Man nehme an, er habe das Bewußtsein verloren und die U2 sei auf sowjetisches Gebiet geraten und dort abgestürzt. Die NASA wäre der Sowjetregierung für alle Auskünfte, die sie ihr über diesen Unfall, insbesondere über das Schicksal des Piloten Francis Gary Powers, zukommen lassen könnte, dankbar. Der Sprecher des State Department fügte hinzu, daß der sowjetische Luftraum keinesfalls absichtlich verletzt worden sei.

Am nächsten Tag ließ Chruschtschow ein Triumphgeschrei hören. Die Amerikaner waren in die Falle gegangen! Sie hatten geglaubt, ihre U2 sei explodiert und der Pilot sei tot. Chruschtschow hatte nicht enthüllt, daß die von dem Flugzeug aufgenommenen Filme unversehrt gefunden worden waren und daß sich Francis Gary Powers gesund und wohlauf in den Händen der Sowjetbehörden befand!

Die U2 war in 22 000 Meter Höhe geflogen, als ihr Pilot durch eine heftige Detonation aus seiner Ruhe gerissen wurde. Die Rakete, die diese Detonation hervorrief, sollte später unter dem Namen Sam rühmlich bekannt werden. Man weiß nicht, ob sie die Maschine voll traf oder ob sie sie manövrierunfähig machte, als sie in ihrer Nähe explodierte. Powers vergaß seine Curarespritze und das den Geheimagenten vorgeschriebene Heldentum. Er öffnete seine Kabine und sprang mit dem Fallschirm ab. Die U2 brachte als halbes Segelflugzeug, das sie war, sich und alle ihre Geheimnisse verhältnismäßig sanft zur Erde.

Die USA konnten den Auftrag der U2 nicht länger bemänteln. Herter rechtfertigte sie mit der lebenswichtigen Notwendigkeit, die dichte Wolke von Geheimnistuerei, mit der sich die UdSSR umgab, zu durchstoßen. Chruschtschow antwortete, daß Herters Erklärung eine schamlose Gemeinheit sei. Als man anfragte, ob er dennoch nach Paris kommen werde, antwortete er, sogar ein oder zwei Tage früher kommen zu wollen, um sich mit der Stadt vertraut zu machen, die er liebe. Eisenhower aber ließ die U2-Flüge abbrechen. Wer an die Nützlichkeit derartiger Zusammenkünfte glaubte, atmete auf: Die Gipfelkonferenz würde also stattfinden. Sie wurde zum vereinbarten Datum, am 16. Mai, in den Salons des Elysée-Palastes eröffnet. Chruschtschow war zwei Tage vorher eingetroffen. Er hatte seine Nummer als Charmeur abgespult, hatte Spaziergänge rund um die Sowjetbotschaft unternommen, Kinder ans Herz gedrückt, war in der Rue de Bourgogne in einen Lebensmittelladen eingetreten, hatte nach dem Umsatz, den Preisen usw. gefragt. Dann spielte er auf den Schlachtfeldern des Ersten Weltkriegs mit seinem Verteidigungsminister, Marschall Malinowski, einem ehemaligen Frontkämpfer vom Chemin des Dames, seine antideutsche Nummer. De Gaulle und Macmillan war eine Note überreicht worden, mit dem Inhalt, der sowjetische Regierungschef werde nur unter drei Bedingungen an der Konferenz teilnehmen: Entschuldigung Eisenhowers, schwere Bestrafung der Schuldigen und die Versicherung, daß die U2-Flüge eingestellt würden. Die Franzosen und Engländer hatten Chruschtschow darauf aufmerksam gemacht, daß die dritte Bedingung bereits erfüllt worden sei und daß die beiden ersten unannehmbar waren. Er hatte geantwortet, er halte sie aufrecht.

Sofort zu Beginn der Eröffnungssitzung stand Chruschtschow auf. Das Dokument, das er mit eintöniger, mißgelaunter Stimme verlas, wiederholte nicht nur die drei bereits formulierten Bedingungen: Es widerrief auch die Einladung Eisenhowers in die UdSSR und beschuldigte in heftigsten Worten die USA der Aggressionsabsicht. Eisenhower konnte nur erwidern, daß Chruschtschows Worte unzulässig seien und die Gipfelkonferenz sabotierten. (*Forts. USA S. 909*)

Es kam zu einer kurzen Diskussion. Der phlegmatische Macmillan erklärte, die Spionage sei »*a fact of life*« und die Sowjetunion genieße nicht den Ruf, sich ihrer zu enthalten. De Gaulle wies darauf hin, daß die UdSSR unter der Bezeichnung Raumschiff einen neuen Satelliten gestartet habe, der Europa und Amerika überfliege. »Gott ist mein Zeuge«, sagte der Atheist Chruschtschow, »daß das sowjetische Raumschiff nicht für Spionage ausgerüstet ist, und überdies ist hier von Flugzeugen die Rede und nicht von Satelliten.« Er fügte hinzu, es sei besser, die Konferenz um sechs bis acht Monate zu verschieben – mit dem unausgesprochenen Hinweis, daß Eisenhowers Präsidentschaft dann zu Ende wäre –, und verließ den Saal.

Auch die Westmächte verließen den Saal. Im Vorraum stieß de Gaulle Eisenhower mit dem Ellbogen an: »Was immer geschieht, wir stehen an eurer Seite.«

Chruschtschow war ein wunderbarer Schauspieler, doch er hatte seine Rolle übertrieben, *overacted*. Er setzte mit einer stürmischen Pressekonferenz fort, die er im Palais Chaillot abhielt. Er schilderte und mimte den letzten Abend in Camp David, am Kaminfeuer, als Ike ihm sagte: »Herr Vorsitzender, sprechen Sie mich mit ›my friend‹ an, und ich werde Sie auf russisch ›Moi drug‹ anreden.« Damals seien ihm die U2, deren Flüge ihm bekannt waren, eingefallen. »Da wollte ich meinem Freund sagen: Es ist nicht schön, über das Territorium eines Freundes zu fliegen ohne dessen Erlaubnis. Dann dachte ich aber nach und beschloß: Nein, lieber nichts sagen. An diesem Freund ist etwas, was einen nicht zur völligen Freimütigkeit stimmt. Deshalb entschied ich mich, nicht zu reden. Ich glaube, ich habe bei diesen Bedenken recht gehabt, und jetzt fand dies seine Bestätigung, als wir, wie man sagt, den amerikanischen Dieb und Spion am Kragen packten.«

Diese bäuerische Treuherzigkeit konnte nicht darüber hinwegtäuschen, daß Chruschtschow offensichtlich den U2-Zwischenfall benützt, vergröbert und dramatisiert hatte, um aus einer unangenehmen Sackgasse herauszukommen. De Gaulle hatte ihm bei seiner Reise im März keine Illusionen über seine Aussichten gelassen, Frankreich von den USA zu trennen, um es in einen antideutschen Kreuzzug zu führen. Der unstetere, sonst keineswegs kategorische Macmillan zeigte sich nicht weniger entschlossen. Die Alliierten wollten von ihren Rechten in Berlin nichts aufgeben. Angesichts ihrer Geschlossenheit konnte Chruschtschow nur nachgeben, indem er das Feld verlor, oder etwas riskieren, das sich nicht wiedergutmachen ließ. Dem entzog er sich, indem er die Konferenz, um die er sich so bemüht hatte, torpedierte.

Drei Tage nach dem Bruch in Paris sprach er in Berlin. Die ehemalige Hauptstadt war immer noch die Lücke, durch die Tag für Tag und trotz aller Behinderungen Hunderte Arbeiter, Techniker, Professoren, Ärzte, sogar Polizeibeamte in die Freiheit kamen. Ulbricht verlangte seit langem von Chruschtschow die Erlaubnis, diese Lücke zu schließen, auf die eine oder andere Weise diesen Volksentscheid der Flucht zu unterbinden, der seinem Staat die nützlichsten Elemente raubte und die Rechtmäßigkeit seiner demokratisch genannten Republik widerlegte. Man fragte sich besorgt, was der Wüterich der Gipfelkonferenz wenige hundert Meter von den alarmierten westlichen Garnisonen über das Pulverfaß Berlin sagen würde.

Er erklärte, die Sowjetunion werde »nicht lange« warten, den Friedensvertrag mit der Deutschen Demokratischen Republik zu unterzeichnen und der Berlinfrage ein

Ende zu bereiten. Dann erklärte er, was unter »nicht lange« zu verstehen war. »Es hat Sinn, noch etwas zu warten und zu versuchen, durch gemeinsame Anstrengungen aller vier Siegermächte eine Lösung für die längst herangereifte Frage der Unterzeichnung eines Friedensvertrages mit beiden deutschen Staaten, die jetzt real existieren, zu finden. Die Sache geht uns nicht aus den Augen; warten wir noch, dann wird sie besser heranreifen.«

Europa, die USA atmeten auf, China grinste hämisch. Es hatte sich über den U2-Zwischenfall gefreut, der seiner Meinung nach die Illusionen des Genossen Chruschtschow über den Kriegsverbrecher Eisenhower zerstreuen mußte. Wie man feststellte, war Chruschtschow unverbesserlich. Bei der in Peking tagenden Weltkonferenz der Gewerkschaften griffen die chinesischen Redner die friedliche Koexistenz an, dann ging der Streit in verschärfter Form während des Parteitages der Rumänischen Arbeiterpartei in Bukarest weiter. Chruschtschow behauptete, der Kommunismus habe keinen Krieg nötig, um zu siegen, und die UdSSR bleibe ihrer Friedenspolitik treu. Der Leiter der chinesischen Delegation, Pen Cheng, erwiderte, daß Revisionisten und Abtrünnige vernichtet werden würden. Nur Titos Name wurde genannt; alle setzten den Chruschtschows an seine Stelle.

Im folgenden Monat begannen die sowjetischen Techniker in Eisenbahnzügen und Flugzeugen China zu verlassen. Das Land hatte eine schwere Zeit. Im Norden war die Trockenheit so heftig, daß man den Hoangho vierzig Tage lang durchwaten konnte. Dagegen verwüsteten hintereinander elf Taifune die südlichen Provinzen und hatten Überschwemmungskatastrophen zur Folge. Städte und Landgemeinden litten unter Entbehrungen und Hungersnot. Die Nachwehen der Volkskommunen führten sogar in den verhältnismäßig verschont gebliebenen Gebieten zu einer katastrophalen Verringerung der Ernteerträgnisse. Die Russen verließen ein Land, das nie schlimmere Not gelitten hatte. Die sowjetischen Behörden ermunterten sie zu berichten, wie sie während ihres Aufenthalts in China in Quarantäne gehalten, streng überwacht, öffentlich verspottet und beschimpft worden waren, Zielscheiben einer Xenophobie, die bei den fremden Teufeln jede Unterscheidung ablehnte.

So führte also das Scheitern der Pariser Konferenz zu keiner merklichen Verschlechterung in den Beziehungen zwischen der Sowjetunion und dem westlichen Lager, es kam jedoch gleichzeitig zu einem schweren Verfall der Beziehungen zwischen der Sowjetunion und China.

Für den November wurde auf Verlangen der Russen eine Konferenz von Vertretern aller kommunistischen Parteien in den Kreml einberufen. Sie sollte versuchen, was der Beratung des Jahres 1957 nicht gelingen war: die Einheit wiederherzustellen.

Tragödie der Apartheid in Südafrika

In der ganzen Welt sprach man von Sharpeville. Ein grauenhaftes Massaker, 64 Tote und Hunderte Verwundete. Zwanzig Polizisten hatten, im Rücken durch eine Mauer geschützt, auf eine Menge von 20 000 Schwarzen ein Trommelfeuer eröffnet. Die Vereinten Nationen, die amerikanische Regierung, das britische Unterhaus, die meisten Regierungen des Commonwealth, Schweden, Norwegen usw. protestierten. Die südafrikanische Regierung antwortete: »Sollten unsere Polizisten das Schicksal ihrer Kollegen in Cato Manor erdulden?«

Cato Manor ist das Elendsviertel von Durban in Natal. Einige Tage vor dem Blutbad von Sharpeville waren indische Läden von Afrikanern geplündert worden. Neun weiße und schwarze Polizeibeamte, die herbeieilten, um der Plünderung Einhalt zu gebieten, wurden entwaffnet, gelyncht und in die Flammen eines brennenden Hauses geworfen.

Der Aufruhr in Südafrika war eine Folge der Kampagne Mengelino Sobukwus gegen das *passbook*, den Paß. Dieser Paß war für die Schwarzen stets vorgeschrieben. Ein Afrikaner, der vor seinem Haus die Straße überquerte, ohne sein *passbook* bei sich zu tragen, hatte eine Gefängnisstrafe zu gewärtigen. Ein Afrikaner, dessen *passbook* nicht mit der Unterschrift eines Arbeitgebers versehen war, konnte auf der Stelle in die Reservate abgeschoben werden. Sobukwu rief seine Rassenbrüder auf, ihr *passbook* zu verbrennen und sich passiv in Massen verhaften zu lassen. In Orlando zeitigte die Gewaltlosigkeit Erfolg: Zwanzigtausend Verhaftungswillige ließen die Polizei zurückschrecken. In Sharpeville führte sie zu einem Blutbad.

Dr. Daniel Malan war im Jahre 1954 als Achtzigjähriger freiwillig von der Regierung zurückgetreten. Er hinterließ eine Doktrin, die Apartheid, die zu den unerwartetsten Veränderungen und Entwicklungen führen sollte. Die Bevölkerung Südafrikas besteht aus drei großen Gruppen: Weißen, Farbigen, Eingeborenen. Jede soll sich – im Sinn der Apartheid – parallel zu den beiden anderen nach ihrer Eigenständigkeit und, soweit wie möglich, in einem bestimmten geographischen Areal entwickeln. Damals gab es elf Millionen Eingeborene, drei Millionen Weiße und eineinhalb Millionen Farbige oder Mischlinge, mit denen man eine halbe Million Asiaten gleichstellte. Das Bild wurde noch komplizierter dadurch, daß die weiße Bevölkerung sich in Afrikaner, die holländischen Ursprungs mit einem starken Zuschuß französischen Hugenottenbluts sind, und Engländer unterteilt.

Die Abkömmlinge der Buren folgten unnachgiebig dem Malan-Plan. Johannes Gerhardus Strijdom war auf Malan gefolgt, und als Strijdom starb, wurde Hendrik Verwoerd sein Nachfolger. Es gab immer mehr Rassengesetze; nicht alle waren negativer Natur. Der *Bantu Selfgovernment Act* schuf acht territoriale Einheiten, deren wichtigste, die Transkei, am 7. März 1957 Autonomie erhielt. Übrigens führten die Südafrikaner Beweise für ihre Behauptung an, die materiellen Bedingungen ihrer Schwarzen seien bei weitem die besten auf dem Kontinent. Außerdem kämen viele im Zuge einer vorübergehenden Einwanderung aus den Nachbarländern, und das einzige Problem der südafrikanischen Behörden bestehe darin, den Zustrom einzudämmen.

Dieses Südafrika mit seiner Apartheid ließ sich widerstandslos aus dem Commonwealth mit seinen neuen schwarzen Nationen drängen. Es schaffte das »God save the Queen« ebenso ab wie die Gewohnheit, neben der Fahne der Südafrikanischen Union den Union Jack flattern zu lassen. Macmillan kritisierte während einer Rundreise durch Afrika in Pretoria auf der Rednertribüne des Parlaments die Apartheid. Verwoerd antwortete ihm kühl, es sei leicht, getrennte Wege zu gehen, und Außenminister Louwe erinnerte ihn daran, daß Südafrika ein ebenso unabhängiges und souveränes Land sei wie Frankreich oder die USA. Einige Monate später kam es zum formellen Bruch.

Lange vor dem Blutbad von Sharpeville war eine weltweite Boykottkampagne gegen Südafrika organisiert worden. Alle unabhängigen Länder Afrikas schlossen ihre Flughäfen für südafrikanische Flugzeuge und Passagiere. Der Weltverband der Gewerkschaften und die Liberale sowie die Labourpartei in Großbritannien, die Gemeinden Liverpool, Oxford und Cambridge, Lord Russel usw. forderten die Konsumenten auf, südafrikanische Waren zu boykottieren. Das Ergebnis dieser mutigen Bemühung war überraschend; die Wirtschaft Südafrikas entwickelte sich in noch nie dagewesenem Maße. Das Hirten- und Bergwerksland wurde nun außerdem ein bedeutendes Industrieland – als einzelnes Land viel stärker als das ganze schwarze Afrika zusammengenommen.

Sharpeville vernichtete weder den wirtschaftlichen Aufschwung noch die Apartheid. Gegen den Pan African Congress, den Organisator der öffentlichen Verbrennung der *passbooks*, wurden strenge Maßnahmen ergriffen. Der Paßzwang wurde nicht nur nicht aufgehoben, sondern auch noch auf die Frauen ausgedehnt. Die Eingeborenen drängten sich vor den Polizeiposten, um eine Neuausfertigung des kostbaren Papiers zu erhalten, das sie wenige Tage zuvor unter Freudentänzen verbrannt hatten. Die Weißen rückten zusammen, vergaßen für einen Augenblick den bitteren Streit zwischen denen, die Englisch, und denen, die Afrikaans sprachen. »Die ganze Welt ist gegen uns«, sagten sie. »Nun gut, mag sie es bleiben! Wir werden nicht Selbstmord begehen, um der ganzen Welt eine Freude zu bereiten!« Sie erinnerten daran, daß sie sich in Afrika vor der Landung der *Mayflower* in Amerika niedergelassen hatten und daß das Land, abgesehen von einigen Hottentotten, völlig verlassen gewesen war. »Die Bantus sind nach uns gekommen. Wir schulden ihnen nichts; wir geben ihnen viel. Aber wir lassen ihnen nicht das Land, um es zu zerstören, ein Land, das wir, und wir allein, geschaffen haben.«

Festival der afrikanischen Unabhängigkeit

So festigte und verhärtete sich im Süden Afrikas ein weißer Block. Er hatte einen Vorposten in Rhodesien und – mit kleinen Unterschieden und sogar Widersprüchen – zwei Seitendeckungen, Mozambique und Angola.

Rhodesien, das noch Süd-Rhodesien hieß, war mit Nord-Rhodesien und Njassaland in einem Staatenbund vereinigt. Aber dieser Bund krachte in allen Nähten. Die 250 000 Weißen Süd-Rhodesiens wußten, daß sie eine Chance hatten, die Oberhand über die 4 Millionen Schwarzen zu behalten, die das Land bevölkerten, daß sie sie aber mit Sicherheit verlieren würden, wenn sie mit den beiden Ländern verbunden blieben, in denen die weiße Minderheit sehr schwach war. Ein ehemaliger Boxer, ein Riese von 270 Pfund, Sohn eines polnischen Einwanderers, Sir Roy Welensky, führte sie in einen Separatismus, der nur ein Vorspiel für Kommendes war.

Der Fall Portugal war einzig dastehend. Es hatte das Kolonialproblem durch die Verfügung gelöst, daß seine Überseegebiete Provinzen des Mutterlands seien. Auf diese Weise gab Portugal nichts auf, sondern behielt alles: die Hälfte der Insel Timor, deren andere Hälfte die Niederländer Indonesien überlassen hatten, es hielt sich in seiner winzigen Niederlassung Macau, dem Anhängsel Rotchinas. Es stritt mit dem zornigen Nehru über die alten portugiesischen Niederlassungen in Indien, Diu, Goa und Daman, die einst die großen Stationen des Christentums in Asien gewesen waren. In Afrika besaß es Portugiesisch-Guinea, die Insel São Tomé, die Enklave von Kabinda, schließlich Angola am Atlantik und Mozambique am Indischen Ozean. Portugal sagte: »Das sind Glieder meines Körpers.«

Die Portugiesen verwarfen und verurteilten die Apartheid. Sie wollten keine Farbenschranke anerkennen. Sie duldeten die Rassenmischung. Sie hatten ein Rechtssystem geschaffen, das den Afrikanern gestattete, ihre vollen Rechte und Pflichten als Staatsbürger zu erlangen, wenn sie einen bestimmten Bildungsgrad nachwiesen. Sie grenzten an Südafrika, aber durch die Prinzipien, die sie vertraten, standen sie in diametralem Gegensatz zu ihm. Dennoch waren sie mit ihm solidarisch. Sie vertraten mit anderen Mitteln den gleichen Versuch des Weißen, sich in einem Kontinent zu halten, den er als seinen rechtmäßigen Besitz betrachtete und der sich von allen Seiten gegen ihn erhob.

Der unter französischem Mandat stehende Teil Kameruns erhielt am 1. Januar 1960 seine Unabhängigkeit. Am 27. April war Togo an der Reihe. Die Ansuchen von Mali und Madagaskar liefen; um ihre Erledigung zu beschleunigen, änderte Frankreich seine neue Verfassung und hob den Artikel 86 des Paragraphen XII auf, der besagte: »Jeder unabhängig gewordene Staat hört damit auf, der Gemeinschaft anzugehören.« Im Gegensatz zu Guinea, das für sein »Nein« bei der Volksabstimmung bestraft wurde, sollten Madagaskar und Mali im Schoß Frankreichs einen bevorzugten und einträglichen Platz behalten. Da es keine Einwände mehr gab, wurde am 20. Juni in Dakar und am 27. Juni in Tananarive die Unabhängigkeit verkündet.

Die Gemeinschaft war nur noch ein Zwang, daher forderte Houphouët-Boigny auch für seine Elfenbeinküste und die drei ehemaligen Kolonien Niger, Ober-Volta und Dahomey, die sie unter ihrem Schutz vereinigt hatte, die Unabhängigkeit. Frankreichs Antwort lautete: »Wir wollen darüber diskutieren.« Houphouët erwiderte: »Diskutieren wir nicht. Wir wollen die Unabhängigkeit, und erst nachher werden wir über die Abkommen verhandeln, die wir abschließen wollen und die uns zweckmäßig erscheinen.«

Der gleiche Vorgang spielte sich mit den vier Ländern Gabun, Mittlerer Kongo, Ubangi-Schari und Tschad ab, die Französisch-Äquatorialafrika bildeten. Das waren nicht einmal Fragmente von Nationen. Sie zählten zusammen keine 4 Millionen Eingeborene in Gebieten, die sich von den Sandwüsten der Sahara bis zu den Wäldern des Kongo erstreckten, und ihr gesamter Außenhandel erreichte kaum den Umsatz eines Pariser Warenhauses. Das gaullistische Regime warf ohne Zögern den schweren Mantel der Souveränität auf diese schwachen Schultern.

Der Monat August brachte ein Unabhängigkeits-Festival. Zwei Aushilfsminister, Jacquinot und Malraux, fuhren von einer Hauptstadt zur anderen, um der Abtrennung ihren Segen zu erteilen. 1. August: Dahome; 3. August: Niger; 5. August:

Ober-Volta; 7. August: Elfenbeinküste; 11. August: Tschad; 13. August: Zentralafrikanische Republik, der neue Name für Ubangi-Schari; 15. August: Kongo; 17. August: Gabun. Liquidation eines Reichs im Laufschritt. Frankreich blieb gleichgültig und wohnte dem unrühmlichen Tod des Kolonialmythos mit größter Teilnahmslosigkeit bei.

Die Liquidation des britischen Reichs in Afrika verlief nicht ganz so rasch. England versuchte, sich an die White Lands von Kenia und an sein Mandat Tanganjika anzuklammern, wo seine erste Labourregierung der Nachkriegszeit ihr wirtschaftliches Heil durch den Anbau von Erdnüssen zu finden hoffte. Dafür entledigte sie sich ihrer schwersten Last in Afrika, indem sie die Unabhängigkeit Nigerias vorantrieb.

Von Nigeria sagte man, es sei nicht von Gott, sondern von England geschaffen worden. Zur Zeit der Aufteilung Afrikas hatten die Engländer den Franzosen das Nigerdelta entrissen, dann hatten sie alle Gebiete, deren sie habhaft werden konnten, gesammelt und sie im Jahre 1914 unter eine gemeinsame Verwaltung gestellt. Die 36 Millionen Einwohner, die Nigeria zum Koloß Afrikas machen, setzen sich aus 250 Stämmen zusammen, die 14 Hauptsprachen sprechen. Kano ist eine Oase in der Sahara, während Abadan, Lagos, Port Harcourt, feuchtheiß und von unterernährten, kranken Bewohnern überquellend, an Trichinopoli oder Bombay erinnern.

Man konnte diesen Koloß in drei große autonome Gebiete unter eine Bundesregierung stellen. Der Norden ist das Land der Haussa, der Westen, in dem die Bundeshauptstadt Lagos liegt, ist das Land der Yoruba und der Osten das weitgehend christianisierte Land der Ibo. Als Kaufleute, Hausierer, Geldverleiher durchziehen sie oft ganz Nigeria, sie bilden ein Drittel der Bevölkerung von Lagos und besitzen, wie die Mzabiten im Tell-Atlas, im Norden und Osten Kaufläden, wo die Mitglieder einer Familie abwechselnd ihre Tätigkeit ausüben. Unnötig hinzuzufügen, daß man sie des Geizes, der Härte und des Dünkels anklagt.

Die Königin von England hatte Alexandra, Herzogin von Kent, zu den Unabhängigkeitsfeiern entsandt. Die nigerianische Bundesregierung hatte den Regenzauberern hundert Pfund Sterling bezahlt, um klaren Himmel zu haben. Die unglückliche Herzogin traf bei prasselndem Regen ein, der dann während der drei Tage der Zeremonien auch nicht nachließ. Er konnte die Begeisterung nicht dämpfen. Am 30. September um Mitternacht wurde der Union Jack vor dem Gouverneurspalast eingeholt. An seiner Stelle wurde eine riesige grün-weiß-grüne Fahne gehißt, während Zehntausende Stimmen die vor kurzem komponierte Nationalhymne sangen: »Unsere Stämme und unsere Sprachen mögen verschieden sein, aber, Nigerianer, wir sind alle Brüder.«

Dieser große afrikanische Anfang war von Optimismus gezeichnet. Alle Beobachter waren sich einig, daß Nigeria von seinen britischen Vormündern großartig für die Unabhängigkeit vorbereitet worden war. Man erwartete, daß es im schwarzen Afrika die Säule der Demokratie sein und für die anderen jungen Nationen ein Modell der Vernunft darstellen werde.

Wenige Jahre sollten vergehen, bis es einige der entsetzlichsten politischen Massaker Afrikas und dann eine der grausigsten Tragödien unserer Epoche erleben sollte: den Krieg von Biafra.

Die große Tragödie des Kongo beginnt

Die afrikanische Tragödie des Jahres 1960 war jedoch die des Kongo.

Der Kongo war *the darkest Africa*, das dunkelste Afrika, gewesen. Die Belgier hatten daraus die blühendste Kolonie der Welt gemacht. Der Aufschwung, den er im Krieg genommen hatte, hielt auch in der Nachkriegszeit an, ja, er nahm noch zu. Léopoldville, dessen Einwohnerzahl sich verachtfacht hatte, war die modernste Stadt Afrikas geworden. Die *Union Minière du Haut Katanga* baute drei Stauwerke am Kongo und eine elektrolytische Fabrik für die Erzeugung von hunderttausend Tonnen Kupfer und Kobalt. In den hochgelegenen gesunden Gebieten des Kiwu vervielfachte sich die Zahl der europäischen Pflanzer, die sich dort ansiedelten, ohne an Rückkehr nach Europa zu denken. Die Belgier schwelgten in Eigenlob für ihre Arbeit und ihren Erfolg: »Der Kongo ist vielleicht das einzige Beispiel eines totalen Kolonialerfolgs«, sagte Gouverneur Léo Petillon. Die amerikanischen Zeitungen gingen noch weiter und sprachen von einem Wunder, das ein Land mit ungünstigen natürlichen Gegebenheiten derart produktiv gemacht habe.

Die Belgier hatten ihrer Ansicht nach den Afrikanern gegenüber den richtigen Mittelweg zwischen Apartheid und Assimilierung gefunden. Ihre Verhaltensregel bestand darin, aus dem Schwarzen vor allem einen nützlichen Menschen zu machen. Als sie kamen, war er noch im Steinzeitalter, huldigte dem Kannibalismus, wurde von schrecklichen Tropenkrankheiten heimgesucht und von Angst vor dem Übersinnlichen gepeinigt. Ihrer Ansicht nach war es nicht möglich, ihn mit einem Schlag auf die Stufe der höheren Ausbildung zu heben. Es gelang ihnen jedoch bereits, ihn in den Tätigkeitsbereich des weißen Mannes zu integrieren. Neger fuhren Lokomotiven, steuerten Dampfschiffe, bewerkstelligten Sprengungen in den Bergwerken, arbeiteten als Krankenpfleger, Kanzlisten, Buchhalter. Es bildete sich ein kleiner Mittelstand. In Léopoldville zählte man 8000 Facharbeiter, 10 000 Büroangestellte, 15 000 Kaufleute und Handwerker. Aber im ganzen Kongo gab es keinen einzigen schwarzen Arzt. Der erste sollte in zwei Jahren die katholische Universität Lovanium, die kürzlich bei Léopoldville gegründet worden war, absolvieren.

Die Gesetzgebung im Kongo schützte den Schwarzen ziemlich weitgehend. Sie verbot jede Veräußerung von Stammesland, sie bekämpfte die kindische Unvorsichtigkeit der Eingeborenen durch Ausfolgung eines Teils des Lohnes in Form von Lebensmitteln, Decken und Kleidung. Sie sorgte für die Errichtung von Krankenhäusern und unterstützte die Lehrtätigkeit der Missionare. Sie kümmerte sich jedoch nicht um die staatsbürgerlichen Rechte. Sie entzog sie den Weißen, um nicht die Eifersucht der Schwarzen zu wecken. Die im Kongo lebenden Belgier durften nicht wählen. Die dem Schwarzen gegenüber paternalistische Verwaltung war selbstherrlich gegen die Weißen.

Die Belgier im Kongo betrachteten die benachbarten Länder mit Besorgnis und Ärger. Gegenüber von Léopoldville, auf der anderen Seite des Stanley Pool, lag das kümmerliche Brazzaville. Dort war im Jahre 1945 eine Stimme erklungen, die General de Gaulles, die den Kolonien nach dem Sieg der Alliierten neue Rechte zusicherte. Die üblich gewordene Vertretung der Afrikaner in den französischen Parla-

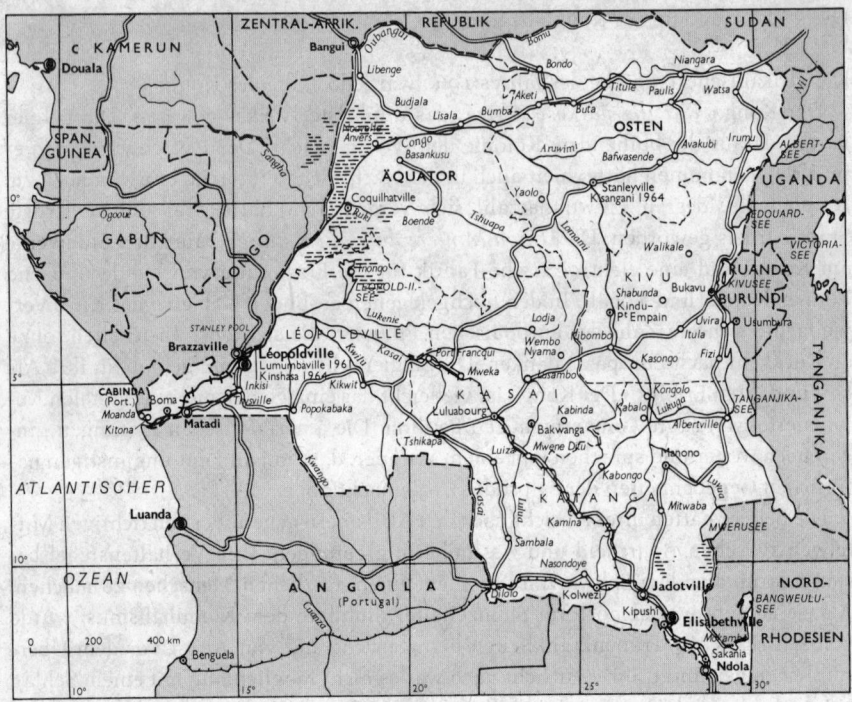

Übersichtskarte Kongo

menten, politische Karrieren wie die von Senghor und Houphouët-Boigny, die Zunahme schwarzer Studenten im Pariser Quartier latin wurden von den Belgiern im
Kongo nicht gern gesehen. Ihrer Ansicht nach wurden dadurch die Etappen über-
sprungen. Sie sahen für die Zukunft eine belgisch-kongolesische Gemeinschaft, jedoch in so weiter Ferne, daß sie sich mit den Formen dieser Gemeinschaft noch nicht
beschäftigten. Sie waren überzeugt, sie würden – 90 000 Weiße unter 13 Millionen
Schwarzen – bleiben, auch wenn die Engländer und Franzosen ihre Zelte abbrachen.
Was würde ohne sie aus dem Kongo werden?

In Wahrheit aber vernahmen aufmerksame Ohren ein Knistern im Gebälk. Das Verhalten der Neger änderte sich. Manche Hausangestellte fragten ihren Herrn harmlos: »Wann fährst du fort?« Es gab keine Propaganda, aber in einem Afrika auf der
Suche nach Freiheit wehte ein besonderer Wind.

Den ersten Alarm gab es am 1. Juli 1956. Eine kleine Zeitung, *Conscience africaine*,
mit einer Auflage von zehntausend Exemplaren, veröffentlichte ein Manifest, in dem
die Unabhängigkeit gefordert wurde: »Der Kongo ist dazu berufen, eine große Nation zu werden . . . Die Belgier müssen einsehen, daß ihre Herrschaft nicht für ewig
ist . . . Wir werden nicht dulden, daß uns ein belgisch-kongolesischer Staatenbund
aufgezwungen wird oder daß man ihn zur Bedingung unserer politischen Befreiung
macht . . .« Die Männer, die dieses Manifest verfaßt hatten, waren: ein Regierungs-
schreiber namens Joseph Ileo und der Lehrer Joseph Kasavubu, den die Missionare

für den Priesterstand bestimmt hatten. Er war der Führer der ABAKO (*Alliance des Bakongo*), man glaubte jedoch im Generalgouvernement, daß diese Vereinigung nichts anderes sei als ein Bund zur gegenseitigen Unterstützung der Eingeborenen aus dem unteren Kongo, mit anderen Worten ein Werkzeug der Stammesrivalitäten. Sie entpuppte sich als erstes Werkzeug des kongolesischen Nationalismus.

Einige Wochen später wagte die Verwaltungsbehörde ein Experiment. Zum erstenmal wurden Schwarze und Weiße in Léopoldville, Elisabethville und Jadotville zur Wahl gerufen. Es handelte sich lediglich um Wahlen zu Gemeinderäten mit nur beratender Funktion, aber ihre Bedeutung übertraf ihren Zweck. 85 % der schwarzen Wähler beteiligten sich an der Wahl, und von den 170 der Entscheidung der Behörden empfohlenen Gemeinderäten gehörten 130 der ABAKO an.

Der nächste Alarm war tragisch. Das Verbot einer Versammlung Kasavubus führte am 4. Januar zu einem Aufruhr in Léopoldville. Das Militär feuerte, etwa fünfzig Afrikaner wurden getötet. Der Mythos des friedlichen Kongo, in dem es keinen Rassenhaß gab, war erloschen.

Zu dieser Zeit hatte das Blutbad von Sharpeville noch nicht stattgefunden. Da die Belgier nicht die Buren sind, rief das Blutbad von Léopoldville nicht die gleiche Empörung in aller Welt hervor. In Belgien jedoch führte der Schock des Blutvergießens zu einem ernsten Trauma. Die Unabhängigkeit des Kongo war eine Möglichkeit gewesen, die man niemals in Betracht gezogen hatte. Und nun mußte man stündlich damit rechnen.

Am 13. Januar hielt König Baudouin eine Rede. Er hatte im Vorjahr die übliche Reise durch die große Kolonie absolviert, bei der die unlösbare Einheit Belgiens und des Kongo mit der ganzen offiziellen Phraseologie gepriesen wurde. Nun erklärte er: »Es ist unser fester Wille, die Völker des Kongo ohne kleinliche Klagen, aber auch ohne voreilige Hast zur Unabhängigkeit zu führen.« In dieser für seine Geschichte bedeutungsvollen Zeit wurde Belgien von einer Koalition aus Katholiken und Liberalen unter dem Ministerpräsidenten Gaston Eyskens regiert. Als das Kabinett im Juni 1958 nach der Niederlage der Sozialisten und dem Rücktritt van Ackers gebildet wurde, stand die Kongofrage nicht auf der Tagesordnung, und Generalgouverneur Petillon, der in die Regierung berufen wurde, übernahm ohne Zögern den alten Titel eines Kolonialministers. Als das Kabinett fünf Monate später umgebildet wurde, bezeichnete sich Petillons Nachfolger, Marcel van Hemelryck, als Minister für den Kongo und Ruanda-Urundi. Er bestand auf den liberalsten Entscheidungen und trat dafür ein, daß die gewählten Institutionen vor März 1960 auf Provinz- und Nationalebene im Kongo eingesetzt würden. Es blieb jedoch dem König vorbehalten, das schicksalhafte Wort »Unabhängigkeit« auszusprechen. In Belgien wurde es ohne allzu heftige Reaktion hingenommen. Im Kongo hingegen brachen in Léopoldville, Matadi, Thysville, Inkisi usw. neue Unruhen aus. Die Belgier schlugen den stufenweisen Übergang zur Unabhängigkeit vor. Die Nationalisten verlangten die sofortige bedingungslose Unabhängigkeit.

Das Jahr 1959 ging unter allgemeinem Aufruhr zu Ende. Die Belgier hatten geglaubt, den Kongo gegen Politik immun zu machen; statt dessen gab es heftige politische Bestrebungen. Sechzig Parteien entstanden, teilten, unterteilten sich, zerfetzten sich gegenseitig. Die Stammesfehden verbanden sich mit politischen Zwistigkeiten. In der Provinz Kasai begann das Völkermorden: Die Baluba ließen die Lulua für ihre jahrzehntelange Überlegenheit büßen. Die Unsicherheit erwachte wieder in einem Land, das sie vergessen hatte. Die Weißen begannen den Kongo zu verlassen. Im Oktober waren es 7000 Belgier, fast ein Zehntel der europäischen Bevölkerung.

Gleichfalls im Oktober begann Patrice Lumumba Joseph Kasavubu den Rang abzulaufen.

Er war 1926 in der Provinz Kasai geboren, jedoch in der Ostprovinz aufgewachsen und wurde mit 19 Jahren in Stanleyville Postbeamter. Elf Jahre später brachte ihm eine Unterschlagung von 126 000 belgischen Francs dieselbe Strafe ein, die er in jedem anderen Land der Welt verwirkt hätte, zwei Jahre Gefängnis. Als er ein Jahr später entlassen wurde, rühmte sich dieses interessante Opfer des Kolonialismus, sich an der Kasse der Postverwaltung vergriffen zu haben, um der Sache der Unabhängigkeit zu dienen. Dank weißer Freunde fand er trotzdem eine Anstellung als Reisender bei einer Brauerei in Léopoldville.

Zum Unterschied von Kasavubu, der seine Reden ungeschickt ablas, war Lumumba ein feuriger Redner. Er war, gleichfalls im Unterschied zu Kasavubu, der vor allem an eine Republik dachte, in der die Bevölkerungen des unteren Kongo einschließlich des ehemaligen französischen Kongo und Nord-Angolas vereinigt waren, für einen kongolesischen Einheitsstaat. Inmitten des Anwachsens politischer Bewegungen stand das MNC (*Mouvement National Congolais*), die von Lumumba gegründete nationale kongolesische Bewegung, der ABAKO wie der Zentralismus dem Föderalismus gegenüber.

Auf belgischer Seite wurde van Hemelryck, der Minister, der eilig zu einem Ende kommen wollte, durch einen Anhänger längerer Etappen, Auguste de Schrijver, ersetzt. Brüssel arbeitete einen Plan aus, demzufolge bereits 1960 eine kongolesische Zentralregierung eingesetzt werden sollte, damit vier Jahre später ein Referendum, das über den Status des Kongo entscheiden sollte, stattfinden könne. Lumumba antwortete: »Unabhängigkeit, sofort! Sofort! Sofort!« Seine Worte führten dazu, daß sich Stanleyville am 30. Oktober erhob. Bantu in Kriegsbemalung, mit Sagaias bewaffnet, überfielen die Europäerstadt. Die *Force publique* feuerte, siebzig Tote waren die Folge. Das war, gleichfalls noch vor Sharpeville, das zweite Blutbad des Jahres im friedlichen Kongo.

Im nächsten Monat unternahm Baudouin neuerlich eine Reise in die sechs Provinzen seines afrikanischen Reichs, das zweiundachtzigmal so groß war wie sein Königreich in Europa. Seine Route war von Unruhen gekennzeichnet. Die schwarzen Massen verlangten die Unabhängigkeit und Lumumbas Freilassung, der nach dem Aufruhr verhaftet worden war. Die Behörden, denen man so lange untertänig gehorcht hatte, wurden beschimpft, und die Missionare, die geistige Miliz der Kolonisierung, wandten sich hastig der aufsteigenden Macht zu.

Die Entwicklung überstürzte sich. Die wichtigsten kongolesischen Führer wurden für den 22. Januar zu einem Round-table-Gespräch nach Brüssel berufen. Hundert Bantu, die nie den Kongo verlassen hatten, kamen nun als »Botschafter« in die Hauptstadt. Lumumba, der aus dem Gefängnis in Jadotville entlassen worden war,

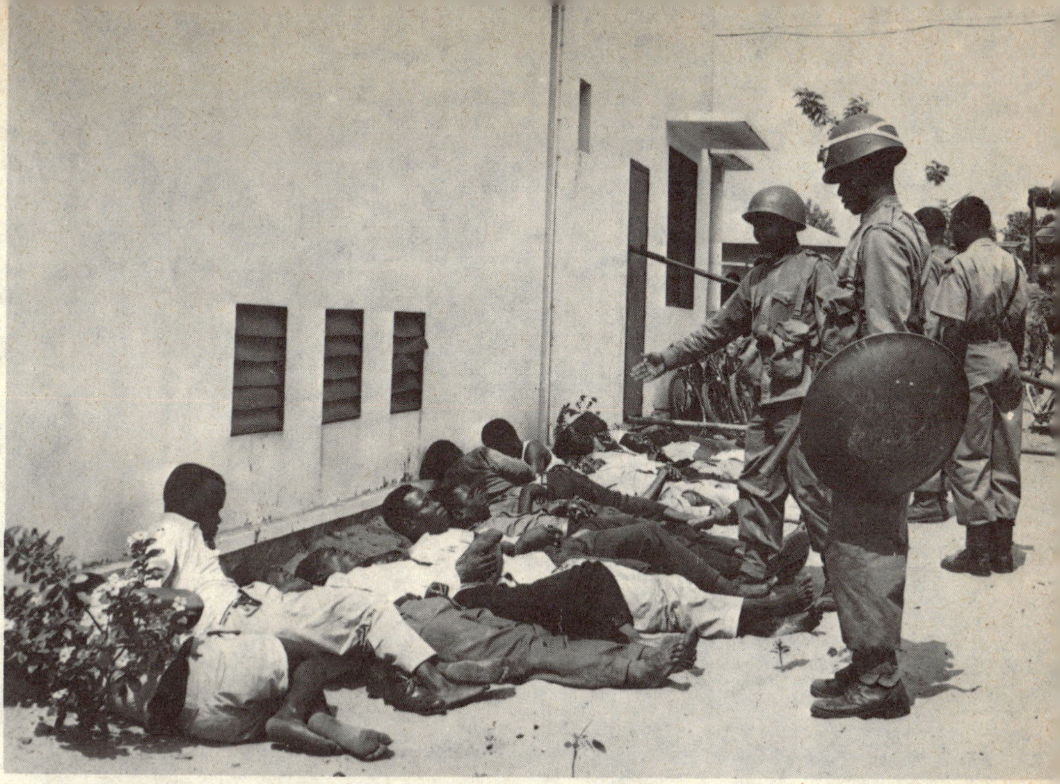

122 Meuterei der kongolesischen Armee (Force-publique-Soldaten in Léopoldville): Ausbruch der Kongokrise, in deren Verlauf den zu Hilfe gerufenen UN-Truppen eine entscheidende Rolle zufällt. – 123 Inspektionsreise in den Kongo: UN-Generalsekretär Hammarskjöld kommt bei einem nicht geklärten Flugzeugabsturz ums Leben.

124 125 Männer und Macht im Kongo: Der erste Ministerpräsident der Republik verliert nicht nur sein Amt, sondern auch sein Leben (Lumumba nach seiner Gefangennahme). – Staatspräsident Kasavubu (M.) stürzt Lumumba, beruft und entläßt Tshombé (l.), bis Generalstabschef Mobutu (r.) am 25. 11. 1965 die Staatsgewalt an sich reißt.

erschien mit verbundenen Handgelenken, denn er war, wie er behauptete, von den Handschellen des Kolonialismus verletzt worden. Die Kongolesen stritten untereinander. Kasavubu verschwand, tauchte wieder auf, drohte, er werde zu seinem Stammesbruder Fulbert Youlou nach Brazzaville flüchten und den Abfall der Bakongo herbeiführen. Nach ermüdenden Verhandlungen gaben die Belgier in allem nach. Am 30. Juni sollte die Unabhängigkeit des Kongo feierlich verkündet werden. Die belgische Abgeordnetenkammer billigte diese Preisgabe mit 121 gegen eine Stimme.

Der 30. Juni kam heran. Die Wahlen, die im Vormonat stattgefunden hatten, stellten Lumumba an die Spitze der Partei, ohne ihm jedoch die erhoffte Mehrheit zu geben. Kasavubu hatte versucht, ihn von der Regierung auszuschließen. Lumumba drohte jedoch, Feuer und Blut über den Kongo zu bringen, und die Belgier selbst bestanden darauf, daß man ihn mit der Bildung der ersten kongolesischen Regierung beauftragte. Kasavubu wurde als Entschädigung zum Staatsoberhaupt gewählt. Er lud König Baudouin ein, der Unabhängigkeitserklärung beizuwohnen. König Baudouin brachte einen Zusammenarbeits- und Freundschaftsvertrag mit einer Mitgift von 3750 Millionen belgischen Francs und das Versprechen für eine den Erfordernissen des neuen Staats entsprechende finanzielle Hilfe. Als der Zug seinen Weg nahm, schrie die Menge: »Hoch König Kasavubu!« Baudouin stand in seinem offenen Wagen aufrecht neben dem neuen Staatschef und bemerkte nicht sofort, daß ein europäisch gekleideter Schwarzer ihm seinen Säbel ausgehängt hatte: Er entkam, den Säbel schwingend, kehrte zurück und zog ihn aus der Scheide. Man überwältigte ihn und brachte dem König seine Zier wieder.

Belgien hatte mit dem Bau einer neuen prächtigen Residenz für seinen Gouverneur im Kongo begonnen; sie wurde nun das Palais der Nation. Die Proklamation der Unabhängigkeit fand im Ballsaal statt, der in den Sitzungssaal der Nationalversammlung umgewandelt worden war. Die Belgier riefen: »Es lebe der König!« Tausend Afrikaner antworteten: »Es lebe Kasavubu!« Lumumba, der nicht sprechen sollte, erhob sich, um auf Baudouins Rede zu antworten: »Kein Kongolese, der dieses Namens würdig ist, darf vergessen, daß die Unabhängigkeit durch den Kampf errungen wurde. Wir haben morgens und abends Verachtungen, Beleidigungen und Schläge ertragen müsse. Wir wissen, daß das Recht niemals für Weiße und Neger gleich war ... Das Schicksal politischer Gefangener war wahrhaft schrecklicher als der Tod. Wer könnte das Hängen und Schießen vergessen, durch das so viele unserer Brüder verschwunden sind? Wer könnte die Kerker vergessen, in die brutal jene geschleudert wurden, die den Kugeln der Soldaten entkommen waren, die das Werkzeug der kolonialistischen Herrschaft geworden waren?«

Der König erblaßte, wollte sich erheben, bezwang sich aber und blieb sitzen. Ministerpräsident Eyskens wurde puterrot, dann blaß, als ob innerhalb weniger Sekunden sein ganzes Blut vom Herzen ins Gesicht und wieder zum Herzen zurückgeströmt wäre. Die Kongolesen spendeten dröhnenden Beifall. Nach Aufhebung der Sitzung erklärte der König, er fahre sofort wieder ab, doch Eyskens bat ihn zu warten, schloß sich mit Lumumba ein und machte ihm Vorwürfe wegen seiner Worte. Lumumba spielte den Dummen: »Ich weiß nicht, warum meine Rede euch so aufregt. Die halte ich schon seit Jahren ...« Er versprach Mäßigung und erging sich dann bei dem Bankett für zweitausend geladene Gäste, dessen Ehrenplatz Baudouin schließlich einnahm, in dithyrambischen Lobreden auf Belgien und dessen Werk im Kongo. Dieselben Männer, die ihm zugejubelt hatten, als er die Belgier als Henkersknechte verunglimpfte, jubelten ihm zu, als er den Belgiern als Förderern der Kultur dankte.

Der Vorfall mit dem Säbel und Lumumbas Rede hatten den Optimismus nicht gemindert. Robert Murphy, der Abgesandte der amerikanischen Regierung, fand ihn bei offiziellen und privaten Persönlichkeiten, mit denen er sich unterhielt. Alle waren der Ansicht, daß die Kongolesen die Belgier viel zu sehr nötig hatten, als daß sich die Beziehungen nicht zufriedenstellend entwickeln würden, sobald die erste Erregung sich gelegt haben würde. »Die meisten Geschäftsleute und Pflanzer hatten die Absicht, in Afrika zu bleiben. Sie glaubten aufrichtig, sie hätten ihre eingeborenen Angestellten so behandelt, daß sie sich auf ihre Anhänglichkeit verlassen konnten.«

Fünf Tage später begann im ganzen Kongo die Jagd auf die Weißen.

Es war nicht nur die Jagd auf die Weißen, auch Stammeskämpfe entbrannten. Coquilhatville, in der Äquatorprovinz, wurde von den Lumongo überfallen, die die echte Unabhängigkeit, das heißt das Recht, sich vom Kongo zu trennen, verlangten. Luluabourg, die Hauptstadt von Kasai, stand im Mittelpunkt des grausamen Kampfes zwischen Lulua und Baluba. In Léopoldville erschlugen Bakongo und Bajuga einander in den Straßen. Lumumba fuhr ins Lager Léopold II., um eine Rede an die *Force publique* zu halten; die Bakongosoldaten pfiffen ihn aus, verfolgten ihn, belagerten ihn in seinem Palais der Nation. Aschfahl vor Angst empfing er ihre Abordnung und gestand ihnen eine Verdoppelung ihres Solds sowie eine generelle Beförderung um eine Rangstufe zu. Die Armee des neuen Staates war die einzige in der Welt, bei der es keinen einfachen Soldaten gab.

Eine andere Bedingung war wesentlich schwerwiegender. Die Meuterer vom Lager Léopold verlangten die Abberufung General Janssens' und den Austausch der weißen Offiziere und Unteroffiziere gegen Schwarze.

Die *Force publique* war eine der Besonderheiten von Belgisch-Kongo. Unter diesem bescheidenen Namen hatte Leopold II. eine kleine kongolesische Armee organisiert, die das Mutterland erbte, als es seine gewaltige Kolonie in Besitz nahm. Sie brachte das Wunder zustande, 22 500 Mann, die allen Völkerstämmen des Kongo angehörten, im selben Rahmen zusammenleben zu lassen. Ihr Oberbefehlshaber, Emile Janssens, den seine Landsleute mit Massu verglichen, hatte seine Disziplin und Treue bis zum Äußersten eingesetzt. Lumumba selbst hatte verlangt, daß die *Force publique* mit ihren europäischen Führungskräften in den Kongostaat übernommen werden solle. Nun erklärte er sich voll Panik bereit, alle Offiziersstellen Schwarzen zu überantworten. Die Weißen durften nur als technische Ratgeber bleiben – »mit Zustimmung der Soldaten«, verlangte das Abkommen ausdrücklich.

Am selben Abend, dem des 6. Juli, traf in Léo-Ost, dem Bahnhof von Matadi, ein Zug mit Fahrgästen ein, die eine Tragödie erlebt hatten, sie weinten vor Scham und Verzweiflung. Der Zug kam aus Thysville, wo die *Force publique* des Lagers Hardy einen Aufruhr organisiert hatte. Alle Europäer hatten schreckliche Mißhandlungen erduldet. Die Männer waren auf die empfindlichsten Körperteile geschlagen und mit brennenden Zigaretten verbrannt worden. Die Frauen, einschließlich der Nonnen, hatte man nackt durch die Straßen der Stadt geschleppt. Die offizielle belgische Untersuchung ergab, daß mindestens 291 von ihnen, »manche zwölf-, fünfzehn-, zwanzigmal und noch öfter«, vergewaltigt wurden. Die Fliehenden suchten im unfertigen Gebäude der belgischen Botschaft Zuflucht, verlangten ihren sofortigen Transport in die Heimat und beschuldigten das ferne Vaterland der Gleichgültigkeit oder Feigheit.

Die Nacht verging unter Stöhnen, Babygeschrei, Hunger, Durst. Bei Sonnenaufgang kam ein neuer Strom von Flüchtlingen in die Botschaft. Diesmal waren es Europäer aus Léopoldville, die aus ihren Häusern geflohen waren, als sie von der Soldateska und dem aus den Vorstädten stürmenden Mob überfallen wurden. Voller Hast ernannte Lumumba den Unteroffizier Victor Lundula zum General und Oberbefehlshaber und gab ihm den Unteroffizier Joseph Mobutu als Oberst und Stabschef zur Seite. Im Rundfunk erklärte er, die europäischen Faschisten wollten die Unabhängigkeit sabotieren und das internationale Prestige seiner Regierung untergraben...

Die Unruhen griffen auf Katanga über. In Elisabethville wurden der italienische Vizekonsul und mehrere Europäer ermordet. Das war nur ein Aspekt des Auszugs, der den Kongo der Europäer beraubte. Aus dem unteren Katanga flüchteten sie über den Njassasee nach Tanganjika. Aus Kivu und der Ostprovinz flüchteten sie nach Uganda, aus dem unteren Kongo nach Angola, oder sie strömten in die Ausreisehäfen Matadi und Boma. Die Europäer aus Léopoldville kamen eilends nach Brazzaville, sobald das Verbot der Überfahrt über den Stanley Pool aufgehoben wurde. Die Sabena beförderte diese Entwurzelten, von denen die meisten nicht einmal einen Handkoffer gerettet hatten, in die Heimat. Brüssel wurde von Entsetzen erfaßt. General Janssens, der brave Haudegen, trat vor die Statue Leopolds II. und sagte in Habachtstellung: »Sire, man hat Ihren Kongo versaut!« Zwanzigtausend Menschen demonstrierten hinter einem Spruchband mit der Aufschrift: »Madame Eyskens nach Thysville!« Berittene Polizei zerstreute sie vor dem Königspalast.

In Luluabourg belagerte das 8. Bataillon der *Force publique* 1200 Europäer, die sich in das Immokasai-Gebäude, eines der wenigen Etagenhäuser der reizenden kleinen Stadt, geflüchtet hatten. Sie verteidigten sich, schlugen mehrere Angriffe zurück, töteten einige Angreifer, erlitten selbst mehrere tödliche Verluste und riefen um Hilfe, indem sie auf dem Dach des Gebäudes Bettücher in Form eines SOS anordneten. Die Fallschirmjäger von Kamina, einem der beiden Stützpunkte, die Belgien im Kongo hatte behalten dürfen, griffen noch rechtzeitig ein, befreiten das Immokasai-Gebäude, belagerten nun selbst die Rebellen und zwangen sie zur Herausgabe der Geiseln, deren sie sich bemächtigt hatten. Doch sämtliche Europäer von Luluabourg – 4000 vor den Unruhen – ließen sich mit Ausnahme von etwa zwanzig heimbefördern.

Der andere belgische Stützpunkt war Kitona, in der Nähe von Matadi. Seine Fallschirmjäger sprangen auf den Flughafen Léopoldville ab, verjagten die kongolesischen Soldaten, säuberten die Landepiste für die Landung von 10 Kompanien, etwa 1500 Mann, die auf Beschluß der belgischen Regierung ihren Landsleuten zu Hilfe kamen. Die belgischen Soldaten besetzten die Europäerstadt und machten den Übergriffen ein Ende. Lumumba beschwerte sich in einem Telegramm an Hammarskjöld über die Aggression, deren Opfer sein Land geworden sei, und sein Kulturminister, Kashamura, erklärte: »Der Kriegszustand ist verfügt zwischen der Republik Kongo und Belgien.«

Moise Tshombé war den Fallschirmjägern bei der Einleitung der internationalen Krise des Kongo zuvorgekommen. Bereits am 11. Juli hatte er den Abfall von Katanga verkündet. »Die Regierung von Léopoldville«, hatte er in der Provinzialversammlung erklärt, »ausschließlich auf die Zersetzung des gesamten militärischen und Verwaltungsapparates und die Schaffung eines Terrorregimes ausgerichtet, verjagt unsere belgischen Mitarbeiter. Katanga kann sich solchen Umtrieben nicht fügen und wählt ein Programm des Friedens und der Ordnung.«

Ein dritter Mann mit einer Hauptrolle betrat den Schauplatz der kongolesischen Tragödie. Herkunft und Ideen Tshombés unterschieden ihn von dem plebejischen Demagogen Lumumba und dem Stammesführer Kasavubu. Er gehörte einer begüterten Familie an, deren geschäftliche Unternehmungen sich über einen Teil von Katanga und Kasai erstreckten. Er war nicht weniger afrikanischer Nationalist als Kasavubu und Lumumba, aber er war sich bewußt, daß der Reichtum, auf den der Kongo pochte, von der Tätigkeit der Belgier in diesem Land abhing. Wenn sie fortgingen, verfiel das Land einer Anarchie, die es dem Kommunismus in die Arme treiben würde. Der Konservatismus des schwarzen Bourgeois Tshombé bestimmte ihn zu einer Zusammenarbeit mit dem Westen. Da er außerstande war, sie im ganzen Kongo durchzusetzen, betrieb er den Abfall Katangas.

Ein komplizierter Kampf begann. Die Gegner griffen auf Hilfe von außen zurück. Tshombé ersuchte England um Entsendung von Truppen nach Katanga. Kasavubu wandte sich an die USA, und Lumumba verkündete, er ziehe die UdSSR vor. Hammarskjöld begegnete der Gefahr einer Konfrontation der Großmächte, indem er aus eigenem Antrieb den Sicherheitsrat einberief. Dieser ordnete am 13. Juli innerhalb weniger Stunden an, daß die belgischen Truppen abziehen und durch die Aufstellung einer internationalen Streitmacht ersetzt werden sollten. Die Entscheidung wurde so rasch in die Tat umgesetzt, daß die ersten, aus Ghanesen und Tunesiern bestehenden Kontingente am 15. Juli in Léopoldville eintrafen, ohne daß sie Zeit gehabt hätten, ihre Helme blau färben zu lassen. Ihnen folgten Äthiopier, Malinesen, Guineer, Liberier, Marokkaner, Ägypter, Sudanesen, Pakistaner, Inder, Kanadier, Iren und Schweden. Der schwedische General von Horn wurde aus dem Gazastreifen abberufen, um ihr Kommando zu übernehmen.

Das Eintreffen der UNO-Streitkräfte erboste Lumumba auf das heftigste. Er stellte Belgien ein Ultimatum von zwölf Stunden, innerhalb derer der letzte belgische Soldat abgezogen und Kitona sowie Kamina geräumt sein müßten. Chruschtschow, der sich seit dem Scheitern der Gipfelkonferenz still verhalten hatte, sandte eine Protesterklärung nach Brüssel, die so beleidigend war, daß die belgische Regierung sie zurückschickte. An die Kongolesen richtete er einen herausfordernden Aufruf: »Euer Kampf ist der Kampf von Hunderten Millionen Menschen in Asien, Afrika und Amerika. Bekanntlich war der alte Kongo nicht nur eine belgische Kolonie. Das Bajonett war belgisch, die Herren aber waren amerikanische, belgische, englische und westdeutsche Industriemonopole . . . Die Sowjetunion hat bereits ihre Stimme erhoben und die imperialistische Intervention gegen die Republik Kongo entschieden verurteilt. Die Forderung der Sowjetunion ist eindeutig: Hände weg von der Republik Kongo!« Der Schatten des Krieges, der von Berlin gewichen war, tauchte, kaum zerstreut, über den Urwäldern und Sümpfen Afrikas auf.

Lumumbas Infantilismus war offenkundig. Während er die Sowjets um Hilfe bat, erfuhr sein eigener Wirtschaftsminister, daß er, ohne irgend jemand um seine Ansicht gefragt zu haben, einen Vertrag unterzeichnet hatte, der die Ausbeutung sämtlicher Bodenschätze des Kongo einem amerikanischen Geschäftsmann zweifelhaften Rufs, Louis Edgar Detwiler, übertrug. Er reiste, auf die Gefahr hin, während seiner Abwesenheit gestürzt zu werden, in die USA. Die Vereinten Nationen enttäuschten ihn, doch über den Empfang, den er in Washington erhielt, war er begeistert. Dean Rusk erwartete ihn auf dem Flughafen. Achtzehn Kanonenschüsse begrüßten ihn; er wurde im Blair House untergebracht, wo so viele berühmte Häupter sich ausgeruht hatten. Belgien protestierte erbittert, doch die amerikanische Presse fand Lumumba sympathisch und vernünftig. Er versicherte den Journalisten, nie sei eine einzige weiße Frau im Kongo vergewaltigt worden, es seien die Belgier gewesen, die schwarze Frauen vergewaltigten; er schwenkte ein Telegramm, das er soeben aus Léopoldville erhalten hatte: »Zu Hilfe! Die belgischen Soldaten schlachten uns zu Tausenden ab!«

Moise Tshombé stand allein. Das Ersuchen um Anerkennung Katangas, das er an alle Nationen richtete, wurde abgewiesen, sogar von Belgien. Die Delegation, die er an die Vereinten Nationen sandte, wurde wie Aussätzige behandelt, auf Anordnung des Sekretariats unter Quarantäne gestellt, von den amerikanischen Journalisten mit beleidigenden Fragen bombardiert. Für die jungen afrikanischen Nationen, deren Einfluß in der internationalen Organisation vorherrschend wurde, warf Katanga eine grundsätzliche Frage auf. Sie alle waren künstlich geschaffen, und sie wußten es; sie alle enthielten innerhalb ihrer durch die Rivalitäten oder Übereinkommen der Kolonialmächte entstandenen Grenzen Völkerschaften, die einander nicht kennen wollten oder verabscheuten. Sie wußten, diese jungen schwachen Nationen, daß sie, wenn der Abfall eines Teils geduldet wurde, zerfallen und in Trümmer gehen würden. Deshalb klammerten sie sich verzweifelt an die territorialen Rahmen der weißen Eroberung. Die Einheit des Kongo war ein Grundsatz. Dem mußte Katanga sich fügen.

Am 28. Juli erklärten sich die Belgier einverstanden, mit der Räumung der von den Blauhelmen kontrollierten Ortschaften zu beginnen. Nach Katanga war kein einziger gekommen, dort hielten 6000 belgische Soldaten mit dem Einverständnis der katangesischen Regierung die Ordnung aufrecht. Hammarskjöld flog nach Brüssel und rang der belgischen Regierung das Versprechen ab, in Katanga ebenso wie im übrigen Kongo ihre Truppen durch die Vereinten Nationen ersetzen zu lassen. Er setzte den 6. August als Termin für den Beginn fest.

Der Vertreter der Vereinten Nationen im Kongo war ein Schwarzer, Ralph Bunche, Träger des Friedensnobelpreises. Er traf am 4. August in Elisabethville ein, um den Vorgang für den übernächsten Tag vorzubereiten. Er fand ein Land im Kriegszustand vor. Tshombé hatte die Generalmobilmachung verfügt, die Straßen absperren und die Flugplätze abriegeln lassen. Drei Stunden lang wiederholte er Bunche, daß Katanga ein unabhängiger Staat sei, daß die Vereinten Nationen kein Recht hätten, sich einzumischen, und daß er auf die Blauhelme schießen lassen werde, falls sie versuchen sollten, ins Land einzudringen. Dann ließ er die Stammeshäuptlinge der vier großen katangesischen Verbände, der Baluba, Tshokwe, Bajaka und Luanda, eintreten. Alle erklärten, sie hätten mit den Völkern des unteren Kongo nichts gemein und seien bereit, ihre Unabhängigkeit mit der Waffe in der Hand zu verteidigen. Bunche reiste wieder ab. Seiner Meinung nach war es unmöglich, Hammarskjölds Entscheidung ohne Blutvergießen durchzuführen.

Die Vollmacht Hammarskjölds, des Oberbefehlshabers des Friedens, gestattete ihm nicht, seine Armee für eine militärische Operation zu verwenden. Er verschob die Besetzung Katangas und verlangte eine neue Sitzung des Sicherheitsrats.

Lumumba war noch nicht nach Léopoldville zurückgekehrt. Er flog von den Vereinigten Staaten nach Tunis, dann nach Rabat, Monrovia, Accra, und erklärte immer wieder laut, er verlange die Hilfe aller vom Kolonialismus befreiten Nationen, um die heilige Einheit des Kongo zu retten. Bei Nkrumah erfuhr er von der Vertagung der Operation Katanga. Er explodierte: »Die Truppen der Vereinten Nationen im Kongo paradieren nur, statt daß sie uns bei der Evakuation der feindlichen belgischen Streitkräfte behilflich sind. Wir werden das Problem selber lösen.« Nkrumah ermutigte ihn noch, stellte ihm die ghanesische Armee zur Verfügung und bot an, selbst zu kommen, um die Kolonialisten mit Fußtritten aus dem Kongo zu befördern.

Die neue Sitzung des Sicherheitsrats bestätigte die vorhergegangene. Belgien ließ sich zu leicht in die Stellung des Angeklagten manövrieren. Es erhielt neuerlich die Weisung, seine Truppen aus Katanga abzuziehen. Hammarskjöld, der in Sachen Elisabethville furchtloser auftrat als in Sachen Budapest, verkündete, er werde am 12. August an der Spitze von zwei schwedischen Kompanien in Katanga eintreffen. Die vom Sicherheitsrat beschlossene Resolution bestimmte jedoch, daß die nach Katanga entsandten UNO-Truppen in den inneren Konflikt nicht eingreifen dürften. Moise Tshombé tat, als sei er durch diese Klausel befriedigt, und empfing Dag Hammarskjöld und seine Schweden mit Ehren. Die Belgier begannen sofort mit dem Abzug ihrer Soldaten. Die Vereinten Nationen hatten in der abgefallenen Provinz mit der erklärten Absicht Fuß gefaßt, sie wieder unter die Autorität der Zentralregierung zurückzuführen.

Als Hammarsjköld von seiner Expedition nach Katanga zurückkehrte, fand er als Dank einen Brief vor, der ihm mitteilte, daß er das Vertrauen des kongolesischen Ministerpräsidenten verloren habe. »Sie benehmen sich, als existierte meine Regierung nicht... Ihr Zusammentreffen mit Tshombé beweist klar, daß Sie in dem Konflikt zwischen der Rebellenregierung von Katanga und der rechtmäßigen Regierung des Kongo Partei ergreifen... Durch Ihre Entsendung irischer und schwedischer Truppen waren Sie im Einverständnis mit der belgischen Regierung, denn die ganze Welt kennt die Bindungen zwischen Schweden und der belgischen Krone...« Lumumba verkündete, er verlange vom Sicherheitsrat die sofortige Entsendung einer aus Vertretern der 14 neutralistischen Staaten Guinea, Ghana, Ägypten, Indien usw. zusammengesetzten Delegation, um die Tätigkeit des Generalsekretärs zu kontrollieren. Hammarskjöld sagte später: »Im Vergleich zu Lumumba waren die größten Fanatiker, denen wir in den Suez- und Libanonkrisen begegneten, höfliche konservative alte Herren ...«

Lumumba besaß jedoch Verbündete. Die sowjetische Presse und später Chruschtschow selbst beschuldigten den Generalsekretär der Vereinten Nationen, er sei ein Agent des Imperialismus und verrate das kongolesische Volk, das zu befreien er beauftragt war. Was sich bei der Suezaffäre im Mittelmeer abgespielt hatte, wiederholte sich in Zentralafrika. Die UdSSR hatte mit diesem Gebiet überhaupt nichts zu schaffen. Sie stieß blitzschnell dorthin vor, indem sie sich Lumumbas ebenso bediente wie ehedem Nassers.

Der September nahm seinen Anfang. Der belgische Botschafter, Jean van den Bosch, der trotz des Abbruchs der diplomatischen Beziehungen in seiner Botschaft geblieben war, wurde ausgewiesen. Ralph Bunche mußte Léopoldville verlassen und wurde durch den Inder Rajshwar Daʾyal ersetzt, der die Rückkehr mancher Belgier als Versuch der Wiederkolonisierung des Kongo brandmarkte. Tatsächlich kamen Kaufleute, Industrielle über die Grenze zurück, in dem Versuch, einen Teil ihres Besitztums wiederzufinden oder ihren Beruf wieder aufzunehmen. Lumumba ermutigte sie, indem er versicherte, daß Europäer, die die kongolesische Souveränität respektierten, nichts zu befürchten hätten, daß jedoch die Unternehmen, die nach dem 1. Oktober ohne Besitzer blieben, konfisziert würden. Andererseits ordnete er die Jagd auf »belgische Spione« an, die zu den schlimmsten Ausschreitungen führte.

Innerhalb von zwei Monaten war der ruhige Kongo der Belgier zu einem Tollhaus geworden. Alle Landverbindungen wurden unterbrochen. Die Äquator-, die Ost- und die Kivuprovinz waren isoliert. Nordkasai folgte dem Beispiel Katangas und erklärte sich unter der Führung eines Stammeshäuptlings, des Lulua Albert Kalonji, der bescheiden den Titel eines Kaiser-Königs annahm, für unabhängig. Bei Lumumba zeigten sich immer mehr Züge geistiger Verwirrung. Er hatte eine Armee ohne einfache Soldaten; er schuf sich eine nur aus Offizieren bestehende Armee, indem er alle Unteroffiziere und Korporäle in diesen Rang erhob. Er entwarf den Plan eines Strafsystems, das auf täglicher Anwendung der Peitsche fußte: zehn Schläge jeden Morgen beim Wecken. Seine Regierung bestand aus 37 Ministern mit einem durchschnittlichen Gehalt von 800 000 belgischen Francs und 1500 Kabinettsführern, -chefs und -attachés. Die Anfänge der kongolesischen Freiheit erinnerten in frappanter Weise an die Befreiung Santo Domingos oder an die Zeit nach dem Sezessionskrieg im Süden der Vereinigten Staaten.

Aus dem Ausland kamen Mahnungen; Bourguiba und später der Präsident von Liberia, William Tubman, warnten Lumumba vor den Einflüssen, denen er unterlag. Nkrumah sprach nicht mehr davon, zu ihm zu kommen, um für die Einheit des Kongo zu kämpfen. Lumumba verstand das gar nicht, er berief alle afrikanischen Führer nach Léopoldville – das in Lumumbaville umgetauft worden war – zu einem Gipfeltreffen, bei dem er Hammarskjöld verdammen und Tshombé mit dem Bann belegen wollte. Keiner kam. Viele enthielten sich sogar der Entsendung von Statisten. Die Arbeitslosen in Léopoldville, wo jede Tätigkeit zum Erliegen gekommen war, demonstrierten vor dem Palais der Nation, wo die Delegationen ihre Sitzung abhielten. Lumumbas Polizei zerstreute die Demonstranten mit Gewehrfeuer.

Die Russen waren in großer Zahl und mit großem Aufwand erschienen. Hundert Molotow-Lastwagen wurden in Matadi ausgeladen. Am 2. September traf eine Iljuschin-Transportmaschine in Njidili ein, die erste einer Gruppe von fünfzehn, die Moskau Lumumba für seine Operationen gegen Katanga zur Verfügung stellte. Er hatte beschlossen, sich um den 8. September herum an die Spitze seiner Truppe zu stellen und in die Rebellenprovinz einzufallen. General von Horn informierte die Vereinten Nationen, er sehe keine Möglichkeit, den Bürgerkrieg zu verhindern, da ihm die Resolution vom 22. August untersagte, in die inneren Angelegenheiten des Kongo einzugreifen.

Seit mehreren Wochen war der kongolesische Staatschef Joseph Kasavubu im Hintergrund geblieben. Am 5. September ergriff er plötzlich im Rundfunk das Wort: »Der Ministerpräsident hat das Vertrauen, das ich in ihn gesetzt habe, verraten. Er hat viele unserer Mitbürger ihrer Grundfreiheiten beraubt und stürzt jetzt unser Land in einen schrecklichen Bürgerkrieg. Ich habe daher beschlossen, ihn seines Amtes zu entheben und Joseph Ileo an die Spitze der Regierung zu stellen.«

Ein unerwarteter Umschwung! Zwei Stunden später jedoch erklangen im selben Rundfunk die erregten Worte Lumumbas: »Joseph Kasavubu ist ein Verräter. Ich erkläre, daß er nicht mehr Präsident des Kongo ist. Das Volk allein kann mir das Amt entziehen, das mir das Volk anvertraut hat. Das gesamte Volk steht auf meiner Seite. Das Volk will mich!«

Die Tragikomödie des Kongo nahm einen neuen Verlauf. (*Forts. Kongo S. 914*)

29. Kapitel   1960/1961
Die Anfänge John F. Kennedys
Die Schweinebucht. Ermordung Lumumbas. Putsch in Algier

Am 2. Januar hatte John Fitzgerald Kennedy seinen Entschluß bekanntgegeben, bei der Präsidentschaftswahl des Jahres 1960 für die Demokraten zu kandidieren. Der einzige katholische Kandidat in der gesamten politischen Geschichte der Vereinigten Staaten war im Jahre 1928 der redegewandte Gouverneur von New York, Alfred Smith, gewesen. Er hatte in 8 Staaten gewonnen und 87 Stimmen der Wahlmänner erhalten, gegen 40 Staaten und 144 Stimmen für Herbert Hoover.

Abergläubische Seelen konnten vor der Jahreszahl 1960 zurückschrecken: Lincoln, Garfield und McKinley, die 1860, 1880 und 1900 gewählt wurden, fielen Mördern zum Opfer. Der 1920 gewählte Harding starb unter geheimnisvollen Umständen. Franklin Roosevelt selbst, der 1940 wiedergewählt wurde, war während seines vierten Mandats im Weißen Haus gestorben. Lag auf den Präsidenten, deren Wahljahr mit einer Null endete, ein Fluch?

Am 10. Mai war die katholische Hypothek durch die Vorwahl in West-Virginia aufgehoben worden. Der Staat ist praktisch vollkommen protestantisch. Die protestantischen Pastoren setzten sich für den Konkurrenten Kennedys, Hubert Humphrey, ein und erhoben die alte Beschuldigung, daß ein Katholik dem Papst gehorche und daher der Papst die Vereinigten Staaten regieren werde, wenn ein Katholik im Weißen Haus einziehe. Trotz dieser Kampagne gewann Kennedy die Vorwahl mit 220 000 gegen 142 000 Stimmen, was bewies, daß der römische Popanz keinen Schrecken mehr verbreitete.

Der demokratische Konvent fand vom 13. bis 15. Juli in Los Angeles statt. Adlai Stevenson hatte die ihm angebotene dritte Kandidatur abgelehnt. Gegen den Senator von Massachusetts, John F. Kennedy, blieb nur noch der Senator von Texas, Lyndon B. Johnson, im Rennen. Seine Bemühungen waren fruchtlos. Jack Kennedy wurde mit einer absoluten Majorität von 806 Stimmen im ersten Wahlgang bestätigt. Darauf verlangte er Lyndon B. Johnson als Listengefährten. Der Vorschlag kam überraschend; die Annahme überraschte noch mehr. Kennedy war 43 Jahre alt, und obwohl er unter den Folgen einer Kriegsverletzung litt, erfreute er sich glänzender Gesundheit. Johnson stand im zweiundfünfzigsten Lebensjahr und hatte 1953 nur mit Mühe einen Herzanfall überlebt. Er war Fraktionsführer der Demokraten im Senat und die zweite Persönlichkeit in der Politik der USA. Er gab diese hervorragende Stellung auf, um das undankbare Amt des Vizepräsidenten zu übernehmen, obwohl seine Aussichten auf eine Nachfolge gering waren. Alle seine Freunde hatten ihm abgeraten. Vergeblich.

Vierzehn Tage später trat der republikanische Konvent in Chikago zusammen. Ein Versuch, Nixon auszuschalten, scheiterte. Von 1331 Mandaten bestätigten 1321 die

Kandidatur von Eisenhowers Vizepräsident. Der Kandidat für die Vizepräsidentschaft war Henry Cabot Lodge, den Kennedy 1952 im Senat abgelöst hatte.

Die Wahl war die vierundvierzigste in der Geschichte der Vereinigten Staaten. Als im Jahre 1788 mit George Washington die Reihe der Präsidenten ihren Anfang nahm, gab es 17 Staaten, denn Maine, Vermont, Kentucky und Tennessee hatten sich bereits den 13 ersten der Bürgerrechtserklärung angeschlossen. Im Jahre 1960 waren Alaska und Hawaii soeben zur politischen Reife gelangt und hatten die Anzahl der Staaten auf 50 und die Zahl ihrer Vertreter im Senat auf 100 aufgerundet. Die Bevölkerung der Vereinigten Staaten war von weniger als 4 Millionen auf 179 323 175 gestiegen, wie die letzte Zählung ergeben hatte. Die Expansion der letzten Jahre hatte alle Vermutungen übertroffen. Während die Einwanderung nur noch einen nebensächlichen Zuwachs darstellte, waren innerhalb von 10 Jahren 30 Millionen neue Amerikaner hinzugekommen. Man schätzte, daß die Vereinigten Staaten im Jahre 2000 200 Millionen Einwohner zählen würden. Sie sollten sie bereits im Jahre 1970 erreichen.

Der aus seinem Amt scheidende Präsident Eisenhower hatte vor dem Konvent in Chikago zornig erklärt: »Unter uns gibt es, so wie Hiob seine Schwären hatte, berufsmäßige Pessimisten, die immer wieder erklären, die Vereinigten Staaten seien die zweite Macht in der Welt geworden. Ich kann meine Empörung nur mit Mühe zügeln...« Kurz vor der Amtsniederlegung begann sich der vierunddreißigste Präsident der Vereinigten Staaten vor der Geschichtsschreibung zu rechtfertigen. Nie war die amerikanische Wirtschaft ertragreicher gewesen; das Bruttosozialprodukt war innerhalb von sieben Jahren um mehr als hundert Milliarden Dollar, das heißt um ein Viertel, gestiegen. Niemals war die Beschäftigungsrate der Amerikaner, nie waren ihre Löhne so hoch gewesen. Auf dem Gebiet der Verteidigung hatten die USA sich ein Militärsystem »of uncalculable power«, von unberechenbarer Stärke, errichtet, das ihnen gestattete, jeglicher Bedrohung Trotz zu bieten und jedem Aggressor vernichtend zu begegnen. Das Prestige der Vereinigten Staaten gegenüber der Welt, fuhr Eisenhower fort, ist unversehrt geblieben. Ike erinnerte daran, daß er »in the pursuit of world peace«, im Streben nach Weltfrieden, 150 000 Kilometer zurückgelegt, mehr als zwanzig Nationen besucht und den Beifall ungezählter Menschenmassen errungen hatte, die in den USA das Bollwerk der Freiheit sahen.

Doch eine ernste Gefahr war während der Präsidentschaft Eisenhowers vor den Toren der Vereinigten Staaten herangewachsen. Die Hoffnungen derer, die in Fidel Castro einen idealistischen Reformator sahen, waren enttäuscht worden. Er war ein Verbündeter und ein Werkzeug Moskaus, das sich Kubas bemächtigt hatte.

Einige Wochen nach seinem Sieg, als Fidel noch nicht sicher war, welchen Weg er einschlagen solle, kam er nach Washington; er trug einen gepflegten Bart und eine ähnliche Uniform wie die der US Army. Man lud ihn in den National Press Club ein, wo er behauptete, er sei weder Kommunist noch Neutralist, und er hoffe, »da der Kommunismus bei leeren Mägen gedeihe«, ihn von Kuba fernhalten zu können. Damals, im April 1959, hatten die Kriegsgerichte in Kuba 521 Todesurteile ausgesprochen. »Die mörderische Verfolgung eines früheren Gegners stieß mich ab«, berichtet Eisenhower, »ich weigerte mich, Castro zu empfangen... In Washington hielt Castro eine dreieinhalb Stunden währende Konferenz mit dem Vizepräsidenten ab. Als sie beendet war, schrieb er: »Castro war entweder unglaublich naiv, was den Kommunismus anlangt, oder er steht unter kommunistischer Disziplin.« Die Mehrzahl der Amerikaner, die weniger scharfsichtig waren als Nixon, nahmen die Versicherungen Castros wörtlich.

Im Februar 1960 tauchte der Geschäftsreisende des Kommunismus, Anastas Mikojan, in Kuba auf, und als er wieder abreiste, hatte er 425 000 Tonnen Zucker eingekauft. Er hatte mit dem Nationalbankpräsidenten Che Guevara verhandelt. Dieser schilderte seine Ernennung folgendermaßen: »Der Chef teilte uns mit, daß der Direktor der Bank zurückgetreten sei, und fragte uns, ob einer unter uns ein *economista*, Nationalökonom, sei, um ihn zu ersetzen. Ich hob die Hand. ›Gut‹, sagte der Chef, ›du übernimmst die Bank.‹ Später sagte er zu mir: ›Ich wußte nicht, daß du *economista* bist.‹ ›Oh, ich hatte ‚Kommunist‘ verstanden, da hab ich die Hand gehoben.‹«

Kurz vorher hatte Präsidentschaftskandidat John F. Kennedy ein Buch veröffentlicht, »*Strategy of Peace*«, in dem er sagte, Castro sei »ein Erbe Bolívars«, und sein Senior in der Demokratischen Partei, Harry S. Truman, hatte in der Columbia-Universität erklärt, Castro sei »ein mutiger junger Mann, der für Kubas Wohl arbeitet und die Sympathie und Hilfe der Vereinigten Staaten verdient«.

Die Beziehungen wurden immer gespannter. Am 4. März flog im Hafen von Havanna der französische Frachter *La Coubre* mit einer Ladung Sprengstoff in die Luft, wobei 84 Menschen ums Leben kamen. Castro beschuldigte den amerikanischen Geheimdienst. Er hatte in seiner Konferenz im National Press Club gesagt, er beabsichtige nicht, sich der amerikanischen Besitztümer zu bemächtigen; nacheinander wurden Pflanzungen, Banken, Ölraffinerien, Guthaben jeder Art beschlagnahmt. Als Vergeltungsmaßnahme verringerte Eisenhower das von den Vereinigten Staaten zum doppelten Weltmarktpreis gekaufte Kontingent kubanischen Zuckers um 700 000 Tonnen. Castro hatte das Kuba zuerkannte Vorrecht als ein Instrument des Yankee-Imperialismus bezeichnet. Die Zurückweisung brandmarkte er als Aggression.

Zur Zeit, da der republikanische Konvent zusammentrat, war der Bruch eine vollzogene Sache. Die UdSSR versprach Kuba eine Wirtschaftshilfe von 100 Millionen Dollar und schickte das notwendige Rohöl, um die Raffinerien der Texaco, Shell und Standard Oil in Gang zu halten. Che Guevara hatte in der Wochenschrift der Kommunistischen Partei *Revolución* die »Söhne des Pentagons« aufgefordert, sich in acht zu nehmen, da Kuba nun »die mächtigste Nation der Welt« zum Beschützer habe. Chruschtschow hatte sich mit Feuer eingemischt und erklärt, die Monroe-Doktrin verfolge das Ziel, Lateinamerika zu versklaven, die Republik Kuba solle den Stützpunkt Guantánamo wieder in Besitz nehmen, und er, Chruschtschow, sei bereit, mit seinen Raketen zu antworten, falls die Imperialisten das kubanische Volk und »seinen mutigen Führer Fidel Castro« angreifen sollten.

Der Nachfolger Eisenhowers, ob Republikaner oder Demokrat, übernahm also ein Problem als Erbe: das Bestehen einer Macht, 100 Meilen von Florida entfernt, die von der UdSSR als Brückenkopf in der westlichen Hemisphäre angesehen wurde. Er würde auch die Grundzüge eines Plans vorfinden, wie der Gefahr zu begegnen war. »Am 17. März 1960«, berichtet Eisenhower, »wies ich den Geheimdienst an, die Exilkubaner vor allem in Guatemala für den Fall ihrer späteren Rückkehr in ihr Heimatland ausbilden zu lassen.« Im Urwald von Guatemala war unter strenger Geheimhaltung ein Lager errichtet worden, und ein Kern von Freiwilligen unter dem Befehl eines ehemaligen Offiziers namens José Perez San Roman machte sich für die Befreiung Kubas fit.

Die Vormachtstellung des Dollars ist gefährdet

Das optimistische, erfreuliche Bild, das Eisenhower beim republikanischen Konvent von den USA entwarf, wurde durch den Beifall der Zuhörer zweiundsiebzigmal unterbrochen. Es war nicht falsch und hielt sich in mancher Hinsicht in Grenzen. Die Vereinigten Staaten waren im Aufschwung und gleichzeitig im Umschwung begriffen; die wichtigsten Fortschritte verzeichnete ihre Wirtschaft nicht in den alten Industriezweigen, sondern auf dem Gebiet der neuen Techniken. Der Stahlstreik, den Chruschtschow in Pittsburgh erlebt hatte, hatte einhundertsieben Tage angedauert, ohne die katastrophalen Folgen zu zeitigen, die Leute, welche die Industrie noch immer nach den klassischen Normen von Stahl und Kohle beurteilten, vorhergesehen hatten. Nun beruhte die Stärke der Vereinigten Staaten auf den Leichtmetallen, den synthetischen Industrien, der Petrochemie, Elektronik, Kybernetik. Die Staaten der Kohlen- und Eisenbergwerke, Pennsylvanien, West-Virginia, Indiana, Ohio, befanden sich auf dem Abstieg oder stagnierten, während der Süden und der Westen einen ungeheuren Aufschwung erlebten.

Das bewies die alle zehn Jahre durchgeführte Volkszählung. Kalifornien hatte um 5 Millionen Einwohner mehr, war ganz in die Nähe des Staates New York gerückt und auf dem Weg, der menschenreichste Staat zu werden, wie er bereits der reichste war. Chikago, Philadelphia, Detroit, Cleveland, Baltimore und Boston verloren an Einwohnerzahl, während Städte des Westens wie El Anaheim in Kalifornien, das innerhalb von zehn Jahren von 14 000 auf 124 000 Einwohner angewachsen war, eine Ausbreitung wie Pilzkolonien erlebten. Der Süden verdankte der Öl- und der Klimaanlagenindustrie seinen industriellen Aufschwung. An der Spitze aller Staaten stand Florida durch seine Wachstumsrate. Tampa hatte 1950 124 000, 1960 jedoch bereits 274 000 Einwohner. Dixie schüttelte den Fluch der Armut ab. Eisenhower irrte nicht, als er erklärte, die USA seien in seinen Händen die erste Weltmacht geblieben. Zehn Jahre zuvor war das selbstverständlich gewesen; das Neue lag darin, daß es notwendig oder jedenfalls zweckmäßig geworden war, es zu beweisen.

Die USA verfügten über mehr Flugkörper im Weltraum als die UdSSR, aber sie hatten die Unterlegenheit, die aus der geringeren Schubkraft ihrer Raketen resultierte, noch nicht überwunden. Die Sowjets schossen Kapseln mit einem Gewicht von nahezu 5 Tonnen ab, und es war ihnen gelungen, zwei Hunde nach einem Flug von 700 000 Kilometern um die Erde wieder heil zurückzubringen. Die NASA hatte sich damit abgefunden, daß der erste Mensch im Weltraum kein Amerikaner sein würde.

Noch etwas anderes trug zu einer gewissen Ratlosigkeit in bezug auf die Vereinigten Staaten bei: das Abbröckeln des Dollars.

Er war die beste Währung, er blieb die Währung, die den Goldpreis fixierte. Der Preis für die Unze Gold, 28,350 Gramm, wurde 1939 auf 35 Dollar festgesetzt, und er war 1960 immer noch 35 Dollar. Aber die Kaufkraft des Dollars war von 100 Cents im Jahre 1939 auf 77 Cents im Jahre 1945, auf 58 Cents 1950 und auf 47 Cents 1960 gefallen. Die Schwächung des Dollars entwertete das Gold, das Richtmaß für die Währung und das Gleichgewichtswerkzeug für den internationalen Zahlungsaustausch sein sollte.

Die Vereinigten Staaten des Jahres 1960 hatten zu ihrer wirtschaftlichen Sanierung zurückgefunden. An die Stelle des Haushaltsdefizits von 3 Milliarden Dollar war ein Überschuß von mehr als einer Milliarde getreten. Die Ausfuhren hatten sich sprunghaft um 20 % erhöht und den Überschuß der Handelsbilanz auf mehr als 5 Milliarden Dollar gebracht. Die Europäer hatten sich eine gute Position auf dem amerikanischen Markt geschaffen, der durch das Auftauchen der Volkswagen, Fiat und Renault in den Straßen augenfällig wurde, doch die USA verkauften weiter viel mehr an die Welt, als sie von ihr kauften. Und das, obgleich ein europäischer Arbeiter sich mit 50 Cents Lohn für eine Arbeit zufriedengab, für die der amerikanische 2 Dollar erhielt.

Doch der Überschuß der Handelsbilanz genügte nicht, um die wirtschaftlichen und militärischen Lasten auszugleichen, die von den USA in der ganzen Welt übernommen wurden. Daher war die Zahlungsbilanz defizitär, das Gold wanderte von den Vereinigten Staaten ab. Man war anfangs erfreut über den Rückfluß, der zu einer ausgeglicheneren Verteilung des kostbaren Metalls führte; nun begann man sich Sorgen zu machen. Im Jahre 1953 besaßen die USA mehr als 23 Milliarden Golddollar. Die wenige Tage vor der Präsidentschaftswahl veröffentlichte Ziffer betrug 18 417 057 885 – 4,5 Milliarden Golddollar hatten sich innerhalb von drei Jahren verflüchtigt.

Der abnehmende Goldbestand war auf zweierlei Weise mit Hypotheken belastet. Erstens durch das Gesetz, das eine 25 %ige Golddeckung der Gesamtsumme des Geldumlaufs verlangte, wodurch ungefähr 12 Milliarden Dollar gebunden waren; zweitens durch die Parität des Goldstandards. An die Stelle des *dollar gap* – die fixe Idee der Europäer in den ersten Nachkriegsjahren – war ein Überfluß an Dollars getreten. Deutschland, Großbritannien, die Schweiz, Italien, Frankreich besaßen in ihren Währungsreserven große Mengen Dollars, die sie anstelle von Gold angenommen hatten, die jedoch ihre Zentralbanken jederzeit auf Sicht umzuwandeln vermochten. Die USA waren, während sie die Welt unterstützen, ohne es zu merken, ihr Schuldner geworden. Zwei Drittel des in Fort Knox lagernden Goldes gehörten ihnen nicht mehr. Sie schuldeten es gegen Vorlage der Schuldforderung, die im Ausland durch ihre grünen Geldscheine dargestellt wurde.

Für die amerikanische öffentliche Meinung war dieser Mangel an Gleichgewicht nicht merkbar, dagegen spürte sie die Erschlaffung, in die das Land durch die beiden Mandatszeiten Eisenhowers geglitten war. Der rührige Kennedy, umgeben von seiner tatkräftigen Familie und von eifrigen Ratgebern, holte die Nation aus dem

Schlaf. Er verkündete, er werde den Geist der Pioniere wieder aufleben lassen, die das Abenteuer der Grenze auf sich nahmen, dieser weiten Gebiete der Härte und Unsicherheit, die sie bis zu den Küsten des Pazifik ausdehnten. »Wir stehen im Jahre 1960 an einer neuen Grenze, einer Grenze der Möglichkeiten und der Gefahr, der Bedrohungen und der Hoffnung... Die neue Grenze ist keine Liste von Versprechungen, sie ist eine Reihe von Herausforderungen...« Woodrow Wilsons *New Freedom*... Franklin Roosevelts *New Deal*... John Kennedys *New Frontier*... Man darf von diesen bombastischen Formulierungen nicht allzu viel Sinn verlangen. Tatsache ist, daß Kennedy sich die Dynamik der Kampagne gegenüber Nixon gesichert hatte, der an die Verteidigung der verstaubten altersschwachen Verwaltung, der er angehörte, gebunden war.

Außerdem hatte die Wahlkampagne selbst, entgegen jeder Gepflogenheit, ein Konkurrenzschauspiel für die USA zu bieten: In Manhattan trat die fünfzehnte Vollversammlung der Vereinten Nationen zusammen. Chruschtschow hatte bekanntgegeben, er werde persönlich kommen und während der gesamten Dauer der Sitzung anwesend sein. (*Forts. USA S. 919*)

Die Dritte Welt kommt Hammarskjöld zu Hilfe

Ein heftiger Streit über die Kongoaffäre bildete das Vorspiel zur Versammlung. Hammarskjöld und der Vertreter der UdSSR, Valerian Sorin, verlangten gleichzeitig das Zusammentreten des Sicherheitsrats, dann stellte der Russe noch einen Mißtrauensantrag gegen Hammarskjöld und verlangte die Beschränkung seiner Vollmachten im Kongo. Die Mehrheit des Rates wies ihn ab und vertagte die Debatte auf den 14. September, damit die Vertreter der kongolesischen Regierung anwesend sein könnten.

Die Lage in Léopoldville nahm groteske Formen an. Kasavubu hatte Lumumba abgesetzt. Lumumba hatte Kasavubu abgesetzt. Es gelang Kasavubu, Lumumba festnehmen zu lassen, doch General Lundula eilte ins Lager Léopold und ließ ihn frei. Lumumba fuhr durch das Stadtzentrum und schrie in einen Lautsprecher, sein Haftbefehl sei von einem Flamen (schwere Beleidigung!) unterzeichnet worden, er sei jedoch frei und habe gesiegt. Das Rundfunkgebäude war auf Hammarskjölds Befehl geschlossen worden. Lumumba stieß auf die Wachvorschrift der ghanesischen Soldaten und zog sich, schäumend vor Wut über »die Neger des Imperialismus«, zurück. Dennoch blieb er der Sieger des Tages, indem er von den beiden Kammern abstimmen ließ, daß er Regierungschef sei und bleibe.

Da der Flughafen von Léopoldville für den Verkehr gesperrt war, fuhr die von Kasavubu ernannte und von Außenminister Bomboko geführte Delegation über den Stanley Pool und bestieg in Brazzaville das Flugzeug. Als die gegnerische Delegation, die Lumumbas, gleichfalls dort eintraf, jagte die Polizei des Abbé Fulbert Youlou sie zurück und mißhandelte sie. Die unparteiischen USA stellten ihr ein Militärflugzeug zur Verfügung.

Im Sicherheitsrat wurde die Debatte wieder aufgenommen. Im Vorraum wechselten

914

die beiden gegnerischen Delegationen haßerfüllte Blicke, während sie darauf warteten, welche von ihnen vorgelassen würde. Man teilte ihnen mit, daß der Sicherheitsrat sich nicht habe einigen können und daß sie beide vergeblich aus Afrika hierhergekommen seien. Während all des Geredes nahmen die Ereignisse in Léopoldville ihren Verlauf. Oberst Joseph-Désiré Mobutu verkündete, daß die Armee die Macht übernehme, und er sagte auch, warum: Die Russen kamen insgeheim ins Land, sandten Waffen und als Techniker getarnte Offiziere. Er selbst, Mobutu, habe im Lager Léopold zehn von ihnen entlarvt. Er stellte den Botschaften der kommunistischen Länder eine Frist von achtundvierzig Stunden zum Verlassen des Kongo.

Der kleine säbelbeinige neunundzwanzigjährige Mobutu war einer der wenigen kongolesischen Intellektuellen gewesen, denen von den Belgiern gestattet wurde, die Kolonie zu verlassen und in Europa zu studieren. Nachdem er in der *Force publique* den Rang eines Oberfeldwebels erreicht hatte, machte er in Brüssel ein Seminar über Soziologie mit, kehrte dann nach Léopoldville zurück und trat der kongolesischen Nationalbewegung bei. Lumumba machte ihn zum Oberst und Stabschef. Nun verriet er, im Einverständnis mit Kasavubu, seinen Gönner.

Lumumba eilte ins Lager Léopold, um die Truppe für sich zu gewinnen. Die Nacht war hereingebrochen, große Lampen erhellten die kleine Militärstadt. Lumumba wurde von einer Anzahl Baluba umringt, unter deren Brüdern in Kasai die kongolesische Regierung ein Blutbad angerichtet hatte. Todesrufe ertönten. Bespien, mit zerrissener Kleidung, wurde Lumumba von den Ghanesen gerettet, die ihn in ihrem Speisesaal einschlossen. Dort blieb er bis zum nächsten Abend, dann brachten ihn die Ghanesen in die Residenz des Ministerpräsidenten zurück; in einer neuen Erklärung hielt er aufrecht, daß er die rechtmäßige Regierung verkörpere.

Inzwischen verbrannte man in der sowjetischen und der tschechoslowakischen Botschaft ungeheure Mengen von Schriftstücken, die für die soeben im Kongo eingetroffenen diplomatischen Missionen bestimmt gewesen waren; dann bestiegen die 80 Personen, aus denen das Personal der beiden Botschaften bestand, eine Iljuschin mit Ziel Accra.

Die UdSSR hatte in Léopoldville einen Mißerfolg erlitten. Sie erlitt am selben Tag einen zweiten in Manhattan.

Sorin setzte seine Angriffe gegen Hammarskjöld fort. Sechzehn afro-asiatische Staaten, geführt von Ghana, Guinea, Ägypten, Indonesien, also von der Elite des Neutralismus, hatten einen Gegenantrag gegen ihn gestellt, der die Aktion des Generalsekretärs billigte und es untersagte, militärisches Personal oder Material anders als durch die Vereinten Nationen in den Kongo zu senden. Hammarskjöld hatte die Verlesung eines Textes, der seinen Ehrgeiz als Chef einer Weltregierung wiederherstellte, mit unbewegtem Gesicht angehört, das seine Freude nicht erkennen ließ. Sorin mußte seinen Mißtrauensantrag zurückziehen, und der Vertrauensantrag wurde mit 71 gegen null Stimmen bei 9 Stimmenthaltungen angenommen. Die Dritte Welt gab der UdSSR zu verstehen, daß sie sich nicht nach Wunsch manipulieren ließ. (*Forts. Kongo S. 920*)

Nun traf jedoch Chruschtschow am East River ein. Der große Zirkus begann.

Chruschtschow hatte auf der *Baltika*, einem bescheidenen Nordsee-Postschiff, in dem einen der beiden Luxusappartements gewohnt, während nebenan der ungarische Regierungschef János Kádár logierte. Der Rumäne Gheorgiu Dej und der Bulgare Todor Schiwkoff hatten nur Kabinen erhalten. Der Atlantik zeigte sich während der Überfahrt ungnädig, doch der Wodka floß in Strömen, als die Endergebnisse der Olympischen Spiele in Rom verkündet wurden: 103 Medaillen für die UdSSR und nur 71 für die USA.

Die anderen kommunistischen Parteichefs Europas, Nowotny aus der Tschechoslowakei, Gomulka aus Polen und Schehu aus Albanien, waren nicht in den Kreis Chruschtschows eingeladen worden. Sie trafen mit dem Flugzeug ein. Tito, ein Feind von Flugreisen, kam mit der *Queen Elizabeth*.

Chruschtschows Teilnahme an der fünfzehnten Vollversammlung wirkte ansteckend. Fidel Castro verkündete, er werde an seiner Seite stehen. Sukarno, Nkrumah, Nasser, Touré beschlossen, ebenfalls zu kommen. Nehru sagte zuerst ab, änderte dann jedoch seinen Entschluß. Macmillan schrieb an Eisenhower, er halte seine Anwesenheit für notwendig. Eisenhower, der bis zum letzten Augenblick die Absicht gehabt hatte, nicht das Wort zu ergreifen, wollte nun den Angriffen Chruschtschows die Doktrin der USA entgegenstellen und bereitete eine große Rede vor. Nur de Gaulle hielt sich wie ein alter Einzelgänger-Elefant von der Herde fern. »Die Vereinten Nationen sind ein zu sehr affektbeeinflußter Kreis«, hatte er in seiner dozierenden Art erklärt, »als daß man dort etwas Nützliches erreichen könnte.«

Die USA zürnten Chruschtschow noch immer wegen seines Verhaltens bei der gescheiterten Gipfelkonferenz in Paris. Es gab keine Möglichkeit, dem sowjetischen Regierungschef die Teilnahme an der Vollversammlung der Vereinten Nationen zu verbieten, man ließ ihn jedoch wissen, daß er nicht willkommen sei, indem man ihm verbot, die Insel Manhattan zu verlassen. Diese Maßnahme wurde auch auf János Kádár, Fidel Castro und den Albaner Mehmet Schehu ausgedehnt.

Die Fahrgäste der *Baltika* gingen bei strömendem Regen auf einem schadhaften Kai an Land. Chruschtschow fuhr in die sowjetische Botschaft auf der Park Avenue, wo er Quartier genommen hatte. Die anderen Berühmtheiten verteilten sich in Manhattan. Castro mietete sich im Hotel Shelburn in der Nähe der Vereinten Nationen ein, der Direktor war jedoch über das wilde Aussehen seines haarigen Gefolges so erschrocken, daß er zehntausend Dollar Vorschuß verlangte. Castro verließ das Hotel und erklärte, er werde im Central Park unter freiem Himmel schlafen, ging aber dann nach Harlem ins Hotel Teresa. Chruschtschows erste Sorge war es, ihn an seine breite Brust zu drücken und seinen Helden zu nennen. Der Sicherheitsdienst zitterte bei solchen Fahrten durch eine Stadt, in der 200 000 politische Flüchtlinge wohnten. Die 24 000 Mann der städtischen Polizei waren aufgefordert worden, während der Dauer der Sitzung auf ihren wöchentlichen freien Tag zu verzichten.

Die Vollversammlung begann wie gewöhnlich mit der Aufnahme der neuen Mitgliedsnationen. Zu ihnen gehörten eine ehemalige britische Besitzung, Zypern, drei ehemalige Mandatsgebiete, Kamerun, Togo und Somaliland, eine ehemalige belgische Kolonie, Kongo-Léopoldville, und neun ehemalige französische Kolonien, Malagasy (das frühere Madagaskar), Dahome, Niger, Elfenbeinküste, Ober-Volta, die Zentralafrikanische Republik (das frühere Ubangi-Schari), Kongo-Brazzaville, Gabun und Tschad. Die Zulassung von Senegal und Mali, die die Schwierigkeiten einer Trennung noch nicht bewältigt hatten, wurde um einige Tage vertagt, und der Sitz von Kongo-Léopoldville sollte erst eingenommen werden, wenn die Frage der rechtmäßigen Regierung entschieden war.

So traten also sechzehn Nationen gemeinsam den Vereinten Nationen bei. Von den sechzehn waren vierzehn afrikanisch und gingen anderen afrikanischen Nationen, Nigeria, Kenia, Mauretanien usw., voraus, die die letzten Hürden der Souveränität noch zu nehmen hatten. 96 Staaten bildeten den vorläufigen Bestand der Organisation; Afrika, dessen Völkerschaften nur 9 % der Gesamtbevölkerung der Erde ausmachen, war bereits durch 22 Staaten vertreten. Zusammengenommen war ihre Einwohnerzahl geringer als die der Vereinigten Staaten, ihre Macht betrug nur einen winzigen Bruchteil, und dennoch besaß jede von ihnen eine Stimme, die das gleiche Gewicht hatte wie die Stimme der USA. Die koloniale Zerstückelung gab schließlich dem weitestgehend kolonisierten Kontinent eine gewaltige Überlegenheit in der Gemeinschaft der Nationen. Kurz vor seinem Tod hatte John Foster Dulles vorausgesehen, daß die UNO von so absurd vielen winzigen Staaten oder Staatenbünden überschwemmt werden würde, daß die Vereinigten Staaten gezwungen wären, auszutreten. Diese trübe Voraussage begann sich zu verwirklichen.

Doch diese fünfzehnte Versammlung bot an ihrem Eröffnungstag ein gewaltiges Schauspiel; sie vermittelte den Eindruck außerordentlicher physischer Kraft. Die Menschheit schien tatsächlich versammelt zu sein in dem riesigen, nach den modernsten Techniken von Licht und Ton gebauten Saal. Sechsundzwanzig Staats- oder Regierungschefs standen an der Spitze ihrer Delegation. China fehlte noch – eine gewaltige Lücke – ebenso wie das wichtigste europäische Land, Deutschland, und dennoch war es möglich, einen Augenblick lang von der Einheit des Menschengeschlechts zu träumen.

Eisenhower hielt seine Rede am 22. September. Das Herannahen des Augenblicks, an dem er wieder ein einfacher Staatsbürger sein würde, verlieh ihm eine Würde und Autorität, die die Versammlung mit tosendem Beifall anerkannte. Die Mäßigung seiner Worte, die Abgeklärtheit seiner Ansichten ließen erwarten, daß es zu einer neuen Kontaktnahme kam und das gescheiterte Gipfeltreffen von Paris in New York stattfinden könnte. Es hing nur von Chruschtschow ab …

Doch die Lektion, die Sorin erhalten hatte, war wirkungslos. Chruschtschows Angriff gegen Hammarskjöld war von beispielloser Brutalität. Er richtete sich zuerst gegen den Mann, dem er vorwarf, »eine widerwärtige Rolle« gespielt zu haben, und dann gegen das Amt. Chruschtschow schlug vor, das Generalsekretariat abzuschaffen und es durch ein aus drei Mitgliedern, einer Troika, bestehendes Direktorium zu ersetzen; es sollte sich aus einem Vertreter der sozialistischen, einem der neutralistischen und einem der kapitalistischen Länder zusammensetzen. Außerdem müßten die Vereinten Nationen New York verlassen, um seiner Atmosphäre von Polizei und

Kaltem Krieg zu entgehen und ihren Sitz an einen Ort verlegen, wo sie ungetrübtere Ruhe genossen. Er schlug Berlin vor.

Chruschtschows Plan war gleichbedeutend mit dem Ende der UNO. Die Arbeit des Sicherheitsrats war durch die unzähligen Vetos der Sowjets sabotiert worden, das einzig noch Effektive war das Generalsekretariat; es durch ein dreiköpfiges Organ zu ersetzen, in dem man wieder das Veto fand, würde völlige Ohnmacht zur Folge haben. Der Vorschlag, den Sitz der Vereinten Nationen zu verlegen, war kaum weniger mörderisch. Sie lebten von den USA, es war illusorisch, sich vorzustellen, die Vereinigten Staaten würden diese Last weiter auf ihren Schultern tragen, wenn die Vereinten Nationen diesen Vorschlag befolgten.

Hammarskjölds verbissene, mit kalter Leidenschaft erteilte Antwort fand heftigen Beifall. »Ich werde nicht auf die Aufforderung einer Großmacht hin zurücktreten, solange ich das Vertrauen dieser Versammlung genieße ... Ich würde lieber sehen, daß das Amt an der strengen Innehaltung des Prinzips der Unabhängigkeit zerbricht, als daß es auf einer Grundlage der Kompromisse hintreibt.« Chruschtschow trommelte mit den Fäusten auf sein Pult, sein Nacken war scharlachrot. Er brauchte nur noch einen Fehler zu begehen. Er beging ihn.

Die Vereinten Nationen lieben die Form. Die erbittertsten Diskussionen im Sicherheitsrat oder in der Vollversammlung spielten sich bisher stets in akademischen Formen ab. Es waren die jüngsten Nationen, die am meisten an einer prunkvollen Fassade und an blumenreicher Sprache festhielten. In die UNO die Manieren eines schlechten Parlaments mitzubringen war ein ausgesprochener Fehler, der Fehler eines Rüpels.

Die Debatten dieser fünfzehnten Vollversammlung waren, da sie zu keinem Ergebnis führten, an sich ohne jede Bedeutung. Bemerkenswert war nur die Erregung Chruschtschows, der für brutale Zwischenfälle sorgte. Er betitelte Hammarskjöld als Narren, Franco als Henker und Eisenhower als Lügner. Den Sicherheitsrat nannte er einen Spucknapf und die ganze UNO eine Zweigstelle des State Department. Der Präsident der Vollversammlung, der Ire Boland, ruinierte seinen Hammer bei dem Versuch, Chruschtschow zum Schweigen zu bringen, der eine Rede Macmillans mit seinem Geschrei störte. Und der Zwischenfall mit dem Schuh bleibt wohl im Gedächtnis aller haften.

Chruschtschow hatte einen Antrag auf die Tagesordnung setzen lassen, der die sofortige Abschaffung aller Reste des Kolonialismus verlangte. Der Vertreter der Philippinen trat für eine Abänderung ein, die das unwandelbare Recht der Länder Osteuropas auf Unabhängigkeit formulierte. Da erhob sich Chruschtschow brüllend, zog seinen Schuh aus und schlug damit heftig auf sein Pult. Präsident Boland hob die Sitzung auf, in den Annalen der Institution ein noch nie dagewesener Fall.

Chruschtschow blieb fünfundzwanzig Tage. Nur Castro war bis zum Schluß in seinem Kielwasser. Die meisten neutralistischen Chefs, einschließlich Sékou Touré, hatten sein Verhalten mißbilligt, und viele, darunter Nehru und Nasser, waren schon vor ihm abgereist. Er war wahrscheinlich auf dem Höhepunkt seiner Anziehungskraft nach New York gekommen. Als er die Stadt verließ, hatte er die Propagandaschlacht, die zu schlagen er gekommen war, in lächerlicher Weise verloren. Von diesem Augenblick an begann sein Niedergang.

Wahlen in den USA. Konfrontation in Moskau

Der 8. November war ein prachtvoller Tag. 67 Millionen Amerikaner beteiligten sich an der Wahl. Als es Mitternacht wurde, hatte Kennedy zwei Millionen Stimmen Vorsprung. Um 5 Uhr morgens waren ihm noch 800 000 geblieben und um 9 Uhr kaum noch 300 000. Einige Staaten waren noch nicht ausgezählt. Endlich fielen um 12 Uhr 33 die letzten 11 Stimmen von Minnesota für Kennedy in die Waagschale. Nixon sandte dem Sieger sein Glückwunschtelegramm.

Es war ein Kopf-an-Kopf-Rennen gewesen. Kennedy hatte in New York ziemlich überlegen gewonnen, doch die beiden Schlüsselstaaten, Michigan und Illinois, hatten ihm nur eine winzige Mehrheit von 28 000 und 9000 Stimmen gebracht. Nixon hatte in 28 von 50 Staaten, einschließlich Kalifornien und Ohio, gewonnen, doch die Gesamtzahl der Wahlmännerstimmen, die für ihn abgegeben wurden, betrug nur 191, während der höhere Prozentsatz der volkreichen Staaten 303 für Kennedy ergab. Der Kongreß blieb mit 64 Senatoren gegen 36 und 259 Abgeordneten gegen 178 demokratisch.

Das Endergebnis wurde am 9. November bekanntgegeben: Kennedy 33 748 774, Nixon 33 491 184, also für Kennedy eine Mehrheit von 257 590 Stimmen, die durch die Berichtigungen auf 111 957, das war ein Viertelprozent, verringert wurde. Richard Nixon hatte eine Kampagne seiner Freunde, die eine Nachzählung der Stimmen in etwa zehn Staaten zum Ziel hatte, abgebrochen. »Die USA können sich einen Zweifel an ihren Institutionen nicht leisten«, sagte er. »Bereiten wir lieber die Revanche von morgen vor.« (*Forts. USA S. 923*)

Der eisige, von Schneefall begleitete Wind eines frühen Winters beherrschte die Militärparade zum Gedenken an die Revolution des Jahres 1917 auf dem Roten Platz. Das Ereignis war ein ritueller Vorgang, doch die internationalen Besucher waren zahlreicher denn je zuvor. Die Vertreter von 81 kommunistischen Parteien waren zu einer neuen Konfrontation von Doktrinen und Taktiken nach Moskau gekommen. Die kurze Silhouette Chruschtschows, die magere Liu Shao-chis hoben sich vom Mausoleum ab, in dem Stalin noch neben Lenin ruhte. Der Russe und der Chinese standen Seite an Seite: Morgen würden sie sich gegenüberstehen.

Der russisch-chinesische Zwist war aus dem Dämmerlicht hervorgetreten. Ein im April in China veröffentlichter Artikel »Es lebe der Leninismus!« beinhaltete eine offene Anklage gegen die sowjetische Politik. Das *Jen Min Jih Pao* bezeichnete die Interpretation Lenins durch Chruschtschow als »Lästerung« und seine Betrachtungen über die USA als »Verherrlichung des Kapitalismus«. Die Russen antworteten. In der *Prawda* beschuldigte der Leitartikler Titarenko die Chinesen des »Sektierertums« und des »Linksextremismus«. In einem Vortrag in Budapest sprach Chruschtschow mit Verachtung von denjenigen, die Lenins Worte mechanisch nachbeteten und die Lenin, wenn er ins Leben zurückkehrte, hinauswerfen würde. Er betonte den Vernichtungscharakter des Atomkriegs und warnte vor lokalen Kriegen, die in totale übergehen könnten. Der chinesische Delegierte sprach in seiner Antwort das Wort »Renegat« im Zusammenhang mit Tito aus, münzte es aber auf Chruschtschow. Die Klugen, wie Togliatti, riefen daraufhin, man solle den Streit ruhen lassen, Chruschtschow jedoch bestand darauf, daß alle kommunistischen Parteien der ganzen Welt zusammenberufen werden sollten, um zu diesem Thema befragt zu werden. Nur die Jugoslawen wurden nicht eingeladen.

Mao Tse-tung glänzte wie Tito – und wie Togliatti – durch Abwesenheit. Liu Shao-chi, der die chinesische Delegation anführte, war ein Gegner der Hundert Blumen und der erste Doktrinär des großen Sprungs nach vorne gewesen. Er war auch ein Schützling der Russen, bekämpfte Maos Agrarrevolution und schloß sich ihm erst Jahre nach dem Langen Marsch in Jenan an. Die Chinesen mochten ihn nach Moskau entsandt haben, weil er die strenge Linie des Kommunismus verkörperte, oder auch weil seine Vergangenheit es ihm gestattete, eine versöhnliche Rolle zu spielen. Das war nicht klar zu erkennen.

Die Konferenz war durch außergewöhnliche Geheimhaltung gekennzeichnet. Sie währte zwanzig Tage, und zwanzig Tage lang erschienen die Moskauer Zeitungen, ohne ihr eine Zeile zu widmen. Sim- und Sislimousinen fuhren durch das Saskytor in den Kreml, doch kein ausländischer Korrespondent hatte Gelegenheit, ein einziges Mal ein einziges der bekannten Gesichter der kommunistischen Führer auch nur flüchtig zu erblicken, noch die Möglichkeit, zu erfahren, wo die Sowjetregierung die unzähligen Delegierten untergebracht hatte. Nur aus der Länge der Debatten und den wiederholten Annullierungen von Platzbestellungen bei Air France oder SAS schloß man auf ernste Zwistigkeiten. Noch heute, zehn Jahre später, ist nicht an die Öffentlichkeit gedrungen, was zwischen dem 10. November und dem 1. Dezember 1960 im Kreml besprochen wurde.

Der Bruch wurde noch aufgeschoben. Am 6. Dezember veröffentlichte die *Prawda* ohne die geringste Präambel, ohne die mindeste Erklärung, eine von den 81 Parteien unterzeichnete Erklärung von 20 000 Worten. Über diesen gewaltigen Text gebeugt, verfolgten die Fachleute die Verbindungslinien und durchleuchteten die Flickstellen, mit denen die Ansichten Moskaus und die entgegengesetzten Ansichten Pekings, koste es was es wolle, zusammengefügt worden waren. Eine Zeitlang ruhten die Polemiken. Dann begannen sie wieder wie aus einem oberflächlich zugestopften Leck hervorzuquellen.

Flucht und Gefangennahme Lumumbas

Die Wutausbrüche Chruschtschows hatten Dag Hammarskjöld nichts anhaben können. Nun aber setzte er für den Kongo seinen hohen Ehrgeiz und sein Schicksal aufs Spiel. Wenn es der UNO gelang, das Chaos zu meistern, die Einheit zu retten, den westlichen wie den sowjetischen Imperialismus auszuschalten, dann hätte sie unter den schwierigsten Umständen bewiesen, daß eine Weltregierung und vor allem eine ökumenische Macht, die imstande war, ihren Schiedsspruch durchzusetzen, keine Hirngespinste waren.

Aber die Lage war alles andere als rosig. Lumumba hielt sich weiter in der Residenz des ehemaligen Generalgouverneurs, und ein Kordon ghanesischer Soldaten verhinderte seine Festnahme. Kasavubu schloß sich im Palais der Nation ein, und es war nicht zu erkennen, ob er sich dort freiwillig aufhielt oder bewacht wurde. Mobutu, auf den ein Attentat verübt worden war, verschanzte sich in seiner Wohnung im Stadtzentrum. Er hatte einen Rat von Generalkommissaren zur Erledigung der laufenden Angelegenheiten eingesetzt. »Das sind vorwiegend Studenten«, sagte der UNO-Vertreter Rajeshwar Dayal, »die im Übermaß belgische Berater heranziehen und dadurch die UN-Schwierigkeiten noch vervielfachen. Ebenso ist die Einmischung der Armee eine Bedrohung des Friedens und der Sicherheit und behindert die friedliche politische Tätigkeit.« Für den Inder Dayal war die Rückkehr der Belgier die schlimmste Plage des Kongo. »Die Infiltration der Belgier, die laufend mit Sabena-Flugzeugen nach Léopoldville gebracht werden, ist häufig mit dem Auftreten einer gegen die UN gerichteten Politik bei den Kongolesen verknüpft.«

In Wirklichkeit war es einzig der bedauerlichen Rückkehr der Belgier zu danken, daß Wasser und Elektrizität weiter funktionierten und daß etwa die Hälfte der 130 000 schwarzen Arbeiter Léopoldvilles nach und nach Arbeit fanden.

Ab und zu organisierten die Ghanesen, die Lumumba bewachten – gegen die vereinten Proteste von Kasavubu und Mobutu –, für ihn eine Rundfahrt durch Léopoldville. Er verteilte Flaschen mit Bier und erklärte, er sei ein zweiter Ghandi, er werde auf Befehl der Weißen von einem Mann seiner Rasse getötet werden.

Lumumbas Schicksal interessierte die zumeist aus Baluba bestehende Bevölkerung von Léopoldville nicht. Seine Anhänger Antoine Gizenga und Bernard Salumu und sein Bruder Louis Lumumba bemächtigten sich Stanleyvilles und erklärten, sie verträten während der Gefangenschaft ihres Führers die rechtmäßige Gewalt. Die Äthiopier, die die Stadt besetzt hielten, ließen zu, daß sie die letzten Belgier der Ostprovinz gefangennahmen. Diese sollten mit ihrem Kopf für die Sicherheit Lumumbas einstehen.

Daraufhin entschloß sich Kasavubu zu einem bemerkenswerten Schritt: Er flog nach New York und verlangte von den Vereinten Nationen, sie sollten seine Delegation anerkennen. Die Debatte fand am 28. November statt; das schwarze Afrika war uneinig. Ghana, Guinea, Mali, Togo stimmten mit dem kommunistischen Block und der neutralistischen Vorhut Ägypten, Indien, Indonesien usw. für Lumumba. Abbé Fulbert Youlou jedoch trat für seinen Stammesgenossen Kasavubu ein und nahm die Mehrzahl der aus der Französischen Union entstandenen Staaten ins Schlepptau. Ihre Stimmen, zusammen mit denen der Europäer und Lateinamerikaner, ergaben eine Mehrheit von 53 Stimmen gegen 24, gerade die vorgeschriebenen zwei Drittel.

Inzwischen war in Léopoldville Blut geflossen. Mobutu beschloß, eine Ausweisungsverfügung gegen den Vertreter Ghanas, Nathanael Welbeck, mit Gewalt zu vollstrecken. Die Botschaft wurde von Tunesiern bewacht; einer von ihnen tötete Mobutus Stellvertreter, Oberst Jean Mkokolo, mit einer Maschinengewehrsalve. Die Kongolesen erwiderten das Feuer: Etwa zehn Tunesier wurden getötet oder verwundet. Einige Tage vorher waren zehn Iren in der Nähe des Tanganjikasees von einem Trupp Baluba ermordet worden. Der Blauhelm war kein sicherer Schutz mehr; die UNO-Soldaten waren dem üblichen Soldatenschicksal ausgeliefert: Verwundung, Tod.

Am nächsten Tag reiste Welbeck, der mit Vergeltungsmaßnahmen Nkrumahs drohte, ab. Am übernächsten Tag kehrte Kasavubu, mit leidenschaftlicher Begeisterung begrüßt, aus New York zurück. Auf der anderen Seite des Flusses feierte die zweite Kongorepublik ihre Unabhängigkeit mit Festlichkeiten, die in keinem Verhältnis zu ihren Mitteln standen. Kasavubu, Mobutu, Tshombé statteten ihr einen brüderlichen Freundschaftsbesuch ab. Sie saßen am 28. November beim Bankett, als man ihnen eine schwerverdauliche Nachricht servierte: Patrice Lumumba war geflohen.

Der allgemeine Freudentaumel nach der Rückkehr Kasavubus hatte – zusammen mit einem heftigen Gewitter – zu einem Nachlassen der Überwachung geführt. Lumumba vermied die Avenue Maurice Lippens, die von kongolesischen Soldaten abgesperrt war, und erreichte das Ufer des Kongo. Man hatte auf dem Boot, das ihn erwartete, Kisten mit Silberzeug, Bündel von Dokumenten, tragbare Sprechfunkgeräte sowie den Sarg eines Töchterchens Lumumbas verladen, das in der Schweiz gestorben war und das er in seinem Heimatdorf Wenbo Nyama begraben wollte. Das kleine Schiff fuhr mit abgeblendeten Lichtern am Ufer von Léopoldville entlang und setzte den Flüchtling stromaufwärts in der Nähe eines Weges an Land, wo ihn zwei Autos erwarteten. Dann fuhr er weiter, in der Absicht, über die riesige Flußbiegung Stanleyville zu erreichen.

Es gibt nur eine Ausfallstraße von Léopoldville nach Osten, die bei Kikwit den Kwilu überschreitet und sich dann in eine Straße nach Luluabourg und eine zweite nach Stanleyville teilt. Lumumba wurde vom Vizepräsidenten des Senats, Joseph Oketo, und etwa zwanzig bewaffneten Anhängern begleitet. Er gab sich wiederholt zu erkennen und hielt Reden, als ahne er gar nicht, daß er verfolgt wurde. Oketo wurde in Kikwit festgenommen, als sein Wagen bei einer Tankstelle hielt. Lumumba setzte ruhig seine Reise nach Port-Francqui fort, wo er die Nacht bei dem Nachkommen des ehemaligen Stammesherrschers verbrachte, überquerte den Kasaifluß und erreichte Mweka, dessen Vorsteher einer seiner Parteigänger war. Dort wurde er ohne Umstände von sechs Gendarmen, die ihn in einem Jeep verfolgten, festgenommen. Keine Hand erhob sich, um ihn zu verteidigen oder zu befreien.

Ende des Jahres 1960: Belgien, Washington, Laos

Die Vorgänge im Kongo hatten Belgien materiell und ideell geschadet. Viele Jahre lang war seine Kolonisierungsmethode übertrieben gelobt worden; plötzlich fand man an ihr Schwächen und Ärgeres. Dag Hammarskjölds engste Mitarbeiter, Ralph Bunche und Andrew Cordier, machten die Belgier für das Chaos im Kongo verantwortlich, weil sie die Heranbildung einer eingeborenen Elite verabsäumt hätten. Außenminister Pierre Wigny erklärte, daß Belgien nicht in der Organisation verbleiben würde, wenn deren höchste Funktionäre ihre Pflicht der Unparteilichkeit verletzten, indem sie die Behauptung der Verleumder übernahmen.

In dieser für die Nation schlimmen Zeit brachte die Hochzeit des Königs eine erfreuliche Ablenkung. Baudouin war bereits dreißig und seine Ehelosigkeit des öfteren beanstandet worden. Er heiratete Fabiola de Mora y Aragón, deren Bescheidenheit und Frömmigkeit seinem Ernst und seiner geistigen Haltung entsprachen.

Kaum waren die Hochzeitsglocken verklungen, da wurde das Land von einer heftigen Krise erschüttert. Das gewaltige, strenge Einheitsgesetz mit seinen 23 Paragraphen und 113 Artikeln sollte die durch die Ereignisse im Kongo entstandenen Verluste ausgleichen, die Finanzen Belgiens sanieren und dem Land neue Grundlagen für den Wohlstand geben. Acht Milliarden sechshundert Millionen belgische Francs an neuen Steuern, elf Milliarden vierhundert Millionen Etatkürzungen, eine Reform der Sozial- und Arbeitslosenversicherung, die Verschiebung des Pensionierungsalters von 60 auf 65 Jahre u. a. Die Sozialisten erklärten, sie würden das Einheitsgesetz bis zum Äußersten bekämpfen, und die Gewerkschaften rüsteten zum Kampf, um es zu Fall zu bringen.

Der in Flandern stimmführende Verband christlicher Gewerkschaften überließ seinen Zweigverbänden die Formgebung des Protests. Der allgemeine Verband der belgischen Arbeiter, dessen stärkste Bataillone in Wallonien und Brüssel standen, erließ einen aufrührerischen Aufruf gegen das »einseitige Gesetz«. Sein Führer André Renard, in Frankreich geboren, aber sein ganzes Leben in Lüttich wohnhaft, verfolgte wohl eigene politische Ziele im Zuge der Gewerkschaftsaktion. Er neigte zum wallonischen Aktivismus und leitete die Zeitung La Wallonie. Seine Aktion gegen das Einheitsgesetz hatte jedoch nur Aussichten, wenn es ihm gelang, das katholische konservative Flandern dazu zu bringen, sich seinem sozialistischen Wallonien anzuschließen.

Am 20. Dezember begann der Generalstreik. In den Industriegebieten von Lüttich und im Hennegau wurde er lückenlos durchgeführt, in Brüssel fast lückenlos, und in Gent und Antwerpen war die Beteiligung überraschend hoch. Die Schulen und Fabriken waren geschlossen, die öffentlichen Beförderungsmittel standen still, die internationalen Züge wurden an den Grenzen angehalten. Weihnachten ging in einer trüben Stimmung vorüber, ohne Strom, als sei wieder Krieg. Es kam zu Zusammenstößen zwischen der Polizei und den Streikenden, und die NATO-Truppen kehrten aus Deutschland zurück, um Bahnhöfe und Brücken zu bewachen.

Die Debatte über das Einheitsgesetz in der Abgeordnetenkammer begann mit Geschrei und Handgreiflichkeiten. Draußen zog die berittene Polizei die Säbel, um die Demonstranten zu zerstreuen. Einer von ihnen wurde vor dem Sabena-Büro getötet. Der König hatte seine Hochzeitsreise in Spanien abgebrochen und war am vorhergehenden Abend zurückgekommen. Belgiens schwarzes Jahr, 1960, ging unter Aufregung und Angst zu Ende. (*Forts. Belgien S. 925*)

In Washington fand die Ära der republikanischen Präsidentschaft, die acht Jahre gewährt hatte, ein Ende. Kennedy wählte zum Leiter seiner Diplomatie den Präsidenten der Rockefeller Foundation, Dean Rusk, und zum Verwalter seiner Finanzen den republikanischen Bankier und ehemaligen Botschafter in Frankreich, Clarence Douglas Dillon. Das Verteidigungsministerium wurde dem Kalifornier Robert Strange McNamara anvertraut, einem 44jährigen Mann, der die Fordgruppe reorganisiert hatte und als einer der konstruktivsten Köpfe seiner Generation galt. Das

Durchschnittsalter des Kabinetts betrug 47 Jahre; das des vorangegangenen war höher als 63 Jahre gewesen, das Amt des Präsidenten ging von einem 71jährigen auf einen 43jährigen über. John F. Kennedy trat sein Amt als jüngster Präsident in der Geschichte der Vereinigten Staaten an, er folgte auf den ältesten.

Dieser jungen Regierung, die auf eine überaltete folgte, sollten sich gewaltige innere und äußere Probleme stellen. Eines davon war vordringlich. Indochina, das einige Jahre lang friedlich gewesen, wurde wieder das blutige Schlachtfeld für den Westen und Asien. (Forts. USA S. 935)

Am 11. November hatte eine Militärrevolte Ngo Dinh Diem beinahe gestürzt. Er behielt das Vertrauen und die Unterstützung der Vereinigten Staaten, doch die Korruption des Regimes, die schreckliche Vetternwirtschaft der Familie Ngo untergruben seine Stellung. Die Lage im Inneren verschlechterte sich. In der Schilfebene, den Deltawindungen, den Urwäldern der Grenze von Kambodscha, den überschwemmten Wäldern der Halbinsel Ca Mau setzten sich die kommunistischen Guerillas, die ihren Namen Vietminh in Vietkong geändert hatten, fest und wurden stärker. Die Verluste unter den Kämpfenden betrugen etwa 800 Tote und Verwundete im Monat. Die amerikanische Militärmission in Südvietnam zählte bei Ende von Eisenhowers Präsidentschaft 685 Offiziere und Mannschaften. Einer von ihnen, der erste, war vor kurzem auf der Straße von Cap-Saint-Jacques nach Saigon getötet worden.

Laos war aus seinem Schatten hervorgetreten, um die Franzosen in das Becken von Dien Bien Phu zu locken. Als Kennedy am 20. Januar während eines Schneesturms seinen Einzug im Weißen Haus hielt, war das ferne kleine Land ein Gebiet der Auseinandersetzung zwischen den beiden stärksten Mächten der Welt geworden. Eine Iljuschin-Brücke brachte Geschütze, Munition, Benzin in die Ebene der Tonkrüge zu Hauptmann Kong Le, der für den kommunistischen Prinzen Soupharnou Vong und den neutralistischen Prinzen Souvanna Phouma kämpfte. Die Vereinigten Staaten versorgten General Phoumi Nosavan, der für den prowestlichen Prinzen Boun Oum kämpfte. Phoumi hatte vor kurzem Vientiane erobert und unternahm eine Offensive, um die Pathet Lao und ihre Verbündeten in die Bergprovinzen des Nordens zurückzuwerfen.

Es war kein sehr blutiger Krieg. Dem Laoten widerstrebt es als gutem Buddhisten, den Menschen zu sehen, den er tötet. Er bedient sich nie der blanken und selten der individuellen Waffe; er zieht das blind mordende Geschütz vor. Und die ziellose Beschießung des Urwalds verursachte wenige Opfer.

Dennoch war Kennedy besorgt, er befürchtete eine Ausbreitung des Krieges durch einen chinesischen Massenangriff, der Thailand, Kambodscha, Süd-Vietnam gefährdet hätte. Zu seinen Vertrauten sagte er: »Meine erste Prüfung als Präsident wird Laos sein.«

Das Bewußtsein der Welt jedoch war durch den Konflikt, der sich zwischen Persönlichkeiten mit zungenbrecherischen Namen in Asien abspielte, nicht alarmiert. Das Jahr 1961 begann mit drei Krisen im Westen: Belgien, Kongo, Algerien.

Ministerpräsident Eyskens kämpfte energisch, um das Einheitsgesetz gegen die parlamentarische Opposition durchzubringen und die öffentliche Ordnung zu verteidigen. Die Exzesse der Streikenden kamen ihm zu Hilfe. Zu viele rote Fahnen wurden in Lüttich und im Hennegau entfaltet, man trug zu viele wallonische Hähne zur Schau, man sang zu oft die »Internationale« und, was schlimmer war, zu oft die »Marseillaise«, man schrie zu laut »Hoch die Republik!« und sogar »Es lebe de Gaulle!«, als daß das Mißtrauen der Flamen nicht geweckt worden wäre. Mit Ausnahme von Antwerpen wurde in Flandern die Arbeit wieder aufgenommen; der Streik blieb auf Wallonien beschränkt. Gleichzeitig verschärfte er sich. Eine Straßenschlacht in Lüttich forderte noch ein Todesopfer. Renard drohte »das Werkzeug im Stich zu lassen«, das bedeutete, man würde die Hochöfen ausgehen und die Bergwerke voll Wasser laufen lassen. Er erinnerte daran, daß die wallonische Minderheit wenige Jahre vorher in der Königsfrage durch ihre Unbeugsamkeit ihren Willen durchgesetzt hatte. Doch die Umstände waren nicht die gleichen. Die gegen das Einheitsgesetz entfachte Leidenschaft war künstlich. Die wilde Drohung Renards machte den Arbeitern Angst, die an ihren Broterwerb dachten. Auch in Wallonien ging der Streik zurück.

In der Parlamentsdebatte wurde das Einheitsgesetz mühsam durchgedrückt. Am 13. Januar, als alle Paragraphen angenommen und das Gesetz als Ganzes mit 115 gegen 90 Stimmen bestätigt war, verlor Eyskens vor Erschöpfung das Bewußtsein. Bei einem letzten Aufflackern des Streiks kam am 16. Januar in La Chenée bei Lüttich noch ein Mensch ums Leben, als die Gendarmen feuerten, um eine drohende Menge in Schach zu halten. Vier Tage später hatte Belgien nach einem chaotischen Monat die Arbeit wieder aufgenommen.

Lumumba wurde nach seiner Festnahme zusammen mit Oketo und seinem ehemaligen Erziehungsminister, General M'Polo, im Lager Hardy, in der Nähe von Thysville, eingekerkert. Kasavubu und Mobutu kamen in panischer Angst herbei; es war Lumumba fast gelungen, seine Wächter umzustimmen. Er hielt ihnen Reden und versprach Solderhöhungen und Beförderung. Sie waren drauf und dran gewesen, ihn freizulassen. Dieses Gerücht genügte, damit Hunderte Weiße Léopoldville verließen und die Breite des Kongoflusses zwischen sich und ihn brachten.

Mobutu ließ die Bewachung des Gefangenen verstärken. Die unzuverlässigen Wächter wurden durch Baluba ersetzt, die Lumumba haßten. Lumumba wurde gefesselt und ohne Nahrung und Wasser drei Tage lang auf dem Boden liegengelassen. Am 14. Januar brachte man ihn zusammen mit Oketo und M'Polo in ein kleines Flugzeug der Air Brousse. Die Maschine machte eine Zwischenlandung in Moanda, das in den glücklichen Zeiten der Kolonie ein beliebter Badeort gewesen war. Die Gefangenen wurden auf eine DC4 der Air Congo gebracht. Der Generalkommissar für Verteidigung, Kazadi, und zehn Balubasoldaten stiegen an Bord. Eine zweite DC4, mit Pierre Finant, dem Vertreter Lumumbas in der Ostprovinz, und fünf anderen seiner Anhänger an Bord, folgte der ersten Maschine mit demselben Ziel: Bakwanga, der Hauptstadt von Süd-Kasai, dem nunmehrigen Bergwerksstaat. Man hatte mit Kalonji vereinbart, daß Lumumba und seine Hauptgefolgsleute ihm ausgeliefert werden sollten. Ihr Schicksal wurde seinem Ermessen überlassen.

Als die Maschine Bakwanga überflog, erfuhr Kazadi vom Kontrollturm, daß das Flugfeld von ghanesischen Soldaten besetzt sei. Er befürchtete, sie würden seine Gefangenen befreien, und erteilte Kapitän Bauwens den Befehl, nach Elisabethville zu fliegen. Er machte Kasavubu von der Änderung des Reiseziels Mitteilung.

Kurz darauf landete die zweite DC4 in Bakwanga. Die Ghanesen interessierten sich nicht für die Insassen des Flugzeugs. Finant und seine fünf Gefährten wurden unmittelbar darauf erschossen.

Der Abend brach an. Moise Tshombé wohnte im Hotel Léopold in Elisabethville der Vorführung eines Films über Katangas Unabhängigkeit bei. Er wurde von Kasavubu aus Léopoldville angerufen: »Ich schicke dir drei Pakete. Du wirst schon sehen.« Wenige Minuten später teilte der Innenminister von Katanga, Godefroid Munongo, dem Präsidenten mit, daß eine DC4 der Air Congo um Landeerlaubnis ersuche. »Ich habe nur noch für zehn Minuten Treibstoff«, sagte der Pilot. »An Bord befinden sich Kommissar Kazadi, Lumumba, Oketo und M'Polo.«

Bedauernswerte Pakete! Der athletische Kazadi und die zehn stämmigen Baluba hatten sie während der ganzen Reise geprügelt. Der Flugkapitän hatte sie um Mäßigung bitten müssen, da ihr Eifer die Maschine aus dem Gleichgewicht brachte.

Kaum war die Tür des Flugzeugs geöffnet, da wurden die drei Männer in einen Jeep geworfen. Die katangesischen Gendarmen schlugen sie zusammen und setzten sich auf sie. Der Jeep brachte sie zum Gästehaus der Sabena, wo Minister Munongo und der oberste Kommissar von Elisabethville erklärten, sie nähmen sich ihrer an. Eine Abteilung europäischer Söldner unter dem Kommando des belgischen Hauptmanns Julien Gat löste die katangesischen Gendarmen ab. Die drei »Pakete« waren zu jener Zeit nur noch Sterbende. Einer nach dem anderen verschied, zuerst Oketo, dann M'Polo und schließlich Lumumba. Wahrscheinlich ist ihr Todeskampf abgekürzt worden. Ihre Leichen wurden nicht, wie ein Gerücht behaupten sollte, in Schwefelsäure aufgelöst, sondern in einen aufgelassenen Kohlenschacht geworfen.

Einige Tage vergingen. Die Regierung von Léopoldville verlautbarte, daß der Verräter Lumumba nach Katanga überstellt worden sei. Sorin erklärte in der UNO, Lumumba sei den Belgiern ausgeliefert worden, da Tshombé nur ein Strohmann sei. Hammarskjöld räumte ein, daß die Überstellung eine innere Angelegenheit des Kongo sei, verlangte jedoch, daß Lumumba und seine Gefährten menschlich behandelt würden und dem Roten Kreuz die Erlaubnis erteilt würde, mit ihnen in Verbindung zu treten. Tshombé erwiderte, die Gefangenen hätten keinerlei schlechte Behandlung erfahren und befänden sich in Sicherheit, jedoch an einem geheimen Ort.

Der tote Lumumba machte noch weiter Eroberungen. Seine Anhänger aus Kivu bemächtigten sich nach einem Kampf, bei dem die nigerianischen Blauhelme mehrere Tote zu beklagen hatten, des Sitzes der Gesellschaft Géomines, Manono. Sie schlossen Albertville, die Pforte von Unter-Katanga, ein. Rund tausend Europäer lebten in ständiger Bereitschaft, ans andere Ufer des Tanganjikasees zu flüchten, wo noch für einige Zeit die britische Flagge wehte.

Am 10. Februar verkündete Radio Elisabethville, daß Lumumba und seine beiden Gefährten aus einer Farm bei Kolwezi, in der sie gefangengehalten wurden, entwichen seien. Eine Prämie von 40 000 belgischen Francs wurde für ihre Festnahme ausgesetzt.

Achtundvierzig Stunden später berief Munongo eine Pressekonferenz ein und gab bekannt, daß die drei Flüchtlinge von Dorfbewohnern gefangen und getötet worden seien. »Sie haben ein wenig übereilt gehandelt«, sagte er, »aber sie haben den Kongo und die Welt von einer Gefahr befreit, die die Menschheit bedrohte.« Sie würden die versprochene Belohnung erhalten, jedoch anonym bleiben, um nicht Racheakten ausgesetzt zu sein. Die Stelle, wo die Leichen der drei Verräter begraben waren, würde nicht bekanntgegeben werden, um keine Gelegenheit für unangebrachte Pilgerfahrten zu schaffen.

Niemand schenkte der Fabel von der Flucht Glauben. Hammarskjöld sandte den äthiopischen General Iyassu nach Elisabethville. Tshombé jedoch verbot die Untersuchung, mit der er betraut war. Die belgische Botschaft in Moskau wurde überfallen, eine Verwüstung angerichtet; die in Kairo in Brand gesteckt. Das Vergehen war schädlich und widerwärtig, aber nicht widerwärtiger als die Abschlachtung Nuri Saids und des Königs des Irak vor zwei Jahren, die von den Russen mit Beifall begrüßt worden war, oder die Hinrichtung von Imre Nagy und Pal Maleter durch ihre Hand. Der Blutdurst der Afrikaner war nicht mehr zu stillen. »Wenn ich Tshombé fange«, hatte Lumumba gesagt, »lasse ich ihn auf einem öffentlichen Platz lebendig verbrennen.« Während Paris und London von Aufruhr widerhallten, während die Schwarzen aus Harlem in den Sicherheitsrat eindrangen, blieb Léopoldville angesichts der Ermordung eines Mannes, der kein Bakongo war, gelassen. Die Afrikanerin Pauline Lumumba, die einmal elegante Abendkleider getragen hatte, entblößte ihre Brüste, legte einen Schurz an und ging zu Kasavubu, um die Leiche ihres Mannes zu fordern; kaum 200 Menschen folgten ihr.

Chruschtschow ergriff selbst die Feder gegen Hammarskjöld und schrieb an 66 Staatschefs, um die Absetzung des Generalsekretärs zu verlangen, »weil er die Gewalttätigkeiten gegen frühere Staatsmänner der Republik Kongo organisierte«. Im Sicherheitsrat wies Sorin mit dem Finger auf Hammarskjöld: »Patrice Lumumbas Blut klebt an den Händen dieses Knechts des Kolonialismus.« Hammarskjöld, dessen stoisches Gesicht von Leid gezeichnet war, straffte sich unter der Beschimpfung und wiederholte, man könne ihn nicht zum Rücktritt zwingen und er werde seine Aufgabe bis zum Ende erfüllen (Forts. Kongo S. 977)

Algeriens Selbstbestimmung: von de Gaulle verkündet, von Frankreich gebilligt

Wir haben Algerien am 1. Februar 1960 in dem Augenblick verlassen, als Pierre Lagaillarde hinter seiner Trikolore aus der Universität kam und sich gefangennehmen ließ. Am nächsten Tag gewährte die Nationalversammlung der Regierung die Vollmacht, »in allen Angelegenheiten, die die Aufrechterhaltung der Ordnung, den Schutz des Staates, die Befriedung und Verwaltung Algeriens betrafen«, auf dem

Verordnungsweg Gesetze zu erlassen. Diese Sondervollmachten, die, wie jedermann begriff, dem Staatschef persönlich zufielen, wurden für die Dauer eines Jahres bewilligt.

Nach Lagaillarde wurden die Hauptträdelsführer der Barrikadenwoche, Sapin-Lignières, Auguste Arnould, Bernard Lefèvre, Alain de Sérigny, Jean-Jacques Susini u. a., verhaftet und nach Paris überstellt. Nur Ortiz und Martel blieben unauffindbar.

Die Armee war während der schwierigen Zeit loyal geblieben. Manche Einheiten hatten jedoch geschwankt, und viele Führer hatten kein Hehl daraus gemacht, mit dem Herzen auf der anderen Seite der Barrikade gewesen zu sein. Sie büßten es. Die Obersten Argoud, Godard, Broizat, Bigeard, die Generäle Jacques Faure, Gribius, Mirambeau wurden ins Mutterland zurückberufen. Sie alle waren Gaullisten vom 13. Mai. Viele waren, wie Gribius, bereit gewesen, gegen die Institutionen der IV. Republik zu marschieren. De Gaulle, die Augen auf sein Ziel gerichtet, wollte sich dessen nicht erinnern.

General Challe war wieder auf den Kampfschauplatz zurückgekehrt. Von einem aus Zelten und Wohnwagen bestehenden Befehlsstand auf einem sturmumtosten Plateau an der Grenze zwischen der Kabylei und dem Gebiet von Constantine aus übernahm er wieder die Leitung der Operationen »Feldstecher« und »Edelsteine«. Die Erfolge waren nicht zu leugnen: Die Katibas zerfielen in Banden von fünf bis zehn Mann und flüchteten in die unzugänglicheren Gebiete des Hochlands. Nach Amirouche wurde auch sein Nachfolger Abderhamane getötet. Immer mehr Übertritte waren zu verzeichnen; die Anzahl der in den Reihen der Franzosen dienenden Mohammedaner überstieg 100 000. Challe erklärte entschieden: »Wir sind im Begriff, den Algerienkrieg zu gewinnen.«

Am 3. März empfing Challe den Staatschef im Luftstützpunkt Telergma. Hier erfuhr er, daß de Gaulle ihn aus Algerien abberief. Er sollte anstelle von Valluy in Fontainebleau das Kommando Mitteleuropa übernehmen. »Challe wurde nicht einmal, wie vorgesehen, an meine Stelle gesetzt«, sagte Ely, »denn auf meinem Posten hätte er noch mit der Algerienfrage zu tun gehabt. Das will der General nicht...« Challes Loyalität hatte sich während der Barrikadenwoche bestätigt, und de Gaulle hatte ihm in wohlgesetzten Worten sein Vertrauen ausgedrückt. Er wußte aber, daß Challe, obgleich gehorsam geblieben, sich im Zustand geistigen und moralischen Ungehorsams befand. Er wollte nur gefügige Werkzeuge wie den neuen Oberkommandierenden, den blassen, bedingungslos gehorchenden Crépin, der ein ehemaliger Schüler der Ecole polytechnique war.

General de Gaulles Rundreise fand unter den gleichen Bedingungen statt wie zwei Jahre vorher. Ein Geleitzug von Hubschraubern brachte ihn in mehrere Abschnitte des Nordgebiets von Constantine, der Region Aumale, des Aurèsgebirges usw. Er ließ sich über die Operationen Bericht erstatten, führte Gespräche mit Offizieren aller Dienstgrade. »Der Erfolg unserer Truppen muß vollständig sein«, sagte er zu ihnen. »... Es muß euch klar werden, daß es noch sehr lange dauern wird, vor allem die militärischen Operationen... Der Erfolg breitet sich aus. Er ist aber noch nicht vollständig.« In Batna erklärte er, daß die Mohammedaner Algeriens »weder Provençalen noch Bretonen« sein könnten. »Sie werden sich entscheiden. Aber ich glaube, sie werden sagen: Ein mit Frankreich verbündetes algerisches Algerien . . .«

Ein algerisches Algerien! Die schmerzliche Bedeutung dieser Worte wurde durch die Zusicherung eines vorhergehenden militärischen Siegs und die Verpflichtung gemildert, daß die Selbstbestimmung erst nach mehreren Jahren erfolgen würde. Das GPRA sah nur den kriegerischen Aspekt der Erklärungen und antwortete de Gaulle, das algerische Volk wisse, es werde die Unabhängigkeit nur mit den Waffen erringen.

Weniger als vier Monate später saßen zwei Abgesandte des GPRA, die Rechtsanwälte Ahmed Boumendjel und Mohammed Ben Yahia, in den Salons der Präfektur von Melun den Vertretern der französischen Regierung gegenüber. Der Aufstand war nicht niedergeschlagen, die Waffen der Rebellen waren weder übergeben noch erbeutet worden, Guerillas und Terroristen verursachten noch immer bis zu 453 Tote in der Woche, und dennoch willigte General de Gaulle in etwas ein, von dem er gesagt hatte, er werde es nie tun: mit den im Ausland befindlichen Führern der Rebellion zu verhandeln.

Die Besprechungen in Melun scheiterten »trotz unserer wirklich entgegenkommenden Vorschläge . . .«, sagte das GPRA. Das Entgegenkommen hatte darin bestanden, auf das Verlangen nach einer Verhandlung in der Schweiz zu verzichten. Das GPRA war bereit, in Frankreich zu diskutieren, jedoch unter der Bedingung, vorher als rechtmäßige Regierung und einzige Vertretung der algerischen Nation anerkannt zu werden. Sie war mit der Selbstbestimmung unter der ausdrücklichen Bedingung einverstanden, daß sie die Bestätigung ihrer Souveränität und ihrer Ausschließlichkeit darstellte.

Der Sommer verstrich. Am 1. November feierte Ferhat Abbas den sechsten Jahrestag des Aufstands. Er nahm die der französischen Regierung im Prinzip abgerungenen Zugeständnisse zu Protokoll, bestand jedoch weiterhin darauf, daß die französische Armee vor der Durchführung der Selbstbestimmung Algerien verlassen müsse. Er spottete über »den algerischen Bürzelstaat, seiner wichtigsten Kennzeichen entblößt und seiner Saharagebiete beraubt«, den General de Gaulle unter dem Namen algerisches Algerien vorzuschlagen trachte. Der Kampf werde weitergehen.

Die FLN war also trotz des militärischen Niedergangs des Aufstands weiterhin unbeugsam. Ihre Festigkeit bewog de Gaulle, vier Tage nach der Rede von Ferhat Abbas das Algerienproblem unter einen neuen Gesichtspunkt zu stellen. Es handle sich um die Regelung eines »seit einhundertdreißig Jahren schwebenden« Problems. Der General hatte seinen Weg gewählt: »Dieser Weg führt nicht zu einem Algerien, das durch das Mutterland regiert wird, sondern zu einem algerischen Algerien . . ., in welchem die Algerier selbst ihr Schicksal entscheiden sollen . . ., das seine Regierung und seine Institutionen und seine Gesetze haben wird.« Dieses Algerien werde »entweder mit oder gegen Frankreich« aufgebaut werden. Frankreich werde die Entscheidung, wie immer sie ausfallen mochte, hinnehmen. Im Fall eines feindlichen Bruchs werde es sich zurückziehen, »ohne Milliarden, deren Verwendung anderswo dringend nötig ist, in einer ausweglosen Unternehmung zu vergeuden«. Im Fall eines freiwilligen Bündnisses würde es Algerien »bei dessen materieller und menschlicher Entwicklung kraftvolle brüderliche Hilfe« leisten.

Zwölf Stunden später kündigte der Ministerrat eine Volksabstimmung an. Die Franzosen sollten durch »Ja« oder »Nein« erklären, ob sie einen Gesetzentwurf billigten, der das Prinzip der Selbstbestimmung bestätigte und die Umbildung der Behörden in Algerien zum Zweck ihrer Durchführung anordnete.

Der Text des Gesetzentwurfs stand nicht im Widerspruch zu den Erklärungen, die der General während seiner jüngsten Rundreise gegeben hatte. Er besagte ausdrücklich, daß die Bevölkerung befragt werden sollte, »sobald die Sicherheitsbedingungen in Algerien es gestatten würden, die unbeeinträchtigte Ausübung der öffentlichen Freiheit wiederherzustellen«. De Gaulle empfing nochmals den Abgeordneten von Oran, Pierre Laffont, und wiederholte, daß die Selbstbestimmung »erst nach sehr langer Frist zur Anwendung kommen wird, nicht bevor die Kämpfe aufgehört haben und die Ruhe wieder eingetreten ist«. Übrigens verhehlte er seinen Ärger nicht. »Die Franzosen in Algerien gebärden sich, blasen alberne Strohmänner, wie Salan, wie Juin, auf... *Le Monde*, dieser Drecklappen... Die Armee sieht nicht über ihren Djebel hinaus... Wenn die Mohammedaner die Lostrennung wählen? Dann sollen sie eben krepieren! Warum soll ihnen denn Frankreich seine Menschen, seine Technik, seine Milliarden schicken?«

Die Marionette Salan, den de Gaulle im Jahre 1958 »mein Getreuer« nannte, hatte die hohen Militärfunktionen, die ihm versprochen worden waren, nie erhalten. Er wurde pensioniert und zog sich in seine Villa »Dominique« auf den Hügeln von Algier zurück, wurde jedoch zum Verteidigungsminister nach Paris gerufen und dahingehend informiert, daß ihm der Aufenthalt in Algerien verboten sei. Am 31. Oktober reiste er in Begleitung seines Ordonnanzoffiziers, Hauptmann Ferrandi, nach Spanien. Die andere Marionette, Juin, brach »eine seit fünfzig Jahren während Freundschaft« mit de Gaulle und nahm an den Feiern des 11. November nicht teil. Challe, der in der Frage der europäischen Verteidigung ebensowenig wie in der Frage Algerien mit de Gaulle einverstanden war, suchte um seine Versetzung in den Ruhestand nach. Der Generalsekretär von Algerien, André Jacomet, legte sein Amt nieder, wurde jedoch von der Regierung zurückberufen und aus dem Staatsrat ausgeschlossen, eine sogar unter dem Vichyregime nie dagewesene Maßregelung. Delouvrier hatte sich bemüht, seine Rednerstreiche aus der Barrikadenwoche vergessen zu machen, indem er die Verteidiger des französischen Algerien übel behandelte, doch seine Zeit war um. An seine Stelle trat der Präfekt von Toulouse, Jean Morin. Der bedingungslose Gaullist Louis Joxe wurde Minister für Algerien.

Der Prozeß um die Januarbarrikaden begann am 3. November. Das Gericht entschied, daß die noch in Haft befindlichen Angeklagten vorläufig in Freiheit gesetzt werden sollten. Einer von ihnen war Lagaillarde; er überschritt wenige Tage später auf einem Schmugglerpfad die Pyrenäen. Auch Susini entzog sich der Justiz und fuhr zu Salan, den er in seinen fieberhaften Tätigkeitsdrang einzubeziehen trachtete. Für Anfang November wurde ein Militäraufstand in Algerien angezettelt. General Jouhaud, der *pied-noir* aus Oran, war an Ort und Stelle, und Madame Salan, die in der Villa in Hydra geblieben war, sorgte für die Weitergabe der Weisungen ihres Mannes. Doch die Koordinierung klappte nicht; der Versuch wurde aufgeschoben.

Eine neue Rundreise General de Gaulles sah als erstes Ziel Aïn-Témouchent an der

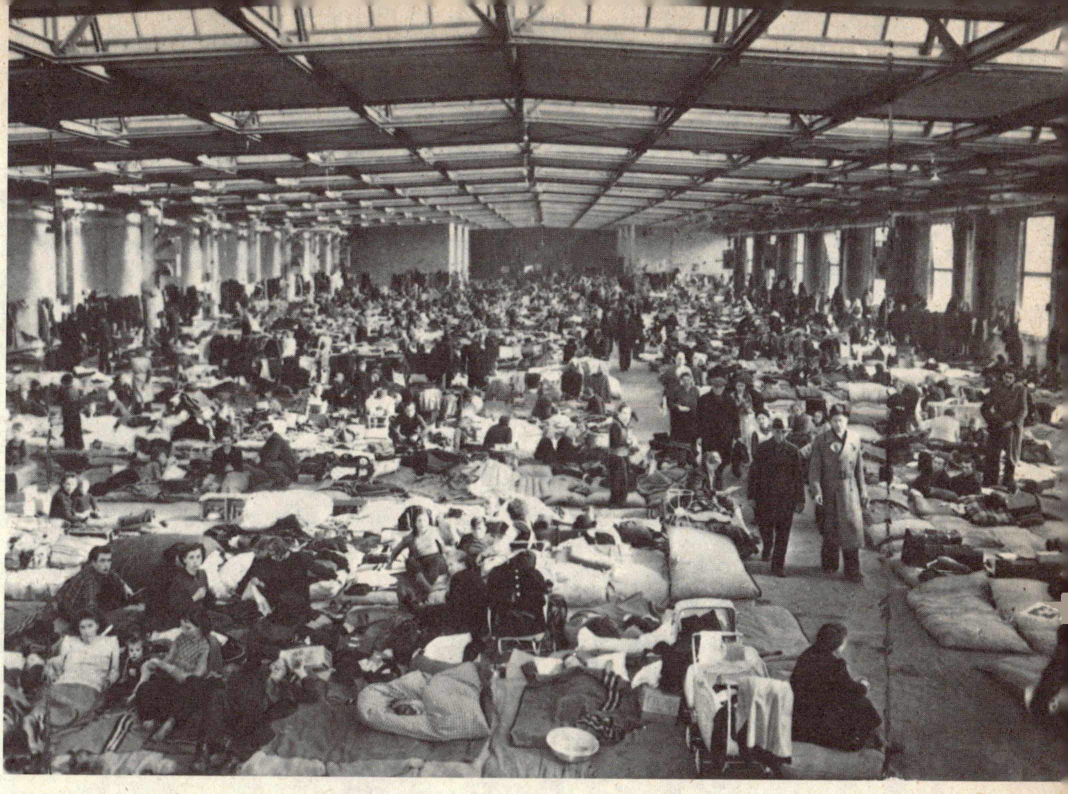

126 Die »Republikflucht«, wirtschaftliches Problem der DDR: 1961 wurden bis 31. August in den Aufnahmelagern 155 402 Flüchtlinge registriert. – 127 Die Berliner Mauer: Ulbricht verriegelt das »Tor zum Westen«.

128 129 Gespräche und Gesten im Zeichen der Deutschlandfrage und der Überwindung des Kalten Krieges: US-Präsident Kennedy trifft am 4. Juni 1961 in Wien Chruschtschow (v. l.: Jacqueline Kennedy, Bundespräsident Schärf, Frau Chruschtschow, John F. Kennedy). – Besuch in Berlin am 26. 6. 1963 (mit Brandt und Adenauer).

marokkanischen Grenze vor. Auf dem Hauptplatz des Ortes bildeten sich zwei große Gruppen; die Europäer riefen »Französisches Algerien!« und die Mohammedaner »Es lebe de Gaulle!«. Der General trat unter die Mohammedaner, die ihn umdrängten und eine menschliche Schutzwand um ihn bildeten. In Tlemcen, einer alten Nationalistensiedlung, sagte er den Mohammedanern, sie würden in Algerien den Ausschlag geben, weil sie viel zahlreicher seien, doch er ermahnte sie, sich durch Mäßigung ihrer neuen Bestimmung würdig zu erweisen. Die Reise wurde über Cherchell, Blida, Orléansville, Tizi-Ouzou und Bougie fortgesetzt. Die Autofahrt von Tizi-Ouzou nach Bougie über eine Straße, deren Befahren vor zwei Jahren verboten gewesen war, veranschaulichte die tatsächliche Befriedung. Auch nach Sétif und dann nach Batna und Elida fuhr der General im Auto durch Gegenden, die völlig in Händen der Aufständischen gewesen waren. Er kürzte das Ende seiner Rundfahrt ab und kehrte vierundzwanzig Stunden früher als vorgesehen nach Paris zurück. Nirgends erwähnte er die tatsächlichen Ereignisse, das Blutvergießen in Algier und Oran.

Die Europäer hatten die Offensive ergriffen. Die Front des französischen Algerien hatte als Protest gegen die Anwesenheit de Gaulles auf algerischem Boden einen Generalstreik angeordnet. In der Rue Michelet war eine Barrikade von zwei Panzern zerstört worden. Die Demonstranten jubelten den Soldaten zu, die sie zurücktrieben, und flehten sie an, Algerien zu retten, doch die Soldaten machten ablehnende Gesichter und hörten sie nicht an. Und plötzlich gab es am 12. Dezember eine neue Welle: unter der grünweißen Fahne der FLN, die Mohammedaner ...

In Algier brannten Autos, Läden wurden geplündert, die Synagoge auf der *Place Randon* wurde in Brand gesteckt, Juden und Europäer wurden erdolcht und gesteinigt. Die Frauen kreischten das »Juju« der Tage der Trauer und des Aufstands. Man schrie nicht mehr »Es lebe de Gaulle!«, sondern »Es lebe Ferhat Abbas!«, nicht mehr »Algerien den Algeriern!«, sondern »Unabhängiges Algerien!«. Auf dem Regierungsplatz eröffneten die Fallschirmjäger das Feuer. Zu weiteren blutigen Zusammenstößen kam es in Belcourt, im Clos Salambier, in der Schlucht der *Femme sauvage*. Es gab mehr als hundert Opfer. Die Unruhen in Oran kosteten ebenfalls etwa zwanzig Menschenleben.

Am 16. Mai 1958 hatten die Mohammedaner in Algier sich den Europäern bei den Rufen »Es lebe das französische Algerien!« und »Es lebe de Gaulle!« angeschlossen. Während der Jahre vorher, einschließlich der Tage, in denen die Bomben von Abane und Ali la Pointe die Stadt erschütterten, war der Großteil der Bevölkerung abwartend geblieben und hatte die FLN geduldet, weil sie Angst hatte und den Frieden wünschte. Doch der in greifbare Nähe gerückte Sieg elektrisierte die Massen. Die Integrationslösung, von der de Gaulle sagte: »Wie konnte man glauben, daß ich daran glauben könnte?«, war gewiß tot, aber die Assoziierungslösung, die er als einzig vernünftige bezeichnete, war es nicht weniger. Alle Chancen Frankreichs in Algerien waren erschöpft.

Das Referendum fand am 8. Januar 1961 statt. De Gaulle hatte darauf aufmerksam gemacht, »daß eine negative oder eine auf Grund einer zu geringen Mehrheit beziehungsweise einer zu großen Anzahl von Stimmenthaltungen erzielte unklare Antwort« ihn daran hindern würde, seine Aufgabe zu erfüllen, mit anderen Worten, daß er von der Regierung zurücktreten würde. Der der allgemeinen Volksbefragung vorgelegte Gesetzesantrag wurde mißverstanden, doch der Sinn des »Ja«, das verlangt wurde, war klar: Es bedeutete, daß Frankreich de Gaulle von neuem sein Vertrauen aussprach und ihm im Verzicht auf Algerien zustimmte. Die Zahl der Stimmenthaltungen betrug um 10,5 % mehr als beim Referendum des Jahres 1958. Die Zahl der »Ja« ging von 22 596 850 auf 15 295 662 zurück, während die der »Nein« von 4 624 611 auf 4 991 770 stieg. Doch wieder trugen die »Ja« in allen Departements des Mutterlands, mit Prozentsätzen zwischen 72,5 % im Departement Seine und 93,4 % im Bas-Rhin, den Sieg davon. Die Sache war entschieden.

In Algerien hatte die FLN Weisung erteilt, die Wahllokale zu boykottieren. Ihre Versuche, den Boykott mit Waffengewalt durchzusetzen, kosteten etwa zwanzig Menschenleben, und dennoch wurde die Weisung nur teilweise befolgt. Mehr als die Hälfte der Mohammedaner ging zu den Urnen. Die Zahl der »Nein« – 782 058 – war zu hoch, um nur von einer europäischen Gemeinde zu kommen, von der bereits ein Viertel nach Frankreich geflüchtet war. Doch die »Ja« siegten bei weitem mit einer Mehrheit in 11 von 13 Departements und 1 747 529 Stimmen.

In den Herzen der »Schwarzfüße« läutete am 8. Januar die Totenglocke; ihre Preisgabe war beschlossene Sache. Sie konnten nicht einmal mehr die Hoffnung aufrechterhalten, daß die Liquidierung des französischen Algerien zu den ihnen versprochenen Terminen und zugestandenen Bedingungen stattfinden würde. Bourguiba wurde nach Paris eingeladen. Als er Frankreich verließ, hieß es in einem Kommuniqué, daß »General de Gaulle und Präsident Bourguiba festgestellt haben, wie nahe ihre allgemeinen Vorstellungen einander kamen«. Das bedeutete, daß de Gaulle seinen Entschluß, die Rebellen im Ausland nicht anzuerkennen, zurückgenommen hatte.

Der Ausgang der Verhandlungen, die nun begannen, ließ sich nur allzu klar voraussehen. Dem französischen Algerien blieb nichts als Verzweiflung. (*Forts. Algerien S. 942*)

Der Fall Eichmann

Der Mann, der in dem kugelsicheren Glaskäfig saß, glich eher einem vorbildlichen Buchhalter als einem Ungeheuer. Vor einem Jahr hatte er sich noch Ricardo Klement genannt und die Bücher einer Garage in Buenos Aires geführt. Vor dem Gericht in Jerusalem hatte er zu seiner wahren Identität, Karl Adolf Eichmann, geboren 1906 in Solingen, zurückgefunden. Er hatte sich für eines der ungeheuerlichsten Verbrechen der Geschichte, die Vernichtung von 6 Millionen Juden, zu verantworten.

Der Name Eichmann war in den Verhandlungen des Nürnberger Prozesses aufgetaucht. Eichmann war Leiter des Judenreferats im Reichssicherheitshauptamt der Reichsführung SS und war während des Kriegs mit der Organisation der Judentransporte in die Massenvernichtungslager in den besetzten Ostgebieten beauftragt. Alle Bemühungen, seine Spur zu finden, waren vergebens gewesen. Man nahm an, er sei, wie so viele andere, in dem gewaltigen Wirrwarr, der das Ende des Dritten Reichs bedeutete, umgekommen.

Damals verließ Eichmann ein Gefangenenlager, in dem er mehrere Monate unter dem Namen des Gefreiten der Luftwaffe Adolf Barth verbracht hatte. Dann arbeitete er drei Monate lang in einem Holzfällerlager in Niedersachsen, flüchtete nach Italien und wanderte von dort nach Argentinien aus. Seine Frau, Veronika Liebl, kam mit ihren drei Söhnen nach. Sie hielten sich für vaterlose Waisen und glaubten, ihre Mutter habe sich in zweiter Ehe mit Ricardo Klement verheiratet. Sie war es übrigens, durch die die drei Agenten des israelischen Geheimdienstes, die unter den Namen Dan, Ygal und Gal auftraten, den Weg zu Eichmann fanden. Sie entführten ihn auf der Avenida General Paz, indem sie ihn in ein Auto stießen. Am nächsten Tag verließ eine Britannia der El-Al plötzlich Buenos Aires und ließ Abba Eban und die Delegation zurück, die zur Feier des hundertfünfzigsten Jahrestags der argentinischen Republik in die Hauptstadt gekommen waren. Und drei Tage später erhob sich Ben Gurion in der Knesset und sagte mit vor Erregung erstickter Stimme: »Wir haben Eichmann!«

Der Prozeß begann; juristisch gesehen war er ungeheuerlich. Eichmann wurde unter Verletzung der argentinischen Souveränität entführt und von einem Staat vor Gericht gestellt, der zur Zeit der inkriminierten Fakten noch nicht bestanden hatte. Die argentinische Regierung jedoch hatte sich, nachdem sie zuerst die Rückstellung Eichmanns gefordert hatte, mit rein formellen Entschuldigungen zufriedengegeben und den Zwischenfall für erledigt erklärt. Die Bundesrepublik Deutschland, deren Staatsbürger Eichmann war, verzichtete auf seine Auslieferung und stellte sich Israel zur Verfügung, um die Schuld des Angeklagten zu erhärten. Die fundamentalen Grundsätze des internationalen Rechts und des Strafrechts traten angesichts des außerordentlichen Charakters des Verbrechens zurück.

Eichmann kämpfte um sein Leben. Er behauptete, nur ein Transportoffizier gewesen zu sein und nur Befehlen gehorcht zu haben. Dagegen bewiesen Dokumente, daß er bewußt und begeistert an der »Endlösung«, der Ausrottung der Juden, mitgearbeitet hatte. Der Prozeß ließ in dem von Kampfeslust erfüllten Israel eine alptraumartige Vergangenheit, eine surrealistische Hölle wieder erwachen. »Unsere jungen Menschen sollen wissen«, sagte Ben Gurion, »was ihre Väter zu leiden hatten.« Die jungen Leute, die Sabres, sagten in ihrer hochmütigen Ungerechtigkeit: »Uns interessieren Menschen nicht, die sich nicht gewehrt haben.«

Am 15. Dezember wurde Eichmann von Richter Moshe Landau zum Tod verurteilt, nachdem er erklärt hatte, daß die in seinem Prozeß vorgebrachten Zeugenaussagen ihm das Blut in den Adern gefrieren ließen, daß er aber nur ein Befehlsempfänger gewesen sei. Am 29. Mai verwarf das Appellationsgericht seine Berufung, und Staatspräsident Ben-Zwi lehnte das von dem Verurteilten, seiner Frau, seinen Brüdern und Rechtsanwälten eingebrachte Gnadengesuch ab. Eichmann wurde gehängt; seine Leiche wurde verbrannt und die Asche ins Meer gestreut. Es war das erste Mal, daß die Todesstrafe im jüdischen Staat vollstreckt wurde.

(*Forts. Israel S. 1058*)

Der April 1961 war reich an Ereignissen aller Art. Vierundzwanzig Stunden nach Eröffnung des Eichmann-Prozesses ging der Name Jurij Gagarin in die Geschichte der Menschheit ein.

Sein Raumschiff nannte sich *Wostok*, das heißt Osten; es wog 4725 Kilogramm. Gagarin stieg am 12. April um 9 Uhr von der Raumstation Baikonur in Kasachstan auf und landete mit dem Fallschirm um 10 Uhr 55 bei dem Dorf Smlowka im Gebiet von Saratow. Während dieser einhundertachtzig Minuten hatte er eine Erdumkreisung durchgeführt, Sibirien überflogen, den Pazifik von der Beringstraße bis zum Kap Horn überquert, Afrika von Angola bis Ägypten überflogen und auf der Vertikalen über Suez die Bremskraft seiner Bremsraketen zu spüren bekommen. Da man bei den sowjetischen Großtaten nie weiß, woran man ist, mußte man die Echtheit der Spannung bezweifeln, die der Rundfunk seinen Hörern mit der Schilderung von Gagarins Flug im Präsens vermittelte. Erst als der Kosmonaut wieder wohlbehalten auf der Erde war, begann der Bericht von seinem Abenteuer.

Es war ein Wunder. Zum erstenmal entzog sich ein Mensch der Anziehungskraft der Erde, bewegte sich nach den Gesetzen des Weltraums, lebte im Zustand der Schwerelosigkeit, überstand erfolgreich die ungeheure Aufstiegsbeschleunigung und die nicht weniger gewaltige Verlangsamung bei der Rückkehr. Die Sowjetunion errang einen großen Sieg und öffnete einen triumphalen Weg in die Zukunft.

Einen Monat nach dem Erfolg Gagarins gelang den Amerikanern der erste bemannte Weltraumflug des Mercury-Projekts. Die winzige Kapsel mit einem Gewicht von nur 3200 Pfund wurde von Kap Canaveral mit einer Atlas-Rakete abgeschossen, beschrieb über dem Atlantik einen Bogen, dessen höchster Punkt 116,5 Meilen erreichte, wurde durch Fallschirme gebremst und setzte fünfzehn Minuten nach ihrem Abflug auf hoher See bei den Bahamas aufs Wasser auf. Der Weltraumfahrer, Alan B. Shepard, wurde von einem Hubschrauber des Flugzeugträgers *Chaimplain* aufgefischt.

Verglichen mit Gagarins Erfolg war dieser bescheiden. Die Kapsel hatte keine Erdumkreisung durchgeführt, und ihre Geschwindigkeit hatte 5100 Meilen nicht überschritten, während die des *Wostok* 17 000 Meilen erreicht hatte. Im Juli gelang ein zweiter ebensolcher Suborbitalflug wie der Shepards mit dem Astronauten Virgil I. Grissom; hier kam es zu einem Zwischenfall, daß die Kapsel bei der Landung auf See unterging und Grissom fast ertrunken wäre. Die Überlegenheit der Sowjets blieb unbestreitbar. (*Forts. UdSSR S. 968*)

Eisenhowers zweite Amtszeit als Präsident war noch energieloser gewesen als die erste. Die zu spät ins Leben gerufene NASA hatte noch achtundzwanzig Monate mit bürokratischen Hindernissen verloren. Das Mercury-Projekt war dutzendmal geändert worden, und es war fast ein Wunder, daß Shepard den USA so kurz nach Gagarin seinen mageren Trost zu bringen vermochte.

Das Übel war nicht nur auf das Gebiet der Raumfahrt beschränkt. McNamara erstickte fast, als er mit dem Pentagon Bekanntschaft machte. »Das ist ein Urwald«, sagte er. Die USA waren, abgesehen von ihrer Atommacht, militärisch ohnmächtig. »Es wäre nicht möglich gewesen«, schreibt Arthur Schlesinger, »ein Expeditionskorps von 10 000 Mann nach Übersee zu schicken, und als Kennedy die 82. Luftlandedivision in Fort Bragg inspizieren wollte, mußte man Personal und Material von anderen Einheiten borgen, um sie zu vervollständigen.« McNamara versuchte den Urwald zu roden, verfaßte 96 Fragebogen an 96 Persönlichkeiten des Pentagons, war mit den meisten Antworten unzufrieden und erneuerte seine Fragen »in einer Form, auf die hin ein japanischer General ohne Zögern Harakiri begangen hätte . . .«. Bei der US Army, der US Air Force und der US Navy gab es keinen einzigen Fall von Selbstmord.

John F. Kennedy hatte am 20. Januar während eines Schneesturms sein Amt angetreten und am 30. seine erste Botschaft über die Lage der Nation verlesen. Er beschloß – ein ungewöhnliches, bezeichnendes Verfahren – eine zweite zu verfassen, die er am 25. Mai verlas. Er erhöhte die Hilfe für unterentwickelte Länder, vergrößerte das militärische Hilfsprogramm, reorganisierte und modernisierte das Divisionssystem der amerikanischen Armee. Und schließlich gab er den USA zum erstenmal ein Raumfahrtprogramm, das seinem Namen Ehre machte.

Die Ziffern prasselten auf die versammelten Senatoren und Abgeordneten nur so ein. Kennedy verlangte für das laufende Jahr zusätzliche 125,6 Millionen Dollar für die NASA. Er schätzte die Kosten für das Raumfahrtprogramm der nächsten fünf Jahre auf 7 bis 9 Milliarden Dollar. Die Vereinigten Staaten müßten wieder *the leading role in space achievement* übernehmen, sie müßten im Weltraum *a new frontier* des menschlichen Abenteuers finden. »Ich glaube, dieses Land muß es sich zum Ziel setzen, einen Menschen auf den Mond zu schicken und ihn wohlbehalten wieder auf die Erde zurückzubringen – noch vor Ende des laufenden Jahrzehnts . . . Ich glaube, wir müssen noch ehrgeizigere Erforschungen des Weltraums, vielleicht bis an die Grenzen des Sonnensystems, planen . . .«

Es hagelte Kritiken. Die Landung auf dem Mond vor dem Jahr 1970 schien ein Hirngespinst. Der Kongreß stellte sich gegen die gewaltigen Kredite, deren Bewilligung von ihm verlangt wurde. Noch war der Kampf um den Weltraum für die USA nicht gewonnen. Das Neue war die Tatsache, daß nun ein Mann im Weißen Haus saß, der die Bedeutung und Großartigkeit dieses Kampfes begriff.

Vorbereitungen für die Schweinebucht

Präsident Kennedy hielt am Mittwoch, dem 12. April, seine wöchentliche Pressekonferenz ab. Die erste Frage, die ihm gestellt wurde, betraf weder Gagarin, dessen Flug soeben zu Ende gegangen war, noch Eichmann, dessen Prozeß vor kurzem begonnen hatte. Sie betraf Kuba. Welche Haltung würden die Vereinigten Staaten einnehmen, wenn, wie die Anzeichen erwarten ließen, ein bewaffneter Angriff gegen Castro stattfinden sollte?

Kennedy antwortete, daß eine unmittelbare militärische Intervention gegen Kuba auf jeden Fall ausgeschlossen sei. Es sei jedoch richtig, daß sich ein Revolutionskomitee gebildet habe, das das Ziel verfolge, Castro zu stürzen, und daß es natürlich in den Vereinigten Staaten eine gewisse Unterstützung finde.

Einige Tage nach der Wahl des Präsidenten hatte ihn Allen Dulles über die am 17. März 1960 von Eisenhower getroffene Entscheidung und die ersten Maßnahmen zu ihrer Durchführung unterrichtet. Etwa 1200 Kubaner wurden unter der Leitung amerikanischer Fachleute in Guatemala, in der Sierra Madre, im Guerillakrieg geschult. Die CIA beabsichtigte, sie in den Escambraybergen zwischen Havanna und Cienfuegos abzusetzen, wo mehrere hundert Partisanen Castro Trotz boten. Doch man war von dieser Idee abgekommen; nun dachte man an eine regelrechte Landung, die, wie man glaubte, eher geeignet war, die Armee und die Bevölkerung von Kuba zum Kampf gegen den Diktator zu verleiten.

Castro ließ vor dem Sicherheitsrat behaupten, daß eine Invasion bevorstehe. Er fand die Grundlagen für seine Behauptung in der Presse der Vereinigten Staaten; die *New York Times*, der *Miami Herald* und das Magazin *Time* brachten Reportagen, in denen die militärische Aktivität der kubanischen Flüchtlinge beschrieben wurde. Sie enthüllten, daß man ihnen den Luftstützpunkt Opa Locka bei Miami zur Verfügung gestellt hatte, und gaben die Namen der Lager in Guatemala, Traz und Retalhuleu in der Sierre Madre bekannt. Ein Foto zeigte auf der Piste von Retalhuleu mehrere leichte Bomber B26, die natürlich nur die Vereinigten Staaten bereitgestellt haben konnten.

Der Entschluß, eine regelrechte Landung durchzuführen, hatte die Bildung einer Miniaturarmee zur Folge, der sogenannten Brigade 2606, so genannt nach der Matrikelnummer eines der ersten bei einem Unfall ums Leben gekommenen Freiwilligen. Sie bestand aus einem Bataillon Fallschirmjäger, drei Bataillonen Infanterie, einer Artillerieeinheit und einer Fliegergruppe, alles in verkleinertem Maßstab. Ihr Kommandeur und sein Stellvertreter waren Berufsoffiziere, die beide in der Armee Castros gedient hatten: José Pérez San Roman, genannt Pepe, und Eneido Oliva.

45 000 Kubaner hatten bereits ihre Heimatinsel verlassen. 52 000 Visa-Ansuchen waren noch unerledigt, als die Botschaft der Vereinigten Staaten ihre Pforten schließen mußte. Die meisten Flüchtlinge der letzten Zeit, Liberale und Revolutionäre, hatten sich von dem blutrünstigen Castro, der sich dem Kommunismus in die Arme warf, losgesagt. Manuel Artime hatte die Provinz Oriente für Castro verwaltet, Manuel Ray war sein Minister für Öffentliche Arbeit und José Miró Cordona sein Ministerpräsident unter der Strohmann-Präsidentschaft von Urrutia gewesen. Sie fanden sich mit Hauptrollen im Kubanischen Revolutionären Rat, dessen Vorsitz Miró führte, wieder zusammen. Es wurde vereinbart, daß, sobald ein entsprechender Brückenkopf auf Kuba errichtet wäre, der Rat sich als provisorische Regierung erklären und an alle Staaten Lateinamerikas um Hilfe wenden werde.

Als Kennedy die Macht übernahm, hatte er weitgespannte Vorstellungen über Lateinamerika. Er faßte ein Gegenstück zum Marschall-Plan ins Auge, wodurch er die wirtschaftlichen Nöte, unter denen Lateinamerika litt, von Grund auf heilen wollte. Am 13. März versammelte er — mit Jacqueline Kennedy in der ersten Reihe — alle seine Botschafter im Weißen Haus, redete abwechselnd englisch und spanisch und sprach zum erstenmal die Worte »Alliance for Progress« und »Alianza para progreso« aus.

Sie müsse die dringendsten Bedürfnisse des Kontinents befriedigen, sagte er: »*Techo, trabajo y tierra, salud y escuela*« (Unterkunft, Arbeit und Land, Gesundheit und Schule). Natürlich gab es skeptische und ironische Bemerkungen, insbesondere von seiten der von dem demagogischen, verrückten Präsidenten Janio Quadros geführten brasilianischen Regierung. Im großen ganzen jedoch war die Aufnahme warm, mehr noch wegen des Tons als wegen des Inhalts der Rede. Man hatte von den Lippen des jungen Präsidenten die Akzente Franklin Roosevelts vernommen.

Zwei Tage vor der Botschafterversammlung hatte in einem anderen Teil des Weißen Hauses ein Kriegsrat stattgefunden. Der Direktor der CIA, Allen Dulles, und sein Hauptmitarbeiter, Richard Bissel, hatten die Gründe aufgezählt, weshalb die Kubaexpedition nicht länger aufgeschoben werden konnte. Der Präsident von Guatemala, Miguel Ydigoras Fuentes, hatte bekanntgegeben, daß er die kubanischen Lager nicht länger als bis zum April dulden werde. Die Brigade hatte ihren höchsten Schulungsgrad erreicht, und alle amerikanischen Offiziere, die sie inspiziert hatten, sprachen in begeisterten Ausdrücken von ihrer Kriegstüchtigkeit und Kampfmoral. Man mußte sie entweder verwenden oder auflösen. Konnte man sich vorstellen, welche Folgen es hätte, wenn mehrere hundert bitter enttäuschte junge Männer sich in Lateinamerika zerstreuten und darauf hinwiesen, welches Vertrauen man zur Entschlossenheit der Vereinigten Staaten haben durfte?

Die Verteidiger Kennedys sprachen viel davon, daß er gezögert habe. Bei objektiver Beleuchtung scheint dieses Zögern nicht bestanden zu haben. »Man kann immer über wirtschaftliche und geschäftliche Fragen verhandeln«, hatte er gesagt, »nicht verhandeln kann man über die Anwesenheit des Kommunismus in der westlichen Hemisphäre.« Bei der Beratung am 11. März diskutierte er weder über die Berechtigung noch über die Organisation der Expedition. Er bestand nur streng auf Einhaltung der Regel, wonach jegliche unmittelbare Beteiligung der Streitkräfte der Vereinigten Staaten vermieden werden mußte, und behielt sich bis vierundzwanzig Stunden vor Angriffsbeginn vor, alles zum Stehen zu bringen, wenn internationale Rücksichten es erforderten.

Scheitern der Kuba-Invasion

In der Nacht vom 16. zum 17. April stiegen fünf Froschmänner in enganliegenden schwarzen Taucheranzügen um 23 Uhr aus dem Frachter *Blagar* in Schlauchboote und ruderten ins Innere der Schweinebucht. Einer von ihnen war der amerikanische Ausbilder, der sich trotz der erhaltenen Weisungen im Augenblick der Gefahr nicht von den Männern trennen wollte, die er geschult hatte. Er stieg als erster an Land und stellte eine der weißroten Laternen auf, die die Landungsboote leiten sollten. In diesem Augenblick leuchteten Scheinwerfer auf, und es krachten einige Schüsse. Die Küstenwache war auf der Hut; der Kampf um Kuba begann schon auf dem Strand.

Am vorhergegangenen Morgen hatten drei kleine B26-Gruppen, die von Nicaragua aufgestiegen waren, das Lager Libertad in Santiago und das Hauptquartier der Luftstreitkräfte in San Benito de los Baños bombardiert. Die CIA hatte bekanntgegeben, daß die Maschinen von kubanischen, gegen Castro revoltierenden Piloten geflogen wurden. Um die Sache wahrscheinlicher erscheinen zu lassen, war der Pilot Mario Zuniga in einer vorher von Kugeln durchlöcherten Maschine mit stillstehendem Motor auf dem Zivilflughafen Miami gelandet und hatte erklärt, er sei einer der aufständischen Piloten.

Castro war nicht ohne Sorge. Die letzte Gruppe der Guerilleros der Sierra Escambray, elf Mann, alle verwundet, hatte wenige Tage zuvor die Insel verlassen, der Terrorismus tobte jedoch weiter. Das größte Warenhaus von Havanna, El Encanto, war vor kurzem nach Ausschaltung der Milizen, die es bewachten, durch einen spektakulären Brand eingeäschert worden. Der morgendliche Luftangriff hatte die Hälfte der kubanischen Luftwaffe vernichtet, und man erwartete eine zweite Attacke.

Um 3 Uhr morgens weckte man Castro, um ihm zu berichten, daß die Invasion begonnen habe. Der erste Zusammenstoß sei in der Schweinebucht erfolgt, doch werde offensichtlich auch in der Provinz Pinar del Rio gekämpft. Man könne noch nicht feststellen, an welchem Punkt der Haupteinsatz der Angreifer stattfinde.

An der 27 Kilometer langen, 12 Kilometer breiten Schweinebucht, *Bahía de los cochinos*, präsentiert sich der ungastlichste Teil der Insel Kuba. Tropische Sümpfe reichen bis an die See und sind an der Küste von Mangroven durchsetzt. Die CIA-Strategen hatten diese Landungsstelle gewählt, weil es dahin nur drei Zugangsstraßen durch die Sümpfe gab und sie daher leicht zu verteidigen war. Die *Playa Larga*, im Landungsplan Roter Strand genannt, ist im Inneren der Bucht. Der Blaue Strand vor dem Dorf Girón sollte für die Absetzung des schweren Geräts dienen. Das auf die Straßen abspringende Fallschirmjägerbataillon sollte den Brückenkopf abriegeln und dann die Aktion sichern. Havanna ist nur sechzig Kilometer weit entfernt; man erwartete einen massiven Anschluß der Bevölkerung. Es stellte sich sofort heraus, daß man sich verrechnet hatte. Die sieben Frachter, die die Brigade transportierten, waren alte, ausgediente Kähne, die Landungsboote waren keine zu diesem Zweck gebauten Fahrzeuge, sondern einfache Boote mit Außenbordmotor. Die Ufer bestanden aus Korallenbänken, und die Bucht war voller Riffe. Bei Tagesanbruch befand sich, nach mehrfachen Schiffbrüchen, erst ein Teil des kleinen Expeditionskorps an Land. Immerhin wurde Girón genommen, die Fallschirmjäger sprangen ab und versperrten die Straßen; noch waren alle zuversichtlich.

Ein zweiter Luftangriff auf die kubanischen Flughäfen sollte die Landung unterstützen. In ihren Stützpunkten in Nicaragua saßen die Piloten bereits in den Cockpits der B26. Da kam ein Gegenbefehl: Einsatz abgeblasen! Dean Rusk war eingeschritten. Niemand, sagte er, habe sich durch die Inszenierung der aufständischen Castro-Piloten täuschen lassen. Man wußte, daß der Sonnabendangriff von Mittelamerika ausgegangen war und daß die Regierung der Vereinigten Staaten der wahre Organisator sei. Eine Wiederholung würde eine ernste internationale Lage zur Folge haben; Kennedy fügte sich und blies den Angriff ab. Alan Dulles war abwesend, da er eine Konferenz in Puerto Rico nicht absagen wollte, um nicht den Eindruck zu erwecken, daß etwas Ungewöhnliches im Gang war. Es gelang Bissel, den Präsidenten zu erreichen, der, aus dem gleichen Grund wie Dulles, das Wochenende auf seiner Farm in Virginia verbrachte. Er hielt ihm vor Augen, daß es zu spät sei, die Landung aufzu-

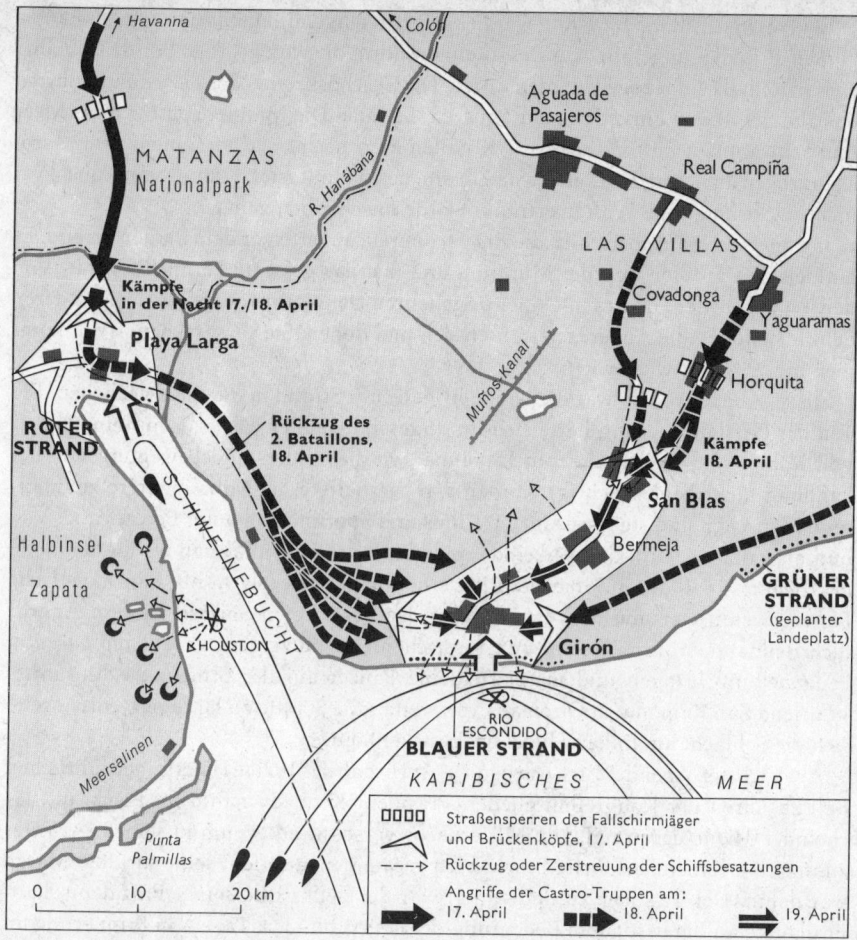

Die Kuba-Invasion, 17.–19. April 1961

Map labels:

↑ Havanna — Colón — Aguada de Pasajeros — Real Campiña — MATANZAS Nationalpark — R. Hanábana — LAS VILLAS — Covadonga — Yaguaramas — **Kämpfe in der Nacht 17./18. April** — **Playa Larga** — Horquita — Muñoz-Kanal — **ROTER STRAND** — **Rückzug des 2. Bataillons, 18. April** — SCHWEINEBUCHT — **Kämpfe 18. April** — San Blas — Halbinsel Zapata — Bermeja — **GRÜNER STRAND** (geplanter Landeplatz) — HOUSTON — **Girón** — RIO ESCONDIDO — **BLAUER STRAND** — Meersalinen — KARIBISCHES MEER — Punta Palmillas — 0 10 20 km

Legend:
▯▯▯▯ Straßensperren der Fallschirmjäger und Brückenköpfe, 17. April
⤙- - -⤚ Rückzug oder Zerstreuung der Schiffsbesatzungen
Angriffe der Castro-Truppen am:
➡ 17. April
◼◼◼ 18. April
⇨ 19. April

halten, und daß die unvollständige Ausschaltung von Castros Luftwaffe die Expedition in eine kritische Lage versetzen würde. Kennedy weigerte sich, seinen Entschluß zu ändern.

Den Soldaten San Romans hatte man gesagt, sie hätten aus der Luft nichts zu befürchten. Als sie das erste Flugzeug kommen sahen, begrüßten sie es freudig in der Überzeugung, daß es nur ein Freund sein könne. Es belehrte sie eines Besseren, indem es sie mit Maschinengewehrfeuer belegte. Dem Angriff vor zwei Tagen waren etwa zehn Jagdbomber und vier T33, Trainingsflugzeuge mit Düsenantrieb und Maschinengewehren, Kaliber 5,0 entgangen. Die Düsenjäger des Flugzeugträgers *Essex*, der außerhalb der kubanischen Gewässer kreuzte, hätten diese Überlebenden wie Strohhalme fortgefegt, wurden aber auf Grund von Kennedys Befehl, der jede unmittelbare Beteiligung an der Invasion verbot, zurückgehalten.

939

Ein Frachtschiff, die *Houston*, war in die Bucht eingefahren. Sie hatte das 5. Bataillon der Brigade, ungefähr 500 Rekruten, an Bord, die wenige Tage vor der Abfahrt aus Guatemala eingezogen worden waren. Die Geschosse einer *Sea Fury* durchbohrten das alte Schiff von einer Seite zur anderen. Es sank. Die Männer sprangen ins Meer und schwammen mitten durch die Korallen zum nächsten Ufer, einem Strand mit Mangroven am Rand der *Ciénaga de Zapata*, des schlimmsten Sumpfs von Kuba. Wer nicht nackt und ohne Waffen ertrank, wurde unschädlich gemacht.

Ein anderes Transportschiff, die *Rio Escondido*, ankerte vor dem Blauen Strand. Es enthielt den größten Teil der Munition und fast das gesamte Fernmeldegerät. Von den T 33 getroffen, flog es mit einer ungeheuren Detonation in die Luft. Die anderen Schiffe lichteten die Anker, zerstreuten sich und flohen. Sie versprachen: »Wir kommen in der Nacht wieder.«

Als es Abend wurde, war die kleine Brigade am Strand in die Enge getrieben. Ein Teil der Ortsbevölkerung hatte sich ihr angeschlossen, es war aber nur eine Handvoll Köhler und Salzarbeiter. In Havanna, wo die Widerstandsbewegung von der Landung nicht benachrichtigt worden war, verhaftete die Miliz mehrere zehntausend Menschen und stellte sie in den Kinos und Sportplätzen unter Bewachung. Von nun an wußte Castro, daß es keinen anderen Invasionspunkt gab als die *Bahía de los cochinos*, daß der in Pinar del Rio vernommene Kriegslärm nur eine akustische Finte gewesen war und daß die Soldaten der Vereinigten Staaten an dem Angriff nicht teilnahmen. Er ließ seine 122 russischen Geschütze gegen die *Playa Larga* in Feuerstellung bringen und massierte seine Panzer auf der Straße, die hinführte. Während San Ramon von Girón aus verzweifelt die Schiffe zu Hilfe rief, entwickelte sich die Schlacht am linken Flügel des Brückenkopfs.

Am nächsten Abend, Mittwoch den 19. April, gab das Weiße Haus seinen jährlichen Ball zu Ehren der Kongreßmitglieder. Präsident Kennedy nahm im Frack, mit lächelnder Miene daran teil. Um Mitternacht verschwand er, um in seinem Arbeitszimmer mit seinen nächsten Mitarbeitern zusammenzutreffen; seine sorglose Maske war dahin. Der Tag, der zu Ende ging, war der neunzigste seiner Präsidentschaft. Er glaubte an die besondere Bedeutung der ersten hundert Tage – in Erinnerung an jene Franklin Roosevelts, in denen er sein Land und seine Zeit zutiefst beeinflußt hatte. Die Aussichten waren günstig; und nun kam diese Katastrophe.

Der Tag war »lang und unheilvoll«, sagt der Augenzeuge Schlesinger, »der längste und unheilvollste, den die ›Neue Grenze‹ erlebt hat«. Am Morgen hatte Chruschtschow gedroht. Wenn man die wilden Umgangsformen des Mannes in Betracht zog, war die Drohung eigentlich nicht über das hinausgegangen, was sich von ihm erwarten ließ; auch würde sie ja wahrscheinlich platonisch bleiben, falls Castro gestürzt würde. Ernst hingegen war die Wendung, die der Kampf nahm.

Erstens waren die Schiffe nicht, wie sie es versprochen hatten, wiedergekommen. Die amerikanischen Offiziere, die sie befehligten, hatten zwar die Weisung dazu erteilt, doch die über die Explosion der *Rio Escondido* erschrockenen kubanischen Besatzungen verweigerten den Gehorsam.

Vor der *Playa Larga* wurde die ganze Nacht gekämpft. Das zweite Bataillon unter der Führung Olivas leistete hartnäckigen Widerstand, bedeckte die Straße mit Leichen, vernichtete mehrere Panzer. Bei Morgengrauen mußte es den Strand aufgeben und sich auf Girón zurückziehen. Am Nachmittag gab auch der rechte Flügel nach. Der Brückenkopf war nur noch ein kleines Dreieck mit dem Blauen Strand als Grundlinie und der Spitze im Dorf San Blas. Übrig waren nicht einmal mehr tausend erschöpfte Kämpfer.

Die Diskussion im Arbeitszimmer des Präsidenten dauerte zwei Stunden. Dean Rusk sprach sich gegen jede Intervention aus. McNamara und General Lemnitzer vertraten die Ansicht, die Ehre der USA erfordere es, daß für die Mutigen, die verzweifelt kämpften, etwas getan werde. Kennedy entschloß sich. Die B26 würden nochmals von Nicaragua aufsteigen. Sechs Jäger des *Essex* würden den Brückenkopf überfliegen, während die B26 ihren Bombeneinsatz ausführten und eine Reaktion der Flugzeuge Castros ausschlossen. Der erteilte Befehl lautete: »Himmel frei!«

Nach dem Verbot des zweiten Angriffs auf die kubanischen Luftstützpunkte hatten sich die B26 unaufhörlich an dem Kampf um den Brückenkopf beteiligt. Von ihren sechzehn Maschinen waren neun abgeschossen worden. Von den restlichen sieben waren nur vier einsatzfähig. Die Besatzungen waren am Ende ihrer Kräfte, fielen vor Schlaf um, weigerten sich, zu starten.

Shanburger, Gray, Ray und Baker waren amerikanische Piloten, die mit der CIA auf Vertragsbasis arbeiteten. Sie erboten sich, die Plätze der ausgefallenen kubanischen Mannschaften einzunehmen. Oscar Vega und Gonzalo Herrera besannen sich anders. Die vier Amerikaner nahmen zwei der einsatzfähigen B26. Die Kubaner und ihre Kopiloten starteten an Bord der beiden anderen Maschinen. Bei Vega fiel ein Motor aus, er kehrte um; die drei anderen setzten den Flug fort. Auf diese fast nur noch symbolische Streitmacht, drei überalterte Bomber, reduzierte sich die Hilfe der reichsten Nation der Welt für die Männer, die sich ebenso für sie schlugen wie für sich selbst.

Der versprochene Jagdschutz sollte zwischen 6 und 7 Uhr über dem Blauen Strand erscheinen. Die Bomber trafen pünktlich einige Minuten nach 6 Uhr ein. Keine Jäger! Es war bei Erteilung der Befehle nicht darauf geachtet worden, daß Nicaragua und Kuba nicht die gleiche Uhrzeit haben; die Bomber hatten vor den Düsenjägern des *Essex* eine Stunde Vorsprung.

Die beiden Düsenjäger, über die Castro noch verfügte, stürzten sich auf die B26. Die Maschinen der amerikanischen Flieger wurden in Brand geschossen, die Besatzungen getötet. Herrera belegte die Linien der Castro-Streitkräfte mit MG-Feuer und Napalm und kehrte wohlbehalten nach Nicaragua zurück.

Der Brückenkopf lag in den letzten Zügen. Um 16 Uhr 30 übermittelte Pepe San Roman seine letzte Botschaft: »Castros Panzer dringen in Girón ein; ich zerstöre meine Stellung und versuche in den Wald zu gelangen. Lebt wohl, Freunde!« Der im Westen der kleinen Ortschaft verschanzte Oliva leistete noch Widerstand. Übrigens wurde der Einsatz der Castroleute schwächer. Der Feind beobachtete, wartete.

Auf See erschien eine Reihe von Schiffen; zwei Zerstörer begleiteten die endlich eingetroffenen Frachter *Blagar*, *Atlantico*, *Berbera*. Kennedy hatte persönliche Befehle erteilt, um die Überlebenden der Brigade zu retten. »Ich bin bereit, mehr zu riskieren, um sie aus Kuba herauszuholen, als ich für ihren Einsatz gewagt habe.« Eine

Luftsicherung war vorhanden, und die Zerstörer sollten das Feuer erwidern, falls versucht werden sollte, die Räumung zu verhindern. Mehrere Landungsboote begleiteten die Schiffe. Die Castrotruppen glaubten, eine zweite Invasionswelle sei im Herannahen und sie hätten es diesmal mit der US-Marineinfanterie zu tun.

Die Unterlegenen drängten sich auf dem Blauen Strand; manche sprangen in Schlauchboote. Zweiundzwanzig Mann, darunter der Bruder von Pepe San Roman, Roberto, bestiegen ein kleines Fischerboot und ruderten mit bloßen Händen in die offene See. Es gelang ihnen nicht, sich von einem Schiff an Bord nehmen zu lassen, und zehn von ihnen erlitten einen furchtbaren Tod unter der karibischen Sonne.

Zwei Granaten der Castrotruppen fielen ins Meer. Die Zerstörer und die anderen Schiffe machten kehrt; vom Strand aus wurden sie mit Flüchen und erfolglosen Schüssen verfolgt.

Zur gleichen Zeit betraten sechs Männer das Arbeitszimmer von Präsident Kennedy. Sie hießen Miró Cardona, Tony Varona, Manuel Ray, Justo Carillo, Antonio Maceo und Carlos Hervia. Sie hatten in Opa Locka darauf gewartet, zum Brückenkopf gebracht zu werden, um dort die provisorische Regierung zu bilden. Statt dessen erschienen Adolf Berle und Arthur Schlesinger als Abgesandte vom Weißen Haus und teilten ihnen mit, daß alles verloren war und der Präsident sie nach Washington rufen ließ. Rusk hatte vergeblich versucht, sich dieser Zusammenkunft zu widersetzen.

Die sechs Kubaner saßen auf zwei kleinen Sofas vor Kennedy, der sich verlegen um Erklärungen bemühte. Sie alle hatten Söhne oder Neffen unter den Männern San Romans. Es kam kein Vorwurf von ihren Lippen, doch die Art, wie sie den Arbeitsraum des Präsidenten verließen, war beredt wie eine Anklage.

Castro nahm am Strand und in den Sümpfen 1173 Mann gefangen, von denen viele verwundet waren. Er hatte schon 568 Menschen zum Tode verurteilen lassen; für die Eindringlinge von der Schweinebucht bestand kaum Hoffnung auf Schonung.

(*Forts. Kuba S. 1006; USA S. 1006*)

De Gaulle gegen das »viertel Pfund« Generäle

Der April 1961 hatte seinen Vorrat an überraschenden Vorfällen noch nicht erschöpft. Nach dem Eichmannprozeß, dem Flug Gagarins, dem Kuba-Abenteuer hatte er noch den algerischen Putsch in Reserve.

Auf General Crépin war General Gambiez als Oberbefehlshaber in Algerien gefolgt. Bei Einbruch der Nacht vom 21. zum 22. April teilten ihm der Kommandeur des Armeekorps Algier, General Vézinet, und der Kommandeur der Division von Tizi-Ouzou, General Simon, mit, daß das 1. Fallschirmjägerregiment der Fremdenlegion sein Quartier in Zeralda verlassen habe und sich, ohne Befehl, auf dem Marsch nach Algier befinde. Gambiez eilte, begleitet von General Saint-Hillier und gefolgt von drei anderen Fahrzeugen, fort, um das Regiment aufzuhalten.

Der Konvoi rollte mit voll eingeschalteten Scheinwerfern heran. Gambiez ließ seinen Wagen quer auf die Straße stellen und ging allein dem Konvoi entgegen. Jemand rief: »Überfahr ihn!« Der erste Lastwagen blieb wenige Zentimeter vor seiner Brust stehen, dann benutzte er die Ausweichmöglichkeit bei einer Benzinstation und setzte, gefolgt von der ganzen Kolonne, die Fahrt fort. Gambiez fuhr dem Konvoi nach und versuchte nochmals, ihn aufzuhalten. Ein Offizier rief ihm zu: »Challe und Zeller sind da!« Die Wettfahrt ging weiter bis zur Generaldelegation, in die die Legionäre bereits eindrangen. Gambiez versuchte, die Tore absperren zu lassen, und blieb drei Viertelstunden lang auf der Außentreppe, wiederholte immer wieder, daß er die Behörde vertrete, und forderte die Meuterer auf, zu ihrer Pflicht zurückzukehren. Schließlich zog ihn Saint-Hillier fort; aber der Oberleutnant Durand-Ruel zerschoß mit dem Revolver die Reifen seines Wagens und erklärte ihn für verhaftet. Gambiez: »Als ich Oberleutnant in der Legion war, verhafteten wir keine Generäle!« Durand-Ruel: »Zu jener Zeit verschacherten die Generäle nicht das Reich.«

Um 6 Uhr 45 meldete sich Radio Algier mit den Worten: »Hier Radio-France!« Es verkündete, daß die Armee die Kontrolle über Algerien übernommen habe und daß die Generäle Challe, Jouhaud und Zeller an der Spitze der Bewegung stünden. Um 8 Uhr 20 tauchte der Name General Salans neben den drei anderen unter einer Proklamation auf, die den Belagerungszustand ausrief. Einige Minuten später sprach Challe: »Ich bin mit den Generälen Jouhaud und Zeller in Algier und stehe in Verbindung mit General Salan.« Er erklärte, daß die Armee zu ihrem Eid stehen und Algerien für Frankreich retten werde.

Die Algerier atmeten auf – es war höchste Zeit!

Bourguiba war nach den Besprechungen in Rambouillet nach Rabat geflogen, wo der letzte Sultan und erste König von Marokko, der Verbannte von Madagaskar, Mohammed V., soeben gestorben war. Zum Leichenbegängnis kam auch eine aus Ferhat Abbas, Ben Khedda und Ben Tobbal bestehende Delegation des GPRA. Bourguiba setzte sie von den Absichten General de Gaulles in Kenntnis. Zu seinem Ärger erfuhr er, daß bereits vor der Zusammenkunft in Rambouillet in der Schweiz direkte Verhandlungen zwischen Pompidou und Bruno de Leusse einerseits und zwischen Boumendjel und Boulharouf andererseits geführt worden waren, um eine Konferenz zu organisieren. Die Verhandlungen waren nicht leicht gewesen. Die Algerier hatten die Bedingungen durchgesetzt, die Frankreich im Vorjahr abgelehnt hatte, daß nämlich die algerische Delegation sich mit dem berühmten, in Gefangenschaft befindlichen Mitglied des GPRA Mohammed Ben Bella beraten dürfe. Dann hatten sie das einzige algerische Zugeständnis bei den Besprechungen von Melun widerrufen und darauf bestanden, daß die Konferenz in der Schweiz stattfinden müsse. Der kluge Pompidou fand einen Ausweg: Die Konferenz werde ihren Sitz in Evian haben, die Delegation des GPRA jedoch in der Schweiz untergebracht sein. Sie würde über den Genfer See fahren, um zu den Verhandlungen zu kommen, und dann wieder auf neutrales Gebiet zurückkehren. So ersparte man ihr jeden Anschein einer Kapitulation.

Eine der feierlichsten Erklärungen de Gaulles war die vom 16. September 1959 gewesen, durch die er sich verpflichtete, erst nach Wiederherstellung des Friedens in Algerien das Signal für die Selbstbestimmung zu erteilen. »Darunter verstehe ich eine Lage, in der Hinterhalte und Attentate nicht mehr als 200 Menschenleben in einem Jahr kosten.« Davon war man weit entfernt. Die rein militärischen Aktionen hatten so ziemlich aufgehört, doch die FLN machte verzweifelte Anstrengungen, den Terrorismus, angesichts der bevorstehenden Verhandlungen, auf ein Höchstmaß zu bringen. Während der ersten zehn Märztage konnte er 38 Tote verzeichnen. Eine aus einem Geistlichen, zwei Ärzten und vier jungen Mädchen bestehende ärztliche Betreuungsgruppe des staatlichen Gesundheitsdienstes wurde bei Médéa niedergemetzelt. In Algerien herrschte Zensur; in Frankreich sorgte der Druck der Regierung dafür, daß über die Tätigkeit der FLN von nun an zurückhaltend berichtet wurde.

Andere Aktivitäten wurden dagegen kräftig ins Licht der Öffentlichkeit gerückt. Am 25. Januar wurde einer der der FLN freundlich gesinnten Europäer Algeriens, der 31jährige Rechtsanwalt Pierre Popie, von zwei ehemaligen Soldaten, Claude Peintre und Léon Dauvergne, in seinem Schlafzimmer erstochen. Im nächsten Monat verhaftete man neun Mitglieder einer Untergrundgruppe namens *Algérie Française*, die von einem aufständischen Offizier, Jean-Marie Souètre, angeworben war. Im Mutterland wie in Algier begannen Plastikbomben zu explodieren. In Nîmes wurde das Haus von Dr. Georges Salan, dem älteren Bruder des Generals, der jedoch bedingungsloser Gaullist war, durch eine Explosion zerstört. In den Büros der Zeitung *Le Monde*, in der Rothschildbank, in der Pariser Börse, im tunesischen Generalkonsulat explodierten Bomben. Am 31. März stürzte Camille Blanc, Bürgermeister von Evian und Besitzer des Hotels Beau-Rivage, ans Fenster seiner ebenerdigen Wohnung, als er eine Explosion hörte, der sein Auto auf der Straße zum Opfer fiel. Eine zweite, am Gesims angebrachte Bombe tötete ihn auf der Stelle.

Einige Tage später verkündete eine in Tausenden Exemplaren versandte Anzeige die Gründung der OAS, *Organisation armée secrète* (Organisation Geheimarmee). Sie gab bekannt, daß »die Entscheidungsschlacht begonnen hat«, und sprach die Warnung aus: »Die OAS schlägt zu, wo sie will, wann sie will.«

Zu diesem Zeitpunkt war die Konferenz von Evian wieder in Frage gestellt. Sie sollte am 7. April beginnen. Am 31. März wurde der Chef der französischen Delegation, Louis Joxe, über die Möglichkeit einer Beratung mit dem MNA befragt; er antwortete: »Ich werde mit dem MNA ebenso zusammentreffen, wie ich die FLN empfangen werde.« Unmittelbar darauf folgte die Antwort. Das GPRA erinnerte daran, daß es die einzige und ausschließliche Vertretung des algerischen Volkes sei und daß die von Joxe ausgesprochene Absicht, mit »den Lakaien des Kolonialismus« zu verhandeln, einen Beginn der Gespräche unmöglich mache.

General Edmond Jouhaud war in Algerien, General André Zeller, der ehemalige Generalstabschef der Armee, saß unzufrieden in Paris. Die Obersten Jean Gardes (beim Barrikadenprozeß wie alle anderen anwesenden Angeklagten freigesprochen), Yves Godard, Charles Lacheroy, Joseph Broizat, Antoine Argoud befanden sich auf verschiedenen Posten in Paris. Es bestand zwischen diesen Männern keine eigentliche Verschwörung, aber ihre Empörung und ihr Bangen verband sie. Die Beziehungen, die es mit Algerien aufrechterhielten, nährten bei ihnen die Überzeugung, daß man dort zur Auflehnung bereit war. Es würde genügen, daß General Maurice Challe, der einzige Chef, der völliges Vertrauen genoß, das Signal erteilte.

Challe, ein guter Republikaner mit sozialistischen Neigungen, hatte mehrfach wiederholt, er werde nie ein aufrührerischer General sein. Als er das Kommando in Mit-

teleuropa, das er seine vergoldete Nische nannte, verließ, hatte er noch keinerlei aufrührerische Absichten. Aber die Briefe, die er aus Algerien erhielt, brachten ihn aus
der Fassung. Zeller drängte ihn, und Jouhaud kam nach Paris, um ihn zu beschwö-
ren, sich zu erklären. Challe wartete noch General de Gaulles Erklärung vom 11.
April ab; sie ließ keinen Zweifel mehr. Für de Gaulle gehörte die Algerienaffäre zu
der unaufhaltsamen und universellen Bewegung, die zur völligen Befreiung der Völker führte. Er nahm von Algerien ohne überflüssige Gefühlsergüsse Abschied: »Algerien ist für uns kostspielig ... Frankreich hat keinerlei Interesse, es zu behalten ...
Es sieht mit größter Kaltblütigkeit dem Augenblick entgegen, an dem Algerien nicht
mehr zu ihm gehören wird. Wenn es andere, die Sowjetunion oder die Vereinigten
Staaten, oder beide zugleich, gelüstet, unseren Platz einzunehmen, wünsche ich ihnen viel Vergnügen.«

Diese Worte waren für Challe entscheidend. Am 12. April versammelte er die Generäle Jouhaud, Zeller, Faure, Gardy und Vanuxem in seiner Pariser Wohnung; Georges Bidault nahm an der Zusammenkunft teil. Das Datum des Putsches wurde auf
den 20. festgesetzt. Challes Absichten lauteten: nach Algier fliegen, die Armee ent-
flammen, die Befriedung zu Ende führen, die Bevölkerung endgültig für sich gewinnen und sich dann an Frankreich wenden und sagen: »Hier ist Algerien; ich gebe
es dir wieder.« Gegen dieses intellektuelle Phantasiegebilde erhob niemand Einspruch. Einzig Vanuxem betonte, es sei unbedingt notwendig, sofort nach Algier
auch Paris für sich zu gewinnen.

Salan war Außenseiter geblieben, und zwar in Madrid, wo sich auch Pierre Lagaillarde und Jean-Jacques Susini aufhielten. Fast wäre er zur Zeit der Dezemberunruhen
nach Algier gereist, doch hatten ihn materielle Schwierigkeiten daran gehindert. Er
war beinah jeden Abend im Kabarett Flamingo zu finden und täuschte dort ein Dolce
vita vor. In Wirklichkeit war sein Einfluß auf die algerischen Ereignisse unbedeutend. Als er auf Umwegen von Challes Absichten erfuhr, schrieb er ihm bereitwillig,
er überlasse ihm die Führung der militärischen Operationen. Er beschaffte sich jedoch mit Hilfe von Francos Schwager, Serrano Suñer, ein Flugzeug und hielt sich
bereit, nach Algier zu fliegen.

Donnerstag, den 20. April, um 18 Uhr 45, stieg eine von Kapitän Schütz gesteuerte
Nord-Aviation 2501 vom Militärflugplatz Creil auf. An Bord befanden sich Challe,
Zeller und Oberst Broizat, in Zivil. Man erreichte ohne Zwischenfall das Mittelmeer,
das im Tiefflug überquert wurde. Die Maschine landete in Maison-Blanche, flog
dann nach Blida weiter, wo Anordnungen getroffen waren, um die Ankömmlinge
untertauchen zu lassen. Vor Morgenanbruch befanden sich Challe und Zeller in Sicherheit in der Villa »Les Tagarins«, wo die Fallschirmjägeroffiziere während ihres
Aufenthaltes in Algier wohnten. General Jouhaud erwartete sie und informierte sie
über die letzten Vorbereitungen.

Algier sollte von zwei Eliteeinheiten übernommen werden. Die eine war die Fall-
schirmjägertruppe, GCP,8 Kommandos, unter dem Befehl von Major Georges Ro-
bin, die andere das 1. Fallschirmjägerregiment der Fremdenlegion, 1. REP, in Abwesenheit von Oberst Guirard von Major Elie Denoix de Saint-Marc befehligt. Die beiden jungen Offiziere hatten sich mit Herz und Seele zur Verfügung gestellt und nur

zur Bedingung gemacht, daß die Sache rein militärisch bleiben müsse und sich die Zivilisten nicht einmischen dürften.

Das Unternehmen war auf den ersten Blick wahnwitzig. Algier wimmelte von Gendarmen und CRS. Der Sommerpalast, die Generaldelegation, die Rignotkaserne, das Armeekorpsgebäude waren streng bewacht. Das 1. REP mußte aus Zeralda, bei Sidi-Ferruch, 30 Kilometer von Algier entfernt, anmarschieren. Eine einzige stärkere Sperre würde genügen, um es aufzuhalten.

Über stärkere Wurzeln verfügte der Putsch im Gebiet von Constantine, wo die Hauptmacht der allgemeinen Reserven lag. Oberst Charles de La Chapelle, 1. Kavallerieregiment der Fremdenlegion, war durch Oberst Argoud gewonnen worden, und durch ihn die Obersten Masselot und Lecomte, 17. und 18. Fallschirmjäger. Zeller traute sich zu, die Mithilfe von General Marie-Michel Gouraud, Kommandeur des Armeekorps von Constantine, zu erlangen. In Oran rechnete man mit der Hilfe von General Henri-Marie-Albert de Pouilly.

Es wurde Abend. Saint-Marc speiste bei Saint-Hillier, dem Kommandeur der Division, der das 1. REP angehörte. Der Major und der General entfernten sich gleichzeitig, der eine, um nach Zeralda zu eilen, wo sein Regiment gegen die gesetzmäßige Regierung zu den Waffen griff, der andere, um zu General Gambiez zu reisen und zu versuchen, die Soldaten auf dem Weg der Widersetzlichkeit zurückzuhalten. Dann kam es ohne Widerstand zur Einnahme Algiers. Die wichtigsten Gebäude wurden besetzt, die Abriegelungen der Gendarmen öffneten sich, die Wachposten nahmen die Magazine aus ihren Waffen. Das einzige Opfer war der diensthabende Unteroffizier Paul Brillant, der bei dem Versuch, sich der Besetzung der Rundfunkstation Ouled Fayet zu widersetzen, erschossen wurde.

Am Morgen zogen Challe, Jouhaud und Zeller eine erste Bilanz. Der Generaldelegierte Morin und sein Gast, Minister Buron, General Gambiez, General Vézinet, General Gombeaud, Oberst Debrosse, Polizeipräfekt Jannin u. a. waren festgenommen worden und sollten nach In Salah gebracht werden. Vizeadmiral Jean-Marie Querville war der Verhaftung entgangen, hatte das Admiralitätsgebäude erreicht und verkündet, er übernehme den vorläufigen Oberbefehl über alle Streitkräfte in Algerien. Aus Oran und Constantine trafen zwei enttäuschende Nachrichten ein. General de Pouilly, den Challe telefonisch anging, antwortete, er bleibe der Regierung treu, und General Gouraud zog seine anfänglich zögernd erteilte Zustimmung zurück. Man beschloß, zwei Fallschirmjägerregimenter, das 17. und 18. RCP, die spontan nach Algier marschierten, nach Oran zu schicken, und Pouilly durch den ehemaligen Inspektor der Legion, General Paul Gardy, zu ersetzen. Was Gouraud anlangte, so erklärte Zeller, er fahre nach Constantine und werde die Sache bereinigen.

Im Lauf des Sonnabend und Sonntag, 22. und 23. April, klärten sich die Dinge. Zeller gab dem schwankenden Gouraud fünf Minuten Zeit, um seine Wahl zu treffen: sich anzuschließen oder unverzüglich nach In Salah gebracht zu werden. Gouraud antwortete, er schließe sich an. Pouilly hielt seine Weigerung aufrecht und zog sich mit den Zivilbehörden nach Tlemcen zurück. Querville, der im Admiralitätsgebäude von Algier von den Fallschirmjägern bedroht wurde, bestieg ein Schnellboot und fuhr nach Mers-el-Kébir. Mehrere Generäle, Arfouilloux, Lennuyeux, Ailleret, Mentre u. a., enttäuschten die in sie gesetzten Hoffnungen. General Bigot unterstellte sich dem Befehl von Challe, doch die Kommandeure seiner drei Luftdivisionen, Fouquet, Clausse und Prayer, weigerten sich, ihm zu gehorchen. Übrigens beging Challe einen Fehler, indem er in Algier blieb und sich zu sehr auf sein Telefon verließ, anstatt sich an Ort und Stelle zu begeben, um das Vertrauen zu ihm zu beleben und die Zögernden zu gewinnen.

Die Einheiten des Stützpunktsystems, die in der Mehrzahl aus Soldaten der dienstpflichtigen Jahrgänge bestanden, verhielten sich passiv oder feindselig. Die Infanterieregimenter der Legion waren unentschlossen. Die einzigen Truppen, die dem Putsch beitraten, waren die Fallschirmjägereinheiten. Die gesamte 10. Fallschirmjägerdivision, die 25. mit Ausnahme des 3. RCP, des ehemaligen Regiments Bigeards, das heißt 7 von 8 Regimentern, schlossen sich den aufständischen Generälen an.

Für die Zivilisten kam der Putsch völlig unerwartet. Die OAS versuchte hastig, sich ihm einzugliedern, bemächtigte sich eines Waffendepots, besetzte das Rathaus, befreite die politischen Gefangenen, einschließlich der Mörder von Rechtsanwalt Popie. Challe jedoch verabscheute die Aktivisten. Er gab einen Tagesbefehl heraus, der den Zivilisten jede bewaffnete Aktivität untersagte und jedermann, der im Besitz einer Waffe angetroffen wurde, den Militärgerichten überantwortete. Als strenger Soldat beraubte er sich freiwillig der Unterstützung durch die Bevölkerung. Die Europäer wurden ausgeschaltet, und die Mohammedaner hielten sich abseits, als ginge sie die Sache nichts an.

Salan traf am Sonntag in einem für Italien gecharterten Sanitätsflugzeug ein, das während des Flugs sein Ziel änderte. Susini, der ihn begleitete, fiel auf, wie apathisch die Atmosphäre in Algier war, wie unmutig die Gesichter der meisten Soldaten aussahen. Beim Abflug hatte Serrano Suñer zu ihm gesagt: »Franco hätte Morin und Gambiez bereits erschießen lassen. Ihr seid zu zivilisiert, um Erfolg zu haben.«

Zu diesem Zeitpunkt, ehe de Gaulle noch ein Wort gesagt hatte, war die Initiative bereits auf ihn übergegangen. Ganz Frankreich und ganz Algerien erwarteten sehnlich die Erklärung, die er am Abend abgeben sollte.

Die erste Nachricht vom Putsch in Algier war am 22. April um 1 Uhr 45 eingetroffen. De Gaulle war ins Elysée zurückgekehrt, nachdem er Léopold Sédar Senghor, den Präsidenten von Senegal, dem zu Ehren eine Galavorstellung gegeben wurde, in die Comédie Française begleitet hatte. Heeresminister Pierre Messmer befand sich in Rabat, um die sterblichen Überreste von Marschall Lyautey, deren Entfernung von der marokkanischen Regierung verfügt worden war, in die Heimat zu bringen. Innenminister Pierre Chatenet lag krank zu Bett. Debré sollte am Morgen zu irgendeiner Einweihung nach Cherbourg fahren. Er rief in Algier an. Morin antwortete ihm, daß die Fallschirmjäger in seinem Schlafzimmer seien und er nichts sagen könne, außer daß er gesund sei. De Gaulle wurde um 2 Uhr benachrichtigt und ging wieder zu Bett. Als Minister Robert Buron kurz darauf die Verbindung mit dem Elysée bekam, erhielt er zur Antwort, der General schlafe.

Am nächsten Tag fiel eine Bombe während einer Hochzeit in das Rathaus von Neuilly und verletzte die Anwesenden. Die öffentliche Meinung reagierte langsam auf die neuen Ereignisse in Algier. Die Erklärungen der Regierung waren energielos und unklar. Joxe und General Olié, letzterer als Oberbefehlshaber, flogen nach Algier. Sie berührten Oran, tauchten kurz in Constantine auf und wären beinahe in Telergma festgenommen worden. Als sie zurückkehrten, war ihre Schilderung der Lage sehr düster. In den Pariser Bahnhöfen explodierten weitere Bomben, töteten einen armen Straßenfeger in Orly. Die Behörden schienen sich träge mit der Lage abzufinden.

Mit seinem genialen Gefühl für das Dramatische hatte de Gaulle der Besorgnis Zeit gelassen, sich einzunisten. Der Putsch war bereits achtundvierzig Stunden alt, als der General am Sonntag, dem 23. April, um 20 Uhr auf den Bildschirmen erschien.

Noch nie hatte er so unheimlich gewirkt, noch nie war er so sehr er selbst gewesen, das heißt allem Menschlichen unzugänglich. In Algier spielte sich eine erschütternde Tragödie ab: Hunderte Offiziere, die edelsten Männer der französischen Armee, von denen die meisten nichts besaßen als ihren Sold, setzten aus treuem Ehrgefühl ihre Karriere und ihre Familie in einem verzweifelten Abenteuer aufs Spiel. Der Offizier de Gaulle, der Rebell vom 18. Juni 1940, ließ keinerlei Neigung zu Verständnis oder Nachsicht erkennen. Er zergliederte den Aufruhr mit barscher, verächtlicher Stimme. »Diese Macht hat eine Erscheinungsform: vier Generäle im Ruhestand, und eine Wirklichkeit: eine Gruppe von ehrgeizigen und fanatischen Offizieren, die mitmachen. Die Offiziere besitzen gewisse Sachkenntnisse; aber sie sehen und kennen die Nation und die Welt nur im Zerrbild ihrer Verblendung. Im Namen Frankreichs befehle ich, daß alle Mittel, ich sage alle Mittel, angewendet werden, um diesen Männern den Weg zu versperren, bis sie gebändigt sind. Ich verbiete jedem Franzosen und vor allem jedem Soldaten, irgendeinen Befehl von ihnen auszuführen. Das Argument, es könne in gewissen lokalen Situationen notwendig sein, ihre Befehlsgewalt anzunehmen unter dem Vorwand operativer oder administrativer Verpflichtungen, kann niemand täuschen.« Endlich die Rache: »Die Zukunft der Usurpatoren darf nur jene sein, welche die Härte des Gesetzes für sie bestimmt.«

Zum Abschluß verkündete de Gaulle, daß er die im Artikel 16 der Verfassung vorgesehenen unbeschränkten Vollmachten übernehme. »Dadurch übe ich die legitime Autorität aus, die mir von der Nation verliehen worden ist. Ich werde diese Autorität weiter ausüben, was auch kommen möge, bis zum Ende meines Mandats oder bis ich nicht mehr bei Kräften oder am Leben bin. Ich werde dafür sorgen, daß sie nach mir Bestand haben wird.«

Die Wirkung war ungeheuer. Es machte wenig aus, daß der Purist de Gaulle sich zu dem Gebrauch des Ausdrucks *quarteron* hinreißen ließ, der laut Wörterbuch ursprünglich »ein Viertel Pfund« bedeutet. Die kraftvolle Formulierung, der sarkastische und strenge Ton hallten an beiden Küsten des Mittelmeers wider. Ganz Algerien hatte an Transistorapparaten die Rede gehört. Die Wehrpflichtigen beklatschten den ungewöhnlichen Befehl zum Ungehorsam, der vom Staatsoberhaupt an sie erging. Die »Schwarzfüße« zischten die Stimme aus der Ferne aus, hatten jedoch das entmutigende Gefühl, daß sich ein Berg gegen sie erhoben hatte.

Der Sonntag ging zu Ende. Um 23 Uhr 15 Alarm! Debré erschien fiebrig und schlecht rasiert auf dem Fernsehschirm. Die Putschisten aus Algier, sagte er, würden binnen kurzem einen Gewaltstreich gegen das französische Mutterland versuchen. Die Fallschirmjäger würden abspringen, um die Macht an sich zu reißen. Die Regierung sei entschlossen, diesem unsinnigen Versuch mit allen Mitteln zu begegnen. Er rief die Bevölkerung zu Hilfe. »Sobald die Sirenen ertönen, macht euch, zu Fuß oder im Wagen, auf und überzeugt die irregeführten Soldaten von ihrem schweren Irrtum . . .«

Der Aufruf war grotesk und zerstörte teilweise den durch die kraftvolle Ansprache des Generals hervorgerufenen Eindruck. Er verriet Panik, er erkannte dem Aufruhr von Algier eine Expansionskraft zu, die er nicht besaß. Wären die Fallschirmjäger in der Nacht vom 23. zum 24. April erschienen, so wäre der ehemalige fanatische Anhänger des französischen Algerien, Michel Debré, der erste Mithelfer für ihren Erfolg gewesen.

Bei der Versammlung der Verschwörer am 12. April waren die Generäle Faure und Vanuxem beauftragt worden, die Putschaktion auf das Mutterland auszudehnen. 3000 nach der Barrikadenwoche aus Algerien zurückbeorderte Offiziere lagen in den Garnisonen in Frankreich und Deutschland. Aber Challes Auffassung beinhaltete gar nicht den Sturz der Regierung und die Vertreibung de Gaulles aus dem Elysée. Es wurde nichts organisiert, um den Versuch von Algier auf Paris, Toulouse oder Lyon auszudehnen. Faure war so wenig auf der Hut, daß er sich in seiner Wohnung festnehmen ließ, während Vanuxem Ausgehverbot aus seiner Villa in Baden-Baden erhielt. Einige Offiziere und etwa hundert Zivilisten teilten ihr Schicksal.

Die verfügbaren Transportflugzeuge hätten 2500 Fallschirmjäger aus Algerien über das Mittelmeer befördern können, die Luftfahrtvorschriften verringerten aber diese Möglichkeit auf 1500. Es war gar nicht die Rede davon, diese Handvoll Soldaten nach Paris zu schicken.

Der hysterische Aufruf Debrés führte jedoch dazu, daß sich einige hundert Freiwillige im Hof des Innenministeriums versammelten und Waffen verlangten. In einigen Gemeinden der roten Vorstadt erklang Trommelschlag, wie bei der französischen Revolution, und die Abgeordneten machten sich daran, Volksmilizen aufzustellen. Die Regierung überließ es der Bevölkerung, »zu Fuß oder im Wagen« die Flughäfen zu verteidigen, und versammelte ihre Streitkräfte rund um den Regierungsbezirk. Autobusse wurden eingesetzt, um die Seinebrücken zu versperren. Dann wurde es Tag, die Freiwilligen kehrten nach Hause zurück, und Paris erwachte wie jeden Morgen.

In Algier teilte sich das Militärdirektorium in die Aufgaben. Salan und Jouhaud übernahmen die wirtschaftlichen und psychologischen Funktionen, Zeller und Challe die militärischen Operationen. Aber die Botschaft des Präsidenten zerschlug die Armee in ihren Händen; ihre Befehle blieben unbeachtet oder wurden sabotiert. Viele Piloten starteten und flogen nach Frankreich. General Ailleret, in Bona, und General Fourquet, in Batna, organisierten Widerstandszentren. General de Pouilly erklärte sich bereit, Tlemcen zu verlassen, um mit Challe zu sprechen, hielt jedoch seine Weigerung einer Teilnahme an dem Putsch aufrecht; daraufhin benutzte General Zeller trotz des freien Geleites, das de Pouilly zugesichert worden war, einen Vorwand, um ihn nach In Salah zu schicken. Salan, dessen politische Fühler länger waren als die seiner Mitverschwörer, nahm sich Challe vor, um ihm vor Augen zu führen, daß die Unternehmung verloren war, wenn die Zivilbevölkerung nicht daran teilnähme. Challe erklärte sich murrend einverstanden, für den Abend eine Versammlung auf dem Forum einzuberufen. Hunderttausend Algerier kamen hin und brachten durch ihre spontanen Beifallsrufe für einen Augenblick etwas Optimismus ins Bild.

Es war ein letztes Aufflackern. Am nächsten Tag, Dienstag den 25. April, gab es für das Direktorium nur noch katastrophale Nachrichten. Sechzehn Maschinen Nord 2501 starteten gemeinsam von Blida und flogen nach Frankreich. Das Regiment von Algier, die 9. Zuaven, hielt eine Versammlung ab, um seine Treue für General de Gaulle auszudrücken. In mehreren Truppenkorps bildeten sich richtige Soldatensowjets. Das 17. und 18. RCP, die beiden Regimenter, die Oran hielten, kehrten nach Algier zurück. Um 14 Uhr war in der zweitgrößten Stadt die Legalität wiederhergestellt. Zur gleichen Zeit befreite General Gouraud, der zum dritten- oder viertenmal eine Schwenkung machte, die Präfekturbehörden von Constantine und verkündete, er kehre zu seiner Pflicht zurück.

Challe fügte sich ins Unabänderliche. Sein ehemaliger Stabschef, Oberst Georges de Boissieu, verließ ihn, um Paris von seiner Absicht, sich zu ergeben, zu benachrichtigen. Salan – jener Salan, der in Madrid den Eindruck eines Dilettanten machte – warf ihm seine Schwäche vor und erreichte, daß de Boissieu seinen Entschluß zurücknahm; es gelang ihm auch, ihn aus seiner Isolierung in der Rignot-Kaserne loszueisen und in die Generaldelegation gegenüber dem Forum zu bringen, auf dem sich nochmals die besorgte Einwohnerschaft von Algier versammelte. Salans letzter Einfall war die Erklärung der Lostrennung Algeriens von Frankreich. Er erteilte dem Rundfunk Befehl, zu verkünden, die Wehrpflichtigen, die achtzehn Monate gedient hatten, würden sofort nach Frankreich zurückgeschickt; acht Jahrgänge Algerier würden zu den Fahnen gerufen, um sie zu ersetzen. Die nach der Barrikadenwoche aufgelösten UT würden wieder gebildet. Algerien müsse sich in dem Kampf bis zum Äußersten einsetzen, um trotz Frankreich beim Westen zu bleiben.

Die Nacht war hereingebrochen. Ab 19 Uhr begannen die Gendarmen aus der Tagarinkaserne, wo sie sich zu Beginn des Putschs eingeschlossen hatten, herauszuströmen. Das 9. Zuavenregiment sammelte sich am Fuß der Kasba. Aus dem Admiralitätsgebäude kamen Matrosenabteilungen. Der Gendarmeriegeneral Tridon leitete die Wiedereroberung von Algier. Die Regierungsstreitkräfte bewegten sich zum Forum; die Soldaten der beiden letzten aufständischen Regimenter, des 1. REP und des 12. Dragonerregiments, wichen vor ihnen zurück. Die einzigen Schüsse fielen vor dem Hotel Aletti, wobei drei Gendarmen verwundet und ein Zivilist getötet wurden

Um 23 Uhr 10 unterbrach eine ungewöhnlich intensive Stimme im Rundfunk eine langwierige Rede gegen de Gaulle: »Bevölkerung von Algier! Der Verrat darf nicht siegen! Alle zum Forum! Alle zum Forum!« Stille. Dann, achtzehn Minuten später, im berufsmäßigen Ton einer Ansagerin: »Hier Frankreich V. Unsere Sendungen nehmen wieder ihren normalen Lauf. Wir ersuchen die Bevölkerung, sich ruhig zu verhalten. Wir ersuchen die Bevölkerung, nach Hause zu gehen.«

Auf dem Forum warteten einige tausend Menschen; nur noch wenige Fallschirmjäger, doch die Regierungsstreitkräfte versuchten nicht, sie zum Abmarsch zu drängen. Im ersten Stockwerk der Generaldelegation, hinter dem Balkon, von dem de

Gaulle gerufen hatte: »Ich habe euch verstanden!«, bewegten sich Schatten. Die vier Generäle des Putschs hatten sich in einem Büro eingeschlossen; sie warteten weiter, obwohl es keine Hoffnung mehr gab. Challe lag halb ausgestreckt auf einem Diwan und summte eine Melodie aus der *Arlésienne*, Jouhaud wanderte auf und ab. Zeller, der vorsichtshalber einen Zivilanzug trug, ging lautlos hinaus und verschwand in der Nacht. Salan klagte über die Nachtkühle und wand sich einen weißen Schal, den ihm Madame Salan gebracht hatte, um den Hals. Er schlug vor, man solle sich mit den letzten Legionären ins Lager von Zeralda zurückziehen, und sagte, er werde sich am nächsten Tag zur Haft stellen.

Vor der Generaldelegation blieb noch eine einzige Kompanie des 1. REP mit drei Offizieren, Oberleutnant Degueldre, Hauptmann Sergent und Major de Saint-Marc. Saint-Marc ordnete den letzten Marsch seines Regiments, als ob es gälte, es zu einer Parade am Nationalfeiertag zu führen. Salan, barhäuptig, Challe und Jouhaud bestiegen einen Lastwagen. Der kleine Konvoi bog in die Rue Berthezène ein; die Absperrungen öffneten sich, um ihn durchzulassen.

Langsam zerstreute sich die Menge vom Forum; Frauen und Männer schluchzten. Andere schmähten die Zuaven und die CRS.

Das Lager von Zeralda war beleuchtet wie für ein Fest. Eine Kompanie leistete die Ehrenbezeigung; Challe, Salan, Jouhaud schritten sie erschüttert ab. Salan widerrief seinen Entschluß, sich zur Haft zu stellen, und ließ sich, wie Jouhaud, auf eine Farm in der Mitidja bringen. Challe war überzeugt, man werde ihn erschießen, und hielt seinen Entschluß aufrecht, sich vor einem Gericht für seine Rebellion zu verantworten. Als er nach Paris gebracht wurde, fiel er beim Aussteigen aus dem Flugzeug schwer auf die Knie.

Auch das Schicksal des 1. Fallschirmjägerregiments der Fremdenlegion war symbolisch. Das Regiment bestieg zum letztenmal seine Lastwagen, um nach Sidi-Bel-Abbès zu fahren, wo es aufgelöst werden sollte. Die Männer warfen ihre Orden aus vollen Händen auf die Straße, und hinter ihnen stürzte das Lager von Zeralda, das sie nach den Traditionen der Legion eingerichtet hatten, zusammen und verbrannte in der Sprengstoffexplosion. (*Forts. Algerien S. 987*)

30. Kapitel 1961/1962
Harte Prüfungen für den Westen
Von der Berliner Mauer bis zum Abkommen von Evian

Der Zweck der Reise Kennedys war laut Protokoll die Erwiderung des Besuchs, den de Gaulle im Vorjahr den Vereinigten Staaten abgestattet hatte. Chruschtschow veranlaßte eine Verlängerung der Reise durch seine Botschaft, daß er nach Wien kommen würde, wenn Präsident Kennedy bereit wäre, dort mit ihm zusammenzutreffen.

Jacqueline Kennedy begleitete ihren Mann. Der offizielle Prunk entsprach einer langen glanzvollen und verschwendungssüchtigen Tradition. Versailles erlebte wieder Stunden wie zur Zeit der Könige, mit einem Abendessen bei Kerzenschein im Spiegelsaal und einer prächtigen Vorstellung im renovierten Theater.

Hinter dieser prunkvollen Fassade fanden fünf Besprechungen zwischen de Gaulle und Kennedy statt, ohne andere Zeugen als die Dolmetscher.

Die Lage in Laos war besorgniserregend. General Phoumis Offensive in der Ebene der Tonkrüge war gescheitert. Kommunisten und Neutralisten bedrohten das Mekongtal. Kennedy hatte von der Politik Dulles' umgeschaltet und Chruschtschow die Neutralisierung des kleinen Landes vorschlagen lassen; doch die zu diesem Zweck in Genf zusammengetretene Konferenz blieb erfolglos. Kennedy äußerte zwar gelegentlich, Laos sei nicht die Knochen eines einzigen amerikanischen Soldaten wert, sagte aber auch, daß er in Laos keine solche Niederlage hinnehmen könne, wie sie die Franzosen 1954 in Vietnam erlitten hatten. Es wurden verschiedene Interventionspläne erwogen. Zuerst schlugen die vereinigten Generalstäbe ein Expeditionskorps von 60 000 Mann vor, dann zogen sie die Möglichkeit eines chinesischen Massenangriffs in Betracht und verlangten 140 000 Mann mit taktischer Atombewaffnung. Harriman und General Lemnitzer rieten nach einer an Ort und Stelle durchgeführten Untersuchung nur zur Besetzung des Mekongtals. Zehntausend Marineinfanteristen wurden herangezogen, fünfhundert waren bereits mit Hubschraubern nach Vientiane befördert worden. »Wäre die Kuba-Affäre nicht gewesen«, sagte Kennedy, »hätten wir uns wahrscheinlich in Laos engagiert.«

De Gaulle riet davon ab. »Südostasien ist weder für die Truppen noch für die Politik des Westens ein günstiges Gebiet«, sagte er. Man müsse in Asien zwischen den »wirklichen« Nationen, China, Indien, Japan, und den »künstlichen« unterscheiden, für die eine Neutralisierung noch die beste Lösung bedeute. Er empfahl daher, in Laos wieder den neutralistischen Prinzen Souvanna Phouma einzusetzen.

Das Gespräch ging auf Portugal über. Vor kurzem hatte eine phantastische Geschichte, ein Fall von Piraterie auf hoher See, viel Aufsehen erregt. Das portugiesische Passagierschiff *Santa Maria*, 20 960 Tonnen, mit 600 Touristen an Bord, hatte eben den venezolanischen Hafen Guaira mit Bestimmung Florida verlassen, als bewaffnete Männer auf der Kommandobrücke auftauchten. Der wachhabende Offizier, der sie zurückzutreiben versuchte, wurde niedergeschossen und war auf der Stelle tot. Die Leiche wurde in Santa Lucía an Land gebracht, dann stach das Schiff wieder in See; es funkte, daß es im Namen der revolutionären Junta von Hauptmann Henrique Galvao beschlagnahmt worden sei. Die *Santa Maria* erreichte nach allerlei Wechselfällen Recife und wurde ihren Besitzern zurückgestellt, doch der neue brasilianische Präsident, Janio Quadros, gestand Galvao und seinen Freibeutern das Asylrecht zu.

Dieser Galvao war ein Anhänger Salazars gewesen. Nachdem er eine Provinz von Angola verwaltet hatte, war er zur Opposition übergegangen und gab mehrere Pamphlete heraus, in denen er zu zeigen bemüht war, daß die portugiesische Assimilierung ein auf Polizeiterror und Zwangsarbeit fußendes Regime verbarg. Kaum war der Zwischenfall *Santa Maria* beendet, da brach ein Aufstand in Luanda aus. Sieben portugiesische Polizeibeamte wurden von Banden, die mit Hackmessern bewaffnet waren, in Stücke geschlagen. Ihr Begräbnis führte zu einem neuen Blutbad, dann breiteten sich die Unruhen auf das gesamte Nordgebiet aus. Im Mai kamen mehr als 300 Weiße, Männer, Frauen und Kinder, ums Leben.

Kennedy war schon immer ein Kämpfer für den Antikolonialismus gewesen. Seine ersten Angriffe waren gegen Frankreich in Indochina gerichtet, kaum daß er zum Mitglied des Repräsentantenhauses gewählt worden war. Als Senator verlangte er zur Beendigung des Algerienkrieges eine Intervention der USA, durch die Frankreich gezwungen würde, Algerien aufzugeben. Da de Gaulle inzwischen seine Entscheidung getroffen hatte, war die Frage erledigt. Kennedy hätte jedoch gern gesehen, daß die französische Regierung auf Grund ihrer neuen Prinzipien sich mit den USA verbündet hätte, um Portugal die Befreiung seiner Überseegebiete abzuzwingen. De Gaulle gab zu, daß die Anschauungen der Portugiesen veraltet waren, und versprach, er werde bei Salazar für ein liberales Verhalten eintreten. Weiter zu gehen lehnte er ab.

Macmillan hatte Kennedy ersucht, de Gaulle in bezug auf dessen Einstellung im Falle einer Bewerbung Englands um Teilnahme am Gemeinsamen Markt zu sondieren. Das tat der Präsident mit der Bemerkung, daß die Erweiterung der Europäischen Gemeinschaft wirtschaftliche Probleme für die USA beinhalten würde, daß sie jedoch eine Konsolidierung Europas darstellen würde und daher wünschenswert sei. Der General verhielt sich ausweichend; er bezweifle, daß England genügend europäisch denke, um sich dem Gemeinsamen Markt einfügen zu können, und vor allem zu wollen.

Der Nordatlantikpakt befand sich in einer Krise. De Gaulle vertrat hartnäckig die Ansicht, daß die NATO eine Zweigstelle der USA sei, und betonte dauernd in aggressiver Weise die nationale Unabhängigkeit, die er wiederhergestellt zu haben behauptete, womit angedeutet wurde, daß sie von seinen Vorgängern beeinträchtigt worden sei. Das führte bei denen, die eine gemeinsame organische Verteidigung des Westens für unbedingt notwendig hielten, zu einiger Besorgnis. Adenauer sah, trotz der von de Gaulle auf ihn ausgeübten Anziehungskraft, den Augenblick herankommen, an dem die Wege der Franzosen und der Deutschen sich trennen würden. Nach dem ersten Zusammentreffen in Colombey hatte er vor den Journalisten erleichtert aufgeatmet: »Als Politiker gewann ich aus den Reden nicht den Eindruck, daß de Gaulle Nationalist ist.« Es war jedoch unmöglich, eine Überzeugung und eine Politik, die der Nation ihren imperativischen Charakter zu bewahren suchte, anders zu bezeichnen. Der alte Kanzler sah voraus, daß der französische Nationalismus, von de Gaulle geschürt, seinerseits den deutschen Nationalismus schüren werde und daß dessen Wiedererstehen Europa zerstören würde. Er sprach darüber mit ergreifender Wehmut.

De Gaulle legte Kennedy seinen Gedankengang dar. Er machte einen grundlegenden Unterschied zwischen dem Bündnis und der Organisation. Gegen das Bündnis gebe es keinen Einwand, die Organisation jedoch habe sich überlebt. Europa war zur Zeit, da die NATO geschaffen wurde, zutiefst geschwächt, doch die Russen besaßen damals keine Atombombe. Daher beruhte die NATO auf dem Schutz Europas durch die Atomwaffen der noch unverwundbaren Vereinigten Staaten. Doch nun bestand das Atommonopol nicht mehr. Die UdSSR war – wie de Gaulle glaubte, berechtigtermaßen – überzeugt, daß die USA sich nicht zur Verteidigung eines anderen Landes einem furchtbaren Gegenschlag aussetzen würden. Die Voraussetzung, auf der der Schutz Europas beruhte, war damit zerstört, und aus diesem Mangel ergab sich die Notwendigkeit, eine autonome, nationale, europäische Verteidigung zu schaffen.

Kennedy entgegnete, daß für die Vereinigten Staaten die Verteidigung Europas und Amerikas ein und dasselbe seien. De Gaulle fügte sich: »Da Sie es sagen, Herr Präsident, glaube ich es.« Eine raffinierte Form der Skepsis.

Die Beweisführung des Generals ließ sich nicht widerlegen, doch die Logik seines Gedankens brach zusammen, als er, nachdem er von der Verteidigung Europas gesprochen hatte, es ablehnte, ihr Europa als Grundlage zu geben. Der Putsch in Algier sei durch die Entnationalisierung der Verteidigung verursacht worden, behauptete er; die Generäle hätten ihre Gesinnungstreue verloren, weil sie sich nicht mehr für die Verteidigung Frankreichs verantwortlich fühlten. Das gelte für alle Völker. Die militärische Integrierung führe zur Gleichgültigkeit der Nation gegen ihre Armee.

De Gaulle gab jedoch ein Versprechen ab: Er werde nichts zur Veränderung der Struktur der NATO unternehmen, ehe die Berlinkrise beendet sei.

Sie näherte sich ihrem Höhepunkt. Chruschtschow hatte den amerikanischen Botschafter Llewellyn Thompson zu sich berufen. »Ich warte nun seit zwanzig Monaten«, sagte er zu ihm. »Mein Ansehen steht auf dem Spiel: Ich werde nicht mehr viel länger warten.« Anfang April führten Macmillan und sein neuer Außenminister, Lord Home, besorgte Besprechungen in Washington. Die Engländer waren bestürzt, als der ehemalige Außenminister Acheson, den man befragte, den Rat erteilte, man solle, falls die Russen die Blockade des Jahres 1949 wiederholten, den Zugang durch eine Panzerdivision öffnen lassen. Die Engländer hätten Unterhandlungen über einen neuen Status der einstigen deutschen Hauptstadt gewünscht. »Wir stehen in Berlin«, sagte Lord Home, »nur auf Grund des Rechrs des Siegers, dieses Recht wird jedoch immer fadenscheiniger, je mehr Jahre vergehen.« Dean Rusk war ähnlich eingestellt. Kennedy behielt sich seine Entscheidung vor; er ahnte, daß das von

Chruschtschow angeregte Wiener Treffen ein Einschüchterungsmanöver in bezug auf die Berlinfrage sein würde.

Dagegen blieb General de Gaulle stahlhart. Der Westen darf keinen Schritt rückwärts machen, sagte er zu Kennedy; er darf weder seine Truppen zurückziehen, noch eine Veränderung des Status von Berlin hinnehmen oder Behinderungen seiner Verbindungslinien dulden. »Wenn Chruschtschow den Krieg will, so muß ihm klar sein, daß er ihn unverzüglich bekommt, sobald er Gewalt anwendet.«

»Kennedy war seit langem von de Gaulle fasziniert«, sagt Schlesinger — »*this great and gloomy figure, pitting himself against the probabilities of history and then recording the result in such eloquent and fastidious prose* (jener großen düsteren Gestalt, die sich gegen den wahrscheinlichen Gang der Geschichte stemmt und dann das Ereignis in so beredter und gewählter Prosa aufzeichnet...). Zwei- oder dreimal entfuhr dem temperamentvollen Kennedy eine gereizte Bewegung angesichts des allzu schulmeisterlichen Tons des französischen Präsidenten, aber durch die Pariser Begegnung steigerte sich, so berichtet Schlesinger weiter, Kennedys Verständnis für die Klarheit und Festigkeit, wenn auch nicht für die Grausamkeit der Vision, die de Gaulle über Europa und die Welt hatte.

Drohung Chruschtschows: Der Krieg wegen Berlin scheint unvermeidlich

Nach de Gaulle Chruschtschow... Das Flugzeug des Präsidenten landete Sonnabend, den 3. Juni, bei strömendem Regen in Wien. Unmittelbar darauf begannen die Besprechungen in der amerikanischen Botschaft und wurden am nächsten Tag in der sowjetischen Botschaft fortgesetzt. Chruschtschow war wie ein Märztag, ein Sonnenstrahl, und gleich darauf ein wütender Nordwind. Er verargte Kennedy eine Bemerkung über Mißverständnisse, die tragische Folgen nach sich ziehen können, und verursachte einen längeren Zwischenfall, indem er schrie, er lasse sich nicht bedrohen. Zornig kam er, wie in Camp David, auf seine Diskussion mit Nixon zurück, der »versucht habe, das russische Volk mit dem Hinweis auf eine Traumwelt, die es gar nicht gibt und auch nicht geben wird, zum Kapitalismus zu bekehren«. Er verteidigte China gegen den Vorwurf kriegerischer Absichten und erklärte, wenn er an Mao Tse-tungs Stelle wäre, hätte er Formosa längst angegriffen. Er behauptete, die USA könnten nicht abrüsten, weil es die Monopolisten ihnen nicht gestatteten. Nachgiebig zeigte er sich nur hinsichtlich der Laosfrage, die ihn, wie er sagte, nicht interessierte.

Am zweiten Tag kam es zur Diskussion über Berlin. Chruschtschow sprach in sehr drohendem Ton. Er werde mit der Deutschen Demokratischen Republik einen Vertrag unterzeichnen, der dem Kriegszustand ein Ende machen und die Besatzungsrechte aufheben werde. Westberlin könne eine freie Stadt werden und sogar eine westliche Garnison behalten, jedoch unter der ausdrücklichen Bedingung, daß auch die Russen ihre Soldaten dort hätten und daß die Zugangsrechte mit der DDR, die in ihrer vollen Souveränität handeln könne, abgesprochen würden. Jeder Versuch der Westmächte, den Status quo mit Gewalt aufrechtzuerhalten, würde eine Aggression gegen die DDR darstellen und zu den ernstesten Folgen führen. »Wenn Ihre Leute vom Pentagon verrückt genug sind, den Krieg zu wollen, können sie ihn haben. Aber Wahnsinnige, die den Krieg wollen, gehören in die Zwangsjacke.«

Später sagte Chruschtschow zu Botschafter Kroll, er habe Kennedy »entschlußlos, überdies schlecht unterrichtet und überhaupt wenig imponierend« gefunden. Die eisige Höflichkeit General de Gaulles hatte den jungen Präsidenten ein wenig aus der Fassung gebracht. Der burschikosen Großmäuligkeit Chruschtschows war er schlecht gewachsen. Er gab zwar in nichts nach, doch der geringe Stimmaufwand seiner Erwiderungen ließ Zweifel an der Festigkeit seiner Entschlüsse aufkommen. »Der Sowjetunion bleibt keine andere Wahl«, schloß Chruschtschow, »als die Herausforderung anzunehmen. Und sie wird sie annehmen. Der Entschluß, den Vertrag durchzusetzen, ist unumstößlich. Er wird im Dezember mit der DDR unterzeichnet.« »Es wird ein kalter Winter werden«, antwortete Kennedy. Mit dieser eisigen Bemerkung ging man auseinander.

Kennedy kehrte besorgt in die Vereinigten Staaten zurück. Der Ton, den er gehört hatte, war der gleiche, mit dem Hitler seine Opfer terrorisierte, bevor er sie auffraß. Es schien undenkbar, daß Chruschtschow seine Drohung nicht bis zum Äußersten verwirklichen und daß der Westen nicht vor die Wahl zwischen Kapitulation und Krieg gestellt sein würde.

Rund um den Präsidenten wurde diskutiert. Dean Acheson – der von McCarthy beschuldigt wurde, er sei ein kommunistischer Agent! – riet Kennedy, den Notstand zu erklären, die aktiven Divisionen in Kriegsbereitschaft zu setzen, die Familien in ihre Heimatorte zu bringen, die Dezentralisierung der Regierungsdienststellen vorzunehmen. »Ich kenne die Kommunisten«, sagte er. »Es kommt nicht darauf an, die kommunistischen Streitkräfte zu schlagen, sondern Moskau glauben zu machen, daß wir entschlossen sind und im Notfall auch vor einem Kernwaffenkrieg nicht zurückschrecken.« Andere jedoch, darunter Adlai Stevenson und Dean Rusk, predigten, die Vereinigten Staaten sollten die Initiative zu Verhandlungen ergreifen.

Am 11. Juni sprach Kennedy zur Nation, um über die Wiener Zusammenkunft zu berichten. Seine Rede war und wirkte traurig. Der Präsident hatte Schmerzen; sein verwundetes Rückgrat war zu Schaden gekommen, als er sich in Ottawa beim Pflanzen eines Freiheitsbaums vor dem Parlament zu rasch aufgerichtet hatte. Er wurde mit dem Elevator ins Flugzeug gehoben, das ihn nach Palm Beach brachte, und Jackie, die auf der Jacht von Aristoteles Onassis eine Kreuzfahrt nach Griechenland machte, kehrte eilends nach Hause zurück. Es sah aus, als würden die Vereinigten Staaten hinsichtlich des Gesundheitszustands ihrer Präsidenten vom Unglück verfolgt. Die Vertrauten des Weißen Hauses versuchten wieder einmal, die Dinge zu verschleiern, und behaupteten, Kennedy sei nur von einer vorübergehenden Unpäßlichkeit befallen, doch das Kommen und Gehen der Ärzte konnte den Journalisten nicht verborgen bleiben. Der Präsident ging an Krücken, dann legte er sich mit 100,6° (39° Celsius) ins Bett. Man befürchtete, daß die Vereinigten Staaten in einem Augenblick ernster Gefahr ohne ihr Oberhaupt auskommen müßten.

Es hagelte weiter Drohungen. Chruschtschow wiederholte täglich, er werde einen Vertrag mit der DDR unterzeichnen, und ein Versuch der Westmächte, sich eine

Durchfahrt nach Berlin zu bahnen, werde den Krieg bedeuten, »genauer gesagt, den Atomkrieg«. Im Schatten seines Herrn und Meisters erhob der kleine Tyrann von Ostdeutschland, Walter Ulbricht, seine Stimme, um Westberlin sofortige Bedingungen zu stellen: Schließung des Tempelhofer Flughafens, der Rundfunkstation RIAS, der Auffangzentrale für Flüchtlinge in Marienfelde. Botschafter Michael Menschikow, dem Washington den Spitznamen *Smiling Mike*, der lächelnde Mike, gegeben hatte, besuchte alle Cocktails in der Hauptstadt und erklärte mit überzeugter Miene, Chruschtschow sei unwiderruflich entschlossen, sich dessen zu entledigen, was er »einen Knochen in meiner Kehle, einen kariösen Zahn in meinem Mund« nannte, nämlich Westberlins. »Ihr werdet doch nicht hundert Millionen Amerikaner für zwei Millionen Berliner sterben lassen... Ihr sagt, ihr werdet kämpfen, aber das werdet ihr nicht tun, dessen sind wir sicher...« Mit Besorgnis sah das State Department *Smiling Mike* nach Moskau abreisen; er konnte eine ungeheure Katastrophe auslösen, wenn er Chruschtschow davon überzeugte, daß die USA ihn Berlin nehmen lassen würden, ohne darauf zu reagieren.

Die Entschlossenheit des amerikanischen Volks war jedoch bemerkenswert. Von zehn Menschen, die befragt wurden, antworteten neun ohne zu zögern, wenn Chruschtschow an Berlin rühre, müsse man kämpfen. Die Bevölkerung war mit Beschreibungen des atomaren Kriegs übersättigt: H-Bombe, Kobaltbombe, Neutronenbombe, Vernichtungsstrahlen eines auf New York oder Chikago fallenden Flugkörpers, Unmöglichkeit jeglichen Abfangens, Vergeblichkeit aller Schutzmaßregeln, sofortiges Massensterben in einer ungeheuren Feuersbrunst oder entsetzlicher langsamer Tod unter der Einwirkung von Atomteilchen, unendliche Verwüstung, Dutzende Millionen Tote... Man hätte glauben können, diese apokalyptischen Visionen hätten die Willenskraft der Menschen geschwächt, die Panik in einer Nation verbreitet, die niemals einen modernen Krieg auf eigenem Boden erlebt hatte. Im Augenblick der Gefahr schien es, als hätte es diese tragischen Bilder nie gegeben: Die bevorstehende Gefahr stählte die Nerven und bremste die Phantasie. Der nukleare Alptraum war zu einer Eventualität geworden.

»In den 400 größten Städten der Vereinigten Staaten«, sagte man im Stabsquartier der Zivilverteidigung, »wird der Alarm innerhalb von fünfzehn Sekunden gegeben; er erreicht 5000 weitere Orte in höchstens sieben Minuten. 1400 provisorische Krankenhäuser, 18 500 radiologische Stationen funktionieren vom ersten Augenblick an. Es sind riesige medizinische Reserven angelegt worden sowie Nahrungsmittellager im Wert von 7 Milliarden Dollar, die zur Versorgung der Bevölkerung während mehrerer Monate ausreichen. Rationierung, Verkehrskontrolle, Schuldenmoratorium, Zivilbeschlagnahme treten sofort in Kraft. Eine Führungsreserve – 2000 Chefs der Industrie und der Arbeiterschaft – wurde gebildet. Diese Organisation wird weiter bestehen bleiben, auch wenn die Berlinkrise eine friedliche Lösung findet. Wir denken nicht nur an den Schutz des Einzelnen, sondern vor allem an das Überleben der Nation.«

Glücklicherweise besserte sich der Gesundheitszustand Kennedys. Er stieg ohne Krücken an Bord der Jacht *Honey Fitz* (sie trug den Namen seines Großvaters mütterlicherseits), um mit dem japanischen Ministerpräsidenten Hayato Ikeda eine Spazierfahrt auf dem Potomac zu unternehmen. Nach achtwöchiger Unterbrechung hielt er eine Pressekonferenz ab, bei der seine körperliche Anstrengung nur in der Veränderung seiner Gesichtszüge und einem leichten Händezittern erkennbar war. Am 25. Juli hielt er eine lange verschobene Rede im Fernsehen. Er hatte dem Drängen Stevensons, Rusks und des britischen Kabinetts nachgegeben und erklärte, die USA seien stets zu Verhandlungen bereit, hielten jedoch an der westlichen Position in Berlin mit Entschiedenheit fest: »Wir müssen unser der freien Bevölkerung Westberlins gegebenes und oft wiederholtes Versprechen halten und unsere Rechte und ihre Sicherheiten selbst angesichts von Gewalt bewahren, um das Vertrauen der anderen freien Völker nicht zu verlieren . . .«

Chruschtschow hatte verkündet, er stelle die in Gang befindlichen Maßnahmen zur Beschränkung der sowjetischen Rüstungen ein. Das beantwortete Kennedy damit, daß er vom Kongreß zusätzlich 3247 Millionen Dollar Militärkredite sowie die Genehmigung verlangte, die Aktivstärke der Armee von 875 000 auf 1 Millionen zu erhöhen. Viele Schiffe wurden aus Spinnweben, in denen sie »eingemottet« waren, befreit und wieder in den Dienst gestellt. Die B37 und B52 der *Strategic Air Command* (Strategisches Luftkommando) wurden in Daueralarmzustand gehalten; sie konnten innerhalb von fünfzehn Minuten mit ihren Wasserstoffbomben starten.

Drei Tage nach Kennedys Rede traf John McCloy in Washington ein. Er war der Leiter der amerikanischen Delegation bei der ständigen Abrüstungskonferenz; Chruschtschow hatte ihn nach Sotschi, wo er den Sommer verbrachte, eingeladen. Er kam mit seiner Tochter, Ellen McCloy, und einer Nichte, Sharman Douglas, die ungehemmt die Schilderung der Zusammenkunft, gesehen durch ihre Brille, der *Washington Post* verkaufte. Die Villa lag inmitten tausendjähriger Bäume und war an der See- wie an der Landseite völlig von den auf den Nachbarstränden gedrängten Volksmassen getrennt. Chruschtschow bestand darauf, daß Onkel John in seinem elektrisch geheizten Schwimmbecken badete, und da Onkel John keine Badehose bei sich hatte, borgte ihm Chruschtschow eine von den seinen, die man allerdings mit einem Gummiband versehen mußte, da sie natürlich viel zu weit war. Chruschtschow bewies seine Aufmerksamkeit noch durch eine weitere freundliche Geste: Sharman hatte einen Fuß in Gips; Chruschtschow bestand darauf, sein Autogramm darauf zu setzen. Es hätte keinen charmanteren Gastgeber geben können.

Der charmante Gastgeber teilte McCloy mit, er halte die Rede Kennedys für eine vorbereitende Kriegserklärung an die UdSSR. Amerika mache sich bereit, die Feindseligkeiten zu eröffnen. Der Kapitalismus habe die Hoffnung aufgegeben, sich in dem friedlichen Wettstreit durchzusetzen, den die UdSSR ihm anbot: Nun greife er auf den Krieg zurück, um darin seine Rettung zu suchen. Aber »der Ausgang des Kriegs wird durch die stärkeren Raketen entschieden werden, und die besitze ich, Chruschtschow. Kennedy ist ein unerfahrener junger Mann, der seine Energie beweisen will. Das ist seine Sache. Er wird ganz einfach der letzte Präsident der Vereinigten Staaten sein.«

Man beschloß, den Bericht McCloys geheimzuhalten; um nicht verleitet zu werden, dessen Ernst durchblicken zu lassen, sagte Kennedy die für den nächsten Tag anberaumte Pressekonferenz ab. Man dämpfte auch die barbarischen Worte, die Chruschtschow dem Ministerpräsidenten Amintore Fanfani gegenüber gebraucht hatte: Italien wird von der Landkarte ausgelöscht werden zur Strafe dafür, daß es auf seinem Gebiet amerikanische Raketenabschußrampen duldet. Die am 3. August an die Westmächte gerichteten sowjetischen Noten waren kaum weniger heftig gehalten. Chruschtschow sagte den USA, sie würden den drohenden Ton, in dem sie glaubten, mit der UdSSR sprechen zu dürfen, noch bereuen. Der Bundesrepublik kündigte er an, sie werde den Beginn des Dritten Weltkriegs, den sie zu wünschen scheine, nicht einmal um ein paar Stunden überleben.

Chruschtschow befand sich, im Inneren wie im Äußeren, in vollster Offensive. Das erste Programm der Kommunistischen Partei war im Jahre 1903 in London angenommen worden. Das zweite, von Lenin verfaßte, wurde im Jahre 1919 vom VIII. Parteitag in Moskau beschlossen. Chruschtschow arbeitete ein drittes aus, das für den im November angesetzten XXII. Parteitag bestimmt war. Es stellte fest, daß sich die allgemeine Krise des Kapitalismus im dritten Stadium befand, das im Ende des Kolonialsystems und in dem geringen Wirtschaftswachstum seinen Ausdruck fand. Es stellte das Prinzip auf, daß der Kommunismus, um zu siegen, keines Weltkriegs bedurfte, doch sollten die lokalen Befreiungskriege, wie zum Beispiel der algerische, ermutigt und vermehrt werden. Es sah für die kommenden zwanzig Jahre ein Wachstum von 500 % für die Industrie, von 250 % für die Landwirtschaft und von 250 % für das persönliche Einkommen vor. Im Jahre 1980 würde der Lebensstandard der Sowjetvölker den der kapitalistischen Länder überflügelt haben, die Arbeitswoche würde auf 30 Stunden herabgesetzt, Wohnungen und die meisten öffentlichen Dienste würden kostenlos sein, womit die Schwelle für den Übergang vom Sozialismus zum Kommunismus erreicht wäre.

Das Programm wandte sich ebenso an die Völker der Dritten Welt wie an die Russen; es war ebenso gegen China gerichtet wie gegen den Westen. Es hob das vorzügliche, methodische Vorgehen der Sowjetunion im Gegensatz zu durch Haß und Eifersucht diktierten Improvisationen hervor. In dem 163 Seiten langen Dokument bezogen sich jedoch alles in allem nur zehn Worte unmittelbar auf China: »Der Sieg der chinesischen Revolution war ebenfalls von beträchtlicher Bedeutung.« Was China betrifft, so ignorierte es das neue Reklameschild Moskaus.

Man war besorgt und beschloß eine neue Zusammenkunft der Außenminister. Rusk, Home, von Brentano und Couve de Murville kamen am 5. August in Paris zusammen. Die große Stadt war verlassen. Für die Franzosen war das einzige aktuelle Thema, sofern man in der Ferienzeit überhaupt für derlei Interesse aufbrachte, die Bizerta-Affäre, deren seltsame Wechselfälle ich später schildern werde. Die zweite Berlinkrise, eine der dramatischsten der Nachkriegszeit, spielte sich fern dem Bewußtsein eines sommertrunkenen Europa ab. Die atomaren Drohungen Chruschtschows gingen über die Köpfe der Menschen hinweg; in Frankreich kümmerte sich keiner darum.

Von den vier Ministern war Home für Unterhandlungen, Rusk war halb dafür, Brentano halb dagegen und Couve de Murville völlig dagegen. Nicht als Couve — er selbst war völlig unbedeutend —, sondern als Repräsentant der kühnen Denkungsart General de Gaulles. Eine Verhandlung unter Drohungen, wie Chruschtschow sie reichlich zum Ausdruck bringt, schrieb de Gaulle an Kennedy, ist gleichbedeutend mit einer Preisgabe Berlins, mit Kapitulation. Nur in der Beherztheit liegt das Heil. Die Außenminister unterzeichneten ein Kommuniqué, das besagte, sie hätten einstimmig beschlossen, nicht nachzugeben, und kehrten nach Hause zurück. In Wirklichkeit wären sie ohne de Gaulle umgefallen.

Einige Tage später erfuhr die Welt, daß ein zweiter sowjetischer Weltraumfahrer, Major German S. Titow, in *Wostok II* die Erde umkreiste.

Gagarins Flug war unter so unklaren, merkwürdigen Umständen geschildert worden, daß ein Zweifel an seiner Wahrhaftigkeit berechtigt war, besonders wenn man ein wenig Mißgunst mitspielen ließ. Ganz anders bei dem Flug Titows; seine Botschaften wurden aufgefangen, sein Flug vom Abschuß an von den amerikanischen Radarstationen überwacht. Der Wostok wurde bei seinem ersten Flug über Charleston, beim zweiten über Pittsburgh gesichtet. Titow sandte dem amerikanischen Volk eine Freundschaftsbotschaft, ehe er den unter einer schrecklichen Hitzewelle leidenden Moskauern seine Anteilnahme ausdrückte (»Bei mir ist es kühler als bei euch«). Niemand wußte, wie viele Erdumkreisungen er ausführen würde. Während der dritten verzehrte er sein Mittagessen, während der sechsten sein Abendbrot, während der siebenten schlief er ein, erwachte während der zwölften, wartete aber, da er ein leichtes Unwohlsein verspürte, bis auf die fünfzehnte, um sein Frühstück zu sich zu nehmen. Nach der siebzehnten Erdumkreisung brachte man ihn wieder auf die Erde zurück. Er hatte innerhalb von fünfundzwanzig Stunden sechzehnmal den Sonnenaufgang gesehen.

Eine neue, bewundernswerte Leistung. Sie stützte die Behauptungen Chruschtschows über die Überlegenheit der Wissenschaft und des Regimes der Sowjets ... Doch zur gleichen Zeit klagte ein anderes Phänomen, diesmal auf der Erde, den Kommunismus an: die Flucht der Ostdeutschen.

Das Durchfahrstor für die Flucht war Berlin. Das Besatzungsstatut erlaubte den Übergang von Ost- nach Westberlin ohne Formalitäten. Wer flüchten wollte, mußte zwar eine argwöhnische Kontrolle an der Stadtgrenze passieren, sobald man aber in der Hauptstadt war, boten sich einem Stadt- und U-Bahn, die Straßenbahnen und 80 Straßen, um in die Freiheit zu gelangen. Als einzige Vorsichtsmaßregel war zu beachten, daß man keinen Handkoffer und nicht einmal ein allzu neues Kleidungsstück trug.

Die Deutsche Demokratische Republik war am 7. Oktober 1949 ausgerufen worden. Zwischen diesem Datum und dem Jahresende hatten 129 245 Menschen sie verlassen. Im Laufe der Jahre 1950, 1951 und 1952 betrug die Zahl der Geflüchteten 197 788, 165 648 und 182 393. Der Aufstand des Jahres 1953 war von einer Auswanderung gefolgt, die die Zahl der Flüchtlinge des Jahres auf 331 390 erhöhte. Später spiegelten sich in den Flüchtlingszahlen die wirtschaftlichen und politischen Schwankungen der DDR wider: 1954 waren es 184 198, 1955 252 870, 1956 279 184, 1957 261 627, 1958 204 092, 1959 148 917, 1960 199 188 Menschen. Dabei handelt es sich bei diesen Zahlen nur um jene, die die Aufnahmestellen passierten; viele hatten Verwandte und Freunde in Westberlin und zogen es vor, sich nicht eintragen zu lassen.

130 Der »Große Sprung nach vorn« 1958: China will durch Bildung von Volkskommunen »den Übergang zum Kommunismus« durchführen (Volkskommune bei Nanking). – 131 Im Zeichen der seit 1966 proklamierten Kulturrevolution: Rotgardisten führen einen Beamten mit einem Papierhut, dem Zeichen der Schande, durch Peking.

132 Prominenz des Westens: beim Begräbnis Adenauers im April 1967 (erste Reihe v. l.: Indira Gandhi, Wilson, Wilhelmine Lübke, de Gaulle, Heinrich Lübke, Johnson, Kiesinger, Ben Gurion). – 133 Ostblock-Prominenz: zur Feier von Ulbrichts 70. Geburtstag am 30. 6. 1963 (v. l. Novotný, Gomulka, Chruschtschow, Stoph, Honecker).

Anfänglich begrüßten die kommunistischen Behörden diese Auswanderungen, die, wie sie sagten, ihnen die Konterrevolutionäre vom Halse schafften. Das Argument ließ sich aber auf die Dauer nicht halten, denn die meisten Geflüchteten waren Jugendliche oder immerhin noch junge Menschen: 48 % waren unter 25 und 65 % unter 40 Jahre alt. 65 bis 70 % waren Arbeiter. Angehörige der freien Berufe, höhere Beamte und Industrieangestellte waren im Verhältnis noch zahlreicher. Von 1953 bis 1960 verlor Ostdeutschland 16 115 Lehrer und Professoren, 15 536 Ingenieure, 3110 Ärzte und Chirurgen usw. Horst Hetzer, Richter beim Obersten Gerichtshof, Dr. Rudolf Hoehn, Direktor des Meteorologischen Instituts, Fritz Freytag, der Flugzeugkonstrukteur, und unzählige Spitzenleute der Technik und Kultur befanden sich unter den Menschen, die dem Kommunismus den Rücken kehrten. Die Volkspolizei wurde sorgsam gesiebt, gründlich geschult und größtenteils in der roten Hochburg Sachsen angeworben. Dennoch ersuchten innerhalb von sieben Jahren 15 000 Vopos, das entspricht dem Personalstand einer Division, um Asyl in Westberlin.

Die Regierung der Bundesrepublik ermutigte diese Auswanderung nicht; sie beklagte sie. Die deutschen Ostmarken waren durch die Vertreibung der deutschen Bevölkerung verloren. Das von der Terminologie Bonns als Mitteldeutschland bezeichnete Gebiet war nun seinerseits in Gefahr, durch die Flucht vor dem Kommunismus über das Abzugsloch Berlin verlorenzugehen. Adenauer ließ durch die evangelische und die katholische Kirche Aufrufe ergehen, die den Staatsbürgern der DDR nahelegten, ihren Widerstand an Ort und Stelle zu leisten. Man sah voraus, daß die Zeit kommen werde, da polnische oder russische Kolonisten in dem entvölkerten Ostdeutschland angesiedelt würden.

Für das Regime Ulbricht war dieser Volksentscheid durch Auswanderung eine Tragödie; er negierte seine Rechtmäßigkeit und zerstörte seine Wirtschaft. Es gab einige Fabriken, wie Zeiss in Jena, deren gesamtes qualifiziertes Personal in den Westen abgewandert war. Meistens legten die Leute, die ihre Flucht vorbereiteten, besonders großen Eifer als Kommunisten an den Tag, dann fehlten sie eines schönen Tages beim Morgenappell. Mißtrauen und Angeberei vergifteten die Atmosphäre. Das Gesetz bestrafte nicht nur jeden Versuch, sondern sogar jede Absicht des Abfalls mit zwei Jahren Gefängnis. Der Staatssicherheitsdienst erhielt viele Tausende Denunziationen.

Berlin ist die Drehscheibe für die Eisenbahnverbindungen. Ein Einwohner aus Dresden, der nach dem Westen wollte, kaufte eine Fahrkarte nach Rostock oder Stralsund und fuhr, statt zum anderen Bahnhof, mit der Untergrundbahn in eine andere Welt. Diesem Manöver wurde begegnet, indem man die Benutzung einer Umgehungsbahn um Berlin herum vorschrieb. Wer kein Dokument vorweisen konnte, das einen gültigen Grund für den Besuch von Berlin enthielt, wurde an der Stadtgrenze zurückgewiesen. Man organisierte Feldzüge gegen die »Kopfjäger« aus dem Westen, die herüberkamen, um Staatsbürger der Deutschen Demokratischen Republik abwendig zu machen. Die Schulkinder wurden angewiesen ihre Eltern zu überwachen und »sie vor der kapitalistischen Falle zu retten«, indem sie die Polizei benachrichtigten, wenn sie zu Hause Reisevorbereitungen entdeckten. Trotz dieser Maßnahmen, die immer strenger wurden, war die Zahl der täglich nach Westberlin Flüchtenden selten geringer als 400.

Chruschtschows Drohungen brachten ein Wort in Mode: Torschlußpanik. Das Drängen in den Westen wurde beängstigend. Man brachte 80 000 Soldaten auf die Beine, um Ostberlin durch einen Sperrgürtel abzuschließen, man hätte jedoch die Stadt — Hauptstadt der DDR — völlig isolieren müssen, und übrigens schlossen sich die Berliner jetzt selbst der Auswanderung an. Viele hatten zunächst ihre Wohnung im Ostsektor behalten, da sie jederzeit die Möglichkeit hatten, in den Westsektor überzuwechseln und, sobald sie sich dazu entschlossen, dort zu bleiben. Jetzt wurden sie von der Torschlußpanik ergriffen und flüchteten.

Anfang August betrug die tägliche Zahl der Flüchtlinge mehr als 1500. Mindestens ebenso viele wurden an den Sektorenübergängen angehalten — trotz der Proteste der alliierten Stadtkommandanten gegen diese Verletzung des Besatzungsstatuts. Andere wurden beim Betreten Ostberlins aufgehalten. Ganz Ostdeutschland wäre gern fortgekommen, ehe es zu spät war.

Chruschtschow tobte weiter. Bei dem Empfang zu Ehren Titows erklärte er, im Besitz einer thermonuklearen Bombe zu sein, die hundert Millionen Tonnen TNT entsprach. Er kündigte dem griechischen Botschafter an, er werde nicht einmal die Akropolis verschonen. Mitten in seinem kriegerischen Taumel redete er allerdings weiter von friedlicher Koexistenz. Aber er rief einen der Besieger Berlins im Jahre 1945, Marschall Konjew, aus dem Ruhestand zurück und ernannte ihn zum Oberbefehlshaber der sowjetischen Streitkräfte in Deutschland. War diese Geste der Anfang vom Ende?

Der 12. August fiel auf einen Sonnabend. Die Bundesregierung stand im Wahlfieber, die Neuwahl des Bundestags war für den 17. September festgesetzt. Der alte Kanzler nahm wieder die Kampagne auf, doch besaß er die Kampflust nicht mehr, die für seinen Einsatz im Jahre 1957 charakteristisch gewesen war. Angesichts der ihr gegenüberstehenden CDU hatte die Sozialdemokratische Partei ihr Führungsteam verjüngt und anstelle des farblosen Dr. Ollenhauer den jungen Bürgermeister von Berlin, den 44jährigen Willy Brandt, als ihren Kanzlerkandidaten aufgestellt. Nach einer Versammlung in Hannover, bei der er den Vorsitz geführt hatte, war Brandt gerade eingeschlafen, als man ihn mit der Nachricht weckte: »Die Russen schließen Ostberlin.«

An jenem Sonnabend waren in der Aufnahmestelle Marienfelde 3400 Menschen erschienen. Noch um Mitternacht trafen Leute ein, doch plötzlich brach in Ostberlin ein militärischer Tumult aus; T34- und T53-Kolonnen drangen gegen den Westen vor. Die Menschen, die das Knattern der Raupenketten auf dem Pflaster vernahmen, glaubten, es komme zum Einmarsch nach Westberlin; atemlos warteten sie auf den Kanonendonner, der den Beginn des dritten Weltkriegs ankündigen würde. Aber die Sowjetpanzer waren von den schrecklichen Wasserwerfern begleitet, die Ulbricht nach den Unruhen von 1953 hatte bauen lassen, um Volksmengen zu zerstreuen. Sie blieben an der Demarkationslinie zwischen den beiden Teilen von Berlin stehen, und die Vopos zogen aus den Lastwagen, die ihnen folgten, Stacheldrahtrollen, die sie quer über die Straßen spannten. Andere rissen die Straßen mit Preßlufthämmern

962

auf und zerschnitten die Straßenbahnschienen mit Schweißbrennern. Die 45 300 Meter zwischen Schönefeld und Rosenthal, durch die die beiden Welten noch zusammenhingen, wurden zu einer Baustelle. Als das Flugzeug mit Willy Brandt um 7 Uhr 20 in dem Hitzedunst des Flughafens Tempelhof landete, war die gröbste Arbeit getan: Ost- und Westberlin waren voneinander getrennt.

Der kommunistische Rundfunk verbreitete seine Auffassung der Wahrheit. Die Schließung von Ostberlin sei von den Verbündeten des Warschauer Paktes beschlossen worden, als einziges Mittel, um der Invasion der Deutschen Demokratischen Republik durch die von dem revanchistischen Deutschland und den imperialistischen Mächten gesandten Spione und Saboteure zu begegnen. Von den dreieinhalb Millionen Deutschen, 18 % der Bevölkerung der DDR, die nach dem Westen geflohen waren, war nicht die Rede, ebensowenig von dem Menschenstrom, der sich unter dem Eindruck von Chruschtschows Drohungen in den letzten Tagen in den Westen ergossen hatte. Die Mauer wurde nicht errichtet, um die Ausreise zu verhindern, sondern um den Eintritt unmöglich zu machen.

Schon am Morgen drängte sich die Bevölkerung der beiden Teile Berlins an der während der Nacht entstandenen Stacheldrahtlinie. Es gelang noch ungefähr 1500 Männern, Frauen, Kindern und Greisen aus dem Osten zu entkommen; manche stießen die Sperren um oder zerschnitten den Stacheldraht, andere durchschwammen die Kanäle, die meisten benutzten die bombardierten Zonen, welche die Vopos noch nicht abzusperren vermocht hatten. Auf der Friedrichstraße und am Potsdamer Platz, wenige Meter von den sowjetischen Panzern, nahmen amerikanische Panzer Aufstellung, doch von den Alliierten wurde kein Versuch gemacht, die noch schwache Sperre umzustürzen. Die einzigen, die angriffen, waren einige tausend junge Berliner, die von den Vopos mit Feuerwehrspritzen zurückgedrängt wurden.

Die Zweiteilung der Stadt war bei weitem keine völlige Überraschung. Man fragte sich schon lange, warum Ulbricht die Bresche nicht schloß, durch die sich die Lebenskraft der Republik in den Westen ergoß. Wir wissen heute, daß er seit dem Jahre 1953 die Erlaubnis dazu verlangte. Chruschtschow verweigerte sie, da er sich bewußt war, welches Eingeständnis eine so radikale Maßnahme darstellte. Die Krise, die er provoziert hatte, zwang ihn nun dazu. Er sollte sich später mit Botschafter Kroll über dieses Thema aussprechen: »Ich weiß, die Mauer ist eine häßliche Sache. Aber was sollte ich denn tun? Mehr als 30 000 Menschen, und zwar mit die besten und tüchtigsten Menschen, aus der DDR verließen im Monat Juli das Land. Man kann sich unschwer errechnen, wann die Wirtschaft Ostdeutschlands zusammengebrochen wäre, wenn wir nicht alsbald etwas gegen die Massenflucht unternommen hätten. Es gab aber nur zwei Gegenmaßnahmen: eine Sperrung der Luftkorridore oder die Mauer. Die erstgenannte hätte uns in einen ernsten Konflikt mit den Vereinigten Staaten gebracht, der möglicherweise zum Krieg geführt hätte. Das konnte und wollte ich nicht riskieren. Also blieb nur die Mauer übrig. Ich möchte Ihnen nicht verhehlen, daß ich es gewesen bin, der letzten Endes den Befehl dazu gegeben hat. Wohl drängte mich Ulbricht seit längerer Zeit und in den letzten Monaten immer heftiger, aber ich möchte mich nicht hinter seinem Rücken verstecken. Er ist viel zu schmal für mich.«

Am nächsten Tag fehlten die 75 000 Arbeiter, die jeden Tag aus dem Ostsektor kamen, ebenso die Hälfte der Kellnerinnen in den Restaurants, zwei Drittel der Aufwartefrauen an ihrem Arbeitsplatz in Westberlin. Am Vortag hatte man die Menschen wütend gesehen, heute sah man sie weinen und sich mit plötzlich in unerreichbare Ferne gerückten Verwandten und Freunden durch Gesten verständigen. Ulbricht erschien, mächtig eskortiert, um sein Werk zu besichtigen. Aus dem Stacheldraht wurde bereits eine Mauer. Man hatte die Bogen des Brandenburger Tors mit Betonblöcken ausgefüllt. In der Bernauer Straße vermauerte man den Friedhof und die Versöhnungskirche. Man verringerte die Zahl der dreizehn ursprünglichen Sektorenübergänge auf sechs – später sollte es nur ein einziger sein – und hob den früher gestatteten freien Zugang für die Westberliner auf.

Der Westen reagierte erstaunlich langsam. Am 16. August war noch keine Protestnote nach Moskau gelangt, als Willy Brandt 250 000 Berliner vor dem Schönefelder Rathaus versammelte, um ihnen zu sagen, er habe an Kennedy telegrafiert, daß die Untätigkeit der USA angesichts der Errichtung der Mauer Berlin zu einem neuen München mache. Diese auffallende Passivität löste ein tiefes Unbehagen bei der öffentlichen Meinung in Deutschland aus. Man war überzeugt, daß im Weißen Haus ein Seufzer der Erleichterung ausgestoßen worden war, als bekannt wurde, daß die Drohungen Chruschtschows schließlich auf die Trennung zwischen West- und Ostberlin hinausliefen. Man argwöhnte sogar, daß die USA vorher davon in Kenntnis gesetzt worden waren und sich unschwer mit einem Ausgang der Krise abfanden, der sich nur in der Einkerkerung Ostdeutschlands ausdrückte.

War diese Beschuldigung begründet? Heute kann man das mit ja beantworten. Als John McCloy von Sotschi zurückkehrte, berichtete er Kennedy über den Druck, der von Ulbricht auf Chruschtschow ausgeübt wurde, und von dem wenige Tage zuvor gefaßten Beschluß, Berlin mit der Mauer abzuriegeln, um dem Flüchtlingsproblem Einhalt zu gebieten. »Anfang August«, berichtet Schlesinger, »sagte der Präsident während eines Spazierganges zu Walt Rostow, Chruschtschow sei gezwungen, irgend etwas im Innern des Landes zu unternehmen, um die Situation wieder in die Hand zu bekommen; er könne nicht tatenlos zusehen, wie es ihm durch die Finger gleite – *trickle away*. Für die Vereinigten Staaten habe Osteuropa dagegen kein so entscheidendes Interesse. ›Ich kann die Allianz zum Einschreiten bringen, wenn Chruschtschow etwas gegen Westberlin anzustellen versucht‹, sagte Kennedy, ›aber nicht, wenn er nur in Ostberlin etwas tut.‹«

Dennoch mußten die USA das Gesicht wahren. Kennedy faßte drei Beschlüsse. Er ersuchte Vizepräsident Johnson, nach Berlin zu fahren und den Berlinern zu sagen, man habe sie nicht und werde sie niemals verlassen. Er rief den Helden der Blockade in den Jahren 1949–1950, General Lucius D. Clay, aus dem Ruhestand zurück und sandte ihn nach Berlin. Er beschloß, ein *combat team*, 230 Fahrzeuge und 1500 Mann des 8. Infanterieregiments, über die Autobahn nach Berlin zu schicken.

Helmstedt, 6 Uhr 26 morgens; in Washington war es 1 Uhr 26. Kennedy saß wach in seiner Privatwohnung. Sein Adjutant, General Chester V. Clifton, stand mit dem Kommandeur des *combat team*, dem texanischen Oberst Glover S. Johns, in Funkverbindung. Die Atmosphäre war gespannt. Die überaus seriöse Rundfunkstation der *New York Times*, WQXR, hatte soeben mitgeteilt, daß man von einer Minute zur anderen die Schließung der Autobahn unter dem Vorwand von Reparaturarbeiten erwarte. Wie im Jahre 1949 ...

Johns berichtet: Er war mit seiner Vorhut von 40 Lastwagen in Helmstedt erschienen; die Schranke ging auf. Der von den Alliierten akzeptierten Praxis gemäß waren die amerikanischen Soldaten aus ihren Fahrzeugen gestiegen, um sich zählen zu lassen. Man fand einen Mann mehr, als die Liste aufführte, die dem russischen Postenchef übergeben worden war. Der sagte gutmütig: »Schreiben Sie die Liste um.« Man verlor einige Minuten, doch nun rollte die Kolonne über die Autobahn und näherte sich Berlin.

Kennedy gähnte. »Ich gehe schlafen. Wenn etwas vorfällt, Chester, lassen Sie mich wecken.«

Es fiel nichts vor, das gesamte *combat team* passierte anstandslos. Johnson und Brandt erwarteten die Kolonne bei der Ausfahrt der Autobahn, am Fuß des symbolischen Berliner Bären. Gewaltiger Jubel begleitete sie bis zu ihrer Kaserne in Lichterfelde. Noch nie waren Veteranen nach einem siegreichen Krieg bei ihrer Rückkehr so bejubelt worden wie diese Rekruten, deren einziger Feldzug eine Fahrt von 180 Kilometern auf einer Autobahn war. Berlin hatte geglaubt, es sei dem verhaßten Kommunismus überlassen worden. Von einem Politiker und ein paar Soldaten war es beruhigt worden.

Das Pentagon weigert sich bis heute, die Befehle bekanntzugeben, die Oberst Johns erteilt worden waren. Sind sie auch nicht im Wortlaut bekannt, so weiß man doch, was sie beinhalten. Wenn die Schranke in Helmstedt nicht hochging, sollte Oberst Johns haltmachen und Bericht erstatten. Er war nicht autorisiert, sich die Durchfahrt mit Gewalt zu erzwingen. Nur wenn in einem der Luftkorridore ein Flugzeug abgeschossen worden wäre, hätte ein sofortiger Gegenschlag in Form eines Bombardements der Flakanlagen durch Bomben herkömmlicher Art stattgefunden. Die Verwendung von Kernwaffen war nicht vorgesehen.

Chruschtschow hat später seinem Freund Kroll anvertraut, daß selbst Kanonenschüsse zwischen sowjetischen und amerikanischen Panzern nicht unbedingt den Krieg bedeutet hätten. »Ich hätte die Einberufung des Sicherheitsrats verlangt, wäre selbst nach New York geflogen und hätte den Konflikt mit Kennedy aus der Welt geschafft.«

Adenauers Position durch die Wahlen erschüttert

Die Berlinkrise loderte noch. Ulbricht machte sich über die Westmächte lustig, die, wie er sagte, nicht den kleinen Finger zu rühren gewagt hätten, um die Errichtung der Mauer zu verhindern; er versprach, daß Berlin und Deutschland im Kommunismus und durch ihn wiedervereinigt würden. Die Russen erklärten einen Landstreifen von hundert Meter Breite zu beiden Seiten der Mauer als Niemandsland – aber die alliierten Stadtkommandanten antworteten auf diese, wie sie es nannten, Unverfrorenheit, indem sie Patrouillen bis an die Grenze ihrer Sektoren schickten. Am 23.

August kam es zu einem ernsteren Alarm, als die Sowjetregierung den Alliierten erklärte, die Luftkorridore seien ihnen »zeitweilig zur Gewährleistung der Bedürfnisse ihrer Militärgarnisonen, nicht aber für subversive und revanchistische Zwecke des westdeutschen Militarismus« zugestanden worden. Eine Woche später enthüllte ein Kommuniqué des Weißen Hauses, daß die Russen einen seit zwei Jahren währenden Burgfrieden gebrochen und in der Atmosphäre eine thermonukleare Bombe gezündet hätten. Umgehend kam eine Bestätigung: »Die Vereinigten Staaten und ihre Alliierten«, erklärte die sowjetische Note, »drohen zur Waffe zu greifen und als Antwort auf den Abschluß eines Friedensvertrags mit der Deutschen Demokratischen Republik einen Krieg zu entfachen... Deshalb hat die Sowjetunion beschlossen, ihre Kernwaffenversuche wieder aufzunehmen. Sie hat Entwürfe für die Herstellung einer Serie von Bomben mit erhöhter Sprengkraft, in der Größenordnung von 20, 30, 50 und 100 Millionen TNT, ausgearbeitet. Mächtige Raketen können derartige Bomben emportragen und an jeden beliebigen Punkt der Erde bringen.«

Das war Erpressung durch Schrecken. Die stärksten Bomben des amerikanischen Arsenals erreichten keine 12 bis 13 Millionen Tonnen TNT. Eine Bombe von 100 Millionen Tonnen stellte ein kaum vorstellbares Ausrottungsmittel dar. Die Einschüchterungsabsicht war offenkundig. Eine Meinungsbefragung stellte fest, daß nur 9 % der Franzosen dachten, Westberlin sei einen Krieg wert. Aber de Gaulle blieb unerschütterlich, beharrte auf der Ablehnung jeglicher Verhandlung und verlangte von den Kommunisten den Abbau der Mauer.

Es wurde eine wirkliche Mauer. Drei Meter hoch, mit Stacheldraht versehen, folgte sie der gewundenen Grenze des russischen Sektors. Man rüstete sie mit Minenfeldern, Spanischen Reitern und dergleichen aus. Sie bot an manchen Stellen einen Anblick, der die Tragik des zweigeteilten Berlin symbolisierte. Eine dieser Stellen war der Potsdamer Platz: Vor dem Krieg das Zentrum des Berliner Treibens und danach das Gebiet der Konfrontation von Ost und West, war er nun eine Öde. Ein symbolisches Bild bot auch die Friedrichstraße, der einzige offengebliebene Durchgang, der jedoch auf der anderen Seite durch Zickzackwege eingeengt und von Panzern bewacht war. Eine dritte solche Stelle war das Brandenburger Tor, vor dem riesige Fahnen wehten, die eine ungeheure Herausforderung bedeuteten. Die erschütterndste Stelle war die Bernauer Straße. Der am Pazifik beginnende Osten endete hier mit einer zwei Kilometer langen Reihe von Hausfassaden, die auf eine zum Westen gehörende Straße hinausgingen. Dutzende Flüchtlinge sind aus diesen Fenstern gesprungen – das erste Todesopfer war Ida Siekmann, eine 60jährige Bewohnerin des Hauses Nr. 48, die sich am 22. August aus ihrem Fenster im zweiten Stockwerk warf. Einige Tage später – nach weiteren drei Opfern – wurden sämtliche Fenster der Bernauer Straße zugemauert.

Anfangs feuerten die Vopos nicht auf die Flüchtlinge. Diese Milde nahm bald ein Ende; der 25jährige Günther Litfin wurde bei seinem Versuch, den Havelkanal zu durchschwimmen, erschossen. Von da an setzte man bei der Flucht nicht mehr nur seine Freiheit aufs Spiel, sondern auch das Leben.

Kaum einen Monat nach der Absperrung Ostberlins, am Sonntag, dem 17. September 1961, wählte die Bundesrepublik ihren vierten Bundestag. In dem dritten hatten

270 Abgeordnete der Christlich-Demokratischen Union und der Christlich-Sozialen Union gesessen; in dem neugewählten waren es nur noch 243. Die CDU/CSU hatte ihre absolute Mehrheit eingebüßt.

Das war für Adenauer ein Rückschritt; er nahm es übel auf, beschuldigte andere. »Ich wollte am 13. August nach Berlin fliegen: Die Amerikaner haben es mir untersagt. So konnte man dem deutschen Volk sagen, der Bundeskanzler interessiere sich nicht mehr für das Schicksal der ehemaligen Hauptstadt. Da haben wir jetzt das Ergebnis!«

Hamburg, Schleswig-Holstein und Hessen gaben den Sozialdemokraten die Mehrheit. Sie hatten 169 Abgeordnete gehabt, nun würden es 190 sein, ihr Stimmenanteil war von 31,8 % auf 36,3 % gestiegen. Dennoch war ihr Erfolg geringer als der der liberalen Partei, der FDP. Sie schien bereits im Verlöschen, als ihr Stimmenanteil im Jahre 1957 auf 7,7 % gefallen war. Ein plötzlicher Aufschwung brachte sie nun wieder auf 12,7 % und erhöhte ihre Parlamentsvertretung von 41 auf 66 Sitze. Da alle anderen Parteien, weil sie unter der verfassungsmäßigen 5%-Klausel blieben, aus dem Parlament verschwunden waren, fiel der FDP die Rolle des »Züngleins an der Waage« zu.

Adenauer gab nicht auf. Ebenso wie Churchill es so lange tat, weigerte er sich, auf die Stimmen zu hören, die ihm zu verstehen gaben, er würde seiner Partei und seinem Vaterland einen Dienst erweisen, wenn er sich aus der aktiven Politik zurückziehen wollte und statt dessen der allgemein verehrte Patriarch des deutschen Volkes würde. Nachdem er der Chef eines einheitlichen Kabinetts gewesen war, willigte er ein, an der Spitze eines Koalitionskabinetts zu stehen.

Die Unterhandlungen mit der FDP gestalteten sich schwierig. Erich Mende begann damit, daß er den Rücktritt Adenauers und dessen Ersetzung durch Erhard verlangte. Darauf wandte sich Adenauer an die Sozialisten, besprach sich mit Brandt, machte ihn mit der Vorstellung bekannt, daß die Bildung eines Koalitionskabinetts von Sozialdemokraten und Christlichen Demokraten nicht unmöglich wäre. Beunruhigt zog Mende seine Forderung zurück, besser gesagt, er übertrug sie auf den Außenminister, Heinrich von Brentano, den Adenauer dann auch fallenließ wie ein Luftraumfahrer seinen Ballast.

Noch waren die Schwierigkeiten nicht überwunden. Nachdem die Ausschaltung von Brentanos erreicht war, widersetzte sich die FDP der Ernennung Walter Hallsteins zu seinem Nachfolger. Die Unterhandlungen wurden abgebrochen, wieder aufgenommen, zogen sich in die Länge. Mende verzichtete auf den Eintritt ins Kabinett, verlangte jedoch, daß die Beteiligung seiner Partei durch einen richtigen Vertrag geregelt werde, demgemäß Adenauer einige positive, genau umrissene Verpflichtungen übernahm. Als der XXII. Parteitag der KPdSU am 17. Oktober in Moskau zusammentrat, hatte man sich noch bei weitem nicht geeinigt, und die Zukunft der deutschen Politik blieb unbestimmt. (*Forts. Deutschland S. 970*)

Die große Kongreßhalle im Kreml war ganz im amerikanischen Stil eingerichtet worden. Die Klimaanlage hatte eine deutsche Firma eingebaut, und das Übertragungssystem für die Simultanübersetzung in neunundzwanzig Sprachen war von zwei britischen Firmen installiert worden. Es gab eine Snackbar mit alkoholfreien Getränken, Marmorwaschtische mit warmem und kaltem Wasser, schallschluckenden Belag, erstklassige Akustik. Die 4408 Hauptdelegierten, die 405 Ersatzdelegierten, die Vertreter der 80 Bruderparteien – sie alle waren voller Bewunderung.

Am ersten Tag, dem 17. Oktober, redete Chruschtschow sechs Stunden lang; am zweiten, dem 18. Oktober, redete er sieben Stunden lang. Ein Strom von Zahlen bewies, daß der Verlauf der Geschichte unweigerlich zur Vernichtung des Kapitalismus und zum Sieg des Sozialismus führte. Den Vereinigten Staaten und Westeuropa gehe der Atem aus. Die Sowjetunion und die Länder, die sie mit sich zog, verzeichneten ein immer schnelleres Wachstumstempo.

Bei Beginn des XXII. Parteitags stand die am 31. August angekündigte Serie von Kernwaffentests bei ihrer einundzwanzigsten Explosion. Die Proteste der Welt hatten Chruschtschow nicht beeindruckt. Er kündigte die bevorstehende Zündung einer Bombe von 50 Millionen Tonnen TNT an und bestätigte die Existenz einer zweiten von 100 Millionen Tonnen. »Diese werden wir jedoch nicht zur Explosion bringen«, sagte er, »denn sogar in den von der Sowjetunion entferntesten Gebieten würde sie eure Fensterscheiben zersplittern!«

Walter Ulbricht saß in der zweiten Reihe auf dem Podium. Seine klatschenden Hände brachten seine Begeisterung zum Ausdruck; sie erstarrten jedoch, als Chruschtschow mit wenigen Worten das Berlinproblem behandelte. »Wenn die Westmächte Bereitschaft zur Regelung des deutschen Problems zeigen, so wird die Frage des Termins der Unterzeichnung eines deutschen Friedensvertrages nicht solche Bedeutung haben. Wir werden dann nicht darauf bestehen, den Friedensvertrag unbedingt bis zum 31. Dezember dieses Jahres zu unterzeichnen.«

Chruschtschow war unberechenbar! Erst schürte er die Berlinkrise mit dramatischer Heftigkeit, drohte siebenundzwanzigmal mit einem Atomkrieg, ließ seine Superbomben in einem Tempo explodieren, das die Welt in Schrecken versetzte. Und nun riß er sich gewissermaßen wieder einmal selbst seinen Stachel aus und zog sein Ultimatum zurück. Man kannte das tiefere Wesen des Mannes zu wenig und die sowjetischen Quellen waren zu ungenau, als daß es möglich gewesen wäre, mit einiger Wahrscheinlichkeit die Beweggründe und Etappen dieser verschiedenen Wandlungen festzustellen.

Chruschtschow kam auf die inneren Probleme des Kommunismus zu sprechen. Wieder einmal betonte er, daß Stalin Tausende Unschuldige hatte ermorden lassen – doch war diese Wiederholung für die große Masse der Russen, die von dem Geheimbericht beim XX. Parteitag keine Kenntnis hatten, eine Enthüllung. Wieder kam er eingehend auf das Komplott gegen die Partei zurück, auf die Abweichungen und Schandtaten Malenkows, Molotows, Kaganowitschs, Bulganins, Woroschilows und vieler anderer. Dann mußte Albanien herhalten.

Albanien heißt in der holprigen Sprache seiner Bewohner Shqipërisië, was Adlerland bedeuten soll. Es hat den ganzen historischen Materialismus widerlegt, indem es ohne irgendeinen Übergang vom Stammessystem zum Kommunismus umschwenkte. Übrigens ging es dem Stammessystem innerhalb des Kommunismus gut. Einer der Partisanenführer, die Albanien ins Lager der Volksdemokratien brachten, Kotschi Xoxa oder Dodze, war von dem anderen, Enver Hodscha oder Hoxha oder Hodza, liquidiert worden. Aber die wilden Albaner hatten die Entstalinisierung nicht akzeptiert. Die Annäherung an Tito machte sie wütend. Die Beziehungen zur UdSSR hatten sich so sehr verschlimmert, daß der sowjetische Botschafter in Tirana praktisch in seiner Botschaft gefangen war und daß Albanien nicht zum XXII. Parteitag eingeladen worden war.

Chruschtschow beschuldigte die Führer dieses nicht vertretenen Landes, gute Kommunisten ermordet zu haben, um ihre Herrschaft durch den Terror zu befestigen. Er warf ihnen vor, die Weisungen des XX. Parteitags mißachtet zu haben und den Stalinkult weiterzuführen. »Das ist eine Haltung«, sagte er, »die wir weder der Führung Albaniens noch irgend jemand anderem gestatten werden.«

Wieder hatte Mao Tse-tung auf die Reise nach Moskau verzichtet; wieder saß Tschou En-lai in seiner schlichten grauen Bluse in der ersten Reihe der Ehrengäste. Als er am 19. Oktober das Wort ergriff, betonte er, daß »unser sozialistisches Lager aus zwölf Ländern, die eine Einheit bilden, besteht, von der Volksrepublik Korea bis zur Volksrepublik Albanien«. Er brachte in Erinnerung, daß alle Meinungsverschiedenheiten innerhalb des sozialistischen Lagers diskret bereinigt werden sollten, »nach den Prinzipien der Gleichheit und Einhelligkeit. Es ist keine ernste marxistisch-leninistische Haltung, wenn man einen Streit zwischen Bruderländern oder -parteien vor den Augen des Feindes enthüllt.«

Eisige Stille. Das unbedeutende, barbarische Albanien war nur ein Vorwand in dem Streit zwischen den beiden Riesen des Kommunismus. Der große Saal war stumm, man war sich der tiefen Bedeutung der Herausforderungen bewußt, die hier ausgetauscht wurden. Der Antagonismus zwischen Chinesen und Russen war aus seinem Vorstadium herausgetreten; er lag klar zutage.

Zwei Tage später legte Tschou En-lai beim Grabmal auf dem Roten Platz einen Kranz nieder: »Josef Wissarionowitsch Stalin, dem großen Marxisten-Leninisten.« Dann flog er, ohne das Ende des Parteitags abzuwarten, nach Peking zurück.

Eine Woche verging. In der Nacht vom 30. zum 31. Oktober wurde der Rote Platz von Polizei und Armee abgeriegelt. Eine Gruppe Facharbeiter nahm die Leiche Stalins aus dem Mausoleum und brachte sie in das Pantheon Nr. 2 der Sowjetunion, das ist der schmale, hinter dem Mausoleum gelegene Friedhof entlang der Kremlmauer. Die Überführung war am Vortag durch einstimmigen Beschluß des Parteitags befohlen worden. Von nun an ruhte Stalin neben den wenigen Gründern der Sowjetunion, die er nicht hatte beseitigen lassen, wie Kalinin und Dserschinskij. Man unterließ es, den noch frischen Kranz Tschou En-lais auf das neue Grab zu legen.

Die erste Entstalinisierung hatte Stalingrad verschont; die zweite gab dem Schauplatz der größten Schlacht des Zweiten Weltkriegs den Namen Wolgograd. Auch die übrigen mit Stalin verbundenen Ortsnamen verschwanden von der Städteliste. Stalino, in der Ukraine, wurde zu Donezk, Stalinabad in Tadschikistan und Staliniri in Georgien erhielten wieder ihre ehemaligen Namen Duschanbe und Zchinwali. Stalinstadt in Ostdeutschland bekam den sehr treffenden Namen Eisenhüttenstadt, und Sztálinváros in Ungarn hieß von nun an Dunaúváros. Die Berliner Stalinallee wurde zur Karl-Marx-Allee, und in Ivry-sur-Seine, der roten Vorstadt von Paris, ließ der Bürgermeister Maurice Thorez die Tafel »Rue Staline« abnehmen und durch »Rue Lénine« ersetzen.

Zum Abschluß des Parteitags hielt Chruschtschow sein Versprechen: Er ließ eine entsetzliche 50-Megatonnen-Bombe in der Arktis explodieren. Fiele die jemals auf New York, so würde sie zwei Drittel von Manhattan, einen Teil von Queens, alle Uferstädte New Jerseys am Hudson River vernichten, zwei bis drei Millionen New Yorker ums Leben bringen. Die Untersuchung der Ausschüttung zeigte, daß die Russen den Wirkungsgrad der thermonuklearen Bombe beträchtlich erhöht und deren Mechanismus vereinfacht hatten. Daraufhin beschloß Kennedy, daß im Jahre 1962 die amerikanischen Kernwaffenversuche im Pazifik wiederaufgenommen werden sollten. Das für kurze Zeit unterbrochene Wettrüsten auf dem Gebiet der Kernwaffen begann von neuem. (*Forts. UdSSR S. 1047*)

Umstellung der Bündnisse: Versuchung für das enttäuschte Deutschland

Es bedurfte einer Intervention des Bundespräsidenten Dr. Lübke, um der deutschen Regierungskrise ein Ende zu bereiten. Endlich, am 7. November, wählte der Bundestag den Bundeskanzler. 26 Christliche Demokraten legten leere Stimmzettel in die Glasurne. Der in seinem sechsundachtzigsten Jahr stehende Dr. Konrad Adenauer wurde mit 258 Stimmen wiedergewählt, das waren nur acht Stimmen mehr als die verfassungsmäßig erforderliche absolute Mehrheit.

Das Außenministerium, dessen Besetzung einer der Gründe des langwierigen Konflikts war, wurde Gerhard Schröder (CDU) anvertraut. Ludwig Erhard (CDU) blieb Vizekanzler und Wirtschaftsminister und Franz-Josef Strauß (CSU) Verteidigungsminister. Die FDP erhielt fünf Ministersitze, darunter den des Finanzministers, den Heinz Starke übernahm.

Adenauer war geblieben, aber an den Rand gerückt worden. Er mußte den von Mende verlangten Vertrag unterschreiben, der unter anderem vorsah, daß er spätestens im Oktober 1963 als Regierungschef zurücktrete. Andere Klauseln schrieben ihm die Verlangsamung seiner Sozialpolitik vor, und weitere zwangen ihn, der deutschen Politik eine mehr nationale Richtung zu geben. Die FDP behielt sich vor, ihre Minister jederzeit abzuberufen, falls sie der Ansicht war, daß Adenauer seine Verpflichtungen nicht einhielt.

Die Berlinkrise hatte Westdeutschland schwer erschüttert. Seine Verbündeten hatten es enttäuscht; sie hatten die Errichtung der Mauer zugelassen, sie ließen deren Festigung zu. General Clay hatte das Prinzip des freien Zugangs nach Berlin aufrechterhalten wollen, indem er militärische und diplomatische Fahrzeuge den Checkpoint

Charlie passieren ließ, deren Insassen sich nicht kontrollieren ließen; Washington verlangte, er solle solche Demonstrationen wegen der Zusammenstöße, zu denen sie führen könnten, unterlassen. Die Vereinigten Staaten und in noch stärkerem Maße England betrachteten die Errichtung der Mauer als unwiderruflich. Senator Fulbright und der Historiker Schlesinger behaupteten, die Mauer sei defensiv, also berechtigt, weil infolge der Auswanderung der Ostdeutschen unerläßlich. Bei der Regierung in Bonn und in den Redaktionen der deutschen Zeitungen war es bekannt, daß dies auch der Standpunkt des Chefs der US-Außenpolitik, Dean Rusk, war.

Mit diesem nachgiebigen Rusk unterhielt sich Gromyko, der zu den Vereinten Nationen nach New York gekommen war, am 30. September drei Stunden lang. Das Gespräch wurde in der folgenden Woche mit Kennedy fortgesetzt. Der Präsident nannte drei Prinzipien, über die es keine Diskussion geben könne: 1. Westberlin verbleibt im wirtschaftlichen und sozialen System des Westens; 2. die amerikanische, die englische und die französische Besatzung bleiben dort; 3. die Freiheit seiner Verbindungswege bleibt gesichert. Unter Voraussetzung dieser *three essentials* könnte man der DDR eine De facto-Anerkennung zugestehen und ihr einen Teil der durch das Besatzungsstatut im Besitz der Sowjetunion befindlichen Vollmachten übertragen. Eventuell könnte die Anerkennung der Oder-Neiße-Linie ins Auge gefaßt werden.

Unter der Schlagzeile »Acht Wochen Ulbricht-KZ: Und wir reden und reden...« brachte die *Bild-Zeitung* am 9. Oktober einen Artikel, der feststellte: »Acht Wochen ist es her, daß Ulbricht Deutschland zerschnitt... Was haben wir, was hat der Westen in dieser Zeit getan?«

In Rußland hatte Botschafter Kroll den Schatten eines großen Mannes gefunden. Bismarck, in den Jahren 1859 bis 1862 Gesandter des preußischen Königs in Sankt Petersburg, hatte die Grundlagen einer deutsch-russischen Verständigungspolitik gelegt, die bis zum Ende des Jahrhunderts und bis zu den Extravaganzen Wilhelms II. die Sicherheit des Reichs, das er begründet hatte, gewährleisteten. Der kurz vor seiner Pensionierung stehende Diplomat Kroll träumte von einer ähnlichen Leistung. Er war überzeugt, daß die Wiedervereinigung Deutschlands nur durch eine Versöhnung mit Rußland zustandekommen könne. Für den aus Breslau stammenden Schlesier lag der Gedanke nahe, Chruschtschow würde vielleicht auch vor einer fünften Teilung Polens nicht zurückschrecken, um eine dauerhafte Allianz zu begründen. Das im Westen integrierte Deutschland sei dazu verurteilt, ein verstümmelter politischer Körper zu bleiben, den Alliierten unterworfen, die es dauernd der Sicherung ihrer Ruhe zum Opfer brachten. Der Osten sei es, wo die Wiedergutmachung der Geschichte stattfinden konnte. Kroll versuchte Adenauer davon zu überzeugen, seit Monaten predigte er ihm schon, er solle mit Chruschtschow zusammentreffen.

Vierzig Jahre zuvor, nach der Niederlage im Ersten Weltkrieg, hatte sich Deutschland dem vom Bolschewismus erfaßten Rußland zugewandt und, indem es den Vertrag von Rapallo unterzeichnete, sich den Weg für eine militärische und politische Wiedererstehung geebnet. Ein langes Zwiegespräch zwischen Kroll und Chru-

971

schtschow ließ einen ähnlichen Überraschungsschlag befürchten. Der Botschafter erklärte dem Oberhaupt der Sowjetunion, er halte den Augenblick für gekommen, die Vergangenheit zu liquidieren und eine Zusammenarbeit »der größten Staaten Europas« auf allen Gebieten einzuleiten. Bei einer solchen Einstellung wurde Westberlin zu einem nebensächlichen Problem. Die Vorschläge des Botschafters gingen über die von Kennedy und seinem Außenministerium in Betracht gezogenen Zugeständnisse nicht hinaus; das Neue daran war der Versuch, statt Feindseligkeit Verständigungswillen zu dokumentieren.

In Bonn war man beunruhigt. Adenauer berief Kroll zu sich; er möge sich vom Flughafen unmittelbar ins Bundeskanzleramt begeben. Hier setzte man ihn von einem offiziellen Kommuniqué in Kenntnis, das ihn, ehe man ihn noch angehört hatte, desavouierte. Dennoch ließ ihn Adenauer seine These über die Notwendigkeit bilateraler Verhandlungen zwischen der Sowjetunion und der Bundesrepublik entwickeln. Als Kroll fortging, war er überzeugt, er werde abberufen werden. Das war ein Irrtum. »Nach meiner Rückkehr ins Hotel rief Dr. Adenauers persönliche Sekretärin an, um mir mitzuteilen, daß ich selbstverständlich auf meinen Posten in Moskau zurückkehren werde.«

Krolls Rückkehr war von Mende erzwungen worden; der durch seinen halben Mißerfolg bei den Wahlen geschwächte und bedrückte Adenauer hatte nachgegeben. Als er einige Tage später in Washington eintraf, suchten die Amerikaner vergeblich den unerschrockenen, unbeugsamen alten Mann, den sie gekannt hatten. Der neue Adenauer fügte sich übrigens besser in den Rahmen ihrer Absichten als der einstige. Man konnte ihn überzeugen, daß es sich nicht vermeiden ließ, Verhandlungen hinsichtlich Berlins einzuleiten. Er erklärte sich sogar zu einem Versuch bereit, den anderen großen alten Mann Europas, Charles de Gaulle, dafür zu gewinnen. Zu diesem Zweck wurde eine Zusammenkunft am 9. Dezember in Paris vereinbart.

Verlorene Liebesmüh! De Gaulle blieb unnachgiebig. Unter Druck verhandelt man nicht. Und man verhandelt auch nicht mit einem Partner, der entschlossen ist, keine anderen Bedingungen als seine eigenen anzunehmen. Auf diese Weise käme es nur zu einer erbärmlichen Kapitulation oder einem gefährlichen Bruch. Die Alliierten dürften keine Zugeständnisse machen; und die Russen sollten zuerst einmal die Mauer niederreißen!

Ohne Frankreich über das Berlinproblem zu verhandeln war unmöglich. De Gaulle allein hielt den Atlantikpakt auf dem soliden Terrain der Ablehnung.

Chruschtschow hatte sich von Kroll verlocken lassen. Zwei Tage nach Weihnachten wurde in Bonn ein Memorandum überreicht. Darin fand sich ein Satz, der zu dem üblichen Wortschatz des Botschafters gehörte: »Die Sowjetunion und die Deutsche Bundesrepublik, die größten Staaten Europas ...«. Der erste warf dem zweiten vor, revanchistische Ideen zu nähren, und bedauerte, daß er sich völlig der Koalition der westlichen Imperialisten eingegliedert habe. Es liege aber bei der Bundesrepublik, ihre strafbaren Gedanken aufzugeben und ihre irrige Einstellung zu ändern. Im Rahmen einer weitgehenden Zusammenarbeit mit dem Osten böten sich ihr die glänzendsten Aussichten. »Wir haben nichts gegen regste Verbindungen der Bundesrepublik Deutschland mit Westberlin auf wirtschaftlichem, politischem und kulturellem Gebiet. Diese Verbindungen aber müssen auf entsprechender rechtlicher Grundlage aufgebaut werden... Die Mauer ist keine Teilung, sondern eine Grenze, und zur Zeit ist es unmöglich, eine Übereinkunft über die Abschaffung einer solchen Grenze zu erzielen. Die Deutsche Bundesrepublik steht mit ihren Verbündeten in wirtschaftlichem Wettstreit, mit der Sowjetunion könnte sie sich in wirtschaftlicher Hinsicht ergänzen. Die sozialistischen Länder stellen einen Ozean für den Absatz an Industriewaren dar, vor allem für die des Maschinenbaus, wo die Deutschen besonders stark sind...« Die Verlockung war groß. Die entschiedenste Antwort auf den sowjetischen Antrag kam von dem Mann, den man als den dafür zugänglichsten gehalten hätte, von Erich Mende.

»Verhandlungen über Berlin und die deutsche Frage gehören in die Zuständigkeit der Siegermächte, deshalb ist die FDP gegen zweiseitige Verhandlungen zwischen Bonn und Moskau. An diesen Passus sollte man sich erinnern und fragen, ob das noch gilt. Rapallo ist eine vergangene Epoche. Bilaterale Verhandlungen können die Deutschland-Frage niemals lösen, sondern nur multilaterale Verhandlungen.«

Der sowjetische Versuch hatte keinerlei Erfolg, ebensowenig die Verhandlungsbemühungen der Westmächte. Am 21. Februar 1962 antwortete Bonn ablehnend auf das Memorandum vom 27. Dezember, und Kennedy wandte sich vergeblich an de Gaulle, er möge doch einem Treffen der Vier Großen zustimmen. Die Berlinfrage geriet in Vergessenheit.

Ulbricht sollte seinen Friedensvertrag nicht bekommen, aber er hatte etwas Besseres. Hinter seinem durch die Berliner Mauer versiegelten Eisernen Vorhang behielt er die gesamte Arbeits- und Organisationskraft eines Drittels des deutschen Volkes. Mehr war nicht erforderlich, um innerhalb weniger Jahre aus der Deutschen Demokratischen Republik einen mächtigen Industriestaat zu machen, den zweitstärksten der roten Welt nach der Sowjetunion. Und das bereitete neue Probleme für die Zukunft vor.

Brasilien am Rande des Bürgerkriegs

Punta del Este. Die Berliner Mauer war noch nicht aus dem Boden aufgeschossen, als sich, am 5. August 1961, 440 Delegierte, die 21 amerikanische Republiken vertraten, in dem Badeort von Uruguay versammelten. Es galt der großen Idee John F. Kennedys, dem Bündnis für den Fortschritt, *Alianza para el Progreso*, Gestalt zu geben.

Seit dem Abenteuer in der Schweinebucht hatten sich in dem stets wechselnden Bild Lateinamerikas einige Wandlungen ergeben. Am 1. Mai erklärte Fidel Castro, daß Kuba von nun an »eine sozialistische Republik« sei. Am 30. Mai wurde Rafael Leónidas Trujillo im einunddreißigsten Jahr seiner Diktatur auf der Straße zu einem der 14 Paläste, die er in seiner dürftigen Dominikanischen Republik gebaut hatte, von 27 Kugeln aus einer Maschinenpistole durchschossen. Sein Nachbar in Haiti, François Duvalier, sollte sich nach Ablauf von 6 Jahren der Präsidentschaft zum Präsidenten auf Lebenszeit erklären. Chile, Peru, Venezuela stabilisierten sich in den

Händen von konservativen Präsidenten wie Jorge Alessandri Rodriguez, Manuel Prado, Romulo Betancourt. In Argentinien dagegen mußte Präsident Arturo Frondizi den vereinten Angriffen der Peronisten und der Konservativen seinen orthodoxen Finanzminister Alvaro Alsogaray opfern.

Auf das schwächliche Intermezzo mit Café Filho war in Brasilien auf Getulio Vargas der Sohn eines tschechischen Einwanderers und einer Lehrerin aus Minas Gerais, Juscelino Kubitschek de Oliveira, gefolgt. Eine gewaltige Unternehmung war noch durchzuführen: die Errichtung der durch die Verfassung vorgesehenen Bundeshauptstadt im geometrischen Zentrum des riesigen Landes. Dieser Aufgabe widmete sich Kubitschek. Innerhalb von vier Jahren wuchs aus dem wilden Urwald im Staate Goiás die prachtvolle Architektur von Brasilia und versprach, eine der strahlendsten Städte der Welt zu werden. Die Eröffnung am 21. April 1960 war für Kubitschek ein Tag des Triumphes. Doch die unbarmherzige Verfassung versagte ihm eine zweite Amtszeit. Am 3. Oktober machte die glatteste Wahl in der Geschichte Brasiliens Janio Quadros zum Präsidenten und João (»Jango«) Goulart zum Vizepräsidenten. Die Machtübernahme fand am 31. Januar statt.

Quadros ließ sich gern mit Lincoln vergleichen. Er war der Sohn eines brutalen, ausschweifenden Vaters, der durch die Kugeln eines eifersüchtigen Ehemanns den Tod fand, und arbeitete sich aus tiefstem Elend zum Rechtsanwalt, Politiker und Gouverneur des reichsten Staats von Brasilien, São Paulo, empor. Er war eine eigenartige Figur: krankhaft herrschsüchtig, so besessen von keuscher Korrektheit, daß er Badeanzüge bei Schönheitskonkurrenzen verbot. Er war ostentativ arm; so rühmte er sich, nur ein Paar Schuhe zu besitzen, da er nur ein Paar Füße habe. Er hatte die Gunst der Bourgeoisie von São Paulo gewonnen, indem er einfach durch den Ausgleich von Soll und Haben die unsinnig verfahrenen Finanzen der Stadt und des Staates rettete. Er erhielt Brasilien aus den Händen eines Kubitschek, der es um Brasilias willen bankrott gemacht hatte und der keinen übertriebenen Wert auf peinlichste Redlichkeit in seiner Umgebung gelegt hatte. Von Quadros erwartete man eine Sanierung im vollen Sinn des Wortes. Man sagte: »Der ist wie Salazar.«

War aber dieser Salazar des Inneren im Äußeren ein Castro?

Die Vereinigten Staaten hatten die Wahl Quadros' gewünscht und seine Anfänge durch ein Geschenk von einer Million Tonnen Getreide unterstützt. Er dankte, indem er eine Politik »positiver Neutralität« ankündigte. Er machte sich daran, die diplomatischen Beziehungen mit der UdSSR wieder aufzunehmen, sandte seinen Vizepräsidenten Goulart nach Peking, brüskierte den Vertreter Präsident Kennedys, Adolf Berle, und drückte der kubanischen Revolution seine Sympathie aus. Brasilien ist ein Koloß, größer als die Vereinigten Staaten und mit einer größeren Bevölkerungszahl als das gesamte übrige Südamerika. Sein Abgleiten in das prokommunistische Lager hätte eine viel schwerere Katastrophe bedeutet als der Sieg Castros.

In Lateinamerika liegt das Realste nicht in der reinen Politik. Seine Wirklichkeit heißt Armut, Analphabetentum, Überwiegen der ländlichen Bevölkerung, Unterwerfung der Volkswirtschaft unter ein einziges Produkt, untragbare Unterschiede zwischen den sozialen Schichten. Eisenhower war sich dieser ungesunden Situation bewußt geworden, ihm fehlte jedoch die nötige Energie und Phantasie, um den Versuch einer Abhilfe zu wagen. Kennedy versuchte es.

Die Diskussionen in Punta del Este dauerten zwölf Tage. Die Vereinigten Staaten legten zwanzig Milliarden Dollar – für zehn Jahre – auf den Tisch. Sie versuchten mit dieser Hilfe gründliche wirtschaftliche und soziale Reformen zu verbinden und erstrebten gleichzeitig eine Abschwächung des Nationalismus, einer der größten Plagen in den Ländern Südamerikas. Widerstreitende Interessen traten zutage, doch die einzige Oppositionsstimme war die Che Guevaras. Er verhöhnte das Almosen Washingtons, erging sich in übertriebenen Anklagen gegen die Ausbeutung der Reichtümer Lateinamerikas durch den Yankee-Imperialismus und bezeichnete Castro als den Befreier des Kontinents. Aber er konnte niemand für sich gewinnen, und er stellte schließlich selbst den Versuch an, sich an das Bündnis für den Fortschritt anzuhängen. Den brachte der peruanische Ministerpräsident, Pedro Beltrán, zum Scheitern, er erreichte auch den Ausschluß der Republik Kuba aus der Organisation der amerikanischen Staaten.

Einige Tage später empfing Janio Quadros Che Guevara in Brasilia und verlieh ihm das Ordensband vom Kreuz des Südens.

An der Spitze des Protestes stand der Mann, der Vargas gestürzt hatte, der gefürchtete Carlos Lacerda. Er hatte den Hauptanteil an dem Sieg Quadros' gehabt, in dessen Person er die auf die Korruption folgende Rechtschaffenheit begrüßte. Nun gab er zu, daß er sich geirrt hatte, daß der Mann Anzeichen von Geistesgestörtheit erkennen ließ und im Begriff war, Brasilien dem Kommunismus auszuliefern.

Als Antwort lud Quadros Lacerda nach Brasilia ein. Er bestand darauf, ihn in seinem prachtvollen »Palast der Morgenröte«, Alvorada, aufzunehmen, ließ ihn aber dann nach einem kurzen Gespräch allein und erteilte Befehl, man solle den Koffer des Gasts wieder hinausschaffen. Nach seiner Rückkehr nach Rio enthüllte Lacerda, wie er sich diese Beleidigung zugezogen hatte: Der Präsident hatte ihm vorgeschlagen, sich mit ihm zu verbinden, um den Kongreß aufzulösen, mittels Dekret zu regieren und die Verfassung im Sinne persönlicher Vollmacht zu ändern.

Einige Tage vergingen unter Anklagen und Dementis. Am Morgen des 25. August fand auf dem Platz vor dem Gebäude der Exekutive eine Militärparade statt. Janio Quadros weihte eine Fahne ein und drückte seinen drei Verteidigungsministern, Marschall Odilio Denys, Admiral Sylvio Heck und *brigadeiro* oder Luftwaffengeneral Gabriel Grum Moss, die Hand; dann kehrte er ins Planalto, den Sitz des Präsidenten der Republik, zurück. Frau Quadros und das Privatgepäck befanden sich bereits auf der Fahrt zu der Viking-Maschine des Präsidenten. Janio diktierte seine Rücktrittserklärung und fuhr dann gleichfalls zum Flughafen. Um 11 Uhr startete das Flugzeug nach São Paulo. Am übernächsten Tag verließ der Passagierdampfer *Uruguay Star* den Hafen von Santos mit dem Mann an Bord, der sich als der Lincoln Brasiliens hatte feiern lassen.

Es hatte sich nichts ereignet, das Quadros zum Rücktritt gezwungen hätte. Die drei Verteidigungsminister hatten ihn zurückzuhalten versucht, indem sie ihn ihrer Loyalität versicherten. Doch der Mann war ein Neurotiker, der abwechselnd Anfälle einer an Willkür grenzenden Herrschsucht hatte und dann wieder unter schweren Depressionen litt. Sein Abgang glich mehr einer Flucht als einem Rücktritt.

Goulart befand sich in Singapur, auf der Rückreise aus Peking, als er von dem Ereignis erfuhr, das ihn vom zweiten zum ersten Mann Brasiliens machte. Gleichzeitig erfuhr er von dem Veto, das ihn traf: Marschall Denys hatte erklärt, Goulart sei zu rot, um Brasilien zu regieren.

Jango Goulart hatte ein riesiges Gut bei São Borje, der Heimat Vargas', geerbt. Die Pampa war voll von seinen Herden und Gauchos. Zuerst war er ein lokaler Playboy gewesen, dann fand er, von seinem Nachbarn Vargas begünstigt, eine originelle politische Linie, indem er – ein Großgrundbesitzer! – der Chef der brasilianischen Gewerkschaften wurde. Er war kein Kommunist, wie seine Gegner behaupteten, sondern ein Demagoge, aus dem die Kommunisten ein Werkzeug für ihre Zwecke machen konnten.

In Rio und São Paulo rollten die Panzer. Die Telefonverbindungen wurden überwacht, die Flughäfen gesperrt. Die Zensur wurde eingeführt. Die Armee übernahm die Macht. Aus dem ganzen Land trafen zustimmende Erklärungen ein – nur nicht aus Rio Grande do Sul.

Rio Grande do Sul ist der Gauchostaat Brasiliens. Die Entwicklung der Industrie und die Verbreiterung der landwirtschaftlichen Basis hatten die Bedeutung der Viehzucht verringert, doch die im Wind der Pampa geborene Tradition lebte fort. Noch liebten die Männer ihre Revolver und Pferde. Die Friedhöfe waren voll von Gräbern aus jüngster Zeit, deren Grabsteine von gewaltsamem Tod aus Eifersuchts- oder politischen Gründen erzählten. Vargas war der Stolz von Rio Grande, Goulart war der Schützling Vargas', und der Gouverneur des Staates, Brizola, war Goularts Schwager. Er rief seine Mitbürger zum Aufstand auf, um die Legalität, in der Person des Ehemanns seiner Schwester, zu verteidigen.

Rio Grande geriet in Erregung. Die Gauchos, von denen viele den traditionellen Kompanien angehörten, waren im Alltagsleben Apotheker oder Kurzwarenhändler. Sie versammelten sich auf der Plaza da Matriz, dem Zentrum von Porto Alegre, jubelten Brizola zu und wollten gegen Brasilia und Rio marschieren. Marschall Denys telegrafierte an General Machado Lopes, den Kommandeur der 3. Armee, er solle die Situation in die Hand nehmen und Brizola verhaften. Die Antwort war niederschmetternd: General Lopes sprach sich für die Legalität aus und trat entschieden für Goulart ein!

Der Süden war die Gegend, in der die Erbfeinde, Paraguay, Uruguay und Argentinien, lagen. Zur 3. Armee gehörten die Hälfte der Streitkräfte Brasiliens, drei von sieben Infanteriedivisionen, drei von vier Kavalleriedivisionen, dazu eine Gauchobrigade, die von den Söhnen vom Rio Grande mit Bestimmtheit als die beste Truppe der Welt bezeichnet wurde. Der Abfall der 3. Armee brachte das Militärtriumvirat in Gefahr.

Darauf wurde kühn reagiert. Denys erteilte der im Staat São Paulo stehenden 4. Armee den Befehl, gegen die 3. zu marschieren und sie wieder gefügig zu machen. In den Staat Santa Catarina wurden Fallschirmtruppen gesandt, der alte Flugzeugträger *Minas Gerais* verließ die Bucht von Rio und fuhr gegen Süden. Das größte Land von Lateinamerika war von einer Wiederholung der spanischen Tragödie, einem Bürgerkrieg, bedroht, der den großen gegnerischen Kräften der Welt ein Terrain bot, wo sie einander gegenübertreten konnten.

Es waren angstvolle, seltsame Tage. In Copacabana gab es keinen einzigen Badegast weniger, über die Avenida Rio Branco wanderten ebenso viele Flaneure wie sonst. Das Triumvirat Denys-Heck-Moss hatte Brasilia verlassen und sich in Rio niedergelassen, das seit dem 21. April nicht mehr Hauptstadt war und in der Krise seine Bedeutung wiederzufinden hoffte. Lacerda, für den die Generäle nichts übrig hatten, hatte sich in seiner Residenz als Gouverneur des Staates Guanabara, eines ehemaligen Bundesdistrikts, verschanzt. Es kam zu einigen Straßenaufläufen, doch die offenkundige Angst vor dem ersten Blutvergießen lastete auf dem Volk, das im Gegensatz zu den Südamerikanern spanischen Ursprungs aus seiner portugiesischen Vergangenheit eine traditionelle Milde bewahrt hat. Auf der RB 2, die vor kurzem eröffnet worden war, um eine schnelle Verbindungsstraße zwischen dem Süden und dem Norden zu schaffen, wurden Vorbereitungen getroffen, doch rührten sich die 3. und die 4. Armee trotz der erhaltenen Befehle nicht von der Stelle.

Rio hatte sich übrigens Illusionen hingegeben; die Rückkehr der Militärgewalt machte es nicht wieder zur Hauptstadt. Die Schlichtung der Krise erfolgte in Brasilia. Alle verantwortungsbewußten Politiker, Kubitschek an der Spitze, bemühten sich um eine Lösung, die ihrem Land die Schrecken eines Bürgerkriegs ersparen würde: Sie fanden sie. Goulart sollte zurückkehren und in den »Palast der Morgenröte« einziehen, aber er würde kein Präsident nach dem Muster der Vereinigten Staaten, kein wirkliches Oberhaupt der Exekutivgewalt sein. Hastig änderte der Kongreß die Verfassung nach der Art der IV. Französischen Republik, wodurch der Präsident nur eine symbolische Gestalt wurde, und übertrug die effektive Macht einer parlamentarischen Regierung. Mit diesem Kompromiß waren die Militärchefs einverstanden, Goulart fand sich damit ab; Rio Grande do Sul sah ein, daß es sich nicht widersetzen konnte. Am 1. September pfiff die Plaza de Matriz das ehemalige Idol, Jango Goulart, aus, als er aus Montevideo eintreffend in Porto Alegre haltmachte, ehe er nach Brasilia weiterflog. »Poltrao! Covardo! Pelhecao!« (Feigling, Memme, Schlappschwanz!) brüllte man, doch die Schreier waren nur ein paar Hitzköpfe, extremistische Gewerkschaftler und Studenten. Die überwiegende Mehrzahl der Brasilianer atmete auf, da der Alptraum des Bürgerkriegs vor ihren Augen verschwand.

Dag Hammarskjölds Sieg und Tod

Marokko, Ägypten, Guinea, Ceylon und Indonesien hatten ihre Kontingente aus dem Kongo abgezogen, wodurch die kleine Armee der Blauhelme von 19 000 auf 14 000 Mann verringert wurde. Dag Hammarskjöld verlangte nicht nur ihre Ergänzung auf den früheren Stand, sondern wollte sie auf 23 000 Mann bringen. Nehru errang sich seinen Dank, indem er ihm gegen den Willen seines Verteidigungsministers Krischna Menon 8000 Inder zusagte. Auch die Schweden, Iren, Tunesier, Liberianer und Malaien erklärten sich zur Entsendung von Verstärkungen bereit. Die durch Chruschtschow verursachte Krise war überwunden.

Nachdem Hammarskjöld das Werkzeug seiner Politik verstärkt hatte, erweiterte er deren Wirkungsbereich. Am 21. Februar 1961 gelang es ihm – dank der Stimmenthaltung der Sowjets –, vom Sicherheitsrat eine Resolution beschließen zu lassen, kraft derer die Vereinten Nationen den Ausbruch eines Bürgerkriegs im Kongo »mit allen Mitteln, einschließlich – nötigenfalls und als letztes Mittel – der Anwendung von Gewalt« verhindern sollten. Ein anderer Paragraph verlangte »den sofortigen Abzug von allem militärischen und paramilitärischen Personal sowie der politischen Ratgeber belgischer und anderer Nationalität, die nicht dem Kommando der Vereinten Nationen unterstehen; ebenso der Söldner«.

Auf diese Weise gab der Generalsekretär der Institution, mit der er sich leidenschaftlich identifizierte, eine neue Funktion und gewissermaßen auch eine neue Dimension; er versetzte sie in einen Kriegszustand für den Frieden. Viele Jahre nach seinem Tod läßt sich noch immer nur schwer feststellen, welche Pläne dieser hartnäckige Einzelgänger verfolgte und ob ihm, auf dem Weg über die Vereinten Nationen, eine Weltregierung vorschwebte. Jedenfalls ist es klar, daß er das Drama im Kongo zum Probestück für eine in der Geschichte völlig neue Politik machen wollte, indem er sich auf die kleineren Nationen der Welt stützte und den Weltreichen, das heißt den Vereinigten Staaten, der UdSSR und Europa, das Gewimmel, den Dynamismus der Nationalitäten entgegensetzte.

Die erste Wirkung von Hammarskjölds Initiative bestand darin, daß sie sämtliche Kongolesen, mit Ausnahme der Lumumba-Anhänger, miteinander versöhnte. Bei einer in Tananarive abgehaltenen Konferenz erklärten Kasavubu, Ileo, Tshombé und Kalondji die in der Erklärung vom 21. Februar ausgesprochenen Regelungen als »unanwendbar, unannehmbar, die Souveränität verletzend«. Die unglückseligen, ins dunkelste Afrika verschlagenen Friedenssoldaten waren der Gefahr eines allgemeinen Aufstands gegen ihre blauen Helme ausgesetzt, gleichgültig welcher Farbe die Köpfe waren, auf denen die Helme saßen. Das sudanesische Kontingent war in Matadi einer Belagerung ausgesetzt. Das ghanesische Bataillon ließ sich in Port-Francqui entwaffnen, worauf 32 Mann, darunter 4 britische Offiziere, grausam abgeschlachtet wurden.

Nach Tananarive hielt sich Tshombé für siegreich. Die Konferenz hatte sich darauf geeinigt, den Kongo als »Staatenbund« zu definieren. Man beschloß, daß eine zweite Konferenz die Grundlagen einer Verfassung ausarbeiten sollte, und vereinbarte, sie zuerst in Coquilhatville zusammentreten zu lassen, das unter belgischer Herrschaft Hauptstadt der Äquatorprovinz gewesen war. Tshombé rechnete mit ihrer schließlichen Verlegung nach Elisabethville, wo sie die Unabhängigkeit Katangas – mit einer lockeren bundesgenössischen Verbindung – bestätigen würde.

Doch Hammarskjöld wachte. Zwei Wochen vor der Eröffnung der Konferenz in Coquilhatville trafen zwei seiner Abgesandten in Léopoldville mit einer Abänderung der Resolution vom 21. Februar ein. Die Berater und Söldner sollten nun nicht mehr im Namen der Vereinten Nationen, sondern in dem des Präsidenten der Republik Kongo, Kasavubu, ausgewiesen werden. Die Souveränität von Léopoldville wurde durch diese Entscheidung bestätigt; überdies gewährte Hammarskjöld die Abberufung des Kasavubu verhaßt gewordenen Inders Dayal und versprach eine beträchtliche finanzielle Hilfe. Unter diesen Freundschaftsbezeugungen schmolz Kasavubus Herz, und er erklärte sich am 17. April bereit, die Resolution vom 21. Februar in Anwendung zu bringen, mit anderen Worten, das in Tananarive verkündete Prinzip des Bundesstaats Kongo zugunsten eines Einheitsstaats aufzugeben. »Wir wissen nun«, sagte er, »daß unsere Befürchtungen hinsichtlich der Vertreter der Vereinten Nationen unbegründet waren.«

Coquilhatville — abgekürzt Coq — ein bescheidenes Kolonialstädtchen im primitivsten Teil des Kongo, liegt am Ufer des großen Stroms, genau am Äquator. 200 Delegierte und 400 Berater trafen am 24. April dort zusammen, überfüllten die drei kleinen Hotels und suchten vergeblich nach einem Raum, in dem sie alle Platz finden konnten. Tshombé erschien schäumend vor Wut, beschuldigte Kasavubu eines niederträchtigen Verrats und sagte, er werde an der Konferenz nicht teilnehmen, wenn die Vereinbarung vom 17. April nicht ausdrücklich widerrufen würde. Am 25. wurde den ganzen Tag ergebnislos verhandelt. Am 26. erschien Tshombé zur Mittagszeit auf dem Flugfeld, um seine DC4 zu besteigen und nach Elisabethville zurückzukehren. Soldaten der Nationalarmee widersetzten sich seinem Abflug. Einige Mitarbeiter Kasavubus forderten ihn auf, an der Konferenz teilzunehmen. Das lehnte er ab und blieb achtundvierzig Stunden, ohne die geringste Nahrung zu sich zu nehmen, und mit der weißen Katze, die ihm die Einwohner von Coq geschenkt hatten, auf dem Schoß, in einem Rohrstuhl sitzen. Schließlich ließ er sich fortführen und, scharf bewacht, in einer Villa einschließen.

Der Abtrünnige aus Katanga befand sich in schwerer Gefahr. Der Außenminister Bomboko verlangte, daß er wegen Hochverrats unter Anklage gestellt werde; die Militärs schlugen vor, ihn Gizenga auszuliefern. Joseph Mobutu bewahrte ihn vor dem Schicksal Lumumbas, indem er ihn auf einen Dampfer setzte, der ihn nach Léopoldville brachte; dort wurde er interniert.

Nach der Ausschaltung Tshombés dauerte die Konferenz von Coquilhatville noch weitere fünf Wochen; sie bestätigte das Abkommen vom 17. April und beschloß, daß die Republik Kongo aus 23 Staaten bestehen könne. Durch lange juristische Texte versuchte man erfolglos zu verschleiern, daß die ehemalige Kolonie hinter einem Schein von Einheit zu ihrer Einteilung nach Stämmen zurückkehrte. Die sechs großen Provinzen, aus denen Belgisch-Kongo bestanden hatte, wurden zergliedert. Aus der Provinz Léopoldville wurden fünf Staaten, und dazu kam noch die Hauptstadt, die als Bundesterritorium betrachtet wurde. Auch Kasai wurde in fünf Bruchstücke geteilt, von denen eines der Bergwerksstaat war, wo sich Kalonji hatte »König-Kaiser« und »Ihre Majestät« titulieren lassen. Gizenga protestierte im Namen des »einheitlich unteilbaren« Kongo, er selbst war aber außerstande, über die Ostprovinz und Kivu eine wirksame Autorität auszuüben.

Die Gefangenschaft Tshombés hatte der Absonderung Katangas kein Ende bereitet. Ein aus den Ministern Munongo, Kibwe und Kiwele bestehendes Triumvirat übte die Macht aus: Die Ordnung war nicht gestört. Die offiziell als »katangesische Gendarmerie« bezeichnete Armee zählte 11 500 Mann, deren Kerntruppe 500 ausländische

Söldner waren. Tshombé hatte den Einfall gehabt, den französischen Oberst Trinquier mit ihrem Kommando zu betrauen – mußte jedoch auf dessen Dienste wegen des berechtigten Mißtrauens, das die französischen Durchdringungsversuche im Kongo bei den Belgiern verursachten, verzichten. Frankreich hatte im Augenblick der Unabhängigkeitserklärung daran erinnert, daß es im Fall des Verzichts Belgiens ein »Vorkaufsrecht« auf den Kongo besitze, und in Paris wurden Pläne geschmiedet, um den französischen Einfluß auf Katanga auszudehnen. Noch im Todeskampf des Kolonialsystems gab es koloniale Rivalitäten.

Kasavubu und Bomboko wollten Tshombé weiter gefangenhalten. Mobutu erreichte seine Freilassung im Austausch gegen den Verzicht auf die Abtrennung Katangas. Am 22. Juni empfing der gefangene Tshombé die Journalisten in der Residenz des Ministerpräsidenten Ileo. Er verkündete, daß Katanga jeden separatistischen Gedanken von sich weise, daß die katangesische Gendamerie in die nationale Armee eingegliedert und die Währungseinheit wiederhergestellt würde, ferner, daß die katangesischen Abgeordneten an der in der Universität Lovanium für den 27. Juli einberufenen Parlamentssitzung teilnehmen würden. Dann drückte er Bomboko an sein Herz mit den Worten: »Dieser Mann war mein schlimmster Feind; von nun an ist er mein bester Freund!« Zwei Tage später bestieg er als freier Mann das Flugzeug nach Elisabethville – wo er sofort erklärte, daß ihm seine Aussagen durch Zwang abgepreßt worden seien und daß Katanga unabhängiger sei denn je.

Die Universität Lovanium ist etwa zehn Kilometer von Léopoldville entfernt. Die Blauhelme sperrten sie von der Außenwelt ab, um das Parlament vor jedem Druck zu bewahren. Gizenga blieb in Stanleyville, die Lumumba-Abgeordneten waren jedoch anwesend und bildeten, in Abwesenheit der Katangesen, die Mehrheit in der Versammlung. Da Ministerpräsident Ileo seine Aufgabe als beendet erklärte, wurde die neue Regierung von Cyrille Adoula, einem ehemaligen Bankangestellten, gebildet. Gizenga übernahm den Posten des Vizepräsidenten und teilte den Staaten, die ihn anerkannt hatten, mit, daß die legitime Regierung des Kongo von nun an die des Präsidenten Kasavubu war. Hammarskjöld gratulierte aus New York. Die Wiederherstellung der Einheit im Kongo war in Sicht – mit einer einzigen, wenngleich überaus wichtigen Ausnahme: Katanga.

Es wurden Verhandlungen aufgenommen. Tshombé begab sich nach Brazzaville, und Mobutu fuhr über den Stanley Pool, um mit ihm zusammenzutreffen. Die Gendarmen Fulbert Youlous untersagten ihm jedoch das Verlassen der Landungsbrücke, und er kehrte, aschgrau vor Zorn über die erlittene Demütigung, nach Léopoldville zurück. Die nationale Armee des Kongo, die gegen die Streitkräfte der UNO mit Granatfeuer gekämpft hatte, stand jetzt auf deren Seite, und Präsident Kasavubu billigte ihr Eingreifen in die inneren Angelegenheiten des Kongo, nachdem er es vorher ausgiebig und heftig verurteilt hatte. In seinem Namen und kraft der Vereinbarung vom 17. April setzten die UNO-Soldaten eine aufsehenerregende Tat: die Massenverhaftung von Moise Tshombés Söldnern.

Am Morgen des 26. August besetzten die Inder die Studios von Radio Katanga. Die Schweden und Iren nahmen die Söldner fest, hießen sie die Hände hochhalten und führten sie zu den Sammelplätzen, wo sie auf ihre Rückbeförderung in die Heimat warten sollten. Es gab keinen Widerstand. Tshombé ergriff vor dem Mikrofon das Wort; er beuge sich der gemeinsamen Entscheidung der Zentralregierung und der Truppen der Vereinten Nationen, sagte er, und er widerrufe also die Verträge aller bei der katangesischen Gendarmerie dienenden Ausländer. Zuerst hatte er geschworen, er werde die Blauhelme nicht nach Katanga hineinlassen, dann gab er nach, machte ein Zugeständnis nach dem anderen und opferte schließlich die wenigen Weißen, die das Gerüst seiner Armee bildeten.

Am Abend standen 338 Söldner vor ihrer Rückbeförderung. Etwa hundert Mann war die Flucht gelungen, sie verbargen sich in Eville oder im Dschungel. Die Belgier waren so erbittert, daß sie die UNO beschuldigten, es insbesondere auf belgische Staatsbürger abgesehen zu haben; diese seien fast alle verhaftet worden, während die Hälfte der Ausländer entkam.

Mit seinem halben Erfolg vom 28. August gab sich der fanatische Ire Connor Cruise O'Brien, der die Vereinten Nationen in Elisabethville vertrat, nicht zufrieden. Die neue Operation, die er nun organisierte, bezweckte mehr. »Die Weisungen«, berichtet er, »lauteten folgendermaßen: Postamt und Rundfunkgebäude besetzen, das Informationsministerium und das Polizeipräsidium durchsuchen, die verantwortlichen europäischen Beamten festnehmen und ihre Akten beschlagnahmen, den Innenminister Godefroid Munongo, den Vizepräsidenten und Finanzminister Kibwe sowie den sogenannten Außenminister, Evariste Kimba, verhaften. Auch Tshombé sollte gegebenenfalls verhaftet werden. M. Fabri, der juristische Berater der UNO in Léopoldville, brachte uns die Haftbefehle; sie waren alle von der Zentralregierung unterschrieben.«

So übernahm es also ein verhältnismäßig untergeordneter, vor kurzem erst von den Vereinten Nationen verpflichteter Beamter, die internationale Armee in den Dienst seiner Auffassung vom Kongo zu stellen. »Ich war der Ansicht«, sagt er, »daß unsere Aktion so lange fortgesetzt werden müsse, bis die Abtrennung Katangas, die Quelle allen Übels, zu Ende wäre.« Für diese über seine Befugnis hinausgehende Aktion verfügte er über ein Gurkha- und ein irisches Bataillon unter dem Kommando des indischen Brigadegenerals K. A. S. Raja. Die Operation, die man mit dem konventionellen Namen »Morthor« bezeichnete, begann am 13. September um 4 Uhr morgens.

Etwa zur gleichen Zeit flog Dag Hammarskjöld von New York mit Bestimmung Kongo ab.

Die Reise des Generalsekretärs erfolgte unter dem Vorwand einer Besprechung mit Kasavubu über die Hilfe für den Kongo. Hammarskjöld hatte keinen Stellvertreter ernannt und sollte am 19. September, dem Eröffnungstag der ordentlichen Vollversammlung, wieder auf seinem Posten sein. Es ist naheliegend, an eine Wechselbeziehung zwischen einer Reise, deren Notwendigkeit nicht offenkundig ist, und den Ereignissen in Katanga zu denken. Das scheint jedoch unbegründet: Hammarskjöld wußte nichts von dem Plan »Morthor« und den abenteuerlichen Unternehmungen seines Untergebenen O'Brien, war jedoch in seinem Bestreben, die Unabhängigkeit Katangas zu zerschlagen, nicht weniger entschlossen als der Ire und teilte auch dessen Haß gegen die Söldner. »Das ist der Rest der Abenteurer, die vom Algerienkrieg

nicht geschluckt wurden«, sagte er. »Sie sind eine Bedrohung für den Frieden im
Kongo und in der Welt. Sie müssen unverzüglich ausgeschaltet werden.«

Hammarskjöld landete um 3 Uhr nachmittags in Léopoldville. Die Nachrichten, die
man ihm von Katanga überbrachte, waren äußerst betrüblich: Die Operation »Morthor« war im Scheitern begriffen, die Attacke gegen die Hauptpost um 4 Uhr morgens war zurückgeschlagen worden. Tshombé und Munongo hatte man nicht festgenommen. Die französischen Offiziere, die der Razzia vom 28. August entgangen
waren, organisierten Kommandos, ließen die UNO-Abteilungen nicht zur Ruhe
kommen, schürten die Wut der Gendarmerie und der Bevölkerung von Katanga. Die
Sikhs und Schweden in Elisabethville, die Gurkhas in Kamina, die Iren in Jadotville
wurden in die Defensive gedrängt. Das einzige kongolesische Düsenflugzeug, eine
Übungsmaschine Fouga Magister, gesteuert von dem belgischen Hauptmann Deulin,
bombardierte das UNO-Hauptquartier, zerstörte mehrere Maschinen am Boden, belegte die Iren in Jadotville mit MG-Feuer und erweckte den Eindruck, Tshombé besäße ein ganzes Geschwader von Düsenjägern. General McKeown, der neue Kommandeur der Blauhelme, forderte dringend aus Äthiopien F-101-Jäger und aus Indien
Canberra-Abfangjäger an, um das Gespenst auszutreiben.

Drei Tage lang bemühte sich Hammarskjöld aus der Entfernung, eine Feuereinstellung zustande zu bringen. Doch die Lage war für die Katangesen günstig. Der Präsident von Nordrhodesien, Roy Welensky, erklärte, sie seien einer Aggression zum
Opfer gefallen, und er werde ihnen helfen, ob nun die UNO einverstanden sei oder
nicht. Die Iren von Jadotville – es waren 150 Mann – ergaben sich nach sehr schwa-
chem Widerstand. Tshombé forderte als Bedingung für die Feuereinstellung, daß
man die Blauhelme nicht aus ihren Kasernen ließe; auch dürfe keinerlei Verstärkung
oder Nachschub nach Katanga geschickt werden. Hammarskjöld schlug nun ein Zusammentreffen vor. Ein Mitglied der britischen Regierung, Lord Lansdowne, der
sich auf einer Informationsreise durch Afrika befand, schaltete sich ein, um die Begegnung zu organisieren, und zwar in der rhodesischen Stadt Ndola, in nächster
Nähe der katangesischen Grenze. Tshombé erklärte sich einverstanden; für ihn war
das eine Flugreise von nur 150 Kilometern, während Hammarskjöld aus Léopoldville kommen mußte, das mehrere Flugstunden entfernt lag.

Am Sonntag, dem 17. September, um 16 Uhr, traf der Generalsekretär auf dem
Flugplatz ein und stieg an Bord der DC 6 B, genannt *Albertina*, Immatrikulations-
zeichen SE-BDY. Die große, weiß gestrichene Maschine war die des Oberbefehlshabers der UNO-Streitkräfte. Sie war am Vortag beim Abflug von Elisabethville beschossen worden, und man stellte bei ihrer ohne Zwischenfall erfolgten Rückkehr
nach Léopoldville fest, daß ein Auspuffträger von einer Kugel getroffen worden war.
Die Reparatur wurde nach sorgfältiger Untersuchung, bei der man keinerlei andere
Beschädigung feststellte, noch am Vormittag ausgeführt. Flugkapitän Per Hallonquist und die fünf anderen Besatzungsmitglieder waren Schweden. Hammarskjöld
wurde von seiner Sekretärin, Alice Lalande, von drei höheren Beamten der Vereinten Nationen, vier Unteroffizieren und einem Soldaten begleitet; im ganzen waren
es 16 Personen.

Bevor er das Flugzeug bestieg, nahm Hammarskjöld die Parade einer schwedischen

Abteilung ab: Man bemerkte seinen schwerfälligen Gang und die gealterten Gesichtszüge. Er setzte sich zwar mit eisiger Maske gegen vielfache Angriffe zur Wehr, wußte jedoch selbst, daß sie seine Kräfte überforderten. Als er eiligst nach Bizerta gereist war, um dort einen Zwischenfall zu regeln, den ich später schildern werde, hatten die Russen vorgegeben, ihn nicht zu kennen, und seinen Wagen von ihren Fallschirmjägern durchsuchen lassen. Die Engländer ihrerseits fanden, daß er den Rahmen seines Amts überschreite, und Lord Lansdowne war beauftragt, ihm das mitzuteilen. Eigentlich hätte Lord Lansdowne den Generalsekretär auf seinem Flug begleiten sollen; er war jedoch kurz vorher mit der DC 4, Nummer II-RIO, abgeflogen. Die Maschine des britischen Ministers war langsamer, sollte aber – abgesehen von ihrem Vorsprung – einer direkten Route, an Angola vorbei und fast unmittelbar über Elisabethville, folgen. Für den Generalsekretär war man in Sorge wegen der Fouga Magister, die zu einem Schrecken der Luft geworden war. Die SE-BDY sollte zuerst genau ostwärts bis zum Tanganjikasee fliegen, dann nach Süden schwenken und sich jenseits der rhodesischen Grenze in Sicherheit bringen. Der Kontrolle in Léopoldville war ein falscher Flugplan übergeben worden, und es war vereinbart, daß man während des ganzen Flugs über kongolesischem Gebiet Funkstille einhalten würde.

In Ndola begann die Wartezeit. Die SE-BDY funkte ihre erste Nachricht um 22.02 Uhr, kurz nachdem sie rhodesisches Gebiet erreicht hatte. Dreiunddreißig Minuten später landete Lord Lansdownes DC 4, und Moise Tshombé, der mit seiner Cessna auf dem kleinen Flugplatz Bancroft gelandet war, kam gegen 23 Uhr zum Flughafen. Er war bester Laune und unterhielt sich fröhlich mit Lord Lansdowne, der die Ankunft Hammarskjölds abwartete, ehe er die Reise nach Salisbury fortsetzte.

Um 23.35 Uhr teilte die SE-BDY mit, sie werde Ndola um 23.47 Uhr anfliegen. Der Turm gab ihr die Wettermeldung durch (Wind Ostsüdost mit 7 Knoten, Sicht 5 bis 10 Meilen, bei leichter Dunstbildung), erteilte die Landeerlaubnis und fragte an, ob die Maschine die Nacht über in Ndola bleiben werde. Die SE-BDY verneinte es und fügte noch hinzu, sie werde erst nach der Landung Angaben über ihre Absichten machen; auch werde sie vielleicht nachtanken müssen.

Meldungsaustausch 1010: »SE-BDY: Ich sehe Ihre Lichter. Wir überfliegen Ndola, gehen nieder. Bestätigt AD 200:317 QNH.« – »Ndola: Verstanden. QNH 1021. Geben Sie an, wenn Sie bei 6000 Fuß angelangt sind.« – »SE-BDY: Verstanden. 1021.«

QNH ist die Angabe für die Einstellung des Höhenmessers, wodurch sich ergibt, wie hoch das Terrain über dem Meeresspiegel liegt. AD 200:317 gibt die Peilung des Flugzeugs an; die SE-BDY hatte die Ausbuchtung von Katanga umflogen und kam normal von Südosten herein.

Am Boden hatte man ihre Positionslichter gesehen; sie überflog den Flugplatz und drehte eine Kurve nach Westen. Beobachter sagten später, sie hätten den Eindruck gehabt, daß Hammarskjöld auf die Landung verzichtete und Kurs auf Elisabethville nahm. In Wirklichkeit machte der Pilot eine ganz normale Landung nach Gerät, die im Überfliegen des zwei Meilen vom Flughafen entfernt gelegenen Funkfeuers besteht, gefolgt von einer langgestreckten Schleife, die die Maschine wieder in die Achse der Landungspiste zurückbringt.

Die Befeuerung der Landepiste brannte; es war kein Flugzeug zu sehen. Die Bodenstation meldete sich. SE-BDY antwortete nicht.

Dieses Verschwinden von Hammarskjölds Flugzeug verursachte nur geringe Beunruhigung. Tshombé fuhr wütend nach Hause, in der Überzeugung, vom Generalsekretär beleidigt worden zu sein. Lansdowne verlangte und erhielt die Genehmigung für die Fortsetzung seines Flugs nach Salisbury. Die Ungewißheitsmeldung INCERFA, die anzeigt, daß ein erwartetes Flugzeug nicht eingetroffen ist, wurde erst mit eineinhalb Stunden Verspätung und mit so wenig Überzeugung gesendet, daß der Direktor des Flughafens die Büros schloß und zu Bett ging. »Das war kein normaler Flug«, erklärte er später. »Man hatte uns keinen Flugplan übermittelt, und die SE-BDY war von Geheimhaltung umgeben. Wir waren nicht sehr überrascht, als sie von der Landung in Ndola Abstand nahm.« Erst nach Tagesanbruch und als Léopoldville bekanntgab, es habe gleichfalls keine Nachricht von der SE-BDY erhalten, wurde die Notmeldung DETRESFA durchgegeben. Es war schon 10 Uhr 23, als die zwei ersten Flugzeuge der Rhodesian Royal Air Force aufstiegen, um nach den Vermißten zu suchen.

Das Wrack wurde um 15 Uhr 35 mitten im Urwald, 7 Meilen von Ndola, aufgefunden. Es wurde folgendermaßen beschrieben: »Die Maschine ist gegen die Baumwipfel geprallt und hat eine 50 Meter lange Furche gezogen. Die verstreuten Trümmer rauchten noch. Nur Fahrwerk und zwei Motoren erkennbar.« Die Rettungsmannschaften fanden Hammarskjölds Leiche in einiger Entfernung von der Aufschlagstelle. Der Unteroffizier Harold M. Julien lebte noch, trotz mehrfacher Brüche, schwerster Verbrennungen und der tropischen Sonne, der er lange Stunden ausgesetzt war.

Ohne den geringsten Anhaltspunkt dafür zu haben, beschuldigte der rasende O'Brien die französischen Offiziere. »Sie waren Faschisten und hatten mit Hammarskjöld so manches Hühnchen zu rupfen: Suez, Tunesien, Algerien. Sie besaßen zweifellos eine große Erfahrung auf dem Gebiet des politischen Mords und betrachteten wohl die Ermordung Hammarskjölds als eine moralische Tat . . .« Auch die Fouga Magister wurde beschuldigt, Deulin bewies jedoch, daß er sich im Augenblick der Katastrophe nicht über Ndola befinden konnte. Ein anderer Söldner, der Zivilist Jacques Duchemin, lieferte eine andere Erklärung: Tshombé habe Hammarskjöld entführen wollen und deshalb einen blinden Passagier an Bord der SE-BDY geschmuggelt, einen gewissen Robert Gheysels; und dieser habe den Unfall verursacht, als er dem Kommandanten Hallonquist Befehl erteilte, den Kurs zu ändern und Kolwezi anzufliegen. Die Erklärung war äußerst unwahrscheinlich, ebenso wie das Vorhandensein einer Höllenmaschine mit Spätzündung an Bord des Flugzeugs.

Dagegen könnten viele Tatsachen den objektiven Beobachter dazu verleiten, einer wenig romantischen Erklärung Glauben zu schenken. Der Absturz ereignete sich auf der Bahn der üblichen Kurve gegen Ende des Anflugs zum Flughafen. Das Fahrwerk war ausgefahren und blockiert, die Landeklappen auf 30 Grad geneigt. Mehrere Passagiere hatten bereits ihre Sicherheitsgürtel festgeschnallt. Das Flugzeug war zwischen den Höhenangaben 4300 und 4200 Fuß auf dem Boden aufgeschlagen, während es laut Sicherheitsvorschrift noch auf 6000 Fuß über dem Meeresspiegel hätte sein sollen. Es war mit sehr wenig Neigung in den Wald eingeflogen und hatte die Baumwipfel nicht, wie es im ersten Bericht hieß, 50, sondern 250 Meter weit abgehauen. Das sind die klassischen Kennzeichen eines Unglücksfalls bei der Landung infolge falscher Bewertung der Lage von Boden und Flugzeug.

Der Unteroffizier Julien lag im Sterben. Ehe er seinen letzten Seufzer ausstieß, gab er noch einige stockende Erklärungen ab. »Das Flugzeug ist über der Piste explodiert . . . Wir flogen sehr, sehr schnell . . . Es gab rund um uns viele kleine Explosionen . . . Ich zog die Notleine und sprang hinaus . . . Die anderen blieben eingesperrt . . .« Ein Sanitäter glaubte auch gehört zu haben, wie Julien sagte: »Mr. Hammarskjöld befahl umzukehren . . .« Man wird nie erfahren, was diese Worte bedeuten sollten.

Der tote Hammarskjöld errang einen letzten Sieg. Seinem Andenken zu Ehren willigte Tshombé ein, das Feuer einzustellen. Man tauschte die 190 gefangenen Blauhelme gegen eine kaum höhere Zahl katangesischer Gendarmen aus. O'Brien verließ Katanga und den Kongo. Als Adoula einige Wochen später den Waffenstillstand brach, wurde die Nationalarmee von der katangesischen Gendarmerie unter der Führung der unverwüstlichen französischen Söldner schmählich auseinandergejagt. Tshombé schien Sieger zu sein.

Eine neue Tragödie enthüllte die entsetzliche afrikanische Wirklichkeit. Am 11. November verließen 13 italienische Flieger unter dem Befehl von Major Amadeo Parmagiani und Hauptmann Giorgio Gonelli an Bord zweier C119 den Stützpunkt Kamina, um dem malaiischen Bataillon, das Kindu besetzt hielt, zwei Panzerfahrzeuge zu bringen. Die Panzerfahrzeuge und die Flieger wurden auf dem Flugplatz von der kongolesischen Armee festgenommen. Die Malaien ließen es zu – der in Kindu anwesende Gizenga intervenierte nicht. Die dreizehn unglückseligen Italiener wurden ins Gefängnis geschleppt, erschlagen und in Stücke gehauen, die man an die Menge verteilte und auf dem Markt verkaufte. Die Vereinten Nationen, die sich gezwungen sahen, das Verbrechen öffentlich bekanntzugeben, versuchten wenigstens dessen kannibalisches Ende zu verheimlichen. Der Kannibalismus war unter der Herrschaft der Belgier nie völlig verschwunden; die Unabhängigkeit gab ihm einen neuen Aufschwung.

Am 24. November entschied jedoch der Sicherheitsrat, daß die Einheit des Kongo ein staatsrechtliches Prinzip sei. Er »verwirft energisch die widerrechtliche sezessionistische Tätigkeit der Provinzverwaltung Katangas und ermächtigt den Generalsekretär, energische Maßnahmen zu ergreifen, auch nötigenfalls Gewalt anzuwenden, um diese Tätigkeit abzustellen«. Frankreich und England wagten nicht, ein Veto einzulegen, und begnügten sich mit Stimmenthaltung.

Wieder einmal mußte sich Moise Tshombé fügen. Am 21. Dezember unterzeichnete er in Kitona einen Vertrag, mit dem er die Einheit des Kongo und die Autorität der Zentralregierung über alle Teile der Republik anerkannte. Die Kongo-Affäre war zwar noch nicht geregelt, aber ihr entscheidendes Kapitel war abgeschlossen. Nicht Tshombé war es, der siegte, sondern der Geist Hammarskjölds.

Hammarskjöld wußte, daß er der letzte weiße Generalsekretär der Vereinten Nationen sein würde. Diesen Gedanken ließ er gern gelten, da er es für gerecht ansah, daß

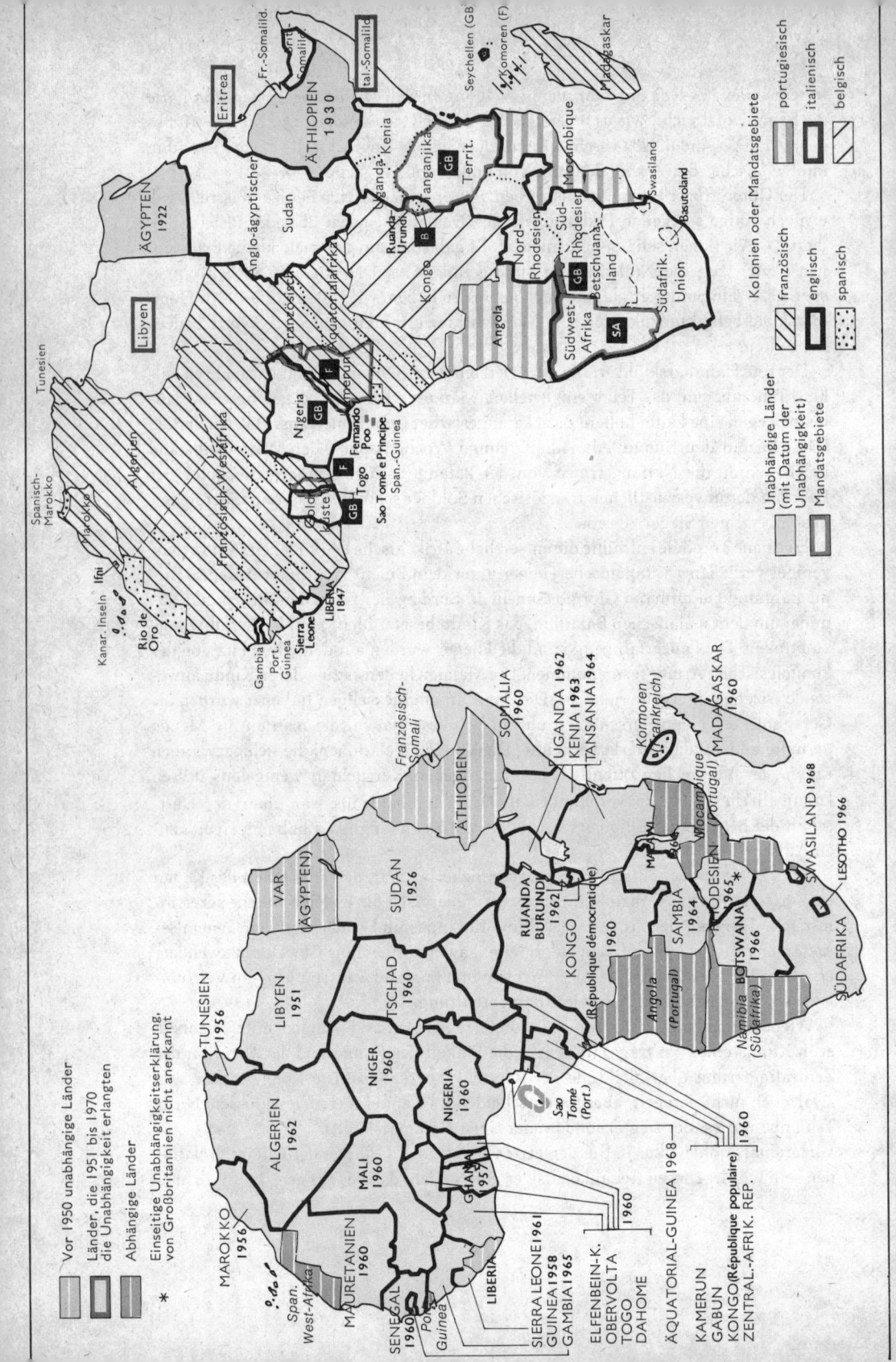

die zahlreichsten und bedürftigsten Völker das höchste politische Amt innehatten. Sein Nachfolger wurde – zuerst interimistisch, dann endgültig – der Birmane U Thant. Die Russen kamen gar nicht mehr auf ihren Vorschlag einer Umgestaltung des Generalsekretariats durch Einsetzung einer Troika, bei der die Vollmacht zwischen dem sozialistischen, dem neutralistischen und dem kapitalistischen Lager geteilt würde, zurück. Sie wußten, daß die afrikanischen und asiatischen Nationen mit der Art, wie die Vereinten Nationen funktionierten und wie die Kongokrise deren Bedeutung erhöht hatte, zufrieden waren und daß die Sowjetunion mit einem Störungsversuch einen Mißerfolg erleiden würde. (Forts. Kongo S. 1056)

Das Abkommen von Evian wird unterzeichnet

Der Putsch der Generäle in Algier war am 26. April 1961 gescheitert. Im nächsten Monat wurden Challe und Zeller, der zuerst geflüchtet war, sich aber dann gestellt hatte, zu fünfzehn Jahren Gefängnis verurteilt. Im gleichen Monat begann die vereinbarte Konferenz zwischen der französischen Regierung und dem GPRA in Evian. Sie wurde am 13. Juni vertagt. Frankreich wollte die Sahara behalten und Garantien für die Europäer erhalten. Das lehnte das GPRA ab.

Am 17. Juli trat man im Schloß Lugrin neuerlich zusammen. Man geriet in die gleiche Sackgasse wie im Hotel du Parc, und dazu kam ein gewaltsamer Zwischenfall, der Kampf um Bizerta, der den erbitterten Nationalismus im Maghreb noch mehr aufreizte.

Bizerta war nicht, wie Gibraltar, eine abgeschlossene Enklave. Es besaß militärische Installationen vom Arsenal Ferryville am unteren Ende des Sees bis zu den Radars des Kap Blanc. Eine davon war der Flugplatz Sidi Ahmed. Ende Juni begann man die Piste zu verlängern, um die Landung von Mystère-Maschinen zu ermöglichen. Dem widersetzte sich Bourguiba. Bei ihrer Besprechung in Rambouillet hatte ihn de Gaulle ersucht, die Bizertafrage bis nach Beendigung des Algerienkriegs aufzuschieben. Nun aber, so behauptete er, warfen die Franzosen sie selbst auf, da sie den Stützpunkt auszubauen begannen. Darauf reagierte er mit der Forderung, daß Bizerta unverzüglich an Tunesien übergeben werde; außerdem beanspruchte er ein großes Viereck aus dem algerischen Saharagebiet.

Auf Bourguibas Befehl wurden am 19. Juli rund um die französischen militärischen Einrichtungen, Mendel Bourguiba (das ehemalige Ferryville), Mendel Jemil, Karouba, La Pêcherie usw., Barrikaden errichtet. Ein Arbeitskommando von 35 Soldaten wurde gefangengenommen und ein Hubschrauber abgeschossen. Die 7400 Mann unter dem Befehl von Vizeadmiral Maurice Amman waren hauptsächlich Verwaltungspersonal. Zwei aus Algier nach Bizerta beorderte Fallschirmjägerregimenter sprangen zu ihrer Verstärkung ab. Die Schlacht verschärfte sich. Die Flugzeuge des Trägers *Arromanches* belegten Konzentrationen von tunesischen Truppen mit MG-Feuer. Die Kreuzer *Bouvet*, *Colbert* und *Chevalier-Paul* erzwangen die Einfahrt in den Hafen. Die französischen Truppen stellten die Verbindungen zwischen den verschiedenen militärischen Einrichtungen wieder her und verlangten von Tunesien, es solle seine Soldaten aus Bizerta abziehen. Da diese Forderung ignoriert wurde, sprang im Westen der Stadt ein drittes Fallschirmjägerregiment ab. Aber die Franzosen mußten zwei Tage lang, am 21. und 22. Juli, kämpfen, um die Stadt in die Hand zu bekommen. Ihre Verluste betrugen 30 Tote und 101 Verwundete; die Tunesier meldeten 670 Tote und 1155 Verwundete.

Bei der UNO entfesselte der energische Einsatz der Franzosen wütende Angriffe der Dritten Welt, aber die USA, die wegen der Berlinkrise Einigkeit im Westen brauchten, traten vermittelnd ein. Der Sicherheitsrat ordnete lediglich eine Feuereinstellung an, wie sie bereits zwischen dem Präfekten von Bizerta, Hadj Mokhradan, und Vizeadmiral Amman vereinbart worden war. De Gaulle blieb dabei, daß er Bizerta nicht aufgeben werde, solange die Weltlage sich nicht geändert habe. Bourguiba fand sich darein, daß die Frage wieder auf Eis gelegt wurde. Die Fallschirmjäger zogen ab; wenn es jemals unnötige Tote gab, so waren es die, die sie mit sich nahmen.

Die Verhandlungen von Lugrin wurden, wieder wegen der Saharafrage, abgebrochen. Am 27. August warf der Rat der algerischen Revolution, der in Tripolis tagte, Ferhat Abbas über Bord. Sein Nachfolger, Youssef Ben Khedda, war einer der Organisatoren und einer der Besiegten der Schlacht um Algier. Zwischen ihm und dem Kommunismus lag die ganze Breite des Islam, doch Ben Khedda vertrat die Ansicht, daß sich die jungen Nationalisten nur den Ostländern zuwenden könnten. Die gemäßigte Maske der algerischen Rebellion wurde fallengelassen; der Sieg der FLN würde nicht nur die Unabhängigkeit bedeuten, sondern die Sozialisierung Algeriens und seinen Anschluß an das antiwestliche Lager nach sich ziehen.

Salan und Jouhaud wurden von der Organisation des Mannes geschützt, den man den »Chouan der Mitidja« nannte, Robert Martel. Eine der Farmen, die ihnen Obdach gewährten, gehörte der Tochter eines Gendarmeriegenerals; in einer anderen wurde der Vater des Farmers während ihres Aufenthalts von der FLN ermordet. Mehrere Männer, die sich aus dem Putsch gerettet hatten, General Gardy, die Obersten Godard, Gardes, Lacheroy, Hauptmann Ferrandi, Oberleutnant Degueldre, Jean-Jacques Susini, Dr. Perez und andere, befanden sich in Algier oder in dessen unmittelbarer Umgebung, wo sie sich der Ausweiskontrolle und den Haussuchungen zu entziehen verstanden. Einige Verschworene, wie Adgoud oder Hauptmann Sergent, verließen Algerien, kehrten nach Frankreich zurück oder gingen nach Spanien; die anderen fanden sich wieder zusammen. Godard entwarf einen Plan für eine der FLN nachgebildete, auf den Prinzipien des subversiven Kriegs beruhende Organisation und rechnete dabei auf das Einverständnis und die Mitarbeit der europäischen Bevölkerung. Der Name, den sie erhielt, war nicht neu: OAS, Organisation Geheimarmee, hieß eine kleine Aktivistengruppe, die seit der Barrikadenwoche bekannt war. General Raoul Salan ernannte sich zum Chef der Bewegung, sein Stellvertreter war der Luftwaffengeneral Edmond Jouhaud. Gardes übernahm die psychologische Führung, und Degueldre wurde Chef der Kommandos.

Rangordnung und Organisation der OAS sollten mangelhaft bleiben. Das Sigel bezeichnete auch Gruppen, die niemals der Autorität Salans oder Godards unterstanden. Für die Delta-Kommandos Roger Degueldres gab es Konkurrenten in Gestalt geheimnisvoller Z-Kommandos und sogar von Banden, die, gemäß den Gesetzen des

Bürgerkriegs, zwischen politischen und reinen Strafverbrechen operierten. Die OAS im Mutterland – deren Geschichte erst zu entwirren sein wird – blieb von der algerischen OAS geschieden, die ideologischen Streitigkeiten und Autoritätskonflikten ausgesetzt war. Martel wollte sie Jeanne d'Arc und Jesus Christus weihen, während Susini ihr eine faschistische Doktrin zu geben wünschte. Die Militärs hatten kein Vertrauen zu den Zivilisten, und die Zivilisten konnten die Methoden der Militärs nicht verstehen. Der im Untergrundkampf unerfahrene Salan führte kein richtiges Kommando, zeigte sich jedoch überaus argwöhnisch und widersetzte sich der Dezentralisierung der Bewegung. Nur ungern gestattete er Jouhaud, in dessen Heimatgebiet, Oran, die Führung des Kampfes zu übernehmen.

Die OAS lieferte ihren ersten Tüchtigkeitsbeweis, indem sie den Chef der mit ihrer Verfolgung betrauten Polizisten, den Kommissar Gavoury, acht Tage nach seinem Amtsantritt in seinem Schlafzimmer erdolchen ließ. Am 13. Juli brachte sie in der Residenz des Bischofs von Algier, Exzellenz Duval, und am 4. August im Arbeitszimmer des gaullistischen Bürgermeisters von Oran, Fouques Duparc, eine Plastikbombe zur Explosion. Am nächsten Tag durchschnitt sie das Kabel von Radio Algier und ließ die Stimme von General Gardy, der im Namen Salans sprach, im Rundfunk ertönen. Sie verbot der Armee, die Polizei zu unterstützen, und bekräftigte ihr Verbot, indem sie zwei Offiziere des militärischen Abschirmdienstes, die Majore René Perret und René Post, hinrichtete. Sie organisierte einen Tag der Scheinwerfer, einen Tag der Fahnen und einen Tag der Verkehrsstockungen, um die europäische Bevölkerung richtig zu konditionieren. Alle diese Aktionen trugen ihre Unterschrift, ebenso auch die zahllosen Flugblätter und Berichte, die in die Briefkästen gelegt oder durch die Post geschickt wurden. Anonym waren jedoch die ersten schweren Ausschreitungen, die Handgranaten, die man in arabische Cafés warf, oder die an Mohammedanern geübte Lynchjustiz. Eine fieberhafte Wut und Verzweiflung begann um sich zu greifen.

Nach Abbruch der Lugriner Verhandlungen war keine Lösung mehr in Sicht. In den Städten wurden von der FLN immer mehr Attentate begangen; die Ansteckung bedrohte auch die dank den von Maurice Challe übernommenen Methoden befriedeten Dörfer. Paris mußte sich angesichts der Mahnungen und Warnungen General Ailleretsbeugen und der Kommandobehörde wieder freie Hand lassen. Der Algerienkrieg begann von neuem...

Doch de Gaulle wollte ein Ende machen, und da er seinen Willen nicht durchsetzen konnte, entschloß er sich nachzugeben. Am 5. September gab er bei einer Pressekonferenz die französischen Ansprüche auf die Sahara auf. Die Völker im Umkreis des Mittelmeers waren niemals in die gefürchtete Wüste eingedrungen. Die Franzosen haben sie durchquert und befriedet, dann zogen sie Linien auf der Landkarte, um die Teile abzugrenzen, die von Algier, Dakar oder Brazzaville aus verwaltet werden sollten. Diese Linien waren die geheiligten Grenzen der algerischen Heimat geworden. Der Hinweis des Staatschefs auf ihre eventuelle Anerkennung genügte, um die Verhandlungen, vorerst im geheimen, wieder in Gang zu bringen.

Drei Tage nach der Pressekonferenz fuhr der auf der Reise nach Colombey befindliche Wagen des Generals zwischen Nogent und Romilly-sur-Seine durch eine Flammengarbe, die aus einem Sandhaufen am Straßenrand hochschoß. Dominique Cabanne de La Prade hatte auf ein Signal von Martial de Villemandy aus einem 400 Meter entfernten Wald die Zündvorrichtung betätigt, doch die in einem Metallrohr enthaltenen 40 Kilogramm Plastik waren nicht explodiert. Das Attentat war das Werk von Parisern, die in keinerlei Zusammenhang mit der algerischen OAS standen; sie wurden sehr bald verhaftet.

Ein mit der französischen Politik nicht vertrauter, jedoch über gesunden Menschenverstand verfügender Beobachter hätte schwerlich erraten können, daß Frankreich im Begriff war, Algerien aufzugeben. Man eröffnete einen neuen Flughafen in Oran, schuf zwei neue Akademien, in Oran und in Constantine, setzte den Ausbau des Industriekomplexes in Bône fort, renovierte sämtliche Gendarmerieposten und baute in Rocher-Noir, bei Algier, eine neue Hauptstadt Algeriens. Währenddessen hatte de Gaulle von der »Loslösung« zu sprechen begonnen, und zwischen dem Minister Louis Joxe, der sein Vertrauen besaß, und den Vertretern des GPRA fanden nach der Erklärung vom 5. September geheimgehaltene, jedoch recht durchsichtige Besprechungen statt.

Das Jahr 1962 begann mit einem ungeheuren Wiederaufflammen von Gewalttaten. Abgesehen von militärischen Verlusten wurden im Lauf des Januar 220 Europäer und 335 Mohammedaner getötet. Es gelang der OAS, auf dem Zollamt in einer Vervielfältigungsmaschine, die für die in der Villa am Chemin-Beaurepaire in El-Biar einquartierte Geheimpolizei bestimmt war, eine versteckte Sprengladung anzubringen. Sie explodierte am 28. Januar und tötete 18 sogenannte *barbouzes*. Wenige Tage später wurden 12 andere getötet, als ihre neue Zentrale, das Hotel Radja, mit Panzerbüchsen angegriffen wurde; vier weitere wurden noch mit Maschinenpistolen zusammengeschossen und verbrannten in ihrem Wagen, als sie das Krankenhaus verließen, in dem sie behandelt worden waren. In der zweiten Februarhälfte wurde es beinahe so schlimm wie im Januar. Am 24. wurden in Bab el-Oued 28 Mohammedaner gelyncht und am 26. innerhalb weniger Minuten 13 in der Rue Michelet getötet. Zwei Tage später zählte man mindestens 65 Tote, darunter 23 im Araberviertel, dem sogenannten Negerdorf von Oran.

Während diese grausamen Kämpfe weiter ihren Lauf nahmen, stiegen drei französische Minister, Louis Joxe, Robert Buron und Jean de Broglie, durch den Februarschnee auf das Hochplateau des Jura, um nahe der Schweizer Grenze eine von Belkassem Krim geführte Delegation des GPRA zu treffen. Aus Angst vor einem Attentat hatte man alle nur möglichen Vorsichtsmaßnahmen walten lassen, um die Geheimhaltung zu gewährleisten. Die Besprechungen, die eine Woche lang dauerten, fanden in der Yeti-Hütte im kleinen Wintersportort Rousses statt, in der für gewöhnlich die Angestellten des Öffentlichen Dienstes ihre Ski-Wochenenden verbrachten. Die Algerier kamen aus Lausanne, wann und wie sie konnten, über vereiste und durch Schneeverwehungen unterbrochene Straßen. Die Debatten fanden in zu engen, verrauchten Räumen statt; sie wurden manchmal bissig, vor allem jedoch waren sie ziemlich wertlos. Die armseligen Fristen, um die sich die Franzosen bemühten, die fragwürdigen Garantien, die sie für ihre algerischen Landsleute verlangten, waren natürlich dazu verurteilt, von einer von der Revolution benebelten, rachetrunkenen

134 Revolution in Kuba: Fidel Castro mit seinen Kampfgefährten in der Sierra Maestra (1. v. l.). – 135 Oktober 1962: Sitzung des Sicherheitsrates zur Frage der Errichtung von Raketen-Stützpunkten auf Kuba durch die UdSSR.

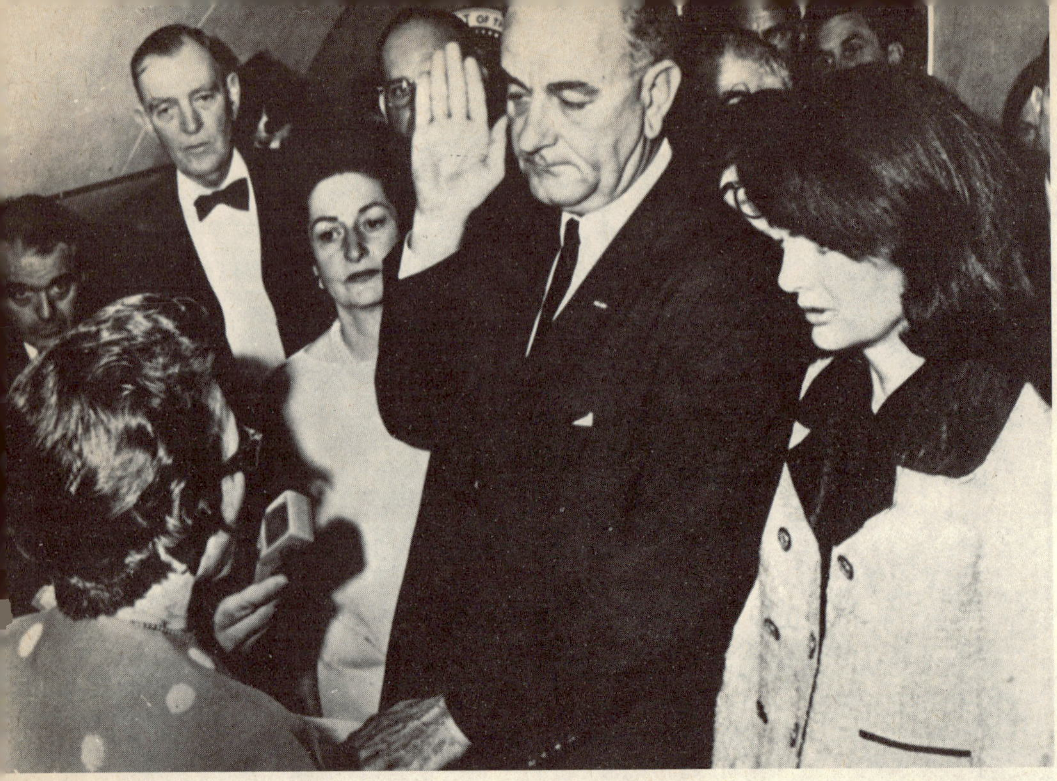

136 137 Die Rassenfrage, eines der Hauptprobleme der USA: Protestmarsch von 200 000 Negern nach Washington am 28. August 1963 (u., 7. v. r.: M. Luther King). – Drei Monate später: Kennedy, der sich um eine Lösung der Rassenfrage bemühte, wird in Dallas am 22. 11. ermordet; Johnson wird Präsident (o. r.: Jacqueline K.).

autoritären Macht beiseite gefegt zu werden. Übrigens hatte de Gaulle bei den Weisungen, die er seinen Unterhändlern mündlich erteilte, ausschließlich für den Flottenstützpunkt Mers-el-Kébir und für die Genehmigung zur Fortsetzung der Atomversuche in der Sahara Interesse gezeigt. Er hatte es eilig, die Algerienaffäre zu begraben, um die Hände freizubekommen für seine große Unabhängigkeitspolitik, wie sie La Fontaine drei Jahrhunderte zuvor meisterlich geschildert hat: »Ein Frosch sah einen Ochsen . . .«

Die Begegnung im Schnee war aber vorerst nur eine Etappe. Der algerische Revolutionsrat diskutierte fünf Tage (!) lang hinter verschlossenen Türen in Tripolis, kritisierte die Zugeständnisse, die sich die Delegation in Rousses hatte abringen lassen, und verlangte, daß man sie neuerlich in Frage stelle, um Krim, Tobbal und Yazid zur Eröffnung der offiziellen Verhandlungen wieder nach Europa reisen zu lassen.

Zwölf Tage lang, vom 7. bis zum 18. März, wurde im Hotel du Parc in Evian, wo man wieder zusammengetroffen war, weiter verhandelt. Es kam bis zum Bruch. Debré – vielleicht aus Gewissensbissen – wünschte den Bruch. Er rief Buron telefonisch an: »Ja, mit diesen Leuten ist nichts anzufangen. Wenn Sie in bedrängter Lage sind, brechen Sie die Verhandlung kurzerhand ab. Der General wird mit Ihnen nach Algier reisen, um eine vorläufige Exekutivgewalt einzuführen, und wir setzen alles auf die Karte des Nationalismus . . .« Das war nicht unmöglich. Die FLN hatte trotz der Erfolg verheißenden Verhandlungen den Aufstand nicht wieder in Schwung zu bringen vermocht, und der Angriff, den sie nach monatelanger Untätigkeit gegen den elektrischen Sperrgürtel an der tunesischen Grenze unternahm, war ein völliger Mißerfolg. Sie forderte, daß man ihr Algerien ausliefere – während sie, militärisch gesehen, besiegt worden war.

Jetzt wäre es jedoch nötig gewesen, daß de Gaulle den politischen Kurs umgestellt und die großen Pläne zurückgestellt hätte. Dazu konnte sich der General nicht entschließen.

Das Abkommen wurde am 18. März unterzeichnet. Die vorläufige Exekutivgewalt, von deren zwölf Mitgliedern sechs Vertreter der FLN waren, sollte die Souveränität im Inneren ausüben und über sogenannte lokale Streitkräfte in Höhe von 60 000 Mann verfügen. Das Referendum für die Selbstbestimmung würde stattfinden, sobald das französische Volk durch eine eigene Volksabstimmung die Vereinbarungen gebilligt hätte. Die Franzosen Algeriens sollten die algerische Staatsbürgerschaft erwerben oder auch als Ausländer dort bleiben dürfen, wobei ihre Sicherheit und ihr Besitz in beiden Fällen gewährleistet wären. Mers-el-Kébir wurde Frankreich für die Dauer von fünfzehn Jahren, mit Anspruch auf Verlängerung, zugestanden, und die Atomversuche sollten sieben Jahre lang in der Sahara fortgesetzt werden können. Die französischen Truppen, mit Ausnahme des Personals des Flottenstützpunkts und der Ausbildungsstationen, sollten Algerien innerhalb von drei Monaten verlassen.

General de Gaulle wurde mit Glückwünschen aus der ganzen Welt überflutet. In Oran und Algier dröhnten Detonationen und Explosionen. Die Franzosen Algeriens stürmten in Massen zu den Flughäfen . . .

31. Kapitel 1962/1963 Ende einer Epoche
Chaos in Algerien. Die Tragödie von Dallas

Die Sendungen von Radio Algier und Radio Oran, die die Unterzeichnung des Abkommens von Evian bekanntgaben, wurden plötzlich unterbrochen. Es sprach die OAS. Sie kündigte eine Generaloffensive an und erteilte den Befehl, sofort mit der »Zermürbung der feindlichen Kräfte« zu beginnen.

Schon vor zwei Tagen waren die Weisungen General Salans den Behörden in die Hände gefallen. Sie ordneten die Schaffung aufständischer Zonen in Algerien an. In den Landgemeinden sollten Widerstandsnester gebildet, die Städte in ständiger revolutionärer Gärung gehalten und die Massen, »die Menschenflut«, so oft wie möglich auf die Straße gebracht werden. Auf die Gendarmen und die CRS sollte systematisch geschossen werden.

Salan hatte die Ausarbeitung seiner Bürgerkriegsstrategie abgebrochen, hatte endlich die Farm in der Mitidja verlassen und die fromme Bevormundung Robert Martels abgeschüttelt; er wohnte nun, mit Frau und Tochter, im 5. Stockwerk des Hauses Rue Desfontaines 23, nächst dem Boulevard du Télemly. Sein Adjutant, Jean Ferrandi, wohnte im gleichen Haus. Salan hatte sein Haar schwarz gefärbt, hatte sich einen Mongolenschnurrbart wachsen lassen und trug bei sich einen Ausweis auf den Namen Louis Carrier, Geschäftsführer, wohnhaft im 18. Bezirk in Paris. Im Kode der OAS wurde er mit dem durchsichtigen Namen »Sonne« bezeichnet.

Edmond Jouhaud hatte sich in Oran, Boulevard du Front-de-Mer, eingerichtet. In Oran kam es am 20. März, dem zweiten Tag des Streiks, zum ersten blutigen Zusammenstoß zwischen der OAS und den bewaffneten Streitkräften. Darauf folgte achtundvierzig Stunden später in Algier der Angriff eines Kommandos gegen die motorisierten Gendarmen, die den Tunnel der Universität bewachten.

Die OAS hatte bestimmte Zonen angegeben, deren Zutritt sie der französischen Armee verweigerte; Soldaten, die dieser Warnung zuwiderhandelten, würden »als Militärpersonen einer feindlichen Macht« behandelt werden. Am Morgen des 23. März wurde ein Lastwagen, der einen Oberleutnant und eine Truppenabteilung beförderte, bei der Einfahrt nach Bab el-Oued angerufen; er hielt nicht an. Das Kommando eröffnete das Feuer, der Offizier und fünf Mann wurden getötet, zwölf andere verletzt.

Bab el-Oued liegt am äußersten Ende von Algier, eingezwängt zwischen der See und schroffen, von Steinbrüchen durchfurchten Abhängen mit Friedhöfen auf den Höhen. Dort wohnten kleine Leute, größtenteils spanischer Abstammung, fanatische Anhänger des französischen Algerien und völlig der OAS ergeben.

Gegen Bab el-Oued traten vernichtend starke Kräfte in Aktion. Es war eine der Seltsamkeiten des Untergrundkampfs, daß zur gleichen Zeit der oberste Führer der

OAS, General Raoul Salan, in seiner kleinbürgerlichen Wohnung am anderen Ende von Algier eingeschlossen saß – dem Ereignis so fern wie ein Pensionist. »Wieder einmal«, schreibt Ferrandi, »entsprach die Ausführung der Befehle nicht ihrer Konzeption. Die Angriffe beschränkten sich nicht, wie vorgesehen, auf Anlagen der Polizei und der motorisierten Gendarmerie; sie wurden auch auf die Armee ausgedehnt... Der direkte Zusammenstoß mit den regulären Soldaten, den wir bisher sorgfältig vermieden hatten, mußte unvermeidlich fatale Folgen nach sich ziehen...«

Der Kampf in Bab el-Oued dauerte am 23. während des ganzen Tages an. Automatische Waffen schlugen Löcher in die Häuserfassaden, T 6 belegten die Terrassen mit MG-Feuer. Bab el-Oued war völlig abgeschnitten; es konnte niemand herein und niemand hinaus. Eine riesige Durchsuchung begann; alle Einwohner erhielten Befehl, zu Hause zu bleiben, widrigenfalls auf sie geschossen würde. Viele Wohnungen wurden geplündert. Die Durchsuchung wurde am 25. fortgesetzt, und der Belagerungszustand war am 26. noch nicht aufgehoben. Der Chef der OAS von Algier, Oberst Vaudrey, berief eine »friedliche Versammlung« auf das Plateau des Glières; anschließend würde man nach Bab el-Oued marschieren, um die Belagerten zu ermutigen.

Die Lächerlichkeit von Raoul Salans Führung offenbarte sich von neuem. »Nach dem Mittagessen«, berichtet Ferrandi, »wurden wir durch lautes Gewehrfeuer überrascht. Wir stürzten an den Rundfunkapparat, das einzige uns zur Verfügung stehende Informationsmittel. Der General war von der Demonstration nur durch ein Flugblatt benachrichtigt worden, das er in seinem Briefkasten fand...«

In der Rue d'Isly sperrte ein Soldatenkordon die Straße ab; der sehr große, sehr junge, unter seiner himmelblauen Mütze sehr bleiche Oberleutnant, der sie befehligte, trat vor die Menge und bat: »Geht nicht weiter! Wir haben Befehl zu schießen!« Der Ruf »Französisches Algerien!« antwortete ihm. Dann fegte Panik über die breite Straße: Viele Menschen warfen sich zu Boden, manche stürzten in die Hauptpost, andere brachen blutüberströmt zusammen. Die Soldaten, 15 algerische Schützen, hatten – ohne Warnung – das Feuer eröffnet. Weisungen aus dem Elysée hatten vorgeschrieben, sogleich schonungslose Mittel einzusetzen. So wurde tatsächlich kaltblütig auf eine Menschenmenge gefeuert, die keinerlei Ausschreitungen beging. 41 Tote.

Am nächsten Tag verließ ein Sonderzug Algier. Auf den ersten Blick war es ein gewöhnlicher Militärkonvoi, der Fallschirmjäger beförderte. Aber der Zug war insgeheim, unter Beihilfe der algerischen Eisenbahnen, zusammengestellt worden, und die Fallschirmjäger waren Aufständische auf ihrem Weg in das Ouarsenisgebirge, wo sie das erste Widerstandszentrum der OAS errichten wollten.

Die von Osten nach Westen, oberhalb des Chéliftals verlaufende Gebirgskette Ouarsenis war geeignet, eine Verbindung zwischen Algier und Oran herzustellen. Es war das Gebiet des Bachagha Said Boualem, Vizepräsident der französischen Nationalversammlung und eine Gestalt, die die Treue der Mohammedaner zu Frankreich personifizierte. Er verfügte über 11 000 Gewehre. Für die OAS wäre sein Beitritt ein aufsehenerregender Sieg gewesen.

Oberst Gardes, der das Widerstandszentrum im Ouarsenis befehligen sollte, war seinen Soldaten vorausgefahren. Er begab sich nach Oued-Fodda, bei Orléansville, wo der Bachagha in Kriegsbereitschaft lebte. Die ganze Nacht hindurch versuchte er, ihn für die OAS zu gewinnen. Der alte Führer, der mit seinem Ledergesicht wie ein Indianer aussah, erwiderte, er sei Soldat und gehorche den Armeechefs; er könne sich nicht für einen Aufruhr erklären, den sie bekämpften.

Während dieser Verhandlungen waren die falschen Fallschirmtruppen erschienen und hatten sich der Posten Dra Massaoud und Moulay Abdel Kader und der Höhe 506 bemächtigt. Aber die Soldaten, die sie besetzt hielten, weigerten sich, mit einer einzigen Ausnahme, zu ihnen überzugehen. Oberst Gardes rechnete auf das 5. Schützenregiment, das für ihn die Kerntruppe seines Widerstandszentrums bilden sollte; doch kam nur dessen Chef, Major Bazin, zu der Verabredung.

Die Widerstandskandidaten des Ouarsenis verloren den Mut. Die meisten ergaben sich den Truppen von Orléansville; etwa vierzig, darunter Bazin, wurden von der FLN massakriert. Gardes gelang es, durch das Netz zu schlüpfen und als ein verzweifelter Mann Algier zu erreichen.

In Oran hatte die OAS einen Überfall auf die Banque de France ausgeführt und zwei Milliarden algerische Francs sowie 150 Millionen französische Francs erbeutet. Drei Tage nach diesem zweitgrößten aller Raubanschläge – der größte war amerikanischen Soldaten in Bayern geglückt – füllte sich der Boulevard du Front-de-Mer mit Polizeistreitkräften. Sie suchten nach einem geheimen Sender und verhafteten, damit doch etwas getan sei, einige Leute, darunter einen gewissen Louis Gerbert. Der wurde zum Polizeiposten gebracht, wo man ihm erklärte, er könne infolge des Ausgehverbots erst am nächsten Morgen nach Hause gehen. Dieser verlängerte Aufenthalt ermöglichte eine neue Einvernahme; ein Polizeiinspektor verglich eingehend mehrere Fotos, dann sagte er: »Monsieur Gerbert, Sie sind der General Jouhaud.« Einige Stunden später brachte ein Flugzeug den stellvertretenden Kommandeur der OAS zum Gefängnis de la Santé.

Die provisorische Exekutive hatte sich in der lächerlichen Hauptstadt Rocher-Noir eingerichtet. Der Präsident, Abderhamane Farès, ein Mann mit aufgedunsenem Levantinerprofil, der seinen Mantel jeweils nach dem Wind drehte, hatte als ein Schmeichler des französischen Algerien begonnen, um Schatzmeister und Bevollmächtigter der FLN zu werden. Auf der Straße der Macht war er nur ein Passant. Innerhalb der FLN hatte der Kampf um die Nachfolge Frankreichs bereits begonnen.

Eine Caravelle hatte Ben Bella in die Schweiz gebracht, wo man ihn dem Außenminister des Königreichs Marokko, Abdelkrim Katin, übergab. Mit Kennedys Zustimmung wurde ihm eine Boeing 707 zur Verfügung gestellt, nicht um nach Tunesien zu fliegen, wo das GPRA residierte, sondern nach Marokko. Die Maschine flog möglichst hoch und machte einen großen Umweg über Mailand, Barcelona und Madrid, um weit genug von den sieben Mystère zu bleiben, die sich, laut Nachrichtendienst, bereithielten, sie abzuschießen. Sie landete auf dem amerikanischen Stützpunkt Nouasseur. Ben Bella fuhr nach Oujda, wo er mit Oberst Boumedienne zusammentraf, der sich, da er seine Wilaja immer aus dem Ausland befehligt hatte, an der Spitze einer eindrucksvollen Streitmacht befand. In Tunis war man besorgt; Ben Khedda und Krim waren überzeugt, daß Ben Bella und Boumedienne nur auf das Ende des vorläufigen Regimes warteten, um gegen Algier zu marschieren.

Die am 8. April den Franzosen gestellte Frage lautete: »Billigen Sie den Gesetzentwurf über die hinsichtlich Algeriens auf Grundlage der Regierungserklärungen vom 19. März 1962 zu schließenden Verträge und zu ergreifenden Maßnahmen?«

1 795 061 antworteten »Nein«, 17 508 607 antworteten »Ja«.

Ein erschütterndes Abstimmungsergebnis. Alle Generationen der wahlberechtigten Franzosen waren mit der Überzeugung aufgewachsen, daß Algerien ein unwiderruflich französisches Land sei. Nun hatten sie ihre Meinung geändert. Der Überdruß nach einem siebenjährigen Krieg war nicht die einzige Erklärung für diesen dramatischen Verzicht; de Gaulle wünschte ihn, de Gaulle hatte mit meisterhaftem Geschick darauf gedrungen. Seine Autorität bei den Franzosen und seine Beliebtheit bei den Mohammedanern hatten ihm wiederholt die Möglichkeit geboten, die Algerienaffäre einem weniger drakonischen Ausgang zuzuführen. Die Armee hatte ihm den Sieg gebracht und die Rebellion praktisch aus der Welt geschafft. Doch de Gaulle verfolgte einen großen und weitreichenden Plan. In den arabischen Völkern mit ihren hundert Millionen Menschen, die über die Hälfte der gesamten Weltvorräte an Erdöl und Erdgas verfügten, sah er eine der wesentlichen Kräfte der zukünftigen Welt. Er wollte ihren Nationalismus zum Hebel seiner gegen die beiden Großmächte, Sowjetunion und Vereinigte Staaten, gerichteten Politik machen. Deshalb verhandelte er systematisch mit der FLN und ließ ihr Verlangen gelten – obwohl sie doch besiegt worden war –, als einzige, ausschließliche Vertretung der algerischen Nation anerkannt zu werden. Deshalb war er auch entschlossen, das neue Algerien blind zu unterstützen und ihm zu helfen, wobei er die Bedingungen, unter denen Frankreichs Liquidierung stattfinden würde, als Nebensache betrachtete. Die Tragik der »Schwarzfüße« ließ sein Gehirn und sein steinhartes Herz gleichgültig. Er erging sich in sarkastischen Bemerkungen gegen die Franzosen, die außerstande waren, die Zeichen der Zukunft zu erkennen.

Einer dieser Franzosen war sein eigener Ministerpräsident, Michel Debré. Eines Tages wird man erfahren, welchen Leidensweg Debré im Lauf des algerischen Dramas durchmachte, und vielleicht wird man für soviel schmerzhafte Selbstverleugnung einiges Mitgefühl aufbringen. In letzter Zeit wurde die Situation unerträglich. Debré litt Qualen, und sein stoisches Leiden erbitterte den General, statt ihm zu Herzen zu gehen. Vor dem Referendum kam ein Rücktritt nicht in Frage; er wurde sechs Tage danach eingereicht und angenommen. Der Lehrer Georges Pompidou wurde Ministerpräsident, ohne vorher Minister gewesen oder jemals gewählt worden zu sein, und sei es auch nur in einen Gemeinderat.

Einige Tage vor der Volksabstimmung hatte Salan einen Beschluß unterzeichnet, durch den er den Präsidenten der Republik für abgesetzt erklärte und sich als »Chef einer provisorischen Macht zur Ausübung der französischen Souveränität« einsetzte. Der Geächtete gab sich in seiner Wohnung im fünften Stockwerk noch Illusionen hin, doch »er faßte schon seit dem 19. März das Verlassen Algeriens ins Auge und gab mir Weisungen zur Vorbereitung seiner Abreise«, berichtet Ferrandi. Die Detonationen und Explosionen in der Stadt bewiesen jedoch, daß die OAS immer noch und mit verstärkter Intensität zuschlug. Am 3. April ermordete sie 9 Mohammedaner, die zur Behandlung in der Klinik Beaufraisier lagen, in ihren Betten. Am Tag des Referendums beging sie 89 Morde; sie begann auf den Straßen mohammedanische Aufwartefrauen und Gemüsehändler zu ermorden. Die beiden Gemeinden schlossen sich gegeneinander ab, verbarrikadierten sich in ihren Wohnbezirken.

Es war jedoch ein ungleicher Kampf. Am 7. April wurde Degueldre auf dem Boulevard Télemly umzingelt und festgenommen. In der Woche darauf wurde General Jouhaud vom Obersten Militärgericht zum Tode verurteilt. Salan, ein Stubenhocker, hatte seit mehreren Monaten seine Wohnung nicht gewechselt. Seine Abreise aus Algier wurde für den 24. April vorbereitet. Er sollte sich an Bord eines Kohlendampfers einschiffen und einen Teil des Kriegsschatzes, den sich die OAS durch ihren Überfall auf die Banque de France in Oran gesichert hatte, mitnehmen, um damit den Kampf fortzusetzen. Er hoffte in Portugal ein Asyl zu finden und gedachte mit Georges Bidault zusammenzuarbeiten, der im Ausland den Nationalen Widerstandsrat, den er während der Besatzung leitete, wieder gebildet hatte, diesmal, um den Gaullismus zu bekämpfen.

Der Augenblick der Abreise nahte heran. Doch da bestand ein ehemaliger Feldwebel der Kolonialinfanterie namens Lavanceau darauf, General Salan persönlich Nachrichten von höchster Bedeutung über die MNA von Messali Hadj zu überbringen. Der General erklärte sich bereit, ihn am 20. April um zwölf Uhr zu empfangen.

Ferrandi holte Lavanceau an der verabredeten Stelle ab und brachte ihn in die Rue Desfontaines, wo Salan in einem Studio im Erdgeschoß sein Arbeitszimmer hatte. Der Feldwebel erging sich in wortreichen Erklärungen. Plötzlich sah Ferrandi durch das Fenster einige Gendarmenhelme. Lavanceau, der sie zur gleichen Zeit gesehen hatte, stürzte zur Tür und rief: »Kommt herein! Sie sind hier!« Salan und Ferrandi versuchten durch den anderen Ausgang aus dem Gebäude zu entkommen, der wurde jedoch von den Gendarmen bewacht. Sie ergaben sich.

Am nächsten Tag bildeten die Wagen, die mit den zur Abreise entschlossenen Europäern auf dem Weg zum Flugplatz waren, eine ununterbrochene Schlange von der Abzweigung der Straße nach Constantine bis Maison-Blanche. Die Gendarmerie ließ nur 2000 Personen in den Flughafen ein; die warteten in düsterer Stimmung, umgeben von ihren Reisebündeln. Da und dort vernahm man ein Schluchzen.

Überraschung: Salan wird gerettet

Dienstag, der 15. Mai 1962. Der Prozeß Salan begann im Justizpalast, und General de Gaulle veranstaltete im Elysée seine erste Pressekonferenz seit November 1961.

De Gaulle war noch nie so aggressiv gewesen. Er überschüttete die europäische Integration mit seinen Sarkasmen und hielt an dem Prinzip der unbegrenzten staatlichen Souveränität unbeugsam fest. Mit tiefer Verachtung sprach er von »dem Europa des integrierten Esperanto und Volapük«, beschuldigte die Integrationisten, daß sie das original Nationale in einem »Magma« verschwinden lassen wollten. Er ließ den Grund für seine Hast bei der Liquidierung Algeriens durchblicken, als er sagte, daß die Rückkehr der Armee ins Mutterland, zusammen mit einer »zu ständiger

Weiterentwicklung bestimmten« Atombewaffnung, Frankreich wieder eine unabhängige Militärpolitik ermöglichen würde. Alles, was in den letzten fünfzehn Jahren zur Einigung und Harmonisierung des Westens unternommen worden war, einschließlich des Gemeinsamen Marktes und des Nordatlantikpakts, wurde hier durch eine rücksichtslose Denkungsart und einen Ehrgeiz neuerlich in Frage gestellt, der um so gefährlicher war, als die Mittel fehlten, um ihn zu stützen.

Die fünf MRP-Minister, Pflimlin, Schumann, Buron, Bacon und Fontanet, hatten die Schmähreden des Generals gegen den Europagedanken mit verkrampften Mienen angehört; noch am selben Abend überreichten sie ihre Rücktrittserklärungen. Sie wurden innerhalb von vierundzwanzig Stunden durch Beförderungen in den Ministerien und durch die Ernennung eines unabhängigen Abgeordneten, Raymond Marcellin, zum Innenminister ersetzt.

Für de Gaulle gehörte Algerien der Vergangenheit an. In einem geschickten Spiel berechneter Indiskretionen begannen sich seine Zukunftspläne abzuzeichnen. Vor allem gedachte er den, wie es hieß, dem Staatschef »vorbehaltenen Wirkungsbereich« zu erweitern – eine mit einer solidarischen und der Nationalversammlung gegenüber verantwortlichen Regierung völlig unvereinbare Vorstellung. De Gaulle beabsichtigte jedoch, sowohl die Regierung fester in seine Hand zu bekommen als auch das Parlament weiter in seiner Bedeutung zu schwächen. Das wollte er erreichen, indem er seine Wiederwahl durch allgemeine Wahlen erzielte und das Referendum, die unmittelbare Zwiesprache zwischen dem Chef und der Nation, die einzige mit seinem Stolz vereinbare Form der Volksbefragung, systematisierte. Sein Ziel war nicht die Errichtung eines Präsidialregimes, das, einem starken Exekutivorgan gegenüber, eine unabhängige gesetzgebende Körperschaft erfordert, sondern er ging darauf aus, seine persönliche Macht durchzusetzen.

Im Justizpalast war Belagerungszustand. Auf den Dächern standen bewaffnete Männer, ein riesiges Polizeiaufgebot hielt die ganze Ile de la Cité besetzt. Die Eingänge des Gebäudes waren nur einen Spalt weit geöffnet, und der erste Präsident des Kassationsgerichts, Paul Rousselet, kam in roter Robe auf die Vortreppe, um gegen die den Gang der Justiz beeinträchtigenden Hemmnisse zu protestieren. Er erhielt übrigens deswegen einen Verweis und trat wenige Tage später zurück.

Als Raoul Salan im Gefängnis de la Santé eintraf, wurde er sofort in der Abteilung 3, der Abteilung der zum Tode Verurteilten, eingekerkert. Jouhaud, der sich nicht zu Unrecht dort befand, da sein Urteil bereits gesprochen war, gelang es, Salan einige Augenblicke lang zu sprechen; er fragte, ob »man uns aus Ersparnisgründen demselben Erschießungskommando zuteilen wird«. Für den Prozeß wurde Salan im Hubschrauber zum Justizpalast gebracht und dort, wie Pétain, für die Prozeßdauer in einem kleinen Zimmer untergebracht. Die Zeitschrift *Time* berichtete, man habe den Justizminister Jean Foyer gefragt, wo Salan seine Strafe abbüßen werde, wenn er mit dem Leben davonkäme. »Stellen Sie doch keine blödsinnigen Fragen«, hatte der Minister geantwortet.

Das Oberste Militärgericht war ein Sondergerichtshof, geschaffen kraft der Vollmachten, die der Staatschef sich gemäß Artikel 16 der Verfassung zusprach. Seine Entscheidung wurde ohne Geschworenengericht gefaßt und ließ keine Berufung zu.

Seine vier Militärmitglieder waren die Generäle Gelée, Gilliot und Jousse und der Admiral Galleret. Die fünf Zivilmitglieder waren die Ersten Präsidenten Bornet und Cavillat, der Präsident Cagne, Professor Pasteur Vallery-Radot und der ehemalige Botschafter Hoppenot. Beim Prozeß gegen Jouhaud war der erkrankte Fliegergeneral Gelée durch General Gardet vertreten worden.

Die Eingangserklärung Salans »Ich bin der Chef der OAS . ».« klang wie eine Fügung in das Schicksal. Nach Schilderung seiner Laufbahn und Rechtfertigung seiner Beweggründe endete der Mann, der sich dem Gerichtshof als »der ehemalige General Raoul Salan« vorgestellt hatte, mit den Worten: »Ich habe nur jenen Rechenschaft abzulegen, die leiden und sterben, weil sie an ein verleugnetes Versprechen und an verratene Verpflichtungen geglaubt haben. Ich werde künftig schweigen.«

Angesichts dieses stummen—wie einige Zeitungen schrieben, bereits toten—Angeklagten spielte sich ein erschütternder Prozeß ab. Es gelang der Verteidigung, Michel Debré in den Zeugenstand zu holen. Er leugnete, an dem Mordversuch gegen General Salan, der im Jahr 1957 mittels der von Kovacs und Castille bedienten Panzerbüchse unternommen wurde, beteiligt gewesen zu sein, doch die Sache war bedenklich, und die anderen Zeugen, die zwecks Erhellung des Tatbestands vorgeladen wurden, machten das Dunkel nur noch undurchdringlicher. Da ihm die Zeitungsartikel, durch die er den Aufstand für die Verteidigung des französischen Algerien für rechtmäßig erklärt hatte, vorgelegt wurden, rechtfertigte Debré seine Gesinnungsänderung durch den Hinweis auf »das erwachende politische Bewußtsein der mohammedanischen Volksmassen und den demographischen Druck, der Algerien alljährlich verändert«. Die Anklage wurde von einem alten Justizbeamten mit holpriger Sprache, dem Staatsanwalt André Gavalda, erhoben. Er engte die Debatte auf die schreckliche Bilanz der OAS ein: 7000 Attentate, 2000 Mordversuche, 415 Tote, 1145 Verletzte. Die Verteidigung war jedoch meisterlich. Ein Rechtsanwalt aus Algier, russischen Ursprungs, Maître Goutermanoff, entlockte den Zuhörern und sogar dem Angeklagten Tränen: »Im Namen aller jener, die leiden und sterben, weil sie wollen, daß ihre Erde französisch bleibt, erweise ich Ihnen die Ehrenbezeugung und sage: ›Danke, Herr General! Leben Sie wohl, Herr General!‹« Dann erhob sich Tixier-Vignancourt: »Ich soll verteidigen und stehe nicht hier, um anzuklagen . . .« Um den schweigenden Mann zu retten, der sich mit seinem Schicksal bereits abgefunden hatte, mäßigte Tixier sein Ungestüm, milderte seine Leidenschaft und hielt eine großartige Verteidigungsrede.

Der Rechtsanwalt war selbst überzeugt, daß diese große Anstrengung vergeblich sein würde. Die Richter waren von der Regierung gewählt und einzeln von de Gaulle selbst ausgesucht worden. Sie hatten Jouhaud zum Tod verurteilt. Wie sollten sie, nachdem sie den Stellvertreter verdammt hatten, den Chef verschonen?

Das Gericht beriet sich drei Stunden lang. Am späten Abend des 23. Mai erhob sich der Präsident Bornet, um das Urteil zu verlesen. Salan war gefaßt, gleichsam abwesend. Es waren fünf Fragen gestellt worden. Sie betrafen die Organisation einer aufständischen Bewegung, den Versuch, das rechtmäßige Regime mit Gewalt zu stürzen, den Anschlag gegen die Staatsautorität, die Mitschuld an Attentaten gegen einzelne Personen, die Organisierung bewaffneter Banden. Die Antworten folgten aufeinander: »Ja ... Ja ... Ja ... Ja ... Ja ...«

Nun erwartete man ein »Nein«. Die sechste Frage lautete: »Gibt es mildernde Umstände zugunsten des Angeklagten Raoul Salan?«

In der tiefen Stille ertönte ein sechstes Ja.

Die Zuhörer gerieten außer sich. Man rief »Algérie française!« und »Vive Salan!«. Tixier-Vignancourt stimmte die Marseillaise an. Der zu lebenslänglicher Haft verurteilte Salan wurde von der Wache hinausgeführt, jedoch erst um 5 Uhr morgens in die Santé eingeliefert.

Noch war er nicht gerettet! De Gaulle hatte getobt, Verwünschungen in rauhester Soldatensprache gegen die Richter ausgestoßen, die sein Vertrauen verrieten und ihm seine Rache raubten. Mit einer Tat, die entschieden die eines Tyrannen war, überging er das Oberste Militärgericht und bestimmte, daß gegen Salan eine zweite Verhandlung stattfinden solle. Am 15. Juni wurde der General nochmals angeklagt, wieder drohte ihm die Todesstrafe! Er sollte vor einem neuen Gericht stehen, das aus 5 Offizieren und 5 Unteroffizieren bestand und an dessen Spitze de Gaulle einen Mann gestellt hatte, dessen er sicher zu sein glaubte, General de Larminat. Die Gültigkeit des ergangenen Urteils – ein unumgängliches Rechtsprinzip – wurde mit Füßen getreten. Die englische und amerikanische Presse hatte einhellig die OAS verdammt und die Gefangennahme Salans begrüßt. Sie hätte gegen seine Verurteilung und Hinrichtung nichts einzuwenden gehabt, doch das Staunen verschlug ihr die Rede angesichts der Absicht, einen zweiten Prozeß mit der gleichen Anklage führen zu wollen. Wie weit würde de Gaulle noch gehen?

Der Fall Jouhaud wurde aufgeworfen. Man hatte ihn nach Fresnes überstellt, zusammen mit zwei anderen zum Tode Verurteilten, Piegts und Dovecar, den Mördern des Kommissars Gavoury. De Gaulle bebte noch vor Zorn wegen des Urteils über Salan, er berief den militärischen Generalgouverneur von Paris, General Vezinet, zu sich und erteilte ihm Weisung, daß die Hinrichtung am Morgen des Freitag, 26. Juni, stattfinden solle. Entgegen dem üblichen Brauch meldete die Rundfunkstation *France Inter* in ihrer Sendung um 17 Uhr 15: »Ex-General Jouhaud wird morgen bei Sonnenaufgang erschossen.« Der Kommandeur des Wehrbezirks Versailles, General Partiot, weigerte sich, ein Erschießungskommando zusammenzustellen, und General Hugo, Kommandeur des 2. Luftwaffenbereichs, war, nachdem er gehorcht hatte, zurückgetreten. Ein Arzt und der Kaplan von Fresnes waren für 2 Uhr angefordert worden.

Nun intervenierte Pompidou. Er begab sich ergriffen, jedoch ruhig ins Elysée. Es käme für ihn nicht in Frage, sagte er, sich einer vom Staatschef in Ausübung seiner Vollmachten gefaßten Entscheidung zu widersetzen, doch er, Pompidou, werde nicht Ministerpräsident bleiben, falls Jouhaud erschossen würde. Finanzminister Valéry Giscard d'Estaing und Unterrichtsminister Pierre Sudreau hatten den gleichen Entschluß gefaßt. Übrigens hatte Justizminister Jean Foyer soeben beim Kassationsgerichtshof eine theoretisch unzulässige Berufung gegen die Verurteilung Jouhauds eingebracht. De Gaulle stand vor der juristisch vollendeten Tatsache. Um sich durchzusetzen, hätte er – in der abscheulichsten Form – eine Tyrannentat setzen müssen. Davor schreckte er zurück und widerrief den Hinrichtungsbefehl – ließ jedoch Jouhaud weiter zwischen Tod und Leben schweben.

In Algerien nahm das Blutbad kein Ende. Am 2. Mai explodierte eine verborgene Sprengstoffladung in einem PKW im Hafen von Algier, inmitten der auf die Arbeitsniederlegung wartenden Dockarbeiter: 62 Tote und 110 Verwundete. Am gleichen Tag verursachten andere Anschläge noch mehr als 40 weitere Todesfälle. Zwei Tage später ließ man einen mit Dynamit vollgestopften Wassertransporter über die Abhänge der Kasba rollen, und nur dank einer vorzeitigen Explosion wurde eine furchtbare Katastrophe vermieden. In der Zeit vom 7. bis zum 11. wurden, gleichfalls in Algier allein, 137 Menschen ermordet. Am 14., dem Tag des Ait el-Kébir (Fest der Schafe), ordnete Si Azzedine, der FLN-Anführer von Algier, Vergeltungsmaßnahmen an. Innerhalb von weniger als zwei Stunden wurden in den Straßen siebzehn Europäer getötet. Am nächsten Tag ermordete die OAS unter den gleichen Umständen 51 Mohammedaner. Die Passanten warfen nicht einmal mehr einen Blick auf die Leichen, die auf den Gehsteigen lagen.

In Innenland war es noch schlimmer. Die französischen Truppen hatten bereits vor dem Abkommen von Evian die Hälfte der Posten, die sie besetzt hielten, also 2000 von 4000, geräumt. Der Rückzug wurde fortgesetzt, die FLN nahm das Land in Besitz. Gegen die Helfer der Franzosen, die *Harkis* *, die Dorfchefs, alle Mohammedaner, die dem so oft wiederholten Schwur der französischen Offiziere: »Die Armee wird euch nie im Stich lassen!« Glauben geschenkt hatten, wurden schreckliche Racheakte verübt. Die Europäer lebten unter ständiger Bedrohung – sie mußten nicht nur Attentate befürchten, sondern, schlimmer noch, Entführungen. In Algier fand man 15 verstümmelte Leichen und dann den sechsjährigen Patrick und die zweijährige Suzanne, Kinder eines reichen Juden, mit durchschnittener Kehle auf. In der Mitidja wurden 215 Entführungen gemeldet und 236 in der Umgebung von Oran. Nur 103 von diesen 451 Entführten bekam man lebend wieder zu Gesicht.

Der Beginn dieses Buches beschrieb eine der tragischsten Völkerwanderungen der Geschichte, die Flucht von Millionen Deutschen. Kurz vor dem Ende müssen wir von einer nicht weniger erschütternden Auswanderung berichten. Zu Zehntausenden überschwemmten die »Schwarzfüße« die Häfen und Flugplätze. Sie hatten alles verlassen, ihre Wohnstätten zerstört, ihre Möbel aus den Fenstern geworfen, ihre Felder, auf denen die Ernte heranwuchs, aufgegeben. Die meisten hatten das Frankreich, dessen Kinder sie hatten bleiben wollen, nie gesehen. Man hatte ihnen gesagt – und sie nicht getäuscht –, daß die Heimat sie nicht brüderlich aufnehmen würde. Aber sie mußten fort; das Referendum, durch das Algerien seine Unabhängigkeit verkünden sollte, war für den 1. Juli festgesetzt. Mit diesem Datum endete die französische Souveränität. Besser das bittere Exil als ein längeres Verbleiben unter der siegreichen FLN. Nahezu dreihunderttausend Menschen wanderten in den Monaten Mai und Juni 1962 aus. Die Zahl für das Jahr erreichte 651 000, und bis zum 1. Dezember 1962 machte die Gesamtzahl, einschließlich 61 000 Mohammedanern, jedoch ohne die Bewohner Algeriens, die in ein anderes Land als Frankreich auswan-

---

* Arabische und berberische Söldner im Dienst der französischen Kolonialarmee

derten, laut offizieller Zählung 953 389 aus. Sie ließen Besitztümer im Schätzwert von 50 Milliarden Francs, das sind zehn Milliarden Dollar, zurück.

Der Terrorismus der OAS hatte diese Auswanderung noch besonders tragisch gestaltet, doch die Behauptung, er hätte sie verursacht, ist falsch. Das Regime, das von Algerien Besitz nahm, war vom Typus der sogenannten Volksdemokratien, gekennzeichnet durch eine Einheitspartei und durch seinen Sozialismus ebenso wie durch seinen Nationalismus auf die Beraubung der Europäer abzielend. Für ein solches Regime war das Abkommen von Evian ein Fetzen Papier. Es war fast unanständig von den französischen Unterhändlern, daß sie es unterzeichnet hatten, da seine Nichtigkeit so offenbar, seine Verlogenheit so augenfällig war. Durch die Auswanderung der »Schwarzfüße« versiegte die »Menschenflut«, die Salans Weisungen zu einer Hauptwaffe in seinem Kampf gestempelt hatten. Die Weisungen und Drohungen, die sie verboten, waren machtlos. Wut und Verzweiflung trieben die OAS zum Nihilismus. »Geben wir ihnen das Algerien von 1830 wieder«, sagten ihre Flugblätter. Innerhalb von zwei Tagen gingen achtunddreißig Schulanstalten in Flammen auf.

Doch zur gleichen Zeit war ein origineller Versuch im Gang. Die OAS spielte eine letzte Karte, bemühte sich um eine Versöhnung mit der FLN.

Es hatte nicht viel gefehlt, und Jean-Jacques Susini wäre gleichzeitig mit Salan am 20. April in der Rue Desfontaines verhaftet worden. Zum faktischen Chef der OAS in Algier geworden, setzte er den Kampf fanatisch und unerschrocken fort. Für ihn war Frankreich jedoch kein Gegenstand des Kults wie für die treuherzige Masse der »Schwarzfüße«. Er verachtete Frankreich, verdammte das, was er, wie General de Gaulle, seine Schlaffheit nannte. Es gab Algerien preis, weil es nicht die Kraft besaß, es zu behalten. Es war Sache der »Schwarzfüße«, diese Preisgabe zur Kenntnis zu nehmen und über andere Wege eine Möglichkeit zu finden, in dem Land zu bleiben, das das ihre war.

Von Rocher-Noir aus beobachtete Präsident Farès die Abreise der Europäer. Er malte sich aus, wie es Algerien ohne Verwaltungsbeamte, ohne Ingenieure, ohne Ärzte ergehen würde. Auch er war außerstande, der Auswanderung Einhalt zu gebieten. Das wäre nur zu erreichen, wenn FLN und OAS geeinsam sagten: »Bleibt hier!«

Der erste Kontakt fand am 18. Mai durch Vermittlung des Abgeordneten Philippe Marcais statt. Farès und Susini trafen sich in einem Bauernhof der Gemeinde Alma, ungefähr dreißig Kilometer von Algier entfernt. Susini brachte ein Elf-Punkte-Programm mit, das in der Hauptsache ein »algerisches Direktorium«, bestehend aus Mitgliedern der FLN und der OAS, vorsah.

Fouchet billigte diesen Anfang. Der ehemalige Bürgermeister von Algier, Jacques Chevallier, legte sich ins Mittel. In seiner Villa in El-Biar fand am 1. Juni eine neuerliche Zusammenkunft statt. Einem Versprechen Susinis gemäß hatten sämtliche Attentate in Algier aufgehört; in Oran, wo Jouhauds Nachfolger, General Gardy, jede Verhandlung mit der FLN zurückwies, wurden sie fortgesetzt.

Susini hatte sein Programm gemäßigt und seine politischen Ansprüche eingeschränkt. Farès erklärte sich einverstanden, nach Tripolis zu reisen, um dem Algerischen Revolutionsrat, der dort tagte, den Vertragsvorschlag mit der OAS zu unterbreiten. Als er hinkam, war der Rat nach einer stürmischen Sitzung, in der Ben Bella vorgeworfen wurde, er strebe nach der Diktatur, auseinandergegangen. Farès fuhr nach Tunis, fand jedoch, daß das GPRA der von ihm erstrebten Verhandlung feindselig gegenüberstand. Er kehrte nach Rocher-Noir zurück, wobei ihn Belkassem Krim begleitete. Er war der erste unter den großen Führern des Aufstands, der siegreich in Algerien einzog.

Inzwischen hatte die OAS den Waffenstillstand gebrochen und die Offensive der verbrannten Erde wieder aufgenommen. Die Laboratorien und die Bibliothek der Universität von Algier, die 600 000 Bände umfaßte, wurden durch Brand zerstört, die Operationsabteilung der Mustapha-Klinik mit Dynamit in die Luft gesprengt. Eine gewaltige Explosion, gefolgt von einem überaus heftigen Brand, ließ vom Rathaus in Algier nur einen Haufen Trümmer zurück. Die OAS hatte das Verbot, Algerien zu verlassen, aufgehoben; viele Abreisende steckten ihre Häuser eigenhändig in Brand.

Die gleichen Szenen spielten sich in Oran ab. Der Korpskommandeur General Katz hatte am 13. Mai 1958 dem französischen Algerien die Treue geschworen, war aber der Entwicklung der Regierungsgewalt gefolgt und zeichnete sich durch besonders strenge Unterdrückungsmaßregeln aus. Die OAS hatte den grausamen Einfall, einen seiner Offiziere, Oberstleutnant André Meriot, zu töten, um so die Gelegenheit zu schaffen, den General zu erschießen, wenn er käme, um ihm die letzte Ehre zu erweisen. Die Mörder wußten nicht, daß der Mann, der in Generalsuniform in der Militärklinik erschien, Katz' Adjutant, General Philippe Ginestet war; sie verwundeten ihn tödlich. Sein Tod erhöhte die Zahl der von der OAS in Oran getöteten französischen Offiziere auf 15.

Inzwischen hatte Susini seinen Versuch fortgesetzt. Am 15. Juni traf er in Algier mit Dr. Mostefai, einem FLN-Mitglied der provisorischen Exekutive, zusammen. Zwei Tage später wurde das Abkommen bekanntgegeben. Susini sagte den Europäern, die geblieben waren: »Geht nicht fort!«, und denen, die fortgegangen waren: »Kehrt zurück!« Aber seine ehrgeizigen Ziele hatte er bei weitem nicht erreicht. Er bekam nichts weiter als das Versprechen einer Amnestie und eine beruhigende Erklärung von Mostefai, einer Persönlichkeit dritten Ranges bei der FLN! Den algerischen Führern lag wenig daran, daß viele Franzosen im Land blieben. Ben Bella sagte es später zu Pierre Laffont: »Wenn es 800 000 gewesen wären, hätte das ein politisches Problem darstellen können; 150 000 können für uns nützlich sein.« Aber 150 000 Menschen stellten unter zehn Millionen Algeriern keine nationale Minderheit dar; sie wären einfach Geiseln gewesen.

Salan befand sich noch in Fresnes, während die neue Anklage gegen ihn lief. Bereits am 31. Mai hatte sich Jouhaud, über dessen Haupt immer noch die Drohung der Hinrichtung schwebte, an ihn gewandt und ihn ersucht, ein Ende des hoffnungslosen Kampfes anzuordnen. Das Abkommen Mostefai–Susini lieferte den Vorwand dafür. »Am 17. Juni hat sich eine Stimme des GPRA mit Würde erhoben«, schrieb Salan. »... Meine algerischen Freunde, die vor zwei Monaten an meiner Seite standen, sollen wissen, daß ich mit der Einstellung der Kämpfe völlig einverstanden bin. Angesichts des Entscheids zwischen Auszug und Leben an ihrer Geburtsstätte rate ich den Europäern, in ihrem Lande zu verbleiben ... Zuviel Blut ist zwischen den beiden

Gemeinschaften geflossen. Nehmt Euch alle bei der Hand, um eine gemeinsame Zukunft in Eintracht und Frieden aufzubauen. Erhaltet Euer schönes Land in einer engen Zusammenarbeit mit Frankreich.«

Nach diesem Aufruf wurde der gegen den neuen Prozeß geplante Aufruhr abgeblasen, und im Monat darauf wurde Salan ins Gefängnis nach Tulle überstellt, wo sich bereits Challe und Zeller befanden. Jouhaud mußte bis September auf seine Begnadigung warten. Inzwischen hatte General de Larminat Selbstmord begangen, um nicht den Vorsitz bei dem neuen Militärgericht führen zu müssen – das übrigens vom Staatsrat für rechtswidrig erklärt werden sollte. Degueldre jedoch, den es zum Tode verurteilt hatte, war ebenso wie Piegts und Dovecar bereits hingerichtet worden. André Canal, genannt »Schwarzes Monokel«, der sich als Terrorist im Mutterland betätigt hatte und gleichfalls von dem Gericht verurteilt worden war, wurde durch dessen Unrechtmäßigkeit nicht gerettet.

In Oran kam es noch zu einem letzten Aufflammen der Revolte: Die Telefonzentrale flog in die Luft, das Rathaus stand drei Tage lang in Flammen. Die Auswanderer warfen ihre Möbel durch die Fenster und zündeten sie an, so daß ganze Straßen in Flammen standen. Dann, am 25. Juni, erhob sich eine riesige Rauchsäule über dem Hafen. Zehn Tanks mit einem Inhalt von 50 Millionen Liter Rohöl brannten lichterloh und bedeckten die Stadt mit trauerschwarzem Rauch.

Das Selbstbestimmungsreferendum vom 1. Juli war eine Formsache. Im Widerspruch zum Abkommen von Evian wurde nur eine einzige Frage gestellt: »Wollen Sie ein unabhängiges Algerien?« Die Abstimmung, die fast überall mit offenem Stimmzettel stattfand, ergab 5 975 581 »Ja« gegen 16 188 »Nein«. Fünf Tage später wurde in Oran die Unabhängigkeit durch eine Jagd auf Europäer gefeiert, die 36 Leben kostete. Sie bewog die Zögernden, den verderblichen Rat Salans nicht zu befolgen, sondern abzureisen. Sie fuhren in Massen fort und taten recht daran. Die algerische Volksdemokratie verlor Geiseln, Frankreich gewann tüchtige Menschen.

Die siegreiche FLN fiel auseinander. Ben Khedda hielt seinen triumphalen Einzug in Algier, aber Ben Bella ging nach Oran und richtete in Tlemcen eine sezessionistische Regierung des GPRA ein. In der Kabylei kam es gleichfalls zur Abspaltung. Das im Entstehen begriffene Algerien stand am Rand des Bürgerkriegs. Nach allerlei verworrenen Streitigkeiten marschierte Ben Bella schließlich mit den Truppen Oberst Boumediennes gegen Algier und schaltete seine Gegner aus. Später wurde er jedoch von seinen Freunden verraten.

Für Frankreich fand der Epilog zu Algerien am 3. Juli statt. Eine einfache Weisung des Staatschefs machte dem Mandat der 102 von Algerien in die französischen gesetzgebenden Körperschaften entsandten Parlamentarier, 68 Abgeordneten und 34 Senatoren, eine Ende. Einige Abgeordnete stießen sich an der Ungeniertheit der Exekutivgewalt, doch die Abtrennung des Landes, das so oft und feierlich als eine Provinz der Heimat erklärt worden war, wurde von keinerlei Zeremonie begleitet. Seine Vertreter, von denen zwei Drittel Mohammedaner waren, nahmen nun nicht mehr an den Sitzungen teil. Und das war alles. In der Geschichte der Kolonialgründungen gab es nichts, was so sehr wie eine endgültige Niederlassung ausgesehen hätte wie die Frankreichs in Algerien. Und dann genügten acht Jahre, um sie von

Grund auf zu zerstören! Die finstere, zynische Wahrheit lautet, daß eben keine dauerhafte Niederlassung in Übersee entstehen kann ohne Ausrottung der eingeborenen Bevölkerung. Das ergibt dann die Vereinigten Staaten von Amerika oder das Commonwealth Australien oder auch das sowjetische Asien – mit einer Gelegenheit für die Weißen, die ihr Land in Besitz genommen haben, sich an die Spitze des Antikolonialismus zu stellen. Die Grausamkeit der Väter ermöglicht die Großmut der Söhne.

De Gaulle entgeht den Mördern

Am Nachmittag des 22. August hatten die Verschwörer an der Kreuzung von Petit-Clamart drei Wagen aufgestellt. Der mit hundert Stundenkilometern fahrende Citroën General de Gaulles wurde vom ersten, einem gelben Break, beschossen und dann vom zweiten, einem blauen Fiat, der ihm ein paar Momente lang folgte, unter Feuer genommen. De Gaulles Fahrer beschleunigte sein Tempo und sauste auf den Militärflughafen Villacoublay. Kurz darauf stieg das Flugzeug des Generals, als ob nichts geschehen wäre, zum Flug nach Colombey auf.

Es waren beinahe 150 Schüsse abgefeuert worden; zwölf Kugeln hatten den Wagen des Präsidenten getroffen, zwei waren gegen die Reifen geprallt, ohne sie zu durchschlagen, eine war durch die Hinterwand der Karosserie eingedrungen und wenige Zentimeter an dem Kopf von Madame de Gaulle, die neben dem General saß, vorbeigeflogen. Einem der beiden Motorradfahrer, die die Begleitung bildeten, war der Sturzhelm durchschossen worden, aber der einzige Verwundete war ein Fußgänger, der eine Schramme an der Hand davontrug.

Am nächsten Tag erhielten viele wichtige Persönlichkeiten in Umschlägen, auf denen die Nationalversammlung als Absender fungierte, eine Botschaft des Nationalen Widerstandsrats, besagend, daß das mißlungene Attentat von Petit-Clamart »ein gerechtfertigter Akt gegen einen meineidigen Diktator« gewesen sei und daß »heute oder morgen der Verräter de Gaulle wie ein tollwütiger Hund niedergemacht werden wird«.

Pierre-Denis Magade, ein Mitglied des Mörderkommandos, wurde am 3. September durch einen Zufall ergriffen. Eine Denunziation führte zur Verhaftung eines Komplicen, Pascal Bertin. Darauf konnte die Polizei unschwer die ganze Mannschaft von Petit-Clamart identifizieren. Sie bestand aus 16 Männern, von denen 10 festgenommen wurden, unter ihnen Oberleutnant Alain de Bourgrenet de la Tocnaye, ein Deserteur, und Jean-Marie Bastien-Thiry, ein brillanter Ingenieur des Luftfahrtministeriums, Absolvent des Polytechnikums und mit 34 Jahren bereits Oberstleutnant.

Die Angeklagten waren verstockt. Alle rechtfertigten sich damit, daß sie de Gaulle beschuldigten, durch Preisgabe einer französischen Provinz Verrat begangen zu haben. Bastien-Thiry berief sich auf den heiligen Thomas von Aquin: »Der Tyrann ist der eigentliche Aufrührer... Der Mann, der das Volk von einem tyrannischen Machthaber befreit, ist lobenswert...« Er zählte alle Pläne auf, die vor dem Mordversuch vom 22. August entworfen und abgesagt worden waren: am 14., 23., 25.,

28., 31. Juli, dann am 8. August und schließlich am Morgen des 22. August. Die Verschwörer hatten erwogen, Colombey vom Flugzeug aus zu bombardieren, doch der CNR hatte, wie Bastien-Thiry sagte, beschlossen, de Gaulle zu entführen und ihn vor Gericht zu stellen. Die Schüsse aus dem gelben Wagen, in dem sich Bernier und Buisines befanden, hatten nur den Zweck, den Citroën des Präsidenten manövrierunfähig zu machen. Der zweite Wagen mit Bougrenet, Watin und Prévost sollte ihm den Weg versperren und der dritte, der auf der Kreuzung als Reserve stand, zur Entführung dienen. Bougrenet und seine Kameraden hatten nur, weil sie sahen, daß der Citroën DS nicht stehenblieb, gleichfalls das Feuer eröffnet. Bastien-Thiry, Bougrenet und Prévost wurden zum Tod verurteilt, und begnadigt wurden nur die beiden Letztgenannten.

In der Affäre von Petit-Clamart blieben mehrere Punkte unklar. Die Reisen des Generals wurden niemals vorher bekanntgegeben, so auch diesmal nicht seine Fahrt zum Flugplatz Villacoublay am 22. August – und dennoch besaßen die Verschwörer stets die genauesten Informationen. Es fehlte ihnen nie an Geld. Auf die Frage, woher es stammte, antwortete Bastien-Thiry rätselhaft, es komme »aus Regierungsquellen«, jedoch nicht unmittelbar; Bankiers und Industrielle erzielten Gewinne aus Abschlüssen mit dem Staat, sorgten jedoch, da sie sich der Hinfälligkeit des Regimes bewußt waren, für Rückversicherung durch den CNR. Bastien-Thiry weigerte sich, mehr zu sagen, und die Affäre lag noch nicht lange genug zurück, als daß es möglich gewesen wäre, die gleiche Art von Nachforschung anzuwenden wie beim Attentat der Rue Saint-Nicaise oder dem Entführungsversuch des Ersten Konsuls durch Georges Cadoudal.

General de Gaulle verlangte kein Kaiserreich, doch das, was er vorschlug, die Wahl des Präsidenten der Republik durch allgemeines Wahlrecht, genügte, um im Parlament und bei den Parteien eine Revolution zu entfesseln.

Die Opposition gegen die äußere Form verstärkte die Opposition gegen das Wesen der Sache. De Gaulle gedachte, seine Reform mit Hilfe von Artikel 11 der Verfassung, der den Volksentscheid vorsieht, zum Erfolg zu führen. Nun heißt es in Paragraph 14 der Verfassung: »Der Vorschlag zur Änderung der Verfassung muß von beiden Kammern in gleicher Fassung angenommen werden. Die Verfassungsänderung ist wirksam, wenn sie durch Volksentscheid angenommen wird.« Durch das Übergehen der parlamentarischen Phase verletzte de Gaulle die Verfassung, die er selbst geschaffen hatte. Staatsrat und Verfassungsrat äußerten sich ablehnend. De Gaulle antwortete, daß der Volksentscheid die demokratischste Methode sei und daß »die nationale Souveränität, gerade was die verfassunggebende Gewalt angeht, selbstverständlich beim Volk« liegt.

Ein anderer Streitpunkt brachte den Staatschef mit der im Jahre 1960 gewählten Nationalversammlung in Konflikt. 293 Abgeordnete, die absolute Mehrheit, hatten ein Manifest unterzeichnet, das ihrem Wunsch Ausdruck gab, Frankreich den Weg der europäischen Einheit einschlagen zu sehen, »die wir als eine demokratische Völkergemeinschaft und nicht als eine Reihe von Konferenzen zwischen den Regierungen auffassen«. Eine wunderbare, eine großartige Reise de Gaulles durch Deutschland, der Jubel, der ihm in Bonn, Köln, Hamburg, München, Stuttgart zuteil wurde, vermochte nicht, ihn von der Möglichkeit, ein organisches Europa zu errichten, dessen erster Präsident er geworden wäre, zu überzeugen. Er blieb weiter bei seiner starren Ablehnung jeder Übernationalität, bei seinem Festhalten an der uneingeschränkten Souveränität der durch die Launen der Geschichte abgegrenzten Teile Europas, die er als »Vaterländer« bezeichnete.

Am 5. Oktober stimmten 280 von den 480 Abgeordneten der Nationalversammlung für einen Antrag, der die Regierung wegen ihres Verfahrensweges bei der Verfassungsänderung rügte. Zum erstenmal seit Gründung der V. Republik wurde ein Kabinett gestürzt. De Gaulle löste die Nationalversammlung auf. Frankreich mußte kurz hintereinander einen Volksentscheid und Parlamentswahlen durchführen.

Die Volksabstimmung fand am 25. Oktober statt. Alle Parteien, mit Ausnahme der UNR, hatten sich zusammengetan, um den Franzosen zu empfehlen, mit »Nein« zu antworten. De Gaulle ließ seine gewohnte Warnung hören: »Falls eure Antwort ›Nein‹ lautet, und selbst wenn die Mehrheit der ›Ja‹ schwach, mittelmäßig, ungewiß ist, wird meine Aufgabe sofort und unwiderruflich zu Ende sein.« Die Antwort auf diesen Aufruf, 13 808 848 »Ja« gegen 7 932 399 »Nein«, brachte keine Wiederholung der vorhergegangenen, triumphalen Volksabstimmungen. Das »Ja« stammte nur von 46,44 % der eingeschriebenen Wähler, und dreizehn von den Departements südlich der Loire hatten mit »Nein« gestimmt. Nach einer ersten enttäuschten Regung kam de Gaulle mit Recht zu dem Schluß, daß sein Sieg gegen alle anderen vereinigten Parteien weder mittelmäßig noch ungewiß war. Er blieb.

Die Wahlen, die drei und vier Wochen später abgehalten wurden, brachten eine Überraschung. Die Koalition der »Nein« wurde vernichtend geschlagen; Mendès-France und Paul Reynaud waren schon nach dem ersten Wahlgang ausgeschaltet, die äußerste Rechte verschwand aus der Nationalversammlung. Die Unabhängigen verloren 88 von ihren 106 Sitzen. Dank der Koalitionen im zweiten Wahlgang gewannen die Sozialisten 24 Sitze, und die Kommunisten, die in der vorhergehenden Nationalversammlung nur 10 Abgeordnete gehabt hatten, zählten nun deren 41. Doch diese Stärkung der Linken wurde durch den Sieg der UNR in den Schatten gestellt. Sie erhielt beim ersten Wahlgang 31,9 % der Stimmen, beim zweiten 40,5 %, erzielte einen Gewinn von 64 Sitzen und brachte 229 Abgeordnete in das Palais Bourbon. Die absolute Mehrheit betrug 233 Stimmen; die unabhängigen Abgeordneten, zusammen mit denen der UNR, sicherten sie sich bei weitem.

Das Kabinett Pompidou wurde wieder gebildet. Valéry Giscard d'Estaing übernahm neuerlich die Finanzen und Couve de Murville das Außenministerium. Die Regierungserklärung wurde mit 268 gegen 116 Stimmen angenommen. Somit hatte der Gaullismus einen neuen Vertrag mit der Macht geschlossen.

Raketenabschußrampen in Kuba; Kennedy entdeckt die Gefahr

Während sich diese Ereignisse in Frankreich abspielten, erlebte die Welt die kurze, brutale Krise der Raketen von Kuba.

Anfang 1962 schienen die Beziehungen zwischen Castro und den Russen auf einen

Bruch hinzusteuern. Die kubanischen Kommunisten mußten eine Säuberung über sich ergehen lassen, und der sowjetische Botschafter, Sergej Kuschrjazew, der früher in eine Spionageaffäre in Kanada verwickelt gewesen war, wurde aufgefordert, nach Rußland zurückzukehren. Die sowjetische Hilfe, mit der Castro gerechnet hatte, glich den Abbruch der Wirtschaftsbeziehungen mit den Vereinigten Staaten nur in sehr geringem Maße aus. Die Städte verfügten nur noch wenige Stunden täglich über elektrischen Strom, die Lebensmittelzuteilungen waren auf Hungerrationen gesunken. Washington wartete festen Fußes auf den Augenblick, da Kuba gezwungen sein würde, sich an die Vereinigten Staaten zu wenden.

Die Abkühlung zwischen Kuba und der Sowjetunion hatte einen Grund, der damals nicht allgemein bekannt war. Castro hatte ein Glaubensbekenntnis abgelegt, ein wenig nach der Art seiner Gelübde während seiner frommen Jugendjahre: »Ich bin Marxist-Leninist, ich werde als Marxist-Leninist sterben.« Dann hatte er die Aufnahme Kubas in den Warschauer Pakt verlangt. Chruschtschow erwiderte, daß es sich um einen regionalen Pakt handle, dessen Änderung ihm unmöglich erscheine. Castro war darüber verstimmt.

Zwei Delegationen, unter Führung von Raul Castro und von Che Guevara, bereinigten den Streit in Moskau. Nach dem zweiten Besuch, am 3. September, meldete ein offizielles Kommuniqué, daß die Sowjetunion Waffen an Kuba liefere; über Ausmaß und Art wurden keine Einzelheiten angegeben.

Vier Tage vorher hatte der Senator von New York, Kenneth Keating, im Senat das Wort ergriffen und erklärt, Kuba werde allmählich zu einem Exerzierplatz gegen die Vereinigten Staaten. Im August hätte täglich zumindest ein sowjetisches Schiff eine Ladung Kriegsmaterial hingebracht. Mehrere Gebiete der Insel seien von starken sowjetischen Abteilungen besetzt, die bedeutende Bauarbeiten ausführten. Auf die Erwiderung, es handle sich bei diesen russischen Soldaten um Phantome, antwortete Keating, indem er einen Reporter des *Daily Mail* zitierte: »Ich habe diese Phantome gesehen; sie sind bedeutend besser genährt als die Kubaner.« Keating forderte die Regierung auf, sich der Gefahr bewußt zu werden.

Es begann die Wahlschlacht des Jahres 1962. Es ging um 39 Senatoren und um sämtliche Sitze des Abgeordnetenhauses. Ferner sollten die zwei wichtigsten Gouverneursposten der Vereinigten Staaten, der New Yorker, den Nelson Rockefeller behalten wollte, und der kalifornische, durch den der unterlegene Republikaner von 1960, Richard Nixon, seine Wiederkehr bewerkstelligen wollte, neu besetzt werden. Die Wahlen sollten für John F. Kennedy einen Popularitätstest bedeuten. Sogar seine wärmsten Anhänger fühlten sich leicht beunruhigt. Der Mißerfolg der Schweinebucht lastete auf ihm. Im allgemeinen war man sich darüber einig, daß er einen Denkfehler beging, als er das Abenteuer gestattete, und dann Charakterschwäche verriet, als er es abbrach. Ein entschlossenerer, von nicht so vielen wirbelnden Einflüssen umgebener Mann wäre bis zum Ziel gegangen und hätte die westliche Hemisphäre von Fidel Castro befreit.

Das Schicksal der 1179 Gefangenen von der Schweinebucht war für die USA ein Anlaß für Sorgen und Gewissensbisse. Castro hatte sie zu schweren Zuchthausstrafen verurteilen lassen, dann fiel ihm ein, Lösegeld für sie zu fordern. Für José Pérez San

Roman und Eneido Oliva verlangte er 500 000, für jeden der 21 Offiziere 100 000 Dollar, für jeden Soldaten 50 000 – alle zusammen bot er gegen Zahlung von 62 Millionen Dollar an. Ein Komitee mühte sich ab, um diese gewaltige Summe zusammenzubringen, während die unterernährten Gefangenen einem langsamen Tod entgegensiechten.

Keatings Enthüllungen erbitterten das Weiße Haus. Kennedy geißelte »die improvisierenden Generäle und Admiräle, die stets bereit sind, die Söhne anderer Menschen in den Krieg zu schicken«. Als Chruschtschow am 11. September erklärte, die an Kuba gelieferten Waffen hätten rein defensiven Charakter und die sowjetischen Raketen seien zu schlagkräftig, als daß es zweckmäßig gewesen wäre, sie in ein anderes Land zu verlegen, ließ Kennedy diese Versicherung gelten und sprach nur die Warnung aus, daß die Vereinigten Staaten »das Nötige unternehmen würden«, falls die kommunistischen Anlagen in Kuba ihre Sicherheit und die der anderen Nationen der westlichen Hemisphäre gefährden sollten. In der Umgebung des Präsidenten war man der Ansicht, daß die Einlagerung von Atomsprengköpfen in Kuba völlig unwahrscheinlich sei. Die Russen hatten nie solche Sprengköpfe auf dem Gebiet irgendeines ihrer Satelliten installiert; sie würden bestimmt nicht bei einem so neuen und so launenhaften Verbündeten wie Castro damit beginnen.

Am 14. Oktober kam Kuba durch einen unbesonnenen Streich Ben Bellas wieder ins Licht der Aktualität. Er war nach Washington eingeladen worden, man empfing ihn mit großen Ehren, brachte ihn im Blair House unter, beglückwünschte ihn, überhäufte ihn mit Komplimenten. Kaum hatte er die Vereinigten Staaten verlassen, flog er nach Havanna, wo er mit Castro eine Erklärung unterzeichnete, durch die der amerikanische Imperialismus verurteilt und »die Schleifung und Räumung aller militärischen Stützpunkte im Ausland, einschließlich Guantánamos« gefordert wurde.

Der 14. Oktober 1962 war ein Sonntag. Der Sonderberater des Weißen Hauses für Sicherheitsfragen, McGeorge Bundy, wurde im Fernsehen über die Gefahr befragt, die die russisch-kubanischen militärischen Vorbereitungen für die Vereinigten Staaten darstellen könnten. »Ich teile die Ansicht der wenigen Leute nicht«, sagte er, »die glauben, daß die militärische Hilfe der Russen für uns eine tödliche Gefahr schafft. Das ist durchaus nicht der Fall.«

Während Bundy mit so viel Entschiedenheit sprach, waren die U2-Piloten, die Majore Rudolf Anderson jun. und Richard S. Heyser, bereits von einer Erkundungsmission zurückgekehrt, die sich durch das Warten auf die Erlaubnis vom Weißen Haus und dann wegen des Hurrikans »Ella« um vierzehn Tage verzögert hatte. Die beiden Maschinen mit den Riesenflügeln hatten den Westen Kubas überflogen, ohne daß Bodenluftraketen, die sogenannten »Sam«, in Aktion getreten wären. Ihre Filmaufnahmen befanden sich in den Händen der Auswertungsexperten.

Der erste, dem die Ergebnisse ihrer Arbeit am Montagabend mitgeteilt wurden, war der »Keinerlei Bedrohung«-Mann McGeorge Bundy. Fünf Raketen-Abschußrampen befanden sich in San Cristóbal, San Candelaria, Quanaya, Sagua la Grande und Remedios im Bau. Vierundzwanzig Einheiten von MRBM waren erkennbar, einige bereits aufgestellt, die Startgerüste der Raketen waren sichtbar und die Raketen in der Nähe gelagert. In Remedios und in Quanaya befanden sich etwa fünfzehn

IRBM-Abschußrampen im Bau. Auf den um einige Wochen älteren Fotos waren noch Savanne und Wald zu sehen an der Stelle der Baustellen, die jetzt in voller Tätigkeit standen. In wenigen Tagen würden die Abschußbasen verwendungsfähig sein.

Eine von Kuba aus abgeschossene MRBM, *Medium Range Ballistic Missile* (Mittelstreckenrakete), konnte mit ihrer Reichweite von 1000 bis 1200 Meilen alle Städte und militärischen Anlagen der USA bis Saint Louis erreichen. Eine IRBM, *Intermediate Range Ballistic Missile* (Zwischenstreckenrakete), bedrohte mit ihrer Reichweite von 2000 Meilen das gesamte nordamerikanische Territorium mit Ausnahme von Seattle in einer Ecke des Staates Washington. Die Atomsprengköpfe für die beiden Fernraketentypen besaßen eine etwa zwanzig- bis fünfzigmal stärkere Sprengkraft als die der Hiroshimabombe.

Chruschtschow war mit schrecklicher Doppelzüngigkeit vorgegangen. Erst hatte er Kennedy mit dem Versprechen eingelullt, er werde nichts unternehmen, was geeignet wäre, die internationale Krise vor den amerikanischen Wahlen zu verschärfen, und dann entschieden und feierlich behauptet, die an Kuba gelieferten Waffen seien ausschließlich defensiven Charakters. Und der Sonderberater für Sicherheitsfragen McGeorge Bundy erhielt kaum vierundzwanzig Stunden, nachdem er gesagt hatte »keinerlei Bedrohung«, den Beweis, daß die Sowjetunion in 90 Meilen Entfernung von Florida ein Kernwaffenarsenal anlegte, das imstande war, alle lebenswichtigen Ballungszentren der Vereinigten Staaten zu vernichten!

Bundy erachtete es nicht für nötig, dem Präsidenten diese Enthüllung unverzüglich mitzuteilen. »Sie waren soeben von einer erschöpfenden Wahltournee zurückgekehrt. Ich meinte, ein stiller Abend und eine ruhig durchschlafene Nacht würden Sie am besten für die Aufregungen wappnen, die auf Sie warteten.« Am nächsten Morgen um 9 Uhr las Kennedy im Pyjama die Zeitungen, als sein Berater zu ihm kam und sagte: »Wir haben uns geirrt.«

Um 11 Uhr 45 begann die erste Konferenz im Weißen Haus. Von allen, die daran teilnahmen, hatte nur der neue Leiter der CIA, John A. McCone, die Aufstellung von Raketen-Abschußrampen auf Kuba erwartet. Überrascht war er bloß über den von den Russen begangenen Fehler, die sich nicht die Zeit genommen hatten, die Insel vor Aufstellung ihrer Raketen gegen Luftbeobachtung zu sichern.

Die erste Frage für den Präsidenten und seine Berater lautete: »Was hat Chruschtschow vor?« Es war nicht undenkbar, daß er den Krieg für unvermeidlich ansah und beschlossen hatte vorzugreifen, indem er einen überraschenden vernichtenden Schlag führte. Die Raketenbasen auf Kuba ermöglichten ihm, seine Flugkörper kurzer und mittlerer Reichweite gegen den Hauptfeind einzusetzen, somit also die Wirkungskraft der sowjetischen Rüstungen und damit die Aussichten auf Vereitelung amerikanischer Gegenmaßnahmen zu vervielfachen. Ein Einschüchterungsmanöver war jedoch wahrscheinlicher als die Eröffnung von Feindseligkeiten. Man kündigte an, daß Chruschtschow nach den Wahlen in den USA zur Versammlung der Vereinten Nationen kommen werde. Wäre Kuba in eine Kernwaffenbasis verwandelt, könnte er mit drohenden Worten auf der Liquidierung Westberlins bestehen.

Für die wenigen Männer, die in das schwerwiegende Geheimnis eingeweiht waren, verstrich die Woche in einer unwirklichen Atmosphäre. Die Vereinigten Staaten wußten von nichts. Es war ein wunderschöner Herbst. Dem Weltraumfahrer Walter M. Schirra war eben ein Raumflug mit 6 Erdumkreisungen gelungen, der den Rückstand der Amerikaner im Raumwettstreit verkürzte. Die Wahlvorbereitungen brachten die Welt der Politiker in Erregung. In der Ferne begann ein seltsamer Krieg: Chinesen und Inder gerieten an den beiden Enden ihrer Himalajagrenze aneinander, im Westen auf dem steinigen Hochplateau von Ladakh, im Osten auf den schwindelnden Höhen über dem Brahmaputratal. In diesem Gebiet war ein indisches Bataillon aufgerieben worden, und der einzige Überlebende beschrieb die Chinesen als Horden blauer Ameisen, die in alle Bergrisse eindrangen. Die Öffentlichkeit machte sich vielfach darüber lustig, daß Pandit Nehru für seine unermüdlichen Vermittlungsdienste zugunsten Rotchinas nun in kommunistischer Währung bezahlt wurde, doch Kennedy und seine Berater fragten sich, ob das zeitliche Zusammenfallen der Aggression gegen Indien und der Einrichtung der Raketenbasen auf Kuba nicht bedeutete, daß der Weltkrieg bereits begonnen hatte ... Sie mußten schweigen, sich verstellen, die neugierigen Journalisten irreführen, sich nicht allzu offensichtlich versammeln, ihren gewohnten und gesellschaftlichen Verpflichtungen nachgehen, die Wahlkampagne fortsetzen – das alles, um die Russen nicht merken zu lassen, daß die Regierung der USA Bescheid wußte und daß ihre Antwort ein überraschender Gegenschlag auf die Überraschung sein würde.

Die Meinungen gingen auseinander. Adlai Stevenson, der zu der Beratung zugezogen wurde, sprach sich für eine einfache diplomatische Aktion aus und schlug vor, die Entfernung der russischen Raketenbasen aus Kuba im Austausch gegen Preisgabe der amerikanischen Basen in der Türkei und in Italien zu erstreben. Der vor kurzem zum Chef der vereinigten Generalstäbe ernannte General Taylor wandte sich ebenso wie Douglas Dillon, Dean Acheson, John McCone gegen ein solches »karibisches München«, wie sie es nannten, und sie verlangten, man solle die russischen Raketen entweder durch ein Bombardement oder durch eine Invasion Kubas ausschalten. Robert Kennedy bekämpfte diese gewaltsame Lösung, die er mit dem japanischen Angriff auf Pearl Harbor verglich, mit äußerster Heftigkeit: »Mein Bruder wird nicht der Tojo der Vereinigten Staaten sein!« Robert McNamara schlug einen Mittelweg vor: eine Seeblockade Kubas. Vierundzwanzig sowjetische Schiffe befanden sich auf der Reise zu der Insel. Zwang man sie zur Umkehr, dann würde man dadurch das notwendige Ergänzungsmaterial für die Fertigstellung der Basen und ihre Einsatzfähigkeit aufhalten und den Russen die Entschlossenheit der Vereinigten Staaten vor Augen führen. Den Gegnern dieser Lösung, die sie für zu schwach hielten, da sie die Drohung nicht aus der Welt schaffte, antwortete McNamara, es sei immer noch möglich, auf radikalere Maßnahmen zurückzugreifen, falls die Russen sich weigern sollten, ihre Raketen abzutransportieren. 40 000 Marineinfanteristen, die 82. und 101. Luftlandedivision wurden nach Florida verlegt, bereit, in Kuba zu landen.

Gromyko befand sich als Teilnehmer der Sitzung der Vereinten Nationen in New York. Die Audienz, um die er Kennedy bat, fand drei Tage nach dem sonntäglichen Flug der U2 über die Insel Castros statt. Mit eisiger Miene erklärte der so-

138 Jomo Kenyatta, lange Jahre Rebell gegen die Kolonialherrschaft der Briten, wird als erster Premierminister der neuen unabhängigen Kenya-Regierung eingeschworen. – 139 Biafra – Bürgerkrieg zwischen den Haussa und Ibo: Nigerianische Regierungstruppen neben gefallenen und gefledderten Biafra-Soldaten im Herbst 1968.

140 Eine Geste der Hoffnung auf der Konferenz von Bratislava am 3. August 1968: der sowjetische Parteichef Breschnew (l.) und der tschechoslowakische Parteichef Dubček. – 141 Der Einmarsch der Warschauer-Pakt-Staaten in die CSSR in der Nacht vom 21. zum 22. August ist die Antwort der Sowjetunion auf den »Prager Frühling«

wjetische Minister, die Waffenlieferungen zielten ausschließlich darauf ab, die Verteidigungskapazität Kubas zu erhöhen. »Wäre es anders, würde die Sowjetunion niemals eine solche Hilfe leisten.« »Fast wäre ich bei dieser unverschämten Lüge vor Zorn explodiert«, sagte Kennedy. Er hielt sich zurück und verlas nur seine Erklärung vom 14. September, wonach die Vereinigten Staaten die nötigen Maßnahmen ergreifen würden, wenn ihre Sicherheit durch die militärischen Einrichtungen auf Kuba gefährdet würde.

Die Zeit verging. Die Luftaufklärung zeigte, daß die Arbeiten auf den kubanischen Basen fieberhaft fortgesetzt wurden. Die sowjetischen Schiffe befanden sich in der Mitte des Atlantik. In den USA wurden die Truppenbewegungen bereits in den Zeitungen erwähnt und verursachten Fragen von seiten der Journalisten im Pentagon und im Weißen Haus. Der Präsident hatte eine neuerliche Wahlreise in den Mittleren Westen unternommen. Am Sonnabend, dem 19., verkündete ein Kommuniqué seines Pressedienstes in Chikago, er habe sich erkältet, habe 38,4 Grad Fieber und kehre nach Washington zurück. Die Stunde der Entscheidung hatte geschlagen.

Die Kongreßführer waren im ganzen Land verstreut; Flugzeuge und Hubschrauber der Armee holten sie ab und brachten sie nach Washington. Mehrere, darunter Fulbright, der sich der Schweinebucht-Expedition so sehr widersetzt hatte, verlangten die sofortige Bombardierung der Raketenbasen. Kennedy jedoch erklärte, er habe sich für die Blockadelösung entschlossen und werde sich daran halten. Dean Rusk berief den jovialen sowjetischen Botschafter Anatolij Dobrynin zu sich; er kam nach einem Gespräch von fünfundzwanzig Minuten mit zitternden Händen und aschfahlem Gesicht wieder heraus. Rusk hatte ihm mitgeteilt, was Kennedy in seiner Fernsehrede sagen werde und welche Maßnahmen die Regierung der Vereinigten Staaten beschlossen hatte, um die Sendung weiterer Raketen nach Kuba zu verhindern. Dobrynin hatte weitgehend dazu beigetragen, im Kreml den Eindruck zu erwecken, daß die Amerikaner »zu liberal sind, um zu kämpfen«, daß man also getrost handeln könne. Was er soeben gehört hatte, ließ diese Illusion platzen.

Über die Insel Kuba wurde die »Quarantäne« verhängt – eine Bezeichnung, die ganz bewußt dem Wort »Blockade« vorgezogen wurde. Sämtliche Schiffe mit Kurs auf kubanische Häfen würden zwecks Kontrolle angehalten, im Falle des Nichtanhaltens mit einem Schuß vor den Bug, und, falls sie dann immer noch nicht anhielten, versenkt werden. Die Flugzeuge würden aufgefordert werden, Kurs auf einen Flughafen in den Vereinigten Staaten zu nehmen, und, falls sie nicht gehorchten, abgeschossen werden. Die Unterseeboote würden das internationale Kodesignal IDKCA, das heißt »sofort auftauchen!«, erhalten, unterstützt von einer Wasserbombe zur Warnung; falls sie sich nicht fügten, würde auf sie Jagd gemacht. Schiffe, Flugzeuge und Unterseeboote könnten erst nach Durchsuchung ihrer Ladung und nur, wenn darin keinerlei Offensivwaffen, Bomber, Raketen oder Kernwaffen gefunden wurden, ihre Fahrt fortsetzen. Überdies gaben die USA ihre Forderung nach sofortiger Rückbeförderung der Raketen bekannt, die sich bereits in Kuba befanden. Sie behielten sich das Recht vor, sie selbst von dort wegzuholen oder zu vernichten, falls ihrer Forderung nicht Folge geleistet wurde.

Am Montag, dem 22. Oktober, um 19 Uhr, zur gleichen Zeit, da der Präsident auf den Fernsehschirmen erschien, stachen die Schiffe der Task Force 136 unter dem Befehl von Admiral Alfred Gustav Ward in See. Die Zerstörer verteilten sich im Bogen auf offener See vor den Bahamas und blockierten alle Fahrrinnen nach Kuba. Die Kreuzer und Flugzeugträger, darunter die *Enterprise*, die aus dem Mittelmeer zurückkehrte, wurden zur Unterstützung beigezogen. Die Quarantäne trat am 24. Oktober um 14 Uhr westeuropäischer Zeit in Kraft. Von diesem Augenblick an konnte sich kein Schiff mehr Kuba nähern, ohne seine Ladung untersuchen zu lassen.

Durch andere Maßnahmen wurde die gewaltige Einsatzmacht der Vereinigten Staaten mobilisiert. Das *Strategic Air Command* (Strategisches Luftwaffenkommando) und die Raketenabschußbasen befanden sich auf Alarmstufe 2, über die hinaus es nur noch den Befehl zur Eröffnung der Feindseligkeiten gibt. Atomwaffen mit einer Wirkung von 30 Milliarden Tonnen Sprengstoff lagen bereit, über die Sowjetunion niederzugehen.

Werden die russischen Schiffe anhalten?

Bestürzt erfuhren die Vereinigten Staaten aus dem Mund ihres Präsidenten, daß sie am Rand des Krieges standen. In weniger als achtundvierzig Stunden mußten die Granaten gegen die sowjetischen Schiffe abgeschossen werden, wenn diese, wie wohl zu befürchten stand, es ablehnten, auf hoher See eine Durchsuchung über sich ergehen zu lassen, wie sie die Vereinigten Staaten ihrerseits seit Beginn ihrer Geschichte niemals geduldet hatten. Ein Gegenschlag in Berlin war unvermeidlich; die Ausdehnung des Konflikts, der Zusammenstoß der beiden Riesen schienen bevorzustehen. Der Atomkrieg war da.

Indes war in den Vereinigten Staaten die Reaktion der öffentlichen Meinung auf die Rede Kennedys überzeugend: Die gewaltige Mehrzahl der Amerikaner war voll und ganz damit einverstanden. Im Ausland erklärten sich die beiden Stützpfeiler des Mutes im Atlantikpakt, Adenauer und de Gaulle, sofort für die Vereinigten Staaten. Man hatte befürchtet, der große Charles werde es übelnehmen, daß man ihn nicht gefragt hatte; er wartete jedoch nicht einmal, bis der Abgesandte Kennedys, Dean Acheson, ihm die von den U2 aufgenommenen Fotos zeigte: »Wenn es Krieg gibt, stehen wir auf Ihrer Seite, aber es gibt keinen Krieg.« Viel weniger befriedigend erwies sich die Haltung der Engländer. Die Presse begegnete der Rede Kennedys mit Skepsis, zweifelte an der Existenz russischer Raketen auf Kuba, argwöhnte ein Wahlmanöver, verurteilte die Quarantäne als rechtswidrig und schlug vor, Großbritannien solle bei den Vereinten Nationen gegen die Vereinigten Staaten stimmen. Der Philosoph Bertrand Russell sandte je ein Telegramm nach Moskau und nach Washington; im ersten bat er Chruschtschow »ergebenst«, »auf die Provokation, die der ungerechtfertigte Schritt der USA gegenüber Kuba schafft, nicht einzugehen«, und versicherte ihm: »Die Welt wird Behutsamkeit gutheißen.« Im zweiten bezichtigte er Kennedy einer Verzweiflungshandlung und trug ihm auf: »Stellen sie diesen Wahnwitz ein.« Macmillan selbst brachte seine Vorbehalte zum Ausdruck und riet zur Mäßigung.

Für die Vereinigten Staaten war es von höchster Wichtigkeit, die Unterstützung Lateinamerikas zu erreichen. Die Versammlung der Botschafter fand zwölf Stunden nach Kennedys Rede im Pan American Building, Ecke Constitution Avenue und 17th Street, statt. Die Billigung Mexikos und Brasiliens hatte erst zweifelhaft geschienen; sie wurde aber ohne das geringste Zögern erteilt. Der Rat der Organisation Amerikanischer Staaten verlangte mit 19 Stimmen und einer Stimmenthaltung, jener Uruguays, dessen Vertreter noch auf neue Weisungen wartete, die »sofortige Demontage und Entfernung aller Raketen und anderer Waffen irgendwelcher offensiver Kapazität«. Er empfahl alle Maßnahmen »einschließlich Anwendung von Gewalt«, die zur Durchsetzung dieser Entscheidung nötig waren. Aus Argentinien, dessen Präsident Arturo Frondizi vor sechs Monaten von der Armee abgesetzt worden war, befand sich ein Zerstörer zu einem Besuch in den Vereinigten Staaten; er wurde zur Unterstützung der Quarantäne abkommandiert. Uruguay gab bekannt, daß es seine Stimmenthaltung in eine billigende Stimme umwandle. Die westliche Hemisphäre stand geschlossen gegen Castro und Chruschtschow.

Das Warten begann. Die 25 sowjetischen Schiffe näherten sich einzeln, wie harmlose Frachtschiffe, der amerikanischen Küste, doch die Amerikaner erfaßten auf ihrem Radar die begleitenden Unterseeboote und erteilten ihren Zerstörern den Befehl, ihnen zu folgen. Die Aufklärungsflugzeuge fotografierten auf den Decks der Schiffe lange, mit Planen bedeckte Zylinder; es waren Transportschlepper mit ihren Raketen. Trotz der Einwände Admiral Wards und um Chruschtschow mehr Zeit zur Besinnung zu lassen, war die Abfanglinie näher an Kuba herangerückt worden, und zwar knapp vor die Durchfahrten bei den Bahamas, Providence Channel, Crooked Island Passage, Mayaguana Passage. Die Weisungen der Marine waren gemildert worden. Die Zerstörer sollten Schiffe, die nicht anhielten, nicht versenken, sondern manövrierunfähig machen, indem man auf ihre Schraube feuerte. Dann sollten sie in einen nordamerikanischen Hafen geschleppt werden. Die ruhige, sonnenbeschienene See würde das möglich machen.

Den ganzen Mittwoch hindurch setzten die russischen Schiffe ihre Fahrt fort. Chruschtschow wetterte gegen die »amerikanische Piraterie«, und Marschall Malinowskij setzte die Armeen des Warschauer Pakts in Alarmzustand. Robert Kennedy – »mit zerzaustem Haar und verstörtem Blick« – hielt es für richtig, sich zur russischen Botschaft zu begeben, um möglicherweise zu erfahren, welche Weisungen die Schiffe erhalten hatten. Dobrynin antwortete, er habe nicht die geringste Ahnung.

Der Sicherheitsrat tagte. Sorin wiederholte, die UdSSR habe keine Angriffswaffen nach Kuba gesandt. Stevenson unterbrach ihn: »Botschafter Sorin, leugnen Sie, daß die Sowjetunion auf Kuba Mittel- und Zwischenstreckenraketen sowie Raketenstützpunkte aufgestellt hat und weiterhin aufstellt? Ja oder nein? Warten Sie nicht auf die Übersetzung. Ja oder Nein!« Sorin schüttelte sich wie ein in die Enge getriebener Eber und knurrte, er sei nicht auf der Anklagebank eines amerikanischen Gerichts. Auf ein Zeichen von Stevenson rollte man Staffeleien in den Beratungssaal, auf denen Vergrößerungen der von den U2 geschossenen Fotos zu sehen waren ... Sorin schrie, das seien Fälschungen, »Fabrikate der CIA«, und es gebe keine sowjetischen Raketen auf Kuba.

Donnerstagvormittag erreichte der sowjetische Öltanker *Bucarest* die Quarantäne-linie. Als er angehalten wurde, stoppte er, gab seine Identität bekannt und meldete, welche Ladung er beförderte. Die Seeleute wollten ihn aus Prinzip untersuchen, doch Kennedy untersagte es ihnen, da Öl nicht auf der Liste der verbotenen Waren stand. Die *Bucarest* setzte ihre Fahrt nach Havanna fort. Einige Stunden später wurde der libanesische Frachter *Marucia*, der von der sowjetischen Regierung gechartert war, von dem Zerstörer *Joseph P. Kennedy jun.* im Providence Channel angehalten. Er ließ sich ohne weiteres kontrollieren und bekam, da er keine Waffen an Bord hatte, freie Durchfahrt.

Die sowjetischen Schiffe hatten ihre Geschwindigkeit seit dem Vortag herabgesetzt. Am 26. Oktober bei Sonnenaufgang erwies sich, daß die Hälfte von ihnen umge-kehrt war und die anderen an Ort und Stelle kreuzten. Chruschtschow bestätigte in einem Brief an U Thant, daß er sie angewiesen habe, außerhalb der Abfangzone zu bleiben, daß es sich jedoch nur um eine vorläufige Maßnahme handle, die auf keinen Fall mehr als einige Tage Geltung haben würde.

Dieser Schilderung eines der sorgenvollsten Augenblicke der Nachkriegszeit fehlt ein wesentlicher Teil, und der wird vielleicht für immer fehlen: der Bericht über das, was sich in Moskau abspielte. Der einzige westliche Zeuge war der Präsident von Westinghouse International, William Knox, der zu seiner Überraschung in dem Augenblick, da er seine Koffer für die Heimreise nach New York packte, in den Kreml berufen wurde. Chruschtschow, der ihn empfing, war bleich vor Erschöp-fung. Er gab zu, Raketen und Bomber nach Kuba geschickt zu haben, sprach ihnen jedoch jeglichen Angriffscharakter ab, da man nicht die Absicht habe, sie zu ver-wenden. Knox begriff, daß man die Sache als Vorwand zu Verhandlungen benutzte, und den gleichen Eindruck vermittelte auch die Antwort Chruschtschows an Lord Russell, in der er eine Gipfelkonferenz vorschlug. Das ist alles, was man in Erfah-rung bringen konnte. Wie reagierten die Kollegen Chruschtschows, als sie erkann-ten, daß Chruschtschow im Irrtum war, zu glauben, die USA seien zu verweichlicht, um zu kämpfen? Welche Beratungen fanden statt? Welche Rolle spielten die Mili-tärs? Wie wurden die Beschlüsse gefaßt? Hier kann man nicht mehr tun, als diese Fragen niederschreiben.

Die Schiffe fuhren nicht weiter. Aber die Arbeiten für die Einsatzbereitschaft der Flugkörper auf Kuba wurden mit beängstigender Hast weitergeführt. Anscheinend würden alle MRBM – es waren 44 – vor dem Ende der Woche und alle IRBM bis zum Ende des nächsten Monats bereit sein. Länger als ein paar Tage durfte ihre Aus-schaltung nicht mehr aufgeschoben werden.

Dann trafen nacheinander zwei Briefe Chruschtschows ein. Der erste erging sich in langwierigen Abschweifungen, ließ jedoch den bangen Wunsch durchblicken, den Atomkrieg zu vermeiden. Der zweite verlangte im Austausch gegen die Rücknahme der russischen Raketen aus Kuba die Entfernung der amerikanischen Raketen aus der Türkei. Verdutzt fragten sich die Ratgeber Kennedys, welcher der beiden Texte die Absichten Chruschtschows wiedergab oder ob nicht sogar Chruschtschow nach seinem ersten Brief gestürzt worden war und ihm die Militärs, nachdem sie die Macht an sich gerissen hatten, den zweiten diktiert hatten. Kennedy entschloß sich, den zweiten zu ignorieren und auf den ersten zu antworten. Doch wurde sein Bruder beauftragt, den sowjetischen Botschafter aufzusuchen und ihm zu sagen, daß die Invasion Kubas, falls nicht innerhalb von vierundzwanzig Stunden Garantien gegeben würden, am folgenden Dienstag beginnen würde.

Der Sonnabend ging zu Ende; noch nie hatte die Lage so ernst ausgesehen. Vierundzwanzig Fliegergruppen der Reserve erhielten Mobilisierungsbefehl. Adenauer und de Gaulle wurde mitgeteilt, daß jeden Augenblick der totale Krieg ausbrechen konnte, und die amerikanischen Militärbehörden in Deutschland, der Türkei und im Iran wurden angewiesen, sich auf das Schlimmste gefaßt zu machen. Der Konflikt hatte bereits das Leben eines Menschen gekostet, des Majors Anderson, dessen U2 bei einem neuerlichen Aufklärungsflug über Kuba von einer Sam-Rakete abgeschossen worden war. Zwei andere U2 waren durch einen unglücklichen Zufall im Luftraum über Ostsibirien geortet worden. Damit war der Vorwand gegeben...

Noch nie hatte ein Spätherbstsonntag glänzender und erfreulicher begonnen als der des 28. Oktober. Noch hatte nichts das friedliche Antlitz der Vereinigten Staaten getrübt. Die 9-Uhr-Nachrichten begannen mit der Verlesung der Antwort Chruschtschows auf einen Brief, den ihm Kennedy am Vortag gesandt hatte. Man nahm sich nicht mehr die Zeit, die Botschaften zu verschlüsseln und ihrem Empfänger zu übermitteln, bevor man sie durch den Rundfunk verbreitete.

»Nach dem fünften Satz«, berichtet Schlesinger, »war klar, daß Chruschtschow den Kampf aufgegeben hatte.« Der Satz lautete: »Die Sowjetregierung... hat die Anordnung zur Demontage der Waffen, die Sie als Angriffswaffen bezeichnen, zu ihrer Verpackung und Rückführung in die Sowjetunion erlassen.« Chruschtschow erklärte sich überdies damit einverstanden, daß die Zerstörung der Abschußrampen und die Wiederverladung der Raketen und Bomber von den Vereinten Nationen kontrolliert werde.

Die Vereinigten Staaten siegten: Ihre Entschlossenheit zwang Chruschtschow zu einem für sein Prestige katastrophalen Rückzug. Heute weiß man, daß er die Gefahr ahnte und darum die Raketen, um die Castro ihn durch seinen Bruder Raul ersuchen ließ, zuerst verweigert hatte. Da aber Marschall Malinowskij das Verlangen der Kubaner unterstützte, beugte sich Chruschtschow, wies jedoch darauf hin, er werde zum Rückzug blasen, wenn sich die Reaktion der USA als gefährlich erweisen sollte. »Ich werde nicht wegen Kuba einen Atomkrieg führen...«

Die Kubaner hingegen waren schon fast beim Nihilismus angelangt. »Wenn wir die Raketen zur freien Verfügung gehabt hätten«, sagte Che Guevara, »hätten wir zunächst einmal eine auf New York abgeschossen...«

Castro empfing U Thant mit dem Revolver im Gürtel und erklärte ihm, er könne auf der Stelle wieder abreisen, Kuba sei mit der Kontrollmission der UNO, der Chruschtschow seine Zustimmung erteilt hatte, nicht einverstanden. »Ich wurde über nichts befragt, man ließ mich völlig fallen. Ich werde keinerlei Inspektion der kubanischen Verteidigungsanlagen akzeptieren.«

Im Weißen Haus war man indessen vor allem bestrebt, Chruschtschows Gesicht zu wahren. Man berief die Journalisten, um sie dringend zu bitten, nicht von russischer Kapitulation zu sprechen und nichts zu schreiben, was den Mann demütigen könnte, der, trotz seiner brutalen Sprache, noch das Vernünftigste vertrat, was in der Sowjetunion zu finden war. Die Amerikaner vergaßen dabei, daß die Russen die Kunst, das Gesicht zu wahren, besser verstanden als sie. In allen Ländern hinter dem Eisernen Vorhang ertönte eine Triumphhymne zu Ehren Nikita Chruschtschows. Die Yankees waren drauf und dran gewesen, Kuba zu überfallen; Chruschtschow hatte Kuba gerettet! Und erst als dieses Ergebnis erreicht, als die moralische und politische Niederlage der Vereinigten Staaten besiegelt war, als die Friedensstörer des Pentagons zähneknirschend hatten zurückweichen müssen, hatte sich Chruschtschow mit einer großherzigen Friedensgeste bereit erklärt, die rein defensiven Waffen, die er nach Kuba gesandt hatte, abzuziehen. »Vielgeliebter Nikita Sergejewitsch«, rief Radio Sofia, »wir danken dir aus tiefstem Herzen!«

Nur zwei kommunistische Länder, Albanien und China, bewahrten eisiges Schweigen. Die kubanische Raketenaffäre sollte noch bedeutende Rückwirkungen im internationalen Kommunismus haben. (*Forts. USA S. 1027*)

De Gaulle verschließt England die Tür zum Gemeinsamen Markt

Wohl versagten sich die USA einen lauten Triumph, doch wußten sie ihren Sieg auszukosten. Als die Raketen und Iljuschinmaschinen Havanna verließen, wurden sie von den amerikanischen Flugzeugen gebührend auf Fotos festgehalten. Der junge Präsident, über den durch die Kuba-Affäre der Schatten eines Zweifels geglitten war, erfuhr, wieder durch Kuba, eine glänzende Rehabilitierung. Seine Partei hatte an den Früchten seines Erfolgs ihren Anteil. Die Wahlen vom 8. November brachten ihr einige zusätzliche Sitze im Senat und festigten ihre Mehrheit im Repräsentantenhaus. Einer der geschlagenen Republikaner war Kennedys Konkurrent aus dem Jahr 1960, Richard Nixon. Er unterlag im Kampf um den Posten des Gouverneurs von Kalifornien um mehr als 300 000 Stimmen und zog sich – ein schlechter Verlierer – von der Politik zurück, indem er die Journalisten mit Vorwürfen überhäufte. »Gute Nacht, meine Herren, Sie werden nichts mehr von mir hören...« »Nixons Laufbahn ist zu Ende«, schrieb *Time*, »es sei denn, es geschähe ein Wunder.«

Doch die Euphorie war von kurzer Dauer; eine neue, schwere Krise brach aus. Diesmal erschütterte sie die westliche Welt.

Der Gemeinsame Markt bestand vier Jahre und trat in die zweite Phase seiner zwölfjährigen Übergangszeit ein, die durch den Vertrag von Rom vorgesehen war. Sein Erfolg war offenkundig. Es war ohne alle Schwierigkeit möglich gewesen, die Abschaffung der Wirtschaftsschranken zwischen den Sechs zu beschleunigen und bereits im Jahre 1962 eine 40 %ige Verringerung der Zölle statt der für dieses Datum durch den Vertrag vorgesehenen 25 % durchzuführen. Die Umsätze zwischen den Ländern des Gemeinsamen Markts waren um 30 % gestiegen, und die innerhalb der einzelnen Länder erzielten Fortschritte waren imponierend. Die USA betrachteten diese Entwicklung voll Staunen und Bewunderung. Experten kamen über den Atlantik, um an Ort und Stelle dieses Aufblühen eines Kontinents zu studieren, der noch wenige Jahre zuvor eine Leiche gewesen war. Die Möglichkeit, die Verwirklichung der europäischen Integration wurde in glänzender Weise dargetan, und es bedurfte der dünkelhaften Verblendung General de Gaulles, um zu leugnen, daß sie sich auf andere Gebiete ausdehnen, den Ausgang für einen wirklichen europäischen Bundesstaat bilden könnte.

Die neben dem Gemeinsamen Markt bestehende Freihandelszone stagnierte; England befand sich in seiner sechsten Krise seit dem Weltkrieg. Im April 1961 hatte Macmillan anläßlich einer Reise nach Washington Kennedy von seiner Entscheidung in Kenntnis gesetzt: Er wollte die Anwartschaft Großbritanniens für eben jene Europäische Wirtschaftsgemeinschaft anmelden, die er vier Jahre zuvor für ein Hirngespinst erklärt hatte. Die offizielle Erklärung wurde am 31. Juli abgegeben, das Aufnahmegesuch am 10. August, gleichzeitig mit jenem Dänemarks und nach dem norwegischen und irischen, gestellt. Am 15. September begannen die Verhandlungen in Brüssel; man wußte, daß sie langwierig und mühsam sein würden, war aber überzeugt, sie würden schließlich zum Erfolg führen.

Kennedy war sich bewußt, daß die Wiedererstehung Europas eine Überprüfung von dessen Beziehungen zu den Vereinigten Staaten und die Umwandlung des Nordatlantikpakts, der ursprünglich ein Protektorat war, in ein wirkliches Bündnis erforderte. Für ein derartiges Bündnis war die Einigung Europas unbedingt erforderlich. Der Volkswirtschaftler J. Kenneth Galbraith führte ihm vor Augen, daß es unklug sei, Englands Beitritt zum Gemeinsamen Markt zu begünstigen, das heißt die Wirtschaft Europas zu stärken, dessen Konkurrenz ohnehin schon die Zahlungsbilanz der Vereinigten Staaten aus dem Gleichgewicht und den Dollar in Gefahr brachte. Kennedy antwortete, er sei sich dieses Nachteils bewußt, die Einigung Europas habe jedoch Vorrang. Übrigens ging ihm bereits ein Plan durch den Kopf – er sollte den Namen Kennedy-Runde erhalten –, durch den das Wiederaufleben des Protektionismus, den der Gemeinsame Markt in der Welt verursachte, mittels allgemeiner Herabsetzung der Zolltarife ausgeglichen werden sollte. Die USA würden ihre eigenen Zollschranken senken, um die anderen ebenfalls dazu zu veranlassen.

Was die Verteidigung anlangt, beabsichtigte Kennedy, aus der NATO eine unabhängige Atommacht zu machen, indem sie mit einer multilateralen Streitmacht, MLF, ausgerüstet wurde, wobei zu den britischen und französischen Atomwaffen der Beitrag der USA hinzukäme. So würde man dem unausbleiblichen Augenblick vorbeugen, an dem auch Deutschland solche Waffen verlangen würde; während man zugleich die Rolle der Europäer im Nordatlantikpakt verstärkte, würde man die von McNamara empfohlene »Kernwaffenkonzentration« sicherstellen. Das Projekt warf jedoch viele Probleme auf und machte die Unmöglichkeit deutlich, für ein verbündetes, geeintes, den USA gleichgestelltes Europa, das Herr seiner Gesamtrüstung war, einen Ersatz zu finden.

Die Krise in den Beziehungen zwischen Europa und den USA wurde durch den *Skybolt* beschleunigt. 657 Millionen Dollar waren bereits für diesen Flugkörper ausgegeben worden. Fünf Versuche waren nacheinander gescheitert. Die Fachleute errechneten, daß noch zweieinhalb Milliarden Dollar erforderlich sein würden, um den *Skybolt* einsatzreif zu machen. Solche Summen war er nicht mehr wert. Am 11. November 1962 gab McNamara bekannt, daß er die Ausgaben dafür einstelle.

Der *Skybolt* war eine zweistufige Kernwaffenrakete, die von einem schweren Bomber abgeschossen werden konnte. Sie schien die Möglichkeiten des Flugzeugs mit denen des Fernlenkgeschosses zu verbinden, doch die zu überwindenden Schwierigkeiten waren geradezu übermäßig. Außerdem besaßen die USA zusätzlich zu den Polarisraketen, die von den Atomunterseebooten auf allen Meeren umhergefahren wurden, nun auch den *Minuteman*, einen Flugkörper mit festem Brennstoff, der in Panzersilos an Land stationiert war. Die Bordrakete war keine zwingende Notwendigkeit mehr.

Doch England protestierte. Vor dreißig Monaten hatte es den Bau seiner eigenen, *Blue Streak* (Blauband) genannten Rakete aufgegeben und mit den USA einen Vertrag geschlossen, wobei seine gesamte nationale Abschreckungskraft sich auf den *Skybolt* stützte. Der Flugkörper, zu dessen Lieferung zum Kostenpreis sich die USA verpflichteten, ließ sich an den schon etwas veralteten Bomber *Vulcan* anpassen, dessen Leben dadurch verlängert würde. Ohne den *Skybolt* besaß England nichts mehr. Sein Verteidigungsminister, Peter Thorneycroft, nahm kein Blatt vor den Mund, als er seinem Kollegen McNamara sagte, was er von der Gewissenhaftigkeit dachte, mit der die USA ihre Verpflichtungen gegenüber ihren Verbündeten einhielten.

Die Sache war zu ernst, um nicht auf höchster Stufe besprochen zu werden. Man improvisierte ein Zusammentreffen Macmillan–Kennedy in Nassau auf den Bahamas. Der Premierminister drang auf Fortsetzung des *Skybolt*-Programms. Der Präsident erwiderte, nichts hindere Großbritannien daran, es allein fortzusetzen, falls es das für richtig halte. Macmillan war über die Ungeniertheit und Ironie der Antwort beleidigt. Kennedy mußte sich zu dem einzigen Zugeständnis entschließen, das die Engländer beruhigen konnte: Er erklärte sich bereit, ihnen Polarisraketen zu liefern.

Das Geschenk war mehr eindrucks- als wirkungsvoll, da die Engländer weder einen Atomsprengkopf zur Bewaffnung der Rakete noch ein Atomunterseeboot erhielten, um sie zu transportieren. Überdies hatte sich Macmillan verpflichtet, seine Polarisraketen der multilateralen Atomstreitmacht einzuverleiben, die von Kennedy ins Auge gefaßt wurde. Er hatte sich jedoch das Recht vorbehalten, sie zurückzunehmen, falls ein »höchstes nationales Interesse Englands« auf dem Spiel stehen sollte. Er konnte mit dem gehobenen Gefühl nach London zurückkehren, die britische Abschreckungskraft gerettet zu haben.

Über der Konferenz hatte der Schatten eines Abwesenden, Charles de Gaulles, geschwebt. Macmillan hatte ihn vor seinem Abflug nach den Bahamas besucht. Das Gespräch fand an einem grauen Dezembertag in Rambouillet statt. Der General verschloß sich hinter von Blitzen durchzuckten Wolken. Zuweilen sprach er von Europa wie ein Apostel, dann wieder brachte er über die Belgier, Holländer und Italiener Meinungen zum Ausdruck, die das Foreign Office, wie es meinte, den Beteiligten nicht vorenthalten durfte. Er stellte die Frage, ob England wohl wirklich den Wunsch hegte, dem Gemeinsamen Markt beizutreten, und vergaß nicht, Churchill — jenen anderen Großsprecher der Vergangenheit — zu zitieren, der zu ihm gesagt hatte: »Bei der Wahl zwischen Ihnen und der hohen See werden wir immer die hohe See vorziehen.« Macmillan legte dem General die Gründe und die Grenzen seiner

Optierung für Europa dar, wobei er geschickt das Widerstreben der Briten gegenüber jeglicher Preisgabe ihrer Souveränität betonte. Ebenso deutlich erklärte Macmillan auch den Grund des Zusammentreffens auf den Bahamas: Er liege ausschließlich in der mißlichen *Skybolt*-Affäre und der Verärgerung der Engländer darüber, daß die USA ihr gegebenes Wort nicht hielten. De Gaulle hörte ihm mit jener Höflichkeit zu, deren Skepsis beleidigender war als der heftigste Widerspruch. Macmillan reiste ziemlich fassungslos ab.

Kennedy und Macmillan hatten den Ärger, den das Zusammentreffen auf den Bahamas bei de Gaulle verursachte, zwar hoch, aber doch nicht hoch genug eingeschätzt. Das nach Ende der Konferenz veröffentlichte Kommuniqué erhöhte seine Erbitterung noch. Es gab bekannt, daß der Präsident und der Premierminister über »*a wide range of topics*«, Themen verschiedenster Art, diskutiert hatten. Sie wurden aufgezählt: die Ost-West-Beziehungen, ein Vertragsentwurf über das Verbot der Kernwaffenversuche, die Berlinfrage, der chinesisch-indische und der indisch-pakistanische Konflikt, die Kongokrise, der Gemeinsame Markt — mit einem Wort, außer der Skyboltfrage die gesamte Weltpolitik. De Gaulle sah in diesem Zwiegespräch vor der Weltkarte einen Beweis der besonderen Verbindungen, die zwischen Großbritannien und den Vereinigten Staaten bestanden und bestehen mußten. Für die USA würde England stets ein bevorzugter Verbündeter bleiben. Dafür würde England Plattform und Werkzeug des amerikanischen Imperialismus in Europa sein.

Um dem Zorn de Gaulles vorzubeugen — und trotz des Widerstands der meisten seiner Berater —, beschloß Kennedy, Frankreich Polarisraketen in der gleichen Form und zu den gleichen Bedingungen wie Großbritannien anzubieten. Die erste Antwort aus Paris war weder ein Ja noch ein Nein, weder »danke« noch »Geht zum Teufel!«. Man erwartete die endgültige Antwort von dem gewaltigen, vorher nicht absehbaren Ereignis des französischen Sinai, nämlich der Pressekonferenz des Generals; sie war für den 14. Januar 1963 festgesetzt.

Zu diesem Zeitpunkt hatte die britische Regierung alle Verpflichtungen des Vertrags von Rom angenommen und ihre Zustimmung zu einer gemeinsamen Landwirtschaftspolitik erteilt. Die außerordentlich spärlichen Diskussionen betrafen nur noch die Dauer und die Modalitäten der Übergangsperiode. Praktisch gesprochen gab es für den Beitritt Englands zum Gemeinsamen Markt kein Hindernis mehr.

Die Pressekonferenz fuhr wie eine Planierraupe durch alle Straßen der westlichen Politik. Als de Gaulle, begleitet von seinen bescheiden auf Goldstühlchen aufgereihten Ministern, vor den 400 Journalisten erschien, war das ein Mann, der seiner sicher, der sozusagen wieder er selbst war. Er hatte sich des lästigen Algerien durch List und Gewalt entledigt und von der französischen Nation eine zweifache Bestätigung erhalten: durch die Volksabstimmungen vom 8. August und 28. Oktober sowie durch die Wahlen vom 18. und 25. November. Nun konnte er die Kraft seiner Persönlichkeit auf das einzige konzentrieren, was ihn interessierte: die Weltpolitik. Frankreichs Unabhängigkeit, die er auf sein Banner schrieb, bedeutete für ihn eine Möglichkeit, das Minderwertigkeitsgefühl, das er als Haupt einer nur zweitrangigen Nation empfand, die den Vereinigten Staaten, der Sowjetunion, dem Vereinigten Königreich, der Bundesrepublik Deutschland und bald auch Japan an Macht unterlegen war, durch gebieterische Gesten auszugleichen. Der Stil war großartig, doch die psychologische Triebfeder war die gleiche wie bei den Chefs der in letzter Zeit notdürftig als Staaten etablierten Länder Asiens und Afrikas. Der Nationalismus ist immer nur eine Hülle der Schwäche.

De Gaulle lehnte jede französische Beteiligung an der multilateralen Streitmacht ab. Seit die USA den furchtbaren Verwüstungen des Atomkriegs ausgesetzt waren, glaubte er nicht mehr an die Möglichkeit, Sicherheit im Nordatlantikpakt zu finden. Frankreich würde also seine Atomrüstungen allein fortsetzen und seine Kernwaffen nötigenfalls allein einsetzen. »Prinzipien und Realität weisen gemeinsam in diese Richtung ...«

Als er einmal über die Anwartschaft Großbritanniens zum Gemeinsamen Markt befragt wurde, beschrieb de Gaulle England als »insulares, maritimes Land. Es ist durch seinen Handelsaustausch, seine Märkte, seine Versorgung mit sehr vielen und häufig weitabliegenden Ländern verknüpft. Es übt eine sehr wesentliche industrielle und kommerzielle und eine sehr geringe landwirtschaftliche Aktivität aus.« Er zweifelte an der Möglichkeit, ein solches Land in den von den Sechs errichteten Rahmen einzufügen. Außerdem stand England nicht allein vor dem Tor zu der Gemeinschaft. Es brachte die Länder mit sich, die mit ihm zusammen die Freihandelszone gebildet hatten: »Man müßte dann die Konstruktion eines ganz anderen Gemeinsamen Marktes ins Auge fassen. Ein solcher jedoch, der elf, dann dreizehn und schließlich vielleicht achtzehn Mitglieder zählen würde, würde mit der Sechs keine Ähnlichkeit mehr haben ... Es würde schließlich eine kolossale atlantische Gemeinschaft in Abhängigkeit und unter Führung der Vereinigten Staaten in Erscheinung treten, von der die Europäische Gemeinschaft absorbiert werden würde.«

Die Erklärung vom 14. Januar hatte einen gewaltigen Widerhall. Kennedy geriet in Zorn und erklärte, de Gaulle sei wirklich ein unmöglicher Mensch und man müsse sich damit abfinden, Frankreich aus dem Nordatlantikpakt auszuklammern. Alle westeuropäischen Länder wunderte es, daß der französische Staatschef die Doppelzüngigkeit so weit getrieben hatte, achtzehn Monate lang dem Fortgang der Besprechungen von Brüssel zuzusehen, um dann, kurz vor ihrem Abschluß, im letzten Augenblick alles abzubrechen. Großbritannien war äußerst gekränkt. Macmillan sah die Aussichten für einen neuen Wahlsieg der Konservativen schwinden, und Edward Heath, der die Verhandlungen geleitet, der seine politische Laufbahn auf die Europakarte gesetzt hatte, glaubte seinen Ehrgeiz, Premierminister zu werden, aufgeben zu müssen. Er lehnte es aus taktischen Gründen ab, die Initiative für den Bruch zu ergreifen, und es war Couve de Murville, der den Abbruch der Brüsseler Verhandlungen beantragen mußte. England erklärte jedoch, es ziehe sein Aufnahmegesuch für die Mitgliedschaft im Gemeinsamen Markt nicht zurück und werde die erste günstige Gelegenheit wahrnehmen, um es neuerlich zur Sprache zu bringen.

Kühnheit macht sich bezahlt, das wußte de Gaulle. Unter den Ländern des europäischen Kontinents bedurfte Frankreich weitaus am meisten des Gemeinsamen Markts, und es würde Sache seiner fünf gleichzeitig mit England zu Narren gemachten Partner sein, sich gegen das Diktat vom 14. Januar aufzulehnen. Joseph

Luns, der energische Außenminister der Niederlande, stellte einen Versuch dazu an; er schlug die Fortführung der Verhandlungen mit dem Vereinigten Königreich ohne Frankreich sowie die eventuelle Ausschaltung des Gemeinsamen Markts zugunsten einer weiterreichenden, liberaleren, dem Pariser Autokraten entzogenen Gruppierung vor. Auf den greisen – siebenundachtzigjährigen – deutschen Bundeskanzler hatte jedoch der von dem General ausgeübte Zauber seine Wirkung nicht verloren. Eine Woche nach der Konferenz im Elysée war Adenauer in Paris, um einen Vertrag über die französisch-deutsche Zusammenarbeit zu unterzeichnen. Wenige Jahre früher hätte es nichts Wertvolleres geben können; aber im Jahre 1963 stellte der Vertrag einen Rückschritt dar, einen Sieg des Bündnis- über den Integrationsgedanken, eine Beunruhigung für die anderen europäischen Nationen, die darin den Entwurf für ein französisch-deutsches Direktorium sahen.

Übrigens wurde Adenauer ein Abschluß seiner Laufbahn zuteil, wie ihn alle erleben müssen, die dem Gebot des Alters trotzen wollen. Er hatte versprochen, im Oktober 1963 von der Regierung zurückzutreten. Er suchte den Termin hinauszuschieben, begegnete jedoch immer stärkerer Opposition. Eine häßliche Affäre, die Festnahme des Herausgebers des Nachrichtenmagazins *Der Spiegel*, Rudolf Augstein, wegen eines die Geheimnisse der NATO preisgebenden Artikels, führte zu einer langwierigen Krise, brachte den Rücktritt des Verteidigungsministers Franz-Josef Strauß mit sich sowie eine Umbildung des Kabinetts, das, bereits erschüttert und gespalten, dadurch noch weiter geschwächt wurde. Die Spannungen zwischen Adenauer und Erhard waren heftiger denn je. Der Dicke warf dem Alten seine alle Enttäuschungen überdauernde Freundschaft zu de Gaulle vor. Er war über das französische Veto gegen die Aufnahme Englands in den Gemeinsamen Markt erbittert, für dessen allzu bürokratische Organisation er übrigens ebenso wenig übrig hatte wie für das Schutzzollprinzip. Er selbst war 66 Jahre alt, wog 120 Kilogramm und bewegte sich gemessen, da ihn seine Körperfülle im Laufe der Jahre etwas kurzatmig machte. Er fand, daß die Stunde seiner Nachfolge als Kanzler über jede Vernunft hinaus auf sich warten ließ.

Kennedys Verärgerung über de Gaulle hielt an. Der französischen Herausforderung gebührte eine Entgegnung. Der junge Präsident erwog, die Rolle des Organisators eines Bundesstaats Europa, für die sich der alte General infolge seines Chauvinismus nicht eignete, für sein Land zu übernehmen. Seine Beobachter berichteten ihm, daß die antiamerikanische Einstellung in Europa im Abflauen war und daß die Linksparteien ihre Haltung geändert hatten, seit er im Weißen Haus saß. Der Gedanke einer Reise durch Europa, bei der Kennedy sich an die Massen wenden, sich ihnen als Inkarnation der neuen Vereinigten Staaten zeigen würde, gewann Gestalt.

Die Reise des Präsidenten sollte nach Deutschland, Irland, England, Italien und in den Vatikan führen. Frankreich wurde – das war die Sensation – ausgelassen; die Versailler Festlichkeiten sollten nicht nochmals abgehalten werden.

Die Europareise John F. Kennedys spielte sich jedoch nicht ganz unter den Bedingungen ab, die ihren Organisatoren vorgeschwebt hatten. Als er England besuchte, war dort ein heftiger Skandal im Gang; in Italien war der Ministerpräsident, der die Initiative zu Kennedys Einladung ergriffen hatte, nicht mehr an der Regierung, und der Papst, vor dem sich der Präsident verneigte, war nicht der gleiche, den er treffen wollte.

Der mit 25 Jahren von der Shakespearestadt Stratford-on-Avon gewählte John Dennis Profumo war das jüngste Parlamentsmitglied des Vereinigten Königreichs. Harold Macmillan hatte ihn zum Kriegsminister gemacht. Am 22. März 1963 verlas Profumo im Unterhaus eine Erklärung, durch die »any impropriety whatsoever« in seinen Beziehungen mit einer gewissen Miß Christine Keeler hochmütig in Abrede gestellt und jedem eine Verleumdungsklage angedroht wurde, der außerhalb des Parlamentssaales derartige Behauptungen aufstellte. Am Vortag hatten sich sämtliche Mitglieder des Kabinetts mit der Affäre beschäftigt. Christine Keeler, eine zum Stall des Arztes und Zuhälters Dr. Stephen Ward gehörende Edelprostituierte, hatte einen Attaché der sowjetischen Botschaft, Hauptmann Iwanow, unter ihren Kunden, der dem Geheimdienst als einer der Spionagechefs in Großbritannien bekannt war. Kriegsminister Profumo hatte empört das Gerücht dementiert, dem zufolge er und ein russischer Spion einander im Bett der Keeler ablösten. Seine Kollegen hatten ihm geglaubt und ihn autorisiert, sein Dementi bei der am nächsten Tag stattfindenden Parlamentssitzung zu verlesen.

Macmillan spielte in Schottland Golf, als man ihm einen Brief Profumos überbrachte. Der Kriegsminister gestand darin, daß er den Premierminister, seine Kollegen und die Abgeordneten im Unterhaus belogen hatte. Er trat von seinem Ministerposten zurück und verzichtete auf seinen Stratforder Abgeordnetensitz.

Die schmutzige Affäre erregte beträchtliches Aufsehen. Dr. Ward – der sich später in seiner Zelle erhängte – wurde unter der Anklage verhaftet, vom Ertrag der Prostitution zu leben. Christine Keeler erlangte Weltruhm, verkaufte ihre Memoiren für den Gegenwert von DM 320 000 an News of the World, trat für umgerechnet DM 40 000 wöchentlich (dem vierundzwanzigfachen Gehalt des Premierministers) in einem Nachtlokal in Mayfair auf und gründete eine Christine-Keeler-AG zwecks Verwertung ihrer Reize und Nutznießung aus ihren Memoiren. Das Publikum weidete sich an dem Skandal, rechnete das jedoch der konservativen Partei, der er zu verdanken war, nicht gerade hoch an. Die Labourpartei hatte zu Anfang des Jahres ihren Führer Hugh Gaitskell verloren, dessen Stelle nun Harold Wilson einnahm, ein streitbarer Dickkopf voller neuer Einfälle für die Wirtschaft. Macmillan – zunehmend einer alten Trauerweide gleichend – wankte unter Wilsons Schlägen. Meinungsumfragen ergaben, daß die Tories, wenn die Wahlen in Kürze stattfänden, keine hundert Abgeordnete ins Unterhaus bringen würden.

Amintore Fanfani war in einem gewissen Sinn ein Opfer Kennedys. Der Präsident hatte ihn bei seiner Öffnung nach links, apertura a sinistra, die in einer Isolierung der Kommunisten durch Abschluß eines Bündnisses mit den Nenni-Sozialisten bestand, lebhaft ermutigt. Die Wahlen, in die die DC mit diesem Slogan ging, fielen schlecht aus, die Christlichen Demokraten erlitten schwere Verluste. Sieger waren die Kommunisten, deren Vertretung von 140 auf 166 Sitze stieg, und die kleine liberale Partei, welche die Zahl der für sie abgegebenen Stimmen verdoppeln konnte. Der winzige Fanfani – 1 Meter 55 –, dem die Verantwortung für den Mißerfolg zugeschrieben wurde – die Christlichen Demokraten hatten 13 Sitze eingebüßt –, wurde von dem Konservativen Mario Scelba heftig angegriffen und trat als Ministerpräsident zurück. Kennedy wurde von einem Übergangsministerium empfangen, dessen Präsident, Giovanni Leone, außer seinem Namen nichts Löwenartiges an sich hatte.

Das Ergebnis der Wahlen vom 28./29. April wurde weitgehend der Haltung der italienischen Kirche zugeschrieben. Bei den vorhergegangenen Wahlen hatte sie an der Seite der Christlichen Demokraten gekämpft, aus jeder Pfarre ein Propagandazentrum und aus jedem Geistlichen einen politischen Kämpfer gemacht. Im Jahre 1963 war die Kirche, da der Vatikan neutral eingestellt war, neutral. Die Enzyklika *Mater et Magistra* rechtfertigte den Kollektivismus. Die Enzyklika *Pacem in terris* schien zwischen dem Westen und dem Kommunismus keinen Unterschied zu erkennen. Johannes XXIII. hatte Chruschtschows Schwiegersohn, Adschubej, väterlich empfangen, der den Kopf neigte, als der Papst ihn »für seine Kinder« segnete. Manche kommunistischen Kandidaten bildeten sich viel ein auf ihren guten Katholizismus und gingen demonstrativ zur Messe. Der Vatikan unterließ es, daran zu erinnern, daß der Atheismus eine der doktrinären Grundlagen des Kommunismus ist und man unmöglich dessen Kredo und gleichzeitig das des Christentums unterschreiben kann.

Von Johannes XXIII., der gewählt worden war, weil man aus einer schwierigen Konkurrenz herausfinden wollte, erwartete man eine gutmütige, nicht gerade glanzvolle Amtszeit als Papst. Die ersten Monate entsprachen dieser Erwartung. Der neue Papst milderte das Protokoll des Vatikans, mäßigte die hehre Einsamkeit, in der sein Vorgänger sich gefallen hatte, nahm gefangen durch seine Schlichtheit und Freundlichkeit, ohne jedoch in den Belangen der Disziplin und Glaubenskundgebungen von der traditionalistischen Haltung abzuweichen. Die Schwenkung erfolgte nach eingehender Überlegung; sie ergab sich aus dem Gedanken der Wiedervereinigung der Christenheit, einem fernen Ziel am Ende eines mit Schwierigkeiten gepflasterten Weges, den die Kirche jedoch im Bewußtsein ihrer Ewigkeit einzuschlagen vermochte. Die erste Etappe bestand darin, sie dem Wind des Jahrhunderts aufzuschließen; das war der Zweck des Konzils – des zweiundzwanzigsten seit Bestehen des Christentums –, das Johannes XXIII. am 11. Oktober 1962 eröffnete.

Dieses zweite Vatikanische Konzil folgte auf das des Jahres 1870, bei dem die Unfehlbarkeit des Papstes auf geistlichem Gebiet verkündet worden war. Die gewaltige Zahl seiner Teilnehmer, 2692 Kardinäle, Erzbischöfe, Bischöfe, Äbte, Vorsteher geistlicher Orden, gegen 774 Teilnehmer des vorangegangenen, veranschaulichte das Wachstum der katholischen Kirche, die im Jahre 1963 558 Millionen Gläubige zählte. Die erste Session wurde am 12. November für beendet erklärt, die zweite für den 12. Mai 1963 einberufen. Als man zusammentrat, lag der Papst, der das Konzil angeregt hatte, Seine Heiligkeit Johannes XXIII., im Sterben.

Er erlag am 3. Juni seinem schweren Leiden – Magenkrebs. Sein viereinhalbjähriges Pontifikat war das kürzeste seit Pius VIII., der in den Jahren 1829–1830 zwanzig Monate lang Papst gewesen war. Doch der Strom der Neuerungen, den er in Bewegung gesetzt hat, erweist sich mit eindrucksvoller und erstaunlicher Kraft in der heutigen Welt.

Die Wahl des Nachfolgers erfolgte schnell und brachte keine Überraschung. Monsignore Giovanni Montini, sechsundsechzigjähriger Erzbischof von Mailand, strafte das Sprichwort Lügen; er ging als voraussichtlicher Papst ins Konklave und kam als Papst wieder heraus. Der Name, den er wählte, Paul VI., war vom ökumenischen Standpunkt ideal, denn er war der Name des römischen Bürgers, der die Lehre des Zimmermanns von Nazareth über die Grenzen Galiläas hinaustrug, um aus ihr der Menschheit größte Religion zu machen.

Kennedy traf am 2. Juli, am Tag nach der Krönung Papst Pauls VI., in Rom ein. Er hatte vorher einige nicht sehr belangreiche Gespräche mit Macmillan geführt und in Irland der Wiege seiner berühmten Familie einen folkloristischen Besuch abgestattet. Eigentlich war der einzige Abschnitt der Reise, der den ursprünglichen Absichten entsprach, der deutsche gewesen: Köln, Bonn, Frankfurt, Berlin.

Bis Frankfurt wurde die Reise im Pkw durchgeführt; gewaltige Menschenmengen drängten sich zur Begrüßung des Präsidenten. Seine Reden stellten vor allem eine Erwiderung an General de Gaulle dar, eine Polemik gegen den Mann, der mit der typischen Skepsis eines dünkelhaften Greises den Anlauf Europas und der atlantischen Welt zur Einheit zerstörte. In der Frankfurter Paulskirche, in der sich im Jahre 1848 die Vertreter eines viel uneinigeren Deutschlands, als es das Europa von 1963 war, versammelt hatten, wies Kennedy den Gedanken zurück, daß die Angst vor der Atombombe die Vereinigten Staaten veranlassen könnte, sich ihren Allianzpflichten zu entziehen: »Amerika setzt seine Städte aufs Spiel, um Ihre zu verteidigen, weil wir Ihrer Freiheit bedürfen, um unsere schützen zu können ... Wer diese unsere Verpflichtung in Zweifel zieht oder ihre Unteilbarkeit leugnet — wer einen Keil zwischen Europa und Amerika treiben oder die Verbündeten entfremden möchte —, der unterstützt und stärkt damit nur unsere Gegner.«

Endlich Berlin. Die Mauer war fast zwei Jahre alt, sie war zu einer gewaltigen Befestigung geworden. Alle benachbarten Häuser waren niedergerissen worden, Stacheldraht- und Hindernisfelder dehnten sich über Hunderte Meter aus. Nachdenklich betrachtete Kennedy diese Ungeheuerlichkeit. In der Rede, die er dann vor 200 000 Berlinern hielt, schwang Erschütterung mit: »Es gibt Leute, die sagen, dem Kommunismus gehöre die Zukunft. Sie sollen nach Berlin kommen. Und es gibt wieder andere, die behaupten, man könne mit den Kommunisten zusammenarbeiten. Vor zweitausend Jahren war das stolzeste Wort der Welt: *Civis romanus sum!* Alle freien Menschen sind Bürger dieser Stadt Westberlin, und deshalb bin ich als freier Mann stolz darauf, sagen zu können: ›Ich bin ein Berliner!‹«

De Gaulle kommentierte die Reden Kennedys hämisch: »Mischmasch, Mischmasch, nichts als Mischmasch ...« Er stand jedoch vor einer Tatsache, der er notgedrungen Rechnung tragen mußte: Es würde ihm nicht gelingen, Deutschland von den USA zu trennen. Die Freundschaft, das Bündnis mit Frankreich bedeuteten das Ende eines herzzerreißenden Konflikts, der Schutz der USA jedoch bedeutete das Alltagsleben.

In Frankfurt wie in Berlin stand Ludwig Erhard an Kennedys Seite. Die Machtübergabe, das Ende der Ära Adenauer, sollte erst am 15. Oktober vollzogen werden, die CDU/CSU-Fraktion des Bundestags hatte aber bereits darüber abgestimmt, wer der Nachfolger des greisen Kanzlers werden sollte. Dieser hatte bis zum Schluß versucht, Erhard auszuschalten, aber die drei Kandidaten, die er gegen ihn aufstellen wollte, Heinrich von Brentano, Heinrich Krone und Gerhard Schröder, entzogen sich ihm. Die CDU/CSU entschied mit 159 Stimmen gegen 47 bei 19 Stimmenthaltungen, daß der nächste Kanzler der deutschen Bundesrepublik Professor Ludwig Erhard heißen solle.

Kurz darauf verschwand Macmillan von der politischen Szene. Auch er hatte bis zum Äußersten gekämpft, die Affäre Profumo überlebt, den Tories versprochen, sie siegreich zu den nächsten Wahlen zu führen. Am 8. Oktober verspürte er, während er eine Kabinettsitzung leitete, einen bohrenden Schmerz. Er ließ sich nichts anmerken und erklärte, er werde am 12. an der Schlußsitzung des Parteitags der Konservativen in Blackpool teilnehmen. Aber am selben Abend gab ein Kommuniqué von Downing Street der Öffentlichkeit bekannt, daß der Premierminister ins Edward VI.-Hospital gebracht worden sei, wo ein operativer Eingriff vorgenommen werden müsse, der ihn mehrere Wochen lang an den Ausübung seines Amtes hindern werde.

Es handelte sich um eine Prostataoperation. Sie verlief ohne Komplikationen, die Ärzte machten jedoch den Premierminister aufmerksam, daß er nicht mehr imstande sein werde, die Last der Regierung auf sich zu nehmen. Macmillan fand sich damit ab und riet der Königin, Lord Home an seine Stelle zu berufen. Home legte seine Titel ab, wurde Sir Alec Douglas-Home und bildete ein Kabinett, das die Ära der Konservativen bis zum nächsten Jahr fortsetzte. Die Wahlen sollten die Labourpartei an die Macht bringen und Harold Wilson zum Premierminister des Vereinigten Königreichs machen.

Das Atomteststopp-Abkommen besiegelt den Bruch zwischen China und der UdSSR

Der Ausgang der Kubakrise wurde von Peking als ein Verrat der Prinzipien der proletarischen Revolution verurteilt. Die indienfreundliche Haltung der UdSSR im Himalajakonflikt hatte die Chinesen geärgert. Eine neuerliche Versöhnung der Russen und Jugoslawen rief ihre Entrüstung hervor. Über die Frage Chruschtschows, warum sie Hongkong und Macao nicht wieder in Besitz nähmen, waren sie zutiefst gekränkt. Noch wurden die UdSSR und ihr Oberhaupt nicht unmittelbar angegriffen, doch die Polemik zwischen China und der UdSSR gestaltete sich immer schärfer. Am 14. Juni gaben die Chinesen in Moskau einen Riesenbrief mit 25 Punkten ab, die 25 Anklagegründe gegen die friedliche Koexistenz darstellten. Das Zentralkomitee beschloß, das Dokument in der UdSSR wegen seines »trügerischen und verleumderischen« Charakters nicht zu veröffentlichen. Drei Mitglieder der chinesischen Botschaft, die Abschriften davon verteilten, wurden ausgewiesen. Bei ihrem Eintreffen in Peking feierte man sie als Helden.

Es wurde noch ein Versöhnungsversuch gemacht. Der Generalsekretär der chinesischen KP, Teng Hsiao-ping, kam zum Zweck »ideologischer Gespräche« nach Moskau. Chruschtschows Begrüßung bestand darin, daß er nach Kiew abreiste. Teng wurde ein Mindestmaß an Aufmerksamkeit zuteil – während zwischen den Russen, Engländern und Amerikanern der georgische Sekt in Strömen floß.

Kaum war die kubanische Raketenkrise vorbei, begann in den Beziehungen zwischen der Sowjetunion und den USA eine Phase der Annäherung. Zwischen Kennedy und Chruschtschow entwickelte sich ein reger Briefwechsel. Am 5. April 1963 verkündete eine gemeinsame Erklärung, daß zwischen Kreml und Weißem Haus eine direkte Fernschreibverbindung hergestellt werden sollte, die über Helsinki, Stockholm und London liefe, jedoch gegen jede Kontrolle abgesichert sei; sie sollte im Fall einer internationalen Spannung, die den Frieden bedrohte, benutzt werden. Dann ging man daran, den Vertragsentwurf für ein Kernwaffentestverbot, den 353 Sitzungen einer Konferenz von 17 Nationen in Genf noch um keinen Strich vorangebracht hatten, voranzutreiben. Am 15. Juli traf eine britische Delegation unter der Führung von Lord Hailsham sowie eine amerikanische unter der Führung Harrimans – die gleichzeitig drei Tonnen Elektromaterial für die Installation des »heißen Drahts« mitbrachte – in Moskau ein. Sie wurden mit überströmender Herzlichkeit empfangen.

Der Vertrag wurde am 5. August unterzeichnet. Er untersagte jede Kernwaffenexplosion im Weltraum, in der Atmosphäre und unter Wasser, gestattete also nur unterirdische Explosionen, die keine radioaktiven Niederschläge verursachen. Die USA verzichtete auf die Inspektionen, die sie seit 1946 gefordert hatten, und die UdSSR auf den Nichtangriffspakt, den sie als Ergänzung zu dem Kernwaffenpakt verlangt hatte, um indirekt die Anerkennung der Deutschen Demokratischen Republik zu erreichen. Alle Staaten der Welt, ob sie Mitglieder der Vereinten Nationen waren oder nicht, wurden aufgefordert, dem Vertrag beizutreten. Damit war die erste wirkungsvolle Maßnahme gegen die Vermehrung der Kernwaffenrüstung verwirklicht.

Innerhalb einiger Wochen traten 105 Nationen – von denen die meisten wenig Aussicht besaßen, jemals eine Atomexplosion auszulösen – dem Vertrag bei. Nur wenige weigerten sich: Saudi-Arabien, Kongo-Brazzaville, Guinea, Kuba – das derart seinen Groll gegen Chruschtschow zum Ausdruck brachte –, China und seine drei Satelliten, Albanien, Nordkorea und Nordvietnam, sowie schließlich, in Verfolgung ihrer sträflich kostspieligen und realitätsfernen nuklearen Unabhängigkeitspolitik, die Französische Republik.

Herr Teng hatte Moskau verlassen, ohne daß auch nur ein Kommuniqué über seine »ideologischen Gespräche« mit dem Theoretiker Suslow veröffentlicht worden wäre. Nach seiner Abreise hielt Chruschtschow eine Rede, bei der er die lange russische Antwort auf den langen chinesischen Brief weitläufig behandelte. Chruschtschow brandmarkte die Chinesen, die die Ära des Stalinismus wieder heraufführen wollten, »die Zeit, da ein Mann, der morgens zur Arbeit ging, nicht wußte, ob er seine Frau und seine Kinder wiedersehen würde«. Ergriffen lehnte er ihren Gedanken ab, die Gesellschaft der Zukunft auf den Leichen und den Trümmern eines Atomkriegs aufzubauen: »Was bliebe dann in ihrer neuen Gesellschaft übrig – außer Lebenden, die die Toten beneiden!«

Die Chinesen antworteten mit noch größerer Heftigkeit. Sie verdammten den Moskauer Vertrag als »schmutziges Geschäft« und die Politik der Sowjetregierung als »Bündnis mit den Mächten des Kriegs gegen die des Friedens, mit dem Imperialismus gegen den Sozialismus, mit den Vereinigten Staaten gegen China, mit den Reaktionären aller Länder gegen alle Völker«. Sie überschütteten Chruschtschow mit Schmähungen. »Die amerikanischen Imperialisten sind trotz der Bibel- und Psalmenvorlesungen, die Chruschtschow ihnen bietet, keine Engel geworden, sie sind trotz des Weihrauchs, den Chruschtschow für sie verbrennt, keine wohltätigen Buddhas geworden... Trotz seiner verzweifelten Bemühungen, ihnen zu dienen, speien sie ihm weiter ins Gesicht und machen den Zusammenbruch seines lächerlichen Versuchs, den Imperialismus zu verherrlichen, deutlich.« Chruschtschow überflügle mit seinem Verrat – wie die chinesische Presse dartat – alle Abtrünnigen vor ihm, Kautsky, Trotzki, Tito, Djilas... Und den Russen wurde der Rat, ja der Befehl erteilt: Befreit euch mit allen Mitteln von Chruschtschow!

Es handelte sich nicht mehr nur um die Ideologie. Am 10. September kam es auf dem Bahnhof von Nauschki, an der Grenze der Volksrepublik Mongolei mit der Sowjetunion, zu einem Zwischenfall. Peking und Moskau meldeten, daß die Lage an ihrer langen Grenze äußerst gespannt wurde. Die Agentur TASS berichtete, es hätten sich seit dem Jahr 1960 mehr als 5000 Grenzverletzungen ereignet, die bisher nie erwähnt seien. *Jen Min Jih Pao* erwähnte aufs neue die »ungleichen Verträge« der Jahre 1860 und 1862, durch die sich das zaristische Rußland die Gebiete angeeignet habe, die nun den äußersten Osten Sowjetrußlands bildeten. Chruschtschows Antwort verhieß den Chinesen fürchterliche Bestrafungen, falls sie es wagten, an die geheiligten Grenzen des Vaterlands zu rühren.

Der Konflikt gehört nicht mehr zur Geschichte der auf den Zweiten Weltkrieg folgenden Periode. Es läßt sich vorhersehen, daß er die Geschichte des ausgehenden 20. und des beginnenden 21. Jahrhunderts bestimmen wird. (*Forts. China S. 1048*)

Die Negerfrage: das ernsteste Problem der USA

Der Vertrag über das Verbot von Atomtests wurde vom amerikanischen Senat am 29. August mit 80 gegen 19 Stimmen ratifiziert. John Kennedy war aus dem Tunnel, in dem seine Präsidentschaft begonnen hatte, hervorgetreten. Seine Autorität festigte sich, seine Kritiker begannen zu schweigen; seine Wiederwahl im Jahre 1964 schien um so sicherer, als die Republikanische Partei, von einer konservativen Strömung erfaßt, beabsichtigte, ihm den Senator von Arizona, Barry Goldwater, gegenüberzustellen... Es ahnte jedoch niemand, wie wenig Sand nur noch in der Sanduhr war...

Die internationale Entspannung war eine erwiesene Tatsache. Chruschtschows Großsprecherei über die gewaltige Überlegenheit des Sozialismus wurde durch die Menschenschlangen, die sich in allen Städten Sowjetrußlands vor den Bäckerläden bildeten, sowie durch die inständigen, dringenden Bitten der Sowjetunion an Australien, Kanada und die Vereinigten Staaten um Lieferung von Getreide für eine Milliarde Dollar lächerlich gemacht. Allerdings war den Russen vor kurzem eine neue Glanzleistung gelungen; sie hatten gleichzeitig zwei Kapseln in den Weltraum geschickt, deren eine (82 Erdumkreisungen innerhalb von fünf Tagen) von Oberst W. F. Bykowskij, die andere von Walentina Tereschkowa, der ersten Frau im Weltraum, geflogen wurde. Major Gordon Cooper hatte 22 Erdumkreisungen vollbracht, und die vertraulichen Berichte der NASA versicherten, daß die USA ihre Verspätung aufholten und daß der Gedanke der Landung eines Amerikaners auf dem Mond im Jahre 1970 immer weniger unwahrscheinlich sei. Die amerikanische Wirtschaft stand in voller Blüte. Das Defizit der Zahlungsbilanz, die Goldflucht, der schwache Dollar waren Sorgen für die Sachverständigen; das Vertrauen der Amerikaner zu ihrem System und zur Überlegenheit ihres Landes blieb unvermindert.

Tatsächlich hatte John Fitzgerald Kennedy im dritten Jahr seiner Präsidentschaft nur zwei Probleme: ein inneres, die Negerfrage, und ein äußeres, Vietnam.

Der Oberste Gerichtshof hatte im Jahre 1955 die Rassentrennung in den Unterrichtsanstalten für verfassungswidrig erklärt. Die Staaten, bei denen sie noch bestand, erhielten die Weisung, dies »in angemessener Frist« abzustellen. Für die Behörden in den Südstaaten bedeutete diese Frist die Ewigkeit. Acht Jahre nach dem Gerichtsbeschluß betrug der Prozentsatz der Neger in weißen Schulen in Alabama, Mississippi und Süd-Carolina 0 %, in Georgia 0,00134 %, in Arkansas 0,25 %, in Nord-Carolina 0,3 % usw. Ab und zu gelang es der Bundespolizei, ein oder zwei schwarze Studenten in einer weißen Universität unterzubringen, so zum Beispiel James Meredith in *Ole Miss*, Oxford, Mississippi, oder Vivian Malone in Tuscaloosa, Alabama. Fast immer verzichteten sie dann selbst darauf und kehrten in eine Lehranstalt für Schwarze zurück.

Gegen die anderen in den Südstaaten praktizierten Formen der Rassentrennung wurde der Widerstand organisiert. In der großen Eisenindustriestadt Birmingham in Alabama, von deren 340 000 Einwohnern 150 000 Schwarze waren, wurden wochenlang die Autobusse boykottiert und die Schnellgaststätten von schwarzen Kunden besetzt, die auf Bedienung drangen. Auf den Protest der Schwarzen wurde mit Drohungen und Attentaten geantwortet. Es gab Verbrecher, die in schwarzen Kirchen Bomben legten, wodurch vier kleine Mädchen einer Sonntagsschule getötet wurden. Im Süden wurden zwei Vorkämpfer der Integration, Medgers Evers und William Moore, ermordet. Die Erregung griff auf den Norden über, führte zu Unruhen in New York, Philadelphia, Boston, Chikago, Saint Louis, San Francisco, Los Angeles. Die Demonstranten protestierten gegen die Arbeitslosigkeit und die elenden Wohnbedingungen in den Gettos.

Am 28. August versammelten einige von der katholischen Kirche unterstützte Organisationen von Schwarzen über 200 000 Menschen in Washington. Sie marschierten vom George-Washington-Obelisk zum Abraham-Lincoln-Denkmal, wobei sie in Sprechchören riefen: » *We shall overcome* « (Wir werden siegen) und » *We want freedom NOW!* « (Wir verlangen Freiheit – SOFORT!). Man befürchtete Unruhen, sie blieben völlig aus. Kennedy empfing zehn Marschführer und beglückwünschte sie zu ihrer würdevollen Demonstration. Aber schon wurden allseits Warnungen laut. Das Zeitalter der legalen und friedlichen Forderungen ging zu Ende. Die Bezeichnung »Negro Revolution« tauchte in allen Zeitungen auf.

Die NAACP, *National Association for the Advancement of Colored People*, war der traditionelle Verband für die Förderung der Rassengleichheit. Die im Jahre 1909 von schwarzen Intellektuellen und weißen Liberalen gegründete Vereinigung wurde durch die steigenden Forderungen der Massen überholt. Drei andere Verbände standen mit ihr im Wettstreit und bedrängten sie: die SCLC, *Southern Christian Leadership Conference*, des Pastors Martin Luther King, der CORE, *Congress for Racial Equality*, unter Führung James Farmers, und das SNCC, *Student Non-Violent Coordinating Committee*, unter James Forman. Hinter diesen Fassaden entstanden andere, gewalttätigere, mystischere, tiefergehende Bewegungen. Im Jahre 1963 waren sie der Öffentlichkeit noch beinahe unbekannt.

Seit Roosevelt wählten die Neger demokratisch. Kennedy wäre nicht gewählt worden, wenn er sie nicht in einem Verhältnis von 65 bis 75 % für sich gehabt hätte – namentlich wenn sie ihm nicht zwei entscheidende Staaten, Illinois und Michigan, gebracht hätten. Dennoch wartete der Präsident monatelang, bis er endlich im Februar 1963 eine *Bill of Rights* einbrachte, die er im Juni erweiterte. Er schlug vor, den Bundesbehörden beträchtliche Vollmachten zu erteilen, um die Abschaffung der Rassentrennung in den Schulen zu beschleunigen, ferner das Wahlrecht zu gewährleisten, die Diskriminierung in öffentlichen Lokalen zu beseitigen, die Arbeitslosigkeit zu bekämpfen und die Berufschancen der Schwarzen zu verbessern. Er bat den Kongreß, seine Sitzungsperiode nicht zu beschließen, ohne daß über diesen wichtigen Text abgestimmt war.

Sein Bruder, der Justizminister Robert Kennedy, führte kraftvoll die Bundesaktionen gegen die Rassentrennung. In der Affäre des Studenten Meredith mobilisierte er 16 000 Mann, um dessen Aufnahme im *Ole Miss* durchzusetzen, und ließ anläßlich der Affäre der Studentin Vivian Malone den Gouverneur von Alabama und späteren Präsidentschaftskandidaten George Wallace festnehmen. Deshalb war es für Bobby überraschend und betrüblich, als er anläßlich eines großen Treffens für die Bürgerrechte zu den Teilnehmern des Marsches nach Washington sprechen wollte und ausgepfiffen wurde. Die schwarze Gemeinde wurde von neuen Strömungen mitgerissen. Nachdem sie Roy Wilkins und sein NAACP wegen ihres Akademismus und ihres gläubigen Amerikanertums lächerlich gemacht hatten, wurden die leidenschaftlichen Anhänger der Gewaltlosigkeit, King und seine SCLC, Farmer und sein CORE, ihrerseits von neuen Bewegungen und neuen Führern überflügelt. Diese predigten direkte Aktion, Aufstand, Organisierung von Untergrundbewegungen in den Städten, die Aufkündigung des religiösen Glaubens, den die Sklaven von ihren Herren übernommen hatten und der wie eine geistige Kette auf ihren Nachkommen lastete. Sie verlangten nicht mehr die Integrierung in die weiße Gesellschaft, sondern die Differenzierung der schwarzen Gesellschaft und ihre Organisierung als gesonderte Nation, die die Vereinigten Staaten mit dem weißen Mann teilen würde. Die in Südafrika von Malan erfundene Apartheid wurde zur Doktrin der amerikanischen Schwarzen.

Für die Vereinigten Staaten war dieses in voller Entwicklung befindliche, gewaltige Drama der einzige Grund, vor der Zukunft zu bangen. (*Forts. USA S. 1033*)

Der Stand des amerikanischen Militärpersonals in Vietnam, der zu Ende der Präsidentschaft Eisenhowers 600 Mann betrug, war nach und nach auf 16 500 gestiegen. Noch waren sie theoretisch nur Berater der nationalen vietnamesischen Armee, aber sie waren tatsächlich in den Bataillonen und Kompanien anwesend, so daß sie immer wieder in Kämpfe verwickelt wurden. Eine Sondertruppe von 600 *Green berets* war mit der psychologischen Aktion, mit der Schulung für den Guerillakrieg und der Wiedergewinnung der Bergbewohner betraut. Schließlich wurden die Hubschrauberbesatzungen in erster Linie am Kampf beteiligt.

Die ersten nach Vietnam entsandten Hubschrauber waren alte H-21, die sogenannten Fliegenden Bananen, die nur als Beförderungsmittel brauchbar und infolge ihrer Langsamkeit und unzureichenden Wendigkeit leicht zu treffen waren. Nun ließ man sie von HU-1B, die mit Raketenwerfern ausgerüstet waren, begleiten; diese stöberten die Guerillakämpfer auf und verfolgten sie, zerstäubten Chemikalien über dem Dschungel, die ihn entlaubten, und stellten den ersten unmittelbaren Einsatz der USA gegen den Vietkong dar.

Das Jahr 1963 begann mit einer schweren Niederlage der Vietnamesen und Amerikaner. In Ap Bak in der Schilfebene geriet eine von Hubschraubern beförderte Einsatzgruppe in einen mörderischen Hinterhalt. Der Vietkong, der die Absprungzone kannte, hatte dementsprechend seine Geschütze in Stellung gebracht. Fünf Hubschrauber wurden vernichtet und 11 bei der Landung beschädigt. Drei Amerikaner wurden getötet. Bei dem darauffolgenden Kampf verweigerten die Regierungssoldaten ihren Offizieren den Gehorsam, und es bedurfte eines neuerlichen massiven Einsatzes von Hubschraubern, um sie zu befreien.

Die meisten Kämpfe verliefen ähnlich wie in Ap Bak. Der Vietkong war noch ungenügend ausgerüstet und erhielt nur beschränkte Hilfe aus Nord-Vietnam; aber er stand einer Armee gegenüber, die weder über den Kampfgeist noch über die Schulung verfügte, welche dem Krieg, den sie führen sollte, entsprochen hätten. Wenn man von den *Green berets* absieht, hatte die amerikanische Militärmission eine zweite, für Schlachten geschulte südkoreanische Armee schaffen wollen, während es sich hier um einen Guerillakrieg handelte.

In Wirklichkeit ging es bei dem Krieg um die Bevölkerung. Das Führungsnetz und die repressive Verwaltung, die die Franzosen während ihres jahrelangen Kampfs gekannt hatten, hatte sich wieder gebildet. Die Abwehr war die gleiche, wie sie mit so wenig Erfolg in Algerien angewendet wurde, nämlich: die Sammlung der Bevölkerung zum Zweck der Selbstverteidigung und gleichzeitigen Überwachung. Man gab den nach diesem Prinzip geschaffenen Ortschaften den burlesken Namen *strategic hamlets*, strategische Dörfer. 12 000 waren vorgesehen, 6000 waren bereits fertiggestellt. Die Entwurzelung der Familien, die gezwungen wurden, ihre Häuser in Brand zu stecken und sich in einer Art Konzentrationslager niederzulassen, verursachte große Leiden und lebhafte Unzufriedenheit. In den strategischen Dörfern wurde zwischen den Kommunisten und der Geheimpolizei Ngo Dinh Nhus ein furchtbarer Kampf geführt.

142 143 Zwei Gesichter des Sechstagekriegs vom Juni 1967: Mit über dem Kopf gefalteten Händen werden ägyptische Soldaten ins Gefangenenlager abtransportiert. – Siegreiche Israelis ziehen in ihre Heilige Stadt Jerusalem ein.

144 145 Die Überlegenheit der Israeli im Sechstagekrieg (5. bis 10. 6. 1967) zeigt der einzige jüdische Soldat, der Hunderte von gefangenen Ägyptern irgendwo im Gaza-Streifen bewacht (oben). Die politischen Probleme Israels löste er jedoch nicht. – Über den Gaza-Streifen hinaus, nach Rafah, führt diese Wüstenpiste nach Ägypten.

Nhu war der dritte der Brüder Ngo, zwischen den beiden älteren – Ngo Dinh Thuc, Erzbischof von Hué, und Ngo Dinh Diem, Präsident von Süd-Vietnam – und den beiden jüngeren, Ngo Dinh Can und Ngo Dinh Luyen, von denen der eine Staatsrat von Zentral-Vietnam und der andere Botschafter in London war. Die reizende Madame Nhu war einer der tatkräftigsten Faktoren des Regimes. Sie hatte eine weibliche Miliz gegründet und, wie seinerzeit die Frau Tschiang Kai-scheks, die Sache der Tugend zu der ihren gemacht. Sie ließ die Spielhöllen und Bordelle schließen, untersagte Vielweiberei, Konkubinat, Prostitution, Ehebruch, Empfängnisverhütung, verbannte die Taxigirls, das Boxen, den Jazz, den Twist und vieles andere. Die Kehrseite von Madame Nhus hervorragenden Eigenschaften bestand in einem übertriebenen Familiensinn und einem Fanatismus, der dazu beitrug, die Spaltung Süd-Vietnams noch zu vertiefen.

In Hué wurden gleichzeitig das Bischofsjubiläum von Erzbischof Ngo Dinh Thuc und der 2507. Geburtstag Buddhas gefeiert. Die Regierung von Zentral-Vietnam, in der Ngo Dinh Can maßgebend war, verbot das Hissen der buddhistischen Fahne, fünf bunte Streifen und fünf Quadrate, die den inneren Frieden des Menschen symbolisieren. Zum Protest gegen diesen ärgerlichen Beschluß bildete sich ein Zug von 20 000 Menschen. Das Militär feuerte in die Menge, wobei neun Menschen, darunter sieben Kinder, den Tod fanden.

Die gegen Diem gerichteten militärischen Verschwörungen waren gescheitert, und das Parlament gehorchte ihm willig. Die 1 500 000 Katholiken, von denen viele aus Tongking stammten, bildeten für ihn eine bewährte Miliz. Sie wußten nicht, daß die Position des südvietnamesischen Präsidenten im Vatikan beeinträchtigt war, daß man ihn beschuldigte, sich des Katholizismus zu politischen Zwecken zu bedienen, daß der Papst Erzbischof Ngo den Kardinalshut verweigert und sogar seine Absetzung zugunsten Binhs, des Erzbischofs von Saigon, autorisiert hatte. Für die Katholiken von Süd-Vietnam war Ngo Dinh Diem die unfehlbare Leuchte und der untadelhafte Führer. Sie unterstützten ihn blind in seinem doppelten Kampf gegen die Kommunisten und die Buddhisten – mit anderen Worten gegen die überwiegende Mehrheit des südvietnamesischen Volks.

Nach dem Zwischenfall von Hué hatte der buddhistische Klerus ein Beschwerdebuch zusammengestellt, das Freiheit und Gleichheit forderte. Diem weigerte sich, es entgegenzunehmen, und Madame Nhu bezeichnete die Buddhisten als Agenten des Kommunismus. Als Protest dagegen übergoß sich mitten in Saigon der 73jährige Mönch Thich Tink Khiet nach pflichtgemäßer Beratung mit seinen Vorgesetzten mit Benzin und verbrannte sich bei lebendigem Leibe. 600 männliche und weibliche Bonzen, die rund um ihn auf dem Pflaster lagen, verhinderten ein Einschreiten der Polizei. Im Lauf der nächsten Wochen verbrannten sich ein 21jähriger Mönch, ein 15jähriger Novize und eine 17jährige Nonne in Phan Thiet, Hué und Nha Trang. Madame Nhu klatschte in die Hände: »Ich bin bereit, dem Grillfest ihres nächsten Mönchleins Beifall zu zollen.« Sie und ihr Ehemann verurteilten die wenigen Zugeständnisse, die Diem gemacht hatte, und schimpften ihn einen Feigling. Darauf stellte er sich wieder auf Strenge ein und ließ am 21. August die wichtigsten Pagoden von der Polizei besetzen. In Saigon plünderte man die Xa-Loi-Pagode, in Hué wurde die Tu-Dam-Pagode, die heiligste von Vietnam, zäh verteidigt; sie konnte erst nach einem Feuergefecht eingenommen werden, das 30 Tote und 200 Verwundete kostete.

Das Autodafé der Mönche rief in der amerikanischen Öffentlichkeit Entsetzen hervor. Der neue Botschafter in Saigon, Henry Cabot Lodge, protestierte bei Diem und öffnete die Tore seiner Botschaft den von der Polizei gesuchten buddhistischen Würdenträgern. McNamara traf zu einer Inspektionsreise ein und erklärte mit schönem Optimismus, »der Wendepunkt zum Sieg sei erreicht worden«, stellte jedoch fest, daß die politische Lage weiterhin ernst sei und Nachwirkungen auf die militärische Lage haben könnte. Kennedy sprach von einem notwendigen Personenaustausch; die Familie Ngo antwortete überaus heftig. Madame Nhu begab sich auf eine Weltreise und erklärte bei ihrer Landung in New York, daß die Regierung der USA »unter dem Einfluß des Liberalismus, dieser Emanation des Kommunismus« stehe. Erzbischof Thuc, der zum Konzil nach Rom kam, übertraf noch seine Schwägerin, indem er die USA beschuldigte, sie hätten 20 Millionen Dollar ausgegeben, um seinen Bruder Diem zu stürzen, und behauptete, die buddhistische Aufwieglung werde vom amerikanischen Geheimdienst geschürt. Der Papst brachte seine Mißbilligung zum Ausdruck, indem er die Audienz, die er dem Erzbischof zugesagt hatte, absagte.

Am Vormittag des 1. November, Allerheiligen, begab sich Botschafter Cabot Lodge in Begleitung von Admiral Harry Felt, dem Befehlshaber der amerikanischen Streitkräfte im Fernen Osten, in den Gia-Long-Palast. Er bat Diem um Verständnis und legte ihm nahe, zurückzutreten. Ein siebenter Mönch hatte sich soeben lebendig verbrannt. Der Erzbischof von Saigon, Nguyen Van Binh, hatte die Regierung von Süd-Vietnam offen verurteilt und die Katholiken davor gewarnt, aus ihrem Glauben soziale und politische Vorrechte gewinnen zu wollen. Die Vereinigten Staaten hatten ihre Hilfe für Saigon eingestellt. Die Armee war unzufrieden, es war an der Zeit, ein Ende zu machen. Diem weigerte sich mit seiner sanften Hartnäckigkeit zurückzutreten. Er sei, versicherte er, das Bollwerk Vietnams gegen den Kommunismus, dem die Buddhisten dienten. Übrigens sei ihre Aufsässigkeit nur die Sache einer winzigen Minderzahl; die Bonzen, die sich verbrannten, seien von ihren Vorgesetzten bis zur Stumpfsinnigkeit mit Rauschgift gedopt worden. Diem weigerte sich, ihren schändlichen Erpressungen nachzugeben. »Ich habe das Volk auf meiner Seite«, sagte er zu Lodge.

Nachmittag. Um 13 Uhr 45 wurde die schwere feuchte Stille der Siesta durch das Dröhnen von Panzern gestört. Alle strategischen Punkte von Saigon, das Hauptquartier, Rundfunk-, Polizeigebäude usw., wurden besetzt. Nhus rechte Hand, Oberst Le Quang Tung, Kommandeur der Präsidialgarde, wurde erschossen. Ein vom militärischen Berater Diems, General Duong Van Minh, unterschriebener und von 14 Generälen und 10 Obersten gegengezeichneter Aufruf teilte der Bevölkerung mit, daß die Armee beschlossen habe, der erdrückenden Tyrannei in Vietnam ein Ende zu machen.

Die Familie Ngo ließ sich nicht widerstandslos stürzen. Eine Handvoll Getreuer kämpfte den ganzen Nachmittag für sie. Die Panzer der Aufständischen erreichten die Residenz des Präsidenten erst um 9 Uhr abends; sie beschossen sie systematisch während der ganzen Nacht. Bei Sonnenaufgang wurde auf dem Dach eine große weiße Fahne geschwenkt. Das Feuer wurde eingestellt, die Soldaten stürzten sich in den verwüsteten Palast.

Diem und Nhu waren nicht mehr dort. Man fand sie einige Stunden später in einer Kirche in Cholon. Der Präsident wurde durch Revolverschüsse getötet, sein Bruder durch Messerstiche. Madame Nhu erfuhr von der Tragödie in Beverley Hills, Los Angeles, beim Verlassen der Kirche, in der sie kommuniziert hatte. Sie vergoß keine Träne, aber sie beschuldigte die Amerikaner, sie seien die wirklichen Mörder.

Am Vorabend hatte Botschafter Cabot Lodge mit einem der Führer der Verschwörung, General Tran Van Duong, gespeist. Die amerikanischen Behörden waren durchaus in Kenntnis der in Vorbereitung befindlichen Bewegung. Sie hatten zu dem Sturz Diems ihre volle Zustimmung erteilt und bedauerten nur seine Ermordung.

In Washington war man wieder optimistisch. Duong wurde als energischer, ehrenhafter Offizier beschrieben. Man beschloß, ihm verstärkte Hilfe zu gewähren, damit er so rasch wie möglich dem Bürgerkrieg in Süd-Vietnam ein Ende bereiten könne.

Die Tragödie von Dallas, ihre Ursachen und ihr Verlauf

Kennedy dachte über seine Zukunft nach. Der unerbittliche zweiundzwanzigste Gesetzeszusatz setzte seiner Laufbahn als Präsident im Jahre 1968 ein Ende. Er würde dann 51 Jahre alt sein. »Zu jung, um meine Memoiren zu schreiben«, sagte er, »und zu alt, um eine neue Laufbahn zu beginnen.« Er faßte die Möglichkeit ins Auge, es einem seiner Vorgänger aus fernen Zeiten, John Quincy Adams, gleichzutun, der nach Beendigung seiner Amtszeit als Präsident wieder seinen Platz im Kongreß eingenommen und bis zu seinem Tod Massachusetts – seine eigene wie auch Kennedys Heimat – vertreten hatte. Er dachte auch an die Möglichkeit, eine Zeitung zu gründen.

Die strahlende Ehe des Präsidenten verlief nicht ohne Stürme. Die Revue *Parade*, deren zehn Millionen Exemplare als Gratiszugabe zu 40 Sonntagszeitungen verteilt wurden, brachte unter dem Titel »Ist Jacqueline des Weißen Hauses müde?« einen durchsichtigen Artikel über Johns Seitensprünge, in dem die Langeweile und Gezwungenheit des offiziellen Lebens betont wurden. Im August hatte der Tod eines Neugeborenen, John Patrick, für kurze Zeit die eheliche Verbundenheit wieder gestärkt, doch war den vertrauteren Freunden der Familie bekannt, daß Interventionen von Priestern und Verwandten notwendig gewesen waren, um einen Skandal zu vermeiden.

Kennedy war sich bewußt, welche Verwicklung Vietnam darstellte, und er litt unter dem Mißlingen seiner Bemühungen, Lateinamerika von Castro zu befreien. Mit seinem Bruder Robert ergab sich wieder das Familienproblem. Bob schien eher ein Erstgeburtsrecht auszuüben, als die Rolle eines jüngeren Bruders und Untergebenen zu spielen. John gab dem Einfluß Roberts nach, als er seine Haltung zugunsten der Bürgerrechte betonte. Die Reaktionen der öffentlichen Meinung waren im ganzen eher ungünstig. Der November-Galluptest ließ erkennen, daß Johns Popularität auf ihren tiefsten Punkt seit 1960 gesunken war.

Die Gegenpartei spielte Goldwater hoch. Die Fachleute gestanden ihm keine so guten Chancen zu wie einem republikanischen Kandidaten der Mitte, zum Beispiel Nixon, oder einem ausgesprochen liberalen, wie Rockefeller. Barry besaß jedoch eine starke persönliche Anziehungskraft. Seine jüdische Herkunft war für ihn eine Empfehlung bei einer einflußreichen Gruppe der Wählerschaft. Luftwaffengeneral der Reserve, flog er sein eigenes Düsenflugzeug und vermittelte den Eindruck von Gesundheit, Kraft und Redlichkeit. In seinem laut verkündeten Konservatismus stellte er ein Versprechen dafür dar, daß die USA sich auf sich selbst besinnen würden – und das kam einem zunehmenden Bestreben des Volkes entgegen. Auch war Kennedys Vorsprung so winzig gewesen, daß seine Umgebung und auch er selbst nicht umhin konnten, etwas nervös zu werden.

Es handelte sich um den Süden. Er hatte sich im Jahre 1960 loyal verhalten und dem katholischen Demokraten eine alle Erwartungen übertreffende Unterstützung gewährt. Aber das Bürgerrechtsgesetz und die Interventionen von Bundestruppen, um die Aufnahme von schwarzen Studenten in den Universitäten der Südstaaten durchzusetzen, hatten ihn abwendig gemacht.

Von den elf Südstaaten war Texas mit seinen 24 Stimmen im Wahlmännerkollegium der bedeutendste; es war auch einer von jenen, wo der Vorsprung am knappsten gewesen war. Kennedy hatte mit nur 46 000 Vorsprung bei einer Gesamtzahl von 2 300 000 Stimmen gewonnen – und seither war die demokratische Wahlmaschine in dem Staat mit dem einzelnen Stern im Wappen aus den Fugen geraten. Ein heftiger politischer und persönlicher Streit wurde zwischen dem Senator Ralph Yarborough einerseits und dem Gouverneur John Connally und Vizepräsident Lyndon Johnson andererseits ausgetragen. Man warnte Kennedy, er werde Texas verlieren, wenn es ihm nicht gelinge, diese Gegnerschaft zu entschärfen und seinen persönlichen Einfluß zu festigen.

Der schon im Juni für gut befundene Gedanke einer Reise nach Texas wurde im September weiter ausgesponnen. Man beschloß, daß der Präsident am Nachmittag des 21. und am 22. November mehrere Städte in Texas besuchen und dann das folgende Wochenende auf Lyndon Johnsons Ranch verbringen sollte. Jackie, die gerade von einer Kreuzfahrt auf der Jacht Aristoteles Onassis' zurückkehrte, erklärte sich im letzten Augenblick bereit, ihren Mann zu begleiten.

Nachdem die prinzipielle Entscheidung getroffen war, ergab sich ein Problem: Dallas.

Adlai Stevenson war dort am 24. Oktober geschlagen und bespien worden. Andererseits hatte ein Mann, der übrigens unbekannt blieb, auf den pensionierten General Edvin A. Walker, Leiter der antikommunistischen *John Birch Society*, geschossen und ihn nur knapp verfehlt. Man fragte sich, ob es klug sei, den Präsidenten der Vereinigten Staaten einem solchen Klima voll Leidenschaft und Gewalttätigkeit auszusetzen. Es war aber unmöglich, Dallas aus einer Reise durch Texas auszuklammern, ohne das verfolgte Ziel in sein Gegenteil umzukehren. Das Programm lautete also:

San Antonio und Houston am Nachmittag des 21., Nacht und Frühstück in Fort Worth, dann Dallas und schließlich die Hauptstadt von Texas, Austin.

Der Schutzgürtel, der Kennedy umgab, war gelockert worden. Eine Woche vor seinem Besuch in Texas war der Präsident ohne Geleit durch Manhattan gefahren, wobei sein Wagen zehnmal vor roten Verkehrsampeln angehalten hatte. Bei einem dieser Aufenthalte hatte ihn eine junge Frau buchstäblich vor seiner Nase fotografiert, was einem Polizeioffizier den entsetzten Ausruf entlockte: »Großer Gott! Das hätte ein Mörder sein können!« Bei offiziellen Reisen wurde das durchsichtige Dach für den Lincoln des Präsidenten mitgeführt, Kennedy lehnte jedoch dessen Verwendung ab; ebenso verbot er den Beamten der Sicherheitsgruppe, sich an seinen Wagen anzuhängen.

Fort Worth liegt nur etwa fünfzig Kilometer von Dallas entfernt. Die beiden Boeing-Maschinen, *US Air Force One* und *US Air Force Two*, die für den Präsidenten und den Vizepräsidenten eingesetzt waren, legten diese Distanz in wenigen Minuten zurück und landeten auf dem großen Flughafen Love Field. Es wäre ohne weiteres möglich gewesen, Kennedy direkt zum Trade Mart zu bringen, wo ein großes Bankett zu hundert Dollar per Gedeck zugunsten der Kasse der Demokratischen Partei stattfinden sollte. Doch Kennedy war nach Texas gekommen, um sich zu zeigen. Der seiner Autokolonne zugewiesene Weg führte bis zum Rathaus und von dort über die Main Street zum Trade Mart. Die Kolonne schwenkte nach rechts in die Houston Street ab, dann nach links in die Elm Street und überquerte mehrere Bahngleise auf der rechten Seite einer dreifachen Unterführung. Dann kam eine Steigung zum Stemmons Freeway, an dem der Trade Mart liegt.

Das sechsstöckige (nach amerikanischer Bezeichnung, bei der das Erdgeschoß mitgezählt wird, siebenstöckige) *Texas School Book Depository* steht an der Ecke Elm-und Houston Street. Aus seinen Fenstern sieht man auf die abschüssige Elm Street, die in die dreifache untere Passage führt.

Dem leitenden Beamten der Sicherheitsgruppe, Winston G. Lawson, hatte das Bankett Sorgen bereitet. Über der Halle befanden sich mehrere Galerien, die mit dem großen Komplex von fünf Gebäuden, aus denen der Trade Mart besteht, verbunden waren. 200 Polizisten in Uniform und in Zivil waren für die Bewachung eingesetzt worden, und man hatte alles, einschließlich der Blumen, durchleuchtet. Die Möglichkeit eines Vergiftungsversuchs war nicht ausgeschlossen worden. Man erachtete es als die beste Vorsichtsmaßregel, dem Präsidenten ein beliebiges Steak aus den 1200 für das Bankett bereiteten Portionen zu servieren.

Während der letzten Tage hatte sich der Haß ausgetobt. Ein Flugblatt zeigte Kennedy, nach Art der in den Postämtern zur Suche von Verbrechern angeschlagenen Plakate, von vorn und im Profil, mit der Überschrift »*Wanted for Treason*« (wegen Hochverrats gesucht). Bei einer Konferenz des Secret Service, des FBI und der Stadtpolizei war beschlossen worden, die Mitglieder der verschiedenen Verbände, vom Ku Klux Klan bis zu den Black Muslims, also unter anderem des *Indignant White Citizens Council*, der *John Birch Society*, der *Young People Socialist League* usw., unter Beobachtung zu stellen. 168 Polizeibeamte, darunter 18 Motorradfahrer, waren beauftragt, die Kolonne zu begleiten, die Menge zurückzudrängen, die Kreuzungen und gefährlichen Stellen zu überwachen. Zwei Mann wurden auf der Eisenbahnbrücke oberhalb von Commerce Street, Main Street und Elm Street postiert. Aber das *Texas School Book Depository* erregte bei den Behörden keine besondere Aufmerksamkeit.

Um 11 Uhr 50 verließ die Autokolonne die Umzäunung von Love Field. Der erste Wagen wurde von dem Polizeichef von Dallas, Jesse Curry, gelenkt. Ihm folgten 21 Fahrzeuge, davon 3 Autobusse mit Journalisten. Im Wagen des Präsidenten, dem zweiten in der Kolonne, saß das Ehepaar Kennedy, mit John auf dem rechten Rücksitz, und das Ehepaar Connally – der Gouverneur saß dem Präsidenten gegenüber – auf den Klappsitzen. Im Begleitwagen fuhren acht Sicherheitsbeamte, davon vier auf den Trittbrettern. Dann kam der Wagen des Vizepräsidenten, in dem auf Kennedys Bitte auch Yarborough mitfuhr. Mrs. Johnson saß zwischen ihrem Mann und dessen geschworenem Feind. Der Tag hatte düster begonnen, doch nun schien die Sonne. Die Menge, die den Ankömmlingen auf dem Flugplatz einen warmen Empfang bereitet hatte, war auf den Gehsteigen ziemlich schütter, die Begeisterung war nur mäßig.

Genau um 12 Uhr 30 bog die Spitze der Kolonne in die Elm Street ein. Der erste Schuß ertönte, als sich der Wagen des Präsidenten auf halbem Weg zwischen dem *School Book Depository* und der dreifachen Unterführung befand. Von den Zeugen sagten manche, sie hätten noch einen, die meisten sagten zwei, einige sagten, sie hätten noch drei oder mehr Schüsse vernommen. Viele hatten den Eindruck, die Schüsse kämen von der Böschung am Fuß der Bahnlinien. Mehrere jedoch sahen einen Gewehrlauf aus einem Fenster des *School Book Depository* ragen, der erst vorgeschoben und dann zurückgezogen wurde. Der Zeuge Amos Euins gab die Stelle genau an: das letzte Fenster des Stockwerks unterhalb des Simses. Die Polizei erhielt diesen Bescheid fünf Minuten nach den Schüssen.

Zu dieser Zeit raste der Wagen des Präsidenten, einem Befehl des Polizeichefs Curry folgend, im Hundertmeilentempo zum Parkland Hospital. Er fuhr am Trade Mart vorbei, wo die 1200 Gäste den Mann erwarteten, der zu ihnen sprechen sollte. Der stellvertretende Polizeichef Stevenson, der die Nachricht von dem Attentat erhalten hatte, schrie sich die Kehle heiser, um zu erfahren, ob der Präsident dennoch kommen werde. Um 12 Uhr 51 erhielt er den Bescheid, das sei sehr unwahrscheinlich und alle sollten für den Präsidenten beten.

Nach dem ersten Schuß hatte Kennedy mit beiden Händen nach seiner Kehle gegriffen. Einer der weiteren Schüsse hatte seinen Schädel getroffen, wobei ein Stück Gehirnsubstanz dem Motorradfahrer Bobby Hargis ins Gesicht geschleudert wurde. Jacqueline Kennedy, die keine Erinnerung an diesen Augenblick bewahrt hat, war auf den rückwärtigen Kofferraum gesprungen und hockte dort wie ein geängstigtes Tier; sie wäre durch die Beschleunigung auf die Straße geschleudert und vielleicht getötet worden, wenn der Sicherheitsbeamte Clinton V. Hill sie nicht wieder auf den Rücksitz geschoben hätte. Kennedy war auf den Boden des Fahrzeugs gestürzt, ein Fuß ragte über die rechte Seitenwand der Karosserie hinaus. Gouverneur Connally war mit durchschossenem Körper Bruchteile einer Sekunde nach der krampfhaften Geste des Präsidenten nach rechts abgeglitten. Die roten Rosen, die das Ehepaar

Johnson Jackie geschenkt hatte – statt der traditionellen gelben Texasrosen –, schwammen in Blut.

Am Eingang zur Klinik hob man zuerst Connally, der das Bewußtsein nicht völlig verloren hatte, aus dem Wagen. Man mußte Kennedy aus Jackies Armen lösen, die seinen klaffenden Kopf mit Hills Jacke bedeckt hatte und ihren Mann an sich drückte wie ein kleines Mädchen seine Puppe. Das Signal STAT, *emergency call*, ertönte. Der 38jährige Chefchirurg Dr. Malcolm Perry ließ sein Mittagessen stehen und rannte zur Notstation. Dort leistete Assistenzarzt Carraco dem Präsidenten bereits Erste Hilfe. Perry führte einen Luftröhrenschnitt durch, um zu versuchen, den Atmungsmechanismus wiederherzustellen. Aber Kennedy war bereits tot. Er starb wenige Augenblicke vor 13 Uhr, der offiziell für sein Ableben angegebenen Stunde.

Die Gesetzgebung von Texas schrieb eine Autopsie vor. Der Vertreter des amtlichen Leichenbeschauers erklärte, die Leiche des Ermordeten dürfe die Klinik nicht verlassen, ehe den gesetzlichen Vorschriften bei Mordfällen Genüge getan sei. Aber Jacqueline Kennedy wollte sich nicht von der Leiche trennen. Die Leute des FBI und der Sicherheitsgruppe ergriffen den Toten, legten ihn in den ersten besten Sarg und transportierten ihn in einem Krankenwagen auf das Love Field. Der Sarg wurde an Bord der *US Air Force One* gehievt und im Hinterteil der Maschine, neben der für den Präsidenten vorgesehenen Tür, aufgestellt.

Johnson war der sterblichen Hülle des Mannes vorausgefahren, der ihm nun die höchste Verantwortung vererbte. Als die Schüsse ertönt waren, hatte ihn der Detektiv Youngblood auf den Boden der Limousine geworfen und sich auf ihn gesetzt. Sein Wagen folgte dem der Kennedys zum Parkland Hospital. Der Assistent O'Donnell setzte Johnson von dem tödlichen Ausgang in Kenntnis und riet ihm, unverzüglich nach Washington zurückzukehren. Man war überzeugt, daß eine umfangreiche Verschwörung zum Ausbruch gekommen sei und daß auch der Vizepräsident in Todesgefahr schwebte. Polizeichef Curry brachte ihn in einem Wagen ohne besondere Erkennungszeichen zum Love Field. Man ließ ihn in das Flugzeug *US Air Force One* steigen, in das er noch nie eingeladen worden war. Aber den Befehl zum sofortigen Aufsteigen widerrief er; er sagte, er wolle Dallas nicht ohne Mrs. Kennedy verlassen. Kurz darauf traf sie, zusammen mit dem Sarg, ein.

Der Tote verpflichtete den Lebenden. John Fitzgerald Kennedy machte Lyndon Baines Johnson automatisch zum Präsidenten der Vereinigten Staaten. Sein erster Telefonanruf galt Robert Kennedy, dem Bruder des Verstorbenen, der ihm riet, noch vor dem Abflug aus Dallas den Präsidentschaftseid abzulegen; er diktierte ihm die Eidesformel. Johnson berief eine alte Bekannte, die Bundesrichterin Sarah Hughes, die in einem blauen Kleid mit großen weißen Tupfen eintraf. Die Zeremonie fand im Mittelsalon des Flugzeugs unter Verwendung einer Taschenbibel, die einem Besatzungsmitglied gehörte, und in Anwesenheit von Jacqueline Kennedy statt. Mrs. Johnson bemerkte, wie deren Handschuh buchstäblich mit Blut verkrustet, »*caked with blood*«, war. »Und jetzt«, sagte Johnson, »fliegen wir los...«

Das Flugzeug war um 11 Uhr 37 auf dem Boden von Dallas gelandet. Es verließ ihn um 14 Uhr 58, mit einem lebenden und einem toten Präsidenten an Bord.

Die Verhaftung von Lee Harvey Oswald

Der Polizist war auf seinem Motorrad einer der letzten des Geleitzugs. Er erkannte, woher die Schüsse gekommen waren, stürzte sofort in die Halle des *Texas School Book Depository* und fragte nach der Treppe oder dem Fahrstuhl. Der Verwalter, Roy Truly, stellte sich ihm vor und sagte: »Ich führe Sie hin.« Gemeinsam stiegen sie zum ersten Stockwerk empor. Baker sah durch eine Glastür, wie ein Mann in einen als Kantine dienenden Raum trat; er griff nach seinem Revolver und rief ihn an. Truly trat dazwischen und sagte, der Mann gehöre zu seinem Personal.

Der Angerufene hatte kein Wort gesprochen. Er war einen Monat zuvor durch die Vermittlung einer Mrs. Ruth Paine, die sich als Russisch-Lehrerin ausgab, angestellt worden. Dem FBI war sein Name, Lee Harvey Oswald, nicht unbekannt, ebensowenig wie die Einzelheiten seines bewegten Lebens. Er hatte drei Jahre bei der Marineinfanterie gedient, war dann nach Rußland ausgewandert, hatte sich aber nach dreißig Monaten mit Unterstützung der amerikanischen Botschaft in die Heimat zurückbefördern lassen und von den sowjetischen Behörden die Genehmigung erhalten, ein hübsches Mädchen, Marina Prusakowa, das er in Minsk geheiratet hatte, mitzunehmen. In die Vereinigten Staaten zurückgekehrt, lebte er kärglich als gegen seine Umgebung revoltierender Einzelgänger. Er gründete ein »*Fair Play Committee for Cuba*«, blieb jedoch dessen einziges Mitglied. Vor kurzem war er nach Mexiko gereist, um sich ein neues Visum für Sowjetrußland, mit Transit über Kuba, zu beschaffen. Da er aber keinem der dreizehn verdächtigen Verbände angehörte, war er nicht – als ein Individuum, das möglicherweise einen Mordanschlag auf den Präsidenten plante – unter Sonderbewachung gestellt worden.

Um 12 Uhr 37 erteilte der stellvertretende Polizeichef Lumpkin Befehl, das *Depository* abzuriegeln. Das Gebäude wurde Stock für Stock durchsucht und alle darin befindlichen Personen zur Ausweiskontrolle im Erdgeschoß versammelt. Doch wurde erst nach einer halben Stunde festgestellt, daß der Mann aus der Kantine verschwunden war. Lee Harvey Oswald hatte das *Texas School Book Depository* schon verlassen, ehe die Polizei den Ausgang verschloß.

Die Schüsse waren tatsächlich aus dem von dem jungen Zeugen Amos Euins bezeichneten Fenster abgefeuert worden. Man hatte aus drei Bücherkartons einen Schützenauftritt gebaut; drei Patronenhülsen lagen auf dem Boden. Die Waffe war zwischen zwei Kartons geschoben worden. Oberleutnant Day betätigte den Verschluß, holte eine Patrone aus dem Lauf und sagte: »Es ist eine Mauser.« Tatsächlich war es ein italienischer Karabiner, Mannlicher-Carcano, Kaliber 6,5 mm, mit einem Zielfernrohr, der ähnlich aussieht wie das berühmte deutsche Gewehr.

Bei der Befragung der Angestellten erfuhr die Polizei, daß ein Arbeitskamerad, Buell Wesley Frazier, Oswald am Vortag in den Vorort Irving gebracht und ihn dort am Morgen wieder abgeholt hatte. Frazier, der bei seiner Schwester in Irving lebte, erwies ihm diesen Dienst gewöhnlich nur am Wochenende, da Marina Oswald gleichfalls in Irving, bei Mrs. Paine, wohnte. Während der Woche bewohnte Oswald, der halb getrennt von seiner Frau lebte, ein möbliertes Zimmer im Bezirk Oak Cliff, North Beckley Street 1026.

Als er am Morgen ins *Depository* kam, trug Oswald ein längliches Paket. »Gardinenstangen«, hatte er Frazier erklärt.

Um 15 Uhr waren die Untersuchungsbeamten bereits in Irving. Sie fragten Mrs. Oswald, ob ihr Mann ein Gewehr besitze. Das bejahte sie, führte sie in die Garage und zeigte ihnen eine Decke, in welche die Waffe eingerollt sein sollte. Sie griffen danach – da war nichts.

Zu diesem Zeitpunkt hatte sich in Dallas eine zweite Tragödie abgespielt. Oswald war zuerst im Taxi, dann mit einem Autobus zu seinem möblierten Zimmer zurückgefahren. Er war in Hemdsärmeln, von denen der eine, wie seinen Nachbarn im Autobus auffiel, am Ellbogen zerrissen war. Er betrat sein Zimmer und kam drei Minuten später wieder heraus; nun trug er eine helle Jacke, unter der er einen Smith and Wesson mit verkürztem Lauf versteckt hielt. Auf die Bemerkung der Haushälterin, Earlene Roberts, er scheine es sehr eilig zu haben, antwortete er nicht, überquerte mit langen Schritten den kleinen Rasenplatz und entfernte sich in der dem Ort des Attentats entgegengesetzten Richtung.

Es war 13 Uhr, ungefähr der Augenblick, da der Präsident der Vereinigten Staaten einige Kilometer weiter den letzten Atemzug tat.

Zehn Minuten vorher hatte der Polizeibeamte Nr. 78, J. D. Tippet, der sich im Wagen Nr. 10 auf Streifenfahrt durch Oak Cliff befand, um Weisungen angefragt. Er wurde beauftragt, seine Patrouillenfahrt fortzusetzen und sich für jede Eventualität bereitzuhalten. Sein auf Kanal zwei der Polizei Dallas eingestellter Sender brachte einen kurzgefaßten Steckbrief des ersten Verdächtigen bei dem Präsidentenmord: »Mann weißer Rasse, etwa 30 Jahre alt, schlank, Größe 5 Fuß 6 Inches, Gewicht 160 Pfund . . .«

Bei der Kreuzung Zehnte Straße und Patton Avenue sah Tippet einen jungen Mann, dessen Statur dieser Beschreibung entsprach. Er fuhr an den Straßenrand und rief ihn an. Es wurden einige Worte gewechselt, dann stieg der Beamte aus dem Wagen und ging um den Kühler herum auf den Angerufenen zu. Als er bei dem linken Vorderrad angelangt war, stürzte er, von vier aus unmittelbarer Nähe abgeschossenen Kugeln getroffen, zusammen. Zwölf Zeugen sahen, wie der Mörder flüchtete und zugleich die leeren Hülsen aus der Ladetrommel seines Revolvers warf. Einer der Zeugen, Domingo Benavides, sprang in den Polizeiwagen und schrie ins Mikrofon, daß soeben gegenüber dem Haus Nr. 404 der Zehnten Straße ein Beamter niedergeschossen worden sei. Unmittelbar danach trafen die Polizisten Owens und Hill am Tatort ein. Tippet war tot.

Die Jagd auf den Mörder begann. Zuerst fand man seine Jacke, die er hinter einer Tankstelle fortgeworfen hatte, dann verirrte man sich in den Lesesaal der *Oak Cliff Library*, weil ein junger Mann gesehen worden war, der hineinlief. Die Kassiererin des Kinos »Texas«, Julia Postal, meldete telefonisch, ein Mann habe den Saal in dem Augenblick betreten, da sie ihre Kasse verließ, um nachzusehen, was das Sirenenkonzert auf der Straße zu bedeuten hatte. Wenige Minuten später war der Kinosaal umstellt. Man spielte »*War is hell*«, und es waren nur etwa fünfzehn Zuschauer im Saal.

Oswald saß in der dritten Balkonreihe. Als der Polizist McDonald sich ihm näherte, schlug er ihm ins Gesicht und drückte den Abzug seines unter dem Hemd verborgenen Revolvers. Der Schuß ging fehl, Oswald wurde von den Polizisten nach einem wütenden Kampf überwältigt. Als er im Polizeipräsidium, im zweiten Stock des Rathauses, eintraf, war es erst 14 Uhr, und John Kennedys Sarg war noch nicht auf das Love Field gebracht worden.

Zu jener Zeit gab es, trotz dreier Präzedenzfälle, noch keine Sonderverfügung in der Gesetzgebung der USA für den Fall des Präsidentenmords. John F. Kennedy war einfach das Opfer eines Mordes, dessen Aufklärung und Bestrafung ausschließlich dem Gesetz von Texas oblag. Oswald wurde in eine Abteilung gebracht, auf deren Glastür die Aufschrift *Homicide and Burglary Bureau* (Diebstahl und Mord) stand. Auf den Gängen drängte sich eine Menge Journalisten, Fotografen, Kameraleute und Gaffer. Um durchzukommen, mußte man kämpfen, über Kabel stolpern, sich zwischen den Stativen durchzwängen... ein wahres Pandämonium... Eine Atmosphäre wie im Grand-Central-Bahnhof zur Hauptverkehrszeit... In dem kleinen Arbeitszimmer des Polizeichefs Curry, in dem 25 Menschen Oswald umdrängten, herrschte große Aufregung. Das Verhör sollte von Hauptmann Fritz, dem Leiter der Mordkommission, geführt werden, doch beteiligten sich daran, in einem völligen Wirrwarr, auch die Vertreter des FBI und des Geheimdienstes. Die Fragen und Antworten wurden weder mitstenographiert noch auf Band aufgenommen. Fünfmal wurde Oswald zwecks Identifizierung oder zu den Toiletten in andere Teile des Gebäudes geführt; jedesmal mußte man ihn durch die Menschenmassen in den Korridoren zwängen, ihn den Reportern aus den Händen reißen.

Schließlich wurde die Erlaubnis erteilt, daß Oswald in einem Saal im Souterrain eine Pressekonferenz gab; das Gedränge war aber so groß, daß Polizeichef Curry sie nach wenigen Augenblicken unterbrach. Immerhin hatte Oswald Zeit gehabt, zu erklären, daß er den Polizeibeamten Tippet nicht getötet habe und daß er nicht einmal verstehen könne, warum man ihn beschuldigte, den Präsidenten der Vereinigten Staaten ermordet zu haben. Das einzige, was man ihm vorwerfen könne, sei, sich gegen eine willkürliche Festnahme im Texas-Theater gewehrt zu haben.

Trotz seines Leugnens wurde Oswald um 19 Uhr in aller Form des Mords an Tippet und um Mitternacht des Mords an Kennedy angeklagt. Die Formalitäten wurden Sonnabend, den 23. November 1963, um 1 Uhr 30 erledigt. Dann wurde Oswald in einer Zelle des vierten Stockwerks eingeschlossen, und im Rathaus von Dallas wurde es wieder verhältnismäßig ruhig.

Oswald wird ermordet

Das Flugzeug *US Air Force One* war um 17 Uhr 58 – 31 Stunden nachdem es von dort abgeflogen war – auf der Andrews Air Base gelandet. Robert Kennedy stieg sofort an Bord. Die Mitarbeiter des verstorbenen Präsidenten bildeten vor dem Ehepaar Johnson eine Sperre, verbannten es buchstäblich ins Vorderteil der Maschine, während man den Sarg hinaustrug.

Man fragte Jackie, ob sie wünsche, daß die Autopsie, die in Dallas nicht vorgenommen worden war, im Walter-Reed- oder im Bethesda-Hospital vorgenommen werden solle. Sie erinnerte sich, daß Bethesda eine Anstalt der Marine war, der Jack angehört hatte, und entschied sich für diese Klinik.

Die traurige Operation begann um 20 Uhr und endete drei Stunden später. Die Ergebnisse wurden nie veröffentlicht und auch nicht einmal der unter dem Vorsitz von Bundesrichter Warren gebildeten Untersuchungskommission im vollen Ausmaß vorgelegt. Die Akten befinden sich in den Archiven der Vereinigten Staaten, bleiben jedoch unter Kontrolle der Familie Kennedy, die sich, unter Berufung auf die Wahrung der *decency*, stets ihrer Veröffentlichung widersetzt hat.

Der Chirurg Perry in Dallas hatte den Eindruck gehabt, daß die beiden Verletzungen des Präsidenten von ein und derselben Kugel stammten. Er glaubte, sie sei von vorn gekommen, in die Kehle eingedrungen und habe dann, von ihrer Richtung abgelenkt, den Schädel gesprengt. Es hatte niemand den Körper umgedreht und eine zweite Verletzung am Halsansatz bemerkt. Sie bewies, daß die Verletzung an der Kehle, die übrigens durch den Luftröhrenschnitt nicht mehr deutlich zu erkennen war, eine Ausschußverletzung war. Die Kugel hatte, ohne auf Widerstand zu stoßen, die Muskelpartien des Halses durchschlagen, dann ihren Weg fortgesetzt und — so lautete die offizielle Schlußfolgerung — Gouverneur Connallys Körper durchbohrt, zuerst sein rechtes Handgelenk zertrümmert und als letztes seinen linken Oberschenkel gestreift. Eine zweite Kugel hatte die tödliche Schädelverletzung Kennedys verursacht.

Diese Ergebnisse sollten maßlose, endlose Federkämpfe auslösen, was am Sonnabend, dem 23. November, noch keiner ahnen konnte. Eine fassungslose Menschenmenge zog an Kennedys sterblicher Hülle, die im Ostsalon des Weißen Hauses aufgebahrt war, vorbei. Die Vereinigten Staaten, die ganze Welt war zutiefst bestürzt. In Dallas führte man die Untersuchung mit der gleichen Inkohärenz fort. Am Abend wurde endlich beschlossen, Oswald vom Stadt- in das Kreisgefängnis zu überstellen. Da die Journalistenmeute sich nicht zerstreuen wollte, versprach Polizeichef Curry: »Ich gebe euch mein Wort: wenn ihr morgen früh vor zehn Uhr wieder hier seid, werdet ihr nichts versäumt haben.«

Das Kreisgefängnis liegt in der Houston Street, unweit der Stelle, wo das Attentat verübt wurde. Ein anonymer Anruf hatte gemeldet, es sei ein Komitee gebildet worden, um »den Mann zu töten, der den Präsidenten getötet hat«. Jemand schlug vor, Oswald vor Tagesanbruch in das Kreisgefängnis zu schaffen, Jesse Curry lehnte das jedoch mit dem Hinweis auf das Versprechen, das er den Journalisten gegeben hatte, ab. Einer der Panzerwagen, welche die Banken für Geldtransporte verwendeten, wurde allgemein sichtbar am obersten Punkt der Rampe, die vom Keller des Rathauses zur Commerce Street führt, geparkt, doch es war vereinbart, daß er nur zur Täuschung dort stehen sollte, während Oswald in einem Wagen ohne besonderes Kennzeichen in das Kreisgefängnis gebracht wurde. Dann ließ Curry den Keller, der als Garage für die Wagen der Polizei diente, durchsuchen. Alle Kofferräume der Wagen, alle Wandschränke wurden geöffnet, alle Ausgänge, mit Ausnahme des Fahrstuhls, der Oswald aus dem vierten Stockwerk herunterbringen sollte, verriegelt. Nachdem diese Vorsichtsmaßregeln getroffen worden waren, erteilte Curry Befehl, die Presseleute einzulassen. Etwa fünfzig von ihnen stiegen von der Main Street über die Rampe in den Keller hinunter. Die Fernsehkameras gingen in Stellung, und die großen Fernsehanstalten verkündeten ihren Millionen Zuschauern, daß sie in Direktübertragung der Überstellung des vermutlichen Präsidentenmörders ins Kreisgefängnis beiwohnen würden.

Ein Ruf: »Da ist er!« Er kam aus dem Fahrstuhl, der für ihn reserviert worden war. Zwei Riesen, die Detektive Laevelle und Graves, hielten ihn an den Armen, die durch Handschellen zusammengekettet waren; vor ihm ging Hauptmann Fritz, hinter ihm Detektiv Montgomery – das bildete ein mächtiges Quadrat aus Muskeln und Knochen, innerhalb dessen Oswald wie zusammengezogen und verkleinert wirkte.

Es war 11 Uhr 21. Millionen Menschen erlebten an ihren Fernsehapparaten eine irrsinnige Szene mit. Männer liefen hin und her, stiegen übereinander weg, schrien. Eine dramatische Stimme berichtete, daß soeben auf Oswald geschossen worden sei. Kurz darauf wurde der Name des Mörders, Jack Ruby, mitgeteilt. Der Mann war den Journalisten bereits bekannt; er pflegte Prospekte zu verteilen – eine nackte Frau mit langen schwarzen Strümpfen – für das Tingeltangel »Carrousel«, das er in der Commerce Street betrieb.

Er wollte als Rächer in die Geschichte eingehen.

Als Oswald in das Parkland Hospital eingeliefert wurde, war er bereits tot. Ruby erklärte, er sei in dem Augenblick in den Keller eingedrungen, als ein Polizeiwagen hinausfuhr, und es habe sich ihm niemand in den Weg gestellt. Er hatte zwei Tage vorher, unter die Journalisten gemischt, der Pressekonferenz Oswalds beigewohnt. Er beteuerte, er liebe die Kennedys leidenschaftlich und habe den Prozeß verhindern wollen, der Jacqueline der seelischen Qual einer neuerlichen Fahrt nach Dallas ausgesetzt hätte.

Dies ist, in kürzester Form, die verwickelte Geschichte der Ermordung des fünfunddreißigsten Präsidenten der Vereinigten Staaten, John Fitzgerald Kennedy. Der seltsame Charakter der Tatsachen sowie der beteiligten Personen gab Anlaß zu vielerlei Fragen, weshalb Präsident Johnson, um eine vollständige Untersuchung zu gewährleisten, eine aus einigen über jeden Verdacht erhabenen Persönlichkeiten bestehende Untersuchungskommission ernannte, mit deren Vorsitz er den höchsten Beamten der Vereinigten Staaten, den Obersten Bundesrichter Earl Warren, betraute. Diese Kommission kam zu dem Ergebnis, daß Oswald ein einzelner Fanatiker war und daß keine Spur irgendeines Komplotts rund um das Drama von Dallas zu finden gewesen sei.

Ich habe mich der Mühe unterzogen, den Berg von Veröffentlichungen zu lesen, die das Gegenteil zu beweisen versuchen. Ihr gemeinsamer Zug liegt in der gewaltsamen Bemühung, eine kommerzielle Sensationsgier zu befriedigen. Sie machen dem Schriftsteller- und Journalistenberuf keine Ehre. Keine einzige ist würdig, für die Überzeugung eines unparteiischen Geistes den Ausschlag zu geben.

Inzwischen sind fast zehn Jahre vergangen. Der Bericht der Warren-Kommission wurde in jeder vorstellbaren Form diskutiert, doch niemals wurde der Ansatz eines direkten Beweises für das Bestehen eines Komplotts erbracht. Es wird immer unwahrscheinlicher, daß dies jemals geschehen wird.

32. Kapitel   1964 und danach

An der Schwelle zur Gegenwart

Die Probleme unserer Zeit

Es ist natürlich unmöglich, die »Nachkriegszeit« exakt abzugrenzen. Sie ist noch nicht zu Ende, da die Folgen des Zweiten Weltkriegs noch manifest sind. Andererseits sind die materiellen Spuren des Krieges getilgt, und alle Männer, die eine bedeutende Rolle in seinem Verlauf oder in seiner Beendigung gespielt haben, sind – zumindest von der politischen Szene – abgetreten. Viele der Hauptprobleme der heutigen Welt, der chinesisch-sowjetische Konflikt, die Negerfrage in den Vereinigten Staaten, die Zukunft Afrikas und Asiens, die Unruhe der Jugend, die Bevölkerungsexplosion usw., sind keine unmittelbaren Folgen des am 1. September 1939 von Adolf Hitler ausgelösten Weltkriegs. In diesem Sinn ist die Nachkriegszeit beendet. Die Zukunft wird lehren, ob sie von einer neuen Vorkriegszeit abgelöst wurde.

Zum anderen ist der historischen Darstellung eine Grenze gesetzt; es ist unmöglich, an Geschehnisse, die noch im Fluß sind, mit den Kriterien des Historikers heranzugehen. Der Indochinakrieg der Franzosen oder die erste Eroberung der Sinaihalbinsel sind historisches Material – der Krieg der Amerikaner in Vietnam oder der Sechstagekrieg zwischen Israel und seinen Nachbarn sind vorerst nur Material der Aktualität.

Darum versuche ich keine Schilderung der Jahre, die allzu nahe liegen. Das Folgende ist nur ein Überblick über die Geschehnisse seit dem Jahr 1964, mit dem Versuch eines Ausblicks auf die Zukunft.

Johnson verzichtet auf das Weiße Haus

Lyndon Johnson, der Nachfolger Kennedys, erzielte in seinen Anfängen glänzende Erfolge. Seine Wahl am 3. November 1964 – 42 Millionen Stimmen gegen 26 Millionen, 44 Staaten gegen 6 – läßt sich nur mit den Wahltriumphen Franklin D. Roosevelts in den Jahren 1932 und 1936 vergleichen. Der geborene Politiker, der den Anschein erweckte, als könne ihm nichts unter die Haut gehen, hatte leidenschaftlich nach dem Weißen Haus gestrebt. Man kennt bis heute den tieferen Grund nicht, der ihn am 31. März 1968 dramatisch auf eine neue Kandidatur verzichten und sich ins Privatleben zurückziehen ließ. Drei Monate später beraubte die Ermordung Robert Kennedys die Demokratische Partei ihres kraftvollsten Kandidaten, und die Präsidentschaft der Vereinigten Staaten fiel wieder an die Republikanische Partei.

Johnsons Regierungszeit ist dadurch gekennzeichnet, daß die USA in dramatischer Weise immer tiefer in den Vietnamkrieg hineingerieten. Nachdem am 2. August 1964 der Zerstörer *Maddox* im Golf von Tongking beschossen worden war, ließ

Johnson Nord-Vietnam systematisch aus der Luft bombardieren. In Süd-Vietnam traten nach und nach amerikanische Truppen an die Stelle der vietnamesischen, die die schwerste Last der Kämpfe auf sich nahmen. Unter Kennedy machte man sich darüber Sorgen, daß es 16 000 amerikanische Soldaten – die noch als Berater bezeichnet wurden – in Vietnam gab. Bei Ende der Amtszeit Lyndon B. Johnsons waren es eine halbe Million, und es war unbestreitbar eine kämpfende Truppe. Im Herbst 1969 hatte die Zahl der gefallenen Amerikaner 30 000 überschritten.

Ein fatales Schicksal der USA will es, daß es die Demokraten sind, die die Kriege beginnen: Wilson und der Erste Weltkrieg im Jahre 1917, Roosevelt und der Zweite Weltkrieg 1941, Truman und der Koreakrieg 1950, Johnson und der Vietnamkrieg 1964. Die Republikaner versuchen, sich als die Spezialisten für die Schließung des Janustempels hinzustellen. Eisenhower gelang es, indem er dem Koreakrieg ein Ende machte. Nixon versucht, in Vietnam den gleichen Erfolg zu erzielen. Er ist entschlossen, dem Engagement der Vereinigten Staaten unter allen Umständen ein Ende zu bereiten, aber der feste Wille der vietnamesischen Kommunisten, das Ende des Engagements nicht anders als durch die Niederlage der Vereinigten Staaten zuzulassen, macht die Aufgabe der Unterhändler schwierig und heikel.

Der Vietnamkrieg hat für die USA ernste Folgen. Der leidenschaftliche Widerstand gegen ihn steht in Verbindung mit der Radikalisierung eines Teils der Jugend, mit der Gärung in den Universitäten, mit dem Aufschwung der pazifistischen und nihilistischen Bewegungen wie die der Hippies. Johnsons Präsidentschaft wird jedoch vor allem als die Zeit der Verwandlung und Verschärfung des Rassenproblems von der Geschichte festgehalten werden.

Unter Johnson kam die Gegnerschaft der zwei miteinander unvereinbaren Bevölkerungsgruppen, die in den USA zusammenleben, mit großer Heftigkeit zum Ausbruch. Im Jahre 1964 gab es blutige Unruhen in Harlem, Newark, Chikago und Philadelphia. Im Jahr darauf führte die Festnahme eines Autofahrers wegen überhöhter Geschwindigkeit zu dem Aufstand in Watts, dem Negerviertel von Los Angeles: 33 Tote, 862 Verletzte, 3438 Verhaftungen, 600 in Brand gesteckte, zerstörte und geplünderte Gebäude, 200 Millionen Dollar Schaden. Das Jahr 1966 verlief ruhiger, aber im glühend heißen Sommer 1967 flammte der Rassenkrieg in Form von Kämpfen wieder auf, die in Detroit ihren Höhepunkt erreichten; es gab mehr als 50 Todesopfer, und ein ganzer Bezirk ging in Flammen auf. Martin Luther King wurde am 4. April 1968 in Memphis in Tennessee ermordet. Er hatte der zunehmenden Gewalttätigkeit das Wort entgegengesetzt, aber seine Autorität bei den schwarzen Massen war schon im Schwinden begriffen.

Für die tragische Negerfrage bietet sich keine Lösung. Die materielle und geistige Trennung der beiden Rassen verstärkt sich. Alle Großstädte, die die Weißen verlassen, werden zu Gettos, in denen die Schwarzen in der Verwaltung, den Schulen, den Kulturfragen und vor allem in polizeilichen Belangen volle Autonomie zu erreichen suchen. Washington, die Hauptstadt des Landes, zählt bereits eine auf 65 % geschätzte schwarze Mehrheit. Newark, eine Stadt mit 400 000 Einwohnern in New Jersey, nähert sich dem gleichen Verhältnis. Baltimore, New Orleans, Detroit, Buffalo, Cleveland und viele andere werden binnen kurzem Städte mit schwarzer Mehr-

heit sein, vielleicht sind sie es schon jetzt. Zu dem Niedergang, von dem die Großstädte aus dem 19. Jahrhundert betroffen sind, gesellt sich der Umstand, daß sie von
den schwarzen Gemeinden in Besitz genommen werden. Deren Führer erstreben einen Bund der Stadtgemeinden, der in der Lage wäre, mit der Bundesregierung auf
gleichem Fuß zu verhandeln. Andere schwarze Führer ziehen in Betracht, im Süden
eine territoriale Basis für einen schwarzen Staat zu erhalten.

Daß es den öffentlichen und privaten Bemühungen um Integration der schwarzen
Massen gelingen wird, dieses erwachende Nationalbewußtsein der Farbigen zu
überwinden, ist äußerst unwahrscheinlich. Die Teilung der Vereinigten Staaten bereitet sich vor, und es ist unmöglich, sich eine Vorstellung zu machen, in welcher
Form, zu welcher Zeit und durch welche Umwälzungen sie zur Verwirklichung kommen wird.

Sieg der USA beim Wettlauf im Weltraum

Einer der wichtigsten Punkte im Programm Johnsons war der Kampf gegen die in den
USA noch bestehende Armut. Als arm wird legal eine vierköpfige Familie bezeichnet, deren jährliches Durchschnittseinkommen unter 3335 Dollar, das heißt ca. DM
1200 im Monat, liegt. Der *Economic Opportunity Act* aus dem Jahr 1964 ließ dieser
benachteiligten Bevölkerungsschicht beträchtliche Geldmittel von der Bundesregierung zukommen. Die verzeichneten Ergebnisse waren ansehnlich: Die Zahl der Familien, die der gesetzlichen Definition der Armut entsprachen, verminderte sich von
8 Millionen im Jahre 1963 auf 5 266 000 im Jahre 1968. Die Zahl der farbigen Familien innerhalb dieser Gesamtzahl beträgt 1 536 000. Bei den Schwarzen ist also die
Armut dreimal so groß wie bei den Weißen.

Niemand macht sich Illusionen über die Schwierigkeit, den Armutsfleck, den der
Wohlstand der Vereinigten Staaten zeigt, zu beseitigen. Er sollte jedoch die breite
Verteilung des Reichtums, die für die führende Wohlstandsgesellschaft charakteri-
stisch ist, nicht vergessen lassen.

Materiell gesehen war Johnsons Amtszeit als Präsident eine glänzende Periode. Es
gab weder eine wirtschaftliche Rezession noch schwere soziale Krisen. Die Preise
blieben ziemlich stabil. Das Bruttosozialprodukt stieg von 589 238 Millionen Dollar
im Jahre 1963 auf 865 801 Millionen Dollar im Jahre 1968. Das Jahreseinkommen pro
Kopf der Bevölkerung erreichte einen nationalen Durchschnitt von 3421 Dollar,
etwa DM 12 500, mit einem Spitzenbetrag von 4425 Dollar im Distrikt Columbia und einem Minimum von 2061 Dollar in Mississippi. Die Zahl der Automobile
überstieg 104 Millionen, wobei mehr als ein Drittel der Familien zwei oder mehr
Pkws besaß. 75 % der Amerikaner waren Besitzer ihres Hauses, und die Zahl der
Besitzer von Aktien betrug 23 Millionen; das bedeutet, daß jede dritte amerikanische Familie Mitbesitzerin der großen nationalen Unternehmen ist. Das System des
freien Unternehmertums beweist Tag für Tag seine Überlegenheit gegenüber der
vom Kommunismus geforderten (pseudo-)wissenschaftlichen Wirtschaft. Es enthält
den Schlüssel für jede wirtschaftliche Demokratie, wie sie die Sowjetunion seit vier-

zig Jahren vergeblich anstrebt: eine große Kapazität, Reichtum zu schaffen. Dessen Aufteilung erfolgt natürlicherweise auf immer breiterer und gerechterer Basis. Die Vereinigten Staaten sind das Land, in dem die Arbeiter den bei weitem größten Anteil am Sozialprodukt erhalten.

Der Riese wächst immer weiter, er wächst schneller denn je. Zu Anfang des Jahrhunderts betrug die Einwohnerzahl der Vereinigten Staaten 75 Millionen. Im Jahre 1930 waren es 122 Millionen und bei der Volkszählung von 1960 178 Millionen. 1970 beträgt sie fast 205 Millionen – eine Zahl, die man nicht vor dem Jahre 2000 zu erreichen erwartet hatte. Das Anwachsen des Reichtums vollzog sich noch rascher, und es beschleunigt sich immer mehr. Die Industriekapazität der USA verdoppelte sich von 1920 bis 1950 – also innerhalb von dreißig Jahren. Sie verdoppelte sich neuerlich in 15 Jahren, von 1950 bis 1965. Während der acht Jahre der Präsidentschaft Eisenhowers hatte man den Eindruck gewonnen, daß Europa rasche wirtschaftliche Fortschritte machte, während die Vitalität der USA abzunehmen schien. Die Ära Kennedy–Johnson hat diese Situation verändert. Weder Westeuropa noch die Sowjetunion holten die Vereinigten Staaten ein. Bei weitem nicht. Der Abstand – was Reichtum und Leistungsfähigkeit betrifft – beginnt sich wieder zu vergrößern.

Das Sozialprodukt der Vereinigten Staaten ist so groß wie das Frankreichs, Japans, Großbritanniens, der Bundesrepublik Deutschland und Sowjetrußlands zusammengenommen. Diese fünf Nationen haben zusammen beinahe 500 Millionen Einwohner. Ein Amerikaner produziert also zweieinhalbmal soviel Reichtum wie der *homo oeconomicus*, der ihm am nächsten kommt. Die 200 Millionen Amerikaner stellen knapp 6 % der Erdbevölkerung dar, an deren Gesamtproduktion sie mit einem Drittel beteiligt sind.

Ein Vergleich zwischen dem Koreakrieg und dem Krieg in Indochina veranschaulicht die Verstärkung der amerikanischen Macht seit zwanzig Jahren. Der Koreakrieg zwang zu gewissen Einschränkungen des zivilen Verbrauchs, zur Kontingentierung strategischen Materials, zu einer industriellen Teilmobilisierung. Der längere, kostspieligere Vietnamkrieg ist auf wirtschaftlichem Gebiet praktisch nicht zu merken. Der eigentlich leichtere, jedoch auf einem halb so großen Sozialprodukt lastende Koreakrieg wog verhältnismäßig viel schwerer als der in Vietnam.

Einen weiteren Beweis liefert der Sieg der USA im Weltraum.

In der Öffentlichkeit hielt sich der Glaube an die sowjetische Überlegenheit im Kosmos bis zu den Jahren 1966 oder 1967. Damals wußten die Eingeweihten bereits, daß der amerikanische Fortschritt in seinem ständig steigenden Tempo unaufhaltsam war. Die NASA hatte die Leistungsschwelle überschritten, jenseits deren sich die Erfolge beinahe zwangsläufig ergaben. Die bemannten Flüge des Apolloprogramms, die mit Apollo VII am 10. Oktober 1968 begannen, verliefen in einer an Vollkommenheit grenzenden Weise. Sie erreichten einen ersten Höhepunkt vom 21. bis zum 27. Dezember, als Borman, Lovell und Anders ihren ersten Flug um den Mond durchführten, und ein zweites Mal am 21. Juli 1969, als Armstrong und Aldrin den Fuß auf den Mond setzten, eine der bedeutendsten Etappen in der Menschheitsgeschichte!

Die siebziger Jahre werden die Entfaltung der Weltraumtechnik bringen. Die Rakete, die einen winzigen Bruchteil ihrer Masse in eine Kreis- oder Flugbahn bringt, wird durch ein wiederverwendbares Triebwerk ersetzt werden. Rund um die Erde werden bewohnte Raumstationen kreisen. Ionenmotoren werden den Raumschiffen gewaltige Beschleunigungen ermöglichen. Ungefähr für das Jahr 1980 ist eine Landung auf dem Mars vorgesehen. Die USA könnten den errungenen Vorsprung nur dann verlieren, wenn sie das Interesse für die Raumfahrt aufgeben und in ihren Anstrengungen nachlassen würden.

Unerwarteter Sturz Chruschtschows

Nichts ließ den Sturz Chruschtschows voraussehen. Im April 1964 wurde sein siebzigster Geburtstag mit einem Chor von Lobliedern gefeiert, wie er in der Geschichte der Sowjetunion nur bei der Vergötterung Stalins übertroffen wurde. Er bereitete eine Reise in die Bundesrepublik Deutschland vor, von der man sich eine überraschende Wendung, einen Vorschlag zur Versöhnung mit den »Bonner Revanchisten« erwartete. Als er am 30. September in den Urlaub ging, schienen seine Autorität und seine Ruhe ungetrübt zu sein.

Gerade errang die UdSSR wieder einen Weltraumerfolg. Zum erstenmal umkreisten drei Männer an Bord einer Kapsel, genannt *Woschod* – Sonnenaufgang – die Erde. Am 12. Oktober landeten sie wieder, nach 16 Umkreisungen, und man glaubte, Chruschtschow kehre nach Moskau zurück, um Oberst Komarow und seine beiden Flugkameraden zu ehren.

Er kam – und sollte nun den letzten Kampf seines Lebens als Politiker verlieren. Auf Antrag Suslows hatte ihn das Präsidium seiner Ämter als Vorsitzender des Ministerrats und Erster Sekretär des ZK der KPdSU enthoben. Die 330 Mitglieder des Zentralkomitees wurden einberufen, um zu dieser Entscheidung Stellung zu nehmen.

Das Zentralkomitee hatte einmal, 1956, Chruschtschow vor einer ähnlichen Offensive geschützt. Im Jahre 1964 warf ihm das ZK-Präsidium vielerlei vor: seine inkonsequente Verwaltung, die katastrophale Ernte des Jahres 1963, den Versuch der Wiederherstellung des Persönlichkeitskults zu seinen eigenen Gunsten, die Rolle, die er seinen Schwiegersohn Adschubej spielen ließ, die persönliche Wendung, die er dem Streit mit China gegeben hatte, seine für einen Staatsmann ungehörigen Streiche, ja sogar den auf das Pult der Vereinten Nationen geschlagenen Schuh! Anscheinend setzte sich niemand für ihn ein, und auch er selbst tat nichts, um sich zu retten. Am 15. Oktober verkündete ein Kommuniqué, daß Genosse Chruschtschow gebeten habe, mit Rücksicht »auf sein hohes Alter und die Verschlechterung des Gesundheitszustandes« aus seinen Ämtern in der Regierung und der Partei entlassen zu werden. Es war für die ganze Welt eine ungeheure Überraschung.

Nach Chruschtschows Sturz wurden seine Befugnisse aufgeteilt. Der Ukrainer Leonid Iljitsch Breschnew, ein Hütteningenieur, erhielt das Parteisekretariat. Der aus Sankt Petersburg stammende Alexej Nikolajewitsch Kossygin, Textilingenieur, wurde Vorsitzender des Ministerrats. Beide gehörten der Generation an, die erst nach der Konsolidierung des Regimes das Mannesalter erreicht hatte, die sich dem Kommunismus anschloß, ohne an der Revolution teilgenommen zu haben. Noch ist es nicht möglich, ihre Persönlichkeit und ihre Rolle objektiv einzuschätzen, es besteht jedoch kein Zweifel daran, daß sich das Wesen der Macht in der UdSSR geändert hat. An die Stelle des Gebots eines einzigen Mannes ist eine kollektive Führung getreten. Die Rolle des Parteisekretariats scheint zugunsten des Präsidiums verringert worden zu sein. Die Kongresse und Sitzungen des Zentralkomitees sind matt geworden. Seit sechs Jahren wurde kein Kampf zwischen den zehn oder zwölf führenden Köpfen des Sowjetstaats in der Öffentlichkeit bekannt. Die UdSSR scheint von einem Direktorium regiert zu werden, in dem die Stetigkeit durch das Gleichgewicht der Einflüsse gewährleistet wird.

Dieser kollektiven Führung entspricht keine Liberalisierung des Regimes. Sowjetrußland kehrt zu den autoritären, manchmal allzu summarisch als Stalinismus bezeichneten Formen zurück. Das Regime muß einen ständigen, immer wieder von Prozessen begleiteten Kampf gegen die vom System abweichenden Tendenzen seiner Intellektuellen führen. Jeglicher Demokratisierungsprozeß ist zum Stillstand gekommen. Die Lebensbedingungen der Russen sind weiterhin hart, und das Wirtschaftssystem funktioniert mangelhaft. Jeder Anspruch darauf, die USA zu überflügeln, wurde aufgegeben. Noch im Jahre 1969 kam es zu einer Lebensmittelkrise, bei der in allen Städten der UdSSR Menschenschlangen vor den Läden standen und die Sowjetregierung zum Ankauf von Getreide und Fleisch in den USA und in Australien genötigt war.

Anfang der siebziger Jahre erweckt die Sowjetunion den Eindruck eines Eisbergs, dessen Schmelzprozeß plötzlich aufgehört hat. Es ist wenig wahrscheinlich, daß er in progressiver, friedlicher Form wieder einsetzt und daß es nicht zu einer oder mehreren Krisen des Regimes im Laufe der nächsten Jahre kommen wird.

Verschärfung des russisch-chinesischen Konflikts

Die erste chinesische Atombombe wurde genau am Tag nach dem Sturz Chruschtschows gezündet. Die beiden Ereignisse wurden begeistert gefeiert. Breschnew und Kossygin erhielten herzliche Glückwünsche von der chinesischen KP. Tschou En-lai kam als Führer einer imposanten Delegation zu den Feiern des siebenundvierzigsten Jahrestags der bolschewistischen Revolution. Die Einheit des Kommunismus schien wiederhergestellt.

Schon am 21. November begann der Federkrieg wieder, und zwar mit einem Artikel in der chinesischen doktrinären Zeitschrift *Die rote Fahne*, durch den die Russen aufgefordert wurden, mit dem Chruschtschowismus zu brechen, nachdem sie dessen Urheber gestürzt hatten.

Im Hinblick auf einen Schlichtungsversuch appellierte die UdSSR an die 26 wichtigsten kommunistischen Parteien. Die Konferenz fand vom 1. bis 5. März 1965 im Kreml statt. China hatte es jedoch abgelehnt, daran teilzunehmen, und in Asien folgten die kommunistischen Parteien von Korea, Japan, Vietnam und Indonesien, in Europa die von Albanien und Rumänien seinem Beispiel. Die Konferenz hatte keine andere Wirkung, als daß sie das Ende der kommunistischen Einheit anschaulich machte.

In den folgenden Monaten wurde der Streit immer erbitterter. Die Festnahme einer Gruppe chinesischer Studenten auf dem Roten Platz, die gegen Breschnew und Kossygin, diese »faschistischen Schmutzfinken«, demonstrierten, hatte im Januar 1967 die erste Belagerung der sowjetischen Botschaft in Peking zur Folge. Tag und Nacht wurde das Gebäude von Menschenwogen umschlossen. Die Sprechchöre und Spruchbänder verkündeten solche Freundlichkeiten wie: »Ihr dreckigen revisionistischen Sowjetschweine, ihr werdet eure Blutschuld noch bezahlen ...« Die Familien, die Moskau zurückbeorderte, wurden auf ihrem Weg zum Flughafen beschimpft und mißhandelt. Die meisten Mitglieder des diplomatischen Korps, einschließlich der Vertreter der kapitalistischen Länder, zeigten sich mutig und versorgten ihre sowjetischen Kollegen, den Verboten der Behörden und den angedrohten Mißhandlungen von seiten der Demonstranten zum Trotz, mit Lebensmitteln. Am 11. Februar verkündete Tschou En-lai, daß die Belagerung aufgehoben sei und die Russen abreisen könnten.

Im Jahre 1969 führten Grenzzwischenfälle wieder zu einer Krise. Am Ussuri, der die Grenze zwischen der Sowjetunion und der Mandschurei bildet, kam es zu einer Reihe von Kämpfen, anläßlich deren ein russischer Oberst getötet wurde. Die sowjetische Botschaft in Peking wurde wieder unter den Rufen »Kossygin an den Galgen! Verbrennt Breschnew!« belagert. Ein offizielles Kommuniqué berichtete, daß 260 Millionen Chinesen ihren Haß gegen die »neuen Zaren« zum Ausdruck gebracht hätten. *Die rote Fahne* warnte die Russen: »Wir sind bereit, euch zu vernichten!«

Der Konflikt der Russen und Chinesen wird wahrscheinlich das große Drama des ausgehenden 20. Jahrhunderts sein. Der Kampf um den Vorrang in der kommunistischen Weltbewegung wird bereits überboten durch den Gegensatz zwischen den zwei Reichen und die Konfrontation zweier Rassen. Die Chinesen erweisen sich nicht als besonders klug in ihrem Streit mit einem weißen Volk. Ich habe erwähnt, welches Vertrauen, welches Ansehen sie zur Zeit der Bandung-Konferenz genossen. Diese günstige Beurteilung haben sie durch ihren Extremismus und ihre Rassenpolitik eingebüßt. Ihre Versuche, sich in Afrika festzusetzen, sind gescheitert. Ihr sinnloser Angriff gegen Indien hat ihnen das zweite große asiatische Volk entfremdet. Die kommunistischen Parteien, zum Beispiel die japanische und die koreanische, die sie anfänglich auf ihre Seite zu ziehen vermochten, erklären sich in dem chinesisch-russischen Streit neutral. Rumänien hält sich abseits. Der einzige standhafte Bundesgenosse des riesigen China ist Albanien.

Das Problem des Kräfteverhältnisses zwischen China und der Sowjetunion in der Gegenwart und Zukunft ist vielschichtig. Die riesige Bevölkerung Chinas vermag nicht seine militärische und nukleare Unterlegenheit auszugleichen. Der Bevölkerungsreichtum bedeutet nicht notwendigerweise eine Stärke, vielmehr stellt er eine Schwäche dar, wenn es an den entsprechenden natürlichen und industriellen Hilfsmitteln fehlt. China wird durch das Problem schwer belastet, sieben- oder achthundert Millionen Menschen ernähren zu müssen. Wenn es eine Milliarde sein werden

– in wenigen Jahren –, wird China durchaus nicht automatisch deshalb um ein Fünftel mächtiger sein. Andererseits überraschten die Chinesen die Mitwelt durch die Schnelligkeit, mit der sie sich Kernwaffen zu verschaffen wußten. Die im alten China lebenden Europäer berichteten, daß die Chinesen die wundervollsten Gärtner, Kaufleute, Wucherer, Handwerker der Welt seien, daß sie jedoch über keinerlei technischen Sinn verfügten. Und nun zündeten sie am 17. Juni 1967, keine drei Jahre nach ihrer ersten Uranbombe, eine H-Bombe von drei Megatonnen, das heißt von der hundertfünfzigfachen Sprengkraft der Hiroshimabombe! Nicht die schnelle Bevölkerungsvermehrung, sondern die Kernwaffenkapazität bestimmt das Potential Chinas.

In wenigen Jahren wird China über die Mittel verfügen, der Sowjetunion vernichtende Schläge zuzufügen. Dann wird seine Strategie darin bestehen, die Kernwaffen- und Raketenrüstungen der UdSSR mittels der Abschreckung durch ihr eigenes Potential auszuschalten, um den chinesisch-russischen Konflikt auf einen konventionellen Krieg im Fernen Osten zu reduzieren. Angesichts der zahlenmäßigen Überlegenheit der Chinesen würde sich die UdSSR wieder in der gleichen Lage befinden wie 1904 beim russisch-japanischen Krieg, das heißt, sie würde gezwungen sein, in ihren entferntesten Gebieten Krieg zu führen ohne andere Nachschublinien zu Lande als die Transsibirische Bahn. Dieser Gefahr bemühen sich die Russen zu begegnen, indem sie die Besiedlung und Industrialisierung Ostsibiriens vorantreiben. Manche Russen glauben, man müßte kurzen Prozeß machen, indem man die Kernwaffenmacht Chinas schon in ihrem Anfangsstadium vernichtete.

Die Kulturrevolution, Apotheose des Fremdenhasses

China ist nicht nur bei der Entwicklung seines Konflikts mit der Sowjetunion ein Rätsel, sondern fast ebensosehr wegen der Form, auf die seine Zivilisation zusteuert.

Am 30. April 1966 wurde die Große Kulturrevolution durch eine Rede Tschou Enlais verkündet. Sie entspricht dem maoistischen Konzept, demgemäß die Antagonismen die Vernichtung des Kapitalismus überdauern, weshalb die Revolution bis zu ihrer völligen Beseitigung fortgesetzt werden muß. Die Kulturrevolution griff alle Überreste bürgerlichen Denkens und bürgerlicher Sitten an, alle geistigen und künstlerischen Manifestationen der Vergangenheit sowie alle ausländischen Einflüsse. Konfuzius und Shakespeare, Buddha und Beethoven wurden zu Geächteten. Alle ausländischen Studenten wurden aufgefordert, China zu verlassen, und alle chinesischen Studenten wurden aus dem Ausland in die Heimat beordert. Der Unterricht wurde unterbrochen, und alle Schulen sollten geschlossen bleiben, bis eine proletarische Pädagogik ausgearbeitet und die Umschulung der Erzieher durch das Volk erfolgt wäre.

Praktisch ermöglichte es die Kulturrevolution, den Mao-Tse-tung-Kult zu neuer Raserei zu treiben, und sie rechtfertigte eine drakonische Säuberung der Partei. Die Zeitung *Jen Min Jih Pao* begrüßte in Mao »den Führer aller Revolutionäre der Welt«

und verkündete, daß sich seine Unfehlbarkeit »von der Chirurgie bis zum Tischtennis« erstrecke. Der mächtige Pekinger Bürgermeister, Pen Cheng, wurde unter der Beschuldigung verhaftet, ein Komplott gegen das Idol geschmiedet zu haben. Der Chef der Propaganda, Chou Yang, hatte erklärt: »Der Revisionismus ist etwas, das wir nicht unter dem gleichen Himmel mit uns dulden können« – aber eben unter der Beschuldigung des Revisionismus wurde er aus der Partei ausgeschlossen und verhaftet. Der Präsident der Volksrepublik China, Liu Shao-chi, Doktrinär der schärfsten politischen Linie, wurde stufenweise gestürzt: zuerst auf die siebente Vorrangreihe zurückgesetzt und dann, trotz mehrfacher Selbstkritik, völlig ausgeschaltet.

Der Sommer und Herbst 1966 erlebte den Höhepunkt der Kulturrevolution. Ihr ausführender Arm war eine Miliz von jungen Leuten und Halbwüchsigen, die Roten Garden oder Revolutionären Rebellen, die durch die Schließung der Schulen verfügbar waren und in den fünf sogenannten »reinen« Klassen, den Arbeitern, Bauern, Soldaten, Parteifunktionären und Revolutionsmärtyrern, angeworben wurden. Elf Millionen Rotgardisten machten sich auf den Marsch nach Peking, beschlagnahmten Züge und Autobusse, brachten das Transportsystem in Verwirrung, lähmten die Wirtschaft. Mao nahm bei acht Riesenversammlungen ihre Parade ab, aber die Armee beschützte die Museen, die sie plündern wollten, und die Regierung schaffte die Gratistransporte ab, die sie für sich in Anspruch genommen hatten. Daraufhin versuchten sie, die Kulturrevolution in die Fabriken und landwirtschaftlichen Kooperativen zu verpflanzen, sich der Stadtverwaltungen zu bemächtigen, an die Stelle der regulären Parteiorgane zu treten. Der Widerstand, auf den sie stießen, läßt sich schwer bestimmen; er war stark genug, um China an den Rand des Bürgerkriegs zu bringen.

Anfang 1967 rühmten sich die Revolutionären Rebellen, Shansi, Shensi, Heilungkiang, Shantung und Fukien in der Hand zu haben. Mao nannte sie »die vom Himmel geschenkten Kinder«, und Marschall Lin Piao schrieb der Armee vor, sie müsse sie unterstützen. Honan, Hopei, Szechuan und Yunnan erhoben sich jedoch gegen sie. Es kam zu Hunderten von blutigen Zusammenstößen zwischen Maoisten und jenen, die von der Pekinger Propaganda als »Werber für den Kapitalismus« bezeichnet wurden: Sie beschuldigten sie, die alte Ordnung wiederherstellen zu wollen.

Wenige Wochen später kam der Aufstand in Wuhan zum Ausbruch. General Chen Tao und der dortige Parteisekretär, Wang Jen-cheng, bemächtigten sich der aus drei Städten bestehenden Großstadt am Jangtse, beteuerten ihre Treue zur Person Maos, ertränkten aber die Aktivität der »Revolutionären Rebellen« in einem Meer von Blut. Zwei Abgesandte Pekings wurden festgenommen und ausgewiesen. Mao selbst traf in Begleitung von Lin Piao und Tschou En-lai in Wuhan ein, flüchtete jedoch mitten in der Nacht, als er erfuhr, daß die Verschwörer auf dem Marsch zum Sitz der Militärregierung waren, um sich seiner zu bemächtigen. »Die Banditen trafen um 3 Uhr 40 ein«, meldete ein Kommuniqué der Agentur *Neues China*, »der Vorsitzende Mao war nicht mehr dort.«

Die Verschwörung von Wuhan bewirkte eine Änderung der maoistischen Politik. Es kam zu einer typisch chinesischen Versöhnung mit den Rebellen. Die Universitäten und Schulen wurden wieder geöffnet, die Zeitung der Roten Garden unter der Beschuldigung von Sektierertum und Abweichlertum verboten. Die Unruhen hörten allmählich auf, wenn es auch noch zu manchen blutigen Episoden kam, wie die 40 Leichen beweisen, die eine einzige Hochflut in Hongkong ans Land spülte.

Der vorläufige Epilog wurde vom 1. bis 24. April 1969 beim 9. Parteitag der KPCH, dem ersten seit dem Jahre 1958, geschrieben. Die Debatten fanden unter Ausschluß der Öffentlichkeit statt und – zum erstenmal – ohne daß ein Vertreter der Bruderparteien daran teilgenommen hätte. Aus der Krise, die das Regime erschüttert hatte, ging Lin Piao als Sieger hervor. Die neue chinesische Verfassung bestimmt ihn zum Nachfolger Maos – wobei es nicht einmal sicher ist, ob die chinesische Bezeichnung »Chien Pan-jen« nicht bedeutet, daß er die Funktionen des großen Revolutionärs jetzt schon übernahm. Die Rede, die er hielt, enthielt wütende Angriffe gegen die »sowjetischen Renegaten«, die »den ersten sozialistischen Staat der Welt aus einer Diktatur des Proletariats zu einer faschistischen Diktatur der Bourgeoisie gemacht« haben. Er bezeichnete die UdSSR und die USA gleicherweise als »Papiertiger«, blieb bei seiner Ansicht von der Unvermeidlichkeit eines neuen Krieges und sagte voraus, daß der revolutionäre Kampf viele Jahrzehnte dauern werde.

Marschall Lin Piao war kein Jüngling mehr. Er feierte im Jahre 1965 seinen sechzigsten Geburtstag, und der nächste Mann in der Rangordnung, Maos ehemaliger Sekretär Chen Po-ta, war über 65, während der von seinem Ministerpräsidentenposten unverdrängbare Tschou En-lai die 70 überschritten hatte. Auch Frau Mao und Frau Lin, die dem neuen Politbüro eine rührend eheliche Note verliehen, waren über sechzig, ganz zu schweigen von dem 83jährigen Marschall Chu Teh und Vizepräsident Tung Pi-wu, dem 77jährigen Marschall Liu Po-cheng, dem 72jährigen Marschall Yen Chien-ying usw.

Die mit jungen Leuten unter 20 Jahren durchgeführte Kulturrevolution hat im Enderfolg zur Bestätigung der Herrschaft von Greisen geführt. In China ist alles möglich. Es ist jedoch wenig wahrscheinlich, daß der Kommunismus mit seiner wilden Revolution auf unbestimmte Zeit hin der Natur eines munteren, sinnenfrohen Volks Gewalt anzutun vermag. Und es ist ebenso unwahrscheinlich, daß der seit dem Beginn des Jahrhunderts wiederauflebende chinesische Nationalismus nachlassen wird; das heutige China ist von ihm stärker beseelt als vom Kommunismus, und er ist es, aus dem der Welt in Zukunft große Tragödien erstehen werden.

Die russische Intervention in Prag war unerläßlich

Die in Asien in einen Konflikt geratene Sowjetunion wurde in Europa mit dem Problem des strategischen Vorfelds und des Wirtschaftsreichs konfrontiert, das sie ihrem Sieg aus dem Jahre 1945 verdankt.

Eine mehr als zwanzigjährige Erfahrung ist beweiskräftig. In Osteuropa wurde das sowjetische System aufgezwungen und hält sich nur dank der Anwesenheit der sowjetrussischen Truppen. Es bricht zusammen, sobald die Völker wieder Hoffnung schöpfen, sich zu befreien.

Die tschechische Tragödie des Jahres 1968 verlief, wenn auch ohne den blutigen Aspekt, völlig parallel zu der ungarischen Tragödie des Jahres 1956. Der gleiche Verlauf, der gleiche Ausbruch, das gleiche Ende.

Antonín Novotný war im Jahre 1957 auf den heftigen, hitzigen Gottwald gefolgt. Am besten läßt sich sein Wesen mit dem englischen Eigenschaftswort *dour* beschreiben, das gleichzeitig Ernst, Strenge und Hartnäckigkeit ausdrückt. Der im Grunde seines Herzens Stalinist gebliebene Novotný hatte die Tschechoslowakei nach den Methoden des großen sowjetischen Tyrannen regiert und verwaltet. Kein anderes Land hinter dem Eisernen Vorhang war schlimmer von der Polizei beherrscht gewesen, auch hatte keines einen so weitgehenden wirtschaftlichen Verfall erlitten. Im kontinentalen Europa war vor dem Krieg die tschechische Industrie die einzige Rivalin der deutschen. Aber die Tschechoslowakei hatte die Elite ihres Volks, die Sudetendeutschen, verloren, überdies die kommunistische Bürokratie über sich ergehen lassen müssen und die planmäßige Einteilung ihrer Arbeit zugunsten der Sowjetunion erlebt. Es war ihr nichts von ihrer ehemaligen Kraft geblieben.

Am 5. Januar 1968 kam es zum Sturz Novotnýs. Dem war vom 8. bis 10. Dezember ein diskreter Prager Besuch Breschnews vorausgegangen. Angeblich hatte ihn Novotný um seine Unterstützung gegen die zunehmende Opposition innerhalb der Partei ersucht. Das beantwortete der Russe mit einer Flut von Vorwürfen. Später wurde Novotný mit der Zustimmung der Sowjets aus dem Parteisekretariat ausgeschlossen, behielt jedoch nominell seinen Posten als Staatschef.

Die kommunistische Vergangenheit seines Nachfolgers, Alexander Dubček, war makellos. Er war in Rußland aufgewachsen, wohin sein Vater im Jahre 1925 geflüchtet war. Er kehrte in die Tschechoslowakei zurück, um sich am Untergrundkampf gegen Deutschland zu beteiligen, dann machte er Karriere als Apparatschik in seiner slowakischen Heimat, bis er an die Spitze der dortigen Parteileitung gelangte. Er war ein richtiges Treibhausprodukt des Kommunismus, ohne jeden Kontakt mit dem Westen. Auf Grund dieser besonderen Lauterkeit erwähnte ihn Breschnew, als es darum ging, nach der beschränkten, verstaubten Diktatur eines Novotný, Partei und Staat in der Tschechoslowakei zu verjüngen.

Die innere Entwicklung Dubčeks läßt sich noch nicht nachzeichnen; bekannt sind nur die äußeren Vorgänge, der Prager Frühling, der Freiheitsrausch, der Hauptstadt und Nation erfaßte. Mit Entsetzen dachte man, von jeglicher Zensur befreit, an die Abgründe des Stalinismus, an den Slanskyprozeß, den Tod Masaryks, die furchtbare Polizeityrannei. Die Liquidierung des Kommunismus setzte mit verwirrender Schnelligkeit ein. Novotný wurde aus seiner Stellung als Staatspräsident entfernt und durch den alten General Ludvik Svóboda ersetzt. Die öffentliche Meinung verlangte einmütig demokratische Wahlen und die Wiedereinführung des parlamentarischen Regimes. Der Volkswirtschaftler Ota Šik, den die Studenten als Staatschef vorgeschlagen hatten, setzte Strukturreformen ins Werk, bemühte sich um westliches Kapital, kündigte die teilweise Wiedereinführung des freien Unternehmertums an. Die Klugheit hätte erfordert, daß die Tschechoslowakei den Übergang fließend gestaltet hätte – der Haß des Volks gegen den Kommunismus ließ das nicht zu.

In welcher Form die ersten Warnungen an Dubček ergingen, weiß man nicht. Bekannt wurden nur die ersten öffentlichen Drohungen, mit denen die *Prawda* das von 70 Intellektuellen unterzeichnete Manifest der »2000 Worte« als konterrevolutionär brandmarkte. Die *Prawda* beschuldigte »mehrere tschechoslowakische Führer«, den gleichen Weg einzuschlagen wie Ungarn im Jahre 1956.

Einige Tage später, am 14. Juli, versammelten sich die Führer der UdSSR, Polens, Ostdeutschlands, Ungarns und Bulgariens, Breschnew, Kossygin, Gomulka, Ulbricht, Kádár, Todoroff, in Warschau. Ihre gemeinsame Erklärung stellt eine historische Stellungnahme dar, die Bejahung eines Prinzips, das die Souveränität der Nationen hinter dem Eisernen Vorhang einschränkt. »Die Grenze des Sozialismus wurde durch den Zweiten Weltkrieg in die Mitte Europas, bis zur Elbe und zum Böhmerwald getragen. Wir werden niemals zulassen, daß diese historische Eroberung in Frage gestellt wird...« Kraft dessen forderten die Warschauer Verbündeten die tschechoslowakischen Genossen auf, die Offensive der Rechten zu brechen, zu den Prinzipien des Marxismus-Leninismus zurückzukehren und die Presse wieder der Parteikontrolle zu unterstellen.

Man setzte große Hoffnungen auf dieses Warschauer Treffen. Die öffentliche Meinung der Welt, und vor allem der Tschechoslowakei, war überzeugt, daß ein militärisches Niederschlagen der wiedererstehenden Freiheit unmöglich sei. Die Zeiten hatten sich geändert, 1968 war nicht 1956, Prag war nicht Budapest. Die UdSSR hatte sich seit Stalins Tod gewandelt. Auf dem Boden der tschechoslowakischen Republik gab es keine permanent stationierten Sowjettruppen; die Verletzung einer Grenze durch die UdSSR, mitten im Frieden, war undenkbar geworden.

Daß die Russen auswichen, ist Tatsache. Daß es bei ihnen verschiedene Auffassungen gab, ist wahrscheinlich. Im Grenzort Cierna nad Tisou fand ein erstes Treffen zwischen dem sowjetischen Politbüro und den tschechoslowakischen Führern statt. Ein zweites fand am 3. August in Bratislava statt, ein drittes, zwischen Dubček und Ulbricht, am 12. August in Karlsbad. Was bei diesen verschiedenen Zusammenkünften besprochen wurde, ist nicht bekannt; ihr anscheinend freundschaftlicher Ausgang ließ die Annahme zu: Die Russen wagen es nicht...

Die Russen mußten es aber wagen, sie waren dazu verurteilt, die Freiheit der Tschechoslowaken zu zerschmettern. Der Kommunismus war in Prag praktisch besiegt. Die einen Monat zuvor in Warschau betonte Grenze des Sozialismus wich von Böhmen nach Galizien, von der Elbe an die Karpathen zurück. Nach dem Ruf »Freiheit!« – und auch das ebenso wie in Budapest – ertönte ein neuer Ruf aus den Volksmassen, der nach »Neutralität!«. Die Studenten verlangten die Aufkündigung des Warschauer Paktes, das heißt die Wiedereingliederung der Tschechoslowakei in den Westen. Mehr noch als die Liberalisierung des Regimes war es diese Bestrebung, die für die Intervention entscheidend war.

In der Nacht vom 21. zum 22. August rollten sowjetische Panzer in Prag ein, wie sie einst in Budapest eingefahren waren.

Die »Grenzen des Sozialismus« sind ein verschämter Ausdruck für die Grenzen des russischen Reichs. Die UdSSR verteidigt verzweifelt die Kolonien, die das Jahr 1945 ihr in Mitteleuropa beschieden hat. Sie zwingt dem Endgültigkeit auf, was ein Zufall und eine Anomalie gewesen ist. Aber damit kettet sie sich an ihre Eroberung, verurteilt sich für immer zu der schändlichen Rolle, die Freiheit zu zerstören und Sklaven zu bewachen. Für eine so stark gerüstete und so energisch regierte Nation scheint das nicht schwer zu sein, aber die Völker sind wie die schlafenden Gewässer, die die Brücken unterhöhlen.

Vorläufiger Epilog im Kongo

Nach der Entwaffnung seiner Privatgarde durch die Blauhelme hatte Moise Tshombé Katanga verlassen und erklärt, er ziehe sich aus der Politik zurück. Er mietete sich im Ritz in Barcelona ein, dann verlegte er seinen Wohnsitz ins Palace in Madrid.

Die Sache, für die Dag Hammarskjöld sein Leben gelassen hatte, siegte. Die Lostrennung von Katanga war unterbunden, das Prinzip der Einheit des Kongo gerettet. Die Vereinten Nationen beschlossen sogleich, die internationale Streitmacht, für deren Erhaltung ihnen übrigens die Mittel fehlten, zu reduzieren. Der Stand wurde Ende 1963 auf 8000 Mann verringert; sieben Monate später, am 30. Juni 1964, verließ die letzte Abteilung, 150 Kanadier und Nigerianer, Léopoldville, das nunmehr seinen einheimischen Namen Kinshasa trägt. Kein offizieller Vertreter der Republik erschien zum Abschied auf dem Flughafen. Zur gleichen Zeit kam es zu einer überraschenden Wendung: Tshombé wurde von dem Trio Kasavubu–Mobutu–Adoula, seinen ehemaligen Todfeinden, zu Hilfe gerufen. Der einstige Abtrünnige von Katanga bildete eine Einheitsregierung, um zu versuchen, den Kongo vor der Anarchie zu retten. Eine übermenschliche Aufgabe. Das Land befand sich in Auflösung, die 300 Stämme schlachteten sich gegenseitig ab. Gegenüber von Kinshasa, im ehemaligen französischen Kongo, war Abbé Fulbert Joulou von einer prochinesischen Partei gestürzt worden, und die Lumumbisten fanden in dem einstigen Bruderland des Bakongo Kasavubu eine Basis; sie hatten auch einen neuen Anführer, einen gewissen Christophe Gbenye, in der Ostprovinz. Tshombé griff auf seine katangesischen Methoden zurück, warb in Südafrika und unter den Exilkubanern Söldner an, eroberte Albertville zurück und bedrohte Stanleyville. Darauf reagierte Gbenye, indem er alle Weißen als Geiseln festnahm. Das waren etwa 1000 Menschen, darunter etwa 80 Amerikaner; bei ihnen befand sich der Arzt und Missionar Dr. Paul Carlson, den ein lumumbistisches Kriegsgericht zum Tode verurteilt hatte.

Belgien und die USA beschlossen zu handeln. Am 24. November 1964 sprangen 800 belgische Fallschirmjäger von amerikanischen Flugzeugen auf Kisangani – neuer Name von Stanleyville – ab. Vor ihrer Flucht fanden die Lumumbisten noch Zeit, vierzig Geiseln, darunter Dr. Carlson, abzuschlachten. Ein anderer Fallschirmjägerangriff, auf Paulis, kostete einundzwanzig Todesopfer. 1600 Menschen wurden jedoch gerettet, viele waren verletzt, alle völlig verstört durch die erduldeten Mißhandlungen. Die UdSSR, Algerien, Äthiopien u. a. verurteilten die belgisch-amerikanische Intervention als einen neuen Angriff des Westens.

Die Vereinigten Staaten hatten den Katangesen Tshombé bekämpft; den Kongolesen Tshombé unterstützten sie, sandten ihm Flugzeuge und Piloten. In Washington erhoben sich warnende Stimmen: Die Kongoaffäre, meinte man, werde zu einer ähnlichen Verwicklung führen wie Vietnam. Die Uneinigkeit im Kongo kam gerade zur richtigen Zeit, um diese Entwicklung aufzuhalten. Am 12. Oktober 1965 verabschiedete Präsident Kasavubu den Ministerpräsidenten Tshombé, und am 25. November sprach der Oberkommandierende der kongolesischen Nationalarmee, Mobutu, die Absetzung Kasavubus aus. Und schon begannen auch die Abrechnungen. Vier unglückselige Ex-Minister wurden, verwundet und in Ketten, vor ein Militärgericht geschleppt, das unter freiem Himmel tagte, und nach einem neunzig Minuten währenden Prozeß an den Galgen gebracht. Der Prozeß Tshombés, der angeklagt wurde, »ein Belgier mit schwarzer Haut« zu sein, dauerte nur zehn Minuten und verurteilte ihn – da er so vorsichtig gewesen war, sofort nach seinem Sturz den Kongo zu verlassen – in Abwesenheit zum Tode. Mobutu hatte ihm ein kostenloses Flugbillet nach Madrid schicken lassen, damit er zu seiner Verteidigung kommen könne, und hatte ihm eine Rückflugkarte versprochen, für den Fall, daß er freigesprochen würde. Tshombé hatte diese Freundlichkeit dankend abgelehnt. Es war ihm nicht vergönnt, seine Tage in einem vergoldeten Exil zu beschließen. Am 30. Juni 1967 wurde das Charterflugzeug, in dem er mit mehreren anderen Leuten reiste, zwischen Ibiza und Palma di Mallorca von einem ungetreuen Leibwächter namens Francis Bodenan zur Kursänderung und zur Landung in Algier gezwungen. Die Algerier gingen nicht so weit, Tshombé den Kongolesen auszuliefern; er sollte unter Umständen, die man vielleicht eines Tages erfahren wird, in der Gefangenschaft sterben.

Im Kongo hat sich die Lage seit Mobutus Regierungsübernahme gebessert. Mit Belgien wurden reguläre Beziehungen aufgenommen. Die Union Minière du Haut Katanga war verstaatlicht worden, ihr Betrieb wurde jedoch unter der Leitung belgischer Techniker weitergeführt. Die Frage, ob diese friedliche Lösung den Beginn einer Konsolidierung darstellt oder nur eine Kampfpause im Kräftespiel, dem die jungen afrikanischen Staaten ausgesetzt sind, würde eine gründliche Untersuchung erfordern.

Das Drama von Biafra

Das kongolesische Drama und die nigerianische Tragödie haben gewisse Parallelen. Biafra entspricht Katanga; sein Unabhängigkeitsversuch wurde mit Zustimmung der meisten Nationen der Dritten Welt und einer Unterstützung von außen vereitelt, bei der sich die Russen und Engländer gegen Biafra verbündeten. Die Vereinten Nationen nahmen jedoch an dem Kampf, der noch viel entsetzlicher war als der kongolesische, nicht teil.

Das erste Gemetzel fand am 15. Januar 1966 statt. Der erste Ministerpräsident des Bundesstaats, Sir Abukabar Tafawa Balewa, wurde in Lagos von einer Gruppe junger Offiziere aus seinem Palast entführt und ermordet. Der Chef des Nordens, Sir Ahmady Bello, und der Chef der westlichen Provinz, Samuel Letoke Akintola, erlitten das gleiche Schicksal; die Täter waren Ibo. Sie setzten General Aguji Ironsi, der die Blauhelme im Kongo befehligt hatte, als Machthaber ein. Ihr Ziel war, aus Nigeria einen sehr lockeren Bundesstaat zu machen, innerhalb dessen das Land der Ibo völlige Autonomie genießen würde, wobei die Ibo ihre führende und einträgliche wirtschaftliche Rolle behalten sollten.

Die Ibo sind durch ihren tapferen Kampf ein wenig idealisiert worden. Die Ethnologen, die sie vor dem Bürgerkrieg studierten, berichten, daß bei ihnen die Beschneidung der Frauen gepflegt wurde, daß der Kannibalismus nicht ganz ausgerottet und ihr Christentum mit einer guten Portion Fetischismus durchsetzt war. Ihre kommerziellen und handwerklichen Fähigkeiten, die sie in ganz Nigeria ausübten, brachten ihnen jeweils die Feindschaft der weniger arbeitsamen Bevölkerung ein. In Kano zum Beispiel waren die Ibo in Saba N'Gari, der »Ausländerstadt«, untergebracht, und das Betreten der mohammedanischen Stadt war ihnen nach Sonnenuntergang verboten. Die meisten kehrten in ihre ursprüngliche Heimat zurück, eine tropische Wald- und Deltagegend östlich vom unteren Niger. Port-Harcourt war durch das Öl zu einer Industriestadt geworden, und die regionale Hauptstadt Enugu hatte Bergbau; aber der Großteil der Bevölkerung wohnte in vielen sehr partikularistisch eingestellten und stark politisierten Dörfern.

Der Gegenstaatsstreich vom 30. Juli verlief ziemlich ähnlich wie der vom 15. Januar. Ironsi wurde entführt und ermordet, seine Anhänger wurden verfolgt und umgebracht. Ein 31jähriger Oberstleutnant und getaufter Haussa, Jakubu Gowon, verkündete am 1. August im Rundfunk, er übernehme die Sorge für Nigerias Größe und für das Glück der Nigerianer. Aus der Hauptstadt der Ibo, Enugu, kam die Herausforderung eines anderen Oberstleutnants namens Odumegwu Ojukwu; er verlangte die Autonomie der Ostregion Nigerias und beschuldigte Gowon, ein Unterdrücker zu sein.

Die Massaker setzten ein. Im Norden und Westen wurden Tausende Ibo getötet, Massen von Flüchtlingen machten sich auf den Weg in ihre Heimat. In Lagos, wo fast alle qualifizierten Arbeiter Ibo waren, wurden die Eisenbahnen, das Telefon, die Banken usw. durch diese Massenauswanderung lahmgelegt. 300 000 bis 500 000 Menschen strömten in das kleine Waldgebiet am unteren Niger zurück. Viele kamen zu Fuß, und ihre Kolonnen wurden auf ihrem langen Marsch angegriffen. Umgekehrt deportierte Ojukwu alle Nicht-Ibo, die in den Ostgebieten wohnten. Die Teilung begann mit der Trennung der Bevölkerungen.

In den nächsten sieben Monaten kam es zu vielen fruchtlosen Verhandlungen. Am 30. Mai 1967 sprach Ojukwu vor 300 Delegierten der Ostregion die verhängnisvollen Worte: »Ich erkläre, daß die politischen Verbindungen zwischen der Bundesrepublik Nigeria und uns völlig und endgültig abgebrochen sind.« Der Name Biafra, der für den neuen Staat gewählt wurde, ist der Name des Golfes, an dem er liegt. Gowon antwortete mit dem Schwur, er werde die heilige Einheit Nigerias wiederherstellen.

Ich habe weder die Absicht noch die Möglichkeit, den daraufhin ausgebrochenen Krieg zu schildern. Die Sieger verglichen ihn stolz mit dem amerikanischen Sezessionskrieg: Die Biafraner Ojukwus trugen, wie die Südstaatler Lee und Jefferson Davis, die ersten Erfolge davon, bedrohten die Bundeshauptstadt, wurden aber durch die Tapferkeit und Zuversicht der Verteidiger der Einheit des Vaterlands überwältigt. Uns fehlt jedoch das Material, um dieses historische Gemälde nachzuzeichnen, und sogar die Art der Auseinandersetzungen läßt sich nur schwer vorstellen. Sie begannen mit ganz unbedeutenden Kräften, kaum zehntausend Mann und ein paar vereinzelte Flugzeuge auf der Seite der Bundesregierung und 7000 fast unbewaffnete Männer auf der Seite Biafras. Sie dauerten zweieinhalb Jahre lang und verursachten, mehr durch den Hunger als durch die Kämpfe, Verluste an Menschenleben, die sich unmöglich objektiv abschätzen lassen. Sie endeten mit der Niederlage der Ibo, der Flucht Ojukwus, der zwangsmäßigen Wiedereinverleibung Biafras in Nigeria. Der zweite große Abtrennungsversuch in Afrika war gescheitert.

Frankreich hatte es für richtig gehalten, die Rebellen zu ermutigen, doch die meisten seiner Partner im schwarzen Afrika weigerten sich, Biafra anzuerkennen. Die jungen Nationen des Kontinents, allesamt künstlich geschaffen und von Abspaltungen bedroht, fühlten sich mit der Sache Nigerias solidarisch und begrüßten erleichterten Herzens die Niederschlagung des Abtrennungsversuchs. Ihre führenden Persönlichkeiten leugnen – wenn sie aufrichtig sind – nicht den uneinheitlichen und künstlichen Charakter ihres Landes, sind aber überzeugt, daß der Zusammenhalt und das Gefühl der Einheit sich nach und nach entwickeln werden, daß also die separatistischen Tendenzen, welche Argumente sie auch immer geltend machen, systematisch eingedämmt werden müssen.

Diese Konsolidierung in dem von der Kolonialzeit ererbten Rahmen ist zur Zeit die einzige Chance des schwarzen Afrika. Keiner der Neugruppierungsversuche war erfolgreich. Der Apostel der Vereinigten Staaten von Afrika, Nkwame Nkrumah, wurde im Februar 1966 aus Ghana verjagt, nachdem er das Land durch seine Extravaganzen ruiniert hatte. Alle schwarzen Länder haben sich für Regimes totalitärer oder militärischer Art entschieden, oder doch zumindest paternalistischer Art, unter alten Oberhäuptern wie Haile Selassie von Äthiopien, Houphouët-Boigny von der Elfenbeinküste oder Jomo Kenyatta von Kenia. Das schwarze Afrika hat es nur zu einer schwächlichen, subventionierten Unabhängigkeit gebracht, wobei es über seine unversehrten traditionellen Strukturen ein nationalistisch-sozialistisches Mäntelchen warf.

Nkrumahs Traum, die Unabhängigkeit durch Eroberung des im Süden des Kontinents noch bestehenden weißen Afrika zu krönen, ist für lange Zeit außer Reichweite gerückt. Der kleine weiße Kern, Rhodesien, trotzt seit 1965 den gemeinsamen Sanktionen Englands und der Vereinten Nationen, und das vom Commonwealth getrennte Südafrika ist für sich allein ein viel stärkeres Industrieland geworden als die 31 schwarzen Nationen, die Afrika südlich der Sahara balkanisieren.

Der Sechstagekrieg und das Schicksal Israels

Im Jemen wurde seit 1962 Krieg geführt. Die in Sana von einem gewissen Oberst Abdullah al-Salal ausgerufene Republik stand auf schwachen Beinen und rief um Hilfe. Nasser eilte heran, seine 50000 ägyptischen Soldaten brachen in das primitive kleine Bergland ein. Die ägyptische Luftwaffe bombardierte alle Dörfer, die sich nicht unterwarfen. Die Jemeniten sind schwarzbärtige, gedrungene Kerle, in der Art der griechischen Palikaren des vorigen Jahrhunderts. Die Königstreuen, Anhänger des Imam Mohammed, schlugen und terrorisierten die Ägypter. Sie erhielten Waffen aus Saudi-Arabien. Feisal und Nasser setzten ihre Vendetta fort und beschuldigten einander gegenseitig, Mörder im Sold zu haben.

In der arabischen Welt brodelten unaufhörlich Streitigkeiten. Zwischen Ägypten, Syrien und dem Irak waren die Beziehungen schlecht, aber die drei Länder bemühten sich gemeinsam, König Hussein zur Strecke zu bringen. Ihm jedoch gelang es immer wieder, dem Tod ein Schnippchen zu schlagen. Bourguiba stand wieder einmal in Verruf, weil er die Meinung geäußert hatte, daß es vielleicht realistisch wäre, das Bestehen Israels als Tatsache anzuerkennen. Marokko und Algerien griffen sich wegen ihrer umstrittenen Saharagrenze an, und am 19. Juni 1965 stürzte Oberst Boumedienne Ben Bella durch einen blitzschnellen Staatsstreich. Der einstige Gefangene der Insel Aix verschwand möglicherweise auf Nimmerwiedersehen.

Anfang 1967 kam es in der arabischen Welt zu einer Annäherung. Feisal und Nasser versöhnten sich, die ägyptischen Truppen verließen den Jemen. Kairo und Damaskus setzten ihr Militärbündnis wieder in Kraft und forderten Jordanien auf, sich ihm anzuschließen. Die Kommandos der Terroristenorganisation El Fatah bedrängten die israelischen Gebiete; die Israelis schlugen mit ihrer üblichen Härte zurück. Die arabische Solidarität wurde stärker, der ewige Konflikt wieder akut.

Seit dem Jahre 1957 hielten 3500 Blauhelme der UNO-Einsatztruppe den Gazastreifen besetzt. Am 18. Mai 1967 wurde U Thant vom ägyptischen Außenminister Mahmud Riad aufgefordert, sie unverzüglich abzuziehen. U Thant legte das Abkommen, dem zufolge ihre Anwesenheit der Zustimmung der ägyptischen Regierung bedurfte, wortwörtlich aus und gehorchte, ohne auch nur den Sicherheitsrat zu befragen. 978 Inder, 803 Kanadier, 580 Jugoslawen, 528 Schweden, 432 Brasilianer, 78 Norweger und 3 Dänen verließen ihre Quartiere und schifften sich, da Nasser ihnen die Erlaubnis verweigerte, sein Gebiet bis Port Said zu durchqueren, nach Zypern ein. An ihre Stelle traten 60 000 ägyptische Soldaten mit starken Panzerkräften.

Der israelische Ministerpräsident, Levi Eshkol, war ein keineswegs kriegerischer Mann von 71 Jahren. Am 22. Mai schlug er eine Verringerung der Truppen zu beiden Seiten der israelisch-ägyptischen Grenze vor. Das beantwortete Nasser am nächsten Tag, indem er die Meerenge von Tiran, die einzige Ausfahrt des israelischen Hafens Elat, sperrte.

Die gesamte arabische Welt mobilisierte. Marokko und sogar Tunesien boten Hilfstruppen an. Hussein traf in Kairo ein, wurde von Nasser umarmt und stellte seine Armee unter ägyptisches Kommando. Er sagte später: »Ich bin überzeugt, daß Nasser keinen Krieg wünschte.« Seine Überzeugung ist nicht entscheidend. »Wir wissen«, hatte Nasser erklärt, »daß die Schließung der Meerenge von Tiran den Krieg bedeuten kann. Es wird ein totaler Krieg sein, und sein Ziel ist die Vernichtung Israels.«

Israel konnte bei seiner geographischen Beschaffenheit nicht den Angriff abwarten. Die Besetzung des Gazastreifens, die Schließung der Meerenge von Tiran und, mehr noch, die Konzentration der ägyptischen Armee in der Sinaiwüste, wo es sich nur um eine strategische Wartestellung handeln konnte, waren gleichbedeutend mit einer Kriegserklärung, die die Israelis zum Angriff veranlaßte.

Innerhalb von sechs Tagen, vom 5. bis zum 10. Juni, trugen sie einen vollständigen Sieg davon, vernichteten sieben Divisionen auf der Sinaihalbinsel, zerstörten 500 Flugzeuge am Boden, besetzten den Suezkanal in seiner Gesamtlänge, bemächtigten sich der Jerusalemer Altstadt und eroberten das gesamte rechte Ufer des Jordans, wobei sie die Syrer von den Golanhöhen vertrieben. Als sie haltmachten, umfaßten ihre Eroberungen Gebiete von der dreifachen Größe des Landes, von dem sie ausgegangen waren.

Diese glänzende Episode seiner bewegten Geschichte schaffte das Problem Israel nicht aus der Welt. 2 700 000 Juden leben, ohne die Möglichkeit bedeutender Verstärkungen, inmitten von 100 Millionen Arabern, denen sie durch ihre Intelligenz und ihren Mut überlegen sind. Die historische Schwierigkeit, der sie gegenüberstehen, liegt nicht darin, zu siegen, sondern die Anerkennung der Existenz des Staates Israel durchzusetzen. Der Zionismus wird erst dann sein Ziel erreicht haben, wenn Israel eine von den anderen Nationen des Orients anerkannte Nation des Orients sein wird, die dem Orient ihren westlichen Beitrag an Aktivität und Fähigkeiten bringt.

Israelis glauben, das erreichen zu können, indem sie, sooft es nötig sein wird, den Beweis erbringen, daß sie unüberwindbar sind. Es wird ihnen leichter gelingen, wenn der Konflikt auf den Rahmen des Orients beschränkt bleibt. Auf sich allein gestellt, hat die arabische Welt nicht die geringste Aussicht, Israel zu vernichten. Aber ihre Bereitschaft, sich mit dieser Tatsache abzufinden, wird durch die Hoffnung hinausgeschoben, Israel mit Hilfe der Russen oder eventuell der Chinesen von der Landkarte auszulöschen.

Der französische Nationalismus und die Krisen des Westens

Ein trauriger Rosenkranz, dessen Perlen Tote sind. Der Reihe nach verschwanden die Männer, die in den großen Ereignissen der Kriegs- und Nachkriegszeit eine führende Rolle gespielt hatten. MacArthur starb am 5. April 1964 mit 84 Jahren. Nehru verschied am 27. Mai 1964 und nahm den Traum eines erneuerten Indien und eines für die Welt beispielgebenden friedlichen Asien in sein Grab mit. Adenauer beendete am 19. April 1967 mit 91 Jahren seine Pensionierungszeit, im Laufe deren er immer wieder seinen Nachfolger Ludwig Erhard geschmäht und gegen ihn aufbegehrt hatte. Eisenhower hielt bis 1969 durch, während alle Zeitungen längst auf seinen letzten Atemzug warteten, um ihre seit Monaten vorbereiteten Nachrufe durch die Rotationsmaschinen zu jagen.

Das spektakulärste Hinscheiden war, wie es sich gebührte, das Winston Churchills. Er starb in London am 25. Januar 1965 mit 90 Jahren, nach einem zehntägigen Todeskampf, der seinen Arzt, Lord Moran, in Erstaunen setzte. Er hatte einen Wunsch für sein Leichenbegängnis ausgesprochen: »Viele Soldaten, viel Musik.« England erfüllte ihn dem Staatsmann, den es »den größten Mann der modernen Zeit und ei-

146 Unheilvolle Verwicklung der USA in den Vietnamkrieg seit 1964: US-Marineinfanterie wird mit Helikoptern zum Einsatz nach Khe San transportiert. – 147 Beispiel der Zerstörung: die südvietnamesische Stadt Hué 1960.

148 Protest gegen die Verfolgung seines Glaubens durch das Regime Diem in Südvietnam: Selbstverbrennung eines buddhistischen Mönches im Frühjahr 1963. – 149 Protest gegen die Intervention der Vereinigten Staaten im Vietnamkrieg: 250 000 Demonstranten vor dem Kapitol in Washington D. C. am 24. April 1971.

151 152 Der Wettlauf zum Mond, ein Politikum: Pressekonferenz der Sowjetischen Akademie der Wissenschaften zur Landung von Luna 9 am 3. 2. 1966 (u.). – Erste Erprobung der Mondlandefähre unter Weltraumbedingungen durch das US-Raumschiff Apollo 9, März 1969 (o.: Mondfähre und Raumschiff noch fest verbunden).

nen der größten Engländer aller Zeiten« nannte. Das eindrucksvollste Sinnbild aber war das alte Züglein, das mit seiner archaischen Rauchfahne quer durch die englische Landschaft zog und den Leichnam des großen Mannes zur Familiengruft nach Blenheim brachte. Vielleicht sollte ich damit die Geschichte der Nachkriegszeit abschließen: das immer noch viktorianische England inmitten einer von ungeheuren Veränderungen fortgerissenen Welt.

In jenem Jahr 1965 befand sich der Westen in einer Krise. Am 30. Juni, als Frankreich die Brüsseler Verhandlung über die Landwirtschaftspolitik brutal abbrach und für lange Monate der Gemeinschaft fernblieb, war der Gemeinsame Markt in Frage gestellt. Am 9. September erklärte de Gaulle, er anerkenne keine andere als die Goldparität, und machte sich daran, das »Dollarprivileg« zu zerstören, indem er in einem Augenblick, da die USA ihre Freunde ersuchten, ihn zu schonen, den amerikanischen Goldschatz schwächte. Seine mühsame Bestätigung als Präsident der Republik durch die Volksbefragung – 44,79 % der Stimmen beim ersten Wahlgang und eine mittelmäßige Stichwahl – vermochten nicht die Schärfe seines Nationalismus zu dämpfen. Am 7. März 1966 gab er in einem persönlichen Brief an Präsident Johnson bekannt, daß er Frankreich aus dem Nordatlantikpakt herausnehme; dessen Hauptquartier wurde nach Casteau bei Mons verlegt, die amerikanischen Truppen verließen Frankreich.

In den folgenden Monaten verstärkte sich die Aggressivität der französischen Politik noch weiter. Frankreich verlangte von den Vereinigten Staaten, sie sollten ihr Konsulat in Papeete schließen, um das – lachhafte – Geheimnis der schrecklich kostspieligen Kernwaffenversuche zu schützen, die es in seinen Besitzungen im Stillen Ozean durchführte. Dann wurden durch die Azimutstrategie von Frankreich die USA zu einem potentiellen Feind. Deren theoretischer Vorkämpfer, General Ailleret, startete in Diégo-Suarez in einem Flugzeug, das man mit Treibstoff überladen hatte, damit es ohne Zwischenlandung bis Djibouti käme, also auf »französischem Boden« landen könne, stürzte auf Réunion ab und wurde so ein Opfer des Nationalismus. Dann bereitete eine Reise de Gaulles nach Kanada und sein Ruf »Es lebe das freie Québec!« selbst den Leuten Sorge, die sich am standhaftesten bemühten, der grandiosen und unverständlichen Politik des Generals zu folgen.

In der Innenpolitik machte sich de Gaulle eine systematisch euphorische Haltung zu eigen – sie sollte der Welt den Eindruck eines mit allem Nachdruck und entschlossen hinter ihm stehenden Frankreich vermitteln. Die Parlamentswahlen vom März 1967, bei denen die Gaullisten 38 Sitze verloren, so daß sie mit nur einer Stimme die Mehrheit in der Nationalversammlung behielten, brachten seine selige Ruhe nicht ins Wanken. Ebensowenig die immer wieder ausbrechenden Warnstreiks der Angestellten des öffentlichen Diensts.

Das winzige Streichholz einer Handvoll maoistischer Studenten hätte nicht den Brand vom Mai 1968 verursacht, wenn nicht Massen brennbaren Materials angesammelt gewesen wären. Frankreich war, was seine Zuwachsrate anlangte, auf den letzten Rang des Gemeinsamen Marktes zurückgesunken. Es bestand ein verhängnisvolles Mißverhältnis zwischen der Belastung zu Prestigezwecken und nützlichen Investitionen. Der Nationalismus in der Wirtschaft verhinderte, daß ausländisches

Kapital ins Land kam, das technischen Fortschritt und Expansion gebracht hätte. Die französischen Arbeitslöhne lagen niedriger als in allen Ländern Westeuropas mit Ausnahme von Italien. Zwischen der anmaßenden Regierung und den Vertretern der großen Interessenverbände, angefangen bei den Gewerkschaften, gab es keinen Kontakt mehr. De Gaulle hatte alle unabhängigen Köpfe aus seiner Umgebung entfernt und nur blinde Bewunderer um sich behalten; es war das klassische Schema der Verschlechterung eines Regimes, das schon allzu lange bestand.

Die Chronik der französischen Krise ist wiederholt ausgezeichnet geschildert worden. Die Geschichte wird, um sie schreiben zu können, auf Berichte und Dokumente warten müssen, deren Veröffentlichung in einigen Jahren zu erwarten ist. Der Aufruhr in den Universitäten, die Besetzung der Sorbonne, rote und schwarze Fahnen in Paris, die höchsten Barrikaden seit der Kommune, heftige Straßenschlachten, neun Millionen streikende Arbeiter, die die Arbeitsplätze besetzten, das ganze Land völlig lahmgelegt... Das Frankreich unserer Tage hatte noch nie so schwere, so ausgedehnte Unruhen erlebt. Sie tauchten wie ein wütendes Paradoxon auf, unter einem Regime, das sich rühmte, die Stabilität zu verkörpern.

Ende Mai schien die Macht darauf zu warten, von irgend jemand ergriffen zu werden. De Gaulle, den der Sturm aus dem Schlaf gerissen hatte, rettete die Situation in einem Aufflammen seiner alten Energie. Nachdem er sich der Unterstützung der Armee vergewissert hatte, teilte er der Nation mit, er werde den Staat gegen den Umsturz verteidigen. Eine Million Pariser defilierten unter einem Wald von Trikoloren über die Champs-Elysées. Der Höhepunkt der Krise war überschritten. Die Arbeit wurde wiederaufgenommen, nach einigen Tagen trat wieder Ruhe ein.

Diese große Erschütterung machte eine Befragung des Landes unbedingt notwendig. Sie konnte zwei Formen annehmen: Referendum oder Wahlen. De Gaulle wollte ein Referendum. Es gelang Pompidou mit größter Mühe, ihm die Auflösung der Nationalversammlung abzuringen. Die Wahlen vom 23. und 30. Juni wurden zu einem Triumph der Gaullisten, sie gaben zum erstenmal in der Geschichte der französischen Republiken einer einzigen Partei die absolute Mehrheit. Darauf setzte der General Couve de Murville an die Stelle Pompidous und gab bekannt, er habe die Absicht, ein Referendum abzuhalten.

Die beiden Schritte ergaben sich aus einer echt gaullistischen Logik. Der General ließ nur die direkte Investitur des Chefs durch das Volk gelten. Die Wahl von Mittelspersonen war in seinen Augen ein indirekter, unechter Ausdruck der Volkssouveränität. Im Fall der Wahl vom Juni 1968 traf das ganz besonders zu wegen des bedeutenden Anteils, den Pompidou an dem Sieg hatte. Der Ministerpräsident war nicht mehr bloß der Widerschein des Sterns im Elysée. Er mußte unbedingt ausgewechselt werden.

Das Referendum vom April 1969 sollte nach Ansicht des Generals eine Bestätigung der vorjährigen Wahlen mit Bezug auf seine Person darstellen. Die gestellte Frage verband zwei umstrittene Punkte: eine Verwaltungsorganisation, gegen die sich kein Widerspruch erhob, und die Abschaffung des Senats, gegen die sehr viel Widerspruch erhoben wurde. Anfänglich glaubte de Gaulle an einen leichten Sieg; zu spät erst wurde er sich bewußt, daß die Nation seiner überdrüssig geworden war.

Als er am 25. April sein Arbeitszimmer verließ, um zwei Tage später in Colombey seine Stimme abzugeben, wußte er, daß er nicht ins Elysée zurückkehren würde.

Wie alle Männer seines Formats war de Gaulle überzeugt, daß das Volk, das zu regieren er berufen war, seiner unwürdig sei. Er hat den eines Titanen würdigen Versuch gemacht, es zur Größe emporzuheben. Aber immer, so glaubte de Gaulle, ließ es sich aus Mittelmäßigkeit und Schwäche wieder zurückfallen. Frankreich ist groß, ruhmreich, erhaben: die Franzosen sind weich, unbeständig und kleinlich. Ein tragisches Mißverhältnis, das zu überwinden der mächtige Wille Charles de Gaulles sich bis zum Äußersten abmühte.

Die Geschichte unserer Zeit wäre anders verlaufen, wenn er, statt mit Einsatz aller Kräfte danach zu streben, die Vergangenheit neu zu beleben, sich entschlossen hätte, ein Architekt der Zukunft zu werden – wenn er Europa aufgebaut hätte. Aber Regieren bedeutete für ihn Gebieten. Sogar Bismarck mußte, um die Einheit Deutschlands zu schaffen, verhandeln, Kompromisse eingehen und manches auf später verschieben.

Entstehung Europas – Problem und Hoffnung

Dieses Buch beginnt mit der Verwüstung, der Demütigung, der Vernichtung Europas. Es endet mit dem Augenblick, da die Einigung Europas das größte Problem und auch die größte Hoffnung unserer Zeit darstellt. Nur sechsundzwanzig Jahre liegen zwischen dem damaligen Todesringen und dem heutigen Wiederaufblühen, führen von der Verzweiflung zur Hoffnung.

Ein Werk wie die Einigung eines Kontinents nach fünfzehn Jahrhunderten der Bürgerkriege, eines Kontinents, in dem die durch die Französische Revolution entfesselten Nationalismen noch wirksam sind, der noch befangen ist in materiellen Bedingungen und Denkgewohnheiten, die von nationalen Imperativen bestimmt sind – ein solches Werk braucht Zeit. In den fünfziger Jahren ließen außergewöhnliche Umstände die Hoffnung zu, es werde nun ein mirakulöser Aufschwung erfolgen. Aber Wunder sind selten. Der Unglücksfall de Gaulle, der Frankreich traf wie eine aus der Vergangenheit an die Oberfläche der Gegenwart aufsteigende Springflut, genügte, um den Aufbau Europas so zurückzuwerfen, daß der Weg jetzt mit Hindernissen gepflastert ist. Damals hätte Europa aus *einem* Anlauf entstehen können; heute kann es nur noch in langem Bemühen geschaffen werden.

Was erreicht wurde, ist gewaltig. Zunächst das Wesentlichste, die Versöhnung zwischen Frankreich und Deutschland. Als zweites ein Integrationsmechanismus, der Gemeinsame Markt. Er hat allen Prüfungen standgehalten. Ihm fällt die gleiche Rolle zu wie einst dem Zollverein in der Verwirklichung der Einheit Deutschlands. Ein Europa ohne Wirtschaftsgrenzen wird notwendigerweise immer weiter auf dem Weg zur Integration in all ihren Formen voranschreiten.

Die Frage der Erweiterung des Gemeinsamen Markts durch den Beitritt Englands ist verhältnismäßig nebensächlich. Im augenblicklichen Stadium ist Konsolidierung wichtiger als Erweiterung. Die Einbeziehung Englands in Europa ist mit Sicherheit zu erwarten; es ist unnötig, etwas überstürzen zu wollen, das ohnehin unausbleiblich ist.

Vorausgesetzt, es kommt keine Katastrophe, dann wird der europäische Staat so entstehen, daß nach und nach Bereiche, die die gegenwärtigen Nationen nicht mehr souverän wahrzunehmen vermögen – zu denken ist vor allem an die Verteidigung und an die Orientierung der Wirtschaft –, an eine bundesstaatliche Instanz übertragen werden. Das nennt sich Übernationalität; wer sie ablehnt, bedenkt nicht, daß alle Vaterländer, die er als unveränderlich und geheiligt ansieht, Übernationalitäten sind, die sich bewährt haben. Sicher ist die Schaffung eines integrierten Europa aus den jetzigen Nationen weniger schwierig, als es die Schaffung eines Frankreich mit dem Herzogtum Bretagne und dem Königreich Arles, eines Italien mit Sizilien und Piemont, eines Deutschland mit Preußen und Württemberg gewesen ist.

Europa mit seinen 400 Millionen Einwohnern ist dazu berufen, im 21. Jahrhundert die größte Macht der Welt zu werden. Nur dann könnte es anders kommen, wenn die Europäer sich systematisch ihrer Bestimmung entgegenstellten.

Zeittafel

Zwischenstaatl. Ereignisse	Westeuropa	Osteuropa und UdSSR
1945	8. 5. *Dtld.*: Kapitulation der gesamtdt. Streitkräfte.	
26. 6. Unterzeichnung der UN-Charta durch 50 Nationen.	5. 6. *Dtld.*: Die vier Besatzungsmächte setzen einen Kontrollrat für alle Dtld. als Ganzes betreffenden Fragen ein. – 29. 6. Rückzug der brit. u. amerik. Truppen aus Mecklenburg, Sachsen, Thüringen.	28. 6. *Polen*: Bildung eines »Kabinetts der nationalen Einheit« unter Osóbka-Morawski.
17. 7.–2. 8. Potsdamer Konferenz.	5. 7. *Großbrit.*: Wahlsieg der Labour Party. 11. 7. *Dtld.*: Eine interalliierte Kommandantur übernimmt die Verwaltung des in vier Sektoren geteilten Berlin.	
14. 8. Freundschaftsvertrag der UdSSR mit Tschiang Kai-schek.	14. 8. *Frankr.*: Marschall Pétain wird zum Tode verurteilt (17. 8. Begnadig. zu lebenslängl. Haft).	
11. 9.–2. 10. Londoner Außenmin.-Konferenz.		
	20. 11. *Dtld.*: Beginn des Nürnberger Kriegsverbrecherprozesses.	29. 10. *Jugoslawien*: Die Föderative Volksrepublik wird ausgerufen.
16.–26. 12. Moskauer Außenmin.-Konferenz.		
1946 10. 1.–15. 2. Erste UN-Vollvers. in London.	20. 1. *Frankr.*: General de Gaulle, Ministerpräs. der vorläufigen Regierung, tritt zurück.	11. 1. *Albanien*: Ausrufung der Volksrepublik.

	Mai. *Algerien*: Aufstand der Mohammedaner im Raum Sétif.	

6. 8. *Japan*: Abwurf der ersten Atombombe auf Hiroshima (9. 8. zweite Atombombe auf Nagasaki). – 8. 8. Kriegserklärung der UdSSR.
17. 8. *Indonesien*: Sukarno u. Hatta verkündigen die Unabhängigkeit.

2. 9. *Japan*: Kapitulation.
2. 9. *Indochina*: Ho Tschi Minh ruft die Demokratische Republik Vietnam aus. – 12. 9. Wiederbesetzung durch die Franzosen.

Okt./Nov. *China*: Erneuter Ausbruch des Bürgerkriegs.

Nov./Dez. *Palästina*: Ständige Zwischenfälle zwischen Juden u. Arabern.

6. 3. *Indochina*: Vertrag zwischen Ho Tschi Minh und Frankr.: Vietnam unabhängiger Staat innerhalb des Indochinesischen Bundes u. der Französischen Union.

Zwischenstaatl. Ereignisse	Westeuropa	Osteuropa und UdSSR
25. 4.–12. 7. Pariser Außenmin.-Konferenz.	21. 4. *Dtld.*: (Sowjetz.): Zwangsweise Verschmelzung der Sozialdemokraten mit den Kommunisten zur Sozialistischen Einheitspartei (SED).	
	18. 6. *Italien*: Proklamation der Republik nach Volksabstimmung. 30. 6. *Dtld.*: (Sowjetz.): Enteignung von Wirtschaftsunternehmen.	
6. 7. Beginn der Vietnamkonferenz in Fontainebleau (unterbrochen am 2. 8.).		
	1. 9. *Griechenld.*: Wiederherstellung der Monarchie durch Volksabstimmung.	15. 9. *Bulgarien*: Ausrufung der Volksrepublik.
	1. 10. *Dtld.*: Urteilsverkündung im Nürnberger Kriegsverbrecherprozeß. 13. 10. *Frankr.*: Annahme der Verfassung der IV. Republik durch Referendum.	
4. 11.–12. 12. New Yorker Außenmin.-Konferenz.		
1947	1. 1. *Dtld.*: Wirtschaftl. Zusammenschluß der amerik. u. brit. Zone (Bizone).	
10. 2. »Pariser Friedensverträge« mit Italien, Finnland, Bulgarien, Rumänien, Ungarn.		
10. 3.–24. 4. Moskauer Außenmin.-Konferenz.		
	7. 4. *Frankr.*: De Gaulle gründet das RPF und fordert Präsidialregime.	
Juni. Der Marshallplan wird aufgestellt.		
15.–30. 8. Panamerik. Konferenz in Rio de Janeiro: Abschluß eines kollektiven Sicherheitspakts.		

30. 6. *USA*: 1. Atombombenversuch von Bikini.

4. 7. *Die Philippinen* werden
unabhängig.

31. 12. *Libanon*: Räumung des   19. 12 Ausbruch des *Indochina-*
Landes durch die Franzosen.   kriegs.

12. 3. *USA*: Verkündigung der
Truman-Doktrin.

15. 8. *Indien*: Verkündigung
der Unabhängigkeit u. Teilung
in die Staaten Indische Union
und Pakistan.

Zwischenstaatl. Ereignisse	Westeuropa	Osteuropa und UdSSR
16. 9.–29. 11. Zweite UN-Vollvers. in New York: Die Teilung Palästinas in jüd. u. arab. Staat wird beschlossen.		
		30. 12. *Rumänien*: König Michael dankt ab; Ausrufung der Volksrepublik.

1948

23. 2.–6. 3. Londoner Sechsmächtekonferenz (Forts. 20. 4.–2. 6.).		20. 2. *Tschechosl.*: Rücktritt d. nichtkommunist. Minister. – 26. 2. Bildung einer überwiegend kommunist. Regierung durch Gottwald.
17. 3. »Brüsseler Pakt« zwischen Großbrit., Frankr. u. Benelux-Staaten.	19. 3. *Dtld.*: Marschall Sokolowskij verläßt unter Protest den Kontrollrat (damit letzte Sitzung).	10. 3. *Tschechosl.*: Masaryk tot aufgefunden.
16. 4. Inkrafttreten des OEEC (Europäischer Wirtschaftsrat). 30. 4. Gründung der OAS (Organisation der Amerik. Staaten (hervorgegangen aus dem Rio-Pakt v. 30. 8. 1947).		
		9. 5. *Tschechosl.* wird Volksrepublik.
27. 6. Die Bukarester Konferenz schließt KP Jugoslawiens aus dem Kominform aus.	20. 6. *Dtld.*: Währungsreform in den Westzonen. – 23. 6. Währungsreform in der Sowjetz. u. Groß-Berlin. – 24. 6. Beginn der Berlin-Blockade. – 26. 6. Errichtung der Luftbrücke	7. 6. *Tschechosl.*: Rücktritt von Staatspräs. Benesch; Nachfolger wird Gottwald.
17. 9. Ermordung von UN-Generalsekretär Bernadotte in Jerusalem.	1. 9. *Dtld.*: Konstituierung des Parlamentar. Rates.	

1949

25. 1. Gründung des Osteurop. Wirtschaftsrates (COMECON).		
	19. 3. *Dtld.*: Annahme der Verfassung für eine Deutsche Demokratische Republik durch den Deutschen Volksrat.	

Nord- und Lateinamerika	Afrika und Nahost	Indien und Ostasien
	20. 9. *Algerien*: Frankr. gewährt »Algerien-Statut«.	
		4. 1. *Birma* wird unabhängige Republik. 30. 1. *Indien*: Gandhi ermordet.
		14. 2. *Ceylon* wird unabhängig.
		1. 4. *Der Malaiische Bund* wird gegründet. 19. 4. *China*: Tschiang Kai-schek wird Staatspräs.
	15. 5. *Palästina*: Erlöschen des brit. Mandats u. Proklamation des souv. Staates Israel.	
		15. 8. *Korea*: Konstituierung der Republik Korea (Südkorea).
		9. 9. *Korea*: Proklamation der Koreanischen Demokratischen Volksrepublik (Nordkorea).
2. 11. *USA*: Wiederwahl Harry S. Trumans zum Präs.		
		Jan.–Mai. *China*: Großoffensive der Kommunisten über den Jangtse-Fluß. Eroberung von Peking, Nanking, Shanghai.

Zwischenstaatl. Ereignisse	Westeuropa	Osteuropa und UdSSR
4. 4. Abschluß des Nordatlantikpakts (NATO).	8. 4. *Dtld.*: Unterzeichnung des Besatzungsstatuts für West-Dtld.	
5. 5. Gründung des Europarats. 23. 5.–20. 6. Pariser Außenmin.-Konferenz.	12. 5. *Dtld.*: Abbruch der Berlin-Blockade. – 23. 5. Verkündung des Grundgesetzes für die Bundesrepublik Deutschland.	
	14. 8. *Dtld.*: Wahlen zum 1. Bundestag. – Bundeskanzler Adenauer bildet Koalitionskabinett (CDU, FDP, DP).	Aug. *UdSSR*: 1. Atomwaffenversuch.
	6. 9. *Griechenld.*: Sieg der Regierungstruppen über die Aufständischen.	
	7. 10. *Dtld.*: Proklamation der Deutschen Demokratischen Republik.	
9./10. 11. Konferenz der westl. Außenmin. in Paris.		6. 11. *Polen*: Der sowj. Marschall Rokossowskij wird poln. Außenmin.

1950

14. 2. UdSSR u. VR. China: Abschluß eines 30jähr. Freundschafts- u. Beistandspakts.		
13. 4. Erweiterung der Arabischen Liga (gegr. 22. 3. 1945) auf das wirtschaftl. u. militär. Gebiet.		
11.–13. 5. Londoner Konferenz der drei Westmächte.	1. 5. *BRD*: Aufhebung der Lebensmittelrationierung.	
25. 6. Der UN-Sicherheitsrat stellt Friedensbruch durch Nordkorea fest u. fordert Rückzug der Truppen. – 27. 6. Aufforderung an alle Mitgliedsstaaten, Südkorea zu unterstützen.		

		Indochina: Frankr. anerkennt in mehreren Verträgen die Unabhängigkeit von Vietnam, Laos und Kambodscha im Rahmen der Franz. Union.
		1. 10. *China*: Proklamation der Volksrepublik China.
		8. 12. *China*: Rückzug Nationalchinas auf die Insel Formosa. 27. 12. *Indonesien*: Gründung der Vereinigten Staaten von Indonesien.
16. 2. *USA*: Verkündung des nationalen Notstands.		
	24. 4. *Transjordanien*: Einverleibung der arabisch besetzten Teile Palästinas. Neue Bezeichnung: Jordanien.	
		25. 6. *Korea*: Einfall nordkorean. Truppen in Südkorea. – 27. 6. Nordkorea besetzt Seoul. Auf südkorean. Hilfegesuch Befehl Trumans an die US-See-u. Luftstreitkräfte, Südkorea zu unterstützen. – 28. 6. Unterstützung der US-Aktionen mit militär. od. wirtschaftl. Hilfe durch 38 Nationen. 29. 6.–27. 11. Erfolgr. Großoffensive der Aufständischen, Übergang vom Guerilla- zum Großkrieg.

	6. 7. *DDR*: Anerkennung der Oder-Neiße-Linie im Grenz- vertrag mit Polen.	
	1. 8. *Belgien*: Formelle Abdan- kung Leopolds III. zugunsten einer Regentschaft seines Sohnes Baudouin.	
12.–23. 9. New Yorker Kon- ferenz der drei Westmächte.		
4. 10. Acht-Mächte-Entschlie- ßung zur Koreafrage: Die UNO übernimmt die Verantwortung für das weitere Schicksal ganz Koreas.		

1951 1. 2. Die UN-Vollvers. erklärt Rotchina zum Angreifer in Korea.

18. 4. Gründung der Montan- union.	7. 4. *BRD* wird Mitglied des Europarats.	
	9. 7. *Dtld.*: Großbrit. u. Frankr. beenden formell den Kriegszustand mit Dtld. (am 18. 10. folgen die USA und alle übrigen ehemal. Gegner Dtlds., mit Ausnahme der Ost- blockstaaten).	

Nord- und Lateinamerika	Afrika und Nahost	Indien und Ostasien
		7. 7. *Korea*: Bildung eines UN-Oberkommandos unter General MacArthur.
Sept. *USA*: Truman verkündet sein Acht-Punkte-Programm über die amerik. Hilfe im Koreakonflikt.		
		20. 10. *Korea*: UN- u. südkorean. Truppen besetzen Pyongyang. ab 26. 10. *Tibet*: Besetzung durch Truppen der VR China.
		Anfang Nov. *Korea*: Eingreifen von chin. »Freiwilligen«. – 27. 11.–12. 12. UN- u. südkorean. Truppen wieder zum 38. Breitengrad zurückgedrängt.
		Jan.–April. *Korea*: Stellungskrieg.
	15. 3. *Iran*: Beschluß des Parlaments, die größtenteils im Besitz der Anglo-Iranian Oil Company befindlichen Erdölvorkommen zu verstaatlichen. – Großbrit. protestiert. – Streiks und Unruhen im Ölgebiet.	
	29. 4. *Iran*: Mossadegh wird Min.Präs.	11. 4. *Korea*: Absetzung MacArthurs als Oberkommandierender der UN-Truppen; Nachfolger wird Ridgway.
		23. 5. *Tibet*: Unterzeichnung des Tibet-Vertrages. ab 28. 5. *Indochina*: Großangriff der Vietminh im Mekongdelta.
		15. 7. *Kaschmir*: Truppen Indiens u. Pakistans an seinen Grenzen.

Zwischenstaatl. Ereignisse	Westeuropa	Osteuropa und UdSSR
30. 8./1. 9. Abschluß des ANZUS-Pakts.		
10.–14. 9. Washingtoner Konferenz der westl. Außenmin.		
	27. 10. *Großbrit.*: Wahlsieg der Konservativen; Churchill Premiermin.	
5. 12. Gründung des Nordischen Rats.		
1952 25. 2. Griechenland u. Türkei treten der NATO bei.		
26. 5. Unterzeichnung des Deutschlandvertrags zwischen den USA, Großbrit., Frankr. u. der BRD. 27. 5. Vertrag über die Gründung der Europäischen Verteidigungsgemeinschaft (EVG).		
	2. 6. *Großbrit.*: Krönung Elisabeths II.	Juni/Juli. *Rumänien*: Säuberung in der KP. Entlassung von Ministern, auch Anna Paukers.
		22. 7. *Polen* wird Volksrepublik.
10. 9. Wiedergutmachungsabkommen zwischen der BRD u. Israel.		
		Okt. *UdSSR*: XIX. Parteitag der KPdSU.
10. 11. UN-Generalsekretär Trygve Lie tritt von seinem Posten zurück.		Nov. *Tschechosl.*: Slansky zum Tod verurteilt.
1953		13. 1. *Jugoslawien* erhält neue Verfassung.
		5. 3. *UdSSR*: Stalin stirbt. – Malenkow wird Vors. des Ministerrats, Berija Innenmin., Chruschtschow Erster Sekretär des ZK.
7. 4. Dag Hammarskjöld wird UN-Generalsekretär.		
	11. 6. *DDR*: »Neuer Kurs«. – 16. 6. Protestdemonstrationen gegen Normenerhöhung. – 17. 6. Aufstand in Ostberlin.	

		8. 9. *Japan:* Unterzeichnung des Friedensvertrages mit den ehemaligen Gegnern, mit Ausnahme Indiens u. der UdSSR.
	24. 12. *Libyen* wird unabhängiges Königreich.	
	23. 7. *Ägypten:* Staatsstreich von Offizieren führt zur Abdankung König Faruks.	
	7. 9. *Ägypten:* Nagib wird Min.Präs.	
1. 11. *USA:* Erste H-Bombe. – 4. 11. Eisenhower zum Präs. gewählt.		
		1953. *VR China:* Erster Fünfjahresplan tritt in Kraft.
	13. 6. *Ägypten:* Ausrufung der Republik. – Nagib wird Staatspräs. u. Min.Präs., Nasser stellvertr. Min.Präs.	

		4. 7. *Ungarn*: Imre Nagy löst Rákosi als Staatschef ab. »Neuer Kurs«. 10. 7. *UdSSR*: Verhaftung Berijas (Hinrichtung 23. 12.).
		8. 8. *UdSSR*: »Neuer Kurs«. – 12. 8. Erster sowj. H-Bomben-Versuch.
	6. 9. *BRD*: Zweite Bundestags-wahlen: Wahlerfolg der Regierungsparteien (CDU/CSU, FDP, DP, BHE). – Wiederwahl Adenauers zum Bundeskanzler.	
1. 10. Sicherheitspakt zwischen Südkorea u. den USA.		
4.–7. 12. Bermudakonferenz der Regierungschefs u. Außenmin. der USA, Großbrit. u. Frankr.		
1954 25. 1.–18. 2. Berliner Außen-min.-Konferenz der USA, Großbrit., Frankr. u. der UdSSR.		
	25. 3. *DDR*: Anerkennung durch die UdSSR.	
26. 4.–21. 7. Genfer Konferenz über Korea u. Indochina: Ende der Feindseligkeiten in Kambodscha, Laos und Vietnam; Abzug der franz. Truppen.		
		27. 6. *UdSSR*: 1. Atomkraft-werk in Betrieb genommen.
9. 8. Abschluß des Balkanpakts zwischen Griechenland, Jugo-slawien u. der Türkei.	31. 8. *Frankr.*: Nationalver-sammlung lehnt Ratifizierung des EVG-Vertrags ab.	

Nord- und Lateinamerika	Afrika und Nahost	Indien und Ostasien
		27. 7. *Korea*: Waffenstillstand in Panmunjon.
	19. 8. *Iran*: Mossadegh wird gestürzt. 20. 8. *Marokko*: Sultan Moham-med ben Jussuf abgesetzt, Frankr. setzt an seine Stelle Mohammed ben Mulay Arafa.	
		30. 9. *Indochina*: Finanzielle Unterstützung der USA für Frankr. u. die mit ihm verbün-deten Staaten in Indochina.
		22. 10. *Laos* erhält volle Souve-ränität; Bündnis- u. Freund-schaftsabkommen mit Frankr.
	6. 12. *Iran*: Wiederaufnahme diplom. Beziehungen mit Großbrit.	25. 12. *Indochina*: Vietminh-Truppen dringen durch Laos zur Grenze von Siam vor.
1. 3. *USA*: Zweite H-Bomben-Explosion, Verletzung japan. Fischer.		
	18. 4. *Ägypten*: Nagib als Min.Präs. abgesetzt; Nachfolger wird Nasser.	
		7. 5. *Indochina*: Fall der Festung Dien Bien Phu.
		20./21. 7. *Indochina*: Ende der Feindseligkeiten. Kambodscha erhält volle Souveränität.
19. 8. *USA*: Antikommunisten-gesetz.	5. 8. *Iran*: Ölkonflikt wird durch ein Abkommen beendet.	

Zwischenstaatl. Ereignisse	Westeuropa	Osteuropa und UdSSR
8. 9. Abschluß des Südost-asiatischen Verteidigungs-bündnisses (SEATO). 21. 9.–17. 2. UN-Vollversammlung lehnt sowj. Antrag, die VR China anstelle von Nationalchina aufzunehmen, ab. 28. 9.–3. 10. Londoner Außenmin.-Konferenz der EVG-Staaten, Kanadas u. der USA.		
19.–23. 10. Pariser Konferenzen: Eine Neunmächtekonferenz beschließt die Abänderung des Brüsseler Pakts u. die Errichtung der Westeuropäischen Union (WEU) mit Beitritt der BRD u. Italiens. Eine Fünfzehnmächtekonferenz beschließt den Beitritt der BRD zur NATO. Abkommen zwischen der BRD u. Frankr. über das Saarstatut.		
29. 11.–2. 12. Moskauer Konferenz der UdSSR mit den Volksdemokratien.		

1955

	Westeuropa	Osteuropa und UdSSR
	25. 1. *Dtld.*: Die UdSSR beendet formal den Kriegszustand (die anderen Ostblockstaaten schließen sich später an).	
24. 2. Abschluß des Bagdad-Pakts.		8. 2. *UdSSR*: Rücktritt Malenkows als Min.Präs.; Nachfolger wird Bulganin.
18.–24. 4. Bandung-Konferenz: erste Konferenz der Dritten Welt.	5. 4. *Großbrit.*: Churchill tritt zurück; Nachfolger wird Eden.	18. 4. *Ungarn*: Nagy wird abberufen; Nachfolger wird Hegedüs.
14. 5. Abschluß des Warschauer Militärpakts zwischen der UdSSR u. den Volksdemokratien. 26. 5.–2. 6. Chruschtschow u. Bulganin besuchen Jugoslawien: Beilegung des sowj.-jugoslaw. Konflikts.	15. 5. *Österreich*: Unterzeichnung des Staatsvertrags.	
18.–23. 7. Genfer Viererkonferenz der Regierungschefs mit ihren Außenmin.		

1. 11. *Algerien*: Beginn eines
Aufstands nationalistischer
Gruppen.

April. *Algerien*: Neue Unruhen.
8. 4. Die frz. Regierung verkündet den Notstand.

3. 6. *Tunesien* erhält Autonomie.

9.–13. 9. Adenauer in Moskau.

27. 10.–4. 11. (u. 8.–16. 11.) Genfer Außenmin.-Konferenz.	23. 10. *Saarland*: Die Bevölkerung stimmt gegen Saarstatut. (18. 12. Landtagswahlen ergeben Mehrheit für die Parteien, die für Anschluß an Dtld. eintreten.) 26. 10. *Österreichs* Neutralität wird Gesetz.	

1956

21. 1. *DDR*: Gesetz über die Volksarmee.

Jan. *UdSSR*: Neuer Fünfjahresplan.

4. 2. Dt.-frz. Abkommen über die Rückkehr des Saargebiets zu Dtld.

14.–25. 2. *UdSSR*: XX. Parteitag der KPdSU. Chruschtschow verurteilt Mißbrauch der Macht durch Stalin u. fordert Abkehr vom Personenkult.

6.–12. 3. Konferenz von Kairo (Ägypten, Syrien u. Saudi-Arabien).

28.–29./30. 6. *Polen*: In Posen weitet sich ein Streik- und Protestmarsch von Kohlenarbeitern gegen die Normen u. die hohen Lebenshaltungskosten zu offenem Aufruhr weiter Teile der Bevölkerung aus. Blutige Niederschlagung der Bewegung unter Einsatz von Armee-Einheiten.

Nord- und Lateinamerika	Afrika und Nahost	Indien und Ostasien
	20.–22. 8. *Marokko*: Schwere Unruhen; blutige Strafaktion der frz. Truppen gegen die Aufständischen.	
16. 9. *Argentinien*: Erhebung der Armee zwingt Präs. Perón zum Rücktritt.	25. 9. *Algerien*: Der frz. Min.-Präs. Faure erklärt in einer Rundfunkansprache die vollständige Integration Algeriens in Frankr.	
		23. 10. *Südvietnam*: Volksabstimmung entscheidet gegen Kaiser Bao Dai. – 26. 10. Proklamation der Republik; Min.Präs. Ngo Dinh Diem wird Staatspräs.
	16. 11. *Marokko*: Sultan Mohammed ben Jussuf übernimmt mit frz. Zustimmung wieder die Regierung (als Mohammed V.).	
31. 1. *Brasilien*: Kubitschek wird nach Wahlsieg Präs.	4. 1. *Sudan* wird unabhängige Republik.	
		15. 2. *Indonesien* wird souverän.
	2. 3. *Jordanien*: König Hussein entläßt Glubb Pascha. 2. 3. *Marokko* wird unabhängig (für Außenpolitik bleibt Frankr. zuständig). 9. 3. *Zypern*: Brit. Regierung verbannt Erzbischof Makarios. 20. 3. *Tunesien* wird auch in der Außenpolitik u. der Verteidigung selbständig.	23. 3. *Pakistan*: Verfassung tritt in Kraft. Ausrufung der Republik. März. *Tibet*: Aufstände.

Zwischenstaatl. Ereignisse	Westeuropa	Osteuropa und UdSSR
19./20. 7. Treffen Nehru, Nasser u. Tito auf Brioni.	7. 7. *BRD*: Einführung der allg. Wehrpflicht.	18. 7. *Ungarn*: Rücktritt Rákosis als Parteisekretär; Nachfolger wird E. Gerö.
16.–25. 8. 1. Londoner Suezkanalkonferenz.	17. 8. *BRD*: KP für verfassungswidrig erklärt.	
19.–21. 9. 2. Suezkanalkonferenz.		
1.–5. 10. 3. Suezkanalkonferenz. 26. 10. Internationale Atomenergie-Behörde (IAEA) zur Förderung der friedlichen Nutzung der Atomenergie von 81 Staaten beschlossen.		19.–23. 10. *Ungarn*: Studenten u. Arbeiter fordern politische Reformen. – 24. 10. Nagy wird Min.Präs. – Ab 24. 10. Rote Armee und Geheimpolizei suchen die Unruhen zu unterdrücken, die sich zum Bürgerkrieg im ganzen Land ausweiten.
1.–10. 11. Sondersitzung der UN-Vollversammlung fordert in Suezkrise sofortige Feuereinstellung sowie Abruf der sowj. Truppen aus Ungarn.		1. 11. *Ungarn* erklärt sich zum neutralen Staat u. kündigt Mitgliedschaft im Warschauer Pakt. – 4. 11. Prosowj. Gegenregierung unter Kádár. – 9. 11. Zusammenbruch des Aufstands. – Flüchtlingsströme nach dem Westen. – ab 27. 11. Verhaftungswelle.
1957	1. 1. *BRD*: Eingliederung der Saar. 9. 1. *Großbrit.*: Rücktritt Edens; Nachfolger wird Macmillan.	
25.–27. 2. Viererkonferenz in Kairo (Ägypten, Syrien, Saudi-Arabien, Jordanien).		
18. 3.–6. 9. Abrüstungsgespräche in London. 26. 3. Unterzeichnung der Verträge über die EWG u. EURATOM.	5. 3. *Dtld.*: UdSSR u. Polen erklären ihre vorläufigen Verwaltungsgrenzen in Ostpreußen zur endgültigen Staatsgrenze.	

Nord- und Lateinamerika	Afrika und Nahost	Indien und Ostasien
	12. 7. *Zypern*: Großbrit. anerkennt den Grundsatz der Selbstbestimmung für Zypern, bezeichnet ihn jedoch für nicht anwendbar. 19./20. 7. *Ägypten*: USA, Großbrit. u. Weltbank ziehen Angebot für Finanzierung des Assuandamms zurück. – 26. 7. Ägypten verstaatlicht Suezkanal-Gesellschaft.	
	10./11. 10. *Ägypten*: Schwere Zwischenfälle an der Waffenstillstandslinie mit Israel. – 29. 10. Israel. Truppen dringen in Ägypten ein, erobern die Sinai-Halbinsel. – 30. 10. Brit.-frz. Ultimatum an Israel u. Ägypten. – 31. 10. Beginn der engl.-frz. Luftoffensive.	19. 10. *Japan*: UdSSR beendet formell Kriegszustand mit Japan; Wiederaufnahme diplomat. Beziehungen.
6. 11. *USA*: Wiederwahl Präs. Eisenhowers.	6. 11. *Ägypten*: Waffenstillstand. – 7. 11. Ägypten blockiert den Kanal. (3. 12. Erste UN-Einheiten in Port Said. – 22. 12. Letzte anglo-frz. Truppen verlassen das Land.)	
5. 1. *USA*: Verkündung der Eisenhower-Doktrin.		26. 1. *Kaschmir*: Der von Indien besetzte Teil schließt sich Indien an.
		27. 2. *China*: »Blumenrede« Mao Tse-tungs.
	6. 3. *Goldküste* und *Togo* werden souveräner Staat Ghana. 7./8. 3. *Ägypten*: Abzug der letzten israel. Truppen.	
	Ab 2. 4. *Ägypten*: UN-Truppen räumen die Kanalzone. – 8. 4. Kanal von Hindernissen geräumt.	

29. 7. Berliner Erklärung der drei Westmächte.

15. 9. *BRD*: Bundestagswahlen: CDU 50,2 % der Stimmen. – Adenauer weiterhin Kanzler.

4. 10. *UdSSR*: Start des ersten Satelliten, Sputnik.

20. 12. Der Rat der OEEC billigt das Statut der Europ. Agentur für Kernenergie.

1958

19. 3. Europäisches Parlament tritt in Straßburg zusammen; Präs. Robert Schuman.

27. 3. *UdSSR*: Parteichef Cruschtschow wird als Nachfolger Bulganins Erster Vors. des Ministerrats.

8. 4. UdSSR u. BDR: Vereinbarung über die Rückführung deutscher Staatsbüger.
– 25. 4. Handelsabkommen.
15.–22. 4. Konferenz von 8 unabhängigen Staaten in Accra.
28.–30. 4. Konferenz in Tanger zwischen der marokkan. Istiqlal-Partei, der tunes. Neo-Destour u. der FLN.

1. 6. *Frankr.*: Wahl de Gaulles zum Min.Präs. mit außerordentlichen Vollmachten.

17. 6. *Ungarn*: Hinrichtung Nagys u. Maleters wird bekanntgegeben.

25. 7. *Tunesien*: Abschaffung
der Monarchie; Min.Präs.
Bourgiba wird auch Staatspräs.

9. 9. *USA*: Gesetz zum Schutze
des Wahlrechts der Neger
unterzeichnet.

31. 1. *USA*: 1. amerik. Satellit,
Explorer I, umkreist die Erde.

1. 2. *Ägypten* u. *Syrien*: Verschmelzung zur Vereinigten
Arabischen Republik (VAR);
Präs. wird Nasser.
8. 2. *Tunesien*: Frz. Flugzeuge
bombardieren Sakhiet.
14. 2. *Irak* u. *Jordanien* gründen die Arabische Union.

8. 3. *Jemen* schließt sich durch
eine Föderation der VAR an.

13. 5. *Algerien*: Erhebung frz.
Offiziere u. Siedler gegen die
frz. Regierung als Reaktion auf
das frz. Rahmengesetz vom
31. 1. 1958. – 23. 5. Bildung
eines gesamtalgerischen Wohl-
fahrtsausschusses unter Massu,
der Regierung de Gaulle fordert.

Juni. *Zypern*: Erneute türkisch-
griechische Ausschreitungen.
17. 6. *Tunesien*: Räumung der
frz. Stützpunkte mit Ausnahme
von Bizerta.

Zwischenstaatl. Ereignisse	Westeuropa	Osteuropa und UdSSR
13. 9. Treffen de Gaulle–Adenauer.	28. 9. *Frankr.*: Annahme des neuen Verfassungsentwurfs durch Volksabstimmung. Die überseeischen Gebiete (außer Guinea) sprechen sich für Verbleib in der Frz. Union aus.	
1. 10. Marokko u. Tunesien treten der Arabischen Liga bei. 9. 10. Johannes XXIII. wird Nachfolger Pius' XII. 31. 10. Beginn der Konferenz der drei Atommächte in Genf über die kontrollierte Einstellung der Kernwaffenversuche.		
10. u. 15. 11. Chruschtschow löst zweite Berlin-Krise aus durch Vorschlag, den Status von Berlin zu ändern. – 27. 11. Berlinnote Chruschtschows an die Westmächte.		
31. 12. Gemeinsame Antwort der Westmächte auf die sowj. Noten: Hinweis auf die Abmachungen von 1944/45 u. 1949, Ablehnung von Verhandlungen unter Druck.	27. 12. *Frankr.*: Abwertung des Franc.	

1959

Zwischenstaatl. Ereignisse	Westeuropa	Osteuropa und UdSSR
4.–20. 1. Mikojan besucht die USA. 10. 1. Sowj. Entwurf eines dt. Friedensvertrags.	8. 1. *Frankr.*: De Gaulle übernimmt das Amt des ersten Präs. der V. Republik.	2. 1. *UdSSR*: Start der 1. sowj. Raumsonde, Lunik I, in Umlaufbahn um die Sonne. 27. 1.–5. 2. *UdSSR*: XXI. Parteitag der UdSSR. An die Stelle des laufenden Fünfjahresplans tritt ein Siebenjahresplan.
21. 2.–3. 3. Macmillan besucht Moskau.		

Nord- und Lateinamerika	Afrika und Nahost	Indien und Ostasien
	14. 7. *Irak*: Staatsstreich der Armee; Proklamation der Republik; Regierungsbildung durch General Kassem.	
		Ab 23. 8. *Nationalchina*: Beschießung der Quemoy-Inseln durch Küstenbatterien der VR China. (6. 10. Waffenstillstand.) 28. 8. *VR China*: Bildung von Volkskommunen.
	4. 9. *Algerien*: De Gaulle verkündet in Constantine einen Fünfjahresplan. – Die FLN bildet eine »Provisorische Regierung der Algerischen Republik« (GPRA) unter Ferhat Abbas in Kairo.	
1. 10. *USA*: NASA beginnt zu arbeiten.	2. 10. *Guinea* wird unabhängig. 23. 10. *Ägypten*: Sowj. Anleihe für den Bau des Assuandamms.	7. 10. *Pakistan*: Ayub Khan übernimmt die Macht; Regierung u. Parlament aufgelöst.
1. 1. *Kuba*: Präs. Batista dankt ab. – 2. 1. Die Aufständischen unter Fidel Castro rücken in Havanna ein. 3. 1. *USA*: Alaska wird 49. Bundesstaat.	4.–6. 1. *Belgisch-Kongo*: Blutige Unruhen in Léopoldville. – 13. 1. König Baudouin kündigt baldige Unabhängigkeit an.	
16. 2. *Kuba*: Castro wird Min.Präs.	19. 2. *Zypern*-Konflikt beendet durch Übereinkommen Großbrit. mit Griechenland u. der Türkei. Erzbischof Makarios wird Präs. der selbständigen Republik.	

1. 5.–20. 6. u. 13. 7.–5. 8. Genfer Außenmin.-Konferenz der vier Mächte		
	5. 6. *BRD*: Bundeskanzler Adenauer zieht seine Kandidatur für das Amt des Bundespräs. zurück.	
23. 7.–1. 8. Nixon besucht die UdSSR.	5. 7. *BRD*: Wirtschaftl. Angliederung des Saarlandes.	
15.–28. 9. Chruschtschow besucht die USA.		
7.–9. 10. Bagdadpakt wird zur zentralen Paktorganisation (CENTO) erweitert; erste Sitzung in Washington.	9. 10. *Großbrit.*: Sieg der Konservativen bei den Unterhauswahlen.	
20. 11. Abkommen über eine europäische Freihandelszone (EFTA) wird paraphiert. 1. 12. Antarktis-Vertrag von 12 Mächten unterzeichnet.		

1960 12. 1. Konferenz der drei
Atomstaaten in Genf wird festgesetzt.
25.–31. 1. Zweite Panafrikanische Konferenz in Tunis.

Nord- und Lateinamerika	Afrika und Nahost	Indien und Ostasien
		Ab 10. 3. *Tibet*: Bewaffneter Aufstand. – 17. 3. Flucht des Dalai Lama nach Indien. Tibet soll »Autonome Region« werden.
		27. 4. *VR China*: Mao Tse-tung wird als Staatspräs. von Liu Shao-chi abgelöst, behält jedoch den Vorsitz im ZK.
21. 8. *USA*: Hawai wird 50. Bundesstaat.		Aug./Sept. *Indien*: Eindringen chines. Truppen.
	16. 9. *Algerien*: Grundsatz-erklärung de Gaulles zur Algerienpolitik. Aufruf zu einem »Frieden der Tapferen«.	5. 9. *Laos*: Unruhen durch von Nordvietnam ausgerüstete Guerillas. Ausnahmezustand.
		26. 10. *Pakistan*: Die grund-legenden demokrat. Institutionen werden wiederhergestellt.
	1960: »Afrikanisches Jahr«. Unabhängig werden: Kamerun, Togo, Somalia, Kongo (République Populaire), Tschad, Zentralafrikanische Republik, Madagaskar, Kongo (République Démocratique), Dahome, Niger, Obervolta, Elfenbeinküste, Gabun, Nigeria, Mauretanien, Mali-Föderation. 9. 1. *Ägypten*: Bau des Assuandamms beginnt. 18. 1.–1. 2. *Algerien*: Barrikadenaufstand extremistischer Siedler in Algier; wird von der frz. Regierung erstickt.	

18. 2. Vertrag über die Errichtung einer lateinamerikanischen
Freihandelszone unterzeichnet.

13. 2. *Frankr.*: Erster Atombombenversuch.

15. 3.–28. 6. Konferenz des von
den vier Mächten am 7. 9. 1959
gebildeten Zehnmächteaus-
schusses in Genf.

11.–15. 4. Zweite Solidaritäts-
konferenz der afro-asiatischen
Völker in Conakry.

Frühjahr. *DDR*: Zwangs-
kollektivierung der Land-
wirtschaft.

5. 5. Chruschtschow gibt U-2-
Abschuß bekannt.
16./17. 5. Gipfelkonferenz der
Regierungsschefs der USA,
Großbrit., Frankr. u. der UdSSR
in Paris scheitert, ehe die
Verhandlungen beginnen.

13. 7. Drohende Note der
UdSSR wegen der
»imperialistischen Intervention«
im Kongo.

15.–16. 9. Heftige Auseinandersetzung im Sicherheitsrat
über das Eingreifen der UN-
Streitkräfte im Kongo.

29. 1. Aufruf de Gaulles an die
in Algerien stehende Armee,
die Ordnung im Land wiederherzustellen.

14. 6. *Algerien*: De Gaulle
anerkennt das Selbst-
bestimmungsrecht der Algerier.
»Algerisches Algerien«.
30. 6. Der *Kongo* wird
unabhängig. Min.Präs.
Lumumba, Staatspräs.
Kasavubu.

6. 7. *Kongo:* Meuterei der
Armee. – 11. 7. Lumumba ruft
gegen militärische Intervention
Belgiens UNO um Hilfe an. –
14. 7. UN-Truppen nach dem
Kongo. – 14. 7. Provinz
Katanga unter ihrem Präs.
Moise Tschombé erklärt sich
für unabhängig.

16. 8. *Zypern* wird unabhängig. – Ende 1960 Bürgerkrieg.

Sept. *Kongo*: Kasavubu u.
Generalstabschef Mobutu
stürzen Lumumba. – Aus-
lieferung am 18. 1. 1961 nach
Katanga (dort ermordet).

7. 11.–1. 12. Gipfelkonferenz
der Führer der kommunist.
Parteien in Moskau. (6. 12.
Moskauer Erklärung bestimmt
alle Richtlinien der kommunist.
Bewegung: Koexistenz als
Prinzip bestätigt.)

Dez. *Belgien*: Protest der
Opposition u. der Gewerk-
schaften gegen das Sparpro-
gramm; Streiks u. Unruhen.

1961

Seit 1961 sowj.-chines.
Grenzzwischenfälle.
3. 1. Abbruch der diplomatischen Beziehungen USA–
Kuba.

12. 1. *UdSSR*: Erster bemannter
Flug des Raumschiffs Wostok I.

21. 2. Resolution des Sicher-
heitsrats ermächtigt UN-
Generalsekretär, notfalls mit
Waffengewalt die Provinz
Katanga dem kongol. Gesamt-
staat einzugliedern.

13. 3. Kennedy verkündet die
»Allianz für den Fortschritt«.

3./4. 6. Begegnung
Chruschtschow–Kennedy in
Wien. Chruschtschow über-
reicht Dtld.-Memorandum.

30. 7. *UdSSR*. Das neue
Programm der KPdSU wird
veröffentlicht.

5.–17. 8. Tagung des Inter-
amerikanischen Wirtschafts- u.
Sozialrats in Punta del Este:
Charta von Punta del Este.

13. 8. *Dtld.*: Berliner Mauer.

1.–6. 9. Konferenz der blockfreien Staaten in Belgrad.
18. 9. UN-Generalsekretär
Hammarskjöld kommt im
Kongo ums Leben. – Nachfolger
wird U Thant.

17. 9. *BRD*: Bundestagswahlen:
CDU/CSU verliert die absolute
Mehrheit. – Bundeskanzler
wird wieder Adenauer.

Nord- und Lateinamerika	Afrika und Nahost	Indien und Ostasien
8. 11. *USA*: John F. Kennedy wird Präs., Lyndon Johnson Vizepräs.		
30. 1. *USA*: Kennedys Botschaft zur Lage der Nation (»New Frontier«).		14.–18. 1. *VR China*: Auf Plenarsitzung des ZK wird der »Große Sprung nach vorn«, d. h. die Volkskommunen, aufgegeben.
	14. 2. *Kongo*: In Stanleyville erklärt sich Gizenga zum neuen Regierungschef.	
17.–20. 4. *Kuba*: Invasionsversuch (Schweinebucht) der Castro-Gegner.	22.–26. 4. *Algerien*: »Generalsputsch«; General Salan gründet die OAS. 27. 4. *Sierra Leone* wird unabhängig.	
	28. 8. *Kongo*: Beginn der UN-Aktionen.	
	28. 9. *VAR*: Staatsstreich der syrischen Armee beendet den ägyptisch-syrischen Zusammenschluß.	
2. 12. *Kuba*: Castro erklärt Kuba zur sozialistischen Republik.	9. 12. *Tanganjika* wird unabhängig. 15. 12. *Israel*: Todesurteil im Eichmann-Prozeß.	

1962   14. 1. EWG-Ministerrat
beschließt den Übergang zur
Integration der Landwirtschaft
(zweite Stufe des Gemeinsamen
Marktes).
22.–31. 1. OAS-Konferenz in
Punta del Este schließt Kuba
aus der Organisation aus.

14. 3. Wiederaufnahme der
Abrüstungsverhandlungen in
Genf.

16. 5.–23. 7. Genfer Laos-
Konferenz: Unterzeichnung der
Neutralität von Laos.

8. 6. Vereinbarung zwischen
den USA u. der UdSSR über die
gemeinsame friedliche Nutzung
des Weltraums.

9.–18. 7. Wirtschaftskonferenz
der Entwicklungsländer in
Kairo.

11. 10. Johannes XXIII.
eröffnet das 2. Vatikanische
Konzil.

28. 10. *Frankr.:* Verfassungsänderung zur Wahl des Präs.
durch Volksabstimmung
angenommen.

12.–21. 12. Konferenz auf den
Bahamas zwischen Kennedy u.
Macmillan.

1963   2. 1. Dt.-frz. Vertrag unterzeichnet.
29. 1. Brit. Beitragsverhandlun-
gen zur EWG infolge frz. Vetos
ergebnislos abgebrochen.

Nord- und Lateinamerika	Afrika und Nahost	Indien und Ostasien
20. 1. *USA*: Erster amerik. bemannter Raumflug mit Friendship VII.		
	18. 3. *Algerien*: Abkommen von Evian zwischen Frankr. u. Algerien/FLN beendet Algerienkrieg.	
	1. 7. *Ruanda* u. *Burundi* werden unabhängig.	
	20. 9. *Algerien*: Wahlen für die Nationalversammlung, die Ben Bella am 26. 9. zum Min.Präs bestimmt. (Staatspräs. 15. 9. 1963.)	
22. 10. *Kuba*: Kennedy verlangt Rücktransport der von der UdSSR nach Kuba gelieferten Raketen u. Abbau der Abschußrampen. – 24. 10.–21. 11. Kennedy verhängt Blockade, ruft OAS und UN-Sicherheitsrat an. – 28. 10. Chruschtschow geht auf Kennedys Forderungen ein.		20. 10. *Indien*: Erneut schwere Kämpfe an der Grenze mit China. (1. 12. Wiederherstellung des Status quo.)
	12. 12. *Kongo*: Massierter Angriff der UN-Truppen gegen Katanga.	
	6. 2. *Kongo*: Sezession Katangas gewaltsam beendet.	

11. 4. Enzyklika Pacem in terris.
30. 4.–1.5. CENTO-Tagung in Karachi.

22.–26. 5. Gipfelkonferenz der unabhängigen Staaten Afrikas in Addis Abeba: Charta der »Organisation Afrikanischer Einheit« (OUA).

---

3. 6. Johannes XXIII. stirbt. – Nachfolger wird Paul VI.
14. 6. In einem Offenen Brief des ZK der chinesischen KP wird die KPdSU beschuldigt, die Sache des Marxismus-Leninismus verraten zu haben. (Dazu Stellungnahme der KPdSU am 14. 7.)

---

5. 8. Abkommen über die teilweise Beendigung der Kernwaffenversuche in Moskau. Von USA, UdSSR u. Großbrit. unterzeichnet. – Ablehnung des Abkommens durch Peking.

---

15. 10. *BRD*. Adenauer tritt als Bundeskanzler zurück, behält aber den Vorsitz der CDU. – Nachfolger wird Ludwig Erhard.

		Mai. *Südvietnam*: Aufstand der Buddhisten. 1. 5. *Indonesien*: Eingliederung von Westneuguinea als West-Irian.

28. 8. *USA*: Protestmarsch von 200 000 Negern nach Washington.

22. 11. *USA*: Ermordung Kennedys in Dallas. Lyndon B. Johnson wird Präs. der USA.

1./2. 11. *Südvietnam*: Militärjunta stürzt das Regime Diem.

10. 12. *Sansibar* wird unabhängig.
12. 12. *Kenia* wird unabhängig.

Register

Abakumow, Viktor 619
Abbas, Ferhat 26 f., 165, 655
780, 832 f., 838, 929, 988
Abdullah ibn Hussein, König
von Jordanien 279, 308, 500
Abdullah Mohammed, Scheich
199
Acheson, Dean Gooderham 318,
321, 325 f., 344, 347 f., 369–
372, 375, 381, 383 ff., 388 f.,
406 f., 426, 461, 475, 954,
956, 1010
Acheson, George 103 f.
Acker, Achille van 63 f.
Adenauer, Konrad 374 ff., 482,
636, 742 ff., 967, 970, 972
und Algerienkrieg 861
Gründung der BRD 306, 325
und EVG 613, 615
und Frankreich 382
und de Gaulle 830 ff., 953 f.,
1021
Besuch in Moskau 1955 639 f.
und NATO 630
und Schumacher 324
und Schumanplan 384
und USA 537
Adschubej, Alexej J. 1023
Afrika 497 ff., 543 ff., 833–835,
894–908, 1058
Ägypten 501 f., 503–506, 546,
662–664, 666, 714–720, 798,
804
s. a. Assuandamm, Suezkanal,
Suezkanal-Gesellschaft, Suezkrise
Ait Achmed, Hocine 618
Albanien 282, 968 f.
Alessandri, Marcel Jean Marie
354, 417, 444
Alexander, Sir Harold 185
Algerien 165, 214, 649–655, 750,
769 f., 774 f., 781, 832 f., 871
Algerienkrieg 26 f., 616 f., 671–
675, 751–754, 770, 784–790,
829, 859, 872–883, 927–932,
990, 992–1004
Barrikadenwoche 877–883
Bizerta 987 f.

Abkommen von Evian 991
Putsch der Generäle 942–951
Sakhiet, Bombardierung
770 f., 773
s. a. de Gaulle
Alliierter Kontrollrat s. Kon-
trollrat
Allilujewa, Swetlana 524
All India Congress 126, 128
Allison, Samuel K. 145
Almond, Edward M. 408, 423,
432 f., 436
ALN (Armee der Nationalen
Befreiung) 617, 674
Alon, Yigael 311
Alphand, Hervé 771
Ambedkar, Bhimras 189, 191
Amirouche (Ait Ramouche) 860
Anderson, Lloyd 548
Andropow, Jurij 713
Arabische Liga 130, 132, 140,
804
Aranha, Osvaldo 257
Arbenz, Jacobo Guzmán 611
Arden-Clarke, Sir Charles Noble
544
Aref, Abdul Salah Mohammed
852
Argenlieu, Georges Thierry d'
160, 164, 171, 213 f.
Argentinien 237, 611, 640 ff.
Argoud (frz. Oberst) 879
Armas, Castillo 611
Arnold, Karl 742, 744
Arnould, Auguste 928
Arrighi, Pascal 791 f.
Assuandamm 667 f., 676
Astrid, Königin der Belgier 377
Atomforschung, -tests, -waffen
141–146, 148 ff., 364, 367 ff.,
578, 759 f., 767 f., 883 f., 966,
970, 1048
Atomic Development Authority,
ADA 146
Atomteststoppvertrag 1026
Atomspionage s. Spionage
Attlee, Clement 22, 44, 58,
139 f., 193, 242, 385, 426,
461, 493, 496

Augstein, Rudolf 1021
Auriol, Vincent 212, 215, 220,
251, 309, 315, 379, 382, 456,
479, 491, 564, 791
Austin, Warren 275
Avriel, Ehud 272

Bacon, Paul 997
Badr, Mohammed el-, Kron-
prinz von Jemen 798
Badra, Mohammed 488 f.
Baels (belg. Politiker) 61
Baels, Marie Liane, Prinzessin
de Réthy 62, 377
Bagdadpakt 664 f.
Bagdasch, Khaled 852
Bahamas, Treffen Kennedy–
Macmillan 1018 f.
Balabanoff, Angelina 222
Balfour-Erklärung 131
Ballante, Antonio 298
Baltische Länder 38
Bandungkonferenz 621–624
Bao Dai 118, 157, 267, 351 f.,
446 f., 451, 474, 486, 563,
605, 629 f.
Barjot (frz. Admiral) 719, 731
Barnard, Chester I. 146
Barnes (US-Politiker) 41
Barr, David J. 329 f., 338
Barraclough, Sir John 375
Barrou (frz. Oberst) 607
Baruchplan 148 ff.
Bastiani (frz. Oberst) 566
Batista y Saldívar, Fulgencio
610, 814 f., 817–820, 822 f.
Bayo, Alberto 815
Baudouin, König der Belgier
376, 378, 404, 502, 899–902,
922 f.
Beaufort (frz. Gen.) 607
Beaufre (frz. Gen.) 652, 684,
730, 732
Beeley, Harold 777
Begin, Menachem 133, 274
Belgien 60–65, 922 f., 925
und EVG 614
und Kolonien 897–907
und Kongo 921, 1055 f.

Königsfrage 63–65, 221,
376 ff., 404
Wahlen 1946 64
Bekassem Krim 617 f., 751 f.,
832, 839
Belusow, Wladimir W. 760
Ben Bella, Mohammed Achmed
617, 674 f., 702 ff., 994, 1003,
1059
Ben Boulaid, Mustapha 617 f.,
652, 674
Ben Gurion, David 132, 271 f.,
275, 279 f., 519, 547, 668–
671, 701, 717, 729, 738 f.,
933
Ben Khedda, Youssef 752, 988,
1003
Ben Khider (alger. Polit.) 673
Ben M'Hidi, Larbi 752 f.
Benesch, Eduard 43, 233 f., 259–
263
Benouville, Guillain de 790
Bentley, Elizabeth 299 f.
Benton, William 580
Béraud, Henri 23
Bergmann, Ernst 519
Bergson, Abram 361
Berija, Lawrentij P. 33, 282, 365,
522, 525–528, 532 f.
Berkner, Lloyd 760
Berlin 16, 45, 56, 285, 290 f.,
530, 843 f., 846
    Alliierte Kommandantur 45
    Blockade 293–298, 304, 315 ff.,
    320, 323–326
    Mauer 962–966, 1024
    Wahlen 1946 207; 1948 316
    Währung 292 f., 323, 327
Berlin, Israel 244
Bermudakonferenz 568 f.
Bernadotte, Folke Graf 276, 280,
307 ff., 310 f.
Berteil (frz. Oberst) 559
Bevan, Aneurin 21 f., 718, 493
Bevin, Ernest 44, 50, 68, 153,
202, 212–217, 229–231, 235,
244, 294, 385
Beyen, Johan Willem 613 f.
BHE (Bund der Heimatvertrie-
benen und Entrechteten) 373,
745 f.
Biafra 1056 ff.
Bidault, Georges 65 f., 153,
165 f., 168, 172, 212–217,
230 f., 289, 380, 383, 397,
485, 538, 555, 568, 599 f.,
780, 791
Bierut, Boleslaw 40
Bigeard (frz. Oberst) 561, 566,
585, 587 f., 593, 752

Bikini (Atombombenversuch)
149 f.
Billoux, François 213, 216
Black, Eugene 676 ff.
Blagonrawow, Anatolij A. 760
Blaizot, Roger C. 355
Blanc (frz. Gen.) 576
Blank, Theodor 483, 631
Blum, Léon 141, 173, 212, 217,
250
Bohlen, Charles 209, 211
Boissieu, Georges de 879, 950
Bollaert, Emile 214, 267
Bonnet, Henri 586, 590
Bormann, Martin 53, 169
Born, Max 369
Bosch, Jean van den 907
Bose, Subhas Chandra 126
Boudiaf, Mohammed 618
Boumedienne, Houari 994, 1059
Bourgès-Maunoury,   Maurice
731, 737, 750, 754
Bourguiba, Habib 488 f., 612,
673, 702, 769, 771, 773, 777,
943, 987, 1059
Boyer de la Tour du Moulin,
Pierre 444, 447, 646
Braden, Spruille 237
Bradley, Omar 285, 390, 405 f.,
423
Brandt, Willy 844, 964
Brasilien 611, 974–977
Brasillach, Robert 23
Braun, Wernher von 760, 768
Bravo, Leopold 524
Brentano, Heinrich von 959, 967
Breschnew, Leonid I. 1047 f.,
1053
Brinon, Fernand de 24, 74
Brohon, Raymond 587 f.
Brownell, Henry 314
Bruce, David K. E. 383
Brüssel, Fünfmächtevertrag
1948 244
Bucard, Marcel 24
Budenz, Louis F. 299
Bulganin, Nikolai A. 619 f.,
632 f., 636, 727 f., 759
Bulgarien 41, 232, 660
Bunche, Ralph 905 ff.
Bundesrepublik Deutschland
(BRD) 481 f., 537
    Gründung 296, 305, 324 ff.
    Kartellgesetz 744
    und NATO 630 f.
    und Saarfrage 380 ff.
    Wahlen 1949 373
    Wirtschaft 744
Burns, Eedson (UN-Gen.) 738
Buron, Robert 997

Butler, Richard Austin 502, 691,
711, 715, 719, 729 f., 734,
746
Buu Loc, H. H. Prinz 563 f.
Bykow (russ. Oberst) 318
Byrnes, James 38, 74 f., 145,
153, 208, 602
Byroade, Henry 670, 688

Cabanier (frz. Konteradmiral)
567 f.
Cachin, Marcel 319
Café Filho, João 612
Caffery, Jefferson 25, 152
Campo, Pedro Albizo 428
Carpentier, Marcel Maurice 355,
413 f., 417, 421 f., 444
Casablanca, Konferenz 16
Casanova, Laurent 216
Castries, Christian de la Croix
de 478, 571, 575, 577, 582,
588, 592 f.
Castro Ruz, Fidel 610, 814–825,
910 ff., 936, 938–942, 1006 f.,
1015
Castro Ruz, Ramon 817
Castro Ruz, Raul 814, 817, 820
Catroux, Georges (frz. Gen.)
646, 671 f.
Cédile, Jean 118, 121 f.
Chaban-Delmas, Jacques 773 ff.,
840
Chadwick, Sir James 143
Chae Bing (»Fat Boy«) 391, 401
Chak, Paul 23
Challe, Maurice 692, 841, 859 f.,
871, 874 ff., 880, 928, 930,
943–946, 987
Chambers, Whittacker 299–302,
318 f., 371
Chamoun, Camille 801 f., 804
Chang Chun 184
Chang Hsueh-liang (»Junger
Marschall«) 85, 88
Chanson (frz. Gen.) 475
Charpentier (frz. Gen.) 379
Charton (frz. Oberstlt.) 415–
421, 443
Chataigneau, Yves 304
Château-Jobert (frz. Oberst)
725 f., 752, 793
Chauvel, Jean 387
Chehab, Fuad 804
Chen Chiang-chen 177, 182, 266
Chen Yi 330
Chenik, Mahmed 489 f.
Chennault, Claire Lee 90, 116
Cherrière, Paul 618, 650
Chevalier, Haakon 370
Chevallier, Jacques 672, 1001

Chiang Ching-kuo (Sohn Tschiang Kai-scheks) 177, 328, 345, 357
Chiang Kai-shek s. Tschiang Kai-schek
China
  Bürgerkrieg 82–104, 177–185, 263–266, 328–351
    Chungking 89
    Gesetzgebende Versammlung 180 ff.
    und Großbritannien 343 f.
    und Japan 89, 124
    Kanton 89
    Kommunismus 85 f., 91, 179
    Nanking 89, 178 f., 265
    Nationalversammlung 265 f.
    Peking, Eroberung 338 ff.
    Shanghai 89, 101, 345 ff.
    Souchou, Schlacht 335 ff.
    und Sowjetunion 95, 97, 265, 347
    und USA 90 ff.
    Währungsreform 328
    Yenan 86 f., 91 f., 101
China (Nationalchina) 357, 807
  s. a. Formosa
China (Volksrepublik) 350, 424, 712, 755 ff., 807
  und Indien 870
  Kommunismus 755 ff., 808 –813
  und Korea 426–442
  Kulturrevolution 1050 ff.
  und Sowjetunion 363, 756, 764, 919, 969, 1025 f., 1049
  und Tibet 854 f.,
  und Ungarn 724
  und Vereinte Nationen 430 ff.
  Volkskommunen 808 f., 892
  Wirtschaft 808–813
Christian, König von Dänemark 59
Chruschtschow, Nikita S. 524, 528 f., 532 f., 536 f., 619 ff., 633 f., 657 ff., 758 f., 763, 765 –769, 889, 959
  und Albanien 968 f.
  und arabische Länder 852 f.
  und Berlin 843, 848–851, 955 f. 965
  und BRD 972 f.
  und China 741, 806
  und DDR 955, 968
  und Kennedy 955 f.
  und Kongo 904 f.

und Kuba 1009, 1014 ff.
und XXI. Parteitag 845
und Polen 695 f.
und Stalin 361
und Tito 694, 805
und Ungarn 675
und USA 856 f., 864–869, 890 f., 958 f.
und UNO-Vollversammlung 917 f.
Sturz 1047
Chu Teh 86, 98
Church, John H. 393
Churchill, Sir Winston L. 21 f., 242, 500, 509
  Bermudakonferenz 586 f.
  und China 90
  und Deutschland 15
  Den Haag, Kongreß 288
  und Frankreich 604
  Genfer Konferenz 1954 634
  und Griechenland 201
  und Indien 188
  und Indochinakrieg 591, 594
  und Judenfrage 131
  und Kernwaffenversuche 579
  und Korea 430, 440
  Krankheit 541 ff.
  und MacArthur 461
  und NATO 406
  Potsdamer Konferenz 38–41
  und Sowjetunion 20, 138 f
  Tod 1060 f.
  und Truman 502 f.
  und USA 603 f.
  Wahlniederlage 1945 43 f.
CIA (Central Intelligence Agency) 366
Citrine, Walter 42
Clark, Mark W. 551–554, 625
Clauzel, Ghislain 455
Clay, Lucius DuBignon 20 f., 50 f., 205, 243, 284 ff., 293–298, 323, 326, 398, 964, 970
Clayton, William L. 229, 243
Clementis, Wladimir 362
CNR (Conseil National de la Résistance) 29 f., 65
Cogny (frz. Gen.) 559, 562, 566, 572 f., 585, 589, 593, 596, 601
Cohn, Roy 580 f.
Collins, Lawton 390, 408
Conant, James B. 368
Constans (frz. Oberst) 416, 421 f., 444
Coplon, Judith 371
Costa Rica 819
Coste (frz. General) 875
Coste-Floret, Paul 162 f., 165, 354, 382

Costello, Frank 457 f.
Coty, René 570, 780, 782 f., 795
Couve de Murville, Maurice 959, 1062
Crépin (frz. Gen.) 874, 879, 928
Crèvecœur (frz. Oberst) 566, 572, 595
Cripps, Sir Stafford 21, 57, 126, 185, 249, 318, 372
Culbertson, Ely 145
Cunningham, Sir Alan 271, 275
Currie, Lauchlin 299 f.
Cyrankiewicz, Józef 675, 695, 755

Daladier, Edouard 486
Dalai Lama 431, 853 f.
Dalat, Konferenz 161, 164
Dalton, Hugh 202, 242, 249, 386
Damaskinos (griech. Erzbischof) 42
Dänemark 59
Danquah, James B. 544
Darnand, Joseph 24, 74
Davies, John 92
Davies, Joseph E. 20
Dayan, Moshe 277, 308, 692, 701, 709, 716 f., 738
DDR s. Deutsche Demokratische Republik
Dèbes (frz. Oberst) 171 f.
Debré, Michel 774 f., 784, 826, 844, 859, 879, 991, 995, 998
Debrosse (frz. Oberstlt.) 875, 877
Dedon (frz. Oberst) 469
Dehler, Thomas 742
Dejean, Maurice 560, 565
Dekanosow, Wladimir 527
DeLacey, Hugh 104
Delbecque, Léon 775, 785 f., 797
Delouvrier, Paul 841, 880 ff.
Dennis, Gabriel 257
Depreux, Edouard 830
Deutsche Demokratische Republik (DDR) 745
  17. Juni 531 f.
  Republikflucht 960 ff.
Deutschland (1945–1949)
  Besatzungszonen 16, 20, 45, 55, 206, 208
  Demontagen 1945 55
  Entnazifizierung 50 ff.
  nach Kriegsende 55 ff.
  Oder-Neiße-Linie 40 f.
  Ostpreußen 38
  Parlamentarischer Rat 306, 320, 324 f.

nach der Potsdamer Konferenz 47 f.
Ruhrgebiet 284, 289
Währungsreform 290
Wirtschaftsrat der Bizone 284
s. a. Bundesrepublik Deutschland, Deutsche Demokratische Republik
Devèze, Albert 378
Dewey, Thomas 295, 312–315, 398, 428
Didouche, Mourad 618
Diethelm, André 538
Dietrich, Otto 374
Dillon, Clarence Douglas 590, 729, 923, 1010
Dimitroff, Georgi 245, 282, 362
Dinnyés, Laszlo 225
Djilas, Milovan 282
Dlomatowskij, Jewgenij 364
Dodd, Francis 509 f.
Dominikanische Republik 819
Dong Minh Hoi 156
Dönitz, Karl 15, 54, 169
Dostler, Anton 74
Douglas, Lewis W. 243
Douglas-Home, Sir Alexander 954, 959, 1025
Doyle (US-Admiral) 408
Dschinnah, Mohammed Ali 127 ff., 188 ff., 193–196
Dratwin (sowj. General) 285
Drtina (poln. Politiker) 262
Drubanow (sowj. Wissenschaftler) 638
Dubček, Alexander 1053
Dubois, André Louis 649
Ducasse (frz. Oberstlt.) 860
Duclos, Jacques 154, 156, 163, 220, 245, 252
Ducourneau (frz. Oberstlt.) 549, 561, 650, 787, 880
Dudas, Josef 713
Dufour (frz. Oberst) 877
Dulac (frz. Gen.) 794
Dulles, Allen W. 366, 936 f.
Dulles, John Foster 473, 523, 547, 555, 600, 608, 676 f., 682, 690, 708, 711, 718, 739, 766, 774, 846 f., 855
Dunn, James Clement 287
Durand, Norbert 489
Duvieusart, Jean 378

EAM (Nationale Befreiungsfront Griechenlands) 202
Eban, Abba 671
Ebert, Fritz 306 f.
Eddington, Sir Arthur 367
Eden, Anthony 38, 44, 599, 604, 615, 678, 687, 690 f., 693 f., 711, 718, 724, 726, 729, 731, 733, 500
Eichmann, Karl Adolf 932 f.
Einstein, Albert 145
Eisenhower, Dwight D. 295, 407, 441, 473, 523, 577, 642 f., 681 f., 688, 732, 762, 766, 910
und Ägypten 802
und Algerien 778
und China 625
und Deutschland 15, 51, Besuch in Bonn 861
und EVG 481
und de Gaulle 857, Besuch in Paris 862
und Indochina 599 f.
und Indochinakrieg 586 f., 590
und Israel 669, 739
und Kernwaffenversuche 579
und Korea 514, 551
und Nürnberger Prozeß 169
und Sowjetunion 569, 727
und Suezkrise 680, 687, 708, 729, 734, 739
und Ungarn 723
Wahl 1952 506 f., 509, 511–514
Eisenhower, Milton 612
Elfenbeinküste 895
Elisabeth II., Königin von Großbritannien 249
Ely, Paul 586 ff., 598, 605, 607, 731, 771, 789, 795, 879, 882
Emergency Committee for Europe 151
Erhard, Ludwig 290, 537, 744 f., 970, 1021, 1024 f.
ERP (European Recovery Program) s. Marshallplan
Erskine, Sir George 500 f.
Eshkol, Levi 1059
Estland 38
Euratom 742
Europäische Verteidigungsgemeinschaft s. EVG
Europäische Wirtschaftsgemeinschaft s. EWG
Europäische Zahlungsunion 490
Europarat 384
Evatt, Herbert 148
EVG (Europäische Verteidigungsgemeinschaft) 482 ff., 537, 613 ff., 742, 745 ff., 1016
EWG (Europäische Wirtschaftsgemeinschaft) 742, 745 ff., 953, 1016 f., 1020, 1061

Eyskens, Gaston 376 f., 899, 901, 925

Fabiola, Königin der Belgier 923
Faith, Don C. 432
Fajon, Etienne 163
Fanfani, Amintore 539, 1022 f.
Farès (frz. Offizier) 1001
Farmer, James 1029
Faruk, König von Ägypten 130, 275, 501–506
Faure, Edgar 486, 490, 601, 630, 645, 650, 655, 945
Fays (frz. Gen.) 566
Feisal II., König von Irak 799 f.
Feisal ibn Abd al-Assis ibn Saud 799
Feng Yueh-hsiang (der »christl. General«) 85
Fermi, Enrico 368
Ferrari, Jean 558
Fierlinger, Zdenek 259
Figl, Leopold 632
Figueres, José 819
Finletter, Thomas 364
Finnland 59
Fischetti, Charles 458
Flanders, Ralph E. 581
Fleet, James A. van 465, 472, 625
»Fliegende Untertassen« 228
FLN (Front de la Libération Nationale) 617, 654, 673 ff., 829, 833, 932, 991
Flüchtlinge und Heimatvertriebene 48 ff.
Fonde (frz. Oberst) 874–877
Fontanet, Joseph 997
Foot, Michael 50
Formosa 345, 356, 625–628, 807 f. s. a. China (Nationalchina)
Forrestal, James 255 f., 327, 368
Franco, Francisco 147 f., 748
François-Poncet, André 375, 381
Frank, Hans 53, 169
Frankreich 16 f., 539, 749 f.
und Ägypten 670 f.
und Algerien 774
und Biafra 1058
und Deutschland 288 f.
und EVG 483, 538, 613 ff., 631
und Indochina 115–125, 156–164, 170 ff., 212, 267, 351–355, 379, 443–454, 564, 586 f., 598, 628 ff.
und Israel 669 ff., 739

und Kolonien 833 ff., 895 f.
Kommunistische Partei 27–30, 165, 216 f., 219 f., 246 f., 253
und Korea 397
nach Kriegsende 22–26
Kriegsverbrecherprozesse 23 f.
und Marokko 539 ff., 649, 703
und Marshallplan 246 ff.
Streiks 1947 250–254
und Suezkrise 718 f., 729, 731–734
und Tunesien 489 f., 777
Verfassung 154 f., 162 f., 165 f., 830, 832, 1105
Wahlen 1958 840 f.
Wirtschaft 153, 218 f., 242 f., 484 f., 490 ff.
Französisch-Äquatorialafrika 895
Frick, Wilhelm 54, 169
Friedensburg, Ferdinand 293
Friedmann-Jallin, Nathan 133
Fritzsche, Hans 53, 169
FTP (Francs Tireurs Partisans) 28 f.
Fuchs, Klaus 369 ff., 459
Fugh, Philip 338
Fulbright, James William 971
Funk, Walther 54, 169

Gagarin, Jurij 934
Gaillard, Félix 773, 775–779
Gainsburg, David 519
Gaitskell, Hugh 678, 718
Galbraith, J. Kenneth 1017
Gallioli, Luigi 667
Gallup, George 312, 315
Galvao, Henrique 953
Gambiez (frz. Gen.) 415, 942 f.
Gandhi, Mohandas Karamchand 126–129, 189–192, 194–197, 268 ff.
Gardes, Jean (frz. Oberst) 988, 993
Gardner, Trevor 760
Gardy (frz. Gen.) 945, 988, 1001 f.
Garginzo, Berjamino 641
Gasperi, Alcide De 67, 222 f., 252, 538 f., 613
Gaucher (frz. Oberst) 575
Gaulle, Charles de 25 f., 28 ff., 72 f., 135 f., 155, 163, 165, 213, 217 f., 247, 289, 491 f., 537, 742, 838, 844, 854, 872, 1005 f., 1061 ff.
und Adenauer 830 ff.
und Algerien 774 f., 826, 829, 835 f., 838–841, 870 ff., 878–

882, 928–932, 943, 945, 948, 989, 991
Attentat 1004
und Berlin 960, 972
und Bidault 65
und Deutschland 68, 320
und EWG 953, 1017, 1020, 1061
und Großbritannien 1018 ff.
und Kennedy 952–955, 1024
und Korea 397 f.
und Kuba 1012
und Laos 952
wird Ministerpräsident 1958 789–797
und MLF 1020
und NATO 320, 858, 1061
politische Ziele 995 ff.
Gay, Hobart R. 427
Gazier, Albert 731
Gemeinsamer Markt s. EWG
Genf, Konferenzen:
1954 Viermächtekonferenz: 635 ff.
1954 Ostasienkonferenz: 599 f., 607 ff.
1959 Außenministerkonferenz: 851, 855
1959 Konferenz über das Verbot von Atomversuchen: 855
Georg VI., König von Großbritannien 493, 496, 502
Georg, König von Griechenland 42
Gerö, Ernö 676, 697–700, 705 f.
Gheorghiu-Dej, Gheorghe 41
Giap s. Vo Nguyen Giap
Gibbs, Harold 485
Gilbert, Pierre 670
Gilles (frz. Gen.) 486, 563, 566, 618, 684, 725
Glaui, Tahmi el- 455, 539, 613, 645–648
Glubb Pascha 275, 278 f., 308, 665 f.
Godard (frz. Oberst) 988
Godse, Nathuram Vinayak 270
Gold, Harry 370, 459 f.
Goldküste 544 f.
Goldwater, Barry 1034
Gomulka, Wladyslaw 40, 245, 362, 660, 694 ff., 764, 806
Göring, Hermann 53, 169
Gottwald, Klement 43, 232 ff., 260–263
Goulart, João 974, 976 f.
Gowalkar (ind. Politiker) 269
GPRA (Provisorische Regierung der Algerischen Republik) 832, 840, 929, 944, 987

Gracieux (frz. Gen.) 880, 882
Grady, Henry 497
Grandval, Gilbert 644 f.
Greenglass, David 370, 459 f.
Greenglass, Ruth 459
Griechenland 42, 201–205, 281, 320, 748
Grivas (griech. Politiker) 679
Gromyko, Andrej A. 147, 150, 471, 473, 1010 f.
Gross, Ernest 388
Großbritannien 318
und China 343 f., 351
und Commonwealth 109 f., 543 ff., 896
und EWG 746 f., 1020
und Griechenland 201 ff.
und Indien 125–130
und Indochina 121 ff., 600
und Indonesien 113 f.
und Israel 691–695, 701 f.
und Jordanien 802 f.
und die Judenfrage 131, 239
und Korea 397
nach Kriegsende 57
und Schumanplan 385 f.
und die Suezkrise 718 f., 729, 731–734
und die Türkei 201
und USA 1945 58
Wahl 1945 21, 43
Wirtschaft 241 f., 372 f., 493, 496
Groza, Petru 41, 224
Gruenther, Alfred M. 730
Guatemala 610 f.
Guevara, Ernesto (»Che«) 814, 817, 822 ff., 911, 975, 1015
Guillaumat, Pierre L. J. 879
Guillaume, Augustin 541
Guinea 828, 895
Guyot, Raymond 155

Haakon VII., König von Norwegen 59
Haganah 133
Hagen, John P. 760 f.
Hajoui, Abder el- 646 f.
Hammarskjöld, Dag 671, 728, 733, 769, 804, 906, 914 f., 918, 920, 927, 977–987
Hamsun, Knut 59
Hancock, Alexander 22
Hardings, Sir Henry 199
Harrison, Earl G. 132, 554
Hartley, Fred A. 228
Hatta, Mohammed 114
Hauteclocque, Jean de 489 f.
Hay, Julius 722
Head, Anthony 718

Hebrang (jugosl. Politiker) 283
Hegedüs, Andreas 661, 697,
706, 800
»Heißer Draht« 1026
Herbert (brit. Gen. Maj.) 285, 292
Hernu, Charles 792
Hérold-Paquis, Jean 24, 74
Herriot, Edouard 136, 163, 212,
253, 382, 614
Herrnstadt, Rudolf 532
Herter, Christian 847, 890
Heß, Rudolf 53, 169
Heuss, Theodor 374
Hidayabullah, Sir Ghulan Hus-
sein 188
Higgins, James M. 393
Hilaly, Achmed 502 ff.
Hillenkoetter, Roscoe H. 366
Hilton, Richard 36
Hirohito, Kaiser von Japan 80 f.
Hirota, Koki 267
Hiskey, Clarence 370
Hiss, Alger 300 ff., 318 f.,
370 ff., 460
Hiss, Priscilla 318 f.
Ho Tschi Minh 117, 125, 156–
165, 174, 213 f.
Ho Ying-chin 329, 342
Hodge, John R. 102 f.
Hodgman, Donald 361
Hoffmann, Johannes 381
Hoffmann, Paul 317 f., 338, 372
Homma, Masaharu 79
Hoo Han-min 83
Hoover, Herbert 152
Hopkins, Harry 20
Hounds, Frank W. 525
Houphouët-Boigny, Félix 826,
895
Howley, Frank 56, 285, 292
Huggins, Sir Godfrey 545
Hughes, Emmet 324
Hull, Cordell 90
Humphrey, Hubert 846, 909
Hurley, Patrick 92 ff., 99 f.,
103 ff.
Hu Shih 181
Hussein II., König von Jorda-
nien 665 f., 692 f., 799, 801 f.,
804
Hussein, Achmed 676 f.

Ibn Saud, Abd al-Assis III.,
König von Saudi-Arabien
130 ff.
Indien 125–130
Fürstentümer 186, 198 f.
und Korea 430
Unabhängigkeit und Teilung
185–200

»Unberührbare« 189 f.
und UNO 431
1. Indochinakrieg 115–125, 170–
175, 412–422, 443–450, 467–
470, 474–480, 486 ff., 549 f.,
554–568, 597–601, 605–609,
616
Dien Bien Phu 550, 566, 570
–577, 581–596
Haiphong, Schlacht 172
Indochinakonferenz in Cao Bang
443 f.
2. Indochinakrieg s. Vietnamkrieg
Indonesien 267 f., 622, 685 f.
Irak 798–801, 804, 852
Iran 493–497, 504
Irgun Zwai Leumi 133, 140
Israel 308, 310, 518 ff., 546,
681 ff., 701 f., 708–712, 714–
720, 738 f., 1059 f.
Sechstagekrieg 1060
Unabhängigkeit 275
Italien 153, 221, 748 ff.
Kommunistische Partei 66,
221 ff., 246, 748
nach Kriegsende 66 f.
und Marshallplan 246
Streiks 1947 246
Wahlen 1948 287 f.

Jacomet, André 930
Jacquet, Marc 564 f., 577, 731
Jacquinot, Louis 797, 826
Jacquot (frz. Gen.) 628 f.
Jagoda, Gehrich G. 35
Jakowlew, Anatol 370
Japan 108, 111 f., 266, 472 f.
und China 89, 124
und Indochina 116
und Indonesien 113 f.
nach Kriegsende 77–82
Jaspar, Marcel-Henri 60
Jaujard, Robert 321
Jawali, Fadhil 622
Jeanpierre (frz. Oberst) 752, 796
Jebb, Sir Gladwyn 397, 426, 431
Jemen 798, 1058
Jessup, Philip Carlyle 323, 325,
347
Jewish Agency 131
Jodl, Alfred 54, 169
Johannes XXIII. 837 f., 1023
Johnson, Edwin 600
Johnson, Eric 546, 669
Johnson, Louis 368 ff., 406
Johnson, Lyndon B. 627, 739,
909, 1037, 1043 ff.
Jones, Joseph M. 203
Jordanien 665 f., 691 f., 801

Jouhaud, Edmond 771, 930,
944 ff., 992, 994, 996, 988 f.,
1002
Joxe, Louis 930, 944
Joy, Charles T. 471, 625
Joyce, William 74
Jugoslawien 42, 231 f.
Juillet, Pierre 645
Juin, Alphonse 321, 445, 453–
456, 483, 556, 562, 589, 601,
612, 930
»Junger Marschall« s. Chang
Hsueh-liang

Kádár, János 697, 705, 713 f.,
721, 733 f.
Kaganowitsch, Lasar M. 524,
528, 579
Kairo, Aufstand 501
Kaltenbrunner, Ernst 53, 169
Kamerun 895
Karamanli, Konstantin 748,
847 f.
Kardelj, Edvard 245, 282
Karl, Prinz von Belgien 62 f.,
376, 378, 502
Karmel (israel. Oberst) 276 f.,
308
Kasavubu, Joseph 898–901, 904,
908, 914 f., 921 f., 1056
Kassem, Abdul Karim el- 801,
804, 852
Kassjenkina, Oksana Stepano-
wa 302 ff.
Katanga 903 ff., 979–982, 1055
Keeler, Christine 1022
Kefauver, Estes 457 ff., 682
Keiser, Laurence B. 434, 436
Keitel, Wilhelm 15, 54, 169
Keightley, Sir Charles 680, 684,
686, 693, 731
Keller (frz. Oberstlt.) 583
Kempski, Hans Ulrich 873 f.
Kenia 497 ff.
Kennan, George F. 34, 229, 360,
515
Kennedy, John F. 627, 773, 909,
913, 919, 923 f., 935, 956 ff.,
1007
und Berlin 964, 971, 1024
und Chruschtschow 955 f.
und DDR 971
Ermordung 1033–1037, 1040 f.
und Europa 1017, Europareise 1021, 1024
und de Gaulle 952–955, 1019,
1021
und Kolonialismus 935
und Kuba 935–942, 1011–
1016

und Lateinamerika 936
und NATO 1017
New Frontier 914
Kennedy, Joseph 204
Kennedy, Robert 1010, 1013, 1029
Kennedy-Runde 1017
Kenyatta, Jomo 498 f., 545
Kernwaffen s. Atomforschung, -tests, -waffen
Keynes, John Maynard 58
Khider, Mohammed 618
Kim Il Sung 551 f., 554
Kim Ir Sen 267
King, Martin Luther 1029, 1044
Kirk, Alan Goodrich 466, 471
Kirkpatrick, Sir Ivone 711
Kitchlu, Saiffledin 523 f.
Knowland, William 439
Knox, William 1014
Koenig, Pierre 445, 492, 601, 613 f., 645
Koestler, Arthur 519
Kolokow (sowj. Gen.) 296
Komar, Waclaw 695
Komintern 85 f.
Konferenzen s. u. den Konferenzorten
Kongo 827, 897–908, 914, 925 ff., 978–987, 1055 f.
Konjew, Iwan S. 632, 962
Konoye, Fürst Fumimaso 79
Kontrollrat, Alliierter 45, 284 f.
Korea 102, 267, 884
Koreakrieg 386–403, 408–412, 426–430, 432–442, 460 f., 465 f., 471–474, 507–510, 551–554
Korsika 791
Koski, Walter 459
Kossygin, Alexej N. 1047 f.
Kostoff, Traitscho 362, 660
Kotikow (sowj. Gen.) 285
Kotschinchina 123, 160 f., 352
Kovacs, Béla 224
Kovacs, Istvan 700, 720
Kraft, Waldemar 373
Kripalani, Acharya 192
Kroll, Hans 971 f.
Kruglow, Serge 533 f.
Krupp von Bohlen und Halbach, Gustav 53
Kuba 818–825, 910 ff., 1007
amerikanische Invasion 937–942
Kubakrise 1006–1016
Kubitschek de Oliveira, Juscelino 974, 977
Kuomintang 83, 85, 89, 91, 101, 263 ff., 347 f.

Kusnetzow, A. A. 360
Kuwatli, Schukri el- 798

Labonne, Erik 214
Lacerda, Carlos 975, 977
Lacheroy (frz. Oberst) 988
Lacoste, Robert 672, 678, 750 f., 781 ff.
Ladas, Christos 281
Lagaillarde, Pierre 784 f., 797, 874, 876, 879, 883, 930
La Guardia, Fiorello 151
Lalande (frz. Oberst) 575, 596
Lane, Bliss 40
Langlais (frz. Oberst) 566, 584, 592
Laniel, Joseph 538, 540, 560, 568, 570, 577, 586, 589, 598, 601
Laos 351, 555, 562, 564 f., 952
Larminat, de (frz. Gen.) 999, 1003
Laski, Harold 21 f.
Lateinamerika 236–238, 610–612
La Tour du Pin, Geoffrey de 352, 790
Lattre de Tassigny, Jean de 321, 445–454, 467–470, 474–479, 486
Laurel, José 79
Laval, Pierre 24, 69 ff.
Lawrence, Geoffrey 73
Leclerc de Hautecloque, Philippe 123, 156–160, 213 f., 252
Lee Ki Pong 885 f.
Lefèvre, Bernard 928
Lejeune, Max 750, 790, 797
LeMay, Curtis 294
Lemnitzer, Lymen L. 941
Leopold III., König der Belgier 61–65, 376 ff., 404
Lepage (frz. Oberstlt.) 415–420, 443
Lesseps-Morrisson, de (US-Politiker) 236
Lettland 38
Le Troquer, André 65, 795
Lewis, John Llewellyn 137 f
Ley, Robert 53
Libanon 801–804
Lie, Jonas 59
Lie, Trygve 276, 388, 426, 431
Lilienthal, David Eli 146, 368 ff.
Lilienthalplan 148
Linares, Gonzalès de 479, 549, 558 f., 589

Lin Piao 177 f., 185, 263, 265, 333 f., 338, 342, 345, 348, 427, 434, 442, 1051 f.
Lippmann, Walter 313
Lissabon, Konferenz 1952 490
Litauen 38
Li Tsung-jen 266, 334, 339, 341 f., 345 f., 350, 356
Liu Po-cheng 263 f., 356
Liu Shao-chi 813
Lloyd, Selwyn 669, 692 f., 701, 734
Lobb, Sir James 320
Lodge, Henry Cabot 711, 1032
Logemann, Johann 113
Lo Lung-chi 756 f.
Lomarkin, Jakob 302
Lonardi, Eduardo 642
London, Konferenzen: 1945: 65–68; 1948: 284; 1954 (NATO): 615; 1956 (Suezkrise): 683 f., 690
Longo, Luigi 245
Lorillot (frz. Gen.) 652
Loritz, Alfred 373
Los Alamos 144
Lovett, Robert 428, 473
Lübke, Heinrich 855
Luce, Harry 475
Luchaire, Jean 24, 74
Luciano, Lucky 458
Lukiantschenko (sowj. Generallt.) 295
Lumumba, Patrice 900–908, 914 f., 920 ff., 925 f.
Lung Yun 757

MacArthur, Douglas 99, 393 f., 405
und Japan 77 f., 80 ff., 472 f.
und Korea 398, 408–412, 427–430, 438, 442, 460–465
und Marshall 107
und Truman 423 f.
Macmillan, Harold 294, 734, 746, 848 ff., 953 f., 1012, 1017 f.
Madagaskar 215 f., 827, 895
Maher, Ali 505
Makarios III., Erzbischof 679, 848
Malan, Daniel 893
Malaya 108, 268
Malenkow, Georgij M. 33, 516 f., 526 f., 529, 533, 535, 619 f., 759
Maleter, Pal 720, 805
Mali 895
Malik, Jakob 323, 325, 389, 403, 466, 515

Malraux, André 218, 247, 878
Mandschurei 97, 102, 176 ff.,
    181, 185, 263 ff., 332 f., 424
Manhattan Construction Project
    142 f.
Maniu, Juliu 28, 41
Mao Tse-tung 86, 92, 330,
    346 f., 813, 1050 f.
    Ausrufung der Chinesischen
    Volksrepublik 349 f.
    »Hundert Blumen« 755
    Kernwaffenversuche 764
    und Kuomintang 339, 341
    »Langer Marsch« 86
    Sozialisierung der Landwirt-
    schaft 425 f.
    und Stalin 363
    und Tibet 853
    und Tschiang 98 ff.
    und USA 94
    s. a. China, Kommunismus
Marcus, David »Mickey Stone«
    280
Margaret Rose, Prinzessin von
    Großbritannien 639
Marie, André 297, 538
Marie-José, Prinzessin von Pie-
    mont 61
Markgraf, Paul 293
Markos (griech. Gen.) 281, 320
Marokko 454, 539 ff., 613, 643
    –649, 673, 750, 770
Marshall, George Catlett 226 f.,
    318, 473
    und China 93, 105 ff., 176–
    183, 264, 338
    und Europa 238
    und Griechenland 203
    und Kernwaffenversuche 143
    und Korea 406
    und MacArthur 461, 464
    Moskauer Konferenzen 1945:
    74 f.; 1947: 212–217
    und NATO 407
Marshallplan 226–234, 249,
    286 f., 317 f., 481
Martel, Robert 988 f.
Martin, Joseph 460
Marty, André 517
Masaryk, Jan 233 f., 260 ff.
Massigli, René 385
Massu, Jacques 123, 684, 730,
    752 f., 793, 836, 873, 875 ff.
Mast, Charles Emmanuel 354,
    379
Matteotti, Matteo 222, 749
Mau-Mau 498
Maurras, Charles 23
Maximos, Demetrios 203
Mayer, René 485, 538, 556

McCarthy, Joseph Raymond
    372, 389, 463, 579 ff.
McCloy, John Jay 375, 958
McCone, John 1010
McCormick, Robert 314, 511
McElroy, Neil H. 761
McGhee, George 497
McMahon, Brian 368
McMahon-Gesetz 145
McNamara, Robert Strange 923,
    934, 941, 1010, 1017, 1032
Meany, George 740, 864
Mei-ling (Frau Tschiang Kai-
    scheks) 85, 337 f., 351
Meir, Golda 275, 520, 701,
    740
Melbourne (US-Politiker) 41
Mende, Erich 967, 970, 972 f.
Mende, Tibor 186
Menderès, Adnan 847
Mendès-France, Pierre 25, 538,
    586, 604 f., 608 f., 612–615,
    618, 630, 671, 830
Menon, Vengalil Krischnan
    Krischna 524
Menzies, Robert 684, 687 f.
Messali Hadj 617, 655
Messersmith, John 237
Meyer, Daniel 252
M'Hidi, Larbi 618
Michael, König von Rumänien
    41, 249
Michelet, Edmond 774 f.
Mihajlović, Draža 28, 42, 167
Miklós, Béla Dálnoki 224
Mikojan, Anastas 633, 845
Mikolajczyk, Stanislaw 28, 40
Mindszenty, Joseph 713, 722
Mintener, Bradshaw 507
Miquel, René 793
Mirambeau (frz. Oberst) 123
Mitterrand, François 541
MLF (Multilateral Force) 1017
Mobutu, Joseph-Desiré 903, 915,
    921 f., 979, 1056
Moch, Jules 136, 253, 379 f.,
    383, 453, 456, 789, 793 f.
Mogy, Salah el- 726, 730
Mohammed V. ben Jussuf, Kö-
    nig von Marokko 214, 454 ff.,
    539 ff., 644–649, 703
Mohammed VI. ben Arafa, stell-
    vertr. Sultan von Marokko
    540 f., 644 f.
Mohammed VIII., Bey Lamine
    von Tunesien 489
Mohammed Reza Pahlavi, Schah
    von Iran 493, 548
Mollet, Guy 220 f., 485, 656,
    671 f., 692 f., 701, 718, 729,

731 f., 737, 750, 754, 789,
    791, 797, 826
Molotow, Watscheslaw M. 33,
    41, 67 f., 94, 96, 145, 153,
    167 f., 212–217, 282, 304,
    320 ff., 323, 599, 633, 759
Monckton, Sir Walter Turner
    691
Mongolei 96 f.
Monnerville, Gaston Ch. F. 795
Monnet, Jean 244, 384, 484 f.
Montanunion 483, 631
Montgomery, Bernard Law 320
Mook, Hubertus van 112, 114,
    267
Morgenthauplan 55, 299
Morice, André 782
Morlière (frz. Gen.) 171, 174
Morris, Dennis 244
Morrison, Herbert 493
Moses, Anna Mary Robertsen
    (Grandma Moses) 227
Moskau, Konferenzen: 1945: 74;
    1947: 212–217; 1957 (Konfe-
    renz der Dreizehn): 763 f.
Moslemliga 128, 185, 188, 191
Mossadegh, Mohammed 495 ff.,
    547 f.
Moulin, Jean 65
Mountbatten, Lord Louis 193–
    200
Moutet, Marius 164, 213
MRP (Mouvement Républicain
    Populaire) 26, 72, 154, 162,
    165
MTLD (Mouvement pour le
    Triomphe des Libertés démo-
    cratiques) 617, 655
Muawi, Ali el- 280
Muccio, John J. 390
Mumford, Lewis 579
Munos Marin, Luis 610
Murphy, Robert 297 f., 325, 680,
    777 f., 802, 902
Muskie, Edward 688
Mussert, Anton 60
Muto, Akiro 266

Nadolny, Rudolf 324
Nagib, Mohammed 280, 504 ff.,
    520, 523 f., 546 f., 667
Nagy, Ferenc 42, 224
Nagy, Imre 661, 675, 697–700,
    704–707, 713 f., 734 f., 805
Nahas, Mustafa el 499 f., 502 f.,
    506
Narain, Jai Pradesh 192
NASA (National Aeronautics
    and Space Administration)
    768, 889, 934 f.

Nasser, Gamal Abdel 311, 506, 546, 623, 662–666, 668, 671, 676 f., 679, 683, 687 f., 690, 715, 733, 736 f., 739, 798 f., 803 ff., 851 ff., 1059
Nationalchina s. China (Nationalchina)
NATO (North Atlantic Treaty Organization) 320 ff., 406 f., 858, 953
Naumann, Werner 374
Navarre, Henri 556–567, 570–573, 576 f., 582–592, 597–601
Nazimuddin, Sir Khwaja 188
Nehru, Pandit 191–196, 199, 431, 622 ff., 724, 740, 870
Nenni, Pietro 222 f., 748
Nesmejanow, Alexander 638
Neuguinea 685 f.
Neurath, Konstantin von 53, 169
New York, Konferenz 1950: 407
Ngo Dinh Diem 117, 452, 607, 628, 630, 924, 1031 ff.
Ngo Dinh Nhu 1030–1033
Ngo Dinh Thuc 476, 1031
Nguyen Huu Tri 451 ff.
Nguyen Van Tam 474 f.
Nguyen Van Thinh 161, 170
Nguyen Van Xuan 267, 352
Nguyen Vin Thuy 352
Nicola, Enrico de 223
Niederlande
    und Indonesien 108, 110 ff., 267 f., 521, 686
    Kriegsverbrecherprozesse 60
    Überschwemmung 1953 521
Nigeria 545, 896
Nixon, Richard 301, 511, 599, 681 f., 724, 773, 856 f., 911, 919, 1016
Nkrumah, Kwame 544 f., 781, 906, 1058
Noiret (frz. General) 296
Noon, Sir Feroze Khan 188
Nordatlantikpakt s. NATO
Norodom Sihanouk, König von Kambodscha 558
Norwegen 59, 322
Nosek, Vaclav 260 f.
Novotný, Antonín 660, 1053
Nuri al-Said 546, 665 f., 798 ff.
Nürnberger Prozeß 50–54, 73 f., 168 f.
Nutting, Anthony 711, 729

OAS (Organisation armeé secrète) 944, 988 ff., 992, 994 ff., 1001 f.
O'Brien, Connor Cruise 981, 984
Ochab, Edward 660, 695
O'Dwyer, William 458
OEEC (Organization for European Cooperation) 288
Oliva, Eneido 936, 941
Olivieri, Anibal 641
Ölproduktion 255 f., 494–497, 662
Olympische Spiele 1948 298 f.
Oppenheimer, Robert 144, 146, 367 f., 579 f.
Ortiz, Joseph 873–883
Orwell, George 358 f., 361, 809
Osóbka-Morawski, E. 40
Österreich 16, 42 f., 211, 632
Oswald, Lee Harvey 1038–1042

Paasikivi, Kusti 59
Pak Sang Hyon 509
Pakistan 128 f., 185, 188, 194, 200
Palästina 130, 132, 140 f., 238 ff., 254–258, 271, 307, 310
Palästinakrieg, erster: 271–281; zweiter (Zehntagekrieg) 308 f., 311
Palewsky, Gaston 218
Panafieu, François de 646 f.
Panikkar, K. M. 424
Pan Ju-kun 185
Panjuschkin, A. S. 303
Papen, Franz von 53, 169
Paraguay 819
Paris, Konferenzen: 1946 (Außenministerkonferenz): 167 f.; 1947: 232, 235, 243 f.; 1948: 326 f.; 1960 (Gipfelkonferenz): 890 f.; 1961 (Außenministerkonferenz): 959 f.
Parodi, Alexandre 148
Parri, Ferruccio 67
Pasternak, Boris L. 842 f.
Patel, Vallabhai 193, 268 ff.
Pathet Lao 555, 564
Patton, George S. 51, 56
Pauker, Anna 41, 245, 362
Paul VI. 1024
Paulsen, Norris 866 f.
Pedraza, José 823
Pélissier (frz. Gen.) 598
Pella, Joseph 539
Pendergast, Tom 19
Peng Teh-huai 265, 551 f., 554, 869
Peres, Schimon 669, 692
Peréz Jiménez, Marcos 819

Peréz San Roman, José 912, 936, 941
Perlo, Victor 299 f.
Péron, Juan Domingo 237, 640 ff.
Péron, Maria Eva Duarte de 237
Pétain, Philippe 24, 69 f., 485 f.
Peter, König von Jugoslawien 42
Pethick-Lawrence, Frederick William 185, 188 f.
Petkoff, Nikola 41, 224
Petsche, Maurice 373, 485
Peyré, Roger 354, 379
Pflimlin, Pierre 773, 784, 787, 792 ff., 797, 826, 997
Pham Van Dong 163 f., 599, 608 f.
Philby, Harry St. John Bridger 255
Philip, André 213
Philipp, Herzog von Edinburgh 234, 249
Pibul Songgram 268
Pieck, Wilhelm 55 f.
Pieds-noirs 653, 932
Pierlot, Hubert 60 f.
Pignon, Léon 267, 351, 379
Pijade, Mosa 283
Pinay, Antoine 491 f., 538, 645, 648, 782, 791, 797, 826, 872
Pineau, Christian 671, 678, 683, 693, 701, 731, 736, 750, 771, 773, 778
Piros, Laszlo 700
Piroth, Charles 571, 575, 577, 583
Pius XII. 836 f.
Pleven, René 25, 397, 407, 440, 445, 482, 485 f., 555, 577, 589, 773, 780 ff.
Polen 38 f., 224, 231 f., 660
    Aufstand von Posen 675, 694 ff.
Pompidou, Georges 943, 995, 999, 1006, 1062
Pontecorvo, Bruno 370
Popow, G. J. 360
Portugal 894 f., 952 f.
Poskrebischew (Stalins Diener) 525 f.
Potsdamer Konferenz 31, 37–41, 44 ff., 48
Pouget, René 557 ff.
Poujade, Pierre 655 f.
Prasad, Rajendra 195
Profumo, John Dennis 1022
Puerto Rico 428, 610

Quadros, Janio 937, 974 ff.
Queuille, Henri 309, 378 ff.,
383, 397, 452
Quisling, Abraham Lauritz
Vidkun 59 f.

Raab, Julius 632
Rabemanjara, J. 215
Radcliffe, Sir Cyrill 196
Radescu (rumän. Politiker) 41
Radford, Arthur William 369,
423, 586 f., 627, 730
Raeder, Erich 169
Rahmat Ali, Choudhary 128
Rajk, Laszlo 224, 362, 675
Rákosi, Mátyás 224, 661, 675
Ramadier, Paul 212, 217, 220 f.,
230, 248, 250, 309, 354, 379,
383
Ramdane, Abane 673 f., 751 f.,
839
Rankovic, Alexander 283
Rapacki, Adam 768
Rasetta (madegass. Politiker)
215
Rau, Sir Bengal 424, 431
Rau, Heinrich 745
Raumfahrt 638, 760–763, 863 f.,
934 f., 960, 1027 f., 1046 f.
Ravoahangy, J. 215
Razmara, Ali 494
Reimann, Max 306
Remer, Otto 374, 482
Remington, William 299 f.
Renault, Louis 26
Renner, Karl 43
Réthy, Prinzessin s. Baels, Ma-
rie-Liane
Reuter, Ernst 207, 293 f., 305,
316, 325
Reuther, Walter 134
Revers, Georges 354 f., 379 f.
Reynaud, Paul 485, 491, 538,
555, 840
Reza Pahlavi s. Mohammed Re-
za Pahlavi
Rhee, Syngman 267, 388, 390,
392, 394, 412, 551–554, 569,
885 ff.
Rhodesien 545
Riad, Mahmud 729 f.
Ribbentrop, Joachim von 53 f.,
169
Riberi (päpstl. Nuntius in Pe-
king) 425
Riddleberger, James 16
Ridgway, Matthew 439, 442,
460–463, 471, 473, 509, 590,
627
Ripka, Hubert 260 f.

Rist, Charles 485
Rivero Aguero, Andres 822 f.
Roberts, Frank 304
Robertson, Sir Brian Hubert
243, 285 f., 296, 375
Robertson, Walter S. 553
Rocquigny, de (frz. Oberst)
487
Rodionow, N. I. 360
Roey, Joseph Ernest van 62
Rokossowski, Konstantin 660,
695
Rom, Vertrag von 746
Roosevelt, Franklin D. 90, 109,
115, 131
Roschin (russ. Politiker) 342
Rosenberg, Alfred 54, 169
Rosenberg, Ethel und Julius 370,
459 f.
Rouchdi (ägypt. Oberst) 730
Royall, Kenneth 285
RPF (Rassemblement du Peuple
Français) 218, 246 f.
Rumänien 41, 224
Rusk, Dean 905, 923, 938, 941,
956, 959
Russell, Bertrand 1012, 1014

Saadi, Jacef 752 f.
Saarfrage 482, 631 f.
Saburow, Maxim 759
Safavi, Nacab 494 f.
Sainteny, Jean Roger 119, 124 f.,
157, 171
Salah ben Joussef 612
Salan, Raoul 123, 447, 479,
486 f., 549 f., 556, 558 f., 598,
601, 770, 787–791, 797, 826,
829, 841, 930, 945, 949 f.,
989, 992–999, 1002
Salisbury, Harrison 523
Saltee, Sir Arthur 50
Samarin, Michael I. 303
San Martín, Ramón Grau 822
Sapin-Lignières (frz. Offizier)
928
Saragat, Giuseppe 222, **748**
Sarraut, Albert 609
Sattaneh, Ghavam es 503
Sauckel, Fritz 54, 169
Saud ibn Abd-al Assis, König
von Saudi-Arabien 799
Saudi-Arabien 255 f., 665
Sauvagnac (frz. Oberst) 592
Schahrir, Sutan 114
Schacht, Hjalmar 53, 169
Schapiro, Henry 535
Scharett, Mosche 547, 668 ff.
Schdanow, Andrej 35 f., 244,
360, 517 f.

Schepilow, Dimitrij 659, 677,
759
Schiksin (sowj. Gen.Oberst) 360
Schirach, Baldur von 53, 169
Schischakli, Abid el- 500
Schmid, Carlo 324 f.
Schneiter, Pierre 284
Schoenfeld, Rudolf Emil 42
Schostakowitsch, Dimitrij J. 359
Schrijver August-Edm. de 65
Schröder, Gerhard 970
Schröder, Luise 207, 293
Schukow, Georgij K. 20 f., 33,
620, 632 f., 760, 763
Schumacher, Kurt 206 f., 324,
373 f., 482
Schuman, Robert 251 f., 254,
289, 297, 309, 326, 380–384,
397, 440, 456, 538, 645, 997
Schumann, Maurice 154
Schumanplan 383–386
Schwarzfüße s. Pieds-noirs
Schweden 322
Schwerin von Krosigk, Lutz
Graf 15
SED (Sozialistische Einheits-
partei Deutschlands) 206 f.,
844
Segni, Antonio 749
Senegal 828
Senghor, Leopold 165
Sérigny, Alain Le Moyne de
775, 790, 928
Serow (sowj. Gen.) 720
Servais, Jean 376
Service, John Stuart 91, 103
Sèvres, geheime Zusammen-
kunft 701 f.
Seyß-Inquart, Arthur 53 f., 169
Shaw, Bernard 270
Sherim, Ismail 504
Sherman, Frederick C. 408 f.
Shertok, Moshe 307
Shinwell, Emanuel 57
Siam 268
Siegfried, André 286
Šik, Ota 1053
Sikhs 197
Silvermaster, Gregory 299 f.
Simone, André 518
Simonow, Simon 370
Sing Sung Mo 430
Singh, Sir Hari 199
Singh, Tara 197
Singleton, Sir John 140
Sirry, Hussein 504
Sisovath Vong, König von Laos
555, 564
Sizaire (frz. Oberst) 467 f.
Skerdon, William James 369

Slack, Alfred Dean 370
Slansky, Rudolf 362, 517 f., 660
Smith, Walter Bedell 209, 211 f., 303–306, 366, 604
Smith, Earl 822 ff.
Smith, Howard Kingsbury 319, 382
Smith, Oliver P. 437 f.
Smyth, Henry DeWolf 143
Snach, Moshe 133
Snyder, John W. 372
Sobell, Morton 370, 459 f.
Sobolew (sowj. Politiker) 718, 723
Socarrás, Carlos Prio 815
Sokolowski Wassilij D. 284 ff., 290, 292, 323
Soong, T. V. 94 ff., 184, 229
Sorin, Valerian 260, 914 f., 1013
Soustelle, Jacques 218, 492, 650 –654, 671, 779, 784, 789 f., 797, 878
Sowjetunion 887, 1048
    und Afrika 907
    und Ägypten 668, 677, 686 f., 717
    Antisemitismus 35
    Arbeitslager 34 f., 534
    und Berlin 325
    und China 86, 95 ff., 176 f., 265, 363, 764, 869, 919, 1025 f., 1049
    und DDR 891 f.
    und Deutschlandfrage 640
    Entstalinisierung 969 f.
    und Griechenland 201 f.
    Handelsverträge mit den Ostblockstaaten 235 f.
    und Israel 520, 546
    und Japan 96
    und Kernwaffen 145 f., 149, 534
    Kommunistische Partei 659
    und Korea 102 f., 398, 403
    nach Kriegsende 32, 36
    und Kuba 911, 1007
    und Marshallplan 231–234, 235 f., 244 f.
    und NATO 322
    XIX. Parteitag 515 f.
    XX. Parteitag 657 ff.
    XXI. Parteitag 845
    XXII. Parteitag 968
    Säuberungen 360 f., 517 f., 522, 524
    Schulen 36
    Sozialistischer Realismus 35
    und Suezkrise 728, 733
    Tauwetter 1953 529

    und Ungarn 704–707, 712 ff., 723
    Wirtschaft 361, 535 f., 767
    s. a. Chruschtschow, Stalin
Spaak, Paul-Henri 61, 63 ff., 221, 376 ff., 404, 613 f., 734, 746
Spanien 147 f., 748
Speer, Albert 15, 54, 169
Speidel, Hans 631
Spellman, Francis Joseph 864, 868
Spionage 318 f., 365 f., 369–372, 457–460
Stalin, Josef W. 20, 658
    und Balkan 282
    und Berlin 304 ff
    und Deutschland 45
    und Jugoslawien 282
    und der französische Kommunismus 29 f.
    und Mao 363
    und Marshallplan 233
    Moskauer Konferenz 211
    XIX. Parteitag 516
    Personenkult 359–362
    Potsdamer Konferenz 38, 41
    und Tito 42, 362 f.
    Tod 524–527
    und Tschiang 89
    und USA 139, 320, 523 f.
Starke, Heinz 970
Stassen, Harold E. 506 f.
Steeg, Théodore 539
Stepinac, Aloysius 167
Sterling, Carlos Marquez 822
Sterngruppe 133, 310, 617
Stevens, Robert T. 580
Stevenson, Adlai Ewing 512 ff., 682, 727, 732, 965, 1010
Stilwell, Joseph (»Vinegar Joe«) 90–93
Stimson, Henry 144
Stockels (frz. Oberst) 607
Stockwell, Sir Hugh Charles 684, 692, 730
Stransky (tschechosl. Politiker) 262
Stratemeyer, George E. 393, 428
Strauß, Franz-Josef 970, 1021
Strauss, Lewis E. 368
Streicher, Julius 53, 169
Stripling, Robert E. 318 f.
Stroessner, Alfredo 819
Stuart, John Leighton 180 f., 183, 337, 339, 344, 347
Suarez, Georges 23
Subandrio (indones. Politiker) 685
Subašič, Iwan 42, 167

Suezkanal 662, 736 f.
Suezkanalgesellschaft 678, 683, 689
Suezkrise 678 ff., 682–691, 708–712, 714–720, 725 ff., 729–732, 738 ff.
Suhrawardy, Hussein Sh. 194
Sukarno, Achmed 110 ff., 114, 621 f., 685 f.
Sun Fo 264, 266, 337, 339, 341
Sun Yat-sen 83, 94
Susini, Jean-Jacques 928, 930, 988 f., 1001 f.
Svoboda, Ludvik 261, 1053
Syrien 665, 798, 851 f.
Szilard, Leo 143

Taft, Alphonso Robert 228, 428, 506 f., 511
Taft-Hartley-Gesetz 228, 230
Tanger, Konferenz 780
Taschi Lama 855
Taylor, Glen H. 312
Taylor, Maxwell Davenport 1010
Teller, Eduard H. 367 f., 370
Templer, Sir Gerald 665
Teng Hsiao-ping 757
Thai Lap Thanh 475
Thomas, Charles Allen 146
Thorez, Maurice 30, 72, 155, 172, 216 f., 220 f., 245 f., 254, 322
Thorneycroft, Peter 1018
Thurmond, John Strom 312, 315
Tibet 431, 853
Tildy, Zoltan 42, 224, 707
Tillon, Charles 28, 517
Tin Ling 575
Tito, Josip 42, 67, 167, 282 f., 362 f., 633, 659, 694, 724, 805
Tixier-Vignancourt (frz. Politiker) 27, 998 f.
Tjarda van Starkenborgh, A. W. L. 112 f.
Togliatti, Palmiro 67, 222 f., 245, 287 f., 298, 319, 322, 748
Togo 895
Tojo, Hideki 79, 267
Tongking 157, 352 f.
Toriello, Guillermo 610
Torres Bodet, Jaime 237 f., 595
Touré, Sékou 828
Townsend, Peter 639
Tran Van Huu 479
Triest 67
Trinquart (frz. Oberst) 575

Trujillo, Rafael 819
Truman, Harry S. 19 f., 295,
301, 318, 321, 458, 522
Attentat 428
und Berlin 295, 297 f.
und China 104 f., 180, 337 f.,
351
und Churchill 503
und Europa 151 f.
und Griechenland 204
und Hirohito 81
und Indochina 475, 600
und Italien 223
und die Judenfrage 132, 256 ff.
und Kernwaffenversuche 143,
145, 367, 369
und Korea 388, 390, 393,
398, 405 f., 429, 439, 461 ff.,
465
Londoner Konferenz 1945 66
und MacArthur 423 f.
und Marshall 106
und Marshallplan 250
Moskauer Konferenz 1945
74 f.
Potsdamer Konferenz 40
und Stalin 320
und Streiks 1947 137, 228
und Ungarn 226 f.
Wahlen 1948: 312–315; 1952:
512 ff.
Truman-Doktrin 204, 227
Tschapurnikij (sowj. Politiker)
303 f.
Tschechoslowakei 43, 231–234,
259–263
Aufstand 1052–1055
Kommunistische Partei 517 f.
Tscherwenkoff, Wylko 660
Tschiang Kai-schek 82, 88 f.,
91, 93 f., 100 f., 176–184, 263
–266, 328, 332, 334, 336,
339 ff., 345–350, 356 f., 627
Tschou En-lai 107, 181 ff., 350,
363, 599, 622 f., 628, 740 f.,
757, 807, 845, 1050
Tschuikow, Wassilij 323
Tschombé, Moise 904 ff., 926 f.,
978, 981, 985, 1055 f.
Tsung, T. F. 389
Tu Ju-ming 178
Tunesien 488 ff., 454, 673, 750,
769 f., 773
Tulpanow (sowj. Oberst) 296
Türkei 201
Twining, Nathan E. 578

U Aung San 268
UDMA (Union pour la Défense
du Manifeste Algérien) 655

Ulbricht, Walter 532, 659, 843,
957, 965
Umberto II., König von Italien
153
Ungarn 41 f., 224 f., 661, 675,
718
Aufstand 696–700, 704–707,
712 ff., 720 ff., 727 f.
UNO s. Vereinte Nationen
UNR (Union pour la Nouvelle
République) 838
UNRRA (United Nations Relief
and Rehabilitation Administration) 151
USA
und Ägypten 676 f.
und die arabischen Staaten
546 f.
und Berlin 957
und Brasilien 975
und BRD 537
und China 90 ff., 99 f., 106 f.,
265, 338
und EVG 483
Gangsterwesen 457 f.
und Griechenland 203 ff.
und Indochina 599
und Indochinakrieg 586–591
und Israel 546, 737
und Jordanien 802 f.
und die Judenfrage 255
und Jugoslawien 167
Kernwaffenforschung 765
und Kolonialismus 109
Kommunistische Partei 312
und Kongo 1055 f.
und Korea 102 f., 397
und Kuba 910 ff., 935–942
und Nationalchina 367, 626 f.
Negerfrage 610 ff., 766, 1028 f.,
1044
und Palästina 275
und Suezkrise 708–712
und Vietnamkrieg 924, 1030–
1033, 1043 f.
Streiks 1946 136 ff.
und Ungarn 720 ff.
Wahlen 1947: 295; 1948: 312
–315; 1952: 510–514; 1960:
919
Wirtschaft 765 f., 912 f., 1045

Vaftiades, Markos 205
Vallery-Radot, Louis Pasteur
218
Valluy (frz. Gen.) 171
Vandenberg, Arthur 203 f., 321
Vandenberg, Hoyt E. 578
Vanoni, Enzio 749
Vanuxem (frz. Oberst) 448 f.,

478, 945
VAR (Vereinigte Arabische Republiken) 798 f.
Varga, Eugen 138
Vargas, Getulio 611
Vatikanisches Konzil, Zweites
1023
Venezuela 819
Vereinte Nationen 146 f., 456,
914–918
und Algerien 752
und Balkan 281
und China 430 ff.
und Israel 738
und Kongo 904, 985
und Korea 389 f., 423, 471
und Kuba 1015
und MacArthur 461
und Palästina 256 f.
und Suez 733 f.
und Ungarn 722 ff.
Verwoerd, Hendrik 893
Vietminh 117 f., 444, 448
Vietnam 117, 156–164, 170 ff.,
267, 351–355, 1030–1033
Vietnamkrieg 924, 1030–1033,
1043 f.
Vieux, Antonio 256
Vigorelli, Ezio 246
Vinson, Fred 144
Vleeschauwer, Albert de 60
VNDDQ (Viet Nam Dan Nang
Quoc) 156
Vo Nguyen Giap 159, 161, 174,
214, 352 f., 443, 448, 450 f.,
467–470, 476 f., 486 f., 499 f.,
554 f., 577, 584 f., 588, 595,
598

Wadleigh, Julian 371
Wake, Konferenz 423 f.
Walker, Walton H. 399–403,
423 f., 427, 430, 433 f., 438
Wang Ching-wei 83
Wang Yao-wu 330, 332
Wallace, George 1029
Wallace, Henry Agard 91, 144,
149, 205, 287, 312, 315
War Crime Commission 52
Ward, Angus 344
Ward, Stephen 1022
Warren, Earl 295, 312, 315,
601 f., 1042
Wavell, Sir Archibald 127, 185,
191
Wedemeyer, Albert C. 93 f., 99,
107, 116, 264
Wei Li-huang 333
Weinberg, Josef 370
Weizmann, Anna 519

Weizmann, Chaim 133, 140, 256, 519,
Weltbank 667 f., 677
Werl, William 370
West-Irian 685 f.
Weygand, Maxime 589
Wheeler, Raymond-Albert 736
White, Harry Dexter 55, 299 f.
Wilson, Charles E. 523, 578, 599, 687, 760 f.
Wilson, Harold 249, 1022
Winne, Harry A. 146
Winogradow, W. N. 518
Wolff, Jeanette 293

Wolkow, Alexander 619
Woroschilow, Klimet J. 759
Wosnessenskij, Nikolaj 36, 360
Wu Te-chen 341
Wyschinskij, Andrej J. 41, 228, 323, 326
Wyszynski, Stephan 696

Xoxa, Kotschi 362

Yadin, Yigael 279, 311
Yamashita, Tomoyoku, 79
Yazid, Muhammed 781
Yen Hsi-shan 356

Yoshida, Shigeru 266, 473

Zachariades, Nicolas 202
Zacharias (US-Admiral) 304
Zahedi, Fazlollah 548
Zeeland, Paul van 378, 404
Zeller, André 575, 944 ff., 987
Zenkl, Petr 260 f.
Zighout, Youssef 654, 674
Zionismus 130 ff., 140, 238 ff., 1060
Zujovič, Sretan 283
Zypern 679, 686, 847 f.

Bildnachweis

Amerika Dienst, München (15, 16, 40, 41, 54, 123, 136, 151)
Camera Press, München (4, 88, 128, 133, 140)
dpa, Frankfurt (69)
Keystone, München (10, 11, 17, 31, 32, 33, 48, 68, 87, 105, 146, 147)
Opera mundi, Paris (150)
Süddeutscher Verlag, München (1, 2, 3, 5, 8, 9, 12, 13, 14, 18, 19, 21, 22, 24, 25, 26, 27, 28, 29, 34, 36, 37, 38, 39, 42, 43, 44, 45, 46, 47, 61, 65, 66, 70, 71, 72, 75, 77, 81, 83, 84, 85, 86, 91, 92, 93, 94, 97, 98, 99, 100, 101, 102, 107, 110, 111, 114, 115, 116, 117, 118, 119, 120, 121, 122, 125, 127, 129 und Schutzumschlag, 130, 131, 134, 135, 137, 138, 139, 142, 144, 145, 147; Schutzumschlag)
Ullstein Bilderdienst, Berlin (6, 7, 23, 35, 53, 62, 63, 73, 74, 76, 78, 79, 80, 82, 89, 90, 95, 96, 103, 104, 106, 108, 109, 112, 113, 124, 126, 132, 143, 148)
United Press, München (20, 30, 55, 60, 64, 67, 149, 152)